中国公路学会桥梁和结构工程分会

2008年
全国桥梁学术会议
论文集

主办单位

中国公路学会桥梁和结构工程分会
浙江省公路学会
浙江省舟山连岛工程建设指挥部

协办单位

中交公路规划设计院有限公司
四川公路桥梁建设集团有限公司
中铁宝桥股份有限公司
山东省路桥集团有限公司
广东省长大公路工程有限公司
路桥集团国际建设股份有限公司
中交第二航务工程局有限公司
中铁四局集团第二工程有限公司
中交第四航务工程局有限公司
浙江省交通工程建设集团有限公司

人民交通出版社
China Communications Press

内 容 提 要

本书为中国公路学会桥梁和结构工程分会2008年全国桥梁学术会议论文集。该论文集共分规划与设计、施工与控制、结构分析与试验研究、桥梁检测与加固四个部分，由193篇论文汇集而成。

该论文集可供国内外桥梁专业人员工作和学习参考。

图书在版编目（CIP）数据

中国公路学会桥梁和结构工程分会2008年全国桥梁学术会议论文集 / 中国公路学会桥梁和结构工程分会编. 北京：人民交通出版社，2008.10
ISBN 978－7－114－07413－4

Ⅰ.中… Ⅱ.中… Ⅲ.桥梁工程－学术会议－文集
Ⅳ.U44－53

中国版本图书馆CIP数据核字（2008）第148780号

京朝工商广字第8042号

书　　名：中国公路学会桥梁和结构工程分会2008年全国桥梁学术会议论文集
著 作 者：中国公路学会桥梁和结构工程分会等
责任编辑：张征宇
出版发行：人民交通出版社
地　　址：（100011）北京市朝阳区安定门外外馆斜街3号
网　　址：http：//www.ccpress.com.cn
销售电话：（010）59757969，59757973
总 经 销：北京中交盛世书刊有限公司
经　　销：各地新华书店
印　　刷：北京宝莲鸿图科技有限公司
开　　本：880×1230　1/16
印　　张：66
字　　数：2000千
彩　　页：8
版　　次：2008年10月　第1版
印　　次：2008年10月　第1次印刷
书　　号：ISBN 978－7－114－07413－4
印　　数：0001－2100册
定　　价：160.00元

中国公路学会桥梁和结构工程分会
2008年全国桥梁学术会议论文集

编 委 会

目　　录

I　规划与设计

II 施工与控制

III 结构分析、试验研究

IV 桥梁检测与加固

I 规划与设计

1. 中国最长的陆岛联络工程——舟山大陆连岛工程

沈 旺 张胜利 徐风云
（浙江省舟山连岛工程建设指挥部）

摘 要 本文简要介绍舟山大陆连岛工程的建设、工程概况，重点介绍西堠门大桥和金塘大桥关键技术。

关键词 中国 最长 陆岛联络 工程 舟山 大陆 连岛 工程

舟山位于长三角经济区东部，是世界著名的海港、渔港、旅游城市，辖区内分布大小岛屿1 300余个，历有东海明珠之称。海峡是一道亮丽的风景，也是岛陆交通的障碍。为了促进舟山海港业的发展，加速舟山－宁波岛陆港口一体化进程，发掘和扩展旅游业、渔业资源，加强国防与民用交通建设，构筑全天候军民两用区域交通网，密切舟山与“长三角经济区”的联系，浙江省从20世纪90年代启动舟山大陆连岛工程建设项目，至2005年已完成从定海本岛至册子岛桃夭门岭的一期工程。目前从桃夭门岭至宁波镇海的二期工程正在顺利推进，预计将在2008～2009年分段建成通车，届时将实现舟山五岛与大陆相通，经脉相连，结束岛陆人民隔海相思，望洋兴叹的历史（图1）。

一、工 程 概 况

1. 建设规模

舟山大陆连岛工程起于舟山定海市区鸭蛋山环岛，与329国道和定海市外环线相连，经里钓岛、富翅岛、册子岛、金塘岛至宁波镇海，与宁波绕城高速公路相连，先后跨越岑港水道、响礁门水道、桃夭门水道、西堠门水道、沥港水道和灰鳖洋外海，即“五岛六水道”，全长49.96km，其中跨海特大桥五座，总长23 646m；大桥9座，总长2 718m；隧道1座，长700m；互通立交6处；接线总长22.896km，是中国规模最大的岛陆联络工程，也是仅次于日本本四联络工程的世界第二大岛陆联络工程（图2）。

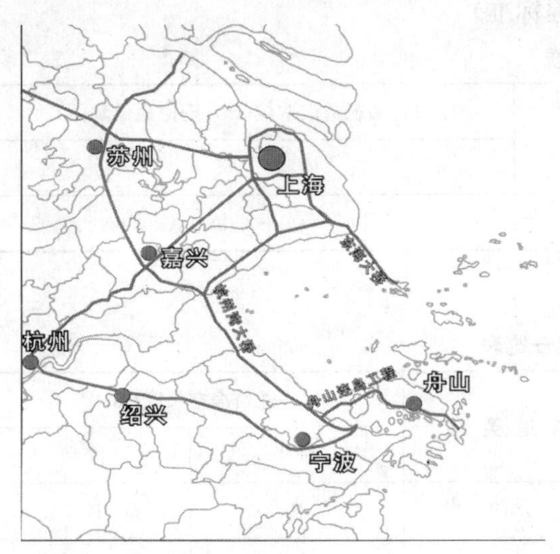

图1 连岛工程建成后舟山交通融入长三角国家高速公路网络

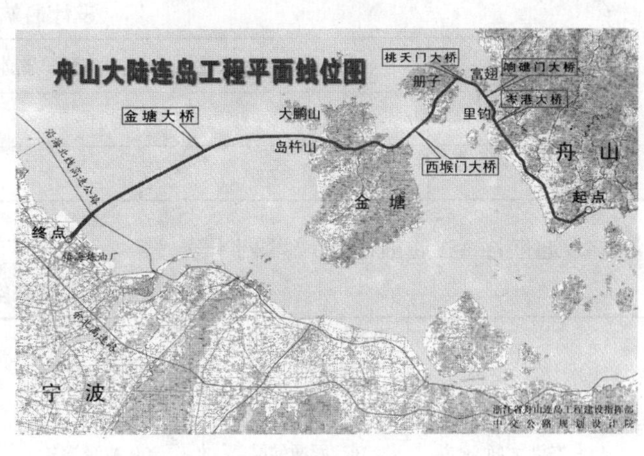

图2 舟山大陆连岛工程线位

2. 预测交通量

通过收集、调查区域社会经济、交通运输发展资料和交通量现状及OD调查，根据确定的未来经济发展趋势，以“四阶段”法并结合舟山的特殊情况进行了交通量预测，将预测交通量分配在拟建项目及未来相关路网上，得出本工程未来交通量(表1)。

交通量预测结果 单位：辆/日(标准小客车) 表1

年份＼项目	趋势交通量	诱增交通量	转移交通量	合 计
2010	8 818	2 205	1 990	13 013
2020	15 571	3 892	3 588	23 051
2029	21 966	5 491	4 666	32 123

3. 主要技术标准

舟山大陆连岛工程按双向四车道高速公路标准修建，其主要技术标准如下：

1)公路等级：双向四车道高速公路。

2)设计速度：一期工程60km/h；二期工程80～100km/h。

3)车辆荷载等级：汽车—超20级，挂车—120。

4)路线宽度：桥梁标准宽度一期工程为22.5m，二期工程为23.5m；行车道宽度一期工程为2×2×3.5m，二期工程为2×2×3.75m，路桥同宽(图3)。

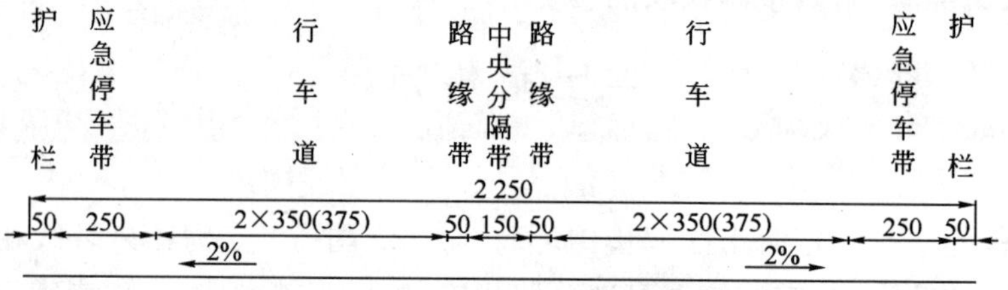

图3 桥梁标准横断面(尺寸单位：cm)

5)最大纵坡：特大桥≤3%，路线≤5%。

6)地震基本烈度：岑港大桥、响礁门大桥及桃夭门大桥为Ⅵ度，西堠门大桥及金塘大桥为VII度。

7)设计通航水位：见表2(表中高程为1985年国家高程标准)

设计通航水位表 表2

潮 位 站	设计最高通航水位(m)(历史实测最高水位)	设计最低通航水位(m)(理论最低潮面)
镇海	3.28	−1.59
定海	3.15	−2.00

8)通航净空：通航净空尺度列于表3。

各桥位通航净空尺度一览表 表3

大桥名称	通航孔名称	代表船型	航道类型	通航净空尺度(m)	
				净宽	净高
岑港大桥	东、西通航孔	300吨级海轮	单向	40	17.5
响礁门大桥	主孔	500吨级海轮	双向	130	21

续上表

大桥名称	通航孔名称	代表船型	航道类型	通航净空尺度(m)	
				净宽	净高
桃夭门大桥	主孔	3 000 吨级货轮 3 000 吨级军舰	双向	340	32
西堠门大桥	主孔	3 万吨级海轮 海军侦察船	双向	630 <630	44 49.5
金塘大桥	主通航孔	5 万吨级散货船	双向	544	44
	主通航孔边孔	1 千吨级海轮	单向	109	25.5
	东通航孔	3 000 吨级油船	单向	121	28.5
	西通航孔	500 吨级杂货船	双向	126	17

二、一期工程已建大桥简介

一期工程已建特大桥 3 座(图 4～6),桥型及技术指标见表 4。最具特色的是桃夭门大桥,为主跨 580m 的双塔双索面七跨连续混合式斜拉桥,桥全长 888m(图 7)。主桥结构有三大特点:其一,为了与地形相适应,避免大规模开山造桥来扩大边跨长度,选定桃夭门大桥的边中跨长比为 0.25,为解决边墩负反力而需应用昂贵的拉力支座,边跨采用了自重较大的预应力混凝土箱梁(图 8),并在箱内压载;其二,选择恒载零弯矩点作为钢一混结合面,使结合面上压应力分布均匀,防止横向设计风力作用时出现拉应力;其三;对常用的钢一混结合分段构造、中跨钢箱梁断面形式、斜拉索锚固构造、风嘴形式等进行了优化和创新。

图 4 岑港大桥

图 5 响礁门大桥

一期工程桥梁及技术指标 表 4

桥名	主桥桥型	主桥跨度组成(m)	总长(m)	桥宽(m)	建设年份
岑港大桥	预应力混凝土连续 T 梁	3×50	220	27.6	2003
响礁门大桥	预应力混凝土连续箱梁	80+150+80	810	27.6	2003
桃夭门大桥	双塔双索面连续混合式斜拉桥	48+48+50+580+50+48+48	888	27.6	2003

图6　桃夭门大桥

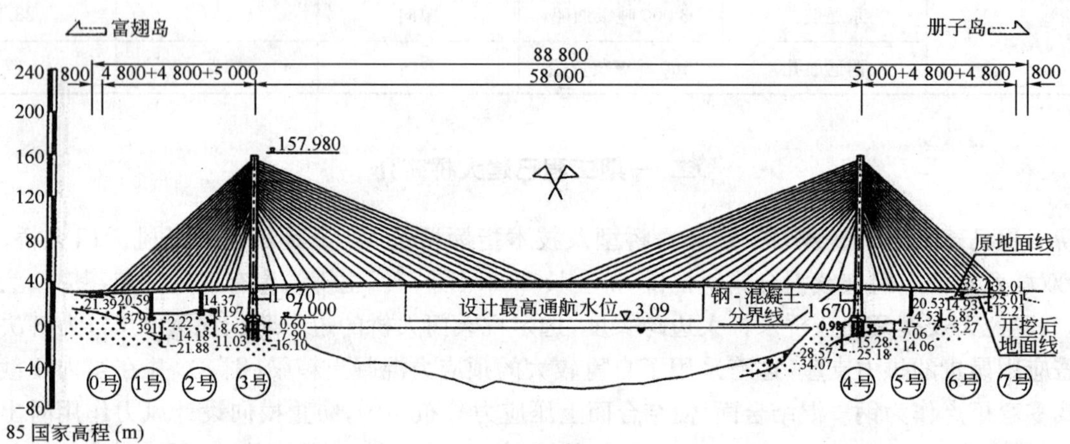

图7　桃夭门大桥桥型布置

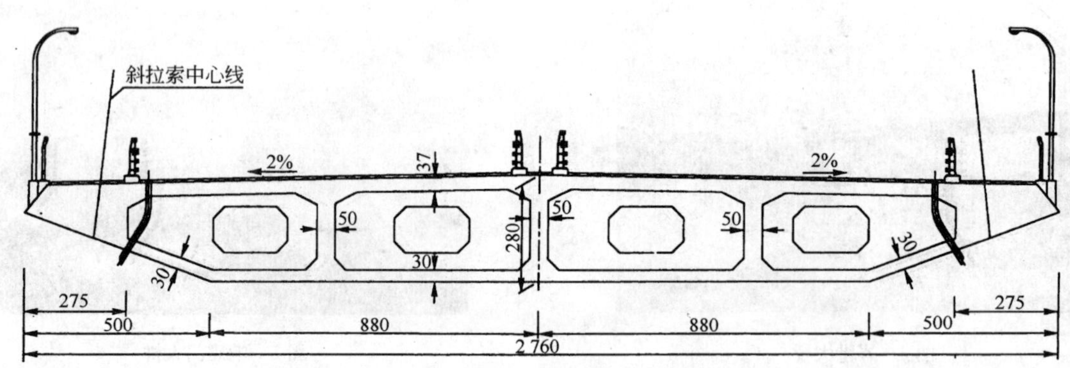

图8　桃夭门大桥混凝土加劲梁断面(尺寸单位:cm)

三、西堠门大桥——跨度最大的钢箱梁悬索桥

1. 工程规模

西堠门大桥由跨度 578m＋1 650m＋485m＝2 713m 的主桥、册子接线、南引桥三部分组成，总长 5 452m。工程组成示于图9、图10、图11和表5。

西堠门大桥桥梁工程规模 表 5

项目名称		桥型	跨度组成(m)	总长(m)	桥(路)宽(m)
主桥(西堠门大桥)		三跨连续全漂浮钢箱梁悬索桥	578+1650+485	2 713	36.0(中跨) 37.08(边跨)
南引桥		分离式双箱预应力连续梁	6×60+6×60	720	双幅 2×11.5
册子接线	主线桥	PC 连续梁	7.24+16+16.2+30+2×20.5+3×17.5+8×18.6+2×20.3+4×17.3+20+2×19.5+4×19.5+7×19.5+7.24,共 9 联	左幅 701.4	12
			7.24+2×22+30+29+3×17.4+8×18.5+20.9+19.5+3×17.4+16.9+20+10×19.4+7.24 共 10 联	右幅 699.8	12
	门岙涂桥	PC 连续梁	4×5×40	807.08	双幅 2×11.5
	A 匝道		18.192+18.894+18.087	58.426	16.0
	B 匝道		5×16.705	83.525	8.5
	C 匝道		5×18.854+4×18.854	169.686	8
	D 匝道		3×18+3×18	110.54	8.5
	E 匝道		4×18+4×18	146.58	8.0
	通道桥	PC 空心板	3×20	60	12.0
	路基	软土路基		1 243	

图 9 西堠门大桥

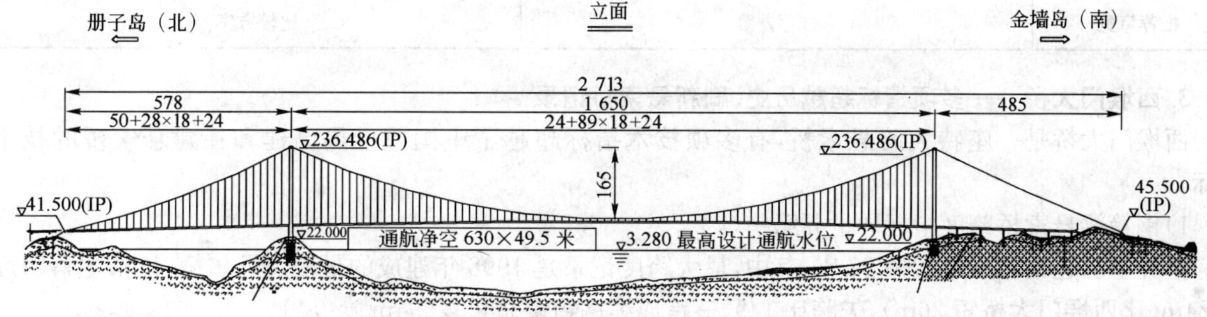

图 10 西堠门大桥主桥桥型布置(尺寸单位:m)

2. 主桥桥型和跨度选定

舟山大陆连岛工程预可、工可阶段，曾选择了东线、西线一、西线二共三个线位方案，通过全面技术、经济、交通、国防论证，确定西堠门大桥的合理桥型是悬索桥，其制约因素主要是桥位自然环境，如：

1)北塔只能置于老虎山，以尽可能缩短主跨跨度。

2)西堠门水道水深、流急、浪高、海流复杂，且海底无覆盖层，主桥必须一跨过海，跨度选择范围只能在海域宽度1 560m以上。

3)桥位受台风、季风的影响，抗风稳定性要求很高，营运阶段颤振检验风速高达78.74m/s(相当于21级台风)，抗风稳定性是制约桥型设计特别是钢箱梁截面选型的关键条件。

图11 西堠门大桥南引桥

初步设计阶段针对上述环境因素选择了四个桥型方案，拟定1/10、1/10.5、1/11三种矢跨和两种钢箱梁截面形式，经研究、分析和同深度的结构静动力计算分析、抗风稳定性分析、抗震分析、技术经济分析，最后得出表6所列的推荐方案，经评审通过后，作为施工图设计方案。

桥跨方案比选表　　表6

桥型方案	第一方案(主跨1 650m两跨连续悬索桥双箱断面方案)	第二方案(主跨1 560m两跨连续悬索桥双箱断面方案)
建设规模		
通航要求		
塔基处地质条件		
塔基施工难易	塔基为常规施工，施工难度小	南塔右侧塔基位于水中，须水下爆破整平基底，成组安放钢护筒并定位，钢护筒连接成整体后，在搭设钻孔平台，进行常规施工。 由于桥位区水流流速大，且有强烈的涡流，施工难度大。
抗风性能	良好	良好
外观造型	较美观	较美观
养护	钢箱梁需养护，采取措施可减少养护工作量	养护工作量略小于第一方案
推荐意见	推荐方案	比较方案

3. 西堠门大桥——多项指标超越历史、刷新悬索桥记录

西堠门大桥是一座特大跨悬索桥，有多项技术指标超越了中国或世界已建和在建悬索桥的技术指标。

1)钢箱梁悬索桥跨度指标居世界第一

世界上已建钢箱梁悬索桥28座，其中，最大跨度记录是1998年建成的丹麦大贝尔桥，该桥主跨跨度1 624m(比西堠门大桥短26m)，矢跨比1/9，三跨连续钢箱梁总长2 694m。

2)世界上第一座分体式钢箱梁悬索桥

西堠门大桥营运阶段颤振检验风速高达 78.74m/s，远远高于目前国内外已建桥梁，为保证营运阶段的抗风稳定性，首次采用了分体式钢箱加劲梁，其梁高 3.5m，中跨梁宽 36m，边跨梁宽 37.08m(图 12、图 13)，颤振临界风速达到 88m/s 以上，满足了抗风稳定性要求。通过空间有限元分析、1/2 大比尺模型试验和锚箱足尺模型试验证明结构受力合理，安全可靠，节省材料和造价，方便制造和架设安装。目前国内外悬索桥均无采用分体式钢箱梁的先例。在建的香港昂船洲大桥(斜拉桥)采用了分体式钢箱来提高抗风稳定性，说明这种结构形式在抗风要求高的地区具有推广应用前景。

图 12 西堠门大桥分体式钢箱梁段

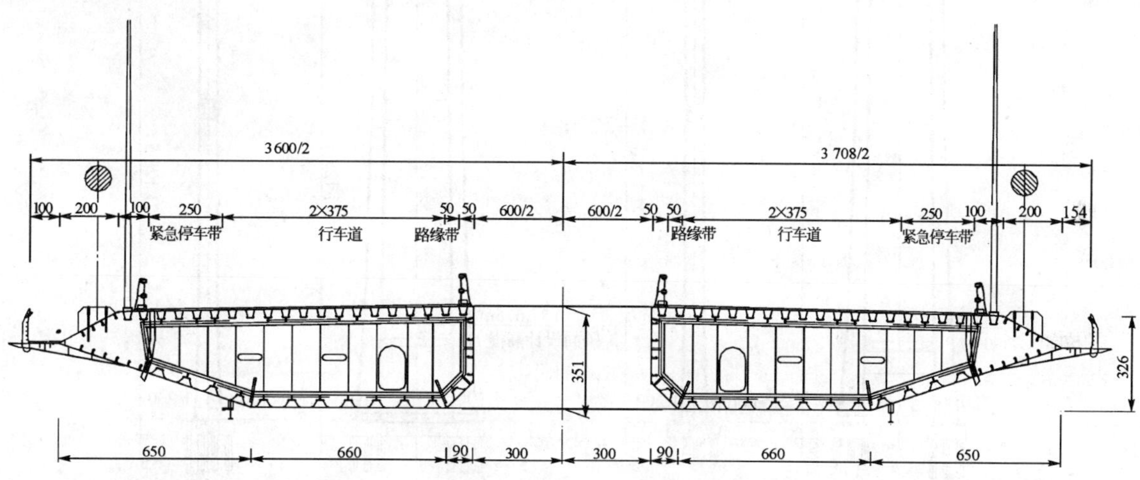

图 13 西堠门大桥钢箱梁横断面(尺寸单位：cm)

3)神州第一主缆

西堠门大桥主缆通长 2 887.894m，直径分别为 87cm(北边跨)、85.5cm(中跨)、86cm(南边跨)，分别由 175 根、169 根、171 根索股组成。每根索股用 127 丝直径5.25mm，强度 1 770MPa 的高强钢丝编制。西堠门大桥的主缆长度和材料强度两项技术指标均为国内第一，故有神州第一主缆之称。

4)中国悬索桥第一高塔

西堠门大桥混凝土索塔高 211.286m，是中国悬索桥第一高塔，索塔为双横梁框架式结构，高耸挺拔、比例协调，造型美观，(图 14、图 15)。索塔采用爬模施工，施工中曾创造了日进度 1.1m/d 的记录。

图 14 索塔实景

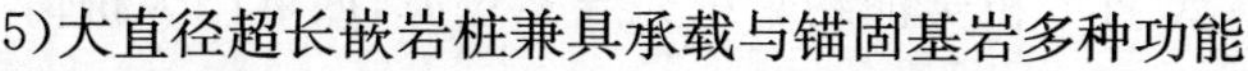

5)大直径超长嵌岩桩兼具承载与锚固基岩多种功能

西堠门大桥北塔位于老虎山，基岩为上侏罗统九里坪组流绞斑岩，饱和单轴极限抗压强度高达 64MPa，属硬质基岩。理论上北塔基础可以采用桩基也可采用天然基础，但因老虎山基岩节理发育且有三条断裂带，因此超常规的采用了 24 根直径 2.8m，嵌岩深度 40 余米的大直径超长嵌岩桩，其实际承载力远大于设计需要的单桩承载力。但因超长嵌岩桩可以穿越基岩断裂带，还可以起到锚固基岩的作用，且采用微裂爆破、挖孔成桩技术的施工难度不大。

6)直升机牵引先导索过海，实现了不封航作业

先导索过海(江)是悬索桥转入上部结构施工的关键工序，在航运繁忙的水道上，因其施工难度、风险

和社会影响大，而倍受关注。西堠门水道是国际航道，兼有特殊的军事用途，施工中不允许全航道封航作业，该海域水深、流急、浪高，老虎山旁无法靠船，如采用传统的拖船牵引先导索过海方法有着更大的困难和风险，修建临时码头等的费用很高。在此形势下，西堠门大桥断然决定研究采用直升机牵引先导索过海新技术，并取得成功，见图16。

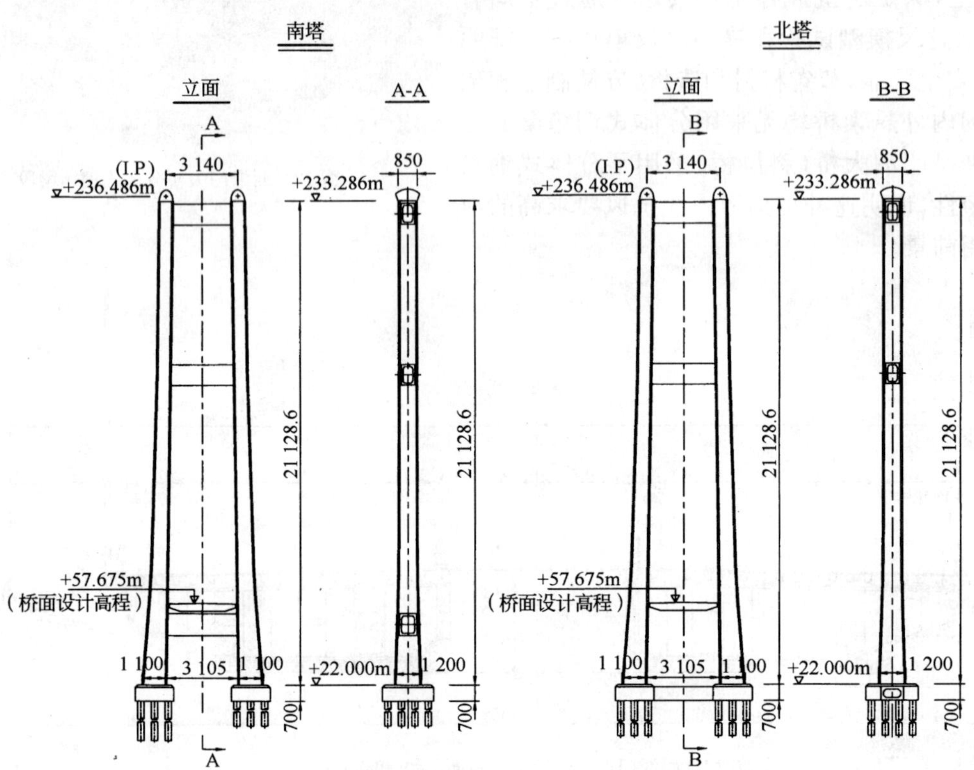

图15　索塔结构(尺寸单位:cm)

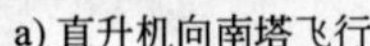
a) 直升机向南塔飞行　b) 直升机在南塔悬停牵引先导素　c) 南塔放索系统

图16　直升机牵引先导索过海作业实况

日本明石海峡大桥曾于1998年首次采用特大型直升机美洲豹牵引先导索过海，西堠门大桥借鉴其技术，做了重大改进和创新(表7)。

中日方法对比　　表7

项　目	日本明石海峡大桥方法	中国西堠门大桥方法
桥位概况	明石海峡水道、国际航道、通航船只1 500支/日。最大潮流速8～9m/s	西堠门水道、国际航道、通航船只300～500支/日，海军基地。流速大、浪高6～8m，最大潮流速6～8m/s，水深95m
跨度	960m+191m+960.4m 钢桁架悬索桥跨度世界第一	578m+1 650m+485m 钢箱梁悬索桥跨度世界第一

续上表

项　目	日本明石海峡大桥方法	中国西堠门大桥方法
牵引模式及动态飞行设计理论研究	未见详细的牵引模式及动态飞行设计理论,只是按传统悬索理论计算4种跨度,2种切线夹角时的索力,用以判断直升机、先导索的安全度	设计了动态飞行模式,研究开发了动态飞行过程中先导索索力、索长、牵引速度、放索速度、直升机牵引力、承载力、先导索偏斜的分析理论和计算方法,计算出各个状态的控制指标及安全度,建立了完整的指挥系统,使本成果更具推广、应用价值
试验研究	1.3个技术攻关项目 (1)先导索放索系统 (2)直升机选型及性能 (3)总体系统的可靠性 2.实地演练 (1)小规模试验 (2)山地演练	1.5个技术攻关项目 (1)先导索性能选型及安全度论证 (2)直升机选型调研及可靠性论证 (3)飞行模态设计、理论研究 (4)海域环境调研 (5)警戒方案研究及评审 2.实际演练项目 (1)直升机挂重、脱钩、牵索试验 (2)山地实地模拟演练 (3)桥位挂重演练 (4)指挥系统演练
风速限制	逆风:不大于9.0m/s;顺风:不大于3m/s,作业风速4.9～6.2m/s	逆风:10～12m/s;顺风:6～8m/s;作业风速:逆风12～13m/s,顺风8.0m/s
直升机性能比较	美洲豹:载重4 500kg,牵引力:70MPa	直—9:载重1 200kg,牵引力22MPa
先导索性能比较	高强尼龙绳(日产) 直径:ϕ10mm 质量:91.7g/m 破断拉力:4 0kN	高强尼龙绳(中国产) 直径:ϕ6mm 质量:18g/m 破断拉力:319kN
放索机研究及性能比较	放索机安装在直升机上,要求改造直升机,配发电机、伺服系统等。放索速度100m/min	自行研制放索机,安装在南塔顶,不改造直升机,放索速度100～130m/min。可以自动放索
作业指挥系统		布署了完整的作业指挥系统
作业时间	1993年11月10日 7∶25—10∶23完成 7∶25—警戒船就位 8∶03—牵引作业开始 10∶23—作业完成	2006年8月1日 7∶00—9∶23完成 7∶00—警戒船就位 7∶30—直升机就位 9∶00—先导索渡海作业开始 9∶23—先导索在北塔就位,直升机飞离北塔
经济性评估	费用很高,具体不详	直升机使用费:48万元 其他费用:13万元
推广应用前景	在日本未得到推广	可望在航运繁忙江河的悬索桥推广使用
总体评价	世界首创	中国首创。自主开发完成成套创新技术,费用低、效益高,社会影响大,应用前景广,技术水平和社会经济效益超过日本明石海峡大桥。综合技术水平居世界第一

2006年12月29日浙江省交通厅对该项成果组织鉴定,鉴定委员会一直认为:

(1)该项目通过对直升机牵引悬索桥先导索过海(江)飞行状态的分析研究,为选定直升机机型及功能、飞行速度与高度、牵引力控制、放索机放索速度及与直升机飞行速度协调关系、先导索强度等提供了理论依据，研制了放索机等配套设备，成功地完成了西堠门大桥地先导索过海作业。

(2)该项目有以下创新点：

①提出了悬索桥牵引先导索作业采用放索系统与直升机分离地创新模式，为选用经济合理的直升机机型提供了依据；

②研制了功能完善的，可以高速放索、收索、制动、降温、轻便灵活的放索系统；

(3)通过大量飞行试验，总结出在不利风况条件(逆风 10～12m/s，顺风 6～8m/s)下的直升机飞行与放索系统的协调控制技术。

综上所述，该成果取得了明显的社会经济效益，具有很好的推广应用前景，总体上达到国际先进水平，其中采用的选所起牵引先导索作业放索系统与直升机分离模式完成先导索过海技术为国内外首创。

7)国内规模最大的猫道工程

猫道是悬索桥上部结构施工平台，因其结构刚度、强度、线形、抗风稳定性对主缆索股架设、主缆紧缆、缠丝、涂装施工，以及钢箱梁架设等工程的实施和质量、进度起着制约作用而受到重视。由于西堠门大桥跨度大，又处于台风多发区，且月季风频繁，对猫道结构及其工作性能要求更高，故在分析研究国内外已建猫道的基础上，采用了国内悬索桥中规模最宏大的猫道工程，其承重索采用了 2×12ϕ54 高强钢丝绳，猫道加宽至 4.6m，横向通道增加到 14 道，扭转失稳临界风速高达 69m/s，是国内规模最大的猫道工程。表 8 列出国内悬索桥猫道技术参数，可供备查。图 17、图 18 为西堠门大桥猫道工程总体布置图和工程形象实况。

图 17　猫道工程实况(俯视)

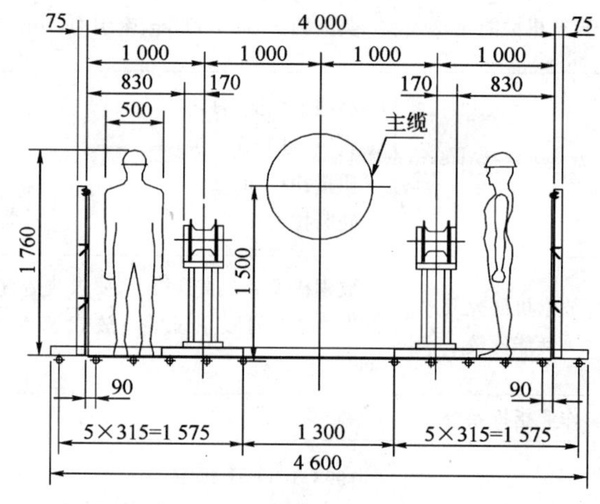

图 18　猫道横断面(尺寸单位：mm)

国内悬索桥猫道工程技术参数表　　表 8

序　号	桥　名	主跨跨径(m)	承重索(单幅 mm)	承重索连接形式	抗风方案	抗风吊索	面层宽度(单幅 m)	横向通道(道)
1	西堠门大桥	1 650	12ϕ54	三跨连续	14 道制振系统	无	4.0	11(中跨) 3(南边跨) 3(北边跨)
2	润扬长江大桥	1 490	10ϕ54	三跨连续	设制振系统	无	4.0	9(中跨) 2×2(边跨)
3	江阴长江大桥	1 385	6ϕ38	三跨连续	2ϕ32(中跨) 2ϕ19(边跨)	ϕ13	3.8	5(中跨) 1×2(边跨)
4	青马大桥	1 377	6ϕ36	三跨分离	2ϕ32	ϕ16	2×3.6	5(中跨) 1×2(边跨)

续上表

序　号	桥　名	主跨跨径(m)	承重索(单幅 mm)	承重索连接形式	抗风方案	抗风吊索	面层宽度(单幅 m)	横向通道(道)
5	宜昌长江大桥	960	8ϕ48	三跨分离	无	无	3.8	5(中跨) 1×2(边跨)
6	虎门大桥	888	8ϕ48	三跨分离	2ϕ40(中跨) 2ϕ32(边跨)	ϕ16	2×4.0	3(中跨) 1×2(边跨)
7	海沧大桥	648	8ϕ44	三跨分离	无	无	4.0	3(中跨) 1×2(边跨)
8	明石海峡大桥	1 991	12ϕ52(中跨) 12ϕ64(边跨)	三跨分离	无 设制振系统	无	5.5	11(中跨) 5×2(边跨)
9	恒伯尔大桥	1 410	8ϕ66	三跨连续	有	有	3.5	5
10	大鸣门大桥	876	8ϕ66	三跨分离	4ϕ66 2ϕ38	2ϕ20 2ϕ18	4.0	5(中跨) 1×2(边跨)
11	关门大桥	712	8ϕ40	三跨分离	2ϕ31.5	ϕ18	4.0	3(中跨)

四、金塘大桥——跨越灰鳌洋的彩虹

1. 工程规模

金塘大桥经金塘侧接线与西堠门大桥南引桥相通，经化成寺水库、茅岭至沥港进入灰鳌洋，至宁波镇海炼化厂登陆与宁波市绕城高速公路相连，全长26.54km，其中金塘侧接线长5.11km，引桥长1.007km，跨海大桥总长18.27km，镇海侧引桥长1.752km(表9)。

金塘大桥包括了斜拉桥、连续钢构桥、现浇连续箱梁桥、预制安装连续箱梁桥等多种桥型，桥面起伏跌宕，线形蜿蜒曲折，如彩虹飞渡海面，构成了灰鳌洋上亮丽的风景(图19)。

金塘大桥项目工程汇总　　表9

项目名称		桥　型	桥跨组成(m)	总长(m)	桥(路)宽(m)	备　注
金塘接线	路基			3 940.5	26	
	化成寺水库桥	PC连续梁	15×40	600	26	
金塘互通	主线桥	PC连续梁	10×25+2×17.773+8×26+22×25+19+8×25	987.546	26	
	A匝道桥	连续梁	6×25+16×18	438	17	
	B匝道桥		17×20+9×18.479	506.311	10	
	D匝道桥		20×20	400	10	
	E匝道桥		22×20	440	8	
金塘侧引桥			7+10×30+14×50	1 007	26	7m桥台
东通航孔桥		PC连续钢构	122+216+122	460	26	
非通航孔桥		PC连续梁	6×50+18×60+(64.5+4×118+64.5)+(64.5+5×118+64.5)	2 700	26	
主通航孔桥		钢斜拉桥	77+218+620+218+77	1 210	30.1	

续上表

项目名称		桥型	桥跨组成(m)	总长(m)	桥(路)宽(m)	备注
非通航孔桥		PC连续梁	149×60	8 940	26	
西通航孔桥		PC连续梁	87+156+87	330	26	
非通航孔桥		PC连续梁	68×60	4 080	26	
镇海浅水区引桥		PC连续梁	11×50	550	26	
镇海侧岸上引桥	跨新海塘桥	PC连续梁	45+72+45	162	26	
	跨旧海塘桥	PC连续梁	30+2×45+30	150	26	
	30m跨引桥	PC连续梁	35×30+13×30	1 440	26	

2. 配置先进设备,依靠技术攻关攻克海上施工难关

就桥型和规模而言,金塘大桥单项工程都是所谓的"常规桥梁",但是在水深、流急、浪高,地质条件复杂,风况条件极为恶劣的灰鳖洋外海施工这些桥梁就"不常规了",而必须采用高、新建桥技术才能完成施工任务,确保工程质量、安全和进度。图20分别示出金塘大桥海上基础工程施工实况。

图19 金塘大桥

图20 海上施工平台

1)国内最大的超大型现代化工厂制梁,解决海上桥梁施工难题

金塘大桥非通航孔桥为多跨跨度60m的预应力箱梁,总计235孔,470片,如果采用常规工地现浇法施工,工程质量和安全无法保证,且工期很长。据此,金塘大桥建设了超大型现代化制梁工厂,预制箱梁用大吨位运梁车装船,浮运到至桥位安装,解决了恶劣海况环境下的多跨长桥施工难题。

图21 外模及台车

现代化制梁工厂占地面积15.6万平方米,设置了8个制梁台座、24个存梁台座、4个底腹板钢箱成形台作、4个顶板钢箱台座、4个内模拼装台座、1条运梁至码头专用通道、4座生产量75m^3/h的混凝土搅拌站、1座电脑全自动控制蒸气养生棚及其监控、供气系统(图21)。

制梁场配置了2台900t国产轮胎式运梁机,运梁机(图22)可实现0°~90°转向、安装了GPS定位系统、电脑控制系统,实现了双机同步连动,可把自重1575t预制箱梁抬运至码头装船。另有2台100t轮胎搬运机(可实现0°~90°转向)可装运成片钢筋骨架和模板。

金塘大桥工厂化制梁场实现了钢筋配制专业化,模板安装、定位整体化,蒸气养生自控化,制梁作业流水化,箱梁运输机械化,其生产能力达到每月30片,即日产一片梁。

2)配置先进打桩设备,攻克复杂海域环境下超长超重钢管桩沉桩难题

金塘大桥共有大直径钢管桩2918根,最大桩桩长90.7m,桩径1.5m,壁厚25~20mm,最大桩重

75t，是国内桥梁中最长、最重的钢管桩。为了在复杂海况条件下完成沉桩施工任务，并保证沉桩精度、工程质量和安全，攻克施工难关，施工单位加大投入，配置了最先进的打桩船（图23），该船配有7台50t锚机、7个10t铁锚，4根1.5m×1.5m×30m锚碇柱，可以在风速11m/s，流速3.2m/s，浪高2.0m/s时保持稳定，在风速7.0m/s，流速2.5m/s，浪高1.5m/s时正常作业。其360°全旋式桩架吊桩快捷、方便灵活；5～280液压打桩锤最大能量达280kJ并可根据局部土质状况变化情况自动调整沉桩速度，分析土层阻力；先进的GPS定位技术可以精确控制沉桩位置和斜度，保证定位准确。金塘大桥应用精良的打桩设备创造日沉桩最多12根的记录。

图22 现代化运梁机

图23 最先进的打桩船

3）1 600t钢套箱整体安装，一次成功

金塘大桥主通航孔桥D3号、D4号墩承台钢套箱平面尺寸为60m×38.12m、88m×38.12m，高9.85m，单个套箱重达1 600t，采用在陆地分块制作、在水上浮平台上总拼，再由两支吊重1 000～1 200t的浮吊抬吊提升、下沉，确保了套箱一次安装成功（图24）。

4）超大型海上平台

金塘大桥D4号墩位水深相对较浅，为了充分利用工期，施工单位加大投入，修建了国内最大的固定式海上桥梁施工平台（图25）。平台面积达120m×42m，配制有混凝土拌和设备、钻孔桩施工设备、起重设备、施工作业人员生活设施，足以保证全天候现场作业。

图24 沉放1 600t钢套箱

图25 超大型海上桥梁施工平台

五、以科技创新为先导，攻克海上建桥技术难关，建设世界一流桥梁

舟山大陆连岛工程战线长，规模大，西堠门大桥和金塘大桥的施工环境恶劣，技术复杂，科技含量高，质量和安全要求严。历史经验告诉我们，要完成如此艰巨的建桥任务，必须以科技创新为先导，组织开展技术攻关，依靠科技创新解决技术难题，推动工程建设，同时以创精品工程为目标，制定本工程质量检验评定标准、技术规范、管理条例、加大投入，采用先进设备和技术，建立适合本工程特点的人性化的、和谐的新型管理模式和理念，确保工程质量和安全，创精品工程，建设世界一流桥梁。

以上述宗旨为指导，舟山大陆连岛工程在工可阶段开展了15项专题研究，为工程可行性论证提供了技术、经济支持。西堠门大桥初步设计阶段、技术设计、施工图设计、施工阶段进行(或正在进行)的科研项目分别为9项、4项、7项、17项,取得了多项具有世界先进水平的成果,为优化设计、指导施工提供了依据,已经完成的直升机牵引悬索桥先导索过海新技术的研究成果引起了广泛的关注。

金塘大桥工可阶段完成了18项专题研究,初步设计阶段和施工阶段完成或正在进行中的研究项目分别为15项和17项。

这些研究成果不但有助于解决西堠门大桥和金塘大桥设计、施工中的关键技术问题,推动两桥建设进程,同时也将为世界桥梁技术进步提供新的经验。

浙江省舟山连岛工程建设指挥部的专家针对西堠门大桥位于台风多发、季风频繁、海洋风环境十分严酷的环境特点,进行了西堠门大桥在台风期架设钢箱梁的可行性论证,解决了困扰国内外桥梁界的台风期架设悬索桥钢箱梁的重大问题和运梁船动力定位问题,2007年12完成钢和梁架设,目前钢桥面铺装已完成(图26)。金塘大桥解决了海上桥梁施工技术难题之后,目前全线已基本贯通(图27)。

图26　西堠门大桥钢箱梁架设

图27　金塘大桥下部结构施工

值得提到的是西堠门大桥和金塘大桥均建设管理、设计、施工、科研、监理、监控、检测、技术咨询任务全部由国内单位和专家承担,施工机械设备、检测设备、原材料(除西堠门大桥一根主缆、金塘大桥斜拉索外)为国产,这说明中国建桥技术日臻成熟,已经达到可以自主建设特大型桥梁的世界先进水平。这是中国建桥人的骄傲。

2. 西堠门大桥创新设计

宋　晖　孟凡超
(中交公路规划设计院有限公司)

摘　要　舟山西堠门大桥为主跨1 650m两跨连续钢箱梁悬索桥,位于受台风影响频繁的舟山群岛。本文从建设条件入手,在大量研究分析的基础上,对梁、塔、锚、索四大分项工程均进行了创新设计:加劲梁选用全宽36m、中央开槽宽度6m的钢箱梁,高度211m的索塔选用涡振性能较好的四角凹槽矩形断面,主缆索股在锚碇中的锚固系统采用可更换的"镀锌钢绞线+油脂"方案,主缆采用国产化的1 770MPa高强平行钢丝。舟山西堠门大桥是符合建设条件并具有多项创新的的桥梁工程。

关键词　两跨连续大跨度悬索桥　中央开槽钢箱梁　四角凹槽塔柱断面　可更换预应力锚固系统　高强度主缆

一、概　　述

舟山西堠门大桥位于浙江省舟山市,是长达50km的舟山大陆连岛工程中的第四座跨海特大桥,它连接舟山群岛的册子岛与金塘岛(图1)。舟山大陆连岛工程共包括五座跨海大桥,分别为岑港大桥(舟山本岛至里钓岛)、响礁门大桥(里钓岛至富翅岛)、桃夭门大桥(富翅岛至册子岛)、西堠门大桥(册子岛至金塘岛)、金塘大桥(金塘岛至宁波)。该工程的建设不仅能完善国家及区域干线公路网,建立综合陆岛交通运输体系,而且可以促进舟山丰富海洋资源的开发及其经济发展。

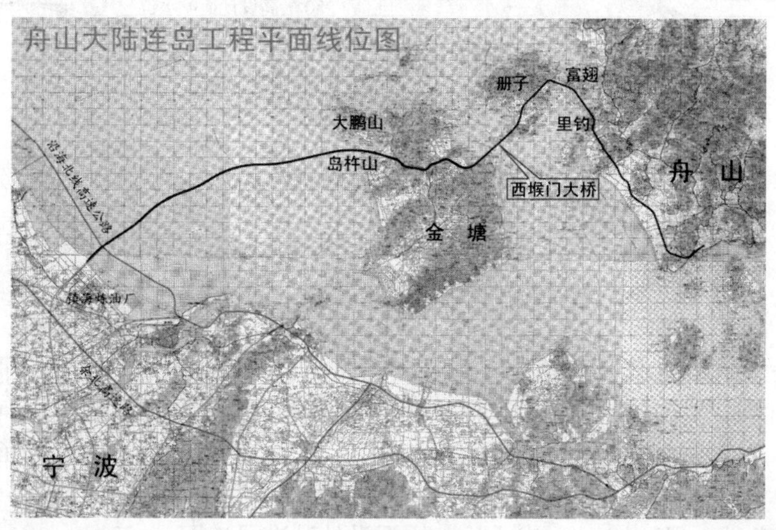

图1 路线总方案

西堠门大桥跨越水深流急的西堠门水道,为主跨 1 650m 的钢箱梁悬索桥,其主跨跨径目前世界排名第二、国内排名第一,也是目前世界上最大跨径的钢箱梁悬索桥。大桥全长 2 588m,造价约 22 亿人民币。

二、项 目 概 况

1. 自然条件

(1)本桥位于北亚热带,属东亚季风气候区。气候最大的特点是受台风影响频繁,风速大、风况复杂。经历时三年的现场风观测及与相邻气象站的资料分析,基本风速 U_{10} 取值见表 1。

西堠门大桥不同重现期基本风速 U_{10}(m/s) 表1

高 度	10 年	20 年	30 年	50 年	100 年
10m	32.37	35.06	36.59	38.52	41.12

风速随高度变化模式为 $U_{\mathrm{d}}=U_{10}\left(\frac{z}{z_{10}}\right)^{\alpha}$,其中桥位场地幂指数 α 为 0.16。

(2)本桥跨越的西堠门水道为西北—东南走向的水道,平均宽 2.5km,最窄处宽约 1.9km。该水道的特点是:水深——主槽最大水深为 80～95m;流急——实测最大涨落潮漂流流速达 2.66～3.65m/s,水道内存在裸露的孤丘和水下暗礁,有强烈的漩涡;岸坡陡、20m 或 30m 等深线离岸很近。

(3)本桥位于海岛,地形、地势起伏变化较大,覆盖层为第四系残坡积物,最大厚度为 5.0～5.5m;弱、微风化基岩埋藏浅或直接裸露,岩性单一,属硬质岩石。

2. 桥型方案

本桥为四车道高速公路,计算速度采用 80km/h,桥面净宽为 24.5m。

桥型方案为主跨 1 650m 两跨连续钢箱梁悬索桥(见图 2),主缆分跨为 578m+1 650m+485m,北边跨及中跨采用钢箱梁悬吊结构,南边跨采用预应力混凝土连续箱梁。主缆矢跨比为 1/10。

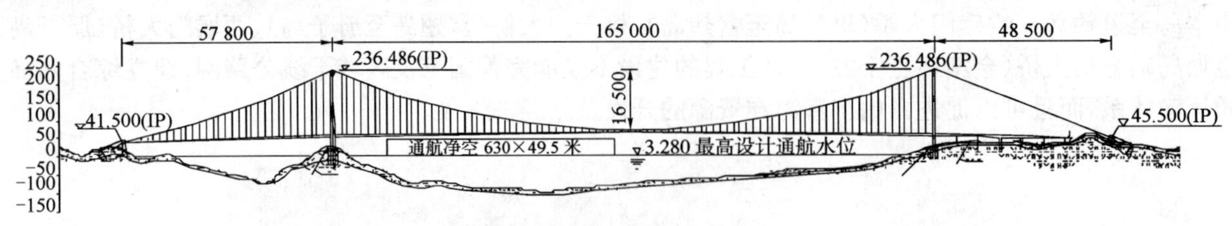

图2 桥型布置(尺寸单位:cm)

三、创 新 设 计

针对桥位处特殊的自然条件,设计者在总结国内外大跨径悬索桥建设经验的基础上,经过大量研究,对西堠门大桥的塔、梁、锚、索四大分项工程均进行了创新设计。

1. 加劲梁

大跨径悬索桥加劲梁的截面形状及尺寸更多地取决于抗风要求、宽度及吊索间距。而对于风的动力作用,主缆和加劲梁总是联合起来作出反应。但是,加劲梁的形状和几何尺寸在这里却具有决定性作用,因此,应着重解决加劲梁的风动稳定性。下文着重介绍加劲梁断面类型及重要参数的选定。

本桥的基本风速 U_{10}=41.12m/s,成桥状态桥面设计基准风速 $U_{\rm d}$=55.14m/s,成桥状态颤振检验风速[$U_{\rm cr}$]=78.74m/s。从表2的数据可注意到,常规的单箱断面加劲梁不能满足抗风要求,需要针对性地采取抗风对策。为此拟定了中分带拉开的双箱断面、单箱断面及敞开式格构的双箱断面三种断面形式进行研究,梁高分别为3.5m、3.5m、5m。

部分大跨径钢箱梁悬索桥相关参数表 表2

桥　　名	主跨跨径(m)	钢箱梁全宽(m)	梁高(m)	颤振检验风速(m/s)	颤振临界风速(m/s)
润扬大桥	1 490	38.7	3.0	54	55～56
江阴大桥	1 385	36.9	3.0	52	61
丹麦大带大桥	1 624	31.0	4.0	60	65

(1)双箱断面方案

加劲梁的中央开槽宽度选择了5m、6m、6.5m三个宽度、采用数值风洞进行气动选型,择优取用。之所以选择这一研究范围,主要是受北侧塔、锚的地形所限,如中分带拉开的距离增大,将导致北塔的右侧桩基进入陡坎或北锚的基坑边坡入海,施工难度有较大增加;其次的因素是透风率,研究范围对应的透风率为0.11～0.14。初拟方案见图3,研究的主要成果见表3。

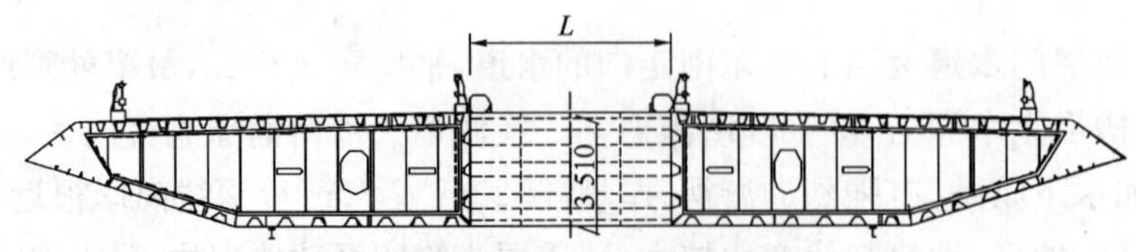

图3 加劲梁初拟断面(尺寸单位:mm)

双箱断面方案研究成果表 表3

中央开槽宽度(m)	振　　型	竖弯频率(Hz)	扭转频率(Hz)	数值风洞计算颤振临界风速(m/s)
5m	正对称	0.104 2	0.258 6	49.1
	反对称	0.081 7	0.265 5	52.1

续上表

中央开槽宽度(m)	振　型	竖弯频率(Hz)	扭转频率(Hz)	数值风洞计算颤振临界风速(m/s)
6m	正对称	0.104 0	0.261 6	67.5
	反对称	0.081 5	0.266 7	69.9
6.5m	正对称	0.104 0	0.258 8	52.6
	反对称	0.081 6	0.262 7	53.8

表3的研究成果表明:当加劲梁的中央开槽宽度为6m时,颤振临界风速达到了峰值。因此,双箱断面方案的中央开槽宽度取为6m。加劲梁经1/40节段模型试验,其颤振临界风速为88.4m/s(图4、图5)。

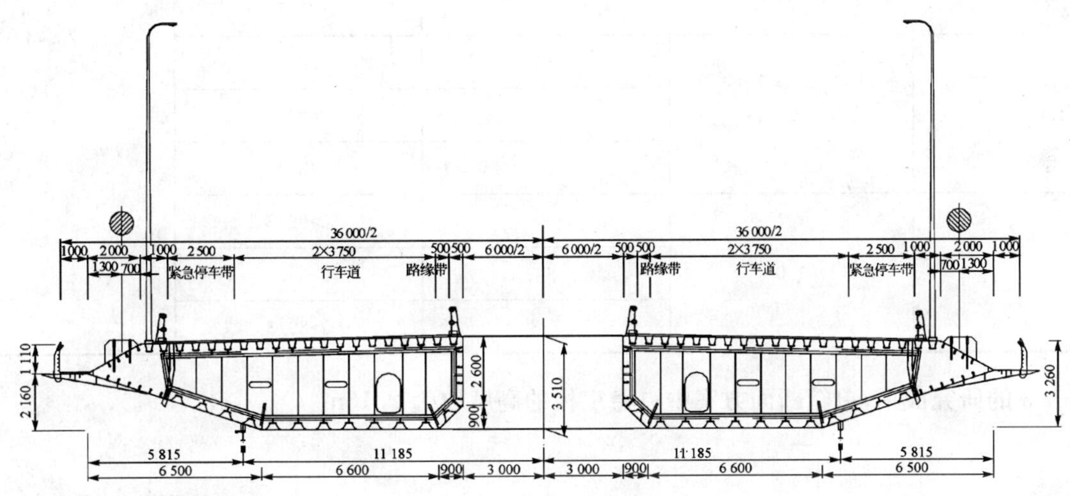

图4 双箱加劲梁标准断面(尺寸单位:mm)

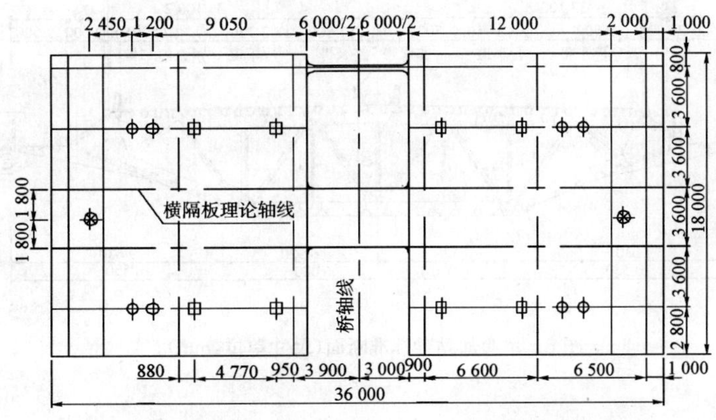

图5 双箱加劲梁标准节段平面(尺寸单位:mm)

(2)单箱断面方案

单箱断面方案的扭转频率达到了比较高的数值,一阶反对称为0.322 7Hz、一阶正对称为0.289 7Hz,与一阶竖弯频率的比值分别为2.408、2.863。但该断面经1/80节段模型试验,测定颤振临界风速为47.5m/s,小于颤振检验风速,必须采取制振措施(图6)。为此,对增设中央稳定板的制振措施进行了研究。

该项研究在风洞试验室进行，中央稳定板的高度选择了1.16m、1.66m、2.16m三种。试验结果见表4。

单箱断面中央稳定板高度研究成果表（节段模型试验）　　表4

中央稳定板高度(m)	高于防撞护栏高度(m)	攻角(度)	试验颤振临界风速(m/s)	颤振检验风速(m/s)
0	—	−3	68.2	78.74
		0	45.8	
		+3	47.5	
1.16	0	−3	>89.3	
		0	>89.3	
		+3	37.7	
1.66	0.5	−3	88.0	
		0	>89.3	
		+3	43.4	
2.16	1.0	−3	>89.3	
		0	>89.3	
		+3	>89.3	

根据表3的研究成果，单箱断面方案中央稳定板的高度取为2.16m。

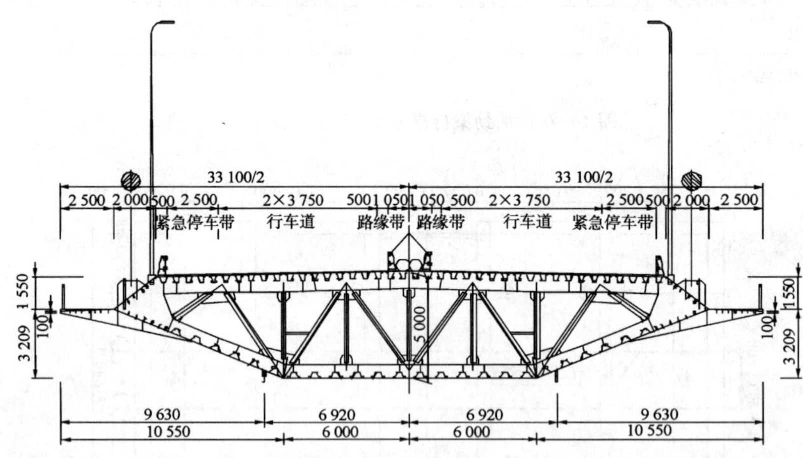

图6　单箱加劲梁标准断面(尺寸单位:mm)

(3)敞开式格构方案

断面外形与双箱断面方案相同，但加劲梁不加宽，内侧两个车道采用敞开式格构桥面板，达到中央透风的目的(图7)。

国外桥梁界多年的研究表明，这种断面的突出优点就是气动稳定性好、用钢量少，是超大跨径索结构桥梁的发展方向。本桥的研究亦是一个明证。

该断面的节段模型试验结果为：颤振临界风速大于91.1m/s，大于颤振检验风速，气动稳定性满足要求。

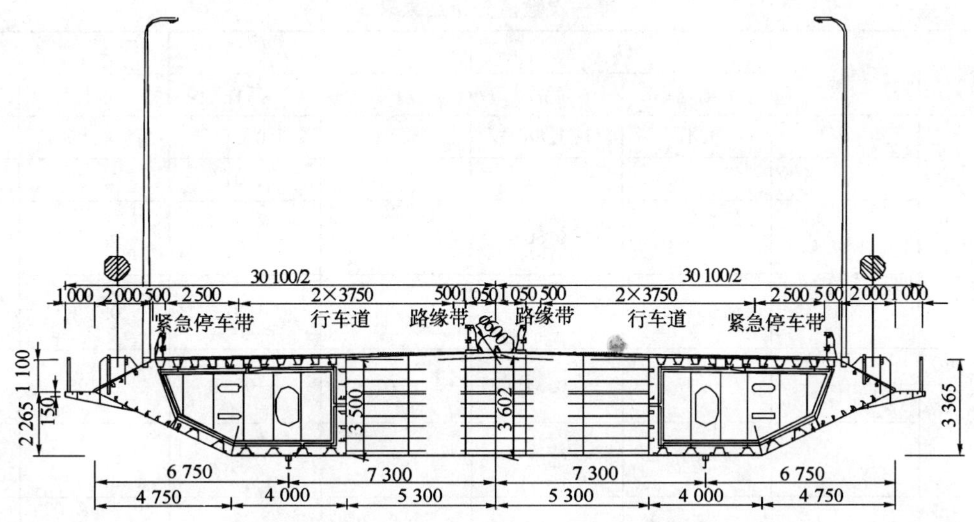

图7 敞开式格构加劲梁标准断面(尺寸单位:mm)

(4)比选

上述三种加劲梁断面方案经节段模型实验验证,均满足抗风稳定性要求。单箱断面方案梁高较高,造型厚重,用钢量较大、工程造价较高;而敞开式格构方案虽然经济性最好,但行车舒适性、疲劳寿命、行车安全性等存在不足,技术不够成熟;双箱断面方案技术成熟,工程造价适中,综合指标最佳。因此,本桥加劲梁采用双箱断面方案。

2. 索塔

本桥的塔高为 211.286m,采用钢筋混凝土门式框架结构(图 8)。从塔柱稳定性及其受力要求考虑,塔柱之间设置 3 道横向连接。南塔是主、引桥的分界点,因此设置了下横梁,以布置各种加劲梁约束装置;北塔处未布置竖向支座,因而不设下横梁,但中横梁至承台顶的高度达 133.675m,因此在承台之间设置横系梁,同样形成两层框架,以减小施工难度、缩短工期。下文着重介绍塔柱断面型式的选定(表 5)。

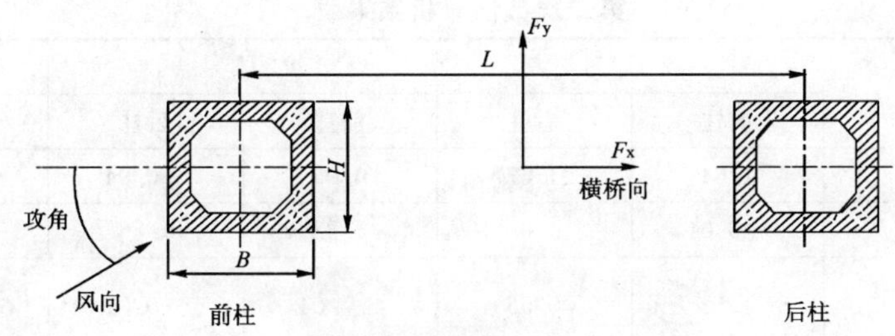

图8 索塔风向示意

大跨径斜拉桥、悬索桥混凝土索塔类比表 表5

桥 名	桥型方案	索塔距水面高度(m)	基本风速 U_{10}(m/s)	备 注
丹麦大带大桥	悬索桥	254	31.37	
法国诺曼底大桥	斜拉桥	202.7	不详	地处塞纳河口,面临大西洋塞纳湾,风力应小于本桥

塔柱断面的气动选型是采用数值分析手段进行的。

第一次数值的分析计算结果如表 6。

第一次数值分析结果表　　表6

四角处理方法	攻角(°)	C_x		C_y		S_t	
		前柱	后柱	前柱	后柱	前柱	后柱
不处理	0	1.45	1.88	0.01	0.01	0.109	0.109
	90	0.10	−0.11	1.95	1.91	0.130	0.130
直角等边凹进1m 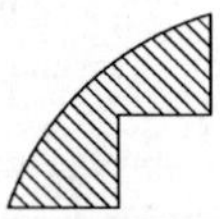	0	1.03	0.50	0.00	0.03	0.120	0.120
	90	0.10	−0.08	1.36	1.37	0.130	0.152
外凸圆角(半径1m) 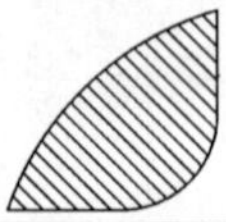	0	0.37	0.34	0.01	−0.01	0.195	0.195
	90	−0.04	0.05	0.54	0.54	0.217	0.217
内凹圆角(半径1m) 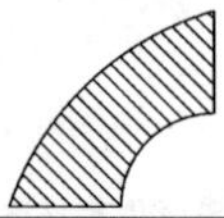	0	1.06	0.49	−0.10	0.00	0.119	0.119
	90	0.10	−0.15	1.40	1.38	0.130	0.130

从表6可注意到:

(1)四角不处理(即断面呈矩形)的阻力系数最大,顺桥向达到了1.95。

(2)阻力系数最小的处理方法是外凸圆角(半径1m),但其斯托罗哈数最大,发生涡振时的风速最小,因而更易发生涡振。

(3)直角等边凹进1m、内凹圆角(半径1m)两种处理办法的阻力系数与斯托罗哈数相当,基本为中值,是可取的选择方向。

考虑到内凹圆角(半径1m)的施工难度较大,同时线条元素与直线形塔柱不协调,因此,选择直角等边凹进的处理方法进行第二次数值分析,对凹进尺寸再进行深入的研究。

第二次数值分析的计算结果如表7。

第二次数值分析结果表　　表7

四角处理方法	攻角(°)	C_x		C_y		S_t	
		前柱	后柱	前柱	后柱	前柱	后柱
不处理	0	1.64	1.67	0.05	−0.04	0.114	0.114
	90	−0.01	0.01	1.82	1.86	0.114	0.114
直角等边凹进0.7m 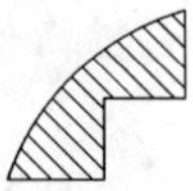	0	1.12	0.56	−0.04	−0.01	0.114	0.114
	90	0.13	−0.13	1.25	1.22	0.133	0.133
顺桥向凹进0.5m,横桥向凹进1m 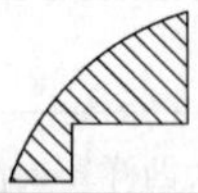	0	1.56	1.57	−0.03	−0.05	0.114	0.114
	90	0.11	−0.10	1.04	1.01	0.152	0.152
顺桥向凹进1m,横桥向凹进0.5m 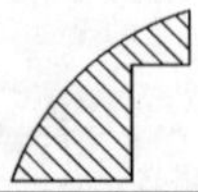	0	0.91	0.55	−0.01	0.02	0.133	0.133
	90	0.01	−0.01	1.72	1.74	0.133	0.133

从表7可注意到：

(1)三种直角凹进方式的斯托罗哈数差别不大，发生涡振的可能性相当。

(2)"顺桥向凹进0.5m、横桥向凹进1m"方式的横桥向阻力系数为最大值、顺桥向阻力系数为最小值，而"顺桥向凹进1m、横桥向凹进0.5m"方式的阻力系数则相反。均为两个方向不可兼得。

(3)直角等边凹进0.7m方式的阻力系数介于其他两种凹进方式之间，两个方向的阻力系数均接近最小值，是不错的方案。

因此，最终确定在塔柱断面的角点部位设置0.7m×0.7m的凹槽，以改善索塔的抗风性能(图9)。

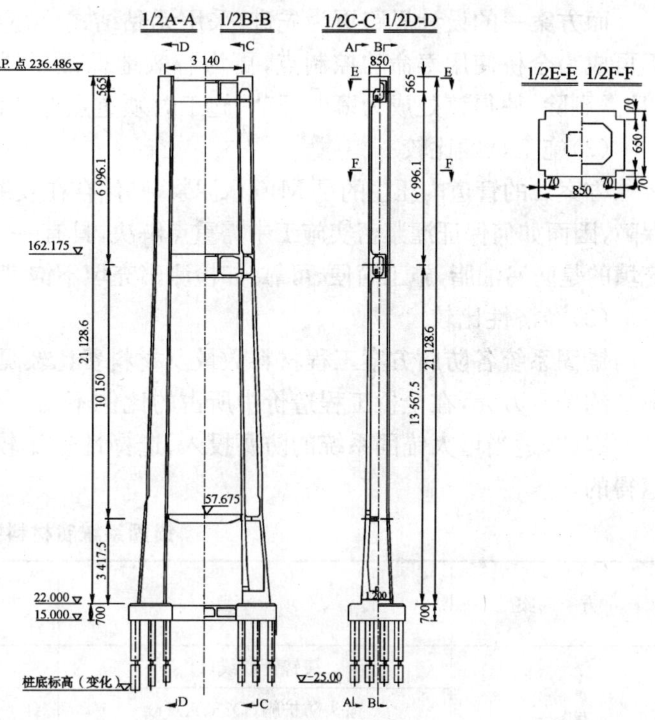

图9 索塔一般构造(尺寸单位:cm)

3. 主缆索股锚固系统

预应力锚固系统因钢材用量少、工程造价低，而具有较大的经济性优势，所以得到较广泛的采用。因主缆索股锚固于其上，它是将缆力传递至锚碇的关键构件，因而对它的耐久性要求较高，使用寿命应与主缆相同。传统的预应力锚固系统防腐方案为"光面绞线＋压水泥浆"，存在不可更换和耐久性方面的问题。国内多座大跨径悬索桥对此进行了有益的探索，本桥借鉴其他桥的经验，也对索股锚固系统防腐方案进行了研究，研究情况如下：

·方案一，"镀锌钢绞线＋防腐油脂"(图10)。

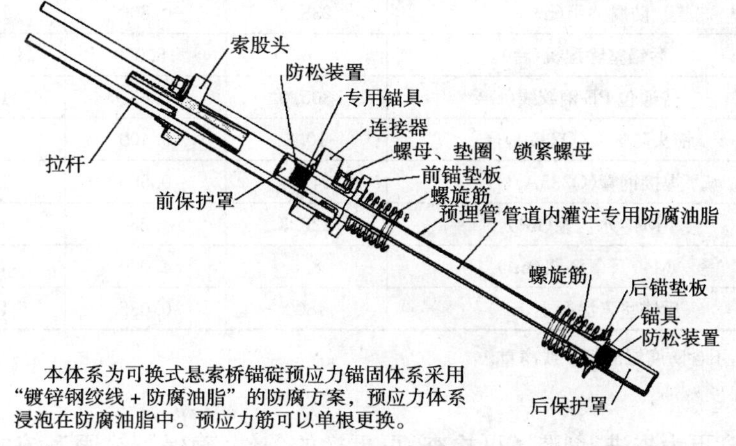

图10 预应力锚固系统组装

为无黏结式，预应力镀锌钢绞线可以更换。夹片后设置防松装置。钢管及前后锚头防护帽内均充满油脂，防腐油脂为建筑用无黏结钢绞线专用防腐油脂。同时前、后锚室内设除湿机除湿，防止后锚头及防护帽腐蚀。

·方案二，"普通包PE钢绞线＋真空辅助压浆"。

为有黏结式，普通包PE钢绞线不可更换。夹片处的外覆PE需剥除。预应力管道内充填M40水泥浆，锚头防护罩内充填M40环氧砂浆。为避免锚头及防护帽腐蚀，前锚室内设除湿机除湿、后锚室充填素混凝土。该方案是传统防腐方案的改进型。

(1)有效性比较

两个方案对钢绞线的防护均为两层,为"锌层+防腐油脂"或"PE套+水泥浆";总体的设计思路都是:通过预留管道、防护帽及充填物将预应力锚固系统密封,从而营造一个与外界隔离的"环境",防止锚固系统发生腐蚀。如施工的各道工序质量都满足要求、"密封"有保证的话,两个方案均能够保证锚固系统的耐久性。

而方案一的设计思路更为先进,采用无黏结式、预应力镀锌钢绞线可更换,从而使得锚固系统的寿命不再成为全桥使用寿命的控制点,更为有效地保证了锚固系统的耐久性。方案二的钢绞线夹片处外覆PE需剥除,使得该处成为薄弱环节、施工时须重点保证该处的密封性。

(2)施工难度比较

方案二的管道内压注的是M40水泥浆,必然存在收缩问题,需进行二次灌浆。灌浆密实度是密封性的保障,因而如何保证灌浆密实施工中需重点解决,具有一定的施工难度。而方案一不存在该问题,其管道内充填的是防腐油脂,施工简便、可靠,如检测出充填不饱满或稍有渗漏,还可加注,因此施工方面方案一最优。

(3)经济性比较

锚固系统各防腐方案工程材料数量及材料费比较见表8。从表8的比较可知,方案一的造价高于方案二约150万元,在全桥工程造价中所占的比例不到1%。

因此,适当增大锚固系统的防腐投入、选择性价比较高的方案、从而确保这一关键构件的耐久性,是值得的。

锚固系统腐材料费比较表　　表8

方　案	项　目	数　量	单价（万元/ t、m³）	材料费（万元）	合计（万元）
方案一：镀锌钢绞线＋防腐油脂	镀锌钢绞线(t)	305.0	1.100	335.5	751.1
	锚头防护帽(Q235A)(t)	13.6	0.400	5.4	
	20号无缝钢管(t)	244.4	0.653	159.6	
	防腐油脂(m³)	238.2	0.800	190.6	
	后锚室除湿机(台)	4	15.000	60.0	
方案二：普通包PE钢绞线＋真空辅助压浆	普通包PE钢绞线(t)	305.0	0.650	198.3	604.6
	锚头防护帽(Q235A)(t)	10.3	0.400	4.1	
	焊接钢管(Q235A)(t)	244.4	0.550	134.4	
	M40水泥浆(m³)	226.3	0.280	63.4	
	M40环氧砂浆(m³)	8.5	4.000	34.0	
	后锚室素混凝土(m³)	4800	0.035	168.0	

注:表中钢绞线重量是指不含防腐层的钢绞线净重。

(4)结论

方案一的设计理念更为先进,创造了可检查、可更换的条件,确保了锚固系统的安全性和耐久性,符合桥梁建设的发展趋势,但采用的均是成熟技术,如:无缝钢管、防腐油脂等,施工简便、可靠,从而使得方案一的性价比最优。因此,本桥锚固系统防腐方案采用方案一,即:"镀锌钢绞线+防腐油脂"。

4. 主缆

目前国内外大跨径悬索桥的主缆大多采用1 670MPa平行钢丝。提高强度级别可以到达减轻主缆自重、从而减小缆力的目的,塔、锚的规模相应地减小,主缆索股数减少、施工周期减短,由此可带来一定的经济效益,跨径越大效益越好。日本的明石海峡大桥就采用了1 770MPa的平行钢丝,该钢丝由神户制钢和新日铁专门研制。

本桥主缆如采用1 670MPa平行钢丝,主缆自重荷载占恒载的比例达34%,有必要对1 770MPa平行钢丝的适用性进行研究。研究的主要成果见表9。

工程数量比较表 表9

钢丝强度 / 分项工程	1 670MPa	1 770MPa	减小幅度	备注
锚碇规模(m^3)	185 229	180 619	2.5%	
锚固系统(套)	468	432	7.7%	不论规格大小
主缆用钢量(t)	24 888	22 943	7.8%	
索夹用钢量(t)	686	664	3.2%	
索鞍用钢量(t)	1 271	1 201	5.5%	

经造价测算,除主缆外的各分项工程共计减少835万元。经向日本厂商咨询,1 770MPa平行钢丝约为10 000元/t,索股加工方式为:盘条进口→日方在国内建厂拉丝→国内厂商编索;日方所建拉丝厂于2004年3月投产,年产量约28 000t/年。主缆虽然用钢量减少,但造价提高610万元。总的平衡下来,即使采用进口1 770MPa平行钢丝,工程造价将降低225万元。与此同时,经向国内厂商咨询,生产1 770MPa平行钢丝的盘条(牌号为$B82M_nQL$)已国产化,1 770MPa平行钢丝已投产,在主跨380m的柳州红光桥上已应用,每吨价格比1 670MPa仅高出约5%~10%。

综合考虑适用性、经济性、施工等因素,本桥主缆采用1 770MPa平行钢丝(图11)。

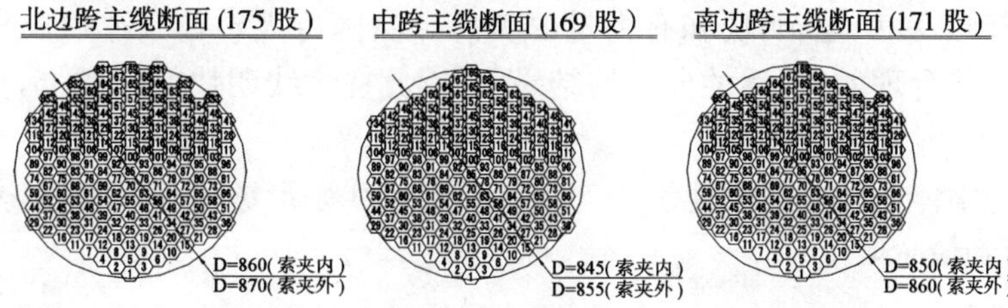

图11 主缆方案

本桥的结构抗风性能研究工作由同济大学土木工程防灾国家重点实验室承担,设计过程中及本文均采用了其研究成果,并得到了葛耀君教授的支持与协助,在此一并表示感谢。

3. 西堠门大桥索塔设计

刘 波 宋 晖

(中交公路规划设计院有限公司)

摘 要 悬索桥索塔是支承主缆和加劲梁的重要结构,也是悬索桥审美处理的重点。本文结合西堠门大桥的索塔设计过程,介绍了索塔方案设计、构造处理及计算分析等内容,特别对控制结构验算的风荷载予以重点介绍。

关键词 悬索桥 索塔 设计思路 风荷载

一、工程概况

西堠门大桥工程连接册子岛与金塘岛,是舟山大陆连岛工程中的第四座大桥,按行车速度80km/h的四车道高速公路标准设计。桥位处水面宽度约为2 000m,最大水深达95m,受地质、水文等建设条件的限制,主桥设计为578m+1 650m+485m的两跨连续悬索桥,主缆垂跨比为1/10。北边跨及中跨加劲梁为悬吊结构,两跨连续长度为2 228m,南边跨引桥采用跨径60m的预应力混凝土箱梁。锚碇形式为重力式扩大基础锚,主缆采用高强度平行钢丝PWS法架设,加劲梁采用中分带拉开的双箱断面,每个单箱均为封闭钢箱。

索塔为塔柱、横梁组成的门式框架结构。塔柱为普通钢筋混凝土结构，横梁为预应力混凝土结构。北塔设两道预应力钢筋混凝土横梁联系主塔柱，承台间设混凝土系梁联结；南塔设三道预应力钢筋混凝土横梁联系主塔柱。索塔高度为211.286m；桥面以上高度为175.611m。塔基为24根直径2.8m的嵌岩桩基础。

二、方案与美学设计

作为悬索桥主要受力构件的索塔其结构形式和美学设计至关重要。根据目前国内悬索桥的设计经验，采用钢筋混凝土门式框架结构索塔满足抗风性能等受力需要及景观效果，是经济合理的选择。

1. 美学设计原则

悬索桥索塔高耸，缆索下悬，梁、塔、缆索简洁的几何构图及柔性曲线与刚劲直线的结合，桥型清晰、气韵生动，充分体现了力线明快、简洁流畅、功能与形式统一的优美形态。悬索桥本身韵律已定，索塔就成为审美处理的重点，满足结构功能受力要求的同时，在视觉和景观方面也应有出色表现。建筑美学的问题往往在具体思路上见仁见智，西堠门大桥索塔设计从结构受力和建筑美学的角度倡导线条明快和比例尺度的协调。

1）力线明快为桥梁美的法则是顺理成章的[1]

力的平衡和结构的稳定是桥梁负荷功能的基本条件，任何桥梁各部件的构造作用力的关系由其外形显示出来，会使人们得到一种稳定、明快和有力量的美感。法国诗人包德莱尔（Baudelaire）说过“任何美的、宏伟壮丽的事物，都是合理的、精确的分析的结果”。因此在力线明快的问题上，技术与美观自然而然的融合为一体了。

桥梁结构本身的力学体系注定桥梁建筑动态美就是要其线条形象要表现力量，其表现手法是使结构简单、力线明确并精简到最少限度。

2）索塔的比例尺度

法国建筑师从人体的绝对尺度出发制定了两级级数，把比例、尺度、技术与美学统一起来。悬索桥索塔比例尺度的设计是关键环节，通过比例尺度的把握，使结构设计达到均衡稳定、并进可能形成一定的韵律感，能够象音乐一样使人产生愉悦的效果。世界上有名的建筑无不与比例协调有关。

塔结构层次较多的门式结构可以形成较好的递变和韵律关系，如建筑领域的应县木塔堪称经典。本桥相比而言，横桥向门形结构层次简单。在设计过程中曾经选择音乐韵律的2/3（五度）～3/5（大六度）～5/8（小六度）三层递进的比例关系运用到三层的框架结构中，但由于自然条件受限，下横梁至塔底的高度不大，所以索塔设计时并没有形成一个多次递进比例关系。

最终确定的尺寸有以下比例关系：上中横梁之间高度/中下横梁之间高度接近2/3，中下横梁之间高度/上下横梁之间高度接近3/5，总体上各部分的比例匀称和谐，桥面以上视觉也较为开阔。

3）造型或装饰处理

建筑大师密斯的代表作往往被人们以他自己的话形容为“少即是多”（Less is more）[2]，这与老子所倡导的“以质为美，先质后文”的思想如出一折。国内某著名建筑学者对建筑设计也有“如欲伟大，必须简单”的论述。当然我们不能片面理解大师们的思想，但至少应该在桥梁建筑领域，呼唤以建筑自身构成装饰建筑，运用“少”的建筑构成因素，表现出更“多”的美感意趣。

目前桥梁设计中一定程度上存在刻意追求与众不同的效果甚至异想天开、违背结构关系和力学原理的做法，另外不顾美学大义、不结合材料本身的特质、追求额外装饰也是不好的趋向。笔者强烈反对个别桥梁设计中采取牵强赴会的简单处理手段，应提倡以结构本身的比例、给人的力学冲击形成大型建筑特有的美学景观。

2. 刚柔塔之争或体量之把握

就结构受力而言，自虎门大桥和江阴大桥设计开始，曾有刚性塔和柔性塔设计概念之争。对于大跨悬索桥而言，由于主缆在顺桥向的刚度非常大，索塔的纵向抗推刚度相对较小，塔顶的位移主要是主缆重力刚度的水平分量决定的。通过对塔的弯曲平衡方程分析便可发现增大索塔刚度后,塔身的弯矩急剧增大。因此为了经济地设计索塔及基础,塔身的弯曲刚度必须控制在一定的数值范围内。Kloppel 在 20 世纪 60 年代通过传递矩阵法对等截面塔柱的分析发现塔身刚度不宜大于塔顶竖向力作为欧拉临界力时的自由悬臂柱的弯曲刚度。目前采用几何非线性有限元的方法可以很方便的对变截面的索塔进行优化分析。总之,索塔截面并非越大越好,应该控制在一定的数值之内可以得到经济合理的方案。

结构受力满足要求之后,一般而言会从视觉上给人安全稳定的效果,体现在美学范畴就是给人的视觉印象尺寸合乎长情的功能外观。与梁桥相比,悬索桥的索塔和主缆协调了梁桥水平方向单维突出的构图比例,而与缆索的柔美曲线基调呼应的,索塔更应强调高耸挺拔、稳重有利的性格。

因此在讲求美学比例的同时,笔者赞同一定程度上适度调整索塔尺寸比例,使视觉尺寸印象超过真实尺寸,以突出悬索桥的稳定感和雄伟尺度。国内江阴长江大桥的设计即是一例。

3. 索塔截面尺寸的拟定

1)索塔截面尺寸的比例

初步设计阶段,曾经选择过典型断面布置为 8.5m×7.5m 的近似正方形的截面布置形式,后来结合手里需要和提高索塔侧面的稳重感,适度加大了顺桥向的截面尺寸。横桥向尺寸适度减小为 6.5m 并与横梁尺寸配合,小于横梁的尺寸,比例协调。

2)截面倒角气动选型

相比而言,本桥索塔高度较大、桥位处基本风速达 41.12m/s 之多,故从气动性能方面对索塔局部外形进行了比选分析。

索塔的气动选型是采用数值分析手段进行的,根据第一轮的气动选型分析后发现:外凸倒角断面的静风载最小,但其斯托罗哈数最大,发生涡振时的风速最小,因而更易发生涡振;内凹圆形和内凹矩形的涡振风速较高(图 1)。

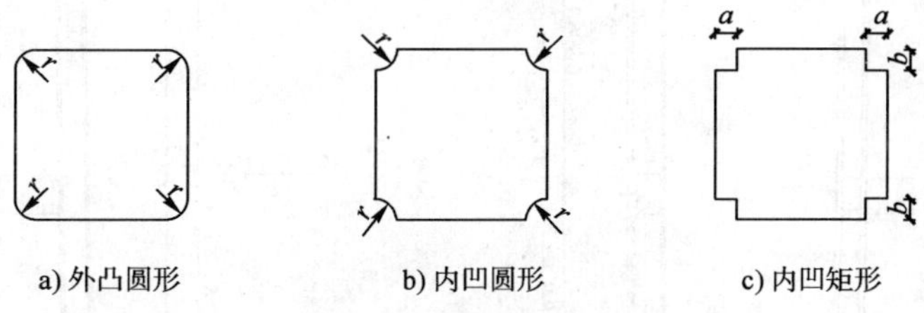

图 1 断面气动选型示意

考虑到内凹圆角的施工难度较大,同时线条元素与直线形塔柱不协调,因此选择直角凹进的处理方法为主攻方向,对凹进具体方式进行深入的研究。根据第二轮的选型比较:三种直角凹进方式的斯托罗哈数差别不大,发生涡振的可能性相当。直角等边凹进 0.7m 方式的阻力系数介于其他两种凹进方式之间,两个方向的阻力系数均接近最小值,因此最终选择直角等边凹进 0.7m 的处理方案为本桥塔柱断面方案(表 1)。

直角凹进处理数值分析结果 表 1

四角处理方法	攻角(°)	C_x		C_y		S_t	
		前柱	后柱	前柱	后柱	前柱	后柱
不处理	0	1.64	1.67	0.05	−0.04	0.114	0.114
	90	−0.01	0.01	1.82	1.86	0.114	0.114
直角等边凹进 0.7m	0	1.12	0.56	−0.04	−0.01	0.114	0.114
	90	0.13	−0.13	1.25	1.22	0.133	0.133
顺桥向凹进 0.5m,横桥向凹进 1m	0	1.56	1.57	−0.03	−0.05	0.114	0.114
	90	0.11	−0.10	1.04	1.01	0.152	0.152
顺桥向凹进 1m,横桥向凹进 0.5m	0	0.91	0.55	−0.01	0.02	0.133	0.133
	90	0.01	−0.01	1.72	1.74	0.133	0.133

3)索塔横梁截面

索塔作为一个整体,横向、竖向的装饰元素应保持一致,以利于各个不同部件形成秩序,产生关联,并最终形成统一的视觉效果。基于此种认识,为与棱角分明的矩形塔柱协调匹配,横梁的结构形式由初步设计的弧线形变高度矩形断面调整为直线形等高度矩形断面。

三、结构设计

根据上述的主要方案设计原则,西堠门大桥采用的线条硬朗,为符合力线传递方向的体形组合。桥面以上向高空伸展,体现向上的动势;桥面以下锥度增大,增强均衡稳定之感。同时结合结构抗风要求进行截面的细部优选,为避免索塔的涡激振动,增加光阴效果,塔柱断面的四角直角等边凹进。使索塔整体上简洁明快、比例均衡,造型大方又不觉单一,秀美挺拔又不失稳重。

索塔为塔柱、横梁组成的门式框架结构。塔底设计高程为22.000m,塔顶设计高程为233.286m,索塔高度为211.286m;桥面以上高度为175.611m。塔柱为普通钢筋混凝土结构,横梁为预应力混凝土结构。根据本桥的塔高,从塔柱稳定性及其受力要求考虑,塔柱之间设置3道横向连接。南塔是主、引桥的分界点,因此设置了下横梁,以布置各种加劲梁约束装置;北塔处未布置竖向支座,因而不设下横梁,但中横梁至承台顶的高度达133.675 m,因此在承台之间设置横系梁,同样形成了两层框架,与设置下横梁、不设横系梁的框架体系相比较,下塔柱应力仅高7%,但减小了施工难度、缩短了工期(图2)。

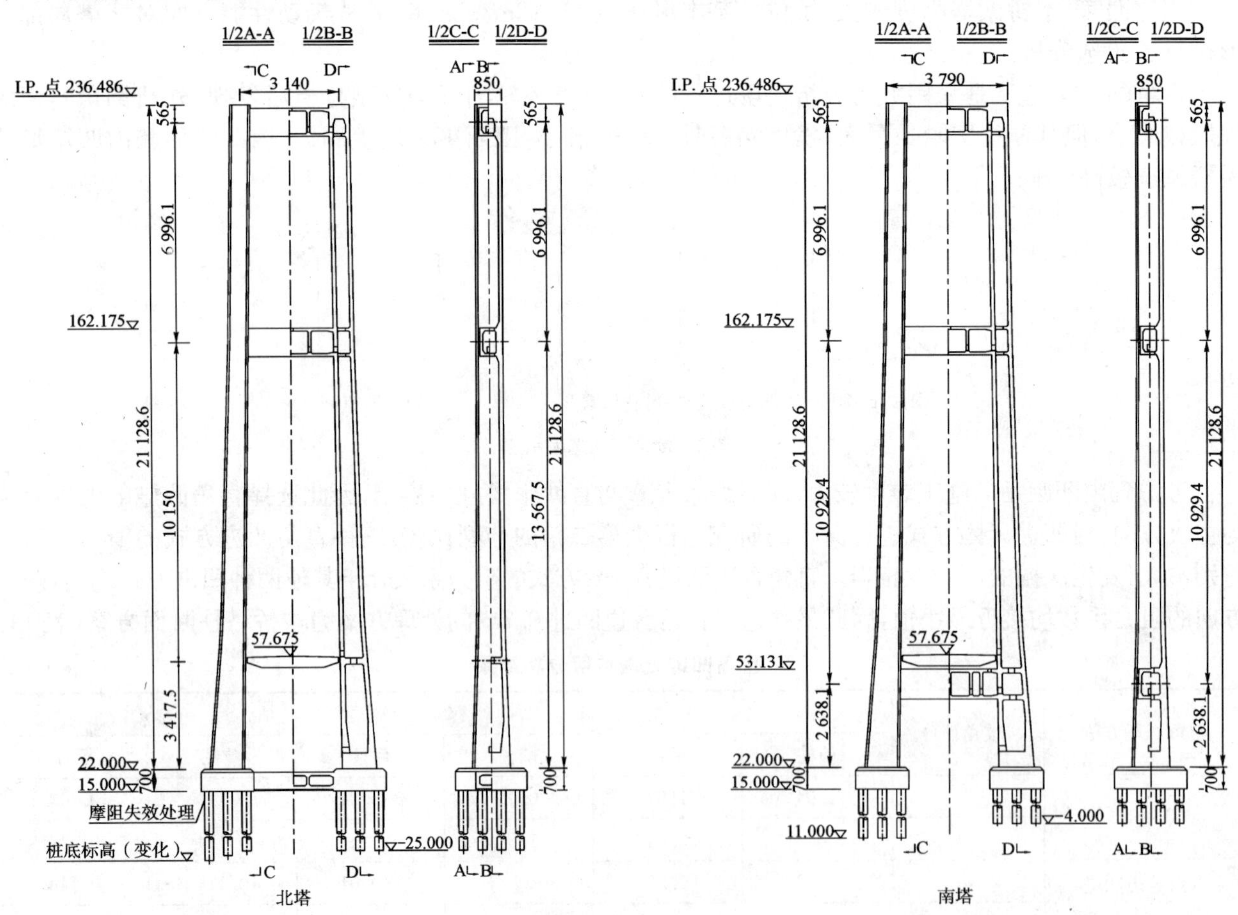

图2 索塔构造(尺寸单位:cm)

1)塔身

塔柱为钢筋混凝土箱形截面。根据主缆间距及加劲梁宽度,索塔两塔柱横桥向内倾,倾斜率为1/68.711。塔柱截面尺寸布置如下:上塔柱为等截面8.5m(顺桥向)×6.5m(横桥向);中塔柱自中横梁开始线性变化至高程 67.000m，辅助截面尺寸为 9.0m(顺桥向)×8.0m(横桥向)；尔后线性变化至塔底截面，平面尺寸为 12.0m(顺桥向)×11.0m(横桥向)；其中高程 59.500m(距塔底37.5m)以上 15m 高度范围内，截面尺寸按圆弧变化。塔柱截面四角作等边 0.7m 的凹缺处理。塔柱壁厚自上而下分别为 1.2m、1.4m、1.6m(顺桥向)，1.2m、1.3m、1.5m(横桥向)，并在与横梁交接范围局部加厚。

2)横梁

横梁为预应力混凝土箱形截面。上、中横梁截面尺寸为 6.10m(宽度)×9.0m(高度)，顶、底板和腹板厚度为 0.9m，横梁内腔设有两道 0.9m 厚的隔板。下横梁高度均为 9.5m，宽度为 7.50～8.13m，壁厚为 1.0m，横梁内腔根据支座及约束的不知位置设有五道 0.9m 厚的隔板。

上横梁采用 40 束规格为 15～19 的钢束，其张拉控制力为 3 710.7kN；中横梁采用 56 束规格为 15～22 的钢束，其张拉控制力为 4 296.6kN。下横梁采用 68 束规格为 15～22 的钢束，其张拉控制力为 4 296.6kN。均为直线束，钢束锚固于塔柱内。

塔柱及横梁除设置人孔外，为降低塔柱及横梁内外温差、改善通风状况，在塔柱外壁及横梁腹板、底板设有通风孔。

四、结构计算分析

1. 计算模式及方法

西堠门大桥索塔计算分析采取顺桥向、横桥向分别进行内力分析，尔后叠加的方法进行截面强度验算。当然，采用非线性的计算程序，将计算的控制参数及组合放在总体模型中也不失为一种有效的手段。

(1)顺桥向计算中，施工状态按塔底(或换算桩底)固结考虑；成桥状态考虑主缆刚度对索塔的约束影响，按塔底固结、塔顶纵桥向铰结考虑；运营状态塔顶在活载、温度等作用下的位移按支座强迫位移考虑，并采用非线性程序计算顺桥向几何非线性 $P\text{-}\Delta$ 效应影响。

(2)横桥向按平面框架杆系有限元法进行索塔框架分析，忽略主缆对索塔的水平约束作用，考虑横梁预应力、索塔自重力、塔顶荷载、横桥向风荷载及温度等荷载。

2. 荷载及荷载组合

索塔主要承受由索鞍传下的竖向荷载及风荷载、温度荷载所产生的顺桥向和横桥向水平荷载。活载的加载状态以最大塔顶位移与相应竖向力控制，以及对应工况下支座传递的竖向和水平力。

计算荷载考虑索塔自重力、主缆传递的塔顶荷载(含塔顶位移)、约束系统的荷载、风荷载、温度及地震荷载等荷载。风荷载是本桥的控制性荷载，故以下重点介绍风荷载计算参数的选取。

1)各工况风速取值

成桥状态只与恒载组合的百年一遇风，按 1%频率取值，其基本风速 $V_{10}=41.12\text{m/s}$(此值为桥位实际观测数据，已计入地面粗糙度修正)；施工状态基本风速取用 20 年重现期的风速 $V_{10}=41.12\times0.88=36.186\text{m/s}$；运营状态与活载组合时，桥面风速按 25m/s 考虑。

2)地面粗糙度系数，根据专题研究报告，西堠门大桥设计中风随高度变化参数 α 值的取值为：海拔高度 70m 以下取 0.16，70m 以上取 0.14。

3)体形风阻系数

根据索塔阻力和升力 CFD 计算分析成果[3]，确定索塔塔柱各截面的阻力和升力系数。但 CFD 数值计算结果仅确定了($B=8.5\text{m}$，$H=6.5\text{m}$)和($B=9.377\text{m}$，$H=8.277\text{m}$)两类断面。计算中横桥向考虑前后柱影响，通过内差确定各控制点的风阻系数。该结果与伊藤学所著“耐风构造”一书中的风阻系数对比较为一致[4]。

索塔横梁的阻力系数参考《公路桥梁抗风设计规范》确定为：$C_D=1.45$。

4)阵风修正系数

风速或风压随时间的变动将使桥梁产生随机受迫振动，因而需对静力响应考虑一个放大系数。本计算中参考“公路桥梁抗风设计规范”取值(1.35)。这一取值经过动力响应分析验证。

5)横桥向风载产生的缆和加劲梁施加到索塔上的耦合风力

横桥向风载产生的缆和加劲梁施加到索塔上的耦合风力由空间杆系程序求出,见表2。

主缆和加劲梁施加到索塔上的耦合风力　　表2

部　位	运营状态		成桥阶段百年一遇大风作用	
	主缆(单根)	加劲梁	主缆(单根)	加劲梁
塔顶	1 100kN	—	5 350kN	—
横向抗风支座	—	3 200kN	—	15 000kN

主要的荷载组合考虑如表3(其中未列出地震例荷载组合)。

主要荷载组合　　表3

	组　合	顺桥向	横桥向
施工阶段	1	裸塔	裸塔+风载
	2	裸塔+风载	裸塔
运营阶段	3	恒载+活载	恒载+活载
	4	恒载+活载+温升	恒载+活载+温升+风载
	5	恒载+活载+温降	恒载+活载+温降+风载
	6	恒载+活载+温升+风载	恒载+活载+温升
	7	恒载+活载+温降+风载	恒载+活载+温降
	8	恒载+风载	恒载
	9	恒载	恒载+风载

3. 主要计算结果

1)强度验算

塔身和横梁的强度均由恒载+横桥向风载(1/100)控制,索塔各截面横桥向弯距根据构件计算长度进行弯距增大后,进行截面验算。横梁按部分预应力A类构件控制。主要控制结果见表4、表5。

索塔控制内力表　　表4

荷载组合	项　目		N(kN)	M(kN·m)	
				顺桥向	横桥向
裸塔+风	北塔	塔身	162 124	546 130	26 208
		塔底	212 545	821 790	235 669
恒载+活载+降温+横桥向风	北塔	塔身	412 260	493 100	130 340
		塔底	47 962.3	617 380	376 304
恒载+横桥向风	北塔	塔身	399 306		528 358
		塔底	425 863		1 383 880

横梁计算应力表　　表5

荷载组合	项　目		最大应力(MPa)		最小应力(MPa)	
			计算值	容许值	计算值	容许值
恒载+活载+降温+横桥向风	北塔	上横梁	5.3	21	2.3	−2.7
		中横梁	8.1		5.1	
恒载+横桥向风	北塔	上横梁	9.4		0.8	
		中横梁	18		−2.0	

2)索塔稳定

索塔的稳定性验算考虑塔身自重的影响,采用空间梁单元进行结构特征值屈曲分析。施工阶段的裸塔状态失稳表现为纵向挠曲失稳,成桥阶段索塔失稳表现为横桥向挠曲失稳(图3)。

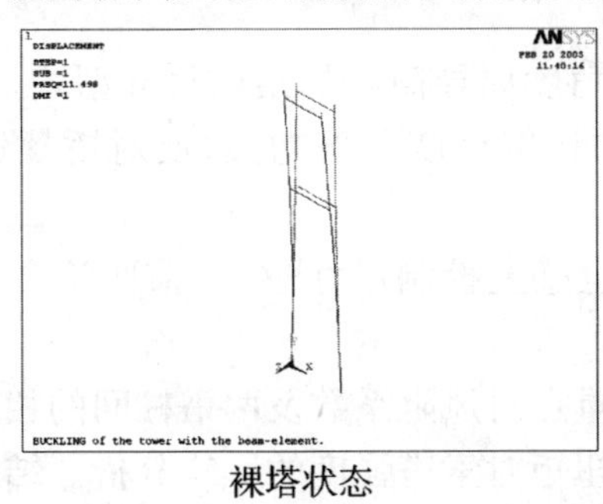

裸塔状态

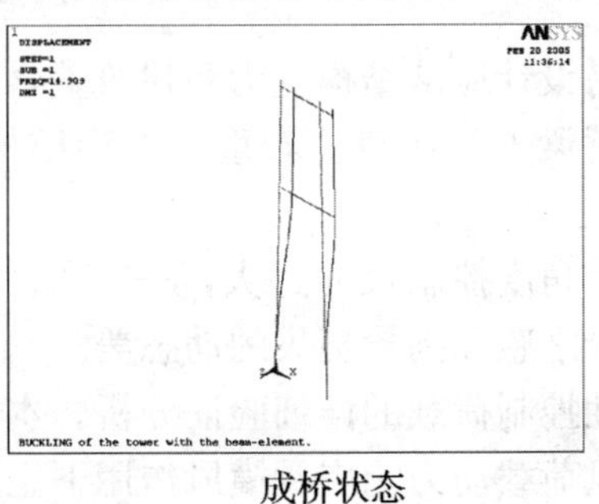

成桥状态

图3 塔身屈曲变形图

裸塔状态屈曲稳定系数为11.4,成桥状态考虑主缆对塔身顺桥向的约束作用,屈曲稳定系数为14.9,均满足稳定要求。

在以梁单元模型为基础进行验算的同时,还针对下横梁等主要构建进行了空间局部分析,分析结果表明结构安全。

五、专项研究与验算

1.风荷载动力响应影响分析

我们知道,作用在索塔上的风包括平均风和脉动风两部分,由平均风产生的结构响应为静风响应,由脉动风产生的结构响应为抖振响应,结构总的风致响应为静风响应和抖振响应两部分的叠加。前述计算中通过常规的静力分析方法,采用阵风系数提高修整平均风速来包络风荷载产生的动力响应进行风荷载组合验算。

但采用这样的方法是否包络了结构的最大反应,是否安全可靠?因此有必要通过动力响应分析以判定阵风系数取值修正的合理性。通过动力分析风致响应结果对比,可以得出以下结论:

(1)裸塔状态下,横桥向与顺桥向抖振内力响应与静风响应之比约为1.66,折算阵风系数相当于1.29。

(2)运营风作用状态下,横桥向抖振内力响应与静风响应之比约为1.60,折算阵风系数相当于1.27;顺桥向抖振内力响应与静风响应之比约为1.3,折算阵风系数相当于1.14。

(3)百年风作用状态下,横桥向抖振内力响应与静风响应之比约为1.78,折算阵风系数相当于1.34;顺桥向抖振内力响应与静风响应之比约为1.36,折算阵风系数相当于1.17。

(4)总体上,通过裸塔状态、成桥阶段运营状态和百年一遇大风作用下三种状态内力结果对比,通过对比顺桥向动力响应分析与按阵风系数折算进行静力分析索塔的截面内力比较,虽有个别截面对应内力偏大,但总内力值在按静力分析方法结果范围内,截面强度满足规范要求。

2.横桥向风作用主梁扭矩对塔身内力影响

因为西堠门大桥跨度很大,风工况又是控制索塔设计的控制性工况,所以有必要对横桥向风作用主梁扭矩产生的索塔顺桥向弯矩影响进行强度验算。

主梁在风荷载作用下将产生扭转力矩,在主梁扭矩作用下,南塔与北塔发生了扭转效应,并在桥塔中产生顺桥向的弯矩(绕横桥向的弯矩),而横桥向的弯矩力(绕桥轴线的弯矩)很小可以忽略不计。经强度验算,横桥向风作用主梁扭矩产生的索塔顺桥向弯矩作用下,塔柱各截面应力值变化不大(图4)。

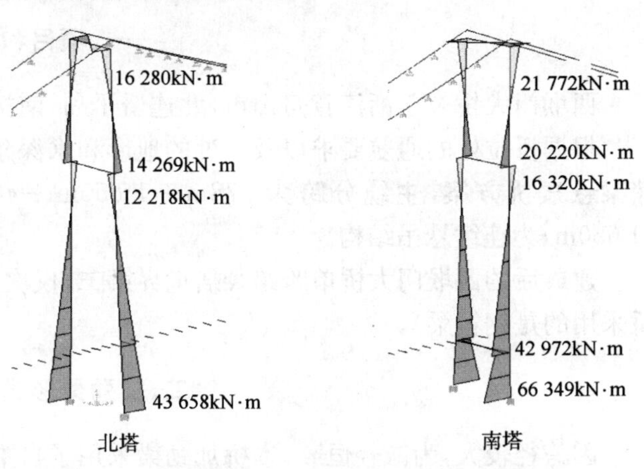

图4 风荷载作用下主梁扭矩产生的索塔顺桥向弯矩

另外，索塔设计过程中，结合抗风性能研究、抗震性能研究及北塔基础稳定研究进行了相应的结构分析和验算，此处不在赘述。

六、结　语

(1)悬索桥索塔设计应从结构受力和建筑美学的角度倡导简约的结构尺寸型式，呼唤以结构自身构成装饰建筑，提高桥梁美学质量。着重从大型结构的比例尺度上下功夫，反对矫揉造作的额外的装饰手法。

(2)从结构受力角度控制尺寸过大，从美学学安全感上控制尺寸过小，采取符合功能外观的自然尺寸，突出其稳重安全之感和高耸挺拔的动态美。

(3)把握关键性控制荷载的详细验证分析。本桥重点对风阻系数及两塔柱间的相互影响进行了专项研究，而且着重对风荷载动力响应及横风作用下主梁扭矩对索塔强度的影响分析。结果表明：

①通过风荷载的动力分析风致响应，本桥取用阵风系数 1.35 包络索塔动力响应是合适的；

②通过横向风作用于主梁产生的扭矩对索塔总桥向弯矩影响分析证明该项影响不大。

参考文献

[1] 樊凡. 桥梁美学. 北京：人民交通出版社，1987.

[2] 王天赐. 建筑的美学评价. 北京：中国建筑工业出版社，2003.

[3] 陈英俊、于西哲. 风荷载计算. 北京：中国建筑工业出版社，1993.

[4] 同济大学. CFD“西堠门桥桥塔阻力和升力系数计算结果”，2003.

[5] 中交公路规划设计院有限公司. 西堠门大桥施工图设计，2005.

4. 西堠门大桥加劲梁设计

张革军　宋黎明　季卫红

（中交公路规划设计院有限公司）

摘　要　为满足抗风稳定性，西堠门大桥采用了分离式双箱断面形式的加劲梁。本文主要介绍了这一特殊形式加劲梁的一些设计情况，包括构造处理和一些主要的计算情况，希望能对日后国内大跨径桥梁的主梁设计提供一些参考和帮助。

关键词　西堠门大桥　加劲梁　分离式　横向连接构造

一、项目和桥型概况

西堠门大桥位于浙江省舟山市，北连册子岛，南接金塘岛，是舟山连岛工程中的第四座大桥。

根据桥位处的通航要求以及所处的地形和水深条件，本桥桥型选择了主跨为 1 650m 的两跨连续钢箱梁悬索桥方案，主缆分跨为 578m＋1 650m＋485m，主缆失跨比为 1/10，北边跨(578m)及中跨(1 650m)为连续悬吊结构。

建成后的西堠门大桥单跨跨径居世界第二，仅次于日本的明石大桥(但明石桥采用的是钢桁架梁，本桥采用的是钢箱梁)。

二、加劲梁形式和断面的选择

因跨径较大，为减轻恒载，本桥加劲梁采用了自重较轻的钢箱梁。西堠门大桥仅是公路桥，没有公铁两用的混合交通的要求，考虑到用钢量的经济性和运营期间养护的方便性，本桥加劲梁未采用钢桁架梁方案，而是采用了抗风性能良好的扁平流线型钢箱梁。

对于跨度较大的悬索桥，加劲梁非承重构件，其断面形式选择的最主要因素是加劲梁自身的静力和动力抗风稳定性，特别是加劲梁的颤振稳定性，往往是控制因素。本桥为此做了专题研究，对以下三种断面形式进行了同等深度的研究：分离式双箱断面（梁高 3.5m）、（梁高 5m）和中央敞开格构式断面（梁高 3.5m），而且还对分离式双箱断面的两个分离箱间的横向拉开距离进行了研究（间距分别为 5m、6m 和 6.5m）。经技术和经济方面的综合分析比较，整体式单箱断面抗风稳定性相对较差，且用钢量较大，中央敞开格构式断面抗风稳定性较好，但技术成熟度较差，所以决定选取分离式双箱断面形式，再通过数值风洞分析，最终确定本桥加劲梁采用横向拉开距离为 6m 的分离式双箱断面形式。加劲梁标准横断面见图 1。

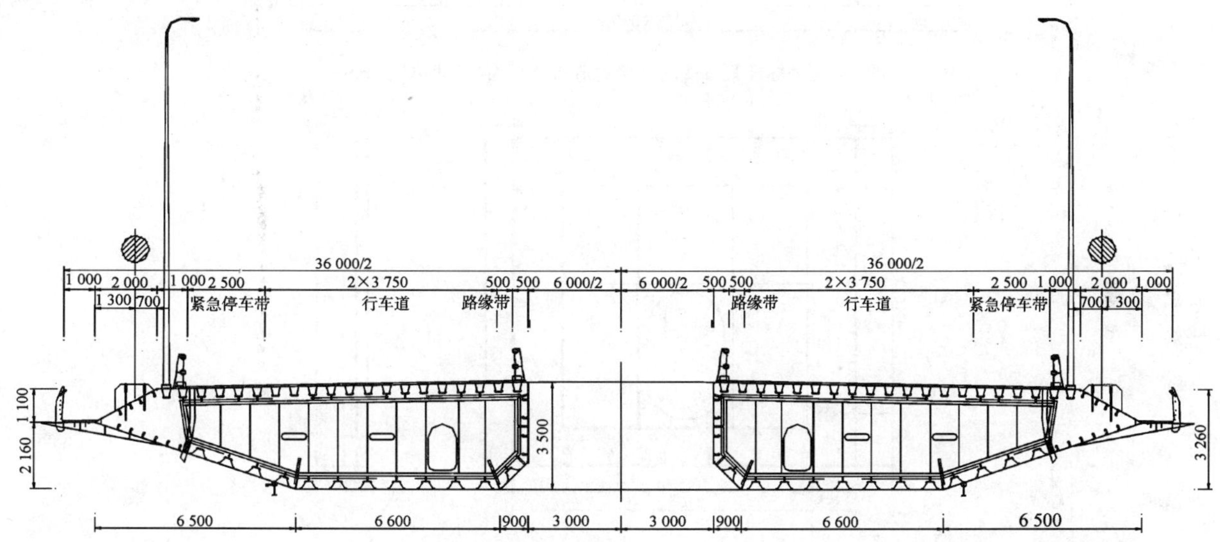

图 1 加劲梁标准横断面（尺寸单位：mm）

三、加劲梁结构设计

本桥加劲梁全宽 36m（外到外，包括两侧的检修道），宽跨比为 1/45.83，内侧直腹板处内缘梁高 3.5m。根据抗风专题单位的建议，本桥加劲梁在内侧直腹板和底板间设置了一道斜腹板，形成了 0.9m×0.9m 的倒角，对抑制加劲梁的涡振响应有一定的作用。

综合考虑本桥吊索的受力情况、规格选用以及加劲梁运输和安装架设时的起吊能力，并结合当前钢板的生产规格，本桥设计采用 18m 的标准吊索间距，则标准梁段长度相应为 18m。全桥共划分为 126 个梁段，标准梁段 108 个，合拢梁段 3 个，特殊梁段 15 个。标准梁段重量约 250t，最重吊装梁段为索塔附近板厚加强段，约重 340t。

本桥加劲梁形式为分离式双箱断面，两个分离的封闭箱通过横向连接构造连接成一个整体。横向连接构造包括两种：断面为矩形的箱梁和断面为工字形的工字梁。横向连接箱梁是主要的横向传力构件。横向连接工字梁的设置主要有两方面的考虑，一方面可以分担一部分横向力，另一方面可以保证梁段在运输及吊装过程中能有较好的抗扭刚度，不致因两幅分离箱相互扭转而产生对横向连接箱梁的损伤。横向连接箱梁和横向连接工字梁分别在横桥向设置了 2 道横隔板和 5 道竖向加劲肋板。一个标准梁段内设置有一个横向连接箱梁和一个横向连接工字梁，详细的布置及构造见图 2 和图 3。

横向连接构造是分离式双箱形式加劲梁的关键结构，本设计采取了如下构造措施，以确保加劲梁横向传力的顺畅性和结构的安全性：

(1)将横向连接构造的腹板（横向连接箱梁有两道，横向连接工字梁有一道）伸入两侧封闭单箱内各

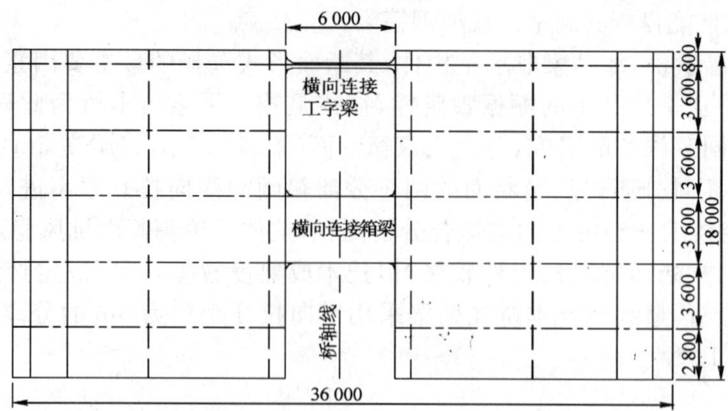

图2　一个标准梁段横向连接构造布置平面(尺寸单位:mm)

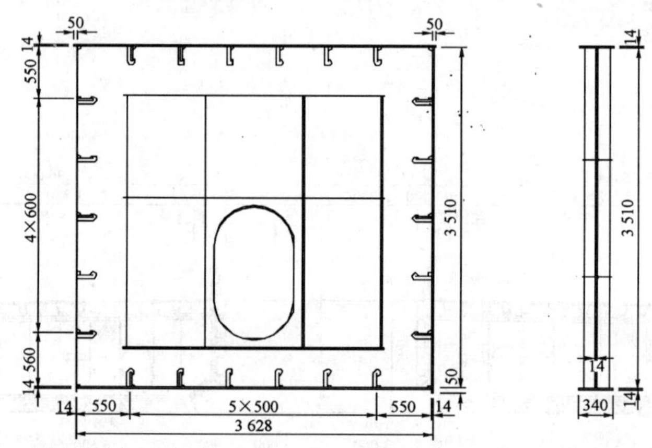

图3　横向连接构造断面(左为连接箱梁,右为连接工字梁)(尺寸单位:mm)

一段距离,同分离箱内横隔板的上、下连接板搭接,同横隔板的中间大板对接,而将内侧斜腹板和直腹板及其上的加劲肋板连同底板的加劲肋板在此处断开,焊接在横向连接构造腹板的两侧(考虑到正交异性桥面板要直接承受车轮荷载的作用,为减小疲劳效应,顶板U肋仍保持连续穿过)。

(2)将横向连接箱梁上、下翼缘板的加劲扁钢伸入两侧分离箱内,且分别跨过顶、底板的一个U形加劲肋。

(3)伸入两侧封闭单箱内的横向连接构造的腹板(同时也是分离箱内的横隔板)采用高度方向为"一块板"的整板式,分别同两侧分离箱的顶板和底板焊接;另外在焊接工艺上,为保证焊接质量,此类梁段的相应单元块采取了"翻身"作业,以避免仰焊。

因本桥梁高不高,横隔板采取的是整体性较好的板式横隔板,为便于施工装配,横隔板基本采取沿高度方向的"三块板"形式,上、下连接板与中间的大板采用搭接焊接。标准梁段不连横向连接构造腹板的横隔板厚度为8mm,与横向连接构造腹板相连的横隔板厚度加厚到10mm。横隔板顺桥向标准间距为3.6m。

标准梁段顶板厚14mm,配以刚度较大的U形闭口加劲肋,U肋厚度8mm,开口间距300mm,高280mm,横向两个U肋间距为600mm,在北塔附近区段,因连续加劲梁所承受的负弯矩较大,顶板厚度增加到16mm。总结以往桥梁的钢箱梁上桥面铺装的使用效果来看,此种配置的正交异性桥面板是合适的,为此,还利用有限元程序对桥面板在车轮荷载下的应力和变形进行了分析,加载模式见图4,并与另外两座钢桥进行了对比,对比结果见表1。

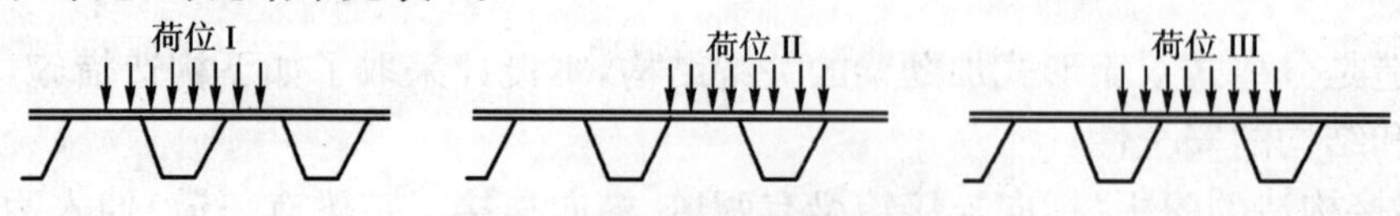

图4　桥面板有限元分析加载模式

三座大桥桥面铺装破坏控制指标有限元计算值对比 表1

桥　　梁	铺装表面最大横向拉应变 (με)	铺装表面最大挠度 (mm)	铺装与钢板层间最大横向剪应力(MPa)	钢板挠跨比
南京长江二桥	619	1.42	0.19	1/1 333
江阴长江大桥（局部修复方案）	716	1.28	0.22	1/1 117
西堠门大桥	788	1.33	0.25	1/1 298

根据室内试验的结果，常温下环氧沥青材料的抗弯拉强度和抗剪强度分别为8.1MPa和5.7MPa，远大于所计算的环氧沥青铺装表面最大横向拉应力，设计结构满足强度要求，另外，U肋间顶板的最大挠跨比为1/1 298，在挠跨比允许范围1/800～1/1 700之内，亦满足钢桥面铺装的设计要求。

标准段底板厚10mm，加劲肋也采用U形闭口肋，U肋厚度6mm，开口间距500mm，高250mm，横向两个U肋间距为950mm，在北塔附近区段，底板厚度增加到14mm。

有些桥梁的钢箱梁在建成使用数年后，现已出现一些裂纹，其中的一些发生在顶板U肋在横隔板的通过孔处，见图5，其原因是此处位于顶板、顶板U形加劲肋和横隔板的相交处，直接承受往复车轮荷载的作用，受力状态非常复杂，抗疲劳性能较差。为解决此问题，本桥设计时取消了此处横隔板上开的较大尺寸的圆形过焊孔，代之以10mm×10mm的较小切角（图6），进行横隔板与顶板和U形肋的焊接时，采取连续焊过切角的方式，将此处填实。

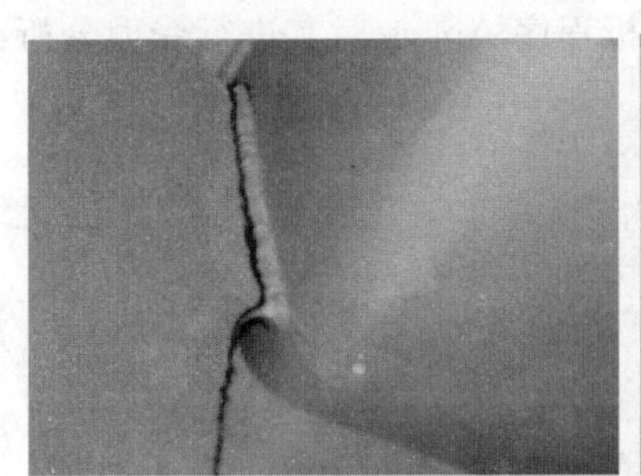

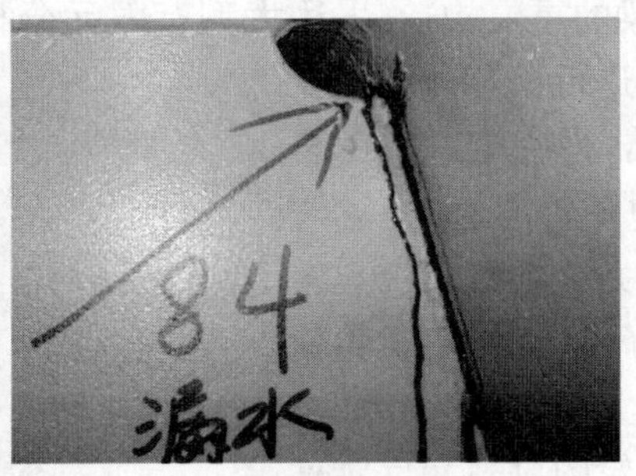

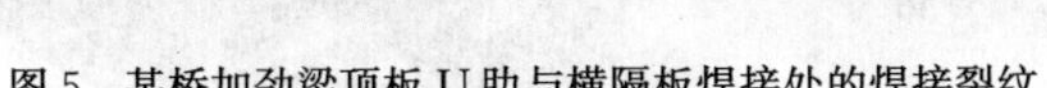
图5 某桥加劲梁顶板U肋与横隔板焊接处的焊接裂纹

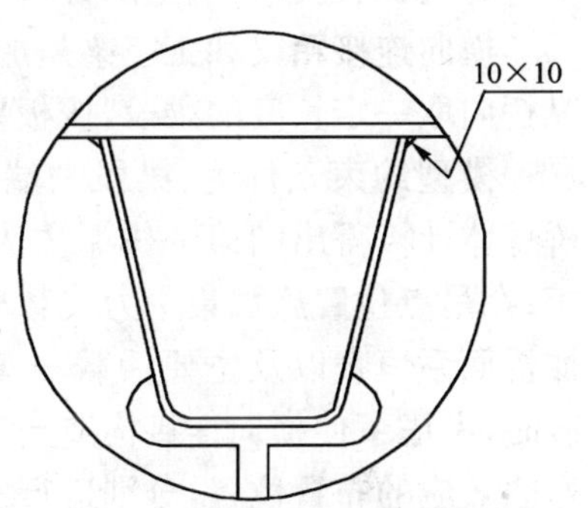

图6 西堠门大桥顶板U肋与横隔板相交时的构造处理

四、加劲梁结构计算

1. 主要作用

（1）结构重力：加劲梁、主缆、吊索、桥面系及附属设施等；

（2）汽车荷载：公路—Ⅰ级；

（3）风荷载：与汽车荷载组合的风荷载按主跨桥面处风速为30m/s计算，不与汽车荷载组合的百年风荷载按基本风速为41.1m/s计算；

（4）温度作用：设计合龙温度为20℃，钢结构体系升温采用19℃，体系降温采用27℃。

2. 计算分析体系

（1）全桥体系（第一体系）

在全桥总体结构分析中，加劲梁作为悬索桥的一个组成部分（在总体计算中模拟成梁单元）参与全桥共同受力，计算其在各种作用效应组合下产生的荷载效应。

（2）桥面板体系（第二体系）

认为桥面板及其U形加劲肋是以弹性肋板—横隔板为支承的正交异性板，计算其应力和变形。

（3）盖板体系（第三体系）

此体系效应较小，可忽略。

3. 主要计算内容及结果

(1)加劲梁应力

本桥为两跨连续结构，因此加劲梁应力较一般的简支悬索桥大。全桥体系(第一体系)应力由全桥总体计算得出，桥面板体系(第二体系)应力则采用P-E法简化计算得出。加劲梁主要位置的截面应力见表2(表中数值拉为正，压为负)。

加劲梁主要位置的截面应力(MPa)　　表2

位置＼工况		恒+活		恒+活+温		第二体系	
		max	min	max	min	max	min
一般位置	顶板上缘	14	−29	15	−30	7	−41
	顶板U肋下缘	11	−23	12	−23	116	−21
	底板下缘	47	−23	48	−25		
索塔侧长吊索处	顶板上缘	76	−29	83	−38	7	−41
	顶板U肋下缘	60	−23	65	−30	116	−21
	底板下缘	45	−117	58	−126		

(2)横向连接构造空间分析

横向连接箱梁和工字梁是加劲梁的重要构造，采用大型有限元分析程序Ansys对其进行受力分析：纵桥向取一定长度的梁段，按板单元进行模拟。

模型约束条件为：梁段一端固结，另一端施加由全桥总体计算得出的第一体系内力，包括轴力、剪力和弯矩；在吊点位置施加集中力代替吊点力。在桥面板上施加桥面系恒载以及主要活载－车轮荷载。施加车轮荷载时，考虑了使横向连接构造产生最大扭转效应和最大弯曲效应的布置位置，分别进行了车轮的对称和反对称加载。计算模型和加载模式如图7所示。

计算得到的连接箱梁和连接工字梁的Mises应力云图如图8和图9所示，最大应力值分别为76.9MPa和92.0MPa，均发生在横向连接构造与两侧分离箱的连接处，主要还是由于局部区域应力集中所致。绝大多数位置的应力都在50MPa左右。

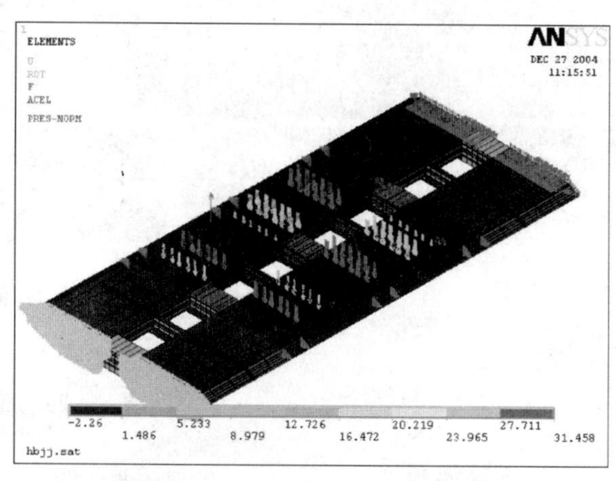

图7　横向连接构造空间分析模型及加载模式

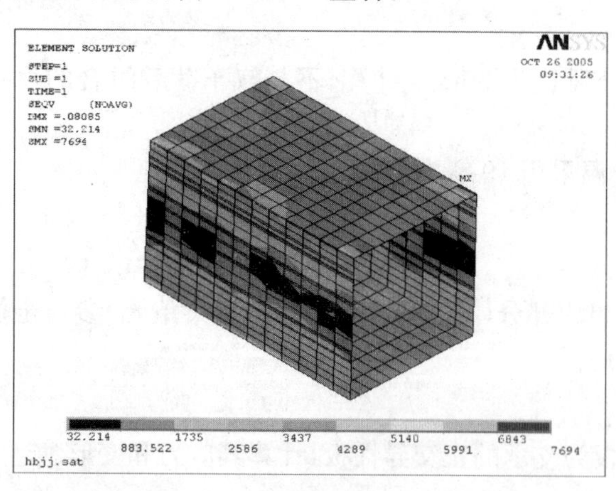

图8　横向连接箱梁Mises应力云

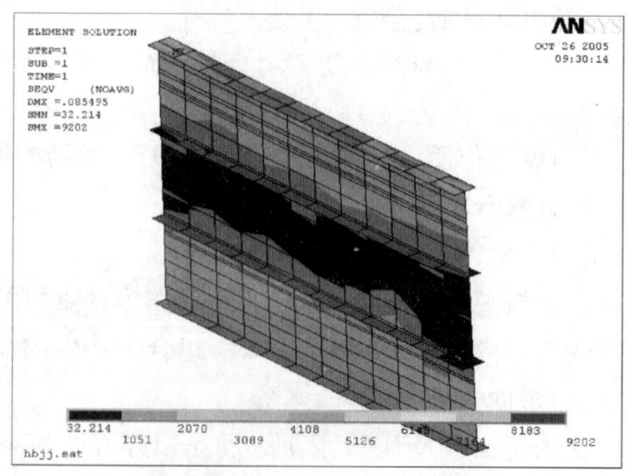

图9　横向连接工字梁Mises应力云

(3)疲劳验算

按照规范选用经常发生的荷载对加劲梁各主要部位进行疲劳强度验算,见表 3。

加劲梁主要部位控制位置疲劳应力验算(MPa) 表 3

位置		应力类别	全桥体系	桥面板体系	叠加应力	应力比 ρ	$[\sigma_0]$	$[\sigma_n]$	疲劳等级
北塔中心处	顶板横向对接焊缝	σ_{max}	15.6	12.9	28.5	−0.655	210	55.8	F
		σ_{min}	−12.5	−31.0	−43.5				
	顶板 U 肋对接焊缝	σ_{max}	12.2	37.1	49.3	−0.580	210	51.9	F
		σ_{min}	−9.8	−18.8	−28.6				
	底板横向对接焊缝	σ_{max}	19.2		19.2	−0.803	210	49.9	F
		σ_{min}	−23.9		−23.9				
北塔两侧第一根长吊索处	顶板横向对接焊缝	σ_{max}	16.3	12.9	29.2	−0.685	210	54.5	F
		σ_{min}	−11.6	−31.0	−42.6				
	顶板 U 肋对接焊缝	σ_{max}	12.8	37.1	49.9	−0.559	210	52.4	F
		σ_{min}	−9.1	−18.8	−27.9				
	底板横向对接焊缝	σ_{max}	17.8		17.8	−0.712	210	53.4	F
		σ_{min}	−25.0		−25.0				

表中桥面板体系下的应力系利用有限元程序计算得出。

五、加劲梁防腐涂装

本桥加劲梁防腐涂装方案见表 4。

加劲梁各部位防腐涂装方案 表 4

部位		涂装方案	道数	厚度
钢箱梁外表面(除桥面)		喷砂(Sa3)		
		电弧喷铝		200μm
		有色金属环氧封闭漆	2 道	
		有色金属环氧中间漆	1 道	50μm
		脂肪簇丙烯酸聚氨脂面漆	2 道	2×40μm
照明电缆槽(灯柱位置下的一个 U 肋)内部	U 肋与顶板焊接前	喷砂(Sa3)		
		电弧喷锌		150μm
		有色金属环氧封闭漆	2 道	
	U 肋与顶板焊接后	锌加	2 道	2×40μm
钢箱梁内部(设除湿系统,湿度小于 45%)		二次表处		
		改性环氧耐磨漆	1 道	125μm
桥面		喷砂(Sa2.5)		
		环氧富锌底漆(工地)	1 道	60~80μm

六、结　　语

对于大跨度桥梁，采用中央透空的分离式箱梁形式较好地解决了桥梁的抗风稳定性问题。西堠门大桥作为目前世界第二大跨度桥梁，在中国大陆首次使用了分离式双箱断面形式的加劲梁。目前，西堠门大桥加劲梁已安装完成，正在进行桥面铺装和附属设施的施工。本桥加劲梁在设计、加工和安装过程中都积累了许多宝贵的经验，随着大桥的建成和投入使用，可能会产生一些事先未预料到的情况出现，而这些需要我们的设计者和建设者们及时分析和总结，从而为日后我国建设更大跨度的桥梁奠定坚实的基础。

5. 金塘大桥总体设计

周山水　黄　康　宋　晖　赵海燕　王晓冬
（中交公路规划设计院有限公司）

摘　要　金塘大桥全长26.54km，其中跨海桥梁长18.27km，是舟山大陆连岛工程中的第五座跨海特大桥。主通航孔桥为五跨77m＋218m＋620m＋218m＋77m双塔双索面钢箱梁斜拉桥。东通航孔桥为3跨122m＋216m＋122m连续刚构。西通航孔桥为3跨87m＋156m＋87m连续梁。通航孔桥下部均采用整台式承台，基础为大直径钻孔灌注桩。非通航孔桥主要由标准跨径60m的整孔架设等高箱梁和跨径118m悬臂浇筑变高度箱梁组成。本文重点介绍了该桥项目概况、建设条件、总体设计、桥跨布置以及结构设计。

关键词　金塘大桥　总体设计　桥跨布置　桥型方案

一、概　　述

舟山大陆连岛工程位于浙江省东北部的东海海域，连接舟山宁波两市。该项目北端始于舟山市的鸭蛋山环岛，南端终于宁波市沿海北线高速公路。全线工程由岑港大桥、响礁门大桥、桃夭门大桥、西堠门大桥和金塘大桥五座跨海特大桥组成。

金塘大桥由东向西横跨灰鳖洋海面，连接金塘岛与宁波市镇海区，是全线工程中规模最大的跨海桥梁。大桥由主通航孔桥、东通航孔桥、西通航孔桥、非通航孔桥、浅滩区引桥、金塘侧引桥及镇海侧引桥组成。

二、设 计 标 准

道路等级	高速公路
行车道数	双向四车道
计算行车速度	100km/h
行车道宽度	2×2×3.75m
桥梁宽度	26.0m
设计荷载	公路Ⅰ级
地震基本烈度	Ⅶ度
设计潮水位	1/300
重现期100年设计基准风速	40.16m/s
通航净空（表1）	

通航净空尺度一览表 表1

通航孔名称	代表船型	航道类型	通航净空尺度(m)	
			净宽	净高
主通航孔	5万吨级海轮	双向	544	51
主通航孔边孔	1千吨级海轮	单向	109	25.5
东通航孔	3 000吨级油船	单向	121	28.5
西通航孔	500吨级杂货船	双向	126	17

船舶撞击力(表2)

金塘大桥船舶撞击力表 表2

通航孔	桥墩	建议桥墩防撞力(MN)		采用独立防撞墩后防撞力(MN)	
		横桥向	顺桥向	横桥向	顺桥向
主通航孔	主墩	65.34	32.67		
	辅助墩	40.0	20.0	10.0	5.0
	过渡墩	27.4	13.7	6.0	3.0
东通航孔	主墩	20.0	10.0		
	边墩	6.0	3.0		
西通航孔	主墩	10.15	5.08		
	边墩	4.3	2.15		
非通航孔	桥墩	2	1		

三、建设条件

1. 工程地质

东岸金塘岛以山地为主,属剥蚀残丘地貌,西岸镇海陆域属宁波平原,其间海域为灰鳖洋。金塘岸为农田和局部山地,地面高程为−1.6～15.5m;镇海岸为水塘和滩涂,地面高程为0.50～3.20m;灰鳖洋东深西浅,海床高程−33.58～0.33m。

工程地质勘探表明,桥位区无晚更新世活动断裂分布,即不存在发震断裂,桥址区地震基本烈度为VII度,适宜建桥。场地土的类型属中软土,主通航孔桥及其以东,建筑场地类别属II类,主通航孔桥以西,建筑场地类别属III类。

主通航孔以东(距起点0～5.3km),覆盖层厚度变化较大,基岩埋深0～87m,顶板高程−114.76～−8.95m。

主通航孔以西(距起点5.4～20.9km),覆盖层厚度变化不大,基岩埋深均在100m以上。

覆盖层主要为淤泥质(亚)黏土、(亚)黏土及砂层(粉砂、细砂、中砂及局部粗砂)。

2. 水文

桥址位于灰鳖洋海域。潮汐类型为不正规半日潮。

由镇海验潮站和海洋站多年的统计资料得桥址区特征水位:

最高潮位 3.28m

平均高潮位 1.14m

平均低潮位　　　　　　　　　　　　　　　　−0.75m

水文计算分析成果：

设计最高通航水位　　　　　　　　　　　　　3.28m

一般冲刷深度　　　　　　　　　　　　　　　0.5～5.0m

最大冲刷深度　　　　　　　　　　　　　　　19.4m

重现期100年的最大 $H_{1\%}$ 波浪高度　　　　6.26m

3. 气象

气温：

年平均气温　　　　　　　16.5℃

极端最高气温　　　　　　38.5℃

极端最低气温　　　　　　−6.6℃

1月平均气温　　　　　　5.3℃

7月平均气温　　　　　　27.8℃

雨量：年平均降雨量1 316.7mm，月最大降雨量436.8mm；

风速：年最大风速34.3m/s，极大风速大于40m/s，台风影响月份5月～11月，其中7～9月居多

4. 海床演变

历史测图和目前的实测资料及《金塘大桥动床模型与桥墩局部冲刷研究》表明，桥址区水道主槽在目前的水下地貌形态和水动力条件下，其稳定是有保证的，而且也将是长期的。

5. 地震效应

据中国地震局地质研究所的《舟山大陆连岛工程工程场地地震安全性评价报告》(2002.6)，在金塘大桥址区无晚更新世活动断裂分布，即不存在发震断裂，桥址区地震基本烈度为VII度。

中国地质研究所对金塘大桥进行了地震危险性分析，确定了桥址场地的地震动特性，提供了在不同超越概率下对应不同阻尼比的地震动参数和设计反应谱。

四、设 计 综 述

1. 建设特点

本项目属于典型的海域桥梁工程，具有如下建设特点：建设条件较恶劣，如潮强流急、涌潮汹涌等，导致海上有效作业时间有限；其次地质变化幅度大，局部可能存在不良地质层等；其三工程规模浩大，基建投入巨大，优化施工方案和施工组织是海域桥梁顺利实施的关键；另外暴露于外海的桥梁各部构件，易受海洋环境腐蚀，严重影响使用寿命。

2. 设计原则

首先应重视设计方案对桥址处海洋环境的影响与评估，力求成桥后的海洋生态环境能维持原貌；其次是节约施工期基建费用、减少运营期维护成本，降低总体投资规模，提高桥梁的性价比。这两点将是贯穿海域桥梁设计全过程的主线。最终的实施方案不仅要同环境自然融合，而且也需与人和谐互进。

结合本项目的建设特点，设计中还需注重如下环节：

(1)合理选用海洋环境下结构物设计的规范或标准，如港口、码头和石化等行业的国内、外设计规范或标准等。参考相关行业标准时，应区分各建筑结构物因承受的设计荷载不同，而可能带来的差异。

(2)完善相关专题的成果，如水文分析计算研究、船舶撞击力及防撞研究和结构耐久性研究等。这些专题研究成果不仅有助于方案选型，同时也影响桥梁使用寿命。

(3)比选可用的施工机具，在现有施工设备的前提下，尽量变海上施工为陆上预制；最大限度地减少船机使用率，优化施工方案。所以将预制箱梁、预制墩身方案作为非通航孔桥设计的重点。

(4)细化各部构件在施工阶段的受力核算。海域桥梁不仅施工步骤多，而且受风浪干扰、船舶或漂流

物撞击的几率大。上、下部构件的预制、运输、吊装和拼接环节往往成为控制结构设计的关键。

(5)重视景观设计,力求造型美观。

(6)积极借鉴、运用国内外同类桥梁的设计理念。

3.总体设计

1)平面线形

(1)控制因素

①海上段桥梁

a.锚地

按照《通航海轮桥梁通航标准》(JTJ 311—97)第2.0.3条的规定"桥位应远离航道弯道……跨越海域的桥梁上下游均为不得小于代表船型长度的四倍;……",金塘大桥桥轴线距离七里锚地的距离按四倍5 000t杂货轮代表长度(125m)、金塘锚地的距离按四倍5万吨级代表船型长度(250m)考虑,因此桥轴线距离锚地的最小距离金塘锚地不小于1km,七里锚地不小于500m。

b.水流方向

桥轴线的布设应尽量与涨、落急主流正交,以减小对潮位、流速及海床冲淤的影响。

c.通航孔处桥轴线方位

桥轴线尽量与航道方向正交,以避免通航孔内有效通航宽度的减小,从而达到降低工程造价、减小船舶撞击几率的目的。主通航孔桥为大跨度索结构桥梁,宜设在直线段。

②陆上段桥梁

金塘侧引桥宜与金塘侧引道顺接,避开陆上重要建筑物。

镇海侧引桥在新泓口闸北侧与新海塘基本正交处登陆。登陆逐渐与规划庄俞路中心线重叠,以减少拆迁和征用耕地。

(2)平面线形设计

主要考虑海上行车的舒适性和安全性、锚地、航道位置和走向、涨落潮水流流场及道路规划等因素,同时兼顾平、纵配合,并适当控制直线长度,进行桥轴线布置。

全桥共布设平曲线4处,最小平曲线半径4 624.16m,最大平曲线半径8 000.0m,最大直线长度8.416km。海上段桥梁桥轴线与七里锚地的最小距离为1 164m,与金塘锚地的最小距离为2 212m,并与主通航孔航道走向、西通航孔航道走向正交。具体布置见图1。

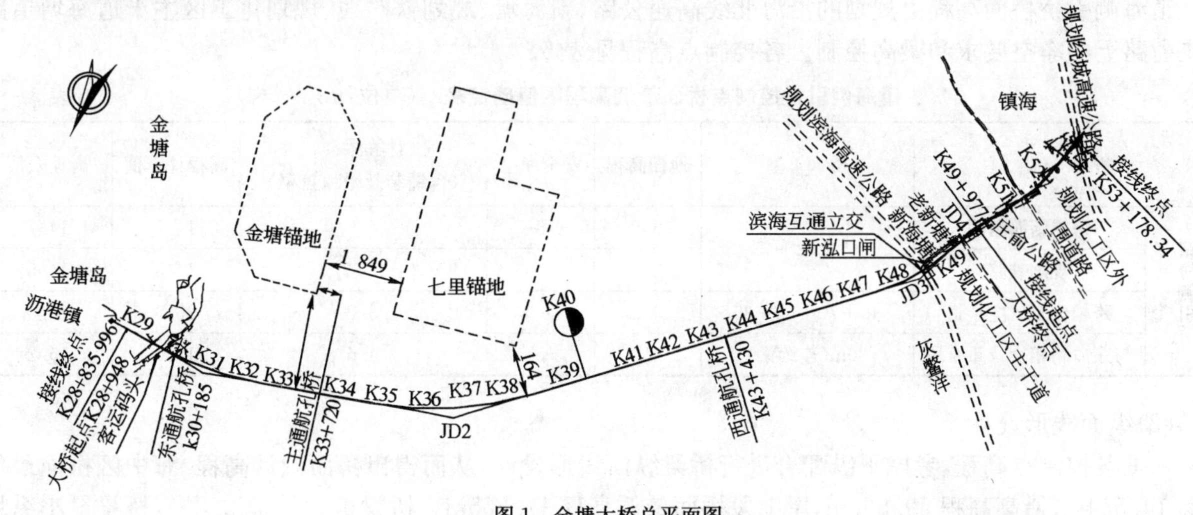

图1 金塘大桥总平面图

2)纵面线形

(1)桥面高程确定

桥面高程取决于各航道的通航净空、水文资料(主要是潮位和浪高)、被交道路等级和海堤等构造物的结构高度等。

①通航孔桥

主通航孔桥、东通航孔桥、西通航孔桥桥面高程由通航净空和梁高控制，见表3。

通航孔桥桥面高程限值确定表 （单位：m） 表3

桥位	桥型	设计最高通航水位	通航净高	梁高	横坡影响数值	铺装	挠度富裕值	高程计算值	高程限值
通航孔	主通航孔桥	3.28	51	3		0.07	0.65	58.0	58.0
	东通航孔桥	3.28	28.5	10.145	0.115	0.15	0.17	42.36	42.365
	西通航孔桥	3.28	17	7.7	0.115	0.15	0.2	28.40	28.5

②非通航孔桥

非通航孔桥及浅滩区引桥桥面高程由潮位、波高和梁高控制，见表4；

最低设计梁底高程 H 依据如下公式确定：

最低设计梁底高程 H=300年一遇的最高潮位＋300年一遇的 $H_{1\%}$ 波高×2/3＋桥下净空＋梁高＋铺装厚＋横坡影响值＋富裕值

非通航孔桥桥面最低高程限值确定表 （单位：m） 表4

桥位	区段	三百年一遇水位	浪高	梁高	横坡影响数值	铺装	富余	高程计算值	高程限值
非通航孔桥及浅滩区引桥	主通航孔桥以东	4.33	3.44	3.4	0.115	0.15	1.5	13.04	14.5
	主、西通航孔桥之间	4.33	4.17	3.4	0.115	0.15	1.5	13.77	14.5
	西通航孔桥以西	4.33	4.07	3.4	0.115	0.15	1.5	13.67	14.5

③金塘侧引桥

金塘侧引桥桥面标高受东通航孔桥桥面高程控制。

④镇海侧引桥

镇海侧引桥桥面高程由规划的沿海北线高速公路、新海塘、规划铁路线、规划化工区主干道海塘道路及庄俞路上的净空要求和梁高控制。各控制点高程见表5。

镇海侧引桥控制点桥面最低高程限值确定表 （单位：m） 表5

桥位		桥型	地面高程	安全净空	计算梁高（含铺装及墩顶盖梁）	高程计算值	高程限值
镇海侧引桥	跨越新海塘段	45＋72＋45	5.5	5	4.0	14.7	14.7
	规划铁路		4.5	7.5	2.37	14.5	14.6
	跨越化工区主干道	40＋70＋65＋35	5.2	16.6	3.2	25.0	25.3
	与庄俞路相交及重合段	30m(连续梁)	5	5	4.6	15.0	15.2

(2)纵面线形设计

根据各控制点高程，考虑平纵配合进行桥梁纵面线形设计，从而得出桥面设计高程：海中区桥面最低高程14.514m，最高高程59.560m，岸上段桥面最低高程17.265m。桥梁最大纵坡2.8%，桥梁最小纵坡3.0‰，最小凸形竖曲线半径16 000m。

3)全桥线形指标

按照平纵线形配合进行桥轴线的设计。大桥主要平、纵线形指标见表6。

主要线形指标表 表 6

项目		单位	规定值	取用值
最大纵坡		%	4	2.8
最小纵坡		‰	3.0	3.0
平曲线最小半径	极限值	m	400	—
	一般值	m	700	—
	不设超高值	m	4 000	4 624.16
竖曲线一般最小半径	凸形竖曲线	m	10 000	16 000
	凹形竖曲线	m	4 500	12 000

4. 桥跨总体布置及桥型方案

1)桥跨总体布置

金塘大桥水中区通航孔桥、非通航孔桥和浅滩区引桥长 18.270km(通航孔桥全长 2.0km、非通航孔桥全长 15.72km、浅滩区引桥全长 0.55km)。全桥由东向西桥跨布置为:

金塘侧引桥	10×30m+14×50m 预应力混凝土连续梁
东通航孔桥	122m+216m+122m 预应力混凝土连续刚构
东、主通航孔之间的非通航孔桥	6×50m 预应力混凝土连续梁
	18×60m 预应力混凝土连续梁
	64.5m+4×118m+64.5m 预应力混凝土连续梁
	64.5m+5×118m+64.5m 预应力混凝土连续梁
主通航孔桥	77m+218m+620m+218m+77m 钢箱梁斜拉桥
主、西通航孔之间的非通航孔桥	149m×60m 预应力混凝土连续梁
西通航孔桥	87m+156m+87m 预应力混凝土连续梁
西通航孔以西的非通航孔桥	68m×60m 预应力混凝土连续梁
浅滩区引桥	11×50m 预应力混凝土连续梁
镇海侧引桥	45m+72m+45m+35×30m 预应力混凝土连续梁
	(40+70+65+35m)+11×30m 预应力混凝土连续梁

2)主通航孔桥

主通航孔桥采用主跨为 620m 的双塔双索面钢箱梁斜拉桥(图 2)。桥跨布置根据通航要求及受力合理的原则确定,桥跨布置为 77+218+620+218+77=1 210m。

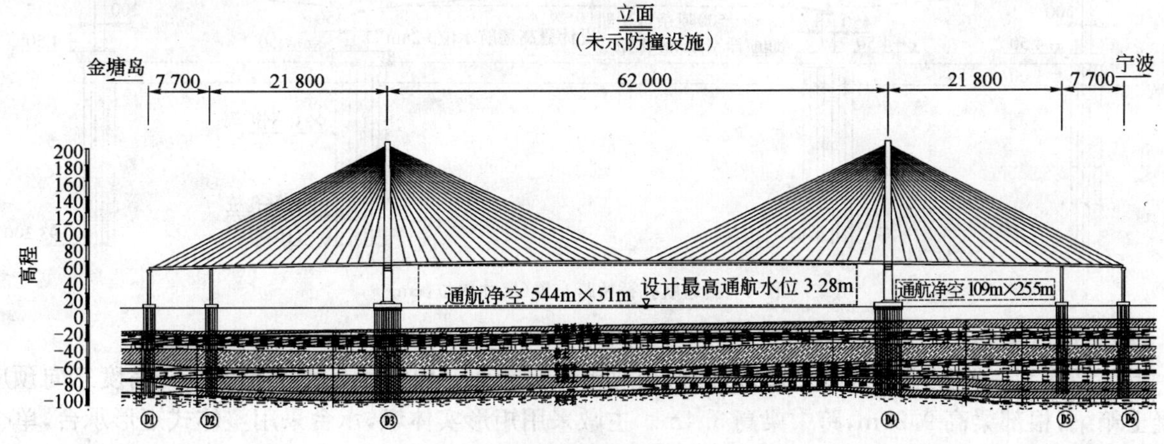

图 2 主跨 620m 钢箱梁斜拉桥桥型布置(尺寸单位:cm)

(1)桥跨布置

(2)结构方案

主梁采用封闭式流线形扁平钢箱梁。箱梁全宽 30.1m(含风嘴),中心线处梁高 3.0m。斜拉索采用平行钢丝束,索面类型为扇型空间索面,索梁锚固采用耳板式锚固,索塔锚固采用钢锚梁锚固。索塔采用钻石形塔。索塔总高度为 204.0m ,桥面以上高约 152.362m。承台采用端圆形整体式承台,承台厚 6.5m,长 56.78m、宽 34.02m。单个索塔基础采用 42 根变截面钻孔桩。辅助墩与过渡墩墩身采用整体基础,墩身分离,即横向设置两片墩身。辅助墩与过渡墩基础均采用矩形承台、钻孔桩基础。

3)东通航孔桥

东通航孔桥采用 122m+216m+122m 连续刚构。其墩身较高且具有足够的柔性,适宜采用连续刚构桥型(图 3)。

(1)桥跨布置

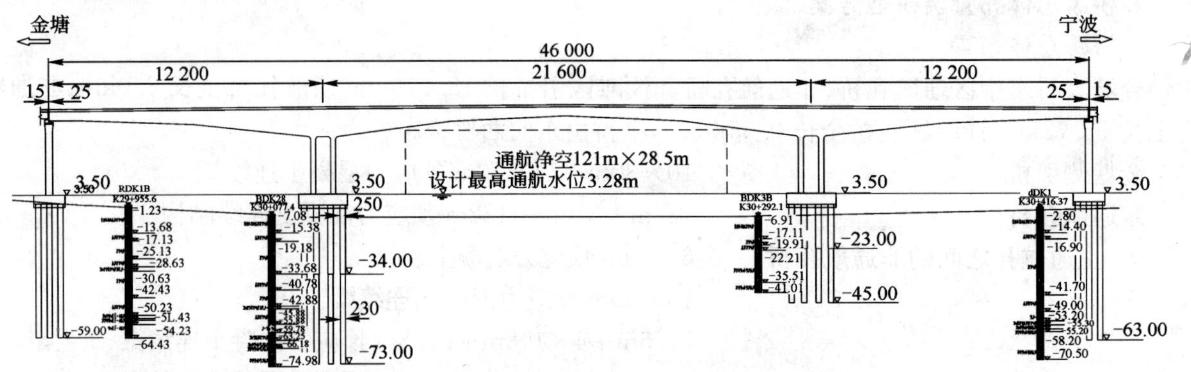

图 3　主跨 216m 连续刚构桥型布置(尺寸单位:cm)

(2)结构方案

箱梁采用双箱分幅断面。每幅桥为单箱单室变高度三向预应力混凝土箱梁,根部梁高 13.3m,跨中梁高 4.4m。主墩采用矩形双薄壁墩,双薄壁中距 8.8m,承台采用整体式矩形承台,单个基础采用 18 根钻孔桩。过渡墩采用变截面矩形空心墩,承台采用矩形承台,单个基础采用 10 根钻孔桩。

4)西通航孔桥

西通航孔桥墩身高较矮,墩身结构柔度较小,故采用 87m+156m+87m 连续梁(图 4)。

(1)桥跨布置

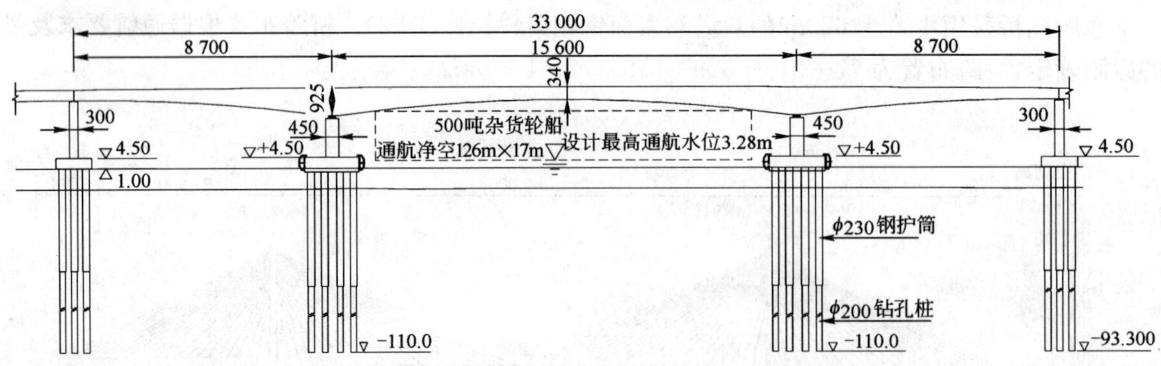

图 4　西通航孔桥桥跨布置(尺寸单位:cm)

(2)结构方案

上部结构为三跨预应力混凝土连续梁,采用双箱分幅断面。每幅桥采用单箱单室变高度三向预应力混凝土箱梁,根部梁高 9.25m,跨中梁高 3.4m。主墩采用矩形实体墩,承台采用整体式矩形承台,单个基础采用 17 根钻孔桩。过渡墩采用矩形实体墩,承台为矩形承台,单个基础采用 10 根钻孔桩。

5)非通航孔桥

经技术、经济比较后,海底高程大于-23m和覆盖层较厚的区段采用跨径60m连续梁较跨径50m连续梁经济且工期较短;海底高程小于-23m或覆盖层较薄的区段采用跨径118m连续梁较跨径60m连续梁经济且结构刚度好。故在海底高程大于-23m的区段采用整孔吊装60m跨径的5×60m连续梁,海底高程小于-23m的区段采用悬臂浇筑主跨118m跨径的多跨连续梁桥。

(1)60m跨径连续梁

标准联为5×60m的等高度预应力混凝土连续梁桥,采用双箱分幅断面。全宽12.3m,底板宽6.3m,翼缘宽3.0m;梁高3.4m。墩身按墩高小于19m的采用预制墩身,墩高大于19m的采用现浇墩身。承台采用如下三种形式:覆盖层较厚且墩高较矮、水深较浅处采用分离式圆形承台(配钢管桩基础);覆盖层较厚且墩高较高、水深较深处采用整体式端圆形承台(配钢管桩基础);覆盖层较薄且水深较深处采用矩形承台(配钻孔桩基础)。

(2)118m跨径连续梁

上部结构为64.5m+4×118m+64.5m+64.5m+5×118m+64.5m的变高度预应力混凝土连续梁桥,采用双箱分幅断面。箱梁全宽12.3m,底板宽6.3m,翼缘宽3.0m;根部梁高7.5m,跨中梁高3.3m。中间墩采用矩形空心墩,过渡墩采用矩形实体墩。承台采用矩形倒圆角承台。桩基采用变截面钻孔桩。

(3)浅滩区引桥、金塘侧引桥及镇海侧引桥

上部结构采用50m、30m跨径混凝土箱形梁,下部结构采用花瓶形实心墩,桩基采用钻孔桩。

五、结　语

金塘大桥设计由三家设计单位合作完成,中交公路规划设计院有限公司承担全桥总体设计工作;浙江省交通规划设计研究院承担主通航孔以东第1合同段的设计工作;中铁大桥勘测设计院有限公司承担主通航孔以西第2合同段的设计工作。各设计项目组于2003年底至2006年中,历时近三年,先后完成初步设计、技术设计和全桥施工图设计工作。目前金塘大桥已全线贯通,预计于2009年10月1日正式通车。

6. 金塘大桥主通航孔桥结构设计

陈向阳　史方华

(浙江省交通规划设计研究院)

摘　要　金塘大桥主通航孔桥是主跨620m的五跨连续的半漂浮体系钢箱梁斜拉桥。本文简要介绍了金塘大桥主通航孔桥的结构设计和创新。

关键词　金塘大桥　斜拉桥

一、工 程 概 况

浙江省舟山连岛工程连接舟山金塘岛和宁波镇海区,金塘大桥是其第五座、也是规模最大的跨海特大桥,由东向西横跨沥港水道、灰鳖洋海面。金塘大桥全长21.029km,其中跨海段桥梁长18.415km,主通航孔桥采用主跨为620m的五跨半漂浮连续钢箱梁斜拉桥方案,桥跨布置为77m+218m+620m+218m+77m=1 210m,是我国最大跨径的海域斜拉桥。

二、总 体 设 计

1. 工程条件

金塘大桥为四车道高速公路特大桥,设计速度100km/h;桥位区U_{10}=40.16m/s;地震基本烈度7

度，100年超越概率5%的场地设计地震动水平向峰值加速度为240cm/s²。主通航孔要求通航5万吨级海轮，净宽544m、净高51m，主墩横桥向船舶撞击力65.34MN，顺桥向32.67MN。桥位处水深约24m，经动床模型试验研究，海床自然冲刷深度为5m，索塔的局部冲刷深度为15.6m；300年一遇累积率为1%的大波波高为6.26m。

大桥建造条件恶劣，桥位区属东亚季风气候区，受台风影响频繁，风速大、风况复杂。桥位区内松散沉积层连续分布，自东向西、从陆域向海域，覆盖层厚度逐渐增加。

本桥的主要设计难点是基础水深，地震等级高，船舶撞击力大，桥梁耐久性要求高。

2. 桥型和主孔跨径

主通航孔采用单孔双向通航布置，通航净宽不小于544m，考虑到主墩基础及防撞设施的宽度和紊流区的影响，主孔跨径定为620m，由于主通航孔桥位于深水区域，最适宜的桥型方案为斜拉桥。

斜拉桥的可能方案有钢箱梁斜拉桥、组合梁斜拉桥和混合梁斜拉桥。组合梁斜拉桥由于造价高，混凝土桥面易出现裂缝，在海洋环境，耐久性没有保证，因而不推荐使用。混合梁斜拉桥最经济，但边跨混凝土箱梁必须采用支架施工，存在一定施工风险，因此综合比较后采用钢箱梁斜拉桥方案。

三、结构设计

1. 跨径布置

主通航孔桥方案选定为主跨620m钢箱梁双塔双索面斜拉桥方案。为了保证结构的体系刚度，采用五跨连续结构的斜拉桥方案。由于通航要求在边跨设置净宽129m的副通航孔，考虑到主通航孔两侧相邻引桥为跨径60 m的非通航孔高墩区，边孔跨径应能在主孔和引桥之间协调过渡，综合考虑受力性能、使用要求及景观效果，跨径组成为77m+218m+620m+218m+77m，全长1 210m，桥型布置见图1。

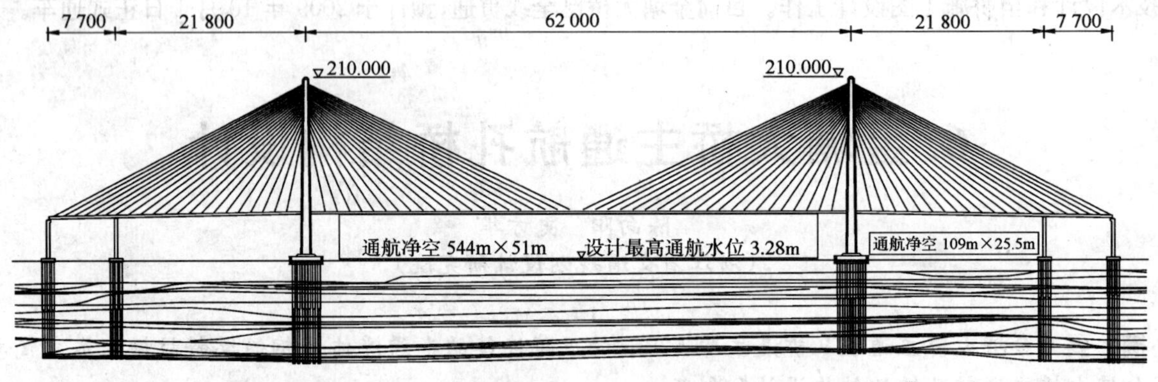

图1 桥型布置（尺寸单位：cm）

2. 支承体系

结构采用半飘浮体系，在主塔墩、辅助墩及边墩处均设置竖向、横向支座。

由于本桥处于强风强震区，塔梁间的纵向约束是结构体系的关键。若塔梁纵向直接约束，索塔根部在温度作用下会出现巨大的拉应力；若塔梁间不设纵向约束，索塔根部在风荷载作用下难以满足结构要求。另外，在巨大的地震荷载作用下，为了减小索塔根部地震荷载，必须在主塔和主梁间纵向设置阻尼器。为了同时满足极限风荷载、汽车荷载和温度作用的要求，本桥最终采用带纵向限位的黏滞阻尼器，限制位移根据计算优化定为35cm，即当风荷载作用下的钢箱梁纵向漂移小于35cm时，塔梁间无纵向约束，纵向漂移大于35cm时，塔梁间有纵向约束。阻尼装置的阻尼参数根据地震荷载确定，每个塔梁连接处安装2个黏滞阻尼器，全桥共4个。单个阻尼器参数为：阻尼系数$C=2\,500$，阻尼指数$\xi=0.3$，最大阻尼力为2 750kN，最大限位力为1 750kN。

3. 主梁

主梁采用封闭式流线型扁平钢箱梁。箱梁全宽 30.1m(包括风嘴),宽跨比 1/20.60,中心线处梁高 3.0m,高跨比 1/206.67。箱梁顶板厚度 14mm;下斜底板和底板厚 12mm;边纵腹板厚 28mm;横隔板间距 3 500mm(锚跨 3 200mm),板厚 10mm;纵隔板间距 1 080mm,支座及临时墩处采用实腹式纵隔板,其余为桁架式;顶底板均采用 U 形肋加劲,顶板 U 形肋壁厚 8mm,底板 U 形肋壁厚 6mm 图 2。

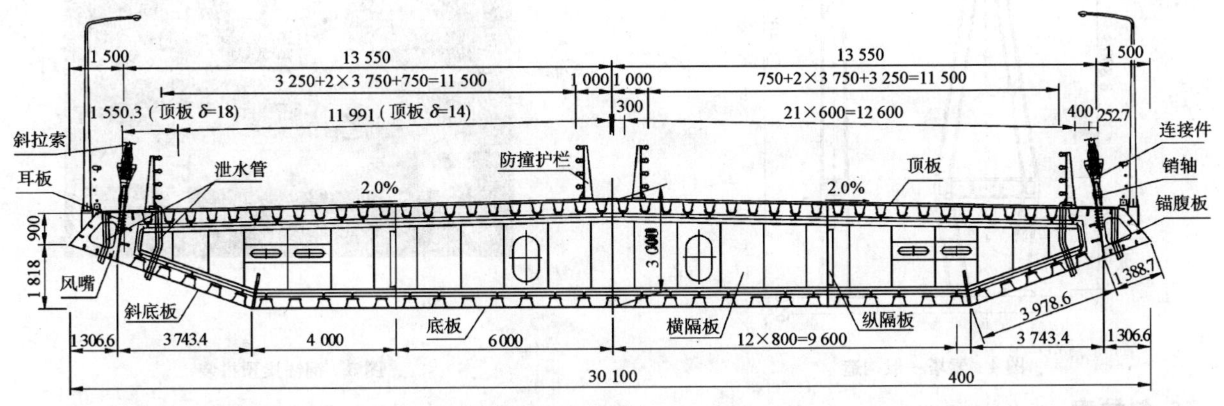

图 2 主梁标准横断面(尺寸单位:mm)

斜拉索在钢箱梁上的锚固采用耳板销铰连接方式。耳板板厚为 80～90mm,抗拉强度 785MPa。

钢箱梁进行了节段模型风洞试验,原设计在+3°攻角的均匀流下出现了强烈的竖弯和扭转涡振,竖弯振幅为允许振幅的 3.28 倍,扭转振幅为允许值的 5.51 倍,改进护栏路缘石构造后,三个攻角下都没有出现明显涡激共振。节段模型风洞试验测得施工状态和成桥状态颤振临界风速均大于 200m/s,满足抗风稳定性要求。

4. 主塔

索塔基础采用群桩基础(图 3)。一个索塔共设 42 根钻孔桩,钻孔桩上段直径 2.85m,下段直径 2.5m。承台采用端圆形整体式承台,承台厚 6.5m,长 56.78m、宽 34.02m。承台采用钢套箱围堰施工工艺。考虑主墩防船撞需要,钢套箱结合防撞设施一体设计,由防撞体、底板和搁置支撑系统组成,长 60.88m、宽 38.12m、高 9.858m,重 1600t。防撞钢套箱在陆上加工场地分片制作,在码头边浮平台上拼装成整体,用拖轮拖运浮平台至现场,2 艘大型浮吊一次抬吊安装就位。

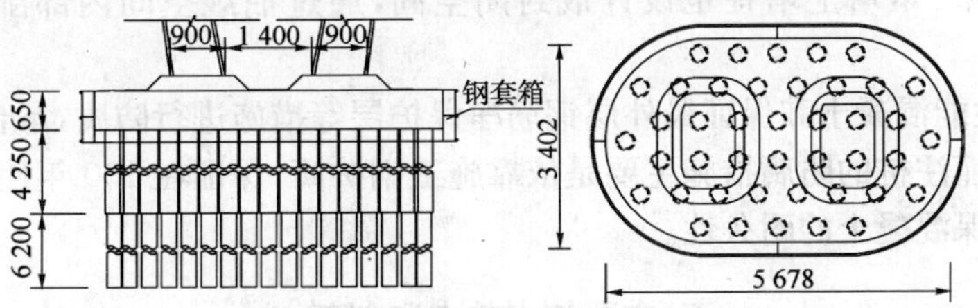

图 3 索塔基础一般构造(尺寸单位:cm)

钻石形索塔为 C50 混凝土结构(图 4),总高度 204.1m,塔根处横向净距 23.0m。塔顶尺寸顺桥向 7.0m、横桥向 6.5m,塔底尺寸顺桥向 12.0m、横桥向 9.0m。横梁高 6m,宽 8m。索塔采用液压爬模分节施工,每个塔分 47 节段,其中第 1 节段与塔座一起浇筑。下塔柱设置 2 道临时水平拉杆,中塔柱设置 5 道临时水平横撑。

斜拉索在索塔的锚固采用钢牛腿和钢锚梁的组合结构(图 5),施工快捷,受力合理,为国际首创。本桥钢锚梁由一根锚固梁和四个锚固头组成,可以锚固四根空间斜拉索。塔壁预埋钢板厚 30mm,宽 273cm,沿索塔高度方向通长布置,兼作混凝土施工模板,从而方便索塔混凝土施工。为了确保新型锚固构造的可靠性,采用足尺模型试验验证钢锚梁、钢混凝土结合构造的受力特性。

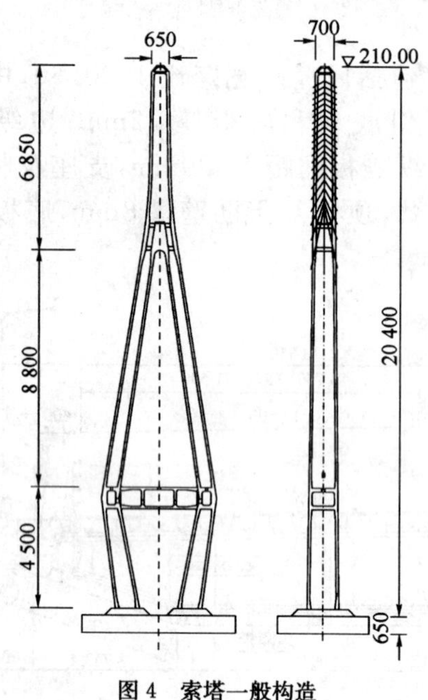

图4 索塔一般构造

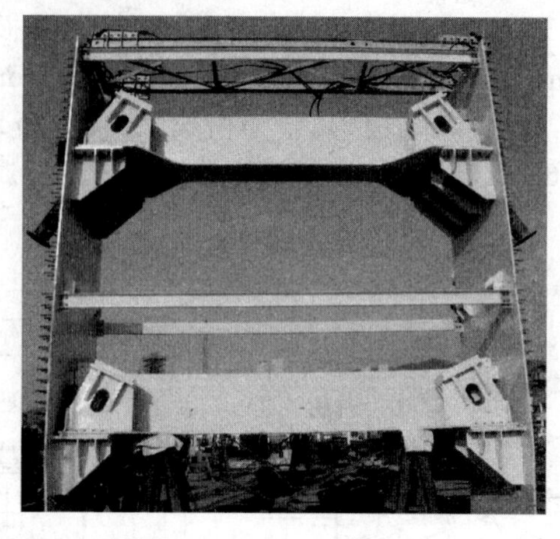

图5 钢锚梁预拼装

5. 斜拉索

斜拉索采用扇形中央平行索面，每塔每索面共21对斜拉索，梁端索距14m和12m，塔端索距约2.2m，全桥共168根斜拉索。

采用1 670MPa平行钢丝斜拉索，最长330.1m，最大规格为PES7-163，单根最大重量为17.5t。根据索力的不同，需要PES7-73、PES7-91、PES7-121、PES7-139、PES7-151、PES7-163六种规格。

四、耐久性设计

由于结构处于腐蚀强烈的海洋环境，因而需采取高标准的防腐措施以确保结构在设计使用寿命年限内的安全和满足正常的使用功能。本桥在方案构思时即从设计概念上采用有利于提高耐久性的结构形式和构造细节，并选择合理的施工方法，以使施工容易达到设计要求。钢箱梁钢结构部分外表面采用电弧喷铝长效防腐，其组成为电弧喷铝底层、环氧云铁封闭漆和聚氨酯面漆。钢箱梁内表面采用重防腐涂料涂装体系，同时将钢箱梁封闭起来使其成为一个密封的空间，安装抽湿系统来控制内部湿度，以有效阻止钢箱梁内表面的腐蚀。索塔上塔柱也设计成封闭空间，通过抽湿空间内部湿度来保证钢锚梁的耐久性。

索塔同时采用高性能混凝土和保证最外层钢筋净保护层等措施进行防腐，承台主要靠增加保护层厚度和填加阻锈剂，钻孔灌注桩的防腐措施主要是依靠施工钢护筒，保证在100年使用期内，钢护筒厚度尚有一定的余量，从而确保混凝土的耐久性。

五、主要技术特点和创新点

(1)金塘大桥是我国第一座按桥梁新规范体系进行设计的跨海特大桥梁；结构安全度和耐久性得到了进一步保障，达到了技术先进、安全可靠、适用耐久、经济合理的建设目标，并为今后新规范的修订积累了重要实践经验。

(2)为满足通航要求，金塘大桥主通航孔桥是我国在外海苛刻环境中建设的最大跨径斜拉桥，也是目前世界海域环境内最大跨度斜拉桥。

(3)空间索面斜拉索塔端锚固采用钢牛腿、钢锚梁组合体系，为国际首创，不但成功解决了锚固区开裂问题，提高了结构耐久性，还有利于提高施工速度，保证施工质量。

7. 金塘大桥索塔钢锚梁和钢牛腿组合结构设计

史方华　陈向阳　白雨东
（浙江省交通规划设计研究院）

摘　要　金塘大桥主通航孔桥斜拉索塔端锚固结构采用钢锚梁和钢牛腿组合结构，创造了两个世界第一：首次采用钢锚梁来锚固空间索面斜拉索；首次采用钢牛腿来传递钢锚梁的受力。

关键词　钢锚梁　钢牛腿　锚固结构　设计

一、概　　述

金塘大桥主通航孔桥为主跨620m的五跨半飘浮双塔双空间索面钢箱梁斜拉桥，桥跨布置为77m＋218m＋620m＋218m＋77m＝1 210m。

索塔采用钻石形，采用C50海工耐久性混凝土。塔柱顶高程210.00m，承台顶高程6.00m，索塔总高204.00m；其中上塔柱高68.50m，中塔柱高92.00m，下塔柱高41.00m；索塔在桥面以上高度为152.362m，高跨比为0.246，塔底左右塔柱中心间距23.00m。塔柱采用空心箱形断面，上塔柱塔壁厚度为1.00m，中间设钢锚梁；中塔柱塔壁厚为0.90m；下塔柱塔壁厚度为1.00m。

二、索塔锚固形式的比较

索塔的拉索锚固段，是将一个斜拉索的局部集中力，安全、均匀地传递到塔柱的重要受力构造，采取何种方式锚固，与拉索的布置、拉索的根数和形状、塔形和构造等方面密切相关。常用的锚固方式有三种：钢锚箱锚固（如诺曼第大桥、杭州湾大桥、苏通长江大桥）、钢锚梁锚固（如安娜西斯大桥、南浦大桥、招宝山大桥）和环向预应力锚固（如南京二桥、杨浦大桥、桃夭门大桥）。

金塘大桥采用钻石形塔，拉索为空间索面，常规的钢锚梁已不适用，虽然钢锚箱和环向预应力方案均可行，但钢锚箱方案对起重设备及安装精度都要求较高，在拉索平衡水平力工况下塔柱混凝土也会产生拉应力，对结构的耐久性不利；环向预应力方案使用得比较多，但高空作业量大，工序多，速度慢，预应力钢束的应力及压浆效果难易检测，所以找到一种合适的拉索锚固方案非常必要。

三、钢锚梁和钢牛腿组合结构的设计

1. 设计要点

常规的钢锚梁不能锚固空间索面斜拉索，金塘大桥提出了能够锚固空间索面斜拉索的钢锚梁和钢牛腿组合结构，见图1和图2。

钢锚梁作为斜拉索锚固结构，设置在上塔柱中，承受斜拉索的平衡水平力。钢锚梁共19节（1、2号斜拉索直接锚固在索塔横隔板上），分4类，各锚固一对斜拉索。钢锚梁由受拉锚梁和锚固构造组成。每对斜拉索面内的平衡水平分力由钢锚梁承受，部分不平衡水平分力通过梁端顶座传递到预埋钢板，由索塔承受；竖向分力通过牛腿传到塔身后，全部由索塔承受；空间索在面外的水平分力由钢锚梁自身平衡。为达到此受力模式，构造上采取下列措施：

（1）与钢牛腿的接触面之间采用不锈钢和四氟板构成滑动摩擦副，用以消除钢锚梁与钢牛腿接触面之间的摩阻力对塔的影响，确保平衡水平分力全部由钢锚梁承受的受力模式。工地整体组装前，四氟板面涂硅脂，增加摩擦副的润滑性。

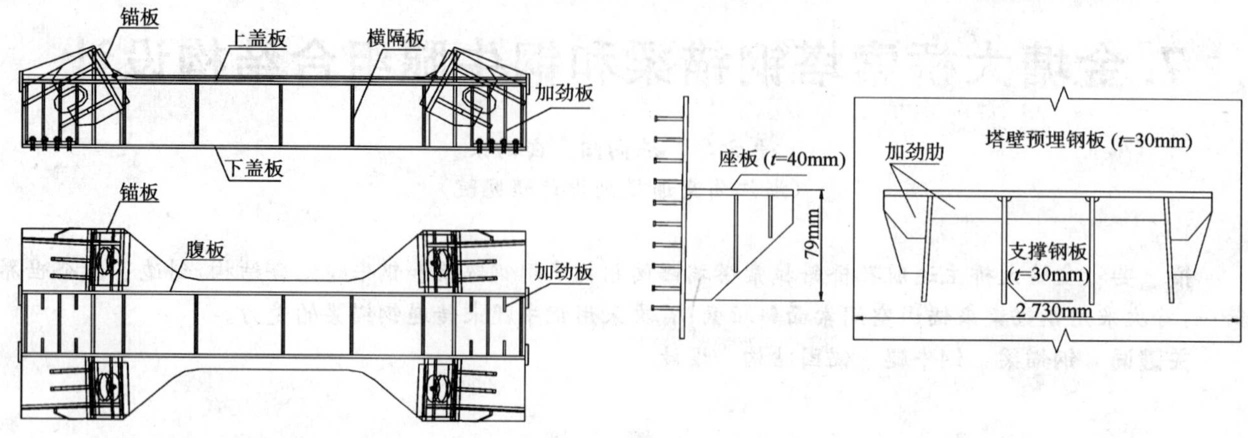

图1 钢锚梁结构图

图2 钢牛腿结构图

(2)设置临时固接螺栓，安装斜拉索时，钢锚梁的一端与牛腿固结，以避免施工中发生两侧挂索不同步时，造成钢锚梁位置的失控而冲击塔壁。斜拉索安装张拉结束后，释放固结装置。

(3)利用钢锚梁与钢牛腿的连接螺栓抗剪传递横桥向的不平衡水平分力。

钢牛腿是钢锚梁的支撑结构，由座板、托架、塔壁预埋钢板、剪力钉和与劲性骨架相连的连接钢板组成。根据钢锚梁斜拉索的角度及底板宽度的变化，钢牛腿分为4类19个编号，与钢锚梁对应安装使用。应在塔壁内设置劲性骨架，其立柱与牛腿预埋钢板间用连接钢板连接。

塔壁预埋钢板上下之间采用水平钢板螺栓(销钉)连接的方式。安装时，钢锚梁锚固点的高程及钢牛腿座板的高程偏差可利用对接缝进行调整。塔柱混凝土浇筑后，可拆除水平钢板及螺栓(销钉)。

钢锚梁底板与钢牛腿座板之间的连接螺栓的另一用途是供整体吊装。

钢锚梁和钢牛腿组合结构是一种新型结构，使用ANSYS有限元程序进行了结构分析。

2. 钢锚梁有限元分析

1)计算模型及工况

钢锚梁共有19节，其中GML19钢锚梁受拉截面最小，水平分力最大，故本节仅分析GML19钢锚梁的应力状况。

本次计算采用ANSYS (9.0)空间有限元分析程序，采用SOLID45单元模拟，按实际尺寸建立钢锚梁分析模型。斜拉索锚头作用于钢锚梁的索力按面压力荷载施加，作用面为实际斜拉索锚具与钢锚梁锚垫板的接触面。

由于钢锚梁与牛腿接触面之间设置四氟板，钢锚梁在设计计算时主要考虑两种传力工况：

计算工况1：钢锚梁两端共四根索通过锚垫板作用于钢锚梁的两端，分解成水平力和竖向力，其中平衡水平力由钢锚梁承受，不平衡水平力由塔柱承受，竖向力则由承压板传递到塔柱牛腿上。

计算工况2：假设其中一根索断索，则产生的不平衡力由锚梁和塔柱共同承受。

根据本桥总体静力计算的成果，读出边、中跨侧斜拉索索力差值影响线，在索力差值影响线上布载，从而得到边中跨侧斜拉索的不平衡索力。

2)GML19钢锚梁正常使用极限工况计算结果

GML19钢锚梁锚固B21、Z21索，B21成桥最大索力为3 671.5kN，Z21成桥最大索力为3 747.0kN，钢锚梁Mises应力如下：

(1)腹板：腹板的最大Mises应力发生在上缘接近锚板处的倒圆角附近，最大为93.3MPa。

(2)上盖板：上盖板的最大Mises应力发生在钢锚梁中间，连接板处的开口圆角处，属于应力集中区的局部应力，但最大应力不超过105.6MPa。

(3)下盖板:下盖板的最大 Mises 应力发生在盖板面积扩大的倒角处,属于应力集中区的局部应力,但最大应力不超过 147.51MPa。

(4)横隔板:横隔板处的最大 Mises 应力发生在最外侧横隔板,为 73.4MPa。

(5)锚板与承压板:承压板面内基本应力在 116.4MPa 以内,但在承压板与下盖板相接的末端角点存在应力集中,最大局部应力为 174.3MPa。锚板的最大应力则在 155MPa 以内。

3)GML19 钢锚梁断索工况计算结果

考虑 GML19 钢锚梁锚固的 B21、Z21 索中,两根 Z21 索断掉其中一根,B21 成桥最大索力为 3 586.5kN,Z21 成桥最大索力为 3 949.7kN。钢锚梁 von Mises 应力如下:

(1)腹板:断索一侧腹板及未断索一侧腹板的最大 Mises 应力均发生在 B21 索侧底缘与下盖板相交的末端角点处,其中断索一侧腹板应力最大为 128.5MPa,未断索一侧腹板应力最大为 141.1MPa。

(2)上盖板:上盖板的最大 Mises 应力最大值为 171.8MPa。

(3)下盖板:下盖板的最大 Mises 应力发生在与 B21 索承压板相交处末端,最大值为 236MPa。

(4)横隔板:横隔板处的最大 Mises 应力发生在 B21 索侧最外侧横隔板,为 120MPa。

(5)锚板与承压板:B21 索锚板及承压板最大应力发生在承压板与下盖板相交处末端角点处,属于应力集中区的局部应力,最大值为 232MPa,其中大于 200MPa 的区块只有 5mm 范围左右。承压板面内其余应力基本均在 200MPa 以内。

3. 钢牛腿有限元分析

钢牛腿分为 4 类,共 19 个,本次计算仅分析具有代表性的 GNT6。

(1)竖向应力

最大应力在牛腿与塔壁预埋钢板的交界处,发生在塔壁预埋钢板上,最大值为 45.9MPa。

(2)顺桥向应力

最大应力在牛腿与塔壁预埋钢板的交界处,发生在牛腿顶板上,最大值为 82.2MPa。

(3)横桥向应力

最大应力在牛腿顶板下横向肋板下缘,最大值为 47.1MPa。

(4)Mises 应力

最大应力在支撑钢板最下缘,最大值为 222MPa。

(5)竖向位移

牛腿竖向最大位移 0.7mm。

4. 预埋构造的空间有限元分析

1)计算模型

准确计算牛腿锚固构造的应力状态有一定难度(计算模型的建立与实际构造情况难以完全吻和),按照偏安全的原则,对计算模型作了必要的简化。

锚固构造有限元分析的假设如下:

(1)不考虑预埋钢板和塔壁混凝土的黏结力。与预埋钢板相接的塔壁混凝土受拉区,混凝土与钢板完全脱离,不传递拉力和剪力;受压区,不能传递剪力,但能传递压力。

(2)不考虑埋入混凝土内部的加劲肋板与混凝土之间的黏结力。建模时,加劲肋板的节点和塔壁混凝土的节点不耦合。

(3)假设受拉区剪力钉只参与抗剪,不参与受拉。

(4)剪力钉和横向加强钢筋抗剪刚度的模拟:

根据《钢锚箱竖向应力分布及剪力钉受力分析》文中介绍,剪力钉的抗剪刚度曲线如图 3 所示,采用剪力钉极限承载力 1/3 荷载时的割线刚度,约 220kN/mm。

由于抗剪刚度受索塔混凝土强度和试验条件的影响很大,很难确定确切数据。计算中,剪力钉按抗剪刚度 220kN/mm 计算,横向加强钢筋按抗剪刚度 985kN/mm 计算。

计算模型仅取一个节段牛腿作分析，索塔混凝土按实体建模，钢板按壳单元模拟，剪力钉和横向加强钢筋按梁单元模拟。计算假设塔壁四周表面均固结。

2)主要构件刚度变化的影响

在其他条件计算不变的情况下：

(1)假设横向加强钢筋抗剪刚度增加五倍；

(2)假设横向加强钢筋抗剪刚度减少五倍；

(3)假设剪力钉抗剪刚度减少五倍；

(4)假设剪力钉抗剪刚度增加五倍；

(5)计入剪力钉抗拉刚度。

经验算，在不同的计算假设下，锚固构造均是安全可靠的。

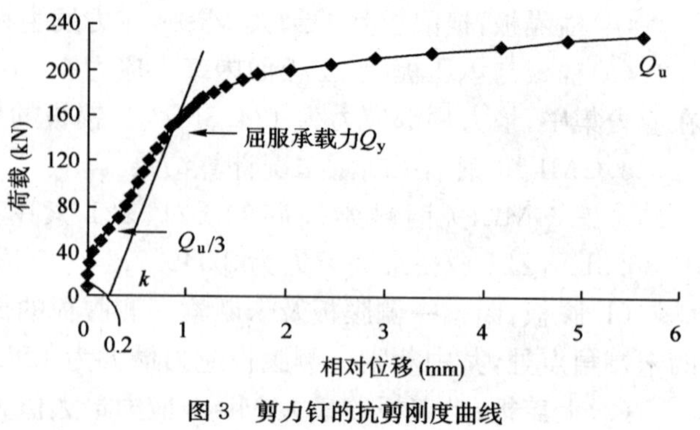

图3 剪力钉的抗剪刚度曲线

四、结　　语

斜拉桥的斜拉索与塔柱的联结通常有三种形式：预应力锚固方式、钢锚箱锚固方式和钢锚梁锚固方式。其中，小跨径斜拉桥的传统锚固方式大多采用预应力锚固方式，考虑到其预应力损失大，而且在大跨径斜拉桥索塔较高时，高空作业影响施工质量，混凝土易开裂等因素，近年对大跨径斜拉桥的塔端锚固方式采用了钢锚箱的锚固方式。钢锚箱可工厂化制造，质量有保证，施工速度快，受力较为可靠。但无论是内置式或外置式的钢锚箱，由于钢与混凝土二种不同的材料的共同作用，均不可避免会造成混凝土塔壁的开裂，影响结构的耐久性，而且钢锚箱用钢量大，成本高，安装时对施工机具的要求高，需要配置大型吊装设备等。尤其在海洋环境中，对结构的耐久性要求高，因此钢锚箱的应用有局限性。而过去设计的钢锚梁仅适用于平行索面斜拉桥，不能适用于空间索面斜拉桥，故实践中开发出了一种能适用空间索面布置的既经济耐用又方便施工的锚固方式——空间钢锚梁和钢牛腿组合结构锚固方式。经足尺模型试验验证，结构安全可靠，并具有以下优点：

(1)由于只有不平衡索力由塔壁承受，塔壁混凝土不会开裂，耐久性好；

(2)由于没有象钢锚箱一样在上塔柱分叉处有一强大的钢板底座，从而使得其传力简单明确，上塔柱分叉处的混凝土受力得到很大改善；

(3)其重量不到类似钢锚箱的1/2，用钢量低，对起吊设备的要求低，因而较经济；

(4)采用钢牛腿方便了滑模施工，使索塔混凝土施工速度可以大幅度提高；

(5)钢牛腿、钢锚梁整体吊装，因此安装精度容易得到保证。

因此，本结构在海洋环境下的大跨径斜拉桥的索塔锚固结构中有较大的推广价值。

参考文献

《钢锚箱竖向应力分布及剪力钉受力分析》，周青、戴捷，《现代交通技术》2006年02期

8. 金塘大桥主通航孔桥下部结构设计

白雨东　王晓阳

(浙江省交通规划设计研究院)

摘　要　金塘大桥主通航孔桥采用主跨为620m的五跨半飘浮连续钢箱梁斜拉桥，本文主要介绍其下部结构形式、防撞方案、耐久性措施等。

关键词　下部结构　防撞方案　耐久性　设计

一、概　述

金塘大桥是浙江省舟山大陆连岛工程中的第五座大桥，连接舟山市金塘岛与宁波市镇海区，全长21.029km，其中海上桥梁长18.27km，也是舟山大陆连岛工程中规模最大的跨海特大桥。金塘大桥跨越沥港水道、灰鳖洋，由主通航孔桥、东通航孔桥、西通航孔桥、非通航孔桥、浅滩区引桥、金塘侧引桥及镇海侧引桥及接线工程组成。

主通航孔桥采用主跨为620m的五跨半飘浮连续钢箱梁斜拉桥，桥跨布置为77m+218m+620m+218m+77m=1 210m。桥型总体布置见图1。

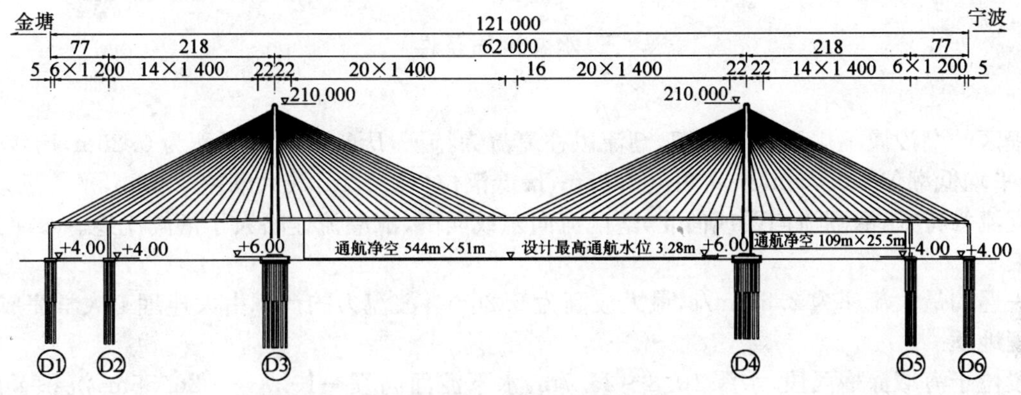

图1　主通航孔桥桥型总体布置(尺寸单位:cm)

二、主要技术标准

1)设计荷载等级:公路—I级

2)计算行车速度:100km/h

3)行车道宽度:2×2×3.75m

4)桥面横坡: 2%(双向)

5)通航标准:主通航孔桥要求通航5万吨级海轮(压载),净宽544m、净高51m。

6)结构设计基准期:100年

7)设计高潮位频率:1/300

8)温度:

(1)桥址处极端最高温度38.5℃

桥址处极端最低温度 −6.6℃

(2)桥址处日平均最高温度33.3℃

桥址处日平均最低温度 −3.5℃

9)地震基本烈度:VII度。抗震设防标准见表1。

抗震设防标准　表1

设防地震概率水平	结构性能要求	结构校核目标
P_1:100年10%	主要结构处于正常使用极限状态	主要结构校核应力
P_2:100年5%	主要结构处于承载能力极限状态,控制位移或变形	主要结构校核极限承载能力或考虑延性校核极限承载能力;校核位移或变形

10)船舶撞击力:根据上海船舶运输科学研究所《金塘大桥防撞设施技术设计研究报告》,船舶撞击力见表2。

金塘大桥桥墩建议防撞力取值 表2

航道名称	代表船型(t)	桥　墩	建议桥墩防撞力(MN)		有效消能设施后防撞力(MN)		采用独立防撞墩后防撞力(MN)	
			横桥向	顺桥向	横桥向	顺桥向	横桥向	顺桥向
主通航孔	50 000压载	主墩D3,D4	65.34	32.67	45.74	22.87		
	20 000							
	5 000	辅助墩D2,D5	40.0	20.0	28.0	14.0	10.0	5.0
	1 000	过渡墩D1,D6	27.4	13.7	19.2	9.6	6.0	3.0

11)设计基准风速：按一般平坦空旷地面离地10m高，频率1/100，10min平均最大风速40.16m/s计。

三、水文地质条件

1. 水文

本工程区的潮汐属不规则的半日潮，潮流以往复流为特征，历年平均海平面为0.26m，历年平均高潮位1.14m，平均低潮位−0.75m，最高潮位3.28m，最低潮位−2.12m，最大潮差3.67m，平均潮差1.91m。潮流以往复流为特征，涨潮流向西或向北，落潮流向东或向南，涨潮流速略大于落潮流速。

2. 波浪

百年一遇的最大流速为2.54 m/s，最大波高为6.26m。波流力的计算由大连理工大学完成。

3. 工程地质

该路段位于海域深槽西段，水深10.8～26.7m，水下泥面高程−10.7～−26.55m，沉积了巨厚的第四纪土层，土层厚度达70.2～101.6m。该段表部主要为海相灰色流～软塑状淤泥质亚黏土、亚黏土，和冲海相灰色，灰绿色松散～稍密状亚砂土、粉细砂，中间黄褐色软～硬塑状亚黏土，以上土层总厚度9.5～24.9m；其下为灰褐灰绿黄绿等色中密～密实状粉细砂、中粗砂或亚砂土相间厚度较大灰色软塑状黏土，和黄褐黄绿灰蓝等色硬塑状为主的(亚)黏土，总厚度61.5～76.5m；该区下伏基岩面起伏变化相对不大，基岩面埋深77.2～101.6m，其弱风化岩面顶板高程−102.88～−115.30m，基岩岩性主要为晶屑玻屑熔结凝灰岩，属硬质岩。

4. 冲刷

根据浙江省水利河口研究院“金塘大桥动床模型与桥墩局部冲刷研究专题组”提供的报告：自然冲刷深度：5m；建桥冲刷深度：索塔：15.6m，辅助墩16m，过渡墩14.3m。

四、下部结构设计

1. 索塔基础

塔基采用群桩基础。结构计算：首先按照波浪力和风荷载的组合工况确定桩长和根数；然后验算船舶撞击力(永久作用＋顺桥向船撞力＋0.7汽车荷载＋0.8温度荷载＋有车风荷载；永久作用＋横桥向船撞力＋流水压力＋有车风荷载)。经验算，金塘侧D3、宁波侧D4索塔基础均能直接承受船舶撞击力)；最后验算地震力。经计算，D3索塔基础由船撞力的工况(横桥向)控制桩截面设计，D4索塔基础由地震力(考虑5mm厚的钢护筒参与受力)控制桩截面设计(图2)。

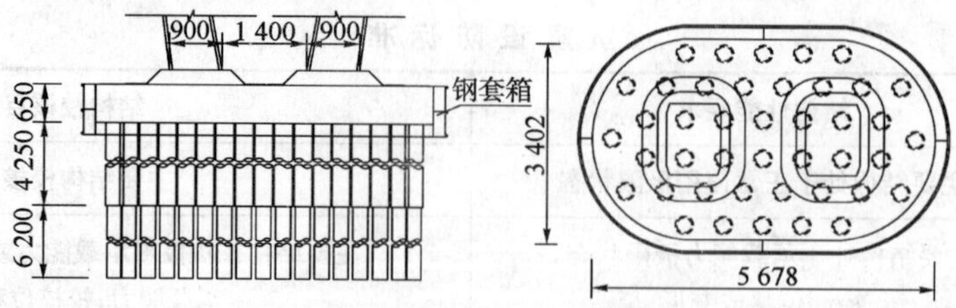

图2　索塔基础一般构造(尺寸单位：cm)

(1)桩基础：D3、D4索塔基础都采用42根ϕ2.5m钻孔灌注桩，桩长分别为115m、104.5m。均按柱桩设计。为增加桩身截面的抗弯能力，承台下的桩径均采用ϕ2.85m，其长度分别为53m和42.5m，混凝土采用 C35(水下)。

(2)承台:承台为实体钢筋混凝土圆端形构造,平面尺寸为 56.78m×34.02m,厚 6.5m,混凝土采用 C35;承台上设厚 2.5m 的塔座,混凝土与索塔一致,采用 C50 混凝土;封底混凝土厚度为 2m,采用 C30 水下混凝土。承台顶面高程设置在+6.0m 处。

2. 过渡墩

根据上海船舶运输科学研究所《金塘大桥防撞设施技术设计研究报告》,过渡墩在主撞方向采用独立防撞墩防撞方案,直接撞击桥墩的船撞力较小,不控制设计。D1 过渡墩桩身截面裂缝由波浪力和风荷载的组合工况控制设计,D6 过渡墩桩身截面强度验算由地震力(考虑 5mm 厚的钢护筒参与受力)控制设计,墩身截面强度验算由地震力控制设计。

(1)桩基础:承台下设 10 根 ϕ2.5m 钻孔灌注桩基础,D1、D6 过渡墩基础的桩长分别为 109.5m、117m,按摩擦桩设计。为增加桩身截面的抗弯能力,承台下的桩径均采用 ϕ2.85m,其长度分别为 55.0m 和 40.5m,混凝土采用 C35(水下)。

(2)承台:采用实体钢筋混凝土矩形构造,横桥向宽为 25.4m,顺桥向宽为 15.5m,承台厚 4.0m,混凝土采用 C40。封底混凝土厚度为 1.5m,采用 C30 水下混凝土。

(3)墩身:采用分离式的矩形钢筋混凝土结构(D1 墩身为实心、D6 墩身为空心),横桥向宽 6.3m,顺桥向宽 3.5m,墩高 43.92m,墩身内侧距桥轴线 3.60m,墩身采用 C35 混凝土。

3. 辅助墩

根据上海船舶运输科学研究所《金塘大桥防撞设施技术设计研究报告》,辅助墩在主撞方向采用独立防撞墩防撞方案,直接撞击桥墩的船撞力较小,不控制设计。D2 辅助墩桩身截面裂缝由波浪力和风荷载的组合工况控制设计,D5 辅助墩桩身截面强度验算由地震力(考虑 5mm 厚的钢护筒参与受力)控制设计,墩身截面强度验算都由地震力控制设计。

(1)桩基础:承台下设 10 根 ϕ2.5m 钻孔灌注桩基础,D2、D5 辅助墩基础的桩长分别为 110.5m、115m,按摩擦桩设计。为增加桩身截面的抗弯能力,承台下的桩径均采用 ϕ2.85m,其长度分别为 54.5m 和 42.5m,混凝土采用 C35(水下)。

(2)承台:采用实体钢筋混凝土矩形构造,横桥向宽为 25.4m,顺桥向宽为 15.5m,承台厚 4.0m,混凝土采用 C40。封底混凝土厚度为 1.5m,采用 C30 水下混凝土。

(3)墩身:采用分离式的矩形钢筋混凝土结构(D2 墩身为实心、D5 墩身为空心),横桥向宽 5.8m,顺桥向宽 3.5m,墩高 46.12m,墩身内侧距桥轴线 3.10m,墩身采用 C35 混凝土(图 3、图 4)。

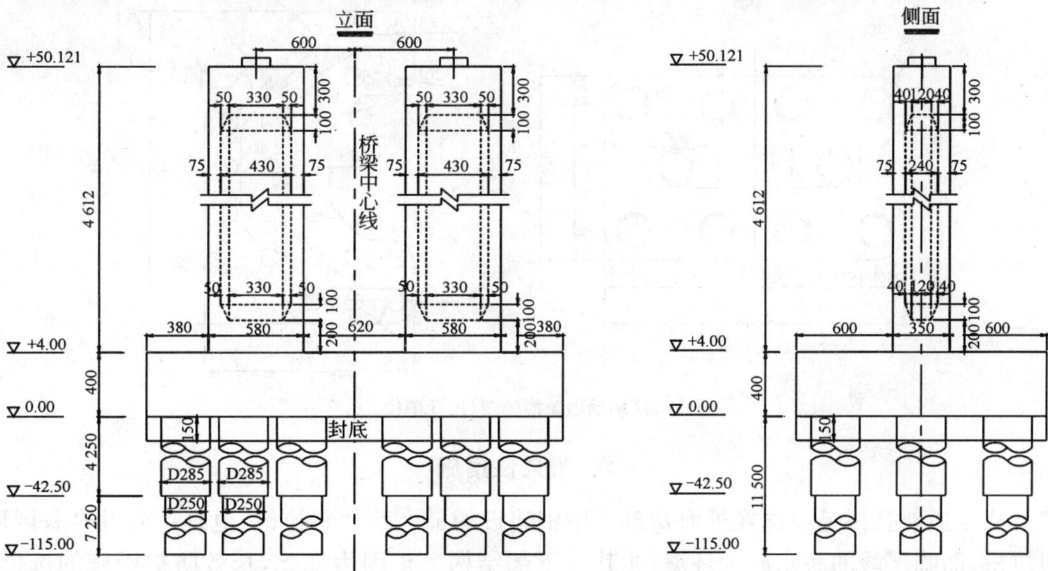

图 3 墩 D5 一般构造

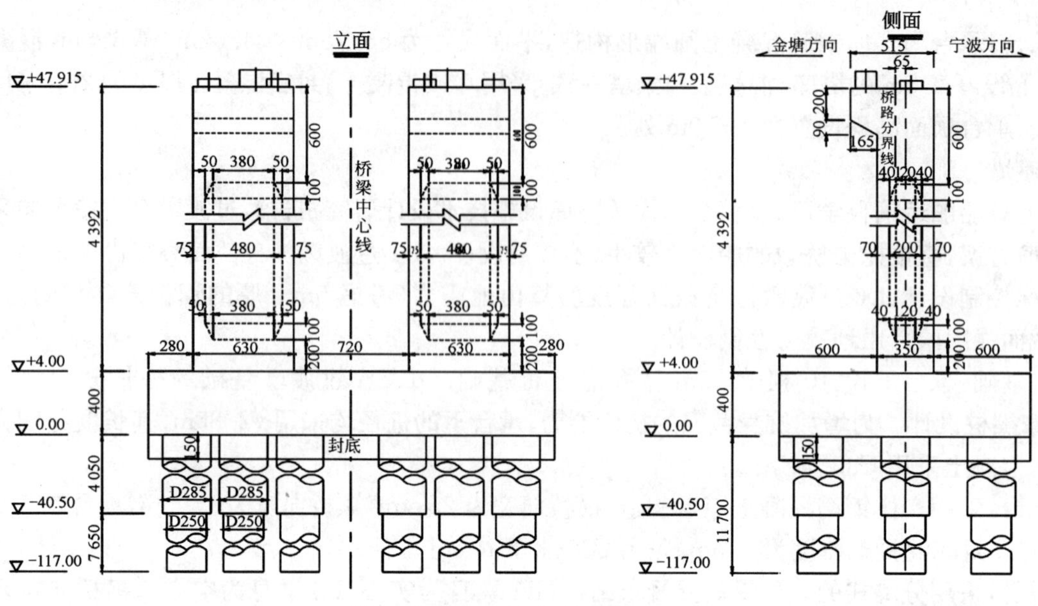

图4　墩D6一般构造(尺寸单位:cm)

五、防 撞 方 案

1. 索塔防撞

经验算,索塔整体抗撞力已满足防撞要求,防撞措施目标为利用承台施工钢套箱(为了减小地震力,只在局部填灌混凝土)保护索塔桩基础、塔柱免遭船舶撞击损伤,减少工程费用,同时利用橡胶件,对撞击船舶进行适当保护。钢套箱结合防撞设施一体设计,由防撞体、底板和搁置支撑系统组成,长60.88m、宽38.12m、高9.858m,重1600t。防撞钢套箱在陆上加工场地分片制作,在码头边浮平台上拼装成整体,用拖轮拖运浮平台至现场,2艘大型浮吊一次抬吊安装就位。

2. 辅助墩、过渡墩防撞

经比较,辅助墩和过渡墩承台主撞侧设独立防撞墩的防撞方案造价较低,虽然只对有限防撞角(主撞方向)进行防撞,但经计算其年撞损频率≤10^{-4},在欧洲和美国(AASHTO)规范规定的范围之内,是可以接受的,所以辅助墩和过渡墩基础采用独立防撞方案(图5)。

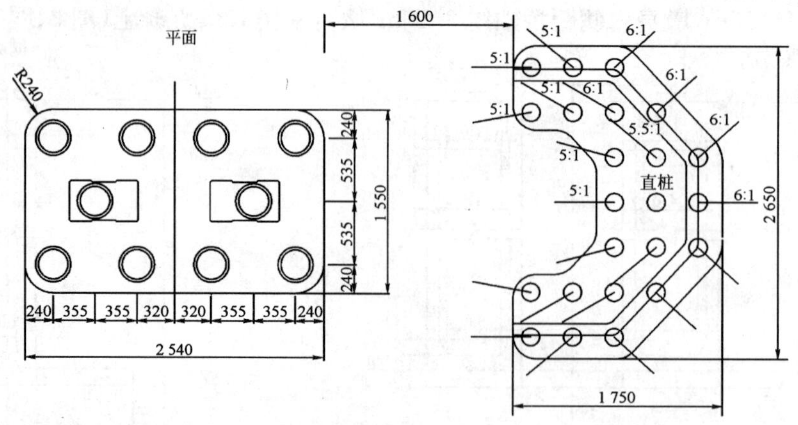

图5　D2辅助墩防撞构造(尺寸单位:cm)

六、耐久性措施

金塘大桥主通航孔桥是我国在外海苛刻环境中建设的最大跨径斜拉桥,也是目前世界海域环境内最大跨度斜拉桥,面临严峻的海水腐蚀环境,尤其是下部结构。正因为如此,长效防护措施的选择、制定贯穿桥型方案拟定、结构设计、施工全过程,具体如下:

混凝土都采用海工耐久性混凝土，钻孔灌注桩、承台及支座垫石的混凝土氯离子扩散系数≤2.5×$10^{-12}m^2/s$，现浇塔座及墩身的混凝土氯离子扩散系数≤1.5×$10^{-12}m^2/s$。高程+9.0以下的墩身及塔座中采用环氧树脂涂层钢筋，混凝土中掺入一定剂量的阻锈剂。

采用永久钢护筒，作为防腐屏障，提高基桩的耐久性。

提高混凝土中钢筋的保护层厚度。

七、结　　语

金塘大桥是我国第一座按桥梁新规范体系进行设计的跨海特大桥梁，主通航孔桥建设条件复杂，技术难度大，具有水深、波流力大、风大、船撞力大、海水侵蚀严重的特点。本桥开展了防撞方案研究及耐久性对策研究，使结构在安全度得到保证的同时，耐久性也得到了进一步保障。

9. 金塘大桥主通航孔桥独立防撞墩设计

戴显荣　陈国兴　王晓阳　史方华
（浙江省交通规划设计研究院）

摘　要　金塘大桥是舟山大陆连岛工程中的第五座大桥，主通航孔桥为77m+218m+620m+218m+77m五跨连续钢箱梁斜拉桥，辅助墩和过渡墩采用独立防撞墩防止船舶撞击，本文介绍独立防撞墩设计的有关内容。

关键词　辅助墩　过渡墩　独立防撞墩　设计

一、概　　述

主通航孔桥为77m+218m+620m+218m+77m五跨连续钢箱梁斜拉桥（图1）。由于索塔整体抗撞力已满足要求，防撞措施为利用承台钢套箱消能，保护索塔基础的方案。辅助墩（D2、D5）和过渡墩（D1、D6）则采用设置独立防撞墩防止船舶撞击基础。

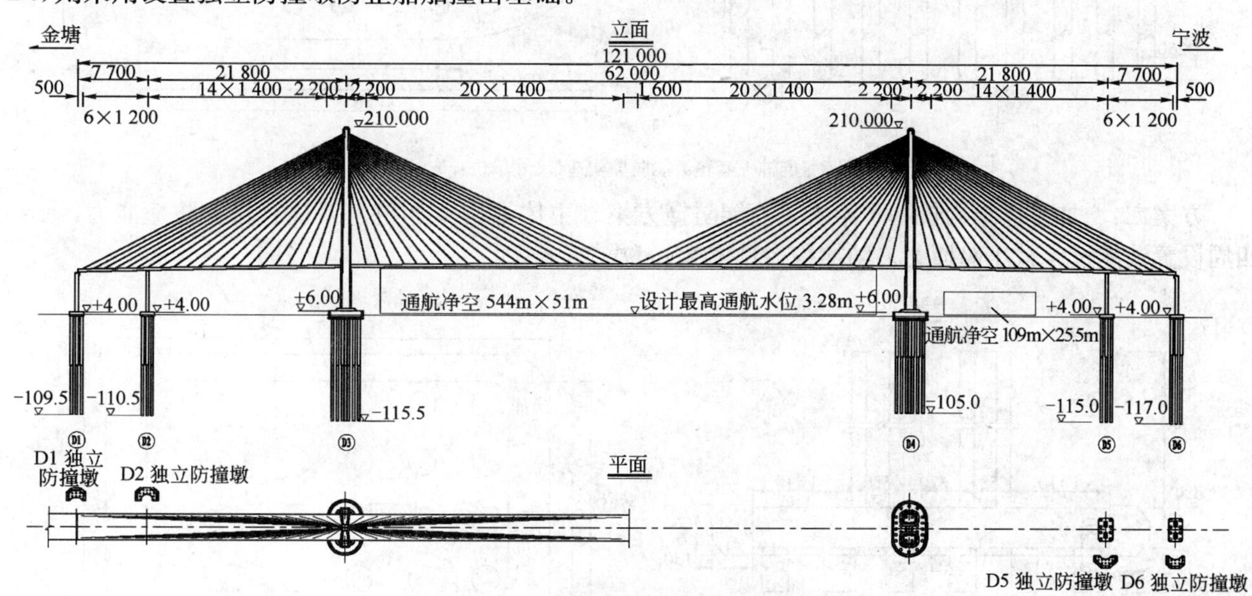

图1　主通航孔桥桥型布置（尺寸单位：cm）

二、主要设计技术标准

（1）设计水位：300年极值高水位3.87m，300年极值低水位−2.38m。

(2)冲刷：根据浙江省水利河口研究院提供的报告：自然冲刷深度：5m；过渡墩(D1和D6)建桥冲刷深度：14.3m，辅助墩(D2和D5)建桥冲刷深度：16.0m。

设计波浪要素见表1。

桥位处波浪要素表　　表1

方　向	$H_{1\%}$(m)	$H_{1/3}$(m)	T_m(s)
横桥向	6.26	4.60	7.34
顺桥向	5.73	4.21	7.29

(3)潮流：重现期100年垂线平均最大流速，涨潮(逆流)2.05m/s，落潮(顺流) 2.54m/s。

(4)防撞船舶：5万吨级压载、5千吨级满载和千吨级满载。

三、防撞方案的比选

桥梁防撞设施是为了防止船舶撞击桥梁时桥梁发生整体或局部破坏，采用不同形式的防撞设施，可以阻止船舶撞击力传到桥墩，或者通过缓冲消能减小船撞力，保障桥梁安全。防撞设施的设计需要综合考虑桥墩的自身抗撞能力、桥墩的位置、桥墩的外形、水流的速度、水位变化情况、通航船舶的类型、碰撞速度等因素进行。针对主通航孔桥辅助墩和过渡墩的实际情况，初步设计阶段考虑了三个防撞方案进行比选。

方案一：群桩＋套箱消能防撞方案。在墩周围设置独立的群桩，防止船舶直接撞击主体结构，船舶撞击时，套箱破损消能、群桩变形消能。套箱对保护撞击船舶和群桩都有一定作用。防撞构造见图2。

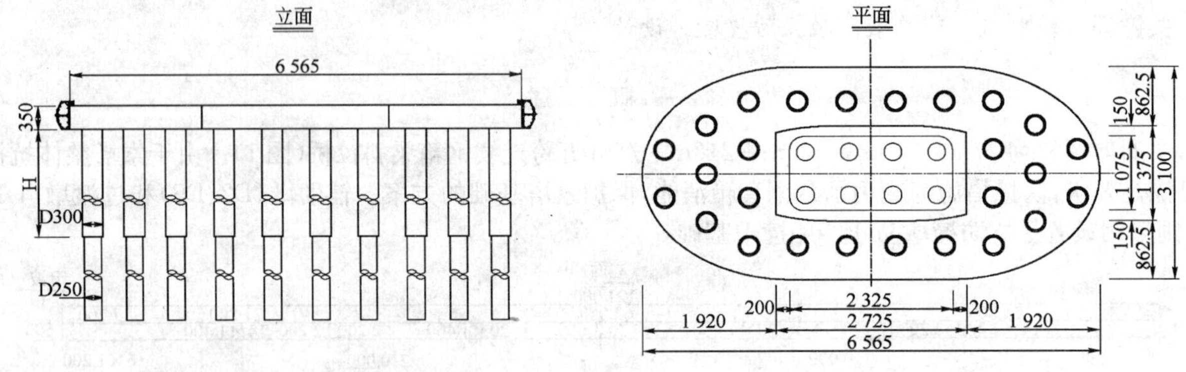

图2　群桩＋套箱消能防撞构造(尺寸单位：cm)

方案二：增加主体结构桩基＋附着式消能防撞方案。主体结构增加桩基以提高自身防撞能力，承台四周设置消能设施减小船撞力。防撞构造见图3。

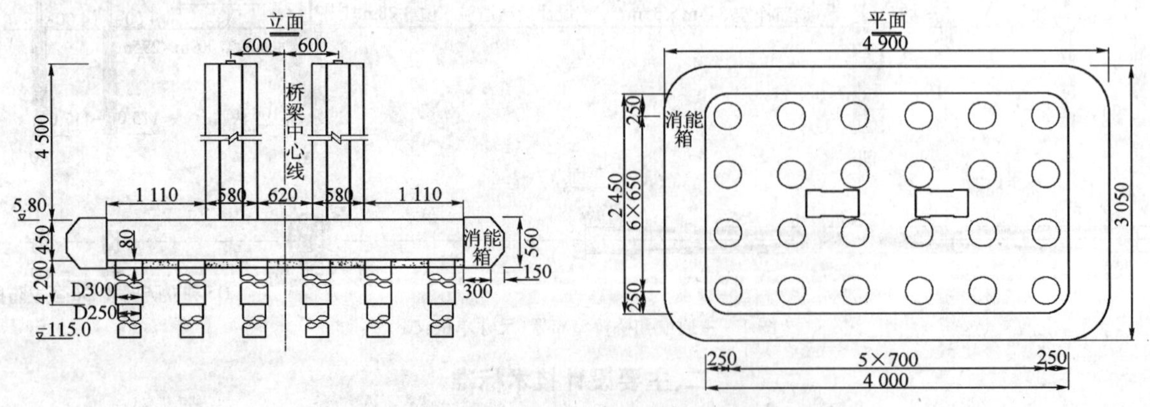

图3　增加主体结构桩基＋附着式消能防撞方案构造(尺寸单位：cm)

方案三：独立防撞墩方案。在承台主撞侧设置独立防撞墩，防止主撞方向船舶直接撞击主体结构。防撞构造见图4。

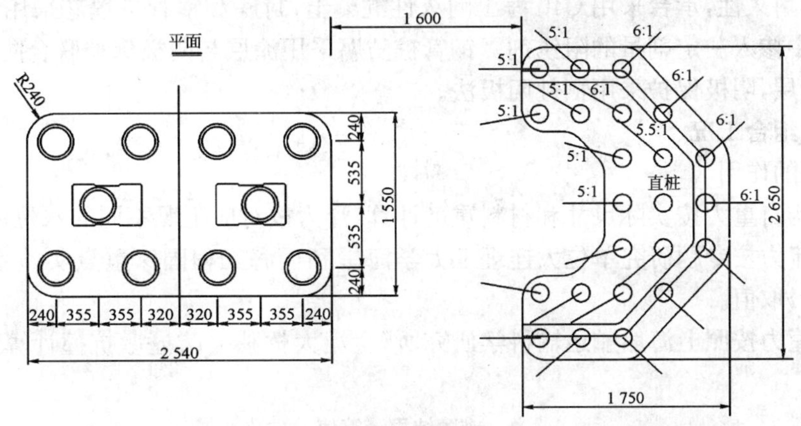

图4 独立防撞墩方案构造（尺寸单位：cm）

以金塘侧辅助墩（D2）和过渡墩（D1）为例，不同防撞方案的综合比较见表2。

不同防撞方案综合比较表 表2

防撞方案	群桩＋套箱消能防撞方案	增加主体结构桩基＋附着式消能防撞方案	独立防撞墩方案
消能特点	防撞墩变形消能	钢结构局部破损消能，减小桥墩碰撞力	群桩变形
防撞范围	全角度防撞	全角度防撞	有限角度防撞
撞击对上部结构影响	无	较大	较小
撞损后修复费用	大	小	较大
撞击船舶损伤度	较大	小	较大
冲刷相互影响	较大	小	较大
对承台要求	无	有	无
建造工艺特点	水上施工	船台建造，水上安装	水上施工
建造费用（万元）	11 099.0	8 146.0	2 981.5

从防撞性能和效果看，前两个方案要好于第三方案，但造价太高，而第三方案虽然只对有限防撞角（主撞方向）进行防撞，但经研究其年撞损频率$\leqslant 10^{-4}$，在欧洲和美国（AASHTO）规范规定的范围之内，是可以接受的，而且造价低，便于和主体结构分开实施。经综合比选后推荐在辅助墩和过渡墩承台主撞侧设置独立防撞墩的方案。

四、防撞结构设计

1. 防撞结构概述

D1、D2、D5、D6独立防撞墩均采用月牙形整体承台基础，D1、D6防撞墩采用15根ϕ1.5m钢管桩，D2防撞墩采用23根ϕ1.5m钢管桩，D5防撞墩采用19根ϕ1.5m钢管桩，钢管桩最大斜率5∶1。承台下设置1.0m厚封底混凝土。承台平面为月牙形，承台底面高程＋1.0m，顶面为台阶形，高程＋5.5～＋6.5m。承台顶面设置1.0%排水坡。

钢管桩为开口桩，材质为Q345C低合金钢。钢管桩桩顶高程＋2.5m，自桩顶以下（42.5m～56.5m不等）范围壁厚22mm，其余壁厚20mm。钢管桩与承台连接方式采用直埋式，为增强钢管桩局部刚度、桩基防船撞及防腐要求，高程－10.0m以上钢管桩内放置钢筋笼填筑混凝土，为确保钢管桩与填芯混凝土及承台之间的可靠黏结，在各自接触面上设置剪力环。

根据防撞要求，承台和封底混凝土之间应具有可靠连接，封底混凝土配置底层钢筋，封底和承台之间设置竖向连接钢筋，封底混凝土内全部采用环氧钢筋。

为保证结构的耐久性，承台采用C40海工耐久性混凝土，封底和钢管桩填芯采用C35海工耐久性混凝土，并在混凝土中掺入一定剂量的阻锈剂。钢管桩防腐采用涂层与阴极保护联合防护的方式。涂层采用熔结环氧粉末涂层，阴极保护采用牺牲阳极法。

2. 计算作用及组合工况

1)设计所采用的作用

永久作用：结构自重力按实际尺寸和材料重度计算，浮力按对应工况不同的水位计算。

可变作用：波流力按专题研究单位大连理工大学海岸和近海工程国家重点实验室《金塘大桥基础波浪力计算研究报告》取值。

偶然作用：船撞力按照上海船舶运输科学研究所《金塘大桥独立防撞墩抗撞计算报告》取值，结果如表3所示。

碰撞结果计算值 表3

序号	项目	计算值			
		D1	D2	D5	D6
1	碰撞能量	44.9MJ	75.6MJ	75.6MJ	44.9MJ
2	最大碰撞力	19MN	29MN	28MN	20MN
3	承台水平位移	3.57m	3.08m	4.08m	2.79m
4	最大钢管桩上拔位移	0.762m	1.09m	1.43m	1.315m
5	最大钢管桩下插位移	1.01m	0.486m	0.851m	0.492m

2)作用效应组合

组合一：永久作用＋波流力

组合二：永久作用＋船撞力

3)设计控制原则

在重力和环境荷载(组合一)下防撞墩具有良好的工作性能，钢管桩容许承载力和桩身截面组合应力满足规范要求(钢管桩腐蚀余量按7mm考虑)；在设计防撞船舶撞击荷载(组合二)下，钢筋混凝土承台强度满足规范要求，允许钢管桩产生塑性变形和竖向移动。

3. 结构计算

1)计算模型

采用空间分析软件“MIDAS2006”进行结构静力分析，承台按板单元模拟，钢管桩按梁单元模拟。桩底边界条件根据实际地质情况刚度模拟。

2)桩基、承台计算结果汇总

环境荷载下各独立防撞墩桩基、承台内力及应力计算结果见表4。

桩基、承台内力及应力汇总 表4

墩号	工况	桩竖向力(kN)		钢管桩应力(MPa)	承台弯矩(单元kN·m)			
					顺桥向 M_{xx}		横桥向 M_{yy}	
		max	min	max	max	min	max	min
D1	自重力	3 474	1 306	57.7	357	−1 312	713	−1 635
	横向波流力组合	5 225	−1 363	132.8	319	−3 648	748	−2 795
	纵向波流力组合	5 083	−957	155.0	6 033	−4 958	1 271	−1 724

续上表

墩号	工　况	桩竖向力(kN)		钢管桩应力(MPa)	承台弯矩(单元 kN·m)			
					顺桥向 M_{xx}		横桥向 M_{yy}	
		max	min	max	max	min	max	min
D2	自重力	3 909	920	62.1	994	−1 234	890	−1 611
	横向波流力组合	4 259	−1 596	113.2	276	−6 342	661	−2 103
	纵向波流力组合	4 706	−1 901	112.2	3 704	−2 585	3 634	−1 408
D5	自重力	2 920	1 461	45.8	324	−1 269	550	−1 316
	横向波流力组合	5 555	−4 084	143.4	1 589	−9 755	3 589	−7 421
	纵向波流力组合	3 974	−800	120.4	4 845	−4 362	3 810	−1 440
D6	自重力	3 250	1 568	57.4	337	−1 354	731	−1 556
	横向波流力组合	6 573	−3 320	187.1	1 630	−4 856	3 968	−5 427
	纵向波流力组合	4 052	3	142.7	5 490	−4 547	938	−1 618

3)单桩容许承载力验算

根据前述内力计算结果,分别计算各独立防撞墩不同工况下桩基的受压和受拉容许承载力,均满足规范要求。

4)填芯桩计算

船撞工况下考虑钢管和填芯混凝土联合作用,考虑钢管达到屈服后,内力重分布,计算偏安全考虑,钢管强度按照《钢结构设计规范》(GB 50017—2003)取用,f=295MPa,且不计塑性发展系数。

根据上海船舶运输科学研究所分析结果,船撞工况下防撞墩桩顶控制内力:弯矩 M=10 580kN·m,切力 F=1 000kN,轴向压力 N=5 800kN;弯矩 M=10 580kN·m,切力 F=1 000kN,轴向拉力 N=3 300kN。设计取用 48 根直径 25mm 的 HRB335 钢筋,强度满足要求。

5)船撞工况下承台内力及配筋计算

船撞工况下承台弯矩见表 5。

船撞工况下承台控制弯矩表　　表 5

防撞墩墩号	组　合	承台弯矩(单元 kN·m)	
		顺桥向 M_{xx}	横桥向 M_{yy}
D1	自重力+浮力+船撞力	9.21×10^3	7.35×10^3
D2		1.81×10^4	1.15×10^4
D5		1.71×10^4	1.04×10^4
D6		7.34×10^3	6.61×10^3

按照 JTG D62—2004 计算,承台每延米布置 9 根直径 32mmHRB335 钢筋,实际布置直径 32mm 钢筋@15cm 和 2 根直径 32mm 束筋@15cm 斜向布置,强度满足要求。

4. 结构计算主要结论

1)环境荷载下结论

(1)钢管桩最大应力187.1MPa,满足规范要求(D6防撞墩)。

(2)桩基单桩容许承载力满足要求,桩底高程最深为-88.0m(D1防撞墩)。

(3)承台在消除局部点的应力集中后最大拉应力为1.82 MPa,小于混凝土抗拉强度标准值(D5防撞墩)。

2)船撞工况组合下结论

(1)承台强度满足要求。船舶撞击后只可能局部破损,不会整体破坏,可以保证防撞墩整体受力。

(2)钢管桩应力超过屈服强度,桩身发生塑性变形;考虑填芯混凝土共同作用,钢管钢筋混凝土桩强度满足要求。

(3)承台发生较大水平位移,钢管桩发生上拔和下插位移。

五、结　　语

针对金塘大桥通航等级高,船舶运行繁忙,离锚地距离近的特点,设置防撞设施是必要的。防撞设计的优劣直接关系到大桥的安全和工程造价,然而防撞方案的选择和防撞结构设计是基于防撞专题研究的基础上进行的,在目前国内尚未建立系统的防撞设计理论与实践情况下,应充分吸收国外的先进成果和经验教训,重视防撞专题的研究,进而设计出技术先进,结构合理的作品。

参考文献

[1] 上海船舶运输科学研究所.金塘大桥防撞设施技术设计报告.2006年3月.
[2] 上海船舶运输科学研究所.金塘大桥独立防撞墩抗撞计算报告,2007年4月.

10. 金塘大桥主墩防撞钢套箱设计

许宏亮[1]　宋华清[2]　曾平喜[2]　周玉娟[2]　彭　强[2]
(1.浙江省舟山连岛工程建设指挥部;2.中交第二航务工程局有限公司)

摘　要　金塘大桥主通航孔具有通航船舶体积大、密度高的特点,主墩需设防撞设施保护基础、塔柱免遭船舶撞击损伤,利用防撞套箱、橡胶件消能,对撞击船舶进行适当保护。本项目将防撞设施与用于承台施工的钢套箱结构有机结合起来,既满足主墩防撞功能的要求,又满足承台施需要。文中对防撞钢套箱的整体吊装、快速定位、封底混凝土浇筑、箱内抽水、承台混凝土浇筑及防撞功能等主要工况下的设计与使用进行较为全面的介绍。

关键词　金塘大桥　防撞钢套箱　挑梁

一、概　　述

金塘大桥是舟山大陆连岛工程的第五座跨海特大桥,大桥东起金塘岛沥港镇,分别跨越沥港水道和灰鳖洋海域,向西至宁波镇海大桥,全长18.5km。主通航孔桥为77m+218m+620m+218m+77m=1 210m五跨半飘浮钢箱梁斜拉桥,其主塔D3、D4墩为钻孔灌注桩高桩承台结构。有42根直径2.5m/2.85m,长117m(D4墩110m)钻孔灌注桩,桩基呈梅花形布置。承台底高程-0.5m,承台处泥面高程-28.00m(D4墩-22.00m)。承台为长圆头形,其最大外形尺寸为56.78m×34.02m,厚度6.5m(图1)。

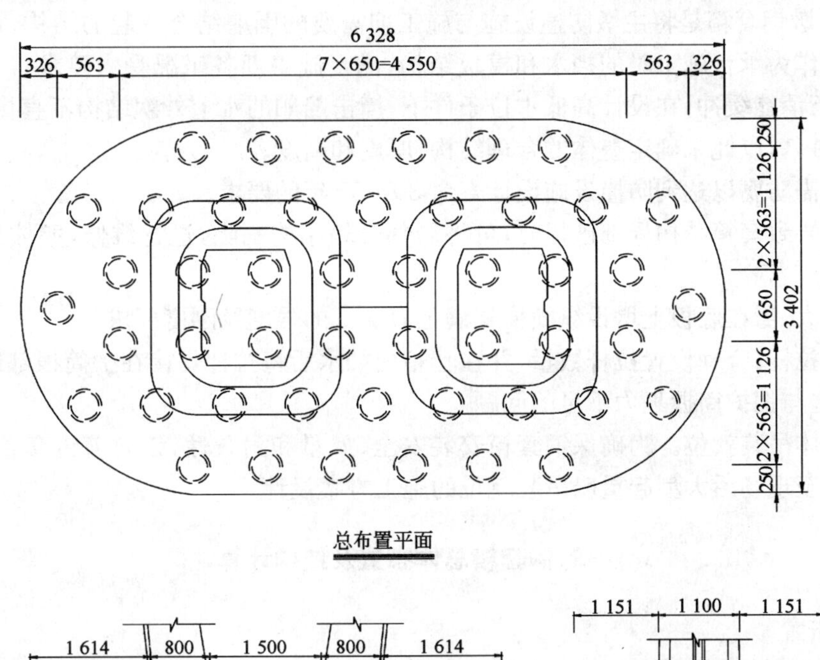

总布置平面

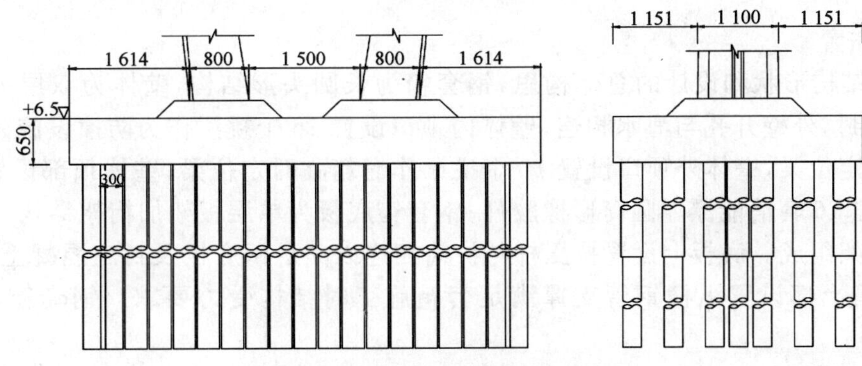

图 1 主墩基础构造(尺寸单位:cm)

二、设计条件及要求

1. 设计水文资料

根据主通航孔桥施工图设计及指挥部委托相关单位所做有关水文研究的成果,防撞钢套箱设计水文资料如下所示。

施工期设计高水位:3.32m;设计最高通航水位:3.28m

施工期设计低水位:-2.21m;设计最低通航水位:-1.59m

流速:2.75m/s

波高:抗台时 H=3.82m T=6.57s

工作时 H=1.00m T=5.57s

风速:抗台时 36.9m/s

工作时 13.8m/s

泥面高程:-28.0m(D3 墩,考虑冲刷 5.0m)

2. 防撞设计控制船舶

5 万吨级压载,平均吃水 5.34m

2.5 万吨级满载,平均吃水 9.50m

三、设计的总体构思

金塘大桥 D3、D4 主墩位于水深、流急的海域深槽区,主墩防护设施与承台施工的临时设施为一体,施工期受海况影响大,此工程考虑如下主要特点:

(1)D3、D4主墩钢套箱是将主墩防撞设施与施工期需要的围堰结合一起的结构，该结构既要满足防撞功能的要求，又作为承台施工时的挡水和模板结构，满足施工期各工况受力要求。壁体结构设计要求在船舶碰撞时进行消能缓冲，在设计高低水位条件下，撞击船舶的水上外飘结构不直接触及墩壁，水下的球首不直接撞击桩基，以此来确定壁体的合理结构、厚度和高度。

(2)防撞壁体需防腐以达到防撞设施设计寿命30～35年的要求。

(3)船舶撞击导致套箱结构局部破损时，可将局部套箱结构割除，进行维修，壁体采用外挂方式与承台连接。

(4)底板尺度大，需在底板上增设纵横桁架满足海况下的强度及刚度要求。

(5)用型材作拉杆，合理设置拉杆数量，并在套箱内抽水后将拉杆焊接在护筒根部以解决低水位浇注承台时封底混凝土与钢护筒握裹力不足的问题。

(6)钢套箱整体吊装就位。为确保钢套箱安装安全、质量和耐久性，该防撞钢套箱采用工厂制作、陆上拼装、整体运输至现场后大型起重船吊装就位的施工方案设计。

四、钢套箱总体布置及结构计算

1.总体结构布置

根据承台的结构形状和设计的总体构思，钢套箱为长圆头形结构，壁体为双层板架结构，双壁间距2m，内壁密封，外壁开孔与海水相连；壁体内顶口设置16个挑梁作为防撞设施外挂设施，同时兼作套箱的临时定位梁，壁体外顶口设置10个挑梁作套箱临时定位梁；壁体顶部设置8个300t起吊吊耳；壁体外挂16套消能漂浮圆筒形橡胶件；钢套箱底板为单层板架加桁架结构，由主梁、次梁、底面板及纵横桁架组成。底板上设置拉压杆与护筒相连以满足钢底板及封底混凝土不同施工工况的受力要求，套箱上部设置纵横钢管支撑满足套箱施工时结构受力要求。钢套箱的总体布置见图2。

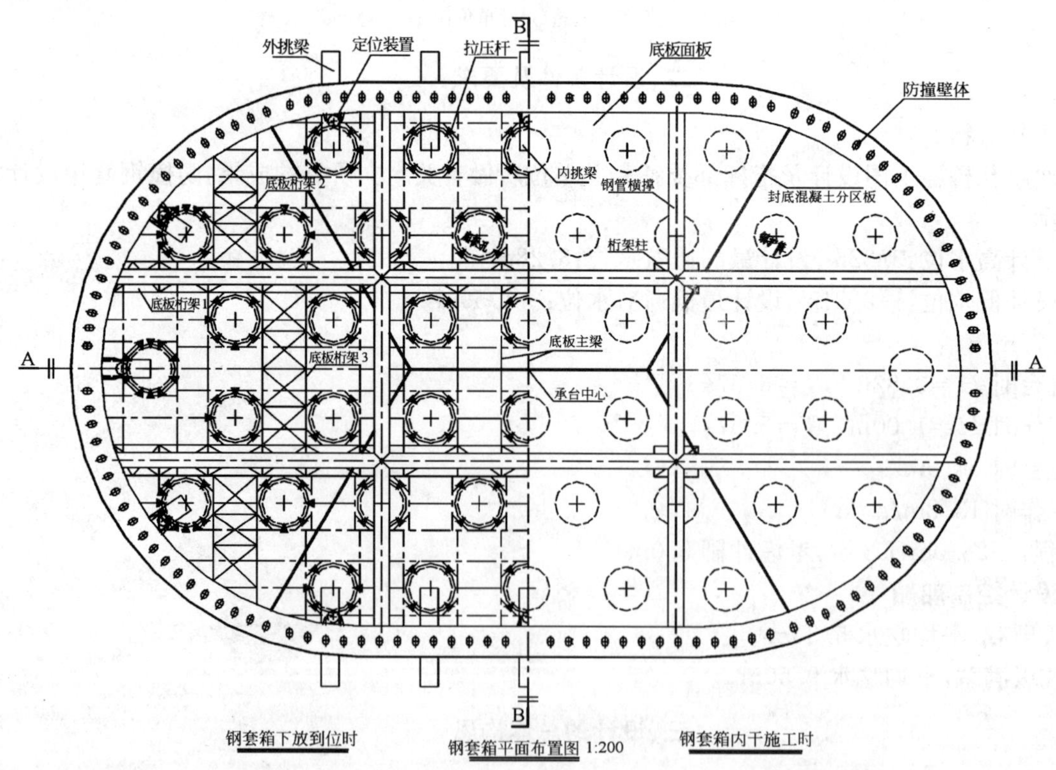

图　2

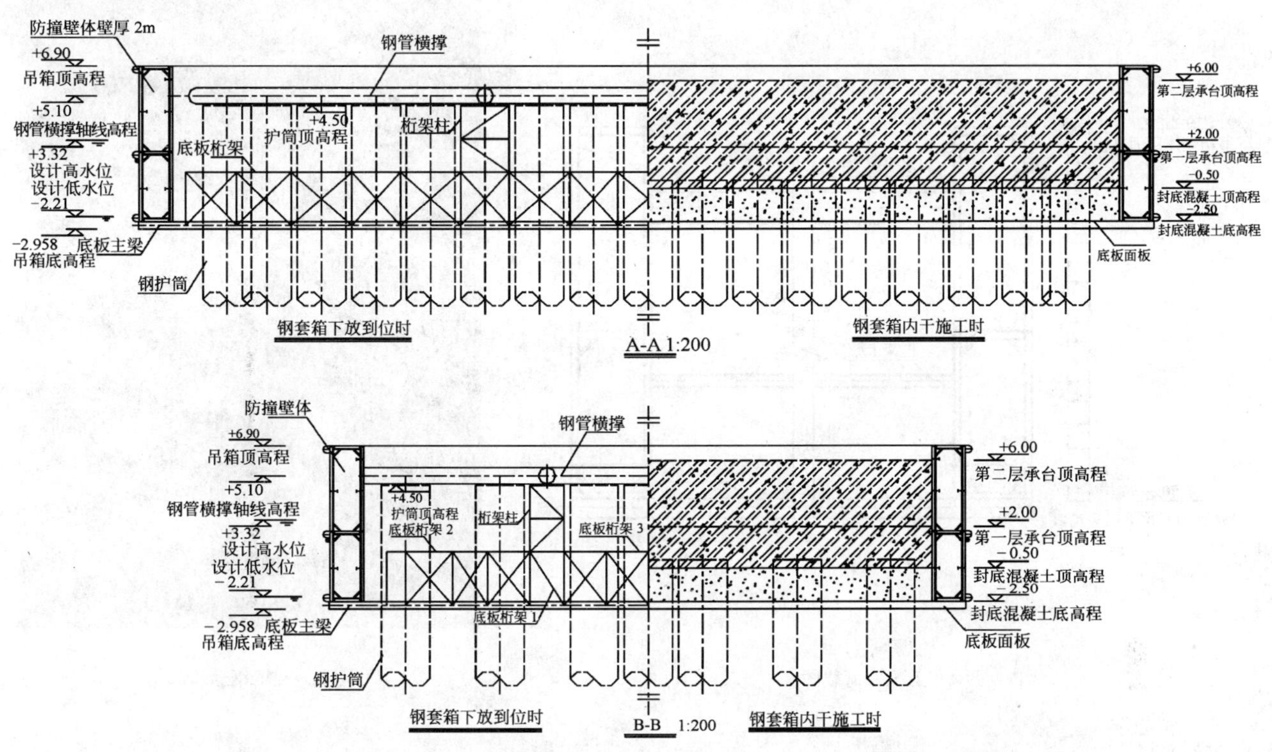

图 2 钢套箱总体布置

2. 设计计算工况

计算工况主要为八种工况。

1)工况一:钢套箱吊装到位

钢套箱防撞壁体顶部周圈均匀布置 8 个吊耳,在套箱两长边侧分别布置一台 1 200t 浮吊和一台 1 000t浮吊,采用两台浮吊抬吊的方式将钢套箱吊装到位。吊点平面布置见图 3。钢套箱承受的荷载(图 4、图 5):风力+结构自重力。

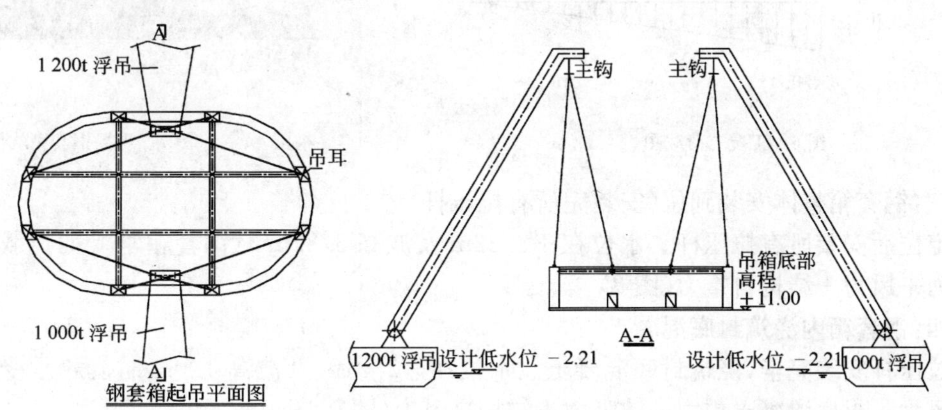

图 3 吊点平面布置

2)工况二:钢套箱定位(未装拉压杆,利用防撞壁体上的内外挑梁对套箱定位)

钢套箱内外挑梁搁置到位,将内外挑梁与平台梁、钢护筒焊接固定,使其与定位装置一起固定钢套箱壁体。水位在-2.21m 及波高 1.0m 时钢套箱承受的荷载:波吸力+水流力+波浪力+风力+结构自重力(图 6、图 7)。

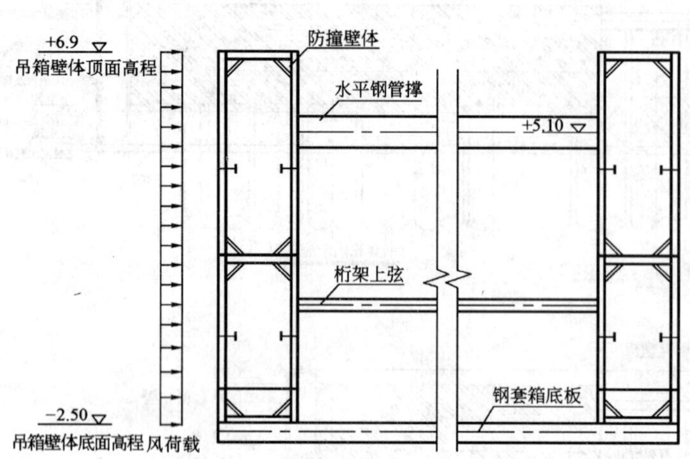

图4 工况一荷载图

图5 现场钢套箱起吊

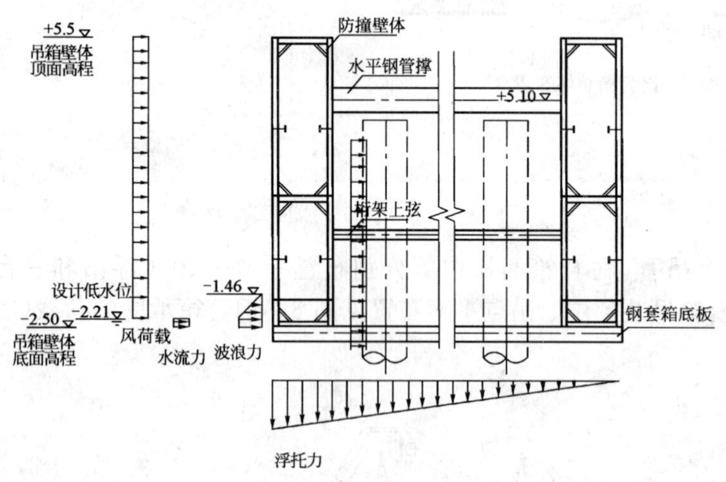

图6 工况二荷载图

图7 现场钢套箱就位

3)工况三:钢套箱整体安装到位(安装完所有拉压杆)

钢套箱定位后安装所有拉压杆。水位在+3.32m及波高3.82m时钢套箱承受的荷载:水流力+波浪力+波托力+风力+结构自重力(图8)。

4)工况四:钢套箱内浇筑封底混凝土

钢套箱拉压杆安装完毕,浇筑封底混凝土。水位在−2.21m及波高1.0m时套箱承受荷载:水流力+波浪力+风力+封底混凝土重力+波吸力+结构自重力(图9、图10)。

5)工况五:钢套箱内抽水(设计高水位)

待封底混凝土达到设计强度后,封闭所有连通器,对钢套箱箱内抽水。水位在+3.32m及波高3.82m时套箱承受荷载:静水压力+浮托力+水流力+波浪力+风力+结构自重力+封底混凝土重力(图11、图12)。

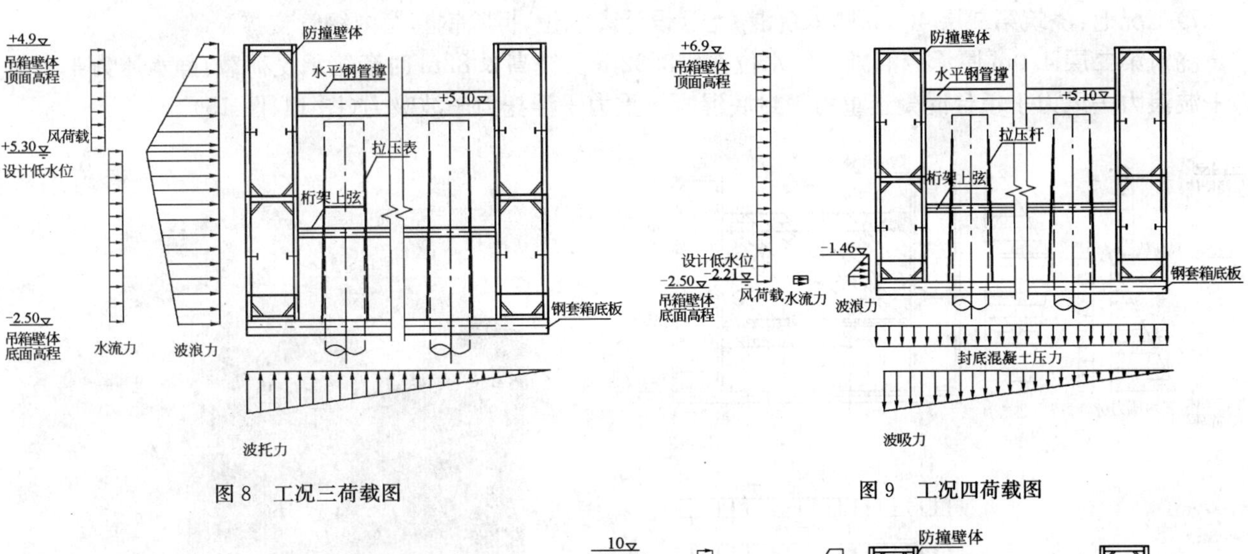

图 8 工况三荷载图

图 9 工况四荷载图

图 10 现场钢套箱浇筑封底混凝土

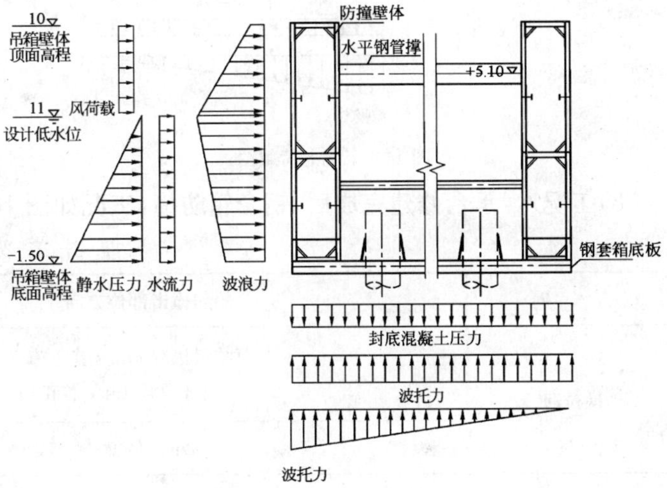

图 11 工况五荷载图

6)工况六:浇筑第一层 2.5m 厚承台混凝土(设计低水位)

水位在－2.21m 及波高 1.0m 时套箱承受荷载:静水压力＋水流力＋波浪力＋风力＋承台混凝土重力＋封底混凝土重力＋浮托力＋波吸力(图 13)。

图 12 现场钢套箱箱内抽水后绑扎第一层承台钢筋

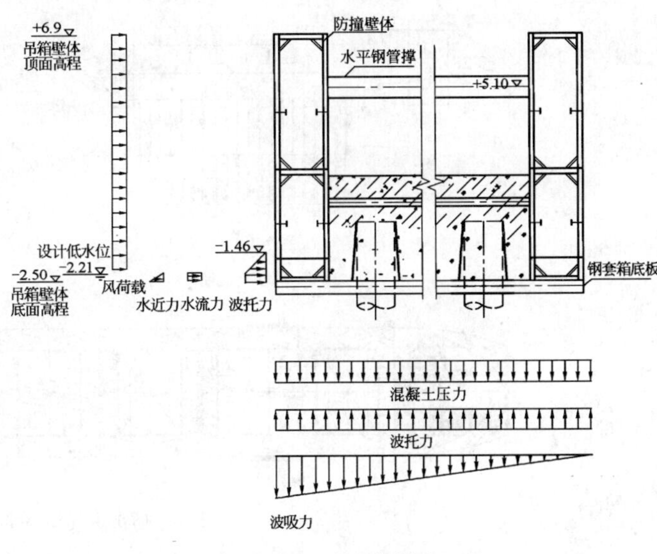

图 13 工况六荷载图

7)工况七:浇筑第二层4.0m厚承台混凝土(设计高水位,拆除钢套箱内钢管支撑)

浇筑第二层4.0m厚承台混凝土。水位在+3.32m及波高3.82m时套箱承受荷载:静水压力+水流力+波浪力+风力+承台混凝土重力+封底混凝土重力+浮托力+波吸力(图14、图15)。

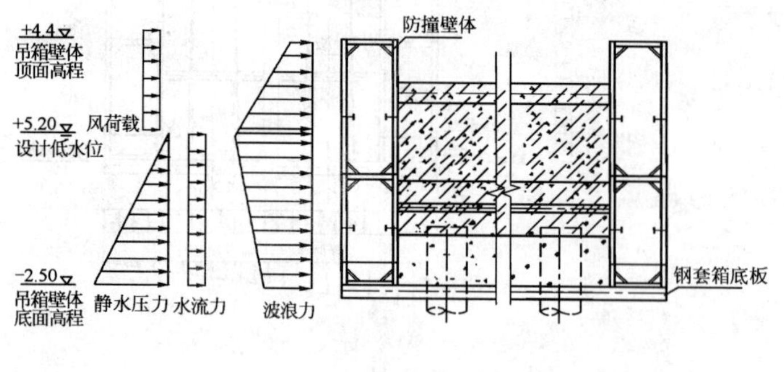

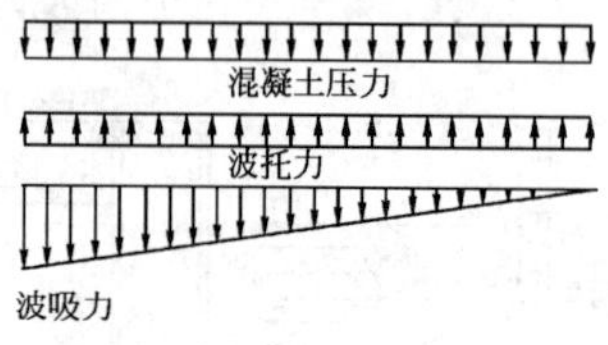

图14 工况七荷载图

图15 现场钢套箱箱内第二层承台浇筑完成

8)工况八:承台修建完成后,钢套箱防撞,工况如图16~图19和表1。

撞击工况 表1

方向	船舶撞击部位方向	撞击工况
横桥向	5万吨级压载4m/s首正撞 2.5万吨级满载4m/s首正撞	撞击工况1
	2m/s侧撞	撞击工况2
顺桥向	4m/s以30°角斜撞	撞击工况3
	1m/s侧撞	撞击工况4

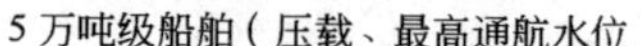

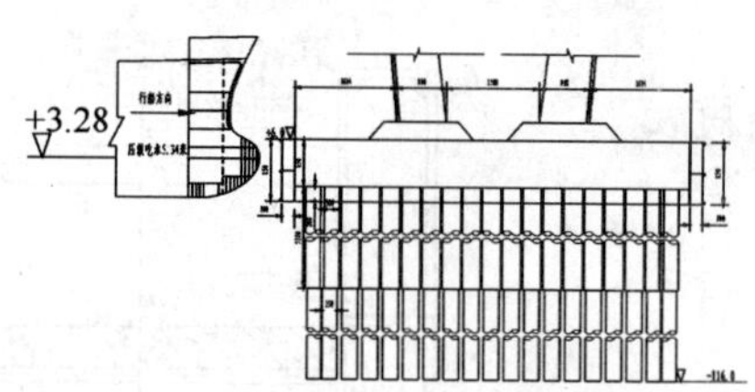

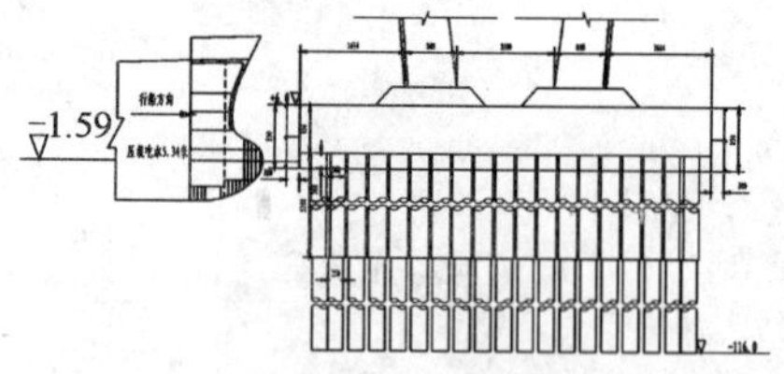

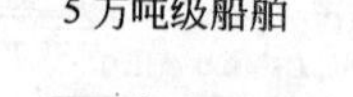

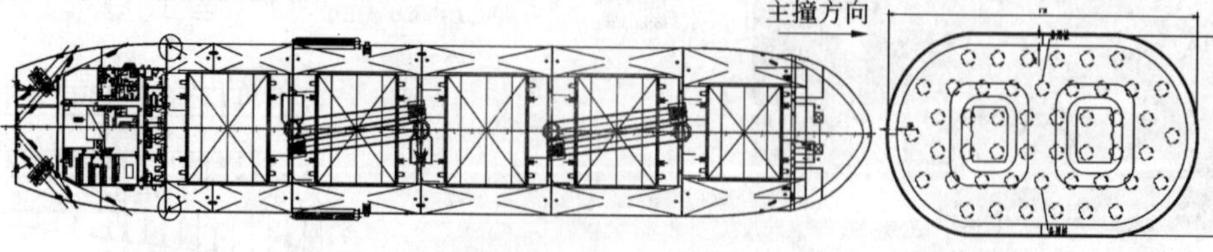

图16 撞击工况1:船首横桥向正撞

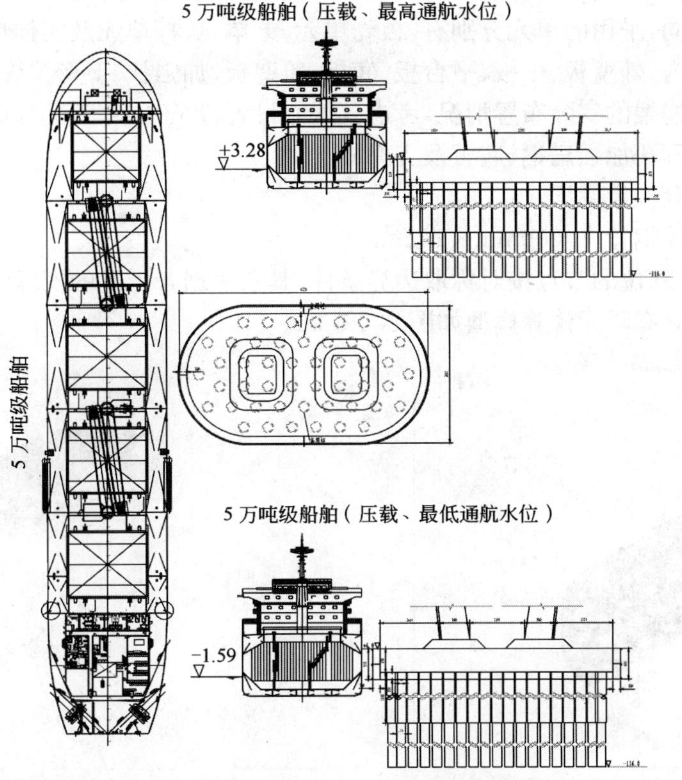

图 17 撞击工况 2:船侧横桥向撞击

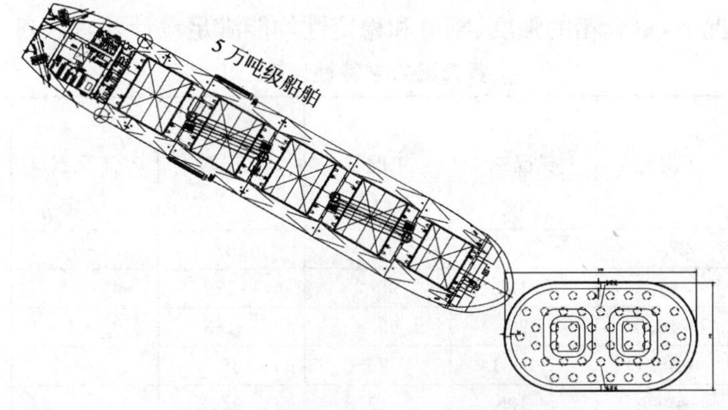

图 18 撞击工况 3:船首 30°角撞击

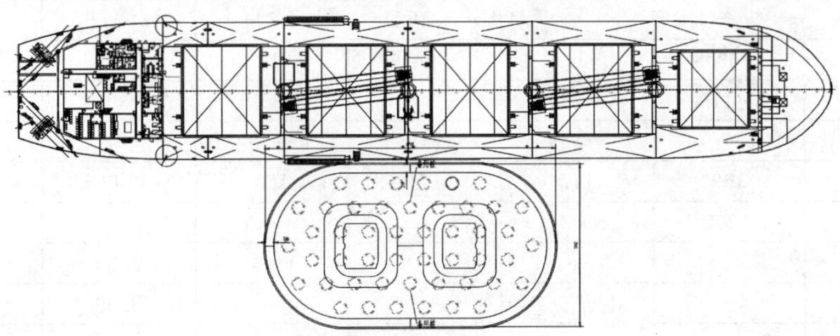

图 19 撞击工况 4:船侧桥轴线方向撞击

3. 有限元模型及计算结果

采用有限元 ANSYS 计算程序进行结构计算。

由于结构、载荷及边界条件的对称性，各工况有限元模型沿长方向取整个结构的1/2进行建模。由于各工况结构情况的不同，采用的单元分别有：板壳单元、梁单元、杆单元及实体单元。

(1)板壳单元：用于内、外壁板、甲板、平台板、底板、舱壁板、加强板、T形梁腹板、挑梁腹板、面板等。

(2)梁单元：可根据构架的实际布置情况，考虑其偏心设置，用于围壁板的和底板构架。

(3)杆单元：用于板开孔加强扁钢、底板及支撑桁架。

(4)梁单元：模拟钢管桩及挑梁。

(5)管单元：模拟支撑钢管 ϕ1 000mm×12mm。

边界条件：位于对称部位的节点按对称取边界条件，其余根据各工况的实际情况取边界条件。

各工况条件下均建立有限元计算模型如图20、图21。

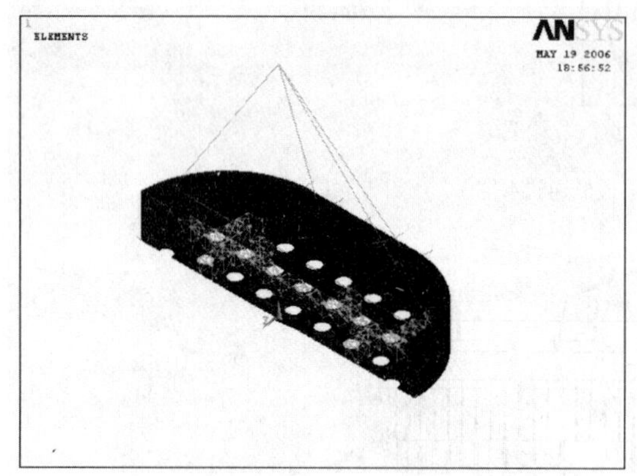

图20 钢套箱吊装工况有限元模型

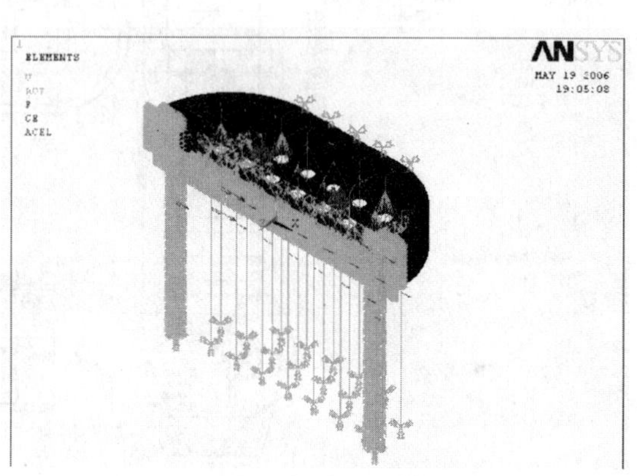

图21 钢套箱施工过程中结构受荷有限元模型

4. 计算结果

(1)在前七个施工工况下，钢套箱的强度、刚度和稳定性均能满足设计要求。各工况计算结果见表2。

各工况力学特性计算

表2

构件 \ 应力(MPa) \ 工况	工况一	工况二	工况三	工况四	工况五	工况六	工况七
底板面板	27.0	77.0	65.0	132	—	—	—
底板主梁	−64.8	−169	96.7	−172	—	—	—
底板次梁	−46.5	138	69.8	−165	—	—	—
桁架上弦杆	−45.1	−94.1	−25.6	−68.1	—	—	—
桁架竖杆	−49.2	−105	−17.8	−94.2	—	—	—
桁架斜腹杆	−83.6	−166	−55.7	−87.0	—	—	—
桁架平联	67.4	−137	24.8	69.0	—	—	—
拉压杆	—	—	−192	−144	—	—	—
水平钢管撑	−63.3	−94.2	−24.9	−22.8	−23.9	—	—
桁架柱	−110	−190	−30.3	−33.1	−38.4	—	—
挑梁	—	−159	−129	99.8	—	—	—
防撞壁体	169	147	174	180	143	17.3	158
吊索最大拉力(kN)	2 300	—	—	—	—	—	—
封底混凝土拉应力	—	—	—	—	1.20	0.86	1.15
封底混凝土压应力	—	—	—	—	8.69	4.58	4.52
钢护筒握裹力(kN)	—	—	—	—	5 490	6 290	—

(2)在第八个工况时，钢套箱在5万吨级压载4m/s撞击情况下，船舶撞击力小于桥墩设计抗撞力65.34MN，满足整体抗撞要求。计算结果见表3。

撞击力计算 表3

船速(m/s)	4.0	船舶纵向变形能(MJ)	187
最大碰撞力(MN)	51.2	设施变形能(MJ)	24.8
船首损坏长度(m)	5.05	总能量(MJ)	213
设施损坏长度(m)	2.27	碰撞持续时间(s)	3.1

五、防撞钢套箱技术特点

1. 结构设计

在特大桥套箱设计中首次将永久设施与临时结构结合一体的设计，套箱结构不但要满足永久结构的防撞功能，还要满足承台施工所需要的围堰及模板功能，结构受力复杂。为确保结构的安全可靠、经济合理，设计时对防撞钢套箱结构进行了各种最不利条件下的数值仿真分析。

2. 防撞套箱整体吊装、快速定位设计

套箱总重达1 600t，墩位区水深流急，根据工程总体施工进度计划，钢套箱安装正值台风期，且2 000t以上的大型起吊船稀缺，为确保钢套箱如期顺利地安装、通过反复比选各种吊装方案，最终确定在跨海大桥施工中首次采用两台大型起重船(1 000t、1 200t)整体吊装的施工设计。

在水深流急，风大浪高的海域，起吊船必需用最短时间完成吊装离开施工现场。防撞套箱不能自浮，用拉杆定位时间太长，研究确定利用套箱壁体内永久结构外挂承台的挑梁，再加设壁体外挑梁。套箱起吊就位后套箱壁体上内外挑梁直接搁置到钢护筒承台及外围钻孔平台上，完成套箱的整体定位。起吊船快速解钩，离开现场。此钢套箱的定位设计是特大桥承台套箱施工中第一次。

六、结　语

舟山连岛工程金塘大桥主通航孔桥主墩钢套箱从2006年7月制作到2006年12月承台混凝土浇筑完毕，套箱已经历起放、定位、浇注封底混凝土、抽水、承台浇筑等七个主要工况。本钢套箱设计能够结合工程实际情况、研究确定合理安设工艺，认真分析各种不利工况下的荷载组合，同时从复杂结构的受力工况中选用恰当合理的结构布置形式，使结构内力、变形均控制在合理的范围内，结构设计是十分成功的。

钢套箱是桥梁施工专用的大型设施，金塘大桥主通航孔桥钢套箱将永久结构功能和临时结构功能结合设计的成功，及套箱整体吊装、快速定位设计应用的成功，提高了施工进度，降低工程造价及施工风险，这将对在建的舟山连岛工程及其他跨海大桥建设将具有借鉴作用。

注：防撞设计由上海船舶运输科学研究所设计

11. 金塘大桥东通航孔桥设计及技术特点

雷　波[1]　廖　军[2]

(1. 浙江省交通规划设计研究院；2. 温州市交通设计院)

摘　要　东通航孔桥是金塘大桥项目中一座特大跨海大桥，122m＋216m＋122m连续刚构，为我国第一座按照部2004版桥梁规范设计的200m以上外海混凝土连续刚构桥。桥位处环境较差，结构长期受海水浸泡、盐雾影响，大桥设计中提出了“正常使用100年”的建设目标。文中简要介绍了该桥的建设条件、结构尺寸、主要计算状况及作用组合，重点围绕着桥址区环境和目前大跨径预应力混凝土刚构桥型结构普遍存在的裂缝、跨中下挠等问题，阐述本桥如何为避免此类问题的发生及确保大桥使用寿命采取的技术措施，并归纳其特点。

关键词　连续刚构　跨海桥梁　耐久性　结构设计

金塘大桥为舟山大陆连岛工程第五座跨海大桥，东通航孔桥是金塘大桥项目第二大通航孔桥，位于主航道桥东侧的夹槽内——沥港水道。

东通航孔桥为分离式双幅桥，总宽度26m，总长460m，三跨预应力混凝土连续刚构，桥跨布置122m+216m+122m=460m(图1)。

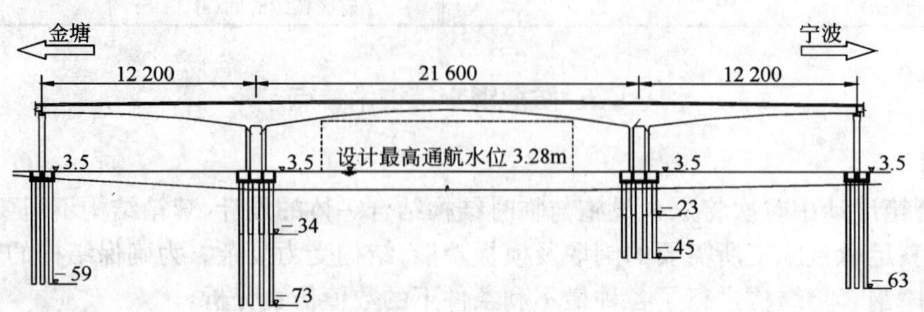

图1 桥型立面布置(尺寸单位:cm)

一、建 设 条 件

公路等级:双向四车道高速公路

设计荷载:公路—I级

通航标准:3 000t级油船;单孔单向通行,净高28.5m,净宽121m

设计基准风速:40.16m/s

地震基本烈度:VII度

桥位处自然条件较差，年平均台风影响次数3.9次，结构不仅受海水浸泡、盐雾影响，还将受到暴雨、龙卷风、连阴雷暴、寒潮、涨落潮等不良自然条件的影响。

二、结 构 设 计

1.上部结构设计

单幅桥主梁采用单箱单室直腹板箱梁断面形式(图2)，为保证结构最大悬臂阶段抗风稳定，箱梁左右幅桥在主墩墩顶处设箱外横隔板4道刚性连接。箱梁顶宽12.3m，底宽6.3m，两翼悬臂长3.0m，根部梁高13.3m，跨中梁高4.4m。箱梁梁高及底板厚度变化采用1.6次抛物线。箱梁底板厚130～30cm，腹板厚80～65～50cm，顶板厚0号块采用50cm，其余采用31cm。横向设置2.0%的横坡，由腹板变高调整，底板保持水平。

主梁采用C55海工耐久性混凝土，三向预应力体系。纵、横向采用标准强度f_{pk}=1 860MPa的高强低松弛钢绞线。腹板预应力钢束采用JL32mm精轧螺纹粗钢筋，标准强度f_{pk}=785MPa。纵向顶板、腹板、底板采用22、27两种规格ϕ^S15.2钢绞线，两端张拉。预应力管道采用塑料波纹管；顶板横向采用3ϕ^S15.2钢绞线，顺桥向间隔50cm单端交错张拉，预应力管道采用扁平配套波纹管，两者均采用真空压浆工艺灌浆。腹板竖向管道采用内径50mm的镀锌波纹管，在顶板上单端张拉。

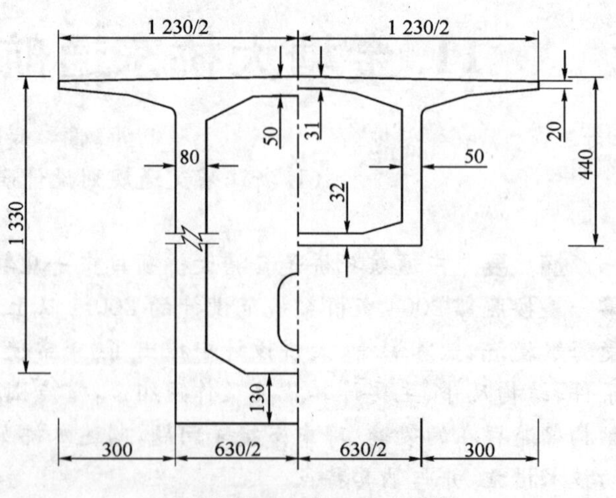

图2 主梁根部、跨中断面(尺寸单位:cm)

2.下部结构设计

下部结构主墩采用双薄壁箱形墩。由于航道与桥轴线交角58°23′，墩位附近存在较强的紊流区域，基础设计受“极限风荷载+波流力”作用控制，为减少波流力作用面积，不便于设置附属防撞装置。设计考虑由桥梁自身抵抗船舶的撞击。为保证抵抗船撞撞击结构安全以及有效降低温度、收缩、徐变产生的墩身内力，承台顶2m高部分墩身采用矩形实体墩，顶高2～8m区间内采用增设隔仓形式，其他部分采用单箱单室截面。墩身纵桥向单肢宽2.2m，壁厚0.8m，横桥向宽6.3m，壁厚0.6m，双肢净距6.6m。基础采用整体式承台，布置18根直径230～250cm变截面钻孔灌注桩，嵌岩桩设计。承台纵桥向宽21.5m，横桥向宽30.5m，厚5m，为消减承台正面所受波流力，端部选择圆端形设计。

边墩墩身采用单箱单室矩形断面，墩身纵桥向宽3.2m，壁厚0.8m，横桥向宽6.3m，壁厚0.6m，整体式承台，平面尺寸27.3m×14m，厚4m，布置10根直径230cm钻孔灌注桩，嵌岩桩设计。

三、主要计算状况及作用组合

通过基础等代刚度法对群桩基础模拟为门式框架(图3)，50个施工阶段和1个运营阶段对结构进行模拟分析。边界条件为主墩基础固结，边墩位置设竖向约束铰接。

结构分析根据不同种类的作用及其对桥涵的影响，考虑如下三种设计状况，并对其进行相应的极限状态计算：

(1)持久状况：正、斜截面承载能力计算；构件抗裂、变形、应力验算。

(2)短暂状况(施工阶段)构件承载能力计算及应力验算。

(3)偶然状况构件承载能力计算。

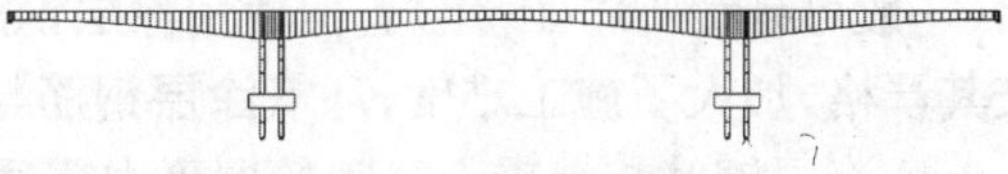

上部结构对应主要作用组合：

①永久作用＋汽车；

②永久作用＋汽车＋温度作用。

图3 结构计算离散图

下部结构对应主要作用组合：

③最大悬臂施工阶段(考虑不均衡施工)＋风荷载(20年一遇)；

④永久作用＋汽车荷载＋风荷载(25m/s)＋流水压力；

⑤永久作用＋极限风荷载(百年一遇)＋波流力；

⑥永久作用＋汽车＋船舶撞击力；

⑦永久作用＋地震作用。

四、技 术 特 点

金塘大桥位于海洋性环境中，气候环境恶劣，大桥设计中提出了“正常使用100年”的建设目标，海洋环境下的建筑物不进行耐久性防护是不能达到设计寿命的，结构耐久性设计是确保在设计基准期内结构能正常运营的重要保护屏障。本桥设计所有技术特点都围绕着桥址区环境和目前大跨径预应力混凝土刚构桥型结构普遍存在的裂缝、跨中下挠等问题采取针对性防护及设计措施，一方面防止或者减缓氯化物侵蚀钢筋，另一方面从受力上对结构进行优化，增强安全储备。

防止或减缓氯化物侵蚀钢筋采取的防护措施：

(1)采用海工耐久性混凝土，通过优质混凝土矿物掺和料和新型高效减水剂复合，配以与之相适应的水泥和级配良好的粗细骨料，形成低水灰比、低缺陷，高密度、高耐久的混凝土材料。同时严格控制氯离子渗透系数，主梁及主墩C55混凝土必须$\leqslant 1.5\times10^{-12}m^2/s$；桩基C35混凝土必须$\leqslant 2.5\times10^{-12}m^2/s$；承台及边墩C40混凝土必须$\leqslant 2.5\times10^{-12}m^2/s$。混凝土拌制过程中掺入阻锈剂，延缓氯离子对钢筋钝化膜的破坏。

(2)增大混凝土构件中钢筋的保护层厚度。试验显示即使是低水灰比、高质量的混凝土，在暴露于有氯盐存在的环境中，混凝土表面12mm深度内的氯离子含量远远超过25～50mm深度范围内的氯离子含量。因此在海洋环境中的工程，混凝土构件钢筋保护层的厚度应比一般的混凝土构件钢筋保护层厚度要大一些，同时还要考虑施工偏差的因素。东通航孔桥设计钢筋保护层见表1。

混凝土构件保护层厚度(mm) 表1

结构类别	部位	保护层厚	备注
箱梁	预应力钢筋	70	
	外侧钢筋	40	
	内侧钢筋	30	
墩身	钢筋	75	
承台	钢筋	90	浪溅区
	其他所有钢筋	75	陆地泥下区
钻孔桩	所有钢筋	75	

为确保钢筋笼净保护层厚度，桩基钢筋骨架上应事先牢固设置塑料或混凝土垫块，为防止钢筋接触钢护筒成为钢筋腐蚀通道，不得使用定位钢筋。

(3)充分利用施工结构，钻孔桩施工用钢护筒、承台施工用套箱等永久保留，作为第一道防腐屏障。指定施工用钢护筒壁厚不小于25mm，通过在碳素钢表面涂层等保护措施，根据《海港工程钢结构防腐蚀技术规定》(JTJ230—89)，拟定浪溅区碳素钢单表面平均腐蚀速率0.2mm/a，确保在设计基准期末，仍有5mm钢结构在发挥作用。

(4)应用环氧涂层钢筋，通过涂层隔离钢筋与腐蚀介质的接触。涂层钢筋能有效延缓钢筋锈蚀的开始(一般可延缓10～15年)。但使用涂层钢筋也有很多不利的地方，施工过程中对环氧钢筋的保护要求极其严格，加大了施工难度；环氧涂层钢筋与混凝土握裹力会降低35%，使钢筋整体力学性能有所降低，为保证涂层钢筋与混凝土之间的握裹力需适当提高保护层厚度，部颁2004版桥规裂缝计算公式环氧涂层钢筋直径还需乘以1.25倍放大系数，较正常情况下的普通钢筋用量相对增加许多，成本的明显增加也使其推广应用受到制约。东通航孔桥规定在浪溅区以下承台以上墩身采用环氧涂层钢筋。

从优化结构受力而采取的针对性设计措施：

(1)适当增加梁高，提高结构的承载能力。高跨比是影响主梁受力的主要参数，适当增加梁高，可增加主梁的刚度，改善主梁应力状况。本设计主梁根部高跨比为:1/16.24，跨中高跨比为:1/49.1。指标基本接近目前已建类似桥型经验取值的上限。

(2)适当增加腹板厚度，预应力混凝土箱梁的腹板受力状况复杂，其中有影响主拉应力的正截面法向应力和剪应力；由剪力滞和畸变产生的混凝土法向应力和剪应力；由竖向预应力钢筋产生的混凝土竖向预压应力；由箱梁扭转产生的剪力流等作用。同时，由于新桥规的实行，对应力的控制较旧桥规更加严格。为了贯彻规范对于主梁抗剪截面的构造要求，主梁腹板根部厚度为80cm，腹板厚度根部至跨中采用分两次(80—65—50cm)变化形式。

(3)选择合适的箱梁下缘曲线。大跨径连续刚构桥通常为变截面，底板下缘曲线常采用半立方、二次抛物线等形式。采用二次抛物线可使箱梁$L/4$～$L/8$段的梁高减小，结构自重减轻，但对克服该区段主拉应力不利。设计推荐采用1.6次抛物线，虽然结构自重增加，但由于$L/4$～$L/8$段梁高增加近70cm，斜截面抗剪能力增加，对克服该区段主拉应力有利，主拉应力幅值减小近0.6MPa。

(4)增加纵向预应力下弯束，目前工程设计往往偏重施工方便的要求，而忽视了对腹板下弯束和边跨现浇箱梁端部一定范围内腹板弯起束的有效利用问题。采用在箱梁顶板和底板布置直线束，靠设置竖向预应力钢筋来克服结构剪应力的布束方案，必须建立在充分保证竖向预应力能够达到设计要求的前提下。实际上箱梁腹板内竖向预应力钢筋长度一般较短，钢筋的张拉伸长量较小，施工时若发生少量的压缩变形，将会产生较大的预应力损失；加上锚固系统和施工操作上的问题，一般很难保证设计所要求的预应力度。设计推荐同时采用直线和下弯束(图4)布束形式，在腹板内布置部分下弯束，同时在边跨现浇段端部腹板内布置部分弯起束，来改善箱梁腹板的受力状态。预应力钢束管道采用真空吸浆施工工艺，确保管道内压浆密实。

图4 主梁钢束立面布置

(5)为减小跨中挠度,梁体预应力需有一定储备,由于理论计算模式和结果往往与工程实际情况存在差异,加上一些在设计时难以计入的因素,因此在设计过程中,有必要考虑结构截面应力有一定的安全储备。抗裂计算中,在对钢束预加力折减0.8的情况下,不考虑13cm厚沥青铺装对克服温度梯度有利部分的影响,结构全断面禁止出现拉应力。同时设置运营阶段顶、底板备用束。合龙段采用劲性钢骨架,增加合龙段刚度,降低其时变效应。限制混凝土最高强度等级不超过C55,一方面保证混凝土浇筑质量,一方面减少后期混凝土的收缩徐变。

(6)预应力混凝土连续刚构利用高墩的柔度来适应结构由混凝土收缩、徐变和温度变化所引起的位移,经计算分析,成桥后固结墩墩顶、墩底顺桥向因为梁体收缩、徐变引起的弯矩较大,设计采用在跨中合龙段预顶推4 500kN顶推力(约消减成桥后5年收缩、徐变产生墩顶水平位移的1/2),不仅可减少墩身固结端弯矩,同时有利于薄壁墩身轴向受力均匀。

五、结　语

从现有桥梁使用状况来看,大跨径混凝土连续梁式桥在通车运营后普遍存在主梁持续下挠、梁体开裂的情况。金塘大桥东通航孔桥由于桥址区恶劣气候条件设计上对此类问题引起了相当高的重视。在遵照交通部2004版新桥规的基础上,对大桥上、下部的构造尺寸进行了严谨的设计,并对强度、应力等技术指标进行了严格控制,力争避免同类桥型类似弊病,真正达到"正常使用100年"的建设目标。我国在海洋性环境中至今尚无规范可依循,希望本文对类似环境项目建设能提供有益参考。

参考文献

[1] 公路桥涵设计通用规范(JTG D60—2004).
[2] 公路钢筋混凝土及预应力混凝土桥涵设计规范(JTG D62—2004).
[3] 徐岳,王亚君,万振江. 预应力混凝土连续梁桥设计[M].人民交通出版社,2000.
[4] 吴之乃,郑念中.我国混凝土工程技术的现状及发展[J].混凝土,2000年第9期.
[5] 伍波,杨家玉等.大跨径连续刚构桥的常见病害与设计对策[J].公路交通科技,2005年7月增刊.
[6] 项贻强,丰硕等.大跨径单室预应力连续刚构箱梁桥的静力特性空间分析[J].公路交通科技,2005年3月.
[7] 李坚.我国预应力混凝土连续梁桥的发展与工程实践[J].城市道桥与防洪,2001年3月.
[8] 徐立成,禹毅.广西布柳河大桥设计[J].湖南交通科技,2004年6月.

12. 金塘大桥西通航孔桥设计

李正江　黄俊斌　张必准　黄燕庆
(中铁大桥勘测设计院有限公司)

摘　要　金塘大桥西通航孔桥为主跨156m的连续梁,位于外海中,为首批按照新的《公桥规》设计的大跨度混凝土桥梁之一。本文介绍了金塘大桥上部结构及下部结构的设计,并对《公桥规》的局部条文提出自己的见解。

关键词　金塘大桥　西通航孔桥　设计　海中桥梁　规范条文

一、概　况

金塘大桥连接宁波、舟山两市,是继东海大桥、杭州湾大桥后中国第三座特大型跨海大桥,全桥总长26.54km。

金塘大桥工程全线采用四车道高速公路标准建设，起点至金塘互通立交段计算行车速度 80km/h，路基宽度 24.5m；金塘互通立交至终点段，计算行车速度 100km/h，路基宽度 26m。

全桥分为主通航孔桥、东通航孔桥、西通航孔桥、非通航孔桥、金塘侧引桥及镇海侧引桥等七部分(图 1)。

图 1 金塘大桥桥型布置图(尺寸单位：m)

西通航孔桥临近宁波镇海，全桥由独立的上下行线两幅桥组成。桥跨布置为 87m＋156m＋87m。上部结构为 87m＋156m＋87m 跨径的变高度预应力混凝土连续梁，下部结构采用钻孔灌注桩基础。

桥面全宽为 26m，中间设 1m 中央分隔带，单幅桥面两侧设置组合式防撞护栏。

设计荷载：公路Ⅰ级；

通航要求：西通航孔为单孔双向行道，通航净空为 126×17m，代表船型为 500t 级杂货船；

风荷载：基本风速 V_{10}＝40.44m/s，有车时桥面风速 V_{10}＝30.0m/s；

波流力：采用专题研究单位大连理工学院波流力研究成果；

船撞力：采用专题研究单位上海船舶研究所专题研究成果。

二、预应力混凝土连续梁箱梁设计

西通航孔桥上部结构为 87m＋156m＋87m，总长为 330m 的三跨一联的连续梁。桥型布置见图 2。

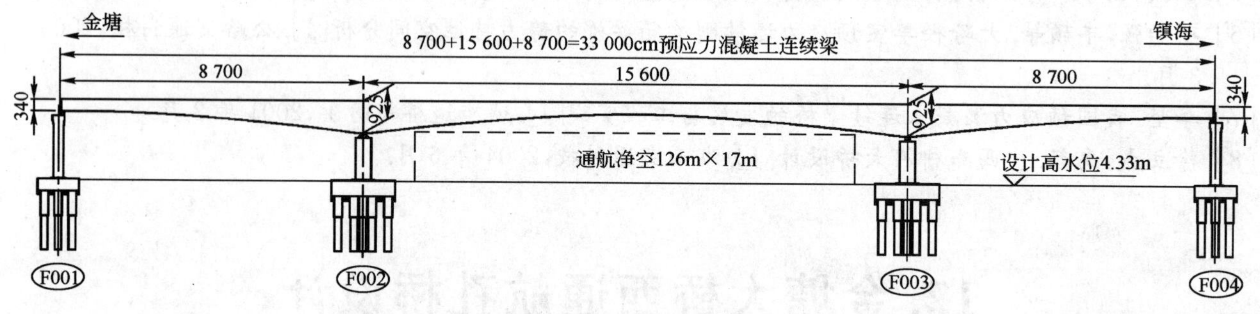

图 2 西通航孔桥桥型布置图(尺寸单位：cm)

1. 主梁

西通航孔预应力混凝土连续梁由 2 个独立的单箱单室箱梁构成，见图 3，两箱梁中心距 13.5m，净距 1.2m。

单箱单室箱梁结构顶宽 12.3m，底宽 6.3m，设置结构单向横坡 2.0%。

主梁支点梁高 9.25m，跨中梁高 3.40m，梁底曲线为为 1.6 次抛物线。

主梁两侧各悬臂 3.0m，悬臂端部厚度 20cm，悬臂根部厚度 65cm。顶板全跨等厚，为 30cm。箱梁底板较宽，底板厚度为 30～100cm。腹板为直腹板，腹板厚度为 50～70cm。横隔梁中支点厚度为 2.0m，边支点厚度 1.2m。

主梁采用 C55 海工耐久性混凝土。箱梁横截面图见图 3。

2. 预应力体系

箱梁采用纵、横、竖三向预应力体系。

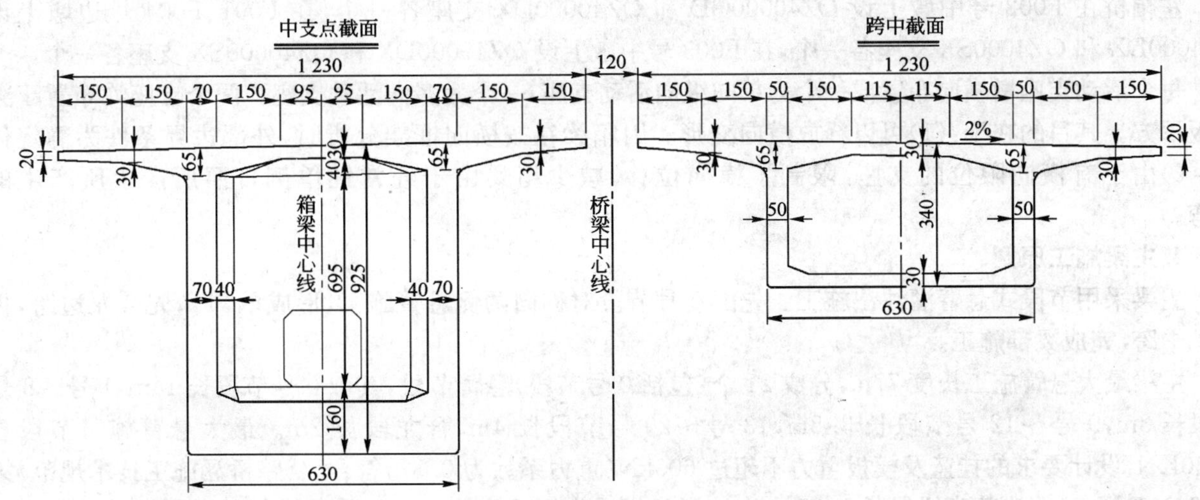

图 3 箱梁横截面(尺寸单位:cm)

箱梁纵向预应力钢束采用 22－ϕ^s15.24、19－ϕ^s15.24 及 12－ϕ^s15.24 三类钢绞线,f_{pk}＝1 860MPa,E_p＝1.95×10^5MPa,锚下张拉控制为应力 σ_{con}＝1 395MPa。所有预应力钢绞线均采用高密度聚乙烯塑料波纹管成孔。箱梁纵向预应力钢束分为顶板悬臂束、腹板弯起束、边跨合龙束和中跨合龙束。顶板悬臂束及腹板弯起束随着施工节段的浇筑分批张拉;边跨合拢束及中跨合龙束则待合拢段施工完后分批锚固在锯齿块上。

箱梁顶板横向预应力束采用 3－ϕ^s15.24 钢绞线,钢绞线标准强度为 1 860MPa,锚下控制应力 1 395MPa;横向预应力束采用一端张拉,张拉端采用扁锚 15-3 锚具,固定端采用 15-3P 型锚。3－ϕ^s15.24钢绞线采用内尺寸 60mm×23mm 的扁塑料波纹管成孔。顶板横向预应力束沿桥轴线按 0.5m 基本间距布置。

竖向预应力钢筋采用 JL32 高强度精轧螺纹钢筋,钢筋力学性能等级为 PSB785,锚下控制应力706.5 MPa;采用薄钢管制孔,钢管内径 45mm,轧丝锚锚固,顺桥向按 0.5m 布置。竖向预应力钢筋布置在箱梁腹板内,根据受力需要和构造要求,70cm 厚腹板区段横桥向布置 4 根,50cm 厚腹板区段横桥向布置 2 根。

所有的预应力钢束均采用真空灌浆施工工艺。主梁经济指标分析见表 1。

主梁经济指标参数表 表 1

	规　格	单　位	数　量	经 济 指 标
支点梁高		m	9.25	高跨比 1/16.9
跨中梁高		m	3.4	高跨比 1/45.9
混凝土量	C55	m^3	10 100	平方桥面指标 1.224m^3/m^2
纵向预应力材料	钢绞线	t	548.856	含量 54.3kg/m^3
横向预应力材料	钢绞线	t	55.698	含量 5.5kg/m^3
竖向预应力材料	ϕ32－PSB785	t	156.381	含量 15.5kg/m^3
普通钢筋	HRB335	t	1 822.824	含量 180.5kg/m^3

3. 支座布置

箱梁支座采用抗震型球形支座。

为防止单个基础承受两幅桥水平力,左右幅桥固定支座采用交错布置方式。

右幅桥在 F003 号中墩上设 QZ40000GD 和 QZ40000DX 支座各一个,在 F001、F004 号边墩上设 QZ4000DX 和 QZ4000SX 支座各一个,在 F002 号中墩上设 QZ40000DX 和 QZ40000SX 支座各一个。

左幅桥在F002号中墩上设QZ40000GD和QZ40000DX支座各一个，在F001、F004号边墩上设QZ4000DX和QZ4000SX支座各一个，在F003号中墩上设QZ40000DX和QZ40000SX支座各一个。

每个活动支座墩横向布置成一个为单向纵向活动支座，一个为多向活动支座。两个支座均布置于梁腹板下方。其目的在于：(1)可以释放横向变形。因箱梁在按横向框架分析时，外部边界条件为静定体系；(2)由于有横向限位的支座，限制了横向位移，减少箱梁由于经常性单侧日照所产生所产生的旁弯。

4. 主梁施工原则

主梁采用节段式悬臂灌注法施工。先由0号节段对称向两侧悬臂施工，形成单"T"，先合龙边跨，再合龙中跨，完成梁部施工。

主梁最大悬臂施工长度77m，分成21个(包括0号节段)悬臂节段，其中0号节段长14m，1号～8号节段长3m，9号～12号节段长3.5m，13号～20号节段长4m，合龙段长2m。最大悬臂施工节段重1 630KN，设计要求的挂篮及模板重力不超过600kN(重力系数为0.37，符合《公路桥涵施工技术规范》第15.3.1条规定)。边跨直线段长7.85m，在边墩旁搭设支架现浇施工。挂篮及模板的重量按移动集中临时荷载参与主梁纵向计算分析。

考虑到主梁跨度比较大且处于台风多发地区，兼顾0号节段结构受力，采用墩旁托架方式来平衡悬臂施工中的不平衡弯矩。托架采用钢管混凝土结构，并在主受力钢管混凝土结构中设置高强粗钢筋。

西通航孔桥0号块临时固接利用0号块支架外侧4根120cm直径的大钢管，钢管内灌注C20混凝土，钢管底部通过精轧螺纹钢与承台锚固，顶部设临时支座，临时支座采用钢板制作而成，在箱梁悬浇施工过程中作为箱梁不平衡荷载的主要传力结构。为增加大悬臂施工时在不平衡荷载作用的安全储备，每个临时固接点设置7根预应力粗钢筋，通过张拉将支撑钢管与箱梁连接成整体。临时固结托架示意图见图4。

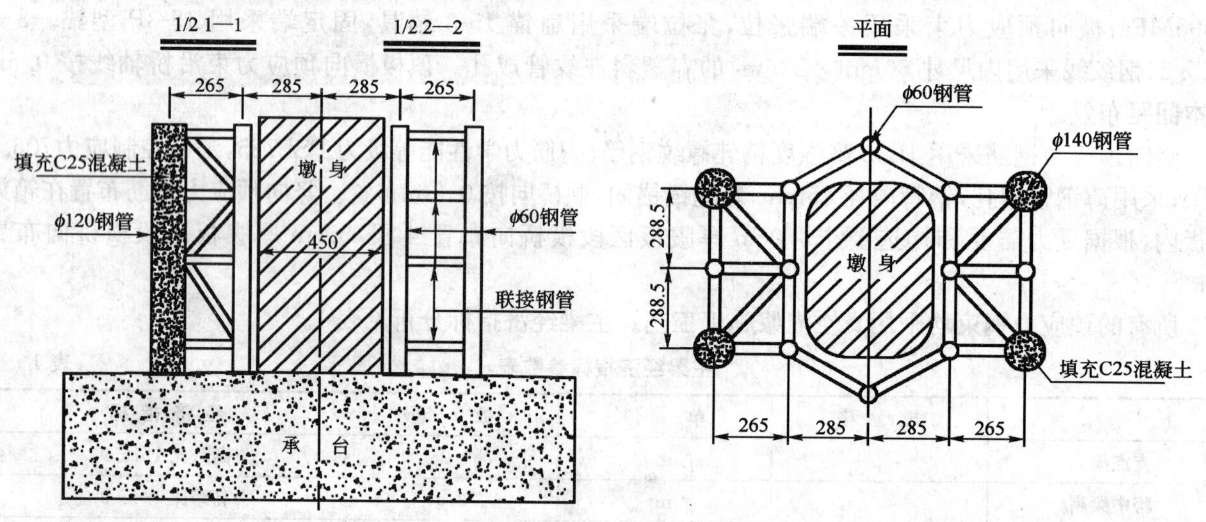

图4 墩旁临时托架示意图(尺寸单位:cm)

梁体在悬臂施工过程中，在最不利不平衡荷载作用下梁体的抗倾覆稳定系数不小于1.2(表2)。

梁体不平衡荷载一览表

表2

序号	不平衡荷载内容
1	已浇注节段自重不平衡弯矩的计算按一边按102.5%，一边按97.5%计算不平衡弯矩
2	正在浇注节段不平衡弯矩计算，一侧按最后浇注节段的120%计算，一侧按最后浇注节段的80%计算
3	施工线荷载按一侧2.5kN/m计算
4	挂篮及施工机具自重力按600kN计，一侧按120%计，一侧按80%计
5	风荷载计算，按照《桥规D60》按$V_{10}=40.44$m/s计算

三、下部结构设计

西通航孔桥下部结构采用大直径钻孔桩的高桩承台基础，实体墩身。

西通航孔桥考虑到荷载大、墩身较高、水流冲刷较深，为提高基础横向刚度，减少墩顶位移，基础采用整体式的钻孔桩基础，同时为了减少上部结构对基础的水平力作用，将两幅桥的固定墩设置为交错布置。

基础均采用 ϕ2.0m 钻孔灌注桩，同时为改善地层受力性能、提高基桩承载能力及基础的整体刚度，单桩均采用桩底压浆施工工艺。

由于西通航孔桥与相邻 60m 连续梁边支座恒载反力相差较大，为消除恒载偏心对基础的不利影响，边墩基础中心向 60m 连续梁方向设置了 40cm 预偏量。

主墩(F002、F003)基础采用 17-ϕ2.0m 钻孔桩，承台平面尺寸 24.8m×18.4m，承台四周平面设置倒圆角，承台厚度 4.5m。钢护筒长度为 40m，封底混凝土厚度为 1.5m。主墩结构示意见图 5。

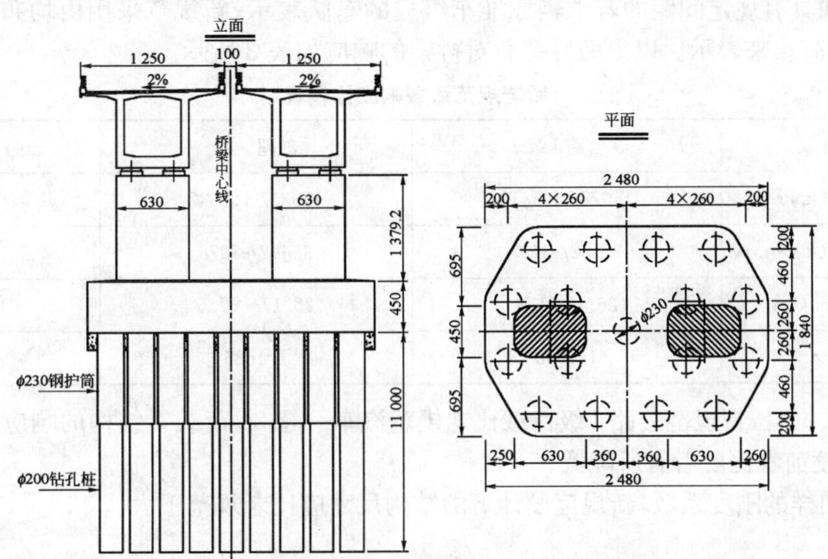

图 5 主墩(F002、F003)结构示意(尺寸单位:cm)

边墩(F001、F004)基础采用 10-ϕ2.0m 钻孔桩，承台平面尺寸 24.8m×12.0m，承台四周平面设置倒圆角，承台厚度 3.5m。钢护筒长度为 35m，封底混凝土厚度为 1.0m。边墩结构示意见图 6。

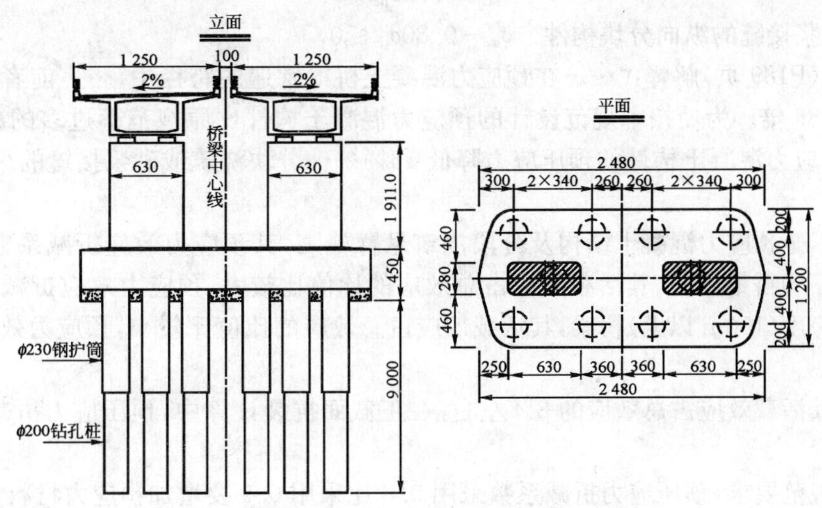

图 6 边墩(F001、F004)结构示意(尺寸单位:cm)

由于桥梁所处海域实测最高潮位＋3.28m，实测最低潮位－2.12m；平均高潮位为＋1.14m，平均低潮位为－0.75m；考虑围堰安装、封底混凝土施工、承台混凝土施工及防撞设施安装维修的便利性及经济性，将主墩及边墩承台顶高程统一为＋4.5m，保证了以上施工项目可利用低潮位进行。

四、设计总结

金塘大桥西通航孔桥是按照新发布的《公路钢筋混凝土及预应力混凝土桥涵设计规范》(JTG D62—2004)(简称新规范)进行设计的首批大跨度桥梁之一，随着设计及施工的深入，对于新规范的局部条文进行了有益的探讨。

1. 新老规范汽车荷载比较

此次规范修订参考国外资料对荷载进行了简化。

《公路钢筋混凝土及预应力混凝土桥涵设计规范》(JTJ 023—85)(简称老规范)汽车荷载的计算图式示意一辆加重车和具有规定间距的若干辆标准车组成的车队表示；新规范采用由均布荷载 q_k 和集中荷载 P_k 组成的车道荷载来表示。以上两种荷载对桥梁的响应如表3所示。

新老规范活载响应比较表 表3

计 算 项 目	公路Ⅰ级	汽超—20	公路Ⅰ级/汽车—超20
支点弯矩(max/min)(kN·m)	15072/-106419	15336/-107342	0.98/0.99
跨中弯矩(max/min)(kN·m)	37182/-8485	35692/-8578	1.04/0.99
跨中位移(max/min)(cm)	26.1/-71.3	25.1/－67.5	—
刚度	1/1602	1/1685	0.95

从上表计算数据看，新规范公路Ⅰ级荷载比老规范汽车—超20荷载对结构的响应大体一致，差别不超过5%；结构刚度前者比后者有所降低。

因此要保证同样的刚度系数，新规范设计下的结构尺寸应比老规范下大。

2. 抗裂计算

新规范的抗裂计算比老规范更严格。除表现在斜截面主应力计算上，更表现在正截面抗裂计算上。

新规范规定(P58页)：正截面抗裂应对构件正截面混凝土的拉应力进行验算，并符合下列要求：

全预应力混凝土构件，在作用(或荷载)短期效应组合下

预制构件 $\sigma_{st}-0.85\sigma_{pc}\leqslant 0$

分段浇筑或砂浆接缝的纵向分块构件 $\sigma_{st}-0.80\sigma_{pc}\leqslant 0$

同时在条文说明中(P189页)解释："……在预应力混凝土桥梁常遇的跨径中，……前者为后者的0.77～0.96倍，平均为0.86倍。为使按本规范设计的预应力混凝土构件比原规范不过多的减低预应力度，将本规范预制的全预应力混凝土构件的预压应力降低15%……分块浇筑或砂浆接缝的纵向分块构件降低20%……"。

对于本桥来讲，全预应力混凝土结构及分段浇筑悬臂施工，其预应力效应折减系数为0.8。对于常遇跨度(100m及以下)桥梁来讲，其活载效应占总效应的比值比较大，预应力效应折减20%可能是合适的；但对于非常遇跨度(100m以上)桥梁，其活载效应占总效应的比值比较小，预应力效应同样折减20%则值得商讨。

以本桥为例，其活载效应占总效应的8%左右，在正截面抗裂计算中，预压应力折减20%，则会导致预应力的增加。

经计算，满足规范要求，预压应力折减系数采用0.8比采用0.9要增加预应力材料5%左右。

对于正截面抗裂检算中预压应力折减系数，建议应根据跨度及活载效应所占的比重进行区别对待，这点还有待以后工程中更深一步的探讨。

3. 超长钻孔桩及桩底压浆

桩底压浆可以使桩底沉渣及桩壁一定高度范围内的泥皮隐患得到改善，提高桩底土层的承载力以及桩与桩壁土层之间的极限摩阻力，是最终提高钻孔灌注桩承载力、减小桩的沉降量的一种比较可行的施工方法。此方法在已建成的某跨海大桥中得到成功应用。

西通航孔桥区域工程地质条件较复杂，大部为软、硬塑黏土层，软土层分布较厚，一般在15.3～20.6m左右，持力层埋深较大，因此采用超长钻孔桩及桩底压浆工艺。

本桥设计桩长为主墩110m及边墩90m。

4. 局部细节构造措施

大跨度预应力混凝土连续梁预应力比较密集，合龙束张拉批数比较多，对结构的受力影响也比较复杂，为防止出现桥梁病害，除计算满足规范要求外，对局部细节进行了如下处理：

①在预应力钢束弯曲段，设置弯曲段加强螺旋钢筋，以应对预应力钢束双向弯曲时的径向力；

②对于底板上下层钢筋网间的拉筋，采用闭合箍筋代替；

③对于其余拉筋，均采用135°弯钩；

④对预应力钢束设置了间距不超过50cm的定位钢筋网。

五、结　语

金塘大桥西通航孔桥是按照新规范进行设计的首批大跨度桥梁之一，同时位于台风多发区及海洋区域，目前已经转入桥面附属结构施工阶段，从其下部结构及上部结构施工过程来看，本桥的设计是合理的。本桥的设计及施工的经验，可为以后同类型桥梁的建设提供参考。

参考文献

[1] 范立础. 预应力混凝土连续梁桥. 北京：人民交通出版社，1990.

[2] 王东晖、李正江. 官厅湖特大桥主桥设计[J]. 桥梁建设，2003，(3)：32-34.

[3] 张必准. 金塘大桥非通航孔桥桥型方案构思[J]. 桥梁建设，2006，(A02)：9-11.

13. 金塘大桥非通航孔桥基础设计

徐　力　张必准

（中铁大桥勘测设计院有限公司）

摘　要　本文结合金塘大桥非通航孔桥区域自然环境条件，对该区域桥梁基础设计思路做了较详细的说明，介绍了从基础方案的选择到钢管桩基础细部构造的设计思路，并将结构受力理论计算与施工、制造工艺综合水平相结合，详细阐述了钢管桩基础的设计。

关键词　非通航孔桥　钢管桩　钢管-混凝土复合桩　剪力环　环氧防腐涂层　牺牲阳极阴极保护

一、工 程 概 述

金塘大桥自金塘岛沥港镇，横跨灰鳖洋，至镇海新泓口，连接金塘岛与宁波市，是舟山大陆连岛工程中规模最大、至关重要的一座跨海大桥。

金塘大桥由主通航孔桥、东通航孔桥、西通航孔桥、非通航孔桥以及金塘侧引桥、镇海侧引桥组成。大桥全长21.029km，其中跨海段桥梁长18.27km，非通航孔桥区域长15.72km，非通航孔桥区域占跨海段桥梁长度的86%，见图1。

图1 金塘大桥桥型布置(尺寸单位:m)

二、桥址区自然条件

1. 气象

金塘大桥工程东临东海,西靠大陆,位于北亚热带,属东亚季风气候区,受冬夏季风影响,全年四季分明,气候温和湿润,降水充沛。

桥址区年平均温度16.5℃,1月/7月平均温度为5.3℃/27.8℃。

设计风速V_{10}=40.44m/s(百年一遇)。

桥址区年平均台风影响次数约3.9次。其中8月份出现最多,其次为7月和9月。

桥址区全年发生的雷暴日数平均为30.6天,平均每年雾的总日数为20.5天。

2. 水文

工程海域潮位为不正规半日潮,最大涨潮流速为2.54m/s、落潮测点最大流速3.02m/s。

设计水位采用300年一遇水位4.33m/-2.53m(国家85高程)。平均海平面0.26m,平均高/低潮位为+1.14m/-0.75m,平均潮差1.91m。

桥址区水域出现的大浪主要为风浪,波浪的常、强浪向总体上均为偏N,百年一遇浪高6.26m。

初步冲刷计算分析见表1。

金塘大桥冲刷计算成果表

表1

编号	墩号	位置	跨径	床面高程(m)	一般冲刷后高程(m)	局部冲刷后高程(m)
1	E1~E148	主西通航孔桥之间	60	-8~-10.80	-9.30~-12.10	-16.89~-25.79
2	G1~G48	西通航孔桥以西	60	-5.38~-7.46	-7.10~-8.46	-10.71~-14.20

3. 工程地质条件

(1)工程地质

桥址处第四纪覆盖层厚度大,在勘察勘探深度内未揭穿,厚度一般大于80~110m。由于线路较长,总体工程地质条件复杂,各段变化较大。场地浅部为高压缩性淤泥质土组成,物理力学性质差,海域表部为淤泥和亚砂土,累计厚度15.7~24.0m;中、深部物理力学性质较好的地层有粉砂、细砂、中砂、含砾中砂、含黏性土砾砂、含黏性土圆砾和亚黏土、黏土(硬土层),可作为桩基持力层。

(2)海水

海水和海区地下水均为咸水,水化学类型为Cl-Na型。海水对混凝土按III类环境判断具强结晶类腐蚀和弱结晶分解复合类腐蚀,海水对钢结构具中等腐蚀性,需采取相应的防腐措施。

4. 其他主要灾害性天气

桥址区天气复杂多变,灾害性天气类型多、发生频繁。主要灾害性天气中对本工程施工速度和施工安全影响较大的主要是雨、大风、雷暴和雾。全年海上有效作业天数为180天左右。

考虑到桥址区恶劣的自然建桥条件以及本工程对于该区域资源整合、经济发展的推动作用,本着“以人为本、规避风险、经济合理、安全适用”的宗旨,本桥应以“工厂化、预制化、标准化、工艺成熟、施工快捷”为原则,尽可能减少海上施工作业量和海上作业时间、缩短施工工期。

三、非通航孔桥区域桥梁基础方案选择

非通航孔区域桥梁基础众多，基础结构方案应当选择工程造价合理、工期短、施工方便快捷的结构形式。由于桥址处地质情况复杂、覆盖层较厚，适用的基础形式只有桩基础，在初步设计阶段，比较了钻孔桩、预应力管桩（PHC 桩）和钢管桩等三种类型的基础方案。

1. 钻孔桩基础

钻孔桩适用范围较广；施工技术成熟，无需大型起重设备；但采用钻孔桩基础，海上施工作业量大，海上施工作业受恶劣自然环境（波浪、台风等）等因素影响较大（全年有效施工日 180 天）。而且海上成桩须搭设坚固的钻孔平台（图 2），需要配备大量的船机；钻孔桩施工工序多，周期长，速度慢；钻孔桩施工事故率较高，海上处理事故的成本高、时间长。与其他两种桩基方案比较，对于海洋环境，钻孔桩基础工程费用相对较高，工期较长，风险较大。

图 2 海上钻孔桩施工平台

因此本区域钻孔桩基础不适合。

2. 预应力混凝土管桩基础（PHC 桩）

在我国，PHC 桩已广泛应用于房屋建筑、码头和桥梁工程，由于受各种条件的限制，目前能够投入应用的 PHC 桩最大桩径为 1 200mm。

本桥由于桩太长，施工海域流速大，采用 PHC 桩存在以下问题：

(1)施工期单桩稳定性不足。根据计算分析，施工期当流速达到 2.5m/s 时，PHC 桩的抗弯能力及单桩稳定性已不能满足要求。

(2)运营期不满足河床冲刷后的结构受力要求，且其接头裸露易被海水腐蚀。

计算分析表明床面局部冲刷超过－15.00m 时，桩基自由长度较长，结构受力及稳定性、抗裂性不能满足规范要求，必须采取冲刷防护措施，保证床面冲刷不超过－15.00m。

(3)打桩施工困难。目前 PHC 桩最大起吊长度为 60m，更长的桩必须接桩。本桥大部分桩的长度均超过 60m，必须接桩，海上接桩难度很大，接头部位可靠性较差。对于超长 PHC 桩，不仅打桩困难，而且打桩过程桩头混凝土易破损，桩身混凝土易开裂。

本桥在中引桥及东引桥分别作了三组共 7 根试桩，其中有 3 根桩因桩身质量、桩垫等原因在试打过程中出现开裂，重新补桩后试打才正常。

因此本区域 PHC 预制管桩基础不适合。

3. 钢管桩基础

本桥水中基础不仅要承受上部结构的垂直荷载，而且还要承受梁体温度力、制动力、波浪力和船撞力等多种水平荷载。由于冲刷深，桩的自由长度大，要求桩基具有较大的水平刚度。钢管桩具有自重轻、抗弯能力强、施工方便、施工期稳定性好等优点，直径可根据设计需要确定，在国内现有施工条件下直径可达 1600mm，有利于抵抗水平荷载作用；钢管桩亦可根据需要做成不同斜率的斜桩，这将大大地增强基础抵抗水平荷载的能力。钢管桩吊装和运输方便，抗锤击能力强，沉桩容易，施工速度快，完全可适应桥址区域气象、水文、地质条件。

钢管桩防腐技术成熟，可根据不同部位的腐蚀特点采取相应的防腐措施，如预留腐蚀量、涂装防腐、阴极保护防腐等。

钢管桩基础为本区域比较适宜的基础形式。

4. 基础结构比选

基础结构比选见表 2。

非通航孔桥区域桥梁基础结构形式比选表 表2

项 目	钻孔桩基础	PHC预制管桩基础	钢管桩基础
结构力学性能	抗弯性能略差 抗压性能好	抗弯性能略差 抗压性能好	力学性能优， 抗弯能力强
满足结构受力的桩径及桩数要求	容易满足	最大桩径1.2m，桩数较多	容易满足
单桩稳定控制因素	良好	单桩海床面冲刷≤－15m	良好
基础施工方法	海上搭设钻孔平台 现浇施工	工厂预制管桩 现场锤击打入	工厂制造钢管桩 现场锤击打入
施工难易程度	全部海上作业 施工难度大	如桩头破裂 施工难度大	施工容易
施工期受环境影响情况	海上施工受环境影响很大	受流速影响大	受环境影响小
工期	工期长	工期适中	工期短
结构耐久性	能满足要求	桩头耐久性差	能满足要求
经济性	较高	便宜	一般
工程实例	尚无跨海大桥大规模采用实例	尚无跨海大桥大规模采用实例	杭州湾大桥、东海大桥均有先例
结构特点	海上施工难度大受环境影响大、工期长、临时钻孔平台工程量巨大，经济性差	桩径较小，抗弯能力差、施工期稳定性差、沉桩如桩头破裂补桩困难，造价较低	自重轻、抗弯能力强、施工期稳定性好、抵抗水平荷载的能力强、抗锤击能力强，沉桩容易，施工速度快、受环境影响小

综合比选各方因素，本桥非通航孔桥区域推荐采用钢管桩基础方案，以下重点论述采用钢管桩基础的桥梁基础结构方案。

四、非通航孔桥区域钢管桩基础结构设计

本文主要对主西通航孔之间和西通航孔以西区域的E区和G区，两个桥梁区域采用的钢管桩基础进行详细说明。

1. 钢管桩基础结构设计

由于本区域范围长，墩高变化大，墩高范围不同，结构受力差异较大，因此按墩高不同范围，分别对基础进行设计。

E区高墩区(E001～E014)考虑到墩身高、冲刷深，两幅桥做成整体承台以提高横向刚度，减少墩顶位移，采用16-ϕ1.5m钢管桩，钢管桩最大斜率5∶1。承台采用钢围堰现浇施工，承台为圆端形。承台顶面高程＋4.2m，承台厚度3.0m(图3)。

E区低墩区(E015～E148)及G区低墩区(G001～G068试桩墩除外)采用分离式基础，单幅布置6-ϕ1.5m钢管桩。桩呈梅花形布置，最大斜率5∶1。承台采用钢围堰现浇施工，承台为圆形，直径8.9m，承台顶面高程＋4.2m，承台厚度3.0m(图4)。

2. 钢管桩桩径的选择

本桥采用钢管桩均为开口桩，材质为Q345C低合金钢。

非通航孔桥区域钢管桩桩径的选择，设计主要考虑了以下因素：

(1)由于桥址所处海域流速快、波浪力很大、局部冲刷较深，桩径过小单桩受力很大，难以满足单桩稳定及受力要求。

(2)桩外径与壁厚之比满足沉桩施工及受力要求。

(3)由于所处海域覆盖层较厚，地基持力层埋置深，钢管桩采用开口桩，如果采用的桩径过大，将不利于桩端闭塞效应的形成，从而降低单桩桩端承载力，降低工程安全性。

(4)根据国内目前打桩船舶及相应吊装设备的限制，桩径过大将导致桩身自重过重，增加打桩施工期间的施工风险，降低施工安全性。

(5)桩径种类采用过多,将增加钢管桩制造、施工等方面难度,因此桩径种类不宜过多。

综上所述,并经过详细结构受力等计算分析,确定采用 ϕ1.5m 桩径的钢管桩。

3. 钢管桩壁厚及节段长度的设计

钢管桩壁厚的确定与防腐蚀方案密切相关,本桥钢管桩防腐采用防腐涂层与阴极保护联合防护的防腐蚀方案。

钢管桩的壁厚主要由两部分组成:结构受力所需壁厚和钢材腐蚀余量(表3)。

非通航孔桥区域钢管桩腐蚀余量数据表 表3

部 位	V(mm/a)	P_t(%)	t_1	t	$\Delta\delta$(mm)
水位变动区、水下区	0.1	95	30	100	7.00
泥下区	0.05	95	60	100	2.00

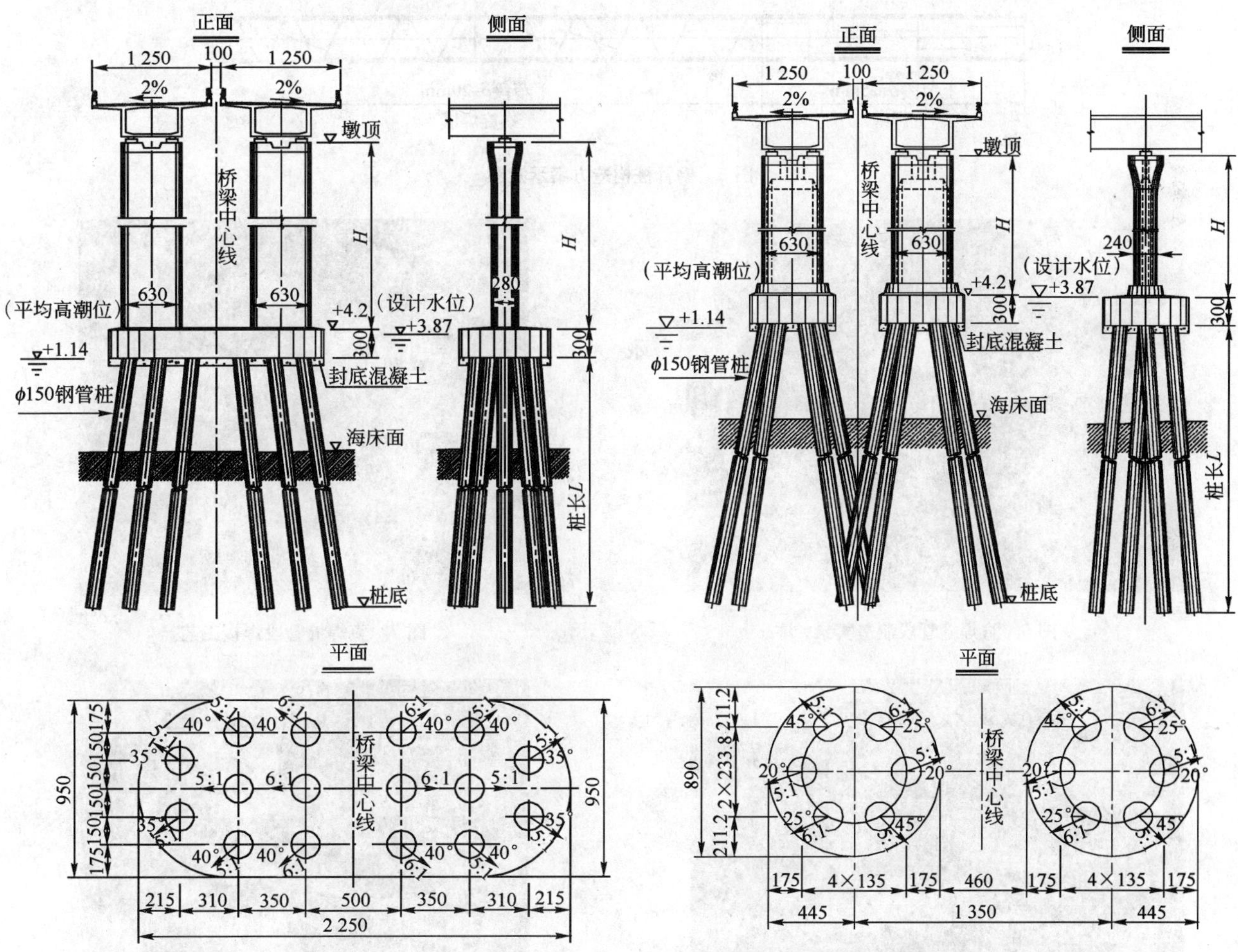

图3 高墩区钢管桩基础布置图(尺寸单位:cm) 图4 低墩区钢管桩基础布置图(尺寸单位:cm)

非通航孔桥区域钢管桩经结构受力分析计算,壁厚 δ=18mm 时能够满足结构受力要求。

钢材腐蚀余量主要通过《港口工程桩基规范》中有关钢材腐蚀余量的公式计算(见下式):

$$\Delta\delta = V\times[(1 - P\times t)\times t_1 + (t - t_1)]$$

从表3可知水位变动区、水下区应预留腐蚀余量7mm,泥下区应预留腐蚀余量2mm,所以非通航孔桥区域钢管桩上节段(水位变动区、水下区)采用壁厚 δ=25mm,下节段(泥下区)采用壁厚 δ=20mm。

钢管桩壁厚 δ=25mm 节段长度的设计主要通过结合冲刷深度进行受力分析计算确定(表4)。

非通航孔桥钢管桩上节段 δ=25mm(水位变动区、水下区)**节段长度一览表** 表4

桥 墩 范 围	δ=25mm 节段长度(m)(自桩顶以下)	桥 墩 范 围	δ=25mm 节段长度(m)(自桩顶以下)
E001～E014(高墩区)	35	E145～E146(低墩区)	25
E015～E144(低墩区)	30	G001～E068(低墩区)	25

4. 钢管桩构造

钢管桩的构造与钢管桩的制造方法、防腐蚀方案和锤击沉桩均有密切的关系。

(1)桩顶壁厚需满足锤击沉桩的最小壁厚要求(δ=25mm 满足沉桩最小壁厚要求);

(2)结合国内钢管桩生产工艺及技术设备,目前国内钢管桩螺旋卷制钢板壁厚≤22mm。

因此本桥钢管桩构造采用:直焊缝钢管和螺旋焊缝钢管组合方案。该方案从腐蚀环境考虑,分为上、下两段:上段桩(水位变动区、水下区)钢板壁厚 25mm,采用直焊缝钢管;下节段桩(泥下区)钢板壁厚 20mm,采用螺旋焊缝钢管(图5～图9)。

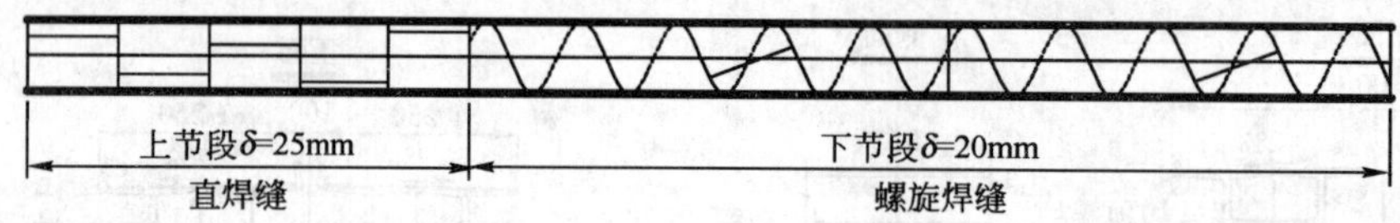

图5 钢管桩构造方案示意图

图6 直焊缝管段制造实景

图7 直焊缝管段焊接工艺

图8 螺旋焊管制造实景

图9 钢管桩双面埋弧螺旋焊接工艺

5. 钢管桩结构方案选择

钢管桩结构方案主要有两种方案:

(1)钢管桩内全长填充混凝土,即钢管—混凝土复合桩方案;

(2)钢管桩内不填充混凝土,仅在桩顶一定范围填充混凝土保证与承台可靠连接的方案。

采用钢管—混凝土复合桩方案主要基于以下考虑:

(1)耐腐蚀。钢管受腐蚀失去支撑作用时，填充的钢筋混凝土可代替钢管支撑结构荷载，实际上起到了钢筋混凝土桩的作用；

(2)防撞击。桩内填充混凝土可提高钢管桩抵抗漂流物撞击的能力。

采用钢管—混凝土复合桩方案存在以下问题：

(1)复合桩工程量很大，仅填芯一项增加混凝土工程数量约 20 万立方米；

(2)复合桩结构机理尚不清楚，仅混凝土填芯一项，桩的承载能力将损失约 1 000kN(约损失桩总承载能力的 14%)，因此复合桩桩长更长；

(3)复合桩施工复杂，需要清除桩芯土柱、清洗钢管桩内壁、吊装长钢筋笼和灌注桩芯混凝土，海上作业多，工序多，周期长。

如果采用钢管—混凝土复合桩方案，则钢管桩基础的优越性将损失贻尽。考虑钢管桩与承台联结的构造要求及防撞需要，在钢管桩上段局部填充钢筋混凝土是必要的，全长填充混凝土则没有必要。

因此，本桥钢管桩结构方案采用钢管桩内不填充混凝土，仅在桩顶一定范围填充混凝土保证与承台可靠连接的方案。

6. 钢管桩剪力环的设计

钢管桩与承台连接方式经过多方比选采用直埋式连接方案，即钢管桩伸入承台 1 倍桩径，为增强钢管桩局部刚度、桩基防船撞及防腐要求，自承台底以下 10m 范围内放钢筋笼填筑混凝土，并设置钢筋笼，为确保钢管桩与填芯混凝土及承台之间的可靠黏结，在各自接触面上设置剪力环。

专题试验研究表明，钢管内壁设置剪力环后，可大大提高钢管与混凝土的黏结强度，增强钢管复合桩的整体性，提高承载力。钢管桩填芯混凝土段设置剪力环主要优点如下：

(1)无剪力环钢管复合桩混凝土与钢管壁粘结强度为 1MPa。有剪力环钢管复合桩混凝土与钢管壁黏结强度在 2MPa 以上。剪力环使筒壁剪应力上、下趋于均匀，大大提高了混凝土与钢管壁的黏结强度。

(2)有剪力环钢管复合桩钢管与混凝土作为整体受力，应变、位移曲线成折线。剪力环增强了组合试件的整体性。

(3)有剪力环钢管复合桩轴压弹性承载力、偏心压力下弹性承载力提高显著。

(4)剪力环的设置大大提高了钢管复合桩在偏心受力状况下的抗压、抗弯承载能力。

(5)在大偏心压力下无剪力环钢管复合桩单向弯曲，有剪力环钢管复合桩钢管壁有局部弯曲。

综上所述，钢管桩与混凝土之间设置一定数量的剪力环对结构是非常有必要的，所以通过受力分析计算，金塘大桥钢管桩在填芯混凝土内外侧共设置了 10 道内剪力环和 2 道外剪力环(图 10、图 11)。

图 10　钢管桩桩顶剪力环焊接工艺

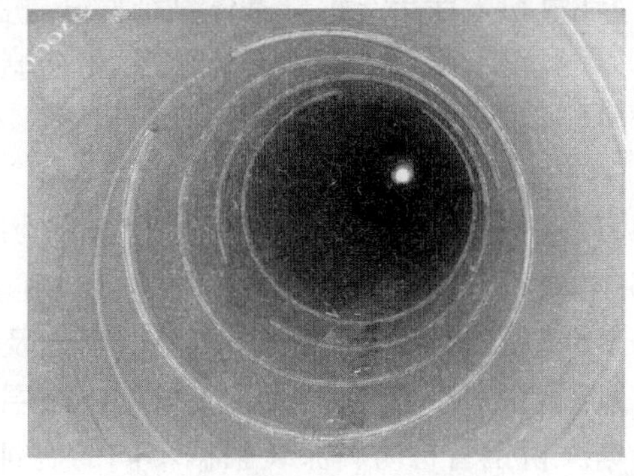

图 11　钢管桩桩顶剪力环布置示意

7. 钢管桩的防腐蚀方案

1)钢管桩的环氧粉末涂层保护

由于钢管桩处在不同的海洋环境区带(海洋大气区、浪溅区、潮差区、水下区、泥下区)，钢的腐蚀速率及腐蚀特征有较大差异，对钢管的防腐要求较为苛刻。

环氧粉末涂层具备的各种性能，能够满足金塘大桥钢管桩的防腐蚀要求(图 12～图 16)。其主要特性如下：

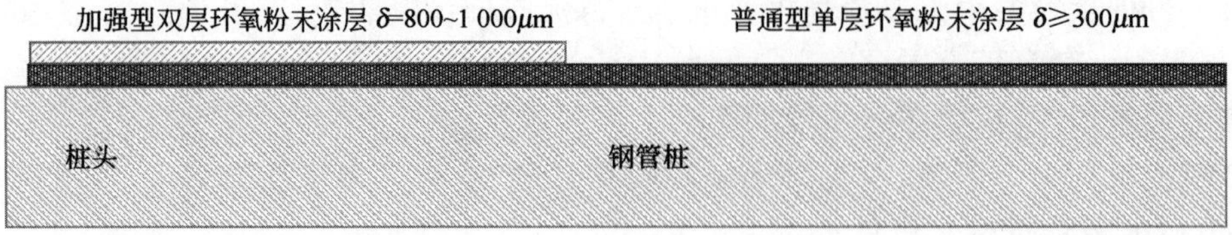

加强型双层环氧粉末涂层 δ=800~1 000μm

普通型单层环氧粉末涂层 $\delta\geqslant$300μm

桩头

钢管桩

图 12　钢管桩防腐涂装示意图

图 13　钢管桩防腐车间

图 14　钢管桩抛丸除锈

图 15　钢管桩中频加热

图 16　钢管桩环氧粉末涂装

(1)环氧粉末涂层与钢管基体黏结性好，抗冲击，耐机械划伤。

(2)环氧粉末涂层抗海水渗透性强、耐冲刷磨蚀和气蚀、耐海生物腐蚀、耐植物根系穿透。

(3)环氧粉末涂层满足各种埋地、架空、水下等环境中对耐腐蚀、耐紫外线辐射老化、耐疲劳的要求。

(4)环氧粉末涂层不会屏蔽阴保电流，抗阴极剥离性好。

(5)环氧粉末涂层加工方便，效率极高，可全天候生产。

(6)环氧粉末涂层修补简单，可随时随地及时修复。

(7)环氧粉末涂层环保，无三废排放。涂层可达到食品饮用等级。

金塘大桥钢管桩防腐涂装根据不同的腐蚀环境下腐蚀程度的差异及防腐要求，将钢桩防腐分为两段：普通型单层环氧粉末涂层(泥下区)、加强型双层环氧粉末涂层(水下区、浪溅和潮差区)。

2)钢管桩的牺牲阳极阴极保护

采用可更换结构的高效铝合金牺牲阳极阴极保护系统。

牺牲阳极选用高效铝合金阳极组，材料利用效率较高，并且节能环保，采用水下固定水上焊接导电的阳极组的施工方法，阳极块的设计寿命为 30 年，根据使用情况适时更换阳极块。

五、结　语

综上所述，针对金塘大桥桥址区海域宽阔，风大潮急的自然条件，结合跨海大桥工程量大，工程实践表明非通航孔桥区域桥梁基础方案采用钢管桩基础，结构安全性、工程质量可靠、可大大减少海上工作量，加快工程进度，降低施工风险，其经济性也是十分显著的。

参考文献

[1] 姜一飞.跨江跨海大桥在长三角城市经济的作用.城乡建设，2005.6.
[2] 张必准，金塘大桥非通航孔桥桥型方案构思，2006-A02 期.

14. 金塘大桥水中低墩区预制墩身设计

王军炜　张必准
（中铁大桥勘测设计院有限公司）

摘　要　本文结合金塘大桥水中低墩区自然环境条件，对该区域桥梁预制墩身方案比选情况作了较详细的说明，介绍了在海洋环境条件下采用工厂预制、现场拼装的预制桥墩的结构设计。

关键词　水中低墩区　海上施工　预制桥墩　结构设计

一、概　况

金塘大桥由东向西横跨沥港水道、灰鳖洋 18.415km 海面，连接金塘岛与宁波市镇海区，是舟山大陆连岛工程的第五座跨海特大桥，也是舟山大陆连岛工程中规模最大、至关重要的跨海特大桥。金塘大桥的建设将对舟山大陆连岛工程及舟山、宁波港口一体化起到极大的推动作用。

金塘大桥由主通航孔桥、东通航孔桥、西通航孔桥、非通航孔桥以及金塘侧引桥、浅水区引桥、镇海侧引桥、金塘侧接线和镇海侧滨海互通立交组成，全长 21.029km(不含金塘侧接线工程 5.511km)，其中非通航孔桥全长 16.72m。此区域水深条件较好，一般水深均在 6～10m 左右，适合于水上大型船舶作业。

工程海域潮位为不正规半日潮，表征潮位类型的比值为 0.60，控制本海区潮波运动的是以 M2 分潮为主的东海前进波系统，潮波从舟山群岛的东侧，经螺头水道传入工程海域。实测资料表明：金塘大桥轴线上，最大涨潮流速为 2.54m/s(4 号测点)、落潮测点最大流速 3.02m/s(1 号测点)。

金塘大桥设计水位采用 100 年一遇水位 3.87m/－2.38m(国家 85 高程)。平均海平面 0.26m，平均高/低潮位为＋1.14m/－0.75m。桥址区波浪的常、强浪向总体上均为偏 N，百年一遇浪高 6.26m(4 号测点)。

二、墩身结构方案比选

金塘大桥桥址区海域宽阔，风大潮急，水中非通航孔引桥区域长，下部结构工程量浩大，工点分散，桥墩施工方案对大桥的施工质量、工程进度和投资有着重要影响。根据本桥海域的具体特点和海上施工作业特点，下部结构重点比较了现浇桥墩和预制桥墩两种方案。

1. 现浇桥墩方案

墩身现浇施工是国内最为常用的一种方法，该施工方法质量可靠，施工机具少，工艺简单，但在金塘海域作业条件差，环境恶劣，给现浇施工带来较大的困难。同时采用现浇墩身工期长，施工安全性较差。

2. 预制桥墩方案

墩身预制拼装施工是充分利用海上大吨位起重设备，加快施工进度，减少海上作业量，减少施工风险的有效办法。

预制拼装施工工艺要求高，尤其是在墩身接缝处，必须从混凝土材料选择、养护工艺、围堰防水等多方面采取措施，确保接缝处结构的耐久性。

3. 综合比较

现浇墩身（图1）与预制墩身（图2）方案比较见表1。

桥墩方案比较表 表1

项 目	现 浇 桥 墩	预 制 桥 墩
墩身构造	矩形实体墩，墩身截面尺寸 6.3m×2.4m	矩形空心墩，墩身截面尺寸 6.3m×2.4m，墩身壁厚 0.5m，墩帽为实体截面
结构合理性	较好	好
施工设备要求	水上混凝土工厂 50t 吊船	最大吊重 450t，需 500t 以上的吊船
施工难度	施工难度较大，现场绑扎墩身钢筋，浇注墩身混凝土工程量大，作业环境差，施工期需采取抗风和抗浪措施。墩身混凝土养护困难	预制墩身高度在 19m 以下，水上吊装预制墩身难度较大。但大大减少现浇混凝土工作量。需设大型预制场及下海码头
施工工期	较长，每墩施工期 20～40 天	较短预制墩安装几个小时即可完成，每墩施工周期 4～7 天（吊装及接头混凝土浇筑）
工程数量（低墩区 60m 梁 402 个桥墩）	混凝土：54003.2m^3 钢筋 2 106.1t，环氧钢筋 4 714.3t	混凝土 4 8537.1m^3（其中现浇湿接头 11 456.4m^3）钢筋 6 521.3t，环氧钢筋 1 205.2t
结构可靠性	现浇桥墩无拼接缝，在保证混凝土施工质量的条件下，结构耐久性较好	预制墩身混凝土质量有保证；底部与承台之间采用现浇混凝土接头，质量可靠，能保证结构的耐久性
经济性	较差（1.12）	较好（1.0）

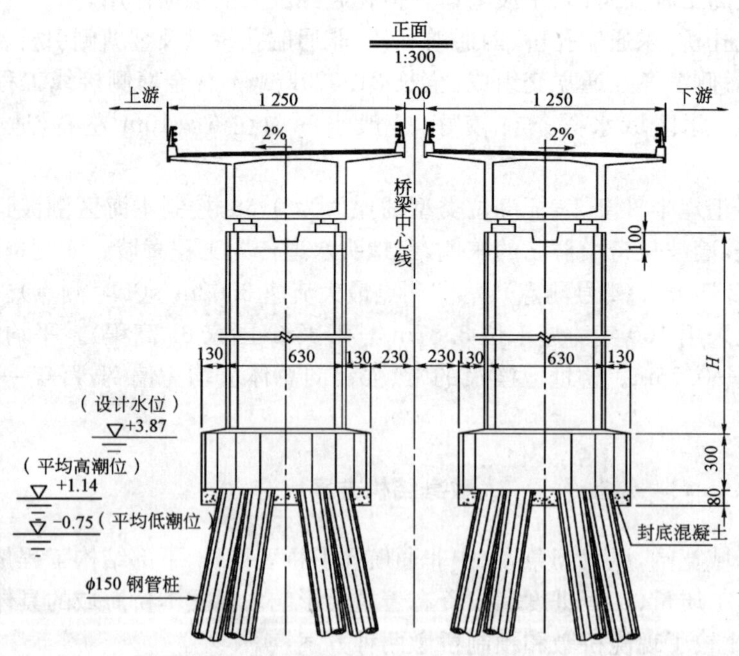

图1 现浇墩身基础方案（尺寸单位：cm）

通过表1比较可知，两种方案各有利弊。墩身预制方案的优势主要体现在可减少海上混凝土现浇和养护工作量，改善工人作业条件，加快工程进度，目前已有成功采用墩身预制方案的先例。墩身现浇施工工艺简单,施工难度较小,耐久性可靠,但由于现场绑扎墩身钢筋,浇注墩身混凝土工程量大,作业环境恶劣,墩身混凝土养护差,使墩身现浇施工有一定困难。综合考虑以上因素,水中低墩区桥墩采用预制墩身方案。

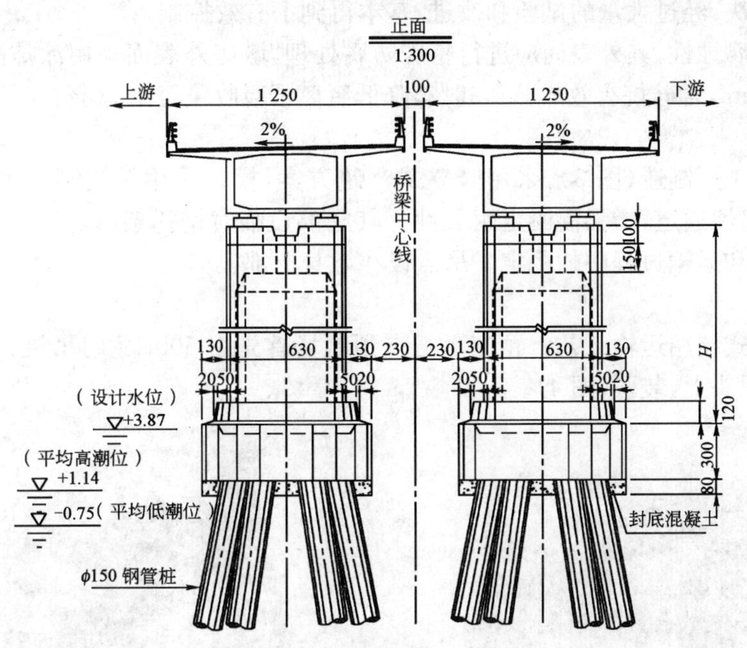

图 2 预制墩身基础方案(尺寸单位:cm)

三、预制墩身设计

1. 预制墩身设计范围

为充分发挥预制施工优势,简化海上施工工序,减少海上现浇混凝土量,墩身预制安装尽可能一次完成,根据现有施工设备的起重能力,确定最大吊重小于 450t,因此墩身高度≤19m 的桥墩采用整体预制。墩高在 19~42m 之间的桥墩如采用预制方案,受吊重控制需分段预制拼装,接头的可靠性难以保证,且数量不多,其数量占总数的 6.5%,故墩高在 19m 以上的桥墩采用现浇施工。

2. 墩身结构设计

为了减轻吊装重量,墩身选择空心截面板式桥墩,采用整体预制,仅在墩底处设湿接头同承台连接。预制墩身采用板式桥墩,标准截面为矩形,四角倒以圆角,截面尺寸 6.3×2.4m,墩帽顶平面尺寸 6.3m×3.6m。壁厚 0.5m。墩身混凝土采用 C40 高性能混凝土,墩身内配普通Ⅰ、Ⅱ级钢筋,普通钢筋间距按 15cm 控制,钢筋的最小净保护层厚度为 4.5cm。

3. 墩身与承台连接

墩身与承台之间采用现浇混凝土湿接头连接,由于湿接头位于浪溅区,为保证其耐久性,承台顶面设置剪力槽。在接头处设混凝土外箍,与墩身湿接头一起浇筑。

桥墩底部与承台连接采用普通钢筋连接方式,墩身主筋预留一定长度与承台中的预留钢筋机械连接或搭接,同时墩身底部设置三排水平钢筋与墩座钢筋连接,保证墩身与墩座连接的紧密性。现浇混凝土湿接头高出承台顶面 1.2m、宽出墩身外缘 0.7m,形成具有一定保护作用的襟座,保护墩身主筋不受侵蚀。

4. 墩身湿接头防腐

墩身湿接头处于浪溅区,是腐蚀环境最恶劣的区域,由于受海水长期侵蚀,结构被严重损坏的风险极大。同时墩身湿接头采用海上现浇工艺,施工缝又多,其浇筑质量将直接影响到结构的安全性。从某种意义上说,墩身湿接头防腐蚀是本桥百年防腐蚀的关键部位,为此采用抗氯离子渗透能力强的高性能混凝土,钢筋均采用环氧钢筋,并掺加阻锈剂。

从构造分析,湿接头与承台联结为盆腔结构,预制墩为空心墩,现浇混凝土与空心墩的接触面及现浇混凝土与承台盆腔的接触面极易因新浇混凝土收缩产生裂缝，形成海水腐蚀通道。同时由于湿接头混凝土上、下都受到约束，新浇混凝土本身也极易开裂。通过优化混凝土配合比、适当增加水平钢筋和掺加聚丙纤维等方面着手解决，经过大量的试验和改进，基本得到了有效控制。

为确保墩座的耐腐蚀性，其外表尚应进行特殊防腐处理，墩座外表面采用涂抹高性能硅烷(CIT)，要求硅烷渗透深度≥4mm，含硅烷有效成分≥99%，降低氯离子吸收量至少90%。

5. 预制桥墩预制

预制桥墩在陆地工厂制造(图3)，采用竖立式浇筑方案，模板采用精制刚性模板，取消内部穿锚拉杆，消除混凝土内部腐蚀通道，增强混凝土耐久性。其底部设临时钢托架，以保护墩底预留的外露钢筋，同时确保墩身在施工和运输过程中的稳定。吊点设在墩身上部实体段。

6. 预制桥墩运输

预制墩身采用立式装船运输工艺。预制墩身在预制场首先由500t龙门吊机、专用吊具起吊墩身和钢托架，吊运至出装码头上，装驳(图4)。

图3　墩身预制台座

图4　墩身运输及加固示意

采用自航深舱驳装运墩身，为减少锚锭作业，加快安装进度，一次同时运送一孔内的4个预制墩身。运输墩身船舶采用两种船型：一种为：5 000t自航深舱驳；一种为：3 000t自航深舱驳。

高度8m以上墩身采用5 000t自航深舱驳运输；高度8m以下墩身采用3 000t自航深舱驳运输。

预制墩身装深舱驳加固好后按当地海事部门同意的运输路线运至现场拟安装的桥墩承台处。

7. 预制桥墩运输

墩身安装时在承台顶墩身位置处沿墩身四周设6个具有导向作用的临时支墩，临时支墩间设联系撑形成整体结构，事先已抛锚驻位的700t起重船从驳船上起吊墩身，调整船位及仰俯起重船臂杆将墩身吊至指定的承台上方，依靠导向装置使墩身基本就位后停止落钩，进行墩身纵横向平面位置和墩身倾斜度调整，使墩身达到精确定位后落钩，直至使墩身平稳地落于支承短柱上。清理结合面，使用钢筋卡卡紧墩身底部和承台上部的外伸钢筋，并通过电焊机焊接预留钢筋，达到固定墩身保证安全的目的。最后绑扎湿接头钢筋，浇注湿接头混凝土(图5)。

图5　墩身吊放安装

四、结　　语

针对金塘大桥桥址区海域宽阔，水流速较大，冲刷较深的自然条件，结合跨海大桥工程量大，工点多的特点，设计应以预制、整体、大型为目标，施工应立足于大型机械化作业。施工实践表明：金塘大桥水中低墩区桥墩采用整体预制安装设计、大型海上施工设备一次吊装施工，变海上施工为陆上施工，大大减少了海上作业时间，降低了安全风险，同时加快了施工进度，提高了墩身质量，其经济性也是十分显著的。

参考文献

[1] 秦顺全. 海上长桥整孔箱梁预制架设技术. 中国铁道出版社，2006.
[2] 王勇等. 杭州湾跨海大桥建设技术. 中国铁道出版社，2006.

15. 泰州长江大桥关键技术

韩大章　华　新
（江苏省交通规划设计院有限公司）

摘　要　介绍了泰州长江公路大桥的主要建设条件和主桥工程方案，分析了三塔悬索桥结构行为特点和关键技术问题及相应的设计对策。

关键词　泰州大桥　三塔悬索桥　关键技术

一、建 设 条 件

泰州长江公路大桥位于江苏省长江中段，上游距润扬大桥 66km，下游距江阴大桥 57km，北接泰州市，南连镇江市和常州市。桥位所在河段河流平面形态呈微弯，河宽相对上下游稍窄，是下游心滩的分流区。河床断面形态自上而下呈由偏右侧较深的“V”形，转为宽浅类的“W”形，床面冲淤主要发生在泰州侧一带。桥位位于高港汽渡下游，河宽约 2.1km，－20m 深槽靠近右岸扬中侧（南岸），中间稍浅，最深处水深约 30m，江中心水深约 17m。由于扬中河段两岸均为长江中下游冲积平原，土质松软，覆盖层厚，基岩埋藏一般在－190m 以下。

泰州大桥的设计车速为 100km/h，桥梁标准宽度 33.0m，车辆荷载等级为公路－Ⅰ级，设计基本风速 $V_{10}=31.83$m/s，桥址区 50 年超越概率 10%的基岩地震动水平向峰值加速度变化在 85.4～97.9cm/s^2 之间，相当于地震基本烈度为Ⅶ度。通航净空主航道 760m（宽）×50m（高），副航道 220m（宽）×24m（高），防撞标准按 50 000t 级船舶考虑。

二、工 程 方 案

由于本桥位处江面宽阔，结合桥位特点，为满足通航净空要求、尽可能降低对河势的影响，以及满足航运和两岸港口岸线发展利用的需要，工程方案从减少水中桥墩和建桥后仍有足够的开阔航道、良好的通航条件考虑，经多方案比选后，推荐采用三塔两跨悬索桥方案。该方案气势恢宏，桥形美观，具有技术创新性。

本桥位处常水位时，水面线宽度约 2 100m，江中只设一个主墩，对河势和通航的影响最小。主桥完全跨越水面，可充分利用桥梁的跨越能力。在确定边塔墩位时，考虑到边塔基础承台尺寸，以避免边塔水上施工决定其距水边的最小距离；而中塔位于枯水施工期水深约 15m 的江心位置。两端锚碇处在两岸大堤后，其距大堤净距最小值为 115m，以确保锚碇基础施工过程中，不会危及堤防安全。根据以上要求，经比选后，确定采用主跨 2×1 080m 的三塔悬索桥方案（图 1）。

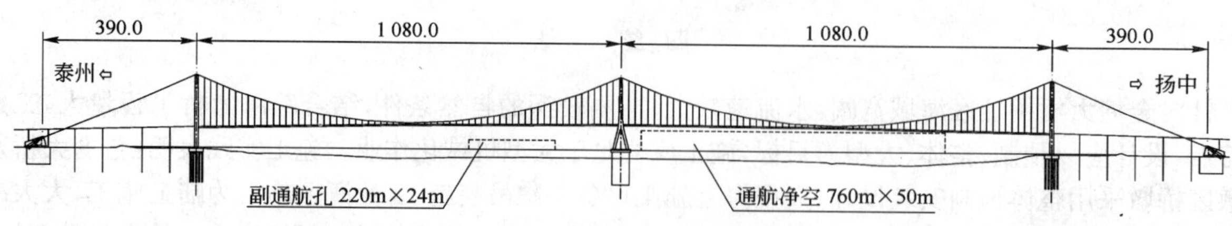

图1　主跨2×1 080m三塔悬索桥方案

主缆跨径布置为390m+2×1 080m+390m。主梁梁高3.5m，全宽39.10m，标准节段长16m。中、边塔塔顶高程分别为200.0m和180.0m，中塔与边塔处主缆理论交点高程相差20m。两根主缆横向中心距为34.8m，主缆矢跨比采用1/9。每根主缆由169股索股组成，每根索股由91丝直径为5.2mm的镀锌高强钢丝组成，钢丝极限抗拉强度为1670MPa。

加劲梁横断面为单箱三室构造，两侧边室为风嘴兼检修道，加劲梁全宽为39.1cm(含风嘴)。主缆采用预制平行钢丝索股，单根索股无应力长约3 100.0m，重47t。主缆在索夹内空隙率取18%，索夹外取20%。主缆强度安全系数：对主要应力的安全系数$K\geqslant 2.5$。主缆钢丝与鞍槽之间摩擦系数取$\mu=0.2$，主缆钢丝在鞍座槽内抗滑安全系数$K\geqslant 2.0$。边塔基础采用群桩基础，塔身采用混凝土塔柱，塔柱顶高程180.0m，塔柱底高程8.30m。中塔基础为沉井，塔身采用钢结构，纵向呈人字形，柱顶高程200.0m，塔柱底高程8.50m。塔柱高191.5m。斜腿段倾斜度为1∶4。南、北锚碇基础采用沉井，锚体为大体积混凝土结构。

三、关键技术问题

1. 结构行为特点

三塔悬索桥是在两塔悬索桥主跨的中部多设一个主塔以减轻主缆和两端锚碇受力的全新结构形式，中主塔在纵向只是一个通过鞍座支承主缆的竖向支点。与两塔悬索桥相比，虽然都是以悬索为承重结构的桥梁，但因为多了一个中塔和一个主跨，结构受力特征显然不同。由于多了一个主跨，主缆由锚固点起，经过一个边跨和一个主跨到达中塔，恒载状态下，主缆对中塔塔顶的约束较边塔弱得多，中塔的约束条件、工作环境与边塔不同。当一个主跨满布荷载，另一个主跨不加载时，如果中间主塔刚度很大，则中塔承担加载引起的水平力的主要份额，中塔所受纵向剪力大，非加载跨主缆拉力增加不多，因中塔的挠曲形成加载跨的竖向位移不大，全桥竖向刚度大，中塔两侧主缆缆力差值大；如果中间主塔刚度小，则中塔产生一定的塔顶纵向位移，非加载跨主缆缆力增加，之后非加载跨向上位移后的主缆对中塔形成纵向约束，中塔的挠曲形成加载跨的竖向位移，因而加载跨竖向位移大。

基于上述分析，三塔悬索桥必须解决以下三个关键问题：

(1)桥跨竖向刚度合适，加载跨的竖向挠度控制在一定范围之内。最不利工况作用下，由活载引起的桥面纵坡控制在合理范围。

(2)主缆与鞍座间抗滑移问题得到较好的解决，基于主缆钢丝与鞍座间摩擦力保障抗滑移稳。

(3)中主塔本身的强度安全有充分保障，稳定性能满足要求，中主塔如采用钢塔则在大桥服务期内不因疲劳而损坏。

通过大量的设计、试验及科学研究工作，泰州大桥采用的三塔悬索桥方案，成功地解决了上述关键技术问题。该桥是国内也是世界上首次建造千米级跨度的三塔悬索桥，成功地突破了世界上大跨径悬索桥只是双主塔的模式，为国内外建造大跨度多塔悬索桥提供了宝贵的经验和具有突破性的进展。

2. 关键控制指标的确定

三塔悬索桥结构行为上存在一对矛盾：要满足主梁的挠跨比保证主梁的行车平顺，则要求中塔有较大的刚度，这可能导致中塔顶主鞍两侧不平衡水平力过大，主缆的抗滑移安全性难以保证；反之，中塔过柔虽可以满足主缆的抗滑移安全性要求，但跨中挠度过大。如何确定三塔悬索桥主梁挠跨比是一个关键问题。

《公路悬索桥设计规范》(送审稿)(JTJxxx-2001)5.2.1条:"悬索桥加劲梁由汽车荷载(不计冲击力)引起的最大竖向挠度值不宜大于跨径的1/250～1/300,主要应以所造成的梁端转角不影响行车平顺为原则"。而报批稿又将该条修改为"不计冲击力的汽车荷载引起的加劲梁最大竖向挠度值不宜大于跨径的1/300",同时又说明规范是参考国外有关规定及国内外已建悬索桥的统计资料而制定的,对于特大跨径的悬索桥,上述限值可适当放大。

泰州大桥是三塔悬索桥,主缆越过边塔顶后经过一个主跨,再从中塔顶通过,主缆对中塔约束作用远小于常规的两塔悬索桥主缆对边塔的约束。计算结果表明,最大挠度发生在靠近跨中位置的距中塔420m处,最大向下挠度为4.17m,挠跨比为1/259>1/300。但经过分析后可知,规范制定挠跨比的限值,实质上是为了规定竖向荷载作用下的最大纵坡、竖向转角、保障行车的平顺程度。规范提出不宜超过的限值是参照国内外已建悬索桥的统计资料制定的,针对的是两塔悬索桥,并指出了对特大跨度悬索桥,该限值可适当放大。从规范所作的调整和参考的已建成桥梁挠跨比值,可以认为中跨的挠跨比是定性的规定,各桥挠跨比相差很大。根据本桥中塔较柔的特殊情况,在保证行车平顺的条件下,采用最大允许挠跨比1/250。同时为充分保障使用要求,专门规定主梁由汽车荷载引起的最大梁端竖向转角不大于0.02rad,同时规定挠跨比和梁端转角保障本三塔两跨悬索桥必要的竖向刚度和行车条件。

另一方面,中塔主鞍座与主缆间抗滑移安全度指标的确定也是一个关键性的问题。对于三塔悬索桥而言,中塔具有与传统的两塔悬索桥较大的区别,中塔在任何工况下,均要求保证主缆在中主鞍座间不发生相对滑移,否则会造成整个体系的破坏。然而中塔两侧均是主缆的柔性约束,在活载非对称作用下,若中塔刚度较小,中塔顶两侧主缆不平衡水平力较小,主缆的抗滑移安全系数易于实现,但加载跨主缆垂度大,主梁的挠跨比较大,行车安全不易保证;而中塔刚度大,主梁的挠跨比易于满足要求,但中塔顶主缆不平衡水平力大,可能因鞍槽与主缆索股间的摩擦力不足而造成滑移。因此,在确定控制结构整体刚度指标的同时,必须确定抗滑移安全的控制指标。《公路悬索桥设计规范》(送审稿)(JTJxxx－2001)12.2.3条规定:"鞍槽内索股抗滑安全度$K\geqslant2$,索股与鞍槽底或上层索股与下层索股间的摩擦系数$\mu=0.15$"。该条文说明指出:"条文规定的抗滑条件,在μ和K取值方面均是偏于保守的,在有条件进行抗滑试验的工程中,应进行抗滑试验研究,优化μ和K的取值,做到经济、合理、安全"。根据国内外已有的研究和试验资料统计,鞍槽与主缆间经挤压后的摩擦系数大约在0.15～0.2之间。本桥设计中进行了主缆与中主鞍座间抗滑移试验研究,较全面模拟了实桥主缆束股与鞍座间的接触情况。试验包括两个工况,工况一试验束股10根,每根束股37根钢丝、钢丝直径5.25mm,10根束股在鞍槽内分三列按3、4、3排列,不仅模拟束股与鞍槽间接触,兼模拟束股间接触情况,采用了与实桥相近的接触应力;工况二采用一根束股。每个工况进行三组试验。根据试验结果及以国内外已有相关资料的分析,本桥主缆与中主鞍座鞍槽间摩擦系数μ取用0.2,抗滑移安全系数$K\geqslant2$。

3. 支承体系

设计中分别研究了主梁与中主塔间不同的竖向连接方式对中主塔、主缆、主梁、支座参数的影响。最终选用主梁在中塔处不设竖向刚性约束、但设竖向限位挡块的支承方式。通过上下游竖向限位挡块联合作用,使主梁的扭转振动得到一定程度的约束,对于减小风荷载作用下扭转振动的振幅有所帮助。对主梁与中主塔间的纵向连接方式的研究表明:加劲梁与中主塔间纵向设约束,可以显著提高主缆与中主鞍座间抗滑移安全系数,减小加劲梁竖向挠度,改善中主塔受力,极大地减小加劲梁纵向活载位移;与纵向刚性约束相比,弹性索约束对结构的有利效应相当,并且在构造上相对简单,最终选用在主梁与中塔间设置纵向弹性约束。

设计对主跨跨中是否设中央扣、及设多对中央扣进行了研究比较,结果表明中跨跨中中央扣的设置有相当大的难度,与两塔悬索桥完全不同。如只设置一对中央扣,中央扣扣索的倾角无法选取,倾角小、扣索受力很大,到了无法实施的地步,倾角大、对总体的改善微乎其微。设三对中央扣对结构总体行为有一定的改善,但存在疲劳破坏、扣索拉力大、需设置三对等特点,经比选后推荐不设置中央扣的方案。从以上分析可以看出,支承体系对上述关键技术问题的解决具有一定的影响。

4. 中塔塔型及刚度选择

根据前述三塔悬索桥结构行为特点分析，中塔在顺桥向的结构刚度，应是既有恰当的可挠曲性，又有足够的抗弯刚度，给全桥以稳定的视觉外观。结合泰州大桥的工程建设条件，围绕泰州大桥设计所确定的技术控制指标，经对各种塔形的比选，本桥采用了纵向"人"字形塔形，并采用弹性和均匀性好的钢材作为中塔材料。设计中对中塔的合理刚度进行了广泛的比选，对中塔截面尺寸、中塔底部纵向分叉宽度、分叉点高度等进行了详细广泛的计算比选，最终确定了塔的截面尺寸和分叉点高度、分叉宽度。经详细的计算分析，证明了该塔形方案完全符合其所应有的结构行为特征，满足本桥控制指标的要求及中塔自身受力的需要。图2为中塔构造图。

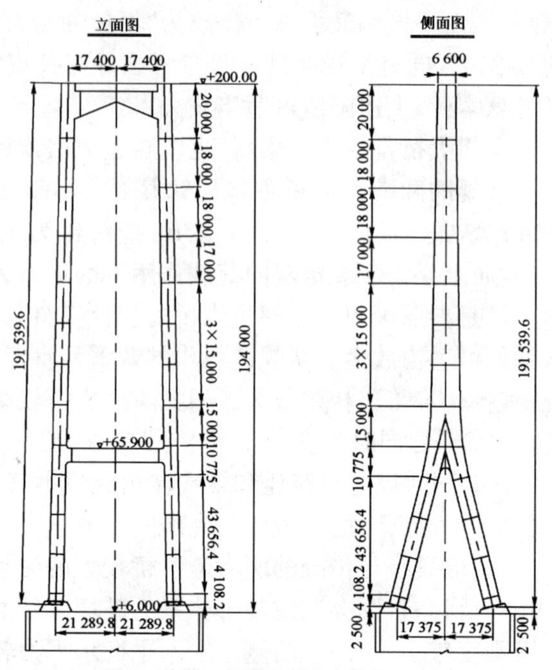

图2　中塔一般构造(尺寸单位：mm)

从以上分析可以看出，中塔的塔形及刚度选择对解决上述三个关键问题，起到了至关重要的作用。

5. 三塔高度选择

中塔高度是三塔悬索桥的重要设计参数，不仅与结构的受力、整体刚度息息相关，同时考虑到全桥竖曲线设置，中塔高度与全桥的景观有一定关系。一般认为，在开阔的江面上，如果中塔高出边塔一定的高度，可以突出中塔一柱擎天的视觉效果。

选取中塔高度时，要充分考虑对结构的影响，结合受力、景观、工程造价综合考虑。设计中对三塔等高、中塔加高边塔同步降低，及边塔高度降低进行了研究。结果表明，随着中主塔高度增大，主缆丝股的抗滑安全系数 K 有所增加，而加劲梁的活载竖向挠度增大，塔顶纵向位移增加。当中塔加高32m、相应边塔高度减小32m时，主梁最大挠度由4.505m增加到5.759m，$\mu=0.2$ 对应的抗滑移安全系数由2.02增加到3.16，对主缆轴力、中塔应力影响不大。

如果要使中塔高于边塔一定的比例、同时要保证主缆矢跨比和短吊索长度不变，边塔高度降低，主梁高程势必降低，为满足同样的通航净空，桥跨结构应随之抬高，因此，单纯降低边塔高度意义不大。为了抵消主梁竖曲线对视觉的影响，在三塔等高的基础上，采用中塔加高、边塔降低的技术措施，则主梁挠度有所增加，需适当控制中塔与边塔的高度差值；另外，考虑到采取中塔高于边塔的措施后，主缆与中主鞍座的抗滑移安全系数有所增加，同步采取少量增加中塔刚度的措施，以减小主梁挠度。经多方面计算比较，设计最终采用中塔较边塔高20m的主塔高度方案。计算结果表明，中塔高出边塔20m的三塔不等高方案，不论在索塔受力、主缆抗滑移安全系数，还是主梁挠度，均满足设计要求。

6. 主缆矢跨比选择

主缆矢跨比是总体设计的重要参数，对结构刚度、工程数量、主缆各控制点高程具决定性影响，通常结合结构刚度、恒载、造价平衡考虑。两塔悬索桥主缆矢跨比取值一般在1/9～1/11之间。对三塔悬索桥，主缆矢跨比的影响程度如何，对于上述三个关键技术问题的解决，矢跨比取用多少合适，须进行比选。设计中对三塔悬索桥主缆矢跨比从1/7～1/13分别进行了计算分析，结果表明，随主缆矢跨比的减小，主缆丝股的抗滑安全系数 K 有所增加，但增加幅度不大，主缆矢跨比由1/9减小到1/13，主缆恒、活载拉力增加近50%，K 增加20%，而加劲梁的竖向挠度由4.505m增加到5.497m，增加22%，对中塔截面的应力影响不大，对主梁的应力有一定影响。可见，随主缆矢跨比减小，抗滑移安全系数 K 和主梁挠度同步增加，且增加的幅度基本相同，但主缆恒活载拉力按比例增加，包括主缆、主塔、锚碇的工程数量增加。综合全桥静、动力分析比选，为减小主缆拉力，减小，锚碇工程数量，三塔悬索桥方案主缆矢跨比采用1/9。

7. 中塔基础的选择

中塔基础置于江中心，可选择的方案有大直径群桩基础或沉井基础。对于大直径钻孔桩高桩承台的方案，桩底要深入江底100m以下，这种规模巨大的水上群桩基础，国内已有类似规模的工程经验，技术上不存在问题。中塔基础设计由地震力控制，基础尺度庞大，对于河床的变化、冲刷等条件的改变，适应性较差。对于超长超大规模的水中群桩基础，群桩效应明显，由于平面尺寸大，桩基范围内冲刷坑高差较大，实际深度的分布很难确定，对桩基的准确计算有一定难度。为此，设计考虑采用浮运沉井基础，平面尺寸为58m×44m，其下段为预制的矩形钢壳结构，高度为38m，首节在岸上预制，然后水中接高至38m，再整体浮运拖拉至墩位，在钢壳体内分仓浇筑混凝土，使其着床并下沉入河床，继而逐段浇筑混凝土接高下沉，达到设计高程后进行水下混凝土封底和填充，完成基础施工。

中塔的深水基础在继承国内已有的工程经验基础上，采用了矩形沉井基础形式，在长江上采用如此规模的钢壳浮运混凝土接高的沉井型式还是首次。该形式的基础是一种集结构要求与施工目标为一体的构造物，既有良好的受力稳定性、又节省材料，为以后深水基础的采用提供了技术经验。

四、结　语

作为世界首座主跨千米以上的三塔两跨悬索桥，泰州大桥的设计存在众多技术难点。该桥的设计，结合了泰州大桥的工程建设条件，通过大量的研究工作，成功地解决了该桥的关键技术问题，为多塔悬索桥的发展提供了宝贵的经验，具有一定开拓性的进展。在未来的五年里，大桥建设者将运用科技创新，掌握建造大跨径多跨悬索桥的核心技术，确保泰州大桥成功建成，推动桥梁建设技术进步，为今后相关桥梁建设提供可靠的技术支撑及经验。

16. 泰州长江大桥三塔悬索桥边塔方案比选

华　新　韩大章　徐瑞丰
（江苏省交通规划设计院有限公司）

摘　要　介绍了泰州长江公路大桥边塔的方案构思，对三塔悬索桥的边塔采用钢筋混凝土塔、钢塔以及钢混结合塔三种方案分别从受力特性、景观效果、施工难度和经济性等方面进行了比较，根据比选结果，边塔采用混凝土索塔方案。

关键词　泰州大桥　三塔悬索桥　边塔　方案比选

一、工 程 概 况

泰州长江公路大桥位于江苏省境内长江中段，上距润扬长江公路大桥66km，下距江阴长江大桥57km，北接泰州市，南连镇江市和常州市。泰州大桥的设计车速为100km/h，桥梁标准宽度33.0m，车辆荷载等级为公路—Ⅰ级，设计基本风速V_{10}=33.1m/s，桥址区50年超越概率10%的基岩地震动水平向峰值加速度变化在85.4～97.9cm/s^{2}之间，相当于地震基本烈度为Ⅶ度。通航净空主航道760m(宽)×50m(高)，副航道220m(宽)×24m(高)，防撞标准按50000t级船舶考虑。大桥主桥为三塔悬索桥，分跨为390m+1 080m+1 080m+390m。图1为泰州大桥桥跨布置。

泰州大桥中塔根据全桥结构刚度和主缆在中主鞍座中抗滑移安全系数的要求，采用纵向人字形钢塔。主桥两个边塔设置在岸滩上，施工比较便利。与两塔悬索桥的主塔相比，由于由空缆状态到成桥状态主缆的伸长、中跨垂度的增加均通过边主鞍座预偏实现，边塔塔顶鞍座预偏量比较大；又因为本方案边跨为非悬吊跨，没有边跨加载汽车荷载的工况；静力分析和稳定性分析表明，主跨加载时，边塔塔顶受主缆的强劲约束，塔顶位移比较小，边塔受力条件较好。

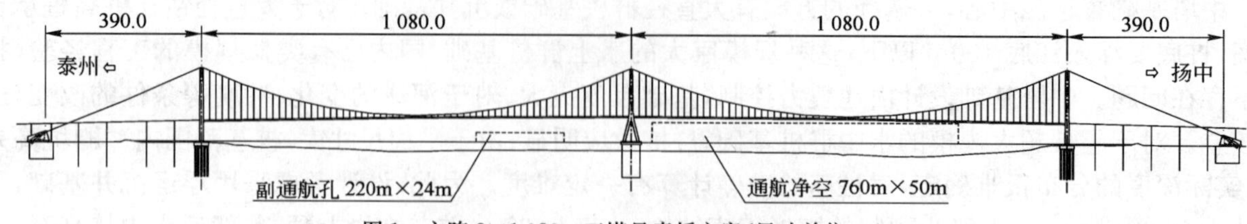

图1　主跨2×1 080m三塔悬索桥方案(尺寸单位:m)

边塔的选型以景观造型、施工方便为基本原则，选用钢筋混凝土塔、钢塔和钢－混组合塔作为初步设计的方案进行对比。

二、边塔方案构思

本桥中塔由于全桥结构刚度和主缆在中主鞍座中抗滑移安全系数的要求，采用纵向人字形钢塔。根据所用材料的不同，边塔拟采用钢筋混凝土塔、钢塔以及钢混结合塔分别进行设计和比选(图2)。

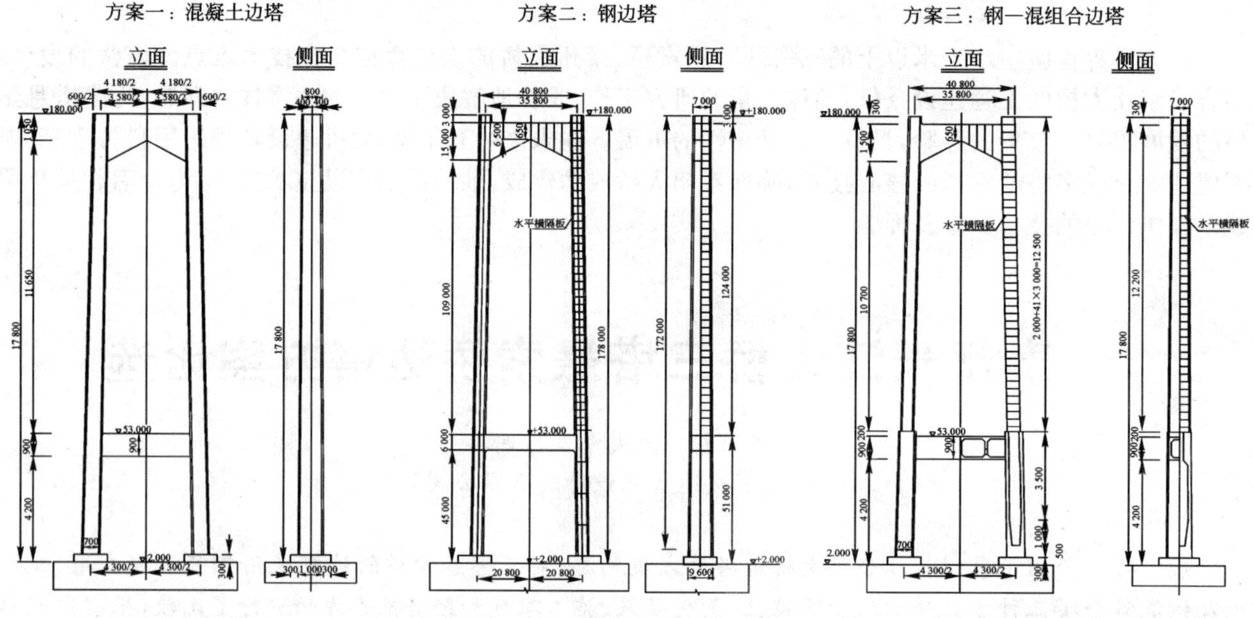

图2　边塔方案一览(尺寸单位:mm)

采用钢筋混凝土边塔的主要依据：

(1)本方案边塔受力相对简单，各种工况下各截面弯矩不大，为主要受压的构件；

(2)相对于中塔及中塔基础而言，边塔与边塔基础岸上施工、工程规模也小得多，工期保障相对容易；

(3)与钢塔比，造价相对低；

(4)混凝土边塔维护工作量略少。

采用钢结构边塔的主要依据：

(1)容易与中塔实现外形和色彩的一致；

(2)基础的工程规模可以降低；

(3)索塔施工工期可以缩短。

采用钢－混组合边塔的依据有：

(1)桥面以上部分外形、色彩与中塔一致；

(2)适当减少基础规模，降低基础工程量；

(3)不遗漏任何可行的方案。

为选择更合适的边主塔方案，初步设计对以上三种边塔方案进行了对比。图 2 为边塔方案一览。

三、结构方案设计

1. 混凝土边塔方案

混凝土边塔包括上塔柱、下塔柱和上横梁、下横梁，采用 C50 混凝土。塔柱顶高程 180.000m，塔柱底高程 2.00m，索塔总高 178.00m；其中上塔柱高 131.500m，下塔柱高 46.500m。塔顶左右塔柱中心间距 35.80m，塔底左右塔柱中心间距 43.00m。

边塔顺桥向宽度由塔顶的 8m 直线变化至塔底的 10m。横桥向塔顶宽 6m，塔底宽 7m。塔柱采用矩形断面，上塔柱顺桥向塔壁厚度为 1.20m，横桥向塔壁厚度为 1.00m，下塔柱顺桥向塔壁厚度为 1.40m，横桥向塔壁厚度为 1.20m，塔底设置 5m 高的实心段。为减小风载阻力系数、改善涡振性能、消除塔柱单调感，塔柱外侧四角均设有 0.60m×0.60m 的槽口。

索塔下横梁设在主梁下方，横梁顶部高程 53.000m；横梁采用矩形断面，为预应力混凝土结构，横梁采用等高度结构，高 9.0m，顶宽 8.251m，底宽 8.354m，腹板壁厚 1.0m，顶底板壁厚 1.0m，设 2 道壁厚 1.0m的竖向隔板。索塔上横梁设在塔顶处，顶部高程 180.000m；横梁采矩形断面，为预应力混凝土结构，横梁采用变高度结构（变高部分为景观造型需要），高 10.5～19.0m，顶宽 6.800m，底宽 6.92m，腹板壁厚 1.0m，顶底板壁厚 1.0m，设 2 道壁厚 1.0m 的竖向隔板。

混凝土索塔断面见图 3。

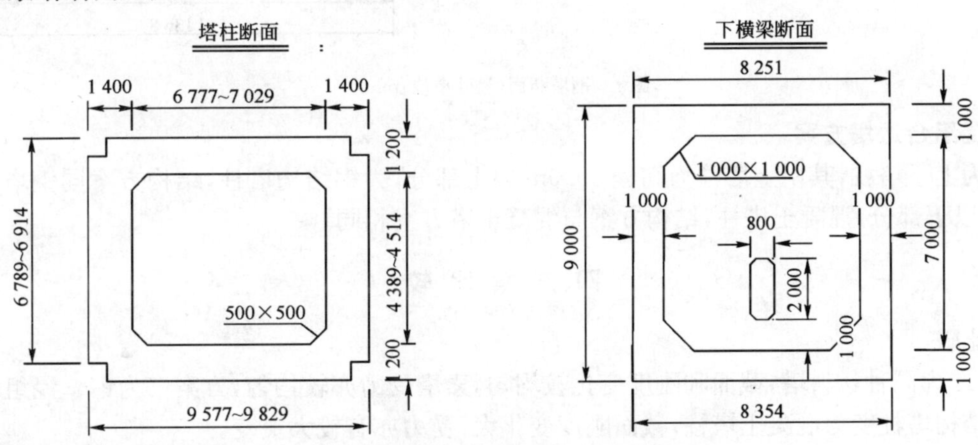

图 3 混凝土塔断面（尺寸单位：mm）

2. 钢边塔方案

钢结构边塔纵向为独柱形，塔顶高程为＋180.0m，塔底高程为＋2.0m，边塔高 178.0m。边塔设两道横梁，上横梁顶面高程为＋175.0m，下横梁顶面高程为＋53.0m。

钢塔柱为单箱多室截面，断面上除四周有壁板外，在横向设置有两道通长的腹板。为减小风载阻力系数、改善涡振性能、消除塔柱单调感，塔柱外侧四角作倒角处理。

塔柱横桥向尺寸为 5.0m。纵桥向尺寸从顶面 7.0m 直线变化到底面 9.6m。

塔柱外壁板厚度为 40/36mm，纵腹板厚度为 40/32mm，均采用板式加劲肋，每间隔 2～4.0m 设置一道横隔板，横隔板厚度为 16mm。

上横梁连接在塔柱顶部直线段内，为了与中塔方案相协调，横梁横向呈 K 形，中心线处横梁高为 6.5m，近塔柱处高为 15.0m，顶面宽 7043.2mm，底面宽 7136.8～7259.4mm。顶板、底板及腹板均厚 24mm，均采用板式加劲肋。横梁内每隔 3m 设置一道横隔板，板厚 16mm。下横梁连接在塔柱段内，为了与塔柱截面相协调，下横梁截面呈梯形，横梁高为 6.0m，顶面宽 8951.8mm，底面宽 9038.2mm。顶、底板厚 32mm，均采用板式加劲肋。腹板厚 36mm，不设置水平加劲肋。横梁内每隔 3m 设置一道横隔板，板厚 16mm。

根据总体分析结果，塔柱的应力不高，全部采用Q370qD钢。每塔柱共分为20个节段，节段长7.5～10.0m，节段最大重量约150t，在塔柱底部节段。

钢索塔断面见图4。

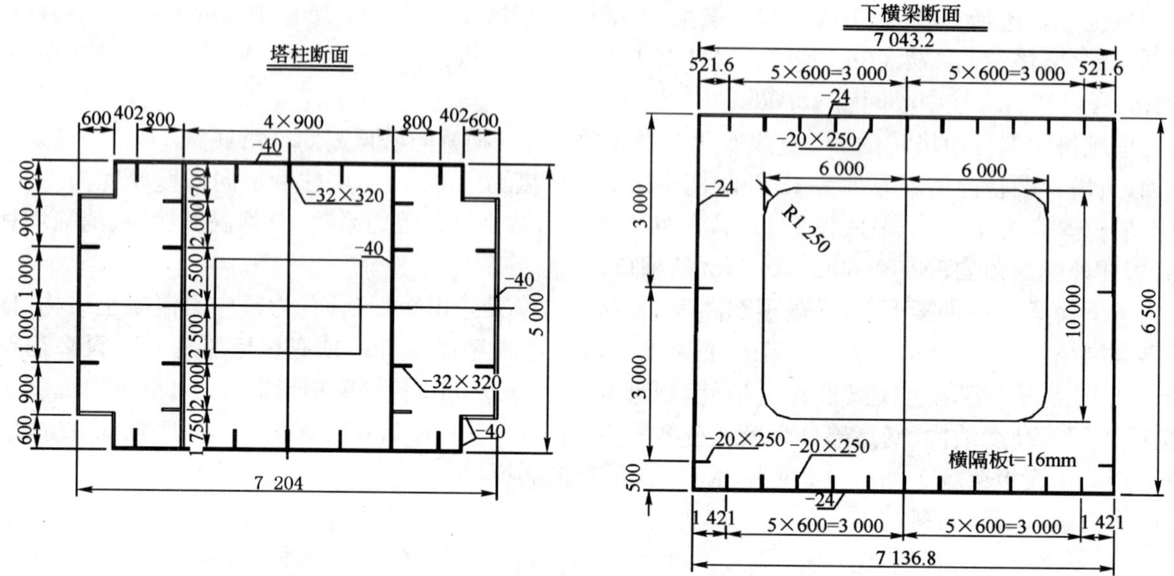

图4 钢塔断面(尺寸单位:mm)

3. 钢—混组合边塔方案

索塔分为上下塔柱，其中上塔柱为高程55.0m以上部分，为钢结构塔柱，结构方案同钢塔；下塔柱为高程55.0m以下部分，混凝土塔柱，结构方案与混凝土塔方案相同。

四、方 案 比 较

1. 受力比较

方案一、二为同种材料塔，截面和刚度变化较均匀，索塔受力亦较均匀，方案三为钢—混组合塔，在桥面以下由钢结构塔柱变为混凝土塔柱，截面刚度变化大，受力亦有较大突变。

图5～图7为方案一、二、三纵向计算(恒＋活)和横向计算(恒载＋无车风载)边塔各截面应力图。表1列出了不同方案边塔纵、横向计算索塔各截面应力值范围，从中可以看出，方案三的钢塔柱部分应力较高，大于钢塔方案，而方案三的混凝土塔柱部分最小压应力为0.4MPa，应力储备较小，其对应的工况为纵向计算时的恒＋活，若再计入纵向风与温度应力，则混凝土塔柱部分会出现拉应力。因此，从受力性能方面看，混凝土塔或钢塔方案优于钢—混组合塔，即方案一、二优于方案三。

不同方案边塔纵、横向计算最大最小应力(MPa) 表1

		方 案 一	方 案 二	方 案 三
混凝土	纵向计算	3.2～11.4		1.2～8.8
	横向计算	2.0～11.2		0.46～8.4
钢结构	纵向计算		63.4～121.5	73.8～134.8
	横向计算		26.6～142.4	38.7～163.0

2. 景观协调比较

方案一采用混凝土边塔，就边塔自身而言色彩是统一的，但与中塔相比，存在钢与混凝土两种不同材料的色差问题。由于边中塔相距较远，在运营阶段若对边塔进行涂装，可基本上与中塔色彩保持一致。

方案二为钢边塔，与中塔材料一致，全桥索塔色彩统一，是景观最为协调的方案。

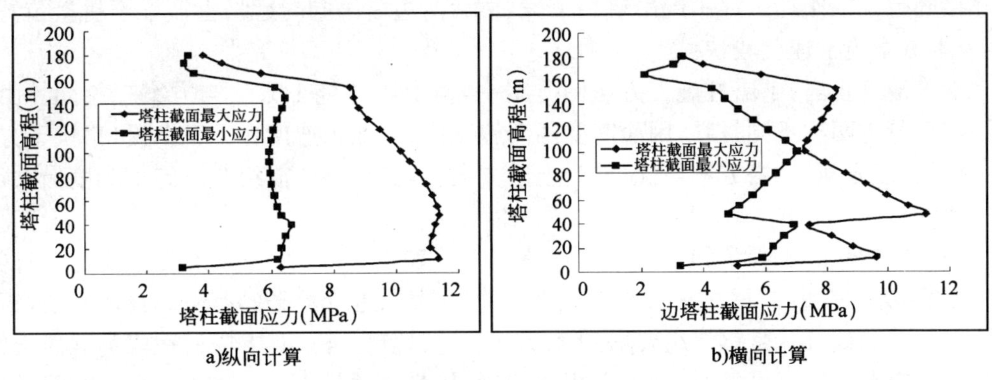

a)纵向计算　　b)横向计算

图5　方案一边塔应力图

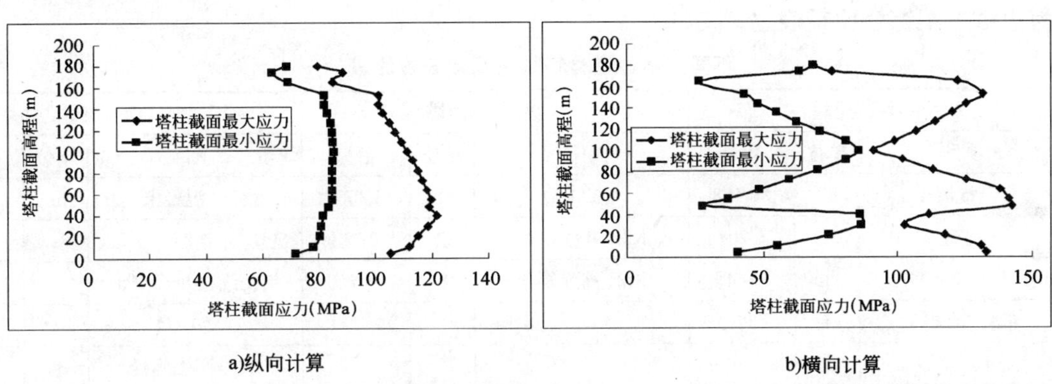

a)纵向计算　　b)横向计算

图6　方案二边塔应力图

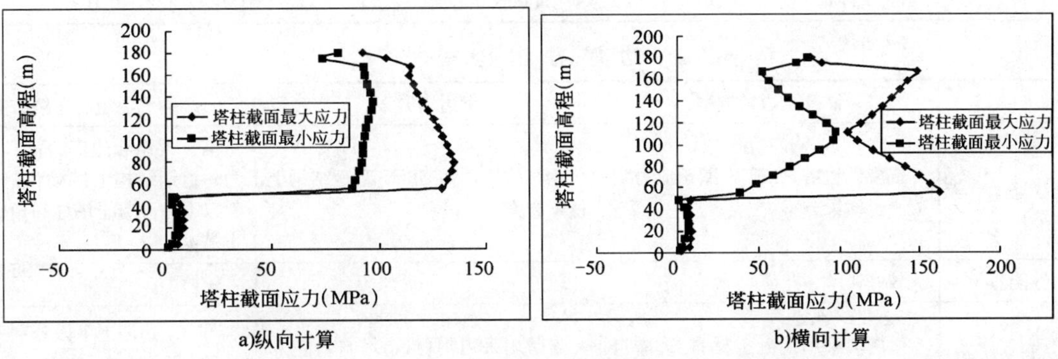

a)纵向计算　　b)横向计算

图7　方案三边塔应力图

方案三采用钢—混凝土组合边塔，桥面以上部分与中塔色彩一致，但边塔自身存在色差，虽然经过对混凝土部分的涂装可以减小这种色差，但由于在同一个塔上，仍很难完全达到色彩统一。并且在钢—混结合部位，为了方便两种不同材料的连接，有一个截面突变，更容易加剧这种色差的对比。

因此，就景观协调而言，全钢索塔优于混凝土塔，而混凝土塔又优于钢—混组合塔。

3. 施工难易比较

方案一为混凝土索塔，索塔的主要施工方案为：下塔柱采用支架配合爬模分节段现浇施工，并在塔平面内设竖向、横向支撑；下横梁采用支架法，分两次现浇混凝土施工；上塔柱采用爬模分节段现浇混凝土施工，并在每隔一定距离设塔平面内的横向、竖向支撑；上横梁采用支架法，分两次现浇混凝土施工。本方案现场作业较多，施工速度较慢。

方案二为钢索塔，钢索塔节段制造可在工厂进行，并进行预拼、涂装，运至现场后架设安装。施工顺序如下：首先架好临时支架，通过浮吊将T0段在临时支架上定位准确，然后吊装塔底连杆至设计位置，与T0段用高强螺栓拼接，绑扎钢筋，然后浇筑承台混凝土。将T1段下端与T0段上端对齐，通过拼接板用高强螺栓连接固定。依次通过浮吊起吊剩余节段，最后两边塔吊同时起吊上横梁至拼接位置，定位、安装、螺栓固定。本方案施工速度较快。

方案三为钢一混组合塔，下塔柱施工方法同方案一，而上塔柱施工方法与方案二相同。由于在同一个塔上采用钢与混凝土两种不同材料，因而需要两套施工设备，施工速度比方案二慢，略快于方案一。

因此，在施工难度方面，钢塔方案最优，混凝土塔方案次之，而钢一混组合塔施工难度最大。

4. 经济比较

表2为不同边塔方案的工程量和建安费比较情况。从表中可以看出，方案三主要材料种类最多，在造价(建安费)方面，方案一最省而方案二最贵，方案三较方案二造价节省的有限。具体来说，钢塔方案的建安费是混凝土塔的2.62倍，是钢混组合塔的1.07倍，钢混组合塔只有下塔柱一段为混凝土结构，反而需要采用两套施工方案和施工设备，与全钢塔相比，其经济性并不明显。因此，从经济方面考虑，混凝土塔最优，钢塔和钢混组合塔两个方案相差不多，经济性较差。

表3为边塔方案综合比较表。

不同方案边塔材料数量及建安费比较　　表2

	方案一：混凝土边塔			方案二：钢边塔			方案三：钢一混组合边塔		
	项目	单位	数量	项目	单位	数量	项目	单位	数量
材料数量	C50混凝土	m^3	30 488	Q370qQ	t	13 355.4	C50混凝土	m^3	14 217
	钢筋	t	6 707	M30高强螺栓	套	427 380	钢筋	t	3 128
	钢绞线(1 860MPa)	t	254	M24高强螺栓	套	26 720	钢绞线(1 860MPa)	t	183
	钢料Q235A	t	299				Q370qQ	t	10 120
	锚具15-19	套	256				M30高强螺栓	套	286 344
							M24高强螺栓	套	17 902
造价	9 180.5万元			24 066.9万元			22 520.0万元		

边 塔 方 案 比 较　　表3

边塔方案	混凝土边塔方案	钢边塔方案	钢一混组合边塔方案
方案描述	混凝土边塔：一道K型预应力混凝土上横梁方案	钢结构边塔：一道K型钢结构上横梁方案	钢一混组合边塔：桥面以上部分为一道钢结构上横梁和钢塔柱，桥面以下为混凝土塔柱和预应力混凝土横梁
受力性能	较好	较好	较差
索塔自身色彩的协调	索塔均采用混凝土材料，边塔自身色彩协调良好	索塔均采用钢材，边塔自身色彩协调良好	同一个边塔上下段分别采用钢和混凝土两种材料，存在色差问题，边塔自身色彩协调较差
与中塔的协调	按中塔相应方案的要求选择的横梁造型，但存在色彩的不同	容易与中塔实现外形和色彩的一致	桥面以上部分与中塔实现外形和色彩的一致，但存在桥面上下部分色差问题
施工难度	采用爬模施工，施工工艺成熟，难度不大	钢塔节段工厂预制现场架设安装，难度不大，速度较快	需两套施工设备，钢与混凝土结合段处理复杂，施工难度较大
基础规模	桩基数量最多	桩基数量最少	略少于方案二桩基数量
维护工作	混凝土的维护工作较少	钢结构的维护工作较多	钢结构的维护工作较多
全桥整体景观	较好	较好	一般
工期	稍长	稍短	稍长
建安造价	9 180.5万元	24 066.9万元	22 520.0万元
比较结论	推荐方案	比较方案	比较方案

五、结　论

通过以上分析，在景观效果方面，钢塔方案优于混凝土塔方案，钢—混组合塔方案存在自身的色差问题，景观效果较差；在受力性能方面，三个方案均成立，其中混凝土塔方案、全钢塔方案的受力均优于钢混组合塔方案；在施工难度方面，方案一采用混凝土塔，国内已有成熟的经验，施工难度不大，方案二采用预制拼装，施工精度容易保障，施工速度较快，难度亦不大，而方案三需采用两套施工设备，且钢、混结合段处理较复杂，施工难度最大；在经济性方面，方案一最优，方案二、三相差不大。

综合以上对受力性能、景观效果、施工难度和经济性等方面的分析结果，结合本桥跨径大而塔高，中、边塔距离远，色差问题不突出，经过涂装易达到统一的特点，而经济性方面方案一占有较大的优势，故泰州大桥三塔悬索桥边塔采用方案——即混凝土边塔。

17. 泰州长江大桥三塔悬索桥钢中塔设计

华　新[1]　郑修典[2]　周彦锋[1]　邹敏勇[2]
（1. 江苏省交通规划设计院有限公司；2. 中铁大桥勘测设计院有限公司）

摘　要　泰州长江大桥三塔悬索桥，综合考虑全桥结构刚度、主缆在中主鞍座中抗滑移安全系数及中塔自身的受力要求，采用了纵向人字形钢塔方案。介绍了人字形钢中塔的设计，包括钢塔的截面选择、节段划分及连接方式、塔底与承台的连接构造。

关键词　泰州大桥　三塔悬索桥　钢塔柱　设计

一、概　　述

泰州长江公路大桥工程位于江苏省境内长江中段，上游距润扬长江公路大桥 66km，下游距江阴长江大桥 57km，北接泰州市，南联镇江市和常州市，主桥三塔悬索桥分跨为 390m＋1 080m＋1 080m＋390m，中塔在水中、两个边塔在漫滩上，如图 1。

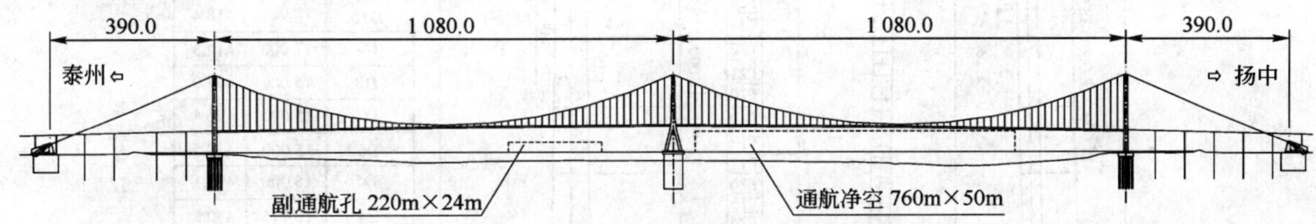

图 1　主跨 2×1 080m 三塔悬索桥方案（尺寸单位：m）

悬索桥随着跨度的增加，为保障抗风安全需要采取多种措施、甚至不得不为此增加桥梁宽度；锚碇的设置受地质条件的限制、特别是在长江下游冲积平原的软土地段；悬索桥主缆、主塔、锚碇的工程规模随跨度加大迅速增加、工程造价随之上升。为此，三塔乃至多塔悬索桥应运而生。

与两塔悬索桥相比，虽然都是以悬索为主要承载结构的桥梁，三塔悬索桥因为多了一个中塔，总体结构行为与两塔悬索桥有显著差别，最主要表现在中塔的边界约束、中塔的控制性工况、结构体系的不同。分析表明，合理选择中塔结构型式，对于中塔本身受力、桥跨总体结构刚度、主缆与中主鞍座间抗滑移稳定性具有决定性意义。泰州大桥中塔根据全桥结构刚度和主缆在中主鞍座中抗滑移安全有塔自身受力的要求，对中塔进行了广泛的结构选型，最终采用了纵向人字形钢塔。

二、钢塔结构设计

1. 结构设计

中塔纵向呈人字形结构，塔柱高 191.5m。塔柱纵向自上向下分三个区段：上部直线段、交点附近的曲线过渡段及下部斜腿段。塔柱两条斜腿中心交点以上塔柱高 122.0m，交点以下塔柱高 69.5m，斜腿段倾斜度为 1∶4。纵向宽度自塔顶的 6.6m 直线变化到曲线过渡段顶的 10.6m，曲线过渡段半径为 100m，塔柱纵向由 10.6m 变到 15.54m；斜腿段纵向尺寸等高为 6.0m。索塔横向为门式框架结构，塔柱横桥向尺寸自塔顶至塔底等宽为 5.0m，塔柱共设置两道横梁。

塔柱断面为单箱多室布置，由四周壁板和两道腹板构成，根据受力要求，位于塔顶段和斜腿交叉点以上局部范围内增加了一块中腹板。为了减小塔柱截面风阻系数，改善涡振性能，把塔柱外侧角点处切去 0.6m×0.6m 四个矩形面积，将截面进行钝化。

钢塔柱主体结构按塔柱受力分别采用 Q370qD、Q420qD 钢。塔柱壁板厚度为 50～60mm，腹板厚度为 44～60mm；均采用板式加劲肋，加劲肋板厚为 40mm 与 48mm；横隔板的间距为 3m 与 2.5m 两种，横隔板厚一般为 16mm，特殊受力部位为 24mm 或 32mm。

上横梁外形为"K"形，连于塔柱顶部的直线段内，横梁内每隔 3m 距离设置一道横隔板。下横梁连于塔柱曲线过渡段内，高 5m，顶、底板厚为 32mm，均采用□20mm×250mm 板式加劲肋加劲。腹板厚为 32mm。横梁内每隔 3m 设一道横隔板。

2. 塔柱节段划分

塔柱共划分为 13 个节段，节段长度除 T0 外，其余为 10.775～20.000m 不等，其中 T0 节段为底段，D1～D3节段位于斜腿段内，D4～D5 节段位于曲线过渡段内，其余节段均在直线段上。D4～D5 间接头采用焊接接头。最大节段"D4+D5"重约为 958.6t。塔柱节段连接传力形式，设计采用高强度螺栓传力与端面金属间接触传力相结合的方法。传递压力情况时，高强度螺栓与端面金属接触壁板和腹板均按 50％考虑，而加劲肋则分别按 60％与 40％计；当出现拉力情况则全部按高强度螺栓传递考虑。均采用 M30 摩擦型高强度螺栓连接副，ϕ33mm 栓孔，为便于金属接触面的密贴检查，在拼接板的接缝位置处设置了 ϕ20mm 的检查孔。考虑到索塔安装中误差的调整，设计了四处设置了调整接头，即高强度螺栓传递 100％内力。

塔柱节段的划分及吊重见图 2。

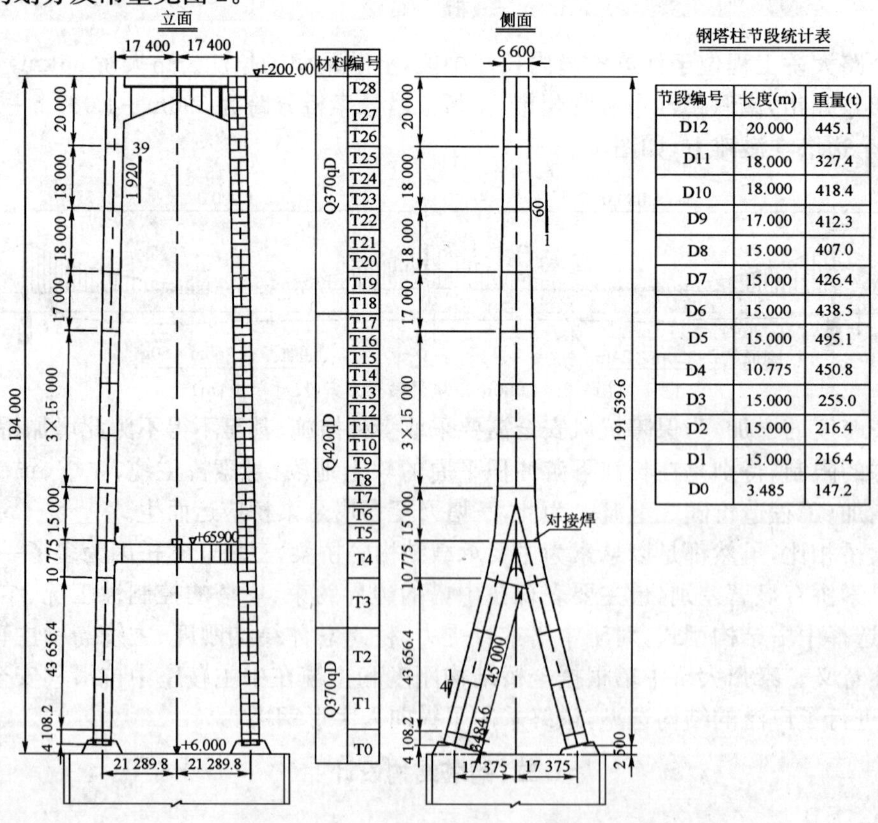

节段编号	长度(m)	重量(t)
D12	20.000	445.1
D11	18.000	327.4
D10	18.000	418.4
D9	17.000	412.3
D8	15.000	407.0
D7	15.000	426.4
D6	15.000	438.5
D5	15.000	495.1
D4	10.775	450.8
D3	15.000	255.0
D2	15.000	216.4
D1	15.000	216.4
D0	3.485	147.2

图 2　塔柱节段划分及重量(尺寸单位:mm)

三、中塔塔柱截面形式

1. 塔柱截面设计

对于三塔悬索桥而言，中塔具有与传统的两塔悬索桥较大的区别，中塔在任何工况下，均要求保证主缆在中主鞍座间不发生相对滑移，否则会造成整个体系的破坏。然而中塔两侧均是主缆的柔性约束，在活载非对称作用下，若中塔刚度较小，中塔顶两侧主缆不平衡水平力较小，主缆的抗滑移安全系数易于实现，但加载跨主缆垂度大，主梁的挠跨比较大，行车安全不易保证；如中塔刚度大，主梁的挠跨比易于满足要求，但中塔顶主缆不平衡水平力大，可能因鞍槽与主缆束股间的摩擦力不足而造成滑移。

根据全桥总体分析，中塔在顺桥向的结构刚度，应是既有恰当的可挠曲性，又有足够的抗弯刚度，给全桥以稳定的视觉外观。结合泰州大桥的工程建设条件，围绕泰州大桥设计所确定的技术控制指标，经对各种塔形的比选，本桥采用了纵向"人"字形塔形，并采用弹性和均匀性好的钢材作为中塔材料。设计中对中塔的合理刚度进行了广泛的比选，对中边塔高度、中塔截面尺寸、中塔底部纵向分叉宽度、分叉点高度等进行了详细广泛的计算比选，最终确定了塔的截面尺寸和分叉点高度、分叉宽度。经详细的计算分析，证明了该塔形方案完全符合其所应有的结构行为特征。

中塔的纵向刚度确定后，结合中塔上端为独柱、下段叉开呈人字形的要求，设计需选择适宜的塔柱截面以实现中塔的结构刚度。考虑到国内焊接结构钢可采用的钢板厚度，为了充分发挥钢材对塔柱截面惯性矩的效率，中塔柱采用了箱型截面，将钢板尽量布置在截面周边，尤其是在顺桥向距截面中心较远处布置两块钢板，上塔柱一般截面为单箱三室，分叉点以上一段区域内，在塔柱截面中心设置横向腹板，以使塔柱分叉前后保持截面连续，分叉以后该横向腹板一分为二，到下塔柱则构成由上塔柱壁板、腹板连续向下延伸而形成箱形截面。图3为中塔柱典型截面示意图。

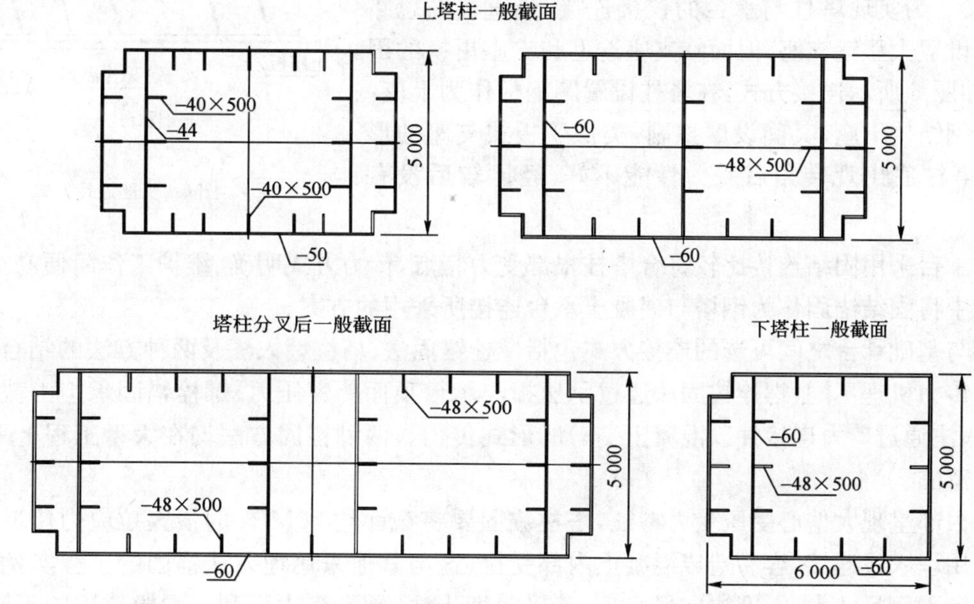

图3 中塔塔柱典型截面示意(尺寸单位:mm)

2. 截面连接方式选择

塔柱截面各钢板通过焊接形成整体箱形截面，以保证塔柱节段端口全断面机加工的精度，为现场节段间通过顶紧实现连接承压受力创造条件。在设计过程中，出于减轻现场吊装重量的考虑，曾比较过图4所示的组合拼装截面方案。该方案将塔柱箱形截面分成三块在工厂加工制造，在现场通过螺栓栓合形成整体箱形截面，日本明石海峡桥曾采用过该方案。这样虽然可以减轻节段的吊装和运输重量，但将一个箱形截面分成三块预制，增加了栓合断面的机加工面，给保证端口精度带来了困难。经综合比较，设计认为拼装截面在保障端口全断面顶紧传力性能上不如整体焊接截面，并且上、下塔柱的截面连续性不够合理，拼接材料增加，因此没有采用。图 5 为整体箱形截面的节段模型图。

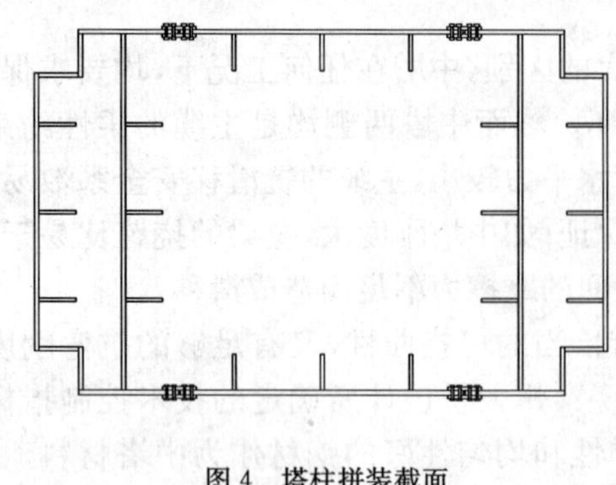

图 4　塔柱拼装截面

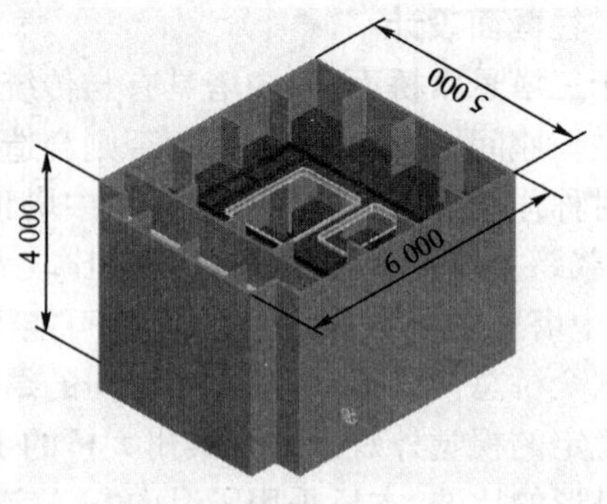

图 5　塔柱截面节段模型图(尺寸单位:mm)

四、塔柱与承台的连接

1. 连接方式选择

由于下塔柱纵向叉开，下塔柱的轴力在承台顶面的水平分力将引起塔底与承台间的剪力。中塔下塔柱与基础承台的连接方式考虑过"铰接"方式和"固结"方式。计算表明，塔柱根部铰接或固结对包括主梁挠度、主缆与中主鞍座间抗滑移稳定等三塔悬索桥总体技术指标影响甚微，对下塔柱受力有一定影响。如果能够实现塔柱与承台的铰接连接，连接部位塔柱截面没有弯矩，连接的受力因而简单、承台的受力也更加明确，有比较意义。为实现塔柱与承台的铰接连接，最直接的思路是在塔柱根部设置大型钢支座，但面临支座选型和支座更换的困难；也构思过如图 6 所示连接方式，在塔柱设置厚钢板作为上座，基础顶面设置钢结构下座，其间设摩擦副，类似于板式支座的形式，研究表明塔柱底出现转角后受力性能不好，经比较后没有采用。

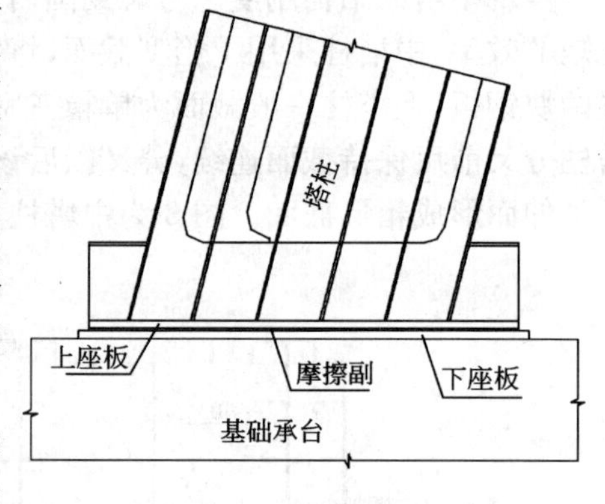

图 6　支座连接方式

下塔柱与承台采用固结连接比较符合塔柱根部受力特点，传力方式明确、维护工作简便易行。因此，泰州大桥设计中将固结锚固作为钢塔与混凝土承台连接所采用的方案。

塔柱根部与基础承台之间可选的连接方式包括螺栓锚固法、塔柱埋入法及两种方法的结合。螺栓锚固和埋入法的传力机理不同，螺栓锚固法通过承压板与承台顶面传递压力、螺栓锚固承担由截面弯矩引起的拉力；埋入法通过剪力连接件以混凝土受剪的形式传力。两种锚固方法均在大型工程上采用过，也有各自的适用范围。

本桥塔柱根部呈现大偏心受压受力特征，塔柱锚固要将截面约 50MPa 的最大拉应力传递到混凝土承台。如果采用埋入式连接，容易造成混凝土内部受拉，这与其他采用埋入法锚固的工程实例有根本的不同。由于承台平面尺寸大、厚度方向尺寸小，若采用埋入法，承台受力不利。螺栓锚固则不同，通过螺栓施加预拉力，将塔柱截面的拉应力经由锚固螺栓传递到承台底面，改善承台的受力条件。对于弯矩的传递，考虑在塔柱底部混凝土内预埋锚固螺栓，并给螺栓施加了预拉力，预拉力的数值根据工作状态下塔底截面无拉力(底板不出现缝隙)来控制。

2. 塔底锚固方式

当塔底采用固结锚固方式时，对于三塔两跨悬索桥，当一个主跨满载、另一个主跨空载时，人字形中塔的下塔柱中，加载侧塔柱轴力增大而非加载侧塔柱轴力减小，但仍有一定的轴向压力。在与截面弯矩共同作用下，非加载侧塔柱截面存在拉应力，即所谓的大偏心受压。

针对塔柱根部大偏心受压、截面轴向力和弯矩都比较大的特征，设计采用承压板和锚固螺栓结合的方式实现塔柱与承台的锚固连接。即在塔底的塔座顶面，设置厚度为150mm的承压钢板，该钢板与塔柱根部相焊接，以使钢塔柱截面的压应力通过该钢板均匀地传递到混凝土支承面，同时，在塔柱截面四周设置大直径高强螺杆，通过对螺栓施加预拉力以保持塔柱截面与支承面之间紧密接触。图7为塔底锚固示意。塔柱根部的压应力主要通过塔柱底板传递到承台混凝土中，而拉应力则通过锚固螺栓传递到基础中。螺杆的预拉力根据工作状态下塔底截面无拉力出现状况(底板不出现缝隙)来控制。按此原则，在塔底截面布置34根直径为130mm的40CrNiMoA螺栓，并施加预拉力。单个螺栓预拉力大小正常工作状态时3 000kN，考虑预拉力张拉的损失，施工张拉力为3 500kN。

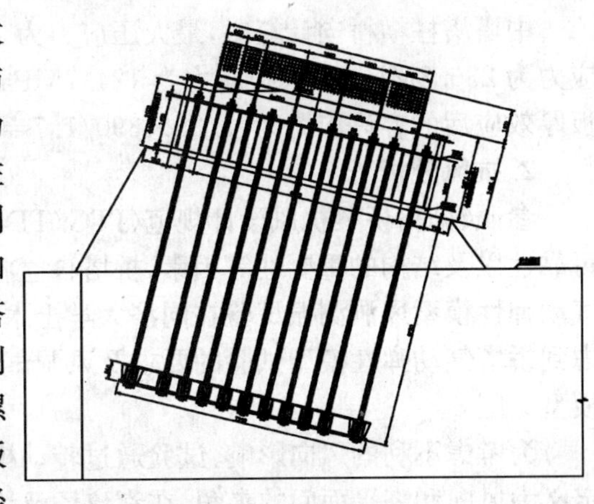
图7 塔柱锚固连接

五、主要计算结果

1. 钢塔应力计算

根据公路工程技术标准(JTG B01—2003)，汽车荷载按公路－Ⅰ级八车道布载计算，横向与纵向进行折减。温度荷载参考桥址处平均最高气温、平均最低气温，并考虑结构本身的升温、降温特征，选取钢主塔、主梁、主缆、弹性索及吊索(以下称钢构件)单元升温30℃、单元降温30℃。设计风荷载，基于设计基本风速$V_{10}=31.83$m/s，风阻力系数取试验数据值，按《公路桥梁抗风设计规范》(JTG/T D60－01—2004)求算各构件风载，本区按B类地表选取K_1值。

荷载组合见表1。

计算组合一览表 表1

受力阶段	编号	荷载组合
施工阶段	1	裸塔＋风荷载(30年一遇)
使用阶段	2	恒载＋风荷载(100年一遇)
	3	恒载＋汽车＋温度＋风荷载(桥面风速25m/s)
	4	恒载＋地震荷载(P_2)

注：表中的风荷载与地震荷载又分为横向与纵向，其中横向计算时采用横向荷载，纵向计算时采用纵向荷载。

中塔控制截面的主要应力计算结果见表2。表中应力以压为正，以拉为负。

中塔主要应力结果(单位：MPa) 表2

塔柱截面高程(m)	恒载应力	活载应力		极限横风应力(无车)	
		max	min	max	min
200.0	67.66	15.00	－5.41	1.15	－0.67
180.0	88.69	81.41	－69.67	55.88	－46.04
156.0	74.41	120.97	－111.04	34.55	－26.25
122.0	63.31	146.8	－138.81	4.87	1.80
102.0	60.51	160.79	－153.37	18.39	－12.21
82.0	59.50	172.75	－165.61	35.29	－29.33
63.4	52.32	149.43	－143.36	44.10	－38.98
51.9	59.03	159.32	－151.14	22.60	－6.57
44.6	59.31	128.89	－120.85	10.60	5.43
8.5	79.04	145.16	－135.13	84.92	－65.68

中塔塔柱横桥向计算时,最大压应力为 255.3MPa,最大拉应力为 132.3MPa;纵桥向计算时,最大压应力为 236.8MPa,最大拉应力为 124.7MPa。受力较大的部位皆采用 Q420qD 钢材,最不利工况下考虑板厚效应后的容许应力为:1.25×390/1.7=287MPa。

2. 抗风分析

参照《公路桥梁抗风设计规范(JTG/TD60—01—2004)》,综合考虑风洞试验的误差,设计、施工中的可靠性以及结构的重要性等因素,桥塔自立状态下的驰振检验风速为:$[U_{cr}]=1.2\times V_d=48.2$m/s。中塔气动弹性模型风洞测振试验在同济大学土木工程防灾国家重点实验室 TJ-2 号边界层风洞中进行。考虑到桥塔气动弹性模型试验的要求及风洞试验段尺寸,选取桥塔气弹模型的缩尺比为 CL=1/100。气弹模型见图 8。

为考虑不利的风向影响,试验通过转动模型模拟了模型与来流之间的七种水平风向角。把风偏角 β 定义为风向和塔平面间的夹角,在紊流场及均匀流场试验中均模拟了 β 为 0°,15°,30°,45°,60°,75°,90°七种情况。在均匀流场和紊流场中都进行了驰振稳定性试验,驰振临界风速都在 $V=120$m/s 以上,均满足桥塔自立状态驰振检验风速$[U_{cg}]=48.2$m/s 的要求。紊流场风洞试验下,在风偏角 $\beta=0°$、90°时,没有发现明显的涡激振动,因此在实际风场中,发生涡激振动的可能性较小。

3. 稳定性分析

泰州大桥中塔采用立面为人字形钢塔结构,侧面则为门式结构。整个塔高 192m,其中上塔柱 122m,横桥向塔柱宽度 5m,整个中塔共设置两根横梁,结构长细比较大,因此中塔的稳定性分析非常重要。

结构整体稳定性分析计算时,考虑了结构变形、主缆和吊杆的几何非线性的影响;在弹塑性稳定分析时,还需要考虑材料非线性及中塔的架设偏差影响。计算中考虑了中塔钢结构的应力应变关系,初始缺陷按照桥塔高度的 1/4 000 考虑。

按施工过程和不同的荷载组合,共进行了 52 个工况的分析。计算表明,弹性稳定安全系数最低的工况为两跨满布荷载的情况下,稳定系数为7.8;弹塑性稳定分析结果表明,结构的最小失稳安全系数为 2.55,对应的工况为恒载加极限横风荷载。该工况时塔顶的荷载变形关系如图 9 所示。计算结果表明,是否考虑初始缺陷,对失稳形态、失稳时应力及相应的安全系数影响不大。

图 8 置于风洞中的气动弹性模型

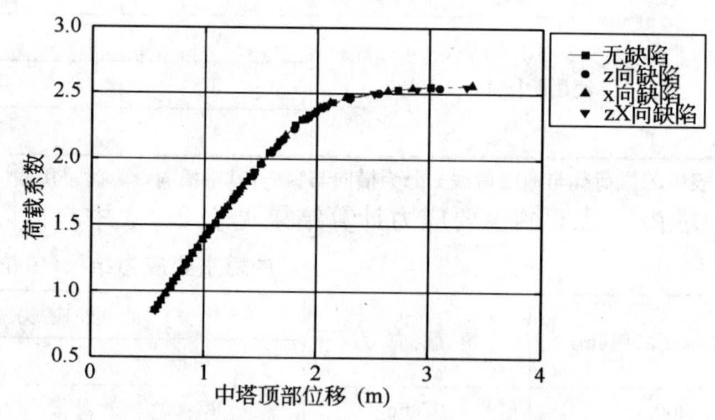

图 9 成桥状态下荷载—位移图(自重+横向风)

根据索塔在施工中与成桥后的受力状况,确定截面高度方向上的板厚变化。加劲肋规格尺寸与间距的确定,根据截面受力需要和横隔板的约束情况,以壁板约束与腹板不发生局部屈曲为原则,尽可能使截面各个部分均不需考虑应力折减。对于钢塔柱的局部稳定问题,由于我国现行的《公路桥涵钢结构及木结构设计规范》(JTJ 025—86)未能作出计算规定,设计中采用日本本四连络桥《上部结构设计标准及解说》"6.2 承受压力应的板及加劲板"进行局部稳定验算。

六、结　　语

泰州长江公路大桥是国内建设的首座三塔悬索桥,也是世界上首座主跨千米以上的三塔两跨悬索桥。中塔选用人字形钢结构主塔，通过中塔结构刚度的选择，实现了主缆与中主鞍座间抗滑移稳定、桥跨结构刚度和中塔自身受力合理的综合效果，与其他已建成或在建的悬索桥均不同。同时，该桥中塔采用全钢索塔，为国内首创，国内设计和制造经验均不多，该桥钢塔的设计，为我国在桥梁钢塔设计领域中积累了宝贵的经验。目前，泰州大桥已于2007年12月开工建设，中塔的加工制造也即将全面展开。

18. 鄂东长江公路大桥关键技术及特点

胡明义　唐守峰

（湖北鄂东长江公路大桥有限公司）

摘　要　湖北鄂东长江公路大桥主桥为3×67.5m+72.5m+926m+72.5m+3×67.5m双塔双索面九跨连续半漂浮体系混合梁斜拉桥，其主跨跨度仅次于在建的香港昂船洲(1 018m)大桥，居世界同类桥梁第二位。本文介绍了该桥钢—混结合段、PC宽箱梁等关键技术和结构特点。

关键词　混合梁斜拉桥　关键技术　特点

一、工 程 概 况

湖北鄂东长江公路大桥位于长江水道中游，是沪蓉国道主干线和国家高速公路网大庆至广州高速公路在湖北东部跨越长江的共用过江通道，是国家和湖北省"十一五"交通重点建设项目。

鄂东大桥北起黄冈浠水县大广高速，东接黄梅至黄石高速公路，于艾家湾处跨越长江，西接黄石至武汉高速公路，南接大广南高速，项目由北岸散花互通立交、北引桥、北滩桥、跨江主桥、南滩桥、南引桥及花湖互通立交组成，路线全长15.149km，其中桥梁长6 230m(图1)。鄂东长江公路大桥2006年10月底开工建设，计划2010年10月建成通车，概算总投资27.5亿元。

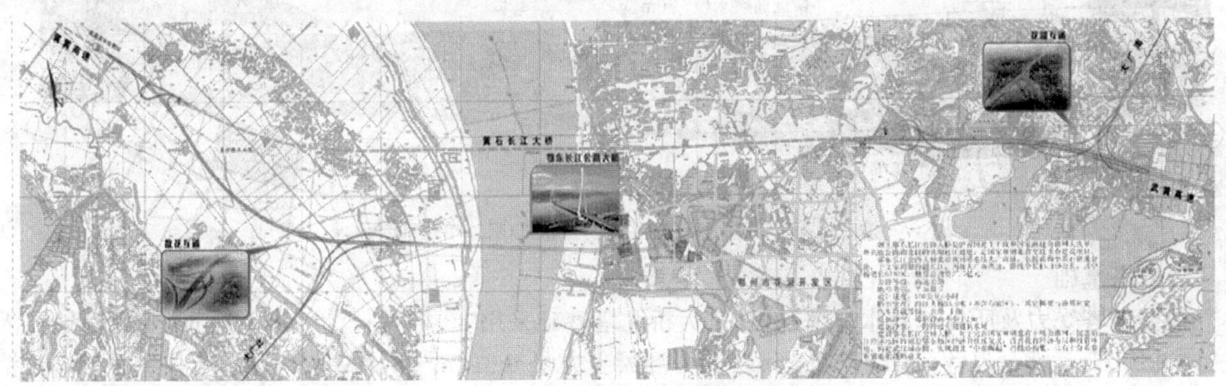

图1　鄂东长江公路大桥桥位

主要技术指标：

公路等级：高速公路

设计速度：100km/h

桥面宽度：跨江大桥33.0m(不含布索区)，其他桥梁与路基同宽33.5m(共用段6车道)、24.5m(其他路段4车道)

汽车荷载等级：公路—I级

设计基本风速:30.1m/s

设计基准温度:15℃

地震动峰值加速度系数:100年超越概率水平10%,0.071;100年超越概率水平3%,0.126

船舶撞击荷载:水流方向19.5MN;垂直水流方向9.75MN

主桥桥面最大纵坡:2%

通航净空:净高不小于24m;净宽:一跨跨过有效通航水域

通航水位:设计最高通航水位23.88m,设计最低通航水位:7.30m(黄海高程)

二、主桥结构

鄂东长江公路大桥主桥为3×67.5m+72.5m+926m+72.5m+3×67.5m双塔双索面九跨连续半漂浮体系混合梁斜拉桥,其主跨跨度仅次于在建的香港昂船洲(1 018m)大桥,居世界同类桥梁第二位,为湖北第一桥(图2)。大桥边跨为PK断面混凝土箱梁,中跨为PK断面钢箱梁,钢箱梁与PC箱梁通过钢混结合段过渡连接。大桥跨径总体布置是根据桥址水文地质、地形及通航条件而定的,这样的布置主桥边跨基本上位于长江两岸的滩地,无论从技术、经济和施工上考虑,主桥边跨做成PC箱梁的思路是合理的。边跨PC梁提供免费压重,增强了主跨钢箱梁整体刚度和抗风稳定性。索塔为混凝土塔,并于拉索锚固区设置钢锚箱。平行钢丝斜拉索,其标准索距为:中跨15m,边跨7.5m,全桥共设120对斜拉索。

大桥的建设在技术上极具挑战性,是我国技术含量高、技术复杂的现代化大型桥梁之一。

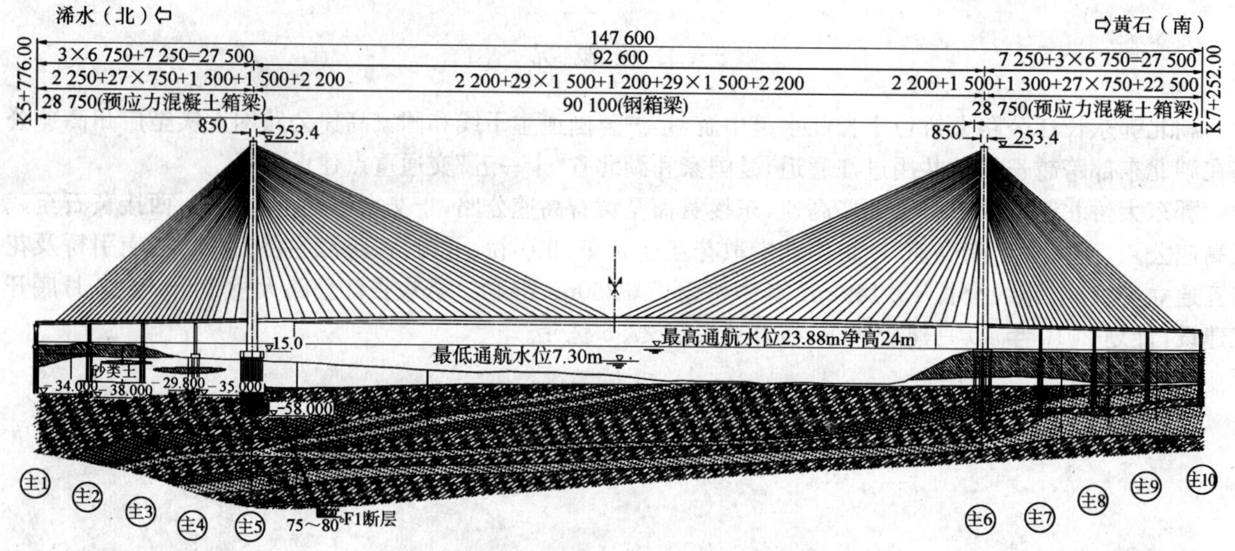

图2 鄂东长江公路大桥主桥桥型布置(尺寸单位:cm)

1)索塔基础

根据索塔受力及所处地质水文情况,鄂东大桥北塔基础采用33根直径为2.8~2.5m变截面钻孔灌注桩,桩长71m,承台尺寸为42m×29.5m×8m,混凝土方量9 912m^3;南塔基础采用28根直径2.5m钻孔灌注桩,桩长74.5m,承台尺寸为42m×23.25m×8m,混凝土方量7 785m^3。桩基按摩擦桩设计。

2)索塔

索塔为经典的钻石形塔,通过曲线的柔化形成具有荆楚文化特质的"凤翎"形式,表现出浓郁的吉祥气息及荆楚腾飞的强烈愿望(图3)。南北岸索塔高度分别为236.5m、242.5m。索塔分为下塔柱、下横梁、中塔柱及上塔柱四部分。除下横梁设置预应力外,塔柱为钢筋混凝土结构。下塔柱采用翻模施工,横梁采用钢管支架分两层浇筑施工,上、中塔柱采用液压爬模逐段施工。索塔采用泵送浇筑C50高性能混凝土。

本桥斜拉索在上塔柱的锚固区为钢一混凝土组合结构,即在单箱单室的混凝土塔柱中间设钢锚箱作为拉索的锚固结构，钢锚箱分 26 节，宽 2.4m，高 2.5～3.6m，长度根据索塔顺桥向宽度变化。混凝土塔壁厚 1.0～1.2m。索塔锚固区第一节钢锚箱底面支撑锚固在混凝土底座上，底面高程 177.60m，最上一节钢锚箱顶面高程 250.50m，钢锚箱总高 72.9m，钢锚节段之间采用高强螺栓连接。第 1～3 对斜拉索直接锚固在混凝土底座上，第 4～30 对斜拉索锚固在钢锚箱上，其中 4、5 对斜拉索锚固在同一节钢锚箱上。斜拉索的水平分力主要由钢锚箱承担，垂直分力由钢锚箱和塔壁共同承担。

钢锚箱为由侧面拉板、端部承压板、腹板、锚板、锚垫板、横隔板、连接板、加劲肋等组成的空间箱形结构(图 4、图 5、图 6)。连接构件采用剪力钉，剪力钉为直径 22mm 的圆柱头焊钉，长 200mm，水平间距 200mm 和 100mm，竖向间距 150mm。

3)边跨 PC 箱梁构造

鄂东大桥主桥边跨单侧预应力混凝土箱梁总长 287.5m，其中 12.5m 系伸入主跨梁段长度。箱梁外观与钢箱梁协调一致，均为边箱断面。梁中心线处梁高 3.8m，全宽 38.0m，边箱底板宽4.4m，中间桥面板 14.86m。标准断面顶板厚 30cm，水平底板厚 35cm，斜底板厚 30cm，中腹板厚 50cm。索塔区顶板、水平底板、斜底板板厚逐渐变为 40cm、50cm，中腹板厚渐变为 65cm、80cm(图 7)。并于下横梁、辅助墩、过渡墩顶分别设 2.9m，3.0m 和 2.9m 横隔板外非桥墩处每 7.5m 设一道厚 30cm 的横隔梁。横隔板的设置与斜拉索在梁端的锚固相对应。

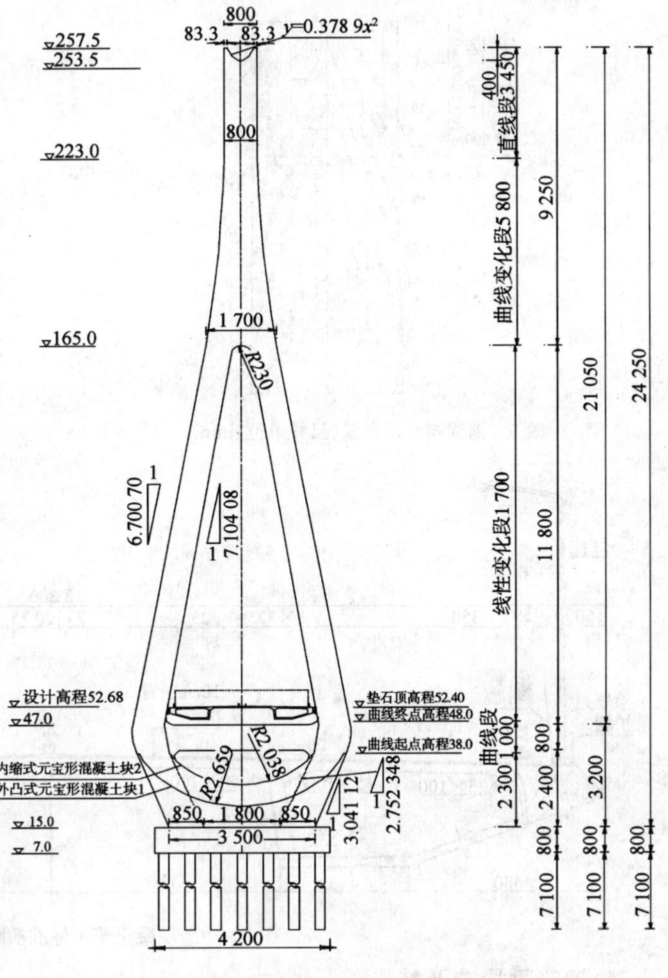

图 3 索塔构造(尺寸单位：cm)

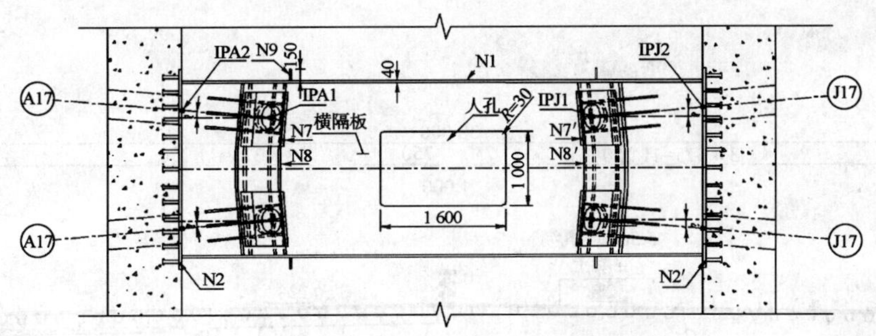

图 4 钢锚箱平面布置

边跨 PC 箱梁采用 C55 混凝土，三向预应力结构，其中纵向预应力采用 2 000MPa 钢绞线及其相匹配的群锚体系。采用整体断面分段就地浇筑的施工方案，对于宽达 38m 的 PC 箱梁施工，如何保证箱梁施工质量及结构耐久性，是我们关注重点之一，为此开展了“超大跨径混合梁斜拉桥 PC 宽箱梁及钢混结合段高性能砼防裂技术与耐久性研究”课题，对边跨 PC 箱梁从原材料至混凝土配合比、混凝土各项工作性能试验研究，以确定 C55 混凝土原材料、配比及各项性能指标，提出施工指南，指导工程施工。

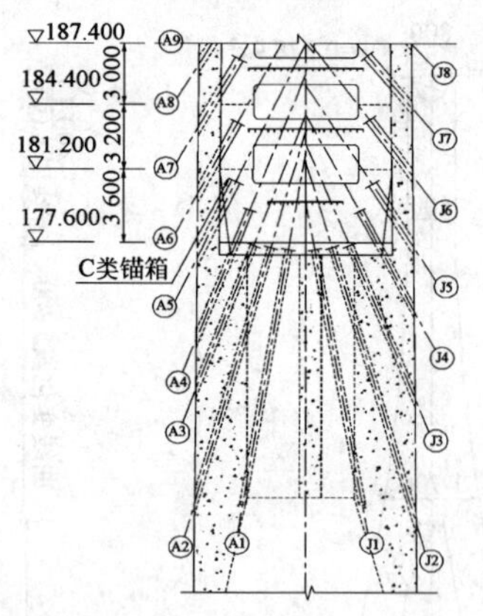

图 5 钢锚箱立面布置(尺寸单位:mm)

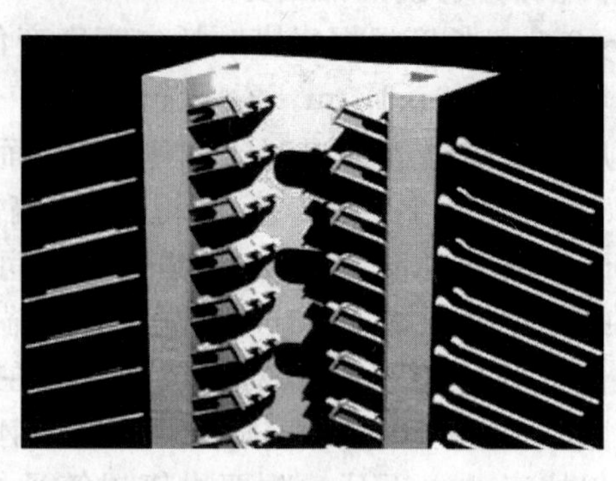

图 6 内置式钢锚箱

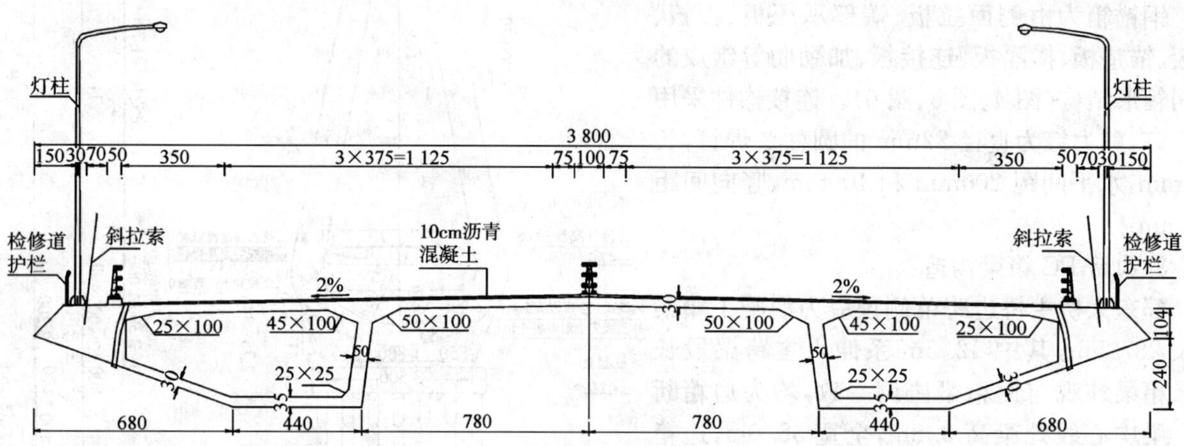

图 7 边跨混凝土箱梁标准横断面(尺寸单位:cm)

4)钢箱梁构造及特点

全桥钢箱梁总长 901m,采用分离式双箱断面;梁中心线处内轮廓高 3.8m,全宽为 38.0m(含布索区和风嘴),桥面板设 2%双向横坡。梁高与跨径之比 1/243.7,与宽度之比为 1/10。钢箱梁梁段工厂制造采用全焊结构(图 8)。桥面板、底板、斜底板及中纵腹板纵向均采用 U 形加劲,边纵腹板及顶板、斜底板的边角部采用板式加劲,钢箱梁上索梁锚固采用钢锚箱方式。

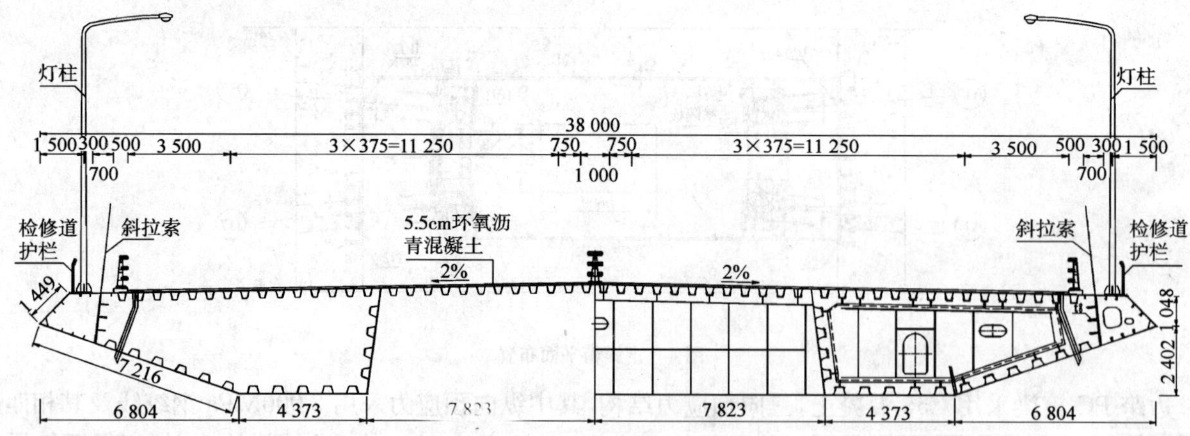

图 8 钢箱梁箱梁标准横断面(尺寸单位:mm)

钢箱梁横隔板分为 B1、B2 和 B3 三类,B1 类用于斜拉索处,厚 14mm;B2 类为钢箱梁段普通横隔板,厚 12mm;B3 类用于钢箱梁过渡段,厚 16mm,横隔板标准间距 3.0m。

钢箱梁材质 Q345D,考虑不同区域顶板受力的需要和正交异性钢桥板铺装的要求,钢箱梁顶板厚度从跨中向索塔区分别由16mm、22mm,增加至25mm;行车道和重车道由18mm、22mm加厚至25mm。边纵腹板厚36mm,并要求采用抗层状撕裂的Z15钢。顶板U型加劲肋厚8mm和10mm间距600mm,水平底板、斜底板U形加劲肋厚6mm、8mm和10mm,间距870mm。

根据钢箱梁受力、横隔板间距及其运输、架设安装的起吊能力,钢箱梁划分为A、B、C、D、E、F、G、M八类共63个梁段,其中A～E梁段为标准梁段,长15m,M为钢混结合段,长5.5m,F为过渡段,长7.7m,G为合龙段,长4.6m,梁段吊装重量89.2～369.0t。梁段在工厂预制、拼装548C涂装后,运至现场架设安装,并完成最终涂装。钢箱梁工地连接除顶板U形及板式加劲肋采用栓接外,余均采用焊接。

5)钢混结合段构造

钢混结合段为本桥主梁的关键部位,钢箱梁端部设置多格室结构,并在格室内填充混凝土,通过剪力键及钢板与混凝土的摩擦力传递轴力、剪力和弯矩。同时,在钢格室腹板上首次设置了钢筋混凝土剪力键(PBL剪力键)代替较弱的剪力钉,一方面提高了剪力键的强度,也较大地提高了结构刚度。为使混凝土主梁纵向刚度渐变连续过渡,钢混结合段的钢箱梁加强段采用了变高的T形加劲。为了使钢箱梁与混凝土箱梁紧密结合,采用了预应力钢束进行连接(图9)。

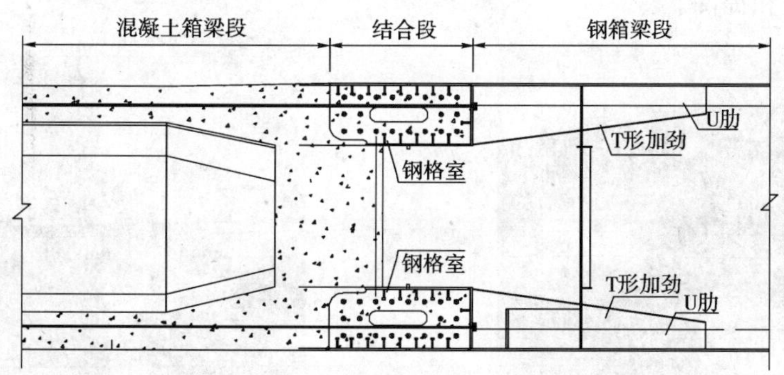

图9 钢混结合段一般构造

钢混结合段长度8.5m;其中钢箱梁段M段5.5m(其端部2m为钢格室段,另3.5m为加强段),混凝土梁段L长3m。M梁段安装就位后,钢格室内填充混凝土和L梁段混凝土在塔旁托架上一起浇筑完成。从填充混凝土应力分散所需的必要面积、格室内进行焊接的空间、预应力钢筋张拉及锚固作业空间、填充混凝土施工的方便性及构件加工制作可行性等因素。钢格室高度取为800mm。

6)斜拉索构造

鄂东长江公路大桥斜拉索采用1670MPa的ϕ7平行镀锌钢丝斜拉索,为扇形布置的空间索。全桥共4×30×2=240根斜拉索,最长493.6m,最大规格为PES－283,单根最大重量(不计锚具)为38.4t。根据索力的不同,拉索规格采用PES121至PES283共十二种规格。斜拉索在主跨钢箱梁上锚固间距为15.0m,在边跨PC箱梁上标准间距为7.5m,采用热挤双层PE防护。

本桥由于斜拉索较长,其自振频率相对较低,风雨及车辆荷载激励下容易发生振动。鄂东桥斜拉索采用了三种措施来抑制这些振动,即表面采取设凹坑的气动措施,拉索两锚固端设内置式阻尼块,根据需要安装外置式阻尼器。

三、关 键 技 术

鄂东长江公路大桥是千米级的混合梁斜拉桥,国内外无成功建设经验可以借鉴,大桥实施将面临建设世界级超大型桥梁的客观技术的严峻挑战,要成功建设鄂东大桥,将有多项关键技术和难点要跨越。

1)钢混结合段构造及研究

主梁钢混凝土结合段是本桥主梁的关键部位,也是本桥特色所在。由于结合部位两侧材料性质的不同,主梁刚度、强度在此处发生突变,故结合段的设计应能顺畅地传递各种荷载产生的内力(轴力、剪力和弯矩)和变形,并具有良好的抗疲劳性和耐久性,其外形钢箱梁和混凝土箱梁的过渡也应基本一致,以使刚度平顺过渡。设计对钢混结合段设置在主桥边跨和主跨不同位置的方案，从结构受力、构造要求、施工方便及工程造价等综合分析研究(图10)，钢混结合段位置选择在中跨距主塔12.5m处。该处结构受力及其变化不大，并便于采用支承于承台顶面的塔旁托架进行安装、浇筑施工。

钢混结合段重点和难点在于：结合段、钢格室内混凝土材料、配比及浇筑工艺；钢混结合段安全、可靠性及其混凝土防裂及耐久性。为进一步探索上述问题，除尽可能完善钢混结合段构造及设计，对该部除增加了技术设计阶段，在对国内已建混合梁斜拉桥进行实地考察、调研基础上，对其可能的构造进行了深入分析、计算、比选外，还对确定的钢混结合段的受力、传力机理、应力、应变、安全、可靠性及耐久性等开展了专题研究，这项试验研究模型采用应力相似和几何相似原理设计制作，并已完成加载试验工作。

本项研究首次将纵向轴力加载提高到27 000kN，首次测试了刚度损伤及残余变形，首次尝试测试了钢混结合面处滑移分布和钢混结合段的混凝土内部应力分布。

为确保钢混结合段混凝土工程质量，我们还开展了钢混结合段C55高性能混凝土试验研究及钢格室混凝土浇筑工艺试验研究(图11)，分别采用聚丙烯纤维混凝土和钢纤维混凝土对四组、八个格室进行了1∶1现场混凝土浇筑工艺试验，这些试验研究成果将用于指导钢混结合段施工，以期对钢混结合段安全可靠及耐久性有所改进和提高。

图10　钢混结合段试验模型

图11　钢格室混凝土浇筑工艺试验

2)索、塔锚固区构造研究

拉索在索塔上锚固构造采用混凝土塔壁内包钢锚箱的组合结构，这是本桥的又一关键部位。其主要问题是：拉索水平分力的分担和由此带来的混凝土塔壁抗裂及裂缝宽度的控制问题；强大拉索垂直分力均匀、可靠地传递问题；锚箱吊装设备选型、布置以及钢锚箱运输方案问题；钢锚箱制造加工、预拼装精度控制以及钢锚箱现场安装精度控制问题。

钢锚箱制造加工利用节段整体均温机加工厂房，采用API技术测量定位、大端面精密镗铣床进行端面机加工和多节段垂直预拼装等技术措施来保证其端面金属接触率达到≮40%，并合理设置钢垫片调整钢锚箱拼装误差，确保锚箱安装垂直精度达到<1/4 000的设计要求；吊装设备选型和布设等已于施工组织设计落实。

图12　索塔锚固区足尺模型试验

为解决索力分配及传递以及混凝土塔壁抗裂等问题。开展了索塔锚固区足尺模型试验研究(图12)，试验选取了塔顶第二对(29号)索的锚固段进行1∶1足尺模型试验，通过试验基本掌握了上塔柱塔壁砼开裂荷载、破坏荷载、裂缝分布、扩展以及该组合结构传力机理及应力分布等。试验结果与原设计以及日本长大公司按新的日本规范计算分析结果的裂缝宽度基本吻合，设计单位正据此进一步检算和深化索塔锚固设计。

3)索梁锚固构造优化

斜拉索在钢箱梁上的锚固型式在技术设计阶段对全焊锚箱式和耳板销接式两种连接方案进行了详细计算分析和比较。施工图采用采用耳板(销接式)方案。主要考虑其构造简单、并有利于营运期检查、维护,成本相对较低。在学习、借鉴类似桥梁经验基础上,进一步分析认为,索梁采用耳板连接锚固,长索时塔端挂索、张拉存在较大风险,侧面积较大的耳板可能对结构抗风稳定产生一定不利影响,以及拉索阻尼器安装将会加高,景观效果欠佳等。鄂东大桥最终索梁锚固仍采用锚箱式结构,并将塔端张拉改为梁端张拉(图13、图14)。

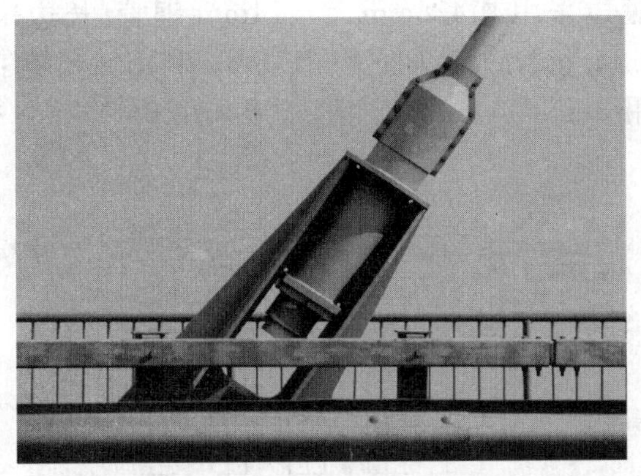

图13 耳板

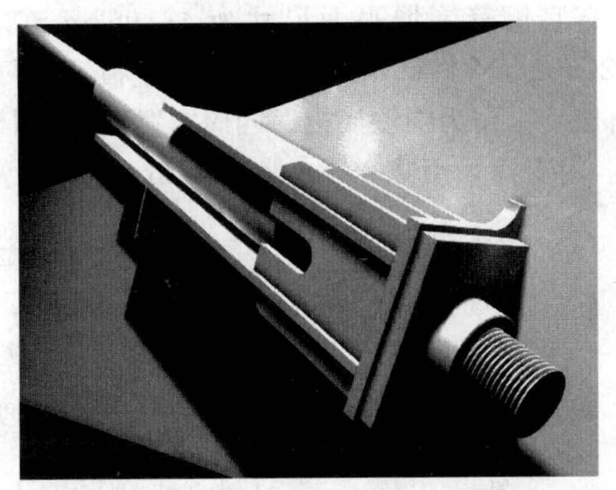

图14 锚拉板

边跨PC箱梁索梁锚固采用传统的承压式结构,考虑到已建桥梁由于索套管密封等问题,造成锚头处积水或受潮湿空气侵蚀,对结构耐久性带来不利影响,从结构耐久性及延长斜拉索使用寿命考虑,本桥首次在PC箱梁拉索锚头处设置除湿系统和自动排水阀装置,以保护斜拉索免受腐蚀,提高结构安全性和耐久性。

4)边跨预应力混凝土宽箱梁研究

PC箱梁采用支撑桩满堂支架逐跨浇筑,C55泵送混凝土,混凝土强度高,总方量约21 965.4m³,逐跨整幅浇筑混凝土一次性方量大(H梁段整混凝土方量约3 014m³,I、J梁段各约2 579m³,K梁段约2 674m³)、浇筑时间长。由于本桥PC主梁系全宽达38m的边箱结构,采用支架现浇时,在温变和混凝土收缩影响下,箱梁易产生裂缝;且由于PC箱梁构造尺寸较小,骨架钢筋多,间距小,管道密集,混凝土浇筑和振实难度大;箱梁横隔梁厚度,高度、宽度均较大,属于大体积高强混凝土,而高强混凝土由于自收缩和温度收缩大,早期也易发生开裂,必须进行温控防裂措施研究。本桥本身属于特大型结构工程,担负交通运输生命线的重任,桥梁结构混凝土的耐久性能,尤为重要。针对PC箱梁上述特点,要求PC箱梁混凝土工作性高(缓凝、低坍落度损失、稳定泵送性能)、抗裂性好(降低水化热温升、减少自收缩以降低早期开裂敏感性,后期收缩徐变小)及耐久性高(抗渗、抗碳化和抗冻),以确保结构长期耐久和使用安全。

针对上述问题,开展了PC宽箱梁高性能砼防裂技术与耐久性试验研究,对PC宽箱梁高性能混凝土进行原材料性能分析和试验,提出了原材料质量控制指标;对高性能混凝土配比进行设计、试验和优化研究,确定了大桥PC宽箱梁混凝土配合比、并提出了相应的技术要求;深入研究了高性能混凝土的工作性能、力学性能、抗裂性能、长期变形性能及耐久性能;研究了PC宽箱梁混凝土温控防裂施工工艺方案、施工技术要求及质量控制措施等,提出了“鄂东长江公路大桥箱梁高性能混凝土及施工技术指南”,用于指导大桥主桥边跨PC宽箱梁施工。

在此基础上,现场安排了两个10m长的边跨PC箱梁首制节段施工工艺试验,通过试验,检验了课题研究成果和施工组织、工艺方案,同时为进一步完善设计提供了有力的支持。

5)主桥结构安全综合管理系统

鄂东大桥结构安全综合管理系统在国内首次采取健康监测和施工控制有机结合的模式,有利于优化设备的配置和利用、提高施工期监控质量、保障结构运营安全、降低维护维修成本。把营运期结构安全综合管理系统与施工控制有机结合，也是鄂东大桥亮点之一。关于这一课题另有专述。

6)深水有底钢管围堰技术

鄂东长江公路大桥主5号主塔位于北岸深水区，其塔基为钻孔桩高桩承台基础，矩形承台，厚8m，顺桥向宽29.5m，横桥向长42m。根据鄂东大桥主5号塔的施工条件、进度和河床冲刷实际情况，北塔承台首次采用有底钢管围堰方案进行施工，并获得成功。

有底钢管围堰由围堰壁板系统、底板系统、围檩支撑系统、定位系统、限位系统、下放系统、底板提吊系统7大部分所组成。

有底钢管围堰平面尺寸为48.962m×33.340m，短边采用ϕ1428mm、δ=14mm钢管、长边采用ϕ1 020mm、δ=10mm钢管作为围堰壁板，围堰顶面高程+14.5m，底面高程为-1.5m。利用钻孔施工平台面板结构作为围堰底板。四周布置围檩，围檩上层采用3HN600×200型钢，下层采用2HN600×200型钢，内支撑采用ϕ630mm、δ=10mm钢管支撑(图15)。

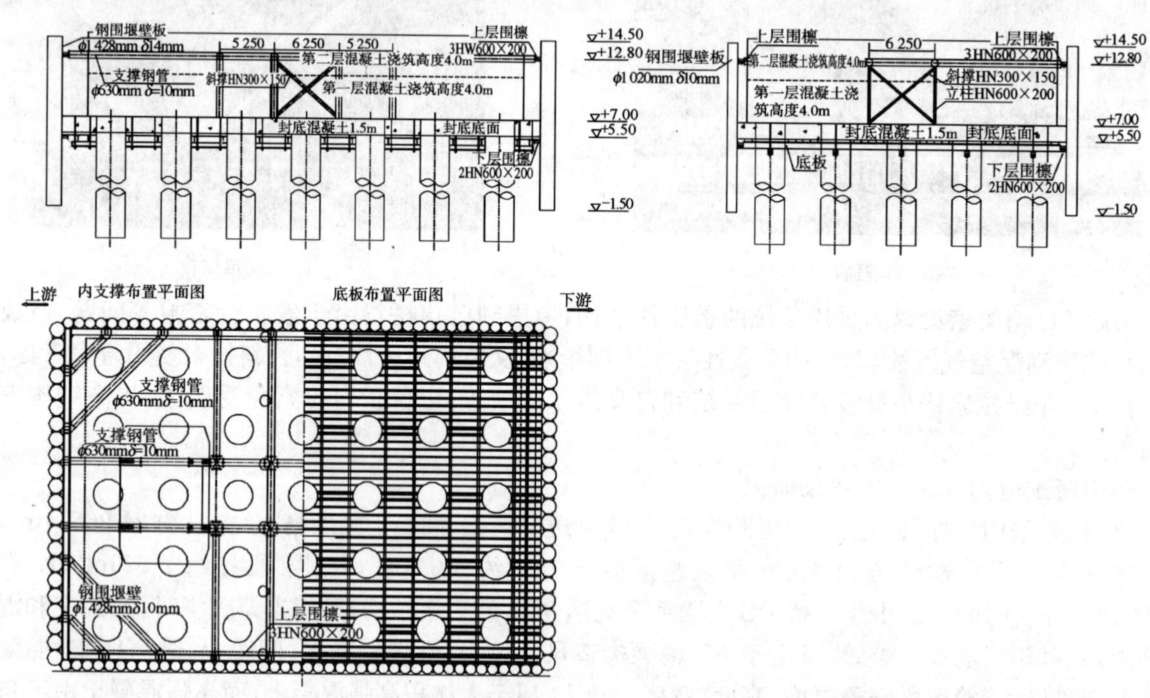

图15 有底钢管围堰布置(尺寸单位：mm)

围堰标准壁板采用钢管拼接而成，上下游侧采用ϕ1 428钢管两根一组焊接成整体，现场螺栓连接而成，岸侧及江侧采用ϕ1 020钢管三根一组焊接成整体，现场螺栓连接而成。

承台采用有底钢管围堰技术施工，施工中各工况均处于受控状态，堰壁加工制作及现场拼装工作可与桩基施工同步进行，有效缩短了施工工期。充分利用施工钢材，节省了投资，取得了较好的经济和社会效益。

19. 崇启长江公路大桥桥型方案研究

戴 捷 李 正 韩大章
(江苏省交通规划设计院)

摘 要 崇启大桥是连接上海和江苏在入海口附近跨越长江的桥梁工程，本文着重介绍了崇启大桥工可阶段的桥型方案及其比选和论证的过程。

关键词 崇启大桥 桥型方案 比较

一、工 程 概 况

崇启长江公路大桥在江苏省东南，上海市北部，长江入海口附近，北起宁通启高速公路，跨江后与沪崇苏越江通道相接，是国家高速公路网规划中上海至西安高速公路的一部分；崇启大桥桥位上游距苏通长江大桥约 74km，下游离长江入海口约 29km。

本项目的实施，与上海至崇明越江通道共同构成了上海至西安国家高速公路的过江通道，在长江口处形成一条完整的南北向过江交通走廊，它极大地缩短了江苏东部地区至上海、特别是上海浦东地区的出行距离，给该地区的交通出行利用带来了极大的便利，给江苏东部地区的发展带来了机遇，也为上海市及浦东地区经济向北辐射提供了便利通道。

二、主要技术标准

崇启长江公路大桥为双向六车道高速公路桥梁，具体技术标准详见表 1 及图 1。

崇启大桥技术标准 表 1

公 路 等 级		高 速 公 路
桥梁等级		特大桥
荷载等级		公路—I 级
设计基准期		100 年
设计车速		100km/h
标准宽度		33m
桥面车道布置		六车道
设计基本风速		100 年一遇 $V_{10}=41.1\text{m/s}$
设计洪水频率		1/300
地震动峰值加速度		0.05g
通航标准	设计最高通航水位	4.31m(85 国家基准)
	设计最低通航水位	−2.41m(85 国家基准)
	净空高度	28.5m
	净空宽度	单向通航净宽 152m、双向通航净宽 288m

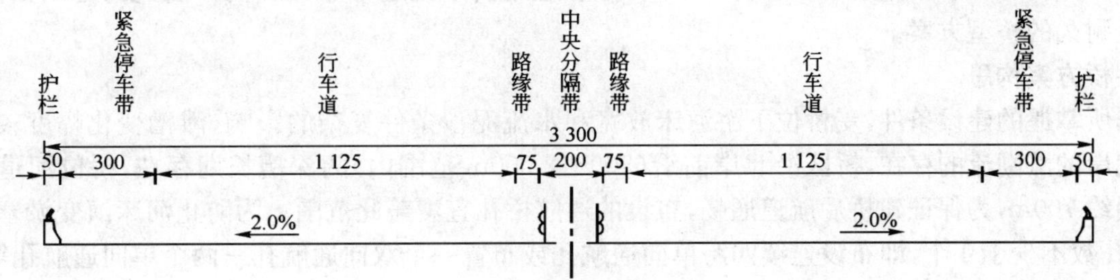

图 1 跨江大桥横断面布置图(尺寸单位:cm)

三、建 设 条 件

1. 地形

桥位区地貌上属长江三角洲冲积平原区，处于长江三角洲的近前缘地段。该区域内陆上地势平坦，河沟众多，水网密布，水资源丰富。地面自西向东微倾，两岸向江边低倾，地面高程一般 2～4m。桥位处的北支江面现宽约 5.5km，深槽位于启东一侧，最大水深约 8m，南侧水深较浅，有沙洲分布，沙洲低潮时出露水面。

2. 气象

桥位地处中纬地带，属北亚热带南部湿润季风气候，季风环流是支配境内气候的主要因素，气候温和，四季分明，1月平均温度3.0℃，7月平均温度27.3℃，年平均温度15.1℃；平均年降水量1086.5mm；夏季主导风向SE，秋季主导风向NW、NE，受台风影响月份5～11月，主要的灾害性天气有暴雨、旱涝、连阴雨、台风等。

3. 水文

长江口自徐六泾以下被崇明岛分为南、北两支，长江口北支上起上海市崇明洲头，下至江苏省启东寅阳北支出口，全长83km。北支分泄长江径流的比例较小，一般不足南支的5%。汛期涨潮量比落潮量大3倍左右，桥位处涨潮最大流速2.56m/s，北支的潮型呈不规则半日潮，潮周期平均为12h，受北支河道形态的影响，潮波变形剧烈，多年平均潮差3.07m。

4. 地质

桥位区松散覆盖层(第四系和上第三系)在400m以上，其中第四系在160m左右，向北有增长趋势。顶部岩性为灰黄色软塑状亚黏土，夹亚砂土、粉砂；中部为灰色松散～中密状粉砂、亚砂土夹有亚黏土及淤泥质亚黏土；下部为灰色淤泥质亚粘土夹粉砂、亚砂土，向下渐成互层状，为河流相、海相交互沉积。地下水主要为松散岩类孔隙水，江水化学类型和海水同型，按Ⅱ类场地环境类型，对混凝土结构的腐蚀性为“弱腐蚀性”。

5. 河势

由于处于长江北支中段的下游区，受入海口涨潮流的影响较大，－5m等深线有明显的分汊现象。但从历年的断面变化看，桥位处在北岸前沿500～2500m的范围内总有深槽存在，其位置和槽形基本稳定。

6. 通航

目前，国家尚未对长江北支河道划定航道等级，考虑到桥梁建设属百年大计和河道演变的一些不确定因素，为了保护河流水运和水利资源，给未来水运交通的发展留有余地，崇启大桥河段按国家Ⅲ级航道标准保留，其通航净高尺度采用28.5m，最小通航净宽为：单向航宽152.0m，双向航宽288.0m。

四、桥梁方案设计

1. 总体设计原则

综合考虑桥位处地形、地质、河势、水文、通航等诸多因素，在满足使用功能的前提下，结构造型力求适用、安全、经济、美观，根据主桥和引桥的不同特点，选用技术先进可靠、经济合理适度、施工方便可行、结构安全耐久的桥型方案。

2. 主桥方案构思

根据所掌握的建设条件，受桥位下游河床放宽和水流泥沙条件复杂的影响，滩槽变化幅度较大。但由于沿北岸的涨潮流的存在，桥区沿北岸前沿(500～2 000m范围内)的深槽长期存在，桥位河道主深泓摆动范围约700m，为保证建桥后航道通畅，布设的通航桥孔宜覆盖此范围。为防止河床演变淤塞通航桥孔，通航孔数不少于4个，即布设连续四跨单向通航孔或布置一个双向通航孔＋两个单向通航孔等。

如果按单向通航考虑，航道有效宽度需152m，再考虑承台宽度和防撞设施厚度，桥梁跨径在185m左右。适合中孔185m左右的桥型有混凝土连续刚构、部分斜拉桥(矮塔斜拉桥)、钢连续梁桥、连续钢桁架桥、系杆拱及自锚悬索桥等几种类型。以上桥型均有其自身特点，根据上述总体设计原则，通过初步技术经济、施工方案、景观效果等初步筛选，如采用单向单孔通航方式，钢连续梁及混凝土连续刚构桥进入下一步研究。

如采用按单孔双向通航设计，有效通航宽度需288m，再考虑承台宽度和防撞设施厚度，桥梁跨径在380m左右，较为适合的桥型有斜拉桥、中承式无推力拱桥。中承式无推力拱桥边跨较短，不能满足单向通航的要求，且在江面施工难度较大，因此双向通航仅考虑斜拉桥方案。

通过上述分析，工可阶段对钢连续梁方案、双塔斜拉桥、混凝土连续刚构桥方案进行重点的论证比较。

3. 钢连续梁桥方案

钢连续梁采用变截面的钢箱梁作为上部结构，下部结构采用混凝土墩柱并结合钻孔桩承台基础，目前世界上最大跨径的钢连续梁已超过300m，该结构一个突出的特点是所有构件均在工厂加工，现场只需简单拼装，机械化程度高，质量易于保证，施工速度快。崇启大桥如果按照单孔单向通航宽度要求，钢连续梁采用主跨跨径185m，边跨跨径100m的方案。主桥总体布置采用100m＋185m＋185m＋185m＋185m＋100m，边中跨比约0.54。上部采用分离的两个变高度的单箱单室直腹板钢连续箱梁，根部梁高为9.0m，跨中梁高为5.0m，端部梁高3.0m，顶板宽为16m，底板宽为7.5m，梁底按2次抛物线变化(图2)。

主墩墩身采用空心柱式墩，平面尺寸为5m×8m，墩高25m，墩身壁厚1.0m；主墩基础采用直径2.2m的钻孔灌注桩，每个承台底设26根桩，灌注桩呈梅花形布置，按摩擦桩进行设计；桩顶高程为－1.5m，桩底高程为－90m，桩长88.5m，桩底位于承载能力较好的中砂层。承台平面尺寸为38.4m×21.3m，承台厚5.5m。

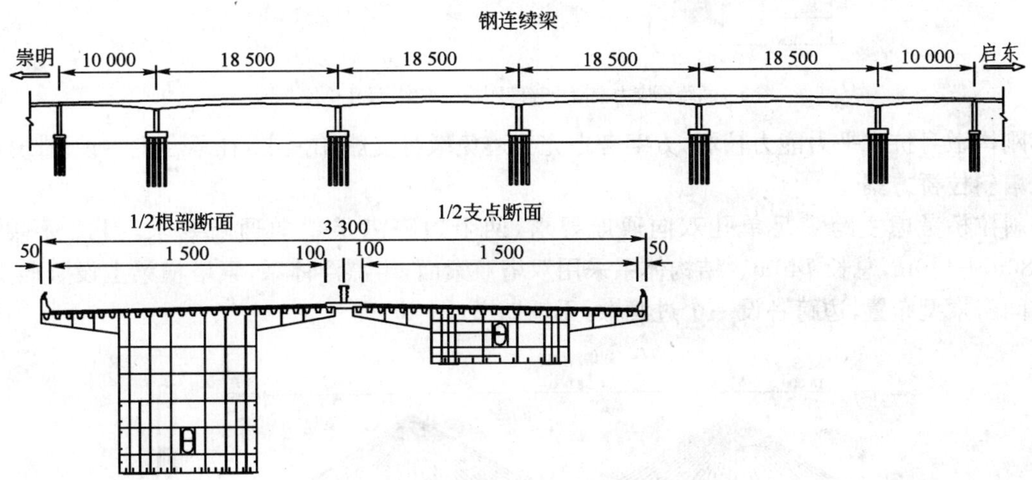

图2　六跨钢连续梁桥方案(尺寸单位：cm)

钢连续梁上部结构施工方法可采用悬臂拼装及大块件浮吊施工，由于主桥范围2km江面宽度平均水深6m以上，适合采用大块件浮吊施工，通过合理分段，最大吊装重量不到1 200t。每个主跨仅需2道现场焊缝，可以大大减少现场焊接的工作量。

崇启大桥远期代表船型为5 000t级江海直达轮。长江河口段水流情况比较复杂，加之主桥位于江中深水区，地质条件较差，一旦发生船舶撞击桥墩事件，均属高能量碰撞。通过对基础结构形式的优化，初步选定利用基础自身来承受船撞力。

4. 预应力混凝土连续刚构桥

预应力混凝土连续刚构桥考虑单孔单向通航宽度要求，跨径布置与钢连续梁一致，采用100m＋185m＋185m＋185m＋185m＋100m，边中跨比约0.54。上部采用分离的两个变高度的单箱单室直腹板混凝土箱梁，根部梁高为11m，高跨比为1/16.8，跨中梁高为3.5m，高跨比为1/52；顶板宽为16m，底板宽为7.2m；梁底按2次抛物线变化，箱内顶板底最小厚度0.30m；腹板厚度：0.7～0.45m；底板厚度：根部1.4m，跨中0.3m，中间按二次抛物线变化规律(图3)。

主墩墩身采用实心双薄壁墩，单薄壁墩平面尺寸为1.5m×7.2m，墩高28m，过渡墩采用空心墩，平面尺寸为3.5m×7.2m，壁厚均0.5m。主墩基础采用直径2.2m的钻孔灌注桩，每个承台底设26根桩，灌注桩呈梅花形布置，按摩擦桩进行设计；桩顶高程为－4.5m，桩底高程为－112.0m，桩长107.5m，桩底位于承载能力较好的中砂层；承台平面尺寸为38.4×21.3m，承台厚5.5m。

预应力混凝土连续钢构桥的目前国内最大跨径已达到270m，本桥185m跨径从跨度考虑不算太大，但由于联数较多，通航要求也无需采用较高的墩身，因此在混凝土收缩徐变和温降作用下，主墩墩顶向主桥中心方向的水平位移较大，主墩混凝土的拉压应力也较大，所以在中跨和边跨合龙前，采用对主梁反主桥中心方向预顶推的施工，控制最终成桥时墩顶的水平位移，由此来改善钢筋混凝土主墩的受力性能。

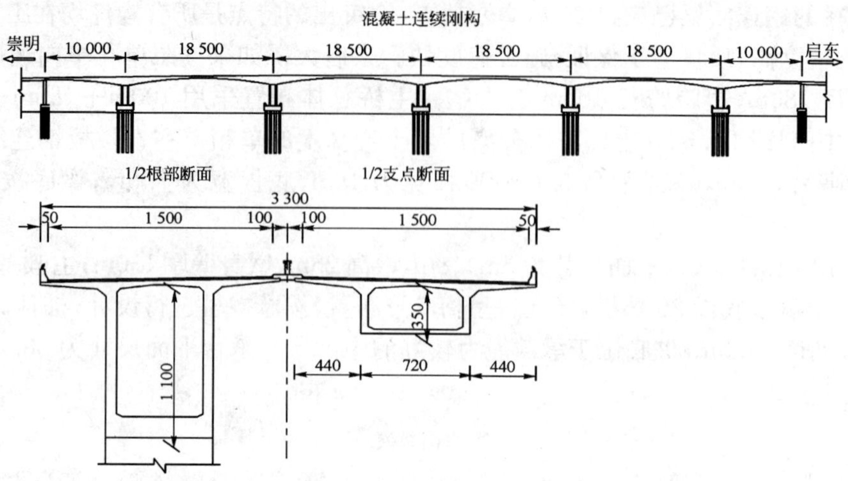

图3 六跨预应力混凝土连续刚构桥方案(尺寸单位:cm)

连续刚构墩身抗水平力能力较弱，方案考虑完全避免墩身受船舶撞击，在承台上方设置防撞墙。

5. 双塔斜拉桥方案

双塔斜拉桥考虑主跨满足单孔双向通航要求，两个边跨满足单向通航要求，斜拉桥总体布置为180m+380m+180m，总长740m。结构体系采用双塔双索面，半漂浮体系，索塔横梁上设竖向支座，斜拉索采用空间密索型布置，边跨各设一个过渡墩，无辅助墩(图4)。

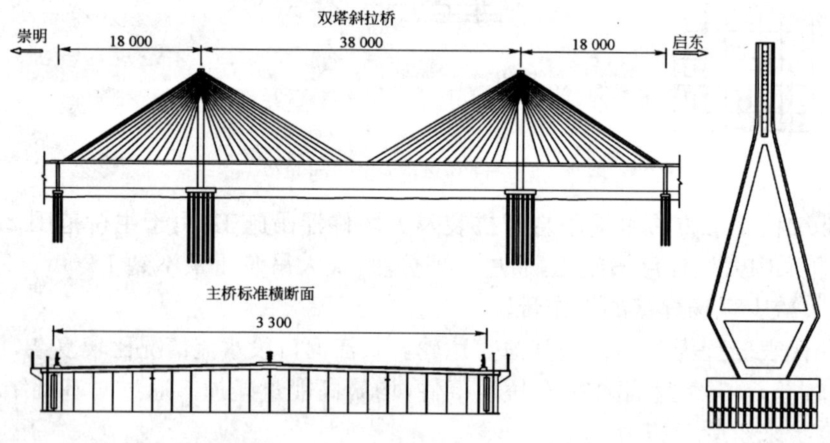

图4 双塔斜拉桥方案(尺寸单位:cm)

对于跨径380m的斜拉桥，上部结构材料可选择的范围较多，有预应力混凝土、钢混组合、钢箱梁等。如采用混凝土材料，断面可采用双主梁的结构形式，由于桥位处覆盖层较厚，承载能力较差，采用混凝土结构势必增加基础及斜拉索的工程量，且桥面较宽，从耐久性考虑，尺寸过大的混凝土斜拉桥易出现裂缝，施工难度也较大。而采用钢箱梁的经济性较差，综合考虑后，推荐采用钢混组合梁上部结构形式。

主梁采用“I”型钢纵梁、横梁、小纵梁通过节点板及高强螺栓连接形成钢构架，构架上架设预制桥面板，现浇混凝土湿接缝，钢构架与桥面板通过钢构架上的剪力栓钉形成整体，形成组合梁体系。主梁宽36.6m，梁高3.5m，纵梁间距34m，纵梁上设置一定数量的水平、竖向加劲肋。在边跨采用混凝土块进行压重，以使过渡墩不出现上拔力。主梁采用工厂预制、驳船浮运就位、桥面吊机吊装的施工方法。

斜拉索采用强度1 860MPa的平行钢绞线，梁上标准索距12m，边跨尾索加密至4m；与主梁采用锚拉板式的锚固，与塔采用钢锚箱锚固，全桥共设 8×15 对斜拉索。

由于桥位处设计风速较大，为提高抗风效果，索塔采用钻石形，塔顶处横桥向宽 8m，纵桥向宽 7.5m；塔底横桥向宽 6m，纵桥向宽度 7.5m；下横梁处两个塔腿间距 43.5m，索塔总高 153.5m，桥面以上 116.6m。基础采用钻孔灌注桩，承台采用矩形，长 50m，宽 28.7m，高 6m；每个承台下布置 38 根钻孔灌注桩，桩径 2.5m。

6. 方案比较

跨江大桥桥型方案的设计和比选，首先应当考虑方案的可靠性和使用期的耐久性、安全性，耐久性实际上指结构的使用寿命，重视耐久性也就是重视结构在设计基准期内的可靠性，它也是在长期条件下的经济性问题。初期结构设计的耐久性好，则在设计基准期内需要维护和补强或重建的费用就少。相比较而言，钢连续梁桥在耐久性方面主要有以下优点：

a. 材料性能好：有良好的塑性和韧性，比较符合理想的各向同性弹塑性材料，因此目前采用的计算理论能够较好地反映钢结构的实际工作性能；

b. 成品质量有保证：钢结构都在工厂制作，具备成批大件生产和加工精度高等特点；

c. 对大自然的温度变化适应性很好，无论遇高温、低温，钢材性质变化很小；

d. 结构的可检查性好，可及时地发现问题并采取行之有效的补救措施。

所有这些因素，成就了钢结构较长的使用寿命。

混凝土结构由于自身材料的限制，虽然在设计及施工时采用各种提高耐久性的措施，但质量往往较难把握，耐久性必然不如钢结构。而且本项目连续刚构总长达到 940m，今后混凝土徐变收缩及基础变位的影响较大，而一旦混凝土结构出现问题，维护修复将非常困难。

如果沪崇越江通道将在 2010 年通车，崇启长江大桥的建设期只有不到 3 年，而起控制因素的是主桥的建设工期。主桥钢连续梁方案采用大节段吊装施工，整个建设工期可以大大节约。无论是双塔斜拉桥方案还是预应力混凝土连续刚构桥方案，工期都需要 3 年，钢连续梁方案至少可以节省半年以上工期，一方面可以满足与沪崇苏越江通道同时建成通车，另一方面通车带来的社会经济效益也是巨大的。

按 940m 同等桥长比较，钢连续梁方案建安费约 6.18 亿，双塔叠和梁斜拉桥建安费 5.32 亿，预应力混凝土连续刚构 4.74 亿，预应力混凝土连续刚构桥比钢连续梁桥低约 1.44 亿，具有比较大的经济优势。

五、结　　论

通过上述方案研究，预应力混凝土连续刚构桥在自身经济性、设计施工成熟性方面占有较大优势，但大跨多联混凝土连续结构施工及运营过程往往会出现不可预知种种风险，相比较而言，在耐久性、可靠性方面钢连续梁方案和双塔斜拉桥方案更优；而钢连续梁方案在质量保证、使用寿命或耐久性、对通航水域变化的适应性、对基础的适应性方面有独到的优势，在保证施工工期方面优势也比较明显，因此在工程可行性研究阶段将钢连续梁桥方案作为崇启大桥主桥的推荐方案。目前崇启长江公路大桥已完成奠基，其主桥采用六跨钢连续梁方案正在进行施工图设计。

20. 宁波甬江大桥设计

王晓阳[1]　戴显荣[1]　史方华[2]　薛　倩[2]
（1. 浙江省交通规划设计研究院；2. 浙江交通职业技术院）

摘　要　甬江大桥为主跨为 468m 联塔分幅叠合梁斜拉桥，本文重点介绍设计特点、整体结构分析和桥塔局部应力分析、施工组织方案。

关键词 斜拉桥 叠合梁 桥梁设计

一、工 程 概 况

甬江大桥是宁波绕城高速公路东段项目的控制性工程，位于宁波市区东部，距离甬江出海口约10km。

二、主要建设条件

工程所在地区为宁波平原。桥位处河道宽395m，位于河道曲线段，主河道偏向于南岸，北岸淤积严重。由于泄洪的需要，两岸大堤之间的水域不允许设置桥墩构造物。工程属亚热带季风气候区，受台风影响大，设计基本风速31.75m/s。甬江为潮汐河流，历史最高/历史最低潮位3.28/－2.07m。桥区地质，覆盖层深厚，以湖沼相、海相沉积的亚黏土、亚砂土为主，基岩为粉砂质泥岩，埋深100～110m。

三、主要技术标准

甬江大桥为双向八车道，单幅行车道宽度20m，设计时速120km/h；场地地震基本烈度Ⅶ度；甬江通航等级内河Ⅳ级，通航净空200m×30.86m的单孔双向通航，最高通航水位85国家高程3.28m。

四、桥梁结构设计

1. 桥型布置和结构体系

为54m＋166m＋468m＋166m＋54m联塔分幅四索面组合梁斜拉桥(图1)，边中跨比为0.47。采用五跨连续半飘浮体系，空间密索型布置。索塔处设置一对竖向支座、横向抗风支座及纵向设置黏滞阻尼器。辅助墩和过渡墩顶均设置一对竖向支座和横向挡块。

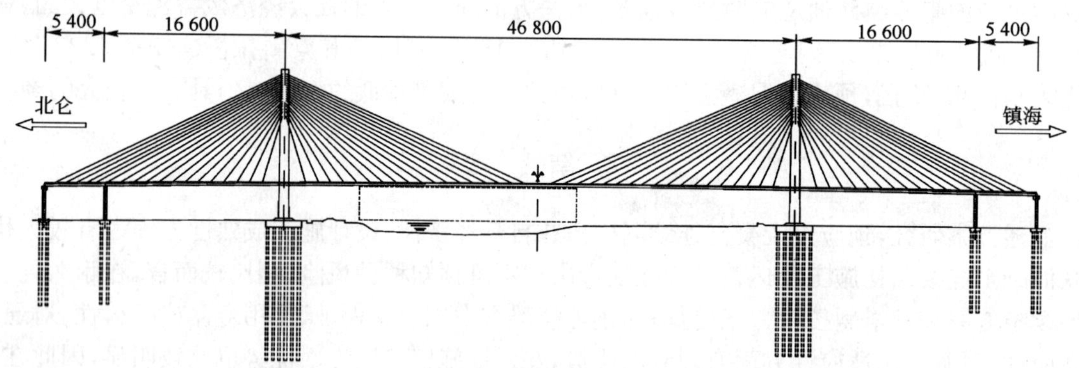

图1 桥型布置图(尺寸单位：cm)

2. 主梁

采用分幅主梁，分幅主梁净距为8.1m。为了增加整体抗扭刚度，提高主梁的抗风稳定性，单幅主梁采用双边钢箱结构。主梁标准断面见图2。主梁标准节段长12m，边跨尾索区段节段长9.3m。主梁高2.57m，其中钢箱梁和横梁高2.3m，桥面板厚度27cm。全桥采用等厚的桥面板，通过调整钢箱腹板和底板厚度的方法满足桥塔附件主梁轴力不断增加的需要，腹板厚度分别为20～30mm，底板厚度为36～50mm。桥面板横向分两块，单块吊重22t。标准横梁采用“工”形断面，支座位置横梁采用箱形断面。斜拉索在主梁锚固方式采用钢锚箱。为了减小主梁宽度，以及方便检修，钢锚箱设置于钢箱梁外侧。边跨压重采用横梁间设小纵梁并放置预制混凝土块的方式。

3. 斜拉索

斜拉索推荐采用平行钢丝斜拉索，共有8种规格，分别为PES7－121～283，单根斜拉索最大重量为22.5t。

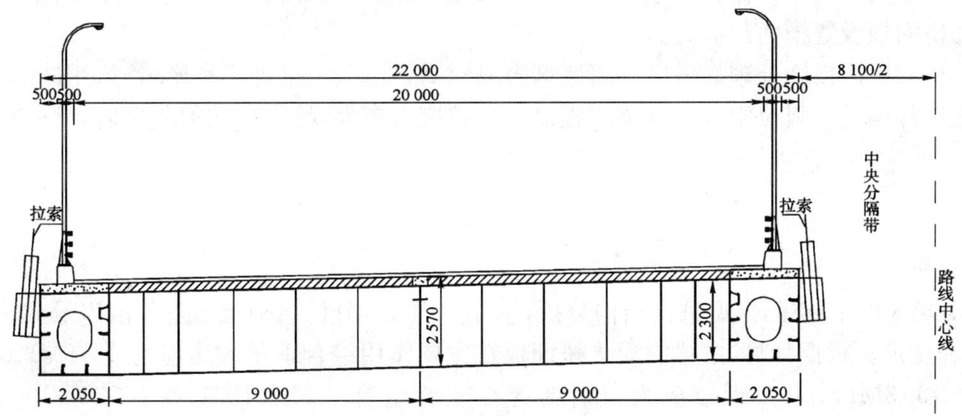

图 2 主梁标准横断面(尺寸单位:mm)

4. 桥塔

本桥采用了分幅的断面,需要选择经济、美观的桥塔与之相适应。经过综合考虑选择了中间塔柱相连的双菱形结构,见图 3。其主要有以下优点:

(1)结构受力更合理。中间塔柱相连,大大提高了下塔柱抵抗横向风荷载的能力,相同条件下,相比分离式索塔,横向风作用下塔底应力减小 5.0MPa,故减小了塔柱的截面尺寸,同时提高了桥塔横向抗震能力。

(2)用地减少。相比分离式桥塔中央分割带宽度减小 3m,考虑两侧引桥可节约用地约 $7400m^2$。

(3)基础尺寸减小。整体式基础可以使桩基数量由 156 根减少到 132 根。

(4)经济性好。综合以上几项,和分离式桥塔相比可节约造价约 900 万元。

(5)桥塔结构新颖美观。

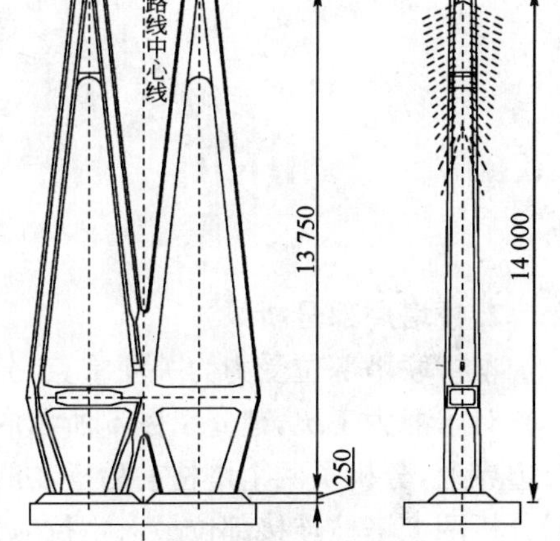

图 3 双菱形索塔构造(尺寸单位:cm)

桥塔总高度为 141.5m。塔柱横桥向宽 4m,纵桥向由塔顶 7m 增加到塔底 10m。上下塔柱横桥向壁厚分别为 0.8m 和 1.1m,纵桥向壁厚分别为 1.2m 和 1.5m。设预应力钢束平衡斜拉索在塔壁内产生的混凝土拉应力,顶部两塔柱相连部位由于纵横向预应力筋长度均较大,采用预应力损失较小的井字形布置,分离塔柱部位采用环向预应力的布置方式。

5. 其他构造

主桥与 4×50m 连续梁相连,两端分别设伸缩缝 1 200mm 一道。桥面铺装采用底层 6cmAC-20I 中粒式改性沥青混凝土,表面层 4cmSMA-13 改性沥青。桥塔、辅助墩和过渡墩处竖向支座设计承载力分别为 7 000kN、12 500kN、4 000kN,横向抗风支座承载力为 4 000kN。双边钢箱内部采用抽湿防腐,外部和其他钢结构采用涂装防腐。

6. 桥面板的防裂措施

叠合梁为组合结构,在使用过程中,由于混凝土的收缩、徐变,桥面板易开裂。据不完全调查,国内组合梁斜拉桥经过若干年的使用后,桥面板均有不同程度的开裂。桥面板裂缝将影响桥梁的耐久性,开裂严重甚至影响桥梁安全性。因此叠合梁斜拉桥桥面板裂缝问题是设计中重点关注的问题。本桥在总结已建桥梁的经验及详细分析的基础上,主要采取了以下措施:

(1)设法减小桥面板后期收缩徐变。具体为:①桥面板存梁时间不少于 6 个月;②预制桥面板掺合聚丙烯纤维,其可减少混凝土收缩率约 30%。

(2)使桥面板具有压应力储备。包括:①在中跨跨中和边跨端部轴向压力较小梁段,桥面板内设置纵向预应力,②桥面板设置横向预应力。

(3)重视桥面板湿接缝处理。考虑到膨胀剂容易对高强混凝土带来不利影响,采用减缩剂。

(4)强化局部构造。斜拉索锚固区桥面板局部主拉应力较大,易产生放射状裂缝,此处桥面板增设环向箍筋。

五、结 构 分 析

1. 整体分析

采用MIDAS程序,空间模型进行结构分析,模型见图4。分析结构施工各阶段以及成桥运营阶段各截面的应力和变形。根据计算,主梁混凝土桥面板在主要作用组合下最大压应力12.8MPa,附加组合下最大压应力13.3MPa,未出现拉应力。钢结构在主要组合下最大压应力180.9MPa,最大拉应力-122MPa,附加组合下最大压应力194.2MPa,最大拉应力-129.3MPa,应力均满足规范要求。索塔强度满足要求。斜拉索最大拉应力656MPa,应力幅168MPa。主梁跨中最大挠度0.513m,挠跨比1/806。

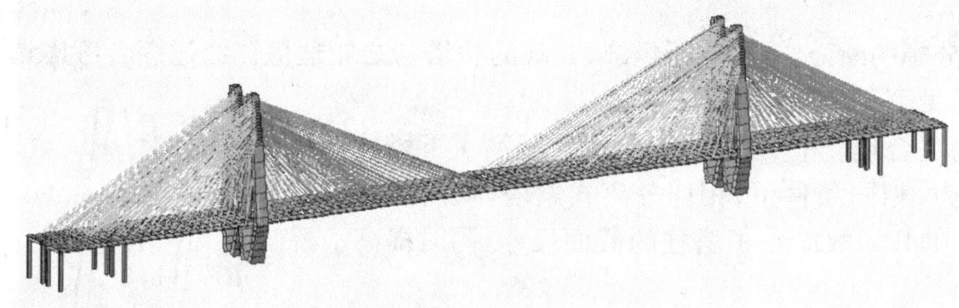

图4 整体分析模型

2. 桥塔局部分析

本桥联塔部位受力为关注重点,分析了最不利静力加载工况和地震作用下此位置的受力状况。

对于静力工况,建立了图5所示的实体模型,利用整体分析所得的塔柱梁单元内力施加于模型的各个边界上,分析了两个塔柱前后搓动的情况,其中一幅主梁中跨满布加载,另一幅主梁边跨满布加载。根据分析两上塔柱连接部位最大主拉应力1.5MPa,下塔柱连接部位最大主拉应力0.5MPa。主拉应力云图见图6。

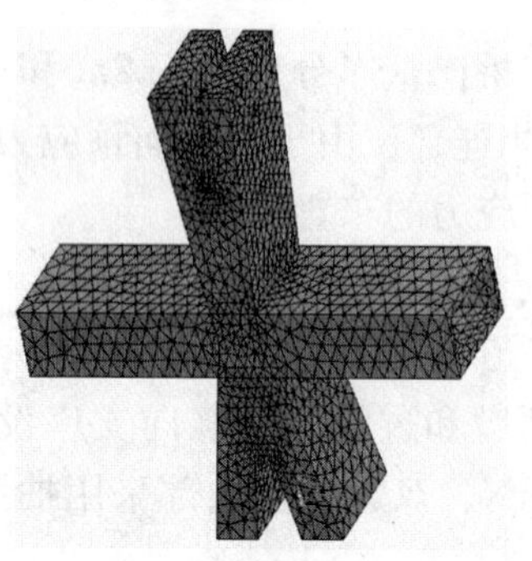

图5 实体及有限元离散模型图

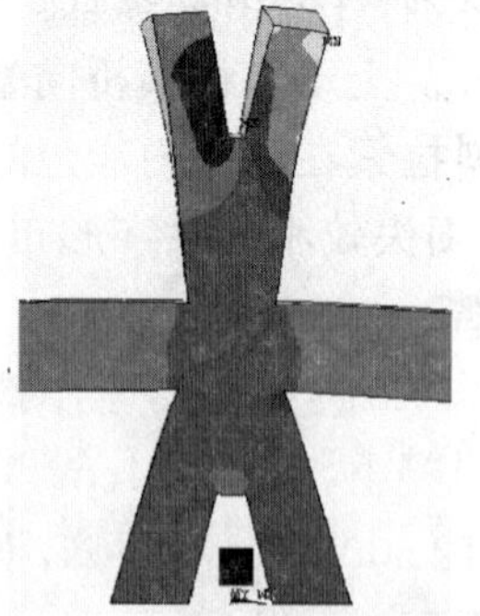

图6 联塔区域主拉应力云图

对于地震荷载作用下,建立了空间有限元模型,根据时程曲线,分析了结点位置的变形和受力。分析结果表面,由于本桥两幅桥横向、纵向均完全对称,在纵向和横向地震力作用下,两幅桥变形保持同向、同步,两塔对应截面的内力也保持相同变化,因此两塔柱不会发生错动的情况。

六、施工组织设计

1. 桥塔

桥塔除了中间下塔柱需采用支架施工,其他同一般桥塔,采用滑模施工。

2. 主梁

甬江特大桥有其特殊的施工条件：

(1)位于河道弯道处，河道宽度较窄，河滩范围大。

(2)河道通航频繁，施工中不能长时间占用通航河道。因此不能采用常见的用船运把钢主梁和桥面板运抵桥位再通过桥面吊机吊装的施工方式。

结合桥位上下游有已建码头可以利用的条件，甬江特大桥采用以下施工方法：

(1)钢构件利用已建码头落驳，再通过陆路运输运抵桥位。

(2)在桥塔处搭设龙门架，0 号梁段钢结构和桥面板通过龙门架吊装到已建托架上。

(3)边跨支架梁段钢构件和桥面板通过汽车吊吊装到支架上再进行连接。

(4)悬臂施工梁段通过桥塔处龙门架吊上桥面再推移到拼装位置。

七、结 语

本桥主要区别于其他斜拉桥在于联塔分幅主梁的结构形式，以及结合建设条件特殊的施工方法，对类似工程具有借鉴意义。

21. 宁波甬江大桥索塔受力分析

叶雨清[1] 陈 冰[2] 宋冰泉[2] 谢 波[3]

(1. 浙江省交通规划设计研究院；2. 宁波绕城高速公路东段建设指挥部；
3. 宁波绕城高速公路东段有限公司)

摘 要 索塔是斜拉桥的关键结构，不同的施工方法对索塔成塔后的塔身内力分布有不同的影响，针对宁波甬江特大桥双菱形索塔的复杂结构，模拟索塔施工过程，合理布置塔柱间的支撑位置，确定主动支撑推力大小，并对施工过程中采用主动支撑、被动支撑、一次成塔方法的内力进行比较，结果表明施工过程中采用主动支撑可以很好地调整塔身的内力分布，使索塔在成桥后处于良好的受力状态。结合本桥索塔的结构特点，锚固区预应力采用井字形和 U 形布置两种方式，利用有限元分析方法对锚固区应力进行了详细整体分析，获得了横桥向和纵桥向应力分布的不同特点。

关键词 斜拉桥 索塔设计 内力优化 受力分析 应力分布特点

一、概 述

甬江大桥位于国道主干线宁波绕城公路东段跨越甬江处，是连接宁波镇海区和北仑区的重要桥梁。主桥为 220m+468m+220m 钢—混凝土组合梁斜拉桥。双向八车道，分幅式主梁，单幅桥宽 24m。在初步设计阶段曾对分离桥塔与联塔方案，A 形塔、倒 Y 形塔、双钻石形塔与双菱形塔进行综合比较，最终确定采用双菱形联塔结构。索塔总高度为 141.5m，索塔顺桥向塔柱宽度由塔顶 7.0m 直线变化到塔底 10.0m。横桥向塔顶宽 9.0m，上塔柱除左右幅两塔联结及上部二柱交会处，余均各宽 4.0m。下塔柱横向宽度由 4.0m 直线变化至塔底的 6.0m，下塔柱外侧面斜率为 3.833∶1，内侧面斜率为 2.962∶1。塔柱采用箱形断面，塔顶为 7.0m×9.0m 双箱形断面，上塔柱单柱为 7.0m×4.0m～9.437m×4.0m 单箱形断面，并在断面的四个角点处设置 1.0m×0.3m(纵向×横向)的倒角，横桥向壁厚 0.8m，顺桥向壁厚 1.2m。下塔柱单柱为 9.437m×4.0m～10.0m×6.0m 单箱形断面，横桥向壁厚 1.0m，顺桥向壁厚 1.4m。索塔在主梁下设置一道横梁，横梁采用箱形断面，顶板宽 8.37m，底板宽 8.50m，高 6m，顶底腹板厚为 0.9m。图 1、图 2 分别为甬江特大桥效果图和索塔构造图。

图1 甬江大桥效果图

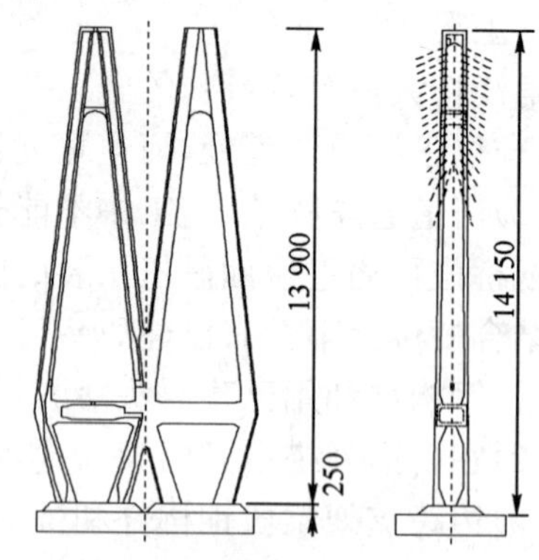

图2 双菱形桥塔构造(尺寸单位:cm)

二、施工过程中索塔内力优化

索塔是斜拉桥的关键结构,不同的施工方法和施工顺序会导致结构不同的受力状态,在索塔的受力分析过程中,需要对每一施工步骤做详细的计算,以便提出有效可行的施工方案。甬江特大桥索塔结构复杂,施工过程中对索塔进行内力优化是非常必要的。

1. 关键施工步骤的确定

索塔的施工过程主要包括下塔柱施工、下横梁施工、上塔柱施工和联塔部分施工。在下塔柱施工过程中,由于下塔柱的倾斜,需要对两塔柱间用刚绞线对拉。下横梁的施工采用在承台上搭设满堂支架,分批浇筑混凝土,分批张拉预应力。上塔柱施工是索塔内力调整的关键,本方案采用在施工过程中施加主动推力的方法优化索塔内力[1],主动支撑分别设在三个不同高度,既增加索塔在施工中的横向稳定性,又起到优化索塔内力的作用。

2. 张拉力及主动推力的计算

利用有限元程序对索塔进行分析,采用梁单元模拟塔柱和横梁及支撑,杆单元模拟下塔柱对拉钢绞线。索塔的有限元模型见图3。

下塔柱之间的张拉力的确定主要依据有两点,一是塔柱本身的倾角,二是索塔在成桥状态各控制工况下的受力特点。张拉的目的就是使得塔柱能够处于良好的受力状态。经过计算确定在两塔柱间施加2 500kN的张拉力。

上塔柱之间共设了3道主动支撑,支撑的位置的确定考虑了施工的需要和索塔内力调整的需要。另外,在第2、3道主动支撑实施时,推力的大小还应控制在使第1、2道支撑有一定的压力储备,否则推力过大会使前面实施的主动支撑脱开。经过反复试算,确定3道主动支撑的推力分别为2 200kN、1 950kN、2 000kN。主动支撑的设置位置见图4。

索塔结构的分析必须要按照索塔的实际施工过程进行,简化计算往往会产生不容忽视的误差。本文对甬江特大桥索塔受力进行深入研究,对不考虑施工过程(一次成塔)、考虑施工过程加被动支撑、考虑施工过程加主动支撑这三种状态进行比较。图5为塔柱几个关键截面位置,表1给出了几个关键截面的应力。结果表明,一次成塔的应力计算的误差最大为1.69MPa,发生在位置5,而此位置恰好是成桥状态极限横风作用下的控制截面,这个误差足以使索塔的受力分析失去作用。主动支撑与被动支撑的应力差较大的位置在5、7、9,位置5在这两种施工方法下的应力差2.32MPa。通过主动支撑实施,可以显现改善索塔关键截面的内力,使索塔在成桥后处理良好的受力状态。

塔柱几个关键截面的最大应力 单位:MPa 表1

位置	主动支撑(MPa)	被动支撑(MPa)	一次成塔(MPa)	位置	主动支撑(MPa)	被动支撑(MPa)	一次成塔(MPa)
1	−3.74	−3.48	−3.09	3	−4.57	−4.66	−4.58
2	−4.60	−4.67	−4.61	4	−4.16	−3.30	−3.66

续上表

位置	主动支撑(MPa)	被动支撑(MPa)	一次成塔(MPa)	位置	主动支撑(MPa)	被动支撑(MPa)	一次成塔(MPa)
5	-3.79	-6.11	-4.42	9	-2.28	-2.84	-2.92
6	-2.24	-2.24	-2.24	10	-6.34	-7.27	-6.68
7	-3.06	-4.40	-2.81	11	-7.16	-6.68	-7.25
8	-1.98	-2.35	-2.58	—	—	—	—

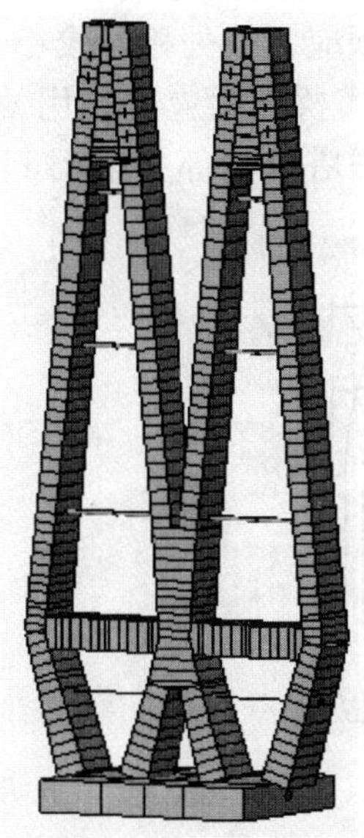

图3 索塔有限元模型

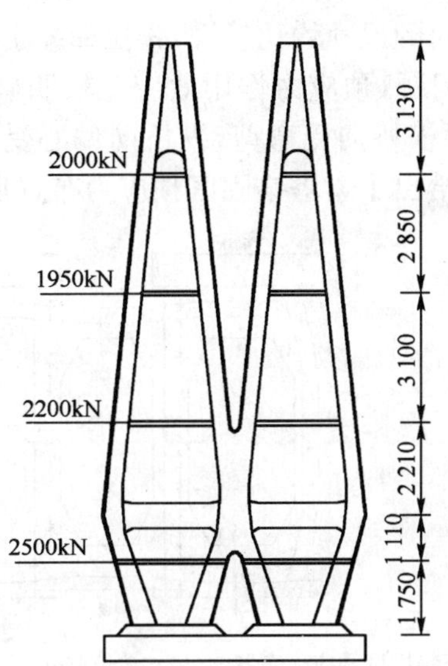

图4 主动支撑位置及推力(尺寸单位:cm)

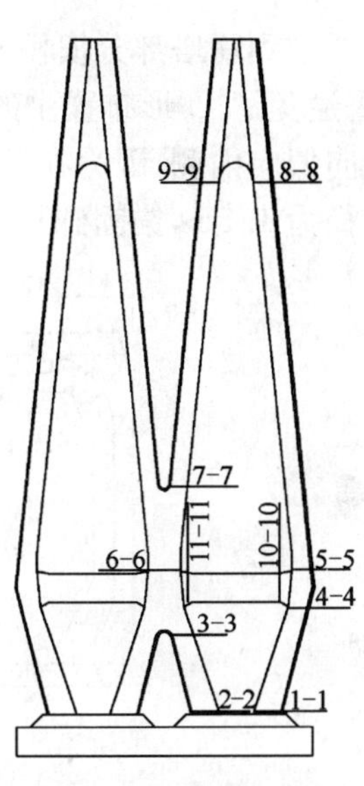

图5 塔柱关键截面位置

三、索塔锚固区受力分析

在大跨度斜拉桥索塔形式中,大部分是箱形截面混凝土索塔,索塔不仅承受很大的轴向力,而且在斜拉索的锚固区还要承受拉索产生的水平分力,所以光靠塔柱的普通钢筋是难以抵抗的。目前主要有以下几种方法来解决此问题[2]。第一种是借助其他构件来承受拉索的水平分力,塔柱只承受竖向分力,如采用钢锚裸、钢锚箱,如南浦大桥、杨浦大桥、金塘大桥等。第二种是在塔柱的拉索锚固区布置水平向预应力束来抵抗拉索产生的拉应力,如芜湖长江大桥、润扬长江公路大桥北汊斜拉桥、飞云江三桥、鄂黄长江公路大桥、忠县长江大桥、南京长江二桥南汊斜拉桥。宁波甬江特大桥也是采用第二种方法。国内外斜拉桥索塔锚固区的研究主要通过两种方法,一种是通过空间有限元分析,另一种是做节段模型试验。这两种方法各有优缺点,有限元分析效率高,费用低,但对于预应力损失无法确定,计算结果与实际情况存在一定的误差。通过近几年来的大量节段模型试验研究[3,4],对预应力损失值有了更好的把握,使得计算结果不断趋于精确。模型试验接近实际情况,但存在耗时长,费用高,无法考虑相邻区域的影响等问题。本文通过有限元分析方法对甬江大桥索塔锚固区进行整体分析。

1. 预应力束的布置形式

目前塔柱锚固区水平向预应力束的布置形式主要有三种[5],第一种是采用U形布置,第二种采用直线形布置,第三种是混合布置。U形布置又分为长边开口和短边开口两种。另外U形布置预应力束必然涉及小半径问题,过小的曲率半径会带来管道内预应力束的伸长量难以确定,给施工带来一定的困难。这种伸长量的偏差是由于管道弯曲和管道内钢绞线相互挤压造成的。表2列出了国内一些斜拉桥索塔锚固区水平预应力束的布置形式及U形索的曲率半径[6]。

索塔锚固区预应力束布置形式　　表2

桥　名	预应力束布置形式	最小半径(m)	桥　名	预应力束布置形式	最小半径(m)
南京长江二桥南汊桥	短边开口U形	1.55	武汉军山大桥	长边开口U形＋长边直索	1.50
润扬长江大桥	长边开口U形	1.60	芜湖长江大桥	井字形高强精轧螺纹钢筋	—
五河口大桥	长边开口U形	1.60	杭州文晖立交桥	井字形高强精轧螺纹钢筋	—
鄂黄长江公路大桥	长边开口U形	1.60	沈阳富民桥	井字形高强精轧螺纹钢筋	—
飞云江三桥	长边开口U形	1.60	宁波甬江特大桥	井字形、长边开口U形	1.50
忠县长江大桥	长边开口U形	1.85			

根据甬江特大桥索塔的结构特点，确定本桥锚固区预应力束布置形式，在顶部联塔部分采用井字形布置，此处考虑到联塔部分横桥向与顺桥向的尺寸均比较大，张拉回缩引起的预应力损失相对较小，而且井字形布置避免了U形布置中的小半径问题，预应力作用效应比较明确。在横桥向预应力作用偏向外侧，在纵桥向偏向内侧，因为在索力作用下横桥向受弯剪，纵桥向偏心受拉。联塔以下部分采用U形布置，曲率半径为1.5m，锚固到长边。图6给出了索塔锚固区预应力布置形式。

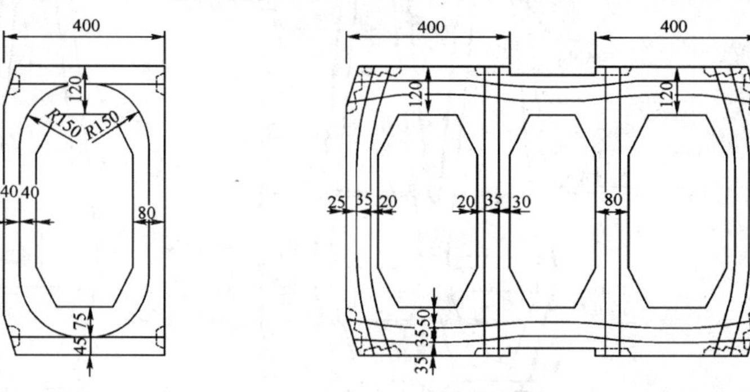

图6　索塔锚固区预应力布置图(尺寸单位:cm)

2. 有限元分析

采用四节点实体单元模拟塔柱混凝土，杆单元模拟预应力束。索塔的每个塔柱上均有18对斜拉索，拉索交点竖向间距2m，塔柱横桥向宽4m，索拉力对相邻锚固点有一定的影响，建模时将范围扩展至整个锚固区。这样建模的目的是避免了截取节段模型时相邻区域的影响和边界条件模拟的困难。建模时预应力束按照精确位置输入，并与实体单元共用节点。图7为锚固区的有限元模型。井字形预应力的损失值按照JTG D62—2004计算，U形预应力损失按最大50%计算，在转弯处以线性变化。计算两种荷载工况，一是施加预应力，二是施加预应力和斜拉索拉力。预应力以降温方式施加。索拉力取成桥状态下的各种工况中的最大值。

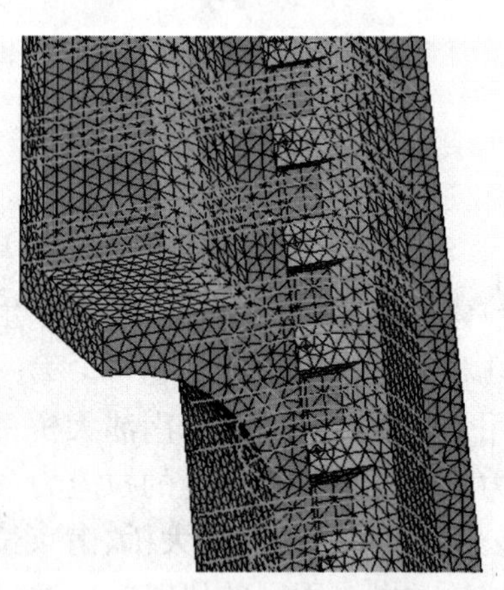

图7　索塔锚固区有限元模型

一般来说，斜拉索的拉力从低处往高处逐渐增加，同时斜拉索与水平面的夹角是逐渐减小的，这就决定了锚固区受索拉力作用的水平分力从低处往高处逐渐增加。将塔柱锚点从低到高依次编号，最低处为1号，最高处为18号。应力值以拉为正，压为负。从图8可以看出索拉力在锚固面外侧产生横桥向拉应力，数值从低到高递增，最小为0.7MPa，最大为4.9MPa。在接近最高处，应力成锯齿形分布，即正对锚点处大，两锚点中间小，这是由于拉索水平角小，水平分力大且方向指向外侧比较直接，作用效应集中到正对着的位置，而在相邻锚点之间应力会削弱。预应力效应与索力＋预应力效应的应力曲线形状相似，低处和高处锚点区域应力呈锯齿形分布，就是在低处锚点处大，预应力扩散到两锚点中间的区域较弱，形成两锚点中间预应力较小。高处预应力为井字形布置，由于受斜拉索导管影响，横桥向和纵桥向预应力分层交替，在两横向预应力之间，预压力会变小，因此呈现图8中的分布规律。在中间锚点区域，应力分布平稳，因为在此范围内，预应力扩散范围能达到锚点中间。在预应力和斜拉索拉力作用下,锚固面外侧横桥向压应力在0.7～4.4MPa之间。

图9给出了纵桥向侧壁的正应力分布规律。从图中可以看出它与横桥向的规律不同,应力沿塔柱没有呈现锯齿形分布,除最高处外,应力分布比较平稳,因为纵桥向侧壁较长,预应力能够扩散到相邻锚点高度区域。在预应力和斜拉索拉力作用下,纵桥向侧壁压应力在0.5～5.8MPa之间。

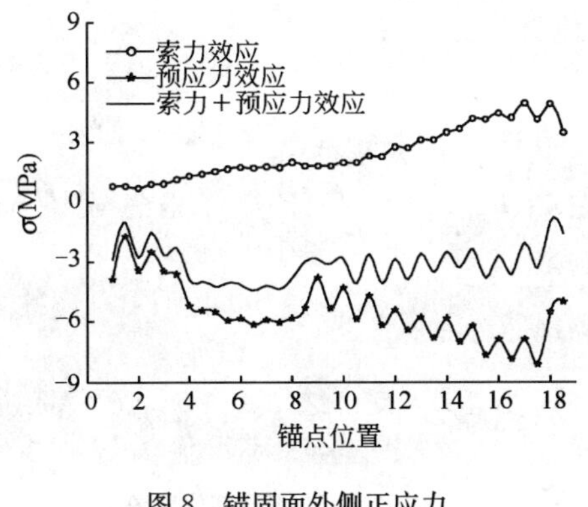

图8 锚固面外侧正应力

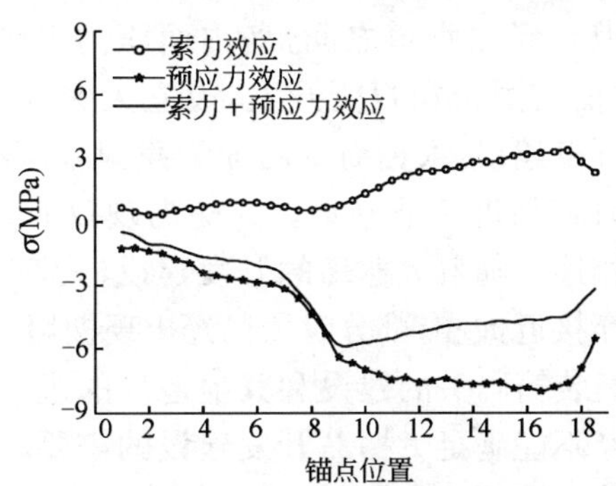

图9 纵桥向侧壁内侧正应力

四、结 论

通过对宁波甬江特大桥索塔的受力分析,得到了以下结论:

(1)在索塔的整体分析中,应该按照真实的索塔施工流程来计算,不同的施工过程会有不同的索塔内力分布。

(2)在索塔施工过程中,可以通过施加主动推力的方法调整索塔内力,主动支撑的位置和大小应通过成桥状态索塔的控制工况的分析进行,使索塔建成后内力分布有力于成桥后的受力。

(3)索塔锚固区的受力非常复杂,相邻锚点之间相互影响,锚固区横桥向和纵桥向两侧壁的应力分布有不同的规律。索拉力效应从塔柱的低处往高处逐渐增加。

(4)锚固面外侧横桥向正应力在一定区域内呈现锯齿状分布,纵桥向侧壁正应力分布比较平稳。

参考文献

[1] 郑春,黄静,易绍平.南京长江二桥南汊桥索塔施工设计.[J].公路交通科技.Vol.20(2),2003,51-53.

[2] 刘钊,孟少平,吕志涛.两座大型斜拉桥索塔锚固区模型试验及对比研究[J].中国工程科学,Vol.5(12),2003,48-54.

[3] 项贻强等.南京长江二桥南汊桥斜拉索塔节段足尺模型的研究[J].土木工程学报.Vol.33(1),2000,15-22.

[4] 刘钊等.润扬大桥北汊斜拉桥索塔节段足尺模型试验研究[J].土木工程学报,Vol.37(6),2004,35-51.

[5] 邵旭东等.斜拉桥预应力索塔优化布束方式研究[J].中国公路学报,Vol.14(2),2001,40-44.

[6] 唐红元.斜拉桥预应力混凝土索塔关键问题研究[D],南京:东南大学博士学位论文,2004年.

22. 宁波大榭二桥方案研究

马 骉 顾民杰 葛竞辉 龚建峰

(上海市政工程设计研究总院)

摘 要 本文介绍了大榭二桥方案研究工程中,对大榭二桥桥位、主桥桥型及桥梁景观方案等方面的研究,可为今后类似桥梁方案设计提供借鉴和参考。

关键词 大榭二桥 桥型方案 桥梁景观 斜拉桥

一、工 程 概 况

大榭岛位于浙江省宁波市东部，距宁波市中心约40km，四面环海，与北仑港相毗邻，介于金塘水道、册子水道与穿山水道之间，岛内面积为30.84km²。1993年，由中信集团公司投资开发，成立大榭开发区。经过十多年的开发建设，大榭岛现已成为我国东部沿海地区大型中转港口和临港工业基地。大榭岛现仅有大榭一桥与北仑大陆相连。随着大榭岛的开发建设，大榭一桥的交通量已经逐渐接近饱和，部分时段已经出现拥堵。随着岛内C、D港区集装箱码头的建设和其他地块的进一步开发，大榭一桥已经不能满足大榭岛开发建设的需要，迫切需要建造第二座跨海大桥。

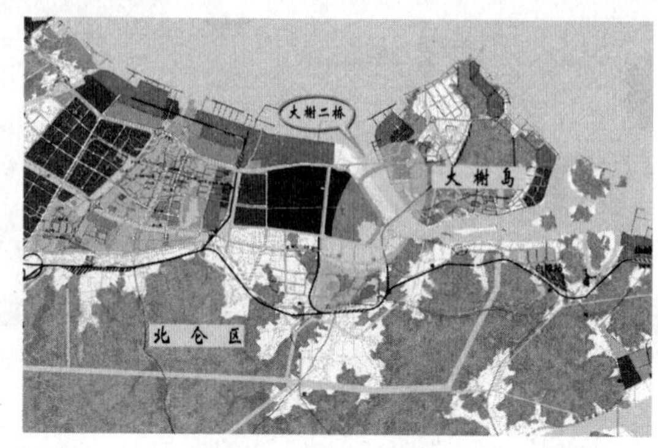

图1 工程地理位置图

拟建大榭第二大桥工程起点位于大榭岛榭西侧，在大榭一桥北侧约1.6km处以桥梁结构跨越黄峙江水域，经炮台岗，接老329国道，路线全长约5.5km。图1为大榭二桥工程地理位置图。

二、技术标准及建设条件

1. 主要技术标准

大榭二桥主要技术标准为①道路等级：一级公路；②车道规模：主线双向4车道；③桥梁宽度：2×12.5m(不含布索区)；④设计车速：主线60km/h；⑤桥梁设计荷载：公路—Ⅰ级。

2. 通航条件

桥区航道位于穿山半岛与大榭岛之间，避风条件良好，桥位处水流平顺，无急流、漩涡，水流条件良好，流向大致与航道走向平行。桥位处水面宽约600m，水深条件较好，平均水深16m多。

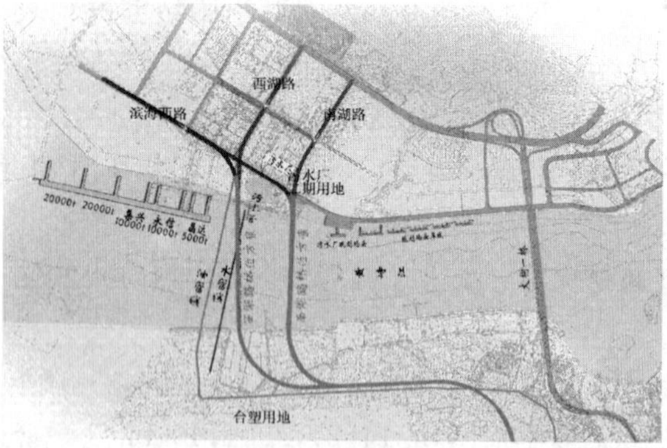

桥区附近码头较多(见图2)，大榭岸桥位北侧紧邻晶达码头(5 000t级)和永信码头(10 000t级)，南侧有水泥厂码头(3 000t)和规划3 000t级码头岸线，北仑岸桥位南侧有东海救助局宁波基地码头(5 000t级)。由于大榭岛外围为宽阔的金塘水道和螺头水道，大榭岛与北仑穿山半岛间的黄峙江为非主要航道，主要通行停靠上述码头的船舶。

图2 桥位现状图

在拟建大榭二桥南侧，建有大榭一桥，由于大榭一桥通航净空高度为20.4m。因此，大榭一桥以南停靠码头的大于1 000t级船舶基本从穿山港北口和穿山港东口出港，很少进出大榭一桥区域水道。

3. 区域现状(见图2)

本工程桥位附近大榭侧主要为已建成的工厂企业和污水厂。在污水厂北侧与晶达码头间为管廊空地，污水厂南侧为污水厂二期用地。管廊带布置有ϕ700mm甬沪宁进口原油管道和ϕ600mm过江水管。原油管在黄峙江水域段埋深9.87～11.67m；过江水管目前为大榭岛内的备用水管，远期待大榭大工业用水管道建成后，过江水管将废除。

桥区大榭侧相关道路主要为环岛路、滨海西路、西湖路和南湖路。环岛路为城市主干路，断面布置为双向四车道，岛上各功能区域之间的交通大部分通过环岛路完成；滨海西路为城市次干路，基本沿黄峙江走行，断面布置为双向四车道；西湖路和南湖路为支路，断面布置为双向两车道。

桥位附近北仑侧主要为台塑预留用地，岸边有一运砂码头，南侧为炮台岗山丘和民房。

三、桥位方案及桥梁通航孔布置

1. 桥位方案

大榭岛四周有舟山群岛和穿山半岛作为天然屏障，风平浪小，港口作业条件优越。因此，大榭岛港口业发达，26km 海岸线共规划各类码头 49 座，其中已建成码头 25 座。除榭南片行政商务区和生活居住区外，平均每 400m 岸线就有一座码头，这给桥位布置带来很大难度。

经比选分析，在因河床深排除隧道方案，和因军事、战备等原因排除榭南客运码头和连接内神马岛过江等桥位方案后，重点研究榭西侧西湖路和南湖路两个桥位的桥梁方案，见图 2。

西湖路方案大桥经西湖路，沿过江管廊带空地跨越黄峙江，桥梁中心距北侧晶达码头约 197m。南湖路方案大桥沿南湖路，在污水厂南侧二期用地处跨越黄峙江，桥梁中心距北侧晶达码头约 490m，距南侧水泥厂码头约 201m，距东海救助局宁波基地码头(5 000t 级)约 261m，距原油管约 440m。

西湖路和南湖桥位距码头的安全距离均不能满足文献〔1〕规定："桥址选择应远离港口作业区和锚地，其距离应能保证船舶安全通过，对跨越海域的桥梁上、下游均不得小于代表船型长度的四倍(对5 000t 杂货船为 500m)"。因此，上述两桥位均须采取加大通航孔跨径，将桥墩承台边线布置在码头前沿线内等措施，以确保通航安全。

与南湖路方案相比，西湖路桥位方案大榭侧利用了管廊空地，无动拆迁工程(南湖路方案占用了南侧污水厂二期用地)，桥位与榭北集装箱港区和临港工业区更为接近，可更好地为集装箱港区和临港工业区服务，疏散集装箱及工业车辆，突出"二桥主要服务区域是榭西和榭北，主要以货运车尤其是大型货运车为主"的功能定位。西湖路桥位的缺点是：桥梁距原油管较近。考虑到原油管过江段埋深基本在 10m 以上，桥梁建成后不会对石油管线使用等产生很大影响。西湖路方案与南湖路方案对比分析详见表 1。从对规划用地的影响、岸线资源的利用及交通功能等角度出发，本工程拟采用西湖路桥位方案。

桥位分析比较表 表 1

影 响 因 素	西湖路方案	南湖路方案
现有码头	不满足安全距离，需加大跨径	不满足安全距离，需加大跨径
原油管线	施工期需采取保护措施	无影响
过江水管等其他管线	近期为备用管线，远期废弃	无影响
污水处理厂二期用地	无影响	影响很大
南侧其他规划码头	无影响	影响较大
交通功能	条件较好	对环岛路交通影响较大

根据现有西湖路路幅较小的特点，并结合大榭二桥主要为榭北工业区服务的功能定位，大榭侧引桥采用进出岛分开布置的方式，出岛引桥布置于滨海西路，进岛引桥布置于西湖路。

2. 通航标准

本工程南侧 1.6km 处既有大榭一桥的通航标准为 3 000t 级护卫舰，通航净宽为 120m，通航净高为 20.4m(相当于 1 000t 级杂货船)。本工程拟建桥位与既有大榭一桥间有 5 000t 级东海救助局宁波基地码头，桥位北侧 500m 范围内有 5 000t 级晶达码头和 10 000t 级永信码头。因此，本工程通航标准确定较为复杂，通航标准过低会直接影响船舶通航安全，发生船撞等特大交通事故，给人民生命和财产造成巨大损失；而通航标准过高则会使桥梁规模不合理扩大，造成不必要的经济浪费。

由于拟建桥位与既有大榭一桥间建有 5 000t 级码头，拟建大榭二桥的通航标准需≥5 000t 级。考虑到桥梁北侧的 10 000t 级永信码头(距桥梁中心为 345m)，其停靠船舶直接在桥位北侧出港，不经由大榭二桥，在船舶正常操控情况下，船舶不会进入桥位区域。且其到港船舶较少，通过配备港作拖轮进行强迫助航，并适当加大桥梁跨径和加强桥墩防撞能力的情况下，能基本保证船舶通航安全。如按 10 000t 级通航标准考虑，桥梁工程规模将大大增加。因此，本工程综合考虑上述因素，确定桥梁通航标准为5 000t级，通航净宽约290m，净高约35.5m。

3. 通航孔布置

根据桥梁距码头较近的特点，本工程对桥梁跨径进行了适当加大，大榭侧主墩布置在码头前沿线内，北仑侧主墩尽可能靠近浅滩，桥梁主跨采用392m。

四、桥型方案初步比选

桥型方案主要有连续梁和连续刚构、拱桥、悬索桥、斜拉桥等。根据本工程桥区自然及通航条件，上述桥型方案初步比选如下：

(1)连续梁和连续刚构方案

目前，国内已建成的最大跨径连续刚构桥为虎门辅航道桥，其主跨为270m。受材料性能和施工技术等限制，主跨392m的梁式桥尚缺乏成熟经验。

(2)拱桥方案

本工程主跨需≥392m，目前该以上跨径的系杆拱桥基本采用中承式，如主跨550m卢浦大桥、主跨420m菜园坝大桥等。国内简支下承式系杆拱桥的最大跨径为270m(武汉晴川桥)，主跨392m的下承式拱桥技术难度大，造价高。对于中承式和上承式拱桥，由于本工程桥位位于码头区，航道复杂，上承式拱桥的拱肋及中承式拱桥的部分拱肋需布置在桥面以下，从防撞角度出发不宜选用。

(3)自锚式悬索桥方案

桥区水深大，且有航运要求，无支架施工条件，自锚式悬索桥方案需先建临时塔，进行拉索法施工主梁，待主梁合龙后转成悬索桥体系，施工困难，造价高，不宜采用。

(4)地锚式悬索桥方案

桥区地面以下40m范围地质条件以淤泥质粉质黏土和黏土为主，地址条件较差，不适合建设锚碇。同时，本工程桥梁主跨为392m，地锚式悬索桥在经济性方面不具备竞争力，不推荐采用。

(5)斜拉桥方案

斜拉桥适应性较强，应用范围广，且造型美观。斜拉桥索面、桥塔塔形、主梁形式随设计者创意而多变，新颖形式层出不穷。设计者可以灵活地根据桥位建设条件，选择最合理、美观的斜拉桥桥型方案。国内外统计资料表明，在200～500m跨径范围内，斜拉桥方案最具有竞争力。因此，本桥拟推荐采用斜拉桥方案。

(6)部分斜拉桥方案

部分斜拉桥是介于梁式桥和斜拉桥间的一种协作体系。由于斜拉束及梁体协作受力，塔高较一般斜拉桥矮，造型较为美观，但造价较高。

上述桥型方案比选如表2所示。

桥型方案初步比选分析表 表2

序号	桥型方案		适用性
1	连续梁和连续刚构		已超出跨径适用范围
2	拱桥	中承式和上承式	防撞不符合要求，造价较高
3		下承式	造价较高、施工难度较大
4	自锚式悬索		施工难度大、造价高
5	地锚式悬索桥		地质差，不适于建设锚碇，且造价高
6	斜拉桥		结构合理、经济、施工方便、造型美观
7	部分斜拉桥		结构新型、造型美观但造价较高

根据上述初步比选结果，本工程主桥推荐采用斜拉桥方案。

五、斜拉桥方案

1. 结构总体布置

桥型为双塔单索面钢－混凝土组合梁斜拉桥，桥跨布置为 158m＋392m＋158m，双向四车道，桥宽 29.5m，采用支承体系（半漂浮），纵向每个塔柱共布置 22 对斜拉索。图 3 为大榭二桥总体布置图。

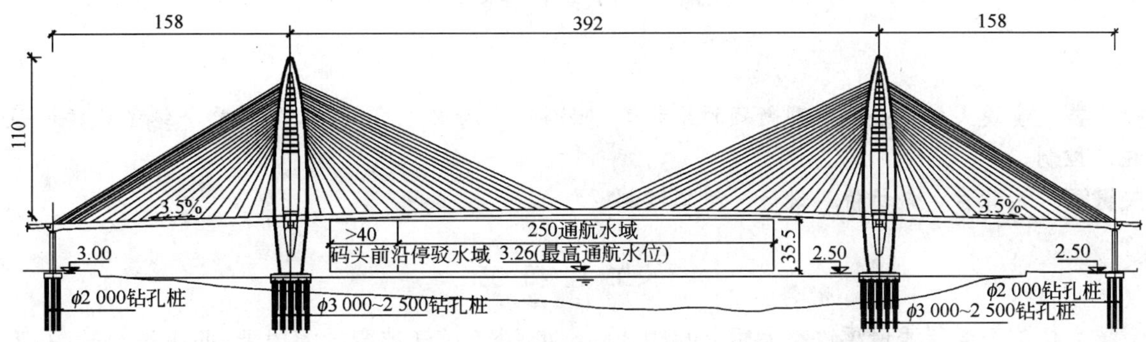

图 3 斜拉桥方案总体布置图（尺寸单位：m）

2. 斜拉桥塔型方案

斜拉桥常用塔型有 A 形塔、倒 Y 形塔，钻石形塔等，上述桥塔造型普通、平淡，个性不突出，不具有景观优势。根据“港口大榭实力大榭”、“生态大榭和谐大榭”的设计理念，本文提出了“帆”形塔方案。

“帆”形塔主塔由纵向双柱组成，双柱间拉索区设置横向拉杆，桥塔外形似“帆”，又似大榭岛标志“D”，具有“扬帆远航”的寓意，外型新颖美观，能体现大榭开发区的文化背景和发展特色。图 4 为“帆”形塔方案效果图。

图 4 “帆”塔斜拉桥方案效果图

3. 主梁结构

主梁采用单箱三室箱形截面，钢—混凝土组合截面，顶板宽 29.5m，底板宽 17.5m，梁高 3.75m，顶面设双向 2%横坡，其横断面如图 5 所示。

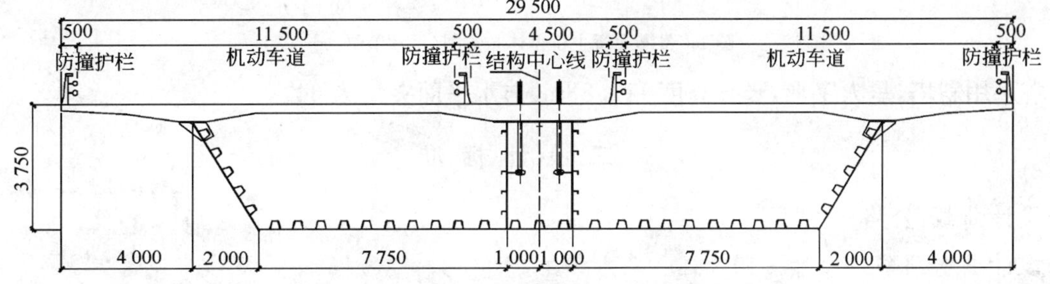

图 5 主梁横断面布置图（尺寸单位：mm）

六、结　　语

本工程由宁波大榭大桥公司组织实施。本文是在投标方案基础上，结合最新的专题研究成果，对技术标准及桥位、接线、桥型等方案进行了大量的分析与研究，提出了经济、合理的桥位方案、接线方案和“帆”塔斜拉桥桥型方案，满足了建设方要求，获得了方案设计的成功，可为类似大型桥梁方案设计提供借鉴和参考。

23. 江西贵溪大桥设计和施工控制

吴洪峰　孙　宁　栗　勇

（北京建达道桥咨询有限公司）

摘　要　贵溪大桥是一座造型新颖的无背索斜拉桥，主跨 209.6m。本文简要介绍了该桥的设计要点和施工控制。

关键词　无背索　斜拉桥　设计　施工控制

一、工 程 概 况

贵溪大桥位于浙赣线贵溪铁路大桥上游约 300m 处，处于信江狭窄的河段上，西岸地势较高，为红砂岩露头的岗阜；东岸地势较平坦，为老城区。

主桥为主跨 209.601m（主塔基础中心至 1 号墩中心线）的无背索独塔单索面斜拉桥（图 1、图 2），主梁采用钢—混凝土混合梁形式，主桥跨径组成为 209.6m＋50m＋40m。桥面总宽 28m。

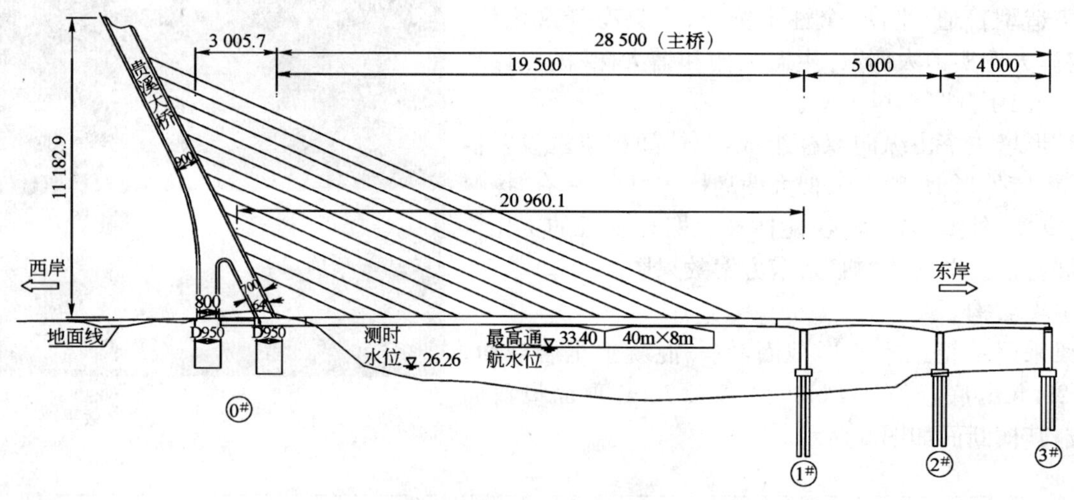

图 1　贵溪大桥主桥总体布置图（尺寸单位：cm）

主塔采用斜塔，呈人字形，竖直高度 111.83m，与水平面夹角为 64°。

二、设 计 标 准

（1）设计荷载：公路—I 级；

（2）设计洪水频率：300 年一遇；

（3）桥面宽度：主桥标准桥面宽为 0.25m 栏杆＋2.0m 人行道＋3.0m 非机动车道＋0.25m 隔离带＋7.5m 机动车道＋2.0m 拉索区＋7.5m 机动车道＋0.25m 隔离带＋3.0m 非机动车道＋2.0m 人行道＋0.25m 栏杆，总宽 28m。

图 2　主跨合龙时的贵溪大桥

（4）地震设防：本地区地震动峰值加速度不大于 0.05g，地震烈度小于 VI 度，桥梁仅需进行构造抗震设防；

(5) 通航等级：按 3—(4)级航道标准；

(6) 设计风速：10m 高处百年一遇 10min 平均最大风速 24m/s；

(7) 设计速度：40km/h。

三、主 桥 设 计

1. 无背索斜拉桥简介

无背索斜拉桥只有一侧有索，为了保持受力平衡同时节省成本，桥塔向着没有索的一侧倾斜。最著名的无背索斜拉桥是西班牙的卡拉米诺桥(Alamillo Bridge)，跨径 200m。国内最大的无背索斜拉桥是长沙洪山大桥，跨径 206m。对于无背索斜塔斜拉桥，塔的自重设计是关键。为了确保索塔处于良好的受力状态，洪山大桥按照以下原则确定塔的自重力：即当梁上作用全部恒载和一半活载时，塔处于轴心受压状态。

贵溪大桥主塔的水平倾角采用 64°，大于长沙洪山大桥的 58°。这样设计降低了斜塔的施工难度，但同时主塔的受力平衡也受到很大挑战。而单靠增加塔的混凝土体积无论从经济还是景观考虑都难以满足要求，因此改变传统的主塔造型就成为必然。

2. 贵溪大桥设计要点

1)桥跨布置

桥位上游 0.6km 处信江河道有弯曲，西岸地势较高，为红砂岩露头的岗阜；东岸地势较平坦，洪水时漫滩，土质岸线明显，汛期滩流较小；测时水面宽 270m。地质勘察显示桥址区上覆土层为第四系全新统冲积层，下伏中生代白垩纪和第四纪岩层，岩性为砂岩、砂砾岩。地质钻探显示未发现局部断层等不良地质现象。

在桥型方案比选时，考虑到桥位的地质特点，主塔放置于西岸基岩上，这样可以大大减少水上工程量。再用 200m 左右跨径跨过主航道，东岸水上部分以 50m＋40m 变截面连续箱梁相接，跨径布置有递进和层次感。

2)主塔

主塔竖直高度 111.83m，在立面上，塔身上部为等截面，截面基本高度 9m，在距桥面约 30m 高度处分成两肢，呈人字形，前肢截面高 7m，其前沿与上部塔身的前沿为一直线，与水平面夹角为 64°；后肢截面高 8m，与地面垂直，后肢与上部塔身的转折以半径 100m 圆弧线过渡；两塔肢间净距 13.6m，塔身上部和两肢均为空心截面，截面的前后沿壁厚均 2m，侧壁厚 1.4m。

采用两个塔肢是本桥主塔的一大特色，后肢的作用在于：①增加了塔的结构刚度；②主塔下缘抗弯能力较采用单塔柱大大加强；③施工时主塔可在 56m 高度内实现无支架单独施工。本着减少塔的混凝土用量的目的，为抵抗使用阶段的拉应力，后肢采用预应力混凝土结构。

经计算，桥塔施工阶段混凝土最大压应力 11MPa，成桥阶段混凝土最大压应力 6.6MPa，未出现拉应力，满足规范要求。

3)主塔基础

主塔基础(见图 3)设置在西岸岩基上，根据地质资料，主塔处基础地质情况较好，无覆盖层，岩石亦无强风化层，地面以下即为弱风化和微风化细砂岩。根据主塔处的基岩情况，从节省投资的角度出发，采用主塔前、后肢各一个嵌于岩层内的圆形钢筋混凝土深基础，基础直径均为 9.5m，深 18m，达到微风化岩层。两基础中心距 22.733m。在地面处塔宽范围内两基础以 2m 厚钢筋混凝土板相连。因红砂岩的可切割性良

图 3　主塔基础

好，该基础采用人工挖孔施工，为国内较大直径人工挖孔桩基础。本桥基础最大基底应力为 3 142.3kPa，小于容许压应力 σ_R＝5 400kPa，满足规范要求。

4)主梁

主梁采用混合梁形式，梁高 3m，宽 28m。塔侧及主孔 1 号辅助墩侧主梁采用预应力混凝土箱梁，其余为整体式钢箱梁，钢箱梁段长 174m，边孔采用预应力混凝土箱梁。考虑尽可能减少钢箱梁长度以降低工程造价，本桥共设置两个钢混结合段，分别为离塔根处主梁边缘 19m 处和离 1 号辅助墩 10m 处。钢箱梁和混凝土箱梁采用剪力键连接。

钢箱梁(见图 4)采用 Q345qD 钢材，共有 12 个标准梁段和 1 个合拢段，标准节段长 13m。顶板厚 14mm，底板厚 12mm，横隔板间距 3.25m；顶板车行道的加劲肋为 8mm 钢板轧制的 U 形肋；斜拉索对应位置横隔板厚 12mm，其他位置横隔板厚 10mm。为满足斜拉索锚固在主梁上，钢箱梁内设两道纵隔板，纵隔板厚 30mm。混凝土箱梁(见图 5)采用 C55 混凝土，外形与钢箱梁保持一致，为单箱四室断面，辅助墩顶梁高 4m，边跨跨中及边跨梁端部分梁高 2m。

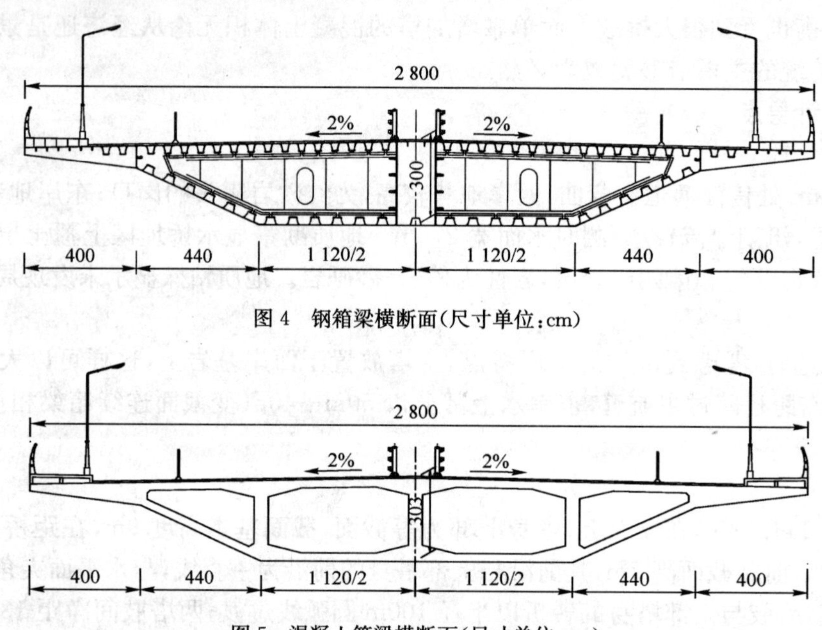

图 4　钢箱梁横断面(尺寸单位：cm)

图 5　混凝土箱梁横断面(尺寸单位：cm)

钢主梁上缘最大应力出现在靠近塔端钢混结合段处，其值为 118.51MPa，此值考虑钢梁的第二、三体系的影响为 165.23 MPa；下缘最大应力为 126.73 MPa。钢箱梁最大应力 165.23MPa＜1.25×213＝266.3MPa，满足要求。

预应力混凝土梁成桥阶段上缘最大压应力 10.3MPa，下缘最大压应力 9.63MPa，未出现拉应力；施工阶段未出现拉应力而最大压应力为 10.3MPa＜$0.70f'_{ck}$＝24.85MPa，满足规范要求。

5)斜拉索

本桥斜拉索共两个索面，横向间距 90cm，布置在中央分隔带处。主梁上顺桥向的标准索距为 13m，纵向拉索布置为竖琴形拉索，本桥采用直径 7mm 标准强度 f_{pk}＝1 670MPa 的平行镀锌钢丝。根据受力大小，斜拉索共分 4 类，钢丝根数为 139～187 丝。拉索外包双层 HDPE 护套，其外附着螺旋线，以减少风雨振的影响。

斜拉索在塔上的锚固采用常规的在塔壁设楔形块的锚固方式，斜拉索在梁上的锚固方式为纵隔板上贴锚箱抗剪连接，拉索锚固在锚箱的承压板上。

本桥斜拉索应力最大的索为最长的 12 号索，其值为 570 MPa。斜拉索应力幅最大的索为 5 号索，其值为 136MPa。规范规定：在持久状况下，$[\sigma]\leqslant 0.4R_b$＝668MPa；σ 应力幅≤200MPa，满足规范要求。

四、施 工 控 制

1. 施工控制的目的和调控手段

施工控制的目的是要对成桥目标进行有效控制，修正在施工过程中各种影响成桥目标的参数误差对成桥目标的影响，确保成桥后结构受力和线形满足设计要求。对于无背索斜拉桥来说，由于索力较小的变化就会在索塔、主梁中引起较大的内力(或应力)的变化，而索力本身又有一定的变化宽容度(即最大最小索力确定的索力允许变化范围)，因此，索力可作为成桥目标中有力的调控手段。

2. 施工阶段应力和工序的控制

本桥施工的一个重要特点是采用了塔梁同步悬臂施工(见图 6)。由于本桥只有一侧有索，所以必须安排合理的施工工序，以控制主塔根部在施工阶段的受力始终处于平衡状态。

图 6 主梁吊装施工

具体施工顺序如下：

(1)首先，主塔单独施工至 43m 高度，同时塔根部主梁(包括钢混结合段和一部分钢箱梁)利用支架施工。

(2)张拉 0 号索(临时索)。施工临时索的目的在于给主梁以足够的支撑，以便下一步桥面吊机的吊装施工，而且临时索也给塔前肢提供了一定的压应力储备。

(3)主塔继续单独施工至 64m 高度，同时安装桥面吊机。

(4)依次吊装 1～3 号钢梁段，同时对应张拉 1～3 号索，拆除临时索。此阶段主塔暂停施工。

(5)依次吊装 4～12 号钢梁段，对应张拉 4～12 号索，同时主塔根据施工控制要求交替施工至相应高度。

(6)最后完成主塔封顶，主梁合龙段吊装焊接。

本桥应力测量采用了钢筋应力传感器、表面应变传感器、数字频率接收仪等设备。其中钢筋应力传感器用于混凝土构件的主筋钢筋应力测量，表面应变传感器用于钢箱梁上下缘钢板表面应变的测量。

从应力测试结果来看，前塔肢钢筋拉应力最大值为 38.1 MPa，钢筋压应力最大值为 39.6 MPa；后塔肢测点处全截面处于受压状态且钢筋压应力最大值为 119.7 MPa；混凝土主梁测点处全截面处于受压状态且钢筋压应力最大值出现在 1 号墩处上缘为 103 MPa；均满足短暂状况下规范所要求的钢筋拉应力限值，各测试工况下实测值与理论值相对比较吻合。从钢主梁应力测试结果来看，钢主梁应力最大 53.4 MPa 满足短暂状况下规范所要求的钢材应力限值。

3. 施工阶段索力和线形控制

本桥用索力动测仪量测索力，该仪器通过量测斜拉索的振动频率来计算斜拉索的索力，稳定性较好。对于正在张拉中的斜拉索采用数字频率接收仪与千斤顶的压力表相结合的方法测量索力。索力测量工作一般选择在一天之中温度变化最小的凌晨日出前进行，同时要尽量避开易使拉索产生风振或雨振的天气，最大限度地降低未知因素对拉索频率的影响，以便测得可靠的索力结果。

从索力测试结果来看，斜拉索安装阶段实测值与理论值误差在 2%左右，中间过程索力实测值与理论值误差在 5%左右，各阶段斜拉索索力满足规范规定的误差允许范围。

高程测量采用精密水准仪，测点布置在距钢梁段前端 50cm，左右各有一处，临时水准点设在梁塔固结处。主梁轴线和主塔位移采用全站仪测量，测量工作也选择在一天之中温度变化最小的凌晨日出前进行。

为了保证主梁定位标高的准确，监控小组严格按照实际施工状态建立了主桥施工计算模型。同时考虑到钢主梁变形比较敏感，监控还特别注意了桥面施工临时荷载的位置(包括桥面吊机、检查小车、电焊机、钢板件等位置都做了明确规定)。从主梁变形测试结果来看，各阶段主梁变形符合预期要求。

4. 合龙施工

合龙时值冬季，当地一日温度变化约 10℃。测量结果显示，主跨钢梁一日最大高程高于边跨 10cm，最小高程低于边跨10cm，主梁轴线变化4cm。施工单位利用气温下降后主梁自然收缩下挠，当高程和合龙缝宽达到焊接要求时，利用劲性骨架和纵隔板将主跨和边跨相互锁定，实现合龙。

五、结　语

本桥设计时根据主塔处无覆盖层、基岩出露且易切割的特点，采用挖孔施工的圆形钢筋混凝土深基础，摒弃了常规的扩大基础，在施工简便宜行的同时大大减少了基础的混凝土用量。主梁采用混合梁，尽可能减少钢箱梁长度，在主塔处及两个边孔采用混凝土梁，符合结构的受力特点，降低了工程造价。斜塔顺桥向采用人字形构造，采用"立体交叉"施工方法——边吊装主梁边施工索塔，实现了索塔的无支撑施工，解决了斜塔的施工难题。

贵溪大桥建成后将成为贵溪市的标志性建筑物，为信江和浙赣线增加了一道靓丽的风景。同时，它在设计和施工中的一些创新也给我国无背索斜拉桥的建设积累了宝贵经验。

24. 辽宁朝阳黄河路大桥设计

李　强　鞠秀颖　张　青　夏宏光　张星云
（北京建达道桥咨询有限公司）

摘　要　简述黄河路大桥的设计要点。

关键词　自锚式悬索桥　设计要点

一、黄河路大桥的建设背景

朝阳黄河路大桥位于辽宁省朝阳市东部出口，在已建成的东大桥下游约1 100m处跨越大凌河，西接城区黄河路，东接凤凰组团开发区，是连接新老城区的纽带。建设黄河路大桥，可以完善城区的路网，解决新老区之间的交通问题，适应朝阳市的经济发展战略，促进经济发展，满足不断增长的交通运输需求。修建黄河路大桥不但有利于促进朝阳市经济的进一步发展，而且也将成为大凌河风景区的又一道亮丽的风景线。

黄河路大桥经过方案设计、初步设计、施工图设计的反复论证，最终确定的桥型结构为主跨180m的自锚式悬索桥，边跨跨径73m，桥面总宽31.5m，主梁为预应力混凝土结构，索塔为钢筋混凝土结构。主缆中跨矢跨比为1/5.5。

黄河路大桥的总体布置如图1所示。

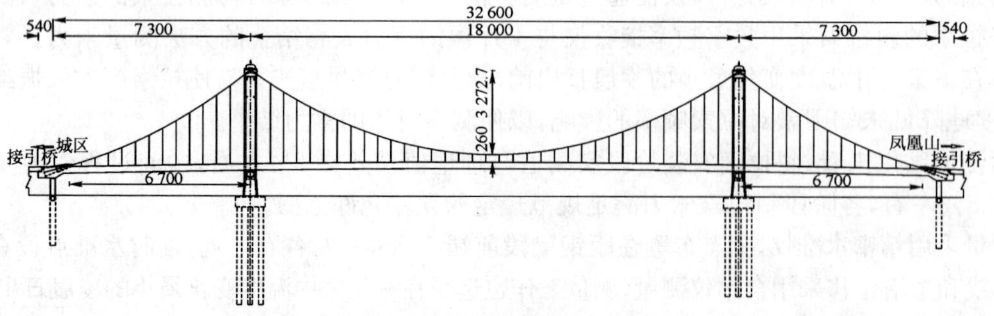

图1　黄河路大桥主桥总体布置(尺寸单位:cm)

二、桥 跨 布 置

自锚式悬索桥的中跨跨径受具体桥位处的地形与地质条件制约，景观设计的需要等因素的影响往往是确定的。对已确定中跨跨径的自锚式悬索桥进行桥跨布置主要需要考虑以下两个方面：(1)矢跨比，

(2)边、中跨主缆跨度比值。这两个要素相互影响，相互制约，确定其值的时候要综合多方面因素共同考虑。

1)矢跨比

传统的悬索桥一般跨度较大，其主要承重构件主缆都锚固在锚碇上，矢跨比一般取1/ 9～1/ 12；自锚式悬索桥一般跨度不大，加劲梁高跨比较大，竖向刚度往往不成为控制性因素，在此前提下采用较大的矢跨比，一则最大限度减少主缆用钢量，二则减小主缆恒、活载拉力以减少主缆锚固的构造尺寸，方便锚固。对于城市桥梁，当桥梁较宽时，还需要借助较大的矢跨比以获得较高的主塔高度，进而取得加劲梁与主塔尺寸上的协调，故此，主缆矢跨比通常选用1/ 5～1/ 6[1]。

为了找到适合黄河路大桥的矢跨比，设计初期比较了不同矢跨比对主缆面积、主塔高度、主缆倾角、主缆水平力的影响。矢跨比的比较范围选择1/4～1/7。

(1)不同矢跨比对主缆面积的影响

矢跨比的大小与主缆中的拉力呈反比，在较大程度上影响着主缆的用钢量。

在其他条件相同的情况下，仅变化主缆的矢跨比，所需要的主缆的面积如表1所示。

主缆面积比较表 表1

矢跨比	1/4	1/4.5	1/5	1/5.5	1/6	1/6.5	1/7
所需主缆面积(m^2)	0.066	0.074	0.083	0.091	0.099	0.108	0.116

(2)不同矢跨比对主塔高度的影响

矢跨比与塔承受的压力呈反比，与塔的高度成正比。

在其他条件相同的情况下，仅变化主缆中跨的矢跨比，主塔的高度变化情况如表2。

主塔高度变化比较 表2

矢跨比	1/4	1/4.5	1/5	1/5.5	1/6	1/6.5	1/7
主塔高度变化值(m)	19.29	14.29	10.29	7.01	4.29	1.98	0.00

对于悬吊结构，索塔的高度影响桥梁的景观效果。在构造合适的范围内选择较大的中跨矢跨比有利于提高索塔的高度，桥梁高耸挺拔，景观效果较好。

(3)不同矢跨比对边、中跨最大倾角的影响

根据不同的矢跨比，按照抛物线法计算大桥边跨、中跨的最大倾角如表3所示。

主缆边跨、中跨比较表 表3

矢跨比	1/4	1/4.5	1/5	1/5.5	1/6	1/6.5	1/7
边跨最大倾角	42.982	41.687	40.612	39.707	38.933	38.265	37.682
中跨最大倾角	45.000	41.634	38.660	36.027	33.690	31.608	29.745

从上表可以看出中跨矢跨比越大，边、中跨主缆的最大倾角越大，相应的下滑力也越大，对索夹的设计提出更高的要求。从方便索夹设计的角度考虑不宜采用过大的矢跨比。

边跨的最大倾角同时还受到主缆边跨IP点的影响。IP点的位置同时受到边跨跨径的影响，所以在确定中跨的矢跨比时要结合边跨跨径综合考虑。

(4)不同矢跨比对主缆水平力的影响

考虑相同的均布荷载，仅变化主缆中跨的矢跨比，主缆提供的水平力如表4所示。

主缆水平力比较表 表4

矢跨比	1/4	1/4.5	1/5	1/5.5	1/6	1/6.5	1/7
主缆水平力(kN)	62194	69968	77743	85517	93291	101065	108840

从表4可以看出中跨矢跨比与主缆的水平力成反比。矢跨比越大，主缆提供给主梁的水平压力越小。为满足受力，需要配置更多的预应力，增加造价。

经过上述几个方面的综合考虑，最终确定大桥的矢跨比为1/5.5。

2)边、中跨主缆跨度比值

针对已知的中跨跨径，确定边、中跨主缆跨度比值也就是确定边跨跨径。边跨跨径的确定在满足受力要求的前提下应以使全桥比例协调为原则，同时要兼顾主缆近主鞍处的切线角、主缆锚固点处切线角对锚固构造尺寸的要求、主梁端部压重实施可行性等多方面因素。

黄河路大桥根据上述原则，采用73m+180m+73m的跨径组合。为了降低边支点处主缆的上拔力，同时使短吊杆保持合适的长度以保证其工作性能，边跨主缆在距离桥塔67m处利用散索套分散开来，锚固到梁端。主缆在散索套处的切线角为16.678°。主缆产生的上拔力小于主、引桥可以提供的压重。主缆在在梁端采用锚箱锚固。边跨主缆近主鞍处的切线角为38.873°。

三、加劲梁选型

对于大跨径悬索桥由于自重的限制，加劲梁多为钢结构。对于跨度不大的自锚式悬索桥，当自重的矛盾不是很突出的时候加劲梁选择哪种结构要视具体情况确定。

黄河路大桥桥位处适于采用满堂支架施工，方便混凝土主梁浇注，且主缆导入的压力可以作为主梁的预应力，降低主梁本身造价、减小维护工作量。因此大桥采用预应力混凝土主梁作为加劲梁较为合适。

对于预应力混凝土主梁的截面形式，常见的有箱形、边主梁形两种。设计初期针对图2、图3所示的主梁断面进行了比较。

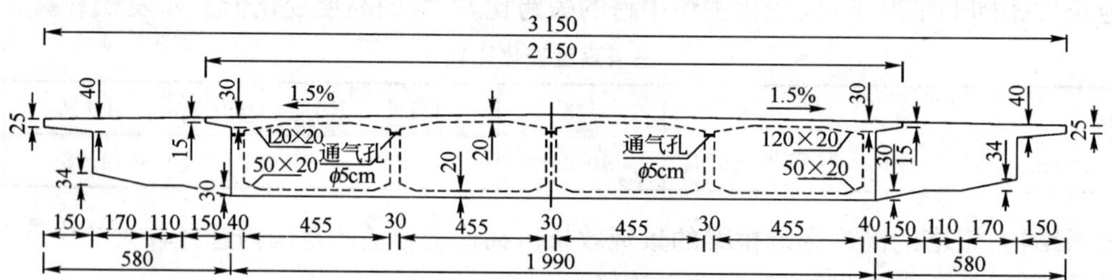

图2 箱形截面横断面(尺寸单位:cm)

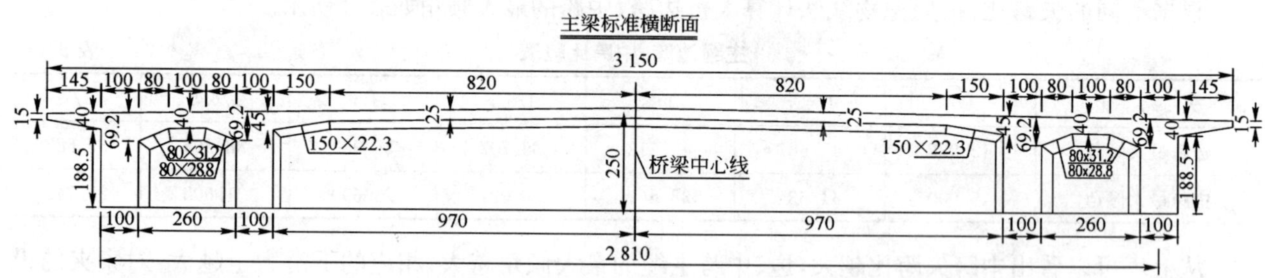

图3 边主梁截面横断面(尺寸单位:cm)

单从自重力的角度讲，两者的重力相差不多，几乎相等。对于5m一个梁段范围内的重力，边主梁的均布荷载为702.463kN/m，箱形断面的均布荷载为691.046 kN/m，仅有1.7%的差距。

边主梁断面施工难度小，梁端锚索区应力传递较为顺畅，但主梁抗弯、抗扭性能差，中性轴位置偏上，弯矩作用下主梁上下缘应力幅值差较大，主梁体内需布置较多预应力钢绞线。

箱形断面抗弯、抗扭性能好，中性轴位置基本居中，主梁的上下缘应力幅值差较小，但施工难度较大，并且梁端锚索区应力传递较为复杂，构造较为繁琐。

针对图2、图3所示的两种断面的比较如表5所示。

主梁不同截面形式的比较 表5

项　　目	主梁中心高(m)	主梁宽度(m)	面积(m^2)	惯性矩(m^4)	截面形心距离顶缘的距离(m)	截面形心距离底缘的距离(m)	梁端传力	上、下缘应力幅值差(MPa)
箱形断面	2.5	21.5	13.12	13.09	1.215	1.285	复杂	0.21
边主梁	2.5	31.5	17.75	9.23	0.862	1.638	明确	5.77

综合上述多方面因素考虑，主梁最终采用了图2所示的单箱四室预应力混凝土现浇箱梁。

四、主梁上主缆锚固构造

主缆锚固设计乃是自锚式悬索桥设计构思的重中之重，甚至一定程度上决定了总体设计布局。主缆的锚固构造必须保障主缆、主梁之间传力顺畅，主缆束股架设张拉方便、锚固可靠。作为景观桥梁，大桥的各部分尺寸不宜做的太大，以显结构的轻柔之美，但是从受力和锚固空间的角度而言，结构也不可能做的过小，设计必须从两者之间寻找一个适合的平衡点。

为了减小端横隔梁侵入桥下的尺寸，避免洪水淹支座，黄河路大桥的散索套IP点设置在了桥面之上，一部分锚箱突出桥面。大桥设计因地制宜，利用突出桥面的锚箱作为桥头堡的底座，进行了专门的景观设计。景观效果如图4所示。

图4　锚箱上的桥头堡

为了保证主缆与主梁之间的传力流畅，黄河路大桥在距离梁端24m处开始加宽主梁，在腹板外侧设置主缆锚箱实现主缆分束锚固。大桥的锚固构造如图5所示。

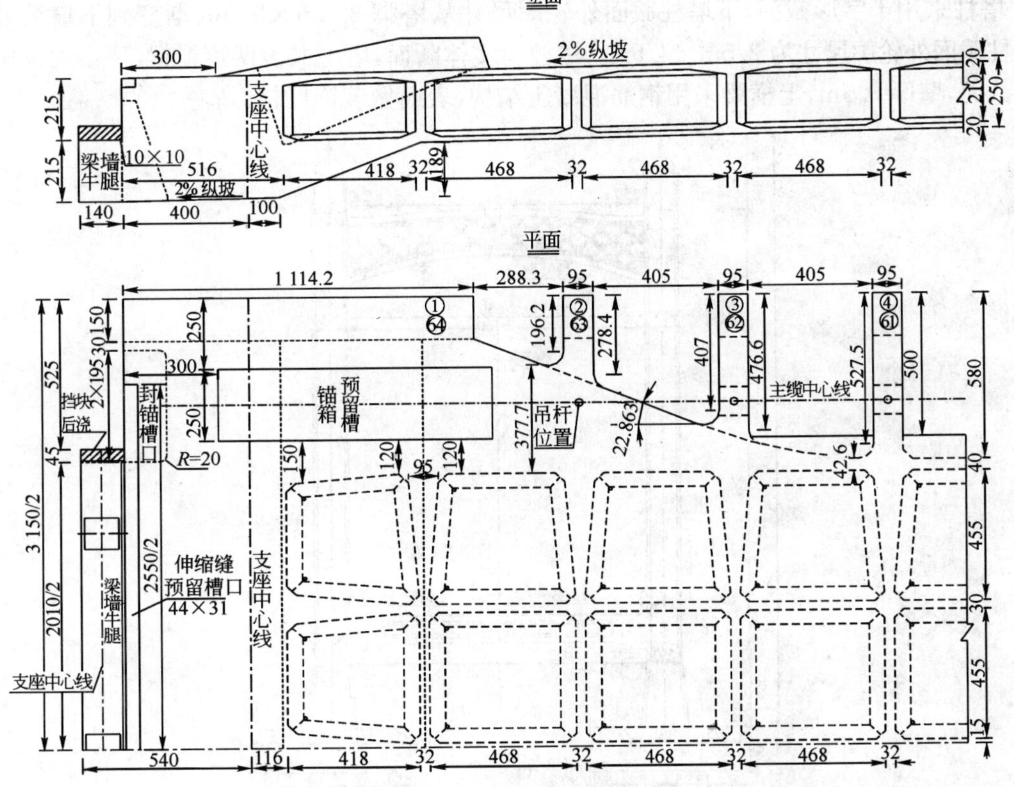

图5　主缆锚固构造(尺寸单位:cm)

针对上图所示的锚固构造，进行了局部的空间分析。发现主缆的拉力在梁端主要传递给了加宽的腹板，经过一定距离的传递后，均匀的分布在整个主梁断面上。加宽的腹板为主缆的锚固提供了足够的空间，同时可以提供更大的重力，抵抗主缆向上的拉力，发挥压重的作用。

由于锚箱的尺寸较小，对主缆的准确定位提出了更高的要求。为了保证主缆准确定位，同时保证主缆、主梁之间传力更为可靠，在锚箱内设置了定位钢支架，构造如图 6 所示。定位支架的骨架、基架、顶层片架、底层片架均采用 L36×5 等边角钢。骨架间联系、基架间联系采用 8mm 厚钢板。

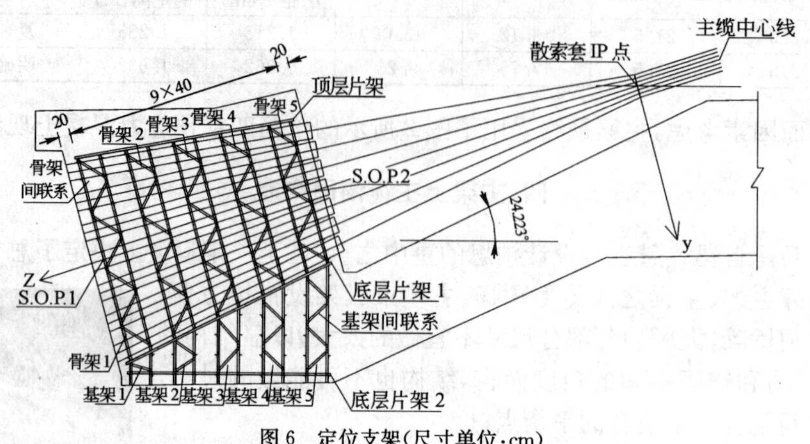

图 6　定位支架(尺寸单位:cm)

五、主　塔

黄河路大桥是朝阳市的标志性建筑物，也是该区域的重要工程，主塔作为大桥景观的控制元素，除满足受力要求外，结构选型以景观为基本出发点。桥塔的造型既要与周围环境相协调，体现新颖、美观的特色，也应结合当地历史发展的脉络，符合城市建设的文化品位和功能定位需求。

设计经过多次方案比选，最终确定采用现代气息浓厚的门字型塔。结构形式如图 7 所示。桥塔全高 53.327m。塔柱采用十字形截面，下塔柱截面外轮廓尺寸从塔脚 3.5m×5.5m 渐变到下横梁处 2.5m×4.5m；上塔柱截面外轮廓尺寸为 2.5m×4.5m。塔柱为实体断面，塔上共设两道横梁，下横梁采用 2.5m×3.5m 箱形截面，壁厚 0.5m，上横梁采用钢筋混凝土结构，表面做装饰网格。

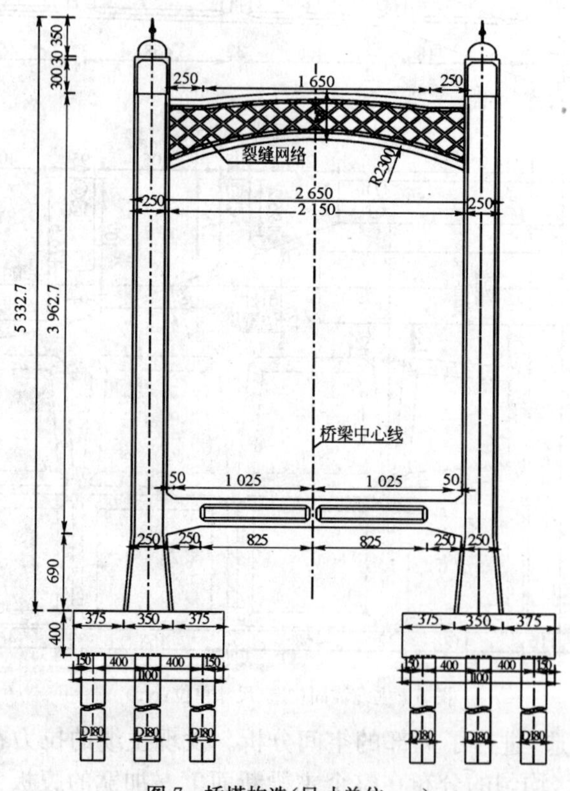

图 7　桥塔构造(尺寸单位:cm)

六、主 缆

自锚式悬索桥主缆锚固于主梁，锚固构造尺寸受限制，主缆每根束股的钢丝数不宜过少；另一方面，为了方便主缆截面成型，主缆应选用规则的正六边形。主缆外表面越接近圆形，索夹安装越方便、索夹与主缆钢丝之间的摩擦面更容易得到保证。

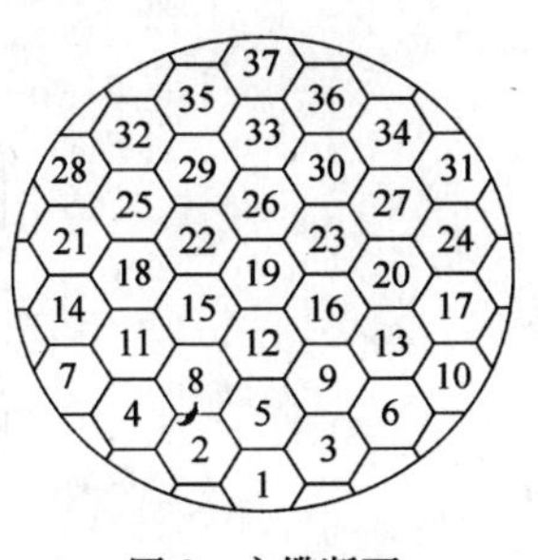

图 8 主缆断面

黄河路大桥的两根主缆采用 37 股预制平行钢丝索，每索股含有 127 根 ϕ5.2mm 高强镀锌平行钢丝。主缆预制索股采用热铸锚，每个索股两端各设一个锚头，锚头工厂制造。主缆经过散索套后，呈辐射状散开，穿过各自的导管分别锚于梁端。

七、索 夹

悬索桥的荷载是通过吊杆传到主缆，索夹作为主缆和吊杆的连接构件在整个结构中发挥着重要的作用。索夹和主缆的连接是靠摩擦阻力来抵抗吊杆产生的滑动力来固着的，摩擦阻力是由紧固索夹的高强螺栓的预拉力产生的[2]。由于各索夹处主缆倾角不同，所需的索夹夹紧力不同，索夹长度及螺杆数量也均不同，为方便施工，将全桥索夹分为 6 组。索夹均采用左右对合型的形式，左右两半索夹采用螺杆相连夹紧。索夹下端伸出吊耳板与吊杆销接。全桥索夹共 124 套。有吊杆索夹 116 套，无吊杆索夹 8 套。索夹的最大下滑力为 1602kN，最大索夹长度 1.96m。

八、吊 杆

吊杆的选型应考虑近主缆锚固处短吊杆的实际长度，端部压重对吊杆拉力的影响程度。当采用张拉吊杆方法实现主梁由支架承载向主缆承载转移时，吊杆应从构造上予以适应。

黄河路大桥的边跨是悬吊跨，锚固点附近主缆切线角小，端部的短吊杆长度较短。为了保证短吊杆的工作性能，黄河路大桥的吊杆采用了刚性吊杆及柔性吊杆两种结构形式。其中 1 号吊杆为刚性吊杆，12～13 号吊杆为 127-ϕ7.0 高强镀锌平行钢丝柔性吊杆，其余吊杆为 109-ϕ7.0 高强镀锌平行钢丝柔性吊杆。为了满足吊杆变形需要，下锚头采用球形垫板支座，球形支座最大允许转动量：刚性吊杆 $\pm 2^\circ$，柔性吊杆 $\pm 3^\circ$。

九、鞍 座

鞍座设计时，要特别注意主缆在鞍座上的弯曲半径，其值大小将会影响到主缆的弯曲应力及主缆与鞍座的接触压力。这是因为主缆所受的弯曲应力与弯曲半径成反比，且减弱主缆拉力强度的接触应力也同样与弯曲半径成反比，所以在设计鞍座的半径时要特别慎重[3]。

设计中参考经验拟定截面尺寸，采用经典公式及通用有限元程序 ansys 进行分析校核，最终确定索鞍的结构形式及主要尺寸。索鞍采用全铸整体式索鞍，为肋传力结构形式。主缆槽内主缆中心线处的纵向圆弧半径 R=3.5m。索鞍长 4.28m，宽 1.5m，高 2.18m。

十、散 索 套

为了降低锚固附近的局部受力的复杂程度，避免为支承散索鞍提供支点，减小锚箱的尺寸，降低锚箱突出于桥面的高度，黄河路大桥选用散索套散开主缆。散索套的构造如图 9 所示。与索夹相似，散索套由两半构成，散索点以上为直段、散束点以下呈漏斗状。主缆架设前，在散索套前端附近安放主缆成型器，临时固定主缆各束股的相对位置。束股架设完毕，安装散束套，因这时各束股拉力并不大，散索套左右两半安装对合并不困难，之后张拉高强螺杆，并于架设梁段前撤除主缆成型器[4]。

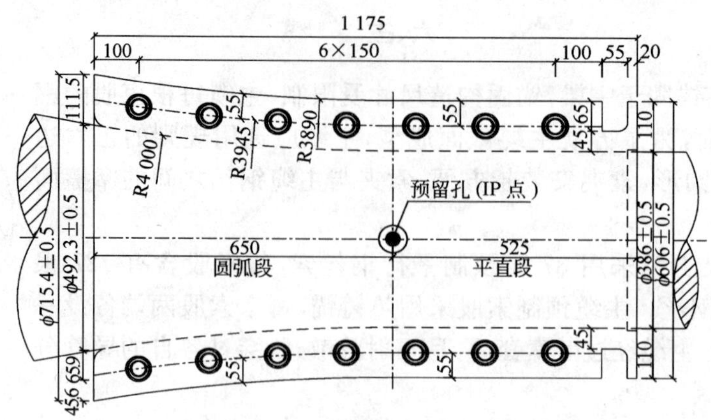

图9　散索套构造(尺寸单位:mm)

十一、计算分析

自锚式悬索桥的总体分析主要分为成桥阶段分析和施工阶段分析两部分。

由于主缆为柔性结构,悬索桥在施工阶段表现为比较突出的非线性,需要对各施工阶段使用大位移理论(几何非线性理论)建立针对变形后的平衡方程组,进行非线性分析。设计中利用MIDAS软件中的收缩徐变分析与非线性分析功能来完成施工阶段的分析计算。

建立成桥阶段模型较为重要的是如何模拟成桥阶段的结构刚度、边界条件以及质量分布。悬索桥在施工阶段表现出非常明显的非线性特征,但在主缆和吊杆产生了较大张力的成桥阶段,对追加荷载(车辆荷载、风荷载等)的反应则表现出线性特征。因此可以将成桥状态的坐标和构件内力作为初始平衡状态,对追加荷载的反应假定为线性反应,利用初始平衡状态的内力计算几何刚度,并与结构刚度进行叠加生成成桥状态的刚度。设计利用MIDAS软件中的几何刚度初始荷载命令反映轴力对刚度的影响,对成桥阶段大桥的静力、动力进行分析计算。

黄河路大桥的局部分析采用空间有限元程序进行。针对锚箱局部,主鞍局部进行计算,保证大桥的结构安全。

参考文献

[1] 黄铁生,万田保. 自锚式悬索桥关键技术的设计构思[J].桥梁建设,2005,(3):28-38.

[2] 张哲,李晓莉.吉林兰旗松花江大桥主缆、索夹、吊索的设计.中南公路工程,2004,(12):83-86.

[3] 周孟波.悬索桥手册.北京:人民交通出版社,2003.

[4] 钱冬生,陈仁福. 大跨悬索桥的设计与施工(修订版)[M]. 四川:西南交通大学出版社,1999.

[5] 朝阳市黄河路大桥设计施工图.北京建达道桥咨询有限公司,2007.3.

25. 深圳东宝河大桥设计

陈　佳[1]　李　强[1]　吴洪峰[1]　黄少雄[1]　苏　舰[1]　刘中田[2]

(1.北京建达道桥咨询有限公司;2.江苏省交通规划设计院有限公司)

摘　要　东宝河大桥为跨径120m+216m+120m的部分斜拉桥,该桥具有大跨、桥宽、索力大、位于圆曲线等特点,文中主要介绍工程概况、技术标准、结构特点以及设计计算方法。

关键词　部分斜拉桥　设计　横向三塔　四索面

部分斜拉桥是一种介于连续梁与斜拉桥之间,兼具二者优点的新桥型,比较适合于跨度 200m 左右的混凝土桥。由于其特有的优点,我国自 2001 年 10 月份建成第一座部分斜拉桥——漳州战备大桥(80.8m+132m+80.8m)以来,该种桥型发展较快。迄今为止,已建成 30 余座各种跨径的部分斜拉桥,为我国桥梁建设增添了新的风景。

一、工 程 概 况

东宝河大桥位于广深沿江高速公路深圳段起点,主桥跨越东宝河入海口,桥位区水面宽度约 300m,设计最高通航水位 3.45m,设计最低通航水位-0.92m,桥下将通行 500t 级海轮,要求通航净宽不小于 139m,通航净高不小于 15m,河流与桥轴线斜交角约为 108°,桥位处基岩为中风化混合片麻岩,埋深 30~40m,可做为桥梁持力层。主桥采用 120m+216m+120m 双塔四索面预应力混凝土部分斜拉桥,塔墩固结、塔梁分离的三跨连续体系。主桥总体布置见图 1 所示。

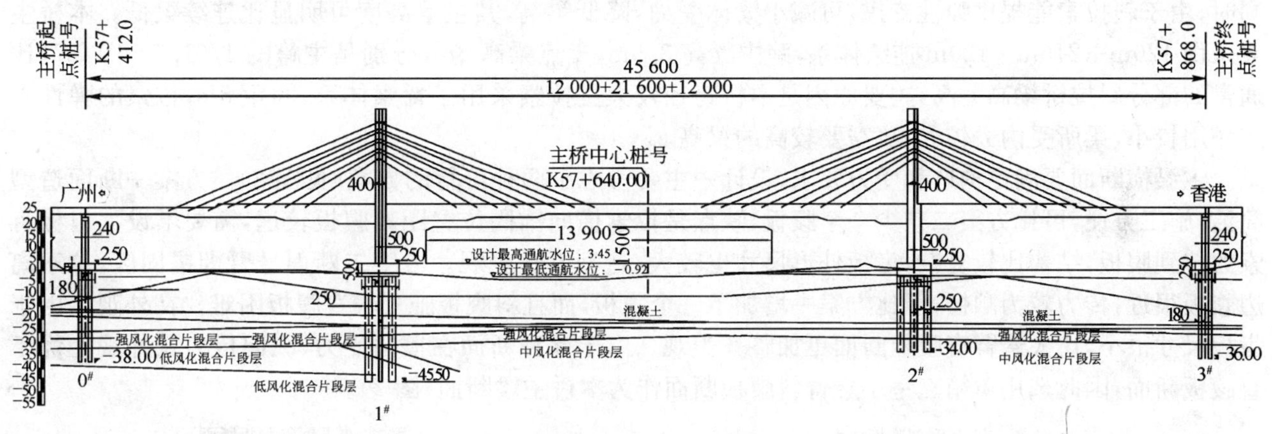

图 1 主桥布置(尺寸单位:cm)

二、技 术 标 准

公路等级:双向八车道高速公路

设计荷载:公路—I 级

桥面宽度:单幅桥桥面宽度 22.05m(包括两侧各 1.1 米斜拉索锚固区),左右幅分离,中间留有 2.0m 空隙。

基准风速:41.2m/s

地震动峰值加速度:0.12g

船舶撞击力:主墩——11.5MN(横桥向)、7.0MN(顺桥向)

过渡墩——4.0MN(横桥向)、2.0MN(顺桥向)

冲刷:300 年一遇流量下,一般冲刷 2.8m,主墩局部冲刷 12.5m,过渡墩局部冲刷 5.0m

三、设计要点及特点

1. 结构体系

本桥位于广深沿江高速公路上,交通量较大,八车道也是目前高速公路路基形式最宽的一种。若做整体式路基,桥面宽度将超过 40m,为了不影响单幅行驶,桥塔横向需要位于主梁的外侧。若只在主梁外边缘设置两根塔柱,主梁横向两弹性支撑距离大于 40m,受力相当不利。鉴于以上情况,本桥提出了横向三塔的方式,左右幅分离,中塔位于两主梁之间,两主梁外侧各有一个边塔,形成横向三塔四索面的结构体系。该种体系成功解决了桥面较宽的问题。横向三塔的独特结构也使该桥即将成为广深沿江高速进入深圳的标志性建筑之一。

通常情况下，部分斜拉桥普遍采用塔梁固结、塔墩分离的结构体系，这种体系对应的桥塔一般位于主梁正中央，斜拉索锚固在主梁内的锚箱里。本桥桥塔位于桥面范围以外，若塔梁固结则需要在主梁0号块内设计强大的中横隔梁，与桥塔紧密联系，此种结构在塔梁固结处受力比较复杂，传力路径不够顺畅，构造措施也较复杂，同时大体积的混凝土施工也存在一定难度。从受力来看，因本桥桥墩较矮，不足主跨的1/10，如采用墩梁固接，桥墩弯矩比墩梁分离增加较多，桥墩所需钢筋翻倍，桩身弯矩也相应增加，桩基配筋率需要超过2%，材料用量增加较多。因此，本桥提出塔墩固结、塔梁分离的三跨连续体系，结构受力较清晰，荷载从梁传到斜拉索和竖向支座，再通过桥塔和过渡墩向下传递至基础。

2. 主梁

部分斜拉桥主梁以压弯为主，与一般斜拉桥相比，主梁要承受较大的弯矩，梁高和整体刚度均较大，同时，由于斜拉索能提供弹性支撑，可减小梁体受力，降低梁高，其主梁高度可明显比连续梁低。本桥主梁采用120m＋216m＋120m连续体系，跨中梁高3.5m，支点梁高8m，分别是主跨的1/61.7和1/27，比通常的部分斜拉桥梁高偏高，主要原因是本桥跨径较大且拉索采用了稀索体系，间距8m，拉索的弹性支撑作用较小，梁所受内力较大，故需要较高的梁高。

主梁横断面要满足构造和受力要求，设计中主要考虑了两种可行的方案（见图2）。方案一断面造型简洁，施工方便，可比方案二减少一个腹板，缺点是拉索横向锚固位置距离腹板较远，需要增设大齿板将索力传到腹板，结构比较复杂，齿板外形尺寸也较大，造型不够美观。方案二断面悬臂即锚固区，拉索离边腹板很近，传力较为顺畅，但比方案一增加了一个腹板，而且斜腹板施工较直腹板困难。在外观上由于齿板尺寸很小，比大悬臂直腹板断面更加整齐美观。由于此种断面在横向受力、纵向传力及外观上优于直腹板断面，因此选用单箱三室小悬臂斜腹板断面作为本桥主梁断面（图2）。

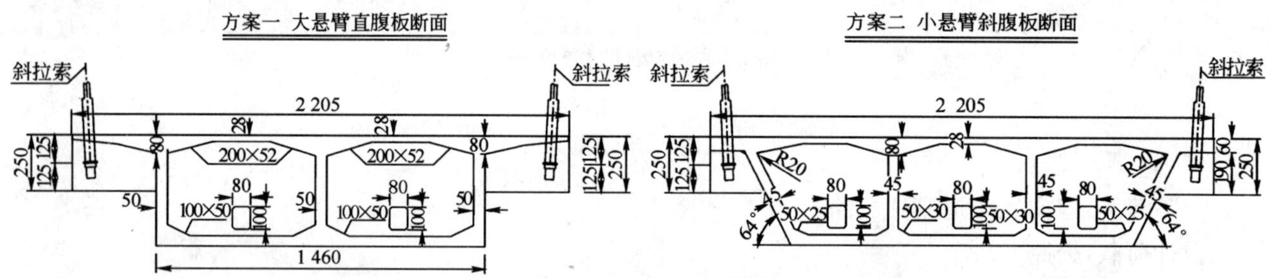

图2　主梁横断面比选（尺寸单位：cm）

主梁在中支点6m范围内箱梁顶板宽度为19.85m，其他区域箱梁顶板宽度为22.05m，箱梁底宽由墩顶位置的11.832m变化至跨中位置的16.221m，腹板斜率不变。端支点及跨中位置梁高3.5m，中支点位置梁高8.0m，其余主梁梁高采用1.8次抛物线变化。箱梁合龙段底板厚度32cm，0号块底板厚度100cm，其余厚度采用1.8次抛物线变化；箱梁边、中腹板厚度均为45cm；箱梁顶板厚度为28cm。斜拉索锚固点处均设有横隔板，厚度为45cm。主梁按挂篮悬臂浇筑法施工，0号块节段长12.0m，1～6号节段长3.5m，其他各节段长4.0m，合龙段长2.0m，最大悬臂浇注梁段重量为390t。

主梁采用双向预应力混凝土结构，按全预应力构件设计。纵向预应力采用15-16、15-19钢绞线，竖向采用精轧螺纹钢筋，并采用二次张拉工艺。

3. 主塔

目前建成的部分斜拉桥桥塔横向多以独塔单索面或双塔双索面为主，本桥主塔是由1根中塔柱、2根边塔柱、上下横梁形成的框架结构（图3）。

主塔结构高49.2m，分为上塔柱和下塔柱，其中上塔柱高40m，下塔柱高9.2m。上塔柱上36.2m范围采用实心矩形截面，上塔柱下3.8m范围与下塔柱采用空心矩形截面。边塔上塔柱顺桥向3.8m，横桥

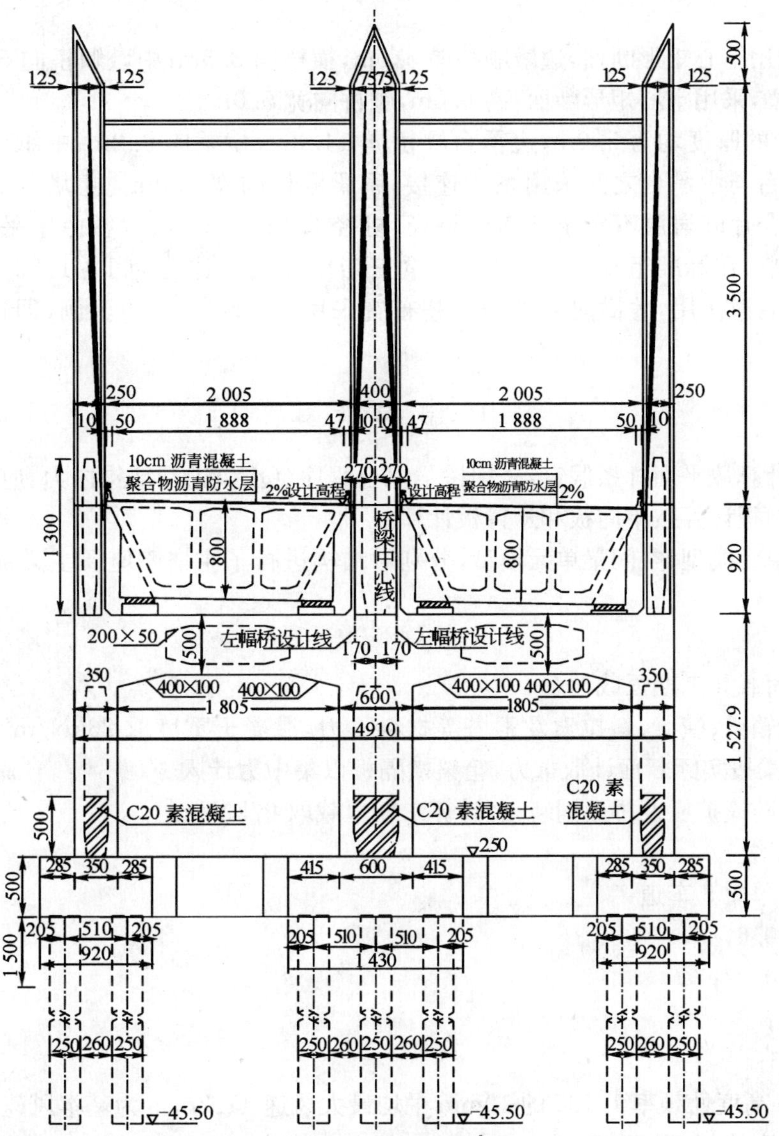

图 3 主塔横向布置(尺寸单位:cm)

向 2.5m,边塔下塔柱顺桥向 4.8m,横桥向 2.5m;中塔上塔柱顺桥向 3.8m,横桥向 4.0m,中塔下塔柱顺桥向 4.8m,横桥向 4.0m。塔身四角设置突出的半径为 10cm 的圆角,且在横桥向塔面设有装饰槽。塔上设鞍座,以便拉索通过。每根斜拉索对应一个鞍座,中塔柱斜拉索横桥面呈两排布置,鞍座亦设两排。鞍座采用分丝管形式,分丝管采用 ϕ28mm×3mm 的圆弧形无缝钢管。

由于本桥位于圆曲线上,拉索横向具有不对称的水平分力,且本桥基本风速也较高,为改善桥塔横向受力,在距离塔顶 8m 的位置,中塔与边塔之间设置上横梁,横梁高 2.0m,顺桥向宽 3.1m,实心矩形断面。

4. 拉索

目前建成的部分斜拉桥多采用拉索布置在主梁中间的平面索,该种体系结构抗扭刚度主要由主梁承担,比较适合直线桥梁。本桥位于圆曲线上,双幅四索面斜拉索可提高结构抗扭刚度,更适合曲线桥梁。本桥斜拉索纵向在梁上采用稀索体系,间距 8m,塔根附近每侧无索区长度为 29.75m,中跨无索区长度 44.5m,边跨无索区长度 34.25m,塔上索距 2m。拉索采用高强度低松弛环氧喷涂钢绞线,每根拉索由 73 根 7ϕ5 钢绞线组成,全桥共计 64 根。钢绞线采用环氧喷涂工艺,单根 PE 护套,斜拉索外层采用 HDPE 护套,其颜色可根据景观要求确定。锚具采用斜拉索专用锚具,减振设备采用橡胶减振圈减振。

5. 主墩及基础

边墩、中墩均采用空心矩形断面，边墩顺桥向5.0m，横桥向3.5m；中墩顺桥向5.0m，横桥向6.0m。墩顶位置设置下横梁，采用空心矩形断面，高5.0m，顺桥向宽5.0m。

边承台、中承台的厚度均为5.0m，边承台顺桥向14.3m，横桥向9.2m；中承台顺桥向14.3m，横桥向14.3m。边承台与中承台之间采用系梁连接，系梁顺桥向宽5.0m。主塔基础采用钻孔嵌岩桩，桩底嵌入中风化混合片麻岩层不小于2倍的桩径，桩径2.5m。桥塔、桥墩由于平曲线引起的斜拉索横向拉力作用的影响，在标准组合内力作用下横向三墩底竖向力比值为1：1.83：1.13，同时横向边墩还需要考虑横向船撞作用，故横向三墩的桩基布置采用1：1.5：1的比例，即边塔柱6根，中塔柱9根。

四、结 构 计 算

桥梁纵向整体计算按平面杆系假定，采用桥梁综合程序(QJX)进行结构内力、应力计算，并用Midas软件进行验算。桥面板计算按单向板和悬臂板计算。

采用空间实体单元模型、空间梁单元模型，分别对结构进行了主塔鞍座及主梁锚固区局部受力分析和抗震分析。

1. 设计荷载

(1)恒载：一期荷载和二期恒载

一期恒载：包括箱梁、横梁、斜拉索及索塔等材料重力，混凝土重度取26kN/m^3，斜拉索1.01kN/m(包括PE护套)，箱梁按实际断面计取重力，箱梁横隔板以集中力计入。

二期恒载：包括防撞护栏及桥面铺装，经计算二期恒载取67kN/m。

(2)活载：公路I级

单幅桥车道数：单向5车道；

横向折减系数：0.6；

纵向折减系数：0.97；

冲击系数：1.05；

偏载系数：1.15；

风荷载：以10m高度处频率1/100的10min平均最大风速41.2m/s为基本风速，当风荷载参与汽车荷载组合时，桥面高度处V_z采用25m/s；

汽车制动力：制动力的着力点在桥面上，其值按桥规规定的方法计算，加载长度为455.68m，同向5车道行驶，汽车制动力为：(455.68×10.5+360)×0.1×3.0=1 543.4kN；

收缩徐变：混凝土徐变对结构产生的效应按照规范(JTG D62—2004)第4.2.12条计算，收缩徐变期限取15 000天，收缩徐变引起的预应力损失按照规范(JTG D62—2004)第6.2.7条计算。

(3)温度荷载

计算取体系升温22.5℃，体系降温－23.7℃；

斜拉索与混凝土主梁、索塔间的温差±15℃；

塔身左、右侧温差±5℃；

温度梯度按照新规范取值。

(4)基础不均匀沉降：10mm。

2. 主要计算结果

标准组合下，主梁最大压应力17.2MPa，跨中最小压应力1.9MPa，同时抗裂验算均满足全预应力混凝土的要求。

拉索初始张拉力为5850kN，最不利组合下，单根最大索力为7823kN，最大应力为771MPa，小于0.6倍标准抗拉强度(1116MPa)，满足使用要求。拉索最大应力幅137MPa，满足疲劳验算要求。

主塔最不利断面位于上横梁底处，最大裂缝宽度 0.15mm，主墩因轴力较大，全截面受压，不出现裂缝。

斜拉索横隔板计算将拉索假定为弹性支撑点，抗裂验算满足预应力 A 类构件的要求。

通过 ANSYS 软件对主梁锚固区和索塔鞍座进行了空间分析，主塔鞍座附近最大竖向压应力为 15.43MPa，位置位于拉索在索塔出口处，在鞍槽中部大部分区域内竖向正压应力比较均匀，压力值为 4.5 MPa 左右，远小于索塔 C55 混凝土容许正压应力强度 17.75MPa，因此索塔的拉索区域竖向正压应力满足要求。主梁锚固区在最大索力作用下，最大主压应力为 22.2 MPa，略大于 C55 混凝土容许主压应力 21.3 MPa，位置位于锚垫板后拉索预埋管附近区域，后应力沿着锚固区横向方向及拉索纵向方向逐渐衰减，主要影响区域为锚垫板后约 0.22m 范围内，考虑到锚垫板后强大的螺旋筋的套箍作用，混凝土的容许压应力会相应提高。因此主梁的拉索区域压应力满足要求。

另外，对结构稳定和动力特性用 Midas 进行了分析，验算结果均满足规范要求。

五、结　　语

本桥具有跨径大、桥面宽、索力大且处于平曲线等特点，横向采用三塔四索面，塔梁分离塔墩固结的结构体系在国内尚属首次。从 2006 年 7 月到 2008 年 6 月，先后完成了方案设计、初步设计、施工图设计，设计理念和成果受到了专家的好评。部分斜拉桥集中了连续梁和斜拉桥的优点，在最近十几年时间里发展十分迅速，但目前建成时间最长的部分斜拉桥不足十年，其受力特点和运营情况还处于研究阶段，如后期换索和更换大吨位支座等问题还没有丰富的实桥经验，笔者愿与对此结构有兴趣的设计人员广泛交流有关设计理论及后期运营等方面的经验。

参考文献

[1] JTG D60—2004 公路桥涵设计通用规范.
[2] JTG D62—2004 公路钢筋混凝土及预应力混凝土桥涵设计规范.
[3] 范立础. 桥梁工程(上下册).
[4] 林元培. 斜拉桥.
[5] 彭卫国，崔铁万，朱孟君. 荷麻溪大桥部分斜拉桥设计.

26. 北京峪道河斜拉桥总体设计分析

王志亮[1]　黄海明[2]
(1. 北京国道通公路设计研究院；2. 江苏省交通科学研究院有限公司)

摘　要　本文以峪道河景观斜拉桥为研究对象，采用空间有限元方法分析了桥梁施工及成桥状态的结构静力、动力特点，并扼要分析了桥梁尺寸拟定上的技术难点。

关键词　矮塔斜拉桥　空间有限元法　结构特点　动力性能　悬臂施工

一、引　　言

自 1994 年世界上第一座矮塔刚梁斜拉桥小田原港桥在日本建成后，矮塔斜拉桥在国内外迅速发展，设计思路主要趋向于柔梁矮塔、刚梁矮塔两种理论。其中以瑞士 Sunniberg 桥为柔梁矮塔斜拉桥的杰出代表，其最大跨径 140m，梁高 0.8m 的尺寸创造了同类桥型设计之最。我国近几年也建成了漳州战备大桥、兰州小溪湖大桥等大量矮塔斜拉桥，设计思路基本上都为刚梁矮塔斜拉桥(表 1)。基于柔梁矮塔斜拉设计思路，考虑我国设计、建造水平，以及国内有关学者对柔梁矮塔斜拉桥的质疑，峪道河双塔斜拉桥设计，尝试性地将梁高适当加大，并以此工程实例为背景，对矮塔类斜拉桥结构特点、设计、施工进行有益的探讨。

二、桥 梁 简 介

峪道河大桥地处北京市怀柔区，于国道111改建工程(山岭重丘区一级公路)K6+347处跨越风景秀丽的石门山风景区，桥梁全长606.08m，主桥上部结构为(30m+60m+120m+60m+30m)预应力混凝土空间双塔双索面斜拉桥，南引桥为6×30m预应力混凝土连续箱梁，北引桥为4×30m预应力混凝土连续箱梁，部分主桥及南引桥位于$R=350$m的平曲线上，引桥宽10.5m(0.5+9.5+0.5)，主桥宽12.5m(1.5+9.5+1.5)，纵坡0.5%，横坡双向1.5%(图1)。

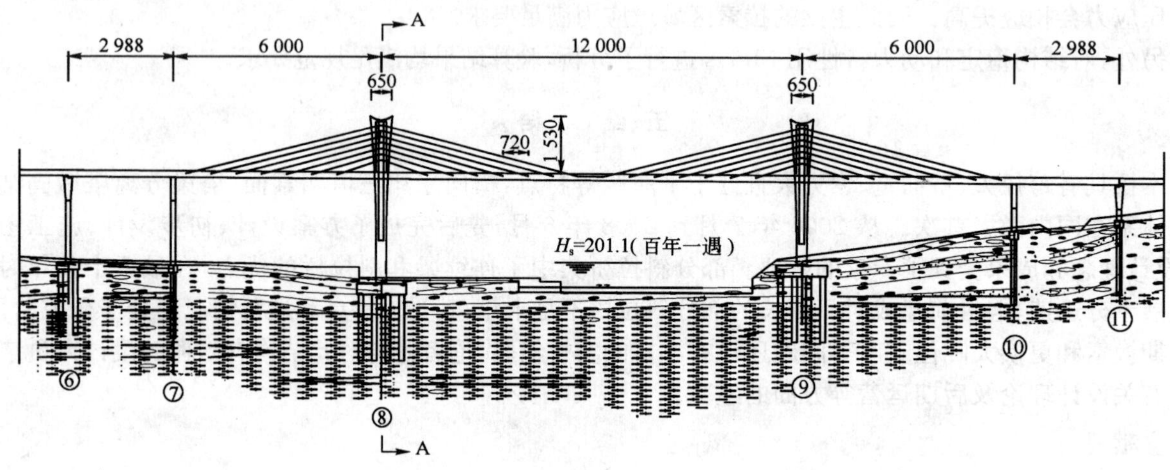

图1 桥型布置示意(尺寸单位：cm)

1. 主要技术参数及地理特征

设计荷载：公路—Ⅰ级；场地地震基本烈度为Ⅶ度，无地基液化问题，岩土类别Ⅱ类，考虑桥梁重要性，地震动峰值加速度系数取0.2，公路桥涵安全等级取为一级；设计基准风速：45.8m/s；桥区左侧为青石岭脆性断裂，岩体破碎，晚近时期无新活动迹象。桥址处为怀柔区山前多雨区，年降水量为470～850mm，桥位主河道百年流量$Q_S=858m^3/s$，属暖温带大陆性季风型半湿润气候，桥址处植被丰厚、河道常年有水，空气湿润，环境湿度75%，年均气温6～12℃，无霜期150～200d。

2. 结构特点

本桥为柔梁、柔墩、刚塔双索面景观斜拉桥，纵向索距7.2m，每塔设7对拉索，空间扇形布置。拉索锚区横向间距10.5m，斜拉索主塔锚区为索鞍分丝管装置。主梁锚区为可调式夹片锚具，主梁高1.8m，相对国内同类桥型明显取值较小。纵向索梁夹角小，仅13.7°～17.5°。主塔顶为弧面，外轮廓高15.3m(中心高14.2m)。本桥设计、施工技术难度较大，全桥成桥后零配重，各支座处无负反力。主梁采用有利于降低风载阻力的斜腹板Ⅱ形梁，地震时整体性好，静力情况下水平力有效释放。利用纵梁中施加的预应力，抵消拉索水平分力引起的跨中轴向拉力及塔根主梁压力。通过在合龙段施加推力，大幅减少收缩徐变降温对结构的不利效应(表1)。

国内外近似跨径、体系桥梁主要参数比较　　表1

序　号	项 目 名 称	国　别	跨径布置(m)	塔高/主跨径	梁高(m)
1	Sunniberg桥	瑞士	59+128+140+134+65	1/9.33	0.8
2	峪道河桥	中国	30+60+120+60+120+30	1/8.451	1.8
3	屋代桥	日本	55+90+55	1/9.0	2.5

续上表

序 号	项目名称	国 别	跨径布置(m)	塔高/主跨径	梁高(m)
4	保津桥	日本	80.8+132+80.8	1/10.0	2.8～2.8
5	西新唐柜大桥	日本	74.1+140+69.1	1/11.7	2.5～3.5
6	漳州战备桥	中国	81.2+136+81.2	1/8.0	2.4～3.8
7	离石高架桥	中国	85+135+85	1/7.5	2.4～4.2
8	新明西桥	日本	88.5+122.3+81.2	1/7.4	3.5～3.5
9	兰州小西湖桥	中国	81.2+136+81.2	1/8.0	2.6～4.5
10	冲原桥	日本	65.4+180+76.4	1/11.3	3.3～5.6
11	士狩大桥	日本	74+122+74	1/14.0	3.0～6.0

三、桥梁造型、结构布局

1. 造型研究

桥梁地处石门山风景区,考虑桥址处的景观,本桥设计为特殊造型斜拉桥,桥跨采用30m+60m+120m+60m+30m,在桥孔布置、塔、墩高度比例及主梁的尺寸上尽量与景观协调一致,纵、横向均为灵活变化的外张形式,塔高与跨径之比为1/7.843。

本桥在造型设计上借鉴了瑞士C. Menn设计大师设计的Sunniberg桥(跨径布置59m+128m+140m+134m+65m,1998年建成)的构思,保留了其线形流畅,高墩矮塔的风格特征,同时结合我国交通荷载及建桥水平现状,尽量简化线形、增加主要受力构件尺寸。设计时重点考虑桥址处观景台视角方向,兼顾其他视角时结构的美观,兼顾不同天气状况、视线明暗情况下结构的可视效果,力求将美学、力学思想渗透入桥梁造型,表现力感与美感的协调统一。

本桥外张的扇形塔柱配合近似竖琴形布置的拉索,给予行车者视野前简洁而又舒畅的感觉(见图2),远观犹如主人伸出双臂迎接远方的来客,主梁截面选择减轻风载及方便脱模的Ⅱ形梁(见图3、图4),宽12.20 m,悬臂板厚在横向由0.50 m变至0.2 m,为克服斜拉索在塔墩附近的主梁内产生的巨大轴向力,横截面尺寸在桥的纵向朝塔根方向递增,顶板厚度0.35～0.5m,腹板底宽1.1～1.7m;景观考虑纵梁向内退到翼板的阴影里,而拉索锚固点布置在翼板下的横梁上,突出了挂索点的力感。为满足视觉效果对横梁进行了适当的消减处理,尽管挂板起到了一部分遮挡作用,但美中不足的是,横梁的楔块对主梁的流畅性产生了不利的视觉效果。

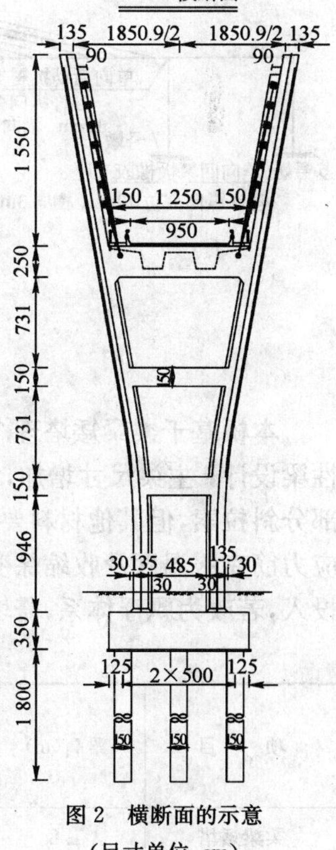

图2 横断面的示意
(尺寸单位:cm)

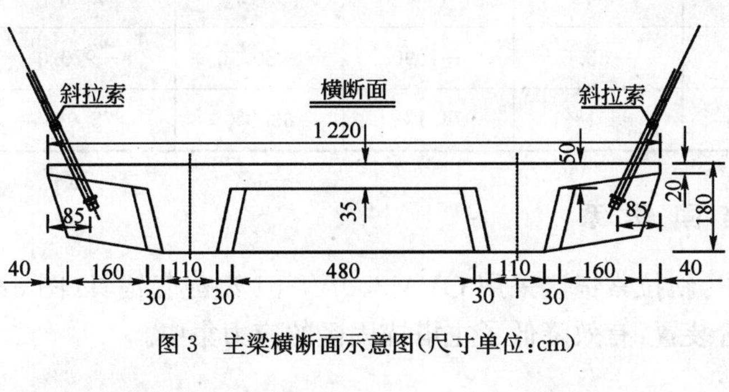

图3 主梁横断面示意图(尺寸单位:cm)

图4 主梁标准块段三维图

2. 结构主要尺寸

主梁采用C50预应力混凝土Ⅱ形梁浇筑，梁长为29.88m+60m+120m+60m+29.88m，梁高为1.8m；连接墩处端横梁宽为1.5m；辅助墩处横梁宽3.0m，塔梁交叉点横梁宽度随塔横向尺寸变化，上宽4.04m，下宽3.78m，厚度2.5m；边孔设三道横隔板，厚度均为0.5m；顶板宽12.2m，厚0.35～0.5m，腹板底宽1.1m，墩、塔处渐变至1.7m。

主塔采用C50混凝土浇筑，中心高度15.3m(桥面沥青混凝土以上)，侧面为扇形外张变化式造型，立面为直线放射外张式，桥塔在力求线型简洁的基础上凹凸有致。主塔扇面厚1.326m，宽度4.04～6.5m，挂索板厚度0.884m，宽度3.1m，背面凹槽深0.15m，宽1.5m。

3. 结构体系

本桥主跨采用了塔梁墩固结体系(图5)，辅助墩及连接墩处有较大的温度变位。为了有效降低温度、混凝土收缩徐变等因素产生的内力，同时还要保证地震时，所有桥墩能够参与承担地震荷载，辅助墩采用了抗震滑动支座，连接墩处采用四氟板滑板支座但设置了防止落梁的抗震钢栓，既保证了结构在静力作用下对水平力的有效释放，又大幅提高了结构的的抗震能力。

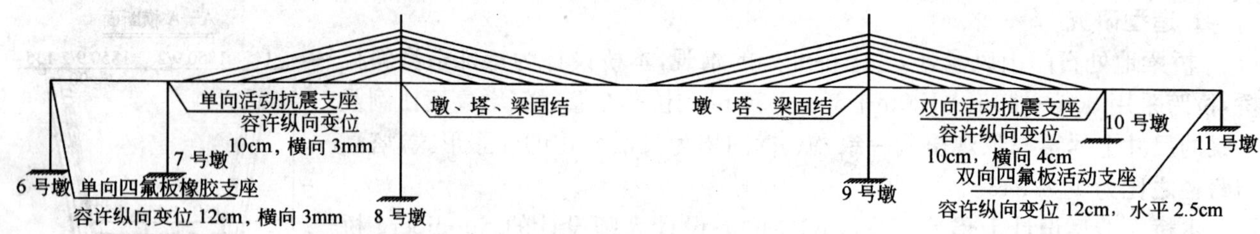

图5 结构体系示意

四、经 济 比 较

本桥基于柔梁矮塔理念，适当加高主梁，造价合理、经济性能优越(表2)。对比分析，如按照常规刚性梁设计，主梁尺寸增加，为保证塔梁尺寸及刚度匹配，塔身、桩、承台均需相应大幅增加，虽然可节省一部分斜拉索，但其他材料要大幅度增加，总体造价至少增加15%以上。若维持体系不变还需增加大量预应力筋克服温度及收缩徐变影响，并且结构刚度及重量增加后克服地震力也要增加相应构造措施及资金投入，若改为飘浮体系，需增加大吨位抗震支座、阻尼器以及增加0号块临时固结，也是一笔不小的费用。

按刚梁矮塔和柔梁矮塔设计用材对比　表2

项　目	梁高(m)	塔中轴高(m)	索用量(t)	钢绞线(t)	主梁混凝土(m^3)	塔身混凝土(m^3)	下部结构混凝土(m^3)
柔梁矮塔	1.8	14.2	139.0	103.9	3115	1 379	3 057
刚梁矮塔	均3	14.2	82.7	157.1	4205	2179	4027
差值	−1.2	0	56.3	−53.6	−1090	−800.0	−970.0
比值	60.0%	100.0%	168.1%	66.1%	74.1%	63.3%	75.9%

五、锚 固 体 系

为方便斜拉索养护维修，降低主塔处应力集中，斜拉索锚区采用OVM250AT-61型配套锚具(图6)，主梁锚区为可调式夹片锚，主塔处为抗滑锚分丝管装置，有效降低了主塔锚固区的应力集中。

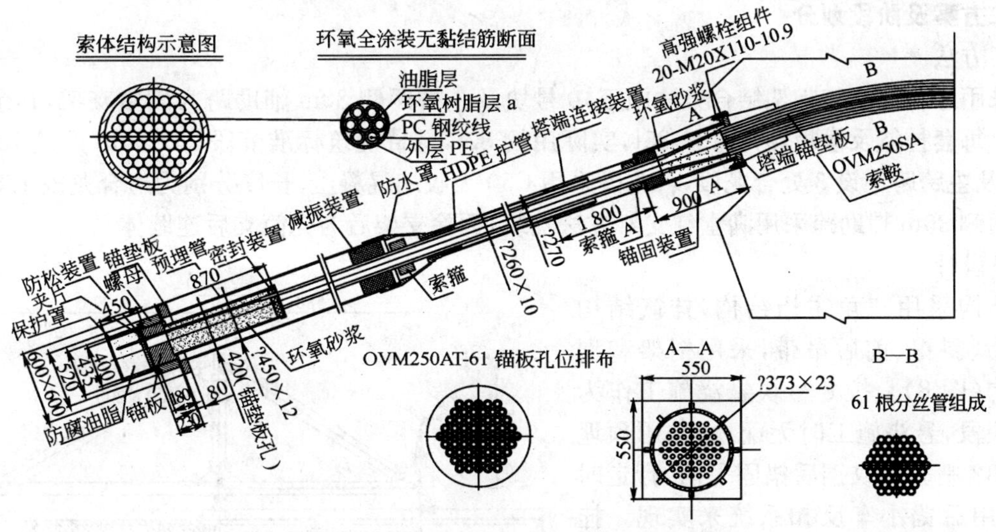

图 6 斜拉索锚固体系示意(尺寸单位:mm)

六、桥梁结构分析

1. 计算模型处理

1)计算程序

计算程序:总体计算 MIDAS,局部分析 ANSYS。

2)计算模型

本桥根据各部分结构实际情况,主塔、纵、横梁均采用空间梁单元进行模拟(图 7),模型中共有梁单元 635 个,索单元 56 个;桩基础采用等效刚度模拟,桩底固结。

3)计算内容

主桥部分进行了详细的整体、局部受力、施工、动力性能、抗风性能分析,全部满足现行规范有关规定,篇幅关系仅列出部分计算结果。

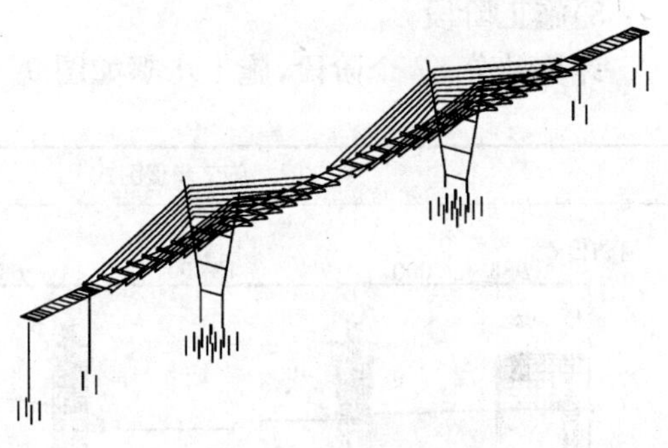

图 7 桥梁三维计算模型示意

2. 材料

斜拉索采用 OVMU1 型环氧喷涂钢绞线,弹性模量 1.95×10^5MPa。预应力钢筋:7ϕ5 钢绞线,直径 15.2mm,截面面积 139mm^2,重量 1.101kg/m,强度标准值 1 860MPa,强度设计值 1 260MPa,弹性模量 1.95×10^5MPa。普通钢筋 HRB335:强度标准值 335MPa,强度设计值 280MPa,弹性模量 2×10^5MPa(表 3)。考虑怀柔地区及周边混凝土搅拌站实际情况,主塔、主梁采用混凝土 C50:抗压强度标准值 32.4MPa,设计值 22.4MPa,弹性模量 3.45×10^4MPa,抗拉强度标准值 2.65MPa,设计值 1.83MPa,水灰比控制 0.35～0.4,塌落度 12～16cm。

材料特性以及单元类型表 表 3

部　位	材　料	重度(N/m^3)	弹性模量(N/m^2)	主 要 特 性
主塔	C50 混凝土	2.62×10^4	3.45×10^{10}	梁单元
主桥墩	C50 混凝土	2.62×10^4	3.45×10^{10}	变截面梁单元
斜拉索	钢绞线	8.10×10^4	1.95×10^{10}	桁架单元
主梁	C50 混凝土	2.55×10^4	3.45×10^{10}	腹板厚度渐变,顶板 35cm
横梁	C50 混凝土	2.55×10^4	3.45×10^{10}	1.0m～1.7m～0.8m 变厚

3. 施工方案及阶段划分

1)施工方法

本桥采用悬臂浇筑与支架结合方法施工,0号块及主桥两侧30m辅助跨为满堂支架,其余部分全部悬臂浇筑。每套挂篮及模板预计重量85t,实际用钢82t,悬臂浇筑标准节段长7.2m,重量186.2t;主梁在7、10墩及主跨跨中设3处合龙段,合龙段采用C50无收缩混凝土,长度分别为边合龙段1.5m、主跨合龙段3m,两侧30m辅助跨采用满堂红支架方法浇筑,拆除支架后为先简支后连续体系。

2)挂篮设计

挂篮结构采用三角主桁结构,挂篮结构主要分主桁、斜撑、前后吊带,采用桁架和型钢组合结构(图8)。按8号块悬浇施工作为控制设计块段,悬浇施工时无配重,采用预埋JL785级ϕ32精轧螺纹钢后锚固平衡,行走时防倾覆,采用后锚小车反扣系统来实现。挂篮弹性最大变形3.5cm,(后锚刚度不足),允许变形2cm,抗倾覆安全系数2.0,挂篮每个主桁设置一套5t手拉葫芦,控制挂篮行走,浇筑时纵向两侧偏载不超300kN,横向不超40kN。

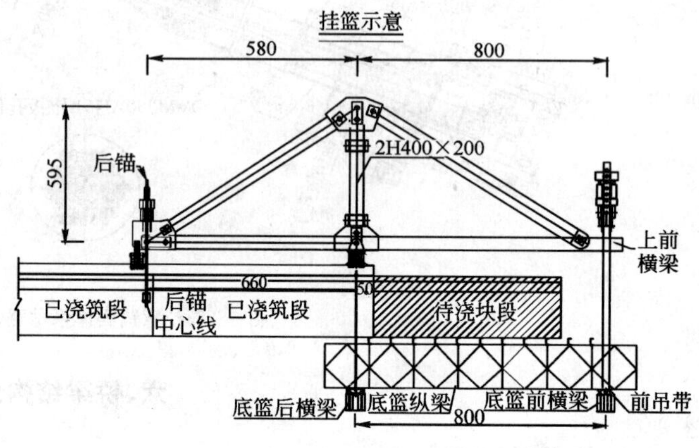

图8 挂篮示意(尺寸单位:cm)

3)施工阶段

计算共分57个阶段,施工步骤如图9。

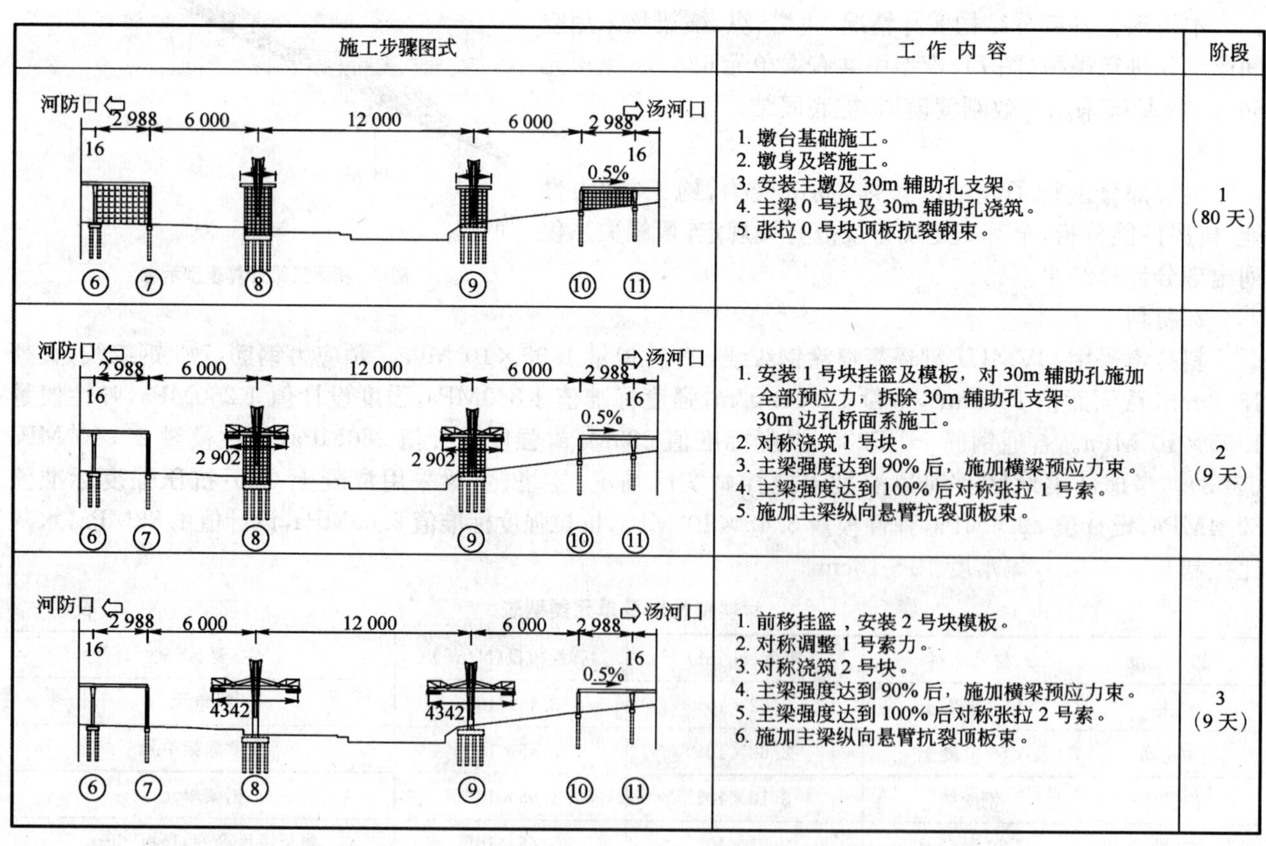

施工步骤图式	工作内容	阶段
	1. 墩台基础施工。 2. 墩身及塔施工。 3. 安装主墩及30m辅助孔支架。 4. 主梁0号块及30m辅助孔浇筑。 5. 张拉0号块顶板抗裂钢束。	1 (80天)
	1. 安装1号块挂篮及模板,对30m辅助孔施加全部预应力,拆除30m辅助孔支架。30m边孔桥面系施工。 2. 对称浇筑1号块。 3. 主梁强度达到90%后,施加横梁预应力束。 4. 主梁强度达到100%后对称张拉1号索。 5. 施加主梁纵向悬臂抗裂顶板束。	2 (9天)
	1. 前移挂篮,安装2号块模板。 2. 对称调整1号索力。 3. 对称浇筑2号块。 4. 主梁强度达到90%后,施加横梁预应力束。 5. 主梁强度达到100%后对称张拉2号索。 6. 施加主梁纵向悬臂抗裂顶板束。	3 (9天)

图 9

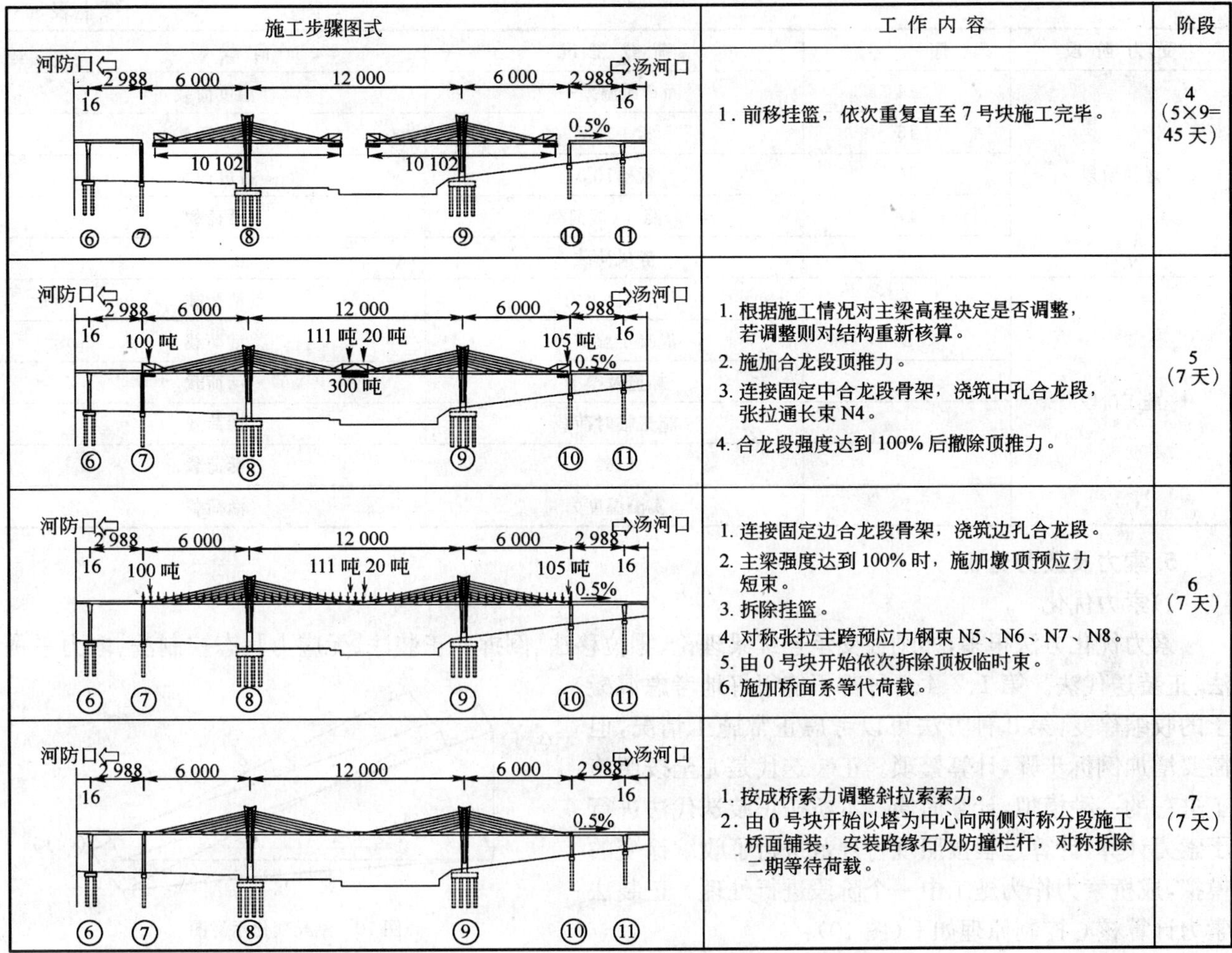

施工步骤图式	工 作 内 容	阶段
	1. 前移挂篮，依次重复直至 7 号块施工完毕。	4 (5×9=45 天)
	1. 根据施工情况对主梁高程决定是否调整，若调整则对结构重新核算。 2. 施加合龙段顶推力。 3. 连接固定中合龙段骨架，浇筑中孔合龙段，张拉通长束 N4。 4. 合龙段强度达到 100% 后撤除顶推力。	5 (7 天)
	1. 连接固定边合龙段骨架，浇筑边孔合龙段。 2. 主梁强度达到 100% 时，施加墩顶预应力短束。 3. 拆除挂篮。 4. 对称张拉主跨预应力钢束 N5、N6、N7、N8。 5. 由 0 号块开始依次拆除顶板临时束。 6. 施加桥面系等代荷载。	6 (7 天)
	1. 按成桥索力调整斜拉索索力。 2. 由 0 号块开始以塔为中心向两侧对称分段施工桥面铺装，安装路缘石及防撞栏杆，对称拆除二期等待荷载。	7 (7 天)

图 9 施工步骤示意

4. 荷载工况

荷载工况列于表 4。

主 要 荷 载 工 况 表 4

受 力 阶 段	序 号	荷 载 工 况	荷 载 特 点
运营阶段	1	自重	永久荷载
	2	防撞墩＋地袱＋铺装	永久荷载
	3	混凝土收缩徐变	永久荷载
	4	主梁横预应力	永久荷载
	5	塔横梁预应力	永久荷载
	6	30m 边跨预应力	永久荷载
	7	60m 边跨预应力	永久荷载
	8	120m 边跨预应力	永久荷载
	9	温度－30℃	温度荷载
	10	温度＋30℃	温度荷载
	11	主梁日照温差＋5℃	温度荷载
	12	主梁日照温差－5℃	温度荷载
	13	塔面日照温差－5℃	温度荷载

续上表

受力阶段	序　号	荷载工况	荷载特点
运营阶段	14	塔面日照温差+5℃	温度荷载
	15	索+10℃	温度荷载
	16	索−10℃	温度荷载
	17	公路−Ⅰ级荷载	活荷载
	18	静风荷载	活荷载
施工阶段	1	结构自重力	活荷载
	2	混凝土湿重力	活荷载
	3	挂篮及模板	活荷载
	4	施工临时荷载	活荷载
	5	风载	活荷载
	6	实测温度力	活荷载

5. 索力及疲劳分析

1)索力优化

索力优化方法很多，如刚性支承连续梁理论、零位移法、倒拆和正装法、无应力状态控制法、内力平衡法、正装迭代法。第1、2、4、6种都不能很好地考虑混凝土的收缩徐变，第3种方法可以考虑正常施工情况，但需要增加倒拆步骤，计算繁琐。正装迭代是完全按照施工进程的一种模拟，计算简便。本桥按正装迭代法进行了索力计算，计算过程按照现行规范进行了收缩徐变的模拟，成桥索力作为施工中一个阶段进行处理。正装法索力计算核心控制原理如下(图10)：

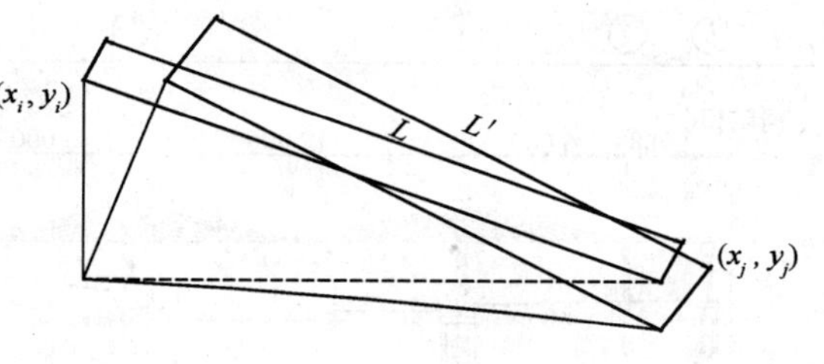

图10　索长变化示意图

$$\Delta T = \frac{EA}{L}\Delta L$$

$$T_f = T_i + \Delta T$$

$$X_b = X_j - X_i$$

$$Y_b = Y_j - Y_i$$

$$L' - L = \Delta L = X_b\cos\theta + Y_b\sin\theta$$

2)斜拉索疲劳

斜拉索的疲劳破坏是控制斜拉索安全的主要因素之一，本桥拉索安全系数取2.5，拉索在汽车荷载作用下应力幅最大49.8MPa，远小于我国规范容许的200MPa。而美国规范规定，钢绞线拉索当安全系数为0.4时，最大疲劳应力幅为134MPa，显然疲劳没有问题(表5)。

拉索疲劳应力幅　表5

8号墩索号	应力幅(MPa)	9号墩索号	应力幅(MPa)
1号索	23.7	1号索	23.8
2号索	36.3	2号索	36.1
3号索	44.6	3号索	44.4
4号索	48.8	4号索	48.7
5号索	49.8	5号索	49.7
6号索	48.1	6号索	48.0
7号索	44.3	7号索	44.2

3)索鞍抗滑

摩阻损失系数计算按照JTG 62—2004现行规范第6.2.2执行,即

$$\beta=\left[1-e^{-(\mu\theta+kx)}\right]$$

偏安全计算斜拉索与索鞍摩阻系数取0.1,偏差系数0.001,各索摩阻力列于表6。

浇筑阶段单根索摩阻力(kN) 表6

索编号 \ 阶段	1号索	2号索	3号索	4号索	5号索	6号索	单塔合计
浇筑2号块	389.4						778.8
浇筑3号块	338.1	323.1					1322.3
浇筑4号块	330.7	255.3	340.2				1852.3
浇筑5号块	318.9	243.7	245.7	353.0			2322.5
浇筑6号块	304.5	226.6	227.3	277.3	353.8		2778.9
浇筑7号块	290.6	209.1	207.0	255.5	283.8	376.2	3244.5

显然挂篮混凝土跌落一半即按混凝土跌落1 000kN时,索鞍摩阻力3 918kN,不能保证索的滑动。如果摩阻系数取0.15,则最危险7号块浇筑时,摩阻力能承受1 000kN偏载而不至滑动,因此施工阶段存在一定的滑动风险,施工中加强了对挂篮系统全面监控,同时严控混凝土浇筑流程,确保浇筑时纵向两侧重量差不大于300kN。目前桥梁施工已经接近尾声,未发生滑移现象。成桥阶段索鞍两侧采取固结,不存在滑移问题。

6. 屈曲分析

1)悬臂屈曲分析

最不利情况为悬臂无支架状态,即独塔悬臂无支架(浇筑7号块时)Ⅰ类屈曲稳定系数18.38>4,远满足规范(表7)。

独塔悬臂稳定系数 表7

模态	稳定系数	容许误差	模态	稳定系数	容许误差
1	18.38	1.15×10^{-11}	3	23.97	7.49×10^{-11}
2	20.14	1.08×10^{-11}	4	36.63	1.57×10^{-10}

第1、2阶失稳,主梁与主塔同时失稳。主梁刚度与塔刚度设置比例合适。

第3阶失稳,塔横向失稳,但稳定系数很大24,主梁压屈稳定上安全储备设置偏大(图11)。

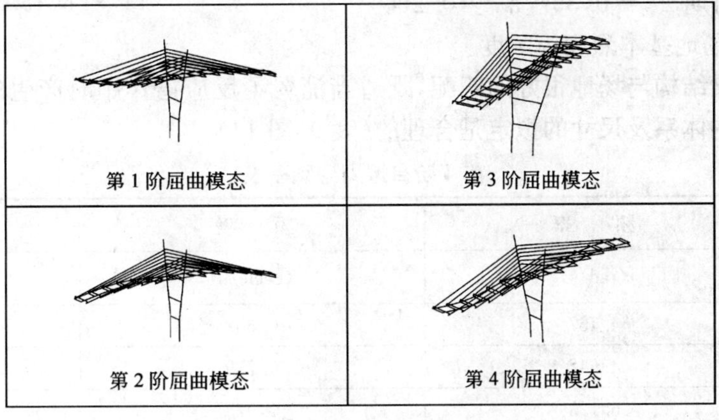

图11 大悬臂状态屈曲稳定模态图

2)成桥阶段屈曲稳定结果

引桥墩身相对较矮,偏安全考虑忽略引桥对结构稳定的影响进行分析(图12)。

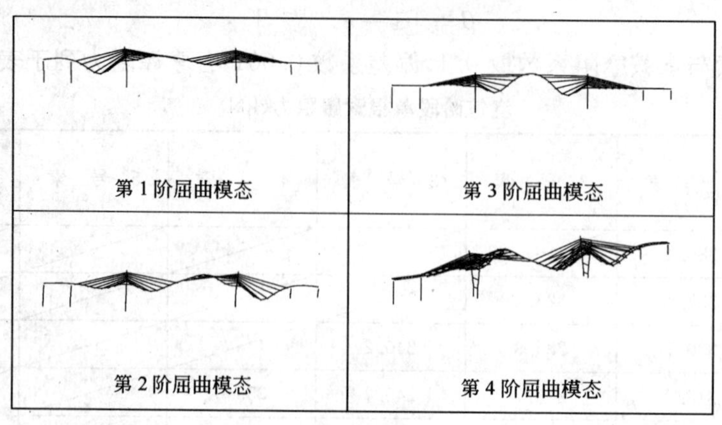

图12 成桥状态屈曲稳定模态

I类屈曲稳定系数32.3>4满足规范,若不考虑辅助墩、连接墩限位装置及支座摩阴力,I类屈曲稳定系数25.79>4也满足规范(表8)。

成桥状态稳定系数 表8

模态	稳定系数	容许误差	模态	稳定系数	容许误差
1	32.29	2.31×10^{-10}	3	35.03	2.96×10^{-11}
2	34.78	1.37×10^{-11}	4	37.29	8.24×10^{-10}

7.结构抗震

结构的抗震分析是一项非常复杂的工作,计算方法分静力法、动力反应谱法、时程分析法,场地土地震波的选取、结构阻尼系数、结构各种边界条件的模拟准确度很大程度上影响计算结果的准确性。《公路工程抗震设计范》(JTJ 004—89)反应谱分析方法是一种简便实用的地震力计算方法,在中、小跨径桥梁的抗震分析中已获得了广泛应用。鉴于本桥结构较小,所处位置也非强震区,仅按SRSS方法进行了简单的动力反应谱计算(图13)。

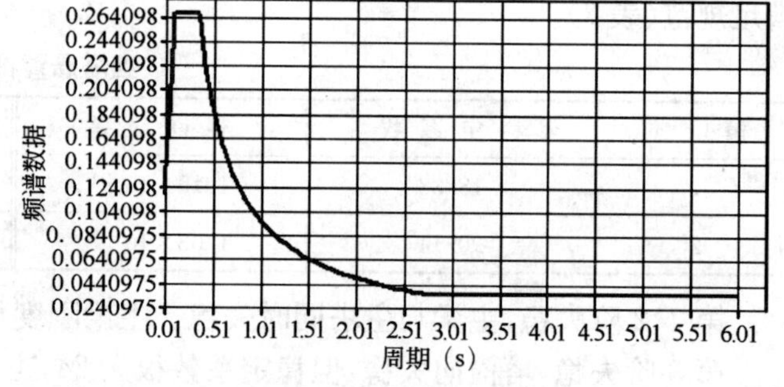

图13 设计反应谱

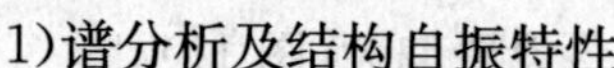

1)谱分析及结构自振特性

II类场地,卓越周期 $T_g=0.35s$,$K_h=0.20$,$C_i=1.70$,$C_z=0.35$,场地基本烈度为7度。

计算结果表明桥梁结构与场地很好的匹配,既适当消弱了反应谱作用时产生的地震力,也从抗震性能上证明本桥总体结构体系及尺寸的拟定是合理的(表9、图14)。

前4阶自振周期频率表 表9

模态号	频率 (rad/s)	频率 (cycle/s)	周期 (s)
1	4.137	0.658	1.519
2	4.642	0.739	1.354
3	6.123	0.975	1.026
4	6.700	1.066	0.938

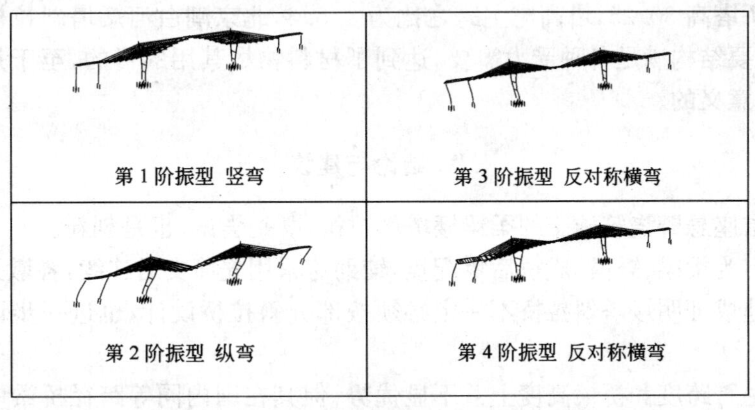

图14 成桥状态自振模态

2)塑性铰设计

抗震设计要求结构在设计地震荷载破坏作用下，必须保证破坏特征为延性破坏，本桥在设计过程中充分考虑了桥梁延性抗震设计，在可能出现塑性铰的部位进行了箍筋加密设计，同时增加了必要的横向钢筋，筋体积含箍率达 2.3%，远大于规范要求的 0.3%，本桥第一塑性铰区位于墩底 3m 范围，第二塑性铰区位于墩顶 3m 范围，按水平及竖向地震力叠加计算，地震烈度按提高一级考虑，内力结果如图 15 所示。

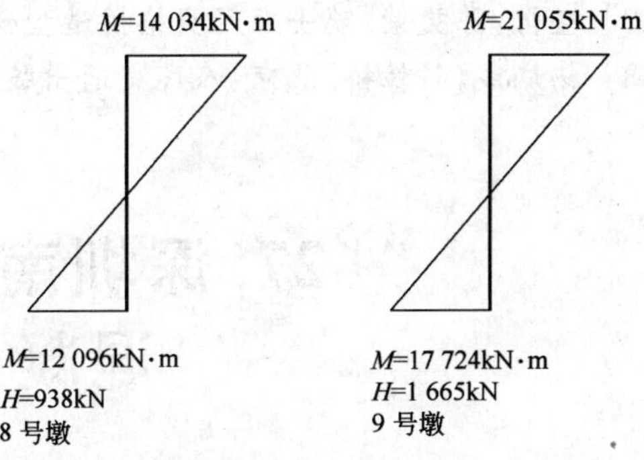

图15 塔柱地震效应内力简图

为了避免塔墩基础在罕遇地震时出现塑性转角和剪切破坏，基础设计为强大的群桩体系。地震综合系数 $C_z=1/(2\mu-1)^{0.5}$（式中 μ 为延性系数），为极限变形能力与屈服变形能力之比。为增加地震时结构的延时耗能降低地震力，降低 C_z 提高结构延性能力可达到地震力消减目的，本桥设计上在墩底和墩顶产生两个塑性铰，并进行了特殊构造钢筋加强，大大增强了混凝土延性，在地震耗能、消能上应能起到很大作用。

8. 抗风分析

成桥重现期按 100 年取值，设计风速 45.8m/s，震颤临界风速 218.8m/s。成桥状态一阶竖弯基频 0.65>0.4，一阶扭转基频 3.55>1.6。施工最大悬臂状态重现期按 10 年取值，震颤临界风速 218.8m/s；临界风速与设计风速比值均在合理范围。

七、关于本桥的定性问题

矮塔斜拉桥分为刚梁矮塔和柔梁矮塔两类，但矮塔斜拉桥自诞生以来，本身概念就比较混乱，关于本桥是否为矮塔斜拉桥业界也颇有争议，目前国内外学者比较认可的区分方法是，若桥梁同时满足拉索应力幅小于 50MPa，拉索容许应力 $0.5R_y^b$～$0.6R_y^b$，塔高与主跨之比 1/8～1/12，索梁活载比小于 0.5，可判定为典型矮塔斜拉桥（表 10）。当主梁为柔性时主要按照拉索应力幅和索梁荷载比来判定。

判定桥梁特性主要参数 表10

项目	应力幅(MPa)	拉索容许应力系数	塔高与主跨之比	索梁活载比	最小索梁纵向角度(°)
矮塔斜拉桥	一般 30～60	一般 0.4～0.6	1/8～1/12	一般 0.15～0.6	一般 8.7～19.3
常规斜拉桥	一般 60～150	0.4	1/1.5～1/8	1～20	25～55
本桥	49.8	0.4	1/7.843(塔中心 1/8.45)	0.83	13.7

从表 10 参数对比可以认为本桥属于矮塔类斜拉桥，但非典型类型。事实上国内许多被广泛认可的矮塔斜拉桥，既不满足塔高与主跨之比，又不满足应力幅的要求，如兰州小西湖斜拉桥的应力幅达

84.5MPa,厦门银狐桥塔高30.25,塔高与主跨之比为1/5.3,北京潮白河矮塔斜拉桥塔高与主跨之比为1/5.8。笔者认为,只要结构满足各种受力需要,达到了材料物尽其用的目的,至于是否属于矮塔还是高塔的争议是没有多大意义的。

八、结论与建议

(1)本桥为我国首座悬臂浇筑施工的柔梁矮塔斜拉桥,既是尝试,也是创新。

(2)本桥主要特点为柔梁、矮塔,成桥后零配重,辅助跨采用先简支后连续,各墩无负反力。

(3)本桥的顺利建成证明矮塔斜拉桥不一定必须按部分斜拉桥设计,也进一步证明了柔梁矮塔斜拉桥的可实施性。

(4)本桥虽然在主跨跨度和桥梁高度上并不显优势,但其在国内同等跨径桥梁中具有的超低高度桥塔(桥面以上)和较低梁高、悬臂施工等技术特点,也不失其独到之处。

参考文献

[1] 范立础,胡世德,叶爱军. 大跨度桥梁抗震设计. 北京:人民交通出版社,2001.5.

[2] 盛勇,陈艾荣.瑞士森尼贝格桥造型研究.桥梁建设,2004-04.

[3] 杨炳成,斜拉桥.北京:人民交通出版社, 2003.

27. 深圳南山波形钢腹板预应力混凝土连续梁桥设计

陈宜言[1] 王 健[2] 封洁纯[3] 张建勋[1]

(1.深圳市市政设计研究院有限公司;2.河南省交通规划勘察设计院有限责任公司;3.河南海威工程咨询有限公司)

摘 要 本文以南山水厂桥设计为依托,详细介绍了波形钢腹板桥的应用情况以及力学特性。通过南山跨线桥的设计过程,阐述了波形钢腹板的设计要点及计算方法,同时亦详细介绍了波形钢腹板桥的施工方案。

关键词 波形钢腹板 预应力混凝土箱梁 设计计算

一、引 言

2007年我国混凝土用量达25亿m^3,采用高强高效材料与组合结构以减少水泥、砂石用量已成为我国建筑工程可持续发展战略的重要内容。在桥梁工程中推广应用波形钢腹板预应力混凝土组合箱梁很好地符合了这一发展战略。

波形钢腹板预应力混凝土箱形梁桥,就是用波形钢板置换预应力混凝土箱形梁的混凝土腹板作成的箱形梁桥,其显著特点就是用10mm左右厚的钢板取代厚30~80mm厚的混凝土腹板。鉴于顶底板预应力束设置空间有限和斜弯束的需要,导致体外索的应用,则是波形钢腹板预应力混凝土箱形梁的第二个特点。

二、波形钢腹板预应力混凝土箱梁桥的技术优点与力学特性

波形钢腹板预应力混凝土箱梁桥主要技术优点为:

(1)箱梁自重减轻。用波形钢板置换混凝土腹板后,可使箱梁自重减轻20%~30%,从而使上下部

结构的工程数量减少，工程造价降低10%左右，且因此改善了结构抗震性能(图1)。

(2)预应力效率提高。因波形钢腹板的褶皱效应，波形钢腹板不承受顺桥向拉压应力。导致顶底板预应力效率的提高。从而可减少预应力钢材用量，简化受力分析。

(3)提高腹板抗剪能力。大跨度预应力混凝土箱梁桥的常见病害是混凝土腹板的开裂，用抗剪能力高的波形钢腹板承受箱梁桥剪应力，从根本上改善了预应力混凝土箱梁桥的抗剪性能。

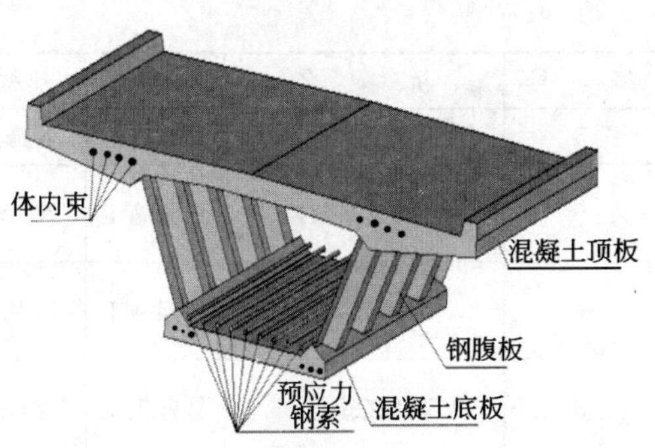

图1 波形钢腹板预应力混凝土箱梁示意

(4)施工方便，提高了建设速度。因腹板无须浇筑，故模板、混凝土浇筑工作量可减少；因箱梁自重轻，故节段施工时节段数可减少；因波形钢腹板可作悬臂施工的挂篮、顶推用导梁承重结构，这些可致使施工的简化、建设速度的加快。

波形钢腹扳预应力混凝土桥力学特性要点如下：

竖向弯曲时平面假定依然成立。由于褶皱效应，波形钢腹板纵向抗压刚度很小，在计算时忽略波形钢腹板的纵向刚度，在竖向荷载作用下仅由顶底板构成抵抗矩。

波形钢腹板承担竖弯时的全部剪力，且剪应力沿高度均匀分布(图2)。在剪切力作用下，波形钢腹板存在剪切屈曲(图3)和剪切屈服两种受力形式，其中剪切屈曲为波形钢板设计检算重点。

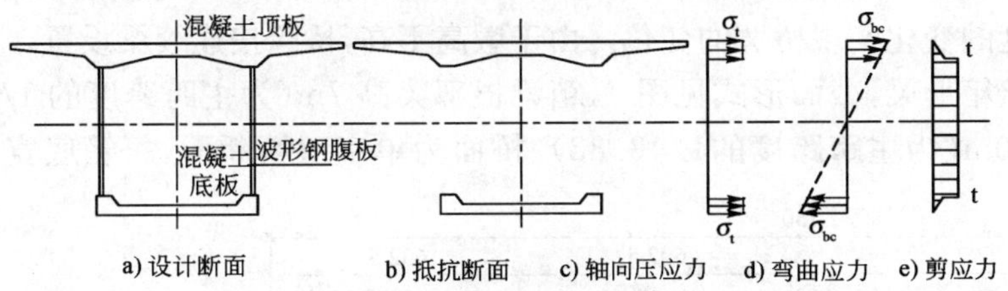

图2 横断面及断面应力分布

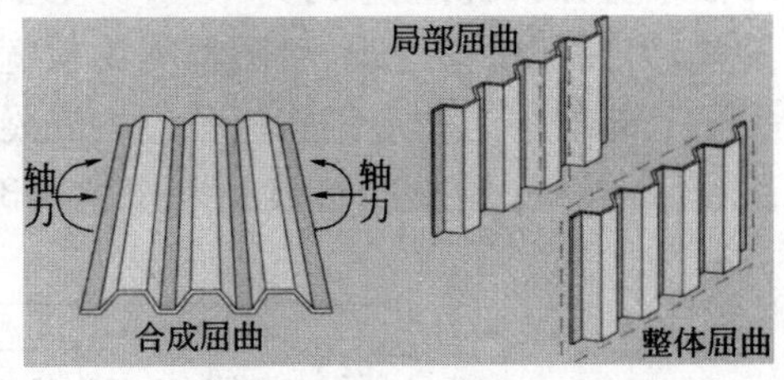

图3 波形钢腹板屈曲破坏模式

波形钢腹板与顶底板连接是波形钢腹板与混凝土顶底板整体受力的关键构造。该连接主要用于传递纵向剪力、横向角隅弯矩，波形钢板间的纵向连接不承受轴向力。

三、波形钢腹板预应力混凝土箱形梁的应用与发展

波形钢腹板预应力混凝土桥于20世纪80年代由法国开发，此后在日本得到推广应用。截至2006年底，日本在建已建该类型桥梁总数近130余座，成为日本高速公路推荐应用的桥梁形式，其设计准则纳入了日本高速公路设计规范。表1列出了日本在建已建的具有代表性的波形钢腹板箱梁桥。在我国波形钢腹板预应力混凝土箱梁桥已为各有关大学热门研究课题，并在城市桥梁、公路桥梁中得到初步应用。山东鄄城黄河公路大桥70m+11×120m+70m波形钢腹板预应力混凝土箱形连续梁主桥及深圳南坪快速路二期工程两座波形钢腹扳预应力混凝土连续箱梁桥的设计，代表了中国波形钢腹板预应力混凝土箱形梁桥当前发展水准。

日本在建及已建的具有代表性的波形钢腹板箱梁桥 表1

编号	桥梁名	施工方法	构造形式	桥长(m)	跨径布置(m)	竣工年份
1	栗东桥	悬臂施工	4跨部分斜拉桥	495.0	137.6+170.0+115.0+67.6	施工中
2	矢作川桥(东)	悬臂施工	4跨预应力斜拉桥	820.0	173.4+2×235.0+173.4	2005
3	池山高架桥	悬臂施工	10跨预应力连续刚构	941.0	46.5+104.0+114.0+99.0+4×106.5+98.0+50.5	2006
4	中一色川桥	悬臂施工	5跨预应力连续梁	535.4	71.3+3×130.0+71.3	施工中

续上表

编号	桥梁名	施工方法	构造形式	桥长(m)	跨径布置(m)	竣工年份
5	中一色川桥	悬臂施工	6跨预应力连续梁	574.3	62.8+3×112.0+110.5+61.3	施工中
6	宫家岛高架桥	悬臂施工	23跨预应力连续梁	1432.0	51.2+7×53.0+54.0+85.0+53.0+3×52.0+58.5+60.0+101.5	施工中
7	入野高架桥	支架施工	10跨预应力连续梁	679.0	56.7+3×58.0+80.0+124.0+80.0+2×58.0+45.7	施工中
8	朝比奈川桥	悬臂施工	7跨预应力连续刚构	670.7	81.2+150.4+91.2+73.2+94.7+104.8+73.2	施工中
9	上伊佐布第三高架桥	悬臂施工	5跨预应力连续刚构	449.0	53.0+105.0+136.0+99.0+53.0	施工中
10	前川桥	悬臂施工	5跨预应力连续梁	500.0	76.8+120.0+104.0+120.0+76.8	施工中
11	谷津川桥	悬臂施工	5跨预应力连续梁	383.5	43.8+91.0+135.0+74.0+37.3	施工中
12	菱田川桥	悬臂施工	8跨预应力连续刚构	688.0	64.9+3×105.0+124.0+75.0+54.0+52.9	施工中

四、南山水厂跨线桥的总体设计

本桥主跨上跨南山水厂，桥跨位于直线与缓和曲线段，主跨跨径布置为80m+130m+80m，跨线桥分两幅布置，两幅桥间净跨为1.5m。单幅桥宽自10号墩处23.5m变化至11号墩前处27.5m，每幅按双箱设置，为保证桥梁外观，藉两箱间翼板宽度的变化实现桥宽的变化。由于墩高不高，桥跨按连续梁设置。

上部结构为波形钢腹板预应力混凝土箱形梁，截面形式见图4，箱梁根部梁高7m(为主跨跨度的1/18.57)，按2次抛物线过渡到跨中梁高3.0m(为主跨跨度的1/43.33)。桥面为单室双箱断面，每箱底宽6.60m，箱梁外侧顶宽6.325m，内侧顶宽4.925～6.925m，双箱间后浇段宽1m，即借助箱间翼板宽度变化实现桥宽变化。藉两箱桥面现浇段实现两箱共同受力。为加强梁的横向联系，合理两箱间桥面板受力，于两箱间按纵向中距4.8m设置桥面横梁。为加大箱梁扭转刚度，于中跨设了4道横隔，于边距设了2道中横隔(不包括墩上块横隔及端支点横隔)。本设计除端横隔及根部墩上0号和1号块腹板分别采用了混凝土腹板及钢-混凝土组合腹板外，其他节段腹板均为波形钢腹板，波形钢腹板钢材为Q345c，钢板厚10～20mm，其形状按日本1600标准型采用，具体参数见图5。

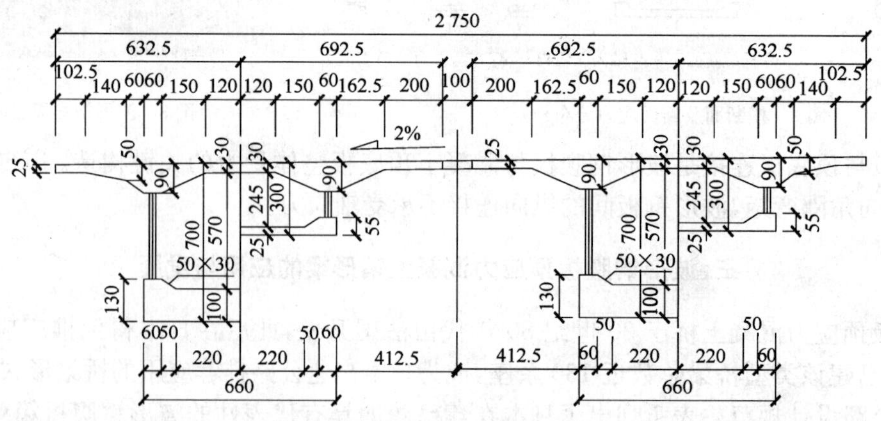

图4 箱梁典型断面(尺寸单位:cm)

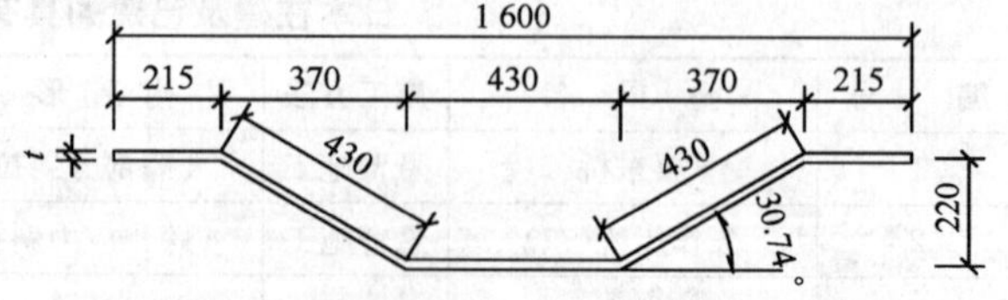

图5 波形钢腹板参数(尺寸单位:mm)

波形钢腹板预应力混凝土箱形梁桥与通常的预应力混凝土箱形梁桥一样可以采用节段悬浇施工，唯节段长度宜取为波长的整数倍。本桥节段划分情况如下：

13.3m(支架现浇段)+2×1.6m(合龙段)+(12×4.8m)(悬浇段)+11.6m(墩顶托架现浇段)+(12×4.8m)(悬浇段)+2×1.6m(合龙段)+(12×4.8m)(悬浇段)+11.6m(墩顶托架现浇段)+(12×4.8m)(悬浇段)+ 2×1.6m(合龙段)+13.3m(支架现浇段)。全桥共48个标准节段,每个墩顶有1个墩顶托架现浇施工段,全桥共3对合龙段(为方便计算及施工图制作,每个合龙段分成两个节段),每端各有1个支架现浇的不平衡段。以上均系按常规的节段划分与合龙施工工艺做出的节段划分,施工顺序亦按常规工法考虑。

波形钢腹板PC箱梁纵向预应力钢束分两种:体内束和体外束。体内束设置同通常的预应力混凝土连续梁,主要用于承担一期恒载及施工时的临时荷载,而体外束的作用则用于承担二期恒载及运营阶段的活载。

本设计纵向纵向顶板体内预应力钢束采用270级的优质高强度、低松驰钢绞线,$f_{pk}=1\ 860$MPa、$E_s=1.95\times10^5$MPa。顶板束采用19-ϕ^s15.24mm钢绞线成束,每一节段配2束或4束,通过墩顶为48束。于每一阶段施工完毕后张拉。底板束采用15-ϕ^s15.24mm钢绞线成束,边跨共8束,中跨18束,并分别于合龙段施工完毕后张拉。边跨及中跨顶板合龙束采用15-ϕ^s15.24mm钢绞线成束,每一合龙段2束,于合龙段施工完毕后张拉。

纵向体外预应力钢束用母材为19-ϕ^s15.24mm钢绞线做成的环氧涂层无黏结成品索,体外束于全桥合龙后张拉,待二期恒载施工后调整张拉力,以使梁的受力达到最佳状态。

顶板横向预应力钢筋采用270级的优质高强度、低松驰钢绞线,$f_{pk}=1860$MPa、$E_s=1.95\times10^5$MPa。用4-ϕ^s15.24mm钢绞线成束,束间距为80cm,横向预应力采用单端张拉,张拉端和固定端交替布置。

按日本波形钢腹板桥建最新设经验,波形钢腹板与混凝土顶板的连接采用波形钢腹板顶端焊有翼缘板与穿孔板的Twin-PBL键连接方式,与底板的连接则采用S-PBL与栓钉连接方式(连接示意图如图6所示)。

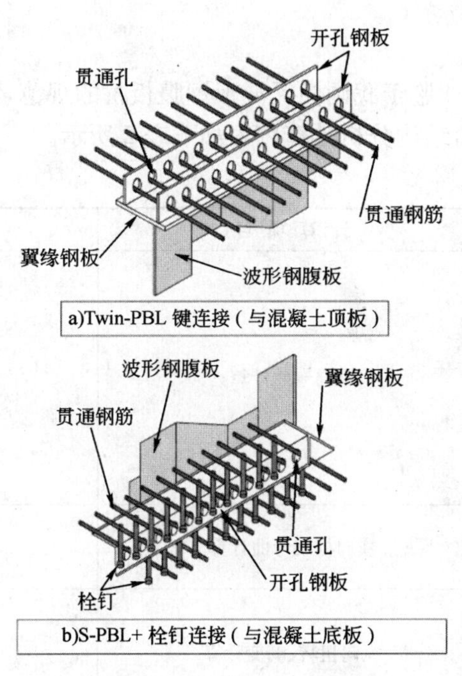

图6 波形钢腹板混凝土顶底板的连接

五、波形钢腹板预应力混凝土箱形梁的设计与计算

如前述,波形钢腹板预应力混凝土箱形梁的力学特性与通常的预应力混凝土箱梁、钢-混凝土组合箱梁类似,其设计计算亦大体相同,唯应特别关注其波形钢腹板的剪切屈服、剪切屈曲及波形钢与混凝土顶底板的连接设计计算。

作为一成熟的桥梁型式,日本已为其制定了相应的设计规范与准则,可作为波腹板预应力混凝土箱形梁的设计依据:

《日本高速公路设计要领》(2006年版)

《波形钢腹扳桥设计与施工指南》(2005年版)

《波形钢腹板PC箱梁桥设计手册》(1998年版)

鉴于中日两国规范差异,具体设计时可采用我国桥梁设计规范规定的荷载标准与应力限值,按日本规范计算方法进行设计。波形钢腹板预应力混凝土箱梁桥设计计算总体受力分析可分为纵向弯曲、横向框架、纵向扭转畸变等三部分。验算内容总体可分顶底板纵、横向承载力及应力验算、波形钢腹板屈曲验算、波形钢腹板与顶底板连接和波形钢腹板自身连接验算。波形钢腹板预应力混凝土箱形连续梁桥设计检算项目包括:设计荷载作用时的安全性、极限荷载作用时的安全性、疲劳的安全性、施工的安全性。

桥梁通用软件Midas已包含波形钢腹板桥的总体分析内容。但关于波形钢腹板的屈服、屈曲与连接计算。因技术进步原因需按“日本高速公路设计要领”作补充验算。

本桥结构分析分两大部分:①单室单箱施工过程及合龙后恒载(含预应力)分析。②单室双箱运营荷载分析(图7)。

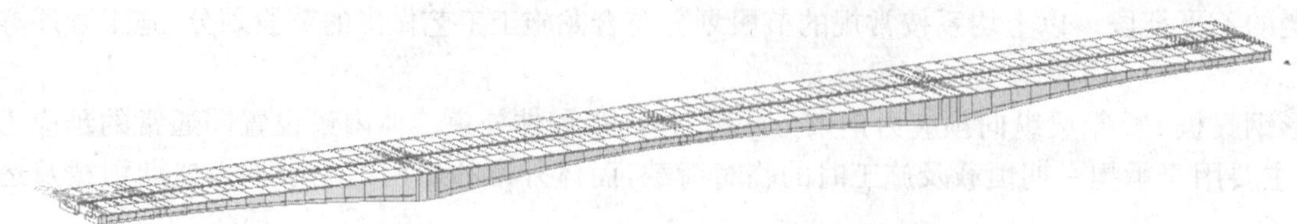

图7　单室双箱的Midas分析模型

鉴于我国尚无波形钢腹板桥的规范,计算遵照我国荷载标准与验算要求,采用日本规范计算方法完成,结构分析计算内容如下表2所示。

波形钢腹板桥计算内容　　表2

计算项目	验算内容
纵向弯曲计算	箱形梁整体极限承载力检算 箱形梁各阶段应力控制验算 箱形梁刚度计算(考虑剪切力影响) 波形钢腹板剪切承载力检算 波形钢腹板屈曲验算(含局部屈曲、整体屈曲、组合屈曲) 波形钢腹板与顶底板连接抗剪验算 波形钢腹板纵向连接检算
横向框架弯曲计算	顶板横向弯曲验算 波形钢腹板与顶底板连接抗弯验算
纵向扭转、畸变计算	波形钢腹板抗剪验算 箱梁整体抗弯承载力验算 横隔板的设置计算

六、波形钢腹板预应力混凝土箱梁桥的施工

波形钢腹板预应力混凝土箱梁桥的悬臂施工与通常的预应力混凝土箱梁桥的悬臂施工一样,可以采用悬臂浇筑,也可以采用节段悬臂拼装,其工艺亦与之类似。不同处在于波形钢腹板在与上下翼缘板焊接并加横向支撑后可以作为施工承重结构,由此在日本导出了一系列新的悬臂施工方法。图8为RAP.COM/RW工法,其施工步骤如图8、图9其特点为:

(1)利用波形钢板作施工承重构件,减轻了传统施工挂篮的重量,提高了施工效率。

(2)顶板、底板、腹板分设于三个节段施工,既扩大了作业面方便了施工,又因三项作业同步进行使施工程序合理化,使节段作业周期缩短,施工速度加快。

(3)施工悬浇用了顶板体外束,顶板预应力底模,节省了悬浇顶板束与顶板模板。

(4)合龙段先行合拢波形钢腹板,减少了施工悬臂长度,亦减少了顶板束数量。

这一工法要求采用全体外束预应力体系,本设计限于我国当前体外索应用水平仍采用传统的预应力体内索为主的预应力体系,故本桥施工拟利用波形钢腹板作施工挂篮的承重结构,仿图8所示的主要步骤进行节段的悬浇施工。

波形钢腹板预应力混凝土箱梁桥一个很大的特点是波形钢腹板不承受轴向力,因而预应力混凝土桥传统的加支撑的合龙工艺不能适用,而应采用如图9所示类似的施工合龙工艺。

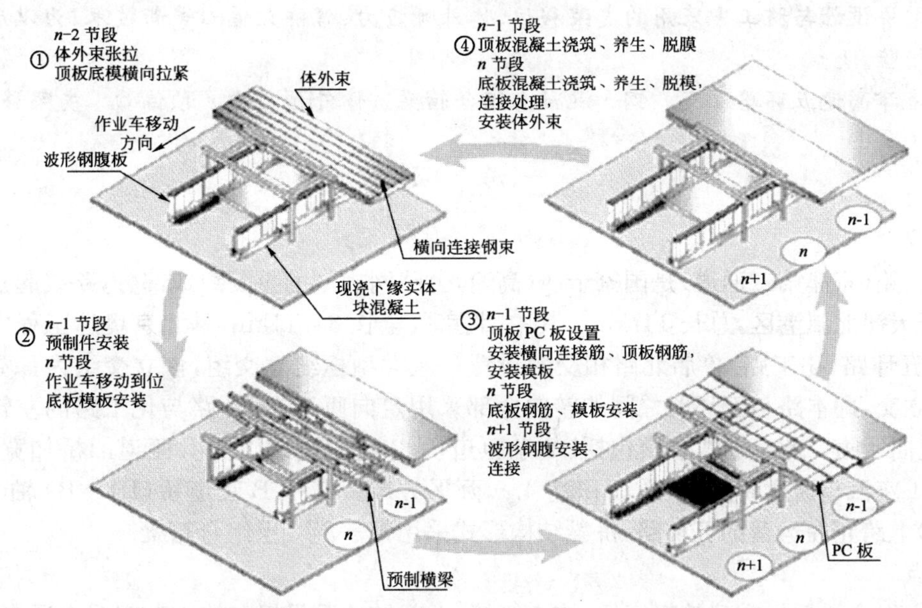

图 8 鬼怒川桥节段施工步骤(Rap. con/RW 工法)

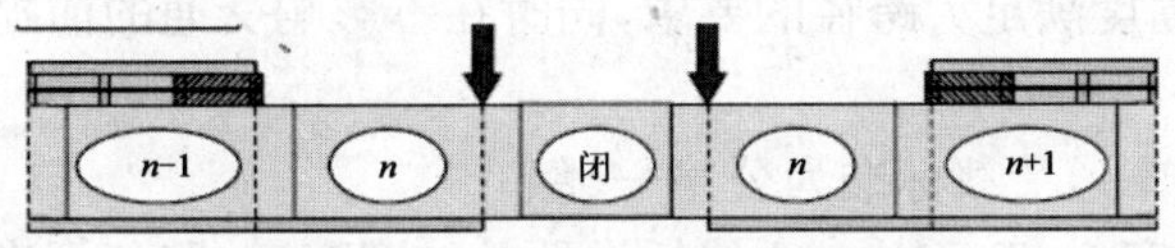

图 9 波形钢腹板先连接的合龙方案

七、结 语

波形钢腹板预应力混凝土箱梁桥用波形钢腹板代替箱梁混凝土腹板，大幅度减轻了箱梁的自重，进而减少下部结构的工程量，降低了造价。由于设有混凝土腹板，且施工中可利用钢腹板承重，故于施工中相应减少了钢筋和模板的制作与安装，简化了导梁、挂篮设施，缩短了工期，方便了施工。从结构上看，波形钢腹板 PC 组合箱梁充分利用了混凝土抗压，波形钢腹板抗剪屈服强度高的优点。由于波形钢腹板不抵抗作用的轴向力，所以能有效地对混凝土顶、底板施加预应力。波形钢腹板不约束箱梁顶板和底由于徐变和干燥收缩所产生的变形，避免了由于钢腹板的约束作用所造成的箱梁截面预应力损失，加之又采用了体内、外预应力综合体系，致使波形钢腹板预应力混凝土箱梁桥的结构更趋合理。波形的钢腹板增强了箱梁的立体感，使得外形更加美观。据其在日本发展的情况，可以预言在中国将同样具有十分广阔的应用前景。

28. 京津高速五环路立交钢—混凝土组合箱梁设计新技术

潘可明[1] 杨 冰[1] 张 为[1] 吴 杰[2]
(1. 北京市市政工程设计研究总院;2. 北京市公路桥梁建设集团有限公司)

摘 要 五环路互通式立交是最近开通的京津高速公路北京段起点工程，其中 B 匝道(B4～B9 联)、C 匝道(C17～C22 联)跨越五环路，结构形式采用钢—混凝土组合弯箱梁。本文主要介绍 B、C 匝道钢—

混凝土组合箱梁桥设计与施工中采用的支架移位、体外预应力、弯桥预偏心等新技术，为以后类似的桥梁建设提供一些经验。

关键词 京津高速五环路立交 钢—混凝土组合箱梁 体外预应力 预偏心 支架移位法

一、总 述

1. 工程概况

京津高速公路(京津第二通道)是国家干线(高速)公路网规划的重要组成部分，路线起点为北京市五环路，终点位于天津北疆港区，总长147km。其中，北京段全长34.11km，是北京奥运工程中的重点项目之一。起点与五环路、化工路、鲁店北路相交并设置一座大型枢纽立交组，该立交组为首蓿叶形加双Y形定向互通式立交，即本路与五环路之间的转向全部采用定向匝道，五环路与化工路的左转采用环行匝道，右转采用定向匝道。此互通式立交包括12条匝道桥、2座主线桥以及L匝道旧桥加宽、西直河人行通道桥改造和1座汽车通道桥，桥梁总面积达4.9万平方米。其中B匝道桥(B4～B9轴)和C匝道桥(C17～C22轴)上跨正在运营的五环路，桥梁结构形式采用钢—混凝土组合箱梁。

2. 工程特点

钢—混凝土组合梁桥具有建筑高度低、施工简捷、上部结构重量轻和施工对现况交通影响小等优点，近年来在市政建设中得到了广泛的应用。本桥通过所采用的体外预应力、弯桥预偏心、钢梁无支架等新技术，使城市内有限的桥梁高度满足大跨径的要求，同时在不影响交通的前提下进行施工。

3. 主要技术标准

(1)设计荷载：桥梁机动车道荷载标准为公路—I级。

(2)桥梁宽度：匝道桥桥宽8.75～10m；主线桥设置单向四车道，路基标准宽度41m。

(3)地震基本烈度：地震作用按地震动峰值加速度0.2g设计，该动峰值对应的地震基本烈度为8度，按9度采取抗震措施。

二、B、C匝道钢—混凝土组合梁结构设计

B匝道桥B4～B9墩、C匝道桥C17～C22墩主梁采用钢—混凝土组合梁桥，梁高1.80m，其中预制钢箱梁高度1.45m(钢箱中线处高度)，现浇桥面板厚0.28～0.35m。B4～B9墩桥梁分孔为30＋35＋36.72＋37.28＋35＝174m，C17～C22墩桥梁分孔为30＋35＋36.79＋37.21＋35＝174m(见图1、图2)。

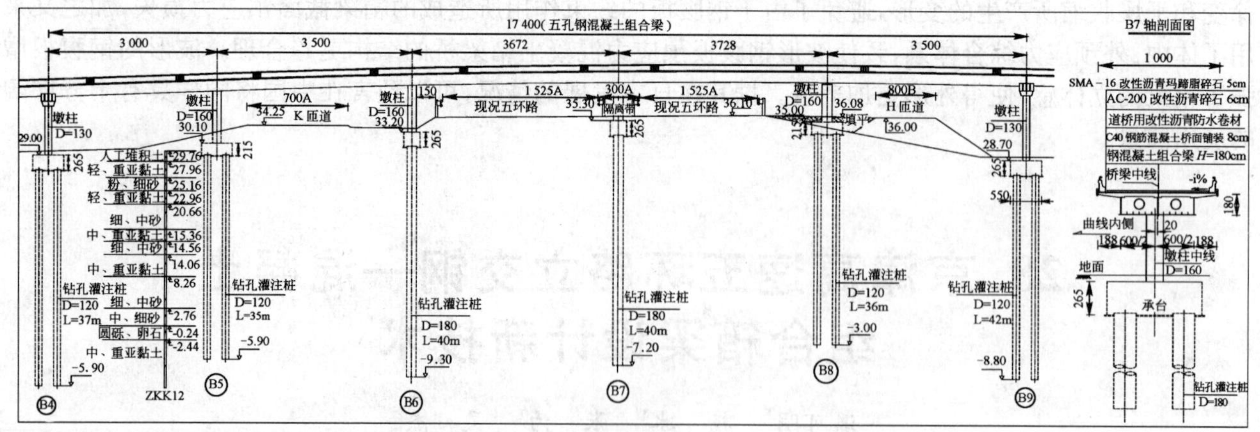

图1 B匝道桥型布置(尺寸单位：cm)

钢箱梁为单箱双室，钢箱底板宽6.06m，设置三个腹板，腹板间距3.0m。悬臂2.00m，桥梁全宽10.00m。

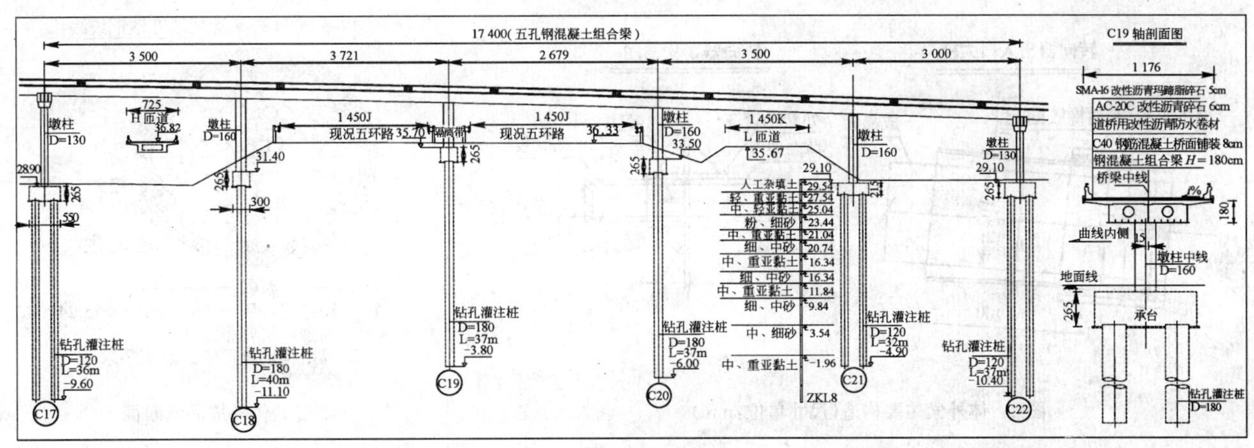

图 2 C 匝道桥型布置(尺寸单位:cm)

墩柱高度 8~11m,其中 B5 墩、B6 墩、B7 墩为墩梁固结,B8 墩采用单向活动盆式支座;C18 墩、C19 墩、C20 墩为墩梁固结,C21 墩采用单向活动盆式支座。

三、设计新技术

1. 体外预应力

1)概述

B、C 匝道桥钢混凝土组合梁长 174m,桥梁全宽 10 m,截面采用等截面形式。其中预制钢箱梁高度 1.45m(钢箱中线处高度),现浇桥面板厚 0.28~0.35m,从而构成钢混凝土组合梁。体外束采用 FASTEN ES3 型环氧涂层填充型钢绞线,经扭绞并热挤 HDPE 护套成品索,标准强度为 1 860MPa。体外预应力锚固体系采用 VLMTS 型 15-19 可更换式体外束预应力专用锚具。体外束外套管和转向器采用结构用钢管,并要求镀锌防腐,锌模厚 80μm。横断面内布设 4 束 19 股 7ϕ5 预应力钢束,张力控制应力为 1 209MPa,每束张拉力为 3 157.2kN。B、C 匝道桥钢箱横断面见图 3。

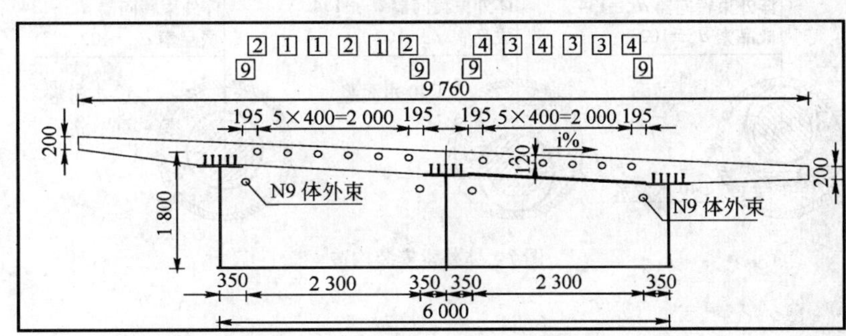

图 3 钢箱梁横断面(尺寸单位:mm)

2)体外预应力设计

本桥若按常规设计,顶板混凝土满布 10×7ϕ5 的预应力钢束,通过计算,主梁(钢混凝土组合截面)支点上缘拉应力和支点下缘压应力均较大;同时由于 B、C 匝道均属弯桥,通过空间程序计算分析,钢梁在顶板束作用下,产生了很大的径向力,有很大的内倾趋势,对墩柱、支座及下部结构的受力十分不利。鉴于以上受力考虑,将体外预应力体系应用到设计中。

由于钢混凝土组合梁整体刚度略小,在车辆通过桥梁时,会产生振动,将会增大预应力束的应力;若预应力束在过高应力状态下,锚区的微振会降低夹片的可靠性,易发生锚区疲劳破坏;故钢绞线张拉控制应力不容许太大,取 f_{pd}=1 209MPa。

3)体外预应力的构造(图 4~图 7)

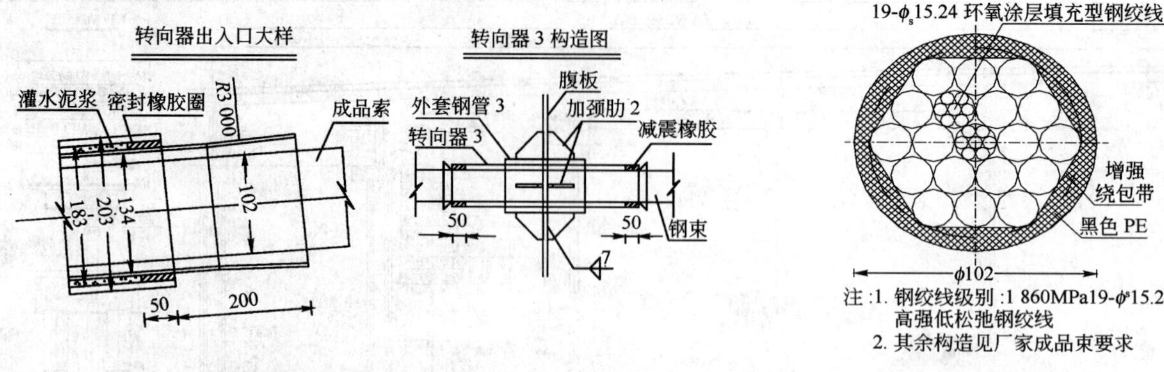

图4　体外索主要构造(尺寸单位:mm)

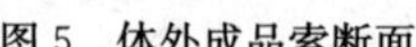

图5　体外成品索断面

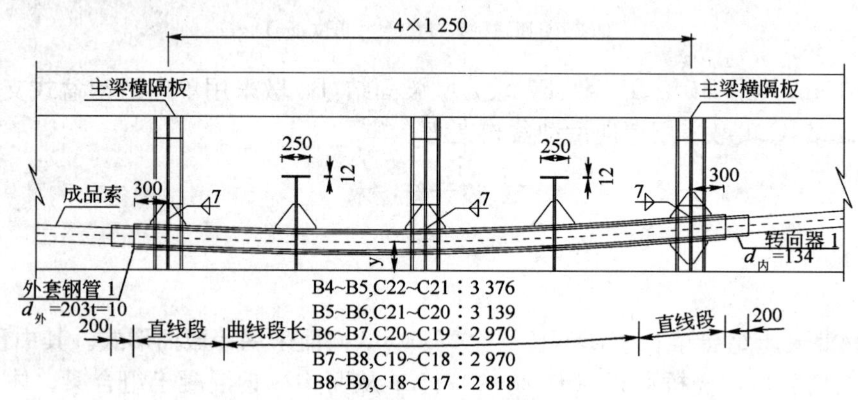

图6　跨中立面(尺寸单位:cm)

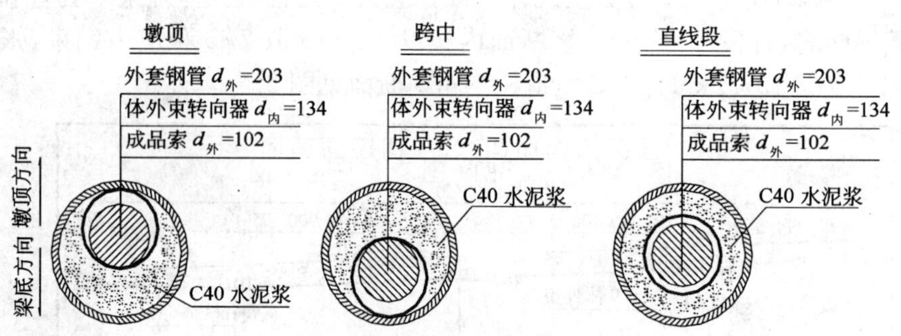

图7　体外索安装构造

4)小结

钢—混凝土组合箱梁的体外索预应力束可以明显改善箱梁的应力，增加桥梁的整体刚度，减少桥梁的下挠，同时可大幅减少钢箱的顶底板厚度，节约钢材，降低工程造价；同时可换索体系弥补了体外索构造的维修、保养问题，提高了桥梁的耐久性。

2. 弯桥的预偏心设计

1)概况

B、C匝道钢混凝土组合梁为独柱弯桥(R=260m、340m)，为调节主梁扭矩及墩柱受力在中墩预设向曲线内侧的偏心，从计算分析结果看出墩柱偏心减小了主梁扭矩，并且改善了墩柱的受力情况，中墩受力更均衡，起到了很好的调节全桥内力分布的作用，使得结构受力更加合理，安全性更高。

弯桥发生平面变形的原因主要分为：力作用方向的位移和曲线弧段膨胀或收缩位移两种；前者主要是由预应力荷载、混凝土徐变及汽车活载产生的离心力等引起，后者主要由温度升降、混凝土收缩等引起。对于普通的预应力混凝土弯桥其钢束相对于主梁的形心上下都有布置，其预应力产生的翻转效果不明显，主要由于外弧长于内弧导致主梁重心位于桥梁中线外侧，由预应力混凝土梁自重产生了翻转，所以中墩偏心一般设置在曲线外侧。其中预应力荷载是弯桥平面内变形的主要因素，属于永久变形。而钢混组合梁弯桥不同于普通预应力混凝土弯桥的地方在于预应力荷载布置的不同，由于桥面板内顶板束的存在使得钢混组合梁弯桥的钢束形心主要位于主梁形心上方，导致预应力产生效应使桥梁内翻，故需要设置中墩偏心在曲线内侧。

2）计算模型

中墩偏心值的设定需要综合考虑平衡主梁扭矩，降低墩柱内力，平衡边墩支座反力。对于普通的平面杆系程序无法计算主梁扭矩，故本桥采用国际通用的 Midas 空间计算程序，采用双主梁模型，即桥面板和钢箱分别建立主梁单元，桥面板和钢箱节点采用主从节点方式（刚性连接）连接，支座采用空间弹簧单元模拟，墩底采用节点弹性支承，墩柱偏心采用墩顶节点与钢箱主梁节点刚性连接（图 8）。临时支架采用节点弹性支承（相当于施加一竖向弹簧和横桥向转动弹簧）。

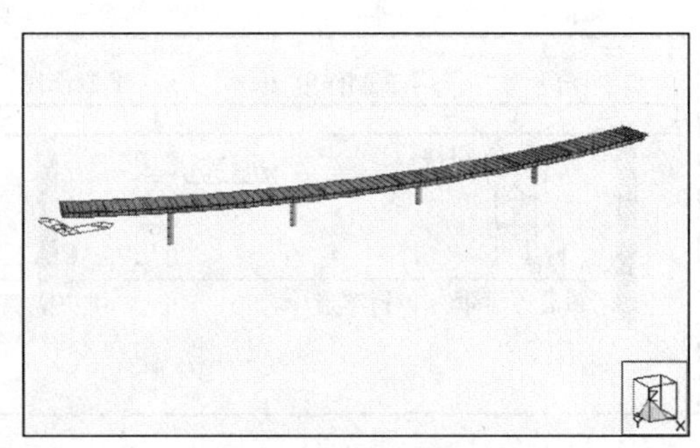

图 8 计算模型

由于双主梁模型最终成桥阶段的抗扭刚度程序计算为桥面板和开口钢箱的代数和，实际情况应该是最终成桥阶段桥面板和钢箱组成一闭口箱形截面，根据封闭薄壁箱形截面的抗扭刚度计算公式：

$$I_{xx}=\frac{2(b\times h)^2}{(b/t_f+h/t_w)}$$

将钢箱截面的抗扭刚度调整为实际抗扭刚度。

桥面板混凝土的收缩徐变函数按照《公路钢筋混凝土及预应力混凝土桥涵》（JTG 62—2004），强度函数按照 CEB-FIP（欧洲混凝土委员会与国际预应力混凝土协会规范）。

3）计算结果

通过多次比较计算调整墩柱偏心位置，具体的调整方法为计算出曲线钢混凝土梁在自重和预应力（体内与体外）荷载作用下的扭转角，通过调整墩柱偏心，使支点和跨中截面的扭转角接近相等（一般方向相反），同时控制主梁各截面的扭转角和扭矩值，使其在上述荷载下扭转变形最小，同时梁端支座不产生托空现象（预存一定的压力），这样主梁被调整到最佳平衡状态。根据计算结果最终墩柱偏心设置情况为：B5 墩柱偏心 30cm（向弧线内偏），B6、B7、B8 墩柱偏心 20cm（向弧线内偏），墩柱偏心量均为垂直主梁方向值（图 9、图 10）。C 匝道结果基本相同，不再详述。

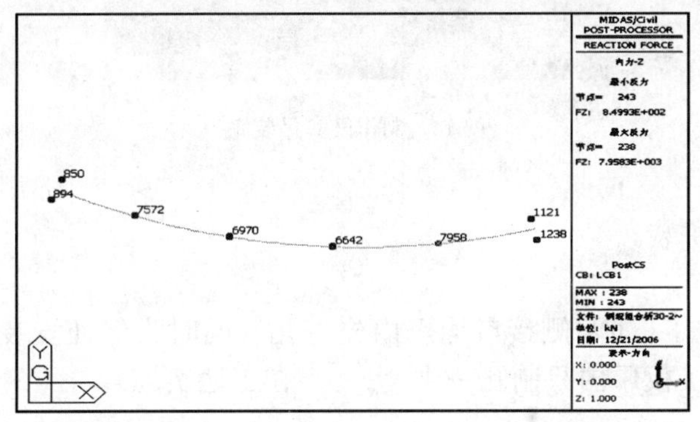

图 9 恒载工况支点反力

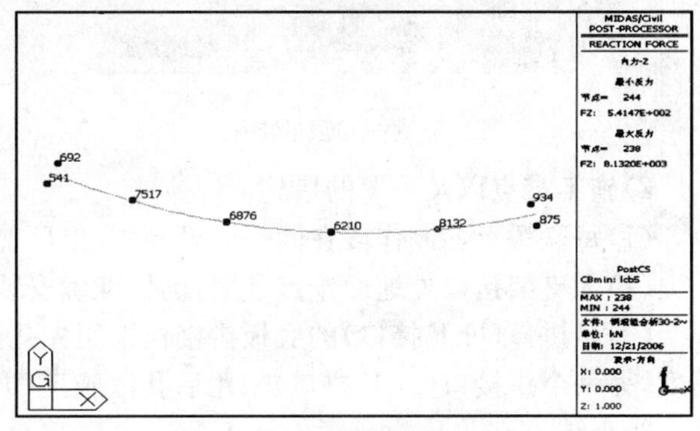

图 10 最不利荷载组合工况支点反力

3. 钢箱梁支架移位法的设计和施工技术

1）概述

常规钢—混凝土组合梁施工方法即在钢梁各制作段的拼接口处设置临时支架（见图 11），然后进行栓接，将各制作段连成整体。虽然钢—混凝土组合梁的设计可以不中断城市交通，但是由于临时支架的存在或多或少影响本已繁忙的交通，带来一些新的问题。

支架移位技术是指在钢箱梁制作段的拼接过程中，在一跨或多跨内无需在拴接口处设置临时支架就能将钢箱梁制作段连接成整体的技术。这项技术的出发点是为解决钢—混凝土组合梁桥跨越交通干线时临时支架对现况交通影响。桥梁的架设过程中于道路隔离带或路肩处等条件容许的地方设置临时支架，在不能设置临时支架的钢梁拴接口处设置临时搭接装置，以满足钢梁制作段的支承和拴接要求(图12)。

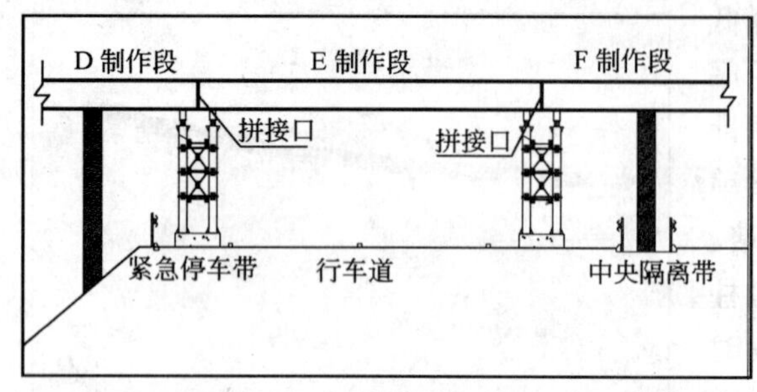

图11 常规支架法示意

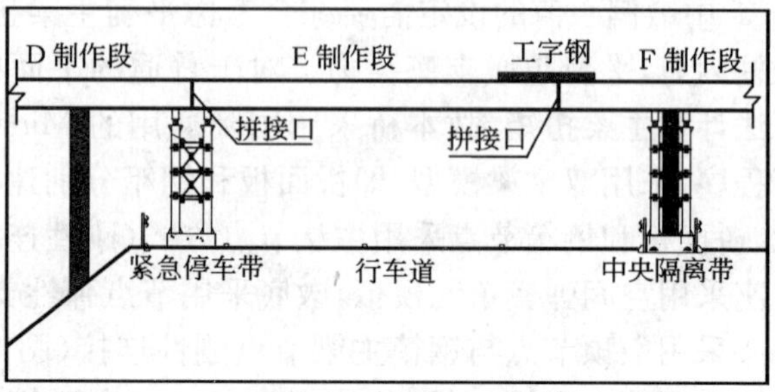

图12 支架移位法示意

五环路立交钢箱梁分为A～H共8个制作段工厂预制，最长制作段F长度35.00m，最大吊装重量110t。根据现场情况，在制作段A-B,B-C,C-D,D-E,F-G,G-H接口处及中央隔离带处设置1号～7号临时墩。其中E-F接口投影线位于主路快行线上，为不影响五环路现况交通，E段设计作为悬拼段进行吊装，在此拼口处采用支架移位技术(此接口处的临时支架移至中央隔离带处)。同时，制作段E与F连接采用临时工字钢搭接，制作段拴接完成后拆除工字钢。

根据支架移位技术，考虑到吊装过程中体系转换及受力情况，钢梁吊装分两个阶段进行。第一阶段吊装，完成除E制作段的其余七个制作段(见图13)。第二阶段在完成已吊装制作段的拴接及横梁的固结施工后，吊装E制作段，其中E、F接口处于五环路主路，由于没有支架，所以采用悬拼安装(见图14)。

图13 第一阶段吊装完

图14 制作段E吊装完

2)施工难点以及采取的措施

(1)每联桥上各制作段在同一胎模制作，出厂前预拼装。

(2)无支架接口处地面选点参照，确保准确安装就位。

(3)悬拼口(E、F接口)的底板拼接板采用先孔法施工(即两侧接口均厂内先打孔)；同时为保证安装精度，另一个拼接口(D、E拼口)采用后孔法施工(即拼接板厂内只制孔一半，另一半在工地实施)。

3)小结

由于B、C匝道桥与主路斜交(交角30°)，若按常规设计，主路之上接口支架要占据两个车道，对五环路的运营造成很大影响。本工程根据现况交通情况采用支架移位法技术，其简单、方便，且不增加工程造价，只是需要搭设部分临时支架(应用起来可以随现场条件适当调整)，将桥梁施工对现况交通的影响尽量减少。钢—混凝土组合梁桥的支架移位新技术本工程的成功应用，很大程度地缓解了过去困扰我们很久的桥梁施工造成的城市交通拥堵的难题，取得了良好的社会效益。

四、对同类桥梁建设的借鉴和建议

钢—混凝土组合梁结构自上世纪90年代以来,在国内桥梁领域的应用方兴未艾,通过对其不断的实践、创新与总结,积累一定的经验,为以后此类工程所借鉴。

(1)对于跨越现况主要道路(高等级公路)的跨径为30～40m的桥梁结构,从设计及施工的便捷性考虑,采用钢—混凝土组合梁结构是适宜的。

(2)此类跨径的弯桥,采用体外预应力结构,良好的改善了钢—混凝土连续弯桥的受力状态,同时减小了结构顶、底板钢材的用量,降低了工程造价。体外预应力在钢—混凝土组合梁结构中无论大跨径或中小跨径桥梁都应大力推广使用,其设计与施工技术日趋成熟。

(3)北京市桥梁建设中,在大跨径钢—混凝土组合梁设计中已采用过无支架施工技术,如丰北路的四丰桥、五环的安立路桥等。在中、小跨径结构中,本工程成功的采用了支架移位施工技术,大幅减少对现况交通的影响,取得了良好的社会效益,此项新技术在以后的桥梁建设中应有广泛的应用前景。

五环路立交工程已于2008年6月通过竣工验收,2008年7月16日在北京奥运会前,京津高速公路(京津第二通道)全线通车。五环路立交规模宏伟,立交区域各匝道桥梁总长度近5km,是北京市区最大的立交桥梁之一;B、C匝道象两道彩虹飞跨繁忙的东五环,成为五环路上新的标志性建筑。

参考文献

[1] 何维利.独柱支承的曲线梁桥设计.北京市市政工程设计研究总院论文集,2004.

[2] 汪凌云.北京市五环立交京山铁路钢混凝土组合箱梁桥的体外预应力设计.北京市市政工程设计研究总院科技论文集,2005,10.

[3] 胡少伟.组合梁抗扭分析与设计.北京:人民交通出版社,2005.

29.折线配筋预应力混凝土先张梁在公路桥梁工程中的应用

王 辉[1] 孟 磊[2] 王 纯[2]

(1.河南高速公路发展有限责任公司;2.河南海威工程咨询有限公司)

摘 要 本文详细介绍了折线配筋预预应力混凝土先张梁的力学性能、试验研究成果、设计方法与施工工艺并以河南驿宛高速公路等工程的应用说明了折线配筋预应力混凝土先张梁工程应用的效益。

关键词 折线配筋 先张预应力混凝土 工程应用

一、概 述

预应力混凝土分先张和后张两种工艺。工艺对比可知先张预应力混凝土便于工厂化预制,具有施工周期短、工序简洁、节省材料、维修养护工程量少、耐久性好等特点,因而在国内外得到了广泛应用。先张梁与后张梁相比,虽然增加了预制场张拉台座的工作量,却可以省去成孔、穿束、压浆工艺。更为重要的是,它完全避免了后张法中可能出现的堵孔、压浆不密实、预应力失控等影响结构质量与耐久性的问题。很多预应力混凝土连续梁桥的裂缝和持续下挠,均与预应力钢材的后期锈蚀有关,而采用不正确的压浆工艺和潮湿空气的侵蚀是其中的主要原因。

然因工程习惯所限,传统的预应力混凝土先张工艺一般均采用直线配筋,因而限制了其应用范围。为在较大跨度桥梁工程中应用先张法,河南省高速公路建设发展有限责任公司以“公路工程折线配筋先张法预应力混凝土梁的研究与应用"为题开展了这项研究，经近二年的努力基本解决了在公路工程中应用折线配筋先张法预应力混凝土梁的关键技术问题，并在河南泌阳至桐柏高速公路淮河桥、分水岭至南阳高速公路黄鸭河大桥、山东德商高速公路鄄城黄河公路特大桥引桥等工程成功地应用了该项研究成果。

二、折线配筋预应力混凝土先张梁的受力性能研究

1)7.5m先张、后张预应力混凝土矩形梁受力性能对比试验

试验梁梁高40cm，梁长7.5m，计算跨径7.2m，按同一配筋情况制作了先张梁4根，后张梁3根，试验时量了测施工阶段的预应力损失，进行了先、后张法预应力混凝土矩形梁在竖向荷载作用下的弯曲试验，以检验梁在正常使用荷载下的弯曲变形和抗裂性能，测定梁的最大承载力。试验情况如图1。

a) 试验装置

b) 进行加载

图1 先张法折线形预应力筋7.5m跨矩形梁试验

试验结果列于表1、表2。

折线先张梁和后张梁承载力比较 表1

梁编号	实测极限弯矩M_u(kN·m)	计算极限弯矩M_u^c(kN·m)	M_u/M_u^c	说明
XPB-1	249.43	180.73	1.380	折线先张梁
XPB-2	225.43	170.12	1.325	折线先张梁
XPB-3	296.23	219.80	1.348	折线先张梁
XPB-4	255.43	191.47	1.334	折线先张梁
HPB-1	213.40	182.50	1.169	曲线后张梁
HPB-2	200.20	170.30	1.176	曲线后张梁
HPB-3	300.40	233.10	1.289	直线后张梁

折线先张梁和后张梁开裂弯矩比较 表2

梁编号	实测开裂弯矩M_{cr}(kN·m)	计算开裂弯矩M_{cr}^c(kN·m)	M_{cr}/M_{cr}^c	说明
XPB-1	67.95	63	0.927	折线先张梁
XPB-2	71.2	67.2	0.943	折线先张梁
XPB-3	66.67	64.8	0.971	折线先张梁
XPB-4	63.53	67.2	1.05	折线先张梁
HPB-1	87.4	89.9	0.972	曲线后张梁
HPB-2	82.6	90.7	0.911	曲线后张梁
HPB-3	95.2	94.9	1.003	直线后张梁

由对比试验可得出如下结论：

(1)折线先张预应力梁弯起器处的摩擦损失可按课题组建议公式 $\sigma_{l1}=\mu\cdot\sigma_{con}\cdot\sin\alpha$ 计算，计算值与试验结果符合良好，且有一定的保证率。其余各项预应力损失可按《公路钢筋混凝土及预应力混凝土桥涵设计规范》(JTG D62—2004)或《混凝土结构设计规范》(GB 50010—2002)建议的公式计算。

(2)折线先张预应力梁有足够的承载力安全储备，在达到设计破坏荷载的130%以上时才发生破坏，而曲线后张预应力梁承载力的安全储备较折线先张预应力梁略低(表1)。

(3)折线先张预应力梁的抗裂性亦略好于后张预应力梁(表2)。

(4)在弯矩增大到开裂弯矩 M_{cr} 时(试验梁跨中截面已出现裂缝)，弯起器上方混凝土的拉应力均小于混凝土抗拉强度标准值 f_{tk}，折线先张预应力梁临近破坏时弯起器钢板与混凝土接触面以及弯起器上面的混凝土并未出现裂缝，说明弯起能够很好的与混凝土共同工作，不会造成弯起器处混凝土的提早开裂。

2)折线配筋预应力混凝土先张梁钢绞线应力传递长度及锚固区混凝土应力状态研究

先张法预应力构件在切断钢绞线放张后，混凝土中的有效预压应力是依靠钢绞线和混凝土之间的黏结力逐渐建立起来的。在构件的端头，钢绞线的拉应力和混凝土的压应力均为零，随着距构件端头距离的增大，从先张法构件切断钢绞线的端部到构件中钢绞线的拉应力达到最大有效拉应力 σ_{pe} 的距离称为钢绞线的预应力传递长度 l_{tr}，在 l_{tr} 范围内钢绞线和混凝土的应力分别从零逐渐增大到有效预拉应力 σ_{pe} 和有效预压应力 σ_{pc}，在先张法预应力构件端部区段的抗裂验算中应考虑混凝土预压应力的变化。

图2为本试验构件端部区段实测的混凝土压应力分布和按JTG D62—2004、GB 50010—2002规范计算的混凝土压应力分布的比较，从图中可以看出在构件端部区段实测的混凝土压应力要大于按规范计算的压应力，说明先张法折线形预应力筋构件的预应力传递长度仍可按《公路钢筋混凝及预应力混凝土桥涵设计规范》(JTG D62—2004)或《混凝土结构设计规范》(GB 50010—2002)的规定计算，并有一定抗裂储备。

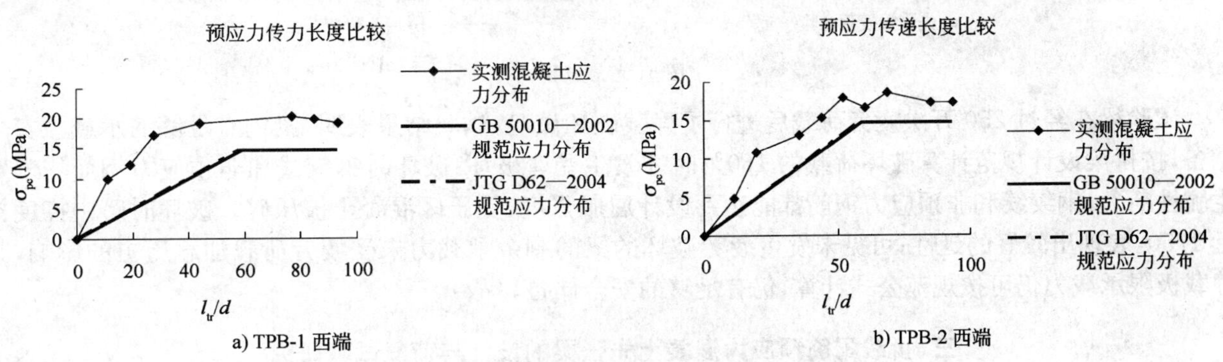

图2 钢绞线预应力传递长度计算

本项研究的初期，在泌阳至桐柏高速公路淮河桥的第一片中梁和第一片边梁的试制过程中由于35m箱梁端头腹板的厚度原设计为30cm，而每侧腹板锚固区的钢绞线多达12～14根，切断钢绞线后在锚固区的混凝土出现了裂缝。为此课题组对钢绞线锚固区混凝土的局部应力进行了有限元分析，采取了增大锚固区腹板的厚度、设置钢绞线锚固失效段以及增设钢筋网片等措施，较好地解决了钢绞线锚固区的混凝土裂缝的问题。

在此过程中曾针对梁端各种改善局部应力措施局应力作了有限元分析，根据有限元分析的结果，说明防止箱梁腹板钢绞线锚固区混凝土因局部应力过大而开裂的有效措施是：增大锚固区腹板的厚度、并设置钢绞线锚固失效段(图3、图4)。

3)预应力先张梁和后张梁的对比疲劳试验

在公路工程中后张预应力混凝土梁应用较普遍，且通常应用的锚具都作有疲劳试验，故人们对其疲劳性能通常不提出质疑，对折线配筋预应力混凝土先张梁因涉及预应力筋的折线线型与混凝土自锚两个问题，故对其疲劳性能提出了质疑，本试验研究即为此而安排。疲劳受力性能试验共设计 2 根折线配筋先张法预应力混凝土梁与 1 根后张有黏结预应力混凝土梁。

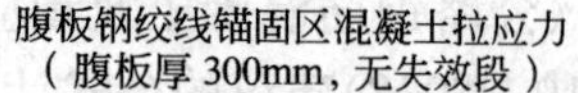

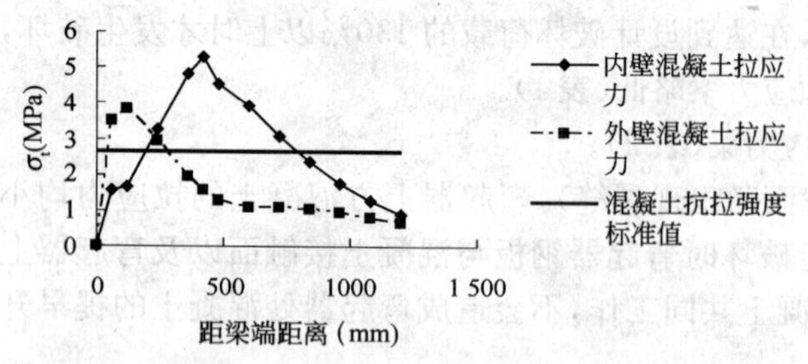

图 3　原设计时箱梁腹板钢绞线锚固区混凝土拉应力

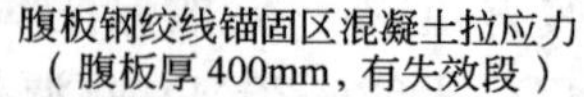

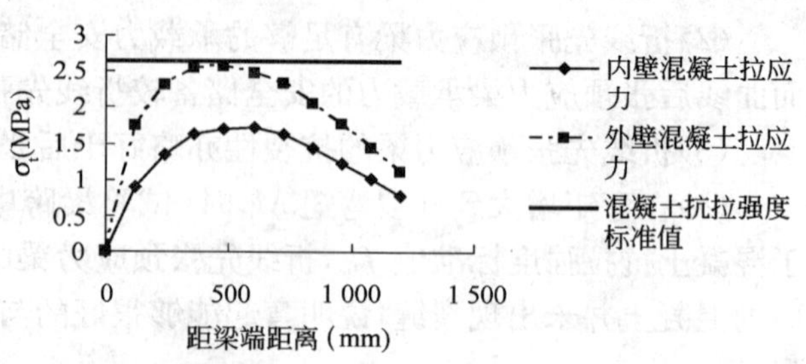

图 4　采取措施后箱梁腹板钢绞线锚固区混凝土拉应力

所有试验梁在一定循环次数的疲劳荷载作用后，反拱均有不同程度的减小，在其后的静载试验中挠度、最大裂缝宽度均有增大，但卸载后裂缝闭合性能良好（裂缝几乎完全闭合），见图 5a）、b）。

a) 先张梁疲劳试验

b) 后张梁疲劳试验

图 5　静载试验

试验梁在经过 250 万次疲劳荷载后进行了静载破坏试验，试验结果表明：梁仍有足够的承载力安全储备，按桥梁设计规范计算破坏荷载的 160% 时才发生受弯破坏；破坏时钢绞线和非预应力钢筋均未发生脆性断裂，钢绞线和非预应力钢筋都能达到设计屈服强度，受压区混凝土被压碎。破坏时跨中挠度接近 1/50，表现出较好的延性；可见未发生疲劳破坏的梁的剩余承载力未受疲劳荷载加载历史的影响，其静载极限承载力仍可按规范公式计算，仍有足够的安全储备。

三、折线配筋预应力混凝土先张梁的设计与荷载试验研究

作为传统的预应力混凝土施工工艺的一种，先张预应力混凝土的设计理论是成熟的，其设计要点已纳入了现行设计规范。唯因折线配筋预应力混凝土先张梁的实际应用在我国尚在探索中，故与之相关的预应力损失，折线筋的设计强度折减，自锚段应力分析，折线段局部应力等问题都有待深入；同时，设计中普遍使用的公路桥梁平面计算程序对先张法设计使用不多，故程序功能不如后张法完善，为此作为研究，本课题包括了如何使用通常的预应力混凝土桥梁计算程序计算折线配筋预应力混凝土先张梁的建议。

通过 7.5m 小梁受力性能试验、12m 跨折线配筋预应力混凝土先张梁极限荷载试验、35m 跨折线配筋预应力混凝土小箱梁设计荷载试验与理论分析证明：公路折线配筋预应力混凝土先张梁总体可按现行预应力混凝土桥涵设计规范进行，唯需注意以下几点：

1）预应力损失

因折线配筋先张梁无管道摩擦损失，但是折线钢束与弯起器之间却存在摩擦，设计中应注意用弯起器损失取代规范中的 σ_{l1}。根据摩擦力等于正压力乘以摩擦系数的概念，与 7.5m 小梁试验、35m 小箱梁施工监测可求得弯起器摩擦损失。

$$\sigma_{l2} = 0.3\sigma_{con} \cdot \sin a$$

式中：σ_{con}——张拉控制应力；

a——折线筋通过弯起器的折角。

至于其他项预应力损失则均可按规范计算。

2)弯折钢束的强度折减

应用弯起器带来的另一个问题应是弯起预应力束因折弯导致的强度折减，由试验研究知，其折减系数为$\zeta=1-0.005\alpha$(α为角度，单位：度)，于承力计算中应用到此系数。

3)计算程序的使用

折线配筋预应力混凝土先张梁的设计计算，可采用一般公路桥梁通用计算软件完成，由于程序对折线配筋先张梁的预应力损失、弯起筋强度折减等因素没有考虑，需要设计时有针对性地进行调整，具体调整项目如下：

(1)折线先张梁的预应力损失：程序只能自动计算σ_{l5}(预应力钢筋的松驰损失)及σ_{l6}(混凝土收缩和徐变损失)，为此应先计算出各项预应力损失。输入数据时，把折线钢束和直线钢束的设计张拉应力扣除这部分损失值，作为计算张拉应力输入。

(2)先张法预应力钢筋传力长度：对先张法预应力混凝土构件端部区段进行正截面，斜截面抗裂验算时，应考虑预应力钢筋传力长度的影响，程序计算中为体现钢筋的传力长度，可采用按三个点分三次输入钢绞线数量的方法进行模拟。

(3)折线钢束的输入：可采用小曲率半径弯束来模拟折线钢束。

(4)折线钢绞线的静力破断强度折减：在进行持久状况承载能力极限状态计算时，应对折线预应力钢筋的设计强度予以折减。

依据上述设计方法，我们为泌阳至桐柏高速公路高速公路设计了桐柏淮河桥(35m跨小箱梁)、为山东德商高速设计了鄄城黄河桥(引桥50m折线先张T梁)，取得了很好的效益。为验证设计的可靠性于施工现场做了35m跨折线配筋预应力混凝土先张梁的设计荷试验(图6)。

图6 35m跨小箱梁荷载试验

试验结果表明35m折线先张预应力混凝土箱梁跨中截面弯矩增加到正常使用极限状态弯矩时，跨中截面处未扣除反拱的最大挠度仅为22.79mm，为计算跨度的1/1 535。

当荷载弯矩增加到作用短期效应弯矩时，梁底未出现裂缝，说明试验箱梁在正常使用极限状态下的抗裂性能符合要求，当荷载弯矩增加到设计极限弯矩(理论破坏弯矩)时，梁底仍未出现裂缝，说明试验箱梁的抗裂性有较大的储备，完全符合全预应力梁抗裂性能的要求。

试验过程中箱梁弯剪段自始至终未出现斜裂缝，说明由于折线形预应力筋的作用，有效提高了箱梁的抗剪承载力和斜截面抗裂性能，箱梁抗剪承载力也完全能够满足工程要求。

四、折线配筋预应力混凝土先张梁的施工工艺研究

综观国内外折线配筋预应力混凝土先张梁的应用成果与施工实例，我们于折线配筋预应力混凝土先张梁的施工工艺研究课题中，重点做了以下三个方面的工作：

1)弯起的器的的选型与试验研究

折线配筋的弯起器张拉需借施工时固定于台座制作后埋置于混凝土中的弯起器来实现，青藏铁路用的弯起器通常称为辊轴式弯起器，台湾高速铁路所用的弯起器则称为音叉式弯起器，不同之处仅在于弯起器与台座底板的锚固装置。我们用于35m跨小箱梁的拉板式弯起器，较之铁路工程常用的辊轴式弯起器这种拉板式弯起器具有以下优点：

(1)构造简单、各部件受力明确；

(2)材料用量少，费用较低；

(3)安装、拆卸容易；

(4)能满足弯起器作微量弯转、纵移的要求；

(5)可用于直腹板亦可用于斜腹板。

2)预制台座的研究与设计

折线配筋先张预应力混凝土张拉台座的反力梁有固定和活动的两种，张拉横梁亦有固定和活动的两种。

我们于35m跨小箱梁施工中未采用带模反力梁形式而结合工地植被设备情况分别为淮河桥及黄鸭河桥设计了长、短线法两套方案，见图7a)、b)，短线法采用长33m钢箱梁作反力梁，钢箱梁截面600mm×1 200mm；长线法采用800mm×1 200mm矩形截面的钢筋混凝土梁作反力梁，全长72.54m；其中短线法台座一次制梁一片，长线法可同时制梁两片。长线法台座的优点：由于采用钢筋混凝土反力梁，最大的优点为一次性投入少，造价低、浇筑速度快，而且由于整体浇筑，稳定性较好。缺点是只能一次性使用，不可重复利用，施工完还需要处理临时构造物；另一缺点是对于同时有两片35m先张法预制预应力小箱梁的长线台座在进行折线钢绞线张拉时，相当于对单片35m先张法预制预应力小箱梁进行单端张拉，增大了弯起器处摩阻力，增大了折线钢绞线的预应力损失。

a) 长线台座

b) 短线台座

图7 预制台台座

短线法台座优点：反力梁采用钢结构，可以工厂加工，结构精确，可以拆装以重复利用，且受力性能较好，整体变形量较小。特别是可两端张拉，弯起器处摩阻力减小。缺点为一次投入大，现场安装精度要求高。

先张施工中钢绞线锚固在张拉台座两端的张拉横梁上，张拉横梁采用上下两根。上张拉横梁锚固弯起钢绞线，下张拉横梁锚固直线钢绞线。上、下张拉横梁通过分离式机械锁紧油压千斤顶(下称大千斤顶)将张拉应力传递到反力梁上，台座两侧反力梁用台座底横向的钢筋混凝土联结系梁固定。

3)张拉、放张工艺

采用了横梁外侧前卡式千斤顶单根张拉预应力束至张拉吨位的65%～85%，再用横梁内侧分离式液压千斤顶顶抬横梁使预应力束整体达到张拉吨位的100%的两步张拉工艺和用横梁内侧分离式液压千斤顶一步放张的放张工艺，这一张拉、放张工艺实为国内外折线配筋预应力混凝土先张梁预应力张拉、放张工艺的优化。经89榀35m跨公路预应力混凝土小箱梁预制施工与施工监测和荷载试验证明，这一张拉、放张工艺是成功的。该工艺优点是：

(1)用分离式机械锁紧液压千斤顶按设计总吨位控制张拉，确保了预应力束张拉应力的准确性，避免了许多繁琐、不准确的计算。

(2)用横梁内侧分离式机械锁紧液压千斤顶放张，可确保放张工作的安全，有利于保证预制混凝土大梁的质量。

五、折线配筋预应力混凝土先张梁的经济效益

折线配筋预应力混凝土先张梁较彻底地解决了后张预应力管道压浆不实与预应力控制不准确的两大常见病害，较好地保证了预应力混凝土桥梁的耐久性，效益是巨大的、无法估量的。通过35m跨先张预应力混凝土梁的材料用量对比可知先张梁可较后张梁节省建安费5%～7%的预应力管道、锚具费用，但却要增加张拉台座的摊销费用，故只要预制先张梁达到一定数量使张拉台座费用得到摊销，就会有可观的经济效益。桐柏淮河桥一个长线台张拉台座的制作成本约需经20榀小箱梁的制作才能摊销，对一条高速公路若能集中预制构件，这种效益应该很容易达到。本课题研究的两个试点工程桐柏淮河桥、南召黄鸭河桥的实际工程费用节约为357万元，本技术正在应用于山东鄄城黄河公路大桥与湖南常岳高速公路，其费用节约为9 017万元。

六、结　　语

在公路折线配筋预应力混凝土先张梁的应用方面，我们做了一些开拓性的研究工作，折线配筋先张法扩大了预应力混凝土先张法的应用范围。预应力混凝土先张法较后张法除了工艺简单等优点外，最突出的两项优点为：有效预应力可控，无需管道压浆，这两点从根本上保证了预应力混凝土工程的质量与耐久性，可更可靠地在高原严寒、跨海越洋工程中应用。故折线配筋预应力混凝土先张法有着广泛的应用前景，应予以推广应用。推广应用的关键在于优化其施工工艺特别应关注台座设计，制定合理的张拉、放张工艺，以追求更好的工程社会、经济效益。

30. 广深沿江高速公路深圳段桥梁设计

苏　舰[1]　吴洪峰[1]　陈　佳[1]　王立新[2]
（1. 北京建达道桥咨询有限公司；2. 江苏省交通规划设计院有限公司）

摘　要　本项目为广深沿江高速公路深圳段，与深港西部通道连接，全长31.533km。本文重点介绍广深沿江高速公路深圳段的设计，包含项目概况、项目特点、总体设计、桥梁设计以及耐久性设计。

关键词　广深沿江　深圳段　设计

一、项 目 概 况

广深沿江高速公路起于广州黄埔，终于深圳南山，向南通过深港西部通道与香港相接，是继广深高速公路之后，珠江三角洲地区又一条重要的南北通道。

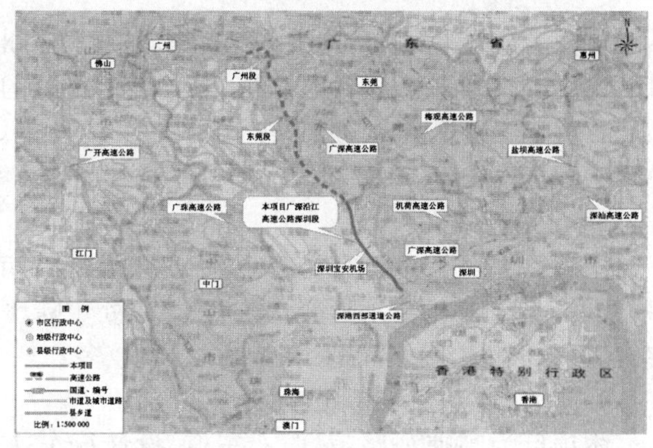

图1　项目地理位置图

本项目为广州至深圳沿江高速公路深圳段，工程起自东莞长安镇东宝河北岸，与东莞段相接，终于深圳南山区的月亮湾，与深港西部通道相接（图1）。路线设计长度为31.533km，路基宽41m，双向八车道。本工程除终点100m为路基外，其余均为连续高架桥梁，主线桥梁总长31.433km，占路线总长的99.7%，根据路线经过的区域位置、建设条件的不同，全线分为11座特大桥，1座大桥。

全线共设置互通式立交4座，互通范围内匝道的桥梁长度为11.103km，匝道的路基长度为

5.431km。本项目设主线收费站1处，二线边检站1处，互通区匝道收费站10处。

本项目总投资112亿，计划2011年底建成通车。

二、自然条件

1. 地形、地貌

广州至深圳沿江高速公路深圳段大致可分为南北两段：北段自东宝河至宝安国际机场属泥滩和浅海；南段自机场至月亮湾互通为浅海及海积阶地。

本段路线部分位于海积阶地平原和填海区，地形平坦，沿线鱼塘、河涌较多，部分路线位于浅海区，海水深一般在2～6m。沿线由于城镇化发展较快，开发区、厂房密集。

2. 气象条件

项目所在地区属南亚热带海洋型气候，常年温暖湿润，雨量充沛，年平均气温22～22.5℃，年平均相对湿度为79%～81%，年平均降水量为1850mm。年常风向为东南东和北北东，次常风向为东北和东，实测最大风速深圳站40m/s，赤湾站30m/s。

项目所在地区常受热带风暴及台风袭击，年平均台风影响次数4.8次，台风盛行期在7～9月，台风中心经过时风力可达11～12级。

3. 水文

伶仃洋潮汐属不规则半日潮，即在一个太阴日里(约24小时50分)，出现两次高潮两次低潮，日潮不等现象显著。

伶仃洋是喇叭形河口，受地形影响，径流作用相对较小，由下至上潮差是沿程递增的，平均涨、落潮差赤湾站1.38m，至舢板洲站为1.61m。潮差的年际变化不大，年内变化相对较大，汛期潮差略大于枯水期潮差。

项目所在地区波浪类型主要是风浪，主要受当地风的影响，涌浪率很小。

4. 工程地质

本项目位于华南粤中土坳陷带内，岩浆活动和断裂构造是本区地质构造的主要特征。加里东期、燕山期的岩浆活动形成了混合花岗岩和花岗岩两种不同时代的岩类，构成该路段的岩石基底，基岩埋深30～40m。

断裂构造主要有北东向、近东西向和北西向等断裂体系。其中北东走向的断裂最为发育。

上述断裂构造，在第四纪更新世及以前属于活动断裂，进入全新世以来活动性大大减弱。有地震记载以来，区域内最大一次地震是1962年发生于河源的6.1级地震。其他均为小震。而最大的地震影响烈度为Ⅴ度。

三、项目特点

广深沿江高速深圳段途经珠江口海域，北段广州黄埔一带为狮子洋，南端内伶仃岛一带为伶仃洋，深圳西海岸以西为前海，又称大铲湾。根据工程所处的地理位置和建设条件，本工程具有以下特点：

1. 桥梁工程规模大，外部条件复杂

工程全线长约31.533km，设计采用连续高架方案，主线桥总长占路线总长的99.7%，同时还包含4座互通，工程规模较大。

本项目北段自东宝河至宝安国际机场属泥滩，南段自机场至月亮湾互通为浅海及海积阶地，随着大规模的填海造陆，原始地形变化较大，工程处于陆地、蚝田、海上多种环境。沿线被交道路、互通立交较多，区段异形桥跨较多，需采取现浇的区段较多。

2. 车道多、荷载大、等级高

本项目为高速公路，双向八车道，设计行车速度100km/h，设计荷载公路—I级，桥梁结构宽度40.5m，路基宽度41m，为目前国内最宽的高等级公路。且本项目与深港西部通道相连，根据深港西部通道交通量预测结果,大型的运营车辆中,大型的货柜集装箱车占85%以上。同时,本项目沿线又与蛇口港、福永港、大铲湾深水港区、宝安国际机场航口枢纽等多个港口码头互通,货运车辆载重大,而桥梁工程长度又占全线的99.7%,宽结构、大荷载、高等级的建设标准给主体工程的结构设计带来了较大的挑战性。

3. 台风、大风影响较大

本地区属南亚热带海洋季风区,主要灾害性天气有台风、热带风暴及伴随而来的洪水和暴潮等。台风对于工程的施工安全与进度影响较大。

4. 海洋环境侵、腐蚀严重

深圳段跨海里程约有17.6km,桥梁具备遭受物理性腐蚀和化学类腐蚀的环境条件。根据室内水质分析结果,工程区海水盐度为18‰,Cl^-含量平均10 000mg/L,SO_4^{2-}含量平均2 500mg/L,具备湿润区和半湿润区混凝土直接临水和干湿交替的条件,属II类环境。其中,大铲湾浅海区、大铲湾码头海湾区及妈湾浅海区各海域,海水水质对混凝土具有中等结晶类腐蚀和强结晶分解复合类腐蚀;其他各区:沙井滨海泥滩区地下水具有中等结晶类腐蚀和中等结晶分解复合类腐蚀,宝安滨海泥滩区地下水具有中等结晶类腐蚀和强结晶分解复合类腐蚀,月亮湾填土区和西乡海积阶地填土区地下水具有中等结晶类腐蚀和中等结晶分解复合类腐蚀。桥址常年气温较高,湿度大,季候风强烈,海水含盐度高,涨落潮的干湿侵、腐蚀效应、海洋大气的侵(腐)蚀作用对大桥的使用寿命有较大的影响。

5. 考虑船撞力的范围广、种类多

本项目除东宝河特大桥主桥基础考虑船撞力设计外,跨越虾山涌码头通航孔、三围涌码头通航孔、西乡河码头通航孔的桥梁基础均需考虑船撞力。另外,由于本项目与大铲湾航道平行,又临近大铲湾码头,因此,机场段约7km的桥梁,前海段约3km的桥梁均需考虑船撞力,涉及的范围较广。各通航孔、机场段、前海段桥梁的船舶撞击力均不相同,种类较多。

6. 施工组织难度大

工程全长约31.533km,工程规模较大,施工作业有陆地区、蚝田区、浅海区等多种区域环境,且受伶仃洋风浪的影响,施工组织需根据不同地段的条件进行综合考虑,须同时顾及航运、防洪等诸多方面的要求。因此,桥梁的施工组织方案是一项系统工程,必须认真研究、比选,慎重确定施工组织方案,以确保大桥施工能够安全、顺利实施。

7. 设计方案与施工方案紧密结合

本工程部分区段位于海中,具有海上桥梁的一些特点,部分区段位于陆地、蚝田区,具有陆地和滩地桥梁的施工条件,同时,还需要考虑在施工期间对被交路、航道尽可能少的影响。因此,结合桥梁结构形式,采用支架现浇、预制拼装、整孔吊装、悬臂浇筑、钢箱梁节段拼装等施工方法,综合比选,充分考虑各区段施工作业的特殊性。

四、总 体 设 计

本项目全线采用全封闭、全立交的双向八车道高速公路标准。其中路线起点至前海互通段路基宽度41.0m,桥梁宽度40.5m。前海互通至终点段路基宽度36.5m,桥梁标准宽度36.0m。

全线共设置14个平曲线,有8处采用了设置超高的半径,最小平曲线半径为1 800m/1处,最大平曲线半径8 500m/1处,平曲线占路线总长的67.46%。

全线共设变坡点21个,平均每公里纵坡变更次数0.66次,最大纵坡1.5%/1处,最短坡长450m/1处,最小凸形竖曲线半径16 000m/1处,最小凹形竖曲线半径25 000m/1处,竖曲线占路线总长的45.65%。

五、桥 梁 设 计

本项目全线上部结构共有结构形式六种:部分斜拉桥、变截面连续箱梁、连续刚构、钢箱梁、预制组合箱梁、混凝土连续箱梁。其中预制组合箱梁648跨,4 562片,整体预制箱梁228跨,228片,现浇箱梁991跨,钢箱梁12跨。

本节重点介绍本项目中具有代表性的两座桥梁：东宝河特大桥主桥和机场特大桥，以及全线中普遍存在的一种上部结构形式：预制组合箱梁，其他结构形式均为常规结构。

1. 东宝河特大桥

东宝河特大桥主桥跨径为120m＋216m＋120m，双塔四索面部分斜拉桥，全长456m，位于半径2000m的平曲线上(图2)。主桥左右幅分离布置，结构形式采用塔墩固接、塔梁分离的三跨连续体系。单幅桥宽22.05m，塔高49.2m，为三柱式桥塔。

通航净宽139m，净高15m，设计最高通航水位3.45m，设计最低通航水位－0.92m。

1)主梁

主梁半幅桥采用单箱三室小悬臂斜腹板断面，腹板斜率不变，底板宽度根据主梁梁高的变化而渐变。端支点及跨中位置梁高3.5m，中支点位置梁高8.0m，其余主梁梁高采用1.8次抛物线变化。主梁设计按挂篮悬臂浇筑法施工，最大悬臂浇注梁段重量为390.0t。

主梁采用预应力混凝土结构，按全预应力构件设计。纵向预应力采用15-16、15-19钢绞线，竖向采用精轧螺纹钢筋，并采用二次张拉工艺。

2)主塔

每个主塔由1根中塔柱、2根边塔柱、上下横梁组成框架结构(见图3)。

图2 东宝河特大桥主桥

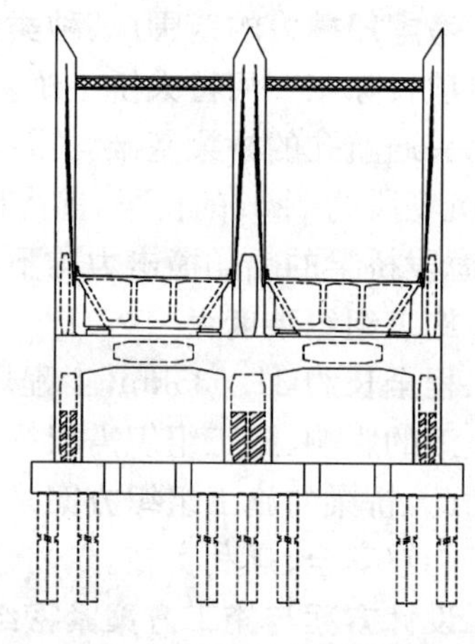

图3 东宝河主桥剖面图

主塔结构高49.2m，分为上塔柱和下塔柱，其中上塔柱高40m，下塔柱高9.2m。塔上设鞍座，以便拉索通过。每根斜拉索对应一个鞍座，中塔柱斜拉索横桥面呈两排布置，鞍座亦设两排。

鞍座采用分丝管形式，分丝管采用ϕ28×3mm厚的无缝钢管，分丝管为圆弧形。

3)斜拉索

斜拉索采用扇形布置，梁上间距8m，塔上间距2m，拉索通过预埋鞍座穿过塔柱，在主梁上张拉(图4)。斜拉索采用高强度低松弛环氧喷涂钢绞线。每根拉索由73根7ϕ5钢绞线组成，全桥共计64根。

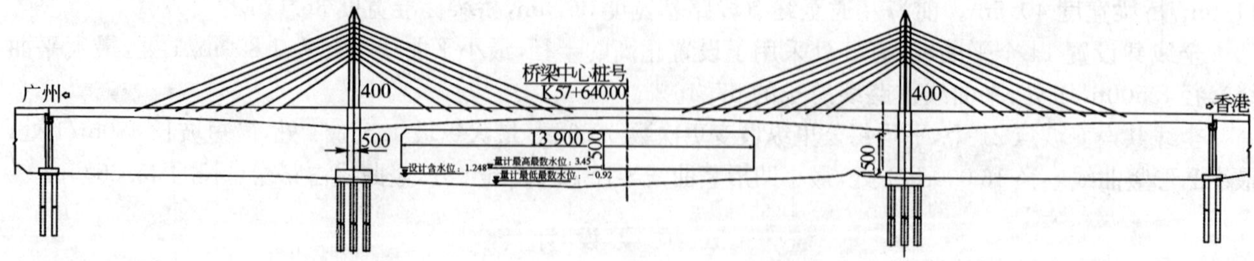

图4 东宝河主桥立面图

4)主墩及基础

边墩、中墩均采用空心矩形断面，边墩顺桥向5.0m，横桥向3.5m；中墩顺桥向5.0m，横桥向6.0m。

墩顶位置设置下横梁，采用空心矩形断面，高 5.0m，顺桥向宽 5.0m。

主塔基础采用钻孔嵌岩桩，桩底嵌入中风化花岗岩层，桩径 2.5m，边塔柱 6 根，中塔柱 9 根。

2. 机场特大桥

机场段特大桥是广深沿江高速公路深圳段中部的一段海上桥梁(K66＋103～K72＋943)，桥梁东侧为宝安国际机场，西侧为内伶仃洋大铲水道，紧贴珠江治导线内侧，全长 6.84km(图 5)。

图 5 机场特大桥

通过对 30m 预制组合箱梁、40m 移动模架现浇箱梁、60m 整体预制箱梁的方案比选，考虑到本区段的海域施工环境和较大的基础防船撞要求，决定机场段特大桥上部结构采用 60m 整体预制箱梁，使用大型浮吊海上吊装施工，边梁吊装重 2 390t，中梁吊装重 2 384t。

本区段海域属于伶仃洋，潮汐变化属不规则半日潮，基本水深 4～7m，潮差 1.0～2.0m，涨落潮流速不大，设计高潮位为 3.526m(85 基面)，设计低潮位为－1.384m(85 基面)。

1)主梁

本桥为分离式双幅桥梁，单幅箱梁采用单箱双室截面，箱梁顶板宽 19.65m，底板宽 10.35m，梁高 3.5m。箱梁两侧悬臂长 3.65m(图 6)。顶板横坡通过箱梁预制时顶板斜置形成，腹板设计为斜腹板，外侧斜度为 1∶2.876 5，内侧斜度 1∶3.123 5。

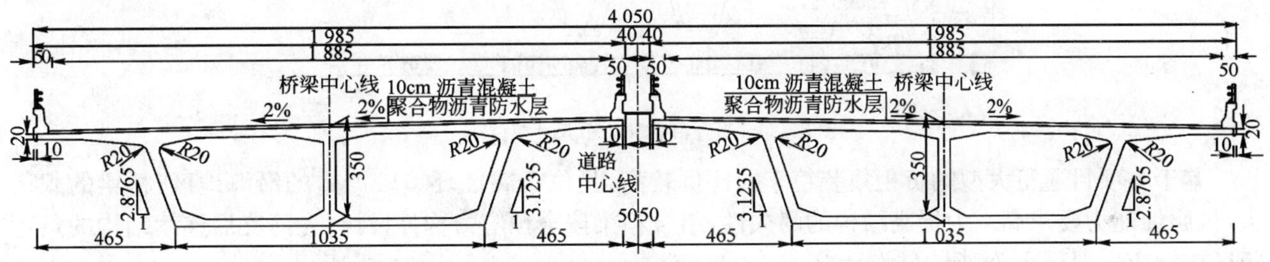

图 6 机场特大桥横断面(尺寸单位：cm)

相邻跨的预制梁通过在墩顶设置湿接缝实现结构连续，墩顶湿接缝顶板处宽度为 108cm，底板处宽度为 150cm。

2)主梁预应力

箱梁采用纵向和横向双向预应力体系。

箱梁纵向预应力体系采用 15-19、15-16、15-12 型三种规格，箱梁顶板横向预应力采用 15-3 型，采用单端张拉。

整体预制箱梁对腹板钢束采用二次张拉技术，在混凝土强度达到 25MPa 后开始初张拉，张拉力取设计张拉吨位的 33％。

3)桥墩及基础

墩柱采用矩形墩身，顺桥向呈曲线形，下部尺寸为 2m(横桥向)×2.6m(顺桥向)，上部尺寸为 2m(横桥向)×4.0m(顺桥向)。

半幅每墩下设置 4 根直径 1.8m 的钻孔灌注桩，大部分采用嵌岩桩，部分采用摩擦桩(图 7)。

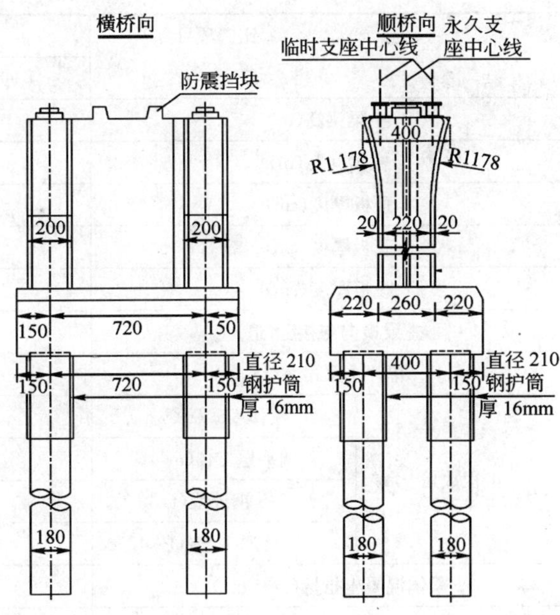

图 7 机场特大桥桥墩侧面

3. 预制组合箱梁

1)方案比选

组合箱梁主梁的梁间距与单幅桥主梁的片数、单片主梁的吊重及施工进度密切相关。为了确定合理的主梁间距,对30m跨度的组合箱梁按单幅桥宽分别进行了四片、五片和六片的研究(图8)。

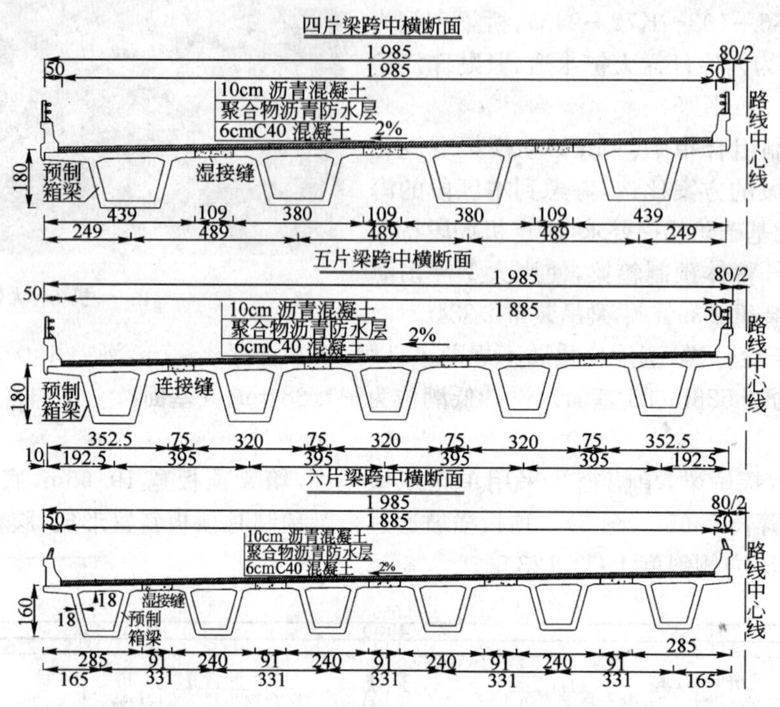

图8　30m组合箱梁断面图(尺寸单位:cm)

鉴于本项目通行大型的货柜集装箱车的比例较高,且位于腐蚀环境较严重的沿海地区,桥梁的载荷大,抗腐蚀能力要求高。为提高结构的耐久性,组合箱梁按全预应力构件设计,先简支后连续结构的负弯矩区按预应力混凝土A类构件设计。

各方案主要的结构参数、工程数量、工程造价、施工进度见表1。

箱梁分片方案比较表(单孔单幅)　　表1

比选项目 / 结构参数		30m组合箱梁		
		四 片 方 案	五 片 方 案	六 片 方 案
主梁梁高(m)		1.8	1.8	1.8
主梁间距(m)		4.89	3.95	3.31
顶板厚度(cm)		22	20	20
底板厚度(cm)		25~30	24~30	20~25
腹板厚度(cm)		25~35	24~32	22~30
主梁横向湿接缝(道)		3	4	5
单片主梁吊重(t)		182	140	106
工程数量	梁体C50(m^3)	301.6	288.0	273.3
	调平层C40(m^3)	33.9	33.9	33.9
	7ϕ5钢绞线(t)	14.4	13.7	12.7
	普通钢筋(t)	54.3	51.8	49.2
梁体混凝土指标(m^3/m^2)		0.506	0.484	0.459
结构建安费(万元)		107.3	102.9	97.9

续上表

结构参数 \ 比选项目	30m组合箱梁		
	四片方案	五片方案	六片方案
技术经济指标(元/m²)	1 802	1 728	1 643
单孔箱梁架设进度(小时)	48	44	46
比选结果	—	推荐	—

注:表中技术经济指标仅为上部组合箱梁的经济指标,不包含耐久性措施。

结论:30m组合箱梁六片梁方案、五片梁方案、四片梁方案在工程造价方面依次递增,以六片梁的工程造价为基数,五片梁增加5.0%,四片梁增加9.6%。在施工方面,五片组合箱梁的速度最快,六片梁由于梁的片数多,施工速度减慢,以2 100m的桥长为例,六片梁较五片梁增加140片梁;四片梁的吊装重量达182t,吊装重量增大后,设备投入增加,施工速度放慢。同时,五片梁较六片梁在耐久性方面有优势。因此,从经济、施工及耐久性方面综合考虑,本项目推荐采用半幅五片组合箱梁方案。

2)结构形式

预制组合箱梁分为边跨边梁、边跨中梁、中跨边梁和中跨中梁。边梁预制宽度3.525m,中梁预制宽度3.2m,湿接缝标准宽度0.75m。

预制组合箱梁顶板厚度20cm,跨中底板厚度24cm,支点附近底板厚度30cm,跨中腹板厚度24cm,支点附近腹板厚度32cm。悬臂端部厚度20cm,根部厚度30cm。边跨边梁、边跨中梁、中跨边梁和中跨中梁吊装重量分别为:138.1t、131.6t、133.4t、126.1t。

六、耐久性设计

针对本项目的腐蚀特点以及腐蚀环境,提出全桥防腐的总体思路,即采用海工低渗透高性能混凝土和增加混凝土保护层厚度,同时针对不同的结构部位和环境作用等级增加相应的防腐附加措施。

1.海工耐久性混凝土

水泥采用强度等级不低于42.5级,且符合《通用硅酸盐水泥》(GB 175—2007)标准中的II型硅酸盐水泥(代号P.II)。混凝土的粗集料最大粒径还不应超过25 mm,并掺加矿物掺合料、聚羧酸类减水剂。混凝土水胶比及胶凝材料见表2。

混凝土配比　表2

结构部位	混凝土等级	环境作用等级	水胶比范围	胶凝材料用量范围(kg/m³)	84d抗氯离子渗透系数($\times10^{-12}m^2/s$)
梁	C55	D	0.30～0.35	450～500	≤1.5
	C50	C、D	0.30～0.35	440～480	≤1.5
塔	C55	D	0.30～0.35	440～480	≤1.5
盖梁	C40	C	0.30～0.38	400～440	≤2.0
		D	0.30～0.38	400～440	≤1.5
墩柱	C40	C	0.30～0.38	400～440	≤2.0
		D、E、F	0.30～0.38	400～440	≤1.5
承台	C40	C	0.30～0.38	380～440	≤3.0
		D、E、F	0.30～0.38	380～440	≤1.5
桩基	C40	C、D、F	0.30～0.38	380～440	≤3.0

注:抗氯离子渗透系数采用RCM法测定,采用84d龄期评定。

2.混凝土保护层

适当增加钢筋保护层厚度是确保跨海桥梁耐久性最基本、最重要也是最为经济有效的方法,本项目钢筋保护层厚度控制值见表3。

保护层控制值 表 3

结构部位	环境作用等级	钢筋(mm)	预应力(mm)
梁	C、D	40	65
塔	D	60	100
盖梁	C	55	65
	D	55	70
墩柱	C、D	55	—
	E	60	—
	F	70	—
承台	C、D	60	—
	E	70	—
	F	80	—
桩基	C、D、F	80	—
护栏		60	—

3. 裂缝控制

为满足防腐要求，构件除提供足够厚度的保护层外，还应控制混凝土开裂。本项目对位于不同环境作用等级的混凝土构件裂缝控制如表 4。

混凝土构件裂缝控制 表 4

结构部位	环境作用等级	裂缝控制宽度(mm)
梁	C	0.2
	D	0.15
塔	D	0.2
盖梁	C	0.2
	D	0.15
墩柱、承台、桩基	C	0.2
	D	0.2
	E	0.15
	F	0.1

4. 附加防腐措施

桥梁附加防腐措施见表 5。

桥梁附加防腐措施 表 5

桥梁	结构部位	环境作用等级	附加防腐措施
东宝河特大桥主桥	塔	D	涂层
	墩柱	E	涂层
	承台	E	掺钢筋阻锈剂
	桩基	D	利用钢护筒防腐(厚 16mm)
其他桥梁	墩柱	F	涂层
	承台	F	涂层
	桩基	D	利用钢护筒防腐(厚 12mm)
		F	利用钢护筒进行防腐(厚 16mm，同时对钢护筒采取严格防腐措施)

5. 其他防腐措施

预应力管道采用耐腐蚀、密封性能好的高密度聚乙烯或聚丙烯波纹管，采用真空辅助压浆技术灌浆，并采用海工专用预应力管道灌浆料。

部分斜拉桥拉索采用环氧喷涂工艺,外涂油脂,单根 PE 护套,斜拉索外层采用 HDPE 护套。

支座采用耐蚀球形钢支座,钢材采用耐候钢,在本工程海洋性环境下,使用寿命不低于 50 年。

预制组合箱梁湿接缝处(纵向、横向)、60m 整体预制箱梁纵向湿接缝以及横向预应力封锚混凝土表面采用硅烷浸渍。

对于预埋钢筋,在其自身的混凝土浇注前,一段时间内暴露在大气中,为防止钢筋的锈蚀,采用涂膜镀锌的方法加以保护。

七、结　　语

本项目为广东省"十一五"规划重点建设项目,也是国家公路干线网的组成部分。项目自身具有海上桥梁、陆地桥梁,高速公路、城市快速路的共同特点,在设计过程中紧紧围绕其特点,力求安全与创新兼顾,美观、耐久与经济共存,同时结合项目所处的自然环境,使设计方案与施工方案紧密结合。

31. 中国第一座铝合金桥梁——杭州市庆春路铝合金人行天桥

徐业飞
(浙江省宁波市交通建设工程质量监督站)

摘　要　铝合金材料在建筑工程中以其特有优势得到了广泛的应用。在国外,铝合金材料在 1933 就开始在桥梁结构中使用,并且取得了很大的进步。然而到目前为止,铝合金材料作为桥梁结构的构件在中国尚未得到重视。杭州市庆春路铝合金人行天桥是中国第一座铝合金桥梁,它的建成为我国的铝合金桥梁的发展提供了平台以及参考的依据。

关键词　铝合金　人行天桥　材料特性

据不完全统计,中国现有各类桥梁约 50 万座,每年开工建筑的桥梁约为一万余座。杭州湾跨海大桥是目前世界上在建的最长的跨海大桥,总长 35.7km。中国正由世界"桥梁大国"向"桥梁强国"迈进。

目前桥梁发展的趋势主要有以下几个方面:

(1)新材料的发展。新材料的发展很迅速,在桥梁工程中用得最多的建筑材料是混凝土和钢筋,是因为这两种材料现今性价比最高。桥梁中所用的新型材料:碳纤维复合材料、铝合金材料等。

(2)新桥型的发展。新桥型的不断创新,以及在原有桥梁形式上进行进一步改进使得结构受力更趋合理。

一、铝合金桥梁在国外的发展概述

铝合金桥梁第一次应用于桥梁工程中是在 1933 年美国匹兹堡史密斯菲尔德街(Smithfield Street)桥上的铝合金桥面板[1]。第一座全铝结构的桥梁于 1946 年在美国的纽约马赛纳建成。

1946~1963 年间,北美共建造了 9 座铝合金桥,其中有 8 座至今仍然存在。

图 1 是美国加州的一座纯铝合金桥梁,它在落日的霞光中灼灼生辉,铝合金的金属光泽得到了很好的体现,增添了铝合金桥美学上的功能,纤细的杆系结构,银白色的金属光泽,给人一种干净、亲切的视觉享受。

其中德国在 1950~1970 年之间,共建了 20 座铝合金桥,其中有人行桥和公路桥梁。

图 2 是德国跨越一个乡村公路的人行天桥,其和周围的景色协调一致。由于的人流量小,桥面窄,上

部结构的荷载小，因而结构的自重小，桥墩所要承载荷载也比较小，桥梁的构件的截面尺寸相对减小，因而整体外观轻巧。由于人行天桥的高度较高，因而采用两个平台过渡下来，这种过渡方式使天桥整体安全，且美观。

20世纪50年代前铝合金桥的发展，主要是探索期，对铝合金材料的认识也刚刚开始。20年代后，铝合金桥梁的发展较为迅速，部分发达国家开始制定铝合金结构设计规范，铝合金材料的应用越来越广泛。

图 1

图 2

二、铝合金材料

新材料的发展很迅速，目前在桥梁工程中用的最多建筑材料是混凝土和钢筋，是因为这两种材料现今性价比最高。在桥梁中比较常用的新型材料主要有：碳纤维复合材料；铝合金材料。

碳纤维兴起于美、日、德等发达国家，在20世纪60年代首先用于宇航耐烧蚀材料，1975～1978年用于飞机、火箭、卫星作结构隐身和防热材料。在桥梁建设中主要用于维修及加固。

铝合金的发展是随着冶炼技术的发展而发展的。近几十年来，随着科学研究的不断突破、冶金技术的日益提高，材料的性能也提高了很多，铝合金在全世界范围内，尤其是在发达国家得到了迅速的发展和大量实际应用。铝合金材料受到人们的喜爱是因其有下述优点：

首先，铝合金良好的强重比是其在运输工具中广泛应用的主要原因，如飞机、船舶、全铝汽车等，铝合金显著地减轻了这些交通工具的自重，减轻了他们发动机的负担。

其次，由于铝合金具有重量轻、美观、耐久性好、易于养护和容易加工等一系列优点，使它在建筑工程中得到了广泛的推广应用。

表1将庆春路铝合金人行天桥所用的铝合金材料特性(AA6061-T6)与钢材进行了比较。

铝合金和钢材的物理特性比较 表1

物理特性	铝合金		AA6061-T6	Fe360(ISO)	Q235	LD30	LD31
屈服极限 f_y(N·mm^{-2})	AlMg4.5Mn	140	241.4	235	235	265	205
	AlMgSi	260					
	AlZnMg	360					
强度极限 f_u(kN·mm^{-2})	AlMg4.5Mn	280	289.6	360	375～460	—	—
	AlMgSi	320					
	AlZnMg	410					
弹性模量 E(N·mm^{-2})	70		69.589	206	206	70	70
ε_r(%)	10～25		10～25	25～30	21～26	10～25	10～25
γ(kN·mm^{-3})	26.5		27.0	77	78.5	27.0	27.0
α(10^{-5}℃$^{-1}$)	2.00		2.00	2.00	1.20	2.35	2.35

目前,铝合金的应力—应变关系的模型很多,其中兰伯格—奥斯古德(Ramberg-Osgood)模型是与铝合金试验特性最接近的应力—应变模型,因而是目前广泛使用的分析模型[1-2]。

图3中,f_e 为材料的弹塑性极限,f_p 为材料的弹性极限。兰伯格—奥斯古德(Ramberg-Osgood)模型的数学表达式为:

$$\varepsilon = \sigma/E + (\sigma/B)^n \tag{1}$$

式中:E——材料的弹性模量;$B=\sigma_{0.2}/(0.002)^{1/n}$;$n=\ln2/\ln(\sigma_{0.2}/\sigma_{0.1})$$n,\sigma,\varepsilon$ 关系如图4所示。

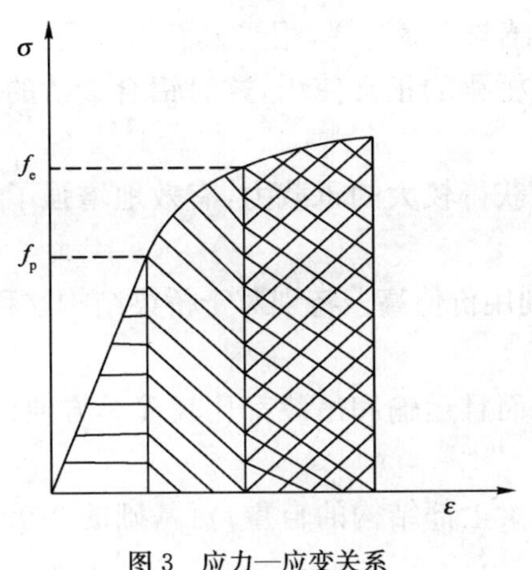

图3 应力—应变关系

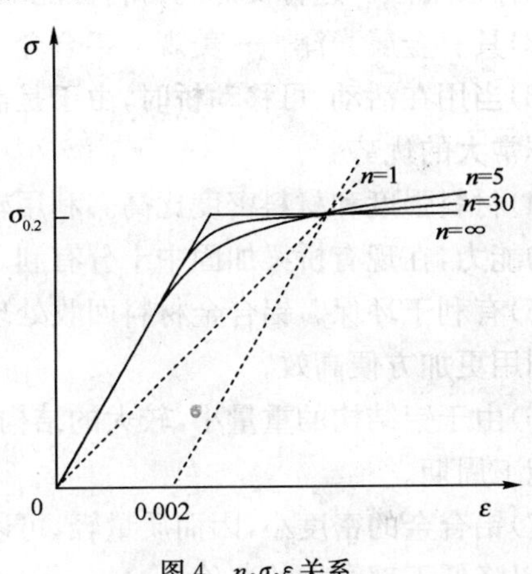

图4 n,σ,ε 关系

三、中国第一座纯铝合金桥梁——杭州庆春路铝合金人行天桥

铝合金桥在国外的发展已经较为成熟。由于铝合金桥自身的特点很明显,我国已开始关注铝合金桥的应用。杭州市政府率先和德国合作,建成了中国第一座铝合金人行天桥——杭州市庆春路铝合金人行天桥。图5是杭州市庆春路铝合金人行天桥成桥效果图。

杭州市庆春路人行天桥的平面布置图如图6所示。

图5 成桥效果

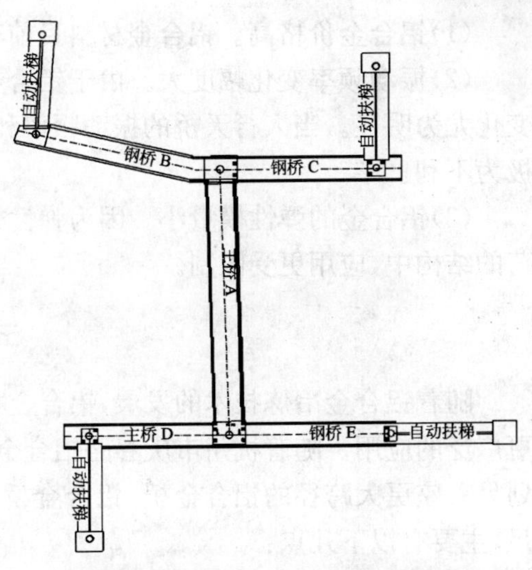

图6 杭州庆春路人行天桥桥型平面布置

整座桥由德国桥梁工程师设计、安装,所有桥梁结构的铝合金材料也是完全从德国进口。因为是第一座铝合金桥,我国没有相关的经验以及材料,引进这座全铝合金桥是为了给以后自主设计和修建铝合金桥梁做准备。

但是庆春路铝合金人行天桥的建成也不是一帆风顺的,在预制场地做荷载试验时,由于桥梁的承载能力不足,压坏了下横梁,使得下横梁发生了扭曲。成桥后也一度因为承载力问题,对桥梁进行了几次的设计变更及加固措施。

四、铝合金桥梁的优点和不足

铝合金桥的造价昂贵是阻碍其发展的主要原因。尽管其造价昂贵但还是得到了广泛的应用，说明它的性能优势是非常明显的。铝合金桥和一般钢桥相比主要优势表现在以下几个方面：

(1)铝合金良好的防腐性能。铝合金在自然环境中，在其表面氧化成一层致密的 Al_2O_3 保护膜使其内部不再被腐蚀。这种良好的材料性能缩减了成桥结构的防腐及维修养护等费用。

(2)具有金属光泽——美观。铝合金材料具有特殊的质感与金属光泽，很受人们的喜爱。

(3)当用在活动、可移动桥时，由于是需要机械动力保证桥梁的正常使用，这时铝合金桥的轻质就体现出非常大的优势。

(4)材料强度和材料密度比高。利用较小的重量的增加获得较大的承载力，有效地增强了桥梁承受活载的能力，在现有桥梁加固中十分有利。

(5)有利于环保。铝合金材料回收处理成本低，回收的利用价值高。特别对于桥梁结构这种大构件，回收利用更加方便高效。

(6)由于铝结构的重量小，较大的结构能够在工厂加工，而且运输和吊装都比较简单方便，节省了费用和施工周期。

(7)铝合金的密度小，因而质量轻，可以很显著地减轻桥梁上部结构的自重，对基础的要求也相应较低，可以降低下部结构的造价。

(8)易加工。铝合金易加工的特性使其能满足各种特殊的造型和结构构件的要求，便于工厂加工和现场处理。

随着科学技术在发展，以及试验设备的更新和实验手段的改进，人们对铝合金材料的性能已经十分了解。欧洲及许多国家都已经或者开始制定相应的结构设计规范[3,4,5]。

事物总是有其两面性，凡事有其优势，必有其劣势。铝合金作为桥梁结构的材料也有其不足的地方，主要有以下几点：

(1)铝合金价格高。铝合金材料目前其价格要高于钢材和混凝土材料，使铝合金结构的总造价高。

(2)振动频率变化幅度大。由于铝合金密度小，在荷载作用下振动频率变化大，在重荷载作用下频率变化尤为明显。当人行天桥的振动频率和人的步行频率接近时，在动力荷载作用下人行天桥的整体受力极为不利。

(3)铝合金的弹性模量小。因为弹性模量小，所以限制其在结构中广泛应用，尤其是在大跨度、重载荷的结构中，应用更受限制。

五、铝合金桥梁发展展望

随着铝合金冶炼技术的发展，铝合金材料的性能在不断改善，铝合金作为桥梁结构的材料将会得到更广泛的应用。随着杭州市庆春路铝合金人行天桥——中国第一座纯铝合金桥梁的建造，在北京正在筹划另一座更大跨径的铝合金桥，铝合金桥在中国的春天正在悄然走近。但是目前也存在一些问题及不足，主要有以下几点：

(1)目前对铝合金材料的性能研究较少，铝合金的材料构成比较复杂。弹性模量不高，限制其发展，期望能够生产模量更高的铝合金材料。

(2)到目前为止，我国还没有关于铝合金材料结构设计施工控制方面的技术规程或规范，导致施工控制在工作内容、监控手段、技术支持条件及控制效果等方面存在许多差异，因而期望早日制定铝合金结构设计规范。

(3)随着经济的发展，人们对舒适性要求越来越高，对于铝合金人行天桥的舒适性有待进一步研究。

参考文献

[1] 陈宝春,杨亚林,孙 潮. 铝桥的应用与发展. 世界桥梁,2004,第2期.

[2] 任伟新,曾庆元. 钢压杆稳定极限承载力分析. 中国铁道出版社,1994.

[3] 孙炳楠等. 淳安南浦大桥整桥模型试验报告. 浙江大学土木工程学系,2001,9.

[4] 崔军,孙炳楠,楼文娟,杨骊先. 钢管混凝土桁架拱桥模型试验研究. 工程力学.

[5] 中国工程建设标准化协会标准. 钢管混凝土结构设计与施工规程(CECS 28:90)[S]. 北京:中国计划出版社,1992.

32. 大跨度三塔斜拉桥设计构思

孔德军 吴 炜 颜爱华 邵长宇

(上海市政工程设计研究总院)

摘 要 某跨江大桥的通航孔桥采用三塔斜拉桥方案,孔跨布置为250m+616m+616m+250m=1 732m。由于大跨度三塔斜拉桥体系较柔的特点,设计构思的重点应是对三塔斜拉桥的受力特点进行深入地分析研究,在确保结构受力要求的情况下,采用最经济合理的技术措施,以解决三塔斜拉桥刚度较小的问题。本文即以某跨江大桥主跨616m三塔斜拉桥为背景,对上述问题进行论述。

关键词 三塔斜拉桥 设计构思

一、引 言

某跨江大桥的通航孔桥采用三塔斜拉桥方案,孔跨布置为250m+616m+616m+250m=1 732m。大桥主线技术等级为城市快速路,计算行车速度80km/h,车道数采用双向6车道。行车道布置为2×(3.5+2×3.75)m,正桥两侧各布置2.25m宽(包括栏杆)的人行道,标准桥面宽度29.5m。

由于大跨度三塔斜拉桥体系较柔的特点,设计构思的重点应是对三塔斜拉桥的受力特点进行深入地分析研究,在确保结构受力要求的情况下,采用最经济合理的技术措施,以解决三塔斜拉桥刚度较小的问题。本文即以某跨江大桥主跨616m三塔斜拉桥为背景,对上述问题进行论述。

二、三塔斜拉桥受力特点

三塔斜拉桥受力性能介于双塔和多塔(四塔及以上)之间。三塔斜拉桥的边塔受力性能基本接近于双塔斜拉桥,中塔则更加接近于多塔斜拉桥中间主塔的受力。

目前得到广泛应用的双塔被尾索和锚墩有效支撑,所承受的荷载大部分转化为轴向力,可充分发挥梁、塔、索各自的力学性能,在活载作用下,梁、塔弯矩较小。但对三塔或多塔斜拉桥,由于其中间塔无尾索及锚墩来有效限制它的塔顶水平位移,因此,结构柔性将更大,在一侧活载作用下,梁、塔将产生较大的弯矩及位移,如此将失去了斜拉桥的某些优点。三塔或多塔斜拉桥由于存在着结构体系较柔的特点,一般需对中间索塔进行加强或加劲才能使结构满足要求,这从近十多年来目前世界上已建成的几座有代表性的大跨度斜拉桥即可看出来。法国Millau七塔斜拉桥(跨径布置为204m+6×342m+204m=2 460m)和希腊Rion-Antirion四塔斜拉桥(跨径布置为286m+3×560m+286m=2 252m),均采用较为刚性的桥塔;汀九桥三塔斜拉桥(跨径布置为127m+448m+475m+127m=1 177m)则应用两组加劲缆索来增加中塔刚度。通过增大梁的弯曲刚度至高跨比约1/40(对跨径超过600m时,梁高将在15m以上)虽然也可以满足三塔(多塔)斜拉桥的受力要求,但显然是极不经济,特别是对单层桥面方案,对景观也将产生不利影响。

因此，对本桥大跨度三塔斜拉桥而言，解决三塔斜拉桥体系较柔问题合理可行的措施是对中塔进行加强或加劲。下面主要从设置加劲缆索和主塔加强两种主要技术措施入手，对三塔斜拉桥进行分析研究。

三、主桥孔跨布置

大桥的通航孔斜拉桥桥孔跨布置为250m＋616m＋616m＋250m＝1 732m。对斜拉桥边跨而言，有设置和不设辅助墩两种情况。斜拉桥边跨辅助墩对提高结构体系刚度、减小梁与塔的受力，作用非常显著。本桥在边跨考虑设置辅助墩。虽然锚跨跨度越小对提高结构体系刚度越有利，考虑到跨大堤需要以及与本桥相邻的孔跨布置相协调，锚跨采用90m，斜拉桥跨径布置为90m＋160m＋616m＋616m＋160m＋90m＝1 732m。

四、主 梁 选 择

目前世界上已建成的大跨度三塔斜拉桥中，主梁采用混凝土、钢—混凝土组合梁以及钢箱梁均有实例。

混凝土主梁是主跨400m以下三塔斜拉桥的首选梁型，如目前世界上跨度最大的主跨348m三塔混凝土斜拉桥夷陵长江大桥以及岳阳洞庭湖大桥均采用混凝土主梁。混凝土主梁具有自重大、承压能力强、抗拉性能差的特点。主梁采用混凝土箱梁时，相应斜拉索用量约为主梁采用钢箱梁时的2.5倍，采用混凝土箱梁由于斜拉索用量增加，结构体系刚度显著提高。但是由于混凝土抗压强度有限，而三塔斜拉桥主梁应力幅较大，对于主跨400m以上的斜拉桥，其主梁当全部采用混凝土结构时，对目前常用的C60及以内的混凝土，将超出其承载极限。

组合梁、钢箱梁是主跨600m以上大跨度斜拉桥所广泛采用的主梁形式。钢箱梁具有自重轻、抗拉、压能力均较好的特点。组合梁自重介于混凝土梁和钢箱梁之间，在合理布置的情况下可充分发挥混凝土和钢两种不同材质各自的优势。组合梁有工字形、箱形和边箱形等几种截面形式，虽然本桥主梁也可使用工字形组合梁，考虑到受压翼缘较窄，而受力较大，特别是在主塔附近，需配置较厚的钢板，导致材料强度因板厚折减较多，使用效率较低；箱形组合梁底板较宽，从受力角度并无必要，而边箱形组合梁在钢底板具有适当的宽度时无论是刚度条件还是受力性能均较合适。

因此，本桥主梁的选择主要考虑两种主梁形式：钢箱梁和边箱形组合梁。

五、中塔缆索加劲效用分析

由于本桥为大跨度三塔斜拉桥结构，结构的体系刚度将成为选择桥型方案时的一个关键因素，而中间主塔采用缆索加劲是提高结构体系刚度的有效措施之一。下面比较主塔为常规尺度下（主塔宽高比：1/20～1/25）中塔有无加劲缆索时汽车和人群荷载作用下中跨主梁挠度、主塔顶变位、主塔根部弯矩、主塔中下塔柱交接处应力幅、主梁下缘最大应力幅及斜拉索最大应力幅（图1、表1、表2）。各方案的中塔柱底纵向尺寸均为9m，边塔为7m，主梁高均为4.0m。

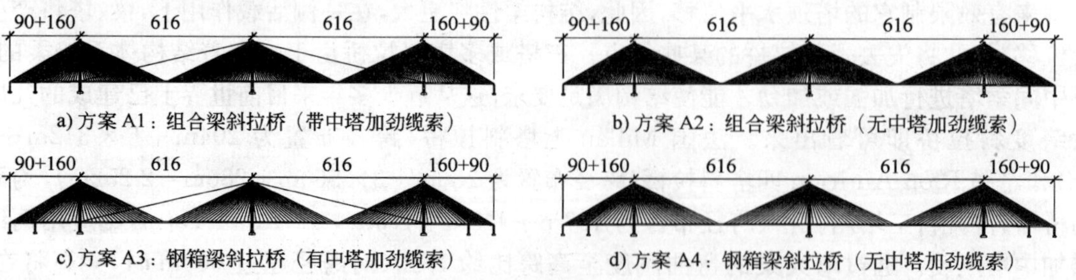

图1 各方案桥式布置（尺寸单位：m）

各方案塔、梁变形 表 1

方　案	中跨汽车活载下挠度/上拱度(mm)	中跨汽车活载挠跨比(下挠度/中跨跨径)	中塔顶汽车活载水平位移(mm)	边塔顶汽车活载江侧/岸侧水平位移(mm)
A1	−718/+459	1/858	±304	+159/−38
A2	−1085/+827	1/568	±567	+189/−71
A3	−897/+495	1/687	±361	+210/−40
A4	−1394/+1014	1/442	±746	+251/−83

各方案塔、梁、索汽车活载应力幅 表 2

方案	主塔根汽车活载作用下弯矩 M_{max}、M_{min}(kN·m)		汽车活载作用下中塔最大应力幅(MPa)		汽车活载作用下主梁上缘/下缘的最大应力幅(均换算成钢梁)(MPa)	汽车活载作用下斜拉索最大应力幅(MPa)
	边塔	中塔	中塔柱底	下塔柱顶		
A1	93 581/−191 996	±406 595	4.70～−5.12	5.18～−5.76	77/103	147
A2	98 849/−195 611	±546 796	6.91～−7.32	8.33～−9.04	90/139	222
A3	49 025/−178 040	±367 207	4.15～−4.56	4.98～−5.69	74/95	173
A4	55 233/−184 686	±612 009	7.54～−7.97	9.11～−9.83	88/145	229

从以上表 1、表 2 中可以看出，加劲缆索对改善整个结构的受力是显著的，对中塔弯矩的降低十分明显。虽然四种方案的中跨挠跨比均可满足规范要求，但是在没有中塔加劲索时，在汽车(以及人群)活荷载作用下，主梁、斜拉索和主塔的应力幅偏大，特别是主塔，在采用常规的尺度和混凝土材料时，无论是组合梁还是钢箱梁，对目前常用的 C50 或 C60 强度等级混凝土，均难以实现，而钢结构塔造价过高，结构刚度也会更小。

因此，在中塔为常规尺度的情况下，采用缆索对中塔加劲对本桥而言，对结构成立与否几乎是决定性的。

六、中塔加强的效用分析

三塔斜拉桥也可以通过对中塔进行加强或采用刚性塔以改善结构受力特性。下面对结构进行中塔加强和中塔在常规尺度下采用缆索进行加劲两种方案进行比较研究(图 2、表 3)。

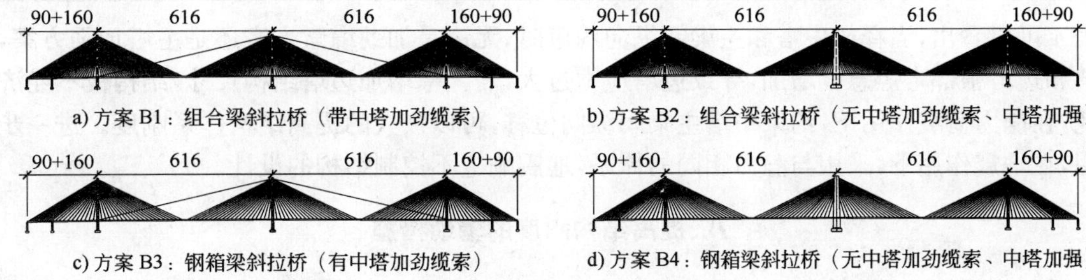

图 2　各方案桥式布置(尺寸单位:m)

各方案塔根弯矩 表 3

方　案	主塔底纵向尺寸(m)		主塔根荷载汽车活载作用下弯矩 M_{max}、M_{min}(kN·m)		主塔根荷载最不利组合下弯矩 M_{max}、M_{min}(kN·m)	
	边塔	中塔	边塔	中塔	边塔	中塔
B1	7	9	+93 581/−191 996	±406 595	+369 884/−575 890	±950 760
B2	7	25.5	+82 321/−181 038	±1 990 335	+345 347/−551 796	±3 112 609
B3	7	9	+49 025/−178 040	±367 207	+374 297/−589 361	±831 159
B4	7	28.5	+48 499/−177 888	±2 164 189	+370 222/−585 959	±3 200 918

为了给结构提供足够的刚度，在没有加劲缆索的情况下，中塔柱底部纵向尺寸需加宽至接近 26～29m。从表 3 可以看出，在采用对主塔进行尺度加强时，相比采用缆索加劲的方案，无论是钢箱梁方案，

还是组合梁方案，中塔柱底纵向弯矩急剧加大，从而导致中塔桩基数量增加，基础规模庞大，而采用纵向A形塔结构时基础规模还要加大。

因此，对本桥而言，在地质构造并不十分理想的情况下，采用增大中塔尺度以满足三塔结构受力需要的方案显然是不够合理，也不经济的。

七、中塔和主梁间纵向约束分析

主梁在中塔处为全桥纵向变形零点，中塔、梁间仅在汽车(人群)活荷载、制动力、塔日照温差等荷载下才产生相对变形。三塔斜拉桥中塔、梁间有纵向约束和不约束两种情况，下面对这两种约束情况进行分析(图3、表4)。

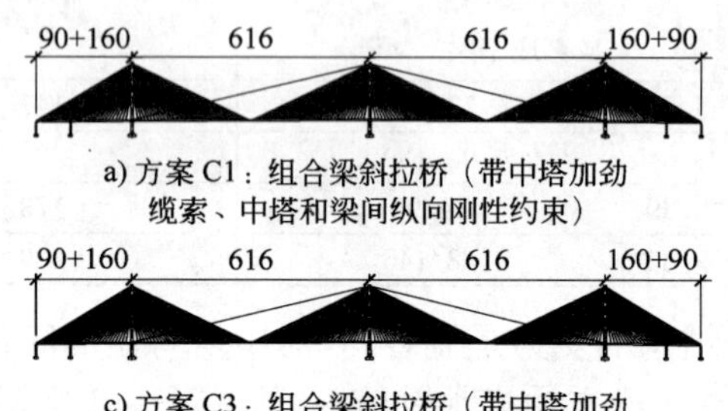

a) 方案C1：组合梁斜拉桥（带中塔加劲缆索、中塔和梁间纵向刚性约束）

c) 方案C3：组合梁斜拉桥（带中塔加劲缆索、中塔和梁间纵向不约束）

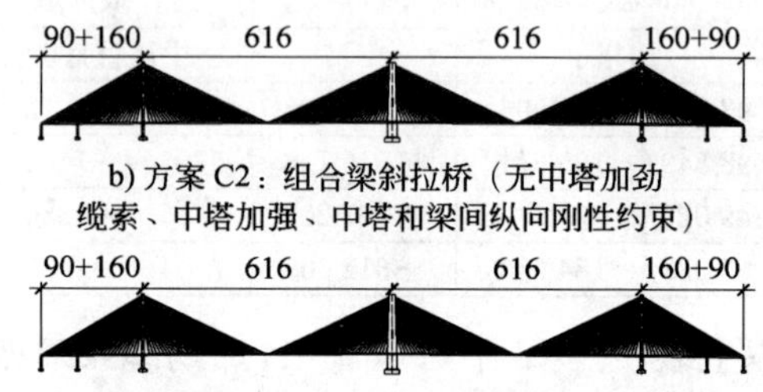

b) 方案C2：组合梁斜拉桥（无中塔加劲缆索、中塔加强、中塔和梁间纵向刚性约束）

d) 方案C4：组合梁斜拉桥（无中塔加劲缆索、中塔加强、中塔和梁间纵向不约束）

图3　各方案桥式布置(尺寸单位：m)

各方案结构位移和塔根弯矩　　表4

方案	主塔底纵向尺寸(m)		中跨汽车活载下挠度/上拱度(mm)	中塔顶汽车活载水平位移(mm)	边塔顶汽车活载江侧/岸侧水平位移(mm)	主塔根荷载汽车活载作用下弯矩 M_{max}、M_{min}(kN·m)	
	边塔	中塔				边塔	中塔
C1	7	9	−718/+459	±304	+159/−38	+93 581/−191 996	±406 595
C2	7	25.5	−512/+210	±153	+149/−28	+82 321/−181 038	±1 990 335
C3	7	9	−882/+655	±239	+611/−506	+374 299/−467 485	±390 358
C4	7	25.5	−1 280/+1 044	±65	+847/−739	+591 403/−684 715	±1 113 992

从表4可以看出，当释放中塔和主梁间纵向约束时，无论是加劲缆索方案还是主塔加强方案，边跨主塔顶位移和边塔根部弯矩急剧增加，导致边塔应力过大，需大幅增加边塔结构尺寸，结构极不经济。

因此，在静力荷载作用下，约束中塔主梁间纵向位移，可以极大的提高结构体系刚度。进一步的计算分析表明，在地震作用下，采用与静力相同的体系，地震响应不控制结构的设计。

八、提高结构刚度的辅助措施

除了采用缆索加劲或增大主塔刚度等较为直接有效的措施增大结构体系刚度外，还可以通过其他辅助措施如加大锚跨主梁刚度或主塔高跨比等适当改善结构受力。虽然通过在中跨一定范围内重叠斜拉索也可以在一定程度上提高结构刚度，但由于这种布置对景观较为不利，故不予考虑。下面以中塔为常规尺度并设置加劲缆索的组合梁方案为基础(主塔高跨比为0.24)，考察锚跨主梁刚度增大一倍和提高主塔高跨比至0.26等措施的效果(图4、表5)。

各方案结构位移和活载应力幅　　表5

方　案	中跨汽车活载下挠度/上拱度(mm)	中塔顶汽车活载水平位移(mm)	边塔顶汽车活载江侧/岸侧水平位移(mm)	汽车活载作用下主梁上缘/下缘的最大应力幅(均换算成钢梁)(MPa)	汽车活载作用下斜拉索最大应力幅(MPa)
D1	−718/+459	±304	+159/−38	77/103	147
D2	−711/+453	±300	+150/−30	53/93	146
D3	−663/+427	±299	+159/−40	76/103	141

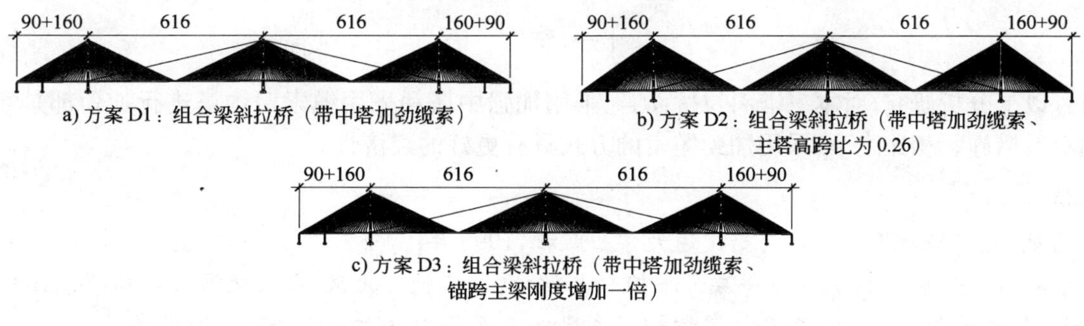

a) 方案 D1：组合梁斜拉桥（带中塔加劲缆索）

b) 方案 D2：组合梁斜拉桥（带中塔加劲缆索、主塔高跨比为 0.26）

c) 方案 D3：组合梁斜拉桥（带中塔加劲缆索、锚跨主梁刚度增加一倍）

图 4 各方案桥式布置

从表 5 可看出，加大锚跨主梁刚度和提高主塔高跨比等措施可以在一定程度上提高结构刚度或改善结构受力，但效果不十分明显，不能从根本上解决三塔斜拉桥结构较柔的问题。

由于斜拉桥边中跨比为 0.41，边跨需要压重以平衡中跨。组合箱梁可以通过双结合的方式来压重以“免费”获得主梁的刚度，从这个意义上，组合梁相比钢箱梁更有效率。

九、钢箱梁和结合梁对结构整体受力的影响

如前所述，本桥较为合适的梁型为钢箱梁和边箱形组合梁。下面以中塔为常规尺度并考虑缆索加劲条件下，考虑各种荷载作用，对钢箱梁和组合梁两种结构进行详细的受力分析（表 6）。表 6 为部分计算结果，其中组合梁混凝土应力采用换算成钢后的应力表示。

各部分构件最不利应力　　表 6

方案	主塔应力(σ_{max}、σ_{min})(MPa)		斜拉索最大应力(MPa)		主梁应力(σ_{max}、σ_{min})(MPa)			
	主力组合	最不利组合	主力组合	最不利组合	主力组合		最不利组合	
					上翼缘	下翼缘	上翼缘	下翼缘
A1	1.17～－16.8	2.7～－18.6	659	666	43～－102	91～－176	52～－120	101～－194
A3	3.2～－14.5	5.3～－18.5	649	686	23～－98	40～－140	32～－112	55～－177

在斜拉桥各个部分构件均采用常规结构尺寸布置的情况下，从表 7 并组合表 2 可以看出，无论是组合梁还是钢箱梁，主梁和斜拉索的受力均可以满足规范要求。但是钢箱梁斜拉桥主塔的拉应力偏大，这主要是因为钢箱梁自重较轻，二期恒载（铺装）也比组合梁轻，这样导致在恒载状态下对主塔提供的压应力不够。经对钢箱梁方案主塔进一步的分析，主塔根部纵向尺寸需适当加大，以满足结构受力要求。

十、关于加劲缆索

加劲缆索对改善中塔受力是显著的，对中塔弯矩的降低尤其明显。在边跨不宜设置辅助墩或主梁采用钢箱梁等轻型结构情况下，三塔斜拉桥设置加劲缆索对中塔进行加劲效果则成尤为突出，加劲缆索体系的有效性、合理性及经济性将得到充分地体现。

但是加劲缆索也有其自身的缺点，主要是由于长度较长，在应力水平较低的情况下，弹性模量折减较大，如图 5 所示。因此，为了充分发挥加劲缆索效应，在满足最不利荷载组合受力的情况下，缆索的初始应力应尽量大。对本桥而言，缆索初始应力约 520MPa，有效弹模约为钢材弹性模量的 76%，加劲缆索可以得到较为有效的发挥。

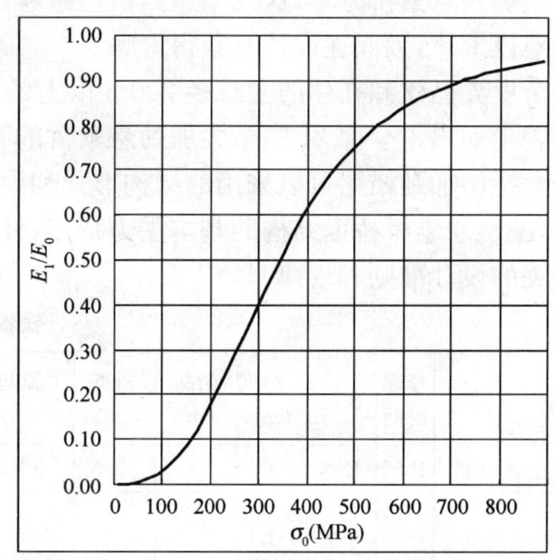

图 5 E_1/E_0 与 σ_0 的关系曲线

十一、结　　语

通过以上分析研究,对本三塔斜拉桥而言,采用加强中塔和采用缆索对中塔进行加劲都是解决结构刚度的有效措施。相比之下,采用加劲缆索的方式具有更好的经济性。

参考文献

[1] 严国敏.现代斜拉桥.成都:西南交通大学出版社,1996年.
[2] 尼尔斯.J. 吉姆辛.缆索支承桥梁——概念与设计(第二版).北京:人民交通出版社,2002年.
[3] 邵长宇.夷陵长江大桥三塔斜拉桥结构体系及性能研究.工程力学(增刊),2000年.

33. 大跨悬索桥钢桁架加劲梁的选型

邵旭东[1]　胡建华[2]　彭旺虎[1]
(1.湖南大学土木工程学院;2.湖南省交通规划勘察设计院)

摘　要　归纳统计了国内外已建和在建的钢桁架加劲梁悬索桥的实例,论述了加劲梁的受力特点,对比了混凝土桥面、钢桥面和合成型钢桥面的技术经济特点,分析了桁梁中主桁、横联和水平联的各可选型式的特点,根据统计数据得到了若干设计参数的经验取用规则。分析研究表明,在大跨度悬索桥中,抗扭能力是桥面结构最主要的加劲要求;合成钢桥面有助于提高加劲梁扭转性能和结构轻型化;在初步设计时,桁高可以由设计风速和跨径等参数来确定;桥面透空是桁式加劲梁增进气动稳定性的有效和简便手段。

关键词　悬索桥　桁架加劲梁　设计参数　扭转性能　合成钢桥面

一、引　　言

大跨悬索桥的桥面结构有钢箱梁和钢桁梁两种形式。钢桁加劲是一种相对更为传统的结构方式,从一开始就伴随现代悬索桥的发展,加劲钢桁梁的结构形式也历经演进发展。我国重要悬索桥的建设从20世纪90年代开始,已建的多采用扁平钢箱作为加劲梁。不过在建的西部地区的三座特大跨桥梁——湖北四渡河大桥(主跨900m)、贵州坝陵河大桥(主跨1088m)和湖南湘西矮寨大桥(主跨1146m)均选择了桁式加劲悬索桥方案,这几座悬索桥均跨越山区深谷,桁架梁方案相比钢箱梁拥有更为灵活的杆件运输和架设工艺,因而在设计时获得青睐。

全世界已建和在建的主跨径700m以上的悬索桥有40余座,采用钢箱梁和桁梁的数目基本各占一半。表1列出了全部21座桁梁加劲悬索桥的有关参数,着重列出加劲桁梁的结构数据,涵盖了现有大跨度悬索桥中加劲桁梁可以采用的结构形式和设计参数。本文以湘西矮寨大桥加劲桁梁的选型和设计为背景,围绕悬索桥桥面结构的基本受力特点,针对加劲桁梁各类结构型式,对比分析它们的特点,从中把握相关的设计准则和规律。

悬索桥加劲桁梁参数　　表1

序号	桥　名	修建时间	桥址	主跨度(m)	桁高(m)	桁宽(m)	主缆间距(m)	节间长(m)	横联形式	平联形式	桥面类型	交通荷载	设计风速(m/s)
1	明石海峡桥	1998	日本	1 991	14	35.5	35.5	14.2	横联桁架	K形桁	钢桥面	公6	59.8[1]
2	青马大桥	1997	中国	1 377	7.7	26	36	9	框架	合成桥面	合成钢桥面	公6铁2	63[2]

续上表

序号	桥　　名	修建时间	桥址	主跨度(m)	桁高(m)	桁宽(m)	主缆间距(m)	节间长(m)	横联形式	平联形式	桥面类型	交通荷载	设计风速(m/s)
3	维拉扎诺桥	1964	美国	1 298	7.35	30.63	31.39	7.62	框架	K形桁	钢格填混凝土板	公12(双层)	44.7(T)[3]
4	金门大桥	1937	美国	1 280	7.62	27.43	27.43	7.62	简易斜撑	X形	RC桥面	公6	34[4]
5	麦金内克桥	1957	美国	1 158	11.58	20.73	20.73	11.89	横联桁架	X形	RC桥面	公4	276(C)[5]
6	坝陵河桥	在建	中国	1 088	10	28	28	10.8	横联桁架	K形桁	钢桥面	公4	25.9[6]
7	南备赞濑户桥	1988	日本	1 100	13	30	35	13	小组桁架	K形桁	钢桥面	公4铁4	66.2[1]
8	华盛顿桥	1931	美国	1 067	9.14	32.31	32.31	9.145	框架	X形	RC桥面	公14(双层)	44.7(T)[3]
9	4月25日桥	1966	葡萄牙	1 013	10.65	21	23.5	11.51	小组桁架	K形桁	RC桥面	公6铁2	64.8(T)[4]
10	福斯公路桥	1964	英国	1 006	8.37	23.77	23.77	9.06	敞开桁架	X形	钢桥面	公4	49.2[4]
11	北备赞濑户桥	1988	日本	990	13	30	35	13	小组桁架	K形桁	钢桥面	公4铁4	66.2[1]
12	下津井濑户桥	1988	日本	940	13	30	35	13.1	小组桁架	K形桁	钢桥面	公4铁4	60.8[1]
13	四渡河桥	在建	中国	900	6.5	26	26	6.4	横联桁架	K形桁	RC桥面	公4	28.0
14	大鸣门桥	1985	日本	876	12.5	34	34	10	小组桁架	K形桁	钢桥面	公6	73.0[1]
15	塔科玛桥	1950	美国	853	10.06	18.29	18.29	9.42	小组桁架	X形	RC桥面	公4	35.3[7]
16	塔科玛新桥	在建	美国	853	7.16	21.64	23.77	6.09	简易斜撑	X形	合成钢桥面	公3	35.3[7]
17	因岛桥	1983	日本	770	9	26	26	10	横联桁架	K形桁	钢桥面	公4	54.9[1]
18	关门桥	1973	日本	712	9	29	29	10.35	小组桁架	K形桁	钢格填混凝土板	公6	54.0[4]
19	安哥斯吐拉	1967	委内瑞拉	712	7.62	17.6	17.6	—	—	X形	—	—	未知
20	奥克兰海湾桥	1936	美国	704	9.14	20.12	20.12	9.2	横向框架	K形桁	RC桥面	公10(双层)	未知
21	勃朗克斯—白石桥	1939	美国	701	7.62	22.6	22.6	—	板梁	K形桁	RC桥面	公4	未知

注：设计风速中带尾注(T)为试验临界风速，(C)为设计考虑的检验风速。未标识文献的风速数据来自设计图纸。

二、加劲梁的受力特点

大跨悬索桥的加劲梁(或称桥面结构)在竖向挠曲、横向挠曲和扭转三种受力形态上均有显著的响应。结构体系对桥面结构的加劲要求中，最为值得关注是加劲梁抵抗扭转的能力，与绝大部分竖向荷载由主缆承受的情况不同，扭转荷载中会有更大比例由加劲梁来承受。

直接的扭转荷载由车辆偏载、风荷载升力矩带来，而横向风阻力作用下由于吊索吊点与加劲梁扭心的不重合也会带来扭转效应。动力性能方面，悬索桥最为重要检验项目就是控制以体系扭转振动或弯扭耦合振动为特征的颤振现象。

现以结构自由振动时加劲梁的刚度对整体刚度的比值，来衡量悬索桥体系中桥面结构的加劲作用。表2遴选了五座较为典型悬索桥，列出了它们的主要设计参数，图1示出了它们1阶自振中加劲梁对结构刚度的贡献率。桥梁整体等代刚度为相同跨径的简支梁获得相应振型的相同频率时的刚度[8]，加劲梁的扭转刚度忽略了翘曲影响。

大跨悬索桥桥例主要参数　　表2

桥　名	跨度(m)	结构体系	垂跨比	全部恒载(kN/m)	一侧主缆面积(m^2)	主缆间距(m)	加劲梁			
							形式	梁高(m)	竖弯惯矩(m^4)	扭转惯矩(m^4)
关门桥	178+712+178	三跨简支	1/10.9	242	0.280	29	桁梁	9	3.260	3.904
塔科玛桥	335+853+335	三跨简支	1/10	133	0.163	18.29	桁梁	10.6	5.740	1.476
虎门大桥	320+888+348.5	单跨	1/10.5	231	0.270	33.4	箱梁	3	2.052	5.155
坝陵河桥	248+1 088+228	单跨	1/10.3	288	0.402	28	桁梁	10	7.526	5.048
江阴大桥	369+1 385+309	单跨	1/10	261	0.451	33.5	箱梁	3.02	1.709	4.554

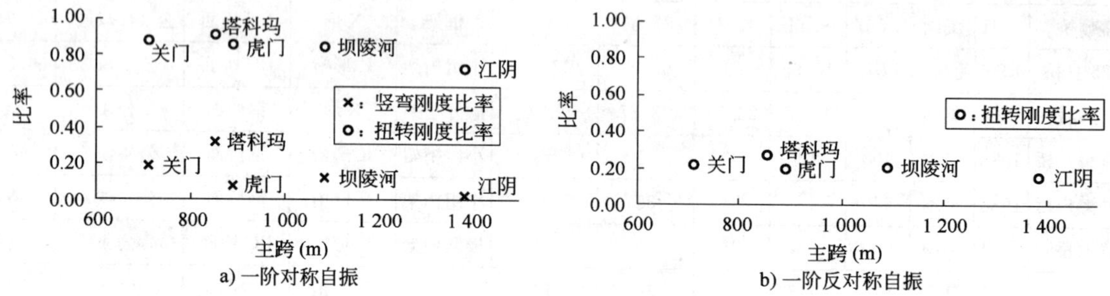

图1　加劲梁对总刚度的贡献率

从图1中可以看出，加劲梁的刚度在一阶反对称扭转振动中占到了70%～90%，而在竖弯振动中只占到总刚度的30%以下。在一阶对称振动时，主缆会产生附加拉力，加劲梁对总体刚度的贡献率会比反对称振动时小些，其中扭转加劲作用在20%左右，而竖弯加劲作用几乎可以忽略。

因此，强化扭转是大跨度悬索桥中桥面结构的主要受力特点，扭转性能及气动稳定性是加劲梁设计的要点。与箱式加劲梁中能形成连续的扭转剪力流不同，在桁架加劲梁中，扭转效应是通过主桁、平联、横联中各杆件迂回曲折地传递的，各桁片以及桥面选择的构造形式不同，会拥有不同的受力特点和加劲效果。

三、桥面形式的比较

桁式加劲梁的桥面可以选择钢筋混凝土或钢桥面，选择钢桥面则可以选择合成型或非合成型。在合成型钢桥面板方案中，桥面不仅作为支承局部车辆荷载的结构，也构成主梁截面的一部分承担整体荷载。也说是说，与只具有将车辆荷载传递到桥梁上的那种单一功能的非合成式桥面板不同，合成型钢桥面同时起到桥面板、加劲梁和平纵联多种作用，这样的结构构造，有助于桥梁轻型化。

最早采用合成钢桥面的悬索桥是德国于1965年修建的Emmerich桥[4,5]；美国正在修建的位于塔科马桥一侧的塔科马新桥[7]是最新的应用合成型钢桥面的工程。加拿大一座悬索桥Lions'Gate桥在维修改造时将钢格混凝土桥面的桁梁更换为合成型钢桥面型式的加劲桁梁，桥面拓宽为原来的一倍半，恒载没有增加[9]。此外，我国青马大桥的加劲梁外形似箱形，其实际也是采用合成型钢桥面的钢桁梁[10]，后文会有详述。

矮寨悬索桥方案采用钢筋混凝土(RC)桥面，主缆的孔跨布置为252m+1 146m+126m，桥宽为27m，加劲梁全长986m，两端直接与从塔底穿过的隧道相连。笔者对比设计了钢桥面和合成钢桥面方案。各类型桥面方案的总体参数见表3，图2示出了各横截面形式。其中RC桥面用工字形小纵梁支撑16cm厚RC板；合成钢桥面厚度16mm，U形肋加劲，横梁采用高度从1.14m变化1.40m的倒T形梁；钢桥面由10个纵梁支承在上横梁上。表4列出了三种方案的上部结构用钢量，其中合成钢桥面方案的材料用量最省，同时由于主缆的拉力大幅减小，锚碇的工程量也可大幅度减小。

不同桥面形式方案主要参数 表3

项目	主缆		加劲桁梁			
	垂跨比	面积(m^2)	桁高(m)	节间距(m)	吊索距(m)	全长(m)
RC桥面	1/9.6	0.388	7.5	7.25	14.5	986
钢桥面	1/11	0.307	7.5	7.25	14.5	986
合成钢桥面	1/11	0.292	7.25	6.0	12.0	1 032

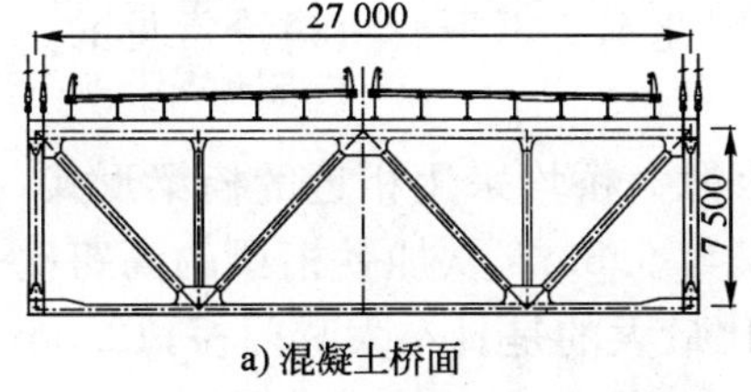

a) 混凝土桥面

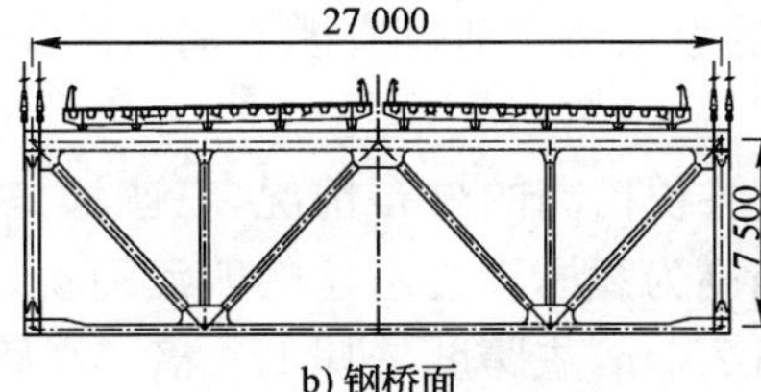

b) 钢桥面

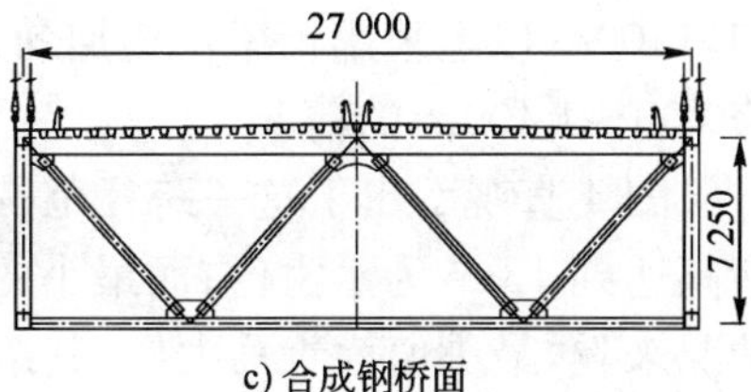

c) 合成钢桥面

图2 加劲桁梁横断面(尺寸单位:mm)

不同桥面形式的用钢量 表4

项目	主缆(t)	桁梁(t)	桥面(t)
RC桥面	9 991	7 414	4 790*
钢桥面	7 980	7 414	5 900
合成钢桥面	7 600	7 010	5 990

注:角标*数据中包含钢材2 790t和钢筋2 000t。

表5列出了三种方案的结构自振一阶频率。合成钢桥面形成连续的水平联,提供更为强大的抗扭刚度,结构的一阶扭转频率会有很大的提高,对于控制结构颤振是一个有利的趋势。此外,图2c)中拟定钢桥面与弦杆直接联结。若桥面需要设置通风隙作为抗风手段,可以将两者采用水平副桁结合,中央分隔带部位亦可如此。

不同桥面形式的固有频率(Hz) 表5

项目	一阶对称		一阶反对称	
	竖弯	扭转	竖弯	扭转
RC桥面	0.151	0.255	0.108	0.296
钢桥面	0.143	0.290	0.106	0.230
合成钢桥面	0.164	0.310	0.126	0.363

另外,与非合成型混凝土桥面方案相比较,合成型钢桥面方案在体系形成过程中能够对桥面重量精确把握,有利于成桥线形控制;桥梁营运期间消除了桥面断缝可能漏水等病害风险;由于省去了混凝土桥面板施工,在建设工期上也略有优势。不过,钢桥面铺装和防腐带来的维护费用将有所提高,因而对其在矮寨悬索桥上的应用仍持谨慎态度。

四、加劲桁梁的构造和类型

1. 主桁

悬索桥加劲桁梁的主桁形式均集中在平行华伦桁架,唯一的变化形式是竖杆的有无。绝大多数的主桁为带竖杆的华伦桁架,如图3a)和图3b),少数几座如华盛顿桥、法国的Tancarville桥(主跨608m)采用的主桁形式则是如图3c)所示,它们的竖杆布置成间断型的,在没有吊索的位置取消竖杆。德国的Emmerich桥(主跨501m)中应用了纯华伦桁架[5],完全取消了竖杆,见图3d)。

加劲桁梁的扭转效应最终转化成各桁片的剪接效应和弯曲效应,然后由上下弦杆承受弯曲效应,由腹杆系承担剪切效应。对于华伦桁架,竖杆对其剪切刚度没有影响,但竖杆的缺失不能形成整体的横联,对控制横截面畸变不利，因此虽然纯华伦桁架拥有更为简洁的立面外形，但其后还未见更大跨径的悬索桥采用。

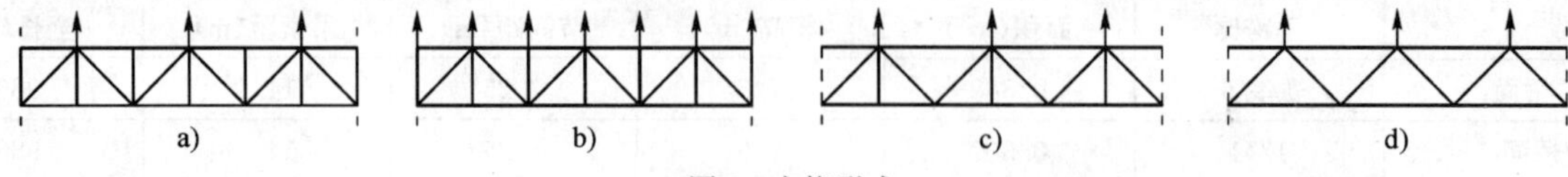

图3　主桁形式

主桁的总体设计参数包括桁高、节间长度、吊索间距等，其中最为重要的是桁高的确定。从表1可知，1400m以上采用桁梁作为加劲梁的悬索桥目前仅有明石海峡大桥，因此本文以下着重讨论常见的主跨700～1 400m的情况。

图4直观示出了这一跨径范围内各桥桁高的分布情况，三座濑户内海大桥均采用相近的桁梁形式，桁高达到13m，为最大值；而最小的桁高为我国正在修建的四渡河桥，仅为6.5m。从加劲桁梁的高跨比情况来看，最小值为青马大桥，其桁高7.7m，主跨度是其178倍。高跨比最大的是日本大鸣门桥，12.5m的桁高是主跨度的1/70。

在悬索桥中桁高相对跨度的分布较为分散，体现不出太大的规律性。通常讨论梁的跨高比指标是从梁的承弯能力角度来看待的，而在悬索桥体系中，以扭转控制设计的角度来看，桁高的选择与设计风速相关性更大些，因为扭转效应尤其是动力效应，主要由风荷载产生。笔者以高跨比作为桥面结构强壮程度的衡量指标，以风速的平方作为荷载(静力和动力)指标，绘出图5所示的分布关系。需要说明，未知设计风速的桥例在图中未绘出，仅知检验风速或试验临界风速的桥例均按文献[11]相关系数反算出准设计风速，此外青马大桥桁梁断面很特殊，亦未示出，后文有述。

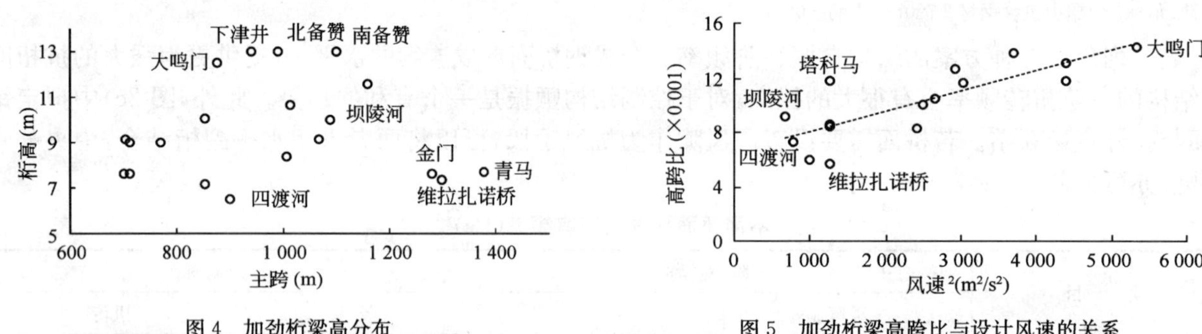

图4　加劲桁梁高分布　　　　图5　加劲桁梁高跨比与设计风速的关系

图中体现出较为明显的分布规律，加劲梁的高跨比 h/L 基本与气动荷载指标呈现线性递增关系，风荷载指标高，高跨比愈大，即要求桥面结构愈强壮。通过简单线性回归，可以得到两者遵循如下关系：

$$\frac{h}{L}=\frac{1}{150}+\left(\frac{V_D}{820}\right)^2 \tag{1}$$

式中：V_D——桥面处设计风速。

在悬索桥初步设计阶段，籍式(1)可以初步拟定出符合要求的梁高参数。同时，在满足受力和交通要求的前提下，选择较矮的桁高可以减少材料用量，获得更好的经济性。

图5中的塔科马桥和维拉扎诺桥的高跨比参数与回归线偏离略大些。前者高跨比偏大，也正如图1中它的加劲梁刚度贡献率也比其他桥梁都大，这体现了老桥垮塌后新设计矫枉过正的特点，为获得需要的安全度其加劲梁似无必要做那么大的尺寸[5]。后者高跨比偏小，但其恒重是所有迄今建设的悬索桥中最重的，因而主缆重力刚度的贡献率加大。

节间长度与桁高的比值分布在0.8～1.17之间，对应斜腹杆的水平倾角在50°～40°之间，多数桥梁将该值取在1.0附近，即对应斜杆倾角大致45°的情况，以便于节点的设计。吊索间距需要与节间长度相配合，它取为节间长度的1～2倍，正如图3a)与图3b)示出的差别。

2. 横截面

典型的加劲桁梁横截面型式见图6，其中图6a)将横联布置成桁架形式，构造简单，横联杆件效率高，最易获得良好的横向剪切刚度,因而是单层桥面的首选形式。图 6b)中通过强大的上下横梁、主桁架竖杆和可能布置的中央竖杆形成横向刚性框架,适用于双层桥面。图 6c)为小组桁架型式,将横向桁架分成上下两部分,上部的小组副桁可以看作整体横向桁架的上横梁,下部可通过变化斜杆的设置来适应于双层或单层交通。日本多座公铁两用悬索桥即采用这种横断面形式,也有诸如关门桥和大鸣门桥等单层交通悬索桥采用。

图 6d)是青马大桥的加劲梁截面,截面形式较为特殊,其外形似箱梁,横向刚性框架伸出主桁架外侧形成托架作为吊索吊点,同时托架表面覆盖不锈钢薄板形成风嘴,因此它可以像扁平箱梁一样获得良好的过流效果,帮助结构在设计风速高达 63m/s 的台风地带拥有足够的稳定性。实际从受力结构来说,仍然是钢桁架作为加劲梁[10]。

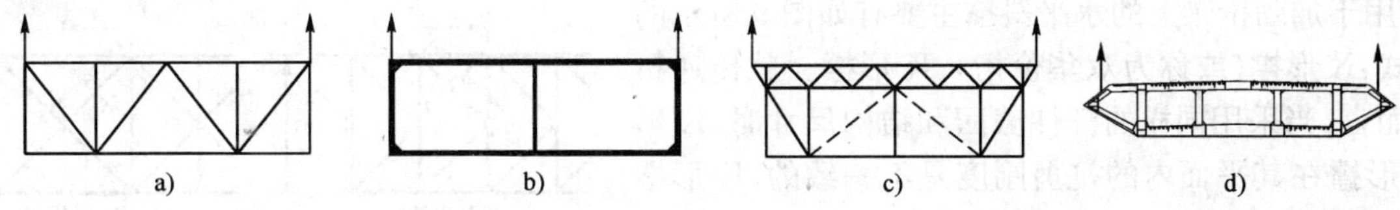

图 6 加劲桁梁横截面形式

横联的设计中,其剪切刚度对加劲梁的扭转效应有较大的影响。已有学者针对跨径组成为 260m+1 100m+260m 的三跨简支和连续的桁式加劲悬索桥的研究表明,当换算成每延米的横联剪切刚度大于到 10^5t 时,截面畸变影响可以忽略[12]。

桁式加劲梁横截面设计的主要参数包括横桥向的吊索间距(即主缆间距)、桁宽的拟定和横联形式的选择。

图 7 示出了悬索桥跨宽比的分布情况,此处桥宽取用的是主缆间距。跨宽比基本体现出随跨径增大的规律,图中虚线为简单线性回归的趋势线,跨度从 700m 到 1400m,跨宽比从 32 变化到 44。明石海峡大桥的跨宽比为 56,也落在这根趋势线上。桥宽的增加可以直接降低结构的颤振稳定性指数,这是一个有利的判定指标。不过,直接加大桁宽虽然可以增大桁梁的扭转刚度,但同时也增大了截面回转半径,对提高体系的扭转频率的效果不显著。若如图 5c)所示,将吊点外移,使桥宽(主缆间距)大于桁宽,则更为有利。同时,在满足受力和交通条件下,取用较小的桁宽可以获得更好的经济性。

加劲桁梁的宽度除了满足车道和附属设施的空间需要外,还需要考虑留出必要的透空区域,作为提高抗风稳定性的构造措施。图 8 示出了桥面透空率的情况,其中麦金内克桥和 4 月 25 日桥的数值较为特殊。麦金内克桥全部车道宽度为 16.45m,为桁宽的 78%,设计者 D. B. Steinman 考虑临界风速达到过于极端的 276m/s[5],在修建时又将中央两个车道做成开敞式格栅桥面,最终桥面充实率仅为 44%。4 月 25 日桥也是由 Steinman 设计,其加劲桁梁形式与麦金内克桥非常接近,透空率大至 58%。该桥在 1996 年改造时,将上层桥面拓宽占满整个桁宽,仍保留部分车道为格栅型,透空率减至 1/4,通过风洞试验发现新的横截面仍可满足气动稳定要求[13]。

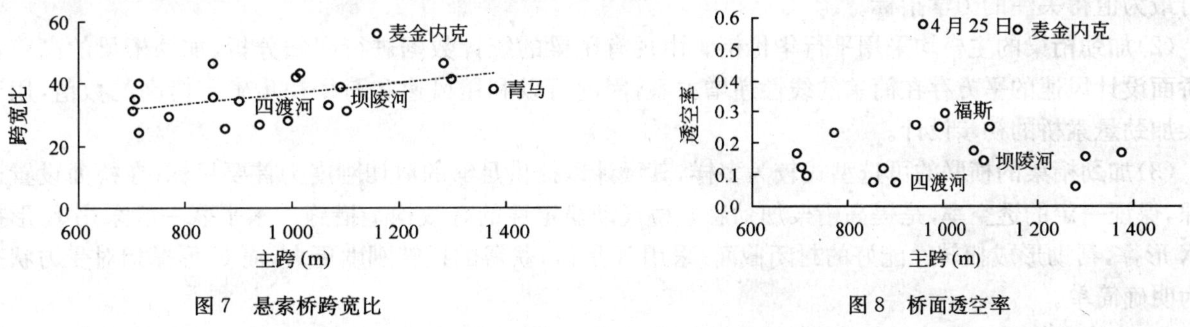

图 7 悬索桥跨宽比　　图 8 桥面透空率

桥面透空是桁式加劲梁获得气动稳定性的有效手段,相比加装风嘴、稳定板和气动翼板等导流装置,该方法实施最为简便。比较常规的桥面透空率在 10%~25%之间,其值需要由结构振动特性和桥址检验风速的要求来确定，也并非越大越好。格栅桥面显然会影响行车性能，一般只将中央隔离带、检修道做成格栅形式。

由于桁架是若干杆件交错连接在一起形式，实际桁高、桁宽和节间长是几个互相影响的参数，调整其中的一个往往需要跟着调整其他参数的取值，以保证主桁和水平联斜杆的角度在适当的范围。

3. 水平联

上下水平联是抵抗扭转的重要构件，有助于形成扭转性能良好的闭合截面。早期悬索桥中对此重视不够，如金门大桥的加劲桁梁最初就由三榀桁架组成——两榀竖向主桁架和一榀桥面平联桁架。该桥在建立之后，显示出非灾难性的风激振动，1954年大桥在竖向主桥架下弦之间添加下横撑，改变成四榀桁架组成的闭合截面。

应用于加劲桁梁上的水平斜撑主要有如图9所示的两种形式：X形撑（或称为双华伦桁）、K形撑。就传递扭转剪力而言，当采用同样的杆件截面和结构尺寸时，K形撑与X形撑在其平面内的抗剪刚度是不一致的，K形撑在受到剪切力时，竖杆参与受力变形，其剪切刚度比X形撑小。表6列出了按照理想桁架计算的K形撑和X形撑腹杆系的代剪切刚度。

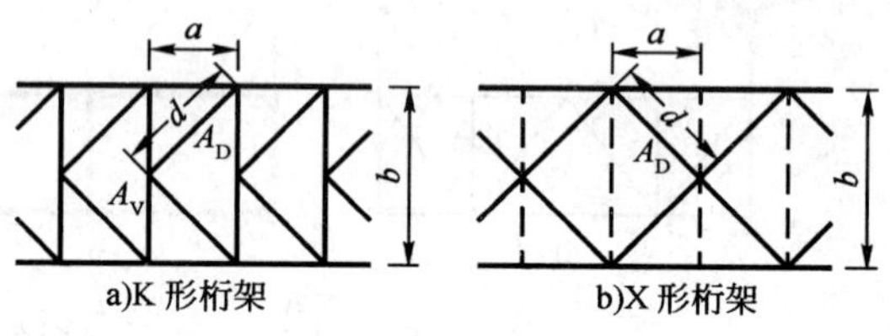

图9 水平联形式

腹杆体系等代剪切刚度 表6

腹杆体系	剪切刚度	腹杆体系	剪切刚度
K形撑	$K_Q=Eab^2\dfrac{1}{2d^3/A_D+b^3(4A_V)}$	X形撑	$K_Q=Eab^2\dfrac{A_D}{2d^3}$

注：式中E为材料弹性模量，a为节间距，b为平联桁架宽度，d为斜杆长度，A_D为斜杆截面积，A_V为竖杆截面积。

但是在由两片主桁和两片平联组成的类似箱形截面的加劲桁梁中，X形撑对截面翘曲变形的约束更大，因为它能约束两侧弦杆的相对纵向位移，而K形撑则几乎无此效果。在加劲桁梁整体受到竖向弯曲时，X形撑的平联还会参与弦杆的受力，抵抗竖弯矩，而K形撑不会参与受力。

笔者对矮寨悬索桥作了对比分析，采用相同截面的杆件，将水平联分别布置成K形撑和X形撑，采用X形撑平联的桁梁的扭转刚度比K形撑的高6%，竖弯刚度比K形撑的大10%，但同时平联杆件轴力加大。当然，在悬索桥中并不会在意通过平联提高加劲梁的竖弯刚度，设计者从简化水平联的受力状态和简化平联中节点构造的角度，会更乐意选择K形撑。

五、结 论

（1）加劲梁在大跨悬索桥中对抵抗扭转的加劲要求比抵抗竖向弯曲的加劲要求更大，与竖向荷载的绝大部分由主缆承受的情况不同，扭转荷载中会有更大比例由加劲梁来承受，因此桁梁的扭转性能是设计时最为值得关注的力学指标。

（2）加劲桁梁的主桁均采用平行华伦桁。由现有桥梁的统计数据进行回归分析，加劲桁梁的高跨比与桥面设计风速的平方存在简单的线性递增关系，因此可以利用风速和跨径初步确定桁高的数值，用于桁架加劲悬索桥的初步设计。

（3）加劲桁梁的横联的可选型式较为多样，其设计以提供足够的剪切刚度为首要目标；在桥面设置通风隙，保证一定的透空率，是提高桁架加劲悬索桥气动稳定性的有效构造措施。水平联一般采用K形撑或X形撑，帮助形成扭转性能好的封闭截面；采用X形撑，获得的扭转刚度更大，而K形撑相对受力状态更为明确简单。

（4）合成型钢桥面与弦杆结合，参与加劲梁整体受力，形成了连续的水平联，可以有效提高加劲梁的扭转刚度，降低加劲梁重量。

参考文献

[1] 秋山晴树. 耐风設計基準の変遷[J]. 橋梁と基礎，1998，32(8)：61-73.

[2] 刘扬. 青马大桥的空气动力稳定性[J]. 国外桥梁，1998，18(5)：29-34.

[3] Milton Brumer，Herbert Rothman，Michael Fiegen，et al. Verrazano-narrows bridge：design of superstructure [J]. ASCE Journanl of the Construction Division，1966，92(2)：23-70.

[4] 小西一郎. 钢桥(第五分册)[M]. (戴振藩 译). 北京：中国铁道出版社，1981.

[5] 尼尔斯J. 吉姆辛. 缆索支承桥梁——概念与设计(第二版)[M]. (金增洪 译). 北京：人民交通出版社，2002.

[6] 帅士章，吴战平，刘清. 坝陵河大桥桥区风参数初步分析与设计风速的确定[J]. 贵州气象，2005，29(2)：12-15.

[7] Thomas Spoth，Kenneth Serzan，and Seth Condell. The new Tacoma Narrows Suspension Bridge-design of the suspended superstructure [A]，ASCE. Structures 2005：Metropolis & Beyond [C]. New York：ASCE，2005：161-168.

[8] 田中淳之. 吊橋上部工の設計[J]. 橋梁と基礎，1984，18(8)：61-68.

[9] Peter G. Buckland. Increasing the Load Capacity of Suspension Bridges[J]. Jour. of Br. Eng. ASCE，2003，8(5)：288-296.

[10] 刘正光，香港大型悬吊体系桥梁的发展[J]. 土木工程学报，2005，38(6)：59-68.

[11] JTG/T D60—01，公路桥梁抗风设计规范[S]. 北京：人民交通出版社，2004.

[12] 小松定夫，西村宣男. 横荷重を受ける吊橋の変形と応力について[J]. 土木学会論文報告集，1976，29(4)：55-67.

[13] 严国敏. 现代悬索桥[M]. 北京：人民交通出版社，2002.

34. 基于全寿命设计理念的某长江公路大桥设计构思*

吴培峰　陈艾荣

（同济大学桥梁工程系）

摘　要　基于全寿命设计理念，对某长江公路大桥进行概念设计。在桥型方案比选的基础上，提出了钢管混凝土主梁斜拉桥(主桥)和大跨度波折钢腹板组合箱梁连续刚构体系(副桥)的组合结构桥梁的方案构思，以期使该桥具有较好的全寿命周期性能。

关键词　桥梁设计　全寿命设计　组合结构桥梁

Conceptual Design of a Highway Bridge over Yangtze River Based on Life Cycle Design Methodology

WU Pei-feng　CHEN Ai-rong

(Department of Bridge Engineering，Tongji University)

Abstract　In this paper，conceptual design of a highway bridge over Yangtze River based on life cycle design methodology is introduced. Bridge type alternatives and selection is firstly

* 基金项目：交通部西部交通建设科技项目资助(2004-318-822-25)

presented. To improve life cycle performance of the bridge, a composite bridge structural system plan, including a cable-stayed bridge with concrete-filled-steel-tube (CFST) girder over main navigable channel and a long-span continuous-rigid-frame box girder bridge composited with corrugated steel webs over auxiliary navigable channel, is brought forward.

Key words bridge design life cycle design composite bridge

一、引　言

近年来,国内外大量在役桥梁出现了病害严重、使用性能差、耐久性低、服务寿命短等问题,促使桥梁界对传统的桥梁设计理念进行反思,提出了桥梁全寿命设计的新理念[1~4]。传统设计方法是基于现状的设计(Design for the Moment),以桥梁在施工和成桥状态时的安全性为设计依据,而忽视其正常使用寿命的保证——耐久性、可修性和可换性;在经济指标方面仅考虑初始建设成本,不考虑运营阶段的养护、维修和构件更换费用。全寿命设计理念将设计的时间参数拓展到桥梁的整个生命周期(规划—设计—施工—使用—拆除/倒塌)[3],统筹考虑设计、施工、运营和养护管理各个环节,寻求恰当的方法和措施,使桥梁的全寿命周期性能(安全、适用、耐久、经济、美观、生态等)达到最优或优化[1]。该设计理念对于提高桥梁的耐久性和使用性能、降低全寿命周期总成本、促进桥梁的可持续发展和科技进步,具有重要的现实意义[3~4]。

本文基于全寿命设计理念,对某长江公路大桥进行了概念设计。在桥型方案比选的基础上,提出了钢管混凝土主梁斜拉桥(主桥)和大跨度波折钢腹板组合箱梁连续刚构体系(辅桥)的组合结构桥梁的方案构思,以期使该桥具有较好的全寿命周期性能。

二、工 程 概 况

1. 技术标准

本桥为高速公路特大桥,设计荷载为公路—I 级,计算行车速度 100km/h,设计使用年限为 100 年。桥面总宽 32.5m,桥面横坡为 2.0%,纵坡≤2.5%。设计基本风速 V_{10}=29.1m/s,地震基本烈度按Ⅶ度设防。通航净空为 760m×50m(主航道)和 180m×24m(两边跨)。防撞标准按 50000t 级船舶考虑。

2. 桥址区自然地理与工程地质条件

(1)陆域地貌属长江三角洲堆积平原区、长江两岸冲积平原亚区,地势平坦,最高洪水期两岸边滩易受泛滥威胁;

(2)桥位江段冲淤大致平衡,岸线较平直且相对稳定,江面宽 2~2.75km,最大水深 34m;

(3)两岸为低漫滩地,地表以第四系全新统亚黏土为主,江底以亚砂土、粉细砂为主;桥位区为松散沉积物覆盖,覆盖层厚度较大,较好的持力层埋深一般在−50m 以下。基岩埋藏深,岩面高程一般在−190m 以下;

(4)气候属副热带湿润气候类型,雨水充沛,干旱、雨涝、低温、连阴雨、台风、冰雹等气象灾害间有出现,年平均气温为 15~16℃,月平均最热与最冷温差约为 25℃。

三、基于全寿命设计理念的设计考虑

总结大量桥梁的经验教训,如下问题应当在设计中予以考虑:

(1)桥梁的使用期成本通常远高于其初始建设成本,因此初始建设费用虽然较高但使用期费用较低的设计方案应当被重视,以降低桥梁全寿命周期的总成本。

(2)混凝土梁(特别是箱梁)由于材料特性(混凝土开裂、碳化效应,钢筋腐蚀)和结构形式以及工作环境[如位于跨海(沿海)、盐碱地区及使用除冰盐等]的原因,其耐久性并不容乐观[2~4]。大跨度桥梁的主梁可考虑采用钢—混凝土组合梁或全封闭钢箱梁以及混合梁等形式。

(3)斜拉桥的拉索、悬索桥的主缆更换或维修费用巨大[2]。拉索的耐久性问题主要归因于腐蚀和疲劳,应当采取可靠的防腐、减振和结构措施。

(4)伸缩缝、支座等可更换部件由于在桥梁使用期内直接承受荷载的反复冲击及结构变位,属易损部件,且维修较困难。因此设计中可适当减少伸缩缝和支座的数量,以减小使用期的维修、更换工作及相关费用。

四、桥型方案比选

根据通航净空要求，本桥的主航道桥型宜为跨径 850m 以上的斜拉桥或悬索桥或协作体系桥。大跨度协作体系桥目前尚不成熟，因此仅对斜拉桥和悬索桥形式进行比选（见表 1）。

桥 型 方 案 比 选　　表1

比 较 项 目	斜拉桥方案	悬索桥方案
总体布置	主跨约 900m 斜拉桥＋梁式桥（辅桥）	主跨 1500m 以上悬索桥或 2×1 000m 三塔悬索桥
初始建设经济指标	结构刚度大，梁高较小，自重较轻；采用漂浮体系可不用大型支座；跨径 1 000m 以下斜拉桥一般比悬索桥经济	跨径 1 500m 以上悬索桥虽较经济，但设此大跨径并无必要；三塔悬索桥的中塔刚度要求高、尺寸大，且需设在江中，基础难度较大，缺乏工程经验；主梁刚度要求高，梁高较大，自重较大；需在软土地基上建锚碇，费用较高
使用期费用	拉索维护、更换费用较高	主缆、吊杆维护、更换费用较高
施工	边跨设辅助墩可降低长悬臂施工时的风险；有效工期较长	施工时受风的影响很大，有效工期较短
抗风性能	施工和成桥状态抗风稳定性均较好；针对拉索的风致振动已研究了多种控制措施	结构柔度大，施工和成桥状态对风的作用均较敏感，抗风稳定性要求高
抗震性能	采用漂浮体系时较好	较好
结论	综合指标较好，选为主桥桥型	不采用

五、全桥方案设计

1. 总体布置

全桥由西引桥＋主桥（主、副航道）＋副桥（非通航段）＋东引桥组成（图 1）。主桥和副桥跨越江面、两岸边滩和大堤，全长 2760m。主桥采用双塔斜拉桥。副桥考虑减少水中下部结构宜采用大跨径梁式桥。连续刚构桥兼具连续梁和刚构的优点，对高速行车及抗震均有利，且可省去大吨位支座，便于施工和养护维修，因此副桥采用多跨连续刚构体系。两岸引桥采用 50m 等跨等高度预应力混凝土连续箱梁。

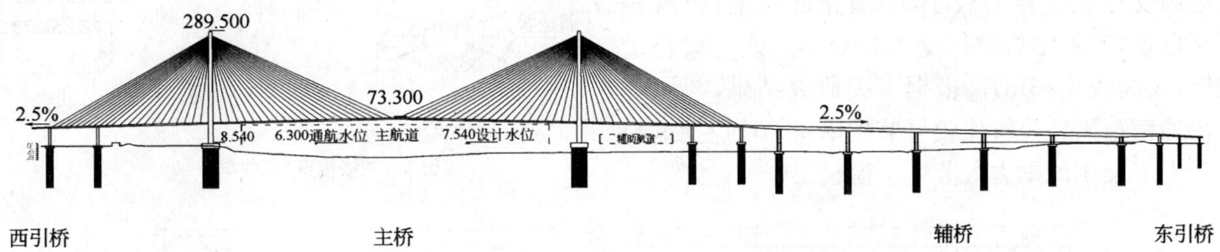

图 1　全桥总体布置图（尺寸单位：cm）

2. 主桥斜拉桥设计

1）总体布置及结构体系

根据主、副航道通航净空要求和地形、水文条件，斜拉桥分跨取 400m＋910m＋400m＝1710m，边、中跨比为 0.44。边跨设 1 个辅助墩，以改善结构受力、减小锚固墩负反力、提高全桥刚度和抗风稳定性、增加悬臂施工的安全度（图 2）。边孔分跨取 280m＋120m，既能满足副航道的通航要求，也具有较好的受力效果。结构形式采用塔、梁分离的漂浮体系。

图 2　大桥效果图

2）主塔设计

为提高抗风性能，斜拉索采用空间斜索面布置。与之配合，主塔塔型采用人字形，受力明确、力线清晰、简洁挺拔。塔柱外形采用八角形，不仅改善气动性能，也使塔表面具有立体阴影效果，增加质感和美观(图2)。主塔为钢筋混凝土结构。桥面以上塔高与桥宽之比为6.05≥4，塔总高与桥面以下塔高之比为5.62≥4，是较合适的比例[5](图3)。

3)拉索设计

拉索采用倾斜双索面、密索体系扇形布置。最大索长487m，倾角为26°～29°。为抑制索的风致振动，采取的措施有：(1)在垂直于拉索方向设置辅助索，减小其自由长度；(2)索面上缠绕螺旋线以抑制其风雨激振。

4)主梁设计

特大跨度斜拉桥主梁大多采用混合梁和钢箱梁形式。混合梁体系受力合理，但钢梁和混凝土梁接头处受力复杂，构造较难处理；全封闭钢箱梁养护方便，但费用较高。由于斜拉桥主梁主要受轴向压力，本设计提出一种钢管混凝土主梁形式。钢管的抗拉、压强度均很高，而混凝土强度由于钢管的套箍作用得以提高；且混凝土填充钢管，又可限制钢管的局部屈曲，这对承受巨大压力的主梁是有利的，因此钢管梁具有高强和高耐久性，且施工方便。

主梁为两根钢管混凝土梁，以钢横梁相连，横梁间以内纵梁相连，预制预应力混凝土桥面板通过焊钉与横梁和钢管梁结合(图4)。边跨和中跨近塔柱区段的钢管内填充混凝土作为压重，防止端支座上拔，并承担塔处主梁的最大轴向压力；中跨区段主梁因受拉或受压力较小，不填充混凝土，以减轻中跨自重，改善结构整体受力和变形。该主梁自重较轻，梁高较小(3m)。根据有关研究结果，与同等跨径的钢箱梁斜拉桥比较可节省钢材70%左右，与混凝土主梁相比则大大节约了模板工作[6]。

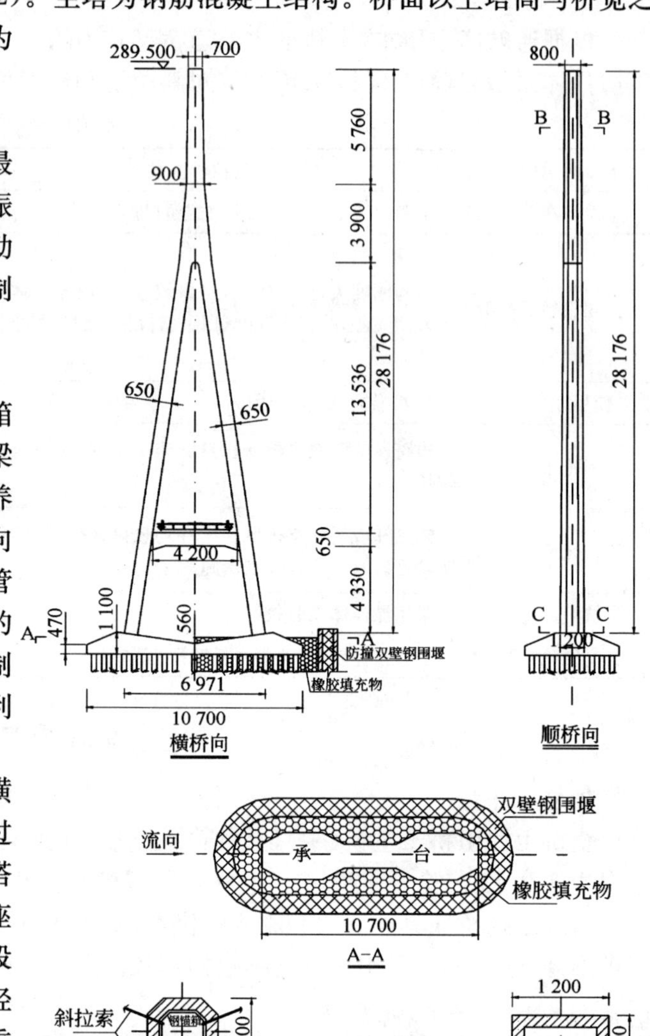

图3　主塔构造(尺寸单位：cm)

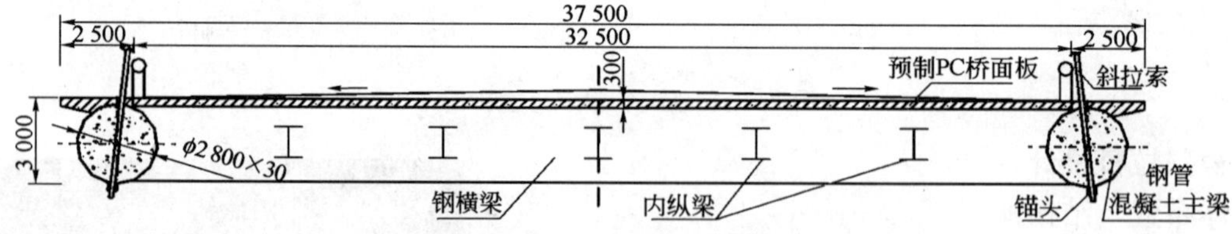

图4　斜拉桥主梁标准断面(尺寸单位：mm)

主梁两侧利用桥面板挑出的悬臂和斜置焊接在钢管外侧的导流板，形成风嘴形状，以减小风荷载。有关研究结果和风洞试验表明，管梁桥具有足够的扭转颤振发散临界风速，其空气动力性能是可靠的[6]。

3. 辅桥连续刚构桥设计

1)总体布置

辅桥采用七跨一联连续刚构体系，分孔为95m＋5×172m＋95m＝1050m，边、中跨比为0.55(图1)。桥墩采用双肢薄壁结构，每肢厚2m，两肢间距7.5m，抗推刚度较小而抗弯刚度较大，可以削减支点处主梁的负弯矩峰值。

2)主梁结构

主梁采用波折钢腹板组合箱梁结构(波折钢腹板与混凝土顶、底板组合),其与混凝土箱梁比较具有如下优势[7~8]:

(1)主梁自重减轻20%～30%,跨越能力更大。目前混凝土连续刚构桥的跨径记录约为300m,波折钢腹板组合箱梁桥的发展很快,法国已有跨径400m的报道。

(2)波折腹板的纵向刚度很小,使混凝土顶、底板几乎不受约束,因此混凝土徐变收缩、温差等二次效应减小,梁的耐久性得以提高,剪力滞效应减小,预应力施加效率较高,因此用于多跨长联连续刚构和宽桥时具有优势。

(3)波形腹板具有很高的抗剪强度、横向抗弯刚度,不需设竖向和纵向加劲肋。

(4)钢腹板可涂饰以适当颜色,与周围环境相协调,波折产生立体阴影效果和韵律感,可增加美观,形式也较新颖。

主梁分为上、下行两个半幅(图5)。纵向预应力体系采用便于检查、维护和更换的体外索,其转向(或锚固)块设在主梁内的横隔梁(板)处。

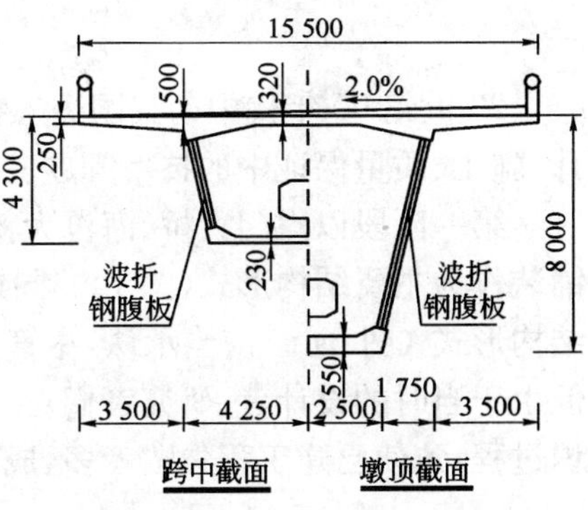

图5　副桥半幅主梁断面(尺寸单位:mm)

六、结　　语

(1)全寿命设计理念从桥梁整个生命周期的时间域出发,寻求恰当的方法和措施以使其全寿命性能达到最优或优化,该理念代表了桥梁设计方法的发展趋势。

(2)与传统钢桥、混凝土桥相比,组合结构桥梁具有经济合理、便于施工、使用经济、形式多样、造型美观的优点,对于提高桥梁的全寿命性能是有利的,具有良好的发展前景和创新空间。

(3)本文提出的大跨径钢管混凝土主梁斜拉桥和波折钢腹板组合箱梁连续刚构体系的设计构思,其全寿命周期性能值得进行深入探讨。

参考文献

[1] Integrated Life Cycle Design of Structures[M]. Sarja A. London and New York:Spon Press,2002:1-139.

[2] 范立础.桥梁工程安全性与耐久性——展望设计理念进展[J].上海公路,2004(1):1-7.

[3] 陈艾荣,马军海.桥梁全寿命设计方法及关键科学问题[C].全国公路科技青年论坛论文集,2005:168-184.

[4] 叶文亚,李国平等.预应力混凝土桥梁全寿命设计研究现状和展望[C].上海市公路学会第七届年会学术论文集,2005:166-170.

[5] 项海帆.大跨度桥梁概念设计中的若干问题[C].第十六届全国桥梁学术会议论文集,2004:3-11.

[6] 楼庄鸿.丁明杰编译.钢和混凝土组合桥梁的新结构形式[J].国外公路,2000(4):11-15.

[7] 刘玉擎.组合结构桥梁[M].北京:人民交通出版社,2005.

[8] 杨明,孙筠等.波纹钢腹板体外预应力箱梁桥的发展与展望[J].公路交通科技,2006(12):72-75.

35.特大跨桥梁钢桥面铺装结构研究和设计理念的探讨

陈德荣　徐风云　羊雨林

(浙江省舟山连岛工程建设指挥部)

摘　要　本文指出,要全面、系统、较彻底的解决特大跨桥梁钢桥面铺装技术难题,必须首先改变传统的钢桥面铺装设计理念；全面分析认识铺装结构的功能及必须研究的关键问题；按强度和变形双控理论进行铺装层结构设计；本文分析论证铺装层与钢板结合面及铺装结构的抗剪强度应大于3.0MPa；提出了新的设计理念。

关键词　钢桥面　铺装　研究　设计　理念　探讨

一、中国钢桥面铺装工程概况

20世纪90年代中期我国进入特大跨钢箱梁悬索桥、斜拉桥建设年代。随之，提出了钢桥面铺装设计、施工、质量保证中的技术问题。十余年来，钢桥面铺装技术的发展大致经历了三个阶段。

第一阶段以虎门大桥、海沧大桥、宜昌大桥、军山大桥等为标志，以双层SMA改性沥青混凝土桥面铺装作为主要结构形式(图1)。同期完成的江阴长江大桥、香港青马大桥还采用了浇筑式沥青混凝土等结构形式（图2）。应当承认，尽管当时的决策者多次反复强调钢桥面铺装技术问题的复杂性和重要性，但由于当时的设计者、研究者们对此认识不足，所持的盲目乐观态度，以及解决复杂问题所必须经历的认识过程，致使已建工程失败者多，成功者少，付出了昂贵的代价。

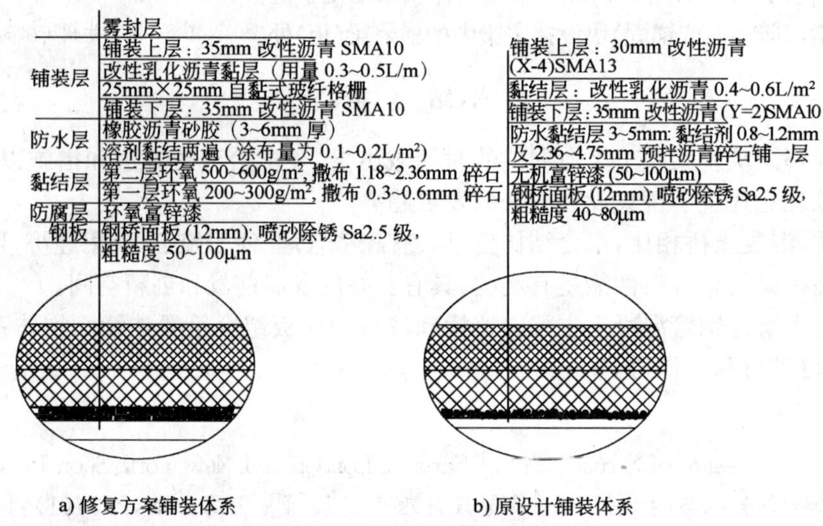

a) 修复方案铺装体系　　　b) 原设计铺装体系

图1　厦门海沧大桥铺装体系

第二阶段以南京二桥、三桥，润扬长江大桥(图3)、苏通长江大桥(图4)、广东佛山平胜大桥(图5)为标志，进入了双层环氧沥青混凝土桥面铺装阶段。调研表明，这种铺装结构用于斜拉桥上基本上是成功的，但在悬索桥上是否可行，尚难定论。

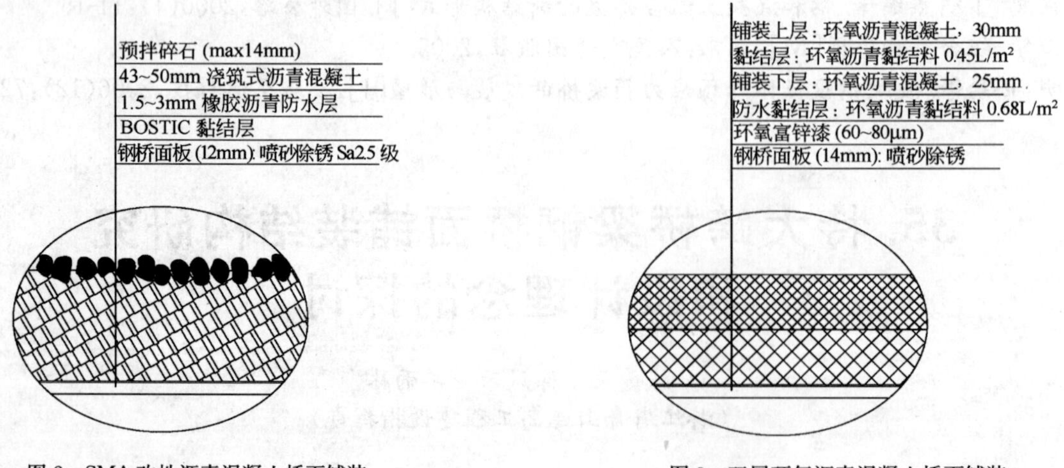

图2　SMA改性沥青混凝土桥面铺装　　　图3　双层环氧沥青混凝土桥面铺装

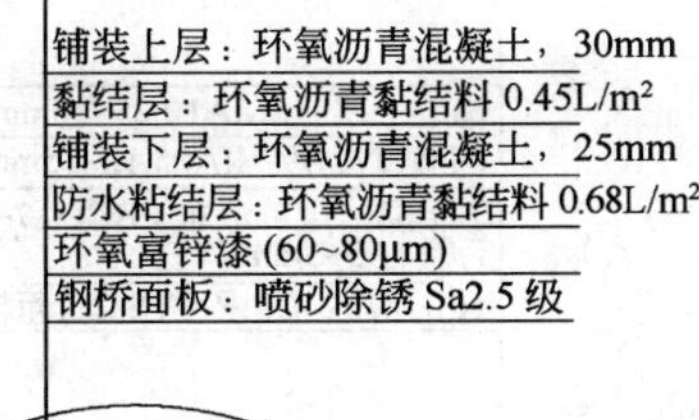

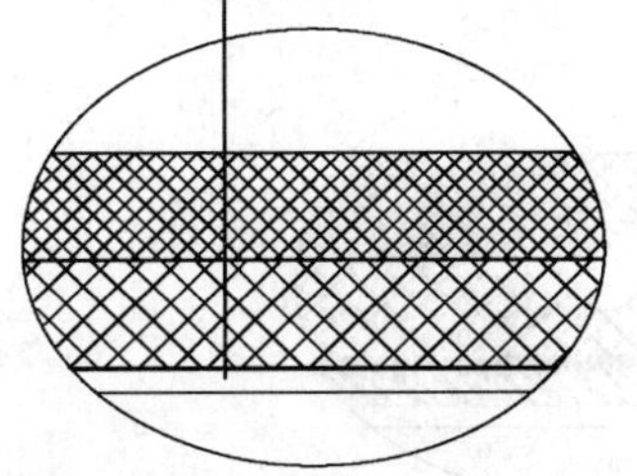

图 4 苏通长江公路大桥铺装体系

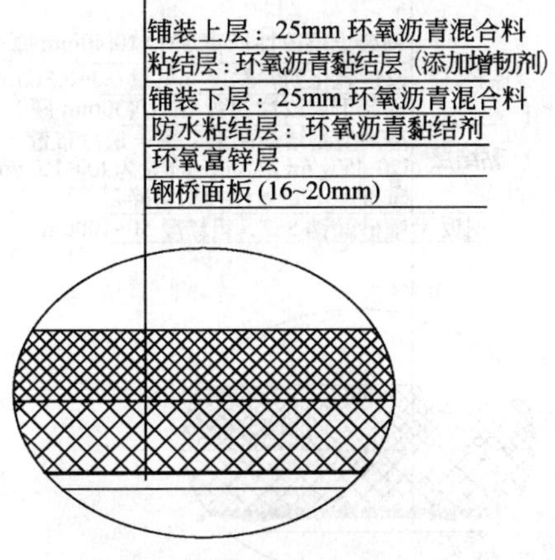

图 5 广东佛山平胜关大桥铺装体系

第三阶段为组合结构桥面铺装体系，如下层浇筑式沥青混凝土加上层环氧沥青混凝土（或 SMA，或改性浇筑式），（图 6）为安庆长江大桥组合式铺装体系。此外，最近几年中交三局和杭州湾大桥指挥部、江苏省交通科学研究院联合开发了名为"EBCL＋RA05＋SMA10（或双层环氧铺装层）"的新型钢桥面铺装结构体系（图 7），界面抗剪强度高达 5.0MPa，该体系 2005 年曾在西陵长江大桥应用，超重车和大交通量运营环境中三年基本未出现病害。2007 年完成的杭州湾跨海大桥匝道桥为大纵坡、小半径钢结构，其铺装体系研究成果已通过专家评审。评审会一致认为"该项研究成果总体上达到了国际领先水平"。随后，浙江省舟山连岛工程西堠门大桥钢桥面铺装对双层环氧和下层浇筑、上层环氧两种体系进行了深入和系统的研究、论证（图 8、图 9）。综上所述，由于中国钢桥面铺装工程项目多、政府重视，组织有关院校和科研单位进行了大量研究，从而大大推动了中国钢桥面铺装技术进步，并已达到或超过发达国家水平（表 1）。

钢桥面铺装与钢板结合面强度指标统计表 表 1

桥 名	抗剪强度(MPa)		抗拉拔强度(MPa)		黏结层及材料	注
	常 温	高 温	常 温	高 温		
厦门海沧大桥（设计体系）	0.83～1.41（30℃）	0.15～0.44（70℃）	1.4～2.0（20℃）	0.24～0.35（70℃）	溶剂型改性沥青黏结剂	结合面大面积滑移，行车 2 年后全面翻修
厦门海沧大桥（修复体系）	≥3.0(25℃)	≥2.0(70℃)	≥5.0(25℃)	2.0(70℃)	环氧黏结剂＋粗粒碎石	使用 3 年，无翻修、大病害
江阴长江大桥	1.48(20℃)	0.57(60℃)	2.27(20℃)		橡胶沥青溶剂性黏结剂	
润扬长江大桥	≥3.0(23℃)	＞0.6(60℃)	3.14(23℃)	≥2.0(60℃)	环氧沥青黏结剂	使用 3 年无大病害
安庆长江大桥	≥3.0(25℃)	≥2.0(70℃)	≥2.0(25℃)	≥1.0(60℃)	溶剂型黏结剂	使用 3 年无大病害
佛山平胜关大桥	≥2.5(20℃)	1.0(60℃)	2.56(23℃)	1.08(59℃)	环氧沥青黏结剂	使用 3 年无大病害
苏通长江大桥	≥3.0(23℃)	＞0.6(60℃)	3.14(23℃)	≥2.0(60℃)	环氧沥青黏结剂	2008 年建成，尚未通车
西堠门大桥（双层环氧）	1.2(23℃)	＞0.6(60℃)	2.4～3.0(23℃)	≥2.0(60℃)	环氧沥青黏结剂	未施工
西堠门大桥（浇筑＋环氧）	＞2.13(25℃)	＞0.7(60℃)	1.59～2.52（10℃～25℃）	≥1.0(60℃)	环氧黏结剂	设计方案，未实施
杭州湾大桥（匝道桥）	3.5～5.7（25℃）	1.06～1.18（70℃）	9.05（25℃）	5.18（70℃）	EBCL＋RA05 组合	西陵长江大桥使用 3 年无病害

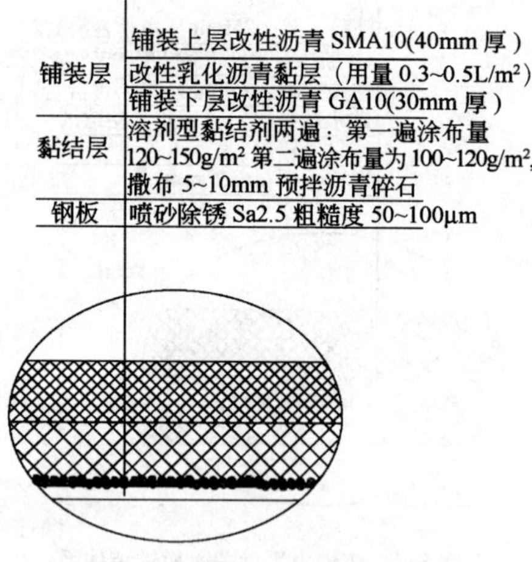

图 6 安庆长江公路大桥铺装体系

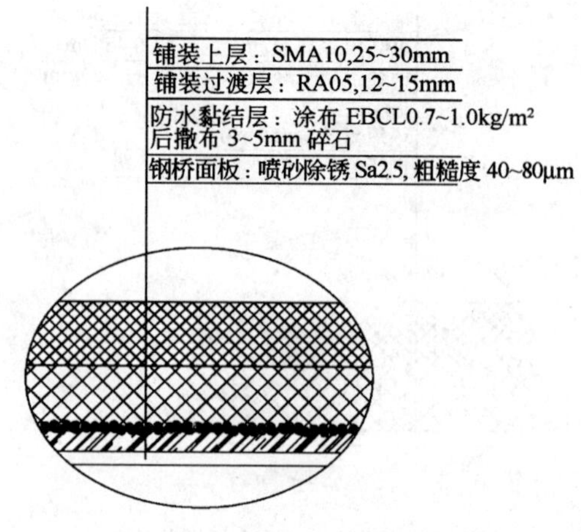

图 7 杭州湾跨海大桥匝道桥铺装体系

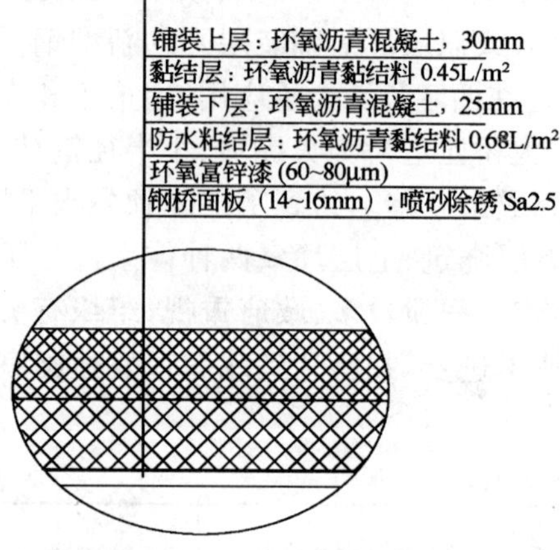

图 8 西堠门大桥双层环氧铺装体系（方案）

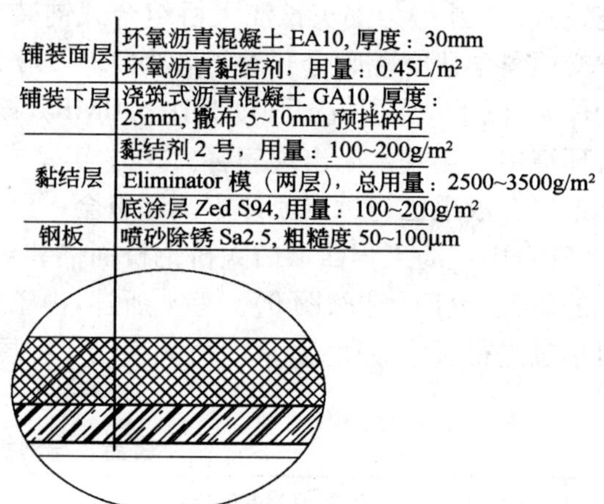

图 9 西堠门大桥浇筑＋环氧铺装体系（方案）

十余年来，笔者先后参与了国内特大跨桥梁钢桥面铺装设计、施工、建设、监理工作，钢桥面铺装维护管理及病害原因分析研究和病害处治工作，以及方案审查会。近来我们对长期沿用的钢桥面铺装设计理念进行了深刻反思，逐步认识到钢桥面铺装具有多种功能，它既是钢箱梁结构的组成部分，要参与结构受力，又是行车道路面面层，必须具有优良的路用性能和较长的使用期限。桥面铺装层直接承受数千万次车辆荷载作用，还受气候变化、环境变化、车辆超重、行车事故等破坏性因素的影响，其使用条件之恶劣，受力状况之复杂，对设计施工和养护管理要求之苛刻，远远超过桥梁的其他构件，因此，钢桥面铺装与钢箱梁之间应当且有良好的结合强度，以保证其追从性、变形协调性和连续性，以及良好的抗疲劳、抗振动、抗老化性能（表 1）。

传统的钢桥面铺装设计一般由道路工程师负责，设计研究重点多局限在铺装层的路用性能方面，而严重忽视了作为钢箱梁结构组成部分的桥面铺装层的受力问题、强度问题（包括黏结强度、抗剪、抗拉弯强度）和变形问题。在材料性能方面，由于未深入研究解决改性沥青及黏结剂材料的老化问题。在交通方面，由于普遍存在的车辆超重、超限、超量问题，致使钢桥面铺装的使用寿命成为不可预测的变数。

笔者根据近年从事钢桥面铺装设计、施工、养护、病害处理工作的经验认为：要全面、系统的解决钢桥面铺装技术问题，首先要改变设计和研究理念，认真总结国内外工程实践经验和教训，明确研究重点和方向，组织结构工程师、道路工程师、材料工程师、养护工程师进行攻关。

二、钢桥面铺装结构研究方向

针对钢桥面铺装的使用特点,结构特点和病害特点,其研究方向可概括为:

(1)研究正交异性组合结构体系的桥面铺装层在复杂荷载工况下的本构关系和受力行为;

(2)研究作为直接承受荷载作用的桥面铺装层与钢桥面板组合体系(包括界面)的应力、变形计算方法和强度设计方法,安全度保证率;铺装材料的抗拉、抗压、抗弯、抗剪、抗疲劳强度及其他物理力学性能;

(3)研究作为行车道路面面层的桥面铺装层的路用性能,如表面平整度、粗糙度等;

(4)研究作为钢桥面板"保护层"的桥面铺装层与钢板变形的追随性能、防排水性能、透水密封性能、抗老化、抗环境腐蚀性能及铺装层使用寿命等;

(5)研究铺装层的材料、配合比、拌合技术及施工技术、养护维修技术。

三、钢桥面板—铺装层"叠合板"的本构关系

悬索桥钢桥面铺装设计的前提条件是:利用洒布在钢板表面上的黏结材料(或其他构造措施)所提供的黏结力及抗剪切能力把铺装层与钢板结合为整体,从而在事实上形成了钢桥面板—铺装层组合体系,在此把它称之为"叠合板"。如图 10a)所示。

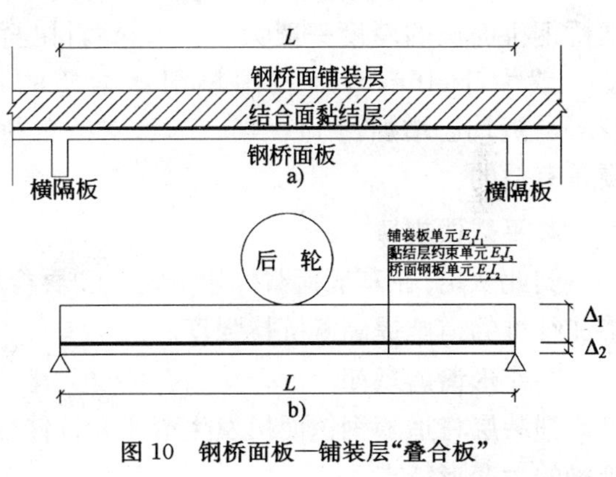

图 10 钢桥面板—铺装层"叠合板"

在车轮荷载作用工况下,通常把钢桥面板简化为以钢箱梁的纵横隔板为边界(支承)的正交异性板,计算其内(应)力和挠度。仿此,可以得出正交异性钢桥面板—铺装层"叠合板"的计算图示,见图 10b)。"叠合板"与叠合梁的本构关系是相似的,即在弹性范围内遵循以下规律:

1. 内力按刚度分配规律

铺装层及界面内力按刚度大小分配,刚度越大的构件所分配的内力也越大。单位宽度铺装层的抗弯刚度

$$F_1 = \frac{E_1 \Delta_1^3}{12(1-\mu_1^2)}$$

式中:E_1——铺装层的抗弯弹性模量,取 $E_1 = 1.4 \times 10^3$ MPa;

μ_1——铺装层的泊桑比,取 $\mu_1 = 0.35$;

Δ_1——铺装层厚度。

单位宽度钢桥面板的抗弯刚度

$$F_2 = \frac{E_2 \Delta_2^3}{12(1-\mu_2^2)}$$

式中:E_2——钢板弹性模量,$E_2 = 2.0 \times 10^5$ MPa;

μ_2——钢板泊桑比,$\mu_2 = 0.29$;

Δ_2——钢板厚度。

为了简化计算,式中忽略了球扁钢的加劲作用,但这不影响以下论述的定性规律。由此得到铺装层与钢板的抗弯刚度比

$$\beta = \frac{F_1}{F_2} = 7.3 \times 10^{-3} \left(\frac{\Delta_1}{\Delta_2}\right)^3$$

代入钢箱梁悬索桥中常用的 Δ_1 和 Δ_2 值，可以得到刚度比 β 随 Δ_1 和 Δ_2 变化的三条曲线，见图11。这组曲线对于合理确定铺装层或钢桥面板的厚度具有定性上的指导意义。

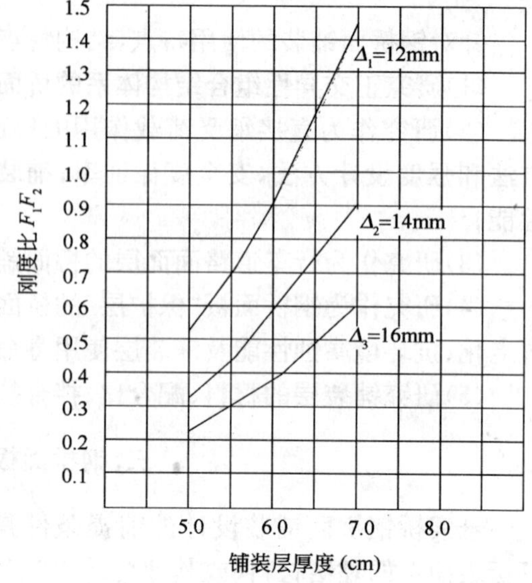

图11 刚度比—铺装层厚度—钢板厚度关系曲线

上述关系曲线说明：

(1)铺装层越厚、弹性模量越大，铺装层在“叠合板”中的刚度贡献就越大，所分配的内力也随之增大。所以，增大铺装层厚度对其受力是不利的。

(2)钢桥面板越厚，铺装层在“叠合板”中的刚度贡献就越小，所分配的内力也随之降低。所以，适当增加钢板厚度，可以极大的改善铺装层的受力和变形条件，延长铺装层的使用年限。国外钢箱梁悬索桥桥面铺装的使用年限较长，病害的严重程度也相对较轻，原因之一就是钢桥面板的厚度较大。国外钢箱梁悬索桥钢桥面的厚度一般大于14mm，桁架式悬索桥钢桥面板的厚度一般大于16mm，斜拉桥钢桥面板的厚度一般大于16mm，而我国早期悬索桥的顶板厚度只有12mm，近期已增加到14～16mm，这对改善桥面铺装性能无疑是有益的。

2. 平截面规律

据此认定，在车辆荷载作用下，位于“叠合板”中性轴以下的铺装层内会产生弯曲拉应力，因此应采取掺加纤维的措施提高其抗拉强度。

3. 变形谐调规律

铺装层将追随钢桥面板发生弯曲和拉伸变形，所以要求铺装层具有良好的延伸性，以适应悬索桥钢箱梁的大变形特点。

为了准确得到铺装层结构及界面上的内(应)力及挠度，宜应用空间有限元法进行“叠合板”受力分析计算。在拟定计算模型时，可分别把铺装层、黏结层、钢桥面板离散为三种材性的板单元，其中，黏结层单元是模拟黏结作用的“约束板单元”，该单元的剪切刚度 GI 可虚拟为1 020，表示 $GI\rightarrow\infty$，以保证铺装层界面与钢板界面变形相容。

四、铺装层与钢桥面顶板界面抗剪强度概念设计

铺装层界面抗剪强度是实现钢桥面—铺装层“叠合板”共同受力，防止铺装层推移的重要保证。为了分析铺装层推移的原因，本节对作用在界面上的剪应力要素做粗略计算，故称之为概念设计。

1. 制动惯性力产生的剪应力 τ_1

制动惯性力是对铺装层破坏作用最大的水平力，当汽—超20级后轮在20m行程内车速由80km/h降至0km/h时，后轮压力作用范围(80cm×20cm)内的制动水平剪应力 τ_1 约为1.12MPa。

2. 纵向变形差产生的剪应力 τ_2

由于铺装层与钢桥面板的热膨胀系数不同，两种介质的热传导系数不一样，由实测数据得知，铺装层与钢板间的体系温度差约为15℃，钢板的热膨胀系数 α_2 为 12×10^{-6}/℃，沥青混凝土铺装层的热膨胀系数与配合比有关，变化范围很大，参考有关资料，本文取：$\alpha_1=5.1\times10^{-6}$/℃，由此推算界面温差应变产生的剪应力 τ_2 约为0.053MPa。

3. 后轮轮压产生的剪应力 τ_3

按正交异性“叠合板”计算，后轮轮压在界面上引起的剪应力 τ_3 约0.91MPa。重庆交通科研设计院计算的结果为1.02MPa，两值相近。

4. 后轮荷载产生的斜面剪应力 τ_4

悬索桥桥面纵坡通常达 2%～2.5%，当后轮置于斜坡上时，将产生沿斜面的剪应力 τ_4，如取后轮压为 0.5MPa，则 τ_4 为 0.11MPa。

综上四项，作用于铺装层界面上总剪应力 τ 约为 2.193MPa。计入 1.36 安全系数，则铺装层与钢桥面板之间的抗剪强度设计值应当为 3.0MPa。应当说明，以上只是定性分析结果，精确计算则可依靠电算完成。比较表 1 所列数据，看出国内外已建钢桥面铺装的面抗剪强度大多小于 3.0MPa，高温时更低，说明现在工程设计中所采用的黏结材料的抗剪性能不能满足铺装结构与钢板之间的抗剪强度要求。这将是钢桥面铺装出现严重病害的主要隐患。

五、调整设计理念，开拓设计思路，研究开发新材料、新技术

(1)当钢桥面铺装与钢箱梁顶板组成“叠合板”之后，铺装层必然参与桥面板共同受力，因此，在进行钢桥面铺装设计时，首先应准确计算“叠合板”中铺装层的受力和变形，据此进行铺装结构强度设计，然后解决与行车有关的路面结构和配合比设计问题，否则无法提升钢桥面铺装设计水平，全面解决有关技术难题。

(2)从改善桥面铺装层受力条件考虑，宜适当加大钢箱梁顶板厚度或提高正交异性板的刚度。目前这个观点已被普遍接受，钢箱梁顶板厚度已由最初的 12mm 加厚到 14mm 或 16mm。

(3)从降低铺装层在“叠合板”中的刚度贡献、减小其受力考虑，在满足施工质量要求的前提下，宜适当减小铺装层厚度。国外环氧沥青混凝土铺装厚度较薄，只有 40～50mm，我国多为 50～55mm。

(4)研究铺装材料及铺装结构(成品)性能，如环氧沥青国产化，石料多元化、界面黏结材及结构形式、纤维功能及配合比设计等。铺装层与钢板结合面上的黏结材料的性能和构造措施是保证“叠合板”共同受力，防止铺装层推移破坏的关键，也是钢桥面铺装的薄弱部位，因此应当研究高性能黏结材料。黏结材料在设计高温时的抗剪强度应不低于 3.0MPa；在设计低温时，黏结材料应不脆裂；在设计使用年限内，黏结材料应不老化变质，同时还应具有良好的防水密封性能。此外，界面的构造形式也有待改进。

(5)考虑铺装层与钢桥面顶板的联合作用，采用空间有限元法准确分析“叠合板”的内(应)力及变形。为此，需要补充铺装层材料试验，取得结构计算所必须的物理力学参数，如抗弯、抗剪弹性模量，热膨胀系数，泊松比，抗拉、抗压、抗剪强度(或容许应变)等。并以结构受力分析为依据，进行铺装层结构强度设计。

(6)按照路面使用要求，进行配合比及结构设计，解决铺装层高、低温稳定性、抗疲劳、抗车辙、路面平整度、抗滑等与行车要求有关的路面功能问题。

(7)重视并完善防排水系统设计。SMA 铺装体的孔隙率为 3%～5%，施工完成后的孔隙率达 6%～7%，因渗入铺装层的孔隙水对铺装结构及黏结材料的破坏作用极大，设计完善的防排水系统，及时排出孔隙水，或研制低孔隙率沥青混凝土，有利于从根本上解决孔隙水对铺装层的破坏问题。

参考文献

[1] 徐风云，张力. 厦门海沧大桥建设丛书(第八册)·桥路面铺装. 北京：人民交通出版社. 2003 年.

[2] 徐风云等. 厦门海沧大桥钢桥面铺装裂缝观测与处治技术研究. 厦门市路桥管理有限公司，2004 年.

[3] 改性沥青混凝土桥面铺装在厦门海沧大桥的实践. 张建斌. 陈玟斌等. 厦门市路桥管理有限公司. 2004 年.

[4] 厦门海沧大桥钢桥面铺装修复方案设计. 重庆交通科研设计院. 厦门市路桥管理有限公司. 2005 年.

[5] 润扬长江公路大桥钢桥面铺装研究(中报告). 江苏省长江公路大桥建设指挥部. 南京：东南大学. 2004 年.

[6] 东南大学交通学院，江苏省苏通大桥建设指挥部. 苏通长江公路大桥钢桥面铺装方案汇报. 2007 年.

[7] 林同炎国际集团公司 DJS6 标总监办. 平胜大桥钢箱梁环氧沥青混凝土桥面铺装施工设计. 2006 年.

[8] 重庆交通科研设计院.安庆长江公路大桥桥面施工图设计.2004年.
[9] 杭州湾大桥建设指挥部.中交第三公路工程局有限公司,江苏省交通科学研究院.杭州湾跨海大桥大纵坡、小半径钢桥面铺装研究.2007年.
[10] 东南大学,浙江省舟山连岛工程建设指挥部.舟山连岛工程西堠门大桥、金塘大桥钢桥面铺装设计研究(总报告).2007年.
[11] 重庆交通科研设计院.西堠门大桥钢桥面铺装研究报告.2007年

36.预应力混凝土箱梁桥结构尺寸的比较研究

谢 峻 王国亮 郑晓华
(交通部公路科学研究院)

摘 要 本文根据国内外现有规范、指南、标准、文献等对预应力混凝土箱梁桥结构尺寸的规定,并结合大样本预应力混凝土箱梁桥结构病害调查的相关数据,对预应力混凝土箱梁桥的结构尺寸进行了比较,提出了常规条件下预应力混凝土箱梁桥结构尺寸的推荐值,其结果可供预应力混凝土箱梁桥结构初步设计参考。

关键词 桥梁工程 预应力混凝土 箱梁桥 结构尺寸 比较

一、引 言

在预应力混凝土箱梁桥的设计中,主跨大小、跨径布置、主梁高度、断面形式及其尺寸、预应力体系的布置是设计的关键。国外对于这些结构参数曾进行了详细的调查,1972年英国调查了173座箱梁桥,1982年美国对美国及加拿大的预应力混凝土箱梁桥的重要结构参数如跨高比、断面尺寸等进行了统计分析。在箱梁调查的基础上,美国联邦公路局(FHWA)发起了对箱梁断面进行标准化的可行性研究,并最终在相关的规范、指南和标准图中对箱梁断面尺寸进行了标准化。

我国公路预应力箱梁桥的建设突飞猛进,但在对预应力箱梁设计的具体规定、经验总结方面仍有不足。《公路钢筋混凝土及预应力混凝土桥涵设计规范》(JTJ 023—85)(以下简称为旧桥规)中有关箱形梁设计条款很少,长期以来沿用矩形及T形梁的设计理论。现行《公路钢筋混凝土及预应力混凝土桥涵设计规范》(JTG D62—2004)(以下简称为新桥规)针对箱梁桥的特点在设计方面补充了一些条文,但对于箱梁桥的设计参数,如箱梁断面构造尺寸等仍然没有相应的建议。总体上,国外在预应力箱梁的设计施工专门规范或指南的制定方面已开展了大量的基础研究,对预应力混凝土箱梁的设计、施工等规定得比较具体,对计算、构造细节、材料等提出明确要求,对于防控预应力混凝土箱梁桥的典型开裂与下挠病害起到了积极的作用。本文根据国内外现有规范、指南和标准对预应力混凝土箱梁桥结构尺寸的规定,并结合交通部公路科学研究院预应力混凝土箱梁桥结构开裂下挠大样本调查的部分数据,对预应力混凝土箱梁桥的结构尺寸进行了比较分析,其结果可供预应力混凝土箱梁桥结构设计参考。

二、边中跨比的取值

边跨与中跨比是否恰当直接影响到结构受力的合理性。若边跨太长其整体刚度就会偏小,在恒载与活载作用下,现浇段会出现较大的主拉应力,而且施工不便。若边跨与中跨之比过小,则边跨支点可能会出现负反力,使得边墩与边跨受力不合理。在连续梁桥设计中,一般可以通过调整各跨的刚度,即合理取用相邻跨长的不同比值来调整各截面的内力,以满足设计的要求。一般而言,边中跨比的确定主要考虑三点:①避免过渡墩支座出现拉力;②如有可能尽量缩短现浇段,避免落地支架施工;③适当考虑汽车作用下边跨正弯矩与中支座负弯矩的均衡。边中跨比的各国取值见表1。表1比较的结果表明,各国边中跨比取值基本一致,约为0.6,相对而言中、英的取值范围较小。从开裂程度较轻的预应力混凝土箱梁分跨比例来看,覆盖常见的推荐值。

边中跨比的范围选择[1]~[8] 表1

<table>
<tr><th rowspan="2">桥型</th><th rowspan="2">中国</th><th rowspan="2">调查①</th><th rowspan="2">英国</th><th rowspan="2">法国</th><th colspan="2">美国</th></tr>
<tr><th>允许</th><th>一般</th></tr>
<tr><td>连续梁</td><td>0.6～0.65</td><td>0.545～0.70</td><td rowspan="2">0.6～0.65</td><td rowspan="2">0.6～0.7</td><td rowspan="2">0.6～0.8</td><td rowspan="2">0.5～0.6</td></tr>
<tr><td>连续刚构</td><td>0.55～0.58</td><td>0.55～0.65</td></tr>
</table>

注:①调查范围值对应开裂程度为轻度的桥梁。

三、高跨比取值及梁高变化

箱梁的高跨比是结构轻型化的重要标志。高强混凝土材料与大吨位预应力体系的进步,使高跨比不断降低。但也要注意到合适的梁高是桥梁承载能力的基本保证。国内外目前对箱梁高跨比的取值列于表2。从表中的对比可以看出,中国梁高取值最小,英法等国取值较大,结合调查轻度开裂桥、下挠较大桥的高跨比(未列在表中)的情况来看,我国箱梁刚度偏柔,一般梁根高跨比取1/17,跨中高跨比1/30～1/50较为合适。关于梁高的变化形式,一般应根据计算确定,综合减轻梁重及满足应力控制(含腹板主应力和跨中底板束径向力对底板的影响)的要求,1.7次曲线变化较为合适,否则宜采取其他的梁高变化方案。汽车活载(含冲击)下的挠度应低于跨长的1/1 000。

高跨比的范围选择[1]~[8] 表2

<table>
<tr><th colspan="2">桥型</th><th colspan="2">梁根高跨比</th><th colspan="2">跨中高跨比</th></tr>
<tr><td colspan="6">中国①</td></tr>
<tr><td rowspan="3">连续梁</td><td>等高度</td><td colspan="4">1/15～1/25,常用1/18～1/22</td></tr>
<tr><td>折线变高度</td><td colspan="2">1/15～1/20</td><td colspan="2">1/30～1/50</td></tr>
<tr><td>曲线变高度</td><td>1/15～1/20 常用1/18</td><td>调查1/16.7～1/18.8</td><td>1/30～1/50</td><td>调查1/30～1/55</td></tr>
<tr><td colspan="2">连续刚构</td><td>1/15～1/20 常用1/18</td><td>调查1/16.9～1/18.6</td><td>1/54～1/60</td><td>调查1/35～1/58</td></tr>
<tr><td colspan="6">美国</td></tr>
<tr><td colspan="2">等高度连续梁</td><td colspan="4">1/15～1/30 常用1/18～1/20</td></tr>
<tr><td colspan="2">变高度连续梁(折线)</td><td colspan="2">1/14～1/20 常用1/17</td><td colspan="2">1/22～1/28 常用1/24</td></tr>
<tr><td colspan="2">变高度连续梁(曲线)</td><td colspan="2">1/14～1/20 常用1/17</td><td colspan="2">1/30～1/50</td></tr>
<tr><td colspan="6">英国</td></tr>
<tr><td colspan="2">等高度梁(跨度<70m)</td><td colspan="4">常用1/20</td></tr>
<tr><td colspan="2">变高度梁(跨度>50m)</td><td colspan="2">常用1/16</td><td colspan="2">常用1/45</td></tr>
<tr><td colspan="6">法国②</td></tr>
<tr><td colspan="2">等高度连续梁(跨度<70m)</td><td colspan="4">1/20～1/25</td></tr>
<tr><td colspan="2">变高度连续梁(曲线)</td><td colspan="2">1/(14+L/45)常用1/16～1/18</td><td colspan="2">1/(19+L/7)常用1/30～1/35</td></tr>
</table>

注:①调查范围值对应开裂程度为轻度的桥梁;②法国箱梁要求最低箱梁高度≥2.2m,表中L为主跨长,以m计。

四、箱梁截面形式与尺寸的选择

常用箱梁的截面形式有单箱单室,单箱双室,单箱三室,双箱单室等多种,可适应不同的桥宽要求。由于单箱室施工相对方便,国内外的趋势是采用宽体的单箱单室的截面,并通过顶板加肋、加翼缘斜撑以及加对角支撑等方式来增强其横向刚度，参见图1。目前建成的单箱室截面顶宽已达26m。箱梁截面尺寸的选择依赖于施工方法和预应力束的布置，一般来讲在满足承受的荷载、预应力和普通钢筋的布置以及足够的保护层厚度要求的前提下，尽可能降低尺寸，以减轻梁体的自重。

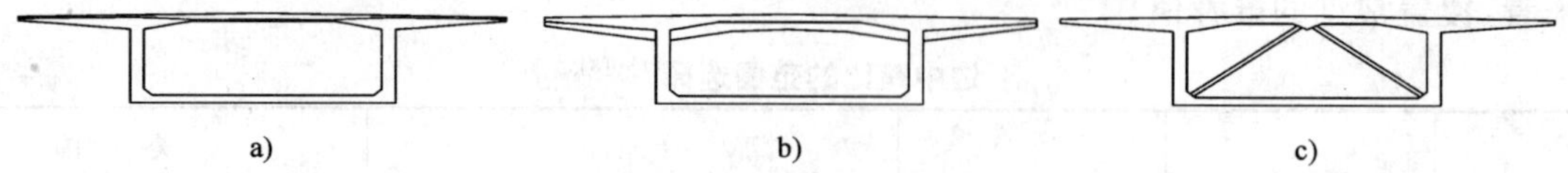

图1 宽单箱室截面的形式

1. 顶板的尺寸

顶板的设计一般由车辆轮载及腹板间距等因素控制。顶板厚度一般要满足桥面横向弯矩的要求（恒、活载、日照温差）。如果有预应力布束还需要满足布束的要求。顶板有翼缘调节内力，同时也受腹板高厚比（刚度）影响。

我国规范并没有对顶板厚度的明确规定，各国对顶板厚度一些基本的规定以及我国工程界的一些通常的取值列于表3～表6[1]~[8]。我国公路桥梁顶板的厚度、开裂调查的情况及日本《日本本州四国联络桥设计标准》对箱梁顶板厚度的规定的对比图见图2。

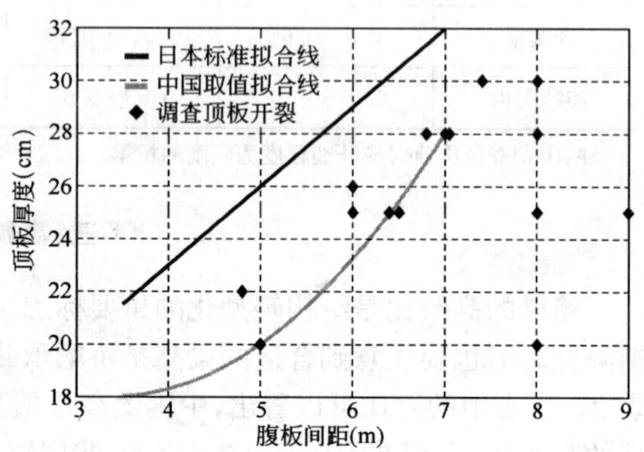

图2 中日两国对顶板厚度规定的比较

公路桥梁常用顶板厚度 表3

腹板间距(m)	3.5	5.0	7.0
顶板厚度(cm)	18～20	20～25	28～30

《日本本州四国联络桥设计标准》中车行道部分的箱梁顶板厚度的规定 表4

位　置	桥面板跨方向	
	垂直行车道方向	平行行车道方向
顶板或连续板	$3L+11$(纵肋间)	$5L+13$(横隔间)

注：L为桥面板跨度(m)，两方向厚度计算后取小值。

美国对顶板厚度的规定 表5

	钢筋混凝土顶板	横向预应力顶板
一般的取值原则	取大于非加腋区顶板跨度的1/30，即$t_3>L_4/30$	
L4＜15in尺(约4.6m)	≥8in(约20.3cm)	≥10in(约25.4cm)

注：表中尺寸符号含义参考图3。

法国对顶板厚度的规定 表6

	一　般	横向预应力宽顶板
顶板厚度(cm)	$L_3/25$～$L_3/30$	$L_3/35$

注：表中尺寸符号含义参考图3，最小厚度不得小于20cm。

从图2来看，日本标准对顶板厚度的取值较大，但对本文调查发现有顶板开裂的桥，其厚度是可以涵盖的。美国箱梁规范以顶板宽度为取值的标准，图3所示的L_5/L_3的比在0.2～0.3之间，故一般单箱室的L_4＜4.6m时顶板厚度大于25.4cm。美国AASHTO(1999)指出对于腹板净距大于15in(约4.6m)的箱梁均应设横向预应力。法国的规定箱梁顶板厚度取值在22～26cm左右。表7为我国设置横向预应力的箱梁宽度大约为12m；美国的箱梁规范规定大致是9m。我国设置横向预应力的箱梁宽度较美国大30%，且在设置横向预应力的箱梁中，纵向开裂仍然高达70%。

调查横向预应力与顶板的尺寸关系 表7

截面形式	设置横向预应力		无横向预应力		
	单箱单室	双箱单室	单箱单室	单箱三室	双箱单室
顶板宽度范围(m)	12～19.6	22	9～12.5	20.8	17.64
调查顶板纵向开裂比例	71%		100%		

2. 底板的尺寸

底板的厚度一般是变化的，在墩顶部分适应箱梁下缘受压的要求相对较厚，跨中部分最薄。对底板厚度取值的观点有[1]~[8]：①国内的观点一般认为梁根底板厚度可取跨径的1/140～1/170，梁高的1/10～1/12，跨中底板考虑预应力的配置，最小厚度可取预应力束管道直径的2.5倍，一般可取25～32cm，厚度变化沿桥轴一般为2次抛物线。②美国AASHTO规定箱梁跨中底板厚度取大于无加腋底板跨度的1/30，即$t_5>L_6/30$，若L_6小于15英尺(约4.6m)，则底板厚度不小于8in(约20.3cm)，一般厚度的取值在8～10in间，梁根底板厚则要计算后确定。③法国的取值则对于跨中底板厚度推荐不小于腹板厚度的1/3，一般为18～22cm，梁根底板厚度通过计算满足下缘受压的要求，厚度变化可采用线性、2次甚至更高次变化曲线。④英国的取值跨中底板一般为16～20cm，梁根底板厚度通过计算满足下缘受压的要求。

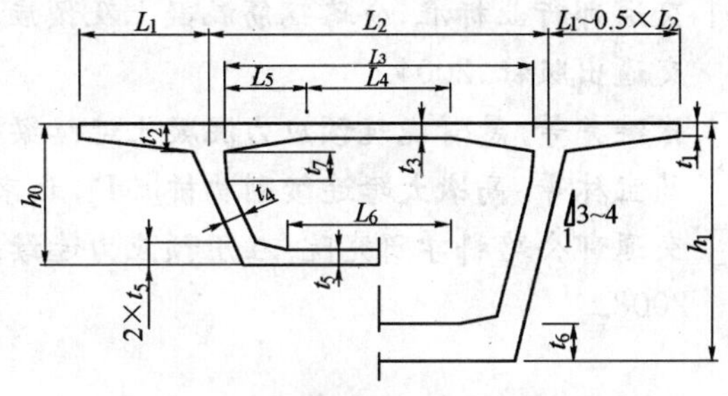

图3 箱梁截面尺寸符号

3. 腹板的尺寸

在箱梁中，腹板的作用是承受竖向剪力以及扭转引起的剪应力，所以腹板首先要满足抗剪的需要，目前腹板是箱梁开裂突出的部位，腹板的受力必然受到顶板(含顶板传递的活载)和底板的横向弯曲作用，腹板厚度方向应力是不均匀的。腹板厚度的选择在满足预应力布置的前提下，其厚度及纵向变化的范围选定需要慎重而细致地计算。腹板厚度选择参考列于表8。法国提供了可操作性的厚度估计公式。

腹板最小厚度的选择[1]~[8] 表8

中国①		英国	法国②	美国
跨中	支点梁根	≥35cm	≥(L/275+1.25B/L−0.125)/2	≥14in(约35.6cm)
30～40 cm	50～70 cm			

注：①板厚由跨中向支承处逐步加厚，变化段取载1/4跨处；②为腹板无下弯束通过或锚固的情况，L为主跨长，B为顶板宽，均以m计。对于有下弯束通过或锚固情况下的厚度规定，不再赘述。

五、结 论

箱梁是典型的超静定空间结构，其断面尺寸既要满足预应力布置的要求，也要有合理的相互比例满足受力要求。通过对英、美、法、日及中国相关预应力混凝土箱梁桥结构尺寸的比较，并结合交通部公路科学研究院预应力混凝土箱梁桥调查的部分结果，形成初步设计时预应力混凝土箱梁尺寸估计的推荐值如下：

(1)预应力混凝土箱梁桥的分跨，应根据建设条件及结构合理受力综合确定，推荐边中跨比为0.6，梁根高跨比1/17，梁中高跨比1/30～1/50。梁高变化以1.7次曲线变化较为合适，否则宜采取其他的梁高变化方案。汽车活载(含冲击)下的挠度应低于跨长的1/1 000。

(2)顶板厚度满足活载承载力及横向预应力的布置要求，不宜低于25cm。对于梁宽大于9m的箱梁宜布置横向预应力。

(3)底板厚度跨中在满足底板布束的条件下，并小于腹板厚度的1/3，梁根底板厚度根据满足结构抗压要求计算确定，厚度变化模式对于大跨宜采用高次，以降低自重。

(4)腹板厚度应在满足预应力的布置要求及结构抗剪要求的条件下，避免过薄或过厚，不宜低于35cm为宜，并根据计算确定厚度变化的范围。法国提供的相关厚度估算经验公式具有参考性。

参考文献

[1] Recommended Practice for Design and construction of Concrete Segmental Bridges[S], ASBI, 2003.

[2] Guide Specification for Design and Construction of Segmental Concrete Bridges[S], second edition, AASHTO, 1999.

[3] Prestressed Concrete Bridge: Design and construction [M], Nigel R. Hewson, Thomas Telford, 2004.

[4] 交通部行业标准，公路钢筋混凝土及预应力混凝土桥涵设计规范(JTJ 023—85)[S]，北京：人民交通出版社，1985.

[5] 交通部行业标准，公路钢筋混凝土及预应力混凝土桥涵设计规范(JTG D62—2004)[S]，北京：人民交通出版社，2004.

[6] 张继尧等.悬臂浇筑预应力混凝土连续梁桥[M]，北京：人民交通出版社，2005.

[7] 马宝林等.高墩大跨连续刚构桥[M]，北京：人民交通出版社，2001.

[8] 交通部公路科学研究院.在用预应力连续箱梁、连续刚构桥箱梁开裂成因分析及处治技术研究[R]. 2008.

37. 强潮区海域施工栈桥设计

程德林　林道锦　吴伟胜

(中交公路规划设计院有限公司)

摘　要　施工栈桥在部分大型桥梁的建设过程中具有举足轻重的作用，本文结合工程实例，介绍了某大型桥梁施工栈桥的设计计算，分析了强潮区海域该施工栈桥在涌潮力和波流力作用下的结构响应。研究结果表明：根据涌潮力和波流力的大小适当调整栈桥下部钢管桩的倾斜角度可使钢管桩上拔力大大降低，得到较为合理的栈桥下部结构形式，最大程度地保证施工期间的结构安全。

关键词　桥梁工程　栈桥　强潮区　设计

一、引　　言

栈桥在大型桥梁施工过程中起着举足轻重的作用，栈桥的承载能力、抗涌潮、抗风能力等都将直接影响工程的施工。尤其是基础工程和下部构造施工，一旦栈桥不能正常工作，势必对大桥建设造成重大的损失。强潮区海域的涌潮力和波流力对栈桥结构均产生较大的影响，合理布置栈桥下部结构形式显得尤为重要。因此为确保工程建设的正常进行、栈桥结构的安全使用，本文对某强潮区海域的施工栈桥在涌潮力和波流力作用下的结构响应进行计算分析，得到较为合理的栈桥下部结构形式。

二、工 程 概 述

桥址所处的河段河床宽浅、潮强流急、涌潮汹涌。桥区水域涨落潮流路不同，河床底质颗粒较细，加上上游来水丰、枯变化，河床变化剧烈。最大涌潮高度可达2.8m，潮头水面比降为1：2.9～1：9.4，比一般河道涨潮时大两个量级。行进速度4～7m/s不等，最大可达10m/s，同一地点的水位涨率可达0.1～1.0m/s，与水位骤涨几乎同时，流速骤增，最大流速可达6～8m/s，实测的点流速最大达12m/s。一般出现在潮头过后数秒到数分钟，尔后水流渐趋稳定。

1. 设计资料

栈桥按双向通行设计，荷载标准：公路—Ⅰ级，设计行车速度：15km/h，设计使用寿命：5年，桥面宽8.0m，荷载按照两车道设计。

2. 计算荷载及荷载组合

(1)结构重力：栈桥自重力＋水管重力＋电缆管重力，钢材重度78.5kN/m^3。

(2)汽车荷载：公路－Ⅰ级，并按200t超重车辆荷载验算。根据《公路工程技术标准》(JTG B01—2003)[1]，按横向布2列汽车考虑。

(3)温度作用：全年平均气温15.8℃，历年极端最高气温39.7℃，历年极端最低气温－10.6℃，体系升温39.7℃－10℃＝29.7℃，体系降温25℃＋10℃＝35℃。

(4)风荷载：8级风力，设计风速取V_d＝19m/s；20年一遇风速为32.9m/s。

(5)波流力和涌潮力：按水文专题研究报告取值[2]。

设计荷载组合见表1。

栈桥设计荷载组合　　表1

组　合	荷载组合		
	恒载	基本可变荷载	其他可变荷载
1	结构自重力		波流力1＋20年风
2	结构自重力		涌潮力1＋20年风
3	结构自重力	公路Ⅰ级	8级风＋波流力2＋体系升温
4	结构自重力	公路Ⅰ级	8级风＋涌潮力2＋体系降温
5	结构自重力	公路Ⅰ级	8级风＋波流力2＋汽车制动力
6	结构自重力	公路Ⅰ级	8级风＋涌潮力2＋汽车制动力
7	结构自重力	200t重车	8级风＋波流力2
8	结构自重力	200t重车	8级风＋汽车制动力

注：表中涌潮力2和波流力2分别为涌潮力1和波流力1值的一半。

三、传统栈桥结构分析

1. 构造形式

栈桥的上部结构一般采用“321”型贝雷梁或型钢两种形式。贝雷梁具有组装方便、搭设速度快等特点，而型钢具有结构高度低、刚度大、与桥面板连接方便等特点，以采用哪种形式需根据具体的施工要求决定。

下部结构一般采用横向三根直钢管桩的结构形式，桩的上部通过水平钢管和剪刀撑联系。一般段为单排桩，每联之间设双排桩。钢管桩的直径与入土深度随地质、水文情况和桩的自由长度发生变化。栈桥构造如图1所示。

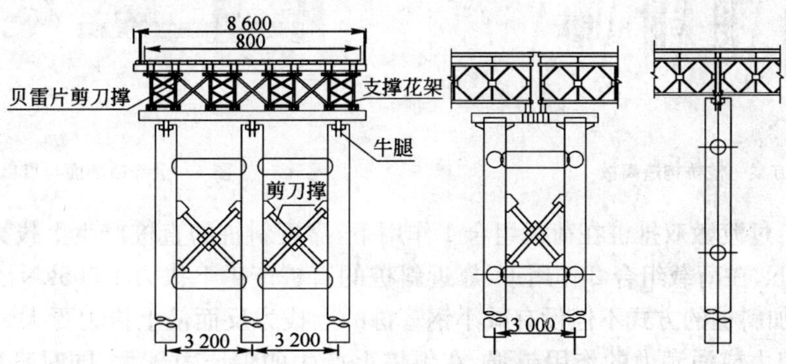

图1　传统栈桥构造(尺寸单位：mm)

2. 结构分析

栈桥结构采用空间有限元程序进行计算，建立空间模型，将上部结构荷载转化为点荷载，作用在桩顶位置，波流力、涌潮力和风荷载转化为线荷载作用于钢管桩上[3]。

图2为栈桥双排桩构造在荷载组合1、2作用下的轴力云图。从图中可以看出，组合1作用下钢管桩最大轴压力为972kN，最大上拔力为702kN，组合2作用下钢管桩最大轴压力为948kN，最大上拔力为669kN。两种情况均出现较大的上拔力，这就需要钢管桩具有较长的入土深度，增大桩基摩阻力来抵抗上拔力，因此既增加了材料用量，又增大了施工难度。鉴于以上原因，需通过调换下部结构形式，使钢管桩的受力更加合理。

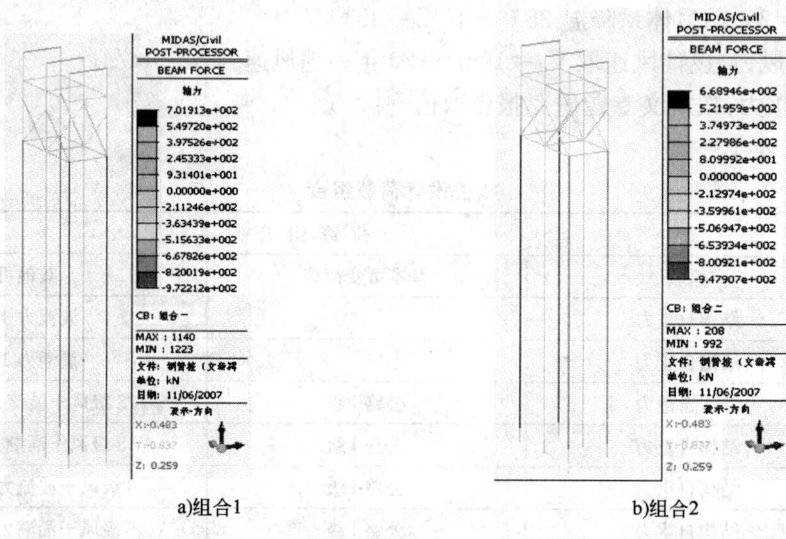

a)组合1　　b)组合2

图2　传统方案钢管桩受力云图

四、调整方案分析

1. 调整方案一

调整方案一的上部结构与传统方案一致，栈桥下部结构采用横向三根直桩附加一根70°斜桩的形式，其中过渡墩纵向设双排桩。如图3所示。图4为栈桥上部贝雷桁架离散图。

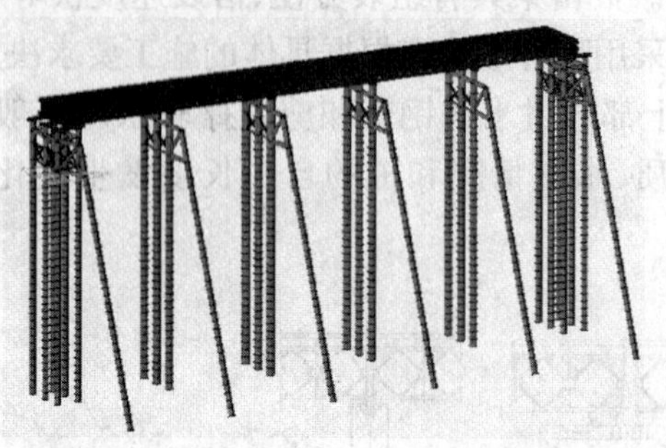

图3　调整方案一栈桥构造离散

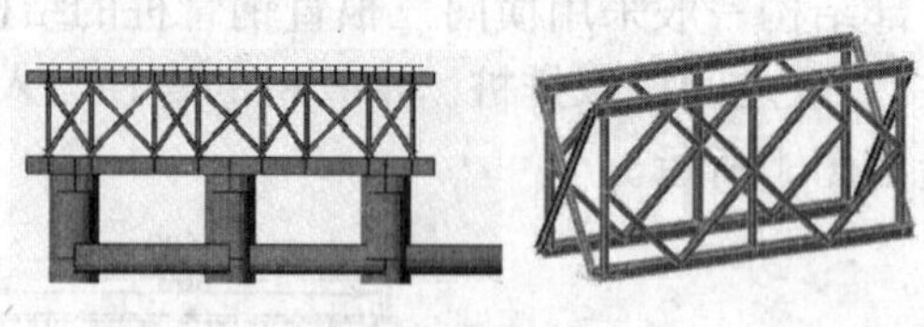

图4　上部横断面与贝雷桁架

从图5可以看出：过渡墩双排桩在荷载组合1作用下，靠近斜桩的直桩产生上拔力1 866kN，斜桩产生最大轴压力2 891kN，在荷载组合2作用下，靠近斜桩的直桩产生上拔力1 065kN，斜桩产生最大轴压力1 635kN。通过增加斜桩的方式不但没有减小钢管桩的上拔力反而使上拔力更大。分析认为：根据力的平衡原理，抵抗波浪力或涌潮力的作用越强，在斜桩上产生的轴压力越大，同时直桩产生上拔力也就越大。

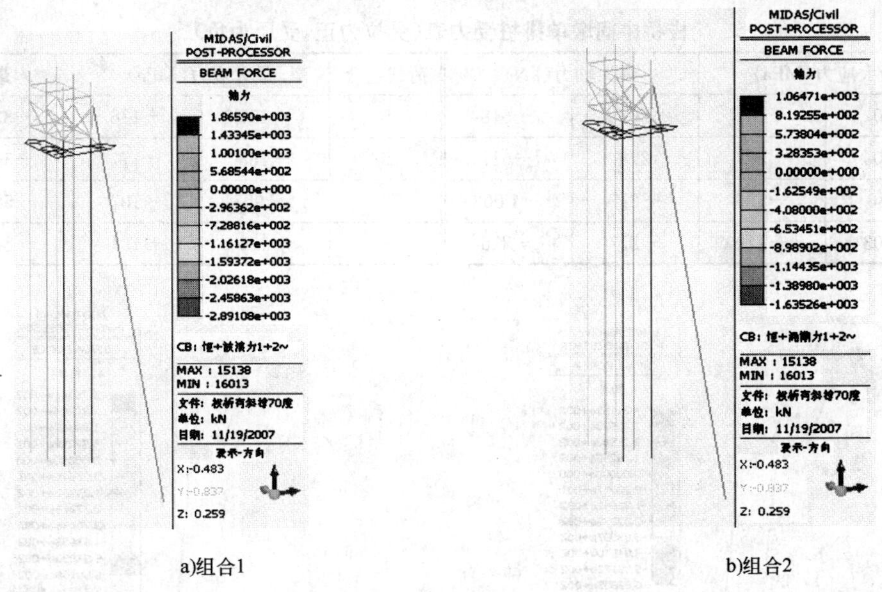

a)组合1 b)组合2

图 5 调整方案一钢管桩受力云图

2. 调整方案二

方案二上部结构与传统方案一致，下部结构横桥向采用三根桩，外侧两根桩为“八字形” 1∶5 斜桩，中间桩为直桩。平联和斜撑均采用钢管连接，如图 6 所示。

栈桥错车平台下部结构采用四根桩，外侧两根桩为“八字形” 1∶5 斜桩，中间两根桩分别为直桩和 1∶10斜桩。栈桥调头平台下部结构采用五根桩，外侧两四根桩为“八字形”斜桩斜度为 1∶5 和 1∶10，中间一根为直桩，如图 7 所示。

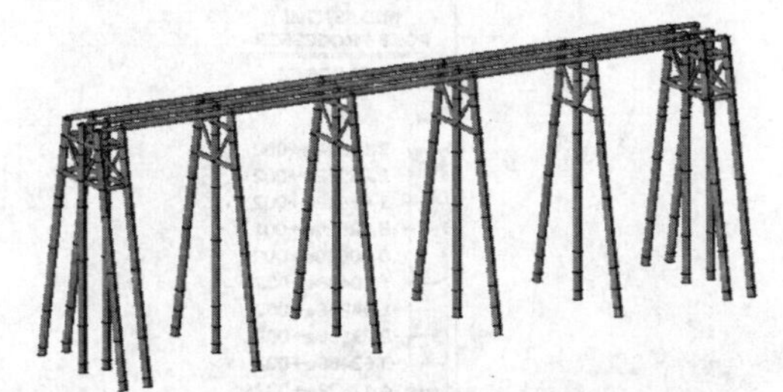

图 6 调整方案二栈桥构造离散

图 7 调整方案二错车平台与调头平台横断面离散

图 8、图 9 为调整方案二在荷载组合 1、2 作用下的钢管桩受力云图。结合表 2、表 3 在各种荷载组合下的单、双排钢管桩的受力情况，分析可知：采用调整方案二的结构形式，过渡墩双排桩在组合一时出现最大上拔力为 400kN，与传统直桩结构形式相比，上拔力降低了 43%，与调整方案一相比上拔力降低得更多。中间墩单排桩在组合二时出现最大上拔力为 273kN，与其他两个方案相比均有较大的降低。各个方案的最大轴压力通过单桩承载力验算均能满足受力要求，因此该方案从结构受力上来说更加合理。另外桩基上拔力的降低会缩短钢管桩的长度，使栈桥材料用量和工程量大大降低。

栈桥过渡墩双排桩受力表(受拉为正，受压为负) 表 2

荷载组合	最大应力(MPa)		最大轴力(kN)		荷载组合	最大应力(MPa)		最大轴力(kN)	
1	198	−193	400	−686	5	102	−113	279	−954
2	240	−224	375	−650	6	121	−128	261	−928
3	−94	−108	−120	−661	7	−101	−108	−199	−743
4	−115	−120	−145	−635	8	−47	−70	−123	−901

栈桥中间墩单排桩受力表(受拉为正,受压为负)　　表3

荷载组合	最大应力(MPa)		最大轴力(kN)		荷载组合	最大应力(MPa)		最大轴力(kN)	
1	170	−167	267	−618	5	−157	−176	−332	−772
2	220	−207	273	−617	6	−158	−177	−340	−764
3	−86	−105	−217	−1 003	7	−99	−107	−589	−1 024
4	−103	−119	−277	−816	8	−170	−184	−801	−982

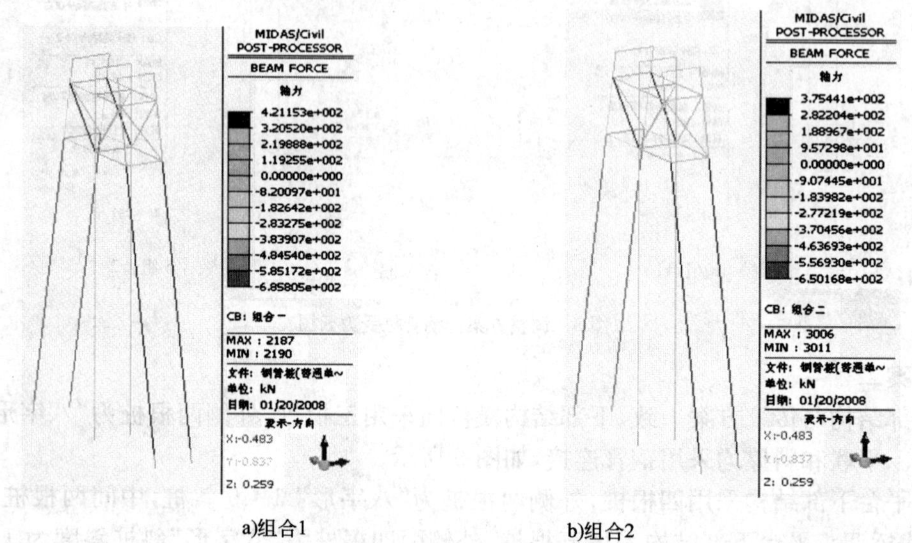

a)组合1　　b)组合2

图8　调整方案二双排钢管桩受力云图

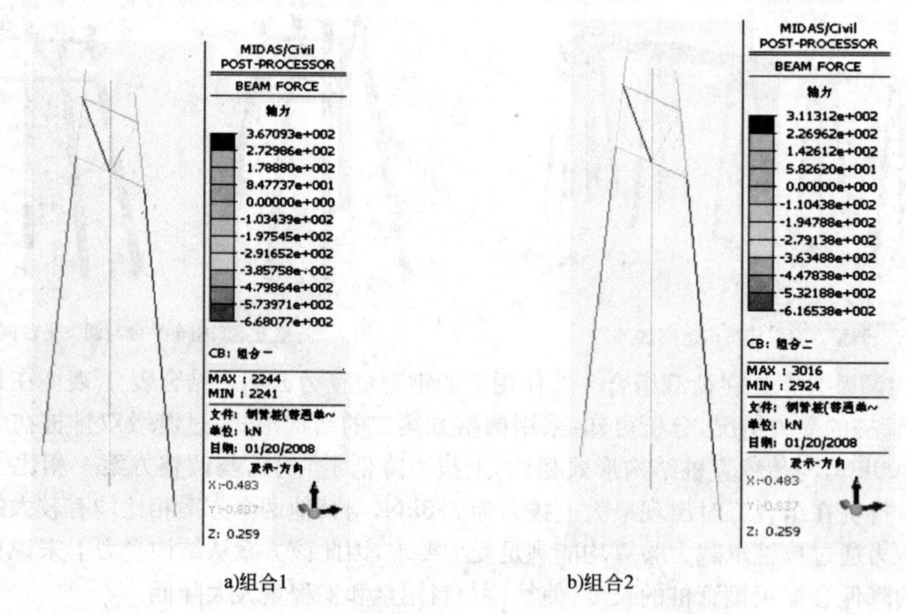

a)组合1　　b)组合2

图9　调整方案二单排钢管桩受力云图

五、结　　论

(1)栈桥下部结构中间钢管桩由最大涌潮力或最大波流力控制设计。

(2)在强潮区海域,施工栈桥下部结构如果采用直桩形式将产生较大的上拔力,应调整钢管桩倾斜角度来减小上拔力。

(3)传统方案和调整方案一在控制荷载组合下均出现较大的上拔力，至少在669kN以上。调整方案二过渡墩处双排桩在荷载组合1下出现最大上拔力400kN，在荷载组合2下，出现最大轴压力1024kN。所以，三种方案在钢管桩自身强度均能满足受力要求的情况下，调整方案二的钢管桩上拔力较其他两种方案降低了40%以上，从而大大降低了下部结构的材料用量和工程量。

(4)在强潮区海域，根据涌潮力和波流力的大小适当调整栈桥下部钢管桩的倾斜角度可使钢管桩上拔力大大降低，使受力更加合理，最大程度的保证施工期间的结构安全。

参考文献

[1] 公路工程技术标准[S]，JTG B01—2003.

[2] 浙江水利河口研究院. 2008. 涌潮作用力模型试验研究[R].

[3] 港口工程荷载规范[S]，JTJ254—98.

38. 杭州湾跨海大桥防船撞能力整体提升之对策研究

方明山

(杭州湾大桥工程指挥部)

摘 要 继2007年6月15日广东九江大桥发生船撞桥事故后，2008年3月27日浙江金塘大桥再次上演了船撞桥事故，引起了社会公众的震惊和关注。跨江和跨海大桥的船撞桥问题愈发显得突出，已建成通车的世界最长跨海大桥也因此再次成为为公众关注的焦点。本文针对大桥工程既有设防现状无法满足日益繁重的通航需求，就如何整体提升桥梁防船撞能力问题(特别是非通航孔桥区域)，从桥梁结构设防与海上通航管理措施两方面展开研究，并对未来影响大桥安全的重大隐患进行剖析并提出对策，确保大桥桥区海上通航运营安全。

关键词 杭州湾 跨海大桥 船撞桥 设计对策与管理措施 安全隐患

一、工程背景分析

1. 工程概况

杭州湾跨海大桥工程全长36km，其中海域宽度约32km，海域中分布有桥墩(单幅)503个。大桥设北、南两组通航孔，北航道桥设有一个35 000t级海轮主航道(通航净空为325m×47m)和两个1 000t级海轮副航道(通航净空为110m×28m)。南航道桥为双向3 000t级海轮航道(通航净空为200m×31m)。非航道桥范围约31km，含有桥墩(单幅)496个(未含海中平台工程)，除滩涂区及航道桥墩外，共有桥墩(单幅)272个，覆盖范围约20公里。全桥总体布置如图1示。

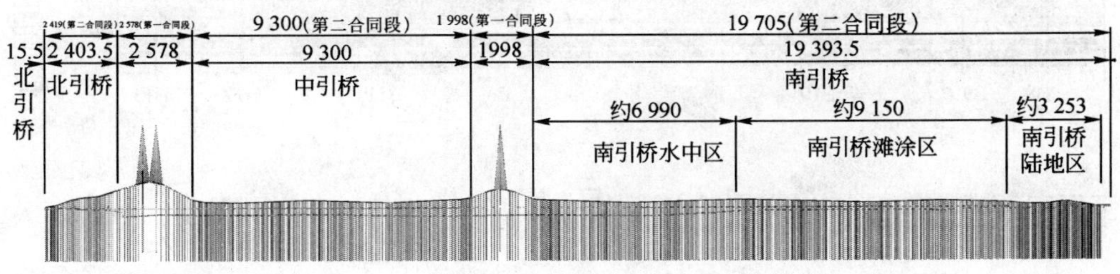

图1 杭州湾跨海大桥工程总体布置

2. 桥区航运发展及海域安全管理状况

桥区相关的港口主要有嘉兴港、上虞港及杭州港。设计船型有3.5万吨级散货船、5千吨级杂货船、3千吨级杂货船、1千吨级船舶(包括油船、散货船、杂货船)和300t级杂货船。其中,嘉兴港现有港区3个,分别为海盐港区、乍浦港区、独山港区。至2007年建成的万吨级以上泊位8个,5 000t级泊位3个,邮轮码头1个。上虞和绍兴沿钱圹江水域目前正在进行港口建设。嘉兴海事局辖区近年进出港船舶数量统计如表1所示。从统计数据上看,呈现一下特点:

嘉兴海事局辖区水域进出港船舶艘数统计表　　表1

港　口	项　目	2001年	2002年	2003年	2004年	2005年
嘉兴港	进出港船舶(艘)	1 320	3 805	3 944	5 450	8 027

(1)虽然进出港船舶数量在总量上远小于上海、宁波等大型港口,但近年来整体数量增长迅速,且增长速率不断加快[6]。

(2)船舶类型看,桥区海域内500GT以下的小型船舶和1 000～2 999t的中小型船舶总数占到船舶总数的80%以上。从船舶货种统计数据上看,未来几年嘉兴港的危险货物运输将呈明显上升趋势,海事监管难度也将随之增加。

(3)从统计数字看,近5年来,嘉兴海事局辖区水域共发生船舶交通事故12件,大事故4件,特大、重大事故3件,死亡、失踪人数1人,沉船5艘,直接经济损失678.3万元。

目前,嘉兴海事局辖区水域的安全监管主要依靠船艇巡航的传统方式,仅有监督艇1艘,现代化监控设备基本处于空白状态,安全监管能力严重不足。由此可见,桥区船舶通行管理面临较严峻的通行安全形势。整体提升大桥抗船撞击能力问题是大桥开通运行后必须面对的课题。

二、大桥现有防船撞方案

1. 航道桥

北航道桥为双塔空间双索面五跨连续钢箱梁斜拉桥,桥跨布置为70m＋160m＋448m＋160m＋70m,总长908m,见图2。索塔为混凝土结构,横向呈钻石形,斜拉索采用平行钢丝斜拉索,扇形布置。索塔基础采用钻孔灌注桩加承台基础,过渡墩和辅助墩墩形采用矩形圆倒角断面。

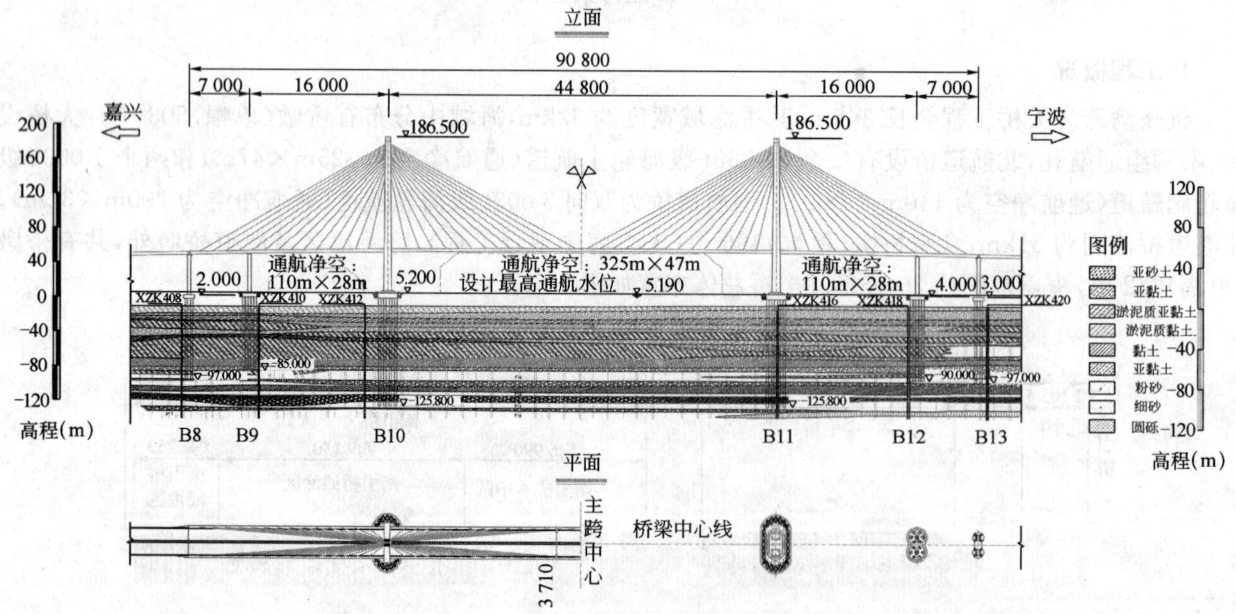

图2　北航道桥立面(尺寸单位:cm)

索塔 B10、B11 承台采用刚性防护装置方式设防，该装置为防撞套箱和施工套箱双层双壁钢套箱结构。施工时先制作承台套箱，对承台套箱按照防撞要求防腐、加固；在主桥施工结束，拆除施工平台后，制造、安装后期防撞套箱。承台套箱承受防撞套箱的重力、波浪力、船舶碰撞力荷载。在受集中荷载区域，承台套箱结构进行加强。主体结构为钢结构，由内、外围壁，底板，上甲板，平台甲板等板架构件组成。防撞套箱上部与承台套箱采用铰接。防撞套箱主体的结构由内、外围壁，上甲板，下甲板板架结构、护舷及扶梯等配套结构组成。防撞套箱主要由钢材、橡胶组成。橡胶件安装在防撞套箱与承台套箱之间，改善防撞套箱与承台套箱的接触性能。辅助墩 B9、B12 承台外周均采取双壁钢套箱结构方式设防[1]。

南航道桥为独塔双索面三跨连续钢箱梁斜拉桥，桥跨布置为 80m＋160m＋318m，总长 558m，见图 3。主梁、拉索、基础与北航道桥设计基本相同，唯索塔为“A”形，以利于提高受力性能和结构刚度及抗风稳定性。对索塔 D13、辅助墩 D12 及过渡墩 D14 承台外周均采取双壁钢套箱结构方式设防[2]（图 4）。

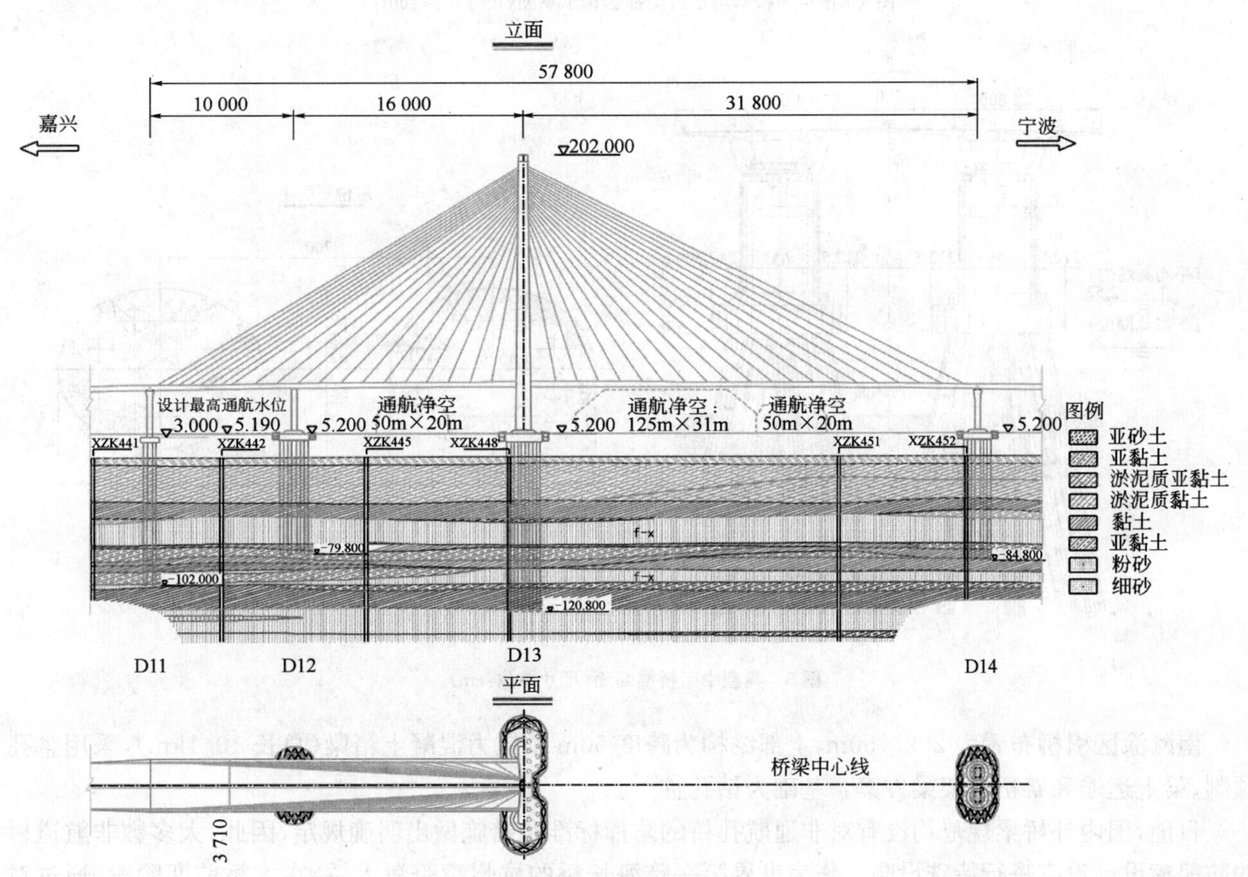

图 3 南航道桥立面（尺寸单位：cm）

2. 非航道桥

与航道桥相邻的高墩区引桥跨径均为 70m，上部结构采用等梁高斜腹板单箱单室箱形结构。桥墩采用等截面矩形实心墩，承台采用双幅整体式矩形承台，桩基采用钻孔灌注桩。

中引桥桥跨布置为 134×70m，深水区南引桥桥跨布置为 86×70m，上部结构为预应力混凝土连续箱梁（总长 18.27km），采用预制桥墩。基础均采用预制螺旋卷制钢管桩基础，中引桥基础为单幅布置 9-ϕ1.5m钢管桩，南引桥基础为单幅布置 10-ϕ1.6m 钢管桩，见图 5。上部结构采用整孔预制、运架一体船运输和吊装。

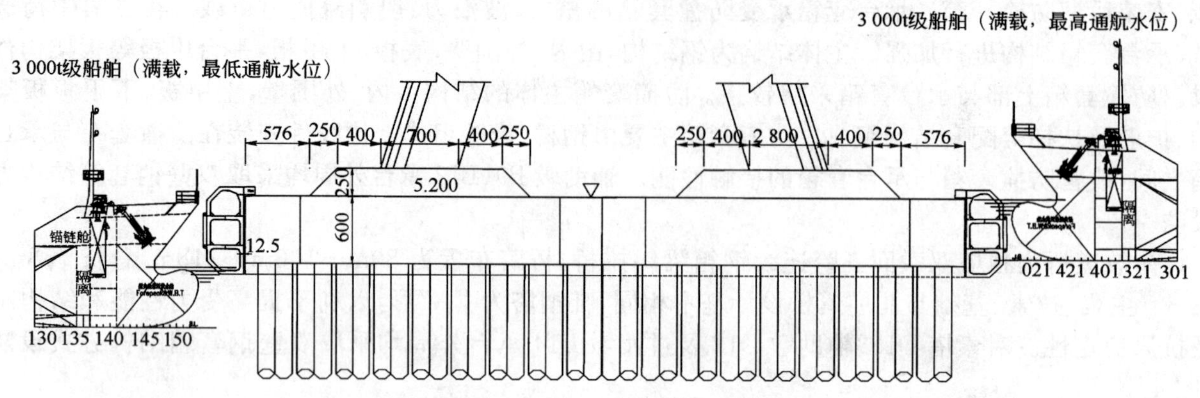

图4 南航道桥索塔承台防撞套箱示意图(尺寸单位:cm)

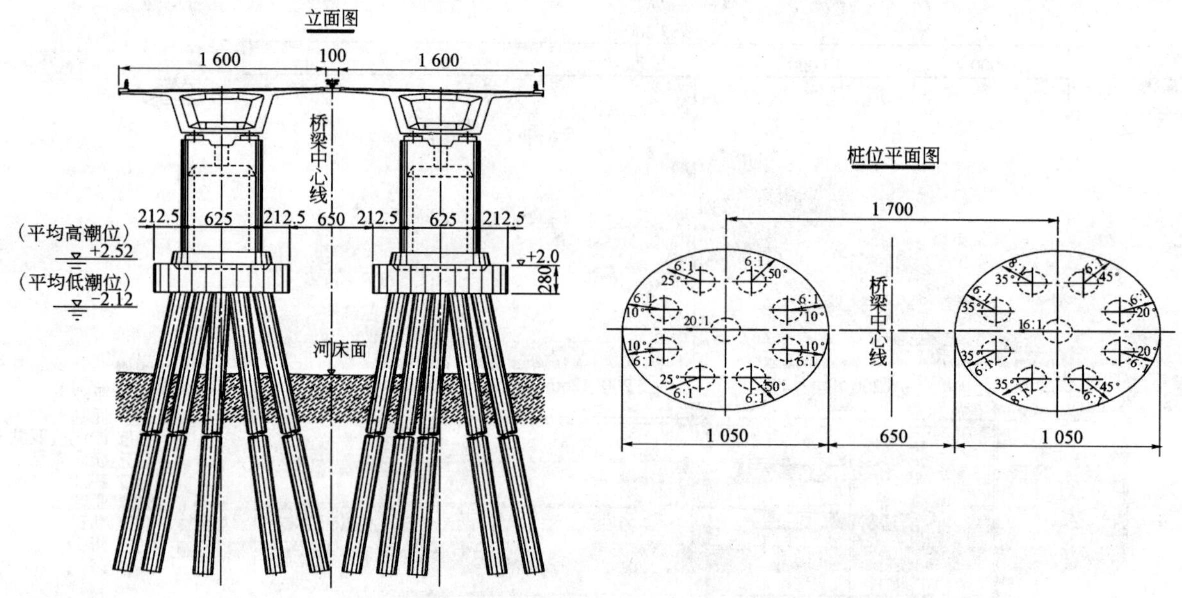

图5 典型中引桥横断面(尺寸单位:cm)

南滩涂区引桥布置为202×50m,上部结构为跨度50m预应力混凝土箱梁(总长10.1km),采用整孔预制、梁上运输和架桥机架梁方案。基础为钻孔桩[3]。

目前,国内外桥梁规范均没有对非通航孔桥的防撞标准和措施做出明确规定,因此,大多数非航道桥的防船撞设计没有进行特殊设防。作为世界第一跨海长桥的杭州湾跨海大桥,在大桥前期阶段,通过对国内外桥梁和港工规范的对比分析,结合大桥桥墩波流力模型试验结果,综合大桥建设成本等因素,非航道桥桥墩最后采用了结构具备一定的抗船撞能力的方式设防。设计上按照26m沿海渔轮以2m/s的速度撞击桥墩,桥墩横桥向防撞标准为2.35MN。

三、采用特殊结构措施提升桥梁防撞能力的研究

1. 非通航孔区域总体设防措施研究

针对近年频发的非航道桥船舶撞桥事故,指挥部于2007年7月开展了船舶锚泊走锚风险及失控漂移研究和非航道桥防船撞方案研究[4]。根据研究,对大桥非航行区域划分为五大设防区域,如表2所列。

杭州湾跨海大桥工程设防区域划分 表2

防撞对象	防撞区域	
海盐港区	防撞区域Ⅰ	码头前沿线至北通航孔北侧第二个桥墩的约485m的上游水域
乍浦港区		码头前沿线至北通航孔北侧第二个桥墩的约485m的下游水域
北通航孔	防撞区域Ⅱ	大桥上游北通航孔南侧第二个桥墩以南约642m
乍浦锚地	防撞区域Ⅲ	大桥下游北通航孔南侧第二个桥墩以南约5425m的水域
南通航孔	防撞区域Ⅳ	上游南北二侧分别为439m和1 179m(总长约为1 618m)
		下游南北二侧分别为547m和757m(总长约为1 304m)的区域
平台匝道	防撞区域Ⅴ	上游885m,下游770m

针对拦截方案进行了多方案比选。推荐采用群桩墩台与浮体串联方案(表3),预计需投入4.4亿元;拦截设防工程拟分三期实施。报告建议,拟对防撞区域Ⅲ和Ⅴ海中平台区域先期实施船舶拦截工程,费用估算约2.5亿元,以提升大桥非航道桥区域的整体防船撞能力。推荐方案的防撞设施构造如下(图6):

杭州湾跨海大桥非通航孔防撞方案汇总 表3

防撞区域	控制防撞工况	防撞构造
防撞区域Ⅰ	①5 000t满载(排水量9 500t)上游2.81m/s	5个ϕ13m,h3.5m墩台,每个墩台设置9×ϕ1.2m钢管桩,4个钢浮体
	①5 000t满载(排水量9 500t)下游2.37m/s	5个ϕ12m,h3.5m墩台,每个墩台设置8×ϕ1.2m钢管桩,4个钢浮体
防撞区域Ⅱ	①5 000t满载(排水量9 500t)上游3.84m/s	6个ϕ16m,h3.5m墩台,每个墩台设置10×ϕ1.5m钢管桩,5个钢浮体
防撞区域Ⅲ	①10 000t级满载(排水量16 000t) 2.4m/s; ②5 000t满载(排水量9 500t)为3.28m/s。	40个ϕ15m,h3.5m墩台,每个墩台设置9×ϕ1.5m钢管桩,39个钢浮体
防撞区域Ⅳ	①上游3 000t满载(排水量5 800t)3.93m/s;	15个ϕ13m,h3.5m墩台,每个墩台设置9×ϕ1.2m钢管桩,12个钢浮体
	①下游3 000t满载(排水量5 800t)4.65m/s。	12个ϕ15m,h3.5m墩台,每个墩台设置9×ϕ1.5m钢管桩,9个钢浮体
防撞区域Ⅴ	①300t满载(排水量300t)3.5m/s	24个ϕ8m,h3.5m墩台,每个墩台设置4×ϕ1.5m钢管桩

①离大桥90m与非通航桥墩对应处,设置4个钢质浮筒;浮筒沿大桥横桥向锚泊,采用3根有档锚链,船撞侧两根锚链都连接两块锚碇用来固定浮筒,船撞侧设置两根锚链锚泊,非船撞侧设置一根锚链锚泊,连接一块锚碇;

②离大桥80m与非通航桥墩对应处,间隔设置5个钢筋混凝土圆柱型墩台;每个墩台设置9根直径1.2m钢管桩,为4∶1斜桩,总长75m左右,并在船撞侧3根桩,在桩基上部14m灌注混凝土以加强桩基的抗撞力;

③浮筒和独立群桩墩台间隔70m布置,浮筒向船撞侧相对于独立群桩凸出10m,之间相互再用锚链连接,形成整体,拦截防撞区域,保护大桥;

④墩台于最高通航水位+5.19m时仍高出水面0.5m,并墩台和浮筒上部都设置警示标志。

2.高墩区典型桥墩设防措施研究

考虑到大型船发生偏航时,高墩区桥墩被撞概率较高,且撞击力远大于桥墩的设计允许撞击力。2007年11月指挥部开展了提升桥墩撞击力能力的研究,拟对紧邻航道桥的B7、B8、B13、B14、D10、D11、D15等七个高墩区桥墩增设新型的固定式柔性耗能防撞装置(图7、图8),该装置将船舶对桥梁的最大撞击力减小三分之二以上,把这些桥墩的防撞水平提高到能承受1 000t货船以5m/s航速;3 000t货船以3m/s航速的撞击,工程投入估算2 900万元[5]。该装置借鉴湛江海湾大桥方案思路,结合杭州湾区域既有强潮差、激流速特点，采用了固定在桥墩承台方式，并合理使用孔板破浪设计和格栅结构设计，有效减小由于防撞装置所可能产生的附加的波流力，使得桥墩所受到的波流力不至于明显增加等针对性优化措施。

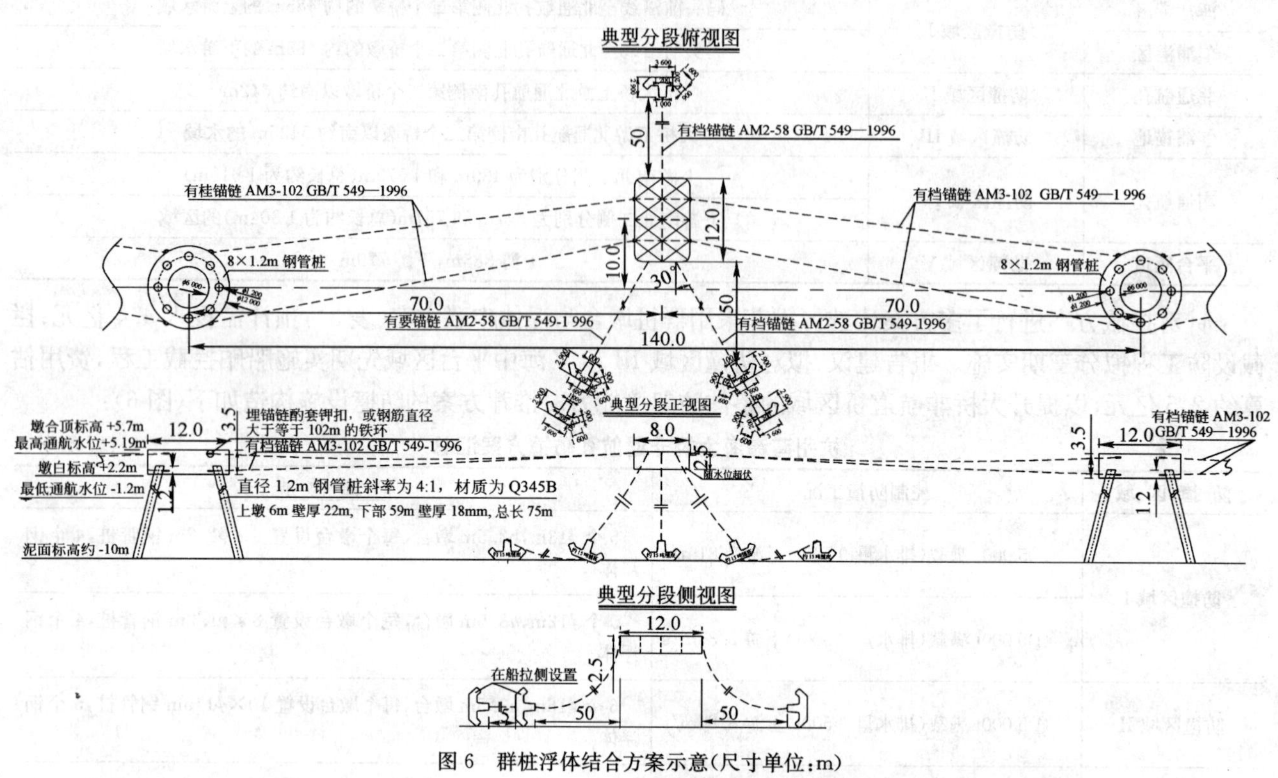

图6　群桩浮体结合方案示意(尺寸单位：m)

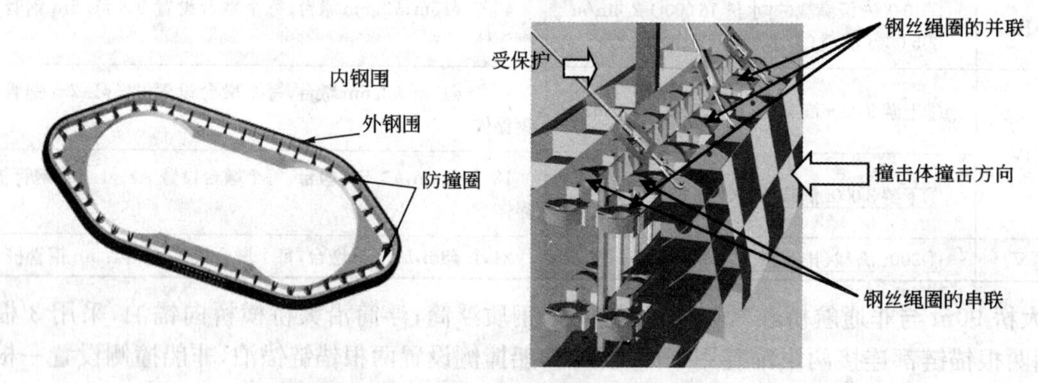

图7　固定式柔性耗能防撞装置示意

四、采用加强海上通行管理措施提升桥梁设防能力的研究

1. 海域通行管理措施

首先，除按规定在航道桥实施航标工程外，对于非航道桥区域布设警示航标，沿大桥走向每隔1 500m、距离桥轴线1 200m的非通航孔上下游设置专用禁航航标浮灯，共计ϕ2.4m灯浮20座。

其次，由大桥建设方出资建设一套先进的VTS船舶航行监控系统，维持大桥水域的交通秩序，对船舶实时监控，帮助管理人员掌握交通态势，助其判断可能发生的交通危险，同时记录事故过程和违章行为，为海事调查提供证据。系统主要包括：VTS交通管理子系统、电子航标子系统、无线岸船通信子系统、广播子系统、ITV监控子系

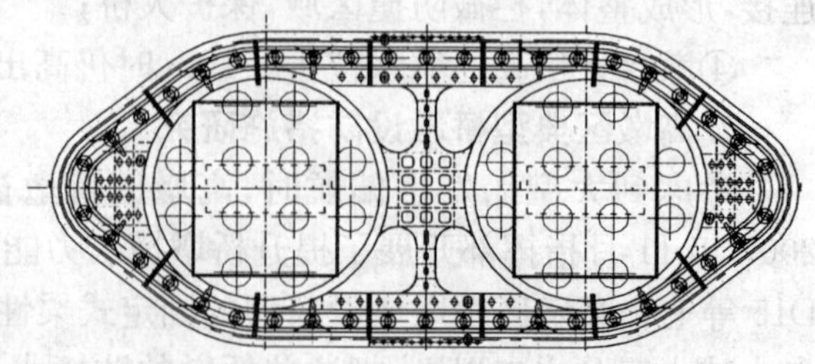

图8　固定式柔性耗能防撞装置平面

统、综合控制及显示子系统及传输子系统[6]。

该系统由两个雷达站、1 个 VTS 中心和 2 个远程监控终端组成，系统建成后将由嘉兴海事局负责使用和维护。设计上在海中平台上及大桥监控中心预留海事监控中心，以更好的发挥 VTS 系统的作用，见图 9 示意。

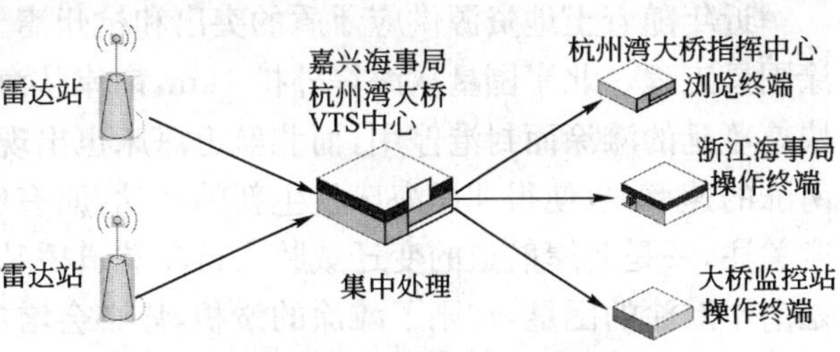

图 9　杭州湾跨海大桥 VTS 系统网络示意

第三，在主要航道桥及中引桥、南引桥海域的大桥箱梁两外侧设置 34 套视频监视系统，以监视船只的运行及蓄意破坏行为。下一步拟将该系统与 VTS 系统结合以进一步提升非航道桥船舶通行的预警能力。此外，这些系统的信号将同步接入大桥监控中心，以发挥大桥管理局的监督作用。

2. 运营管理对策

针对跨海大桥运营期可能发生的各类险情及紧急情况，大桥管理局设立了应急指挥中心，编制了《杭州湾跨海大桥突发事件应急预案》[7]，包括船舶触碰桥梁、船舶火灾(爆炸)、船舶触礁搁浅、船舶失去动力、船舶肇事逃逸等 15 个应急行动方案。

此外，为检验"1＋15"应急预案及行动方案的针对性和可操作性，大桥管理局计划 2008 年 4 月 16～21 日期间，集中对大桥交警、路政及养护中心、排障中心及监控人员进行培训，以明确各相关部门的管理职责、应急流程及人力、物力等供应保障措施。并于 5 月 1 日通车前组织一次应急预案演习，以验证应急联动协作机制的贯彻落实情况。

五、未来影响大桥结构安全的隐患分析及建议

目前，影响大桥结构安全的隐患主要有以下两方面：

1. 乍浦港锚地问题

随着航运事业和嘉兴经济的迅猛发展，乍浦港区通行船舶密度和数量成逐年上升的趋势。按大桥航道工程设计方案，大桥下游乍浦港设有船舶锚区，离大桥下游 1.5～4km 处，最近点仅 0.7 海里(约 1.3km)，面积约 3.8km^2。由于该区域特殊的地质、水位及气象条件，该区域船舶失控偏航、锚泊船走锚失控及系泊船舶失控将成为影响和威胁大桥结构安全的主要问题。2006 年 8 月 11 日，发生了新加坡籍货轮 BITUMAN EXPRESS(3 305t)从嘉兴乍浦港二期码头附近海域(距大桥下游约 1 海里处)走锚失控撞击大桥结构的严重事故，见图 10 及图 11。由于涨潮作用，其右舷顺流撞击杭州湾大桥中引桥和北航道桥南高墩区结合部位的 B26、B27、C01 等混凝土承台、墩身及箱梁结构物；驾驶台、桅杆撞击大桥箱梁并卡在梁下，直至当天 14 时 25 分，海事部门将船只拖离事故现场。

图 10　新加坡籍货轮走锚失控撞击大桥

图 11　混凝土箱梁翼缘板受损情况

这一事件的发生引起了大桥指挥部和各有关方的高度关注。为了避免此类事件的再次发生，乍浦港计划于 2008 年年底对该锚区实施调整和整体搬迁，调整后的锚区面积将扩大一倍、最近点距大桥约 2.5km。为此，管理局需要进一步督促有关方面抓紧落实和实施锚区整体搬迁计划，并对锚区的合理范围进一步论证，以确保大桥的运行安全。同时，在大潮期间，建议嘉兴海事部门抓紧制订专项应急预案以应

对锚区船舶失控、走锚等事件的发生。

2. 两岸滩涂围垦问题

近年随着土地资源供应矛盾的突出和杭州湾土地资源的开发，大桥两岸桥区附近开始了大规模的滩涂围垦工程。北岸围垦从海堤外扩1km，南岸从海堤外扩3km。然而，最新调查发现，南岸西三码头由于快速蔓延的滩涂而封港停用，而北航道海床也出现了淤积现象。显然，两岸围垦工程的实施，已经加速了南涨的速率，也使得北岸海床发生新的摆动，原有航道出现向南移的倾向。这一倾向必须引起我们的高度关注，一是北岸航道的变迁威胁大桥非航道桥基础的安全，同时加大了非航道桥防船撞设防的压力；二是南岸滩涂的围垦，加剧了滩涂的淤积，势必会增加桥梁桩基的负摩阻力，降低桩基的承载力，加速基础沉降，威胁着滩涂区桥梁基础的安全。为此，下一步需加强对两岸滩涂围垦的观测和桥梁基础的冲刷和沉降观测。结合大桥基础冲刷观测成果，随时掌握大桥典型基础的变化状况，并提前做好对策和预案。为此，建议两岸当地政府严格控制钱塘江及杭州湾流域两岸滩涂围垦。

六、结　语

以上介绍的是杭州湾跨海大桥在提升防船撞能力方面拟采纳的技术思路，可供后续在建超长跨海大桥工程借鉴。然而，许多桥梁专家认为，大桥的防船撞问题是一项需要社会有关各方共同努力和克服的问题，而期待单纯依靠大桥的建设和管理方采取工程和管理措施是很有限的，且需要投入很大的资金。因此，未来杭州湾跨海大桥的防船撞问题的解决，更重要的是需依靠海事管理部门加强海上船舶通行的管理力度和导航设施的维护，加大航行法规的宣传和提高船舶驾驶者的认识，规范船舶的通航行为。

参考文献

[1] 中交公路规划设计院. 杭州湾跨海大桥施工图设计文件第二卷北航道桥. 2005.5.

[2] 中交公路规划设计院. 杭州湾跨海大桥施工图设计文件第三卷南航道桥. 2007.6.

[3] 中铁大桥勘测设计院. 杭州湾跨海大桥非航道桥设计文件. 2004.2.

[4] 上海船舶运输科学研究所. 杭州湾跨海大桥非通航孔桥防船撞研究报告. 2008.4.

[5] 宁波大学及上海海洋钢结构研究所. 杭州湾跨海大桥固定式柔性耗能防撞装置研究设计. 2008.3.15.

[6] 交通部规划研究院. 杭州湾大桥船舶交通管理系统工程工程可行性研究报告及初步设计. 2007.11.

[7] 杭州湾跨海大桥工程管理局. 杭州湾跨海大桥突发事件应急预案. 2008.5.

39. 京杭运河桥梁防撞新设施的研究

朱应欣　金广谦　戚　亮

（解放军理工大学工程兵工程学院）

摘　要　阐述了京杭运河桥梁受船舶撞击问题及原因，提出新防撞设施方案。其原理是柔性浮式碰撞系统：利用大位移走锚和浮体移动过程消耗船舶动能，达到既保护桥墩安全又保护船舶安全的目的。运用撞击消耗能量原理，研究防撞系统工作效能。

关键词　京杭运河桥梁　船舶撞击　防撞设施　走锚

京杭运河是我国南北水路运输的大动脉，素有“黄金水道”之称，承载着繁重的水运任务。近年来，由于航道升级、通行船舶等级发展等因素，运河桥梁受船舶撞击的几率越来越高。有关资料显示，船舶撞击已成为航道上桥梁倒塌的主要原因之一。

为了减少今后运河中船舶撞桥事故的发生，开展桥梁防船撞新措施的研究既十分迫切，又具有十分重要的应用价值。

一、运河桥梁受船舶撞击新情况分析

1. 航道升级所带来的影响

航道升级后运河桥梁桥墩必然对船舶航行有影响。京杭运河部分水段等级“四改三”，运河桥梁桥区由于有一定的施工作业面，可能在一定程度上影响过往船只通行，从而会发生碰撞问题；在四级航道中运河桥梁的桥台基础是和岸坡联为一体的，改成三级航道后，桥梁桥台一般都转变成了独立桥墩，其抵抗船舶碰撞的能力明显不如改造前，就有可能受到过往船舶的碰撞而破坏。

2. 船舶等级发展所带来的影响

运河通行的船舶等级在不断发展，对运河桥梁桥墩的撞击作用也相应增大。随着社会经济飞速发展，运河船舶密度明显增大。在船舶运输业发展的过程中，船舶的数量增多，船舶大型化趋势也日益明显，目前，航行船舶中300t以上的已占到80%。由于四级航道一般最大只能通行500t级的船舶，运河航道等级“四改三”后，三级航道则要满足1 000t级船舶的通航需要，因此，对运河桥梁桥墩可能的撞击作用也相应增大。

3. 危险品泄漏对环境的影响

在交通运输行业中运输成本较低的是船舶运输，因此船舶运输成为当前及今后运输发展的重点行业，而其中运送原油、成品油及其他危险化学品的船舶也占一定比例。这些危险品运输船一旦发生碰撞桥墩桥梁事故，不单会造成人员、船舶设备的损失，更重要的是这些危险品会造成对运河环境的极大污染和破坏。因此，在考虑保护运河桥梁的同时，也应注重对过往船舶的保护，特别要严防因船舶撞桥引发危险品泄漏而造成本地运河的生态灾难。

4. 运河桥梁的安全形势不容乐观

有关部门统计，京杭运河近几年来屡有船舶撞桥事故发生。2004年8月30日上午，两艘分别装载960t和600t水泥的单机船在邳州中运河310国道中运河大桥撞击桥墩后先后沉没，事故造成该中运河航段暂时断航，没有造成人员伤亡；2004年9月1日苏州京杭运河亭子桥被一条超载运输船撞断，停航2天，造成直接经济损失上千万元。2004年9月15日下午，一条满载的货船将边上一条空货船重重地撞至位于苏州城东澹台湖古运河畔的宝带桥北段正桥东侧桥墩，造成由北面数起第三和第四桥孔之间存在较大面积裂缝，桥身石块坍塌，桥面严重向西侧移位；2005年11月9日上午，锡澄运河江阴月城段水域，一艘由南往北方向行驶的危险品船舶“通达22号”与另一艘船交会时发生碰撞，随后“通达22号”船撞向月城南桥东堍北侧一拱梁，承重梁压住了肇事船舶的船头，没有造成人员伤亡，但附近水域被迫封航，戚月线为此中断2个月；该桥于2006年3月5日再次发生被船舶撞桥事故，一艘空载的300t级钢质船舶行驶途中因碰撞失控，将该桥南侧一段拱梁撞断。根据当地海事部门反映，类似事故几乎年年都有发生，除月城南桥外，该运河上的蔡东桥去年就两次被撞，同样成为危桥；杏春桥前年被撞坏后只得拆除重建；2007年8月31日上午10时左右，河南信阳货4076号船空载由玉祁往锡澄运河泗河口方向行使，途径焦溪线南塘桥时，船舶与桥梁（平板桥）发生碰撞，船员当场死亡；2007年12月30日凌晨，一艘安徽霍邱籍货船放空上行出港，经过江苏海门通吕运河海门国强大桥时，与一艘放空下行的船舶在桥区交会，不慎与国强大桥中孔相碰擦，3根拱梁被拉脱。霍邱籍货船船体被卡在桥梁下面。

二、防撞设计的原则及要求

设置防撞保护系统的目的是防止桥梁因船舶撞击超过桥墩的承受能力而遭受破坏[1]。采用不同形式的防撞系统可以阻止船舶撞击力传到桥墩，或者通过缓冲消能延长碰撞时间，减小船舶撞击力，保护桥梁安全。

京杭运河桥梁防撞设施的设计需要根据桥墩的自身抗撞能力、桥墩的位置、桥墩的外形、水流的速度、水位的变化、通航船舶的类型、碰撞速度等因素进行。设计时应遵循以下原则：

①运河桥梁自身抗撞能力较差，防撞设施不宜与桥墩直接连接；

②运河河道一般较窄，防撞设施尽量少占用航道；

③运河桥梁多与周围景观相协调，防撞设施尽量不改变原有风貌；

④运河桥梁基础较弱，防撞设施设置尽量少扰动原桥基础；

⑤在一定条件下，允许防护系统受破坏，但应考虑破坏后便于迅速修复；

⑥防撞设施应安装、施工方便，成本低；

⑦不因设置防撞设施而增加新的问题，如回流沉积、妨碍捕捞养殖等。

三、新型防撞设施设计思路

世界上有多种类型的桥墩防撞设施，如缓冲材料方式、缓冲设施工程方式、重力方式、桩方式、人工岛、薄壳筑沙围堰方式(或沉箱方式)、系泊浮体方式等[2]，每种防撞措施都有其特点和使用条件。考虑到运河桥梁防撞设计的原则与要求以及运河桥梁桥墩特殊结构形式，提出在运河桥梁的防护中采用柔性浮式防船舶碰撞系统等技术进行防护。

1. 基本设想

柔性浮式防船舶碰撞系统的基本设想是利用浮动平台、锚链和锚构成柔性浮式防船舶碰撞的拦阻系统，在船舶碰撞过程中合理利用走锚，在较长的作用距离和时间内消耗船舶动能，避免船舶与桥梁发生危险碰撞，以及减少船舶碰撞的损坏程度。

2. 工作特点

柔性浮式防碰撞系统，由重力锚、锚链、浮动平台等组成，其特点主要有四个方面：一是利用大位移走锚过程消耗船舶动能，达到既保护桥墩安全又保护船舶安全的目的；二是设置灵活，属一种可移动式防撞系统；三是方便维护更换，防撞系统为独立系统，设计寿命可达 20 年以上，系统遭大吨位船舶碰撞后，可能出现走锚和浮动平台损坏，仅需移锚和修复或更换浮动平台；四是防撞系统自动适应水位变化，始终在相对水面适当的高度工作。

3. 结构形式

防护目标为独立桥墩，主要以钢制作的浮体(浮箱或浮筒)结构，浮体通过若干根锚链系于水底的锚(重力锚或带抓力的重力锚)，并在另一侧根据需要通过辅助锚和辅助链固定。浮体的长度可根据桥墩到岸边的距离而调整。根据防护要求和水文地质条件确定锚的数量、吨位及锚链链径、长度；也可根据实际桥墩情况进行方案调整，如对特别重要的桥墩，可在单浮体基础上再增加一个浮体(相当于二级消能)来提高防碰撞性能(图 1)。

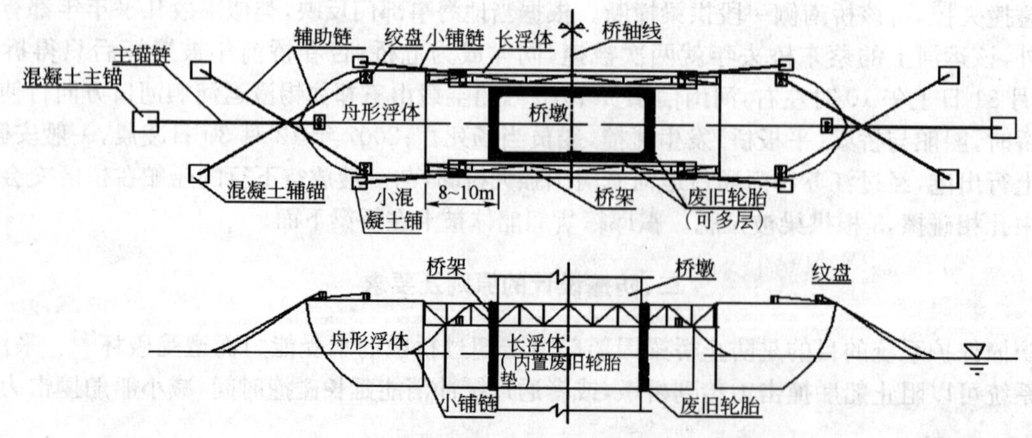

图 1 独立桥墩的防撞系统示意

四、新型防撞系统的力学分析

1. 防撞设计船型

目前桥区水域允许最大通航船舶等级为 1 000t 级，通航船舶包括客轮、客货两用轮、集装箱船、油轮、多用途与散杂货船和渔船等[3]。其代表船型尺度见表 1。

运 河 主 要 船 型　　表 1

船舶吨位(DWT)	船型尺度			空载高度(m)	备　注
	总长(m)	型宽(m)	吃水(m)		
300(16TEU)	38.45	8	1.85		
500	59.74	9.6	2.4	9.5～12.8	
1 000	67.5	10.8	2.8	19.0～21.4	设计船型

2. 设计碰撞速度

船撞速度：美国公路桥梁设计规范（ASSHTO1994）的规定：船道边缘处仅限制通航速度，距航道边缘 3 倍长处取平均水速度，二者之间按直线过渡。

上海船舶研究所陈国虞先生提出的取值方法则比较接近实际。单船速度，以新船船速乘以 0.8～0.9，再加上水流速度；船队的速度以拖船自由航速乘以 0.58 再加上流速；快船不加速。

运河桥梁防撞系统设计船速 4m/s。

3. 船舶撞击角度设计

国际桥梁和结构协会(IABSE)《指南》认为："船只行驶速度可分解为：计算纵向动能平行于船轴线的分量和计算横向动能垂直于船轴线的分量"、"如果船只完全停止，其碰撞总动能将耗尽；如果船只仅仅转向，碰撞能量可以碰撞前后船只动能的矢量分析来确定"。

由于运河航道一般较窄，桥位区最窄处仅有 80m 左右，与 1 000DWT 船舶总长相当，所以考虑撞击角度选取 11.3°，如图 2。

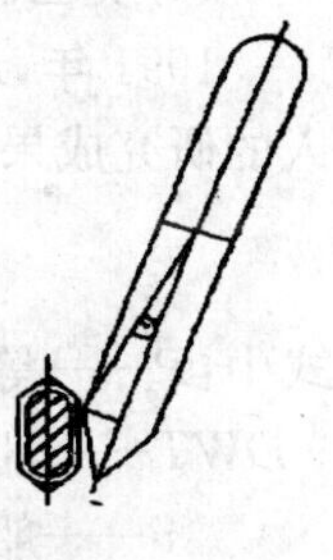

图 2　撞击角度示意

4. 船舶撞击力计算

船舶碰撞力的计算问题[4]，目前还没有很精确的计算方法，简述几种比较常用的国内外计算方法：

(1)Woisin 公式与修正的 Woisin 公式

Woisin 根据保护核动力船舶的核反应堆在碰撞下的安全问题而进行大量的实验，提出了沃辛公式：

$$P_{max} = 0.88\sqrt{DWT}(1 \pm 0.5) \tag{1}$$

$$P_m \approx \frac{1}{2}P_{max} \tag{2}$$

Saul 和 Svensson 等对沃辛公式进行修正，得到修正的沃辛公式：

$$P_{max} = 0.88\sqrt{DWT}\left(\frac{v}{8}\right)^{\frac{2}{3}} \tag{3}$$

$$P_m \approx \frac{1}{2}P_{max} \tag{4}$$

式中：P_{max}——最大撞击力(MN)；

DWT——船舶的载重量(t)；

P_m——平均撞击力(MN)；

v——船舶的撞击速度(m/s)。

公式表明最大撞击力约为平均撞击力的两倍。

(2)Pedersen公式

1993年,Pedersen教授针对丹麦大带桥工程进行了一系列的数值计算,给出了计算500DWT至300 000DWT船船头正碰的撞击力的经验公式:

$$P_{bow}=\begin{cases}P_0\overline{L}[\overline{E}_{imp}+(5.0-\overline{L})\overline{L}^{1.6}]^{0.5},\overline{E}_{imp}\geqslant\overline{L}^{2.5}\\2.24P_0[\overline{E}_{imp}\overline{L}]^{0.5},\overline{E}_{imp}<\overline{L}^{2.5}\end{cases}\tag{5}$$

式中:$\overline{L}=L_{pp}/275$;$\overline{E}_{imp}=E_{imp}/1\ 425$;$E_{imp}=\frac{1}{2}m_t v_0^2$

P_{bow}——船舷最大撞击荷载(MN);

P_0——参考撞击荷载(MN);

E_{imp}——塑性变形吸收的能量(MN·m);

L_{pp}——船舶的长度(m);

m_t——船舶的计算质量(t);

v_0——船舶初始速度(m/s)。

(3)采用"美国公路桥梁设计规范"(AASHT01994)有关船舶撞击力的公式

$$P_s=1.2\times1.05v\sqrt{DWT}\tag{6}$$

式中:P_s——船舶撞击力(N);

DWT——船只载重吨位(t);

v——船只撞击速度(m/s)。

(4)美国《公路桥梁船舶撞击指导性规范》(AASHTO)规范公式

1991年,AASHTO在颁布其桥梁船舶撞击设计的指导规范时,综合考虑了Woisin和Dormberg等人的研究成果,船舷正撞时的设计船舶撞击力:

$$P=0.98(DWT)^{0.5}(v/8)\tag{7}$$

式中:P——等效静态撞击力(MN);

DWT——船舶载重吨位(t);

v——船舶撞击速度(m/s)。

AASHTO规范公式是在船舶正撞刚性墙的基础上提出的,适用于油轮、货轮、散货船类型船舶的船头正撞桥墩的情况。

(5)欧洲规范公式

1999年,欧洲统一规范规定,在桥梁的船撞设计中,假定桥梁结构是刚性且不可移动,碰撞体(船舶)用一个准弹性单自由度系统来模拟,其公式为:

$$P=v\sqrt{KM}\tag{8}$$

式中:v——碰撞体在撞击时的速度(m/s);

K——碰撞体的等效刚度(MN·m);

M——碰撞体的质量(t)。

(6)我国《铁路桥涵设计基本规范》公式

规范将船舶对墩台的撞击力列入特殊荷载的计算中,其计算方法采用静力法,即假定船舶作用于墩台的有效动能全部转化为碰撞力所做的静力功。其公式为

$$P=\gamma v\sin\alpha\sqrt{\frac{W}{C_1+C_2}}\tag{9}$$

式中：P——船舶撞击力(MN)；

v——撞击速度(m/s)；

W——船舶的重力(MN)；

C_1、C_2——船舶的弹性变形系数和墩台圬工的弹性变形系数(m/MN)；

α——撞击角度。

铁路桥规范的船撞击力计算公式是基于能量理论推导的，动能折减系数 γ 表明船舶的动能在碰撞过程中只有一部分转化为系统的内能。但公式中的 C_1 和 C_2 等参数难以准确确定，实际应用中往往因为取值过大而使计算出的撞击力偏小。

(7)我国《公路桥涵设计通用规范》公式

规范中规定的桥梁承受撞击力：

$$P=\frac{Wv}{gT} \tag{10}$$

式中：P——漂流物撞击力(kN)；

W——船舶或漂流物重力(kN)；

v——水流速度(m/s)；

T——撞击时间(s)；

g——重力加速度。

各公式计算结果汇总如表 2。

各公式计算结果　　表 2

计 算 方 法	撞击力(MN)	计 算 方 法	撞击力(MN)
Woisin 公式	3.53	美国《公路桥梁船舶撞击指导性规范》(AASHTO)	3.96
修正的 Woisin 公式	7.42	欧洲规范公式	3.76
Pedersen 公式	8.23	我国《铁路桥涵设计基本规范》公式	3.98
“美国公路桥梁设计规范”(AASHT01994)	3.85	我国《公路桥涵设计通用规范》公式	3.21

从以上计算分析可知：规范经验公式计算出的船撞力差异很大，由于各种规范大多是根据部分研究成果形成的经验公式计算船舶碰撞，而实际航行的船舶类型、主尺度离散性很大，桥墩形式与有很大差别，运用经验公式进行计算所得的结果与实际有较大差距。

5. 防撞系统吸收能量计算

船舶撞击能量按“英国标准 BS6349”《海工建筑物》第四分册第 4.7.2 条计算。该公式体系与汉斯——德鲁彻理论的能量计算公式具有相同的结构形式，但因各项经验参数比较齐全而在海港工程设计中得到较多应用[4]。

(1)应由防护系统吸收的能量公式

$$E_{in}=\frac{1}{2}m(v\sin\alpha)^2\times C \tag{11}$$

式中：m——排水量＋附连水质量；

C——折减系数。单船取 0.68，船队取 0.35。

(2)参数设置

①船撞速度 v：取船速 4m/s。

②附连水质量：附连水质量是指船在波浪中运动时，刚性船体带动液体的作用，看作相当于船体质量的增加。在无速时对纵摇、横摇和垂摇都有影响，有航速时，通常以一定的系数计入船的质量中，影响这个系数有很多因素。

我国港工规范附录中规定计算有效冲击时附连水系数取 1.1～1.5；日本横跨本洲四国的大桥桥墩防撞设计说明书中对前进中的船舶取为 1.1，对没有速度(横漂)的船取 1.4；德国 G. Wosin 试验为 1.05。

本文计算取较大航速，故取前进中船舶的附连水质量系数为1.05。

③撞击角度：$\alpha=11.30$

(3)计算

$$E_{in}=1/2m(v\sin\alpha)^2\times C=1/2\times 11\,410\times 1.1\times(4\times\sin 11.3°)^2\times 0.68=2.62\text{MJ}$$

五、防撞系统吸收能量计算

新型防撞系统防撞机理主要利用大位移走锚过程和浮体移动消耗船舶动能，以达到保护桥墩的目的。所以，锚力计算是防撞系统吸收能量计算的重点。

1. 锚定力计算

锚定力计算[5]，必须满足以下两个条件：

①锚所受的水平力N应不大于锚的安全抓持力$[N]$

$$N\leqslant[N]=\frac{K_2}{1.5}G \tag{12}$$

式中：G——锚重力(N)；

K_2——锚的抓力系数，与锚型及河底土壤性质有关；运河河底土壤主要以沙质黏土为主，故K_2取值范围为1.5～2.5；

1.5——安全系数。

当河底土壤是岩石或淤泥时，可采用下列形式的非钢质应用锚：钢筋混凝土块、混凝土块、石笼锚等。当这些锚的总重力在150kN以下时，其水平抓力取其在空中的重力。

②锚所受的竖向上拔力F应不大于锚的安全抗拔力$[F]$

$$P\leqslant[P]=\frac{K_3}{1.5}G \tag{13}$$

式中：G——锚重力(N)；

K_3——锚的抗拔阻力系数，海军锚取1.5；丹福锚3.0；重力锚1.0。

2. 消耗能量计算

防撞系统浮体重60kN；主锚使用混凝土锚，锚重力60kN；辅锚使用箱形锚，锚重力40kN；小混凝土锚锚重力20kN。防撞系统与桥墩距离10m。

浮体和锚的移动消耗的能量简化计算的：

$$E_f=60\times 1.05\times 2\times 10+60\times 10+40\times 2\times 10+20\times 2\times 10=3\,060\text{kJ}=3.06\text{MJ}$$

从结算结果可以看出，浮体和锚的移动消耗的能量大于船舶撞击能量($E_{in}=2.62$MJ)。所以，防撞系统满足防撞设计要求。

六、结　　论

新型防撞设施能达到柔性和高吸能；利用浮体移动和走锚消耗船舶撞击能量；发生碰撞后浮体和船舶结构损伤较小，防护系统使用寿命长，且易维护更换；撞击船舶与桥墩不发生接触，尤其是对运河上老桥和古桥防护具有重要的意义。

参考文献

[1] 杨渡军. 桥梁的防撞保护系统及其设计[M]. 北京：人民交通出版社，1990.7

[2] 严仁军，李嵘，王勇，吴卫国. 水路航运与桥墩防撞研究[J]. 交通科技，2003，198(3)：72-74

[3] 朱广玉，孙晋明. 京杭运河防船舶碰撞有关问题[J]. 中国水运，2008(4)：45-48

[4] 金吉寅，冯郁芬，郭临义. 公路桥涵设计手册：桥梁附属构造与支座[M]. 北京：人民交通出版社，1998.10

[5] 王家麟，李志刚. 舟桥结构与计算[M]. 南京：工程兵工程学院，1995.12

[6] 王建平，程建生. 舟艇原理与设计[M]. 南京：解放军理工大学工程兵工程学院，2004.3

40. 我国已建、在建大跨径斜拉桥、悬索桥

楼庄鸿[1] 李 强[2]
(1. 公路科学研究院;2. 北京建达道桥咨询有限公司)

一、斜 拉 桥

1. 双塔及多塔混凝土梁斜拉桥($L\leqslant300m$)(表 1)

表 1

序号	桥 名	跨 径(m)	建成年	体 系	索面数	梁截面	梁高(m)	梁宽(m)	高跨比	宽跨比	梁高宽比	索距(m)	塔高(m)	备 注
1	荆州长江公路大桥北汊桥	200+500+200	2002	飘浮	2	肋板式	2.4	26.5	1/208	1/18.9	1/11.0	8	150.2	
2	鄂黄长江公路大桥	55+200+480+200+55	2002	飘浮	2	肋板式	2.4	27.7	1/200	1/17.3	1/11.5	8	172.3	
3	宁波绕城公路甬江大桥	63+132+468+132+63			4	肋板式	2.72		1/172	8				双联塔,4 索面
4	重庆奉节长江大桥	30.4+202.6+460+174.7+25.3	2006	半飘浮	2	肋板式	2.35	20.5	1/196	1/22.4	1/8.7	7.85	211.6	
5	重庆忠县长江大桥	205+460+205	2008	飘浮	2	肋板式	2.7	26.32	1/170	1/17.5	1/9.7	8	247.5	
6	四川宜宾长江大桥	184+460+184	2008	半飘浮	2	分离双箱	3.3	25	1/139	1/18.4	1/7.6	6		
7	重庆长寿长江大桥	207+460+207	2008		2	肋板式	2.7	23.4	1/170	1/19.7	1/8.7	8		
8	重庆大佛寺长江大桥	198+450+198	2001	飘浮	2	肋板式	2.7	30.6	1/167	1/14.7	1/11.3	8.1	206.7	
9	重庆涪陵石板沟长江大桥	200+450+200	2007	飘浮	2	肋板式	2.7	23	1/167	1/19.6	1/8.5	8		
10	重庆长江二桥	53+169+444+169+53	1996	飘浮	2	肋板式	2.5	24	1/178	1/18.5	1/9.6	9	166.5	
11	铜陵长江公路大桥	80+90+190+432+190+90+80	1995	飘浮	2	肋板式	2.23	23	1/194	1/18.8	1/10.3	8	151	连续长度1152m
12	湖北郧阳汉江大桥	43+414+43	1994	地锚式	2	三室箱	2	15.6	1/207	1/26.5	1/7.8	8	108.5	边孔各有长43m 地锚,主跨中设可伸缩装置
13	武汉长江二桥	180+400+180	1995	飘浮	2	两边箱	3	29.2	1/133	1/13.7	1/9.7	8		

续上表

序号	桥　名	跨　径(m)	建成年	体　系	索面数	梁截面	梁高(m)	梁宽(m)	高跨比	宽跨比	梁高宽比	索距(m)	塔高(m)	备　注
14	湖北巴东长江公路大桥	40+130+388+130+40	2003	飘浮	2	肋板式	2.62	22.5	1/148	1/17.2	1/8.6	8	141	
15	重庆奉节梅溪河大桥	43+147+386+147+43	2009	半飘浮	2	肋板式	2.6	27.5	1/148	1/14.0	1/10.6	6	193	
16	广东番禺大桥	161+380+161	1997	飘浮	2	肋板式	2.2	27.7	1/173	1/10.1	1/17.1	8	136.7	
17	济南纬六路跨线桥	41.5+120.5+380+120.5+41.5	2000		2	两边箱	2.5	30	1/152	1/12.7	1/12	124.8		
18	江苏淮阴五河口大桥	152+370+152	2005	飘浮	2	两边箱	3.2	38.6	1/116	1/9.6	1/12.1	6	124	
19	辽宁营口辽河公路大桥	50+100+370+100+50	2006	飘浮	2	两边箱	2.4	24.5	1/154	1/15.1	1/10.2	8	116	
20	天津滨海海河大桥	152+364+152	2003		2	肋板式	2		1/182				140	
21	重庆马桑溪长江大桥	179+360+179	2001	半飘浮	2	两边箱	3	28	1/120	1/12.9	1/9.3	6	134.5	
22	贵州马岭河大桥	155+360+155		低塔固结，高塔飘浮	2	肋板式	2.5	27.1	1/144	1/13.3	1/10.8			高低塔
23	山西禹门口黄河大桥	174+352+174	2006		2		3	30.6	1/117	1/11.5	1/10.2	8		
24	湖北宜昌夷陵长江大桥	3×40+348+348+3×40	2001	中塔固结，边塔飘浮	1	三室箱	3	23	1/116	1/15.1	1/7.7	8	126	3塔，悬拼施工
25	重庆地维长江大桥	141+345+141	2004	飘浮	2	肋板式	1.9	15	1/182	1/23	1/7.9			
26	海口世纪大桥	147+340+147	2001		2	肋板式	1.8	30.4	1/189	1/11.2	1/16.9	7.2	106.3	
27	重庆涪陵乌江二桥	100+240+150	2007	塔梁墩固结	1	单室箱	3.5	25.5	1/97.1	1/13.3	1/7.3	6		高低塔
28	广东崖门大桥	50+115+338+115+50	2002	塔梁墩固结	1	五室箱	3.48	26.8	1/97.1	1/12.6	1/7.7	6	77	
29	重庆涪陵长江大桥	43+97+330+97+43	1997	飘浮	2	肋板式	2.3	21.3	1/143	1/15.5	1/9.3	8	122	
30	湖北沪蓉西铁罗坪大桥	140+322+140		塔梁墩固结	2	肋板式								
31	广东淇澳大桥	40.5+136+320+136+40.5	2000	塔梁墩固结	1	三室箱	3.36	32.84	1/95.2	1/9.7	1/9.8	6.1		
32	重庆云阳长江大桥	132+318+136.4+50.6	2005	半飘浮	2	肋板式	2.3	20.5	1/138	1/15.5	1/9.0	6		高低塔
33	江西鄱阳湖口大桥	65+123+318+130	2000	半飘浮	2	肋板式	2.6	27.5	1/122	1/11.6	1/10.6	8	115.4	高低塔
34	重庆云阳彭溪河大桥	158+316+158		飘浮	2	倒梯形箱	3	27.4	1/105	1/11.5	1/9.1	6	114.2	
35	湖南岳阳洞庭湖大桥	130+310+310+130	2000	飘浮	2	肋板式	2.5	23.4	1/124	1/13.2	1/9.4	8	125.7	3塔，中塔高
36	山东利津黄河大桥	40+120+310+120+40	2001		2			20.8		1/14.9			98	
37	荆州长江公路大桥南汊桥	160+300+97	2002	飘浮	2	肋板式	2	26.5	1/150	1/11.3	1/13.3	8		高低塔
38	山东滨州黄河大桥	2×42+300+300+2×42	2003	中塔固结，边塔半飘浮	2	两边箱	3	32.8	1/100	1/9.1	1/10.9	7.5	101.3	3塔，中塔高

2. 独塔混凝土梁斜拉桥($L\geqslant150$m)(表 2)

表 2

序号	桥 名	跨 径(m)	建成年	体 系	索面数	梁截面	梁高(m)	梁宽(m)	高跨比	宽跨比	梁高宽比	索距(m)	塔高(m)	备 注
1	广东金马大桥	60+283+283+60	1998	塔梁墩固结,与 60mT 构组合	2	肋板式	2	28.5	1/141.5	1/9.9	1/14.2	7	102.7	
2	泸州泰安长江大桥	208+270	2008	塔梁墩固结	2	三室箱	3	29.5	1/90	1/9.2	1/9.8	6	145.2	
3	宁波招宝山大桥	74.5+258+102+40.5+42.5+49.5	2003	飘浮,与 45mT 构组合	2	边箱中板	2.5	29.5	1/103	1/8.9	1/11.8	8	103.8	
4	宜宾中坝金沙江大桥	252+105+2×35	2003	飘浮	2	肋板式加纵梁	2.68	30	1/94.0	1/8.4	1/11.2	6	117.5	
5	温州飞云江三桥	240+170+60		塔梁固结	2	三室箱	3.2	36.8	1/75	1/6.5	1/11.5	6	122.2	上塔柱横向曲线形
6	株洲建宁大桥	240+134+2×42	2004	塔梁墩固结	1	三室箱	3.5	30	1/68.6	1/8	1/8.6	7	114.4	
7	广西云龙西江大桥	240	1998		2									
8	福州市三县洲闽江大桥	238+76+56+47	1999	塔梁墩固结	1	三室箱	3.28	30	1/72.6	1/7.9	1/9.1	7	105	
9	武汉市江汉四桥(月湖大桥)	232+75.4+34+28.6	1999	塔梁墩固结	2	三室箱	2.2	23.5	1/105	1/9.9	1/10.7	8	110.5	
10	重庆石门大桥	200+230	1988	塔梁墩固结	1	三室箱	4	24.5	1/57.5	1/9.4	1/6.1	8	106	
11	攀枝花炳草岗金沙江大桥	149+200+51	1999	塔梁固结,与 51mT 构组合	2	肋板式	2.2	23.9	1/90.9	1/8.4	1/10.9	6	74.5	
12	台湾基隆河桥	137+200	1999		1	四室箱	2	17.5	1/100	1/11.4	1/8.7			弯桥,索塔位于弯道内侧,向圆心倾斜
13	黄山太平湖大桥	190+190	1996	塔梁墩固结	1	三室箱	3.5	18.2	1/54.3	1/10.4	1/5.2	86.3		
14	浙江湖州南太湖大桥	67.5+92.5+190+38	1996		2	双主梁	2.8	40.5	1/67.9	1/4.7	1/14.5	6	约 100	
15	贵州红枫湖大桥	31.34+102+185	2004		2	肋板式		31		1/6.0				
16	重庆沙溪庙嘉陵江大桥	180+180	2001	塔梁固结	2	边箱中板	2.6	27.5	1/69.2	1/6.5	1/10.6	6		
17	广东三水大桥	110+180	1993		1	肋板式	1.7	20.5	1/106	1/8.8	1/12.1		88	
18	湖北仙桃汉江大桥	50+82+180	2002	塔梁固结	2			25.6		1/7.0		8	150.2	
19	广东惠州下角东江大桥	180+101+45		塔梁墩固结	1	肋板式	2.3	35.5	1/78.3	1/5.1	1/15.4	6	119.1	用环氧喷涂钢绞线

续上表

序号	桥　　名	跨　径(m)	建成年	体　系	索面数	梁截面	梁高(m)	梁宽(m)	高跨比	宽跨比	梁高宽比	索距(m)	塔高(m)	备　　注
20	四川内江沱江三桥	2×28+32+175+30	1998		1	五室箱	2.6	33	1/67.3	1/5.3	1/12.7	10	78.7	塔顶设观光厅
21	通化西昌大桥	170+92.85+37.15		塔梁墩固结	1	五室箱	3.645	28.5	1/46.6	1/6.0	1/7.8	6	83.2	
22	杭州钱塘江三桥	168+168	1996		1	五室箱	3.5	29.5	1/48	1/5.7	1/8.4		80	两座
23	南昌新八一大桥	160+160	1997		2	肋板式	2.5	28.4	1/64	1/5.6	1/11.4		86	两座
24	浙江丽水紫金大桥	160+160			2	肋板式	2.5	30.5	1/64	1/5.2	1/12.2	8		
25	浙江临海大桥	36+110+160			1	梯形三室箱		31.2		1/5.1			80.77	
26	广东九江大桥	160+160	1988	塔梁墩固结	2	四室箱	2.8	17.7	1/57.1	1/9.0	1/6.3	8	80	
27	云南景洪西双版纳大桥	156+156	1999	飘浮	2	箱梁	2.5	14.82	1/62.4	1/10.5	1/5.9		85	两座

3. 双塔钢梁斜拉桥($L \geq 300$m)(表3)

表3

序号	桥　　名	跨　径(m)	建成年	体　系	索面数	梁截面	梁高(m)	梁宽(m)	高跨比	宽跨比	梁高宽比	索距(m)	塔高(m)	备　　注
1	苏通长江公路大桥	2×100+300+1 088+300+2×100	2008	飘浮	2	箱梁	4	41	1/272	1/26.5	1/10.3	16	300.4	世界最大跨斜拉桥
2	上海长江大桥	92+258+730+258+92	2010	飘浮	2	分离双主梁	4	51.5	1/183	1/14.2	1/12.9	15	209.32	
3	上海闵浦大桥	4×63+708+4×63	2010		2	钢桁架	9	43.6	1/78.7	1/16.2	1/4.8	15.1	210	双层行车，上层高速，下层地方
4	南京长江三桥	63+257+648+257+63	2005	半飘浮	2	箱梁	3.2	37.2	1/203	1/17.4	1/11.6	15	215	横弯钢塔
5	南京长江二桥	58.5+246.5+628+246.5+58.5	2001	半飘浮	2	箱梁	3.5	38.2	1/179	1/16.4	1/10.9	15	195.4	
6	舟山金塘大桥	77+218+620+218+77	2009	半飘浮	2	箱梁	3	30.1	1/207	1/20.6	1/10.0	14	204.1	
7	安庆长江公路大桥	50+215+510+215+50	2004	半飘浮	2	箱梁	3	30	1/170	1/17.0	1/10.0	15	184.8	每侧辅助墩上压重100t
8	武汉天兴洲长江大桥	98+196+504+196+98	2008	半飘浮	3	钢桁架	15.2	30	1/33.2	1/16.8	1/1.97	14	190	双层，下层铁路四线
9	武汉军山长江大桥	48+204+460+204+48	2001	半飘浮	2	箱梁	3	38.8	1/153	1/11.9	1/12.9	12	163.5	
10	杭州湾大桥北航道桥	70+160+448+160+70	2008	半飘浮	2	箱梁	3.5	37.1	1/128	1/12.1	1/10.6	15	181.3	
11	润扬长江公路大桥北汊大桥	175.4+406+175.4	2005	半飘浮	2	箱梁	3	37.4	1/135	1/10.9	1/12.5	15	146	
12	芜湖长江大桥	180+312+180	2000	矮塔斜拉桥	2	钢桁架	14	23.4	1/22.3	1/13.3	1/1.7	12	110.8	公铁两用，双层

4. 独塔钢梁斜拉桥($L \geq 150$m)(表 4)

表 4

序号	桥 名	跨 径(m)	建成年	体 系	索面数	梁截面	梁高(m)	梁宽(m)	高跨比	宽跨比	梁高宽比	索距(m)	塔高(m)	备 注
1	济南黄河三桥	2×60+160+386			2	箱梁	3.5	43.6	1/110	1/8.9	1/12.5	15	197	
2	广州珠江黄埔大桥北汊桥	62+63+197+383	2008	半飘浮	2	箱梁	3.5	41	1/109	1/9.3	1/11.7	16	226.14	
3	杭州湾大桥南航道桥	100+160+318	2008	半飘浮	2	箱梁	3.5	37.1	1/90.9	1/8.6	1/10.6	15	135	
4	上海闵浦二桥	38.25+147+251.4			2	三角形板桁	9.5	19.4	1/26.5	1/13.0	1/2.0		147	双层,公轨两用
5	宁波惊驾路甬江大桥	2×32.5+220+90+4×16.8			4	分离钢箱		35						
6	香港后海湾大桥	2×74.6+99+210	2005	塔梁墩固结	1	箱梁	4.114	38.5	1/51.0	1/5.5	1/9.4	12	159	塔向边跨倾斜,仰角 81.3°
7	深圳湾公路大桥	180+90+75	2007	塔梁墩固结	1	箱梁	4.122	38.6	1/43.7	1/4.7	1/9.4	12	139.1	塔向边跨倾斜,仰角 78.7°

5. 多塔及多塔组合梁斜拉桥($L \geq 300$m)(表 5)

表 5

序号	桥 名	跨 径(m)	建成年	体 系	索面数	梁截面	梁高(m)	梁宽(m)	高跨比	宽跨比	梁高宽比	索距(m)	塔高(m)	备 注
1	福州青洲闽江大桥	250+605+250	2002	一主塔有纵向约束	2	工字钢梁	2.7	29	1/224	1/20.9	1/10.7	13.5	175.5	梁上钢筋混凝土板厚 25cm
2	上海杨浦大桥	99+144+602+144+99	1993	飘浮	2	两钢箱	2.7	32.5	1/223	1/18.5	1/12.0	9	199	梁上钢筋混凝土板厚 26cm
3	香港汀九大桥	127+448+475+127	1998	半飘浮	4	边 L 形梁	1.78	2×18.77	1/267	1/25.3	1/10.5	13.5	196.16	3 塔,中塔高,梁上板厚 23cm
4	江津观音岩长江大桥	186+436+186	2008	半飘浮	2	边工字梁	3.2	36.2	1/136	1/12.0	1/11.3	12	172.8	
5	上海南浦大桥	76.5+94.5+423+94.5+76.5	1991	飘浮	2	边工字梁	2.2	30.35	1/192	1/13.9	1/13.8	9	149.5	梁上板厚26.5cm
6	东海大桥主航道桥	73+132+420+132+73	2005	半飘浮	1	开口箱加混凝土板	4	33	1/105	1/12.7	1/8.2	8	150	梁上板厚 28cm
7	江苏灌河大桥	32.9+115.4+340+115.4+32.9	2006	半飘浮	2	边工字梁	3.41	36.6	1/99.7	1/9.3	1/10.6	11.7	96.5	梁上板厚 28cm
8	哈尔滨松花江大桥	44+136+336+136+44	2005	半飘浮	2	边工字梁	2.47	33.2	1/136	1/10.1	1/13.4	12	111	
9	浙江颗珠山大桥	139+332+139	2005	半飘浮	2	边工字梁	2.7	35	1/123	1/9.5	1/13.0	9		

6. 独塔组合梁斜拉桥($L \geqslant 150$m)(表6)

表6

序号	桥名	跨径(m)	建成年	体系	索面数	梁截面	梁高(m)	梁宽(m)	高跨比	宽跨比	梁高宽比	索距(m)	塔高(m)	备注
1	太原市火炬桥	36.6+57+155		塔墩固结,支座	主2 边1								100.5	梁以下的塔柱用混凝土,以上用钢,三根塔柱

7. 双塔混合梁(主跨钢梁)斜拉桥($L \geqslant 300$m)(表7)

表7

序号	桥名	跨径(m)	建成年	体系	索面数	梁截面	梁高(m)	梁宽(m)	高跨比	宽跨比	梁高宽比	索距(m)	塔高(m)	备注
1	香港昂船洲大桥	3×70+80+1018+80+3×70	2009		2	分离双箱	3.93	2×19.5	1/259	1/19.1	1/13.6	18	298	钢箱延伸至边跨49.75cm。桥总宽53.3m
2	湖北鄂东长江大桥	3×67.5+72.5+926+72.5+3×67.5	2010	半飘浮	2	两边箱	3.8	38	1/244	1/24.3	1/10.0	15	242.5	钢混结合面设在主跨距塔12.5m处
3	湖北荆岳长江大桥	100+298+816+80+2×75	2010	半飘浮	2	两边箱	3.8	38.5	1/215	1/21.2	1/10.1	15	265.5	仅较小侧边跨用混凝土梁,其他的用钢梁
4	武汉白沙洲长江公路大桥	50+180+618+180+50	2000	飘浮	2	两边箱	3	30.2	1/206	1/20.5	1/10.1	12	174.8	两侧混凝土箱梁,各长87m
5	浙江舟山桃夭门大桥	2×48+50+580+50+2×48	2003	半飘浮	2	箱,混凝土四室箱	2.8	27.6	1/207	1/21.0	1/9.9	13	151	结合段设于主跨距塔16.7m处
6	广东汕头岩石大桥	2×47+100+518+100+2×47	1999		2	两边箱	3	30.75	1/173	1/16.8	1/10.3	12	148	2×47m用混凝土箱梁,其他均为钢梁
7	广东湛江海湾大桥	60+120+480+120+60	2006	半飘浮	2	箱,混凝土三室箱	3	30.43	1/160	1/15.8	1/10.1	16	155.1	钢梁长706m,混凝土梁每侧67m

8. 独塔混合梁（主跨钢梁）斜拉桥（$L \geqslant 150m$）（表 8）

表 8

序号	桥名	跨径(m)	建成年	体系	索面数	梁截面	梁高(m)	梁宽(m)	高跨比	宽跨比	梁高宽比	索距(m)	塔高(m)	备注
1	广州东沙大桥	338+72+56+52		塔梁墩固结	2	三室箱	3.3	38	1/102	1/8.9	1/11.5	16.8	182	结合点在主跨距塔 41m 处
2	台湾高屏溪大桥	180+330	2000		1	五室箱	3.2	34.5	1/103	1/9.6	1/10.8	20	135	
3	天津塘沽海河大桥	310+88+2×51	2002	半飘浮	2	边箱	3	24.2	1/103	1/12.8	1/8.1	15.8	167.3	钢梁长 290m
4	上海闵浦二桥	38+147+251.4			2	钢桁	9.5	19.4	1/26.5	1/13.0	1/2.0	14.7		双层，公轨两用
5	南昌洪都大桥	109+188+88		塔梁墩固结	主 1 边 2	七室箱，混凝土两三室箱	3.5	44	1/53.7	1/4.3	1/12.6	12	131.2	109m 跨双索面，斜塔(79°)空间扭面背索，结合点在主跨靠塔 10.5m 范围内

9. 双塔混合梁（主跨组合梁）斜拉桥（$L \geqslant 300m$）（表 9）

表 9

序号	桥名	跨径(m)	建成年	体系	索面数	梁截面	梁高(m)	梁宽(m)	高跨比	宽跨比	梁高宽比	索距(m)	塔高(m)	备注
1	上海徐浦大桥	40+3×39+45+590+45+3×39	1997	飘浮	2	两边钢箱，混凝土工字梁	2.73	35.95	1/219	1/16.4	1/13.3	9	212	钢梁上板厚 26cm
2	香港汲水门大桥	2×80+430+2×80	1997		2	钢框架，混凝土五室箱	7.46	35.2	1/57.6	1/12.2	1/4.7	8.7	133	公铁两用，双层，主跨 387 为组合梁，梁上板厚 25cm
3	广州鹤洞大桥	28.2+2×36+43.8+360+43.8+236+28.2	1997		2	工字梁	2.56	30.3	1/141	1/11.9	1/11.8	9.5	129.5	

10. 无背索斜拉桥($L \geqslant 100$m)(表10)

表10

序号	桥　名	跨径(m)	建成年	体系	索面数	梁截面	梁高(m)	桥宽(m)	索距(m)	索面形状	塔材料	塔后倾角	桥面上塔高(m)	拉索水平夹角	备　注
1	柳州友谊大桥	223		塔梁墩固结	1	钢混组合箱	3.5	35	12	竖琴式	钢混组合	25°	130	25°	
2	江西贵溪大桥	209.6	2008	塔梁墩固结	1	混合(箱)梁	3	28	13	竖琴式	预应力混凝土	26°	111.83	23.8°	
3	长沙洪山大桥	206	2004	塔梁墩固结	2,均设于中部,中距5m	矩形钢脊骨梁混凝土板21cm	4.4	33.2	12	竖琴式	钢混组合	32°	132.6	25°	人行道在中部
4	哈尔滨太阳岛桥	140	2000	塔梁墩固结	2	钢梁,横向弧形	2.4	15.5	8	扇形	钢箱,C30混凝土填芯	30°	80	42~22°	国内第一座全钢斜拉桥
5	湖北孝南互通匝道跨线桥	140	2005	塔梁墩固结	2	钢箱	2.5	16	12	竖琴式	混凝土	20°		25°	
6	长春轻轨伊通河大桥	130	2008	塔梁墩固结	2	混凝土箱	2.325~4.325	11.6	6.5	扇形	预应力混凝土	31.8°	65(全高)	~20.1°	支架施工
7	井冈山白鹭大桥	120			1		2.7	29		竖琴式	钢混组合	32°		25°	双向顶推法
8	常州东岱大桥	120	2008	塔梁墩固结	2	钢三室箱	2.2	37.5	9	竖琴式	两八角形钢塔柱	33°	76.2	26°	
9	苏州石湖大桥	100	2003	塔梁墩固结	2	钢梁格,钢桥面	2.22	37	8	竖琴式	钢箱,内填芯	30°	78	28°	

二、悬 索 桥

1. 大跨径悬索桥(L≥450m)(表 11)

表 11

序号	桥 名	跨 径(m)	竣工年	用途	边跨/主跨	垂跨比	加劲梁类型	梁高(m)	梁宽(m)	高跨比	宽跨比	主缆根数×直径(cm)	主缆形式	塔高(m)	锚固方式	备 注
1	舟山西堠门大桥	578+1650+485	2009	公路	0.350,(0.294)	1/10	分体式钢箱	3.5	36	1/471	1/45.8	2×85.5	PWS	2113	重力式	485m 跨无吊杆
2	润扬长江大桥南汊大桥	470+1490+470	2005	公路	(0.315)	1/10	单跨箱梁	3	28.7	1/497	1/38.5	2×90.6	PWS	209.9	重力式	主缆、加劲梁跨中刚接
3	南京长江四桥	422+1418+352														
4	江阴长江大桥	336.5+1385+309.3	1999	公路	(0.243),(0.223)	1/10.5	单跨箱梁	3	32.5	1/462	1/42.6	2×87.6	PWS	187.2	重力式	
5	香港青马大桥	355+1377+300	1997	公路	0.258,(0.218)		两跨连续桁架,中央开孔	7.2	41	1/191	1/33.6	2×110	AS	206	一端重力式一端隧道	双层行车,公铁两用 300m 跨无吊杆
6	武汉阳逻长江公路大桥	250+1128+440	2007	公路	(0.195),(0.344)	1/10.5	单跨箱梁	3	38.5	1/427	1/33.2	2×85.5	PWS	169.8	重力式	南锚用 73m 圆地下连续墙支护
7	湖北吉首矮寨大桥	242+1176+116	2010	公路	(0.206),(0.099)	1/9.6	单跨桁架	7.5	27	1/157	1/43.6		PWS	129.3	一端重力式一端隧道	
8	广州黄埔珠江大桥	290+1108+350	2008	公路	(0.262),(0.316)	1/10	单跨箱梁	3.5	41.7	1/317	1/26.6	2×78.9	PWS	191.5	重力式	锚锭用地下连续墙围护
9	贵州坝陵河大桥	248+1088+228	2009	公路	(0.228),(0.210)	1/10.3	单跨桁架	10	28	1/109	1/38.9	2×79.5	PWS	201.3	一端重力式一端隧道	中央扣
10	泰州长江公路大桥	390+2×1080+390	2013	公路	(0.361)	1/9	两主跨钢箱	3.5	39.1	1/309	1/27.6		中塔 194		3 塔	
11	宜昌长江大桥	246.3+960+246.3	2001	公路	(0.257)	1/10	单跨箱梁	3	30	1/320	1/32	2×65.5	PWS	北 112.4 南 142.2	重力式	
12	西陵长江大桥	225+900+255	1996	公路	(0.25,0.283)	1/10.5	单跨箱梁	3	20.6	1/300	1/43.7	2×57	PWS	120	重力式	

续上表

序号	桥　名	跨　径(m)	竣工年	用途	边跨/主跨	垂跨比	加劲梁类型	梁高(m)	梁宽(m)	高跨比	宽跨比	主缆根数×直径(cm)	主缆形式	塔高(m)	锚固方式	备　注
13	湖北恩施四渡河大桥	114+900+208	2009	公路	(0.127),(0.231)	1/10	单跨桁架	6.5	26	1/138	1/34.6	—	PWS	117.6 122.2	一侧重力式 一端隧道	用火箭发射先导索,中央扣
14	虎门大桥	302+888+348.5	1997	公路	(0.34),(0.392)	1/10.5	单跨箱梁	3	35.6	1/296	1/24.9	2×68.7	PWS	147.55	重力式	
15	四川南溪长江大桥	820														
16	葫芦河大桥	160+700+200		公路	0.229,(0.286)		两跨双铰箱梁	3	31.8	1/233	1/22	2×58.2	PWS	172,137	群桩锚碇	
17	厦门海沧大桥	230+648+230	1999	公路	0.355	1/10.5	三跨连续箱梁	3	36.6	1/216	1/17.7	2×56.3	PWS	128	重力式	
18	贵州北盘江大桥	192+636+192	2008	公路	(0.302)	1/10.5	单跨桁架	5	28	1/127	1/22.7	2×51.8	PWS	160.127	重力式	
19	重庆鱼嘴长江大桥	180+616+205	(0.292),(0.333)	单跨箱梁	3	36.8	1/205	1/16.7								
20	重庆鹅公岩长江大桥	211+600+211	2000	公路	0.352	1/10	三跨简支箱梁	3	35.5	1/200	1/16.9	2×58.4	PWS	163	西重力式,东隧道	预应力钢绞线后锚体系
21	万州长江二桥	220+580+240		公路	(0.379),(0.414)	1/10.5	单跨桁架	4	21.2	1/145	1/27.3	2×	PWS	北144.1 南142.6	隧道锚	
22	忠县长江大桥	147+560+212	2001	公路	(0.263),(0.379)	1/10.5	单跨空间钢管桁架	3.986	20.07	1/140	1/27.9	2×46.8	PWS	155.3	隧道锚和岩锚组合	上弦5根,下弦4根 ϕ325×(13～15)mm
23	西藏达孜桥	500	1983	公路					4.2		1/119			一侧25 一侧山上矮塔		单车道荷载20t,加劲梁长415m
24	广东汕头海湾大桥	154+452+154	1995	公路	0.341	1/10	混凝土箱梁三室	1.05～2.2	26.52	1/205	1/17.0	2×56	PWS	95.1	嵌入式	箱梁底面为圆弧
25	丰都长江大桥	164.5+450+130	1996	公路	(0.366),(0.289)		单跨桁架	3	15	1/150	1/30	2×43.8			隧道锚	塔处主缆间距20.5m,跨中14m

注:边中跨比中带括号者为不设吊杆边跨。

2. 双塔自锚式悬索桥($L \geqslant 160$m)(表 12)

表 12

序号	桥　名	跨　径(m)	建成年	垂跨比	边主跨比	加劲梁类型	梁高(m)	梁高跨比	梁宽(m)	塔数	桥面上塔高	主缆(mm)	主缆直径(cm)	吊杆(mm)	索距(m)	备　注
1	长沙三汊矶湘江大桥	70+132+328+132+70	2007	1/5	0.402	三室钢箱	3.6	1/91.1	35	2	71.1	37 束 127ϕ5.1	38.6	85ϕ5.1	12	
2	宁波庆丰大桥	110+280+110	施工中	1/6	0.393	四室钢箱	3	1/93.3	41	2	52,55	37 束 91ϕ5.1		91ϕ5	6	边跨各有 2 辅助墩,边跨梁由钢箱过渡到混凝土箱
3	杭州江东大桥	83+260+83(两座)	2009	1/4.5	0.319	分离双钢箱	3.5	1/74.3	全宽 47	2	60.778	37 束 91ϕ5.2	32.9	127ϕ7	9	主跨双主缆,边跨单主缆,空间索面,两幅梁间钢横梁连续,梁顶推施工
4	绍兴滨海大桥	77.8+188+77.8		1/5	0.414	钢箱	3.2	1/58.8	44.2	2	67.36(全)					塔顶无横梁,人行道从塔柱外绕行,主梁锚固节段内灌混凝土
5	绍兴市解放路 3 号桥	78+180+78	2006	1/6	0.433	边预应力混凝土箱,中板	2.32	1/77.6	42	2	34.1	55 束 127ϕ5	46.9	127ϕ7	6	半飘浮体系
6	辽宁朝阳黄河路大桥	73+180+73	2008	1/5.5	0.406	预应力混凝土四室箱	2.5	1/72	31.5	2	36.327	37 束 127ϕ5.1	39.1			半飘浮体系
7	北京昌平南环大桥	70+175+70	2008	1/5	0.4	边钢箱中钢板	2.2	1/79.5	43	2	42.47	19 束 127ϕ5.4	27	ϕ7	6	每主缆下 2 个宽 2.75m 钢箱,中距 1.5m,通过连续横板和桥面板连接,半飘浮体系

续上表

序号	桥名	跨径(m)	建成年	垂跨比	边主跨比	加劲梁类型	梁高(m)	梁高跨比	梁宽(m)	塔数	桥面上塔高	主缆(mm)	主缆直径(cm)	吊杆(mm)	索距(m)	备注
8	延吉市布尔哈通河局子街桥	69+162+69		1/7	0.426	预应力混凝土边主梁	2.1	1/77.1	21	2		ϕ5	34.02	199ϕ5		
9	抚顺万新大桥	15+70+160+70+15	2004	1/6	0.438	混凝土五室箱	2.5	1/64.0	41	2		85根ϕ54钢丝绳	54.6	127ϕ7.1	5	主缆用钢丝绳，采用环绕闭合结构，梁用临时支架加滑动模架法施工

3. 独塔自锚式悬索桥($L\geqslant$80m)(表13)

表13

序号	桥名	跨径(m)	建成年	垂跨比	边主跨比	加劲梁类型	梁高(m)	梁高跨比	梁宽(m)	塔数	桥面上塔高	主缆(mm)	主缆直径(cm)	吊杆(mm)	索距(m)	备注
1	佛山平胜大桥	2×30+350+30+6×40	2006			主跨双幅钢箱，其他混凝土梁	3.5	1/100	25	1	112.7	48束127ϕ5.1	44.5	127ϕ5	12	单跨，主缆锚固在混凝土梁上，主跨钢梁用顶推法施工
2	青岛海湾大桥大沽河航道桥	80+260+190+80	2011			分离双箱	3.6		21	1					12	总宽47m
3	广州猎德大桥	47+167+219+47			0.763	钢箱	3.5	1/51.4	36.1	1	108.4				9	拱形索塔，空间主缆，由塔顶3m至跨中27.1m
4	天津富民海河大桥	86.4+157.08	2007		0.55	钢箱，双主梁			38.6	1					9	空间索面，5m人行道悬挂于钢箱梁下，边跨单索面，独塔柱

II 施工与控制

41. 台风高发期架设西堠门大桥钢箱梁的决策与实践

沈 旺 张胜利 徐风云 陈德荣
(浙江省舟山连岛工程建设指挥部)

摘 要 台风高发期架设西堠门大桥钢箱梁是制约工程建设的重大课题,指挥部在充分研究分析风洞试验研究成果的基础上作出了台风高发期架设钢箱梁科学决策,并指导工程实践,稳步推动了工程进展,从2007年6月28日至12月16日按期完成钢箱梁架设任务。本文介绍有关研究结论和建议,及指挥部决策和工程实践。

关键词 台风 高发期 架设 钢箱梁 决策 实践

一、引 言

西堠门大桥为主跨1 650m,全长2 228m的两跨连续全漂浮体系分体式钢箱梁悬索桥,见图1,跨度居钢箱梁悬索桥世界第一。该桥位于舟山西堠门海域,桥区风况和海况环境十分恶劣,主要表现为:

(1)桥区受强热带风暴影响的频率较高。1956年以来的气象资料[1]显示,舟山地区每年5月至11月受10级以上强热带风暴的影响2~3次,每次影响历时5~7天,平均最大风速34.0m/s,极大风速高于40m/s。

(2)桥区季风频繁。每年12月至次年3月经常出现7~9级季风,平均每月8~10天,风速14~20 m/s,至8级风时该海域即禁止船只作业。

(3)西堠门海域水深流急,风、浪、潮、涌、漩涡造成了复杂的水流条件,对运梁船的就位、定位、梁段起吊施工安全十分不利。该海域最大水深达99m,波浪高0.3~2.1m,最大落潮流速1.89~2.18 m/s,最大涨潮流速2.66~3.65 m/s,且海底无覆盖层,运梁船无法依靠抛锚定位。

在如此复杂而严酷的海域环境下,架设钢箱梁将面临两大难题:其一,如果5~11月强台风高发期架梁,则必须论证并解决已架设梁段和跨缆吊机的抗风稳定性问题,做到确保安全,万无一失。这在国内外钢箱梁悬索桥施工历时上还无先例和成功经验可供借鉴。其二,如果避开台风高发期而选择在11月至次年4月架梁,则必须解决季风频繁期海上作业时间短和运梁船精确定位以及施工组织、管理、合同纠纷等问题。两大难题也是两大风险,成为制约西堠门大桥建设的"铁门槛"。在严峻的形势面前,指挥部以科学发展观为指导,做出了依靠科学攻克台风期架梁技术难关的重大决策。投入巨资分别委托同济大学和西南交通大学进行西堠门大桥抗风研究,同时也组织指挥部内部专家和各参建单位开展2007年台风高发期架设钢箱梁的可行性和必要性论证,开展运梁、吊梁和抗风技术研究,完善施工方案和施工组织设计,为工程决策奠定了理论基础和实践依据。通过充分论证,在条件成熟后,做出了2007年6月28日架设西堠门大桥钢箱梁的决定。在安全的防范"圣帕"和"罗莎"两次强台风袭击之后,西堠门大桥126片钢箱梁已于2007年12月16日如期架设完成,不但稳步推进了工程进展,也在世界悬索桥建设史上开创了台风期架设钢箱梁的先例,并积累了宝贵的经验和丰富的观测成果。

二、风洞试验主要研究结论和建议

根据两校风洞试验研究报告(见文献[2]~[5]),整理出主要研究结论和建议如下:

1)架梁阶段,桥位高程10m处20年重现期的平均最大风速$V_{10}=35.06$m/s,取$a=0.16$,得到施工阶段设计风速$V_d=42.02$m/s,按公式$[V_{cr}]=1.2\times1.19\times V_d$得到西堠门大桥架梁阶段颤振检验风速为67.14m/s,见图1。

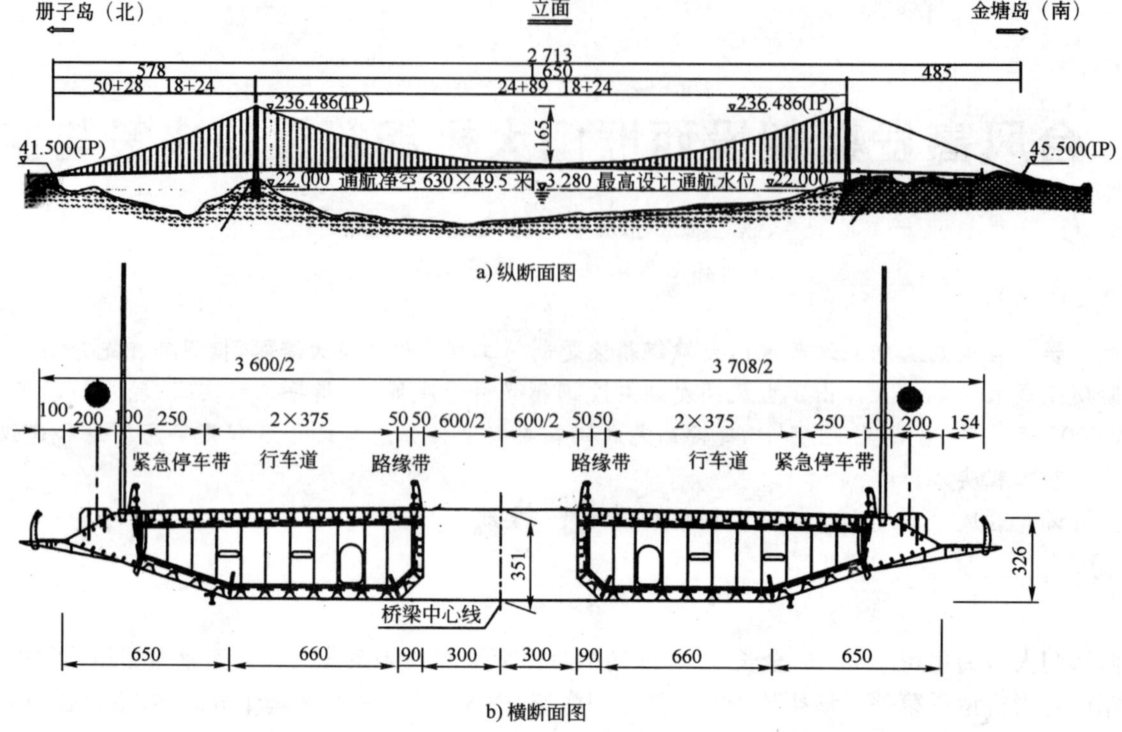

a) 纵断面图

b) 横断面图

图1　西堠门大桥桥型总体图(尺寸单位:cm)

2)由风洞试验得出不同架梁工况的颤振临界风速示于图2a)～图2d)。

3)根据1条和2条，两校先后提出的主要结论和建议为：

(1)报告[2]、[3]均提出：建议合理安排工期，以尽量避开大风期(台风多发季节)架设钢箱梁。

(2)报告[4]提出架梁施工阶段的抗风措施为：

①“采用抗风稳定性较好的对称架梁施工方案。”

②“在台风期间(一般为五月到十月)，应绝对避免中跨加劲梁拼装梁段数超过39段，否则将有可能导致严重的颤振失稳安全事故。”

③“在有条件时，可在拼装梁段上增设中央稳定板，以增加安全储备，确保万无一失。”

④“八分点处增设抗风缆的抗风稳定效果好于四分点，但必须注意个别梁段拼装阶段颤振稳定性不足的隐患。”

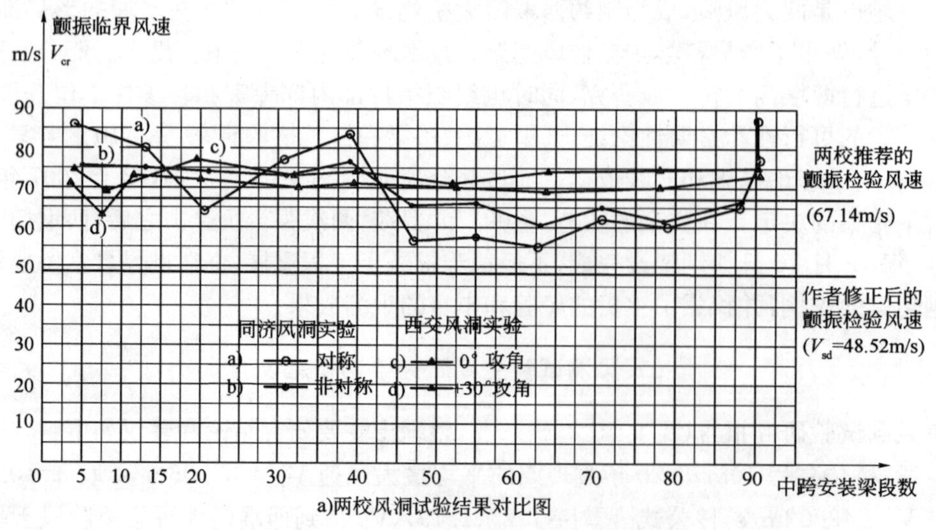

a)两校风洞试验结果对比图

图 2

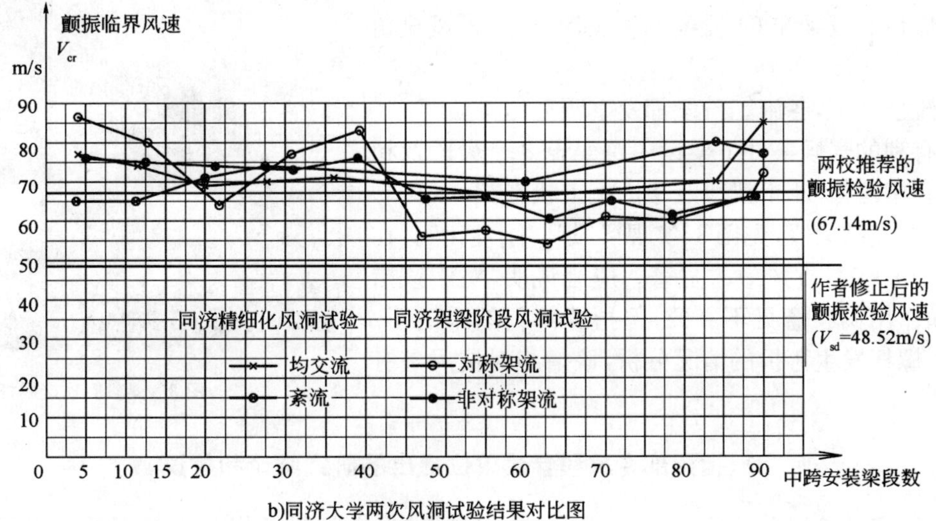

b)同济大学两次风洞试验结果对比图

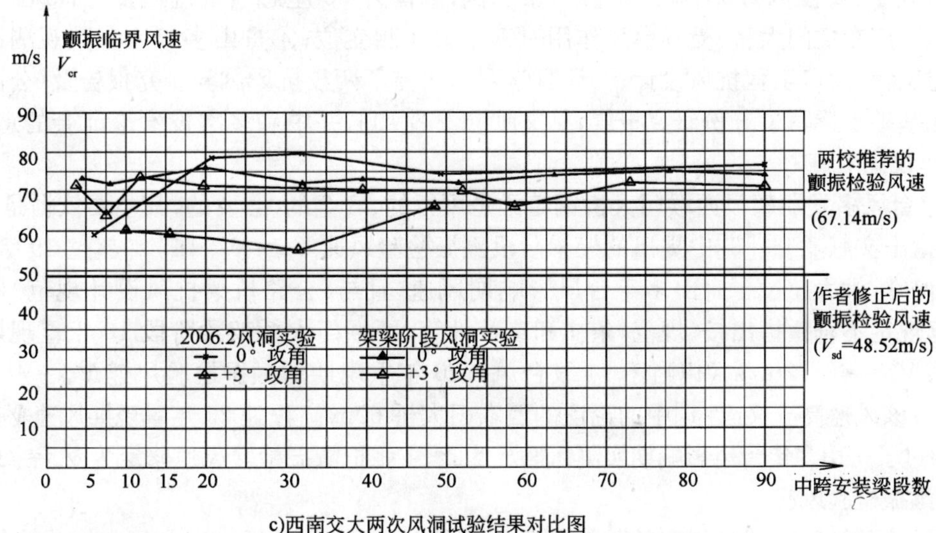

c)西南交大两次风洞试验结果对比图

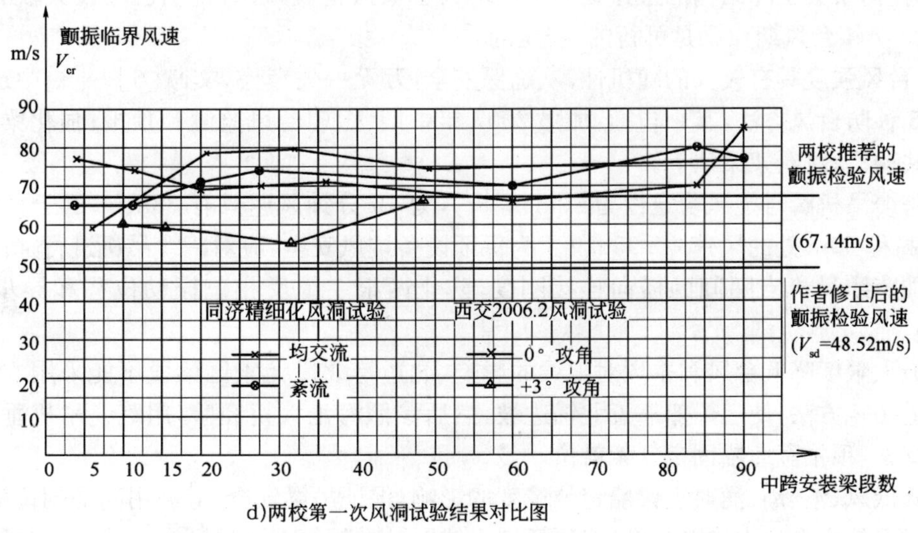

d)两校第一次风洞试验结果对比图

图 2 架梁阶段颤振检验及临界风速线

(3)报告[5]提出的架梁施工阶段抗风措施为：

①“主跨保留8段梁和64段梁两种工况下，+3°风攻角最为不利。”

②“在紊流条件下，各施工阶段都发生明显的抖振。”

③“应在有利的气候条件下架设中跨架设8个梁段及相近施工状态；和中跨架64个梁段及相近施工状态。”

④采用螺杆连结梁段，见图3，实现梁段间“刚性化”。在风速小于47.5m/s时，抗风效果显著。应当说明，对于该措施的必要性和作用两校意见不一致，但指挥部仍然采纳了。从台风影响时螺杆发生弯折的情况分析，该措施对抗风是有利的。

图3 梁段间连接螺杆

三、指挥部专家和参建单位提出的研究结论和建议

指挥部专家和各参建单位从2005年既开始了台风多发期架设西堠门大桥钢箱梁可行性研究，他们广泛收集并研究了：①国内外27座悬索桥风振示例；②国外30座悬索桥抗风设计；③国内已建悬索桥(厦门海沧大桥、广东虎门大桥)受强台风作用时钢箱梁实测变位；④舟山多年风参数观测记录及研究成果和舟山房建工程、港口工程抗风设计；⑤认真学习和研究了两校抗风试验研究报告及《公路桥梁抗风设计规范》，在此基础上撰写了五份研究报告，见文献[6]～[10]，并中和多次技术论证会的意见，提出如下10条结论和建议。

1)2007年台风多发期架设西堠门大桥钢箱梁是可行的、安全的、必要的，其主要依据是：

(1)分析指出文献[2]～[5]中提出的架梁阶段颤振检验风速V_{sd}=67.1m/s(超过19级台风风速)依据不足，过于保守，大大超过了舟山多年台风影响期风速，且与《公路桥梁抗风设计规范》(以下简称《规范》)有关计算规定不符。指出按《规范》条文和参数计算，西堠门大桥架梁阶段10年重现期计算的颤振检验风速应为V_{sd}=46.52m/s，(相当于14级台风)；20年重现期的颤振检验风速V_{sd}=48.52m/s(相当于15级台风)，该风速高于文献[1]中的论证的西堠门大桥60m高程处20年重现期风速V_{20}=45.95m/s，且已经大大超过了舟山多年台风影响期实测风速。鉴此，主张把颤振检验风速修定为V_{sd}=48.52m/s，见图2中修正后的颤振检验风速。

(2)如果承认两校风洞试验测定的颤振临界风速值(图2)，且以V_{sd}=48.52m/s作为架梁阶段颤振检验风速，则任何架梁工况结构的颤振临界风速均大于颤振检验风速，说明已架设梁段有足够的抗风稳定性，因此，2007年台风期架梁是可行的、安全的。

(3)鉴于台风强度具有较大的随机性，从确保安全，万无一失考虑，文献[6]～[9]中还根据桥梁振动理论提出了5种防台风方法，其中包括：加强2007年中期、短期台风监测和预报；强化梁段连接方法；附加质量遏制共振法；跳跃架梁法等。

2)由于跨缆吊机瞬时抗风稳定性为50m/s，折算为10分钟风速只有38m/s，低于文献[1]中论证的20年重现期高程60m处的风速45.95m/s。为保证设备抗风安全，应对跨缆吊机进行加固。重点是采用横向支撑增加跨缆吊机支腿间的横向连接刚度，防止两根主缆反相位振动位移和异步振动造成吊机倾翻。

3)为了最大限度降低台风和季风对架梁的影响，北边跨北岸无索区梁段不能采用5次荡梁法架设，而应采用航道拓宽方法，使运梁船靠近北锚边坡，然后参照海沧大桥经验，用跨缆吊机垂直起吊梁段，斜拉放置活动支架，顶推至北锚固定支架就位。

4)为了降低风、浪、潮、涌对运梁船定位精度的影响，保证吊梁安全，应利用高平潮位吊梁。

5)运梁船可依靠自动力、侧向辅助船顶托、“天锚”、“岸锚”等方法保证定位稳定。“天锚”由固定在猫道承重绳上的4台卷扬机，4条钢丝绳组成，运梁船初定位后，即将4根钢丝绳分别与船的4个角相连，用以微调船位和稳定船位，见图4。梁段起吊过程中，要求从跨缆吊机横梁与钢箱梁吊耳连接(即穿销)至梁起吊离船的15～25min内，运梁船的移动半径应小于0.5m。在水流复杂的南岸附近和老虎山附近吊梁时，还应借助“岸锚”和锚索稳定运梁船。

6)采纳西南交大的建议：在得到台风预报之后，及时用螺杆强制连接已吊梁段，使之形成“整体”。但北锚、南塔支架上的梁段不能与悬吊梁段相连，以防止悬架梁段风振位移过程中拉动放置在支架上的梁段，台风过后则应立即放松梁段下的连接螺杆，使已架梁段之间处于无约束状态，以防止梁段钢板局部受力过大而变形。

图4 南边跨梁吊实景

7)在主缆、已吊钢箱梁、南塔上安装风速仪和变位测点，实测台风作用时缆、梁、塔的即时风速和结构相应位移，用以指导架梁施工及检验风洞试验和理论分析计算成果的可靠度，积累实测资料。

8)架梁顺序架梁段数主要根据以下控制因素决定：①南北塔顶单向水平位移小于30cm(考虑了变动索鞍位置等调整因素)；②减少跨缆吊机走空；③运梁船位置海域风、浪、潮、涌情况；④中跨由跨中分别向南北两岸连续推进；⑤北边跨在北锚无索区17号、18号、19号梁段放置支架后，由20号梁段向北塔推进；北塔无索区及超重梁段用卷扬式吊装系统起吊架设。架设时机根据上述3个因素选定。

9)北锚支架上的无索区梁段和北塔支架上的无索区梁段应在支架上实施环缝焊接，使之连成整体顶升就位。环焊前应准确计算并调整线形，使之与成桥线形连续。

10)最后吊装的合龙梁段分别为北塔北侧N51号梁段，北塔南侧50号梁段，中跨南端43号梁段。在合龙50号梁段时，梁段起吊前应将北塔6段梁北移40cm，待50号梁段就位后再复位；在合拢N51号梁段时，起吊前应将北边跨17～19号梁段和N20号至N43号梁段整体北移40cm，为N51号梁段留出合龙空间，待N51号梁段就位后再复位；中跨南43号梁段为全桥最后合拢梁段，在合拢前应将南边跨7段梁整体南移40cm，待43号梁段就位后再复位。最后合龙梁段架设是西堠门大桥完成钢箱梁架设的标志。此后才能进入钢箱梁线形测量、调整，实施桥位梁段焊接施工。

四、科学决策、稳步推进、安全第一

从2005年底至2007年初的近两年中，浙江省舟山连岛工程建设指挥部多次组织各参建单位研究讨论钢箱梁施工组织设计，研究运梁技术方案、吊梁技术方案、钢箱梁和跨缆吊机防台风技术方案和施工组织与管理方案。在综合考虑两校建议和指挥部论证意见及外部专家审查意见的基础上，作出了2007年6月28日开始架设西堠门大桥钢箱梁、2007年12月完成126段梁架设任务的科学决策。该决策得到了省交通厅主管技术的领导的支持和认可。

为了确保安全，稳步推进架梁施工，指挥部采取了如下措施：

1)强化管理，成立以沈总指挥为组长、张副指挥为常务副组长的架梁领导小组，由张副指挥具体负责架梁施工组织、协调、管理工作。施工单位也相应成立了以项目经理、副经理为正、副组长的加梁施工指挥部，负责运梁、架梁工程实施。

2)要求承包单位全面落实防台风措施和技术方案，如：委托上海热带风景研究中心、浙江省、舟山市气象局进行2007年中、短期台风预报；拓宽北边跨航道；设置北锚区固定支架和活动支架、南塔区高低支架、北岸区高低支架；调查桥位海浪、潮流、潮位；研制卷扬式起吊系统；采用“天锚”和“岸锚”及辅助船稳定运梁船；加强跨缆吊机抗风性能；开展台风期已架梁段变位和风况观测；强化梁段连接的设备，在强台风到来前后立即紧固临时螺杆，使已架梁段整体化；制定和完善架梁进度计划，并逐日向指挥部上报架梁进度，等等。

3)指挥部及时协调设计、监控、监理、制梁单位、海事部门与架梁施工单位的关系,合力攻关,保证架梁安全和进度。

4)要求各相关单位制定完善防台风安全预案,在台风期间成立现场防台风指挥部,组织指导防台风工作。

五、体 会

从2007年6月28日架设北锚区17号梁段开始,至2007年12月16日,西堠门大桥已按预定计划和技术路线,安全、优质完成了全部126段梁吊装任务。6个月中,西堠门大桥曾遭遇二次强台风袭击,桥面最大风速达36.3m/s,由于所采取的防台技术方案科学合理、措施到位,组织管理有力并推进到"前线",因此不但顺利的渡过了台风风险,推进了工程进展,还积累了宝贵的技术资料和建设管理经验,概括而言,主要有五点:

(1)2007年台风高发期架设西堠门大桥钢箱梁的决策是根据桥位环境和工程特点,经历不同学术观点的反复论证,在广泛深入的研讨的基础上作出的,虽然是大胆的,带有风险性的,但确是科学的。因此可以称之为科学决策、正确决策。

(2)在复杂建设环境下,业主科学的管理、人性化的强势协调和管理,对于稳步推进特大型桥梁建设并保证工程安全、质量,实现预定的、合理的工期目标是极为重要的。

(3)西堠门大桥架设钢箱梁过程中首次开展了台风期风况和结构变位观测,所取得的部分观测成果列于表1,主要成果及分析参见文献[10],这些成果对于修正和改进风洞试验方法和结果,修正和改进现有桥梁风振计算分析方法;正确作出台风高发区悬索桥建设决策有着重要参考价值。

西堠门大桥架梁阶段风况及结构变位观测成果 表1

台风名称	测 站	极大风速(m/s)	10分钟最大风速(m/s)	架梁段数	钢箱梁变位(跨中,cm)	主缆变位(跨中,cm)
0709圣帕	金塘站	23.60 8月20日0:40	17.00	中跨11段		横向:45.6
	册子站	23.10 8月19日19:47	18.10			
	主缆跨中		17.10			
0713韦帕	金塘站	33.90 9月19日10:37	24.10	共50段中跨40段	横向:135.9 竖向:1.1 纵向:4.1	横向:167.4 竖向:3.5 纵向:0.5
	册子站	30.80 9月19日11:29	23.90			
	主缆跨中	36.20 9月19日10:30	28.70			
0716罗莎	金塘站	23.40 10月8日18:46	14.10	共75段,中跨75段	横向:75.7 竖向:1.0 纵向:1.8	横向:70.9 竖向:4.2 纵向:1.6
	册子站	31.90 10月8日18:46	20.60			
	沥港站	25.60 10月8日17:04	15.70			
	主缆跨中	18.20 10月7日15:38	15.10			

注:表列变位值为本次观测最大平均值。

(4)按现行《公路桥梁抗风设计规范》有关条文和规定计算的悬索桥施工阶段颤振检验风速是相对合理和安全的。

(5)长期以来,风洞试验被认为是测取结构风振特性、模态和响应的最好方法,具有相当大的权威性。笔者在文献[6]中曾分析了风洞试验的先天性缺陷,而西堠门大桥风观测成果则证明了风洞试验结果与实际相符性较差,过于偏大,有待改进完善。

参考文献

[1] 徐集云等.舟山大陆连岛工程可行性研究:气象观测、风参数研究报告.浙江省气候中心,舟山市气象局.2005年7月.

[2] 同济大学.《西堠门大桥悬索桥抗风性能精细化研究》.2005年11月.

[3] 西南交通大学.西堠门大桥悬索桥抗风性能试验研究.2006年2月.

[4] 同济大学.西堠门大桥施工阶段颤振稳定性能研究.2007年7月.

[5] 西南交通大学.西堠门大施工阶段抗风性能试验研究(精简版).2007年7月.

[6] 徐风云,陈德荣.2007年台风多发期架设西堠门大桥钢箱梁的可行性研究.浙江省舟山连岛工程建设指挥部,2006年6月、10月.

[7] 徐风云,张胜利,陈德荣.《西堠门大桥抗风性能研究结论的讨论》.中国公路学会桥梁与结构工程分会,2006年全国桥梁学术会议论文集.

[8] 徐风云,陈德荣,蒋杰.《悬索桥风毁实例分析及抗风设计评述》.中国公路学会桥梁与结构工程分会,2006年全国桥梁学术会议论文集.

[9] 徐风云,蒋杰.《西堠门大桥架梁阶段抗风稳定性的探讨》.桥梁建设.2007年增刊

[10] 沈旺,张胜利,徐风云,陈德荣,沈良成等.《西堠门大桥架梁阶段桥位台风参数及结构风振观测与研究》.浙江省舟山连岛工程建设指挥部.2007年12月.

42. 西堠门大桥架梁阶段桥位台风风参数及结构风振监测成果及分析

徐风云[1] 沈良成[2] 喻胜刚[2] 陈德荣[1] 赵有明[2] 郭 恒[2] 杨树权[2]

(1.浙江省舟山连岛工程建设指挥部;2.中交集团第二公路公程局二公司)

摘 要 本文介绍西堠门大桥架梁阶段遭遇三次强台风袭击期间监测到的桥位台风风参数及结构风振成果及分析意见。

关键词 西堠门大桥 架梁 桥位 台风 风参数 结构风振 监测 成果 分析

一、工 程 概 况

西堠门大桥是一座两跨连续分体式全漂浮体系钢箱梁悬索桥,主桥跨度1 650m。居同类桥梁世界第一。两跨钢箱梁总长共2 220.8m,由115段标准长度18.0m及11段非标准长度的钢箱梁组成。见图1,图2。钢箱梁梁高3.26m,总宽37.08m,中央开槽6.0m,见图3,此类结构在世界已建悬索桥上属首次采用。本桥从2007年6月28日开始架梁,至2007年12月16日全桥架梁完毕。

西堠门大桥位于浙江省舟山市西堠门海域,风、浪、潮、涌频繁,环境十分恶劣,每年平均受3~4次强台风影响,多分布在5~10月。此外,桥区每年12月至次年3月为季风多发区,每月平均有8~10天出现7~8级季风,而不能出海作业,对于西堠门大桥钢箱梁架设十分不利。

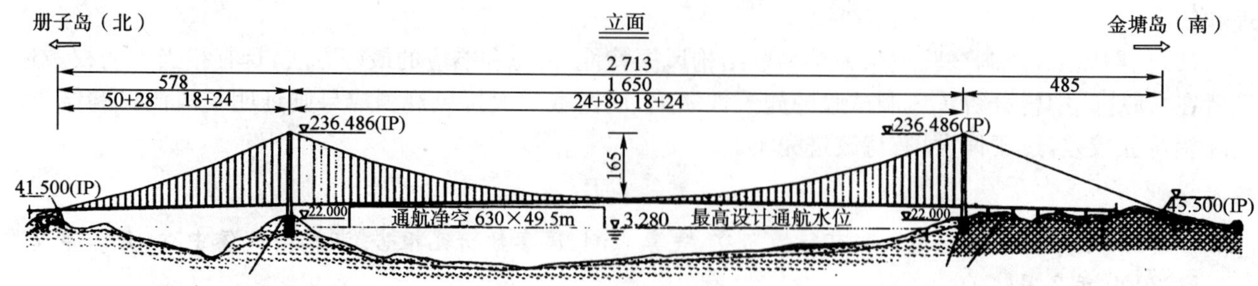

图 1　桥型总体布置图

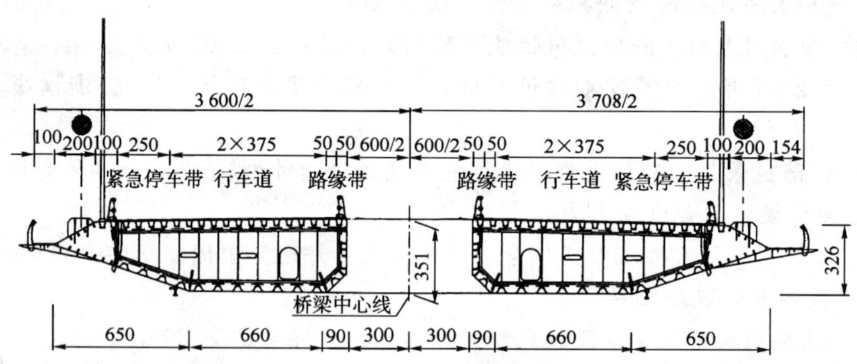

图 2　西堠门大桥横断面图

在风况恶劣的海域或江河中架设悬索桥或斜拉桥钢箱梁的抗风稳定性和抗风措施的可靠性是关系到工程安全和质量的重大课题。在国内外桥梁建设中，传统的做法是不在台风高发期架梁。究其原因有两方面：

(1)强台风破坏力极大，又因其可变化性、复杂性而难以预测和防范。

(2)目前评价桥梁抗风稳定性所依赖的风洞试验和理论性研究成果还不够完善、不够精确，最不利的是缺乏实测成果的检验，这就增大了决策者和责任方的风险和责任。

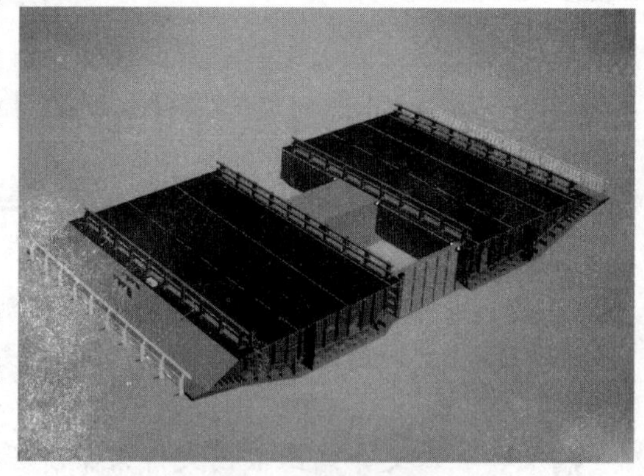

图 3　分体式钢箱梁

西堠门大桥架梁施工之前两年，指挥部就委托有关院校进行风洞试验和理论研究，两校提出的建议是在宜在台风高发期(每年 5～11 月)架梁。在此同期，笔者也进行了台风期架梁的可行性研究，得出了与两面三刀校相反的结论。问题的关键是，如果西堠门大桥 5～11 月不架梁，就意味着全面停工，而从 12 月至次年 3 月受季风影响，又完不成架设 126 段梁的任务，此后又会错过适合钢桥面铺装的季节，西堠门大桥上部结构施工就走进了死角。在此形势下，指挥部采信了笔者的建议并强化了抗风措施，作出台风高发期架梁决策。通过指挥部的科学组织，强化管理，取得了成功。为跨海峡大跨度悬索桥建设积累了宝贵经验，详见参考文献。

据查，目前世界上还没有台风期架梁阶段实测到台风作用时桥位风参数及结构风振监测成果。因此，本成果不但保证西堠门架梁施工安全，作出正确的抗台风决策和措施提供了有实际依据的指导性数据，还可以用于检验(或校验)风洞试验及理论计算结果的准确性，为世界悬索桥建设提供了宝贵的技术依据。

二、观测项目、测点布置及观测方法

1. 观测项目

(1)根据强台风预报信息,连续观测同一风况条件下,地面测点、南塔测点、已吊梁段桥面测点、主缆测点风速,用以评价桥位风速与高度的关系。

(2)同一风况条件下,观测主缆跨中、跨缆吊机位置(共4个测点)的横向、竖向振动幅值。

(3)同一风况条件下,观测钢箱梁跨中及梁端(共4个测点)的纵向、横向以及竖向振动幅值。

(4)根据观测结果,评价监控单位和风洞试验研究单位提供的试验结果,作出架梁阶段结构和跨缆吊机抗风稳定性评价。

2. 测点布置

测点布置如图4所示,观测设备列于表1。

观测设备 表1

序　号	仪器名称	精度指标	数　量
1	LEICA TC2003全站仪	0.5″,1mm+1ppm	1
2	YF6-8J风向风速警报仪	±(0.5+0.05×风速测量值)m/s	5

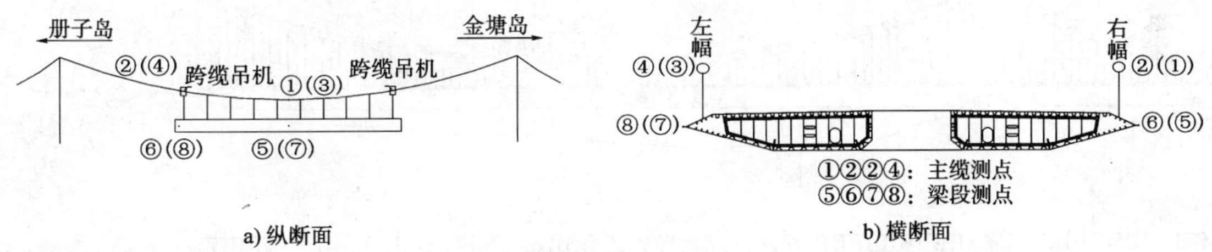

图4　测点布置图

3. 观测方法

(1)风速测量时,在南塔、主缆跨中③、主缆吊机位置④、钢箱梁跨中⑦钢箱梁梁端、⑧安置带记忆功能的电子风速仪,记录最大、最小风速,同时手工记录风向。使用全站仪测量各点高程,从而检验风速与高度的关系。

(2)采用全站仪三维坐标法测量风力作用下主缆及钢箱梁的横向及竖向振动幅值。首先,在无风状况下对布设的6个观测点,分别测量其初始值(X_0,Y_0,Z_0)。在同一风况条件下,对6个观测点,分别进行10分钟连续观测。其中各点X值与该点初始值X_0比较的最大变化量即为该纵向振动幅值,Y值与初始值Y_0的最大变化量即为该点竖向振动幅值,Z值与初始值Z_0的最大变化量即为该点竖向振动幅值。

三、韦帕、罗莎台风期间监测成果

韦帕台风作用期间,西堠门大桥共架设钢箱梁50段。其中北边跨9段、北塔区5段、中跨跨中33段、南塔区3段,见图5。2007年9月18日至2007年9月19日对韦帕台风影响下的西堠门大桥主缆及钢箱梁进行了监测,监测内容包括主缆跨中、跨缆吊机位置的横向、竖向振动幅值;钢箱梁跨中及梁端的纵向、横向以及竖向振动幅值;及跨中箱梁位置风速。架梁工况、观测点位及风速仪位置示于图5。主要观测成果列于表2、表3。

罗莎台风作用期间,西堠门大桥共架设钢箱梁数为75段。其中北边跨20段、北塔区5段、中跨跨中47段、南塔区3段,见图6。2007年10月7日对罗莎台风影响下的西堠门大桥主缆及钢箱梁进行了监测,监测内容包括主缆跨中位置的横向、竖向振动值;钢箱梁跨中及梁端的纵向、横向及竖向振动幅值;地面、主缆跨中及南塔门架位置的风速。架梁工况、观测点位及风速仪位置示于图6。主要观测成果列于表4。

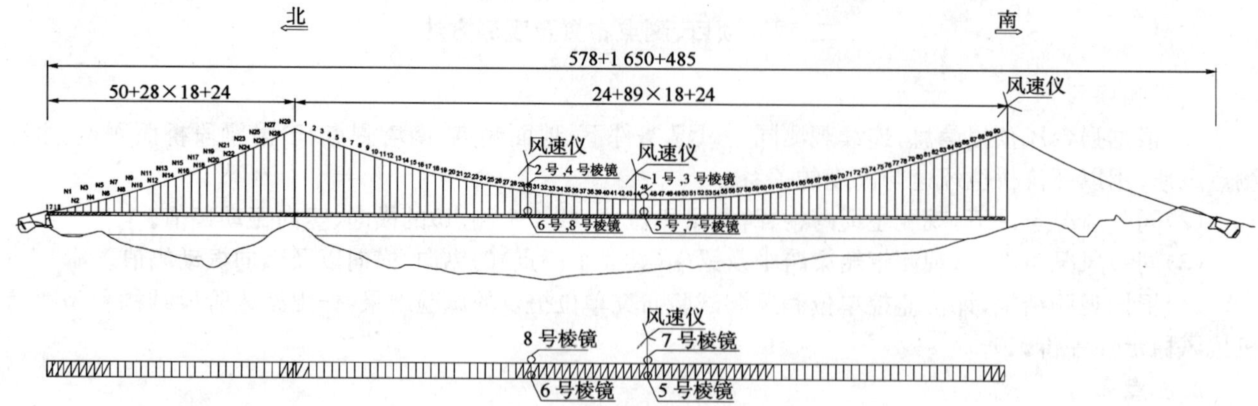

图5 韦帕台风架梁工况、观测点位及风速仪位置示意图(观测时间:2007年9月18～19日)

架梁工况:北边跨9段、北塔区跨中侧5段、中跨跨中33段、南塔区3段

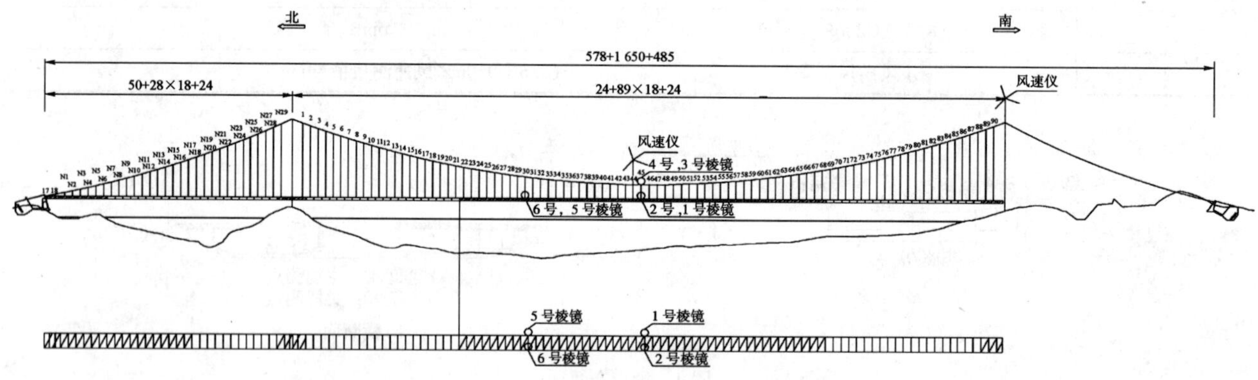

图6 罗莎台风架梁工况、观测点位及风速仪位置示意图(观测时间:2007年10月7～8日)

架梁工况:北边跨20段、北塔区跨中侧5段、中跨跨中47段、南塔区3段

西堠门大桥架梁阶段主缆风况及风振观测值 表2

观测部位	特征值	韦帕台风作用				罗莎台风作用			
		观测日期	架梁段数	极大风速工况	平均风速工况	观测日期	架梁段数	极大风速工况	平均风速工况
右幅主缆跨中	风速(m/s)	2007年9月18日至19日	共架设钢箱梁50段,其中北边跨9段、北塔区5段、中跨跨中33段、南塔区3段	36.2	28.7	2007年10月7日至8日	共架设钢箱梁75段。其中北边跨20段、北塔区5段、中跨跨中47段、南塔区3段	13.8～18.4	15.5
	横向振幅(cm)			208.2	167.4			68.4～83.1	64.9
	竖向振幅(cm)			−11.7～4.0	3.5			−5.4～14.9	5.1
左幅主缆跨中	风速(m/s)	2007年9月18日至19日		30.4	20.7	2007年10月7日至8日		17.9～18.2	15.1
	横向振幅(cm)			157.5	90.7			56.2～99.0	70.9
	竖向振幅(cm)			−6.3～7.9	1.7			−0.9～11.7	4.2
左幅跨缆吊机北端	风速(m/s)	2007年9月18日至19日		30.4	20.7	2007年10月7日至8日			
	横向振幅(cm)			157.5	91.8				
	竖向振幅(cm)			−20～29.3	0.4				

西堠门大桥架梁阶段钢箱梁风况及风振特征值 表 3

观测部位	特征值	韦帕台风作用				罗莎台风作用			
		观测日期	架梁段数	极大风速工况	平均风速工况	观测日期	架梁段数	极大风速工况	平均风速工况
右幅主梁跨中	风速(m/s)	2007 年 9 月 18 日至 19 日	共架设钢箱梁 50 段。其中北边跨 9 段、北塔区 5 段、中跨跨中 33 段、南塔区 3 段。	25.3~25.2	23.5	2007 年 10 月 7 日至 8 日	共架设钢箱梁 75 段。其中北边跨 20 段、北塔区 5 段、中跨跨中 47 段、南塔区 3 段。	17.5	14.8
	横向振幅(cm)			114.9~140.2	124.7			91.7	75.7
	风洞试验值(cm)			316.0	290.8			167.0	111.0
	竖向振幅(cm)			−17.2~6.0	−4.9			−6.1~7.2	1.0
	风洞试验值(cm)			28.0	12.8			5.1	3.0
左幅主缆跨中	风速(m/s)	2007 年 9 月 18 日至 19 日		26.3	17.8	2007 年 10 月 7 日至 8 日		13.3~17.4	14.8
	横向振幅(cm)			106.2~108.1	78.5			72.3~86.3	73.6
	风洞试验值(cm)			334.0	178.2			160.0	111.0
	竖向振幅(cm)			−1.0~8.2	−2.2			−0.9~10.6	3.0
	风洞试验值(cm)			14.2	6.2			5.1	3.0
右幅主梁北端	风速(m/s)	2007 年 9 月 18 日至 19 日		—	—	2007 年 10 月 7 日至 8 日		—	—
	横向振幅(cm)			157.9	135.9			77.9~84.0	57.1
	竖向振幅(cm)			−7.7~5.4	−1.1			−1.1~19.7	8.0
左幅主梁北端	风速(m/s)	2007 年 9 月 18 日至 19 日		—	—	2007 年 10 月 7 日至 8 日		—	—
	横向振幅(cm)			154.7	−8.9~11.0			71.8~85.0	63.7
	竖向振幅(cm)			3.5	−0.8			−14.6~12.7	4.3

罗莎台风风速与高度分布表(10min 平均风速) 表 4

日 期	时 间	地面 21(m)	主缆跨中 69(m)	南塔门架 243(m)
2007-10-7	11:00-11:10	12.5	14.9	13.8
2007-10-7	11:30-11:40	11.8	14.5	13.8
2007-10-7	11:50-12:00	14.1	15.2	12.1
2007-10-7	12:20-12:30	12.8	14.2	13.9
2007-10-7	12:40-12:50	14.3	14.6	13.6
2007-10-7	13:20-13:30	11.1	14.9	13.7
2007-10-7	14:30-14:40	9.2	15.5	无记录
2007-10-7	14:40-14:50	9.6	15.4	14.4
2007-10-8	6:20-6:30	3.5	6.6	5.1
2007-10-8	6:30-6:40	3.9	6.9	6.7
2007-10-8	6:40-6:50	4.3	6.9	6.7
2007-10-8	6:50-7:00	3.5	6.7	6.5
2007-10-8	17:50-18:00	14.8	22.6	无记录
2007-10-8	18:00-18:10	14.9	22.9	无记录
2007-10-8	19:00-19:10	15.1	20	无记录
平均值		10.4	14.1	10.9

注:表中风速为该时段测点的平均风速。由于仪器间断性停止工作,导致个别时段无风速数据。

四、台风影响下结构风振分析

1. 主缆及跨缆吊机抗风稳定性分析

(1)从表2、表3所列的主缆风况、风速和风振动位移观测数据看出,强风作用下主缆具有三维振动特征,即横、竖、纵复合振动,说明风洞试验观察的振动形态与实际相等。

(2)主缆主振形,即最不利振动为横向振动,西堠门大桥主缆极大风速达36.2m/s,横向位移最大位移达208.2cm,但此值远小于相应风速时的风洞试验值,说明风试验结果偏于安全。

(3)韦帕台风期间跨缆吊机部位实测风速达30.4m/s,主缆横向振幅达157cm,竖向振幅达20~29.3cm,跨缆吊机未发生损坏,说明该吊机性能可靠,抗风加固措施发挥了作用。

(4)两根主缆横、竖、纵向振动具有不同步特性,这是有待风洞试验和抗风理论进一步研究的课题。

2. 钢箱梁抗风稳定性分析

1)从表2和表3所列观测数据看出,强风作用下已架设梁段具有横、竖、纵、扭六维空间复合振动特征,由此形成的弯—扭振动是造成颤振失稳的主要振型。这可证明风洞试验定性的正确性。

2)横向振动是已架设梁段主振形,其最在横向振幅(位移)与多种因素有关,从表2所列数据可得到三点主要结论。

(1)实测梁段横向位移远低于风洞试验测得的横向位移,(螺栓强化梁段连接后)实际值仅为试验值的0.3~0.5倍。

(2)实测梁段竖向位移较风洞试验值的差异更大,实测值仅为试验值的0.2~0.4倍,个别值更小。

(3)从钢箱梁左、右两端竖向振幅差和相位差看出,强风作用时梁段会发生明显的竖向扭转振形,因此在抗风稳定分析时,应考虑风攻角的影响,但也不宜过分强调风攻角的危险性。

3)科研单位在研究报告中曾提出多种方案,其一为穿临时螺栓“强化梁段之间连接刚度”,其二为加抗风缆、张拉猫道缆等“强化主缆刚度”,其三为加导流板“改变风攻角”,其四为附加质量和阻尼“遏振”等。从实际结果看,“强化梁段之间连接刚度”是较好的办法。但强化要适当,如果以实现“梁段刚性连接”为目标,则肯定是不可取的。因为无法实施,既做不到也无必要。

五、强台风影响期桥位附近风参数分析

舟山位于强台风影响区,设计和科研院校做抗风设计时,采用的西堠门大桥桥位基本风速V_{10}=41.12m/s,设计基准风速V_d=55.14m/s,成桥颤振检验风速[V_{cr}]=78.7m/s,钢箱梁架设阶段设计基准风速V_d=47.02m/s,颤振检验风速[V_{cr}]=67.14m/s,这些风设计参数远高于国内外已建悬索桥,致使抗风成为西堠门大桥设计、施工、营运安全和投资数额的重大制约因素。为了解决抗风问题,开展了大量的研究工作,因此投资随之增大。

实际上,在研究桥梁抗风问题时,应首先研究桥位强风资料并用以确定合理的风参数,进行最不利风速重现期及危险性评价和抗风设计。笔者在《2007年台风高发期架设西堠门大桥钢箱梁可行性研究》报告中对此作了深入分析,本节根据舟山气象台多年观测资料(列于表5-1)和2005~2007年强台风影响期间金塘、册子、沥港及桥区四个测风站观测资料分析舟山地区及主沿海地区桥抗风设计中风参数的确定问题,这对2008年金塘大桥架梁施工决策、舟山市和沿海地区桥梁抗风设计有着重大的现实意义和历史意义,影响深远。

表5和表6(1)~表6(4)列出1956年以来影响舟山的强台风风况观测资料,以表列数据可以证明以下论点:

影响舟山的台风最大风速、极大风速及风向汇总表 表5

测站 / 风速m/s风向	北　仑	舟　山	普　陀	嵊　泗	平均值(m/s)
最大风速(m/s)及风向	343.3E	34NE	35NNW	44.7NNE	37 m/s
极大风速(m/s)及风向	740ESE	740N	740NW	54.2N	43.6 m/s

2005～2007 年金塘站观测台风风速

表 6(1)

台风名称	极大风速及时间	前 10 分钟平均风速	前 20 分钟平均风速	后 10 分钟平均风速	后 20 分钟平均风速	平均风速比极大风速
0505 海棠	27.5m/s 7 月 20 日 10:28	15.3m/s (前 1 小时平均风速)	17.1m/s (前 2 小时平均风速)	20.3m/s (后 1 小时平均风速)	14.0m/s (前 2 小时平均风速)	0.74
0509 麦莎	49.1m/s 8 月 6 日 10:30	28.1m/s (前 1 小时平均风速)	26.0m/s (前 2 小时平均风速)	28.6m/s (后 1 小时平均风速)	29.8m/s (后 2 小时平均风速)	0.61
0513 泰利	20.9m/s 9 月 1 日 8:56	13.6m/s	13.4m/s	11.0m/s	10.6m/s	0.65
0515 卡努	42.4m/s 9 月 11 日 21:37	25.6m/s	22.6m/s	28.9m/s	28.5m/s	0.68
0601 珍珠	20.4m/s 5 月 19 日 3:32	16.0m/s	14.5m/s	16.7m/s	16.6m/s	0.81
0604 碧利斯	31.1m/s 7 月 15 日 1:06	22.7m/s	31.7m/s	22.9m/s	17.0m/s	1.00
0605 格美	23.2m/s 7 月 26 日 13:24	16.8m/s	15.9m/s	14.9m/s	14.8m/s	0.72
0608 桑美	17.9m/s 8 月 10 日 11:40	14.0m/s	11.5m/s	13.7m/s	13.0m/s	0.78
0709 圣帕	23.6m/s 8 月 20 日 0:40	17.0m/s	16.4m/s	16.3m/s	15.4m/s	0.72
0713 韦帕	33.9m/s 9 月 19 日 10:37	22.3m/s	22.1m/s	24.1m/s	19.7m/s	0.71
0716 罗莎	23.4m/s 10 月 8 日 18:46	14.1m/s	13.3m/s	12.6m/s	12.1m/s	0.60

2006～2007 年册子站观测台风风速

表 6(2)

台风名称	极大风速及时间	前 10 分钟平均风速	前 20 分钟平均风速	后 10 分钟平均风速	后 20 分钟平均风速	平均风速比极大风速
0601 珍珠	23.5m/s 5 月 18 日 23:35	16.8 m/s	15.2 m/s	16.7 m/s	13.4 m/s	0.74
0604 碧利斯	30.7m/s 7 月 15 日 00:56	24.1 m/s	23.0 m/s	23.0 m/s	23.9 m/s	0.78
0605 格美	20.0m/s 7 月 26 日 13:20	15.1m/s	14.4m/s	15.5m/s	15.3m/s	0.79
0608 桑美	15.1m/s 8 月 10 日 11:32	11.1m/s	7.7m/s	11.4m/s	10.3m/s	0.76
0709 圣帕	23.1m/s 8 月 19 日 19:47	10.3m/s	10.4m/s	18.1m/s	15.8m/s	0.78
0713 韦帕	30.8m/s 9 月 19 日 11:29	23.9m/s	21.8m/s	21.5m/s	13.4m/s	0.78
0716 罗莎	31.9m/s 10 月 8 日 18:42	17.0m/s	18.0m/s	20.6m/s	20.3m/s	0.65

2007年沥港站观测台风风速 表6(3)

台风名称	极大风速及时间	前10分钟平均风速	前20分钟平均风速	后10分钟平均风速	后20分钟平均风速	平均风速比极大风速
0716罗莎	25.6m/s 10月8日17:04	13.4m/s	14.1m/s	13.8m/s	15.7m/s	0.61

2007年西堠门大桥桥面观测风速(高程64.0m) 表6(4)

台风名称	极大风速及时间	平均风速	平均风速比极大风速
0709圣帕	17.1m/s 8月19日13.9m/s	13.9m/s	0.81
0713韦帕	36.2m/s 9月19日	28.7m/s	0.89
0716罗莎	17.5m/s 10月8日	14.8m/s	0.84

(1)影响舟山地区的强台风大都发生在6～10月,8月出现年份最多。

(2)从1956年至今的51年中,影响舟山的强台风报最大风速为54～59m/s,平均值为43.6m/s,最大风速为44m/s,平均值为37.0m/s,其重现期相当于50年。《公路桥梁抗风设计规范》中规定重现期50年的基本风速为37.3m/s,与观测值相当吻合。《公路桥梁抗风设计规范》中规定舟山地区重现期10年的基本风速为28.6m/s,也与多年观测的风速相近,设计推荐值为32.37m/s,比实测和规范值偏高1.13倍。两校抗风研究报告中计算颤振检验风速采用的基本风速V_{10}=41.12m/s,偏高1.44倍。由此论证,两校采用的颤振检验风速67.1m/s也偏高。

(3)表6(1)～表6(4)所列平均风速与极大风速比值的平均值为0.74,由此认为舟山地区的台风具有持续时间长的特点,其相应的阵风系数为1.35,小于《公路桥梁抗风设计规范》值。

(4)由表4和表6所列数据看出,台风风速与高度似无明显的正比例关系,这就是风梯度系数问题。从实际而言,台风或强风的风向、风速特性都具有最显著随机性,不可能用一个公式,几个系数来推算。由此认为《公路桥梁抗风设计规范》提出的风速沿高度分布公式和系数有待完善,设计取用的风高度指数α=0.16偏高。这也是造成西堠门桥施工阶段颤振检验风速偏高的重要原因之一。

参考文献

[1] 徐集云等.舟山大陆连岛工程可行性研究:气象观测、风参数研究报告.浙江省气候中心,舟山市气象局:2005年7月.

[2] 同济大学.西堠门大桥悬索桥抗风性能精细化研究.2005年11月.

[3] 西南交通大学.西堠门大桥悬索桥抗风性能试验研究.2006年2月.

[4] 同济大学.西堠门大桥施工阶段颤振稳定性能研究.2007年7月.

[5] 西南交通大学.西堠门大桥施工阶段抗风性能试验研究(精简版).2007年7月.

[6] 徐风云,陈德荣.2007年台风多发期架设西堠门大桥钢箱梁的可行性研究.浙江省舟山连岛工程建设指挥部:2006年6月、10月.

[7] 徐风云,张胜利,陈德荣.西堠门大桥抗风性能研究结论的讨论.中国公路学会桥梁与结构工程分会.2006年全国桥梁学术会议论文集.

[8] 徐风云,陈德荣,蒋杰.悬索桥风毁实例分析及抗风设计评述.中国公路学会桥梁与结构工程分会.2006年全国桥梁学术会议论文集.

[9] 徐风云,蒋杰.西堠门大桥架梁阶段抗风稳定性的探讨.桥梁建设:2007年.

[10] 沈旺,张胜利,徐风云,陈德荣,沈良成等.西堠门大桥架梁阶段桥位台风参数及结构风振观测与研究.浙江省舟山连岛工程建设指挥部:2007年12月.

43. 西堠门大桥猫道设计方案

卢 伟[1] 沈锐利[2] 唐茂林[2] 虞业强[1] 邓亨长[1]
(1. 四川公路桥梁建设集团有限公司;2. 西南交通大学)

摘 要 介绍了舟山西堠门大桥施工临时结构——猫道的设计方案,针对桥址处风环境恶劣的特点,在结构抗风减振设计方面提出相应对策。

关键词 西堠门桥 悬索桥 猫道 设计 抗风

一、工 程 概 述

西堠门大桥是舟山大陆连岛工程中最大一座跨海桥梁,大桥主桥设计为主跨 1 650m 的两跨连续钢箱梁悬索桥,桥跨布置为:578m(北边跨)+1 650m(主跨)+485m(南边跨);矢跨比 1/10(图 1)。

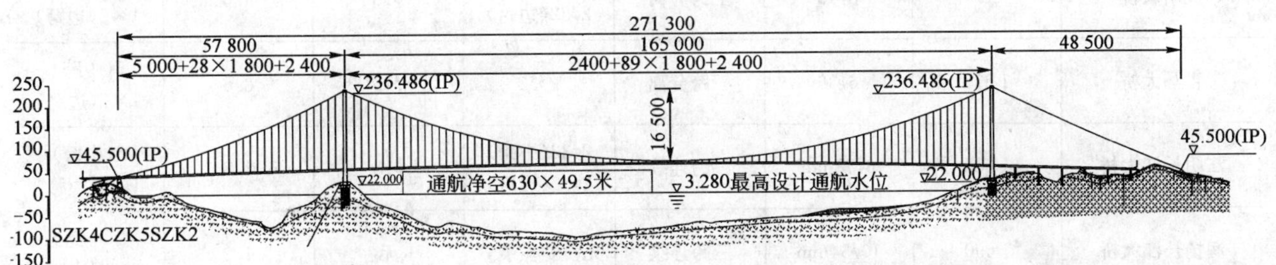

图 1 舟山西堠门大桥桥型布置(尺寸单位:cm)

主缆采用预制平行钢丝索股(PPWS)。每根主缆中,从北锚碇到南锚碇的通长索股有 169 根,北边跨另设 6 根索股(背索)在北主索鞍上锚固,南边跨另设 2 根索股(背索)在南主索鞍上锚固。每根索股由 127 根直径为 1 770MPa 级 ϕ5.25mm 高强镀锌钢丝组成。全桥通长主缆长度约为 2 880m。

为提高颤振临界风速,加劲梁设计为新颖的中分带拉开的双箱断面,内侧两个车道采用敞开式格构。梁高为 3.5m。主梁设计采用 18m 的标准吊索间距,标准梁段长度为 18m。全桥共划分 126 个梁段。

根据相关气象资料,大桥设计基准风速为:V_{10}=41.12m/s;施工阶段设计风速为 V_{10}=36.19m/s(按重现期 20 年考虑)。

大桥工程东临东海,西望大陆,属东亚季风气候区,出现大风的频率相当高。同时该地区为受台风影响频繁的地区。影响台风最早出现在 5 月份,最迟出现在 11 月份。平均一年出现台风的概率为 2.56 个。

大桥桥址处风环境相当恶劣,这给大桥设计施工提出诸多挑战。

二、猫道方案设计

猫道是主缆架设主要临时结构,主要为主缆索股牵引、索股调整、主缆紧缆、索夹及吊索安装、钢箱梁安装、主缆缠丝防护以及除湿系统安装等提供施工作业平台和人行通道,猫道的使用几乎贯穿整个悬索桥上部结构安装的全过程。悬索桥上部结构施工的第一步即是猫道的架设。

猫道是对风较敏感的柔性结构。在舟山这样的台风地区,必须采取合理的抗风措施,结合抗风稳定性评估以确保其安全并抑制振动,提高施工作业的质量与舒适度。

猫道设计应满足:

(1)安全性能要求。猫道构造应有足够的强度与抗风稳定性。

(2)满足使用性能要求。猫道作为施工用临时脚手架，要满足主缆索股架设、紧缆、索夹吊索安装、缠丝作业等所需要的工作面和作业净空。

(3)构造及施工要求。猫道是临时结构，体系构造要力求简单，尽可能减轻自重，便于架设、调整、改吊及拆除。

(4)施工监控要求。猫道线形调节简单有效，猫道体系不能对塔、缆等产生附加影响。

1. 塔顶跨越方案的确定

根据猫道主缆跨越塔顶的方式，可将猫道分为三跨连续式或分离式两类：采用AS法施工的欧美国家，习惯采用三跨连续式，我国的江阴长江大桥与润扬长江大桥均采用三跨连续式猫道；我国和日本的多数大桥，则采用三跨分离式猫道结构（表1）。

国内外施工猫道参数表　　表1

桥　名	主跨跨径(m)	承重索(单幅)	承重索连接形式	抗风缆	抗风吊索	面层宽度(m)	横向通道(道)
汕头海湾大桥	452	6ϕ45	三跨分离	2ϕ25	无	4.0	3(中跨) 1×2(边跨)
虎门大桥	888	8ϕ48	三跨分离	2ϕ40(中跨) 2ϕ32(边跨)	ϕ16	4.0	3(中跨) 1×2(边跨)
青马大桥	1 377	6ϕ36	三跨分离	2ϕ32	ϕ16	3.6	5(中跨) 1×2(边跨)
江阴长江大桥	1 385	6ϕ38mm	三跨连续	2ϕ32(中跨) 2ϕ19(边跨)	ϕ13	3.8	5(中跨) 1×2(边跨)
润扬长江大桥	1 490	10ϕ54mm	三跨连续	无设制振装置	无	4.0	9(中跨) 2×2(边跨)
海沧大桥	648	8ϕ44mm	三跨分离	2ϕ32(边跨) 2ϕ40(中跨)	ϕ16	4.0	3(中跨) 1×2(边跨)
宜昌长江大桥	960	8ϕ48mm	三跨分离	无	无	3.8	5(中跨) 1×2(边跨)
明石海峡大桥	1 991	12ϕ52(中跨) 12ϕ64(边跨)	三跨分离	无设制振装置	无	5.5	11(中跨) 5×2(边跨)
关门桥	712	8ϕ40	三跨分离	2ϕ31.5	ϕ18	4.0	3(中跨)
大鸣门桥	876	8ϕ66	三跨分离	4ϕ66 2ϕ38	2ϕ20 2ϕ18	4.0	5(中跨) 1×2(边跨)
亨伯尔桥	1 410	8ϕ66	三跨连续	有	有	3.5	5

1)连续式猫道的特点

(1)猫道的调节装置只设置在两岸锚碇处，调节装置的数量比三跨分离式少。

(2)塔顶位置构造有利于抵抗横风作用。

(3)因为构造方面的原因，猫道承重索要从塔顶通过，平面上与鞍座位置重合，因此，在平面上在桥塔前后都需要进行转向，通过设置两道变位刚架实现。

(4)承重索在塔顶需要设置鞍座，以保证猫道承重索的无应力长度在使用中不发生改变，因为承重索鞍座的布置而使桥塔顶的空间显得更加紧张。

(5)承重索鞍座设置在塔顶，使猫道线形与主缆在立面重叠或距离太小，需要塔顶附近设置猫道下压装置。

(6)由于猫道要设置平面转向、下压装置和塔顶鞍座，使猫道的线形调整难度加大。

(7)由于只在锚碇处设置调节拉杆，单根调节拉杆的长度比较长，桥塔两侧猫道承重索拉力的水平分力不容易调整到相等。

2)分离式猫道的特点

(1)猫道调节在塔顶位置实现,需要在塔顶处设置承重索的锚固结构,并在塔顶两侧设立长度和线形调整装置,调节装置较三跨连续式多一倍(长度较短)。

(2)猫道锚固位置与塔顶布置在不同的高程处,两者不存在平面和立面的交叉。

(3)猫道承重索和猫道整体线形的调整比较方便,施工控制容易实现。

(4)索塔顶的水平分力容易实现平衡,对索塔附加作用小。

通过对西堠门施工设计图的分析,并考虑猫道调节的方便,尽量减小猫道不平衡水平分力对索塔的影响,本设计方案采用三跨分离式猫道结构,猫道承重索和线形调节装置设置在塔的两侧,以满足中跨与边跨猫道线形的调整。

2. 总体布置

猫道横桥向沿桥轴线对称布置,在上下游对应于主缆中心线下方各设一幅猫道,每幅猫道沿主缆轴线对称布置。每幅猫道设计宽度 4.2m(大横梁宽度为 7m),主缆下两承重索的中心距 1.4m,其他承重索的中心间距 0.31m,猫道距主缆中心线 1.5m。两幅猫道间以横向通道联系。猫道由承重索,锚固调节系统,面层、栏杆与扶手,门架与横向通道,抗风抑振系统等几部分组成(图 2、图 3)。

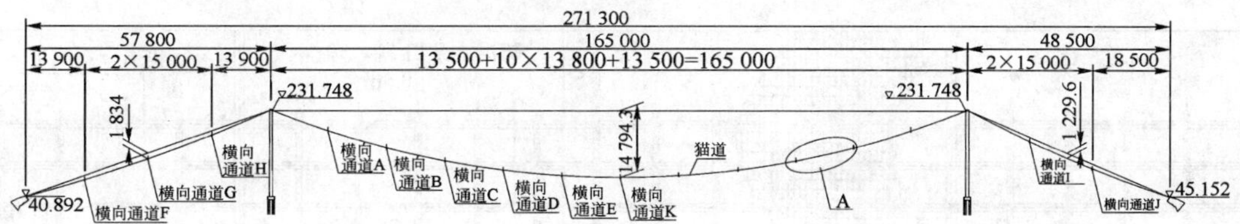

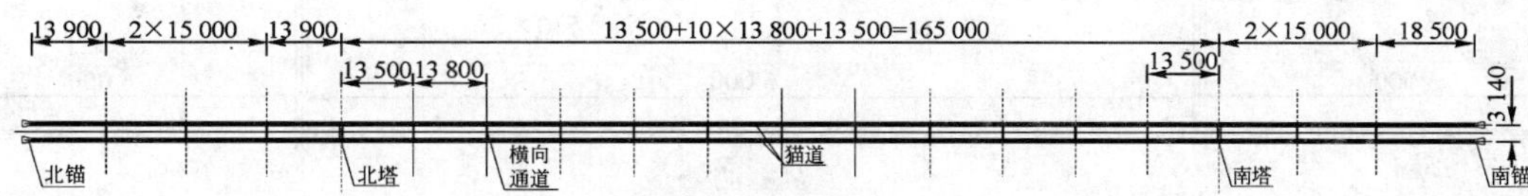

图 2 猫道总体布置图(尺寸单位:cm)

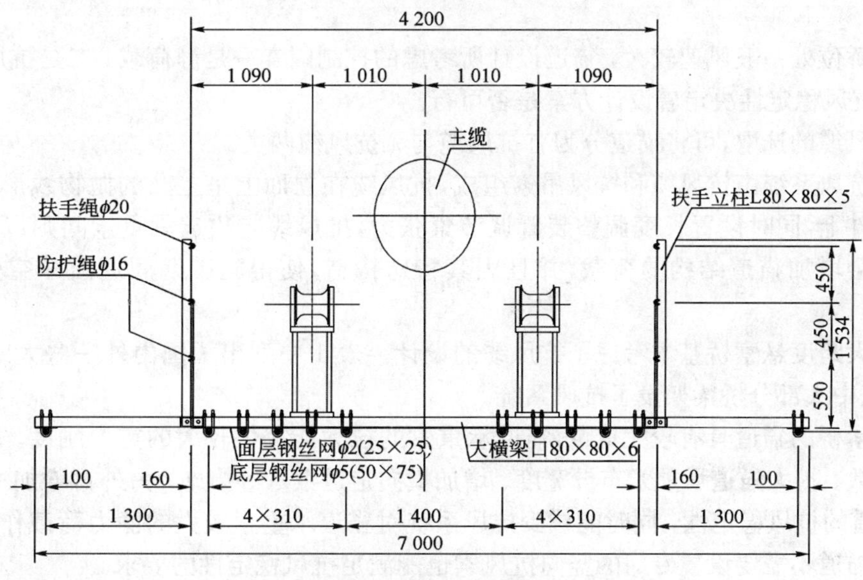

图 3 猫道横断面布置

3. 猫道承重索、扶手索与面网

每幅猫道设12根ϕ54mm镀锌承重索(6X37S+IWR)，采用三跨分离布置形式。在塔顶和锚碇设置调节装置，使猫道线形与主缆线形基本保持一致。猫道每侧每6m设置一栏杆立柱，用以固定上下三根扶手索。扶手上层采用ϕ20mm钢绳，下层采用2×ϕ16mm钢绳。

猫道面层底层采用Φ5(50×75)的镀锌钢丝网，上层采用Φ2(25×25)的镀锌钢丝网，扶手栏杆采用Φ5(50×100)的镀锌钢丝网(图4)。

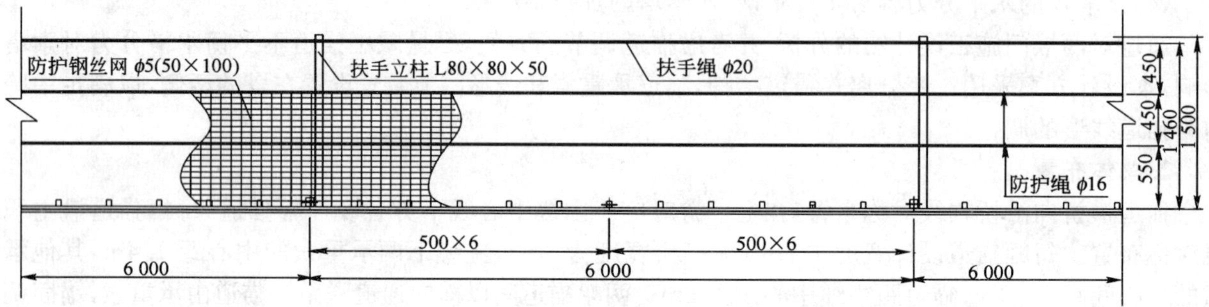

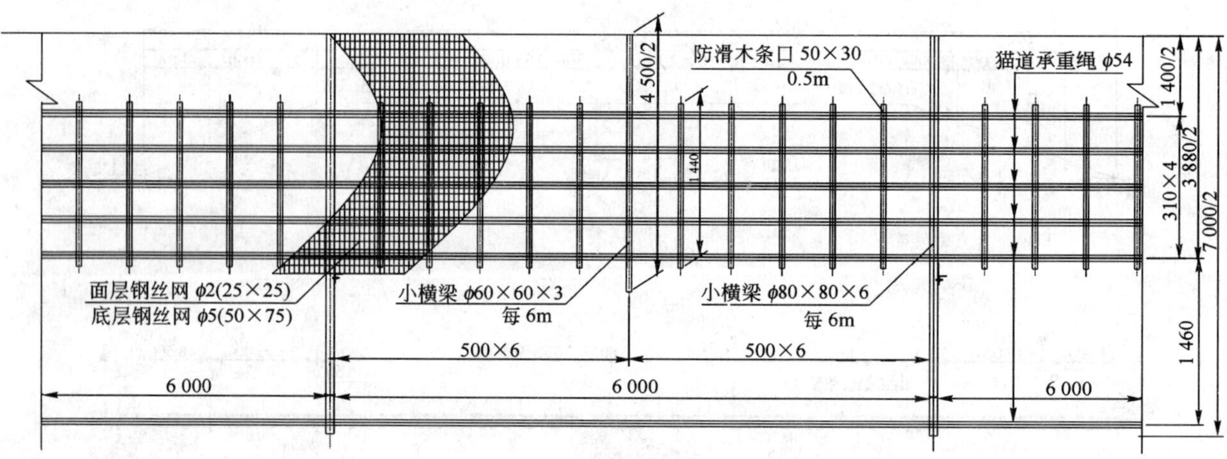

图4 猫道面网布置(尺寸单位:cm)

4. 抗风设计

大跨悬索桥桥位处一般风速较大，猫道设计所考虑的控制因素一是静荷载，二是抗风稳定性。在静力设计完成后，抗风稳定性决定着设计方案是否可行。

根据猫道抗风缆的选取，可将猫道分为有抗风缆与无抗风缆两类。

通常悬索桥抗风系统由抗风缆和抗风吊索组成，抗风缆在立面上呈上凸的抛物线形，两端锚固在索塔或锚碇的预埋件上，同时设置长度调整装置调节索张力，抗风缆与猫道承重索间则以抗风吊索联系。这类体系的设置会增加猫道结构的荷载，并且因其特殊构造，使得施工期间通航净空受限，增大施工成本。

早期国内外大跨度悬索桥基本考虑了抗风缆的设计。表1中列出了国内外一些大跨度悬索桥猫道主要指标，可见表中大部分桥梁架设了抗风系统。

超大跨度悬索桥的猫道具有较大重量，猫道承重索的拉力能提供较大的重力刚度。同时，通过适当增加走道索的根数、扩大猫道承重索布设宽度、增加横向走道数量等措施，另外再增加一些简单的辅助设施，可确保猫道的抗风稳定性，同时能减少抗风系统对猫道承重索较大的静力荷载作用。因此，一般超大跨度悬索桥猫道不需要设置专门的竖向抗风索也能满足抗风稳定性的要求。

基于上述原因，我国的润扬长江大桥(中国第一大跨)与日本明石海峡大桥(世界第一大跨)均未设置抗风缆。

风载引起的过大振动会导致施工作业人员不适甚至无法工作，同时可能造成结构局部损坏，为削弱上述不利影响，有必要进行减振构造设计。

基于上述因素，本方案为无抗风缆设计。

考虑西堠门水道作为国际航道，同时因跨度较大，不适合设置抗风索。本方案设计时不设置竖向抗风索。但考虑到桥位处的设计风速较高，且经常有较大的风作用，采取了以下两项措施来提高结构的抗风稳定性，并减小风荷载作用下结构的变形：

(1)为增大猫道的扭转刚度，提高猫道抗风稳定性，减小猫道的扭转变形，本设计在猫道宽度以外的两侧，分别各设置一根 $\phi54$ 的钢丝绳，作为增大扭转稳定性的抗风索，这两根钢丝绳的恒载张力与其他承重索相等，也是承重索的一部分。通过猫道上的横梁将猫道承重索与扭转抗风索联成一体，增大猫道承重索布设宽度以提高猫道的扭转刚度。

(2)为提高猫道的抗风稳定性，在两条猫道之间设置较多的横向通道，以增强猫道的横向刚度。横向通道近似每 138m 设置一道，北边跨共设置三道，中跨设置十一道，南边跨设置两道，这也是国内猫道采用横向通道最多的设计。

按已有资料对上述猫道结构进行分析，其抗风稳定性满足要求。

另一猫道设计方案委托西南交通大学进行的节段模型静力三分力风洞试验和有限元法猫道抗风静力稳定性非线性分析结果显示：中跨猫道发生静力扭转失稳的临界风速为 69m/s，大于桥面最大阵风风速 $V^{s}_{69.576}=67.82$m，因此采用无抗风索＋制振系统的猫道抗风体系是安全的。

同上述方案对比，本设计无论单幅猫道宽度、横向通道数量均大于前述方案，可以初步判断该设计是可实施的，抗风设计可满足抗风稳定性要求。不过，实际应用前还需要进行风洞试验进行验证。

5. 减振设计

猫道结构在使用和风荷载作用下，局部的振动主要是竖向和扭转，本设计中通过设置钢丝绳干摩擦阻尼减振系统来减小猫道的振动。设计思路是在两门架之间的猫道横梁上，设置减振器，从门架处斜拉一根钢丝绳，缠绕在减振器上后，另一端斜拉锚固在另一门架上。当门架间猫道有竖向和扭转振动时，斜拉的钢丝绳带动减振器转动，减振器提供阻尼使振动减小。相关设计见图 5。

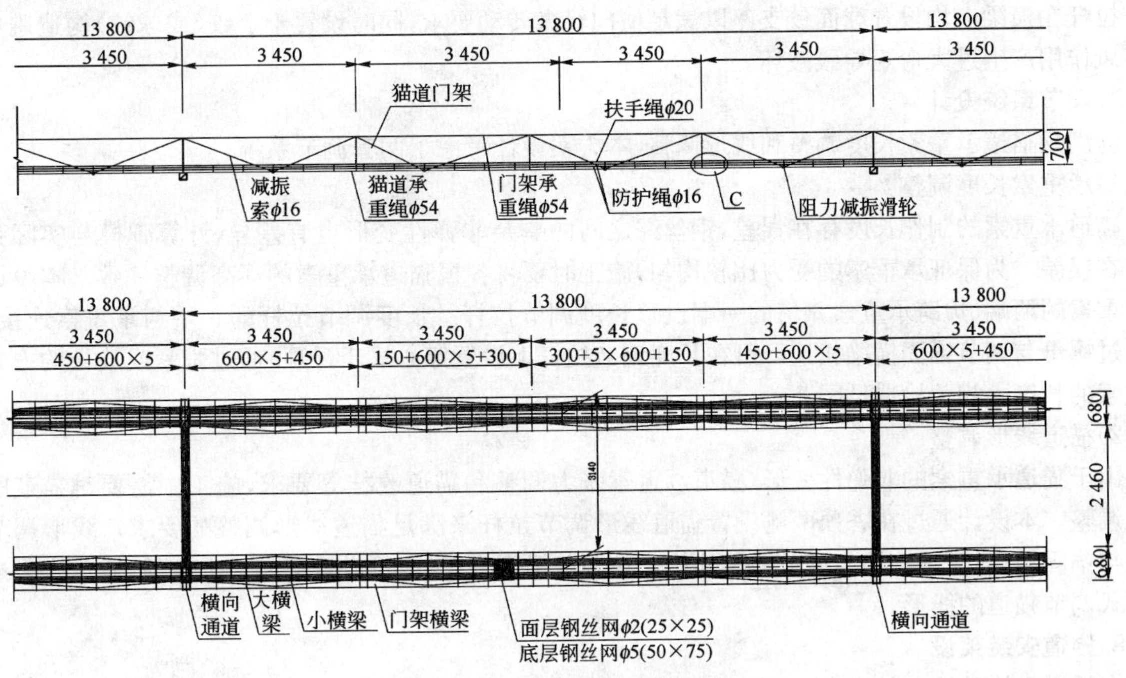

图 5　猫道节段布置(含减振设计)(尺寸单位：cm)

计算分析显示,主缆架设时,如果遇到较大的横风作用(9级以上),由于猫道与主缆风阻系数与刚度存在差异,二者间会产生横向位移差值,同时索股运输采用门架拽拉方案,这种情况下,猫道门架与索股擦挂会损伤主缆,为避免上述情况出现,在大风来临前,可用麻绳或尼龙绳将二者联系,使其同步变位。

6. 锚固设计

猫道承重索在锚碇处通过预埋锚杆进行锚固,由于散索鞍支墩位置预埋型钢对该位置混凝土结构施加较大附加荷载,为确保安全,故设计时通过索股变位刚架、转索鞍等构造,将承重索引至后锚块位置锚固(图6)。

为满足转索鞍的构造与受力要求,需要在散索鞍支墩顶部浇注锚固构造用混凝土。

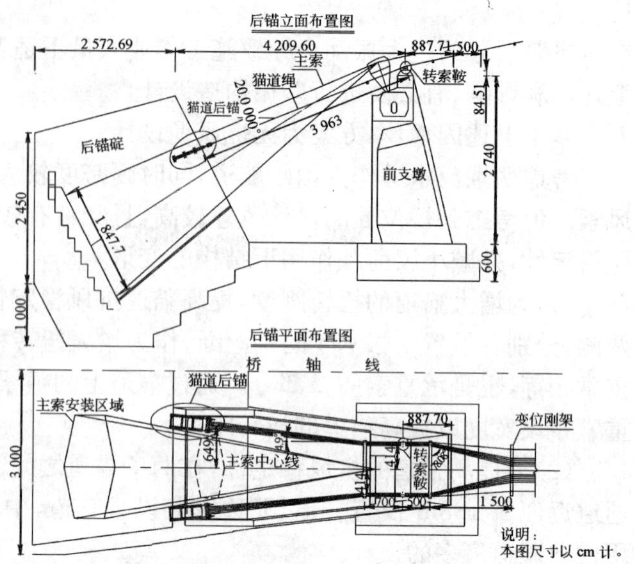

图6 锚碇区锚固系统布置

每条猫道设置4根锚固杆,每根锚固杆通过销栓将猫道承重索力传至两根预埋I40c型钢。预埋型钢通过辅助支架加强与混凝土的黏结作用,确保锚固构造安全。

两根锚固杆外露部分通过锚固横梁相连。在锚固横梁上设置槽孔,承重索穿过锚固横梁的槽孔后依靠锚固垫板进行后锚固。锚固横梁中的槽孔设计为喇叭形,以满足承重索的转动要求。

在塔顶的两侧分别设置一根锚箱,两根锚箱之间通过12根Φ32mm高强精轧螺纹钢筋进行预拉锚固。

为确保拉杆在横风作用下受力安全,在调节锚固横梁与锚箱之间另设一道承力横梁,二者以十字铰(也可更换为球铰)联接。

线形调节拉杆的一端与承力横梁连接,另一端与调节锚固横梁连接。承重索调节拉杆也连接在调节锚固横梁上。

拉杆在横梁上均设置球面铰支座以满足横向轻微转动要求,同时设置十字铰(或球铰)构造避免拉杆因横风作用产生过大弯矩导致破坏。

7. 调节系统设计

为满足猫道承重索长度调整和线形调整,本方案设计考虑了两套调节系统。

1)承重索长度调整

猫道承重索的制作长度存在误差,钢丝绳之间的剩余非弹性变形也有差异,计算弹模与实际弹模可能存在误差。为保证承重索的受力比较均匀,施工时要将各根猫道承重索的标高调整一致。本设计在中跨承重索的两端、边跨承重索靠塔的一端设置长度调节拉杆。长度调节拉杆的一端与承重索连接,另一端通过螺母与调节锚固横梁相连。可在长度调节拉杆上设置穿心式千斤顶,通过张紧或放松的方式调节承重索的长度。相关构造见图7。

2)猫道线形调整

由于猫道承重索的非弹性变形、猫道承重索张力调整和猫道改挂等要求,施工中需要对猫道的线形进行调整。本设计通过在塔顶两侧设置猫道线形调节拉杆来满足猫道线形调整的要求。线形调节拉杆一端与锚固箱连接,另一端与调节横梁连接。在调节锚固横梁处,可设置穿心式千斤顶,通过张紧或放松的方式调节猫道的线形。

8. 猫道安装架设

在桥塔和锚碇施工过程中,注意将猫道结构和相应施工平台、施工机具等的预埋件按要求进行施工。

猫道的主要施工要点如下:

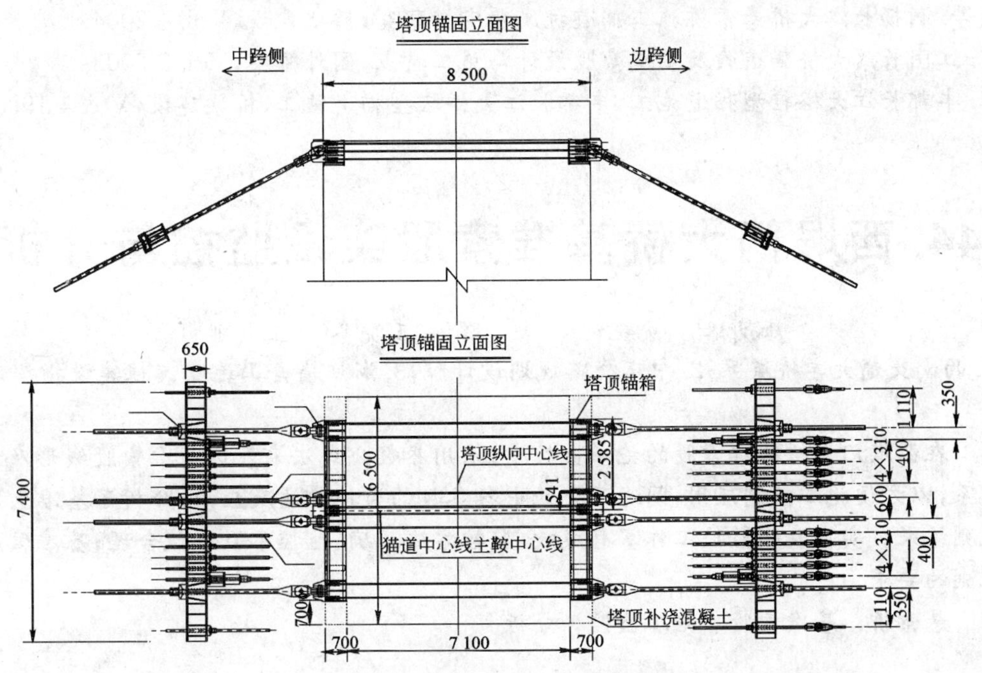

图 7 塔顶锚固系统布置图(含调节装置)

(1)先导索架设。中跨借助相向行驶的两条拖轮,北边跨利用一条拖轮,采用高架提升法施工。

(2)通过转换,将先导索换下,完成单线牵引系统的架设。

(3)由于中跨与北边跨都在海上,为防止架设猫道承重索时影响通航和提高承重索架设的安全性,本方案设计中利用支承托架架设中跨与北边跨的猫道承重索。首先利用牵引索来架设托架的支承索。将托架的支承索悬挂在牵引索上,由牵引索将其从南塔牵引到北塔,然后将其两端锚固在桥塔上;北边跨则由北锚牵引到北塔。托架支承索完成后,安装托架和定位索,完成猫道承重索架设的准备工作。

(4)北边跨、中跨利用托架,由牵引索牵引架设猫道承重索;南边跨在地面上将承重索牵引到南塔底,利用塔上的提升设备将猫道承重索提升到设计位置。承重索架设时要边中跨平衡、上下游平衡架设,架设过程中,边中跨、上下游承重索的数量差不大于 1 根。

(5)承重索架设完成后,撤除支承托架和托架索,按计算要求进行承重索线形的调整。

(6)利用塔顶平台组装横向通道和猫道面层,利用塔上卷扬机控制猫道面层的下放,当下放到线形平缓段靠自重不能自由下放时,利用牵引拽拉器牵引下放。

(7)安装扶手绳和防护绳;面层铺好后将承重索与大小横梁、门架横梁、横通道横梁等扣紧;将猫道上的防护网上翻,与扶手立柱和防护绳连接。

(8)进行猫道线形调整。

(9)架设门架承重绳,调整好线形后,安装门架和牵引索股的机具。

(10)进行往复式牵引系统的安装和调试;在猫道上安装滚筒,作好丝股牵引架设的准备工作。

三、结 语

西堠门大桥是我国目前在建的最大跨悬索桥,且地处受台风影响剧烈的舟山地区,由于猫道结构的重要性,在实施前提出两个方案供专家比选,考虑到尽量利用现有设备,优化配置资源等因素,最终采用了三跨连续猫道方案。虽然如此,本方案的设计理念和构造细节,对类似工程仍有借鉴价值。

参考文献

[1] 钱冬生,陈仁福.大跨悬索桥的设计与施工,成都:西南交通大学出版社,1991.
[2] 牛和恩等.虎门大桥工程(第二册)[M],北京:人民交通出版社.

[3] 韦世国等.润扬长江大桥悬索桥施工猫道抗风稳定性研究,桥梁建设,Vol.4 2004.
[4] 吴先树.江阴长江大桥猫道索及主缆索股设计与施工特点,国外桥梁,Vol.3 2003.
[5] 李全军.丰都长江大桥轻型猫道施工,丰都长江大桥轻型猫道施工,桥梁建设,Vol.4 1998.

44. 西堠门大桥基准索股架设监控与分析

唐茂林[1] 沈锐利[1] 宋 晖[2] 王晓冬[2] 王武刚[3]
(1.西南交通大学桥梁系;2.中交公路规划设计院;3.浙江省舟山连岛工程建设指挥部)

摘 要 在西堠门大桥基准索股的施工监控中,采用参数公式法来表达基准索股线形及调整量与相关参数的关系,以方便施工控制应用;阐述了公式中各参数的监控方法及应用;分析了基准索股的调整结果与稳定观测结果。实践表明监控工作富有成效、监控方法正确、监控参数取值合理;基准索股达到了调整及稳定观测的要求。

关键词 悬索桥 基准索股 施工监控 分析

一、概 述

西堠门大桥主桥为加劲梁两跨连续全漂浮体系分体式钢箱梁悬索桥。主缆跨度组成为578m+1 650m+485m,全长2 713m,跨度居世界第二、中国第一。本桥东临东海,西望大陆,位于北亚热带,属东亚季风气候区,全年四季分明,气候温和湿润,降水充沛。冬季由于受欧亚大陆冷空气团控制,盛行西北风,寒冷干燥;夏季因受太平洋暖湿气流控制,盛行东南风,台风多发区。春、秋两季因冬夏冷暖气团交替,时冷时热,天气多变。

该桥基准索股的架设时间为2006年11月24日~12月15日,秋冬季节变化交接期,一般时间温度在14℃左右,寒流来袭时温度较低,在7℃左右;该段时间处于季风期,基本上都具有5~7级风。施工条件恶劣,必须利用每天风小的间隙期来调整基准索股。

二、基准索股线形公式

主缆是悬索桥的生命线,其重要性可想而知。大跨度悬索桥在架设各个阶段中消除误差是比较困难的,主缆一旦架设完毕,就无法再调整其长度,因此必须在后期误差预估的基础上,在架设前对主缆进行准确计算和在架设过程中对索股进行严格控制,才能很好地实现主缆线形。基准索股线形是主缆线形的基础,是其它主缆索股架设的尺子,在悬索桥结构线形的控制中,尤以基准丝股的架设控制最为重要。

利用成桥理论状态计算出主缆无应力长度[2],根据"构件质量守恒与无应力尺寸不变原理"[2]可以计算出基准索股的架设线形。基准索股线形受施工时温度、桥塔纵向偏位、桥塔标高等参数影响,为将所有主要影响因素考虑进去,文[2]提出了基准索股架设参数公式法。基准索股的跨中线形计算参数公式如下

$$y = f(D, T, H, p) \tag{1}$$

式中: y——跨中纵向位置或者标高;
D——索股跨度;
T——温度;
H——桥塔标高;
D, T, H——现场参数;
p——其它参数。

当(D,T,h)变化时，则跨中线形变化量如下：

$$dy=\frac{\partial f}{\partial D}dD+\frac{\partial f}{\partial T}dT+\frac{\partial f}{\partial H}dH \tag{2}$$

设现场参数理论值为(D_0,T_0,H_0)，则对任意的(D,T,H)，基准索股的跨中线形如下

$$y\approx y_0+\Delta y=f(D_0,T_0,H_0,p)+\frac{\partial f}{\partial D}\Delta D+\frac{\partial f}{\partial T}\Delta T+\frac{\partial f}{\partial H}\Delta H \tag{3}$$

其中$D=D_0+\Delta D, T=T_0+\Delta T, H=H_0+\Delta H$。式(3)表明：基准索股的跨中线形可近似为参数理论值所对应的理论线形与参数变化引起的修正值的叠加。

对于西堠门大桥，由于左右幅主缆的弹性模量不同，各跨左右幅基准索股的线形也不同。

对于中跨跨中，由于温度变化不引起纵向位置的变化，因此对于纵向位置，式(3)中的$\frac{\partial f}{\partial D}=0$，表1列出了左幅中跨基准索股在不同温度和跨度改变量的情况下的跨中线形公式，其中D为跨度变化量，T为该跨平均温度。

C2-L基准索股中跨跨中线形公式(温度：$-6℃\leqslant T\leqslant 18℃$) 表1

序 号	跨度变化范围(m)	测点与北塔的X坐标差(m)	丝股中心高程(m)
1	$-0.12\leqslant D<-0.04$	$X=825.49551+0.5D$	$Y=85.30186-0.042167T+2.03441D+0.01321D^2$
2	$-0.04\leqslant D<+0.04$	$X=825.49551+0.5D$	$Y=85.30207-0.042209T+2.03441D+0.01325D^2$
3	$+0.04\leqslant D<+0.12$	$X=825.49551+0.5D$	$Y=85.30229-0.042252T+2.03441D+0.01329D^2$

对于边跨，温度变化将引起跨中测点位置的变化，对应于不同的测点，应达到不同的高程；温度与跨度改变，引起的公式系数变化也比较大，为反映这些参数的影响，将温度和跨度变化分若干段给出，表2和表3为左幅主缆北边跨与南边跨测点位置与测点高程随参数变化的计算公式的一组典型表达式。

C2-L基准索股北边跨跨中线形公式(温度：$10℃\leqslant T\leqslant 18℃$) 表2

序号	跨度变化量(m)	北塔与测点的X的坐标差(m)	丝股中心高程(m)
1	$-0.06\leqslant D<-0.03$	$X=290.36213-0.01219T+2.09919D+0.10938D^2$	$Y=119.80652-0.03659T+4.73900D+0.32268D^2$
2	$-0.03\leqslant D<+0.00$	$X=290.36285-0.01224T+2.09916D+0.10882D^2$	$Y=119.80861-0.03674T+4.73889D+0.32096D^2$
3	$+0.00\leqslant D<+0.03$	$X=290.36356-0.01229T+2.09916D+0.10815D^2$	$Y=119.81068-0.03689T+4.73889D+0.31890D^2$
4	$+0.03\leqslant D<+0.06$	$X=290.36426-0.01234T+2.09920D+0.10735D^2$	$Y=119.81274-0.03704T+4.73903D+0.31646D^2$

C2-L基准索股南边跨跨中线形公式(温度：$10℃\leqslant T\leqslant 18℃$) 表3

序号	跨度变化量(m)	测点与南塔的X的坐标差(m)	丝股中心高程(m)
1	$-0.06\leqslant D\leqslant -0.03$	$X=240.72476-0.01346T+2.52168D+0.13089D^2$	$Y=128.88732-0.03426T+5.11331D+0.33028D^2$
2	$-0.03\leqslant D\leqslant +0.00$	$X=240.72548-0.01352T+2.52125D+0.12393D^2$	$Y=128.88911-0.03439T+5.11222D+0.31265D^2$
3	$+0.00\leqslant D\leqslant +0.03$	$X=240.72616-0.01356T+2.52124D+0.11623D^2$	$Y=128.89081-0.03452T+5.11219D+0.29311D^2$
4	$+0.03\leqslant D\leqslant +0.06$	$X=240.72680-0.01361T+2.52174D+0.10772D^2$	$Y=128.89238-0.03463T+5.11345D+0.27155D^2$

对于温度变化、外荷载及桥塔收缩徐变等因素引起的桥塔高程变化而导致的索股跨中高程修正量如下：

北边跨：$\Delta=2.11\Delta H_1$；中跨：$\Delta=0.5(\Delta H_1+\Delta H_2)$；南边跨：$\Delta=2.54\Delta H_2$

式中ΔH_1为北塔高程变化量，ΔH_2为南塔高程变化量，均为向上为正。

对于基准索股的锚跨张力控制，则采用如下参数公式：

北锚C2-L：$567.1-6.276T$；南锚C2-L：$588.1-5.916T$

上述各参数公式为拟合公式，且式(3)为近似式，公式与精确计算的精度需要检验。为此对上述各公式进行了203010次测试，测试温度间隔0.1℃，跨度变化间隔1mm，桥塔高程变化间隔为1mm，采用精确计算和参数公式分别计算并对比。对比结果表明：最大纵向误差为0.2mm，最大高程误差0.6mm，表明拟合公式具有很高的精度，可以应用于现场架设。

三、基准索股调整控制

为了提高调索速度,需要研究索股跨中高程变化与索长变化量的关系。经过计算,索股跨中高程变化与索长变化量的关系如下:

中跨:$\Delta s=\Delta h/2.08$;北边跨:$\Delta s=\Delta h/5.65$;南边跨:$\Delta s=\Delta h/6.42$;

在标高偏离理论高程±70cm的范围内,上述关系均具有较高的精度。因此可用于索股高程的调整,应用如下:

①从中跨调出索长1cm,则中跨的控制点高程增加约2.08cm,调入1cm索长到中跨,则中跨的控制点高程减少约2.08cm;如果中跨实测高程与理论高程之差为Δh=实测高程－理论高程,则调索量为$\Delta s=\Delta h=/2.08$,Δh为正时调入,Δh为负时调出;

②从北边跨调出索长1cm,则北边跨的控制点标高增加约5.65cm,调入1cm索长到北边跨,则北边跨的控制点高程减少约5.65cm;如果北边跨实测高程与理论高程之差为Δh=实测高程－理论高程,则调索量为$\Delta s=\Delta h/5.65$,Δh为正时调入,Δh为负时调出;

③从南边跨调出索长1cm,则南边跨的控制点高程增加约6.42cm,调入1cm索长到南边跨,则南边跨的控制点高程减少约6.42cm;如果南边跨实测高程与理论高程之差为Δh=实测高程－理论高程,则调索量为$\Delta s=\Delta h/6.42$,Δh为正时调入,Δh为负时调出。

运用上述关系,可以使基准索迅速达到要求精度。

四、基准索股架设过程监控与分析

根据基准索股架设参数公式,如要实现对基准索股线形的严格监控,保证基准索股的架设精度,就需要对影响基准索股的各参数进行严格监控。

1. 24小时独塔偏位及大气温度监测

在桥塔完成后的独塔状态,监控单位对桥塔进行了24小时变形监测,其中反映了桥塔偏位随日照、温度、温差和时间的变化规律。主要结果如下:桥塔每天在无载的情况下发生的最大纵向偏位约2.5cm,基本上没有扭转变形;其中中午12:00为偏位变化的拐点,即12点的偏位较大,此后逐渐恢复;大气温度从早上5:00开始升高,至下午15:00开始下降,晚上18:00点以后比较稳定。图1是主缆上几个典型点一个晚上的温度随时间的变化过程,该图说明,从晚上19:00开始到次日3:30这段时间,温度比较稳定;在从北到南的整个长度范围,温度场比较稳定,最大温差在1℃左右。

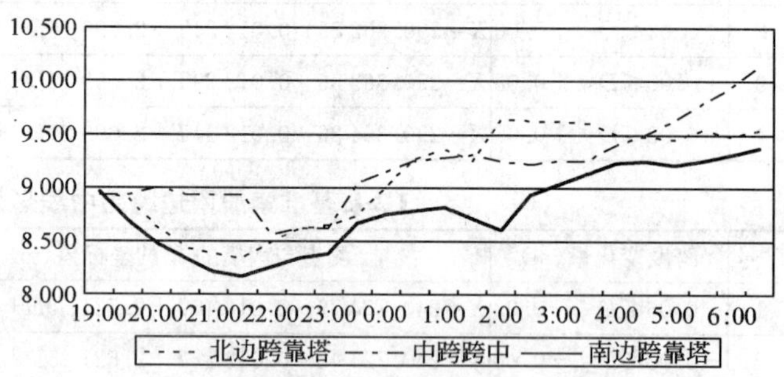

图1 中跨跨中测点温度随时间变化曲线

通过现场的测量表明:在基准索股的每次调整时均应重新测量桥塔偏位(反映桥塔跨度变化参数),而不应该用猫道完成后、基准索股架设前测定的桥塔偏位状态作为定值代替基准索股架设时的桥塔偏位;由于晚上19:00点以后丝股表面温度就趋于稳定,因此本桥位本季节的主缆线形调整时间可定在晚上21:00至次日4:00这段时间。

2. 基准索股调整测量系统的精度控制

大气折光系数是影响测量精度的一个重要参数。试验发现,本处折光系数与其它桥址的折光系数有显著的差别,特点如下:不同日期的大气折光系数不同;同一晚上的大气折光系数基本相同;大气折光系数具有方向性。因此,在基准索股调整的每个晚上均应事先测定大气折光系数。

通过对基准索测量系统的精度评定,在原施工测量方案上增加了一个测量基准索中跨的测站,提高了测量系统的精度,使基准索的位置与标高测量和桥塔偏位测量精度均符合要求。

3. 基准索股的温度监测

西堠门大桥基准索股的温度监测系统如图2所示，其中包括7个采集模块，1个传输转换模块，2台计算机。对基准索13个断面进行了监测：中跨5个，边跨2个，锚跨2个；每个断面3个传感器。每个桥塔布置了4个传感器，2个阴面，2个阳面。由于温度采用自动监测系统，减少了人为误差，提高了温度变化量的测量精度。

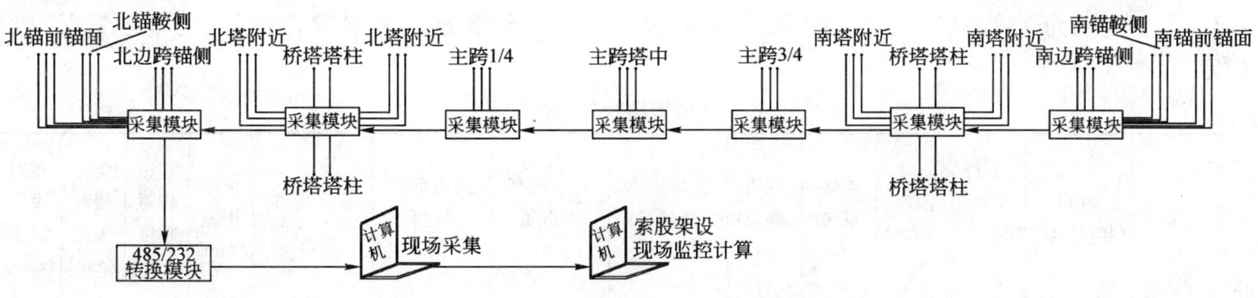

图2 基准索温度采集系统

4. 桥塔高程变化量的监测

上列各项工作解决了基准索测量(x,y)、桥塔偏位测量(现场参数 D)、温度测试(现场参数 T)等问题。对于桥塔高程(现场参数 H)，随着猫道的架设、桥塔的收缩徐变、索股的牵引以及温度的变化，索塔将发生变形，与独塔状态相比，桥塔高程将发生变化。对于高程变化量，可以在每次调索时进行时时测量，与独塔状态的高程之差，便是桥塔高程变化量。

由于基准索股的调整季节是桥位处季风的季节，通过多次的测量发现，只要桥上风力在5级以上，桥塔高程测量的测回较差精度满足不了要求，同时进行一次高程测量需要花费较多的工作时间。已经进行过的测量表明，塔顶标高随温度变化的规律与理论计算基本一致，因此本桥塔顶高程采用猫道架设完成后的桥塔测量高程加温度修正的方式确定。

5. 基准索股的调整分析

施工单位于12月3日、12月4日、12月5日对基准丝股线形进行了调整，基准丝股于12月5日精调完成。12月3日从20:30开始，约3:00结束，此后由于风速加大超过规定风速停止调索。该晚主要调定了北边跨，调索数据见表4。如北边跨左侧，调索过程如下：首先第1次测量跨中的高程，根据理论高程与实测高程之差可求得理论调索量为0.231m，实际调索为0.135m，由此可得剩余未调量为0.096m；第2次测量主要为了检测在第1次调整0.135m后的状态的理论调索量与第1次的剩余未调量是否吻合，第2次测量得到的理论调索量为0.098m，可见与剩余未调量0.096m完全吻合，表明测量系统、测试系统的精度较高，各种计算参数的取值正确，最后实际调整了0.095m，测量结果验证表明已达到了精度要求。

北边跨的调索数据 表4

缆位置	调索次号	温度(℃)	北塔偏位(m)	北塔高程变化(m)	理论高程(m)	实测高程(m)	高程差(m)	理论调索量(m)	实际调索量(m)
北边跨左侧	1	12.4	0.067	−0.021 2	119.627 6	118.321 1	1.306 5	0.231	0.135
	2	12.4	0.067	−0.021 2	119.627 6	119.074 5	0.553 1	0.098	0.095
	3	12.4	0.067	−0.021 2	119.627 6	119.599 7	0.027 9	0.005	—
北边跨右侧	1	12.4	0.072	−0.021 2	119.649 2	118.421 0	1.228 2	0.217	0.170
	2	12.4	0.072	−0.021 2	119.649 2	119.385 3	0.263 9	0.047	0.045
	3	12.4	0.072	−0.021 2	119.649 2	119.634 0	0.015 2	0.003	—

6. 基准索股稳定性的监测

监控单位于12月6日、12月10日和12月12日与施工单位、监理单位一起对基准索股进行了稳定观测。其中监控单位在12月6日和12月12日独立地对基准丝股进行了检测，检测结果见表5。12月5日最终调定的基准索股的温度约为13℃、风力为4m/s；12月6日的温度约为16℃、风力为4.6m/s；12月10日的温度约为6℃、风力为5m/s；12月12日的温度约为9℃、风力为4.5m/s。稳定观测历时7天，在温度约为13℃、16℃、6℃、9℃等较大的温度变化下仍满足误差要求，可以认为基准索股已经稳定。

基准索股检测数据　　表5

位　置	时间(年-月-日)	时刻(时:分)	温度(℃)	左塔偏位(m)	右塔偏位(m)	左塔标高下沉量(m)	右塔标高下沉量(m)	跨中理论标高(m)	实际标高(m)	标高误差(mm)	理论相对垂度(mm)	实际相对垂度(mm)	相对垂度误差(mm)
北边跨左侧	2006-12-6	21:36	15.97	0.000	0.057	0.0000	−0.0127	119.4656	119.4739	8.3	36.1	27.3	8.8
北边跨右侧	2006-12-6	21:37	15.97	0.000	0.063	0.0000	−0.0127	119.5017	119.5012	−0.5			
北边跨左侧	2006-12-12	23:56	9.70	0.000	0.050	0.0000	−0.0265	119.6355	119.6474	11.9	21.6	19.3	2.3
北边跨右侧	2006-12-12	23:11	9.70	0.000	0.053	0.0000	−0.0265	119.6571	119.6667	9.6			
中跨 左侧	2006-12-6	21:30	16.46	0.057	0.012	−0.0127	−0.0126	84.5003	84.5117	11.4	105.4	99.7	5.7
中跨 右侧	2006-12-6	21:30	16.46	0.059	0.017	−0.0127	−0.0126	84.6057	84.6114	5.7			
中跨 左侧	2006-12-12	23:08	9.44	0.050	0.028	−0.0265	−0.0275	84.8283	84.8207	−7.6	97.4	102.0	4.6
中跨 右侧	2006-12-12	23:09	9.44	0.053	0.030	−0.0265	−0.0275	84.9257	84.9227	−3.0			
南边跨左侧	2006-12-6	21:40	16.29	0.013	0.002	−0.0126	−0.001	128.2385	128.2625	24.0	−4.8	−5.4	0.6
南边跨右侧	2006-12-6	21:40	16.29	0.016	0.002	−0.0126	−0.001	128.2337	128.2571	23.4			
南边跨左侧	2006-12-12	23:04	9.23	0.028	0.002	−0.0275	−0.001	128.3671	128.3869	19.8	−0.1	−10.1	10.0
南边跨右侧	2006-12-12	23:03	9.23	0.030	0.002	−0.0275	−0.001	128.3670	128.3768	9.8			

注：对于北边跨，左塔是指北散索鞍，右塔是指北塔；对于中跨，左塔是指北塔，右塔是指南塔；对于南边跨，左塔是指南塔，右塔是指南散索鞍。

五、结　　语

西堠门大桥基准索股调整气候及气候环境恶劣，本文采用参数公式法提出了基准索股的线形公式，一系列的监控工作围绕公式中的参数监控而展开。虽然基准索股调整与稳定观测经历将近20天，但累计工作时间不超过30小时。施工实践表明，监控工作富有成效，监控方法正确，监控参数取值合理，基准索股达到了调整及稳定观测的要求。

参考文献

[1] 沈锐利. 悬索桥主缆系统设计及架设计算方法研究[J]. 土木工程学报，1996(2).

[2] 唐茂林. 大跨度悬索桥空间几何非线性分析与软件开发[D]. 成都：西南交通大学博士学位论文，2003.

[3] 唐茂林，沈锐利，强士中. 大跨度悬索桥丝股架设线形计算的精确方法. 西南交通大学学报，2001(3).

[4] 唐茂林，强士中，沈锐利. 悬索桥的成桥主缆计算的悬链线方法. 铁道学报 2003(1)

45. 西堠门大桥主缆架设施工

邓亨长　卢　伟　虞业强　杨如刚　龙　勇
（四川公路桥梁建设集团有限公司）

摘　要　介绍浙江舟山西堠门大桥主缆索股牵引系统的设计、主缆一般索股架设施工、主缆背索架设施工、主缆水平放索工艺以及在海洋冬季季风气候条件下主缆架设的措施。

关键词　主缆　牵引系统设计　水平放索工艺　背索施工工艺　季风期架设措施

一、概　　述

西堠门大桥是舟山大陆连岛工程中跨越舟山西堠门水道，主跨1650m，我国最大跨度的一座特大型悬索桥。

西堠门大桥主缆跨径由北向南组成为：30.311 m（北锚跨）＋578 m（北边跨）＋1 650 m（中跨）＋485 m（南边跨）＋24.428 m（南锚跨）。成桥状态垂跨比为：北边跨1/27.212，中跨1/10，南边跨1/109.654。主缆共两根，两根主缆间距为31.4m，每根主缆长2 879.676m（无应力长度）、单根重约10 613.5t，主缆总重约21 227t。

每根主缆中，从南到北通长索股有169股，通长索股平均无应力长度2 880.668m，重为62.15t。南、北边跨分别增设2根和6根背索，南、北边跨背索平均无应力长度分别为551.626m和645.226m，重11.905t和13.925t。每束索股由127丝ϕ5.25mm1 770MPa镀锌钢丝组成（图1）。锚头采用热铸锚，索股锚头通过拉杆与锚碇预应力锚固系统连接。

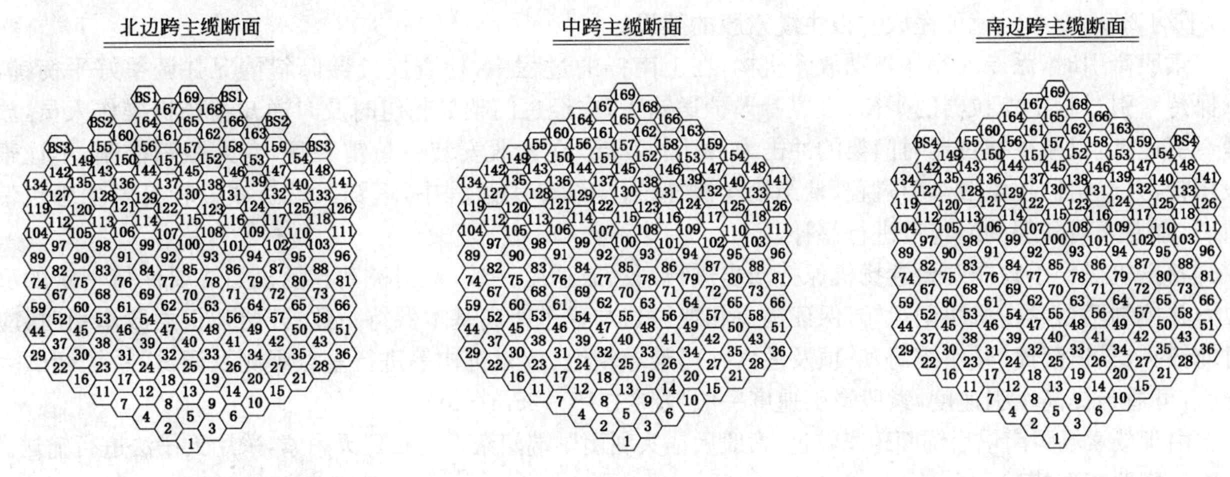

图1　主缆索股断面示意

二、牵引系统的设计

根据舟山西堠门大桥场地地形特点与工期要求，主缆架设采用门架拽拉法双线往复式牵引系统，每根主缆各对应一套独立的牵引系统。

牵引卷扬机布置在北岸锚后的地面上，牵引绳经北锚卷扬机前的测力滑轮，北锚后锚面门架上转向轮，置入主、散索鞍门架和猫道门架导轮组内，经南锚后锚面门架导轮组，在锚后地面转向滑轮组处转向形成往复式牵引系统。单根主缆架设采用2台25t卷扬机(JKB25)牵引,全桥共配置4台牵引卷扬机。放索场布置在南锚后的地面上,放索场内布置放索机构。

每组牵引系统采用2个拽拉器将三根牵引绳首尾相连,端绳两个绳头分别与北锚后的两台卷扬机相连形成最终牵引系统(图2)。进入卷扬机的两根牵引绳长约3 200m,中间的一根牵引绳长约3 000m。锚碇门架导轮组、塔顶门架导轮组、猫道门架导轮组、猫道托滚、塔顶锚体鞍部托滚的中心位置与牵引绳均在同一条垂直面上,对称布置在主缆中心线两侧1.0m处。猫道门架导轮组中跨布置间距为47.5m,猫道纵向托滚布置间距为9m。在索股经过平面折线处和猫道横向通道之间猫道倾斜较严重时,现场根据实际情况设置竖向滚筒。

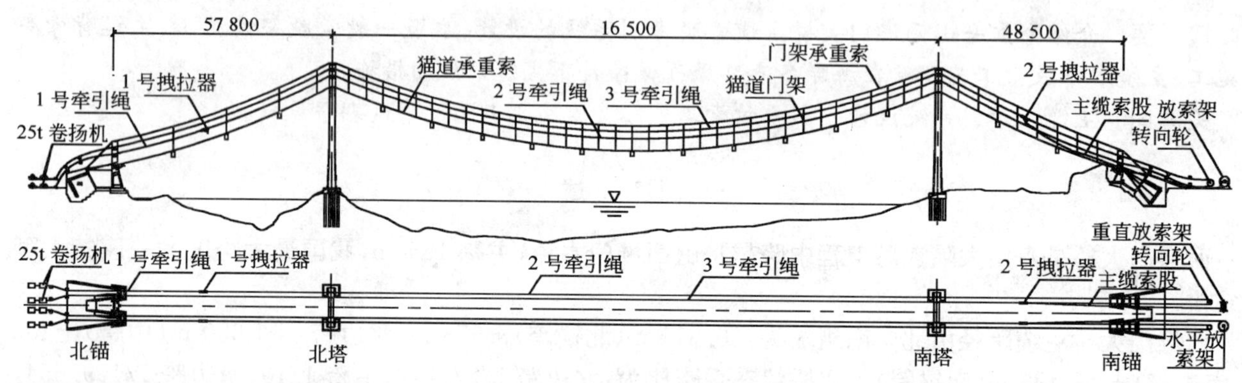

图2 主缆索股牵引系统布置示意

三、主缆一般索股架设施工

1. 索股牵引

所有索股均由南向北牵引,由于采用门架拽拉法架设主缆,索股拽拉器能够快速顺畅通过塔顶、锚碇鞍部门架,索股架设速度大大提高,实现了全程连续牵引,索股牵引速度最高达30m/min。采用双线往复式牵引系统,较往复式牵引系统减少了系统来回空转时间,索股架设效率大大提高,在西堠门大桥施工期间,平均2.5～3小时就可完成一根主缆索股的架设。

索股牵引时,派专人操作被动放索机构;在上南锚的过程中,检查拽拉器倾斜情况并调整好平衡锤,以保持牵引过程中拽拉器的平衡;设置专人护送锚头,在经过门架导轮组时及时通知卷扬机操作人员,放慢牵引速度,以减少拽拉器对门架的冲击力;每隔300m,在索股安装一鱼雷夹具,专人跟踪控制,不让索股扭转,并严密监控索股牵引过程,杜绝钢丝被挂拉;主缆牵引过程中,塔锚索鞍折线处较易发生缠包带断裂,派专人对断裂的缠包带进行修补。

卷扬机操作手控制两台卷扬机保持同步进行,收、放速度一致,牵引被动卷扬机始终要保持一定的反拉力并控制两台卷扬机协调运转,保证锚头和拽拉器与猫道距离基本保持一致;开始几根索股牵引时,应对前锚头、猫道滚筒、鞍座滚筒、塔顶及散索鞍门架导轮组、放索机构等进行重点观测及调试,系统调试完善后,可适当提高牵引速度,索股牵引速度一般控制在15～25m/min。

由于放索场距南锚后锚面距离较远,索股后锚头利用尾端门架系统布置天吊索,采用天吊法进行输送。

2. 索股提升横移

塔顶门架、锚碇门架的卷扬机经6门12线80t滑车组与配套握索器相连,组成各自的提升系统;利用锚碇门架和塔顶门架上的10t卷扬机进行索股的上提。

在距离主索鞍前后各20m,散索鞍前20m左右位置处,将握索器安装在索股上,分次拧紧握索器上的紧固螺栓,保证握索器预紧力,同时启动各提升卷扬机,将整根索股提离猫道托滚。索股入鞍时,一般将中跨跨中垂度预抬高20cm,边跨跨中垂度预抬高10～20cm;先提升中跨,后提升边跨索股。

在索股从猫道托滚滑出的过程中应匀速提升,以防产生较大的冲击力;在提升过程中,在任何情况下,与提升索股同侧猫道上严禁站人,索股提升后,人员不能进入提高的索股下,以防意外。

3. 索股整形和入鞍

整根索股提离猫道托滚后，在主、散索鞍前后两握索器之间的索股呈无应力状态，采用门架上横梁上的链滑车和尼龙吊带吊挂起松弛的索股，进行索股整形和入鞍（图 3）。

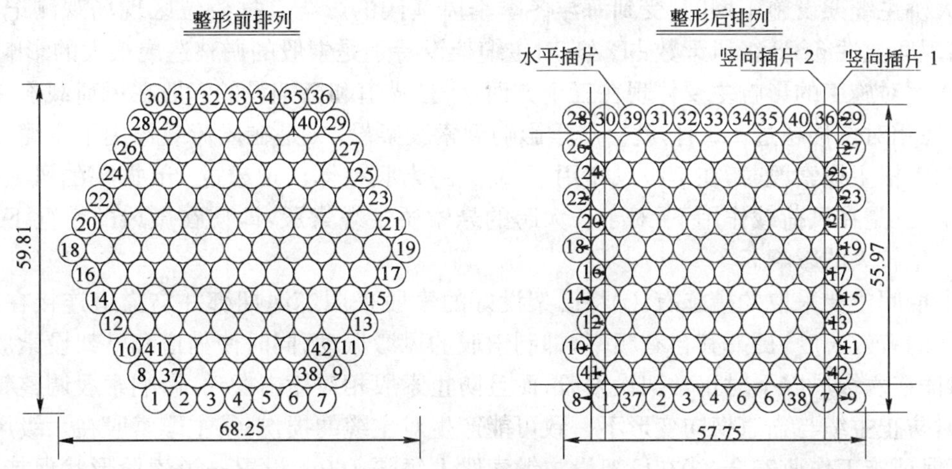

图 3 主缆索股整形断面示意（尺寸单位：cm）

整形前，确定着色丝位置，如有扭转应及时矫正。整形时，在距离索鞍前后约 3m 的地方，分别安装上六边形夹具将索股夹紧，解除两夹具间索股缠包带，主索鞍处从边跨向中跨方向、在散索鞍处由锚跨向边跨方向开始进行整形；用钢片梳进行索股断面整理，人工用木锤敲打索股，使其断面由六边形变成四边形，再用专用四边形夹具夹紧，缠上包带；最后取掉四边形夹具，索股置入鞍槽，填塞木楔，以防止鞍槽隔板变形并保持索股形状；在未解除散索鞍约束之前，由于在温度变化情况下，同一根索股在锚跨和边跨产生较大不平衡力，为防止索股在鞍槽中滑动，在散索鞍前端位置作红油漆标记，必要时对调整好的索股用千斤顶进行顶压。

4. 索股入锚

当索股南北锚头运行到锚面位置，采用塔吊配合从北锚拽拉器和南锚天吊小车中解除南北锚头；与布置在南北锚碇的 5t 卷扬机中引出的钢绳连接并下放锚头；采用入锚处的滑车组与锚头连接，与主缆锚固系统锚固；最后采用调索千斤顶进行索股的调整并张拉索股到设计张力。

四、本桥的特殊工艺

1. 背索的架设施工

为减少场地的干扰，避免在北岸再增设背索放索场，南北两岸背索统一采用由南向北牵引，利用一般索股放索机构和已有牵引系统进行背索的架设。南岸背索采用一般索股架设工艺。由于北岸背索尾锚需经过索塔和各个门架，采用特制握索器悬挂尾锚头并提供反向的张力，进行过塔和过门架作业。

2. 水平放索工艺

西堠门大桥路线前进方向右侧主缆架设采用了水平放索、垂直排线工艺，索股绕在直径 4m 的索盘上，靠放索架液压装置提供的张紧力保持放索过程平稳安全（图 4）。

图 4 水平放索施工

水平放索工艺为上海浦江缆索有限公司开发的新工艺，通过调整液压系统的张紧力来控制索盘的转动速度，解决索盘的转动速度和牵引速度的匹配问题。

水平放索工艺索盘采用了底盘与内芯分离式设计，内芯可重复使用。卷好的索股随底盘一起运输，现场组装内芯后进行索股架设。索盘架设完成后，只需进行底盘的回收，大大减少了空索盘回收的运输工作量，较传统垂直放索工艺具有明显的优越性。

3. 季风期主缆架设措施

西堠门大桥主缆架设施工期间，受到海洋冬季季风气候的影响。据桥位区现场观测记录显示，主缆架设期间，出现间隙性6～8级风天数占2/3，对主缆架设特别是索股的调整造成很大的影响。

风荷载作用对施工的影响主要体现在三个方面：一是猫道和已架设的索股在风荷载作用下的相对横向位移不同，在相对位移超过1m时，就会严重影响到索股架设；二是在风荷载作用下主缆和猫道风激振动，在架设到21根主缆索股时，在7级风作用下，北边跨索股整体出现超过1m振幅的风激振动，影响结构和施工安全；三是在风荷载作用下，对于长大跨的悬索桥主缆索股，即使在微风的情况下，对主缆调索的精度也会产生较大的影响。

主缆架设期间主要采取的措施有：①将已架设好的索股采用麻绳捆绑并与猫道连接在一起，减小已架设主缆索股的有效长度，提高其自有频率，抑制索股的风激振动；同时使猫道和已架设索股在风作用下共同偏移，保证在六级风以下时正常架设索股；而且防止索股相对撞击摆动，影响索股调整精度和施工中遇强风作用时防止主缆与猫道横向变形不一致可能产生对主缆的损伤；②主缆索股在六级风以上时停止架设作业，以保证施工作业安全；③在已架设主缆索股上每隔160m设置一道索股形状保持器，保持器间的插片改用10mm厚钢板，使现场采用5mm钢板被完全挤压变形的情况得到大大改善；④在冬季季风期，完全无风的情况是很少见的，所以尽量抓住无风或少风的间隙进行索股调整，是保证主缆架设进度的一个重要措施。

五、结　语

西堠门大桥主缆缆长和使用的高强钢丝强度级别都创下了国内悬索桥的施工记录，是名副其实的“神州第一缆”。大桥主缆从2006年11月21日开始架设，2007年4月10日架设完成，总历时140天。由于受季风影响，可利用工作日仅约50天。往复式牵引系统的选择、背索架设方案的确定为主缆高效优质完成提供了保障。水平放索工艺的实施，提高了索盘周转效率，对运输受限地区提供了广泛的应用前景。在复杂海洋冬季季风气候条件下主缆的成功架设，更是我国在气候条件异常恶劣的情况下进行长大跨主缆索股架设的一次重要尝试，为我国海上悬索桥施工积累了宝贵的经验。

46. 西堠门大桥主缆索股调整技术

卢　伟　虞业强　邓亨长　李润哲　钱建南

（四川公路桥梁建设集团有限公司）

摘　要　主跨1 650m的西堠门跨海悬索桥，主缆长度居国内第一，加之地处恶劣的沿海季风与台风环境，为确保施工质量需采取稳安高效的索股垂度调整技术，本文介绍大桥主缆索股垂度调整关键施工技术与工艺措施。

关键词　关键词　悬索桥　上部结构　主缆索股　垂度调整

一、工 程 特 点

西堠门大桥主桥为主跨1 650m的两跨连续漂浮体系的钢箱梁悬索桥，跨径布置为578m+1 650m+485m，钢箱梁连续总长为2 228m，矢跨比1/10；主缆横桥向中心间距为31.4m，吊索顺桥向标准间距为18m(图1)。

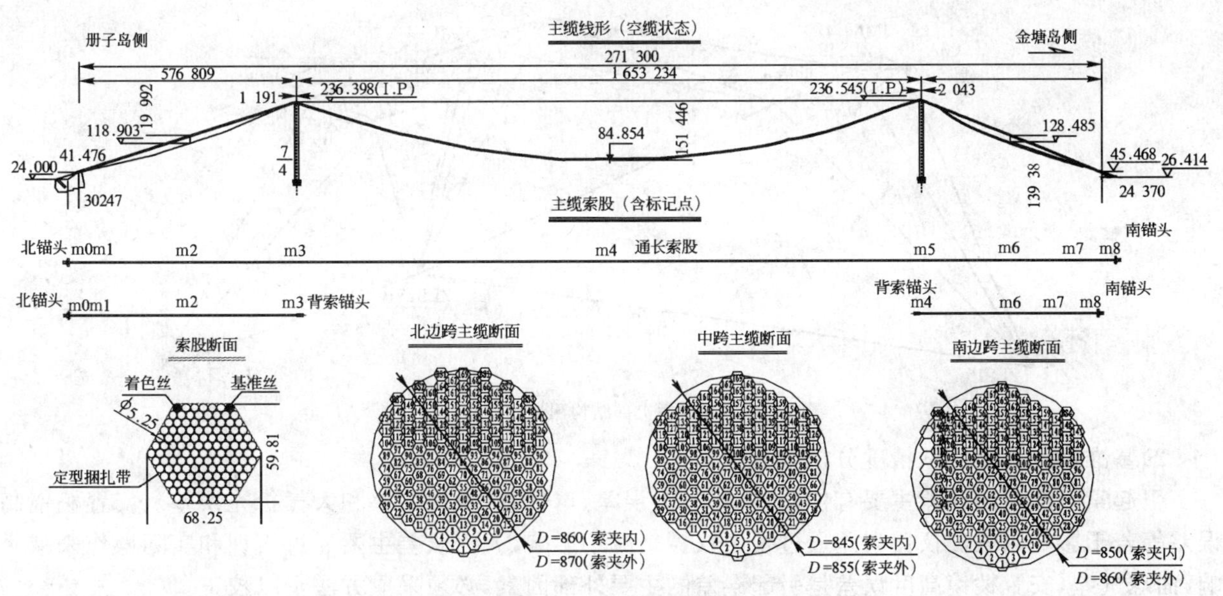

图 1 西堠门大桥主缆布置

主缆采用预制平行钢丝索股(PPWS)。每根主缆中，从北锚碇到南锚碇的通长索股有 169 根，边跨另设 2(南)～6(北)根背索在主索鞍上锚固。每根索股由 127 根直径为 ϕ5.25mm 高强镀锌钢丝组成。主缆直径为 870mm(北边跨)、855mm(中跨)和 860mm(南边跨)，空隙率为 19%(索夹外)与 17%(索夹内)。

西堠门大桥地处台风多发区及季风影响区，每年冬季受季风、夏季受台风影响，有效工作日少，对猫道、主缆架设与钢箱梁安装均是严峻考验。主缆索股单根长度约为 2 880m，主缆架设正处季风季节，风速大、发生频率高，索股诱振风速低，索股安装特别是垂度调整的必要条件难以满足，架设难度极大。

二、主缆索股垂度调整技术

每根索股通过双线往复式牵引系统完成牵引和提升、横移、整形入鞍等工作后，即转入索股垂度调整工序。

主缆是悬索桥主要承力结构，同时主缆线形控制也是悬索桥施工控制最关键一环，其架设线形将影响最终桥面线形。

主缆索股垂度调整分为基准索股和一般索股垂度调整两种。基准索股垂度调整采用绝对高程法，一般索股垂度则采用相对垂度法(相对于基准索股)进行垂度调整。

1. 施工控制网建立

1)施工控制网

建立满足主缆垂度测量精度要求的平面与高程控制网是主缆索股垂度准确调整的前提。高精度的高程控制网是测量大气折光系数和垂度测量的基础。特大型桥梁高程控制网选点和布网应遵循如下原则：

(1)高程控制点尽量少而精，避免多点完成垂度测量任务或频繁搬动仪器，给观测造成困难，同时增加误差来源。

(2)海边三角高程测量，测站点到观测点的视线尽可能高于水面，以削弱大气折光变化对三角高程测量的影响。

(3)测站点到观测点距离尽可能近，以减小角度和距离的观测误差。

根据上述原则和精度要求，结合施工现场的实际情况，通过对原全桥高程控制网的优化选点，选定在控制点 ZLS-12、ZLS-15、ZLS-17、ZLS-18、JMA-4、JMB-2、JMB-10 进行基准索股的垂度测量。

为大桥上部结构测量建立的二等平面与高程施工测量控制网见图 2。

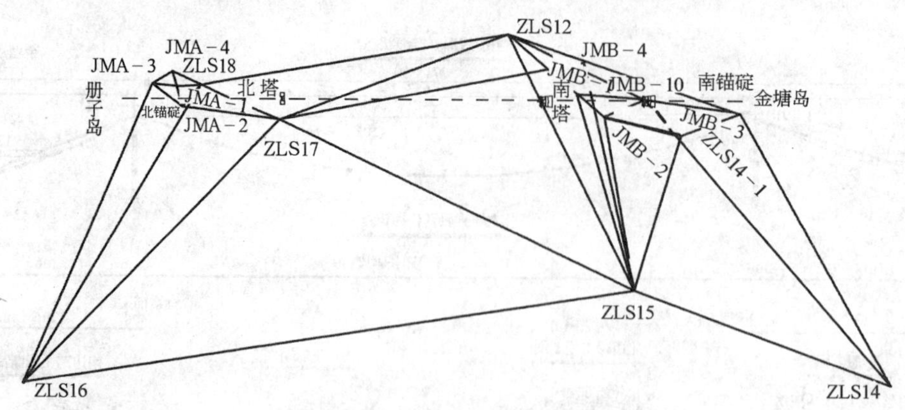

图2 西堠门大桥上部结构测量控制网平面示意

2)基准索股垂度测试精度分析

引起索股测量的误差主要有仪器误差、人为误差、球气差(地球曲率和大气折光误差)、安置棱镜高度误差等若干影响因素。仪器误差通过校正仪器来减小影响,人为误差主要通过培训和实际操作来减小影响,而球气差、安置棱镜高度误差是引起误差的主要外部因素,必须采取方法予以校正。

(1)地球的曲率引起的误差,通过计算每次架站后在仪器中进行改化。

(2)由于索股中跨测量是单向三角高程观测,需要改正大气折光系数。大气折光系数,以往的测试中多根据跨河水准测量和同时对向三角高程对比试验,在不同气象条件和不同时间段观测获得(气象较稳定时)。相关观测试验在晚22点到次日凌晨6点开展(实际测试时间段),根据试验规律取得数据作为大气折光系数的代表性,将观测的高差进行改化。

本桥经多次试验发现,桥址处大气折光系数受环境因素影响,具有明显的方向性:北到南方向的大气折光系数大,而南到北方向的大气折光系数小;同一时段的单向折光系数与折光系数平均值相差明显。大气折光系数规律性与重复性较差,难以指导后续测试作业,经多方讨论,决定采用单向折光系数进行大气折光改正,这样可使从北向跨中测量的垂度与从南向跨中同一点测量的垂度吻合更好,即每次测试前,实测当时大气折光系数,实时进行改化。

(3)为消除固定在索股上棱镜镜杆不垂直索股的误差,本桥设计了六边形夹具,夹具上下开孔,并配套加工两根长度相等的镜杆(两根镜杆长度误差≤0.05mm),测量时让六边形夹具固定在索股上,两根镜杆分别固定在夹具的上下开孔处,只要观测出上镜杆高程 $H_{上}$ 和下镜杆高程 $H_{下}$,则索股中心点高程等于 $H_{中}=(H_{上}+H_{下})/2$,镜杆不垂直索股误差即可通过二高程求均值而消除。

结合上述误差参数,根据误差传播原理计算中跨跨中点基准索三角高程测量中误差 $m_h=\pm9.30$mm,取2倍中误差为极限误差,则中跨垂度测量的误差为±18.6mm,该精度满足设计(+40mm,−20mm)的索股垂度架设的精度要求。

综上所述,施工测量控制网能满足主缆索股架设需要。

2. 基准索股垂度调整

1)基本参数测试

基准索股为1号索股(图1)。当主缆1号索股牵引完成,经提升、横移、整形、入鞍等工序后,在夜间温度稳定、风力不大时段进行垂度调整。

在垂度调整前,要进行外界气温和索股温度的测量。索股温度的测量用接触式温度仪,沿长度方向布置为:南北锚碇、边跨跨中、南北塔顶、1/4中跨、跨中、3/4中跨处共九个断面;沿断面方向布置为:索股上缘及下缘。满足索股温度稳定的条件是:长度方向索股的温差 $\Delta T\leqslant2$℃,主缆断面方向索股的温差 $\Delta T\leqslant1$℃。

不符合上述温度稳定条件以及风力超过12m/s(六级风)、雾太浓时不能进行索股调整。

大桥索股架设在2006年冬季进行,桥址处经实测,冬季阴天居多且温差小,故测量时间定为当日晚

20 时～次日 4 时。

基准索股垂度测量时还需同步获取索塔偏位数据，测试时采用 2 台全站仪分别测量两塔偏位参数。

2)索股垂度调整

(1)调整顺序

通长索股垂度调整顺序是先中跨后边跨，边跨背索只调整跨中垂度。为了便于索股垂度调整，工厂制索时，在索股上相应于散索鞍处、边跨跨中、主索鞍处、中跨跨中以及两端锚头附近共设置了 9 个标志点(图 1)，做为索股垂度调整参考点。在索股垂度调整时，将索股的特定标志点 m_3 对准北塔主索鞍上相应的标志点，并用千斤顶和木楔固定，以 m_3 为固定基准点调整各跨垂度。首先通过控制索股在南主索鞍、北散索鞍鞍槽内的滑移(放松或收紧量)调整中跨与北边跨索股垂度，符合要求后在南主索鞍与北散索鞍鞍槽内固定索股，再通过控制索股在南鞍槽内的滑移量调整南边跨索股垂度，符合要求后在南散索鞍鞍槽内固定。

锚跨则利用千斤顶(拉伸器)张拉索股张力进行调整，垂度调整完成后，应作上标记，以便后续索股架设时检查有无滑移。

(2)调整流程

基准索股垂度调整采用绝对高程法进行。基准索股的线形，将直接影响以后主缆的线形，因此调整方法及监控方案必须绝对可靠，以满足主缆设计线形。

基准索股垂度调整前，监控组根据塔、锚实测数据(各跨跨长、塔顶高程、索鞍预偏量等)计算出基准索股跨中高程及温度修正、跨度修正表，跨中垂度调整值与索长调整量关系表，锚跨索股张力等。计算主缆线形时，尚应考虑塔顶高程预高值(北塔 84mm，南塔 78mm)，根据塔自重、上部结构传递给塔的压力、塔长期徐变等因素，预估成桥后塔顶高程，以此计算调整量。

而温度与跨度变化(塔偏位引起)与基准索股跨中高程关系则由监控单位通过计算以拟合公式形式给出。

经过计算，索股跨中垂度调整量与索长调整量的关系如下：

中　跨　　$\Delta s = \Delta h/2.08$；

北边跨　　$\Delta s = \Delta h/5.65$；

南边跨　　$\Delta s = \Delta h/6.42$

通过上式，施工技术人员即可将索股高程调整量转化为索鞍位置的索长调整量，直观且便于操作。

基准索股的垂度调整应选在气温稳定且风速较小无雨无雾时进行，根据监控单位提供的数据进行基准索股的调整。即通过全站仪测量基准索跨中位置的上下棱镜的高程，然后换算到索股中心高程，并比较和设计值的差值，从而计算调整量。在垂度调整的同时，还应测量塔顶偏移、索股表面温度等数据，以便对索股高程进行修正。

操作流程如下：利用 2 台全站仪进行中跨高程测量，在主缆中跨跨中位置安置六边形夹具，设上下反光棱镜，置全站仪于地面测量控制点，游标卡尺测量仪器高度，根据实测的桩号、斜距、天顶距，反算主缆中心高程。测量索股跨中点高程并与目标值比较，计算索股调整长度并作温度和跨度修正，随即进行索股垂度调整，反复上述操作，直至索股中心垂度符合设计监控要求。中跨跨中点的垂度符合设计要求后，开始调整南边跨跨中垂度，测量方法采用单向三角高程法，垂度调整完成后在索鞍处利用千斤顶与木楔将索股固定。

北边跨如前所述，可与中跨同时进行垂度调整。

左、右幅两根基准索股绝对垂度满足设计要求后，再进行左、右幅两根基准索相对垂度调整。采用连通器的原理进行测量，在中、边跨跨中铺设一条 ϕ25mm 透明塑料软管，连接左、右幅索股，在水管内注入一定量带颜色的水(水管里不能有空气)，两端竖管顶面在索股同一断面位置上，利用钢板尺，测量水管内液面距索股跨中点顶面的高度，以此为依据调整两根基准索的相对高差，调整使其符合设计要求。此种方法误差控制在±5mm 内，能满足设计精度要求。

南、北两岸同时观测基准索股中跨跨中的垂度，在距离1km的范围内垂度互差大多小于15mm，证明本方法的精确可靠。

实际基准索垂度调整成果见表1。

基准索股跨中垂度测量结果记录(单位:m)　　表1

位　置	北边跨左幅	北边跨右幅	中跨左幅	中跨右幅	南边跨左幅	南边跨右幅
目标值	119.668 7	119.680 5	84.813	84.913 4	128.371 5	128.366 3
实测值	119.644 4	119.663 2	84.818 3	84.919	128.387 6	128.378 3
差值	−0.024 3	−0.017 3	−0.005 3	−0.005 6	0.036 5	0.030 8
上下游高差	−0.007		0.000 3		0.005 7	

基准索股的垂度调整好后，应至少连续观测三次，确认线形符合设计要求，将连续三次的数据经算术平均后作为基准索股的最终线形，满足精度指标要求后才能进行一般索股的架设。

索股调整时，中边跨利用安装在门架上的链滑车，对索鞍位置索股进行收放，达到垂度调整的目的。调整时，用橡胶锤(或木锤)敲打索股以消除索股间的摩擦以方便调整。调整前，应在索股上作上标记，保证调整量准确无误。调整工作一般无法一次完成，此时可将调整量分成几份，逐次调整并观测索股移动量与垂度变化量，直至达到预定值。

目前，基准索股架设控制的测点位置往往要求在精确的跨中点，这在环境条件和测量通视较差的桥位往往很难满足，尤其是在复杂的海岛条件下。在精确的计算理论和可靠的测量手段保证下，本桥采用监控单位提出的动态寻点控制方法，不需寻找精确跨中点，只要确定棱镜的桩号，结合塔偏位与索温参数，即可通过现场《主缆丝股架设计算系统》迅速计算出跨中点的高程、误差以及施工调整量，减少测量工作，提高调索速度和精度，保证了恶劣气候下施工进度(图3)。

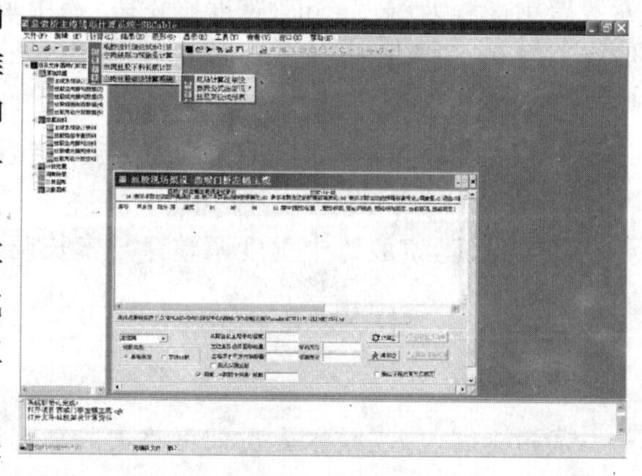

图3　主缆索股现场架设计算系统

每根索股完成中边跨垂度调整后，即进行锚碇索股张力调整。锚跨张力调整通过两台1280kN专用千斤顶(拉伸器)经反力架顶推索股锚头上的螺母，通过松紧锚固拉杆螺母实现。

3. 一般索股垂度调整

基准索股外的索股均为一般索股垂度，除测量方法有差别外，其调整流程与基准索股类似。

1)两种垂度测量调整方法

一般索股相对垂度的调整，通常采用相对垂度法，即使用大型卡尺测定基准索股与一般索股的高差，并以基准索股为基准来调整一般索股(图4)。

在架设过程中，受风、日照等因素影响，外侧的索股(含基准索股)在夜间降温较快，与内侧索股间存在温差，导致内侧上层的索股难免会碰到下层索股，影响测量精度。为保证一般索股调整时所用的基准索股始终处于自由漂浮状态，本桥采用一种改进的测量方法——相对基准索股法进行测量:即将主缆各层外侧一根一般索股作为相对基准索股，其垂度依靠1号准索股进行传递，然后利用各层相对基准索股调整同一层一般索股和上一层相对基准索股的垂度，以达到主缆线形调整目的。为了消除调整误差的积累，每根相对基准索股的调整误差均进行传递，以确保每一根索股相对于1号索股的调整误差控制在0～5mm;当架设完一定数量索股后，用全站仪对部分相对基准索股定期进行绝对垂度的检测，以及时消除误差(图5)。

2)调整流程

采用相对基准索股法进行主缆一般索股垂度调整时，索股架设顺序按设计图纸上的编号逐根架设。

监控组计算出各相对基准索股与1号索股的理论垂度值，再采用游标卡尺测定相对基准索股与待调索股的直径 d_0 与 d_1（铅垂方向），用板尺与水平尺测量二者高差 h_1。

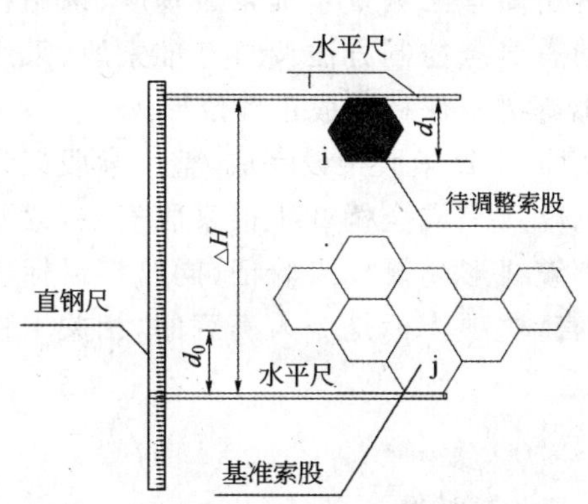

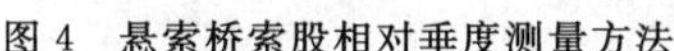

图4 悬索桥索股相对垂度测量方法

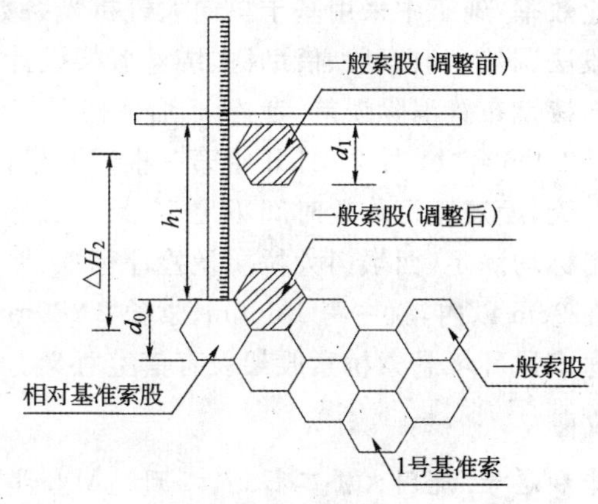

图5 改进的悬索桥索股相对垂度测量方法

按图5所示方法计算索股垂度调整量：$\Delta h_2 = h_1 + d_0/2 - d_1/2$，同时测定相对基准索股与待调索股的温度（索股断面上四个面温度平均值）并进行温度修正。修正计算公式为：

$H_T = H_0 - K_T(t_t - t_0)$，其中 K_T 为温度修正系数，北边跨为0.037 5m/℃，中跨为0.042 2m/℃，南边跨为0.035 0m/℃

垂度调整手段仍是通过主、散索鞍处索股放松或收紧，达到调整线形的目的。

4. 索股调整精度指标

基准索股垂度误差：中跨[－20mm，＋40mm]，边跨[－30mm，＋60mm]；左右幅基准索股相对误差10mm。一般索股（相对于基准索股）(0～＋5mm)。

5. 索股调整质量保证措施

(1)因西堠门大桥索股数量多、风况条件差、架设工期长，因此，在一般索股架设一定数量后，为便于中、边跨各索股的排列和形状保持，当索股架设一定数量后，每隔一定间距（150m左右）设置V型保持器（图6）及竖向插片保持器（二者不在同一位置）。

索股调整时应松开V形保持器，降低竖向插片，调整完成后再恢复。

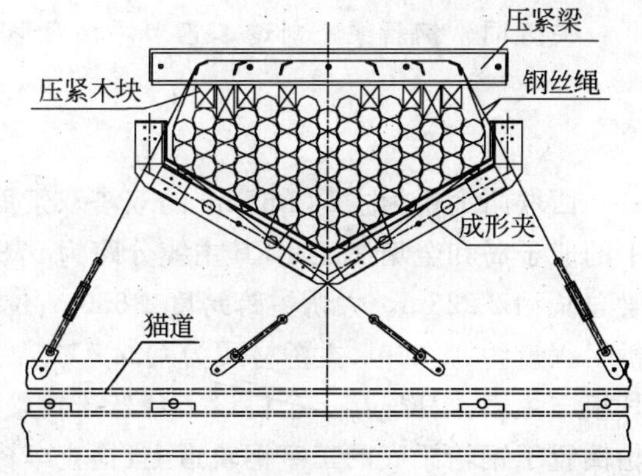

图6 主缆索股形状V形保持器

(2)当风速较大时，按一定距离用麻绳捆绑，并与猫道连接在一起，以防索股相对撞击摆动，影响索股调整精度。将已架设好的索股采用麻绳捆绑并与猫道连接在一起，使猫道和已架设索股在风作用下共同偏移，保证在六级风以下时正常架设索股，避免索股在风振作用下发生扭绞甚至串位，同时防止索股相对撞击造成结构局部损伤。

(3)在一般索股架设期间，要定期复测基准索股绝对垂度，确保线形满足设计要求。已调整好的索股在鞍槽内必须及时用硬木楔填塞，并在鞍槽上部施以千斤顶反压索股进行固定，防止已调整索股在后续索股架设和调整过程中发生移动，一旦发生此类情况，查明原因，及时处理后，方能进行后续索股的架设。

主缆索股架设调整完成后，在主、散索鞍处填压锌块，安装盖板、装上紧固拉杆张拉至设计吨位。

(4)索股调整中应特别注意索股温度的测试精度，否则对于西堠门大桥这样的大跨度悬索桥，因温度采集误差导致的垂度误差会轻易超出规范允许范围（如跨中影响为4.22cm/℃）。

三、结　语

西堠门大桥主缆索股架设与垂度调整受季风期恶劣天气影响，有效作业时间极短，为保证施工质量与作业效率，施工中采用基于单向大气折光系数改正的单向三角高程法测量基准索股垂度、采用相对基准索股法调整一般索股、借助《主缆丝股架设计算系统》采用动态寻点控制方法调整基准索股、采用特制夹具与棱镜布置消除误差、考虑V形保持器与竖向插片保持器等措施保持索股正确位形。

从2006年11月21日开始第一根索股架设，到2007年4月11日索股架设完成，整个索股架设历时约140天，而真正可作业时间不足50天。虽然如此，施工方仍高效完成全桥354根索股安装，索股架设各项指标均满足《西堠门大桥质量检评标准》要求，经紧缆后空缆线形测量成果验证，同监控目标值误差控制在9cm以内，就主跨1 650m、索长2 880m的超长索股而言，这项指标是令人满意的，相关工程经验对沿海多风环境悬索桥索股架设有借鉴意义。

参考文献

[1] 牛和恩等. 虎门大桥工程(第二册)[M]. 北京：人民交通出版社，1990.

[2] 李海等. 润扬大桥悬索桥索股垂度调整方法. 桥梁建设. Vol. 4 2004.

47. 西堠门大桥钢箱梁制造工艺技术

杨元录[1]　王辉平[1]　许宏亮[2]　郭　勇[2]　张海峰[1]

(1. 中铁宝桥股份有限公司；2. 浙江省舟山连岛工程建设指挥部)

摘　要　西堠门大桥跨度位居国内第一，世界第二，在大跨度悬索桥中首次采用分离式双箱断面，本文介绍了西堠门大桥钢箱梁的结构特点，重点阐述了其制造工艺、焊接变形控制及质量控制技术。

关键词　钢箱梁　制造工艺　焊接变形　质量控制

一、工程概况

西堠门大桥为主跨1 650m的双塔双索面非对称式两跨连续钢箱梁悬索桥，位于舟山大陆连岛工程中的册子岛和金塘岛之间，其主缆分跨为578m+1 650m+485m，北边跨和中跨为钢箱梁悬吊结构，钢箱梁总长约2 228m。大桥主跨跨度1 650m，位居国内第一，世界第二。主桥全貌见图1，横断面见图2。全桥工程量约33 000t，主桥材质为Q345C。梁段接口之间全部采用焊接连接，钢箱梁通过焊于其上的锚箱耳板与主索拉杆连接。全桥设4台悬挂式梁外检查车和两台箱内检查车，梁外检查车的驱动机构通过钢轮倒置于钢箱梁底的工字钢轨道上，检查车桁架通过门架与驱动机构相连，在电机的驱动下运行。

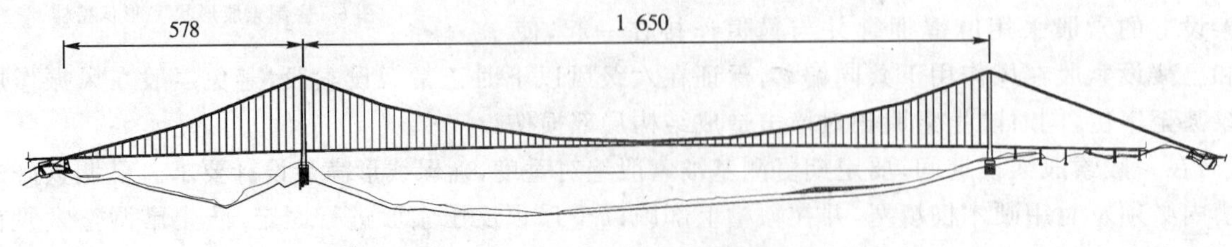

图1　西堠门大桥全貌

二、结构简介

钢箱梁采用扁平流线型分离式双箱断面，在大跨度公路钢箱梁结构中为国内首次采用。每节钢箱梁横桥向由两个分离的六边形封闭钢箱和连接横梁构成，边箱梁横断面最大轮廓尺寸为：3.5m(箱高)×

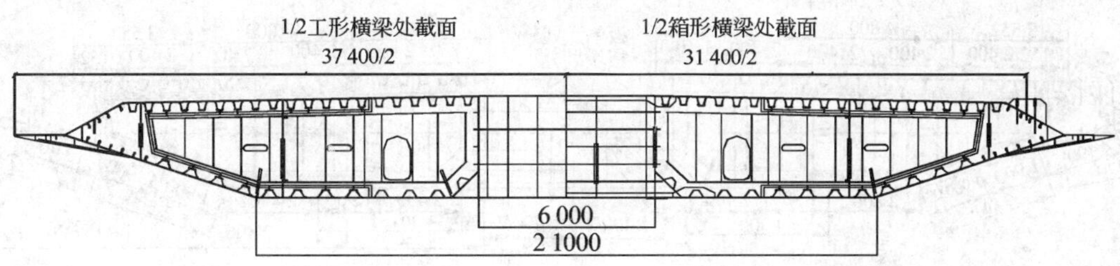

图 2 钢箱梁横断面

16.24m(箱宽),横隔板标准间距 3.6m;连接横梁为:3.5m(梁高)×6.0m(梁宽),横梁分两种,钢箱梁吊点部位为箱形横梁,另一部位为工型横梁。边箱梁与连接横梁之间采用全焊接的连接形式,锚箱单元设置在两块横隔板中间,熔透焊缝密集、施焊空间狭窄。钢箱梁边侧设置检修道,钢箱梁全宽 37.4m。钢箱梁共分 15 种 126 节吊装节段,标准梁段全桥 115 节,长 18m,吊装重量约为 250t,非标准梁段全桥 11 节,长 6.8～19.6m,最重吊装重量约为 310t。钢箱梁结构见图 3。

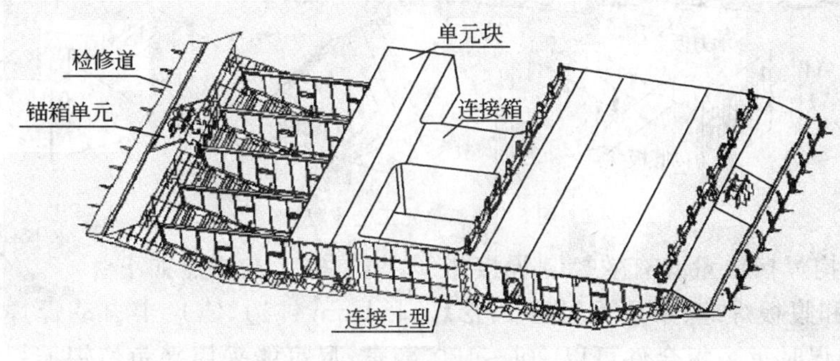

图 3 钢箱梁结构

三、制造总体工艺流程

钢箱梁为全焊接结构,焊缝密集,所发生的焊接变形和残余应力较大,为控制箱体结构焊接变形,保证产品整体质量,钢箱梁制造采用“板→板块(或部件)→板单元→单元块→钢箱梁→预拼装→桥位焊接”方式生产:按一桥三地组织施工,即厂内生产锚箱单元、竖向支座、抗风支座、检查小车(机械)、路缘石、泄水管、临时吊点等零部件;在沿海基地生产板块、箱形横梁、工形横梁、纵横隔板、检修道板块及单元、检查车(结构)等;桥位拼装现场拼焊板块单元、单元块、整体组焊钢箱梁、平位多段连续匹配预拼装等;在桥位将梁段逐节焊接成整体。

四、制 造 工 艺

1. 箱梁制造块体划分

根据钢箱梁结构特点,结合国内钢材的供货现状,将每一节标准梁段分为 66 个块件,其中包括顶板板块 12 块,底板板块 6 块,斜顶板板块 4 块,斜底板板块 4 块,斜腹板板块 8 块,直腹板板块 8 块,横隔板为 20 块,箱形横梁 1 块,工型横梁 1 块,锚箱单元 2 个,检修道单元 2 个。为了避免过多的仰位焊接,把部分斜顶板划分在锚箱单元中,由部分板块组焊成检修道单元、锚箱单元和单元块再参加钢箱梁整体组焊,钢箱梁块体划分见图 4。

2. 锚箱单元制造

锚箱为直接承受、传递索力的结构,是桥梁的主要传力件,全桥锚箱有五种类型,238 个单元。其结构熔透焊缝密集、焊接操作空间有限,质量等级要求高,为了制定合理的锚箱组装、焊接顺序和焊接工艺,在批量制造前制作了 1∶1 锚箱单元试验件,对工艺进行验证。锚箱单元由部分斜顶板、承力板、耳板、内、外腹板及其加劲板组成,其中三块承力板与内外腹板作为一个部件单元制造,锚箱单元可按焊接位置

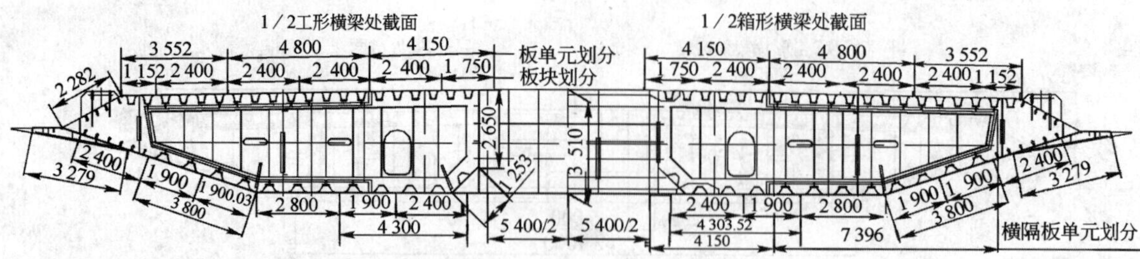

图4 钢箱梁块体划分(尺寸单位:mm)

的要求翻转,减小仰位焊接。锚箱单元的零件全部用刨、铣床加工周边并开焊接坡口,部件采用辅助工装定位组装,对锚箱熔透角焊缝进行100%超声波探伤。采用锤击工艺,降低锚箱耳板与补强板焊缝的应力峰值,均化焊接内应力,保证加工精度,稳定加工尺寸。锚箱单元工艺流程见图5。

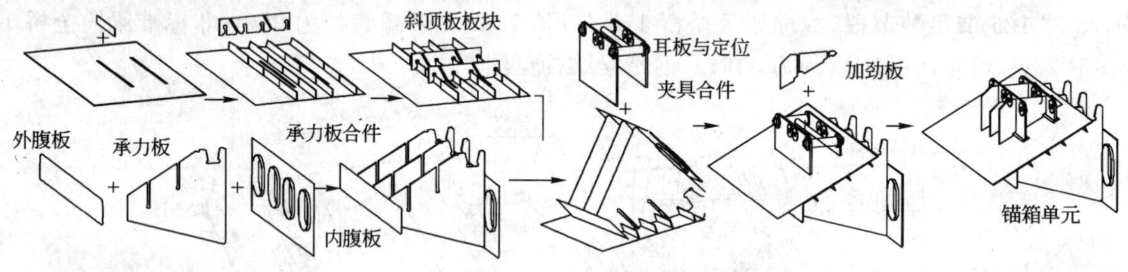

图5 锚箱单元工艺流程

为了保证锚箱结构焊接质量并有效控制焊接变形,其焊接工艺要点如下:

(1) 焊接承力板和腹板焊缝;采用不对称K形坡口,1mm钝边,CO_2半自动焊焊接,焊丝为E71T-1,ϕ1.2的药芯焊丝。施焊时承力板合件可以90°~180°翻身,尽可能采用平角位焊接。

(2)焊接耳板与承力板焊缝:承力板中的耳板插入槽口坡口需要用铣床加工,在U形与K形坡口的选型上,在不影响焊接质量的前提下采用K形坡口,简化了机加工的刀具。施焊时第一面坡口侧焊完两道后,对第二面坡口进行碳弧气刨清根,用砂轮打磨焊缝,焊完第二面焊缝。再焊第一面剩余部分焊缝。用CO_2半自动焊焊接,焊丝为E71T-1,ϕ1.2的药芯焊丝。应对称施焊,以减小焊接变形。

(3) 焊接承力板与斜顶板、顶板、斜底板的焊缝、内腹板与斜底板、外腹板与斜顶板的焊缝均为双面坡口不熔透角焊缝,采用双面K形坡口,4mm钝边,第一面坡口侧焊完后,再焊第二面焊缝。用CO_2半自动焊焊接,焊丝为E71T-1,ϕ1.2的药芯焊丝。

(4)外腹板与斜底板之间为熔透角接,因为操作空间受限,只能开单侧V形坡口,背面贴钢衬垫,为了保证熔透,其焊接间隙按不小于10mm设计,效果较好。

3. 单元块制造

钢箱梁由两个分离的封闭边箱通过横梁连为一个整体,伸入封闭边箱内横梁的腹板(单元块的隔板)采用整板式,分别同两侧箱梁单元块中的顶板和底板直接焊接。单元块由顶板单元、底板单元、隔板、直腹板、斜腹板、加劲件等组成。为了避免仰焊,更好地确保装配尺寸精度,采取如下工艺措施:

(1)采用“倒装法”,工艺流程见图6,设计制造专用组装胎架,单元块为一侧开放的不封闭不对称箱体结构,为防止在组焊和翻身过程中产生变形,在开放侧和两端口设置临时支杆进行加固。

(2)在胎架上先将顶板单元按基线就位,组装横隔板单元,保证横隔板间距,因为隔板为一整板式,为控制U形肋与隔板的组装精度,对隔板与U形肋的焊接边部位留二次切割量,采用推平行线法精确划线配切,以控制装配密贴匀顺,从而保证焊接质量。

(3)组装腹板单元和斜腹板单元,最后定位底板单元,用马板定位,对直腹板与隔板之间的角焊缝采用花焊的方式施焊,施焊平位焊缝,其它位置暂不焊接,防止出现较大的旁弯变形。

(4)采用“L”形吊具吊运出胎并在空中翻身180°。在平台上校正检测。控制端口尺寸,控制端口基线及腰线在垂直面内。

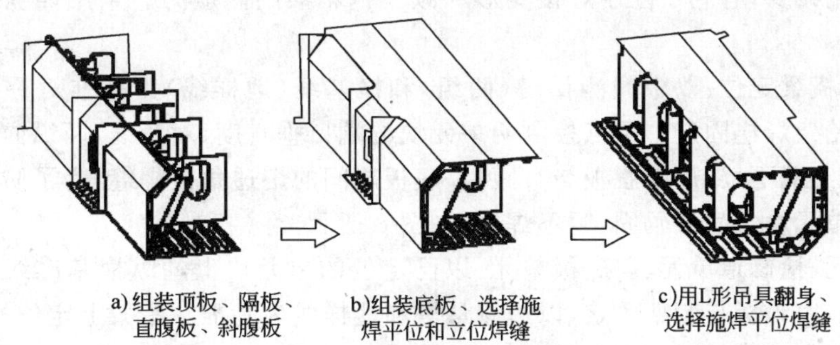

图 6 单元块组装工艺流程

(5)为控制焊接变形,单元块在总拼胎架上定位并与连接箱、连接工型码固后,施焊斜腹板与直腹板、斜腹板与底板之间的熔透角焊缝及其它未施焊的结构焊缝。

4. 检修道单元制造

检修道单元由钢箱梁斜底板板块、检修道弯板板块、隔板、底封板组成一个不对称的箱体结构。按结构特点,采用"倒装法"。工艺流程见图 7,在检修道组焊专用胎架上对板块进行组焊,即先将斜底板板块和检修道弯板板块背面朝上置于胎架上进行定位、对拼、焊接、探伤,再按线组装、焊接检修道隔板和挡风板,最后将检修道底封板组焊上去,采用吊具空中翻身后进行矫正,重点控制断面尺寸、旁弯和平面度,修正纵横基准线,划出锚箱单元组装位置线。因为锚箱单元是组焊在检修道单元上的,检修道单元的精度直接影响箱体锚箱的组装精度,对于检修道单元制作精度作为关键构件进行控制。

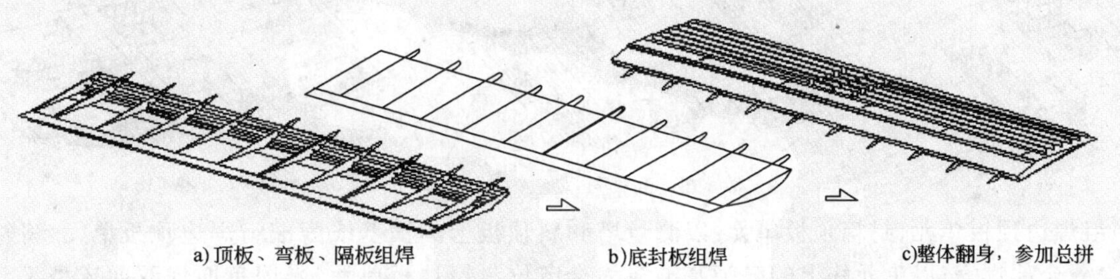

图 7 检修道单元工艺流程

5. 连接横梁制造

横梁分箱形横梁和工型横梁两种,箱形横梁由盖板单元、腹板单元和隔板单元组成;工型横梁由盖板、腹板单元组成。横梁与两边箱梁采用全焊接连接,经 1∶2 节段模型试验件应力测试,横梁主角焊缝应力较大,为保证顺畅传力及结构的安全性,横梁的长度、横断面尺寸精度、主角焊缝是质量控制的关键。下面以箱形横梁为例介绍其制作工艺。工艺措施如下:

(1)设计制造专用组装胎架控制组装尺寸,盖腹板单元焊接边的双面不对称 K 型坡口采用机械加工。

(2)盖板单元、腹板单元和隔板单元,均采用反变形船位埋弧施焊板条肋焊缝。并采用多嘴头热矫正法修正残余焊接变形。重点控制平面度和几何尺寸精度。

(3) 在胎架上整体组装,盖腹板单元之间采用 K 形坡口,为减小焊接变形,控制槽型几何尺寸,外侧开大坡口,内侧开小坡口,1mm 钝边,用药芯 CO_2 半自动焊焊接内侧焊缝。外侧焊缝焊前先气刨清根并打磨,用埋弧自动焊焊接。为实现埋弧自动焊焊接,箱形横梁存在几次翻转。工型横梁腹板与盖板间熔透焊缝,采用埋弧自动焊进行焊接。

(4)对横梁进行全面修整,重点控制箱形端口尺寸、扭曲和旁弯等,检测精度信息纳入数据管理库,与单元块连接端制造精度相匹配。

6. 钢箱梁整体拼焊

结合该桥特点,在钢箱梁整体组装前先制作完成单元块、连接横梁、锚箱单元、检修道单元、顶底板板单元等，使整体焊接量减少，有利于控制焊接变形和减小钢箱梁的内应力。采用四纵一横法控制整体组装精度。

(1)单元块、箱形横梁定位：以中间测量塔（两组）和横基线（地样线）为基准对称摆放好单元块及横梁，采用弹性码板与胎架焊连固定。重点控制两单元块的端口垂直度、对角线、两纵向线间距、顶面高程、对接口错边等。在此工况下，施焊斜腹板与直腹板、底板之间的熔透角接焊缝，为了防止单元块产生较大的旁弯变形，横梁与单元块之间只码固，暂不焊接，如图8所示。

(2)组焊底板单元、检修道单元、斜底板单元：以已定位的单元块上的纵横基准线和地样线为准将底板单元在胎架上就位，用码板与胎架固定，以边测量塔和地样线为基准在胎架上定位检修道单元，在单元块顶板支镜通过中间测量塔线转90°复检横基线合格后，在检修道单元上修正锚箱定位线。以检修道单元的纵横基线为基准在胎架上定位斜底板单元，用马板与胎架固定，采用单面焊双面成型工艺施焊其对接焊缝，焊缝检验合格后再组焊对接缝处的横隔板接板。重点控制检修道的定位精度和高程，横桥向和高度方向预留合理的焊接收缩工艺补偿量，如图9所示。

(3)组焊横隔板、锚箱单元、斜顶板单元：组装横隔板过程中辅以定位夹具、顶拉工具控制隔板位置精度和垂直度等项点。焊接时，先焊横隔板对接焊缝，再焊其它结构焊缝；对不大于δ16的横隔板对接采用单面V形坡口焊缝，背面贴陶质衬垫；对大于δ16的横隔板对接采用X形坡口焊缝，焊完第一面坡口焊缝后，其背面坡口焊缝处用碳弧气刨清根，用砂轮打磨，再焊接该面坡口焊缝；以检修道单元的横基线和边测量塔为准组焊锚箱单元，重点控制耳板销孔高程、横桥向精度、组装间隙，焊接坡口熔透角焊缝，半熔透角焊缝及单面V形坡口角焊缝，如图10所示。

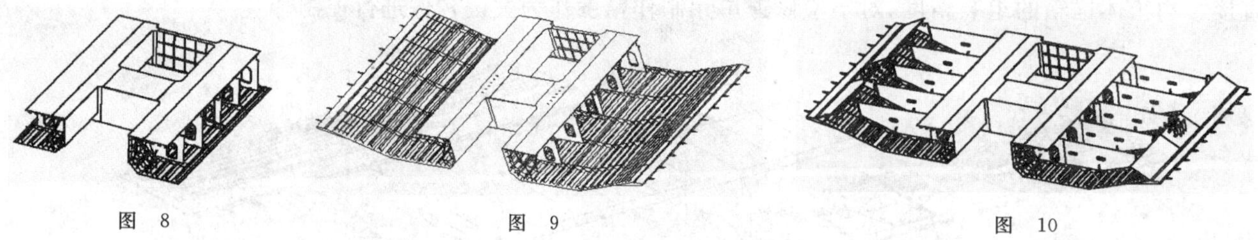

图　8　　　　　图　9　　　　　图　10

(4)组焊边顶板单元、封箱顶板单元：以测量塔和斜顶板上的横基线为准组焊边顶板单元，将箱内所有结构焊缝全部焊完；以单元块上的纵横基准线为准定位封箱顶板单元，采用单面焊双面成型工艺施焊斜顶板与边顶板的钝角焊缝和其它对接焊缝。

(5)检测吊耳板间距及桥面2%横坡合格后，施焊边箱梁与连接横梁之间的焊缝。解码，修正接口的匹配精度。以测量塔为基准修正梁段纵横基准线，检测梁段长度，保证箱口断面平齐。

7. 钢箱梁预拼装

按照架梁的顺序，采用5+1平位预拼装方法，全桥分26次预拼装。通过预拼控制钢箱梁旁弯、拱度、长度、组焊接口临时连接件，控制桥位环缝焊缝间隙及错边量。工艺程序如下：

(1)通过中间测量塔控制摆好首节梁段或复位梁段，用水准仪测量钢箱梁拱度测点高程，并使梁段桥轴中心线在允许偏差范围内。并依次微调其它梁段，控制测点高程，按基线就位。

(2)在凌晨或没有日照的情况下检查拱度、长度、相邻梁段之间的吊点距离，以中间测量塔修正桥轴线，该线是桥位的测量控制线。

(3)按监控提供的拱度线形数据及相邻梁段之间的横基线间距，按下述公式计算箱口顶板和底板匹配件安装位置，划线用定位冲钉精确安装匹配件。

$\Delta=L-L_{设}-2$（$L_{设}$为相邻梁段理论横基线间距，L为实测梁段横基线间距，Δ为顶板匹配件加垫厚度）

$t=\Delta+\Delta t$（Δt为梁段起拱后顶底板之间间隙差，t底板匹配件加垫厚度）

8. 焊接变形控制

钢箱梁制造精度主要通过装配精度和焊接变形的控制来实现，对于分体式钢箱梁结构，在焊接变形控制上主要采取了如下工艺措施：

(1)板块焊接反变形技术的应用，使焊接热变形量减少 90%，控制板块平面度，提高了生产效率。

(2)板块在纵桥向焊接收缩量的预留，用于补偿板单元对接及箱体拼焊中的纵桥向收缩变形。

(3)横隔板纵横向预留工艺补偿量，它是箱体组装的内胎，采用平台约束施焊控制平面度。

(4)总拼胎架设计中在斜底板处高度方向预留反变形量，用于箱体拼焊完成解码后的反弹变形。

(5)整体拼焊中横桥向预留焊接收缩量，用于补偿大量的纵桥向单面焊双面成形焊接引起的横桥向收缩，保证吊点横桥向间距的精度要求。

(6)通过对称施焊、间断跳焊、规定一定的焊接顺序控制变形。

(7)通过总拼胎架采用自约束、它约束、柔性约束和半强制约束施焊，控制箱体整体变形。

西堠门大桥钢箱梁采用分体式梁结构，在钢箱梁制造工艺及焊接变形控制上有很多新的特点，本文对其进行了分折和总结，以便于对同类型的钢桥梁设计和施工提供借鉴。

参考文献

陈伯鑫.焊接工程缺欠分析与对策.北京：机械工业出版社 1988.

48. 西堠门大桥钢箱梁制造预拼装线形控制技术

徐　亮　杨哲晨　李红松

(中铁宝桥股份有限公司)

摘　要　西堠门大桥钢加劲梁制造时采用水平预拼装的方法，为了保证梁段的制造竖曲线形，应先根据设计数据模拟计算得到竖曲线形相关参数，在水平预拼装时进行控制、调整，最后检测线形的精度，保证线形的正确性。

关键词　水平预拼装　竖曲线形　计算　控制　检测

大跨度钢桥梁制造中梁体的整体线形是衡量桥梁整体质量的主要项点之一。线形的好坏直接影响桥梁的外观质量，更直接关系到桥梁整体力学性能。梁段的整体线形包括平面线形和竖向线形。通常大跨度桥梁主跨、边跨平面线形采用直线形，而其引桥或匝道桥则采用直线形、曲线形、曲线形多层重叠形式等等。由于桥梁整体受力以竖向力为主，因此桥梁通常设置竖向上挠拱度以承受、抵抗竖向荷载，于是便形成了桥梁的竖向曲线。

一、概　述

西堠门大桥为两跨连续钢箱梁悬索桥，主缆分跨为 578m＋1 650m＋485m，其中边跨 578m 和中跨 1 650m 为钢加劲梁。钢加劲梁段平曲线为直线，竖曲线为 $R=33\ 010.311$m、$E=10.314$m、$T=825.258$m。竖曲线解释如下(图 1)：

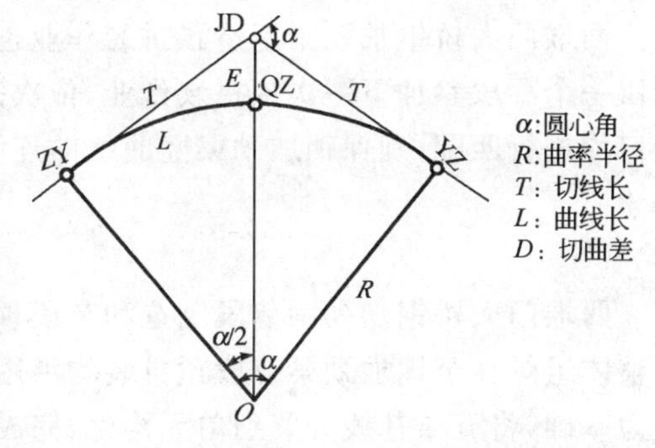

图 1　圆曲线主要元素简图

两相邻直线偏角为 α，圆曲线的半径为 R，则可确定圆曲线和两直线段的切点位置 ZY 点、YZ 点。对圆曲线相对位置起控制作用的直圆点 ZY、圆直点 YZ 和曲中点 QZ 为圆曲线三主要点。R、α 以及具体体现三主要点几何位置的切线长 T、曲线长 L、外矢距 E 和切曲差(切线长和曲线长之差)D 为曲线 6 要素。有了曲线 6 要素，则可测放出圆曲线及全桥竖曲线。

上述竖曲线为最终成桥线形，但在钢加劲梁制造中(即梁段预拼装过程中)应使用制造线形。钢加劲梁节段在桥位以制造线形连接成为整体，最终通过二期恒载及吊索索力张拉使钢加劲梁整体实现最终成桥线形。

二、预　拼　装

钢加劲梁分节段制造后，为了确保架梁时梁段整体竖向线形、梁段整体长度、梁段吊点间距、梁段间接口平齐，同时确定节段间U形肋嵌补段长度、安装临时连接件(定位匹配件)，避免高空调整，减少高空作业难度和加快吊装速度，缩短水域航道封航时间，确保钢加劲梁顺利架设，而在专设的胎架上进行的梁段预演桥位拼装作业。

西堠门大桥钢加劲梁制造预拼装作业采用水平预拼装作业法，即钢加劲梁节段水平置于预拼装胎架上，调整梁段节段在总拼胎架上的姿态，到位后量测纵基线位置、横基线间距等参数，通过计算得梁段间接口参数，以调整梁段接口状态，实现梁段制造线形的预演。

预拼装胎架简图见图2。

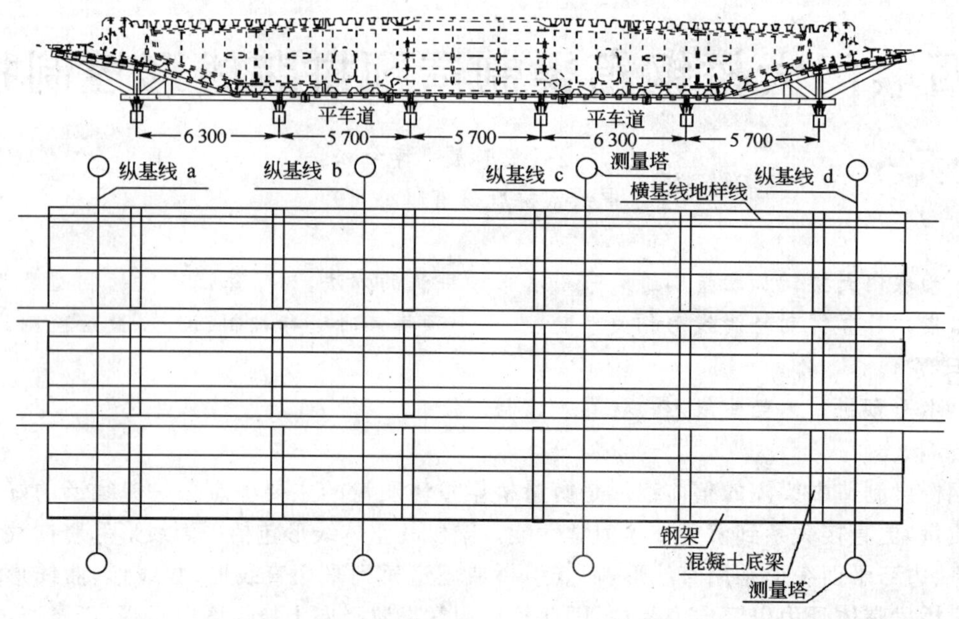

图2　预拼装胎架间图

三、预拼装顺序

由于场地、制造费用等多方面的限制专设预拼装胎架的长度，因此预拼装作业通常为分节次进行作业。西堠门大桥钢加劲梁制造预拼装作业也是分节次进行，全桥共计26次。另外，前一次预拼装作业会预留一个梁段参加下一次预拼装作业，依次完成全桥钢加劲梁节段的预拼装作业，以保证全桥所有梁段接口均进行匹配，确保钢加劲梁竖曲线的连续性。其划分如图3所示：

四、基　线　布　设

西堠门大桥钢加劲梁节段制造和节段预拼装均在预拼装胎架上完成，因此从单件组焊到钢加劲梁节段整体组焊直至钢加劲梁节段预拼装均沿用一套基线系统。即以预拼装胎架布设的“四纵一横”五条基线为基础，将五条基线分解到单元构件，完成单元构件制造；以五条基线为基准定位组装单元构件，完成节段整体组焊，之后节段解除与胎架马接，以五条基线为基准修正节段纵横基线准备预拼装；再以“四纵

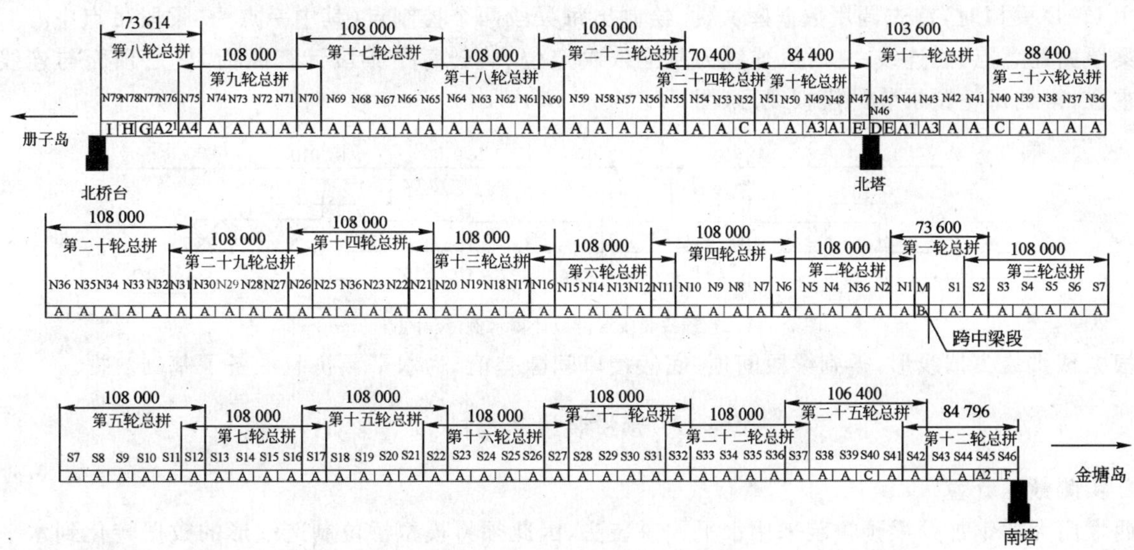

图 3　预拼装顺序

一横”中“两纵一横”为基准，修正梁段在预瓶装胎架上的姿态，完成每节次的预拼装作业。

钢加劲梁节段基线布设如图 4 所示。

预拼装时若干节段定位基线布设如图 5 所示：

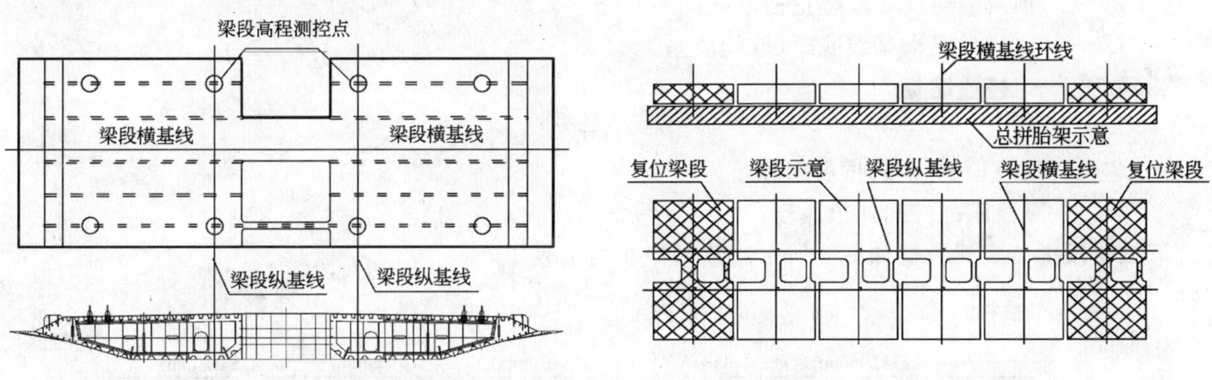

图 4　钢加劲梁节段基线布设　　图 5　预拼装时若干节段空位基线布设

注：复位梁段在预拼装胎架两端均有工况，通常每轮预拼装仅有一个复位段

五、线形模拟计算

设计单位给出了钢加劲梁成桥线形，但由于桥塔预高、梁段重量误差、临时连接件及匹配件重量在钢梁合龙前施加和在刚接后拆除、桥面铺装等因素的影响，又由监控单位根据成桥线形计算提供了钢加劲梁制造线形。

据此利用计算机编制各梁段控制点坐标数据库文件，按每节次预拼装梁段编号，选取其数据用 CAD 软件工具模拟梁段桥位架设状态，最终得到钢加劲梁节段间顶板、底板处的接口间隙。由于控制点是在二维控制系下，而且每个梁段给出两个钢加劲梁顶面的控制点，因此必须选取梁段中合理的计算断面。钢加劲梁断面（图 6）为变截面，为更好地表示节段顺桥向断面特点，得到准确的桥位架设状态时梁段接口顶、底板间隙的差值，选取“桥轴中心线处”纵断面为宜。

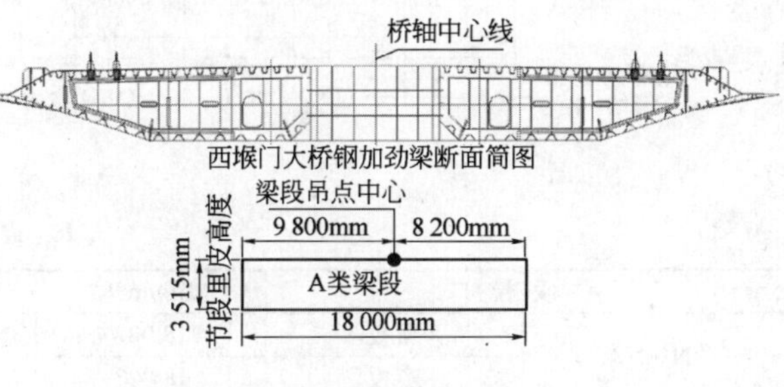

图 6　A 类梁段选取计算断面例图

用CAD模拟时，首先调用数据库文件，绘制出每梁段两个控制点(其中一点为"梁段吊点中心"，另一点为梁顶面任意点)的连线，之后以连线为基准依次定位、旋转每个梁段计算断面，使之顶面与连线对应位置重合，得到每轮预拼装的模拟线形(图7)。

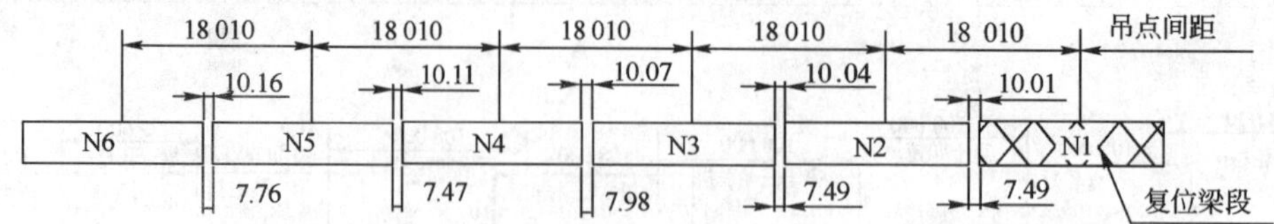

图7 第二轮预拼装线形模拟计算示例(尺寸单位：mm)

根据预拼装模拟线形，得到梁段间顶、底板接口间隙差值，为水平预拼装准备了基础数据。

六、预拼装线形控制

1. 实测数据计算

西堠门大桥钢加劲梁预拼装采用水平预拼装法，因此须将模拟桥位制造线形的数据转化到水平预拼装状态，即通过调整顶、底板匹配件间垫板的厚度实现。以西堠门大桥钢加劲梁制造第二轮预拼装计算数据为例。

梁段顶、底板匹配件间加垫厚度(t)的计算：

$$\Delta = L - L_{设} - 2$$

式中："$L_{设}$"——预拼装对应梁段理论横基线间距；

"L"——实测梁段横基线间距(取均值)；

"2mm"——焊接收缩量。

$$t = \Delta + \Delta t$$

式中："Δt"——梁段顶、底板起拱后间隙差；

"t"——梁段匹配件间加垫厚度。

第二轮预拼装实测数据如图8所示。数据计并列于表1。

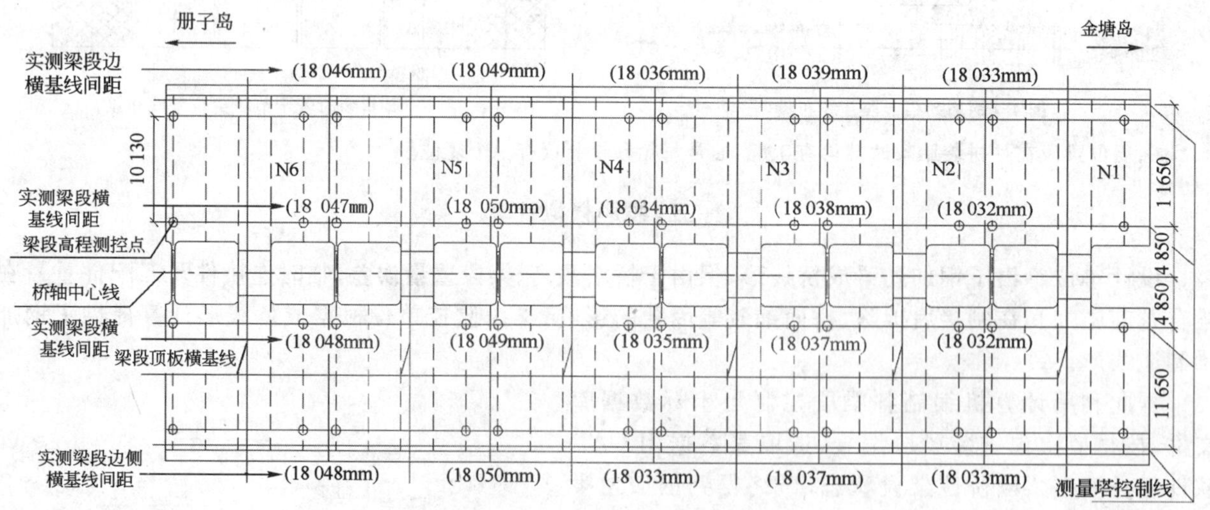

图8 第二轮预拼装实测数据

数据计算列表 表1

梁段接口		L(mm)	$L_{设}$(mm)	Δ(mm)	Δt(mm)	t(mm)
N1-N2	顶板	18 033	18 010	21	0	21
	底板	18 033	18 010	21	2.5	23.5
N2-N3	顶板	18 038	18 010	26	0	26
	底板	18 038	18 010	26	2.5	28.5

续上表

梁段接口		L(mm)	$L_{设}$(mm)	Δ(mm)	Δt(mm)	t(mm)
N3-N4	顶板	18 034	18 010	22	0	22
	底板	18 034	18 010	22	2.1	24.1
N4-N5	顶板	18 049.5	18 010	37.5	0	37.5
	底板	18 049.5	18 010	37.5	2.6	40.1
N5—N6	顶板	18 047	18 010	35	0	35
	底板	18 047	18 010	35	2.4	37.4

依据此表，配制梁段每个接口顶、底板匹配件的垫板厚度，组成匹配件合件，在梁端口相应位置处组装匹配件，作为梁段桥位定位组装的基准连接件。通过数据可以看到，水平预拼装时梁段底板接口间隙大于顶板接口间隙，在桥位架设时取出垫板便可以实现梁段上拱。

2. 预拼装的具备条件

①修正钢加劲梁节段的纵横基准线

钢加劲梁节段整体组焊完毕后，解除与胎架的码接，由于焊接收缩、变形等影响梁体会产生微小变形，同时带动原布设的基线发生变化，因此修整梁段直至满足制造规则要求后，重新修正纵横基准线准备预拼装。

②修正钢加劲梁顶板及底板的长度

西堠门大桥钢加劲梁单元件制造时，顶板单元顺桥向两端均留有配切量，而底板依据设计尺寸制造，因此在梁段调整好高程后划线配切顶板板边，保证箱口板边平齐。

③修正钢加劲梁在胎架上的姿态

依据在梁段上高程测点测得的数据，调整梁段在胎架上的高低，确保预拼梁段的顶面平齐。另外，以测量塔基线为基准调整梁段顺桥向位置，使梁段纵基线与测量塔基线保持一致。当高程和基线均调整到位后，梁段在胎架上的姿态才可进行预拼装。

④修整对接口

相邻吊装段的接口在预拼装时加以修整，使两接口在自由状态下匹配，使之在桥位空中安装时顺利对正。

七、线 形 检 测

西堠门大桥钢加劲梁预拼装按表2的要求进行尺寸矫正和检验。

梁段预拼装验收条件 表2

项目	允许偏差(mm)	条件	检测工具和方法
组拼长度(L)	±(5+0.15L)	L(m)预拼装时最外两吊耳中心距	钢盘尺、弹簧秤
	±2	分段时两吊点中心距	
全长	±2×N	分段累加总长，N为节段数 注：梁段接口间隙40mm左右	钢盘尺、弹簧秤。当预拼装分段累计总长超差时，要在下次预拼装时进行调整
耳板中心距	±3	纵、横向间距	钢盘尺、弹簧秤
顶板对角线差	≤4	待顶板顺桥向两端已切边后量测	钢盘尺、弹簧秤
旁弯	3+0.1L且 最大12	桥中心线在平面 内的偏差L(m)为预拼装长度	紧线器、钢丝线、(经纬仪)钢板尺
	≤5	单段箱梁	
左右吊点高度差	≤5	左右高低差	平台、水准仪、钢板尺
面板、腹板平面度	H/250,2t/3取小值	H——加劲肋间距 t——板厚	平尺、钢板尺

续上表

项目	允许偏差(mm)	条件	检测工具和方法
扭曲	每米不超过1,且每段≤10	每段以两边隔板处为准	垂球、钢板尺
工地对接板面高低差	≤1.0	安装四配件后板面高低差	钢板尺
预拱度	+(3+0.15L且≯12) −(3+0.05L且≯6)	L(m)为预拼装长度	水准仪、钢板尺
桥面板四角不平度	≤4.0	桥面板高程测控点,测点在两端隔板上 注:位置相近处比较	水准仪

符合表2各项要求时,钢加劲梁预拼装作业才完全满足预拼装线形和梁段接口匹配精度的要求,满足梁段桥位架设需要。

八、结束语

预拼装中的竖曲线形主要是通过钢加劲梁节段间顶、底板接口间隙的调整,用直线段的梁体依次逼近圆曲线而形成的。在制造中更好的控制线形,就应提高钢加劲梁节段的制造质量、减少焊接变形;提高线形拟合计算精度;提高作业精度得到准确的测量数据;更要有确实的检核措施和检测数据,保证线形的精度。

西堠门大桥钢加劲梁预拼装为水平预拼装,这种预拼装方法改变了以往实桥位预拼装的传统工艺,大大降低了劳动强度、缩短了预拼装的周期,同时完全保证了预拼装线形和梁段接口匹配精度的要求,应在以后大型钢加劲梁制造中广泛使用。

49. 西堠门大桥运梁船动力定位研究与实践

龙　勇[1]　于旭东[2]　毛优达[2]

(1.四川公路桥梁建设集团有限公司;2.浙江省舟山连岛工程建设指挥部)

摘　要　西堠门大桥钢箱梁安装过程中需要解决运输船舶的定位问题,由于自然环境条件及航道通航限制,运输船舶不能采用常规的定位方式,而必须采用安全、快捷的动力定位方式。通过西堠门大桥钢箱梁运输船舶动力定位研究,基本掌握了动力定位在桥梁工程建设实践中的实现原理,通过大量试验分析掌握了动力定位的操控方法和组织原则,通过全过程实践掌握了海洋环境大型构件的安装方法,为全桥钢箱梁安装工作安全、高效地完成提供技术保障,为类似工程积累了丰富的经验。

关键词　钢箱梁安装　动力定位　现场试验

一、工程概况

1. 工程地理位置

西堠门大桥桥区地理位置处于中国舟山群岛,属于海洋环境。西堠门大桥是舟山连岛工程中的第四座大桥,大桥跨越西堠门水道,水道中有一孤岛——老虎山将西堠门水道一分为二。

2. 工程主要结构设计指标

西堠门大桥主桥设计为主跨1 650m的两跨连续钢箱梁悬索桥,桥跨布置(图1)为:578m(北边跨)+1 650m(主跨)+485m(南边跨);其主跨跨度处于中国第一,世界第二。

西堠门大桥钢箱梁分为15种,全桥共126个梁段。钢箱梁全宽36m,标准节段长18m,普通梁重250t左右,控制重量为A1梁段,重360t。钢箱梁的运输、吊装梁段划分与制造梁段基本一致。

3. 工程重点、难点

西堠门大桥126片钢箱梁运输船舶定位作业,除了岸线附近的梁段可以借助锚泊系统定位外,大部

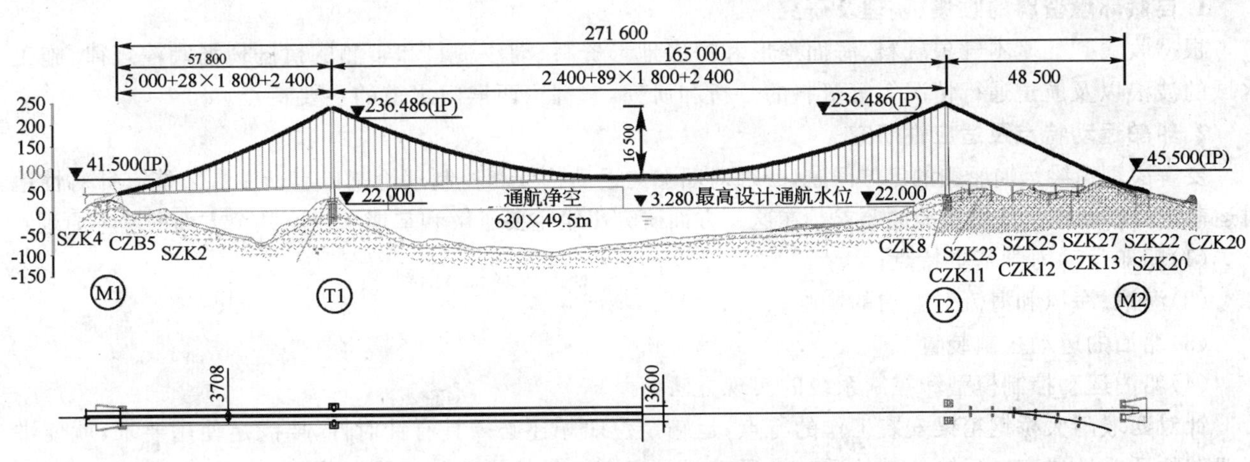

图 1 西堠门大桥桥型布置图

分需要在海中进行动力定位。目前类似于西堠门大桥的气象、水文、地形条件下钢箱梁运输定位规模的工程十分鲜见,缺乏可供借鉴的成熟的运梁船定位技术。探讨运梁船运输定位技术是西堠门大桥建设必须研究解决的技术问题。与其他类似桥梁施工作业相比,本桥具有以下特点:

(1)钢箱梁运输、船舶定位、吊装空间跨越大,作业次数多

西堠门大桥跨度大,钢箱梁节段多(126 段),船舶梁段运输、定位次数多,工程规模较大,过程保障复杂,钢箱梁运输供应保障难度大。

(2)实施船舶动力定位的环境条件复杂

西堠门水道水流流速大(实测最大流速 3.6m/s),流向紊乱,波浪较大,不便于船舶控制;海底地形复杂,岩石裸露没有覆盖层,桥区水深 97m 左右,普通的抛锚定位不能实施;桥区为不规则半日潮,而且处于横水洋和灰鳖洋连接的压缩段,涨落潮海况较差,平潮时间短,定位时机捕捉难度大;西堠门水道是国际航道,大型商船军舰时常通过,钢箱梁安装期间不能封航。如何避免上述因素,抓住有利时机实施船舶的定位作业是一个难题。

(3)全过程制约因素多

为了实施船舶动力定位,减少定位难度,缩短定位时间,减轻定位操控压力,需要考虑的因素非常多。全过程参与单位多,控制点多,组织协调难度大,船舶构造特点、人员配置与协调、工作人员的作业技能等等都会对实施过程造成不同程度的影响。

二、钢箱梁运输船舶动力定位方案研究的意义和目的

1. 动力定位简介

动力定位就是在有风、浪、流的干扰情况下,不借助锚泊系统,利用自身的推力器系统使得船舶保持一定的位置和角度。它具有不受水深限制,投入和撤出迅速等优点。动力定位的研究随着人们对海洋资源开发力度的加大而日益得到重视。

2. 方案研究的意义和目的

西堠门大桥大部分的钢箱梁节段是通过专门设计制造的运梁船舶运输到桥位,再通过船舶动力定位,经缆载吊机吊装等作业过程为大桥钢箱梁的安装工作提供最基本保障。

实现这一目标需要解决一系列的技术难题,项目部成立了专门的技术研究小组。通过技术方案的研究、试验最终形成科学、合理、安全、实施性较强的钢箱梁运输定位方案,为钢箱梁的安装工作提供保障。

三、动力定位研究主要过程及工作内容

为了解决钢箱梁运输船舶动力定位问题,研究小组制订了专门的工作计划和实施步骤,要进行几个方面的工作。

1. 自然环境资料的收集、整理及研究

根据收集到的基本气象资料、海面地形和海底地形资料、潮汐资料和实测的桥区现场潮汐规律、施工水域的波浪以及航道通行情况等等资料的分析和研究，掌握了西堠门水道的主要特点。

2. 船舶运动特点及适应性研究

要解决钢箱梁运输船舶的定位问题，必须对船舶的运动特点和控制理论基础有所掌握才能有针对性地对运输定位船舶提出使用功能的要求。在这一方面研究小组主要了解和掌握了以下几个方面的基本原理：

(1)船舶运动力学基本特点；

(2)海浪、海风和海流对船泊的影响；

(3)船泊的运动控制装置；

(4)船泊运动控制模型和控制系统的实现方法。

针对西堠门大桥钢箱梁安装工作的特点，运输定位船舶还必须具有针对性，要满足使用要求，就要进行船舶的适应性研究。运输船舶的适应性研究就是研究船舶的构造与运输定位需求之间的矛盾问题，主要包括以下几个方面的问题。

(1) 钢箱梁运输船舶结构设计，主要是船舶尺寸与码头尺寸，船舶结构与荷载分布的问题，使其能够满足钢箱梁运输的需要。

(2)船泊的稳定性及安全方面改造，使其适应使用过程安全要求。

第一掌握钢箱梁在船舶船体的荷载分配情况，钢箱梁在装载时船体不能出现变形。第二必须掌握行驶过程的安全性，确保钢箱梁在运输过程中不滑移，不倾覆，不出现船舶的横摇谐振、甲板上浪等危险姿态。

(3)船舶的操控性能改进以便适应动力定位的要求。

改变舵面，增加舵效便于船舶操控。

(4)船舶动力选择及布置。

结合当地海况进行动力配置，要求能够满足航行与定位需要，有意识拉开两个动力的距离便于船舶的横向跟进。

3. 定位方案的比选

从国内已经建成的大桥的资料可以知道，其中大部分的钢箱梁运输船舶的定位方法采用抛锚定位，少数项目涉及到了动力定位。一般涉及到的动力定位方式又分为两种形式，一种采用自航舶单船直接定位，另一种采用拖轮辅助动力定位。通过几种运输定位方法的比较，结合船舶运输、定位特点，同时考虑快速进入与撤离，西堠门大桥钢箱梁运输船舶的定位方式选择自航驳船单船直接动力定位法。

4. 动力定位的实现条件

通过对环境因素、船舶的运动特点、船舶的控制方法、动力定位的基本要求、定位方案的初步比较等所涉及到的项目的分析，西堠门大桥钢箱梁运输船舶动力定位必须满足以下几个条件。

(1)运输定位船舶定位时的摆动限制(定位精度)

影响因素主要是吊具的设计特点和吊点间的连接方式。定位船舶的摆动限制直接限制了船舶在定位时船体各个方向的摆动幅度。

(2)钢箱梁运输船舶的特点及操控技术要求

首先采用了扁平的宽体甲板驳，使其具有较高的稳定性和耐风浪性；其次采用了双轴，双舵、大功率发动机，适当增加舵面面积改善舵效，使其具有较好的操控性；船泊具有定位和控制所需的设备和系统；最后，船舶定位指挥及操控人员有多年的海上施工作业经验。

(3)实施定位作业的环境条件

在方案研究过程中，初步提出实施动力定位的环境条件：风力6级以下，风浪2级以下，流速2m/s以下。最终将通过试验验证在风浪条件较好时而且非平潮时进行动力定位，如果能够实现将能够加快施工进度。

(4)实施过程组织与协调

要在试验的基础上编制实施工艺及施工组织设计,合理的组织可以加快作业节奏,缩短作业周期,减少定位时间,受到的外间影响程度也随之减少,这有利于钢箱梁的吊装。

(5)借鉴与总结其他类似工程实例

从国内已经建成的大桥的资料可以知道,其中大部分的钢箱梁运输船舶的定位方法采用抛锚定位,少数项目涉及到了动力定位,目前国内梁段运输船舶涉及到动力定位的桃夭门大桥,尽管他们的规模与其他条件不同但是通过总结可以借鉴一些经验。

5. 动力定位的初步方案

通过科研小组的分析与研究,结合国内外类似工程的实施方案,在前期工作基础之上编制了西堠门大桥钢箱梁运输定位的初步方案,初步方案主要由以下七部分组成。初步方案主要用来指导现场试验,而实施方案在现场试验后,根据试验成果重新编制。

第一步　装载

第二步　海上运输过程

第三步　进入作业区

第四步　定位作业程序

第五步　钢箱梁与吊具连接

第六步　船位保持

第七步　定位船舶撤离

四、钢箱梁运输船舶动力定位现场试验

钢箱梁运输船舶按照设计要求建造好以后,将进行设备安装和控制系统调试,然后要进行一系列的试验。按照动力定位的相关要求制造的船舶,在完成船检和海事试验后,为了验证能否满足西堠门大桥钢箱梁动力定位的要求,必须进行一系列的使用功能试验。

1. 试验目的

现场试验主要验证钢箱梁运输船舶的运输能力及装载安全性;在各个水域及各种海况下的动力定位实现手段及操作方法;验证船舶在各种海况下的定位保持时间;最后进行全过程试验,模拟进行钢箱梁运输、定位、钢箱梁起吊等全过程的组织实施,施工节奏,过程时间分配等等。现场试验最终为钢箱梁的安装提供有力保障。

为了检验船舶的使用功能,钢箱梁运输船舶在 2007 年 4 月进场以后到 6 月进行了一系列试验。试验项目主要包括:正常航行及变速、转向、横向跟进、小位移移动、艏向侧推、进入与撤离、目标跟踪、船位保持、压载与舵效的关系、不同区域的操控方法、装载试验、苛刻条件下的试验等等。为了完成各项指标的检验,研究小组专门编制了《西堠门大桥钢箱梁运输船舶动力定位试验方案》,并通过海事部门的专门评审后才能进行现场试验。

2. 试验过程的分析与方案改进

自从西堠门大桥钢箱梁运输船舶 2007 年 4 月进入施工现场后,基本按照《西堠门大桥钢箱梁运输船舶动力定位试验方案》进行了一系列的试验,解决了一些问题,验也暴露了一些问题,主要是船舶在海域中间靠南侧的定位问题。

这些问题中最主要的横向漂移问题,其他问题通过试验可以找到好的解决方法,随着试验时间的增加,船舶控制人员的控制水平熟练程度的提高都会得到较好的改善,但是解决横向漂移问题必须采取其他有效措施。研究小组决定首先解决大区域的动力定位问题,对于南侧小范围的横向漂移问题最后专门解决,必要时利用吊具的钟摆效应或者其他辅助办法。基于上述思想,我部将西堠门大桥钢箱梁运输船舶定位方法作进一步改进。

通过很多次数的试验观测,不断地总结、改进,在钢箱梁安装作业开始以前基本掌握了全桥钢箱梁分

不同区域的定位方法。

全过程试验完成以后，对于岸线以外的水域所实施的动力定位方法找到了一个成熟的施工工艺，为大桥钢箱梁安装进度、安全提供了强有力的保障。

五、钢箱梁运输船舶动力定位实施方案要点

船舶装载：根据潮汐时刻表和气象资料、风浪预报，提前一天做好钢箱梁的装载准备（图2），注明钢箱梁的装载方向。

船舶进入时机：通过试验分析和验证，船舶进入要比高低平潮时间早30min左右，船舶在一定的顶流流速时便于船舶的控制。此时，缆载吊机的吊具下放到离水面8～10m位置（图3），船舶操控人员利用钢箱梁水平投影的GPS坐标结合吊具作为参照物可以缩短船舶进入定位位置的时间。

图2 钢箱梁装载

图3 钢箱梁与吊具连接

动力定位的实施：这一过程即为船位保持。通过大量的试验证明船舶一进入作业位置，吊具立即下放到钢箱梁顶面，吊具50%左右的重量压在钢箱梁上，此时控制好船舶的姿态，立即进行吊点连接。利用梁、吊、船的相互作用有利于船舶的动力定位（图4、图5）。

图4 钢箱梁起吊

图5 已经安装完成的钢箱梁

根据上述要点编制的施工工艺在实施过程中取得了较好的效果，随着船舶操控人员对桥位海域情况的熟悉，施工作业人员吊具连接的熟练，整个施工作业过程越来越快，越来越安全。

六、结　论

西堠门大桥是一座具有较大技术难度和影响力的大桥，由于大桥所处的特殊地理位置，给大桥的施工带来了一系列的难题，其中钢箱梁运输船舶的定位是大桥上部安装施工作业的技术难点之一。

将动力定位的思路引进海上特大桥的大型构件定位安装是解决大桥施工过程重要技术难题的好办

法，西堠门大桥在这面的论证研究、试验分析、过程组织、全过程实践取得了较好的成果。实践证明动力定位法是一种安全、快捷、经济的施工作业方法，尽管大桥的钢箱梁安装过程贯穿了台风并进入了季风期，海洋气候多变，水域情况复杂，仍然保证了全桥126片钢箱梁在6个月时间内全部安装完成，为全桥建设及整个大陆连岛工程打下了坚实的基础。

西堠门大桥钢箱梁运输船舶的动力定位研究，基本掌握了动力定位在桥梁工程建设实践中的实现原理，通过大量试验分析掌握了动力定位的操控方法和组织原则，通过全过程实践掌握了海洋环境大型构件的安装方法，为类似工程积累了丰富的经验。

参考文献

[1] 何崇德."大洋一号"海洋科学调查船动力定位系统若干问题的考虑.船舶工程研究，2002(4)
[2] 戴冉.船舶操作与控制.大连海事大学

50. 西堠门大桥钢箱梁安装

杨如刚 卢 伟 邓亨长 龙 勇 虞业强 李润哲
（四川公路桥梁建设集团有限公司）

摘 要 西堠门大桥为主跨1 650m的两跨连续分离式钢箱梁悬索桥，大桥126片钢箱梁架设是上部结构安装的关键，介绍钢箱梁安装相关技术特点与施工过程。

关键词 西堠门桥 悬索桥 分离式钢箱梁安装 施工技术

一、工 程 概 况

西堠门大桥主桥为主跨1 650m的两跨连续漂浮体系的钢箱梁悬索桥，跨径布置为578m+1 650m+485m，钢箱梁连续总长为2 228m，矢跨比1/10；主缆横桥向中心间距为31.4m，吊索顺桥向标准间距为18m。主跨跨径居世界第二、中国第一，主桥总体布置见图1。

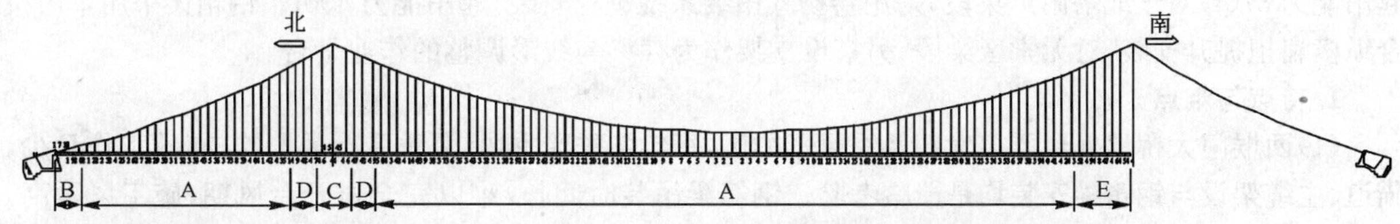

注：钢箱梁吊装方案示意
A. 采用单台缆载吊机垂直起吊法安装
B. 采用单台缆载吊机荡移 + 固定支架 + 移动支架法安装
C. 采用卷扬式吊装系统荡移法 + 固定支架法安装
D. 采用卷扬式吊装系统荡移法安装
E. 采用单台缆载吊机荡移法安装

图1 西堠门大桥钢箱梁安装总体布置

钢箱梁形式为扁平流线形分离式双箱断面，两个封闭钢箱梁横桥向拉开6m距离。钢箱梁梁宽36.0m，梁高3.51m(对于I、F型梁段，底部另设计横向抗风支座支撑构造，高900mm，要求运输安装时考虑该高度的限制影响)，钢箱梁制造以节段为单元，标准梁段长18m，钢箱梁总长2 224.2m，总重30 379.7t。钢箱梁共计126个安装节段，标准节段长18m，标准吊装重量约260t，最大吊重约360t。

锚箱锚固耳板为承受吊索力的主结构，每段箱梁设一对吊点，为适应吊装要求，另设四点临时吊点，吊点采用双耳板销铰结构，临时吊点间距25.3m(耳板中距)，永久吊点间距31.4m。梁段单层存放，并按八支点临时支撑设搁置。钢箱梁标准断面与平面图参见图2。

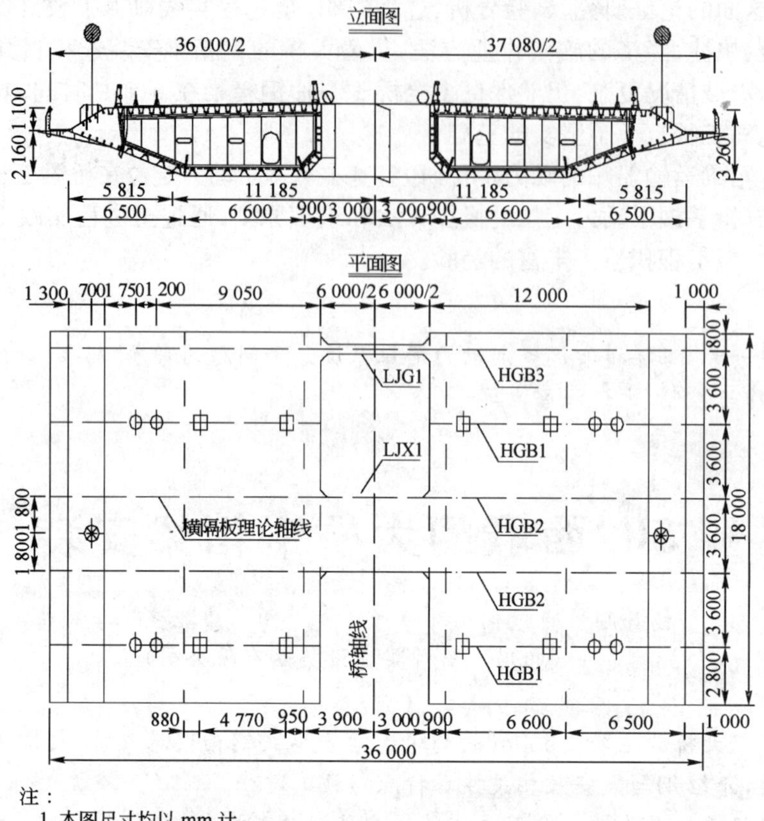

注：

1. 本图尺寸均以 mm 计。
2. 图中⊕表示永久吊点，⊕表示临时吊点，⊕表示临时支点。
3. 图中 HGB 代表横隔板，LJX 代表连接箱，LJG 代表连接工字梁。

图 2　钢箱梁标准断面与平面示意

二、钢箱梁段安装

根据西堠门大桥钢箱梁设计及加工、运输特点，大桥钢箱梁多数节段采用液压式缆载吊机起吊安装，起吊能力 370t；对于北塔附近梁段，采用卷扬式吊装系统进行安装，起吊能力 400t。钢箱梁采用单吊机结合纵横扁担提升安装，对无索区梁段，另搭设支架作为存梁与线形调整的作业平台。

1. 特点与难点

(1)西堠门大桥地处台风多发区及季风影响区，每年冬季受季风、夏季受台风影响，有效工作日少，对猫道、主缆架设与钢箱梁安装均是严峻考验。钢箱梁吊装时间长，难以完全避开台风期，施工风险高，需进行台风期钢箱梁架设抗风稳定专题研究以指导梁段架设作业。

(2)施工桥位处海域潮差大、波浪高、水流急，且有强烈旋涡，海上作业困难，西堠门与册子水道覆盖层极浅，多数地方无覆盖层，传统抛锚定位作业难以实施，运梁船运输与定位实施难度大，施工环境恶劣。

(3)北边跨无索区及锚区浅水区梁段、北塔及南塔附近梁段运梁驳船不能行驶至梁段安装投影位置，无法采用传统的垂直起吊工艺，需搭设支架存梁并采用荡移法架设。

(4)大桥所用缆载吊机起吊能力为 370t，满足投标文件 350t 起吊力要求，而钢箱梁节段吊装重量由于设计变更等因素，根据钢箱梁加工厂家实际称重结果，A1 梁段重量加上吊具重量超出缆载吊机承载能力，需考虑特殊方法完成此类梁段安装。

参考国内外其他钢箱梁悬索桥经验，本桥钢箱梁采用传统的缆载吊机安装方案，但针对北塔区附近梁段，考虑用卷扬式吊装系统通过荡移作业完成吊装，北锚附近梁段缆载吊机荡移吊装前，还对航道进行了拓宽作业以利箱梁运输船进出，南塔附近梁段也采用吊机荡移安装梁段。所有无索区梁段均搭设支架临时存梁。各梁段安装方法参见图 1。

2. 运输船动力定位

大桥所在水域的特点是潮流流速大且有强烈漩涡，水流紊乱无规律，平潮期每日上下午仅 120min 左右。水道最大水深 95m 且无覆盖层。传统的抛锚定位方式在本工程中难以实施。

箱梁运输船本身自带动力（双螺旋桨），钢箱梁运输驳船长 60m、宽 20m、满载吃水超过 2 300t。为保证箱梁运输船的安全及定位准确。采用动力定位结合天吊索（锚固于主缆上的一对辅助定位钢绳）方式使钢箱梁箱梁水平就位。

为充分利用平潮期，运梁船根据地区潮汐表，在平潮前约 30min 提前抵达箱梁安装预定水域附近等待，一旦海面平稳，即开抵目的地。而缆载吊机吊具设计考虑钢箱梁吊点与吊具之间以钢绳柔性快速联结（图 3），迅速提升，减小不利海况对钢箱梁安装的影响。

根据前期钢箱梁安装实践验证，采用上述方案，运梁船可在 40min 左右完成定位作业，完全能满足架梁需要。

3. 吊装顺序与设备

1）钢箱梁安装施工阶段抗风研究成果

由于台风与季风的交替影响，加之大桥钢箱架设梁段多、动力定位运输有效作业时间短，大桥钢箱梁安装需穿越台风期，针对此情形，西南交大与同济大学分别对钢箱梁安装施工阶段进行专题风洞试验及计算分析并得出结论：台风多发期可架设中跨跨中梁段不多于 39 片梁；同时架设跨中 8 段梁的工况应加快完成；钢箱梁临时连接件应在台风来临前临时紧固以保证安全，台风警报解除后再松开以方便施工（图 4）。施工时以上述成果指导制订了相应钢箱梁防台措施。

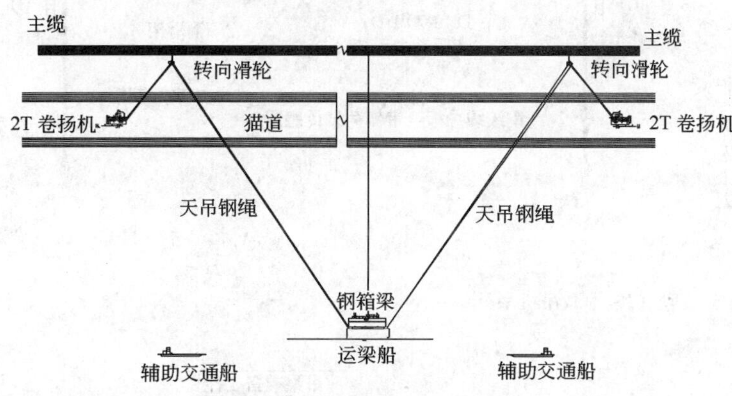

图 3　运梁船动力定位布置

图4　西堠门大桥钢箱梁安装施工阶段全桥气弹模型试验

2）钢箱梁安装顺序

考虑两跨连续漂浮体系的结构受力特点，借鉴其他桥梁的施工经验，西堠门大桥南北锚碇无索区及北塔无索区梁段的线形调整以及与相邻有吊索梁段的连接是钢箱梁架设的技术难点之一。据此，在满足设计要求的基础上，为确保钢箱梁架设线形与塔柱安全，同时为保证台风期钢箱梁安装的安全，确定钢箱梁架设顺序如下：

（1）拓宽航道，搭设南北塔与北锚位置支架，安装三台缆载吊机；（2）北锚吊机走至 21 号梁位置，南塔吊机走至 43 号梁位置，开始北边跨与中跨南侧梁段安装；（3）中跨侧缆载吊机行走至跨中；（4）安装北塔附近卷扬式吊装系统，开始中跨跨中梁段安装；（5）从中跨跨中向两塔、从北锚向北塔，依次对称安装梁段，安装到规定阶段，按防台方案避台；（6）依次对称安装中边跨梁，直至剩下 3 个合龙段；（7）按顺序依次吊装合龙段 50 号、51 号及 43 号梁，并临时连接；（8）微调各梁段接口处高程与缝宽，调整塔锚无索区及附近梁段线形，开始焊接，钢箱梁安装工作结束。

3）钢箱梁安装设备与吊具

单台缆载吊机主要由一个主横梁、两个主缆行走模块、两套提升索股千斤顶、液压驱动卷扬机、钢箱梁吊具、中央控制系统、动力设备、2 套吊机移动索股千斤顶等部分组成。三台液压式缆载吊机分别在南北塔、北锚安装。

如单个吊装段采用双机抬吊安装，吊装段重心改变（纵向）可通过控制系统对吊点力调整来适应。故只需要两根横向扁担梁作为永久吊点与临时吊点间的荷载分配梁，即可保持吊装过程平衡。

西堠门大桥钢箱梁采用单吊机提升安装，对扁担梁吊具系统应进行设计，特别需要添加纵向分配梁保证吊装过程梁段平衡，针对不同梁段重心改变，还需设计重心调整装置与之适应。

吊具由纵向扁担梁（含双吊耳间横向小扁担分配梁、连接销耳与连接钢绳等构造）、横向扁担梁、重心纵向调节装置等组成。

缆载吊机总体布置图与吊具图见图 5。

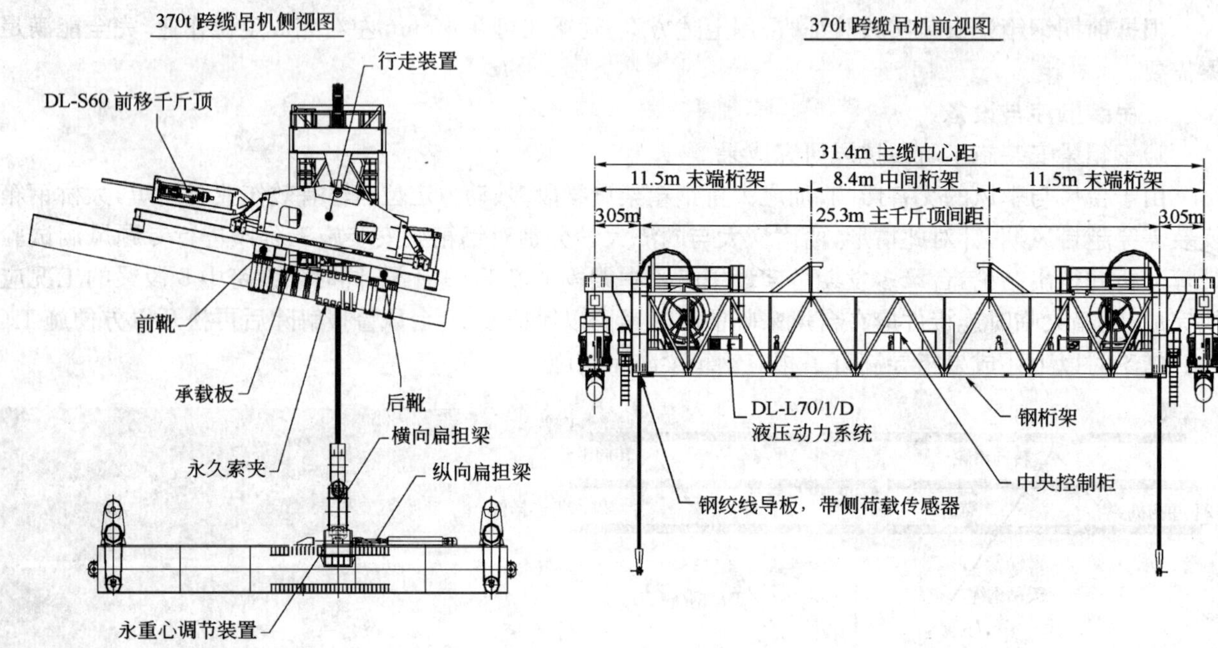

图 5 西堠门桥缆载吊机吊具

4. 普通梁段安装

一般钢箱梁段安装流程见图 6。

跨缆吊机设计要求提升钢绞线与垂线夹角不大于 1.0°，为安全起见，对于钢箱梁桥面距离主缆中心距离小于 66m 的钢箱梁节段，须使用横向扁担梁结合纵向扁担梁进行吊装，即中跨北 4～31 号梁（18～42 号吊索对应梁段）、中跨南 4～32 号梁（48～73 号吊索对应梁段）及北边跨 17～32号梁（N1～N13 号吊索对应梁段及无索区梁段）。相应安装布置见图 7。

对于钢箱梁桥面距离主缆中心距离大于 66m 的钢箱梁节段，可不使用横向扁担梁，提升千斤顶锚固座与纵向扁担梁销接直接提升安装。包括中跨北 32～43 号梁与 45～50号梁、北边跨 33～49 号梁与 51 号梁、中跨南 32～49 号梁与 52 号梁。

中跨 1～3 号梁则因作业空间限制，通过调整临时吊耳位置，在吊装过程中，亦不使用横扁担梁。

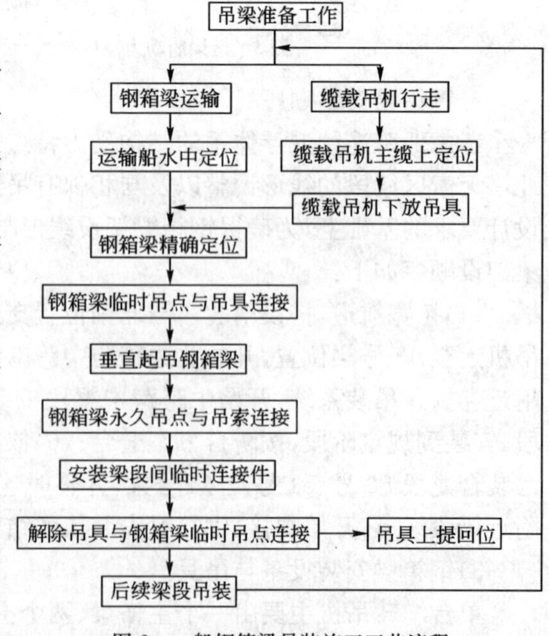

图 6 一般钢箱梁吊装施工工艺流程

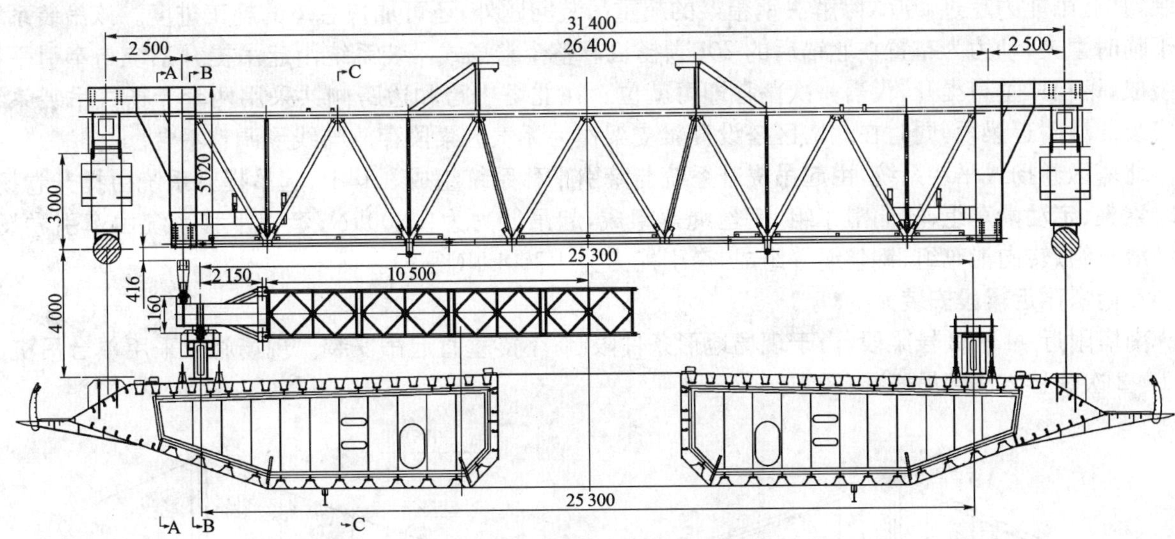

图 7 一般梁段(短吊索)吊装布置断面

5. 北锚附近安装

北锚碇前端为门头山山嘴,该山嘴阻断了钢箱梁段的海上运输线路,为减小施工风险,提高工作效率,采用航道拓宽方案,即用预裂控制爆破方式拓宽拓深钢箱梁海运通道,运梁驳船可运梁至 21 号梁段安装位置,其中 21～25 号梁通过垂直吊装、17～20 号梁通过荡移施工,即可将梁段安装到位。

因吊机荡移角度限制,北锚无索区三段梁需两次荡移作业,为解决无索区梁段超过两次荡移过程中,钢箱梁重量转换问题。设计了专用的钢箱式扁担梁。扁担梁上端设置两对吊点,靠内侧一对用于与主提升液压千斤顶下部锚固座连接,靠外侧一对吊点用于无索区梁段超过两次荡移时与临时吊索联系;下端也设置一对吊点,用于与纵扁担连接(图 8)。

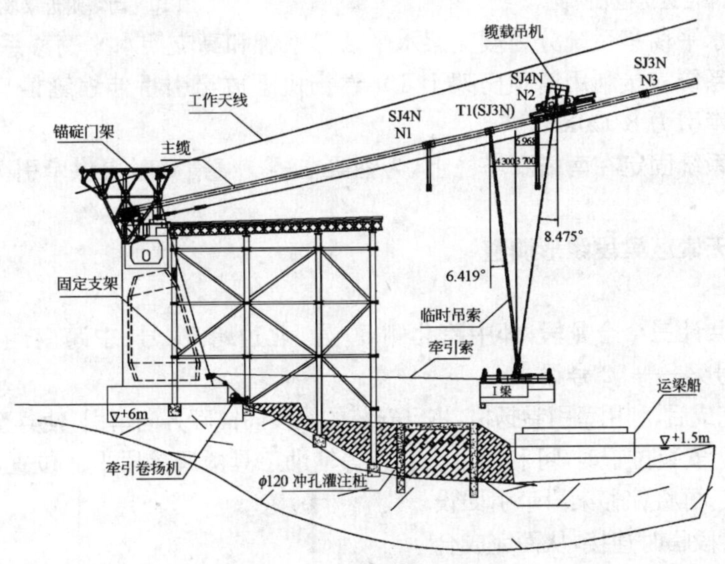

图 8 北锚区梁段安装荡移作业

为完成牵引作业,在散索鞍支墩上设置卷扬式荡移牵引系统提供荡移所需水平力。

在无索区梁段位置,特设置一固定支架作为无索区存梁及后期线形调整平台,在固定支架前方,另搭设一移动支架,可横向移动并能与固定支架联成整体,解决短(无)吊索区吊机荡移角度不足的问题。

6. 北塔附近梁段安装

北塔附近 44～49 号梁段,缆载吊机安装超重梁段,其起吊能力不足,为此,采用专用卷扬式吊装系统安装，其起吊能力超过400t，除解决钢箱梁的超重吊装问题外，还可加快总体的施工进度。该吊装系统悬挂于临时索夹，动力为布置在北锚后的20t卷扬机。整个卷扬式吊装系统由起吊提升系统与牵引平移系统组成，钢箱梁垂直提升，仅需一次荡移即可就位。在北塔中跨和边跨侧共采用两套卷扬式吊装系统分别安装北塔附近梁段，同时在北塔区搭设存梁支架作为无索区梁段存放与线形调整平台。

北塔区卷扬式吊装系统，由起吊提升系统与牵引平移系统组成。其中，起吊提升系统由提升卷扬机、临时索夹、定动滑车组、转向滑车组、钢丝绳等组成，起吊能力为4 800kN；牵引平移系统由牵引卷扬机、定动滑车组、转向滑车组、钢丝绳等组成，牵引能力为1 700kN(图9)。

7. 南塔附近梁段安装

南塔附近44～52号梁段，由于现场地形条件限制，不能垂直起吊安装。现场施工采用单台吊机起吊分1～2次荡移方法起吊安装(图10)。

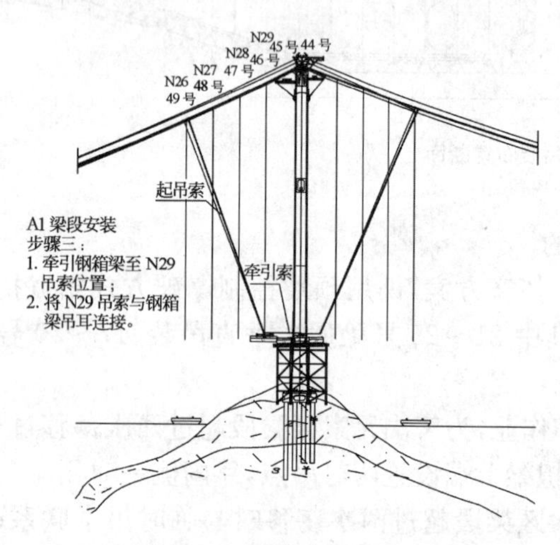

图9 北塔附近钢箱梁安装

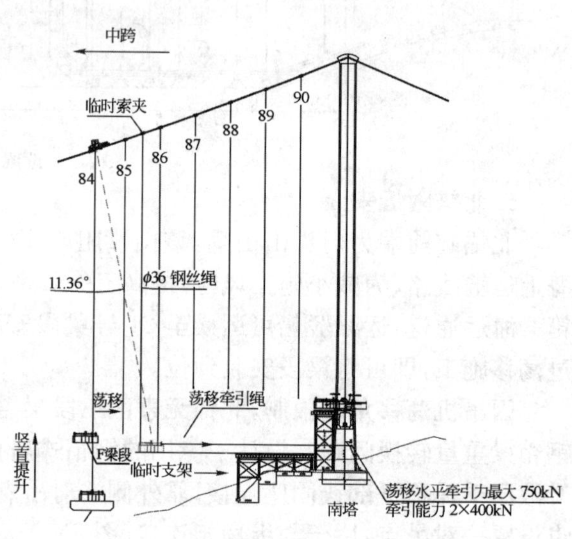

图10 南塔附近梁段荡移安装示意

南塔钢箱梁吊装水平荡移系统分为矮支架水平荡移系统和高支架水平荡移系统。

高支架水平荡移系统直接利用塔顶门架上10t卷扬机下放至引桥伸缩缝槽口位置定滑车处进行绕线。高支架荡移最大牵引力8 000kN。

矮支架水平荡移系统固定在南塔下塔柱上，为钢梁在矮支架滑移时提供牵引力。矮支架荡移最大牵引力8 000kN。

8. 合龙段安装与无索区梁段线形调整

1)合龙段安装

西堠门大桥全桥共计三个合龙段，即中跨北侧50号、北边跨51号、中跨南侧52号合龙段。合龙顺序为50号梁——51号梁——52号梁。

当其他梁段安装完成后，利用牵引卷扬机，将已安装的梁段向锚碇方向牵引，使其整体偏移约10～30cm，然后起吊合龙梁段，待接近安装位置时，可利用手动葫芦等辅助工具微调梁段平面位置，待合龙段就位，先与中(边)跨侧梁段临时连接，再将偏移梁段牵引回设计平面位置并与合龙梁段临时连接，从而完成合龙段的安装(图11)。

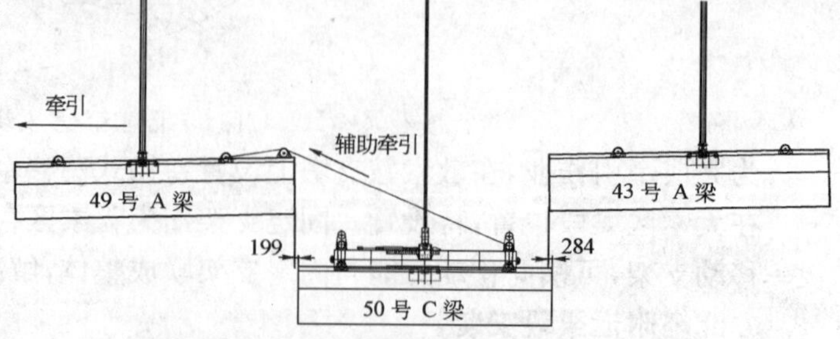

图11 50号合龙梁段安装示意(单位：mm)

2)无索区梁段线形调整

大跨悬索桥主缆架设完成后，大桥的主梁线形已基本确定，全桥钢箱梁架设完成后，需对无索区及相邻梁段进行线形调整；其余有吊索梁段，通过临时连接拉杆与匹配件微调梁段顶底板间隙，以保证主梁成桥线形满足设计要求。在调整前，需对主梁合龙线形进行测量以通过计算确定无索区线形调整目标值。其他大跨度悬索桥无索区线形调整多通过临时吊索与吊机完成，本桥则在通过存梁支架上的千斤顶完成调整作业，所用临时设备较少，但对监控与施工均提出较高要求。

无索区线形调整分两步进行：(1)逐段顶升无索区梁段，使其纵坡与高程满足监控给定目标值，进行线形复测，打码焊接支架上三段梁(南塔区则无该工序)；(2)解开第1、2有吊索位置梁间临时连接，整体顶升三段(南塔区为一段)无索区梁段，使其纵坡与高程满足监控给定目标值，通过梁间剪力调整工装与相邻有吊索梁段相联，进行线形复测，打码焊接有吊索梁段与无索区梁间焊缝，焊接完成并待探伤合格后，选择气温较低时通过千斤顶进行无索区梁段的卸架作业，至此完成无索区梁段的线形调整。

无索区梁段线形调整顺序为先北塔区，后北锚与南塔区。

无索区梁段高程与纵坡调整通过32～50t千斤顶完成，选择顶升能力较小的千斤顶，是为了保证支架安全同时避免顶升位置钢梁底板失稳变形。全桥共使用24台千斤顶。

线形调节装置及工装见图12、图13。

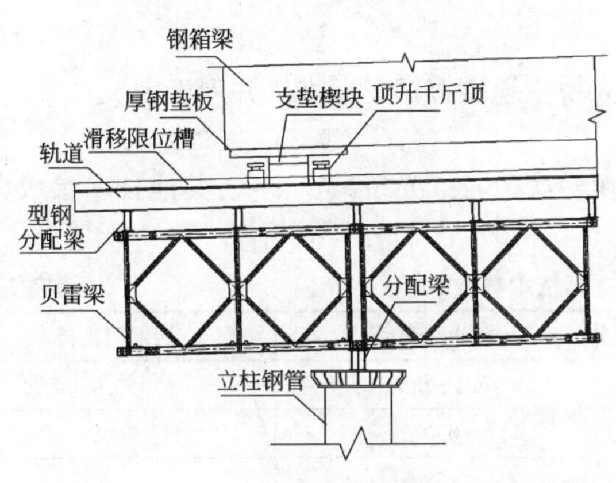

图12 钢箱梁支垫及高程调节装置

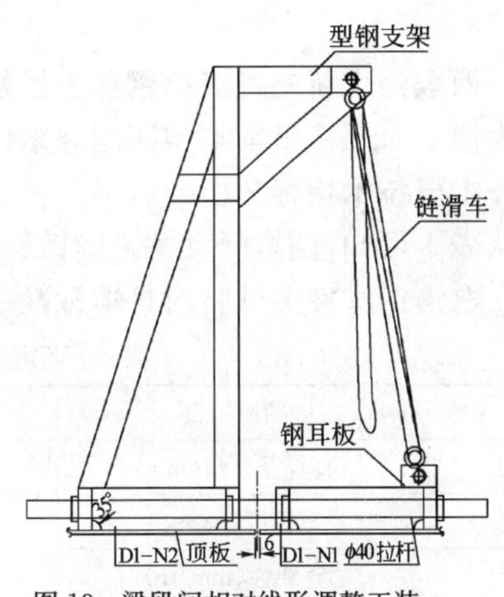

图13 梁段间相对线形调整工装

三、结 语

西堠门大桥在无覆盖层的台(季)风海域进行钢箱梁吊装作业，面临诸多挑战，参建各方群策群力，将施工中面临难题分解为多个专题，联合科研单位，将问题逐一解决。

从2007年6月28日第一片钢箱梁开始吊装，到2007年12月16日全桥126片钢箱梁安装完成，共耗时172天，扣除不利气象因素(大风、海雾、雨)影响天数，实际作业时间76天，达到每日吊装1.5片的预期目标。

安装过程较为顺利，无任何质量安全事故发生，各项指标均满足相关规范与《西堠门大桥质量检评标准》要求。

51. 大跨径悬索桥应用国产1 770MPa主缆镀锌钢丝技术研制

张海良[2] 孙金茂[1] 罗国强[2]
(1. 上海申佳金属制品有限公司；2. 上海浦江缆索股份有限公司)

摘 要 本文对西堠门大桥主缆用1 770MPa镀锌钢丝的技术要求进行了分析。阐述了应用国产盘条制造的高强度镀锌钢丝完全可以满足大跨径悬索桥主缆用镀锌钢丝的性能要求。介绍了西堠门大桥主缆用1 770MPa国产镀锌钢丝的生产工艺和质量控制。

关键词 镀锌钢丝 国产 1 770MPa 规圆处理技术(Know-how) 分析

一、前 言

我国大跨度悬索桥主缆索股强度从最初的汕头海湾大桥1 600MPa发展到润扬大桥的1 670MPa,变化不大,而且制造镀锌钢丝用盘条均为进口。西堠门大桥为主跨1 650m的大跨度连续钢箱梁悬索桥,单根主缆长度达到2 881m,单根主缆使用高强度钢丝为11 000t,主缆镀锌钢丝采用了1 770MPa等级。研发国产1 770MPa悬索桥主缆用镀锌高强钢丝,是特大跨径悬索桥发展的需要。

采用国产宝山钢铁股份有限公司的盘条(B82MnQL),制造出了主缆索股用ϕ5.25m 1 770MPa镀锌钢丝,并采用具有自主发明的规圆处理技术(Know-how),提高了钢丝镀层质量和直线性,满足了大长度主缆索股编制工艺的需要。

二、技术条件分析

1. 西堠门大桥主缆镀锌钢丝主要技术条件

为便于对照将日本本州四国连络桥标准和广西红光大桥主缆镀锌钢丝标准一并列于表1。

2. 主要技术指标分析

从表1可知,西堠门大桥主缆镀锌钢丝除直径以外,扭转次数较红光桥减少2次,其他技术参数完全一致。取消钢丝疲劳试验与日本标准一致。

西堠门大桥主缆镀锌钢丝主要技术参数表 表1

序号	项目		日本本州四国连络桥	柳州红光桥	西堠门大桥
1	直径及公差(mm)		5.0±0.06	5.1±0.06	5.25±0.06
2	不圆度(mm≤)		0.06	0.06	0.06
3	直线性(mm/m)		矢高≤50	≤30	≤30
4	抗拉强度(MPa)		≥1 760~1 960	≥1 770	≥1 770
5	屈服强度(MPa)		≥1 370	≥1 410	≥1 410
6	延伸率(%)		≥4.0	≥4.0	≥4.0
7	反复弯曲 次		无要求	≥4	≥4
8	扭转 次		≥14	≥10	≥8
9	缠绕		3D 8圈	3D 8圈	3D 8圈
10	松弛(%)		无要求	≤8.0	≤8.0
11	弹性模量(GPa)		无要求	200±10	200±10
12	化学成分%	C	按钢丝强度级别	符合日本JIS	0.80~0.85
		Si	分别选用	G3502标准	0.15~1.00
		Mn	σ_b:1 570~1 760MPa	SWRS82B	0.60~0.90
		S	选用SWRS77B		≤0.025
		P	σ_b:1 760~1 960MPa		≤0.025
		Cu	选用SWRC82B		≤0.06
		Cr			≤0.20
13	锌层重量(g/m^2)		≥ 300	≥ 300	≥ 300
14	附着力		5D 2圈	5D 2圈	5D 2圈
15	硫酸铜试验(次)≥		无要求	≥4	≥4
16	疲劳0.45σ_b 360MPa		无要求	200万次	无要求

西堠门大桥与日本连络桥相比，除扭转次数因考核松弛率而适当降低外，直线性、抗拉强度、屈服强度都高于日本标准，并增加了反复弯曲、弹性模量、硫酸铜次数的考核。总体来讲，西堠门大桥主缆使用钢丝技术参数严于日本连络桥技术的参数。

1)钢丝的直线性

主缆钢丝直线性的要求，与索股的加工方式有关，是一项影响 PWS 架设时索股是否容易扭转的关键。自主开发的“规圆技术”，确保镀锌后钢丝的平直性和钢丝的韧塑性能，与日本联络桥要求考核的三个指标(钢丝的自由圈径≥5m、翘高≤150mm，30m 钢丝的悬吊试验，相当于 1m 钢丝弧长的矢高≤50mm)相比，有很大提高。

2)钢丝强度级别与塑性指标

主缆镀锌钢丝的抗拉强度提高，相应带来钢丝塑性指标的降低，日本连络桥抗拉强度级别提高到 1 760MPa所选用主缆钢丝的原料(盘条)分别由日本神户制钢和新日铁各自开发的专用钢种，新钢种的历史鉴定有待实践证实。而红光桥强度级别与日本连络桥一样，也为≥1 770MPa(公称强度高 10MPa)，而塑性指标保持 1 670MPa 的 4.0%，也与日本连络桥一样，选用的原料是纳入日本国家标准的通用钢种，质量是稳定和可靠的。

钢丝的屈服强度，实际是表征材料的使用极限，超过该极限，材料就开始塑性变形，因而引伸了一个蠕变的概念，即在弹性极限范围内，钢材局部微观组织出现塑性变形而减少承载能力。低松弛处理实际上就是减少材料蠕变的过程，因而具有较高的屈强比(≥0.85)。主缆镀锌钢丝的屈强比一般都在 0.75～0.80 之间，属于普通松弛钢丝，我国标准是以 0.80 计算而得到 1 770MPa 的屈服强度为 1 410MPa，日本四国连络桥屈强比为 0.78，红光桥屈强比为 0.75。

3)关于韧性指标

冷拉钢丝的反复弯曲、扭转、缠绕三个指标是韧性指标的反映，韧性和塑性是不同性质的两类指标，它与盘条的内在质量、表面质量和钢丝冷加工后的纤维组织有关。尽管主缆钢丝本身不需承受扭转载荷，许多主缆钢丝也没有该指标的考核，但从日本连络桥可以看出，它以放弃“松弛”指标的考核来追求扭转指标≥14 为目标。国内虎门大桥曾以该指标作考核，由于国内外供货商无法达到而被取消。反复弯曲性能，日本无要求，国内低强度级别的有 3 次和 4 次两种。缠绕性能仍以 3D-8 圈不断裂为指标。

4)关于弹性模量

金属材料的弹性模量，主要取决于材料本身的组成，冷加工对它影响甚微，因而对预应力钢材一般都给定一个参考值。我国桥梁缆索编制已普遍采用 PWS 法，对缆索弹性模量指标考核都已纳入。因而对钢丝的弹性模量也作为普遍要求的指标。由于弹性模量测试较为繁琐，测试误差相对较大，尽管目前有各种计算机辅助软件，但其再现性仍有一定范围的偏差值。加上锌层厚度对钢基的影响，致使其值精确性较差，偏差较大。因而日本连络桥未作规定，法国标准也未作要求，我国 GB/T 17101 定为 200±10GPa，并被多数桥梁所选用。总体来讲，日本、法国标准是科学的，但我国习惯采用的状况也必须考虑的话，只能保持 $E=200\pm10$GPa 的指标。

5)原料的选用

国际上预应力钢丝的原料成分，都由制造厂选择，这涉及到制造厂的“技术诀窍”(Know-how)，仅对有害无素含量 S. P. Cu 加以限制，GB/T 17101 就是按国际惯例制订的。

桥梁缆索用镀锌钢丝一直采用进口盘条加工而成。本着创建世界钢铁强国为目标，在 2001 年宝钢集团进行了该盘条研制。经联合体研制镀锌钢丝的各项指标，索股编制性能和索股力学性能全部满足西堠门大桥建设的要求。

6)关于锌层均匀性的硫酸铜考核

镀锌层质量考核有三个定量的指标：锌层重量(g/m^2)、黏着力(5D 缠绕 2～8 圈锌层不剥离)，均匀性(硫酸铜浸置 1min 的次数)。对前二个指标，都可按国际惯例予以确定，对硫酸铜试验的内涵问题，只是视其均匀性而不是耐腐蚀指标的考核。日本连络桥不作考核是从电化腐蚀的机理分析后得出的，锌是作为阳极(标准电位－0.76伏)先被腐蚀而保护阴极的钢基(标准电位－0.44伏)不被腐蚀。缆索钢丝是许多镀锌钢丝捆扎在一起使用的,索股所有钢丝锌层都相互接触,在一定腐蚀范围内,只要锌层还存在,总是起到阴极保护作用。钢丝圆周的镀锌层不均匀性对其防腐性能影响甚微。

三、盘条的质量控制

日本JISG3502《琴钢丝用盘条》是镀锌钢丝用线材的基础要求,常用牌号为SWRS82B。鉴于该标准缺少力学性能的考核指标,而索氏体化盘条又是各国盘条制造业技术进步的发展趋势。日本用1 770MPa的主缆镀锌钢丝制成世界第一跨径的明石大桥,其盘条选用一根主缆是按HBSG507—1989的企业标准,另一根主缆是按JISG3502的SWRS87B添加Cr和V。2002年宝钢开发的SWRS82B添加Cr的盘条,制成1 770MPa镀锌钢丝已成功用于柳州红光桥主缆后,在西堠门主缆索股的应用上,与新日铁的中国合资企业并驾齐驱,已完成一根主缆的架设任务。该盘条牌号定为B82MnQL("宝82Mn桥缆"汉语拼音组成),现将除力学性能外的其他指标列于表2。

桥梁镀锌钢丝钢绞线用盘条的特殊要求对照表 表2

序号		1	2	3	4	5
项目＼标准代号		JISG3502 SWRS82B	HBSG3507 HWRC82B	川畸PAC斜材	YB/T 146—1998 82MnA	宝钢 B82MnQL
化学成分 熔炼 %	C	0.80～0.85	0.80～0.85	0.80～0.83	0.80～0.85	0.80～0.85
	Mn	0.60～0.90	0.60～0.90	0.76～0.86	0.60～0.90	0.60～0.90
	Si	0.12～0.32	0.80～1.00	0.15～0.32	0.12～0.32	0.12～0.32
	S	≤0.025	≤0.025	≤0.010	≤0.025	≤0.025
	P	≤0.025	≤0.025	≤0.015	≤0.025	≤0.025
	Cr	—	≤0.06	—	—	≤0.20
	Ni	—	≤0.06	—	—	—
	Cu	≤0.20	≤0.06	≤0.05	≤0.20	≤0.06
夹杂物含量(%)		协议	≤0.07	≤0.04	协议	≤0.10
表面缺陷深度(mm)		≤0.10	≤0.07	≤0.04	≤0.10	≤0.10
脱碳层深度(mm)		≤0.07	≤0.07	≤0.03	≤1.5%D	≤0.07
备注		有关数据均引自内部交流资料,PAC斜材是斜拉索用镀锌钢绞线用盘条				

1. 盘条的质量控制

1)高的纯净度

除严格控制S.P以外,还必须控制Cu的含量和夹杂物含量,以确保钢丝提高强度的同时,具有良好的塑性和韧性指标,尤其以川畸的PAC斜材,把S.P控制在≤0.010和≤0.015%,Cu含量控制在≤0.05%,夹杂物控制在≤0.04%(按JISG 0555标准检测)。宝钢盘条的实物质量与PAC斜材的技术条件,非金属夹杂物含量≤0.09%,与日本新日铁DLP相当,具有高的纯净度。

2)必须有均匀的理化性能

在化学成分控制上,由于C.Mn.Si是决定材料力学性能的主要元素,宝钢盘条的实物质量见表3。

表3

项目	C	Si	Mn	P	S	Cu	Cr
平均	0.819	0.198	0.770	0.012 4	0.003 8	0.009	0.116
最大	0.85	0.25	0.84	0.019	0.009	0.02	0.13
最小	0.80	0.17	0.70	0.002	0.001	0	0.11

在力学性能控制上，鉴于该类钢丝生产企业，都把索氏体化盘条直接加工作为生产工序。因而提高盘条的力学性能均匀性，已成为提高钢丝力学性能均匀性的基础条件。日本DLP和KKP盘条，尽管其实物波动较小，但作为商务条款，其强度波动范围为±50MPa，断面收缩率≥30%～35%。宝钢盘条强度波动范围能保证±40MPa，断面收缩率≥35%。

因此，宝钢盘条具有均匀的理化性能。

3)良好的表面质量

良好的表面质量是镀锌钢丝提高疲劳寿命和韧塑性指标 x_d 的基础。宝钢等同JISG3502，≤0.10mm，是相当严格的要求，连当时宜昌大桥欲进口加拿大的最大线材厂也无能为力。若把脱碳层深度也暂作表面质量来对待，脱碳层深度≤0.07mm也是相当严格。

2. 索氏体化盘条强化途径

1)Patent的含义

自铅淬火取得的金相组织成为最佳冷拉组织以后，该专利(Patent)也就作为钢丝制造业的铅淬火代名词。世界能源危机和熔铅高温污染，使盘条制造业利用盘条轧制成形后的余热进行控制冷却后取得相当铅淬火组织，作了大量研究和实践。这种高碳钢的最佳冷拉组织是细化珠光体，亦称索氏体(Sorbite)。由于钢奥氏体冷却转变的CCT曲线在珠光体转变时有较宽的区域，按其片层组织的粗细，分为珠光体(Pearlite)、索氏体(Sorbite)和屈氏体(troostite)。日本盘条制造业在这方面做了大量细致的工作。因而，Patent已作为索氏体化的代名词。所有高碳钢盘条的控制冷却，都是围绕取得良好的索氏体组织为目的，从而为钢丝制造业直接拉拔作了显微组织的准备。

2)盘条的强化途径

国际盘条制造普遍采用热处理强化和微合金强化两个途径，有时往往两者结合进行。国际上约有90%以上盘条生产线采用斯太尔摩冷却法，也称DP(Driect patenting)。为提高冷却效果，往往和微合金强化结合进行，日本神户制钢的KKP盘条(Kobe-Kakogawa-patenting)就是一个典范。

微合金强化是在各国纳标的较高含锰量高碳钢中，添加Cr：(0.1%～0.3%)V：(0.04～0.08)，锰含量多数控制在0.60%～0.90%，以减少锰的晶粒长大和表面脱碳的负面影响。宝钢采用的添加0.1%～0.2%的Cr，通过DP冷却以达到盘条索氏体化以后，具有均匀的力学性能。

3)桥梁缆索镀锌钢丝用盘条发展趋势

为适应镀锌钢丝提高强度的需要，发展优质的高强度索氏体化盘条势在必行，靠钢丝制造再提高盘条直接拉拔的总压缩率已经难以保证钢丝的韧塑性的抗疲劳能力。目前，国内外盘条制造的工艺流程如下：

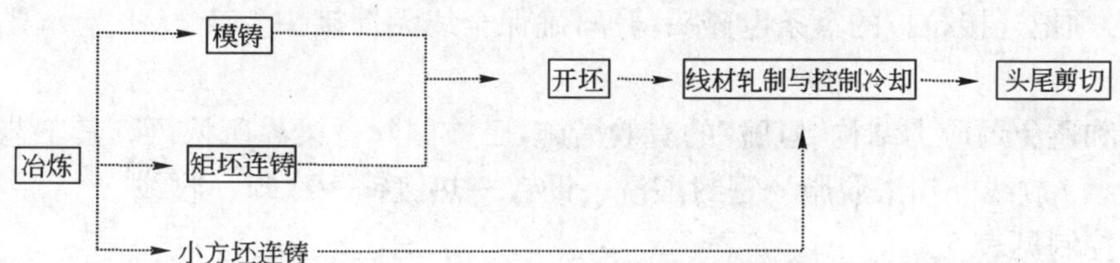

该类盘条制造质量的稳定性，数有“开坯”的宝钢和神户、新日铁钢厂最好。供西堠门大桥主缆镀锌钢丝用盘条B82MnQL具有当今国际先进水平，为主缆镀锌钢丝制造提供了基础保证。

四、镀锌钢丝研制工艺

镀锌钢丝制造的工艺流程如下：

盘条→表面准备→拉丝→热镀锌 →规圆→收卷→检测→包装入库

1. 盘条验收与表面处理

盘条的技术规范已在投标书中明确，其中未确定的盘条规格允许偏差经设计计算，确定为ϕ13mm±0.30mm，不圆度≤0.48mm。盘条的主要验收条件例举如下：

1)化学成分及盘条分析允许偏差见表4。

2)力学性能：

抗拉强度：1 210±50MPa、断面收缩：≥35%。

化学成分及盘条分析允许偏差(%) 表4

主要元素	C	Si	Mn	P	S	Cu	Cr
熔炼成分	0.80—0.85	0.15—0.32	0.60—0.90	≤0.025	≤0.025	≤0.06	≤0.20
允许偏差	±0.02	±0.03	±0.03	+0.00	+0.00	+0.00	+0.00

3)非金属夹杂物含量按JIS G0555—1998标准要求进行检验，盘条取样分析非金属夹杂物含量应不大于0.10%。

4)盘条可拉拔的工艺性能：总压缩率≥86%，在生产时作验证。

5)盘条表面处理的工艺：

盘条→酸洗→清洗→磷化→清洗→硼化→烘干→供拉丝

表面处理的目的是清除氧化铁皮和涂覆润滑载体，通过盐酸酸洗磷化涂膜和硼化涂层，使盘条表面具有良好的润滑条件，为拉丝创造良好的生产条件。工艺控制见表5。

酸洗工艺控制 表5

盐酸浓度	磷化液控制(点)		磷化温度	硼化浓度	硼化温度
%	总酸度	酸比	(℃)	(g/L)	(℃)
10～28	65～80	8.5～11	55～79	35～50	75～90

2. 钢丝拉拔工艺

钢丝拉拔是盘条的减径和达到所需力学性能的过程，按盘条规格为ϕ13mm的拉拔程序如下(以8道次为准，拉丝成品尺寸考虑镀锌层的增大约为0.10mm，定为5.15mm)。

13～11.6～10.3～9.1～8.1～7.2～6.4～5.7～5.15±0.03

由于盘条尺寸控制有±0.30mm的允许偏差，为保证成品钢丝力学性能稳定，拉拔道次可增加一道。拉拔速度为<7m/min，以控制钢丝的破断力≥39.3kN为原则作现场调整。

钢丝拉拔后，必须把连接拉拔的盘条电磁头剪净，确保全线无焊接头生产。

3. 热镀锌工艺

热镀锌是防腐和避免预应力结构“氢脆”的有效措施，已被国际桥梁界所认可。其工艺流程如下：

放线→铅浴脱脂→密封酸洗→助镀→热镀锌→冷却→收线

各工序的工艺控制见表6。

热镀锌工艺控制 表6

铅浴温度(℃)	盐酸浓度(%)	助镀液比重(kg/L)	锌液温度(℃)	线速(m/min)
450±30	20±5	1.09±0.02	445±15	15±5

镀锌后钢丝强度应≥1 770MPa，锌层质量应符合成品的要求。

4. 规圆处理

规圆处理是适应中国编索方法大量应用PWS法而开发的自主知识产权(Know-how)，通过规圆处理，可保证镀锌钢丝的直线性达到低松弛钢丝≤30mm/m的要求，以控制钢丝的自由圈径而命名(Sizing)。它能不降低镀锌钢丝力学性能和镀层质量同时提高直线性，对传统的"钢丝热镀锌后不能进行任何形式的机械加工"是一个冲击。

5. 钢丝的成圈

1)满足主缆索股定尺的要求

按西堠门大桥要求一倍尺长度 2 881.26m 加上 120m 的工艺余量；二倍尺长度(2881.26×2)+120m。按盘条重量范围，在无故障条件下，应为一包盘条生产二个 2 倍尺的成品钢丝。由于制造的故障是不可避免的，如"停电"会造成中间剪切。因而总有一部分一倍尺交货出现。而一倍尺交货又要满足 127 的整数倍。否则编索难以控制。另外，钢丝盘的卷取方向要满足左右旋向各半(63∶64)的要求。

2)满足主缆索股编制的放线装备要求

本项目的成圈内径≥1 600mm，外径≤2 000mm，按实际需要可稍作调整。

五、西堠门大桥主缆镀锌钢丝研制实践

1. 原料的质量检验

每批原料按炉号堆放。按合同要求每个炉号取二根试样进行直径、表面、化学成分、力学性能非金属夹杂物等项目的试验和检测。同时，由驻现场监理和钢丝生产厂一起送上海同济建设工程检测站进行相关项目的检测，达标后方可投入使用。

盘条自检力学性能和化学成分情况见表 7 和表 8。

表 7

项目	直径(mm)	抗拉强度(MPa)	断面收缩率(%)	脱碳深度(mm)	表面缺陷深度(mm)	非金属夹杂(%)
平均	13.148	1 215.5	37.6	0.043	0.014	0.069 8
最大	13.22	1 250	43	0.07	0.03	0.092
最小	13.08	1 160	35	0	0	0.048

表 8

项目	C	Si	Mn	P	S	Cu	Cr
平均	0.819	0.198	0.770	0.012 4	0.003 8	0.009	0.116
最大	0.85	0.25	0.84	0.019	0.009	0.02	0.13
最小	0.80	0.17	0.70	0.002	0.001	0	0.11

2. 各工序的质量控制

从盘条表面准备开始，拉丝、热镀锌等工序均进行严格的质量控制。其中表面准备由操作工进行自检，合格的盘条送拉丝工序，表面准备的各种溶液由检验人员化验，操作工根据化验结果进行添加调整。拉丝工序由生产工人对钢丝的直径、表面进行自检，当班检验人员另外进行专门检验，包括直径、表面、力学性能等项目，同时记录生产工艺参数：拉拔速度、各道次钢丝直径变化情况等。热镀锌工序由生产工人按工艺规程控制各种溶液浓度和各区域温度、速度以及钢丝的表面，由检验人员进行溶液化验，并且记录镀锌主要工艺参数：铅温、锌温、速度等，同时对每一盘钢丝的直径、表面、力学性能进行检验，合格后方可投入到下一个工序。

3. 成品质量检验

根据合同要求和监理规定对成品钢丝进行取样，对各项性能进行的检验，每一批钢丝除了本公司自检以外，还与监理一起送上海同济大学进行第三方检测。同时，按合同要求在计量支付前由上海浦江缆索股份有限公司进行验收。

4. 镀锌钢丝实物质量（钢丝厂自检和第三方检测）见表9。

表9

参数名称	西堠门大桥技术参数标准	钢丝自检数据			第三方监测数据		
		最大	最小	平均	最大	最小	平均
直径及公差(mm)	5.25±0.06 平均值5.25±0.01	5.30	5.20	5.256	5.28	5.20	5.25
抗拉强度(MPa)	≥1 770	1 930	1 770	1 830	1 910	1 770	1 842
屈服强度(MPa)	≥1 410	1 770	1 430	1 650	1 760	1 450	1 638
延伸率%	≥4.0	6.0	4.2	5.04	6.0	4.0	5.15
反复弯曲(次)	≥4	11	4	8	11	4	7.8
扭转(次)	≥8	26	8	16	33	9	20.6
弹性模量(GPa)	200±10	206	190	197	200	190	196.1
锌层重量(g/m²)	≥300	474	300	355	423	301	357.5

六、研制结论

宝钢研制的盘条，具有均匀的理化性能，高的纯净度和高的表面质量。为桥梁缆索用高强度镀锌钢丝制造提供了优质的国产化原料。"规圆"处理(Sizing)是拥有自主知识产权的，能保证钢丝具有低松弛钢丝的直线性，为PWS在我国推广应用提供了索股平直的基础条件。

西堠门大桥用1 770MPa主缆镀锌钢丝是国际上最高级别的钢丝。研制的钢丝，除满足舟山连岛工程指挥部提出的技术条件以外，强度波动范围和钢丝的直线性等指标还优于日本明石大桥的标准要求。

从2004年6月开始，经过2多年时间的努力，已形成了具有中国自主的知识产权，与国际先进水平同步的1 770MPa主缆索股用镀锌钢丝技术。

参考文献

[1] 解读新日铁《桥梁缆索用高强度镀锌钢丝》. 张正基，张伟君，孙金茂. 全国线材深加工技术研讨会会议文集，2005.

[2] 万田保. 世界桥梁(World Bridges)桥梁缆索用高强度镀锌钢丝. 2005年01期.

52. 金塘大桥主通航孔桥钻孔钢平台设计与施工

吴维忠[1]　陈　刚[2]　何承海[1]　陈宏宝[1]

(1. 中交第二航务工程局有限公司；2. 浙江省舟山连岛工程建设指挥部)

摘　要　金塘大桥主通航孔桥施工条件恶劣，钻孔施工平台搭设难度大，本文介绍主墩、辅助墩和过渡墩整体钻孔施工平台的设计思路及施工方法，为外海钻孔平台的设计和施工提供参考。

关键词　钻孔桩　钢护筒　移动悬挑式导向架　钢平台

一、工程简介

1. 概述

舟山大陆连岛工程金塘大桥主通航孔桥为五跨连续77+218+620+218+77=1 210(m)钢箱梁斜拉桥，基础工程由D1～D6墩组成，D3、D4墩为主塔基础，D1、D6为过渡墩，D2、D5为辅助墩。其中D3、D4主墩基础分别设计有42根直径Φ2.85～Φ2.5m，桩长分别为115m、104.5m的钻孔灌注桩；辅助墩过渡墩分别设计有10根直径Φ2.85～Φ2.5m，桩长分别为109.5m、110.5m、115.0m、117.0m的钻孔灌注桩。钢护筒直径 2.90m，壁厚 δ=25mm，长度 D1～D6 依次分别为 59.5m、59m、58m、47.5m、47m、45m，按照护筒沉放前实测的海底泥面标高－23m(D1～D3)、－11.5m(D4～D6)，入土深度分别为 30.5m、31.5m。主塔基础一般构造图见图 1，辅助墩、过渡墩一般构造图见图 2。

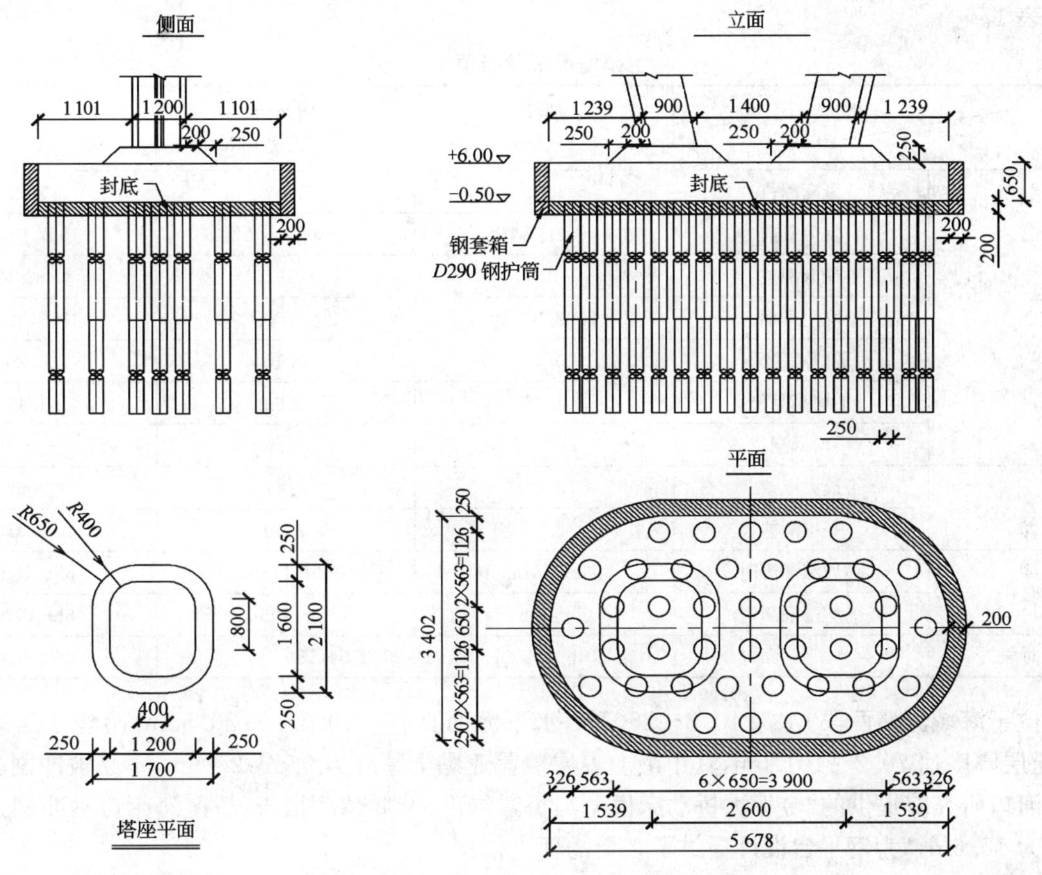

图 1 D3、D4 号主塔基础一般构造(尺寸单位：cm)

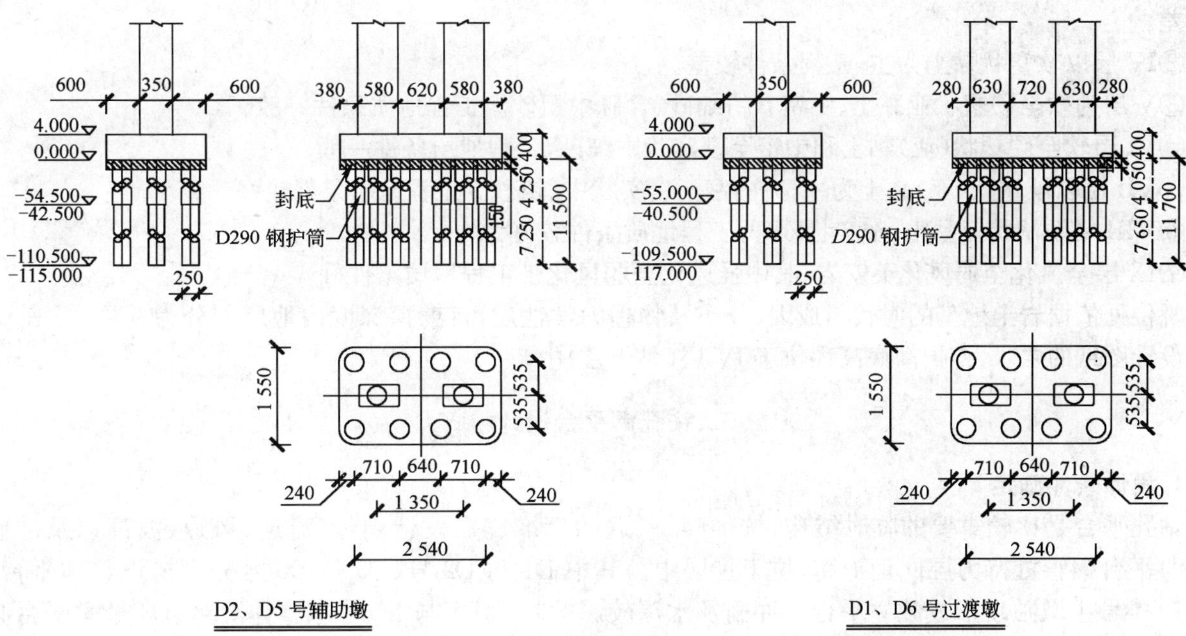

图 2 D1 与 D6 号过渡墩、D2 与 D5 号辅助墩基础一般构造(尺寸单位：cm)

2. 施工海域水文地质情况

桥区主要受太平洋潮波影响，潮汐类型属不正规半日潮，潮流以往复流为特征，涨潮流速略大于落潮流速。波浪以风浪为主，实测最大波高 $H_{max}=6.1m$，大浪主要出现在每年的 8～12 月。桥区水域潮汐特征值详见表 1。

镇海潮位特征值表　　表 1

项目 \ 验潮站		沥港（东侧）	懈浦南（西侧）	镇　海
潮位(m)	最高潮位	1.89	1.67	3.28
	发生日前	2002.03.27	2002.03.27	1997.08.18
	最低潮位	−1.77	−1.76	−2.12
	发生日期	2002.03.30	2002.03.29	1999.12.24
	平均海平面	0.10	0.10	0.26
	平均高潮位	1.14	1.02	1.14
	平均低潮位	−1.05	−0.98	−0.75
潮差	最大潮差	3.54	3.41	3.67
	平均潮差	2.17	2.00	1.91
历时	平均涨潮历时	6hr:17min	6hr:11min	6hr:18min
	平均落潮历时	6hr:05min	6hr:10min	6hr:07min
统计时段		2002.03.13～2003.04.13		1975～2000

桥区位于海域深槽西段，水深 10.8～26.7m，水下泥面高程－10.7～－26.55m，沉积了巨厚的第四纪土层，土层厚度达 70.2～101.6m，其中最上表层覆盖亚黏土厚度为 9.5～24.9m，不易被冲刷。根据浙江省水利河口研究院提供的"金塘大桥动床模型与桥墩局部冲刷研究"报告，桥区海床自然冲刷为 5m，建桥时冲刷为 15.6m。为钢平台设计提供了必要的理论依据。

桥位区处于华南地槽褶皱系之浙东南褶皱带的东北部。地质情况如下：

①II 层、III 层以流塑状淤泥质亚黏土为主，顶部为软塑状亚黏土，夹松散至中密状砂。工程地质条件极差。

②IV 层以软塑状黏土为主，工程条件较差。

③V 层为软至硬塑状亚黏土、中密状粉细砂、含砾中粗砂。工程地质条件一般。

④VI 层软至硬塑状（亚）黏土和中密至密实状中细砂，工程地质条件一般。

⑤VII 层以硬塑状（亚）黏土为主，夹中密至密实状中、粗砂。工程地质条件较好。

⑥VIII 层硬塑状亚黏土、密实状砂砾，工程地质条件较好。

⑦IX 层全风化至弱风化英安岩，其中强风化至弱风化带工程地质条件好。

桥位处依据岩土地基的时代与成因、分布及物理力学性质，将勘探深度内地层划分为 9 层，见表 2。根据设计图纸的要求，钢护筒底高程位于 IV 层（黏土层）中。

二、钻孔钢平台设计

1. 设计条件确定

钻孔平台是比较重要的临时结构，按 20 年一遇的标准确定设计潮位、流速、风速、波高以及冲刷深度。平台钢管桩持力层同钢护筒，位于Ⅳ层中。其中 D1 与 D2 号、D5 与 D6 号分别搭设整体平台、D3 与 D4 号主墩独自形成独立平台。冲刷及水深较深的基础 D1 与 D2 号墩整体平台、D3 号墩平台必要时考虑抛填砂袋防护。D1～D6 墩钢平台设计条件统计如表 3 和表 4。D3 号主墩钻孔平台应力分析见表 5。

岩土地基承载力及桩基参数特征表 表2

层号	岩性	地基岩土容许承载力 $[\sigma_0]$(kPa)	钻孔桩	沉桩	
			桩周土极限摩阻力 τ_i(kPa)	桩端极限承力 σ_R(kPa)	桩周土极限摩阻力 τ_i(kPa)
I~III	淤泥质(亚)黏土	60~75	18~20		20~22
IV	(亚)黏土	130~140	35~40		40~45
V	(亚)黏土夹砂	170~250	50~65	1 800~2 400	55~70
VI	(亚)黏土夹砂	300	65	2 600	70
	中、细砂	260~320	70~80	5 500~7 500	75~85
VII	亚粘土	170~250	45~65	1 500~2 200	65~75
	中、粗砂	180~500	50~105	5 500~8 000	60~115
VIII	(亚)粘土	200~285	55~75	1 800~4 000	60~80
	粉砂、中细砂、砾砂	180~500	50~100	5 500~8 000	70~110
IX	全风化英安岩	300	100	7 500	105~110
	强风化英安岩	1 000~2 600	260~450		
	弱风化英安岩	1 500~4 500	440~800		
弱风化英安岩		天然状态单轴抗压强度:8.8~89.5MPa			

D1~D6墩钻孔平台设计水文条件 表3

序号	设计参数	取值
1	设计高潮位	+2.0m
2	设计低潮位	−1.67m
3	设计水流速	2.83m/s
4	设计泥面高程	D1~D2:−23m,D3:−28m,D4:−22.5m, D5~D6:−11m
5	允许冲刷深度	D1~D2:−23m,D3 :5.0m, D4:10m, D5~D6:−5m
6	设计风速	正常工作:20.0m/s;抗台:40m/s
7	设计波高	正常工作:H=2.5m,T=6.57s;抗台:H=3.8m,T=6.57s

D1~D6墩钻孔平台其他设计参数 表4

序号	分项	取值
1	护筒顶高程	+4.5m;
2	钢护筒	护筒总长45~59.5m不等,内径2.85m,重量约79.8~105.5t不等;采用2台ICE V360型或ICE 1412型液压振动锤并联整根施沉,最大激振力6 400kN,移动悬挑式导向架定位导向
3	起重设备	主墩每墩布置1台80t龙门吊,1台9 000kN·m塔吊和1台2 500kN·m塔吊;单个辅助墩过渡墩布置1台80t龙门吊,1台80t履带吊
4	搅拌机系统	仅D4主墩布置75m³/h搅拌机;50kN-20m抓斗吊;1 000kN筒仓
5	钻机荷载	主墩施工平台考虑6台(KP3500、GD35、ZSD300)钻机同时作业,钻机隔孔布置,单台钻机重量1 250kN,考虑冲击系数1.3; 辅助墩过渡墩整体平台考虑4台钻机(每边2台)隔孔布置作业
6	平台均载	生活区:15kN/m²;护筒区:10kN/m²;D4号墩搅拌区:30kN/m²
7	船舶荷载	平台两侧(上下游水流方向)各200kN系缆力,其他位置禁止靠泊

D3号主墩钻孔平台应力分析成果表 表5

			工况一	工况二	工况三	工况四	工况五	工况六
起始平台	钢管桩 ϕ1 400×14（直桩）	最大综合应力 σ_{max}(MPa)	125.5	76.7	69.4	55.1	—	—
		最大压力(kN)	2 248	883	2 207	763	—	—
		最大拔力(kN)	—	76.2	—	42.7	—	—
	钢管桩 ϕ1 400×16（斜桩）	最大综合应力 σ_{max}(MPa)	119.0	89.2	70.6	64.2	—	—
		最大压力(kN)	4 210	2 280	4 178	2 150	—	—
		最大拔力(kN)	—	176.8	—	151	—	—
	钢管桩 ϕ1 400×16（直桩）	最大综合应力 σ_{max}(MPa)	96.65	74.2	70.6	59.5	—	—
		最大压力(kN)	2 155	760	1 725	695	—	—
		最大拔力(kN)	—	479	—	375	—	—
	钢管桩 ϕ1 500×18	最大综合应力 σ_{max}(MPa)	68.9	80.3	53.6	55.8	—	—
		最大压力(kN)	2 380	1 656	2 006	1 091	—	—
	纵横梁 2HN900×300 最大综合应力 σ_{max}(MPa)		112.0	55.9	110.1	56.7	—	—
	平联 ϕ800×12 最大综合应力 σ_{max}(MPa)		68.1	75.0	55.3	49.7	—	—
	斜撑 2[32b 最大综合应力 σ_{max}(MPa)		54.8	64.1	33.6	50.8	—	—
护筒区平台	钢管桩 ϕ1 400×16	最大综合应力 σ_{max}(MPa)	—	—	38.5	35.4	—	—
		最大压力(kN)	—	—	1 192	375	—	—
	钢护筒 ϕ2 900×25	最大综合应力 σ_{max}(MPa)	—	—	42.6	42.8	—	—
		最大压力(kN)	—	—	2 820	970	—	—
	轨道梁Ⅰ HM588×300 最大综合应力 σ_{max}(MPa)		—	—	123.2	51.9	—	—
	轨道梁Ⅱ 2HM588×300 最大综合应力 σ_{max}(MPa)		—	—	72.4	15.5	—	—
	龙门吊轨道梁 2HN900×300 最大综合应力 σ_{max}(MPa)		—	—	60.2	17.9	—	—
	支撑梁Ⅰ 2HM588×300 最大综合应力 σ_{max}(MPa)		—	—	104.8	51.9	—	—
	支撑梁Ⅱ 2HN900×300 最大综合应力 σ_{max}(MPa)		—	—	71.8	35.7	—	—
	平联 ϕ800×12 最大综合应力 σ_{max}(MPa)		—	—	51.1	49.7	—	—
	斜撑 2[32b 最大综合应力 σ_{max}(MPa)		—	—	17.9	16.3	—	—
辅助平台	钢管桩 ϕ1 400×16（直桩）	最大综合应力 σ_{max}(MPa)	—	—	55.2	61.4	56.7	63.2
		最大压力(kN)	—	—	2 012	1 640	1 367	1 169
		最大拔力(kN)	—	—	249	896	326	683
	钢管桩 ϕ2 000×18（斜桩）	最大综合应力 σ_{max}(MPa)	—	—	66.9	69.3	73.5	72.1
		最大压力(kN)	—	—	3 560	1 676	2 692	899
		最大拔力(kN)	—	—	—	751	—	234
	纵横梁 2HN900×300 最大综合应力 σ_{max}(MPa)		—	—	36.1	56.5	45.3	36.8
	箱梁 1 400×800 最大综合应力 σ_{max}(MPa)		—	—	58.8	36.8	51.1	13.3
	平联 ϕ800×12 最大综合应力 σ_{max}(MPa)		—	—	24.2	44.3	30.3	25.6
	斜撑 2[32b 最大综合应力 σ_{max}(MPa)		—	—	19.8	37.1	19.9	21.7
平台最大位移(mm)			3.5	4.4	1.9	2.9	2.6	3.2

2. 钢平台的设计思路

主通航孔桥位于金塘岛与镇海中间位置，平台设计主要考虑以下问题：

(1) 桥址海域条件恶劣，需要设计抗风、浪、流、冲刷、潮能力很强的钻孔施工平台。

(2) 充分利用永久钢护筒入土深的特点，将钢管桩和钢护筒共同作为钻孔平台的支撑桩。本工程塔柱抗震设计需要钢护筒 5mm 厚度作为永久工程的受力结构。因此，在海水腐蚀严重的水位变动区，钢护筒外周涂刷环氧树脂涂层漆膜进行防腐，防腐设计年限为 20 年。

(3) 平台不但要为钻孔桩施工提供作业区，配置电力系统和起重设备，同时还要为施工人员提供生活、办公区。D4 墩还设置搅拌平台区，布置 2 台 $75m^3/h$ 搅拌站。

(4) 利用起始平台及已经沉放的钢护筒作为支撑，移动悬挑式导向架进行钢护筒沉放。

3. 工况分析

根据钢平台的施工工艺、海床冲刷及使用期间可能出现台风侵袭，平台设计考虑了六种工况：

(1) 单桩稳定验算；

(2) 起始平台单独抵抗台风；

(3) 起始平台上有导向架施打护筒时；

(4)起始平台有塔吊(辅助墩过渡墩整体平台无)正常工作时；

(5)平台在冲刷深度达到最大允许值时抵抗台风；

(6)平台在冲刷深度达到最大允许值时正常工作。

利用 ANSYS 结构计算软件建模计算，计算结果显示第 5 种工况为最不利的工况，即平台在冲刷深度达到高程－33.0m 时钢管桩抵抗台风。此时各构件的应力达到最大，平台顶面整体位移最大。以 D3 号平台为例，各工况应力分析计算成果见表 5。

4. 平台结构形式

1)主墩施工平台

D3 号、D4 号墩施工平台由南侧起始平台(D4 号墩增加搅拌区平台)、北侧生活区平台、护筒区平台组成。两个墩的平台平面尺寸分别为：90.75m×41.00m、119.00m×38m。

D3 号墩平台基础由 42 根 ϕ2 900×25mm 钢护筒、36 根 ϕ1 500×16mm 钢管桩、4 根 ϕ1 600×20mm 钢管桩支撑组成；桩顶高程＋3.40m，桩底高程－51.6m(两端斜桩为－57.4m)；D4 号墩平台基础由 42 根 ϕ2 900×25mm 钢护筒、72 根 ϕ1 500×16mm 钢管桩、4 根 ϕ1 600×20mm 钢管桩支撑组成，桩底高程－43.5m(两端斜桩为－55.3m)。所有钢管桩平联的中心高程为＋2.0m，塔吊部分平联的中心高程为＋1.0m，均采用 ϕ800×12mm 钢管；起始和辅助平台桩帽上架设双肢 HN900×300 型钢，护筒区平台上层平联(支撑)由 HM588×300 型钢构成，所有平台顶面设有型钢及花纹钢板构成的施工作业面。南侧的起始平台和北侧的辅助平台的上部结构由贝雷架、工字钢和花纹钢板构成，起始平台、辅助平台的最终顶高程为＋6.00m，护筒区平台的最终顶面高程为＋4.50m。图 3～图 6 为 D3、D4 号墩钻孔平台平面与立面图。

2)辅助墩过渡墩整体施工平台

D1 与 D2 号墩、D5 与 D6 号墩整体施工平台由中间起始平台和两端护筒区平台组成。单平台平面尺寸 108m×29m。

平台采用 24 根 ϕ1 200×14mm 钢管桩，20 根 ϕ2 900×25mm 钢护筒，12 根 ϕ1 200×14mm 的辅助桩组成。桩顶高程＋4.5m，桩底高程－47.5 和－46.0m 两种。平联的中心高程为＋1.5m，均采用 ϕ600×8mm 钢管。桩顶安装桩帽，然后采用双肢 HN900×300 型钢架设在桩帽上，最外缘桩帽上纵向双肢 HN900×300 型钢同时作为龙门吊轨道梁。起始平台在顶高程＋3.6m 处设置双肢

HM588×300mm 型钢构成的上层平联与周围的钢护筒或钢管桩刚性连接起来，在双肢 HM588×300mm 型钢上铺设横向 2HM588×300mm 作为钻机轨道。两端护筒区外侧横向设置 2HN900×300mm 型钢作为履带吊行走轨道。面层结构形式为：I16a 型次梁和 10mm 厚的花纹钢板构成。形成的整体平台的最终高程为＋4.67m。图 7～图 10 为 D1 与 D2、D5 与 D6 墩钻孔平台平面与立面图。

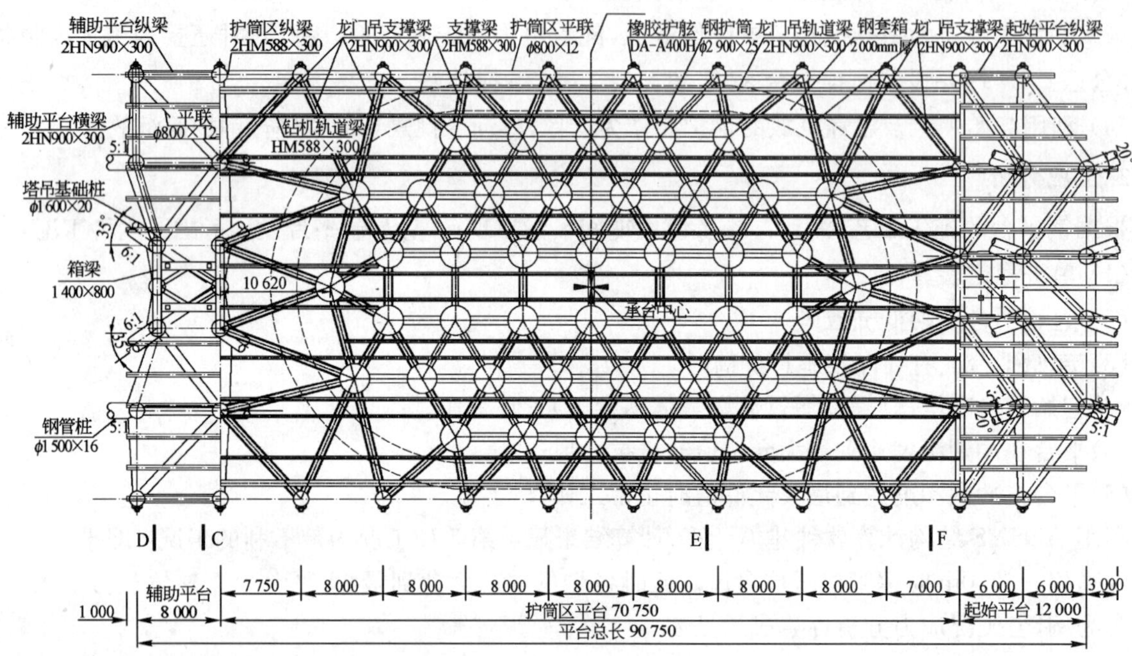

图 3 D3 号主塔钻孔平台平面

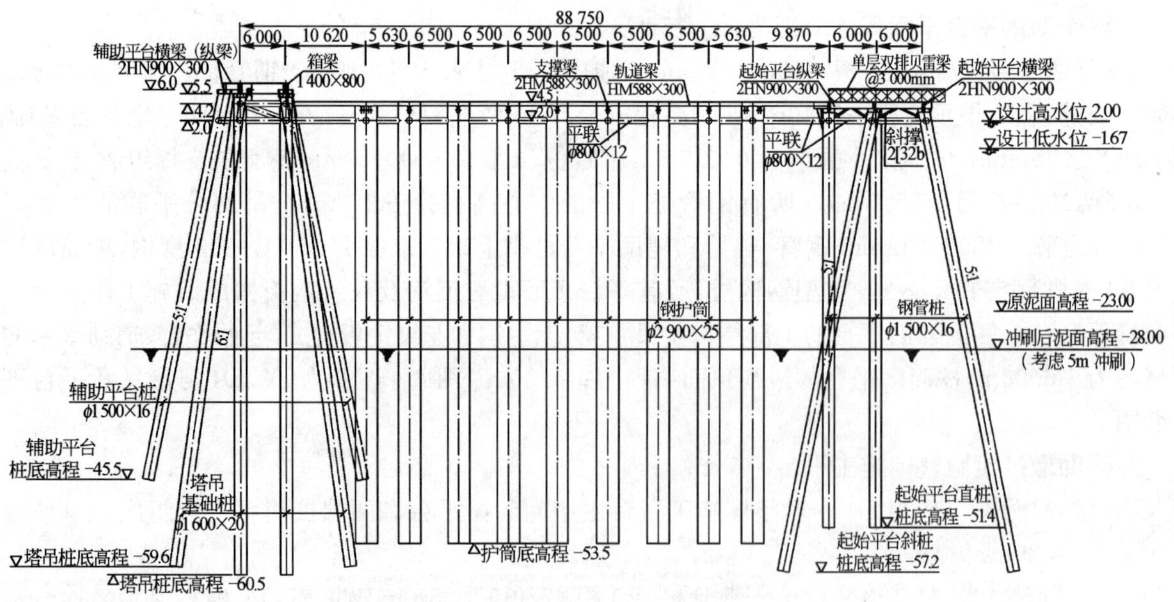

图 4 D3 号主塔钻孔平台立面(尺寸单位:mm)

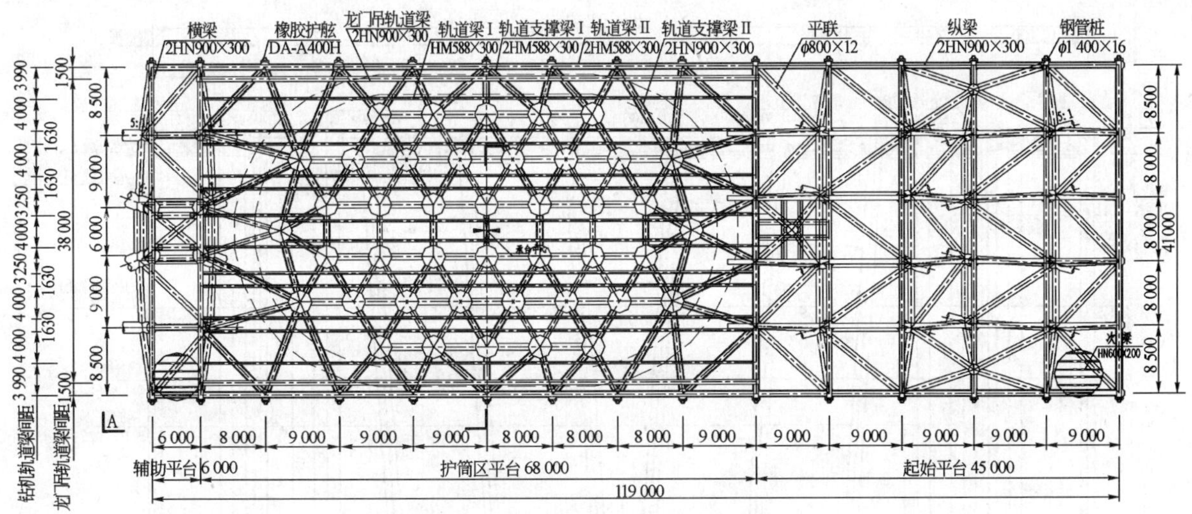

图5 D4号主塔钻孔平台平面(尺寸单位:mm)

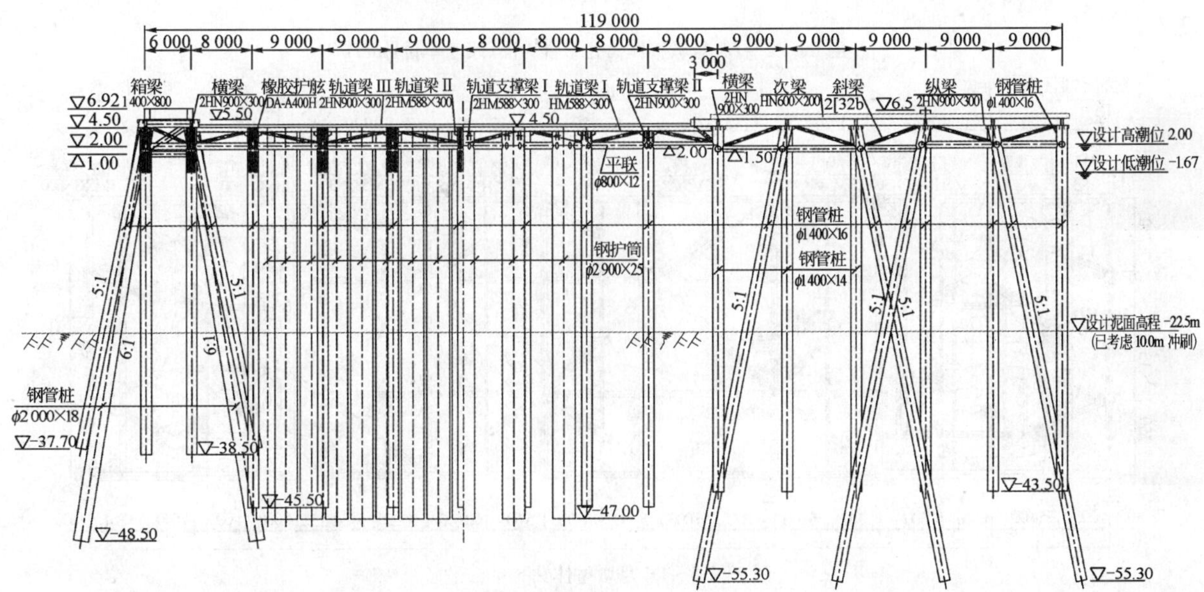

图6 D4号主塔钻孔平台立面

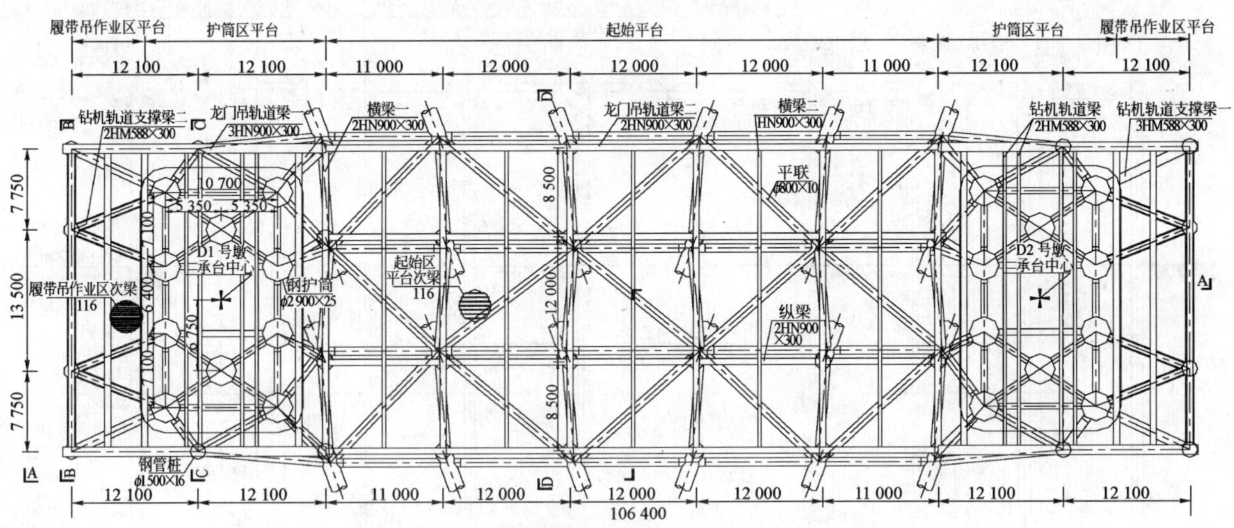

图7 D1～D2号墩整体钻孔平台平面(尺寸单位:mm)

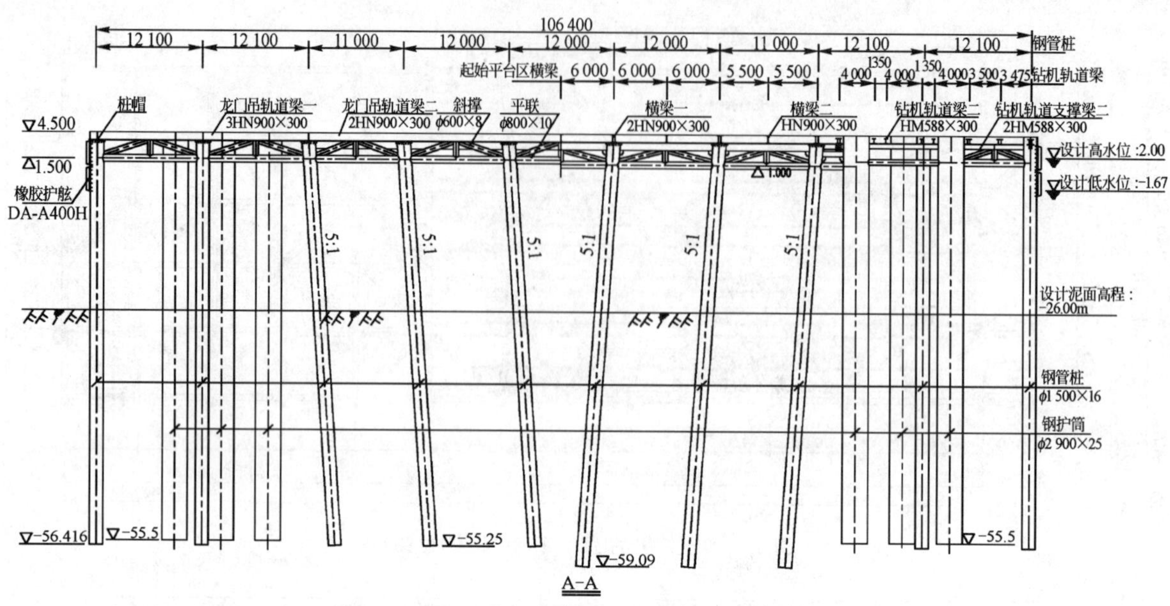

图 8 D1～D2 号墩整体钻孔平台立面(尺寸单位：mm)

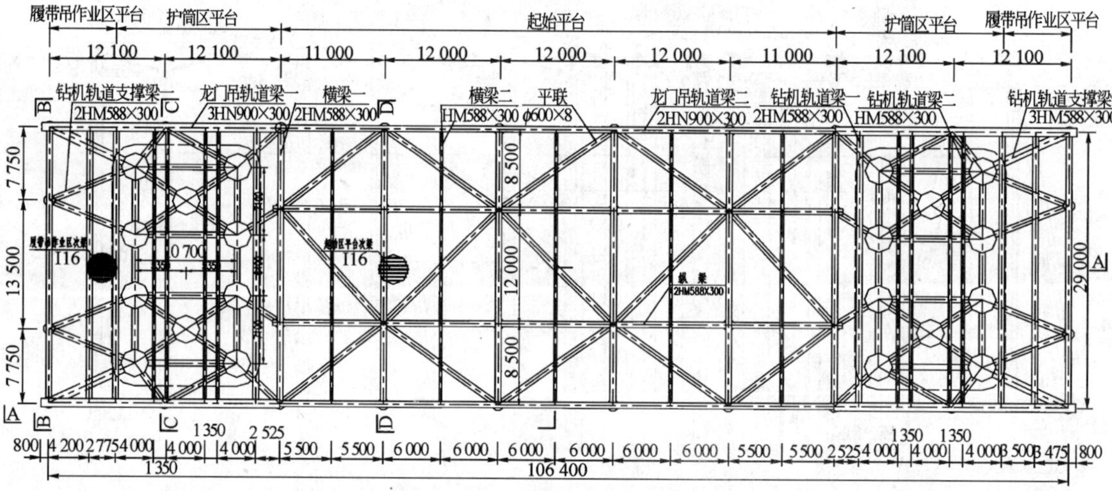

图 9 D5～D6 号墩整体钻孔平台平面

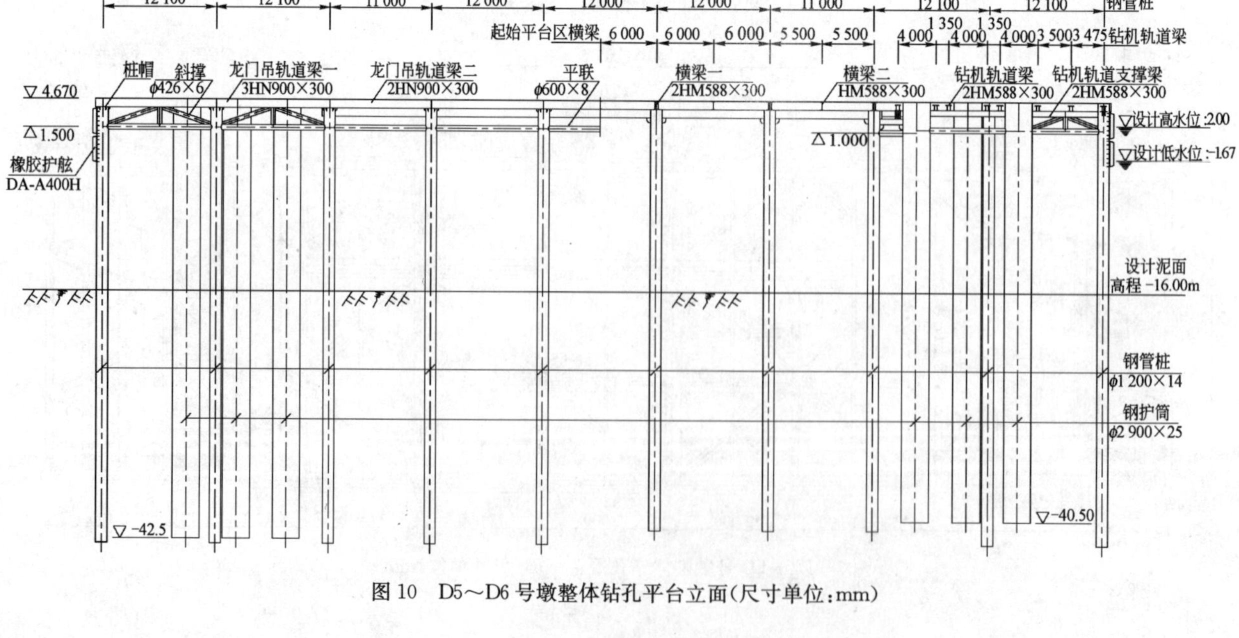

图 10 D5～D6 号墩整体钻孔平台立面(尺寸单位：mm)

三、钻孔钢平台施工

1. 平台施工工艺流程(图 11)

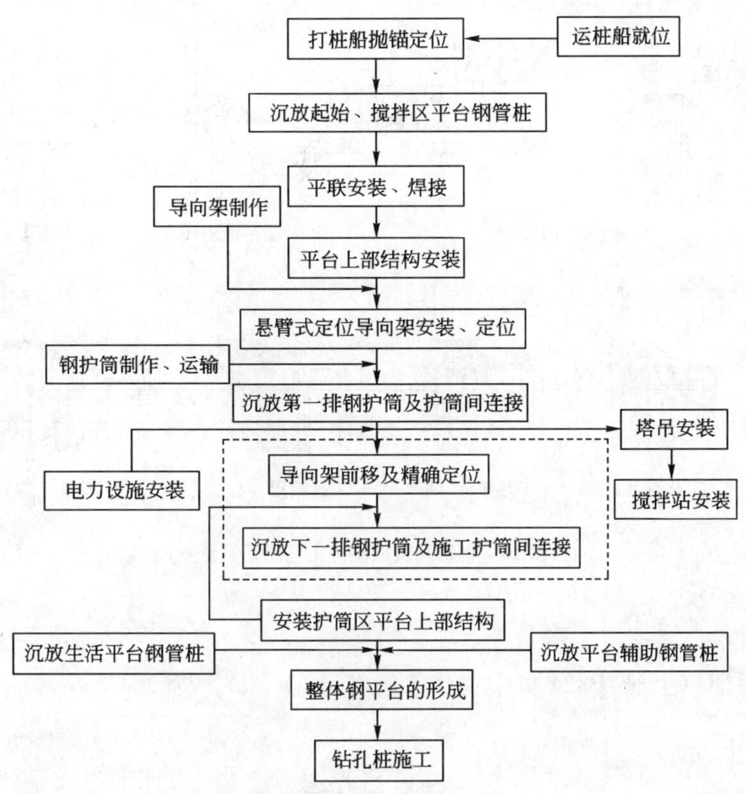

图 11 钻孔平台施工工艺流程

2. 平台施工

(1) 钢管桩加工及沉放

钢管桩在专业制作厂家进行加工,水运至施工现场,按照确定的打桩顺序,采用"海力 801"多功能全旋转打桩船进行沉桩施工。利用 GPS 定位系统调整桩位,满足设计要求后下桩、稳桩、压锤、复测、沉桩。钢管桩沉放以高程控制为主,贯入度控制为辅。

(2) 上、下层平联施工

钢管桩及钢护筒沉放完成后开始安装上、下层平联。低潮位时段进行下层平联施工,高潮位时段进行上层平联施工。

为了减小钢管平联的安装难度,同时也为了调节平联的长度,在钢管平联的两端设置了"哈佛"接头,确保钢管平联与钢管桩或钢护筒之间焊接质量。钢管平联与钢管桩之间的连接方式见图 12。

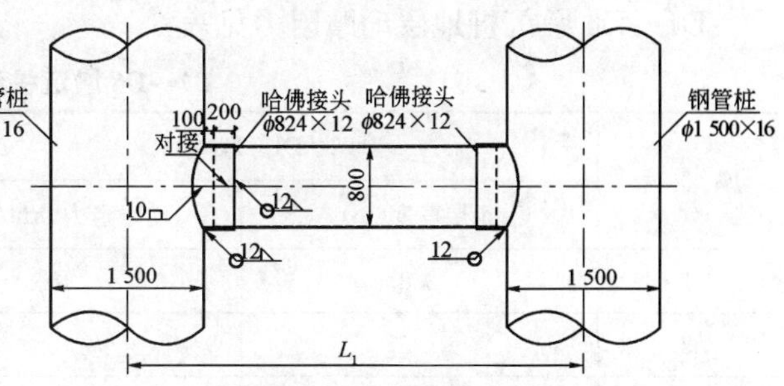

图 12 平联与钢管桩之间的连接示意

3. 钢护筒沉放施工

施工区平台是钻孔桩施工的核心部分,是主要的受力结构。沉放钢护筒是难度最大的工序。钢护筒的沉放质量不但关系到护筒区平台的安全,而且还关系到钻孔桩的施工质量。

1)钢护筒沉放总体安排

钢护筒沉放按照先东侧后西侧,先中间后二侧的施工顺序进行,逐步向前推进。

2)钢护筒沉放施工工艺流程见图13

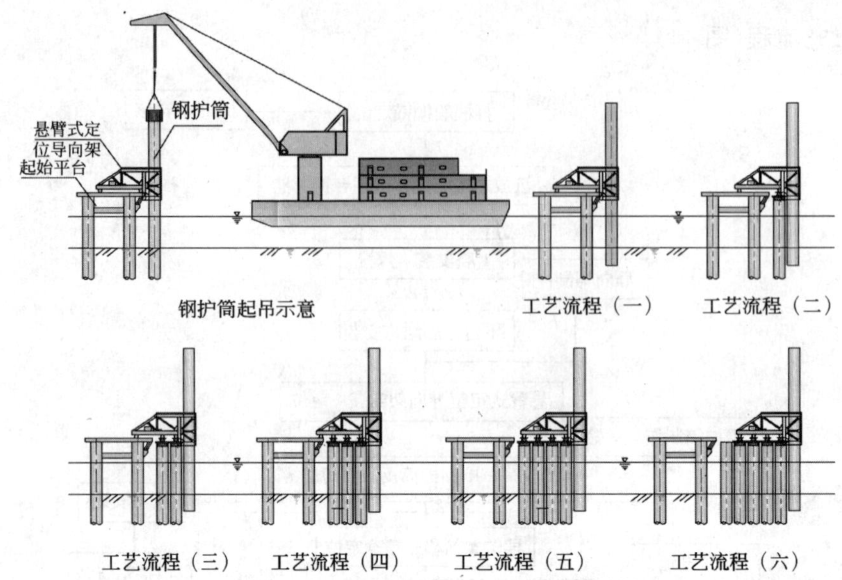

图13 钢护筒沉放施工工艺流程示意

3)钢护筒沉放设备

(1)振动锤选择

根据《桥涵施工手册》(上册)P324页中式(6-5)、式(6-6)

$$F_V > F_R$$
$$F_R = \sum f_i \mu L_i$$

式中：F_V——激振力，kN；

F_R——摩阻力，kN；

f_i——土单位面积动摩阻力，kN/m^2，按《桥涵施工手册》表6-34估算；

μ——钢管桩周边长度，$U=9.11m$；

L_i——钢管桩在不同土层中的入土深度。

D3：$F_R=5\ 894kN$，D4：$F_R=5\ 621kN$

D1～D6墩沉桩地层动摩阻力见表6。

D1～D6墩沉桩地层动摩阻力一览表 表6

序号	D1～D3墩		D4～D6墩	
	土层厚度(m)	动摩阻力(kN/m^2)	土层厚度(m)	动摩阻力(kN/m^2)
1	2.8	10	8.1	10
2	3.5	15	4.1	20
3	2.2	40	3.8	40
4	5.3	25	9.7	20
5	9.1	20	4.0	20
6	8.2	20	1.4	20

单台ICEV360型液压振动锤激振力为3 600kN，两台并联后：$F_V=7\ 200kN>F_R=5\ 894kN$

因此，采用两台ICEV360型液压振动锤并联使用，能够满足实际施工要求。其性能参数见表7。

ICEV360 型振动锤性能 表 7

ICEV360 振动锤基本参数								
振动锤外形尺寸(mm)			动力柜外形尺寸(mm)			重量(kg)		
长	宽	高	长	宽	高	振动锤	动力柜	液压头
3 607	660	2 515	4 724	2 083	2 440	16 363	11 000	1 700

机械性能				
偏心力矩	最大激振力	最大上拔力	系统振幅	功率
1.5kN·m	3 600kN	16 363N	2.1mm	990HP/2100RPM

(2)起重船选择

根据工程实际情况，选择“苏连海起重 7”作为钢护筒沉放施工的起重设备，其性能参数见表 8。

苏连海起重 7 性能参数 表 8

	臂角(℃)	25	30	35	40	45	50	55	60	65	70	75
主钩	作业半径(m)	47.3	45	43	40.3	37.4	34.1	30.7	27	23	19.1	14.9
	允许负荷(T)	80	87	94.3	103	114	125	138	152	168	184	200
付钩	作业半径(m)	63.6	61	57.7	54.1	50.1	45.7	41	36	31	25.3	19.6
	允许负荷(T)	50	50	50	50	50	50	50	50	50	50	50

4)并联已沉护筒，进行其他钢护筒的沉放

护筒下沉采用移动悬挑式导向架，导向架必须具有足够的刚度，以保证钢护筒沉放精度(倾斜度1/150，平面位置偏差 50mm)。导向架体结构见图 14，设置有上下龙口、护筒位置调节和锁定装置。

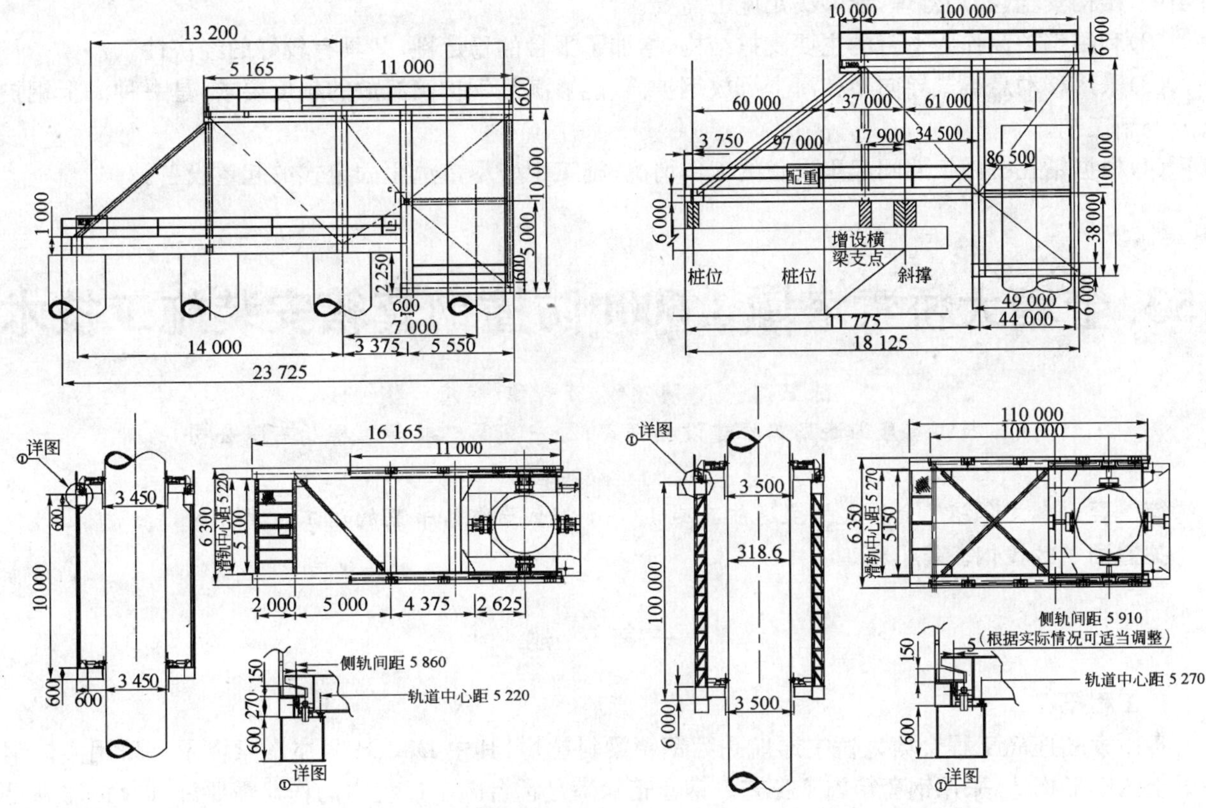

图 14 移动悬挑式导向架(尺寸单位:mm)

4. 钢平台施工设备配置

以D4号墩为例，钻孔桩施工设备配置如下：2 500kN. t，9 000kN. t塔吊各1台、80t龙门吊1台、$75m^3/h$搅拌站2台套(图15)。上述配置综合考虑了以下因素：

1)采用固定式起重设备替代大型起重船进行起重作业，将海上恶劣天气对起重作业的影响降低到最小；

2)规避风浪影响，搅拌站料仓可以提前储存足够的混凝土组份材料，为混凝土连续施工创造条件；

3)为后续的塔身施工预留起重作业设备，避免资源重置的浪费。

图15 D4墩钻孔钢平台全景

四、结　　语

(1)到目前为止，两主墩平台承台施工接近完成，两个辅助墩过渡墩整体平台钻孔桩施工正在加紧进行当中，结构安全，布局合理，能够满足施工需要。

(2)利用钢护筒作为平台的主要支撑结构，增加了平台的稳定性，并具有较好的经济性。

(3)采用移动悬挑式导向架在海上沉放钢护筒，能够满足钢护筒沉放的精度要求，是一种海上钢护筒沉放的新工艺。

(4)根据钻孔桩施工期间起重设备的工作情况，施工中应尽量选用固定式的起重设备。

53. 金塘大桥索塔墩1 600t防撞钢套箱安装施工技术

陈卫国[1]　曾凌飞[2]　商哲儒[2]　唐　衡[2]

(1. 浙江省舟山连岛工程建设指挥部；2. 中交第二航务工程局有限公司)

摘　要　本文介绍了金塘大桥主通航孔墩1 600t钢套箱整体吊装的施工技术。

关键词　防撞钢套箱　施工

一、概　　述

1. 工程概况

舟山大陆连岛工程金塘大桥主通航孔为钢箱梁斜拉桥，其中D3、D4号主墩索塔承台采用实体钢筋混凝土圆端形构造，采用钢套箱施工工艺。钢套箱除满足承台施工过程中的作业需要外，同时，需满足主墩承台的使用过程中的防撞功能要求。设计时将钢套箱侧壁与防撞设施有机结合，融为一体，钢套箱平面尺寸60.88m×38.12m，高度9.858m(承台混凝土厚6.5m，封底混凝土厚2m)，套箱壁体采用双壁结构,厚 2.0m,结构形式见图 1。

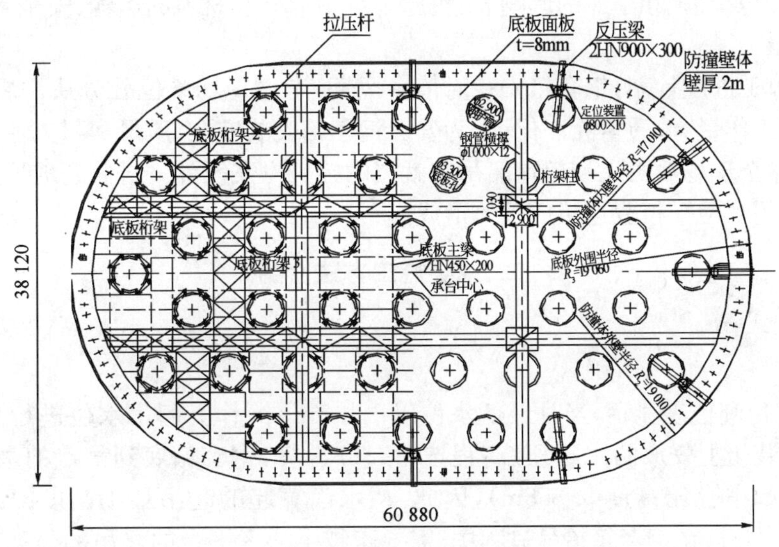

图 1 钢套箱(尺寸单位:mm)

2. 工况条件

钢套箱设计工况条件见表 1~表 4。

防撞设计控制船舶 表 1

船 型	排水量(t)	平均吃水(m)	船 型	排水量(t)	平均吃水(m)
5 万吨级压载	25 342	5.34	2.5 万吨级	31 574	9.5

主要设计高程及参数 表 2

项 目 名 称	数 值	备 注
承台顶高程/底高程(m)	+6.0/−0.5	
钢套箱顶高程/底高程(m)	+6.9/−2.958	
钢护筒顶高程/嵌固点高程(m)	+4.50/−41.4m	
封底混凝土顶高程/底高程(m)	−0.5/−2.5	
泥面高程	−28.0m	已考虑 5m 冲刷
封底混凝土强度等级	C30	
首层承台浇筑厚度(m)	2.5	
混凝土握裹力(kN/m²)	150kN/m²	

设 计 水 位 表 3

项 目 名 称	数值(m)	备 注
设计高潮位	+3.32m	20 年一遇
设计低潮位	−2.21	20 年一遇
设计最高通航水位	+3.28	防撞工况考虑
设计最低通航水位	−1.59	防撞工况考虑

水流、波浪和风速 表 4

项 目 名 称	正常工作时	抗 台 时
设计流速	2.83m/s	2.83m/s
设计波浪	H=1.0m T=5.57s	H=3.82m T=6.57s
设计风速	13.8m/s	36.9m/s

3. 工程特点及难点

(1)工程面临东海,主墩两个钢套箱施工处于 9~10 月份,台风和热带风暴较多,大浪较频繁。

(2)单件重量大,对浮吊要求性能高。防撞钢套箱体积巨大,达 60.78m×38.02m×9.858m,单件重 1 600t,浮吊一次安装重量达 1 400t,在桥梁施工中实属罕见,施工技术难度大,对浮吊的要求较高。

(3)工况条件恶劣，施工组织难度大。主墩远离陆地，位于主航道处，水深流急，航运繁忙，施工又适逢夏秋季节，受到高温及台风和季风的影响，工程施工组织、交通、材料的运输、安全管理压力较大。

4. 主要应对措施

根据工程总体施工进度计划，钢套箱安装时值台风期，考虑现场墩位处分块拼装，工期长，不确定因素多，同时现场涂装工作量大，质量无法保证，为确保钢套箱安装安全、质量和耐久性，防撞钢套箱按陆上制作、拼装、整体运输至现场后由大型起重船吊装就位的施工方案设计。拼装场地采用一浮平台，因钢套箱体积巨大，浮平台用2艘平板驳连接成整体形成。

二、主要施工方法介绍

1. 船机选型

1)吊高要求

2006年度10月份潮位表显示，当月最低水位以－1.5m计，作为起吊水位进行吊高计算，上游侧生活区平台最高点(集装箱上安放的水箱顶)高程按＋11m计算，钢套箱底到吊点的最长距离为49.858m(起吊钢丝绳高度40m＋套箱高度9.858m)，因此，从水面算起的起吊最小高度：H_{min}＝49.958＋11－(－1.5)＝62.458m。同时，在钢套箱抬吊过程中，需要跨越生活区平台的浮吊的吊高需要有跨过900t.m塔吊的能力，根据现场测算，900t.m塔吊的塔尖高度可降至高程＋43.5m，跨越高度H＝43.5－(－1.5)＝45m＜H_{min}＝62.458m，无需提高起吊高度。

2)吊幅要求

为了避开上游侧生活区的900t.m塔吊，钢套箱需偏离承台横桥向轴线一定距离进行布置。根据钢套箱与平台之间的相对位置，要求其中一台浮吊(1 000t)的吊幅＝平台宽度的一半21m＋生活区塔吊基础宽度的一半2m＋起吊点至钢套箱长边的水平距离4m＋富余2×2m＝31m，另一台浮吊(1 200t)吊幅＝起吊点至钢套箱长边的水平距离6.5m＋平台走道宽度2.5m＋富余2.5m＝11.5m。

3)吊重要求

钢套箱一次性安装重量达1 400t，附加1.25的动载系数，单个浮吊吊重为：1 400×1.25/2＝875t；综合以上三个因素，选定镇"航工818"1 200t浮吊和"港机1号"1 000t浮吊作为钢套箱抬吊的吊装设备，两艘浮吊的起重性能列于表5、表6。

1 200t浮吊起重性能参数 表5

总长(m)	总宽(m)	型深(m)	最大吃水(m)	主钩间距(m)
86	28	6.3		3.8

1 200t浮吊双主钩起吊负载和船外伸幅度

仰角(°)	60	55	50	45	40
最大起升重量(主钩)(t)	2×600	2×465	2×361	2×278	2×211
主钩起升高度(m)	64.6	59.4	52.3	43.8	33.6
附钩起升高度(m)	68	62	54.1	44.7	33.8

1 000t浮吊起重性能参数 表6

总长(m)	总宽(m)	型深(m)	最大吃水(m)	主钩间距(m)
83.67	30	6	3.5	4.42

1 000t浮吊双主钩起吊负载和船外伸幅度

仰角(°)	68	65	62	59	56	53
外伸幅度(m)	22.5	26.1	29.6	33.0	36.3	39.5
主钩高度(m)	76.8	75.1	73.2	71.2	68.9	66.5
主钩荷载(t)	1 000	1 000	1 000	820	700	590

根据以上起重性能参数，1 000t 浮吊在仰角 60°(吊重 910t，净吊幅或外伸幅度 31.9m，主钩高度 71.9m)，1 200t 浮吊在仰角 55°(吊重 930t，净吊幅或外伸幅度 35.9m，主钩高度 60.4m)时即可满足吊装要求(图 2)。

2. 吊索吊具选择

根据设计计算，整个钢套箱共布置 8 个吊点，吊点位置见图 3。每艘浮吊采用 2 个大钩，吊索选用 Φ120mm 钢芯钢丝绳，破断拉力总和12 501kN，单根长 100m 的 4 根(1 000t 浮吊使用)，单根长 80m 的 4 根(1 200t 浮吊使用)。

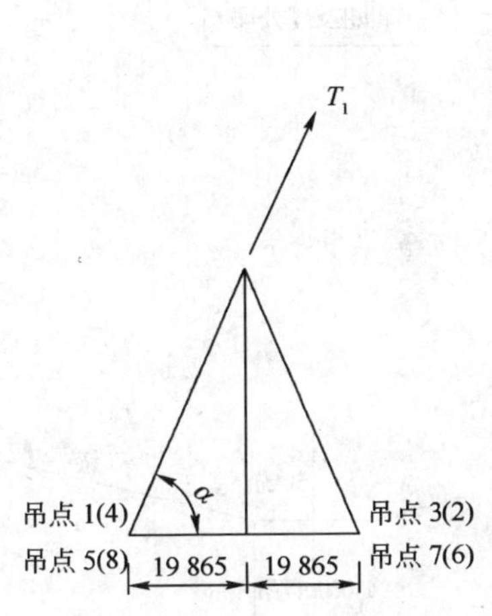

图　钢套箱起吊角度示意(尺寸单位:mm)

图 3　钢套箱吊点布置(尺寸单位:mm)

为确保起吊时每根吊索均匀受力，起吊时，单艘浮吊的双主钩(T 型平衡钩)每钩分别双挑 2 根钢丝绳，每根钢丝绳的两个琵琶扣分别穿在一个吊耳的销拴上。与之对应的吊耳(点)两两组合是:1 和 3、2 和 4(为 1 000t 浮吊 4 个吊点)；5 和 7、6 和 8(为 1 200t 浮吊 4 个吊点)。

当钢丝绳长度为 80m 时，

T_1＝1 400×1.2/16/sinα＝105/(34.72/40)＝121t，安全系数 K＝1 250.1/121＝10＞6 满足规范要求。

当钢丝绳长度为 100m 时，

T_1＝1 400×1.2/16/sinα＝105/(45.89/50)＝115t，安全系数 K＝1 250.1/115＝10.9＞6 满足规范要求。

3. 吊装施工过程

1)工艺流程(图 4)

2)吊装准备

吊装前完成护筒区钢平台的拆除工作，塔吊高度降低至＋43.5m 以下，钢套箱移位路径过程中的所有物体高度控制在＋7.0 以下。

3)钢套箱运输及就位

钢套箱制作组拼装完成后，用风缆将钢套箱的四角固定在大型浮平台上，然后直接用拖轮将大型浮平台拖至现场制定位置进行抛锚定位等待吊装。钢套箱的就位时间选择在起吊之前，必要时在浮平台尾部抛一临时锚，临时固定船位。两艘浮吊抛锚就位方向为船体(桥梁纵轴线)方向与平台长边(横桥向)方向相垂直。船艏船艉分别抛八字锚，锚头钢缆与横桥向(上下游)方向呈 15°，锚头钢缆抛出长度为 400m，同时每艘浮吊船艉单抛 1 只领水锚，以便浮吊前进和后退调整船体位置。为防止起吊过程中，钢套箱摆幅过大发生碰撞，起吊时将钢套箱带八字缆固定在 1 200t 浮吊的船艏(图 5)。

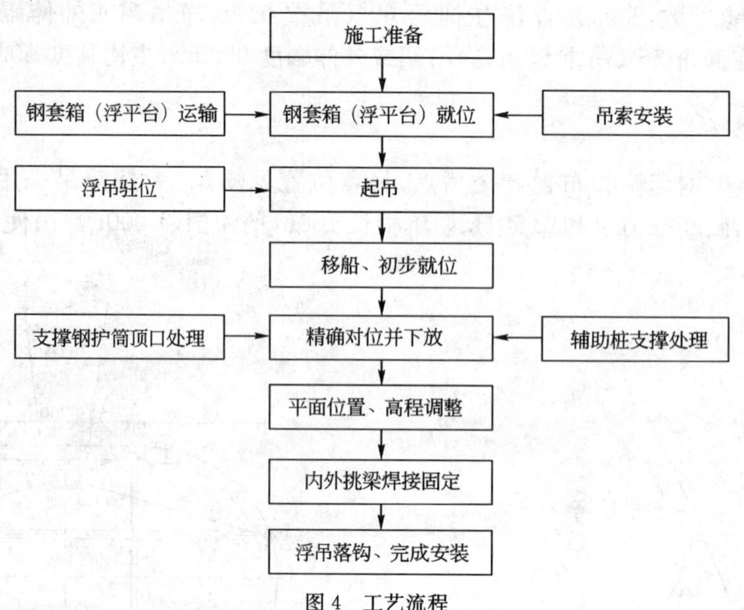

图4 工艺流程

4)吊索安装

由于钢套箱的吊索钢丝绳均非常重，靠人力很难完成吊点的连接，所以必须通过左右移动浮吊来实现吊索的安装，同时准备若干 2t 手拉葫芦，用以辅助吊点连接。

5)起吊

8个吊点均连接完毕，并检查无任何问题后，浮吊开始起钩，使吊索被张紧，此时，起重指挥人员再次检查吊点的连接情况和吊索的垂直度，如果不满足要求，浮吊通过绞锚使吊索铅直，同时，各船专职人员检查锚缆情况，均无任何问题后，解除套箱的一切约束，如套箱的风缆等。起吊应分级进行，根据钢套箱的重量，每 100t 为 1 个级别，实际吊装施工时，通过浮吊上自带的测力计进行控制，每增加一个级别，现场负责的技术人员再次检查锚缆松紧、吊索受力、吊索垂直度等事项，无任何问题后施加下一级，直至钢套箱被吊起。

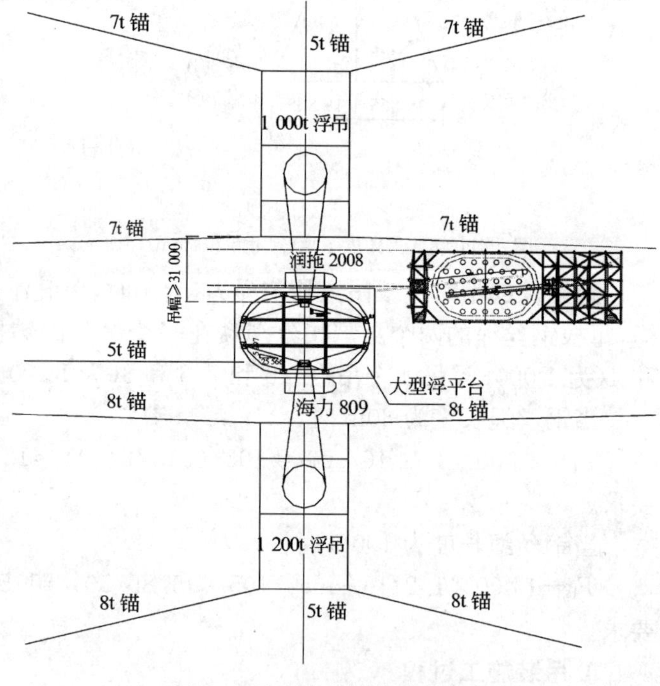

图5 浮吊及浮平台抛锚定位示意

6)移船

当钢套箱被吊起超过生活区平台 50cm 高后，两艘浮吊通过绞锚同时向下游移动，移动时应缓慢进行，幅度不宜过大。一方面，幅度太大容易造成两艘浮吊受力不均；另一方面，移动的幅度太大，容易碰撞上游的塔吊，发生危险。

当钢套箱完全越过上游生活区平台后，钢套箱轴线与桥轴线基本重合时，1 000t 浮吊后退，同时，1 200t 浮吊前进，此过程同样要缓慢进行，避免受力不均。1 200t 浮吊前进的动力依靠在平台辅助桩上带的前进缆，同时需松开船艉抛的领水锚。1 000t 浮吊后退动力依靠开始抛的船艉领水锚。钢套箱起吊见图 6。

7)钢套箱下放

当钢套箱的纵、横轴线与平台的纵、横轴线重合时，两艘浮吊同时落钩，直至钢套箱最底点距平台还剩 1m 左右。此时，指挥人员根据预先放好的标志线对钢套箱进行精确对位，对位完毕，两艘浮吊同时缓慢下放，使钢套箱在自身限位及钢护筒顶口焊接的临时导向装置的作用下，缓慢进入预定位置，并经过微调，使钢套箱完全套进钢护筒内。

钢套箱下放至理论位置还有50cm时，测量人员测量钢套箱的四角高差，并根据测量结果进行高差调整。为抵抗水流力对钢套箱的影响，在套箱短边壁体环板处设置吊耳，当套箱入水后，用拉绳拉住钩挂在两侧平台上。当钢套箱的平面偏位满足设计规定及规范要求时（均按5cm偏差进行控制），将钢套箱下放到位。钢套箱下放过程中所有连通管保持敞开状态，以保证壁体内外水位始终一致。

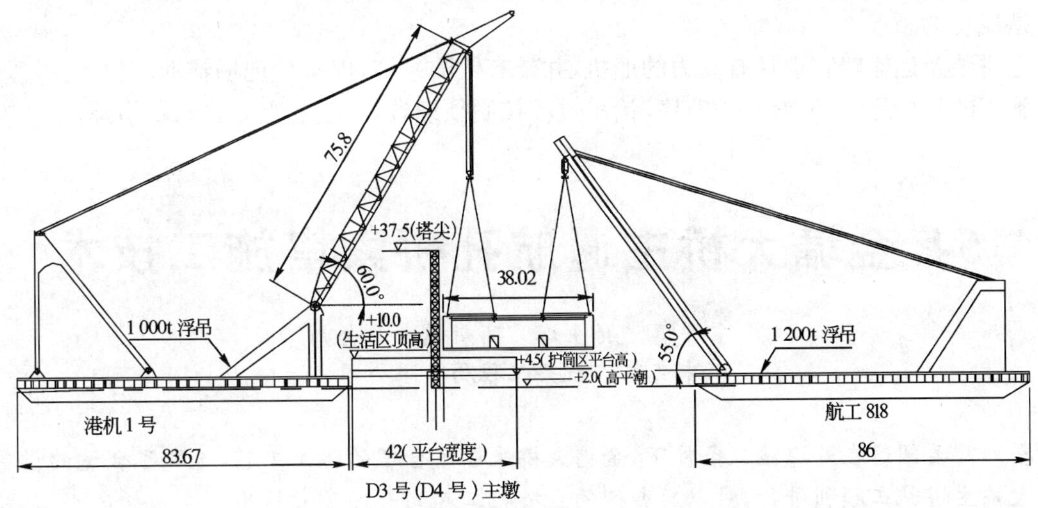

图6 钢套箱抬吊移位立面示意（尺寸单位：m）

8）测量控制

用架设在主墩平台加密点上的全站仪，采用极坐标法测量钢套箱顶口的六个特征点，并与理论值比较，如偏差较大，进行调整，直至钢套箱顶口偏位符合要求。在进行钢套箱顶口定位的同时，亦进行垂直度和底口偏位测量。采用吊垂球或2m长的专用靠尺测量钢套箱顶口六个特征点相对应的倾斜度，根据其坐标及倾斜度，计算出套箱底口偏位。各项指标符合要求后，固定钢套箱。

9）浮吊撤离及钢套箱固定

钢套箱下放到位后，立即将钢套箱的内外挑梁限位固定于挑梁的支撑连接材料上，必要时可焊接固定。等挑梁焊接固定完成后，浮吊松钩，使钢套箱的全部重量由内外挑梁承受。当浮吊基本不受力后，再次测量钢套箱的平面位置及高程，满足要求后，浮吊解钩，起锚拖离施工水域。同时，为增加承台最外周护筒的整体支撑刚度，将上述护筒两两用Φ800×12平联管进行焊接连接（内外挑梁布置见图7）。内外挑梁焊接完成后即可以进行拉压杆焊接、封底混凝土施工。

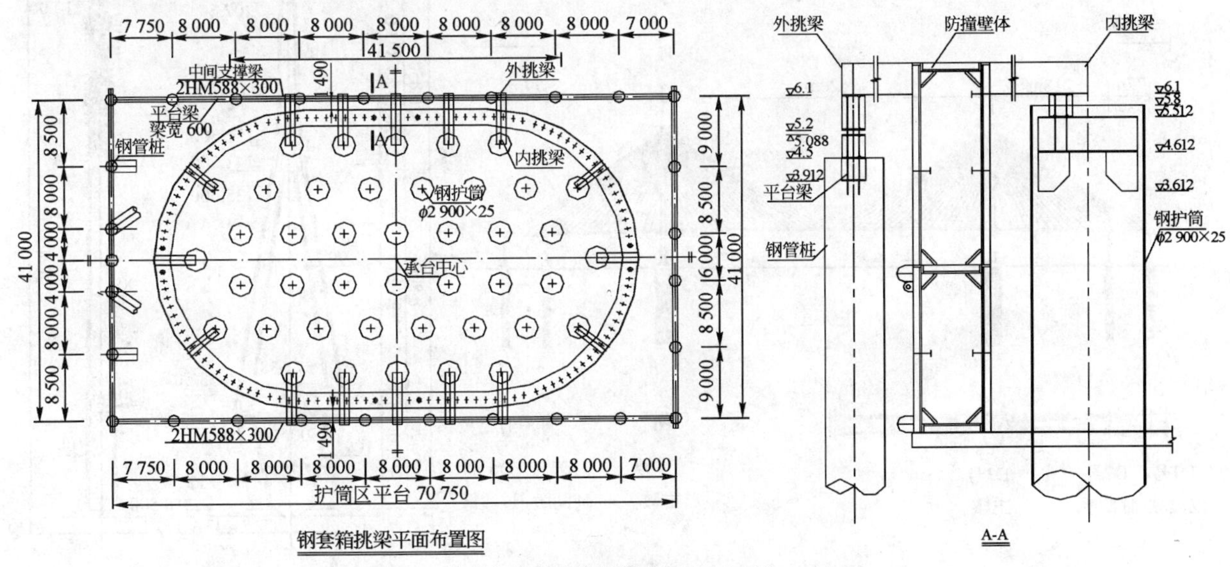

图7 防撞钢套箱内外挑梁布置（尺寸单位：mm）

三、结　语

金塘大桥两个主墩钢套箱分别于2007年10月16日和11月15日安装到位，安装最后偏位分别是：偏金塘侧1mm、偏上游29mm；偏金塘侧4mm、偏上游26mm。从整个安装过程及结果来看，两艘浮吊抬吊的工艺是成功的。

钢套箱拼装及运输船宜选择有动力的船机，并带有锚泊系统，以减少现场辅助定位船。

安装施工的现场组织必须统一、有序，抬吊过程控制须细致，两艘起重船要同步指挥。

54. 金塘大桥主通航孔桥索塔施工技术

曾平喜　孙士辉　商哲儒　尹含归
（中交第二航务工程局有限公司）

摘　要　简要阐述在外海施工条件下，金塘大桥采取了合理的施工工艺，选取了合适的设备设施，确保了金塘大桥主塔施工顺利进行，对以后类似的主塔施工起到一定参考作用。

关键词　金塘大桥　索塔　钢锚梁

一、概　述

1. 工程概况

金塘大桥连接金塘岛与宁波市，是舟山大陆连岛工程的第五座跨海特大桥，起于金塘岛上雄鹅嘴，接在建西堠门大桥，经化成寺水库、茅岭、沥港水道和灰鳖洋海域，止于宁波镇海老海塘，接宁波连接线，长26.54km。主通航孔桥为77＋218＋620＋218＋77m＝1210m五跨连续钢箱梁斜拉桥，采用半漂浮结构体系。

金塘大桥设计D3、D4两个同类型索塔，索塔为钻石型，其一般构造如图1所示。塔柱采用空心箱形断面，塔柱外侧均设1.50m×0.50m的倒角。索塔设置一道横梁，采用等截面箱形断面，为预应力混凝土结构；中塔柱合龙段设两道厚度1.40m的横隔板，为预应力结构；上塔柱设钢锚梁19节。

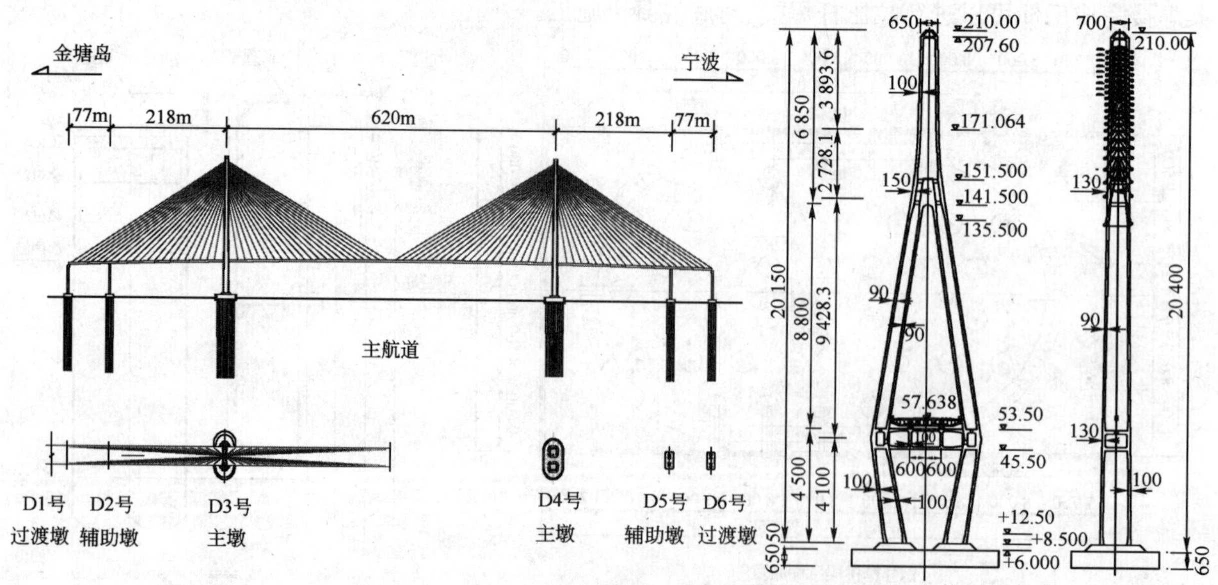

图1　桥型布置与塔柱一般构造（尺寸单位：cm）

2. 工程特点

1)施工准备时间较短,工期紧。2007 年初正式投入施工,2007 年底索塔须封顶。

2)国内首次采用钢锚梁与钢牛腿组合件锚固拉索工艺,技术要求较高。

3)由于索塔处于海上盐雾区,为了降低氯离子渗透速度,增强塔身抗腐蚀能力,索塔塔身结构采用海工混凝土。

二、主要施工设备

根据索塔结构特点以及施工工艺的需求,索塔施工的主要机械设备配备塔吊、电梯、拖泵等。索塔施工主要设备设施布置如图 2 所示。

1. 塔吊

索塔施工结合钢锚梁安装需要,每个索塔墩配备 1 台 9 000kN·m 塔吊和 1 台 2 500 kN·m塔吊。塔吊布置在塔柱上、下游侧承台顶面。

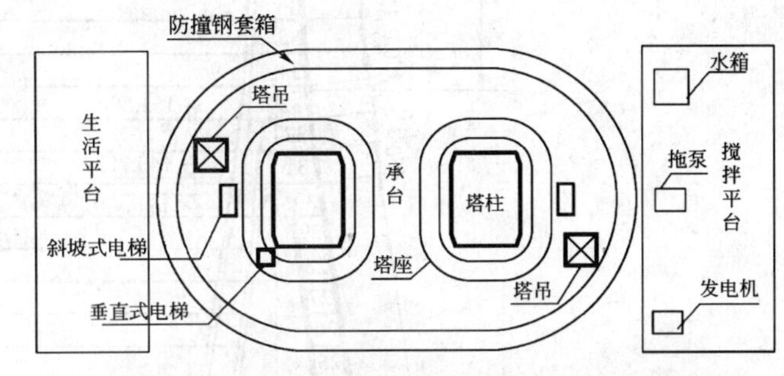

图 2 主要设备设施布置示意

2. 电梯

每个索塔下塔柱布置 2 台 SCQ100 型垂直式施工电梯,供人员上下使用。施工至中塔柱时,拆除一侧的垂直式电梯。

每个索塔中塔柱布置 2 台 SCQ100 型斜坡式施工电梯。其中靠近 9 000kN·m 塔吊一侧的斜坡式电梯只使用至中上塔柱交汇段,另外一侧斜坡式电梯则使用至塔顶。

3. 混凝土供应设备

索塔混凝土生产采用水上作业平台作业方式。设置 1 台 $75m^3/h$ 固定式搅拌站,$500m^3$ 混凝土左右的砂石料储备仓。遇大体积混凝土施工时,临时调用混凝土拌和船辅助作业。混凝土浇筑采用泵送工艺,托泵采用 HBT—105. 21. 286RS 型拖泵,该拖泵最大混凝土输送垂直距离达到 400m,混凝土泵送最高压力达到 21MPa。

三、索塔施工支架及模板体系

索塔总高度为 201. 5m,其中与塔座连接段 1m 与塔座同时施工。根据索塔结构特点,共分成 46 个节段进行施工,标准节段高度 4. 5m。塔柱节段划分如图 3 所示,施工顺序如图 4 所示。标准节段采用液压爬模施工,横梁以及非标准节段塔柱施工根据结构特点另行布置支架体系。

1. 标准节段施工方法

1)液压爬模施工

液压爬模工作原理是:导轨依靠附在爬架上的液压油缸来进行提升,导轨到位后与上部爬架悬挂件连接,爬架与模板体系则通过顶升液压油缸沿着导轨进行爬升。流程如下:

①起始浇筑段中,按照设计位置埋设锚锥,并保证其位置准确。

②混凝土达到强度要求后拆模,以起始段中预埋的锚锥为支点拼装系统。

③调整模板位置,保证定位精度,进行浇筑工作并埋设锚锥。

④拆模,操作动力装置控制器爬升轨道,使其上部与挂在预埋锚锥上的悬挂件固接,形成爬升轨道。

⑤操作动力装置控制器爬升爬架,带动系统爬升至下一工作节段。

⑥支模,并重复上述工作流程。

典型爬升如图 5 所示。

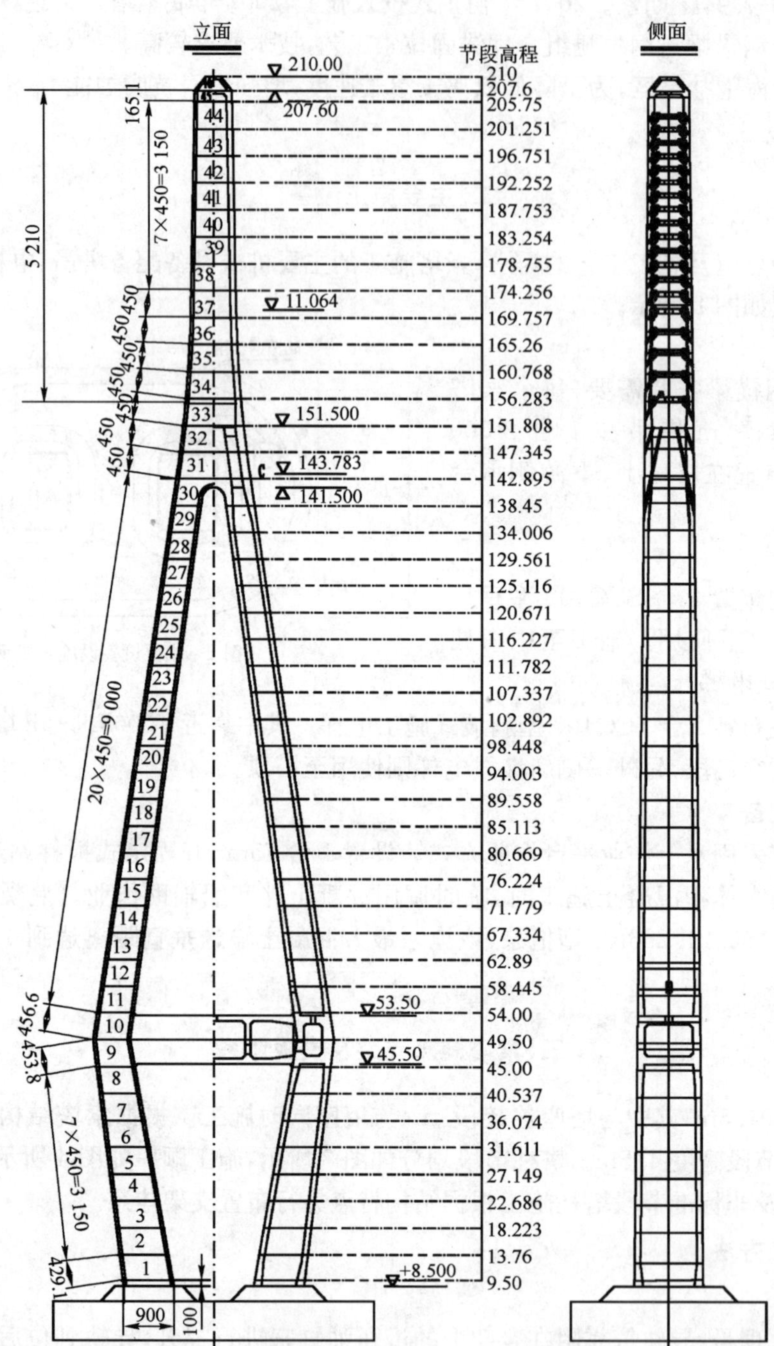

图3　塔柱节段划分(尺寸单位:cm)

2)模板体系组成

外模选用 WISA 木面板,大面积模板设计高度为 4.8m,其中下部约 0.15m 作为新旧混凝土面的压脚,上部约 0.20m 防止混凝土浆水溢出污浊混凝土外表面。面板与钢背楞通过沉头螺栓固定,钢背楞与钢围檩之间通过螺栓相连接,三者有机固结成一整体。内模采用竹胶板做面板。内外模板根据塔柱的截面尺寸对模板进行收分,采取两边对称收分的形式。内外模板间采用对拉杆以克服混凝土的侧压力,对拉杆选用 ϕ15 精轧螺纹钢筋,强度较高,从而使对拉杆穿混凝土的孔径小,减少修复量。

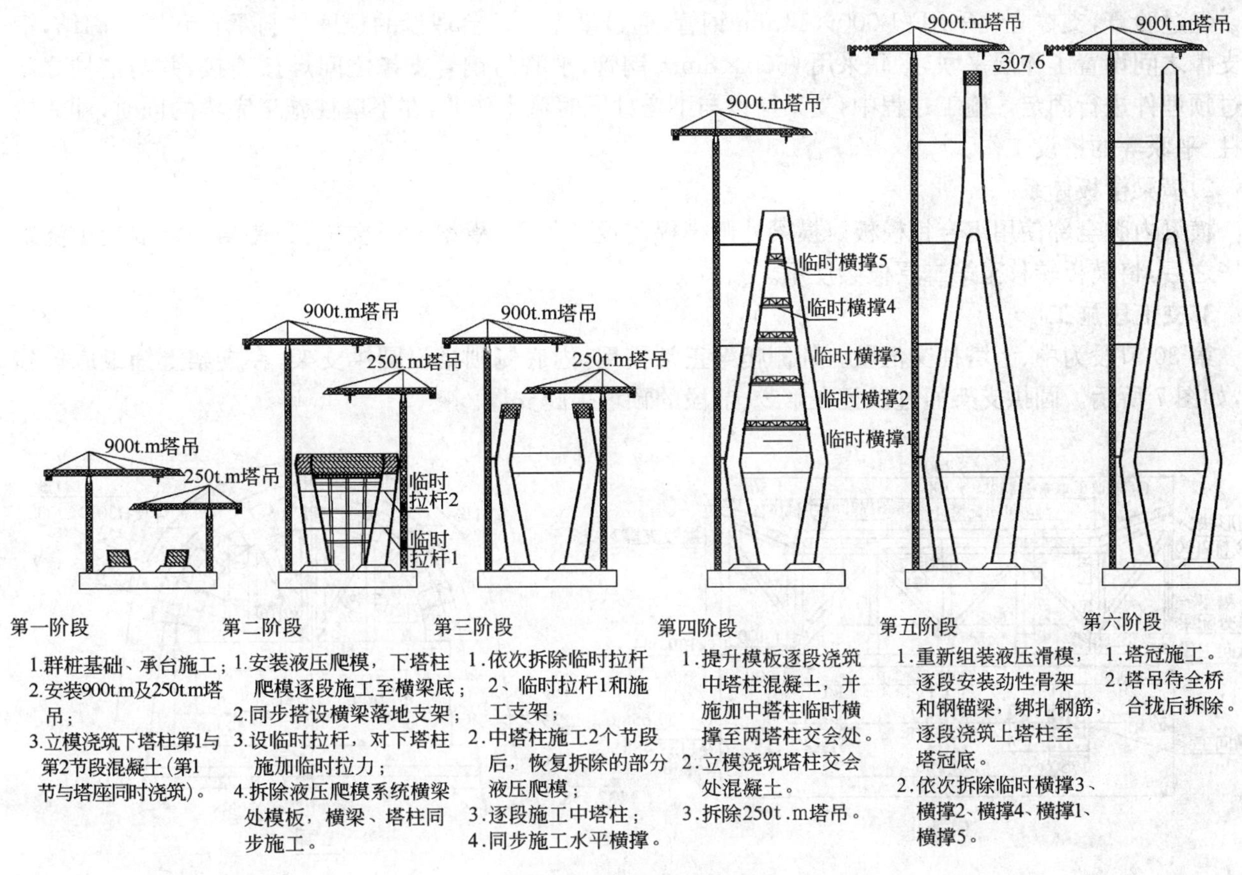

图4 索塔施工顺序

2. 横梁施工方法

1)横梁施工支架

横梁分两次施工,分别与第 9、10 节段塔柱同步施工。横梁支架系统由钢管支撑、平联、纵梁、钢落架、横梁、分配梁、钢桁架、底模面板组成,如图 6 所示。

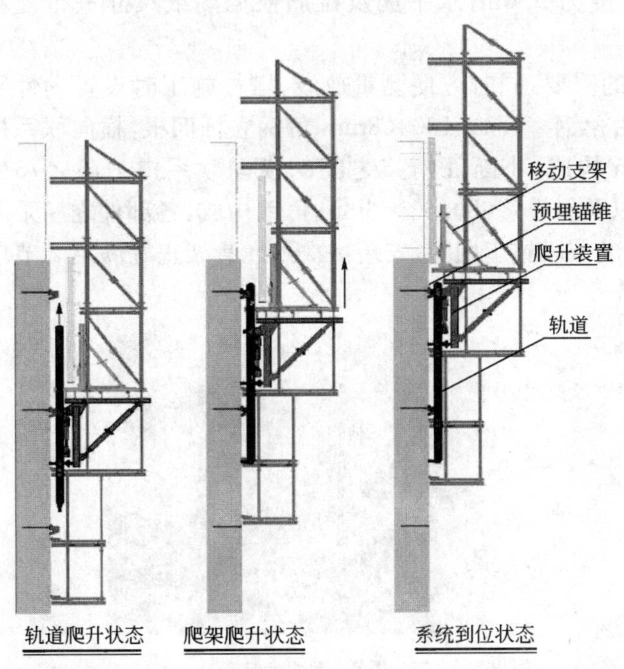

图5 典型爬升示意

图6 横梁施工

经过验算，支撑立柱采用 ϕ1 000×14mm 钢管，通过事先在承台埋设的预埋件与承台和塔座固结，钢管支撑之间设置了 4 层平联，平联采用 ϕ600×8mm 钢管，平联与钢管支撑之间焊接连接，并与塔柱之间通过预埋件进行固定。施工过程中，支架搭设与下塔柱同时流水作业，在下塔柱施工完毕的同时，即完成立柱、平联等的搭设工作。

2)横梁模板体系

横梁内腔全部使用组合钢模板。横梁外侧模提前设计加工，横梁分两次施工，待第一层混凝土浇筑完毕之后，将模板转移至第二层横梁使用。

3. 交汇段施工

第 30 节段为中、上塔柱交汇段。外侧爬架正常使用，内底侧则搭设圆拱支架，在支架上铺设底模施工，如图 7 所示。圆拱支架通过设置在第 29 节段的预埋牛腿支撑。

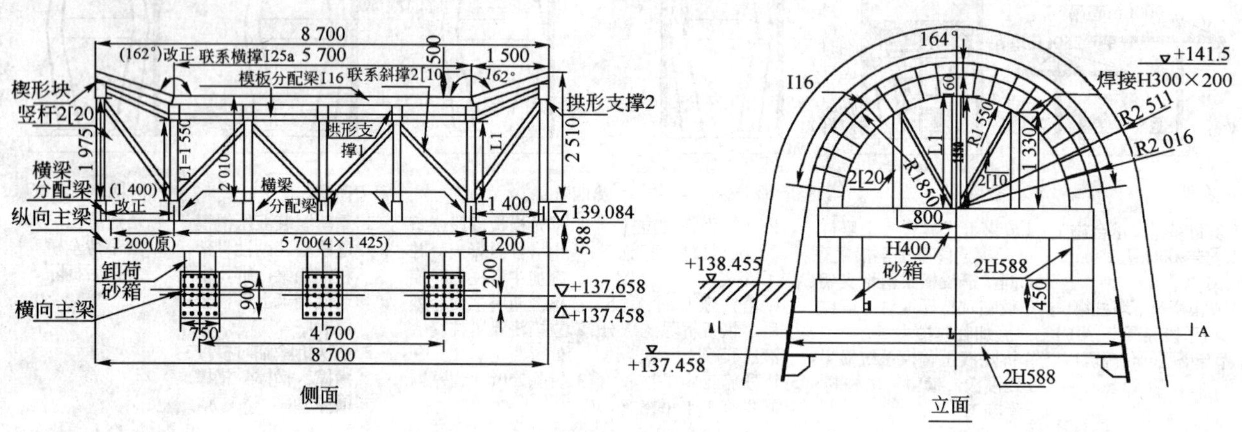

图 7　交汇段拱形支架结构图(尺寸单位:mm)

四、钢 筋 施 工

所有的塔柱钢筋加工制作均在后场钢筋加工厂区进行。塔柱钢筋加工制作在后场钢筋加工厂区进行，ф 32 主筋采取滚轧直螺纹接头形式，定尺长度为 9.0m；水平筋及拉筋根据图纸尺寸进行配料(图 8)。

为满足塔柱高空、倾斜状况下施工中钢筋定位的需要，同时方便测量放线，塔柱施工时设置劲性骨架，劲性骨架在塔柱截面上均匀布置。小断面桁架由角钢∠100×100×8mm 角钢立杆四根，横向联系杆∠75×75×8mm 角钢以及斜撑杆∠63×63×8mm 构成；小断面桁架之间的横向联系撑∠75×75×6mm，联系撑之间连接杆件∠75×75×6mm 角钢，以及斜撑∠63×63×6mm 角钢构成，各部件之间采取焊接连接。其中小断面桁架的材料长度是 9m，在标准节段施工期间，安装一次劲性骨架正好满足 2 节塔柱施工(图 9)。

图 8　钢筋绑扎

图 9　劲性骨架施工

五、混凝土施工

1. 海工混凝土设计

由于索塔处于海上盐雾区，为了降低氯离子渗透速度，增强塔身抗腐蚀能力，因此，索塔塔身结构采用海工混凝土。按照招标文件以及设计图纸中海工耐久混凝土要求、大体积混凝土的相关要求，进行混凝土原材料的选择与配合比设计。在选定混凝土材料后应进行交叉试验确定满足施工要求的大体积海工混凝土最优的混凝土施工配合比。配合比详见表1。

索塔混凝土配合比表　表1

设计强度	混凝土坍落度(mm)	水胶比	水(kg)	水泥(kg)	砂(kg)	碎石(kg)	粉煤灰(kg)	矿粉(kg)	外加剂(kg)
C50	180±20	0.31	140	299	727	1 003	69	92	5.52

2. 混凝土施工

1)混凝土生产输送

索塔混凝土生产采用水上作业平台作业方式。设置1台75m³/h固定式搅拌站，500m³混凝土左右的砂石料储备仓。混凝土浇筑采用泵送工艺。混凝土由平台上的搅拌站将混凝土输送到拖泵内，再由拖泵接力输送到浇筑节段，通过串筒布料到浇筑位置。

横梁和上下游两塔肢混凝土同时浇筑，方量较大。为避免混凝土在浇筑完毕之前结束初凝，一方面通过改变外加剂原料配比，延长混凝土的缓凝时间；另一方面需要增设混凝土拌和船和托泵，两条生产线同时施工。搅拌船将混凝土输送到拖泵内，再由拖泵接力输送到横梁上。

2)混凝土浇筑

混凝土浇筑采取分层浇筑、对称分层布料、分层振捣施工方法。使用串筒辅助布料，布料完成后，使用振捣棒采用快插慢拔法跟进振捣(图10)。

混凝土浇筑完成之后，及时根据气温情况确定混凝土的养护措施(图11)。对于塔柱，气温较低时，首先保证2d内不得拆模，拆模之后及时利用塑料薄膜围裹，以防混凝土表面温度散失过快导致表面龟裂；气温较高时，拆模之后，立即在混凝土表面涂上养护液，抑制高温引起的水分散失，同时在节段混凝土顶面洒水养护。对于横梁顶面，混凝土表面初凝结束后，立即蓄水养护。

图10　混凝土浇筑

图11　混凝土养护

六、预应力施工

1. 下塔柱水平拉杆

下塔柱施工过程中，随着塔柱升高，钻石形构造下塔柱将产生较大水平外倾位移和外倾力。为克服塔柱外倾位移和外倾力和降低横梁混凝土浇筑以后出现裂缝的可能性；在下塔柱高程+26.5m、

＋44.5m处设置两道水平拉杆，拉杆通过预留孔穿越塔壁并与塔柱固结。

拉杆由24根Φ32的精轧螺纹钢筋及锚板构成，每层12根。钢筋两端与锚板连接，中间由下横梁支架上的钢牛腿作为支撑。下塔柱混凝土施工到要求高度后，张拉精轧螺纹钢筋，施加预应力，每根预拉力按180kN控制，使两塔肢沿横桥向的分力相互抵消。在横梁施工完成后，依次解除体外预应力。

图12　横撑随塔柱同步施工

2. 中塔柱水平横撑

同样的原理，中塔柱将产生较大内平外倾位移和内倾力。经过计算分析，为克服塔柱内倾位移和内倾力，分别在塔柱＋63.500、＋81.500、＋99.500、＋113.000、＋131.000五处设置水平撑(图12)。

中塔柱水平撑及支架由水平钢管、预埋件、牛腿及水平撑走道等组成。第一～四道水平撑每道采用2根Φ1 400×16，第五道水平钢管采用2根Φ1 000×12，两端搁置在塔柱支撑牛腿上。在塔柱节段施工时，根据主动横撑与塔柱连接位置，预埋锥形螺栓，节段施工完成后安装连接钢板与塔柱固定。采用液压千斤顶在水平横撑钢管一端施加顶推力，其中第一道水平撑施加2 500kN力，其余为2 000kN。顶推力满足要求后，停止施加力，用连接钢板将钢管与横撑支座焊接固定；千斤顶位置处先留设孔，使用型钢在周边连接加固，再千斤顶回油、卸落取出千斤顶后，再用连接板进行加固。

3. 钢绞线预应力

1)预应力设计情况

中、上塔柱合龙段和横梁内均设置有ΦS15.2预应力钢绞线，在合龙段底部横桥向布置了12束Φ^{S}15.2钢绞线，在1、2号斜拉索锚固区顺桥向布置了7束Φ^{S}15.2钢绞线，横梁内布置64束Φ^{S}15.2钢绞线。所有预应力锚固点均设在塔柱外侧，采用深埋锚工艺、真空压浆工艺(图13)。

图13　深埋锚锚座安装

2)钢绞线安装

施工选用规格适中的塑料波纹管，在钢筋绑扎前独立定位。钢绞线可选择在混凝土浇筑前或浇筑后穿入，横梁第一层施工以及合龙段施工时，混凝土浇筑高度均大于4m，预应力管道处于底板处，所以选择先穿入钢绞线的方法。

3)预应力张拉

在混凝土强度达到设计强度90％，横梁弹性模量达到设计值的85％时，可以开始进行预应力张拉。根据设计要求预应力张拉按如下顺序进行。横梁预应力张拉顺序：先从顶、底板中部向左、右对称张拉对应的预应力钢束，最后张拉腹板中不对称的预应力钢束。中上塔柱交汇处预应力张拉顺序：塔柱各断面中心对称张拉。

4)真空压浆

根据设计要求：预应力管道在张拉完成后24h之内要进行压浆，压浆采取真空辅助压浆，施工时将孔道系统密封，一端用抽真空机将孔道内80％以上的空气抽出，并保证孔道真空度在80％左右，同时压浆端压入水泥浆。真空辅助压浆施工要点：

(1)保护罩若作为工具罩使用，在浆体初凝后可拆除；

(2)整个连通管路的气密性必须认真检查，合格后方能进入下一道工序；

(3)浆体搅拌时，水、水泥和外加剂的用量都必须严格控制；

(4)必须严格控制用水量，对未及时使用而降低了流动性的水泥浆，严禁采用增加水的办法来增加其流动性；

(5)外加剂需在浆体搅拌一定时间后加入；

(6)搅拌好的浆体每次应全部卸尽，在浆体全部卸出之前，不得投入未拌和的材料，更不能采取边出料边进料的方法；

(7)安装在压浆端及出浆端的阀门和接头，应在灌浆后1h内拆除并清洗干净。

七、钢锚梁施工

1. 钢锚梁的设计情况

钢锚梁作为斜拉索锚固结构，承受斜拉索的平衡水平力。单塔钢锚梁共19节，分4类，每节钢锚梁各锚固2对斜拉索。钢锚梁布置如图14所示。钢锚梁由受拉锚梁和锚固构造(钢牛腿和壁板)组成，如图15所示。锚梁与牛腿之间通过螺栓连接。

钢锚梁和混凝土分节对照见表2。

钢锚梁与混凝土分节对照一览表　表2

编　号	总重量(t)	对应混凝土节段	编　号	总重量(t)	对应混凝土节段
GML1	19.10	第33节	GML11	16.69	第40节
GML2	19.43	第34节	GML12	17.17	
GML3	18.74	第35节	GML13	15.71	第41节
GML4	18.41	第36节	GML14	15.74	
GML5	18.15		GML15	16.01	第42节
GML6	17.24	第37节	GML16	15.70	
GML7	16.66	第38节	GML17	15.64	第43节
GML8	16.77		GML18	15.50	
GML9	16.80	第39节	GML19	15.20	第44节
GML10	16.56				

注：总重量指钢锚梁加钢牛腿重量之和。

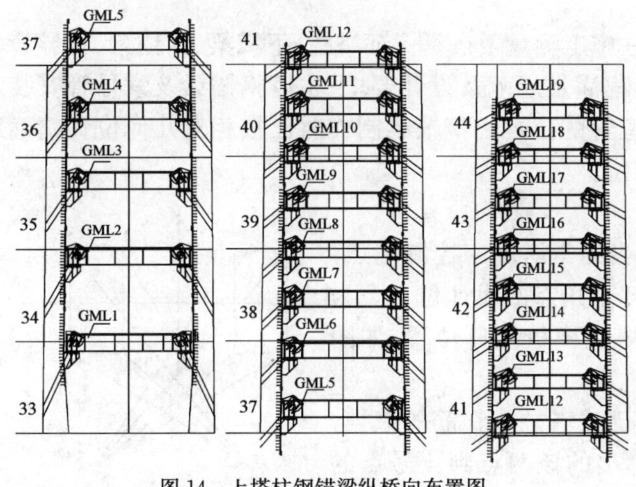

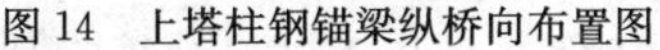
图14　上塔柱钢锚梁纵桥向布置图

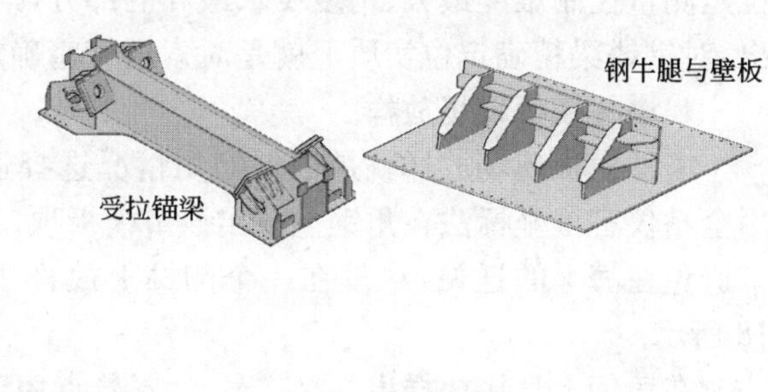

图15　钢锚梁立体结构图

2. 钢锚梁的加工运输

钢锚梁制作在专业厂家制作车间内进行的，考虑到钢锚梁尺寸较大，超高超宽运输不便，将钢锚梁连接螺栓全部拆解，单节锚梁按两侧壁板、锚梁分成3块进行运输。在钢锚梁运输至现场之后，再拼装成整体；另外，为保证后续钢锚梁在塔柱上安装的精度，相邻节段之间的钢锚梁进行预拼，再次检验钢锚梁的加工精度和相邻节段钢锚梁的匹配性，以及检验运输和吊装过程中是否发生变形。

3. 钢锚梁安装

现场吊装主要是由9 000kN·m塔吊来完成，该塔吊吊重和吊幅分别为41.4t和25m，能满足同时起吊2节钢锚梁的需求。钢锚梁吊装采用专门设置的长方形框架吊具，吊具框架长边上下根据锚梁的长度不同，设置距离不同的吊点(孔)，以确保钢锚梁整体起吊时，吊带与锚梁壁板处于同一竖直平面内，从而避免因起吊产生内力导致壁板变形。吊具与钢锚梁之间采用软吊带连接，钢锚梁上设置起吊过渡连接板和吊带连接(图16)。

首节钢锚梁安装在第32节塔柱混凝土浇筑完成后进行。利用第32节塔柱顶的预埋件设置安装支架。当支架高程和平面位置满足要求之后即可将钢锚梁就位。后续钢锚梁的接高只在前一次安装的顶部锚梁壁板上安装限位，限位只设置在一侧壁板上，另一侧壁板采用壁板连接板(壁板连接螺栓安装到位，但不紧固，留有间隙)限位(图17)。

图16　钢锚梁吊装图

图17　钢锚梁安装到位

4. 索导管安装

索导管采用Q345C无缝钢管，前两对索道管位于合龙段内，塔柱施工时予以预埋。索道管对应节段跨越29～32节段塔柱，施工时分成两节分别安装。其余索道管与钢锚梁的牛腿形成整体，在同一个节段混凝土内完成的。其定位与钢锚梁的测量统一考虑。

八、索塔施工测量控制

索塔施工测量分塔柱和钢锚梁施工测量。塔柱施工测量重点是保证塔柱、下横梁、钢锚梁、索导管等各部分结构的倾斜度、外形几何尺寸、平面位置、高程满足规范及设计要求；主塔钢锚梁及索导管安装定位是测量控制难度最大、精度要求最高的部分，索道管的位置在钢锚梁制作时已按相对几何位置精确定出，对钢锚梁精确定位实质上就是对索道管精确定位。

1. 塔柱模板现场放样

塔柱模板现场放样就是根据仰角情况选择适当的索塔施工控制网点，用全站仪三维坐标法在角钢上放出该节模板顶口四个角点的设计位置。为了避免在海上的迁站，尽量在一个测站上放样出塔柱模板顶口位置，如图18所示。

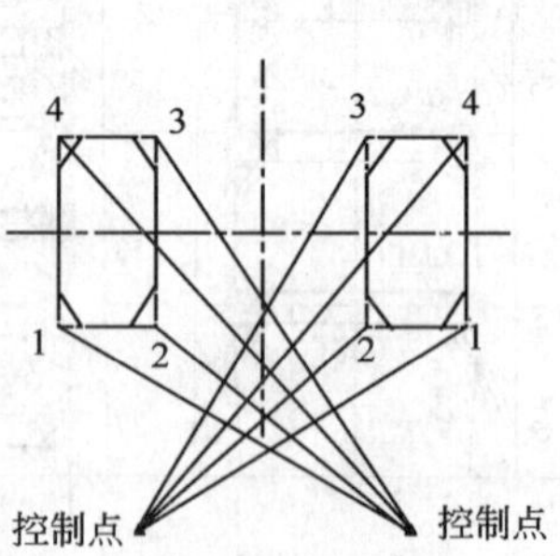

4　3　3　4
1　2　2　1
控制点　控制点

图18　塔柱模板现场放样示意图

在角钢上直接放样出1、2、3号点，4号点由于已成塔柱或钢筋的遮挡，不能直接放样出，可根据已放出的1、3号点和计算出的该两点到4号点的距离，拉钢尺用距离交会法放样出4号点。施工人员根据放样出的1、2、3、4点拉线示出外模板顶口矩形，用垂球或水平尺调整模板顶口位置，使模板顶口与线垂直对齐。

2. 钢锚梁与索道管测量定位

钢锚梁安装定位采取TCA2003全站仪三维坐标法，钢锚梁及预埋钢锚梁底座底面高程、顶面高程、平整度测量精密水准仪测量。

第一节钢锚梁段用塔吊吊至基座上，先安装定位螺栓，再进行微调，使钢锚梁中心线与预埋底座中心线重合，最后复测钢锚梁平面位置、高程、平整度及倾斜度。第一节钢锚梁定位好后，用水准仪和鉴定钢尺将事先用全站仪天顶测距法引测的高程基准传递到第一节钢锚梁顶口附近并作好标志，以后每施工一节用鉴定钢尺将前一节的高程基准引测至该节的钢锚梁的顶口。为了消除高程传递的误差积累，每施工5节钢锚梁，再根据全站仪天顶测距法用承台上的高程基准检查调整所引测的高程。

九、结　语

通过选择合理的施工工艺，选择与布置相应的设备设施，在正常施工条件下，即不受台风、季风影响时，每节标准节段塔柱施工需要4～5个有效工作日即可完成。

55. 金塘大桥主通航孔桥索塔钢锚梁钢牛腿组合结构安装施工技术

王昌将[1]　曾平喜[2]　陈宏宝[2]　史方华[3]
（1. 浙江省舟山连岛工程建设指挥部；2. 中交第二航务工程局有限公司；3. 浙江省交通规划设计研究院）

摘　要　金塘大桥主桥为双塔双索面钢箱梁斜拉桥，主塔斜拉索锚固区采用国内外首创的“钢锚梁＋钢牛腿”的新型组合结构，本文主要介绍主桥的钢锚梁钢牛腿组合结构桥位安装施工技术。

关键词　斜拉桥　钢锚梁　钢牛腿　组合结构　安装施工技术

一、工程概况

1. 总体概述

金塘大桥主通航孔桥为77＋218＋620＋ 218＋77＝1 210m五跨连续钢箱梁斜拉桥，采用半漂浮结构体系。索塔为钻石型（构造见图1），采用C50海工耐久性混凝土，顶高程210.00m，总高204.00m。塔柱均采用空心箱形断面，其中上塔柱高68.50m，壁厚1.00m，中间设19节组合式钢锚梁。

斜拉索塔端锚固采用“钢锚梁＋钢牛腿”的全钢组合结构（下文简称为“组合结构”），为业界首创。钢锚梁作为斜拉索锚固结构，承受斜拉索的平衡水平力，其两端底口与钢牛腿的接触面之间采用不锈钢和四氟板构成滑动摩擦副，以降低钢锚梁与钢牛腿接触面之间的摩阻力；不平衡力由索塔承受，竖向分力全部通过牛腿传到塔身；空间索在面外的水平分力由钢锚梁自身平衡。单塔钢锚梁共19节，首节最重为19.2t，末节最轻为15.1t，全桥共19×2＝38节，分4类，各锚固2对斜拉索。斜拉索塔端锚固点间距在2.2～4.2m之间，最大为4.2m，最小为2.2m，上塔柱钢锚梁布置见图2，上塔柱混凝土共划分为12个节段。

钢牛腿是钢锚梁的支撑结构，由座板、托架、塔壁预埋钢板、剪力钉和劲性骨架相连的连接钢板组成。标准钢锚梁和钢牛腿结构见图3、图4（视角方向为仰视，底面为壁板）。

2. 组合结构预拼与安装精度控制

1）预拼装精度（表1）

表1

项　目	容许偏差	项　目	容许偏差
预埋钢板垂直度	1/1 500	累计高度	±1×n(mm)，n为节段数量
预埋钢板间接触最大缝隙	≤0.2mm	节段间侧壁错边量	≤0.5mm

注：“预埋钢板”指钢牛腿壁板。

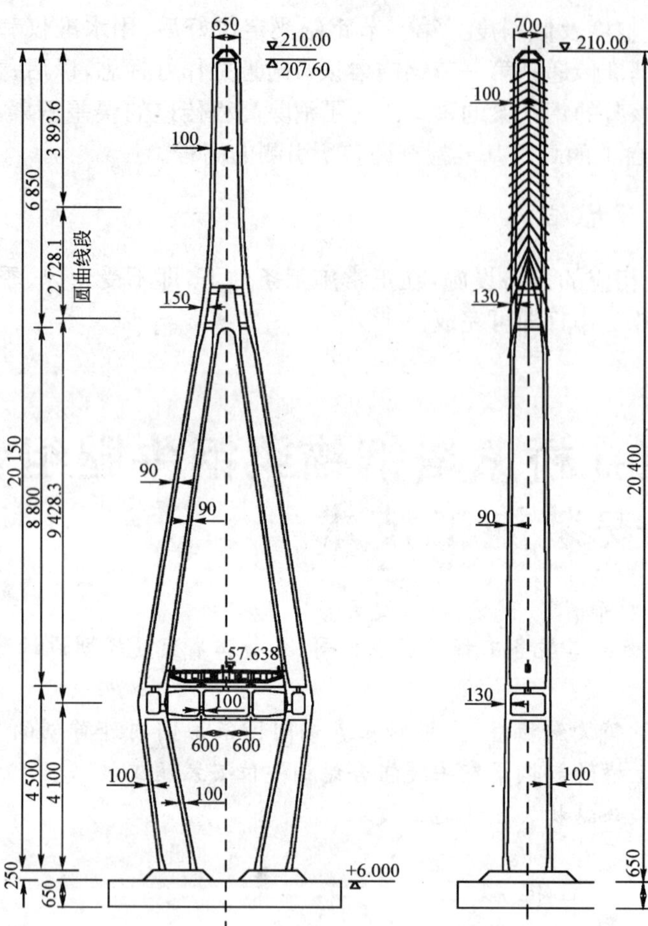

图1　金塘大桥主通航孔桥主塔构造图(尺寸单位:cm)

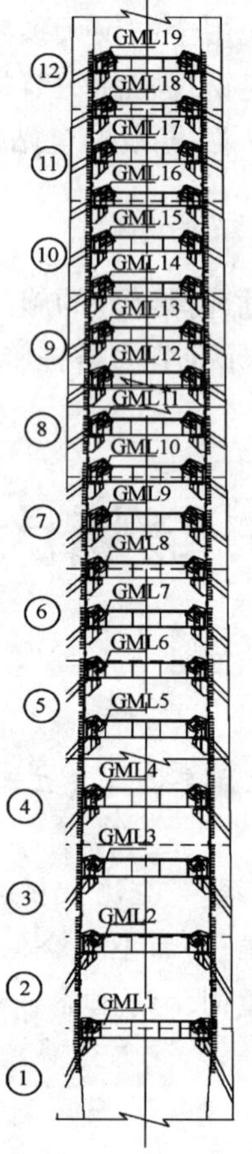

图2　钢锚梁布置图

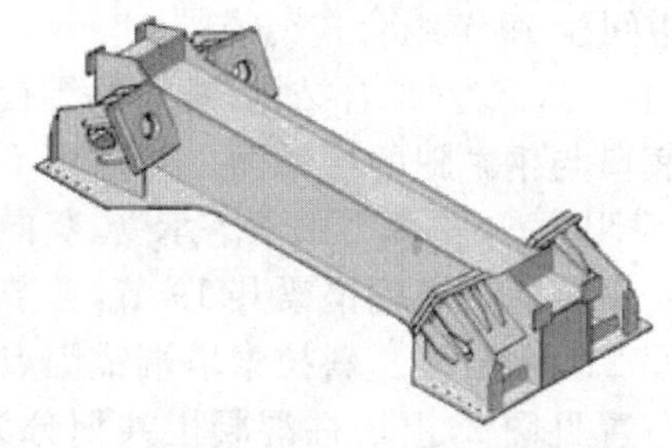

图3　钢锚梁三维立体结构图

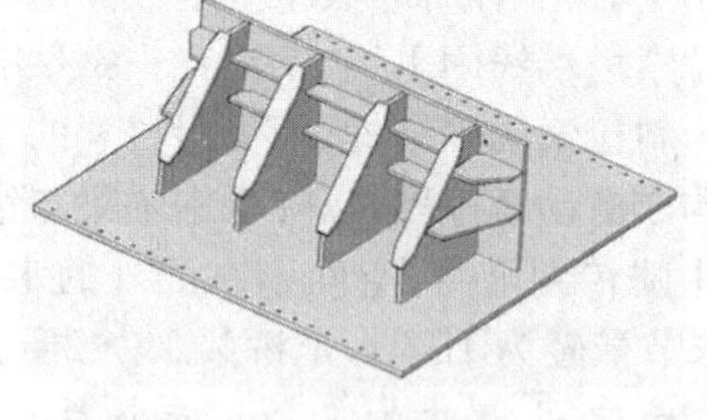

图4　钢牛腿三维立体结构图

2)组合结构安装精度要求(表2)

表2

项　　目		容许偏差
钢锚梁	梁轴线在横桥向位置偏差	±5mm
	横桥向锚固点位置偏差	±5mm
	顺桥向锚固点位置偏差	±5mm

续上表

项目		容许偏差
钢牛腿	高程偏差	±2mm
	边跨与中跨牛腿座板顶面高程相对高差	≤2mm
	预埋钢板中心线垂直偏差	1/1 000(单节)
	预埋钢板中心线与塔壁中心线偏差	±2mm
	预埋钢板中心线(边跨与中跨)相对差值	≤2mm
	预埋钢板上(下)张口偏差	±1mm
	预埋钢板平面度	1/2 000
	上下相邻预埋钢板错边量	≤0.5mm

二、钢锚梁安装工艺流程(图5)

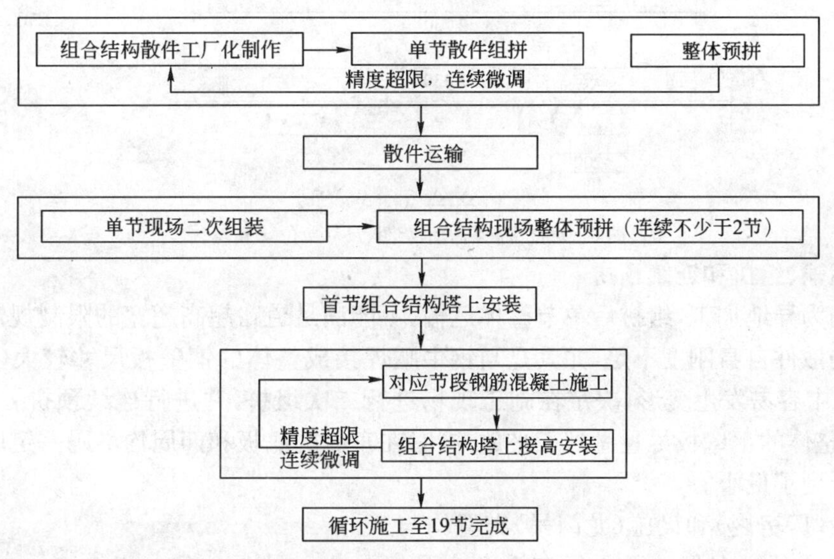

图5 组合结构安装施工工艺流程图

三、组合结构安装工艺

组合结构在出厂之前，相邻节之间均进行了预拼装，以验证相节段之间的匹配、尺寸与高程误差累计和倾斜趋势等，以便于后续制作时进行必要调整。为提高现场安装精度，同时提高施工工效，钢锚梁在进入桥位塔柱安装前同样需要进行不少于相邻2节之间的预拼装，以调整运输过程与二次组拼产生的变形与尺寸误差，提高组合结构整体安装精度。组(预)拼工艺均在安装工艺改进的基础上进行。

1.组合结构对接方案优化

组合结构设计图纸要求上下节段间壁板采用对接方式连接，并在塔壁内腔侧设置连接板临时固定，上下节壁板和连接板之间均通过螺栓连接，由于螺栓的可调间隙小，塔上安装条件较差，螺栓完全施拧到位存在一定难度。同时，设计图纸没有明确钢锚梁在接高安装阶段，上一节钢锚梁的重量通过何种方式向下进行传递，最初设想采用连续搭设支架，要求每一节支架顶高程的(可调)精度和四角高差必须与上下节钢锚梁壁板之间的缝隙(0mm)相适应，不易操作。因此，必须在制作阶段，对钢锚梁的壁板连接方式进行改进，以满足安装精度、提高工效的需要。

考虑到前两节钢锚梁分别单独安装，对GML3—GML4连续2节钢锚梁的安装采用壁板对接(重量由壁板向下传递)进行MIDAS建模计算，得出的壁板最大的变形量为0.78mm<1/2 000L=1.58mm，满足壁板承重的变形要求，其中L为GML4壁板的高度。

壁板厚度30mm,接触面积小,施工过程中定位不易控制,因此采用增加接触面积的办法来达到增加稳定性的目的。经设计同意,在钢牛腿的每侧壁板增设2个水平向设置的对接牛腿,上下壁板对接牛腿之间的连接方式仍采用螺栓,连接方式见图6;为提高对接精度,要求螺栓孔在连续预拼调整到位后成孔,该项措施也保证了桥位现场再次连续预拼及塔上安装的精度。此外,为提高组合结构起吊、安装阶段的稳定性和整体刚度,在壁板上缘加设了水平撑([25b)作为工装。

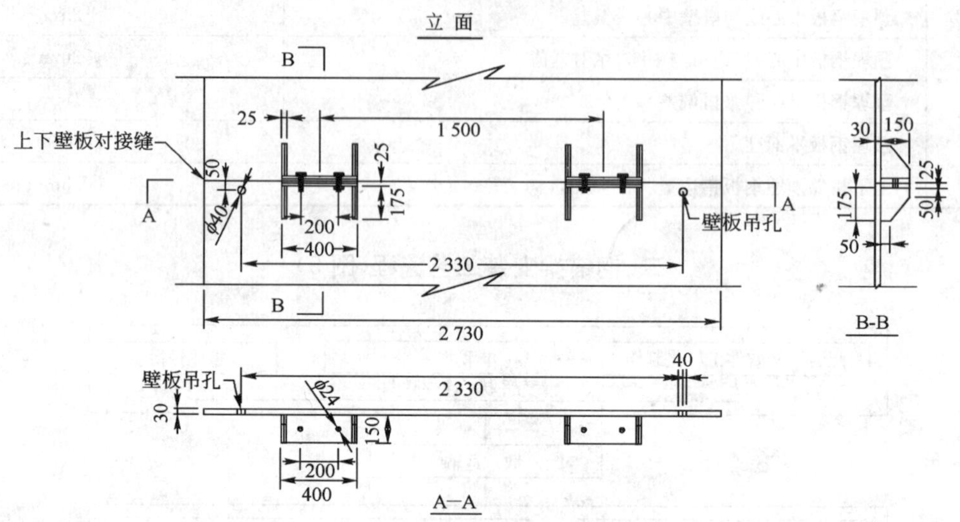

图6 对接牛腿结构示意图(尺寸单位:mm)

2. 组合结构运输、组拼和连续预拼

由于组合结构为异地加工,组拼后单节整体运输,不能满足道路超高超宽的限制规定,必须拆成散件进行运输。考虑到散件自身刚度不足,尤其是与钢牛腿焊接成整体的钢壁板尺寸较大(最大达3 900mm×2 730mm),运输中容易发生变形,决定在施工现场进行二次组拼,并进行连续预拼。实际在运输过程中,与钢牛腿形成整体的钢壁板尽量做到了平放,同时在车厢的底板和四周均堆码一定厚度的草垫缓冲,使得运输变形降低到了最小。

预拼场地环境(厂房内)和设施(龙门吊)布置均与工厂内相同。单节锚梁预拼在场地上平行布设2个马镫,测量预先精平搁置马镫顶高程,率先起吊锚梁搁置在马镫上并作简易固定,然后分别起吊两侧壁板进行组拼,单侧壁板到位后,安装牛腿与锚梁之间的连接螺栓,最后安装水平撑,完成初步组拼。然后对壁板尺寸和四角高差、锚点高程、索道管相对位置、壁板四角上下对角线长度进行复核,满足要求后着手进行连续预拼。

图7 连续两节组合结构预拼实物照片

连续预拼在连续两节组合结构之间进行,此时组合结构为单节整体起吊。为确保起吊时组合结构仅承受竖向力,设计了专用水平吊架,吊架穿销孔与壁板起吊孔匹配,通过卡环连接后起吊。对接完成后,除进行常规的复核外,重点监测壁板的累积高程和四角高差,为后续锚点高程和钢锚梁的倾斜趋势的调整留有余地。图7为连续两节组合结构连续预拼的实物照片。

3. 首节安装

组合结构在上塔柱的安装分首节安装和接高安装两个部分进行,其中首节安装需要重点预控壁板的高程、平面位置以及壁板之间的相对高差。

第1节钢锚梁安装在第32节塔柱混凝土浇筑完成、第33～34节塔柱的劲性骨架接高到位后进行。GML1梁体底面距上塔柱内腔的底面高度达4.3m，只能采用支架法安装，支架纵桥向一侧安装限位，横桥向双向安装限位，四角安装可调螺栓调节高程。支架示意见图8。

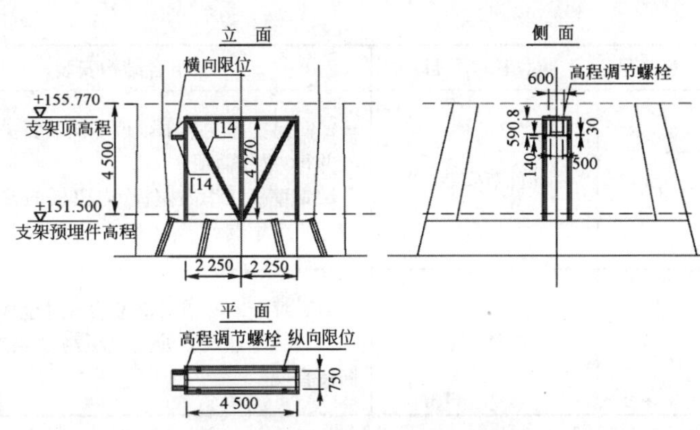

图8 首节钢锚梁安装支架立面图

支架到位后，选择天气较好时段，利用现场布置9 000kN·m塔吊进行整体起吊，组合结构在导向装置的作用下初步就位。启动钢支架四角顶端的调节螺栓，按照预先测设的高程调整钢锚梁梁体顶面的高程。当钢锚梁的绝对高程满足要求后，为避免钢牛腿壁板四角相对高差超限影响后续的钢锚梁安装精度，需反复多次(不少于两次)启动调节螺栓，根据现场即时测量结果反复调整，直至钢锚梁梁体顶面的高程以及钢牛腿壁板四角相对高差均满足设计要求，最后将钢锚梁壁板上的N11板与预先安装的劲性骨架焊接固定，完成首节钢锚梁的精确定位。

随即在不拆除钢支架的前提下，进行塔柱的钢筋模板混凝土工程施工。当混凝土强度满足要求后，卸除钢支架，对首节钢锚梁进行测量验收，进入接高钢锚梁安装阶段。

4. 接高安装

接高钢锚梁安装依据上下节锚梁壁板侧焊设安装的对接牛腿进行就位，其锚固点的高程以及平面位置均与预拼阶段相同，无须调整均能满足设计要求。由于安装条件受限，当连续几个节段累积的倾斜趋势和高程超限确需调整时，按预拼阶段的处理方式在工厂内对壁板高度进行机加工修整，修整在连续不少于2个节段内均匀进行。

5. 钢锚梁安装测量控制

组合结构的平面位置、倾斜度和尺寸检测同预拼阶段，连续安装阶段重点控制壁板(锚点)的累计高差。

第一节组合结构定位完成后，用水准仪和鉴定钢尺将事先用全站仪天顶测距法引测的高程基准传递到第一节钢锚梁顶口附近并作好标志，以后每施工一节均用鉴定钢尺将前一节的高程基准引测至该节的钢锚梁的顶口。为了消除高程传递的误差积累，仍采用全站仪天顶测距法，用承台上的高程基准来校核、调整安装引测的高程，频度为每安装5节组合结构进行一次高程复核。

6. 与其他锚固方式施工工艺比较

组合结构采用钢牛腿代替了一般钢锚梁采用的混凝土牛腿，大大降低了现场施工难度，其牛腿顶面的高程精度、平面精度也比混凝土牛腿更容易控制，施工速度也远高于混凝土牛腿；相比之下，组合结构具有明显优势。

钢锚箱方案具有结构可靠、施工方便等优势，不少国内外类似斜拉桥斜拉索塔端锚固采用了钢锚箱方案，但考虑到金塘大桥处于海域环境，要求严格控制塔壁拉应力，以确保结构耐久性，因此设计采用了组合结构。从施工工艺角度，两者相比具有以下特点(表3)。

钢锚梁刚牛腿组合结构与钢锚箱安装特点对比表 表3

序 号	对 比 项 目	组合结构安装	钢锚箱安装
1	单节重量	本桥最重节段＜20t，对起重设备(方式)要求相对较低	类似桥梁最重达45t，需要大吨位起重设备(方式)
2	二次组拼	需要场地和小型设备，用以消除运输的尺寸偏差和变形	箱体本身刚度较大，不易产生变形，进场后无需组拼
3	节段预拼	用以消除运输阶段的变形和累计高程偏差	在工厂内完成，进场后不再预拼

续上表

序　号	对 比 项 目	组合结构安装	钢锚箱安装
4	首节安装	a)简易支撑支架＋限位导向装置＋高程调节螺栓并行，操作简便； b)钢壁板兼作内模板，内模板的整体性和加固措施不受影响	箱体重量较重，需要千斤顶配合调整高程和偏位，同时箱底与塔柱固结，常规方法需要压浆或二次浇筑混凝土
5	连续安装	a)后续安装的锚梁重量均通过壁板向下传递； b)高程累计误差通过壁板高度误差进行控制，简便直观	a)直接通过箱体支撑受力； b)设置调节段，对塔上安装的倾斜度控制要求较高，调节难度较大

四、结　　语

金塘大桥主通航孔桥主塔斜拉索锚固区采用钢锚梁钢牛腿组合结构，将斜拉索索导管定位由空间变为平面，减少了施工难度，缩短了施工工期，平均每节组合结构安装时间约1～2天，上塔柱每节段施工工期约为5～6天。其安装工艺具有以下特点：

1)将相邻组合结构壁板之间的连接方式修成对接牛腿，方便了钢锚梁的安装，同时解决了钢锚梁安装过程中的承重方法；

2)首节钢锚梁与钢支架同时安装，确保了钢锚箱安装顺利和安装精度，其重量仅为类似钢锚箱的1/2不到，对起吊设备的吊重要求较小；

3)由于钢锚梁在工厂加工时进行了预拼装，运输过程中采取相应保护措施，现场采取二次预拼措施，安装精度得到了较好的控制；

4)组合结构在塔柱混凝土施工前预先安装，其壁板可以兼作塔柱混凝土部分模板，施工工效得到较大提高。

金塘大桥主通航孔桥组合式钢锚梁安装施工技术的成功应用，为今后其他同类型桥梁施工提供了参考和借鉴。

参考文献

[1] 林元培.斜拉桥[M].北京:人民交通出版社,1994.

[2] 严国敏,劳远昌.现代斜拉桥[M].成都:西南交通大学出版社,1996.

[3] 苏庆田,曾明根.斜拉桥混凝土索塔钢锚箱受力计算[J],结构工程师,2005,21(6):28-32.

[4] 白光亮,蒲黔辉,夏招广.大跨度斜拉桥混凝土索塔钢锚箱空间有限元分析研究[J],公路交通科技,2008,8.

56. 金塘大桥主通航孔桥辅助墩、过渡墩墩身施工技术

刘树华　陈宏宝　商哲儒　尹含归
（中交第二航务工程局有限公司）

摘　要　介绍金塘大桥主通航孔桥辅助墩、过渡墩墩身的设计和施工。重点介绍了在恶劣海况的风、浪、流条件下，海上墩身现浇采用桁架模板无支架施工技术。

关键词　墩身　模板　劲性骨架　钢筋　温控　混凝土养护　工艺

一、工 程 简 介

舟山大陆连岛工程金塘大桥 III-A 合同段里程桩号：K33＋115～K34＋325，合同范围为五跨连续钢箱梁斜拉桥的下部结构施工，主要包括：辅助墩、过渡墩、主塔基础，承台及其附属设施（包括主桥防撞设施），辅助墩和过渡墩墩柱施工。

D2、D5 号为辅助墩，D1、D6 号为过渡墩，共计 4 个墩位，8 个现浇墩身，均采用分离式的矩形钢筋混凝土结构，其中 D5、D6 号墩为空心薄壁结构。

辅助墩、过渡墩相关特征数据见表 1。

D1、D2、D5、D6 号墩身特征数据一览表 表 1

墩 位	承台顶高程（m）	墩顶高程（m）	墩身高度（m）	墩身断面尺寸（m×m）	空腔断面尺寸（m×m）	备 注
D1	＋4.00	＋47.915	43.915	6.3×3.8	—	墩顶为异型
D2	＋4.00	＋50.121	46.121	5.8×3.8	—	
D5	＋4.00	＋50.121	46.121	5.8×3.8	4.3×2.0	
D6	＋4.00	＋47.915	43.915	6.3×3.8	4.8×2.0	墩顶为异型

注：墩身外侧均设置 15cm×15cm 倒角，D5、D6 号墩空心内腔设置 50cm×40cm 倒角。

二、施工技术方案选定

1）因墩身高度大，无法一次性浇筑完成，故墩身采用翻模进行分节施工。单节墩身浇筑高度高，拟采取单次浇筑高度为 9m（个别达到 12m）。海上结构对混凝土的耐久性要求较高（模板不允许设置对拉杆），为保证模板的刚度和强度，外模板设计采用带加劲面板外加桁架结构的形式，并在模板四周螺栓连接处加设 Φ32 精扎螺纹对拉斜杆；内膜设计采用网格式模板，并在模板加劲肋上加设顶托装置。

2）墩身单节浇筑高度较大，钢筋定位及绑扎固定困难。为此，钢筋定位及绑扎固定采取安装劲性骨架来实现。

3）墩身高度较高，工期紧，墩身模板和劲性骨架重量较重，采用小型起重船受天气及风浪影响较严重，采用大型起重船费用较高。为保证施工进度及质量，起重设备选用 1 250kN·m 塔吊，不受风浪影响且费用较低。

4）墩身高度较高，海上施工环境恶劣多变，风大浪高，承台顶面施工活动空间极其有限，施工安全隐患较多。为保证施工作业人员上下的安全，施工通道采用整体式钢管转梯，随着墩身浇筑高度的增高而逐节接高，节间采用焊接连接，底节与承台预埋件连接，随着转梯的加高，为保证转梯的稳定性，在墩身上设置转梯附墙，并加设抗风“八字”风缆。

5）墩身属于大体积混凝土，因此按照大体积混凝土施工要求采取温控措施。

三、墩身模板施工工艺

1. 模板的总体要求

（1）满足墩身上无任何腐蚀通道的要求，模板不允许设置对拉螺杆；

（2）海上施工风大、浪高、流急，墩身模板必须有很好的刚度、强度和稳定性；

（3）为保证墩身混凝土的外观质量，模板的制作精度要求很高。

2. 墩身模板节段高度的确定

根据现浇墩身的结构形式和墩身的高度，模板总体上分为两类，即外模：直线标准段 3m 高模板、非标准调整高度 1.915m 模板、墩顶异型段模板。内模：直线段标准段 2m 高模板、收分段 1m 高模板。其中辅助墩不设非标准段模板，无异型段模板。

3. 墩身模板设计

墩身外模板按照墩身截面形式分四大块、高度分节设计，总体结构形式为加劲面板背桁架，侧面模板带倒角(15cm×15cm)，正面模板为直板长630cm和580cm。面板采用6mm厚普通钢板，面板竖向加劲肋采用[8槽钢，横向肋板采用δ10×80mm钢板，横竖向间距均为40cm。模板包边采用∠80×8等边角钢。面板背面桁架按水平方向布设，桁架高度为1m，高度方向垂直于面板，外弦杆为I14工字钢，下弦杆为2[14a槽钢，竖杆为I10工字钢，斜杆为[8槽钢。两两桁架的间距为80cm左右，最上(下)桁架距模板水平连接面为30cm。单片模板竖向连接采用立杆和斜杆连接于外弦杆间，上下两片模板(最下与最上)桁架之间的竖向连接采用[8槽钢。

模板不设穿过结构混凝土的对拉拉杆，模板之间的连接紧固方式：①竖向连接面等间距布设ϕ20mm螺栓孔；②上下节间水平连接面等间距布设ϕ20mm螺栓孔和ϕ22mm定位销孔，定位销孔处钢板底面焊接一个3cm高钢套筒。③正面模板和侧面模板上背的桁架内弦杆两端的两两之间分别用一根ϕ32mm对角拉杆(精轧螺纹钢筋)和四颗ϕ20mm螺栓紧固，为便于拉杆受力，在弦杆上焊接锚固钢板(牛腿)。

过渡墩顶异型段高度3m，模板结构形式同标准断面墩身模板，不设桁架，设置对拉螺杆，异型端重量由墩身预埋牛腿承担。

内模板分成4大块带倒角模板加4小块楔形模板，高度按2m一节设计。面板采用6mm厚普通钢板，面板竖向加劲肋采用∠63×8等边角钢，横向肋板采用δ6×63mm钢板，横竖向间距均为20cm。模板包边采用∠63×8等边角钢。模板支撑采用定制顶托。为方便顶托顶撑位置合理、受力明确，在竖向加劲肋上横向加设I10型钢(模板安装完成后进行安装、顶撑)，内模上下收分段相同，高度均1m，模板根据倒角收分形状，分成8块模板(4块长方形加4块三角形)。

4. 墩身模板验算

1)荷载组合计算

(1)新浇筑混凝土对模板侧压力

根据桥涵规范附录公式：

$F_a=0.22r_c t_o \beta_1 \beta_2 V^{1/2}$与$F_b=r_c H$取大值作为施工静止水平荷载。

经计算得 $F=\min(F_a,F_b)=112\text{kN/m}^2$

(2)活荷载

水平活荷载主要为混凝土倾倒时产生的荷载，取4kN/m^2

故施工水平荷载为 $F_0=112+4=116\text{kN/m}^2$

则混凝土有效压头高度 $h=F_0/\gamma_c=116/25=4.64\text{m}$

(3)风荷载

根据《港口工程技术规范(1987)》第四篇第10章第10.01条计算墩身风荷载，按下式计算：

$$W=KK_2W_0$$

式中：W_0——基本风压(kN/m^2)，$W_0=\dfrac{V^2}{1\,600}$，按12级台风考虑，$V=32.6\text{m/s}$，$W_0=32.6^2/1\,600=0.664\text{kN/m}^2$；

K_2——风压高度变化系数，查表10.0.5得$K_2=1.43$(取高度50m处)；

K——风载体型系数，$K=1.0$

$$W=KK_2W_0=1.0\times1.43\times0.664=0.95\text{kN/m}^2$$

2)工况组合

工况一：最下一节模板混凝土已浇完且第二、三、四节模板已拼装好，没有浇筑混凝土前。

工况二：位于承台顶面，四节模板已拼装好，第一次混凝土未浇筑前。

3)墩身模板验算内容

①面板强度验算；②水平次梁验算；③竖向主梁验算；④背带桁架验算；⑤模板拉杆及拼缝螺栓选取。

选取某一侧的墩身外模板作为研究对象,风荷载选择迎风面积为最大,最不利工况进行 MIDAS 电算,计算模型见图 1。内模因采取顶托加固,在此不作建模计算。

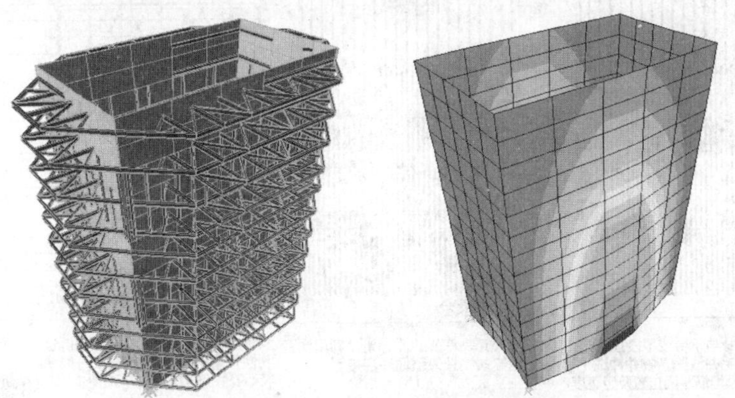

图 1　无桁架模板浇筑混凝土计算模型

经过计算,面板位移所反应的值为模板总体受力变形,即加劲桁架的挠度值。最大值出现在最底层模板下缘长边方向中部位置,大小为 12.4mm。变形大小完全满足规范要求。

5. 墩身模板施工工艺流程(图 2)

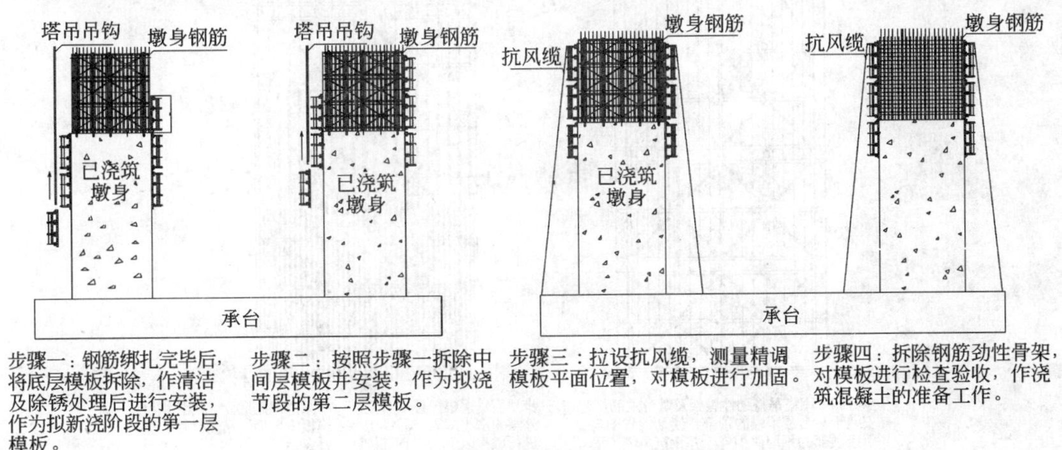

图 2　现浇墩身外模翻模工艺流程

四、墩身钢筋施工工艺

1. 钢筋劲性骨架施工

海上风力通常为 7 级,单节墩身施工高度大于 9m,单根钢筋重量较大,钢筋固定和定位困难,为保证施工作业人员的安全和钢筋绑扎的精度和准确位置,钢筋绑扎时设置劲性骨架。劲性骨架采用整体式框架,分节加工制作,根据现场实际情况,单节劲性骨架高度为 3m。骨架制作完成后,在水平横杆上用油漆画出对应的墩身竖向主筋的位置。

劲性骨架制作完成后,根据单节墩身浇筑高度来确定劲性骨架拼接高度,根据现场实际情况,劲性骨架拼接高度为 6m 或 9m,拼接完成后,用塔吊将劲性骨架整体吊装至墩身钢筋的准确位置,然后将劲性骨架焊接在墩身或承台(底节)的预埋件上进行固定。

2. 钢筋绑扎施工

墩身竖向主筋接头采用滚轧等强直螺纹连接,避免了以往采用钢套筒挤压连接过程中给钢筋带来油污而影响钢筋握裹力的不良质量后果,既经济、又省时省力,达到较好的施工效果和经济效益。工艺步骤详见图 3。

竖向主筋连接和定位完成后,在竖向主筋上用石笔画出水平箍筋的布置间距,箍筋按照所定的位置逐根进行绑扎,箍筋绑扎高度控制在高于拟浇筑墩身混凝土顶面 30～40cm,最后用锤球吊线检查钢筋骨架的垂直度并纠偏。

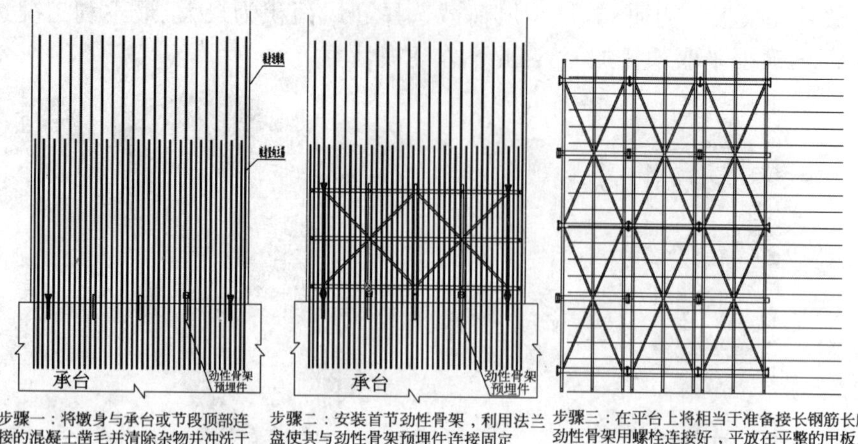

步骤一：将墩身与承台或节段顶部连接的混凝土凿毛并清除杂物并冲洗干净；校正墩身预埋筋平面位置及竖直度。

步骤二：安装首节劲性骨架，利用法兰盘使其与劲性骨架预埋件连接固定

步骤三：在平台上将相当于准备接长钢筋长度的劲性骨架用螺栓连接好，平放在平整的甲板上，将墩身主筋按照主筋间距临时固定在劲性骨架上

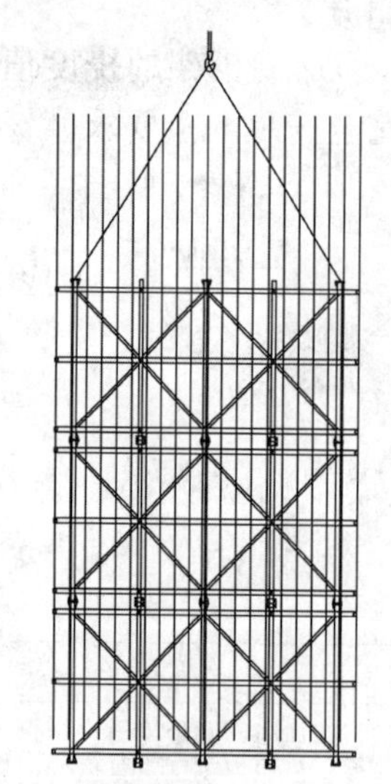

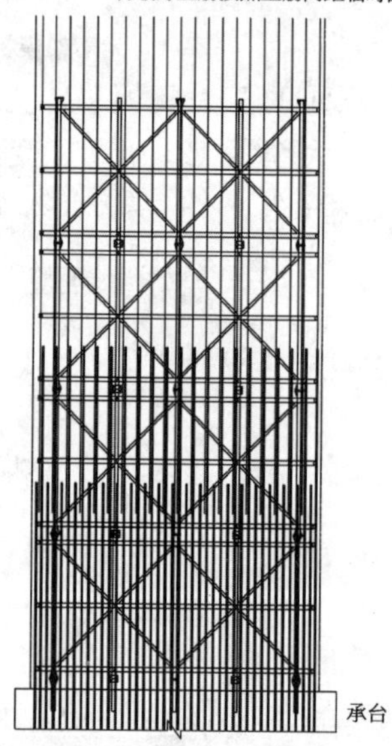

步骤四：用塔吊将劲性骨架及墩身主筋吊起，安装于承台或节段的顶部，使劲性骨架与节段顶部的预埋件相连，并设抗风缆加固。

步骤五：逐根连接墩身主筋，并按照间距固定，绑扎墩身外围的水平箍筋。后续工序：模板安装后，吊出劲性骨架，进行墩身内部架立钢筋绑扎及冷却水管安装等。

图3　现浇墩身标准节段钢筋施工工艺

主筋和箍筋全部安装完成后，安装墩身模板，墩身模板安装完成后，墩身竖向主筋与模板顶口临时牵固，解除钢筋和劲性骨架横杆之间所绑扎的铁丝，逐节拆出劲性骨架。

劲性骨架全部拆除完毕后绑扎墩身架立筋，架立钢筋全部绑扎完成，调整钢筋位置、牢固定位，垫好钢筋保护层垫块，进入下一步工序。根据现场施工实际情况来看，10个工人1.5天时间即可完成9m高一节墩身的全部钢筋绑扎工作。

五、墩身施工安全通道

为解决现浇墩身施工人员上下的安全问题，经过比选在承台上设置分节整体式钢管转梯。钢管转梯采用与钢筋劲性骨架同样类型的钢管制作，单节高度为6m，随着墩身浇高用塔吊逐节接高，节间采用焊接连接，底部与承台预埋件焊接连接。为保证转梯的稳定性，在墩身上设置转梯附墙，并在转梯四周设置“八字”抗风缆，如图4所示。

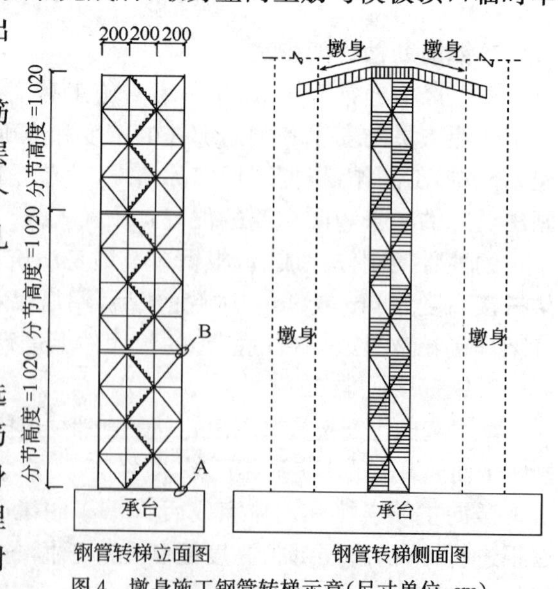

图4　墩身施工钢管转梯示意(尺寸单位:cm)

六、墩身混凝土温控、养护技术

1. 墩身混凝土温控

本工程墩身设计采用C35混凝土，截面尺寸为6.3(5.8)m×3.5m，实心结构，拟定的单节最大浇筑高度为12m，为大体积混凝土施工。为减少大体积混凝土的水化热，防止温度裂缝的产生，墩身施工时采取如下措施：

1)在混凝土配合比设计时，采用双高掺技术，即增大混凝土中粉煤灰和高效减水剂的掺量，以降低水泥用量，以达到减小混凝土的水化热的目的。

2)控制混凝土原材料搅拌时的温度。由于受海上现场施工条件的限制，根据施工技术规范的要求和以往工程施工经验，混凝土浇筑时，最高入模温度控制在28℃之内，能够有效降低混凝土内部水化热最大温升。若外界条件难以克服，最高入模温度也应控制在30℃之内。由于大气温度很高，降低混凝土的浇筑温度的主要措施：一是尽量采取夜间浇筑；二是对混凝土原材料进行预冷降温。施工时，混凝土拌和用水采用储藏在船舱底的蓄水(温度相对较低)。同时，在拌和船骨料仓上设置骨料遮阳顶棚，尽可能避免骨料受到太阳光的曝晒，并提前采用淡水喷洒湿润骨料，表面用湿海绵覆盖，使骨料温度降低(即降低拌和时骨料的初始温度)。

3)在混凝土内部埋设冷却水管，降低水化热。为带走墩身混凝土内部更多的水化热，在混凝土内设置循环冷却管。冷却管立式布置顺厚度方向设置三层，前后两层距离混凝土表面均为80cm，各层之间间距为90cm(图5)。冷却管采用ϕ32mm壁厚2mm的薄铁管，位置控制采用定位架固定方式，以U型定位钢筋卡焊。冷却管出水口高于混凝土顶面与布设在施工脚手架上的通水钢管相连。冷却循环水管接头采用刚性连接。冷却循环水工作连续运行，直至墩身混凝土内外温度趋于稳定，且混凝土内外温差小于20℃为止。

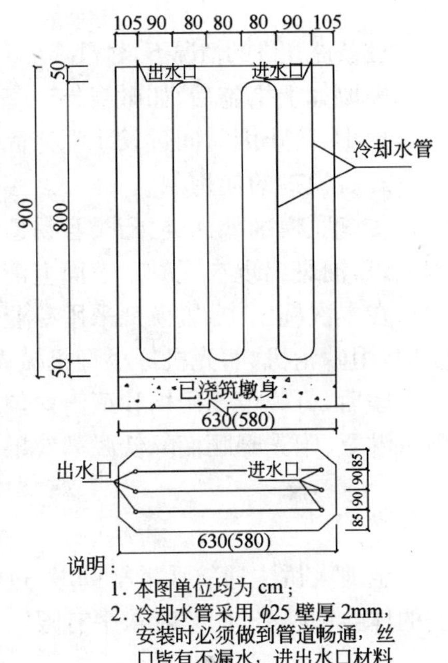

图5 现浇墩身温控冷却水管布置(尺寸单位：cm)

为使冷却水管冷却效果达到最大化，派专人利用温度计及时测量进出水口水温，测量频率为2～3次/h，当发现进出水口温差过大或水温与混凝土内部温度的差值超过25℃时，及时调整水的流速，以加强带热效果。

2. 墩身混凝土养护

1)常温条件下混凝土养护

墩身混凝土浇筑完毕，立即用木抹子将混凝土顶面抹平，覆盖一层塑料薄膜，以防止混凝土表面被风吹失水而发生干缩裂缝，混凝土终凝后，掀开塑料薄膜在混凝土表面上铺设一层海绵(或土工布)并在其上洒淡水，这样混凝土表面能够保持长时间的湿润。另外，根据海绵现场保持水分时间，在海绵失水80%左右时，派专人定期及时予以补水，以保证养护效果。

墩身设计采用海工耐久性混凝土，按照规范要求，拆模时间确定为7天。墩身模板拆除后，首先检查混凝土表面是否存在外观质量问题，若有则按照监理程序申报检查，并按照规范要求及时进行处理。墩身外观质量良好，完全符合规范要求的，模板拆除后，立即在混凝土表面上喷洒养护剂(液)进行养护。

2)冬季和气温低于5℃以下混凝土养护

在冬季，因气温较低，特别是气温在5℃以下，混凝土养护用水容易发生结冰或冻胀现象；而混凝土内部温度很高，内外温差将远大于25℃，容易产生温度裂缝，则需采用相应的养护和保温措施。

墩身混凝土浇筑完毕，立即用木抹子将混凝土顶面抹平，并覆盖一层塑料薄膜，以防止混凝土表面被风吹失水而发生干缩裂缝，混凝土初凝后，掀开塑料薄膜在混凝土表面上喷洒养护剂，然后再将塑料薄膜恢复到覆盖状态，同时在塑料薄膜上覆盖棉絮保温，保证墩身混凝土顶面养护效果。墩身模板拆除后的养护与常温条件下的养护方法一样，即喷洒养护剂进行养护。

七、墩身混凝土外观质量控制措施

1. 防止挂浆的措施

下节墩身浇筑完成后，在浇筑上节墩身时，为防止上节墩身混凝土水泥浆顺模板微细缝隙流到下一节混凝土表面。在混凝土浇筑前，沿模板四周用玻璃胶对微细缝隙进行填充，有效防止了挂浆现象的出现。

侧压力过大是产生微细缝隙的重要因素，因此，合理控制混凝土的浇筑速度，尽量减小混凝土对模板的侧压力。

在条件允许的情况下，尽量减小上下两节混凝土浇筑的间隔时间，防止混凝土产生干缩而引起微细缝隙。

采取如上措施后，如墩身外观仍产生挂浆现象，应在模板拆除后，用砂子将混凝土外表面上的水泥浆及时摸出，防止因时间过长水泥浆固结造成难以清除的局面。

2. 脱模剂的使用

传统脱模剂如油类、酯类容易造成墩身污染，而且每次使用时浪费严重，经常过量使用会在墩身上出现油斑，油斑出现在混凝土表面上清除非常困难。

在本次施工中，脱模剂采用专业厂家生产的高效脱模剂，有效解决了以往施工中难题。每次模板安装前，用砂轮机、磨光机等小型机械设备对模板表面进行打磨，清除模板表面的油污、铁锈、其他杂物，清除干净后，将脱模剂用棉纱滚筒均匀地涂刷在模板表面上，待风干后，用油布或土工布进行覆盖，防止因雨水淋湿、阳光曝晒而降低脱模效果。

八、结　　语

金塘大桥主通航孔桥辅助墩、过渡墩施工受天气、风浪影响严重。上述为墩身施工中的一些客观、真实的体会和感受，因笔者水平有限，有不妥、遗漏和缺陷之处，恳请有心者批评指正。

57. 基于多目标精度的金塘大桥施工控制策略

郭　健[1]　洪一民[2]　蒋　杰[1]

(1. 浙江省舟山连岛工程建设指挥部；2. 舟山市交通工程质量监督局)

摘　要　以浙江省舟山连岛工程金塘大桥为例，分析了大跨度钢箱梁斜拉桥施工控制中面临的关键性问题，结合控制理论，提出了多目标精度的大跨桥梁施工控制策略，研究了桥梁施工监控目标的主要致偏因素，并介绍了全过程多目标控制的思想方法，给出了金塘大桥的施工控制成果。

关键词　桥梁工程　斜拉桥　多目标精度　施工控制

一、引　　言

斜拉桥作为一种由索、塔和梁组成的自平衡体系桥梁结构，以其跨越能力大，受力合力而成为现代桥梁工程中发展最快、最具有竞争力的桥型之一。自从1956年瑞典建成世界上第一座现代斜拉桥到目前为止，斜拉桥在过去50年多年里得到了迅速的发展。跨度从起初的182m已发展到现在的1 088m，斜拉桥的结构形式和材料也发生了巨大的变化。从表1中可以看出，目前跨度排名在前10位的斜拉桥中，主跨均超过600m，其中有3座是跨海斜拉桥。这10座桥中我国占了8座，从这个角度看，我国的斜拉桥建设技术已达到了世界先进水平。随着一些关键理论与技术的不断完善，斜拉桥表现出从大跨度向超大跨度、由跨江向跨海发展的趋势。

世界斜拉桥前10位 表1

排名	桥名	跨度(m)	国家	桥位跨越
1	江苏苏通大桥	1 088	中国	跨越长江
2	香港昂船洲大桥	1 018	中国	跨越蓝巴勒海峡(年底贯通)
3	Tatara	890	日本	跨越濑户内海
4	Normandy	856	法国	赛纳河
5	南京三桥	648	中国	跨越长江
6	南京二桥	628	中国	跨越长江
7	舟山金塘大桥	620	中国	跨越东海灰鳖洋(已贯通)
8	武汉白沙洲大桥	618	中国	跨越长江
9	福州青州大桥	605	中国	跨越闽江
10	上海杨浦大桥	602	中国	跨越长江

从桥梁的全寿命周期来看,结构平均风险概率最高的时间区段并不是在正常使用阶段,而是在建造施工阶段和老化阶段。大量的工程事故调查也表明,无论是发达的西方国家还是发展中国家,大约60%～90%的事故发生在施工阶段,施工过程中的安全问题在桥梁工程界已经引起了人们的高度注意。复杂桥梁结构在施工过程中一直处于时变体系中,即结构形状和材料性质都随时间不断变化,体系内外的材料、力学和几何要素都随施工进程不断变化,结构潜在的风险因素远高于成桥阶段。

众所周知,斜拉桥是一种高次超静定结构体系,斜拉索主动张拉力的存在使得这个结构体系中的力学行为演变和几何形状演变更复杂。随着计算机技术和结构分析方法的发展,使工程师对给定状态的斜拉桥进行明确的受力分析成为可能,但理论分析和工程实现的差异使得在斜拉桥施工过程中要进行全过程的施工控制。特别是对于钢箱梁斜拉桥来说,为了保证合拢精度、理想线形和合理的结构力学状态,斜拉桥施工控制要解决施工全过程的跟踪计算精度问题、实桥参数分析精度问题、现场测试精度问题、构建制作精度问题、监控指令的预测精度问题以及目标精度选择问题等等。而实际上,这些精度问题在斜拉桥的整个施工进程中都是动态变化的,施工控制的误差修正策略在不同阶段也是不一样的。本文以浙江省舟山连岛工程中的金塘大桥为例来分析在复杂海域环境下,在面临多重误差影响因素的条件下,如何实现多目标精度的大跨度斜拉桥施工控制。

二、工程概况

金塘大桥工程是浙江省“五大百亿工程”——舟山大陆连岛工程中的第五座大桥,整个大桥由金塘大桥(主通航孔桥、东、西、非以及金塘侧引桥、浅水区引桥、镇海侧引桥)和金塘岛接线组成。金塘大桥项目起于舟山市金塘岛上的雄鹅嘴,接在建的西堠门大桥,经沥港水道和灰鳖洋海域,与规划中的宁波沿海北线高速公路相交,终于宁波市绕城高速公路,全长26.54km。其中:跨海大桥长18.27km,金塘大桥主通航孔桥(以下简称金塘大桥)为77m+218m+620m+218m+77m的五跨连续钢箱梁双塔斜拉桥,双向四车道,桥面宽度30.1m(包含风嘴)。金塘大桥主通斜拉桥是目前我国外海条件下建设的跨度最大的斜拉桥,桥型布置见图1所示。

该桥索塔采用钻石型,采用C50海工耐久性混凝土,塔柱顶高程210.00m,承台顶高程6.00m,索塔总高204.00m,其中上塔柱高68.50m,中塔柱高92.00m,下塔柱高41.00m。塔柱采用空心箱形断面。钢箱梁主体材料采用Q345D。主桥采用正交异性板流线形扁平钢箱梁,梁高3.0m(箱内尺寸),宽30.1m(含风嘴);顶板厚14mm,紧急停车带及重车道范围厚度18mm,底板在过渡墩、辅助墩和索塔附近的厚度为14mm,其他区域12mm厚。斜拉索采用1 670MPa直径7mm的平行钢丝斜拉索,全桥共4×2×21=168根斜拉索,最长330.1m,最大规格PES7-163,单根最大重量为17.5t。

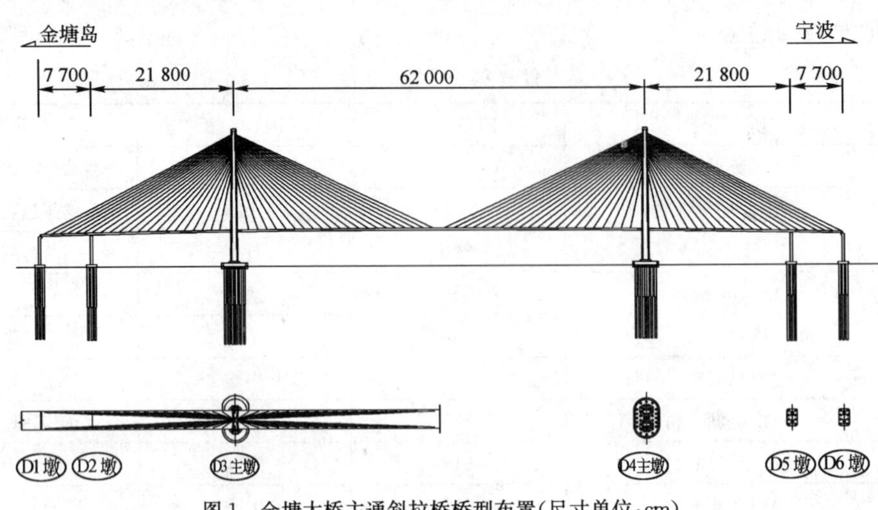

图1　金塘大桥主通斜拉桥桥型布置(尺寸单位:cm)

三、大跨桥梁的多目标精度施工控制

1. 控制理论

现代控制理论是在古典控制理论的基础上发展起来的,而它本身也在不断的向纵深发展,并形成了很多独立的分支。如今,控制理论的发展早已突破传统的应用领域,在空间技术、工业生产、生物演变、经济运行等领域广泛应用。但就其最基本的理论与重要的方法而言,大体可归纳如下:

(1)线性系统理论:线性系统理论是现代控制理论最基本的组成部分,研究对象为线性系统,用状态方程来描述系统的数学模型,也称为状态空间分析方法。

(2)系统辨识:这是现代控制理论中一个很活跃的分支。所谓系统辨识就是通过观测一个系统或一个过程的输入、输出关系来确定其数学模型的方法。在许多实际系统中,由于根据理论分析建立起来的所谓模型一般都比较复杂,由于没有足够的有关系统及其环境的先验知识,因而无法对其设计一个最优控制,因此,控制面临的首要问题就是通过试验,量测系统的输入、输出,从中找出一个既简单又能最恰当地描述该系统特征的数学模型,这样才便于实现最优控制或自适应控制,如桥梁施工控制中的基于测试数据的模型修正,就是要建立一个能描述结构系统施工状态的数值模型。

(3)最优控制:最优控制问题是在已知系统的状态方程、初始条件以及某些约束条件下,寻求一个最优控制向量,使系统的状态或输出在控制向量作用下满足某种最佳准则或使某一指标泛函达到最优值。在桥梁施工监控中就理解为在给定施工跟踪计算模型和各种荷载工况下,使得结构各测点的线形和应力等控制指标向量整体最优。

(4)自适应控制:能够修正自身特性以适应对象和扰动特性变化的控制策略称之为自适应控制系统。自适应研究的对象是具有一定程度不确定性的系统。面对客观上存在的各种不确定性,自适应控制系统能在其运行过程中,通过不断地测量系统的输入、状态、输出或性能参数,逐渐了解和掌握对象,然后根据所得的过程信息,按一定的设计方法,做出控制决策去更新控制手段、控制参数或控制作用,以便在某意义下使控制效果达到最优或近似最优。对于大型复杂体系的斜拉桥来说,自适应控制比较适合,能够应对施工过程中时变体系的不确定性因素所导致的控制精度漂移。自从90年代,日本学者在当时日本大跨桥梁建设高潮期,对于自适应桥梁施工控制做了大量的深入研究和应用后,这种思想和理念在桥梁工程中应用较广。

(5)模糊控制:当被控对象或过程的非线性、时变性、多参数间的强烈耦合、较大的随机干扰、过程机理错综复杂以及现场测试条件不稳定时,则不可能建立被控对象或过程的精确数学模型。在这种情况下,采用传统的控制方法(包括基于现代控制论的控制方法)进行控制,其效果并不理想,这些需要一些经验性的知识融入到控制决策中,模糊控制就是为解决在这种"模糊"状态下控制问题而提出的一种控制方法。目前在桥梁施工监控中,仅停留在探索阶段,不易实现。

现代控制理论除了以上几大部分外,还有分布参数系统理论、微分对策理论、大系统理论及可靠性理论等等。新近发展起来的智能控制和鲁棒控制以及离散事件系统理论,也表现出很强的生命力,随着科学技术的发展和学科的互相渗透也在桥梁工程控制中有所应用。

2. 大跨斜拉桥施工控制中的关键问题

金塘大桥的是迄今我国外海环境下建设的最大跨度的斜拉桥,也是我国首座按新规范设计的跨海大型桥梁。作为复杂海洋环境下建设的大型桥梁,金塘大桥具有结构设计荷载复杂,结构体系需要考虑的安全性因素多的特点。大桥在施工过程中,受台风、季风、海洋波流力及过往大型船舶影响,各种测试的精度和密度难以保证,现场施工的系统误差控制难度大,受交通、天气、作业面影响,施工控制流程中的关键环节容易受影响,因此施工控制的精确性面临挑战。而作为斜拉桥建设与施工最为重要的质量保障体系,施工控制肩负着通过技术措施确保施工期安全、通过对构件制造及安装误差的合力调控确保合理的成桥内力及线形状态等重要使命。金塘大桥的特点给施工控制工作提出了更高的要求,带来了新的更大的挑战。

因此,在金塘大桥的施工控制中,必须解决和回答好三个问题:

(1)整个施工过程的桥梁结构系统能否被精确的数值仿真和进行状态估计?对结构体系进行几何和力学控制的可控性有多大?

(2)如何克服桥梁结构系统在复杂海洋环境中的不确定性及多重因素干扰带来的影响?

(3)如何针对不同阶段的不同结构特征和不同体系敏感因素,具体找到和实现满足多目标精度要求的控制策略?

如果把施工控制当成是一个黑匣问题,金塘大桥的施工控制面对的就是一个在施工过程中系统构成不断变化的复杂系统,如图2所示,系统的输入有构件的安装,如塔节段施工、钢箱梁吊装、挂索等;还有施工荷载的变化,包括约束条件和体系转化的变化;还有外界环境的变化,包括温度、风等导致系统出现反应的因素。系统的输出是通过测量得到的结构几何变位和力学参数的变化。因此本文作者认为,大跨桥梁的施工控制是时变结构系统在时变荷载和环境效应作用下,通过数值分析和实测数据,认识系统状态和估计系统状态未来发展趋势,不断对结构状态偏出合理范围时进行最优调整的过程,以期保证施工全过程的合理、安全进行。

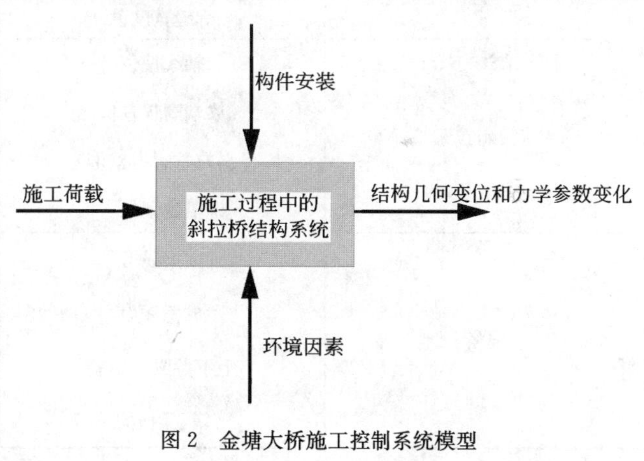

图2 金塘大桥施工控制系统模型

3. 多目标精度的施工控制

施工控制过程实际上也是一个在施工过程中不断选择结构状态,对每个施工阶段下指令进行决策的过程。而在复杂桥梁的施工控制中,系统的复杂性不断增大,主要表现在:

(1)结构系统的规模越来越大,往往1个复杂桥梁结构系统中包含着许多子系统,如斜拉桥的索、塔和梁结构性子系统,还有结构中的力学变量、几何变量、荷载变量、环境温度效应等多个变量子系统,这些子系统又由若干个其他子系统组成;

(2)系统的内外因素关系错综复杂,相互影响,相互制约,如环境温度、构件制造误差、荷载变化等,在施工过程中,结构系统本身是个时变的系统,即系统构成随构件的不断安装而变化。随着结构系统的变化,结构上的荷载输入和各类传感器测试变量的输出也在不断增加;

(3)系统在不同阶段呈现出不同的复杂多层结构特性,如斜拉桥的同一根索在不同的施工阶段对主梁线形的敏感性表现不同;

(4)系统具有多个相互冲突、不易调和的目标精度控制,如斜拉桥主梁的线形、索力和节段钢箱梁安装的焊缝宽度在实际施工中,受施工误差和计算误差限制,各自的目标精度控制相互制约;

(5)在复杂桥梁的施工控制中,出现许多随机不确定的模糊信息,由于这些信息的出现,使得监控指令的决策问题无法简单的完成,依靠经验决策或采用传统的单目标优化方法难以实现。而必须在各分项工程总体监控精度的框架下,考虑多目标精度控制。

根据国内外大跨钢箱梁斜拉桥施工控制的精度值,金塘大桥施工控制组在监控之初就给出了金塘大桥施工监控目标精度值,见表2。

金塘大桥总体施工监控目标精度值 表2

分项工程与施工阶段	控制内容	总体目标精度
桥塔浇筑	桥塔倾斜度	1/3 000塔高,且不大于30mm
	锚固点高程	±10mm
	孔道位置	10mm,且两端同向
钢箱梁制造	梁段制造长度差值	±2 mm
	梁段称重误差值	±2%W ,W为设计梁重
	斜拉索长度差值	$1/10\,000L_0$,L_0为设计索长
梁段现场安装精匹配	轴线偏位	±5
	梁段间高程差值	±5
	悬臂端倾角差值	0.03
	焊缝宽度值	6～15
张拉斜拉索	轴线偏位	±10
	梁端高程差值	±10
	斜拉索索力差值	$\pm0.1T_0$,T_0为目标索力
	塔顶偏位	$\pm H/2\,000$,H为塔高度
成桥	主梁线形	$\pm[25+0.5(x-25)]$,x为距最近支点的距离(m)
	成桥索力	理论预期值的±10%以内,满足索的安全性指标
	上下游索力偏差	局部索±2%以内
	塔、梁应力	满足规范要求的应力水平,有足够的安全度

从表1中可以看出,施工监控总体目标的实现是在不同的施工阶段来实现的,总的施工控制精度具体细化到每一个阶段中,就成为多精度目标体系,在每一个施工阶段,目标精度的侧重点和寻优控制目标也不一样。举个例子,在靠近塔根部的主梁节段安装过程中,由于梁的线形对索力并不是太敏感,而梁段制造精度和焊缝几何角度对今后线形的发展趋势影响很大,因此在这个阶段应主要以控制线形和焊缝几何角度为主要的目标精度,而且这个时候的目标精度要高于总体目标精度;当主梁安装至大悬臂状态时,主梁线形和塔根部箱梁应力对近跨中的索力非常敏感,箱梁焊缝的几何误差对线形的影响也十分有限,而结构力学参数的控制风险加大,这时应该以主梁线形和近跨中索力为主要的控制目标精度,密切关注应力和应变监控目标,这一阶段主要的控制目标精度一定要保证,而非主要精度目标可以暂时放宽,局部索力等非统治性控制目标,甚至可以做出一些牺牲。也就是说不同结构状态下有不同的目标精度选择,盲目的把多目标归一化,会使控制手段无法收敛,最终会导致监控失效。这时强调的是局部精度目标优先于总体精度目标,通过多目标精度的过程控制实现结构状态的合理和最优。

四、多目标精度施工控制的实现

1. 施工跟踪计算模型的参数确认

对桥梁结构系统建立一个精准的数学模型是开展施工监控工作的基础，如图3所示。在桥梁施工监控发展的早期，受计算机技术和结构分析技术的限制，施工监控的施工模拟计算主要以平面有限元计算模型为主，通过建立科学和精确的施工控制计算模型，来与实际桥梁结构相吻合。经过多年的发展，这种方法已经比较成熟，现场监控跟踪计算需要与参建各方密切联系，及时了解大桥的施工工况，并密切注意施工中重要材料参数和构造细节的最新情况，做到真实模拟实际结构，金塘大桥的施工监控综合考虑了现场提取的混凝土弹性模量、材料特性、梁体称重、环境温度以及附属设备等一系列荷载因素，完成了结构建模。

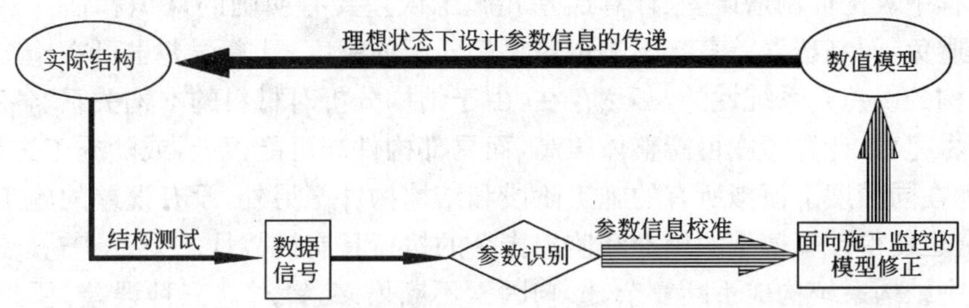

图3 施工过程中结构的跟踪计算

根据金塘大桥的特点，考虑到平面模型难以全面反应斜拉桥的空间受力特点，且无法模拟桥梁施工监控中的索力不对称和结构横向偏位问题，指挥部提出通过空间建模的施工跟踪计算来校核。

2. 敏感性分析和误差分析

大跨钢箱梁斜拉桥在施工期结构刚度低、结构成桥状态影响因素复杂、结构施工过程及成桥状态对于各种参数的变化和误差非常敏感。在监控工作开始之前，指挥部要求监控组要做好充分的敏感性分析工作。

对应每一个控制施工阶段，施工控制计算预先模拟了不同敏感因素对结构的影响，图4～图9给出了金塘大桥宁波侧从主塔到跨中的影响曲线。根据温度变化计算得到箱梁整体升温单位温度时主梁挠度变化曲线如图4所示，箱梁顶板较底板升温单位温度时的主梁挠度曲线如图5所示。各梁段单位集中荷载对主梁挠度影响的变化曲线如图6，各梁段单位均布载对主梁挠度影响的变化曲如图7所示。另外，为充分了解金塘主通航斜拉桥钢箱梁对温度的极限感应情况，根据该桥桥址处的极端最低温度为－6.6℃，极端最高温度为38.5℃，计算给出了两种情况下主梁的挠度影响曲线，等等多种因素的敏感性分析。

监控过程中，可根据敏感性分析对施工控制的多目标精度进行选择，以正确给出调整工程误差的决策，确定目标控制的幅度。

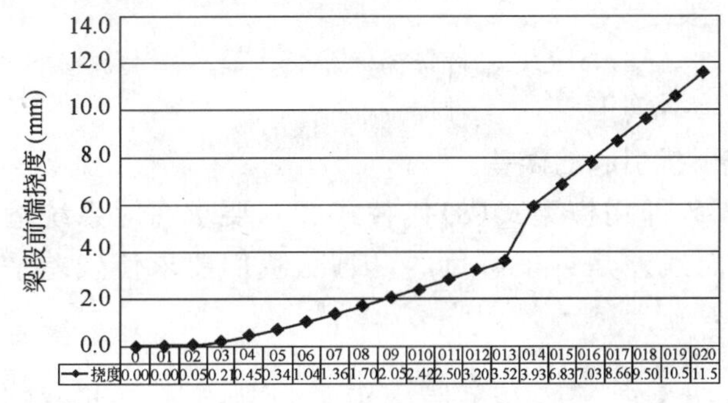

图4 箱梁整体升温单位温度时主梁挠度变化曲线

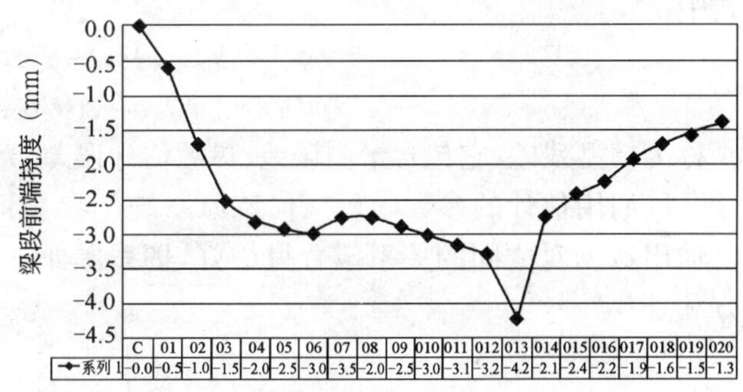

图5 箱梁顶板较底板升温单位温度时的主梁挠度曲线

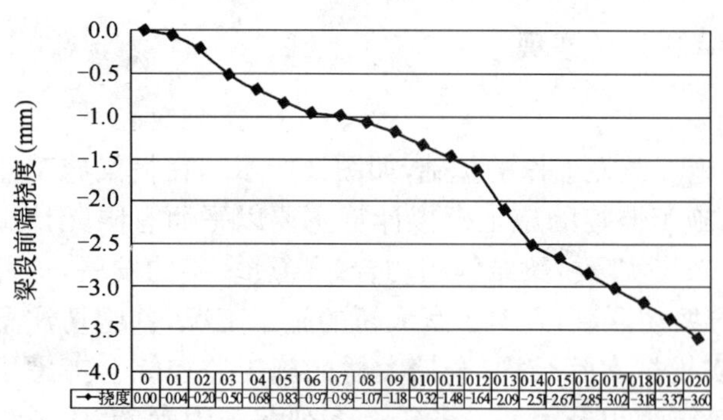

图6 梁段单位集中荷载对主梁挠度影响的变化曲线

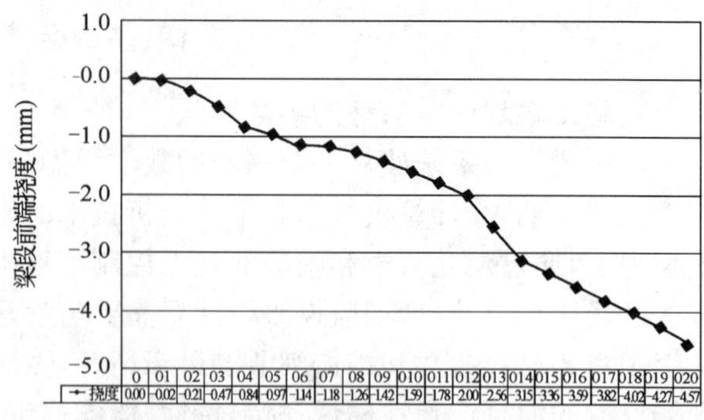

图7 各梁段单位均布载对主梁挠度影响的变化曲线

在施工监控过程中对构件制造误差、计算误差和施工误差要有明确的认识和估计，由于大体积的钢箱梁制造误差难以避免，而制造误差直接影响钢箱梁精匹配的精度；计算误差虽可在施工中不断修正，但理论分析与实际结构的误差是系统性的，必然存在，由于结构分析对材料的本构关系、各种荷载效应及约束条件的模拟还不尽完善，计算精度可能整体很高，而局部构件却可能很低，或随施工进展模拟计算精度发生漂移，无法保证在同精度下模拟所有的施工阶段和结构构件。另外，没有误差的施工是不存在的，由于施工误差的存在，也使得计算模型的校准和监控指令的执行具有挑战性。

随着施工进程中结构系统构成不断复杂，影响因素不断增多，针对这三种误差，要想逐个消除、单独分离困难很大，最理想的方法是在各控制阶段目标精度的要求下，把三种误差的总和消除在系统内。也就是说对只寻求控制阶段的相对误差增量可控，而误差绝对值不予考虑。在施工控制中的每一个施工阶段都有：

$$\delta_i = \delta_{计算} - (\delta_{施工} + \delta_{构件}) \tag{1}$$

式中 δ_i 是总的目标精度误差，$\delta_{计算}$ 是计算误差；($\delta_{施工}+\delta_{构件}$)是现场测试误差，$\delta_{施工}$ 是施工误差，$\delta_{构件}$ 是构件误差。在实际施工监控中，我们更关心 δ_i 和两个阶段的差值($\delta_{i+1}-\delta_i$)。

3. 多目标精度控制的算法实现

在桥梁施工控制中，最小二乘法被可用来估计动态结构系统中参数的最适宜值。如有一单输入单输出系统，可用如下随机差分方程描述：

$$Y_k + a_1 Y_{k-1} + \cdots + a_n Y_{k-n} = b_1 U_{k-1} + b_2 U_{k-2} + \cdots + b_n U_{k-n} + \xi_k \tag{2}$$

式中$\{U_k\}$、$\{Y_k\}$为系统的输入和输出：$\{\xi_k\}$为独立同分布的随机序列。

如果我们根据式(2)的输入、输出数据$\{U_k, Y_k, k=1,2,\cdots\}$，在已知系统阶数 n，不知道系统参数 a_i、b_i 的情况下对参数进行估计，得到相应的估计参数 a'_i、b'_i，则可得到系统的近似模型为：

$$Y_k + a'_1 Y_{k-1} + \cdots + a'_n Y_{k-n} = b'_1 U_{k-1} + b'_2 U_{k-2} + \cdots + b'_n U_{k-n} + e_k$$

或写成

$$Y_K = \varphi_K^T \theta' + e_k \tag{3}$$

式中：

$$\left.\begin{aligned} &\varphi_K^T[-Y_{k-1},\cdots,-Y_{k-n},U_{k-1},U_{k-2},\cdots U_{k-Nn}] \\ &\theta'_T = [a'_1, a'_2, \cdots, b'_1, b'_2, \cdots b'_n] \end{aligned}\right\} \tag{4}$$

e_k 称为模型残差，它包含量测误差、参数估计误差、系统干扰引起的误差。

我们用估计的参数向量 θ' 代替原系统的参数向量 θ，即用模型式(3)代替式(2)，要求它对系统输入输出数据对之间的关系拟合得最好，即残差最小。而残差是可正可负的，因此，我们要求使残差平方和

$$J = \sum_{K=1}^{N} e_{n+k}^2 = E^T \cdot E \tag{5}$$

为最小。这个 J 是一个标量，式(5)就是最小二乘参数估计准则。

极小化估计准则的必要条件是

$$\frac{\partial J}{\partial \theta'}=\frac{\partial[E^{T}E]}{\partial \theta'}=\frac{\partial}{\partial \theta'}(Y_N-\phi_N\theta')^{T}\cdot(Y_N-\phi_N\theta')$$

$$=-2\phi_N^{\mathrm{T}}(Y_N-\phi_N\theta')=0 \tag{6}$$

从而可得

$$\theta'=(\phi_N^{\mathrm{T}}\phi_N)^{-1}\phi_N^{\mathrm{T}}Y_N \tag{7}$$

由式(7),可利用所有量测数据组成线性方程组,一次求解线性方程组得到施工监控中桥梁结构模型参数估计。因此采用最小二乘法可以把误差随着主梁悬臂的伸长逐渐消除,使在合拢时主梁高程和索力等目标精度都达到设计要求,同时还可在不同的施工阶段根据多目标精度的控制策略有选择地选取主要优化的目标,忽略次要目标,如在主梁合龙之前,以主梁线形作为主要目标,减少索力向量的数量,合龙之后再以索力、应力等结构力学向量作为主要的控制目标,这对于多目标精度的施工控制来说是非常必要的。

4. 金塘大桥的施工控制结果

金塘大桥在中跨合龙后,全桥进行了一系列的体系转换及临时设备拆除工作。经过全过程的多目标精度施工控制后,结构积累了一定的误差,为了保证全桥总体的控制目标精度,满足桥面二期恒载施工要求,优化全桥结构受力,平滑索梁塔三项的偏差,对全桥进行索力调整。对调整完成后的结构进行了全桥索力、高程以及桥塔偏位等项目的测试。从测试结果看,实现了预期的控制目标,斜拉索索力得到了明显优化,全桥索力偏差均收敛到10%以内,平均索力偏差为1.1%,最大索力偏差8.6%。桥面线形偏差也得到了相对改善,绝大多数梁段调整后实测偏差与理论分析偏差相吻合,全桥高程偏差平均值2.5mm,基本在30mm之内,如图8和图9所示,给出了金塘大桥跨中一侧的索力和线形控制精度,效果良好。

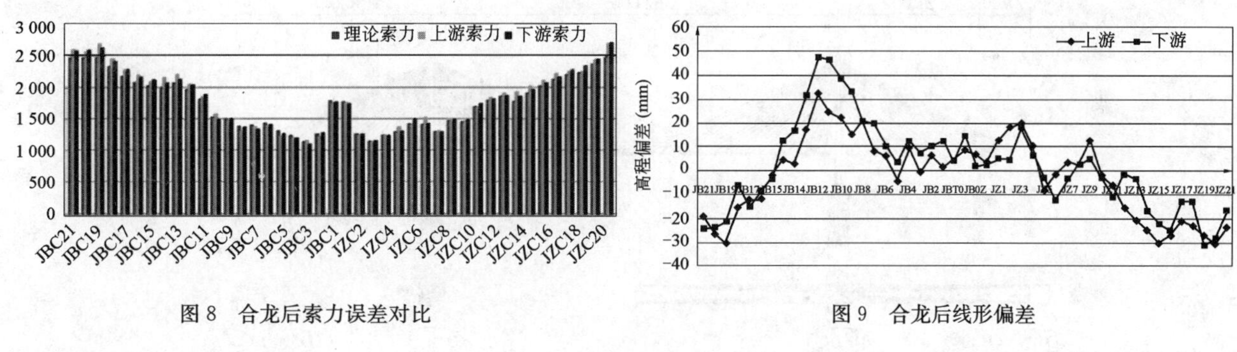

图8 合龙后索力误差对比

图9 合龙后线形偏差

五、结　　语

大跨桥梁的施工控制已经进入了面向对象分析,面向致偏因素分析的精细化研究阶段,广义的控制理论在桥梁施工控制中的应用还面临一些需要解决的实际问题,面对误差因素多,结构时变性强,环境条件下测试精度低,系统输入输出参数多层次的特点,我们要想精确实现施工控制目标,可采取多目标精度控制的策略,有选择地完成过程控制,局部条件下可以阶段性地牺牲个别目标精度的控制,最后再达到整体最优。

参考文献

[1] 李登峰.模糊多目标多人决策与对策.北京:国防工业出版社,2003.

[2] F. Sakai, et al. Application of construction control system to erection of stiffening truss girder of Rainbow Bridge. Proc. Inter. Conf. Bridge into 21 Century, Hong Kong, 1994, 259—466.

58. 金塘大桥主通航孔桥斜拉桥施工监控体系

岳　青[1]　吴运宏[1]　朱利明[1]　马润平[1]　黄晓航[2]
(1. 中铁大桥勘测设计院有限公司;2. 中铁大桥局集团公司)

摘　要　舟山金塘大桥主通航孔桥为大跨度栓焊结合钢箱梁斜拉桥,根据结构特点,论述了施工监控体系、控制目标精度、施工监控的内容及方法,保证成桥实现设计目标。

关键词　斜拉桥　钢箱梁　监控体系　控制目标精度　监控内容　监控方法

一、前　　言

金塘大桥起于金塘岛上雄鹅嘴,终于宁波市绕城高速公路,全长26.54km,工程全线采用四车道高速公路标准建设。大桥主通航孔桥结构型式为77+218+620+218+77(m)五跨连续半漂浮双塔双索面钢箱梁斜拉桥,桥面宽度30.1m,是目前国内跨度最大的海上斜拉桥。钢箱梁标准梁段分为14m和12m两种,梁段间连接除顶板U肋采用高强度螺栓外,其余板件均采取熔透对接焊的连接形式。斜拉索采用1 670MPa直径7mm的平行钢丝斜拉索,全桥共168根,最长330.1m。索塔为钻石型,采用C50海工耐久性混凝土,索塔总高204.00m,塔柱采用空心箱形断面[1]。桥型布置如图1所示。

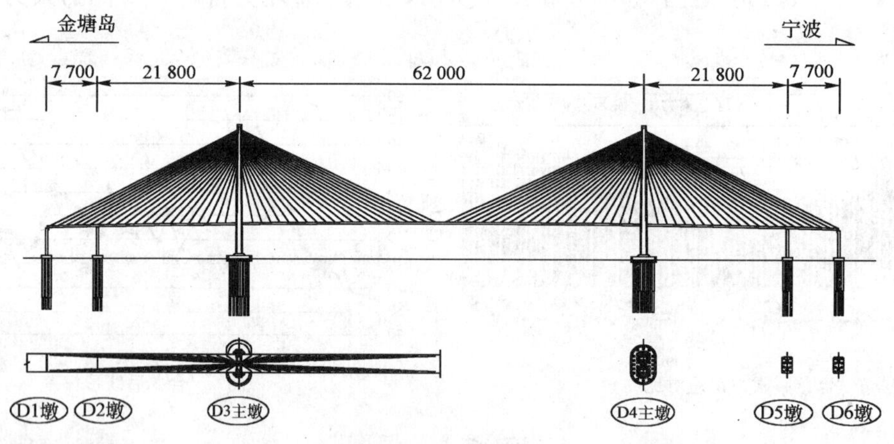

图1　桥型布置(单位:cm)

金塘大桥标准梁段采用悬拼施工,过度墩与辅助墩间为支架施工,分别在边跨、中跨设3个合龙段。大桥施工准备时间较短,工期紧,任务十分艰巨。在桥塔上国内首次采用钢锚梁与钢牛腿组合件锚固拉索工艺,技术要求较高。大桥主要工程量均处于海上,施工条件恶劣,受风浪条件影响很大。

金塘主通航孔斜拉桥为高次超静定结构,安装过程中结构体系将随施工阶段不同而变化,结构的实际参数与理论值肯定有差异,现场施工荷载与环境也是不断变化的。这样,必将使施工过程中的内力和位移偏离理论目标值,这种偏离累积到一定程度如不及时加以调整修正,成桥后的结构的目标状态将难以保证。因此,施工过程中必须对安装状况进行控制,及时掌握结构实际状态,对施工步骤及控制条件作出调整,防止施工中的误差积累,保证成桥线形与结构安全。因此,成功的施工监控是修建高质量斜拉桥的最关键环节。

二、金塘大桥的施工监控特点

金塘大桥施工监控特点如下：① 误差来源多样性。在斜拉桥的施工过程中产生误差的因素很多，对于焊接钢箱梁，还存在焊缝收缩产生的施工安装误差。②施工控制目标多元性。施工误差的产生原因是多样的，相对应的施工控制时的控制目标也呈现多样性特点，控制目标存在着相互影响、相互制约的关系，在控制时也必须有重点地加以区分对待。③施工控制调整手段局限性。焊接钢箱梁斜拉桥主梁施工中，钢箱梁的拼装不能像混凝土梁段浇筑那样实现主梁梁段连接处转角和悬臂端高程的较大调整。金塘桥的箱梁接口连接形式为焊接和顶板的U肋栓接，在主梁拼装阶段对高程和倾角调整的可操作性较小，特别是转角误差对高程误差具有很大的累积性影响效应，因此，钢箱梁斜拉桥的线形控制实际较混凝土主梁斜拉桥的线形控制操作难度大。④施工控制中温度等环境效应影响显著。大跨度钢箱梁斜拉桥在施工中存在着环境温度、构件温度场分布状况差异等因素对施工过程和施工计算分析的显著影响，对关键施工工序施工时间进行限制也是控制温度效应对施工精度影响幅度的常用手段[4]。同时，海上风浪对测量精度有不容忽视的影响。

三、施工监控系统的构成

金塘大桥施工控制是一个复杂的系统工程，影响控制因素众多、耦合性强，既有理论分析偏差，又有结构材料特性、工厂制造、施工安装、测量测试及环境状况等诸多因素影响。同时，在施工过程中涉及相互配合的单位较多，单位间沟通、协调频繁，故建立一套有效、合理的监控系统十分必要。施工监控不仅仅是技术工作，保证控制目标实现的管理工作也是一个重要方面。因此，施工监控系统实际包含了管理与控制的双重功能。施工监控系统的构成如图2所示，控制管理关系如图3所示。

业主单位负责工程实施，是施工监控单位的委托者及协调者，对施工控制的内容、方案及目标发表意见，协调监控过程中的有关问题。监控单位是施工控制的主体，是桥梁施工的核心。监理单位负责监督施工单位对监控指令的落实情况，对结果进行检查，是监控单位与施工单位的联系者。施工单位应严格按照设计意图及监控指令进行施工，负责反馈监控的实施情况与效果。施工监控是多方协作的结果，因此需要成立监控组织机构，由各单位有关人员组成，以做到信息沟通畅达，监控执行到位，反馈及时，高效运转[5]。

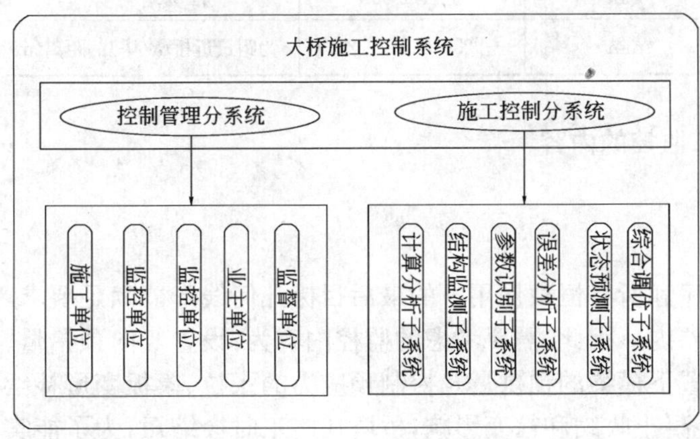

图2 施工监控系统构成图

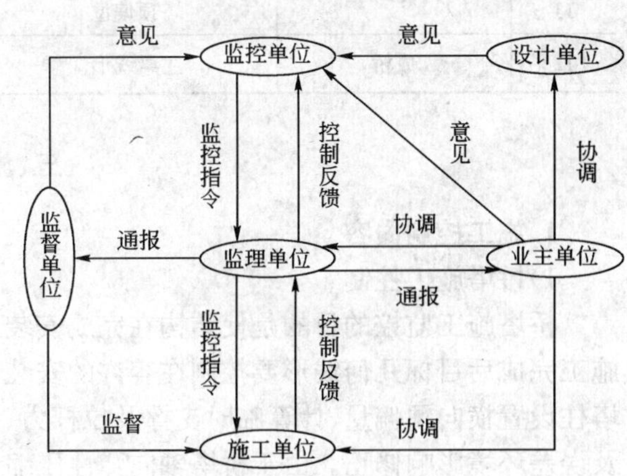

图3 控制管理关系图

施工控制分系统包括结构计算分析、结构状态监测、参数识别、误差修正、状态预测及综合调优子系统。施工控制分系统具有适应性、可操作性，满足施工过程中的不断变化要求，能够快速、准确地模拟施工状态，判别实际状态与理想状态的差异情况，通过参数识别及误差修正正确预测结构状态，并根据施工监测结果进行综合调优工作。

四、施工监控的目标精度值

为了便于指导施工操作，有可遵循的量化标准，有必要订立允许误差值，也就是目标精度值。事先设定合理的斜拉桥施工精度目标控制值是十分必要的，既可以避免架设阶段频繁地调整索力和线形，又可以避免过大的施工误差累积而影响斜拉桥的耐久性和安全性。

参照《公路桥涵施工技术规范》(JTJ 041—2000)、《公路工程质量检验评定标准》(JTG F80/1—2004)及设计图纸的规定，结合国内外大跨钢箱梁斜拉桥施工控制精度值，给出金塘大桥施工监控目标精度值，见表1及表2。

桥塔施工监控目标精度值 表1

编号	控制内容	单位	目标精度	备注
1	桥塔倾斜度	mm	1/3 000H，且不大于30	H为桥塔高度
2	锚固点高程	mm	±10	
3	孔道位置	mm	10，且两端同向	

钢箱梁悬拼施工监控目标精度值 表2

编号	施工阶段	控制内容	单位	目标精度	备注
1	工厂制造	梁段制造长度差值	mm	±2	
2		梁段称重误差值		±2%W	W为设计梁重
3		斜拉索长度差值		1/10 000L_0	L_0为设计索长
4	梁段精匹配	轴线偏位	mm	±5	
5		梁段间高程差值	mm	±5	
6		悬臂端倾角差值	度	0.03	
7		焊缝宽度值	mm	6～15	
8	张拉斜拉索	轴线偏位	mm	±10	
9		梁端高程差值	mm	±10	
10		斜拉索索力差值		±0.1T_0	T_0为目标索力
11		塔顶偏位	mm	±H/2 000	H为塔高度
12	成桥	主梁线形	mm	±[25+0.5(x−25)]	x为距最近桥墩(塔)的距离(m)

五、施工监控的内容

1. 施工控制内容

1)桥塔施工控制

桥塔施工监控的目的是使结构在完成安装工序和所有恒载作用下的最后目标几何线形能满足要求，施工完成后目标几何线形要控制在容许的安装误差内。因此，需要考虑的监控内容为：设置竖向预抬量、塔柱设置横向预偏量、计算临时支撑及拉杆力、设置下横梁的预拱量及控制预应力的张拉、模板变形补偿及误差环境影响修正。由于桥塔轴向弹性压缩、混凝土收缩和徐变影响，桥塔在施工时会缩短，为了能实现最后目标状态下的要求线形，桥塔上的混凝土节段施工时设定预抬量。由于中下塔肢向内倾斜，其混凝土的自重会造成塔肢在横桥向产生变形，塔肢的变形通过在横桥向预偏来补偿。

2)上部结构施工控制

金塘大桥施工控制是在施工前期阶段、工厂制造阶段和施工安装阶段分别按一系列工作程序，综合地实施严格的几何线形控制，从而实现预期的线形目标。

施工前期控制内容包括：详细的施工控制方案编制；施工全过程的仿真计算分析；斜拉索及钢箱梁无

应力下料长度确定等。在构件工厂制造阶段，斜拉索的制造长度及钢箱梁的几何尺寸是控制的重点，同时钢箱梁梁段的预拼精度如何会直接影响成桥的线形及结构内力。在施工安装阶段，钢箱梁现场精匹配时梁段高程、轴线偏差及焊缝宽度是主要控制项目。斜拉索张拉时，结构线形、斜拉索索力、梁段轴线偏差及桥塔位移是控制目标。另外，对边跨合龙及中跨合龙两个关键施工工况进行严格控制，制定详细实施方案，保证高精度合龙，使成桥后结构内力及线形符合目标值的要求。线形控制详细内容如图 4 所示。

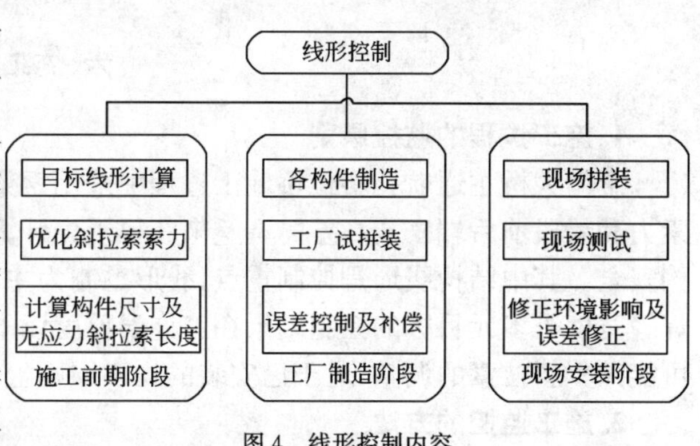

图 4　线形控制内容

3)施工过程控制计算分析

施工过程控制计算分析采用平面杆系软件及空间软件分别进行。平面杆系分析采用我院研发的斜拉桥施工监控的软件《斜拉桥结构系统 SCDS》(2006 版)进行，空间分析采用 MIDAS/CIVIL 软件进行。

SCDS 软件核心为“无应力状态控制法”，即以成桥状态各单元无应力长度和无应力曲率作为安装过程控制量，实现成桥目标自动逼近。其中一个关键控制参数为“无应力索长”，其基本思路是：由成桥目标阶段求出各索的无应力长度，如果不考虑索的非线性和混凝土收缩徐变，则只要在安装过程中将索的无应力长度调节到目标阶段索的无应力长度，就能达到目标阶段结构的内力状态，在考虑索的非线性和混凝土收缩徐变后，如果再按无应力索长进行安装，则将偏离目标阶段内力状态，这种偏差可通过对无应力索长的不断修正来予以调整，通过程序的迭代计算实现。[2]

2. 施工监测内容

取得准确的各有关结构参数是施工控制的必要条件。这些参数主要有如下几类：材料性能参数、几何变形参数、结构内力参数及桥址环境参数。材料性能参数主要通过施工单位的材料试验取得，其他几类参数通过现场的实测获取。监测的详细内容如图 5 所示。

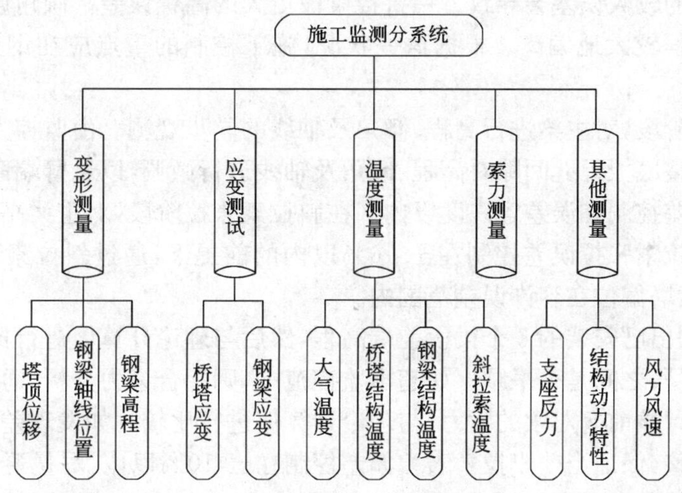

图 5　施工监测的内容

结构应变及温度测试采用先进的 JMZX-256 型自动化综合测试系统进行数据采集，这样不仅节约人工，还可以随时获取数据，对实现温度连续观测非常有利。斜拉索索力测试是一项比较关键的内容，为保证其准确性，监控单位采用频谱法测试。同时，健康监测单位以锚索计测试，施工单位记录千斤顶压力，三方核对。金塘大桥施工过程中，在钢梁上共布置 11 个应力测试断面，每一断面设 10 个测点。每一桥塔布置 6 个应力测试断面，全桥布置 186 个应力测点。

六、施工监控的方法

1. 施工过程的监控原则

金塘大桥主通航孔斜拉桥施工过程中采用钢梁线形及索力双控，及时掌握结构实际状态，主要通过索力和梁段前后端安装高差的调整来获得预先计算的结构应力和几何线形目标状态，保证成桥线形与结构安全。其中结构线形是控制重点，线形控制为主，索力控制为辅，并尽量使钢梁轴线、索塔偏位及梁段焊缝宽度等多元目标的控制结果在容许误差度以下。根据结构特点，采用"一拉到位"法，施工过程中尽可能减少斜拉索的调整，对于已安装的拉索原则上不再调整。

2. 施工监控的方法

金塘大桥是一座大跨径、体系复杂的桥梁，尽管在施工仿真分析中可以精确计算成桥状态及各施工阶段理想状态，但由于在施工过程中总会存在施工误差、测量误差及参数误差，因此，必须进行误差的纠正及控制。否则，随着误差的累计结构，实际状态会较大偏离理想状态。金塘大桥施工控制采用目前最为合理的方法－自适应控制法[3]。

当结构测量的受力状态与模型计算结果不相符时，把误差输入到参数识别法中去调节计算模型的参数，使模型的输出结果与实际测量的结果相一致。得到修正的计算模型参数后，重新计算各施工阶段的理想状态，按反馈控制方法对结构进行控制。经过几个工况的反复辨识后，计算模型就基本上与实际结构相一致，在此基础上可以对施工状态进行更好的控制。参数误差识别过程是自适应控制的关键，其任务就是根据对控制目标的测量值与计算值之间的误差反算施工过程模拟计算中选用的参数，参数识别采用基于误差最小化的最小二乘法。金塘大桥的控制目标是桥面高程、斜拉索索力，需要识别的参数是钢箱梁刚度及梁重。

3. 线形与索力的控制

金塘桥的箱梁接口连接形式为焊接和顶板的U肋栓接，在主梁拼装阶段对高程和倾角调整的可操作性较小。因此，钢箱梁的施工控制中的高程调整主要通过斜拉索张拉力的调整来实现。同时，如果完全通过斜拉索索力来实现高程的控制，必然会带来较大的主梁倾角误差，也会引起内力误差的较多集聚。钢箱梁主梁悬臂端倾角的较大误差会导致下一拼接梁段更大的高程误差。倾角误差较难于调整，它会导致最后的拼装梁段的高程较大地偏离。根据这一状况，施工控制的重点应在钢梁精匹配及斜拉索张拉阶段。

在钢箱梁的精匹配阶段，对主梁进行高程、倾角及轴线的同步观测。由监控方给出控制预测值，现场确定施工误差。通过调整底板焊缝间隙对高程、倾角及轴线进行微调，以悬臂端高程控制为主，同时尽量将倾角及焊缝间隙的误差控制在误差容许度以内。在斜拉索张拉阶段，对主梁高程、倾角、轴线及索塔偏位进行同步观测。在斜拉索张拉误差控制在± 10%以内的前提下，通过斜拉索索力来调整主梁高程误差，同时尽量使倾角及索塔偏位在容许误差范围内。

在每一张拉阶段，测出已安装的5个梁段前端高程，然后与理论计算值进行比较，可以看出主梁线形是否在控制范围之内，梁段之间是否平顺。如超出监控范围，则配合索力分析，通过适当调整索力来调整主梁线形。同时测量悬臂端前5对索的索力，与理论计算值进行比较。如发现差异，立即对其分析，根据分析结果对索力进行调整，保证当前张拉索索力偏差控制在± 10%以内，尽量避免误差积累。在过辅助墩、边跨合龙、中跨合龙等关键工序，对全桥索力进行测量，及时掌握整个结构的受力状态，与理论值进行比较，当偏差较大时，通过"平差调索"予以调节，以免误差积累至后面的施工阶段。

4. 影响因素的处理措施

在实际斜拉桥施工中，存在各类影响因素，需要分门别类处理。这些因素可以分为以下三类。

第一类因素：无法精确计算其影响但可以排除的因素。对于这种因素，要设法排除它。例如日照的影响。为排除温度变化的影响，监测工作要在气温比较平缓的时候进行。测量工作一般安排在凌晨2点～5点进行。这一类因素还包括大风的影响，大风会引起桥梁的振动，对高程索力的测量测试影响很大，所以也要避免在大风天气进行测量测试工作。

第二类因素:不能排除但能够精确计算其对结构影响的因素。这类因素如临时荷载影响,由于施工中实际的需要,总会有与原有施工荷载不同的荷载需要上桥,因此这些变化的临时荷载一定要称重,并测量出准确位置,以供施工监控计算时修正施工荷载。

第三类因素:无法精确测量而且也无法排除的因素。正是由于这类因素的影响,才会导致排除第一、第二类因素对结构的影响后,结构理论状态与实际结构状态仍然会有差异。这类因素包括安装误差、测量误差等。处理这类误差的方法就是平差处理——平均误差处理。在做平差处理之前先规定误差允许的范围,也称误差极限。平差处理的方法具体就是调索,通常的做法就是根据经验反复试算各种调索方案,直到某个方案使所有变量误差都满足误差限的要求为止,这种手工调索的方法不仅不可能调出最优索力组合,而且调出一个满足要求的方案都相当费时费力。我们用于监控的软件《斜拉桥结构系统SCDS》中使用了一种自动化的平差调索方法,这种调索方法通过求解一个非线性规划问题来自动解出平差处理的最优调索方案,这样就可以以最快的速度将最优的调索方案及时反馈给施工工地,使施工监控真正实时进行。

七、施工监控与成桥健康监测的衔接

成桥后,随着运营时间的增加,由于外荷载作用、环境及材料老化等不利因素的影响,桥梁结构不可避免的会出现损伤,为及时进行维护管养,建立健康监测系统十分必要。健康监测系统对结构状态的判断是通过参数识别,其中数据的连续性、真实性非常重要,特别是桥梁施工过程及成桥的初始状态数据是后期运营阶段健康监测模型修正的基础,是建立结构初始状态的依据。这些施工过程中的数据不同于设计文件的理论数据,因施工时各种误差的存在,故是实测获得或通过参数识别得到的结构真实数据。因此,在监控阶段应有意识、有目的地采集这些原始数据。这些数据包括:施工及成桥时主梁线形、主塔塔顶偏位;施工及成桥阶段斜拉索的索力;施工及成桥阶段主塔混凝土的应力;施工及成桥阶段钢箱梁梁端、$1/2L$、$1/4L$ 处应力;成桥阶段桥梁的振型、振动频率及阻尼比等动力特性。在桥梁施工开始同步考虑后期的健康监测系统,不但可以为其积累重要的原始数据,而且还极大的方便健康监测系统的建设。

八、结　　语

金塘大桥主通航孔斜拉桥的施工监控是一个复杂的系统工程,监控体系应从工程管理及技术方案两方面综合构建。施工控制目标多,影响因素复杂,应本着化繁为简,控制重点的原则进行有效的监控。

理论上"无应力状态法"是目前施工监控最为理想的方法,但误差影响分析、参数识别工作尚应进一步深入研究。除此之外,由于超大跨径斜拉桥结构的非线性效应明显,结构的受力特点可能因量变而产生质变,故应实行严格的几何控制,严格控制各阶段几何目标线形,及时纠正施工误差,使每一阶段预制或安装处于受控状态,使每个施工阶段的几何线形能达到预计的目标几何线形,最终实现设计成桥目标状态。

参考文献

[1] 浙江省交通规划设计研究院. 舟山大陆连岛工程金塘大桥主通航孔桥施工图设计文件. 2006 年 12 月.

[2] 秦顺全,林国雄. 斜拉桥安装计算. 92 年全国桥梁结构学术大会论文集. 1992.

[3] 石雪飞,项海帆. 斜拉桥施工控制方法的分类分析 同济大学学报 第 29 卷第 1 期 2001 年 1 月.

[4] 何畏,唐亮,强士中,崔冰. 大跨度焊接钢箱梁斜拉桥施工控制技术研究及应用. 桥梁建设,2002 年第 5 期.

[5] 顾安邦,张永水. 桥梁施工监测与控制. 北京:机械工业出版社,2005 年 9 月.

59. 无应力状态控制法在金塘大桥主通航孔斜拉桥施工监控中的应用

吴运宏[1]　岳　青[1]　朱利明[1]　黄晓航[2]

(1. 中铁大桥勘测设计院有限公司;2. 中铁大桥局集团公司)

摘　要　本文结合金塘大桥主通航孔斜拉桥施工监控的工程实例,对斜拉结构在施工中如何应用"无应力状态控制法"进行了比较详细的论述,指出了其控制要点和优越之处,并得出了运用该方法进行斜拉桥施工监控可以获得理想成果的结论。

关键词　斜拉桥　施工监控　无应力状态控制法　平差计算　无应力索长

一、无应力状态控制法

一座已建成或处于施工过程某一阶段的斜拉桥,外观反映出的梁、塔单元的几何尺寸实际上是结构单元受载后的几何尺寸,斜拉索两锚固点之间的长度实际上是斜拉索受力后的几何长度。设想卸除结构上包括恒载在内的所有外荷载并把斜拉桥解体,使斜拉桥所有结构单元都处于零应力状态,此时,梁、塔结构单元的长度和曲率称之为该单元的无应力长度和无应力曲率,斜拉索的长度称之为斜拉索的无应力索长。

斜拉桥梁、塔结构单元的无应力长度和无应力曲率只有在结构单元制造及安装时调整和设定,斜拉索两锚固点间的无应力长度只有通过张拉才能改变,结构单元的无应力状态量不会随结构体系和结构外荷载的变化而变化。结构的无应力状态量是一个稳定的控制量,这种特性为斜拉桥的安装控制提供了极大的方便,同时也为斜拉桥施工过程中多工序同步作业创造了条件[1]。

实现无应力状态控制,需满足以下两个基本条件:

(1)要满足各索两锚固点间的无应力长度与成桥状态两锚固点间的无应力长度相等的条件。主梁施工过程中,根据梁的应力状态,每一根索可能要多次张拉,唯最后一次须将该索锚固点间的无应力长度通过张拉调整到成桥状态两锚固点间的无应力长度。

(2)要满足弹性曲线的连续条件。这里主要是指主梁合龙时,弹性曲线不能有折角。弹性曲线的连续性,可在合龙前通过调索实现。

斜拉结构的安装过程中并不需要实际量测结构各构件单元在零应力状态时的长度和曲率,无应力状态控制法只是在众多变量中抽象出一个稳定的、相对不变化的控制量建立起斜拉桥安装的中间状态和终结状态之间的联系。两锚固点间的无应力索长只是一个数学目标,最终通过调整索力或斜拉索拔出量控制。

二、金塘大桥主通航孔斜拉桥无应力状态法施工监控

1. 工程概括及施工监控要点

金塘大桥主通航孔桥为主跨620m(77+218+620+218+77)五跨连续半漂浮体系钢箱梁斜拉桥,双向四车道,桥面宽度30.1m,设计荷载为公路Ⅰ级。该桥采用正交异性板流线形扁平钢箱梁,箱内梁高3.0m。全桥钢箱梁制造划分成8类梁段93个节段。梁段间除顶板U肋采用高强度螺栓连接外,其余板件均采取熔透对接焊的形式。斜拉索采用1 670MPa直径7mm的平行钢丝索,全桥共168根。索塔为钻石型,斜拉索塔端锚固采用钢锚梁。桥型布置如图1所示。

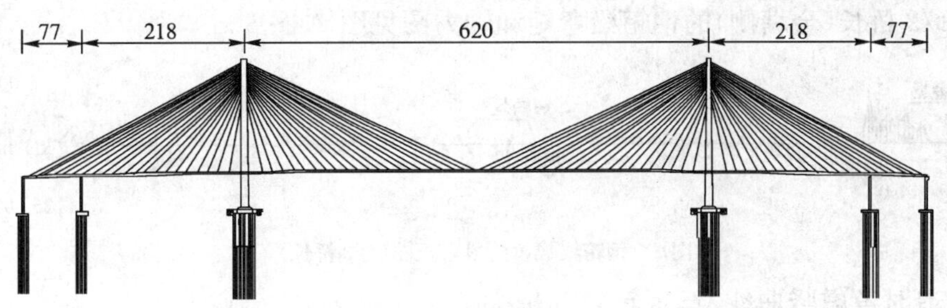

图1 桥型布置图(尺寸单位:m)

本桥控制计算使用的是中铁大桥勘测设计院有限公司基于无应力状态控制法开发的斜拉结构软件系统 SCDS(2006 版),并以桥塔收缩徐变完成后梁塔为设计几何线形为目标确定每根斜拉索两锚固点间的无应力长度,程序中斜拉索到位阶段即张拉至该状态的两锚固点间的无应力索长,施工过程中临时荷载改变只改变索力,不改变锚点间的无应力索长。实桥施工监控时在主梁悬臂架设阶段确保主梁线形平顺,施工中以高程控制为主,斜拉索以索力张拉。根据无应状态控制法的基本思想,需严格控制塔内钢锚梁的安装位置,钢箱梁节段的制造尺寸,斜拉索的制造长度,以及严格控制钢箱梁各节段安装阶段几何目标线形,及时纠正施工误差,使每一阶段预制或安装处于安全可控状态。

2. 主塔施工监控

主塔施工监控的目的是为了使主塔在完成安装工序后,在所有恒载作用下的最后几何线形控制在容许的安装误差内。控制内容包括预偏值设置、预抬量设置、模板变形补偿。

(1)预偏值设置

由于下塔柱向外倾斜,中塔柱向内倾斜,在混凝土自重作用下塔柱会在横桥向发生变形。故在横桥向设置预偏来补偿塔柱的变形。

(2)预抬量设置

金塘大桥主通航孔斜拉桥索塔总高 204m,由于轴向弹性压缩,混凝土收缩和徐变影响,主塔在施工时会轴向缩短。为了能实现最后的目标几何线形,在主塔每个混凝土施工节段需设定轴向预抬。尤其是塔内钢锚梁安装时,应设置预抬量,使得成桥后当桥塔收缩徐变完成时,各钢锚梁锚固点的实际高程在设计理论位置处。

(3)模板变形补偿

混凝土节段的变形不仅是由于塔柱自身的变形造成,还包括爬模支撑系统的变形。由于没有完全硬化的混凝土自重产生的横向分力会造成模板变形,从而使混凝土节段的几何线形跟着爬模系统改变。因此,要通过对爬模系统进行预先调整来补偿,模板变形的补偿值根据现场实测值得到。

3. 钢箱梁制造控制

(1)钢箱梁制造控制要点

根据设计图纸,金塘大桥主通航孔斜拉桥钢箱梁道路设计线平面位于直线上,竖向位于半径25 000m的圆曲线上。工厂制造各钢箱梁梁段时,应按照设计线形考虑竖曲线后分割各制造梁段长度。即确定每一梁段长度时,以圆曲线圆心为基点,划分梁段顶、底板长度,顶、底板不等长。同时考虑弯矩转角和轴力作用下弹性压缩后的修正长度,并应以 20℃作为制造基准温度,工厂内实际制梁时,应根据现场温度换算后,确定各梁段长度值。

在确定梁段长度时,除考虑以上因素外,还应根据焊接工艺试验,考虑焊接构造需要及焊缝在制梁温度场下的收缩变形后,得出实际梁段制梁长度。

每一梁段制造后应进行称重,包括梁段净重及胎架上组焊后重量,以便确定焊缝重量。各梁段在工厂内温度下的长度(顶、底板长)应精确测量。梁段重量、长度(注明温度值)、焊缝重量及焊缝变形数据均需提供,以便作为现场施工监控之用。

(2)钢箱梁弯距和轴力

成桥状态下1/2桥长(金塘侧)的钢箱梁弯矩和轴力图见图2、图3。

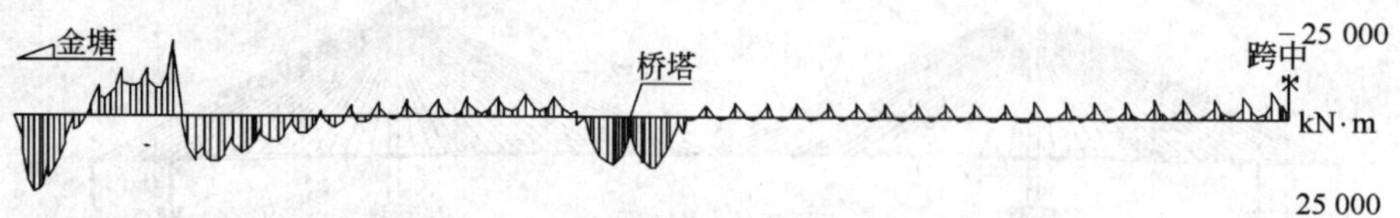

图2 钢箱梁成桥阶段弯矩图(1/2桥长)

(3)钢箱梁制造时考虑竖曲线、弯矩转角和轴力作用下弹性压缩后的修正长度

钢箱梁制造尺寸在确定竖曲线修正时,是以钢箱梁中性轴处的梁段长度作为基准的。钢箱梁顶底板与中性轴相比处于不同半径的圆曲线上,通过圆曲线几何计算便可得出顶底板相对中性轴梁长的竖曲线长度修正值。

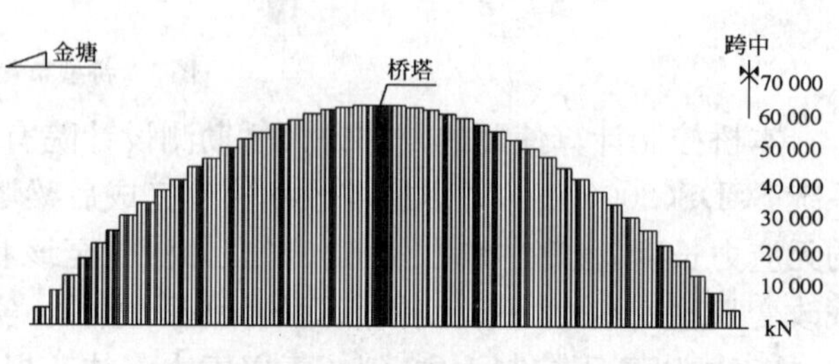

图3 钢箱梁成桥阶段轴力图(1/2桥长)

成桥状态下钢箱梁的制造尺寸除需考虑竖曲线对钢箱梁顶、底板长度的影响外,尚需考虑轴向压缩和弯矩转角对钢箱梁顶、底板长度的影响。由于受到轴力的作用,钢箱梁会发生轴向弹性压缩,当解除轴力后钢箱梁将会恢复至无应力状态,轴向将发生伸长,为保证桥梁的成桥线形,钢箱梁制造时需考虑这个变化长度。钢箱梁中性轴处的轴向压缩修正值由下式求得:

$$\Delta_L = \frac{FL}{EA}$$

式中:Δ_L——轴向压缩修正值;

F——轴力;

L——中性轴处的梁段长度;

E——弹性模量;

A——截面面积。

需要注意的是每段钢箱梁在斜拉索两侧的轴力 F 值不同,计算 Δ_L 时应取斜拉索两侧压缩值的和。

钢箱梁在弯矩作用下,还会发生围绕形心的转角,解除弯矩后钢箱梁恢复至无应力状态时转角消失,也会影响钢箱梁的顶、底板长度,为保证桥梁的成桥线形,钢箱梁制造时同样需要考虑弯矩转角造成的钢箱梁顶、底板长度变化。钢箱梁节段两侧的转角采用下列两式计算求得:

$$\delta_i = -\frac{L}{2R} + \frac{L}{6EI}(2M_i + M_j)$$

$$\delta_j = \frac{L}{2R} - \frac{L}{6EI}(M_i + 2M_j)$$

式中:δ_i、δ_j——梁段两侧的转角;

M_i、M_j——梁段两侧的弯距;

L——中性轴处的梁段长度;

R——中性轴处的圆曲线半径;

E——弹性模量;

I——截面惯性矩。梁段两端的转角求出后,将之与顶底板距离中性轴的距离做积便可得出钢箱梁顶底板弯矩转角的修正长度值。

综合以上各项修正,各节段钢箱梁顶底板处制造尺寸便可由下式求得:

$L_{修正}$=设计图中梁段中性轴处的长度+竖曲线修正值+轴向压缩修正值+弯矩转角修正值

4. 钢箱梁悬臂拼装控制

(1)钢箱梁架设阶段

金塘大桥主通航孔斜拉桥的钢箱梁架设分四个阶段进行：先采用托架安装塔下 5 段钢箱梁，然后在安装的钢箱梁上拼装菱形吊机，并对称悬拼钢箱梁至最大双悬臂 208.25m 状态；边跨 77m 钢箱梁采用支架法施工，与悬拼梁段同步进行；第三阶段进行边跨合龙；第四阶段中跨悬拼钢箱梁至最大单悬臂 306.25m状态，然后进行中跨合龙。

(2)临时荷载控制

准确控制桥面临时施工荷载是顺利实现施工监控目标和设计意图的前提条件，施工单位在钢箱梁精匹配、斜拉索张拉和测量测试时应严格按照各自提交的临时施工荷载情况进行布置。控制测量测试时，首先检查桥面临时施工荷载，看是否与施工单位上报荷载布置一致，若不一致则要求进行整改，直至满足条件方可测试。

(3)桥面线形控制

金塘大桥主航道斜拉桥的箱梁接口连接除顶板的 U 型加劲肋采用高强度螺栓连接外，其余板件均采用熔透对接接焊的连接方式，在主梁拼装阶段对高程和倾角调整的可操作性较小。因此，钢箱梁的施工监控中的高程调整主要通过斜拉索张拉力的调整来实现。同时，如果完全通过斜拉索索力来实现高程的控制，必然会带来较大的主梁倾角误差，也会引起梁塔内力和斜拉索索力误差的较多集聚。钢箱梁主梁悬臂端倾角的较大误差会导致下一拼接梁段更大的高程误差，较高的钢箱梁制造精度是消除主梁拼装误差的前提保证。在每一标准控制阶段，均测出 5 个梁段前端的高程，然后与理论计算值进行比较，作出系统的“高程对比表”。通过对比表分析，可以看出主梁线形是否在控制范围之内，梁段之间是否平顺。如超出控制范围，则配合索力分析，通过适当调整索力来调整主梁线形。

5. 斜拉索索力控制

(1)正常张拉阶段的索力控制

金塘大桥主通航孔斜拉桥主梁为钢箱梁，在钢箱梁悬臂施工过程中其应力不作为控制因素，经计算分析综合考虑后，确定实施斜拉索“一张到位”法控制，即将斜拉索一次性张拉到成桥时两锚固点间的无应力长度。由于在成桥时斜拉索承担了二期恒载的重量，而在施工过程中二期恒载的重量还没有加上，所以在悬拼施工时斜拉索张拉力将大于平衡现有主梁重量所需要的力，这样在每对斜拉索张拉到位后，主梁会承担一个额外的弯矩，作为钢箱梁主梁截面足够承担这个弯矩。斜拉索采取“一张到位”方案可以大幅度减少施工单位的工作量，对缩短工期大有益处。

斜拉索张拉(初拉、到位张拉)过程中及完成后，相关各方应及时进行测试。在张拉过程中，施工单位应分级记录千斤顶的油压读数，同时应对锚索计进行测试，监控以频谱法对索力进行测试。以上三方数据汇总后，进行分析识别，确定实际索力值。

对每个标准控制阶段，测量主梁前端前 5 对索的索力，与理论计算值进行比较。如发现差异，现场立即对其分析，根据分析结果对当前索的索力进行调整，调整时给出当前索的调整拔出量，避免误差积累。

在过辅助墩、边跨合龙、中跨合龙等关键工序，要求对全桥索力进行测量，及时掌握整个结构的受力状态，与理论值进行比较，作出“全桥索力一览表”，通过对这个表的分析，可了解每一根索，每一个计算节点实际与理论的偏差。当偏差较大时，可以通过“平差调索”予以调节，以免误差积累至后面的施工阶段。

(2)平差调索状态下的索力控制

斜拉桥施工过程中存在的施工误差可以分为三类：第一类是可以测量的误差，比如构件尺寸、材料容重、材料弹性模量等；第二类是无法测量的误差，比如模型简化误差、构件实际刚度误差、人为操作误差等；第三类就是实际环境因素对结构的影响所造成的误差。在实际施工过程中，对于第一类误差我们可以通过测试得到实际结构的参数，并根据该实测参数对计算数据进行修正，从而解决该类误差问题。第

二、第三类误差当中有些是长期存在的(如:刚度误差),有些是临时存在的(如:人为操作误差),有些又是变化的(如:环境因素),故此两类误差在施工中是难以准确控制的,这就造成了桥梁结构实际施工状态与理论状态无法吻合。在施工初期,这些误差对结构的影响不是很明显,或者对结构引起的偏差还在允许范围内,我们可以不去处理,随着施工不断持续,此类误差也不断累计,当误差引起斜拉桥已建结构偏离理论状态超出允许范围后,就要对这些误差进行调整纠偏[2]。

根据无应力状态控制法的原理:一定的外荷载、结构体系、支承边界条件、单元的无应力长度和无应力曲率组成的结构,其对应的结构内力和位移是唯一的,与结构的形成过程无关。所以在做过第一类误差修正理论模型的工作以后还存在的误差,能够通过调索完全纠正的只有无应力索长的误差。也就是说张拉的误差可以通过调索修正后,结构的状态会和理论状态完全一致,其他的误差只能是将其平均化,所以一般也称纠正误差为平差(平均化误差)。通过平差手段可以将误差缩减,达到结构线形连续,索力分布均匀的目标,从而实现对结构的整体优化[3]。

在斜拉桥中间施工状态,当通过各种测试发现结构状态需要调整时,经过平差计算把需要调整的索力变化值换算成各斜索无应力长度的调整值。调整过程用锚头伸缩量控制,对斜拉索调整时的顺序和时间无要求,调索过程中可同时进行其他工序的正常作业,这解决了大范围调索与后续节段施工不能同步作业的难题。根据锚头伸缩量控制操作便捷,能有限缩短工期,无疑具有重大意义,这也是无应力状态控制方法较其他方法的优越之处。

6. 中跨与边跨合龙控制

合龙施工要做的就是调整合龙口两侧梁段的高程和转角以保证主梁合龙后的弹性曲线连续,满足无应力状态控制的第二个基本条件。一旦合龙后主梁弹性曲线存在折角,则形成的将是一个与设计结构在内力上完全不一样的结构,所以合龙施工监控是关系到监控成败的关键环节。

根据金塘大桥主通航孔斜拉桥的结构特点,结合现场施工进度安排,综合考虑决定边跨采取顶推合龙,中跨采用配切合龙。边跨合龙时向合龙口顶推预先侧移的边跨支架区钢箱梁实现边跨合龙,而中跨则根据合龙时的环境温度,计算、测量的合龙口长度,配切合龙段长度完成全桥合龙。

7. 控制成果[4]

金塘大桥主通航孔斜拉桥已于2008年6月26日顺利实现中跨合龙,中跨合龙时合龙口四个测试点的相对高差控制在3mm以内,合龙段焊缝间隙在4～6mm之间,钢箱梁弹性曲线连续无转角,全桥线形平顺,高程误差控制在30mm之内,且全桥索力均匀,误差±10%,合龙效果令人满意。

三、结　语

本文结合金塘大桥主通航孔斜拉桥施工监控的工程实例,对斜拉结构在施工中如何应用"无应力状态控制法"进行了比较详细的论述,指出了其控制要点和优越之处,认为如果结构各构件单元按照原有的无应力长度和无应力曲率恢复斜拉桥,则不论结构单元按怎样的先后顺序安装,还原后的结构内力和线形将与原结构一致。

无应力状态控制法在众多变量中抽象出一个稳定的、相对不变化的控制量建立起斜拉桥安装的中间状态和终结状态之间的联系,为施工监控提供极大便利。根据金塘大桥主通航孔斜拉桥成桥状态的控制成果可以看出运用该方法进行施工监控可以获得理想的结果。

参考文献

[1] 秦顺全,林国雄.斜拉桥安装计算——倒拆法与无应力状态控制法评述[A].In(见)中国土木工程学会桥梁及结构工程学会第九届年会论文集[C],1992.

[2] 黄晓航.武汉白沙洲大桥斜拉桥施工监控[A],In(见)中国公路学会桥梁和结构工程学会桥梁学术讨论会论文集[C],2000:409.

[3] 黄晓航.斜拉桥主梁架设中施工误差的修正,工程力学增刊.2000.

[4] 金塘大桥主通航孔斜拉桥监测资料,中铁大桥勘测设计院有限公司.2008.

60. 金塘大桥主通航孔桥斜拉桥主塔施工监控

于旭东[1] 严和仲[2] 吴运宏[2] 岳 青[2]
(1. 浙江省舟山连岛工程建设指挥部;2. 中铁大桥勘测设计院有限公司)

摘 要 介绍了金塘大桥主通航孔斜拉桥主塔施工计算分析、监控内容等,包括临时拉杆及横撑设置,主塔横梁预拱值的确定,主塔预抬量的确定,几何线形的控制及应变监测等。

关键词 主塔施工计算 拉杆横撑受力 横梁预拱值 主塔预抬量 几何控制 应变监测

一、主 塔 概 述

金塘大桥主通航孔斜拉桥主塔为钻石型,采用 C50 海工耐久性混凝土,主塔总高 204.00m,其中上塔柱高 68.50m,中塔柱高 92.00m,下塔柱高 41.00m。塔柱采用空心箱形断面。横梁采用等截面箱形断面,为预应力混凝土结构。斜拉索和主塔间锚固采用钢锚梁的连接方式,不平衡水平分力由主塔承受,竖向分力通过牛腿传到塔身后,由主塔承受,上塔柱内设 19 节钢锚梁,采用钢锚梁方式锚固斜拉索在国内首次应用。主塔基础均采用 42 根 Φ2.5m 钻孔灌注桩[1]。主塔构造如图 1 所示。

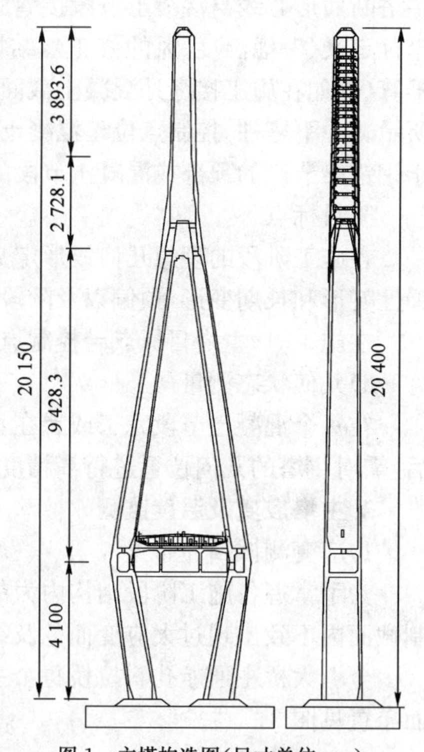

图 1 主塔构造图(尺寸单位:cm)

主塔共分成 46 个施工节段。除下塔柱起始段采用支架翻模施工、塔冠采用支架立模施工外,其余各节段均采用液压爬模施工,施工节段高度 4~4.5m。横梁采用搭设落地钢管支架现浇。

二、监控的必要性

主塔是斜拉桥的主要承重结构,建成后的主塔应具有良好的线形和合理的受力状态,这是修建高质量斜拉桥的前提和保证。但是由于主塔结构尺寸较大,塔内布筋密集,施工难度大,结构的实际参数与理论值存在差异等因素均会影响塔柱的施工质量和结构受力状态。金塘大桥主塔中下塔柱为倾斜构件,施工过程塔柱会产生横桥向变形,同时爬模支撑系统也会有不同程度的变形,以上因素均会使主塔线形产生误差,若不及时修正或补偿,随着误差累积,会使误差超出容许范围,影响结构的几何线形[2]。

故为使成桥后的主塔具有满足要求的线形,并在施工过程中处于安全可控的受力状态,进行有效控制是必不可少的。

三、桥塔施工监控内容

桥塔的施工监控包括两个主要的内容:桥塔控制、钢锚梁控制。桥塔施工控制主要在于两方面:几何线形控制和应变、温度监测。钢锚梁控制包括钢锚梁制造加工及试拼装。另外,在桥塔施工过程中,对桥塔沉降进行监测,以便修正几何控制值。

1. 主塔几何线形控制

主塔施工几何线形控制的目的是为了使主塔在完成安装工序和所有恒载作用下的最后几何线形控

制在容许的安装误差内。几何线形控制内容包括预偏值设置、预抬量设置、模板变形补偿。

1)预偏值设置

由于下塔柱向外倾斜，中塔柱向内倾斜，在混凝土自重作用下塔柱会在横桥向发生变形。故在横桥向设置预偏来补偿塔柱的变形。

2)预抬量设置

由于轴向弹性压缩，混凝土收缩和徐变影响，主塔在施工时会轴向缩短。为了能实现最后的目标几何线形，在主塔每个混凝土施工节段需设定轴向预抬。

3)模板变形补偿

混凝土节段的变形不仅是由于塔柱自身的变形造成，还包括爬模支撑系统的变形。由于没有完全硬化的混凝土自重产生的横向分力会造成模板变形，从而使混凝土节段的几何线形跟着爬模系统改变。因此，要通过对爬模系统进行预先调整来补偿，模板变形的补偿值根据现场实测值得到。

4)控制点

每个节段目标几何线形都定义在控制点位置上。控制点设置在主塔断面形心线与混凝土节段接缝面的交点。控制点由 X,Y,Z 全局坐标定义(考虑温度、风的修正)，结构上任何点的坐标可经由控制点推算(例如在施工接缝处混凝土截面的投射角点)，控制点位置如图2所示。中下塔柱，控制点位于混凝土节段的接缝面；上塔柱，控制点位于钢锚梁节段的顶部或混凝土节段的接缝面。

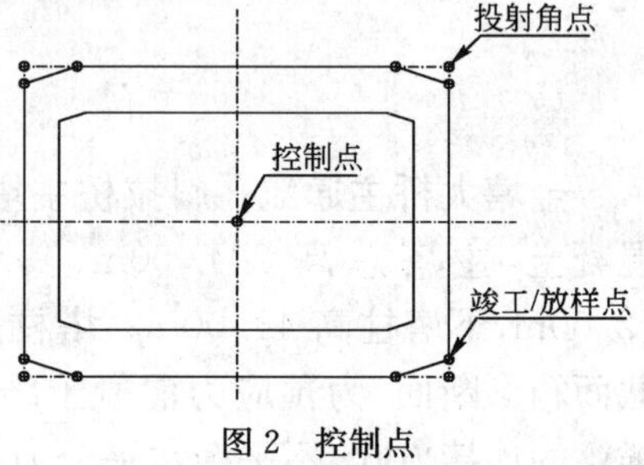

图2　控制点

5)目标点

各施工阶段的理想几何线形定义在目标点上。由目标点定义的阶段(N)的几何线形包括所有累积弹性变形和长期变形，预偏以及阶段(N)的预抬，模板变形的补偿值。

在施工时，主塔目标点＝控制点坐标＋误差补偿值＋预偏值＋预抬值＋模板变形补偿值。

6)几何状态测量

在每个混凝土节段完工或者在水平撑安装后，对混凝土节段顶部控制点进行测量。在主塔施工完毕后，需对主塔的几何位置进行高精度的测量，为主梁悬拼时塔偏测量提供原始比较目标值。

2. 主塔应变及温度监测

1)应变测试断面布置

为了掌握各施工阶段结构内力的变化情况及其与理论计算的吻合程度，保证在施工过程中结构各控制截面内不致出现过大应变而危及结构安全，需对关键断面的应变或应变增量进行准确测试。

金塘大桥主通航孔斜拉桥每个主塔共布设6个应变测试断面，断面全桥主塔共设应变测点76个，断面布置见图3。

2)应变修正

影响混凝土内部应变测试的因素很复杂，除与作用在构件上的荷载有关外，还与收缩、徐变、温度等因素有关，故在主塔应变监测过程中同时考虑了温度、收缩、徐变等因素的修正，并且在埋设应变测点的同时埋设无应力计，以修正上述非结构变形因素引起的应变。

3)应变测试工况

在主塔施工过程中除在每个施工节段至少测试一次主塔应变、温度外，为了及时全面地掌握主塔的受力情况，保证主塔结构受力在安全可控范围之内，对于涉及结构体系转换的特殊工况，还加大了测试密度(如主塔横梁施工、中塔柱合龙口施工、第一段钢锚梁安装等工况)。

4)温度监测

温度是影响应力变化的主要因素之一，温度变化包括日温度变化(昼夜温差)和季节温度变化两部分。在监控过程中，需测定主塔混凝土内部自身温度和大气温度，以便于掌握在各个施工工况下的温度场并修正应变测试值。全桥主塔温度测点共计124个。

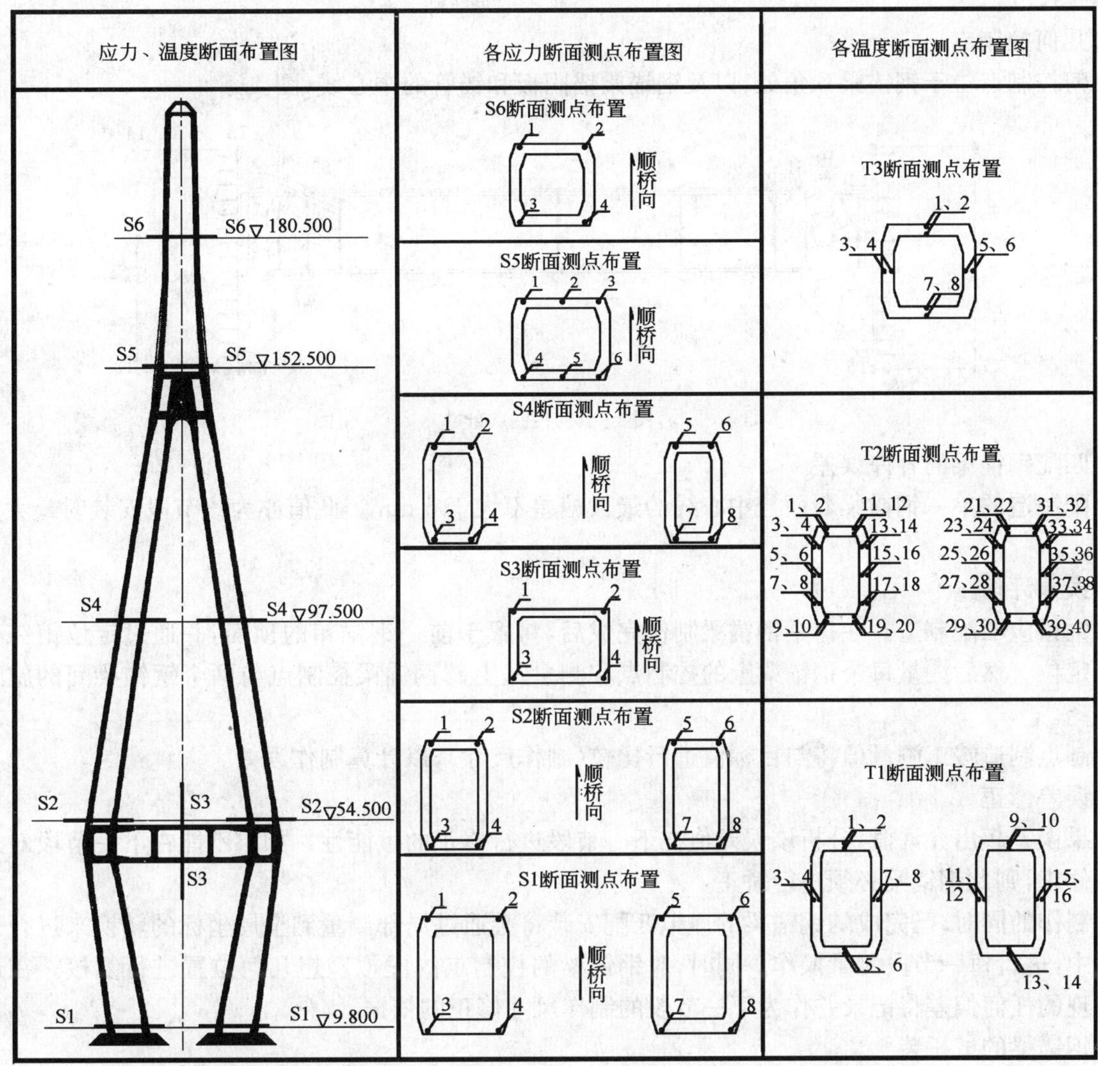

图3 应力、温度测点布置

3. 应变监测仪器设备

由于钢弦应力计具有长期稳定性好、抗损伤性能好、埋设定位容易及对施工干扰小等优点。通过以前测试经验和对国内元件及仪器综合分析比较，混凝土内部埋入式钢弦计选用长沙金码 JMZX-215A 型智能弦式数码应变计及 JMZR-256 型无线自动综合监测设备。

自动综合测试系统是一种功能较强的分布式全自动静态网络数据采集系统，可以随时采集结构应变、温度等监测数值。应用此设备可以提高监测效率，减少人员工作量。

4. 沉降监测

在施工期间，定期进行桥塔沉降观测。在承台顶面距边缘 50cm 处横向布置 3 个沉降观测点，每一桥塔布置 3 个监测点，沉降监测点置于二等水准线路之中。在每一施工节段浇筑完成后对沉降点进行观测。

5. 钢锚梁控制

1)无应力尺寸

钢锚梁的无应力尺寸包括超长。钢锚梁是按无应力尺寸制作。每一个钢锚梁的无应力线形包括钢锚梁顶的超长量。超长量将影响钢锚梁上控制点的位置。

所有的制造尺寸按环境温度 20℃状态下定义。在制造过程中，要记录温度的情况，并根据实际温度修正制作尺寸。

2)几何控制点

几何控制点位于钢锚梁顶角处,以及钢锚梁锚固板和锚管的中心线(图4)。

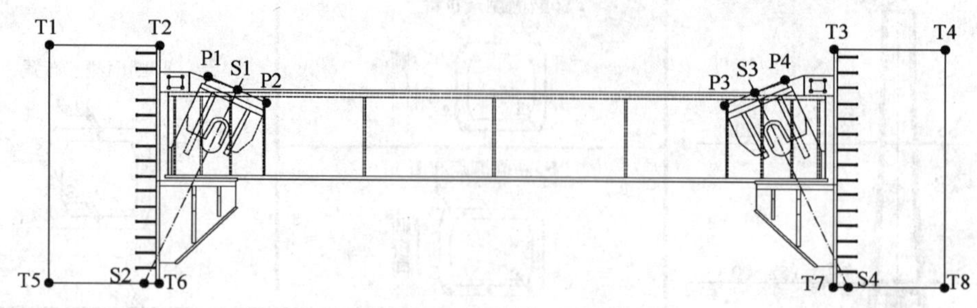

图4 几何控制点布置

3)匹配钢锚梁的容许误差

匹配制造的单一钢锚梁断面与中心线的最大偏差不大于5 mm。此值亦为该节段安装时最大允许调整误差。

4)误差评估

钢锚梁应匹配制造。在每个钢锚梁制作完成后,将置于前一钢锚箱的顶面,并通过定位销钉与下面钢锚梁定位。然后测量每个钢锚梁上的控制点和测量从上部钢锚梁控制点与两个钢锚梁间的施工缝的垂直距离。

控制点制造竣工测量值将与目标值进行比较(制作尺寸),以计算制作误差。

5)误差修正

如果误差超出允许值,分析该误差值在下一节段进行修正的可能性。如果不能在下一节段对这些误差进行修正,则此钢锚梁必须进行矫正。

在制作的同时,已完成的钢锚梁的虚拟匹配安装将会通过局部测量到全局坐标的转换来进行。在制作过程中,进行每一节段测量操作。同时,对钢锚梁的控制点的虚拟理想几何位置进行复核。在这一程序上出现的任何偏差将记录并作为下一节段的制作尺寸修正的依据。

6)钢锚梁的试拼装

(1)概述

试拼装用以证明制作完成的钢锚梁能满足塔柱施工的几何控制要求。对于金塘大桥钢锚梁的几何线形控制,将采用滚动式试拼装。

(2)滚动式试拼装

在试拼装中,对三个连续钢锚梁进行试拼装。最后的钢锚梁将会被用作下一个试拼装的起始钢锚梁。各个试拼装组钢锚梁几何线形必须测量,并记录各控制点的数据。依靠记录的几何数据,更新索塔的施工手册。

(3)几何控制点

几何控制点见图4。

(4)要求几何线形

要求几何线形即此单元的无应力几何线形。可按下面方式获得:

结构控制点XYZ + 预拱和超长 + 试拼装的弹性变形。

(5)试拼装的允许误差

在试拼装中,所有结构控制点(包括梁节段,钢锚梁和斜拉索的套管)的位置都应该控制在2 mm误差以内。

(6)最大允许修正值定义如下:

匹配制作的单一钢锚梁面中心线的最大偏差不大于5 mm。

(7)误差评估

试拼装完成后,对控制点进行测量和记录测量数据,然后与目标值比较,两者之间的差距便是制作误差。该误差将转换成全局坐标的无应力几何线形并累积到误差数据库中。这样便可预测安装完成后的几何线形。如有必要,需进行误差修正程序。

(8)误差修正

试拼装中的误差将于下一个钢锚梁的制作尺寸上修正。如果不可能在下一个钢锚梁制作中修正此误差,那么钢锚梁需返回到制作工场进行补救工作。

(9)几何控制工作的临时工程

在试拼装过程中,必须准备好如何进行节段的螺栓连接。在钢锚梁上作标记,以协助在安装中各节段定位。

四、监控的计算分析

主塔施工监控采用《斜拉结构软件系统 SCDS》(2006 版)和 MIDAS/CIVIL 软件进行分析计算。建立模型时,结合现场的实际情况,考虑了混凝土的收缩徐变、体内预应力、临时施工支架、预应力钢拉杆及钢横撑等因素。主塔横向监控计算模型将整个主塔划分 60 个施工阶段,46 个主塔施工节段每个都作为一个独立的计算阶段,主塔结构离散为 179 个单元。

为了更加精确的模拟桩基结构,将群桩结构按照整体刚度相等的原理模拟成为双柱式基础,双柱之间采用刚性杆件将群桩相连,群桩刚度系数根据地质构造计算。

1. 主塔混凝土弹性模量的确定

主塔采用 C50 海工耐久性混凝土,规范中 C50 混凝土的弹性模量 $E_C=3.45\times10^4$MPa,因海工耐久性混凝土是密实性混凝土,采用大掺量的矿物掺合料,不同比表面积的胶凝材料形成密级配组合,在水化作用下其水泥石内部结构较传统普通混凝土更为密实,所以其弹性模量较普通混凝土高。由此可知,若直接按规范取值,对计算结果必然造成较大误差,为保证数据的真实可靠,以便对施工进行有效监控,需现场取样测试。对两主塔上、中、下塔柱的混凝土材料各做不少于 2 组的试验,根据多组混凝土试验数据取 C50 海工混凝土的弹性模量为 $E_C=4.45\times10^4$MPa。

2. 临时拉杆及横撑的设置

因下塔柱向外倾斜,为控制其施工变形,需设临时拉杆。其设置原则为,下塔柱施工最不利工况时,塔根内侧不出现拉应力且应储备一定的压应力,经计算需设置两根临时拉杆且均施加 1 000kN 有效水平力。

同理,为使中塔柱在施工最不利工况时,塔柱外侧不出现拉应力且应储备一定的压应力,在中塔柱设置五根临时横向钢管支撑,经计算临时横撑由下向上分别施加 2 500kN、2 500kN、2 000kN、2 000kN 及 2 500kN有效水平推力。

3. 横梁预拱值设置

主塔横梁设预拱值时考虑了支架弹性变形、结构自重、临时荷载、收缩徐变及后期恒载等因素。经计算,横梁跨中预拱量为 13mm,按二次抛物线设置。此数值不包括支架、模板、贝雷梁等非弹性变形,非弹性变形应在支架预压时消除。

4. 主塔预抬量确定

斜拉索在塔端的锚固有两种形式,前两对索锚固于混凝土齿块上,其余索锚固于钢锚梁上,故预抬量需分两种情况考虑。

1)混凝土锚固齿块处预抬量的确定

此处设置预抬量考虑的因素如下:基础沉降、桩基弹性压缩、塔柱自重弹性压缩、混凝土收缩徐变变化、后期恒载的作用。设置的目标值为:当收缩徐变完成时,结构实际高程仍在设计位置,结合实测数据,经过计算分析,主塔混凝土锚固齿块处的预抬量为 43.6mm。

2)钢锚梁处预抬量的确定

根据理论计算，在各种因素作用完成后各钢锚梁在底板底面的高程变化会略有不同，但因主塔上下相邻的钢锚梁预埋钢板要实现对接，施工完成后所有钢锚梁将形成一个整体，故考虑在整体钢锚梁的底板底面处设置 48.5mm 的预抬量。

五、监 控 结 果

1. 主塔应力测试结果

以下仅示 3 号塔 S2 截面上、下缘应力实测值与理论值的对比图(图 5)：

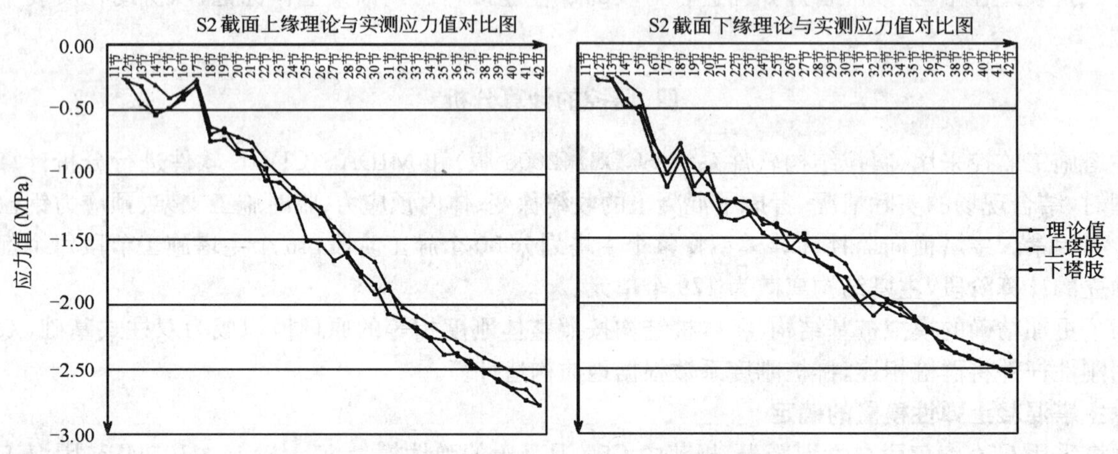

图 5　3 号塔 S2 上、下缘应力理论值与实测值对比

2. 主塔线形测试结果

以下仅示 3 号塔 1～42 节段横桥向与纵桥向线形测试结果(图 6)：

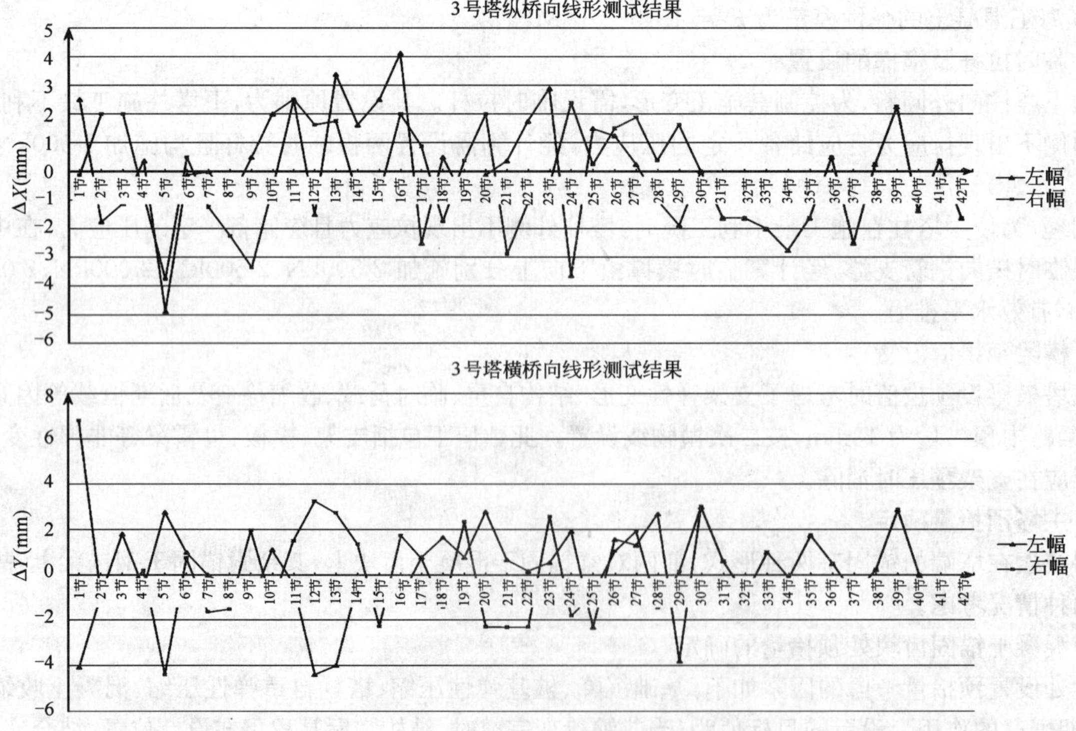

图 6　3 号塔线形测试结果

六、结　语

金塘主通航孔斜拉桥主塔施工环境复杂，受海上风浪影响较大，高空作业施工难度大。主塔自 2007 年 3 月 19 日开始第 1 节段的施工，到 2008 年 1 月 24 日封顶，每施工一个节段，均对线形、应变、温度进行测试，并在体系转换工况增加测试次数，以确保结构安全。

从主塔各应变测试断面在各节段施工过程中的应变实测值与理论计算值比对可知：主塔应变实测数据经过温差和收缩徐变修正后，虽呈现一定的离散性，但基本与理论值吻合，随着主塔施工爬升，同工况下各应变测试截面的应变分布规律也比较清晰，主塔在施工过程中内力处于可控状态。

从主塔施工过程中对每个节段施工完毕后所测试的主塔截面的控制点的几何线形测量结果来看，主塔截面的控制点的线形偏差均在施工控制误差允许范围以内(±20mm)，主塔线形在控制之中。

金塘大桥主通航孔斜拉桥的主塔在施工过程中几何线形及应变均得到有效的控制，结果令人满意，为后续主梁悬拼的顺利进行奠定了坚实的基础。

参考文献

[1] 浙江省交通规划设计研究院．舟山大陆连岛工程金塘大桥主通航孔桥施工图设计文件．2006 年 12 月．
[2] 向中富．桥梁施工控制技术[M]．北京：人民交通出版社，2001．

61. 金塘大桥东通航孔桥主墩防撞钢套箱的设计与施工

钱　亮　李志生　郭广银
（广东省长大公路工程有限公司）

摘　要　介绍在金塘岛金塘锚地航道狭窄、航运繁忙、水域恶劣、水文气象条件复杂的情况下，金塘大桥东通航孔桥主墩防撞钢套箱的设计与施工。

关键词　金塘大桥　东通航孔桥　防撞钢套箱　设计与施工

一、工 程 概 况

金塘大桥东通航孔桥全长 460m，桥型为 122m+216m+122m 连续刚构(图 1)。主墩承台为六边形圆倒角整体式承台，承台尺寸为 30.5m×21.57m×5m，封底厚 2m。承台 C40 海工混凝土 2 996.4m^3。承台底高程－1.5m，平均低潮位高程－1.05m。

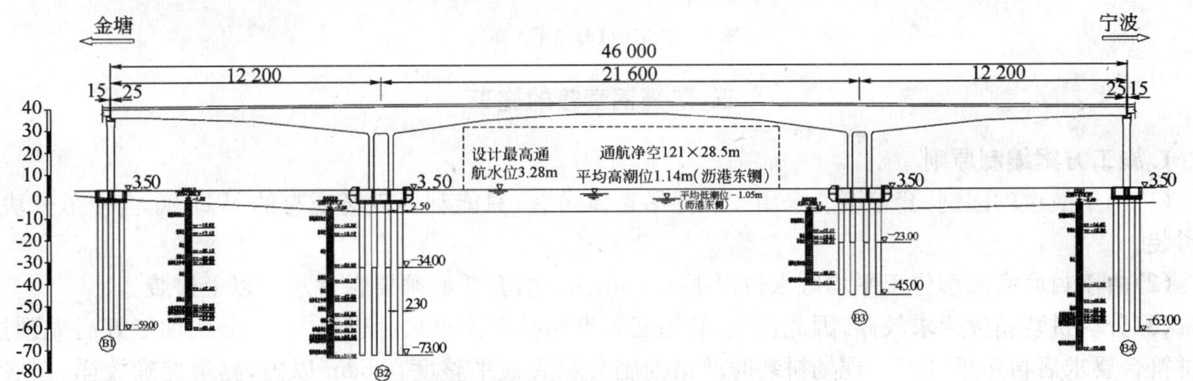

图 1　东通航孔桥桥型布置(尺寸单位：cm)

东通航孔桥两主墩间为进出金塘岛的航道，平台搭设后两主墩间航道仅宽180m。金塘岛船舶修造厂众多，且金塘岛往来宁波镇海的渡轮均需经过该航道，因此两主墩间航运十分繁忙。

二、主墩防撞钢套箱的设计

东通航孔桥采用套箱消能方案，综合成本、工期、质量、安全等多方比较，并结合目前已经施工并取得成功的东海大桥、杭州湾跨海大桥等的经验，主墩整体抗撞力满足要求，对桥墩基础进行适当保护。为节省投资，将防撞设施与用于承台施工的钢套箱有机结合起来，采用主墩防撞双壁钢套箱结构，该结构既要满足防撞功能的要求，又作为承台施工时的挡水和模板结构，满足施工期各工况受力要求。

东通航孔桥主墩针对3 000吨级船舶4m/s的撞击速度设防，主墩基础整体抗撞力满足防撞要求。主墩防撞设计原则为自身抗撞为主，适当采取防撞保护措施，为了减少波流力，尽量减少防撞套箱尺度，减少工程造价。防撞套箱采用双壁钢套箱，由内、外围壁、底板、上甲板、平台甲板、护舷等板架构件、底板组成。防撞套箱总长34.7m、总宽25.77m、套箱宽度2.1m(护舷高为30cm)、型深7.8m，套箱侧板共分12块，分块间采用镀锌高强螺栓连接方式连接。防撞套箱侧模重416t，套箱底板重205t。

为延长防撞套箱的使用寿命，设计采用防腐涂料对防撞套箱侧板的内外表面及其钢构件的表面进行防腐涂层处理。涂装设计要求防腐期限均为20年。主墩防撞套箱平面、立面布置见图2、图3。

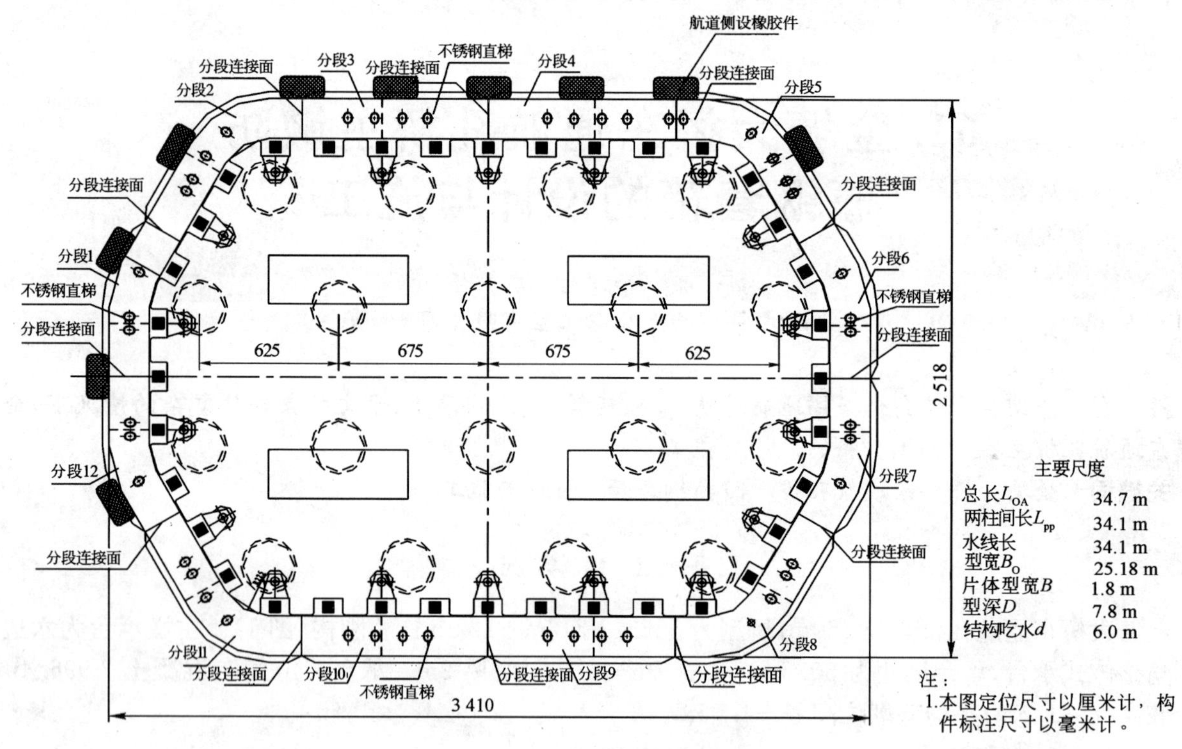

图2 主墩防撞套箱平面布置

三、防撞钢套箱的施工

1. 施工方案编制原则

(1)由于航道的限制，套箱不能采用大型浮吊整体吊装，只能利用现场现有的WD120桅杆吊分块起吊拼装。

(2)由于封底底高程位于平均低水位以下2.45m，因此，套箱必须要在常水位以上拼装。

(3)分块拼装精度要求较高，因此，要求套箱必须严格按照图纸尺寸进行加工，分块加工好后先预拼。预拼符合要求后再运抵现场。现场拼装时严格控制套箱底板平整度在5cm以内，测量准确放样，在底板及护筒上焊接牢固的临时限位固定套箱。

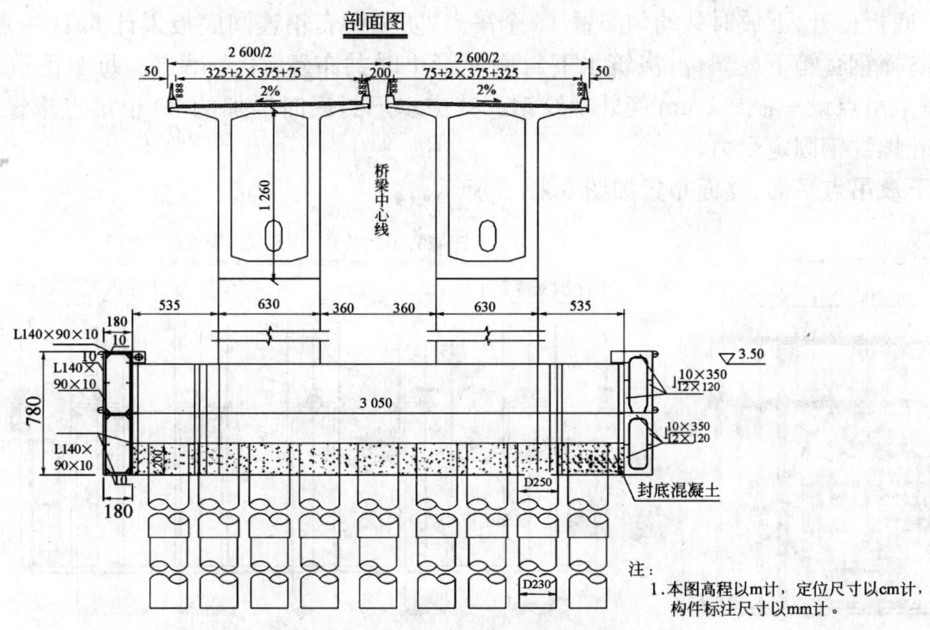

图 3　主墩防撞套箱立面布置

(4)分块拼装后为避免接缝处漏水，要求严格控制分块间的空隙率，同时在分块间布置 1cm 厚胶皮，拼好后在接缝处满涂泡沫填缝胶。

(5)受起重设备的限制，WD120 桅杆吊最重只能吊 120t，大型浮吊进场则严重影响航道，因此总重达 621t 的套箱拼装好后只能采用千斤顶人工下放。

2. 防撞钢套箱施工方案的实施

根据现场实际情况，首先改装钻孔平台作为钢套箱底板，割除钻孔平台支撑牛腿后将钢套箱底板下放到＋0m 的高程，在该位置进行钢套箱的分块拼装。拼装完成后利用千斤顶将钢套箱连同钢套箱底板一起整体下放到－3.5m 的高程。简要的施工流程如图 4 所示。

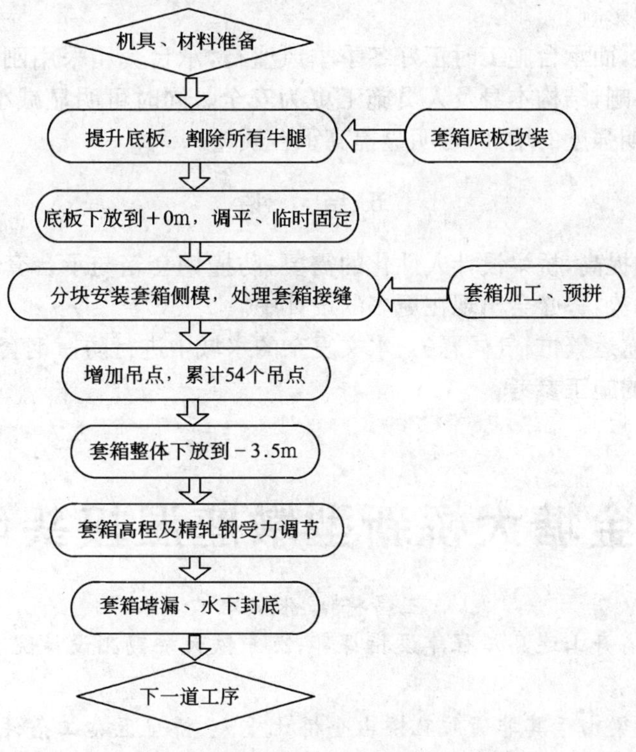

图 4　主墩防撞套箱施工流程图

经过计算，底板提升、下放时共均匀布置16个吊点，防撞钢套箱连同底板累计621t一起下放时共布置54个吊点，防撞钢套箱下放到位，浇筑水下封底混凝土时共布置84个吊点。每个吊点采用两个32t液压千斤顶，每个吊点设一根ϕ32mm精轧螺纹钢。其中水下封底时增加的30个吊点未设千斤顶，仅用螺母直接将精轧螺纹钢固定受力。

承台套箱下放吊点平面、立面布置如图5、图6所示。

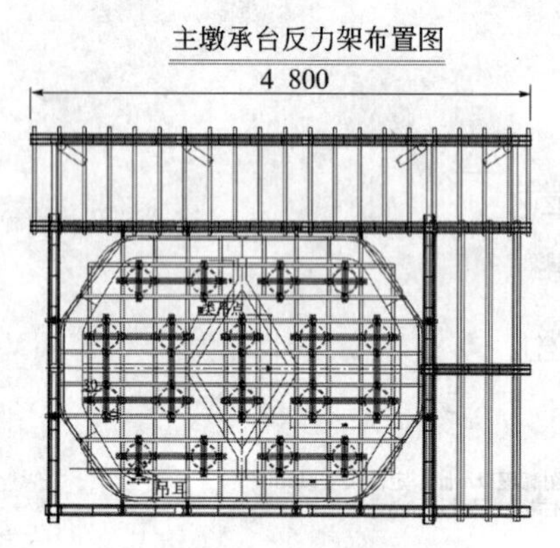

图5　承台套箱下放吊点平面布置示意

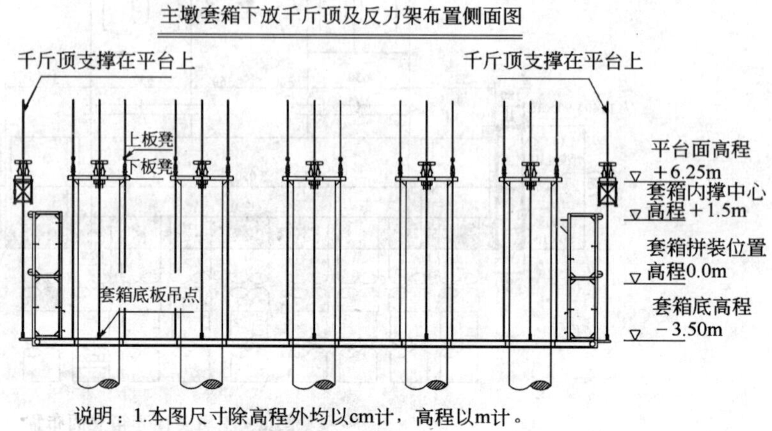

主墩套箱下放千斤顶及反力架布置侧面图

千斤顶支撑在平台上

千斤顶支撑在平台上

上板凳

下板凳

套箱底板吊点

平台面高程 +6.25m

套箱内撑中心高程 +1.5m

套箱拼装位置高程0.0m

套箱底高程 −3.50m

说明：1.本图尺寸除高程外均以cm计，高程以m计。

图6　承台套箱下放吊点立面布置示意

四、防撞钢套箱方案的实施效果

防撞钢套箱设计分块与现场桅杆吊拼装、千斤顶整体下放，整个过程不需要大型浮吊、驳船、拖轮、起锚艇等大型船舶的配合，不占用航道，减少了设备投入，大大节约了设备成本。

钢套箱下放过程顺利，水下封底后，钢套箱内不漏水，且承台钢筋绑扎、混凝土浇筑过程均安全、可靠。

防撞钢套箱与承台套箱相结合，防撞施工直接利用现有的施工平台及起重设备，承台施工完成后防撞也基本施工完成，不用再等主体结构施工完成后重新搭设施工平台、组织起重设备进行防撞施工，大大节约了工期及交叉作业的影响。

防撞钢套箱刚度较大，而承台施工时正好冬季季风盛行，承台套箱采用刚度大的防撞钢套箱后可抵抗季风及波浪对结构的影响，结构本身及人员施工更为安全。同时可明显减小波浪、水流对新浇混凝土的影响，有利于混凝土后期强度的增加，可明显提高承台质量。

五、结　　语

随着桥梁防撞等级的提高，桥梁设计人性化的需要，防撞钢套箱与承台套箱相结合的方案本身有着经济、安全、可靠的多重优势，势必会出现在更多的设计中。

本文为在航道狭窄、航运繁忙、气候恶劣、水文复杂的水域中进行防撞钢套箱的设计与施工提供了一种思路，可为同类型桥梁的施工参考。

62. 金塘大桥新型墩座湿接头研究

王昌将[1]　张必准[2]

（1.浙江省舟山连岛工程建设指挥部；2.中铁大桥勘测设计院有限公司）

摘　要　长大跨海桥梁由于其非通航孔桥占全桥比重大、桥址区施工条件恶劣等因素而采取墩身预制安装工艺，但在预制墩身与承台现浇湿接头部位经常出现裂纹现象，影响结构耐久性和外观质量。为适应今后更复杂海况条件下的跨海大桥建设，研究开发了新型墩座湿接头，并在金塘大桥成功应用，可供类似桥梁参考、借鉴。

关键词　长大　跨海大桥　新型　墩座湿接头　研究

一、概　　述

金塘大桥起于舟山金塘岛上雄鹅嘴，横跨灰鳖洋海域，止于宁波镇海老海塘。大桥按双向四车道高速公路设计，设计时速 100km/h，桥梁宽度 26m。大桥全长 26.54km，其中跨海段桥梁长 18.26km，工程总投资约 77 亿元(图 1)。

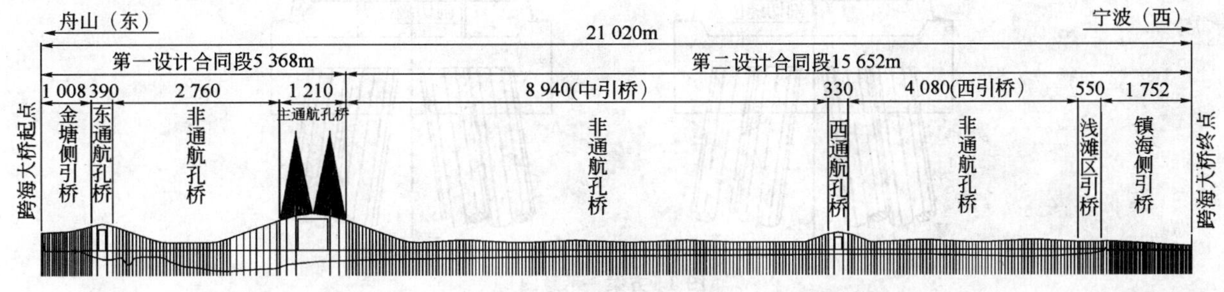

图 1　金塘大桥概略布置图

考虑到金塘大桥桥址处施工条件恶劣(全年有效工作日约为 180 天)及非通航孔桥占全桥比重较大(非通航孔桥长约 16.72km，占跨海段桥梁长度的 86%，未示金塘侧接线 5.511km)等特定因素，为减少海上现浇工作量、降低海上施工作业风险，保证施工质量、加快施工进度，非通航孔桥上部结构采用整体预制吊装 60m 预应力混凝土连续箱梁，下部结构采用打入钢管桩基础，高度小于 19m 的桥墩墩身采用整体预制吊装，在墩身与承台连接处采用现浇墩座湿接头。金塘大桥全桥共有 428 个单幅现浇墩座湿接头。

基于桥址处施工条件恶劣、非通航孔桥占全桥比重大等因素，国内已建及在建的长大跨海桥梁的非通航孔桥均采用墩身预制吊装工艺，类似墩座湿接头结构(见图 2)在特大规模的跨海大桥中得到了广泛应用，但普遍出现了表面裂纹，对处于海洋恶劣环境的大桥结构耐久性构成了一定的威胁。经过设计、科研、施工及养护等多项措施的改进，金塘大桥墩座湿接头裂纹得到了有效控制(另文介绍)。

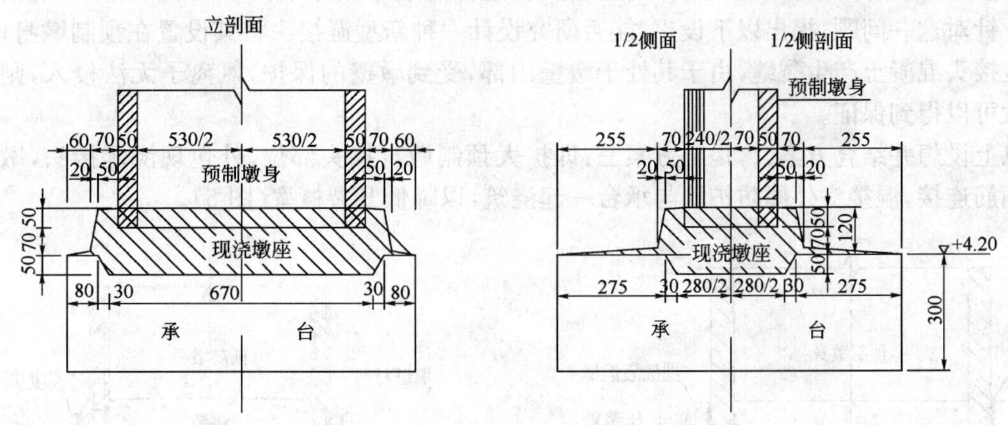

图 2　现浇墩座(湿接头)构造图(尺寸单位：cm)

金塘大桥墩座湿接头裂缝得到有效控制是与承台高程的合理选择、桥址处平均潮差不大等因素密不可分，湿接头具备了良好的施工及养护条件。为适应今后更复杂海况条件下的跨海大桥建设，研究开发能适应更恶劣海洋环境、结构耐久性更强的新型墩座湿接头是十分必要的。

二、设计方案研究

1. 方案一

针对墩座混凝土内部应力集中现象比较突出的现象，对墩座混凝土采用横向分块以减轻墩座混凝土内部应力集中(图3)。

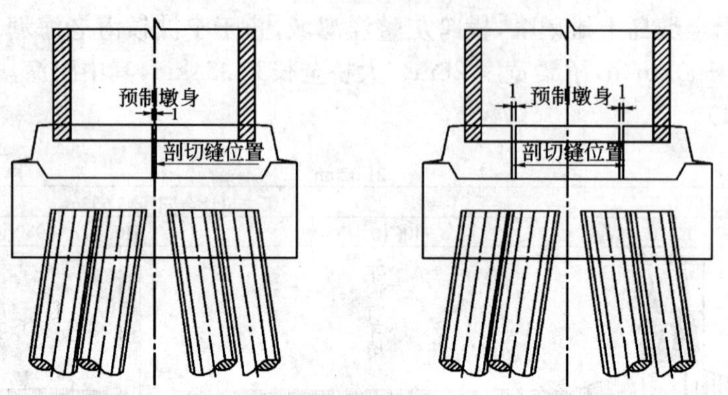

图3 方案一示意图

对横向分块方案采用有限元温度空间应力分析。分析结果表明：分块越多，集中应力越小。但分缝过多，施工难度较大，且后期采用填缝材料填堵，影响结构外观和耐久性。经反复研究，决定放弃分块方案。

2. 方案二

方案二事先在承台上预埋高强地脚螺栓，同时在预制墩身上预埋钢板，安装墩身前，采用环氧砂浆或硫磺砂浆找平，预制墩身与承台通过锚栓连接，然后浇筑湿接头、预制墩身外圈防护墙，防护墙与预制墩身之间的缝隙采用自膨胀、耐老化材料填缝，采用可嵌固止水橡胶条封口。通过上述改进，现浇湿接头内部应力分布规律变得简单而容易探寻，辅以一定的措施可有效减少裂缝(图4)。

本方案存在的缺点是外侧防护墙为后浇环形结构，容易产生开裂，开裂后将直接威胁锚栓连接的耐久性；承台预埋螺栓与墩身预埋钢板精度匹配要求高，也难以做到。

3. 方案三

根据以往类似工程经验，墩座湿接头无论设计为何种形式，其强度一般都容易满足，主要问题是后浇墩座湿接头表面在多种因素作用下容易产生裂缝，在海洋环境中由于氯离子的腐蚀作用，混凝土耐久性有所降低。针对这一问题，提出以下设想：能否研究设计一种新型湿接头将其设置在预制墩身内部，这样即使后浇湿接头混凝土产生裂缝，由于其处于墩壁内部，受到墩壁的保护，氯离子无法侵入，则湿接头混凝土耐久性可以得到保证。

根据以上设想并结合方案二，提出方案三：即扩大预制墩身接头部位，外包现浇湿接头，墩身与承台仍旧通过钢筋连接，湿接头外圈防护墙与承台一起浇筑，以降低开裂概率(图5)。

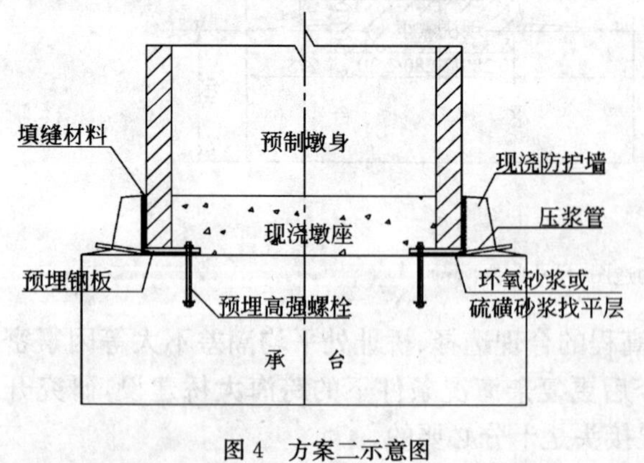

图4 方案二示意图

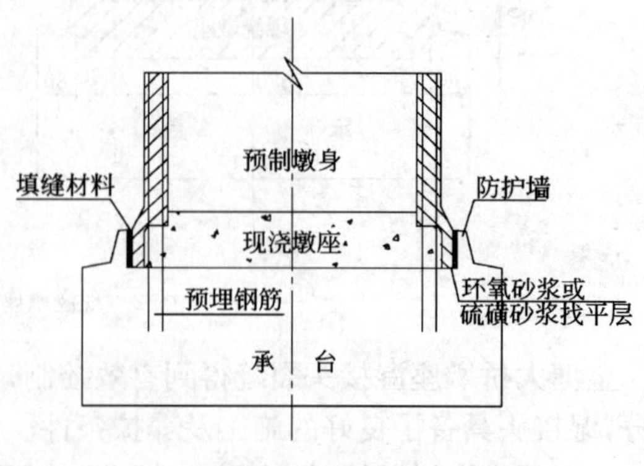

图5 方案三示意图

本方案较大程度地提高了湿接头耐久性，但预制墩身安装时容易与防护墙发生碰撞，容易损坏墩身，此外墩身安装对起重船的操控精度、稳定性要求过高，在海洋环境中难以实现。

4. 方案四

针对以上三个方案研究中遇到的问题，方案四延续了方案三将湿接头设置于预制墩身内部的思路，并取消了湿接头外圈现浇防护墙，代之以墩身底部预制扩大墩座，如图6所示。墩身底部内侧焊接槽钢支腿，作为临时支撑并用作安装时定位，墩身吊装后再在其内部现浇墩座湿接头，墩身钢筋和承台预埋筋锚固于墩座内。为隔断墩身与承台之间的渗透通道，墩身与承台均预埋止水橡胶条，墩身安装完成后，止水橡胶条之间压注环氧砂浆。

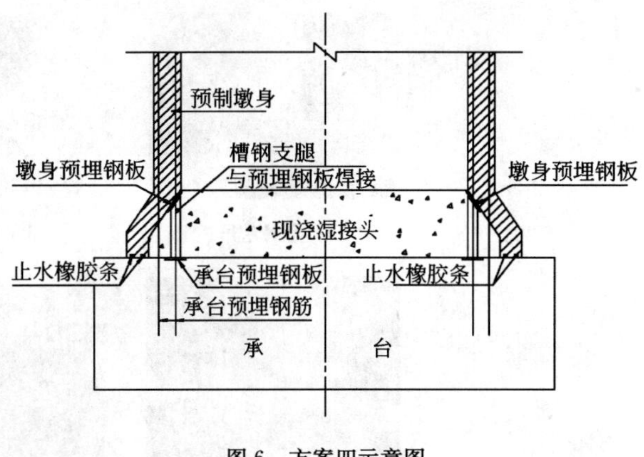

图6 方案四示意图

5. 新型墩座湿接头实施方案

经反复比较，以方案四为金塘大桥新型墩座湿接头实施方案。

与原方案相比具有以下优点：

(1)屏蔽了海洋风浪对墩座湿接头施工影响，养护条件得到了很大改善，为避免湿接头裂缝奠定了先决条件。

(2)将现浇墩座湿接头移至预制墩身内部，有效减少了外露裂纹，防止氯离子侵入，提高了结构耐久性。

(3)湿接头混凝土内部约束少，应力分布规律易于掌握，通过顶面蓄水养护等措施可明显降低湿接头裂缝产生概率。

(4)预制墩身壁可作为现浇湿接头混凝土的模板，避免了原设计方案中现浇墩座湿接头施工时立模、使用透水模板布、蓄水养护外挂水箱等较复杂的操作流程，工效显著提高。

(5)湿接头体积显著减小，原湿接头混凝土方量为41.3m^3，厚度1.7m，现湿接头混凝土方量为15.9m^3，厚度为1.25m，很大程度上降低了湿接头裂缝产生几率。

三、墩 身 预 制

墩身外模板分为三部分：第一部分为下部异型模板；第二部分为中间调整段模板；第三部分为上部定型模板。墩身内模板分为两部分：第一部分为标准段内模板；第二部分为湿接头变形段内模板。墩身底模采用钢结构，以确保墩身底部平整度；并采取定位措施，以确保止水橡胶条的安装精度。

预制墩身混凝土分两步浇筑，先浇筑底节异型段，再浇筑上节，采取一系列措施确保两节混凝土结合良好。墩身拆模后，焊接槽钢支腿，然后采用运输船运送到桥位。

四、承台止水橡胶条安装

为确保承台橡胶止水条的安装精度和平整度，制作了与预制墩身底模匹配的反压钢模，采用胶水将止水橡胶条安装在反压钢模上，反压钢模通过螺栓连接在钢梁上，并将钢梁与承台钢套箱连接，放样调整高程与水平度后，将反压钢梁、钢模板、钢套箱固结，之后浇筑承台混凝土，仔细收平后，进入养护。拆模时，在反压钢模预留小孔内注入胶水稀释剂，小心地将模板与橡胶条脱开，完成止水橡胶条安装。

五、预制墩身安装

在承台上对应槽钢支腿位置焊接钢导向块后，起重船将预制墩身从运输船起吊，缓慢下放到承台，距承台顶面50cm时停止落钩，进行粗定位，然后缓慢落钩，使墩身槽钢支腿沿着导向块基本就位，再在起重船配合下进行精确定位(图7)。

墩身就位后，焊接承台预埋钢筋与墩身预留钢筋。湿接头混凝土浇筑采取在搅拌船布料杆上加3m

软管串筒的措施来控制下灰高度；同时工人通过墩顶预留孔及软梯，下到混凝土顶面振捣；混凝土浇筑后，采用顶面蓄水进行养护。

a）墩身起吊　b）墩身下降　c）墩身调整

d）墩身准备就位　e）墩身就位　f）墩身就位

图7　墩身安装

六、结　语

金塘大桥共实施了8个新型墩座湿接头，取得了一定的经验。实践证明，新型墩座湿接头能够屏蔽海浪影响，施工质量更有保证、施工工艺更为简单，工效也得到了提高。

近年来，我国桥梁建设通过东海大桥、杭州湾跨海大桥、金塘大桥的实践，证明了预制安装技术路线在跨海大桥非通航孔的应用是切实可行的，通过金塘大桥新型墩座湿接头研究，克服了预制安装中耐久性相对薄弱环节，值得类似桥梁借鉴、推广。

参考文献

[1] 刘秉京. 混凝土结构耐久性设计[M]. 北京：人民交通出版社，2007.

[2] 赵国藩，李树瑶等. 钢筋混凝土结构的裂缝控制[M]. 海洋出版社，1991.

[3] 中铁大桥勘测设计院有限公司. 舟山大陆连岛工程第二设计合同段施工图. 武汉，2006.

63. 金塘大桥非通航孔桥承台底高程研究

张必准[1]　梅新咏[1]　黄华定[2]

（1. 中铁大桥勘测设计院有限公司；2. 浙江省舟山连岛工程建设指挥部）

摘　要　根据在建金塘大桥桥址区的气象、水文、地质等自然条件，分析影响长大跨海桥梁非通航孔桥承台底高程的各种因素，并结合国内外已建跨海大桥的经验，从基础结构安全性、施工速度、经济性、全桥景观效果等方面进行综合分析比较，提出金塘大桥非通航孔桥承台底高程。

关键词　金塘大桥　非通航孔桥　承台底高程　研究

一、项 目 简 介

金塘大桥位于浙江省北部沿海，连接舟山和宁波两市，地理坐标位于东经121°39′～121°55′(E)，北纬29°57′～30°04′(N)之间，是舟山市与长江三角洲中心城市—上海、杭州、宁波及其他城市联系的陆上通道。金塘大桥的建设将对舟山大陆连岛工程及舟山、宁波港口一体化起到极大的推动作用。大桥按双向四车道高速公路设计，设计时速 100km/h，路基宽度 26m。

金塘大桥全长 21.029km(不含金塘侧接线工程 5.511km)，其中跨海段桥梁长 18.27km。非通航孔桥长约 16.72km，占跨海段桥梁长度的 86%，见图 1。

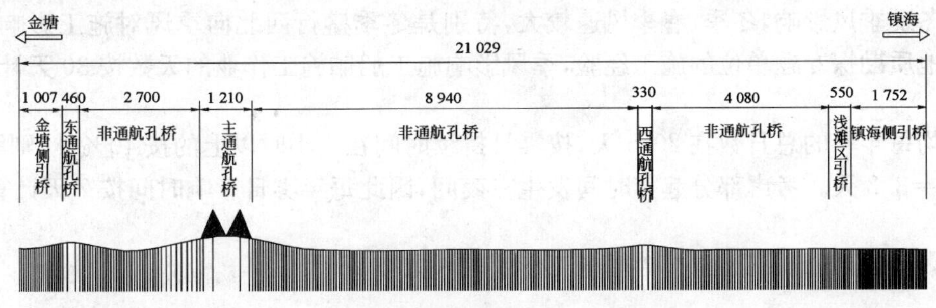

图 1 金塘大桥概略布置图(尺寸单位：m)

二、桥址区自然条件

1. 气象

金塘大桥工程东临东海，西靠大陆，位于北亚热带，属东亚季风气候区，受冬夏季风影响，全年四季分明，气候温和湿润，降水充沛。

桥址区年平均温度 16.5℃，1 月/7 月平均温度为 5.3℃/27.8℃。设计风速 V_{10}=40.44m/s(百年一遇)。

桥址区年平均台风影响次数约 3.9 次。台风最早出现在 5 月份，最迟出现在 11 月份，其中 8 月份出现最多，其次为 7 月和 9 月。

桥址区全年发生的雷暴日数平均为 30.6 天，平均每年雾的总日数为 20.5 天。

2. 水文

工程海域潮位为不正规半日潮，金塘大桥轴线上，最大涨潮流速为 2.54m/s、落潮测点最大流速 3.02m/s。

设计水位采用 300 年一遇水位 4.33m/－2.53m(国家 85 高程)。平均海平面 0.26m，平均高/低潮位为＋1.14m/－0.75m，平均潮差 1.91m，平均涨潮/落潮历时 6h:18min/6h:07min。

桥址区水域出现的大浪主要为风浪，一般由台风及秋冬季寒潮大风引起，大浪主要出现在每年的 8～12月。波浪的常、强浪向总体上均为偏 N，百年一遇浪高 6.26m。

3. 地质

1)地形、地貌

金塘岛以山地为主，属剥蚀残丘地貌，镇海陆域属宁波平原，其间海域为：沥港水道、金塘水道和灰鳖洋。金塘岸为农田和局部山地，镇海岸主要为水塘和滩涂。

2)工程地质

主通航孔以东，覆盖层厚度变化较大，基岩埋深 0～87m，顶板高程－114.76～－8.95m。主通航孔以西，覆盖层厚度变化不大，基岩埋深大都在 100m 以上。覆盖层主要为淤泥质(亚)黏土、(亚)黏土及砂层(粉砂、细砂、中砂及局部粗砂)。

4. 其他主要灾害性天气

桥址区天气复杂多变，灾害性天气类型多、发生频繁。主要灾害性天气中对本工程施工速度和施工安全影响较大的主要是雨、大风、雷暴和雾。

三、全年有效施工作业天数分析

1. 台风

桥址区平均每年有 3.9 个台风影响桥位区域，台风来临时，施工船舶拖至附近锚地避风。估计耽误时间按 6 天计，假设施工期间每年进行 4 次避风，则台风每年影响时间为 24 天。

2. 雷暴、季风

桥址区全年发生的雷暴日数平均为30.6天，考虑雷暴与其他灾害天气的影响叠加，全年雷暴的影响天数按30天计算。

桥址区受冬夏季风影响，冬季、春季风速较大，特别是冬季盛行西北向季风对施工影响较大，根据有关资料及前期地质勘探专题单位的施工经验，季风影响施工船舶施工作业的天数按30天计。

3. 雾日

桥位区平均每年雾的总日数在20.5天，按雾日持续时间在4小时以上的按40%计，则雾日天数平均为20.5×40%＝8.2天。考虑部分起雾时间发生在夜间，因此每年雾日影响时间按7天计算。

4. 波浪

每年波浪影响起重船及混凝土搅拌船施工作业的天数按25天计算。

5. 气温

桥位区极端最高温度38.5℃、极端最低温度－6.6℃，极端最低、最高温度持续时间较短，每年气温对施工作业的影响时间按5天计算。

6. 潮流

当潮流流速较大时，施工作业难度很大。因此须在高、低平潮期及潮流流速较小时进行施工作业。预计每年潮流施工影响时间为60天。

根据以上分析计算可以看出，桥址区年有效作业天数约为180天左右。

考虑到桥址区恶劣的自然建桥条件以及本工程对于该区域资源整合、经济发展的推动作用，本着“以人为本、规避风险、经济合理、安全适用”的宗旨，以“工厂化、预制化、标准化、工艺成熟、施工快捷”为原则，尽可能减少海上施工作业量和海上作业时间、缩短工期，非通航孔桥上部结构采用整孔预制吊装方案、基础采用打入钢管桩方案、墩身采用预制吊装方案、承台采用现浇方案。

四、非通航孔桥承台底高程研究

非通航孔桥上部结构、基础、墩身均采用工厂（预制场）预制、现场安装施工方案，施工快捷、海上作业量少，承台限于海上施工作业精度难以保障等因素而采用现场浇筑方案。非通航孔桥共有承台477座，其中分离式承台450座、整体式承台27座，占全桥海域承台总数的95%以上，海上作业量大，承台施工成为整个非通航孔桥施工的关键施工节点和施工工序，其施工速度将直接制约整个非通航孔桥工期，从而影响整个大桥的建设工期。承台的施工速度直接取决于承台钢套箱及封底混凝土施工方案。承台钢套箱及封底混凝土能否利用低潮位干施工，主要取决于承台底高程的选择。承台底高程的选择直接影响到基础结构安全性、施工速度、经济性及景观效果。

1. 适合承台封底混凝土干浇施工的高程

根据已建和在建的类似跨海大桥承台施工经验，单个钢套箱安装平均时间约需4～5h，封底混凝土浇筑平均时间约需2h。因此，为保证金塘大桥承台钢套箱安装及封底混凝土利用低潮位干施工，承台底高程宜选择在＋1.0m以上。不同承台底高程比较见表1。

不同承台底高程比较 表1

承台底高程（m）	封底混凝土厚度（m）	封底混凝土底高程（m）	每个高低潮位间封底混凝土底露出水面时间（h）
＋0.00	1.50	－1.50	0
＋0.20	1.40	－1.20	0
＋0.40	1.20	－0.80	0
＋0.60	1.10	－0.50	1～2
＋0.80	1.00	－0.20	3～4
＋1.00	0.90	＋0.10	4～5
＋1.20	0.80	＋0.40	5～6

考虑到海域施工环境恶劣，承台底高程选择在＋1.20m是比较合适的。

2. 基础结构安全性

承台底高程定得过高虽然能方便施工，但海上漂流物和小型渔船直接撞击钢管桩的几率增大，对桥梁安全会造成隐患；承台底高程定得过低，则套箱安装和干浇封底混凝土时间会太短，这样也会影响工程质量。因此，确定合适的承台底高程是非通航孔桥非常关键的一环。

金塘大桥根据通航需要由东向西共设置三个通航孔：东通航孔(3 000 吨级)、主通航孔(主孔 50 000 吨级、辅助孔 1 000 吨级)、西通航孔桥(500 吨级)，非通航孔区段不通行船舶。随着运营期 VTS 系统的建立及船舶海上航行监管力度的加大，非通航孔桥通行船舶是可以得到有效控制的。考虑到非通航孔桥区段可能存在小型渔船进行海上捕捞、近海养殖等作业，非通航孔桥被小型渔船撞击的风险依然存在，为此专题研究单位给出了非通航孔桥船撞力建议值：横桥向为 2MN、纵桥向为 1MN。

为保证薄壁钢管桩基础与实体承台间的有效传力长度，加强基础与承台连接的可靠性及增加钢管桩自身薄壁结构的刚度，在钢管桩顶部 10m 范围内采取混凝土填芯方案。钢管桩经混凝土填芯后不仅自身刚度大大加强而且抵抗船舶撞击能力也有一定提高。目前本桥除 VTS 对策外，还在研究其他防撞对策，当这些措施投入使用后，将进一步降低非通航孔桥被海上漂流物和小型渔船撞击风险。

3. 施工速度

1)钢套箱安装

当非通航孔桥承台底高程采用＋1.20m时，封底混凝土厚0.8m，封底混凝土底高程为＋0.4m，每天低于＋0.4m的时间超过5～6h。钢套箱利用起重船安装，先通过挑梁支撑于桩顶，再将承挑梁与桩头焊接牢固，随后安装封孔板，将底板和封孔板焊接，并焊接底板拉压杆，可以在一个低潮位完成钢套箱安装加固。

当非通航孔桥高程较低时，桥位处强大的水流力和风浪将给钢吊箱的固定带来巨大困难。钢吊箱入水后，必须采取措施对钢吊箱予以临时加固，以减少吊箱在水流冲击作用下的晃动，使钢吊箱平稳就位。在钢吊箱底板与钢护筒之间封堵之前，需要潜水员在水下用钢丝刷和高压水枪对其进行清理，同时由潜水员水下安装封孔板，封堵钢护筒与吊箱底板间的间隙，并在封孔板上堆码一层袋装水泥、砂石的混合料，封堵吊箱底板与钢护筒之间缝隙。

2)封底混凝土浇筑

当非通航孔桥承台底高程采用＋1.20m时，承台底高程封底混凝土安排在低潮位时施工，采用搅拌船拌制混凝土并浇筑，混凝土通过布料杆直接输送至套箱内，封底混凝土浇筑到位后，做好顶面的整平抹面处理，待封底混凝土强度达到设计强度后，即可进行套箱内排水作业，以形成承台后续工序的干处施工。封底混凝土施工约需2小时，一个低潮位内可以浇筑完成。

当非通航孔桥高程较低时，封底混凝土须采取导管水下浇筑，待封底混凝土强度达到设计强度后，进行套箱内排水作业，在承台后续工序前必须清理封底混凝土表面，对局部高程高于承台底高程点进行凿除，对于低于承台底高程点浇筑找平层混凝土。

4. 经济性

当承台底高程采取＋1.20m时，可充分利用低潮位进行钢套箱的安装加固和封底混凝土干施工；当承台底高程较低时，不仅套箱安装需增加投入，而且封底混凝土还需采用导管水下浇筑、承台施工前增加封底混凝土表面找平工序，同时还要增加承台围堰钢料和围堰封底混凝土厚度。

5. 全桥景观效果

从常规景观角度上来讲，基础不露出水面对整个桥梁景观是有好处的。

由于非通航孔桥在金塘侧距离陆地约 500m，镇海侧距离陆地约 600m，基本位于人们视线可视范围外，同时对两岸近岸侧桥梁结构承台高程适当降低，非通航孔桥承台底高程采用＋1.20m(封底混凝土底高程＋0.4m)，对整个全桥景观无明显影响。

综上所述，非通航孔桥承台底高程采用＋1.20m，不仅大大提高非通航孔桥承台施工速度、缩短工期、节约投资，而且基础结构安全性有保障，同时对全桥景观效果无明显影响。

五、结　　语

本文针对长大跨海桥非通航孔区段占全桥比重大、桥址处建桥条件恶劣等特点，以舟山大陆连岛工程金塘大桥为背景，对非通航孔区段桥梁承台底高程作了一些研究工作。非通航孔桥承台底高程的选择不仅要保障基础结构的安全性，而且必须考虑其对工期及工程投资的影响，同时要兼顾全桥景观效果，从已完工的金塘大桥非通航孔桥承台施工过程来看，本桥承台高程的选择是合适的。本文的结果可为同类型的桥梁的设计、施工提供参考。

参考文献

[1] 秦顺全. 海上长桥整孔箱梁预制架设技术. 北京：中国铁道出版社，2006.
[2] 姜一飞. 跨江跨海大桥在长三角城市经济的作用. 城乡建设，2005. 6.
[3] 世界著名跨海大桥. 岩土工程，2003. 7.
[4] J·盖斯维特. 海洋环境与建筑物设计. 海洋出版社，1992.
[5] 许林之. 我国海洋灾害状况及防御对策. 海洋预报，1998. 8.
[6] 陈虹. 丹麦跨海大桥. 中国工程咨询，2004. 5.
[7] 周履. 关于厄勒海峡大桥若干情况的补充. 世界桥梁，2004. 2.
[8] 严国敏. 厄勒海峡大桥的招标投标设计与施工. 国外桥梁，1999. 3.

64. 金塘大桥沉桩正位率控制技术

王秀冀　岳桂林
（中交第一航务工程局有限公司）

一、工 程 概 况

金塘大桥是连接金塘岛—宁波镇海的跨海大桥，是舟山大陆连岛工程的重要组成部分，是大宁波港的纽带。我局负责金塘大桥非通航空桥 IV-D 合同段的下部结构的施工任务，起止桩号为 K39＋725(E090)～K43＋205(E148)、K43＋655(G001)～K47＋674. 8(G068)，总长 7 499. 8m。（不包括已施工的试桩墩 E092、E132、G16、G44）。承台下部结构采用 6 根外径为 1 500mm 钢管桩基础，桩长为 65. 5～87. 5m。钢管桩沉桩 1 476 根。

水文气象：金塘大桥东临东海，西靠大陆，位于北亚热带，属东亚季风气候区，受冬夏季风影响，全年四季分明，气候温和湿润，降水充沛。桥址区冬季盛行西北风，受风水域宽广，水急波高对施工船舶干扰较大；夏季盛行东南风，温高湿润，有群岛遮蔽，季风对施工影响不大；但台风季节易受西北太平洋的台风影响较多。以施工季节而言，夏季优于冬季。工程海域潮位为不正规半日潮，实测最高潮位：3. 28m，实测最低潮位：－2. 12m；最大潮差：3. 67m，平均潮差：1. 91m。

地质条件：覆盖层第①、②、④层主要为松散状亚砂土、流塑状淤泥质亚黏土或淤泥质黏土，软塑状的亚黏土或黏土，其中夹薄层稍密或中密状粉、细、中砂。第③大层上部为软塑状为主局部硬塑状的亚黏土或黏土，下部为中密状粉、细、中砂，砂层厚度较大。第⑤大层主要为密实状粉、细、中砂。是较好的桩尖持力层。

施工水域宽广，海床地势较为平坦，海床面高程－9. 0～－4. 4m，水深条件较好，适合水上大型船舶作业。实测最大流速 3. 02m/s，打桩船必须具有较大的抗潮流稳定能力，使用的锚应加大到 7t 以上，缆绳加粗并加长，保证施工船舶工作的稳定性，确保沉桩施工顺利进行。

采用我局“天威号”全旋转式打桩船进行钢管桩沉桩施工。

二、天威号打桩船的主要性能

1. 打桩船主要技术参数(表1)

打桩船主要技术参数 表1

技术参数名称 \ 船名	天威号	技术参数名称 \ 船名	天威号
总长(m)	80	架高(m)	90
型宽(m)	32	打桩最大能力	77m+水深
型深(m)	6	主机功率(kw)	500
满载吃水(m)	3	出厂日期	1996
起重量(打桩)(t)	160	建造厂	日本
舷外吊距(m)	50		

2. 投入的打桩锤

"天威号"打桩船配置S-280型液压打桩锤,其主要技术参数见表2。

表2

技术参数名称 \ 型号	S-280	技术参数名称 \ 型号	S-280
活塞重(t)	13.5	锤体总高(m)	10.1
最大打击能量(tm)	28.6	锤体宽(m)	0.915
打击次数/分	45	工作油压(bar)	250
锤体总重(t)	27.5	柴油耗(l/h)	—

液压锤工作原理:由控制箱内的各种电控开关调整锤内传感器,控制工作状态的液压、气压压力,进而控制锤击过程的冲击能量、冲击频率。图1为打桩情景。

三、沉桩控制系统

天威号打桩船GPS定位系统由中港一航局天津港湾工程研究所于2003年研究成功,经过东海大桥、杭州湾大桥的实际应用,具有较高的定位精度及外海施工的适应性,并已获得国家专利,主要有以下部分组成。

1)GPS接收系统:是定位系统的关键设备,其性能直接影响定位系统的精度和可靠性,通过卫星数据采集,坐标系统转换得到施工坐标系下的船体平面位置和高程。

2)船体数据采集:通过各种姿态传感器及激光测距仪自动采集船体、桩架姿态等数据,随时传递给控制软件。

3)锤击检测:利用声波传感器收集记录锤击数。

4)数据采集、A/D接口、接口增容:用于收集GPS数据、船体数据、锤击数据,随时向测控软件提供数据,用于桩位数据更新。

5)测控软件:测控系统软件采用VISUAL BASIC 6.0语言编制,运行于WINDOWS操作系统,主要功能有:

(1)定位工作界面,显示GPS-RTK接收机的工作状态,船体工作状态,显示预设桩位的预定坐标、实测坐标及偏差,如图2。

(2)建立数据库:坐标系统数据库,船体工作状态数据库,桩位坐标数据库,已完成沉桩数据库形成打桩记录。

(3)桩位校核。

图1 天威号打桩情景

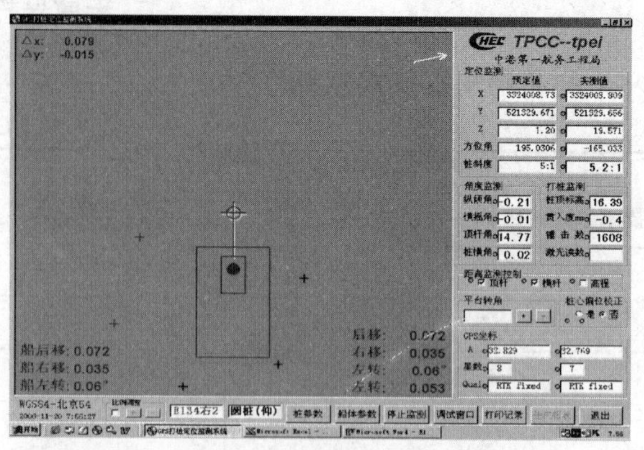

图2 GPS定位系统工作界面

四、打桩过程控制

1. 沉桩工艺流程

沉桩工艺流程见图3。

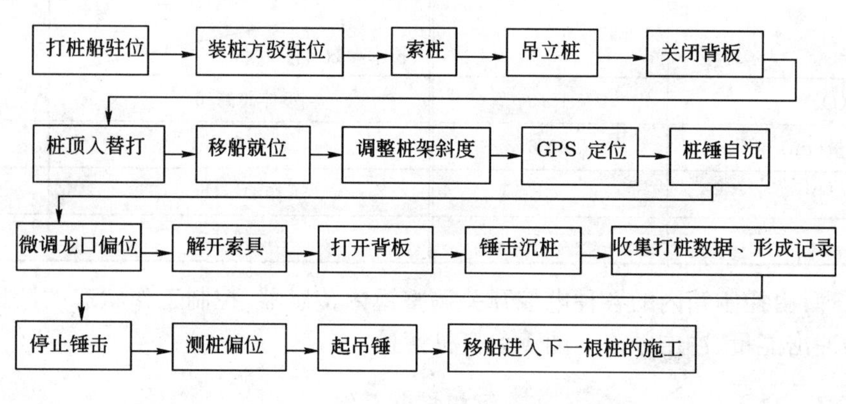

图 3

2. 定位过程

1)施工船舶驻位

打桩船依靠GPS定位系统进行驻位,根据设计桩位的不同扭角设计成不同的锚缆角度,为了便于吊桩进船的方便,将船尾设计成交叉锚。运桩方驳在一侧以交叉锚方式抛锚驻位。施工现场北侧水域开阔,易受偏北方向季风影响,因此船头朝北向驻位。驻位方式如图4。

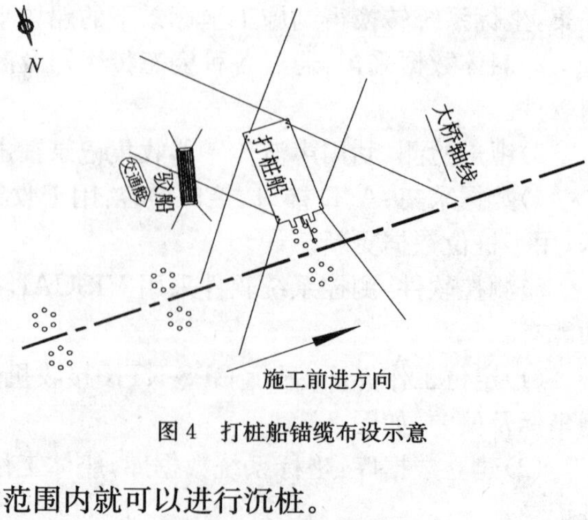

N
打桩船
驳船
交通艇
大桥轴线
施工前进方向

图4 打桩船锚缆布设示意

2)吊桩

打桩架俯立,在200t起重机配合下,两个80t主钩将桩身吊起,桩身逐渐直立,抽掉200t起重机索具,两主钩将桩身直立,将液压锤提升至打桩架顶端,打桩架回到垂直状态,关闭双背板,打桩架微仰,液压锤替打套入桩顶。调整打桩架至设计坡比。

3)打桩船定位

根据GPS显示桩位误差调整船位;桩位偏差在合理的范围内就可以进行沉桩。

4)定位误差的确定

(1)按照"港口工程桩基施工规范"要求,斜桩的平面扭角应控制在1°范围内,在精确定位前首先调整平面扭角至1°范围内,而且其误差值越小,桩位平面精度越高。

(2)由于打桩架属于全旋转类型,桩身仰俯坡比直接按照设计要求进行定位,而不必预留坡比余量。

(3)左右误差余量应左右误差相等。

(4)前后误差:无论仰俯桩均需预留提前量,数值大小视桩锤自沉情况而定,由于每个排架的地质情况均有些许区别,地表亚砂土层的土质情况不同,提前量控制不同,如桩身如泥中较多,提前量预留较小,否则反之;在每一排架的第一根桩在沉桩前预定一量值,在沉桩过程中观察其变化情况,根据沉桩的不同阶段统计出最终的位移值,作为此排架沉桩提前量的依据,并在陆续的沉桩过程中及时统计,及时调整,使桩位始终保持在较小偏差范围内。

(5)打桩架与桩中心距的调整:在锤击前应调整打桩架与桩身处于平行状态,是为了保证沉桩误差在开锤前后均保持一致,避免"蹬桩"情况发生。

5)锤击

根据不同的地质情况确定不同的锤击能量;根据地质资料,第②④层主要为流塑状淤泥质亚黏土或淤泥质黏土,软塑状的亚黏土或黏土,标贯N值较小,且易发生"溜桩",因此,锤击能量较低;而第③第⑤大部为中密状粉、细、中砂,砂层厚度较大,则锤击能量较大。

6)桩位偏差辅助校核系统

为了适应离岸工程施工的需要,和系统各项传感器始终处于振动状态的特殊情况,GPS定位系统预定了一套相应的桩位校核方法,采用GPS设备与常规测量仪器相结合。其方法如图5。

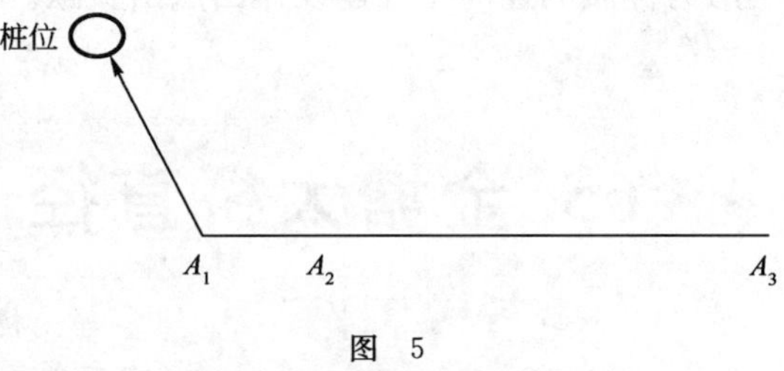

图 5

利用GPS设备在A_2和A_3点利用实时动态测量方法测得当前坐标,另外使用无棱镜反射全站仪置于A_1点测得桩中的角度、距离和高差,经过定位系统的内置校核程序计算出其坐标差值。由于天威号是全旋转打桩船,我们采用同步观测方法测得其差值,再与定位系统相比较来实现桩位校核的正确性(图6)。

3. 停锤质量控制

停锤质量控制采用表3所列标准。钢管桩沉桩按表4各项进行检查。

采用液压锤沉桩的停锤标准 表3

桩顶超高 Δh(m)	锤击能量 E(kj)	最后20cm平均贯入度 e(mm)	处理方法
达到高程	E≥120	≤10	可停锤
		>10	进行高应变动测,及时通报结果,并暂停后续沉桩
0<Δh≤1.5	E≥160~180	≤4	可停锤
Δh>1.5		≤4	及时与设计联系,并暂停后续沉桩

钢管桩沉桩检查项目 表4

项次	项目		规定值或允许偏差	检验方法和频率
1	桩尖高程(mm)		不高于设计规定	水准仪测桩顶高程后反算,每桩检查
	贯入度(mm)		小于设计规定	与控制贯入度比较,每桩检查
2	设计高程处桩顶平面位置(mm)		边桩 $d/4$,中桩 $d/2$ 且不大于250	安全站仪或经纬仪检查20%
3	倾斜度	直桩	1%	垂线法每桩检查
		斜桩	±15%tgθ	

注:①d为桩径。

②θ为斜桩轴线与垂线间的设计夹角。

从工作界面(图7)显示,桩顶高程、最后贯入度及设计高程处的桩位偏差均符合设计要求。

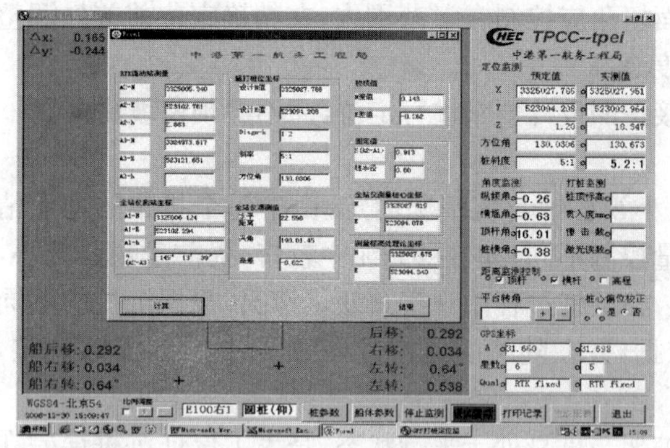

图6 GPS定位系统与校核系统的误差比较结果

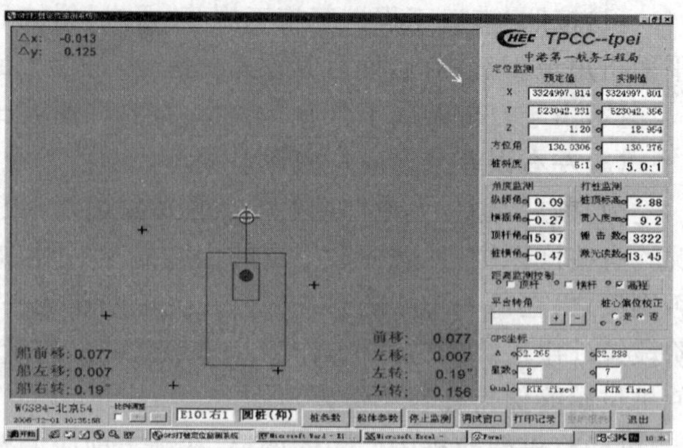

图7 停锤时GPS工作界面

五、工 程 质 量

金塘大桥打桩工程自2006年4月1日开工,2006年12月31日结束,共完成钢管桩沉桩1 308根,应用GPS-RTK快速静态方式对每一根钢管桩偏位进行实际测量,全部符合设计要求,圆满地完成了施工任务,为优质的连岛工程建设作出杰出贡献。

65. 金塘大桥直径8.9m圆形承台施工技术

杨建勋 刘鹤云

(中交第一航务工程局有限公司)

摘 要 金塘大桥是大陆连接舟山本岛工程的一部分,具有施工战线长、环境恶劣、施工工艺复杂的特点。本文主要介绍金塘大桥圆形承台施工技术。

关键词 圆形承台 施工技术

一、工 程 简 介

1. 结构形式

舟山大陆连岛工程金塘大桥IV-D合同段总长7.5km。其间共有分离式承台246个,直径8.9m,高度3.0m。共需浇筑混凝土约9万方(图1)。

2. 工程特点

(1)承台工程量大,施工工序多,施工过程长,施工难度和工程风险较大。

(2)承台封底混凝土高程较低,进行干施工的有效作业时间短,施工效率受到影响。

(3)本地区受到海洋季风气候影响强烈。

图 1

二、施工方法及各工序控制要点

1. 施工流程

施工流程如图2所示。

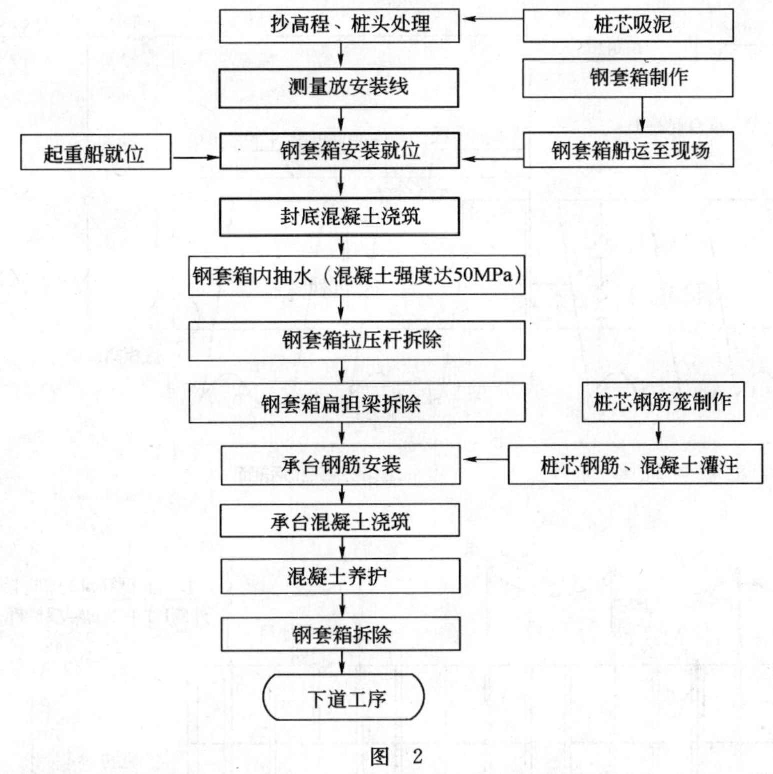

图 2

2. 施工方法和控制要点

1)钢套箱制作

钢套箱加工制作采用“帮夹底”形式。本标段共有圆形承台 246 个，钢套箱底板为一次性使用，浇筑完承台混凝土后不再拆除；钢套箱侧壁模板可周转使用，每套模板周转次数约 9.5 次；扁担梁为平面井字梁结构，浇筑完封底混凝土，且强度达到要求后拆除。

(1)钢套箱主要设计图纸

钢套箱如图 3 所示。

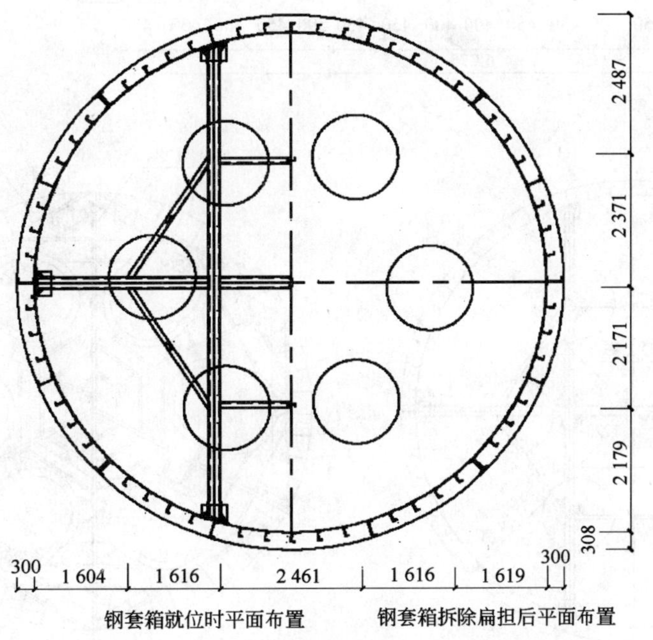

图 3

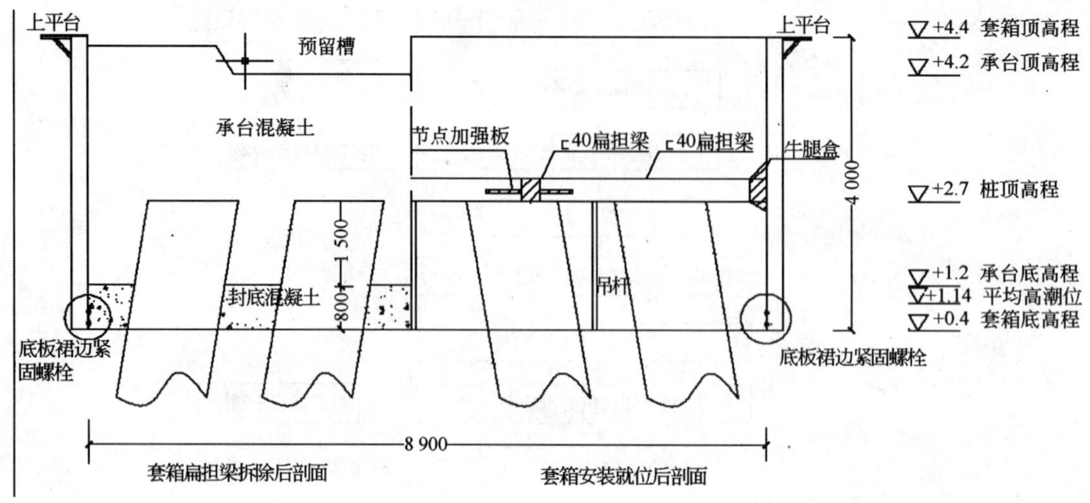

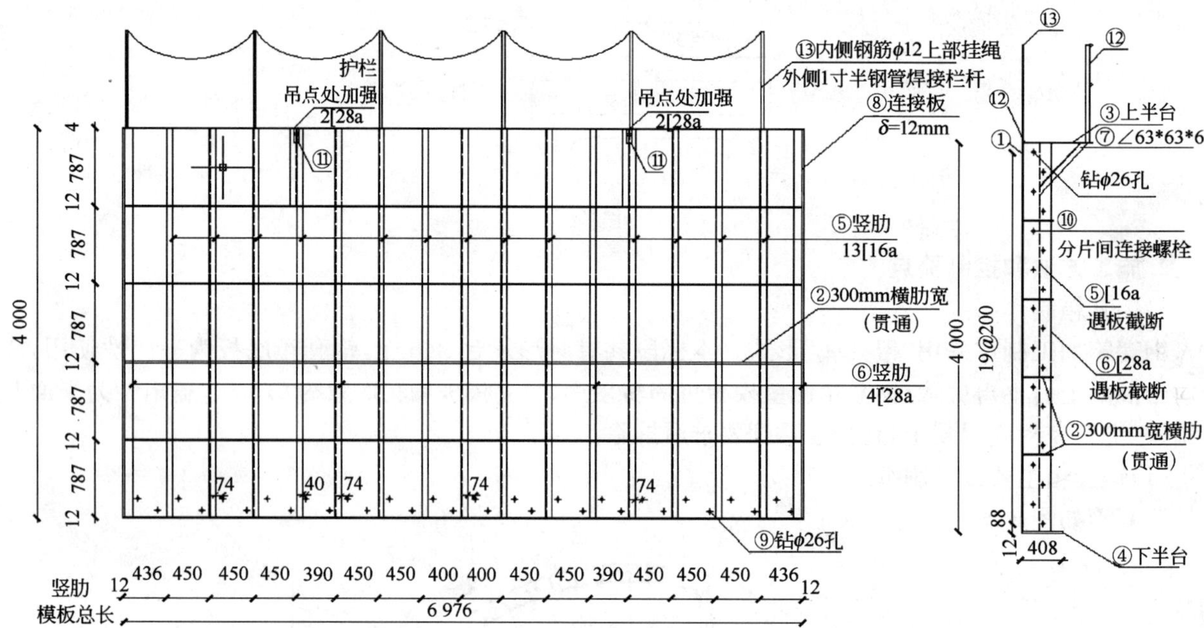

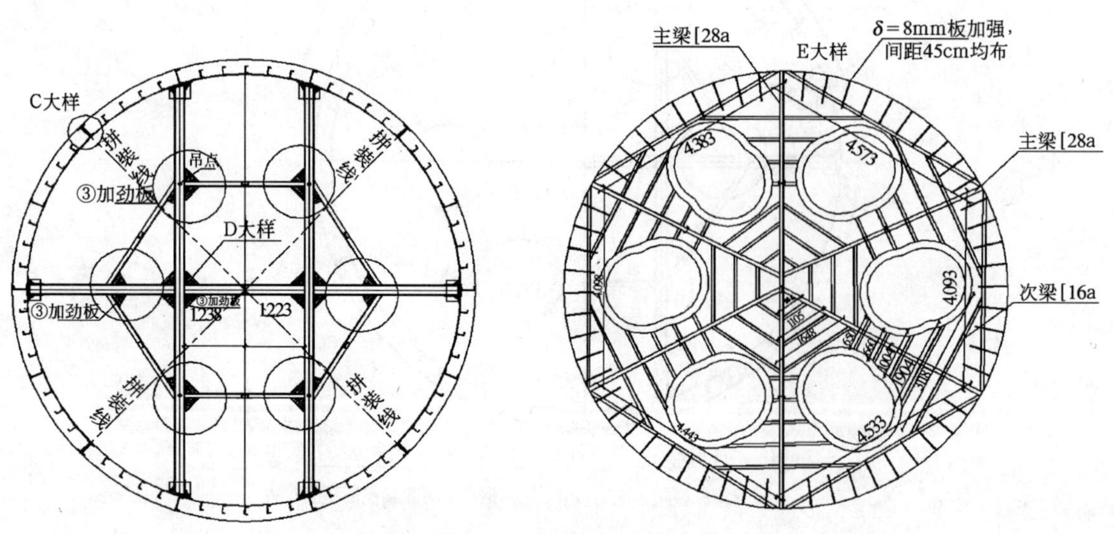

图3　套箱构造（尺寸单位：mm）

(2)钢套箱加工制作

套箱侧壁在底胎上分四片加工成型，由平板车运送至项目部临时施工码头进行拼装。钢扁担梁和底板均在临时施工码头上加工成型。套箱侧壁、钢扁担梁、底板拼装成型后由100t起重船吊至船舱内运至施工现场安装。

施工中总结出的质量控制要点：

①侧壁间止水橡胶安装完毕后，橡胶应距离套箱内壁预留2～3mm富余量，待套箱安装之后刮汽车腻子至平整。

②套箱内壁要求喷砂处理，防锈漆全部喷涂，无遗漏部位，喷涂要求底面有金属光泽，无附着物，并保持干燥，涂层均匀无流泪等现象。

③钢套箱外壁处理时应打磨干净，并且应将表面的尘土擦净后喷涂防锈漆，否则周转一两次之后就会锈蚀严重需重新补刷，影响施工。

④牛腿连接螺栓对应部位模板背部用$t=8$mm钢板作为保护板，防止封底混凝土浇筑后扁担梁造成侧壁模板变形。

⑤套箱拼装结束，外型尺寸合格后采用钢板将接缝槽钢焊接加固。

⑥栏杆按设计位置焊接，底角贴角焊接，满足强度要求。

⑦扁担梁牛腿与牛腿盒之间预留3～4cm富余量，在拆除扁担梁时操作起来比较方便。

⑧扁担梁的位置和高程至关重要，直接影响安装精度，施工时必须严格控制。

⑨钢底板板缝间断焊接，焊缝长度不少于拼缝长度的1/3。

⑩底口螺栓全部拧紧，外侧加橡胶垫，内侧螺母与底板裙板焊接，套管焊接完毕，套管内涂黄油，胶带封闭，无遗漏现象。

套箱侧壁制作：

所有侧壁模板的面板均需要在固定胎具上将定尺钢板拼接成整片，拼接时首先将钢板在胎具上压平，调好模板拼缝位置，然后焊接垫板，并采用跳焊工艺，两名焊工从两侧同时向内焊接，要求严格控制焊接变形。弧型模板面板拼接好后用龙门吊将钢板吊上加工胎具，用手扳葫芦将钢板固定在胎具两侧的固定点上，然后在面板上根据设计图纸放出围图位置线，焊接围图。围图与面板之间间断焊接，焊缝的长度、宽度等应符合设计及规范要求。围图之间焊接要求满焊，焊接过程中采取工艺措施，防止变形，影响承台施工质量。

钢扁担梁制作：

钢扁担梁在临时施工码头加工拼接，之后安装到已经拼装好的套箱侧壁上成为整体(图4)。

图 4

底板及侧壁的防腐处理：

钢套箱底板和侧壁每一分块加工完成经检查合格后，起吊移到存放区，及时做防腐处理，即先除锈后在外表面涂刷两道漆，底漆为铁红色防锈漆，表层为橘红色防锈面漆；侧壁的内表面先除锈达到设计要求，然后涂刷两道环氧富锌底漆、一遍环氧富锌中间漆以及环氧富锌耐磨面漆；内侧壁在承台顶面高程以下部分，用砂轮刷对面板的焊缝进行仔细的打磨，同时用砂纸对钢板上的浮锈予以磨砂清除，再用棉纱将面板上的灰尘等擦拭干净，经检查平整度和清洁度满足要求后涂刷环氧漆，涂装时要求油漆表面光洁度高，以保证浇筑后的混凝土的外观质量。

钢套箱拼装

钢套箱拼装在码头的拼装平台上进行。首先将钢底板拼装好，然后分别吊装侧壁，吊装前侧壁与底板连接处黏好遇水膨胀橡胶止水条，用手拉葫芦和千斤顶使侧壁与底板贴紧，保证侧壁与底板垂直，侧壁面板之间无错牙，然后用气割在底板上开螺栓孔，拧紧螺栓。为防止混凝土进入螺栓保证拆除螺栓顺利，螺栓外露部分抹黄油，包塑料布后用塑料管套好。调整套箱上口尺寸，确保无误后拧紧侧壁螺栓。防水橡胶选用焦油聚氨脂液等防水性能良好的橡胶。

2)钢套箱安装

(1)吊索具准备及挂钩方式

钢套箱设4个吊耳板，焊在钢扁担的上层主梁节点处，索具为单根使用的2根ϕ52mm钢丝，强度等级为1 670MPa钢丝扣。钢套箱安装拆除采用100t起重船。采用主钩进行吊装时，扒杆角度控制在50度之内。

(2)底板开孔

钢套箱底板的开孔必须做到准确无误才能保证安装的顺利进行。首先测量人员在切桩后用GPS动态测量每根钢管桩的偏位，根据钢管桩的偏位在CAD中进行放样，得到桩顶和底板高程处桩的位置，在现场钢底板制作过程中利用计算机放样的数据进行开孔。

(3)安装作业

安装过程中作业人员进入套箱，作业人员包括5～6起重工，2名测量工，另设专职指挥1人。起重船通过绞锚慢慢移位，当吊机位置位于每个排架中心位置时停车，将锚缆绷紧，套箱吊起后起重船转动扒杆使套箱位于桩的上部，通过起重工的观察指挥，二根缆风绳的牵动、船机左右移动和扒杆转向变幅，使每个钢底板开孔基本对准每根桩头，套箱缓缓下放，必要时通过缆风绳进行调节、定位。每根桩都从开孔处伸出钢底板后，逐渐下放，由测量工观测桩身上限位板与钢扁担之间偏差，通过船机扒杆移动调整套箱位置，直至二者对齐。套箱下放，钢扁担搁置到桩顶上。安装完毕后用GPS动态测量套箱中点的坐标，与设计坐标进行比对，偏差在允许范围内即可进入下部工序。

(4)套箱抱箍安装

套箱安装后、未浇筑混凝土前的工况是最危险的工况，必须立即将套箱加固。桩周孔用专门的钢抱箍封堵。钢抱箍与桩间设橡胶垫片以达到止浆绝缘的目的，一切准备就绪后浇筑封底混凝土(图5)。

图　5

3)套箱拆除

承台混凝土浇筑后7～10天开始进行钢套箱侧模板的拆除工作。

(1)安全防范

钢套箱侧壁模板体积较大(高度4m，直径8.9m)，自身重量约20t，因此模板的拆除存在很大的危险性，施工之前细致的考虑到每个危险点，并做好相应的防范措施，进行详细的技术安全交底工作。

(2)制作拆卸架

①钢套箱外形尺寸为直径8.9m的圆形，拆除模板时考虑到套箱从承台混凝土外侧吊出时须平稳垂直，防止侧模磕撞混凝土面及棱角；同时考虑根据钢套箱的加工数量，每套钢套箱周转的次数约7～9次。为了很好的控制套箱承受水平力而产生的变形、使套箱拆除时受力均匀平稳，我们采用拆装架对套箱进行拆除。拆装架上部采用4点吊，下部连接套箱上平台的吊点采用8点吊。

②施加部分水平张力。钢套箱侧模在混凝土浇筑后与承台混凝土侧壁黏结在一起存在一定的摩擦力和黏结力，为达到使混凝土面与模板侧壁分开的效果，我们将拆卸架下部的吊点位置向外侧移动5公分，这样可以对套箱侧模产生一个向外的水平张力，使套箱的拆除更加顺利。

③拆卸架的平面几何尺寸简图如图6。

(3)索具的设计

①四点吊采用1寸半的钢丝绳。单根钢丝扣过轮使用,长度为16m。钢丝扣长度选取的关键为在满足受力及安全系数的前提下,避免拆模操作受到潮水限制。起重船保持和承台1.5m左右安全距离的情况下,吊高 H_1 约25m,钢丝扣长度的设计应满足参数:实际高度 H(最低潮位+封底混凝土高+承台混凝土高+墩柱预埋筋高+钢套箱高度+8点吊钢丝扣长度+吊点高度+拆卸架高度+过轮钢丝扣垂直高度+安全高度)< H_1。

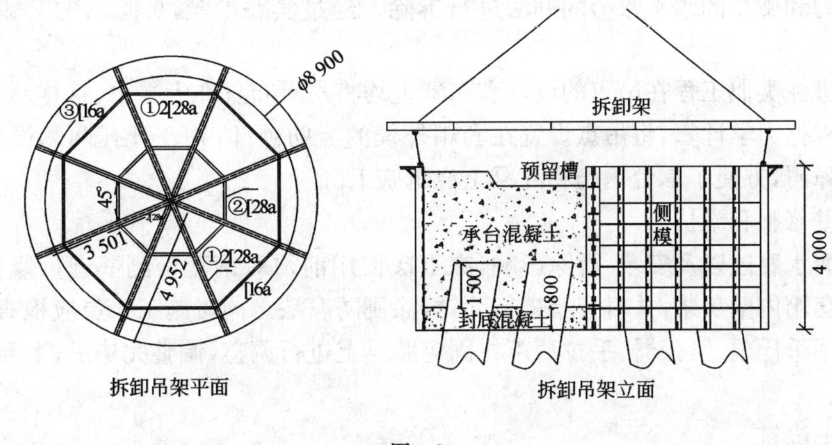

图 6

②8点吊采用7分钢丝绳。8根钢丝扣单独使用,长度为1.5m。钢丝扣的选择应使操作人员在索扣的时避免拆卸架晃动伤人。

(4)现场操作

①拆模前的准备工作。起重船驻位之前应将承台上的循环水泵和发电机提前拆除,同时将警示灯由套箱上移到承台墩柱预埋筋上(图7)。

②承台混凝土浇筑7~10天之后可以提前将部分套箱侧壁和底部裙板上的螺丝拆除。具体方式如下:套箱侧壁拆除2道对角接缝的螺栓,拆除时注意在每道接缝的最上端各保留一个螺栓不拆,待拆除套箱时换上长螺丝。套箱底部的螺丝在每个分片上(钢套箱共由4片组成)留2个螺栓不拆,待拆除套箱时再拆除。

③起重船抛锚驻位后先将套箱上的过桥梯子吊至一个承台上,然后用拆卸吊架将套箱上平台的8个吊点锁住,防止拆除剩余螺栓时套箱突然下沉,出现安全隐患。

④拆除剩余的螺栓。拆除时采用套头扳手,选择扳手的尺寸时应根据套箱竖肋的尺寸而定,避免因选择不当造成扳手在两道竖肋之间无法操作。

图 7

⑤拆除的2道拼缝螺栓在顶部换成长螺栓,带上螺母,但不拧紧而是预留一部分富余量,同时在拼缝的顶部背上铁楔子。在另外两道竖缝上部也背上铁楔子,防止起吊过程中由于套箱和承台缝隙小而破坏混凝土面和承台棱角。

⑥当套箱无法松动时用2~5t千斤顶将套箱拼缝顶开。

⑦起吊时所有人员离开承台,不得驻留在套箱内。套箱起吊要平稳,减小晃动,当套箱侧模全部被吊出后,放置在起重船仓内运回临时码头重新修理组装。

(5)工艺改进

①侧壁螺栓和底部连接螺栓的拆除比较麻烦,施工时受到潮水涨落的限制,因此加快拆除时间成为提高工效的关键。若采用气动扳手往往造成空压机倒运起来不太方便,因此我们采用常规工具配合电动

扳手的方法进行拆除，起到了很好的效果。电动扳手的优点在于其携带方便，重量轻，体积小，一般接交通船上的电源即可使用。施工时操作人员先用常规工具将螺栓拧松，然后进行下道螺栓的拆除，而被拧松的螺栓则采用电动扳手拆卸，起到了安全、省时的效果。

②按照类似工程模板拆除的经验，一般对于圆形套箱拆除不采用拆卸架。而根据本工程套箱周转次数较多的特点，为了减小钢套箱在拆除过程中的变形，提高套箱重复拼装使用的精度和质量，采用拆卸架给套箱施加竖向力和微小的水平张力的办法进行拆除。经过实践检验，拆除后的套箱变形小，拼装后精度高。

③吊点的改进。类似工程在吊点的设计和布置上均将吊点布置在上平台，这样对于人员在施工时的安全不利。我们根据力学计算，将吊点设置在套箱外模的竖肋顶部，并在开孔两侧设置加强板。这样就取消了上平台的障碍，方便了承台钢筋和混凝土浇筑施工。

4)钢套箱侧壁修整和维护

因钢套箱受海水腐蚀以及安装、拆除影响，在下次使用前须对钢套箱侧壁进行修整和维护。施工人员用角磨机清除套箱内壁灰浆，并对套箱进行除锈，涂刷防腐漆。同时施工人员应检查套箱内壁尺寸，发现超出规定偏差用千斤顶、紧张器、手拉葫芦在固定胎具上进行调整，调整完毕后，套箱内壁涂刷脱模剂。进行下一轮施工。

5)封底混凝土浇筑

(1)封底混凝土负弯矩钢筋及泻水孔

承台封底混凝土厚度80cm，采用C35混凝土。封底混凝土赶低潮浇筑，混凝土浇筑由拌和船实施。封底混凝土内设负弯距钢筋和牛腿。为了减小封底混凝土浇筑后海水浮托力对混凝土的影响，在封底混凝土内部放置2个直径20cm的泄水孔，当混凝土强度达到设计强度时再进行封孔。

(2)混凝土浇筑

套箱安装完成加固后，立即进行封底混凝土浇筑，一般浇筑时间在1.5小时左右。浇筑封底混凝土之前要对不严密的地方用土工布封堵。

混凝土浇筑前要控制好各种骨料的质量，防止承台裂缝的出现，同时施工中加强混凝土振捣质量，增加混凝土表面的拉应力。

混凝土强度达到设计强度时拆除扁担梁，进行桩芯混凝土施工及承台施工。

6)承台混凝土浇筑

现浇承台混凝土为C40海工耐久性混凝土。

钢筋、模板经监理工程师检查合格后，使用拌和船拌制混凝土，通过船用HG60型混凝土输送布料机泵送混凝土入模。混凝土拌和时严格控制材料计量，控制混凝土入模温度在28℃以下，并对拌和出的混凝土进行坍落度测定。每个墩台混凝土连续浇筑完成，插入式振捣棒振捣密实。混凝土浇筑时要控制好每层浇筑厚度，分层厚度不大于30cm，防止漏振和过振，保证混凝土密实度。混凝土浇筑到顶面，采用二次振捣工艺避免顶部松顶，浇筑完成后使用木抹子搓面，混凝土终凝后采用蓄水法养护。

7)混凝土养护及冷却水循环

混凝土的养护采用蓄水养护，在混凝土表面铺一层土工布，水驳靠近承台进行蓄水养护。采用架设在套箱上的小型发电机及水泵抽水进行冷却水循环。混凝土浇筑完成后，立即进行通水，第一时间降低承台混凝土内的水化热。在混凝土浇筑初期由于预留槽模板未拆除，无法对承台顶部进行蓄水养护，需要加工一个4立方的水箱，安放在套箱上作为临时的养护淡水资源，以保证在混凝土浇筑完毕后就可进行淡水养护。待预留槽模板拆除后再进行蓄水养护。

三、结　语

金塘大桥IV-D合同段承台施工经过严格质量控制，施工的承台内外质量良好。

66. 金塘大桥 60m/1 600t 箱梁预制场规划和总体稳定性分析

陈 辉[1] 张子新[2] 谢 华[1]
(1. 中铁四局集团第二工程有限公司;2. 同济大学)

摘 要 本文结合国内首次采用的双机联动大跨度 900t 轮胎搬运机陆上移运整孔箱梁并装船的总体方案,对金塘大桥 60m 箱梁预制场进行总体规划布置并进行总体稳定性分析,以满足现场安全使用要求,摸索总结出此类制梁场的成功经验,推广在以后桥梁建设中使用。

关键词 双机 900t 轮胎搬运机 总体稳定性

一、概 述

1. 工程概况

金塘大桥非通航孔桥 470 孔 60m 箱梁预制的合同工期 30 个月,合同总造价 7.78 亿,包括预制场地建设、箱梁场内移运存储、出海码头的修建及梁体出海装船等。根据建设单位的总体规划,金塘大桥箱梁预制场设置在金塘岛沥港码头南侧一块围海填筑而成的滩涂区上。

2. 预制场地特点

1)工程地质条件

预制场处于地势低洼的海岛边缘,属海积平原地貌,场地原为农田和菜地,现场表面部分分布有厚度不一的人工填土,其场地地质条件非常复杂(图 1)。

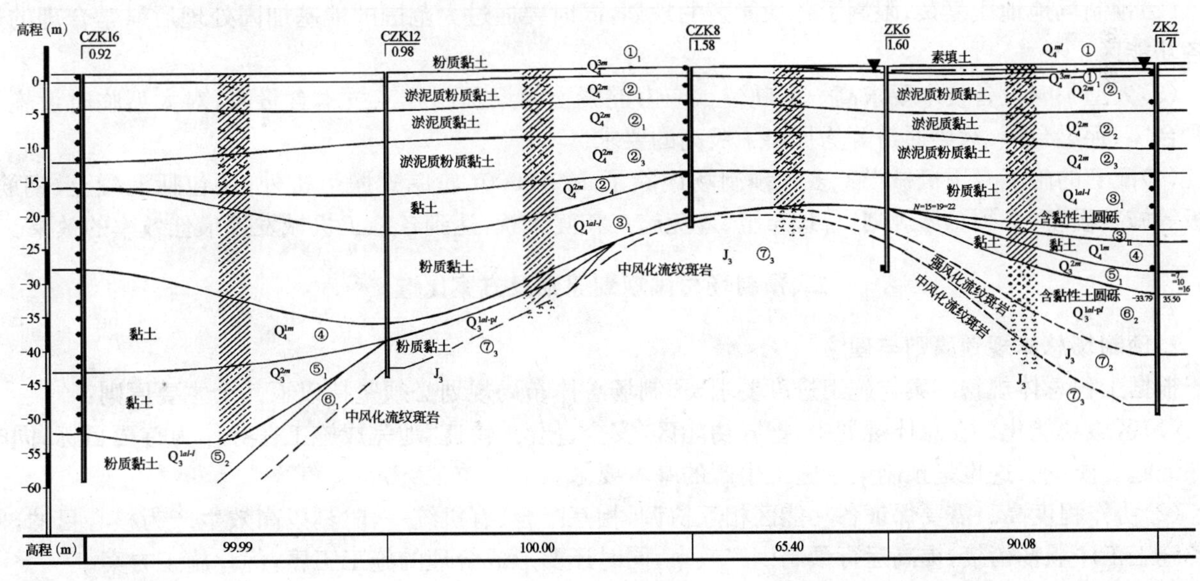

图 1 地质剖面图

(1)软弱土层埋深浅、厚度大、承载力低、压缩性高,地下水位埋深浅,因此土层承载力低,难以承担预制梁堆场荷载大,变形控制严格的要求。

(2)地层变异非常严重,部分地层缺失,导致地层分布起伏非常大,容易使基础在大荷载作用下发生滑移或剪断破坏,因而提高了对基础设计的要求(图 2)。

(3)场地地下水非常丰富,受大气降水和生活用水下渗补给,透水性差,因此大大降低了地基土的物理力学性质。

(4)场地靠近海边，海岸存在一堤坝，如果地基处理不当而导致地层在附加荷载作用下产生大位移，进而使海堤发生过量沉降或向海滑动，将直接影响堤岸稳定性和正常运营。

图2 中风化流纹斑岩顶板等值线图

该梁场场地土层为：场地上部①层为新近填土，性质不均，不能利用其作为天然地基基础持力层；①1层粉质黏土俗称“硬壳层”，分布广泛，厚度1.0～1.5m；下伏②1、②2、②3层流塑状淤泥质土厚度大，具有高含水量，高灵敏度，低透水性，高压缩性，物理力学性质差等特点；其以下③层黄色硬土层，分布广泛，呈可塑状态，中等压缩性，力学性质较好；④层灰色黏土，比③层土体物理力学性质稍差，为相对软弱层；⑤1及其以下各土层，呈硬塑状态，⑦3层中风化流纹斑岩为场地稳定分布的基岩，埋深大，力学性质好，强度高，为良好的钻孔灌注桩桩基持力层。各土层和基岩层起伏很大，地质条件较差，需进行大量复杂的地基加固处理。

2)水文气象条件

场地属亚热带季风气候区，灾害性天气较多：春季降水丰沛且持续时间长；夏季受太平洋副热带高压控制，盛行东南风；秋季天气干燥，冷暖变化大；冬季非常寒冷，温度低。施工区域受台风影响非常频繁，平均每年3.9次，最多的年份有7次，严重影响(风力在10级和12级之间)和极大影响(风力大于12级)占很高比例，而且风速非常大，台风过程中伴随大量的降雨。同时区域内又受雾的影响非常大，年平均雾日为16.3～33.5天，最多年份为29～52天，其中以春雾持续时间长、范围广、浓度高、能见度低。这些恶劣的环境无疑加大了施工的难度。

根据本工程总体施工要求，以及结合预制场地复杂的地质条件，该预制场主要有以下几个特点：

(1)预制场规模大。

(2)预制场地地质复杂，限制了各功能区的规划，同时要通过大范围的地基加固处理后科学合理的规划各功能区。

(3)大型临时设备技术要求高。大吨位预应力混凝土箱梁预制施工技术含量高，对大型临时设施如制梁台座、存梁台座、运梁通道等均提出了极高的要求。

(4)配套的施工专用机械设备多。预制场内除了100t、900t轮胎式搬运机外，还包括混凝土、钢筋、模板等施工设备，必须总体规划、合理布置、避免施工相互干扰，达到各施工机械发挥最佳效率的效果。

二、预制场总体规划原则及方案比选

1.预制场总体规划原则与理念

根据工程总体规划方案与施工进度要求，预制场总体布局规划必须坚持以下几个主要原则：

(1)区域功能化。在总体规划中，把各功能区“安全、便捷、快速”地完成施工任务作为首要目标，同时要保证施工质量。这也是预制梁场施工生产的基本要求。

(2)协作程度高。需要保证各功能区相互协调、相互配合、有机统一，时刻以高效生产为核心目的，保证各施工工序顺畅衔接，提高运行预制生产效率，同时还要形成合理的施工工序，优化施工方案。

(3)施工机械化。各功能区设计规划需为各机械化施工设备提供便利通道，以及相应完善的配套设施，从而最大程度发挥机械化设备的运作效率。

(4)管理现代化。合理科学的布局规划是保证现场管理规范化、现代化、科学化的基础。高效的规范管理能确保生产质量、工期要求。

因此，整个预制场布局规划主张“布局科学化、分工合理化、施工流水化、设施配套化、环境生态化、生产高效化”的理念，坚持施工生产工厂化、施工手段机械化、施工控制数据化、施工管理规范化、施工环境园林化。各功能区协作程度高，占用资源空间少，从而形成分工有序、整体统一、高效联系的综合一体化预制梁场。

2. 预制场总体规划方案比选

考虑到预制场总体规划方案的大局意义，需要进行各种方案的比选。而场地规划首先决定于制存梁台座布置以及箱梁移运方式，因此需先确定制存梁功能区与搬运方式。表 1 为各种方案介绍以及优劣点。一般情况下，整孔箱梁在预制场内移运方案，可采用设置专用滑道的滑移方案或配置专用轮胎式或轮轨式搬运设备的搬移方案。

预制场总体规划方案比选 表 1

序号	方 案	优 越 性	缺 点
1	轮轨式方案 6 个制梁台座+18 个存梁台座	具有此类较成熟的设备；设备投入相对较低	受场地形式限制，制存梁台座布置数量偏少，履约能力差；轨道地基加固处理，成本较高
2	纵横移滑道方案 8 个制梁台座+24 个存梁台座	国内大型梁场采用过滑移方案，类似工艺成熟	滑道基础处理费用较大，成本高；投入大型装船门机
3	轮胎搬运机方案 8 个制梁台座+24 个存梁台座	履约能力强；基础处理要求低；施工灵活方便；单台 900t 设备可利用到铁路 32m 箱梁施工	一次性购买大型设备投入较高；两机联动大吨位搬运机为国内首次开发、研制，具有一定风险

经过充分比选，本项目决定采用轮胎搬运机方案，即设置 8 个制梁台座+24 个存梁台座，以及两台 900t/43m 轮胎式搬运机协作抬吊一孔 1 600t 混凝土箱梁进行场内移运和出海装船的搬运方式。同时，为满足现场使用要求，两台搬运机可同步以直行、斜行和横行等多种运行模式工作。该方案优势还有：

(1)作业效率高，一套设备可满足(8 个制梁台座)月生产和架设 40 孔箱梁的需要。

(2)机动灵活，通过轮组原地 90°转向能够载梁作纵横向运行，较之于滑移和轮轨式方案方便了预制场的总体规划。

(3)地基处理费用低，由于搬运机轮胎对地压力相当于载重汽车满载的对地压力，运梁通道地基仅需进行简单处理。

三、预制场总体规划

根据箱梁预制、移运总体施工方案和工期要求，针对预制场面积大、场内施工设备多、专业化程度高等特点，为了确保预制场能够“快速、有序、高效”运行，预制场进行了整体规划。整个预制场南北长度约 310m，东西宽度约 510m，占地面积约 15.6 万 m^2，主要包括施工生产区和办公生活区两部分。总体规划情况见图 3。

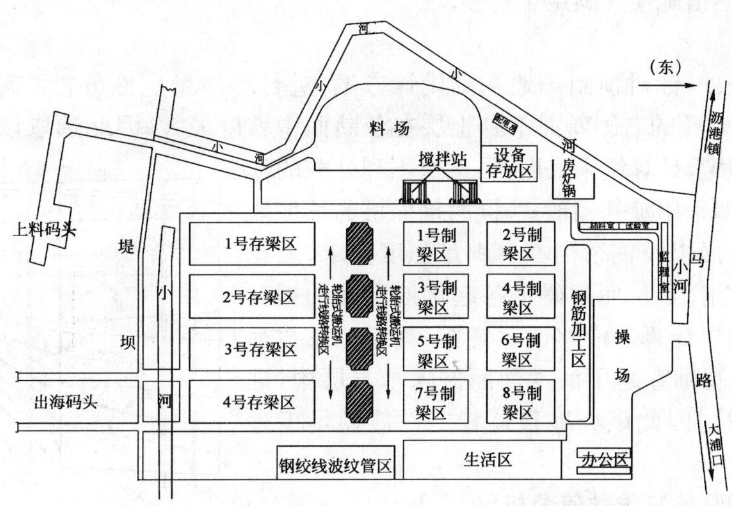

图 3 梁场总体规划

施工生产区规划遵循“施工便捷、组织有序、流水作业、高效生产”原则。整个生产区以制梁台座为核心，东侧为钢筋加工区，北侧为混凝土搅拌站，东北侧为电气设备等辅助区，南侧为预应力筋束加工、制作区，便于制梁台座施工生产箱梁。

存梁区设置在制梁台座的西侧，同时靠近西侧的出海码头，尽量减少箱梁移运距离，便于搬运，制存区之间设置运梁通道。

圣火办公区规划遵循“以人为本，信息流畅”、“便利、舒适、整洁、绿色”的理念，位于预制场的西南侧方向，区内各种办公设备、通讯网络系统、生活娱乐设施完善，体现对人需求的关怀；周边绿化好，环境洁净，体现了对生态化环境的重视。良好的环境使员工上班专注于工作，信息流通顺畅、及时，休息时间业余生活丰富，从而营造一个宽松、优越的信息化、多彩化、生态化的工作氛围。

四、预制场总体稳定性分析

在海域陆地形成过程中，由于是大面积淤积，软弱土层埋深浅、厚度大、强度低、压缩性高，各地层分布以及其下卧基岩层起伏非常大，因此在制、存梁场地大面积荷载作用下，容易使基础发生滑移或剪断破坏，也极易引起软弱土层沿着岩石和土层交界面产生滑移失稳现象。同时由于存梁场地临近海堤，预制梁的堆放将导致海堤的主动区超载大幅增加，海堤边坡稳定性安全系数将会降低，所以确保控制制存梁场地地基的整体变形和滑移对大堤的安全至关重要。

1. 制、存梁场地基础整体稳定性

根据地质勘探资料，本场地地质情况非常复杂，且位于一个潜在的滑坡体上，同时整孔预制的箱梁技术难度大，对基础变形要求非常高，因此控制基础的不均匀沉降和保证基础的整体稳定是基础设计的关键环节。大面积存梁堆载以及施工过程中的轮胎搬运机搬运重载，将会大大加重基础所承担的附加荷载，为确保箱梁预制的高质量，需保证大面积堆载下场地基础的单体和整体的稳定。

1)预制场地基础设计方案

基于本场地所处地基的特殊性，如果场地基础设计方案设计不当，将会导致基础滑移或破坏、地层不均匀沉降、水平位移过大等，如桩基的水平滑移或剪断，相邻地层间滑移错动现象，场地边缘堤坝位置由于地层挤压而整体失稳。

通过对制、存梁台座基础的钻孔资料进行的综合分析，基于了制存梁基础的整体稳定性解析计算结果和数值分析结果，给出了每个制存梁台座基础的地层分布图及其力学特征指标。最终确定了采用不同桩长的基础形式，以达到安全、经济的目的。对制梁台座基础，采用了两根直径1.2m的钻孔桩，保证基础穿越计算出的滑移面。还有对于制梁台座的中间弹性地基由于对承载力和沉降的要求以及具体的地质条件较差，采取了加固措施使其满足工程要求。

2)场地基础稳定性

根据场地的地质条件，针对预制场地基础设计方案，进行整体稳定性分析。对于制梁场地，由于2号、4号、6号、8号制梁台座的右侧断面下卧土层在各断面中坡度最大，因此选取该典型断面进行计算，基于圆弧面的滑移面假定，计算结果表明：虽然最不利外载的作用下，但是由于制梁场地采用桩基础形式，同时确保桩的长度能足够穿透了地层的滑移面以及桩结构本身满足强度要求，因此桩基础提供了强大的抗滑力，从而阻碍了各起伏地层间的相对滑移。图4为该断面地层计算的滑移面示意图，其安全系数远大于1.2，图中表明，桩基础穿越了滑动面而嵌入基岩层中，抑制了相邻地层间的滑移，因此该场地整体稳定性能满足工程要求。

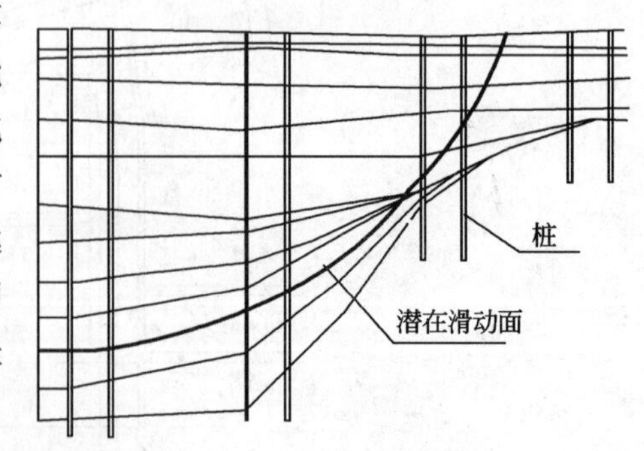

图4 计算断面地层的滑移面示意

2. 存梁场地及堤坝整体三维数值分析

存梁场地采用轮胎式搬运机将预制梁逐片运出，在运梁过

程中，由于搬运机作用在道路上的超载以及存梁场地的箱梁荷载，会对临近的海堤造成影响，进而会影响到梁场场地临近海堤整体稳定性，威胁海堤的正常运营。综合分析，当搬运机运行至码头栈桥处，距离堤坝最近，此时堤坝以及临近堤坝的存梁场地边缘正处于最不利荷载作用的情况。本文主要根据实际的运梁工况以及存梁场地所在的地质条件，计算运输状态下地层变形情况以及道路超载对海堤的最不利影响。受力简图如图 5。

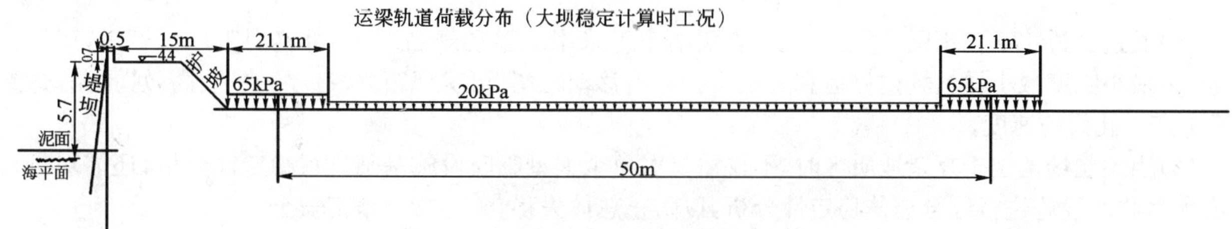

图 5 最不利荷载工况的计算受力简图

1)计算模型

在数值模拟中，将大堤简化为板结构进行考虑，对于道路下方的地基加固，简化为－2.5m 厚的板结构。运梁机轮胎作用在地面上的超载采用均布面荷载，荷载作用面为 4.74m×21.1m 的长方形。计算模型示意图见图 6、图 7。

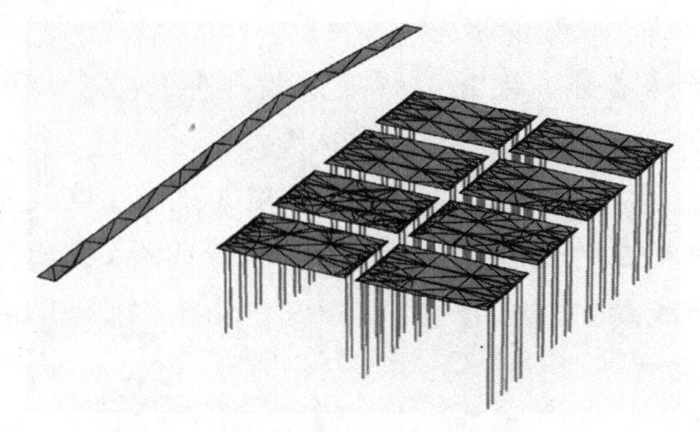

图 6 结构部分计算模型示意

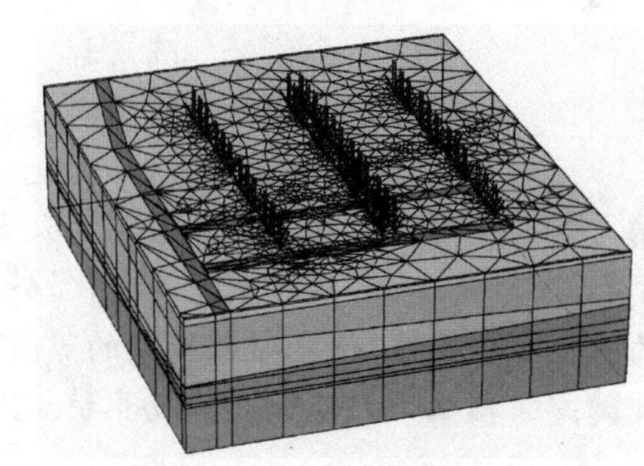

图 7 整体计算模型示意

2)计算结果及分析

运梁超载对于大堤稳定性的影响主要体现为大堤变形。图 8 表示在此受力状态下，整体地面变形以及大堤变形云图。图 9 给出了大堤在此受力状态下的附加变形云图。计算表明：

图 8 搬运机荷载作用下的地表附加变形云图

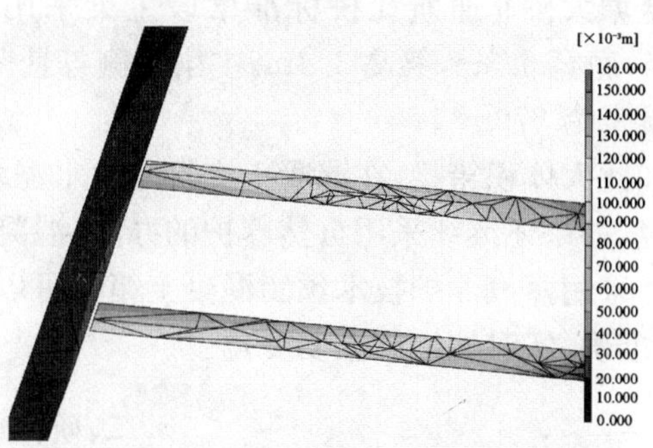

图 9 海堤在道路超载作用下的附加沉降云图

(1)考虑大堤一侧的搬运机轮胎下方地面沉降最大，达到了 152.2mm，由于在模拟计算中，将道路下方 2.5m 厚的加固层简化为板结构，在一定程度上弱化了加固土体对沉降的限制作用，故计算的地面沉降偏大。

(2)大堤的最大水平位移发生在搬运机中心轴对应的堤坝截面背海一侧，为 18.3mm，根据相关堤坝工程规范，完全满足规定的要求。

(3)由于群桩基础沉降影响范围较小,存梁区域左侧的海堤与存梁基础最近距离约为34m,群桩沉降对于海堤影响很小。海堤位置地表最大沉降仅为5mm。对于大堤路面,产生了约3.5mm的不均匀沉降,大堤宽4m,因此不均匀沉降引起的坡度为3.5mm/4 000mm=0.088%,远小于重力坝设计规范的1%容许坡度。

五、结　语

(1)通过全桥470孔箱梁的施工实践,表明本小组采用的梁场规划形式,可实现工厂化管理,程序化作业,可最小限度减小材料场内移运和大型设备场内移动距离,可实现箱梁"有序、快速、高效"预制,达到6天生产一孔梁的速度。

(2)当预制场地位于复杂地质区时,不仅需要对单个大型临时设施基础进行稳定性分析,还需对场地所有大型临时设施进行综合总体稳定性分析,以防止总体失稳,确保梁场施工安全。

67.金塘大桥60m预制箱梁蒸汽养护自动化控制技术

陈　辉[1]　张胜利[2]　代　华[1]　彭龙超[1]

(1.中铁四局集团第二工程有限公司;2.浙江省舟山连岛工程建设指挥部)

摘　要　采用蒸汽养护技术预制混凝土箱梁可以进一步提高梁的品质,缩短施工周期,该技术的难点在于严格、准确、实时地控制温度变化,针对通常施工中存在的设备简陋、温控粗放等问题,提出了一套完整的温度自控系统,使混凝土箱梁的蒸汽养护工艺更加成熟、完备、可靠。

关键词　箱梁　混凝土　蒸汽养护　温度控制　自动化

一、概　述

金塘大桥预制场地位于海中孤岛,冬季受强寒潮的影响,气候变化复杂,最冷月平均气温为+5.8℃,最低气温为-6.1℃,日温差高达10余摄氏度。

金塘大桥非通航孔桥标准梁段主梁采用单箱单室直腹板箱型截面,单幅桥主梁梁长60m,顶宽12.3m,底宽6.3m,梁高3.4m;主梁两侧各悬臂3.0m,悬臂端部厚度20cm,悬臂根部厚度45cm。单片箱梁混凝土为570m^3。

如此大体积箱梁,在混凝土浇筑之后水泥水化放热,致使内部温度很高,内外温差太大,易使表面出现裂缝,如果还继续采用自然养护的办法,混凝土的施工质量难以保证,强度也增长缓慢,势必影响施工进度。采用蒸汽养护技术预制混凝土箱梁可以进一步提高梁的品质,缩短施工周期,该技术的难点在于严格、准确、实时地控制温度变化。

二、研究的必要性及设计理念

在我国目前的箱梁预制施工中,随着施工技术水平和机械化程度的提高,不同程度地使用了蒸汽养护技术,它可以有效提升混凝土箱梁的品质,明显缩短制梁的周期,并能较严格保证产品的技术指标。但是至今为止,国内大部分的制梁场的温度测量和控制工作都是靠人工来完成的,人工操作时,测温点少,测温间隔比较大(半小时一次或一小时一次),普通仪表精度低,不能完全真实、实时地反应实际的温度情况,很难保证蒸汽养护个阶段温控的有效性和准确性,特别是升温和降温速率难以控制,因而测温温度、控制的误差大,混凝土箱梁的高质量要求很难保证,限制了该技术的进一步的应用。且同时由于本工程

60m 箱梁体积较大，并且分割成几个相对独立的空间，空间跨度也比较大，并不是同一个完全密封的空间，造成温度的测量和进行自动控制较难。

近几年出现了一些混凝土蒸汽养护自动控制系统，在混凝土轨枕、水泥管、混凝土管片、管桩等生产厂家也得到了成功的应用，技术也很成熟；但是如果使用到桥梁的自动控制项目上，依然可能存在如下的问题：

(1)由于设备投资或传统技术的局限，致使同一孔箱梁的测温点和控制回路过少。根据对混凝土轨枕蒸汽养护池(体积大概是 64m 箱梁的 1/4)的实验，在恒温开始的时候，蒸养池内不同的测温点之间的温差一般有 4～6℃，极限情况有 12℃。如果测温点和控制回路过少，就不能真实反应箱梁蒸养的实际情况，所谓的自动控制，也只是对测温点周围一部分混凝土而言是有效的。

(2)传统上的温度测温一般使用的是热电偶或热电阻，受施工场地、安装位置的限制，必须使用长的保护套管将温度传感器伸入蒸养棚内进行测温，带来使用上的不方便；即使安装了多个传感器，信号的传递也是一个问题，因为普通的电缆是不能长时间在蒸养棚可靠工作的。

针对以上的问题，采取如下的思路：

(1)通过布设采温点，采集 6m 节段梁及第一孔工艺梁不同部位、不同时间点的温度，绘制出适合海工耐久性混凝土的温度蒸养变化曲线。

(2)采用“大范围多点测量、分段控制”的方法，将整个箱梁视为 4 段测量温度和进行温度控制，每段在不同侧面各安装一个数字温度传感器，对应于每个传感器安装一组蒸汽出口，使用电动阀进行反馈控制。对每一孔混凝土箱梁而言，就有 8 个测温点和 8 个控制回路，相对接近实际的温度分布情况。有效解决箱梁内温度梯度差及梁体与外部环境温度差(图 1)。

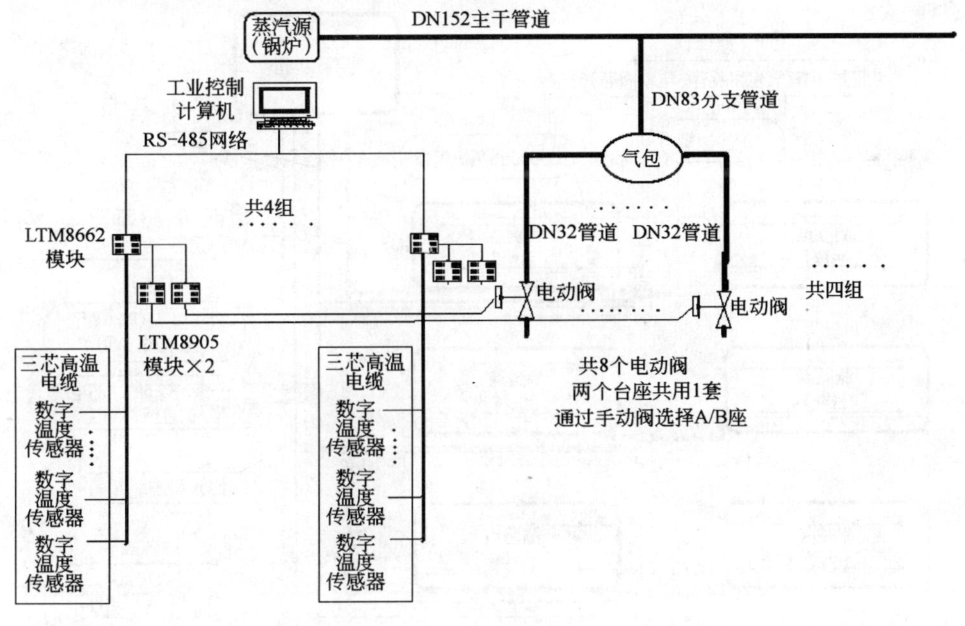

图 1 蒸汽养护

(3)大体积混凝土的温度养护测量控制系统是否成功的关键，在于温度测量。选用最新的数字温度传感器和高温电缆，解决了温度传感器安装难、布线难的难题。与传统的热电偶、热电阻相比，在水泥制品的蒸汽养护方便，具有不可比拟的优势。

(4)完善蒸养技术：选用高精度的数字温度传感器和耐高温电缆，可以很方便地深入到全梁的各个部位，准确、真实测量全梁内外的温度。控制系统可方便设定工艺曲线。允许各梁处于不同的蒸养阶段，能单独或同时对各个台座上生产的桥梁进行温度检测、控制、记录、打印。有实时温度超差报警等功能，可查阅历史温度记录数据并集中打印温度控制曲线。

三、实 施 方 案

1. 系统构成

整套60m箱梁自动化蒸汽养护系统是由控制系统、供汽系统、信号系统和养护棚罩系统等几部分组成。

控制系统是在专用蒸汽养护控制室内由专人进行操作，由研华工控计算机工作站、分布式远程通讯测控模块、数字温度传感器、蒸汽阀门电动执行器而组成的一个高性能蒸汽养护控制系统。信号系统由信号传输和温度采集两部分组成。信号传输采用RS-485总线电缆和电源电缆分两个管走线，且预埋，这样走线与空中布线相比，能有效去除干扰和防雷击。在每两个台座之间设置一个分布式远程通讯测控模块，减少从控制室出来的通信电缆，降低施工难度，也可有效降低信号电缆间的干扰和成本。温度采集部分采用在箱梁侧模外侧对称布置8个测温点，安装高精度温度传感器测量箱梁表面温度。供汽系统由锅炉和供汽管道两部分组成。锅炉采用2台4t燃煤锅炉，设置在专用锅炉房内，并有专人操作和日常维护。供汽管道部分主管道采用DN152钢管，在每两个台座的端头处分成四根DN83的辅管道，再通过气包分成8根DN32支管道进入箱梁养护棚内，分别输送蒸汽给制梁台座上的不同部位的蒸养管，蒸养管上每隔30cm斜向打一直径为2mm的喷孔。在每根DN32管道蒸汽进口位置，安装电磁阀控制制梁台座的8个测温点的供汽量，操作人员在控制室可通过工控机终端将由三芯高温电缆通过数字温度传感器测得的温度反馈至控制模块自动调整每个支管道的供汽量。养护棚罩系统是由顶面覆盖和侧面覆盖两部分组成。顶面采用5cm厚双层泡沫板作为面层，采用工字钢及角钢作为骨架支撑系统，侧面采用密挂篷布覆盖(图2)。

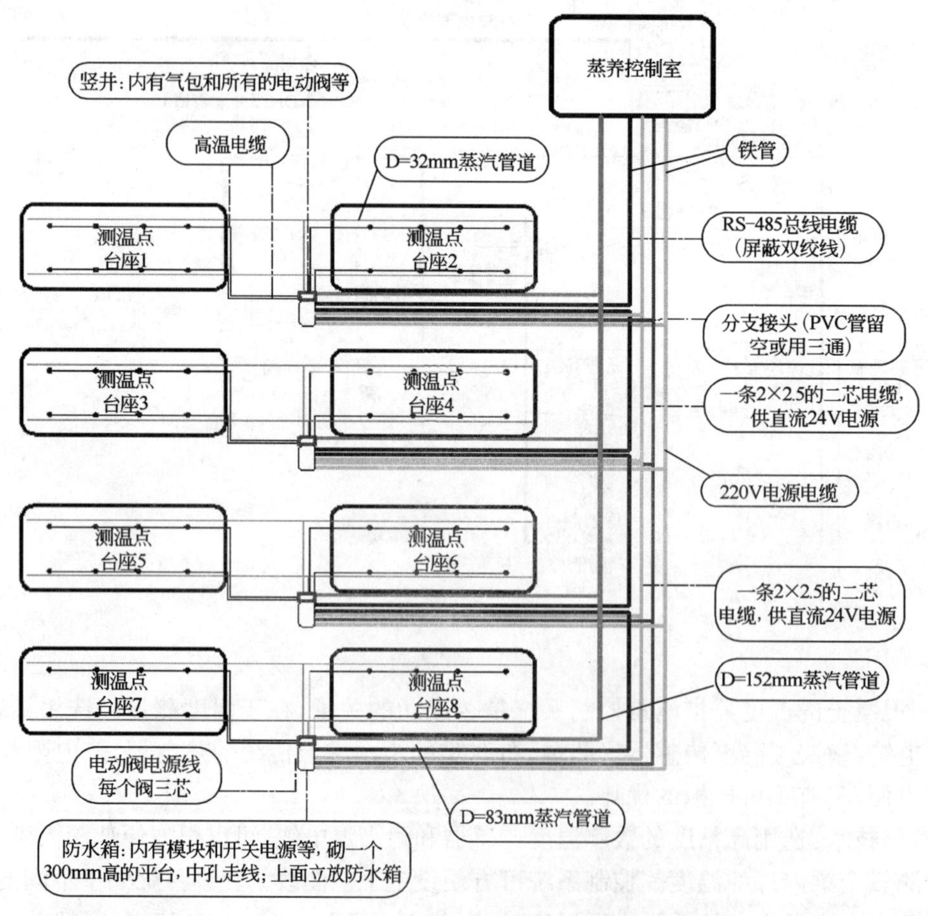

图2 系统平面布置

2. 系统功能

(1)系统温度工艺控制曲线如图 3 所示。

①若初始温度 $T_{02}>T_0$ 时,则按曲线 C 进行控制。当 $0\leqslant t<t_0$,即在静停阶段时,系统给出关阀信号,调节阀关闭。

当 $t_0\leqslant t<t_1$,即在升温阶段,系统以 $t=t_0$ 时的实际温度 T_0 作为升温温度的起点,每隔一定时间计算一次给定温度。

当 $t_1\leqslant t<t_2$,即在恒温阶段,给定温度为恒温温度。

当 $t_2\leqslant t<t_3$,即在降温阶段,给定温度以 0.25℃/min(15℃/h)斜率下降。直到降温时间则结束对该池的温度控制。

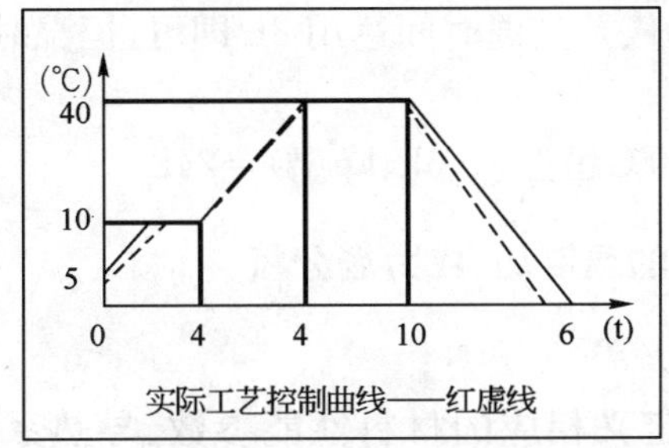

实际工艺控制曲线——红虚线

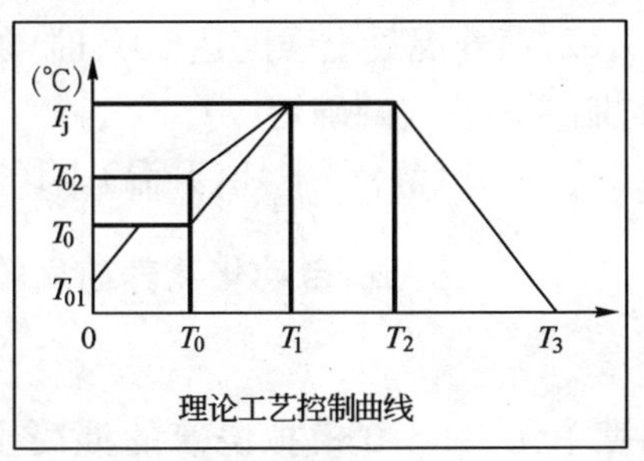

理论工艺控制曲线

图 3 蒸养系统温度工艺控制曲线

图中:T_0——初始温度　　T_j——恒温温度　　t_0——静停时间

$t_0\sim t_1$——升温时间　　$t_1\sim t_2$——恒温时间　　$t_2\sim t_3$——降温时间

曲线 A 为工艺给定温度控制曲线。曲线 B 为初始温度 T_{01} 时的温控曲线。

曲线 C 为初始温度 T_{02} 时的温控曲线。

②若初始温度为 $T_{01}<T_0$ 时,在静停阶段则以 T_0 为设定值,开启电磁阀,将温度升至 T_0。

(2)记录方式:计算机采集数据,数据曲线显示或数字显示。

(3)静停时间:可在线修改;升温时间:可在线修改;恒温时间:可在线修改;降温时间:可在线修改;恒温温度:1～99℃,可在线修改。

(4)测温精度:≤±0.5℃

(5)温度显示分辨率:1℃

四、混凝土温度变化研究及养护参数初步确定

1. 箱梁混凝土温度变化研究

在金塘大桥初期 10 片 60m 箱梁预制过程中,通过布置测温探头,采集箱梁不同部位混凝土内部实时温度,绘制出箱梁混凝土水化温升曲线图(图 4)。

(1)混凝土的水化热下降规律

梁的肋板每小时降温约 0.52～0.56℃,底板每小时降温约 0.16～0.46℃。

(2)蒸养环境下,箱梁混凝土与环境的温差变化规律

根据前面数据得出,经过 36h 后箱梁内部温度与外部环境温度的差值在 15℃之内,因此,可选择此时进行箱梁模板的拆除工作,以防止梁体由于温差过大而出现早期裂缝。

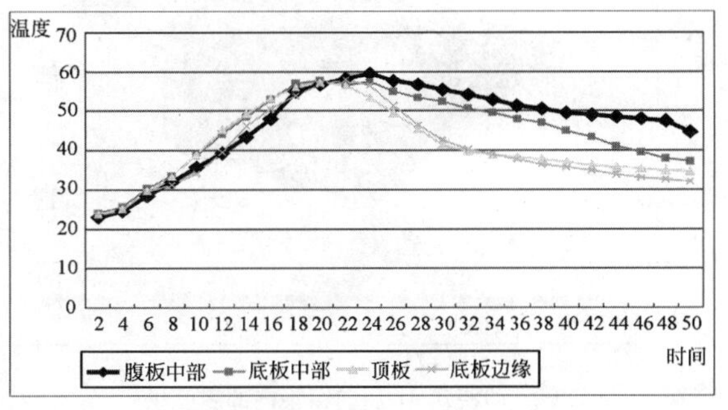

图 4 60m 箱梁各测温点温度变化曲线

2. 养护参数的初步确定

(1)升温时间计算

假设环境环境温度为 $t_1=5℃$,混凝土养生恒温温度为 $t_0=40℃$,升温速度 $v_1=10℃/h$,根据相关规定,升温时间为 $T_1=(t_0-t_1)/v_1=(40-5)/10=3.5h$,取4h。

(2)降温时间计算

拆模允许温度 $t_2=t_1+10=15℃$,降温速度 $v_2=10℃/h$,根据相关规定,降温时间为 $T_2=(t_0-t_2)/v_2=(60-15)/10=4.5h$,结合对客运专线箱梁混凝土研究的结果,取降温时间为6h。

(3)恒温时间确定

查《建筑施工计算手册》(中国建筑工业出版社),对于采用硅酸盐水泥的混凝土,在当60℃恒温时、水灰比等于0.4、蒸养混凝土强度达50%时,恒温时间为9h;结合我公司混凝土试验结果,在当40℃恒温时、水灰比等于0.32、蒸养混凝土强度达50%时,加静停及升温时间达用8h即可,恒温时间采用10h。

(4)蒸汽养护制度表达式的确定

4h(静停)+4h(升温)+10h(40℃恒温)+6h(降温)=24h

五、自动化蒸养前后箱梁的温度场、应力场分析

1. 模型建立

选择三维温度单元solid70模拟浇筑的混凝土,定义相应的材料性能参数、导热系数、密度和比热(表1)。根据箱梁的实际施工情况,模拟实际对流和水化热生成情况。设定混凝土浇筑为两种情况:

(1)冬季施工,混凝土浇筑温度为6℃,外界温度5℃,同时考虑自动化蒸汽养护措施(蒸养的温度将作为一个温度荷载加到箱梁边界上去)。

(2)冬季施工时,混凝土浇筑后,进行养护时,未采取自动化蒸养措施的情况。

C50混凝土热物理性能参数表 表1

导热系数 kJ/(m·d·℃)	比热 kJ/(kg·℃)	放热系数 kJ/(m^2·d·℃)	密度 kg/m^3
200	0.96	240	2 650

2. 计算假定条件

在升温阶段,混凝土受热膨胀产生压应力,但此时混凝土弹性模量较小,因此压应力也较小,本文忽略升温阶段产生的压应力作为安全储备,直接从降温阶段开始计算混凝土的拉应力(图5)。

3. 计算结果

1)冬季施工箱梁的温度场与温度应力场(考虑自动化蒸汽养护情况)

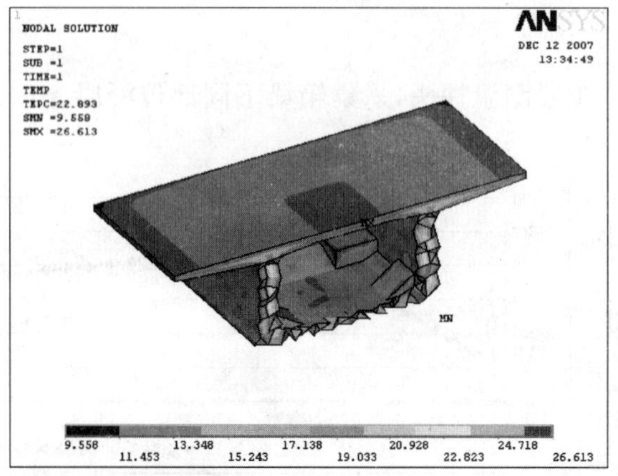

a)浇筑4h后的箱梁内部温度场

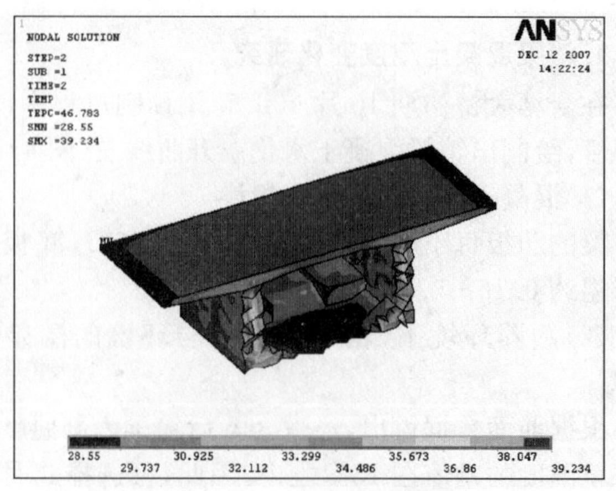

b)浇筑8h后的箱梁内部温度场

图 5

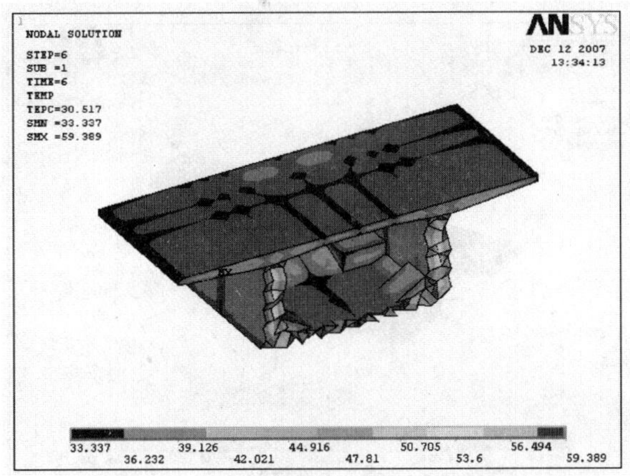

c)浇筑 24h 后的箱梁内部温度场

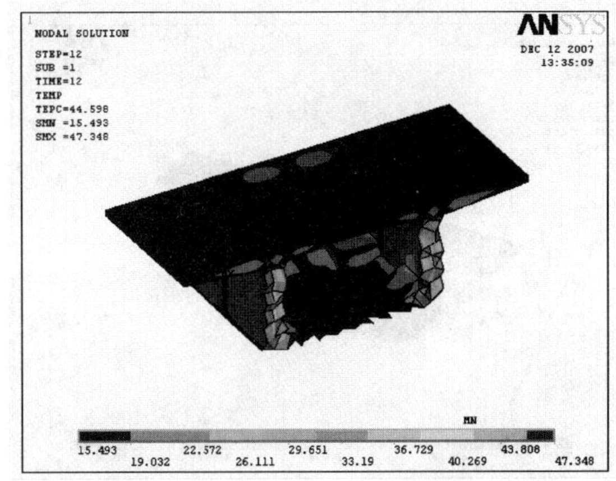

d)浇筑 48h 后的箱梁内部温度场

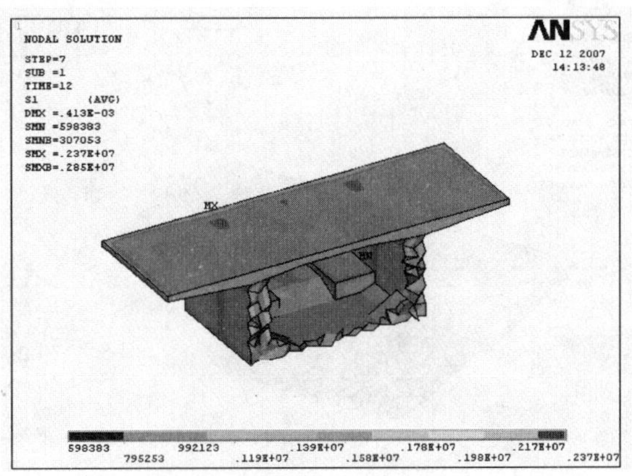

e)浇筑 48h 后的箱梁内部温度第一主应力场

图 5

2)冬季施工箱梁的温度场与温度应力场(未考虑自动化蒸养养护情况)(图 6)。

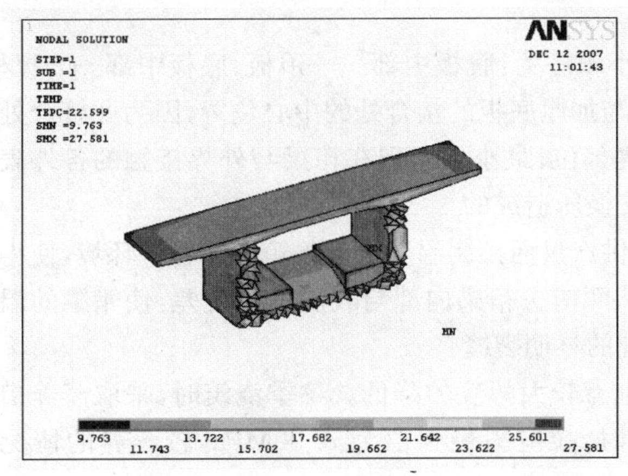

a)浇筑 4h 后的箱梁内部温度场

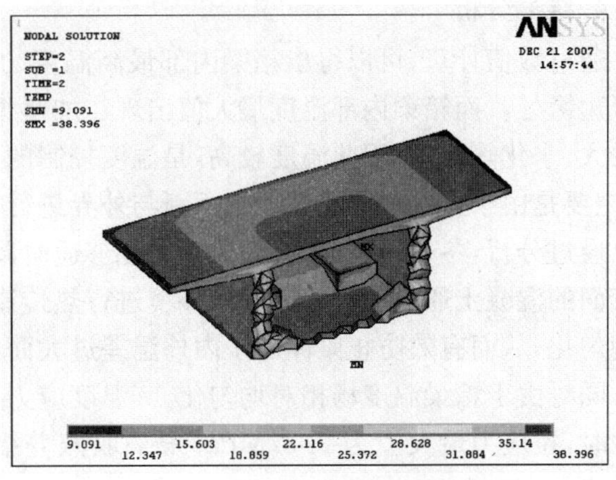

b)浇筑 8h 后的箱梁内部温度场

图 6

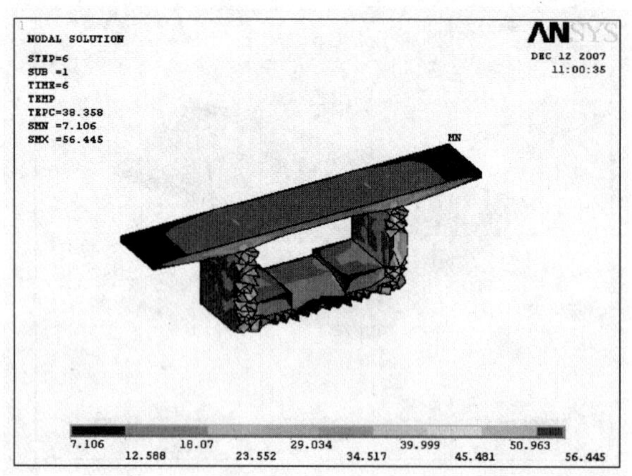

c)浇筑24h后的箱梁内部温度场

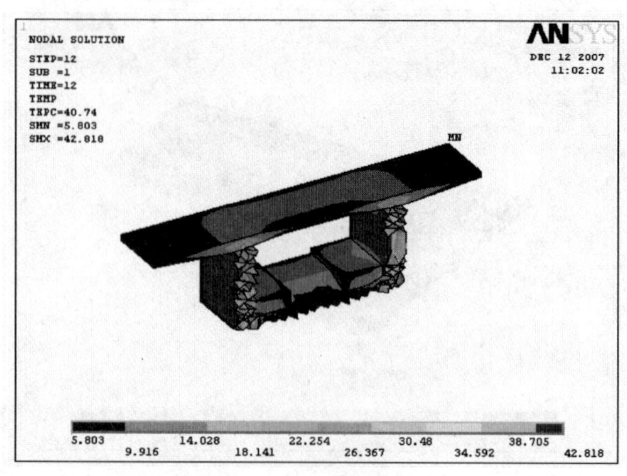

d)浇筑48h后的箱梁内部温度场

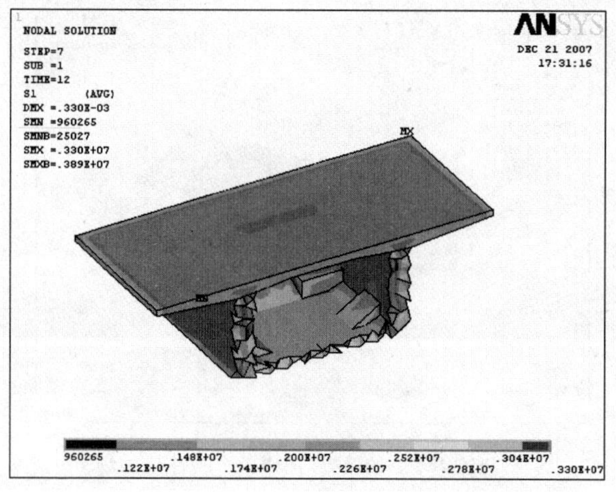

e)浇筑48h后的箱梁内部温度第一主应力场

图 6

4. 结果分析

通过数值计算，可以得出箱梁内部最高温度的大小顺序为：腹板中部——顶板、底板中部——腹板、底板边缘处。而箱梁内部温度最大值出现在加厚腹板与加厚底板的接合处的中心位置，因为此接合处厚度较大，水化热量多，因此温度较高，是温度控制的关键部位；最小值出现在箱梁与外界接触的各外表面处，主要是由于这些地方通过表面不断与外界进行热交换所造成的。

通过分析，冬季施工时，自动化蒸养能够适时调整供汽量而控制温度来改善箱梁的养护环境，使得箱梁表面的混凝土通过对流等方式与环境进行热传递，从而减少箱梁内部与表层的温度差，使箱梁的温度场均匀化，从而有效防止梁体由于内外温差过大而出现的早期裂缝。

同时由于箱梁温度场相对均匀化，其温度应力场则有较大幅度的降低。冬季浇筑时，采取蒸养措施养护时，拉应力最大值为2.37MPa；未采取蒸养措施时，拉应力最大值为3.30MPa，较蒸养的情况下要大。

因此蒸汽养护能有效降低梁体内外温度差以及箱梁外界环境温度的差值，从而达到降低温度场引起的温度应力，减少或避免箱梁构件出现裂缝，保证施工质量。

六、实 施 效 果

(1)根据2006年12月浇筑的箱梁,自然环境平均温度为7℃,随梁试件与自然养护试件的强度和弹模测试统计如表2。

强度和弹模测试统计表 表2

	强度(MPa)					弹性模量(10^4MPa)	
	R40h	R52h	R3d	R5d	R7d	E3	E7
自然状况下	15.7	22.1	27.7	36.5	44.8	3.10	3.55
蒸养状况下	18.7	27.1	36.7	43.5	48.8	3.31	3.66

自动化蒸养初张拉提前了约1天,终张拉提前了约2天,冬季箱梁预制月产量从22片提高到30片,与夏季施工进度相当,大大缩短了每孔箱梁的制造工期,加快了制梁台座周转率。

(2)结合本梁场实际情况,自动温控蒸养每片箱梁的所需费用约为3 500元,相对于粗放式蒸养箱梁而言,自动温控蒸养节省了能源,直接成本节约42%。

(3)混凝土强度达到设计要求之前,芯部与表层、表层与环境之间的温差不超过15℃,从开始升温到降温结束整个过程中,梁体外两端与跨中及两侧,箱梁顶面与底面之间的相对温差不大于10℃。减少了微小裂纹出现,进一步提高了箱梁施工质量。

(4)大型箱梁自动化控制与传统混凝土构件蒸养控制比较见表3。

大型箱梁自动化控制与传统混凝土构件蒸养控制比较 表3

序号	内 容	大型箱梁自动化控制	传统混凝土构件蒸养控制
1	选用的温度传感器	新型的、智能数字温度传感器,无需标定,85℃以下误差0.5℃。总线方式可编址;消耗连接线少。适合于混凝土蒸养的温度传感器	传统的模拟量传感器:热电偶或热电阻;需标定;误差大小依据软件修正的结果;非智能;只能单线连接;消耗的连接线多
2	数据采集	传感器本身给出的温度数据就是数字信号,不需要模拟/数字转换;经过专用模块后,通过485总线传送给工业计算机	采用研华或研祥的亚当4000系列模块,进行模拟/数字转换,然后通过485总线传送给工业计算机
3	过程控制	计算机通过485总线的模块,直接驱动电动蒸汽阀门动作;简单	过程计算机通过485总线的亚当模块,模块给出4-20mA的电流信号,驱动通用的DDZ-III型电动操作单元,电动操作单元控制电动调节阀,动作复杂
4	执行机构	电动球阀;价格适中。故障率低	电动调节阀;价格高。故障率高。阀门开度反馈信号不可靠

七、结 语

实践证明,该系统自动化水平高,可有效降低工人劳动强度节约大量能源,进一步提高混凝土箱梁施工品质,明显缩短单片箱梁的制造周期,具有极高的推广价值。

由于本套控制系统为自主研发,集热学、信号和材料等多种学科交叉,且开发时间短,虽然使用过程中持续改进,但仍有一些方面可进一步完善。

(1)宜对各种混凝土内部温度变化规律进行专项研究、分析和总结,通过试验摸索总结出最优的蒸汽养护温度控制曲线图,最终应用到所有大型混凝土预制构件现场蒸汽养护上。

(2)在预制场建设施工时,蒸汽管道与布线管道尽量布置在不同的管道沟内,避免因蒸汽管道散热影响信号线输送信号的准确性。

(3)此套系统如能结合固定侧模式台座,把侧模侧面与地面永久密闭,在蒸养时仅需覆盖箱梁顶面和两端,可减少现场操作时间,进一步减轻工人劳动强度。

68. 大体积、大吨位预制箱梁整孔制造和陆上移运综合技术研究

黄 新[1] 代 华[1] 陈 辉[1] 鹿焕海[2]
(1. 中铁四局集团第二工程有限公司;2. 浙江省舟山连岛工程建设指挥部)

摘 要 本文结合金塘大桥60m预制箱梁的结构设计和施工环境特点,介绍了箱梁施工全过程所采用的新设备、新工艺以及科技创新特色,对整孔箱梁预制和移运施工进行了全面阐述。

关键词 60m 1600t 箱梁预制 移运 轮胎搬运机 两机联动 同步

一、工 程 概 况

1. 工程概述

金塘大桥项目是舟山连岛工程重要的组成部分之一,由金塘大桥(主通航孔桥、东通航孔桥、西通航孔桥、非通航孔桥以及金塘侧引桥、浅水区引桥、镇海侧引桥)和金塘岛连接线组成,全长26.54km。金塘大桥起于定海金塘岛小岭,终于宁波镇海,由东向西横跨灰鳖洋18.27km海面,所处位置的气象、水文、地形、地质等条件十分复杂。金塘大桥第IV—E合同段主要包括非通航孔桥60m箱梁预制构件出海码头的修建、预制场地建设以及箱梁预制、储存和装船等。该工程主要工作内容是470片60m箱梁的预制,由三个区段组成。

2. 结构简介

1)箱梁结构主要参数

金塘大桥非通航孔桥上部结构为60m跨的先简支后连续的预应力混凝土连续梁结构。60m梁标准段主梁采用单箱单室截面,单幅桥主梁顶宽12.3m,底宽6.3m,主梁梁高3.4m。主梁两侧各悬臂3.0m,悬臂端部厚度20cm,悬臂根部厚度45cm。顶板在箱室内净跨5.4m,板厚度设计为27cm,横桥向单向放坡2.0%。底板厚度为25cm。腹板为直腹板,腹板跨中厚度为45cm,支点8m范围内剪力增大,腹板厚度增加至70cm。为方便箱梁整孔预制时内模脱模需要,预制箱梁在墩顶未设横隔板,仅在墩顶处对箱梁进行局部加厚处理。在墩顶附近腹板加厚至70cm,顶板加厚至60cm,底板加厚至65cm。所有加厚均为向箱内加厚。主梁采用C50海工耐久性混凝土。标准60m预制梁段自重为1 575t,混凝土方量约570m³(图1)。

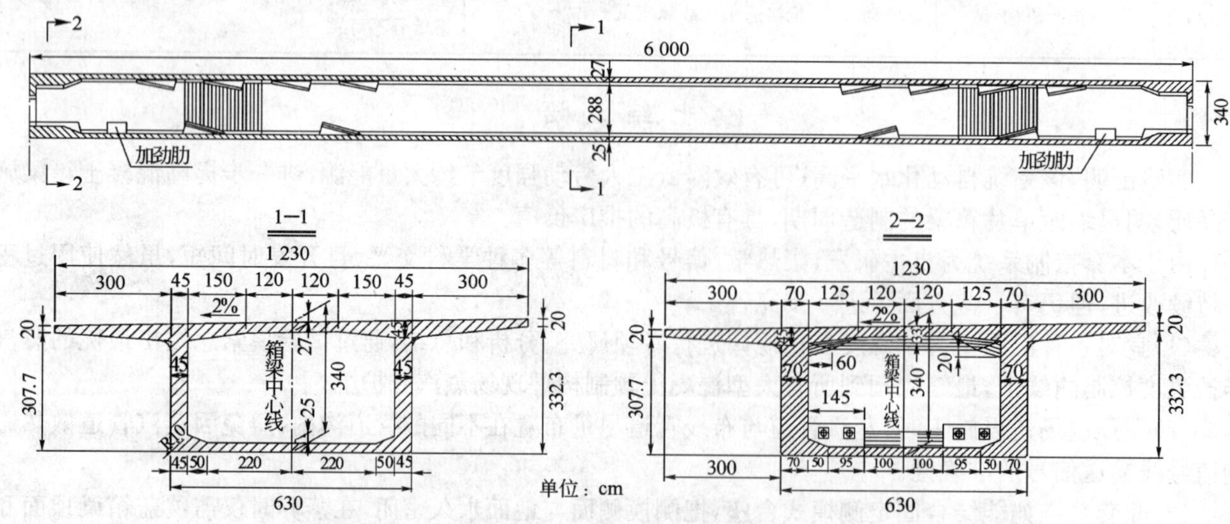

图1 箱梁结构(尺寸单位:cm)

2)预应力体系

箱梁采用纵、横双向预应力体系。纵向预应力钢束采用 ϕ_s15.24 钢绞线,单束钢束分别为 22 根、19 根及 12 根三种,f_{pk}=1 860MPa,E_p=1.95×10^5MPa,锚下张拉控制为应力 σ_{con}=1 395MPa。所有预应力钢绞线均采用高密度聚乙烯塑料波纹管成孔。

3)主梁钢筋

预制梁纵向钢筋采用 ϕ16mm 的 HRB335 钢筋,基本间距 15cm;横向钢筋底板底层采用 ϕ20cm 的 HRB335 钢筋;顶板顶、底层及底板顶层采用 ϕ16mm 的 HRB335 钢筋;腹板箍筋采用 ϕ16mm、ϕ20mm、ϕ22mm 三种。

3. 工程重点、难点

金塘大桥 60m 箱梁在施工中采用了多项关健技术:预制场规划、建设和设备配置;整体式钢模设计和钢筋整体绑扎及整体吊装;海工耐久混凝土配合比试验研究;箱梁早期裂纹及缺陷控制;大型箱梁浇筑工艺;重型箱梁场内移运等。特别是 60m 箱梁轮胎搬运机移运的施工方案,是国内目前已有类似陆上移运施工方案中最大吨位的箱梁,并且设备在存梁区需横跨三片箱梁运输,跨度也是目前国内最大的,再加上受台风、雷暴等恶劣施工环境的影响,更增加了其施工难度。该工程的施工重点是 60m 箱梁预制和移运,施工难点表现在以下几个方面:

(1)复杂多变的环境

害性天气较多,施工区域受台风影响频繁,风速大,各种结构设计要有相应的抗大风措施;全年各月均有雾出现,以春雾持续较长;施工场地地质不良,梁场位置原为农田和菜地,地质条件较差,土层和基岩层起伏很大,需进行大量复杂的地基加固处理。

(2)大吨位、大体积箱梁整孔预制的综合施工技术

60m 箱梁在预制场整体预制,由于其体积大、重量大,需对各道工序进行仔细工艺研究,以确保混凝土的一次性灌注工艺、“二次张拉”控制温差早期裂纹工艺和整体式模板设计与施工等各种工艺准确、有效。

(3)海工耐久混凝土的配合比设计及优化

金塘岛周围水域富含氯盐等,对桥梁结构具有腐蚀性,需配制海工耐久混凝土,满足混凝土抗裂性和抗氯离子渗透等具体参数的要求。

(4)大吨位箱梁整孔移运施工技术

60m 预制箱梁一榀重达 1 575t,采用整榀预制、整榀装船方案,运输与吊装技术难度大,需研制大吨位的箱梁提升、运输专用设备。

二、预制场总体规划和布置

60m 箱梁预制场地位于金塘岛沥港船厂南侧,梁场最大长度约 510m,最大宽度约 310m,占地面积约 15.6 万平方米。

根据箱梁预制、运输、架设箱梁数量和工期要求,以及预制场面积大、场内施工设备多、专业化程度高等特点,对预制场进行整体规划,确保整个箱梁预制生产“有序、快速、高效”进行。采用箱梁整体预制、提升、搬运、储存及装船出海相对集中的一体化的布置进行箱梁预制。预制场场地按七个区域布置,分别为制梁区、存梁区、混凝土生产区、钢筋存放下料区、钢绞线下料存放区、设备维修存放区、生活办公区。各区通过环场公路连接。

三、60m 箱梁整孔预制技术

1. 概述

金塘大桥 60m 箱梁采用梁体钢筋、桥面钢筋、液压式内模整体吊装方案,侧模采用单侧一块整体模板、台车移动方案,以提高工作效率,节省人力物力,但要配置相应的起重设备及吊具。采用普通混凝土搅拌、运输、灌注方法,为满足海工混凝土耐久性要求采用矿粉和粉煤灰双掺。桥面采用桥式振动器提浆

整平,以提高混凝土平整度和密实度。采用二次张拉工艺并加强养护,以克服大体积混凝土出现早期裂纹,提高箱梁耐久性。

底腹板钢筋及预应力孔道波纹管在专用型钢胎具上绑扎,在制梁台座侧模安装调整完成后,利用2台100t轮胎式搬运机整体吊装入模,调整就位;内模配置4套液压收缩式内模,分两次吊装,安放在底模上的规定位置;然后将在绑扎胎具上绑扎成型的顶板钢筋及预应力孔道波纹管整体吊装就位,并与腹板钢筋调整连接。安装端模,检查合格后浇筑混凝土。混凝土采用自动计量控制的搅拌站集中拌和,输送泵泵送、布料机布料入模,从一端向另一端一次浇筑成型,振动棒振捣辅以高频附着式振动器,低温蒸汽养护系统养生。为控制箱梁混凝土早期裂缝,预应力分二次实施,在梁体混凝土达到50%强度时,进行腹板束预应力部分张拉,待箱梁混凝土强度达到设计强度90%进行终张拉。压浆采用真空辅助压浆工艺。封锚后,待箱梁检查验收合格后,办理出场合格证后,由2台900t轮胎式搬运机吊运至箱梁专用出海码头装船。

2. 预制的关键技术

1)海工耐久性混凝土设计与优化

箱梁混凝土采用C50海工耐久混凝土,不仅需具有良好的工作度,满足强度要求,还应具有满足海洋环境下的耐久性。要求混凝土更加密实,它具有水灰比小,大比例矿物掺合料的特点。正是这些特殊材料的掺入,对混凝土施工要求更高,它需要更精确的计量,更长的拌制时间,如这些材料掺入不合适,水化热量可能更大,温度上升更高,更易产生比普通混凝土严重的裂纹。如何优化配合比,找出其中的平衡点,是一个不容忽视的难题。配合比设计除满足氯离子的抗渗性要求外,应尽量的降低胶凝材料的用量,通过控制配合比和早期强度等措施,尽量降低水化热温度峰值,或延长温升时间。为此历时10个月,做了几十个配合比,优选出了现在用于60m箱梁预制的配合比,其氯离子渗透系数在28天即达到或低于规范控制指标,水灰比仅为0.32,总胶凝材料460kg,其中矿粉和粉煤灰的用量达到了50%。从使用效果看,其抗裂性能特别优秀,且混凝土徐变与普通混凝土相比,180天低60%~64%,早期收缩也比普通混凝土小的多,这种变化直接影响预应力的损失及桥梁成型的控制。

2)混凝土成套养护技术

采用蒸汽养护技术预制混凝土箱梁可以进一步提高梁的品质,缩短施工周期,该技术的难点在于严格、准确、实时地控制温度变化,本梁场针对通常施工中存在的设备简陋、温控粗放等问题,提出了一套完整的温度自控系统,采用自行开发的控制软件及微机全自动控制理念,摸索按照海工耐久性混凝土内部水化温度变化曲线,结合“大范围多点测量、分段控制”的方法,使混凝土箱梁的蒸汽养护工艺更加成熟、完备、可靠。

本系统具有用户管理、系统设置、实时曲线、历史曲线、数据报表、实时报警、数据存储等功能,可对任意混凝土梁养护曲线参数进行设置,适合各种型号梁蒸汽养护的温度控制。温度控制系统的操作界面友好、简单易学。由于本系统采用微机自动化控制,不仅人性化,而且达到了节约能源的目的。采用“大范围多点测量、分段控制”的方法,封闭空间内梁体两端与跨中和箱梁内、外侧之间的相对温差不大于10℃,减少了微小裂纹出现,进一步提高了箱梁预制质量。

混凝土蒸汽养护采用保温保湿养护方案,它包括静养、升温、恒温、降温等过程。在混凝土灌筑完毕以后,采用养护罩封闭梁体,箱梁顶面采用干土工布覆盖,混凝土静养至初凝(时间约8小时),然后将箱梁顶板上土工布浇水湿透,箱内蓄水保湿。混凝土初凝后按照不超过10℃/h的升温速度升至40℃时停止升温,恒温保持约24小时,然后按照不超过10℃/h的降温速度降温;当降温至梁体表面温度与环境温度之差不超过15℃时,撤除养护罩。箱梁的内室降温较慢,可适当采取通风措施。在混凝土养护过程中应加强混凝土内部温度、表面温度、养护罩内不同部位温度以及环境温度监测,并根据监测情况采取保温保湿养护措施(图2)。

蒸汽养护结束后,立即进入自然养护。梁体洒水次数以保持混凝土表面潮湿为度,一般情况下,白天以1~2小时一次,晚上4小时一次。自然养护不少于7天(图3)。

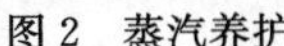
图 2 蒸汽养护

图 3 自然养护

四、60m 箱梁整孔移运技术

1. 方案选择

1)总体方案比选

整孔箱梁在预制场内搬运施工包括从制梁台座至存梁台座和从存梁台座至出海码头的运输。一般情况下，可采用设置专用滑道的滑移方案或配置专用轮胎式搬运设备的搬移方案。具体采用那种方案，取决于项目施工场地的地质条件、箱梁结构设计情况以及施工单位的实际情况。在国内类似工程中，上述两种方案都有成功范例，但在国外类似工程中采用专用轮胎式搬运设备搬移方案的较多。从方案特点而言，前者具有专用设备投入费用少的优点，但工效较低，并且在场地地质条件不良时，滑道地基处理的费用较高。另外，该方案要求制梁和移梁顺序必须严格按照架梁顺序进行，特别是对采用架桥机进行箱梁架设时更应注意，并且该方案无法实现双层存梁。对于后一方案，虽然投入专用设备费用多，但工效高、走行道路的地基处理费用低，可实现双层存梁，对制梁和移梁顺序要求低、场地布置灵活。基于上述原因，本工程采用两台 900t/43m 轮胎式龙门吊(DLT900 轮胎搬运机)共同抬吊一片 1 600 吨混凝土箱梁，具有自主知识产权。为满足现场使用要求，两台搬运机可同步以直行、斜行和横行等多种运行模式工作。该方案优势在于：

(1)作业效率高，一套设备可满足(8 个制梁台座)月生产和架设 40 片箱梁的需要。

(2)机动灵活、通过轮组原地 90 度转向能够载梁作纵横向运行，较之于滑移方案的预制台座单列纵向布置，大大方便了预制场的总体规划。

(3)地基处理费用低，由于搬运机轮胎对地压力最大仅为 7.5bar，相当于载重汽车满载的对地压力，所以运梁通道地基无需特殊处理。

(4)可以实现双层存梁，大大提高了存梁场的存梁能力，节约了征用土地面积。

(5)设备操作简便，人工劳动强度低。

2)起吊方案比选

对于大吨位、大体积箱梁，其起吊方案及吊具结构型式对箱梁搬运作业影响很大，可行的起吊方式包括兜底托梁/吊索法、顶板/腹板/底板穿孔吊杆法、顶板/腹板/底板预埋吊索法等，且各具优缺点(表 1)。

搬 运 方 案 比 选 表 1

序 号	方 案	优 势	劣 势
1	顶板/腹板/底板穿孔吊杆法	操作较方便，且国内已具有成熟经验	箱梁局部加强处理量大
2	顶板/腹板/底板预埋吊杆法	操作较方便，国内已具有成熟经验	箱梁内部需预埋大量高强度吊杆，局部加强处理量大，投入非常大
3	兜底托梁/吊索法	箱梁局部加强处理量小，且对梁体无影响	操作较不方便

根据现场情况及相关要求，经过多方研究比选，箱梁起吊方式选择兜底托梁/吊索法。DLT900t轮胎式搬运机上部吊具的设计采用“四点起吊，三吊平衡”体系，能够确保吊点受力均衡。下部吊具采用底托钢箱梁支撑60m预制箱梁。该结构受力明确，保证了箱梁在起吊和搬运过程中不受弯扭作用。

3)运梁通道设计

根据运梁通道的受力情况，并充分考虑存梁台座和制梁台座均满布荷载情况下预制场地基基础的位移和应力响应，运梁通道路面结构采用4cm沥青面层＋30cm厚水泥稳定碎石＋60cm厚混渣，预制场分层夯实填土区即使发生剪切破坏，也仅限于表层，在轮载、温度荷载最不利状况下产生的拉、压应力均满足要求，且变形值在容许范围内。

2. DLT900t轮胎搬运机

DLT900型轮胎搬运机由主梁、支腿、大车运行机构、起升机构、吊梁小车、吊具、司机室、动力系统、液压系统、电气系统等部分组成。它具有纵横向运行、原地90°转向、荷载自动均衡(三吊点)和轮组压强自动均衡等功能(图4)。采用《起重设备设计规范》GB 3811—83、《钢结构设计规范》GB 50017—2003等规范，设计载荷主要包括60m箱梁一半重量(800t)、设备自身重量(500t)和设备工作时可能承受的风力载荷(工作状态和非工作状态分别按风压：8级和10级)三个部分。

图4　DLT900t轮胎搬运机

DLT900型轮胎式搬运机承担着预制场内多项施工任务，因此其主要技术参数应满足施工作业和效率的需要(表2)。现就主要技术参数的确定原则简述如下。

设计跨度：

制梁区跨度——箱梁宽12.3m，侧模走道部分加宽2.2m，布料杆宽0.8×2m，内模拼装台座宽7.4m，底腹板钢筋绑扎台座宽9.4m，走行轮组宽度4.75m，安全距离0.35×2m，总宽度43.10m

技术指标　　表2

序　号	项　目	技术参数	备　注
一、	安全系数		
1	起升钢丝绳安全系数	$n \geqslant 6$	
2	吊杆拉伸应力安全系数	$n \geqslant 5$	
3	结构强度计算安全系数	$n \geqslant 1.5$	
4	机构传动零件安全系数	$n \geqslant 1.5$	
5	抗倾覆安全系数	$n \geqslant 1.5$	
二、	起重机利用等级	U_0	
三、	起重机载荷状态	Q_3	
四、	起重机整机工作级别	A_3	
五、	起重机机构工作级别	M_4	

存梁区跨度——横向三片梁12.3×3，间距0.7×2，安全距离0.35×2m，轮组宽度4.75m，总宽度43.75m

故此确定搬运机跨度为43.75m。

起吊高度：预制台位高1.7m，箱梁高度3.5m，跨越高度3.5m，侧模护栏及蒸养棚架高度1.3m，拖梁高度1.3m，跨越安全距离0.2m。

故此确定搬运机有效起吊高度为11.5m。

起吊和运行速度：按照每天(10小时内)从预制台位搬运一片箱梁到存梁区、再从存梁区搬运一片箱梁到出海码头考虑，仔细分析了工作效率对起吊和空/重载运行速度的要求，结合起重机械设计规范要求，确定了搬运机的起吊和运行速度(表3)。

整机参数 表3

序号	项目	技术参数	备注
1	额定起重量	2×900t	
2	最大起重量	2×1 000t	
3	跨度	43.75m	
4	爬坡能力	2%	
5	起升高度	11.5mm	
6	横移行程	±13.5m	
7	空载起升速度	0～1.0m/min	无级可调
8	满载起升速度	0～0.5m/min	无级可调
9	空载运行速度	0～24.0m/min	无级可调
10	满载运行速度	0～12.0m/min	无级可调
11	转向角度	运行±5°;原地 90°	
12	轮压	750kPa	
13	轮胎数	2×64	
14	工作状态抗风等级	8级	
15	非工作状态抗风等级	10级	
16	总功率	2×220kW	
17	自重	约 2×500t	

3. 设备的关键技术

1)双机并用控制关键技术

(1)双机并用控制系统概述

箱梁搬运过程中,需要两台搬运机软联接“并车”,共同抬运一片箱梁。

箱梁起吊阶段,要保证 60m 横跨梁平行起升、同时脱离制梁台座,因而起升过程中要求起升速度、起升高度同步,否则由于高度不一致,箱梁发生偏斜,钢束挤压过孔,导致箱梁的破损。

两搬运机“并车”抬运箱梁行走过程中,箱梁通过四根高强钢束兜底悬挂于两搬运机间,由于跨度过大,两搬运机间无法通过任何刚性机构保证四个吊点空间位置关系,当两搬运机行驶速度不一致时,会造成吊具对箱梁的拉扯和挤压,严重时会使箱梁断裂或者局部裂缝,而且可能造成搬运机机械结构的损坏。单搬运机两侧行走速度不一致时也同样会带来上面的问题。提梁小车横移时,也必须使两小车的同步,才能保证箱梁的平行横移到位,否则也容易损坏箱梁。箱梁放置阶段,与箱梁提升阶段相同,必须保证箱梁的空间平行度,才能保证箱梁同时下落到四个角上的存梁台座上(图 5)。

图 5

与以往单台搬运机工作相比，采用两搬运机“并车”工作，搬运机横跨三孔梁位，两机并用时间距较远，整个覆盖工作区域巨大，且要求能够实现灵活、多样的工作模式，因而对整个控制系统提出了更高要求。双搬运机并用控制系统正是为满足双机并用时的速度、作业、转向同步而设计开发的电控系统。

该上层控制系统根据其技术实现的方法又可称为“双机无线通讯GPS定位控制系统”。双机无线通讯GPS定位控制系统做为整个控制系统的上层部分主要完成对双车距离偏差、平行偏差的检测，并协调底层控制系统完成双机的速度、工作并行控制；同时该系统使用无线通讯链路做为双机间控制信息的数据信道，以解决长距离无法布线的问题，该无线通讯链路具有高速、实时、可靠特点。

从查阅文献来看，GPS应用已经十分广泛，但应用主要集中于定位、测量领域，将GPS应用于工程机械机群协同控制的尚未有很好的成果。本系统充分利用GPS系统的全天候、全方位、高精度、高效率等特点，结合数字通讯和计算机网络技术、总线技术、自动控制技术、精密工程测量技术及现代数据处理等技术，成功地将GPS技术应用于多工程机械的同步控制，具有开创意义和价值。

(2)技术方案选择

①实现目的详细分析

为了实现整体箱梁的快速、可靠、安全搬运，满足工程需要，DLT900t搬运机各动作同步控制成为关键问题，其中包括行走速度和转向同步，8台液压卷扬机提升同步和提梁小车横移同步。

搬运机总体设计采用了多轴驱动底盘、静液驱动闭式行走系统、电液比例负载敏感独立转向系统和液压卷扬系统来实现动力传递和运动变换。搬运机驾驶员在中央驾驶室操纵操纵行驶速度手柄，控制指令通过现场总线控制系统发送到两个行走台车控制器中，两个台车通过闭环控制实现行驶速度与给定指令速度的匹配，实现了分布实时控制的目的，在理想情况下可以保证两辆行走台车的行走同步；但由于传感器反馈的为转速信号，虽然可以保证行走转速的同步，但由于工作场地、轮胎工况等各种外界干扰因素的存在很难保证整个搬运机两个台车行走线速度的一致，也就无法保证搬运机的位置同步，往往在搬运机行走一段距离后，发现两个台车之间有错位，就是由这个原因造成的；因而当两搬运机并用时也就无法保证两者之间的速度同步和行走方向同步，因此必须通过相应的辅助控制系统来保证两车行走时的同步。搬运机提升液压机构为阀控马达节流开式系统，微电控制策略采用与行走机构相同的方式，可以保证两个卷扬机提升和下降的同步；由于该机构只于搬运机静态时工作，不易受外界干扰，当两搬运机并行工作时，只要保证两搬运机控制指令同时下发和终止，保证两搬运机有相同的起降速度控制指令，就可以很好的保证卷扬机起降的同步。提梁小车横移通过变频器控制电机实现，控制精度较高；要达到同步效果，只要保证两辆搬运机的控制指令相同即可保证同步，因而主要解决的是控制指令的实时、准确传输问题，在同步控制系统设计中需要加以考虑。

通过以上分析可以看出，搬运机的同步控制，首先要结合原有的车辆微电控制系统，在保证单车稳定、可靠工作的前提下，充分利用原有车电系统提供的车辆状态信息（比如车辆行驶速度、卷扬马达转速等），结合新的测控系统，两者互相融合，从而实现两搬运机的实时同步（图6）。

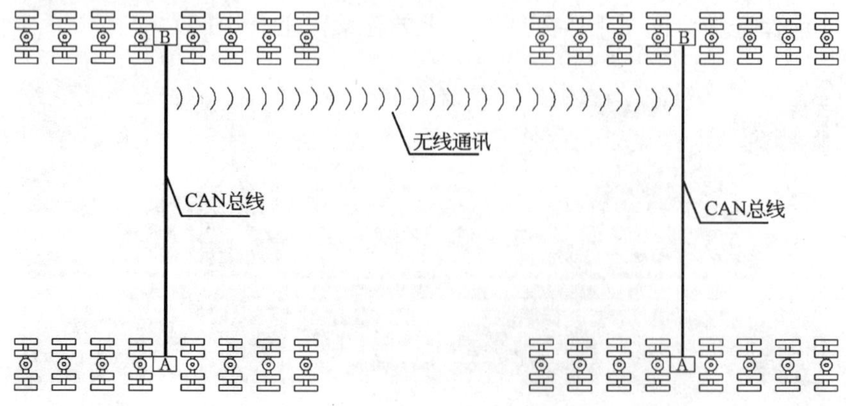

图　6

②系统总体架构

基于以上的分析,双搬运机并用控制系统可以分为三大功能模块:测量系统模块、控制系统模块和通讯网络模块。

测量系统模块主要完成对两搬运机行驶速度、位置偏差、角度偏差等信息的检测,向控制系统实时反馈两搬运机的同步工作情况,通讯模块做为两搬运机间数据传输的链路,不仅要传输测量系统测量数据,还要传输控制系统控制指令。控制系统完成对测量系统信号的采集和控制算法的运行,同时通过通讯网络与车电系统良好的结合。通讯网络模块完成两大功能,第一是与车电系统的互联通讯,二是两搬运机并用时两并用操控系统间的互联互通。前者由于车电系统基于CAN总线控制网络,因而通过在原有系统中加装CAN接口模块,实现车电系统与并用操控系统间的通讯互联和协议转换;两搬运机并用时,为了实现同步目的,两者之间需要大量数据交互,通过传统有线网络交互的方式将带来很多不便、系统灵活性不足,因而通过无线方式建立数据链路,实现两者之间的交互。

2)"四点起吊,三点平衡"吊具系统关键技术

吊索与底部托梁通过锚杯、卡槽板连接,且托梁底部使用定向轮、万向轮。该设计克服了以往通过螺栓、螺帽等传统连接方式的缺点,减少了工人的劳动量。

(1)双吊点吊具用销轴及连接板保证双吊点吊具的平衡(图7),单吊点吊具用中间有凸起的平衡板自动均衡单吊点,保证底部托梁不受扭(图8)。

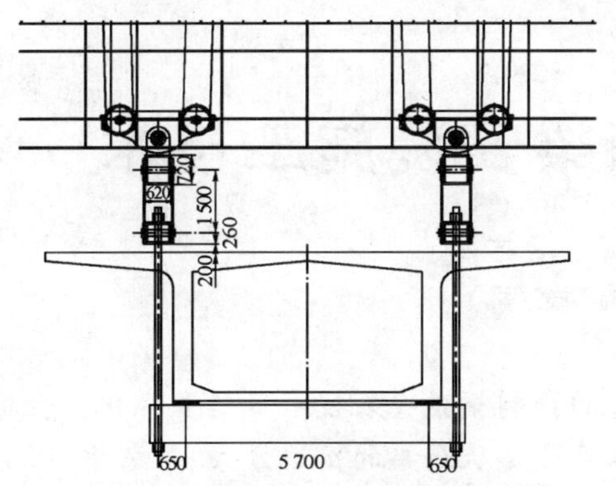

图7 双吊点吊具(尺寸单位:mm)

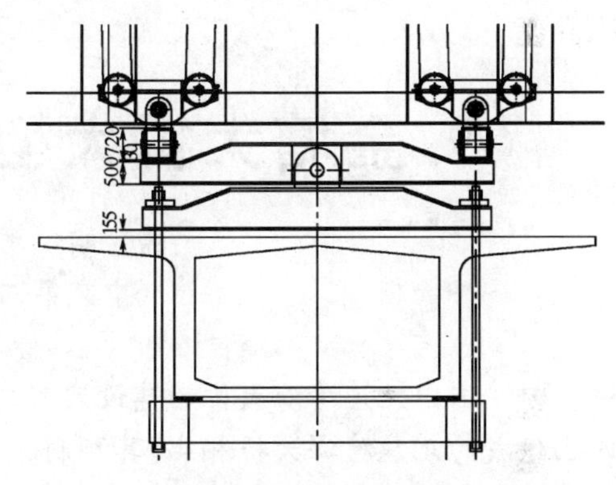

图8 单吊点吊具

每个吊点下均有两根吊索,因考虑在吊装过程中其受力一致保证托梁不受扭,在双吊点体系中,每个吊点两吊索间的平衡系通过销轴来调节;在单吊点体系中,一侧两吊索间的平衡采用机械铰原理解决,即采用中间有凸起的平衡板自动均衡,这样就可确保每两根吊索自动平衡。

(2)用高强度的镀锌钢丝束,合理选择吊索的类型、直径和长度。

由于吊装孔设计较小,普通材质的吊索均无法满足现场相关要求,经过调研,采用外裹PE的高强度平行低松弛镀锌钢丝索,8根钢索断面呈正六角形紧密排列,两端配以冷铸锚;吊索有效长度为5 415mm,外径114mm,每根钢丝束的极限拉力为1 250t,满足吊装1 600t箱梁的安全要求,符合起吊规范。

(3)合理选择吊索与底部托梁的连接型式,且托梁底部使用定向轮、万向轮。

此连接系通过锚杯、卡槽板来完成,将锚杯直接塞在卡槽板里,再用销子对吊索限位使之不滑移出卡槽板,该设计克服了以往通过螺栓、螺帽等传统连接方式的缺点,减少了工人的劳动量。

五、结　语

(1)DLT900t轮胎式搬运机在搬运梁时,通过采用先进的同步控制系统,确保两台搬运机联合吊梁运行速度一致,而在空车返回原点时采用两个单车独立运行。这样做的优点是一是可以降低设备制造难度,二是提高运行机动性,三是最大限度提高生产率。DLT900t轮胎式搬运机上部吊具的设计采用"三吊点"体系,下部吊具采用底托钢箱梁支撑60m箱梁,通过8根高强钢丝束连接上下部吊具,该结构受力明确,保证了箱梁在起吊和搬运过程中不受弯扭作用,同时,也避免了通常的顶板提梁需对箱梁局部加强

的要求，节省制梁费用。通过八组液压油缸系统实现轮组原地90度转向，在梁场内可以将箱梁搬运至任何位置，并且可实现任意取梁，机动性好、作业方便。单机配置48个轮子及载荷自动均衡系统，能够自动调整轮组压强，对地压力仅750kPa，有效降低了运梁通道地基处理费用。单机均配置先进的PLC程序控制系统，具有自锁、互锁、故障诊断等功能，工作安全可靠。

(2)根据进度计划安排两台100t轮胎搬运机每天需完成吊装底腹板钢筋、顶板钢筋、整体吊装和拆除内模等工作，但这几道工序操作时间累计超过24h，根据这种情况，在不需增加投入的情况下，需对900t搬运机进行局部改装，增加其辅助功能，用于吊装箱梁顶板钢筋、拆内模等工作，完成100t搬运机的部分工作。

(3)根据前期试验和目前使用情况，大型重载轮胎搬运机走行道路易采用柔性路面而不宜采用通常的混凝土刚性路面。

(4)以后新建采用轮胎搬运机移梁方案梁场时，在允许的情况下，尽量能做到梁顶提梁的吊装方案，可减少移梁工序时间，宜实现双层存梁方案，有利于台座设计和使用，降低搬运机的净空，节约成本。

(5)对于大型复杂工程需广泛利用社会资源：面对较难的问题时，要利用科研机构、高校的先进的技术知识、先进的科研设备和科研手段，进行协作攻关，咨询单位为施工提供先进的设计理念、合理的施工依据，施工单位为设计单位的设计研究工作指明方向，从而避免纸上谈兵，不切实际，使科研机构和高校的先进科技成果与生产有机地结合起来。

69. 金塘大桥大型PC箱梁安装施工技术

陆广明 韦思英 张春源 曾万鸿

（中交第四航务工程局有限公司）

摘 要 国内几座跨海大桥的建设实践表明，跨海大桥的预制箱梁安装技术日趋多样化。金塘大桥与国内已建成的几座跨海大桥相比，其预制箱梁的安装技术无论是从箱梁的出运方式、吊装方式，临时支座的安装还是安装工效看，都有自己的独到之处。本文结合金塘大桥的特点，介绍了金塘大桥60m箱梁安装的施工方法、施工技术以及采用的关键设备及其性能，着重阐述了该项施工技术的主要特点，以期为国内同类桥梁的施工和同类大型设备的使用提供经验。

关键词 金塘大桥 60m箱梁 安装

一、工 程 概 况

金塘大桥连接金塘岛与宁波市，是舟山大陆连岛工程的第五座跨海特大桥。全桥总长为26.54km。跨越灰鳖洋的长度为18.4km。其中主通航孔桥长1 210m，非通航孔桥桥长15 780m，其余部分为东通航孔桥460m、西通航孔桥330m、金塘侧引桥1 007m、浅水区引桥550m，以及镇海侧引桥1 752m等。

金塘大桥非通航孔桥60m箱梁海上运输及吊装共分C区、E区、G区三个区段进行。其中C区全长1 080m，桥跨布置为3×6×60m。E区全长8 940m，桥跨布置为149×60m，其中直线段布置16联5×60m，一联4×60m，曲线段布置有11联5×60m，曲直交汇2联5×60m。G区全长4 080m，桥跨布置为68×60m。其中直线段布置11联5×60m；曲线段布置有两联4×60m；曲直交汇1联5×60m。

非通航孔桥共计470片箱梁需要运输、安装。大型箱梁标准段主梁长为60m，重1 575t，采用单箱单室截面，单幅桥主梁顶宽12.3m，底宽6.3m，主梁梁高3.4m。主梁两侧各悬臂3.0m。

二、箱梁安装施工总工艺

根据本工程的特点和施工条件，结合自有船舶设备状况，设计出如下施工总工艺设计：

预制场预制箱梁→箱梁在场内转运→两台900t搬运机吊运箱梁上方驳→运梁方驳将箱梁运至待安装区域→2 600t起重船吊梁安装进行初定位→箱梁精确就位。

本工艺的主要特点是采用两台900t搬运机在预制场转运箱梁以及吊装箱梁装驳出运、大型方驳运输箱梁、起重船专门用于箱梁安装。由于起重船无须在预制场和安装现场之间频繁调遣,使得起重船用于吊装的工作时间大为增加,而且减少起重船的起锚、抛锚的次数,极大地提高箱梁安装工效。

箱梁安装的施工流程图如图1。

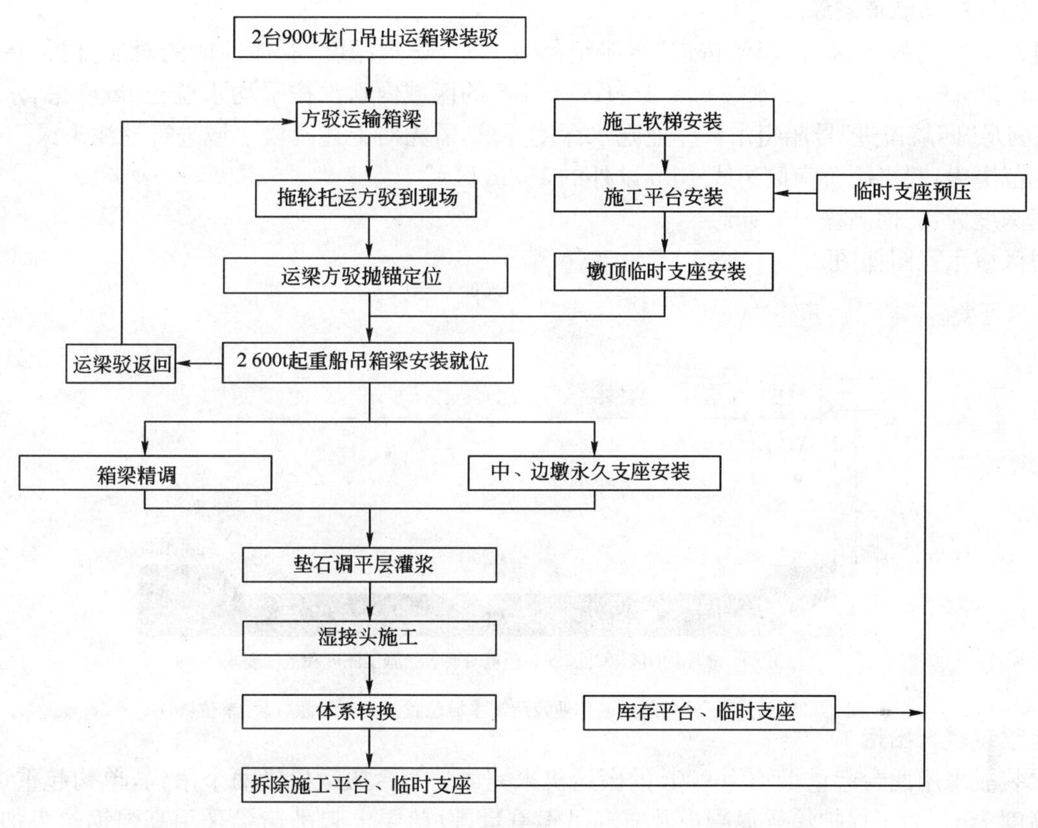

图 1

三、箱梁运输安装所需的船机设备

为保证箱梁运输安装安全、顺利、高效的进行,投入的主要设备如下。

(1)"奋进号"起重船

本船为钢质非自航、非旋转、可变副、吊架分离式起重船;

船体主尺寸104m×41m×7.6m;

最大吃水深度6.374m 最大吊高水面上80m 最大吊重2 600t;

吊装作业时风力≤8级

(2)粤工驳38

船体主尺寸90.04m×26m×6.4m 最大吃水深度4.7m 载重量8 000t;

作业时风力≤8级

(3)粤工驳40

船体主尺91.4m×24.4m×5.5m 最大吃水深度4.29m 载重量7 500t;

作业时风力≤8级

(4)粤工拖36

船体主尺寸35.02m×9.2m×4.2m 最大吃水深3.52m 功率为2 940kW;

作业时风力≤8级

(5)粤工拖38

船体主尺寸28.8m×8.4m×3.8m　最大吃水深度3.18m,功率为1 940kW;

作业时风力≤8级

四、箱梁的出运安装工艺

1. 航道选择与航道浚深

经过对大桥沿线水深与“四航奋进”号船组吊装工艺、吃水深度、船体性能的对照分析,在里程号为K30+715.23～K31+435及K43+595.4～K47+675的区域内水深按平均水位±0m考虑,水深均不足6m,不能满足“四航奋进”号船组吊装作业吃水深度要求,需先对上述两段水域进行挖泥浚深。

挖泥范围为:起点距桥南侧边线15m以外的166m区域

挖泥深度为:泥面高程−6.0m

挖泥区域示意图如图2。

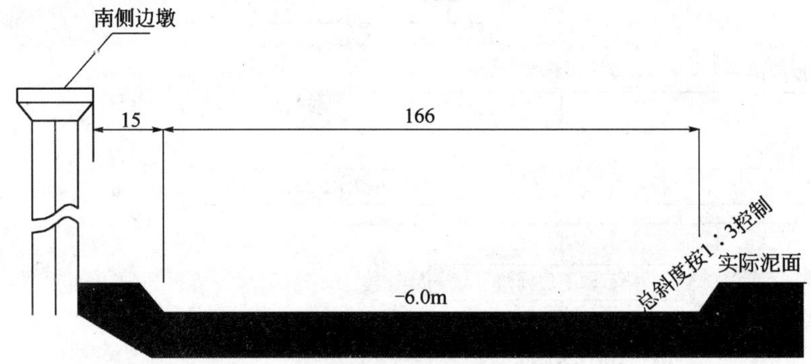

图2　“四航奋进”号船组吊装作业及所需水域位置及宽度示意(尺寸单位:m)

2. 箱梁装驳与出运

箱梁装驳采用两台起重量均为900t的搬运机来完成。每台搬运机设两个吊钩,单钩起重量450t,最大起升高度7m。为了保护箱梁混凝土及减轻吊索重量,设计要求起吊箱梁采用高强钢丝束加托梁并辅以橡胶垫块的吊装工艺。

箱梁在方驳上采用两端简支安放,支座预先焊接在船甲板上,支座上设橡胶缓冲垫,减缓箱梁座落时的冲力。箱梁装驳后须进行加固,以防止运输过程中箱梁移位,加固方法为:支座两侧高出箱梁底面,与箱梁间预留空隙,待箱梁座落在支座上后,与支座的空隙处用木枋楔实,将箱梁夹紧。现场从出运点到安装点海面浪高不大,主要波向(N向)平均浪高仅0.6m,通过以上措施可防止箱梁扭曲破坏。

箱梁装驳并封仓加固完成后,用拖轮拖出码头。拖轮(1 940kW、2 940kW)拖带至大桥待安装点位置抛锚定位。

在箱梁运输过程中应保证其中轴线偏差不大于容许范围,支撑牢固符合要求。运输设备应缓慢平稳启动,匀速前进,严禁突然加速或减速。箱梁在船运时,支点或吊点应符合设计要求。四个支点应在同一平面上,其相对高差不应超过设计允许值,并须绑扎固定梁体,使其在风浪颠簸中不发生移位。

3. 加工安装软梯和施工平台

作为箱梁安装的首道工序,供施工人员上桥墩的软梯应预先加工好。软梯的吊装选择在墩身安装标段未拆除墩身爬梯之前进行。货船运输将加工好的软梯至待安装墩身处,货船泊靠承台,人工通过搭板将软梯分节抬到承台上,利用已有爬梯爬上墩顶,放下缆绳,人工将软梯分节吊装上墩顶。

为了施工方便,在箱梁架设就位前先在墩身四周搭设施工平台,平台搭设以稳定、简便、可靠为原则。单个施工平台由两个大平台两个小平台两根扁担梁及四根吊带组成,两根扁担梁直接搁置在墩顶,通过两侧吊带将拴接于一体的大小平台吊挂于墩顶上。

施工平台的安装分为两部分进行：

(1)对于低墩区的施工平台采用墩顶手拉葫芦提升、起重架吊装到位的方法施工。

(2)对于高墩区的施工平台采用起重船整体吊装的方式施工。

4. 安装临时支座

软梯和作业平台安装好后即可进行墩顶垫石的高程和平面轴线的测量放样。按设计图纸要求，放出临时支座及永久支座中心线用墨线弹出，并用红油漆标注。支承垫石的平面轴线以及顶面高程必须满足规范或设计要求，否则由墩身施工合同段进行修整，修整合格后方能进行箱梁的架设工作。

临时支座的安装分为预压拼接准备工作和墩顶安装两个过程。

每片箱梁设置 4 个临时支座，每端 2 个，对称布置。箱梁临时支座为承载力 800t 的钢砂顶支座，整个临时支座由四大部分组成，由上而下依次为：缓冲橡胶板、钢垫板、钢砂顶、滑移支架。每个临时支座上设置 1 个 RSS502(50t)平移千斤顶，共 4 个千斤顶进行箱梁微调作业，使箱梁精确定位。

临时支座场内组拼预压：考虑箱梁在体系转换完成后临时支座拆除方便，临时支座采用钢砂顶。钢砂顶运至组拼场后，应先打磨再涂油。临时支座在安装前先在钢筒内装直径为 2～3mm 的干铁砂，为保证临时支座的后期拆除方便干铁砂必须过筛(筛孔孔眼为 2mm)，同时将砂箱上活塞外侧壁涂上一层黄油。在砂箱装配完成后在岸上的反力支架上利用千斤顶模拟箱梁落实后砂箱受力情况进行反压，记录出砂箱在预定反压情况下高度 h_1 与卸顶后高 h_2 计算出砂箱的弹性量 $h_2-h_1=\Delta h_1$，以便在正式安装时进行预抬。

临时支座的墩顶安装：临时支座的墩顶安装是通过预先安装在墩顶的简易起重架或起重船吊装就位。临时支座安装应严格遵循其安装顺序，即减小梁体调位时水平推力的滑移构架、竖向承载的钢砂顶、高程调整及预抬的钢垫板及架梁缓冲的缓冲橡胶板。

安装到位的四个钢砂顶要严格控制顶部高程，保证四个临时支座安装完后的顶面高程(梁底理论高程＋钢砂顶及缓冲橡胶板弹性变形＋钢垫板弹性变形)与梁底设计高程误差在 0～＋3mm 以内。梁体初步安装后应测量梁底高程是否在设计安装范围内，检查实际安装误差是否与理论相符，以此为后期支座安装借鉴依据。

临时支座的放样偏差应控制在±5mm，每个支座测 5 个点，单个临时支座顶相对高差应控制在 3mm，同片箱梁四个永久支座相对高差控制在 5mm。

5. 箱梁安装与定位

起重船预先在箱梁待安装位置抛锚定位后，将箱梁专用吊具挂到起重船的吊钩上，等待运梁方驳的到来。运梁方驳将箱梁运至起重船的相临跨段开始抛锚定位，准备进行箱梁吊装。

1)箱梁吊装的具体步骤

起重船移船平稳靠近运梁驳→同时吊钩下降使吊具接近箱梁顶面高度→起重船微调使吊具与箱梁准确对位→连接吊杆与吊具→起重船主钩逐渐上升，当主钩受力至额定负荷的 1/5～1/4 停止上升，检查吊杆与吊具的连接状况→如无异常，主钩继续上升至吊高箱梁 2m 左右停止→起重船开始移船平稳离开运梁驳→起重船移向安装点，同时主钩上升，使箱梁高出墩顶→起重船用渐进的方法移船定位，并结合变幅的方法将箱梁平稳的吊至安装位置上方→主钩缓慢下降，使箱梁底面距临时支座 30cm 左右(视现场风浪情况，确定提升高度)→检查箱梁的轴线和端边线的偏位→微调起重船使箱梁精确定位，主钩缓慢下降，使箱梁座落在临时支座上→检查箱梁位置，如不满足要求，上升主钩重新定位安装；如满足要求，马上解开吊索与箱梁分离，起重船后移进行下一片箱梁的安装。

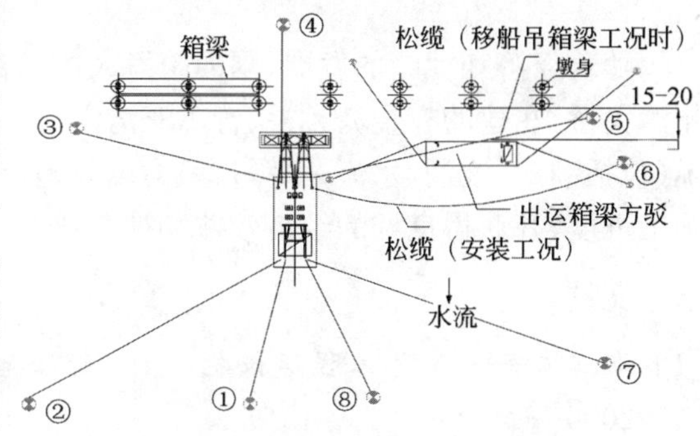

图 3 起重船吊箱梁移船到安装位置，安装箱梁简图

注：①起重船各锚缆长度抛出离船 300～500m；

②运梁方驳锚缆抛出离船 180～200m。

起重船安装箱梁定位平面图见图 3。

2)箱梁初定位

在架梁船抛锚定位完成后,起自救锚,提升梁至架设高度后,用绞锚机将船绞进桥孔位置,启动卷扬机缓慢下放箱梁在距理论位置30cm左右时停止下放,调整锚绳,微调定位、对位,将箱梁安放在砂箱上。尽量控制让梁的底腹板落至砂箱顶上,架设前在墩顶拉线表示出梁端位置,箱梁横向位置偏差通过观察于箱梁同宽的墩顶边线即可控制。

由于架梁船架梁受施工的潮水、波浪等影响,无法保证直接精确定位,因此在墩顶按上述要求设置精调装置,专用架梁船尽可能准确定位,保证梁可落于四个钢砂顶上,确保轴线偏位不得大于15cm。在箱梁架设时,用起重船抛锚后进行粗定位,箱梁下落时通过指挥人员观察,按箱梁中线与墩顶中线偏差不大于15cm控制,满足要求即可落梁。

3)箱梁精确定位

箱梁置于四台钢砂顶上后,即可通过水平顶调整梁体的平面位置。第一片箱梁安装时,临时支座竖向采用的四个钢砂顶应严格按照先预压后安装的原则施工,安装到位的四个钢砂顶要严格控制顶部高程,保证四个临时支座安装完成后的顶面高程(梁底理论高程+钢砂顶及缓冲橡胶板弹性变形)比梁底理论高程误差在+3mm以内。梁体初步架设安装完成后应测量梁底高程是否在设计安装范围内,检查实际安装误差是否与理论相符做为后期支座安装借鉴依据。

箱梁对位时在距理论位置30cm左右时停止下放,调整、对位,尽量控制让梁的底腹板落至砂箱顶上,同时须控制梁体偏差在临时支座可调范围内。在精调时,其纵向和横向不能同时进行,应按先纵移后横移的顺序进行。在向一个方向调位时,顶推力为相反方向的水平顶,顶塞应先松开一定距离,但不能太大,以发挥保险作用,若调位幅度较大,可分几次调节水平顶松开的距离。在精调时,其纵向和横向不能同时进行,应按先纵移后横移的顺序进行。在向一个方向调位时,顶推力为相反方向的水平顶,顶塞应先松开一定距离,但不能太大,以发挥保险作用,若调位幅度较大,可分几次调节水平顶松开的距离。

在箱梁进行精确定位时,其纵向定位利用箱梁端部和墩顶所放梁端横线为基准来进行,直到箱梁端部与墩顶所放梁端横线偏差不大于2mm即可完成;箱梁的横向精确定位则利用梁端所放中线于墩顶所放纵轴线为基准来进行即利用箱梁所放十字线和墩顶支座所放十字线为基准,在箱梁所作的红油漆标记处(梁中线标记)挂一垂球,调至垂球与墩顶支座所放十字线对准,直到箱梁所放十字线与墩顶支座十字线符合设计及规范要求时,即完成箱梁精确定位及安装。

4)变形观测

箱梁架设完成后,在箱梁顶面设立高程控制点和挠度观测点,对梁体断面和挠度变化情况进行跟踪测量;在箱梁合拢和体系转换时,测量箱梁顶面高程和轴线的变化。

五、结 语

随着经济和社会的发展,国内跨海大桥的建设将陆续展开。目前已建成的跨海大桥有东海大桥、杭州湾大桥,在建的有金塘大桥、青岛海湾大桥。跨海大桥的箱梁安装应综合考虑大桥附近水域的水文情况(包括潮汐、浪涌、水流、水深)、风力以及地质情况选用不同的吊装设备和安装工艺,以确保施工安全和施工进度,并获得良好的经济效益和社会效益。

参考文献

[1] 浙江省舟山连岛工程建设指挥部,浙江省交通厅工程质量监督站.金塘大桥专用施工技术规范.2006.

[2] 浙江省舟山连岛工程建设指挥部,浙江省交通厅工程质量监督站.金塘大桥专项工程质量检验评定标准.2006.

[3] 公路桥涵施工技术规范(JTJ 041—2000).北京:人民交通出版社,2000.

70. 金塘大桥预制箱梁连续施工与体系转换

陆广明[1] 廖其威[1] 张俊峰[1] 费浩森[2]
(1. 中交第四航务工程局有限公司;2. 浙江省舟山连岛工程建设指挥部)

摘 要 本文结合舟山金塘大桥的施工实际,介绍了金塘大桥 60m 预制箱梁安装后由简支状态变为连续结构的整套体系转换的施工技术和施工流程,并特别指出了施工过程中关键工序的施工要点和质量控制方法。

关键词 预制箱梁 简支状态 连续施工 体系转换

一、概 述

金塘大桥连接金塘岛与宁波市,是舟山大陆工程的第五座跨海特大桥,起自沥港船厂北侧,于七里锚地北侧通过,然后左偏前进至宁波,于镇海炼化厂西侧登陆,终于沿海北线高速公路。全桥总长为 26.54km,跨越灰鳖洋的长度为 18.4km,其中非通航孔桥桥长 15 780m,主要是由 470 片(双线双幅)60m 预制箱梁连续构成。箱梁由专用起重船安装后呈简支状态,通过现场浇筑箱梁湿接头混凝土和预应力施工将其由简支状态转为连续状态,完成体系转换。

金塘大桥非通航孔桥需要施工的墩顶湿接头共计 376 处。湿接头施工的内容包括钢筋绑扎、预埋件埋设、波纹管埋设、模板安装、混凝土浇筑、钢绞线穿埋、预应力筋张拉、孔道灌浆等工序。现浇湿接头混凝土采用纤维混凝土,强度为 C50。

二、施工工艺与施工方法

1. 施工总顺序

在一联预制箱梁架设完成后就可进行墩顶湿接头的施工。

总的施工顺序为:施工湿接头锁定→立底模→部分钢筋与梁端预埋筋焊接→绑扎底、腹板钢筋→安装腹板及翼缘板外侧模板→安装预应力筋及波纹管→立湿接头内侧模并绑扎顶板钢筋→检查并浇筑混凝土→混凝土养护→湿接头内模拆除→底、侧模拆除→预应力张拉、压浆→体系转换并拆除临时支座。

为便于叙述,以五跨一联为例,说明施工过程(图 1)。

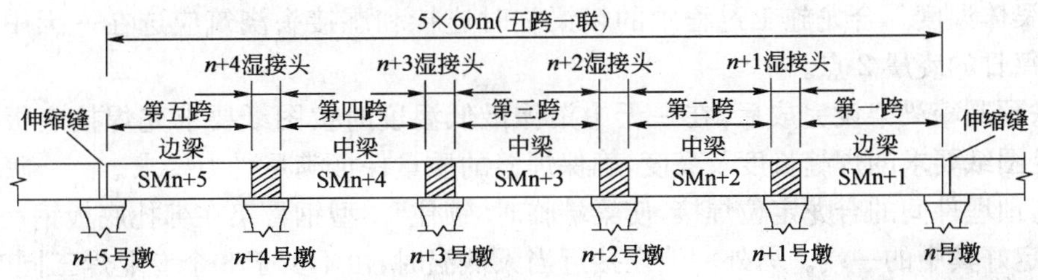

图 1

2. 施工工序流程图

图 2 为施工工序流程图。

3. 施工前的准备工作

(1)在进行墩顶湿接头施工前,先对预制箱梁梁端面进行凿毛粗糙处理并洗刷干净,对锚具进行除锈处理,同时加水使混凝土保持潮湿状态直到浇筑新混凝土。

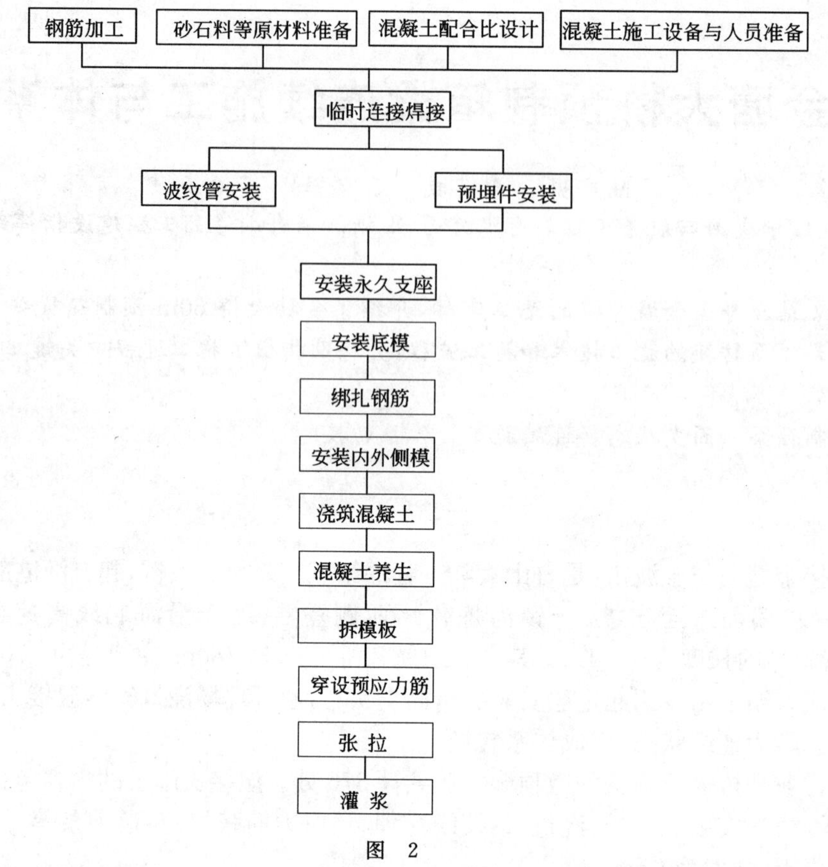

图 2

(2)按预先实验得出的混凝土配合比再次严格检查混凝土所需的水泥、砂、石、水、掺合料和添加剂的质量和规格。

(3)再次确认混凝土浇筑系统和其他机械设备的完好情况以及施工所需的人员到位情况。

(4)通知业主、监理及其他相关人员,办好开工前的有关手续,确保准备工作一切就绪。

(5)按照设计要求,湿接头不能跨季节施工。因此,为保证一联内的湿接头施工不因季节变换而引起结构内应力变化过大,在安排湿接头施工时尽量错开季节的转换期即不在季节转换期内安排体系转换的各个不同工序。

4. 临时连接焊接

临时连接前,对接头断面进行一次昼夜观测。观测内容:温度变化与梁端高程变化;温度与合龙段长度;空气温度与梁体温度。合龙施工过程中的箱梁临时连接和湿接头浇筑应选在一天中气温最低时进行,一般安排在每日的凌晨2点。

一个单幅联预制箱梁架设完成后,在一天中梁体最低温度时按图纸要求先焊接底板,后焊接顶板。在焊接时要满足图纸要求的焊缝长度及高度,确保焊缝的质量保证满足受力要求。

支撑型钢与预埋件间的合龙定位焊接,使梁端临时"锁住"。型钢骨架在绑扎底板钢筋前按设计位置就位,并焊接固定好其中的一端。另外一端在接近当天低温时,由不少于8个专业焊工同时施焊,要求在30min内完成。焊接时注意对预埋处梁身混凝土的保护。

5. 钢筋加工及绑扎

湿接头钢筋均采取在梁面加工制作,再进行现场绑扎。钢筋运输到现场后,在箱梁梁体锁定、梁体断面凿毛检查合格、底模安装完成后即可准备钢筋绑扎。钢筋绑扎顺序为先底、腹板再湿接头墙身最后顶板的施工顺序。在绑扎好钢筋后应按《金塘大桥防雷施工图设计》图要求随即做好防雷设施的焊接即在湿接头处引出软铜带,和墩顶的预埋钢筋相连,将相应钢筋伸出湿接头底模外端,作为引线,通过铜带将箱梁连接成一个等电位体。

6. 湿接头模板加工及安装

为便于湿接头施工及外观质量，除湿接头底板和内模采用强度不低于80MPa的竹胶板做面板，其余全部钢模做面板。

湿接头的底模利用墩顶平台（在对梁全端面凿毛检查合格的前提下）在墩顶直接用木方支撑铺放。为方便侧模的安装和固定，配合侧模设计出一套钢型珩架结构。通过吊机安装，并保证每侧与原混凝土面接触宽度在5～10cm之间。湿接头的内侧模也采用拉筋对拉方式受力，为方便底板混凝土振捣，内底模暂不安装，待混凝土浇筑完底板时再封口，使用木方支撑，防止模板上浮。

模板在安装前先要求涂脱模剂，在脱模剂喷涂或浇筑混凝土前遇雨天必须对对模板和钢筋进行覆盖，防止雨水将脱模剂冲淡。

7. 预应力管道安装

钢筋绑扎完成后，根据设计位置安装预应力管道定位支架，其间距为500mm。支架用ϕ12以上的钢筋制作，定位支架焊在梁的箍筋上，并在定位支架上标注出波纹管水平位置，用铁丝牢牢绑扎在定位支架上。波纹管的长向连接采用HDPE塑料套管连接。如梁体钢筋与预应力管道发生冲突，可适当移动梁体钢筋，以保证预应力管道位置的准确性。预埋件安装的同时，必须保证预埋件附近的梁体钢筋的净保护层厚度不得低于4cm。

8. 湿接头混凝土浇筑和养护

在单幅联湿接头位置钢筋、模板检查合格后即可做混凝土浇筑准备工作。混凝土浇筑采取一个单幅联一次性浇筑完成。湿接头混凝土浇筑顺序依次为底板、腹板、顶板。在腹板灌注混凝土时两边应对称灌注防止两边混凝土高低悬殊过大造成内模移位。顶板浇筑时应从顶板中间向腹板浇筑在腹板处合龙，翼板混凝土浇筑时由外侧向腹板处浇筑以防外模沉降变形引起裂纹。在整个灌注过程中下料要均匀，同时与振捣相配合，下料与振捣应交错进行，防止下料太集中，层厚太大，导致振捣困难，导致湿接头混凝土产生缺陷，混凝土振动时间应以混凝土表面不再下沉没有气泡溢出和混凝土表面开始泛浆为准。一幅的湿接头必须在一天温度最低时一次性浇筑完毕，而且浇筑工作必须在气温回升前完成。

本工程处于多风的海洋环境中，施工中应尽量减少暴露的作业面，浇筑完成后立即抹平进入养护阶段。尤其应注意当桥面混凝土灌注完毕、混凝土开始初凝时，加强表面的保湿养护工作。

9. 预应力束张拉

湿接头合龙束分为纵向和横向两种。其中纵向钢绞线分布于顶板、底板、腹板的纵向预应力束有19-ϕ15.24和12-ϕ15.24两种，其张拉方式也分两端张拉和一端张拉两种。单个湿接头顶板范围内共有两束横向预应力，横向预应力束为3孔扁锚其锚固端为P锚，全部为一端张拉。

纵向预应力钢绞线在普通钢筋和塑料波纹管安装好后、混凝土浇筑前进行安装，横向预应力钢绞线在顶板底层普通钢筋安装完后随同波纹管一起进行，钢绞线穿放前应清除孔道内杂物，利用卷扬机整束穿放，穿入孔道内的钢绞线应整齐顺直。

湿接头混凝土的强度达到设计强度的90%以上，解除临时支座的纵向约束，即可以张拉合龙预应力束。张拉顺序严格按设计图纸进行。遵循对称张拉、先边墩后中墩、先顶板合龙束后底板合龙束的原则进行。

具体张拉顺序如下：对称从边跨到中跨张拉完各顶板合龙束2T4→4T3→4T2→4T1；对称从边跨到中跨张拉底板合龙束H1，H2，H3。

预施应力应采用双控制，即以张拉控制应力为主，并以钢绞线伸长量校核。

纵向束张拉完毕即张拉湿接头桥面横向束。

10. 孔道压浆

张拉完毕后应尽快压浆，其间隔时间不得超过10天。压浆采用真空辅助压浆技术。

1）切割钢绞线及封锚

钢绞线束张拉完毕24小时后复查，确认无滑丝、断丝后才能切割钢绞线。采用砂轮锯切割钢绞线，切割预留长度从锚环算起不少于30mm。

2)压浆

(1)在压浆孔道出口及入口处安上密封阀门,将真空泵连接在非压浆端上,压浆泵连接在压浆端上。

(2)压浆前关闭所有的排气阀门(连接真空泵的除外),启动真空泵抽真空,使压力达到－0.1MPa。在真空泵运转的同时,启动压浆泵开始压浆,直至压浆端的透明塑料管中出现水泥浆,打开压浆三向阀门,当阀门口流出浓浆时关闭阀门,继续压浆并在0.7MPa压力下保压2min,停掉压浆泵,关闭压浆口铁管阀门,结束压浆作业。压浆孔道进入自然养护期。

3)锚块封端

封端前应对锚块端部混凝土凿毛,检查确认无漏压的管道,铲除锚垫板表面的黏浆和锚具外部的灰浆,对锚具进行防锈处理,然后设置钢筋网浇筑封端混凝土。封端采用混凝土的强度不低于40MPa。封端后的混凝土应加强养护措施。

11.箱梁的体系转换

每联箱梁的合龙预应力索张拉并压浆完毕,待孔道压浆达到设计强度后,我部将按照设计规定的体系转换顺序拆除临时支座,完成体系转换。

施工流程为:砂顶放砂下降临时支座→临时支座离开梁底→拆除临时支座→进行下一支座拆除,直至完成整联施工→固定正式支座。

施工时每片箱梁的四个砂顶的拆除应同步操作:施工人员由箱梁两幅翼缘板之间预留下人孔下至墩帽临时施工平台,旋出砂顶下端螺帽,钢丝丸流出,若钢丝丸不能自动流出来,可用钢筋掏出,钢丝丸应回收利用。砂顶顶心落下后,移走砂顶及其底下滑移装置,转换为正式支座受力,让60m箱梁成连续状态,完成体系转换。每联箱梁的砂顶拆除应从中梁向边梁对称拆除。箱梁合龙连续施工完毕后,应对墩顶湿接头处混凝土外表面涂刷防水剂处理。

三、关键工序的质量控制

1.海工高性能混凝土施工的质量控制

1)做好原材料的选材

选择适宜的中热水泥,粒径不宜过细,减小收缩;集料应级配良好,弹性模量高,干净含泥量少;选用与水泥相容性好减水率高的减水剂;选用细度小、活性高、水化热低的外掺料。

2)施工配合比的控制

(1)对高性能混凝土做了前期的配合比设计和试拌,采购了符合技术规范要求的各种原材料,并采用绝对体积法进行配合比设计。

(2)在前期试验的基础上,除了进一步优化配合比设计,提高混凝土的耐久性指标外,还将进行混凝土抗裂性能的对比试验,进行不同养护条件,不同龄期的混凝土弹性模量、自由收缩和徐变试验研究,为设计提供可靠的数据。

(3)控制水灰比,选择高效减水剂,减少混凝土中用水量,大掺量掺合料,减少水泥用量,降低水化热。

3)做好混凝土浇筑过程控制

混凝土浇筑采取一个单幅联一次性浇筑完成,浇筑顺序为从距离混凝土搅拌站的远端向近端依次进行。为保证已浇筑好的混凝土在终凝之前不受振动的影响,混凝土搅拌车通过不浇筑混凝土的另一幅梁运送混凝土,然后用斗车转运。在浇筑底板时因支座位置钢筋设有加强钢筋网片,在振捣时必须加强振捣,可采取内底模后安装,先预埋拉杆,待底板混凝土浇筑完毕再安装。在腹板灌注混凝土时两边应对称灌注防止两边混凝土高低悬殊过大造成内模移位。顶板浇筑时应从顶板中间向腹板浇筑在腹板处合龙,翼板混凝土浇筑时由外侧向腹板处浇筑以防外模沉降变形引起裂纹。

4)顶面提浆整平

最终桥面还应进行两次收浆,以防裂纹和不平整,并在收浆后进行表面刷毛。第一遍整平提浆,第二遍抹面收浆。桥面平整度和坡度质量控制和箱梁一致,避免了湿接缝桥面高低不平所带来的后续桥面铺装时需人工凿除混凝土的工作。

5)做好混凝土的养护

当混凝土浇筑完毕,马上用塑料布覆盖,保温保湿。由于采用的是C50混凝土,水泥水化热高,初期收缩性大,且湿接头体积大,如不加强养护极易产生裂缝。混凝土养护应注意以下几点:

(1)在混凝土浇筑完毕,完成初凝后,马上用土工布覆盖,然后在土工布上面覆盖一层塑料薄模,在完成终凝后马上浇水养护(初凝、终凝时间视配合比具体而定),保证混凝土的表面潮湿。

(2)侧模在混凝土浇筑完毕后24小时不得拆模,拆模前12小时拧松加固螺栓,让水从侧面自然流水养护。

(3)在混凝土的强度未达到1.2N/mm^{2}前,不得踩踏或震动模板。

(4)本工程处于多风的海洋环境中,施工中应尽量减少暴露的作业面,浇筑完成后立即抹平进入养护阶段。

(5)在夏天浇筑混凝土前,应先将混凝土接触的模板、钢筋等其他表面冷却至30℃以下。

(6)当相对湿度小,风速大,阳光强烈时,混凝土浇筑后表面应立即用塑料薄膜覆盖,防止水分的蒸发。待抹平时卷起薄膜,完后再次覆盖薄膜。至终凝后撤除薄膜并立即养护。

(7)在冬季浇筑混凝土时,应做好保温措施,在模板外表面加贴保温棉,加强覆盖,保温防风。

6)主要体系转换对质量的影响

在湿接头浇筑完混凝土,未进行体系转换前,湿接头处不得随意的堆放施工机具和材料,在汽车行使时,需铺设载力结构(由防滑钢板和工字钢焊接而成),防止混凝土在未张拉前受力变形。对混凝土的早期抗挠性能进行分析,控制由张拉受力而产生的裂缝。在张拉过程中,严格按照设计图纸的要求,按顺序张拉。在体系转换过程中,严格按照设计图纸的要求,按顺序拆除临时支座。

2. 箱梁在施工过程中的变形控制

(1)在箱梁预制时选取典型断面,(如中截面、吊点截面、临时支座截面)埋设变形及轴线等的控制点,监控混凝土浇筑后、预应力张拉前后、存梁期、海上运输、安装前后、合龙前后的梁体变形情况,以实测数据指导施工。

(2)墩顶纵向预应力张拉时左右两侧要对称;横向预应力张拉时要由对称交错进行。

(3)水上运输的支承点按临时支座位置设置,运输方驳上设置采用支架,支架能将箱梁夹紧,箱梁在运输过程中不会移动。四个支承点之间的不平整度≤5mm,且都用橡胶块支垫。

(4)吊运时吊点位置符合设计要求。采用钢丝吊索(杆)+底托梁的方法,并设置橡胶缓冲保护器。起吊、提升、移动、下降等操作过程时要平稳、缓慢,尽量减少冲击荷载。

(5)箱梁在安装前两端设置橡胶碰垫,以防止待安箱梁可能产生的轻微晃动使它与已安装装好的箱梁发生刚性碰撞,损伤混凝土。

四、结　语

作为跨海大桥施工的重要一环,将预制箱梁由简支变连续的湿接头施工的质量如何直接影响到整个桥梁的施工质量。因此,探索如何进一步优化施工工艺、提升混凝土的施工质量和预应力的施工质量具有十分重要的现实意义。

参考文献

[1] 浙江省舟山连岛工程建设指挥部,浙江省交通厅工程质量监督站. 金塘大桥专用施工技术规范. 2006.

[2] 浙江省舟山连岛工程建设指挥部,浙江省交通厅工程质量监督站. 金塘大桥专项工程质量检验评定标准. 2006.

[3] 公路桥涵施工技术规范(JTJ 041—2000). 北京:人民交通出版社,2000.

[4] 丁勇. 东海大桥70m连续箱梁合龙段施工与体系转换. 桥梁建设. 2005.

71. 金塘大桥整体导管架平台施工技术

王世宝[1] 张鹏飞[1] 陈卫国[2]
(1. 路桥华东工程有限公司；2. 浙江省舟山连岛工程建设指挥部)

摘 要 金塘大桥Ⅱ标非通航孔桥C26、C27墩位置处水深流急，海床面床基岩裸露，倾斜、起伏变化较大，无法采用常规方法进行钻孔平台施工，整体导管架施工平台方案成功地解决了这一难题，为深水、无覆盖层条件下平台的设计、施工提供了宝贵经验，为金塘大桥施工的顺利展开创造了条件。

关键词 金塘大桥 整体导管架 设计 施工

一、工 程 概 况

金塘大桥项目起于金塘岛上雄鹅嘴，终于宁波市绕城高速公路，全长26.54km。金塘大桥第Ⅱ合同段非通航孔桥为118m跨连续梁桥，全长1 320m，桥跨布置为64.5m+4×118m+64.5m+64.5m+5×118m+64.5m，上部结构为主跨118m跨径预应力混凝土连续梁，基础采用变截面大直径钻孔灌注桩基础。

其中C26、C27墩地质条件复杂，水位较深，河床基岩裸露，表面无覆盖层，岩面倾斜、起伏变化较大，无法采用常规方法进行钻孔平台的施工。

二、平台施工方案拟定

由于C26、C27墩施工区域海况恶劣，地质条件独特，经过多种施工方案的综合比较分析，拟采取"护筒群导管架+钢围堰"的施工方案，简称"整体导管架"施工方案。即在陆地码头或驳船上将钢护筒、外围钢管桩(内插锚桩)、底部钢围堰整体加工制作，导管架底部结构均按照实测海床面高程确定，导管架采用驳船运输至墩位，采用大型浮吊横桥向安装就位，然后插打定位锚桩，浇注封底混凝土，搭设平台上部结构，形成施工平台。

三、整体导管架平台设计与制作

1. 基础的结构形式

整体导管架主要由钢护筒、导管、定位锚桩、钢围堰、隔仓、吊点等组成，导管与钢护筒焊接成整体组成导管架，导管架底部外围焊接钢围堰将导管架和钢护筒围成环状，为保证整体结构尽量与海床岩面支撑紧密，钢护筒及钢围堰底部标高均按现场实测的海床面实际高程确定，钢围堰底做成与实际海床面吻合的形状并且下设喇叭型柔性裙板，以保证与实际岩面结合稳固。

导管架的结构布置见图1、图2。

(1)导管架及定位锚桩

导管架由钢护筒和导管组成，二者焊接成整体。考虑水流影响，横桥向护筒外侧各设置1排导管以增加其抗倾覆力矩，保证导管架下放后的整体稳定性，并可用来调平导管架。顺桥向外侧也各设置1排导管架钢管。

导管架底部设4个混凝土锚，通过导向轮与固定在导管架顶部平台上的8t拉锚卷扬机上，钢绳通过导向滑轮与卷扬机连接，主要用于导管架底部平面偏差及竖直度的调整。

导管架顶部另设设4个锚点，在调节垂直度时直接采用浮吊或驳船上的卷扬机牵引。

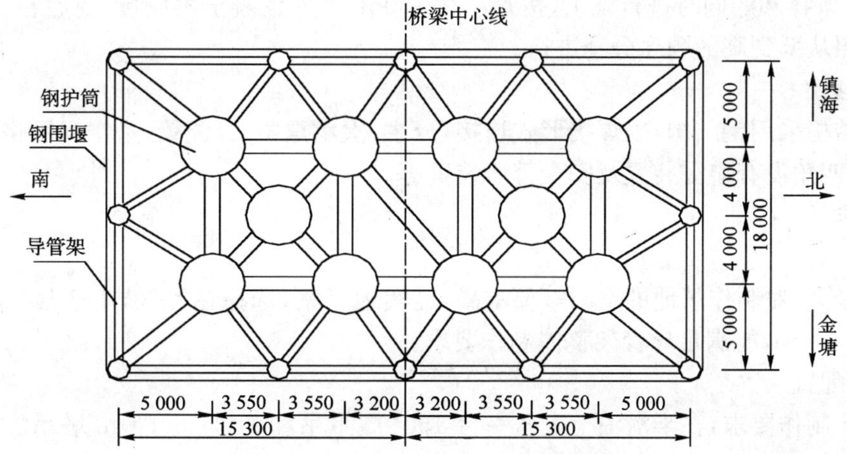

图 1 C26、C27 护筒群导管架平面布置图(未示上部结构)(尺寸单位:mm)

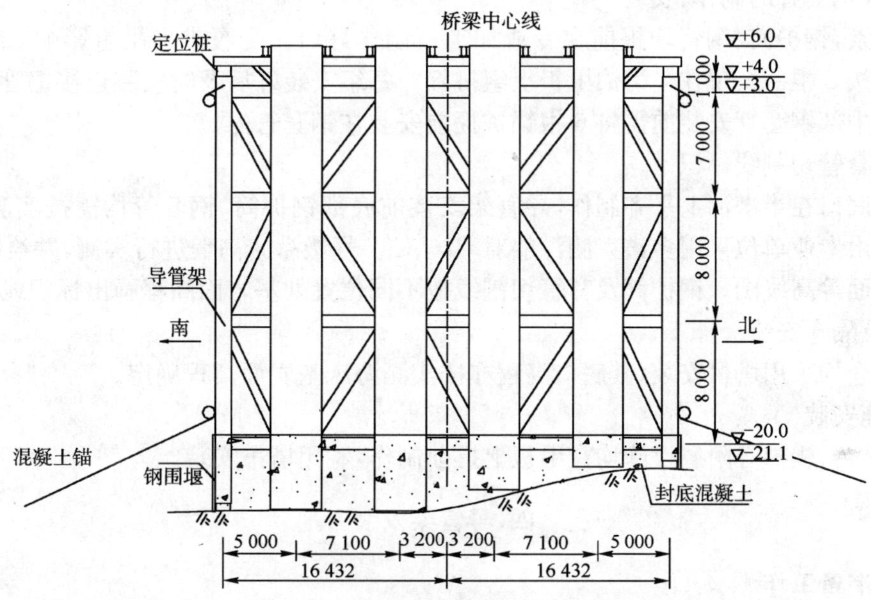

图 2 C26、C27 护筒群导管架立面布置(尺寸单位:mm)

(2)吊点设置

导管架的吊点设置在导管架外侧的 8 根钢护筒顶部,八根钢护筒间设有钢管支撑(图 3),防止吊装过程中护筒变形。另外在导管架顶部长边方向两端两护筒间平联钢管上各增加一临时吊点,用于浮吊附钩起吊用来调整导管架横桥向垂直度。

(3)钢围堰及隔仓

钢围堰的目的在于将钢护筒与导管架围成半封闭结构,以便进行围堰堵漏和封底混凝土浇筑。钢围堰布置在钢护筒外排导管外侧,底面高程按理论位置的实测海床面高程确定,为确保与岩面紧密接触,围堰底部设置 30cm 高柔性裙板,竖向每隔 20～30cm 设置切缝;钢围堰内侧挂设一圈浸水麻袋。

钢围堰与护筒间设置隔仓,共设 3 个,封底混凝土施工时按照先四周再中间的顺序逐舱进行。

(4)围堰堵漏装置

由于海床面高程的复测存在一定误差,以及导管架钢围堰安装过程中的偏位影响,钢围堰底部与岩面存在缝隙,为防止封底混凝土渗漏,采用袋装干混凝土在围堰内外侧底部堵漏,围堰堵漏采用袋装干混凝土。袋装干混凝土顺着预先设置好的钢管桩(距岩面 1m 左右)抛填,潜水员水下配合完成作业。

(5)封底混凝土

封底混凝土采用 C30 水下不扩散混凝土;保证封底最低厚度不小于 2.5m,封底混凝土共计约

$2500m^2$，拟采用2条拌和船同时进行施工，按每小时$180m^2$左右混凝土供应量，封底在12～15小时内完成。施工顺序按照从低到高的顺序分仓进行。

2. 上部结构形式

导管架上部结构采用钢结构，以焊接形式连接，分主、次承重梁、分配梁，呈空间网格状叠放布置。平台周围设置栏杆，四角设有避雷装置及安全警示装置等。

3. 导管架制作

(1)制作场地选择

导管架体积庞大，对制作场地的空间等要求高，经实地考察，选择在"三航工2号"半潜泊上制作，该船长92.64m，宽35.5m，能满足导管架整体制作要求。

(2)主要设备配置

为满足导管架制作要求，在半潜泊上配备一台150t履带吊和2台150t·m塔吊。导管架分别布置在船头和船位，为履带吊施工行走提供足够空间，两台塔吊布置在导管架一侧。

(3)钢护筒及钢套管的制作、安装

考虑工期因素，钢护筒、钢管均提前在专业加工厂制作好后。受履带吊吊重影响，钢护筒分两节制作、安装，钢套管按2根一组现在半潜泊甲板上组拼好。每组安装好后及时安装连接钢管。

四个角点及中部钢套管安装前需将6根锚桩提前安装在钢套管内。

(4)钢护筒、套管切割线标识

由于导管架底口在半潜泊上平齐制作，导管架安装前底部钢护筒、钢套管均需按实测海床基岩面切割。海床面测量由专业单位采用多谱束测深船对C26、C27号墩海床高程进行实测，并绘制出50m×50m范围的海床基岩面等高线图。钢护筒及套管切割线按不同位置处基岩面高程画出标识线。

(5)钢围堰及隔仓安装

钢围堰及隔仓均采用塔吊安装，其底口高程亦按实测海床基岩面高程确定。

(6)附属设施安装

吊点、操作平台、爬梯等附属设施均在甲板上提前制作，利用塔吊安装。

四、导管架安装

1. 吊装前的准备工作

(1)浮吊选择

导管架吊装重量约1 100t，选择1 300t浮吊"稳强3号"安装，浮吊起吊能力及吊高、吊具等均能满足吊装要求。

(2)导管架安装时机选择

导管架安装宜选择在小风浪、流速小的小潮汛期间平潮时间段进行。安装前收集中长期气象资料，安装前后3～5天无大风、大浪天气。根据潮汐表，并按照低平潮时导管架下放至海床面倒排出安装前各准备工做的时间安排。

(3)导管架验收及船机设备配备

导管架安装前应对底口切割线、吊点焊缝等仔细检查，并配备好拖轮、导航船、施工辅助船舶及导管架安装所需的发电机、振桩锤、电焊机等小型施工机具。

2. 导管架出运

(1)出运时机及航线选择

半潜舶拖航按预定航线选择在风力小于8级，波浪小于3级天气的平潮时间进行，半潜舶拖航至墩位锚泊。

(2)半潜泊托航

导管架在半潜舶上制作好后，由2艘拖轮采用夹拖的方式拖航至墩位，并配置一艘交通船导航，必要时,请海事部门配合。

3. 导管架安装

1)施工船舶锚泊就位

由于导管架安装时在施工区域锚泊的船舶较多,锚与锚间交叉布置复杂,因此船舶锚泊前组织船机部门对抛锚位置、抛锚顺序等仔细规划,周密布置。

2)起吊、导管架底部切割

导管架吊装由专人统一指挥,吊绳拴好钩后,徐徐起钩,缓缓起吊至 500t 力时停止起升,撤离导管架顶部施工人员,准备导管架底部切割。导管架底部切割按照事先标识出的切割线割断钢护筒、套管,切割时注意不要损伤导管内预先放置的 6 根锚桩。

3)移船、下放

(1)浮吊初定位

利用浮吊上的 GPS 进行浮吊初定位,其中心位置与下放过程中的理论位置基本吻合。

(2)导管架下放、测量、位置调整

导管架下放(图 3)选择在接近低平潮时进行,根据导管架下放速度和潮汐表,下放时间选择在低平潮来临前 1～2 小时,以保证导管架下放至河床面调整位置时正值低平潮。

图 3 导管架下放

测量定位时通过设置在 C25、C28 墩和浮吊上的三台全站仪测量导管架安装过程中的平面位置及竖直度,顺桥向竖直度(短边)通过浮吊左右两主吊钩调整,横桥向竖直度(长边)通过副钩来调整。

平面位置微调:如下放过程中平面位置变化较大,可通过定位船上的卷扬机调整。

(3)插打锚桩

导管架调平后,解除 6 个定位锚桩约束,立即用起重 2 号、起重 1 号浮吊上的振桩锤进行锚桩插打,锚桩插打时应首先插打未着床一侧的锚桩,两边可同时插打,锚桩与套管可先采用剪力销临时锁定。锚桩与套管间通过劲板焊接固定,施焊的同时进行其余锚桩的插打。

4. 封底混凝土施工

封底混凝土采用 2 艘拌合船同时进行,首先进行四个角点钢护筒内封底浇筑混凝土,然后浇筑外围四根护筒封底混凝土。混凝土采用 C30 早强型混凝土,浇筑高度按 5m 控制。封底混凝土达到强度后浮吊可以松钩、移船。

围堰内封底前,为加强围堰侧板底口的稳定并确保封底混凝土在灌注过程中不致外溢,利用 100t 浮吊在围堰侧板外侧制做 1～3m 厚人造覆盖层,通过事先制作好的导管自导管内从下而上依次抛填:袋装混凝土、袋装碎石,同时潜水员在围堰内侧轻潜堵漏。

封底混凝土浇筑采用 2 艘拌和船,按从低到高的顺序分仓封底。

五、平台上部结构安装

平台上部结构采用浮吊安装。依次安装牛腿、承重梁、分配梁、面板及平台防护设施,形成平台。

六、结　语

金塘大桥 II 标 C26、C27 墩整体导管架平台是整个金塘大桥的施工难点,由于各种原因,导管架安装错过了台风过后、季风来临前的黄金十月,选择在季风多发的 11 月份、12 月份进行,但是路桥集团国际建设股份有限公司迎难而上,通过采取行之有效的措施,精心组织、周密安排,两个导管架分别于 11 月 30 日、12 月 6 日安装结束,平面最大误差 20cm,圆满完成施工任务,为金塘大桥的施工的顺利展开创造了条件。整体导管架法平台施工方案为深水、无覆盖层条件下平台的设计、施工提供了宝贵经验。

72. 整体式轻型钢套箱在金塘大桥承台施工中的应用

周静波[1]　张鹏飞[2]　毛晓斌[2]　杨国平[2]
（1. 浙江省舟山连岛工程建设指挥部；2. 路桥华东工程有限公司）

摘　要　金塘大桥非通航孔桥118m跨连续梁区段海域水深流急，各墩均平行独立作业，在其14座承台施工中采用整体式轻型钢套箱，由浮吊一次安装到位，克服了不利自然条件的影响，加快了施工进度，减少了工程风险，降低了施工成本。

关键词　金塘大桥　整体式轻型钢套箱　倒吊牛腿　浮吊

一、工 程 概 况

金塘大桥非通航孔桥118m跨连续梁区段非通航孔桥全长1 320m，桥跨布置为64.5m+4×118m+64.5m+64.5m+5×118m+64.5m，上部结构为主跨118m跨径预应力混凝土连续梁；基础采用变截面大直径钻孔灌注桩基础；承台为整体式矩形承台，主墩承台尺寸为25.7m×13.1m×4.0m，边墩承台尺寸为24.6m×11.1m×3.5m，承台底高程+1.2m，封底混凝土厚0.8m。承台平面尺寸见图1。

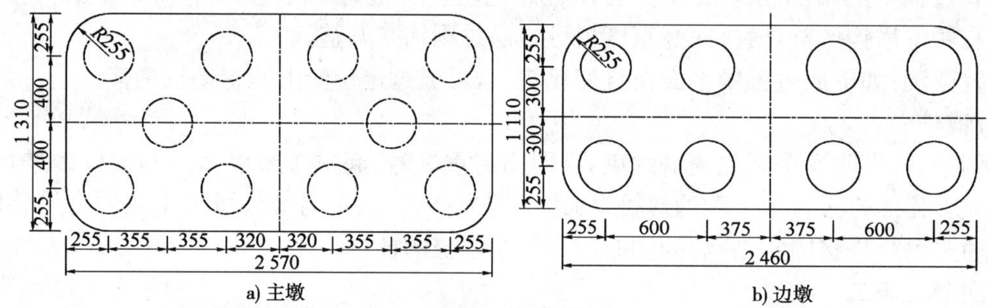

图1　承台平面尺寸（尺寸单位：cm）

二、钢套箱施工方案拟定

国内常见的钢套箱施工方法按套箱结构分为双壁和单壁钢套箱法；按地形特征分为有底和无底钢套箱法；按安装方法分为分块拼装法、钢吊箱法、整体安装法等多种形式。根据国内几座跨海大桥中承台的施工经验、结合金塘大桥II标的工程特点，经过分析比较，采用单壁桁架式有底钢套箱，利用浮吊整体一次性安装到位。

三、钢套箱设计简介

1. 总体设计思路

（1）采用单壁桁架式有底钢套箱，由浮吊整体一次性安装到位。

（2）采用模块化设计，套箱侧板分节段制作，分块设计考虑能周转使用并满足两种不同尺寸承台的施工要求，节段和底篮间均采用螺栓连接，整体安装。

（3）套箱底篮与侧板采用螺栓连接，为一次性投入，不考虑周转。

（4）采用倒吊牛腿作为套箱下放后的承重结构，牛腿承受钢套箱自重和封底混凝土重量。

（5）钢套箱下放到位后在波浪浮托力作用下保持稳固。

（6）钢套箱侧板在波流荷载和风荷载作用下强度、刚度满足要求。

2. 钢套箱构造介绍

(1)钢套箱总体构造

钢套箱主要由底兰、侧板、内支撑系统等组成(图2)。

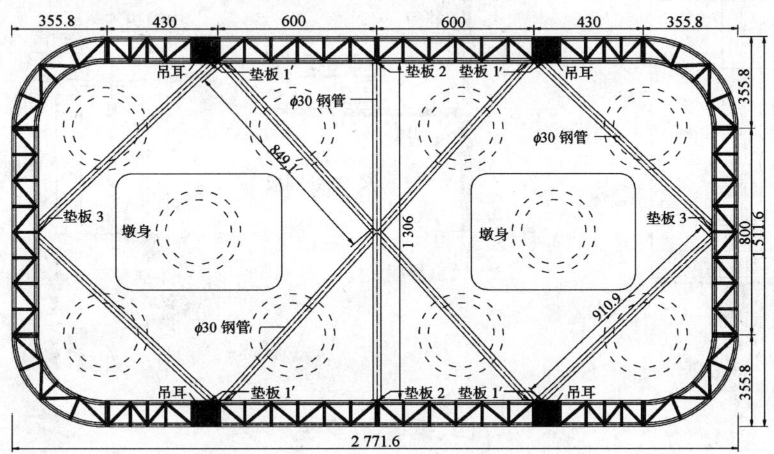

图2 钢套箱总体布置(尺寸单位:cm)

(2)钢套箱侧板分块

考虑到主墩承台投入钢套箱数量多,钢套箱分块设计时以主墩承台尺寸为控制设计,其中A、C节段均可用于边墩,另边墩钢套箱中增加B3节段。钢套箱分块如图3所示。

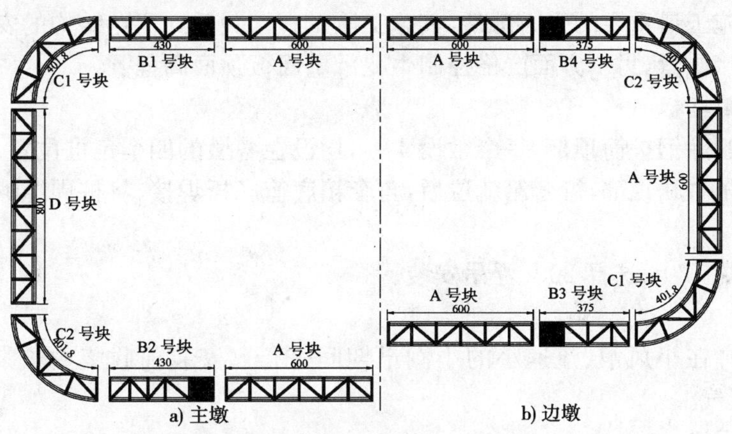

图3 钢套箱分块示意(尺寸单位:cm)

(3)钢套箱侧板节段设计简介

钢套箱侧板节段主要主桁、次桁、平联、面板及面板加劲肋组成。主桁架是套箱的主要承重结构,布置在套箱节段顶部和底部,次桁架布置在上下两层主桁架之间节点位置,将主桁架连成整体。按受力情况分为主承重结构和次承重结构。

(4)钢套箱底篮设计简介

钢套箱底篮主要由底篮主桁、次桁、分配型钢及钢底板组成,底篮与侧板采用螺栓连接,以便于套箱侧板拆除(图4)。

(5)支撑承重系统设计简介

钢套箱内支撑由9根直径40cm,壁厚8mm组成,布置在套箱顶部。

承重系统由倒挂牛腿和反压牛腿组成。反压牛腿与倒吊牛腿对应设置,对套箱竖向限位。倒吊牛腿构造见图5。

(6)吊点设计

钢套箱吊点设置在B节段顶面,吊点位置套箱侧板局部加强。

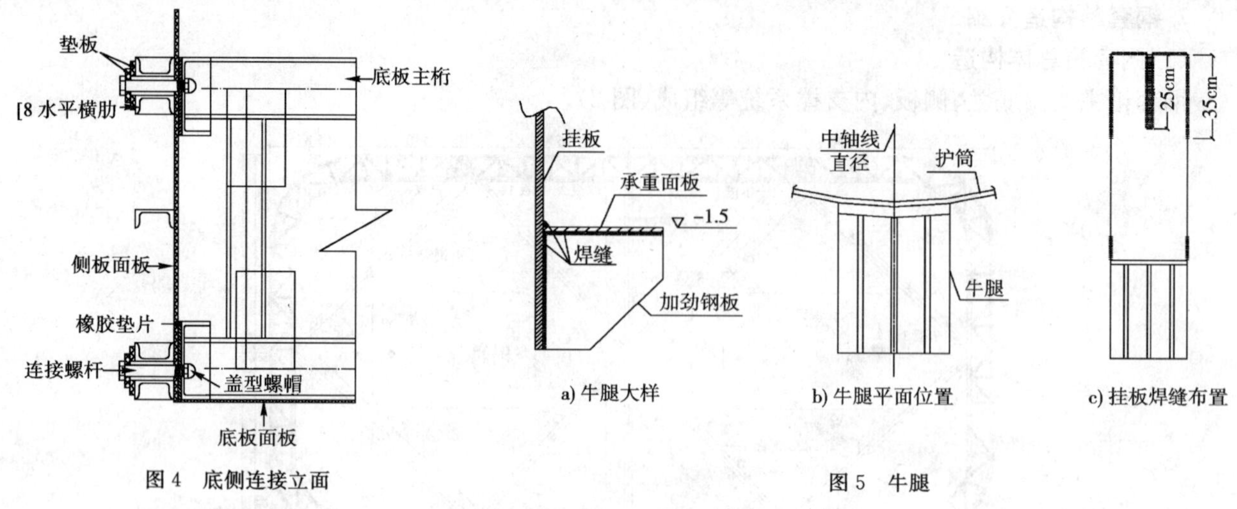

图4 底侧连接立面

图5 牛腿

四、钢套箱安装

1. 安装前的准备工作

(1)平台拆除

成桩工作结束,将钢套箱安装位置平台拆除,并精确测量护筒平面位置,割护筒至+2.5m高程。

(2)焊接倒挂牛腿、安装导向架,放置封堵板

倒挂牛腿是承台施工最重要的受力部件,其施工质量直接关系到承台结构的安全。一方面要保证牛腿焊接位置正确及焊接质量,另一方面严格控制牛腿承重面板顶面高程。

(3)安装导向架、封堵板

导向架设置在已割除钢护筒顶部,每个墩设4个,均设在各墩的四个角桩位置。

封堵板设置在倒吊牛腿顶部,待套箱就位后,与套箱底篮底板焊接,将桩周缝隙封闭。

2. 钢套箱安装

导管架吊装重量约120t,选择200t浮吊安装。

(1)安装时机选择

钢套箱安装宜选择在小风浪、流速小的小潮汛期间进行。安装前收集中长期气象资料,安装前后3~5天无大风、大浪天气。

(2)钢套箱拼装、运输

钢套箱在项目施工码头上拼装成整体,用驳船运输到工点。

(3)安装吊绳、吊具

吊绳、吊具直接利用浮吊安装。

(4)起吊

徐徐吊起钢套箱离开驳船50cm左右,再次检查套箱受力与变形情况,及浮吊工作状态,如无异常情况,继续起吊至套箱底口高度超过高程+4.5m。

(5)平移定位

套箱吊离驳船后,定位船及驳船移走后,通过收放浮吊锚缆,缓慢平稳地将浮吊平移至墩位上方,瞄准导向架微调对位。

(6)下放就位

待浮吊正确对位后缓慢下放套箱进入导向架,观察底板处各桩桩位就位情况,和整体套箱偏位情况,如无异常情

图6 钢套箱下放就位

况，以每 50cm 一级逐级下放套箱，直至离牛腿面 10cm 处暂停下放。测量精确定位后，下沉到位（图 6）。

（7）安装水平限位及反压装置

五、承 台 施 工

封底混凝土浇筑前应将桩周钢护筒杂物清理、打磨干净，增加混凝土握裹力。封底混凝土采用拌和船浇筑，待潮水退至钢套箱底部后进行，实现“干浇”，浇筑完成后，打开通水孔，使内外压力平衡。

封底混凝土达到要求后，依次进行承台钢筋、混凝土施工。

六、结 语

金塘大桥 II 标非通航孔桥海域水深流急，自然条件极差，施工难度大。在承台施工过程中，通过采用整体市轻型钢套箱方案，不仅有效解决了这一难题，而且还具有以下优点：

（1）钢套箱设计轻巧、施工方便。

（2）周转率高，工效快，施工成本低。

（3）钢套箱一次安装到位，加快了施工进度，减少了海上承台施工的安全风险。

参考文献

[1]《公路桥涵施工技术规范》(JTJ 041—2000). 北京：人民交通出版社，2000.

[2]《公路工程技术质量评定标准》(JTG F80/1—2004). 北京：人民交通出版社，2004.

[3]《海港水文规范》(JTJ 213—98). 北京：人民交通出版社，1998.

[4]《港口工程荷载规范》(JTJ 215—98). 北京：人民交通出版社，1998.

[5]《钢结构设计规范》(GB 50017—2003).

73. 挂篮施工液压千斤顶加载施工技术

杨国平[1] 仓定磊[1] 吴泽生[2]

（1. 路桥华东工程有限公司；2. 浙江省舟山连岛工程建设指挥部）

摘 要 金塘大桥 II 标 118m 跨非通航孔桥挂篮施工过程中，挂篮采用液压千斤顶加载试验技术，加快了施工进度，取得了良好的经济效益。

关键词 挂篮加载 反力架 液压千斤顶

一、工 程 概 况

金塘大桥项目由金塘大桥（主通航孔桥、东通航孔桥、西通航孔桥、非通航孔桥及金塘侧引桥、浅水区引桥、镇海侧引桥）和金塘岛接线组成。其中金塘大桥第 II 合同段由 118m 跨非通航孔桥和西通航孔桥组成。非通航孔桥为两联 118m 跨径连续梁桥，桩号范围 K31＋795～K33＋115m，全长 1 320m，桥跨布置为 64.5m＋4×118m＋64.5m＋64.5m＋5×118m＋64.5m，上部结构为变高度预应力混凝土连续梁，下部结构采用现浇墩＋整体式矩形承台＋变截面大直径钻孔灌注桩基础；西通航孔桥为 3 跨连续梁桥，桩号范围 K43＋265～K43＋595，全长 330m，桥跨布置为 87m＋156m＋87m，上部结构为变高度预应力混凝土连续梁，下部结构采用钻孔灌注桩基础。

二、液压千斤顶加载法设计思路

挂篮加载试验主要是通过测量挂篮在各级静力试验荷载作用下的变形，了解挂篮在工作状态时与设计期望值是否相符，测出或推算出挂篮前端在各个块段荷载作用下的竖向位移，为施工控制提供参考，并设法消除挂篮永久变形。

传统的加载方法是使用水箱或者沙袋模拟施工荷载，将其作用于挂篮的底篮前横梁上，水箱加载的施工布置图1所示，这种加载方式的优点在于操作简单，结构的受力机理比较明确，但这种方法的缺点也很明显。由于使用水箱或沙袋作为模拟荷载，这种方法对起重设备的要求比较高，特别是在水上施工时，船机设备的投入较大，容易导致项目的运营成本过高；同时该法受天气的影响较大，应避开雨天进行试验；在进行高墩挂篮施工时，采用这种方法进行加载试验的难度也较大。

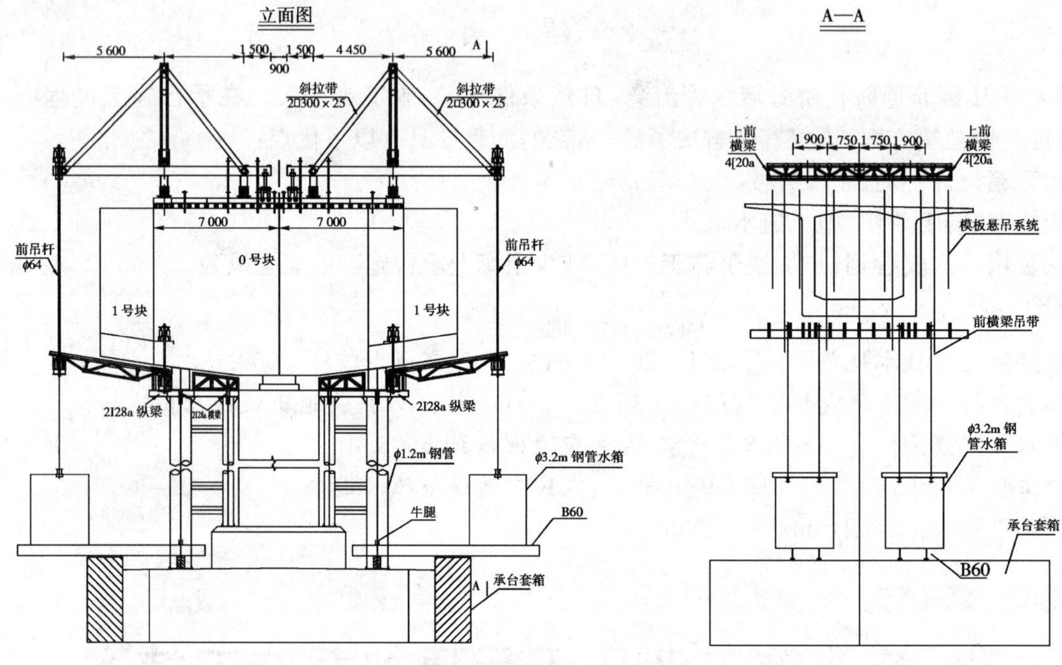

图1　水箱加载布置示意

液压千斤顶加载与传统挂篮加载方式的最大区别是采用液压千斤顶来模拟挂篮施工各阶段的荷载，取代原先的受人为、天气等因素影响较大的水箱或沙袋的自重荷载。为保证液压千斤顶的荷载能传递到挂篮上，需在0号箱梁的梁端设置～反力装置，确保进行加载时能为千斤顶提供足够的反力。反力装置采用ϕ60cm（壁厚8mm）钢管、ϕ30cm（壁厚6mm）连接钢管、ϕ32mm精轧螺纹钢筋等加工而成，其布置如图2所示。

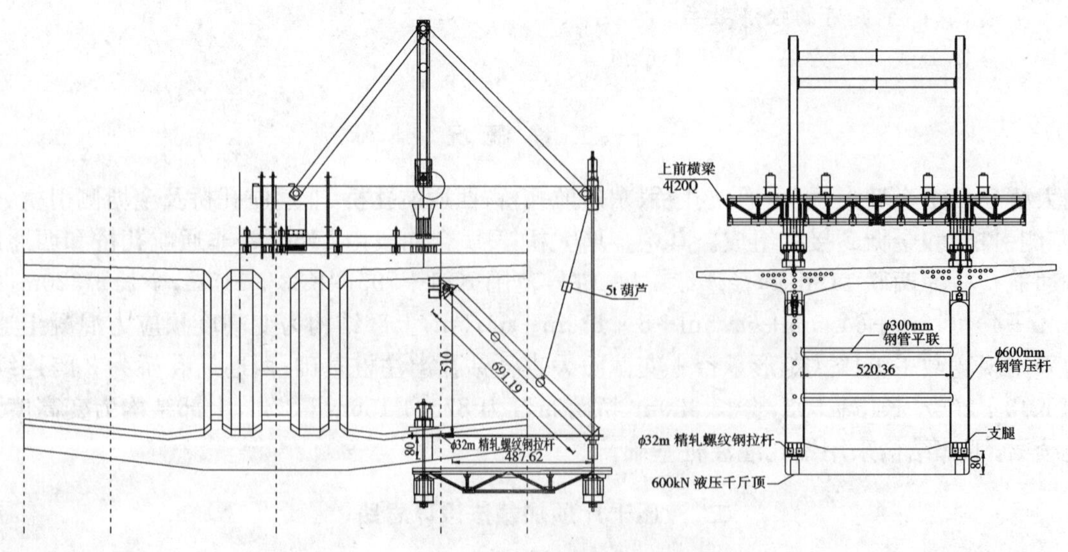

图2　反力装置布置

三、反力装置设计

反力装置采用ϕ60cm(壁厚 8mm)钢管、ϕ30cm(壁厚 6mm)连接钢管、ϕ32mm 精轧螺纹钢筋等加工而成,由于其主要受力结构为钢管架,故称其为反力架。反力架主要由埋置在 0 号箱梁端头的预埋件、钢管架以及精轧螺纹钢拉杆等部分组成。

预埋件采用钢板加工而成,在进行 0 号块施工时埋置,作为反力架的支承结构,在安装反力架时通过销棒、螺栓分别与钢管架、精轧螺纹钢拉杆连接。

钢管架主要由 2 根 ϕ60cm(壁厚 8mm)钢管制作而成,为防止钢管侧向弯曲,在 2 根 ϕ60cm 钢管间用 ϕ30cm 钢管连接,增加其横向刚度,使其均匀受力。

为便于精轧螺纹钢拉杆的安装,并释放反力架安装时可能产生的安装应力,将精轧螺纹钢拉杆分成两段进行安装,一段在 0 号块施工时安装,另一段则在反力架其他构件安装完毕后安装,两段精轧螺纹钢筋通过连接套筒连接。

四、液压千斤顶加载施工

采用液压千斤顶法对挂篮进行加载的施工步骤见图 3,施工中需注意几个方面的问题如下:

(1)按设计安装好预埋件,精轧螺纹钢埋到指定设计高程。

(2)为便于安装钢管反力架,建议先装好挂篮两外侧前吊带,待装好钢管反力架后再安装两内侧前吊带。

(3)挂篮底模要安装水平,使钢管反力架均匀受力。

(4)钢管反力架与预埋件的销接后,用葫芦将钢管反力架带到挂篮前上横梁上,将钢管架调到设计角度,并带紧,直到试验完成。

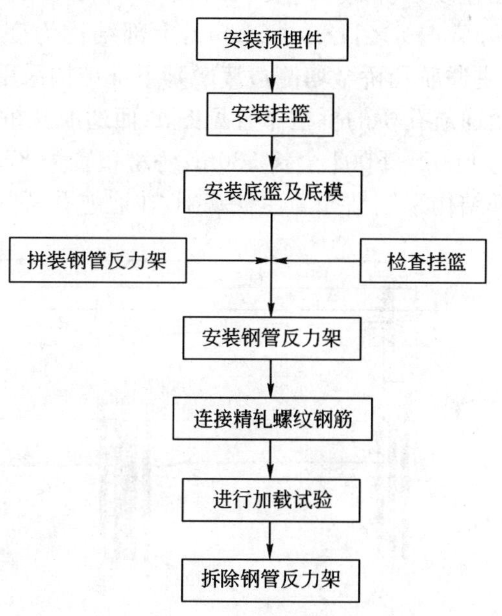

图 3　液压千斤顶加载施工步骤

(5)每只千斤顶下要设置垫座,且保证 4 个以上底篮纵梁共同参与受力,以满足局部承压的要求。

(6)进行正常的挂篮加载程序,观测挂篮各处的沉降,完成荷载与变形的相关曲线图。

五、结　　语

挂篮施工液压千斤顶加载技术采用液压千斤顶施加预压荷载,大大缩短了挂篮加载施工周期,可通过反复加载,提高了挂篮加载试验精度,从而为箱梁线形控制提供了可靠的依据。特别在类似金塘大桥 II 标非通航孔桥的水上高墩挂篮施工中,可以有效降低施工难度和高空施工风险,变海上作业为陆上作业,大大缩短海上作业时间,减少海上船机的投入,降低海上船机费用,为提高项目的经济效益提供了有效的技术支持。

74. 悬臂浇筑箱梁表面平整度控制技术

王世宝[1]　黄河清[2]　王年明[2]
(1. 路桥华东工程有限公司;2. 浙江省舟山连岛工程建设指挥部)

摘　要　金塘大桥 II 标 118m 跨非通航空桥和西通航孔桥悬臂箱梁施工过程中,通过使用提浆整平机进行箱梁表面平整度控制,取得了良好的效果。

关键词　悬臂浇筑箱梁　平整度控制　提浆整平机

一、工 程 概 况

金塘大桥项目由金塘大桥(主通航孔桥、东通航孔桥、西通航孔桥、非通航孔桥及金塘侧引桥、浅水区引桥、镇海侧引桥)和金塘岛接线组成。金塘大桥项目起于金塘岛上雄鹅嘴,接在建的西堠门大桥,经化成寺水库、茅岭、沥港水道和灰鳖洋水域,与规划中的宁波沿海北线高速公路相交,终于宁波市绕城高速公路,全长21.029km,金塘侧引桥长1.007km,跨海大桥长18.27km,镇海侧引桥长1.752km。

金塘大桥第II合同段由118m跨非通航孔桥和西通航孔桥(图1)组成。非通航孔桥为两联118m跨径连续梁桥,桩号范围K31+795～K33+115m,全长1 320m,桥跨布置为64.5m+4×118m+64.5m+64.5m+5×118m+64.5m,上部结构为变高度预应力混凝土连续梁,基础墩号范围为:C24～C36—D1(主通航孔桥金塘侧过渡墩),下部结构采用现浇墩+整体式矩形承台+变截面大直径钻孔灌注桩基础,西通航孔桥的桥型布置见图1;西通航孔桥为3跨连续梁桥,桩号范围K43+265～K43+595,墩号布置为F001～F004全长330m,桥跨布置为87m+156m+87m,上部结构为变高度预应力混凝土连续梁,下部结构采用钻孔灌注桩基础,非通航孔桥的桥型布置见图2。

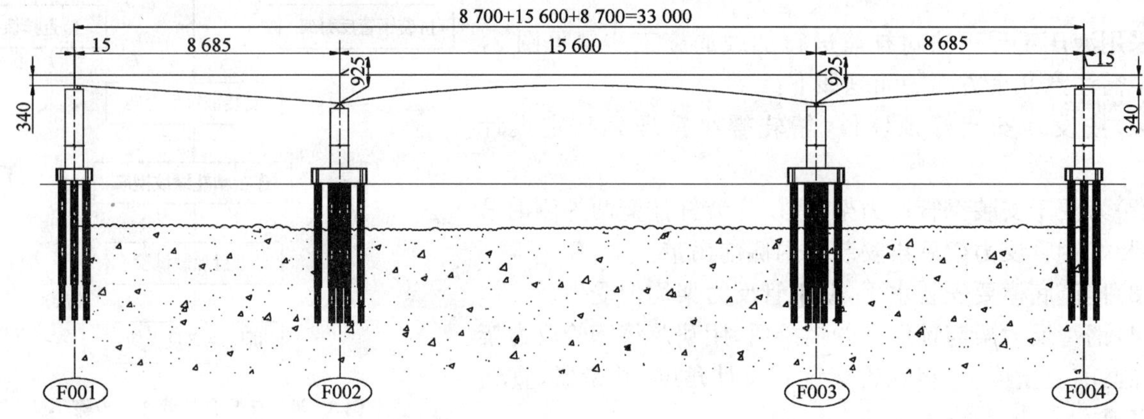

图1　西通航孔桥桥型布置图

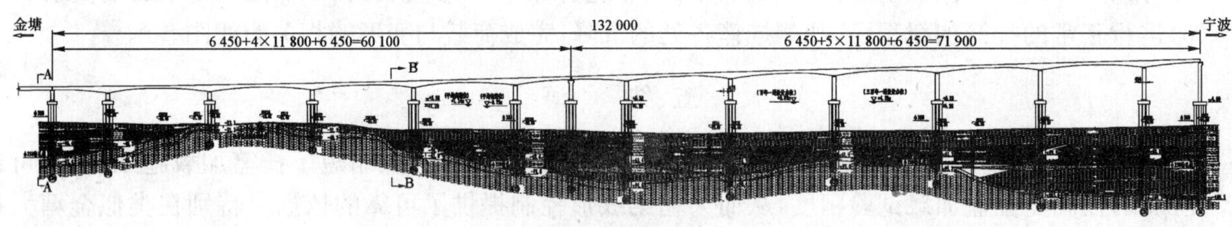

图2　非通航孔桥桥型布置图(尺寸单位:cm)

二、悬臂浇筑箱梁混凝土表面平整度控制技术的提出

悬浇箱梁施工阶段特别是海上桥梁施工,如混凝土顶面平整度控制不当,不仅会使桥面高低不平,带来的后续桥面铺装时需大量人工凿除混凝土的工作,影响桥面铺装层的质量,产生成桥后桥面开裂的质量通病,还可能引起箱梁顶面早期裂缝,影响箱梁的施工质量,最终影响桥梁的使用寿命。金塘大桥118m跨非通航孔桥及西通航孔桥均为悬臂浇筑箱梁,为保证箱梁表面施工质量,提高桥梁使用寿命,需使用提浆整平机进行箱梁表面的收浆整平工作。

三、提浆整平机设计

1.概述

提浆整平机主要由以下几个部件组成:振动器、振动梁、行走系统及附属结构。

振动器：为实现箱梁提浆整平工作的主要构件，采用附着式振动器。

振动梁：采用型钢制作，为固定振动器的架子，同时也将激振力传递到混凝土表面，实现混凝土表面的收浆整平工作。在振动梁上设行走系统及附属结构，以方便施工人员操作以及提浆机的行走。

行走系统及附属结构：主要包括安装于振动梁上的行走电机、行走轮，安装在挂篮或已浇筑箱梁上的行走轨道以及振动梁两侧的防护栏杆等。

2. 构件选型及结构设计

(1)振动器选型

振动器是实现箱梁提浆整平工作的主要构件，拟采用附着式振动器，根据现场的对比试验，振动器的频率取 50～60Hz、激振力取 5kN 为宜，既能保证表面收浆质量，也不会因为频率、激振力过大而影响混凝土骨架受力性能。

(2)振动梁布置

振动梁布置应根据悬浇箱梁结构形式、挂篮形式以及现场实际情况等的条件，选则最优方案，以保证其最佳的施工性能。金塘大桥 II 标 118m 跨非通航孔桥及西通航孔桥振动梁布置形式如图 3、图 4 所示。

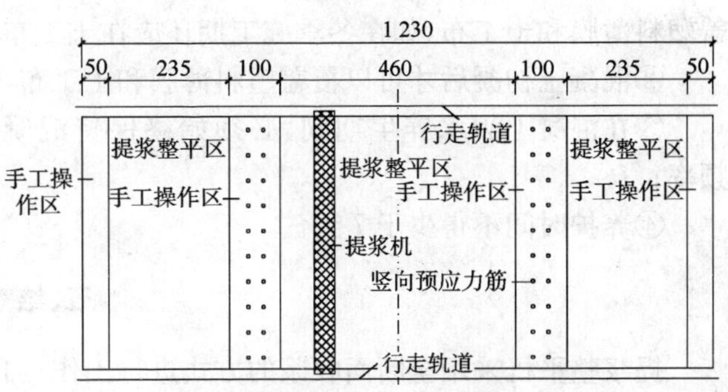

图 3 振动梁平面布置(尺寸单位:cm)

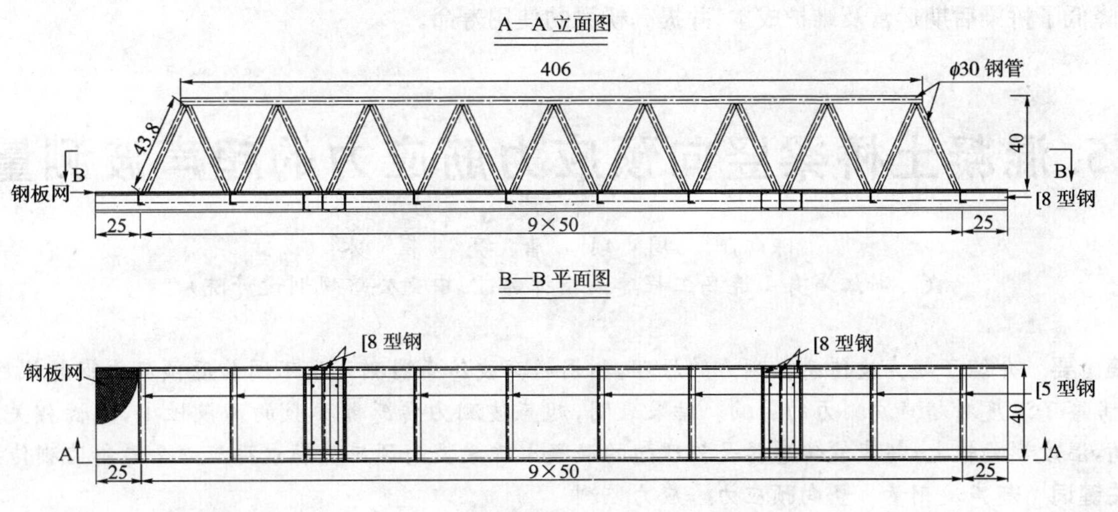

图 4 振动梁结构(尺寸单位:cm)

(3)行走系统及附属结构设计

行走系统主要包括安装于振动梁上的行走电机、行走轮、行走轨道以及防护栏杆等。振动梁的行走依靠行走电机实现，行走电机通过减速装置驱动行走轮在轨道上实现行走。在振动梁上设通道，以便于进行整平施工时施工人员上下，并及时调整振动梁的工作状态。轨道采用槽钢，进行整平施工前先由测量对轨道放样，通过调节轨道下面的楔块保证轨道的位置和高度满足要求，然后再进行整平施工。

四、箱梁顶面提浆整平施工

箱梁顶面提浆整平施工是实现箱梁表面平整度控制中最为关键的一环，如何控制箱梁顶面提浆整平施工的各项参数，使其能在满足箱梁平整度控制指标的情况下达到最佳的施工性能、经济指标是本课题的关键之一。结合本项目的现场施工情况，箱梁顶面提浆整平施工的关键点如下：

(1)试验时为选择合理的混凝土的坍落度，混凝土的最佳坍落度与混凝土的标号、配比以及原材料的性能有关，海工混凝土坍落度取18～20为宜。

(2)严格控制提浆整平机的轨道高程，轨道高程由测量人员控制，在轨道高程设置完成后应注意保护，避免扰动，同时还应防止石子等杂物进入轨道内影响高程控制。

(3)优化混凝土料的布料方式、顺序，尽量降低由于混凝土浇筑荷载对箱梁平整度、接缝的影响。

(4)收浆工作分两次进行，两次收浆的间隔取1小时为宜，提浆整平机的行走速度不得大于0.1m/s。

(5)加强箱梁混凝土的养护工作，施工时应注意以下几个方面：

①混凝土浇筑完成根据现场施工情况(温度、天气等)确定开始养护的间隔时间，开始养护至混凝土初凝阶段采用喷雾养生以保持混凝土表面处于湿润状态，混凝土初凝后在混凝土顶面先洒水然后依次覆盖塑料薄膜和土工布，如在冬季施工期还应在土工布上面覆盖棉被，然后洒水养生；

②混凝土初凝后才可以覆盖塑料薄膜和土工布，避免人为因素破坏箱梁表面；

③在混凝土洒水养生期间，必须始终保持混凝土表面处于湿润状态，并根据现场情况调整洒水频率；

④养护时间不得少于7天。

五、结　语

提浆整平机采用全断面收浆的方式进行工作，加快了箱梁表面混凝土的收面时间、提高了收面质量，降低人为因素对箱梁外观质量的影响，可以有效控制箱梁整体平整度，避免局部出现凹陷、凸起的现象，保证箱梁表面平整度控制质量，解决了因箱梁顶面平整度原因引起的桥面铺装平整度差、易开裂等质量通病，降低了桥梁后期运营及维护成本，并提高桥梁的使用寿命。

75. 混凝土桥梁竖向预应力筋应力的超声波测量

陈向阳[1]　周　颂[1]　唐　亮[2]　崔　冰[2]

(1. 浙江省舟山连岛工程建设指挥部；2. 中交公路规划设计院)

摘　要　介绍了超声波传感器测力的原理，利用超声波传感器测试了不同长度预应力钢筋试件的张拉力，考察了温度对超声波测力的影响。结果表明，超声波测力传感器参数的离散性小，线性相关度高，精度高，温度影响较大，超声波传感器是较理想的混凝土桥梁竖向预应力筋永存应力全寿命监测传感器。

关键词　超声波测量　竖向预应力　应力监测

一、概　述

近年来，随着我国道路交通事业的快速发展，需要修建大量的大跨度桥梁以跨越大江大河，预应力混凝土连续梁桥和连续刚构桥以其可靠的力学性能、成熟的设计和施工技术、低廉的建造和养护维修成本低等诸多优点，已成为大跨度(100～300m)桥梁的首选桥型之一。从20世纪70年代起，采用悬臂法施工的大跨度预应力混凝土连续梁(刚构)桥得到迅速发展[1]。目前，世界上修建的跨度达到或超过230m的连续刚构桥已有近20座，而我国就有12座。

尽管预应力梁式桥的发展令人瞩目，但我国有些已建成的连续梁(刚构)桥在运营过程中逐步暴露出一些缺陷[2]，主要表现为跨中持续下挠、箱梁底板和腹板开裂严重，削弱了结构的承载能力和耐久性，影响了桥梁的正常使用和行车安全。对于跨中下挠和底板开裂的问题，近年来已经有较多的研究并且形成了指导设计和施工的文献，而对于导致腹板开裂病害的竖向预应力筋的永存应力问题，目前尚缺乏系统研究。

桥梁结构的竖向预应力筋通常采用精轧螺纹钢筋(高强钢筋),由于竖向预应力筋通常长度较短,精轧螺纹钢筋即使出现很微小的松弛或锚头回缩也将引起竖向预应力筋出现较大的预应力损失[3~5]。为了确保竖向预应力筋的施工锚固效果及运营期间的永存应力的有效性,应充分重视对竖向预应力筋应力的监测。

根据安装方式的不同,高强钢筋测力传感器可分为附着环式传感器(如磁弹仪)、压力环式传感器(如钢弦应变式和电阻应变式传感器等)和接触式传感器(如超声波)三类。附着式和压力环式传感器更换困难,受传感器寿命所限,采用这两类传感器时一般难以进行预应力筋的全寿命应力监测,而接触式传感器只需在测量时安装传感器,不存在更换问题,是竖向预应力筋全寿命应力监测的理想选择。

本文首先简介了超声波传感器的测力原理,然后给出了短钢筋和长钢筋的拉力测试试验。短钢筋试验通过多组相同类型的钢筋拉力测试验证了超声波测力的可行性,同时也考察了超声波传感器的线性相关度和测力的离散性。长钢筋试验通过现场使用长度的钢筋拉力测试考察了超声波测力的精度;长钢筋测力时的温度影响试验则给出了超声波传感器使用时需注意的温度问题,并考察了进行温度影响修正后的测力精度。

二、超声波传感器检测原理

根据声弹性原理,固体介质在超声纵波传播方向上的应力变化会引起纵波声速的响应变化[6],根据波速与应力的关系并进行适当的简化可得[7]

$$C = C_0(1 - K_m\sigma) \tag{1}$$

式中:C——介质应力为σ时的纵波沿应力方向的波速;

C_0——介质无应力时的纵波波速;

K_m——与介质材料相关的系数;

σ——介质应力。

超声波传感器的测力原理是通过测出超声波回波周期计算钢筋内的拉力,这种方法在汽车、机械等工业领域已经广泛应用。超声波的回波周期 T 可以通过钢筋的长度 L 和超声波在钢筋内传播速度 C 求得,如图 1 所示,由式(1)可知 C 与应力σ(拉力 F)是线性相关的,因此长度为 L 的钢筋内拉力变化 ΔF 与回波周期的变化 ΔT 成正比,即

$$\Delta F = K \times \Delta T \tag{2}$$

式中:K——与钢筋的材质和长度相关的系数。只要测得 $F=0$ 时的回波周期 T_0 就可以通过测得 T 来求出当前的钢筋拉力,即

$$F = K \times (T - T_0) \tag{3}$$

UPUS 是由法国 Advitam 公司研制的超声波传感器测试系统,整个系统由传感器、超声波发射盒、工控机及响应软件系统组成,发射盒和工控机集成在便携式旅行箱内,图 2 为安装于钢筋端头的 UPUS 传感器。

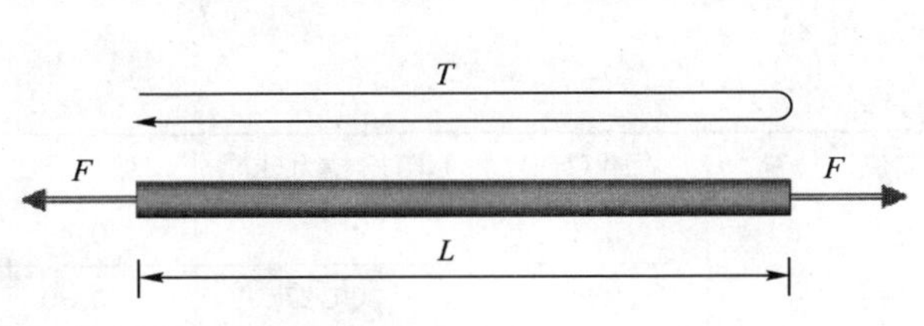

图 1 超声波传感器测力原理示意

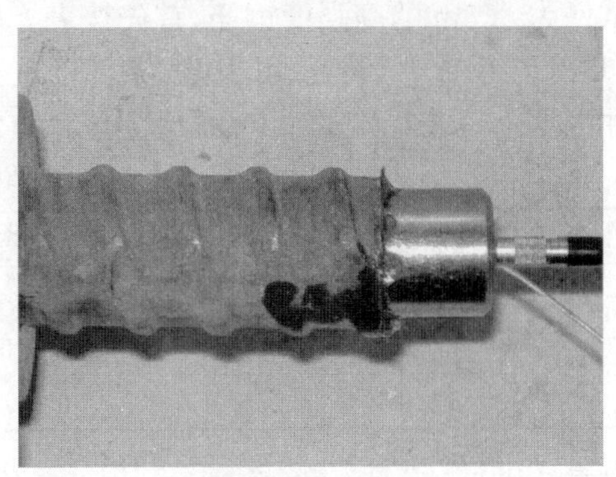

图 2 UPUS 传感器

三、短钢筋拉力测试

试验采用从一根长的高强螺纹钢上截取的5根短钢筋试件，钢筋的长度约600mm，如表1所示。试验最大拉力500kN，共分为10级加载，UPUS测得的各试件相对于无应力状态时的回波周期变化ΔT见表2。

短钢筋试件长度　　表1

钢筋编号	L(mm)	钢筋编号	L(mm)	钢筋编号	L(mm)
1	603	3	608	5	600
2	604	4	605		

短钢筋张拉试验数据　　表2

荷载(kN)	ΔT/ns				
	1号	2号	3号	4号	5号
0	0	0	0	0	0
50	193	200	203	204	236
100	410	400	405	420	429
150	607	604	625	639	624
200	831	818	824	859	840
250	103 5	103 5	101 6	105 9	104 0
300	125 6	125 1	123 2	127 6	124 4
350	146 0	146 3	143 9	149 0	144 8
400	168 2	166 7	165 4	168 3	167 0
450	190 7	191 4	185 7	192 0	188 3
500	214 7	217 1	210 0	215 5	213 7

由表2的$\Delta F-\Delta T$关系可得各试件的UPUS系数K及其相关系数如表3。

UPUS系数K及其相关系数　　表3

试件	1号	2号	3号	4号	5号
K	0.233 6	0.232 2	0.240 1	0.233 5	0.238 5
相关系数	0.999 8	0.999 5	0.999 9	0.999 9	0.999 7

由表3可见，UPUS传感器测试的线性相关度很高，且测试的离散性较小，相对偏差小于3%。

四、长钢筋拉力测试及温度影响

试件为3.3m的高强度钢筋，首先按表2所示测试方法得到该试件在20℃时无应力状态的回波周期T_0及UPUS系数K，再在相同温度条件下重新安装试件两次，同时改变UPUS传感器的安装位置，张拉试件并根据上一步标定的UPUS参数计算拉力，结果见表4。

长钢筋张拉试验(20℃)　　表4

位置	荷载(kN)	UPUS拉力(kN)	偏差(%)	位置	荷载(kN)	UPUS拉力(kN)	偏差(%)
	2.21	4.87	0.44		2.21	4.87	0.44
1	298.65	297.07	−0.26	2	298.47	300.27	0.30
	600.05	603.75	0.62		599.85	601.51	0.28

由表4可见，预应力筋标定后，尽管重新安装预应力筋并且改变了传感器的安装位置，UPUS系统仍具有很高的测力精度。

表5所示为8℃和30℃时的UPUS测试结果。

长钢筋温度影响张拉试验 表5

温度(℃)	荷载(kN)	UPUS拉力(kN)		修正后的偏差(%)
		未修正	修正零值	
8	1.87	−53.58	0	—
	297.9	256.21	309.79	1.98
	600.29	557.44	611.02	1.79
30	2.28	40.84	0	—
	299.52	345.68	304.84	0.89
	601.43	665.8	624.96	3.92

由表5可见,温度对UPUS系统的影响较大,若标定温度与测试温度相差较大时不进行零值修正,将产生较大的测试误差。这一点也可通过进行不同温度条件下的多次标定来解决,测试时采用与测试温度最为接近的那组标定参数。

五、总　结

超声波测力传感器是一种接触式传感器,这种类型的传感器克服了附着式和压力环式传感器在损坏后更换困难的问题。使用超声波测力时,要根据预应力钢筋的材料类型、型号和钢筋长度进行抽样标定,获得钢筋无应力状态的回波周期 T_0 和系数 K。

试验表明,超声波测力的离散性小,线性相关度高,测力精度较高,是混凝土桥梁竖向预应力筋永存应力全寿命监测的理想方式;但使用时需要注意温度对超声波传感器测力的影响;此外,为确保声波的反射,应采取措施保证钢筋两端端面光滑并垂直于钢筋轴心。

参考文献

[1] 吕志涛,刘钊.浅论我国预应力混凝土梁桥的技术与发展[J].桥梁建设,2001(1).
[2] 楼庄鸿.大跨径梁式桥的主要病害[J].公路交通科技,2006(4).
[3] 杜官民,陈爱萍.混凝土结构竖向预应力筋锚固应力损失的控制[J].桥梁建设,2006增刊.
[4] 刘玉兰,吴初平.桥梁竖向预应力施工质量控制[J].中外公路,2006(4).
[5] 方志,汪剑.预应力混凝土箱梁桥竖向预应力损失的实测与分析[J].土木工程学报,2006(5).
[6] 钱祖文.非线性声学[M].北京:科学出版社,1992.
[7] 张俊,顾临怡等.钢结构工程中高强度螺栓轴向应力的超声测量技术[J].机械工程学报,2006(2).

76.金塘大桥承台海工高性能混凝土的配制

屠柳青　张国志　李顺凯　刘可心
(中交武汉港湾工程设计研究院有限公司 长大桥梁建设施工技术交通行业重点试验室)

摘　要　针对金塘大桥承台数量多、混凝土方量大、标号高,所处环境恶劣等特点,研究海工大体积混凝土的配制技术。配合比设计以耐久性为核心,以混凝土各项性能的均衡发展为目标,遵循抗氯离子渗透性与抗裂性并重的原则。采用大掺量矿物掺和料、性能优良的聚羧酸减水剂、低水胶比技术路线,配制出抗氯离子渗透性好、水化热低、体积稳定性好、抗裂性能优良的承台混凝土。

关键词　金塘大桥承台　海工高性能混凝土　抗开裂性能　氯离子渗透性能　聚羧酸减水剂

一、工 程 概 况

金塘大桥由东向西横跨灰鳖洋18.27km海面，是舟山连岛工程中规模最大的跨海大桥。全桥共有大小承台478个，其中超过1 000m^3 的大承台有27个，混凝土标号为C40，最大的III-A标主通航孔桥主墩承台，尺寸为56.78m×34.02m×6.5m，混凝土方量约12 555.76m^3。由于承台混凝土施工期长，影响因素多，对海工混凝土的配制提出较高要求。

金塘大桥处于海水氯化物引起钢筋锈蚀的海洋环境，作用等级从中等程度（C级）至极端严重程度（F级），为确保桥梁主体结构设计使用寿命100年，采用高性能海工混凝土是第一道防线，也是最经济、有效的防腐基本措施。聚羧酸外加剂由于减水率高、工作性好、与水泥有较好的适应性是配制海工混凝土的首选外加剂，也被高速铁路等重点工程指定为专用外加剂，本文就金塘大桥承台混凝土的配制技术及聚羧酸外加剂的应用情况进行了总结归纳。

二、承台海工高性能混凝土配制技术研究

1. 承台混凝土配合比设计原则

金塘大桥承台为海工大体积混凝土，配合比设计以耐久性为核心，以混凝土各项性能的均衡发展为目标，并遵循抗氯离子渗透性与抗裂性并重的原则。

①提高混凝土密实性，增强混凝土抗氯离子渗透性；

②尽量降低胶材和水泥用量，降低混凝土的绝热温升；

③减少混凝土的化学收缩和干缩，提高体积稳定性；

④提高混凝土本身的抗变形、抗开裂能力。

2. 影响因素研究

1）矿物掺合料掺量对混凝土性能的影响

胶凝材料总量为405kg/m^3，矿物掺合料的掺量分别为50%、60%和65%，配合比见表1。

矿物掺合料的掺量对混凝土性能影响试验　　表1

编　号	配合比（kg/m^3）							
	掺合料掺量	水泥	粉煤灰	矿粉	砂	碎石	水	JM-PCA
CW1	50%	142	142	121	724	1 080	142	4.4
CW2	60%	162	162	81	724	1 080	142	4.4
CW3	65%	202	122	81	724	1 080	142	4.4

从图1可以看出，混凝土的强度随矿物掺合料掺量的增大而降低。混凝土氯离子扩散系数随着龄期增长明显降低，当矿物掺合料掺量为60%时，混凝土抗氯离子渗透性能最好，84天的氯离子扩散系数为$1.21\times10^{-12}m^2/s$。

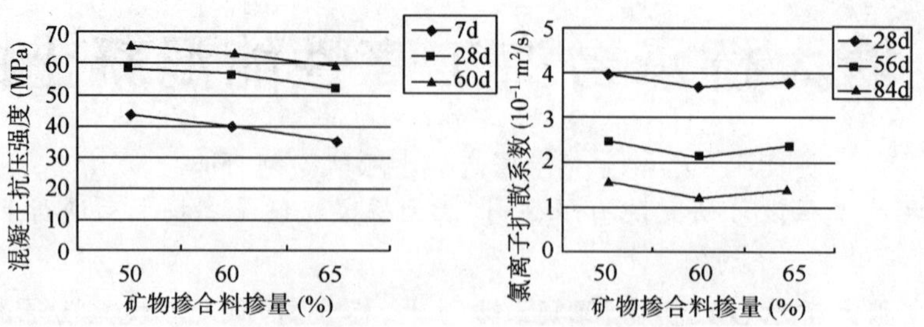

图1　矿物掺合料掺量对抗压强度和抗氯离子渗透性能的影响

2）粉煤灰与矿粉复合比例对混凝土性能的影响

胶凝材料总量为405kg/m^3，矿物掺合料的总掺量为65%，粉煤灰与矿粉的比例从100∶0、74∶26、54∶46、31∶69和0∶100，试验结果见图2。

从图 2 中可以看出，混凝土的抗压强度随矿粉掺量的增大而增加，这是因为矿粉的活性高于粉煤灰，矿粉有利于混凝土早期强度的增长，但两种掺合料掺量接近时，由于颗粒级配效应和火山灰效应得到充分发挥，60 天抗压强度增长显著。

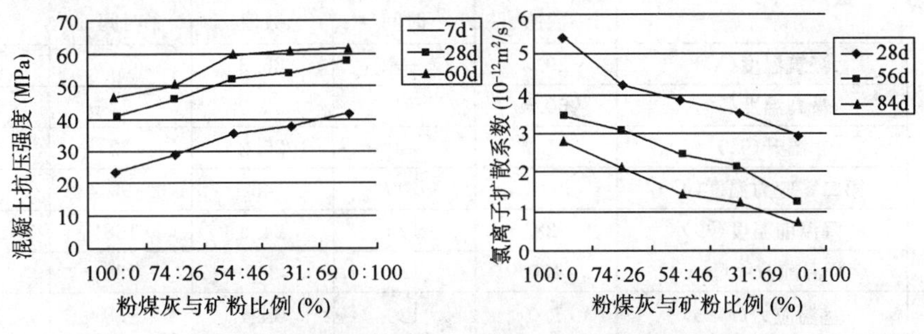

图 2　粉煤灰与矿粉复掺对抗压强度和氯离子扩散系数的影响

单掺矿粉混凝土的抗氯离子渗透性能最好，粉煤灰掺量的增加会降低早期抗氯离子渗透性，但两种掺合料掺量接近时，随龄期增长混凝土抗氯离子渗透性提高。

3. 配合比优化(表 2)

C40 承台混凝土推荐配比　　表 2

编　号	配合比(kg/m^3)									抗压强度	
	胶凝材料	水泥	粉煤灰	矿粉	砂	碎石	水	JM-PCA	阻锈剂	28d (MPa)	60d (MPa)
CZ1	380	152	114	114	769	1060	133	4.2	/	51.9	56.9
CZ2	405	162	162	81	724	1080	142	4.4	/	54.9	58.9
CZ3	430	150	194	86	710	1065	150	4.7	/	57.1	64.2
CZ4	405	162	162	81	724	1080	134	4.4	8	54.3	59.4

注：表中水泥、粉煤灰和矿粉分别为海螺 42.5P·II 水泥、江苏谏壁 I 级粉煤灰、海螺朱家桥 S95 磨细矿粉，阻锈剂为瑞士西卡 901。

4. 混凝土性能指标

1)承台混凝土的抗氯离子渗透性能试验

用 NT-Bulid 492 方法测试 CZ1、CZ2 和 CZ3 三组混凝土不同龄期的氯离子扩散系数。从图 3 可以看出，混凝土氯离子扩散系数随胶凝材料的总量的增加而降低，并且随龄期的增长而降低。三组混凝土 84 天扩散系数均小于 2.5 $\times 10^{-12} m^2/s$，达到设计要求。

2)混凝土绝热温升试验(表 3)

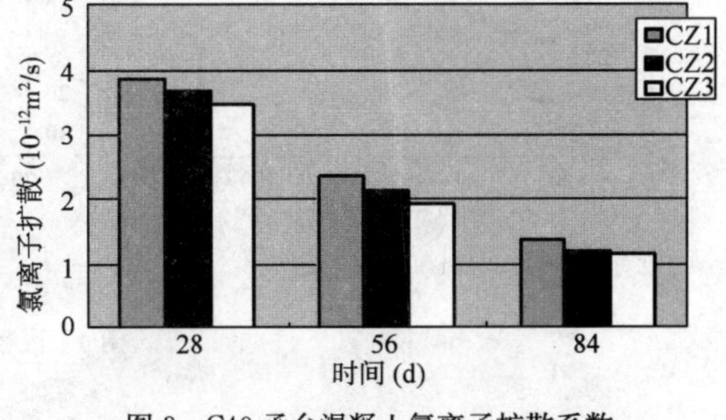

图 3　C40 承台混凝土氯离子扩散系数

混凝土绝热温升(℃)　　表 3

绝热温升(℃)	时间	0.5	1	2	3	5	7	14	21	28
	CZ1	1.8	2.4	5.1	10.5	28.2	32.9	34.3	34.8	35.1
	CZ2	2.0	3.1	5.6	12.4	31.5	36.3	38.1	38.4	38.7

3)混凝土抗开裂性能试验

采用清华大学研制开发的混凝土温度—应力试验机，研究承台混凝土早期温度、应力的发展历程。混凝土温度、应力特征参数见表 4，混凝土温度、应力、变形发展历时见图 4。分析如下：(1)CZ1 尽管浇筑温度偏高，但胶材用量小且水胶比低，混凝土收缩总量小，水化热温峰低且出现时间推迟，至使室温应力减小，开裂敏感系数小，开裂温度最低。(2)CZ2 胶材用量较多，因此总收缩量较大；矿物掺和料多，室温应力和极限抗拉强度相对较低，导致混凝土开裂敏感系数增大，开裂温度升高。(3)CZ3 胶材总量最高，粉体多，因此混凝土总收缩量大；由于早期强度发展较快，室温应力显著增大，至使开裂敏感系数减小，开裂温度较高。

混凝土温度、应力特征参数　　表 4

参　　数		配比 CZ1		配比 CZ2		配比 CZ3	
		数值	时间	数值	时间	数值	时间
开裂细化指标	浇筑温度(℃)	29.3	—	26.8	—	25.2	—
	最高温度(℃)	50.5	91	52.0	72	50.9	40h
	温升(℃)	21.2	91	25.2	72	25.7	40h
	第二零应力温度(℃)	40	100	45	90	42.3	89h
	降温前温度(℃)	28	120	24.8	138	27.9	158
	降温前收缩(μm)	100	120	205	138	190	158
开裂核心指标	室温应力(MPa)	1.0	120	0.91	138	1.62	158
	开裂应力(MPa)	2.6	130	2.19	140	2.72	158
	开裂敏感系数	0.385	—	0.42	—	0.6	—
开裂综合指标	开裂温度(℃)	−2.5	—	12.5	—	15.7	—

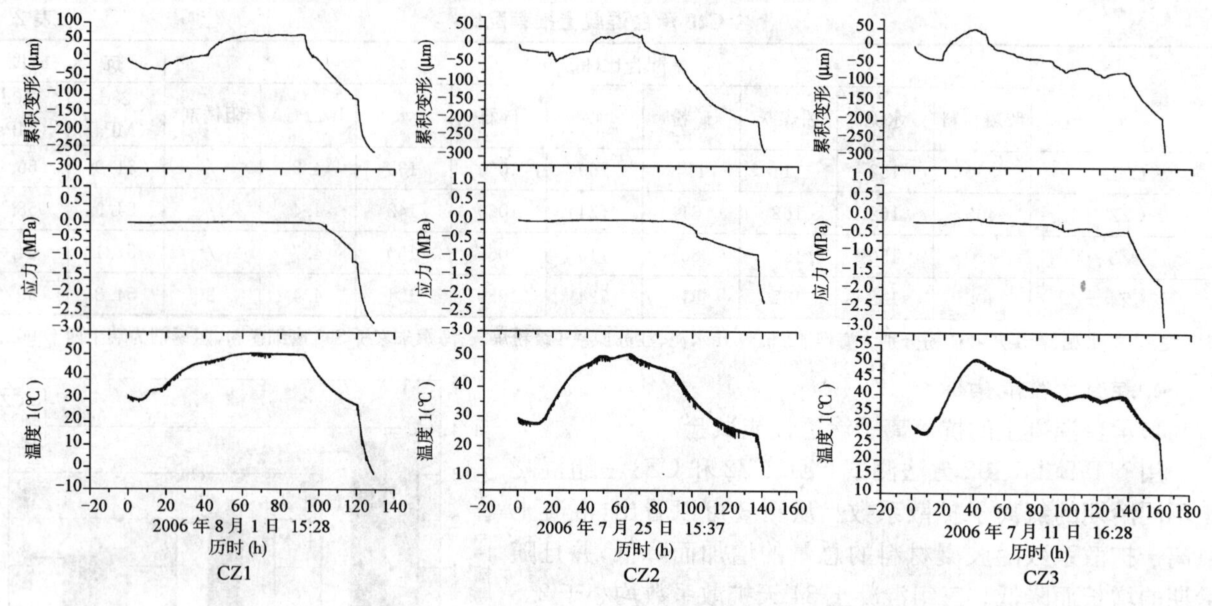

图 4　混凝土温度、应力、变形发展历时图

三、结论及建议

(1)金塘大桥处于海水氯化物引起钢筋锈蚀的近海海洋环境,采用高性能海工混凝土是防止钢筋锈蚀的第一道防线,也是最经济、有效的防腐基本措施。

(2)承台处于环境恶劣的浪溅区,属大体积混凝土结构,混凝土配合比设计应以耐久性为核心,抗氯离子渗透性与抗裂性并重,并以混凝土各项性能的均衡发展为目标。

(3)金塘大桥承台大体积混凝土采用大掺量矿物掺和料、低水胶比技术路线,选用性能优良的聚羧酸外加剂,尽量降低胶材用量、水泥用量和用水量,以降低混凝土绝热温升、提高体积稳定性和抗开裂能力。

参考文献

[1] 林志海,覃维祖,张士海.混凝土早期温度应力发展与抗裂性能评价.建筑技术,2003.

[2] 吴中伟,廉慧珍.高性能混凝土[M].北京:中国铁道出版社,1999.

[3] R. Springenschmid. Avoidance of Thermal Cracking in Concrete at Early Ages. 1998.

[4] RILEM TC119-TCE:Avoidance of Thermal Cracking in Concrete at Early Ages(1993).

77. 海洋环境下的大体积混凝土温控

刘可心[1] 毛优达[2] 张国志[1] 屠柳青[1]
(1. 中交武汉港湾工程设计研究院有限公司 长大桥梁建设施工技术交通行业重点试验室；
2. 浙江省舟山连岛工程建设指挥部)

摘 要 以金塘大桥为背景，论述海洋环境下混凝土温控的特点。从混凝土原材料选择、配合比设计、冷却水管埋设、混凝土施工和养护、温度监测全过程讨论海洋环境下温控的实施，讨论海洋环境下温控技术可能的发展方向。

关键词 金塘大桥 海洋环境 大体积混凝土 温控

海洋环境中的钢筋混凝土结构，主要依靠保护层混凝土保护钢筋免遭锈蚀。混凝土结构一旦出现大于一定尺度的裂缝就会降低表层混凝土质量，加快氯离子的侵入，从而影响结构的耐久性，所以，在提高混凝土密实性的同时，控制大体积混凝土温度裂缝显得尤为重要。

金塘大桥是舟山大陆连岛工程中规模最大的跨海大桥，其结构设计基准期为100年。金塘大桥气候条件恶劣，水文、地形、地质情况复杂。冬季受欧亚大陆冷气团控制，寒冷、干燥、多季风；夏季受太平洋暖湿气流控制，高温湿润，台风频繁，年平均台风影响次数2.56个，极大风速大于40m/s；工程海域潮位为不正规半日潮，涨潮历时略大于落潮历时，平均高潮位1.14m，平均低潮位−0.75m；实测最大潮速3.02m/s，最大潮差3.54m；海水年平均温度17.3℃，年均含盐度2.56%，环境腐蚀类型为III类海水氯化物引起钢筋锈蚀的近海或海洋环境，作用等级从中等程度(C级)至极端严重程度(F级)[2]。要满足桥梁使用寿命要求，大体积混凝土的裂缝控制是其中的重要一环。

一、海洋环境混凝土温控的特点

海洋环境下的大体积混凝土温控防裂与一般情况的温控有显著的不同，主要表现在四个方面：

(1)海上施工条件恶劣，昼夜温差大、风浪剧烈，混凝土内表温差难以控制，常规保温措施难以实施；

(2)海上施工线长点多，离岸较远，施工平台小，主要依靠船舶供水供电，缺乏常规温控通水冷却使用的电力，混凝土温度数据也较难人工采集；

(3)海上施工淡水缺乏，冷却水管通淡水循环成本很高，通海水又有可能造成腐蚀；

(4)海洋环境下，海水和大气中氯离子含量高，极易腐蚀钢筋，对混凝土裂缝控制的要求较内陆更为严格[2]。

二、海洋环境温控措施

在金塘跨海大桥的施工中，大体积混凝土温控措施如下：

1. 原材料优选

1)水泥

工程要求采用强度等级为42.5的质量符合国家标准《硅酸盐水泥、普通硅酸盐水泥》(GB 175)的II型硅酸盐水泥(P·II)。为改善混凝土的体积稳定性和抗裂性，不得使用立窑水泥，不宜使用早强、水化热较高和高C_3A含量的水泥。硅酸盐水泥的细度(比表面积)宜小于350m^2/kg，不得超过400m^2/kg。C_3A含量宜控制在6%～10%。工程选用的水泥为安徽海螺P.II42.5水泥。

2)矿物掺合料

粉煤灰必须来自燃煤工艺先进的电厂，选用组分均匀、各项性能指标稳定的低钙灰。工程要求粉煤灰的烧失量不大于5%，需水量比不大于100%，三氧化硫含量不大于3%。工程选用了谏壁II级粉煤灰。

高细度的磨细矿粉，在一定掺量范围内，混凝土强度、抗氯离子渗透性随掺量的增大而提高，但混凝土的水化热温升、化学收缩和自收缩也随矿粉掺量的增加而增大，为防止混凝土收缩开裂，要求磨细矿粉的比表面积不超过440m²/kg，控制在360～440m²/kg；需水量比不大于100%；烧失量不大于5%；28d活性指数不小于95%。工程选用了浙江余姚S95矿粉。

3)集料

粗集料中最为重要的是石子的粒形和级配。粒形和级配好，可以在保证混凝土施工性能的前提下最大限度地减小用水量和水泥浆体量，提高混凝土强度和抗裂性能。工程要求混凝土粗集料采用碎石，最大粒径不应超过25mm，表观密度不低于2 600kg/m³，松散堆积密度不得低于1 450kg/m³，空隙率宜小于45%，针片状颗粒含量应不大于10%，含泥量低于0.8%，泥块含量低于0.5%。工程选用舟山地区5～25mm连续级配碎石。

细集料不得使用海砂或人工砂，应选用颗粒坚硬、强度高、耐风化的天然砂，云母含量小于2%。细集料应选用II级配区中砂，细度模数宜控制在2.6～2.9，2.36mm筛孔的累计筛余量宜大于15%，0.3mm筛孔的累计筛余量宜在85%～92%范围内，含泥量低于2.0%，泥块含量低于0.5%。工程选用福建闽江中粗砂，细度模数2.30～2.90。

4)外加剂

工程选用优质聚羧酸类缓凝高效减水剂，在保持混凝土工作性的同时，可以减少混凝土用水量和水泥用量，降低混凝土温升，减小收缩，提高混凝土抗拉强度。

为提高结构钢筋耐腐蚀性，混凝土中掺入了一定量的阻锈剂。

2. 配合比设计

海洋环境下的大体积混凝土配合比设计，既要考虑混凝土抵抗氯离子渗透的要求，又要考虑混凝土控制裂缝的需要，需要两者兼顾。因此，规定了水胶比和胶凝材料用量的上下限要求，如表1所示。

水胶比和胶凝材料用量范围　　表1

工程部位	最大水胶比(W/B)	最小水胶比(W/B)	胶凝材料最低用量(kg/m³)	胶凝材料最高用量(kg/m³)
桩基、封底混凝土(C30、C35)	0.38	0.33	400	450
承台、墩身(C30～C40)	0.38	0.33	380	450
预制箱梁(C50)	0.35	0.30	450	480
现浇箱梁、索塔(C50)	0.35	0.30	450	480
现浇箱梁(C55)	0.35	0.30	450	500

采用大掺量矿物掺和料配制海工混凝土，可以增强混凝土密实性，从而有效抑制混凝土硫酸盐侵蚀、氯离子侵蚀及碱集料反应，并提高混凝土的抗裂性能。矿物掺和料复配比例应根据不同结构部位合理选取，要求掺合料用量符合$F/0.30+S/0.4\geqslant1$和$F/0.60+S/0.8\leqslant1$的限制要求[2]。大体积混凝土为防止混凝土开裂应尽量增加粉煤灰掺量，箱梁、墩身混凝土为提高抗氯离子渗透性能可适当增加磨细矿粉掺量。

3. 冷却水管使用

为克服海上大体积混凝土采用冷却水管通水降温的困难，工程施工最初采用了水箱循环淡水，小型柴油机供电的方式，如图1所示。发现在160m³左右的非通航孔承台上可以应用，因淡水循环使用，水温偏高，冷却效果稍差。在500m³以下的大中型承台施工，由于混凝土方量大，相应混凝土方热总量大，采用淡水水箱循环，水量太少，水温过高，达不到冷却的效果。因此，考虑采用海水冷却，为避免海水腐蚀，要求冷却水管采用丝扣连接，管壁厚度不得少于 3mm，以保证没有海水泄露，见图 2。使用海水后，冷却水管采用同标号砂浆封闭前必须作相应处理，先用空压机排空管内海水，再用淡水冲洗，排出冲洗淡水后，压浆封闭。工程应用证明，通海水冷却效果良好。

图 1 淡水循环冷却

图 2 水管接头密封

4. 混凝土施工和养护

海洋环境的混凝土施工，特别需要注意结构表层的振捣密实与均匀性、混凝土的养护、混凝土保护层厚度或钢筋定位的准确性和混凝土裂缝控制。

混凝土的浇筑连续进行，泵送下料口及时移动，不得用插入式振捣棒平拖振捣，否则会严重影响混凝土的匀质性，造成不同部位混凝土在收缩性能上的差异而导致开裂。工程混凝土处于多风的海洋环境中，施工时尽量减少暴露的工作面，对混凝土的沉降及塑性干缩产生的表面裂缝，及时采取二次抹光处理，之后及时养护。

结构表层混凝土的质量在很大程度上取决于施工过程中的湿度和温度养护。特别是低水胶比又掺有大量矿物掺和料的混凝土，为减少早期自收缩，保证表层混凝土有密实的微观结构，充分的潮湿养护过程尤其重要。同时，还应采取保温和散热的综合措施，控制混凝土的升温、降温速率，防止温差过大造成混凝土表面开裂。工程要求潮湿养护的期限不少于 7 天，潮湿养护结束后，仍宜继续保湿覆盖一周。养护用的塑料布、土工布等保湿材料采用宽幅产品，相邻部分重叠 150mm，并用胶带紧密粘合，使整个混凝土表面形成完全防水覆盖。采取捆绑、重压等措施防止养护材料被风吹落，发现破碎或损坏时，立即修补。

5. 温度监测

温度监测采用的传感器为 PN 结温度传感器，温度检测仪采用 WJY-100 智能型多回路温度巡检测控制仪，该仪器可以无人值守自动采集记录温度数据，供电可采用 220V 交流电，也可采用专用蓄电池电源工作。温度监测数据每天通过交通船收集一次。

金塘大桥的大体积混凝土温控通过优先原材料，优化配合比，通海水冷却等措施，克服了海上施工的困难，取得了预期的效果。

三、海洋环境下温控技术发展趋势

海洋环境下的大体积混凝土施工，既要考虑混凝土的抗渗性，又要防止混凝土开裂，采用的温控措施必须适应海洋环境的施工条件，其将来的技术发展可能在以下几个方面：

(1)海工低热混凝土技术。采用多组分矿物掺合料体系，或采用新型外加剂，在满足海工抗渗性的前提下，尽可能降低混凝土水泥用量，减小开裂风险，是海工大体积混凝土的发展方向。

(2)液氮冷却技术。海上施工多采用搅拌船拌制混凝土，采用加冰降低混凝土温度的措施受到运输和场地的限制，液氮冷却占地面积小，效率高，在海上施工上应用有独有优势。

(3)高密聚乙烯(HDPE)冷却水管代替钢管，在水电系统上，已经有采用塑料冷却水管代替钢管的技术,国内桥梁上还没有应用,国外旧金山—奥克兰海湾大桥已经开始应用[3],采用塑料冷却水管接头少,耐腐蚀,可以直接通海水冷却,使用方便。

(4)无线监控技术。海工大体积混凝土温度监测受到交通条件的限制,实时数据监控受到限制,无线技术应用到数据采集上无疑可以解决这一问题,是值得发展的方向。

参考文献

[1] 汪发红,张国志,雷宇芳,徐长生.海洋环境下大体积混凝土温控防裂措施研究.公路,2006,9(9):97-100.

[2] 中国工程院土木水利与建筑工程学部.CCES 01-2004(2005年修订版)混凝土结构耐久性设计与施工指南.

[3] From Passive to Active Thermal Control. Concrete International, Nov. 2007.

78. 从配合比设计角度分析墩座裂缝的控制技术

张慧昕[1] 汪继平[2]

(1.浙江省交通厅工程质量监督局;2.中交第二航务工程局有限公司)

摘　要　文章通过对墩座结构产生裂缝的机理阐述,结合本工程成功运用的配合比,分析如何优配海工高性能混凝土来减少裂缝的产生。

关键词　墩座　裂缝　配合比

一、概　　述

舟山大陆连岛工程金塘大桥为国内第三大跨海大桥,其非通航孔低墩区墩身为预制安装墩身,墩身与承台采用墩座湿接缝连接,这是国内外大型桥梁设计所普遍采用的结构型式,而墩座结构因混凝土的收缩固有特性在应力约束作用下发生裂纹是困扰工程界的难题,尤其对于海工混凝土而言,降低收缩和控制裂缝具有积极的意义。本文通过对在该工程中成功运用的配合比结合现场良好的施工效果,从配合比设计角度分析如何实际运用和合理优化配合比来达到控制裂缝的目的。

二、墩座裂缝产生机理

混凝土裂缝发生的原因是多样的,根据发生部位和时间的不同可具体分析,常见原因在墩座施工中是可以通过施工技术手段避免和克服,如初期的沉降、表面风干收缩、干缩等。

对于海工混凝土结构,产生裂缝的原因笔者认为主要是在混凝土的收缩和温度应力两个方面。收缩分干缩和自收缩,干缩可以通过加强养护来适当降低收缩值,自收缩则因为海工混凝土的密实性要求采用较小水胶比而无法合理规避。温度应力则是要求降低水化发热量,控制混凝土内外面的温度差值,尽量延长混凝土的水化期达到让温度逐步释放的目的。

在产生收缩后因墩座安装和施工工艺,受到底部承台、预制墩身和临时支墩的约束,尤其在支墩各突出支点处约束应力更加集中,这从墩座发生裂缝的位置可以证明该点。

三、海工混凝土防裂缝配合比设计思路

针对上述对墩座裂缝产生机理的分析,海工混凝土防裂缝配合比设计思路归结为两条,即减少收缩和降低水化热。把系统的配合比设计工程归结到两个问题上加以考虑和分析,可以把复杂化的问题简单化,从设计上就达到了追溯根源、明确方向的效果。

减少混凝土干缩的有效途径是降低胶凝材料用量、降低单方用水量、提高集浆比、减缓混凝土强度的早期增长速度，这些措施的采用则同样可以降低混凝土的水化发热量。

自收缩是海工高性能混凝土的显著特点，为满足耐久性要求采用较小水胶比，混凝土因在后期水化过程中没有足够的水份完成水化进程而需要消耗水泥石中的毛细管水，形成弯液面发生负压而产生自收缩现象。配合比设计则需要充分考虑该点并与密实性要求相平衡，提高水胶比。

集中降低干缩、自收缩、降低水化热、提高水胶比等综合原因，明确第一设计思路就是降低混凝土的早期强度，充分利用大掺合料海工混凝土的后期强度。采用28d强度评定对于40MPa的设计强度是很难控制水化进程和收缩值的，从而也无法做到配合比的优化，首先肯定的是采用60d强度评定，这是墩座海工混凝土防裂配比设计的基础。

四、配合比的设计和材料选择

在本工程前期为确定不同结构部位、不同工艺要求而需要设计相应配合比时，笔者采用了国内科研领域广泛应用的数学设计方法——正交设计法。该方法在明确了影响海工混凝土的几大因素后，考虑不同水平，通过对各项试验指标的极差综合分析，综合确定满足不同使用要求的配合比。通过该方法设计的配合比无论在性能上、经济上均体现出比传统设计方法更为高效和科学。

基于正交设计的试验结果（具体试验结果见《金塘大桥主通航孔承台配合比设计》），综合以上墩座配合比防裂设计思路，提出本工程正式使用的设计配合比和材料，见表1。

墩座配合比和相关重要参数 表1

材料	水泥 (kg/m^3)	粉煤灰 (kg/m^3)	矿粉 (kg/m^3)	砂 (kg/m^3)	碎石 (kg/m^3)	水 (kg/m^3)	阻锈剂 (kg/m^3)	减水剂 (kg/m^3)	纤维 (kg/m^3)
单方用量	148	164	78	827	1010	133	8.0	3.9	0.9
单方比例	0.38	0.42	0.20	2.121	2.590	0.341	0.021	0.010	/

配合比相关试验检测结果见表2。

墩座设计配合比室内检测结果 表2

检测指标	初始塑性 (mm)	2h塑性 (mm)	中边高差 (mm)	流下时间 (s)	压力泌水比 (%)	泌水率 (%)	含气量 (%)	28d强度 (MPa)	60d强度 (MPa)	90d强度 (MPa)	84d氯离子扩散系数 ($10^{-12}m^2/s$)
检测结果	180 520×530	180 500×510	55	6.5	17.2	0.2	4.5	32.2	51.5	58.9	0.99
备注	1.水胶比0.36（包括外加剂75%的含水）。 2.设计时因为砂细度模数达到3.0，故砂率偏大45%，实际使用可减少至42%。 3.早期开裂试验无裂纹。										

配合比使用材料见表3。

墩座配合比使用材料 表3

材料名称	水泥	粉煤灰	矿粉	砂	碎石	水	阻锈剂	减水剂	纤维
产地	宁国海螺	江苏谏壁	浙江余姚	福建闽江	宁波青峙	宁波	广州西卡	芜湖法而胜	奥地利阿索塔
等级	P.II.42.5	I级低钙灰	S95	中粗	5～25mm	饮用水	复合氨基醇901	聚羧酸TOJ 500-2	聚丙烯

五、配比使用情况

(1)我部墩座共需现浇176个，单个方量约$40m^3$左右，自2007年1月至2007年12月完成全部墩座浇筑任务，施工季节气温经历5～37℃的变化，所有墩座未产生裂缝，取得了较好的效果和影响力。

(2)现场温控数据

根据武汉港湾设计研究院的测试结果,墩座所有温控数据均满足设计要求,典型数据见图1。

通过图1可以分析以下几个指标,与规范要求指标对比,见表4。

墩座温控数据分析 表4

指标	气温℃	混凝土平均入模温度℃	最高温度℃	最高温度出现时间	最大断面均温℃	最大内表温差℃
测试指标	18~28	23.3	50.3	68h	42.2	11.7
规范要求	—	25	70	—	—	25

从图1和表4可以分析,采用上述设计配合比在控制混凝土水化温升上取得了成功,最高温度在3d后缓慢释放,说明降低单方水泥用量以及总胶凝材料是正确的设计思路。

(3)混凝土强度的增长

混凝土强度的增长速度从另外一个侧面印证了该配比有效控制了收缩和延缓了水化速度。我室选取了现场15个墩座试验了从7d到90d的强度发展规律(现场同条件养护),结果汇总见图2。

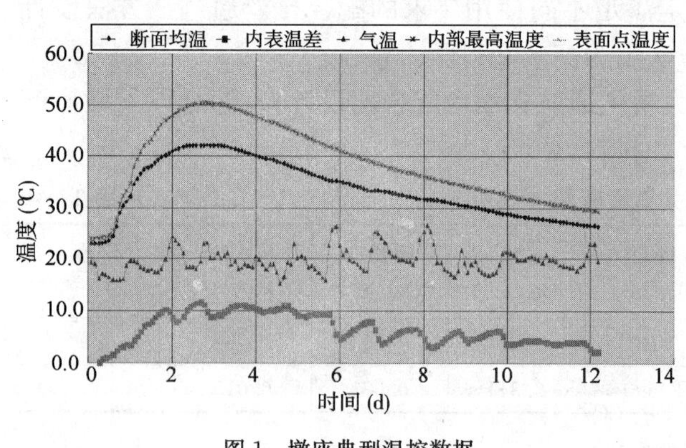

图1 墩座典型温控数据

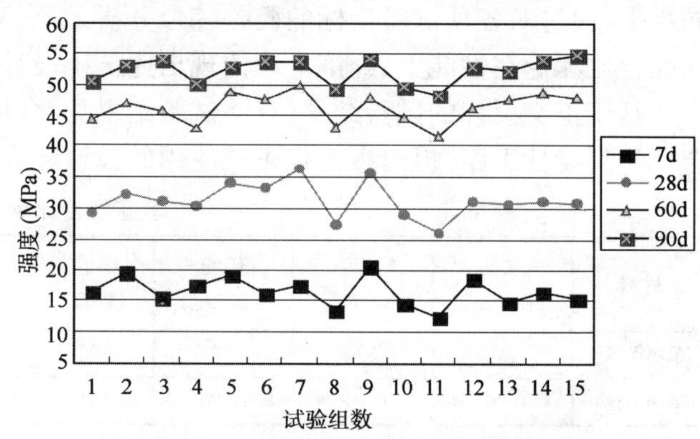

图2 现场同条件养护墩座试件强度

六、同类型工程墩座设计配合比的比较与分析

笔者将相同设计施工条件的其他工程(单位)墩座配合比做了收集和整理,以便作出有效比较和定性分析,确定不同配合比、材料、施工工艺对墩座裂缝的影响,为后续类似工程提供可参考数据。

1.不同工程(或单位)的墩座配合比,包括施工工艺比较(表5)

墩座配比及施工工艺比较 表5

比较指标	总胶凝材料用量(kg/m³)	水泥用量(kg/m³)	粉煤灰用量(kg/m³)	矿粉用量(kg/m³)	水胶比	强度评定时间	纤维	阻锈剂	浇筑坍落度(mm)	支墩型式
本项目	390	148	164	78	0.36	60d	聚丙烯	复合氨基醇	140	4点独立支撑
本工程其他单位	410	164	123	123	0.33	60d	同上	同上	160~200	6点独立支撑
杭州湾	405	162	162	81	0.35	28d	同上	亚硝酸钙	140	6点联系支撑

2.分析

根据不同配比和工艺选取具有研究价值的几个指标进行分析,以探寻墩座结构裂缝的防治办法,笔者认为有以下几点可供同行商榷。

①采用60d甚或90d强度可以从根本上解决配合比的总胶凝材料用量问题,为降低收缩和水化速度奠定最根本的基础。从图2可以看出利用优质掺合料的后期水化作用可以满足强度要求,对于重要防腐结构应牺牲强度来满足耐久性要求;

②亚硝酸钙阻锈剂会促进早期水化，使得采用其他手段来降低水化热成为矛盾，试验发现，复合氨基醇对于凝结时间有2h左右的延长作用，一定程度上延缓了水化热的作用；

③提高优质煤灰掺量，降低水泥用量，充分利用强度的后期增长，减少早期收缩和水化发热量；

④适当降低减水剂的减水率，控制水胶比在0.36～0.40之间，降低混凝土自收缩的可能；

⑤尽可能采用低坍落度浇筑，混凝土收缩值随着坍落度的增大而增大；

⑥施工工艺最关键点是减少刚性约束面，避免尖锐的、突出的刚性约束点或线，同时应注意新老混凝土的弹性模量差。

七、总　　结

笔者归纳墩座产生裂缝的机理为收缩和温度应力，据此概念设计墩座配合比取得了良好的效果，当然现场的施工工艺的改善以及科学有效的养护方法同样重要。文章只从配合比角度做了阐述和分析，更多的测试数据在本工程未能做进一步测试，如混凝土的收缩值等，本项目的墩座能做到无裂缝可以作为一个课题进行深入研究，为后续同类型工程提供宝贵的科研数据。

参考文献

[1] 混凝土技术.刘秉京.北京：人民交通出版社，2004.3.

[2] 高性能混凝土结构.冯乃谦.北京：机械工业出版社，2004.7.

[3] 杭州湾大桥工程指挥部.杭州湾跨海大桥建设技术，2005.9

[4] 杭州湾大桥湿接头裂缝原因分析及防裂措施研究.雷宇芳等.《公路》2006.7.

[5] 金塘大桥Ⅳ-C标墩座混凝土温控简报.武汉港湾设计研究院.2007.6.

79.金塘大桥50m箱梁移动模架施工技术

钟健锋　荣国城　严　平

（广东省长大公路工程有限公司）

摘　要　本文结合金塘大桥50m箱梁的结构设计和施工环境的特点，对50m箱梁移动模架安装、拆除、线形控制等施工技术进行了全面的阐述。

关键词　50m箱梁　移动模架　施工技术

一、工 程 概 况

1.工程概述

金塘大桥全长26.54km，其中金塘侧引桥的50m跨径预应力混凝土连续梁全长700m，桥跨布置为2×7×50m，分左右两幅，采用2套移动模架系统逐孔向前现浇施工，50m箱梁采用等高度单箱单室截面，主梁顶宽12.3m，底宽6.3m，梁高3m，C50海工耐久性混凝土。标准50m箱梁自重为1 220t，混凝土方量约488m^3。

2.工程重点、难点

（1）复杂多变的环境

本工程东临东海，西靠大陆，位于北亚热带，冬季季风及夏秋季台风对施工影响较大，年平均台风影响次数3.9次。

（2）移动模架安装、拆除

移动模架由于其体积大、重量大，现场安、拆高度高，起始跨安装高度25m，末跨拆除高度30m，需对各道工序进行仔细工艺研究，以确保安装、拆除安全、快速。

(3)海工耐久混凝土的配合比设计及优化

海工混凝土作为近几年才开始应用的材料，在实际施工时也是一个难点。

二、移动模架组成

本工程采用的移动模架为下行式，由墩身预留孔支承，适用于50m简支或连续箱梁，由主梁(钢箱梁、前后导梁)、横梁、外模板系统、内模板系统、托架、前墩吊架、后支点悬挂及液压系统等组成。移动模架全长124.5m，其中钢箱梁长63m，总重量约为850t，施工周期12～15d。整个模架在墩旁托架上的支承台车作用下，可实现纵移、横移、竖移。从每联的第二孔开始，在先前浇注的箱梁悬臂前端设置后支点悬挂，把部分荷载传递到已经浇注的预应力混凝土箱梁上(图1)。

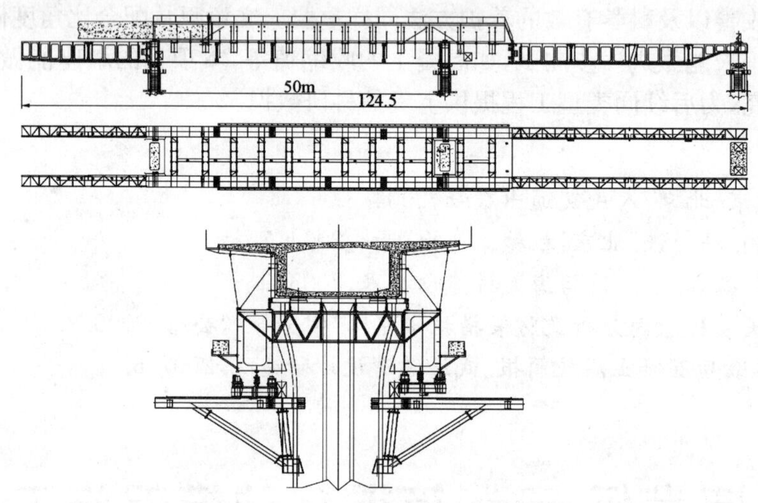

图1 CDMSS50/1200移动模架系统

三、50m箱梁移动模架施工技术

1.移动模架安装、拆除

1)安装

移动模架的安装场地为岸上软基区，用2台50t履带吊在地面拼装主梁，用千斤顶、精轧螺纹钢提升主梁，用50t履带吊安装托架、横梁、模板系统等。

(1)地基通过填石压实处理满足运输车、吊机工作。

(2)主梁拼装

利用汽车吊机将主梁逐段吊放在支承在地基上的贝雷架上，用高强螺栓将主梁拼接成整体。由于主梁承受荷载很大，高强螺栓连接也是施工关键点之一，必须控制高强螺栓的施拧过程：先进行初拧，初拧值取终拧扭矩值的50%，再进行终拧，终拧后进行检查，不合格者必须返工，导梁采用悬臂拼装。螺栓连接时先采用冲钉定位，上足螺栓并初拧后松吊钩。

(3)主梁提升

采用液压千斤顶配合精轧螺纹钢筋提升的方法。一根主梁重220t左右，采用16根(即每端8根)精轧螺纹钢筋提升，每端设一台250t液压千斤顶，吊架、吊带等安装好检查完毕后，顶升时先顶升5cm，检查各部件无问题后再进行顶升，每次顶升行程为18cm，顶升前在精轧螺纹钢上做好标记，顶升时需统一指挥，在精轧钢连接器通过吊架上承重梁时，取出开口锚垫板，再进行顶升，等到连接器和连接器下的螺母通过承重梁时，再放入开口锚垫板。主梁顶升速度约1m/h(图2)。

(4)在主梁起吊超过托架上支承台车理论高度后安装托架，采用汽车吊进行安装并用精轧螺纹钢对拉张紧，使上下游支承牛腿托架与墩身紧箍成整体。然后在托架上安装支承台车，下放主梁到位，纵横移主梁调整到合适位置。

(5)用 50t 履带吊将横梁吊起与主梁连接起来，横梁装完后，两支承台车向墩身靠近，使横梁对接起来，使整个系统形成一个稳定的框架系统，然后铺设外模。

从实际效果来看，安装一套移动模架需 60～75d，液压千斤顶、精轧钢提升主梁在利用现有设备的基础上经济、安全，但因千斤顶行程短(20cm)且精轧钢连接器通过吊架的承重梁的操作稍繁琐，提升速度较慢，25m 的提升高度需历时 2d(晚上出于安全考虑未进行提升)，如用钢铰线连续千斤顶或卷扬机应可加快提升速度。

图 2　移动模架主梁提升

2)拆除

移动模架施工的末跨为海上浅滩区浮吊无法进入，原地下放后解体、转运需搭设栈桥、平台既费时也不经济；在空中后退至岸上后下放、解体转运不安全且影响另一幅移动模架的施工，也不宜采用，故移动模架拆除方案采用在原地下放移动模架至承台上的支承台车，后退移动模架至岸上解体转运。

(1)在末跨 50m 箱梁上安装贝雷吊架、吊具及 4 台 12t 卷扬机等下放系统。因有其他工地用完转过来的卷扬机及加快下放速度，下放移动模架利用 4 台 12t 卷扬机，每条主梁由两台卷扬机下放。

(2)检查合格后，利用 4 台 12t 卷扬机两边同时提升，先提升 5cm，检查各部件受力及主梁平衡情况，提升过程中还需注意防止底模板顶住箱梁。主梁与托架台车完全脱离后，利用桥面上卷扬机下放托架到承台。

(3)移动模架下放时需统一指挥，以确保在下放过程中移动模架的平衡和安全，为避免下放时不同步折扭移动模架的横梁，下放时移动模架左右部分未进行连接(图 3)。

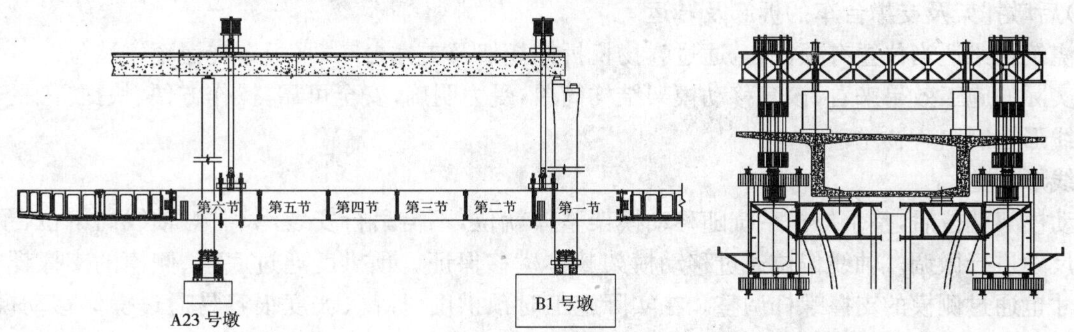

图 3　移动模架下放示意(模板未示)

(4)移动模架后退、拆除：

主梁下放到承台台车上，利用台车将移动模架后退至岸上用 70t 履带吊解体并用平板车转运。

从实际效果看，拆除一套移动模架需 25d，拆除的速度及安全性都相当好。

2. 移动模架操作

移动模架的操作主要包括下落、横移、纵移、顶升等。

(1)下落：检查纵移油缸和安全反钩(即限位顶推滑座加调节螺杆)安装就位，解除后支点悬挂，通过操作四台顶升千斤顶下落主梁至支撑台车上，将底模板、横梁之间连接螺栓解除，脱模方式采用整体下落脱开方式。

(2)横移：移动模架从中间向左右两边分开至墩身不阻碍纵移，检查模架轴线与桥梁轴线是否平行，若不符合，需要纠偏。

(3)纵移:纵移前需利用前墩吊架安装好前墩托架,两边的纵移要基本同步进行,一个行程到位后将安全反钩与纵移孔板连接,以免纵移油缸回油时移动模架纵向滑移。纵移过程需注意轨道与支撑台车轮子边缘的距离,偏差大时调整支承台车纠偏(图4)。

图4　移动模架纵移

(4)合模:移动模架以桥墩纵向中心线为基准,从左右两边向中间合拢,按照模架分离操作步骤的相反动作操作。

(5)顶升:移动模架合模到位后,同时操作顶升油缸,直到移动模架准确就位,锁紧顶升油缸的机械锁紧螺母,以避免浇注箱梁混凝土时移动模架下沉。

(6)后悬挂梁安装

后悬挂梁就位后,安装后悬挂千斤顶及精轧螺纹钢,操作后悬挂千斤顶预张精轧螺纹钢。

(7)内模的拆卸、转运及安装

因箱梁横隔墙人洞尺寸小,且设计不允许横隔墙预留后浇,故未采用移动模架常用的液压内模系统及电动小车,而是采用组合钢模,通过人工拆卸、转运及安装,在实际施工中,除劳动强度稍大外,对施工进度并无明显的影响,且内模小车及复杂液压内模系统因齿块的影响,其加工复杂、前移操作繁琐,横隔墙预留后浇甚至要设临时支座也对施工造成不便,故组合钢模也是一种简单可行的方法。

(8)后墩托架及支撑台车的拆卸及转运

已浇筑箱梁适当位置有预留孔,通过卷扬机拆卸托架及支撑台车,平板车转运至安装位。

从实际的施工效果来看,该套移动模架结构简单,受力明确,安全可靠,操作方便、快捷。

3. 线形控制

1)线形调整

移动模架就位后,整个外模系统随移动模架整体就位,不需另行安装,只需对轴线向偏位、预拱度值和断面尺寸进行微调。轴线偏位通过移动模架整体横移保证。预拱度通过底模、侧模的支撑螺杆调整,断面尺寸也通过侧模的支撑螺杆调整。在实际施工时预拱度、标高、坡度很容易通过操作移动模架进行控制。

2)箱梁顶面平整度控制

为了保证桥面平整及坡度,顶板混凝土施工时采用平板变频振动提浆机提浆整平,并利用收浆平台进行人工二次抹压收光,以防裂纹和不平整,从实际效果看不仅减少了工人劳动量,也使桥面施工质量上升到一个更高的台阶(图5)。

图5　平板变频振动提浆机

3)箱梁接缝

箱梁接缝根据设计要求设在1/4跨附近,为减少接缝错台,保证箱梁外观质量,混凝土浇筑之前顶紧已浇注箱梁上的后悬挂梁,并且在浇筑过程中根据混凝土浇筑方量适时增加后悬挂梁的顶力，以使外、底模与已浇筑的箱梁混凝土接触严密，消除错台，控制箱梁整体线形。

4. 海工混凝土

本工程位于海洋环境，影响海港工程混凝土结构耐久性最主要的问题之一就是 Cl^- 渗入混凝土引发钢筋腐蚀，导致结构受损。因此，在本工程中通过以下几个方面提高 50m 箱梁混凝土的耐久性。

(1)在胶凝材料中，降低水泥用量，增加活性矿物掺和料用量。其目的是：改善混凝土中细微颗粒的级配，提高浆体和界面的密实性；改善混凝土拌和物施工性能；降低混凝土内部由于水泥水化放热而产生的温升，防止混凝土开裂；改善混凝土胶凝材料的组分，提高抵抗环境中化学介质腐蚀的能力。

(2)采用低水胶比，降低混凝土单方用水量，以减少混凝土的毛细孔通道，提高混凝土的密实性。

(3)使用高效减水剂，在减少单方用水量的同时，提高新拌混凝土的工作性。

从实际的使用效果来看，箱梁混凝土力学性能以及耐久性指标的测定，包括混凝土抗氯离子渗透性、开裂性能等均符合海工混凝土的各项质量指标和技术要求，混凝土的工作性能良好。

5. 钢筋、预应力

钢筋、预应力工程与满堂脚手等其他工法相似，按常规施工，不再赘述。

四、结　语

本文阐述了移动模架安装、拆除、操作、线形控制等一整套施工技术，在实际应用中质量、安全、进度都得到了保证，效果很好。移动模架结构简单明确，整体性好，安全可靠，操作方便、不占用桥位区地面和水域，对自然环境依赖性小，适用范围广，特别适用于交通不能中断的城市互通立交、跨越深谷、河道、海洋等特殊地段施工，具有广阔的应用前景。本文阐述的移动模架施工技术也为以后类似的施工提供了有价值的借鉴。

80. 聚羧酸系外加剂在舟山金塘跨海大桥中的应用

荣国城　郑伍海　李　平
（广东长大公路工程有限公司）

摘　要　工程实践表明，通过聚羧酸系外加剂在海工混凝土中的使用，可以提高海工混凝土的耐久性、抗腐蚀性、抗裂性和延缓水化放热等性能，降低海工混凝土的水胶比。同时，通过大比例掺入矿粉、粉煤灰等掺合料，以控制混凝土氯离子扩散系数，满足设计技术指标。

关键词　聚羧酸系外加剂　海工混凝土　氯离子扩散系数　应用

一、工 程 概 况

金塘跨海大桥起于舟山市金塘岛上雄鹅嘴，与规划中的宁波沿海北线高速公路相交，终于宁波市绕城高速公路，全长 26.54km，其中跨海大桥长 18.27km，是舟山大陆连岛工程中规模最大的跨海大桥。工程全线采用四车道高速公路标准建设，设计行车速度 100km/h，结构设计使用年限为 100 年。金塘跨海大桥工程施工气候条件恶劣，水文、地形、地质情况复杂。冬季受欧亚大陆冷气团控制，寒冷、干燥、多季风；夏季受太平洋暖湿气流控制，高温湿润，台风频繁，年平均台风影响次数 3.9 个，极大风速大于 40m/s；环境腐蚀类型为 III 类海水氯化物引起钢筋锈蚀的近海或海洋环境，作用等级从中等程度(C 级)至极端严重程度(F 级)。影响海港工程混凝土结构耐久性最主要的问题之一就是 Cl^- 渗入混凝土引发钢筋腐蚀，导致结构受损。因此，本工程中所用的混凝土必须具有良好的抗渗透性、体积稳定性、抗裂性能和混凝土耐久性。

二、混凝土配合比主要技术性能指标及海工耐久性混凝土设计路线

1. 主要技术性能指标

1)混凝土的强度等级及氯离子扩散(84d)(表1)

表1

工程部位	强度等级	氯离子扩散系数($10^{-12}m^2/s$)	备注
钻孔桩	C35	≤3.0E−12	水下区
承台、支座垫石	C40	≤2.5E−12	浪溅区、大气区
墩身	C35～C40	≤1.5E−12	浪溅区
现浇箱梁	C50	≤1.5E−12	大气区
	C55	≤1.5E−12	大气区

2)水泥采用低水化热水泥;

3)混凝土水胶比和胶凝材料用量范围(表2)

表2

工程部位	最大水胶比(W/B)	最小水胶比(W/B)	胶凝材料最低用量(kg/m^3)	胶凝材料最高用量(kg/m^3)
钻孔桩C35	0.38	0.33	400	450
承台、支座垫石C40	0.38	0.33	380	450
墩身C35～C40	0.38	0.33	380	450
现浇箱梁C50	0.35	0.30	450	480
现浇箱梁C55	0.35	0.30	450	500

4)工作性能:钻孔桩、承台浇筑入模坍落度为180～220mm,混凝土出机后2h坍落度不小于160mm,混凝土初凝时间大于16h;支座垫石、墩身浇筑入模坍落度为160～200mm,混凝土出机后2h坍落度不小于120mm,混凝土初凝时间大于7h;箱梁浇筑入模坍落度为160～200mm,混凝土出机后2h坍落度不小于140mm,混凝土初凝时间大于12h;

2. 海工耐久性混凝土设计

在本工程海工混凝土中最关注的是怎样解决混凝土的耐久性问题。参照国内外跨海大桥,提高混凝土的耐久性有几方面内容:

1)在胶凝材料中,降低水泥用量,增加活性矿物掺和料用量。其目的是:改善混凝土中细微颗粒的级配,提高浆体和界面的密实性;改善混凝土拌和物施工性能;降低混凝土内部由于水泥水化放热而产生的温升,防止混凝土开裂;改善混凝土胶凝材料的组分,提高抵抗环境中化学介质腐蚀的能力;调整混凝土强度的发展。

2)采用低水胶比,降低混凝土单方用水量,以减少混凝土的毛细孔通道,提高混凝土的密实性。

3)使用高效减水剂,在减少单方用水量的同时提高新拌混凝土的粘聚性、工作性。

三、原 材 料

1. 水泥:安徽海螺集团宁国水泥厂生产的海螺牌P.Ⅱ42.5R硅酸盐水泥,比表面积$361m^2/kg$,SO_3含量2.22%,C3A含量7.8%。

2. 粉煤灰:江苏镇江谏壁电厂生产的苏源牌Ⅰ级粉煤灰,细度8.8%,烧失量2.1%,需水量比94%,SO_3含量0.46%。

3. 矿粉：浙江余姚明峰建材有限公司生产的S95级矿粉，比表面积432m^2/kg，密度2.9g/cm^3，流动度比100%，含水量0.2%，SO_3含量0.03%，氯离子含量0.012%，烧失量1.3%，活性指数76%/7d，100%/28d。

4. 粗集料：舟山凯旋门石厂，5～10mm和10～25mm两种粒径进行掺配，配制成5～25mm的连续级配，表观密度1.53g/cm^3，空隙率42%，压碎值指标6%，针片壮含量7%，含泥量0.4%

5. 河砂：福建闽江砂，细度模数2.6，表观密度2.60g/cm^3，堆积密度1.59g/cm^3，含泥量0.6%。

6. 外加剂：江苏博特新材料有限公司生产的JM-PCA(I)混凝土聚羧酸系外加剂，减水率>25%。

7. 阻锈剂：广州西卡建筑材料有限公司Sika 901。

8. 水：自来水，各项指标均符合海工混凝土拌合用水要求。

四、混凝土配合比及性能

本工程参考厦门海沧大桥、湛江海湾大桥、杭州湾跨海大桥等特大型跨海大桥的配合比设计和实际施工经验总结，并结合《金塘大桥海工混凝土耐久性专项技术规程》、《海港工程施工规范》和相关的配合比设计规范要求进行反复试配设计，配制出新的符合本工程特点的高性能海工混凝土配合比。基本设计路线如下：

根据经验确定基准配合比→根据正交设计配制混凝土试件→结合海工混凝土设计指标要求选择最佳配合比→施工应用和信息反馈→高性能海工混凝土配合比的优化。

1. 混凝土各结构配合比设计(表3)

表3

序号	部位	强度等级	水胶比	每方混凝土各种材料用量(kg)							
				水泥	矿粉	粉煤灰	砂	碎石	水	减水剂	阻锈剂
1	桩基	C35	0.34	258	/	172	763	1012	145	5.16	/
2	承台	C40	0.32	180	99	140	767	1060	134	5.04	8.0
3	墩身	C35	0.31	210	91	151	751	1037	140	5.00	/
4	墩身	C55	0.30	310	93	70	750	1035	142	4.90	/
5	引桥箱梁	C50	0.30	300	93	70	755	1043	139	5.10	/
6	东通箱梁	C55	0.30	350	80	60	740	1023	147	5.50	/

2. 混凝土配合比各项性能结果汇总(表4)

表4

序号	部　位	强度等级	抗压强度(MPa) 28(d)	氯离子扩散系× $10^{-12}m^2/s$(84d)	坍落度(mm)	扩展度(mm)	凝 结 时 间	
							初凝时间	终凝时间
1	桩基	C35	58.1	1.76	215	580	17h	21h
2	承台	C40	54.8	1.59	180	520	19h	23h
3	C35墩身	C35	56.4	1.10	185	480	8h	11h
4	C55墩身	C55	69.1	0.97	180	490	8h	11h
5	引桥箱梁	C50	65.5	0.99	210	550	18h	22h
6	东通箱梁	C55	70.9	0.95	210	540	14h	18h

五、海工混凝土在工程中的应用

配合比1在广东省公路工程有限公司金塘大桥Ⅰ标项目部东通航孔桥和非通航孔桥两施工段使用，共灌注混凝土桩基112根，桩径介于ϕ1.5～ϕ2.5m，桩长介于43.5～71.5m，均为嵌岩桩。在灌注过程中采用一座岸上拌和楼和一座海上平台拌和楼施工，桩基混凝土现已施工完成，总灌注混凝土方量现约为35 000m³，均采用配合比1。从水下桩基灌注的施工过程来看，在混凝土施工过程中，混凝土泵送的泵压与常规泵送混凝土相当，混凝土工作性能、硬化混凝土力学性能以及耐久性指标的测定，包括混凝土抗氯离子渗透性、开裂性能等的对比试验均符合海工混凝土的各项质量指标和技术要求。混凝土的和易性好，施工快捷。而且混凝土的凝聚性和流动性特别好，这是其他类型外加剂很难达到的效果。有时因输送管老化，出现爆管现象，经现场抢修维护后，再次泵送，泵送顺利，不因中间间隔时间而影响混凝土的各项性能。配合比2经现场施工试验，浇筑了9个承台，混凝土泵送顺利，承台没有出现裂纹；配合比3、4、5、6在东通航孔桥和6×50m非通航孔桥两桥应用，混凝土质量好，不秘水，不离析，外观光滑，线形平顺，无气泡。

六、结　语

1. 聚羧酸系外加剂与掺合料适应性好，它可以大幅度提高混凝土中矿物掺合料的掺量，有利于节约水泥能源，降低混凝土成本。

2. 聚羧酸系外加剂具有大减水、高增强、高保坍、低收缩的特性，它可以配制高强度性能的混凝土。

3. 聚羧酸系外加剂有低收缩、不含氯离子、碱含量低的特点，对配制有特殊要求性能（抗收缩、耐久性、抗裂性）的混凝土具有较佳效果。

4. 在配制高强度、高掺量矿物掺合料配合比时，由于矿物掺合料的大量使用和水胶比大大地降低，在配制混凝土时常会遇到混凝土发粘，泵送阻力大等问题，有待以后的工作实践中得到解决。

5. 另外，海工混凝土普遍是水泥用量较低，早期强度低，后期强度高，对养护时间和人员到位等管理要求高，因混凝土养护时间的控制不好而产生裂缝也会发生。混凝土裂缝是个综合问题，涉及各方面的因素，施工中只有采取各种综合措施，才能控制裂缝在理想的范围之内。

参考文献

[1] 金塘大桥海工混凝土耐久性专项技术规程.

[2] 粉煤灰混凝土应用技术规范.北京：中国计划出版社，1991.

[3] 中华人民共和国行业标准.公路桥涵施工技术规范(JTJ 041—2000).北京：人民交通出版社，2000.

81. 金塘大桥环氧钢筋施工要点初探

黄华定[1]　陈　刚[1]　何承海[2]　孙士辉[2]

（1. 浙江省舟山连岛工程建设指挥部；2. 中交第二航务工程局有限公司）

摘　要　金塘大桥试桩与试验工程中，承台中所有钢筋均采用环氧钢筋，这种大范围的环氧钢筋应用在国内尚属首次。国内尚无成熟的施工经验，通过此工程的施工，我们摸索了一些施工质量控制方法，希望能给类似工程提供一些经验。

关键词　金塘大桥　环氧钢筋　技术探索

一、工 程 概 况

1. 工程背景

金塘大桥由东向西横跨灰鳖洋18.415km海面，连接金塘岛与宁波市镇海区，是舟山大陆连岛工程规模最大的跨海特大桥。本工程为舟山大陆连岛工程金塘大桥试桩工程和试验工程施工，承台基础施工采用了环氧树脂涂层钢筋（以下简称环氧钢筋）。

环氧钢筋是一种在普通钢筋的表面制作了一层环氧树脂薄膜保护层的钢筋，涂层厚度一般在0.15

～0.30mm。涂层一般采用环氧树脂粉末以静电喷涂方法制作：将普通钢筋表面进行除锈、打毛等处理后加热到 230 多摄氏度的高温，再将带电的环氧树脂粉末喷射到钢筋表面，形成一层完整、连续、包裹住整个钢筋表面的环氧树脂薄膜保护层。

2. 环氧钢筋设计情况

本工程包含 6 个试桩组承台进行施工和试验。承台钢筋施工包含直径为 40mm、25mm、20mm、16mm 和 12mm 的 5 种环氧钢筋，共计 499.23t。设计承台厚度 3.0m，钢筋保护层厚度不小于 9cm；钢筋骨架以直径 25mm 的钢筋作为架立钢筋，纵横向间距均为 80cm。

3. 施工特点及难点

1)环氧钢筋的施工在我国尚处于起步阶段，国内现无施工、加工、安装成功的经验及相应配套的设备来确保环氧钢筋的施工质量。

2)设计直径为 40mm 的钢筋加工难度大，破坏环氧涂层面积大。

3)施工运输环节多，环氧涂层易损伤。

4)海上施工环境相对湿度大，尤其是空气中氯离子对钢筋腐蚀更快。

5)后续工序间隔时间长，预埋环氧钢筋涂层需采取紫外线防护措施。

二、环氧钢筋施工

1. 环氧钢筋吊装和支点设置

1)为了保证涂层不受损伤，我们尽可能减少钢筋的倒运和吊装的次数，环氧钢筋在钢筋厂加工完毕，厂家负责运输至码头装船，然后船运至水上施工现场。

2)环氧钢筋吊装时全部采用尼龙吊带吊装，避免硬性挤压和强力摩擦造成涂层的损坏；并做到轻吊轻放，避免碰撞。

3)环氧钢筋储存在作业船期间，在钢筋与甲板之间、各层钢筋之间设置了 4～6 个支点(图 1)。

2. 原材、半成品的储存与搬运

1)钢筋堆放时，钢筋与地面之间、涂层钢筋捆与捆之间用 10cm×10cm 木方隔开；涂层钢筋的堆放不超过 5 层。

2)不破坏黑色塑料包装，使用钢筋时打开包装，一个班组施工完毕，即将包装恢复，并进行半成品覆盖。

3)取用钢筋时，2～3 人抬运，轻取轻放(图 2)。

图 1 环氧钢筋吊装

图 2 环氧钢筋存放

3. 环氧钢筋的制作与安装

1)改造施工设备

钢筋加工的设备包括切断机、弯曲机、镦粗机、套丝机等。为了保护钢筋涂层，我们对原有机械进行了改装，对于可能与钢筋涂层的接触面均设置了橡胶或塑料护垫(图 3)。

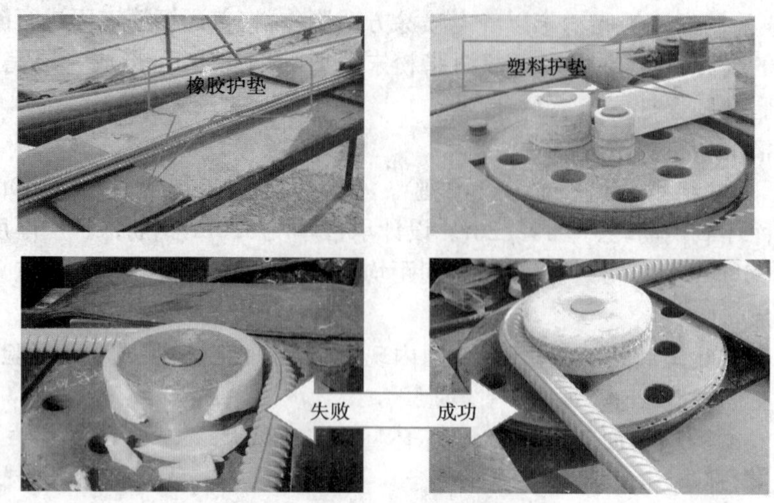

图3 主要钢筋加工机械的改造

经过以上设备改造，基本可以满足施工需求。施工过程中，对ϕ40的钢筋进行弯曲时，在弯转处出现发丝般裂纹。针对此问题，我们前期在对钢筋弯曲后，在弯转处涂刷了修补液，并同时改造弯曲机的弯曲轴直径；当弯曲直径大于25cm时，这种情况不再出现。

2)环氧钢筋加工制作

(1)在拆封时，发现钢筋端部涂层剥落，一般钢筋直径越小，涂层剥落越严重。其中，直径16mm和12mm的钢筋最为明显，端部5～6cm长度范围内的涂层锈斑严重，甚至出现剥落现象。

这种钢筋端头涂层剥落是由于生产时钢筋端部温度不足造成的，需及时修补，不计厚度；修补后一天检查是否有锈点。如果修补效果不好，出现锈斑，则需要切除(图4)。

图4 拆封时钢筋端部涂层情况

(2)钢筋在作业船上加工时，直径25mm以下的钢筋，在切断和弯曲作业时，均没有出现表面涂层破损的情况；直径40mm的钢筋，由于夹具与钢筋的接触点无法放护垫，垫涂层损伤点较大。对于这种破损，无法避免，施工时，及时补刷；并检查修补效果(图5)。

(3)钢筋接头加工时，镦粗机对钢筋涂层的损伤面积较大，20cm长度范围内钢筋肋缘上的涂层全部剥落；对于这种破损，必须及时补刷，不计厚度。

3)钢筋绑扎施工

(1)辅助钢筋的绑扎

辅助钢筋直径均小于20mm，采用绑扎方法连接、定位。钢筋绑扎所用的扎丝全部采用涂层钢筋生产厂家提供的专用扎丝以免损坏涂层。对十字交叉分布方式的涂层钢筋，采用“X”绑扎方式进行绑扎。

由于扎丝表面比较光滑，因此，钢筋在搭接处，需多耗扎丝，绑扎牢固。

(2)主筋的连接情况

承台主筋直径40mm，采用普通套筒机械连接，其具体做法是：首先对端部弯曲或者有马蹄形切口的钢筋进行端部切除处理；然后利用镦粗机对钢筋端头进行镦粗，再利用套丝机对镦粗后的钢筋端头进行套丝，最后将套筒拧在加工好的丝头上。连接后采用专用的修补材料对无涂层的零件和受损部位刷上防腐涂层，并达到防腐要求。

接头加工好后，涂层修补完成，质量合格，开始对接；采用管钳拧紧，进行紧固时，不可避免地会要对涂层造成损伤，对损伤部位也需进行涂层修补。修补人员需要特别仔细，严防漏刷。

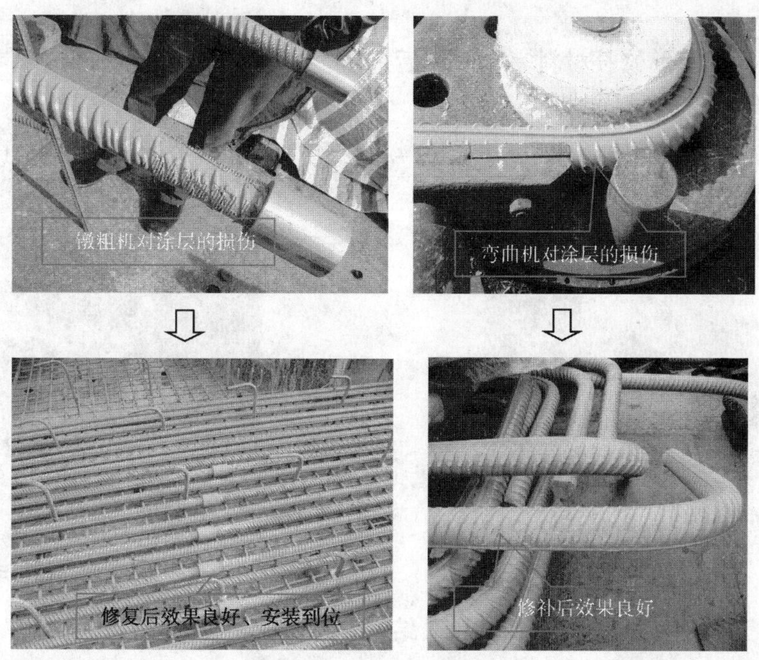

图5 直径40mm的钢筋加工情况

(3)钢筋架立情况

考虑到涂层修补困难，承台钢筋加工过程中，禁止涂层钢筋的焊接操作。钢筋架立可另设劲性骨架，但是，这种做法可能会引起锈蚀通道问题。对此我们采取了直接利用架立钢筋，设立临时支架配合的方法；又由于厂家提供的扎丝无法加固钢筋骨架，针对这一问题，我们试用了带胶皮的铁丝，在收紧的过程中，胶皮极易破损，进而破坏了钢筋涂层；因此，我们采用12号镀锌铁丝加固钢筋骨架，与涂层钢筋的接触面采用橡胶皮作护垫保护钢筋涂层。施工时，临时支架及时拆除；并在支架稳定后，将多于的护垫剔除。

4. 环氧钢筋涂层的修复

1)观察试验

为了保证涂层修补的质量，我们对钢筋进行环氧涂层补刷后的观察试验。在钢筋涂层破坏后，立即进行补刷工作。一个小时以后，检查涂层保持情况，补刷肉眼可以观察到的漏点。三天后，检查补刷的涂层情况。

①钢筋切断断面，一般不需要二次补刷，且涂层保持情况良好。

②损伤在钢筋表面的，补刷难度较大，需进行二次补刷。

针对观察结果，确定了修补方法：

①钢筋切断断面，一次补刷到位。

②损伤在钢筋表面的，补刷时不计厚度、不计损耗，反复涂刷；在24h后，再检查，有漏点的再补上。

2)实际操作情况

①由于承台钢筋加工量较大，钢筋加工分批进行，在钢筋切断后，难以及时补刷环氧涂层，一般需要50～70min后，才能补刷完毕。但是，实际也没有影响补刷质量，24h后检查，无漏点。

②损伤在钢筋表面的，修补难度极大，修补后涂层附着力较差；采用反复涂刷的方法后，效果较好，检查时漏点较少，局部漏点再刷一次即可。

5. 钢筋成品保护

1)钢筋绑扎完毕后，施工人员不宜在上面行走，并避免硬物跌落砸坏钢筋涂层。振捣棒不得放置于钢筋上。

2)对于预埋钢筋，由于工序施工间隔较长，需进行防紫外线处理。施工中采用的是出厂包装的黑色塑料布(图6)。

3)混凝土浇注前,应分配专人检查涂层保持情况,如有破损点,及时补刷。

6. 混凝土的浇注

1)混凝土浇注在涂层钢筋修补材料完全固化后进行,涂层材料的固化时间应参考专用修补材料的说明书,根据实际情况确定。一般12h即可。

2)混凝土振捣时,采用非金属振动棒,并尽量避免振动棒与涂层钢筋直接碰撞(图7)。

图6 预埋钢筋的防护

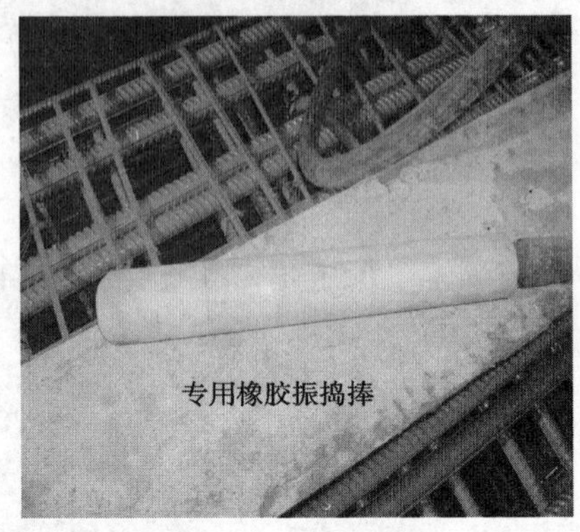

图7 非金属振动棒

三、结 语

在金塘大桥试桩施工过程中,我们在环氧钢筋的应用方面取得了不少的经验和教训,总结了一些经验,简述如下:

1)施工时应考虑施工实际,合理安排采购,避免环氧钢筋存放周期过长。

2)环氧钢筋搬运次数应尽量减少,避免涂层损伤。

3)在没有专门的环氧钢筋加工机械情况下,应对现有机械进行改造,防止施工中涂层损坏。

4)环氧涂层易破坏,涂层修补工作量大,修补质量难以控制,施工中,应根据不同环境做对比试验,选用合理的修补方法。

5)对于大直径环氧钢筋,施工控制难度大,构件主筋设计时,大直径钢筋(直径在25mm以上)不宜采用环氧钢筋。

82. 金塘大桥透水模板布优选试验研究

秦明强[1] 季广丰[2] 屠柳青[1] 雷宇芳[1]
(1. 中交武汉港湾工程设计研究院有限公司;2. 浙江省舟山连岛工程建设指挥部)

摘 要 对比国产与进口透水模板布在重复使用中对墩身混凝土外观质量、表面强度、抗压强度和抗渗透性能的影响,并分析几种透水模板布的经济性。研究表明:国产QS透水模板布在前两次使用时外观质量、表面强度、抗压强度和抗渗透性能均优于或等同于进口透水模板布,但第三次使用时效果不如丹麦进口透水模板布。国产QS牌透水模板布在使用两次时较两种国外模板布具有较高的性价比。

关键词 透水模板布 外观质量 抗氯离子渗透 墩身混凝土

舟山大陆连岛工程金塘大桥现浇墩身混凝土在外海施工,淡水缺乏,混凝土养护难度大,其养护不充分易产生混凝土不密实、外观质量差等问题,这些均会影响墩身混凝土结构的耐久性。针对这一问题,采取了使用透水模板布的附加防腐措施。

透水模板布是近年来研制的改善混凝土外观质量的有效措施[1~2]。其在日本应用已有十多年历史，在欧洲一些国家和地区的重要构筑物，如码头、机场、桥梁等也得到了广泛采用[3]；在国内曾在杭州湾跨海大桥墩身[4]、盐田港码头二期、三期工程[5~6]有过应用，但所用产品均为国外生产，使用成本太高。目前，国内也有相关成熟产品，但在大型工程中应用实例较少。本文结合金塘大桥比选透水模板布的实际，对透水模板布在重复使用情况下对海工混凝土性能影响进行研究，优选出适合本工程使用的产品。

一、试 验 安 排

1. 试验原材料

试验选用 3 种透水模板布，其中有 2 种进口产品：丹麦、德国，国内产品选用中交武汉港湾工程设计研究院研制的 QS 牌透水模板布。

2. 混凝土原材料和配合比

试验选用安徽海螺 P·Ⅱ42.5 水泥，谏壁Ⅰ级粉煤灰，余姚明峰矿粉，5～25mm 碎石，减水率为 31%的聚羧酸外加剂。混凝土配合比见表 1。

混 凝 土 配 合 比 表 1

标号	水胶比	每方混凝土中各材料用量(kg/m³)							坍落度(cm)	28d 平均强度(MPa)
		水泥	粉煤灰	矿粉	水	砂	石	外加剂		
C40	0.32	181	163	86	138	806	986	4.3	16～20	55.6

3. 试验方案

试验中制作长×宽×高为 1m×0.5m×1m 的模型，选用钢模板，模板内壁贴透水模板布，比较三种透水模板布在重复使用过程中对混凝土外观质量和性能的影响。其中外观质量通过统计肉眼可见的气泡来表征，混凝土表面强度通过回弹强度来评定，混凝土强度则采用芯样强度来表示，抗渗透性采用 NT-Build492 方法测量。

二、试验结果与分析

1. 试验结果

1)外观质量

试验中按气泡孔径分别统计，一般认为孔径＞2mm 气泡对外观质量影响较大，因此采用孔径＞2mm 气泡个数和肉眼可见气泡总数来评价混凝土外观质量，试验结果见图 1、图 2。

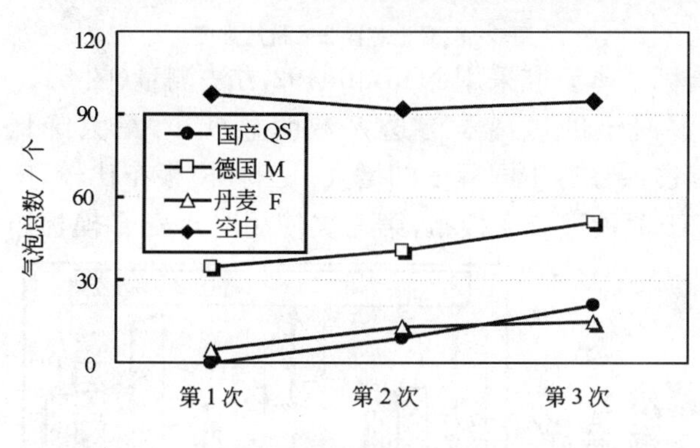

图 1 可见气泡总数比较

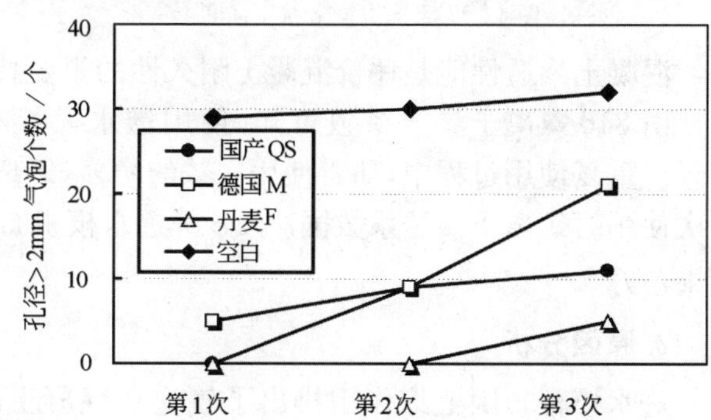

图 2 孔径＞2mm 气泡个数比较

由图可知，使用透水模板布后混凝土可见气泡总数和孔径＞2mm 气泡个数明显减少，在重复使用时气泡增多。国产 QS 牌透水模板布在第一次使用时基本无可见气泡，要优于两种进口模板；第二次使用时，国产 QS 牌透水模板布气泡总数仍略少于丹麦 F 进口模板布，但大大少于德国 M 进口模板布，尤其是孔径＞2mm 气泡个数明显少于两种进口模板布。第三次使用时，国产 QS 牌透水模板布气泡总数多于丹麦 F 进口模板布，但孔径＞2mm 气泡个数仍少于两种进口模板布，即表明大气泡占有比例少。

2）表面强度

图 3 所示为通过回弹法测定的混凝土 7d 表面强度。由图可看出，使用透水模板布后混凝土的表面强度有较大提高，最大接近 40％。使用国产 QS 牌透水模板布的 7d 表面强度为最大，丹麦 F 进口透水模板布次之。

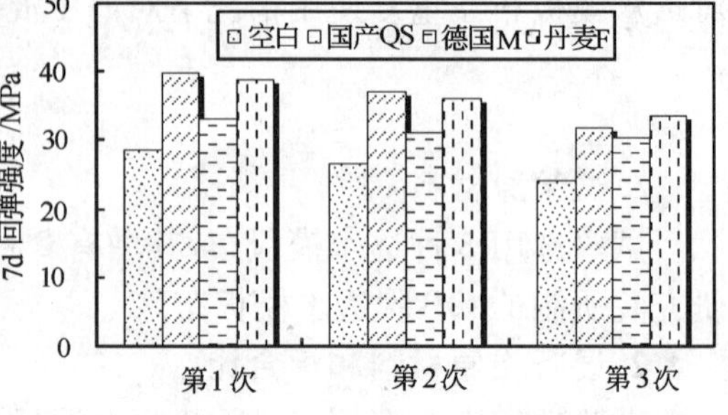

图 3　7d 表面强度

重复使用时，表面强度均有不同程度的降低。国产 QS 牌透水模板布的前两次 7d 表面强度均高于其他两组，但第 3 次使用时 7d 表面强度降低较大，低于丹麦 F 透水模板布；使用德国 M 透水模板布的 7d 表面强度最低，但其在重复使用过程中 7d 表面强度较为稳定。从使用 3 次效果来看，丹麦 F 透水模板布 7d 表面强度最大。

3）混凝土强度

图 4、图 5 为通过钻芯取样后测得的混凝土强度。比较芯样强度可知，其规律与表面强度基本一致，即使用透水模板布后混凝土 7d 抗压强度增大，使用国产 QS 和丹麦 F 进口透水模板布 7d 抗压强度约提高 25％，德国 M 进口透水模板布约提高 11％。混凝土 28d 抗压强度也略有增长，使用国产 QS 和丹麦 F 透水模板布约为 10％，德国 M 进口透水模板布约提高 5％。

由上可知，国产 QS 牌透水模板布在前两次使用对抗压强度的贡献优于其他两种，但第 3 次使用时丹麦 F 透水模板布抗压强度最高。

4）渗透性能

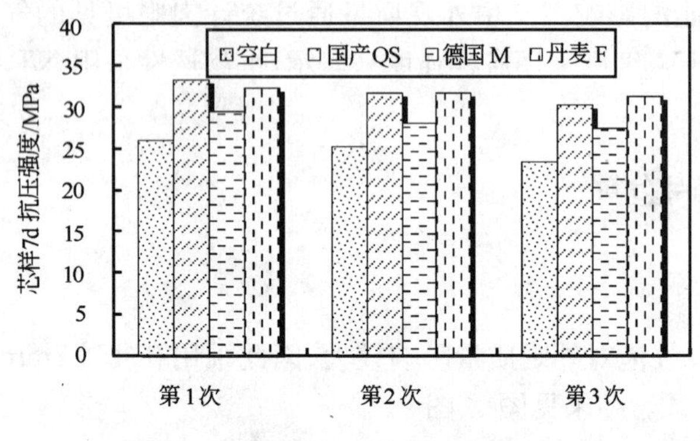

图 4　混凝土芯样 7d 抗压强度

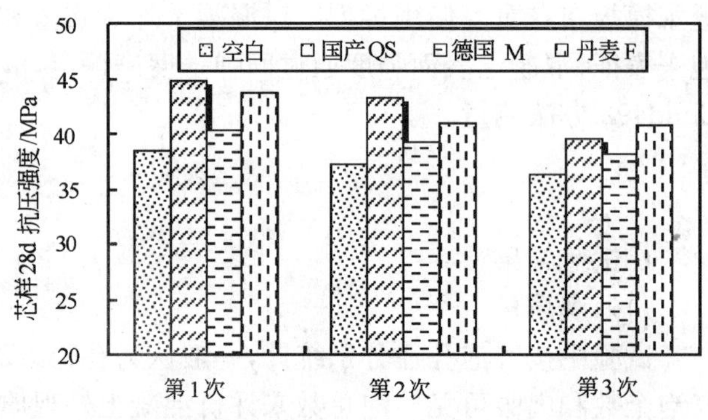

图 5　混凝土芯样 28d 抗压强度

混凝土渗透性能是评价混凝土耐久性的重要技术指标。本研究采用 NTBuild492 方法测量（图 6）。

由 84d 氯离子渗透系数可知，使用透水模板布后混凝土的氯离子渗透系数明显减小，最大降低 41％。重复使用过程中，随着使用次数的增多，氯离子渗透系数有不同程度的增大。三种模板布比较，前两次使用时氯离子渗透系数国产 QS 牌透水模板布要优于两种进口模板布，第三次使用时丹麦 F 模板布效果最好。

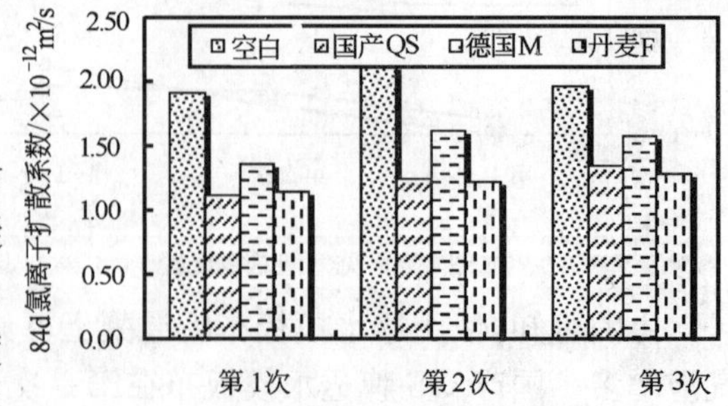

图 6　混凝土 84d 氯离子渗透系数

2. 原因分析

透水模板布因毛细作用排出了气泡和混凝土表面多余的水分，基本消除了混凝土表面的气泡，同时又降低了混凝土表面的水胶比，使得表层混凝土密实，因此表面强度提高。由于表面水分和气泡的排出，内部水分和气泡也在一定程度上向外迁移，混凝土内部密实程度也有一定的提高，导致混凝土强度和渗透性能提高。

国产QS透水模板布表层孔径大于丹麦F进口模板布，海工混凝土粉状颗粒较普通混凝土多，在重复使用过程浆体易穿过表层而堵塞中间透水、透气层，造成排气和排水性能的下降，当浆体积累到一定程度时，排气和排水性能明显下降导致透水模板布不能重复使用。

三、经济性分析

对比上述性能指标可知，国产QS透水模板布两次使用时混凝土外观质量、表面强度和抗氯离子渗透性能均优于或等同于进口透水模板，但第3次使用时效果不如丹麦F进口透水模板布。

由表2可知，国产QS透水模板布使用两次成本价为25元/m^2，要略低于丹麦F的使用三次成本价。国产QS透水模板布使用两次较两种国外产品具有较高的性价比，因此，在实际工程选用国产QS透水模板布。考虑到第三次使用时，所测试的指标均下降较大，建议国产QS透水模板布使用两次，拆模后对透水模板布作清尘处理，然后随模板一起周转。

透水模板布价格参考表 表2

产品名称	使用1次成本(元/m^2)	使用2次成本(元/m^2)	使用3次成本(元/m^2)
国产QS	50	25	16.7
丹麦F	80	40	26.7
德国M	70	35	23.3

四、现场使用效果评价

金塘大桥现浇墩身于2008年3月全部完工，从现场情况来看，国产QS透水模板布使用两次完全能够满足要求，墩身混凝土密实、无可见气泡，色泽均匀，外观质量好。

参考文献

[1] 马立国，宋宏伟，刘津明. 利用透水模板施工改善混凝土性能的试验研究[J]. 大连民族学院学报，2006，30(1)：70-72.

[2] 朱嬿，刘慧明. 透水模板的试验研究[J]. 施工技术，2003，32(2)：25-26.

[3] 程向东，曾宪林，卢记军. 透水保水型混凝土模板衬垫的研究进展[J]. 建筑科学，2005，12(6)：12-15.

[4] 伍军，付香才，于晖. 福特斯透水模板布在墩身施工中的应用[J]. 桥梁建设，2006，(3)：71-73.

[5] 霍荣金. 浅谈新材料与新技术在盐田港二期工程中的应用[J]. 中国港湾建设，2001，(1)：40-41.

[6] 傅立容. 透水模板在盐田港区三期工程中的应用研究[J]. 水运工程，2004，(10)：36-39.

83. 金塘大桥钢筋阻锈剂优选试验研究

秦明强 屠柳青 张国志 李红君

（中交武汉港湾工程设计研究院有限公司 长大桥梁建设施工技术交通行业重点试验室）

摘 要 本文采用动电位扫描和失重法评价了亚钙和氨基醇类两种钢筋阻锈剂的阻锈效果，并比较其与混凝土的适应性。研究表明氨基醇类阻锈剂阻锈效果优于亚钙，并基本不影响混凝土的力学性能，有利于混凝土工作性能和抗氯离子渗透性能。

关键词 钢筋阻锈剂 极化曲线 失重法 海工混凝土

钢筋锈蚀是混凝土破坏最常见的形式之一，也是影响混凝土结构使用寿命最主要的因素。因此如何防止钢筋锈蚀一直是困扰工程界的一大难题。钢筋阻锈剂被认为是钢筋混凝土防腐最为经济有效的措施。钢筋阻锈剂，又称缓蚀剂，于1973年在日本冲绳发电站建设工程中正式使用，然后在发达国家中普遍推广[1]，到目前已有数十个品种。

金塘大桥环境腐蚀类型为Ⅲ类，作用等级为E～F，为确保氯盐污染环境下混凝土的使用寿命，拟采用钢筋阻锈剂替代部分环氧钢筋。因此，选择适合的钢筋阻锈剂对金塘大桥钢筋混凝土防腐显得尤为重要。本文结合金塘大桥比选钢筋阻锈剂的实际，采用动电位扫描和失重法评价钢筋阻锈剂的阻锈效果。

一、试　　验

1. 主要原材料及性质

本研究采用的水泥为宁国海螺42.5级P·Ⅱ水泥。砂为福建闽江中砂。粗骨料粒径为5～25mm的连续级配。粉煤灰为江苏镇江谏壁Ⅰ级灰。矿粉为明峰矿粉。减水剂为江苏苏博特JM-PCA缓凝高效减水剂，减水率28.9%(掺量为1.2%)。钢筋选用直径为6mm的A3低碳光面钢筋，先酸洗后用砂布打磨表面至光亮。阻锈剂选用亚钙和氨基醇类两种阻锈剂。

2. 测试方法

(1)动电位扫描[2,3]。采用Corrtest腐蚀测试系统，工作电极为钢筋，饱和甘汞电极为参比电极，中间开孔的不锈钢网作为辅助电极。扫描电位－10～－20mV(相对开路电位)到电位达到10～20mV(相对开来电位)，扫描速率为0.167mV/s，测量完成后采用Cview中的Rp拟合腐蚀速率。测量时将试件一端的环氧树脂去掉，使钢筋端头暴露。然后将试件竖直置于3.5%的氯化钠溶液中，只露出去掉环氧树脂的钢筋端头。

(2)失重法[4]。将测量完动电位扫描的试件破型，直接测量其失重率，测量方法参照《水运工程混凝土试验规程》(JTJ 270—98)中砂浆中钢筋腐蚀快速试验(海水)方法。

3. 试验内容

(1)阻锈剂效果比较试验

本试验对比亚钙和不同掺量的氨基醇类阻锈剂的阻锈效果。阻锈剂掺量根据厂家提供的参考掺量确定，亚钙掺量为胶凝材料总量的2%，氨基醇类为每方混凝土8～12kg。胶砂配比为$w_{(水)}$：$w_{(胶凝材料)}$：$w_{(砂)}$=0.5：1：2，其中$w_{(水泥)}$：$w_{(粉煤灰)}$：$w_{(矿粉)}$=35：45：20；具体掺量和试件编号见表1。

阻锈剂掺量和试件编号 表1

阻锈剂类别	空　白	亚　钙	氨基醇类	氨基醇类
掺量(kg/m³)	—	8.1	8	12
胶砂试件编号	M1	M2	M3	M4
混凝土试件编号	C1	C2	C3	C4

试件的制作和冷热干湿循环方式参照《水运工程混凝土试验规程》(JTJ 270—98)中砂浆中钢筋腐蚀快速试验(海水)方法。成型试件尺寸为40mm×40mm×130mm的胶砂试件。成型时，两头采用有机玻璃板固定钢筋以保证其在试件正中间位置，如图1所示。试件成型后放入标准养护箱养护24h，拆模后将暴露在试件两端面外的钢筋头用稠水泥浆完全包裹。试件放入20℃±3℃标准养护室再养护13d。养护后，于60℃±2℃的烘箱中烘6d取出，凿去试件两端包裹的水泥石。在试件的两端面(包括露出的钢筋头)和侧面两头15mm范围内，相继涂以三道环氧树脂。然后按下列制度循环：浸3.5%氯化钠溶液6h，60℃烘6d18h，一星期为一循环。按此循环不断往复。试件循环8周后，开始对试件进行电化学测试，并将试件敲开观察钢筋锈蚀情况。

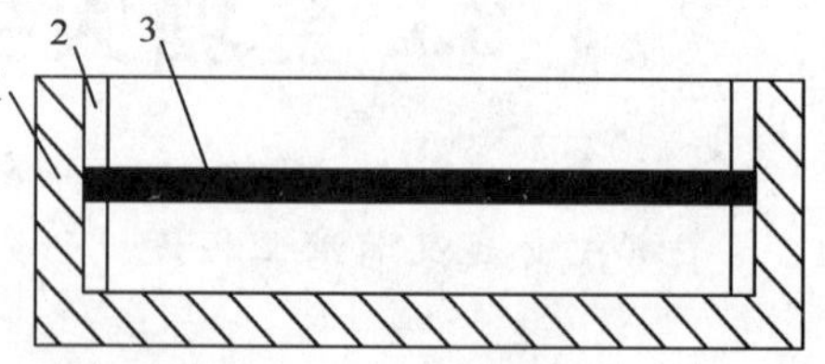

图1 试件成型示意图
1-试模；2-有机玻璃板；3-钢筋

(2)阻锈剂与混凝土适应性试验

在配合比相同的情况下，比较亚钙和不同掺量的氨基醇类阻锈剂(8kg/m³、12kg/m³)对混凝土的坍落度、坍落度损失、凝结时间、抗压强度以及抗氯离子渗透性能的影响。试件采用150mm×150mm×

150mm 方模成型。配合比为 $w_{(水)}:w_{(胶凝材料)}:w_{(砂)}:w_{(碎石)}:w_{(JM-PCA)}=142:405:724:1\,080:4.4$，其中胶材比例为 $w_{(水泥)}:w_{(粉煤灰)}:w_{(矿粉)}=40:40:20$；阻锈剂掺量见表 1，阻锈剂为液体时根据液体含量相应的扣除用水量。

二、试验结果分析与讨论

1. 阻锈效果比较

试件循环 12 周后，对各试件进行动电位扫描，测得其极化曲线的 Tafel 斜率和极化电阻，按式(1)求出腐蚀速率。然后对各组取平均值即为该阻锈剂的平均腐蚀速率和平均极化电阻(如表 2 所示)。图 2 为与该组平均值较为接近试件的动电位扫描极化曲线。

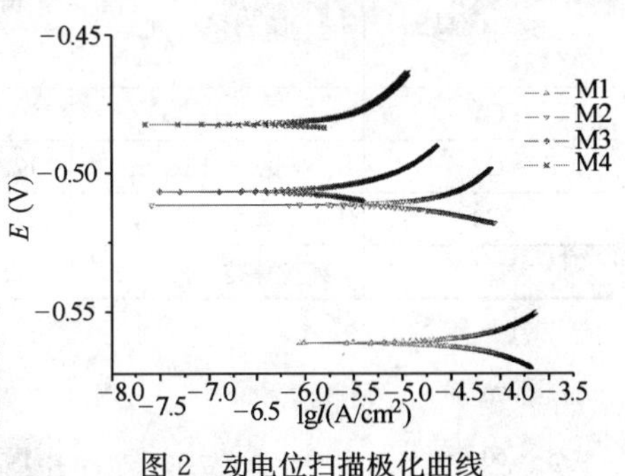

图 2 动电位扫描极化曲线

动电位扫描试验结果 表 2

编　号	M1	M2	M3	M4
平均腐蚀速率(mm/a)	0.097	0.030	0.011	0.008
平均极化电阻(Ω/cm²)	2 850.8	6 815.1	23 870.5	33 621.9

$$i_{corr}=\frac{1}{R_p}\cdot\frac{b_A b_k}{2.3(b_A+b_k)} \tag{1}$$

其中：i_{corr}——腐蚀速率；

R_p——极化电阻；

b_A，b_k——阳、阴极极化曲线 Tafel 斜率。

从动电位扫描极化曲线可以看出，掺入阻锈剂后，自腐蚀电位均有不同程度的增大，表明阻锈剂对钢筋锈蚀起到抑制作用。掺入亚钙后，对阴极极化的影响较小，但使阳极极化曲线的斜率增加，表明亚钙阻止了阳极的极化过程，为阳极型阻锈剂。而掺入氨基醇类阻锈剂后对阴极和阳极极化曲线都产生影响，使得极化曲线都向低电流方向移动。同时随着掺量的增大，极化曲线都向低电流方向移动加大。

由表 2 可知，当掺入阻锈剂后，试件的腐蚀速率均有明显的下降，其中掺 8kg/m³ 和 12kg/m³ 氨基醇类阻锈剂试件的腐蚀速率均高于亚钙；随着掺量的提高，阻锈效果也有一定的提高。表 3 为失重法在循环 12 周后测得的钢筋失重率，由表也可以看出当掺入阻锈剂后，试件的失重率均有明显的下降，掺氨基醇类阻锈剂试件的失重率均低于亚钙，这与动电位扫描测得的腐蚀速率变化规律一致。

冷热干湿循环试验结果 表 3

编　号	M1	M2	M3	M4
失重率(%)	3.08	0.62	0.28	0.20

这主要由于复合氨基醇类阻锈剂的分子或离子能够吸附于钢筋表面，改变了金属表面的电荷状态和界面性质，使钢筋的能量状态趋于稳定，另一方面被吸附的分子形成一层厚达 100－1 000Å 的保护膜，该保护膜具有疏水性，阻碍腐蚀反应的发生，减缓腐蚀速度。该组试件浸泡 1d 后，敲开涂胶时发现钢筋周围十分干燥，没有液体渗入，也验证了生成的保护膜具有疏水性，其余试件没有发现类似现象。

综合动电位扫描和失重法结果可知，掺量为 8kg/m³ 和 12kg/m³ 氨基醇类阻锈剂的阻锈效果均优于亚钙。考虑阻锈效果和经济成本，西卡掺量选用 8kg/m³ 较为合适。

2. 阻锈剂与混凝土适应性评价

由表 4 可以看出，掺入亚钙后坍落度减小，并且 2h 坍落度损失大，凝结时间提前，早期强度高，后期影响不大(图 3)。这主要由于其具有水化促进作用，可加速水泥的水化，使水泥水化时放热速率增大。而氨基醇类阻锈剂具有缓凝保坍的功效，掺入氨基醇类阻锈剂后，凝结时间略有延长，坍落度损失有所减小，混凝土早期强度略有降低，但后期强度增长较快，与空白基本相当。氯离子扩散系数降低(图 4)，这可能是由于生成的保护膜具有疏水性，抑制了氯离子的渗透。

阻锈剂与混凝土适应性试验结果 表4

编号	阻锈剂	坍落度		凝结时间(h)		各龄期的抗压强度(MPa)			氯离子扩散系数$\times10^{-12}$	
		初始	2h	初凝	终凝	7d	28d	60d	56d	84d
C1	—	20.0	18.5	19	24	40.2	56.9	63.4	1.8	1.0
C2	亚钙，8.1kg/m³	17.0	12.0	15	19	42.8	58.3	64.1	1.5	0.8
C3	氨基醇类，8kg/m³	21.5	20.0	21	27	34.1	52.4	60.1	1.3	0.6
C4	氨基醇类，12kg/m³	22.5	20.0	22	29	33.0	55.8	62.9	1.1	0.5

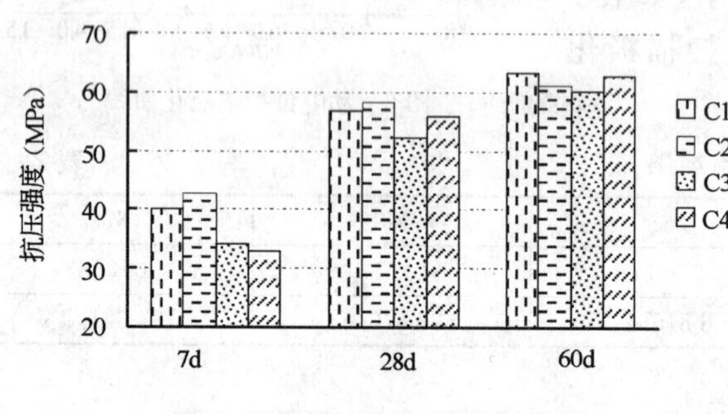

图3 阻锈剂对混凝土强度的影响

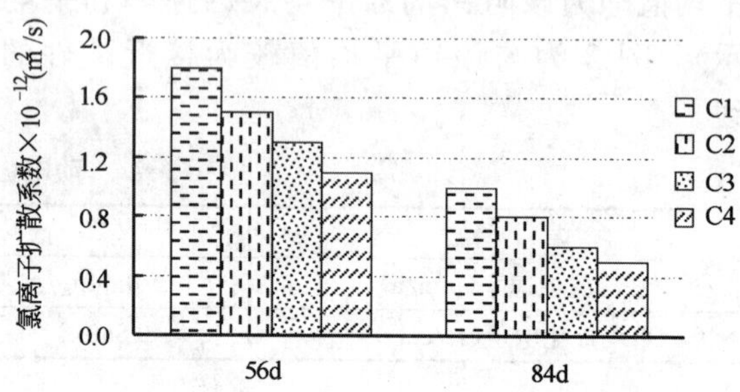

图4 阻锈剂对氯离子渗透系数的影响

因此，亚钙在施工中(特别是大体积混凝土)易存在以下问题：①混凝土凝结时间缩短，坍落度损失增大，工作性不良易导致混凝土不密实，影响长期使用性能；②加速水泥水化，提高混凝土温升，可能导致大体积混凝土产生温度裂缝；③由于是阳极阻锈剂，掺量不足或随时间流失有加速腐蚀的危险；④亚钙为粉剂在实际施工中不易搅拌均匀。因此对于海工大体积，为了减少混凝土出现温度裂缝，不宜采用亚钙作为阻锈剂。相反氨基醇类阻锈剂具有减缓水泥水化速率，减小坍落度损失，在实际施工中易搅拌均匀等优点。

三、结　论

综上所述，氨基醇类阻锈剂阻锈效果优于亚钙，并基本不影响混凝土的力学性能，有利于混凝土工作性能和抗氯离子渗透性能。

参考文献

[1] 张小冬，周庆，陈烈，等.钢筋阻锈剂的应用发展概况.施工技术，2004，33(6).

[2] Song Guangling. Theoretical analysis of the measurement of polarization resistance in reinforced concrete. Cement and Concrete Composites, 2000, 22 (6).

[3] 杨水彬，彭英.钢筋阻锈剂阻锈效果的评价.腐蚀与防护，2005，26(2).

[4] 张天胜.缓释剂.北京：化学工业出版社，2002.

84. 钢管桩阴极保护若干问题探讨

史洪俊[1]　方燎原[1]　费浩森[2]

(1.南华建设监理所；2.浙江省舟山连岛工程建设指挥部)

摘　要　结合金塘大桥试桩工程实例，介绍牺牲阳极阴极保护，阳极组安装工艺和质量控制措施。

关键词　牺牲阳极阴极保护　阳极组安装　质量措施

阴极保护是一种用于防止金属在电介质中腐蚀的电化学保护技术，基本原理是对被保护的金属表面施加一定的直流电流，使其产生阴极极化，当金属的电位负于某一电位值时，腐蚀的阳极溶解过程得到有效抑制。牺牲阳极是阴极保护的一种。

金塘大桥钢管桩采用阴极保护和涂覆层联合应用，可以使其获得最经济和有效的保护。良好的涂覆层可以保护构筑物99%以上的外表面不受腐蚀，但施工过程中的运输、安装及补口，热应力及土壤应力、涂层的老化及涂层微小针孔的存在，钢管桩的外涂层总会存在一些缺陷，而这些缺陷最终将导致钢管桩的局部腐蚀产生。阴极保护可有效地防止涂层破损处产生的腐蚀，延长涂层使用寿命，另一方面涂层又可大大减少保护电流的需要量，改善保护电流分布，增大保护半径。

一、工 程 概 况

金塘大桥是舟山大陆连岛工程中跨海长度最大的第五座特大桥，是我国真正意义上的跨海大桥，跨海长度18.4km。

金塘大桥试桩工程进行阴极保护的6个墩台(表1)，共计90根钢管桩，其中：6根试验桩，24根锚桩，6根基准桩、54根工程桩。

金塘大桥试桩墩台布置 表1

编　号	墩　号	里 程 桩 号	水下泥面高程(m)
GT1	E52	K37+445	−9.86
GT2	E92	K39+845	−8.38
GT3	E132	K42+245	−9.74
GT4	G16	K44+555	−4.78
GT5	G44	K46+235	−5.28
GT6	C18	K31+435	−5.95

由于6个墩台作为全面施工的优先墩，相邻墩台距离大于2km，阴极保护工作无法进行连续作业。金塘大桥所处的灰鳖洋海域泥砂含量多，水质浑浊，水下能见度几乎是零。冬季作业天气寒冷，潮差又较小。这些对阴极保护阳极组的安装施工提出了很高的要求。

二、阴极保护施工前的准备工作

金塘大桥试桩共需要生产制作144块阳极，合计约11t，预制和水下安装阳极组36组，合计约为18t，并要完成馈电系统的焊接及涂层缺陷部位的修复等工作。

1. 阳极材料的质量控制

(1)阳极材料化学成分、电化学性能、牺牲阳极与馈电角钢间的接触电阻按照“GB/T 4948—2002 铝-锌-铟系合金牺牲阳极”的规定执行。厂家提供的阳极产品具备质量证明文件，施工前按批次进行复验。

(2)牺牲阳极材料原则上采用铝基合金，如有充分的技术经济依据也可采用锌基合金，所选用的牺牲阳极材料应以最小的重量满足阴极保护的有效寿命(表2、表3、表4)。

铝-锌-铟系合金牺牲阳极化学成分　表2

种类	化学成分(%)										
	Zn	In	Cd	Sn	Mg	Si	Ti	杂质、不大于			Al
								Si	Fe	Cu	
铝-锌-铟-镉 A11	2.5～4.5	0.018～0.050	0.005～0.020	—	—	—	—	0.10	0.15	0.01	余量
铝-锌-铟-锡 A12	2.2～5.2	0.020～0.045	—	0.018～0.035	—	—	—	0.10	0.15	0.01	余量
铝-锌-铟-硅 A13	5.5～7.0	0.025～0.035	—	—	—	0.10～0.15	—	0.10	0.15	0.01	余量
铝-锌-铟-锡-镁 A14	2.5～4.0	0.020～0.050	—	0.025～0.075	0.50～1.00	—	—	0.10	0.15	0.01	余量
铝-锌-铟-镁-钛 A21	4.0～7.0	0.020～0.050	—	—	0.50～1.50	—	0.01～0.08	0.10	0.15	0.01	余量

锌-铝-镉合金牺牲阳极化学成分　表3

种类	化学成分(%)						
	Al	Cd	最大杂质含量				Zn
			Fe	Cu	Pb	Si	
铝-锌-镉 Z11	0.30～0.60	0.05～0.12	≤0.005	≤0.005	≤0.006	≤0.125	余量

牺牲阳极的电化学性能　表4

阳极种类	电化学性能			
	工作电位(V)	实际电容量(A.h/Kg)	电流效率(%)	溶解情况
锌阳极	−1.00～−1.05	≥780	≥95	表面溶解均匀，产物容易脱落。
铝阳极	−1.05～−1.12	≥2400	≥85	
高效铝阳极	−1.05～−1.12	≥2600	≥90	

2. 阳极材料外观质量控制

(1)牺牲阳极工作面可为铸造面，但应无氧化渣、毛刺、飞边等缺陷，牺牲阳极所有表面允许有长度不超过50mm，深度不超过5mm的横向细裂纹存在。但不允许裂纹团存在。不符合要求时，外观质量为不合格。

(2)牺牲阳极工作面允许存在铸造缩孔，但其深度不得超过阳极厚度的10%，最大深度不得超过10mm。不符合要求时，外观质量为不合格。

(3)牺牲阳极工作面应保护干净，不得沾有油漆和油污等，不符合要求时，外观质量为不合格(表5)。

牺牲阳极阴极保护系统检查项目　表5

项次	检查项目	规定值或允许值	检查方法
1	阳极尺寸	每个阳极按设计规定值的偏差分别为：长度：±2%宽度：±3%　厚度：±5%　直线度：≤2%	在同一批、同一规格型号的产品中，随机任取十个样品，直接测量
2	阳极重量	每个阳极的重量偏差为±3%，但总重量不应出现负偏差	在同一批、同一规格型号的产品中，随机任取十个样品，直接秤重

续上表

项 次	检查项目	规定值或允许值	检 查 方 法
3	焊缝长度	焊缝长度应达到设计规定值	潜水员目测、摸测或用水下摄像及水下电视进行检查
4	保护电位	相对于铜/饱和硫酸铜参比电极，应为－0.90V～－1.10V	可采用便携式铜/饱和硫酸铜参比电极和高内阻万用表测量

三、阳极组海上安装质量控制

阳极组安装工艺流程为：承台钢底板与钢管桩绝缘性、钢管桩之间电连接复检及自然电位测试——阳极组出库装船——作业船抛锚定位——清理海生物——阳极组的吊装入水定位——水下紧固卡环——搭设焊接脚手架——打磨焊接坡口防腐涂层——馈电角钢焊接——焊接质量检查——焊缝区防腐处理——防腐涂层质量检查——填写施工记录。

1. 承台钢底板与钢管桩绝缘性复检及自然电位测试

按承台设计施工图纸要求，承台封底混凝土钢底板应与钢管桩绝缘。但经过检测发现，有些承台钢底板与钢管桩间电阻很小，甚至完全电连通。从而影响了钢管桩阴极保护效果，为确保工程质量，业主和监理要求项目部在牺牲阳极组安装前，对所有已建成的承台均进行钢底板与钢管桩间绝缘电阻复检。另外，对钢管桩间电导连也要复检。确认钢底板与钢管桩间绝缘性较好，且在钢管桩间已电导连的基础上方可进行阳极组安装施工。

2. 阳极组运输

阳极组组装车间按计划组装好阳极组，由海上安装工程部派专用卡车把阳极组运送到码头，等船舶靠好码头后，将阳极组吊放到潜水作业船上，并用钢丝绳绑扎固定好，以免在船舶航行中摇摆时滑动，碰坏。

3. 作业船抛锚定位

(1)每天详细了解当地的潮汐时间，气象情况，安排作业船的船长每天的开航时间，船舶的动向。每天船舶准时开航，作业人员提前到达船上，提前做好作业前的所有准备工作。

(2)根据水流情况，在船舶航行到承台(作业点)位置后，船长通知甲板抛锚人员，准备抛锚定位，船首朝顶流方向，利用抛的锚将作业船固定在钢管桩旁，将船左舷(或右舷)距承台外围3～5m左右的位置，保证安全。船舶的定位，能使船的吊机可以将阳极组吊放到钢管桩位置。

4. 阳极组的吊装入水定位

(1)在阳极组安装之前，用气动打磨机打磨每个阳极组上4个阳极块工作表面，直至表面光亮清洁，同时，保证在下水之前阳极块表面的清洁。

(2)船舶定位后，组织潜水员下水清理待装阳极组的钢管桩上的海生物，清理范围大约为5m的位置。

(3)由潜水安装人员配合船舶吊机司机先将第一个阳极组吊放到要安装的钢管桩位置，吊放时注意人员及阳极组的安全，可能由于当时水流急，阳极组无法吊放到位，在水流允许潜水的情况下，潜水员入水检查阳极组是否吊放到位，潜水员下水时水流较快，潜水员必须系上保险导向绳索，船上放置两个以上救生圈，并在救生圈上系上20m以上的绳索。再由辅助人员利用阳极组上的第二套吊索将阳极组挂在钢管桩顶端的手拉葫芦上，再进行脱钩，利用牵引绳多向索动定位将阳极组套入钢管桩。

(4)利用手拉葫芦调整阳极组到位，使馈电角钢顶端离承台底面5m处。辅助人员拉紧牵引绳，帮助潜水员将卡环上的加强板拉靠拢，插上螺栓，并用力矩扳手拧紧螺栓。等潜水员水下固定好阳极组后，拆除第二套吊索。

(5)焊接涂装组织人员将焊接脚手架放到钢管桩上并固定在适当的位置,焊接人员站在焊接脚手架上打磨掉阳极组导电角钢与钢管桩壁焊接处的防腐涂层。按照焊接质量的技术要求将阳极组导电角钢焊接在钢管桩上,其焊缝应避开钢管桩螺旋焊缝,不使焊缝交叉。焊后进行质量检查,如无缺陷,将焊缝及其热影响区清理后,重新涂上防腐涂层。涂层固化后检验人员对其进行检查,自检合格后及时申请验收;合格后进行下一个阳极组的安装焊接。

5. 钢管桩与承台钢底板之间绝缘性与钢管桩电连接

阳极组的设计是保护钢管桩的破点(裸露部分),如果裸露的钢底板与钢管桩导通,阳极组会连同钢底板一同保护,从而降低了阳极组的使用寿命。

按设计要求钢管桩之间电阻越小,阳极组才能更好的保护钢管桩。因为钢管桩不是每根都设计装有阳极组,15根只有6根钢管桩装有阳极组。只有钢管桩之间导通良好,阳极组才能够保护到每一根钢管桩。

承台底部的自然电位不宜过高,只有在电位适宜的情况下,阳极组才能发挥更好的保护钢管桩的作用,如果自然电位过高,反而会加速阳极组的腐蚀,从而减少了阳极组保护钢管桩的使用寿命。

四、主要关键技术问题及处理措施

1. 阳极安装形式的选择

金塘大桥试桩工程钢管桩阴极保护设计的一个关键问题是阳极安装形式的选择。过去通常的做法是在每个钢管桩安装一块阳极或几块阳极,这对于裸钢管桩或是彼此非电导通的钢管桩,是非常合理的。在上述两种情况下,由于缺乏电导通性或裸的钢管桩需要很大的保护电流,致使邻近的钢管桩很难得到充分保护。而对于金塘大桥试桩工程钢管桩来说,情况与过去有着根本的不同。首先,各个钢管桩通过承台内的钢筋实现了彼此间的电连接。其次,金塘大桥试桩工程钢管桩表面涂有高性能涂层即熔融结合环氧粉末复合涂层,将大大扩展电流的传输范围。因此,在这种情况下,应该将每个承台下面的15根钢管桩作为一个整体,在其中的几根钢管桩上安装几组阳极,从而实现对每个承台下所有钢管桩的保护。此外,采用在每个钢管桩安装一块或几块阳极的做法,在恶劣的自然环境下,很难在短期内完成所有钢管桩的阳极安装任务;而采用前面设计的成组安装阳极的办法,将阳极安装施工的效率大大提高了。

2. 保证保护电位的有效分布

金塘大桥试桩工程钢管桩具有合适的电位分布是阴极保护设计中必须解决的一个关键技术问题。无论是国外标准"美国腐蚀工程师协会标准,NACERP0176—94 Corrosion Control of Steel Fixed Offshore Platforms Associated With Petroleum Production"和"挪威船级社标准,DNVRPB401-1993,CATHODIC PROTECTION DESIGN",还是国内标准"海港工程钢结构防腐蚀技术规定 JTJ 230—89"和"港口设施牺牲阳极保护设计和安装 GJB 156—86",都规定施加阴极保护后被保护结构电位应该达到比−0.85V(相对于铜/饱和硫酸铜参比电极)更负。

五、结　　语

在金塘大桥试桩钢管桩阴极保护工程中,由于各个钢管桩通过承台内的钢筋实现了彼此间的电连接,而且在钢管桩表面涂有高性能熔融结合环氧粉末复合涂层,阴极保护电流传输得很远。从测试得到的数据来看,达到了合同要求的初期阴极保护电位应该在−0.80V～−1.10V(相对于海水银/氯化银参比电极和相对于铜/饱和硫酸铜参比电极)之间的指标范围。因此,钢管桩阴极保护电位水平是可以得到保证的,可以起到对钢管桩的长效保护作用。同时,对于氯盐腐蚀环境下混凝土结构物也起到一定的保护作用(表6)。

表6

G44承台	G16承台	E132承台	C18承台	E92承台	E52承台
-1.045V	-0.977V	-0.893V	-1.032V	-0.988V	-0.932V

牺牲阳极保护法具有无需提供辅助电源、施工简单、不必经常维护的优点。当然,为了确保阳极组安装质量,应进行潜水员目测或摸测、水下摄像或水下电视进行检查。牺牲阳极投入运行后,应定期进行监测,每半年进行一次全面电位的测量。

参考文献

[1] 美国腐蚀工程师协会标准,NACERP0176—94 Corrosion Control Of Steel Fixed Offshore Platforms Associated with Petroleum Production.
[2] 挪威船级社标准,DNV RPB401 1993 CATHODIC PROTECTION DESIGN.
[3] 海港工程钢结构防腐蚀技术规定(JTJ 230—89).
[4] 港工设施牺牲阳极保护设计和安装(GJB 156—86).
[5] 铝-锌-铟系合金牺牲阳极(GB/T 4948—2002).
[6] 牺牲阳极电化学性能试验方法(GB/T 17848—1999).

85. 新泓口围垦工程对金塘大桥桩基的影响分析

喻葭临[1,2] 介玉新[1,2] 张胜利[3] 季广丰[3] 张丙印[1,2]
(1.清华大学水利水电工程系;2.水沙科学与水利水电工程国家重点实验室(清华大学);
3.浙江省舟山连岛工程建设指挥部)

摘 要 新泓口围垦工程的大堤和金塘大桥有部分交叉,大堤施工以及围垦区内电厂废料的冲填可能对大桥桩基产生不利影响。本文采用流固耦合的三维线弹性有限元方法,计算分析在原工程布局和设计方案条件下,围垦工程东顺堤和南直堤填筑以及灰场运用过程中的电厂废料荷载对大桥桩基的影响;同时调整部分大桥桩基的间距,计算分析大桥采用不同跨度时对桩基的影响。计算中考虑了两组土层参数和多种加载固结方案以便更全面地反映现场地质情况和实际施工顺序。计算结果表明,围堤及电厂废料荷载对大桥桩基的不利影响难以避免。鉴于大桥工程的重要性,建议采取适当措施,比如围堤移开一定距离以减小对桩基的不利影响,以保证大桥的安全。

关键词 金塘大桥 舟山大陆连岛工程 有限元 固结 桩基

一、引 言

金塘大桥是舟山大陆连岛工程的第五座跨海大桥,也是舟山大陆连岛工程中规模最大的跨海特大桥。金塘大桥的建设将对舟山大陆连岛工程及舟山、宁波港口一体化起到极大的推动作用。

新泓口围垦工程位于北仑电厂灰库北侧,围区面积约0.8万亩。围垦工程的开发利用是当地社会经济发展的需要。本工程建成后,将与宁波市化工区连成一片,围垦区土地价值前景乐观,并且有助于促进镇海区社会经济的可持续发展。

但是围垦工程的大堤和金塘大桥有部分交叉,如图1所示。金塘大桥部分桥段建设在围垦区内。围垦工程的东顺堤将从桥下穿过。南直堤距大桥桩基也比较近。在这种情况下,大堤的施工是否会对大桥桩基有不利影响就成为突出问题。另外,在围垦区内堆填电厂废料,将会导致桩基附近地面下沉,从而使大桥桩基产生负摩擦力，对桩基的承载能力不利，严重的可能危及大桥安全。

鉴于上述原因，有必要就围垦工程对金塘大桥桩基应力和变形的影响进行分析。考虑围垦工程将主要用于堆填电厂废料，也对废料荷载对桩基的影响进行分析评价。具体内容包括：

(1)采用流固耦合的三维有限元方法，计算分析在原工程布局和设计方案的条件下，新泓口围垦工程东顺堤和南直堤填筑以及灰场运用过程中的电厂废料荷载对金塘大桥桩基的影响；

(2)对东顺堤与金塘大桥交叉部分，采用两种跨度100m和160m，分别计算围垦工程对桩基的影响。

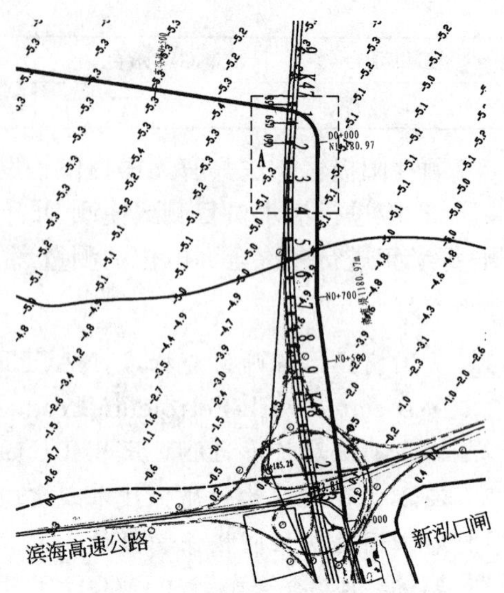

图1　计算区域示意图

二、计算内容与计算参数

1. 土层信息及计算参数

计算采用的地层地质剖面根据所提供的大桥中心线处的探孔资料得到，并对部分地层进行了概化。计算中未考虑地层在垂直于大桥轴线方向上的变化。计算所采用的地层剖面如图2所示。由于钻孔最大深度至－90.2m，故该高程以下均按VII1(蓝灰、黄褐色亚粘土)的土性参数考虑。

G58　G59　G60　G63

－12.4　－5.1　－7.2

①褐灰色淤泥I_1灰褐、灰色亚砂土　I_2

②灰褐色淤泥质亚黏土II_1　－24.2

③灰绿、灰色粉、细砂III_2褐黄、黄绿色粉砂IV_2^1　－36.3

⑤灰褐色亚黏土V_1

④灰褐色亚黏土夹粉砂IV_5^2灰、青灰色亚黏土IV_3^2　－54.1

⑥灰、灰绿色粉、细砂V_2　灰色中、粗砂V_3　－56.6

⑦灰、灰绿色亚黏土VI_2　－62.2

⑧灰、灰绿色黏土VI_1　－71.4　－77.2

⑨灰、灰绿色亚黏土VI_2　－86.1

－90.0

⑩蓝灰、黄褐色亚黏土VII_1　－120.0

图2　计算地层剖面示意图

地层计算参数如表1。为考虑围垦堤下塑料排水板的影响，堤下局部20m插板部分使用等效渗透系数2.7×10^{-5}cm/s，即将排水板视为砂井，按固结度相同等价计算得到。表1第4栏中括号外的地层变形模量参数按地质报告建议的压缩模量Es值计算得到(简称模量I)，括号内的地层参数根据标准贯入试验的击数N按经验选取(简称模量II)，计算中取两种变形模量分别进行了计算分析。桩基的变形模量取为2×10^4MPa，泊松比取为0.17。

土层信息及计算参数　　表1

层　号	孔隙比 e	泊松比 μ	变形模量 E(MPa)	渗透系数(10^{-7}cm/s)	
				水平	竖直
1	1.0	0.35	2.6 (1.0)	49.5	42
2	1.35	0.4	1.0 (1.0)	3.78	1.75

续上表

层 号	孔隙比 e	泊松比 μ	变形模量 E(MPa)	渗透系数(10^{-7}cm/s)	
				水平	竖直
3	0.95	0.25	5.8 (10)	1.62×10^4	
4	0.89	0.33	3.9 (10)	51.2	7.28
5	0.71	0.33	5.0 (25)	0.22	0.22
6	0.6	0.25	8.5 (30)	2.4×10^4	
7	0.86	0.3	5.0 (30)	32.6	11.4
8	0.75	0.3	5.7 (30)	1.11	0.03
9	0.86	0.3	5.0 (30)	32.6	11.4
10	0.61	0.3	11.0 (50)	0.19	0.07

2. 计算剖面

依据设计方案，取图 1 中虚线框中的部分(计算区域 A)作为研究对象。其中，在水平横向取计算区域总宽度 388m，包括大桥轴线右侧 269m，左侧 119m；在水平纵向(大桥轴线方向)分别取两种计算区域长度进行计算分析，当在东顺堤与金塘大桥交叉处大桥桥墩跨度取 100m 时，计算区域的水平纵向长度为 441m，取 160m 时，计算区域的水平纵向长度为 501m；在竖直方向，地表高程取为－5.1m，计算区域底部高程－120.0m，总厚度 114.9m。桩基底部高程－90m。对比计算分析表明，所选取的计算区域可以满足计算分析的精度要求。

计算剖面示意图如图 3 所示，图中也给出了计算方案中东顺堤和南直堤同大桥桩基位置的相对关系图。

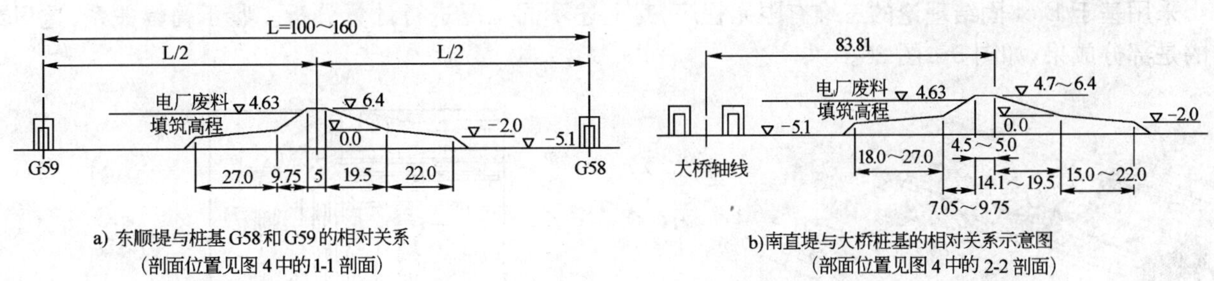

a) 东顺堤与桩基 G58 和 G59 的相对关系
(剖面位置见图 4 中的 1-1 剖面)

b)南直堤与大桥桩基的相对关系示意图
(部面位置见图 4 中的 2-2 剖面)

图 3 典型计算剖面示意图(尺寸单位：m)

3. 有限元计算网格

计算采用的三维有限元网格如图 4 所示。其中网格单元总数 19085，节点总数 21 536。计算中将直径 1.5m 圆形桩断面等效简化为 1.33m×1.33m 的正方形断面。计算中对每根桩均进行了模拟，每组桩的顶部通过混凝土承台连接在一起，故计算结果考虑了桩群共同受力和协调变形的问题。计算中未考虑大桥桥墩及上部的荷载，故计算得到的桩体的变形和应力完全是由围垦堤和电厂废料荷载所引起。

4. 计算工况概述

为研究围堤填筑和电厂废料堆填对大桥桩基的影响,依据现有设计方案和设计方的要求共设计4种工况,每种工况都采用两种模量(模量I和模量II,见表1)进行计算:

工况1:G58～G59之间跨度为100m,假定大桥桩基在围垦堤施工前已完工,计算分析目前设计方案下大堤填筑和后续电厂废料吹填对大桥桩基的影响,其中将电厂废料分20年均匀填筑至高程4.63m。工况1是围垦堤施工对大桥桩基最不利的情况;

工况2:G58～G59之间跨度同工况1,依据现有设计方案的施工顺序,围垦堤施工1年后,填筑至高程1.0m时,计算区域内大桥桩基施工完毕。考虑地基土层继续固结以及后续的围垦堤填筑和电厂废料吹填对大桥桩基的影响,其中将电厂废料分20年均匀填筑至高程4.63m。工况2为在规划的围垦工程及大桥施工计划下较为可能发生的一种情况;

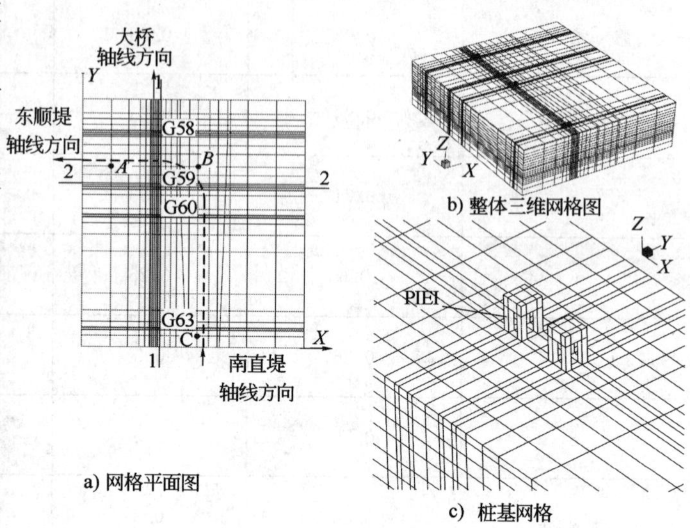

a) 网格平面图 b) 整体三维网格图 c) 桩基网格

图4 有限元网格

工况3:G58～G59之间跨度增加至160m,其余同工况1;

工况4:G58～G59之间跨度增加至160m,其余同工况2。

计算中,围垦堤荷载和电厂废料按填料容重简化为荷载作用在相应单元表面上,大堤填筑料水下部分浮重度按11kN/m^3,水上部分重度按18kN/m^{3}计算。电厂废料水下部分浮重度取为5.9kN/m^3,水上部分重度取为13.5kN/m^3。计算采用Biot固结理论,考虑了地基渗流固结的时间效应。

为了表述的方便,对工况1～4在下文中使用"工况n－m"的形式来表示不同计算方案所对应的计算工况和计算参数的情况。其中,n=1～4对应计算方案所采用的计算工况;m="a"或"b"对应计算方案所使用的计算参数组合,a代表使用模量I,b代表使用模量II。

三、计算成果及分析

采用基于Biot固结理论的三维有限元程序,对上述不同工况进行计算分析。鉴于篇幅关系,这里给出的是部分成果,如图5～图20。

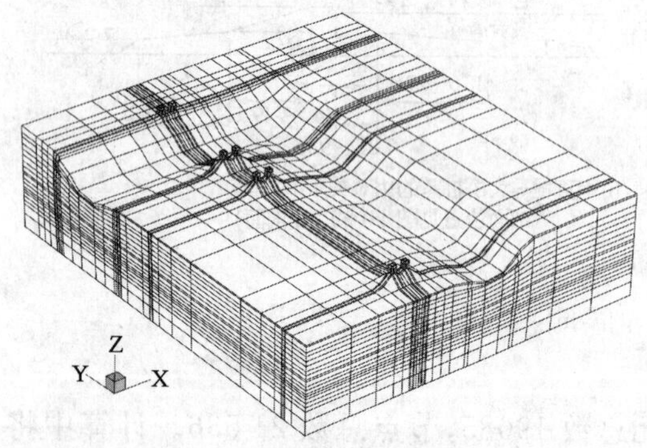

图5 工况1-a中电厂废料堆填完毕时的总体变形图
(变形放大10倍)

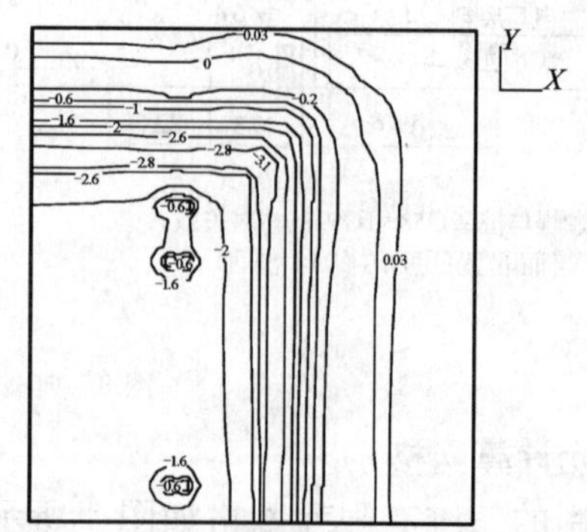

图6 工况1-a计算场地顶面最终沉降量(尺寸单位:m)

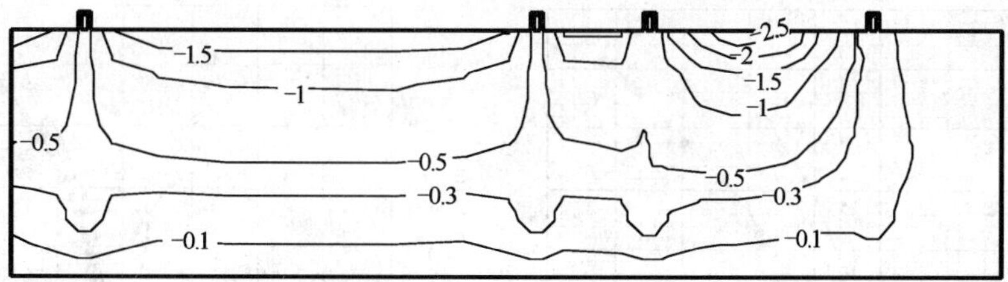

图 7 工况 1-a 中 1-1 剖面上的最终沉降量(尺寸单位:m)

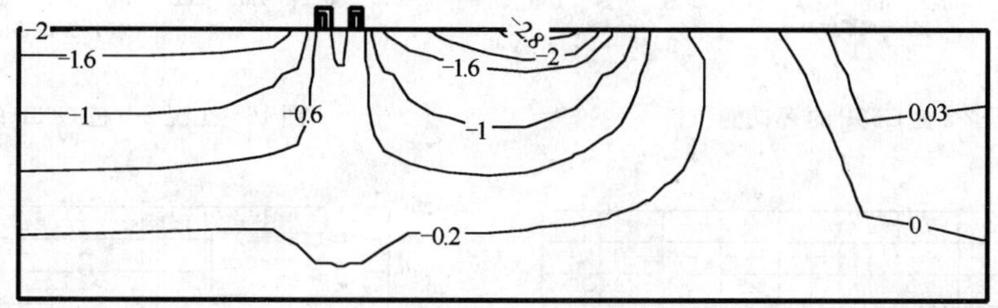

图 8 工况 1-a 中 2-2 剖面上的最终沉降量(尺寸单位:m)

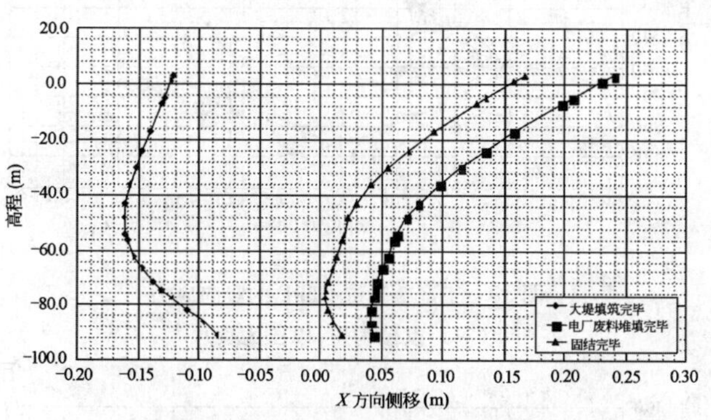

图 9 工况 1-a 桩 G63P 的 X 向侧移

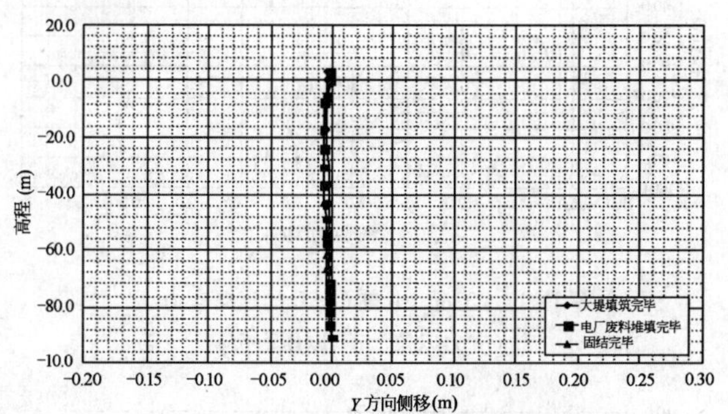

图 10 工况 1-a 桩 G63P 的 Y 向侧移

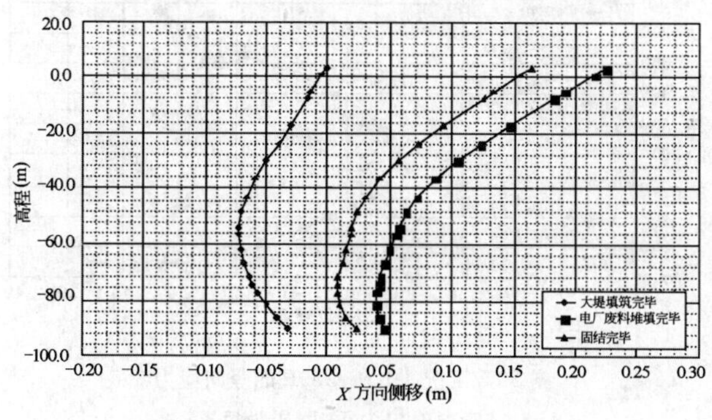

图 11 工况 1-a 桩 G59P 的 X 向侧移

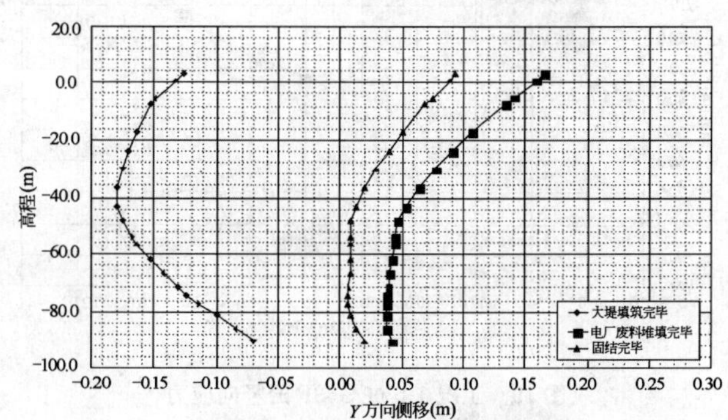

图 12 工况 1-a 桩 G59P 的 Y 向侧移

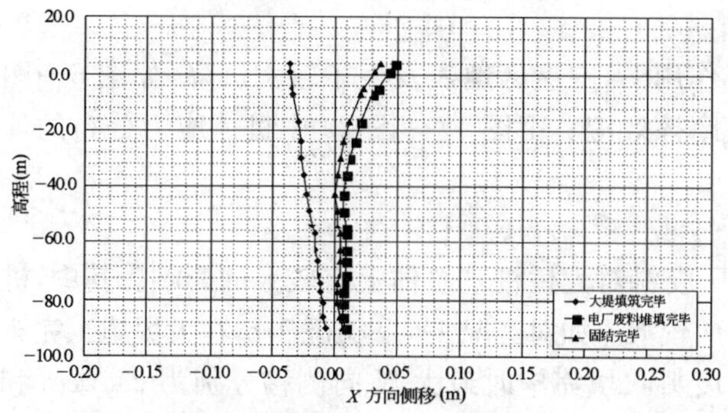

图 13 工况 1-b 桩 G59P 的 X 向侧移

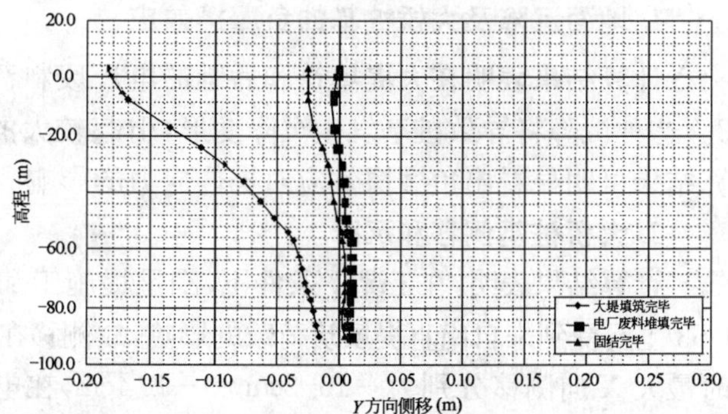

图 14 工况 1-b 桩 G59P 的 Y 向侧移

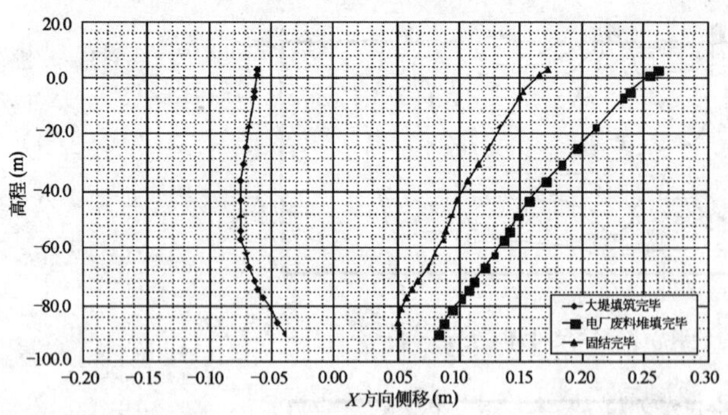

图15 工况2-a桩G63P的X向侧移

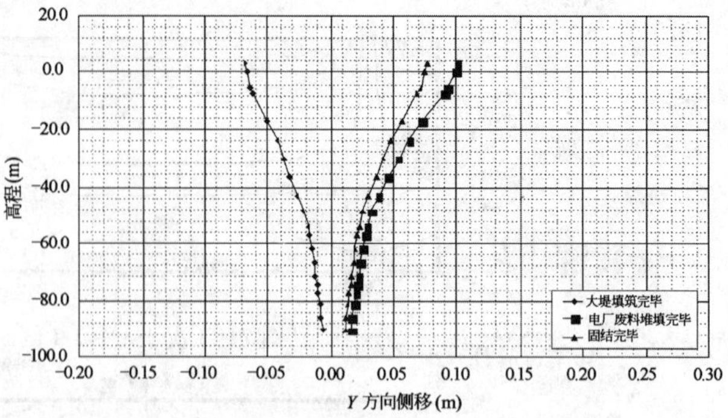

图16 工况2-b桩G63P的Y向侧移

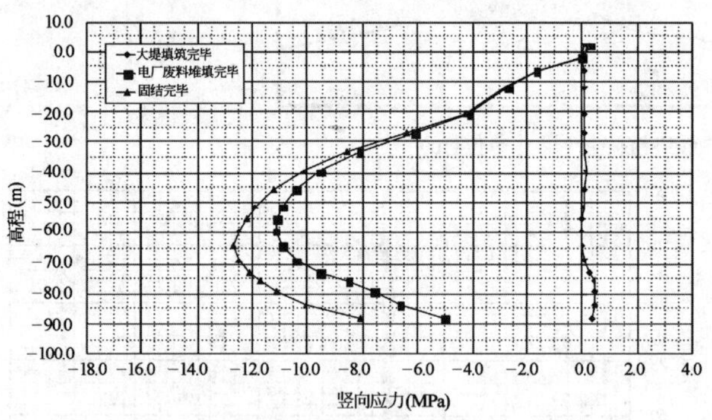

图17 工况1-b桩G63P的竖向应力
(应力以拉为正,以压为负)

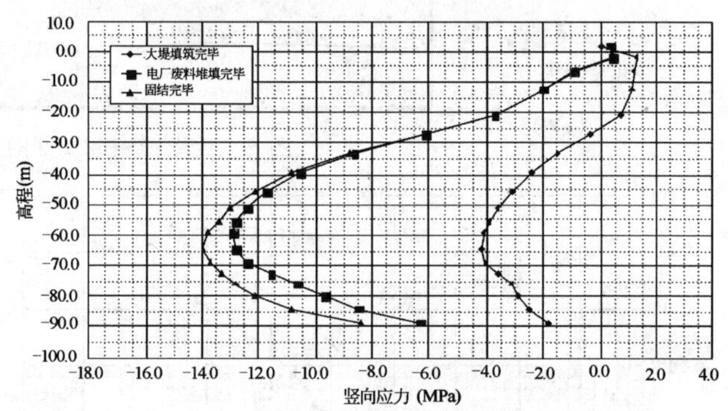

图18 工况1-b桩G59P的竖向应力
(应力以拉为正,以压为负)

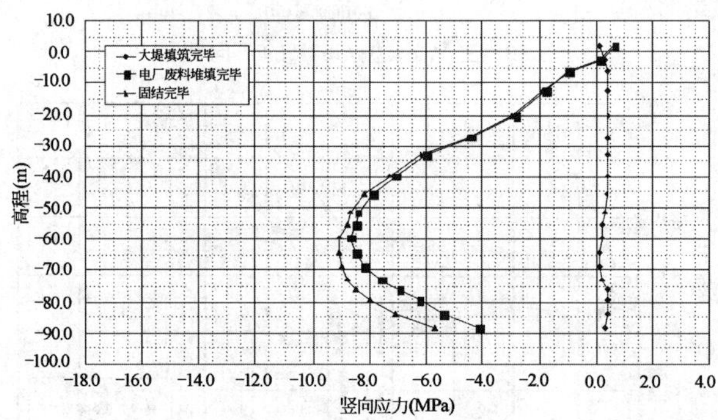

图19 工况1-b桩G63P的竖向应力
(应力以拉为正,以压为负)

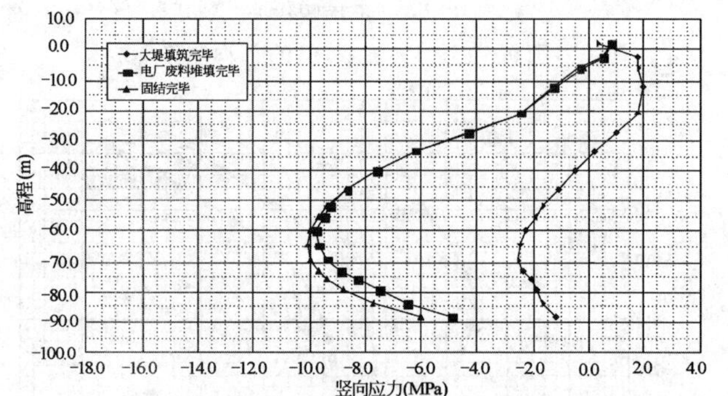

图20 工况1-b桩G59P的竖向应力
(应力以拉为正,以压为负)

1. 地面沉降及大桥桩基的负摩擦效应

计算结果表明在大堤填筑和后继的电厂废料荷载作用下,围垦区地表发生了较大沉降,如图5~图8。这种沉降将导致桩基发生沉降变形,引起较大的负摩擦效应。由图17~图20中桩体应力分布的计算结果可明显看出负摩擦效应对桩体应力的影响。

2. 大桥桩基侧移和沉降

计算结果表明,在工况1条件下,围垦堤施工和电厂废料对大桥桩基总体上有较大的影响。其中,桩G63主要受到来自南直堤填筑荷载的影响,故侧移在X向较大。如对工况1-a和工况1-b,在大堤施工完毕时最大X向侧移分别为−16.2cm和−8.4cm,在电厂废料吹填完毕时最大X向侧移分别为24.0cm和4.8cm。可见大堤荷载使G63桩向左发生侧移,灰场荷载使其向右发生侧移,其最终侧移为两者的迭加。

在工况 1 条件下，G58～G59 之间的跨度为 100m，此时穿过大桥的东直堤距 G59 桩基础较近，G59 桩基除受到南直堤填筑荷载的影响之外，受东直堤填筑荷载的影响更大。另外电厂废料对其侧移也有很大影响。

工况 2 假定围垦堤填筑至高程 1.0m 时完成大桥桩基的施工。此时，由于后续的围垦堤填筑荷载相对工况 1 已减少很多，在其它计算条件相同的情况下，围垦堤填筑荷载对大桥桩基的影响相对较小。但电厂废料的影响没有变化，所以桩基的侧移依然较大。如计算工况 2-a 和计算工况 2-b 的 G63 桩，在电厂废料吹填完毕时最大 X 向侧移分别为 26.1cm 和 7.2cm，土层固结完毕后最大 X 向侧移分别为 17.2cm和 5.5cm；G59 桩在电厂废料吹填完毕时最大 X 向侧移分别为 19.8cm 和 5.5cm，最大 Y 向侧移分别为 22.6cm 和 10.0cm，土层固结完毕后最大 X 向侧移分别为 13.6cm 和 4.4cm，最大 Y 向侧移分别为 14.3cm 和 7.6cm。

工况 3 和工况 4 计算分析了将 G58～G59 之间跨度增加至 160m 情况下，围垦大堤及电厂废料填筑对大桥桩基的影响。计算结果表明，将 G58～G59 之间的大桥跨度增至 160m 后，东顺堤和桩 G59 之间的距离相应增大，在一定程度上减小了围堤荷载对其影响，但由于距离增加有限，故围垦堤填筑荷载对桩基的影响仍较明显。对桩 G63 来说，它受到的来自东顺堤的影响较小，故跨度的改变对桩 G63 应力和变形计算结果的影响很小。另外，跨度增加对电厂废料荷载对桩基的影响几乎没有改善，所以桩基在围堤和后续电厂废料荷载作用下发生的总体变形仍然较大。

此外，计算中也发现发生最大侧移的时刻并不一定在固结完成后，而往往在填筑刚结束时。主要原因为填筑完成时荷载已全部施加完毕，而此时地基尚未充分固结，所以侧移比较显著。填筑完成后，随着地基土层的排水固结，侧移会有所减小。这与采用的计算模型为线弹性模型有一定关系。

四、主 要 结 论

从上述的研究工作可以得出如下结论：

(1)在原设计方案下，围垦堤填筑和电厂废料吹填对大桥桩基的侧移有较大影响。改变施工顺序可以减小由围垦堤填筑引起的桩的侧移量，但无法减小电厂废料吹填荷载对大桥桩基的影响。而且由于围垦堤与电厂废料所引起桩的侧移方向相反，围堤影响的减小反而可能造成更大的组合侧移；

(2)大桥桩基 G59 除了受东顺堤荷载影响外，还受到南直堤荷载的影响，所以增加 G58～G59 之间大桥跨度只能在一定程度上影响 G59 桩在围垦堤填筑荷载作用下沿大桥轴线方向的侧移，而对由南直堤荷载产生的垂直于大桥轴线方向的侧移改善不明显。此外，大桥跨度的改变也无法改善由电厂废料荷载对大桥桩基的不利影响，所以增加 G58～G59 之间大桥跨度所能起到的效果并不大；

(3)G63 主要受南直堤荷载的影响，改变 G58～G59 之间大桥跨度对 G63 的侧移几乎没有影响；

(4)在原设计方案下电厂废料吹填对大桥桩基的影响不可忽视。不但会使桩体产生显著的侧移，而且由于桩周土层发生较大的压缩沉降，还会引起较大的桩体负摩擦效应；

(5)从计算结果综合分析，由于在原设计方案情况下，围垦工程和金塘大桥工程直接交叉，围堤及电厂废料荷载对大桥桩基的不利影响难以避免。鉴于大桥工程的重要性，建议采取适当措施，比如围堤移开一定距离以减小对桩基的不利影响，以保证大桥的安全。

参考文献

[1] 宁波市镇海区新泓口围垦工程初步设计报告.2005 年 9 月.

[2] 宁波市镇海区新泓口围垦工程初步设计图集.2005 年 9 月.

[3] 金塘大桥西通航孔以西的海上段桥梁工程地质勘察报告.施工图设计阶段，2004 年 6 月.

[4] 新泓口围垦工程对金塘大桥桩基应力和变形影响的分析研究.清华大学水利水电工程系，2006 年 2 月.

86. 一种大距离走锚消能式防撞系统

于群力[1] 吴广怀[2] 刘舟峰[1] 黄光远[2]
(1. 浙江省舟山大陆连岛工程高速公路有限公司;2. 解放军理工大学工程兵工程学院)

摘 要 柔性浮式防撞系统由水面拦阻系统和锚碇系统组成,设置方便,造价相对较低,利用大距离走锚消耗船舶动能,能降低船舶与防撞系统的相互作用力,适用于大型桥梁的非通航孔桥。根据防撞系统的拦阻力与移动距离关系曲线,通过分步迭代,计算了在水流力、风压力作用下船舶撞击防撞系统过程中船舶速度和防撞系统移动距离、拦阻力的关系。数值计算结果显示:船舶艏正撞决定浮筒所能提供浮力的下限和拦阻锚链的最小承载力;在横向水流力作用下,船舶横向撞击引起的移动距离则是防撞系统设置位置至桥位距离的决定因素。

关键词 非通航孔桥 船桥碰撞 防撞系统

一、引 言

随着经济建设的发展,连接岛屿、跨越海湾及宽大江河的大型桥梁越来越多,尽管这些桥梁的通航孔设在习惯航道上,但为了节省投资,大型桥梁在原先通航水域设置了相当长的非通航孔桥段,势必成为船舶航行的障碍。一旦船舶失控或出现人为失误,可能撞击非通航孔桥,造成重大事故和不良的社会影响。

2001年10月20日,“明月轮”走锚撞击舟山大陆连岛工程响礁门大桥的5号桥墩,造成5号桥墩的混凝土桩严重损伤。1993年,处于建设期的丹麦大贝尔特西桥被一艘渡船撞击,2005年3月3日又遭一艘3000吨集装箱船撞击。2005年8月6日,东海大桥险被一艘5 000吨船舶撞击。2006年8月11日,一艘新加坡籍货轮走锚失控撞击杭州湾大桥,造成一块70m箱梁报废。2007年6月15日,“南桂机035”运沙船撞击广东佛山九江大桥非通航孔桥墩,造成4跨约200m桥面坍塌。2008年3月27日,“勤丰128”轮误入金塘大桥非通航孔,撞塌2块箱梁。这些桥梁的非通航孔桥遇险情或遭撞击,均说明需加强船舶管理和采取必要的工程措施来防止船舶撞桥事故的发生。然而大型桥梁的非通航孔桥长,又面临大型船舶的撞击,需要设防的路线长、防撞要求高,常用的防撞方式难以满足需要,本文介绍一种适用于非通航孔桥防大型船舶撞击的防撞系统。

二、防撞系统的组成与原理

1. 系统组成

柔性浮式防撞系统[1]由水面拦阻系统和锚碇系统组成(图1)。其水面拦阻系统由浮筒和拦阻锚链组成,浮筒间通过拦阻锚链连接,锚碇系统由系泊锚链和重力锚组成,系泊锚链的上链端固定于拦阻锚链(或浮筒)上。拦阻锚链、系泊锚链、重力锚和浮筒体积等关键技术参数根据具体情况设计。

2. 工作原理

当受到撞击时,拦阻系统随失控船舶移动,拉紧附近的系泊锚链,当锚链力增大到一定程度(大于重力锚与海底的静态阻力)时开始走锚,而后向两侧发展。在拉紧锚链和走锚的过程中消耗船舶动能,只要防撞系统所能提供的拦阻力(所有锚与海底动态阻力的合力)大于船舶横向水流力和风压力之和,在防撞系统随船移动一定距离后总能阻止失控船舶向桥位靠近。由于走锚距离大,撞击时间长,撞击作用力相对较小,对防撞系统的承载力的要求较低,同时也能减轻失控船舶的损伤程度。

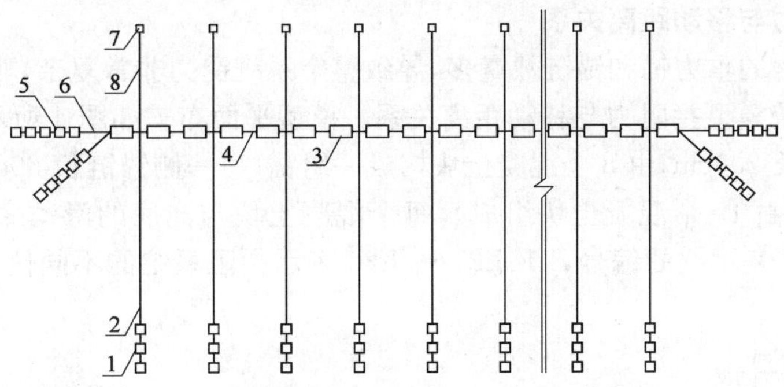

图1 柔性浮式防撞系统

1. 重力锚一；2. 系泊锚链一；3. 浮筒；4. 拦阻锚链；5. 端部重力锚；6. 端部锚链；7. 重力锚二；8. 系泊锚链二

3. 主要优点

(1)造价相对较低

设置于水深20m的水域、拦阻2万吨级(满载排水量3万吨)速度4m/s船舶的防撞系统，每纵长米的造价约为3万元人民币(按2008年3月底材料价格计算)，其他防撞设施难以实现。

(2)减小失控船舶的损伤程度

柔性浮式防撞系统与失控船舶间的相互作用力是逐步增大的，并且是可以通过设计锚碇系统来控制走锚距离和相互作用力。由于走锚距离大，撞击作用力相对较小，可减轻失控船舶的损伤程度。

(3)设置与维护方便

防撞系统结构简单，全部在陆上制造，仅需在水上投锚和连接锚链。可分段建设和转场使用。可通过改变重力锚的数量或大小，在一定幅度内改变防撞能力的大小。遭大吨位船舶撞击后，其恢复的工作量小，仅需移锚和修复或更换少量浮体。对于小吨位船舶的撞击不需要任何恢复工作。

三、受撞过程的数值分析

分别按《港口工程荷载规范》(JTJ 215—98)计算防撞系统和失控船舶所受水流作用力和风压力，并按最不利组合作为防撞系统的外力。基于能量守恒原理，根据防撞系统的拦阻力与移动距离关系曲线，通过分步迭代，计算在水流作用力、风压力作用下船舶速度、移动距离和拦阻力[2]。

1. 水流作用力

图2和图3分别给出了代表船型船尾迎水时的纵向水流作用力和相对水深大于1.5时的横向水流作用力。相对水深为水深与船舶吃水的比值。

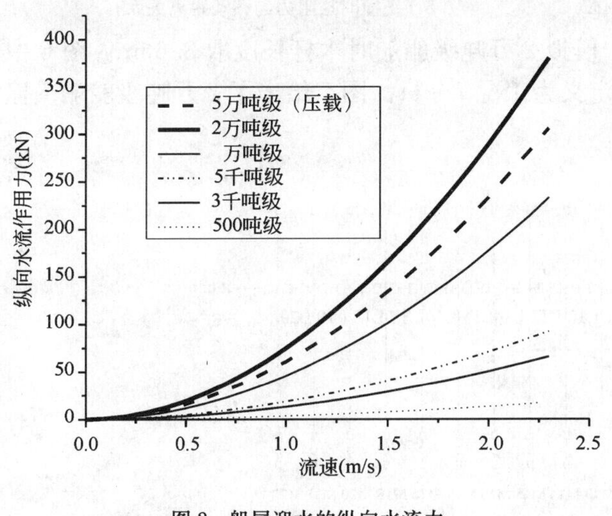

图2 船尾迎水的纵向水流力

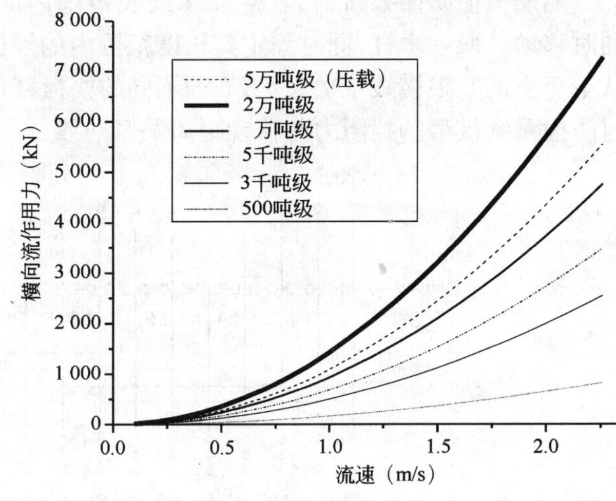

图3 横向水流作用力

2. 防撞系统的拦阻力与移动距离关系

由于防撞系统所包含的重力锚和锚链数量多，导致整个系统受力非常复杂，非线性现象明显，因此通过模型试验测试防撞系统模型拦阻力与移动距离关系。模型平面布置如图4所示，相似比为1:50，浮筒中心距30cm，一侧锚链长200cm，由3个混凝土块构成一组锚，另一侧锚链长80cm，锚为1个混凝土块，两端部各设一个锚块组（由10个混凝土块组成），每个混凝土块与池底的滑动摩擦力0.90N（实测值）。图4中M1、M2、…、M23表示锚的编号，L1、L2、…、L20表示拦阻系统的不同位置。测试时水池的水深为20cm。

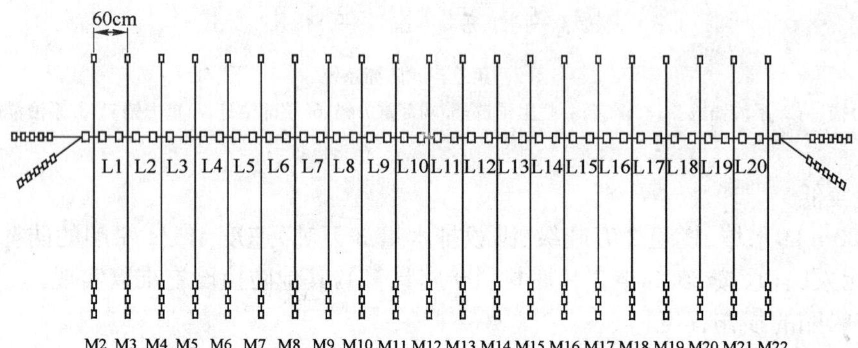

图4　模型平面布置

1）船舶正撞

分别将牵引绳系于锚链L2、L4、L6、L8、L10和L12的中间，定义为工况1～6，利用减速电机匀速（0.03m/s）牵引，在牵引绳上设置拉力传感器测试和记录牵引力（也即拦阻力），从而得到正撞时防撞系统横型的拦阻力与移动距离关系曲线（图5）。

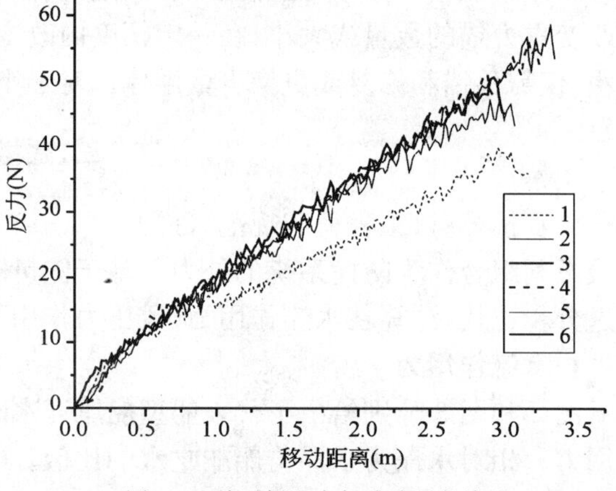

图5　正撞时拦阻力与移动距离关系

由图5可见，随着撞击部位移向防撞系统的中间，系统拦阻力增大，特别是在防撞系统大距离移动后，其增幅是增大的。但图5只反映了短距离内移动距离与系统拦阻力的关系，当移动距离足够大时，系统拦阻力也将趋向定值（所有锚的阻力之和）。

2）船舶横撞

船舶横撞防撞系统时，在船舶水线长范围内的浮体同时移动。取一木杆，同时固定其长度范围内的浮体。模拟2万吨级船舶时木杆长度取3.66m。图6中从下至上的5根横线依次表示56种不同的横撞部位，定义为工况7～11。图7给出了2万吨级船舶横撞时防撞系统模型的拦阻力与移动距离关系曲线。

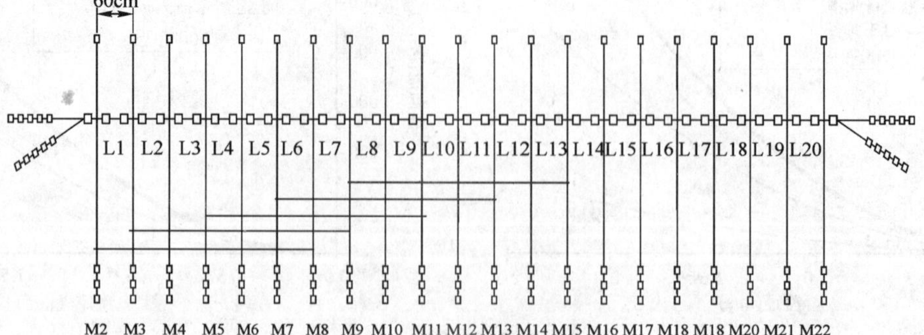

图6　2万吨级船舶的撞击部位

3. 撞击过程

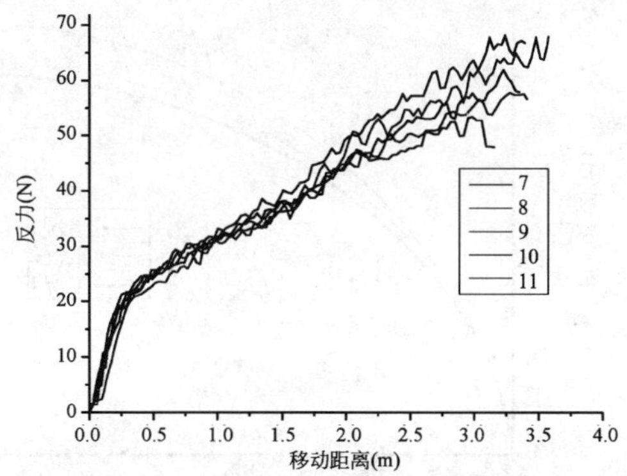

图 7 拦阻力与移动距离关系(2 万吨级船舶横撞)

船舶撞击防撞系统可能有三种方式,正撞(船首正撞或船尾正撞)、横撞和斜撞。对于从锚地走锚失控的船舶,通常是船尾首先撞击防撞系统;对于航行中失控船舶,通常是船首首先撞击防撞系统。如果以同样的初速顺流撞击防撞系统,由于水流对船尾在后船舶的作用力会大于船首在后的船舶,船首正撞的作用力和防撞系统的移动距离会稍大于船尾正撞。由于中小型船舶无球首和大型船舶压载航行时球首露出水面,船首正撞时可能会将防撞系统的浮筒压入水下而导致防撞系统失效,因此在正撞分析中以船首正撞为例。在船舶横撞防撞系统的过程中,由于横向水流力大,导致防撞系统的走锚距离大和走锚数量多,能否拦住失控船舶关键在于防撞系统能否提供足够的阻力。因此对船首正撞和横撞过程进行分析,并根据计算结果优化防撞系统设计。

数值分析以 2 万吨级船舶(满排水量 30 000t)撞击防撞系统为例。防撞系统原型与模型(图 4)与的几何相似比为 50:1,原型中每只重力锚在海底的动态阻力为 400kN。

1)船首正撞

2 万吨级船舶漂流(吃水深度内的平均流速 1.88m/s)船首正撞时的防撞系统拦阻力和移动距离与船速变化关系由图 8、图 9 给出。图中工况代号表示相应的撞击部位,同模型试验的编号。

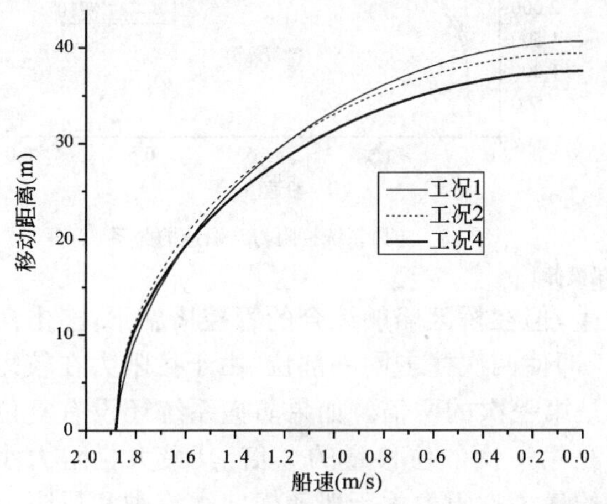

图 8 防撞系统移动距离与船速的关系

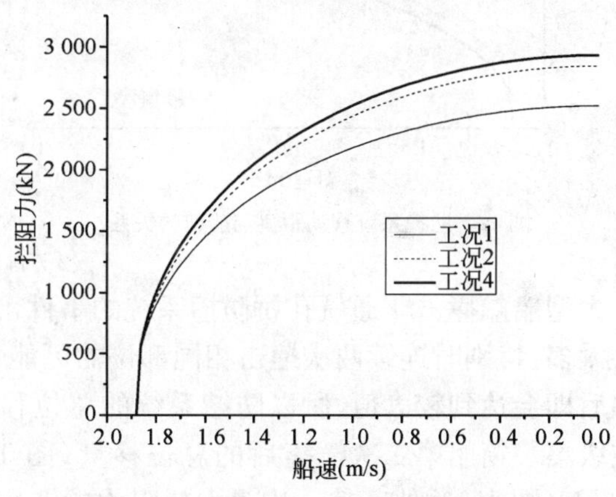

图 9 防撞系统拦阻力与船速的关系

(2 万吨级集装箱船失控漂流)

由图 8 和图 9 可知:当 2 万吨级集装箱船首正撞防撞系统时,防撞系统最大移动距离在 40m 左右,最大拦阻力小于 3 000kN;当撞击部位从边上向中间变化时,防撞系统的拦阻力增大,移动距离减小。

图 10 和图 11 给出了 2 万吨级集装箱船以 4m/s 的初速度船首正撞时防撞系统移动距离和拦阻力与船舶速度的关系。由图可知,防撞系统移动距离小于 92m,最大拦阻力小于 5 500kN。

2)横撞

2 万吨级船舶,漂流(吃水深度内的平均流速 1.88m/s)横撞时的防撞系统拦阻力和移动距离与船速变化关系由图 12、图 13 给出。图中工况代号表示相应的撞击部位,同模型试验的编号。

由图 12 和图 13 可知,防撞系统最大移动距离小于 77m,三种工况的最大拦阻力几乎一样,约为船舶横向水流力(5037kN)与风阻力(643kN)之和(5 680kN)。这是由于横撞时水流力随着船速的降低而增大,导致拦阻系统需要移动较长距离才能使得船舶停下来,也即船舶加速度(负值)变化缓慢,当加速度为零时船舶速度也几乎为零。

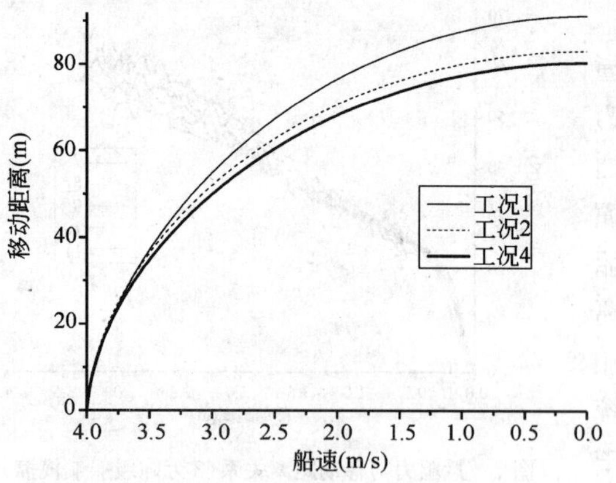

图10 防撞系统移动距离与船速的关系

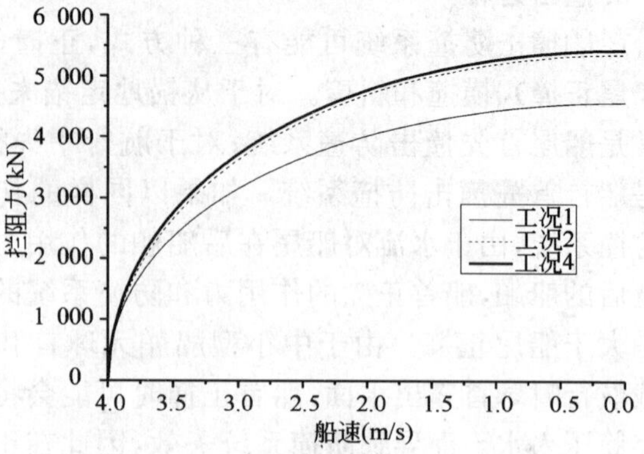

图11 防撞系统拦阻力与船速的关系

（2万吨级集装箱船初速4m/s）

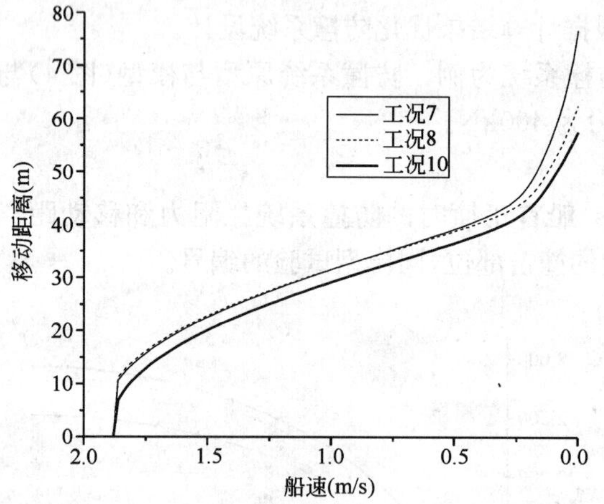

图12 防撞系统移动距离与船速的关系

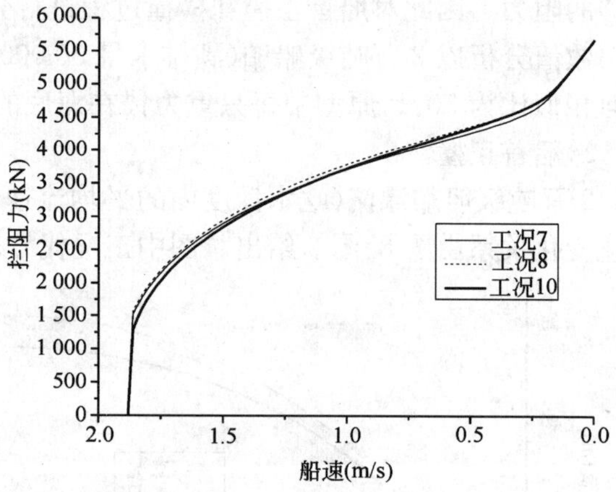

图13 防撞系统拦阻力与船速的关系

（2万吨级集装箱船横撞）

大型船舶撞击非通航孔桥防撞系统的事件可能会发生，但在桥区船舶综合的管控措施下，撞击次数不会太多，特别时连续两次撞击相同部位的可能性更低。即使两次撞击同一部位，由于拦阻力在较短的位移后即会达到较大值，所以防撞系统的总位移量并非是第一次的两倍。如果防撞系统还没有复位，2万吨级集装箱船第二次横撞后的总位移量（图14）并不是第一次的位移量的2倍，其最大拦阻力小于6 300kN（图15）也小于第一次最大拦阻力的2倍。这里的最大拦阻力大于船舶横向水流力和风阻力之和，反映了船舶速度降为零时，其加速度（负值）并没有变为零，这时候船舶会有一定程度的“反弹”。

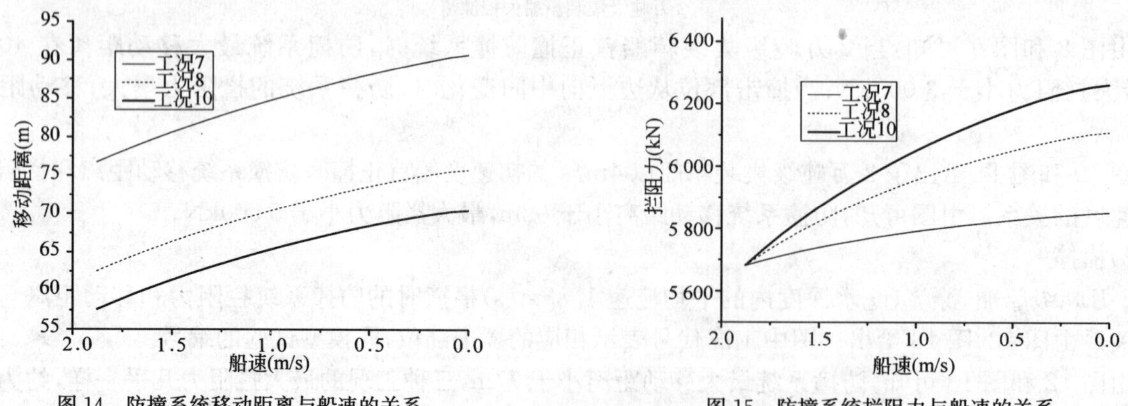

图14 防撞系统移动距离与船速的关系

图15 防撞系统拦阻力与船速的关系

（2万吨级集装箱船第二次横撞）

图14的计算是在假定移走第一次的失控船舶后防撞系统的位置不变，但事实上在锚链恢复力的作

用下,防撞系统会部分复位,第二次撞击后的总位移还会稍小于图15中的计算值。

四、结　论

1)无论是横撞还正撞,防撞系统与船舶的相互作用力将远小于其他方式的防撞系统,一方面可降低对防撞系统结构强度的要求,从而降低防撞工程费用,另一面较小的相互作用力,能减轻船舶的损伤程度。

2)船首正撞决定浮筒所能提供浮力的下限和拦阻锚链的最小承载力。而横向撞击时的移动距离则是防撞系统至桥位距离的决定因素。

3)大型船舶可能撞击非通航孔桥的防撞系统,但在综合的管控措施下,必然不会太多,特别是短时间内连续两次撞击防撞系统相同部位的可能性更低。即使两次撞击同一部位,防撞系统的总位移量也不是第一次的两倍。如果要求防撞系统在第一次受撞后未复位的条件下仍能承受第二次撞击,防撞系统应尽可能离开桥位,不小于第一次横撞移动距离的1.5倍。

参考文献

[1] 中国人民解放军理工大学工程兵工程学院.柔性浮式防船舶碰撞系统,发明专利:ZL200510095592.0.

[2] 浙江舟山大陆连岛工程高速公路有限公司,中国人民解放军总参谋部南京科技创新工作站,浙江舟山连岛工程建设指挥部.金塘大桥非通航孔桥防碰撞技术研究报告,2008.

87. 自动寻找目标全站仪高精度超长跨海高程传递

许提多　肖根旺　郭秉江

(浙江省舟山连岛工程建设指挥部金塘大桥测控中心)

摘　要　用边长约2.0km的测边三角高程,进行几十公里的跨海高程传递,是跨海大桥高程控制要解决的难题。为此,从严密三角高程公式出发,分析了三角高程测量的系统误差,制定出消除或减弱系统误差且适合海上作业的测量细则,用大量试验数据验证了遵守这样的测量细则能达到相当于一、二等跨河水准的精度,为高精度测距三角高程测量在超长距离跨海高程传递的应用提供作业依据,并用金塘大桥20km的连续多跨跨海高程贯通测量成果验证了它的应用价值。

关键词　测边三角高程　系统误差　跨海高程传递

一、三角高程测量的误差分析

由参考文献[2]可得以下三角高程测量单向观测计算公式:

$$h_2-h_1=D_{1.2}\cos Z1.2+i_1-v_2+\frac{1-K_1}{2R}S_{1.2}^2+\frac{l}{2\rho''}(\sum_2-\sum_1)+(R_2-R_1)+OO'\sin\varphi_2+\Delta_1 \qquad (1)$$

式(1)的函数模型误差对于2km的边长将小于0.5mm,符号如参考文献[1]所示。

式中:K_1——测站点垂直折光系数;

R——平均曲率半径;

φ_2——照准点纬度;

$\sum_i$——i点的垂线偏差在照准方向的分量;

Δ_1——仪器残余系统误差对高差测量的影响。

公式右边前三项由观测量构成,下文用$\Delta h'_{1.2}$表示,其测量误差对高差的影响属偶然误差,可用误差传播率分析，其他各项为系统误差，要在观测过程中制定出相应的观测程序加以减弱和消除。以下对系统误差进行分析：

公式(1)中的 $\frac{1-K_1}{2R}S_{1.2}^2$ 项是垂直折光差和地球曲率对高差的影响，其中垂直折光差的影响是一个和观测时的气象条件、视线高度、视线经过的地表植被覆盖有关的极其复杂的量。垂直折光差对天顶距观测的影响在最好的情况下为1～2″，近地面处 K 值在 $-1\sim+1$ 之间变化；$\frac{1}{2\rho''}(\Sigma_2-\Sigma_1)$ 是相对垂线偏差分量对高差的影响，在平原地区影响较小，在山区每公里变化约0.2～0.35″；$(R_2-R_1)+OO'\sin\varphi_2$ 是两点垂线不共面对高差的影响，可以用椭球近似加以估算，称之为椭球项影响；Δ_1 是仪器残余系统误差对高差测量的影响，不同的仪器其值不同。

对于单向三角高程测量，以上几种系统误差的综合影响可达几厘米甚至几分米，无法在高精度高差测量中应用[1]。

由公式(1)可得双向观测方程：

$$h_2-h_1=\frac{1}{2}(D_{1.2}\cos z_1-D_{2.1}\cos z_2)-\frac{1}{2}(i_2-i_1)-\frac{1}{2}(v_2-v_1)+\frac{K_2-K_1}{4R}S_{1.2}^2+\frac{S}{2\rho''}(\Sigma_2-\Sigma_1)-(R_2-R_1)+\frac{1}{2}OO'(\sin\varphi_2-\sin\varphi_1)-\frac{1}{2}(\Delta_2-\Delta_1) \tag{2}$$

式(2)中 Δ_2 是反向观测所用仪器的仪器残余系统误差，如果双向观测用不同仪器，根据试验资料 $\frac{1}{2}(\Delta_2-\Delta_1)$ 项影响可达几厘米，而且成系统性，如果采用相同的仪器，此项的影响成偶然性，可在多个测回均值中消除；双向观测的折光差影响由两点在观测期间的折光差系数之差 K_2-K_1 确定，根据试验资料分析，观测时视线高度5～6m，阴天，对向观测时间间隔小于半小时，此项影响为1.17mm/km²，两公里边长其对高差的影响为4.68mm，成系统性，成为双向观测的主要系统误差来源，缩小对向观测时间可以减弱这项误差的影响。若采用两台仪器同时对向观测，此项影响降至0.35mm/km²，并且成偶然性，取多个测回的均值将消除此项误差影响；相对垂线偏差项影响与单项观测相同，平原地区2km边长约0.5mm，山区约8mm；在双向观测中，椭球项影响变为 $(R_2-R_1)+OO'(\sin\varphi_2-\sin\varphi_1)$ 用椭球近似估计2km边长最大不会超过0.03mm可以忽略。

由以上分析可知在平原地区进行双向三角高程测量，如果采用同一台仪器，其系统误差的主要来源是两测点在观测时间折光差系数之差的影响，这种影响和双向观测时间间隔的长短，观测时天气的情况及视线的高度有关，时间间隔越短，天气状况越稳定，视线高度越高越有利；如果采用不同的仪器同时对向观测，折光差的影响成偶然性，而仪器的残余系统误差成为主要误差来源，其影响成系统性且可达数厘米；在平原地区相对垂线偏差影响可以忽略。

为了既消除折光差的系统性影响，又消除因同时双向观测要采用不同仪器而产生的仪器残余系统差的影响，可采用由两个双向观测组成的双测回观测程序。用两台仪器在两岸同时对向观测组成一个双向观测单测回，然后两台仪器调岸并同时对向观测组成为另一个双向观测单测回，由这样的两个单测回组成一个双向观测双测回。在双向观测的高差均值中将不包含显著的系统误差影响。

以下导出双测回方程：

$$\begin{aligned}\Delta h_1&=\Delta h'_1+\left(\frac{K_2-K_1}{4R}\right)_1S^2-\frac{1}{2}(\Delta_2-\Delta_1)_1\\\Delta h_2&=\Delta h'_2+\left(\frac{K_2-K_1}{4R}\right)_2S^2-\frac{1}{2}(\Delta_1-\Delta_2)_2\end{aligned} \tag{3}$$

上式 Δh_1 为调换仪器前的对向观测高差，$\Delta h'_1$ 是其除了折光差项和仪器误差项公式(2)右边其余各项；同样为 Δh_2 调换仪器后的对向观测高差。将式(3)取均值得：

$$\widehat{\Delta h}=\frac{\Delta h_1+\Delta h_2}{2}=\frac{\Delta h'_1+\Delta h'_2}{2}+\frac{S^2}{2}\left\{\left(\frac{K_2-K_1}{4R}\right)_1+\left(\frac{K_2-K_1}{4R}\right)_2\right\}+\frac{1}{2}\{(\Delta_2-\Delta_1)_2-(\Delta_2-\Delta_1)_1\}$$

设：$(\Delta_2-\Delta_1)_2-(\Delta_2-\Delta_1)_1=\sum_\Delta$，以下试验可以验证$\sum_\Delta$属于偶然误差性质；设：$\left(\frac{K_2-K_1}{4R}\right)_1+\left(\frac{K_2-K_1}{4R}\right)_2=2\sum_K$，在同时对向观测的条件下$2\sum_K$主要由气象因素引起，同样属于偶然误差性质，于是上式可以写成：

$$\Delta\bar{h}=\frac{1}{2}(\Delta h'_1+\Delta h'_2)+\sum_K S^2+\sum_\Delta \tag{4}$$

由式(4)可见，一个双测回高差均值，如果设仪器的系统误差在观测过程中基本保持不变，在双测回的平均值中将被消除，剩下残余的偶然误差；而折光差的影响如果一个单测回折光差系数之差变化不大的话，在双测回中将基本和单测回差别不大，也剩下残余的偶然误差。因此，取多个双测回观测值的均值，可获得高精度的高差值。

二、测距三角高程测量实测精度

1. 用两台仪器同时对向观测的实验

用两台自动寻找目标全站仪，在大桥桥位区附近做同时对向观测双测回三角高程测量试验，跨越宽度1.8km，视线高离水面3.5m，在岸上为1.4m，两边植被基本一致，试验场地B、D两测站点的高差用二等水准联测，高差为0.064 16m。

共用8个时段测量了20个双测回，3个上午时段各测2个双测回共6个双测回，4个下午时段共测14个测回，结果如表1所列。

表1

J1-J3	观测时间		往测 h(m)	返测 h(m)	单测回均值 (m)	双测回均值 (m)	$h_水-h_双$ (mm)	$\frac{1}{2}$(⊿2−⊿1) (mm)
1	上午	8:15—27	0.048 7	−0.186 7	+0.117 2			−54.9
			仪器a	仪器b		+0.062 3	+1.9	
	上午	8:44—56	−0.064 6	−0.079 4	+0.007 4			+54.9
			仪器b	仪器a				
2	上午	9:26—39	+0.030 7	−0.198 0	+0.114 4			−54.8
			仪器a	仪器b		+0.0596	+4.6	
	上午	8:56 9:09	−0.077 2	−0.086 9	+0.004 8			+54.8
			仪器b	仪器a				
3	上午	9:41—59	+0.015 5	−0.198 0	+0.106 8			−54.0
			仪器a	仪器b		+0.052 8	11.4	
	上午	10:14—30	−0.085 2	−0.082 7	+0.001 2			+54.0
			仪器b	仪器a				
4	上午	10:57 11:10	+0.004 9	−0.186 2	+0.095 6			−47.2
			仪器a	仪器b		+0.048 5	+15.7	
	上午	10:29—42	−0.077 6	−0.080 2	+0.001 3			+47.2
			仪器b	仪器a				
5	下午	14:41—50	+0.050 8	−0.173 8	+0.112 3			−53.9
			仪器a	仪器b		+0.0584	+5.8	
	下午	14:14—26	−0.060 2	−0.069 2	+0.004 5			+53.9
			仪器b	仪器a				

续上表

J1-J3	观测时间		往测 h(m)	返测 h(m)	单测回均值 (m)	双测回均值 (m)	$h_{水}-h_{双}$ (mm)	$\frac{1}{2}$(⊿2−⊿1) (mm)
6	下午	14:52—59	+0.054 8	−0.170 0	+0.112 4			−50.2
			仪器a	仪器b		+0.062 2	+2.0	
	下午	15:11—24	−0.039 0	−0.063 2	+0.012 1			+50.1
			仪器b	仪器a				
7	下午	15:50—57	+0.079 1	−0.159 2	+0.119 1			−53.5
			仪器a	仪器b		+0.065 6	−1.4	
	下午	15:24—34	−0.033 0	−0.057 2	+0.012 1			+53.5
			仪器b	仪器a				
8	下午	15:59 16:07	+0.081 9	−0.156 3	+0.119 1			−51.6
			仪器a	仪器b		+0.067 5	−3.3	
	下午	16:08—32	−0.020 0	−0.051 8	+0.015 9			+51.6
			仪器b	仪器a				
9	上午	9:45 10:02	+0.011 0	−0.194 4	+0.102 7			−46.7
			仪器a	仪器b		+0.056 0	+8.2	
	上午	8:51 9:12	−0.075 7	−0.094 4	+0.009 4			+46.6
			仪器b	仪器a				
10	上午	10:05—22	+0.005 6	−0.218 6	+0.112 1			−55.5
			仪器a	仪器b		+0.056 6	+7.6	
	上午	10:38—53	−0.107 8	−0.109 7	+0.001 0			+55.6
			仪器b	仪器a				
11	下午	14:43—53	+0.037 5	−0.180 4	+0.109 0			−47.2
			仪器a	仪器b		+0.061 8	+2.4	
	下午	14:14—26	−0.062 8	−0.092 3	+0.014 7			+47.1
			仪器b	仪器a				
12	下午	14:55 15:03	+0.037 0	−0.176 7	+0.106 8			−47.6
			仪器a	仪器b		+0.059 2	+5.0	
	下午	15:18—35	−0.055 0	−0.078 0	+0.011 5			+47.7
			仪器b	仪器a				
13	下午	14:26—54	+0.048 0	−0.199 5	+0.075 8			−42.8
			仪器a	仪器b		+0.033 0	+31.2	
	下午	15:09—19	−0.119 1	−0.099 6	+0.009 8			+42.8
			仪器b	仪器a				
14	下午	15:43—50	0.031 5	−0.186 3	+0.108 9			−57.1
			仪器a	仪器b		+0.0518	+12.4	
	下午	15:17—28	−0.095 2	−0.084 8	+0.005 2			+57.0
			仪器b	仪器a				

续上表

J1-J3	观测时间		往测 h(m)	返测 h(m)	单测回均值 (m)	双测回均值 (m)	$h_{水}-h_{双}$ (mm)	$\frac{1}{2}(\varDelta2-\varDelta1)$ (mm)
15	下午	15:54 16:00	0.039 7	−0.176 8	+0.108 2			−48.1
			仪器 a	仪器 b		+0.060 1	+4.1	
	下午	16:10—23	−0.045 0	−0.069 1	+0.012 0			+48.1
			仪器 b	仪器 a		−2.9		
16	下午	16:45—51	0.074 0	−0.168 8	+0.121 4			−54.6
			仪器 a	仪器 b		+0.066 8	−2.6	
	下午	16:22—30	−0.041 4	−0.065 8	+0.012 2			+54.6
			仪器 b	仪器 a		+3.8		
17	下午	15:00—08	0.090 2	−0.159 4	+0.124 8			−57.6
			仪器 a	仪器 b		+0.067 2	−3.0	
	下午	14:35—42	−0.030 2	−0.049 2	+0.095 0			+57.7
			仪器 b	仪器 a		+4.2		
18	下午	15:09—16	0.094 0	−0.159 7	+0.126 8			−57.2
			仪器 a	仪器 b		+0.069 6	−5.4	
	下午	15:27—40	−0.024 0	−0.048 8	+0.012 4			+57.2
			仪器 b	仪器 a		+6.6		
19	下午	16:11—18	0.098 8	−0.154 4	+0.126 6			−57.0
			仪器 a	仪器 b		+0.069 6	−5.4	
	下午	15:41—50	−0.021 6	−0.047 0	+0.012 7			+56.9
			仪器 b	仪器 a		+6.6		
20	下午	16:20—31	0.092 8	−0.151 4	+0.122 1			−56.4
			仪器 a	仪器 b		+0.065 7	−1.5	
	下午	16:42—59	−0.027 4	−0.046 0	+0.093 0			+56.4
			仪器 b	仪器 a		+2.7		

2. 试验数据统计分析

1)粗差删除

表 1 中的第 13 双测回观测因不同步而不能用,剩下 19 个双测回进行以下粗差剔除计算:

(1)粗差删除前的样本标准差 S'

取 $n=19$,

$$S'=\sqrt{\frac{[vv]}{19-1}}=\sqrt{\frac{[677.87]}{18}}=6.12$$

$$P\{|t|\leqslant t_{\partial}\}=t(0.1,18)=1.734$$

$$|V|_{限}=6.12\times1.734=10.612\text{mm}$$

由以上计算可知,残差值 $V>10.4$mm 的给予剔除,因此第 3、4、14 双测回被剔除,剩下 16 测回做如下统计:

(2)粗步删除后的样本标准差 S'

取 $n=16$,均值 6.301

$$S=\sqrt{\frac{301.6}{15}}\approx 4.48\text{mm}$$

$$t(0.1\sim 15)=1.753$$

$$|v|_{限}^{0.1}=1.753\times 4.48=7.85\text{mm}$$

用此限差检验剩下的16测已没有粗差

2)观测较差的制定

(1)双测回间的较差

一个双测回每公里偶然中误差为：$4.48/\sqrt{1.8}=3.34$，因此双测回间的较差限差为：

$$\Delta h_{限}^{双}=2\sqrt{2}\cdot 3.34\cdot\sqrt{S}=9.45\sqrt{S}$$

则：双测回，测回间的较差限差$\leqslant\pm 10\sqrt{S}$mm为宜；

(2)半测回组间读数较差

仪器一测回标称精度为：1″，测半测回测角中误差为：$\sqrt{2}''$

因此：半测回组间读数较差、为：

$$V_{限}=t_{\partial=0.1}(15)\times\sqrt{2}''=1.753\times\sqrt{2}=2.5''$$

换算为高差读数其较差应为：

$$\frac{2.5}{206\ 265}\times S(S\text{为跨距})$$

3)观测精度统计

用表1的试验数据统计可得：

(1)1个双测回的中误差$=\pm\sqrt{\frac{[vv]}{15}}=\sqrt{\frac{301.6}{15}}=\pm 4.48$mm

(2)16个双测测回均值均值中误差$=\frac{4.48}{\sqrt{16}}=1.12$mm

16个双测测回每公里高差均值中误差：$\frac{1.12\text{mm}}{\sqrt{1.8}}=0.825$mm

可见16个双测测回每公里高差均值中误差0.825mm<1.0mm，已达到二等跨河水准的测量精度。

(3)用观测高差与水准高差之差Δ计算所进行的统计

1个双测回的全中误差$S=\pm\sqrt{\frac{[\Delta\Delta]}{16}}=4.39$mm

可见与用残差v计算的结果非常接近，说明双测回观测的系统误差不显著。

4)假设检验

(1)双测回均值与二等水准测量高差是否一致的检验

H_o：　　$\bar{h}=h_{水}$　　　用t检验

$$t=\frac{\bar{h}-h_{水}}{S\sqrt{n}}=\frac{63.010-64.416}{4.48/\sqrt{16}}=\frac{1.25}{1.12}=1.116$$

$$t_{0.5}(15)=2.131\text{mm}$$

$t<t_{\partial}$接受原假设，说明16个双测回的均值和二等水准测量结果没有显著性差别。

(2)16测回均值的每公里高差偶然中误差与二等水准测量是否一致的检验

H_o：　$\bar{s}=\delta_o$　　即0.83mm=1mm　　取$\alpha=0.05$

$$X^2=\frac{n\bar{s}}{\delta_o^2}=\frac{16\times(1.11)^2}{(1\times\sqrt{1.8})^2}=\frac{20.0704}{1.8}=11.15^{\circ}$$

$$X_{0.975}(15)=6.26\qquad X_{0.025}(15)=25.0$$

$X_{0.975} \leqslant X^2 \leqslant X_{0.025}$ 接受原假设，说明 16 个双测回均值达到二等水准测量精度。

(3)a、b 仪器的精度是否一致

$$F = \frac{S_{新}^2}{S_{旧}^2} \sim F(n_{新-1}, n_{旧-1})_{0.05} = F(15,16)_{0.05} = 2.35$$

$$F = \frac{36.5}{15.8} = 2.31$$

2.31<2.35 接受原假设。

通过以上检验说明：16 个双测回高差均值可达到二等水准的精度，其结果与二等水准测量结果没有显箸差别，两台仪器测量的精度没有显著差别。

三、根据试验数据的统计分析所制定的观测方案

根据对以上三角高程实地测量成果的分析，制定出以下实用的测量细则：

(1)视线距水面的高度原则上应≥3.5m。

(2)一跨的距离原则上应≤2.0km，特殊情况可放宽至 2.1km。

(3)观测应在风力微和、气温变化较少的阴天或夜间进行，不宜在阳光照射下进行。

(4)观测开始前 30min，应先将仪器置于露天阴影下使仪器与外界气温趋于一致。

(5)应使用自动寻找目标全站仪，其仪器标称精度应不低于：一测回角度测量中误差 1″，测距中误差：1mm+2ppm$D$。

(6)每一台仪器应进行正镜观测然后进行倒镜观观测，每个望远镜位置应观测 16 次高差称为一组观测，每次观测应重新照准目标。

(7)同一度盘位置的 16 次观测其高差互差$\leqslant \frac{2.5}{206\,265} \times S$($S$ 为跨距)。

(8)取剔除粗差后的有各次高差读数均值为这一组高差观测值，取正、倒镜组观测值的均值为半测回观测值，每跨两侧仪器半测回观测值的均值为一单测回高差观测值。

(9)两台仪器每跨两侧对向观测称上单测回观测，对换仪器后每跨两侧进行的单测回观测称下单测回观测，取上、下单测回观测均值为一双测回观测值。

(10)每个组观测的开始时应量取两次仪器高和觇标高，应保证每次量取精度不低于 1mm，取两次观测的均值为其结果。

(11)三等水准精度的跨海高程贯通测量应观测 2～4 个双测回。二等水准精度的跨海高程贯通测量应观测 9～16 个测回，边长愈短双测回数可以愈少。

(12)可以连续观测 M 个上单测回，两岸对换仪器再观测 M 个下单测回。

(13)M 个上单测回其单测回高差互差应$\leqslant \pm 15\sqrt{S(\mathrm{km})}$mm；$M$ 个下单测回其单测回高差互差应$\leqslant \pm 15\sqrt{S(\mathrm{km})}$mm。

(14)M 个双测测回其高差互差应$\leqslant \pm 10\sqrt{S(\mathrm{km})}$mm。

四、连续多跨测距三角高程法跨海高程贯通测量实测精度分析

1.国家Ⅰ、Ⅱ等水准测量规范每个双测回的精度与试验数据比较

按国家Ⅰ、Ⅱ等水准测量规范第 8.5 条跨河水准测回数及限差，各双测回互差按下式计算：

$$\mathrm{d}H_{限} = 4M_{\triangle}\sqrt{NS} = 2\sqrt{2}M_{测回}$$

$$M_{测回} = 4M_{\triangle}\sqrt{NS}/2\sqrt{2} = \sqrt{2}M_{\triangle}\sqrt{NS} \tag{5}$$

式中：$M_{\triangle}$——每公里水准测量的偶然中误差；

$M_{测回}$——每个双测回的偶然中误差；

N——测回数；

S——跨河水准的视线长度。

一等水准 $M_{\triangle}=0.5$mm，$N=24$，若 $S=1.8$km，则 $M_{测回}=4.65$；

二等水准 $M_{\triangle}=1.0$mm，$N=16$，若 $S=1.8$km，则 $M_{测回}=7.58$。

由试验数据可知，1.8km 跨距自动寻找目标全站仪同时对向三角高程测量一个双测回观测的中误差为：4.48mm，那么一个双测回的每公里高差偶然中误差为：3.34mm。显然已经达到国家Ⅰ、Ⅱ等水准测量规范跨河水准一个双测回测量精度的要求。

2. 国家Ⅰ、Ⅱ等水准测量规范每个双测回的精度与实测数据比较

依据以上制定的测量细则在海上进行了23跨跨海三角高程测量，最短跨距320m，最长跨距1 820m，平均1 356m。由实测的统计数据每个双测回每公里偶然中误差2.5mm/km。按式(5)，可估算出一等跨河水准每个双测回每公里偶然中误差为：4.03mm；二等跨河水准每个双测回每公里偶然中误差为：6.58mm。由此可知：按以上测量细则进行跨海三角高程贯通测量，每个双测回每公里偶然中误差，小于按一、二等规范进行跨河水准测量每个双测回每公里偶然中误差。因此，用机器人按测量细则测4～16个双测回即能达到二等跨河水准的精度。金塘大桥跨海贯通测量进行了11跨全长近17km，用每跨三角高程测量往返测高差较差计算的每公里高差偶然中误差，小于二等水准的1mm，更证明了这一点。

为此，创造出一种新的适合海中施工作业环境，用测量机器人进行连续多跨高精度跨海高程贯通测量的方法。大大地节约了投资并提高了工效。

参考文献

[1] 国家一、二等水准测量规范. 北京：中国标准出版社，2001.

[2] 肖根旺，许提多，周文健，朱顺生. 高精度长距离跨海三角高程测量的严密计算公式，测绘通报，2004，331(10)：15-17.

88. 金塘大桥、西堠门大桥高精度GPS控制网数据处理

曾旭平[1]　王志平[2]

(1. 中交公路规划设计院有限公司；2. 长江水利委员会长江勘测规划设计研究院)

摘　要　舟山大陆连岛工程金塘大桥、西堠门大桥首级施工平面控制网采用GPS接收机、DI2002等仪器观测，GPS数据采用先进的GPS科研软件GAMIT计算，并在高精度工程控制网中将常规测距数据与GPS数据联合平差计算，处理手段上有所创新；控制网各项精度指标超过设计要求。

关键词　GPS平面控制网　GPS数据处理　联合平差

一、概　　述

舟山市大陆连岛工程是舟山群岛与大陆的重要交通枢纽，金塘大桥、西堠门大桥是组成舟山市大陆连岛工程的关键部分。

金塘大桥设计桥位设计定位于杭州湾口的灰鳖洋洋面东起金塘岛的沥港镇南的小岭（公路过山口）的西北面约100m处的小山坡上，西至宁波市镇海区镇海炼油化肥厂北的新泓口老闸西南约370m处。桥长约20km，桥区地势平坦、海面开阔，跨越海面的净宽约18km、桥位总体走向由西向东，其跨海宽度属国内罕见。概略地理坐标为东经：121°39.6′～121°51.1′，北纬：29°59.7′～30°03.5′。

西堠门大桥桥位设计定位于连接灰鳖洋和横水洋的西堠门水道，东起册子岛谢家自然村西北的门头山

的北坡上，连接老虎山，西至金塘岛东北的小桃庵自然村附近的铜钱礁山咀东 130m 的山坡上。桥长约 2.6km，跨越海面的净宽约 2.2km，概略地理坐标为东经：121°54.4′～121°55.6′，北纬：30°03.3′～30°04.3′。

大桥首级平面控制网按优于公路一级 GPS 网建立，共计布设 20 点。点位地质条件良好，便于保存，既能满足 GPS 观测的需要，同时又能满足常规测量、施工放样和未来变形监测的需要，每个点至少与网中其他 1 点通视。控制网布设如图 1 所示。主要采用 GPS 接收机、DI2 002 测距仪观测。

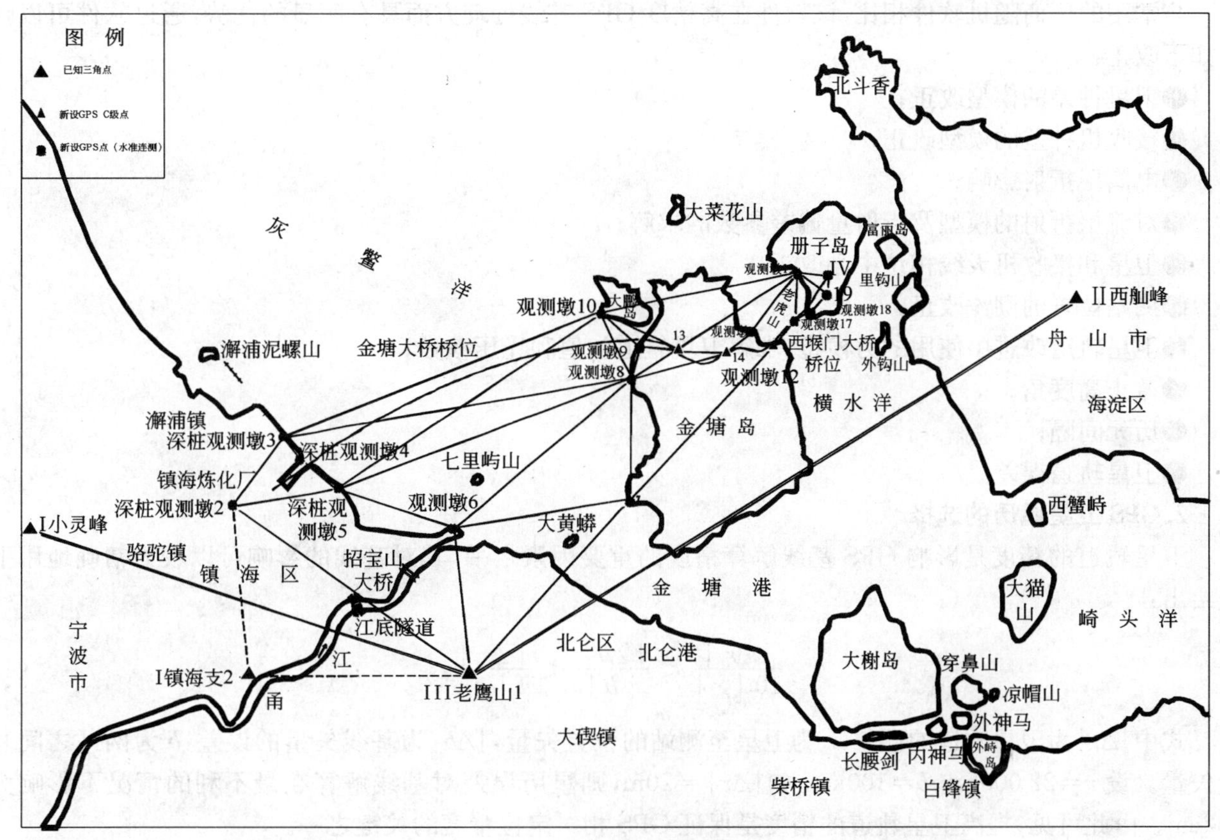

图 1 大桥首级平面控制网示意图

二、首级平面控制网观测

GPS 共观测 28 点，其中大桥首级控制网点 20 点，联测国家等级控制点 3 点：老鹰山（1LYS）、小灵峰（2XLF）、崎头山（2QTS），地形图控制点 2 点，联测全球 GPS 永久跟踪站（IGS）3 点。

观测时采用了 6 台 Trimble5 700GPS 接收机，并全部配置了同种型号大地型天线，以保证 GPS 接收机接收信号的强度。观测时安置天线，所有测点上均将大地型天线上的方向指示箭头对准正北方向，以消除天线相位中心的误差。

为了保证控制网精度，观测按优于公路一级 GPS 网的精度要求施测。GPS 控制网同步图形的连接采用边连接和图形连接的方式进行作业。控制网重复设站率不小于 2，网中每点至少有 3 条独立基线与之相连。每时段观测 2h，为了提高长边的基线解算精度和可靠性，对涉及长边的观测时段延长了观测时间，每时段观测 3h，共计 2 时段，整个控制网共计观测了 17 个时段。

另外，为了提高首级控制网的精度，采用 DI2 002 测距仪加测 3 条边。

三、基 线 处 理

1. 基线解算软件

基线处理软件采用美国麻省理工学院（MIT）和 Scripps 研究所（SIO）共同研制的 GAMIT（UNIXVer

10.1版本)软件。该软件采用双差观测值解算,可以确定地面站的三维坐标和对空中飞行物定轨。作为国际同行所公认的高精度GPS数据处理软件,GAMIT软件近年来在国家高精度空间基准框架网建立及维持、中国地壳运动观测网络、省级大地水准面精化,以及精密工程测量等重大工程项目中得到了较为广泛的应用。在利用精密星历的情况下,基线解的相对精度能够达到10^{-9}左右,是世界上最优秀的GPS后处理软件之一。我国A、B级GPS网的基线解算是采用该软件进行的。

与常用的厂商随机软件相比,该软件在高精度GPS基线处理方面具有明显的优势,通过软件可以顾及如下改正:

●卫星钟差的模型改正;

●接收机钟差的模型改正;

●电离层折射影响;

●对流层折射的模型及折射量偏差参数的求解;

●卫星和接收机天线相位中心改正;

●测站位置的潮汐改正;

●卫星轨道改进中使用的力模型,求解卫星轨道初值和光压参数;

●截止高度角;

●历元间隔;

●卫星轨道误差。

2. GPS卫星星历的选择

卫星轨道的精度是影响GPS基线解算精度的重要因素之一,其对基线的影响可以较为精确地用下式给出:

$$\frac{|\Delta r|}{10|r|}<\frac{|\Delta b|}{|b|}<\frac{|\Delta r|}{4|r|} \tag{1}$$

式中$|\Delta r|$为卫星轨道的误差,r为卫星至测站的位置矢量,$|\Delta b|$为基线矢量的误差,b为两站之间基线矢量。设$r=22\,000$km,$b=100$km,如$|\Delta r|=20$m,则星历误差对基线解算在最不利的情况下影响为2.2cm。由此可见,提高卫星轨道的精度是保证GPS相对定位精度的关键之一。

GPS基线解算,采用IGS最终精密星历,其轨道精度达到5cm。在GPS基线边长为100km的情况下,星历对基线解算在最不利的影响也不超过0.1mm,因此在本控制网的数据处理中星历对基线解算的影响可以忽略。

3. 坐标框架与历元

在GPS精密相对定位数据处理中,定位的基准是由卫星星历和基准站坐标共同给出的。基线解算时,要求地面基准站坐标的框架及历元与卫星星历的框架及历元保持一致性。本控制网基线处理采用的框架与历元为观测期间IGS精密星历所对应的框架和瞬时历元为ITRF2 000、Epoch2 003.789。

4. 高精度地面基准的引进

GPS基线解算中,起算点(基准站)坐标的精度将影响基线的精度。起算点对基线解算的最大影响可以用下式表示:

$$\delta_S=0.60\times10^{-4}\times D\times\delta_1X_1 \tag{2}$$

式中:δ_S——起算点坐标精度对基线的影响;

D——基线的长度;

δ_1X_1——起算坐标的误差。

令起算坐标误差为20cm,如果基线的长度为100km,则起算坐标对其影响为1.2mm,而GPS单点定位所得坐标的精度很差,大约在20m左右,其最大影响量为12cm,因此,单点定位结果不能作为起算点。由此可见,很有必要引进高精度的GPS基准点。为了获得高精度的GPS坐标,引入全球永久跟踪站作为 GPS 控制网的基准，选取的跟踪站为：北京站（BJFS）、武汉站（WUHN）、日本深空站（USUD）三个 GPS 跟踪站。

首先将控制网点老鹰山（1LYS）与国际 GPS 永久跟踪站即 IGS 站联测，不仅可以为首级网基线解算提供基准，还可以将首级网与全球高等级 GPS 网联结起来形成统一的系统，同时也能为下一步大桥形变监测提供基准服务。

5. 相关数据文件的获取

GAMIT 基线处理需要准备 LUNTAB、SOLTAB、NUTABL、LEAP. SEC 以及 UT1、POLE 等文件，可以从 IGS 网站下载得到。

Lfile 文件根据跟踪站已知坐标和 GPS 商用软件 TGO 计算得到的坐标（本控制网中各点）转换形成。其中，跟踪站坐标为从 IGS 组织公布的精确后处理计算结果，将各跟踪站与本 GPS 控制网同步观测多个时段的不同坐标值取平均数后作为其起始坐标。

Station. info 文件则根据各时段的点位观测时间、天线高以及仪器、天线类型、天线量取方式等信息编辑得到。

6. 主要参数设定

Sittbl 表中，三个跟踪站的地心纬度 N、经度 L 松弛量设定为 0. 05m，矢径 R 松弛量设定为 0. 10m；其余点各松弛量均设定为 1. 000m。

Sestbl 表中，观测值选项（Choiceofobservable）计算 2h 及 3h 观测时段设定为 L_1_ONLY，试验选项（Choice of Experiment）设定为 BASELINE，其余主要选项采用软件推荐的缺省值。

卫星截止高度角为 15°，历元间隔为 15″；且不考虑卫星轨道误差，即固定 IGS 轨道。

7. 基线解结果

每个观测时段的 GAMIT 基线解结果为对应的 O 文件（Ofile），本控制网基线解结果包括 O 文件 10 个（每时段对应一个）。GAMIT 基线解算为多基线方式，每时段处理得到的基线数为 $^{n\times(n-1)}/2$ 条（n 为同步观测的测站数）。

（1）同步图形检核

由于 GAMIT 软件采用网解的方式进行基线处理，其同步环闭合差在基线解算时已经进行了分配，即基线的同步环闭合差应恒为零，因此，对于 GAMIT 软件基线解的同步环检核，可以把解的 nrms 值作为同步环质量好坏的一个指标，一般要求 nrms 值小于 0. 5，不能大于 1. 0，小于 0. 35 为优。

本 GPS 控制网共计算了 21 个同步图形（包括由于数据质量的原因将一个同步环分开处理而形成的多个同步图形），其中有 4 个 nrms 值小于 0. 2，17 个 nrms 值介于 0. 2～0. 3，最大值为 0. 298。

（2）重复基线检核

该网有 99 条重复基线。整网的基线向量重复性如表 1 所示。从表 1 中可知，基线分量重复性在水平方向上优于 3. 14mm＋0. 527×$10^{-8}D$，垂直方向优于 5. 91mm＋33. 93×$10^{-8}D$，基线长度方向为 2. 67mm＋1. 174×$10^{-8}D$（B 级网的限差为 8mm＋1ppm$D$）；基线处理的精度达到了工程技术设计的要求。

基线向量重复性统计表 表 1

误差方向单位	南北方向 mm＋$10^{-8}D$	东西方向 mm＋$10^{-8}D$	大地高方向 mm＋$10^{-8}D$	基线长度 mm＋$10^{-8}D$
首级网	2. 40　0. 197	2. 03　0. 489	5. 91　33. 933	2. 67　1. 174

（3）异步环检核

GPS 网异步环闭合差反映的是整个 GPS 网的外业观测质量和基线解算质量的可靠性，相对于同步环闭合差，异步环闭合差对 GPS 成果质量更为重要。异步环闭合差应满足：

$$\left.\begin{aligned} W_x &\leqslant 3\times\sqrt{n}\times\sqrt{a^2+(b\times s)^2} \\ W_y &\leqslant 3\times\sqrt{n}\times\sqrt{a^2+(b\times s)^2} \\ W_z &\leqslant 3\times\sqrt{n}\times\sqrt{a^2+(b\times s)^2} \end{aligned}\right\} \tag{3}$$

式中，$a=8\text{mm}$，$b=1\text{ppm}D$，s 为平均基线长公里数，n 为环的边数。

对于GPS网，共检核的3点异步环78个；4点异步环307个；5点异步环1025个。在检核的异步环中，所有的异步环闭合差都小于国家CH2 001-92GPS规范的要求，并且都小于1/3限差，3点最大的异步环闭合差为3.8ppm；4点最大的异步环闭合差为8.42ppm；5点最大的异步环闭合差为8.42ppm。

通过同步环、重复基线、异步环等检核，相应指标均满足相应规范及设计要求，这说明GPS网的整体外业观测质量较高，可用于GPS网的平差。

四、三维约束平差

三维无约束平差的主要目的，一是进行粗差分析，以发现观测量中的粗差并消除其影响；二是调整观测量的协方差分量因子，使其与实际精度相匹配；三是对整体网的内部精度进行检验和评估。

首先将北京站(BJFS)、武汉站(WUHN)、日本深空站(USUD)、老鹰山(1LYS)组成的异步图形，以北京站为已知点进行平差，分别求出武汉站(WUHN)、日本深空站(USUD)、老鹰山(1LYS)等3点在ITRF2000下的坐标值。

通过比较发现：武汉站(WUHN)、日本深空站(USUD)站的计算坐标与IGS提供的已知坐标值之差在5mm之内，而武汉站(WUHN)为全球IGS核心站，其坐标精度应在5cm之内，从而证明控制网点1LYS的ITRF坐标精度也在5cm之内。然后将1LYS作为已知点，对大桥首级控制网进行约束平差，求出整个控制网点在ITRF2000、Epoch2003.789下的坐标成果。

三维约束平差点位中误差均介于±3.3mm～±6.8mm之间。由此可见，本首级控制网的整体精度较高，各点的地心坐标绝对精度均在5cm之内。

五、二维约束平差

金塘大桥、西堠门大桥首级控制网的3套平面成果平差软件均为PowerADJ4.0软件，不过在与地面数据进行联合平差中，对软件中缺陷进行了改进，使该工程网平差能顺利进行。DI2002测距边在参与平差前，进行了投影面的改化、高斯改化，使之能与相应坐标系统相匹配。

1954年北京坐标系：中央子午线123°，投影面大地高 $H=0\text{m}$，以老鹰山(1LYS)、小灵峰(2XLF)为已知点，进行平差计算；

大桥工程坐标系：采用1954年北京坐标系的椭球参数，中央子午线121°30′，投影面大地高 $H=86\text{m}$，以老鹰山(1LYS)为已知点，老鹰山(1LYS)—小灵峰(2XLF)为固定方向(方位角287°18′18.3″)，进行平差计算。

西堠门大桥桥轴坐标系：为方便设计和施工，以桥轴线一端点坐标为起算坐标，桥轴线方位为起算方位角。QW03为一西堠门大桥桥位点。桥轴坐标系的 X 轴根据公里桩定，X 轴平行于桥轴向东北方向为正方向；本次计算时取 $X=10\,000\text{m}$。Y 轴垂直于 X 轴，QW03的 $Y=10\,000\text{m}$，向东南方向为正方向；桥轴线QW03—QW02方位角0°，同时保证桥位桩QW01、QW02、QW03、QW04共线。

设计的桥面高程面为计算投影面(1985高程57m)。设计桥面高程面是主要投影面，因桥梁上部结构安装，能否尽量减小变形，方便施工放样，关键在此投影面的确定。

六、精 度 统 计

现将金塘大桥、西堠门大桥首级控制网点在大桥工程坐标系(大地高86m投影面)下的精度统计情况,分别列出(见表2、表3、表4)。

边长相对中误差区间个数统计表2。

边长相对中误差区间个数统计(单位:个) 表2

1/17万以下	1/17万~1/30万	1/30万~1/90万	1/90万~1/500万
0	1	16	61

平差结果表明,首级网的平均相对精度为1/132万。最弱边(IV16—ZS16)最差基线相对误差为1/17.3万(边长261.5m),其精度优于设计大纲中要求的1/15万。

控制网点位误差坐标分量及点位中误差精度情况见表3、表4。

首级网点位坐标分量中误差统计(单位:mm) 表3

项目 位置	最大	最小	平均
x方向	3.7	1.3	2.3
y方向	3.2	1.6	2.1
点位中误差	4.3	2.0	3.2

点位坐标分量中误差区间个数统计(单位:个) 表4

项目 位置	1.0~2.0mm	2.0~3.0mm	3.0~5.0mm
x方向	9	14	1
y方向	10	13	1
点位	3	4	17

图1所示,最弱点为IV15,其水平精度为±4.3mm,其精度优于设计报告中要求的±8.0mm。由此可知该首级平面控制网的点位精度达到了技术设计报告的要求。

七、结　　论

金塘大桥、西堠门大桥首级控制网GPS平面控制测量,有效地将常规测量数据与GPS数据联合平差计算,并在平差软件中加入方差检验、合理定出不同观测值的权,克服了GPS数据与常规测量数据互不兼容性。

数据处理手段上有创新。基线解算及三维平差中纳入IGS全球GPS跟踪站的数据,采用IGS最终精密星历、利用GAMIT软件解算基线,提高了成果的可靠性及各项精度指标。

参考文献

[1] 舟山大陆连岛工程金塘大桥.西堠门大桥首级平面及高程控制测量整网复核技术设计报告.长江水利委员会综合勘测局,2003.10.

[2] 李毓麟.高精度静态GPS定位技术研究论文集.北京:测绘出版社,1996年5月.

[3] 刘经南,刘大杰,等.卫星网与地面网联合平差的理论与应用.武汉测绘科技大学学报,1987,第4期.

[4] 施闯.大规模、高精度GPS网平差处理与分析理论及其应用,武汉测绘科技大学,1998,5.

[5] 施云江,曾旭平.GPS网平差观测量选取的理论分析.地理信息空间,2004年第2卷第1期,PP.36-39.

[6] Documentation for the GAMIT GPS Analysis Software. Scripps Institution of Oceanography University of California at SanDiego. Release10.0 - December 2000.

89. 苏通大桥超高塔施工控制技术

傅琼阁 肖文福 胡国彪 陈 鸣 刘 毅
(中交第二航务工程局有限公司)

摘 要 索塔作为主要受力构件,随着高度的增加,其形态测控和几何控制难度也随之加大,索塔控制已经成为特大跨桥梁顺利实施的关键工序,本文针对苏通长江大桥索塔施工控制技术,介绍控制的方法、过程及实施成果。

关键词 苏通大桥 索塔 施工控制 监测 自动化

桥塔的施工控制已在国内积累了一些经验。如南京长江二桥195m的索塔施工综合采用了全站仪极坐标法与三角高程测量技术等;润扬长江大桥混凝土索塔施工采用全站仪三维坐标法;江阴长江大桥混凝土索塔施工采用了天顶方向法与全站仪三维坐标法;还有武汉军山长江大桥等等。各种技术与方法因受不同因素的影响,需在实施过程中有针对性地解决不同的问题。目前在已建成的大桥监测中已开始使用测量机器人和GPS技术,但对其后续监测技术软件的开发、数据的分析处理与利用明显不足,从而无法指导实际生产。三维激光扫描技术是目前先进的测绘技术之一,可以瞬间获取大量的物体形体数据,目前我国对该技术的研究与开发还处于试验研究阶段,在桥梁监测中的实际应用还属空白。

在兴建的苏通长江大桥索塔为倒Y形结构,塔高300.4m,包括上、中、下塔柱和下横梁四部份。苏通长江大桥主跨1 088m,将是世界上最长的斜拉桥,目前世界上对于超千米的大跨度斜拉桥的控制尚无可成熟的经验供借鉴。由于苏通长江大桥为高次超静定结构,而苏通长江大桥跨度大,主梁刚度小、变形大,非线性影响明显,在施工过程中还受到环境温度、风、临时荷载、塔柱混凝土的收缩徐变系数、基础沉降等的影响,不可避免地会产生对监测结果影响的各种误差,而超大跨度斜拉桥[1]的这种误差更加明显[2,3]。

一、索塔施工控制的总体思路

(1)建立自动化监测系统,加快监测数据采集速度,提高监测频率;

(2)非线性影响大,必须在施工控制时加以考虑;

(3)节段数量多、误差累计容易造成失控;

(4)对梁段、塔柱温度的测量会非常大的影响梁、塔的几何线形,并对拉索的精确锚固位置确定非常重要。各施工阶段的测量应在黎明前进行,以消除温差造成的与设计值的偏离;

(5)施工中温度、风荷载的影响、砼塔的收缩和徐变、基础沉降等应在每一个施工阶段的分析模型中进行修正;

(6)超长超高结构,更加容易产生气动振动而影响施工;

(7)需要监测的内容多、各测点距离远、如果人工数据采集将耗用大量的时间,甚至影响施工进度。

二、索塔施工控制方法

桥塔施工几何控制目的是使桥梁在完成安装步骤和所有恒载作用下的最后目标几何线形能满足要求。索塔为高柔结构,受环境因素的影响较大,各种参数敏感性分析结果见表1。

索塔各参数敏感性分析结果　表 1

敏感性参数	模型 1(中塔肢合拢前) 在节段 47,212.4m 的最大变位值(mm)			模型 2(全塔高) 在节段 68,306m 的最大变位值(mm)		
	顺桥向 DX	横桥向 DY	竖向 DZ	顺桥向 DX	横桥向 DY	竖向 DZ
混凝土弹模值,E	—	±1.4	±0.9	0.00	−3.2	1.7
混凝土容重		1.0	−1.0	0.00	±3.7	−1.9
CRS	—	—	—	—	−27.8	−48.9
顺桥风(于桥面处 15m/s)	6.67	0.00	0.00	36.66	0.00	0.00
横桥风(于桥面处 15m/s)	0.00	16.28	1.74	0.00	4.8	0.00
索塔温度变化 10℃	0.00	±2.5	22.61	0.00	±2.7	31.98
水平撑温度变化 10℃	0.00	±1.5	0.2	—	—	—
顺桥向塔肢温度梯度 10℃	−159.41	0.00	0.00	−354.32	0.00	0.00
横桥向塔肢温度梯度 10℃	0.00	−159.58	—	0.00	−55.34	—

从表 1 可以看出,在全塔高工况下,顺桥向温度梯度 10℃时,塔顶顺桥向位移达到 354.32mm,这已经远远超出施工精度要求 30mm 的范围,必须采取有效措施控制索塔的施工精度。由于中下塔柱、上塔柱结构不同,施工方法也不同,拟采取两种不同的控制方法。

1. 索塔控制误差精度要求

成塔后,在基准条件下,桥塔目标线形必须满足下列误差要求:

①塔柱的倾斜度误差不大于 1/3 000,且塔柱轴线偏差不大于 30mm;

②塔顶高程偏差不大于 10mm;

③承台处塔柱轴线偏差不大于 10mm;

④塔柱断面尺寸偏差不大于 20mm。

2. 中下塔柱施工控制方法

在通常桥梁索塔控制中,为避免温度、风的影响,一般在夜间 24:00 至次日 6:00 之间进行竣工测量、施工放样,可以避免较大的温度梯度影响,但苏通长江大桥桥塔的高度远超出国内外以往桥塔高度,即使在顺桥向温度梯度 2℃,中塔柱顶顺桥向位移达到 33mm,已经超出了设计要求,必须考虑环境因素(温度、风等)的修正。

在中下塔柱控制中,采用追踪棱镜方法进行控制。追踪棱镜位于竣工节段顶部,确定追踪棱镜的理论位置(基准 20℃,无风)是贯穿整个控制的关键,在竣工、放样过程中可以通过追踪棱镜的位置找到测量点的真实位置。典型几何控制测量,控制方法见图 1。

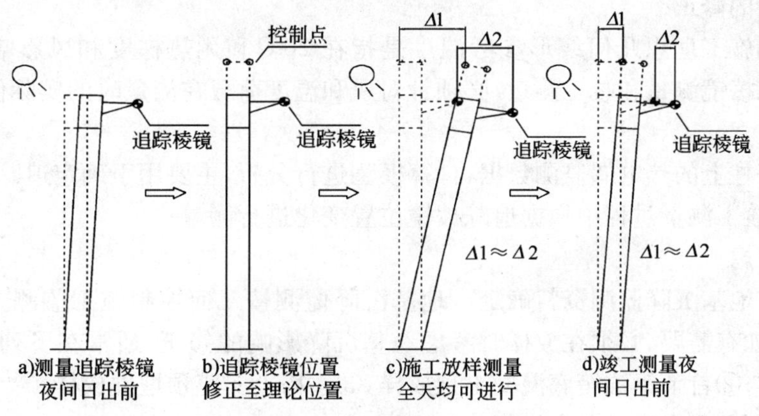

图 1　中下塔柱控制步骤示意

典型几何控制测量包括竣工测量，误差计算和误差修正，放样测量，控制流程见图2。在竣工测量和放样测量时，需对环境影响因素评估，并作出修正。针对不可避免的环境影响因素如风和温度，采用追踪棱镜来消除它们的影响。

在爬架适当的位置上安装一个追踪棱镜，在爬架提升后或横撑顶撑后的次日早晨日出前或无温度影响时对追踪棱镜测量，确定其中性"零"点位置，即没有风和温差影响的实际位置。由于在测量追踪棱镜时，不可能达到绝对无环境因素影响的条件，因此需要根据索塔上的温度传感器和风速仪的数据进行中性位置的校核和修正。

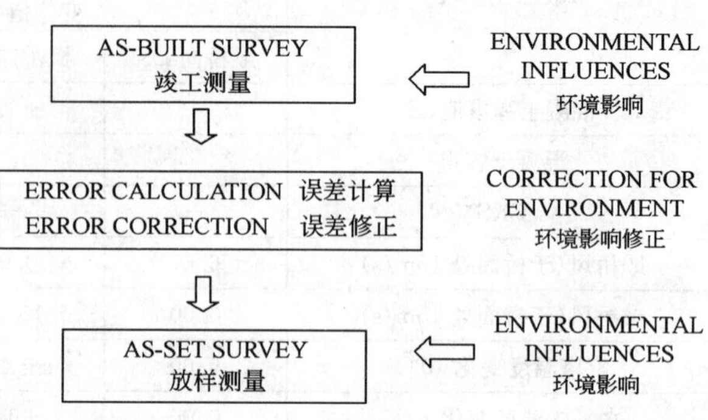

图2　几何控制流程

竣工测量时，竣工节段的实际位置为竣工测量坐标减去追踪棱镜位置偏差。

每一节段放样坐标，需调整包括预偏量、爬模变形量和误差修正量。如同竣工测量一样，放样时需对环境影响进行修正，其方法是利用追踪棱镜的相对位置进行"实时修正"，加快放样速度。具体测量时，首先测量追踪棱镜，得到实时修正值；对放样点坐标进行实时修正，获得实时的放样目标位置，然后利用修正后的实时目标位置进行放样测量。这样的工序重复进行，直到所有点放样完成。

3. 上塔柱施工控制方法

上塔柱为钢混结合段，由于施工中先进行钢锚箱安装、后进行混凝土浇筑，一旦钢锚箱位置确定后，混凝土浇筑节段的位置即确定，钢锚箱安装控制成为整个上塔柱施工控制的关键。精准安装首节钢锚箱对于控制整个上塔柱钢锚箱的几何线形极其重要。钢锚箱安装并与螺栓相连接后，它将与预拼装中已经建立起来的几何线形保持一致。钢锚箱的位置及其倾斜度取决于首节段的几何线型，但一旦出现钢锚箱线形超出设计要求，必须进行修正。

首节钢锚箱倾斜度的容许误差为1/3 000。钢锚箱截面中心线与混凝土截面中心线的相对位置偏差应不大于±5mm。钢锚箱将安装于4个独立的水平承压钢板上，其出平面偏差不小于0.42mm。

综合首节钢锚箱安装倾斜度、制作累计倾斜度、首节钢锚箱平面位置偏差，若不做修正，塔顶偏差达到52mm，超出设计要求，必须进行纠偏，为此，在所有钢锚箱中在7个对接位置处设置了公称厚度为12mm的垫板。假定钢锚箱的编号为从最下面的1号到最上面的30号，则这些垫板位于以下的锚箱之间：4/5、7/8、11/12、15/16、19/20、23/24、27/28。

现场出现钢锚箱的倾斜度超出设计要求，需要对调整垫板厚度进行调整，需要注意的是，在保证水平板连接的同时，还需要保证竖向连接板的连接。

4. 温度和风荷载的修正

目标几何线形和施工理想几何线形参考温度是指在20℃和无热梯度和风影响的状态下的几何线形。因此每次的追踪棱镜测量和竣工测量，必须针对风和温度荷载在测量时的实际值进行修正。将按如下步骤进行计算：

1）利用安装在塔柱上的热电偶监测数据，计算模型进行分析，主要用于确定追踪棱镜的理论位置；

2）在放样测量、竣工测量过程中根据追踪棱镜位置变化进行测量。

5. 地基沉降的考虑

地基沉降值需按地基沉降监测资料确定。地基沉降监测按几何控制施工监测方案进行。根据施工监测资料分析结果，如有需要，必须在放样时考虑地基沉降影响的修正，通常在下列施工阶段进行调整：①索塔下横梁的放样；②首节钢锚箱底混凝土预放样；③索塔上支座预埋件放样。

6. 钢锚箱定位控制（仅在索塔上塔柱部分）

钢锚箱的控制点位于箱型截面的外拐角。钢箱梁截面的中心线测量点可以通过拐角处的测量点计算出来。理想钢锚箱的预测几何线型按其截面中心线上控制点预测。

每个施工阶段钢锚箱的预测理想几何线型按下式计算：

钢锚箱(N)的理想线形＝钢锚箱(N)的累积位移＋首节钢锚箱底部的累积超长＋钢锚箱(N)的制作超长；

当预测的下一节段钢锚箱的垂直度不满足设计要求时，采用经打磨的一定厚度的垫片调整。

三、索塔施工控制过程

1. 索塔温度测试

在每座索塔中布置6个温度测试截面，共布置温度传感器各254支，其中南索塔123支，北索塔131支(因温控的需要，在北索塔下游塔肢80m高程断面增加了8支)。

索塔温度测试断面1、断面2中的传感器，其导线在传感器安装固定后沿塔肢中的水平钢筋汇集到一点，然后沿竖向主筋向上延伸，至第18节段顶面(高程82.10m处)穿管引入塔柱内腔，接入自动测试系统。其他断面传感器的布线方式与之相同，其穿管引出的位置根据施工情况确定。

在每个节段混凝土浇注前，对所有传感器的导线进行全面的检查，及时修复在钢筋网施工中被损坏的导线。在混凝土浇注时，严禁振捣器接触传感器和导线，保证测试仪器的安全。

2. 监测数据的采集和传输

1)索塔变形监测方法

采用GPS连续实时监测索塔顶端水平方向(纵桥向和横桥向)的位移和高程的变化情况，同时采用TCA2003全站仪监测索塔的变形。全站仪和GPS的测量结果相互校核(其高程以全站仪的测量数据为准)。

(1)几何测点布置

在索塔上设置17个几何测试断面，沿塔柱高度方向均匀布置监测棱镜，其中，上塔柱和索塔根部各布置2个监测棱镜，其他断面各布置4个监测棱镜，测量塔柱的偏移和扭转。一个索塔上共设置50个棱镜，南北索塔共布置50×2＝100个棱镜。由于光学测量易受天气影响，且测量速度慢，较难实现自动采集，故索塔几何监测采用GPS和光学测量结合的方式，以期达到最优的测试效果。

(2)监测频率

全站仪测量初期每3天测量一次，后期每5天一次；测量在黎明时进行，然后在下午2时复测一次。

GPS自动监测的采用频率为20Hz。

2)物理测试方法

应力(应变)监测采用弦式应变计作为传感器，读数记录仪和多点信号采集器进行监测数据的处理。

3)物理测点布置

索塔各个测点的布置见图3、图4。

4)物理监测数据的采集和传输

(1)风速风向、环境温度和湿度采用自动化采集，分时段存于监控部数据库中；

(2)斜拉索的索力数据采用人工方式采集，在每节段安装完成后存于监控部数据库；

(3)结构温度和应变数据在自动化采集系统组建之前人工采集，组建之后采用自动化采集，采用GPRS无线传输方式下载到监控部数据库中。数据自动化采集和发射系统见图5，数据无线接收系统见图6。

5)几何监测数据的采集和传输

监测数据采用全自动化与半自动化采集相结合的方式；监测数据传输采用无线传输技术。全站仪、GPS监测数据自动化采集传输系统。将测量数据标上时间和日期，并存储在全站仪内部的记忆卡中。该卡为PCMCIA兼容卡，可安装到手提电脑中，以便快速有效进行数据传送。每次记录实际测量数据时，必须同时记录温度、气压、湿度和风的相关数据，以便准确地对其进行分析。完成每次测量，下载相关数据到手提电脑，随后换成MS Excel表格格式，存放在主电脑中。

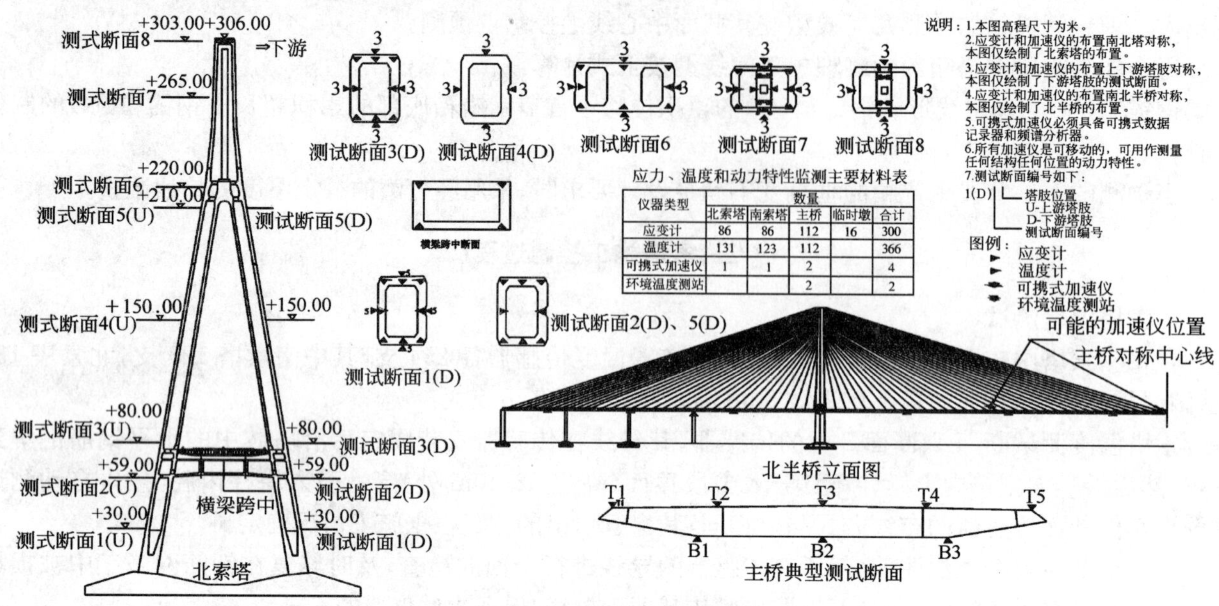

应力、温度和动力特性监测主要材料表

仪器类型	数量				
	北索塔	南索塔	主桥	临时墩	合计
应变计	86	86	112	16	300
温度计	131	123	112		366
可携式加速仪	1	1	2		4
环境温度测站			2		2

图3 应力、温度和动力特性传感器总体布置

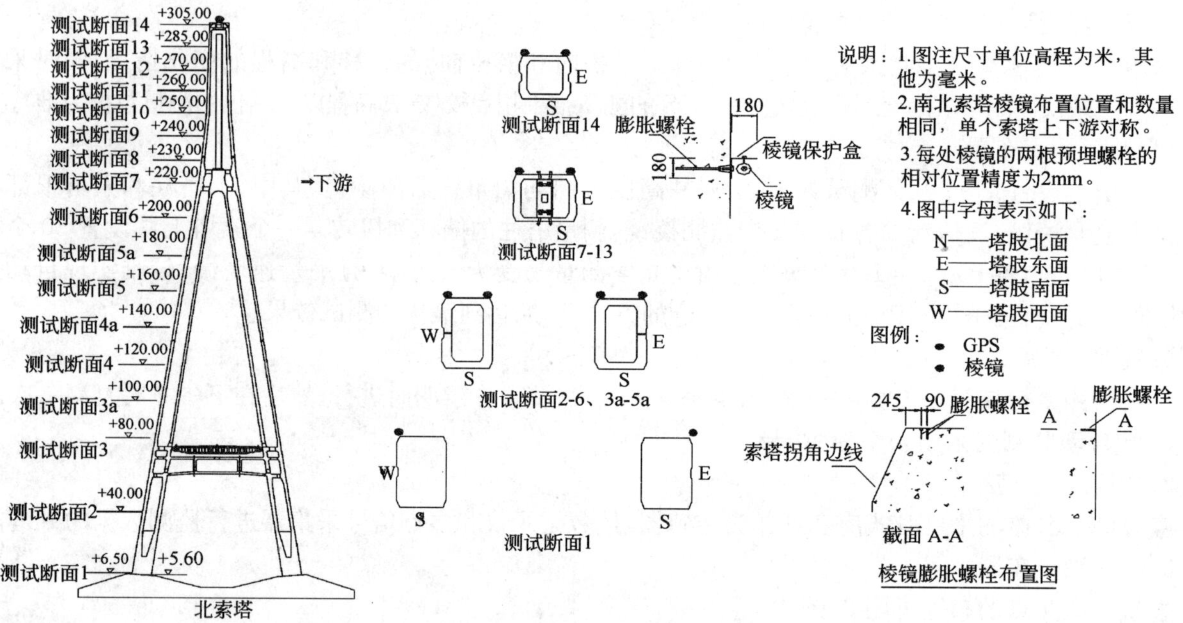

图4 索塔变形监测传感器布置图

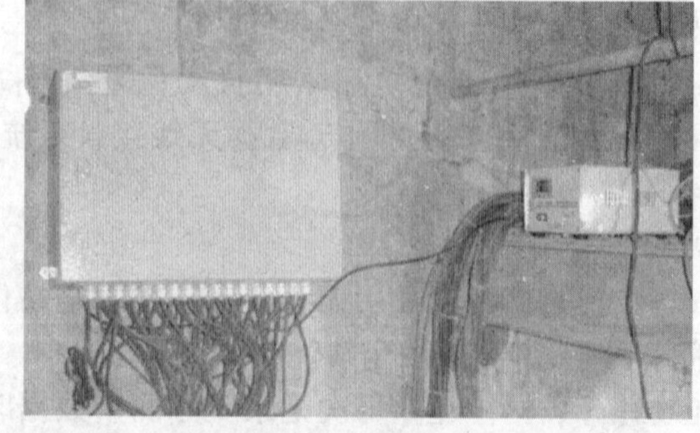

图5 物理监测数据自动化采集和发射系统

图6 计算机远程无线数据下载系统

四、索塔施工控制的成果

现场控制成果

从图 7 看出：当前索塔施工控制结果非常理想，误差都控制在 10mm 以内，顺桥向误差曲线满足误差分布的一般规律，体现出随机性，即随机分布在零值坐标轴的两侧。而横桥向误差在起始节段虽然满足这种随机规律，但随着标高增加，体现出一种一边倒的趋势。经分析，南、北索塔体现出这种趋势的施工时间皆为气温开始降低至 0°附近时的日期，索塔的温度修正也是从那个时候开始进行。图示情况符合考虑温度修正时，上、下游索塔在理论计算值的基础上额外增加向外预偏的温度修正值时，横桥向的误差分布。

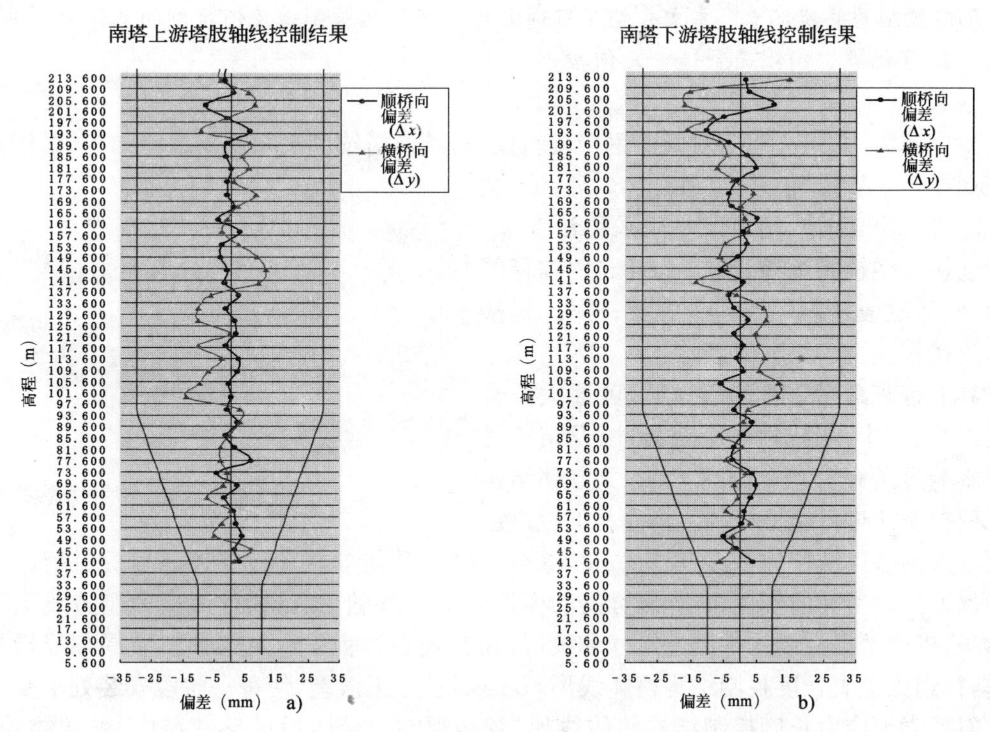

图 7 . 南塔施工控制结果

五、索塔施工控制的主要创新点

(1)自动化、智能化的施工过程监测与评价系统研究；

(2)基于双频 GPS 接收机的远程实时动态几何监测系统实现；

(3)基于高精度全站仪的远程实时动态几何监测系统实现；

(4)远程多站无线通讯数据传输；

(5)监测中心几何监测数据的实时处理与分析；

(6)钢锚箱现场安装施工控制技术研究，解决系统安装精度的方法。

参考文献

[1] 林元培. 斜拉桥. 人民交通出版社，1994.

[2] 张俊. 斜拉桥现状资料汇集. 黑龙江水利科技，2000. 3.

[3] 官大轶. 大跨度斜拉桥施工控制方法研究进展. 华南理工大学学报，1999. 11.

90. 苏通大桥索塔钢锚箱制造几何控制

陈 鸣[1] 张永涛[1] 朱从明[2]

(1. 中交二航局苏通大桥项目部;2. 茂盛工程顾问有限公司)

摘 要 苏通长江公路大桥索塔锚固区采用钢锚箱结构,属国内首次。鉴于主桥结构具有跨度大、刚度小、非线性效应明显,受温度与风振影响显著等特点,因此上部结构采用几何控制法进行施工控制,而钢锚箱是实现几何控制的关键环节。本文介绍了苏通大桥索塔钢锚箱制造几何控制的具体方法与要点。

关键词 苏通大桥 钢锚箱制造 几何控制

苏通大桥主跨为1 088m双塔双索面钢箱梁斜拉桥,其索塔锚固区采用钢锚箱结构,属国内首次。钢锚箱每塔30节,每节锚箱长7.118~8.517m,宽2.4m,高2.3~3.55m,钢锚箱节段之间采用法兰盘、高强度螺栓连接。钢锚箱为箱形结构,组成钢锚箱的主要构件有:侧面拉板、端部承压板、腹板、锚板、锚垫板、横隔板、连接板、肋板、斜套筒等(图1)。

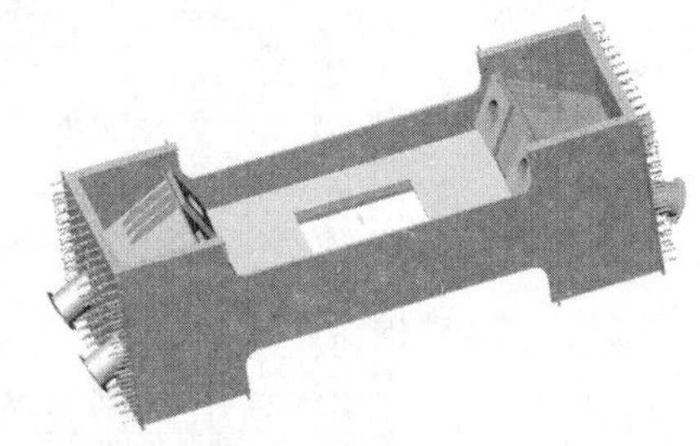

图1 钢锚箱整体布置与单节段结构示意图

作为世界上首座跨越千米的斜拉桥,苏通大桥具有结构跨度大、刚度小、非线性效应明显,以及结构受温度与风振影响显著等特点。因此,索塔及上部结构采用构件几何控制法进行施工控制。构件几何控制法是针对柔度较大的桥梁结构体系,以反应敏感、综合性强的几何参数为首要控制目标进行施工过程控制的方法。为保证控制目标的实现,首先以准确的模拟计算为基础,提出构件无应力制造线形(制造尺寸)和无应力索长,进而严格控制构件制造尺寸和线形,并在安装过程中以主梁预拼装局部线形控制主梁安装线形,以斜拉索无应力长度控制结构整体线形,及时纠正施工误差,使每一阶段安装处于受控状态。

要通过斜拉索无应力长度控制结构整体线形,就必须在安装阶段准确获得塔、梁端锚固点的坐标。因此,为了实现施工现场高精度的几何控制,将"控制"的概念引入到构件加工制造阶段,对工厂加工精度进行监测,并且利用这些监测信息建立数字化模型供现场控制时使用。为了保证在容许范围内实现设计目标线形,控制每个锚箱节段按确定的无应力尺寸制造,并获得其制造偏差非常重要,是修正斜拉索安装长度、实施构件几何控制法的基础。

一、钢锚箱制造几何控制方法

1. 设计要求

设计要求成塔时塔柱中心线的整体误差容许值小于±30mm,此允许误差适用于整个上塔柱(高程226.500~306.000m)。对于钢锚箱,设计要求安装倾斜度<1/3 000,首节锚箱安装平面误差≤±5mm,钢锚箱锚点误差≤±10mm。

2. 钢锚箱安装精度

上塔柱钢锚箱安装过程中的误差由以下几项组成(图2):

1)首节钢锚箱安装倾斜度;

2)钢锚箱制造总体倾斜度;

3)首节钢锚箱安装平面位置偏差。

在不考虑制造倾斜度条件下，推算到塔顶的轴线偏位将达到±32mm。若钢锚箱制造倾斜度为1/4 000，则在理想状态下，钢锚箱安装后轴线偏差将达到52mm，远远超过锚点偏差10mm的设计要求。因此，必须大幅提高钢锚箱安装和制造精度。

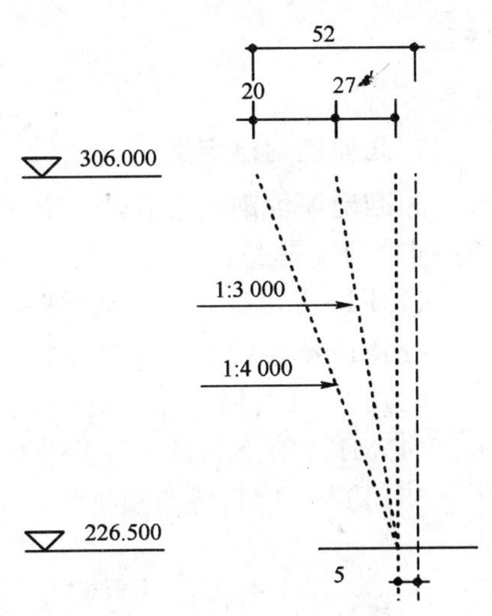

图2 钢锚箱安装误差组成(尺寸单位:mm)

3. 钢锚箱制造几何控制思路

钢锚箱由众多构件组焊而成，要得到高精度的锚箱节段成品，必须对整个加工过程进行严格控制。钢锚箱制造几何控制主要思路如下：

(1)在制造过程中采用先进的焊接和机械加工技术，严格控制节段制造尺寸和拼接断面平整度。

(2)进行单节段制造精密测量，在钢锚箱节段关键节点建立几何控制点，运用先进测量仪器和测量技术，精确测量各控制点之间的空间关系。并根据测量结果修整锚箱节段，使其截面尺寸和空间形态满足精度要求。

(3)进行竖向滚动预拼装，局部打磨拼接断面控制锚箱倾斜度，精确测量预拼装线形，准确评估轴线和锚点偏差。

(4)利用单节段和预拼装测量成果，建立制造与安装一体化数学模型，指导现场安装控制。

4. 钢锚箱制造几何控制流程

根据上述几何控制思路，制定钢锚箱制造过程中的主要几何控制流程如图3。

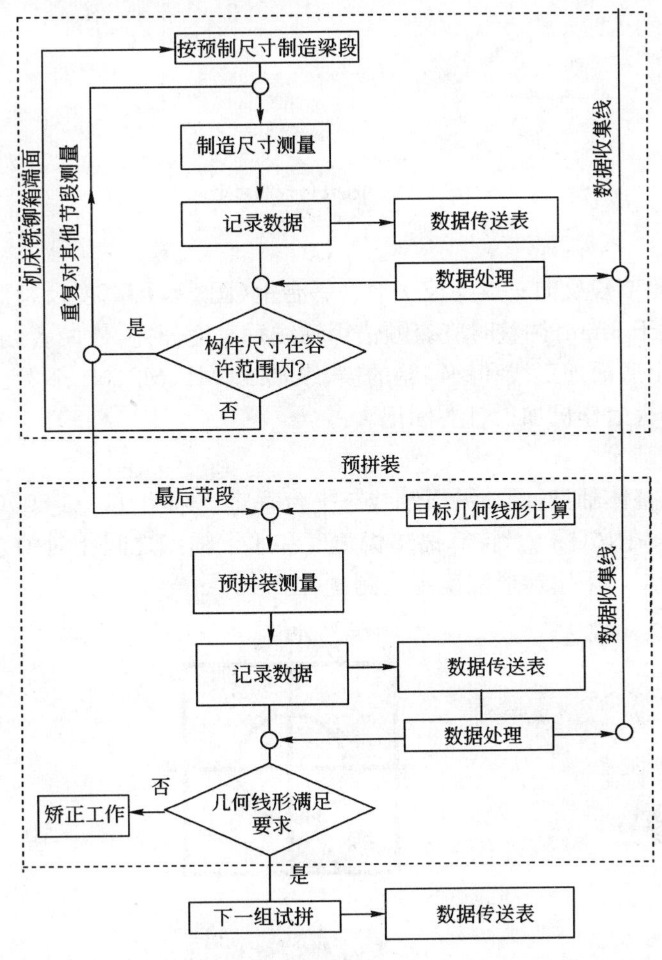

图3 钢锚箱制造几何控制流程

二、钢锚箱单节段制造几何控制

1. 几何控制点定义

为准确评价钢锚箱节段的空间尺寸与形态，便于制造与现场安装测量控制，定义钢锚箱单节段几何控制点如下(图4)：

(1)P1～P16：用于评价锚垫板角度与锚点；

(2)S1～S4：用于评价斜拉索套管出口坐标；

(3)T1～T8：用于评价锚箱主要角点坐标；

(4)M1、M3、N1、N3：用于评价锚箱轴线；

(5)T1'～T4'：锚箱预拼装时空间形态辅助评价(预拼装时P1～P16、T1～T8不可见)。

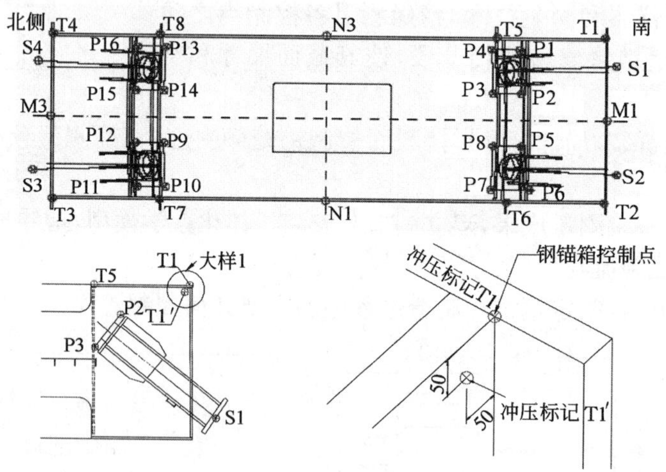

图4 钢锚箱几何控制点定义

2. 单节段整体划线

将组焊完毕的钢锚箱节段反向三点支撑平放在平台上(图5)，用高度尺检测各锚垫板中心高度坐标值，并调整使其偏差不大于3mm，调整时应兼顾锚箱轴线垂直度偏差，使两者偏差状况处于最佳状态，根据锚箱4个锚点投影划出底面加工线和钢锚箱的横、纵轴线(M1、M3、N1、N3)。同时在锚箱锚垫板上标记P1～P16，并在水平肋板上作机加工打磨标记。

3. 初检

划线完成后，钢锚箱整体翻身，调整纵横轴线与平台垂直。采用TCA1 800(或2 003)全站仪，在局部坐标下测量锚箱节段P1～P16(图6)，推算锚垫板角度和4个锚点之间相对关系是否满足要求。为提高测量精度，锚箱几何控制点均采用球形棱镜定位测量(图7)。

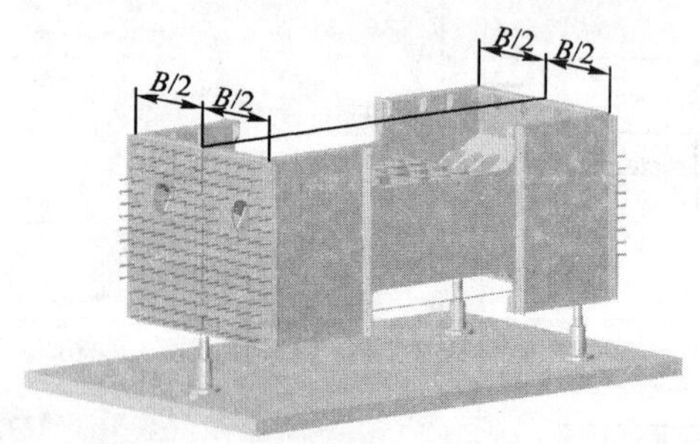

图5 钢锚箱节段整体化

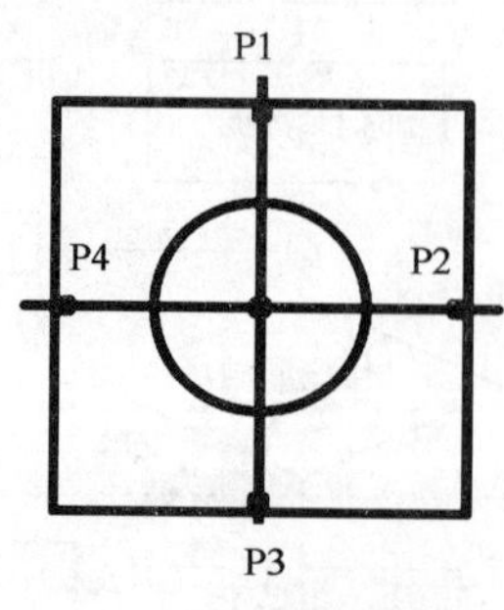

图6 锚垫板上控制点

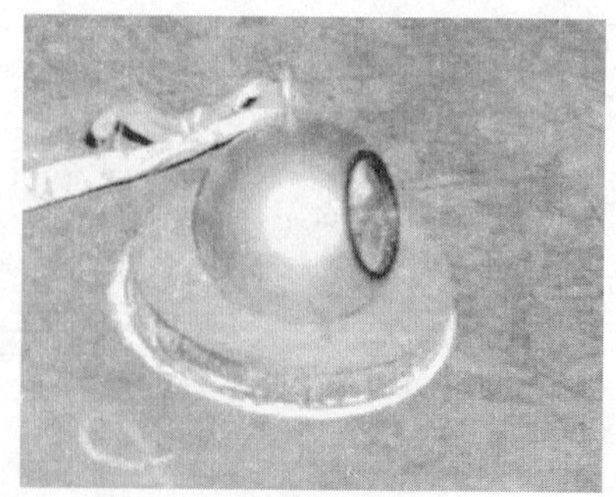

图7 球形棱镜

4. 单节段机加工

在完成初检后，若锚垫板角度和锚点间相对关系不满足要求，对锚垫板进行修整，直至满足误差要求。锚垫板角度和锚点间相对关系满足要求后，根据打磨标记，采用大型铣床机加工钢锚箱端面(端面水平肋板设置了机加工余量)。

5. 复检

锚箱端面机加工完毕后，进入复检程序。复检时，将钢锚箱放置在专用检测平台上(图 8)，标记钢锚箱上的 T1～T8，T1′～T4′，检测平台经过严格抄平。

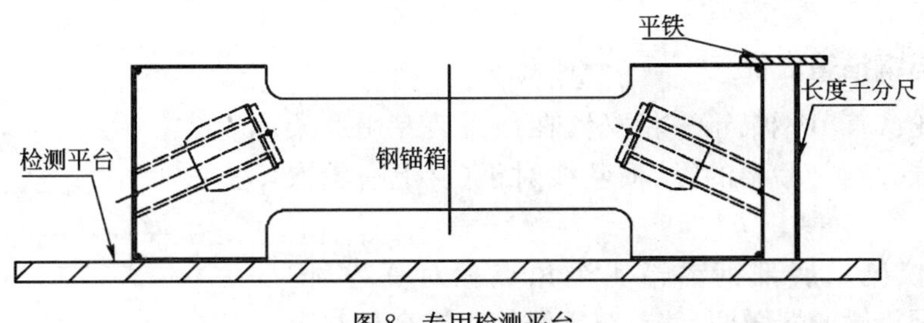

图 8 专用检测平台

由于制造现场振动较大，若采用常规的控制网技术，测站易受振动和碰撞，对测量的精度和可信度影响较大。而采用 TCA2 003 自带的自由测站方法(采用局部坐标系，不需建立控制网并平差)，可以达到与控制网方法同样的精度，并消除了控制网点受振动和碰撞影响对测量数据影响，对提高测量精度和可操作性有益。

具体测量方法是：

(1)在钢锚箱顶面、4 个侧面共 5 个测站分别运用全站仪自由测站功能(图 9)，测量钢锚箱 P1～P16、T1～T8、M1、M3、N1、N3、S1～S4 和 T1′～T4′共 36 个测点及多个公共点。

(2)在钢锚箱顶面布置一台精密水准仪(配光学测微器)或电子精密水准仪(配铟瓦钢尺)，精确测量 T1～T8 共 8 个角部控制点高程，记录至少 4 位小数(m 为单位)。通过计算高差，得到 4 个控制点到钢锚箱底部的竖直距离。或采用平铁配合千分尺测量锚箱节段高度(图 8)，读数精确到 0.01mm。

(3)测量钢锚箱对接端面平整度。

(4)测量时同步测量钢锚箱温度。

图 9 应用全站仪自由测站功能测量锚箱各控制点坐标

6. 几何控制数据处理

将上述测量数据转换到相对坐标系下(图 10)，并最佳拟合到以纵轴(由 M1 和 M3)确定的坐标系下。修正温度效应，计算锚点中心和索套筒出口点中心，确定所有的锚垫板角度。同时，根据单节段制造数据分析锚箱累计高程。比较这些制造数据和理论数据，一旦钢锚箱锚点位置(X、Y、Z)超出容许要求，在预拼装之前进行矫正，并重新复检。

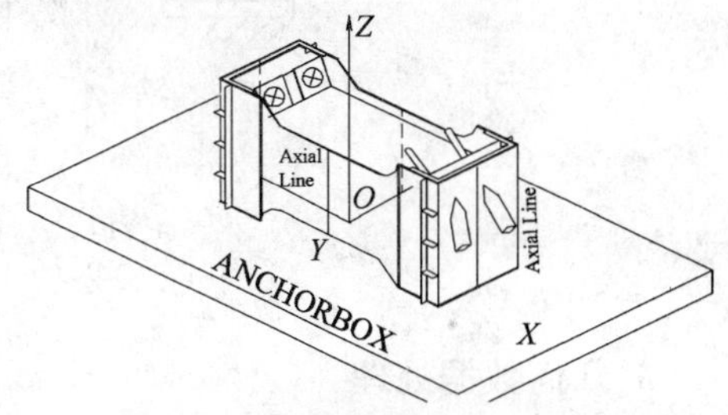

图 10 钢锚箱制造测量坐标系

三、钢锚箱多节段预拼装几何控制

为消除单节段制造累计误差，准确评价制造精度，钢锚箱节段在加工完毕后，进行竖向滚动预拼装，每轮预拼装顶部一节锚箱作为下一轮次拼装底部首节锚箱。

1. 预拼装轮次划分

苏通大桥索塔钢锚箱共30节(每个索塔)，根据实际情况综合考虑，确定分6轮(每轮5～6节段)进行竖向整体预拼装。

2. 预拼装胎架与钢锚箱复位

将每一预拼装轮次首节钢锚箱平稳安置在预拼装专用胎架上，钢锚箱纵、横轴线分别与胎架的纵、横基线对正(含上一轮次轴线偏量)。

采用精密水准仪测量底部钢锚箱4个角点相对高程(图11)，并采用垫片和螺旋微调器微调，使首节钢锚箱角点高程与上一轮次预拼装一致，调整精度要求达到0.1mm，实现精确复位。复位合格后将钢锚箱临时固定在胎架上。

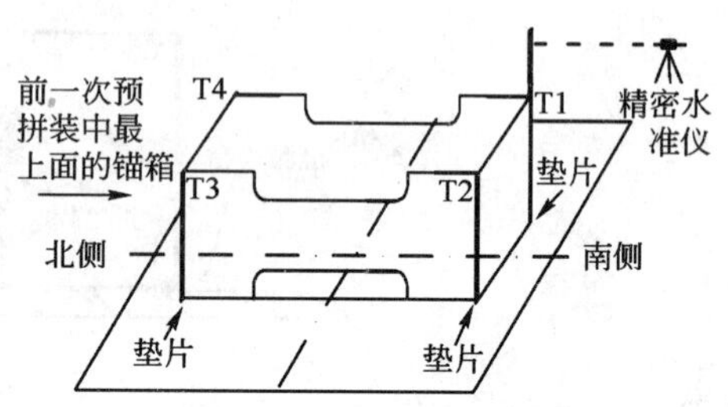

图11 底部钢锚箱复位

3. 预拼装及测量

在每一轮次首节锚箱复位固定后，采用吊车依次安装其他锚箱节段，安装时首先保证两节段之间纵横轴线对齐，然后用数个紧固螺栓将两节段钢锚箱之间水平和竖向肋板固定，使之密贴。

同样，由于预拼装现场振动较大，采用自由测站方法进行预拼装测量。测量具体步骤是：

(1)在钢锚箱2个长边侧面共2个测站分别运用全站仪自由测站功能(图12)，测量所有钢锚箱T1′～T4′和顶面钢锚箱M1、M3、N1、N3及多个公共点。

(2)在钢锚箱顶面布置一台精密水准仪(配光学测微器)或电子精密水准仪(配铟瓦钢尺)，在局部坐标系统中，精确测量T1～T8共8个角部控制点，记录至少4位小数(m为单位)。

(3)测量时同步测量钢锚箱温度。

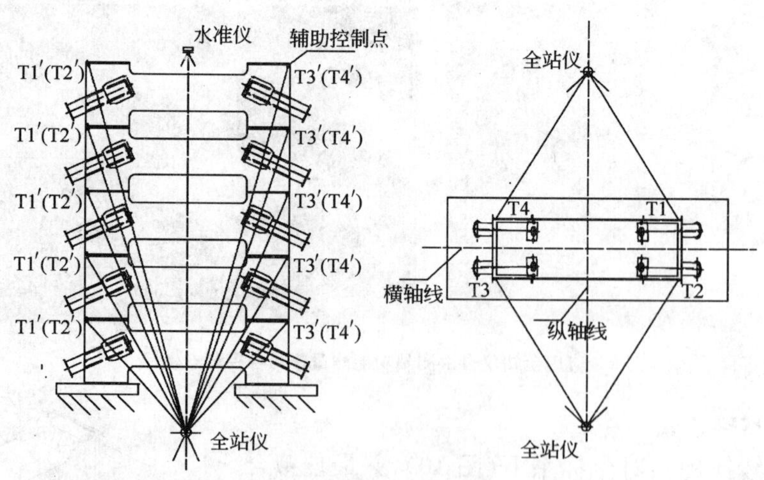

图12 钢锚箱预拼装测量

4. 几何数据处理

(1)分析轴线偏位，必要时局部打磨拼接板调整，并重新进行预拼装测量。

(2)根据辅助控制点坐标计算其他控制点和锚点真实坐标(根据单节段测量建立的相对关系)。

(3)根据已经测得的轴线偏位计算本轮次倾斜度,并用于指导下轮次制造及预拼装。

四、几何控制实现精度

根据单节段制造与预拼装测量成果,钢锚箱制造几何控制实现以下精度:

(1)钢锚箱锚点坐标(Δx、Δy、Δz)最大偏差小于5mm;

(2)钢锚箱预拼装轴线(纵、横轴线)偏差小于10mm(图13)。

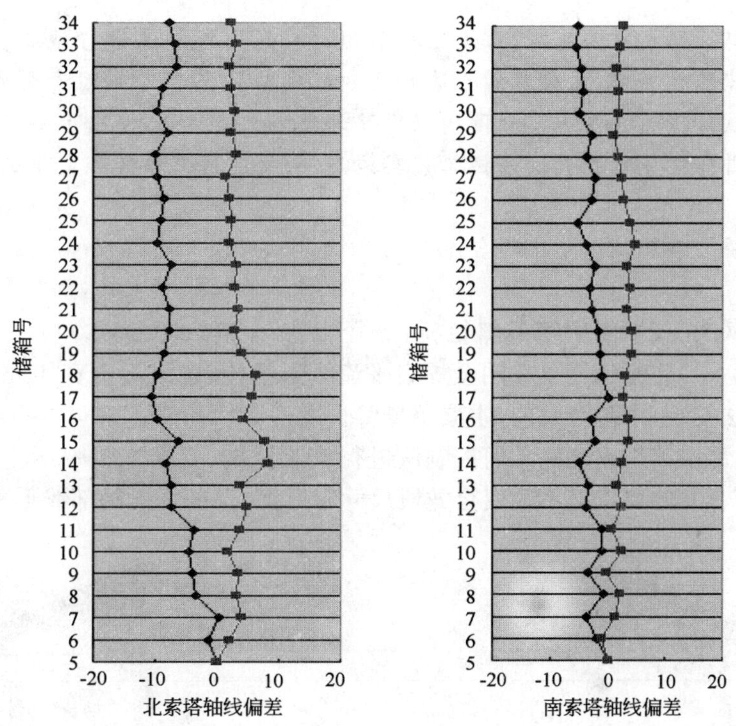

图13 钢锚箱预拼装轴线偏差

五、结 语

苏通大桥索塔采用钢锚箱结构系国内首次,做为新型的索塔锚固区结构型式,具有加工精度高,安装速度快,结构耐久性好等特点。制造过程中所采用的几何控制技术保证了制造高精度的实现,对于现场安装时重现预拼装无应力线形和上部结构安装构件几何控制法的成功实施起到了至关重要的作用。

随着苏通大桥的顺利建成,索塔锚固区采用钢锚箱结构将逐步代替传统的预应力混凝土结构。它能有效加快索塔施工进度、提高安装精度、改善索塔受力状况和保证结构耐久性,具有广阔的发展前景。

参考文献

[1] 崔冰.全国桥梁学术会议论文集—南京长江第三大桥钢塔柱设计与加工[C].北京:人民交通出版社,2004.

[2] 李军平.南京长江第三大桥钢塔柱制作与安装技术[J].武汉:桥梁建设,2006,2.

[3] 姚小元.芜湖长江大桥主跨锚箱制造技术[J].上海:钢结构,2001,16(5).

[4] 李毅.南京三桥钢塔节段焊接变形及几何精度的控制[J].上海:钢结构,2006,21(3).

91. 苏通大桥主桥中跨顶推辅助合龙技术

陈 鸣 罗承斌 张永涛 游新朋
（中交第二航务工程局）

摘 要 苏通长江公路大桥为主跨，上部结构采用构件几何控制法进行施工控制，要求不改变构件尺寸和无应力线形。中跨合拢前，主梁悬臂长达540.8m，结构状态受外界因素影响显著，中跨合龙难度极大。本文通过综合国外顶推合龙工艺和国内温度配切合拢工艺优点，提出了全新的顶推辅助合龙工艺应用于实际施工中。并介绍了顶推辅助合拢工艺实施条件、关键施工参数和主要工艺措施的计算分析要点，以及实施情况。

关键词 苏通大桥 顶推辅助 中跨合龙

苏通大桥主桥为双塔双索面钢箱梁斜拉桥，跨径组合为2×100m+300m+1 088m+300m+2×100m(图1)，居世界第一。主桥钢箱梁采用全焊扁平流线形结构，含风嘴全宽41m，中心线处高4m。主梁采用桥面吊机悬臂法安装，中跨合龙前，主梁单悬臂长度达540.8m。

由于结构长柔，上部结构采用构件几何控制法进行施工控制，要求施工中不改变构件几何尺寸和无应力线形。因此，中跨合龙的要点是不改变合龙段尺寸和形态，保证主梁局部线形平顺连接。

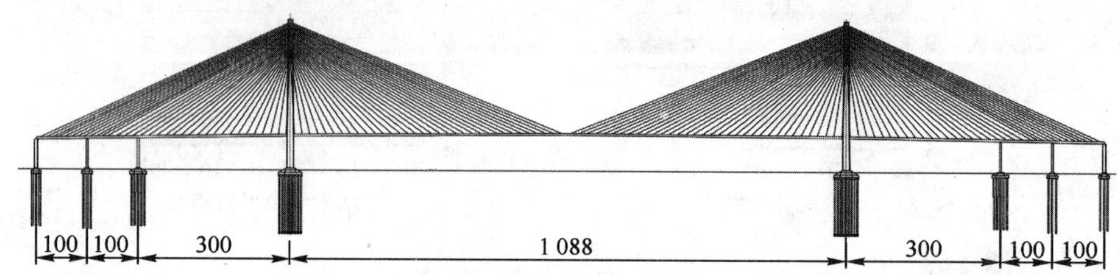

图1 苏通大桥主桥结构布置图(尺寸单位:m)

一、国内外中跨合龙方法

1. 国外中跨合龙方法

国外钢箱梁斜拉桥中跨通常采用顶推合龙工艺，即合龙段按设计尺寸制造，合龙前，在合龙段或索塔位置设置千斤顶，纵向顶推或拉移主梁改变合龙口长度。然后采用单侧桥面吊机起吊合龙段，先匹配焊接一侧接缝，然后回移主梁，采用大型设备强制调整悬臂两侧高差和接缝顶底口宽度差，最后接缝匹配焊接。日本多多罗大桥中跨合龙流程见图2。

2. 国内中跨合龙方法

国内钢箱梁斜拉桥中跨通常采用温度配切合龙工艺，即合龙段较设计尺寸超长制造，在合龙前，设置劲性骨架限制悬臂两侧主梁相对变形，并通过压重模拟合龙梁段起吊后的状态，然后对合龙口长度实施连续监测，根据实测稳定时段温度条件下的合龙口长度配切合龙段，即通过改变合龙段长度实现中跨合龙。合龙施工时，桥面吊机对称起吊合龙段，同步卸除压重，在夜间气温较低时嵌入合龙口，两条合龙段接缝同步焊接，完成中跨合龙。南京三桥中跨合龙流程见图3。

3. 国内外中跨合龙方法比较

顶推合龙和温度配切合龙方法各有特点，其对比见表1。

a)顶推主梁向岸侧移动

b)起吊合龙段,与一侧主梁匹配焊接

c)顶推主梁回移

d)调整接缝高差、顶底口宽度差，匹配焊接

图 2 顶推合龙施工流程

a)顶推主梁向岸侧移动

b)起吊合龙段，与一侧主梁匹配焊接

c)顶推主梁回移

d)调整接缝高差、顶底口宽度差，匹配焊接

图 3 温度配切合龙施工流程

顶推合龙与温度配切合龙工艺比较 表 1

比较项目	顶推合龙	温度配切合龙
优点	1.不改变合龙段尺寸,满足构件几何控制法要求; 2.合龙段两侧接缝异步匹配、焊接,结构受温度影响小,施工时间充裕; 3.不压重模拟合龙段吊装后的结构形态、不设置劲性骨架,施工环节少; 4.不进行线形连续观测,施工控制环节少	1.通过压重模拟合龙段起吊后的结构形态,可提前对结构形态进行调整,减少了合龙段吊装后调整的难度和工作量; 2.不需要改变合龙口长度,没有释放临时固接产生的风险; 3.合龙段两条接缝同步焊接,可在较短时间完成合龙工作

续上表

比 较 项 目	顶 推 合 龙	温度配切合龙
优点	1. 主梁需向岸侧移动，以改变合龙口尺寸，顶推施工可能引起主梁扭转； 2. 顶推需要释放塔梁临时固接，结构变形释放后可能无法恢复； 3. 随着结构跨度增大，顶推距离和顶推力也越大，施工难度和风险增大； 4. 合龙段采用单侧桥面吊机起吊，合龙段接缝两侧主梁变形差大，匹配施工困难	1. 合龙段配切改变了构件尺寸和无应力线形，对成桥结构和受力存在一定影响； 2. 结构受温度影响大，合龙段配切后可能无法嵌入合龙口，或接缝宽度过大而引起焊接质量问题； 3. 两条接缝同步焊接，施工组织难度较大； 4. 接缝匹配缺乏主动调整措施，质量和安全保障度较低

二、顶推辅助合龙方法

1. 顶推和温度配切合龙工艺分析

通过表1可知，国内外常规合龙方法均存在一定风险。对于苏通大桥中跨合龙，这些风险和对结构的影响随跨度增加而放大：

(1)根据施工进度安排，苏通大桥中跨合龙在6～7月，环境温度最高将达30℃，根据经验，钢结构日间最高温度一般为大于环境温度20℃，即达到50℃。在这种温度条件下，采用顶推合龙工艺，主梁单边顶推移动量至少需要 $540.8\times1.2\times30\times10^{-2}\approx200$mm，加上顶底板温差，顶推移动距离需要240mm以上。经分析，顶推240mm后，塔梁临时固接竖向索的安全系数小于2.0，对主梁线形、斜拉索索力和临时固结竖向索的影响分别见图4、图5。

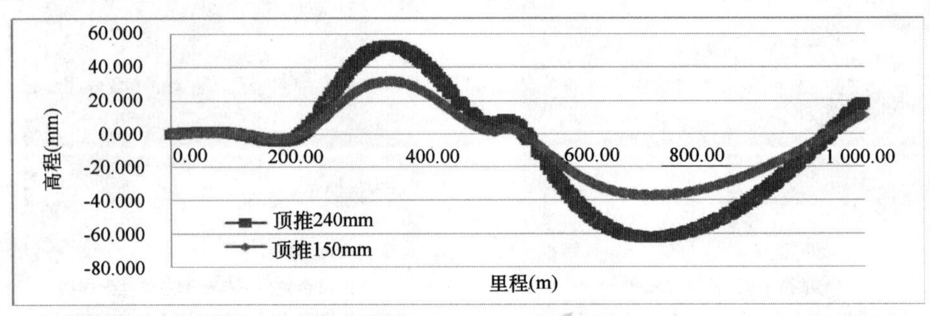

图4　顶推240mm对主梁线形影响

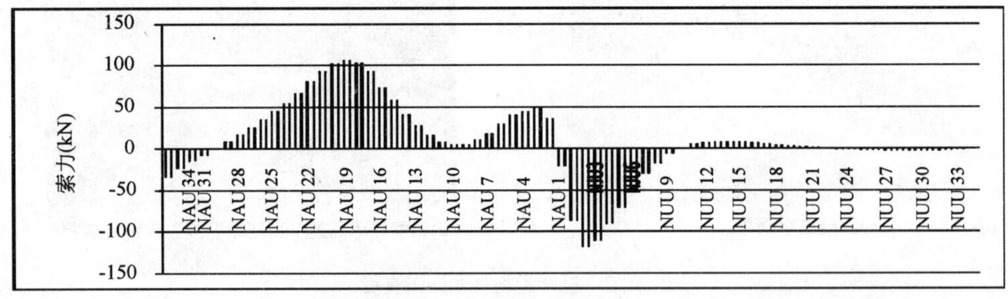

图5　顶推240mm对斜拉索索力影响

(2)经分析，采用顶推合龙工艺，单侧桥面吊机起吊合龙段，合龙段接缝两侧主梁高差和顶底口宽度差，以及匹配所需的强制调整力见表2。

接缝两侧变形与强制调整力　　表2

项　　目	接缝两侧变形差	强制调整力
高差(mm)		
顶底口宽度差(mm)		

(3)采用温度配切合龙工艺，在温度稳定的夜间，钢箱梁结构温度与环境温度大致相同，可达30℃，在这种温度条件下，合龙段的配切长度约为：$2\times540.8\times1.2\times10\times10^{-2}\approx130$mm。经分析，合龙段长度配切130mm，对成桥结构线形和斜拉索索力影响分别见表3、图6。

合龙段配切130mm对主梁和索塔线形影响　　表3

主梁线形变化 DZ(mm)	塔顶偏位(向主跨)DX(mm)
16	72

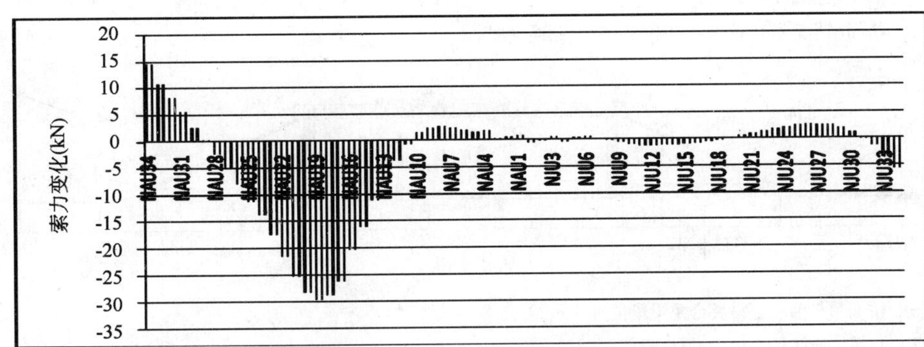

图6　合龙段配切130mm对成桥斜拉索索力影响

(4)根据对边跨大块梁段温度的连续监测可知，即使在夜间温度稳定时段，钢箱梁多天平均温度也存在较大变化。根据图7，在22:00～7:00时段，钢箱梁两天的平均气温差可以达到约5℃。在这种温度条件下，合龙口尺寸在两天内的变化将达$2\times540.8\times1.2\times5\times10^{-2}\approx65$mm。

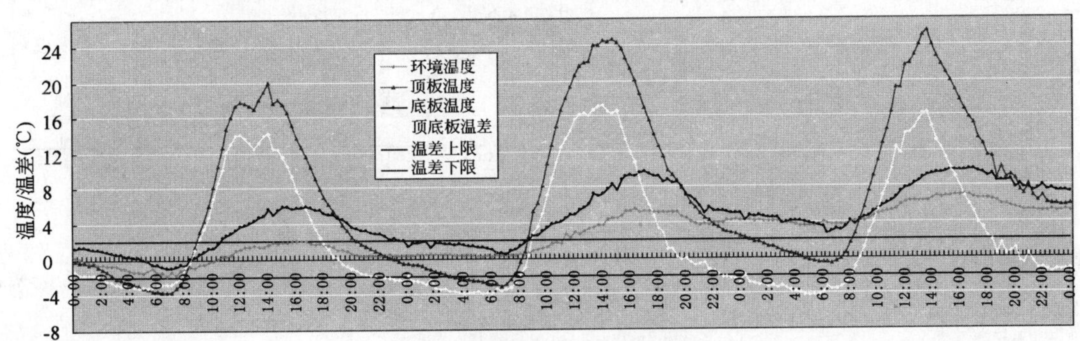

图7　钢箱梁温度变化曲线(晴天)

因此，若采用温度配切合龙工艺，当通过合龙口长度和线形连续监测确定合龙段配切尺寸后，合龙段会因第二天温度变化而无法嵌入合龙口，或嵌入后，接缝过大而引起焊接质量问题。

2. 顶推辅助合龙工艺提出

通过上面的分析可知，对于苏通大桥，采用顶推和温度配切合龙工艺，存在以下主要风险和问题：

(1)采用顶推工艺，主梁需要较大的顶推移动距离，不仅对结构线形和斜拉索索力存在影响，而且塔梁临时固接竖向索还需释放，临时固接释放对结构的影响无法预见。同时，单侧桥面吊机吊装合龙段，将造成合龙接缝两侧主梁较大的高差和顶底口宽度差，所需要的强制调整力巨大，接缝匹配困难。

(2)采用温度配切工艺，合龙段配切长度较大，对成桥塔偏不利影响较大。同时，多天温度变化对合龙口尺寸影响较大，合龙段可能无法嵌入合龙口，或嵌入后接缝宽度过大而引起焊接质量问题。

对于两种合龙工艺，这些风险都很难克服和规避。因此，综合顶推合龙和温度配切合龙的优缺点，提出全新的顶推辅助合龙工艺，其施工流程如图8。

顶推辅助合龙工艺的优点是：

(1)采用合龙口两侧桥面吊机抬吊合龙段，结构变形小，且两侧变形一致，合龙接缝调整量小；

(2)在夜间将合龙段嵌入合龙口，可以减小主梁顶推移动量，对施工期结构线形和索力影响较小。同

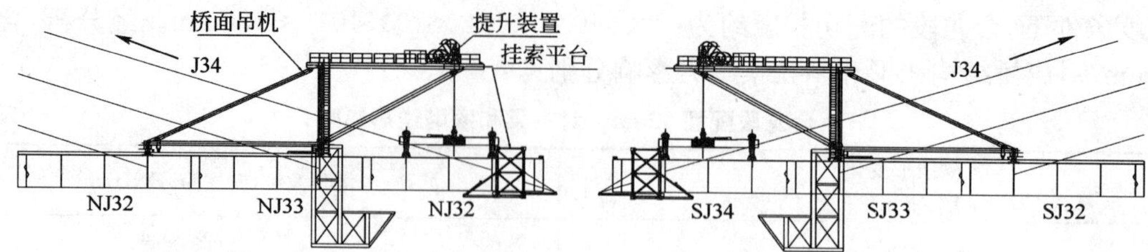

步骤一：第一次张拉A34和J34斜拉索。

步骤二：桥面吊吊后移，拆除张拉平台，安装劲性骨架。

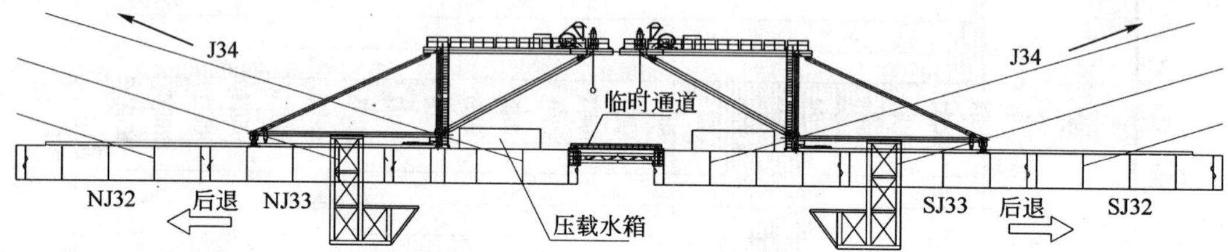

步骤三：桥面吊机前移至吊装合龙梁段位置。

步骤四：1.第二次张拉A34、J34斜拉索；

2.合龙梁段临时替代荷载就位；

3.初步调整梁段局部线形、合龙口顶底宽和轴线；

4.劲性骨架在夜间焊成整体，主梁局部线形连续观测12~24h；

5.放松塔梁竖向临时固接索，将两侧梁段分别向岸侧移动。

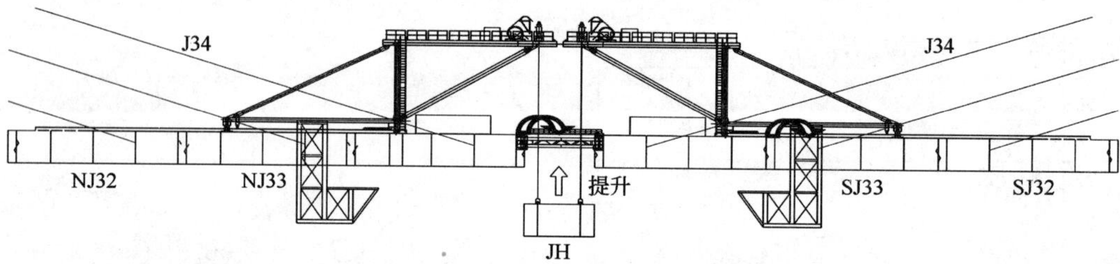

步骤五：1.合龙段长度修正；

2.桥面吊机抬吊合龙梁段，同时卸去合龙梁段临时替代压载。

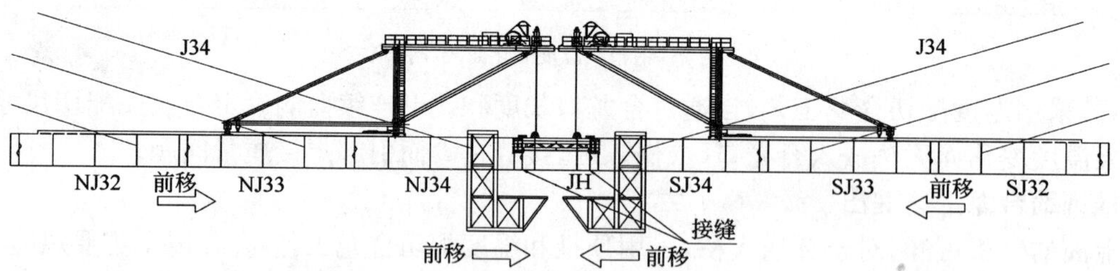

步骤六：1.夜间，合龙梁段进入合龙口，两侧梁段回移，依次与合龙梁段匹配；

2.焊接平台前移，两侧接缝同时焊接，日出之前解除塔梁临时固接。

图8 顶推辅助合龙施工流程

时，由于顶推量小，可以不释放塔梁临时固接竖向索；

(3)采用临时压重模拟合龙段吊装后的结构状态，并进行局部线形的初步调整，可以减少合龙段吊装后的调整工作量，避免使用过大的强制调整装置；

(4)采用劲性骨架限制主梁悬臂相对位移，可以减小风振影响，为顶推提供导向，并有利于开展合龙前主梁长度测量和局部线形的测量，为主梁长度修正和局部线形调整提供可靠数据；

(5)顶推移动主梁调整合龙口尺寸，使该工艺具备了主动克服温度对结构的不利影响的能力，合龙段嵌入合龙口，以及接缝匹配具有充足的时间。

(6)没有改变合龙段尺寸和形态，成桥结构线形和受力不受影响。

3. 顶推辅助合龙工艺实施控制条件

顶推辅助合龙主要包括合龙段嵌入合龙口、梁段匹配、接缝焊接三大工序阶段。由于合龙须在一个夜间完成，因此，可以倒推顶推辅助合龙各工序实施控制条件。

(1)焊接时间

考虑到合龙段长度修正，合龙段一侧顶板U肋采用栓接，另一侧顶板U肋采用嵌补段焊接。

合龙段接缝焊接的主要工序有：焊缝打磨、贴陶瓷衬垫、焊缝 CO_2 气体保护焊打底、割除码板、顶底板埋弧自动焊、腹板、U肋嵌补段 CO_2 气体保护焊等工序。其中由于合龙段钢筋梁顶板厚度为14mm，平底板厚度为12mm，斜底板厚度为16mm，采用埋弧自动焊需分3次焊接完成，其中一次为铺面焊。根据每一个焊接工序分析合龙段接缝焊接所需时间见表4：

焊接工效 表4

序号	工序名称	所需时间(h)	备注
1	焊缝打磨	2	可与梁段匹配交叉进行
2	贴陶瓷衬垫	1	匹配完成后进行
3	CO_2 气体保护焊打底	2	陶瓷衬垫贴完后进行
4	割除码板	0.5	打底完成后进行
5	顶板埋弧自动焊	4	分三次焊接
6	底板埋弧自动焊	5	分三次焊接
7	腹板 CO_2 气体保护焊	5	—
8	顶板U肋嵌补段	6	环缝24h探伤后进行
9	底板U肋嵌补段	6	环缝24h探伤后进行
合计		8	T=1+2+5

根据图7，上午8:00以后，受日照影响，钢箱梁温度大幅上升，将在梁体内产生温度应力，此时塔梁临时固接必须解除，为保证焊接质量和结构受力，此时钢箱梁主环缝应基本焊接完成。因此，合龙段接缝焊接最迟应在24:00以前开始。

(2)匹配时间

根据图7，晚上20:00～8:00，钢箱梁温度与环境温度基本一致，而且顶底板温差均小于2℃，是合龙段接缝匹配的最佳时机。因为合龙段接缝焊接最迟应在24:00以前开始，所以，梁段匹配应在20:00～24:00，共4个小时内完成。

合龙段接缝匹配的主要工序有：合龙段一侧接缝匹配连接、两侧主梁高差匹配微调、轴线匹配微调、另一侧顶底板缝宽差(包括上下游缝宽差)微调、腹板高差调整、顶底板局部高差调整等。

(3)合龙段嵌入合龙口时间

根据图7，晴天晚上18:00以后，钢箱梁温度即大幅下降，并与环境温度接近。考虑到接缝匹配须从20:00开始，因此，晚上18:00是合龙段嵌入合龙口的最佳时机，即合龙段嵌入合龙口有2小时时间，并以此时刻的钢箱梁温度作为确定顶推量的依据。

因此，顶推辅助合龙主要工序实施控制条件如表5。

主要工序实施控制条件 表5

工序	时段	持续时间(h)
合龙段入合龙口	18:00～20:00	2
合龙段匹配	20:00～24:00	4
合龙段接缝焊接	0:00～8:00	8

4. 顶推辅助合龙关键施工参数

(1)顶推量

18:00是合龙段嵌入合龙口的最佳时机。6～7月晴天条件下,钢箱梁在18:00的温度条件如表6。

顶推时主梁温度条件(单位:℃) 表6

环境温度	顶板温度	底板温度	顶底板温差
35	35	37.5	5

顶推量由三部分组成:

①钢箱梁平均温度升高对合龙段长度的影响;

②钢箱梁顶底板温差对合龙段顶底板宽度的影响;

③合龙段嵌入合龙口预留工作缝(每侧10mm);

根据上述温度条件,输入整体安装模型进行计算,得到顶推量参数(表7)。

顶推量计算(单位:mm) 表7

整体升温影响量	温差对顶底板宽度影响量	预留工作缝宽	顶推量合计
126	10	10	146

即每侧顶推量为146mm。

(2)顶推力

顶推力包含2部分:

①支座摩擦力

即克服塔区竖向临时支座、边跨、辅助跨永久支座和临时支座的摩擦力。根据经验,支座摩擦系数偏安全取0.1。为减小索塔区临时支座的反力,将临时固接竖向索力释放50%。

经分析,释放5%临时竖向索力后,辅助跨和边跨永久支座和塔区临时支座反力如表8。

支座反力与摩擦力 表8

墩号	塔区	3号墩	2号墩	1号墩
支座反力(kN)	39 246	5 355	3 751	2 062
摩擦力(kN)	3 925	536	375	206

合计摩擦力为:5 042kN。

②临时索索力

顶推时,临时固接纵向索变化值如表9。

纵向索力变化 表9

纵向索	索力(kN)	变化(kN)
NLJUO	1 446	−414
NLJUI	1 046	−295
NLJDI	1 044	−295
NLJDO	1 441	−414
NLAUO	3 443	906
NLAUI	2 477	648
NLADI	2 479	648
NLADO	3 448	906
合计		10 399kN

上表中，索力增大的岸侧纵向索力减去索力变小的江侧纵向索力转化为顶推力，即 10 399kN。

因此，顶推力为 5 042+10 399=15 441kN。

5. 顶推辅助合龙关键工艺措施

1)接缝顶底板宽度差调整措施

合龙梁段吊装后，由于施工误差和温度偏差客观存在，合龙段两侧接缝顶底板宽度必然存在一定偏差，产生的原因主要有：

①在悬臂前端设置合龙段替代压载，与合龙段荷载通过桥面吊机传递到主梁上对主梁线形的影响不同，导致接缝顶底板宽度偏差；

②由于合龙时钢箱梁顶底板温差的不同(根据图 7)，导致接缝顶底板宽度偏差；

③由于静风的影响，悬臂两侧主梁向一侧整体变形，导致接缝上、下游缝宽差异。

(1)缝宽差大小分析

根据可能产生缝宽差的原因，确定分析工况如表 10。

缝宽差分析工况 表 10

工 况	工 况 说 明
1	合龙段替代荷载与通过桥面吊机传递的合龙段荷载对悬臂前端顶底板缝宽的影响差值
2	主梁顶底板温差变化 2℃，在悬臂前端产生的顶、底板缝宽差
3	桥面高度 20m/s 风速作用下，在悬臂前端产生的上、下游缝宽差

分析结果：

①工况 1：由图 9 可知，替代荷载和吊机反力对梁端转角的影响不同，在吊机前支点施加替代荷载，梁端转角为 0.003 77rad，而实际通过桥面吊机传递的合龙段荷载产生的梁端转角为 0.005 29rad，两者之间的差值为 0.001 52rad，引起合龙口顶底板宽度差为 2×0.001 52×4 000=12mm。

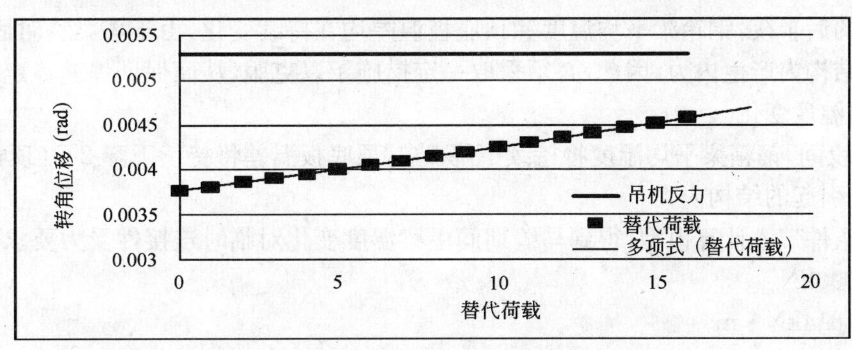

图 9 替代荷载和吊机反力对梁端转角影响

②工况 2：合龙时，钢箱梁顶底板始终存在温差(顶板低于底板 2℃时)，导致接缝顶底板宽度偏差为 −2.2mm。

③工况 3：当主梁上作用 15m/s 的横向静风时，悬臂两侧主梁向一侧整体变形，导致接缝上、下游缝宽差异为 25mm。

(2)调整力分析

根据可能存在的缝宽差分析调整力，指导施工。分析结果：

①对于悬臂端顶、底板宽度差，主梁竖向转角刚度为 9.6×10^{-5} radian/1 000kN·m，对应于每 1mm 顶、底板缝宽差异，需要施加的强制弯矩为 2 604kN·m。

②对于悬臂端上、下游 25mm 宽度差，在外侧腹板处设置千斤顶，所需调整力为 2 000kN。

(3)调整措施

①合龙段替代压载与桥面吊机反力对梁端转角影响不同，由此产生的合龙口顶底板宽度差超过 10mm，需要的调整弯矩达 26 040kN·m，采用在接缝顶底板布置千斤顶，所需调整力超过 65 100kN。因

此，这部分偏差在合龙前，通过调整悬臂前端斜拉索予以调整。

②对于温差引起的接缝顶底板宽度差：在接缝两侧顶底板上设置千斤顶张拉反力座，通过张拉引入弯矩调整缝宽差。

在合龙段接缝两侧顶、底板，设计了4组强制调整装置(图10)，设计荷载为650kN/组，可满足4mm缝宽差异调整要求。

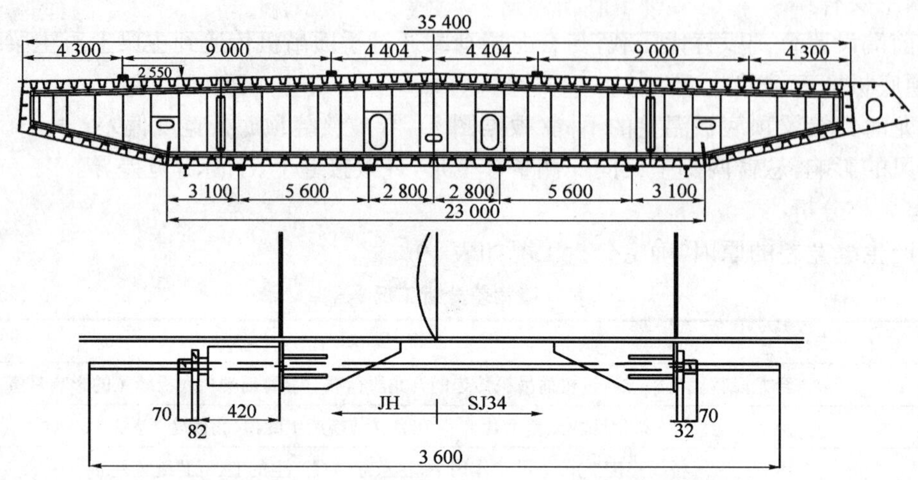

图10　调整顶底板缝宽差千斤顶及反力座(尺寸单位：mm)

③对于风荷载引起的接缝上、下游宽度差：在接缝上、下游顶板上，靠腹板位置设置200t千斤顶及张拉反力座，通过张拉引入弯矩可以调整25mm缝宽差。

2)克服温度变化措施

即使在稳定的后半夜，钢箱梁平均温度和顶底板温差均在持续变化，由于塔梁临时固接尚未释放，温度变化必然导致结构内产生内力，因此，必须采取一定措施予以克服，从而保证焊缝稳定，确保焊接质量。

(1)焊接期间温度变化

根据图7，在夜间，钢箱梁平均温度将持续下降5℃，顶底板温差将持续下降2℃(顶板温度降低快)。

(2)温度变化引起的结构内力

将上述温度条件带入计算模型，得到马缝期间主梁温度变化对临时连接件受力要求为：

- 轴力＝7 300kN
- 弯矩＝94 614kN·m

(3)克服措施

利用马板结构(图11，厚度12mm，间距30cm，焊缝长度10cm，双面角焊缝，焊高6mm)，可以满足马缝期间温度变化要求。

由于马缝时间较长，主梁温度已经发生变化，还考虑了以下辅助措施：

- 在马板前，在顶、底板止顶板处用4块钢板将合龙口两侧梁段焊接连接(图12)。
- 马缝同时，分步进行焊缝打底施工。

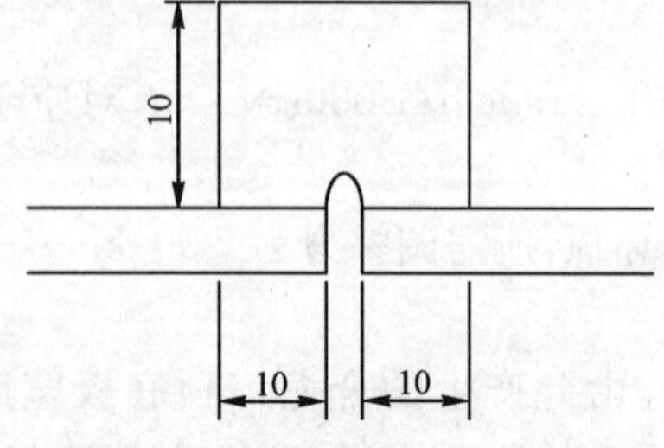

图11　施工马板(尺寸单位：cm)

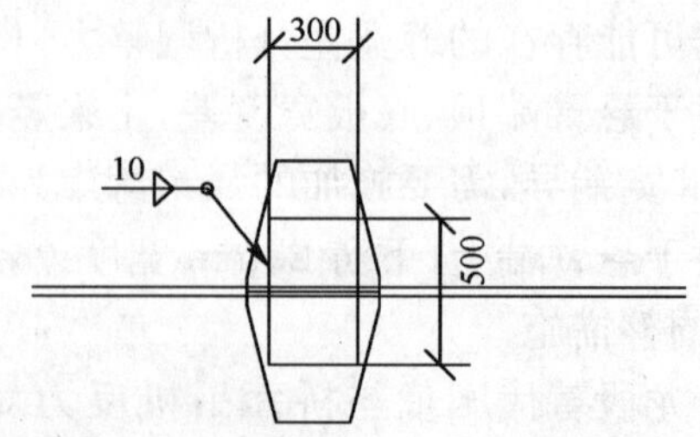

图12　临时连接板(尺寸单位：mm)

三、中跨合龙实施情况

1. 主要工序实施时间

中跨合龙于 6 月 5 日正式开始，6 月 9 日吊装合龙梁段，6 月 12 日完成合龙段全部接缝焊接。合龙期间的主要工序作业时间如表 11。

中跨顶推辅助合龙主要工序作业时间 表 11

序 号	工 序 名 称	时 间	持续时间(h)
1	合龙前主梁线形调整	6.6 3:00～6:00 23:00～5:00	9
2	主梁长度和合龙口形状测量	6.7 21:00～3:00	6
3	主梁向岸侧拉移	6.8 5:00～7:00	2
4	合龙口连续监测	6.8 14:00～5:00	15
5	合龙段吊装	6.9 12:00～15:00	3
6	合龙段进入合龙口	6.9 18:00～18:30	0.5
7	局部高差调整	6.9 18:30～21:00	2.5
8	合龙段匹配	6.9 21:00～23:00	2
9	合龙段主环缝焊接	6.9 23:00～8:00	9
10	塔梁临时固结解除	6.10 6:00～7:00	1

由表可知，从主梁局部线形调整到塔梁临时固接解除，各主要工序基本按照理论分析和计划时间完成，说明理论分析合理、施工组织实施到位。

2. 主要施工参数

(1)顶推量

由于以下因素影响，实际合龙时顶推量与理论计算存在一定差异。

①进入合龙口时的主梁温度：在合龙前两天，对主梁在 18:00 时刻的温度进行了分析，表明此刻主梁最高温度约为 26℃，较理论计算的 37.5℃低，而顶底板温差为 5℃(图 13)。

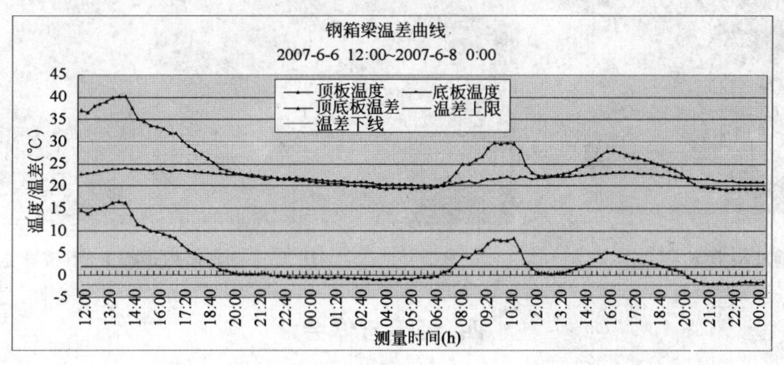

图 13 合龙前主梁温度变化曲线

②合龙阶段的索塔变形：合龙段吊装前，索塔在桥面高度处的纵向变形约为－30mm。

综合上述因素，主梁实际顶推量为 70mm(理论计算值为 146mm)。

(2)顶推力

主梁向岸侧顶推时，采用了 650t 千斤顶，南北索塔共 16 台。表 12 是主梁顶推拉移过程中北塔实测纵向索索力(根据千斤顶油表读数计算)。

主梁顶推时北塔临时索实测索力　　表12

序　　号	纵向索编号	启动索力(kN)
1	NLJUO	1 521
2	NLJUI	427
3	NLJDI	458
4	NLJDO	1 362
江侧合计		3 768
5	NLAUO	3 210
6	NLAUI	1 938
7	NLADI	2 499
8	NLADO	3 336
江侧合计		10 983

由上表可知，顶推时，江侧和岸侧纵向索的千斤顶读数基本上都小于理论计算值；

其中岸侧纵向索索力(10 983kN)略大于不考虑支座摩擦力的纵向索理论计算索力(10 399kN)，分析其原因是：

①顶推时，先放松了江侧纵向索20mm，而实际纵向索此时的受力伸长量小于10mm，即放松20mm时，江侧纵向索已经完全松弛。因此，理论计算顶推力应扣除江侧纵向索全部索力，即6 870kN。

②根据修正后的顶推力，实际摩擦力约4 113kN，说明支座摩擦系数小于0.1，且介于0.05与0.1之间。

3. 接缝匹配实施情况

JH与SJ34接缝宽度调整前底板止顶板处接缝差达5mm(图14，此时顶板接缝已匹配)。

采用图10措施调整后，底板止顶板处接缝宽差约1mm，匹配良好。

对于JH与SJ34接缝上、下游宽度差，由于风的影响，调整前上游腹板处缝宽大于下游腹板处缝度8m，在止顶板处表现为5mm，采用100t千斤顶在上游腹板处张拉调整后，止顶板处残余缝宽差小于1mm(图15)。

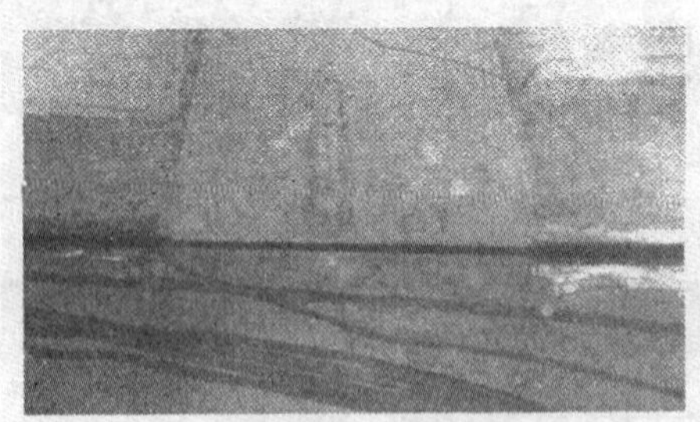

图14　调整前底板缝宽

图15　调整前后顶板上、下游缝宽差

四、经验与体会

(1)顶推辅助合龙工艺综合了顶推合龙和温度配切合龙工艺的优点，对成桥结构线形和受力没有不利影响，满足构件几何控制法要求；

(2)顶推辅助合龙实施条件和主要施工参数通过理论分析确定，并通过实践证明了其可靠性和合理性；

(3)对于施工中可能面临的风险，通过详细计算分析确定了控制措施，有效控制了施工中的风险，克服了对结构的不利影响，并在施工中得到体现，中跨合龙施工始终处于受控状态。

五、结　　语

本文介绍了苏通大桥主桥中跨顶推辅助合龙技术，并结合工程实际总结了部分经验以供参考。

随着桥梁结构不断向大跨度方向发展，苏通大桥成功应用的中跨顶推辅助合龙技术对于其他大跨度桥梁中跨合龙具有一定借鉴意义。

参考文献

[1] 李勇.湛江海湾大桥钢箱梁安装施工.广东公路交通，2006.2.

[2] 沈斌.南京长江第三大桥钢箱梁桥面吊机及梁段吊装工程.世界桥梁，2006.3.

[3] 张军.安庆长江公路大桥钢箱梁安装技术.中国公路建设市场，2006.

[4] 毛志坚.岱石大桥钢箱梁施工.公路，1998.11.

92. 苏通大桥多功能桥面吊机设计与使用

陈　鸣　肖文福　杨秀礼

（中交二航局苏通大桥项目部）

摘　要　苏通长江公路大桥为主跨上部结构标准梁段采用桥面吊机悬臂安装。由于主桥通航净空高，而且主梁节段宽、重，加上桥区恶劣的气象和水文条件，以及长索梁端牵引需要，对桥面吊机结构和性能提出了较高要求。本文介绍了苏通大桥集梁段吊装和长索牵引角度调整装置功能为一体的桥面吊机设计与使用要点。

关键词　苏通大桥　多功能　桥面吊机　设计与使用

苏通大桥主桥为双塔双索面钢箱梁斜拉桥，跨径组合为 2×100m＋300m＋1 088m＋300m＋2×100m。主桥钢箱梁采用全焊扁平流线形结构，全桥钢箱梁分为17种类型141个节段，钢箱梁含风嘴全宽41m，中心线处高4m(图1)。

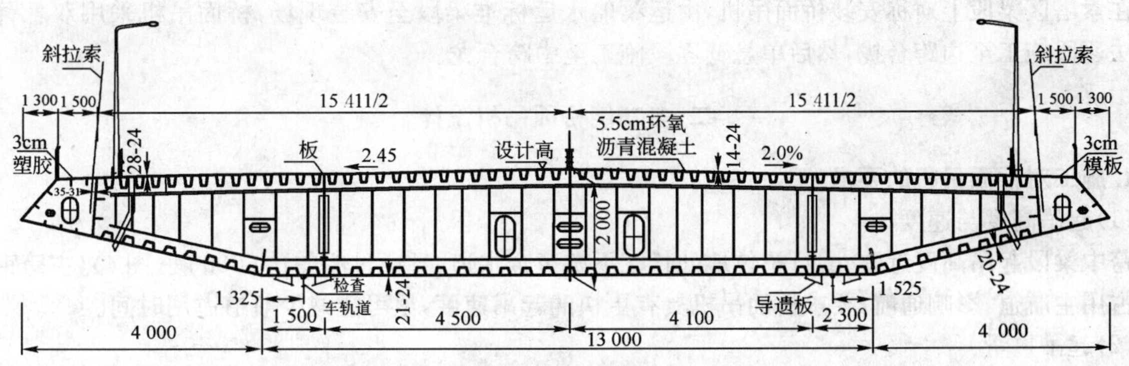

图1　主桥钢箱梁断面图(尺寸单位:mm)

一、基 本 情 况

苏通大桥主桥钢箱梁分为五个部分，即：辅助跨、边跨大块梁段，索塔区梁段，标准梁段，边跨及中跨合龙梁段。其中标准梁段、合拢段采用桥面吊机拼装。

1. 标准梁段总体布置

标准梁段分为双悬臂对称吊装梁段和单悬臂吊装梁段。全桥悬臂吊装标准梁段共 80 块，其中双悬臂吊装施工 4×8＝32 个，单悬臂吊装施工 2×24＝48 个。双、单悬臂吊装示意见图 2、图 3。

2. 标准梁段划分

标准梁段（A3～A10，J3～J34，共 80 段）长度为 16m，重 326～450t。具体规格见表 1。

标准梁段参数表（全桥）　　表 1

梁段编号	类　型	数量（个）	长度（m）	重量（t）
A3、J3	C1	4	16	446.9
A4～A5、J4～J5	C2	8	16	432.5
A6～A10、J6～J16	D	32	16	387.1
J17～J21	E	10	16	347.5
J22～J34	F	26	16	326.2
合计	—	80	1 280	29 591

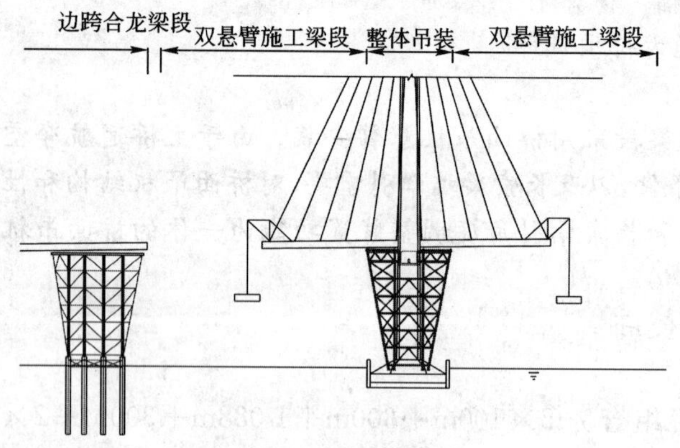

图 2　标准梁段双悬臂吊装

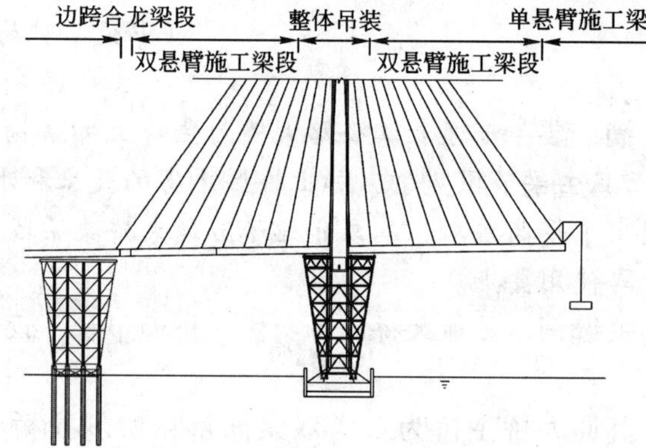

图 3　标准梁段单悬臂吊装

3. 标准梁段安装流程

在索塔区梁段上对称安装桥面吊机，由运梁船水运标准梁段至安装现场，桥面吊机采用双悬臂平衡施工法逐段施工至边跨合拢，然后单悬臂逐段施工至中跨合龙。

二、多功能桥面吊机设计

1. 施工对桥面吊机的要求

（1）起吊高度与速度

跨中梁段起吊高度近 80m，且桥位地处长江下游黄金水道，日通过船舶达 6000 艘（图 4），主跨钢箱梁吊装占用主航道，影响通航，要求桥面吊机具有更快的起吊速度，尽可能减少航道占用时间。

（2）起吊重量

标准梁段最大起吊重量达 450t，对桥面吊机结构和提升系统性能提出了较高要求。

（3）气象水文条件

桥位处江宽、流急、浪大，涨落潮流速流向多变，实测垂线最大流速达 3.86m/s，点流速 4.47m/s。平均每年出现 6 级以上风速天气超过 150 天。且从 5 月下旬至 11 月下旬都有可能遭受台风袭击。

图 4　通过主航道的船舶

桥位处水文气象条件复杂，对船舶定位精度和吊机结构设计影响较大。

(4)吊机控制系统

吊重和吊装高度大，吊机控制系统必须能够实时监测吊点受力和行程变化，并实时调整控制。同时，构件几何控制法要求梁段匹配时重现预拼装线形，对吊机调位精度也提出了较高要求。

(5)吊机结构自重

结构长柔，悬臂施工时，主梁应力和变形对悬臂前端施工荷载非常敏感，要求桥面吊机结构尽可能轻巧。

(6)梁段间匹配

主梁宽达41m，单节最大重量达450t，若采用常规的单吊机结构形式，已装梁段与待装梁段之间相对变形差将非常显著(图5)，梁段匹配后，结构存在较大的残余变形无法消除，影响主梁无应力线形。

(7)吊机行走

斜拉索采取2次张拉工艺，即在一张完成后前移吊机，然后进行二张。由于标准梁段长度达16m，为缩短施工工期，加快施工进度，要求吊机具有较快的行走速度。

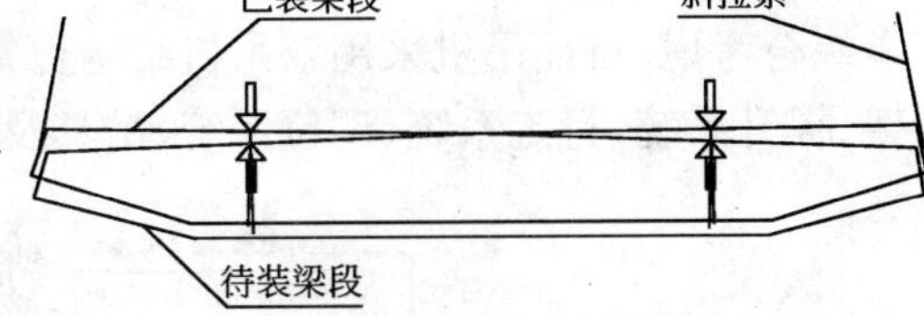

图5 钢箱梁间相对变形差

(8)斜拉索施工

斜拉索最大牵引锚固力超过400t，因此长索采用梁端软硬组合牵引、张拉工艺，为防止张拉杆受弯，需在悬臂前端设置斜拉索入锚管角度调整装置。由于悬臂前端空间狭小，同时为了控制悬臂前端荷载和方便调整装置移动，有必要将角度调整装置与桥面吊机作一体化设计。

2. 桥面吊机结构型式确定

确定桥面吊机结构型式，需针对以下2个主要问题作出决策：

(1)提升系统选择

一是卷扬机提升系统，代表工程有日本多多罗大桥(图6)。二是钢铰线提升系统，代表工程有南京二桥、南京三桥(图7)。两种系统比较见表2。

图6 采用卷扬机提升系统桥面吊机

图7 采用钢铰线提升系统桥面吊机

提升系统对比 表2

项目	卷扬机提升系统	钢绞线千斤顶提升系统
起吊重量、高度	无限制	无限制
提升速度	可达100m/h，随吊装重量增加，钢丝绳走线数增加而降低	可达30m/h，与液压系统性能有关，基本恒定
吊机结构自重	较重	轻
吊装控制	电脑控制	电脑控制
调位精度	较低	高，三个方向均可达1mm
系统安全性	系统安全的关键在于钢丝绳和卷扬机刹车性能。钢丝绳损坏将导致整个系统崩溃	系统安全的关键在于钢绞线的锚固性。单根钢绞线的磨损不影响吊装安全性，可在下一节段吊装前更换

综合考虑，桥面吊机采用钢绞线千斤顶提升系统更为符合苏通大桥标准梁段悬臂拼装要求。

(2)主梁变形

主梁变形与桥面吊机支点布置有关。因此，通过单吊机和双吊机结构进行对比(表3)。

单吊机和双吊机结构对比 表3

项目	单吊机结构(4支点)	双吊机结构(8支点)
吊机结构尺寸	杆件结构尺寸大	杆件结构尺寸相对较小
吊机抗风及吊装稳定性	较低	高
梁段间无应力匹配	支点数量少且集中，梁段横隔板局部应力大，梁段局部变形大，主梁加劲多，匹配时不易实现无应力匹配	支点数量多且分散，梁段横隔板局部应力小，梁段局部变形小，主梁加劲少，匹配时易实现无应力匹配

综合考虑，桥面吊机采用双吊机结构更符合苏通大桥标准梁段悬臂拼装要求。双桥面吊机主要由钢构架、提升系统、行走系统、调位系统、吊具及工作平台等组成(图8)。

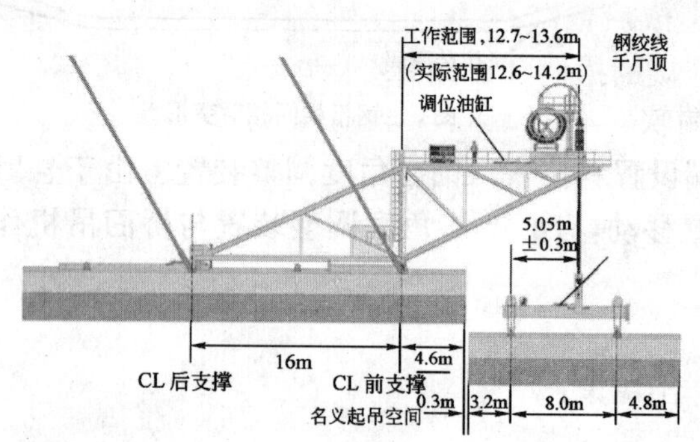

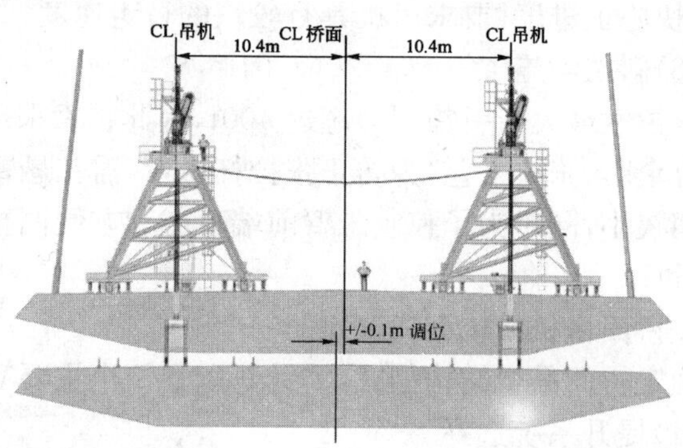

图8 双桥面吊机结构及布置

3. 桥面吊机主要性能指标和设计参数

综合上述要求，确定桥面吊机主要性能指标和设计参数如表4。

桥面吊机主要性能参数和设计指标 表4

项目	参数	备注
平均提升速度	40m/h	通过加高千斤顶单次形成提升吊装速度
节段调位精度	±1mm	任意方向
提升期间最大允许风速	20m/s	桥面高程处
行走期间最大允许风速	25m/s	桥面高程处
非工作状态最大允许速度(30年一遇)	34.5m/s	10m高程处
运梁船水中平面定位精度	±2.5m	

4. 桥面吊机主要功能设计

(1)整体节点

为保证桥面吊机的通用性，便于加工和拼装，吊机钢构架采用螺栓连接，复杂的主要节点设计成整体，以保证节点受力可靠(图9)。

(2)前支点

为方便行走与调平，桥面吊机前支点设计为扁担结构，其下设置油缸(油缸设置螺帽固定，防止液压失效)，油缸下布置支撑腿扩散支点反力。同时，为避免单个吊机两前支点间高程差异在结构中产生附加应力，前支点扁担梁结构间采用铰接(图10)。

图 9 吊机钢构架采用整体节点及栓接图

图 10 吊机前支点结构

(3)后锚

后锚是桥面吊机受力的关键部位，由于加工误差和主梁安装后结构的变形，后锚采用销轴直接与桥面锚点连接将非常困难，若扩大后锚销孔直径，则可能造成后锚结构受力不均，引起吊装安全问题。因此，将后锚设计为多铰链杆结构(图 11)，可以扩大后锚连接的横向和纵向容差，实现快速连接，保证后锚受力均匀。

(4)吊具

吊具具有两个功能，一是连接梁段吊点，二是调节梁段纵坡(图 12)。

图 11 吊机多铰链杆式后锚结构

图 12 调坡吊具与主梁吊耳柔性连接

①连接：由于梁段制造误差，以及运梁船始终处于颠簸状态，吊具与梁段吊点间不能采用销轴连接，采用钢索柔性连接可以很好解决这个问题。

②调坡：在吊具上设置调位油缸，可实现梁段纵坡调整，以满足梁段水平吊装和匹配时纵坡调整需要。

(5)行走系统

通常，行走轨道对称布置在前后支点上，轨道长度是节段长度的 2 倍(图 13)，采用 2 台油缸可一次性对称顶推吊机前移到位。采用这样行走系统，吊机自重将进一步增加，不利于施工期永久结构安全。因此，将轨道缩短、分离形成前行走轨道和后行走轨道 2 部分，其中前行走轨道 2 根，对称布置在前支点下方，后行走轨道一根，布置在后锚横梁中间，在后行走轨道上设置单台油缸，顶推吊机前移(图 14)。

图 13 双点顶推长轨道布置

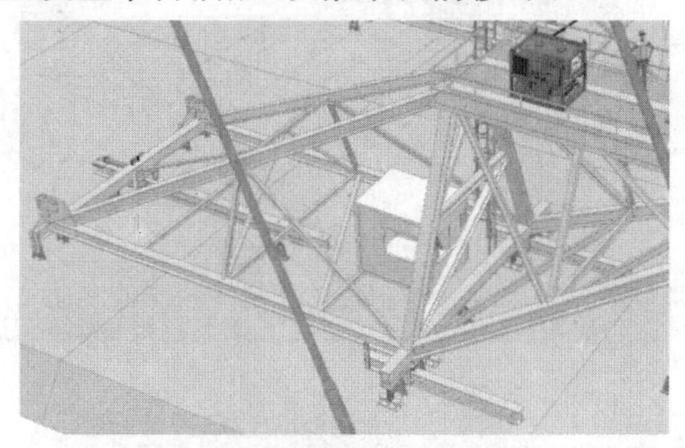
图 14 单点顶推分离轨道布置

(6)主千斤顶及控制系统

吊机2台主千斤顶采用DL-290钢绞线千斤顶,配备应力和位移传感器,采用一台电脑集中控制,配置专用控制软件。吊装过程中,控制系统(图15)界面可显示2台千斤顶行程、荷载和状态,可诊断系统主要故障,自动和手动实现两台主千斤顶同步运动。千斤顶配有双层自锚系统,即使在液压失效时,钢绞线千斤顶(图16)也可安全锚固。

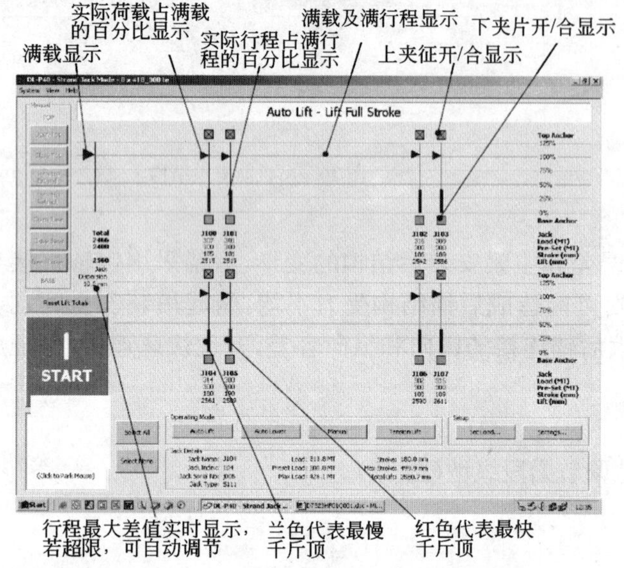

图15　吊机控制系统软件界面

图16　钢铰线千斤顶

根据起吊梁段重量不同,吊装过程中,允许主千斤顶不同数量钢铰线松弛或受损。在梁段焊接完成后,再进行更换与处理。

(7)调位系统

调位系统精度对于保证梁段无应力匹配非常关键。调位系统分为3部分,一是梁段纵坡调整,二是梁段高程调整,三是梁段平面位置调整。

①纵坡调整:通过伸缩吊具上的千斤顶改变吊点位置,实现梁段纵坡调整(图17);

②高程调整:通过主千斤顶微动改变吊点高程,实现梁段高程调整(图18);

③平面位置调整;主千斤顶与吊机之间分离可滑动,通过设置在吊机顶面的纵向和横向千斤顶伸缩改变主千斤顶平面位置,即实现梁段的平面位置调整(图18)。

通过几种调整组合,可快速实现三个方向各1mm的调位精度。

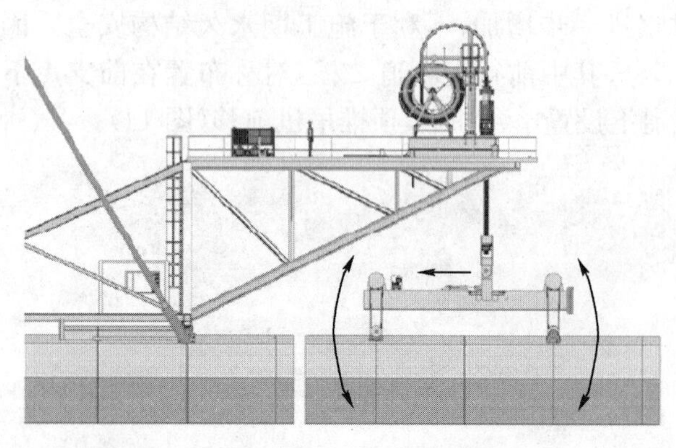

图17　吊具调整梁段纵坡

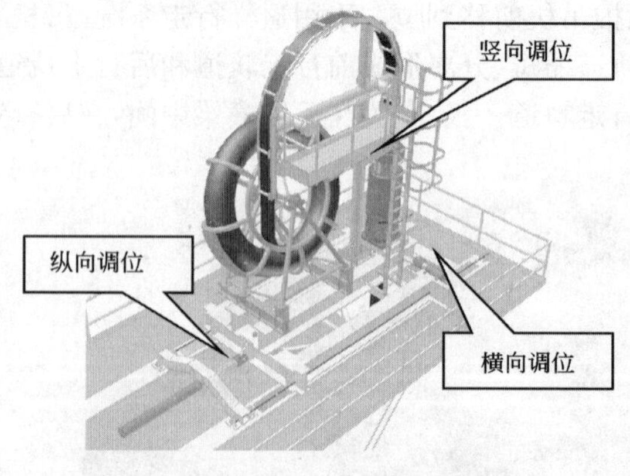

图18　竖、纵、横向调位

(8)斜拉索角度调整

利用桥面吊机上弦，在其侧面设置挑梁，挑梁下设置轨道，轨道上设手拉葫芦作为移动吊点，调整斜拉索入锚管角度，桥面吊机后布置 1 台 50t 吊车，可以解决轨短问题，改善牵引角度(图 19)。

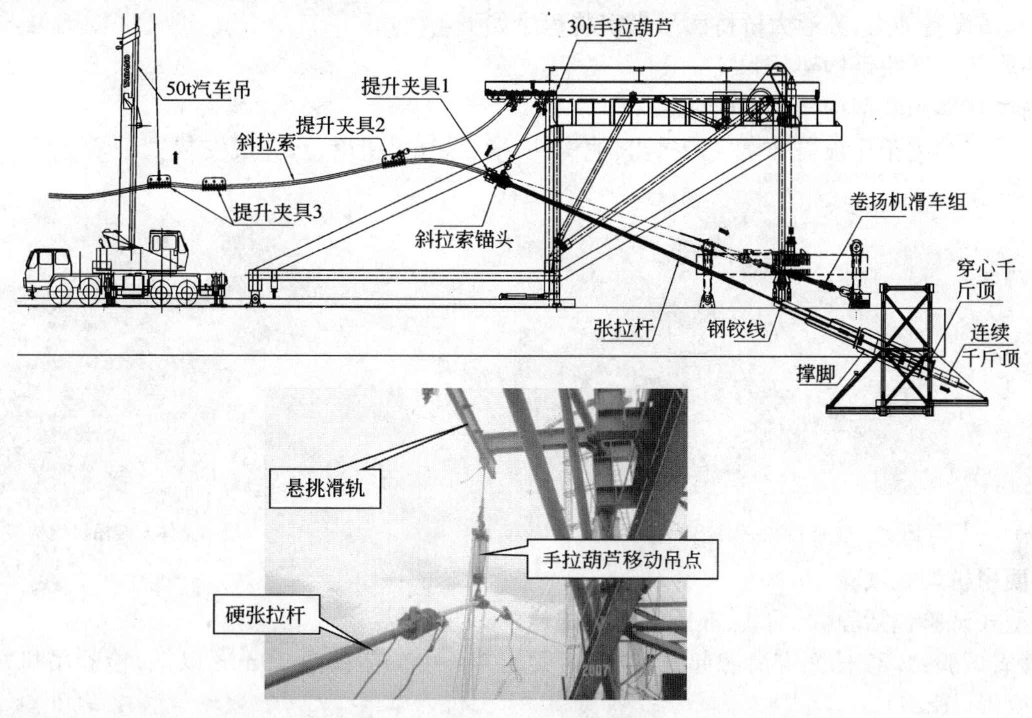

图 19 斜拉索角度调整装置

实现上述功能的桥面吊机设计完成后的总重量小于 110t(包括工作室、液压设备和角度调整支架)，实现了轻型化。

5. 桥面吊机结构分析

(1)整体结构分析

分析在自重、梁段荷载、风荷载、拉索荷载、冲击荷载和其他临时荷载作用下，吊机结构的强度、刚度和稳定性，并确定前、后支点反力，分别用于施工期永久结构加固设计和施工控制计算。

计算表明吊机与斜拉索角度调整架在各工况下的极限应力均小于 278MPa(图 20)，所有杆件的屈曲安全系数均大于 4.0，吊机结构竖向最大变形小于 90mm，表明吊机结构强度、刚度和稳定性均满足要求。

(2)主要节点局部分析

桥面吊机钢构架结构复杂，在整体结构分析基础上，对吊机关键整体节点进行局部应力复核。结果表明最不利工况下各节点局部极限应力小于 345MPa(图 21)，局部结构强度满足要求。

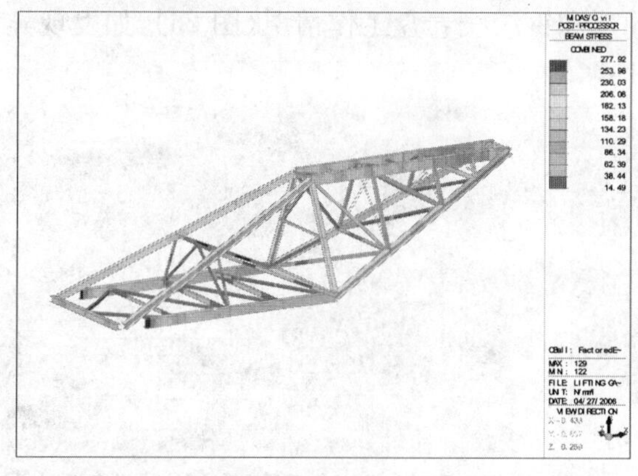

图 20 吊机结构最不利工况应力(278MPa)

图 21 桥面吊机关键节点局部应力(345MPa)

三、桥面吊机使用

1. 桥面吊机安装

根据起吊设备能力，苏通大桥桥面吊机安装程序如下：

(1)在驳船上散拼钢构架(图22)；

(2)塔吊整体吊装钢构架至桥面(图23)；

(3)塔吊安装主千斤顶提升模块，安装其他构件，横、纵移吊机就位，完成安装。

图22　驳船上散拼钢构架

图23　塔吊整体安装吊机钢构架

2. 桥面吊机型式试验

现场型式试验包括静载、动载、液压密封等试验。

(1)静载试验：1.25倍额定荷载起升，脱离运梁船10～20cm，停悬10min以上，检验吊机、吊点及后锚应力与变形(图24)。

图24　1.25倍静载试验

(2)动载试验：1.1倍额定荷载起升，检验机构运行、连接和制动是否可靠，持续时间1h。

(3)液压密封试验：1.0倍额定荷载起升，关闭动力系统，检验千斤顶油缸回缩量，持续时间15min。

经过上述试验检验，桥面吊机应力、变形和液压密封性能完全满足设计要求。

3. 桥面吊机使用要点

(1)锚固系统维护

吊机使用的要点之一在于维护好主千斤顶锚固系统，保证钢铰线受力均匀、锚固性能良好。在每次吊装前取出主千斤顶夹片，进行检查，磨损超标的及时更换，对夹片内的渣滓用钢丝轮打磨清洁，打蜡保养后重新安装(图25)。

(2)起吊系统看护

吊机使用的另一要点在于吊装过程中，密切监视千斤顶和钢绞线卷盘工作情况(图26)，如发现异常情况，可以立即发现并处理。

图25　夹片清洁、保养

图26　监视主千斤顶与钢绞线卷盘情况

(3)边、中跨合龙梁段吊装布置

吊装边跨合龙段时,吊机前支点布置在悬臂端第3道横隔板上,并对吊机吊具进行改造,以适应合龙段长度和吊点布置(图27)。

吊装中跨合龙段时,采用悬臂两侧的4台吊机抬吊,吊机吊具取消,采用已拆除的边跨吊机后锚结构作为吊点连接件(图28)。

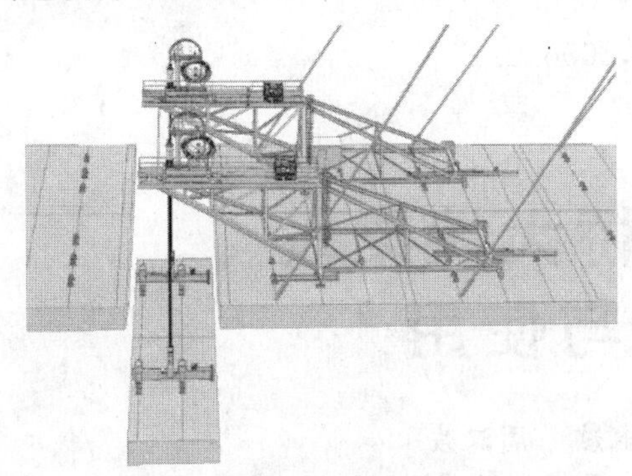

图27　边跨合龙段吊装示意

图28　中跨合龙段吊装示意

(4)吊机行走

采用了分离式行走系统和单点顶推工艺,吊机需分为4次行走到位,每次前移4m。具体步骤是:

①前行走轨道前移4m,顶推吊机前移4m(图29),重复①,吊机前移4m;

②后行走轨道前移8m,重复①、②,吊机前移2×4m,完成吊机前移。

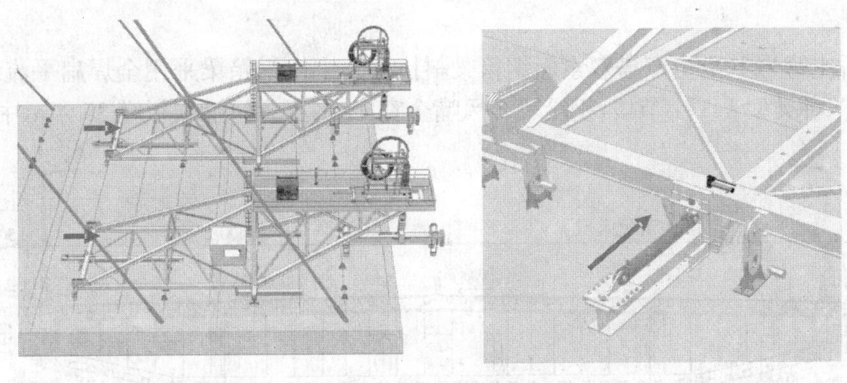

图29　吊机行走示意

四、结　　语

苏通大桥标准梁段悬臂施工从2006年11月10日开始,至2007年5月29日结束,共吊装标准梁段80次,历时近7个月。在吊装过程中,虽多次经历7级大风,但均在指定封航日期和时段顺利完成吊装作业,而且实现平均2小时完成梁段从运梁船起吊至安装位置,保证了长江黄金水道的畅通。在匹配过程中,实现平均1.5小时完成精匹配施工。在梁段吊装期间,每个工作面(2台吊机)作业工人少于10人,在梁段匹配期间,作业工人少于5人。先进的吊机系统实现了梁段吊装作业的机械化、自动化和数字化,极大减轻了工人劳动强度,提高了工作效率,保证了施工安全。对于保证苏通大桥在2007年台风期前实现中跨合拢起到了关键作用。

同时,桥面吊机实现了集梁段吊装和长索梁端牵引入索套管角度调整装置为一体,是大跨度桥梁施工中的一项创新发明,不仅减少了悬臂前端设备数量,还有效控制了施工荷载,保证了施工和结构安全。

随着桥梁结构不断向大跨度方向发展,在苏通大桥成功应用的多功能双桥面吊机系统对于其他大跨度桥梁宽、重标准梁段悬臂安装和长索架设施工具有一定推广和借鉴意义。

参考文献

[1] 沈火群.泰国RAMA8斜拉桥主跨安装及桥面吊机研制.中国港湾,2004.2.
[2] 沈斌.南京长江第三大桥钢箱梁桥面吊机及梁段吊装工程.世界桥梁,2006.3.
[3] 李善荣.用于杨浦大桥施工的桥面吊机.建筑施工,1993.6.
[4] 李勇.湛江海湾大桥钢箱梁安装施工.广东公路交通,2006.2.

93.苏通大桥主桥大块梁段吊索具设计与使用

张　鸿　陈　鸣　罗承斌　周汉发
（中交第二航务工程局）

摘　要　苏通长江公路大桥的边跨及辅助跨梁段在工厂组拼成大块段,用大型浮吊安装。由于主桥通航净空高,传统桁架结构吊具难以满足国内现有浮吊吊高与吊重要求。本文提出苏通大桥边跨及辅助跨超大、超重钢箱梁节段轻型吊索具结构,并介绍了吊索具设计与使用要点。

关键词　苏通大桥　边跨及辅助跨　大块梁段　吊索具设计与使用

苏通长江大桥主跨为1088m双塔双索面钢箱梁斜拉桥。主桥钢箱梁采用全焊扁平流线形结构(图1),全桥钢箱梁分为17种类型141个节段,钢箱梁含风嘴全宽41m,不含风嘴顶板宽35.4m,中心线处高4m。

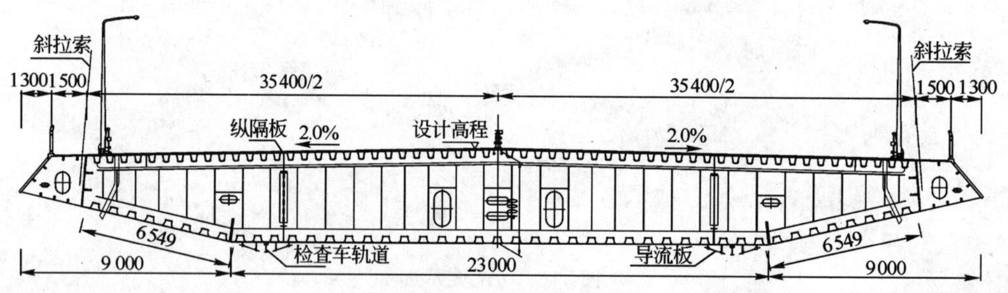

图1　苏通大桥主桥钢箱梁断面图(尺寸单位:mm)

一、基 本 情 况

为缩短双悬臂长度,尽早实现边跨合龙,降低施工风险,在辅助墩及过渡墩旁设置临时支架,在近塔辅助墩与主墩之间设置临时墩,将辅助跨及部分边跨钢箱梁在工厂组拼成大块梁段,采用专用运梁船水运至桥位处,大型浮吊先行安装在临时支架和墩顶。

1.大块梁段总体布置

半桥边跨及辅助跨大块梁段总长为333.9m。总体布置见图2。

2.大块梁段划分情况

根据钢箱梁结构设计、临时支架位置以及国内现有浮吊起吊性能等因素,将边跨及辅助跨钢箱梁拼焊为9个梁段,长度为16～60m不等,重量为380～1208t。其具体分段见图2。

3.浮吊性能参数

国内能够满足苏通大桥大块梁段吊装要求的现有浮吊仅振浮4号,其主要性能参数见表1。

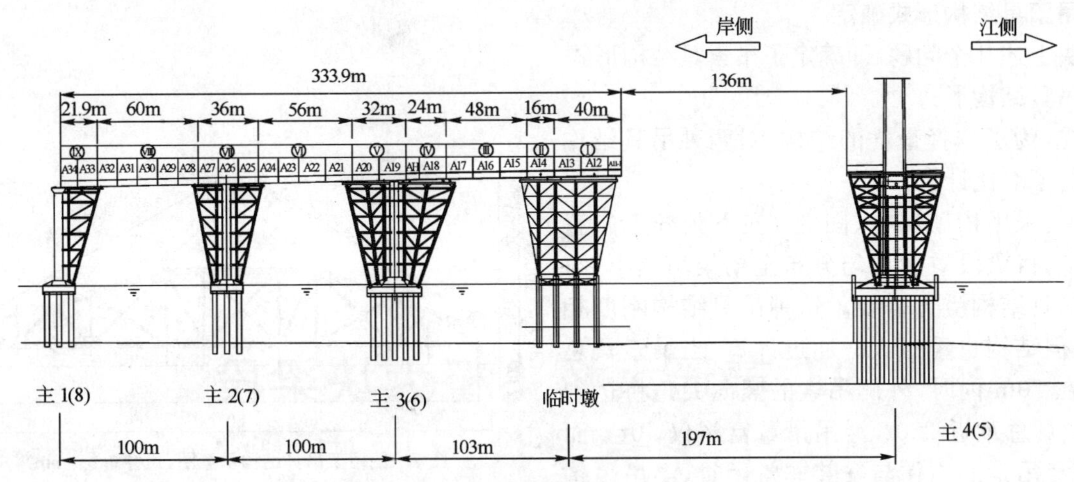

图 2 边跨、辅助跨大块梁段布置

1 600t 浮吊性能参数 表 1

	总长(m)		94	
	总宽(m)		36	
	型深(m)		6.8	
吊臂倾斜角度(°)	63	60	55	50
吊重(t)	1 600	1 500	1 200	1 000
起升高度(m)	95	90	86	80

4. 大块梁段吊点布置

根据大块梁段的重量及长度参数，IX、IV、II 大块件梁段布置 4 个吊点，其余大块件梁段布置 8 个吊点。

二、大块梁段吊索具设计

1. 大块梁段对吊索具要求

1)吊索具高度

按水位标高为－1.0m 计算，大块梁段最大吊装高度达 74.0m。考虑到桥位处较大的风浪与过往大型船舶影响，为保证吊装梁段与临时支架不发生碰撞，梁段底部与支架顶部富裕高度至少需要 1m。因此，吊索具总高度应控制在 95－74－1＝20m 以内。

2)吊索具重量

除去梁段自重 1 208t，以及为安装大块梁段所设计的局部结构加固 20t，浮吊富裕吊重为 1 600－1 208－20＝372t。由于吊点中心与梁段重心并不重合，要保证梁段水平起吊，还须在梁段上布置一定配重，对于 60m 梁段，计算配重需要 82t。因此，吊索具重量应控制在 372－82＝290t 以内。

3)吊索具规格种类

9 块大块梁段长度不一，为适应不同梁段吊装需要，减少吊索具规格种类，根据钢箱梁结构形式，全部大块梁段划分为 5 种吊点布置。要求吊具结构能够适应 5 种不同吊点布置形式。

4)吊索具布置

振浮 4 号 1 600t 浮吊为双吊钩，根据浮吊使用要求，在设计吊索具结构时，要控制双吊钩之间的水平力小于 100t。

2. 吊索具结构形式确定

解决上述几个问题，即确定了吊索具结构形式。

1)吊具结构形式

首先，为了选择最优的结构，对两种吊具结构形式进行了对比计算：

其一，采用桁架结构(图3)，在下弦杆上布置多个吊点，将梁段重量均匀分布至桁架吊具下弦，以适应吊具结构受力需要。这种吊具结构刚度相对较大，但结构自重也大。通过计算，当吊索具总高控制在20m内时，外侧吊索的竖向夹角将达到57°，吊索具总重近250t，浮吊吊重富裕仅40t。而且，大直径吊索的制作与安装非常困难，浮吊吊钩也无法容纳。另一方面，吊具与梁段间多吊点连接存在困难，吊点间受力易出现不均衡。同时，由于吊索竖直角大，吊装时梁段平衡及吊索受力均匀性将很难控制，对吊装安全极为不利。

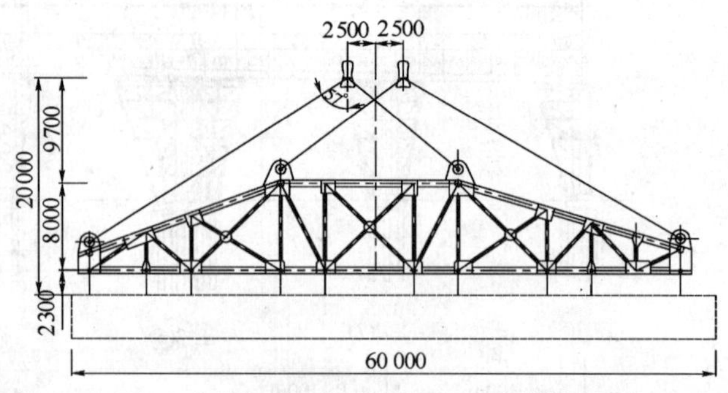

图3 钢桁架吊具结构示意图(尺寸单位：mm)

其二，采用平面压杆结构(图4)，使吊具结构高度降低，吊索具重量减轻。通过计算，当吊索具总高为18.3m时，外侧吊索的竖向夹角为40°，吊索角度合理，吊索直径较小，吊索具总重约170t，浮吊吊重富裕120t，吊高富裕达2.7m，吊装安全性大幅提高。

通过上述两种吊具结构形式比较，采用平面压杆结构较为合理。

2)吊索布置

若采用图4所示吊索布置，吊钩间将产生较大水平力，吊钩自身结构无法承受。因此，采用图5所示交叉吊索布置减小吊钩间水平力。然而，在吊装过程中，由于双吊钩之间的不同步性和吊索间制作长度差异，吊具结构将产生较大的弯曲应力，若控制不好，有可能产生灾难性的后果。

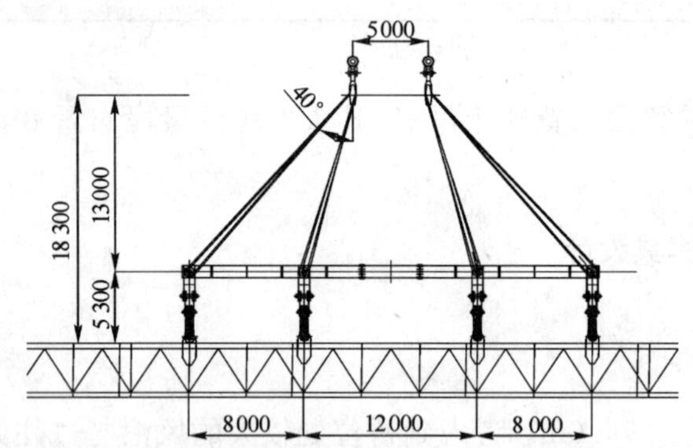

图4 平面压杆结构吊具示意图(尺寸单位：mm)

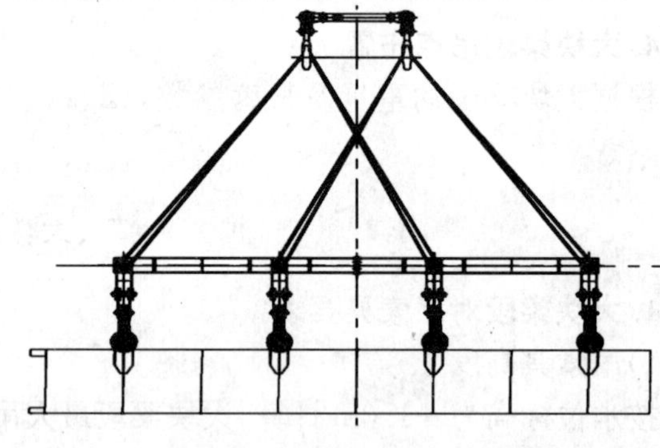
图5 交叉吊索布置形式

3)吊具结构

吊具由主吊梁、横撑及吊耳三大部分组成，其中8点吊具主吊梁为钢箱梁结构，横撑为钢管结构。主吊梁、横撑及吊耳用销轴连成整体。

主吊梁分成三段，两端为固定段，中间为调整段，采用高强螺栓连接，可以进行多种组合，以满足不同长度梁段的吊装要求，从而实现通用性(图6)。

3. 吊索具受力分析

假定以下因素进行平面压杆吊具和交叉吊索布置受力分析：

①吊钩的不同步性：假定吊装过程中，浮吊2个吊钩之间最大不同步高差为80mm。

②吊索的长度差异：根据工厂制造可能达到的精度，假定所有吊索(包括主吊索和次吊索)长度最大制造相对误差为50mm。

通过受力分析可知，浮吊吊钩不同步和索长差异对8点吊具结构受力影响大(图7)。

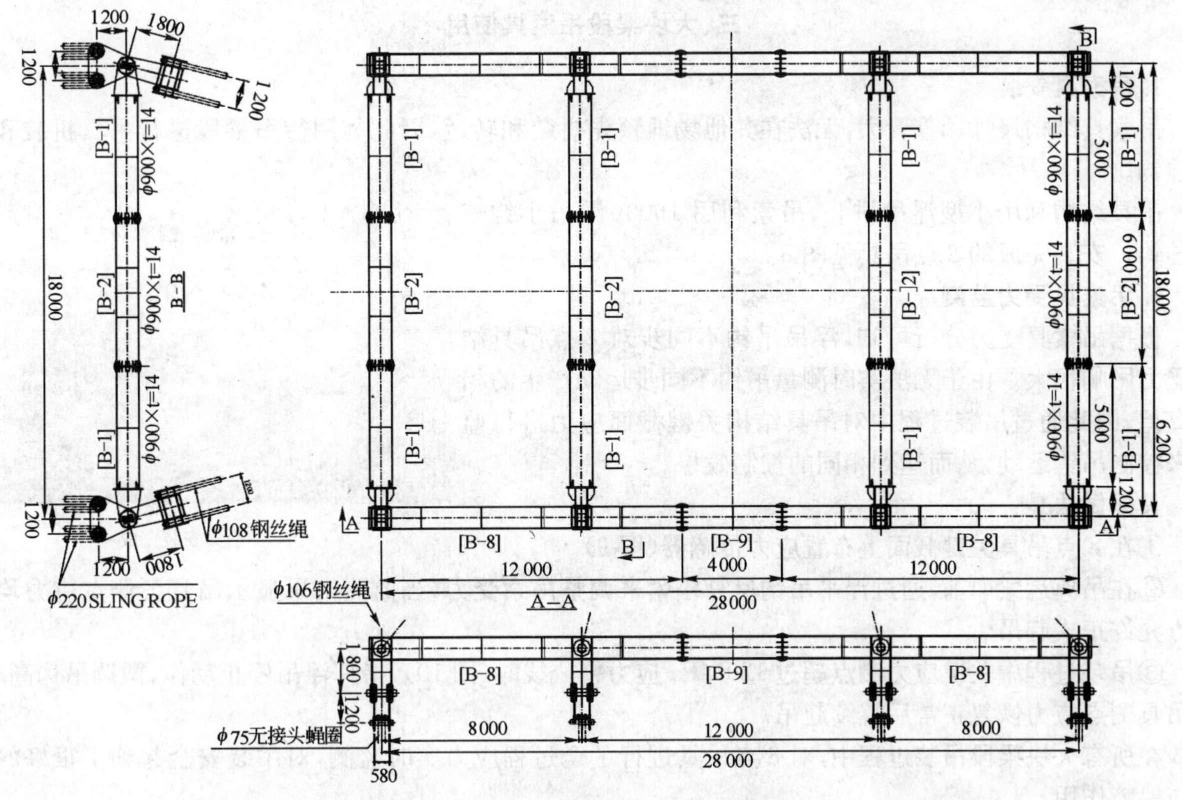

图6 8点吊具结构(尺寸单位:mm)

因此,在施工中,须对8点吊具使用及其索长制作进行严格控制。

4. 吊索设计与加工

吊索分为主吊索和次吊索。吊具与吊钩间为主吊索,吊具与钢箱梁间为次吊索。

1)结构比选

为选择最合理的吊索结构,对比了合成纤维软吊索和钢丝绳两种形式。

软吊索具有强度高、耐弯折的优点,适用于大型结构的捆绑吊装。但对于大块梁段吊装,存在以下缺点:

①吊索数量多、直径大,浮吊吊钩直径相对较小,无法容纳。

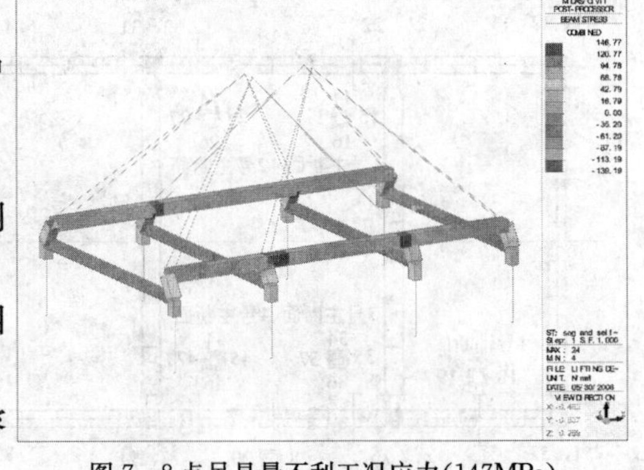

图7 8点吊具最不利工况应力(147MPa)

②为保证吊具与吊索受力均匀,吊钩上吊索之间应能相对自由滑动,然而软吊索在吊钩上将相互挤压,滑动困难。

因此,最终选取大直径钢丝绳作为吊具主吊索。

对于主吊索,为便于加工和安装,其一端设计为开口接头,另一端为闭口接头,浮吊小钩辅助挂好索后,开口与闭口接头用销轴连接。对于次吊索,由于长度较短,采用无接头绳圈。

2)加工要求

根据吊索具受力分析可知,单根吊索荷载大,而且吊索之间制作长度差异对吊具受力影响较大。因此,在吊索制作过程中,提出了以下程序和规定:

①每根吊索在额定荷载下准确测量长度,然后加工接头;

②每根接头制作完成后,进行2倍额定荷载抗拉试验,检验钢丝绳和接头质量;

③控制所有吊索间长度相对差小于50mm。

三、大块梁段吊索具使用

1. 吊索具安装

吊索具结构尺寸和重量大，无法在其他场地预先拼装和转运，因此利用待吊梁段进行吊具拼装和吊索挂钩。

吊具结构利用小型浮吊拼装，吊索利用1600t浮吊小钩辅助挂钩。安装完成的8点吊具见图8。

图8　吊具安装完成

2. 吊索具受力监测

根据吊索具受力分析可知，浮吊吊钩不同步对8点吊具结构受力影响很大。由于无法实时测量吊钩不同步运动产生的相对高差，因此通过吊装过程中对吊具结构关键截面应力进行监控来控制吊钩运动，从而达到相同的控制效果。

具体做法是：

①在8点吊具关键截面上布置应力传感器(图9)。

②在吊离运梁船前，通过浮吊吊钩反复松紧来调整吊索受力，当监测结果显示吊具各测点应力均衡时方允许正式起吊。

③吊装过程中关键应力测点超过120MPa应力警戒线时(图10)，指挥浮吊停止动作，微调吊钩高度，当吊具测点应力恢复正常后继续起吊。

在所有大块梁段吊装过程中，对8点吊具进行了全过程应力实时监测，对吊装安全起到了很好的指导与保障作用。

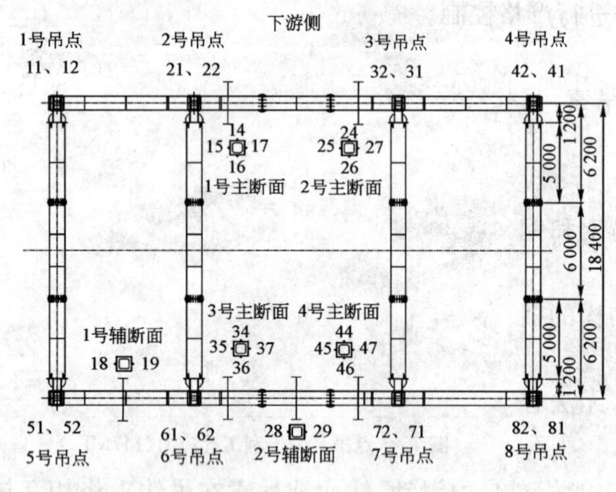

图9　吊具应力监测点布置图

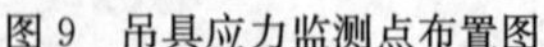

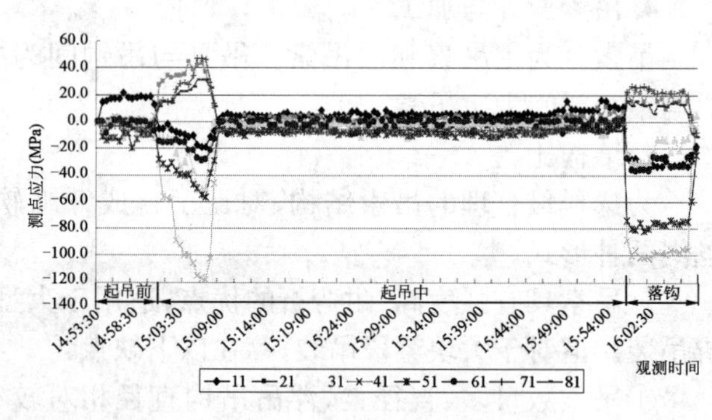

图10　吊具应力实时监测、应力时程曲线

四、结　　语

苏通大桥边跨及辅助跨大块梁段共18块，单节段最大长度60m，最大吊装高度超过75m，单节段最大重量1 208t，合计重量超过15 000t，创造了多项国内大型桥梁构件吊装纪录。吊装共分为3批，第1批为2006年7月16日～7月23日，第2批为9月2日～9月10日，第3批为10月20日～10月30日，前后历时4个月，累计吊装时间28天(图11为60m大节段吊装就位)。

基于国内现有浮吊能力，通过深入研究，提出采用全新的平面组合压杆结构吊具方案，克服了传统钢桁架结构吊索具高度和自重大的缺点，大大减小了吊索具高度，增加了吊重富裕。同时，通过详细的计算分析，确定了吊索具在制造和使用过程中的控制重点，通过工厂严格控制吊索制作长度，以及在吊装过程中引入应力实时监测系统指导吊装过程，实现了全过程的控制和信息化施工，对于保证吊装安全起到了至关重要的作用。

边跨及辅助跨采用大块梁段安装对于加快施工进度、降低双悬臂施工风险、推进苏通大桥顺利建成起到关键作用。同时，随着国内大型浮吊性能的不断提高，水中大跨度桥梁采用大型浮吊安装主梁的长度和重量也在不断发展，在苏通大桥成功应用的轻型平面组合压杆吊具对于其他大跨度桥梁主梁大节段安装有一定借鉴意义。

图11 60m长大块梁段吊装

参考文献

[1] 戴永宁.南京长江第三大桥主桥技术总结[M].北京:人民交通出版社,2005.

[2] 李瑞显.安庆长江大桥钢箱梁安装施工技术[J].北京:铁道建筑,2006,12.

[3] 李勇.湛江海湾大桥钢箱梁安装施工[J].广东:广东公路交通,2006,2.

[4] 崔赐根,李宗平.全国桥梁学术会议论文集—润扬大桥北汊斜拉桥钢箱梁安装施工技术[C].北京:人民交通出版社,2003.

94.超大沉井下沉监控技术

肖文福 傅琼阁 刘建波 翟世鸿 刘 鹏

（中交第二航务工程局有限公司）

摘 要 泰州长江公路大桥中塔墩基础采用沉井结构。由于荷载分布的不确定性和施工因素的影响，下沉过程中需要收集大量的信息数据，沉井结构内部应力应变及整体稳定性监控都是非常重要的。

关键词 沉井 下沉 应力应变 监控

一、工 程 概 况

1.沉井基础概况

泰州长江公路大桥中塔墩基础采用沉井结构。沉井分为钢沉井和钢筋混凝土沉井，其中钢沉井高度为38m，钢筋混凝土沉井高度为38m。第一节钢沉井平面尺寸为58.4m×44.4m，第二至第七节钢沉井平面尺寸为58m×44m，除了第二节钢沉井隔墙宽度为2m外，其余各节隔墙宽度均为1.6m。沉井分为12个隔舱，沉井顶高程为+6.0m，底高程为−70m，坐落于粉砂层中，封底混凝土厚11m，顶板承台厚5m。中塔墩位置的覆盖层厚度较大，深水江底段厚约175m，覆盖层至上而下可分为粉细砂夹亚黏土、中砂层、砾砂圆砾土。

由于中塔墩沉井规模宏大，处于深水中下沉施工，施工工艺复杂，施工精度要求高，沉井下沉过程中需要收集大量的信息数据，以便及时进行处理同时作出判断，指导下沉施工。同时，承台、塔柱、大缆以及桥面的施工过程中，由于荷载分布的不确定性和施工因素的影响，沉井结构内部应力应变及整体稳定性监控都是非常重要的[1,2]。

2.中塔沉井基础的工程问题

根据对塔址的工程地质条件和中塔沉井基础工程条件分析，中塔基础在施工和运行期间主要存在以下问题：

1）基础沉降及不均匀沉降问题

受地层岩性因素、自然因素、工程荷载及地震、船撞等偶然因素影响，在运行期间基础可能出现沉降和差异性沉降问题，影响大桥的正常施工和运营。

2)沉井基础的应力和变形问题

沉井施工和运行过程中,钢沉井的应力应变问题,特别是在第二节钢沉井处,封底混凝土对钢板的作用,使得钢沉井可能会产生变形和撕裂;清基及封底前后刃脚反力及沉井侧壁摩阻力变化规律对工程施工有重要的指导;沉井用混凝土封底后基底反力是否均匀对沉井的稳定性有重要的影响。

3)河床的冲刷问题

沉井在施工和运行过程中,河床的冲刷对沉井的稳定性有很大的影响,必须对河床的冲刷与淤积进行监测。

二、总体监控技术方案设计

1. 设计目的

(1)编制详细的沉井施工监测方案,包括沉井的平面位移监测、侧阻力、端阻力、倾斜监测、锚缆力、水流速度的监测和显示、沉井隔仓进水量的的监测和显示、沉井内外的水下地形测量等[3]。

由于数据自动化采集已经很成熟,对监测数据自动化采集系统的开发提出建议性方案。对于沉井的轴线、平面位置、高程、倾斜等几何姿态的控制提出建议的测控方案;对于隔仓进水量的显示和控制提出方案;对于井内和井周水下地形自动化监测提出方案。编制沉井数据库管理及三维、二维和一维显示模块。

(2)数据自动化处理、显示软件包的开发。数据自动化采集后的信息化处理[4],及时获取和处理沉井施工过程的动态数据,实时进行沉井三维几何姿态显示和端阻力、侧阻力分布状态显示、沉井隔仓水量显示、流速显示、水下地形显示,为施工提供及时有效的预警和指导。

2. 设计原则

(1)针对桥位区覆盖层深厚且松软、自然条件复杂、沉井基础规模大且施工风险大的特点,以及施工监控所需的数据种类多、数据采集量大的技术要求,兼顾人工监测与自动化监测,对于需要较大代价才能实现的自动监测,则考虑用人工监测;对于需要耗费大量人力的监测项目,则考虑用自动化监测。不管任何时间、任何地点进行观测,不受阴天黑夜、起雾刮风、下雨下雪等气候的影响。

(2)既重视施工过程中的沉井结构受力,更关注施工过程的监控。

(3)以沉井下沉过程为监测重点。

3. 监测数据自动化采集

在沉井施工过程中,需要观测如下几个方面的内容:

(1)刃口反力及侧壁力监测

(2)锚碇系统锚缆力监测

监测数据采集方式见表1。

监测数据采集方式汇总表 表1

监 测 内 容	传 感 器	数据采集方式	
		人工	自动
刃口反力和侧壁摩阻力	土压力传感器和应变计		★
锚碇系统锚缆力监测	锚缆计(旁压式张力计)	★	★

在以往的桥梁工程中,监测数据大都采用人工监测方式。由于此种方式只能间断的、小批量的采集数据,且采集操作受天气和气候的影响很大,无法实现连续的、大批量的实时数据采集。监测工作自始至终要与施工的进度相结合,监测频率应满足施工工况的要求。各监测项目的测点布设位置及密度应与设计确定的结构类型、施工安装开挖特点、河床特性相配套。同时为综合把握沉井变形状况,提高监测数据的质量,应在每一节沉井内有监测点,从而对沉井下沉的有关信息有一个清楚全面的认识,为水上超大超

深沉井施工安全提供全面、准确、及时的监测信息。

为此，本项目全过程采用自动监测系统来进行数据的连续采集和分析，同时，在关键工序人工采集数据进行校核。自动监测系统能在短暂的数秒钟之内，对接入其中的所有传感器进行数据的自动采集、分析和保存。

为了及时了解结构的各种参数，监控和指导施工，需要对自动采集的数据进行实时跟踪分析如图 1。为解决数据实时传输的问题，系统组建之后 24h 自动化采集，采用 GPRS 远程数据传输系统，通过该系统可以对自动采集系统发出指令，下载其中任意时段的监测数据进行实时分析。

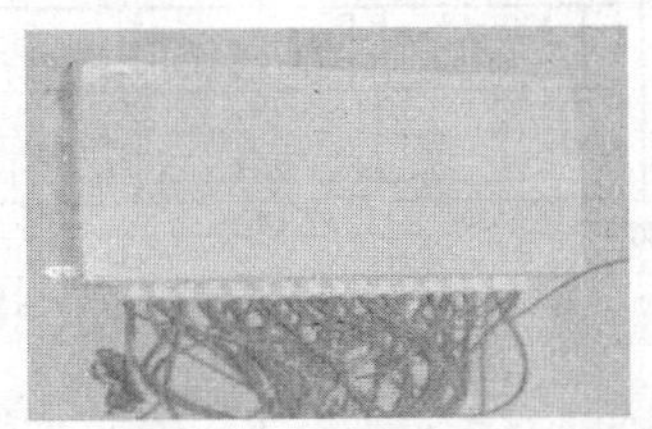

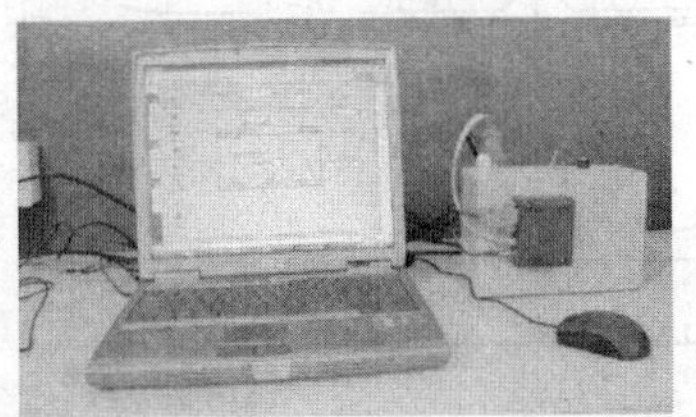

图 1 数据自动采集和无线传输系统

三、监 测 方 案

1. 刃口反力和侧壁摩阻力监测

沉井刃口反力和侧壁摩阻力既反映沉井下沉过程中所遇到的地层阻力，也客观反映了沉井的受力情况，是沉井下沉过程中的重要监测指标。为了实时得到沉井井壁受力的分布状况，可在沉井四周按要求布设应力传感器，刃口反力的监测对象包括井壁和隔墙。通过测定沉井在下沉过程中的刃口反力为及时、直观地了解沉井下沉过程中所遇到的土层阻力提供资料。而侧壁力摩阻力可作为控制沉井倾斜的因素，同时也可判断井壁土体是否发生流砂。将应力传感器的测量数据通过无线网络传输到控制中心，实时得到沉井的端阻力和侧阻力的分布状况。

1)刃口反力监测

(1)监测方法与监测频率

刃口反力监测拟采用振弦式土压力盒。在其量程确定时，根据工程地质勘察资料以及沉井自重，并考虑到沉井下沉时对周围土体的扰动、压力盒量程与灵敏度的关系以及适当的安全储备，刃口反力计的量程选用 1.5MPa。沉井下沉过程中的监测频率为每 10 分钟一次，沉井制作过程中的监测频率为每天一次。

(2)测点布置

在沉井井壁的中部、两道隔墙之间的刃口斜面上布置 2 套反力计；在沉井四角刃口斜面上各布置 1 套反力计；在沉井隔墙的底部布置 4 套反力计。共布置 14 套反力计，用于监测沉井下沉过程中刃口和隔墙底部的反力，用于监测沉井下沉过程中刃口和隔墙底部的反力。沉井刃口反力测点布置如图 2、图 3。刃口斜面的反力计承载面呈水平布置，装埋设方式如图 4。隔墙埋设如图 5。

压力计的编号从水流上游开始按顺时针方向依次进行编号，具体编号如图 2。

根据压力计测出各个状态下的频率计算出该状态下的土应力。土应力的计算公式为：

$$F=K_0K_1(f_x^2-f_0^2)$$

式中：F——土应力(MPa)；

K_1——标定系数；

K_0——系数，取值为 0.000 538 3(长沙金码仪器)；

f_x——测点频率；

f_0——零点频率。

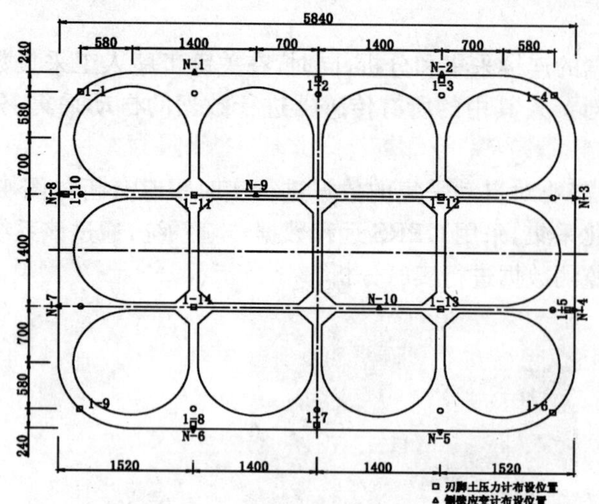

图 2　主桥沉井基础施工控制传感器布置平面图(尺寸单位:cm)

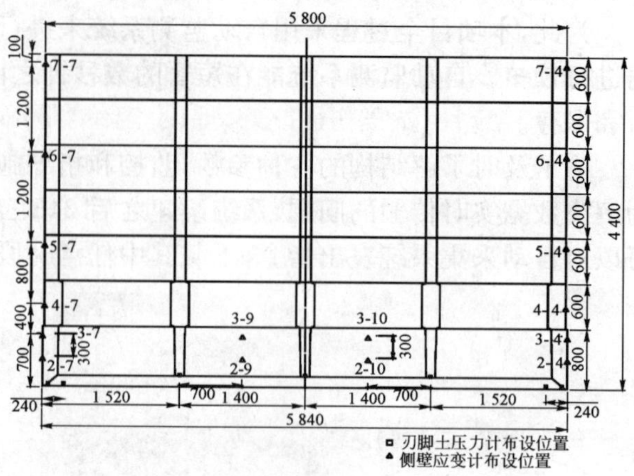

图 3　主桥沉井基础施工控制传感器布置立面图(尺寸单位:cm)

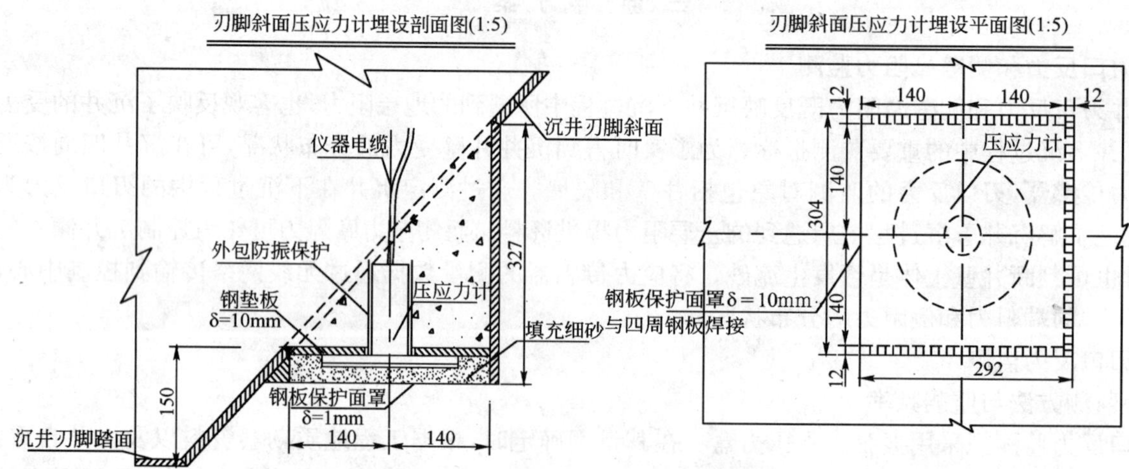

图 4　刃口反力传感器的安装示意图(尺寸单位:cm)

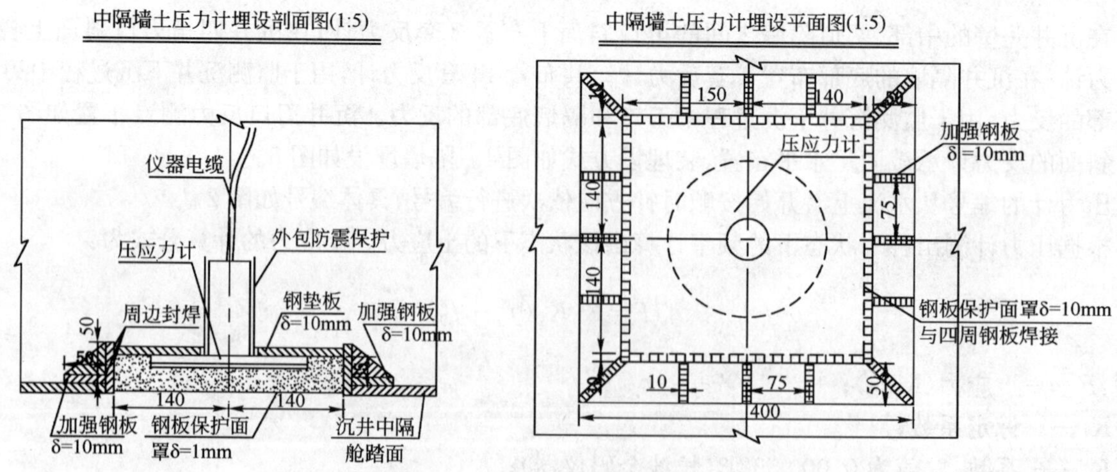

图 5　隔墙反力传感器的安装示意图(尺寸单位:cm)

2)井壁与土的摩阻力监测

(1)监测方法与监测频率

因沉井的施工周期较长、工序复杂,各项监测工作也将经历一个较长的时间,因而要求测试元件必须具备长期稳定性、抗损伤性能好、埋设、定位容易及受施工干扰小等优点。为此,井壁侧阻力采用点焊式应变计进行监测,即在钢沉井内侧高度方向,根据土层的分布情况,在井壁不同高度处预埋测试元件,测试井壁轴向力,通过不同高度处井壁的轴向力的差值换算井壁的分层侧阻力。为防止格舱内混凝土浇筑后对应变计测量结果的影响,每个应变计位置采用保护盒(铁盒)焊接后封闭保护,与混凝土隔绝。埋设方式如图 6、图 7。

考虑到水上施工的特殊性及复杂性,采用自动采集仪系统进行测试采集,然后再把数据传输到电脑里面进行数据处理,确保施工监测的实时性。沉井下沉过程中的监测频率为每 10 分钟一次,沉井制作过程中的监测频率为每天一次。

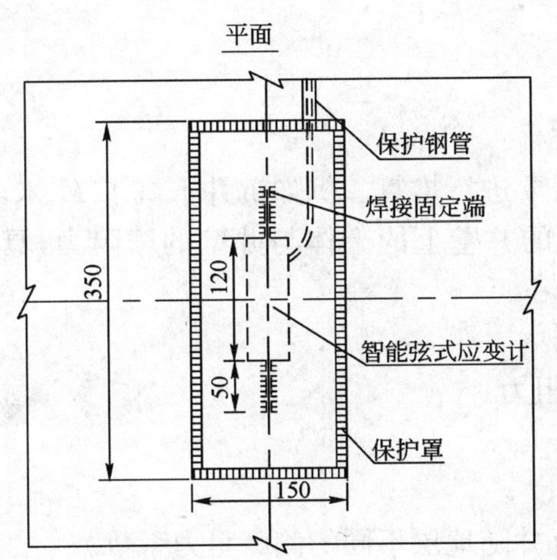

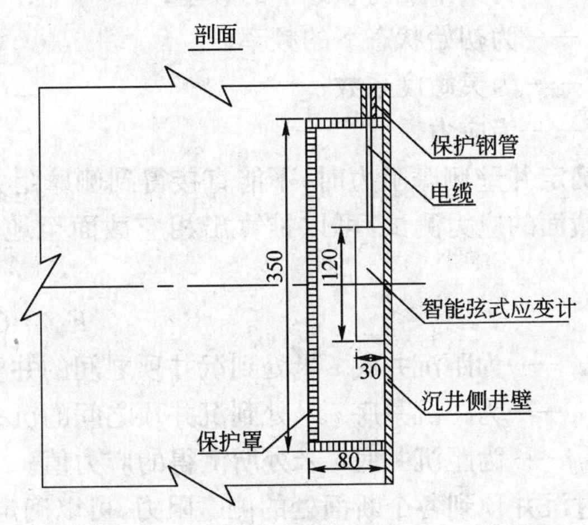

图 6 侧壁应变计的安装示意图(尺寸单位:cm)

应力监测元件采用温度误差小、性能稳定、抗干扰能力强,适合于长期应力监测的 VW—1210 型点焊式应变计。

技术参数指标为:

应变量程:3 300$\mu\varepsilon$

应变测量精度:0.1%FSR

非线性:0.5%FSR

应变分辨率:0.5$\mu\varepsilon$

测量标距:51.5mm

使用环境温度:−30℃~+80℃

温度测量范围:−40℃~+105℃

温度测量精度:±1℃

系数:0.3911

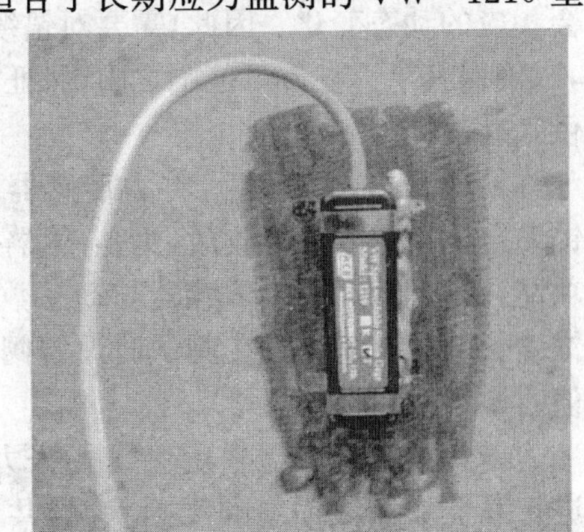

图 7 VW-1210 型点焊式应变计安装示意图

(2)测点布置

首节沉井沿每边布设 2 个,在沉井内侧壁多布设 4 个用于监测沉井内侧壁摩阻力情况。在第 2、3、5、7 节沉井每边布设 2 个,具体见图 2、图 3。

各测点编号从上游开始按顺时针方向依次进行编号,具体情况见图 2,其中 $N\geqslant 2$,N 表示应变计所在的层数。当 $N=2$ 和 3 时,该层应变计个数为 10,当 $N\geqslant 4$ 时,应变计个数为 8。

土压力盒和应变计安装位置及数量汇总表　　表2

仪器名称	安装位置	仪器型号	仪器数量	备注
土压力盒	刃脚斜面及中隔墙踏面	JMZX-5040A	14	
应变计	距刃脚底面 4m 处	VW1210	10	
	距刃脚底面 7m 处	VW1210	10	
	距刃脚底面 11m 处	VW1210	8	
	距刃脚底面 19m 处	VW1210	8	
	距刃脚底面 31m 处	VW1210	8	
	距刃脚底面 43m 处	VW1210	8	

应变计可以直接测出某个压力状态下的频率，根据 $F_{\text{应}}=K(f_x^2-f_0^2)$，计算出该部位的应力。

其中：f_x——为某个压力状态下的频率；

f_0——为初始状态下的频率；

K——为灵敏度系数；

F——为应力。

在确定井壁侧摩阻力时，不能直接得到侧摩阻力时，需要进行推算。例如沉井下沉了 H 米，通过对相邻两截面的应力测试，可以推算出相应截面至地面之间的井壁上的土体与井壁的摩阻力，具体公式如下：

$$F_{\text{侧}i}=G_i-F_{\text{应}i}$$

式中：$F_{\text{侧}i}$——为距沉井底 i 米处到沉井顶之间的井壁侧摩阻力；

G_i——为距沉井底 i 米处到沉井顶之间的沉井自重；

$F_{\text{应}i}$——为距沉井底 i 米处所测得的应力值。

通过沉井顶到各个断面处的侧摩阻力，可以确定整个沉井随地层不同的侧摩阻力系数。

2. 锚缆力的实时动态监测

沉井浮运到位后主要依靠锚缆进行定位，锚缆为沉井抵抗水流力和风力的主要承力部件，其失效会产生重大的灾难性后果。由于水流速度、风速不断变化，在下沉时沉井也可能产生一定的倾斜，锚缆受力也会相应的动态变化。因此，需要对锚缆力进行动态监测，随时掌握锚缆的受力状况，并根据变化进行调整，以确保其承力在许可范围之内，保证沉井定位时的可靠性、安全性。同时，测试结果为沉井定位监测提供基础数据。

锚缆检测主要方法为：将力传感器联接在锚缆上，考虑锚缆定位时需要进行收放，力传感器需要设置为具有防水功能。通过数据线将传感器与动态数据仪相连，可实现对锚缆力的动态测试。在测试时设定阀值，使缆力超过一定值时实现实时报警。

图8　机械式拉力计示意图

力传感器初步考虑采用旁压式张力计及机械式拉力计进行双控来保证锚缆的受力状况，共计各安装 24 个传感器。

直读机械式拉力计如图 8。

旁压式张力计如图 9、图 10。

技术参数：

额定荷载 1～500kN＞20％

综合精度＜1％(线性＋滞后＋重复性)

灵敏度 2.0mV/V

图9 旁压式张力计安装示意图

图10 锚缆实时自动采集预报系统

蠕变±0.02～±0.03%F・S/30min

零点输出±1%F・S

零点温度影响±0.02～±0.03%F・S/10℃

输出温度影响±0.02～±0.03%F・S/10℃

工作温度－20℃～＋65℃输入阻抗 780±30Ω

输出阻抗 700±4Ω 绝缘电阻＞5 000MΩ

安全过载 150%F・S 供桥电压建议 10VDC，最大 20VDC

接线方式电源(＋)红线电源(－)绿线

输出(＋)黄线输出(－)白线

四、监测数据采集点平面布设

在中塔沉井下沉施工现场设置监控室，上下游锚缆力的监测数据采集箱布设在上下游锚墩位置，沉井位置上各监测数据采集箱布设在沉井顶部，通过无线或有线两种方式传递。监测数据采集点平面布设如图 11。

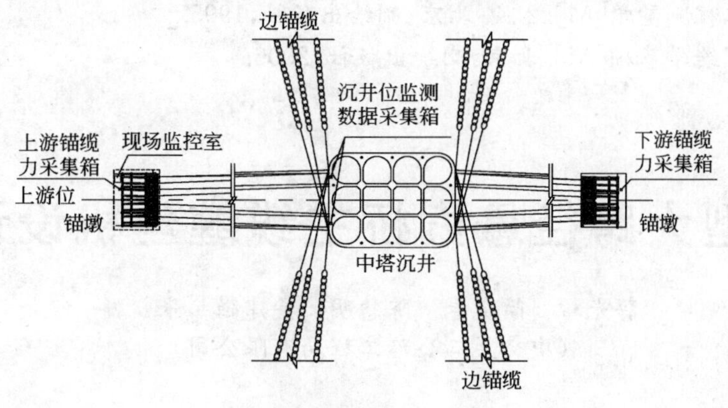

图11 监测数据采集点平面布设

五、数 据 处 理

为了正确判断资料的可靠性，要求检查者应对监测部位的地质条件、环境因素(如涨落潮、水位)甚至气候(如风力、风向)都必须有全面而深入的了解。

六、监测数据的分析

资料分析和解释系统是施工监控系统的一个十分重要的子系统。从技术实现的角度来看，也是施工监控系统中最为复杂的子系统。资料分析和解释系统的作用在于通过对已经经过可靠分析的实测数据进行必要的分析，以综合评判沉井基础施工工程中的安全状况，并及时提出技术警报以及相应的处理建议。资料分析和解释系统的主题是安全监控模型。

七、安全监控模型的类型及作用

安全监控的宗旨可归纳为：根据监测结果对工程的安全稳定性作出客观明确的评判；根据监测结果堆后续工况的安全性进行预测预报，实现“防范于未然”的目的。为了实现安全监测的宗旨，安全监控模型的建立是十分必要的，它也是实现信息化施工的必要条件。

就目前的科学技术发展水平而言，安全监测仅能实现对现象（响应量）或作用（原因量）的观测。“监测资料”与“安全状况”之间的关系就是安全监控模型。安全监控模型的作用在于可据以对建筑物及地基基础的运营状况和安全稳定性做出合理、客观的综合评判，可及时准去的检出异常，并提出相应的技术报警和处理建议。它包括原因量和响应量的监控警戒模型、安全性综合评判模型和安全稳定性预测预报模型。

对于不同环境和不同规模的沉井基础工程而言，什么是控稳原因量、什么是敏感响应量，却因结构部位而异，尚无章可循。对于沉井基础施工监控模型的建立，无论是安全评判模型，还是安全稳定性预测预报模型，或是监控警戒模型，其建模的困难之处不仅在于其复杂性，更在于尚需探索建模的理论和方法。

八、结　　语

泰州长江公路大桥中塔墩采用沉井基础形式，其所处位置地址条件复杂，工程施工难度大。沉井施工过程中可能出现下沉过缓、停滞、过速、突沉、施工偏差和施工影响河床冲淤及周边环境等问题。对此，需建立安全监控系统，对施工过程中的沉井的下沉量及其差异、沉井的倾斜度和水平位移、沉井施工的影响程度和范围、沉井下沉过程中的土层阻力等进行实时跟踪观测。并通过建立合理的监测数据分析模型和安全监控模型，为沉井基础的安全施工提供及时、准确地预报预警信息，以确保工程施工顺利进行。

参考文献

[1] 上海隧道工程股份有限公司. 软土地下工程施工技术[M]. 上海：华东理工大学出版社，2001.
[2] 陈光福，王海平. 超型深水沉井施工技术. 中国港湾建设. 2007年12月第6期. 47～51.
[3] 李青岳，陈永奇. 工程测量学[M]. 2版. 北京：测绘出版社，1995.
[4] 陆国胜，王学颖. 测绘学基础[M]. 北京：测绘出版社，2006.

95. 新型大跨径悬索桥主缆缠丝机设计研究

薛光雄　简晓春　陈慧明　吴建强　张　腾
（中交第二公路工程局有限公司）

摘　要　结合西堠门大桥实际及国内大跨径悬索桥发展方向，开发研制一种适应面广泛、先进高效的主缆缠丝机

关键词　大跨径悬索桥　主缆缠丝机　研究

一、前　　言

悬索桥的主缆是其主要受力构件，在该类桥梁使用期限内，修复工程相当困难，更不允许更新拆换，因此，必须预先采取物理防护措施。在主缆表面进行现场缠丝防护作业是在沿主缆长度方向，以一定的张力使镀锌软钢丝牢固、均匀、密匝地缠绕在主缆上，用以保持主缆外形并保护主缆钢丝免受大气、雨水侵蚀及防止意外碰撞，保证涂装防护效果，延长大桥使用寿命，已成为保障悬索式大桥安全使用寿命的重要措施。主缆缠丝机就是用于完成悬索桥主缆缠丝的专用设备。

依据以往悬索桥主缆缠丝机设计、使用的经验，针对西堠门大桥主缆缠丝施工的技术特点和具体要求，并同时考虑国内今后大跨径悬索桥建设的发展趋势，我局自行研制了应用于大跨径悬索桥的新型主缆缠丝施工设备。新型大跨径悬索桥主缆缠丝机与现有的各种缠丝机相比，在许多方面取得了突破，经过西堠门大桥的实际使用，缠丝质量和效率均有很大的提高，取得了预期的效果。

二、工 程 概 况

西堠门大桥是舟山大陆连岛工程中的第四座跨海特大桥，连接舟山市册子岛与金塘岛。设计等级为双向四车道高速公路标准、设计时速 80km/h、设计宽度 24.5m、设计寿命 100 年。西堠门大桥的建设将对舟山大陆连岛工程及舟山、宁波港口一体化起到极大的推动作用。

西堠门大桥为主跨 1650m 的单孔双绞钢箱梁悬索桥，南边跨为 485m，北边跨为 578m，其主跨跨度居同类桥形中世界第二、中国第一。全桥有两根主缆，每根主缆长约 2880m，主缆直径中跨索夹内为 ϕ845mm，索夹间为 ϕ855mm，南边跨索夹内为 ϕ850mm，索夹间为 ϕ860mm。缠丝张力要求高(2.5kN 以上)，主缆最大倾角 27°。全桥共计使用 15 种索夹，最大索夹长度 2424mm(图 1)。

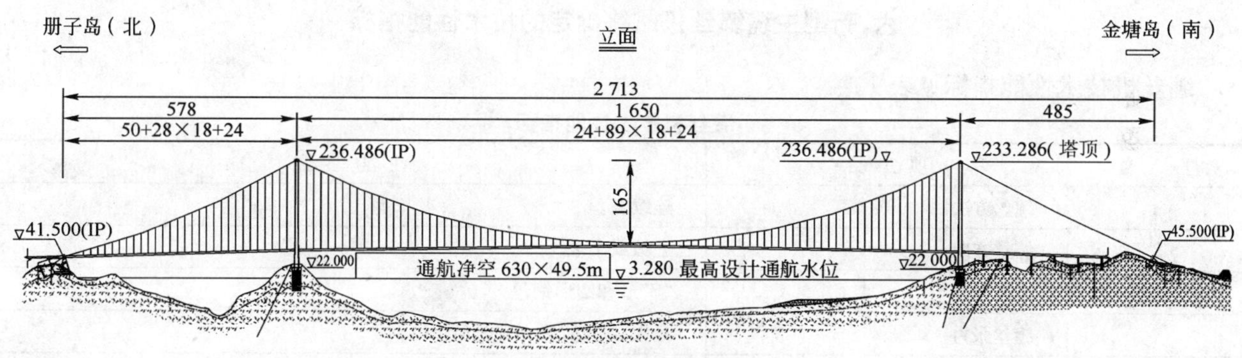

图 1 西堠门大桥总体布置图(尺寸单位:m)

三、缠丝工况设计

主缆缠丝机的要求是均匀、密匝、紧密，具有一定的缠丝张力。由于活载、温度等的变化，主缆直径会随之而变。主缆缠丝必须适应这种变化，即在最不利荷载作用下，缠绕钢丝的拉力不能为零。这就要求主缆缠丝机能对缠绕钢丝施加更大的张力储备，并满足以下工况设计：

(1)可在主缆上行走(前进、后退)；

(2)缠丝头绕主缆转动速度必须与其进给速度匹配同步；

(3)缠丝或走行时，具有自动跨越索夹、吊索能力；

(4)可对缠绕钢丝的张力大小进行设定和控制；

(5)主机架移动时，缠丝头能同步向相反方向移动；

(6)可适用于“S”形和圆形钢丝对主缆进行缠丝作业。

四、西堠门大桥对主缆缠丝机的性能要求

(1)缠丝方法：连续缠丝；

(2)适用于 S 形和圆形钢丝缠绕；

(3)适用主缆直径：ϕ800～ϕ950mm；

(4)缠丝拉力：最大 3 000kN；

(5)跨越索夹长度：最大 2 424mm；

(6)控制、监控：缠丝/移动可单独操作也可联动操作。

五、大跨径悬索桥主缆缠丝机设计指标的确定

根据西堠门大桥对缠丝机性能的要求，结合国内已建成的大跨径悬索桥主缆及索夹的实际情况，并综合考虑今后大跨径悬索桥主缆缠丝施工的发展方向，我们在本次研制过程中确定以下设计指标：

1. 缠丝方法：连续缠丝；
2. 缠丝方向：可上坡或下坡缠丝；
3. 适用于不同节距的"S"形和不同直径的圆形钢丝缠绕；
4. 适用主缆直径：ϕ800～ϕ950mm；
5. 缠丝拉力：最大3 000kN，拉力实时显示可调；
6. 跨越索夹长度：最大2500mm；
7. 控制：采用微电脑控制，变频控制器变频调速，缠丝回转/进给同步可调，整机行走与回转支架行走可反向联动。

六、新型主缆缠丝机最终确定的技术性能指标

缠丝机技术性能指标见表1。

缠丝机技术性能指标　　　　表1

序　号	项　目	性能参数
1	缠丝方法	连续缠丝
2	缠丝方向	上坡或下坡
3	适用钢丝	"S"形和圆形钢丝
4	缠丝张力	最大300kg，张力实时显示可调
5	同时缠绕钢丝数量	2线
6	储丝轮能力	3 000N×2个储丝轮
7	适应主缆直径	ϕ750～ϕ950mm
8	跨越主缆索夹长度	最大2500mm
9	缠丝转速	0～30r/min
10	缠丝速度(4mm圆钢丝)	0～240mm/min
11	进给方式	四齿条传动
12	移动方式	2台机架前端卷扬机牵引自行
13	行走速度	1.3m/min50Hz
14	最大倾角	30°
15	控制	微电脑控制变频调速，缠丝/进给同步、整机行走/缠丝头反向行走联动
16	整机重量	约8 000kg

七、总体结构设计及关键技术路线

1. 缠丝机驱动设计

缠丝机采用双动力驱动设计，一个动力源带动缠丝回转齿圈绕主缆回转，另外一个动力源带动回转支架沿主缆进给。

缠丝机在主缆上的行走和缠丝进给，分为外部设备牵引拖动和缠丝机自行两种方式。本机回转支架的进给和整机在主缆上的行走均采用自行。

2. 缠丝机主机的设计思路

主缆缠丝机主要由缠丝回转机构、索夹的跨越机构、整机的移动机构、缠丝张力控制机构、微电脑集

成控制系统，以及前后机架和四根装有齿条的导轨组成。走行靠自身动力，不需另设卷扬设备牵引，端部缠绕附件可解决最大倾斜主缆段的索夹端部缠丝问题，详见图 2。

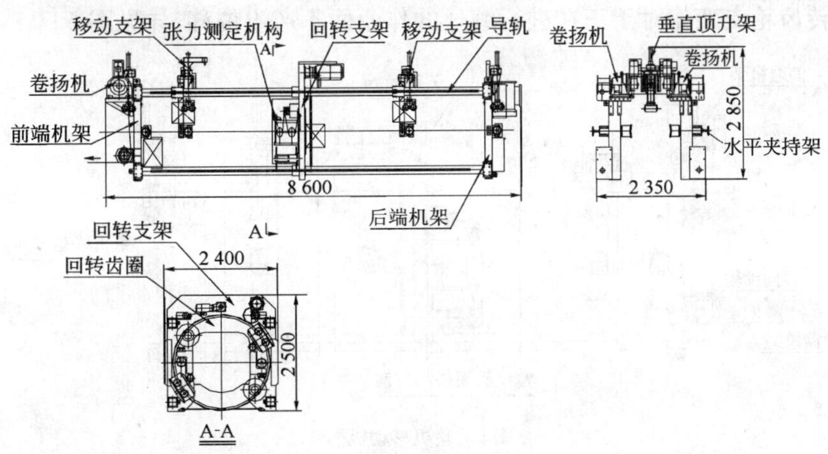

图 2 缠丝机总体图(尺寸单位:mm)

(1)缠丝回转机构——缠丝回转机构采用变频电机驱动，通过减速机构带动回转齿圈绕主缆回转，回转齿圈上固定有两个储丝轮，在回转齿圈回转过程中将钢丝缠绕在主缆表面。在缠丝过程中，为保证钢丝能紧密排列在主缆表面，回转齿圈在回转的同时还需要进给运动。缠丝机的进给运动亦采用变频电机驱动，通过固定于位于缠丝机四根导轨上的齿条与固定于回转齿轮支架上的齿轮啮合传动，带动回转齿轮支架在齿条上移动。两台变频电机分别由两台变频控制器驱动，通过微电脑实现对两台变频控制器(即两台变频电机)的同步控制，详见图 3。

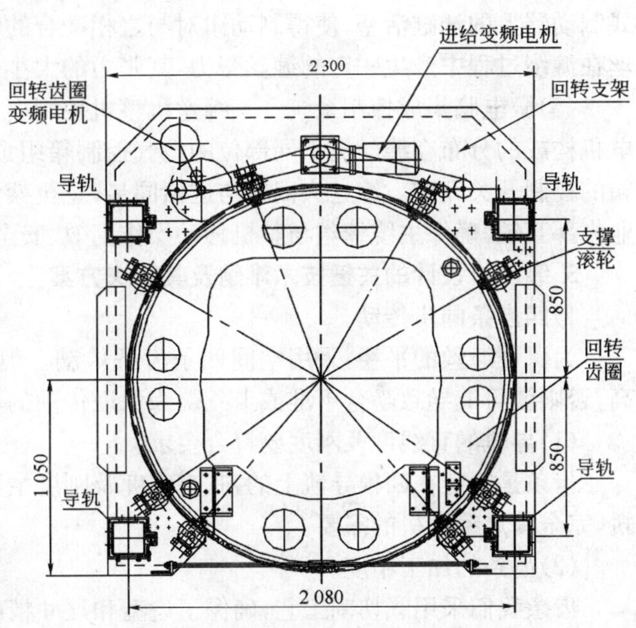

图 3 缠丝机回转机构(尺寸单位:mm)

(2)索夹跨越机构——索夹跨越机构采用步履式，由设置在四根导轨上的移动支架与缠丝机两端的机架相互配合，通过四个垂直顶升机构的依次起落和移动，实现索夹的跨越。自动跨越索夹机构，动作可靠，越过索夹时平稳、连续、无停顿，能保证密匝缠丝质量，详见图 4。

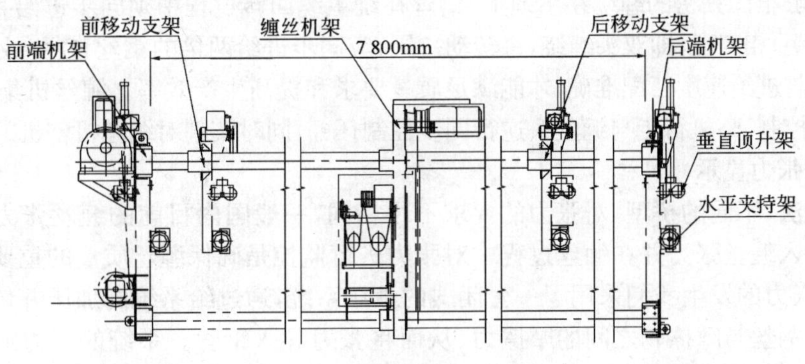

图 4 索夹跨越机构

(3)整机移动机构——整机移动机构通过安装在缠丝机前端两侧的卷扬机产生的牵引力，带动缠丝机整机沿主缆作纵向移动。缠丝过程中整机移动时，将通过微电脑实现回转齿轮支架进给驱动电机同步反向旋转，确保回转齿轮支架相对于正在进行缠丝的作业面不产生位移，详见图5。

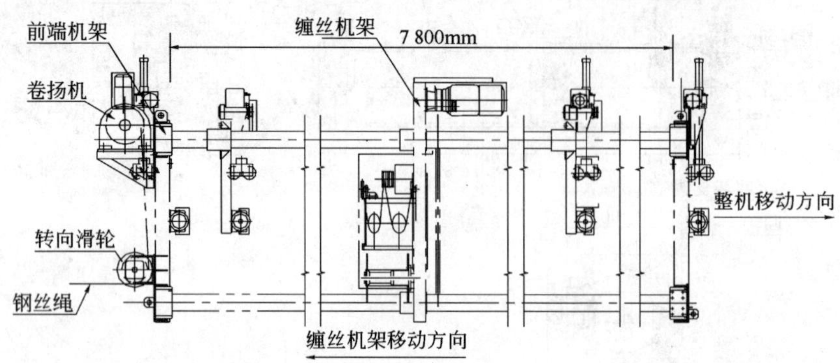

图5　整机移动机构

(4)缠丝张力机构——缠丝张力机构由一套闭式的液压系统提供，通过液压系统产生的压力推动钳式制动器上的油缸活塞，使得制动钳对与之相配合的制动盘产生摩擦阻力并将该阻力加载在钢丝上。钢丝在缠绕过程中产生一定的缠丝张力，其张力的大小通过改变液压系统内的压力进行调节。

(5)微电脑集成控制系统——缠丝机整机控制由工业控制电脑(PLC)、变频控制器、变频电机和异步电机构成的分布在缠丝机不同部位的电气控制箱组成。缠丝机的全部操作功能均通过配置于不同控制箱的控制开关完成。缠丝头回转与进给同步，主机架移动与回转机构移动反向同步，缠丝与移机两大作业内部互锁，确保主缆缠丝与整机移动操作高效、安全、可靠。

3.缠丝机设计的关键技术难题及其解决方案

1)四齿条同步传动

为保证缠丝的平稳，采用空间四条齿条传动。但四齿条传动对齿条的加工精度及装配精度要求较高，否则就可能导致啮合不准或卡死。为保证传动的可靠，主要从以下几点来解决：

(1)导轨的直线度及刚度要符合要求：

齿条是固定在四根导轨上的，其直线度及刚度主要取决于导轨。为此我们专门定制了特殊要求的导轨，完全满足缠丝机的需要。

(2)齿条的加工精度

齿条我们采用线切割工艺，确保了齿型和尺寸精度。

(3)齿条的安装精度

在导轨上精确划线和分中，并用标准齿条作靠模，确保装配精度。

2)缠丝机微电脑集成控制系统(见图6)

为保证钢丝能够牢固紧密的缠绕在主缆上，钢丝在绕主缆回转过程中须同步进给，进给速度需与钢丝直径(或“S”钢丝节距)相匹配，即双头缠绕，每转动一周，应同步进给两倍的钢丝直径(或“S”钢丝节距)的距离。只有回转速度与进给速度匹配准确，才能满足质量要求和提高生产效率。缠丝机集成控制系统主要完成回转与进给同步控制、整机行走与缠丝头逆行同步控制任务，同时实现对缠丝机整机的各项操作。

3)张力发生与张力显示

不同的缠丝方法、不同的桥型，对张力的要求不尽相同，一般国内目前的缠丝张力都在300kg之内。如何有效并准确导入缠丝张力并在缠丝过程中对张力进行监控是确保缠丝质量的重要问题。

在缠丝机上，张力的发生我们采用了一套闭式的液压系统，通过给系统内加压并传递到钳式制动器，将系统压力转换为钢丝与摩擦轮之间的摩擦力，从而将张力导入钢丝。系统的压力通过手动油缸调整，通过油压表显示。油压表的显示值与张力大小之间的对应关系需通过标定确定，这样张力的调整就非常方便。为系统压力更加稳定，在液压系统内增设了一个气囊式蓄能器。

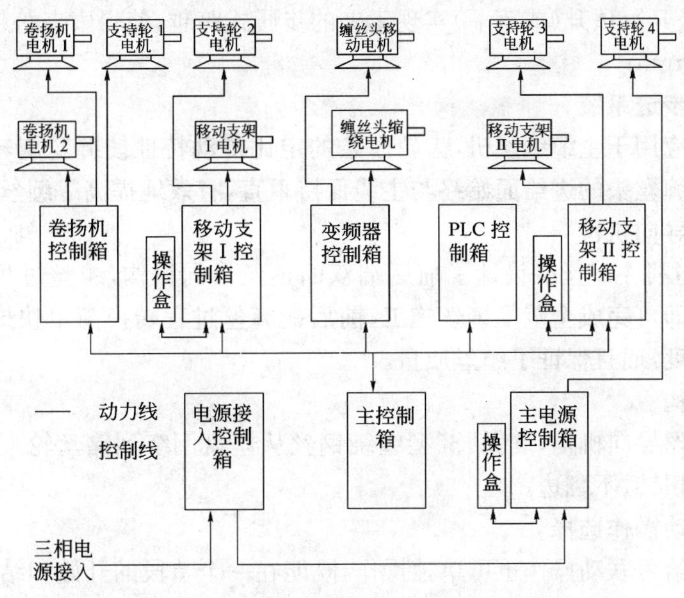

图 6 CSJ-950 主缆缠丝机集成控制系统框图

张力的显示，同样采用了一套液压系统，安装在张力发生装置之后与上主缆之前，通过油压表显示钢丝缠绕主缆前的张力。钢丝的张力大小，通过液压缸反馈到油压表，整个系统中张力和油压表显示的数值之间的对应关系，同样需要提前标定。

4)大齿圈的加工与质量控制

大齿圈是缠丝机实现缠丝动作的关键部件，由于需要绕主缆回转和通过悬索桥索夹部位的吊索，因而须将齿圈切分为两段。由于材料内存在内应力和剖分时切口及热应力，当齿圈分开后再组合到一起时，如何保证齿圈上的轮齿与传动齿轮的啮合准确，是保证运转平稳与设备安全的前提。

齿圈加工工艺采用整体铸造工艺，避免了焊接工艺易变形的缺陷，铸造完成后进行回火处理，消除铸造过程中的热应力。在轮齿加工完成后剖分为两段之前，首先划线确定剖分位置，在剖分处将铰座等按照图示位置点焊并调整好，为保证剖分后齿圈能复位良好，在两条剖分位置处打定位孔和加工定位板、定位销。剖分时采用线切割工艺以尽量减少热变形。

八、CSJ-950 型大跨径悬索桥主缆缠丝机创新点总结

1. 微电脑控制变频调速

采用微电脑缠绕回转与进给同步控制，由于采用了钢丝类型选择装置和同步比例微调装置，使现场施工人员同步调整简单方便，确保缠丝机缠丝回转与同步进给准确可靠，保证了缠丝机在双向缠丝作业中均能准确同步；同时，在整机行走时能与缠丝头逆行同步控制，提高了缠丝作业的工作效率；

2. 液压式张力控制系统

采用液压式张力控制(带储能机构)系统，整个系统具有布局紧凑，连接可靠，张力稳定，压力调整方便等特点。张力大小可通过仪表直接显示，使缠丝作业过程中可实时监视缠丝张力，并可随时进行调整，有效地保证了缠丝质量；

3. 微电脑控制钢丝类型选择

CSJ-950 型主缆缠丝机配备了钢丝类型选择装置，克服了以往各种缠丝机只能适应单种类型钢丝的缺陷，可适用于“S”形钢丝和圆形钢丝缠丝，通过缠丝机上的钢丝类型选择装置，能够选择四种不同直径(圆钢丝)或节距(S 形钢丝)的钢丝完成缠丝作业；而且适用主缆直径范围大(ϕ750～ϕ950mm)，大大提高了缠丝机的应用范围；

4. 步履式索夹跨越机构

机架前、后端及缠丝头前、后的移动支架共计安装有八个水平夹持机构和四个垂直顶升机构，通过两

种机构的依次夹紧(或松开)、顶升(或落下)实现索夹的步履式跨越,使得索夹跨越更加平稳和快速,跨越索夹长度最大可达2500mm;

5. 四齿条同步驱动步进系统

将四齿条同步驱动应用于主缆缠丝机,齿轮齿条的定比传动特性使缠丝旋转平面刚性大大增强,使缠丝机在缠丝过程中主缠丝头的进给面始终与主缆保持垂直,有效地提高了缠丝精度和质量;

6. 前后端双面钢丝导向机构

CSJ-950型主缆缠丝机主缠丝头设计了前后端双面钢丝导向机构,缠丝过程中靠近索夹的部位,可完全不用手动缠丝操作即可完成全范围缠丝施工,前后端缠丝过程转换简单快捷,不但提高了生产效率和减轻了工人的劳动强度,而且保证了缠丝质量。

7. 缠绕钢丝导向机构

设计独特的缠绕钢丝导向机构,确保"S"型缠绕钢丝从丝盘倒绕到储丝轮上——上缠丝机——缠绕到主缆上的各个工况不扭转、不翻边。

8. 缠丝、移动单/联动操作选择

主缠丝头缠绕和进给可联动操作也可单独操作,既能在一个节段的开始和结尾时方便地进行移动和调整,又能方便地进行正常同步缠丝缠丝作业,有效地提高了缠丝效率。

我局研制开发的大跨径悬索桥主缆缠丝机具有自主知识产权,现已申报缠丝机的张力发生及测定装置、缠丝机的索夹跨越装置、缠丝机同步进给传动机构等三项实用新型专利和一项悬索桥主缆缠丝集成控制系统发明专利。

九、结　　语

由中交二公局自行研制的CSJ-950型主缆缠丝机是目前国内最先进的缠丝设备,能够同时适应不同直径的圆形钢丝和"S"形钢丝,填补了国内"S"形钢丝缠丝设备的空白。该机已于2008年1月至3月完成了西堠门大桥的主缆缠丝施工,并于2008年3月8日通过了由陕西省科学技术厅组织的产品验收和鉴定,整机性能达到国内领先、国际先进水平。CSJ950型主缆缠丝机的研制成功,为企业自主创新取得了可喜的成绩,大大增强了企业核心竞争能力,使我们在大跨径悬索桥施工专用设备方面配套更加齐备合理,这对我局承担大跨径悬索桥建设工程提供了坚实的设备保障,必将对我局提升经济效益和社会效益产生重要影响,也对今后其他类型的大型桥梁专用设备的自主开发进行了技术储备,必将促进国内桥梁建设关键设备的国产化发展。

参考文献

[1] 中交二公局　西堠门大桥项目经理部. 舟山西堠门大桥缠丝工程施工组织设计. 2006年8月.
[2] 周昌栋,谭永高,宋官保. 悬索桥上部结构施工. 北京:人民交通出版社,2004年1月.
[3] 周孟波、刘自明、王邦楣. 悬索桥手册. 北京:人民交通出版社,2003年9月.
[4] 程建新、沈良成、金仓、于静、吴峰. 润扬大桥悬索桥S形钢丝缠丝技术. 桥梁建设,2004年第四期.

96. 鄂东大桥北主墩下部结构施工综述

李　松　高安荣　张　峰　张　冬
(中交第二公路工程局有限公司)

摘　要　鄂东大桥为主跨926m的双塔混合梁斜拉桥,主跨位居世界第三,同类型钢混结合梁斜拉桥位居世界第二。其北主墩位于长江航道,基础施工难度较大。本文介绍了北主墩(主5号墩)大型水上施工平台的布置、超长堪岩桩基础施工、大型水中承台等关键施工技术,供类似工程参考借鉴。

关键词 鄂东大桥 主墩 施工

一、工 程 概 述

鄂东大桥为主跨926m的双塔混合梁桥,全长5.762km,主桥全长1 476m,为(3×67.5+72.5+926+72.5+3×67.5)m九跨连续半飘浮体系混合梁斜拉桥,其926m的主跨位居世界第三,同类型钢混结合梁斜拉桥位居世界第二。是一座具有国际水平的特大型桥梁。主桥总体布置图见图1。

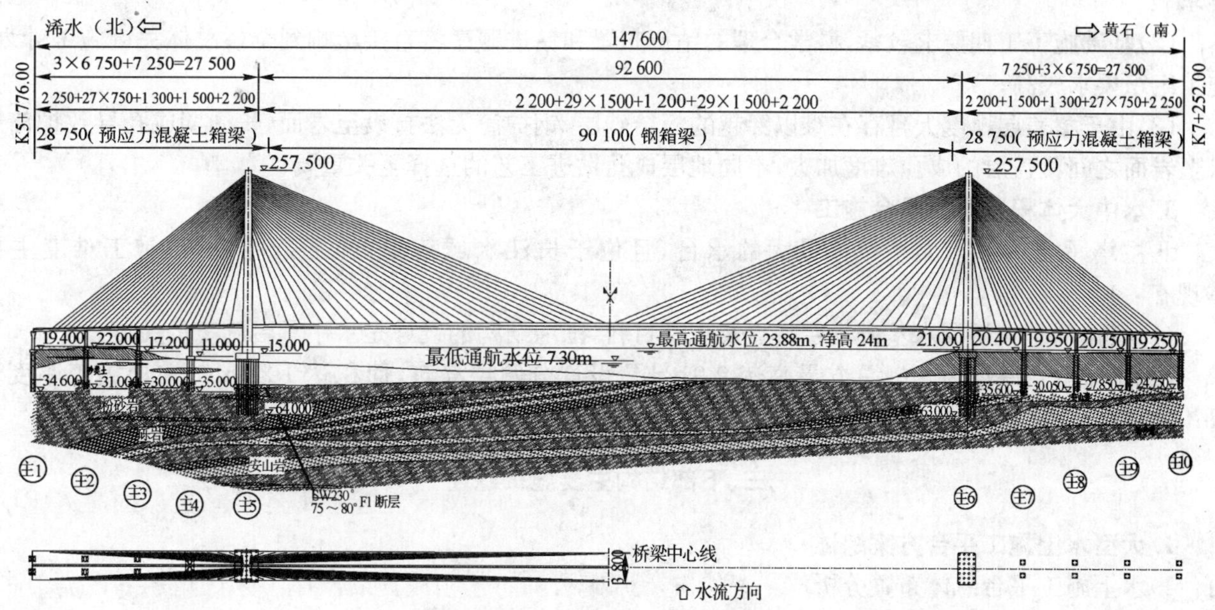

图1 鄂东大桥主桥总体布置图(尺寸单位:cm)

主桥北主墩(主5号墩)位于长江北河道内,距河滩约150m,河床高程+5~+7m,各月平均水位为9.13~19.65m之间。

鄂东大桥北主塔主5号墩为深水基础,高桩承台。主塔基础共设33根覆盖层内直径为2.8m、基岩内直径为2.5m的变截面钻孔灌注桩,桩顶高程+7m,桩底高程-64m,桩长为71m,入岩深度约38~44m,按照摩擦桩设计;承台为矩形承台顺桥向宽29.5m,横桥向长42m,承台厚8m,采用C35混凝土,混凝土总方量9912m^3。

二、工 程 难 点

1. 水上施工平台的合理布置

结合鄂东大桥北岸水中墩下部施工需要,大型水中施工平台方案有以下特点和难点:

(1)桥位位于长江中游,年水位高差变化较大,水上施工平台安全技术指标需充分考虑其渡洪能力。

(2)部分大型设备、临时结构钢材、主体工程地材等多采用水上运输方式进场,水上施工平台需结合施工自有专用码头进行设计。

(3)施工栈桥作为联络各水中墩、施工码头、施工平台的惟一通道,同时还应具备可以承载80t履带吊、25t汽车吊等移动吊装设备作业的能力,设计参数选择必须达到较为先进的技术经济水平。

(4)钻孔施工平台需能够满足主墩高密度大型钻孔及吊装设备布置的功能需求。

(5)大型水中施工平台使用周期长、工况复杂,需同时满足驳船停靠、材料转运、设备布置、人员办公及生产作业等多方面功能要求,统筹兼顾性设计目标要求较高。

2. 超长堪岩变截面桩基础施工

鄂东大桥桩基础是鄂东大桥唯一的水中主墩基础,且桩基础规模最大,地质条件最为复杂,施工难度主要体现在:

(1)桩基堪岩深度达38～44m,由设计详堪9个钻探孔柱状图中可知有4个孔存在安山岩多层分布,与砂岩、砾岩交替,厚度约4.5～9m,抗压强度:72～155MPa。复杂的岩层条件,对钻孔设备要求较为苛刻。

(2)基础施工工期要求较紧,科学合理的钻机布置和钻进顺序将直接影响到全桥总体关键施工计划,施工组织要求较高;

(3)由于覆盖层厚度大且存在难以穿越的板结砂层,钢护筒无法打设至岩面,长周期成孔导致护筒底口至岩面之间覆盖层的成孔难度加大,不同地层成孔钻进工艺的选择至关重要;

3. 水中大体积围堰及承台施工

北主塔承台为鄂东大桥单体最大的承台,且位于长江水域范围,施工条件复杂,施工难度主要体现在:

(1)根据鄂东大桥深水基础承台特点及现有材料,围堰结构的设计是水中承台施工的关键。

(2)水中承台厚度为8m,总方量高达9 912m^3,设计分两层浇筑,面积达1 239m^2、单层施工厚度达4m,在国内大体积承台施工尚属首次,这给承台温控措施及施工工艺带来较大困难。

三、下部结构主要施工综述

1. 大型水上施工平台方案综述

1)水上施工平台总体布置分析

主5号墩距河滩约150m,河床下覆盖层为厚度约30m的细砂层,从位置及地质情况上分析,采用打入式钢管桩作为基础,搭设水上施工平台的方式较为可取,平台间可通过钢栈桥连接。

2)水上施工平台总体布置介绍

(1)主栈桥布置:

根据桥区水文情况,确定了+22m的栈桥顶高程,由主3号墩下游侧岸滩开始布置栈桥,栈桥采用钢管桩基础,栈桥采用型钢和贝雷梁作为主受力梁。

(2)主5号墩钻孔平台:

充分利用桩基的结构钢护筒作为钻孔平台的支撑结构,护筒间焊接泥浆循环管兼作为钻孔平台支撑平联,其上铺设型钢分配梁形成钻孔平台。主5号墩钻孔平台范围内打设动臂吊机基础钢管,安装动臂吊机作为钻孔施工主要吊装设备。

(3)码头布置:

码头布置于主5号墩钻孔平台下游侧,并与栈桥相接,同样采用钢管基础,以型钢及贝雷梁作为上部结构,为了方便沙石料转运,布置了固定式抓斗吊机,同时搭设4间彩钢板房作为办公及库房用地。

总体布置图见图2。

3)水中栈桥码头搭设工艺

栈桥起始段位于岸上,对于岸上和近岸浅水区栈桥,采用钓鱼法利用履带吊、DZJ45振动沉桩机打设钢管桩,铺设栈桥上部结构(见图3)。深水区域的主栈桥支栈桥及码头,采用D62－22打桩船进行钢管桩插打施工,利用浮吊辅助完成上部结构的安装(见图4)。

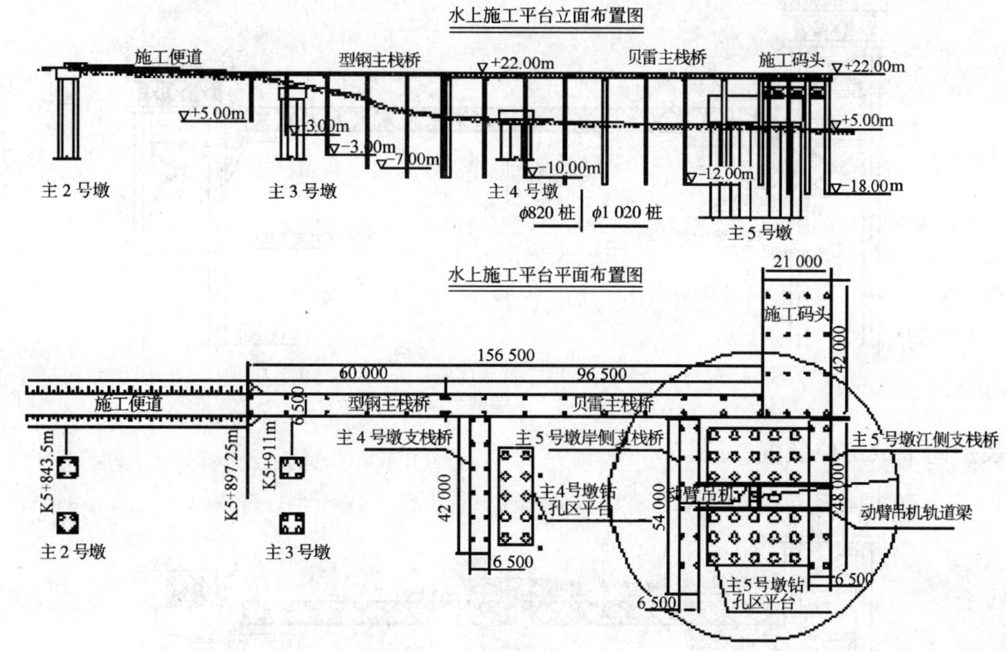

图2 水上施工平台总体布置图(尺寸单位:mm)

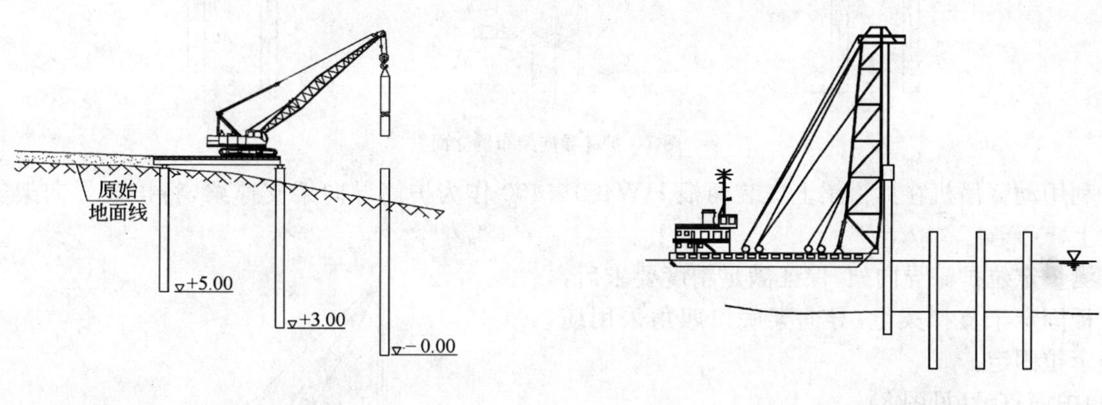

图3 钓鱼法施工栈桥　　图4 打桩船插打钢管桩

4)水中钻孔平台拼装工艺

(1)动臂吊机安装

主5号墩两侧支栈桥搭设的同时,同步进行动臂吊机基础及动臂吊机的安装,确保护筒打设前完成吊装设备准备工作。

动臂吊机基础采用ϕ1020mm×10mm钢管桩,与支栈桥钢管桩平行打设后,利用50t浮吊安装桩顶分配梁,轨道梁,及动臂吊机各构件(见图5)。

(2)护筒下放导向定位平台搭设

以主5号墩两侧支栈桥为依托,搭设护筒下放平台,护筒下放平台。首先在主5号墩两侧支栈桥内侧钢管桩上焊接型钢牛腿,吊装2HN600×200纵向支撑主梁,利用动臂吊机在护筒辅助平台主梁上安装两根贝雷架(每根贝雷架由4组贝雷片组成),形成护筒下放辅助平台(见图6)。

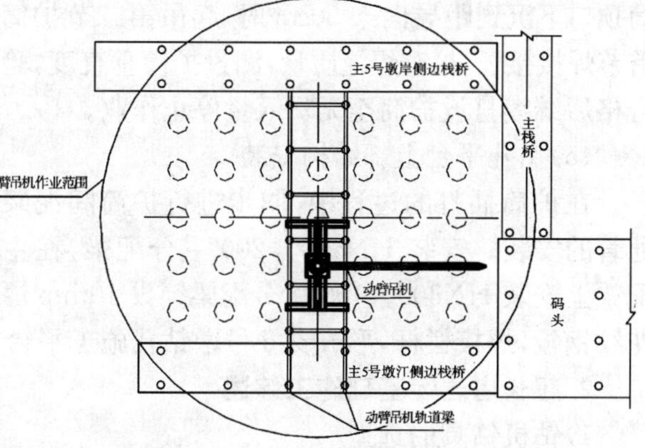

图5 动臂吊平面布置

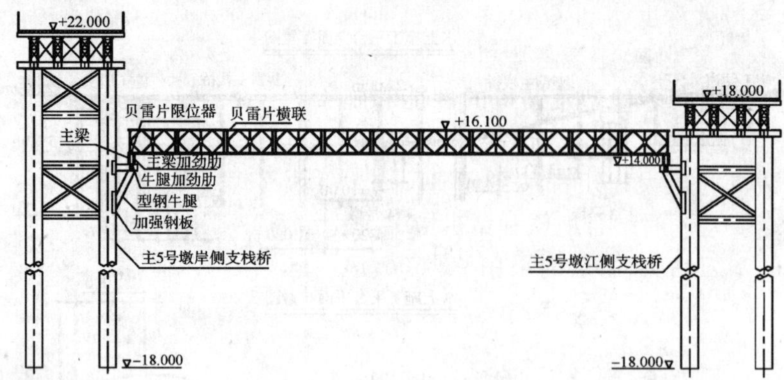

图6　护筒下放辅助平台立面图

(3)安装护筒下放定位装置(见图7)

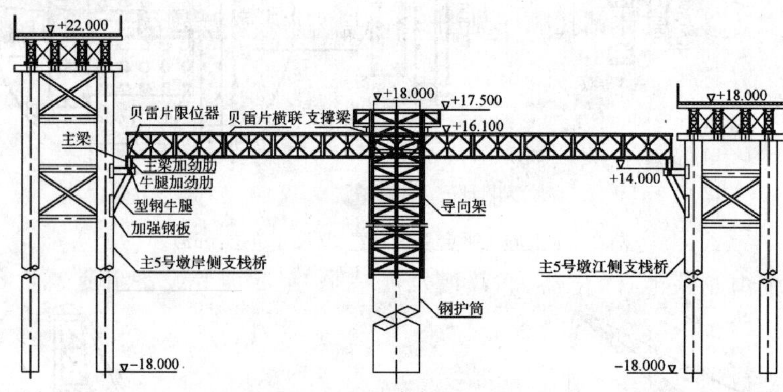

图7　护筒导向架布置立面

①利用动臂吊机在贝雷梁上安装两根 HW400×400 作为护筒导向架支撑梁，将护筒导向架安装于支撑梁上。

②测量定位护筒导向架，保证满足精度要求后，用限位板固定于支撑梁上，导向架底口四角采用缆风钢绳牵拉固定。

(4)护筒打设(见图8)

①动臂吊起吊第一排的首节护筒喂入护筒导向架，经测量后定位钢护筒。

②采用 DZJ200(激振力 1 430kN)型或 APE400B(激振力 3 203kN)型振桩锤打设护筒下沉，当首节护筒顶口下沉到距导向架 50cm 时，起吊第二节护筒与首节焊接接长，检查焊缝质量，测量护筒垂直度，验收合格后继续打设护筒至无贯入量停止作业。

(5)钻孔平台上部结构安装

在护筒插打的过程中，同步进行护筒间泥浆连通管的安装。安装 HN600×200 主分配梁，在主分配梁上安装 HN300×150 次分配梁铺设 10mm 厚的花纹钢板，焊接栏杆，形成支5号墩钻孔施工平台。

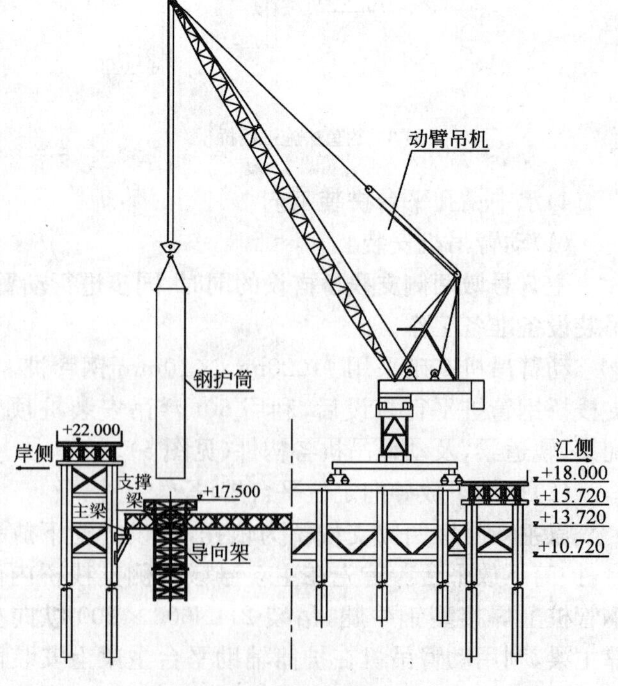

图8　动臂吊起吊钢护筒示意图

2. 超长堪岩装基础施工综述

1)钻机钻具的选型

由于主5号墩堪岩最大深度达到了40多米，目前国内桩基础工程中也是较为罕见的，综合考虑桩径、桩长和桩位处地质情况，并分析国内多种型号钻机的性能和施工经验，选用4台KP3500钻机、3台金泰GW-35钻机进行桩基施工，这两种钻机的最大扭矩都达到了210kn·m，钻孔直径最大为3.5m。同时结合地质和钻机情况，覆盖层内采用ϕ2.75m的刮刀钻头，岩层内采用ϕ2.50m滚刀钻头。

2)钻孔顺序

为了合理利用机械设备，发挥钻机的最大利用率，钻机分区布置，钻孔顺序安排的原则是：力求相邻孔位间隔钻进；同一台钻机尽可能跳孔钻进；依靠钻机自身移位，尽量避免或减少大范围转移。具体钻孔顺序见图9。

图9　主5号墩钻进顺序

3)成孔工艺

(1)泥浆循环净化

采用集中制浆、分散净化工艺，即在统一的泥浆池中集中造浆，每台钻机旁布置一台净化器单独净化。每台钻机的基浆池维浆池和回收池均利用已扫孔的护筒，各护筒之间用双[40槽钢连接，形成多个循环单元。

整个泥浆循环系统由制浆池、净化器、回浆槽及泥浆泵、沉淀池等设备组成。主5号墩泥浆循环系统见图10所示。

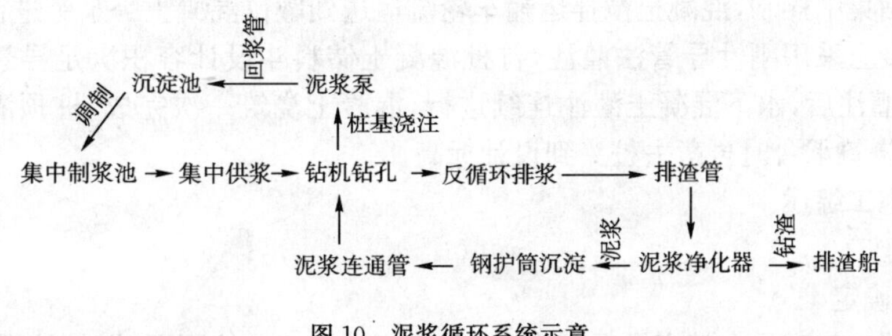

图10　泥浆循环系统示意

(2)钻进成孔

钻进主要分为三个阶段：护筒内钻进，护筒以下覆盖层的钻进和基岩内钻进。

①护筒内钻孔

护筒内钻进采用回旋钻机配置刮刀钻头的形式。

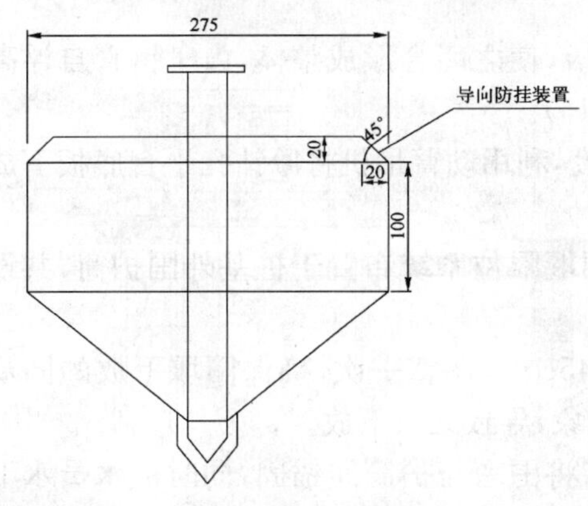

图11　刮刀钻头结构示意(尺寸单位：cm)

护筒内钻孔作业采用减压钻进，针对此层为细砂层，可采用中档转速(转速约16r/s)、优质泥浆、大泵量钻进的方法钻进。

②护筒以下覆盖层的钻进成孔

由于护筒难以穿透高密实度粘性板结砂层打至基岩，这就需要在护筒下按桩径2.80m继续钻进至设计高程(岩面)。

针对钻头出护筒时由于钻头与护筒间隙较小，易拖挂护筒刃脚，采取在刮刀钻头环顶部加工导向防挂装置，上提时将钻头导正后进入护筒。钻头加工同心度误差应小于2mm，见图11。

出护筒时，钻进采取低转速(控制在6～8rad/min)、低进尺(小于1m/h)、低压，避免碰撞护筒，扰动刃脚附近地层。同时调配优质低固相PHP泥浆提高泥浆护壁能力，确保钻进孔壁稳定，防止泥浆漏失或出现串孔，泥浆比重不宜过大或过小，避免护筒刃脚出现串孔或孔壁失稳。

③岩层内钻孔

北塔基础岩层厚度达40m以上，存在较坚硬的安山岩，且各岩层互层严重，软硬不一，采用滚刀钻头，钻进过程需按以下程序进行控制，保证钻孔的竖直度和进尺。

a)岩面钻进时需严格控制钻速，减压钻进，钻进过程随时观测钻杆垂直度，出现异常，适当提钻，重新钻进，防止岩面不平导致偏孔。

b)岩层正常钻进的钻压控制需根据岩层情况确定，对出现安山岩的孔位，采取增加牙轮钻头配重20～30t，保证岩层钻进。

c)采用低挡慢速，转速约8r/min，优质浓泥浆、大泵量的方法钻进。

(3)钢筋笼加工安装

由于钢筋笼长度达到72m，为了吊装方便，钢筋笼按照12m标准节段分6节预制。钢筋笼加工利用钢筋笼胎架，长线法6节段同槽加工成型(见图12)。

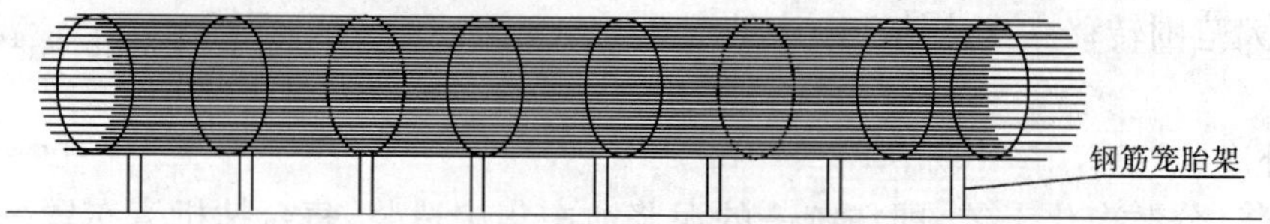

图12 钢筋笼加工示意图

钢筋笼的起吊和就位采用动臂吊机吊装，钢筋笼下放到位后，采取必要措施锚固钢筋笼，防止混凝土浇筑过程中钢筋笼上浮或下沉。

(4)钻孔桩水下混凝土施工

混凝土由拌和站集中拌制，混凝土搅拌运输车轮流运送到墩位混凝土卧泵旁进行泵送浇筑。

钻孔桩水下混凝土采用刚性导管法灌注，首批混凝土储料斗设计容积满足导管初次埋置深度大于1.2m。首批混凝土灌注后，水下混凝土灌注连续进行，混凝土浇筑一次完成，桩顶灌注混凝土标高比原设计高1m左右，待浇筑承台时再凿去桩头到设计标高。

3. 北主墩承台施工综述

1)承台钢围堰施工

(1)围堰方案的确定

根据鄂东大桥深水基础承台特点及项目自有材料情况，对钢吊箱围堰、钢板桩围堰、无底围堰等均进行深入的研究，并通过专家审查评定后确定采用结构新颖的有底钢管围堰方案。

有底钢围堰尺寸为48.962m×33.340m，短边采用ϕ1428mm，δ=14mm钢管、长边采用ϕ1020mm，δ=10mm钢管作为围堰壁板，围堰顶面标高为+14.5m，底面高程为－1.5m。利用钻孔施工平台主体结构作为围堰底板，高程为+5.2m。具体形式见图13、图14。

(2)围堰施工工艺流程介绍

①桩基施工期间利用浮吊及履带吊机分块拼装钢管围堰壁板，使之闭合形成整体，由于钢管自浮高度超过钻孔施工作业面，钢管内加水下沉至钻孔平台底口(见图15)。

②桩基施工完成后，围堰钢管内抽水，使围堰自浮至最大高度，利用动臂吊机将原钻孔平台底板下放安装转换为围堰底板。

③利用外围桩基接高护筒设置围堰下放系统及限位系统，围堰限位系统布置于桩基外围护筒，共设置10个限位系统，确保围堰下放过程平面位移控制在5cm。

④利用围堰下放系统，同步下放围堰，每下放三个行程(约45cm)，调整一次，确保围堰下放的同步性。围堰下放过程需对围堰钢管内加水，确保围堰不出现自浮现象，导致无法下放。

⑤围堰下放到位后，在+14.50m高程位置处安装定位系统，将围堰与护筒间锚固，同时潜水员水下螺栓连接护筒周边封堵钢板，填塞沙袋，确保底板无缝隙。

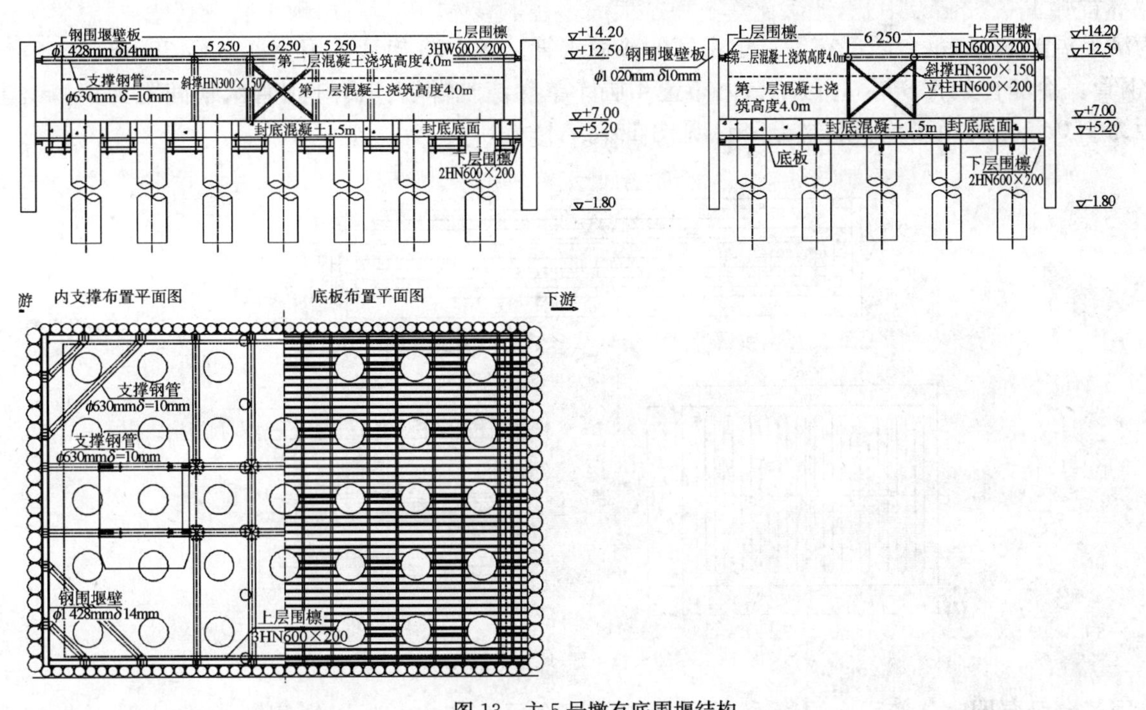

图 13 主 5 号墩有底围堰结构

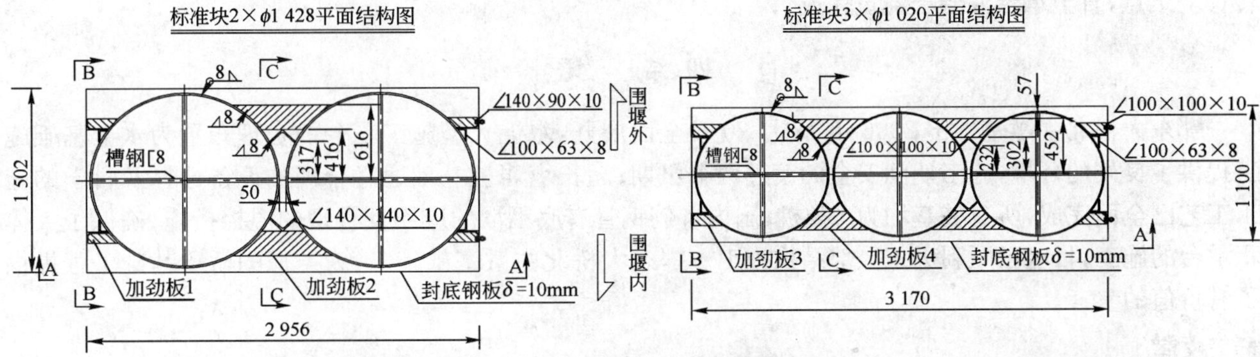

图 14 围堰壁板图(尺寸单位:mm)

图 15 现场围堰拼装

2)封底混凝土施工

主 5 号墩钢围堰封底施工利用在底板下放主梁上铺设型钢搭设临时封底浇筑平台,由下游至上游采用刚性导管法一次性浇筑 1.5m 厚水下混凝土,抽水完成后再浇筑 30cm 找平层。

3)承台施工

为满足温控需要,承台内部布置一定密度的冷取水管。承台冷却管采用公称口径 32mm(ϕ42.3×3.25)的钢管。冷却管共有 8 层,每层承台内布置 4 层。单次浇筑承台内冷却水管水平间距为 1.0m,上下层间距为 1.0m,且间距误差不超过±5cm(见图 16)。

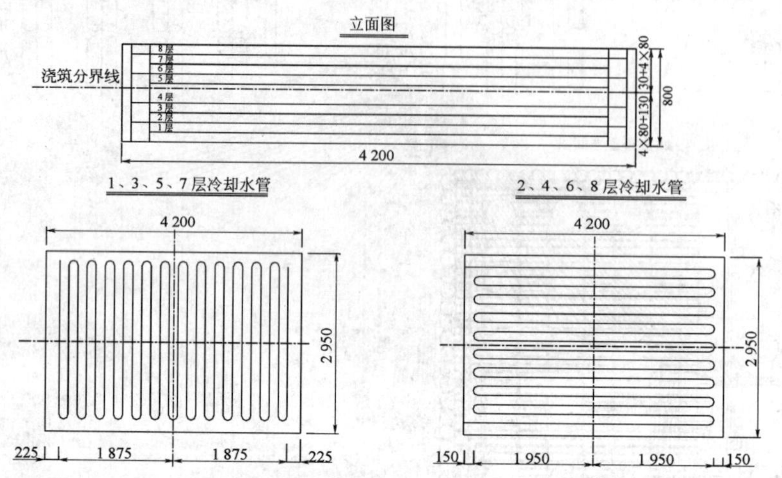

图 16　冷却水管布置(尺寸单位:cm)

采用三台卧泵同时浇筑承台混凝土,卧泵分别布置在码头和主 5 号墩岸侧支栈桥上,通过拆接泵管转移浇筑点,直至承台混凝土浇筑完成。

四、结　　语

鄂东大桥北主墩基础于 2006 年 12 月 20 日全面展开,水上大型施工平台的合理布置为水上基础施工提供了良好的环境,施工期间安全的渡过两个汛期;超长堪岩桩基础通过合理的设备选择及科学的施工工艺已全面完成,所有桩基均为Ⅰ类桩;国内首创钢管有底围堰的应用及合理的温控措施,确保了大体积承台的施工,目前已顺利进入上部结构施工。鄂东大桥北主墩基础施工,为类似的桥梁基础工程提供了有价值的参考。

参考文献

[1] 李永军.张海岐.强感潮区超大圆形钻孔平台的设计与施工.中国公路学会桥梁和结构工程学会 2006 年全国桥梁学术会议论文集.北京:人民交通出版社,2006.

[2] 李华伟,吴立春,等.济南黄河桥超大直径、超深桩基施工.中国公路学会桥梁和结构工程学会 2006 年全国桥梁学术会议论文集.北京:人民交通出版社,2006.

97. 荆岳长江公路大桥异型双壁钢围堰的计算

裴宾嘉[1]　聂　东[1]　董武斌[1]　于志斌[1]　肖跃文[2]　裴炳志[2]
(1.四川公路桥梁建设集团股份有限公司;2.荆岳长江公路大桥建设指挥部)

摘　要　荆岳长江大桥北边跨的主 26 号墩和主 27 号墩基础原设计为钢板桩施工,经过比较、研究,采用双壁异型钢围堰施工,该技术在加快工程进度,缩短施工工期,降低工程成本上有显著效益,可供同类工程参考。

关键词　异型　双壁钢围堰　计算

一、工 程 概 况

荆岳长江公路大桥是主跨跨度816m的钢箱梁斜拉桥，主26号墩、27号墩分别为荆岳长江公路大桥交界墩和辅助墩，河床覆盖层为细砂层，原勘测设计范围为：－2.4～＋18m，原设计基础施工方案为钢板桩(图1)。

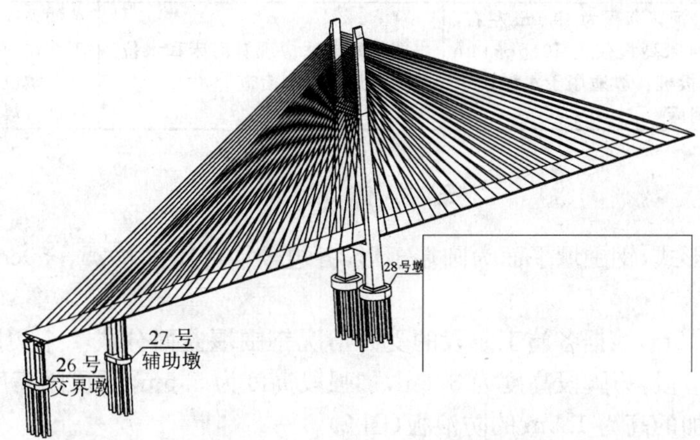

图1　荆岳长江大桥北索塔区墩位透视图(放大图为28号墩围堰大样图)

上游三峡库区于2006年蓄水后，2007年洪期后9月测得该段河床覆盖层发生了比较大的变化，河床覆盖层高程平均变为＋12.6m。26号墩和27号墩基础设计情况见表1。

26号、27号墩基础设计参数汇总表　　表1

	桩径(m)、桩长(m)和数量	承台尺寸(m)	承台顶面高程	实测河床面高程
26号	1.5×49×11根	30.4×16×5	19.082	＋8.6～15.36(平均12.6m)
27号	1.5×52.5×11根	30.4×16×5	19.385	＋9.15～14.06(平均11.2m)

根据水文统计资料26号、27号墩承台施工期间水位变化范围为：＋17.5～＋22.688m。

二、方 案 比 选

原设计施工方案为钢板桩，但经过2007年洪期的冲刷，覆盖层高程为＋11～＋12m左右，钢板桩的厂家提供长度不超过12m。此时主28号墩的基础已施工完成，开始索塔施工，围堰已完成了工作使命。如果能利用28号主墩的钢围堰改制成26号和27号墩的钢围堰，上、下两个圆围堰的材料数量刚好够同时完成26号和27号墩的围堰所需材料，可节约大量的加工时间并取得巨大的经济效益。28号主墩双壁钢围堰内径30m，外径33m，内、外壁采用6mm钢板，竖肋为∟70×6mm角钢，环板用20mm的钢板构成，斜撑用∟80×6的角钢构成。

为此对几种常用水下基础所作的工期、技术难度、材料耗用、材料周转、经济指标和对自然环境的适应进行了详细的比较(表2)。

基础施工方案比较表　　表2

方案名称	钢板桩	钢围堰	有底钢吊箱
工期比较	施工工期120天	施工准备30天，下围堰20天	施工准备50天，安装钢吊箱40天
技术难度比较	钢板桩需专业队伍进行插打，钢板桩高度已大于12m，钢板桩的一般适应范围，内支撑的设置和转换复杂，对施工要求高	技术成熟，钢围堰适应高度范围较大，内支撑数量在抽水时进行设置，浇筑承台混凝土时进行拆除	需新加工吊架、底板和吊箱临时支撑架，新加工的数量较大，底板的预留孔需根据实际钢护筒位置进行确定
材料耗用比较	共需Q235A型钢285.3t	共需Q235A型钢等150t	共需Q235A型钢等214t

续上表

方案名称	钢板桩	钢围堰	有底钢吊箱
材料周转比较	仅剩支撑型钢可周转	可周转内撑和部分围堰	除底板外均可周转
经济指标	110.2万	50.4万	87万
对自然地理条件的适应	原设计河床高程为19.0m左右，但目前河床高程仅为10.5～14m左右，钢板桩一般适用于水深小于12m的河床	能较好地适应现有河床和水位。但需增加防冲刷措施	如采用整体浮运吊装，则可使下沉工期在30天内完成下沉安装，但由于施工墩位下游存在河滩，水位较浅，无法进行浮运

三、总体设计

根据基础承台结构形式，钢围堰平面为圆端矩形，各边较承台尺寸大25～50cm，其总长度为34.4m，宽为20.08m。

钢围堰总高度为15.5m，根据各施工阶段的受力情况钢围堰立面分成1个刃脚段、1个加强段、1个堰顶段三种类型共三个节段，刃脚段高度为3.6m，加强段高度为5.5m，堰顶段高度为4.9m和以及根据具体施工水位而考虑增加的高为1.5m的防浪板(图2)。

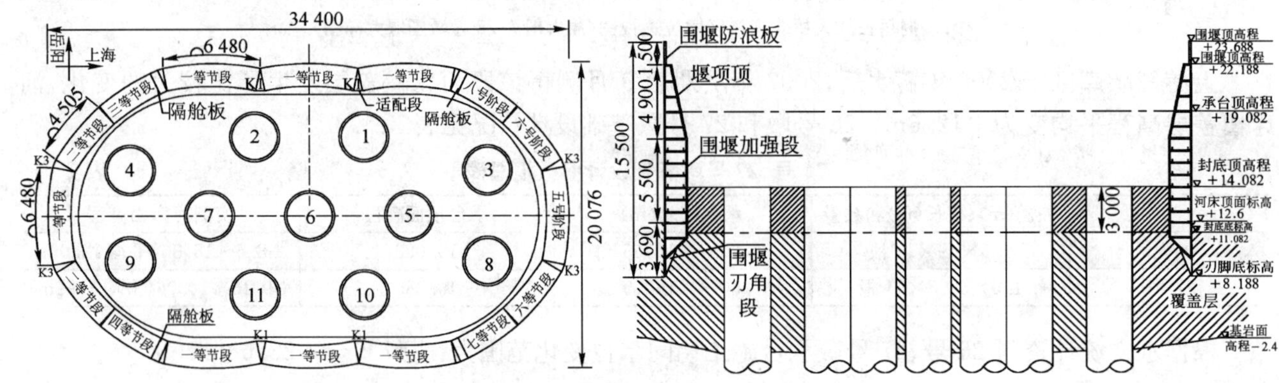

图2　异型围堰平面图和立面图(尺寸单位:mm)

钢围堰由刃脚段、加强段和堰顶段三段组成，其中刃脚段自行加工，加强段及堰顶段为28号墩围堰割除后改制而成。围堰在项目部钢结构加工场制作完成，用平板车通过栈桥运输至26号、27号墩墩位处。再用26号、27号平台(见图3)上的龙门架将围堰吊起，穿过钢护筒和两侧钢管桩的预留间隙，顺导向架放至设计位置，采用20t手动葫芦，完成吊点转换，进行散拼焊接，最后吸泥下沉。

四、主要计算

本钢围堰的有如下受力特点：两端圆形的部分，围堰受力类似于圆形围堰，主要通过环板将外界的压力以轴力的形式进行传递；两圆端中间的直线段围堰，类似于一边自由、三边弹性支撑的板受力。由于中间围堰是利用原28号墩围堰改制，因此中间段并不是一条直线，而是呈三个矢高为60cm的连拱，类似于微弯板，拱间接头处存在一定的应力集中，通过构造补强后验算通过。

图3　26号、27号平台实景图

1. 结构计算

通过试算分析，在抽水时在两圆端围堰之间设有两道钢管内撑。为了保证钢围堰下沉时护筒可作为可靠的导向可利用，内撑均布置在护筒之间。有内撑处的直线段围堰传力途径为：面板→竖肋角钢→环板（局部加强）→型钢竖梁→水平框架→钢管内撑。

计算模型见图4、图5，整个模型由29 296个单元，桁架单元6 822个，梁单元12 414个，板单元10 060个构成，边界条件按封底混凝土顶面处对围堰竖肋节点进行三向位移约束。同时对水平框架梁和竖直框架梁间设置主从节点，以便位移协调。

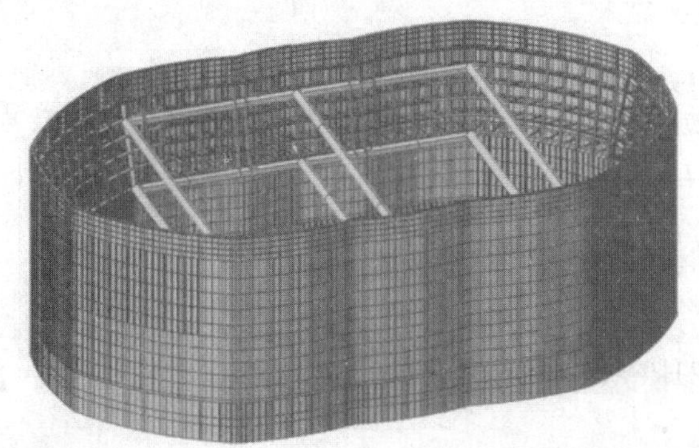

图4　计算整体模型

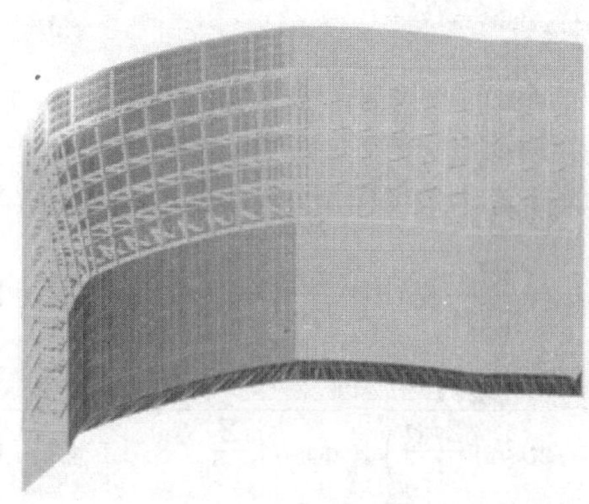

图5　模型1/4剖面

1）主要荷载

（1）主要荷载种类（表3）

荷载种类表　表3

序号	荷载名称	说明	序号	荷载名称	说明
1	等效静阵风荷载	作用在围堰露出水面的部分	5	波浪力	根据赛恩费劳(Sainflow)公式计算
2	动水压力荷载	假定沿围堰壁板均匀分布	6	施工荷载	施工人员及机具，按《桥涵施工手册》规定计算
3	静水压力荷载	沿围堰壁板在高度方向线形变化分布	7	堰内、外土压力	按《桥梁深水基础》
4	围堰自重荷载	由程序自动计入			

（2）波浪荷载

此处仅对内河中的波浪荷载计算作一定说明。作用于钢围堰迎水面上的波浪荷载按照Sainflow方法计算，Sainflow的解是有限水深立波的一次解，它的适用范围为相对水深H/λ介于0.135～0.20之间，波陡$h/\lambda \leqslant 0.035$，如果水深增大，计算结果偏大（图6）。

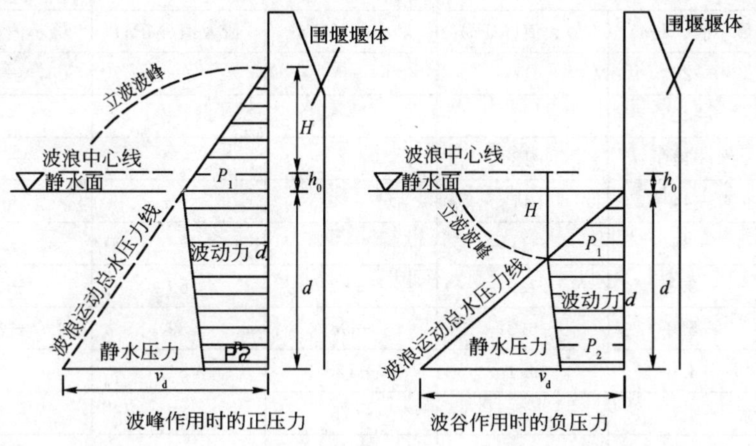

图6　波浪计算图式

由于围堰波谷产生的为负压，因此仅按波峰压强进行控制计算。

$$p_1=(p_2+\gamma d)\left(\frac{H+h_0}{d+H+h_0}\right)$$

其中：

$$p_2=\frac{\rho_1}{\cos b}$$

$$h_0=\frac{\pi H^2}{L}\coth$$

在本计算中取 $H=0.8$m，$d=12.634$m（平均水深），$L=12$m

则 $h_0=\frac{\pi H^2}{L}\coth\left(\frac{2\pi d}{L}\right)=\frac{3.14\times0.8^2}{12}\cdot1=0.17$m（其中 $\coth\left(\frac{2\pi d}{L}\right)=1$）

$p_2=\frac{\rho gH}{\cosh\left(\frac{2\pi d}{L}\right)}=\frac{1\times9.8\times0.8}{\cosh\left(\frac{2}{12}\times3.14\times12.634\right)}=0.021$kPa（其中 $\cosh\left(\frac{2\pi d}{L}\right)=375$）

$$p_1=(p_2+\gamma d)\left(\frac{H+h_0}{d+H+h_0}\right)$$

$$=(0.021+1\times9.8\times12.634)\times\left(\frac{0.8+0.17}{12.634+0.8+0.17}\right)=8.84\text{kPa}$$

2)荷载组合

经过对围堰加工、运输、吊装、下沉等过程的比较和试算，围堰的计算荷载组合主要采用表4的四种组合进行控制计算。

围堰荷载组合表　　表4

工况	名称	荷载组合	工况	名称	荷载组合
1	围堰下沉就位阶段	1+2+3+4+5+6+7	3	抽水准备浇筑承台	1+2+3+4+5+6
2	浇筑封底混凝土	1+2+3+4+5+6+8	4	浇筑承台混凝土	1+2+3+4+5+6+8

3)主要计算结果

(1)线性静力分析应力

经过计算分析，围堰结构计算的控制工况为：抽水阶段（工况三）。具体计算数据见表5。

各工况静力分析应力表　　表5

部位		工况一		工况三		工况四	
		最小值(MPa)	最大值(MPa)	最小值(MPa)	最大值(MPa)	最小值(MPa)	最大值(MPa)
刃脚段	外环板	−26	17	—	—	—	—
	内环板	−42	29	—	—	—	—
	水平斜撑	−14	18	—	—	—	—
	外竖肋	−44	44	—	—	—	—
	内竖肋	−36	36	—	—	—	—
加强段	外环板	−3.8	7.9	−82	69	−31	27
	内环板	−5.6	6.8	−98	39	−36	51
	水平斜撑	−4.6	4.1	−125	84	−75	38
	外竖肋	−4.4	2	−75	33	−45	134
	内竖肋	−7.4	5.6	−37	46	−21	7.4

续上表

部位		工况一		工况三		工况四	
		最小值(MPa)	最大值(MPa)	最小值(MPa)	最大值(MPa)	最小值(MPa)	最大值(MPa)
堰顶段	外环板	−1.9	11.6	−161	172	−143	29
	内环板	−29	28	−99	173	−182	139
	水平斜撑	−20	12	−163	84	−183	78
	外竖肋	−14	6.5	−14	48	−11	48
	内竖肋	−3.4	2.3	−5.6	28	−6.2	27
防浪板	大竖肋	−81	−12	−35	25	−31	24
	小竖楞	−18	15	−26	24	−26	26
	顶横肋	−32	15	−52	29	−44	27
	小横楞	−23	11.5	−33	52	26	24
面板	外面板	2	20	27	137	7.3	80
	内面板	1.5	12	13.5	142	8.7	96
内撑	型钢框架	—	—	−145	86	−141	85
	钢管内撑	—	—	−71	21	−14	−46

注：上表中正应力为拉力，负应力为压力；图中的"—"号表示因边界条件变化等原因而造成该值空缺。其中对于堰顶段水平支撑应力较大的局部杆件，施工中采用双角钢加强，使其处于较低应力的状态。

(2)各类型单元的应力

①面板整体应力分布图(图7)

面板最大应力为：142MPa。

②围堰梁单元应力图(图8)

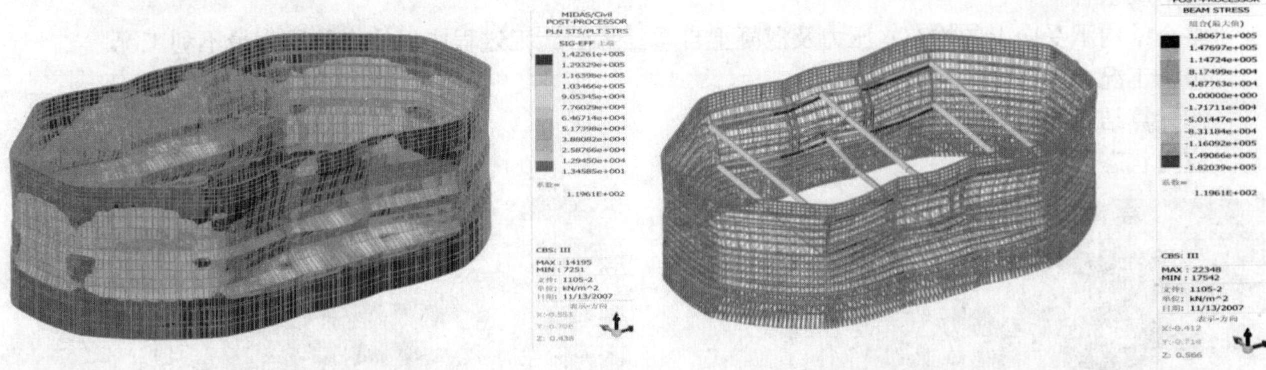

图7 波浪计算图式

图8 梁单元应力图

梁单元最大应力为−182MPa，位置位于钢管内撑支撑处内环板，实施时作加厚处理。

(3)位移(图9)

最大位移为框架之间的红色部分，数值为1.44cm。

2. 结构动力分析结果

本围堰为没有类似工程的异型围堰，为找出围堰的结构薄弱环节，对围堰的动力性能进行了分析和比较，具体数据见表6。

结论：

①围堰在自身结构整体上基本无薄弱环节，整体性能较好，但比圆形围堰结构性能差。

②围堰内撑的面外刚度较差，内撑计算跨度为17.14m，细长比为65，满足《钢结构设计规范》GB

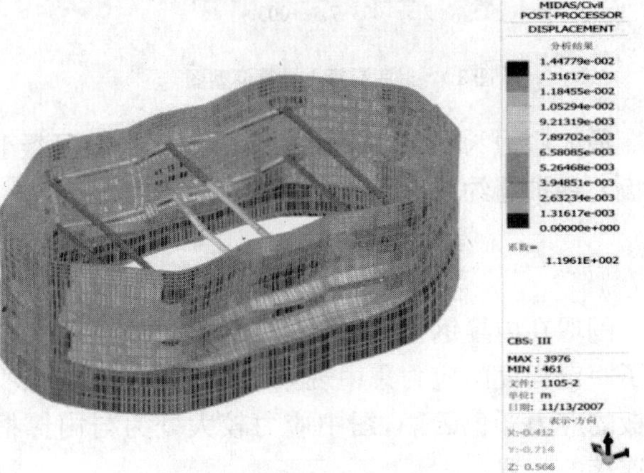

图9 围堰位移等值线图

50017—2003的有关要求。因此未设内撑之间竖向联系。

围堰动力性能比较表　　表6

桥　名	模态阶数	1	2	3	4	5
荆岳长江大桥	周期(S)	0.176	0.1599	0.0987	0.096	0.082
忠县长江大桥		0.117	0.099	0.075	0.068	0.058
军山长江大桥		0.103	0.099	0.089	0.088	0.085

注：上表所列三座长江桥的围堰形状分别为：长圆形异形围堰、圆形围堰、带耳朵的异形圆围堰。

3. 封底混凝土计算结果

承台施工阶段，将进行围堰抽水。当围堰业已封底并抽干水后，在封底层的底面因水头差会受到向上漂浮力作用的静水压力，若围堰和封底混凝土间的黏结作用不致被静水压力破坏，封底混凝土板有可能因水压产生向上挠曲而折裂。因此需进行封底混凝土受力计算。

整个模型由35382个实体单元构成。计算模型见图10。

边界条件及荷载组合

①边界条件

在围堰抽水前，封底混凝土和桩基础已经固结在一起，桩对封底混凝土有约束作用。在抽水后，整个围堰体系处于受力平衡状态。由此，可以建立桩基约束模型，假设混凝土板在周边及内部桩基孔边缘处为固定支承。

②荷载组合

整个结构承受向上的均布水压力及混凝土自重。承台施工过程中以抽水阶段为最不利工况。

组合工况：静水压力+结构自重

③计算结果

应力状态(图11)

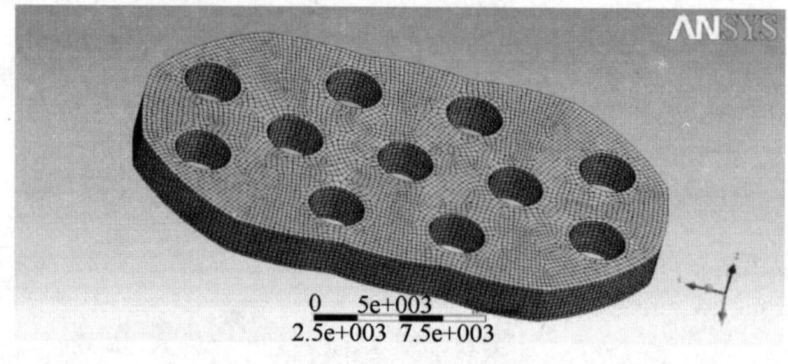

图10　封底混凝土计算模型图

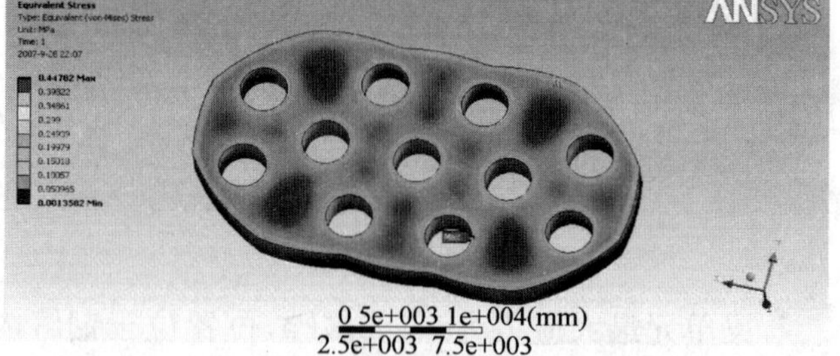

图11　封底混凝土等值应力图

最大应力为0.398MPa，位置出现于封底混凝土底板与钢护筒约束处。

五、局部加强的构造

围堰在内撑钢管和框架的支撑处的杆件，均出现了一定程度的应力集中现象，图12为围堰加强段环板的应力彩色云图，图中应力较大处为与内撑框架连接的位置。

因此在构造上对相应处的环板设计上均作了加强处理，确保整个结构的受力安全。

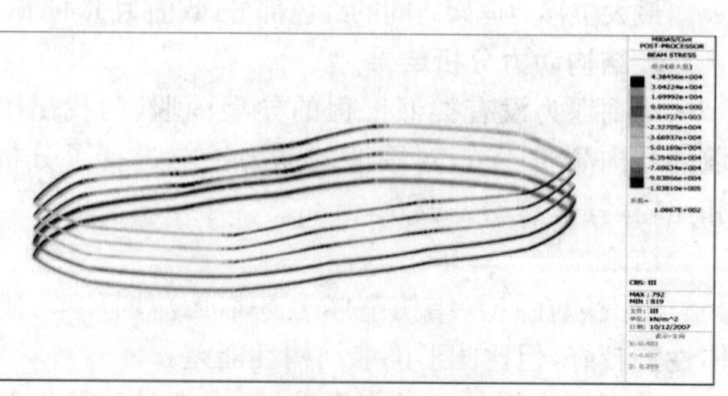

图12　围堰加强段环板应力图

六、使 用 效 果

目前，26 号和 27 号墩已成功地进行下沉了围堰，并完成了封底、抽水和浇筑承台等工作。该围堰的设计和计算为类似工程的使用提供了重要的参考价值，并取得了良好的经济效益和工期效益。

98. 白沙沟 1 号桥拱桥悬臂浇筑施工关键技术

裴宾嘉[1] 曹 瑞[1] 张佐安[1] 聂 东[1] 刘祖胜[2] 熊国斌[2]
(1. 四川公路桥梁建设集团股份有限公司；2. 四川攀西公路开发有限公司)

摘 要 笔者以中国交通部西部科研课题的依托工程白沙沟 1 号桥为例，说明拱桥悬臂施工的几项关键施工技术。

关键词 拱桥 悬臂浇筑 关键技术

中国西攀高速公路的白沙沟 1 号桥为国内第一座采用挂篮悬臂浇筑施工方法的拱桥，拱圈为等高度悬链线钢筋混凝土箱型拱，净跨径 $L_0=150$m，净矢高 $H_0=30$m，拱轴系数 $m=1.988$，箱高 2. 箱宽 7m，共分 11 个节段，拱脚段采用搭架现浇，其余十个节段采用挂篮悬臂浇筑，拱上结构及引桥均为 14.2m 预应力混凝土空心板。图 1 为全桥立面布置图。

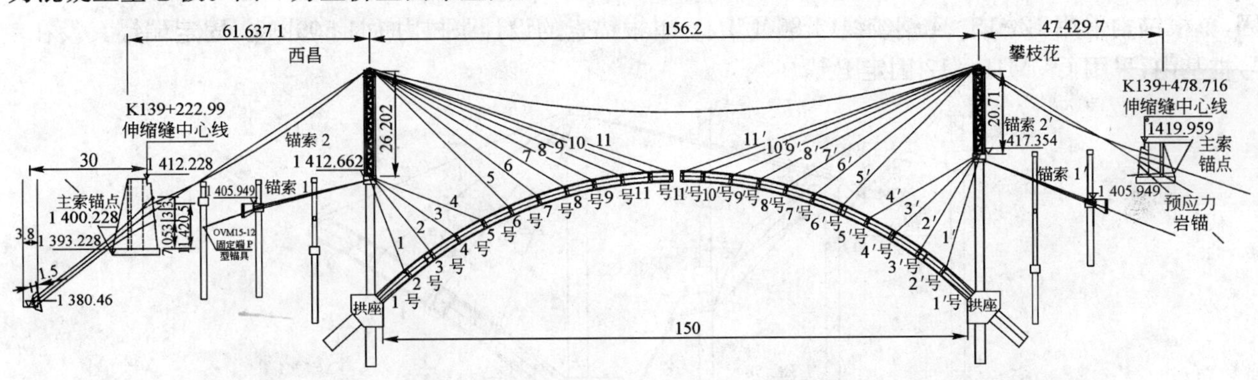

图 1 白沙沟 1 号桥设计布置图(尺寸单位：m)

一、锚 锭 技 术

白沙沟 1 号桥悬浇拱桥对锚锭的要求主要有两方面：(1)要较小的变位；(2)要求提供较大的锚固力。设计悬臂施工中锚索对锚碇土体的最大静水平拉力为 13 795kN，对应竖向上拔力是 7 028.9kN。攀枝花岸设计较常规的 22.58m×10m×10m 的预应力岩锚。

1. 岩孔锚

白沙沟 1 号桥西昌岸桥台后方基岩分布有挤压断裂破碎带，受层面和三组裂隙、断裂的切割，岩体破碎呈碎块状，强风化破碎带厚。通过使用多道瞬态面波反演法物探进行地质勘测表明：岩体弹性波纵波速在基岩全、强风化带内仅有 1 500～2 000m/s，其下基岩弱风化带内的波速亦仅有 2 000～2 500m/s，表明该勘探体范围内岩体破碎，其完整性极低。无法按常规锚锭进行设计，图 2 为物探剖面图。

经过研究设计为：为岩孔锚桥台，钢绞线穿过预埋在桥台的波纹贯及岩孔中定向钻预埋套筒钢管在桥台后侧 30m 处通过钢筋混凝土锚墩锚固。攀枝花岸设计为预应力岩锚，预应力岩锚穿过预埋波纹管在桥台内的预埋钢管锚固在台后的岩体内。两岸悬臂浇筑施工锚索锚固于桥台前墙。

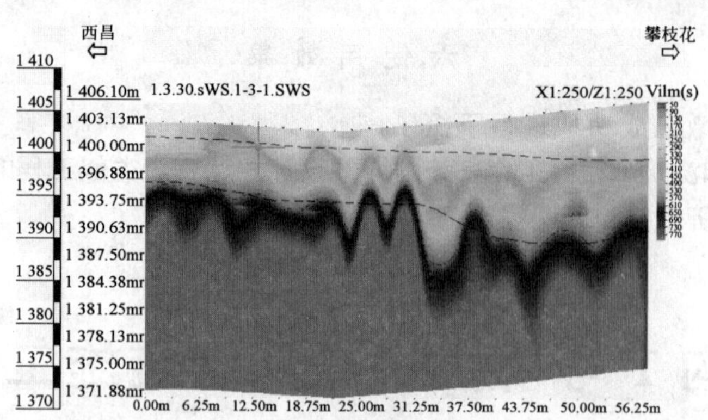

图2 多道瞬态面波反演法物探剖面图

西昌岸设计为24.56m×12m×19m的岩孔锚桥台，扣索通过预埋在桥台前墙内的波纹管锚固，锚索自桥台前墙穿过岩体预埋的套筒钢管至桥台后侧30m处的竖井内进行锚固。

岩孔锚采用CIR—150型风动潜孔锤冲击回转钻进，用测量仪器和地质罗盘测定钻机立轴的方向和倾角，以满足设计孔向要求，并在钻孔施工过程中复核检查。为预防钻机振动产生的孔向偏差，须在完成定向后将钻机定位紧固。过程中使用C×D110对心跟管钻具带动跟进ϕ146套管进行成孔，即以风动潜孔锤碎岩钻进，利用对心根管钻具实现套管的自动跟进，从而逐渐延伸钻孔，使之钻达设计深度，并确保孔道畅通。孔斜测量只能使用压电陀螺测斜仪，且在终孔后进行测量。

2. 交换梁锚固技术

为使桥台的锚固力减小，将1～4号扣索均锚固在1号墩桩顶上，同时为保证有一定的安全系数，又用定向岩锚将1号墩通过交换梁锚固于加1号墩上(见图3)。1号墩左右桥交换梁各用2根锚索进行锚固，单根锚索采用12ϕ15.24钢绞线(1 860MPa)，单根锚索的设计张拉力为1 500kN。固定端锚具设在1号桩基内，采用OVM15—12固定P锚。

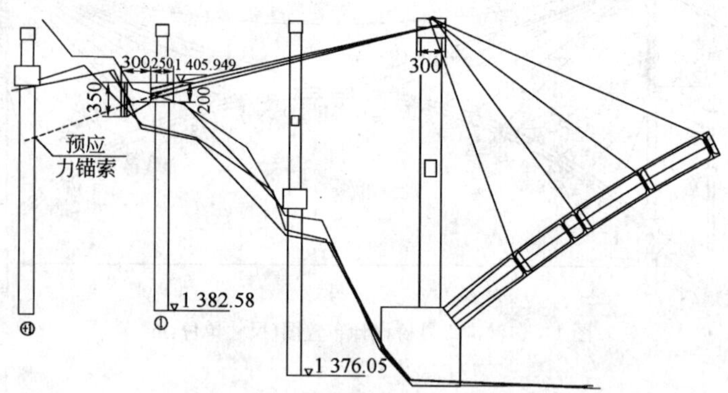

图3 交换梁工作示意图

施工顺序如下：

(1)在设计位置定向钻孔，锚索钻孔直径150mm。全孔采用ϕ150mm的风动偏心潜孔，钢管套筒随钻跟进。钻进达到设计深度后必须在停止进尺的情况下，稳钻1～2分钟，保证孔深、孔径和孔内干净。

(2)穿入锚索并将锚索固定锚具固定在1号墩钢筋笼内，然后再浇筑桩基混凝土。

(3)在锚索钻孔范围内采用M40砂浆压注，注浆压力0.2～0.4MPa。

(4)交换梁及撑梁施工。

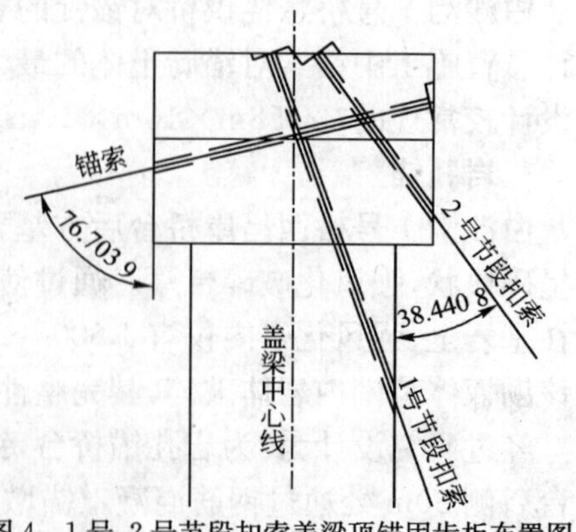

图4 1号、2号节段扣索盖梁顶锚固齿板布置图

(5)交换梁、撑梁下部及背后超挖部分采用7.5号浆砌片石回填。

3. 盖梁锚固技术

受扣索角度效率的限制，1～4号扣索均需锚固于交界墩盖梁上，盖梁顶通过设置齿板对扣锚索进行锚固，具体布置见图4。

二、扣 索 技 术

钢铰线从张拉后放张到夹紧的过程可分为两段：第一阶段：放张开始后，千斤顶缓慢卸压，钢绞线回缩，并带动夹片移动；夹片就位后，钢绞线受到横向夹紧力逐渐增大，夹片丝牙阻止钢绞线回缩的阻力也随之增大。在此过程中，钢绞线相对夹片丝牙产生滑移，至一定的距离后被自锁锁住。

(1)对于一个锚固单元，要求必须自锚，即要求夹片跟紧到位后，不能因为钢绞线拉力减少(或不受力)而反退出去，因此要求夹片外锥面的锥度小于外锥面的摩擦角。取值为5.3°。

(2)为保证夹片能握紧钢绞线，即要求夹片有一定的径向压力，使夹片的丝牙能咬进钢绞线的表层。钢铰线咬合段的摩擦角需大于夹片外锥度与夹片外锥面的摩擦角。取值为20°。

(3)为保证一定的锚固效率系数，即要求尽可能减小夹片对钢绞线的咬伤，针对该要求，因此对牙高通过ABAQUS程序，对夹片的与锚圈的接触应力进行了详细的分析，通过调整齿高，使预应力夹片的内齿受力较一致，减小部分齿所受的应力集中系数。

(4)由于工期紧张，不可能为悬拱桥专门加工满足钢绞线低应力要求的夹片和锚具，因此采用顶压器，防止夹片松动。具体构造见图5所示。

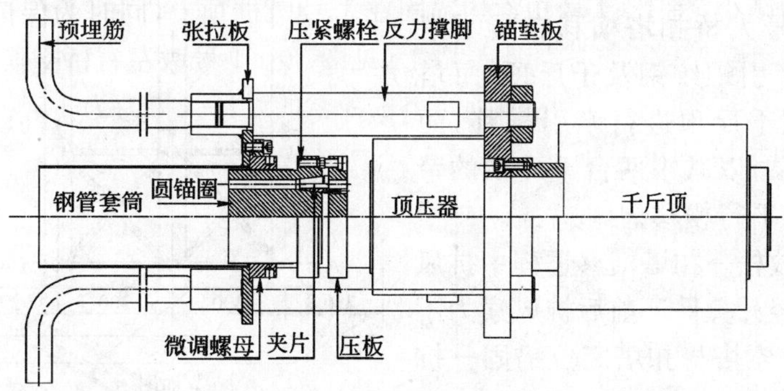

图5 顶压器工作示意图

三、扣塔施工技术

(1)扣塔的力学性能

扣塔采用2×3根ϕ720×10mm钢管构成(图6)，高度为27m和36m，每12m采用节间桁架进行横联。塔根部应力在最不利工况下为：112MPa，扣塔自重36t。

扣塔的第一类弹性稳定分析结果见表1。

表1

阶 数	稳 定 系 数	模 态 类 型	阶 数	稳 定 系 数	模 态 类 型
1	27.9	扣塔底部两级十字斜撑面外失稳	4	30.1	扣塔底部两级十字斜撑面外失稳
2	28.9	扣塔底部两级十字斜撑面外失稳	5	33.5	扣塔顶第二级水平支撑面外失稳
3	29.3	扣塔底部两级十字斜撑面外失稳	6	33.9	扣塔整体压曲顺桥向面外失稳

自振频率分析结果(合龙前阶段)见表2。

表2

阶　数	振动周期(s)	振　　型	阶　数	振动周期(s)	振　　型
1	0.189	顺桥向振动,塔顶向沟岸摆动	2	0.142	顺桥向振动,塔顶向沟心摆动

扣塔动静力分析的结果证明,扣塔具有良好的力学性能,实践也证明扣塔是安全可靠的。

(2)扣塔横移

我单位在四川宝珠桥时第一次采用移动式桅杆吊装,并在金口河钢管拱桥和安徽合肥南淝河五跨连拱箱桥中得到再次应用,本桥横移方式参照和借鉴了合肥南淝河大桥的移动式桅杆式吊装方案的横移轨道图纸,并借鉴了《大型张弦梁结构的设计与施工》中对横移限位销的方式,最后形成了本工程的扣塔横移方案(图7)。

利用预埋在盖梁上的型钢反力架作为固定端,另在扣塔靠右幅的钢管塔脚处焊接2根I25的型钢分配梁作张拉端,以避免在钢管上开孔的工序,参见《白沙沟1号大桥扣塔横移布置示意图》(图8),其次安装牵引螺纹钢及千斤顶,每塔拟采用2台YCL70型千斤顶进行牵引横移,两台千斤顶共用1台油泵,以减小两台千斤顶的牵引力差,保证两塔脚能平行横移。

主要工序有:天线放松→扣塔横移过程中抗风等索力的调整(此过程经计算保证前后抗风索力不超过5.5t左右)→移动索塔→扣塔定位锚固→抗风及主索。

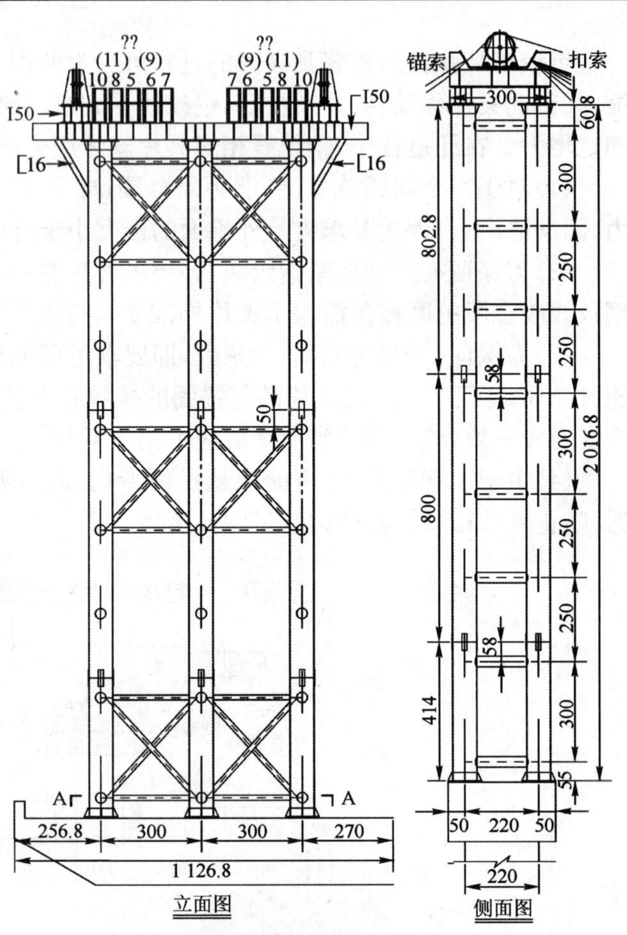

图6　扣塔立面示意图(尺寸单位:cm)

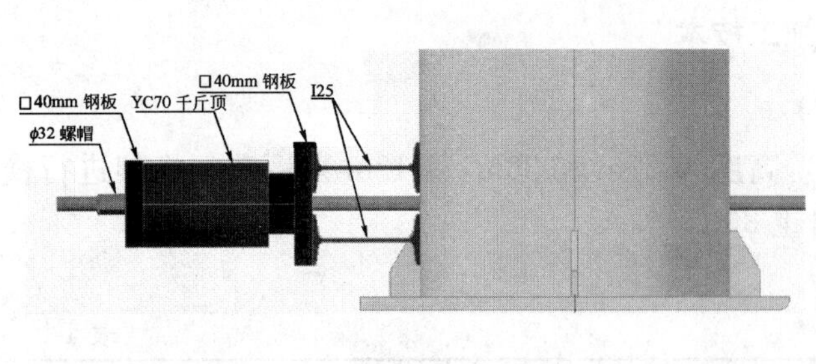

图7　扣塔横移锚固装置

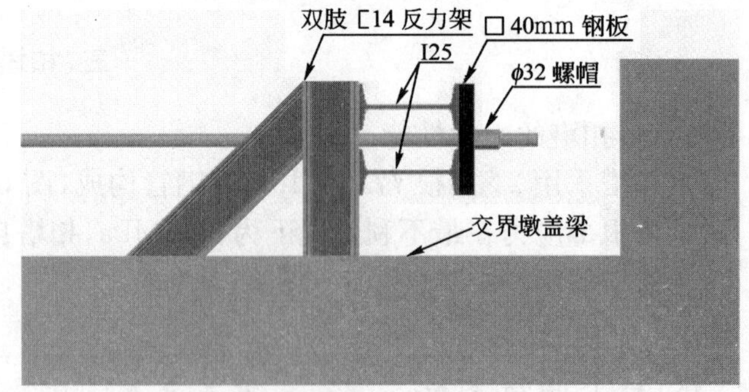

图8　扣塔横移张拉装置

四、锚箱施工技术

锚箱开始设计时为了减小扣索空间上的水平分力,将锚箱设计为上下重叠式,后吸取了其他桥的锚箱经验,经过计算,发现扣索略带一点水平夹角,对整个扣锚体系的影响非常小,因此最后将锚箱设计为一排,有利施工。索锚固的角度调整通过钢垫块进行。钢锚梁工作示意图见图9。

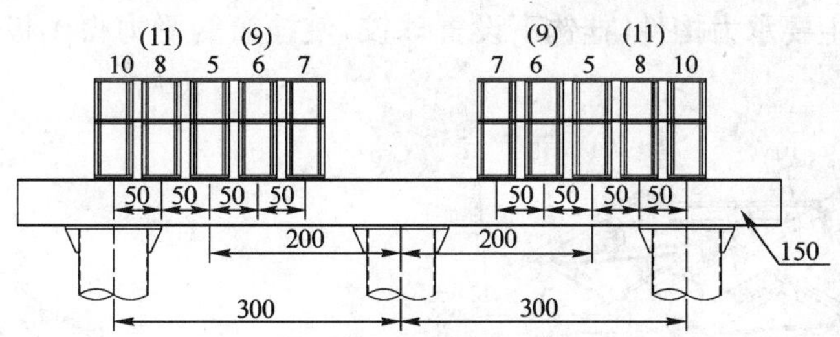

图 9 钢锚梁工作示意图(括号内为共用锚点)

锚梁的初步尺寸确定后,通过对锚梁的细部分析,对直接承压的面板由 2cm 改为 4cm 厚,以满足局部应力过大的问题,同时对单元屈曲稳定系数较低的位置进行了加强(图 10)。

五、现浇支架施工技术

位于拱脚的第一段设计为现浇支架浇筑,该段相当于连续梁桥、T 形刚构桥和斜拉桥的 0 号块,是挂篮悬臂浇筑的起步段。因此在空间位置上是决定整个拱桥线型最关键的块件,也是挂篮安装的重要工作平台。支架由 ϕ720×10mm 钢管构成,上铺 4 组 3I32B 的普通热轧工字钢(图 11、图 12)。

图 10 钢锚梁计算模型

混凝土凝固状态的摩擦系数取值为:0.35,4 根纵梁的横向分配系数为:1∶1.8∶1.8∶1。经分析该拱架为不完全拱架,对支架存在较大的不平衡分力,采用将 3I32B 工字钢纵梁直接与拱座处的预埋钢板相焊接,用以平衡不完全拱架所产生的水平分力。

图 11 现浇支架计算模型

图 12 挂篮在现浇支架上进行安装

六、挂篮施工技术

国外拱桥悬臂浇筑长度均在 1.5~4.5m,白沙沟 1 号桥拱箱悬臂浇筑长度达到 7.8m,属于创纪录的悬浇拱桥长度,因此无任何挂篮可参考,只能重新研制。本桥悬浇拱箱梁宽 6m,箱梁高 2.7m,最大悬浇重量 122t(计算竖向荷载总计 210t)。

为最大限度减轻重量和提高杆件的利用率,挂篮的主要受力杆件均采用 H 焊接型钢。H 型钢属于薄壁杆件,因此对其局部应力作了验算(图 13、图 14)

计算表明:H 型钢的下弦与横梁螺栓连接处存在最大应力为 44MPa。挂钩按融透焊缝也作了分析。该挂篮的主要特点是有:

(1)将挂篮挂钩作为主要承力构件，挂钩下设置球铰，使挂篮的受力得到极大的改善，同时便于挂篮姿态进行倾角调整。

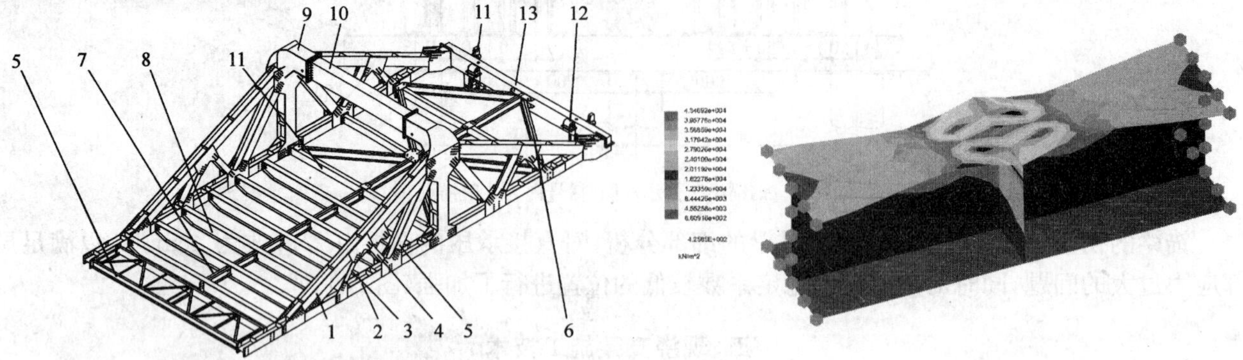

图 13　挂篮整体结构示意图

1-上弦杆；2-下弦杆；3-前小拉杆；4-前撑杆；5-后大拉杆；6-斜撑；7-小纵梁；8-前横梁；9-挂钩；10-挂钩横向联系；11-抗剪臂；12-行走反力轮；13-后横梁；14-中横梁；15-前平台横梁

图 14　挂篮下弦杆 H 型钢在横梁荷载作用下的局部应力

(2)作为挂篮主要受力结构的三角桁架位于拱圈的侧面，有效地降低了挂篮的重心，并为拱圈浇筑提供了底面和侧面的工作平台，提高了杆件的利用效率。

(3)挂篮的抗剪装置为抗剪臂(钢板叠合而成)，使挂篮的剪力装置对拱圈结构的影响减少至最小(图 15)。

(4)挂篮结构为自锚体系，不用配重及预埋锚筋(图 16)。

图 15　挂篮在悬浇拱的施工过程中

图 16　施工工艺仿真系统截图

七、仿真系统的实施和研制

1. 施工工艺仿真

在施工前，由四川省公路勘测设计研究院开发了白沙沟 1 号桥整个施工过程的仿真模拟程序。该程序可根据选择的阶段，进行自动三维演示，并能通过控制漫游途径，实现操作者可到达任意想关注的场景，并可实时截图和录制。

该系统的研制，可方便设计和施工及监理人员的技术交底，通过对该系统的操作实现对施工过程的操作，减少人为认识错误。

2. 结构仿真

悬浇过程中索力的调整是整个结构安全进行施工的重要环节，在此过程中，施工单位的技术人员也通过自己掌握的程序进行了简单的仿真模拟。

(1)Doctor3.03 和 BSAS 程序的应用

桥博程序 DOR 和西南交大 BSAS 程序主要是针对平面杆系程序,是确定索力初张力具有重要手段。初索力的确定采用方法是采用固定索塔法。确定初索力后,采用四川省公路勘测设计院自编调索专用程序进行。

(2)ANSYS 二次开发程序

该部分为悬浇拱桥科研课题的子课题,由交通部科研所研制完成。主要原理是:先建立了从合龙前到成桥(完成桥面铺装)后的正装分析模型,利用 ANSYS 程序的 1 阶分析优化理论对合龙前的扣索索力进行逐根调整,使拱桥在成桥后具有良好的受力状态。该优化以成桥后恒载作用下的拱圈截面控制弯矩为目标函数。设计变量为索力调整量,索力调整过程中的拱圈截面拉应力为状态变量以保证索力调整的可实施性。

八、悬浇拱桥施工的改进构思

悬浇拱桥的发展趋势是跨径越来越大,因此带来的主要问题是对锚锭和拱上材料运输设备的要求越来越高,锚锭的问题除组合应用目前各种单一锚锭方式外,还可以设置连拱或拱梁组合组合结构,使拱圈施工时的悬臂弯矩能得到大部分平衡,而有效地减小锚锭工作量。

拱上材料的运输,笔者曾与四川建筑机械厂一老工程师设想过:研制一种拱背上自行式(短平衡臂)的塔吊,就能解决大跨径拱桥悬浇时材料运输的问题,可惜后来由于成本原因未能在白沙沟 1 号桥中实现。

99. 空间索面悬索桥主索鞍计算方法与实践

贾界峰[1] 付 饶[2]

(1. 中交桥梁技术有限公司;2. 黑龙江省哈尔滨市阿城区国土资源局)

摘 要 空间索面悬索桥主索鞍的承缆槽立面及平面线形应与全部恒载条件下的主缆线形相吻合,既有平曲线又有竖曲线使得整体式肋传力结构的索鞍处于复杂的三向空间受力状态,运用有限元程序对主索鞍进行了有限元分析复核计算,提出了一些进行索鞍设计的方法。

关键词 自锚式悬索桥 主索鞍 有限元法 空间索面

一、概 述

天津富民桥(见图 1)是一座主跨 141m,边跨 70m 的空间索面独塔自锚式悬索桥,与平行索面悬索桥相比,其主缆的独特空间线形,使得主索鞍不但要承担两根主缆在承缆槽内强大的竖向压力面荷载,同时还要抵抗主缆平弯所带来的强大侧向压力。平行索面悬索桥主索鞍的纵肋可以承担竖曲面的压力荷载,承缆槽壁和横向加劲肋可以抵抗索股的侧向挤压,而空间索面悬索桥主索鞍的受力有所不同[1,2],主缆与承缆槽是空间曲面接触受力,也就是说,主缆传递给主索鞍的是空间径向力,主索鞍处在一种复杂的空间受力状态,承缆槽内外侧壁的受力不同,而空间曲面的承缆槽也将给计算的建模和加载带来一系列的复杂性[3]。

二、计算过程与分析

1. 索鞍尺寸的拟定

主索鞍长 4.8m,宽 4.2m,高 2.08m,曲面的竖向圆弧半径 $R_s=3.5$m,横向圆弧半径 $R_h=12.0$m,索鞍重约 85.56t,横向加劲肋板厚 60mm,平面径向布置,纵向共布置 11 道。承缆槽侧壁厚 165mm,13 根预紧拉杆，构造见图2所示：

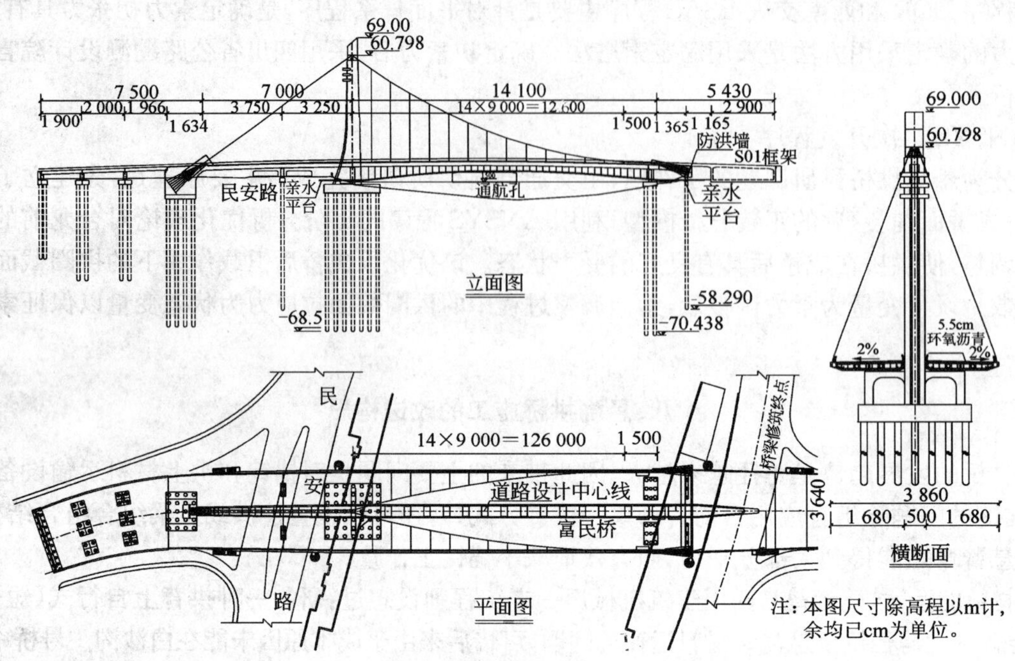

图1　桥型布置

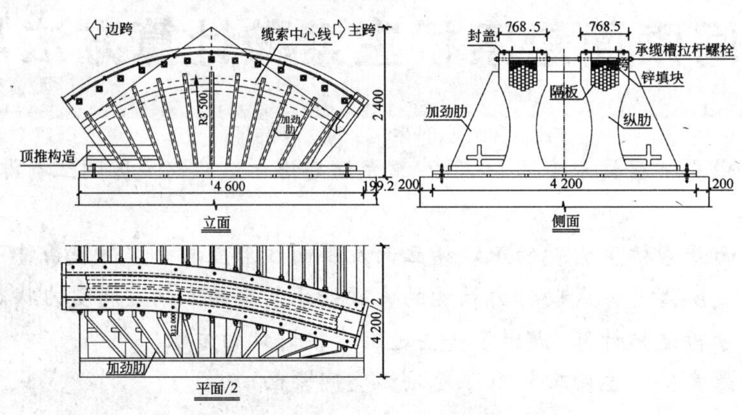

图2　主索鞍一般构造(尺寸单位：mm)

2. 计算条件

索鞍的各项几何尺寸已依据《公路悬索桥设计规范》(报批稿)经过计算拟定，有限元分析的结果是对手工计算的一种验证。采用的最大单缆轴力(恒载＋城市A级＋温度力)：主跨＝37 500kN，边跨＝38 500kN；材料为Q_{345}铸钢，材料密度$\rho=7.85\times10^3$Kg/m³，弹模$E=2.1\times10^5$MPa。

计算工作将有两个重点：一是空间模型的建立十分繁琐，因为空间曲面为要实现规整的网格划分带来困难，同时为了看到更好的应力效果，计算采用了人为手工控制有限元网格为六面体，而且要保证一定的网格精度；二是模型的加载问题，主缆在鞍槽里面要对鞍壁产生侧向的挤压作用，一根主缆索股7行7列排列，加力以后将对鞍壁从上而下产生梯度荷载的效应，而这种效应对承缆槽内外壁的影响，由于存在平曲线的原因又是不同的。

3. 建模思路

计算采用有限元通用软件ANSYS进行分析，考虑索鞍及其整体受力的对称性，在索鞍局部应力分析时，只取其中的一半进行分析，以减少单元的数量，在对称面上施加对称约束。经过分析研究，建模虽然繁琐，但还是有它一定的规律和特点，那就是要先定义主缆空间曲线，再定义空间曲面，再生成空间实体，利用程序参数化设计语言(APDL)不停转换和利用工作平面去切割和控制几何模型，进而为有限元模型网格化的生成和加载打好基础[4,5]。

单元类型选用：主缆实体：solid65　　索鞍实体：solid45

拉　杆　：link8　　虚拟力杆：link10

有限元模型如图3所示：(模型共建立单元51 954个，节点83 465个)

图3　主索鞍有限元模型

4. 加载方法讨论

加载方法有多种，但也都有一定的局限性，现将几种方法列出[6]：

(1)虚拟传力杆单元法　计算假定主缆实体在鞍槽内轴向不发生滑动，通过分析与比较，采取了对平行主缆轴线的虚拟杆单元施加初应变模拟轴向力，再通过共节点实体单元传递侧向及竖向力的方法模拟主缆给鞍座的施力，主缆用实体单元solid65模拟，主缆中心线采用link10空间曲线单元能有更好的模拟效果，由于主缆与鞍壁实体单元共节点，这是不符合实际的，但是我们可以不让共用的节点发生轴向的位移，也就可以把这种效果基本屏蔽掉了，方法就是要给虚拟杆一个相对较大的刚度，以不让它产生轴向的变形，那么施加了模拟缆力的初应变以后，杆单元就只产生并通过节点传递径向力给鞍体了，这种方法加载较为简单，可以看到整个鞍体在主缆径向力作用下的受力状况，但鞍壁的局部受力状况可能会不理想；

(2)实体单元节点自由度放开　第一种方法主缆与鞍壁共用了节点，毕竟与实际不符，影响计算效果，所以考虑将单元节点的轴向自由度放开，但是要不断的控制单元的局部坐标系方向以调整节点坐标系的方向，由于空间曲线方向不断变化的影响，这是一个很不好实现的做法；

(3)流体单元模拟法　用流体单元来模拟主缆对鞍壁的作用效果应该是一种非常好的方法，对于常规索鞍鞍槽内外壁受力对称的鞍座，结果会很好，但是此桥的鞍座是空间受力的，内外壁的受力不同，以往的流体单元施加侧压力的方式已不再适用；

(4)直接加面力法　这种方法要经过手算，将主缆索股按排列方式加在承缆槽内每一个承压面上的压力算出，包括侧面和底面，然后以面压力的形式直接施加到鞍座的侧壁上，这种方法受力直观，能很好的模拟出纵肋与横向加劲肋相交处的应力集中状况，如果要采用这种方法加载，那么就要在建模的时候控制好实体模型面的划分，加载时可以把荷载直接加到几何实体模型的面上，而不用到后来再加到有限元模型的面上，因为有限元单元的数量已经达到5万之多；

(5)接触分析　其实主缆与承缆槽壁也是一种接触方面问题的分析，只是做接触分析要进行高度的非线性计算，接触单元的选取、模型的大小以及计算机的运算能力，都将对计算结果的收敛有很大的影响，但是其最终的计算结果还是具有一定的实际意义的。

三、计算结果与分析

本次计算以手工计算面力分别施加到模型上的计算结果为主，其他方法可以作为计算思路提出与大家讨论分析，计算结果给出直接加面力法的应力云图，计算结果数据以直接加面力法和虚拟杆单元传力法共同列表给出(表1、表2)，以进行一定的数据比较分析。

边界条件：索鞍底板固结，对称面施加正对称约束。

手算各列索股产生的侧向压力(kN/m)　　表1

H(m)	0.058	0.116	0.174	0.232	0.290	0.348	0.406
P_h 内侧	1738.7	3310.6	4731.7	6016.5	7177.9	8227.9	9177.2
P_h 外侧	2348.7	3920.6	5341.7	6626.5	7787.9	8837.9	9787.2

手算各列索股产生的底面压力(kN/m)　　表2

索　股	左3	左2	左1	中间列	右1	右2	右3
P_L 底面	1 200	1 520	1 860	2 207	1 860	1 520	1 200

(1)索鞍在荷载作用下的主应力

第一主应力(见图4):最大值 $\sigma_1=152\text{MPa}$

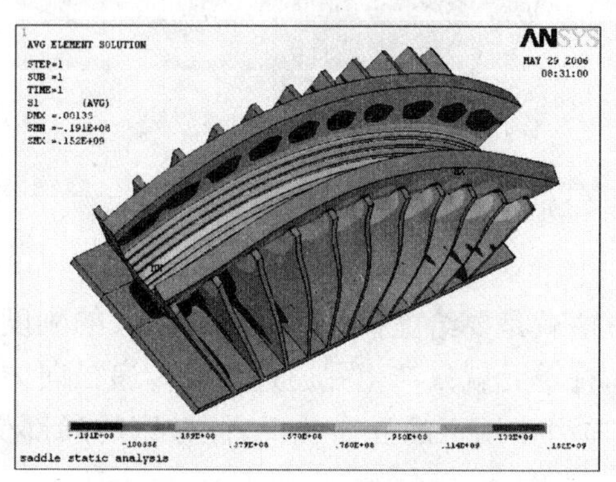

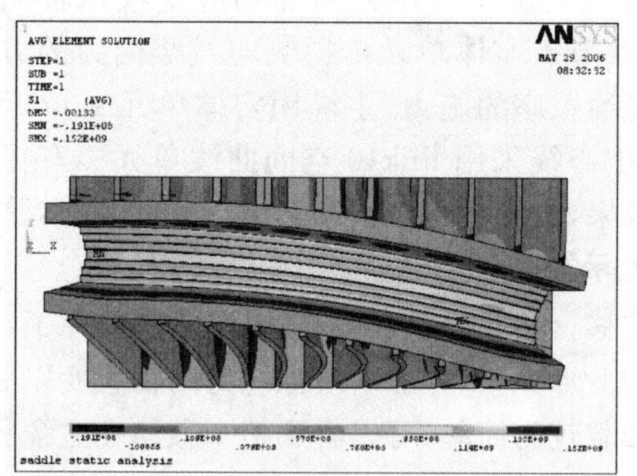

图4　第一主应力云图(N/m²)

第三主应力(见图5):最大值 $\sigma_3=-224\text{MPa}$

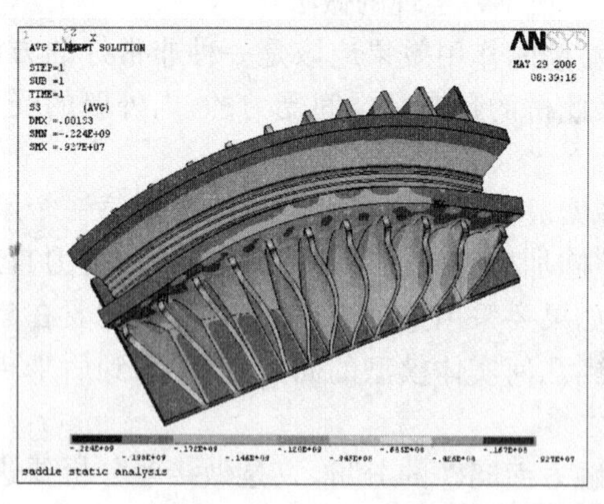

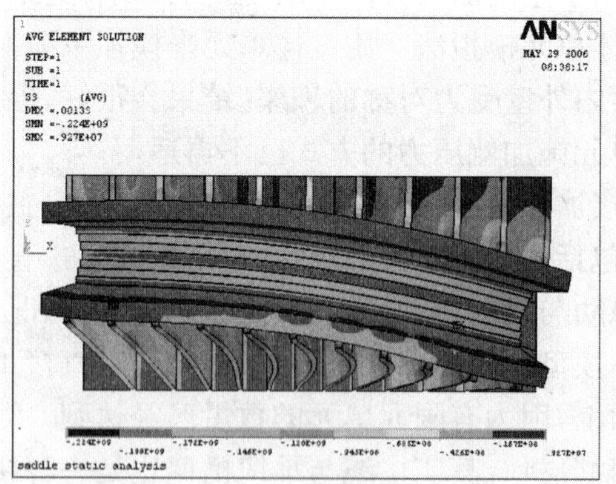

图5　第三主应力云图(N/m²)

说明:从主应力云图可以看出,索鞍的应力状态表现为受压为主,由于索鞍是铸钢材料制作,且处于复合压应力状态下工作,其失效形式应遵循第四强度理论—形状改变比能理论,等效应力 $\sigma_r=\{(\sigma_1-\sigma_2)^2/2+(\sigma_2-\sigma_3)^2+(\sigma_3-\sigma_1)^2\}^{1/2}$,作为应力控制条件,兼顾主拉与主压应力,下面给出等效应力值(密色斯应力)供分析参考:

(2)等效应力(见图6):最大值 $\sigma_r=212\text{MPa}$

(3)局部应力云图(见图7和图8):最大值 $\sigma_{max}=192\text{MPa}$

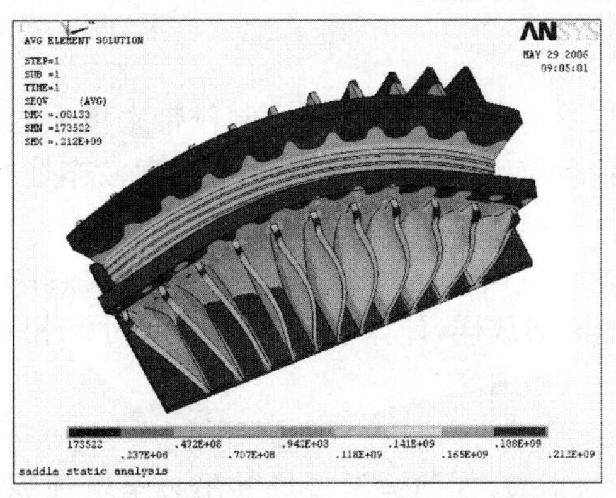

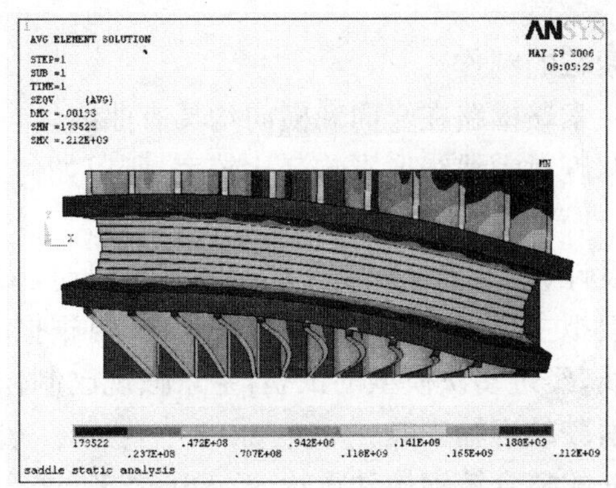

图 6 等效应力云图(N/m²)

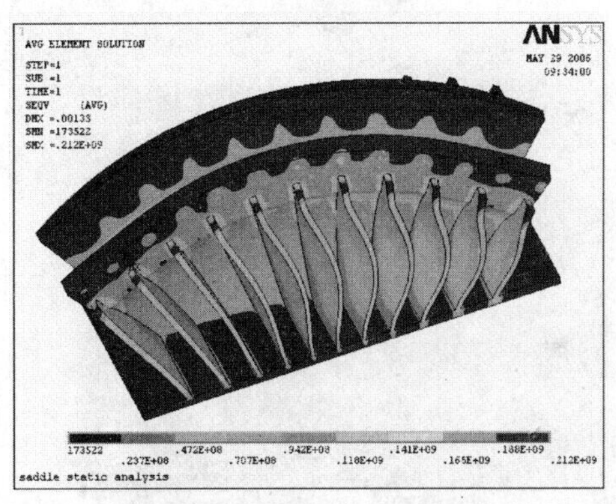

图 7 外侧加劲肋应力集中云图(N/m²)

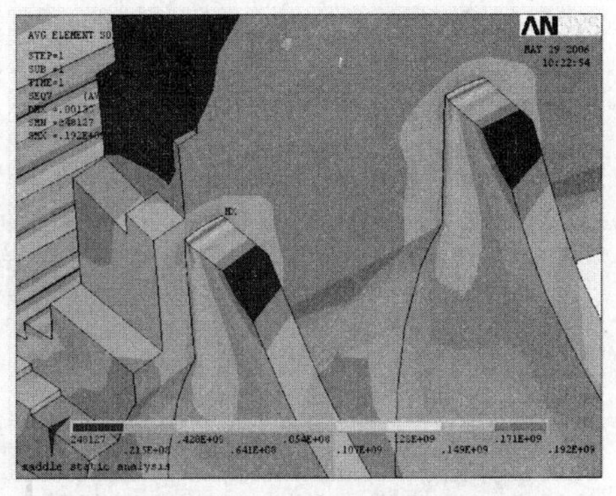

图 8 加劲肋应力集中放大云图(N/m²)

两种方法计算索鞍的各主要部位应力值比较见表 3。

直接施加面力法和杆单元传力法应力值(MPa)(括号内数值为相差比例) 表 3

部位 \ 应力	σ_1		σ_3		σ_r	
	直接加面力	杆单元传力	直接加面力	杆单元传力	直接加面力	杆单元传力
横向加劲肋	57	−37	−224	−208	212	200(6%)
承缆槽侧壁	−19	−59	−43	−57	48	71(47%)
承缆槽底面	152	176	−65	−62	141	115(18%)
主索鞍底板	−19	−13	−43	−36	35	33(6%)

由上面的数值比较分析可以看出,横向加劲肋存在较大的应力集中现象,部位在加劲肋与纵肋相交的地方,达到了 212MPa,杆单元传力法计算出来的承缆槽侧壁和底面的应力均大于直接加面力法计算的数值,是可以想象出来的,因为杆单元传力法的主缆与鞍体共用了节点,有些应力是不能被释放掉的,而直接传递给了鞍体,但是这部分的应力不会很大。

经过各种计算方法的分析比选,采用直接加面力的方法效果是很好的,需要再改进的是可以把面力优化成梯度荷载;虚拟传力杆单元的方法,经过计算分析,不能把杆单元的刚度加的过大,因为结构如果存在过大的刚度比,程序计算会出现奇异矩阵,而影响计算效果,那么如果杆单元没有足够的刚度,共用的节点又会影响整体计算的结果,产生过大的应力。

四、顶推施工与索鞍偏移控制

1. 主索鞍的制作

由于主索鞍槽路在竖向和横向均具有曲线，空间曲线走向的鞍槽为模具制作带来极大的困难，而鞍槽的曲线精度对大缆线形影响又比较大，所以如何才能制作出高质量，高精度的主索鞍亦是本工程的一个关键点。

经过设计、施工单位和制作厂家的多次研讨，交流，认为鞍槽模具曲线的确定是首要解决的问题，决定采用先模拟主缆中心线的实际空间走向，再根据大缆断面放样，计算鞍槽内、外侧尺寸和相对位置制作模具的路线，经过多次模型的试验，主索鞍现已制作成型(如图8)。

2. 主索鞍的运输安装

主索鞍的整套铸钢构件重达85.56t之多，这么重的索鞍，如何运至现场并吊装至塔顶呢，厂家采用了分段制作、分块运输，现场拼装的方法，主索鞍形状左右对称，厂家在工厂里制作好了索鞍的分部构件，然后进行多次试拼，调整，待确定可以出场了，再分块运至现场，在现场进行最后的组装、焊接和吊装，见图9。

图9　主索鞍现场吊装

3. 主索鞍的偏移与顶推

自锚式悬索桥施工控制的一个主要内容就是将索鞍偏移量设为一个控制目标。索鞍偏移的具体实施过程要在施工状态模拟中进行确定，索鞍偏移量和顶推次数的多少有两个决定因素：

(1)桥塔的控制应力

(2)千斤顶的最大顶推力

为了施工方便要尽量减少索鞍的顶推次数，这样索鞍顶推的原则就是在最大顶推力范围内，在桥塔应力没有超标的情况下，尽量减少顶推次数，尽量做到一次顶推到位，如果不可行，则在桥塔应力和最大顶推力达到极限的时候开始顶推，顶到平衡状态后还要继续顶推一段距离，将后面调索过程中索鞍的偏移预留出来，当然这样的预留不能过大，也要在最大顶推力和桥塔应力允许的范围内。

主索鞍顶推力　　$P_t=(T_m\sin\theta_m+T_s\sin\theta_{st}+gW_A)\mu$

式中：W_A——主索鞍自重；

μ——主索鞍位移滑动副的摩擦系数；

g——重力加速度；

T_m——恒载中跨缆力；

θ_m——恒载中跨缆力对应的主缆中跨切线角；

T_s——恒载边跨缆力；

θ_{st}——恒载边跨缆力对应的主缆边跨切线角。

经计算，$P_t=236\times2=472t$

这与悬索桥有限元整体受力计算的塔顶不平衡力 93t 有差异，原因是手算考虑了主索鞍位移滑动副的摩擦，在这里用油脂润滑的不锈钢—聚四氟乙烯 $\mu=0.05$，而在程序计算的时候是不考虑这一点的，程序控制大缆在主索鞍处顺桥向的约束是放开的，手工计算对程序计算的结果进行了校核，结果可以认为是吻合的。

所以主索鞍设计采用了 2 个 300t 的千斤顶，空缆状态主缆理论交叉线偏移主塔 484mm，主鞍中心线偏移主塔轴线 322.2mm，成桥状态主缆理论交叉线与主塔轴线重合，主鞍中心线向主跨方向偏移 161.8mm(如图 10 所示)。

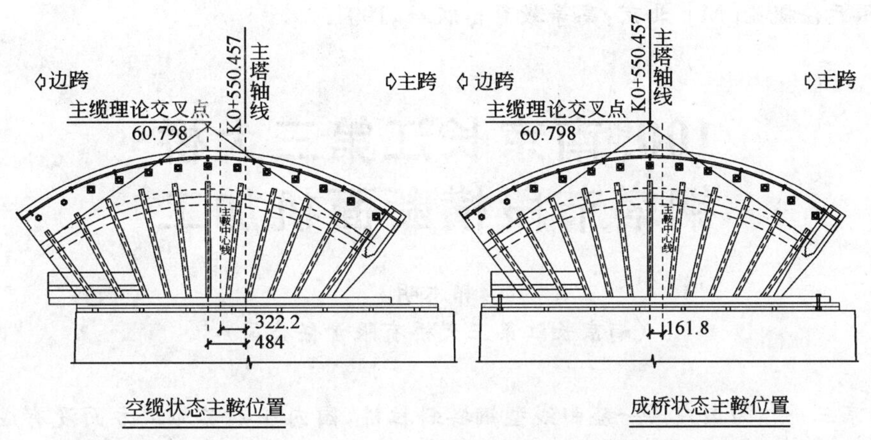

图 10 主索鞍偏移位置

鞍座下设置聚四氟乙烯板，便于主鞍在施工过程中通过塔顶预埋反力架进行顶推，调整施工中恒载产生的塔顶不平衡的水平力，成桥后，再将索鞍的地脚螺帽固定，并将鞍座与底下钢板焊接，顶推构造如图 11 所示。

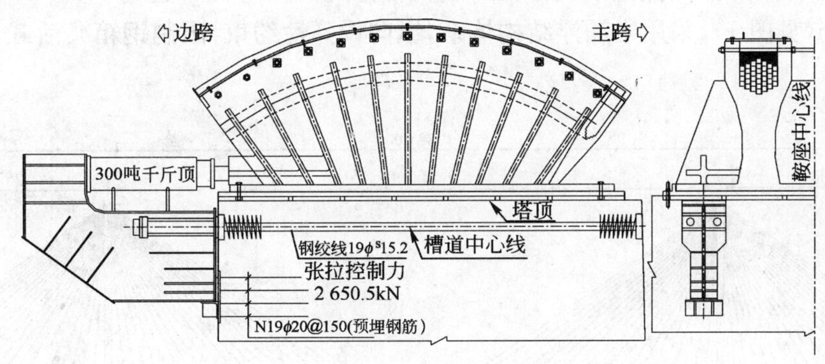

图 11 主索鞍顶推构造

五、结 语

经过对计算结果的分析与比较发现，高应力均发生在索鞍的横向加劲肋与纵肋相交的地方，但是迅速就可以扩散掉，这也是符合圣维南原理的，关于有限元分析的平均应力是否确实存在，国内外专家的说法还不统一，有的专家认为有限元分析可以是手算的一种验证，总之本次计算的结果都在材料的允许应力范围之内，需要注意的就是横肋的高应力区域，已经在此区域进行钢板局部补强。

索鞍的总体受力是比较合理的，由于索鞍纵肋平曲线的缘故，使得受力较没有平曲线的索鞍来得复杂，但通过分析发现，在合理地选取索鞍尺寸及安置适度的横向加劲肋的情况下，索鞍的受力也能达到比较理想的效果。

参考文献

[1] 金增洪.缆索支撑桥梁[M].北京:人民交通出版社,2002.
[2] 张哲.混凝土自锚式悬索桥[M].北京:人民交通出版社,2005.
[3] 项海帆.高等桥梁结构理论[M].北京:人民交通出版社,2001.
[4] 郝文化.ANSYS土木工程应用实例[M].北京:中国水利水电出版社,2005.
[5] 美国ANSYS公司北京办事处.ANSYS单元手册[Z].1998.
[6] 龙驭球.有限元法概论[M].北京:高等教育出版社,1991.

100.南京长江第三大桥钢塔节段横断面机加工

郭志明
(南京长江第三大桥有限责任公司)

摘 要 南京三桥作为国内第一座曲线型钢塔斜拉桥,国内在钢塔加工方面没有成熟的经验,在制作过程中遇到许多难点并有很多技术创新,尤其是钢塔节段横断面机加工方面。本文对南京三桥钢塔节段横断面机加工的工艺流程进行简单介绍,针对加工制作中遇到的工程难点提出了措施和思路,并结合实际施工情况提出了很多建议,为国内其他钢塔节段横断面机加工提供了借鉴。

一、工 程 概 况

南京长江第三大桥为钢塔钢箱梁双索面五跨连续斜拉桥,其跨径布置为(63+257+648+257+63)m,主桥全长1288m(见图1),采用半漂浮结构体系,纵向设弹性约束,限制钢箱梁活载及风载作用下的纵向漂移。

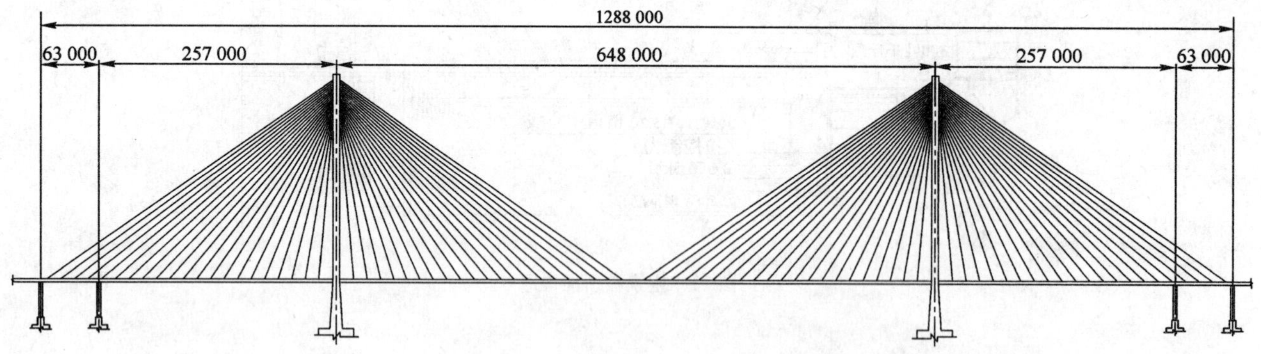

图1 南京长江第三大桥概貌

该桥索塔为“人”字形塔,高215m,塔柱外侧圆曲线半径720m,设四道横梁,其中下塔柱及下横梁为钢筋混凝土结构,其他部分为钢结构。下塔柱高36.318m,塔柱截面横桥向宽度为6.2~8.4m,顺桥向宽度为8.0~12.0m。钢塔柱高178.682m,截面尺寸上下相等,横桥向宽5.0m,顺桥向宽6.8m。

钢塔柱概貌及节段种类见图2。

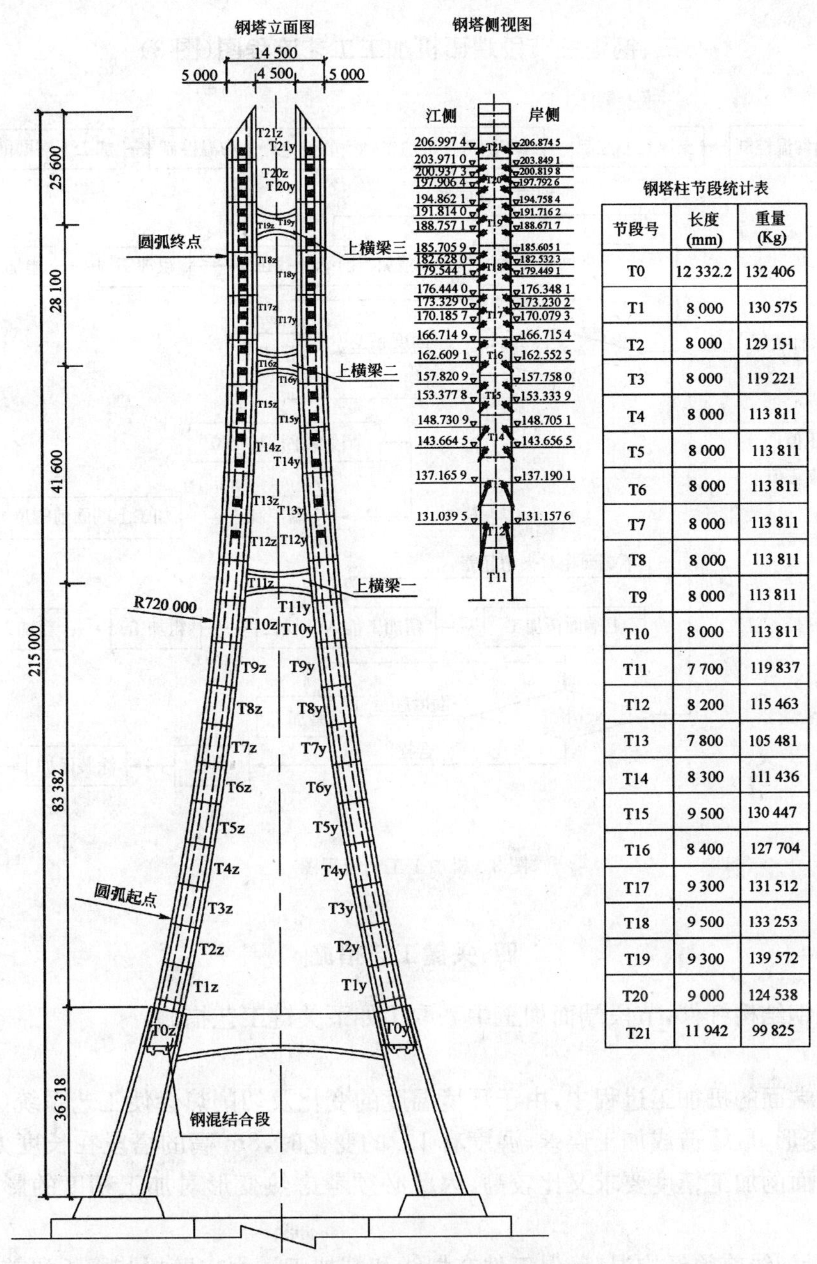

节段号	长度(mm)	重量(Kg)
T0	12 332.2	132 406
T1	8 000	130 575
T2	8 000	129 151
T3	8 000	119 221
T4	8 000	113 811
T5	8 000	113 811
T6	8 000	113 811
T7	8 000	113 811
T8	8 000	113 811
T9	8 000	113 811
T10	8 000	113 811
T11	7 700	119 837
T12	8 200	115 463
T13	7 800	105 481
T14	8 300	111 436
T15	9 500	130 447
T16	8 400	127 704
T17	9 300	131 512
T18	9 500	133 253
T19	9 300	139 572
T20	9 000	124 538
T21	11 942	99 825

图 2 南京长江第三大桥钢塔柱概貌及节段种类(尺寸单位:mm)

二、钢塔节段横端面机加工技术要求

钢塔柱节段加工的关键控制相点有两个。其一是为保证相邻塔段端面金属接触率指标而要求的加工端面平面度;其二是为保证钢塔柱线形精度而要求的塔段端面与轴线的位置精度。相对塔段这样的大型钢构件来说,其加工平面度和端面垂直度精度要求很高,具体见表 1,而且按照设计允许值、制造规则精度、内控精度的三级控制原则,在实际加工作业中执行的内控精度标准要求更高,使我们的加工技术、切削机床、工艺装备、测量方法等方面面临新的课题。

钢塔节段端面加工允许偏差(mm) 表 1

项 目	允 许 偏 差	检验方法	备 注	项 目	允 许 偏 差	检验方法	备 注
构件长度	±2mm	钢尺		平面度	0.08mm/m 0.25mm/全平面	API	
端面垂直度	±20″	API		表面粗糙度 R_a	12.5μm	样块对比法	

三、钢塔柱节段端面机加工工艺流程图(图3)

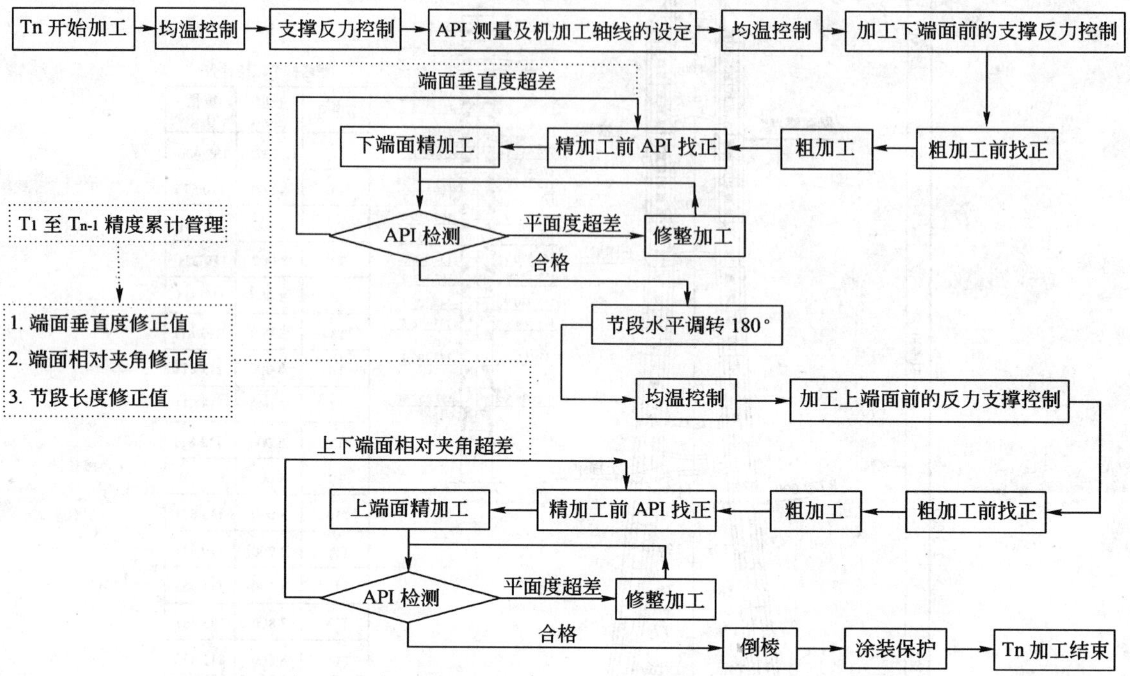

Tn开始加工 → 均温控制 → 支撑反力控制 → API测量及机加工轴线的设定 → 均温控制 → 加工下端面前的支撑反力控制

粗加工前找正 → 粗加工 → 精加工前API找正 → 下端面精加工 → API检测

API检测：平面度超差 → 修整加工 → 精加工前API找正；端面垂直度超差 → 精加工前API找正；合格 → 节段水平调转180°

T1至Tn-1精度累计管理 → 1. 端面垂直度修正值　2. 端面相对夹角修正值　3. 节段长度修正值

节段水平调转180° → 均温控制 → 加工上端面前的反力支撑控制 → 粗加工前找正 → 粗加工 → 精加工前API找正 → 上端面精加工 → API检测

API检测：平面度超差 → 修整加工 → 精加工前API找正；上下端面相对夹角超差 → 精加工前API找正；合格 → 倒棱 → 涂装保护 → Tn加工结束

图3　机加工工艺流程图

四、关键工艺措施

钢塔柱为受压钢结构杆件，节段端面加工中采取了如下关键工艺措施：

1. 热变形控制

在钢塔柱节段端面的机加工过程中，由于环境温度的变化及切削热会使工艺系统(机床、刀具及工件等)产生一定的热变形，最终造成加工误差，温度有1℃的变化时，8m高的塔段在长度方向有0.96mm的变化。而钢塔柱端面的加工精度要求又比较高，因此必须考虑热变形对加工精度的影响，我们最终确定的温度控制条是：

(1)工件在测量划线前须经均温，确保工件在划线和精加工过程中壁板与腹板温差不超过2℃

(2)精加工作业在温度稳定时段进行，确保精加工过程中环境温度变化不超过2℃。

(3)保证加工过程中工件和环境温度差值不超过2℃。

2. 支撑变形的控制

由于钢塔柱节段单重较大，塔柱节段加工时在自重和梁底支撑力的作用下会发生弯曲和扭曲复合变形。在塔柱节段加工过程中，我们采取以下措施来控制工件的支撑变形。

(1)用有限元对塔柱节段进行受力变形分析计算，确定塔柱节段底面的支撑位置，保证塔柱节段在平放(5m方向垂直，6.8m方向水平)和立放(长度方向垂直)状态下两端面的夹角不发生变化。

(2)对塔柱节段在加工和测量划线中的主支撑反力进行调控(图4)根据有限元分析结果，在测量和加工过程只要按确定的位置对塔柱节段进行支撑，并按图4中的公式对塔柱节段的支撑反力进行控制，就可以控制工

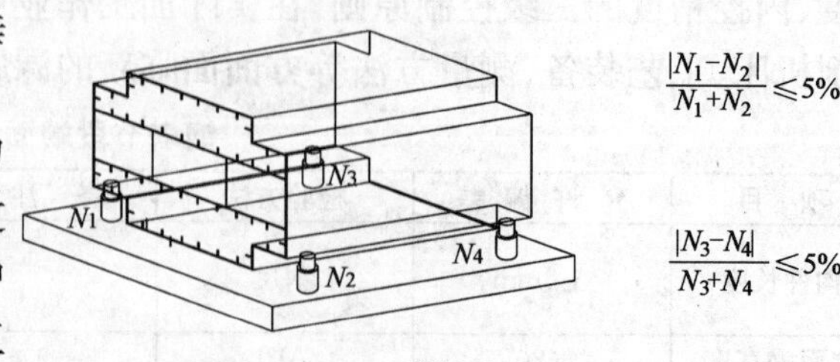

图　4

件支撑变形对加工精度的影响。

3. 刀具及切削条件的选择

在机械加工中,切削刀具的材质、几何角度、切削参数对工件的加工精度影响很大,也是影响加工效率的关键因素。根据试制件的材质及加工效率的要求,我们选择了三个刀具公司的产品进行了半精加工对比切削试验,试验结果如表2所示,根据试验结果我们选择进口刀具二及其相应的切削参数来进行试制件的端面铣削加工。

刀具切削参数对照表 表2

参数 \ 刀具来源		国产刀具	进口刀具一	进口刀具二
刀盘直径 D(mm)		315	315	315
刀盘齿数		16	18	22
刀片材质		硬质合金	涂层硬质合金	涂层硬质合金
粗加工	切削速度(m/min)	148		178
	切削深度(mm)	5		
	进给量(mm/min)	150		500
半精加工	切削速度(m/min)	178	118.8	238
	切削深度(mm)	0.5	0.5	0.5
	进给量(mm/min)	200	370	600
精加工	切削速度(m/min)	198	118.8	238
	切削深度(mm)	0.2	0.2	0.2
	进给量(mm/min)	200	370	600

4. 优化切削走刀顺序

根据我公司钢塔柱试制件制造经验和日本钢塔制造技术,由于机床本身的系统误差及切削刀具磨损等因素的共同影响,端面的切削顺序对加工平面度的影响非常大。经过优化分析及在试制件上试验的结果,我们按图5所示顺序加工端面。

5. 减轻切削振动

机加工中工件的振动对加工平面的平面度、粗糙度精度影响很大,也容易损伤切削刀具。这主要是因为切削部位的局部刚性较弱。因此,在塔段两端面安装了工装(图6)来增强端面刚性以防止振动,保证加工精度。

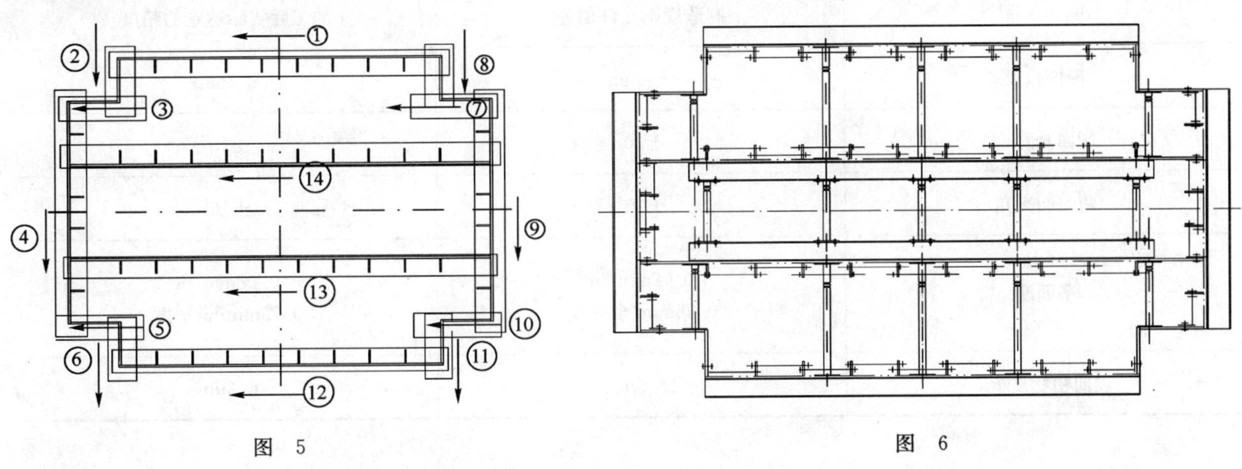

图 5 图 6

6. API 测量精度试验

高精度的加工必须有与其相适应的测量仪器来鉴别，为了保证测量精度我们进行了 API 测量仪器的测量误差试验分析。即在水平方向和垂直方向分别固定几组靶标，API 在不同的距离和角度对其进行多次重复采点测量，得到其多个重复测量坐标值，然后进行数据处理分析，得到测量误差的范围。根据分析其测量精度完全能够满足加工测量的需要，并根据测量误差分析的结果确定出了 API 测量仪器最佳的测量位置。

7. 支撑稳定性控制

通过计算分析我们得出结论：对端面进行加工时，如果切削参数取切深不大于 10mm，进给不大于 800mm/min，塔柱节段依靠自重和摩擦力就能可靠克服切削抗力，保证工件在加工过程中的稳定性。我们采用的数控液压支撑调整系统，其支撑头部为球面副万向自适应结构（图 7），可以自动适应塔柱底面不平整的情况，保证工件支撑部位的可靠接触及支撑的稳定性。

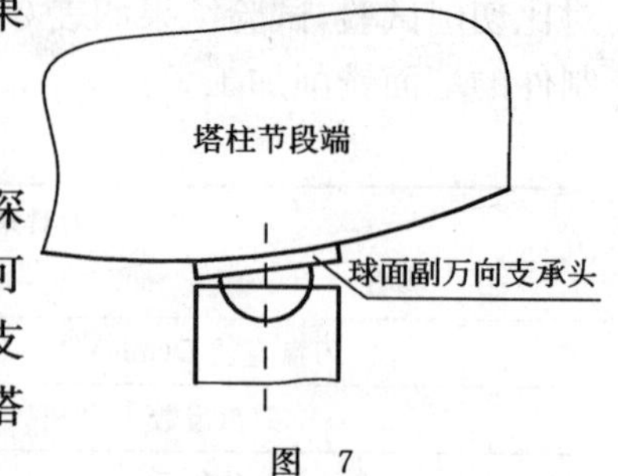

图 7

8. 加工定位及测量基准的确定

根据设计要求，塔柱节段端面的加工不仅有平面度方面的要求，而且还有空间角度上的要求，因此，节段的加工和检测基准应为能确定节段端面空间位置的空间基准。确定定位基准线是我们塔段机加工工艺中的一个难点，也是工艺中的重点。在设计中塔柱轴心线是一条非常重要的设计基准，也是端面垂直度和塔柱垂直度等线型控制精度的测量基准，按照机械加工“基准重合”的原则，在端面机加工中以它为基准进行找正定位将为满足加工精度要求提供可靠保证。因此，在塔段机加工工艺中我们将它作为端面加工的重要定位基准。但是，钢塔柱节段轴心线是不可见线，在节段形体上并不显现，因此我们在加工中用能够完全代表轴心线空间位置的理论端面纵向水平中心面和纵向垂直中心面和塔段壁板的交线作为塔柱节段加工定位和测量基准线（图 8）。

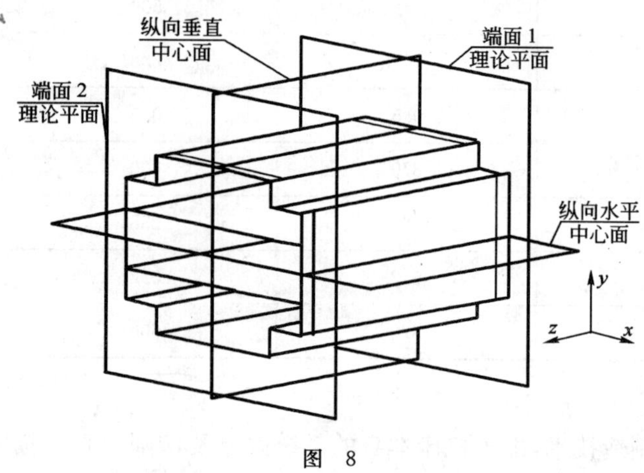

图 8

五、钢塔节段机加工工艺方法达到的精度

由于我们的工艺方法对影响加工精度的各种因素进行了严格控制，加上操作者的精心作业，使我们塔段经过机加工后得到了较高的加工精度。加工检测后各检测项点检查结果的平均数组如表 3 所示。

钢塔节段机加工制造要求与实际达到的精度比较 表 3

项　　目	制造规则允许偏差	加工后实际达到的精度
构件长度	±2mm	±1mm
端面垂直度	±20″	±10″
两端面夹角	±20″	±10″
平面度	0.08mm/m 0.25mm/全平面	0.08mm/m 0.25mm/全平面
表面粗糙度 *Ra*	12.5μm	6.3μm

六、机加工工艺方法中的不足及改进措施

虽然钢制铁塔在我国是首次制造，精度要求高，制造难度大，控制因素多，但经过我们的不懈努力，终于高质量的完成了制造加工任务。通过本次钢塔节段机加工生产实践的检验，我们的工艺方法也有不足，需要在以后的加工生产中进行改进。

1. 在建设加工厂房时均温设施应更加完善，特别是要保证厂房内高度方向环境温度的均一性十分重要；另外，轴线设定及精加工前要严格温度检测制度，保证工艺中要求的每个温度控制项点都测量到，这对保证加工精度十分有利。

2. 我们的加工场地在长江边，由于地质构造的关系机床基础并不稳定，不断发生蠕变，对加工精度造成影响。工艺中对其影响程度考虑不足，在今后的加工中应定期（不超过 10 天）对机床主要几何精度进行检测，及时调整机床。

3. 开发更高精度的加工找正系统，提高找正精度和找正效率，以保证加工精度和加工周期。

4. 对测量工装进行改进，进一步提高测量精度。

101. 大跨连续梁安装新技术探讨

刘景红　鲁　力　郑红杰
（中交二航局第二工程有限公司）

摘　要　目前跨度在 100m 以上混凝土连续箱梁有支架法、挂篮悬浇、桥面吊机悬拼等施工方法，本文介绍的 100m 跨径架桥机节段拼装施工技术，为 100～150m 跨径混凝土连续梁桥设计与施工提供了新的途径。

关键词　100m　跨径　架桥机　节段拼装　临时墩　技术

一、概　　述

厦门集美跨海大桥为多跨预应力混凝土连续箱形梁桥，整桥横向分三幅，左、右幅为城市快车道，中间幅为城市快速公交车道(BRT)。大桥从 10～63 号墩上部结构均采用短线匹配法节段预制，上行式架桥机悬臂拼装施工，全桥长 2 875m，共有箱梁节段 2 345 榀。大桥南、北各设一座主桥，南主桥位于 22～26 号墩，北主桥位于 56～60 号墩，均为跨径(55＋2×100＋55)m 的相同结构，(见图 1)。箱梁高度在 3.6～5.8m(快车道)和 3.8～6.2m(公交车道)间变化，横断面见图 2。桥梁通航净空：(65×14.5)m

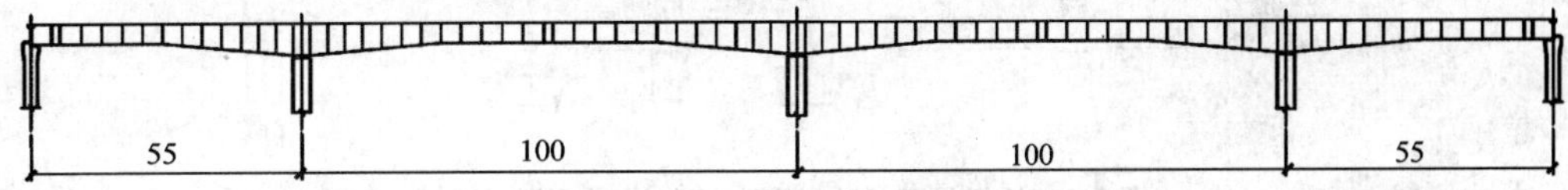

图 1　桥型立面(尺寸单位：m)

箱梁横断面为单箱单室(图 2)，每个 T 悬臂共含 12 对梁段和一个墩顶块。墩顶块带横隔墙，总重约为 380t，采用先安装壳体，再在墩顶上二次浇注横隔墙。其余梁段最大重量约为 153t。

全桥分两个工区同时施工，一工区 3 台架桥机从 10 号墩向 38 号墩施工，二工区 3 台架桥机从 38 号墩向 63 号墩施工，节段拼装工期 10 个月。

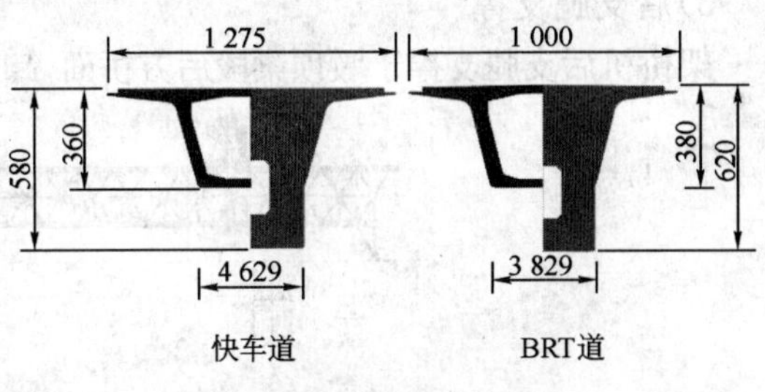

图 2　箱梁横断面(尺寸单位：cm)

二、主 要 思 路

目前跨度在75m以上的梁桥，多采用挂篮悬浇、桥面吊机节段拼装或支架现浇法施工。但由于南、北主桥分别间隔位于50m跨引桥两处，如采用上述施工方法施工主桥，则无法满足架桥机顺利通过主桥的时间要求，且架桥机自重达1 000余吨，在不考虑加支撑的条件下，主桥桥梁结构无法如此巨大的施工荷载通过主桥。如采取拆除、转运、再安装架桥机的方法，则面临6台架桥机均需拆、装一次，工程量巨大，工期也无法满足。为保证工期和施工的顺畅衔接，考虑在100m跨中间搭设临时墩，利用拼装50m跨引桥的TP75型上行式架桥机直接过至主桥，进行100m跨主桥拼装。

三、临时墩工况分析

1. 引桥50m跨架桥机墩顶支撑工况分析

以编号"i"为对象，架桥机在拼装50m跨引桥时，通常在"i"墩上存在以下支撑情况：

1)前支腿支撑

在架桥机前移过跨准备时，前支腿支撑于"i"墩墩顶梁段前侧，通过起重天车将后方中支腿转运至该墩墩顶安装(见图3)。

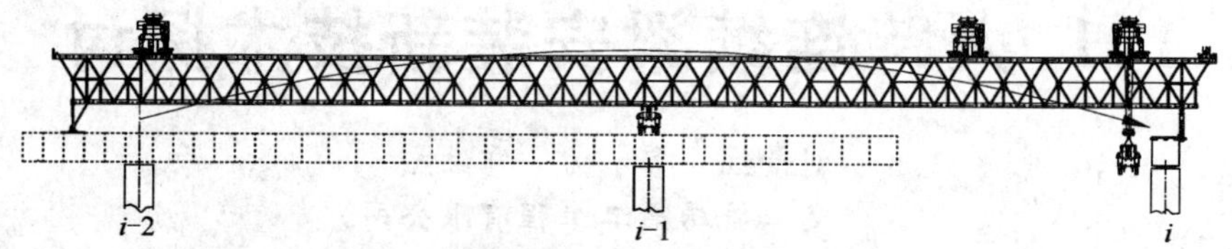

图3 架桥机前支腿在"i"墩支撑工况

2)中支腿支撑

(1)架桥机过跨时，中支腿支撑于"i"墩墩顶梁段顶部，架桥机悬臂推进(见图4)。

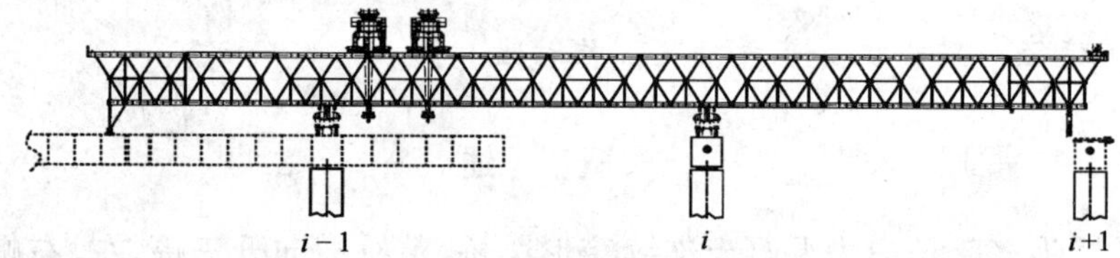

图4 架桥机过跨时中支腿在"i"墩支撑工况

(2)架桥机中支腿作用于"i"墩，以"i"墩为对称点进行对称悬臂拼装(见图5)。

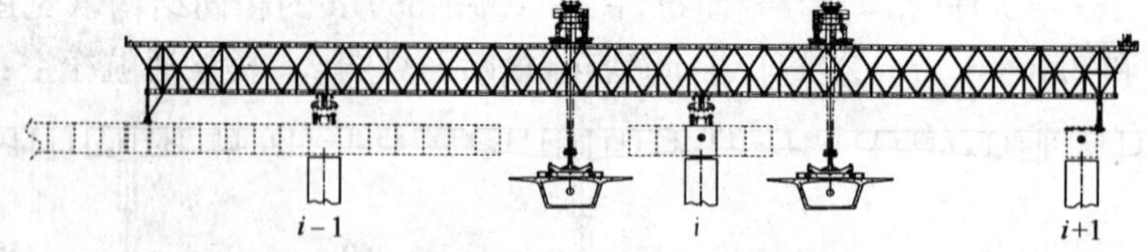

图5 架桥机悬臂拼装时中支腿在"i"墩支撑工况

3)后支腿支撑

架桥机后支腿支撑于墩顶梁段后方桥面，卸落后方的中支腿，经起重天车将后方中支腿向前转运(见图6)。

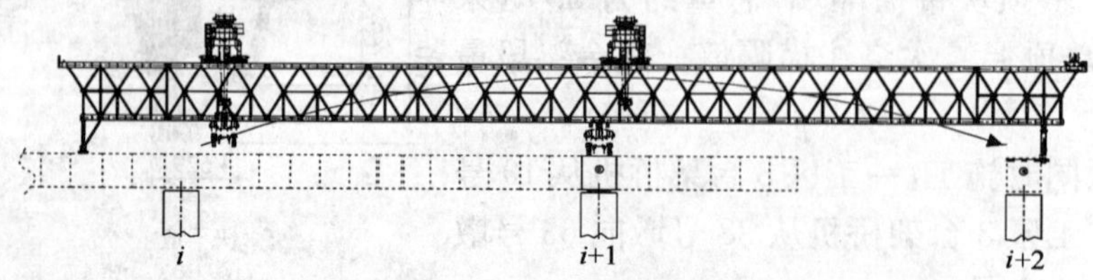

图6 架桥机后中支腿倒过时后支撑在"i"墩附近支撑工况图

2. 临时墩与永久结构墩的区别分析

临时墩位于跨中，与引桥 50m 标准跨相比，不具备以临时墩为中心对称悬拼的工况，但多了以临时墩为后支腿支撑点，进行前墩悬臂拼装工况，即等同于如图 7 所示工况，其余支撑工况与引桥标准跨“i”墩基本相同。

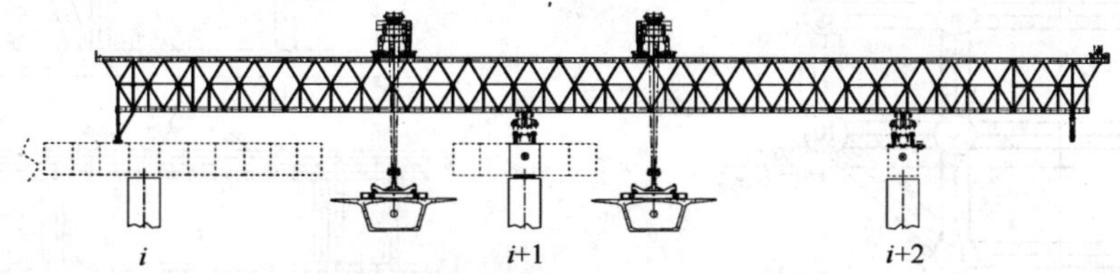

图 7 主桥拼装增加况，图中“i”墩等同时主桥临时墩

与引桥 50m 标准跨永久结构墩相比，采用临时墩法施工的不同之处还在于：永久性结构墩对应为墩顶梁段，而临时支墩对应为跨中合龙梁段，如果按引桥 50m 标准跨施工方法，将合龙梁段直接安放于临时墩上，架桥机各支腿作用于合拢梁段上，则存在以下难题：

(1)合龙块影响前、后 T 悬臂最后一榀梁段预应力张拉；

(2)临时墩结构相对较弱，且存在承载后沉降可能，架桥机如直接作用于合龙块上进行合龙，将对永久结构带来较大的附加内力，对结构不利。

(3)合龙梁段腹板、底板尺寸为全跨梁段最小，相对较弱，无法承受架桥机大部分重量(特别是架桥机过跨时的重量，如图 4)。

因此，为解决以上问题，临时墩考虑：

(1)临时墩横向中轴线由跨中横向中心线向前方墩偏移一定距离，以保证后方墩“T”悬臂拼装最后一榀梁段的预应力张拉空间；

(2)在临时墩上安装临时钢支架，代替梁段支撑架桥机。当临时墩前方 T 悬臂拼装到一定长度后，将架桥机在临时墩的支撑点转移至后方的 T 悬臂端上，吊走临时钢支架，腾出空间，用于前方 T 悬臂剩余梁段的吊装、拼接和预应力张拉。

(3)由于 100m 跨的悬臂长达 50m，架桥机支撑点转移至悬臂端后的最大作用力近 2 200kN，悬臂结构受力无法承受，因此，考虑采用临时墩支撑悬臂端，完全或部分抵消架桥机支撑点的竖向传力，使悬臂结构始终处于安全状态。

四、临时墩设计与施工

1. 结构设计

临时墩结构形式必须满足架桥机在各种工况下的支撑要求。基于对架桥机在墩顶位置支撑工况以及临时墩与永久结构的区别分析，临时墩结构形式按图 8 所示设计。图中：1 号、2 号管桩用于支撑前支腿，管桩横向间距根据架桥机前支腿两支撑点间距确定；3～10 号管桩用于支撑中支腿，管桩间距依据架桥机中支腿支点位置确定。11 号、12 号管桩用于支撑 T 悬臂端(间接支撑后支腿)，其横向间距依据悬臂端最后一榀梁段腹板位置确定(正对腹板底部)。各排桩纵向间距则根据架桥机各支腿、临时钢支架纵向宽度以及后方悬臂最后一榀梁段张拉所需空间确定。

临时支墩横向中轴线位置由跨中横向中轴线向前方墩偏移 1. 8m 布置，顶面高程控制低于梁低 60cm。同时为了有效的控制 T 悬臂受力，在 11、12 号管桩顶部设置调整液压千斤顶，通过顶伸或收缩千斤顶油缸，控制 T 悬臂挠度，从而达到控制其受力大小的目的。千片顶在竖向位置与后支腿支撑点对齐，以保证后支腿作用力通过梁段直接传递给临时支墩管桩。

根据设计控制工况，考虑海水涨落潮最大流速及施工期风速影响，计算临时支墩钢管桩直径为 ϕ800×8mm及埋深≥12m。其间平联设置 4 道，为 ϕ600×6mm 管桩，平联间按 [32 斜撑。

临时钢支架采用型钢焊制，其构造满足搁置架桥机支腿以及与临时墩管桩顶部锚固的需要，其构造图见图9。

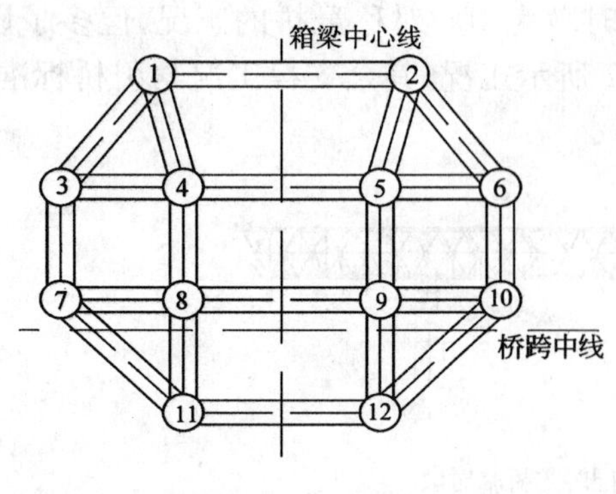

图8 临时墩平面

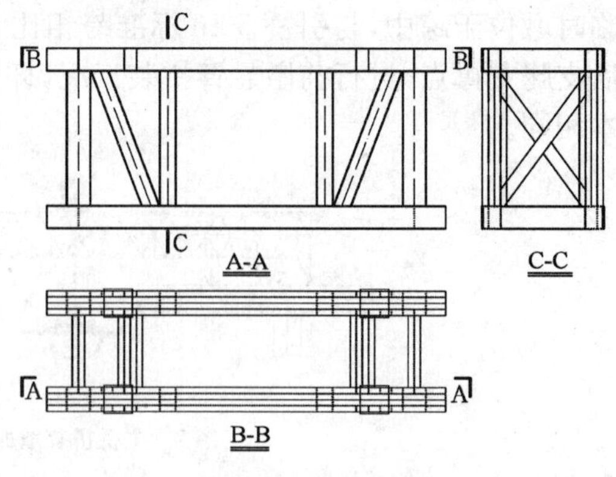

图9 临时墩构造图

2. 临时支墩施工

考虑施工现场现有钢管桩有锈蚀现象，且施工过程中不做防腐处理，选用ϕ800×10mm钢管桩。首节采用90型和120型液压振动锤振动下沉，入土深度15m，施沉时严格控制平面偏位。次节采用50t浮吊接高，接高时严格控制顶面标高。对钢管桩及平、斜联焊缝进行严格检查，保证焊缝质量。临时墩施工实物见图10。

五、主桥梁段拼装

1. 主桥拼装工序流程

整个主桥的拼装工序见图：

图11 步骤1：架桥机由引桥进至主桥，前支腿支撑于临时墩上，安装临时中支腿。

图12 步骤2：拼装N_1墩T悬臂1～12号梁段，吊装首跨边跨合龙梁，施工湿接缝并合龙。

图13 步骤3：桥机纵移过孔。

图14 步骤4：拼装第二个T构1～9号梁段。

图15 步骤5：顶升临时墩上的调整千斤顶，使之与梁底接触，后支腿缓慢支撑于后方T悬臂端，拆除并吊走临时墩顶部的架桥机中支腿及临时钢架，将“T”悬臂剩余梁段及合拢段梁段按图提前吊放至临时墩、“T”构根部及架桥机主桁上。整个过程监测架桥机后支腿作用下的悬臂端挠度变化，并通过调整千斤顶控制其挠度变化小于15mm。

图10 临时墩实物

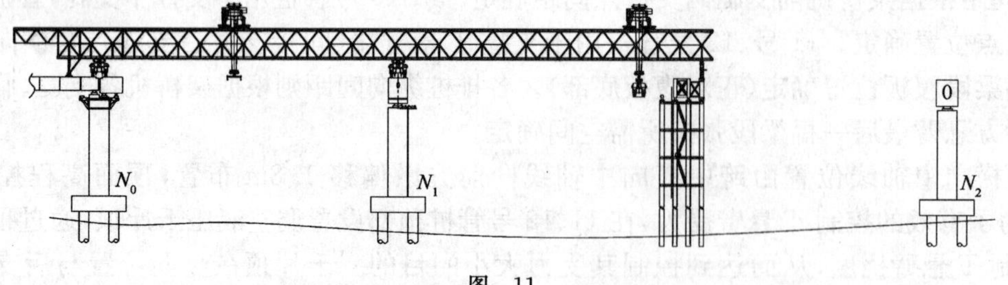

图 11

图16 步骤6：依次完成T悬臂剩余梁段拼装。安装合拢段，收起后支腿，架桥机过跨。转换N_1墩临时锚固体系，在桥面跨中无荷载情况下浇注合拢湿接缝，进行N_1与N_2间中跨合拢。

图17 步骤7：按相同方法完成整个主桥梁拼装

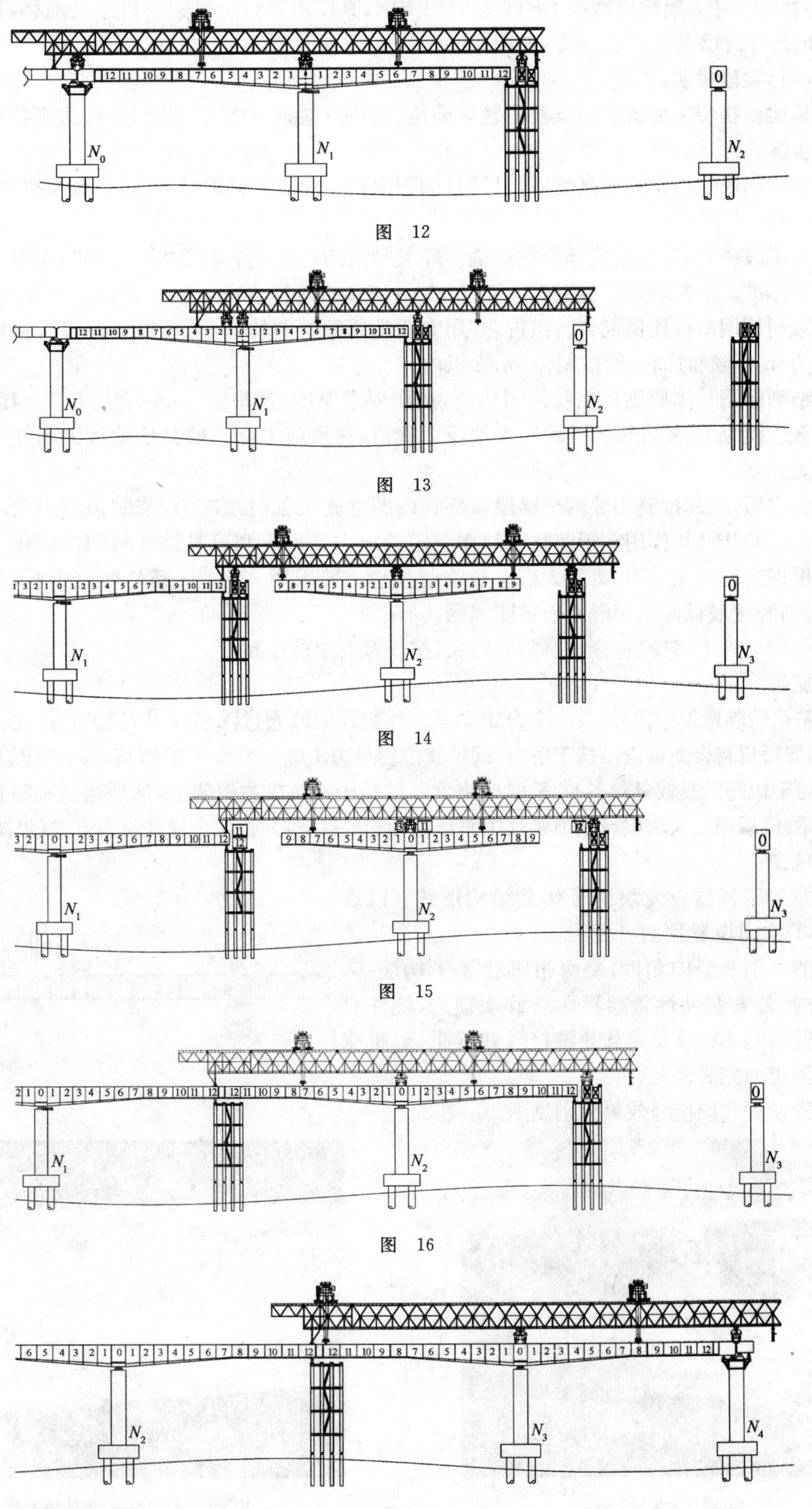

图 12

图 13

图 14

图 15

图 16

图 17

注：在主桥施工中，架桥机增加了一个临时中支腿，其作用是为了将架桥机适当前移，使其后支腿刚好作用于临时墩11、12号管桩正上方，如图15所示。

2. 单榀(对)梁段拼装

单榀(对)梁段拼装主要需经历梁段吊装→调位、试拼→涂胶→拼接→临时预应力张拉→悬拼永久预应力张拉等步骤。

架桥机对称起吊梁段至桥面高度，通过吊具的三向调整功能调整梁段的纵、横坡及空间位置，并与已拼梁段试拼。

后退提升梁段一定高度，涂刷环氧粘结剂。环氧粘结剂功能及基本要求应满足施工要求及桥梁拼装用粘结剂相关标准。通常要求可施胶时间≥30min，可粘结时间≥60min。

环氧粘结剂使用前按比例混合各组份，并用专用搅拌枪拌制均匀(无色差或色带)，拌枪转速控制在400～600转/min，拌制时间一般控制在5min以内。

环氧黏结剂涂刷总体原则是在胶体固化前，按照要求厚度(通常为3mm)，快速、均匀的涂抹。可单面或双面施胶。为防止黏结剂挤压后进入预应力管道，在预应力管口贴高压缩性的闭孔发泡聚乙烯O形橡胶密封圈。

在涂胶完成后，在其接缝相邻两个梁段顶部和内腔室施工临时预应力，临时预应力大小应保证接缝间平均压力≥0.3MPa，其作用在于使黏结剂在一定的压力条件下和可黏结性时间内固化。临时预应力设置形式可根据实现情况采用，集美大桥主桥临时预应力筋采用ϕ36、ϕ32精轧螺纹钢筋，在箱梁顶板面采用钢锚座、内腔室底板面采用混凝土锚座锚固。

在临时预应力施工完毕后，穿悬拼预应力束，按规范要求施工预应力。

3. 边跨施工

本桥边跨梁段除墩顶梁段外，仅一个合龙梁段。其墩顶梁段通过浮吊预先安装到位，在相邻T悬臂拼装完成后，用架桥机将合龙梁段吊挂于桥面，调整就位后与边跨墩顶梁及T悬臂端临时锁定，施工湿接缝并张拉合龙。对于边跨梁段数量较多的，采取先将梁段吊挂于架桥机主桁架上，然后通过临时预应力逐块拼接形成大块梁，最后施工大块梁与墩顶梁及相邻悬臂端的湿接缝，并张拉合拢预应力合龙(见图18)。

4. 合龙施工

主桥合龙采用预制合龙块＋湿接缝结构形式。既在两相邻悬臂T构间设置预制合龙梁段(长2.7m)，通过旋转合龙梁段的平面和竖向角度，使两相邻悬臂T构顺接，然后在箱室内、外安装劲性骨架将两悬臂端锁定，浇注合拢梁与两悬臂端间10～15cm宽的湿接缝并养生，分批张拉体内合龙预应力完成合龙。

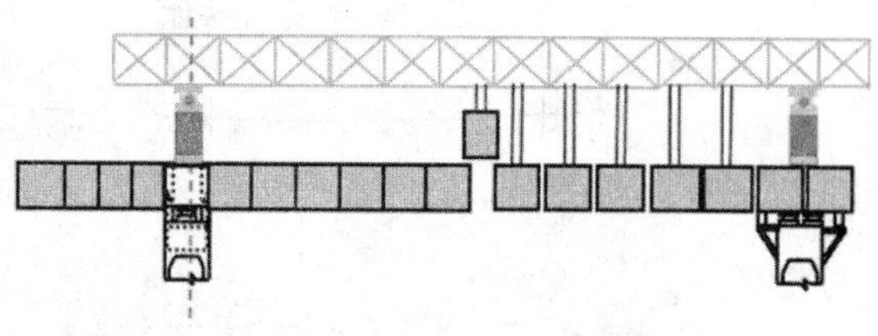

图18　多边跨梁段悬挂施工示意

劲性骨架设置和湿接缝效果分别见图19、图20。

图19　劲性骨架设置效果

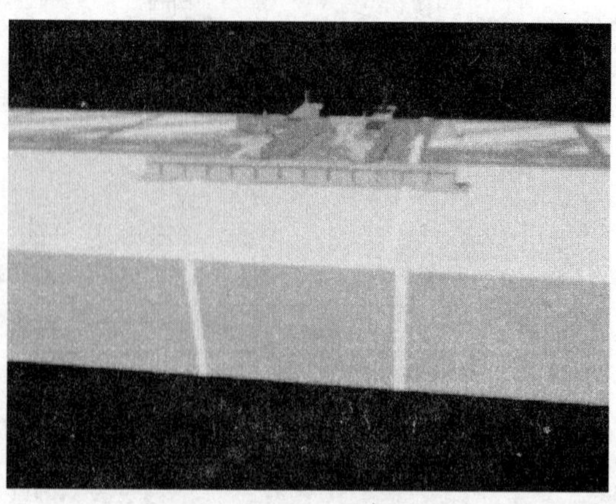

图20　合龙块＋双湿接缝效果

六、施 工 监 控

1. 临时支墩临控

临时支撑监控主要有两项任务：一是监控临时支撑结构受力，防止管桩实际受力超出设计允许值；二是沉降监测，防止因管桩沉降过大，导致架桥机状态不符合要求。特别是当架桥机后支腿作用于悬臂端时，此时如果管桩沉降超出 T 悬臂允许挠度且调整不及时，将造成 T 悬臂造成损坏甚至断裂。鉴于临时支撑处无详细地质资料以及其沉降对永久结构带来较大的影响，故重点监测管桩沉降。

临时支墩管桩沉降观测点设置于梁段顶部，以便直观的控制 T 悬臂挠度。经设计院验算，T 悬臂端最大允许挠度 30mm，施工中按 15mm 控制。一个临时支墩实际沉降监测成果见表 1。

临时支墩沉降观测数据表 表 1

工况 1				工况 2				工况 3			
钢管桩号	沉降量(mm)	位移(mm)		钢管桩号	沉降量(mm)	位移(mm)		钢管桩号	沉降量(mm)	位移(mm)	
		X	Y			X	Y			X	Y
1号	3	8	7	3号	6	7	2	11号	4	−7	−3
2号	4	6	8	6号	9	4	−3	12号	4	−9	7
				7号	10	6	3				
				10号	9	6	−3				

注：工况 1：前支腿支撑于临时墩 1、2 号管桩过程中最大受力工况；工况 2：架桥机纵移至最大悬臂时，3～10 号管桩最大受力工况；工况 3：后支腿支撑于悬臂端过程中最大受力工况。

2. 桥梁结构监测

桥梁结构监测主要包括：

(1)监测在不同的气温条件下和不同阶段的梁段拼装过程中，桥跨不利位置的应力值，以验证结构安全性。特别是加强当架桥机后支腿作用于 T 悬臂端时的应力值监测。

(2)监测在桥跨体系转换时桥梁结构内力瞬间变化情况，以避免悬臂端因体系转换而突然颤动使得结构受力超出允许值。测试仪器采用智能数码应变计并配合补偿计和巡检仪等。图 21 为第 1、2 个 T 构合龙后应力测试图，图 22 为测试应力对比图。

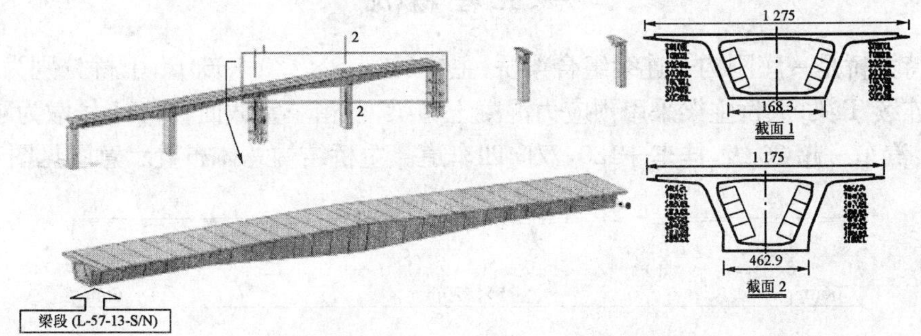

图 21 第 1、2T 构合龙后的应力监测(尺寸单位：cm)

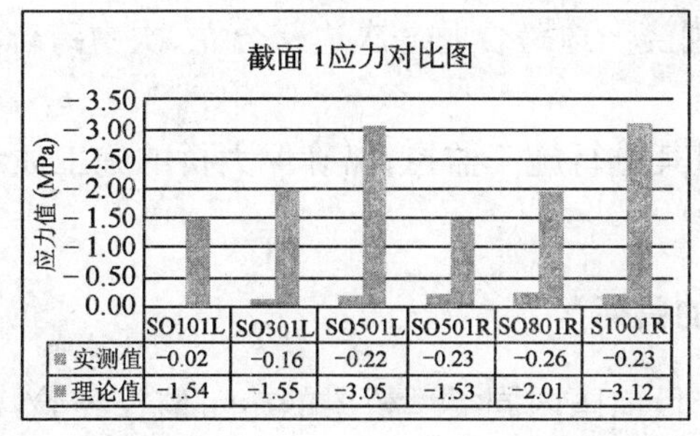

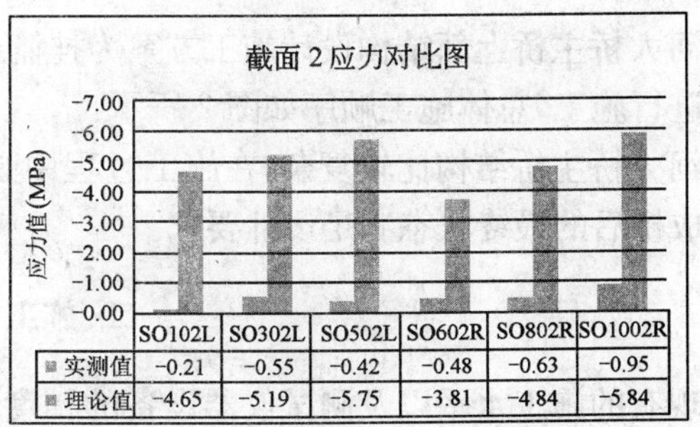

图 22 应力测试对比图

3. 线型控制

梁段拼装控制测点采用预制相同测点，其埋设见图23。数据采集时间通常为每天7:00以前和17:00以后。通过采集拼装梁段及1号梁段数据，输入至线型监控程序，判断线型精度是否达标。在达标的情况下，继续正常拼装下一梁段，如超标，则在拼装下一梁段时采取纠偏措施。纠偏的措施主要采用调整临时预应力张拉顺序和垫环氧树脂垫片。环氧树脂垫片厚度通常为3mm或5mm。

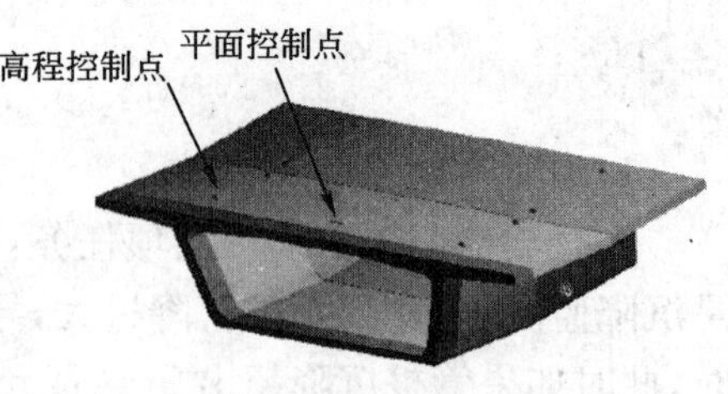

图23　线形控制测点布置图

七、结　　语

集美大桥采用的TP75型架桥机全装到位后可拼装75m标准跨径，目前国内已有多台该类型架桥机，采用临时墩施工方法，可将其拼装跨度扩大至150m以内范围，从而为大跨度预应力混凝土连续箱梁施工提供了除挂篮悬浇、桥面吊机拼装之外的另一种崭新施工工艺，为在不同施工环境的桥梁设计与施工提供了新的途径。

102. 预应力混凝土连续刚构桥施工监控与监测

黄克超[1]　张光辉[2]　任昌瑞[1]　张永辉[1]　刘运伟[1]

(1. 新疆交通科学研究院；2. 中咨(武汉)桥隧设计研究院有限公司)

摘　要　本文介绍了预应力连续刚构桥施工监控的计算方法和监测结果，在控制过程中通过测试比较不断调整结构计算参数，使控制过程逐渐与实际情况相适应，从而使实际控制结果达到了设计的要求。

关键词　预应力　连续刚构桥　施工控制　施工监测

一、工 程 概 况

新疆伊犁河特大桥是一座刚构—连续组合梁桥，主桥(66+5×120+66)m，引桥分别为(7×40、14×40)m预应力混凝土连续T梁；大桥主梁采用预应力混凝土箱梁，双箱单室截面；10、11号墩为刚构墩，桥面宽度25.5m，设计荷载：汽车—超20级，挂车—120，双向四车道。主桥结构总体布置示意图见图1：

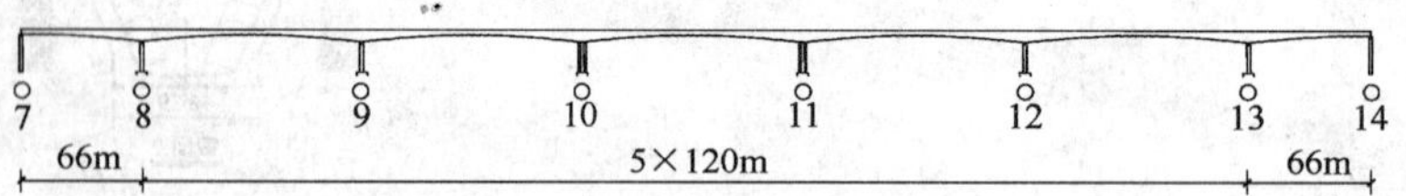

图1　大桥总体布置示意

伊犁河大桥主桥上部结构设计施工方案为挂篮悬臂现浇—边跨合龙—次边跨合龙、次中跨合龙—中跨合龙顺序进行施工，总体施工顺序如图2所示：

伊犁河大桥主桥结构比较复杂，在施工过程中必须对其进行施工监控，以确保大桥的施工质量和结构安全以及成桥后的最终状态满足设计要求。

二、施工控制的目标

根据现有的施工水平以及测试仪器设备的精度，参照目前国内同类型桥梁的施工监控经验，确定本桥施工监控目标见表1：

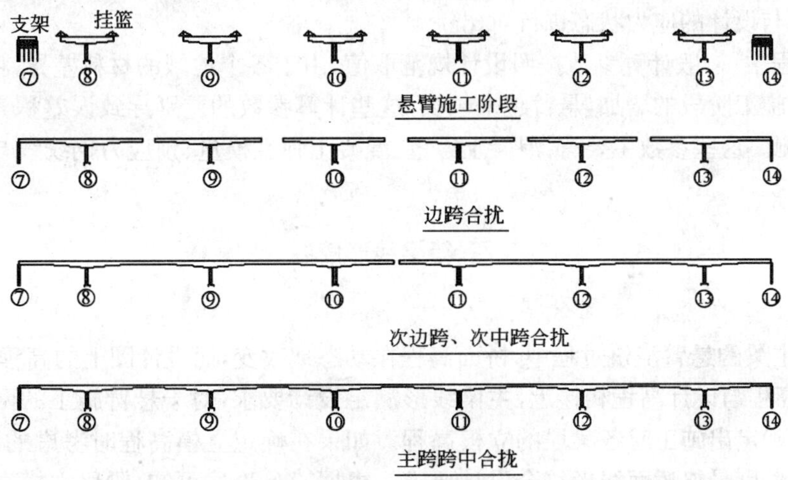

图 2 大桥施工顺序示意图

伊犁河大桥主桥施工监控目标

表 1

控制项目	控制目标	检测方法
主墩偏位	≤0.3%H且≤20mm	全站仪检测
主梁控制点高程偏差	≤20mm	水准仪检测
桥轴线偏位	≤10mm	全站仪检测
控制断面混凝土应力偏差	≤10%	实测值与理论计算值比较
对称断面混凝土应力偏差	≤5%	实测值与理论计算值比较

三、施工监控的内容

施工监控的内容包括监控计算和监控测试，其中监控计算内容主要有：施工过程中各阶段桥梁状态的把握和参数的识别、施工成桥状态与设计成桥状态偏差的分析、前进和倒退仿真的分析、未来结构状态预测等。监控测试主要有：主梁的应力测试；施工过程中主梁的线型测试；温度场测试、混凝土弹性模量测试以及预应力孔道摩阻测试。

1. 施工监控计算

利用建立的监控计算体系对桥梁施工过程中各阶段结构应力和位移状态等施工控制参数进行计算，为各阶段施工提供立模高程，保证施工的顺利进行并使结构最终达到或接近设计要求的成桥状态。

监控计算所采用的基本方法是倒拆正装法。即通过对从成桥状态倒拆结构的过程进行结构分析从而得到每一施工阶段的施工控制目标值，然后根据施工控制目标值对结构进行正装施工控制（包括对结构某些参数的调整），使施工此阶段时结构的内力和变位等同或逼近倒装计算中同工况下的结构内力和变位。根据主桥的结构特点，10 号及 11 号墩为嵌固墩，计算简图中将 10 号及 11 号承台处作为弹性嵌固点，其他各墩处设支座。

2. 施工监控测试

伊犁河特大桥跨度较大，施工步骤多。在施工过程中结构受力复杂，而且箱梁要产生竖向变位、横向变位以及扭转，必须通过全过程的监测获得桥梁结构变位的数据，通过与理论计算数据的比较，调整结构计算参数，使得计算结果接近实际状态，从而获得更加准确的预偏量和下一施工过程的立模高程。

桥面高程采用水准测量进行。在每一个施工节断末端布置三个水准测点，分别对立模高程、混凝土浇筑后高程、预应力张拉后高程、挂篮移动后高程进行测量。

为准确了解大桥施工时主要控制截面结构应力的情况，在选定的截面埋设钢弦式应变传感器、温度传感器，检测控制截面在每一个施工阶段混凝土浇筑后、预应力张拉后的应变，通过换算分析得到各个阶段的实际应力状态，然后与设计的应力状态进行对比。

在理论计算过程中，一般计算参数按照设计规范取值，由于各个地域的材料差异，将导致实际参数与设计参数的差别，随着施工阶段的增加，悬臂越来越长，这些计算参数的差别导致误差积累。所以要在施工中对某些参数进行实测。这些参数主要有：混凝土容重、混凝土弹性模量、预应力钢绞线与管道之间的模阻系数、偏差系数等。

四、箱梁线形控制

1. 理论分析

在连续刚构桥主梁的悬臂浇筑过程中，桥面高程在动态地改变，而设计图上的高程是成桥以后的高程，为了使成桥后桥面高程与设计高程相接近，主梁线形满足设计要求，对于悬臂施工的两端应保持平衡并预设向上的拱度，预先确定出施工时各梁段的立模高程。如果在确定立模高程时考虑的因素比较符合实际，并且加以正确的控制，则最终桥面线形符合设计要求。根据以上论述可知，梁段立模高程并不等于设计中桥梁建成后的高程，需要设置一定的预拱度，以抵消施工中产生的挠度。其计算公式如下：

$$H_{立模}=H_{设计}+f_{总}-h_{节段梁高}-h_{横坡值}$$

$$f_{总}=f_{挂篮弹性变形}+f_{预拱值}+f_{竣工前总变形}$$

式中：$f_{预拱值}$——按设计跨中预拱曲线在相应节段的预拱值；

$h_{节段梁高}$——本施工阶段待浇注梁体前端梁高；

$H_{立模}$——待浇节段前端底模高程；

$f_{挂篮弹性变形}$——挂篮弹性变形，由现场加载测试试验所得；

$H_{设计}$——本施工阶段待浇注梁体前端中央分隔带边缘1m处高程。

成桥预拱度、各种荷载作用下的理论计算挠度值以及各工况下箱梁高程曲线分别在图3、图4、图5中示出。

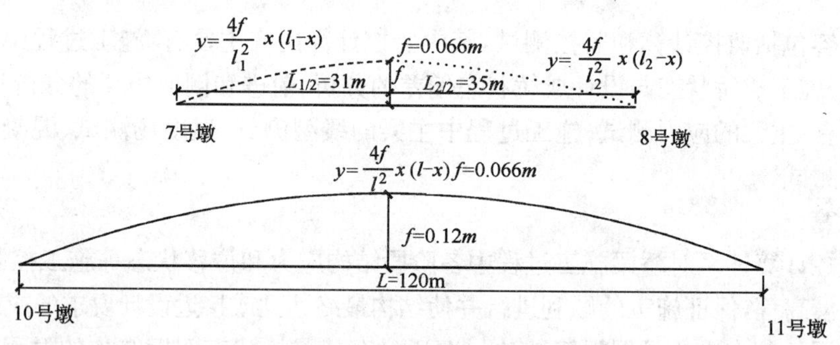

图3 成桥预拱度曲线

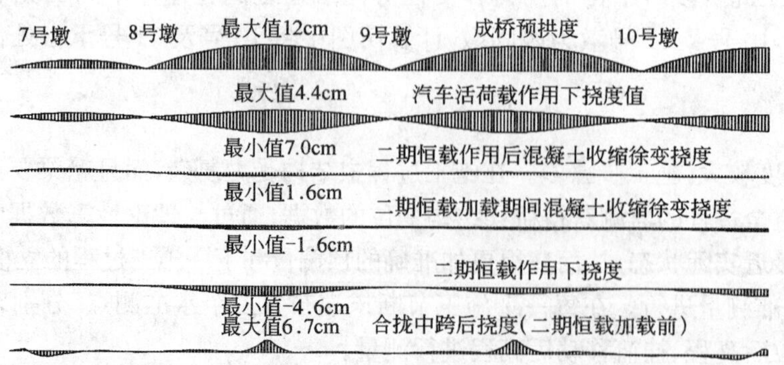

图4 理论计算挠度值

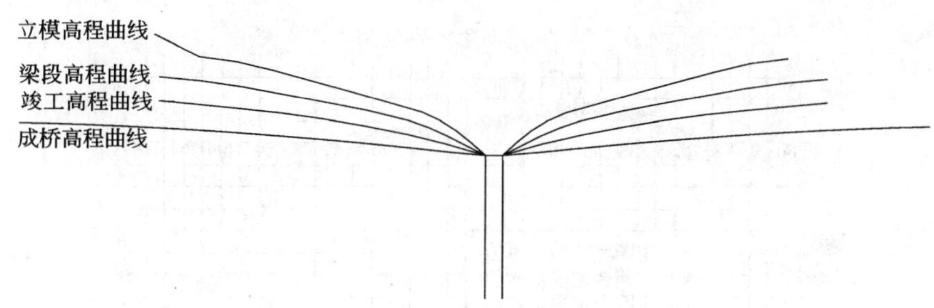

图 5 各工况下箱梁高程曲线示意

根据设计资料，我们将全桥离散成 211 个桥面单元、24 个桥墩单元(两个刚构墩)、6 个基础单元(刚度无限大特殊元)，桥面单元均为变截面梁单元，桥墩单元为等截面梁单元，桥梁结构的梁段截面按设计图输入数据。预应力索单元共有类型束 46 类，计算束 215 束。计算过程按 70 个施工阶段考虑，施工顺序为：基础、墩身浇筑施工，连续梁墩顶处设置临时支座，各墩 0 号块的浇筑；对称浇筑各节段；依次合龙边跨，次边跨、次中跨，最后合龙中跨。

在对箱梁中横隔板的处理上，根据以往经验和多次计算，考虑到横隔板的主要作用是保证传力的均匀性和结构的整体性，如果将实际截面直接输入程序，将造成横隔板梁段截面突变且刚度过大，反而引起计算失真，因此，我们将横隔板视为具有其体积和重量的集中恒载，施加在该节点上。计算模型见图 6、图 7。

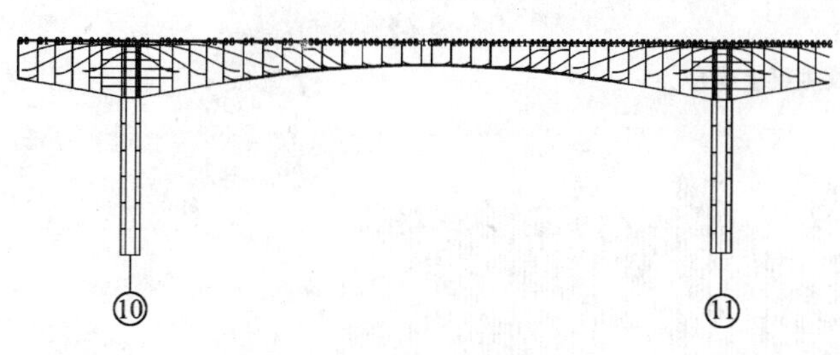

图 6 计算模型(主跨部分)

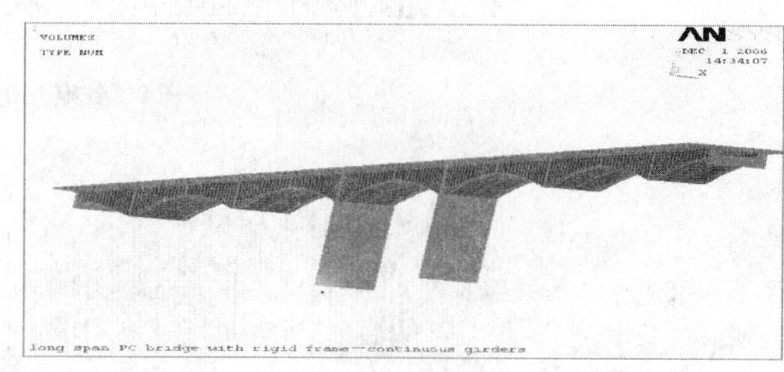

图 7 全桥有限元计算模型

根据设计图中的结构划分，施工方案及合龙方案说明和施工单位的施工进度安排，我们将整个施工过程分成悬臂施工阶段和合龙施工阶段两大部分。其中，悬臂施工单向有 14 个梁段，每个梁段的施工分成立模、浇筑、张拉预应力三个工况，根据设计要求全桥合龙共分为三次，按照边跨、次边跨与次中跨、中跨的顺序，完成箱梁的合龙。在合龙施工阶段中，每个合龙过程又有立模、浇筑、部分底板张拉、挂篮及模板的拆除、支架拆除、临时固结的解除等工况。

竣工后桥梁的刚构墩墩底基础单元与地面固结，其他桥墩及桥台处设置单向(竖向)铰支撑约束，在施工过程中托架、满堂支架等均按单向支撑处理，在连续墩的临时固结处，将固结简化为一个固定铰和一个竖向铰支撑。

计算时考虑挂篮变形、混凝土弹性模量、构件尺寸、预应力管道定位、预应力张拉、预应力管道摩阻系数、材料性质、预应力损失、混凝土收缩徐变、温度等参数的影响，分别以测试值为准。

2. 结构线形监测

梁顶高程测点布置在箱梁的顶面上，与施工单位共用一套测点，以互相校核。每节梁段前端设一测试断面，每断面顶面设三个测点，在各个施工阶段进行结构控制高程的测量，从而获得实测结果与计算值的差异，然后通过不断修改计算参数，使计算值与测试值相吻合。这样得到的结构参数就是计算采用的参数。图 8 是中跨实测挠度与理论计算值的对比结果。通过图 8 可以看出，实测挠度与理论计算挠度基本吻合，说明施工控制方法和计算参数的选择是正确的。

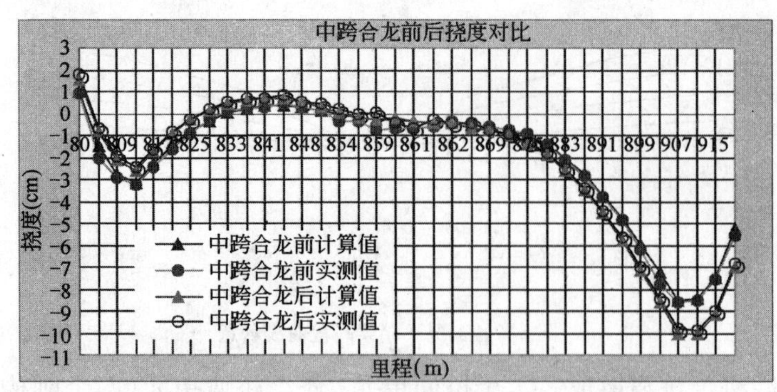

图8 合龙前后10号墩两侧梁段挠度比较

3. 结构应力监控

1)应力控制计算

用结构分析软件分析了施工各个阶段的应力包络图，分析结果见图9～图14。

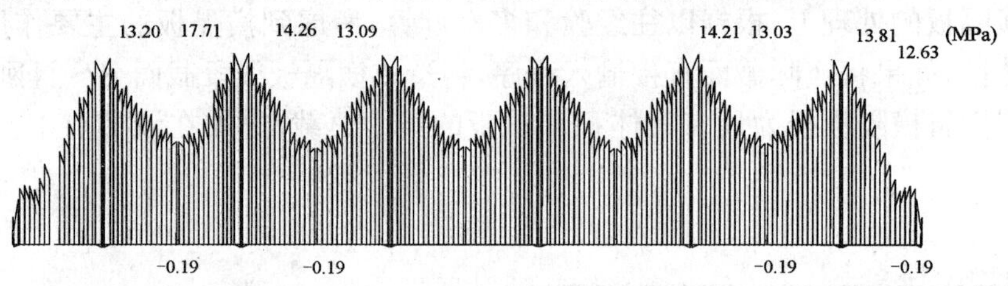

图9 各施工阶段主梁上缘应力

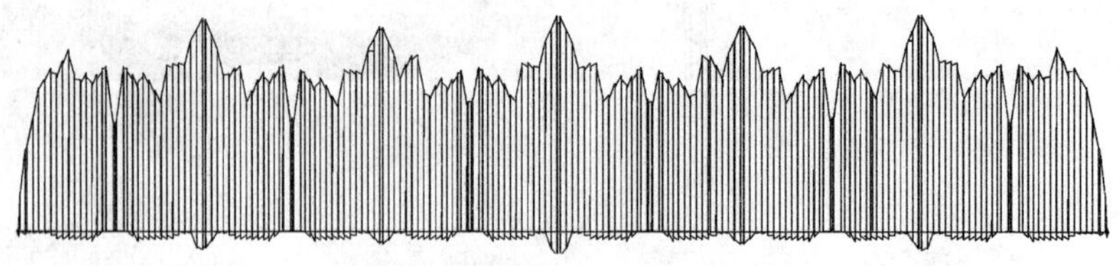

图10 各施工阶段主梁下缘应力

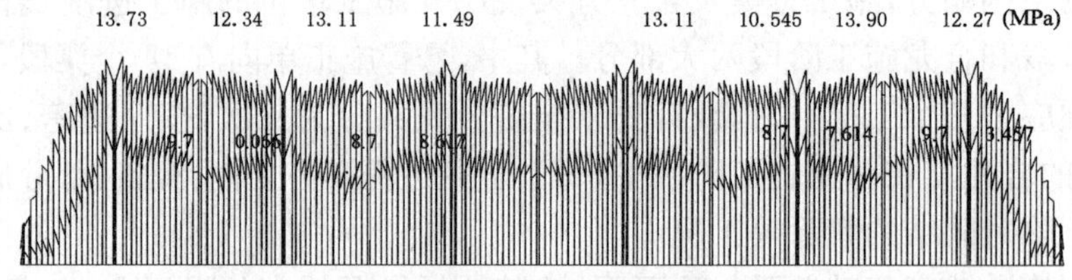

图11 运营阶段上缘应力包络

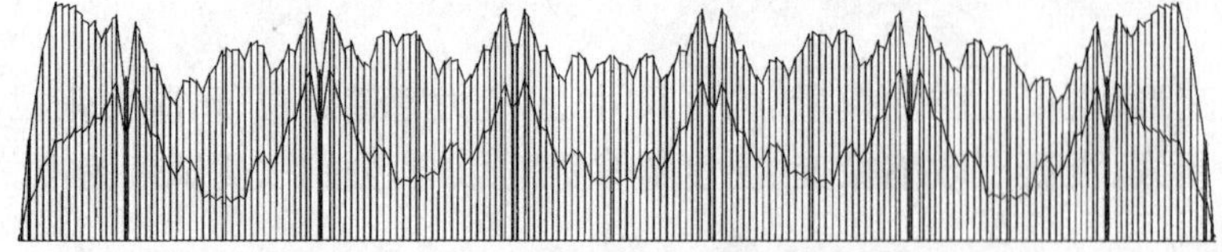

图12 运营阶段主梁下缘应力

2)应力监测结果

根据实际的施工情况并考虑到结构的对称性，全桥共选择了47个应变测试断面。断面的布置从固结点、支座一直到跨中都有分布。应变测试以主梁沿桥纵向正应变为主，辅以墩顶附近和跨中断面的剪应力和主应力测试，同时对薄壁主墩进行应变观测。主梁截面的应变测点位置如图15。

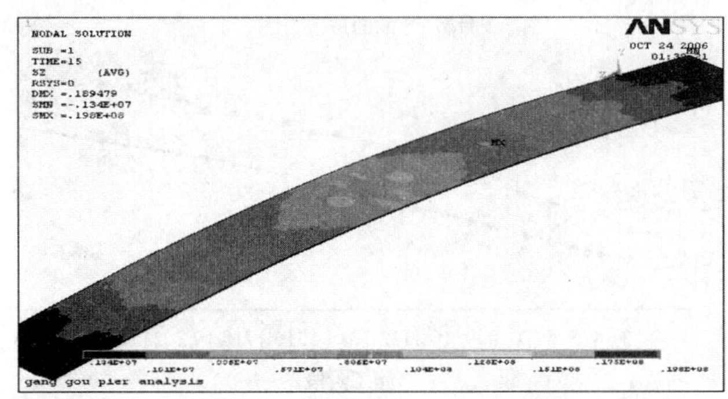

图 13 各阶段箱梁顶板局部应力

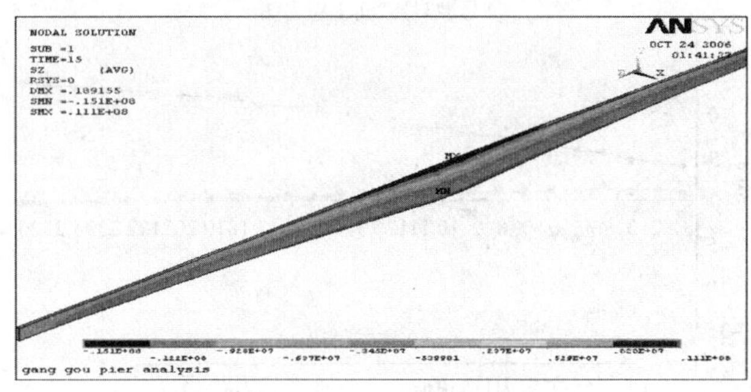

图 14 各阶段腹板局部应力

桥梁结构的实际状况与理论状况总是存在着一定的偏差，究其原因，主要由设计参数误差、施工误差、温度影响、测试误差、结构分析模型误差等综合因素干扰所致。混凝土的应变可分为受力应变和非受力应变两种，在实测的应变中它们是混杂在一起的。根据欧洲混凝土模式规范 CEB—FIP(1990)，承受单轴向应力的混凝土构件，在时刻 t 的总应变 $\varepsilon(t)$ 可分解为

$$\varepsilon(t)=\varepsilon_i(\tau)+\varepsilon_c(t)+\varepsilon_s(t)+\varepsilon_T(t)+\varepsilon_m$$

式中：$\varepsilon_i(\tau)$——加载时初应变；

$\varepsilon_c(t)$——时刻 $t>\tau$ 时的徐变应变；

$\varepsilon_s(t)$——收缩应变；

$\varepsilon_T(t)$——温度应变；

ε_m——测量系统应变误差。

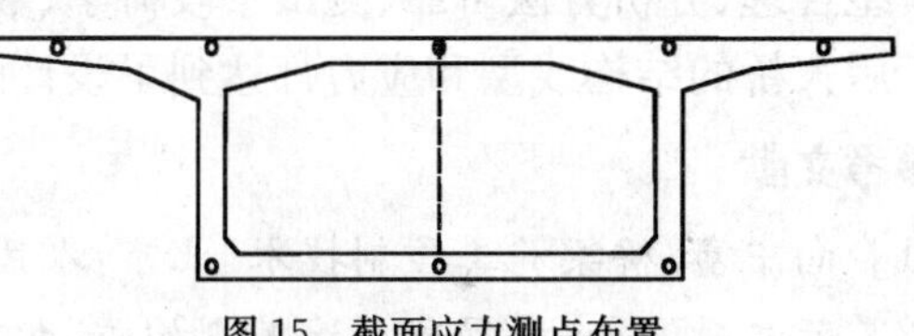

图 15 截面应力测点布置

只有通过误差分析等手段，对测量结果进行适当的修正，使测试应力结果尽可能地接近于实际，从而较准确地掌握结构的真实应力状态。在我们测试的过程中，混凝土初凝后钢弦式应变计的初始读数变化很大，如果对无应力时的初始应变把握不准，就可能导致整个应变测试的失败。对此我们将所有应变计以初始应力为零时的读数为基准进行处理，获得了比较理想的测试结果。下面给出了部分控制断面的应力监测结果：

从图 16～图 19 可以看出，在混凝土箱梁悬浇施工阶段，浇注混凝土后和预应力钢束张拉后，箱梁各控制截面混凝土测试应力增量与计算值基本吻合。所有测试截面的实测应力值与理论计算值变化趋势基本一致，而且实测应力均大于理论应力值。说明在整个施工过程中应力张拉比较准确，桥梁控制截面上、下缘都有相应的应力储备。

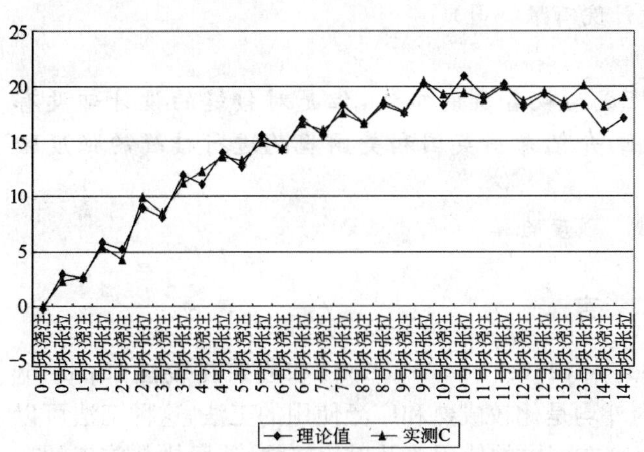

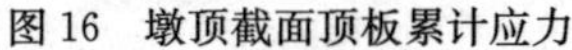

图 16 墩顶截面顶板累计应力

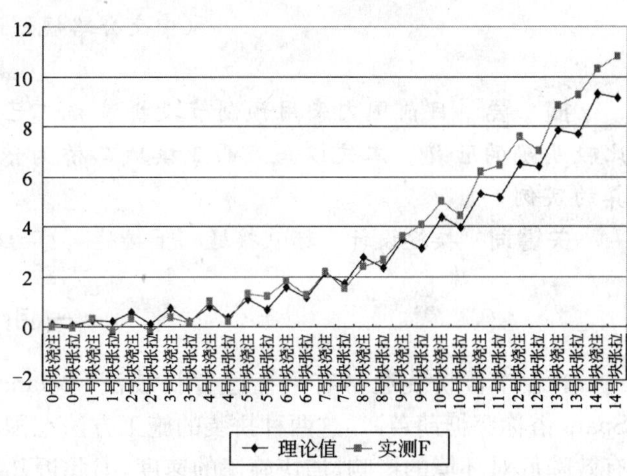

图 17 墩顶截面底板累计应力

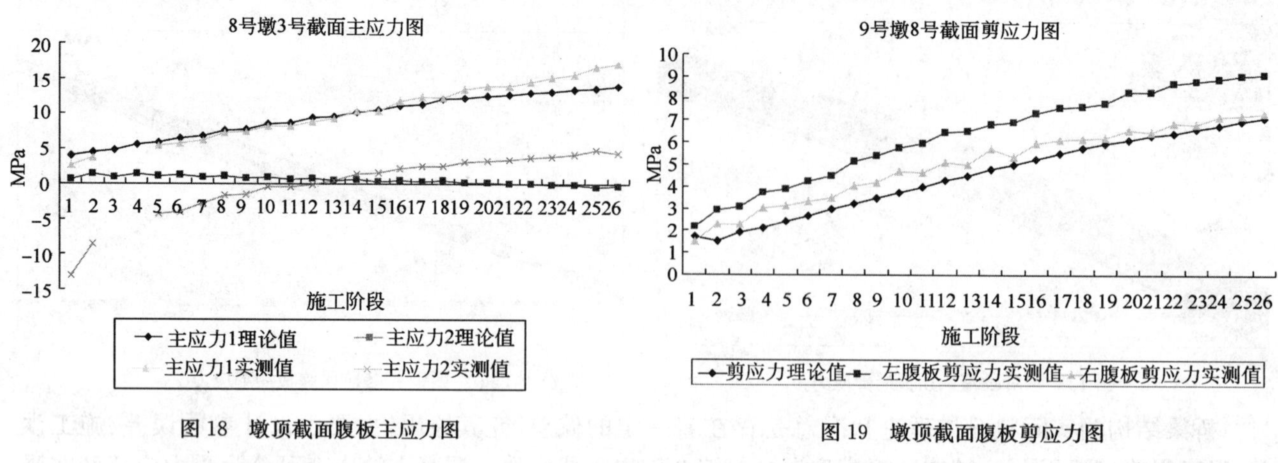

图18　墩顶截面腹板主应力图　　　　图19　墩顶截面腹板剪应力图

五、结　　语

预应力连续刚构桥的施工控制在理论和技术上是比较成熟的。但由于各种桥梁的结构特点和施工工艺的不同,在实际控制过程中要考虑的因素差别很大。正确、合理的施工控制过程只有根据具体的施工情况编制详尽控制工作计划,依据实测数据不断调整计算参数才能得到比较满意的结果。本文结合伊犁河特大桥的实际,建立了详尽的结构分析模型,在施工过程中选择了比较合适的计算参数进行过程分析,通过对结构状态的及时预测、监测、反馈、调整,充分考虑施工过程中各种因素的影响,对大桥的结构挠度和内力进行了有效的调整控制,达到了预期的目标。最终的检测结果表明,施工监控中选用的计算模型合理、分析方法可靠、测试手段科学、数据准确。通过对伊犁河特大桥的全面施工监控与监测,使竣工后大桥的结构线型和应力都达到了设计的要求。

参考文献

[1] 向中富.桥梁施工控制技术.北京:人民交通出版社,2001.
[2] 范立础.预应力混凝土连续刚构桥.北京:人民交通出版社,1997.
[3] 顾安邦,张永水.桥梁施工监测与监控.北京:机械工业出版社,2005.

103.预制节段拼装结构的接缝设计

曲春升　杨　磊
(中交公路规划设计院有限公司)

摘　要　目前国内采用预制节段拼装施工已经成为较普及的工法,但是对接缝的设计却没有比较明确的验算。本文以马来西亚槟城二桥为依托,介绍采用英国和美国规范进行接缝的强度验算的实例。

关键词　接缝设计　环氧接缝　干接缝　剪力键　强度验算

一、引　　言

预制节段拼装通常有平衡悬臂拼装法(Balanced cantilever construction)和逐跨拼装法(Span by Span,俗称穿糖葫芦)。这两种拼装的施工方法在国内外均是比较成熟和广泛使用的工法,这种工法可以有效降低对环境的影响,加快施工的速度,因此近几年来在国内的使用普及也比较快,节段拼装施工的一个关键技术就是接缝的设计,这是结构耐久性的重要因素。

二、接 缝 类 型

预制节段可分长线法和短线法，通常采用匹配法施工，在接缝之间设置剪力键(键的深度一般3～4cm，通常不配置钢筋；如果键的深度达到6cm以上，可考虑钢筋增强)，通常在腹板采用矩形、密键的形式布置用来抵抗剪力；如果采用倾斜腹板的话，剪力键宜设置成与腹板垂直。在顶、底板适当设置较大的剪力键可用来在匹配法预制时的线形定位，同时也可抵抗车轮荷载引起的局部剪力。美国的研究试验表明，小而密的剪力键远远比大的要有效，而且不需要钢筋加强。

通常设计的接缝分为两类，即环氧接缝和干接缝，二者的区别主要在于环氧接缝具有较好的密封性，但在施工上环氧接缝因对环氧剂有一定预压要求，因此工序多而复杂，施工期较长。1989年的美国AASHTO规范指出，采用环氧接缝比干接缝在强度上折减较小，效率高。

(1)环氧接缝(Epoxied joints)

英国早期有几座桥梁是由于钢索锈蚀引起的破坏，调查显示就是因为接缝处理不好引起锈蚀的。对于设计中采用体内索或桥梁暴露于恶劣环境(如冻融区和雨水充沛的地区)的情况，为防止雨水等进入接缝从而引起预应力钢束的锈蚀，通常是采用涂环氧树脂的接缝，具有良好的密封性。

英国和美国等多部规范均规定了使用环氧树脂黏结剂且无连续钢筋时，结合部必须保持全受压状态，在环氧树脂硬化前必须依靠临时预应力施加0.2～0.3MPa左右的压应力。采用环氧接缝施工的速度较慢，一周可达1～2跨。

(2)干接缝(Dry joints)

体外索在结构内部通过，可以随时检查索的破损情况，因此如果采用体外索且不经常使用除冰盐的话，可以直接采用干接缝，但为了防止过量的雨水进入，可采用图1所示的方法，在顶板局部填充环氧树脂来密封接缝，此法曾用于曼谷 Second Stage Expressway。干接缝由于取消了环氧树脂，因此施工中不需要临时预应力，施工的时间也缩减了，采用干接缝施工一周可达3～4跨。

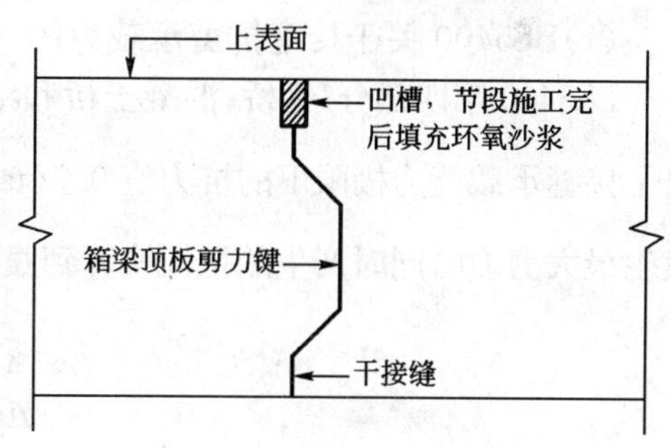

图1 干接缝防水设计

三、接缝强度设计

由 Koseki K.，Breen J. E. 和 Beattie S. M. 等进行的试验表明，环氧接缝的抗剪承载力比干接缝高约30%～40%。通常在设计中可不考虑环氧树脂的作用，可认为在承载能力极限状态下剪力和扭矩引起的等效剪力全部由剪力键来承受，对于采用环氧接缝的情况可根据实验相应提高抗剪承载力。

本文依托马来西亚槟城第二跨海大桥为依托，介绍英国BS5400规范和美国AASHTO规范对剪力键的强度验算方法。马来西亚槟城第二跨海大桥的海中引桥长约16km，采用 Span by Span 的施工技术。设计方案为6×55m的等截面连续梁，采用全体外的预应力钢束，可以有效地降低截面面积和自重，顶板220mm，底板200mm，腹板跨中部位350mm，支座附近550mm，每跨节段15个，其中最重的节段约100t，采用环氧接缝，剪力键设计如图2所示，剪力键均设置了槽口，有利于临时预应力张拉时多余的环氧树脂能自由溢出。

结构达到承载能力极限状态时，采用全体外索的结构由于体外索的应变是在全长范围内均匀增加，当达到极限荷载时，钢束还未达到极限强度，而跨中部位的接缝已经逐步开裂，最后导致受压区高度减小，受压区混凝土压坏或剪坏，见图3。

本文采用MIDAS/Civil软件建立全桥模型，计算得到了桥梁的承载能力极限状态下的剪力和扭矩，其中：

极限剪力和扭矩：$V_u=12.33\text{MN}$，$T_u=10.85\text{MN}$

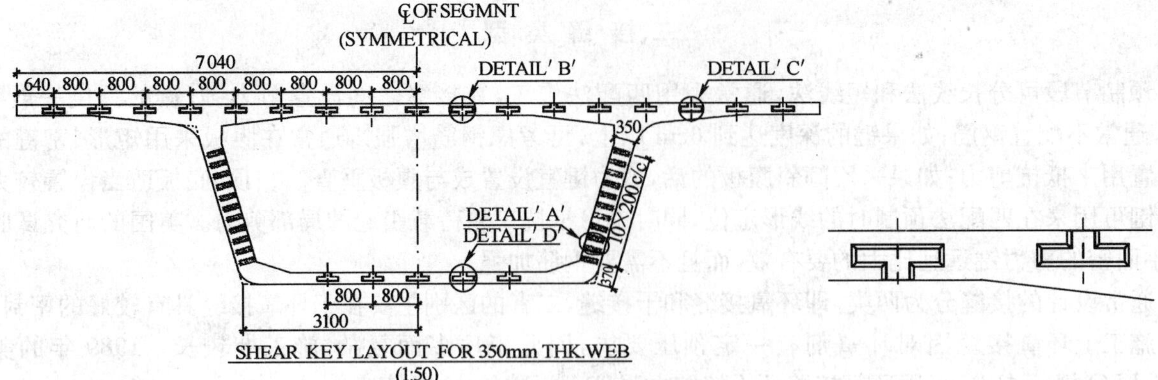

图2 剪力键布置及局部大样

扭矩换算剪应力，$v_T = \frac{T}{2h_{wo}A_o} = \frac{10.85}{2\times0.55\times19.55} = 0.505\text{MPa}$

单腹板上的等效剪应力，$V_{u_{eq}} = \frac{12.33}{2} + 0.505\times3.2\times0.55$

$= 7.05\text{MN}$

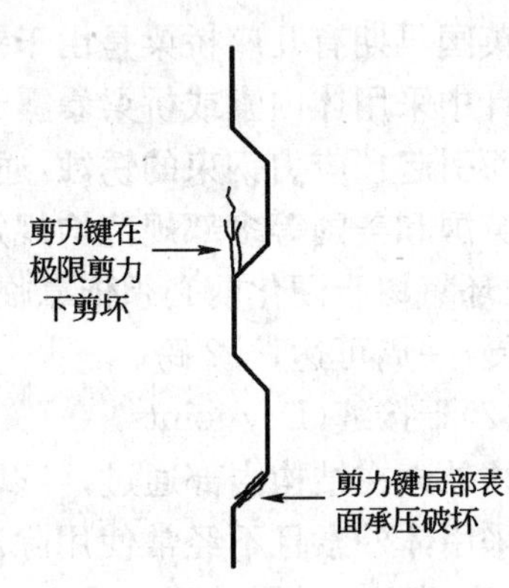

图3 剪力键的破坏形态

(1)BS5400关于接缝抗剪承载力的计算

BS5400第四部分《钢桥，混凝土桥和结合桥》的条款6.3.4.6给出了接缝承载能力极限下的抗力值$0.7(\tan\alpha_2)\cdot\gamma_{fL}\cdot P_h\cdot\frac{A_{web}}{A_{total}}$。将发生最大剪力时同时产生的扭矩换算到腹板的剪力。

$$\frac{A_{web}}{A_{total}} = \frac{2\times1.89}{8.24} = 0.459$$

$$P_h = 62/2 = 31\text{MN}$$

$$V_{u_{eq}} \leqslant 0.7(\tan\alpha_2)\cdot\gamma_{fL}\cdot P_h\cdot\frac{A_{web}}{A_{total}} = 0.7\times1.4\times0.87\times31\times0.459 = 12.13\text{MN}$$

(2)AASHTO关于接缝抗剪承载力的计算

美国AASHTO规范将极限剪力的抗力由两部分组成，一是剪力键产生的摩擦力，二是由除去剪力键的剩余面积产生的摩擦力。

$$V_u = (\mu_s A_s + \mu_{sk} A_{sk})F_{pa}$$

式中：A_{sk}——腹板上的剪力键的面积；

A_s——腹板除去剪力键所剩余的面积；

μ_{sk}——剪力键的极限摩擦系数，取为1.4；

μ_s——剩余面积的摩擦系数，取为0.6。

$$V_{u_{eq}} \leqslant (\mu_s A_s + \mu_{sk} A_{sk})F_{pa} = (0.6\times1.84 + 1.4\times0.05)\times8 = 9.4\text{MN}$$

通过采用BS5400和AASHTO两种规范计算得到了结构的极限抗剪能力，对本方案而言，AASHTO计算所得到的结果省略为偏小，因此设计中可保守地取较小值。

四、结　　语

大量试验研究表面，环氧接缝的极限抗剪承载力高，接缝的强度折减小，比干接缝受力上更有利，因此在预制节段拼装中得到了广泛的采用,但也有较明显的缺点,如工期增加,工序复杂等缺点,因此,实际设计中可根据具体情况来选择接缝的类型。

参考文献

[1] N. Hewson, BSc, MICE. The use of dry joints between precast segments for bridge decks. Civ. Engng,1992.

[2] Daniel M. Tassin, P. E. J. Muller International. Design of precast segmental bridges built span by span.

[3] Post-Tensioning Institute. Precast Segmental Box Girder Bridge Manual.

104. 多联现浇 PC 连续梁桥的梁端布束方案比选研究

薛 雄

(东南大学土木工程学院)

摘 要 在城市立交和轨道交通的高架桥施工中,满堂支架现浇的施工方法常常得到优先考虑。但在现浇的多联多跨预应力混凝土梁桥中,梁端张拉空间不够,施工受干扰的情况往往无法回避。为此,文中阐述了预应力钢束在梁端的可行布置方式,探讨了几种梁端布束方式的适用条件,以为今后类似桥梁结构的设计提供参考。

关键词 现浇多联多跨箱梁 梁端布束 施工 构造设计

一、问题的提出

在城市立交和轨道交通的高架桥中,多联多跨现浇预应力混凝土梁得到了普遍应用。这类桥梁可以采用现浇和预制架设两种方法进行施工。目前在我国,由于受设计观念、运输架设设备、经济性等限制,满堂支架现浇方法常常得到优先考虑。然而,在多联多跨连续梁桥中,联与联之间的梁端面只有几厘米的预留伸缩空间,如果将纵向预应力的锚头常规地布置在梁端,显然没有张拉作业空间。为此,应当合理布置梁端的预应力筋,使之在避免施工干扰的同时能够进行张拉作业,而且,还要兼顾预应力的合理布置,并保证锚下局部受力要求。近年来,在上海、天津、南京等地的城市立交和轨道交通高架桥的建设中,如何处理好这一设计细节,已受到一定程度的关注[1][2]。

本文结合南京地铁 1 号线南延线高架桥工程的设计咨询工作,对多联现浇连续梁桥在梁端可能采取的一些预应力筋布置方案进行探讨,可供类似工程参考。

二、几种梁端布束方式的特点

对于满堂支架现浇的多联预应力连续箱梁桥,考虑联与联之间梁端张拉作业空间问题,对于梁端预应力筋的设置,可以有三种方式:

(1)梁端设固定端锚具的方式;

(2)腹板顶部预留三角张拉槽方式;

(3)毗邻梁端锚头错位并预留张拉槽方式(A 梁、B 梁方式)。

1. 梁端设固定端锚具的方式

本方案是在梁端预埋带有固定端锚具的预应力筋,固定端锚具可采用 P 锚、H 锚等形式,另一端为张拉端。在张拉端的处理上,对底板束和腹板束可以区分对待。

对于仅布置在梁端的底板束,由于力筋较短,可以直接在箱室内设置齿板锚固,或者锚固在横隔板处[3]，如图 1 所示。这种施工方法适用于梁高较大，箱室内可以张拉操作的情况；对于在腹板内布置的长钢束，当其连续通过几跨时，为避免较大的预应力损失，可以采用逐跨施工，单方向推进的施工方法。具体而言，就是在浇筑第一节段梁体时，将长束力筋的固定端锚具设置在先施工的梁端内，并进行张拉，待张拉锚固之后采用连接器将力筋接长，并继续下一节段梁体浇筑和预应力束的张拉，如图 2 所示。

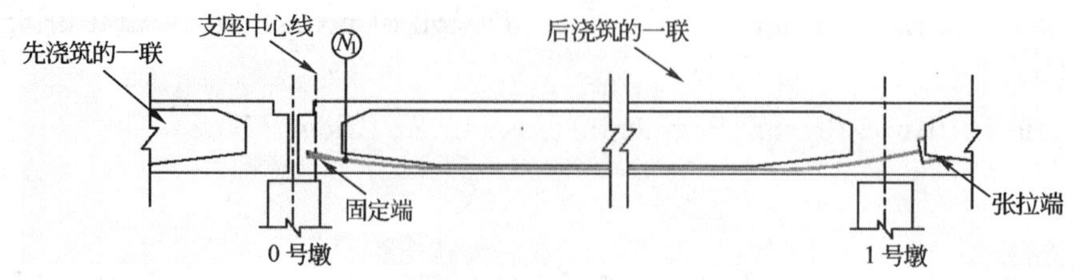

图 1 箱室内短束单端张拉示意图

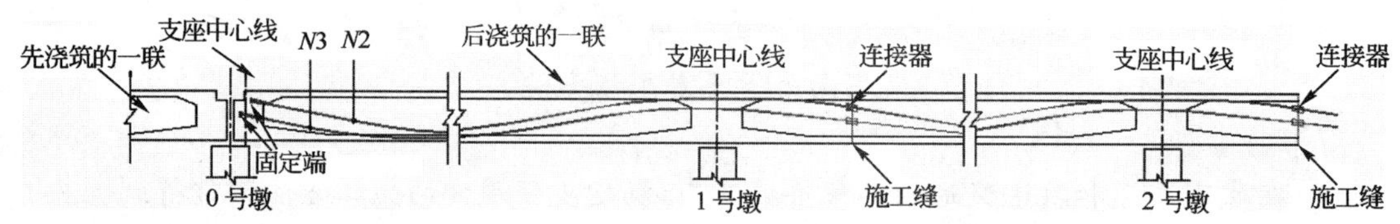

图 2 通长束的逐跨张拉示意图

2. 腹板顶部预留三角张拉槽方式

在这种布束方式中，将通长的曲线束全部上弯至顶板张拉，以避免在梁端张拉，并且保证有一定数量的力筋通过支座中心线[4]，如图 3 所示。此时，对于最靠近梁端的曲线束(如图 3 中的 N_3 束)，有着比较特殊的要求。首先，该曲线束在上弯至顶板张拉锚固的同时，还要保证力筋能够通过支座中心线。其次，该曲线束的张拉空间必须利用相邻梁端的预留空间，如图 4 所示。为了保证图 4 中的预留张拉空间能够满足千斤顶的工作空间，往往需要适当加大梁端的支座中心线和伸缩缝的距离。

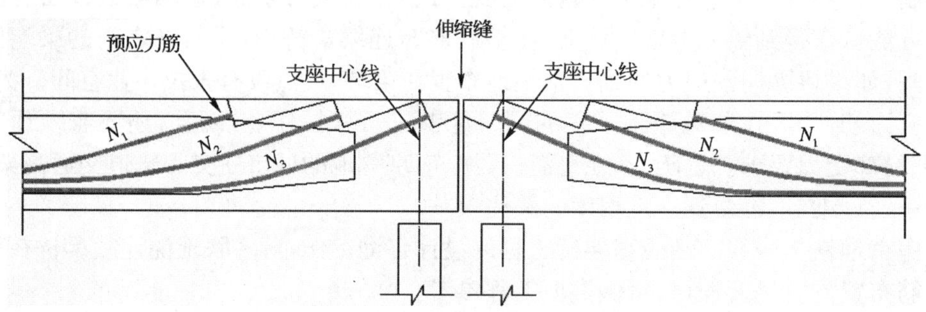

图 3 顶板开槽锚固方案的力筋布置图

3. 毗邻梁端锚头错位并预留张拉槽方式(A、B 梁方式)

毗邻梁端锚头错位并预留张拉槽方式，是指设置两种类型的梁端，使纵向预应力筋的锚头在梁端错位布置，有时称为 A、B 梁方式。将端部为常规构造的梁称为 A 型梁，该梁端的腹板厚度仅考虑抗剪设计加宽，如图 5 所示。所谓 B 型梁，是指为解决梁端锚固空间错位，有意增加梁端腹板的厚度，以便端部的力筋能够平弯至腹板内侧锚固，从而和毗邻的 A 型梁梁端的力筋锚固位置相错开，如图 6 所示。

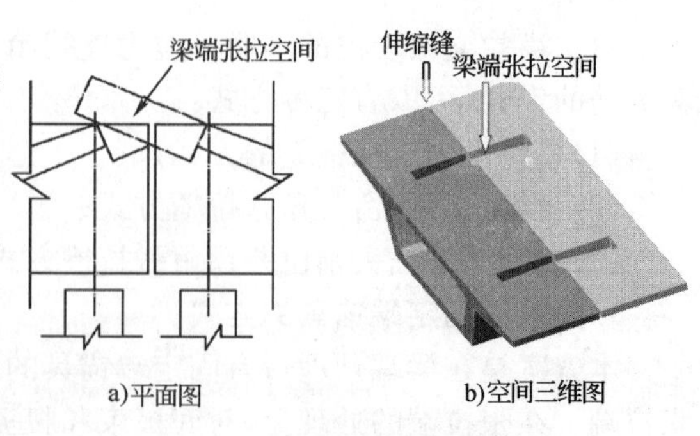

图 4 梁端槽口张拉空间

在采用毗邻梁端锚头错位并预留张拉槽方式(A、B 梁方式)时,应先隔联布置带预留槽口的A型梁,即预留A型梁的端横梁以及端横梁范围内的顶板,如图7所示,以便为B型梁梁端预留张拉空间。在A型梁的梁端力筋张拉锚固后,即可浇筑B型梁,之后便可在A型梁梁端所预留的张拉空间内张拉B型梁梁端的力筋,如图8所示。待B型梁梁端张拉锚固之后,再后浇上A型梁所预留的槽口。

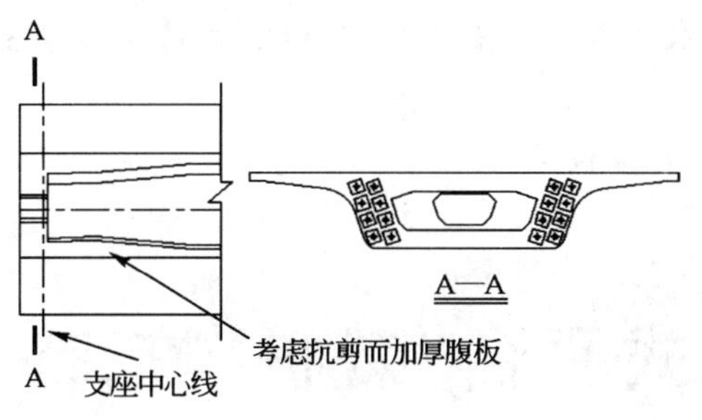

图5 A型梁的梁端构造和锚头位置

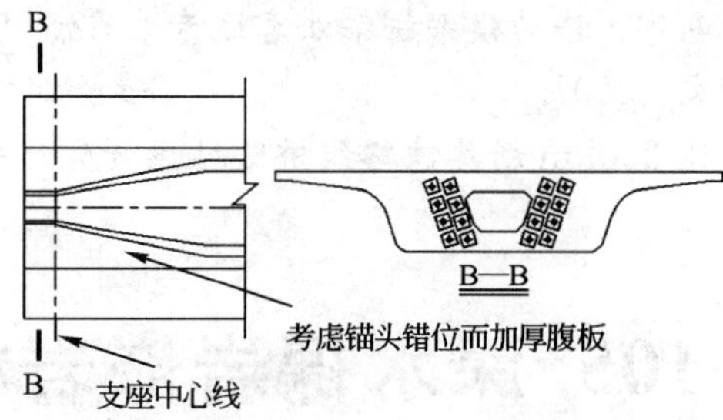

图6 B型梁的梁端构造和锚头位置

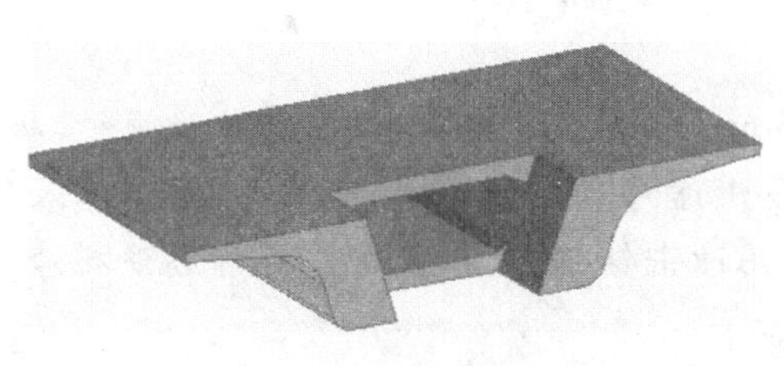

图7 预留槽口的A型梁梁端

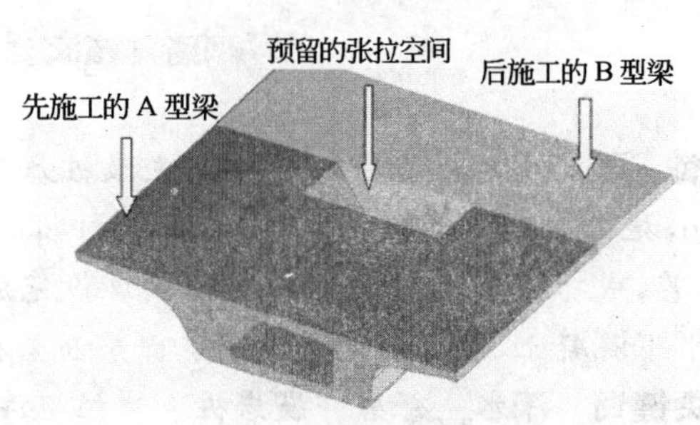

图8 A型梁预留的张拉空间

三、梁端布束方式的比较

上述讨论的三种梁端布束方式各有其特点,表1对其进行比较。

考虑梁端张拉的三种布束方式对照　　表1

布束方式		优点	注意事项与适应条件
方式一	梁端设固定端锚具的方式	避免了梁端张拉作业	单端张拉预应力损失较大;箱室内需要有足够作业空间
方式二	腹板顶部预留三角张拉槽方式	避开了梁端张拉,可以多联多跨平行施工	通过支座中心线的钢束数量有限;端部预应力偏心距较大;较大的预应力空白区;预留槽口朝上,需做好桥面防水,保证耐久性
方式三	毗邻梁端锚头错位并预留张拉槽方式(A梁、B梁方式)	纵向预应力筋可以直接在端部锚固	预留槽口给A型梁端带来局部削弱,整体性差,易出现裂缝;需做好新旧混凝土结合面以保证耐久性;增加施工难度

四、结　　语

1. 多联现浇连续梁桥的梁端预应力筋布置方式,关系到张拉作业方便程度、施工工期、梁体质量、成桥状态内力等,须要在设计中认真对待。

2. "方式一"为单端张拉,摩阻损失较大,且需要在箱室内进行张拉操作。按"方式二"进行端部配束时,预应力偏心距较大,通过支座中心线的钢束数量有限,且有较大的预应力空白区,故不宜单独使用。"方式三"的主要缺点是在受力复杂的梁端预留了较大的槽口,对梁体削弱大,增加施工难度,难免会影响到结构的整体性和耐久性。在梁体高度较低,箱室内张拉空间不足的情况下,可以谨慎采用"方式三"进行端部配束。

3. 虽然三种布束方式在实际工程中均有应用,但是,还应该结合梁高、分联分跨要求、桥墩及墩帽尺寸,因地制宜地进行选择。权衡利弊,在很多情况下,同时采用"方式一"与"方式二"进行配束的方案较优。因为，这两种方案，对梁体的削弱较小，既避开了端部的张拉，又能够实现预应力束的合理布置。

参考文献

[1] 王凤元. 津、沪轨道交通高架桥梁的设计实践[J]. 地下工程与隧道，2006(4):8-10.

[2] 张亚丽. 上海轨道交通9号线一期工程现浇箱梁设计[J]. 铁道标准设计，2005(4):45-47.

[3] 施新宇. 移动模架拼架法客运专线32m预应力混凝土双线单箱简支梁研究[D]. 同济大学硕士学位论文，2007.

[4] 时速200km新建铁路线桥隧站设计暂行规定[J]. 铁道标准设计，1999(4):3.

105. 深水裸岩嵌岩桩的浮式平台“栽桩”施工

冯康炎

（浙江省交通工程建设集团有限公司）

摘　要　主跨200m的刚构桥主墩桩基处于水深约60m，河床基本无覆盖层且岩面倾斜，桩径达ϕ3.2m，施工难度极大，为保证桩基施工的顺利完成，利用多用途浮箱搭设浮式水上施工平台，采用“栽桩”工艺，成功将130t重的桩基钢护筒埋设完成。在护筒内用冲击钻钻孔，以气举反循环方法排渣清孔、浇筑水下混凝土，顺利地完成了深水裸岩嵌岩桩的施工。

关键词　深水　裸岩　嵌岩桩　栽桩　浮式平台

一、引　　言

近年来，我国跨越深水湖泊、库区的大型桥梁较多。部分深水湖泊、库区的湖底为岩石，覆盖层较薄接近裸岩状态，岩面呈倾斜状态。这种地质条件下桩基础施工的主要技术问题：一是钢护筒的定位和埋设，要求定位准确，埋设稳定可靠；二是钻机、钻头的选用和泥浆、沉渣处理。

位于浙江省淳安县千岛湖库区小金山特大桥，上部结构为(120+200+120)m三跨预应力混凝土连续刚构，下部结构主墩(1号墩、2号墩)采用高桩承台钻孔桩基础，桩径为ϕ3.2m(进入弱风化岩层3.2m后为ϕ2.9m)，设计要求桩基进入微风化岩层约7m，桩基嵌岩深度超过20m，每墩4根、共8根桩(见图1主墩桩基一般构造图)。桩基桩径大，水深约60m，湖床面覆盖层薄且河床面倾斜，单根桩基护筒重量约为130t，施工难度极大，施工难度在同类桥梁中堪称世界罕见。

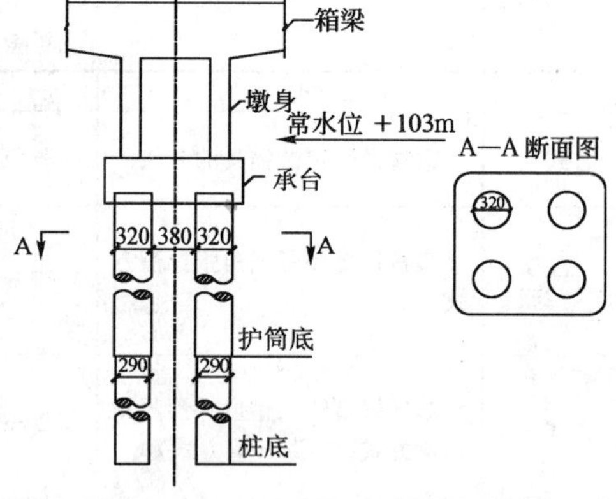

图1　主墩桩基一般构造图(尺寸单位:cm)

二、总体施工方案与原理

考虑到墩位处水深，且湖床面覆盖层薄，无法采用常规的固定式打桩施工平台，利用多用途浮箱搭设浮式平台，以此作为水上施工平台，平台上设置锚碇系统固定并调整平台的平面位置。选择自落式冲击钻机钻孔。为确保钢护筒顺利进入弱风化岩层，避免出现卷边、卡壳等情况发生，采用了“栽桩”的方案，即：在平台上安放冲击钻冲孔，必要时辅以水下爆破，形成定位孔，逐节接长钢护筒并沉放到定位孔内，准确调整钢护筒平面位置和垂直度后，在钢护筒外四周灌注水下混凝土，将钢护筒固定好(简称“栽桩”，施工原理见图2施工工艺原理)。完成“栽桩”后，继续用冲击钻在护筒内钻孔，以气举反循环方法排渣清孔，成孔后下放钢筋笼，浇筑水下混凝土，完成嵌岩桩的施工。

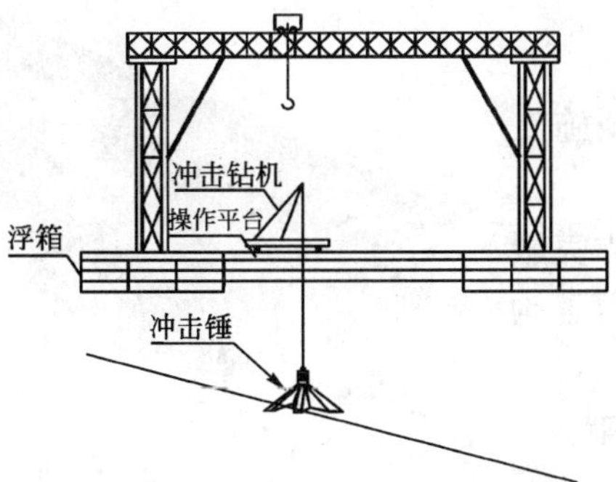

第一步：拼装浮式平台，准确定位后搭设操作平台，安放钻机。

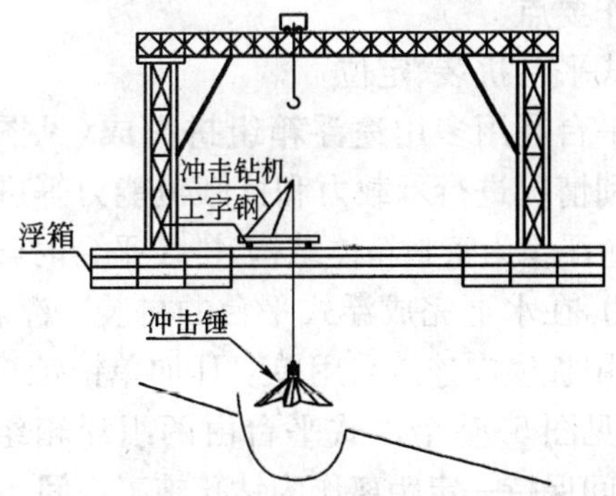

第二步：在设计位置（爆破）冲击定位孔至设计护筒底高程。

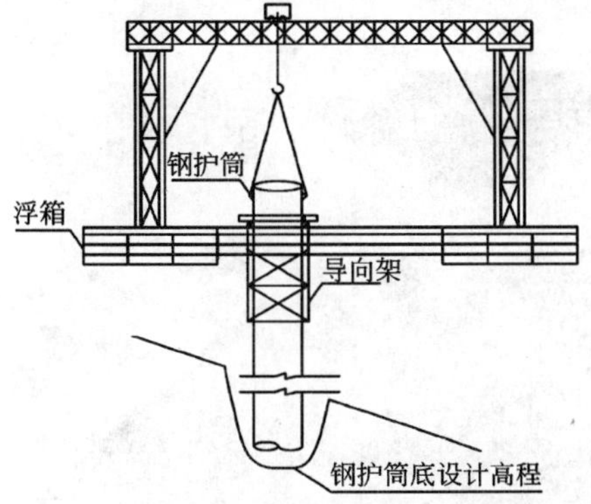

第三步：接长、下沉钢护筒至设计高程。

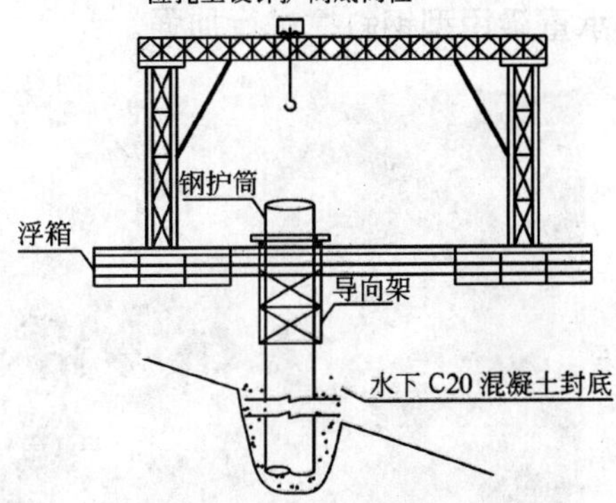

第四步：下沉钢护筒外套箱，浇筑封底混凝土，对钢护筒底脚进行固结。

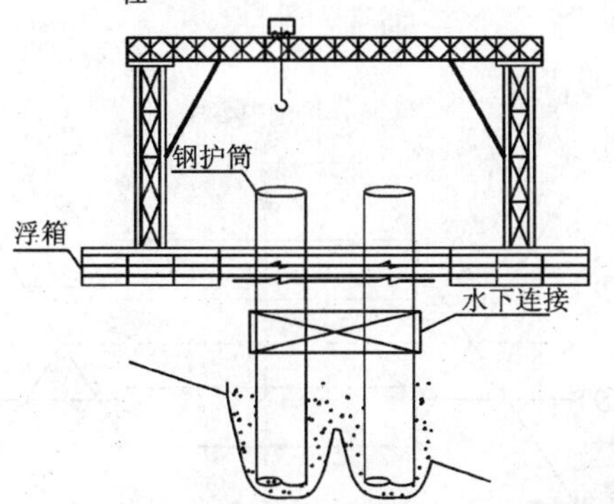

第五步：重复 1~4 步骤将其余三根钢护筒沉放到位并分别用水下混凝土封底，然后由潜水员下水对钢护筒中上部进行连接。

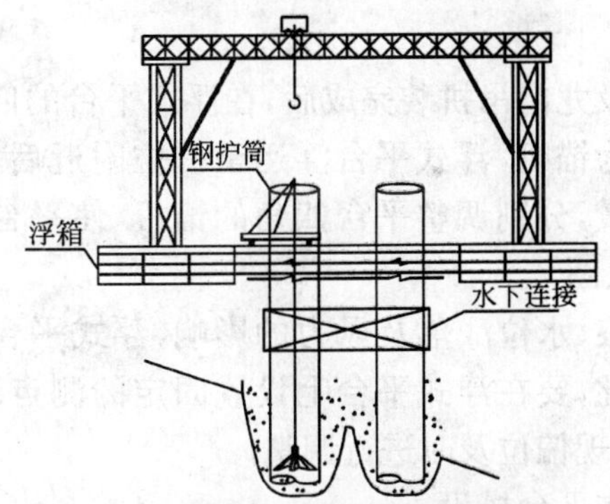

第六步：在护筒内采用冲击钻继续冲孔，最终成孔、清孔、沉放钢筋笼、二次清孔、灌注水下混凝土完成桩基施工。

图 2　施工工艺原理

三、施工工艺流程及操作要点

1. 施工工艺流程(图 3)

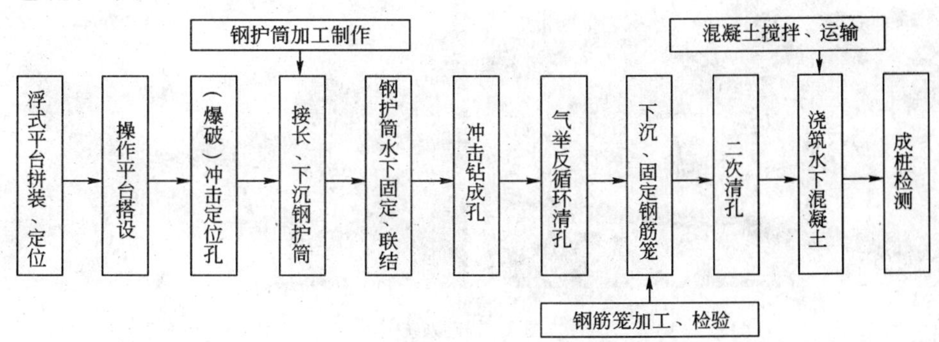

图 3　施工工艺流程图

2. 操作要点

1)浮式平台拼装、定位

浮式平台利用多用途浮箱组拼而成(见图4)。应按照施工荷载最不利情况进行承载力和抗倾覆能力等进行验算。

多用途浮箱为密封箱体结构,拼装平台时,通过水的浮力克服其自身重力,在水上完成浮式平台的拼装。浮箱底部采用丙丁钩连接形式,甲板横向连接采用单双耳加单销铰接连接形式,联接牢固可靠。(见图5)整个浮式平台由两组浮箱组成,每组浮箱为9只,两组之间保持一定距离作为钻孔施工空间。

图4 多用途浮箱标准件示意图

平台拼装完成后,在其上拼装龙门吊,龙门吊进行专门设计和验算,采用钢管立柱和贝雷架承重梁的结构形式,承重梁用型钢斜撑进行加强。

图5 平台拼装

平台及龙门吊拼装完成后,在浮式平台的四角设置卷扬机作为锚机,浮式平台浮运至桩位附近后,用全站仪跟踪测量,分别调整平台四角的锚机,使平台准确定位,见图6、图7。

受波浪、水位涨落及风力的影响,浮式平台会经常偏位。因此,要在浮式平台上设置固定的测点,每天进行观测,发现偏位及时进行调整。

2)操作平台搭设

工作平台设在两组浮箱之间,其功能是配合龙门吊接长、沉放钢护筒,同时也是桩基施工平台。

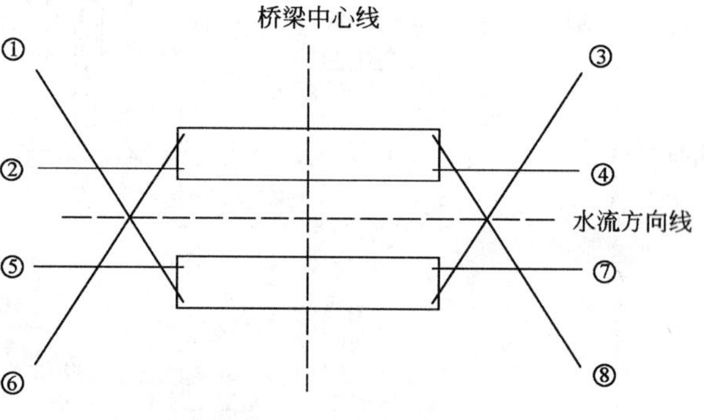

图6 锚碇布置图

图7 锚碇系统

工作平台利用型钢制作成桁架形式，能满足承载钢护筒全重和施工设备重量（见图 8）。工作平台承重桁架先在浮箱组上焊接，然后整体移至浮箱组之间形成工作平台。

图 8 型钢操作平台

3)（爆破）冲击定位孔

在工作平台上安放钻机，定位准确，用直径略大于钢护筒直径的冲击钻头，在设计桩位处进行定位孔冲击作业。必要时在桩位处先进行水下爆破，以利钻头着床，之后再冲击成孔（见图 9），直至达到钢护筒设计底高程。

若岩石坚硬冲孔进尺缓慢时，采取辅助加大孔深的办法，即在孔位处先沉放一个外护筒，人为增加孔深，增大钻头冲击的活塞效应，从而有效加快施工进度。

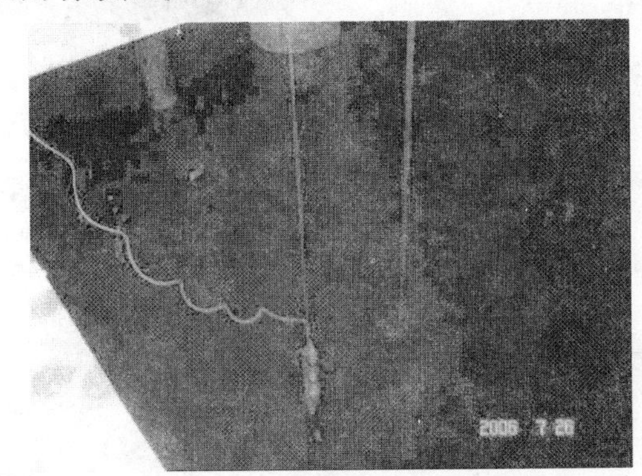

水下爆破

冲击钻锤头

图 9 冲击钻冲孔

图 10 钢护筒下沉

4)下沉、接长钢护筒

完成一定批量的钢护筒后，即可进行钢护筒的接长、下沉。钢护筒接长前，要预先在加工场地进行试拼接，确定最佳拼接点并作好标记，以保证钢护筒拼接后的顺直度，之后将第一节钢护筒吊起后插入导向架（见图 10），在护筒顶口焊接倒三角牛腿，将钢护筒临时搁置在操作平台上，将第二节钢护筒吊起进行接长，完成焊接后割除第一节钢护筒顶口牛腿，将接好的钢护筒下沉，重复以上过程，直至完成钢护筒的拼接。

钢护筒拼接完成后，将整个钢护筒吊起，使用全站仪测量定位，将护筒准确沉放至设计平面位置，再采用 JJX-3D 高精度测斜仪进行竖直度检测（见图 11）。

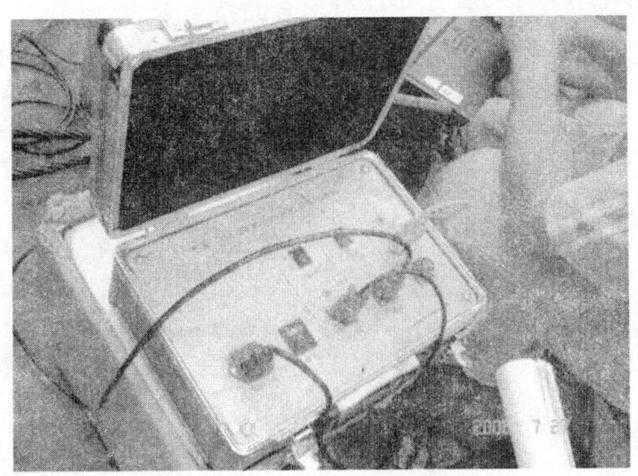

图 11 钢护筒检测

5)钢护筒水下固定、联接

钢护筒准确沉放到位后，先由潜水员进行水下勘察(见图12)，掌握钢护筒底部情况，用稍大于混凝土浇筑导管直径的测球，测量钢护筒外壁与岩石之间的空隙情况，选定导管放置的合理位置。

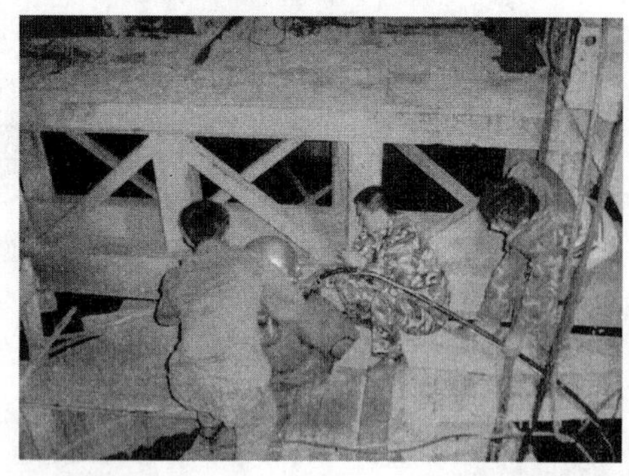

图12 潜水员下水勘察

为保证钢护筒的埋置深度，确保钢护筒的稳固性，在钢护筒外设置圆形钢套箱(见图13)，增加封底混凝土厚度，加大与岩石地基的接触面积，进而提高钢护筒的稳固性。

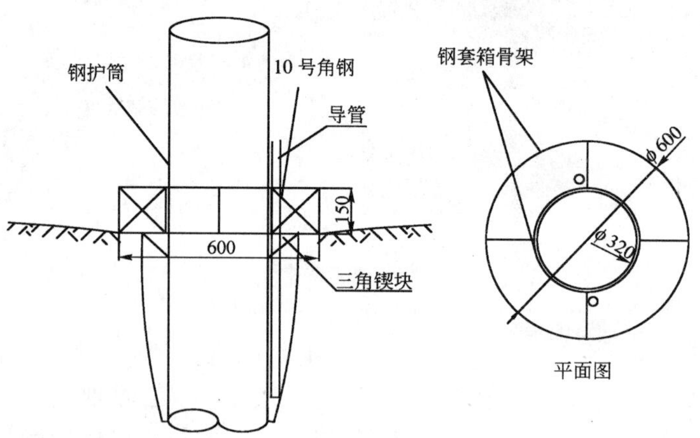

图13 钢护筒外圆形钢套箱

所有钢护筒沉放到位并完成"栽桩"后，用型钢在钢护筒中上部、顶部进行联接，使所有钢护筒连成整体，从而提高细长钢护筒的刚度，减少施工过程中钢护筒的水平位移。

6)钻孔成桩

所有钢护筒沉放完成后将钢护筒之间用钢管相互连通，在钻孔护筒内投放粘土制作泥浆以悬浮钻渣，用临近护筒作为泥浆交换池，在工作平台之上安放钻机，然后以常规方法进行冲孔作业，最终达到桩底设计高程成孔(见图14)，孔深较深时以及钢护筒沉放完成后，钻渣不能自行排出，则利用气举反循环的方式进行吸渣和清孔(见图15)，下钢筋笼，清孔浇筑水下混凝土成桩。

图14 钢护筒内冲孔

图15 气举反循环清孔

四、结　　语

采用“栽桩”工艺，成功地解决了倾斜裸岩面上桩基钢护筒的埋设难题，采用该工艺，施工设备简易，操作简便，施工进度快、施工成本较低、钢护筒沉放位置准确、成孔质量好。采用浮式平台作为施工平台，拼装方便、平台平面位置平稳、灵活可调；采用冲击反循环成孔和钢护筒泥浆循环方法，有效地解决了泥浆、钻渣排放污染水源的问题。经检测，桩基全部为I类桩，质量、进度效益明显。同时，通过小金山大桥主墩桩基的施工，形成了一套完整的施工工艺和方法，为今后的类似工程施工提供参考依据。

这种“栽桩”的施工工艺适用于水流相对平稳、波浪较小且施工期间水位变化不是很大的深水湖泊、库区中的裸岩地基嵌岩桩的施工。

106. 无锡直湖港大桥施工关键技术

杨黔军　马士中　冯泉钧
（无锡路桥集团有限公司）

摘　要　无锡境内的直湖港大桥，是一座主桥跨径为100m的钢管混凝土下承式刚架柔性系杆拱桥，其结构合理新颖，施工方便，是一种很有推广价值的桥型。本文重点介绍其施工关键技术。

关键词　钢管混凝土　刚架柔性系杆拱桥　施工关键技术

一、工 程 概 况

直湖港大桥在342省道无锡惠山段K63+650处跨越直湖港航道。主桥拱轴线采用$m=1.12$的悬链线，计算跨径$L_j=100$m，计算矢高$f=20$m，矢跨比1/5，每片拱肋设6根系杆索。主拱截面全高2.5m，呈哑铃形，单圆管外径110cm，管壁厚16mm，采用Q_{345}钢板卷制而成：管内填充C40微胀混凝土。拱肋施工完成后与墩顶成刚性连接，详见图1。

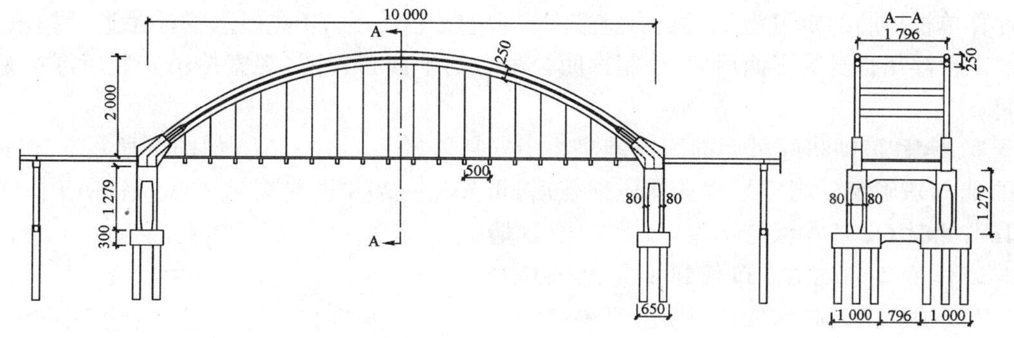

图1　（尺寸单位：cm）

二、施工关键技术

近年来超大跨径的钢管混凝土拱桥，发展较快，主要原因在于两个方面：

(1)国民经济继续迅速发展，需要加快公路建设速度。

(2)与其他大跨径桥梁相比，钢管混凝土具有设计、施工简单，而且周期短，施工风险小等多种优点。故容易被设计、施工单位和决策者接受。目前普通钢管混凝土系杆钢桥的施工技术已渐趋成熟。但根据本桥的结构特点，其施工工艺、监测方法等都有它的特异性，本文将重点介绍以下各项工程的施工关键技术。

1. 承台周围回填土

本桥属于刚架结构，桩基或承台的水平位移可灵敏的影响到上部构造的承载能力，但在结构计算中一般不计算承台前后立面的土抗力作用。然而由于本桥承台前后立面埋入土中的面积较大，所以如果把周边土方强力夯实，或改填灰土，一定能获得很高的抗力效应，对恒活载作用下的水平位移起到约束作用，使实测位移量小于计算值。经测试在墩顶第一次张拉系杆力1 200kN时计算墩顶位移为：7号主墩顶16mm，8号主墩顶16.3mm，而实测值则为7号主墩顶10mm，8号主墩顶12mm。墩顶变位减小30%以上。可见土抗力作用是十分明显的。这就额外地增大了上部构造的安全储备，这是与普通桥墩对填土要求不同之处。

2. 墩身混凝土浇筑

本桥墩身高12.79m，属于薄壁箱形断面，壁厚80cm，配置钢筋后，操作工人是无法进入模板内浇注混凝土的。为此选用了泵送倒注混凝土新工艺，即将混凝土从墩身底部输入，利用泵压力将混凝土顶升到墩顶。使用这方法时如果泵机能连续不间断地顶推混凝土，可使浇注的混凝土无气孔，密实度高，从而提高混凝土的浇筑质量。不过要考虑到其模板结构必须坚固可靠，特别是模板横楞要比通常浇筑方法加密1/3，保证能承受泵送混凝土时环向力的作用。最后经拆模观察，混凝土表面光洁密实，效果良好。

3. 钢管拱肋安装

按照常规，大跨径桥钢管拱肋的安装，在通航河道上往往采用无支架安装法。当跨径在100m左右时，一般将拱肋分成2～3段，利用塔架扣索法或缆索安装法进行安装。本桥为缩短断航时间，省去拱肋在高孔对接合拢的工艺，采用了全跨整根拱肋一次安装到位的新方法。这个方法的要点如下：

(1)做好拱肋起吊及就位设计方案

拱肋在工厂加工成约10～12m长的分段长度，然后运到工地拼成跨长94m的一根拱肋进行起吊。但从拱肋截面特性值计算可知，竖向惯矩 I_x 远大于侧向惯矩 I_y。说明拱肋不能平卧在地面上组拼，否则拱肋翻身时侧向应力过大。为此拱肋只能在临时支架上进行立体组拼。为减小相邻支架间拱肋的简支梁弯矩，支架间距只能限制在10～12m范围内。由此产生的最大应力仅为5.4MPa，为 Q_{345} 允许应力[200]MPa的2.7%。

根据计算单根拱肋的重量为114.63t，宜选择二台起吊能力为70吨以上的浮吊进行抬吊，然后根据河道水域及二台浮吊自身的平面尺寸，绘制拱肋起吊时的平面布置图，观察抬吊安装时浮吊是否有足够的活动空间。

为便于安装，整跨拱肋起吊后的跨径能略小于安装跨径 L 的 $2\times\Delta L$，如图2所示。这可从起吊点的位置 x 的选择来确定。当浮吊到达就位地点后，可先将一端拱肋拱脚镶入临时铰 A 内，然后将浮吊 Q_A 微微卸载，此时 Q_A 基本保持不变，仅为对正 B 端临时铰位置时略作变动。当 Q_A 卸载到拱肋水平跨径 L 时，便可将 B 端拱肋镶入临时铰 B 内，达到快速就位目的。第一根拱肋就位后，必须按常规利用横向缆风索维持单肋横向稳定。实践证明此方法是可行的，但事先必须选定吊点位置，并对安装跨径及对应的拱肋弧长进行精确的复核，否则拱肋就位时会增加拱脚切割等不良反应，延长安装时间。

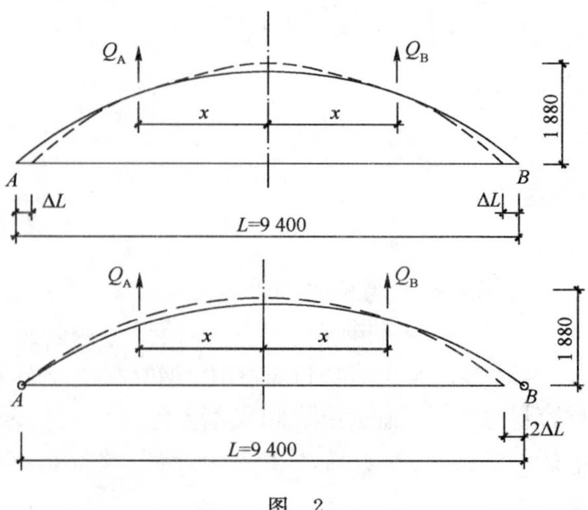

图 2

(2)拱肋起吊点位置、起吊应力及变形的计算

拱肋起吊点位置必须设在拱弧重心之上，这样拱肋二点起吊时就不会发生侧翻事故。经计算拱肋重心在净跨径连线之上12.612m处，与上拱弧两交点之间的距离

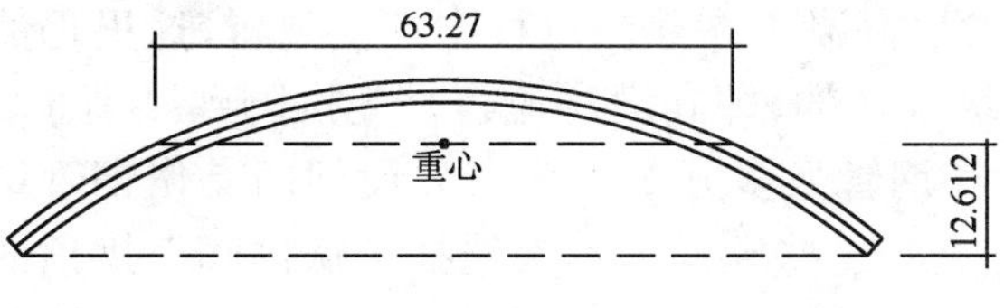

图 3

为 63.27m，如图 3。

这说明两点起吊时，吊点之间水平距离必须小于 63.27m。

选择好吊点位置：目的是①拱肋起身后跨径略有减小。②起吊点钢管截面的最大应力不超过允许值 $[\sigma]=200\text{MPa}$。经精确计算，当吊点位置设在距拱顶中心线 $x=24.04\text{m}$ 时，将使拱肋起身跨径减小 $2\times5.75=11.5\text{m}$，吊点处钢管最大应力为 $\pm64.03\text{MPa}<[200]\text{MPa}$。拱肋安装好后的事实说明单根拱肋两点整体提升进行安装是成功的。

4. 串系杆索

拱肋安装完毕后的下一道工序是串系杆索。因为根据设计，桥梁主墩是允许承受钢管拱肋的单向推力的。为安装拱肋的方便可以将系杆索安排在拱肋安装好后进行串索。

一幅主桥共有 2×6 根系杆索，每根系杆索总长为 100m，重量达 2.99t，需要将它从一个桥墩的锚孔中，拉向对岸另一桥墩的锚孔时，根据简单的计算，需要拉力

$$N=\frac{gl^2}{8f}=\frac{Gl}{8f}=\frac{2.99\times100}{8f}=\frac{37.38}{f}$$

由上式可见当拉索垂度为 1m 时，需要 37.38t 拉力，这是系杆索无法承受的，很可能会将拉索外层 HDPE 护套拉裂，或者还会与孔道壁摩擦损坏。为此串系杆索必须要设计一套专门的装置，即系杆工作猫道。将系杆索搁在猫道的钢管滚动上拖过去。这样可大大减小其拉力，增加串索便利。猫道的构造如图 4 所示，其中猫道吊筋取用 $\phi20$，间距为 2.5m 与吊杆错位设置，其施工工艺流程如下：

索体上盘→索引头焊接→索体牵引→两端剥套→锚具安装→千斤顶安装→索体张拉→索力调整→安装防松装置→锚具内灌浆→保护罩安装→灌注防腐油脂→减振器安装→热缩套焊接

系杆索串好，并具备锚固能力后，就应该对因拱肋安装发生的墩顶推移量 12mm，将其张拉到原位。

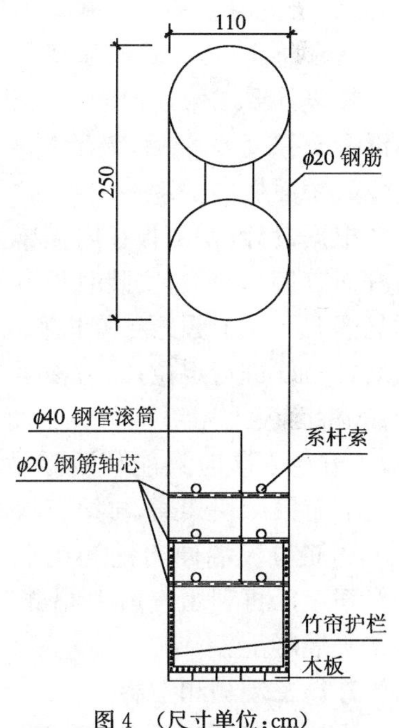

图 4 （尺寸单位：cm）

5. 钢管拱肋内泵送 C40 混凝土

钢管拱肋内的填心混凝土除满足强度要求外，还应具备以下施工性能：

(1)流动性好，坍落度衰减慢，初凝时间相对较长，终凝时间相对较短。这样有利于泵送混凝土施工，并能满足在混凝土初凝时间以内将一根钢管拱肋混凝土泵送到位。

(2)水灰比不超过 0.4，坍落度控制在 12～16cm，即保证混凝土的和易性和在硬化过程中所必须的水分，而又不因水分过多而在封闭钢管内引成残留水。

(3)混凝土应干缩小，且具有微膨胀性，以充分发挥钢管的套箍作用。

(4)本桥实际使用混凝土配合比见表 1。

C40 微膨胀混凝土配合比 表 1

	原材料	水	42.5 水泥	砂	碎石	粉煤灰	矿粉	UEA	实测强度
配合比	每 m^3 用量	152	380	740	1 110	50	70	38	49.5MPa
	重量比	0.4	1.00	1.95	2.92	0.132	0.184	0.1	
坍落度		14±2			砂率	40%			

钢管混凝土的灌注：为使管内混凝土密实又不使大流动性混凝土在灌注过程中产生离析，这里仍然推行泵送倒注混凝土的方法，对于大跨径桥以前是惯用二级泵送的，即其灌注流程是先拱脚到拱高 $f/2$ 左右，接着再从 $f/2$ 处泵送到拱顶 f 处。这种泵送方法要在钢管上多开2个泵口并设闸门有伤钢管结构。万一闸门漏浆还将影响该处管内混凝土的密实性。为克服这些弊病。本次选择了从拱脚至拱顶的一级泵送方案，其主要措施是：

(1)加大设备的泵压力到6MPa；

(2)泵管的进料管与拱肋轴线交角在30°～40°之间，使泵送时的泵压力有较大的分力将混凝土顺拱肋推进。

(3)为减小管道压力损失，泵管长度尽量减小，泵管尽可能顺直，并尽可能减少有90°的弯头；

(4)混凝土配合比宜采用连续级配，尽量改善混凝土的和易性；

(5)混凝土泵送时要连续，尽量不要中途停顿；

(6)混凝土的压注速度控制在25～30m³/h左右。实践证明上述措施行之有效，泵送时的实际压力在5MPa以内。

为提高混凝土的灌注质量，发挥好混凝土的套箍作用，在每根钢管拱肋的顶部增设一根 ϕ200，高1.5m的增压管。混凝土泵送到增压管顶部喷出原浆为止。这样可以保证拱顶段混凝土在恒压作用下养生，有利于混凝土的密实并减小其收缩。一根拱肋泵送完成后可安排工人对钢管上缘进行镐击，凭镐击的声音和感觉，可知这次灌浆是密实的，能满足设计要求。

按设计要求泵送混凝土的顺序为先泵送下钢管，待混凝土到达80％强度后，再泵送上钢管，同样到达混凝土强度80％后，最后泵送缀板内混凝土。

6. 桥面板的安装

根据设计，桥面板在内横梁上的搁置长度仅为10cm，相对于吊杆而言偏心较大，安装时很容易使内横梁侧倾，影响安装质量，详见图5。为方便安装这里采取了以下措施：①利用钢筋和系杆索对各吊杆进行定位；②将横梁上缘吊杆中空的间隙用硬木锲塞紧；③桥面板采用纵向分条合龙，尽量减小每孔的安装荷载(块数)。开始安装时只能利用浮吊将上下游各一块先架通，接着进行上下游第二块架通，再第三块架通，然后现浇湿接头混凝土，将梁上锚筋与板端伸出钢筋用混凝土封固，待湿接头混凝土达到80％强度后再利用汽吊由端部对称向跨中安装中间板带并浇注湿接头混凝土。

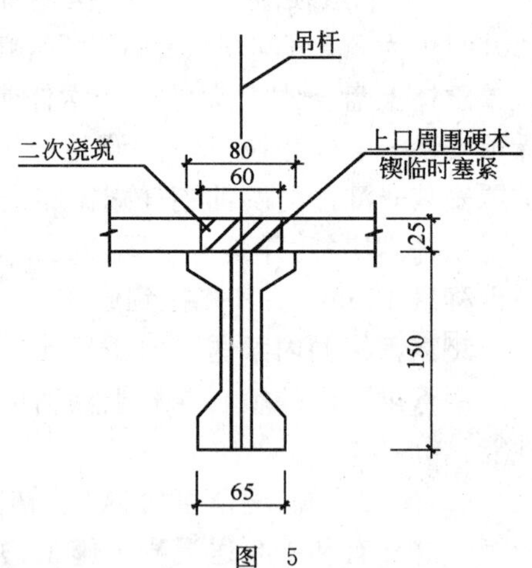

图　5

7. 施工观测和控制

本桥属于柔性系杆，系杆的抗拉刚度较低，上部结构的每一个施工加载过程，都能灵敏反应出墩顶位移量，如果墩顶位移量正常，具有良好的弹性恢复性能，并能接近设计理论值，则说明施工状况是良好的。整个情况详见墩顶位移值与理论实测值比较表(表2)。由于桥的两端水平位移对称性较好，表内反映的是两墩墩顶位移的平均值。

主墩顶水平位移　　表2

工　况	内　容	每墩实测	理论值
工况一	主拱安装完成后第一次张拉系杆(5、6)前后	−10.8	−16.2
工况二	灌注拱肋下弦混凝土后	6	6.2
工况三	第一次张拉系杆(3、4)后	−10.0	−10.3
工况四	灌注拱肋剩余混凝土和吊装第一批横梁后	9.5	9.8
工况五	第一次张拉(1、2)后	−6.5	−8.0

续上表

工　况	内　容	每墩实测	理论值
工况六	吊装第二批横梁后	2.8	4.8
工况七	第二次张拉(5、6)后	−6.8	−7.5
工况八	吊装桥面板后	7.0	10.4
工况九	第二次张拉(3、4)后	−4.4	−7.2
工况十	现浇桥面10cm厚混凝土后	2.0	4.0
工况十一	第二次张拉系杆(1、2)后	−5.5	−7.6

注:表中位移数值以mm为单位,位移以向河一侧为"—",向岸一侧为"+"。

8.荷载试验

荷载试验目的:主要是为了判断桥梁的实际工作状况是否符合设计要求或处于正常受力状态,同时也为桥梁后期的养护以及健康监测等积累资料。今选择几个主要截面在设计荷载作用下应力和变位的情况,详见表3。

表3

截面号	对应的加载位置	实测值		理论计算	
		应力MPa	挠度mm	应力MPa	挠度mm
拱顶	$M_{max拱顶}$	−14.2	−7.0	−16.9	−10.5
1/4	$M_{max拱1/4}$	−8.4	−15.0	−23.4	−16.4
拱脚	$M_{min拱脚}$	19.2	0	23.3	0

试验结果表明:

(1)大桥各主要受力构件强度和刚度均满足设计及规范要求。

(2)试验过程中结构在卸载后应力和变形基本上完全恢复,说明结构在试验荷载作用下处于良好的弹性工作状态。

三、结　语

钢管混凝土拱桥因结构情况及施工环境不同,而有多种施工方法,本桥采用的方法虽不是唯一的,但可供以后类似情况的工程参考借鉴,鉴于笔者水平有限,文中错误及不足之处在所难免,请同行们批评指正。

107.企业投资独立特大桥项目的风险控制研究

李　喆[1]　李　琰[2]
(1.山东高速集团有限公司;2.山东高速公路股份有限公司)

摘　要　主要以投资经济学、工程经济学、项目投资理论、决策理论为理论基础,对企业投资基础设施建设,尤其是独立特大桥项目的投资决策、风险控制问题进行了研究。

关键词　企业资本　科学决策　风险控制

一、企业投资与政府投资在决策角度上的差别

我国传统的基础设施建设投资主要是财政拨款,因而决策是站在了国家角度,在此角度进行项目投资决策评价应用最普遍的方法即费用效益分析,对项目进行经济评价。费用效益分析原理非常简单,即

基于折现基础上评价项目效益是否大于费用。

从国家角度进行基础设施建设项目投资决策时，往往不能简单的只考虑其经济可行性，还需要从社会福利最大化的角度考虑各种非经济因素和各种社会因素，如项目对收入分配、就业、环境保护、地理分布、区域均衡发展、还有国家安全等方面的影响。

“十五”以来，从政治层面到经济层面，国家都为企业经济和资本提供了越来越宽松的宏观环境。

企业资本进行基础设施建设项目投资相对国家进行基础设施建设项目投资目的就明确得多，资本就是逐利的，企业资本就是要通过投资基础设施建设项目获得回报。企业资本在投资决策时也是主要采用类似于费用效益分析的评价体系进行判断，看项目是否在一定折现基础上还有正的现金流入，当然在具体决策时还需考虑风险因素，对能不能承受可能的风险、如何防范可能风险做到事前判断。

二、企业角度基础设施建设项目投资风险分析

投资是一种高度复杂而又充满风险的活动。收益性和风险性是投资的两大基本特征。企业资本任何一项投资的主要目标都是在未来获得收益，预期收益的多少是投资者投资决策的主要依据，而任何一项投资的未来收益都是不确定的，存在着风险。

一般来说，基础设施建设项目投资规模大，投资周期长，投资风险情况复杂。任何与投资项目关系密切的因素都会影响项目的实施，进而对项目构成风险。外部环境的可变性、不确定性及不可控性、项目本身的技术难度与复杂性、投资方自身有限的综合能力都可以是基础设施建设投资项目风险的来源。对项目投资风险进行分析研究无疑是投资决策的重要组成内容。

1. 企业投资基础设施建设项目重点风险因素分析

总的来看，企业投资基础设施建设项目有以下几方面重点风险因素。

(1)政治风险

政治风险一般来源于两方面，一是政局的稳定性，二是政策的稳定性。

我国目前政局稳定，综合国力持续增强，在国际上的地位明显提高。来源于这种因素的政治风险在企业资本参与基础设施建设项目领域投资活动中可以忽略。

企业资本参与基础设施建设项目投资的政治风险主要来源于政策的不稳定性。这种政策的不稳定性可能由于国家政治、经济政策的变化而引起的。政策风险的表现可能有以下方面：国有化、征收、拒发营业许可证、提高税率、增加提成费、控制劳动力来源、控制原材料和能源供应、控制价格制定等。

政策的不确定性将会随着国家法制的健全而减少，政策的连续性将得到保障。随着国家法律对于企业合法收入的保护，以及相关规定对于民间资本投资范围的扩大及相应投资领域的界定将进一步确保企业资本的相关权益。

(2)完工风险

超支风险、延误风险以及质量风险均属于影响项目竣工的风险因素，通称为完工风险。完工风险最终常表现在建设期的延长或甚至无法完工，进而造成的成本的增加、预期现金流入的减少等。完工风险的取决于：投资者的技术能力、项目管理能力、资金运作能力以及合同谈判能力。

特许经营权期一般在项目招投标和项目决策时已经确定，如果没有特殊情况不可更改，则建设期越长，特许权期内的项目运营期越短，也就是说可以取得收入的时间越短，那么净现值为正的时间就越短，必然影响项目整个特许经营权期内的收益水平。并且随着建设期的延长，市场变化因素增加，可能带来的不可预见性因素加大，例如采购成本的增加，也会使得项目预期收益减小，甚至有可能使得一个本来可以盈利的项目变的无利可图。

并且，建设期的延长使得工程直接投资成本增加，使得投资者的现金流量出现危机，贷款利用时间延长，贷款利息的支出增加，使得企业还款难度加大，偿还贷款的能力减弱。

此外，在企业期望收益一定甚至减少的情况下，企业支付工程款的能力降低，而这一点有可能使工程建设承包商因获利无望而进一步拖延建设进度，使得企业进入一个恶性的循环之中，这样的情况在各类

的工程承包中并不少见。

(3)市场风险和经营风险

对于直接取得产权(特许经营期内)的基础设施建设项目投资而言,市场风险主要来源于竞争风险与需求风险的相互作用。在市场经济体制下,资本总是流向利润高的行业和地区,如果某项基础设施建设项目是有利可图的,那么最早的投资者就可能面临来自于相互替代产品市场的竞争。而产品供应量的变化必然会影响消费者的消费选择,引起产品需求量的变化,进而影响企业的总体收益和期望获利,所以市场风险是竞争风险和在其作用下的需求风险的体现。

经营风险是指项目没有收到在通常经营情况下预期收入的风险。尽管经营风险经常归咎于经营者的不良表现,但也可能是由于在项目决策过程中对项目经营状况的错误预测,尤其是对产品需求量的错误预测引起的。

(4)环保风险

基础设施建设项目各领域可能会碰到意想不到的环境保护问题。随着国内环保意识不断增强、国家和政府对环境问题的日益重视,投资者必须增强环保观念,重视环保问题,强化环保风险意识。

2. 风险控制

由于绝大多数的投资者都是风险厌恶型的,在资本市场中不确定因素很多,投资者无法控制风险甚至无法预测风险,在这种信息不对称的情况下,他们总希望能够将风险降低到最低限度的前提下得到一个预期的稳定收益。

基础设施建设投资(或者称其为资本的投入)都是固定资产投资,可供选择的范围也较小,而且,基础设施建设的经营者不能因为某项投资(如对土建、养护的投资)的收益小而在必须投入的时候放弃投入。在这种情况下经营者的经营目标就变成了将风险控制在一定范围内的前提下追求最大的收益。

3. 风险的政府保证

由于基础设施建设项目通常涉及国家的经济命脉,并且基础设施建设项目一般都具有某种程度的垄断性,这些项目以往通常为政府所控制,政府特权的影响力巨大,加之我国缺乏有效法律保障,行政体制改革尚在进行当中,只有通过政府保证,才能明确政府自身的权利和责任,投资者才能在项目建设和运营过程中与政府形成平等主体,才有可能与政府一起建立合理的项目风险分担机制,以确保投资的成功。

从以往国际上企业资本投资基础设施建设项目的经验上分析,一般来讲可以实现的政府保证可以有以下内容。

(1)政府承诺不对项目承办公司采取不利的政策和措施

包括不对项目采取征收或国有化,对项目实行税收优惠,为项目公司提供行政上的协助等。

(2)项目的后勤保证

包括政府保证向投资者合理提供基础设施建设项目建设用地,并在约定的时间内保证项目用地交付投资者使用;保证以合理的价格提供原材料和能源,并保证与项目建设运营有关的技术和管理人员及项目所需物资、设备的顺利进口。目前我国绝大部分产品价格通过市场机制调节,不存在这一问题。但是对于政府价格管制或者市场管制(如能源供应及土地供应)的产品就必须要求政府保证。后勤保证对于在国内企业资本投资基础设施建设项目是必不可少的。

(3)不竞争保证

政府承诺在同一地区不设立过多的同类项目,以避免过度竞争引起投资者经营收益下降,影响投资回报。这一竞争保证对于诸如收费隧道、桥梁、基础设施建设等交通设施项目尤为重要。投资者在计算投资成本和投资回报率时,只能以将历史数据进行回归预测同一地区的客、货流量及其增长率,并以此作为经济评价的依据。项目建成后,在非特殊情况下客、货流量不会发生剧增,若当地政府再于同一地区建设与该项目同样性质的项目,则通过该项目的客、货量将明显减少,必将使投资者的收益减少。如,在英吉利海峡隧道工程中,英法两国政府对承建隧道的欧洲隧道公司提供了 33 年内不建造第二横跨海峡的连结设施的保证。

(4)经营期保证

政府保证投资者在经营期限内的合法权益,项目的经营期限会直接影响到投资者的收益水平,并与投资者的债务偿还安排有密切关系。从投资者角度出发,经营期越长对其越有利,因为这将使之延长收取费用的权利,而往往是随着时间的推移,收费的费率就越高,利润也就越大;但从政府角度考虑则相反。所以,在明确了特许权期后,特许协议中应该尽力要求政府保证项目经营期限,降低由于其他风险引起的经营期过短。例如,企业投资的曼谷基础设施建设在"发生特殊事件时",曼谷基础设施建设有限公司将有权推迟执行日程表,还能求助其他补救措施,延长项目特许权期限。

(5)政府对投资回报率的担保

对于建设周期长,投资大,利润较低且投资风险很大的基础设施建设投资项目,投资者的收益不仅要取决于项目的利用率,并且产品的价格、服务的收费都要受政府的限制。因此,对于此类项目投资者应该要求政府事先作出承诺,保证投资者的收益。

国际上,企业基础设施建设项目的政府保证投资回报率共有两种:固定比率和浮动比率。前者不论经营如何,由政府按事先确定的比率承担投资回报;后者即政府和投资者确定一个投资回报率的幅度,经营收入超过回报率的上限部分归政府所有;经营收入低于回报率时,由政府补贴,幅度内的收益都归投资者所有。

固定回报率方式不能被我国政府所接受。这是因为承诺固定回报率的方式其实就是政府项目融资,项目风险都在政府。国家计委、电力部发布的《关于试办外商投资特许协议项目审批管理有关问题的通知》规定:"项目公司也要承担投融资、建设、采购、运营、维护等方面的风险,政府不得提供固定回报率的保证"。

浮动回报率能够调动投资者在评估、投资、建设和经营各方面的积极性,使得投资者和政府双方有积极性承担各自应当承担的风险。因此,我国广深基础设施建设等项目都采用了浮动回报率。《上海市延安东路隧道专营管理办法》中也明确了采用浮动回报率保证投资者的最低收益的办法。

另外,政府一般会对境外投资者作出外汇保证,但国内企业资本所面临的外汇风险较小,这也是国内企业资本的比较优势。

三、结　语

如何在了解现状,把握我国基础设施建设投资融资发展方向及发展趋势的基础上,提出企业投资基础设施建设项目的科学决策框架、并使投资风险得到有效控制,是基础设施建设投资、融资步入完善、健全阶段的客观要求,是有效提高基础设施建设建设决策管理水平,促进社会资源的合理利用,保障基础设施建设可持续发展的一项战略工程。

108. 钢绞线拉索与钢丝拉索体系的比较

祖祥胜　刘征宇　柏国清
(威胜利工程有限公司)

摘　要　平行钢绞线斜拉索体系与平行钢丝斜拉索体系有着诸多方面的不同,本文着重就两种体系在索体结构、索体制作与安装、索体张拉与调索、索体防护与防腐、索体更换及运营期检测等方面进行比较。

关键词　斜拉索　平行钢绞线　平行钢丝　体系　比较

一、引　言

在历史上，初始的斜拉索曾采用铁链、铁连杆来制作拉索，但这种做法，在当今已完全不可取。现代斜拉索全部使用高强度钢筋、钢丝或钢绞线制作拉索。当代斜拉桥对拉索的要求更高，几乎一律使用高强度的钢丝或钢绞线制作拉索，轧制的粗钢筋已被淘汰。目前，我国常用的拉索体系主要有两种：一种是用热挤聚乙烯(PE)防护的平行钢丝索配以冷铸镦头锚拉索体系；另一种是热挤聚乙烯(PE)防护的单股钢绞线组成钢绞线束，整索束的外层是双层同步挤压成型的高密度聚乙烯(HDPE)防护套管，两端配有单根锚定夹片式锚具形成群锚钢绞线拉索体系。

在我国，尽管目前绝大数斜拉桥仍然采用平行钢丝拉索，但是，平行钢绞线拉索的优越性已经逐渐的被人们所接受，斜拉桥采用平行钢绞线拉索的比重也逐渐增大。世界上首座钢绞线斜拉索桥是1978年在法国建造的勃洛东纳桥，主跨为(143.5＋320＋143.5)m，拉索采用60ϕ15.2mm钢绞线。我国于1980年在广西红水河修建的主跨96m的铁路桥，首次采用10ϕ15.2mm钢绞线斜拉索。此后的几十年间，钢绞线斜拉索因其施工轻便、高效、精确、防腐性能优良以及宜于单根钢绞线换索等优点越来越多地应用在了斜拉桥中。从1978年开始，预应力平行钢丝拉索在美国国内已不再生产。

二、索 体 结 构

平行钢丝拉索是将若干根钢丝平行并拢，同心同向作轻度扭绞，扭绞角2°至4°，再用包带扎紧，最外层直接挤裹聚乙烯(PE)护套作防护(图1)。配以冷铸镦头锚，冷铸镦头锚最基本的组成部件是锚杯、定位板、连接筒、螺母、垫块，最后在锚杯中灌入流动态的混合填料，振实(图2)。

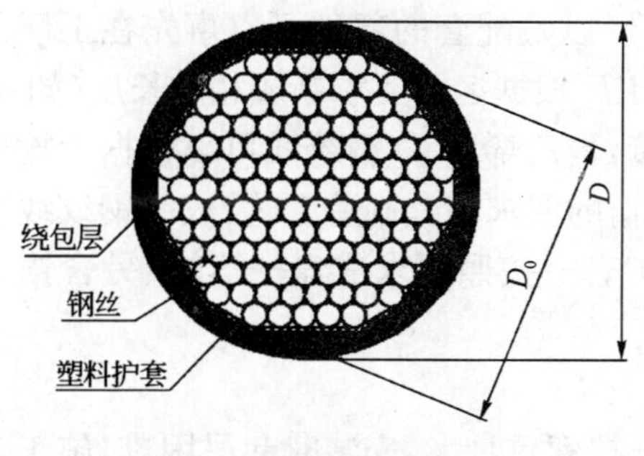

图1　平行钢丝索断面

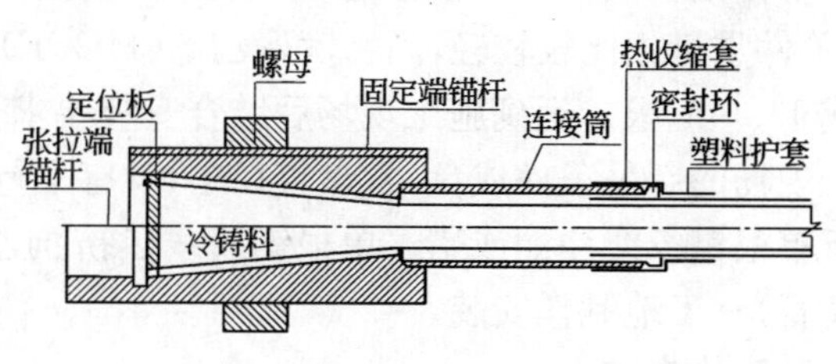

图2　平行钢丝拉索体系

目前平行钢丝索普遍使用ϕ5或ϕ7钢丝制作，要求钢丝的抗拉强度不低于1 600MPa。规格为ϕ5-31、55、61…301；ϕ7-37、61、73…421。

平行钢丝拉索必须要事先在工厂制作后盘绕，再采用重型运输设备将成盘的索体运输到施工现场，索越长孔位越大对运输要求就越高。如：南京长江第二大桥最大拉索钢丝根数为265丝，长335.8m，重达24.4t；荆州长江公路大桥北汊桥最大拉索钢丝根数为283丝，长268m，重达22.5t；杭州湾跨海大桥南航道斜拉索桥最大拉索钢丝根数为199丝，长340.1m，重达19.2t；苏通大桥斜拉索最长为577m，最大重量为59t。

平行钢绞线拉索是由单根钢绞线热挤聚乙烯(PE)护套组成钢绞线束，整索束的外层是双层同步挤压成型的高密度聚乙烯(HDPE)防护套管形成自由伸缩段(图3)，两端配有单根锚定夹片式张拉端锚具(含螺母)和固定端锚具(不含螺母)，另外还包括预埋导管、锚垫板、夹片、热熔套管、钢锥管、保护盖帽、定位器，最后进行单根钢绞线防腐(图4)。锚具规格：6-12、19、22、31…175，目前我国使用的最大孔位为6-91，国外使用的最大孔位已达到6-127。

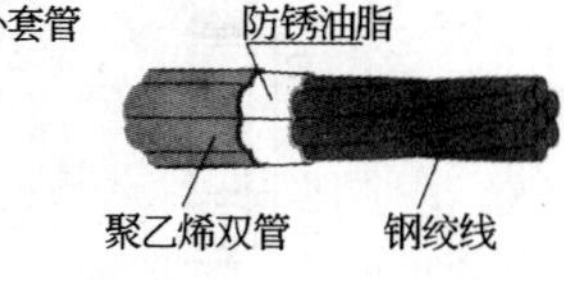

图3　平行钢绞线索断面

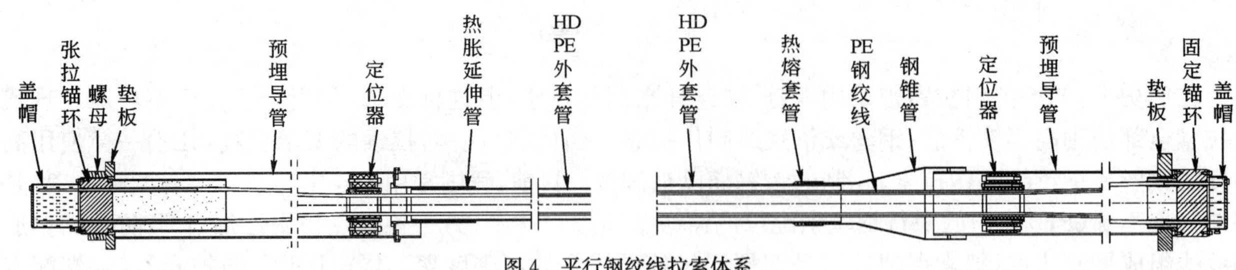

图 4　平行钢绞线拉索体系

平行钢绞线拉索主要材料运输不需要重型运输设备，相对平行钢丝拉索对运输要求不高。如：福建青州闽江大桥最长索长度为 325m，单根钢绞线重量仅为 402kg，高密度聚乙烯（HDPE）防护套管可以在施工现场焊接，焊接完成的单根 320 米长重量为 2.3t，6-85 孔锚具在工厂先预制好，且张拉端锚具单件重量也仅为 525.2kg。

平行钢绞线拉索结构还能有效的校正预埋导管中心与拉索不重合现象，方便安装定位器，提高减震效果。

三、索体制作与安装

平行钢绞线斜拉索体系与平行钢丝斜拉索体系比较，索体结构明显不同，因此拉索的制作与安装均不相同，且安装配备的设备也大不相同。

1. 索体制作

平行钢丝拉索是先在工厂制作成成品索后绕盘，索盘直径大，然后使用重型设备运输到施工现场后直接安装。制造工艺：成品钢丝运输到达制索厂→精确下料→编索→理顺→轻度扭绞→热挤聚乙烯（PE）护套→冷铸镦头锚制作→固化→预张拉→绕盘→运输。

平行钢绞线拉索单根锚定夹片式张拉端锚具、固定端锚具，以及配套的部件可以事先在工厂预制完成，单件重量相比较较轻，高密度聚乙烯（HDPE）防护套管在工厂根据运输要求制成相应长度（如：5.8m/根或 11.6m/根），运到施工现场后结合安装要求长度进行焊接，聚乙烯（PE）钢绞线可以根据运输要求及施工现场的起吊条件成盘，索盘直径小，没有平行钢丝拉索运输的要求高。制造工艺：成品钢绞线在工厂进行单根钢绞线注油或蜡＋单根钢绞线热挤拘乙烯（PE）防护套→按照要求成盘→运输（另含锚具和防护套管）→工地制作安装。

2. 索体安装

由于平行钢丝拉索在工厂事先制作成品索提供，故整根斜拉索重量大，安装时起吊困难，施工过程中安装工作进度缓慢。如：南京长江第二大桥最大拉索重达 24.4t；荆州长江公路大桥北汊桥最大拉索重达 22.5t；苏通大桥斜拉索最大重量为 59t，因此必须配备大吨位安装起吊装置，操作难度大（图 5）。

平行钢绞线拉索可以单根进行安装，操作简便，安装速度快，安装时仅可以配备 1.5 吨无级变速卷扬机即可。如：福建青州闽江大桥最长索长度为 325m，单根安装时钢绞线重量仅为 402kg，容易操作（图 6）。

两种体系安装设备比较见表 1。

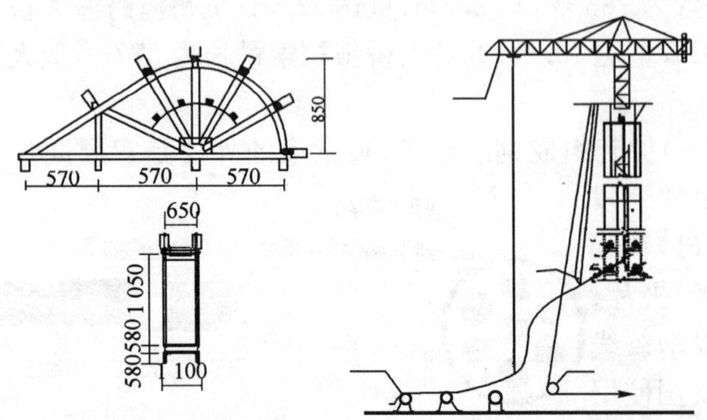

图 5　平行钢丝拉索安装示意图（尺寸单位：cm）

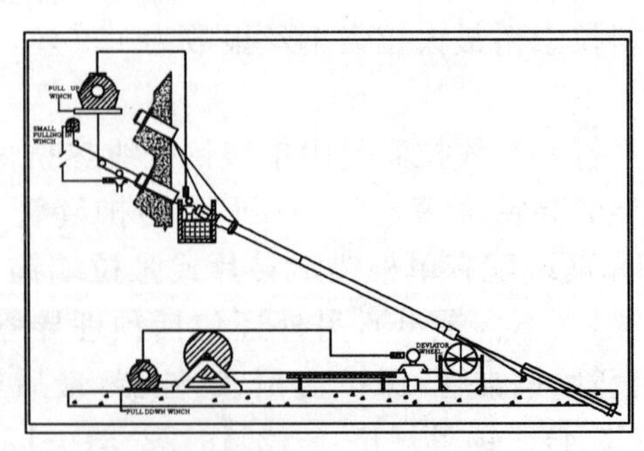

图 6　平行钢绞线拉索单根安装示意图

两种体系安装设备比较 表1

序号	平行钢丝拉索	平行钢绞线拉索	序号	平行钢丝拉索	平行钢绞线拉索
1	大吨位地面运输平车	1.5t无级变速卷扬机	5	至少8至50t卷扬机	—
2	大吨位龙门行车	3吨叉车	6	汽车吊	—
3	大吨位垂直提升架	塔吊	7	浮吊	—
4	大吨位桥面凹型平板车	—	8	塔吊	—

四、索体张拉与调索

平行钢丝拉索张拉与调索必须采用大吨位群锚千斤顶，由于千斤顶的自重较大，故操作时困难，对起吊的设备或吊装工具要求也高，不可预见的危险因素多。配备的油泵车和普通压力表，张拉与调索的精度低，索力误差大，桥面线形控制不好。

由于平行钢绞线拉索是单根安装的，因此可以进行单根张拉与调索，也可以进行单根张拉整体调索，单根张拉的设备轻便，体积小，操作简便，不可预见的危险性小。配备的VZB4L油泵和数显油表，张拉与调索的精度高，索力误差小，桥面线形容易控制(表2)。

两种体系张拉设备比较 表2

序号	平行钢丝拉索	平行钢绞线拉索
1	600t、900t、1 200t千斤顶，含撑脚、张拉丝杆、螺母配件重量分别为1 500kg、1 620kg、2 310kg	ZPE15t千斤顶、570t千斤顶、800t千斤顶、1 300t千斤顶，自重分别为16kg、480kg、1 051kg、1 350kg

五、索体防护与防腐

由于平行钢绞线斜拉索体系与平行钢丝斜拉索体系的索体结构不同，因此两种体系的索体防护与防腐也不相同。

平行钢绞线拉索防护的特点有：钢与钢互相不接触，有很高的抗疲劳性；安装简单；从工厂到工地能永久得到保护；任何时候可以逐束检查、调整索力；容易更换。

而平行钢丝拉索为热挤聚乙烯(PE)防护层，由于聚乙烯(PE)防护层在索两端过渡段被锚杯中复合填料紧紧握裹，当温度变化时，聚乙烯(PE)防护层纵向延伸无间隙，只有向径向发展，造成聚乙烯(PE)防护层表面产生龟裂现象，极大影响防护效果。

平行钢丝拉索在施工结束后可以进行单根钢绞线防腐施工，而平行钢绞线拉索只能进行整体防腐，不能进行单根防腐(表3)。

两种体系防护比较 表3

拉索名称	防护方式
平行钢丝拉索	钢丝镀锌＋整体索外热挤聚乙烯(PE)防护层＝两层防护
平行钢绞线拉索	钢绞线镀锌＋油脂或蜡＋单根钢绞线热挤聚乙烯(PE)防护套＋整索束外包双层同步挤压成型的高密度聚乙烯(HDPE)防护套管＝四层防护

六、索体更换及运营期检测

1. 索体更换

对于拉索工程，由于拉索的疲劳因素会导致使用使命的衰退，在施工或使用过程中由于钢丝外包的聚乙烯(PE)防护层和钢绞线外包的聚乙烯(PE)防护层或整索束外包双层同步挤压成型的高密度聚乙烯(HDPE)防护套管受到损坏，或者由于其它种种因素造成对拉索的破坏等情况，都要考虑进行拉索更换。

平行钢丝拉索体系的换索(只能整体换索)是件极为复杂而繁重的工作,而且需要在建筑物停止正常工作的请况下施工,施工采用的大型起吊设备和安装设备笨重,操作难度大。

国内目前已对多座平行钢丝斜拉索进行了更换,如:广州海印大桥为中孔175m的3跨双塔单索面预应力混凝土斜拉桥,1988年12月建成通车,拉索由258根ϕ5mm镀锌钢丝组成,聚乙烯(PE)套管防护,其间压注了水泥浆,套管外再缠包环氧树脂采用玻璃钢外壳层,由于防护出现问题,1995年5月出现拉索断落和松弛,之后,对186根拉索全部更换,换索耗资2 000万元,工期6个月。济南黄河桥为中孔220m的5跨预应力混凝土斜拉桥,1982年建成通车。拉索由67至121根ϕ5mm镀锌钢丝组成,铝管防护套,其间压注了水泥浆,由于防护出现问题,拉索的锈蚀已相当严重,可能危及大桥的正常营运。为预防发生突发断索事故,1995年9月开始更换全部88根拉索,工期3个月。重庆石门嘉陵江大桥是1988年建成的斜拉桥,由于防护出现问题,在1995年对全桥216根拉索更换了其中36根,2008年又决定第二次更换剩余的180根拉索,计划采取封闭半幅道路施工。此外,1975年建成的上海新五桥,为确保桥梁正常使用,提高桥梁荷载等级,对桥梁进行了加固。由于原有拉索已出现病害,为了改善原用拉索受力情况,增加了二组平行索。1988年建成的广东九江大桥,也由于拉索的锚固处锈蚀问题,同样要进行拉索更换。

相比较平行钢丝拉索换索而言,平行钢绞线拉索的换索(可以单根换索)施工则较为简单,使用的设备均为轻便设备,无须大型设备,操作简便,完全可以在不影响正常大桥的营运的情况下施工。如:福建青州闽江大桥是2000年底完工的平行钢绞线斜拉索桥,但在2001年底的一次台风中,一艘工作船同桥体相撞并导致大桥的168根索体中的其中3根拉索有不同程度的破坏。经过检查破坏程度后,决定更换3号塔东侧第20号索,其他两根索进行拉索高密度聚乙烯(HDPE)外护套管的修复。在完全不影响大桥的正常营运情况下,共使用5天的时间,采用单根钢绞线逐根换索的方法,完成旧索拆除及更换新索工作,取得了令人满意的工作结果。

2. 运营期检测

不管是平行钢丝拉索还是平行钢绞线拉索,在营运期都要进行检测,确保拉索处于正常状态下,确保结构的耐久性。从平行钢丝拉索和平行钢绞线拉索的索体结构、制作安装、张拉与调索、索体的防护与防腐、索体的更换方面,可以肯定平行钢绞线拉索的检测较简单。如:2001年12月建成通车的宜昌夷陵长江大桥,为3塔双索面平行钢绞线斜拉索体系,到目前为止已对全桥236根拉索进行了2次25%钢绞线索力检测,每次检测时间仅需要20天时间。2001年建成通车的重庆马桑溪长江大桥,为双塔双索面平行钢绞线斜拉索体系,在2004年初对全桥236根拉索进行了25%钢绞线索力检测,检测时间仅需要25天时间。以上的检测都是完全在不中断交通的情况下完成的检测。

七、经济方面分析

根据本公司近十年参加斜拉索的制作与安装经验,对平行钢丝拉索和平行钢绞线拉索在材料费用、制作与安装费用、运输费用、制作与安装时的材料损耗差异方面作过分析和比较,总结结果是:相同斜拉桥采用平行钢绞线拉索体系比采用平行钢丝拉索体系的造价要低。

另外,由于平行钢绞线拉索体系有四层防护措施,拉索的寿命延长,易单根更换和检测,也带来了很大的经济效益和社会效益。

八、比 较 结 果

从平行钢绞线拉索体系与平行钢丝拉索体系在索体结构、索体制作与安装、索体张拉与调索、索体防护与防腐、索体更换及运营期检测等方面比较后发现:平行钢丝拉索显得笨重,安装难度大,防护与防腐效果差,更换与检测费力;而平行钢绞线拉索的单根安装、单根张拉与调索(也可以整体调索)、单根更换及单根防腐与检测就显得非常简单,并且有可靠的防护效果。可以看出,平行钢绞线拉索是非常值得重视的发展趋势和苗头。

九、结 语

国际调查结果也显示:平行钢绞线拉索体系获得过最高评价,而高密度聚乙烯(HDPE)防护套管能够起到最好的防护效果,拉索设计寿命估计在60年。而业主认为拉索设计寿命有76年,施工界却认为只有33年。

平行钢绞线拉索无论在结构和性能方面,还是在经济性方面都优越于平行钢丝拉索,是值得推广和应用的。随着我国经济的快速发展,交通基础建设也跟随高速发展,跨海、海湾大跨度斜拉桥已越来越受到业内人事的亲密,尤其在海洋环境里,金属腐蚀、防腐、索体意外受到破坏等问题特别突出,而有四层防护的平行钢绞线拉索具有耐久性和可单根钢绞线更换操作简便等优点,将是选择这类拉索的决定因素。

参考文献

[1] Andreas Schwarz, Amand Furst, 2000. 2. 'Strand by strand operations on Stay Cables'.
[2] 王文涛. 斜拉索换索工程[M]. 北京:人民交通出版社,1997.
[3] VSL SSI 2000 斜拉索技术资料.
[4] 易圣涛. 斜拉桥拉索防护的现状,1999. 9.
[5] 林元培等. 斜拉桥. 北京:人民交通出版社,1994. 4.
[6] 重庆地维长江大桥第B合同段,招标文件.
[7] 行业标准. CJ5058—1996 塑料护套半平行钢丝拉索.
[8] Walter Podolny, Jr. 博士. 美国斜拉索的演变.
[9] [日] 森忠彦. 斜张桥ケーブルシステムに為国际调查[J]. 桥梁と基础,1997,(8).

109. 深水基础钢围堰、钢套箱、钢吊箱施工技术对比及研究

牛亚洲 薛光雄 任回兴 孙 茂 韩学伟
(中交第二公路工程局有限公司)

摘 要 国内桥梁深水基础施工技术发展迅速,通过对比钢套箱、钢吊箱、钢围堰等多种桥梁深水基础围堰施工形式,对其施工技术进行深入分析研究。

关键词 桥梁深水基础 钢围堰 钢套箱 钢吊箱 施工技术

一、深水基础钢围堰概况

从上世纪90年代以来,我国桥梁施工技术发展迅猛,在斜拉桥、悬索桥、拱桥、梁桥等各种类型的桥梁方面,均取得了举世瞩目的成就。通过在大江大河、沿海海域以及中西部山区等处成功建设一大批跨径大、难度高的具有世界级水平的桥梁,使得我国成功跻身于世界桥梁大国之列,并正在向世界桥梁强国稳步迈进。

伴随着我国桥梁施工水平的不断发展,桥梁深水基础施工技术也在不断进步。已建成的桥梁深水基础方面,无论是工程规模、建设条件,还是技术难度、科技含量,都极具挑战性和创新性。目前,国内桥梁水中基础施工水深最大已经超过了40m的施工水平。

对于深水基础若采用桩基承台时,则大量的使用了钢围堰方法施工;采用沉井基础的桥梁,沉井基础

在部分功能及施工工艺方面与钢围堰基础则基本相同。

钢围堰按结构形式和施工工艺的不同，可分为钢套箱、钢吊箱、钢围堰等多种形式，按截面形式可分为单壁围堰和双壁围堰，按截面形状可分为圆形钢围堰、多边形围堰和异形围堰等。钢板桩围堰及其它钢结构围堰由于适应水深相对较小，因此在深水桥梁基础中适用较少。

二、钢围堰、钢套箱、钢吊箱方案比较

1. 施工方案对比

对于深水群桩承台基础施工，目前通常采用的方法包括钢围堰和钢套箱等，其中钢套箱若增设底板后，即成为钢吊箱。通过改变壁板厚度等方式，钢围堰、钢套箱和钢吊箱均可适用于较大水深的施工环境。围堰设计方案的选择，与桩基和承台的施工方案以及地质水文情况紧密相关。

对于国内桥梁施工行业，钢围堰是个总称，包含了钢套箱和钢吊箱。但通常来说，这三者有诸多区别。在工法上，钢围堰和钢套箱的区别在于，钢围堰施工工艺为先围堰后桩，而钢套箱为先桩后围堰，这一点钢吊箱与钢套箱相同。在结构上，钢套箱和钢围堰的区别不大，但钢吊箱与前二者相比，增加了底板结构。在使用上，钢吊箱方案一般适用于高桩承台及承台底部为沙层或松散的覆盖层的情况。当承台底部为沙层或松散的覆盖层的地质时，可考虑采用吹沙或者抽泥清淤等方式，将钢吊箱底板的位置清理出来，然后下放底板及钢吊箱壁板，封底后形成围堰。钢围堰和钢套箱方案一般多用于低桩承台，特别是承台下方覆盖层很薄或岩层很浅，或者承台下方为黏土层等不透水层的情况，则钢围堰下放至岩层或不透水层后，即可进行封底施工。对于高桩承台，若采用钢围堰和钢套箱施工，则为了着床，钢围堰的总高度需要增加很多，而且封底混凝土下方需回填大量的土石方材料，经济性不高。同样反之，若低桩承台下方岩层较好，当采用钢吊箱方案时，底板下放就位的难度就相对较大。苏通长江公路大桥水中钢吊箱、荆岳长江大桥基础钢套箱施工照片见图1、图2所示。

图1　苏通长江公路大桥主墩基础钢吊箱施工

2. 材料经济性比较

水深及地质情况是决定深水基础围堰选型的最重要的因素。钢吊箱和钢围堰、钢套箱施工，当水深相同时，其舱壁结构和封底混凝土厚度基本相同。区别在于钢围堰和钢套箱一般多在舱壁底部设置刃角，并根据需要灌注一定高度的刃角混凝土，以增强刃角段的刚度和强度。深水基础若采用钢吊箱方案时，可节省壁板的总高度，其舱壁设计与前两者基本相同，但需要设置底板，底板一般采用型钢和钢板焊接，并在桩基护筒侧面设置堵漏板，以防止封底混凝土泄露。

图2　荆岳长江公路大桥附通航孔主墩钢套箱施工

根据笔者在几座长江大桥的施工经验和设计分析数据，对于20m的水深情况，钢套箱和钢围堰舱壁的用钢量约为280～320kg/m^2，封底混凝土厚度约为3.0m左右，内支撑通常每5m高设置一道。若采用

钢吊箱时，壁板与前两者基本相同，其底板用钢量约为 120～150kg/m^2。

三、钢围堰及钢套箱、钢吊箱施工工艺

钢围堰施工工艺一般为先围堰后桩，即先搭设施工平台→制作、运输钢围堰至桥位→首节钢围堰定位着床→现场分块拼装、分节接高钢围堰→下沉钢围堰至设计位置→打设钢护筒→浇注封底混凝土→进行桩基施工→抽水及内支撑施工→破桩头→绑扎承台钢筋→分层浇注承台大体积混凝土。

钢套箱和钢吊箱施工工艺一般为先桩后围堰，但与钢套箱直接下放壁板不同，钢吊箱在舱壁下放之前，需先将舱壁和底板连接，然后接高舱壁，一起下放至设计位置。钢吊箱施工工艺为：首先进行钻孔平台搭设→打设钢护筒→进行桩基施工→制作、运输钢吊箱首节至桥位→转换钻孔平台至钢吊箱施工平台→安装钢吊箱定位及限位设施→首节钢吊箱舱壁与底板连接完成后整体下沉→现场分块拼装→分节接高钢吊箱→下沉钢吊箱至设计位置→进行水下堵漏作业→最后浇注封底混凝土→抽水及内支撑施工→破桩头→绑扎承台钢筋→分层浇注承台大体积混凝土。

四、对桥梁深水基础围堰施工的几点建议

(1)桥梁深水基础施工，无论采用那种结构形式，均必须建立在充分调研比较的基础上，并以设计计算为基本出发点，全面分析其强度、刚度和稳定性。根据不同的结构形式、水文、地质、气象等条件，选择相应的围堰施工。

(2)无论采用哪种围堰形式，建议应首选圆形围堰是否适用，或者围堰两端及局部采用圆形截面是否可行。由于圆形截面在水压作用下，内力主要转换为轴向力，因此可在该方向上省去内支撑，此受力特点可大大简化围堰的施工用材和工作量。

(3)对于深水基础围堰施工，应充分考虑水流冲刷的影响，在围堰着床前和使用过程中，应采取有效的冲刷防护措施。

(4)建议在施工前应充分考虑围堰的加工、运输、定位、接高、下沉、纠偏等问题，并做好各种风险预案。

(5)对于承台混凝土施工平面精度要求不高时，在围堰不能回收拆除的情况下，可考虑直接采用围堰内壁作为模板，从而可节省大量模板工程量。

(6)若采用双壁钢围堰或钢套箱方案时，围堰刃角段建议采用灌注刃角混凝土的方式予以加强，并应慎重选择围堰底部下落的岩层。

(7)无论钢围堰、钢套箱或钢吊箱围堰，均应考虑选择适宜的围堰下放、限位措施，以确保围堰施工的安全及精度。

五、结　　论

通过对比钢套箱、钢吊箱、钢围堰等多种桥梁深水基础围堰施工形式，结合桥梁施工的实际情况，从而选择相应的基础围堰形式及施工方法。另外，针对深水基础围堰施工的关键问题提出建议，探讨围堰施工技术，以达到推动桥梁深水基础围堰施工技术不断进步的目的。

参考文献

[1] 欧阳效勇，贺茂生，任回兴. 苏通长江公路大桥南塔墩钢吊箱设计 Steel Cofferdam Design of South Pylon in Sutong Bridge. 华中科技大学学报(城市科学版)，2006 年 z1 期.

[2] 曾亿忠. 南京三桥北主塔承台哑铃形双壁钢围堰施工 Construction of Dumbbell-Shape Double-Wall Steel Cofferdam for North Pylon Footing of the 3rd Nanjing Changjiang River Bridge. 桥梁建设，2005 年 06 期.

110. 超声波检测用钢薄壁声测管连接方法简介

李林永[1] 周剑伟[2]

(1. 浙江交通职业技术学院;2. 浙江省交通工程建设集团有限公司)

摘　要　超声波检测用钢薄壁声测管是一种较新型的声测管材,其连接方法目前没有统一形式,本文对目前常用的几种连接方式及其特点作了介绍和分析,并指出钳压式连接是一种较为理想的连接方式。

关键词　钢薄壁声测管　管道连接　钳压式

一、引　言

声测管是用来检测混凝土灌注桩缺陷的超声波技术所用管材,一般采用普通钢管、钢波纹管和塑料管,其中普通钢管应用最多,形式多采用$\phi57\times3.5$的无缝钢管加套管现场焊接的方法来连接,但自从杭州湾跨海大桥施工起,各地陆续开始用带接头的,$\phi50$的薄壁焊管来代替$\phi57\times3.5$的无缝管,这种方法的优点是:显著节省成本;连接方便快捷,无需用电焊;超声波透过性好。本文对目前薄壁声测管常用的连接方式及其特点作了介绍和分析。

二、推 插 连 接

1. 普通推插式

连接步骤(图1):

(1)将待接声测管无插口端竖直推插入固定好的声测管扩口端,必须推插到颜色标记带处且确保两侧的挂耳位于纵向同一直线上;

(2)用铁丝将两侧挂耳分别串联,扭紧铁丝,以防管体在外力作用下发生松脱;

(3)用防水胶带在接头处绑扎2～3层以加强接头防渗漏性能;

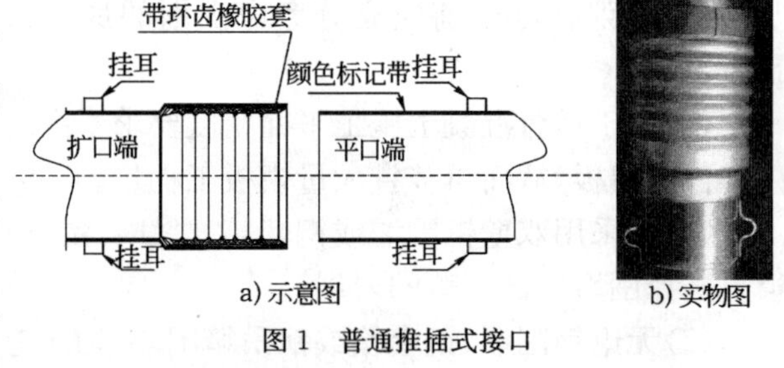

图1　普通推插式接口

(4)将已经连接好的声测管固定在钢筋笼上,并依次连接余下的声测管。

特点:采用推插式连接,轴向密封,有效防松脱和渗漏;方便快捷,安全可靠,节省成本。

2. 推插压紧式

推插压紧式是在推插式的基础上发展而来的一种专利技术(专利号ZL200520116656.6),具体技术如下:

1)插口部的制作

如图2所示,推插锁紧插口部要由5个部分组成:①普通焊管、②外螺纹嵌套、③ 内螺纹插口、④ 螺旋缺口扣环、⑤橡胶密封套。

②在工厂内以气体保护焊周圈焊接至①上,⑤与④与③组合在一起,旋装到②与①上,使用时将无插口端钢管推插进入插口,深度至标记带处即可;旋动③,首先顶住⑤与②,形成端面、锥面密封;进一步旋动③,其顶部斜面沿④的斜面滑动使④受纵向力作用,缩小缺口从而抱紧⑤形成轴向密封。

2)连接步骤

(1)将第一根声测管(图 3a)左侧管端)固定在钢筋笼的钢筋上;

(2)将第二根声测管(图 3a)右侧管端)的底部对准已绑好的声测管外螺纹插口部,保证两根管子处于同一轴线;

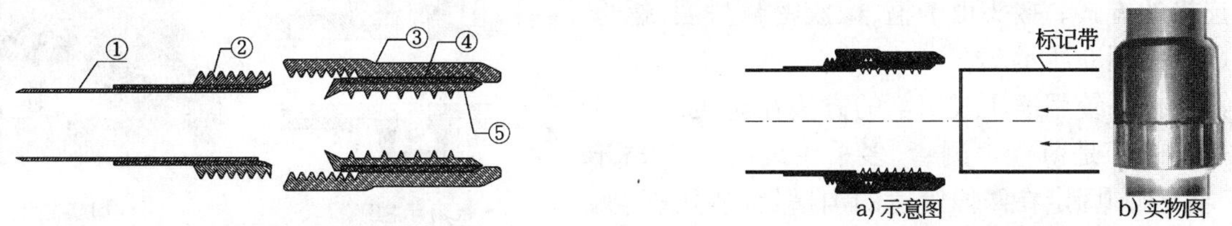

图 2 推插—锁紧式插口部制作示意图

图 3 推插—锁紧式连接图

(3)将第二根声测管底部推插入第一根管的插口部至标记带处;

(4)旋紧第一根管外螺纹确保紧固;

(5)将连接好的声测管固定在钢筋笼上。连接好后的接头如图 4 所示。

特点:采用推插式连接,螺旋带动环扣锁紧密封胶圈;轴向加端面密封,有效防松动、防渗漏;方便快捷,安全可靠,节省成本。

三、螺 纹 连 接

1. 平口活结式连接

平口式螺纹连接是将声测管的两端向外翻转形成端口,内外螺纹的活接头以各自的端口为支撑点相互连接,端口之间有一平口橡胶垫,起密封作用。如图 4 所示。

优点:操作直观、简便。

缺点:平口橡胶垫在现场操作易发生脱落、扭曲等现象,影响密封性能;没有叠接部位,承受切向作用力弱于管子本身(摩擦卷边形成端口时,端口处管壁减薄 20%~40%);两端口都经过特殊加工,在施工现场不能进行长短变动的再加工。

由于平口式螺纹连接的缺点较多,目前已趋于淘汰。

2. 企口活接式连接

这种连接方式在平口式连接的基础上发展而来,并克服了平口式连接的缺点。连接方法如图 5 所示。

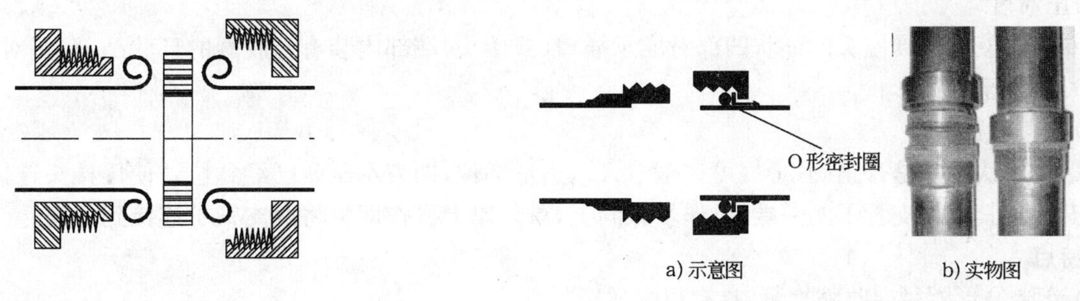

图 4 平口式连接示意图

图 5 企口活接式连接图

外螺纹接口突出管子端口 20~30mm,并焊接到管子上;内螺纹接口的固定环低于管子端口 20~30mm ,这样声测管的两端形成“企口”,有 20~30mm 的叠接部位;O 形密封圈卡于内螺纹接头内、管子企口外侧,不容易发生脱落、变形、扭曲等现象。

优点:操作简便、密封性能好。

缺点:两端口都经过特殊加工,在施工现场不能进行长短变动的再加工。

四、卡箍式连接

卡箍(沟槽)式连接系统是用滚动或切割方法加工管道沟槽(可在工厂或现场加工沟槽),两根独立的带槽管道,用橡胶垫片进行密封,依靠外置的螺栓卡箍外壳来连接的方式。接头由卡箍、橡胶密封垫圈、螺母螺栓组成。如图6所示。

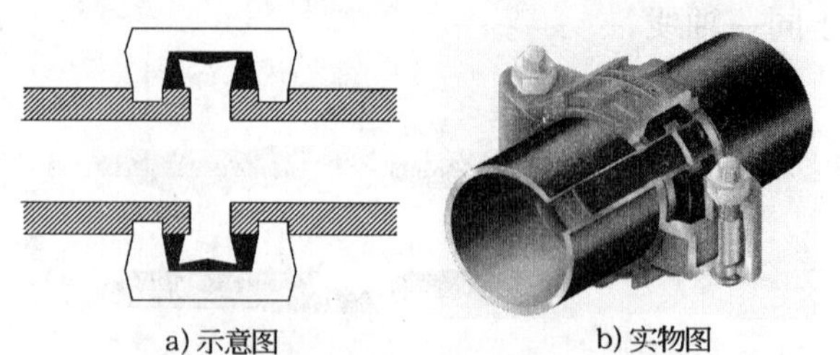

a)示意图　　b)实物图

图6　卡箍式连接图

卡箍连接系统用滚压或切割的方法在施工现场对管道开槽。由于是薄壁声测管,多采用滚压的方式开槽,将卡箍、垫圈固定在两段管道的沟槽处,使用扳、钳等工具将卡箍上的螺母螺栓拧紧即可。

特点:连接方便,当采用现场滚压开槽时,可实现任意长度的连接。卡箍连接作为给水、消防管道连接是一种比较优越的连接方式,但应用于薄壁声测管时,缺点有以下:声测管管壁较薄,压槽时不能太深,对操作要求较高;卡箍连接部位凸结尺寸过大,很难满足接头凸起部分的最大尺寸不应超过管外径的25%这一要求[1]。

五、钳压式连接

钳压式连接(专利号ZL200620139983.8)(图7)端部的U形槽内装有特制的O形橡胶密封圈,安装时将声测管的插口端,插入承口端至标线位置,用专用的液压钳对U形槽和U形槽一侧部位同时进行挤压。橡胶密封圈受挤压后起密封作用,钳压部位插口端和承插口端的管材同时收缩变形(剖面形成六角形状)起定位固定作用,从而有效地实现了声测管的连接。

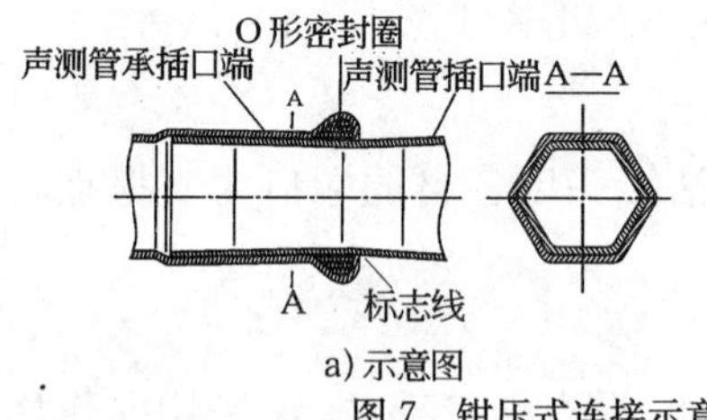

a)示意图　　b)实物图

图7　钳压式连接示意图

1. 安装步骤

(1)检查管子

确认管子承插口端密封圈完好无损;插入端内外无毛刺,以免安装插管时割伤密封圈,并有明显有插入标志线。

(2)插入管子

将管子笔直地插入管件内,注意不要碰伤橡胶圈,并确认管件端部与插入端标志线位置相距3mm以内。

(3)压紧度

把专用的液压工具模头的环状凹部对准承插口(或接头)端部内装有橡胶圈的环状凸部,将对接部位管材同时压紧至六边形状。

(4)检查压紧度

用量规确认尺寸是否正确,量规可完全卡入六边形部位,即表示压紧已经到位。使用接头连接时,先将接头安装到其中一支管子的一端,操作步骤同上,重复以上操作即可将两支管子连接到一起。

2. 特点

(1)橡胶O形圈径向收缩抱紧,具有很强的密封性能。

(2)钳压部位变形,中间小两头大,具有很强的抗拉拔性能。

(3)钳压成六角形,具有很强的抗扭转性能。

(4)操作简单,可任意长度现场锯切使用,无浪费。

六、评价和总结

笔者根据实践,将以上各类薄壁声测管的特点归纳评价如表1所示。

薄壁声测管几种连接方式评价 表1

序号	连接方式	密封性	抗振性	抗拉性	抗折性	抗扭性	凸起度	垂直性	操作性能
1	钳压式	很好	很好	很好	很好，有(1～1.2)D的套接长度	很好	好	好，有(1～1.2)D的套接长度	方便，可任意长度现场锯切使用，无浪费
2	(平口)活接式	好，在现场对接过程中易出现平垫扭曲，脱落等情况，从而造成漏浆、卡管等现象	一般，卷边处管壁变得很薄	一般，卷边处管壁变得很薄	一般，卷边处管壁变得很薄	差，反向扭转易松开螺纹	一般	一般	一般，不可分割使用
3	(企口)活接式	好	一般	一般	好	差，反向扭转易松开螺纹	一般	好	一般，不可分割使用
4	推插压紧式	一般，要求插入端管口非常平整	一般	一般	差，取决于塑料的强度	差，反向扭转易松开螺纹	一般	一般	一般，不可分割使用
5	推插式	不好，在现场对接过程中橡胶内垫易被管子戳穿，从而造成漏浆、卡管等现象	好	差	一般	差，取决于挂耳和绑扎铁丝的强度	一般	差	一般，不可分割使用
6	卡箍式	好	好	一般	一般	一般	差	一般	可分割使用

由此可见，在以上几种连接方式中，钳压式连接是薄壁声测管最为理想的一种连接方式。在目前舟山大陆连岛工程120m深桩基声测管中采用的钳压式连接方法，满足施工要求，效果反应良好。

参考文献

[1] 行业标准.JT/T 705—2007 混凝土灌注桩用钢薄壁声测管及使用要求[S].北京：人民交通出版社，2008.

111.ϕ7×397 特大缆索组合索股及分叉技术研制

杨建国 杜学国 徐建国 郑国强

（巨力索具股份有限公司）

摘 要 21世纪，斜拉桥和悬索桥发展更为迅速，在中、小跨度桥梁特别是在城市范围，对桥梁建筑美学价值的要求越来越高。在该类桥梁飞速发展中，型式各异的桥型百花齐放，满足了各类工程的需要。本文介绍ϕ7×397特大缆索组合索股及分叉技术研制。

关键词 ϕ7×397特大缆索组合索股 散索套 分叉技术 制造 试验 安装

一、概 述

斜拉桥和悬索桥历史悠久，在近几十年，伴随着科技的进步，飞速发展，广为推广。作为承担其主要荷载的受力构件，斜拉桥热挤聚乙烯高强钢丝拉索（简称斜拉索）和悬索桥预制主缆丝股（简称悬索桥预制主缆丝股)的发展促进了斜拉桥和悬索桥的发展。目前,工厂生产的斜拉索和悬索桥预制主缆丝股以其弹性模量高,抗拉强度高,防腐性能好、易于安装等优点而广为使用。

21世纪,斜拉桥和悬索桥发展更为迅速,在不久的将来,更大跨度的跨海、跨河大桥将会建设;在中、小跨度桥梁特别是在城市范围,对桥梁的要求已经不仅仅满足于使用性能,对其美学价值的要求越来越高,不断的追求桥梁建筑与环境的协调美,特别是在建筑美学方面。因此,创造一流景观,建设适应21世纪的现代化桥梁成为未来发展的另一个潮流。在该类桥梁飞速发展中,型式各异的桥型百花齐放,满足了各类工程的需要。下面以江苏常州龙城大桥为例介绍该项技术的研制情况。

二、工 程 概 况

江苏省常州市龙城大桥,是一座自锚式悬索斜拉体系的桥梁,是京杭运河常州段改线工程中建设规模最大、科技含量最高的桥梁,该桥构造新颖,结构独特,是国内外第一次采用这种结构形式桥梁(见图1)。

图1 龙城大桥图

该桥长216m,主塔由斜拉索和主缆锚固,大桥主缆一端锚固在塔上,另一端锚固在梁上,共计两根,每根由7根Φ7×397缆索组合索股组成,次塔设有散索套系统,所有缆索组合索股都置于散索套系统内进行合股;散索套系统由散索套、锥型索夹、顶推套组成,整个散索套系统为全漂浮形式;

三、主要技术特点

龙城大桥采用ϕ7×397特大缆索组合索股及分叉技术开创了该类产品国内外的应用先例:

1. 主缆共两根,每根采用7根ϕ7×397特大缆索组合索股、1个散索套、1个锥型索夹和1个顶推套组成(见图2),为国内外首次设计。

2. ϕ7×397特大缆索组合索股首次采用ϕ7mm镀锌高强钢丝,主缆索股采用397丝,为目前国内外最大预制主缆索股。

3. 该主缆索股融扭绞型与平行型索股为一体,索体一端为缆索体,索体经过扭绞,外挤双层PE护套防护,断面近似圆形排列,缆索端断面直径为175mm;另一端为悬索体,断面为正六角形排列,悬索端断面直径为161mm,此形式为国内外首创。

4. 主缆采用悬浮式散索套的分叉技术。散索套、锥型索夹、防滑索夹为三段组合式结构,利用散索套满足从一根主缆到七根分缆的空间转向及分叉。

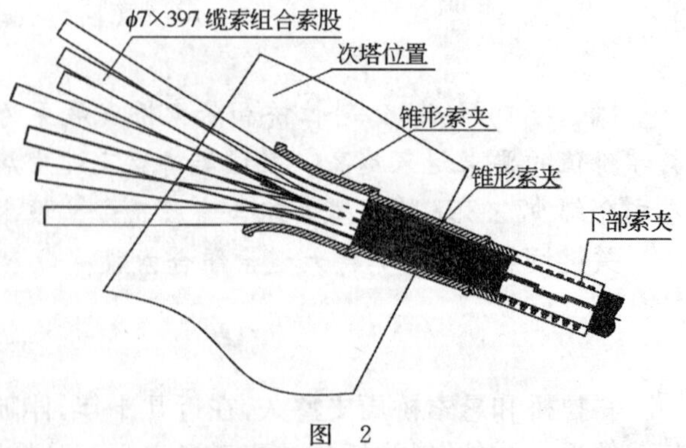

图 2

四、技 术 研 制

1. 缆索组合索股研制

1)技术特征

此次研制的缆索组合索股规格为 Φ7×397,为特大规格的缆索组合索股。索体一端为缆索体,索体经过扭绞,外挤双层 PE 护套防护,缆索端断面直径为 175mm,断面近似圆形排列;另一端为悬索体,悬索端断面直径为 161mm,断面为正六角形排列;锚具采用热铸锚具形式,索体与锚具锚固方式采用锌铜合金浇铸(见图 3)。

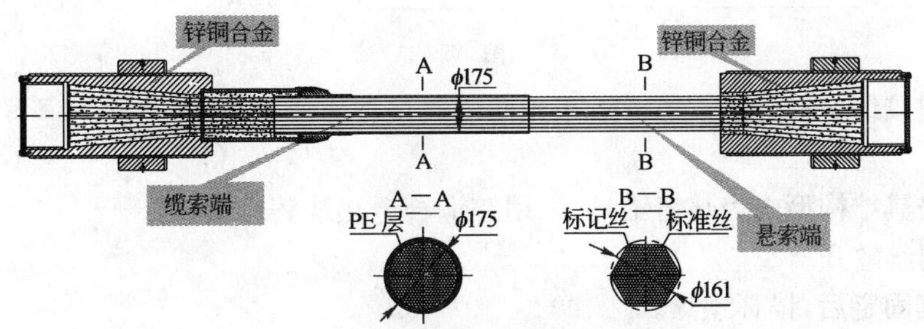

图 3 缆索组合索股结构图

缆索组合索股主要技术指标:

(1)缆索组合索股长度精度为 1/12 000 以上。

(2)缆索组合索股破断力不小于组成缆索组合索股的钢丝标称破断力总和的 95%。

(3)缆索组合索股静载破断延伸率不小于 2%。

(4)缆索组合索股弹性模量≥1.95×10^5MPa。

缆索组合索股主要原材料性能指标:

(1)采用 Φ7mm 低松弛镀锌钢丝:

抗拉强度 $\sigma_b \geq 1\,670$MPa

屈服强度 $\sigma_{0.2} \geq 1\,410$MPa

弹性模量 $E=(2.0\pm0.1)\times10^5$MPa

(2)缆索组合索股锚具

锚具采用优质合金钢,结构采用热铸锚具的型式,其技术指标符合 GB/T 3077—1999《合金结构钢》的规定。

(3)黑色、彩色高密度聚乙烯护套料符合行业的规定。

(4)热铸料为锌(98%±0.2%)与铜(2%±0.2%)组成的合金,其材质应分别符合《锌锭》(GB/T 470—1997)及《阴极铜》(GB/T 467—1997)的规定。

2)工艺特征及制造

(1)缆索组合索股制造工艺流程(图 4)

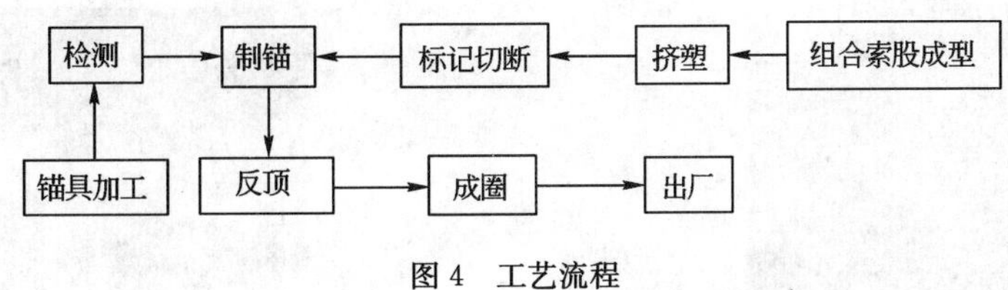

图 4 工艺流程

(2)制造过程

原材料(钢丝)进厂后,按照设计要求和相关国家标准进行检验和试验。

①标准丝、标记丝制作

在缆索组合索股设置标准丝和标记丝。

②组合索股成型

钢丝穿引后，牵引钢丝束过成型模，为成正六角形的悬索体，索股经扭绞机扭绞，钢丝束外缠绕绕包带(图5)。

③挤塑

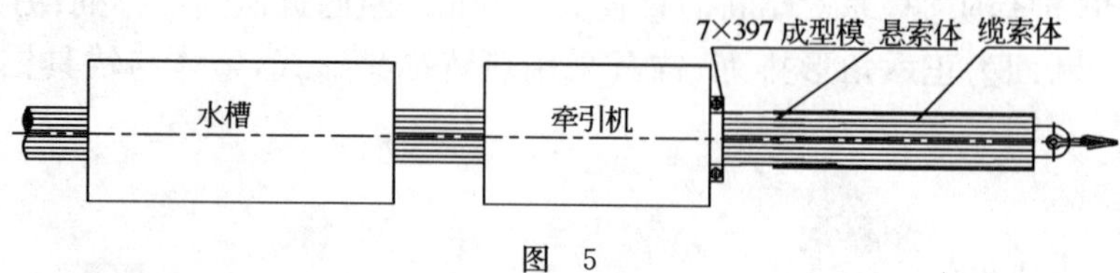

图　5

缆索组合索股扭绞绕包段外加双层PE，采用双层共挤技术成型。

④制锚

缆索组合索股锚具结构型式为热铸锚具，采用锌铜合金热浇铸方式。

a)将端头各股钢丝散开。

b)将索股与锚具固定后，锚杯预热。

c)浇铸锌铜合金，浇铸后冷却。

⑤反顶

按设计载荷对索股进行反顶。

⑥出厂检验

a)索股钢丝应顺直平行，长度一致，无交叉、鼓丝、扭转、弯折现象。

b)索股缠包带完好，钢丝镀锌层无损伤，表面洁净。

c)锚头表面平滑，涂层完好，无锈迹。

3)试验与检测

缆索组合索股制作完成后，进行了多项试验：

(1)缆索组合索股成圈及放索试验

为保证索股在成圈时绑扎点钢丝断面保持六角形，索股不扭转，不鼓丝，缆索端PE完好，能够满足运输施工要求，进行了索股成圈和放索试验。

①试验

a)缆索组合索股成圈试验(图6)

对缆索组合索股进行成圈，成圈外径满足运输要求。

b)缆索组合索股放索试验(图7)

i)将缆索组合索股成圈后，将缆索组合索股经放索排线装置牵引至放索辊道上展开。

ii)在放索过程中，观测放索装置处缆索组合索股及展开沿线的索股有无鼓丝、扭转交叉情况，做好记录。

图6　进行中的成圈试验

图7　进行中的放索试验

②试验结论：

通过试验，得出以下结论：

a)缆索组合索股成圈后的盘径及包装条件能满足运输要求。

b)成圈及放索过程中缆索组合索股没有鼓丝、扭转、交叉现象，能满足现场施工要求。

(2)缆索组合索股静载试验(图 8)

ϕ7×397 特大缆索组合索股制作完成后，为了检测其力学性能，由“工程兵科研一所结构、传动、多波谱性能检测实验室”承担“ϕ7×397 特大缆索组合索股”静载试验。

图 8 缆索组合索股静载试验

缆索组合索股经过静载试验，检测结果：

①缆索组合索股在 24 356.18kN 载荷下未破断，超过组成缆索组合索股的钢丝标称破断力总和的 95%。

②缆索组合索股静载破断延伸率为 2.1%＞2%。

③缆索组合索股弹性模量为 1.98×10^5MPa＞1.95×10^5MPa。

④合金铸体回缩值为 3mm＜6mm。

结果表明，缆索组合索股各项技术性能指标完全能达到设计要求。

2. 散索套、锥形索夹、顶推套研制

1)技术特征

散索套、锥形索夹、顶推套是专门为 Φ7×397 特大缆索组合索股系统研制，为全漂浮结构。具有以下特点：

(1)散索套主缆端为圆形，分缆端为椭圆，满足由一根主缆到 7 根分缆的分叉和空间转向。

(2)锥形索夹、顶推套满足缆索组合索股的抗滑移要求。

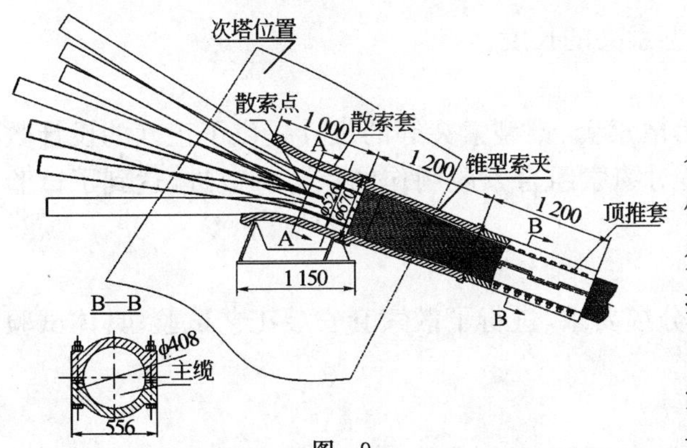

图 9

2)技术攻关

(1)方案设计

散索套是 7 根缆索组合索股合并为一根主缆的聚合点，7 根缆索组合索股缆索端空间角度各不相同，如何保证缆索组合索股合并并按设计要求满足缆索端的分叉、空间转向以及聚合点定位是关键，锥形索夹、顶推套对散索套抗滑移也是研究的重点。

7 根缆索组合索股缆索端空间角度各不相同，散索套作用是将 7 根缆索组合索股合并为一根主缆，保证缆索组合索股合并，并满足缆索端的分叉、空间转向和聚合点的定位；顶推套作用是满足对散索套抗滑移要求；锥型索夹位于散索套和顶推套之间，作用是将散索套受力传递到顶推套。

(2)设计计算

7 根索股皆为空间曲线，为了便于计算，我们将坐标系进行移动和旋转，使新坐标系原点与散索点重合，散索点和 J_1 索夹间直线段(以下简称主缆)与 X 轴重合。并得出新坐标，由新坐标计算出索股与主缆夹角。

以单根索股分析，散索点受主塔锚固点方向拉力 T，主缆方向拉力 T' 和散索套的抱紧力 N。建立力学模型(见图 10)：

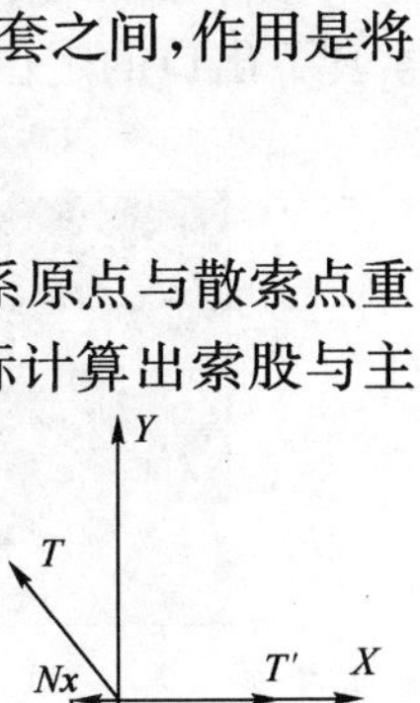

Y
T
Nx
T'
X
N
Ny

图 10

假设散索套锥形部分摩擦阻力为零，则单根索股 $T=T'$，则

$$N_x = T - T\times\cos(\theta) = T\times(1-\cos(\theta))$$

散索套下滑力 F 等于散索套对每根抱紧力 X 轴方向的分力的合力，

即：
$$F_{下滑}=\sum N_x=804\text{kN}$$

摩擦力由散索套顶推套提供:804kN

散索点下滑 $F_{下滑}=804kN$,

所需抗滑摩擦阻力:F

$$F = F_{下滑} \times r = 804 \times 3 = 2\ 412kN$$

r—— 抗滑安全系数所需螺栓总预紧力:N

$$N = 5\ 743kN$$

式中:m—— 紧固程度系数 2.8;

μ—— 索夹与主缆摩擦系数 0.15。

所需螺栓数量:

n=16.94 取值 20M3610.9 级高强螺栓螺栓最小保证载荷 678kN(GB/T 3098.1—2000)

螺栓安全系数 $k=2$

取值 20 条螺栓后,螺栓总预紧力 N=6 780kN,实际抗滑安全系数 r=3.54。

3)试验与验证

为了检测散索套、锥型索夹、顶推套的技术性能指标,进行了以下试验:

(1)缆索组合索股过渡段长度测定试验

为了定出 7 股 $\phi7\times397$ 缆索组合索股合股后由正六角形至圆形过渡段长度和主缆空隙率等数据,为锥形索夹和散索套设计提供数据,进行了缆索组合索股过渡段长度测定试验:

制作 7 根实型缆索组合索股,将 7 根缆索组合索股按编号排列,缆索端固定,悬索端安装整圆装置,测量过渡段索股长度。

试验结论:

①根据试验实际测量得出过渡段长度并确定了锥型索夹的长度。

②根据试验情况所得缆索组合索股排列。

本试验验证了缆索组合索股制作方案的可行性,为散索套、锥型索夹等的设计提供了正确的设计数据和理论依据,从试验中也发现了一些问题,因此也是对缆索组合索股制作的完善和改进,达到了试验目的。

(2)散索套安装工艺试验

为检验散索套的结构形式是否满足缆索组合索股分缆要求,进行了散索套安装工艺试验,具体试验方法如下:

①制作散索套、锥型索夹、顶推套模型(见图 11)。

②将底部的 MC7 号索作为基准索,将各索股放入散索套内,根据索股编号位置(见图 12)放置在散索套下出口的定位器上。

图 11

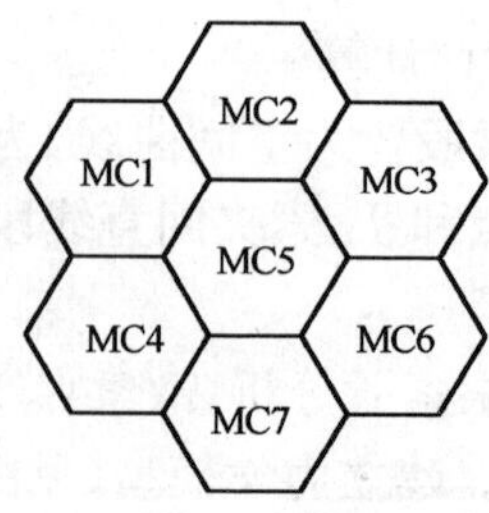

图 12

③将其余 6 根分缆索股按编号位置放入散索套下出口的定位器上,将散索套的上半部与下半部用螺栓连接紧固。

④将散索套外索股整圆，在散索套下出口处安装锥型索夹及下部夹紧索夹。观察各分缆与散索套的配合情况并做记录。

试验结论：通过试验证明散索套可以满足7根分缆索股由次塔至主塔间的空间转向。

(3)散索套滑移试验

散索套、锥型索夹、顶推套制作完成后，进行散索套滑移试验检测，检验产品是否达到设计要求，主要检验以下技术性能指标：

①满足散索套组件(包括散索套、锥型索夹、顶推套)抗滑移安全系数≥3；

②满足散索套、索夹内主缆空隙率≤18%。

试验过程如下：

①将散索套、锥型索夹和顶推套安装在主缆索股外，预紧螺栓。紧固后在顶推套出口处的主缆索股上做好标记。

图13 试验中的散索套、锥形索夹和顶推套

②加载至482kN，保持2min，同时测量索股标记线，分级加载，观察索股有无产生滑移，当加载至试验载荷时，保载，测量标记线，索股没有产生滑移，试验合格(见图14)。

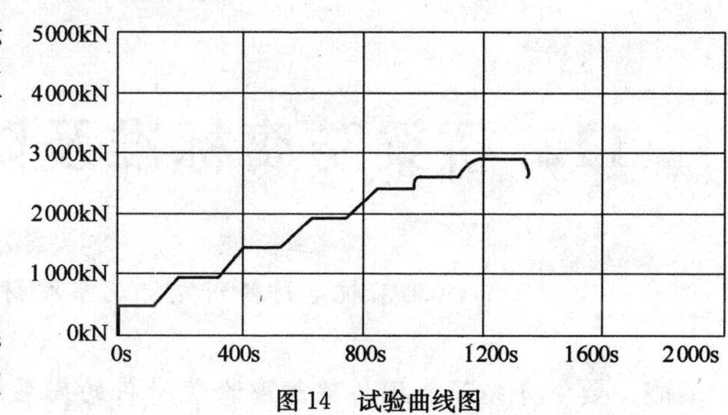

图14 试验曲线图

试验结论：

①抗滑移安全系数 $K_{fc}=3.60$

②试验结果为散索套、锥形索夹和顶推套用螺栓预紧，散索套组件抗滑移系数为3.60，散索套、锥形索夹及顶推套抗滑移安全系数大于3的要求。

③主缆空隙率测量

顶推套出口处主缆直径为Φ406.7mm，主缆空隙率为17.7%。

4)散索套、锥形索夹、顶推套制造及安装

(1)散索套、锥形索夹、顶推套制作工艺(见图15)。

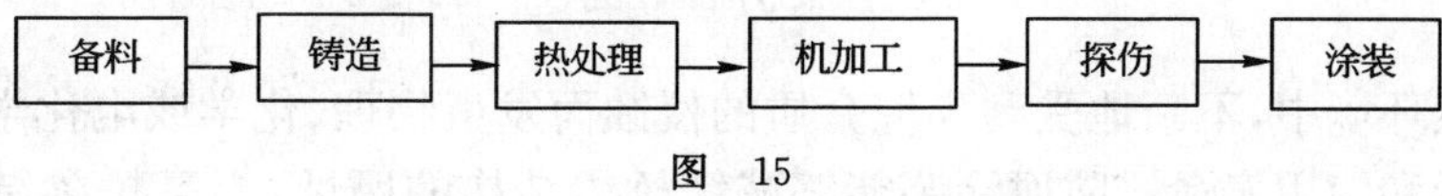

图 15

(2)散索套安装

①将散索套下半部分固定。

②按顺序编号安装缆索组合索股。

③缆索组合索股全部架设完后，安装锥型索夹和顶推套。

④将散索套上半部分合盖。

⑤进行索力调整。

⑥解除散索套临时固定，使散索套处于漂浮状态。

一根主缆通过散索套分成7根分缆并实现空间转向后分别锚固在塔上，满足了使用要求(见图16)。

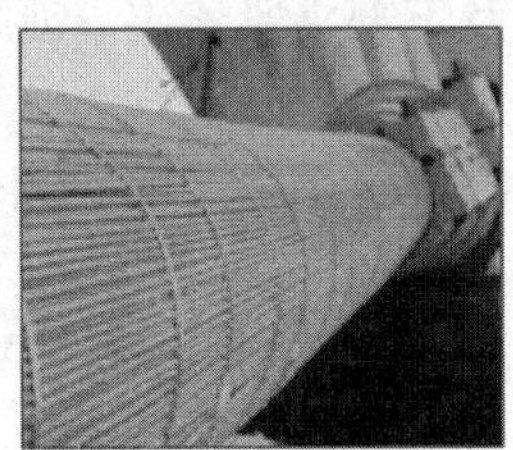

图16 安装完成的散索套、锥形索夹和顶推套

五、结　　语

江苏省常州龙城大桥Φ7×397特大缆索组合索股系统及分叉技术的研制成功解决了龙城大桥建造的关键技术，为国内外首次应用，填补了国内外空白。该系统通过主缆空间分叉直接锚固在塔上，省去了鞍座，开辟了一种新的桥梁设计理念，该项技术推动了桥梁的技术进步和创新，对促进缆索产业的发展，具有现实和长远的社会经济效益。

参考文献

[1] 周孟波. 悬索桥手册. 北京：. 人民交通出版社，2003年9月.

[2] 潘世建、杨胜福. 厦门海沧大桥建设丛书，第四册——东航道悬索桥. 北京：人民交通出版社，2001年1月1日.

112. 桥梁防腐标准及防腐涂层配套体系设计

李运德　张　亮　姜小钢　胡立明　周军辉

（北京航空材料研究院北京航材百慕新材料技术工程有限公司）

摘　要　介绍了我国桥梁防腐涂装材料的发展简史和相关防腐涂层配套体系设计标准。为了规范桥梁防腐涂装技术，新制订了三部交通行业标准：《公路桥梁钢结构防腐涂装技术条件》、JT/T 694—2007《悬索桥主缆系统防腐涂装技术条件》、JT/T 695—2007《混凝土桥梁结构表面涂层防腐技术条件》。介绍了采用这三部标准进行桥梁钢结构、混凝土结构和主缆系统配套涂层体系设计的一般原则。

关键词　桥梁　标准　钢结构　混凝土　主缆　涂层设计

一、引　　言

桥梁暴露在自然环境中，不断地受到环境介质的侵蚀而发生物理、化学或电化学破坏，这些腐蚀因素影响着桥梁安全运行和使用寿命。防腐涂装能够减缓桥梁结构的腐蚀，提高桥梁结构的耐久性，是一种最普遍、最有效、最经济的防护办法。随着我国国民经济的快速发展，国家基础设施建设，特别是桥梁建设进入了快速发展阶段，对桥梁防腐涂装技术不断提出更高的要求。为了总结我国公路桥梁防腐涂装实践经验，规范桥梁防腐涂装技术，在中国公路学会桥梁与结构工程分会归口管理下，北京航材百慕新材料技术工程有限公司等单位，承担制定了三部交通行业标准：《公路桥梁钢结构防腐涂装技术条件》、JT/T 694—2007《悬索桥主缆系统防腐涂装技术条件》、JT/T 695—2007《混凝土桥梁结构表面涂层防腐技术条件》。

二、我国桥梁防腐涂装材料发展简介

我国钢桥早期建设主要为铁路桥，公路钢桥梁的大规模建设发生于20世纪80年代后期。桥梁涂装材料的发展与高分子工业的发展息息相关，随着我国涂料工业的发展而发展。80年代前的涂装体系发展主要体现在铁路钢桥方面，涂装材料底涂层从油性漆过渡到醇酸红丹防锈漆、棕黄聚氨酯防锈漆，面涂层为灰色调，从钢灰醇酸磁漆过渡到锌铝醇酸磁漆，灰云铁醇酸磁漆。80 年代以后，随着大跨度钢箱梁或钢桁架梁的建设，涂装材料向着高性能化方向发展，并逐渐关注装饰效果，开始采用环氧富锌涂料、氯化橡胶涂料，铁路钢桥还发展了灰铝粉石墨醇酸磁漆。90 年代以后开始大量采用富锌涂料（包括环氧富锌和无机硅酸锌）、热喷锌/喷铝，环氧云铁中间漆、丙烯酸脂肪族聚氨酯面漆。进入 21 世纪，耐候性更加卓越的 FEVE 氟碳涂料、工程聚硅氧烷涂料开始在桥梁钢结构领域应用，并且更加关注涂层配套体系的整体功效。

我国混凝土桥梁涂装始于 1996 年汕头海湾大桥，至今已经有几十座桥梁的钢筋混凝土结构进行了防腐涂装。早期的防腐面漆以氯化橡胶和丙烯酸面漆为主，如汕头海湾大桥采用的涂装体系为：环氧封闭漆＋环氧厚浆漆＋丙烯酸厚浆漆；宁波招宝山大桥采用的涂装体系为：环氧封闭漆＋氯化橡胶调和腻子＋环氧厚浆型封闭漆＋氯化橡胶面漆。到 2001 年军山大桥涂装时，采取的涂装体系发展为环氧封闭漆＋刮涂型环氧腻子＋环氧云铁中间漆＋丙烯酸聚氨酯面漆，此后的桥梁混凝土涂装大都沿用了该涂装体系。随着我国跨海大桥的建设，杭州湾跨海大桥、青岛海湾大桥根据潮差区的涂装环境特点还采用了湿固化涂层体系：湿固化环氧封闭漆＋湿固化环氧树脂中间漆＋丙烯酸脂肪族聚氨酯面漆。随着高性能氟碳面漆在国内逐步得到认知，近年来氟碳涂料在混凝土桥梁上也获得推广应用，这包括：杭州湾跨海大桥主塔，青藏线混凝土箱梁，江阴桥主塔，南通城闸大桥等。

我国虽然在上世纪后期修建了 60 多座现代悬索桥梁，但跨径小，桥面窄，载荷标准低，真正建造大型现代化悬索桥梁应该只是从上世纪 90 年代才开始的。随着我国第一座现代化大跨径悬索桥——汕头海湾大桥（主跨 452m）的建成，我国现代悬索桥梁的建设进入了一个快速发展的时期。我国主要主缆涂装体系见下表 1：

我国主要主缆涂装体系　　表 1

桥　梁　名	主缆涂装体系	建成年份
汕头海湾大桥、西陵桥	聚异丁烯不干性密封膏＋圆形钢丝缠丝＋环氧、聚氨酯油漆	1995、1996
虎门桥	聚氨酯密封剂＋圆形钢丝缠丝＋聚氨酯密封剂＋聚氨酯油漆	1997
江阴桥、青马桥	亚麻油锌粉密封膏＋圆形钢丝缠丝＋环氧、酚醛、醇酸类油漆	1997
润扬桥	S形钢丝缠丝＋柔性环氧、含氟聚氨酯油漆＋除湿系统	2004
西堠门大桥、阳逻桥、海沧桥、宜昌桥、鹅公岩桥、忠县桥、柳州红光桥、西藏角笼坝大桥、贵州西溪大桥、天津子牙河桥、苏州竹园桥、广东佛山平胜大桥、长沙三汊矶大桥等约 30 座	磷化底漆＋聚异丁烯不干性密封膏＋圆形钢丝缠丝＋磷化底漆＋聚硫密封剂＋环氧、聚氨酯油漆	1999～至今

三、相关防腐涂层体系设计标准

桥梁钢结构：

——《公路桥梁钢结构防腐涂装技术条件》

——ISO 12944《色漆和清漆　钢结构防腐涂层保护体系》

——TB/T 1527《铁路钢桥保护涂装》

——日本“钢质公路桥涂装便览”、“铁路桥涂装及防腐蚀便览”

在钢结构桥梁防腐标准方面，铁道部于 1995 年率先发布了 TB/T 1527《铁路钢桥保护涂装》行业标准，之后陆续颁布相关的配套标准：TB/T 2772《铁路钢桥用防锈底漆供货技术条件》；TB/T 2773《铁路钢桥用面漆、中间漆供货技术条件》；TB/T 2486《铁路钢梁涂膜劣化评定》；并于2004年对TB/T 1527进行了修订。20世纪末，在采用铁路标准进行涂层设计的同时，公路桥梁也普遍采用ISO12994进行配套涂层设计。为了更好地借鉴国外先进标准、先进经验，总结我国桥梁特别是公路桥梁的防腐涂装实践方面的经验教训，2008年制订了交通行业标准《公路桥梁钢结构防腐涂装技术条件》。该标准的"4.2.1涂层体系配套要求"部分介绍了根据构件不同腐蚀环境、工况条件，按照预期防腐年限设计相应的涂层配套体系。

桥梁混凝土结构：

——JT/T 695《混凝土桥梁结构表面涂层防腐技术条件》

——JTJ 275《海港工程混凝土结构防腐蚀技术规范》

——B07—01《公路工程混凝土结构防腐蚀技术规范》

——EN1062《色漆和清漆——建筑砖石和混凝土结构用涂料和涂层系统》

——日本道路协会制订的《道路桥梁氯离子对策指南・解释》

我国初期的混凝土桥梁涂层防护主要是借鉴日本和欧美的经验。2000年颁布设施了JTJ 275《海港工程混凝土结构防腐蚀技术规范》，该标准的"7.1 混凝土表面涂层"对海港工程混凝土结构防腐蚀涂层体系及涂层性能提出了比较具体的要求。杭州湾跨海大桥和青岛海湾大桥混凝土涂层体系设计参考了该标准。

为了更好地总结桥梁混凝土结构防腐涂装经验，规范混凝土桥梁防腐涂装，2007年颁布实施了交通行业标准JT/T 695《混凝土桥梁结构表面涂层防腐技术条件》。该标准的"5.1涂层体系设计要求"部分介绍了在不同防腐类型和不同防腐部位、预期防腐年限下的推荐的涂层配套体系。

悬索桥主缆系统：

——JT/T 694—2007《悬索桥主缆系统防腐涂装技术条件》

这部标准是在总结我国现代悬索桥主缆系统防腐涂装经验基础上形成的，标准的"4.1 主缆系统涂装材料配套体系"介绍了主缆系统(含钢丝绳吊索、索夹、索鞍及辅助结构)的配套涂层体系。

四、《公路桥梁钢结构防腐涂装技术条件》

标准按照涂装部位、腐蚀环境、防腐年限、工况条件，共设计涂层配套体系23个。标准推荐了主要的涂层配套体系，同时强调，用于高防腐等级的涂层配套体系也适用于低防腐等级，并可相应降低涂层厚度。

标准按涂装部位分为六类：外表面；非封闭环境内表面；封闭环境内表面；钢桥面；干湿交替区和水下区；防滑摩擦面；附属钢构件，包括防撞护栏、扶手护栏及底座、灯座、泄水管、钢路缘石等。

标准腐蚀环境分级引用ISO 12944—2。大气区腐蚀环境分为6类(见表2)，浸水区分为淡水(Im1)和海水(Im2)两种类型，按照浸水部位分为浪溅区、干湿交替区和水下区。

大气区腐蚀种类　　表2

腐蚀种类	单位面积质量损失/厚度损失(一年暴晒)				温和气候下典型环境实例	
	低碳钢		锌			
	质量损失(g/m^2)	厚度损失(μm)	质量损失(g/m^2)	厚度损失(μm)	外　部	内　部
C1 很低	≤10	≤1.3	≤0.7	≤0.1	—	加热的建筑物内部，空气洁净。如办公室、商店、学校和宾馆等
C2 低	10～200	1.3～25	0.7～5	0.1～0.7	污染水平较低。大部分是乡村地区	未加热的地方，冷凝有可能发生，如库房、体育馆等

续上表

腐蚀种类	单位面积质量损失/厚度损失(一年曝晒)				温和气候下典型环境实例	
	低碳钢		锌			
	质量损失(g/m^2)	厚度损失(μm)	质量损失(g/m^2)	厚度损失(μm)	外部	内部
C3 中等	200～400	25～50	5～15	0.7～2.1	城市和工业大气,中等二氧化硫污染。低盐度沿海区	具有高湿度和一些空气污染的生产车间,如食品加工厂、洗衣店、酿酒厂、牛奶场
C4 高	400～650	50～80	15～30	2.1～4.2	中等盐度的工业区和沿海区	化工厂、游泳池、沿海船舶和造船厂
C5—I 很高(工业)	650～1 500	80～200	30～60	4.2～8.4	高湿度和恶劣气氛的工业区	总是有冷凝和高污染的建筑物和地区
C5—M 很高(海洋)	650～1 500	80～200	30～60	4.2～8.4	高盐度的沿海和近岸区域	总是有冷凝和高污染的建筑物和地区

注:在沿海区的炎热、潮湿地带,质量或厚度损失值可能超过C5-M种类的界限。

按涂层保护年限分为两类:普通型,(10～15)年;长效型,(15～25)年。在涂层体系保护年限内,涂层95%以上区域的锈蚀等级不大于ISO 4628规定的Ri2级,无气泡、剥落和开裂现象。

标准所列涂层配套体系见表3～表9。

桥梁钢结构外表面涂层配套体系(普通型) 表3

配套编号	腐蚀环境	涂层	涂料品种	道数*/最低干膜厚(μm)
S01	C3	底涂层	环氧磷酸锌底漆	1/60
		中间涂层	环氧(厚浆)漆	1/80
		面涂层	丙烯酸脂肪族聚氨酯面漆	2/70
		总干膜厚度		210
S02	C4	底涂层	环氧磷酸锌底漆	1/60
		中间涂层	环氧(厚浆)漆	1～2/120
		面涂层	丙烯酸脂肪族聚氨酯面漆	2/80
		总干膜厚度		260
S03	C5-I C5-M	底涂层	环氧富锌底漆	1/60
		中间涂层	环氧(云铁)漆	1～2/120
		面涂层	丙烯酸脂肪族聚氨酯面漆	2/80
		总干膜厚度		260

注:*道数为推荐值,下列各表同。

桥梁钢结构外表面涂层配套体系(长效型) 表4

配套编号	腐蚀环境	涂层	涂料品种	道数/最低干膜厚(μm)
S04	C3	底涂层	环氧富锌底漆	1/60
		中间涂层	环氧(厚浆)漆	1～2/100
		面涂层	丙烯酸脂肪族聚氨酯面漆	2/80
		总干膜厚度		240
S05	C4	底涂层	环氧富锌底漆	1/60
		中间涂层	环氧(云铁)漆	1～2/140
		面涂层	丙烯酸脂肪族聚氨酯面漆	2/80
		总干膜厚度		280

续上表

配套编号	腐蚀环境	涂 层	涂 料 品 种	道数/最低干膜厚(μm)
S06	C5-I	底涂层	环氧富锌底漆	1/80
		中间涂层	环氧(云铁)漆	1～2/120
		面涂层	聚硅氧烷面漆	1～2/100
		总干膜厚度		300
S07	C5-I	底涂层	环氧富锌底漆	1/80
		中间涂层	环氧(云铁)漆	1～2/150
		面涂层(第一道)	丙烯酸脂肪族聚氨酯面漆/氟碳树脂漆	1/40
		面涂层(第二道)	氟碳面漆	1/30
		总干膜厚度		300
S08	C5-M	底涂层	无机富锌底漆	1/75
		封闭涂层	环氧封闭漆	1/25
		中间涂层	环氧(云铁)漆	1～2/120
		面涂层	聚硅氧烷面漆	1～2/100
		总干膜厚度		320
S09	C5-M	底涂层	无机富锌底漆	1/75
		封闭涂层	环氧封闭漆	1/25
		中间涂层	环氧(云铁)漆	1～2/150
		面涂层(第一道)	丙烯酸脂肪族聚氨酯面漆/氟碳树脂漆	1/40
		面涂层(第二道)	氟碳面漆	1/40
		总干膜厚度		330
S10	C5-M	底涂层	热喷铝或锌	1/150
		封闭涂层	环氧封闭漆	1～2/50
		中间涂层	环氧(云铁)漆	1～2/120
		面涂层	聚硅氧烷面漆	1～2/100
		总干膜厚度(涂层)		270
S11	C5-M	底涂层	热喷铝或锌	1/150
		封闭涂层	环氧封闭漆	1～2/50
		中间涂层	环氧(云铁)漆	1～2/150
		面涂层(第一道)	丙烯酸脂肪族聚氨酯面漆/氟碳树脂漆	1/40
		面涂层(第二道)	氟碳面漆	1/40
		总干膜厚度(涂层)		280

封闭环境内表面涂层配套体系 表5

配套编号	工况条件	涂 层	涂 料 品 种	道数/最低干膜厚(μm)
S12	配置抽湿机	底-面合一	环氧(厚浆)漆(浅色)	1～2/150
		总干膜厚度		150
S13	未配置抽湿机	底漆层	环氧富锌底漆	1/50
		面漆层	环氧(厚浆)漆(浅色)	200～300
		总干膜厚度		250～350

注:抽湿机需常年工作,以保持内部系统相对湿度低于50%。

非封闭环境内表面涂层配套体系 表6

配套编号	腐蚀环境	涂层	涂料品种	道数/最低干膜厚(μm)
S14	C3	底漆层	环氧磷酸锌底漆	1/60
		面漆层	环氧(厚浆)漆(浅色)	1～2/100
		总干膜厚度		160
S15	C4,C5-I,C5-M	底漆层	环氧富锌底漆	1/60
		中间漆层	环氧(云铁)漆	1～2/120
		面漆层	环氧(厚浆)漆(浅色)	1/80
		总干膜厚度		260

钢桥面涂层配套体系 表7

配套编号	工况条件	涂层	涂料品种	道数/最低干膜厚(μm)
S16	沥青铺装温度≤250℃	底漆层	环氧富锌底漆	1/80
		总干膜厚度		80
S17	沥青铺装温度>250℃	底漆层	无机富锌底漆	1/80
		总干膜厚度		80
S18		底漆层	热喷铝或锌	1/100
		总干膜厚度		100

干湿交替区和水下区涂层配套体系 表8

配套编号	工况条件	涂层	涂料品种	道数/最低干膜厚(μm)
S19	干湿交替/水下区	底-面合一	超强/耐磨环氧漆	1～3/450
		总干膜厚度		450
S20	干湿交替/水下区	底-面合一	环氧玻璃鳞片漆	1～3/450
		总干膜厚度		450
S21	水下区	底-面合一	环氧漆	3/450
		总干膜厚度		450

防滑摩擦面涂层配套体系 表9

配套编号	工况条件	涂层	涂料品种	道数/最低干膜厚(μm)
S22	摩擦面	防滑层	无机富锌涂料	1/80
		总干膜厚度		80
S23	摩擦面	防滑层	热喷铝	1/100
		总干膜厚度		100

注:配套S23不适用于相对湿度大、雨水多的环境。

1)外表面

钢结构外表面是桥梁涂装的主体。鉴于桥梁维修涂装难度大、费用高,希望桥梁防腐具有较高的年限,因此采用底涂层+中间涂层+面涂层的长效重防腐涂层配套体系,并选用了高性价比的配套涂料。

底漆采用环氧磷酸锌底漆、环氧富锌底漆、无机富锌底漆及热喷锌/喷铝涂层。其中无机富锌底漆包括醇溶型型无机富锌底漆和水性无机富锌底漆。环氧富锌底漆以其优异的电化学保护性能、良好的施工性能,适用于大多数配套体系;C3、C4腐蚀环境下的普通防腐寿命体系可采用环氧磷酸锌底漆;C5-M的长寿命涂层体系,应采用电化学保护性能更加优异的无机富锌底漆或热喷锌/喷铝。

中间漆推荐采用环氧云铁中间漆。环氧云铁中间漆具有优异的屏蔽性能、力学性能及适当的粗糙度而与面漆配套性好。当然,腐蚀环境不特别恶劣的普通型寿命防腐体系也可选用一般类型的环氧中间漆。

面漆采用了高耐候性面漆。由于氯化橡胶在生产过程中污染环境，国外已逐步被淘汰；虽然丙烯酸面漆单组分施工方便，但固体含量低、VOC含量高，不符合国家环保政策导向。实际上，上述两种涂料在桥梁钢结构防腐中很少使用。因此本标准在面漆使用上采用技术先进的涂料：丙烯酸脂肪族聚氨酯面漆以其优异的耐候性能被广泛地用作长寿命防腐涂层体系的面漆；在苛刻的腐蚀环境下(C5)，长寿命涂层体系采用耐候性能更加卓越的交联型氟碳涂料和聚硅氧烷涂料。

氟碳面涂层设计为氟碳涂层第一道、氟碳涂层第二道。这样设计主要是考虑第一道面漆和第二面漆承担不同的功能。

(1)第一道面涂层采用丙烯酸脂肪族聚氨酯面漆或过渡氟碳树脂漆，保证涂层体系更好的匹配性、更好的附着力、重涂性；而氟碳面涂层在配方设计中主要考虑耐候性、自洁性和装饰性；

(2)采用过渡的丙烯酸脂肪族聚氨酯面漆每平方米可节约4元～8元，节省社会资源；而高性能氟碳面漆粉化减薄速度为0.5μm/年，30～40μm的面涂层足以保证25年的保护寿命。

(3)日本《钢质公路桥梁涂装便览》和《铁路桥涂装及防腐蚀便览》以及日本在桥梁领域20多年的涂装实践，将氟碳面涂层设计为氟碳中涂和氟碳面涂；

聚硅氧烷面漆是一种高固体份、低VOC含量的环境友好型涂料，又具有极高的耐候性和防腐性，外观装饰性好，施工方便，重涂性好，在欧美有较多成功应用实例，近年来，国内有关单位做了大量的试验研究，并已在桥梁、机场、大型民用钢结构工程中获得成功应用，结累了宝贵的经验。因此推荐作为严苛环境下长寿命涂层体系。

2)封闭环境内表面

封闭环境内表面采用高固体份环氧厚浆漆，有利于降低VOC排放量，改善施工环境，降低对施工人员的损害。采用浅色涂料，有利于防止施工缺陷，并且便于日常检查和维修。

现代钢箱梁一般具有除湿系统，腐蚀环境轻微，采用普通浅色环氧(厚浆)漆，涂层厚度较薄(150μm)。如果是不装备除湿系统的环境，则应加涂环氧富锌底漆，增加保护性能。

3)非封闭环境内表面

非封闭环境内表面由于与外界大气相通，但不受阳光直接照射，因此采用环氧配套涂层或与外表面相似的配套体系。

4)钢桥面

钢桥桥面的常用防腐底涂层包括：环氧富锌、无机硅酸锌和热喷锌/铝三种底涂层。环氧富锌具有良好的施工性能并且与铺装材料配套性好，可耐沥青铺装时产生的瞬时高温(250℃)，因此环氧富锌涂料为钢桥面首选底涂层。许多大型钢结构桥梁，如南京二桥、三桥，润扬大桥、苏通大桥等桥面均采用环氧富锌底漆，实践证明效果良好。而无机硅酸锌和热喷锌/铝二种底涂层在桥梁工程上也有应用的业绩，一并给予推荐。

5)干湿交替区和水下区

干湿交替区除了可采用类似于外表面的涂层体系外，也可采用环氧玻璃鳞片涂料和环氧耐磨涂料，这类涂料具有优异的屏蔽性能、耐水性及耐冲蚀性能，不足之处是耐候性较差，使用过程中粉化较快，可通过适当增加涂层厚度弥补不足的耐候性。

6)防滑摩擦面

桥梁摩擦面主要指桥梁钢结构连接部位，要求涂层具有一定的抗滑移系数。考虑到无机富锌涂料更好的环境适应性和易修复性而首先推荐。热喷铝涂层的抗滑移性能更好，但孔隙率较大的喷铝涂层在潮湿环境下，容易发黑、返锈。因此，标准中规定喷铝涂层不适用于相对湿度大、雨水多的环境。

7)附属钢构件

附属钢构件面涂层在实际施工中，往往需要经常重涂，以保持良好的装饰性，一般采用普通寿命的防腐涂层体系可满足要求。当然如果底涂层采用长效防腐体系，而面涂层采用丙烯酸脂肪族聚氨酯面漆也是很好的选择，这样可以通过经常重涂面漆保持装饰效果。单纯的面涂层采用高档面漆——氟碳涂料或聚硅氧烷涂料是一种功能过剩。

五、JT/T 695—2007《混凝土桥梁结构表面涂层防腐技术条件》

JT/T 695 涂层体系的设计原则为：根据腐蚀环境类型、预期防腐年限设计相应涂层配套体系。推荐的涂层体系供 40 个(见标准附录 A)。

影响大气区钢筋混凝土结构腐蚀的最主要因素：混凝土碳化、氯离子侵蚀、酸雨腐蚀。温度、湿度、酸性污染物含量均对上述腐蚀起促进作用，因此可根据相对湿度和大气污染状况将大气区腐蚀环境分级，如表 10。

大气区腐蚀环境种类和环境特征 表 10

腐蚀类型		腐蚀环境	
等级	名称	相对湿度(年平均)，%	大气环境
I	弱腐蚀	<60	乡村大气、城市大气或工业大气
		60～75	乡村大气或城市大气
II	中腐蚀	>75	乡村大气或城市大气
		60～75	工业大气
III-1	强腐蚀	>75	工业大气，特别是酸雨大气
III-2	强腐蚀	—	海洋大气，除冰盐或高盐土环境

注：①某些特殊腐蚀环境和交叉腐蚀负荷作用下，腐蚀加剧。
②海洋大气环境下，随湿度、温度的增大，腐蚀加剧。

浸水环境的钢筋混凝土结构按水的类型分为淡水和海水两类腐蚀环境。海水的氯离子环境比淡水环境具有更强的腐蚀性；在各种腐蚀部位中，以干湿交替的腐蚀环境最为恶劣，处于水下部位的结构，由于缺少氧气、二氧化碳等腐蚀介质的作用，腐蚀最轻。

混凝土表面防腐涂层设计年限分为两类：普通型(10 年)和长效型(20 年)。涂层体系防腐寿命是指涂层体系在使用寿命周期内能够有效抵御外来腐蚀介质的侵蚀，主要由涂层配套体系和使用环境来决定，基层状况、表面处理和施工工艺决定了涂层能否有效地发挥涂层体系的防腐功效。JT/T 695 共推荐了符合不同腐蚀环境、不同腐蚀寿命的防腐涂层体系 40 个，典型涂层配套体系汇总于表 11。

不同腐蚀环境下的典型涂层配套体系 表 11

序号	配套涂层	厚度	防腐年限	适用腐蚀环境
1	水性丙烯酸封闭底漆	15～30	10～20	大气区弱腐蚀、中等腐蚀
	水性丙烯酸中间漆	0～300		
	水性丙烯酸面漆 或水性硅丙面漆 或水性氟碳面漆	60～100 60～90 60～80		
2	环氧封闭漆	15～30	10～20	大气区弱腐蚀、中等腐蚀
	环氧树脂中间漆	50～150		
	丙烯酸面漆 或丙烯酸聚氨酯面漆	60～100 50～80		
3	环氧封闭漆	20～40	≥20	大气区强腐蚀环境
	环氧云铁厚浆漆	150～200		
	丙烯酸聚氨酯面漆 或氟碳面漆	70～100 60～70		

续上表

<table>
<tr><th>序号</th><th>配套涂层</th><th>厚　度</th><th>防腐年限</th><th>适用腐蚀环境</th></tr>
<tr><td rowspan="3">4</td><td>(湿固化)环氧封闭漆</td><td>30～50</td><td rowspan="3">10～20</td><td rowspan="3">水位变动区和浪溅区</td></tr>
<tr><td>(湿固化)环氧云铁厚浆漆</td><td>150～350</td></tr>
<tr><td>丙烯酸聚氨酯面漆
或氟碳面漆</td><td>80～100
60～70</td></tr>
<tr><td rowspan="2">5</td><td>环氧封闭漆</td><td>30～50</td><td rowspan="2">10～20</td><td rowspan="2">水位变动区和浪溅区</td></tr>
<tr><td>环氧玻璃鳞片涂料
或乙烯基环氧玻璃鳞片涂料</td><td>500～1 000</td></tr>
<tr><td rowspan="3">6</td><td>环氧封闭漆</td><td>20～30</td><td rowspan="3">20</td><td rowspan="3">发生裂缝频率较高的腐蚀环境，或已发生裂纹的既有混凝土结构</td></tr>
<tr><td>柔性环氧或聚氨酯涂料</td><td>200～300</td></tr>
<tr><td>柔性氟碳面漆</td><td>60</td></tr>
<tr><td rowspan="2">7</td><td>环氧封闭漆</td><td>30～50</td><td rowspan="2">10～20</td><td rowspan="2">水下区或污泥区</td></tr>
<tr><td>环氧树脂漆
或环氧煤沥青漆</td><td>300～500</td></tr>
</table>

体系1为水性涂层体系，适用于大气区弱腐蚀和中等腐蚀环境，根据面漆类型和涂层厚度设计，可维持10年～20年不等的防护期限。采用高性能的水性硅丙和水性氟碳面漆，在达到设计厚度及涂层性能要求时，可期望获得20年的长寿命涂层体系。

体系2为溶剂型涂层体系，如同体系1一样，可以提供在弱腐蚀和中等腐蚀环境下的10～20年的保护年限。

体系3为强腐蚀环境下典型的长寿命涂层配套体系，采用高性能的环氧封闭底漆、环氧云铁厚浆漆，并配合高耐候性的丙烯酸聚氨酯面漆或氟碳面漆，总涂层设计厚度在250μm～350μm之间，可维持强腐蚀环境下20年的防腐寿命，若采用FEVE氟碳面漆能够提供20年以上的防护期。

体系4为水位变动区和浪溅区的涂层体系，涂层配套与体系3相同。由于该部位腐蚀环境更加恶劣，为了提高涂层的屏蔽效果，比涂层体系3增加了设计厚度，总设计厚度为350μm～450μm，并且对涂料的性能要求更高。如果该区域处于表湿状态下涂装，涂料还应具备潮湿混凝土基面的适应性和快速固化特征。如果涂装现场涨潮和落潮的间隔时间短，涂装环境比较恶劣，建议不要采用FEVE氟碳面漆，而选用丙烯酸聚氨酯面漆效果会更好。

体系5为水位变动区和浪溅区涂层体系。与体系4相比，涂层体系没有面漆，所以为抵御自然老化，增加了涂层厚度。玻璃鳞片提供了涂层优异的抗渗透屏蔽性能，并部分弥补了树脂自身耐候性的不足。这类配套体系具有优异的耐磨性能和屏蔽性能，并且可以厚膜施工，施工效率高。

体系6为柔性涂层体系，适用于容易产生裂纹的混凝土结构，裂纹的产生可能由施工原因造成或是因为所处腐蚀环境容易诱发裂纹。旧混凝土结构在使用过程中，表面可能产生许多微裂纹，甚至比较明显的裂纹，在这样的混凝土表面涂装硬质涂层特别容易产生开裂、剥落现象，柔性涂层体系也特别适用于既有混凝土结构的涂装。

体系7为水下区和污泥区涂层体系。环氧煤沥青涂料是传统的品种，环氧树脂优异的力学性能和煤沥青优异的耐水性相结合，赋予了该类涂料优异的综合性能，使其特别适用于水下防腐。但近年来由于环保的需求，环氧煤沥青涂料逐渐被纯环氧涂料代替用于水下防腐。

六、JT/T 694—2007《悬索桥主缆系统防腐涂装技术条件》

表12为主缆系统涂装材料配套体系。磷化底漆为上层油漆提供牢固的结合力，环氧底漆提供一定的防腐性能，并提供与非硫化型阻蚀密封膏的良好结合，非硫化型阻蚀密封膏有效阻隔腐蚀介质的侵入，

缠丝前的防腐系统能够维持与主缆同寿命(100 年)。缠丝后,同样采用磷化底漆+环氧底漆防锈,再刮涂硫化型橡胶密封剂密封,最后涂装丙烯酸聚氨酯面漆或氟碳面漆提供耐候性和装饰效果。硫化型橡胶密封剂+面涂层防腐寿命(30~50)年,面涂层防腐年限(10~25)年。

主缆系统涂装材料配套体系 表 12

<table>
<tr><th>序 号</th><th colspan="2">防护涂装部位</th><th>涂 装 材 料</th><th>涂装厚度,μm</th></tr>
<tr><td rowspan="7">1</td><td colspan="2" rowspan="7">主缆缠丝区</td><td>磷化底漆</td><td>均匀着色</td></tr>
<tr><td>非硫化型阻蚀密封膏①</td><td>2 000~3 500(以填满结构缝隙为准)</td></tr>
<tr><td>缠绕钢丝</td><td>圆钢丝或 S 形钢丝</td></tr>
<tr><td>磷化底漆</td><td>均匀着色</td></tr>
<tr><td>环氧底漆</td><td>≥80</td></tr>
<tr><td>硫化型橡胶密封剂</td><td>1 500~2 500(可根据结构及环境条件调整)</td></tr>
<tr><td>丙烯酸聚氨酯面漆或氟碳面漆</td><td>80~120 或 60~90(可根据结构及环境条件调整)</td></tr>
<tr><td rowspan="5">2</td><td colspan="2" rowspan="5">主缆非缠丝区②</td><td>磷化底漆</td><td>均匀着色</td></tr>
<tr><td>环氧底漆</td><td>≥80</td></tr>
<tr><td>硫化型橡胶密封剂</td><td>3 500~6 000</td></tr>
<tr><td>高强度玻璃布或橡胶涂胶布</td><td>500~2 000</td></tr>
<tr><td>丙烯酸聚氨酯面漆或氟碳面漆</td><td>80~120 或 60~90(可根据结构及环境条件调整)</td></tr>
<tr><td rowspan="6">3</td><td rowspan="6">吊索
(仅对钢丝绳吊索)</td><td rowspan="3">公称直径
<40mm 时</td><td>磷化底漆</td><td>均匀着色</td></tr>
<tr><td>环氧底漆或硫化型橡胶密封剂</td><td>≥160 或 500~2 000(可根据结构及环境条件调整)</td></tr>
<tr><td>丙烯酸聚氨酯面漆或氟碳面漆</td><td>80~120 或 60~90(可根据结构及环境条件调整)</td></tr>
<tr><td rowspan="3">公称直径③
≥40mm 时</td><td>磷化底漆</td><td>均匀着色</td></tr>
<tr><td>硫化型橡胶密封剂
或高强度玻璃布或橡胶涂胶布+
硫化型橡胶密封剂</td><td>1 000~2 000 或
(500~2 000)
+(2 000~5 000)</td></tr>
<tr><td>丙烯酸聚氨酯面漆或
氟碳面漆</td><td>80~120 或 60~90(可根据结构及环境条件调整)</td></tr>
<tr><td rowspan="2">4</td><td colspan="2" rowspan="2">结构缝隙(索夹环缝、对接缝、骑跨式索夹槽缝④、吊索夹具④、减振器④、索鞍顶口处等)</td><td>非硫化型橡胶密封腻子</td><td>结构缝内密封</td></tr>
<tr><td>硫化型橡胶密封剂</td><td>结构缝外密封</td></tr>
<tr><td rowspan="3">5</td><td colspan="2" rowspan="3">其他钢构件表面(索夹、索鞍、缆套、鞍罩、索股锚具、耳板、检查走道、主缆散索段等)</td><td>磷化底漆</td><td>均匀着色</td></tr>
<tr><td>环氧底漆</td><td>≥120</td></tr>
<tr><td>丙烯酸聚氨酯面漆或
氟碳面漆</td><td>80~120 或 60~90
(可根据结构及环境条件调整)</td></tr>
</table>

注:①对 S 形钢丝主缆和内部加装通干燥空气系统的主缆仅推荐使用。

②指索鞍出口至第一个紧固索夹之间的非缠丝主缆段。

③对公称直径 Φ 不小于 40mm 的钢丝绳吊索的涂装体系仅推荐使用。

④仅对钢丝绳吊索结构。

七、结　语

三部交通行业桥梁防腐涂装标准规定了桥梁钢结构、混凝土结构和主缆系统的涂层配套体系设计以及涂装工艺和质量控制，为桥梁设计单位、业主、材料供应商、监理等相关方提供了有效地帮助。标准的制订填补了我国桥梁防腐涂装标准的空白，为规范桥梁防腐涂装具有重要现实意义。

113. VRS-GPS网络RTK技术在青岛海湾大桥工程中的应用

冯泽欢　张国亮　陈茂久
（山东省交通工程监理咨询公司）

摘　要　本文介绍了VRS-GPS网络RTK技术在青岛海湾大桥工程第六合同段的应用情况，采取图示和公式说明的方式详细说明了该项技术的工作原理和数据解算思路，分析了影响其精度的误差源及避免和消除的办法。另外还为今后该项技术向更高层次顺利发展总结出几点体会，并做了简要总结。

关键词　VRS-GPS网络RTK　工作原理　误差分析　工作体会

一、引　言

全球定位系统(GPS)技术是20世纪90年代真正兴起的集成空间科技、计算机技术、电子技术、无线电传输技术等学科于一体的高端技术，它的引入在测绘界掀起一场轩然大波，使测量技术由此步入一个崭新的时代。VRS-GPS网络RTK技术是继GPS-RTK技术之后又一次技术革新。本文结合本人在青岛海湾大桥测量工作中的经验，简要介绍一下VRS-GPS网络RTK技术在该项工程中的应用情况。

二、VRS-GPS网络RTK技术简介

VRS(virtual reference station)技术，又称为虚拟参考站，它所代表的是GPS的网络RTK技术，它的出现将使一个地区的所有测绘工作成为一个有机的整体，结束以前GPS作业单打独斗的局面。这是一种将GPS与数传技术相结合，实时解算进行数据处理，在1～2s的时间里得到高精度位置信息的技术。测量精度(RMS)能达到厘米级(一般为平面10mm+2ppm，高程20mm+2ppm)；而常规的GPS测量方法(如：静态、快速静态、动态测量等)，一般需要事后解算才能获得厘米级精度。故VRS技术的应用是全球定位系统(GPS)应用技术目前发展的最高水平，与它的出现为空旷地区、海上施工提供了非常大的便利。

三、VRS-GPS网络RTK系统的组成及工作原理

VRS-GPS网络RTK系统包括3个部分，即主控站，参考站和用户站(见图1)。

(1)主控站(Control center)

整个系统的核心。它即是通信控制中心，也是数据处理中心。它通过通信线(光缆，ISDN，电话线等)与所有的固定参考站通信；通过无线网络(CDMA)与移动用户通信。由计算机实时系统控制整个系统的运行，所以主控站的软件GPS-NET即是数据处理软件，也是系统管理软件。

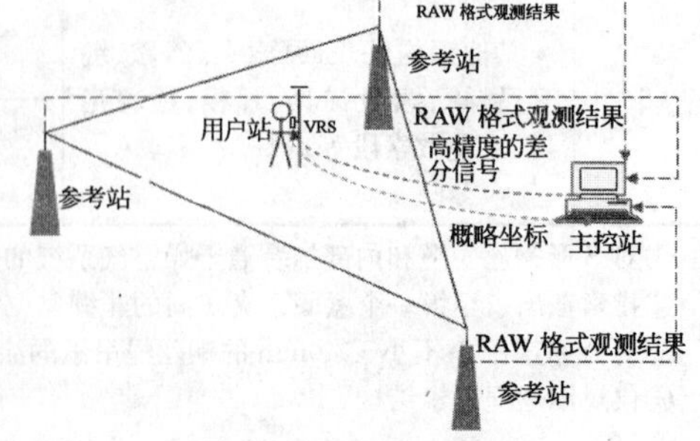

图1　系统组成示意

(2)参考站

固定参考站是固定的 GPS 接收系统，分布在整个网络中，一个 VRS 网络可包括无数个站，但最少要 3 个站，站与站之间的距离可达 70km，(传统高精度 GPS 网络，站间距离不过 10～20km)。参考站与主控站之间有通信线相连，数据实时的传送到主控站。

(3)用户站

用户站就是用户的接收机，加上无线通信的调制解调器。根据自己的不同需求，放置在不同的载体上，测量用户可以根据实际放样内容设计自己的接收机支架。接收机通过无线网络将自己初始位置发给主控站，并接收主控站的差分信号，生成厘米级的位置信息。

与常规 RTK 不同，在 VRS 网络中各固定参考站不直接向用户站发送任何改正信息，而是将所有的原始数据通过数据通信线发给主控站。同时，用户站在工作前，先通过 CDMA 向主控站发送一个概略坐标，控制中心收到这个位置信息后，根据用户位置，由计算机自动选择最佳的一组固定参考站，根据这些参考站发来的信息，整体的改正 GPS 的轨道误差、多路径效应、电离层、对流层和大气折射等引起的误差，将高精度的差分信号再发给用户站。这个差分信号的效果相当于在移动站旁边，生成一个虚拟的参考基站，从而解决了 RTK 作业距离上的限制问题，同时还保证了用户站坐标的精度。

从以上可以看出，VRS 系统实际上是一种多基站技术。它在处理上利用了多个参考站的联合数据，需要采用多基站解算方法。现将主控站在选择好一组质量教高的参考站数据后，具体解算的原理介绍如下：

在参考站观测第 i 个 GPS 卫星，求得伪距为：

$$\rho_b^i = R_b^i + C(d\tau_b - d\tau_s^i) + d\rho_b^i + d\rho_{bion}^i + d\rho_{btrop}^i + dM_b + \upsilon_u \tag{1}$$

式中：R_b^i——参考站到第 i 个卫星的真实距离；

$d\tau_b$——参考站的时钟偏差；

$d\tau_s^i$—第 i 个卫星的星历误差；

$d\rho_b^i$——第 i 个卫星的星历误差引起的伪距误差；

$d\rho_{bion}^i$——电离层效应；

$d\rho_{btrop}^i$——对流层效应；

dM_b——多路径效应；

υ_b——参考站 GPS 接收机噪声；

υ_u——用户站 GPS 接收机噪声。

利用卫星星历计算出的卫星位置和已知参考站的精确坐标计算出卫星至参考站的真实距离 R_b^i，这样可求出伪距改正数：

$$\begin{aligned}\Delta\rho_b^i &= R_b^i - \rho_b^i \\ &= -C(d\tau_b - d\tau_s^i) - d\rho_b^i - d\rho_{bion}^i - \rho_{btrop}^i - dM_b - \upsilon_b\end{aligned} \tag{2}$$

同时，用户站接收到的伪距为：

$$\rho_u^i = R_u^i + C(d\tau_u - d\tau_s^i) + d\rho_u^i + d\rho_{uion}^i + \rho_{utrop}^i + dM_u + \upsilon_b + \upsilon_u \tag{3}$$

如果用 $\Delta\rho_b^i$ 对用户站伪距进行修正，则(2)+(3)

$$\begin{aligned}\Delta\rho_b^i + \rho_u^i = R_u^i + C(d\tau_u - d\tau_b) + (d\rho_u^i - d\rho_b^i) + (d\rho_{uion}^i - d\rho_{bion}^i) + (\rho_{utrop}^i - \rho_{btrop}^i) + \\ (dM_u - dM_b) + (\upsilon_u - \upsilon_b)\end{aligned} \tag{4}$$

当参考站与用户站之间距离小于 50km 时：

$$d\rho_u^i = d\rho_b^i, d\rho_{uion}^i = d\rho_{bion}^i, \rho_{utrop}^i = \rho_{btrop}^i$$

$$\begin{aligned}\Delta\rho_b^i + \rho_u^i &= R_u^i + C(d\tau_u - d\tau_b) + (dM_u - dM_b) + (\upsilon_u - \upsilon_b) \\ &= \sqrt{(X_i - X_u)^2 + (Y_i - Y_u)^2 + (Z_i - Z_u)^2} + \Delta d\rho\end{aligned} \tag{5}$$

式中：$\Delta d\rho = C(d\tau_u - d\tau_b) + (dM_u - dM_b) + (\upsilon_u - \upsilon_b)$ (6)

如果参考站与用户站同时观测相同的 4 颗卫星，则有 4 个式(5)(包含 4 个未知数)的联立方程，由此可求解出用户站的坐标(X_u,Y_u,Z_u)和 $\Delta d\rho$。

对于载波相位观测量：

$$d\rho_{\mathrm{u}}^{i}=\lambda(N_{u0}^{i}-N_{u}^{i})+\lambda\varphi_{u}^{i} \tag{7}$$

将式(7)代入式(5)，并考虑到：参考站的载波相位数据由数据链传送至用户站，在用户站上将两者进行差分，最后得到：

$$\begin{aligned}&R_{b}^{i}+\lambda(N_{u0}^{i}-N_{b0}^{i})+\lambda(N_{u}^{i}-N_{b}^{i})+\lambda(\varphi_{u}^{i}-\varphi_{b}^{i})\\&=\sqrt{(X_{i}-X_{u})^{2}+(Y_{i}-Y_{u})^{2}+(Z_{i}-Z_{u})^{2}}+\Delta d\rho\end{aligned} \tag{8}$$

式中：N_{b0}^{i}、N_{u0}^{i}——分别为参考站和用户站起始相位整周数的初始值；

N_{b}^{i}、N_{u}^{i}——分别为参考站和用户站从起始历元开始至观测历元间的相位整周数；

φ_{b}^{i}、φ_{b}^{i}——分别为参考站和用户站测量相位的小数部分；

λ——载波波长，对于 L_1 波段为19cm。

求解此方程最关键的问题是如何求解初始相位模糊度，动态定位中常用快速逼近技术解算，其过程为：

令载波相位测量差值为：$\Delta\varphi=\lambda(N_{\mathrm{u}}^{i}-N_{\mathrm{b}}^{i})+\alpha(\varphi_{\mathrm{u}}^{i}-\varphi_{\mathrm{b}}^{i})$

起始相位整周数之差为：$N^{i}=(N_{\mathrm{u0}}^{i}-N_{\mathrm{b0}}^{i})$

在同一历元中，式(8)可改写为：

$$R_{\mathrm{b}}^{i}+\lambda N^{i}+\Delta\varphi=\sqrt{(X_{i}-X_{\mathrm{u}})^{2}+(Y_{i}-Y_{\mathrm{u}})^{2}+(Z_{i}-Z_{\mathrm{u}})^{2}}+\Delta d\rho \tag{9}$$

式中：未知数有 N^{i}、X_{u}、Y_{u}、Z_{u} 及 $\Delta\mathrm{d}\rho$，N^{i} 为参考站与用户站对第 i 颗卫星的起始整周模糊度之差，为整数形式。

在测量中，如果保持卫星不失锁，N^{i} 保持不变，在每个历元之间的 $\Delta d\rho$ 基本保持不变，在求解过程中可以视为常数。

综上分析，在第一个历元观测了4颗卫星，可以得到式(9)的4个单差方程，其中包括8个未知数：X_{u}、Y_{u}、Z_{u}、$\Delta d\rho$、$N^{i}(i=1,2,3,4)$。第二个历元又可以得到式(9)的4个单差方程。目前共有8个单差方程，但同时又增加了3个未知数：X_{u}^{i}、Y_{u}^{i}、Z_{u}^{i}。由此继续观测5个历元后，可得到式(9)的20个单差方程，共包括20个未知数：$(X_{\mathrm{u}}^{i}$、Y_{u}^{i}、$Z_{\mathrm{u}}^{i})(i=1,2,3,4,5)$、$\Delta d\rho$ 和 $N^{i}(i=1,2,3,4)$。这样就可以对方程求解。经过若干历元后，就可以求解出 $\Delta d\rho$ 和 $N^{i}(i=1,2,3,4)$。反代入式(9)中，此时方程仅有 X_{u}、Y_{u}、Z_{u} 三个未知数。如果一个历元中观测4颗卫星，就可以求解出用户站的精确坐标，精度可以达到前面所说的厘米级。在动态定位过程中，如果某种原因卫星失锁，可以采用这种方法重新估算 N^{i} 而继续精确定位。

四、影响VRS-GPS网络RTK测量精度的主要误差

根据上述数据解算公式，我们可以明确地看出影响VRS-GPS网络RTK测量精度的主要误差有：

1)与卫星本身有关的误差

(1)卫星星历误差：由广播星历或其他轨道信息所给出的卫星位置与卫星实际位置之差。该误差的大小主要取决于卫星跟踪系统的质量，同时也与星历预报间隔也有直接关系。

(2)卫星钟的钟误差：虽然目前卫星所采用的全都是原子钟，但不可避免仍然存在着误差，两者之间的相对钟差乘以光速后就等于测距误差。由于在测量过程中卫星钟和接收机均采用统一的GPS时间系统，数据处理时可以采用在卫星间求一次差或将每个观测时刻的接收机钟差当作一个独立的未知数等方法来进一步消除接收机的钟差。

(3)相对论效应误差：由于卫星钟(由于在高速运行的卫星内部，容易产生时间膨胀现象)和接收机钟所处的状态(运动加速度和重力位)不同而引起的卫星钟和接收机钟之间产生相对钟误差现象。

2)与信号传播有关的误差

(1)电离层(高度在50～2 000km)折射引起的误差：电磁波信号通过电离层时信号的路径产生弯曲，传播速度会产生变化，致使测量结果产生系统性的偏离。目前该项目采用的双频接收机可以很好的消除

该误差。

(2)对流层(高度在 40km 以下)折射引起的误差:由于离地球较近,大气密度相对电离层大许多,大气状态也将随着地面的气候变化而变化。对电磁波的传播影响较大。目前采取的折射改正模型能够很好的计算消除该误差。

(3)多路径效应引起的误差:经物体表面反射后到达接收机的信号,将和直接来自卫星的信号叠加进入接收机(见图 2),致使测量产生误差。由于青岛海湾大桥几乎全部在还上施工,海水平面的反射能力较大,成为影响其精度的主要误差来源。随着仪器制造技术的不断提高,在接收天线性能(比如:抑径板)上有了明显的技术改进,增强了对周边环境的抗干扰能力。除此之外,在护筒检验时还专门设计了平面式框架放在钢护筒之上,尽量减少反射波的影响。

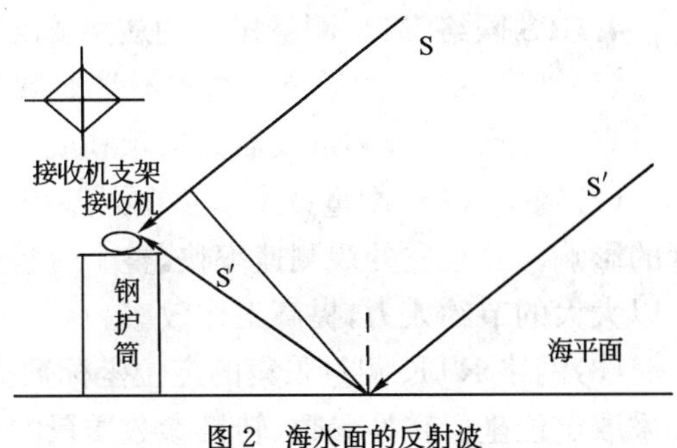

图 2 海水面的反射波

3)与接收机有关的误差

(1)接收机钟的误差:目前接收机一般的是精度较低的石英钟,因而钟误差比较严重,该项误差主要取决于钟的质量和使用环境。目前,可以通过在卫星间求一次差或作为独立的未知数将其解算两种方法将其消除。

(2)接收机位置误差:在进行授时和定轨时,接收机的位置(指接收机天线的相位中心)是个已知值,它们的误差将使授时和定规的结果产生系统误差。

五、VRS-GPS 网络 RTK 测量技术在大桥中的应用

1. 工程简介

青岛海湾大桥位于胶州湾北部,是国家高速公路网青岛至兰州高速公路的起点段,是青岛市交通规划中东西岸跨海通道的“一路、一桥、一隧”中的“一桥”,大桥建成后有利于解决环胶州湾交通瓶颈问题,从而促进半岛城市群发展和胶东半岛旅游资源的开发,改善胶东半岛的投资环境,实现国民经济可持续发展。

本合同段为第六合同段(里程桩号 K22+190~K24+890,总长 2 700m),工程内容包括青岛海湾大桥红岛航道通航孔桥+红岛航道通航孔桥黄岛侧的非通航孔桥。

2. 青岛海湾大桥第六合同段测量工作实施情况介绍

为了统一做好整个大桥的测量服务工作,业主专门建立了青岛海湾大桥 GPS 综合应用系统(VRS),24h 不间断以 RTCM 标准数据格式通过 Internet 播发支撑 RTK 测量信息。用户站按要求采用的是 TSC2 手簿和 Trimble5700 GPS 双频接收机(两者采用蓝牙技术 10m 内无线传输数据),具体某项测量工作的实施步骤如下:

(1)分别打开 TSC2 手簿和 Trimble GPS 接收机,完成两者的蓝牙连接;

(2)进入 TSC2 手簿,首次使用要完成测量形式的配置,选择 RTK 测量形式,播发格式选择 VRS(RTCM),点存储为:矢量,截止高度角:5~15°,PDOP(包括经度、纬度和高程的空间位置精度因子)限制默认为 6.0。设置好精度限差,在测量过程中如果测量数据超限,系统就不能获得固定解。

(3)整个大桥 VRS 播发统一发放 1 个 IP 地址,设置好 CDMA 连接,用户站即可接收到播发数据,在卫星状况符合上述要求的情况下方展开 RTK 放样。

3. 青岛海湾大桥第六合同段网络 RTK 测量工作注意事项

(1)网络 RTK 作业应避免雷雨天气,夜间作业精度一般优于白天,根据每周的星历预报中的卫星分布情况安排作业计划。

(2)观测时要保持坐标收敛值小于 20cm,且均方根 RMS 值小于 25。另外,在 RTK 测量之前,还应检查 1~2 个已知点,较差≤10mm 时,方可开始放样。

(3)每个放样点位1次放样成功后，至少进行2次复核放样，最终成果取其平均值。

(4)放样结束要对放样点位经过2次以上完全初始化测量，每次初始化要至少观测3次，每次掌握时间不小于30s，互差应≤10mm，2次以上完全初始化互差应≤20mm。同时还要认真做好外业观测记录，以备复查。

4. GPS网络RTK测量技术的应用体会

(1)网络RTK测量技术基本不受地域条件的限制，单站控制范围广，操作简单，很好的解决了海上因没有控制点，常规测量仪器无法顺利展开工作的难点。

(2)网络RTK测量技术不存在误差积累，有着相当高的单点定位精度，成果质量高，基本不受人为因素的影响。并且它的观测速率快，整个过程全部由软件控制，自动记录、自动数据处理、自动平差计算，还可以大大的节约人力，提高工作效率。

(3)网络RTK测量采集的定位坐标数据是WGS-84坐标，如在其它坐标系统内进行RTK作业则需要采取定位坐标转换参数，转换参数质量的好坏直接影响RTK的测量精度。

(4)网络RTK技术受到参考站传播差分改正数有效范围的限制，在大区域实施作业时，应该注意其有效范围，网络RTK的作业范围尽量不超过10km为原则，否则解算速度和精度都大受影响。

(5)用户站接收机在工作时要避免对讲机、手机等通信工具对其造成的干扰。

总之，GPS网络RTK技术在青岛海湾大桥中的应用是成功的，为整个工程的顺利建设提供了极大的便利。在今后大规模施工中可以继续推广使用。VRS技术的出现，标志着高精度GPS的发展进入了一个新的阶段。这种网络RTK技术，集最新兴的计算机网络管理技术、INTERNET技术、无线通信技术和TRIMBLE优秀的GPS定位技术于一身，应用了最先进的多基站RTK算法，是GPS技术的突破。它将使GPS的应用领域极大的扩展，业内人士认为：未来5至10年，GPS网络建设将高速发展，而这种GPS网络RTK技术将代表着GPS目前发展的方向。

参考文献

[1] 许娅娅，雒应. 测量学. 北京：人民交通出版社，2007.
[2] 刘基余，李征航，王跃虎，桑吉章. 全球卫星定位系统原理及其应用. 北京：测绘出版社，1993.
[3] 李青岳，陈永奇. 工程测量学. 北京：测绘出版社，1995.
[4] 梁晟. GPS RTK在工程测量中的应用.
[5] GPS RTK测量技术规程.
[6] 青岛海湾大桥GPS施工测量实施规程.

114. 提升桥梁耐久性的施工改进技术与质量控制方法的研究

雷俊龙　马少飞
(南阳市信禹水利水电工程监理有限责任公司)

摘　要　本文着重针对我国公路桥梁在施工与质量控制环节存在的对耐久性影响的问题，进行总结、补充完善和技术提升研究，提高我国公路桥梁耐久性的施工及质量控制实用技术，为完善公路桥梁施工和质量控制等相关技术规范，提升我国公路桥梁的建设质量提供一些技术支撑。

关键词　桥梁耐久性　施工　改进技术　质量控制

一、引 言

随着交通事业的飞速发展，桥梁作为交通枢纽，发挥着越来越重要的作用，已成为地区经济发展的纽带。特别是近几十年来，我国兴建了很多各种类型的公路桥梁、铁路桥梁、铁路公路两用桥梁、城市桥梁及立交桥等。

然而，这些桥梁，尤其是钢筋混凝土桥梁，在使用过程中出现了许多缺陷和问题，包括结构开裂、钢筋锈蚀、混凝土老化和裂化等现象，使得许多桥梁在没有达到预定的使用年限，就出现耐久性能严重退化现象，有的甚至坍塌等毁灭性事故，造成非常严重的经济损失。

事实上，造成这些缺陷和问题的原因很多，有的是由于结构的设计抗力不足造成的，有的是由于使用荷载的不利变化造成的，有的跟施工及其他因素有关，但更主要的原因是由于桥梁结构的耐久性不足造成的。桥梁的耐久性能不足，已成为社会各界高度关注的问题。耐久性的提高将是21世纪桥梁技术进步的重要标志之一。

因此，对于钢筋混凝土桥梁结构的耐久性研究具有十分重要的实际意义。2006年世界公路桥梁协会统计数据显示，在美国所有的近577,710座桥梁中，有近42%的桥梁存在耐久性缺陷，其中存在安全隐患的有18%，其余24%存在功能性缺陷，近800座新建不久的桥梁也面临耐久性问题，危及结构安全性。据我国2006年公路普查资料，我国公路既有桥梁中因结构老化的危桥有9 597座，所占比例很大。由此可见，钢筋混凝土结构的材质老化及耐久性不足已经成为目前桥梁结构面临的一个严峻问题。

二、研究现状

虽然许多国家的混凝土结构设计规范中，都明确规定了钢筋混凝土结构必须具有安全性、适用性与耐久性，但这一宗旨并没有充分地体现在具体的设计条文中。从国内外混凝土结构耐久性设计方法来看，基本上都是从混凝土材料组成、混凝土工程的施工工艺和混凝土结构的耐久性构造要求两个方面来保证结构在预期使用年限内的耐久性能。但是，一般仅是简单规定保护层厚度、最小水泥用量或最大水灰比和与裂缝宽度计算式相结合的最大裂缝宽度。因而，使得在以往的甚至现在的结构设计中，普遍存在着重强度设计而轻耐久性设计。

实际上，我国现行的《混凝土结构设计规范》和《公路钢筋混凝土及预应力混凝土桥涵设计规范》中，除了一些保证钢筋混凝土桥梁结构的耐久性构造措施外，只是在正常使用极限状态验算中控制了一些与耐久性涉及有关的参数，如构件的裂缝宽度等，但这些参数的控制对结构耐久性设计不起决定性的作用，并且这些参数也随时间的变化而变化。

许多设计人员往往只满足于规范对结构强度计算上的安全度需要，而忽视从结构体系、构造、材料等方面去加强和保证结构的耐久性。设计中存在的计算模型不合理，结构受力假设与实际受力不符，结构整体性和延性不足，冗余性小；混凝土强度等级过低、保护层厚度过薄；钢筋直径过细、构件截面过小；桥面积水渗漏等问题都削弱了结构耐久性，会严重影响桥梁的安全性。

三、提升混凝土施工质量的施工改进技术与质量控制方法的研究

1. 提升混凝土质量的施工改进技术与质量控制方法

根据各地的原材料质量情况，利用正交试验的方法对混凝土耐久性的各种影响因素如原材料、掺和料、外加剂以及他们的交互作用进行混凝土配合比试验研究，选择能满足混凝土耐久性要求的最佳配合比。主要从集料的级配、掺和料掺量及水灰比三个方面进行研究。

1）配制耐久性混凝土的一般原则

(1)选用质量稳定、低水化热和含碱量偏低的水泥，尽可能避免使用早强水泥和C3A含量偏高的水泥。

(2)选用坚固耐久、级配合理、粒形良好的洁净集料。

(3)使用优质粉煤灰、矿渣等矿物掺和料或复合矿物掺和料；一般情况下，矿物掺和料应作为耐久性

混凝土的必需组分。

(4)使用优质引气剂,将适量引气剂作为配制耐久性混凝土的常规手段。

(5)尽量降低水灰比,采用高效减水剂。

2)新《公路桥规》对混凝土品质的主要要求

(1)混凝土的水灰比。据研究表明,水灰比越大,导致空隙率增大,密实度降低,使混凝土渗透性加大,增大氯离子的扩散系数,使钢筋锈蚀速度加快;水灰比越大,混凝土碳化速度也加大;研究表明,混凝土的抗冻性及抗盐冻性随水灰比的降低而提高.因此,规范规定了,根据使用环境的不同所允许的最大水灰比。环境越恶劣,允许最大水灰比越小。

(2)混凝土的水泥用量。水泥用量越大,则单位体积砼中可碳化物质的含量越多,从而碳化速度越慢。规范规定了按环境不同所允许的最小水泥用量,环境越恶劣,允许最小水泥用量越大。

(3)混凝土的强度等级。原规范规定的混凝土最低强度等级太低(C15),使得混凝土的密实度、抗渗性、耐碳化及抵抗外界不利介质侵蚀能力差,现行规范把混凝土最低强度等级提高为C25。

(4)外加剂。在混凝土中掺入减水剂,可以减少用水量,提高混凝土的抗渗性;配制混凝土时掺引气剂,使混凝土的空隙率和孔结构得到改善,提高混凝土的抗冻性和抗渗性,因此,有抗冻和抗除冰盐剥蚀要求的结构混凝土,采用掺高效减水剂和适量的引气剂,新规范还规定了结构混凝土的抗冻和抗渗等级。

(5)控制混凝土中的最大氯离子含量来控制钢筋锈蚀,通过控制混凝土的最大碱含量方式控制混凝土的碱集料反应。

(6)水泥品种、掺合料。经试验表明,不同品种水泥制成的混凝土,其抗冻性差异很大,所用水泥应优先采用硅酸盐水泥或普硅水泥。在混凝土中掺入适量的粉煤灰、硅粉等掺合料,可改善混凝土的抗冻性,掺合料可降低氯离子的有效扩散系数,从而延缓钢筋锈蚀的开始时间和降低锈蚀速度。

2. 提升混凝土浇筑质量的施工改进技术与质量控制方法

(1)施工配合比的确定。试验室配合比是以干燥材料为基准,而实际施工现场存放的砂、石料都含有一定的水分并且含水率经常变化,所以应随时测定现场砂石的含水率,及时调整使用配合比,为了保证混凝土质量,应加大砂石含水量测定的频率。

(2)混凝土振捣。振捣器有插入式和附着式两种,插入式振捣器能在插入附近局部地很好振捣,但作用范围小,相反,附着式振捣器沿模板的振动范围大,但不能很好振捣特定部位,向模板内部传递的振动作用不太深,这两种振捣方法各有优缺点,本课题将结合这两种振捣器的特点,根据混凝土的施工部位、钢筋的布置情况以及施工工艺要求,进行振捣方式的试验研究,并对试验样品,进行耐久性评价,最后根据测试结果,选取提高混凝土耐久性的振捣施工方法。

(3)混凝土养护。结构表面混凝土的耐久性在很大程度上取决于施工养护过程中的湿度和温度控制,因此在养护期内应严格控制混凝土表面的湿度和温度。

目前混凝土养护主要有撒水养护、蓄水养护、覆盖养护及养护剂养护,各自具有不同的有点,主要根据施工部位、施工季节及现场的具体情况确定,选择有利于提高混凝土耐久性的养护方法。

3. 耐久性的钢筋混凝土保护层厚度及构件尺寸的保证技术

目前混凝土结构的保护层厚度普遍偏低,这对混凝土结构的耐久性带来直接影响,造成这种情况的主要由于保护层构造尺寸不合理及保护层垫块施工不当造成的。

收集国内外钢筋混凝土的保护层厚度的设计及施工技术规范,进行比较分析研究,制定出各构件的保护层厚度的范围值,为施工提供技术支持。

一般认为环境侵蚀作用下混凝土碳化一旦到达钢筋表面,钢材即开始腐蚀。而造成结构耐久性降低的最主要因素就是钢材腐蚀。保护层厚度的增大会使钢筋开始锈蚀的时间呈平方关系的增大。日本规定钢筋保护层在一般环境下应不小于3cm;德国甚至规定用设计的4cm来保证实际结构物的3cm。

综合考虑耐久性的需要和我国目前的施工控制水平,只要构件的极限承载能力满足要求,混凝土保护层提高1～2cm甚至再多一些都是必要的。而且研究已表明,混凝土保护层的增大即使会引起钢筋混凝土结构表面裂缝宽度的增大，但对于开裂处钢筋的锈蚀并没有明显的影响。混凝土保护层的增大对工程造价的影响非常小，但对于后期维护和耐久性却会产生重大的效益。

4. 提升混凝土施工接缝质量的施工改进技术与质量控制方法

接缝大致分为水平接缝和垂直接缝，将根据接缝的特点，进行施工技术改进及质量控制研究。

1)水平接缝的施工

在施工过程中，若上下两层混凝土之间施工龄期相差过大，会造成上下两层混凝土之间收缩差大，从而混凝土出现开裂问题。为了防止新旧混凝土的水平接缝成为结构的薄弱面，在下一层混凝土的施工过程中保证混凝土结合面泛出的水泥浮浆少，混凝土不能离析。下一层混凝土表面凿毛处理必须选择合适的时间，过早会破坏混凝土表面质量，太晚会加大施工难度。上层混凝土浇注前接缝表面必须清洗干净，并使旧的混凝土表面充分吸水，但不能有多余水，在混凝土浇注过程中应充分振捣，浇注完成后注意养护。

2)竖向接缝的施工

(1)混凝土表面凿毛处理。竖向接缝施工时使用模板，但模板尽可能在混凝土硬化后拆除，进行接缝表面凿毛，过早会破坏混凝土表面质量，太晚会加大施工难度。

(2)混凝土浇筑工艺研究。浇筑前接缝表面必须清洗干净，并使旧的混凝土表面充分吸水，但不能有多余水，在混凝土浇筑过程中应充分振捣，同时注意浇筑顺序，先浇筑结构变形大的一端，再进行接缝部位混凝土浇筑，在整个混凝土浇筑过程中，接缝处的模板不能产生变形。

四、结　论

钢筋混凝土桥梁耐久性问题产生原因通常是由设计和施工等综合原因引起的，目前由于施工技术和操作人员的专业水平的限制，在进行桥梁施工过程中的造成的耐久性损失更严重。所以，我们必须严格按照施工规范进行操作，并且利用施工现场，从实验的角度研究更合理更科学的施工技术，以提高施工质量。

法国从造价来分析建筑物失效的结果表明：43%的建筑物失效是因为设计原因，43%是施工原因，另有6%是材料使用失误和8%的维护原因引起。这些情况大半可以归结为施工技术与质量对结构的耐久性的影响。过多强调减小工程造价而忽略了工程的长期造价而适得其反，希望广大桥梁工作者能够加深对钢筋混凝土桥梁耐久性的认识，在设计和施工中加以充分的重视。

115. 有机硅保护体系在桥梁混凝土保护中的应用

徐　浩　朱学廷

(瓦克化学贸易(上海)有限公司)

摘　要　作为一种高效的保护材料，有机硅为桥梁混凝土耐久性保护提供了系统的解决方案。采用正确的有机硅保护体系可以保护桥梁混凝土免受侵蚀和劣化，阻隔盐类侵蚀，保护钢筋免遭锈蚀；同时提高混凝土抗冻性能。在为混凝土提供功能保护的同时，瓦克的有机硅保护体系也提供了超耐久的装饰解决方案。

关键词　混凝土　耐久性　有机硅

一、引　言

目前国内的混凝土生产和施工技术已经达到了较高的水平，混凝土材料已广泛地应用于道路桥梁以及各类工业以及民用建筑中。随着经济的发展，越来越多的混凝土建筑不断地向环境恶劣的地区延伸，如盐碱地质环境，温差巨大地区和强紫外照射地区；还有强冻融地区以及酸雨地区。另外，沿海地区的很多建筑都直面海水的侵蚀，这些都对混凝土的安全使用提出了更高的要求。

二、混凝土的腐蚀和破坏机理

外界环境对于混凝土的腐蚀和破坏是我们始终无法回避的。常见的混凝土遭受破坏的因素有：海水侵蚀、除冰盐腐蚀、冻融循环、碳化以及霉菌滋生，这几种破坏形式分别可导致钢筋锈蚀、混凝土劣化损失、粉化以及苔藓或微生物的生长，最终影响钢筋混凝土结构的稳固和美观。

1. 氯盐腐蚀

海水中含有大量的盐类，其中氯盐对混凝土的腐蚀最为严重。在 Cl^- 存在的情况下，铁能与液态水和氧气加速发生反应，使钢筋产生体积膨胀，促使混凝土内部应力产生，最终使混凝土开裂破坏。Cl^- 本身虽然不参与反应，但是起到了催化剂的作用，而如果没有水和 Cl^- 的存在，该反应也不会发生。同样，在严寒地区，经常使用除冰盐的道路也会遭遇氯离子的侵蚀。

2. 盐类侵蚀反应

水泥中的三铝酸钙与海水接触时，海水中的盐类(诸如钙盐)与三铝酸钙反应，并吸收大量的液态水，致使体积膨胀，从而破坏混凝土。

3. 冻融循环破坏

在寒冷地区，混凝土遭受冻融而产生的破坏随处可见，冻融的破坏机理较为复杂，但一般来说，这种破坏的发生，主要是由于混凝土吸水率较高，再由于水结冰后产生体积膨胀，因而造成内部应力的不平衡，由此产生破坏。因此，如果能很好地降低混凝土的毛细孔吸水率，必然可以减少冻融破坏的发生。

4. 霉菌、微生物滋生以及污染物渗入

在湿热气候或者海洋环境，微生物和藻类的滋生非常普遍，这些看似微小的生物，可在亲水的混凝土表观附着和滋生，不仅影响桥梁混凝土外观，同时对于混凝土结构的安全仍然是一个巨大的隐患。

分析以上几个反应的发生我们发现，液态水几乎直接参与了化学反应，或为混凝土腐蚀提供了通道和载体。通过试验我们发现如果能够有效地隔离水的入侵，混凝土能够更加耐久。在德国慕尼黑的奥运村以及上海中环线快速道路的实践经验表明，经过有机硅产品保护处理的混凝土，其耐久性和防腐蚀能力将被大大提高。

三、用于混凝土耐久性保护的有机硅产品性能及特点

自从20世纪50年代，人们开始利用甲基硅酸盐对建筑进行憎水处理以来，有机硅产品经过了半个世纪的优化和改进，已发展到了纳米级的分子水平。如德国瓦克化学研制出了异辛基基团有机硅产品，改善了短侧链有机硅产品挥发度大耐久性差的缺点。特别是新一代异辛基三乙氧基硅烷膏体，拥有很好的触变性，在建筑施工中几乎无流挂和损失，实现了更好的保护效果。异辛基有机硅产品具有以下特点：

1. 防水性

异辛基有机硅产品是通过在无机矿物基材表面和毛细孔内壁形成憎水的硅树脂网络，使基材的表面张力发生变化，阻止毛细孔对水的吸附，达到防水和提高混凝土耐久性的目的。混凝土经过有机硅处理后，表面与水的接触角可以达到98°以上，因此可直观的看到，经有机硅处理的混凝土表面都显示出很好的憎水效果。

2. 透气性

由于异辛基官能团的表面张力较低，使它在多孔矿物基材上形成的硅树脂网络能分布到毛细孔壁，而不会封闭通道，在赋予矿物基材憎水性的同时保持优良的透气性。经过水蒸气通过量测试表明，采用异辛基基团有机硅处理后的矿物基材，其透气性仅降低5%左右。因此，采用异辛基基团的有机硅产品对混凝土进行憎水处理，可以保证混凝土内部的水汽无阻碍挥发。

3. 耐久性

异辛基基团有机硅产品能牢固地与混凝土基材结合，对无机矿物基材提供持久地保护。在有机硅形

成的硅树脂保护层中，有机硅聚合物以 Si-O 键结构为主链，该键的离解能高达 443.5kJ/mol。这一结构决定了有机硅形成的硅树脂网络具有很好的耐热、抗氧化、耐辐射性能。人们非常关注混凝土中硅树脂网络本身的耐久性，硅树脂本身也是通过 Si-O 键与矿物基材交联，而高键能的 Si-O 键则保证了硅树脂在混凝土中可以永久存在，这保证了硅烷对于混凝土保护长期有效。

4. 与其他保护体系的比较

目前对于钢筋混凝土的耐久性外保护，常见的有三种形式：有机硅浸渍、填充毛细孔、成膜涂料。普通成膜涂料就像是给混凝土穿上一层密闭的外衣，可以很好地抵挡外界物质的侵蚀。但是这层外衣也阻挡了混凝土内部水蒸气的排出，日积月累，混凝土中的潮气将会逐渐向涂料的薄弱处挤压，使保护层起鼓开裂破坏。而有机硅的保护体系正好满足了混凝土对透气性的需要(见图 1)。

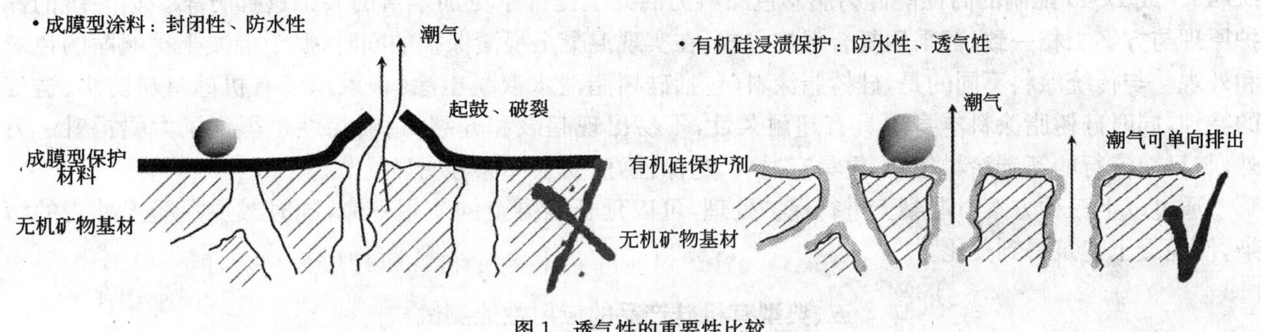

图 1 透气性的重要性比较

四、异辛基有机硅混凝土保护体系

随着经验的累计和技术的创新，有机硅的应用也不断地得到了优化和提升，如瓦克有机硅针对桥梁混凝土耐久性保护提出了一系列的解决方案，为桥梁混凝土耐久性保护以及外观美化提供了多样化的选择。

1. 有机硅混凝土保护剂

该方案基于异辛基有机硅系列产品，在稀释后经过简单的施工，即可实现对桥梁混凝土结构的耐久性保护。目前市面上较为流行的产品有如下几种：

(1)异辛基硅烷硅氧烷浓缩液。作为不含溶剂的高效浓缩液，可采用有机溶剂进行稀释后再使用，该产品在施工完成后具有快速的水珠效果，大幅降低混凝土吸水率，提高桥梁混凝土的耐沾污性、抗冻性和耐久性。采用异辛基硅烷硅氧烷浓缩液配制的混凝土保护剂主要可应用于普通环境下的混凝土建筑。目前市面上常见的产品为瓦克化学的 SILRES® BS 290。

(2)高纯度的液体异辛基纯硅烷。一般无需稀释直接使用，由于异辛基硅烷纳米级的小分子结构，渗透性能相当好，在普通 C30 混凝土可达到 5～10mm 的渗透深度，在降低混凝土吸水率的同时可更好地抵御海水等严酷环境下的氯盐侵蚀，与硅烷硅氧烷浓缩液相比，能为桥梁混凝土提供更为长久的保护。基于该类产品的混凝土保护剂可用于普通混凝土建筑以及处于高氯化物环境下的混凝土建筑保护，考虑到该产品的挥发性和效能，推荐采用瓦克的 SILRES® BS 1701。

(3)外观独特的膏体硅烷，其主要成分也是异辛基硅烷，其活性物质与 BS 1701 类似。该产品最大的特点是独特的膏状外观，可避免液体类产品在施工中的流挂损失，极大程度地方便了产品的施工和质量控制，提升了保护维修的工作效率。同样由于膏体物质在混凝土表面吸附时间更长，也使混凝土对膏体的吸收更完全，提升了有机硅对混凝土保护的效能。在实际测试中，瓦克的硅烷膏体 BS CRÈ ME C 可以在普通强度的混凝土中实现 5～10mm 的渗透深度，甚至在高性能混凝土中，也能达到 2～3mm 的渗透深度(C50 高性能混凝土)。BS CRÈ ME C 以其优异的性能，广泛应用于各种环境下混凝土建筑的耐久性保护。

采用以上三种产品配制的混凝土保护剂，均可以实现以最简单的方式，达到保持桥梁混凝土的质朴外观以及保护其结构安全的目的。

2. 有机硅混凝土保护剂＋ 硅树脂清水混凝土涂料

在许多市政桥梁工程中，混凝土外观并不能达到预计的效果，因此需要加以修饰以满足业主对外观的要求，此时即可采用"有机硅混凝土保护剂＋硅树脂清水混凝土涂料"的复合方式，对桥梁混凝土进行保护处理。此种方式的最大特点，是既拥有混凝土保护剂的渗透保护，同时通过瓦克提供的硅树脂乳液配制成为硅树脂清水混凝土涂料，可达到装饰混凝土的目的。该系统可以掩盖混凝土表面的缺陷，并保持混凝土原有外观，同时具有防水性、透气性和超耐久性，适用于经过局部修补，既需要装饰保护，又需要保持原有面貌的清水混凝土建筑。

3. 有机硅混凝土保护剂＋ 硅树脂彩色涂料

混凝土在经过有机硅浸渍保护剂保护处理之后，可以在其表面进行更进一步的美化处理。采用瓦克BS 43N或BS45配制的高性能硅树脂彩色涂料为混凝土提供了更加丰富的装饰选择方案。该系统的保护原理与方案二相一致，都采用复合保护方式，在实现混凝土浸渍保护的同时，赋予混凝土更靓丽的色彩和外观。与传统涂料不同的是，硅树脂涂料(包括硅树脂清水混凝土涂料)秉承了有机硅材料防水、透气的特性，同时硅树脂涂料本身也具有超耐久性，不易出现起鼓和开裂，耐沾污性也得到了大幅提升。另外，与目前流行的氟碳涂料相比，更具有透气、重涂性好、安全环保等明显优势。

通过以上三种方案对混凝土进行保护处理，可以延长混凝土的使用寿命，同时减少混凝土外观的污染，使混凝土建筑得到美化。

五、典型有机硅产品的应用性能测试

为了验证异辛基基团有机硅产品对于混凝土结构安全的保护，我们系统地进行了混凝土的测试，主要从吸水降低率，氯离子吸收降低率，耐碱性，渗透深度等几个指标来衡量其保护作用。该测试中我们选用了瓦克化学的SILRES® BS CRÈ ME C(膏体)，混凝土强度等级为海工C45，28天抗压强度为65MPa。测试依据：按照《海港工程混凝土结构防腐蚀技术规范》(JTJ 275—2000)附录E——混凝土硅烷浸渍施工工艺及测试方法。

1. 产品基本特征

试验选用的硅烷膏体产品主要特征如表1。

表1

名称	主要组分	硅烷含量	25℃下密度	25℃下黏度	闪点	备注
SILRES® BS Crème C	异辛基三乙氧基硅烷膏体	80%	约0.9g/m²	/	74℃	不稀释

2. 防水性能测试

将硅烷膏体按不同的涂覆量对混凝土试块进行浸渍处理，并在20～23℃、相对湿度50%～70%条件下养护7天后，按照JTJ 275—2000《海港工程混凝土结构防腐蚀技术规范》进行测试，以下是测试结果：

如表2所示，经硅烷膏体浸渍处理后的混凝土试块，其吸水降低率都超过了90%，混凝土的吸水性大幅度地降低了，这说明硅烷有效地阻止混凝土的毛细孔吸水，从而减少了有害物质利用水这一渠道浸入混凝土内部的可能。

吸水率以及吸水降低率测试 表2

组别	试样类别	硅烷用量			吸水率/降低比例	
		每次用量	涂覆次数	总计用量	吸水率	降低比例
		g/m²		g/m²	mm/min	0.5%(对比空白)
A	空白	/	/	/	0.085 0	0
B	Crème C	200	共一次	200	0.004 5	95
C	Crème C	150	共两次	300	0.003 0	96
D	Crème C	200	共两次	400	0.003 1	96

3. 氯离子吸收降低率测试

众所周知,氯离子对于混凝土的侵蚀性非常强,也就是说,氯离子能轻易地进入混凝土内部,从而威胁钢筋的安全。通过表3的数据,可以看到,硅烷膏体的施工,可以有效地降低混凝土对于氯离子的吸收。

氯离子吸收降低率测试 表3

组别	试样类别	硅烷用量			氯离子吸收量降低效果	
		每次用量	涂覆次数	共计用量	氯离子平均值	降低效果
		g/m²		g/m²	%	%
A	空白	—	—	—	0.1806	—
B	Crème C	200	共一次	200	0.0174	90
C	Crème C	150	共两次	300	0.0148	92
D	Crème C	200	共两次	400	0.0133	93

4. 渗透深度测试

硅烷膏体的主要成分为纳米级的纯硅烷,由于分子结构小,具有很好的渗透性,按照不同的涂覆量,取得了不同的测试结果。从表4中的数据不难发现,随着涂覆量的增加,硅烷膏体对于混凝土的渗透深度越大。

渗透深度测试 表4

组别	试样类别	硅烷用量			渗透深度
		每次用量	涂覆次数	共计用量	染色法
		g/m²		g/m²	mm
B	Crème C	200	共一次	200	2.6
C	Crème C	150	共两次	300	3.5
D	Crème C	200	共两次	400	4.5

5. 在氯盐溶液中的冻融循环测试

我们对经过硅烷膏体浸渍处理的混凝土进行了在氯盐溶液中的冻融循环试验:该测试是硅烷膏体作为表面保护系统所必须的基本测试的一个组成部分。如图2表示未经处理和经过处理的试块的重量变化。

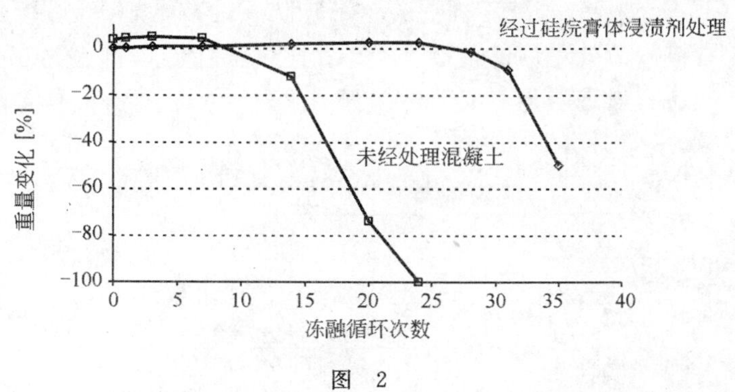

图 2

由图2可见,由于硅烷膏体保护处理过的试块经受的循环次数比未经处理的试块多20次。而德国规范仅要求15次。

综上所述，经过硅烷膏体的浸渍处理后，钢筋混凝土可以得到很好的保护，而根据已有的工程实例来看，应用硅烷膏体进行保护的混凝土在经过十余年之后仍然完好如初。

六、应用实例

在国内运用最成功的有机硅桥梁保护体系中，瓦克是最为知名的，其大中华地区最早以的工程实例是香港的青马大桥，该大桥的混凝土主塔使用硅烷膏体(BS Crème C)进行保护，历经7年后外观依然如新。另外山东龙马高速公路金山港大桥，经过近10年的海水腐蚀，在修补加固后，也采用了瓦克硅烷膏体进行了保护。2007年底竣工通车的武汉阳逻长江大桥，由于处于未来的重工业区，为防止可能面临酸性气体的腐蚀，其混凝土主塔也采用了瓦克硅烷膏体进行防腐蚀保护，这也是第一个在内陆地区大规模采用硅烷膏体进行保护的大型桥梁工程。作为市政项目，上海中环线浦西段防撞墙采用了有机硅材料进行保护，在3年后的检测中，其混凝土吸水降低率依然大于90%，这充分证明了有机硅材料的超耐久性能。另外，硅树脂涂料也开始在国内得到广泛地应用，如首都国际机场T3航站楼的清水混凝土柱，便采用了瓦克核心技术的清水混凝土涂料进行外装饰。而京通快速公路的防撞墙和隔离带，也采用了瓦克技术的彩色硅树脂涂料进行保护和装饰，使这条道路为首都形象增光添彩。

七、结语

综上所述，采用异辛基基团有机硅产品对混凝土进行耐久性保护，可防止多种劣化作用的发生，延长混凝土的使用年限和耐久性，再配合硅树脂彩色涂料或硅树脂清水混凝土涂料，可以掩饰混凝土的缺陷，使混凝土建筑结构更加安全，外观持久亮丽如新。

参考文献

[1] Test Report no. A3299 from ibac, Aachen. Basic test on a surface protection system of class OS -A according to ZTV-SIB 90, 30th April 1998.

[2] 硅烷浸渍在混凝土保护中的测试报告. 广州：广州四航工程技术研究院，2004，6.

[3] 瓦克 SILRES 系列硅烷产品混凝土试验报告. 上海：上海建筑科学研究院，2005,6.

[4] 吴平，硅烷膏体浸渍剂在保护混凝土中的实际应用. 混凝土，2003(10).

[5] 赵铁军. 混凝土渗透性. 北京：科学技术出版社.

III 结构分析、试验研究

116. 苏通大桥 268mPC 连续刚构桥抗裂对策研究

张喜刚 孔海霞 袁 洪 刘昌鹏
（中交公路规划设计院有限公司）

摘 要 本文以苏通长江公路大桥辅桥主跨 268m 的连续刚构施工图设计为背景，调研了国内同类型桥梁运营现状，对大跨预应力混凝土桥梁出现的腹板斜裂缝、底板横向裂缝、底板纵向裂缝及保护层脱落、悬浇施工中相邻梁段裂缝等典型开裂进行原因分析，从结构分析计算、结构设计、施工工艺多方面展开对策研究，希望能为其他同类型桥梁提供借鉴，也为大跨径预应力混凝土连续刚构设计施工指南及标准的制定铺路。

关键词 连续刚构 抗裂 设计 施工

苏通长江公路大桥辅航道桥为三跨预应力混凝土连续刚构，孔跨布置为 140m＋268m＋140m＝548m，根部梁高 15m，跨中及边跨支点梁高为 4.5m，梁底按 1.6 次抛物线规律渐变。鉴于国内外同规模类型桥梁在施工和运营过程中出现了一系列的超过规范允许值的开裂现象，严重影响了结构的耐久性，有的甚至无法正常使用，在苏通大桥辅桥连续刚构的设计过程中，很下力量进行攻关，从设计和施工工艺层面进行抗裂保证措施研究。

一、大跨径预应力混凝土连续刚构常见典型裂缝

1. 腹板斜裂缝

腹板斜裂缝也称剪切裂缝，是由主拉应力过大引起的，主要出现于两个区域，即距边跨支点一定范围内腹板内外出现与水平呈 25°～50°左右的斜裂缝，以及中跨 $L/4$ 附近区域（L 为中跨跨径）。其主要分布形态如图 1 所示。

2. 底板横向裂缝

底板横向裂缝即弯曲裂缝，也称垂直裂缝，是混凝土梁受到过大弯矩作用时所产生的裂缝，出现在弯矩最大截面的混凝土受拉区。随着裂缝的发展，可延伸至腹板区域，通常出现于运营期间，其主要分布形态如图 2 所示。

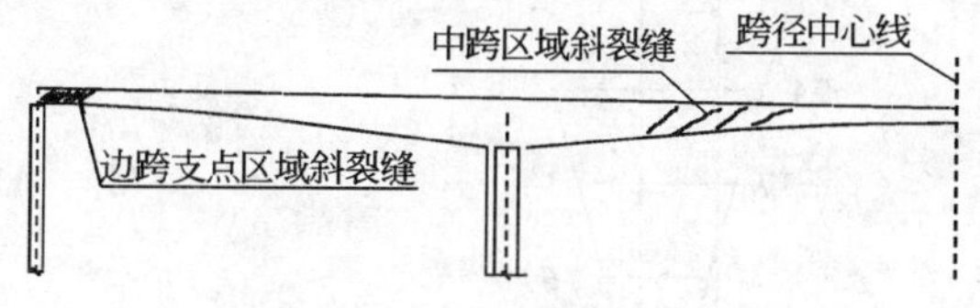

图 1 腹板斜裂缝示意

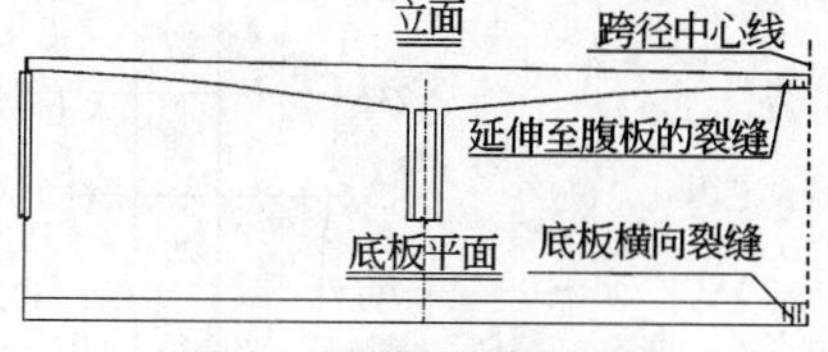

图 2 底板横向裂缝示意

3. 底板纵向裂缝及保护层剥落

底板纵向裂缝及保护层剥落主要发生于中跨底板合龙束张拉过程中或在张拉完成后出现。其主要分布形态如图 3 所示。

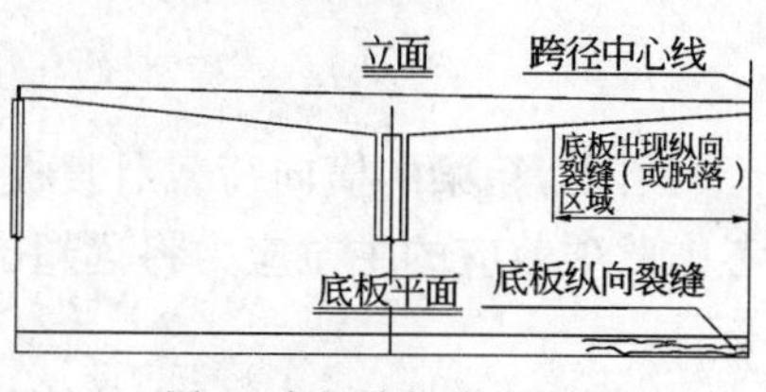

图 3 底板纵向裂缝示意

4. 悬浇施工中相邻梁段裂缝

预应力混凝土连续刚构一般采用悬浇施工。在施工过程中，通常会出现如下现象：当 $n+1$ 号梁段浇筑完成，在 n 号梁段靠近 $n+1$ 号梁段的底板下缘出现横向裂缝；在 $n+1$ 号梁段腹板两侧的顶板下缘出现向悬臂端方向发散延伸的与桥轴向大致成 45°的斜向裂缝，起自与 n 号梁段的界面；在 $n+1$ 号梁段腹板面上出现与桥轴线大致平行的

水平裂纹，同样起自与 n 号梁段的界面。其主要分布形态如图4所示。

5. 其他类型裂缝

在混凝土结构中除了上述的典型裂缝，在梁体中还会出现一些不规则的裂缝，如收缩裂缝，受力集中区域的局部应力裂缝。

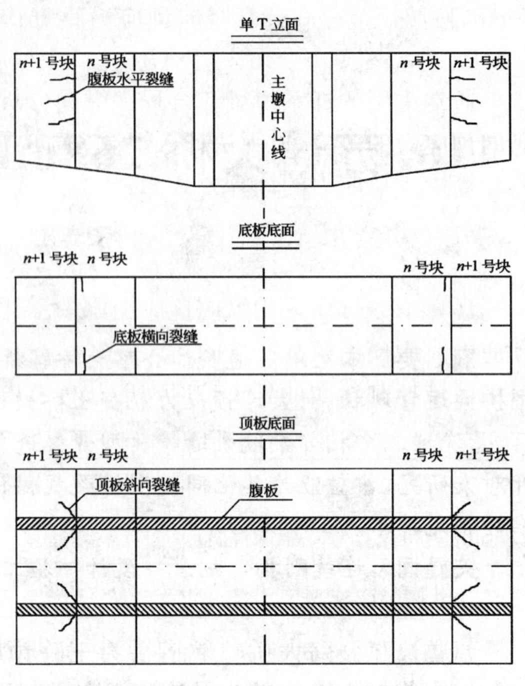

图4 悬浇施工中相邻梁段裂缝示意

二、典型裂缝的成因分析与对策研究

1. 腹板斜裂缝成因分析与对策研究

在箱梁结构中，带有共性的问题是腹板的斜裂缝，其主要是由于主拉应力过大引起的。下面从结构分析层面、竖向预应力设置形式、截面尺寸与钢筋构造等方面对腹板斜裂缝成因进行分析并研究对策。

1)结构分析方面

在主拉应力的计算过程中，由于计算程序的局限性，人们通常对主拉应力的影响因素考虑不够全面，仅考虑荷载的纵向效应，而忽略了荷载的横向效应。

规范中主拉应力的计算公式：

$$\sigma_{zl}=\frac{\sigma_{hx}+\sigma_{hy}}{2}-\sqrt{\left(\frac{\sigma_{hx}-\sigma_{hy}}{2}\right)^2+\tau^2}$$

式中：σ_{hx}——预加力和使用荷载在计算的主应力点产生的混凝土法向应力；

σ_{hy}——通常仅认为是由竖向预应力钢筋引起的混凝土竖向压应力；

实际上，就计算主拉应力而言，σ_{hy}还应该扣除由于恒载、横向预应力、活载偏心、箱梁内外温差等在箱梁腹板截面产生的竖向拉应力 σ_{sy}，即 $\sigma_{hy}=\sigma_{yy}-\sigma_{sy}$，如图5示出了箱梁腹板单元在横向分析中的应力状况(单位：0.1MPa)。

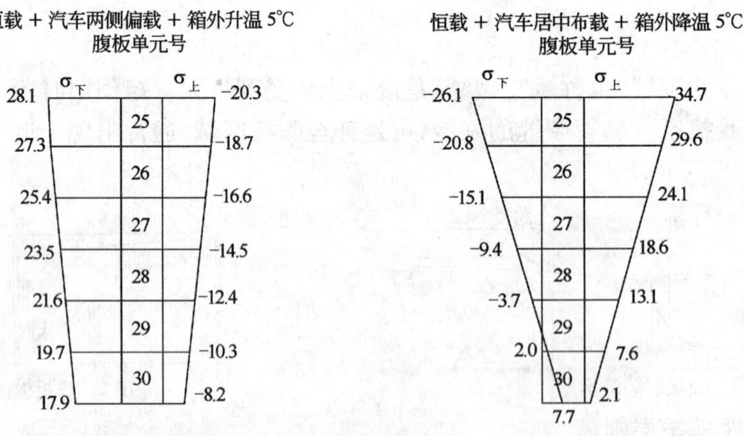

图5 腹板竖向应力

可见，箱梁的横向荷载对腹板产生的效应是很大的，不同荷载组合腹板内外侧的拉应力交替出现。考虑此项效应的主拉应力将远超出规范允许值，竖向预应力的配置是不可或缺的，而且在腹板内应对称布置。

竖向预应力的效应初步估算如下：

每个腹板内布两根直径32mm粗钢筋(R_y^b＝930MPa)或等效的其他形式竖向预应力，每个腹板截面内竖向预应力 93 000×3.141 6×0.032²/4×0.9×2＝1 340kN，暂考虑40％预应力损失，纵桥向间距

50cm,按照规范公式计算竖向预应力钢筋引起的混凝土竖向压应力约为:$\sigma_{yy}=1340\times0.6/0.45/0.5=$ 36MPa。

通常采用的杆系桥梁综合程序纵向分析中无法考虑荷载对箱梁结构的横向及竖向效应,既不能考虑竖向预应力的效应,也无法计入恒载、横向预应力、活载偏心、箱梁内外温差等对腹板受力的影响。即纵向计算中主拉应力的计算公式为:

$$\sigma_{zl}=\frac{\sigma_{hx}}{2}-\sqrt{\left(\frac{\sigma_{hx}}{2}\right)^2+\tau^2}$$

设计中一方面采用纵向预应力钢束下弯,使得纵向分析中的主拉应力小于 1MPa.,一方面设置竖向预应力克服使用荷载产生的 σ_{sy},并留有一定的安全储备,使截面最终主拉应力小于 1MPa。表 1 列出了跨中区域控制断面计算主拉应力的几种考虑。

主拉应力计算比较表(单位:kg/cm²) 表 1

工　况	最不利截面 σ_{zl}	工　况	最不利截面 σ_{zl}
附加组合(恒载+汽车+体系降温)	−8	附加组合+横向作用+竖向预应力	2
附加组合+横向作用	−32		

显而易见,竖向预应力的设置是十分必要的,而且必须采取措施保证竖向预应力的有效性。

2)竖向预应力设置型式研究

从上面的分析中可以看出,在采用纵向预应力下弯的前提下,有必要设置竖向预应力。根据以往的工程实例,竖向预应力的施工质量控制难度较大,一方面压浆不密实,另一方面锚固吨位不到位,针对这些问题,对竖向预应力采用形式、施工关键环节进行了对比分析。

(1)竖向预应力粗钢筋

目前,大部分桥梁的竖向预应力均采用预应力粗钢筋,由于张拉后锚固的随意性较大,其预应力的有效值通常不能保证,很有必要对锚固力保证措施进行研究,如引进或开发自带液压旋锚功能的整体化张拉千斤顶,避免不可靠的人工紧锚。

采用进口精轧螺纹粗钢筋,以保证螺纹公差;改进现有精轧螺纹筋锚具垫板与螺帽的支承方式,采用如图 6 球面支承式锚具(Dywidag 锚具),以改善锚垫板同预应力筋不垂直时螺母与垫板的局部支承,如图 7。

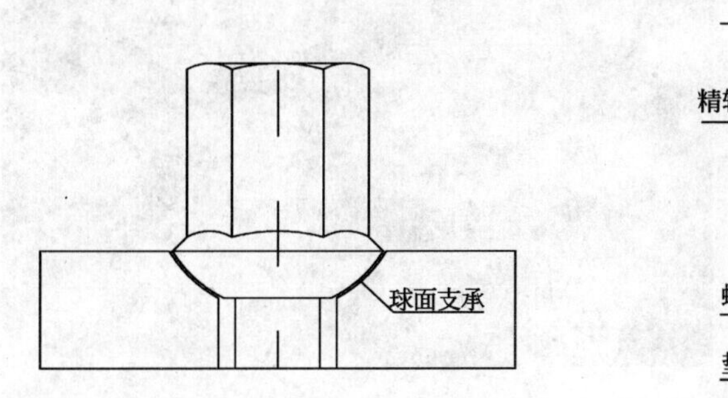

图 6 球面支承锚具示意

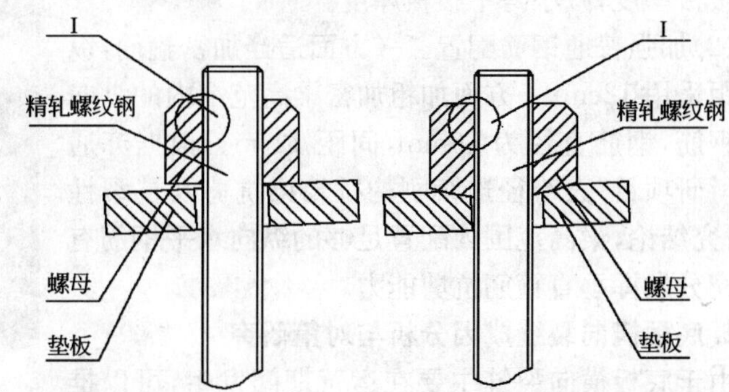

图 7 预应力筋与锚垫板不垂直时,螺母与垫板支承情况对比

采用二次复拉,克服预应力损失。根据福建下白石大桥 145m+2×260m+145m 刚构的有关试验结果,竖向预应力在张拉后的第一周损失最大,约占总损失的 80%,两周后明显趋缓,占总损失的 90%以上,一个月后张拉应力基本稳定,所以采用二次复拉,可将竖向预应力损失维持在较低的水平。

(2)预应力空心钢棒——NAPP 工法

日本针对预应力粗钢筋在施工中存在的问题,开发研制了预应力空心钢棒,1992 年投入使用,主要由中空钢棒、反力钢棒、锚固螺栓、端部螺帽组成，由于耐久性的要求，中空钢棒与反力钢棒之间进行树脂填充。

它采用先张法，工厂进行组装后在特制的台座上对反力钢棒进行顶压，中空钢棒同时储备了拉力，达到标准张拉力后，进行锚固，拧紧锚固螺栓；在工地进行定位，待混凝土强度达到要求后，用专用的解放器械释放锚固螺栓，中空 PC 钢棒的力反向施加于混凝土上，完成了预应力的施加。

它的优点：无需现场张拉，导入力准确；无需灌浆，有效避免了采用竖向预应力粗钢筋施工中的问题，使用 10 年来，效果比较理想，但价格比较贵。

(3)预应力钢绞线

虽然其锚具变形和钢筋回缩引起的预应力损失偏大，由于其张拉锚固吨位易保证，目前已有桥梁采用预应力钢绞线作为竖向预应力钢筋，施工过程发现存在如下问题：

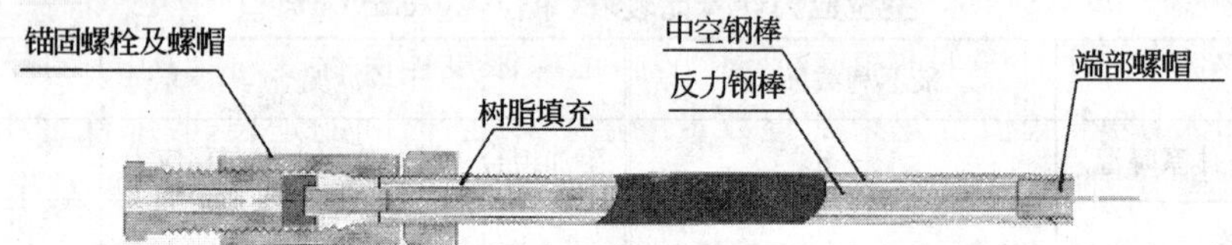

图 8　预应力空心钢棒组装示意

由于锚圈口朝上，易造成积水，而钢绞线对防腐的要求高于粗钢筋，因此，必须采取特殊手段进行保护，保护不当，将影响结构耐久性；

综上所述，竖向预应力采用进口精轧螺纹粗钢筋及球面支承形式的锚具；若条件成熟，也可全部采用预应力空心钢棒(图 8)。

苏通大桥 268m 连续刚构竖向预应力粗钢筋最终采用德国 BBV 公司生产的精轧螺纹粗钢筋及相应的锚固体系。其为球面支撑，且自行配带可数据锚固的张拉设备 MT110Mp-S03 千斤顶，如图 9 所示。为竖向预应力锚固的有效性提供了关键的保障。

图 9　张拉设备 MT110Mp-S03 千斤顶

3)截面尺寸与钢筋构造

(1)在满足强度与应力要求前提下，适当增加悬臂根部腹板厚度，减小跨中腹板厚度。

(2)加强普通钢筋配置。一方面适当加密箍筋，纵向间距采用 12cm；一方面加粗加密梁高范围内的纵向水平钢筋，钢筋直径为 16mm，间距 12cm。根据苏通大桥科研项目“大跨径连续刚构桥箱梁抗剪及抗裂性能”研究结论，梁高范围内配置足够的纵向水平钢筋有助于充分发挥垂直箍筋抗剪能力。

2. 底板横向裂缝成因分析与对策研究

由于底板横向裂缝主要在运营期间发生，可以推定主要是由于运营活载和时间效应荷载收缩徐变效应引起的。

1)关于运营活载

随着国内经济建设的高速发展，交通量骤增，而且超载现象极其严重，桥梁超负荷运营，使得受力控制截面开裂，甚至影响正常使用，为此应从交通管理上应严格把关，在此不多赘述。

2)关于收缩徐变荷载

引起箱梁跨中底板开裂的另一个重要原因就是收缩徐变效应。一方面由于人们对收缩徐变效应的把握不够精准,一方面由于减少收缩徐变效应的措施考虑不到位。也因此克服徐变效应产生的底板横向裂缝应沿着两个思路展开。

(1)在设计过程中,对收缩徐变产生的效应进行包络

美国混凝土学会第 209 委员会 1982 年的报告指出,所有影响收缩、徐变的因素,连同他们所产生的结果本身都是随机变量,他们的变异系数最好也要达到 15%～20%。因此在设计过程中对收缩徐变产生的效应应该秉持包络的设计理念。结合对同规模现有桥梁收缩徐变效应的发生量的观测,选择合适的收缩徐变计算理论及收缩徐变计算参数。如收缩徐变混合理论中,可对收缩徐变速度系数 β 及终极值 ϕ 进行包络。同时也应选取不同的计算程序进行对比分析。另外,还要设置预案措施,如体外预应力的设置。

(2)采取相应措施,减少收缩徐变效应的产生

①减少收缩徐变产生的二次力。使预应力产生的弯矩 M_p 与悬浇施工弯矩 M_d 大致相等,从而有体系转换预应力弯矩 M_{pr} 约等于体系转换恒载弯矩 M_{dr},最大限度消除徐变对结构的影响。

②随着跨径的加大,跨中底板合龙束配置数量的增多,随着时间的延长,收缩徐变引起的预应力损失越来越大,因此,可以考虑滞后张拉一部分底板合龙束,即等待混凝土收缩徐变发生完成大部分后再张拉。

③根据建设工期的安排,适当延长悬臂浇筑梁段的预应力张拉时间,苏通大桥连刚构纵向预应力的张拉龄期控制在 6～7 天。

④在混凝土原材料上选择低徐变和收缩的水泥。

3. 底板纵向裂缝及保护层剥落成因分析与对策研究

1)成因分析

一方面随着人们对收缩徐变产生效应的重视,一方面随着跨径的加大,中跨底板合拢束的配置越来越多,预应力钢束规格也越来越大,而大跨径结构从根部到跨中的截面梁高,主要采用曲线变化,底板预应力钢束的张拉势必产生较大的径向力,如图 10 所示,从构造上又没能采取一定的措施加以克服,继而产生底板纵向裂缝,甚至造成混凝土保护层的崩落。

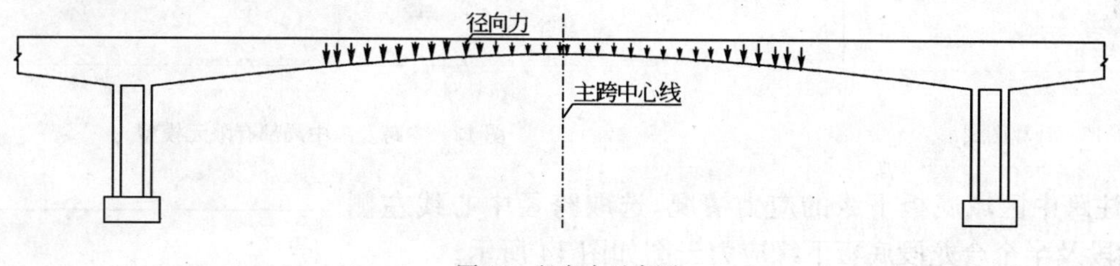

图 10 径向力示意图

2)径向力公式推导

美国 ASSHTO 规范给出了通过圆曲线径向力计算公式 $F=N/R$,N 为张拉力,R 为曲线半径。连续刚构梁高变化规律通常按抛物线变化,苏通大桥 268m 连续刚构梁底变化曲线为 1.6 次抛物线,曲线方程为 $Y=0.004\,52X^{1.6}$。另外根据悬浇施工的梁段划分,为方便施工,每段梁底为直线,因此总体讲,梁底变化按照折线变化。径向力则按照转折角度进行计算,根据力的合成三角形,如图 11 所示,可推导得到径向力计算公式 $F=2N\tan(\alpha/2)$,理论上讲,径向力的作用位置为转点处,实际上总会沿着梁段长度有一传递范围,即纵向作用宽度,在空间分析中可以求得这个作用宽度。

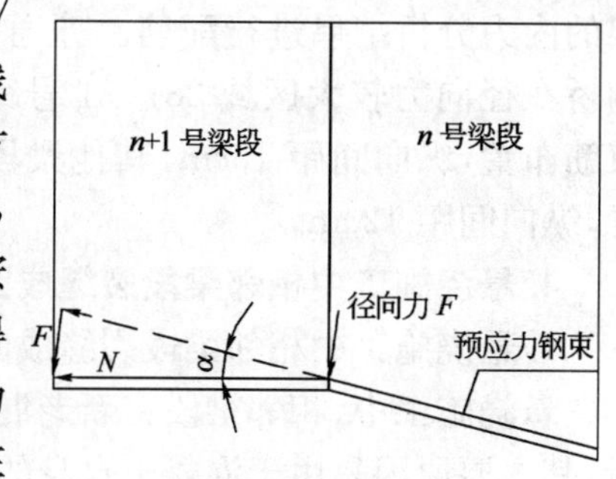

图 11 径向力计算图示

苏通大桥 268m 连续刚构,由于梁底变化曲线采用 1.6 次抛物线,径向力在跨中区域即 30 号梁段向

31号梁段过渡位置最大(31号梁段为最后悬臂浇筑施工梁段)。每根中跨底板束规格为31ϕ^j15.24(15-31),则张拉力为6 050kN,假定张拉时刻预应力损失约占10%,则有效预应力N=5 445 kN,偏转角度α=0.664°,根据上面公式计算该位置每根中跨底板束产生的径向力F=63.1kN。

理论上,混凝土是不能承受拉应力的,因此在底板内要设置防崩钢筋,使箱梁底板上、下层钢筋和混凝土形成一个整体,作为板承受该径向力。防崩钢筋按照抗拉力大于径向力,并留有一定的安全储备的原则进行设计。设计为了减少径向力对底板的横向效应,巧妙地利用了体外备用钢束的转向块作为横隔梁,加强桥梁横向刚度,根据空间分析结果,体外束转向块的设置,使得径向力对桥梁的横向效应约减少一半。

3)Ansys空间分析结果

设计采用Ansys进行了空间效应分析,计算图式与假定说明如下:

连续刚构采用主孔跨径268m、跨径布置为140m+268m+140m、全长548m预应力混凝土连续刚构桥,考虑到两个边墩仅是简支,故边跨对中跨底板合龙束产生的效应影响不大,在Ansys建立空间有限元模型时,仅取中跨和主墩部份,如图12、图13所示。对混凝土采用10结点四面体等参实体单元solid92,对预应力索采用抗弯刚度极小的beam4梁单元。预应力束采用31根ϕ15.24的钢绞线,张拉控制应力为1 395MPa,有效预应力均取1 269.45MPa。预应力钢束材料特性、截面面积均按实际输入,用索单元的降温来模拟预应力效应,按公式$\sigma=E\times\alpha\times\Delta t$来计算各根预应力钢束各分段需要降低的温度值。边界条件按墩身底部与承台固结约束考虑。设纵桥向为X方向、横桥向为Z方向,竖桥向为Y方向。60号混凝土:弹性模量3.65×10^4MPa,泊松比0.166 7。预应力钢绞线:弹模1.95×10^5 MPa,泊松比0.3。

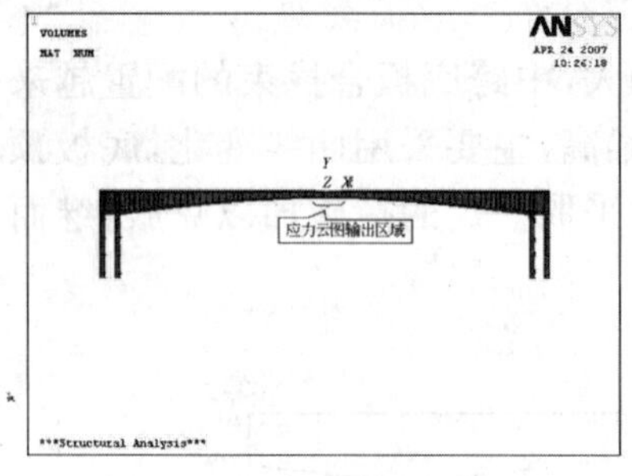

图12 计算图式

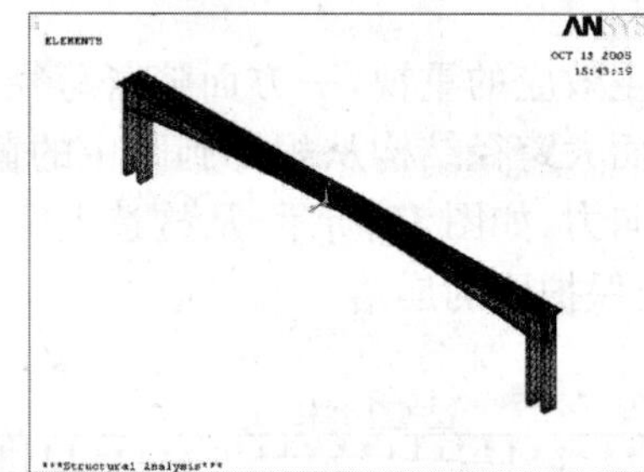

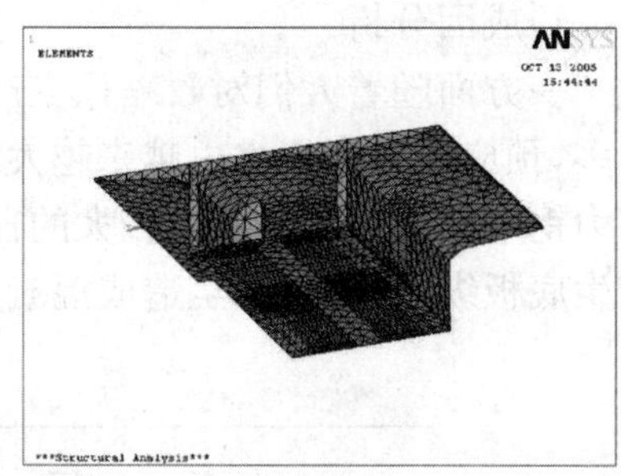

图13 中跨及跨中局部有限元模型

主要关注跨中区域底板下缘的应力情况,选取跨径中心线左侧28~31号梁段及半个合龙段底板下缘应力云图如图14所示。

位于两腹板中间区域,底板下缘应力较大,应力值大部分在2~3MPa,可通过配置横桥向普通钢筋解决。为安全起见,也可采用横框架的内力分析结果进行配筋。苏通大桥268m预应力混凝土连续刚构桥在径向力较大区域28~31号梁段,底板横向钢筋采用2根ϕ25束筋布置,纵向间距15cm,其他梁段横向钢筋采用1根ϕ25钢筋布置,纵向间距12cm。

图14 跨径中心线左侧28~31号梁段及半个合龙段底板下缘应力云图

4. 悬浇施工中相邻梁段裂缝成因分析与对策研究

1)悬浇施工中相邻梁段裂缝成因分析

悬浇施工中,相邻梁段在新老混凝土结合区域裂缝的形成,发生于没有外力荷载作用的时刻,不难判断,其主要原因是由于混凝土自身的收缩和温度的降低引起的,而收缩又可以等价于一定的温度降低效应。但温度降低多少将导致结构产生裂缝?混凝土悬浇施工中产生的温度降低量又是多少?设计者对此进行了探索性分析。

(1)结构对温度降低的敏感性分析

相邻梁段的温差效应是一个空间的效应，因此采用 Ansys 进行分析，假定 $n+1$ 号梁段相对于 n 号梁段温度降低 30°。经分析得到如下结果：

$n+1$ 号梁段降温 30℃，对 n 号梁段底板产生纵向拉应力：5～6MPa；

$n+1$ 号梁段降温 30℃，对 $n+1$ 号梁段腹板产生的竖向拉应力：4～5MPa；

$n+1$ 号梁段降温 30℃，对 $n+1$ 号梁段顶板产生的横向拉应力：5～6MPa；

应力云图详见图 15～图 17。

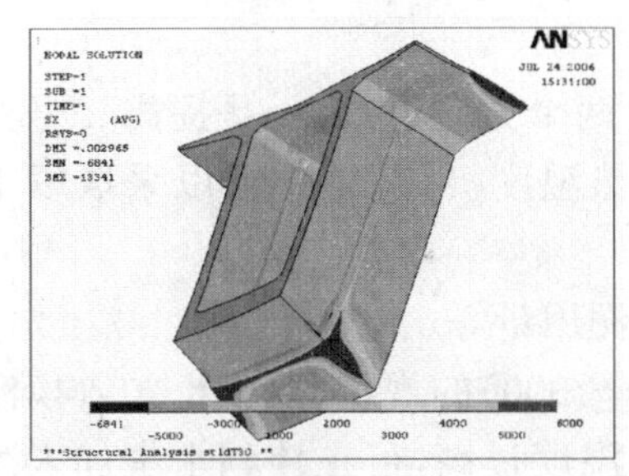

图 15 降温 30℃对前一梁段底板产生的纵向应力

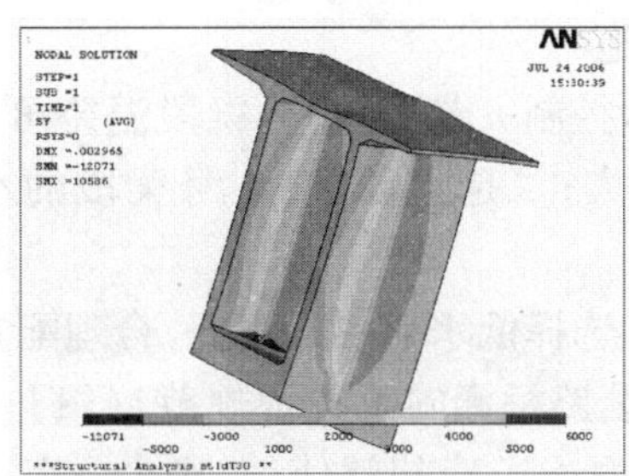

图 16 降温 30℃对本梁段腹板产生的竖向应力

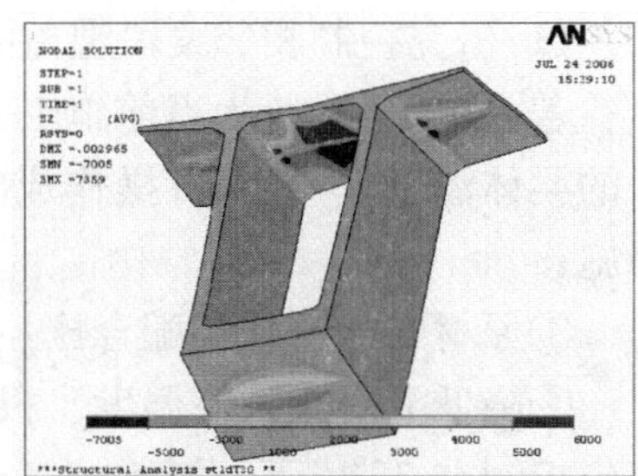

图 17 降温 30℃对本梁段顶板产生的横向应力

对底板和腹板而言所产生的应力与裂缝的发生方向完全相同，对顶板而言，$n+1$ 号梁段降温 30℃，对 $n+1$ 号梁段顶板产生的横向拉应力 5～6MPa，但裂缝是斜向 45°方向，无疑箱梁结构还承受着纵向拉应力，二者的合成导致了斜向裂缝的发生。大跨径预应力混凝土结构梁高通常较高，箱梁截面沿梁高范围内温度降低存在着一定的梯度，降温幅度从大到小依次为顶板上缘、底板下缘、腹板，类似于英国 BS-5400 规定的截面降温模式，如图 18 所示意，H 为梁高。只是降温数值会更大，该降温模式使施工的当前梁段 $n+1$ 号梁段产生较大的纵向拉应力。

(2)混凝土悬浇施工中产生的温度降低数值研究

混凝土硬化过程中，会产生大量的水化热，大体积混凝土产生的水化热很大，而且不能及时散掉，导致结构在硬化后，出现较大的降温。预应力混凝土箱梁就壁厚而言，虽然远称不上为大体积混凝土，但其采用的混凝土标号通常都较承台等大体积混凝土为高，其在硬化过程中产生的水化热很大，与环境的热交换同样不能及时进行，从而也导致结构硬化后出现较大的降温。

南京长江第二大桥北汊主桥为 90m＋3×165m＋90m 预应力混凝土连续箱梁桥，采用悬臂现浇施工，对北汊主桥 165m 跨径箱梁采用的高强混凝土开展了早期水化热温度的研究，主要针对 0 号块和 1 号块进行，0～1 号块箱梁高度为 8.8～8.655m，底板厚度 1.4～1.09m，宽度 7.5m，箱梁混凝土设计强度为 50MPa，施工时间为南京地区秋末。

底板中心最高温度实测值为 67.2℃，是混凝土浇筑后 39h 约 1 天半的时间达到的。详见图 19。

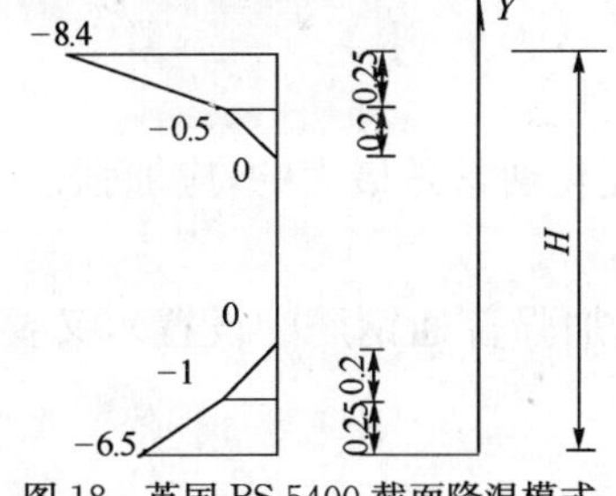

图 18 英国 BS-5400 截面降温模式

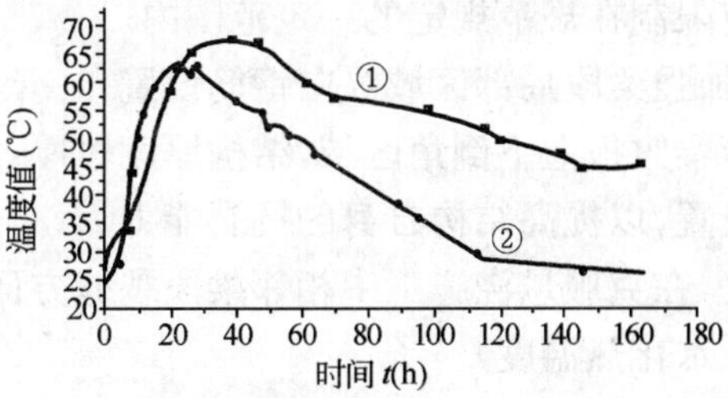

图 19 南京长江第二大桥北汊主桥 0 号块底板中心处混凝土水化热温度曲线

曲线①为 0 号块 2 个横隔板间的底板中心测点 A 的水化热温度变化曲线；曲线②为 0 号块横隔板外的底板中心测点 B 的水化热温度变化曲线。由于测点 A 位于 0 号块横隔板与箱梁腹板形成的近似封闭空间内(仅横隔板有人孔),混凝土浇筑后该空间内空气温度较高,受箱梁外大气温度影响较小;测点 B 所处底板基本处于大气之中,散热较快,故二者的下降段不同。

苏通大桥对试验梁的水化热温度进行了检测,当环境温度为37℃时,测得箱梁混凝土内部最高温度值为81℃,因此其降温值将达到44°,根据上面敏感性分析结果,必然会对箱梁结构产生较大的拉应力,从而产生裂缝,因此必须采取措施降低水化热温度,以降低相邻梁段的温差,同时提高结构抵抗温度变化的能力。

2)悬浇施工中相邻梁段裂缝对策研究

(1)研究控制相邻梁段温差的措施

若 $n+1$ 号梁段为当前施工梁段,控制 n 与 $n+1$ 号梁段温差可沿着两个方向进行,一是提高 n 号梁段的梁体温度,一般来讲操作成本较大;二是降低 $n+1$ 号梁段的水化热温度极值,主要可以采取以下措施:

①原材料的选择与配合比控制。选择低水化热的水泥,合理配置水泥用量等。

②降低混凝土入模温度。根据《公路桥涵施工技术规范》(JTJ 041—2000)的规定,混凝土的入模温度应控制在32°以下。夏季施工或水泥未经冷却就使用,则会导致入模温度过高,可在拌和水中加入冰块,集料洒水降温等措施,并严格控制拌合前水泥的温度。

③合理选择混凝土浇筑时间。选择在一天温度较低时进行混凝土的浇筑。

④设置冷却水管。尤其在结构较厚部位设置冷却水管,通过水的循环,降低水化热极值,根据苏通大桥的观测资料,设置冷却水管的作用是比较明显的,进冷水后,循环后出水口的温度可达70℃左右。

⑤加强保湿养生,避免结构迅速失水。保湿养生使混凝土能及时散热,从而使当前梁段混凝土升温不致过高;同时也可提高混凝土早期的抗拉强度,增强自身抗收缩能力。所以混凝土浇筑完成收浆后,应尽快予以覆盖和洒水养护;对于不便于覆盖养生的腹板及底板下缘的混凝土,则应适当推迟脱模时间,避免结构在高温及大风环境下迅速失水,要通过不停洒水使结构表面保持湿润。

(2)适当控制混凝土早期弹模

根据"苏通大桥辅桥连续刚构收缩徐变及其影响研究"试验资料,混凝土强度和弹模随龄期的发展规律见表2。

力学性能指标随龄期的发展 表2

Age(d)	3	5	7	14	28	45	60	90
立方体(MPa)	43.3	50.7	58.2	67	79.6	84.5	87.2	93.1
E(GPa)	38	42.1	44.3	46.4	49	50.2	51	

3天时混凝土弹模 $E=38$GPa,就已超过60号混凝土规范规定的弹模 $E=36.5$GPa,60天时混凝土弹模 $E=51$GPa。温度降低后,对结构产生的应力除与温度降低值相关,与弹性模量也成正比。因此弹性模量应限制在规范规定的一定范围内。

(3)加强梁段局部区域纵向钢筋设置

在箱梁腹板上下倒角区域,结构厚度较厚,水化热引起的温度变化通常是最大的,应加强该区域的纵向钢筋设置,以提高结构自身的抗裂能力。

总之,在克服悬浇施工中相邻梁段裂缝方面,既要"临渊止沸"(加强普通钢筋的设置),又要"釜底抽薪"(降低水化热温度)。

5. 其他类型裂缝成因分析与对策研究

(1)其他类型裂缝成因分析

对于大跨径预应力混凝土结构,除了上面提到的一些典型病害,也会出现一些不规则的裂缝,通常是由于浇筑质量缺陷、浇筑后的养护不到位、以及局部应力超限引起的。

(2)其他类型裂缝对策研究

对于浇筑质量，除了加强施工的管理、监理的工作力度，从设计上也要尽一切可能为施工质量提供保证，如钢筋间距、预应力管道间距不宜过密，以保证混凝土浇筑的密实度，对于存在隐患的环节，则要明确提出具体措施与要求，如在关键部位加强钢筋设置，使用纤维混凝土等。

6. 小结

为了提高结构的抗裂性，设计中采取了各种措施，最终体现在经济指标的提高，表 3 列出了苏通大桥辅桥连续刚构的箱梁结构的经济指标，并与国内其他几座同规模的桥梁进行了比较。

箱梁经济指标比较表 表 3

项　目	混凝土(m^3/m^2)	钢筋(kg/m^2)	高强钢材(kg/m^3)
苏通大桥辅桥连续刚构	1.50	248	159
同等规模的连续刚构	1.30～1.4	150～180	130～140

三、结　语

本文在大跨径预应力混凝土连续刚构典型裂缝产生的原因分析及措施保证上作了一些尝试性的探索，意在从众多的同类型工程病害现象中，抓住主要矛盾，并着手加以解决，希望能为其他同类型工程提供一些借鉴。

参考文献

[1] 范立础. 预应力混凝土连续梁桥. 北京：人民交通出版社.
[2] 周履、陈永春. 收缩徐变. 中国铁道出版社出版，1994.

117. 西堠门大桥成桥及施工状态下的空气动力特性研究

廖海黎[1]　王昌将[2]
(1. 西南交通大学风工程试验研究中心；2. 舟山连岛工程建设指挥部)

摘　要　本文主要介绍西堠门大桥的运营阶段和施工阶段开展的一系列风洞试验研究，包括正交风和非正交风作用下主梁静力系数测定、1：20 大尺度主梁节段模型涡激振动试验，以及 1：124 全桥气动弹性模型风洞试验。最后，给出了西堠门大桥现场实测的初步结果，主要为台风"云娜"的风谱以及此时主梁断面风压的分布。

关键词　西堠门大桥　空气动力　风洞试验　现场实测

一、引　言

西堠门大桥位于我国沿海风环境最为恶劣的地区，大桥在成桥运营阶段和施工架设阶段都将频繁经历台风和季风[1]，因此结构在强风作用下的抗风安全性以及在常风作用下的运营舒适性，都是受到高度重视的问题。西堠门大桥为两跨连续悬索桥(图 1)，主跨 1 650m，主缆矢高为 165m，边跨 578m，吊杆间距为 18m。主梁采用带挑臂的分离式钢箱梁，主梁中心高 3.51m，总宽 36m。作为浙江省舟山连岛工程的重要组成部分，大桥建成后将成为世界上跨度最大的钢箱梁悬索桥。

本文借助缩尺模型风洞试验对西堠门大桥抗风性能的主要方面进行研究，包括颤振稳定性、涡激振动特性以及抖振特性。本文主要介绍针对西堠门大桥成桥状态和施工架设状态开展的四个风洞试验：分别是 1：60 主梁节段模型试验，1：80 主梁节段模型试验 1：20 大尺度主梁节段模型试验，1：124 全桥气动弹性模型试验，并分别讨论了风洞试验的主要结果。最后，本文还介绍了西堠门大桥施工阶段的现场实测研究，给出了初步结果，包括风谱和桥梁断面风压分布，并对主要结果进行了探讨。

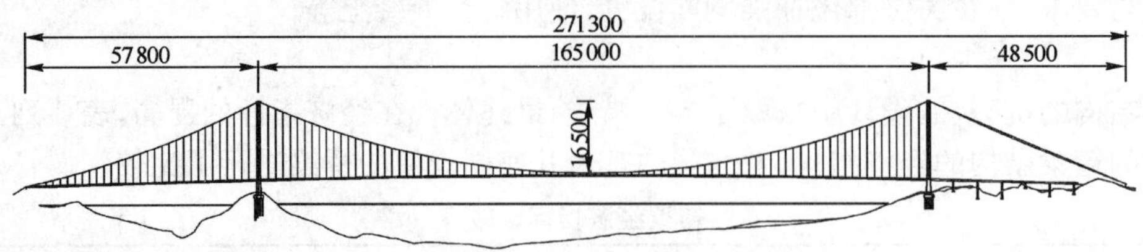

图1　西堠门大桥总体布置(尺寸单位:mm)

二、节段模型风洞试验[3]

西堠门大桥主梁节段模型风洞试验在西南交通大学XNJD-1单回流风洞里进行。该风洞拥有两个试验段，第一试验段高3m宽3.6m，风速范围0.5～20m/s；第二试验段高2m宽2.4m，风速范围1～45m/s。1∶20的大雷诺数试验在第一试验段中进行，1∶60的节段模型则在第二试验段中进行。

1. 大尺度(1∶20)节段模型试验

当气流经过桥梁断面时，会在断面附近产生周期性的漩涡脱落，并对桥梁产生周期性的激励作用，从而引起桥梁的涡激振动，振动形式一般为竖向或者扭转振动。涡激振动的振幅是有限的，但由于通常情况下其发振风速较小，发振频度高，并会显著降低人体的舒适度，因此在抗风设计中需要对主梁涡激振动给出准确的预估，并采取适当措施降低涡振振幅。

由于漩涡的产生和雷诺数有关，因此为了较准确的把握西堠门大桥的涡激振动特性，找到桥梁的涡激锁定风速并获得断面的斯托罗哈数，研究人员设计了1∶20大比例尺模型(可以获得较高的雷诺数)开展了详细的风洞试验研究，同时还考察了导流板和结构阻尼的影响。图2为安装在风洞中的节段模型。表1列出了西堠门大桥成桥状态和施工状态涡激共振发振风速以及对应的斯托罗哈数。图3给出了不同阻尼比条件下，以及不同导流板条件下模型的风速—振幅曲线。图中数据表明，增加结构阻尼和设置导流板，均能有效降低桥梁的涡振振幅。涡振振幅最大振幅满足规范的要求。因此，无论在运营阶段还是施工阶段，涡振对西堠门大桥的影响并不显著。

图2　安装在风洞中的1∶20节段模型

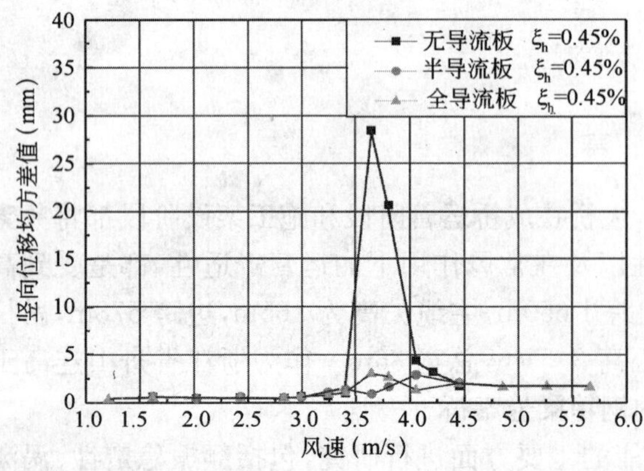

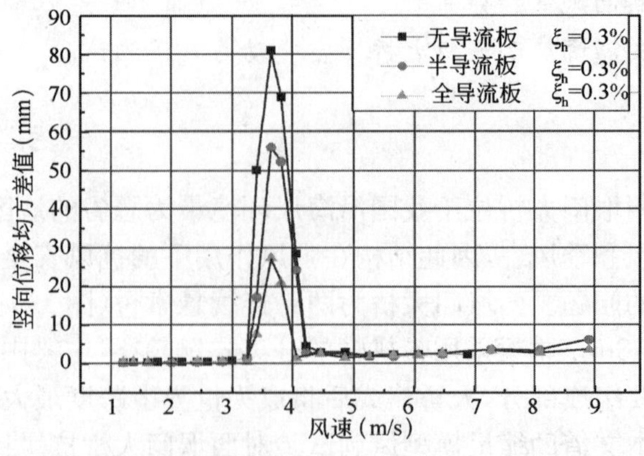

图3　成桥态桥梁断面的涡激共振特性

西堠门大桥涡激振动特性参数　　表1

	锁定频率(Hz)	模态	发振风速 (m/s)	斯托罗哈数
成桥态	0.104 8	竖向	3.2	0.117 3
	0.236 1	扭转	9.7	0.081 3
施工态	0.111 3	竖向	1.8	0.225 2
	0.250 6	扭转	6.6	0.134 4

2. 小比例尺模型试验

该类模型的缩尺比一般在 1∶60～1∶80 之间(图 4)。在本研究中,用于测定主梁断面静力三分力系数、桥梁颤振临界风速、斜交风条件件下的气动参数,以及颤振导数和气动导纳测量。本文主要介绍西堠门大桥在正交及斜交风条件下的静力系数试验,以及桥梁的颤振稳定性试验。

图 4　安装在风洞中的 1∶60 节段模型

正交风条件下的静力试验

桥梁断面的静风荷载一般由无量纲的力系数来表征,分别为阻力系数 C_D,升力系数 C_L,以及力矩系数 C_M。西堠门大桥成桥态和施工态主梁断面的三分力系数随风攻角的变化规律如图 5 所示。从中可以看出,由于成桥态断面增加了如栏杆等附属设施,因此其阻力系数显著大于施工态断面。

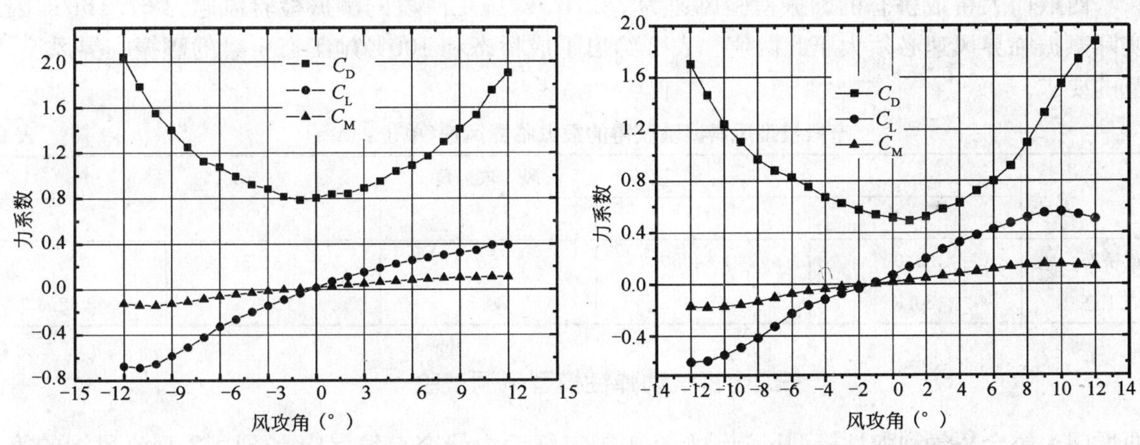

图 5　桥梁断面三分力系数(左图为成桥态断面,右图为施工态断面)

斜交风条件下的静力试验

为了获得西堠门大桥主梁在斜交风作用下的静风荷载,研究人员专门设计了一套 1∶80 的测试模型进行试验。该模型由一个试验模型和两个补偿模型(消除端部紊流影响)组成,试验模型长 0.905m,宽 0.4257m;补偿模型长度分别为 1.9m 和 0.9m。具体测试模型如图 6 所示。

图 6　斜交风作用下桥梁断面的静力试验

试验在 15m/s 的均匀流中进行,风攻角为 0°,斜交角则从 0°～ 90°变化,并以 5°为增量。斜交角 0°时来流与桥轴线垂直,90°时则与之平行。图 7 给出了不同斜交角条件下的力系数,其中 C_X 和 C_H 分别表示平行和垂直桥轴线的阻力系数,C_M 仍然表示力矩系数。对于成桥态断面,斜交角为 15°时阻力系数最大,其值为 0.442;施工态断面的最大阻力系数则出现在斜交 20°时,达到 0.365。

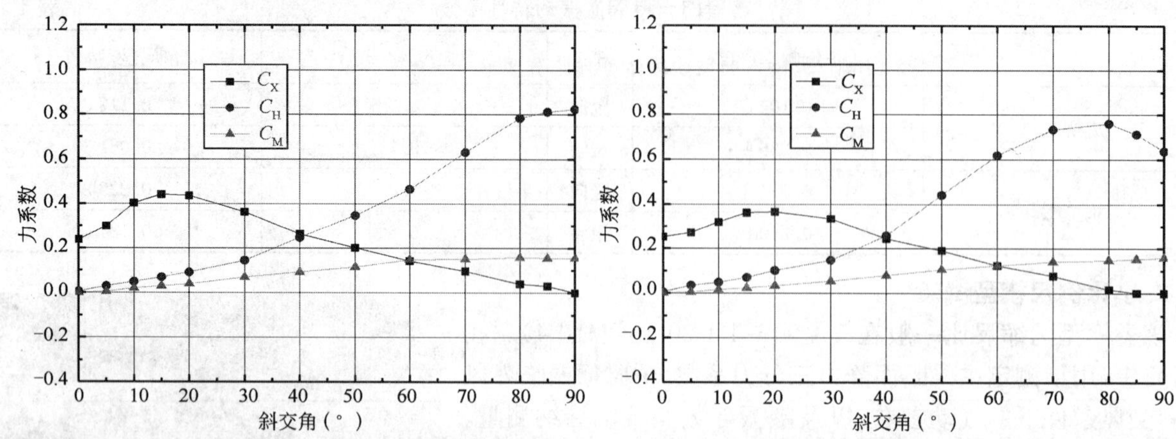

图7 不同斜交角下的力系数(左图为成桥态断面,右图为施工态断面)

颤振稳定性试验

颤振作为灾害性发散振动,在大桥的运营和施工阶段都是要求绝对避免的。为了获得西堠门大桥的颤振临界风速,研究人员利用节段模型动力系统开展了主梁断面颤振稳定性的测试工作。该系统按照气动弹性力学的建模要求,以及相应的缩尺比进行设计和实现,并以西堠门大桥成桥态和100%施工态桥梁的动力特性为参考(试验得到的是此两状态下的颤振临界风速)。

根据《舟山大陆连岛工程工程可行性研究——气象观测、风参数研究报告》[1]和《公路桥梁抗风设计规范》[2],西堠门大桥成桥态的颤振检验风速为78.7m/s,施工阶段的颤振检验风速为67.1m/s,因此桥梁的实际颤振临界风速必须大于此两值。表2给出了成桥态和100%施工态桥梁的颤振临界风速,均满足规范的要求。

节段模型风洞试验获得的颤振临界风速(单位:m/s) 表2

	风攻角				
	−3°	−1.5°	0	1.5°	3°
成桥态	83.0	>84.5	86	>84.5	83.9
施工态	80.3	79.4	78.8	75.9	68.6

三、全桥气动弹性模型风洞试验[3][4]

西堠门大桥全桥气动弹性模型风洞试验在中国空气动力研究与发展中心FL-13直流风洞的第一稳定段进行,该试验段长35m,宽26m,高16m,风速范围0.5~10m/s。试验模型的几何缩尺比为1∶124,全长22m。整体模型采用常规的气弹模型模拟技术进行设计和制作:刚度采用金属芯骨模拟,质量及分布采用配重的方式进行模拟,气动外形采用几何相似的木外壳模拟。试验中位移和加速度分别采用相应的传感器进行测量。试验前对模型进行了详细的模态试验,其结果表明模型的动力特性和设计值吻合较好,满足风洞试验的动力相似性要求。

根据实际桥址处的风场数据和《公路桥梁抗风设计规范》,研究人员采用了尖塔、格栅和粗糙元相结合的方式模拟了大气边界层,并通过热线风速仪的检验,试验风场的风剖面、紊流度以及风谱均较好的满足了规范要求。全桥模型及边界层模拟装置见图8所示。

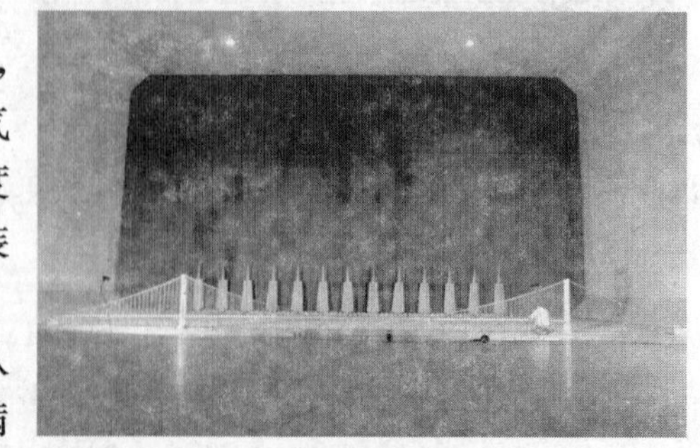

图8 全桥气动弹性模型试验及边界层模拟装置

表3给出了西堠门大桥各典型阶段的颤振临界风速,从中可以看出,除8梁段施工态外,其他阶段的颤振稳定性均满足规范要求。另外,+3°攻角下的颤振风速小于0°攻角下的

风速值。

西堠门大桥各典型阶段的颤振临界风速(单位：m/s) 表3

施工状态	攻角		施工状态	攻角	
	0°	+3°		0°	+3°
成桥态	>96.6	>96.6	32梁段施工态	>73.5	71.3
合龙态	>74.6	>72.4	20梁段施工态	>75.8	>73.5
78梁段施工态	>73.5	70.2	12梁段施工态	>72.4	73.5
64梁段施工态	>74.6	66.8	8梁段施工态	68.0	63.5
52梁段施工态	>71.3	>70.2	4梁段施工态	74.6	72.4
40梁段施工态	>73.5	>71.3			

表4给出了紊流场中气动弹性模型试验的抖振位移。从试验的具体数据和试验中的现象来看，在各个施工阶段，横向抖振位移值均随风速的增大而增加；而在施工的前三个主要阶段(主跨分别保留4、8、12梁段)，梁段自身的响应显著降低，主要表现为刚体运动，此时以索的振动为主。

各施工状态设计风速下的抖振位移(+3°攻角，47m/s) 表4

施工状态	竖向位移(m)		横向位移(m)		转角位移(°)	
	中跨	四分跨	中跨	四分跨	中跨	四分跨
合龙	0.38	0.36	4.65	3.20	0.23	0.18
78梁段	0.39	0.33	1.33	1.40	0.11	0.07
64梁段	0.45	0.37	1.01	1.08	0.13	0.10
52梁段	0.15	0.39	0.77	0.88	0.72	0.05
40梁段	0.32	0.40	0.87	0.97	0.07	0.09
32梁段	0.32	0.47	0.68	0.79	0.25	0.79
20梁段	0.40	0.38	0.85	0.83	0.25	0.63
12梁段	0.42	0.34	1.10	1.12	0.02	0.56
8梁段	0.44	—	0.81	—	0.05	—
4梁段	0.48	—	0.37	—	0.04	—

注：从40梁段到12梁段施工态，四分跨的数据代表了梁端的位移。

表5给出了各典型施工阶段梁段在设计风速47m/s下的最大内力值，该值同时考虑了梁段的最大静风内力和最大抖振内力。从中可以看出，横向弯矩在桥梁合龙时达到最大，而竖向弯矩的最大值则出现在32梁段施工态。

不同施工阶段梁段最大弯矩值(单位：kN·m) 表5

施工态	横向内力	竖向内力	施工态	横向内力	竖向内力
合龙	425 098	20 412	32梁段	20 424	62 198
78梁段	49 649	15 869	20梁段	8 409	14 447
64梁段	21 494	23 344	12梁段	4 465	19 402
52梁段	14 083	18 008	8梁段	1 227	21 652
40梁段	24 067	23 031	4梁段	416	4 744

四、西堠门大桥的现场实测[5]

研究人员在西堠门大桥建设过程中，对箱梁表面脉动压力测量、桥位风特性、主梁位移及振动开展了现场实测。其中，分别在1/2和3/4两个不同断面上共布置了154个风压测量点，具体见图9所示。风速观测点与测压点位置对应，利用美国Young公司的81 000三维超声风速仪测量风速，该仪器的风速量程为0～40m/s，测量精度为0.01m/s，可以同时得到三个不同方向的实时风速值以及风攻角和风向角数据，具体见图10所示。风压和风速均同时进行测量，以保证相同断面上数据的同步性和对应性。位移测量主要由GPS位移测量系统完成，该系统由一个基准站和三个监测站组成。其中GPS基准站安置在北塔所在的老虎岛上，监测站分别设置在大桥主跨的1/8、1/4和1/2位置的主梁上，GPS采样频率为10Hz，数据传输率为115 200波特。

图9　箱梁上的压力传感器

图10　三维超声风速仪

在台风“罗莎”于2007年10月7日至8日袭击西堠门大桥期间，研究人员对此次台风的风特性与主梁的风振响应进行了同步现场监测。连续同步记录了从10月6日15时至10月7日23时长达31小时的风场数据，以及大桥的加速度和桥面风压力等数据。图11和图12分别给出了1/2跨附近箱梁断面的平均风压和脉动风压分布情况，图13和图14分别给出了与之对应的风速时程和风速谱。该数据时间段为2007年10月7日下午4:50到5:00，共10min的数据。该时间段内的平均风速为23.9m/s，平均风攻角为−1.73°。

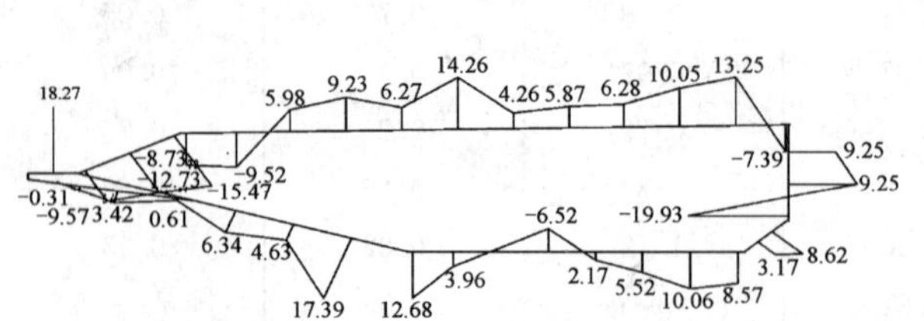

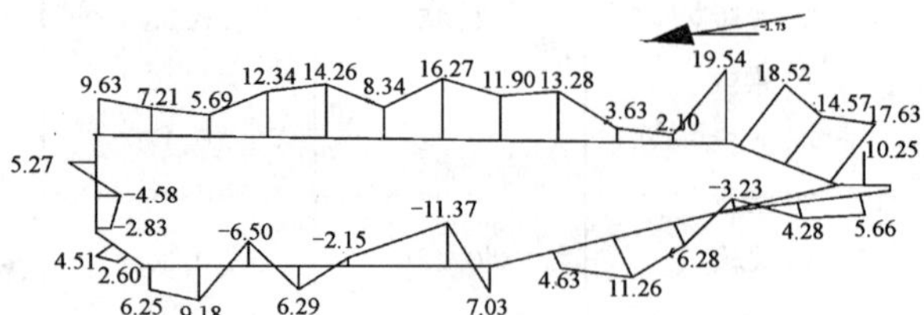

图11　箱梁断面的平均风压分布

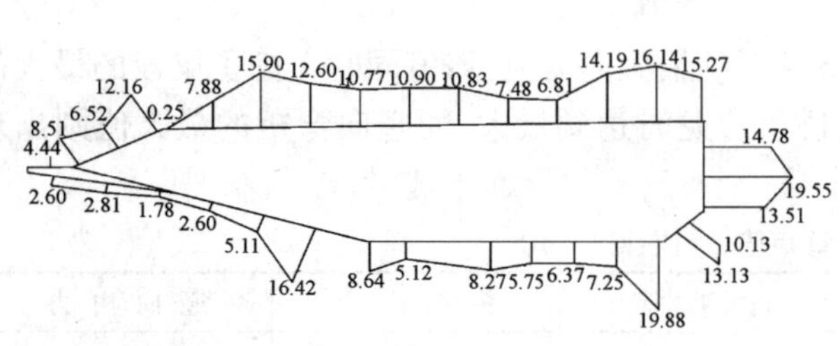

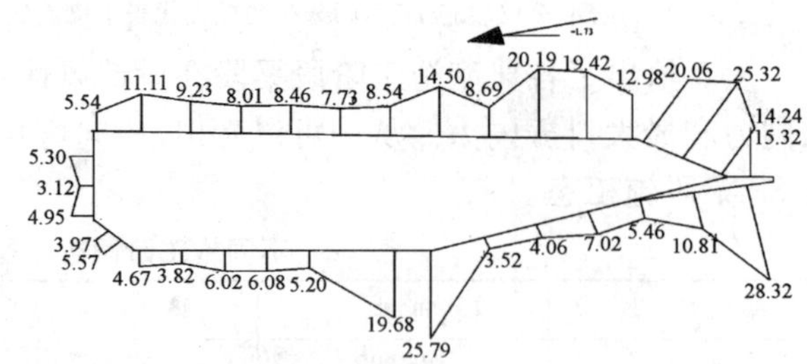

图12　箱梁断面的脉动风压分布

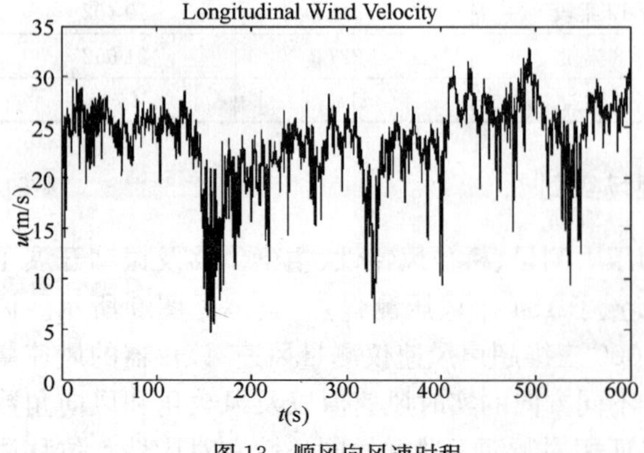

图13　顺风向风速时程

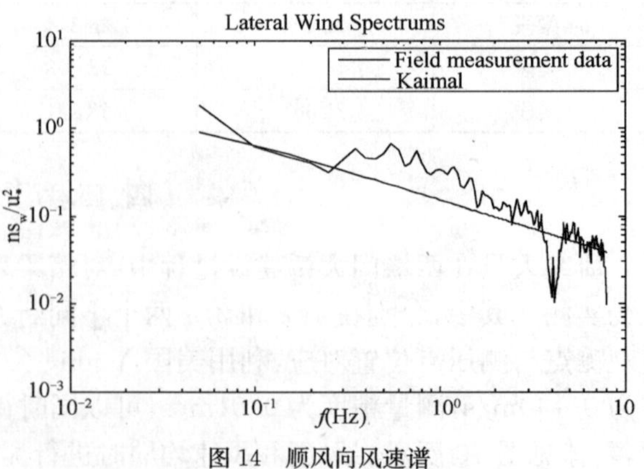

图14　顺风向风速谱

五、结　　论

通过一系列风洞试验以及现场实测，本文可以得出以下结论：

(1)斜交风对桥梁静风荷载影响较大，阻力系数随斜交角的增大而增大。

(2)虽然节段模型试验中有明显的涡振现象，但导流板和结构阻尼均能有效降低涡振振幅。

(3)通过节段模型试验获得的颤振临界风速和全桥气动弹性试验获得的风速较为接近。

(4)在桥梁架设的初期阶段，由于其颤振临界风速相对较低，因此在实际施工时应避免台风天气。

(5)桥梁在合拢时以及施工中风致内力较大，建议对临时连接件的强度进行必要的评估。

(6)现场实测的主要结果反映了实际结构的抗风特性，同时可用来评定风洞试验结果的准确程度。

参考文献

[1] 舟山大陆连岛工程工程可行性研究——气象观测、风参数研究报告.

[2] 公路桥梁抗风设计规范(JTG/Y D60-01—2004)，人民交通出版社，2004.

[3] 西南交通大学风工程试验研究中心.西堠门大桥抗风性能试验研究报告.2005.

[4] 西南交通大学风工程试验研究中心.西堠门大桥施工阶段抗风性能研究报告.2007.

[5] 西南交通大学风工程试验研究中心.西堠门大桥现场实测阶段报告.2007.

118.西堠门大桥施工阶段风致内力研究

王　骑[1]　王昌将[2]　马存明[1]

(1.西南交通大学风工程试验研究中心；2.浙江省舟山连岛工程建设指挥部)

摘　要　西堠门大桥在施工阶段将经历台风期和的季风期，其已架设梁段在各个不同施工阶段的风致内力将直接关系到桥梁的安全性。为了在最大程度上和实际情况接近，作者通过西堠门大桥全桥气动弹性模型风洞试验获得了各个典型施工阶段梁段的位移，并以主梁抖振位移功率谱为基础，采用随机振动理论的SRSS方法得到了各个梁段在不同施工阶段的抖振内力，在与考虑非线性影响的梁段静风力进行叠加后得到了各施工态梁段的最大内力。试验和计算结果表明，西堠门大桥在合龙后以及架设中期梁段的内力较大，因此作者同时建议对梁上的临时连接件进行强度校核和加固处理。

关键词　施工阶段　抖振　风洞试验　位移和内力

一、概　　述

西堠门大桥是舟山连岛工程的重要组成部分，该桥为两跨连续悬索桥，主跨1650m，边跨578m，主缆矢高为165m，吊杆间距为18m。主梁采用带挑臂的分离式钢箱梁，主梁中心高3.51m，总宽36m。该桥建成后，将成为世界上跨度最大的钢箱梁悬索桥。与一般悬索桥不同的是，大桥所处的西堠门水道处于复杂的海岛气候区，在其梁段架设的整个阶段将经历夏秋季节的台风期以及平时的季风期。根据《舟山大陆连岛工程工程可行性研究——气象观测、风参数研究报告》[1]和《公路桥梁抗风设计规范》[2]，西堠门大桥成桥态的设计风速为55.14m/s，施工阶段的风速为47m/s，而如此大的风速将直接加大梁段的风致内力；此外，由于梁段在施工阶段采用了临时连接措施，使得架设梁段的整体刚度和承载力都受到较大削减，不利于已架梁段在大风中的安全。

因此，为了确保西堠门大桥施工阶段梁段的抗风安全，工程人员需要准确把握各个施工阶段梁段的风致内力，并在此基础上对临时连接措施的安全性能进行适当的评定和优化。鉴于此目的，本文基于各施工阶段全桥三维有限元模型(已考虑梁段整体刚度折减)和相应的风洞试验大比例尺气动弹性模型(缩尺比:1∶124),在获得各典型施工态梁段的抖振位移后,通过随机振动理论计算得到了梁段的抖振内力,在与相应的静风内力(已考虑梁段静风变形的几何非线性效应)叠加之后得到了各梁段的最大内力。最后,作者建议对梁段的临时连接件进行相应的强度校核乃至加固计算,以确保桥梁施工期间的抗风安全。

二、主梁刚度折减和结构动力特性计算

大跨度悬索桥施工阶段抗风性能的研究重点是长度不断变化的主跨梁段,而西堠门大桥主跨梁段的吊装从北锚、北塔、南塔处梁段施工完毕后开始。因此在本文的研究中,根据主跨梁段吊装计划,并以主跨梁段吊装数量为参照,将施工期划分为10个典型阶段。这10个阶段分别是:梁段架设完成状态(桥梁合龙)、主跨架设78梁段、64梁段、52梁段、40梁段、32梁段、20梁段、12梁段、8梁段、4梁段。

由于后期线形调整的需要,施工时梁段均采用临时措施进行连接,而这样的临时连接势必会降低主梁的刚度,从而增加了主梁对风的敏感程度。因此,为了较为准确地模拟实际架设梁段的刚度值,并从较安全的角度把握桥梁施工期的抗风性能,本文采用不计重力的悬臂梁有限元模型模拟了十段标准梁段以及其上的临时连接件,并通过在单位力作用下的横向、竖向和扭转三个方向的位移计算结果,按照计算悬臂梁挠度和扭角的公式反算出了在临时连接状态下梁段的等效刚度值。相应的对比结果见表1所示。

主梁等效静刚度折减计算值　　　　表1

单位力(矩)位移	临时连接梁段	原始梁段	刚度折减系数
竖向位移(m)	2.571	1.014	0.394
横向位移(m)	0.067 7	0.022 08	0.326
扭转变形(rad)	2.14E-06	1.81E-06	0.846

注:刚度折减系数为临时连接梁段和原始梁段的等效刚度比值

同样按照等效刚度原则,将有限元模型的主梁单元的静刚度按照考虑临时连接时的折减率进行修正,并遵循质量和质量分布(质量惯矩)不变的原则,计算得到了各个施工阶段的动力特性,并和不考虑梁段刚度折减的计算结果进行对比。计算结果表明,由于主缆重力刚度的影响,结构前几阶竖向和扭转频率的折减幅度不超过5%,但结构横向振动频率的折减幅度较大,超过10%。典型施工阶段的有限元模型见图1～图4所示,不同施工阶段结构的动力特性见表2所示。

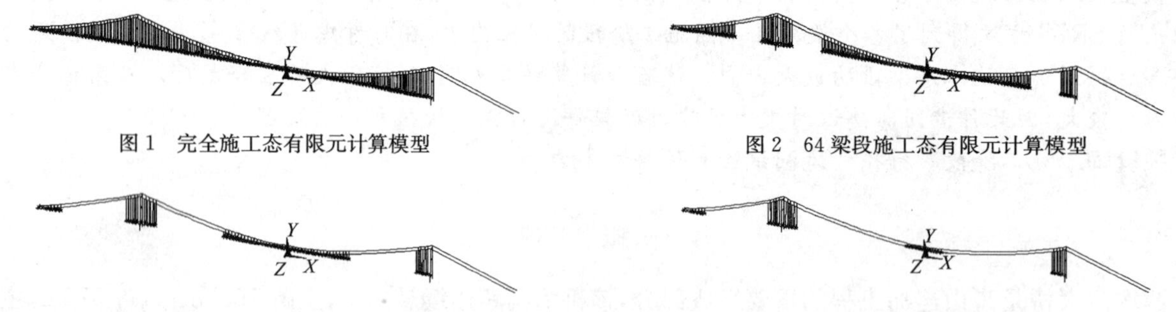

图1　完全施工态有限元计算模型

图2　64梁段施工态有限元计算模型

图3　40梁段施工态有限元计算模型

图4　12梁段施工态有限元计算模型

各施工阶段结构的主要频率(Hz)　　　　表2

施工状态	正对称侧弯 L-S-1	反对称侧弯 L-A-1	正对称竖弯 V-S-1	反对称竖弯 V-A-1	正对称扭转 T-S-1	反对称扭转 T-A-1
100%施工态	0.047 5	0.098 6	0.102 9	0.079	0.238 4	0.234 6
主跨78梁段	0.039 6	0.052 0	0.104 2	0.080 8	0.229 5	0.196 1
主跨64梁段	0.039 7	0.058 4	0.109 3	0.083 0	0.222 4	0.194 5
主跨52梁段	0.039 9	0.062 4	0.117 6	0.086 3	0.219 9	0.204 6
主跨40梁段	0.040 3	0.076 8	0.125 2	0.091 6	0.210 0	0.200 3
主跨32梁段	0.040 5	0.086 0	0.122 4	0.096 1	0.191 5	0.180 9

续上表

施 工 状 态	正对称侧弯 L-S-1	反对称侧弯 L-A-1	正对称竖弯 V-S-1	反对称竖弯 V-A-1	正对称扭转 T-S-1	反对称扭转 T-A-1
主跨 20 梁段	0.041 4	0.101 3	0.113 2	0.101 0	0.170 3	0.291 0
主跨 12 梁段	0.042 5	0.102 8	0.107 8	0.098 8	0.153 0	—
主跨 8 梁段	0.043 3	0.099 8	0.105 2	0.095 9	0.146 2	—
主跨 4 梁段	0.044 3	—	0.103 2	—	0.140 4	—

三、试 验 模 型

在气动弹性模型设计中，重力参数，弹性参数、惯性参数和阻尼参数的一致性条件均需要严格满足，才能保证模型的结构动力特性与原型相似，以及模型的位移、内力等力学参量与原型相似，才能保证试验所得到的动静力响应准确推算到实桥。根据风洞试验段尺寸以及本桥大缆拉伸刚度的特点，模型的几何缩尺比 $C_L=1/124$，相应的风速比和频率比分别为 $C_U=1/11.14$ 和 $C_f=11.14/1$。

为了满足加劲梁几何相似和竖向，横向，扭转刚度相似条件，本试验采用木制板条模拟主梁的几何外形，采用双主梁模式的铝制芯梁模拟主梁的刚度。桥塔的弯曲刚度则由钢制芯梁提供，其气动外形同样由木材制作，并采用铅皮调整各段的质量配重，使之满足相似要求。模型的主缆采用 8 根直径 0.2mm 的钢丝形成，其拉伸刚度均与实桥主跨相似，并在其外部套铅棒和硬质塑料棒进行配重，使之同时满足几何和质量的相似要求。猫道采用钢丝网模拟，其透风率接近实际猫道网孔透风率，且其自重也满足要求；由于吊杆的拉伸刚度对气弹模型的结构动力特性影响较小，所受的风荷载可以忽略，因此没有刻意去满足相似要求。

西堠门大桥施工阶段气动弹性模型试验在中国空气动力研究与发展中心低速所 FL-13 风洞的第一稳定段进行，以适应长达 22m 的桥梁大尺度气弹模型试验，如图 6 所示。试验段还安装由尖塔、粗糙元和挡板组成的大气边界层模拟装置，以模拟“桥梁抗风设计规范”所要求的风场（风剖面，紊流剖面，风谱等）。为满足本次试验对流场品质的要求，试验前采用热线风速仪进行测量，完成了对边界层模拟装置的调整和校测，具体结果如图 5 所示。

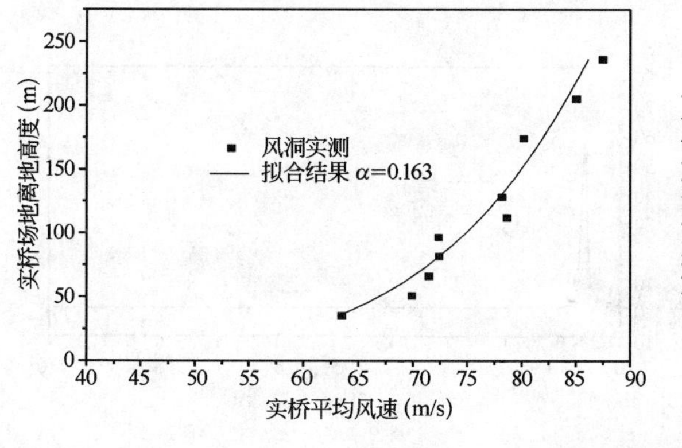

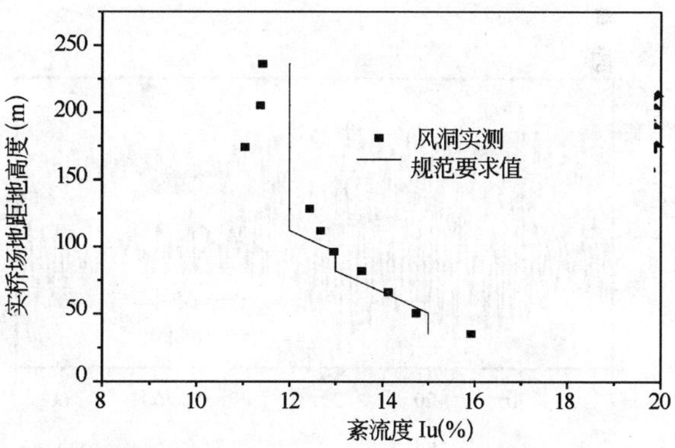

图 5 模型跨中位置实测风速剖面和紊流度剖面

在准确模拟结构外形、刚度、质量以及对模拟的来流风场进行校测外，同时必须在试验开始前在无风条件下对结构参数进行校测。经过对各个施工态气弹模型的模态试验，各项参数均满足风洞试验要求。考虑到悬索桥施工状态的主梁振动主要由一阶对称和反对称竖弯，一阶对称和反对称扭转四个振型构成，其最大响应可能位于中跨跨中截面或四分跨跨度处，因而试验采用三个激光位移计和三个加速度传感器布置在中跨跨中截面，采用三个激光位移计和两个加速度传感器布置在四分跨度处，由此就可获得相应截面所在位置的位移和加速度。同时，加速度传感器还

图 6 安装在风洞中的西堠门大桥 100% 施工状态气弹模型（紊流，+3°攻角）

可以验证激光位移计得到的抖振响应。

四、紊流场中气动弹性模型抖振试验

紊流场中气动弹性模型试验主要是为了研究各施工阶段的抖振响应。试验时桥面高度处的最大试验风速试验为 5.3m/s，模型的风攻角分别为 0°和＋3°，实桥施工阶段设计风速换算到风洞中的试验为 4.2m/s。从试验的具体数据和试验中的现象来看，在各个施工阶段，横向位移值均随风速的增大而增加，并且在很大程度上表现为一种静风位移的形式；而在施工的前三个主要阶段（主跨分别保留 4、8、12 梁段），梁段自身的响应显著降低，主要表现为刚体运动，此时以索的振动为主。

图 7～图 9 给出了合龙施工态典型的位移时程数据和功率谱（0°攻角，5.3m/s 风速），分别对应竖向，横向和扭转。由气弹模型的位移功率谱可以看出，该桥的风致抖振响应主要包含了前两阶反对称竖弯、前一阶对称竖弯、对称扭转和反对称扭转，以及第一阶对称横弯的贡献，而其他高阶成分的贡献很小。

表 3 和表 4 分别给出了在 0°攻角和＋3°攻角下，跨中和四分跨在设计风速（47m/s）下的抖振位移均方根值（RMS）。按随机振动理论，位移均方根值（RMS）乘以峰值因子 $g \approx 3.5$ 即响应峰值，全幅抖振为单边峰值的两倍。从表中数据可以看出，在施工的不同阶段，对称振型和反对称振型分别影响二分跨和四分跨位置处的抖振响应位移，而＋3°风攻角下的抖振振幅一般要比 0°攻角的大。

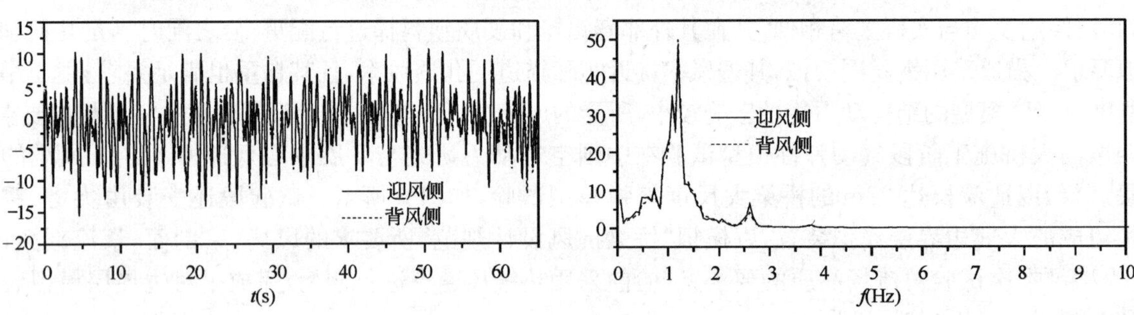

图 7　跨中竖向抖振响应的时程及功率谱曲线

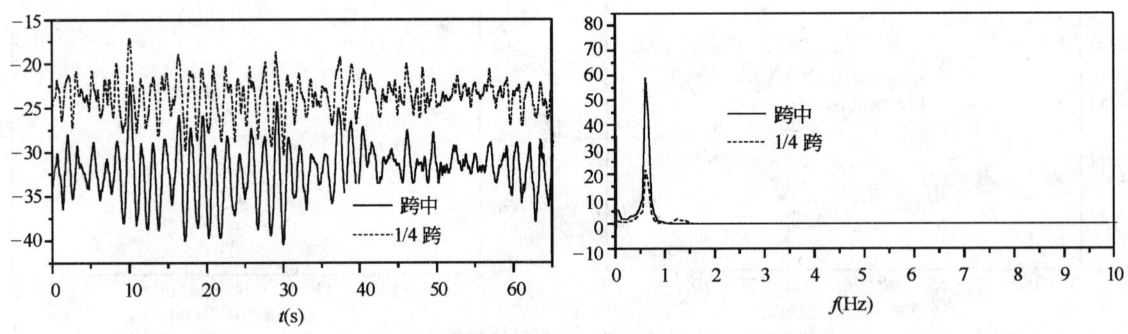

图 8　横向抖振响应的时程及功率谱曲线

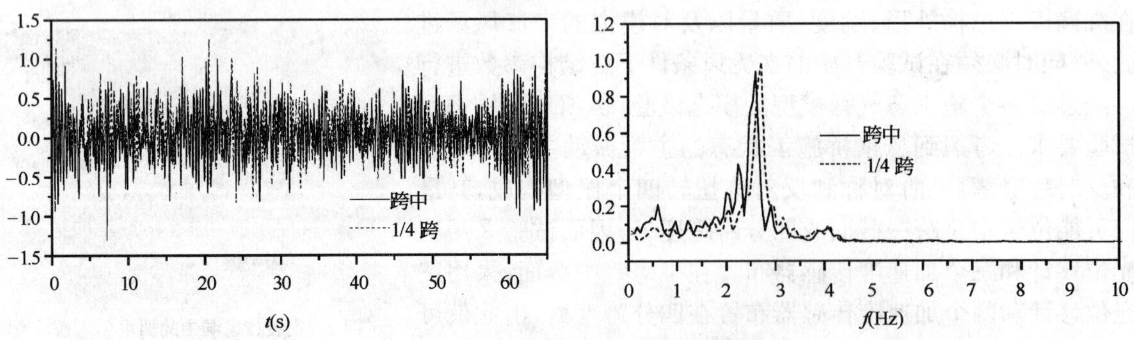

图 9　扭转抖振响应的时程及功率谱曲线

各施工状态设计风速下的抖振位移(0°攻角) 表3

施工状态	竖向位移(m)		横向位移(m)		转角位移(°)	
	中跨	四分跨	中跨	四分跨	中跨	四分跨
合龙	0.44	0.44	0.31	0.23	0.12	0.19
78梁段	0.55	0.40	0.68	0.80	0.12	0.09
64梁段	0.49	0.55	1.44	1.36	0.16	0.06
52梁段	0.33	0.46	1.02	1.00	0.10	0.09
40梁段	0.34	0.40	0.73	0.85	0.12	0.05
32梁段	0.33	0.84	0.95	0.99	0.18	0.16
20梁段	0.25	0.43	0.59	0.55	0.32	0.72
12梁段	0.50	0.45	0.98	0.99	0.20	0.75
8梁段	0.43	—	0.46	—	0.28	—
4梁段	0.65	—	1.09	—	0.25	—

各施工状态设计风速下的抖振位移(+3°攻角) 表4

施工状态	竖向位移(m)		横向位移(m)		转角位移(°)	
	中跨	四分跨	中跨	四分跨	中跨	四分跨
合龙	0.38	0.36	4.65	3.20	0.23	0.18
78梁段	0.39	0.33	1.33	1.40	0.11	0.07
64梁段	0.45	0.37	1.01	1.08	0.13	0.10
52梁段	0.15	0.39	0.77	0.88	0.72	0.05
40梁段	0.32	0.40	0.87	0.97	0.07	0.09
32梁段	0.32	0.47	0.68	0.79	0.25	0.79
20梁段	0.40	0.38	0.85	0.83	0.25	0.63
12梁段	0.42	0.34	1.10	1.12	0.02	0.56
8梁段	0.44		0.81		0.05	
4梁段	0.48		0.37		0.04	

注:从40梁段到4梁段施工态,四分跨的数据代表了梁端的位移。

五、结构风载内力计算分析

自然风作用下结构内力响应主要由两部分构成:一是结构在静风荷载作用下的内力,二是结构受脉动风作用发生抖振所引起的内力。结构风载内力计算针对西堠门大桥的各个施工状态进行,只考虑跨中梁段的风载内力。

静风荷载下的内力根据试验测得的三分力系数,考虑梁段静变形的几何非线性效应,采用有限元方法计算获得。其中三分力系数采用风洞节段模型静力试验值,阻力系数 C_D 按《公路桥梁抗风设计规范》取值。对于各个施工阶段的抖振内力计算,则是基于有限元法计算得到的各阶模态和随机理论中的SRSS法(平方之和开方法),并根据风洞试验所得到各个施工状态的抖振响应位移反演得到,具体公式如式(1)所示。根据前面风洞试验位移功率谱可知,高阶振型对桥梁的抖振影响较小,因此在计算时只考虑了各振型前几阶模态的影响:对于竖向振动取了前六阶模态,横向振动提取了前两阶模态,扭转振动取了前四阶模态。最终的风载内力是静内力和抖振(动)内力的叠加。表5给出了各个施工阶段梁段的最大叠加内力值,从中可以看出,横向弯矩值随架设梁段的减少而减少,竖向弯矩值在施工中期(32梁段施工态)时达到最大。

$$\sigma=\sqrt{\sigma_1^2+\sigma_2^2+\cdots+\sigma_n^2} \tag{1}$$

不同施工阶段梁段最大弯矩值(单位:kN·m) 表5

施工态	横向内力	竖向内力	施工态	横向内力	竖向内力
合龙	425 098	20 412	32梁段	20 424	62 198
78梁段	49 649	15 869	20梁段	8 409	14 447
64梁段	21 494	23 344	12梁段	4 465	19 402
52梁段	14 083	18 008	8梁段	1 227	21 652
40梁段	24 067	23 031	4梁段	416	4 744

六、结论和建议

(1)在紊流条件下,各个施工阶段桥梁的抖振响应主要包含了前两阶反对称竖弯、前一阶对称竖弯、对称扭转和反对称扭转以及第一阶对称横弯振型的贡献。

(2)从试验结果来看,桥梁的横向位移值较大,且均随风速的增大而增加,随梁段的增加而减小,并在很大程度上表现为一种静风位移的形式;桥梁的竖向位移相对较小,但转角位移在梁段架设中期的值也较大。

(3)在施工的前三个主要阶段(主跨分别保留4、8、12梁段),梁段自身的响应显著降低,索的振动起主导作用,主梁表现为刚体运动。

(4)在设计风速下梁段的横向叠加内力随梁段的减少而减小,而竖向内力则在架设中期出现最大值。

此外,由于内力的绝对值较大,因此建议对梁段上连接件的承载力按照风洞试验结果进行校核,并重点关注架设中期和合拢后的梁段安全。

参考文献

[1] 舟山大陆连岛工程工程可行性研究——气象观测、风参数研究报告.
[2] 公路桥梁抗风设计规范(JTG/Y D60-01—2004).人民交通出版社,2004.
[3] 克拉夫著,王光远译.结构动力学(第二版).北京:科学出版社,2004.
[4] 西南交通大学风工程试验研究中心.西堠门大桥施工阶段抗风性能研究报告.2007.

119.西堠门大桥强风特性、位移和桥面压力实测研究

刘 明[1] 李明水[1] 毛优达[2] 王 骑[1]
(1.西南交通大学风工程试验研究中心;2.浙江省舟山连岛工程建设指挥部)

摘 要 利用现场实测的方法对西堠门大桥桥址区脉动风场特性、主梁位移以及主梁断面压力等进行研究,经过对实测数据的统计分析,得到平均风速、平均攻角、紊流强度、阵风因子、紊流功率谱密度等强风特性,得到了主梁实时位移和桥梁的动力特性,并通过测压方法得到主梁断面的脉动压力值及压力谱值等。

关键词 紊流强度 阵风因子 功率谱 GPS 模态分析 脉动压力

一、概　　述

西堠门大桥是舟山连岛工程的重要组成部分和控制工程。该桥为两跨连续悬索桥，主跨 1 650m，边跨 578m。加劲梁采用带挑臂的分离式钢箱梁，加劲梁中心高 3.51m，总宽 36m，塔高 211m，主缆矢高为 165m，矢跨比为 1/10，吊杆间距为 18m。该桥建成后，将成为世界上跨度最大的钢箱梁悬索桥。由于该桥所在地区天气气候复杂，灾害性天气特别是台风、龙卷风、强风天气出现的频率比内陆地区高，因此该桥的抗风特性不仅成为该桥施工期和运营期结构安全性的控制因素，也成为其建设进度的重要影响因素。

为了较全面地了解施工期间西堠门大桥的抗风特性，研究人员在大桥上安装了一套风场测量与结构监测系统。该系统包括三维超声风速仪、加速度计、风压力传感器以及 GPS 等装置。图 1～图 3 为加速度计、三维超声风速仪以及脉动压力传感器的安装示意图。压力、风速仪和加速度计的采样频率均为 100Hz，GPS 的采样频率为 10Hz，各项参数均采用同步的方式进行测量，以保证数据的对应性和整体性。

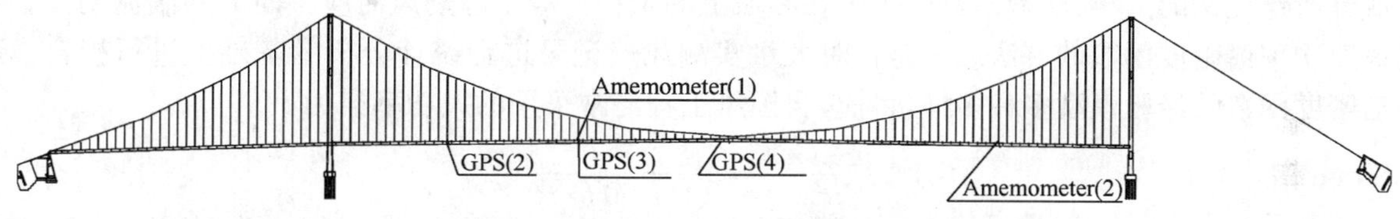

图 1　西堠门大桥监测传感器布置示意图

图 2　三维超声风速仪 S

图 3　风压力测量系统

二、风特性观测

大气边界层近地脉动风作为风速中的动力成分，是反映大气边界层风速随机性的重要参数，一般用紊流强度、阵风因子、紊流积分尺度和功率谱密度函数等物理量来表示，自从 Davenport 在 20 世纪 60 年代提出结构风致振动理论以来，与结构风振响应密切相关的脉动风特性日益受到人们的重视。经过风工程几十年的发展，并通过大量现场实测数据的统计分析，现在已经建立了各种经验参数和公式供设计使用。由于西堠门大桥所处的海岛气候区风特性较为复杂，也为了解决大型复杂结构抗风问题，因此采用该地区的实测风场数据拟合出适合该地区的脉动风速功率谱具有重要意义。

鉴于上述原因，本文以舟山西堠门大桥风场特性实测研究为背景，对大桥桥面处脉动风实测数据进行了详细的分析和研究。

1. 观测位置和仪器

桥面风环境观测点分别设置在桥面距北塔 1/4 跨处和南塔 1/8 跨处，仪器采用美国 Young 公司的 81000 三维超声风速仪。81000 超声风速仪具有很高的测量精度和良好的动态跟踪性能，在环境温度 −50℃～50℃范围内，风速量程为 0～40m/s，测量精度达到 0.01m/s。

2. 紊流强度和阵风因子

紊流强度反映了风的脉动强度，是确定结构脉动风荷载的关键参数。根据我国规范，紊流度定义为10min时距脉动风的标准方差与平均风速的比值[1,2]，如式(1)所示：

$$I_i = \frac{\sigma_i}{U}(i = u, v, w) \tag{1}$$

式中：σ_i——分别表示脉动风速三个方向$u(t)$，$v(t)$和$w(t)$的均方根。

风速的脉动强度也可用阵风因子表示。阵风因子通常定义为阵风持续期t_g内平均风速的最大值与10min时距的平均风速之比[1,2]：

$$G_u(t_g) = 1 + \frac{\max(u(t_g))}{U} \quad G_v(t_g) = \frac{\max(v(t_g))}{U} \quad G_w(t_g) = \frac{\max(w(t_g))}{U} \tag{2}$$

结构风工程中定义阵风持续期为2～3s，本文取$t_g=2$s，一般说t_g越大，对应的阵风因子越小。

3. 紊流功率谱密度函数

紊流功率谱密度函数$S_i(i=u,v,w)$能够更准确地描述脉动风的特性，能够准确反映出脉动风中各频率成分所作比例的大小，功率谱密度函数在频域上的全积分等于脉动风对应方向上的湍流动能。获得脉动风速功率谱密度函数的方法之一是在对大量实测风速记录进行统计分析的基础上进行拟合。紊流功率谱密度函数的经验模型多种多样，目前，我国风工程经常采用的风功率谱为[1,2]

Simiu谱：
$$\frac{nS_u(n)}{u_*^2} = \frac{200f}{(1+50f)^{5/3}} \tag{3}$$

Panofsky谱：
$$\frac{nS_w(n)}{u_*^2} = \frac{6f}{(1+4f)^2} \tag{4}$$

式中：$S_u(n)$——顺风向功率谱密度函数；

n——脉动风频率；

$f=nz/U$——莫宁坐标；

u_*——摩擦速度。

4. 数据分析和结果

在台风"罗莎"于2007年10月7日至8日袭击西堠门大桥期间，研究对此次台风的风特性与主梁的风振响应进行了同步现场监测。连续同步记录了从10月6日15时至10月7日23时长达31小时的风场数据，以及大桥的加速度和桥面风压力等数据。

(1)平均风速和平均攻角

10min时距的平均风速和风攻角的时程图如图4和图5所示。从中可以看出，台风"罗莎"的平均风速为16.97m/s，其中最大10min平均风速为26.32m/s。平均攻角为−0.46°，其中最大正攻角为0.42°，最大负攻角为−1.75°。

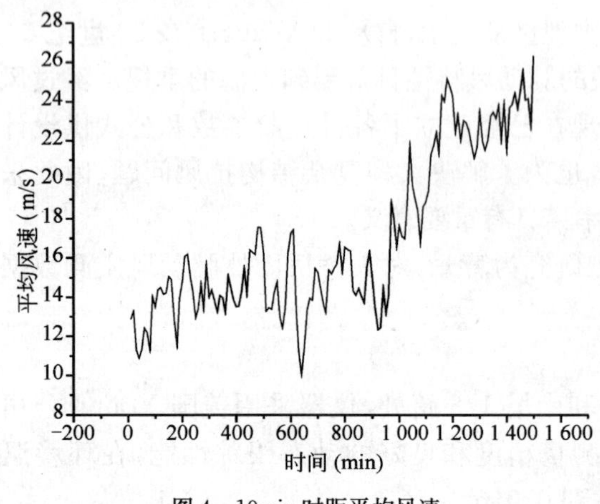

图4　10min时距平均风速

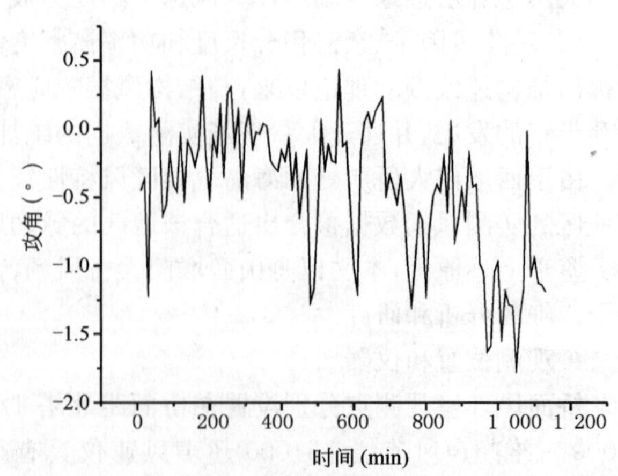

图5　10min时距平均攻角

(2)紊流强度和阵风因子

根据式(1)和(2)10min 时距的三维脉动风紊流强度和阵风因子结果分别如图 6 和图 7 所示。"罗莎"的纵向、横向和垂直方向紊流强度最大分别达到 25.54%,19.56%和 11.06%。总体平均值分别为 17.09%,12.88%和 7.00%,其中 I_u 值与规范值相接近。本次观测的三维紊流强度之间比值分别为 $I_u:I_v:I_w=1:0.75:0.41$,平均处于 $I_u:I_v:I_w=1:0.88:0.50$ 附近。"罗莎"的纵向、横向和垂直方向阵风因子最大分别达到 2.91、0.41 和 0.25,总体平均值分别为 2.37、0.28 和 0.15。

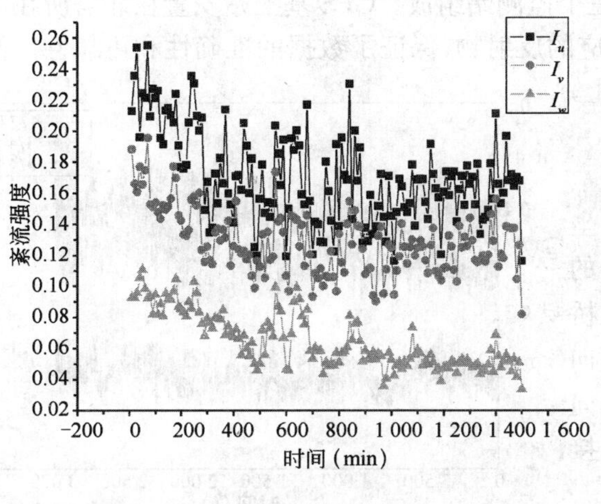

图 6 "罗莎"紊流强度

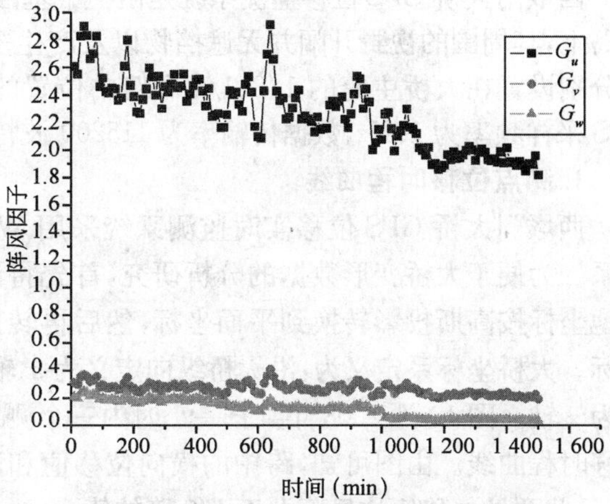

图 7 "罗莎"阵风因子

(3)紊流功率谱密度

实测西堠门大桥桥址区紊流功率谱密度函数与 Simiu 谱和 Panofsky 谱的对比如图 8 和图 9 所示。求得的摩擦速度 u_* 为 0.97m/s。实测脉动风的功率谱密度在水平方向与 Simiu 谱符合较好,但垂直方向与 Panofsky 谱存在一定差异:实测谱在低频段偏低,而在高频段又略偏高。而实测脉动风在垂直方向上的紊流动能分布偏向高频区域。

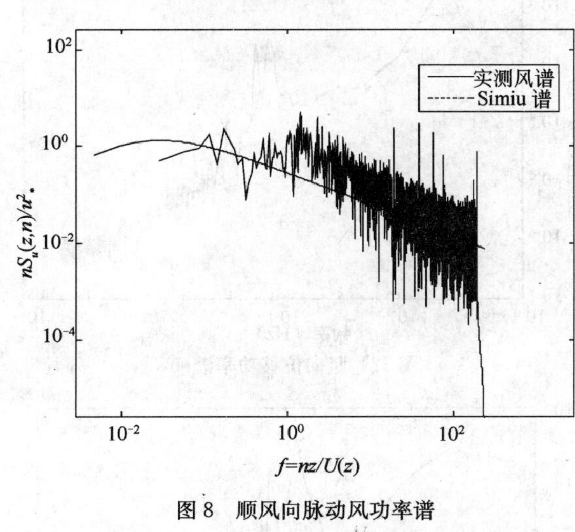

图 8 顺风向脉动风功率谱

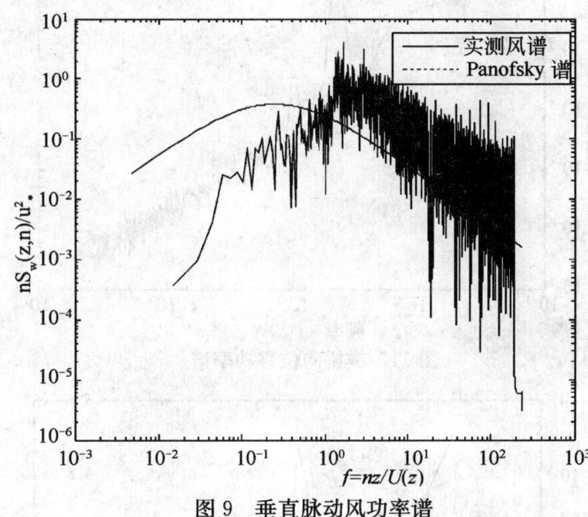

图 9 垂直脉动风功率谱

三、西堠门大桥 GPS 位移实时监测

大跨度桥梁等大型复杂结构物在台风,地震、车载和温度变化时,都会发生动态的变形,继而对结构的安全性造成不利的影响。因此,开展大型结构物现场动力参数实测,获取结构物在上述外力作用下的变形以及结构频谱特性,验证结构的理论分析和试验结果,对大桥安全性的评估以及类似结构的设计计算均具有重大实际意义。

大型结构物监测方法通常有:全站仪测试法、加速度积分测试法,位移传感器测试法和激光测试法。

由于大型复杂结构的现场实测具有自身特点[4,5]，如：(1)要求能对多个待测点进行同步实时监测；(2)对于每个测点采样频率至少最高有用频率的 3～4 倍；(3)要求能在各种恶劣环境下(如大风、大雨等)连续工作；(4)测量位移精度高，测量量程范围大。而对于这些特殊要求，通常的测量方法则难以实现。而近十年发展起来的 GPS 定位测量法是一种全新的现场测量技术。它利用卫星发射的无线电波信号进行定位，可以实现实时、高动态、高精度的位移测量，并能满足大型复杂结构物的以上特殊测量要求，为大型结构物实时安全性监测提供了条件。

西堠门大桥 GPS 位移监测系统是由一个基准站和三个监测站组成。GPS 基准站安置在北塔所在的老虎岛上，其周围的视野开阔并无遮挡物以及产生多路效应的反射物，保证了数据的准确性和可靠性。监测站分别设置在大桥主跨的 1/8、1/4 和跨中位置的主梁上，GPS 采样频率为 10Hz，数据传输率为 115200 波特。

1. 测点位移时程曲线

西堠门大桥 GPS 位移实时监测系统采用 WGS-84 坐标系。为便于大桥变形数据的分析研究，首先将测点处的大地坐标按高斯投影转换到平面坐标，然后再转换为大桥坐标。大桥坐标系定义为：沿大桥纵向定义为 x 轴，竖直向上为 z 轴。图 10 为 2008 年某日一小时内三个测点的横向位移时程曲线。由图可知，跨中的横向位移值和四分跨接近，且此两处位移值均显著大于 1/8 跨的值。

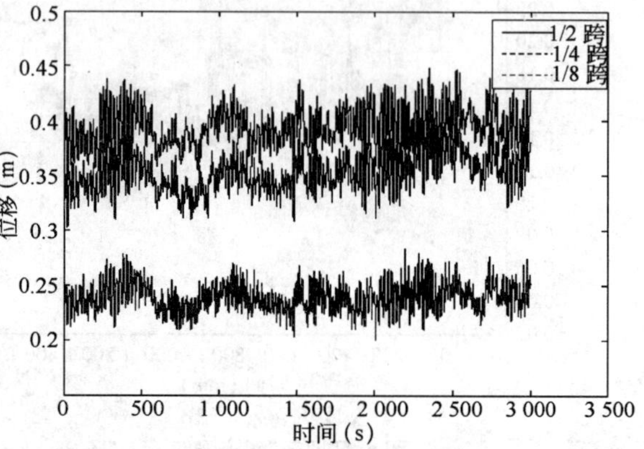

图 10　三个监测站横向位移时程曲线

2. 结构模态分析

将测点位移时程数据通过 FFT 分别进行时频变化，可以得到各采样点位移的原始功率谱曲线，再将各测点的功率谱进行平均处理，即得到大桥各个方向位移的功率谱图，分别如图 11～图 14 所示。结构模态分析结果与有限元计算结果见表 1。

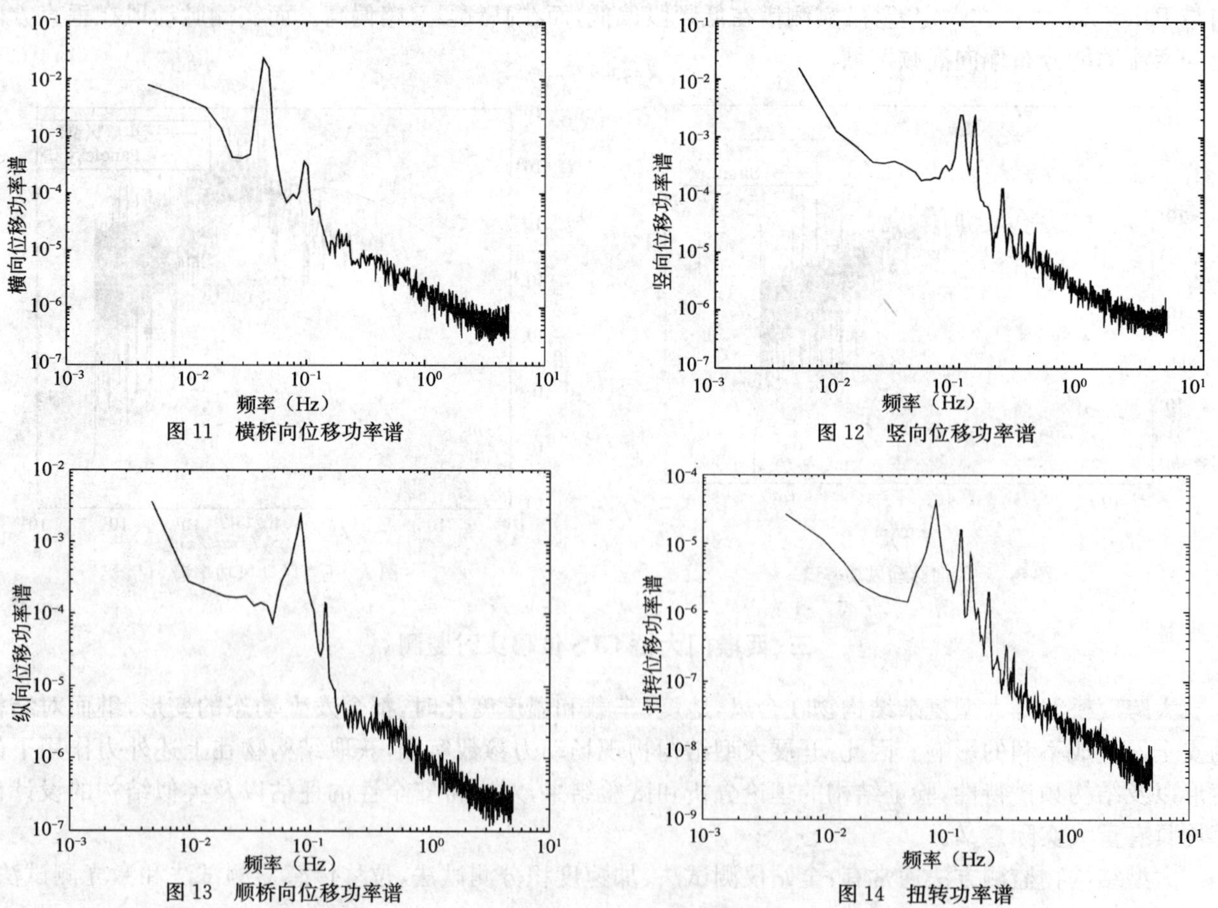

图 11　横桥向位移功率谱

图 12　竖向位移功率谱

图 13　顺桥向位移功率谱

图 14　扭转功率谱

西堠门大桥 GPS 测试模态分析与有限元对比 表 1

振型编号	有限元	FFT	振型描述
1	0.048 6	0.044 0	L-S-1
2	0.077 8	0.083 0	V-A-1+纵飘
3	0.103 9	0.107 4	V-S-1
4	0.110 3	0.097 7	L-A-1
5	0.111 1	0.131 8	V-A-2+纵漂
6	0.133 1	0.136 7	V-S-2
7	0.176 8	0.161 1	V-A-3
8	0.183 9		V-S-3
10	0.189 3	0.185 5	L-S-2
16	0.227 5	0.224 6	V-S-4
17	0.234 5	0.229 5	T-S-1
18	0.242 1	0.268 6	T-A-1
20	0.255 0	0.249 0	L-A-2(边跨)
21	0.269 1	0.258 8	V-A-4
23	0.317 7	0.317 4	V-S-5

由表 1 中可以看出，实测频率与有限元计算结果比较接近。实测加劲梁第一阶对称侧弯频率比计算要低，扭转频率也和计算存在有一定的差别，其主要是因为实际结构的约束与刚度和理论计算存在一定的差别。

四、桥面主梁脉动压力测量

通过对桥面风压力的实测，获得了施工期间主梁断面的压力分布系数、气动三分力系数、气动导纳等参数，一方面为施工和运营阶段的抖振性能和抗风安全评估提供了重要依据，另一方面也为校核风洞试验结果、揭示箱梁断面的空气动力特性提供了重要的参数。下图 15 所示为在平均风速为 12.17m/s，平均攻角为−0.16°，1/4 跨断面脉动压力均方差值(RMS)分布图[6]。图 15 和图 16 分别为桥面上某点的脉动压力时程及其功率谱(图 17)。

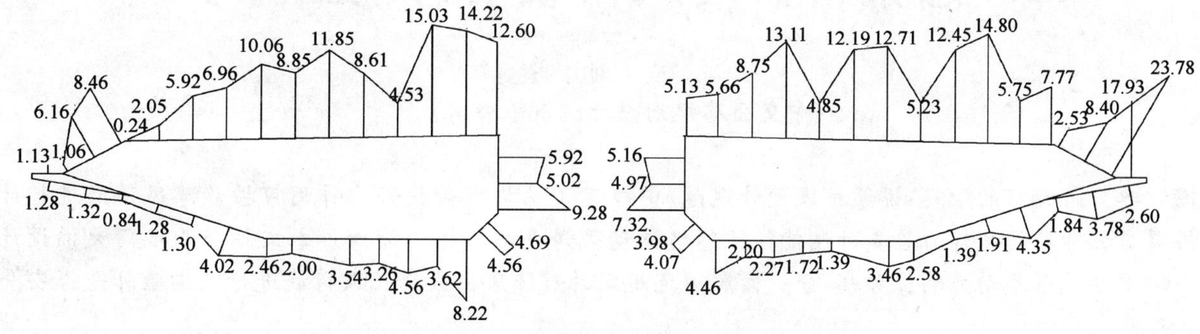

图 15 1/4 跨断面风压力 RMS 值分布

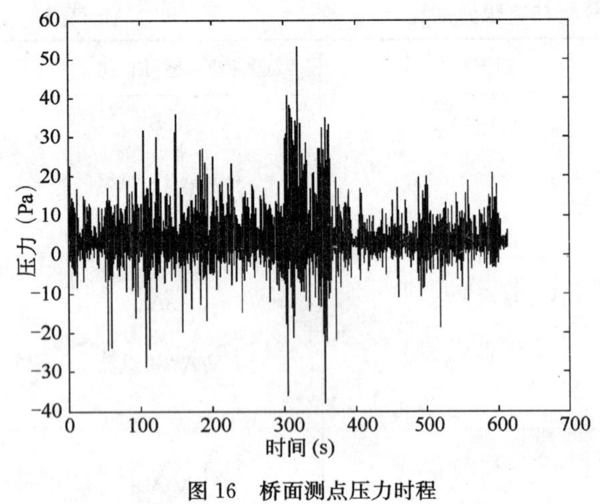

图16 桥面测点压力时程

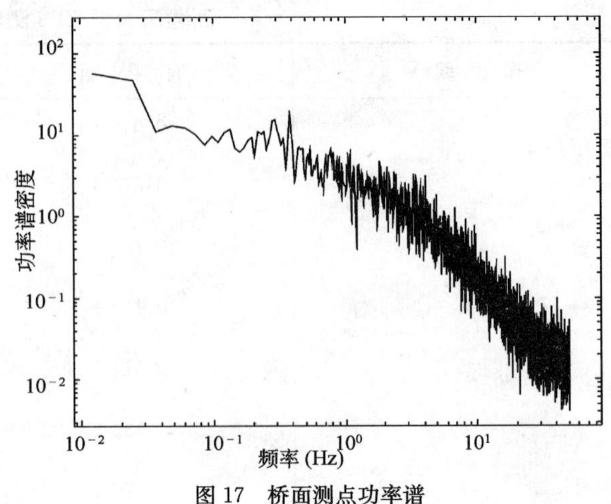

图17 桥面测点功率谱

五、结　论

通过对西堠门大桥断面脉动风特性、主梁位移和断面脉动压力的分析研究，可以得到如下结论：

(1)"罗莎"台风期间桥址区紊流强度 $I_u:I_v:I_w=1:0.75:0.41$，I_u 平均值为0.17与《公路桥梁抗风设计规范》中的建议值较为吻合。

(2)实测脉动风水平方向功率谱与Simiu谱基本符合，但垂直方向实测谱与Panofsky谱相差较大。

(3)应用主梁断面位移识别出来的结构动力特性与理论计算值相吻合，这也表明应用GPS测量网监测大型桥梁的动力特性是可靠和有效的。

(4)通过实测主梁断面脉动压力，能够克服风洞实验中无法满足雷诺数相似的缺点，可根据实测压力分布，得到主梁断面的气动特性参数。

参考文献

[1] 庞加斌，林志兴，葛耀君.浦东地区近地强风特性观测研究[J].流体力学实验与测量，16(3)，2002.

[2] 李鹏飞，赵林，葛耀君.上海崇明越江通道工程场地脉动风特性分析[J].结构工程师，23(1)，2007.

[3] 李爱群等.基于SHMS的润扬悬索桥桥址区强风特性[J].东南大学学报(自然科学版)，37(3)，2007.

[4] 徐良，江见鲸，过静珺.广州虎门悬索桥的模态分析[J].土木工程学报，35(1)，2000.

[5] 过静珺，徐良，戴连君，卢云川.GPS RTK技术在大桥安全性监测中的应用.2000.

[6] 马存明.流线箱型桥梁断面三维气动导纳研究.西南交通大学博士学位论文.2007.

120. 悬索桥索塔风荷载动力响应分析

刘　波　刘　高
(中交公路规划设计院有限公司)

摘　要　新颁布的《公路桥梁抗风设计规范》中规定了结构风荷载静力作用可按静阵风荷载进行计算。桥梁工程师在结构静力验算时也就往往忽略脉动风诱发的抖振力影响。本文结合西堠门大桥设计过程中对索塔风荷载动力响应考察，分析按照规范规定的静阵风系数修正风荷载进行结构验算是否安全可靠。

关键词　悬索桥　索塔　风荷载　动力响应

一、问题的提出

桥梁结构中由脉动风诱发抖振而产生的惯性力作用对风荷载大小的影响问题是在桥梁工程师设计过程中没有很好解决的实际工程问题。

我们知道，作用在桥梁结构上的风包括平均风和脉动风两部分，由平均风产生的结构响应为静风响应，由脉动风产生的结构响应为抖振响应，结构总的风致响应为静风响应和抖振响应两部分的叠加。新的公路桥梁抗风设计规范考虑按静阵风系数修正的风荷载作用，并没有充分考虑抖振力的影响。桥梁工程师也习惯于通过阵风系数采用常规的结构静力分析方法进行结构的风荷载计算。

一般而言对于跨度较小、结构刚度较大，抖振位移和惯性力较小时可只考虑静力风荷载的作用，当跨度较大、结构较柔，抖振位移和惯性力较大时应在静力风荷载基础上同时考虑抖振引起的动力风荷载作用[1]。而悬索桥属于长周期结构的柔性结构，按照静力抗风设计方法对索塔进行抗风设计，是否已经包络了结构的最大反应，结构是否安全？就成为摆在我们面前的主要问题。本文结合西堠门大桥的设计，扼要介绍了设计过程考察风荷载对索塔产生的动力响应，以判定按照规范规定的静阵风系数修正风荷载进行索塔结构验算是否安全。

二、工程设计背景

西堠门大桥是舟山大陆连岛工程中的第 4 座大桥，主桥为跨度 578m＋1650m＋485m 的两跨连续悬索桥，跨越西堠门水道。本工程东临东海，西望大陆，位于北亚热带，属东亚季风气候区，受台风影响频繁，风速大、风况复杂。现场风观测及与相邻气象站的资料分析给出桥位区域百年一遇频率的风速 $v_{10}=41.12\text{m/s}$，桥位场地幂指数的建议值：海拔高度 70m 以下取 0.16，70m 以上取 0.14。

索塔为塔柱、横梁组成的门式框架结构（图 1），塔柱为普通钢筋混凝土结构，横梁为预应力混凝土结构。北塔设两道预应力钢筋混凝土横梁联系主塔柱，承台间设混凝土系梁连结；南塔设三道预应力钢筋

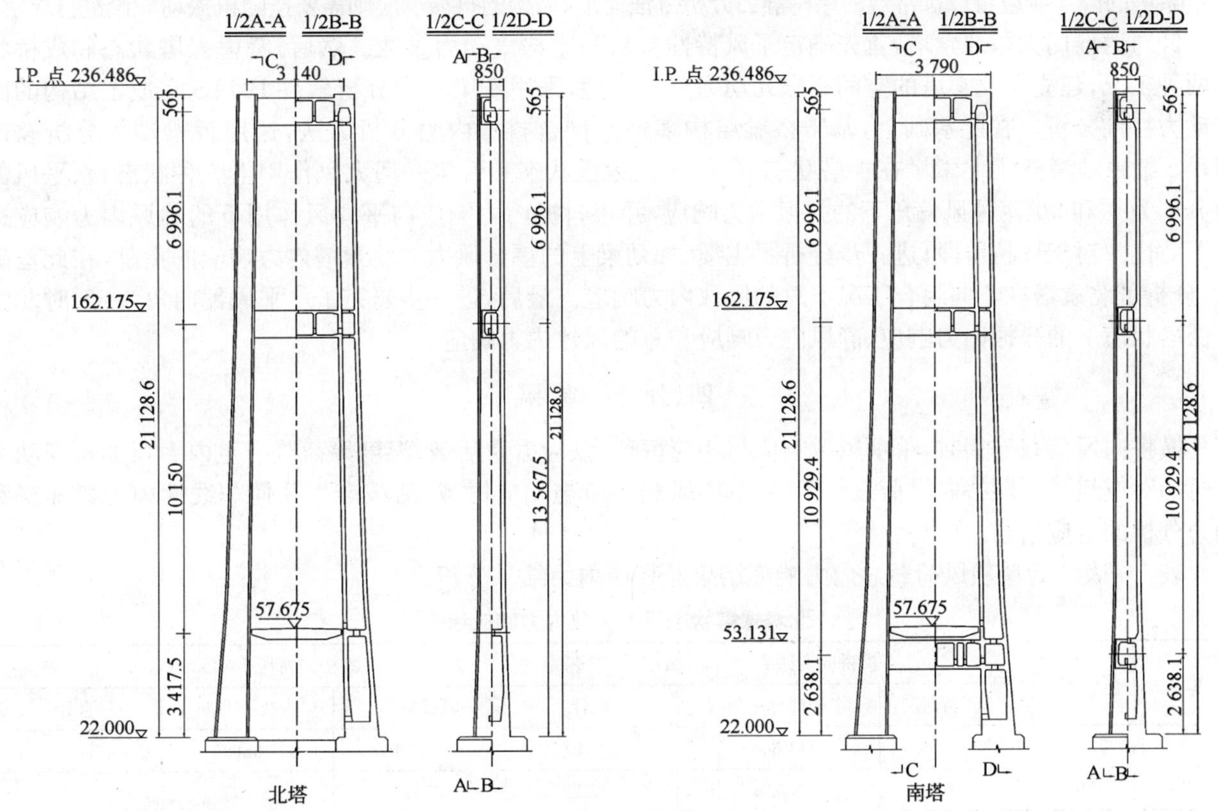

图 1　索塔构造（尺寸单位：cm）

混凝土横梁联系主塔柱。塔底设计高程为22.000m,塔顶设计高程为233.286m,索塔高度为211.286;桥面以上高度为175.611m。

施工期间和运营期间的抗风问题是该桥的控制设计关键问题。索塔结构的静力计算分析表明风荷载组合是设计控制性工况。而西堠门大桥索塔设计验算是参考《公路桥梁抗风设计规范》取阵风系数(1.35)修正平均风速来包络风荷载产生的动力响应,按照静力抗风设计方法进行抗风设计。

三、分析方法及工况

1. 计算模型

根据索塔在风作用下的受力特点,以北塔为计算分析目标进行验证。在风作用下,索塔上将会产生沿顺风方向的阻力和沿横风方向的升力,因此需要建立结构空间计算模型来分析塔的风致响应。

假定塔柱在塔底固结,并着重考虑结构初始轴力对结构刚度的贡献、成桥状态主缆顺桥轴向的弹性约束作用及主缆、吊索和加劲梁等上部结构惯性力等三个方面的因素影响。

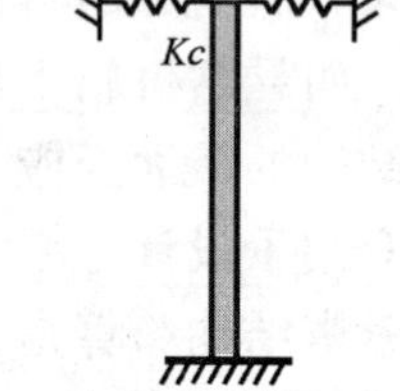

图2 主缆对索塔沿顺桥轴向的弹性约束

图2中 K_S 和 K_C 分别为北边跨、中跨和南边跨主缆对北索塔提供的弹性约束刚度,K_S 和 K_C 可近似按下式计算:

$$K_S = EA_{S1}/L_{S1} \tag{1}$$

$$K_C = EA_C/(L_C + L_{S2}) \tag{2}$$

式中: E——主缆的弹性模量;

A_{S1} 和 A_C——分别为北边跨和中跨主缆的截面积;

L_{S1}、L_C 和 L_{S2}——分别为北边跨、中跨和南边跨主缆的跨度。

2. 分析方法及工况

索塔的静风响应可以按常规的结构静力分析方法完成,结构的抖振响应则需要按随机振动理论进行求解。

针对西堠门大桥北索塔,首先确定了风特性参数和结构气动力参数。然后,考虑裸塔状态和成桥状态两种工况,建立了北索塔的空间有限元动力分析模型,采用桥梁动力分析软件BDAS完成了结构的固有动力特性分析。在此基础上,基于桥梁结构多模态耦合抖振内力分析方法,运用桥梁动力分析软件BDAS细致地考察了北索塔在裸塔状态、成桥阶段运营状态和百年一遇大风作用下三种状态、水平风偏角分别为0°和90°两种风偏角下的抖振内力响应,并将抖振内力响应与平均风作用下的静风内力响应进行了对比。对于成桥阶段,进一步分析了主缆、加劲梁上的耦合风力对北索塔内力响应的贡献,在此基础上,分析了北索塔在不同组合工况下总的风致内力响应。最后,进一步研究了水平风偏向角为45°时北索塔裸塔状态下的抖振内力响应、静风内力响应和总的风致内力响应。

四、分析结果

横桥向风荷载作用时,单项风载响应与相应恒载、预应力及活载、温度等荷载产生内力累加得到动力分析的对应组合。顺桥向风荷载作用时,单项风载响应与相应恒载、活载产生几何非线性内力累加得到动力分析的对应组合。

表1～表3为单项风荷载总内力响应结果及相应内力结果分析。

北塔裸塔状态下的风致内力响应组合 表1

单元编号	截面编号	横桥向弯距 M_z(kN·m)			顺桥向弯距 M_y(kN·m)		
		风载响应	索塔自重力+预应力	合计	风载响应	非线性影响	合计
2	3	39 360	11 348	50 708	4 710	556	5 266
5	6	22 800	3 322	26 122	33 490	3 105	36 595
7	8	7 110	1 152	8 262	70 860	11 607	82 467

续上表

单元编号	截面编号	横桥向弯距 M_z(kN·m)			顺桥向弯距 M_y(kN·m)		
		风载响应	索塔自重力+预应力	合计	风载响应	非线性影响	合计
9	10	46 910	320.6	50 116	115 330	10 828	126 158
11	12	158 080	22 827	180 907	140 850	13 824	154 674
18	19	159 460	25 640	185 100	490 050	43 907	533 957
26	27	385 290	233 801	619 091	707 220	47 107	754 327
54	55	30 760	20 872	51 632	3 510		
60	60	176 940	8 011	184 951	5 270		

注:M_y 塔柱为绕横桥轴的弯矩,横梁为绕竖向轴的弯矩

北塔运营状态下的风致内力响应组合 表 2

单元编号	截面编号	横桥向弯距 M_z(kN·m)			顺桥向弯距 M_y(kN·m)		
		风载响应	恒载+预应力+活载+温升	合计	风载响应	非线性影响	合计
2	3	42 230	369	42 599	4 060	28 593	32 653
5	6	14 410	13 478	27 888	11 090	100 110	111 200
7	8	13 540	20 709	34 249	14 990	162 550	177 540
9	10	42 180	23 429	65 609	16 580	220 580	237 160
11	12	85 830	19 080	104 909.5	16 110	246 990	263 100
18	19	85 350	122 898	208 248.2	15 480	474 080	489 560
26	27	177 940	369 903	547 843	44 070	556 450	600 520
54	55	39 960	20 872	60 832	510		
60	60	111 960	8 011	119 971	990		

北塔百年一遇风作用下的风致内力响应组合 表 3

单元编号	截面编号	横桥向弯距 M_z(kN·m)			顺桥向弯距 M_y(kN·m)		
		风载响应	恒载+预应力	合计	风载响应	非线性影响	合计
2	3	221 160	13 119	234 279	20 230	1 290	21 520
5	6	74 320	7 050	81 370	55 340	3 547	58 887
7	8	72 180	6 582	78 762	74 970	4 903	79 873
9	10	220 940	10 240	231 180	83 030	5 227	88 257
11	12	436 060	44 070	480 130	80 830	4 937	85 767
18	19	433 510	80 665	514 175	77 580	4 730	82 310
26	27	899 180	389 292	1 228 472	219 910	6 540	226 450
54	55	209 840	35 780	245 620	3 080		
60	60	572 870	9 763	582 633	5 410		

五、分析结论

通过动力分析风致响应结果对比，可得出如下结论：

(1)裸塔状态下，横桥向与顺桥向抖振内力响应与静风响应之比约为1.66，折算阵风系数相当于1.29。

(2)运营风作用状态下，横桥向抖振内力响应与静风响应之比约为1.60，折算阵风系数相当于1.27；顺桥向抖振内力响应与静风响应之比约为1.3，折算阵风系数相当于1.14。

(3)百年风作用状态下，横桥向抖振内力响应与静风响应之比约为1.78，折算阵风系数相当于1.34；顺桥向抖振内力响应与静风响应之比约为1.36，折算阵风系数相当于1.17。

(4)总体上，通过对比顺桥向动力响应分析与按阵风系数折算进行静力分析索塔的截面内力比较，虽有个别截面对应内力偏大，但总内力值在按静力分析方法结果范围内，截面强度满足规范要求。

参考文献

[1] 林志兴等，桥梁的风荷载规范研究. 第十一届桥梁学术会议论文集. 北京：人民交通出版社，1994.

[2] 公路桥梁抗风设计规范[S]. JTG/T D60-01—2004. 北京：人民交通民版，2004.

[3] 中交公路规划设计院. 舟山西堠门大桥施工图设计[Z].

121. 大跨度悬索桥双承载板临时连接件结构形式研究

王晓冬[1]　王　骑[2]　郭　勇[3]

(1. 中交公路规划设计院有限公司；2. 西南交通大学；3. 浙江省舟山连岛工程建设指挥部)

摘　要　施工中的大跨度悬索桥通常采用临时连接件对已架设梁段进行铰接处理。当梁段发生相向和背向运动时，由拉杆传递的轴力分别由临时连接件的两块承载板各自承担。本文在典型临时连接件构造形式的基础上，提出了将拉杆轴力由一块板单独承担转变为两块板共同承担的方法，并给出了其合理的结构形式，最后针对该类构件的优化形式进行了初步探讨。

关键词　临时连接件　双板承载　结构形式　优化

一、引　　言

大跨度悬索桥在施工时以及合龙后调整线形的需要，通常在梁段间采用临时连接措施。这样的临时措施一般由拉杆和焊接在梁段边缘的钢板框架组成，从而与架设梁段一起组成一种柱肢体系。当梁段发生相向和背向运动时，布置在箱梁上的临时连接件将梁段的弯矩转换为轴力，并由拉杆传递给钢板框架上的承载板承担，典型的连接件平面图如图1所示。由于大跨度悬索桥一般修建在沿海地区，其梁段在大风环境下的较大内力可能导致临时连接件发生损坏或脱落。在通常情况下，由于只在承载板一侧装配有传力螺母，因此两块承载板都是单独受力，若在大风环环境下发生损坏，将直接威胁到梁段的整体安全。

鉴于以上原因，提出了在承载板两侧均装配螺母，使得两块板能联合受力的新的连接件形式，一方面充分利用了材料，直接提高了连接件的承载力，另一方面也增加了连接件的安全系数，有利于梁段的抗风安全。因此，本文以西堠门大桥临时连接件D2为载体，建立局部有限元模型，详细分析了两侧均有螺母时的承载板的应力状态，并在此基础上提出了局部加固建议，最后简要探讨了该结构的优化形式。

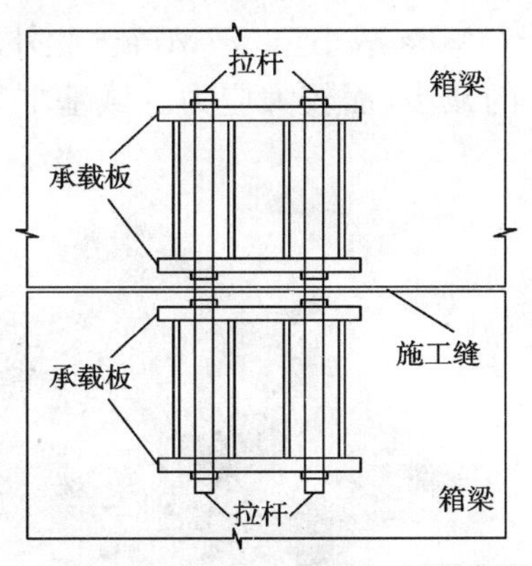

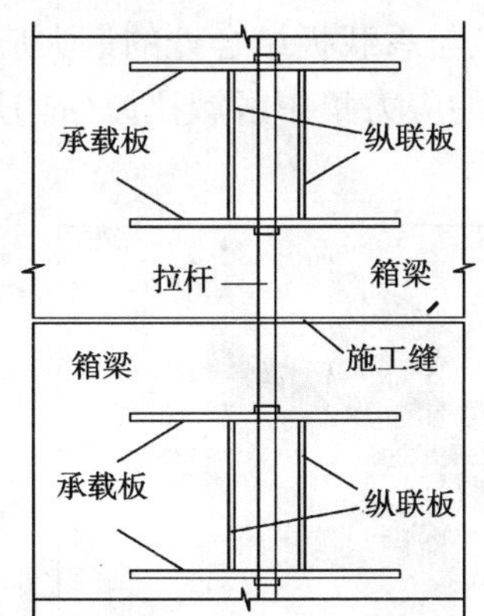

图 1 两种典型临时连接件平面示意图

二、有限元模型的建立和初步计算

D2 为西堠门大桥梁段的下底板临时连接件，焊接在箱梁内部的 U 肋之间。由于梁段在台风期所受内力较大，为了进一步提高 D2 的承载力，采用了前节所述的双承载板方案，即在 D2 的承载板两侧均栓上螺母，将轴力由一块板承担转变为前后承载板共同承担。以图 2 为 D2 受力分析的有限元模型。为考虑材料的塑性（材料非线性），该模型采用弹塑性实体单元进行模拟，以更好地接近实际情况。

当梁段相背运动时，拉杆轴力由后承载板主要承担（远离梁段施工缝一侧的承载板）转换到由前承载板主要（靠近梁段施工缝一侧的承载板）承担，而后承载板则只分担由拉杆传递过来的部分轴力。图 3 和图 4 为模拟梁段背向运动时，D2 承载板受到由螺栓传递的 900kN 的力作用后模型的应力（MISES 应力）分布图。可图 3 可以看出，前承载板应力集中分布在栓孔附近，最大压应力仍然出现在螺栓和承载板的接触面上，此时最大拉应力为 464 MPa。由于拉杆自身的弹性变形，使得传递到后承载板的力相对较小，其上的最大应力为 199MPa。

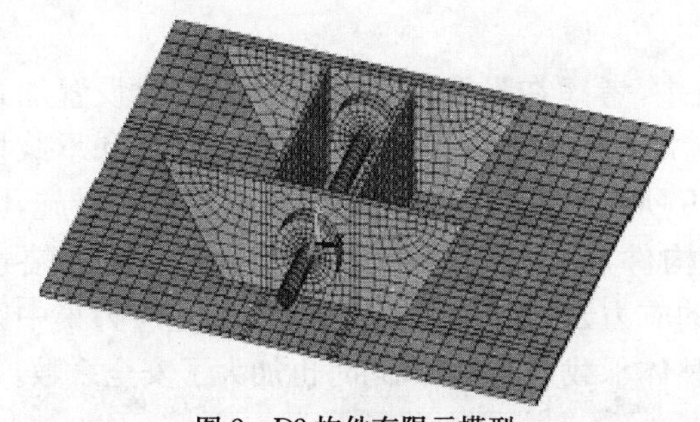

图 2 D2 构件有限元模型

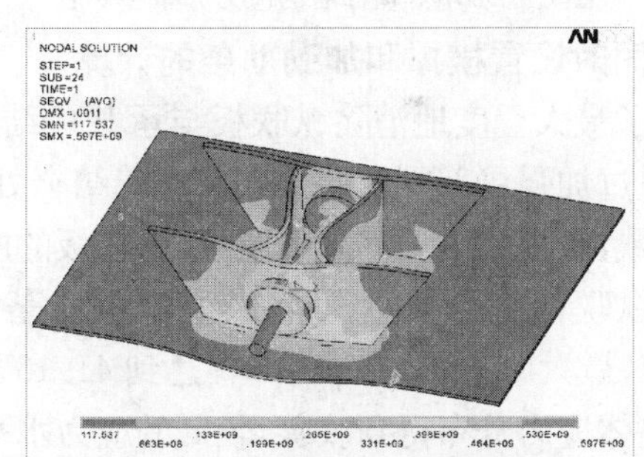

图 3 D2 的应力分布和变形

从图 4 中可以看出，最大应力并不出现在纵联板变形最大处，而是在纵联板与承载板的结合处。这是由于纵联板与前承载板间的焊接面积较小，而这个小的焊接区域又是彼此正交的承载板和纵联板内力传递的唯一通道，从而导致此部位出现较大的应力集中，其应力最大值为 481MPa，且为受拉。由于在这样的应力水平下纵联板内侧出现拉裂缝的机率较大，所以有必要针对纵向联系板的受力性能对其构造形式提供优化方案，以供后续工作参考。

三、不同构造形式的计算

1. 设置横撑的计算

纵联板在限制承载板变形的同时受到承载板施加的较大弯矩，于是在两板的结合处产生了较大的应力集中。基于此机理，考虑在纵向联系板之间增加两个横撑，以通过限制其变形的方式来改善纵联板的受力。横撑的位置分别在纵联板和承载板的交界处以及纵联板的中部，有限元模型图如图 5 所示。

通过计算分析，增焊横撑后 D2 的应力分布如图 6 和图 7 所示，并对比原始构件可知：纵联板最大挠度从 1.1mm 减小到 0.49mm，最大拉应力从也 481MPa 减小到 357MPa，变形和应力都得到了比较明显的改善。此时纵联板与承载板结合处的最大应力也从473MPa减小至357MPa。此外从应力云纹图中还可以看出，纵联板上的应力集中区域比原始构件有显著的减小，而较大应力区域基本只存在于两根横撑所围的内部范围内。

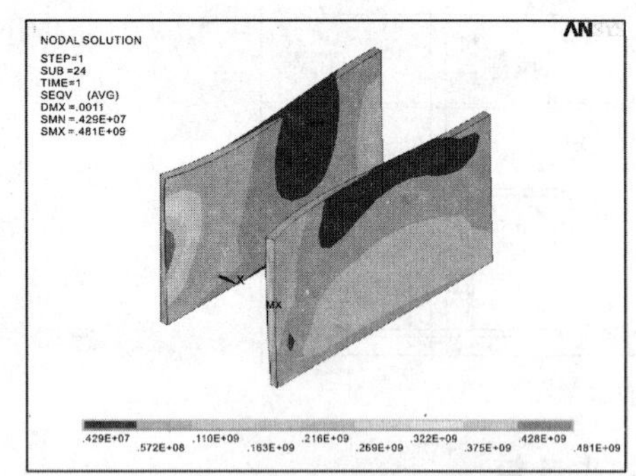

图4　纵联板的变形及应力分布

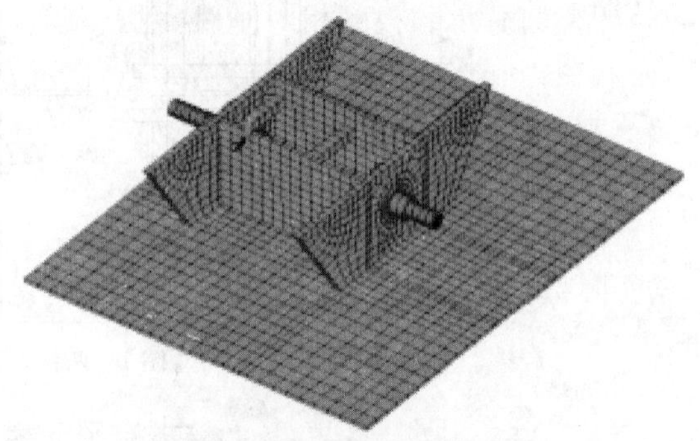

图5　增焊横撑的有限元模型

从以上计算结果可知，增焊横撑的方案有较好的改善纵向联系板应力的作用。

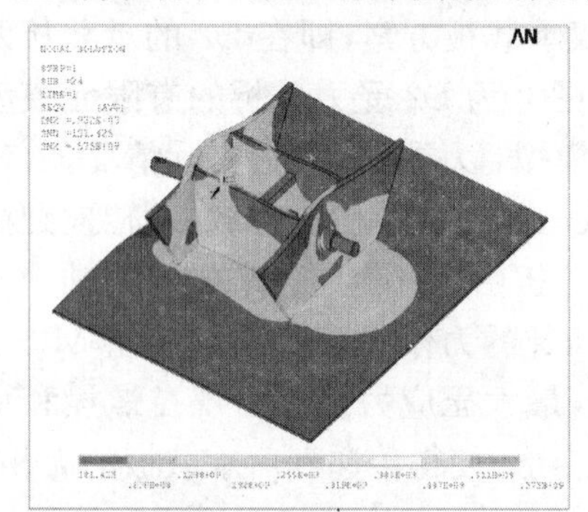

图6　D2增焊横撑后的应力分布和变形

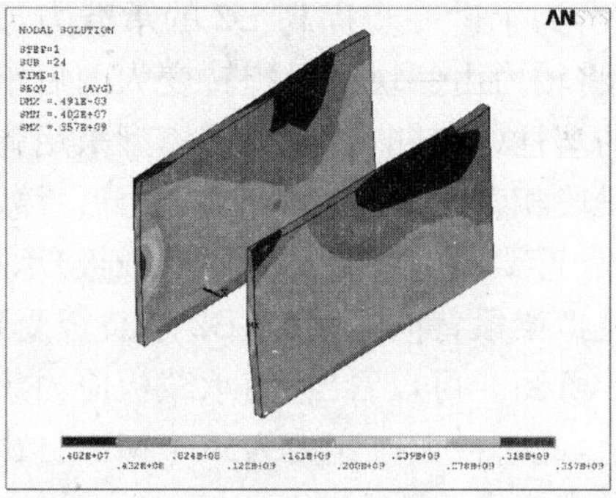

图7　D2增焊横撑后纵联板的应力分布

2. 同时设置横撑和加劲肋条的计算

为了最大程度地消除纵联板与承载板结合处的应力集中，考虑在设置横撑的基础上同时设置加劲肋条，拟通过加强局部刚度的方式来改善结合处的应力分布。加劲肋条为一钢条，焊接在纵联板和承载板的结合区域，有限元模型如图8所示，纵联板的应力分布如图9所示。由于该方案采用了双重加固措施，因此从改善纵联板变形及受力上来说都是显著的，相比原始构件，在相同作用力下，构件挠度的降幅达到55.64%，最大应力(283MPa)降幅达到41.16%。从纵联板的应力云纹图可以看出，纵联板上应力集中区域减小，整体应力分布得到改善，较低的应力水平有利于构件整体承载力的提升，同时也加大了安全系数。

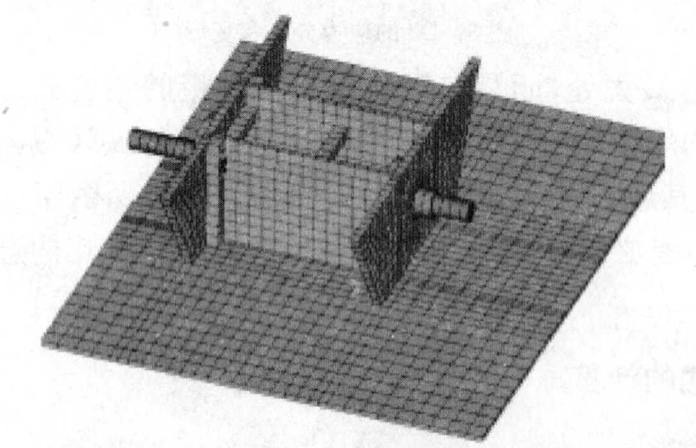

图8　增焊横撑和加劲肋条的有限元模型

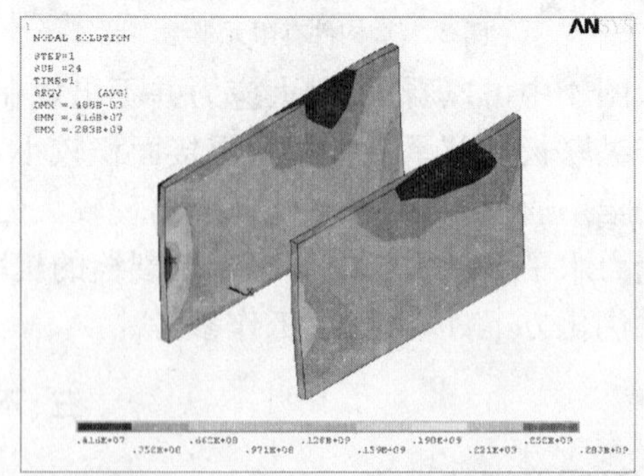

图9　增焊横撑和加劲肋条后纵联板的应力分布

四、对结构形式优化的探讨和建议

通过以上的分析，对于D2受力总结如下：当梁体存在相对运动时，由于双侧螺母的作用，力会首先传到前承压板上，前承压板产生变形以后，轴力才会通过螺杆继续传递到后承压板上，两块板才联合起来共同受力。由于螺杆自身也存在一定的变形，因此后承压板的变形总小于前承压板，其分担的轴力也相

对较小。因此,针对这样的传力机理,结合第三节针对纵联板局部的加固计算方案,提出如下优化建议:

(1)缩短前后承载板的距离。通过减小拉杆连接长度的方式来减小拉杆的弹性变形,从而增加传递到后承载板上的轴力,增强两板的联合作用;两板间的距离以方便施工操作为宜,不能过于狭小。

(2)调整前后承载板的相对刚度。由于后板的受力取决与前板的变形,因此,适当地减小前板的相对刚度,使其在相同作用力下的变形稍大于后板,有利于轴力在两板间的均匀分配,达到充分利用材料,从而提高承载力的目的。

(3)纵联板之间应该增焊横撑,其位置和尺寸应以具体施工措施而定,仍以方便施工操作为宜;纵联板与前承载板的结合处应进行加固处理,可以采用本文中焊接加劲肋条的方式进行操作,其具体尺寸可以根据实际情况进行拟定和计算。

五、结　　语

本文主要探讨了一种双承载板受力的临时连接件的传力机理和构造形式,该种新的构件在达到基本临时连接作用的同时,还充分利用了材料(节省了材料),并显著提高了构件的承载能力,有利于大跨度悬索桥,尤其是海岛气候条件下的悬索桥在大风环境中的施工安全。本文通过有限元计算仅给出该种新型构件形式的基本框架,对于实际情况,应根据具体受力状态,按照第四节中所探讨的优化方法,通过计算适当改变各个元件的尺寸和位置,以及局部加强元件——横撑和加劲肋条的尺寸及位置,以满足实际施工要求,保障施工安全。

参考文献

[1] 铁道部大桥工程局桥梁科学研究所编.悬索桥.北京:科学技术文献出版社,1996.
[2] 周孟波主编.悬索桥手册.北京:人民交通出版社,2003.
[3] 徐秉业主编.塑性力学.北京:高等教育出版社,1988.
[4] 王勖成编著.有限单元法.北京:清华大学出版社,2003.
[5] 西南交通大学风工程试验研究中心.西堠门大桥临时连接件加固计算报告.2007.

122. 西堠门大桥钢箱梁临时连接件台风期安全性评价

马存明[1]　王武刚[2]　王　骑[1]
(1.西南交通大学风工程试验研究中心;2.浙江省舟山连岛工程建设指挥部)

摘　要　西堠门大桥在施工期要经历台风期和季风期两个阶段,已架设梁段间的临时连接件可能在大风环境中造成损坏脱落而危及桥梁安全。本文在西堠门大桥风洞试验和内力计算数据的基础上,分别采用整体模型和局部分析,根据弹塑性理论对西堠门大桥的临时连接件进行了详细的受力分析,并根据承载板的受力特点提出了针对不同位置和不同施工阶段的加固设计方案,确保了梁段施工期间的抗风安全。

关键词　台风期架梁　临时连接　受力分析　加固方案

一、概　　述[1][2]

西堠门大桥位于复杂的海岛气候区,已架设的梁段将经历夏秋季节的台风期和冬春季节的季风期。由于大跨度悬索桥在施工时采用了梁段间的临时连接措施(这样的临时措施也直接决定了梁段的承载力)，因此较大的风速所造成的梁段内力可能导致临时连接件的损坏和脱落，从而威胁到已架梁段的施工安全。根据气象部门提供的桥址处的气象统计资料，对于在台风期架梁阶段(中跨架设39片梁)，设计风速为47.0m/s(重现期为20年)；对于台风期过后(季风期)的梁段架设阶段(39片梁之后继续架设)，其设计风速为35.0m/s。因此，为确保架设梁段的安全以及节省临时用钢，临时连接件的设计应分为两个阶段，一是台风期，此时设计风速为47.0m/s；二是台风期之后的季风期，设计风速为35.0m/s，即不同的施工的阶段应按不同的风速进行设计。

由于北塔和南塔处的梁段最先架设完毕，并将经历大桥的整个架设阶段，因此设计风速应按47.0m/s来考虑；同时，又由于它们各自都处于悬臂状态，其风致内力也较大，因此其临时连接措施应单独设计；对于合龙施工态，由于主梁的各向约束已基本形成，变形受到限制，其内力将比不合龙时显著增大，因此该阶段临时连接措施也需要单独设计。

鉴于以上要求，本文以中跨架已设梁段临时连接件为研究对象，采用整体模型得到各位置临时连接件拉杆的轴力分配率，再将各施工阶段梁段的风致内力转换为各临时连接件的轴力，并以此为基础对承载板进行校核和加固处理，使之满足各个施工阶段的抗风要求。对于如桥塔区的特殊梁段，则按照中跨梁段的加固原理进行特别设计。

二、原始临时连接件的承载力分析[4]

1. 整体受力计算

当梁段间装配上临时连接件后，各个梁段又重新成为整体，但此时结构为连续的柱肢结构，即梁端弯矩会转换为轴力，并按照一定的比例分配到各临时连接件上的拉杆上，因此梁段整体的刚度和承载力均由连接件控制。而内力的分配比例，因各个拉杆在梁段上所处位置不同，以及梁截面尺寸的不同而不同。同样，梁段所受的剪力和扭矩也按照一定的比例进行分配。由各个施工阶段梁段的各项内力数据可知，剪力和扭矩的数值相对横向和竖向弯矩的数值是很小的。因此，本文主要考虑横向弯矩和竖向弯矩对临时连接件的影响。各临时连接件的具体位置和平面图分别见图1～图4所示。

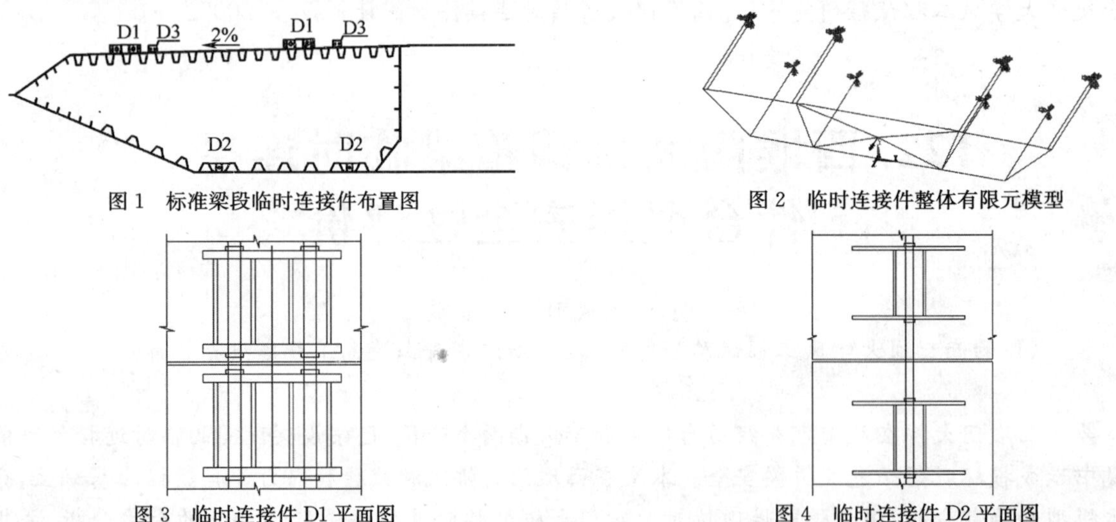

图1 标准梁段临时连接件布置图

图2 临时连接件整体有限元模型

图3 临时连接件D1平面图

图4 临时连接件D2平面图

按照各个拉杆的实际分布位置和实际截面、材料特征，用空间梁单元建立有限元模型。模型中，各个拉杆的一端设置固定约束，另一端通过刚臂连接起来，形成一个整体框架，并在刚臂端的形心点施加不同方向的单位力矩(图2)。根据计算结果可知，在1 000Nm竖向弯矩作用下，上下底板上的拉杆分的轴力分别为38.5N和72.5N，数值上分别占施加力矩的3.85%和7.25%；在1 000Nm的横向弯矩作用下，上顶板边缘处拉杆的最大轴力为12.3N，数值上占施加力矩的1.23%，下底板拉杆最大为9.0N，占0.9%；扭矩作用下各杆的扭矩均为5.36N，而此时轴力为0.01～0.04N，可以忽略不计；拉杆两端在竖向和横向弯矩下产生的弯矩和剪力均很小，也不作为承载力校核计算的选择。

根据线性叠加原理，拉杆的最大轴力应是两种内力作用效果的叠加。在具体数值计算中，应同时考虑静风作用下横向和竖向的弯矩值产生轴力的叠加，以及两个方向中最大抖振弯矩所产生的轴力值(由于横向和竖向的振动相对独立，因此两个方向的最大抖振内力不会同时发生)，即可得到临时连接件拉杆的实际最大轴力值，具体算法如下：

$$F = ABS(A \times 0.9\%) + ABS(B \times 7.25\%) + \mathrm{MAX}(C \times 0.9\%, D \times 7.25\%) \tag{1}$$

式中：0.9%和 7.25%——分别为下底板拉杆在单位弯矩作用下，在横向和竖向分配到的轴力比例；

A——横向静风弯矩；

B——竖向静风弯矩；

C 和 D——分别为横向和竖向的抖振弯矩。

2. 连接件的局部受力计算[3]

当两个梁段相对运动时，拉杆的轴力将由靠近梁段接缝的承载板承担；当两个梁段反向运动时，拉杆的轴力将由远离梁段接缝的承载板承担。因此，在进行临时连接件承载板的局部分析时，可将拉杆轴力直接作用到承载板上，其面积为螺栓作用面积(此时不考虑由于承载板变形引起的接触非线性)，加载的位置则分为前板加载和后板加载(前板定义为靠近梁段接缝的承载板，后板则定义为其相对位置的另一块承载板)。考虑到实际梁体对临时连接件的约束作用，将模型的周边进行固定约束处理。由于连接件为临时构件，因此实际受力时允许其在不发生失效的前提下产生较大的塑性变形，以最大程度地利用材料。对于上顶板连接件 D1 承载板(厚度为 3cm)的弹塑性分析计算，作用荷载为 500～900kN；对于下底板，由于其厚度仅为 2cm，且其宽厚比也相对较大，因此作用荷载为 300～700kN。按照钢材的特性，塑性分析计算结果中对应的应力均为 MISES 应力，相应的云纹图如图 5～图 8 所示。

图 5 D1 承载板受压侧的应力分布

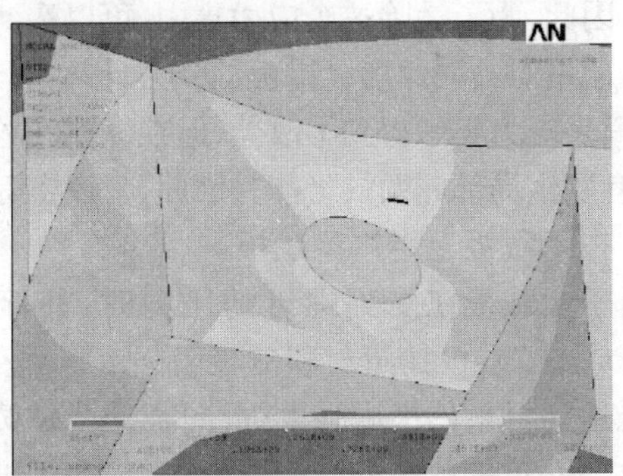

图 6 D1 承载板受拉侧的应力分布

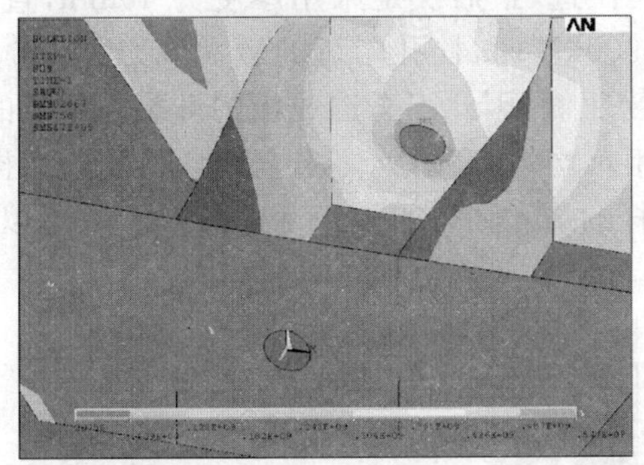

图 7 D2 承载板受拉侧的应力状态

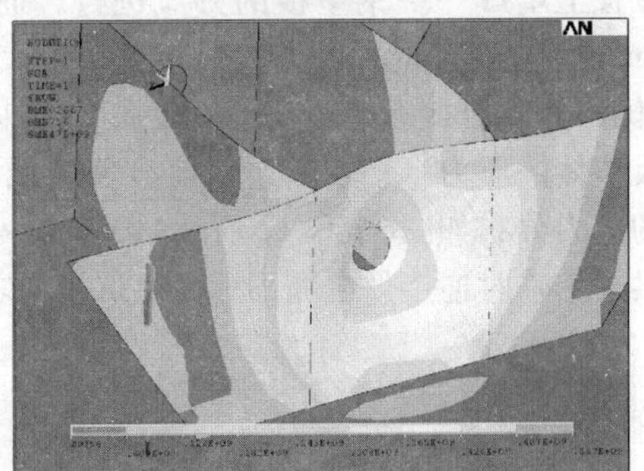

图 8 D2 承载板受压侧的应力状态

根据计算分析结果，在考虑塑性变形时，临时连接件 D2 的承载力约为 500kN。若 D2 发生损坏而失效，那么其余临时连接件则将分配到更大的轴力，而剩下的 D2 也会在此条件下迅速破坏而失效，并最终引起 D1 的破坏失效，从而导致失去有效连接和约束的梁段发生破坏。因此，为确保梁段抗风的安全，临时连接件的承载力以 500kN 为衡量标准。将各个梁段的最大综合内力按照式(1)的方法转换为轴力，同时按照线性方法将 47m/s 风速时的内力值分别转换到 35m/s 和 25 m/s 的条件下，并和容许轴力 500kN

放在一张图上进行对比，图9和图10分别为40和64梁段施工态时+3°攻角条件下的拉杆轴力。从中可以看出台风和非台风架设期，跨中绝大部分梁段均不满足要求。主要结论如下：

(1)无论在前板还是在后板加载，D1和D2的应力主要分布在承载板及其附近区域，尤其是螺栓孔附近，而对梁体钢板的影响较小；

(2)D1能承受900kN的作用力，并具有一定的安全储备；D2在500kN的作用力下，其承载板破裂从而导致拉杆脱落的可能性较大，其安全储备较低，应进行局部的加固处理。

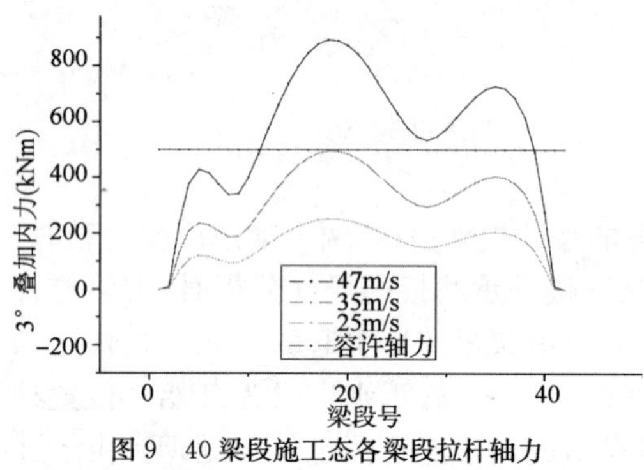

图9 40梁段施工态各梁段拉杆轴力

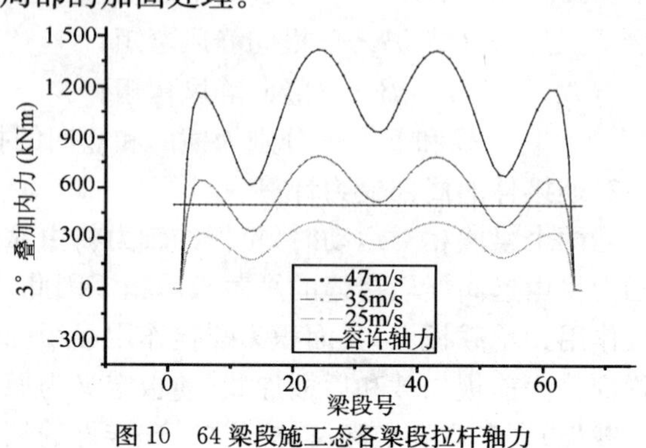

图10 64梁段施工态各梁段拉杆轴力

三、临时连接件D2的加固处理[4]

1. 添置纵撑

通过对D2的计算分析可知，下底板和箱梁的结合部存在一定的应力集中，使得整个D2的承载力受到影响。因此，为了消除这个应力集中，可以在两个承载板间焊接一块钢板(纵撑)协助受力，但钢板不和梁底焊接。通过对不同厚度纵撑板的受力计算，可以得出以下结论：加入纵撑后承载板的整体应力水平降低不显著，只是应力集中得到了改善，但在纵撑和栓孔的焊接位置也出现了应力集中(图11)。在板比较薄的情况下，有发生局部屈曲的可能。因此，建议实际工程中选用厚度大于等于2cm钢板。

2. 在承载板上增焊钢垫板

由于承载板在受到螺母的压力时，其栓孔区域会产生应力集中现象，而其受拉侧局部应力已达547MPa(图7)，已接近材料的极限强度。当荷载继续增大并达到某一较大值后，承载板螺栓口处的应力将首先达到材料的极限强度，此时板的受拉侧将发生较大的开裂破坏，从而引起拉杆的脱落而导致构件的失效。针对承载板的这一受力特点，为了加强栓孔周围的刚度以降低应力集中水平，加固方案采用了在承载板上增焊一块钢垫板的方式进行。通过不同的方案比选，最后决定采用厚度为40mm，直径为160mm的钢垫板。此加固方案的计算结果表明，当荷载为900kN时，栓孔附近的最大应力为543 MPa(受压侧)，虽然已接近或达到了极限强度，但由于此应力在受压侧，因此不会造成板的开裂。重要的是，承载板整体的应力水平较未加固前显著降低，且应力分布相对均匀，表明整体安全储备得到较大提升。具体的应力分布如图11和12所示，40和64梁段施工态拉杆的最大轴力如图13和图14所示，可以看出跨中梁段上临时连接件在加固后满足抗风要求。

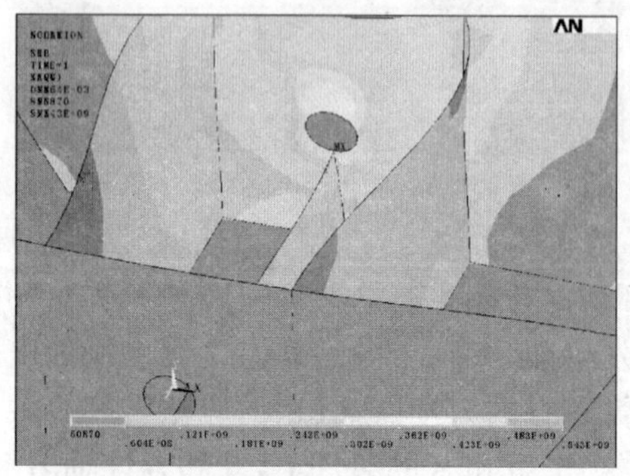

图11 承载板受拉侧的应力状态

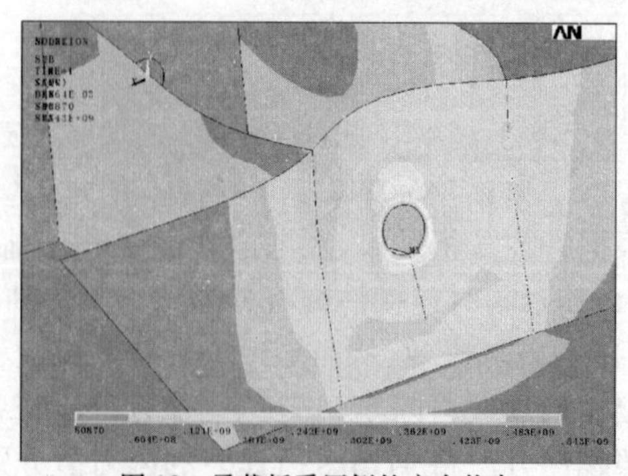

图12 承载板受压侧的应力状态

四、边跨和塔区梁段临时连接件的加固处理

本文也对北边跨梁段和桥塔处梁段的风致内力进行了计算。其结果表明，尽管边跨梁段的风致内力要小于中跨梁段，但为安全起见仍建议其下底板连接件 D2 按照本文第三节中的方式进行加固处理。

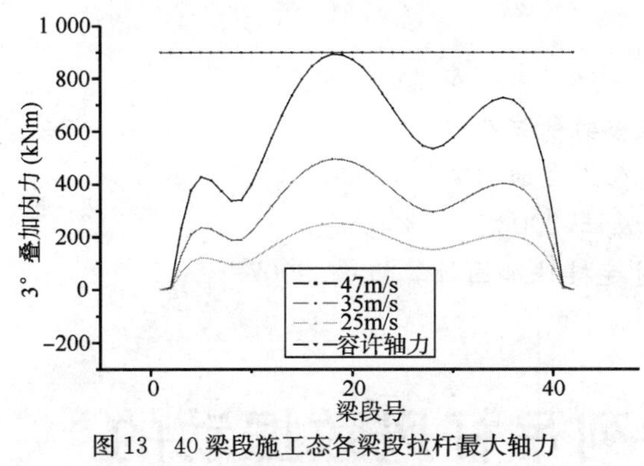

图 13 40 梁段施工态各梁段拉杆最大轴力

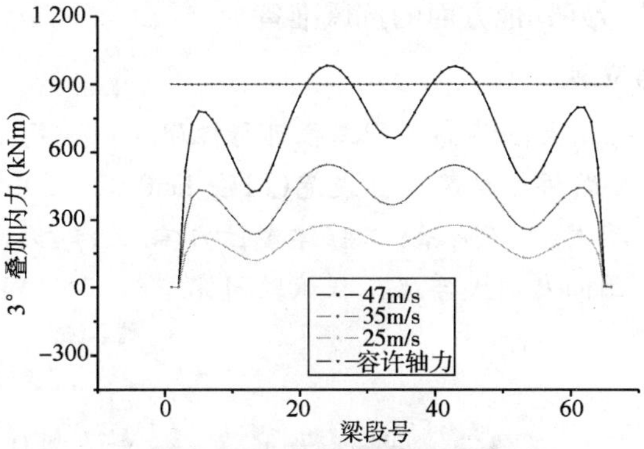

图 14 64 梁段施工态各梁段拉杆最大轴力

北塔(南塔)处先期已架设梁段由于处于受约束的双悬臂状态，其风致内力较中跨梁段大，因此需要进行特殊的加固处理。按照临时连接件的轴力分配理论以及整体模型的计算方法，可以采用增加临时连接件的方式进行。但通过计算可知，随着临时连接件数量的增加，各自的拉杆分配到的轴力就越显不均匀，而最大轴力的下降幅度就趋于平稳，有半数的连接件也就没有发挥到相应的作用，具体如表 1 所示。因此，这样的加固方法既不利于经济性的要求，而且由于要增加箱内作业数量，实施难度也显著增加。鉴于此种情况，可以在实际中采用添置马板(用于梁段定位的一种骑跨式临时钢板)的方式进行加固处理，即在两梁段上焊接一定数量的马板起到加固梁段的作用。

由北塔梁段各个方向的静风力和抖振力可知，该处梁段主要受到静风横向弯矩作用，竖向和扭转的力矩都比较小，抖振力也相对较小。因此，在布置马板时，使马板尽量往梁段的两端靠，以提高横向抗弯惯矩。通过一系列的计算，整个梁断面上下左右需要对称布置共 28 块马板，其中上顶板马板靠外侧，下底板马板布置在 U 肋间隙里。此外，由于南塔先架梁段在合龙前也属于悬臂结构，其风致内力也和北塔处梁段相当，对于北塔梁段的加固方案同样适用于南塔梁段，南塔梁段的加固也可按照此方案进行处理。

此外，对于风致内力较大的合龙施工态，也可参照塔区梁段加固的方式，采用焊接马板的方式进行加固处理。

1 000N·m 竖向和横向弯矩下拉杆的最大轴力(单位：N)　　表 1

方　案	竖向弯矩下的轴力	横向弯矩下的轴力	叠 加 轴 力
原临时连接	−72.45	−9.01	−81.46
2×D2	−48.70	−8.22	−56.92
4×D2	−36.76	−7.34	−44.10
6×D2;2×D1	−29.78	−5.45	−35.23
8×D2;2×D2	−25.27	−5.17	−30.44

注：m×D2；n×D1 表示增设 m 套 D2 和 n 套 D1

五、结论和建议

根据本文对临时连接件的计算分析结果，得出以下主要结论和建议：

(1)临时连接件 D2 的原始承载力较低，需要进行加固处理满足施工期间抗风要求。建议采用 4cm 厚的钢垫板以及 2cm 的纵撑板进行加固，以使多数施工阶段梁段满足相应的抗风要求。

(2)对于跨中少数梁段加固后仍在特定施工阶段不满足抗风要求的，可以采用增加两套下底板临时连接件 D2 的方式进行加固处理，如在 1 号～9 号梁段(中跨南北方向兼有)下底板上新添两套 D2 进行加固。

(3)边跨梁段采用和中跨梁段同样的方式进行加固,即(1)中的方式进行。

(4)塔区梁段由于风致内力较大,可以采用增焊马板的方式进行加固处理;对于合龙施工态,也可参照塔区的方式进行。

(5)在分析中,没有进行有关构件疲劳方面的计算,建议相关部门密切关注构件的疲劳,并协同施工单位做好其他方面的抗风准备。

参考文献

[1] 舟山大陆连岛工程工程可行性研究——气象观测、风参数研究报告.

[2] 公路桥梁抗风设计规范(JTG D60-01—2004).北京:人民交通出版社,2004.

[3] 毕继红.王晖著.工程弹塑性力学.天津:天津大学出版社,2003.

[4] 西南交通大学风工程试验研究中心.西堠门大桥临时连接件加固计算报告.2007.

123.西堠门大桥抑制并列吊杆风致振动的新型减振器的开发应用

王武刚[1]　许宏亮[1]　周　颂[1]　王　波[3]　任文敏[2]　顾金钧[3]

(1.浙江省舟山连岛工程指挥部;2.清华大学;3.清华和昌减振技术有限公司)

摘　要　西堠门大桥的吊杆采用裸露的钢丝绳,其最大长度为167m,直径有6.0cm和8.8cm两种,由于大的长细比,不甚大的轴力,并且两组并列布置,极易产生大振幅的尾流驰振。我们摒除了间隔器的方案(spacer),首先用计算流体力学的方法分析其发振风速与风偏角范围,通过设计阻尼器的动力参数及阻尼器在吊杆索上设置位置来达到抑制吊杆索的各种风致振动的目的,实桥观测证实达到了预期的目标。

关键词　悬索桥　并列吊杆索　风致振动　尾流驰振　阻尼器优化布置　实桥观测

一、引　言

众所周知,悬索桥的吊杆索均为长细比大的柔性索,极易产生多种形式的风致振动。

1.涡激共振

最常见的,在亚临界区,流体绕过吊杆索产生周期性旋涡脱落。当旋涡脱落的频率与吊杆的自振频率一致时,就产生涡激共振。因此,随着风速的变化可以产生拉索不同模态的涡振。

2.参数共振

当主梁的振动频率和吊杆的横向振动频率满足整倍数条件时发生吊杆的参数共振。

3.悬索桥的斜吊杆索的风雨振

由于在一定风速和一定雨量下,雨水沿着斜吊杆索往下流时形成上下两条水道从而改变了原来的截面形状,即由于圆形截面的异化而导致拉杆大幅振动。1981年建成的英国恒比尔(Humber)悬索桥(主跨1 410m)首次观测到斜吊杆的风雨振,在横风向的最大振幅达到14倍的索直径。恒比尔桥是借鉴输电线工程中常用的Stock birdge damper的阻尼耗能原理,设计并安装了比输电线工程中更大的减振器(图1)。再回过头来思考英国首座采用斜吊索的悬索桥塞文桥(Severn)

图1　减振器

(主跨 988m,1966 年)在运行不到十年就出现问题,主要是斜吊索在桥面梁体上的锚头附近出现了钢丝断裂现象,特别是主孔 1/4 和 3/4 点之间的斜吊杆索更为严重,迫不得已将全桥 360 根斜吊杆索的大部分都换成新索,并且将新索的截面比原有的(113 根 $\phi3.4$mm 镀锌钢丝组成的钢绞线)增加一倍之多。并普遍认为这也是索的风致振动惹的祸。

4. 单根索的弛振(Galloping)和并列索的尾流弛振(Wake galloping)

这是另外一种吊杆索的风致振动。斜拉桥的斜拉索和悬索桥的吊杆索,因为其断面均为圆形,理论上是不会发生弛振的,只有钝体截面,并且气动力阻尼为负值时才有可能发生横风向的弛振。但是 1998 年竣工的丹麦大带海峡东桥(Greatbelt-Eastern)(主跨 1 624m)观测到了因下雪结冰导致吊杆索圆形截面异化而产生的强烈弛振(俗称冰振)。还有一种拉索风致振动现象就是并列索的尾流弛振,这种风致振动最早是在输电线工程中发现的,因为输电线的电缆大多为多股并列索,且输电线的支承塔的间距大。上游拉索的尾流区中存在一个不稳定的弛振区,如果下游拉索正好位于这个不稳定区中,其振幅会不断加大,直至达到一个稳态大振幅的椭圆型极限环。悬索桥垂直吊杆索大多为一组并列或二组并列布置,由于构造上的要求与斜拉桥并列索相比是真正的并列索,因此悬索桥的竖向并列吊杆尾流弛振更加典型,抑制尾流弛振也更为迫切。抑制尾流弛振措施到目前为止分为两种:一种是早期国外悬索桥采用水平的稳定索(图 2),另一种是采用输电线工程中的间隔器(图 3),国内目前大多沿用此方案,并称 Spacer 为减振架。其实间隔器的作用只是将上下游的吊杆刚性联结,从而产生相互干扰效应来抑制尾流弛振效应。因此,如同输电线工程一样,对于长细比大的吊杆索需要安装多个间隔器才能抑制前几阶模态的尾流弛振。

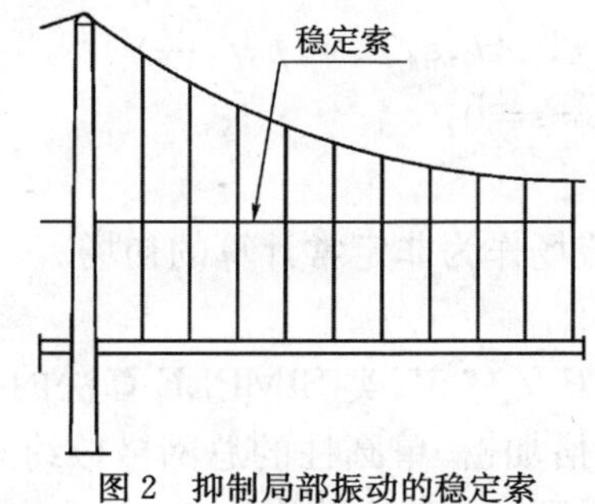

图 2 抑制局部振动的稳定索

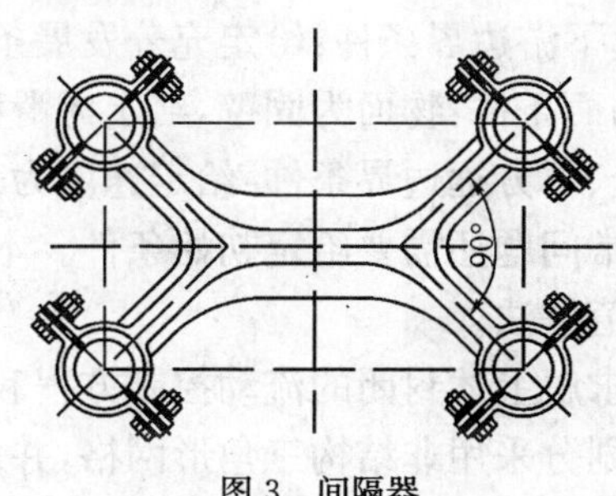

图 3 间隔器

二、开发悬索桥吊杆索新型减振器的技术路线

(1)针对西堠门大桥吊杆索典型间距 S 与杆直径 D 的比值,用计算流体力学数值模拟,计算其气动力参数值及其气动力导数,并进行下游索的稳定性判别。

(2)研发一种工作温宽范围符合西堠门桥址最大环境温度(−7℃ ~ +50℃)、剪切模量≥7MPa、结构损耗因子 $\eta \geqslant 0.4$ 的高阻尼橡胶状材料,并设计有效抑制尾流驰振的阻尼器,以增加吊杆索的等效阻尼。

(3)对新设计的减振器进行室内静、动力试验,验证设计优化减振器参数,给出实测的刚度和阻尼参数,并通过数值模拟计算吊杆索各阶模态等效阻尼值,分析不同索长条件下的减振器优化布置。

(4)对安装阻尼器后的吊杆索进行实桥等效附加阻尼的测定,并建议有条件时安装监测仪器。

浙江舟山连岛工程西堠门大桥是一座当今世界上仅次于日本明石海峡桥的第二大跨径悬索桥(跨径为 578m+1 650m+485m),其最长的吊杆索 1N 为 $\phi88$ 的单根吊索长 $L_e = 166.857$m,其一阶模态频率 $f_1 = 0.487\,7$Hz,$\phi60$ 的 90s 单根索长为 $L_e = 167.075$m,其一阶模态频率 $f_1 = 0.511\,4$Hz。由于基频很低,假如采用间隔器(减振架)的方案,必然需要对较长的吊杆设置多个减振架,来抑制不同风速下吊杆索的不同模态的尾流驰振,而且由于多个不同模态下的抑振力不同,需要设计不同强度规格的减振架,不但工作量繁重复杂,而且影响整桥的景观。如果采用液压减振器,则存在阻尼油受温度影响明显,并且因水平布置存在漏油问题等缺陷。根据并列索发生尾流弛振时上游索基本不动的特点,我们设想利用一种温宽范围在−7℃~+50℃,损耗因子 $\eta \geqslant 0.8$ 的高阻尼橡胶作为阻尼材料的广谱吊杆减振器,并且为了尽可能的减小减振器尺寸对气动力流场的影响和最大地利用阻尼材料的耗能特征,采用剪切型、对称受力

(无弯曲)方式,进行减振器的研发试验工作。

三、吊杆索尾流驰振的数值模拟和稳定性分析

1. 计算分析的对象为并列圆形的平面绕流

由于吊杆长度远远大于其直径,故流场的计算可以简化为平面问题,即计算其圆形断面的绕流(图4)。计算参数:直径 $D=60\text{mm}$,两柱体中心距 $S=600\text{mm}$,索长:170m,风速 $U=12\text{m/s}$。为方便计算,将来流攻角等效为用后圆柱偏离来流中心线的距离 h 表示,显然攻角 $\alpha=\sin^{-1}(h/S)$。

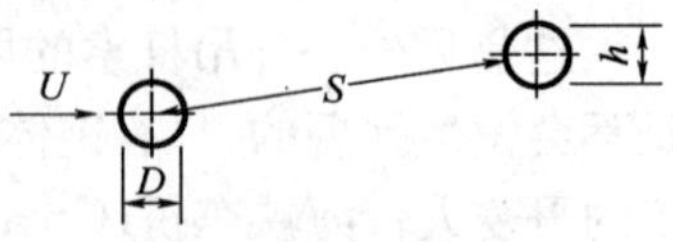

图4 吊杆索绕流简化示意

2. 尾流驰振的数值模拟方法

1)基本方程、边界条件和初始条件

对于圆柱绕流,实验结果表明,当雷诺数介于 $300\sim3\times10^5$ 时,尾流为湍流,尾涡的脱落具有基本固定不变的频率。在本文研究的圆截面吊杆的尾流驰振中的设计工况下,雷诺数约为 4.8×10^4,因此要研究的是不可压缩、非定常湍流流动,其控制方程由连续方程、动量方程(采用 Reynolds 平均 Navier-Stokes 方程)、湍流模式(采用 $SST_{\kappa-\omega}$模型)等所组成。

计算域和计算边界条件

计算域为矩形域,边界包括远上(左)、下(右)游远边界,上、下方远场边界和物面(单或双圆柱壁面),其计算边界条件分述如下。

(1)远上游边界条件:给定均匀来流、湍流度和黏性比。

(2)远下游边界条件:给定充分发展条件,即$\partial\varphi/\partial n=0(\varphi=u,v,w,k,\varepsilon,T,Y,p,\rho,\cdots)$

(3)物面条件:物面为固壁,给定无滑移条件,即 $u=v=w=k=\varepsilon=0$,

(4)上、下方远边界条件:给定速度为来流速度。

非定常问题还需要给定初始条件。本文采用先算出的定常流场作为非定常计算的初场。

2)数值解法

数值求解上述封闭的流动控制方程和边界条件。其算法为 *P-V* 修正、类 SIMPLE 算法的有限体积法。网格划分采用非结构三角形网格,并对壁面和尾迹区进行网格加密,单圆柱的总网格数约为46 000,双圆柱的总网个数约为 20 万,视后圆柱的偏离大小而稍有不同。圆柱表面上均布有 1000 个格点。方程离散时,空间方向应用二阶迎风格式,时间方向采用二阶隐式格式。并采用分离求解的方法进行求解。所谓分离求解就是按照一定的次序分别对控制方程中的每个方程独立求解。由于控制方程是非线性而且互相耦合的,因此每个时间步都要经过多次循环迭代。

3. 计算结果

1)双圆柱绕流

在通过考核的基础上,我们计算了实际工程中的尾流驰振问题。基本参数如引言中所述。为了判断后圆柱在尾流中是否会发生驰振,计算了多个工况下的流场、后圆柱的升阻力系数及其对流向 x 和垂直流向的 y 的偏导数。现将计算结果分述于下。后文中半尾迹宽度用 W 表示,据本文定义 $W=1.6D$。

各工况升力、阻力系数平均值

由于流动及力等参数都随时间而变化,但频率远远高于吊杆索的特征频率,因此诱发尾流驰振的不是瞬时力,而是其平均值。不同工况下的平均值见表1和图5。图中实线为拟合曲线,升力曲线为4次拟合,阻力曲线为3次拟合。

各工况的平均气动力系数 表1

h	C_l	C_d	h	C_l	C_d
0.00	0.000 0	0.312 0	1.60	−0.240 3	0.979 8
0.40	−0.098 9	0.424 7	1.80	−0.312 8	1.195 0
0.80	−0.131 3	0.581 9	2.00	−0.144 8	1.324 0
1.00	−0.098 2	0.658 3	2.40	−0.074 2	1.347 2
1.20	−0.130 1	0.741 6	3.20	−0.041 3	1.212 7
1.40	−0.238 0	0.879 9	4.00	−0.004 4	1.246 8

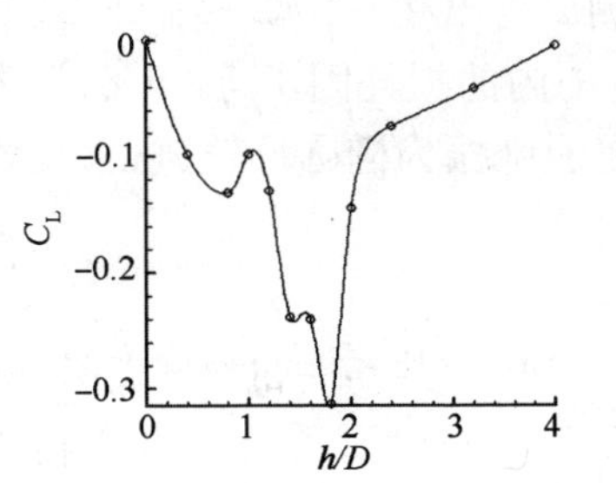

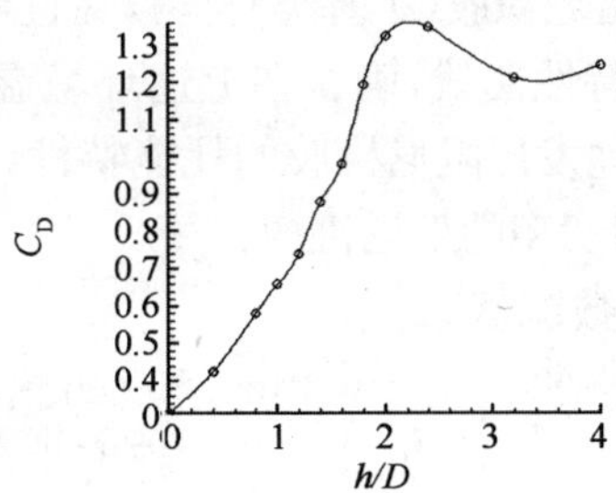

图5 各工况的平均气动力系数及拟合曲线

2)升力、阻力系数平均值的 x、y 方向导数

平均升、阻力系数对 x,y 的偏导数用数值方法求得

4. 稳定性分析

为了判断各工况下是否会发生尾流驰振,需要求出吊杆索运动方程的特征值。

其二维运动的方程为

$$\begin{aligned} m\ddot{x}+d_x\dot{x}+K_{xx}x+K_{xy}y=F_x \\ m\ddot{y}+d_y\dot{y}+K_{yx}x+K_{yy}y=F_y \end{aligned} \tag{1}$$

根据传统的理论,其中气动力表达式为

$$\begin{aligned} F_x=\frac{1}{2}\rho U^2D\left[\frac{\partial C_x}{\partial x}x+\frac{\partial C_x}{\partial y}y+C_y\frac{\dot{y}}{U_w}-2C_x\frac{\dot{x}}{U_w}\right] \\ F_y=\frac{1}{2}\rho U^2D\left[\frac{\partial C_y}{\partial x}x+\frac{\partial C_y}{\partial y}y-C_x\frac{\dot{y}}{U_w}-2C_y\frac{\dot{x}}{U_w}\right] \end{aligned} \tag{2}$$

将式(2)代入式(1),并化成一阶常微分方程组,可得其系数矩阵,求出该系数矩阵的特征值,即可根据特征值实部的正负判定其稳定性:如果所有实部均为负,则是稳定的;反之,若有一个实部是正的,则是不稳定的。

在未安装阻尼器时,各工况的特征值 λ 表2

h/D	实 部	虚 部	是否稳定	h/D	实 部	虚 部	是否稳定
0.4	-0.0337,-0.0259 各两个	±2.9790,±3.3859	是	2.0	-0.0577,-0.0379 各两个	±3.3427,±2.6628	是
0.8	-0.0346,-0.0313 各两个	±3.1232,±3.1232	是	2.4	-0.1822,+0.0857 各两个	±3.1919,±3.1836	否
1.2	-0.0247,-0.0476 各两个	±3.2710,±3.3021	是	3.2	-0.0927,+0.0015 各两个	±3.2020,±3.1896	否
1.6	-0.0534,-0.0284 各两个	±3.3720,±3.0659	是	4.0	-0.0506,-0.0420 各两个	±2.9964,±3.2114	是
1.8	-0.0797,-0.0107 各两个	±3.2458,±2.9747	是				

从表2中可见,当 $h/D=2.4$ 和3.2时,是不稳定的,会发生尾流驰振。

四、结 论

本文利用数值方法分析了西堠门大桥吊杆的尾流驰振问题,求得了流场和作用在后吊杆单位长度上的瞬时气动力及其对时间的平均值,并对多种工况的稳定性作了判定。结果表明,未加阻尼器时在有些工况下是不稳定的,具体地说,当来流攻角较小和较大时,是稳定的,在攻角的中间区域是不稳定的,会产生尾流驰振。

对直径为88mm的吊杆索,现有理论可知,由于索径大且间距(S/D)更小,因此尾迹宽度更大,不稳定攻角区也更大。因此可以推断,一定有一个不稳定攻角区,不加设阻尼器更会发生尾流驰振。

五、减振器的参数设计

1. 阻尼材料研制

首先根据舟山连岛工程常年专家会议讨论决定的减振器环境使用温度范围为-7℃~+50℃的条件与

厂家联合开发了WTD阻尼橡胶(丁基类)材料,并且经过测试得出在−15℃~+55℃(上升达到60℃)材料结构损耗因子与温度的特性曲线,确认在上述环境温度范围内的损耗因子 $\eta \geqslant 0.8$(厂方标准试验结果,图6)。同时为了最大限度地发挥阻尼橡胶的耗能特性以及尾流弛振为椭圆形轨迹(并列索的面内和面外)的特征,我们采用了平面剪切型的阻尼机构。

2. 阻尼器的动态参数测试

设计的试件2种规格(8cm×3cm×4cm和8cm×3.8cm×4cm)共6件的测试表明,这种结构的橡胶阻尼器能够达到的损耗因子为0.18~0.44(一定程度也反映了材料特性),符合一般资料给出的范围(0.03~0.3),等效黏性阻尼器的黏性系数[1]为(0.008~0.0111) kN·s/mm(或8~11 kN·s/m,800~1100 kgf·s/m),对数衰减率在0.57~1.35之间。阻尼器的动态刚度在0.13~0.27 kN/mm之间不等。

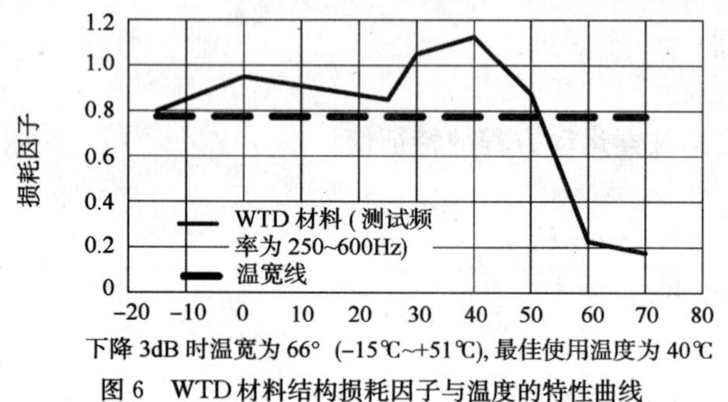

图6 WTD材料结构损耗因子与温度的特性曲线

图7 吊杆索减振器景观

3. 计算结果

根据阻尼器测定的阻尼特性和动态参数以及相应的新的阻尼器在吊杆上的安装位置,分别对90S和1N两种吊杆进行前10阶振型的模态频率 f_i 和等效阻尼的对数衰减率的计算分析,结果如下:90S吊杆:(阻尼器的安装高度为梁端吊杆支点以上 h=14m)l_e=167.075m。

模态序列	1_{st}	2_{nd}	3_{rd}	4_{th}	5_{th}	10_{th}
对数衰减率 δ_e	0.086 581 10	0.133 952 99	0.146 230 00	0.140 996 26	0.129 133 12	0.024 717 82
单杆时基频	0.5114(Hz)	阻尼器与上游杆支承点的串联刚度 37 858.17N/m			阻尼器黏性系数 7 781.0N/(m/s)	
模态频率(Hz)	0.538 165 57	1.086 525 80	1.644 533 40	2.207 893 37	2.773 765 80	−5.611 930 85

1N吊杆:(阻尼器的安装高度为梁端吊杆支点以上 h=14m)l_e=166.857m

模态序列	1_{st}	2_{nd}	3_{rd}	4_{th}	5_{th}	10_{th}
对数衰减率 δ_e	0.056 182 11	0.105 131 95	0.145 131 39	0.179 902 99	0.216 362 43	0.065 043 36
单杆时基频	0.487 7(Hz)	阻尼器与上游杆支承点的串联刚度 59 643.73N/m			阻尼器黏性系数 7 781.0N/(m/s)	
模态频率(Hz)	0.508 728 86	1.020 885 71	1.538 124 56	2.060 792 68	2.589 884 04	4.859 591 01

从上述计算结果表明吊杆的前10模态的等效阻尼 δ_e 均大于0.05,对于90S吊杆的第10阶等效阻尼的相应模态频率出现负值,表明等效阻尼过大(即过阻尼)所致,此时的对数衰减率已无意义。

4. 为了寻求阻尼减振器在吊杆上的最优安装点,分别对吊杆索长 L 分为100m、60m和30m的10N、20N、27N吊杆进行等效阻尼的优化分析结果表明:

(1)分析结果表明 $L_e=(L_0-L_2)/2<24$m的吊杆不必装阻尼减振器,因此全桥共需装328个减振器。

(2)$l_e \geqslant 125$m以上的吊杆,当安装高度 h=14m时,前5阶的等效阻尼 $\delta_e \geqslant 0.05$,而第10阶的模态频率 $f_{10}=10\times f_1=6.389$Hz>>3.0Hz。

(3)125m>l_e>106.56m的吊杆,当安装高度 h=13m时前5阶的等效阻尼 $\delta_e \geqslant 0.05$。

106.56m>l_e>55.69m的吊杆,当安装高度 h=12m时前5阶的等效阻尼 $\delta_e \geqslant 0.05$。

56.69m>l_e>24m 的吊杆，当安装高度 h=11m 时前 3 阶的等效阻尼 δ_e≥0.05。

ϕ60 的吊杆共 304 个。

(4)对于 ϕ=88mm 的吊杆和 ϕ=60mm 的 89N~90S 的吊杆，由于其有效长度 l_e 均大于 159m，所以阻尼减振器的安装高度均为 h=14，且全部满足抑制尾流弛振所需的等效阻尼 δ_e≥0.05。共 24 个。

六、实桥典型吊杆索安装减振器后的等效阻尼值测定和风振响应的观测

1. 测试原理

测试设备及数据处理过程框图见图 8。

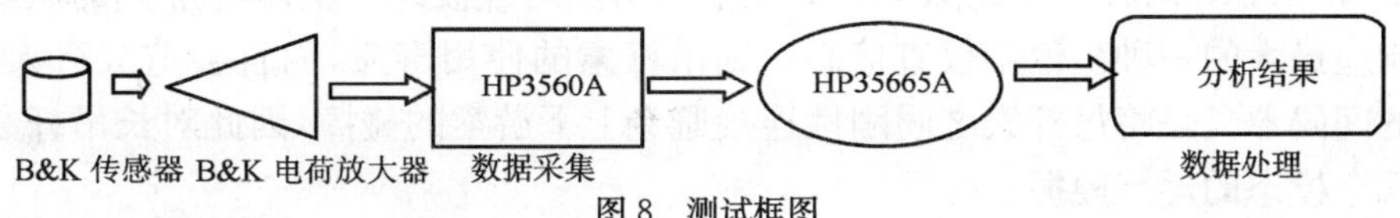

图 8 测试框图

2. 测试过程

进行了如下 14 根索的现场实测：

(1)左幅

边跨：N28S，N29S；中跨：1N，2N，1S。

(2)右幅

边跨：N24S，N25S，N28S，N29S；中跨：1N，2N，1S，7S，9S。

由于现场拆装阻尼器的困难，只进行了三根装有橡胶阻尼器的吊杆索(中跨左幅 1S，中跨右幅 1S 和 9S)的人工激振测衰减系数的测试。以验证是否达到预期要求的阻尼值，此值为核心数据，用以判断减振效果。其余的索只做了自然风下的加速度响应功率谱(取八个数据块均值)、加速度与位移时程等测试。以分析随机风响应有效值、峰－峰值，这些数据受当时风速、风向和环境等条件影响较大，可供参考。

3. 数据处理与实测曲线

数据处理过程结果见表 1、图 9、图 10 和表 3。

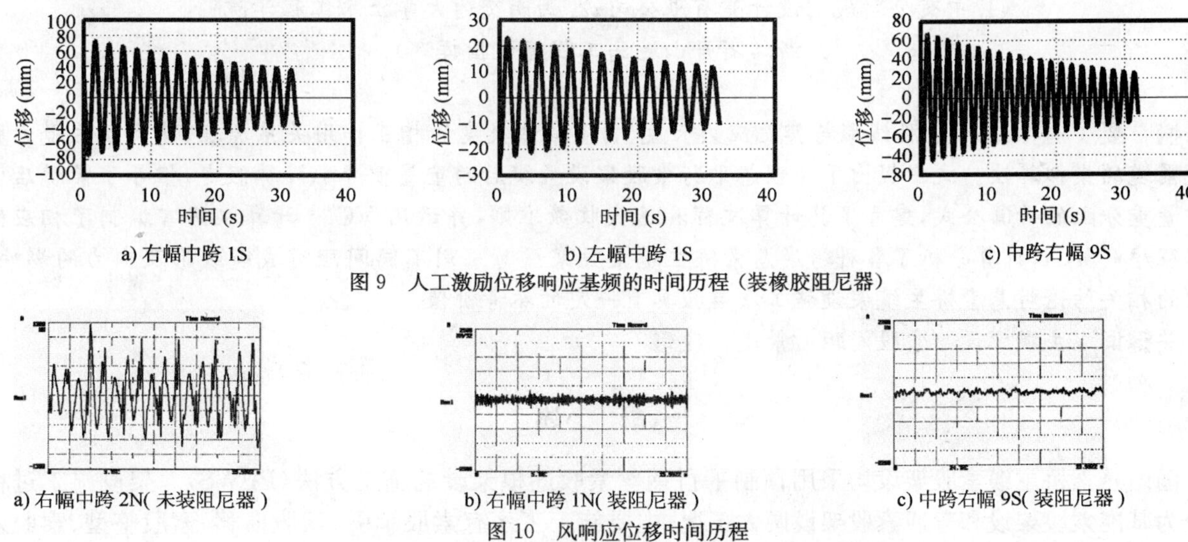

a) 右幅中跨 1S　b) 左幅中跨 1S　c) 中跨右幅 9S

图 9 人工激励位移响应基频的时间历程 (装橡胶阻尼器)

a) 右幅中跨 2N(未装阻尼器)　b) 右幅中跨 1N(装阻尼器)　c) 中跨右幅 9S(装阻尼器)

图 10 风响应位移时间历程

西堠门大桥被测吊杆索基频频率及对数衰减率实测数据　表 3

(基频及基频对数衰减率)

索　号	橡胶阻尼器	基频频率 (Hz)	对数衰减率	索　号	橡胶阻尼器	基频频率 (Hz)	对数衰减率
左幅中跨 1S	有	0.44	0.0525	右幅中跨 9S	有	0.66	0.0480
右幅中跨 1S	有	0.48	0.0508				

注：传感器位置离索根部约 6.5~7.0m 处，数据由人工激励后自由衰减振动的位移时程曲线计算得到。

表3结果表明:西堠门大桥被测吊杆索装了橡胶阻尼器后,其对数衰减率可达0.05左右,据文献报道,一般无阻尼器吊杆索的对数衰减率(对基频)在0.01左右,可见吊杆索装有橡胶阻尼器后对数衰减率大大提高了。

七、结　论

大跨度悬索桥的吊杆索大多为长细比大的柔性索,而且都是以非常低的阻尼为特征($\delta \leqslant 0.005$),因此在气动力作用下容易产生各种形式的风致振动。西堠门大桥的吊杆索为竖向并列索(索中距与索直径之比为$S/D=10$和6.818两种),因此除了不会发生风雨振之外极易产生多种形式的风致振动。其中尾流驰振是振幅响应最大的一种。他不仅直接影响到吊杆索的使用寿命,而且会造成行人的恐慌与不安。目前国内常用的间隔器只是将吊杆索之间刚性连接避免上下游索的碰撞,因此对长吊杆必须设置多个间隔器来抑制前几个模态的尾流驰振。

控制结构物风响应的途径不外乎两种,一是减小气动力(即修改气动力外形),二是设置减振器。前者不现实,因此本文采用的是后者,即通过设置阻尼器来耗散振动能量,使得吊杆索的动力响应降低到安全范围。通过对不同索长、索力和不同模态参数的优化计算,用阻尼减振器的不同设置位置得出能抑制多种风致振动所需的$\delta \geqslant 0.05$的等效阻尼目标值,用同一种规格的减振器。全桥分四种安装高度以及每一对并列索只需安装一个减振器的方案是为了便于安装和检查维护。

注:减振器静、动态测试得到清华大学实验室开放基金资助(基金编号:LF20060732)。

124. 悬索桥一般索股架设间距对成缆线形的影响分析

叶志龙[1]　沈锐利[2]　唐茂林[2]　王武刚[3]

(1. 中交公路规划设计院有限公司;2. 西南交通大学土木工程学院;
3. 浙江省舟山连岛工程建设指挥部)

摘　要　本文基于索股线形与其无应力长度、自重荷载集度的相互作用关系原理,建立了主缆索股架设紧缆的模拟算法。文中提出了非理想平行索股架设紧缆后的重量重分配计算假定,推导了紧缆后索股重量重分配的计算公式,建立了其计算过程和迭代收敛准则,并运用VC^{++}计算机语言编制了相应的计算程序CSAA,计算分析了各种跨度悬索桥主缆索股架设时采用不同间距对成缆线形及内力的影响,得出的相关结论对悬索桥主缆架设施工及监控具有一定的参考价值。

关键词　主缆架设　索股间距　紧缆　线形

一、概　述

国内悬索桥主缆索股架设均采用预制平行钢丝索股逐根架设的施工方法(PPWS)。架设施工过程可分为基准索股架设和普通索股架设两大工况,主要施工工序有索股牵引、索股横移、索股整型、索股入鞍、索股线形调整和锚跨张力调整。

索股架设的关键工序是其线形的调整,包括基准索股线形调整和普通索股线形调整。基准索股线形调整应用几何三角高程测量方法进行,可通过测量方法和测量仪器的选择达到要求的精度;普通索股线形调整过去采用的方法是以基准索股为基准,按层与层之间保持若即若离的原则进行架设。这种方式由于无法考虑温度不均匀等的影响,架设过程中常会发生要么一层压一层、要么层与层之间脱离,以至于主缆架设过程中需要设置第二、第三根基准索股。从润扬大桥开始,普通索股的架设采用了每层设置相对基准索股、相对基准索股与第一根基准索股在标准条件下竖向高差位置相对固定的架设方法。这种方法的优点在于各索股之间的位置固定，如果索股之间有温度差可对相对高程进行调整，理论上索股层与层之间的距离是定量的。

要实现一般索股的调整过程，按上述新的方法必须保证层与层之间的索股有一定的空隙间距，与旧方法相比，从直观看紧缆前最上最下层索股间的距离将更大，紧缆需要的力更大，紧缆引起的上下层索股的空缆力差异也会增大，这是设计、施工和监控都关心的问题。本文就这一问题，建立了理论分析模型，对不同跨度的悬索桥，主缆层与层之间采用不同的控制间距进行架设，分析了紧缆后的成缆线形及各层索股的成缆力，根据分析结果对新方法的使用提出了建议。

二、索股紧缆模拟计算

1. 理论原理

在两端边界条件确定的情况下，单根索股处于自然悬垂状态，仅受自重荷载而未承受其他外荷载，索股线形为悬链线[1]。由悬链线理论可知，索股垂度、无应力长度和自重荷载集度三者是确定的关系。对于线形调整完毕且自由悬垂的索股而言，其无应力长度和垂度为定值。由于索股架设时索股间存有距离，紧缆作业后各索股相互挤压贴紧，因而线形得到新的调整，索股之间势必产生相互作用。为模拟这种相互作用，可假定紧缆后主缆仍然是悬链线，各层索股的无应力长度与紧缆前相同，垂度的变化是由于部分自重发生了转移而产生的，也就是说原来垂度大的索的部分自重以力的方式转移到了原来垂度小的索股上，使紧缆后各层索股间线形协调一致。根据这一认识，可建立理论的计算模型，来分析紧缆对空缆线形的影响。

2. 建模构思

建立计算模型时，为了便于理论分析和突出问题的本质，作如下假定：

(1)单根索股在横截面上无径向尺寸，仅沿纵向线状分布。

(2)不考虑主缆索股的横向排列，索股只排列于竖平面内。

根据上述假定绘出模型示意图 1，这里取 19 根索股组成的主缆为例来阐述建模构思。索股竖向排列共有 9 层，索股架设间距致使各层索股距离跨中处与鞍座处不相一致，因而索股具有 9 个垂度值，即 1 号索股为第一层对应垂度值为 f_1，2、3 号索股为第二层对应垂度值为 f_2，4、5、6 号索股为第三层对应垂度值为 f_3，7、8 号索股为第四层对应的垂度值为 f_4，9、10、11 号索股为第五层对应垂度值为 f_5，12、13 号索股为第六层对应垂度值为 f_6，14、15、16 号索股为第七层对应垂度值为 f_7，17、18 号索股为第八层对应垂度值为 f_8，19 号索股为第九层对应垂度值为 f_9，而经过紧缆作业后，各索股将具有同一垂度值 f_0。

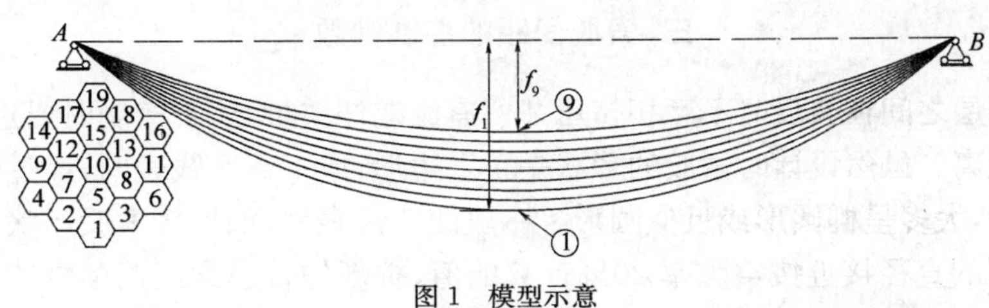

图 1　模型示意

3. 算法及程序

基于索股无应力长度、自重荷载集度及垂度相互影响作用理论，就可以建立索股架设间距对成缆线形影响分析的算法，算法的具体步骤为：

(1)各索股架设线形调整完毕后，各索股的垂度和自重荷载集度分别为 $f_i(i=1,2\cdots,n)$ 和 $q_{0i}(i=1,2,\cdots,n)$；

(2)根据索股垂度和自重荷载可计算出各索股的无应力长度 $S_{0i}(i=1,2,\cdots,n)$；

(3)假定紧缆后各索股的统一垂度为 $f_0=\dfrac{f_1+f_n}{2}$。

(4)由各索股的垂度初值 f_0 和无应力长度 $S0_i$，求解各索股的张力水平分量 H_i 和自重荷载集度 q_i，$i=1,2,\cdots,n$。

(5)计算 $\Delta q=\sum_{i=1}^{n}q_i-\sum_{i=1}^{n}q_{0i}$。

(6)由主缆索股自重守恒规律可制定出迭代收敛条件 $|\Delta q|<\varepsilon$，检查是否 $|\Delta q|<\varepsilon$，若否则调整紧缆后的垂度，由垂度增量 $\mathrm{d}f$ 重新计算 $f_0=f_0+\mathrm{d}f$。

(7)重复第4至第6步直至 $|\Delta q|<\varepsilon$。

(8)输出紧缆后主缆的理论垂度 f_0 和各索股张力水平分量和自重荷载集度。

根据上述步骤，采用 VC⁺⁺ 计算机语言编制出索股架设层间距离不同对成缆线形影响的分析程序CSAA，该程序包含三个子程序 NSL、TSHAPE、NSLDL 以及读取数据的子程序 READ，绘出的流程图见图2。

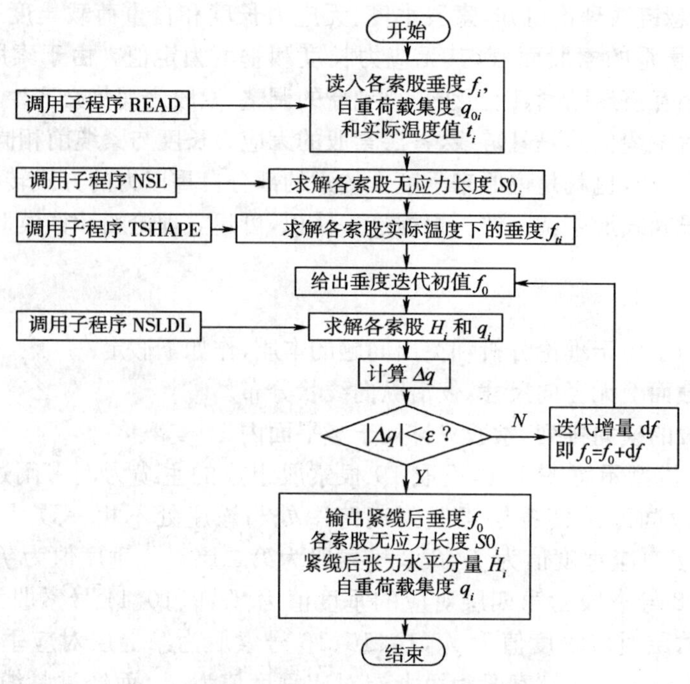

图2 程序 CSAA 计算流程

三、索股间距的控制参数

为保证索股层与层之间在架设时不互相挤压并留有温差调整量，施工控制时要选定一个标准条件下层与层之间的索股距离。虽然设计时索股的形状是正六边形，但工程实践表明，经过牵引架设后，一般的六边形形状无法保持，大多呈椭圆形或近似圆形。一般的统计表明，如果将索股形状假定为圆形，缠包带完好的索股未紧缆前的直径接近按空隙率20%计算的值，按新的普通索股调整方法，索股层间中心控制间距应取索股直径以上。以下的分析中以不同的索股空隙率来反映索股层间的距离，空隙率越大，是指架设控制时索股层间的距离选得越大，层间互相挤压的可能性越小。

令单根索股的钢丝数为 n，钢丝直径为 d，空隙率为 $V\%$，则可以计算出索股直径即 D 值为：

$$D=\frac{d}{10}\sqrt{n(100+V)} \tag{1}$$

在索股钢丝数、钢丝直径以及空隙率确定的情况下即可由上式计算出索股的直径，也就获得索股架设调整的理论间距，进而即可分析索股在不同间距即空隙率的情况下紧缆后空缆线形垂度的变化情况。

四、索股架设间距对不同跨度悬索桥成缆线形的影响

1. 主缆索股参数概述

以西藏角笼坝大桥、厦门海沧大桥、贵州坝陵河大桥和舟山西堠门大桥为例，分析索股架设间距对不同跨度悬索桥成缆线形的影响。此四座大桥主缆索股参数见表1，主缆索股排列及编号见图3(从左至右依次为角笼坝大桥、海沧大桥、坝陵河大桥及西堠门大桥)。

四座大桥的主缆索股参数 表1

名　称	主跨度(m)	单缆索股数(根)	索股钢丝数(丝)	钢丝直径(mm)	单根索股自重荷载集度(kN/m)
角笼坝大桥	345	37	91	5.1	0.145 929
海沧大桥	648	110	91	5.1	0.145 929
坝陵河大桥	1 088	208	91	5.2	0.151 708
西堠门大桥	1 650	169	127	5.25	0.215 815

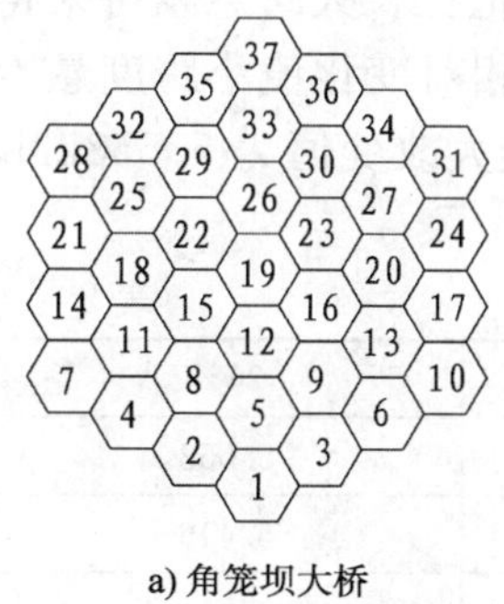
a) 角笼坝大桥

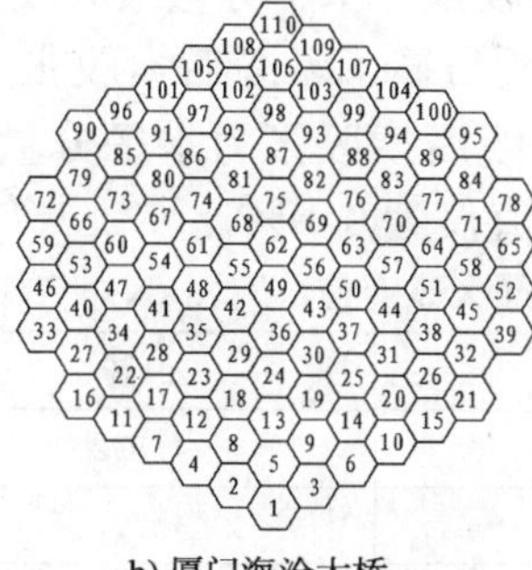
b) 厦门海沧大桥

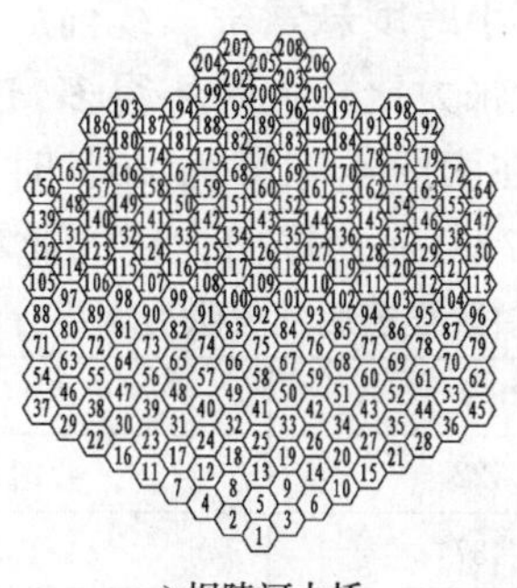
c) 坝陵河大桥

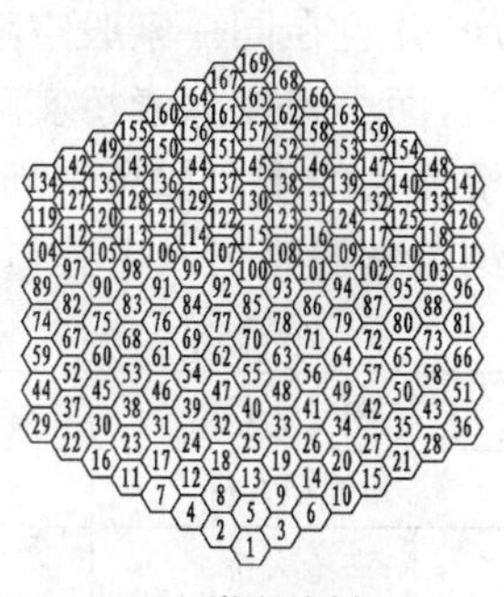
d) 西堠门大桥

图3 四座大桥主缆索股排列及编号

2. 计算结果分析

索股的空隙率可分别取20%、22%、24%和26%以反映索股架设时不同的间距，然后由式(1)及表1中的数据即可计算出不同空隙率下的索股高度，四座大桥在不同空隙率下计算所得的索股高度见表2。现假定四座桥设计理论空缆线形的矢跨比均为1/10，应用程序CSAA计算该四座大桥的紧缆后的空缆线形，紧缆后的空缆线形计算垂度值见表3，该计算垂度值与理论空缆线形垂度值之差见表4。

不同空隙率计算所得的索股高度(单位:mm) 表2

名　称	索股空隙率			
	20%	22%	24%	26%
角笼坝大桥	53.29	53.74	54.18	54.61
海沧大桥	53.29	53.74	54.18	54.61
坝陵河大桥	54.34	54.79	55.24	55.68
西堠门大桥	64.81	65.35	65.88	66.41

不同空隙率下紧缆后垂度值(单位:m) 表3

空　隙　率	角笼坝大桥	海 沧 大 桥	坝陵河大桥	西堠门大桥
20%	34.500 000 17	64.800 000 26	108.799 392 8	164.999 962 5
22%	34.500 000 27	64.800 000 38	108.799 276 1	164.999 951 4
24%	34.500 000 38	64.800 000 52	108.799 159 5	164.999 940 5
26%	34.500 000 48	64.800 000 68	108.799 045 4	164.999 929 6

不同空隙率下紧缆后垂度与理论垂度差值(单位:mm)　表4

空　隙　率	角笼坝大桥	海 沧 大 桥	坝陵河大桥	西堠门大桥
20%	0.000 17	0.000 26	−0.607 19	−0.037 52
22%	0.000 27	0.000 38	−0.723 89	−0.048 62
24%	0.000 38	0.000 52	−0.840 51	−0.059 50
26%	0.000 48	0.000 68	−0.954 61	−0.070 40

从表3、表4及可以看出,不同的索股空隙率对悬索桥成缆线形具有轻微的影响。对于中小跨度的角笼坝大桥和海沧大桥,索股层间距离的增大将使空缆垂度差值线性增大,表现为紧缆后空缆垂度值增大,空缆线形降低;对于长大跨度的坝陵河大桥和西堠门大桥,索股空隙率的增大也使空缆垂度差值线性增大,但表现为紧缆后空缆垂度值减小,即空缆线形得到抬高。

此外,紧缆前后各索股张力水平分量将产生变化,计算分析此种变化将有利于把握各索股受力状况,更为精确地掌握主缆的安全系数取值。表5中数据为四座大桥在不同索股空隙率下紧缆前后索股张力水平分量最大改变值。从此表中可以看出,随着索股空隙率的增大,索股张力水平分量的改变值也在增加,并且在同一索股空隙率下小跨度悬索桥紧缆前后索股张力水平分量最大改变值比长大跨悬索桥来得大,而小跨度悬索桥实际索股张力比长大跨小得多,这就凸显了紧缆后索股张力相对变化值小跨度悬索桥要大的多。如角笼坝大桥在索股空隙率为26%时紧缆后索股张力水平分量最大改变值为5.553kN,约为索股张力水平分量的8.7%,而西堠门大桥的此项值仅为0.8%。

紧缆前后索股张力水平分量最大改变值(单位:kN)　表5

项　　目	20%	22%	24%	26%
角笼坝大桥	3.522	4.215	4.892	5.553
海沧大桥	3.437	4.113	4.773	5.419
坝陵河大桥	3.059	3.647	4.236	4.811
西堠门大桥	2.000	2.597	3.183	3.769

紧缆前后各索股张力水平分量和自重荷载集度均将改变,图4～图7分别为不同空隙率下角笼坝大桥和西堠门大桥紧缆前后各索股张力水平分量和自重荷载集度变化曲线,图中清楚地显示出紧缆前后各索股张力水平分量和自重荷载集度呈线性变化。在索股自重荷载集度总量守恒的前提下,紧缆后各索股具有同一垂度,此必然使主缆中部以下的索股垂度减小而中部以上索股垂度增大,从而造成主缆中部以下索股自重荷载集度和张力水平分量减小而中部以上索股自重荷载集度和张力水平分量增加。

从上述分析可以得出,悬索桥主缆索股采用不同空隙率进行架设,紧缆后的空缆线形几乎是一致的,与理论设计的空缆线形相差极小。这就表明采用稍大的空隙率进行索股架设既可方便索股调整,又不会对成缆线形造成影响,但考虑到紧缆前后索股张力的变化,小跨度悬索桥宜采用相对较小的索股空隙率架设主缆索股。

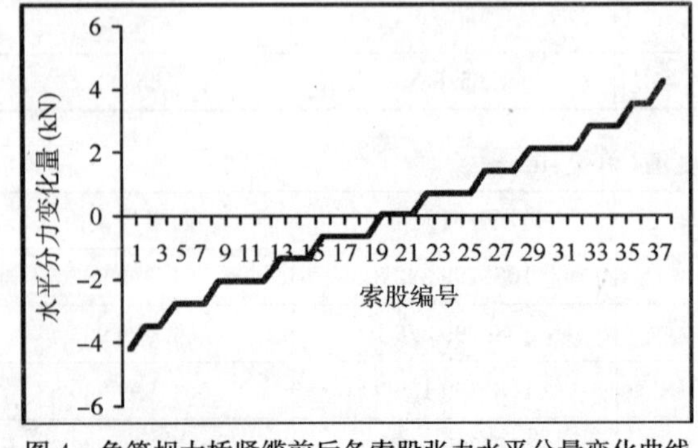

图4　角笼坝大桥紧缆前后各索股张力水平分量变化曲线

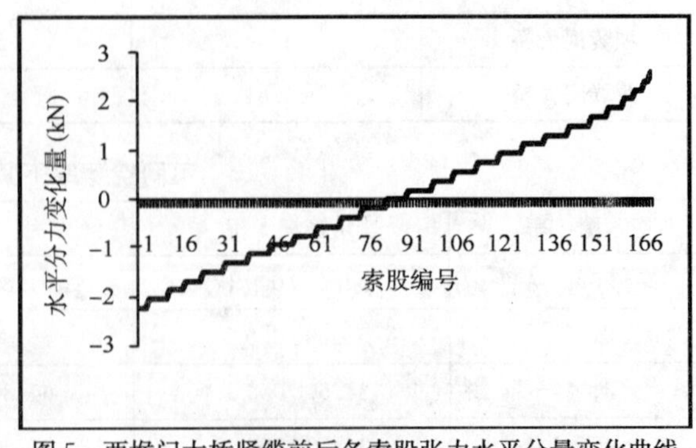

图5　西堠门大桥紧缆前后各索股张力水平分量变化曲线

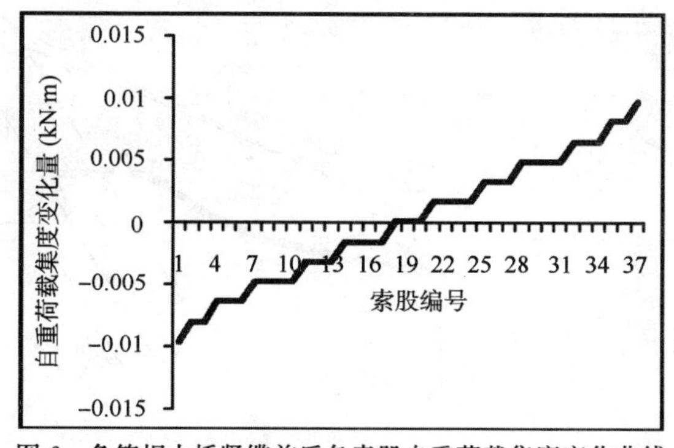

图 6 角笼坝大桥紧缆前后各索股自重荷载集度变化曲线

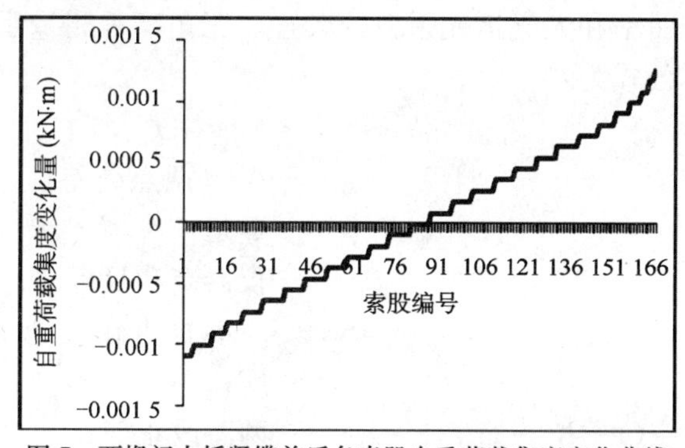

图 7 西堠门大桥紧缆前后各索股自重荷载集度变化曲线

五、结论与建议

(1)索股架设间距可由索股空隙率这一参数进行量化,从而进行紧缆的理论计算。理论计算表明,紧缆后的空缆垂度将随索股空隙率变化,但此变化量甚微。

(2)理论分析表明,在索股自重荷载集度总量守恒的前提下,紧缆后各索股具有同一垂度,此必然使主缆中部以下的索股垂度减小而中部以上索股垂度增大,致使主缆各索股自重荷载集度重分配,中部以下索股自重荷载集度和张力水平分量减小而中部以上索股自重荷载集度和张力水平分量增加。

(3)理论计算表明,在合理的范围内采用稍大的空隙率进行索股架设既可方便索股调整,又不会对成缆线形造成影响。考虑到紧缆前后索股张力的变化,小跨度悬索桥宜采用相对较小的索股空隙率架设主缆索股。

参考文献

[1] 沈锐利. 悬索桥主缆系统设计及架设计算方法研究[J]. 土木工程学报,1996;29(2):3-9.

125. 悬索桥结构线形控制精度分析

叶志龙[1] 叶国正[2] 王武刚[3] 唐茂林[4]
(1. 中交公路规划设计院有限公司;2. 95538 部队;3. 浙江省舟山连岛工程建设指挥部;
4. 西南交通大学土木工程学院)

摘 要 本文针对不同跨度的悬索桥,计算分析了温度测量与几何工程测量的设备等精度对结构线形测量误差的影响。提出了各种跨度悬索桥主缆线形在当前温度传感器和测量仪器的精度范围内可实现的控制目标,确定出了满足规范限定范围所需的温度传感器及测量仪器的精度。研究分析所得结论可为今后制订悬索桥施工控制标准提供参考。

关键词 悬索桥 温度测量 几何测量 结构线形 精度

悬索桥上部结构安装施工控制的关键是对各工况下结构施工线形的精确把握,结构施工线形只有满足精度要求才能确保后续工况的顺利进行,完成桥梁的成功修建。为此,高精度施测各工况下的结构线形显得尤为重要。悬索桥结构线形测量主要包括几何工程测量和温度场测量,其测量精度误差将受跨度的影响,研究分析此误差影响量值将有助于合理制订线形控制目标。

一、几何工程测量误差分析

1. 测量方法

大跨度悬索桥线形几何工程测量一般采用全站仪三角高程法在气温稳定时进行,测量时需要考虑地球曲率和大气折光系数的改正。三角高程测量示意图见图1，其基本公式为：

$$h_{AB}=S\cdot\tan\alpha+i-v+f \tag{1}$$

式中：h_{AB}——A、B两点高差；

α——竖角；

i、v——仪器高和目标高；

S——A、B两点在大地水准面上的投影长度；

$f=(1-K)\cdot S^2/(2\cdot R)$——两差改正值；

R——地球半径。

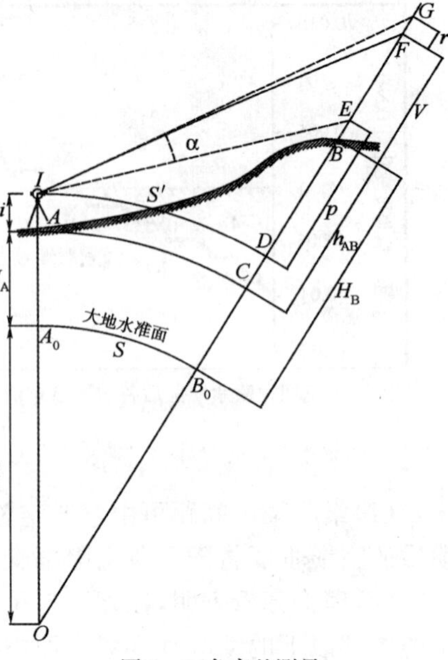

图1　三角高差测量

2. 误差评定

根据式(1)知 $h_{AB}=S\tan\alpha+i-v+(1-k)\dfrac{S^2}{2R}$，由误差传播定律可求得高差中误差的平方值为：

$$m_{h_{AB}}^2=S^2\sec^4\alpha\cdot\left(\frac{m_\alpha}{\rho}\right)^2+\tan^2\alpha\cdot m_S^2+m_i^2+m_v^2+\left(\frac{1-K}{R}S\right)^2\cdot m_S^2+\left(\frac{S^2}{2R}\right)^2\cdot m_K^2$$

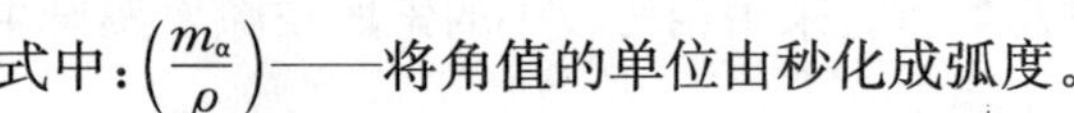

式中：$\left(\dfrac{m_\alpha}{\rho}\right)$——将角值的单位由秒化成弧度。

上式可改写为：

$$m_{h_{AB}}^2=\left(\frac{S\sec^2\alpha}{\rho}\right)^2\cdot m_\alpha^2+\left[\tan^2\alpha+\left(\frac{1-K}{R}S\right)^2\right]\cdot m_S^2+\left(\frac{S^2}{2R}\right)^2\cdot m_K^2+m_i^2+m_v^2 \tag{2}$$

式(2)即为三角高程测量误差评定公式。其表明了高差测量误差与竖角、平距、大气折光系数、仪器高和目标高测量误差的关系。平距对高差误差的影响最大，它不仅对其自身测量误差造成影响，还对竖角和大气折光系数测量误差起放大作用。

3. 不同跨度悬索桥线形测量误差度

以主跨径分别为345m、648m、1088m、1650m的西藏角笼坝大桥、厦门海沧大桥、贵州坝陵河大桥和舟山西堠门大桥为工程实例，对不同跨度悬索桥的线形几何测量误差进行分析评定。此四座大桥在小跨度、中等跨度、大跨度和特大跨度悬索桥中具有较好的代表性。该误差评定时，作出如下假定：

(1)测量仪器为全站仪，其标称精度取如下四个等级：1)1mm＋1ppm/0.5″；2)1mm＋1ppm/1″；3)1mm＋2ppm/2″；4)2mm＋2ppm/2″。

(2)仪器和觇点棱镜均架设在强制观测墩上。仪器高和棱镜高采用游标卡尺进行测定，其测量精度为0.1mm。

(3)线形高程测量时控制点至目标点的水平距离为该桥主跨度的0.75倍；竖角 α 取7°；大气折光系数取0.14，其中误差取±0.05。

由上述假定及式(2)在不同仪器标称精度下四座大桥线形几何测量高程中误差计算结果见表1。

不同跨度悬索桥线形几何测量高程中误差(单位：mm)　　表1

仪器标称精度	角笼坝大桥	海沧大桥	坝陵河大桥	西堠门大桥
1mm+1ppm/0.5″	0.714	1.526	3.302	6.741
1mm+1ppm/1.0″	1.314	2.573	4.796	8.559
1mm+2ppm/2.0″	2.568	4.877	8.450	13.586
2mm+2ppm/2.0″	2.577	4.882	8.453	13.588

从表1可看出，使用不同标称精度的仪器测量不同跨度悬索桥结构线形高程误差度相差较大。悬索桥结构线形测量精度对测量仪器的测角精度和主跨度甚为敏感。仪器测角中误差的较小改变将对线形测量精度产生较大影响，如分别采用标称精度为1mm＋1ppm/0.5″、1mm＋1ppm/1.0″的仪器测量角笼坝大桥的线形，其高程中误差分别为0.714mm和1.314mm，两者相差近一倍。而主跨度的增加不仅加大了测距误差也使测角误差得到放大，从而降低了结构线形测量的精度，如使用标称精度为1mm＋1ppm/0.5″仪器测量角笼坝大桥和西堠门大桥结构线形，两者高程中误差相差近10倍。

4. 实现当前施工规范所需测量仪器精度

当前施工规范限定悬索桥索股线形绝对标高误差范围主跨一般为(－20mm，＋20mm)，边跨一般为(－30mm，＋30mm)；两索股相对标高误差为±10mm。根据表1的计算数值可知，对于小跨度悬索桥线形测量即使使用最低标称精度2mm＋2ppm/2.0″的仪器，其限差也可达到5.2mm，完全符合规范要求，说明测量仪器精度还可适当降低；对于中等跨度悬索桥线形测量，当使用标称精度为2mm＋2ppm/2.0″的仪器，其限差为9.8mm，对于索股绝对高程测量富余甚多，但对于索股相对高程测量则已接近限定值，若考虑外界因素对测量误差的影响，则该标称精度为测量仪器精度的下限；对于大跨度悬索桥线形测量，使用1mm＋1ppm/1.0″的仪器，其限差为9.6mm，对于索股绝对垂度测量完全满足，而对于索股相对垂度测量则已临近限定值，考虑外界因素将降低施测精度，因而对于大跨度悬索桥的线形测量仪器精度应不低于1mm＋1ppm/1.0″。特大跨度悬索桥线形测量对测量仪器精度要求甚高，采用标称精度为1mm＋1ppm/0.5″施测时，其极限误差为13.5mm，显然这已超出索股相对垂度测量的限定误差值，而对于索股绝对垂度测量则可满足，因而需要精度更高的仪器才能满足规范要求。然而该精度为当今全站仪所能达到的最高精度，况且对于特大跨度悬索桥，测量距离远已成为测量误差较大的主导因素，通过提高仪器精度来降低测量误差收效甚微并且不可取，故对于特大跨度悬索桥索股相对垂度测量规范宜增大误差范围限定。

上述分析单纯从几何测量的角度探讨针对不同跨度悬索桥线形测量满足规范要求所应具备的仪器精度，而未考虑索股温度测量误差、桥塔偏位等因素的影响。

二、温度场测量误差分析

1. 测量误差对悬索桥线形的影响

由于悬索桥结构线形高程对温度变化非常敏感，跨度的增加将使此敏感性加强，掌握温度测量误差对不同跨度悬索桥线形高程的影响规律，将有利于我们更为精确地把握结构线形。现仍以前所述及的四座悬索桥为分析对象，探讨主缆索股温度场测量误差对不同跨度悬索桥结构线形的影响程度。

受地形条件和环境影响，在主缆索股的里程方向和高程方向，不同位置的温度分布不同。为了能准确得到主缆索股的综合平均温度，需要在每跨分散布置多个温度测试断面，每个断面也应布置多个测试点。测温元件必须具有较高的精度及稳定性，测控时取各点的平均值作为主缆索股的综合温度。现取温度场测量元件测量标称精度为0.1℃、0.2℃、0.5℃和1℃四个级别，利用已编制的程序模快TSHAPE求解出温度测量误差对不同跨度悬索桥结构线形的影响量值，计算结果见表2。

温度场测量误差对不同跨度悬索桥索股线形高程的影响量　　表2

工程实例	主跨度(m)	测温元件精度(℃)			
		0.1	0.2	0.5	1.0
		主跨中点高程变化量(m)			
角笼坝大桥	345	0.000 8	0.001 6	0.004 1	0.008 2
海沧大桥	648	0.001 6	0.003 2	0.008 1	0.016 1
坝陵河大桥	1 088	0.002 6	0.005 2	0.012 9	0.025 8
西堠门大桥	1 650	0.003 9	0.007 8	0.019 5	0.038 9

表2列示出了使用不同精度测温元件其测试误差对不同跨度悬索桥结构线形高程的影响量值。从中可以看出，测温元件精度对悬索桥结构线形影响重大，随着跨度的增大，测温元件精度对线形高程影响也随之加大。对同座桥梁而言，结构线形高程变化量随测温元件精度的降低而成比例的增大。图2也显示了上述规律。如使用精度为0.5℃的测温元件测量主缆索股温度，由于元件自身系统测试误差所带来的结构线形影响量值，角笼坝大桥为4mm，而西堠门大桥则有20mm；若单独以西堠门大桥为例，精度为0.1℃测温元件测试误差所带来的线形高程影响量为4mm，而精度为1.0℃测温元件测试误差所造成的线形高程变化量有39mm，其变化率为40mm/℃，显然这种影响应给予足够重视。

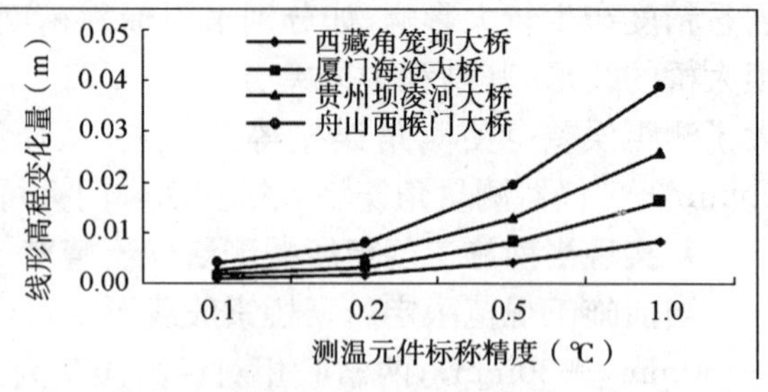

图2　测温元件精度对结构线形的影响量

从上述分析可知，由于测温元件精度而引起的主缆索股温度测量误差对结构线形高程的影响蔚为可观，它将直接影响技术人员施工监控时对主缆索股真实线形的把握，也会影响主缆索股的架设精度，降低主缆索股成缆线形质量。

2. 实现当前施工规范所需测温元件精度

由前一小节分析可知，对于长大跨悬索桥结构线形高程测量应使用高精度测温元件测量主缆索股温度，否则测温元件系统误差所导致的线形高程变化量就已经超出规范限定范围，也就无法精确控制主缆索股线形。

当前施工规范限定悬索桥索股线形绝对高程误差范围主跨一般为（－20mm，＋20mm），边跨一般为（－30mm，＋30mm）；两索股相对高程误差为±10mm。根据表2的计算数值可知，小跨度悬索桥主缆索股线形温度测量使用标称精度1.0℃的元件，其误差引起的高程变化量为8.2mm，理论上完全符合规范要求，但考虑到主缆索股相对高程误差测量时可能出现正负误差叠加的现象，建议使用标称精度为0.5℃的测温元件进行测试；对于中等跨度悬索桥主缆索股线形温度测量，满足规范要求的测温元件精度应不低于0.5℃，其对应的高程变化量为8.1mm，若考虑主缆索股相对高程误差测量时出现正负误差叠加，则应使用标称精度为0.2℃测温元件；对于大跨度、特大跨悬索桥主缆索股线形温度测量，满足规范要求的测温元件精度应不低于0.2℃，其对应线形高程变化量分别为5.2mm和7.8mm，但考虑到上述正负误差叠加现象，大跨度悬索桥线形温度测量应采用标称精度为0.1℃的测温元件，而特大跨度悬索桥则必须使用标称精度为0.1℃测温元件。

上述分析也是单方面从温度测量来探讨不同跨度悬索桥线形测量为满足规范要求所应具备的仪器精度，未考虑索股线形几何测量误差、桥塔偏位等因素的影响。

三、桥塔偏位测量误差对主缆线形的影响分析

悬索桥施工过程中，受气温、日照及外加荷载的影响桥塔将发生变形，造成各跨跨度的改变，从而导致结构施工线形的变化。因此桥塔偏位测量的精度控制甚为重要。

桥塔偏位对悬索桥主缆索股线形影响较大，对于边跨更是如此。在主缆索股线形测量中，必须精确测量桥塔偏位，从而修正桥塔偏位对结构线形所产生的影响量以得到真实的结构线形。然而，桥塔偏位测量受仪器、天气、风力等外界因素的影响，其测量误差是必定存在的，这就造成桥塔偏位对结构线形的影响修正量偏离实际值，也就导致了经桥塔偏位修正后的结构线形与真实线形存有偏差。分析这一偏差量对把握结构线形精确程度是大有裨益的。

桥塔偏位测量是坐标正算问题，即由已知控制点坐标通过观测所得的水平距离和方位角计算出目标点的坐标。计算公式如下：

$$\left.\begin{aligned} x_B &= x_A + S_{AB} \cdot \cos\alpha_{AB} \\ y_B &= y_A + S_{AB} \cdot \sin\alpha_{AB} \end{aligned}\right\} \tag{3}$$

式中，(x_A, y_A)、(x_B, y_B)分别是已知点和未知点的坐标值，S_{AB}，α_{AB}分别为观测所得的水平距离和角度。

由于实际桥梁施工坐标系 x 轴常为桥轴线方向，因此桥塔偏位测量由式(3)第一式即可计算。由误差传播定律求得坐标 x_B 中误差平方值为：

$$m_x^2 = (\cos\alpha_{AB})^2 \cdot m_s^2 + S_{AB}^2(\sin\alpha_{AB})^2 \cdot \left(\frac{m_\alpha}{\rho}\right)^2 \tag{4}$$

从而由上式即可理论计算桥塔偏位的测量误差。

参考文献[1]由传统抛物线理论推导出索长计算公式，然后将跨中垂度 f 看作为跨度 L 的函数，通过微分求得悬索垂度随跨度的变化关系。本文以跨内主缆索股无应力长度不变为原则，通过非线性方程迭代方法求解跨度变化对结构线形的影响。

现以西堠门大桥设计理想状态为实例，应用已编制的程序 SSHAPE 计算分析各跨跨度变化量 ΔL 与对应跨中高程改变量 Δf 的相互关系。计算结果见表 3。

西堠门大桥跨度变化对线形高程影响量表 表 3

跨　号	ΔL(m)	Δf(m)	$\Delta f/\Delta L$	跨　号	ΔL(m)	Δf(m)	$\Delta f/\Delta L$
北边跨	0.002	0.009 7	4.84	南边跨	0.002	0.011 2	5.59
	0.004	0.019 4	4.84		0.004	0.022 4	5.59
	0.006	0.029 0	4.84		0.006	0.033 5	5.59
	0.008	0.038 7	4.84		0.008	0.044 7	5.59
	0.010	0.048 4	4.84		0.010	0.055 9	5.59
	0.012	0.058 0	4.84		0.012	0.067 1	5.59
	0.014	0.067 7	4.83		0.014	0.078 2	5.59
	0.016	0.077 3	4.83		0.016	0.089 4	5.59
	0.018	0.087 0	4.83		0.018	0.100 5	5.59
	0.020	0.096 6	4.83		0.020	0.111 7	5.58
中跨	0.004	0.007 4	1.86				
	0.008	0.014 9	1.86				
	0.012	0.022 3	1.86				
	0.016	0.029 8	1.86				
	0.020	0.037 2	1.86				
	0.024	0.044 7	1.86				
	0.028	0.052 1	1.86				
	0.032	0.059 6	1.86				
	0.036	0.067 0	1.86				
	0.040	0.074 5	1.86				

从表 3 中数值可看出，各跨跨中高程改变量与该跨跨度变化量呈良好的线性关系，并且跨度的改变对边跨线形的影响比中跨剧烈的多。由此可知，桥塔偏位测量误差经系数 $\Delta f/\Delta L$ 放大后对结构线形产生重大影响，如西堠门大桥南边跨系数 $\Delta f/\Delta L=5.59$，此反映出当跨度测量误差为 1mm 时，南边跨跨中垂度将有 5.59mm 的变化量，这对保证主缆索股架设精度是非常不利的，因而高精度的桥塔偏位测量是必须的。

四、悬索桥结构线形控制精度目标分析

主缆线形测量误差是不可避免的，其对不同跨度悬索桥的影响程度存有差异，这就意味着不同跨度悬索桥主缆线形控制精度是不同的，因而当前施工规范统一限定基准索股架设误差范围是值得商榷的，当跨度增大到一定值时势必超出此限定范围。根据目前测量仪器所能达到的精度前提下，对于中小跨度悬索桥该范围是容易达到的，但对于长大跨悬索桥要达到此范围是有困难的甚至是完全不可能的。因此，按悬索桥跨度分级制定基准索股架设误差范围才是合理且符合实际的。基准索股的架设误差范围限定，对于中小跨度悬索桥可以小些，这也可保证成缆线形精度，而对于长大跨悬索桥其限定误差范围则需

放宽才能满足规范要求。

现以标称精度1mm＋1ppm/0.5″的全站仪和精度级别0.1℃的测温元件为测量仪器，计算分析各种跨垂比λ下不同跨度悬索桥基准索股架设所能控制的精度。根据前述的第二、三条假定，应用已编程序计算所得结果见表4。

不同跨度悬索桥线形测量误差(单位:mm) 表4

主跨度(m)	几何误差	温度误差			误差累计值		
		λ=9	λ=10	λ=11	λ=9	λ=10	λ=11
200	0.424	0.436	0.478	0.520	0.860	0.902	0.944
400	0.840	0.871	0.954	1.037	1.711	1.794	1.877
600	1.377	1.306	1.428	1.552	2.683	2.805	2.929
800	2.053	1.738	1.901	2.065	3.791	3.954	4.118
1 000	2.885	2.170	2.372	2.575	5.055	5.257	5.460
1 200	3.880	2.601	2.842	3.082	6.481	6.722	6.962
1 400	5.044	3.031	3.309	3.588	8.075	8.353	8.632
1 600	6.380	3.459	3.776	4.090	9.839	10.156	10.470
1 800	7.889	3.887	4.240	4.591	11.776	12.129	12.480
2 000	9.573	4.313	4.703	5.089	13.886	14.276	14.662
2 200	11.432	4.738	5.164	5.585	16.170	16.596	17.017
2 400	13.466	5.162	5.624	6.079	18.628	19.090	19.545
2 600	15.677	5.586	6.082	6.570	21.263	21.759	22.247
2 800	18.063	6.008	6.538	7.059	24.071	24.601	25.122
3 000	20.625	6.429	6.993	7.545	27.054	27.618	28.170

依据表4计算数值，绘制了悬索桥线形测量误差与跨度的关系曲线，见图3。此图显示了线形测量误差随跨度增大的变化趋势，温度测量误差与跨度呈良好的线性关系，而几何测量误差与跨度为非线性关系，跨度越大此种非线性越强烈，这就导致了线形测量整体误差随跨度增大而加速递增。

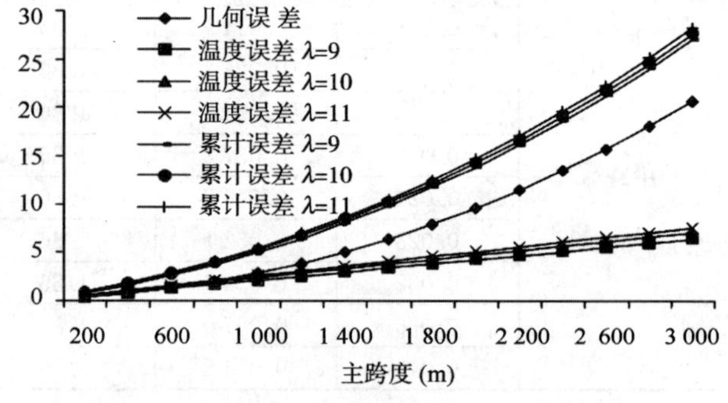

图3 悬索桥线形测量误差和跨度的关系

根据表4计算数值，可以确定不同跨度悬索桥主缆线形控制精度。对于小跨度悬索桥(主跨度≤400m)主缆线形精度可控制在2mm内；对于中等跨度悬索桥(400m＜主跨度≤800m)主缆线形精度可控制在5mm内；对于大跨度悬索桥(800m＜主跨度≤1400m)主缆线形精度可控制在10mm内；而对于特大跨度悬索桥(主跨度＞1400m)主缆线形控制精度已超出10mm，且随跨度增大而快速递增。上述分析采用现已具有的高精度测量仪器，加之是纯理论的计算结果，未考虑实际外界条件对线形测量误差的影响，因而主缆线形控制精度较高。当前规范限定的基准索股绝对垂度测量误差范围为(－20mm，＋20mm)，相对垂度测量误差范围为(－20mm，＋20mm)，结合实际测量条件，此限定范围对中小跨度悬索桥是完全适用的，对于大跨度悬索桥基准索股绝对垂度测量误差范围控制在(－20mm，＋20mm)内也是可行的，但相对垂度测量误差范围宜为(－15mm，＋15mm)，而对于特大跨度悬索桥则建议是根据实际跨度确定其基准索股线形测量误差控制范围。

上述分析的主缆线形控制精度是针对主跨而言的，边跨主缆架设精度受高差跨度比的影响，其主缆架设精度将比主跨低，因而可根据实际桥跨布置确定其主缆架设精度。

五、结论与建议

(1)结构线形测量误差受悬索桥跨度的影响颇大，跨度增大将使几何测量误差呈非线性加速递增，而温度测量误差则随其线性增长。

(2)仪器精度的提高能减小线形测量误差，对于中小跨度悬索桥线形几何测量，这种作法成效显著，但对于长大跨度悬索桥，由于观测距离远，致使通过提高仪器精度控制测量误差的效用并不显著。对于线形温度测量，测温元件精度对线形测量误差起决定作用，长大跨悬索桥更是如此。在条件许可的情况下，尽可能使用高精度高稳定性的温度传感器。

(3)桥塔偏位测量误差对悬索桥结构线形测量精度影响较大，对此影响边跨线形变化要比中跨剧烈的多。高精度测量桥塔偏位也是结构线形测量的重要环节。

(4)理论计算表明，对于当前测量仪器精度而言，中小跨度悬索桥线形测量误差控制在规范限定的范围内是可行的，而对于长大跨度悬索桥线形测量误差必将超出该限定范围，故对于长大跨悬索桥根据跨径分级制定线形测量误差控制范围较切合实际。若使特大跨度悬索桥线形测量精度符合规范要求，则全站仪精度可为 1mm＋1ppm/0.5″，而温度测量元件精度则必须优于±0.1℃。

参考文献

[1] 唐茂林.大跨度悬索桥空间几何非线性分析与软件开发[D].成都：西南交通大学博士学位论文，2003.

[2] 武汉测绘科技大学《测量学》编写组.测量学(第三版).北京：测绘出版社.1991.

126. 悬索桥主缆施工过程中的相关计算问题

邓亨长[1,2] 卢 伟[2]

(1.长沙理工大学；2.四川路桥建设集团股份有限公司)

摘 要 介绍悬索桥上部构造施工中猫道承重绳下料长度、主缆索股在鞍槽内滑动的调整张力、主缆索股握索器的抗滑摩阻力计算方法、主缆空隙率的计算和控制。

关键词 猫道承重绳的下料长度 主缆索股调整张力 握索器抗滑摩阻力 主缆空隙率计算 空隙率的控制

一、猫道承重绳理论下料长度的计算

猫道承重绳的理论下料长度受到承重绳自身弹性影响。承重绳的非弹性变形一般通过预拉来消除。在钢箱梁恒载和桥面荷载等二期恒载施加时，猫道进行改吊，承重绳的放松，一般通过猫道锚固端的调节拉杆来调节。

1. 悬链线方程的推导[1]

对于固定于 $A(0,0)$，$B(1,\mathrm{h})$两点的自由索，得悬链线方程(Y 坐标向上)：

取任一微段索 $\mathrm{d}x$ 为隔离体，由$\sum y=0$ 可得悬链线微分方程：

$$H\frac{\mathrm{d}^2y}{\mathrm{d}x^2}-q(x)=0$$

$$q(x)=q\frac{\mathrm{d}s}{\mathrm{d}x}=q\sqrt{1+\left(\frac{\mathrm{d}y}{\mathrm{d}x}\right)^2}$$

$$\frac{d^2y}{dx^2}=\frac{q}{H}\sqrt{1+\left(\frac{dy}{dx}\right)^2}$$

解上式微分方程得：

$$y=\frac{H}{q}\cosh\left(\frac{q}{H}x+\frac{q}{H}C_1\right)+C_2$$

转换为微分方程的通解$\left(c_1\text{ 等于上式中的}\frac{q}{H}C_1\right)$

$$y=\frac{1}{c}\cosh(cx+c_1)+c_2 \tag{1}$$

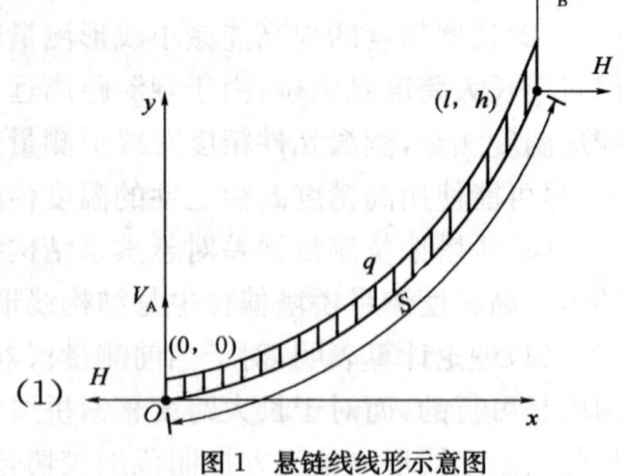

图 1　悬链线线形示意图

设 $c=\frac{q}{H}$ 并将 $y(0)=0$，$y(l)=h$ 代入(1)式得：

$$c_1=\sinh^{-1}\left(\frac{hc}{2\sinh(cl/2)}\right)-\frac{cl}{2} \tag{2}$$

$$c_2=-\frac{\cosh(c_1)}{c} \tag{3}$$

$$y'=\sinh(cx+c_1) \tag{4}$$

$$S=\int_s ds=\int_0^l\sqrt{1+y'^2}dx=\int_0^l\cosh(cx+c_1)dx=\frac{1}{c}[\sinh(cl+c_1)-\sinh(c_1)] \tag{5}$$

式中：S——悬链线的自身线形长度。

$$\Delta S=\frac{Tds}{EA_0}=\frac{H}{EA_0}\int_0^l(1+y'^2)dx=\frac{H}{EA_0}\int_0^l[1+\sinh(cx_2+c_1)]dx=\frac{H}{EA_0}\int_0^l\cosh(cx_2+c_1)dx$$

$$=\frac{H}{EA_0}\cdot\frac{1}{4c}[\sinh(2cx+2c_1)+2cx+2c_1]\,|_0^l$$

$$=\frac{H}{4EA_0c}[2cl+\sinh(2cl+2c_1)-\sinh(2c_1)] \tag{6}$$

悬链线的无应力索长：$S_1=S-\Delta S$　(7)

2. 猫道承重绳理论下料长度的计算方法

猫道施工荷载主要包括猫道承重绳和扶手绳、猫道底板面网和侧网、等间距布置的横向分配梁、防滑木条、滚轮支架、供配电设施以及横向通道等恒载组成。前述荷载中，除横向通道荷载外，其他荷载一般按均布荷载考虑。由于猫道锚固端拉杆有一定的调节长度，仍可将横向通道视为猫道均布荷载进行考虑，采用式(7)进行猫道下料长度计算，而由此产生的线形长度偏差由锚固拉杆进行调节。

施工中，猫道两锚固端的位置已知，猫道跨中坐标可以根据设计或监控单位提供的空缆线形予以确定。采用已知锚固端两点，试算通过跨中点已知第三点(x_0,y_0)的办法进行计算。在式(1)～式(7)中，只有 H 一个未知量，猫道承重绳理论下料长度的迭代过程为：

①首先采用 $H=\frac{ql^2}{8f}$，计算出 c,c_1,c_2 代入式(1)计算出跨中点 y 坐标，比较其与跨中实际通过点 y_0 坐标的差值，即求得 Δf 值($\Delta f=y-y_0$，Δf 为矢差)；

②根据$\frac{\Delta H}{\Delta f}=\frac{\partial H}{\partial f}=\frac{-ql^2}{8f^2}$推导出 $\Delta H=-\frac{ql^2}{8f^2}\Delta f$，调整 H 值，$H=H+\Delta H$，循环进行步骤①～②计算，直到 Δf 满足规定的容许偏差(一般只需几步就可以得到满意的结果)，此时求得的 c,c_1,c_2 值就是式(1)悬链线方程参数的值。

③将 c,c_1,c_2 代入式(5)和式(6)，用式(7)计算出猫道承重绳理论下料长度。

二、主缆索股在鞍槽内滑动时调整张力的计算

由于主索鞍处两侧索股入鞍角度不同，索股在两侧的张力必然不同，存在紧边力 F_j 和松边力 F_s，根据经典力学欧拉公式，柔性体在弧面上两端的力(临界状态)相互关系为：

$$F_j/F_s = e^{\mu\cdot\theta} \tag{8}$$

式中：θ——索股两边切线角产生的包角(rad)；

μ——索股与槽底或上层索股与下层索股间的摩擦系数，由于施工计算的目的是进行调索机具的选型和配置，因而根据有关试验并参照文献[2]取 μ=0.30～0.40，施工计算时偏向于取大值。

主缆索股调整时，在塔顶和锚碇鞍座两端，给索股施加一个索股调整张力 F，以抵消索股在鞍槽内的摩阻力，使索股在索股鞍槽里面滑动。

以西堠门大桥北塔主鞍为例，索股调整从边跨向中跨方向进行，根据式(8)计算索股调整的最小张力为：

$$F_{min} = T_j - T_s/e^{\mu\theta} = 529.7 - 510.6/e^{0.4\times0.76284} = 153.4\text{kN}$$

其计算结果与实际调索张力比较接近，上式中索股在索鞍两侧的张力 T 根据索股的空缆线形确定：

$$T = \sqrt{1+y'^2}H = \cosh(cx + c_1)H \tag{9}$$

三、主缆索股握索器抗滑摩阻力的计算

主缆索股握索器在 PWS 形式索股提升横移作业的过程中起着重要的作用。在国内大跨度悬索桥施工中，握索器与索股夹持面一般采用圆形或六边形。握索器分两半块，采用高强螺栓对合，通过预紧高强螺栓，夹紧索股，以防止索股在握索器内产生滑移。

1. 索股握索器抗滑摩阻力计算公式的推导

(1)圆形握索器抗滑力的计算

首先，假定握索器与主缆索股接触表面产生的压应力，在握索器和索股表面(圆周面)是均匀分布的。

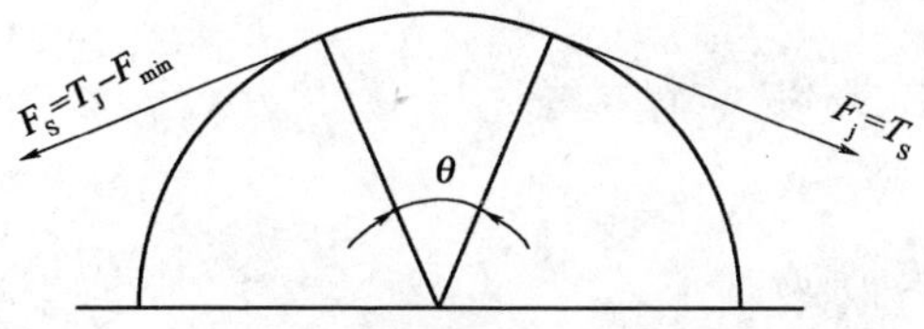

图 2 主缆索股张力调整示意

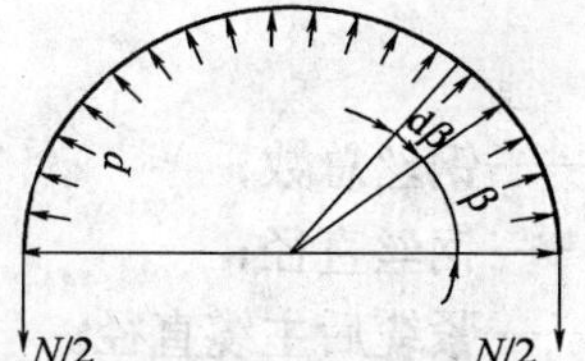

图 3 握索器圆周内力分布示意

取握索器单位长度进行计算，其表面压力 p 与螺栓总的设计夹紧力 N 的关系推导过程如下：

$$\hat{l} = \mathrm{d}\beta\cdot R$$

$$N = \int_0^{\pi} p\cdot\mathrm{d}\beta\cdot R = 2pR$$

圆周正应力的合力 $N_{合}$ 与单位长度表面压力 p 存在如下关系式：

$$N_{合} = 2\pi Rp$$

则

$$N_{合} = 2\pi Rp = 2\pi R\cdot\frac{N}{2R} = \pi N \tag{10}$$

取握索器与主缆索股间的表面摩擦系数为 μ，则圆形握索器与主缆索股之间产生的抗滑摩阻力为：

$$F_{fc} = \pi\mu N$$

(2)六边形握索器抗滑力的计算

采用与圆形握索器同样假定，可推算出六边形握索器与主缆索股的抗滑摩阻力：

$$F_{fc} = 3\mu N\text{(计算方法从略)。}$$

2. 索股握索器抗滑摩阻力计算公式的运用

通过以上的分析可以看出，在采用相同的螺栓夹紧力的情况下，圆形握索器比六边形握索器可产生更高的抗滑摩阻力。

《公路悬索桥设计规范条文》[3]在计算索夹的抗滑摩阻力时，引入紧固及压力分布不均匀系数K，即：

$$F_{fc} = K\mu N \tag{11}$$

K取值为2.8

握索器的抗滑机理实际上是与索夹的抗滑机理是一样的，其计算可参照规范条文关于有吊索索夹紧固验算的相关规定执行。

在计算出螺栓总的设计夹紧力后，换算出每个螺栓的安装夹紧力，根据式计算出螺栓的拧紧力矩为

$$M=kN_0d$$

式中：d——螺栓公称直径；

k——拧紧力矩系数；

M——拧紧力矩；

N_0——螺栓的安装夹紧力。

索股握索器是主缆索股架设的重要机具，其施工安全性要求较高。由于各参数的选取与实际有可能产生较大差异，建议在正式施工前，进行握索器整体抗滑摩阻力的试验。

四、主缆空隙率的计算及控制

主缆空隙率控制指标分索夹内和索夹外两种。在国内大跨度悬索桥中，主缆空隙率一般控制在索夹内17%～18%，索夹外19%～20%之间。我国目前在建的国内最大跨度的悬索桥浙江舟山西堠门大桥主缆空隙率设计控制指标为：索夹内17%，索夹外19%。

1. 主缆空隙率的计算公式

主缆空隙率的计算公式为：

$$k_0 = 1 - \frac{nd^2}{D^2} \tag{12}$$

式中：n——钢丝总数；

d——钢丝直径；

D——紧缆后主缆直径。

2. 紧缆机与索夹螺栓对主缆的紧固作用力对比

由于影响主缆空隙率的因素较多，本文仅就紧缆机与索夹紧固螺栓对主缆的紧固作用进行对比。

(1)紧缆机对主缆表面形成的紧固作用力

西堠门大桥紧缆机紧固能力为6×2 000kN，假定顶紧压力在圆周上是均匀分布的，在满负荷加载的情况下，则紧缆机在主缆表面形成的总压力和为：$N_{合}=12\ 000$kN。

(2)索夹螺栓对主缆表面形成的紧固作用力

索夹对主缆表面的紧固作用，是通过预紧索夹螺栓，间接作用于主缆表面形成紧固力。

以西堠门大桥为例，SJ1类索夹采用了8对16根ϕ45对拉螺栓，每个螺栓安装夹紧力587kN，取螺栓预应力损失率为30%，同样假定索夹表面对主缆表面的压力在圆周上是均匀分布的，在螺栓紧固完成后，索夹圆周面对主缆表面形成的总压力根据式(8)可确定为：

$$N_{合} = 16 \times 587 \times 0.7 \times \pi = 20\ 654\text{kN}$$

3. 主缆空隙率指标的控制

通过以上分析可以看出，索夹对主缆的紧固作用力比紧缆机对主缆的紧固作用力大得多。而且紧缆机紧缆后，用打包带紧固主缆，打包带对主缆的约束作用非常有限，主缆截面会产生较大回弹，主缆空隙率指标变得极难控制。因此，索夹内主缆空隙率指标最终达到设计要求，是靠紧固索夹螺栓来实现的。

值得注意的是，进行索夹设计时，一方面要考虑索夹抗滑移的要求，另一方面要兼顾紧固主缆的要求。对于大跨度悬索桥，中跨跨中索夹和无吊索区等对索夹抗滑力要求不高的区段，在索夹抗滑安全系数满足设计规范的前提下，可适当放宽主缆空隙率指标限制，或通过多导入一些螺栓张力，通过张拉索夹螺栓，降低主缆空隙率，使主缆空隙率满足设计和规范要求。

五、结　语

本文提出了如何解决悬索桥主缆架设阶段猫道承重绳下料长度、主缆索股调整张力、主缆索股握索器的抗滑摩阻力、主缆空隙率的施工计算问题的思路。对主缆空隙率的控制问题，提出了关键在索夹设计阶段予以考虑的观点。而索夹螺栓紧固力与主缆空隙率之间的关系，可通过同类型桥的比较或通过试验的方法予以确定。

参考文献

[1] 项海帆. 高等桥梁结构理论. 北京：人民交通出版社. 2001.
[2] 吉林等. 三塔悬索桥中塔主缆与鞍座间抗滑移试验与研究，公路，2007，(6).
[3] 公路悬索桥设计规范(送审稿).

127. 西堠门大桥吊索锚箱模型试验

余振生　陶晓燕　赵体波
(铁科院铁道建筑研究所)

一、西堠门大桥吊索锚箱结构简况

西堠门大桥为跨径为578m+1 650m+485m，双向四车道悬索桥。其北边跨578m和中跨1 650m的加劲梁为两跨连续钢箱梁。由于受宽跨比和抗风稳定性的制约，钢箱梁采用了中间分离透风的双箱断面，双箱横向间隔6m，由箱形及工形断面的横梁相联结。箱形横梁间距18m，其腹板和钢箱梁的横隔板相连接。在两箱形横梁中间增设工形横梁，以减小桥面附属结构的纵向跨度，并利于施工中加劲梁段的吊装。

西堠门大桥吊索的标准间距为18m，每侧设2根吊索，吊索上端通过索夹呈骑跨式连接，下端吊点设置在钢箱梁两横隔板中间，锚具不能直接和横隔板相联接。因此与一般悬索桥中吊索的传力方式不同，西堠门大桥吊索的下端要通过设置在钢箱梁横隔板之间的锚箱再和钢箱梁的主体结构相联接。

吊索锚箱由耳板、加劲板及纵、横隔板等组成。吊索下端锚头通过叉形板及销轴和锚箱的耳板连接，耳板下部插入钢箱梁内，由加劲板和纵、横隔板构成的框式结构，对耳板起定位、加劲和均布耳板板体应力的作用，并将索力传递至钢箱梁。

二、吊索锚箱模型试验目的

为检验吊索锚箱设计的可靠性和合理性，确定进行吊索锚箱模型试验，测定锚箱中耳板、加劲板、隔板及钢箱梁板件的应力状态，研究吊索拉力的传力途径；对比试验实测值和理论计算值，检验设计方法，确保桥梁安全；同时通过吊索锚箱模型的制造，检验钢箱梁的制造工艺，为实桥制造积累经验。

三、吊索锚箱模型及加载框架

根据试验目的，以及综合考虑模型制造、加载条件、试验测试和试验费用等因素，吊索锚箱模型的模拟比例取为1∶1，材料采用实桥相同等级的Q345钢材，拼装和焊接工艺与实桥制造工艺相同。

由于模型试验研究的应力状态，是在吊索拉力作用下锚箱区域的局部受力状态，不涉及钢箱梁的整体受力性能，故试验模型在桥轴线纵向仅取钢箱梁横隔板的间距（3.6m），在桥的横向自钢箱梁外端至锚箱后纵向隔板。试验模型呈悬臂受力状态，两侧面为钢箱梁的横隔板，后端与加载框架固结。

图1　吊索锚箱模型及加载设置

按设计要求，竖向加载力为1.7倍设计索力值（3 910kN），另要求进行模拟横向风力作用的加载试验（相应吊索倾斜±5°，索力值1 800kN）。根据上述要求，加载采用4台1 200kN的千斤顶，分别用油压表控制加载值。由于模型尺寸较大，加载也较特殊，为此制造一个加载框架，其上部加载梁能在横向倾斜±5°，以达到横向加载要求。拼装完成的锚箱模型及加载框架见图1。

四、测点布置及试验步骤

根据锚箱模型的构造特点和试验要求，以及理论计算的应力分布情况，共布置应变测点177点（包括轴向应变和三向应变花测点）。

上端拉板（相当于锚具的叉形板）的应变测点用于观察4块拉板的施力情况，并为理论计算中销孔部位接触传力提供计算图式依据。其余应变测点用于分析各板件的应力状态、吊索拉力的传力方式、以及局部控制点的应力值。

加载分为竖向加载及斜向加载两种情况，其中竖向加载包括：设计拉力、1.7倍设计拉力两个加载阶段，以及仅单根吊索的两个加载工况；斜向加载也分为左、右方向倾斜的两个工况。加载试验中均分成4级加载，并进行多次循环加载，每级加载后保持3～5min后再进行测定，以测定值稳定的3次循环整理试验数据。

五、锚箱计算分析

采用ANASYS分析软件，选用SHELL63壳单元将锚箱及钢箱梁板件划分成75701个单元，建立有限元分析模型进行线弹性静力分析计算，计算模型简况见图2。计算模型后端板件（钢箱梁的顶、底板及横隔板）的节点按固结处理。吊索拉力施加于耳板销孔的上端，分为竖向加载和斜向加载图式进行计算。

在锚箱模型计算前，先对拉板建立有限元分析模型，对销孔部位的应力进行试算，与试验中拉板实测值进行校核。通过多种节点约束图式的试算，最终确定与实测值接近的计算图式，并将此接触应力分布图式，施加于锚箱计算模型中耳板的上部接触区。

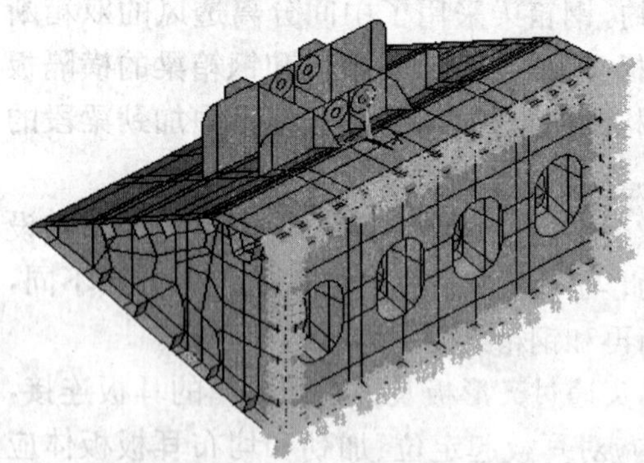

图2　吊索锚箱计算分析模型

六、试验结果及分析

1）试验结束后，对耳板的销孔部位、实测局部应力较高的部位以及主要受力焊缝进行了外观检查，未发现异状。对耳板的箱外焊缝、钢箱梁横隔板与U肋焊接部位，进行了超声波无损检测，未发现缺陷。

2）加载至1.7倍设计吊索拉力值，锚箱、钢箱梁板件的应力、竖向位移与吊索拉力呈线性关系，卸载后也未出现残余变形，锚箱受力状态正常。

3）表1为1.7倍吊索设计拉力值时，板件主要测点的最大应力值，包括剪应力和主应力值（σ_1、σ_2），测点的应力值均在强度设计的容许限值范围内。

4）锚箱板件。表2至表5列出锚箱板件主要测点在设计拉力作用下的应力分布情况及与理论计算值的比较。对比表中数据可看出，计算与实测应力的分布情况相符，其中：

竖向加载实测应力值(MPa) 表 1

测点 \ 应力值			$\sigma_{竖}$	$\sigma_{水}$	τ	σ_1	σ_2
锚箱	耳板 I	2	26.7				
		5	53.2	1.5	3.3	53.4	1.3
		10	34.2				
	耳板 II	17	22.5				
		23	29.3	−23.1	−9.5	31.0	−24.8
	加劲板 1	32	66.8				
		33	−54.3				
	加劲板 2	40	106.2	150.7	60.4	192.9	64.2
		41	114.8				
	加劲板 3	49	42.1				
		50	−58.7				
	横隔板 1	53	107.2	29.6	−28.8	115.0	19.9
		55	91.9	27.8	−25.9	101.1	18.7
	横隔板 2	57	39.6	1.7	−9.9	42.1	−7.6
		59	80.1	8.5	−22.7	86.7	2.0
钢箱梁	横隔板	69	−14.5	−32.2	29.6	7.54	−54.3
		70	127.6	32.3	11.1	128.9	31.0
	顶板	85	−102.2				
		86	−83.2				
	底板	97	97.2				
		101	100.4				

注:表中阴线区域为三向应变花测点,应力值按平面应力状态计算。

耳板 I 位于横断面外侧,耳板 II 位于横断面内侧。加劲板 2 位于耳板的中央。

耳板应力 $\sigma_{竖}$(MPa) 表 2

部位		耳板 I					耳板 II				
销孔	测点		1	2	3			16	17	18	
	实测		6.6	13.4	2.7			4.3	12.1	6.1	
	计算		6.3	26.3	6.3			5.7	20.2	5.7	
顶板上方	测点		4	5	6						
	实测		14.0	29.6	13.9						
	计算		18.6	32.6	18.3						
顶板交界	测点	7	8	9		10	19				20
	实测	15.6	19.9	20.9		19.3	2.0				3.3
	计算	18.1	21.5	22.3		18.1	3.2				3.2
锚箱内	测点	11	12	13	14	15	21	22	23	24	25
	实测	9.9	9.1	7.2	10.3	12.2	5.3	4.8	16.1	4.1	6.6
	计算	10.3	9.3	7.7	10.3	10.3	5.6	6.1	17.1	4.9	5.6

加劲板应力 $\sigma_{竖}$(MPa) 表 3

部位		加劲板 1			加劲板 2			加劲板 3		
顶板上方	测点	29	30	31	38	39	40	46	47	48
	实测	5.7	1.6	−0.1	13.8	2.3	56.5	6.3	4.6	3.3
	计算	7.3	4.1	−1.1	13.8	4.0	54.9	7.1	3.6	2.4
顶板交界	测点	32		33	41		42	49		50
	实测	37.4		−29.3	63.3		19.5	23.3		−33.2
	计算	31.0		−25.1	61.2		11.5	31.0		−25.1
锚箱内	测点		34						51	
	实测		−0.7						0.6	
	计算		0.1						0.1	

锚箱、钢箱梁横隔板应力 $\sigma_{竖}$(MPa) 表4

部位		钢箱梁横隔板B	锚箱			钢箱梁横隔板A
			横隔板1	横隔板2	横隔板3	
前纵隔板处	测点	66				63
	实测	0.8				0.9
	计算	0.4				1.2
耳板Ⅰ处	测点		53	57		
	实测		58.3	22.1		
	计算		39.6	24.0		
主缆中心处	测点	67	54	58	61	64
	实测	1.9	9.2	12.2	13.6	−0.6
	计算	0.1	6.8	11.9	10.8	−0.5
耳板Ⅱ处	测点		55	59		
	实测		50.4	42.5		
	计算			48.2		
锚箱纵隔板处	测点	68	56	60	62	65
	实测	−1.8	−0.8	−6.7	−0.5	−2.4
	计算	−2.6	−1.6	−7.8	−1.2	−2.6

锚箱、钢箱梁横隔板剪应力 τ(MPa) 表5

部位		钢箱梁横隔板*B*	锚箱			钢箱梁横隔板*A*
			横隔板1	横隔板2	横隔板3	
前纵隔板处	测点	66				63
	实测	0.1				0.5
	计算	−1.5				−0.4
耳板Ⅰ处	测点		53	57		
	实测		−15.9	−5.6		
	计算		−13.9	−6.0		
主缆中心处	测点	67	54	58	61	64
	实测	−4.4	−12.0	−9.0	−11.2	−4.3
	计算	−4.0	−10.5	−9.7	−12.5	−4.0
耳板Ⅱ处	测点		55	59		
	实测		−14.0	−12.0		
	计算		−13.5	−14.0		
锚箱纵隔板处	测点	68	56	60	62	65
	实测	−3.7	−11.2	−8.2	−10.4	−2.2
	计算	−3.2	−12.1	−8.8	−12.8	−4.3

(1)耳板销孔中间测点2和17的实测应力值低于计算,两侧部位的实测应力值与计算接近(测点7、11、10、15和19、21、20、25)。由于耳板Ⅰ外伸长度大,在钢箱梁顶板交界处(测点7、10)的应力要比耳板Ⅱ(测点19、20)高;耳板伸入钢箱梁后,耳板Ⅰ的应力分布较均匀,耳板Ⅱ的应力分布不均匀(中间高),耳板Ⅱ下部测点23的应力比耳板Ⅰ相应测点13高。

测点8和9,是耳板Ⅰ上与钢箱梁顶板交界处同一点的内、外两表面测点,竖向加载时两表面应力值接近，在吊索斜向加载工况中，则在倾斜外侧方向的表面测点应力值大。

(2)加劲板顶部测点(测点 27、28、37、44、45)的应力值小，与钢箱梁顶板交界部位测点的实测应力值高，且大于计算值(测点 32、33、41、42、49、50)，加劲板对耳板的分布传力作用明显。由于受焊缝加强的附加影响，实际传力作用要比理论计算大(计算未计入焊缝面积)。

受风嘴段向上弯曲变形的作用，加劲板 1、3 外侧(测点 29、32，38、41，46、49)应力较高，里侧(测点 31、48)应力较小，在与钢箱梁顶板交界处(测点 33、50)还产生较大的压应力。加劲板 2 的整体尺寸小，相对刚度大，其下部又直接和锚箱横隔板 2 相联接，因而应力值较高，其测点 40 部位处于较高的应力状态(表 1)，是锚箱结构中控制细节之一。

(3)锚箱横隔板。中间锚箱横隔板 2 的实测竖向应力 $\sigma_{竖}$、剪应力 τ 与计算接近，两侧锚箱横隔板 1、3 的应力值，高于锚箱横隔板 2 上相应值，且大于计算值。耳板与锚箱横隔板交叉处，存在较大应力集中，横隔板 1 与耳板 I 交叉处(测点 53)、中间横隔板 2 与耳板 I、耳板 II 交叉处(测点 55、59)应力值更高。

以上锚箱横隔板的实测应力值，也说明了耳板的传力状况：耳板 I 在上部已向两边分布传力，而耳板 II 至下端才传力较均匀。

5)钢箱梁。表 4、5、6 列出钢箱梁板件主要测点在设计拉力作用下的应力、竖向位移分布情况以及与计算值的比较。

在钢箱梁中，顶、底板断面上的正应力分布，实测中间小两边大，且两边实测值高于计算；横隔板的实测剪应力值与计算接近。模型风嘴前端的竖向位移，两边小中间大。以上情况表明，吊点的拉力已通过由锚箱纵、横隔板组成的框式构架传递到钢箱梁横隔板上。

钢箱梁各部位的应力，也均在强度设计的限值内(表 1)。在钢箱梁横隔板与 U 肋的交叉处（测点 69、70)，以及顶板变坡处(测点 85)，存在应力集中，应力值较高。

钢箱梁顶、底板应力 $\sigma_{水}$(MPa)及竖向位移(mm) 表 6

测定项 \ 部位			钢箱梁横隔板 *B*	锚箱横隔板 1	锚箱横隔板 2	锚箱横隔板 3	钢箱梁横隔板 *A*
竖向位移		测点	①		②		③
		实测	5.23		5.78		5.29
		计算			6.10		
钢箱梁顶板应力	主缆中心	测点	81	82		83	84
		实测	−22.1	−10.1		−8.5	−24.6
		计算	−15.0	−3.7		−3.7	−15.0
	锚箱纵隔板	测点	86	87	88	89	90
		实测	−45.2	−13.4	−12.4	−24.8	−38.4
		计算	−32.9	−37.8	−51.8	−37.8	−32.9
钢箱梁底板应力	主缆中心	测点	92	93	94	95	96
		实测	17.7	2.7	−2.4	3.5	14.8
		计算	13.0	3.2	−1.5	3.2	13.0
	锚箱纵隔板	测点	97	98	99	100	101
		实测	55.2	26.3	23.5	23.1	57.5
		计算	22.7	23.5	32.4	23.5	22.7

6)斜向加载试验表明，由加劲板、锚箱隔板及钢箱梁顶板组成的锚箱结构，使耳板能承受由横向风力等产生的水平力作用，并将水平荷载传递至钢箱梁主体结构，在锚箱结构中也未产生过高的应力。

7)单根吊索竖向加载试验中，加载吊点处耳板销孔部位的应力高于双根吊索竖向加载时的应力值，其余测点未见异常变化。

七、结　论

综上所述,通过吊索锚箱模型试验可得出以下结论:

1)实型锚箱模型试验表明,在1.7倍吊点竖向设计拉力、设计横向风力作用下,锚箱结构及钢箱梁处于弹性工作阶段,实测板件的最大应力均在设计限值之内,各构造细节中未发现异状及出现缺陷,因此锚箱结构设计安全可靠。

2)在锚箱结构中,耳板的尺寸、加劲板件的设置和纵、横隔板的布置,符合结构竖、横向受力要求,达到了将吊点拉力传递至钢箱梁主体结构。锚箱结设理论计算和实测结果基本相符,因此设计合理,符合西堠门大桥加劲梁双箱分体的构造要求。

3)按中铁宝桥编制的制造细则试制的锚箱达到了设计要求,锚箱的制造质量符合有关标准的要求,因此制订的制造工艺,经修订完善后,可用于西堠门大桥钢箱梁锚箱的制造。

4)经试验提出以下建议:

(1)锚箱的横隔板在纵隔板处均中断,横向刚度突变,引起横向应力分布不均及应力集中,建议在锚箱中间横隔板的上端,在纵隔板另一侧沿横向设置过渡加劲板。

(2)耳板插入钢箱梁顶板开孔部位的四周贴板,主要是起封堵的作用,建议减小该处的焊址尺寸,减弱焊缝的附加刚度的影响,减小因耳板竖向变形及振动引起该部位局部应力。

(3)在锚箱制造中,建议按耳板的竖向中心线和锚箱中间横隔板对正进行组装,以达到销孔位置居中、便于各加劲板块对直组焊,也利于锚箱结构的受力。

128. 西堠门大桥北塔位边坡稳定性研究

王武刚[1]　潘永坚[2]　梁　龙[2]　胡卸文[3]

(1.浙江省舟山连岛工程建设指挥部;2.浙江省工程勘察院;3.西南交通大学)

摘　要　舟山大陆连岛工程西堠门大桥为一主跨跨度1650m的悬索桥,其北塔位于海中的老虎山上。老虎山四周临空,山体单薄,受数条断层及其他构造裂隙的影响,整体完整性较差,缓倾坡外裂隙构成边坡稳定的潜在底滑面。本文在大量现场地质资料调查基础上,重点对南侧边坡进行了天然状态和持续降雨两种工况下的定量计算和分析,同时通过与上部结构荷载、风荷载结合,对工程边坡稳定性进行了系统分析研究,结果表明天然边坡和工程边坡整体稳定,但浅表部存在不稳定块体。

关键词　西堠门大桥　边坡稳定　岩体结构　裂隙

舟山大陆连岛工程西堠门大桥为主跨跨度1 650m的悬索桥,目前居世界第二。悬索桥的北塔高度达200余米,位于海中的老虎山上,拟采用钻孔灌注桩基础。虎山平面上总体呈NW～SE向展布(长轴方向),长200m、宽一般为80m,山体四面临空,略显单薄,因海浪作用,海蚀洞、海蚀崖发育,受数条断层及其他构造裂隙的影响,整体完整性较差。由于桥轴线控制的唯一性,北塔位又临近南侧边坡,在工程荷载作用下,尤其是在本海域的灾害性天气——台风共同作用下,边坡的稳定与否是该大桥方案能否成立的关键。

一、研究区工程地质概况

研究区地层主要为晚侏罗世九里坪组酸性流纹斑岩,弱风化流纹斑岩岩石吸水率0.65,饱和单轴极限抗压强度 30～58MPa，岩石天然抗拉强度 2.5MPa，饱和抗拉强度 2.0MPa。

老虎山海拔高程一般 30m 左右，山坡坡度一般变化较大，南侧山坡较缓，约 25°～32°，其余部位边坡较陡，一般在 45°～60°。另在部分断层及长大裂隙部位，因受海浪冲刷，海蚀地貌发育，以海蚀崖和海蚀沟(槽)为主，局部见海蚀洞，海蚀沟槽(洞)一般沿断裂破碎带或长大裂隙发育。本区水下地形自高程 0m 降至－80m，坡度由 29°变为 4°，构成水下边坡地貌。

区内主要见 4 条相对较大规模的断层，主要集中发育于山体中间鞍部—南侧，它们在很大程度上控制着山体的岩体结构及其完整性，其中 F5、F7、F12 对边坡稳定性影响不大，而 F8 在右塔基底通过(图 1)，极易成为边坡失稳后缘拉裂面。通过大量的节理裂隙测量统计，并绘制了主塔位节理裂隙等密度图(图 2)，从图中不难看出，主要优势结构面为产状近 EW/S∠31°一组裂隙，其可见延伸长普遍 3～5m，个别大于 10m，间距 10～40cm 不等，裂面一段为平直粗糙，且无软弱物质充填，属硬质结构面。根据钻孔压水试验成果，岩体透水率一般 0.26～1.72Lu，局部断层破碎带附近为 5.11～9.17Lu，渗透系数一般 1.15×10^{-6}～4.83×10^{-7}cm/s，局部为 2.88×10^{-5}cm/s～5.25×10^{-5}cm/s，说明尽管节理裂隙发育，但多为闭合，岩体渗透性为微透水—弱透水。

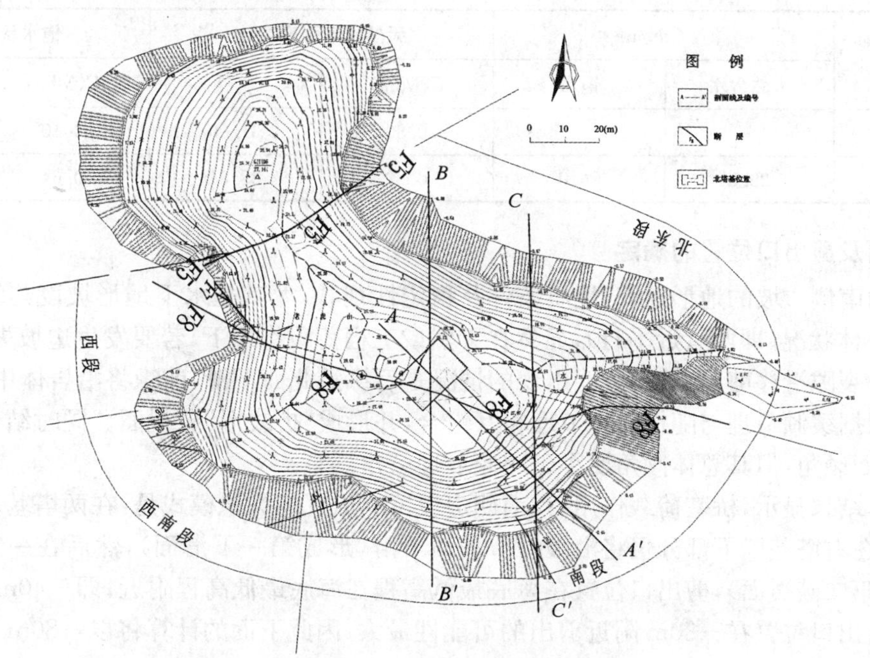

图 1 老虎山边坡工程地质分段平面图

结合桥基设计位置和工程边坡范围所在地质条件分析，未来边坡最易发生失稳的部位应是南侧边坡，其余地段发生较大规模失稳的可能性小。

二、南侧天然边坡稳定性定量分析与评价

1. 影响边坡稳定性因素分析

从南侧边坡范围所在地质条件分析，整个边坡除表层零星分布有第四系松散坡积土外，主要由一套以弱风化为主的流纹斑岩组成。从自然边坡坡面与坡体内主控节理倾向关系上看，南侧边坡属典型的顺向坡。由于坡体内节理发育，岩体完整性较差，在工程荷载及其特殊条件下，边坡岩体发生顺层下滑的可能性较大。

显然，影响南侧工程边坡稳定性的内在因素是坡体内普遍发育的顺层裂隙和其他随机陡倾结构面，本工程中主要为产状近 EW/S∠31°一组缓倾角裂隙，它们构成边坡稳定的潜在边界；而外在因素则是天然降雨、地震、工程荷载及风荷载等的作用。

2. 计算工况

根据上述影响边坡稳定性因素分析，结合边坡现场的具体地质条件，本次计算对天然边坡分别按两种工况进行，即：

(1)天然状态；

(2)持续降雨(饱水)。

3. 计算参数

根据现场进行的控制性结构面在天然含水及饱水(泡水)状态下的现场大剪试验结果，并参照与此边坡相类似地质条件的有关工程结构面及岩体强度参数，综合确定计算所需的岩体及结构面的物理力学性质，见表1。

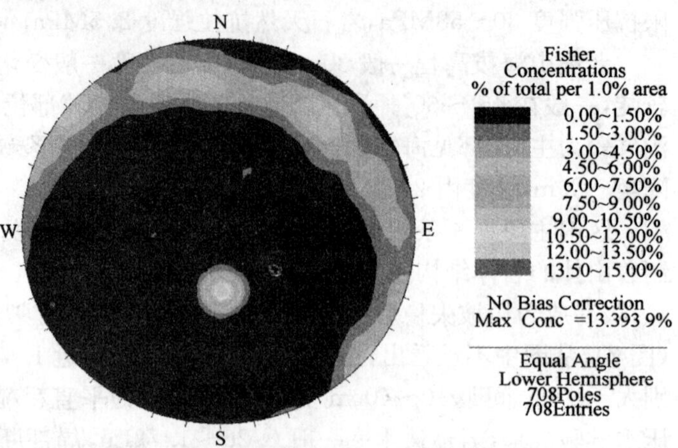

图2 北塔区节理裂隙等密度图

边坡稳定性计算参数 表1

岩土类型	重度(kN/m³)		天然状态强度参数		饱水状态强度参数	
	天然含水	饱水	C(MPa)	φ(°)	C(MPa)	φ(°)
缓倾结构面			0.30	31.00	0.10	26.53
流纹斑岩岩体	25.5	26.0	0.80	38.61	0.64	32.57

4. 潜在滑面及剪出口位置的确定

鉴于老虎山南侧边坡的地形地貌、地质条件及稳定性现状，尤其是水下地形坡度与缓倾坡外裂隙相近，即约31°的具体状况(即两者近平行)，显然在天然或工程荷载作用下，若要发生边坡失稳破坏，不可能完全沿缓倾坡外裂隙滑移剪出，最有可能出现的情况是后缘沿此面下滑、前缘将沿岩体中剪出，而前缘剪出段的位置则根据缓倾节理与随机陡倾节理相互组合，并形成"折线形"破裂面。同时结合摩尔－库仑定律，可得出破裂面倾角，但其总体倾角要小于缓倾节理倾角。

大量的试算结果显示，桥基荷载作用后，南侧边坡可能出现的失稳模式是：在两塔基基础之间沿缓倾节理面下滑、而在右塔基以下部分仍将沿缓倾节理面下滑(形成第一下滑面)，然后在一定高程部位即沿岩体剪出(形成第二破裂面)，剪出口位置在海底最低高程在海底最低高程附近，即－40m～－80m之间。

计算显示剪出口位置在－80m附近剪出的可能性最大，因此下面的计算将以－80m剪出口为基础进行计算。

5. 计算结果及分析评价

计算代表性剖面见图3，该剖面为*A-A′*所在位置(图1)。*A-A′*剖面走向与缓倾节理走向之间不垂直，主要代表桥台左、右塔基，即横梁延伸方向上，故在剖面图上，缓倾节理按视倾角表示，后缘下滑面也将按此倾角计算；*B-B′*剖面走向与缓倾节理走向之间呈相互垂直，主要以右塔基所在断面为代表，在剖面图上，缓倾节理按真倾角表示，后缘下滑面将按真倾角计算；*C-C′*剖面走向也与缓倾节理走向之间呈相互垂直，并主要以左塔基所在断面为代表，后缘下滑面将按真倾角计算。计算结果显示，从工况1(天然含水)→工况2(持续降雨(饱水))，稳定性系数降低幅度(以工况1的为准)为4.14%～7.19%。沿*C-C′*剖面方向所得稳定性系数，在相同工况条件下均比*A-A′*和*B-B′*剖面稍高。计算结果见表2，结果显示，老虎山天然边坡在不同工况条件下是稳定的。

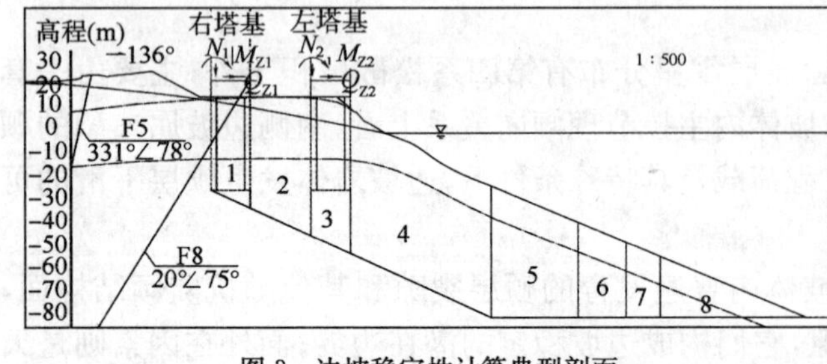

图3 边坡稳定性计算典型剖面

老虎山南侧边坡各剖面天然边坡稳定性计算结果汇总 表 2

剖 面	天然状态	持续降雨	剖 面	天然状态	持续降雨
A-A′	2.853	2.666	C-C′	3.259	3.124
B-B′	2.851	2.646			

三、南侧工程边坡稳定性定量分析与评价

考虑修建大桥后，受工程荷载、风荷载作用，大桥结构对边坡稳定性的影响主要集中在埋于地下的塔基部位上，并通过其产生的弯矩、剪力等对边坡稳定性产生影响。大桥基础拟采用 40m 长钻孔灌注桩基础，作用于桩身的外力包括：工程结构体的恒载、活荷载、温降荷载、风荷载、地层抗力、桩侧摩阻力以及桩底应力等，桩将荷载传递给桩周的岩体，桩身受力后发生变形，从而产生由此引起的岩体抗力作用。

计算剖面同天然状态(图 3)，按设计所提供的各种工程荷载(含地震荷载、风荷载)的工况组合，同时考虑上述最不利工况结合暴雨及落潮等进行计算分析，根据设计所提供的桥台基础埋深条件下对南侧边坡所进行的不同滑面组合、不同工况条件稳定性计算结果显示(表 3)，在考虑左、右塔基基础埋深 40m 条件下，以右塔基埋深为控制底滑边界，所考虑的 14 种工况中，工程边坡稳定性系数有差异，但差别不大，14 种工况所得的稳定性系数均在 1.9 以上，边坡总体稳定，以工况“恒载＋横桥向风载(1/100)＋暴雨＋退潮”工况为最不利工况。

根据对左、右塔基受力及其应力分布状况，尤其是基于左塔基桩体顶部距边坡临空面太近，在整个左、右塔基荷载共同作用下，极有可能沿边坡浅表层发生顺层滑移的特点，本次稳定性计算又对此特殊情况作了具体分析。计算分析见图 4，其中 *a-a′*、*b-b′*、*c-c′*、*d-d′*、*e-e′*、*f-f′*、*g-g′* 均为顺层发育的缓倾结构面，通过计算表明，*b′* 点最有可能成为浅表层边坡滑移的剪出口。

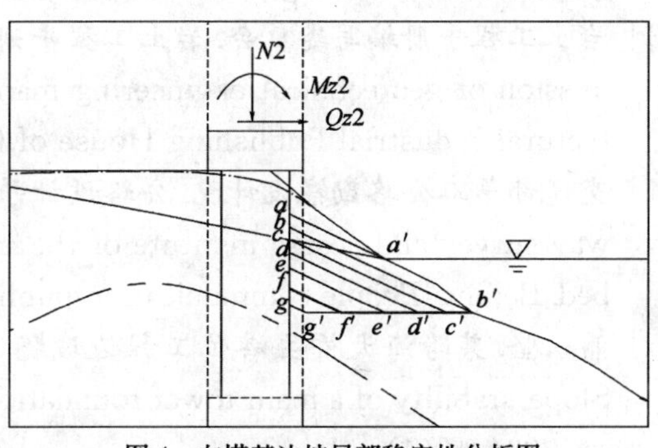

图 4 左塔基边坡局部稳定性分析图

计算结果表明，沿 *a-a′* 面发生滑移的稳定性系数为 0.452；沿 *b-b′* 面发生滑移的稳定性系数为 0.505；沿 *c-c′-b′*(即 *c-c′* 沿顺层缓倾结构面、*c′-b′* 则切层滑动)稳定性系数为 0.832；而沿 *f-f′-b′* 面(即 *f-f′* 沿顺层缓倾结构面、*f′-b′* 则切层滑动)稳定性系数才会达到 1.688。这表明靠左塔基部位边坡浅表层发生滑移、产生局部破坏的的可能性确实很大。左塔基南侧边坡浅表层在工程荷载作用下最有可能发生局部破坏的范围为 *e-e′* 面以上范围，不过边坡浅表部破坏对边坡整体稳定性影响不大。尽管如此，上述结果也显示对老虎山南侧浅表层边坡进行加固是非常必要的。

老虎山稳定性计算结果汇总表 表 3

序 号	计 算 工 况	抗滑稳定系数	序 号	计 算 工 况	抗滑稳定系数
1	场地平整	3.012	8	恒载＋顺桥向风载(1/100)	2.400
2	钻孔成孔	3.071	9	恒载＋横桥向风载(1/100)	1.962
3	桩基成桩	3.011	10	恒载＋地震：纵向＋竖向输入(100 年 3%)	2.352
4	恒载＋活载	2.127	11	恒载＋地震：横向＋竖向输入(100 年 3%)	2.037
5	恒载＋活载＋温降＋顺桥向风	2.054	12	恒载＋横桥向风(1/100)＋暴雨	1.925
6	恒载＋活载＋温降＋横桥向风	2.183	13	恒载＋横桥向风(1/100)＋退潮	1.960
7	恒载＋活载＋温升＋横桥向风	2.172	14	恒载＋横桥向风(1/100)＋暴雨＋退潮	1.918

四、结 论

(1)对桥基稳定影响最为显著的是南侧边坡，分析表明，缓倾坡外裂隙(近 EW/S∠31°)可能会构成

南侧边坡稳定的潜在底滑面，并在一定程度上影响今后桥梁运行后该段边坡的稳定。

(2)通过大量的稳定性计算结果显示，根据设计所提供的桥台基础埋深条件下对南侧天然边坡所进行的不同滑面组合、不同工况条件稳定性计算结果显示，天然边坡稳定性系数均在2.64以上，老虎山南侧天然边坡整体稳定。

(3)在工程荷载作用下，在考虑左、右塔基基础埋深40m条件下，即使考虑降雨、退潮、风荷载等最不利组合，塔基所在工程边坡稳定性系数均在1.9以上，整体稳定，但浅表部存在不稳定块体，稳定性系数仅为0.452～0.832。

(4)鉴于塔基所在山体四周临空，山体略显单薄，再加之浅表部存在不稳定块体，以及海浪的作用，对边坡所在最低海水位以上浅表部岩体进行加固相当必要。

参考文献

[1] 胡卸文.无泥型软弱层带物理力学特性[M].成都：西南交通大学出版社，2002. HU Xiewen. Physical and Mechanical character of no-clay weak interbed. Chengdu: South west jiaotong university press, 2002.

[2] 水利水电工程地质勘察规范[S](GB 50287—99).北京：中国计划出版社，1999.
GB 50287—99. Code for water resources and hydropower engineering geological investigation. Beijing: Chinese planning publishing house, 1999.

[3] 岩土工程手册编写委员会.岩土工程手册[S].北京：中国建筑工业出版社，1994. The compile commission of geotechnical engineering manual. Geotechnical engineering manual. Beijing: The Architectural Industrial Publishing House of China, 1994.

[4] 交通部第二公路勘察设计院.公路设计手册.路基[S].北京：人民交通出版社，1996. The 2nd highway survey and design institute of the ministry of communications. Highway design manual. roadbed. Beijing: People communication publishing house, 1996.

[5] 潘永坚.某跨海大桥主塔位工程边坡稳定性研究[J].工程地质学报，2004，12(4). Pan Yongjian. Slope stability of a main tower foundation of the sea—crossing bridge. Joural of Engineering Geology, 2004, 12(4).

[6] 冯君等.顺层岩质边坡开挖模型实验及稳定性影响因素分析[J].工程地质学报，2005，13(3). Feng Jun et al.. Test and numerical modeling of the stability of rock bedded slope. Joural of Engineering Geology, 2005, 13(3).

129. 金塘大桥抗震性能分析研究

管仲国[1] 董宏波[2] 于旭东[2]

(1. 同济大学桥梁工程系；2. 浙江省舟山连岛工程建设指挥部)

摘　要　基于两水准设防、两阶段设计的抗震设计思想对金塘大桥主通航孔桥进行了结构抗震性能分析。针对桥址海床冲刷较大的特点，分别以无冲刷、一般冲刷和局部冲刷三种边界条件进行对比分析，同时考虑支座非线性、拉索几何非线性和黏滞阻尼器等对结构抗震性能的影响。研究结果表明，金塘大桥主通航孔桥结构抗震性能满足预期的目标。

关键词　斜拉桥　抗震性能　非线性分析

一、概　述

金塘大桥是处于浙江省舟山大陆连岛工程出入口咽喉地段的一座特大型桥梁工程，起于金塘岛上雄鹅嘴，接在建的西堠门大桥，与规划中的宁波沿海北线高速公路相交，终于宁波市绕城高速公路，全长 26.54km，其中：金塘侧接线长 5.511km，引桥长 1.007km，跨海大桥长 18.27km，镇海侧引桥长 1.752km，总投资约 77 亿元。金塘大桥在政治、经济、交通等多方面具有非常重要的地位，一旦在地震中遭到破坏，可能导致的生命财产以及间接经济损失将会非常巨大。因此，对其进行抗震性能研究非常必要。

金塘大桥共设置三个通航孔，其中主通航孔桥为主跨 620m 的半漂浮双塔双索面钢箱梁斜拉桥；东通航孔桥为主跨 216m 的连续刚构桥；西通航孔桥为主跨 156m 的连续梁桥。本文主要论述对主通航孔桥的抗震性能研究。

二、设防标准及性能目标

金塘大桥主通航孔桥的结构抗震性能研究采用两水准设防、两阶段设计的抗震设计思想。根据斜拉桥地震响应的一般特点，主塔和桩基础是斜拉桥体系中受力的关键部位，其破坏将不仅大大增加结构整体倒塌的风险，而且发生地震损伤后也难以修复；过渡墩和辅助墩的破坏对结构总体的影响则相对次之，震后修复也相对容易；主梁和斜拉索地震响应一般较小，不会成为抗震设计的控制因素；支座和连接构件的破坏会导致较大的地震位移响应，造成伸缩缝破坏影响震后交通，但同时其破坏后也会导致结构体系变柔，对结构总体抵御较大的地震作用有利。为此，结合金塘大桥的结构特点，同时参照国内外其他相似桥梁的抗震设防水准，最终确定主通航孔桥的两级设防水准及其对应的结构性能目标见表 1 所示。

金塘大桥主通航孔桥结构抗震设防水准与性能目标 表 1

设防水准	主通航孔桥	性能目标
水准 I	100 年超越概率 10% （相当于重现期 950 年）	主塔、桩基础保持弹性； 桥墩基本保持弹性； 支座保持正常工作状态
水准 II	100 年超越概率 5% （相当于重现期 1950 年）	桥墩应具有足够的延性以满足变形要求，保证不倒塌； 混凝土桩基、主塔基本保持弹性，不作为耗能构件，保护层不剥落； 支座容许剪坏

三、动力计算图示的建立

金塘大桥主通航孔设计方案为 77m＋218m＋620m ＋218m＋77m 的全钢箱梁方案，主塔为钻石型桥塔方案，塔高 210m，桥面以上部分约为 155m；主梁为闭合截面钢箱梁，梁高 3m，宽 30.1m，全桥纵向连接采用飘浮体系，塔梁之间设有纵向黏滞阻尼器；主塔、辅助墩及锚固墩的基础均为高桩承台基础，采用现浇整体式承台与大直径(2.85m)钻孔灌注桩，桩长约 100～110m，总体布置如图 1 所示。

根据金塘大桥结构的总体构造布置特点，建立如图 2 所示的结构动力特性和地震分析的三维有限元模型。主塔、主梁、桥墩和桩基均离散为空间的梁单元，其中主梁采用单梁式力学模型，并通过主从约束同双索面相连形成“鱼骨式”模型；斜拉索采用空间桁架单元，但考虑拉索垂度和恒载作用下引起的几何刚度的影响，拉索与主梁以及主塔均采用主从约束；承台模拟为质点，并且承台、塔底和桩基顶部节点采用主从连接；对于墩顶压重，计算中将其模拟为施加于相应的主梁梁段上的质量。非线性因素考虑滑动支座摩擦效应的影响，其中动摩擦系数取 0.02，纵向塔梁黏滞阻尼器为每塔横向布置两个，全桥共计 4 个，阻尼器常数 $C=2\ 500$，阻尼指数 $\zeta=0.3$。此外，由于金塘大桥海床的冲刷情况较为严重，如表 2 所示，一般冲刷线与局部冲刷线高程相差较大，本文对群桩基础分别考虑局部冲刷线、一般冲刷线和地表三种边界条件。

金塘大桥主通航孔桥各墩基础冲刷线高程(单位:m)　表2

位置	金塘侧			宁波侧		
	地表	一般冲刷	局部冲刷	地表	一般冲刷	局部冲刷
主塔	−22.55	−27.55	−43.15	−12.35	−17.35	−32.95
辅助墩	−23.40	−28.40	−44.40	−11.10	−16.10	−32.10
锚固墩	−23.98	−28.98	−43.28	−10.80	−15.80	−30.12

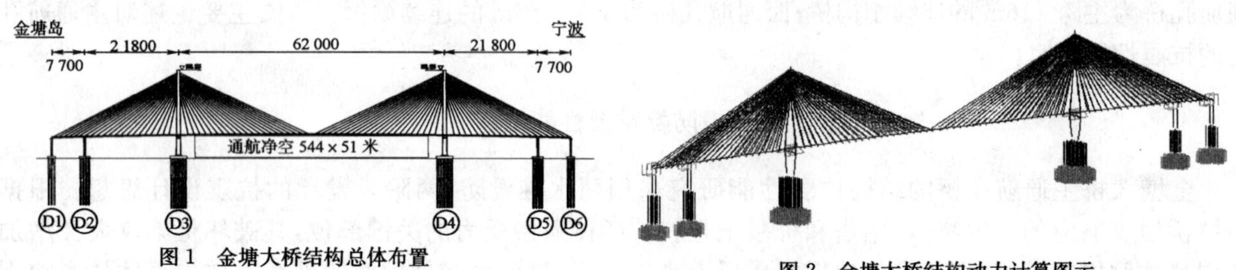

图1　金塘大桥结构总体布置

图2　金塘大桥结构动力计算图示

四、结构动力特性分析

根据建立的主桥动力计算模型，对主通航孔桥进行了结构动力特性的分析研究，以分析了解结构的动力响应特征。结构动力特性分析采用子空间迭代法，表3和图3分别为以局部冲刷线边界条件为例的结构几阶主要振型描述与图示。

金塘大桥主通航孔桥结构动力特性表　表3

阶数	频率	振型特征描述	阶数	频率	振型特征描述
1	0.116	主梁纵漂	6	0.362	金塘岛侧锚固墩桩基纵向振动
2	0.202	主梁一阶对称侧弯	7	0.363	主梁反对称竖弯
3	0.256	主梁一阶对称竖弯	8	0.367	金塘岛侧辅助墩顺桥向振动
4	0.304	金塘岛侧主塔横向振动	19	0.794	主梁一阶对称扭转
5	0.321	金塘岛主塔桩基纵向振动＋竖弯	38	1.274	主梁一阶反对称扭转

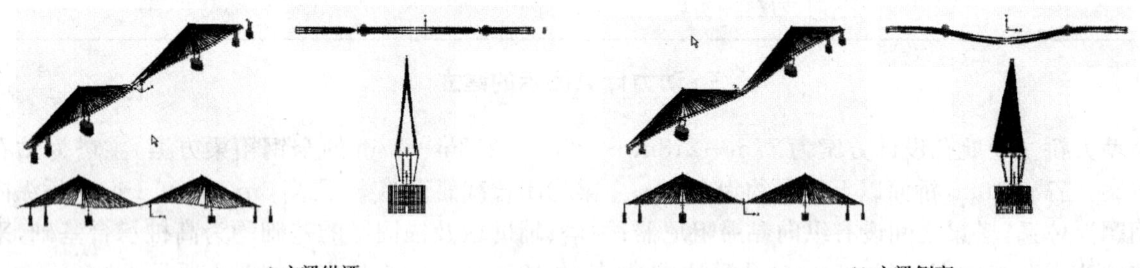

a) 主梁纵漂　　b) 主梁侧弯

图3　主通航孔桥结构主要振型

五、地震反应分析

对金塘大桥主通航孔桥分别对应100年超越概率10%(简称P1)和100年超越概率5%(简称P2)两种超越概率进行结构地震反应分析，地震输入组合为纵向＋竖向和横向＋竖向两种方式。采用反应谱分析方法和动力时程分析方法相结合，其中反应谱分析振型取前300阶，振型组合为CQC，方向组合为SRSS组合，阻尼比为3%；动力时程分析中考虑滑动支座摩擦效应与塔梁纵向粘滞阻尼器非线性效应，同一地震超越概率下选三条地震波，最后取3条波的平均结果作为最终结果。

图4所示为不同边界条件下结构地震反应的对比分析，可以看出不同冲刷条件对主塔、辅助墩、过渡

墩的地震反应存在较大的影响，而各墩承台下最不利单桩最大弯矩受冲刷条件的影响相对较小。辅助墩和过渡墩的墩底弯矩由一般冲刷条件控制，主塔塔底弯矩则由无冲刷条件控制。

对主塔、辅助墩、过渡墩及各墩下桩基础的验算结果表明，在100年超越概率10%和100年超越概率5%两种地震设防水准下，各构件均通过截面强度检算，未进入弹塑性状态，符合预期结构性能目标的要求。

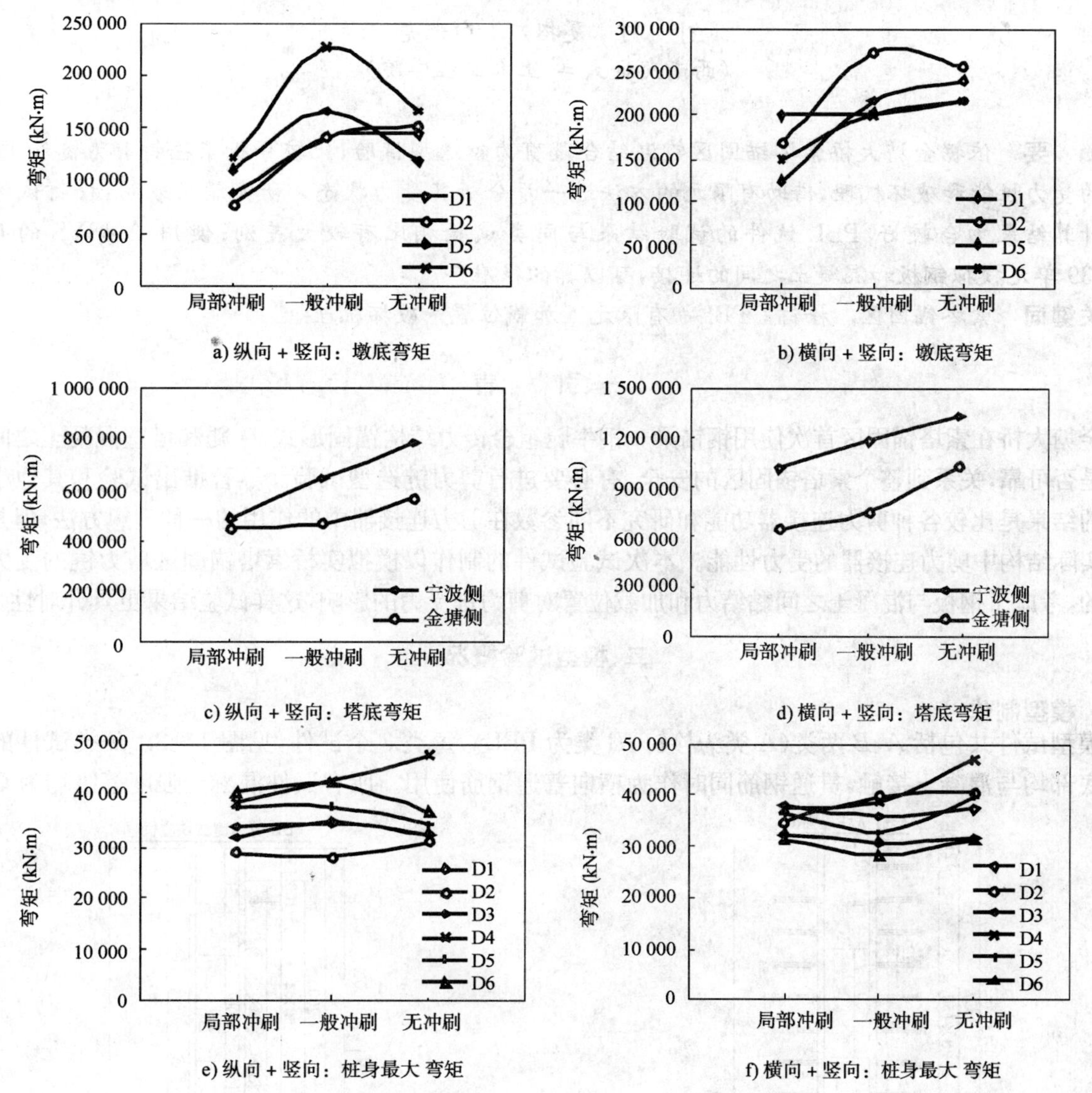

图4　不同冲刷边界结构地震反应分析(100年5%)

六、结　　论

通过对金塘大桥主通航孔桥的结构抗震分析研究，结果表明，在第一、第二水准地震作用下，主体构件均基本保持弹性，结构抗震性能满足预期性能目标要求。

参考文献

[1] 郭文华.漂浮体系斜拉桥的动力特性及抗震性能分析[J].公路与汽车，2006，3：136-137.

[2] 叶爱君，范立础.大型桥梁工程的抗震设防标准探讨[J].地震工程与工程振动，2006，26(2)：8-12.

[3] 公路工程抗震设计规范[S].(JTJ 004—89).

[4] 混凝土结构设计规范[S].(GB 50010—2002).

130. 两种剪力连接件的试验研究

叶　柯　夏招广　白光亮
（西南交通大学 土木工程学院）

摘　要　依据金塘大桥索塔锚固区钢混结合段剪力键选型试验，比较分析了栓钉剪力键和PBL剪力键的受力性能和破坏机理，借助有限元的方法进一步分析其受力状态。研究结果表明：栓钉试件的试验与计算结果吻合较好，PBL试件的试验结果与同类试验相比有较大差别；使用ANSYS的COMBINE39单元模拟钢板和混凝土之间的连接，可以算的很准。

关键词　索塔锚固区　栓钉　PBL　有限元　加载位置　破坏机理

一、引　　言

金塘大桥在索塔锚固区首次使用钢锚梁—钢牛腿组合传力结构锚固形式，牛腿和塔壁混凝土之间的连接的是否可靠，关系到整个索塔锚固区的安全，有必要进行剪力键选型试验。尽管推出试验和其他小比例试验的结果是比较各种剪力连接器功能和研究不同参数在剪力连接器中的作用的一种理想方法，但是不能反映实际结构中剪力连接器的受力性能。本次试验试件的制作以模拟实桥索塔锚固区剪力键的受力状态为目的，考虑了钢板与混凝土之间黏结力和加载位置对剪力键受力的影响，这样试验结果更具针对性。

二、模型试验概况

1. 模型制作

模型试件共包括A、B两类（A类为栓钉，B类为PBL），每类3个试件，见图1～2。B类试件的带孔钢板底部均与混凝土接触，贯通钢筋同时作为横向普通钢筋使用。所有试件混凝土强度等级均为C50，

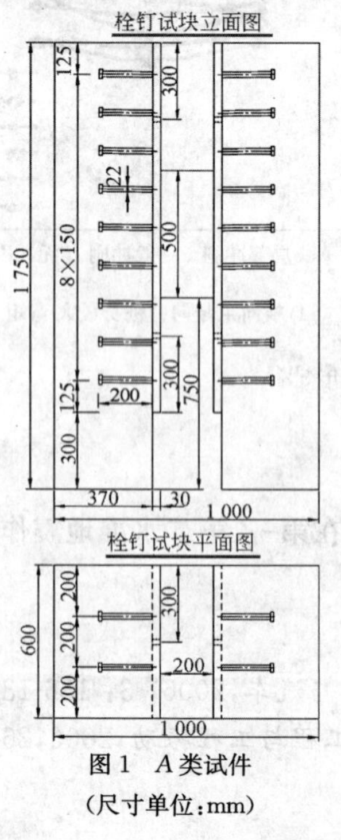

图1　A类试件
（尺寸单位：mm）

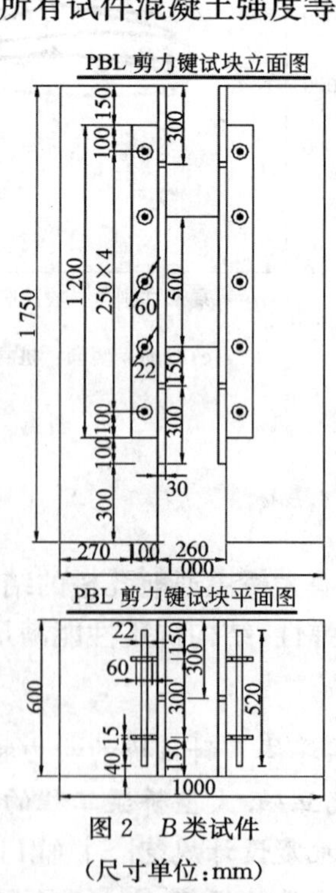

图2　B类试件
（尺寸单位：mm）

横向钢筋配筋率为0.78%。钢板与混凝土自然黏结,加载梁则类似实际索塔锚固区的钢牛腿。

2. 测试内容、方法及测点布置

测试内容主要有应力应变测试、位移测试、结构开裂荷载及裂缝分布情况、破坏后试件破坏形态的观察。应力测点主要布置在在混凝土表面、壁板表面、内部栓钉,开孔钢板、贯通钢筋及普通钢筋处,钢板和混凝土之间的相对滑移量测定采用10个百分表,分别置于外露钢板两侧的不同位置。

3. 加载方案

正式加载前,先进行两次预载试验。进入正式加载测试工况后,第一次分10级加载至0.3倍计算极限荷载,按原路径返回;第二次分20级加载至0.6倍计算极限荷载,按原路径返回;第三次分20级加载至0.6倍计算极限荷载后,A类构件按每级220 kN(B类构件按240 kN)的增量进行加载,直至试件破坏。记录加载、卸载过程中的每一级荷载对应的应变、位移及实际荷载。

三、试验结果分析

1. 栓钉试件试验结果分析

(1)破坏机理分析

图3为试验典型的荷载—滑移全过程曲线图,整个曲线具有较明显的规律。从试件破坏形态来看,混凝土侧面从5~8排栓钉根部附近出现裂缝,且裂缝大都是先沿水平方向再沿往下45°角的方向发展,如图4a)所示;从栓钉的破坏断面来看,第7排栓钉断面不平整,且附近有较大的弯曲,为弯剪破坏;其余栓钉则断面平整,与栓钉轴线大概成45°角,接近于纯剪破坏;所有栓钉根部下缘混凝土均被局部压碎,混凝土与钢板沿高度有不同程度的剥离,如图4b)、c)所示。

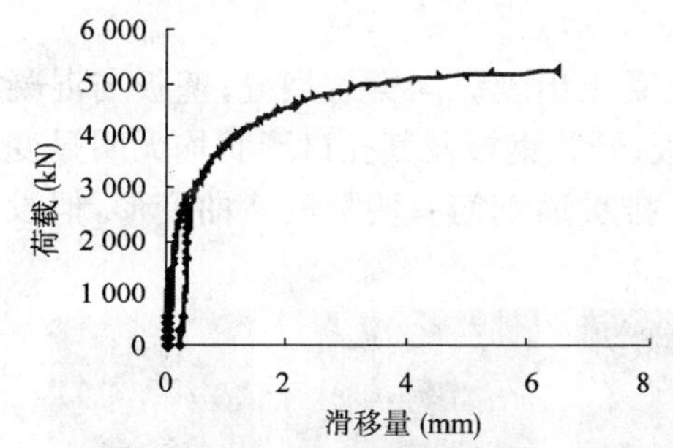

图3 A类试件典型荷载—滑移曲线

a) 裂缝分布

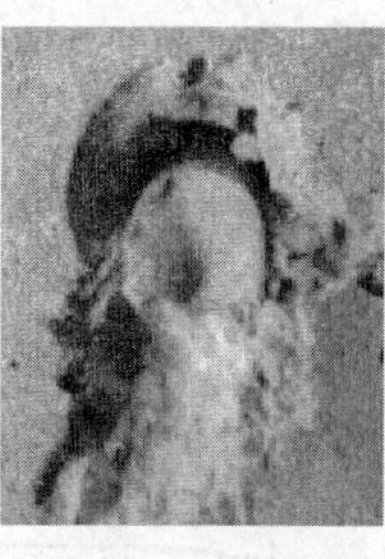

b) 第7排栓钉断面

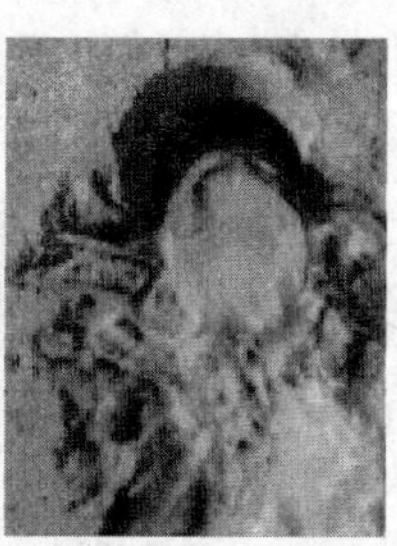

c) 其他栓钉断面

图4 A类试件破坏形态

根据实测的应力分布、荷载—滑移曲线和试件的破坏形态,结合栓钉剪力键的受力机理和钢板与混凝土之间的黏结滑移机理,可以推导出A类试件的受力破坏过程。根据不同时期的受力特点,其实际受力过程大概可分为三个阶段:弹性工作阶段、弹塑性工作阶段和破坏阶段。

①从开始加载到加载至约55%极限荷载这一阶段为弹性阶段,此阶段剪力由钢板与混凝土板间的黏结力和栓钉承担。栓钉所承担的剪力较小,处于弹性受力状态。试件的整体荷载—滑移曲线近似呈线性关系,在卸载后其残余的滑移量一般很小。

②超过55%极限荷载后,进入弹塑性阶段,这一阶段滑移开始显著增加,并表现出非线性的变化特征。栓钉根部混凝土受到的压力迅速增加,在受力较大的栓钉根部位置开始出现横向裂缝,并逐渐向两侧发展。

③加载至90%极限荷载后一直到试件破坏,为破坏阶段。即使在荷载增加很少的情况下,滑移量仍然大幅度增加。随着荷载增加,第7、8排栓钉根部附近一定长度范围内混凝土达到极限强度,根部附近混凝土局部压碎。当荷载到达5 000kN左右时,可以明显听到两排栓钉被相继拉剪断开的声音(后证实为7、8排栓钉)。很快剩下的7排剪力钉全部被剪断,整个试件丧失承载力,退出工作。

(2)各排栓钉的轴力分布

A类试件两侧有各2列9排共18根栓钉，属于群钉布置。各栓钉受力大小与其离加载梁的相对位置的关系密切。分别在栓钉的第1、3、5、7、9排栓钉根部上下缘均布置了应变测点，以考察各排栓钉轴力大小，测点布置如图5所示。

从图6可以看出，随着荷载的增加，各栓钉的测点先后受到损坏而退出工作。在3 000kN前，各测点的应变与荷载关系都是接近于线性变化。在此阶段，第3、7排栓钉为轴向受拉，其余均为轴向受压，说明在弹性阶段，局部范围内钢板与混凝土有分离趋势，但大部分仍为紧密压贴的关系。本次试验试件与标准推出试验试件的受力状态不尽相同。两侧混凝土有向八字形的转动同时，混凝土本身也有一定程度的受弯作用，其弯曲的中心在第7排栓钉附近。各栓钉所受的轴向力由两侧混凝土向八字形的转动和混凝土自身受弯这两种效果叠加而成，离加载梁下缘最近的第7排栓钉受轴向拉力最大。

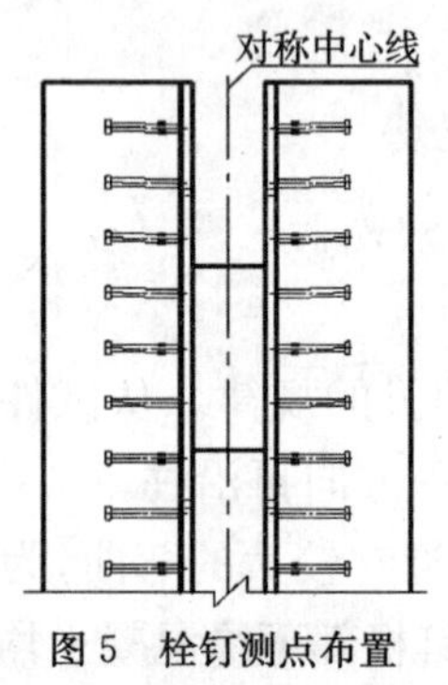

图5　栓钉测点布置

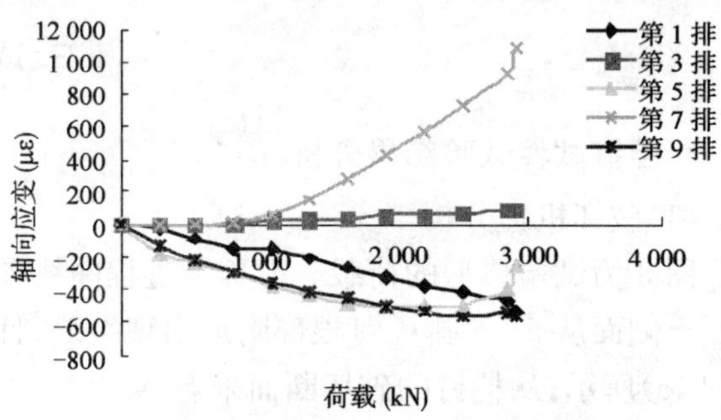

图6　各栓钉测点平均轴向应变与荷载关系

2. PBL试件试验结果分析

(1)破坏机理分析

从构件破坏后的状态来看，三个试件均为带孔钢板底部下方混凝土出现纵向劈裂裂缝；壁板与混凝土之间的竖向相对滑移量很小，而水平方向有较大程度的分离；壁板、开孔钢板及其孔口形状均无明显变形。凿开后，看以看到孔内混凝土完好，没有被压碎的迹象；第4、5排贯通钢筋有明显的弯曲变形，但没有被剪断，其他贯通钢筋则变形较小。如图8所示。

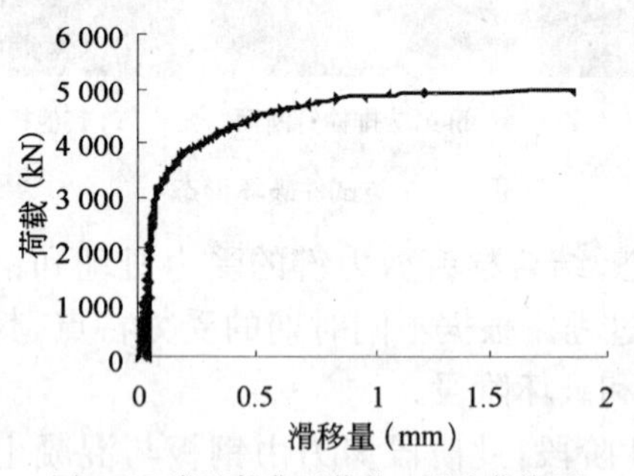

图7　*B*类试件典型荷载—滑移曲线图

a) 裂缝分布

b) 混凝土劈裂

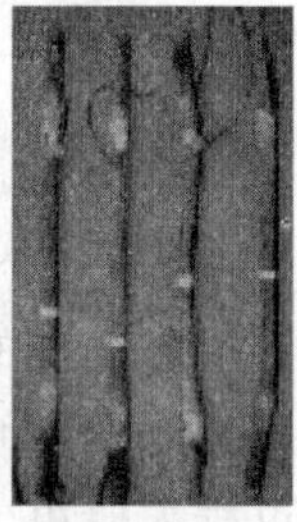

c) 贯通钢筋弯曲

图8　*B*类试件破坏形态

*B*类试件的整个加载受力过程也可以分为如下三个阶段：

①在荷载到达约63%极限荷载以前，为弹性工作阶段，这一阶段PBL抗剪刚度很大，钢板和混凝土之间的相对滑移小，荷载—滑移曲线呈现出良好的线性特征，卸载后都能沿原路径返回，无残余滑移量，整个构件处于弹性工作状态。

②超过63%极限荷载以后，试件进入弹塑性工作阶段。这一阶段抗剪刚度开始减小，相对滑移量的增长逐渐加快，非线性受力状态特征越趋明显。开孔钢板下方的混凝土应力随着荷载增大逐渐达到其抗拉极限强度，在此阶段末出现了微小的纵向裂缝。这一阶段一直持续到荷载加到4 400kN左右。

③超过90%极限荷载以后，逐渐进入塑性变形后期，这一阶段的特点是即使在荷载增加很少的情况下，滑移量仍然大幅度增加。随着荷载的增加，混凝土榫退出工作，贯通钢筋的弯曲程度也不断增加。接

近破坏时，开孔钢板底部混凝土承担了较大荷载增量导致其纵向裂缝发展加快，并最终被劈裂，构件退出工作。

通过比较发现，本次试验中 PBL 剪力键的破坏形式和宗周红、车惠民等人[5]的描述较为相似，且都是以混凝土的纵向劈裂为破坏标志。上述分析认为，带孔钢条直接与混凝土接触，是导致混凝土纵向劈裂的重要原因。而宗周红等人的试验模型也印证了这一点。

周浩[6]等人的试验模型则是直接在腹板上开孔，无翼缘板；腹板下端挖有小槽，即腹板（开孔钢板）与下方混凝土不直接接触；腹板两侧涂抹机油以消除与混凝土之间的黏结力。这种试验模式使得 PBL 剪力键在受荷时最大限度的接近纯剪状态，且只依靠混凝土榫和贯通钢筋来承担竖向剪力。在加载的最后阶段，由于混凝土榫的剪切破坏，只能依靠贯通钢筋来承受荷载，而孔内混凝土处于三向受力状态，强度大幅提高，不会被压碎，这样就迫使处于弯剪受力的贯通钢筋更偏向于受剪。最终，贯通钢筋在孔内混凝土达到其极限抗压强度前就被剪断。

胡建华等人[7]的试验试件分为型钢试件和厚钢板试件两种，其中型钢试件直接在翼缘板上开孔，与宗周红等人的试验试件相似，但钢板下方挖空；厚钢板则直接在腹板上开孔，与周浩等人的试验试件相似。两种试件的破坏形式与上述不同，均为混凝土底部中间开始出现裂缝并向上发展直至丧失承载力，其破坏是由混凝土开裂控制的。造成这种破坏的原因，可能是由于其横向配筋率过小，不能有效限制混凝土裂缝的发展。

(2)贯通钢筋的轴力分布

贯通钢筋在变形上的差异反映各孔在承担竖向力时的不均，其大小与贯通钢筋距离加载梁远近有关。试验时在试件的每根贯通钢筋位于孔的正中处均布置两个测点，如图 9 所示。

贯通钢筋在竖向力作用下，有与混凝土榫和带孔钢条一起向下移动的趋势，此时混凝土和钢筋的黏结力起主要的限制作用，这样就对贯通钢筋产生轴向拉力，其大小与各孔所承担竖向力有关。从图 10 可以看出，在弹性阶段，第 4 排贯通钢筋的轴力较大，第 2 排轴力较小。在弹性阶段以后，第 2 排贯通钢筋的轴力明显加大，反映处此时随着第 4、5 排贯通钢筋随着混凝土与钢板的水平分离，其分担的竖向剪力比重有所下降，第 2 排则有所上升。

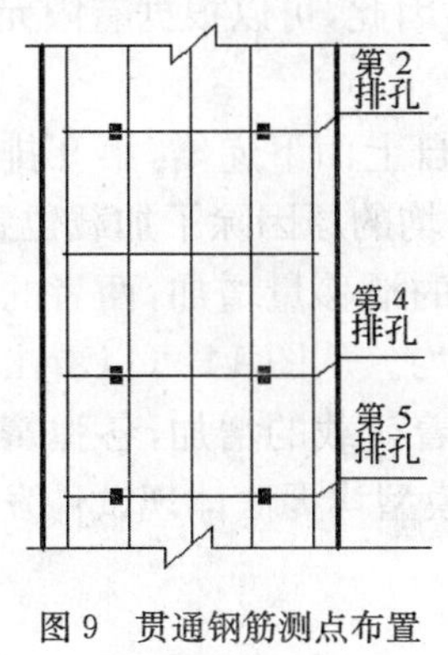

图 9 贯通钢筋测点布置

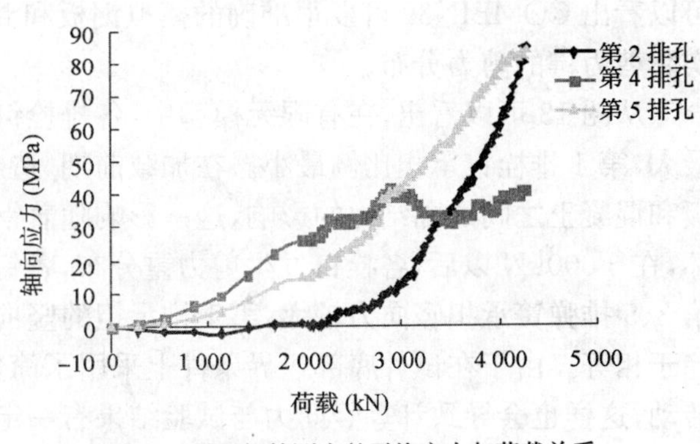

图 10 贯通钢筋测点的平均应力与荷载关系

四、有限元分析

1. 有限元模型的建立

在钢板和混凝土之间，用具有非线性功能的三维轴向弹簧单元 COMBIN39 模拟栓钉竖向抗剪切作用，其余两个方向耦合自由度；用轴向拉压杆单元 LINK8 模拟普通钢筋，并假设钢筋与混凝土之间黏结良好，无相对滑移；用弹性壳单元 SHELL63 模拟加载梁和壁板；混凝土用 SOLID45 单元来模拟。

对栓钉剪力键，COMBIN39 单元的抗剪刚度系数分别采用多种荷载滑移关系公式的公式计算结果和实测结果。对 PBL 剪力键，目前并无得到广泛应用的荷载—滑移关系公式，只能使用实测单孔荷载—滑移本构关系来定义 COMBIN39 的抗剪刚度。采用实测值意味着已经考虑了各种因素对抗剪刚度的影响，如钢混交界面的黏结力和开孔钢板底部混凝土对滑移的限制作用。钢材采用双线性随动强化准则(BKIN)，弹性模量则依照规范采用 2.1×10^5MPa，屈服后的弹性模量按屈服前的弹性模量的1%取值。混凝土弹性模量采用实测值。

2. 有限元分析结果

(1)荷载—滑移曲线

计算和实测的荷载—滑移关系如图所示。

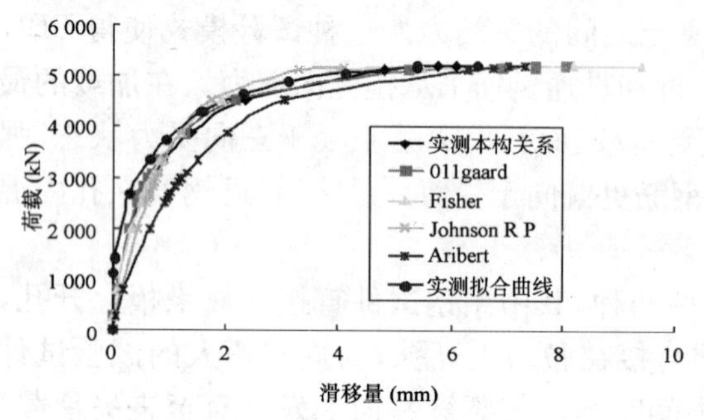

图11 贯通钢筋测点布置图

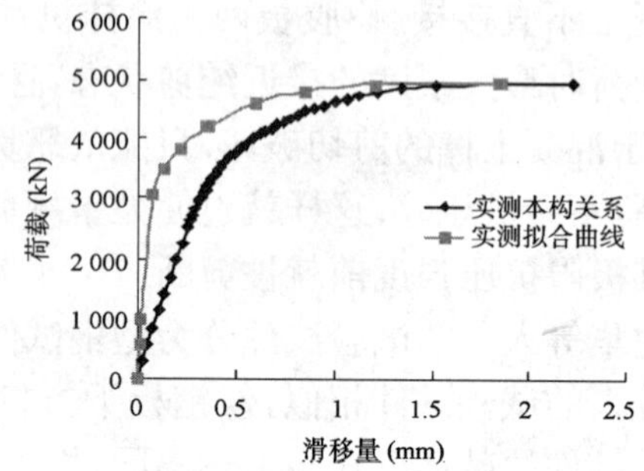

图12 贯通钢筋测点的应力与荷载关系

从图11可以看出，在所有计算公式当中，Ollgaard公式与试验结果符合较好。而使用基于实测本构关系计算出的试件荷载—滑移曲线，与实测值相差很小，说明COMBIN39可以对钢板和混凝土之间的荷载—滑移关系模拟的很准确。

由图12可以看出，PBL试件计算结果与实测结果较为相近。在弹性阶段，实测的试件抗剪刚度要大于计算抗剪刚度，进入塑性阶段后，实测抗剪刚度变化较快。造成这种差异的原因还是对带孔钢条底部混凝土的模拟。虽然COMBIN39的抗剪刚度中已经计入了混凝土的影响，但是作为弹簧单元，其受力特性与混凝土毕竟有较大区别。

(2)剪力分布

试验无法直接测得各栓钉的剪力分布，只能通过对轴力的测量来间接反映剪力的分配。从前面分析可以看出COMBIN39可以很准确的模拟钢板和混凝土之间的连接，因此，可以根据有限元计算结果分析实际剪力键的剪力分布。

从图13可以看出，在有限元模型中，各排栓钉所承担的竖向力自上而下递增，第9排栓钉承担比例最大，第1排栓钉承担比例最小。在加载前期，造成各排栓钉受力不均的原因除了加载位置以外，还有钢板和混凝土之间的黏结力的影响，这一影响随着钢板与混凝土之间的滑移量增加，两者的黏结力遭到破坏，在3 000kN以后，各栓钉发生剪力重分布，各钉受力逐渐趋于平均。从图14可以看出，在加载初期，第3、5排弹簧承担竖向力较大，第1排承担的竖向力比例最小。随着荷载的增加，各弹簧的竖向力逐渐趋于相等。由于在试件底部边界条件上采用了简化处理，因而两种模型均无法体现试件发生向八字形的转动，这样也会导致计算竖向力与试验结果有一定差异。

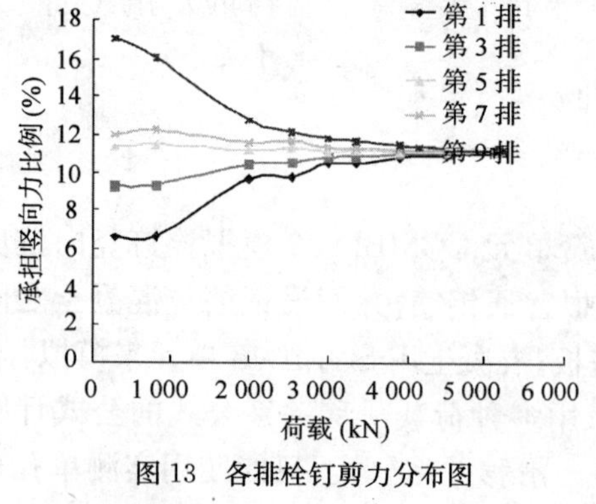

图13 各排栓钉剪力分布图

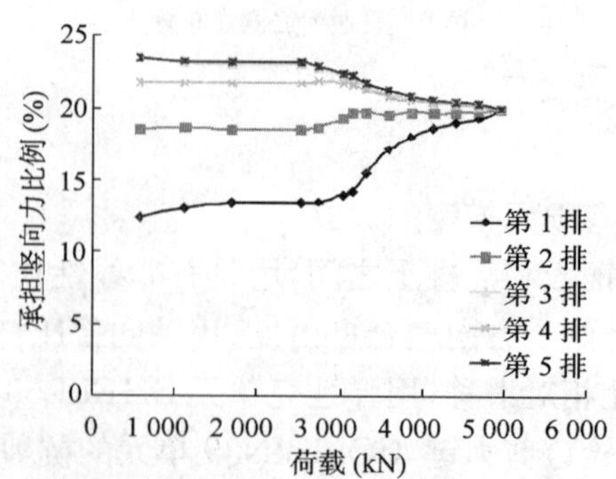

图14 各排PBL剪力键剪力分布图

五、小　　结

本文依据选型试验结果，结合国内为数不多的相关试验结果资料和有限元分析结果，探讨了两种剪力键的受力性能和破坏机理，所得结论可以总结为以下几个方面：

(1)从承载力来看，PBL 剪力键的单孔极限承载力要远大于与其贯通钢筋直径相同的栓钉剪力键的极限承载力。从刚度来看，PBL 剪力键在荷载作用下初始刚度比栓钉要大；在接近极限荷载时，PBL 剪力键滑移发展较快，具有较好的延性。从破坏形态来看，A 类试件各栓钉根部先后被剪断，其下方混凝土被压碎，破坏前有较大的滑移；B 类试件则为带空钢条下方混凝土纵向劈裂破坏。

(2)与标准推出试验的栓钉受力分布规律不同，本次试验 A 类试件所受的轴向拉力最大为第 7 排栓钉，并自第 7 排向上下两端递减；所承担剪力则为自上而下递增。对于 PBL 试件，在弹性阶段，第 4 排贯通钢筋轴向应力较大；进入塑性阶段后，第 2、5 排贯通钢筋的轴向应力增加很快，并超过第 4 排；第 3、5 排剪力键承担剪力最大，第 1 排最小。试件各排剪力键在受力上受加载梁位置影响很大。

(3)由于开孔钢板底部与混凝土接触，使得混凝土榫和贯通钢筋未能完全发挥其抗剪性能，其极限承载力反而较开孔钢板底部挖空时低。

(4)有限元模型对试件结构做了一些简化处理。如钢板连同带孔钢条与混凝土之间的黏结作用，带孔钢条底部混凝土的竖向支承作用对整体试件的抗剪刚度有较大的加强。这一加强作用被平均分配到各个弹簧的抗剪刚度上。从计算结果分析来看，这一简化是合理的。

(5)用非线性弹簧单元 COMBINE39 模拟栓钉剪力键和 PBL 剪力键时，如果采用试验所得平均单钉(单孔)的荷载—滑移关系作为 COMBINE39 的参数输入，可以算的很准，在实桥的设计计算中可参考使用；对于栓钉剪力键，如果采用目前一些专家学者总结的经验公式计算得出的荷载—滑移曲线作为输入参数，则与本次试验实际曲线符合程度不一，其中符合较好的是 Ollgaard 公式；对于 PBL 剪力键，由于还没有指定相关试验规范，其受力性能也不十分明确，目前只有一些专家学者在各自的试验基础上总结的关于极限承载力的经验公式，而关于荷载—滑移关系的公式很少。

参考文献

[1] Numerical analysis of push-out specimens with perfobond rib connectors [J]. Oguejiofor E C, Hosain M U. Computers&Structures, 1997, 62(4):617-624.

[2] Neues, vorteilhaftes verbundmittel fur stahlverbund-tragwerke mit hoher dauerfes-tigkeit[J]. Leonhardt F. et al. Beton-und Stahlbetonbau, 1987,(12):325-331.

[3] 刘玉擎. 组合结构桥梁 [M]. 北京：人民交通出版社，2005.

[4] 胡夏闽，刘子彤，赵国藩. 钢与混凝土组合梁栓钉连接件的设计承载力 [J]. 南京建筑工程学院学报，2004,(4):1—9.

[5] 宗周红，车惠民. 剪力连接件静载和疲劳试验研究 [J]. 福州大学学报(自然科学版)，1999,27(6):61-66.

[6] 周浩. 南京长江三桥桥塔钢一混结合段剪力键选型试验研究[D]. 硕士学位论文. 成都：西南交通大学，2005.

[7] 胡建华，侯文崎，叶梅新. PBL 剪力键承载力影响因素和计算公式研究[J]. 铁道科学与工程学报，2007,4(6):12—18.

[8] 江见鲸. 钢筋混凝土结构非线性有限元分析 [M]. 西安：陕西科学技术出版社，1994.

[9] 吕西林，金国芳，吴晓涵. 钢筋混凝土结构非线性有限元理论与应用 [M]. 上海：同济大学出版社，2001.

131. 金塘大桥承台海工混凝土耐久性检测与寿命预测

王昌将[1]　许宏亮[1]　李顺凯[2]　刘可心[2]　秦明强[2]

(1. 舟山连岛工程建设指挥部；2. 中交武汉港湾工程设计研究院有限公司 长大桥梁建设施工技术交通行业重点试验室)

摘　要　通过对金塘跨海大桥已建部分承台混凝土进行了保护层厚度、表面氯离子浓度和氯离子扩散系数等耐久性检测，并根据检测结果以Fick第二定律为基础的理论模型对混凝土结构抵抗氯离子侵蚀耐久寿命进行预测。此研究成果可为氯盐侵蚀环境下混凝土结构耐久性设计与评估提供参考。

关键词　金塘大桥　海工混凝土　耐久性检测　寿命预测

一、概　　况

钢筋混凝土结构中钢筋锈蚀导致了耐久性降低，尤其在氯盐环境下的桥梁结构，锈蚀破坏现象更加严重，已经在世界各国引起了密切关注[1]。金塘跨海大桥环境腐蚀类型为Ⅲ类海水氯化物引起钢筋锈蚀的近海或海洋环境，结构设计基准期为100年，因此在工程建设中重点考虑受氯盐侵蚀的特性，确定使用海工高性能混凝土，并且要求海中承台混凝土84d氯离子扩散系数小于$2.5\times10^{-12}m^2/s$[2]。

为了解承台混凝土在实际环境中的抗氯盐侵蚀性能，中交武汉港湾工程设计研究院有限公司对金塘跨海大桥已建部分承台混凝土进行了钻芯取样和雷达检测，分别检测海工混凝土保护层厚度、表面氯离子浓度和氯离子扩散系数等耐久性参数，并根据检测结果对基于氯离子侵蚀的混凝土结构使用寿命进行了评估。

二、混凝土相关资料和耐久性检测方法

1. 混凝土的相关资料

根据施工的原始记录，承台混凝土设计强度等级为C40，水泥为PII42.5级硅酸盐水泥，并采用大掺量矿物掺合料配制混凝土，具体混凝土配合比见表1。施工期间标准养护28d的混凝土立方体抗压强度均值为54.6MPa。

承台配合比(kg/m^3)　　表1

编　号	水　泥	粉煤灰	矿　粉	砂	石	水	减水剂	阻锈剂
1	142	182	81	772	1067	132	4.5	8.0
2	172	129	129	769	1019	142	4.3	8.0

2. 混凝土保护层厚度检测

(1)现场取芯检测

在工程现场对混凝土取芯，有部分碰到构件内钢筋，直接量测钢筋位置及保护层厚度。这种方法检测时较为直观，但对混凝土构件有局部损伤，一般仅能做少量检测。

(2)混凝土雷达检测

采用美国GSSI公司生产探地雷达的结构扫描诊断系统检测。该扫描诊断系统能够快速、准确、形象、直观地进行混凝土结构层划分、病害检测、隐患调查等。此外，混凝土中的钢筋、空洞、裂缝等在扫描

诊断的图像中具有良好的反映。

3. 混凝土表面氯离子浓度和氯离子扩散系数

参照北欧试验方法 NT Build 443 方法处理试块，滴定各深度处氯离子含量，绘制氯离子浓度随深度变化曲线，推算表面氯离子浓度；利用最小二乘法拟合 Fick 第二定律，得到氯离子的扩散系数。其主要试验仪器为混凝土研磨取样机，该仪器为丹麦生产，型号为 PF—1100。

三、混凝土耐久性检测结果与分析

1. 混凝土密实情况

采用雷达对承台混凝土内部的密实性进行了测定，部分混凝土的雷达扫描结果见图 1。

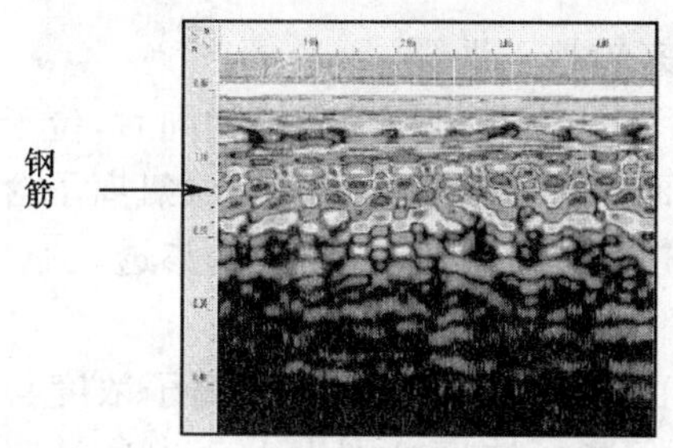

C022承台雷达扫描图像

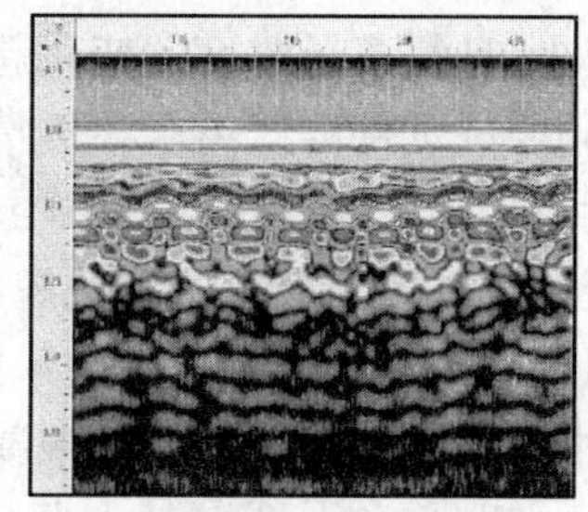

G002承台雷达扫描图像

图 1　混凝土雷达扫描图像

从图 1 混凝土雷达扫描图像可以判断，混凝土结构中钢筋的总体分布均匀，整个图像中混凝土结构的雷达波形基本保持均匀连续，据此判断混凝土结构均匀致密。

2. 混凝土保护层厚度检测结果

现场取芯图 2 可以直接检测混凝土保护层厚度，而雷达检测钢筋保护层厚度是根据已知的混凝土介电常数推算而得，混凝土的介电常数随原材料、配合比、密实度和潮湿状态而变化，本次检测混凝土相对介电常数取 9～11。采用现场取芯检测和雷达检测承台保护层厚度的结果见表 2。

从表 2 的检测结果可以看出，除 G002 承台由于钻芯取样时误差造成的保护层厚度略有不同以外，钻芯取样的承台混凝土保护层厚度在 70～93mm 范围内，而雷达推算承台混凝土保护层在 80～100mm，两种方法检测混凝土保护层厚度的结果基本一致，均满足设计的要求。

图 2　混凝土现场取芯

钻芯取样和雷达检测结果　表 2

取样部位	钻芯保护层厚度（mm）	雷达推算保护层厚（mm）
C022 承台	＞85	100
E052 承台	90	90
G002 承台上部	70	80～90
G002 承台下部	93	
E080 承台	（未取样）	90

3. 混凝土氯离子含量分布

根据测量的各个样品中的氯离子占混凝土的质量百分比含量，可以绘制出不同承台芯样的氯离子含量分布（图 3）。

由试验数据图可以看出，承台混凝土的氯离子浓度随扩散深度的增加而减小即随着深度增加由外界

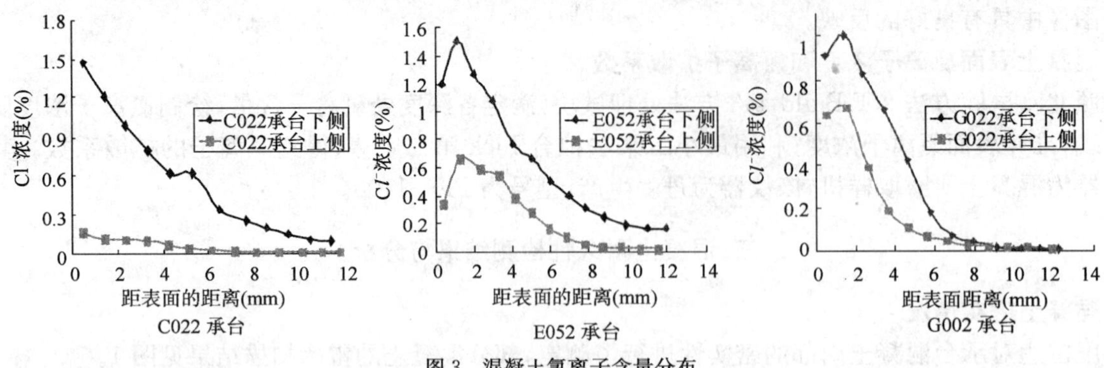

图3 混凝土氯离子含量分布

进入的氯离子越来越少,且氯离子浓度的变化趋势越来越趋于平缓。

从图3可知,不同区域试件的氯离子渗透情况均不同,当其他技术条件相同时,位于承台下部混凝土的各深层氯离子含量在相同龄期时在各区域均较大,而承台上部混凝土各深层氯离子含量均较小。这说明承台下部的干湿交替环境较为严重所以更容易促进氯离子向混凝土深层的渗透。

4. 混凝土表面氯离子浓度和氯离子扩散系数

海洋环境下,海水和海风携带的氯盐在混凝土表面聚积,混凝土表面氯离子浓度与混凝土所处环境有较大关联。由表3可知,承台下部混凝土芯样表面氯离子浓度分别为1.529%、1.544%、1.181%,平均值为1.418%,是典型的浪溅区表面氯离子浓度;承台上部混凝土芯样表面氯离子浓度分别为0.155%、0.741%、0.611%,平均值为0.502%。鉴于混凝土表面氯离子浓度还有累积增高的可能,计算使用寿命时按照最大值考虑。

利用实测的每组氯离子含量随深度的变化,采用Fick第二定律进行拟合,得到各组混凝土的氯离子扩散系数,检测结果见表3。承台使用了掺大量矿物掺合料的海工高性能混凝土,由于混凝土水胶比低、密实好,承台混凝土抗渗透性能好,芯样的氯离子扩散系数相对较小。从表中可以看出承台混凝土芯样的氯离子扩散系数在$0.244\times10^{-12}\sim0.476\times10^{-12}m^2/s$之间。

混凝土表面氯离子浓度和氯离子扩散系数 表3

取样部位	龄期(d)	表面氯离子浓度(占混凝土质量)(%)	表观氯离子扩散系数 $Da\times10^{-12}(m^2/s)$
C022承台下部	495	1.529	0.435
C022承台上部		0.155	0.357
E052承台下部	590	1.544	0.476
E052承台上部		0.741	0.236
G002承台下部	530	1.181	0.224
G002承台上部		0.611	0.244

四、混凝土耐久寿命预测

1. 耐久寿命的定义

钢筋混凝土结构的使用寿命一般可以分为三个阶段:腐蚀诱导阶段、腐蚀阶段和腐蚀破坏阶段。本文中定义的高性能混凝土抗氯离子侵蚀的耐久寿命主要是指混凝土结构的腐蚀诱导阶段,即从结构开始暴露于氯离子环境之日起到混凝土中钢筋表面的氯离子含量达到临界值所经历的时间。

2. 影响耐久寿命的因素

混凝土结构抗氯离子耐久寿命不仅与氯离子的散系数有关,而且与氯离子的临界浓度、表面浓度、初始浓度、保护层厚度以及材料随龄期的成熟度有关。

(1)氯离子扩散系数

混凝土氯离子扩散系数随着时间延长而减小。已有的研究表明,混凝土在海水中浸泡 30～50 年后,其氯离子表观扩散系数仍有降低的趋势,但 10 年以后变化减小[3]。氯离子扩散系数 $D_{(t)}$ 与龄期 t 的关系可用下式表示:

$$D_{(t)} = D_0\left(\frac{t_0}{t}\right)^n \tag{1}$$

式中:$D_{(t)}$——时间 t 的扩散系数;

D_0——时间 t_0 的扩散系数;

n——龄期系数。

(2)临界氯离子浓度

钢筋腐蚀的氯离子临界浓度受到许多因素的影响,如混凝土的配合比、水泥的类型、水泥成分含量、混凝土材料、水灰比、温度、相对湿度以及钢筋表面状况等。国内外对氯离子临界浓度进行了许多研究,对应于不同的条件,氯离子的临界浓度差异大致在 0.08%～0.16%(占混凝土质量)[4]。

(3)表面氯离子浓度

混凝土结构表面氯离子浓度的确定一般通过对氯离子分布曲线的反推而得,而氯离子的分布曲线是长期扩散累积的结果,虽然氯离子表面浓度有时在短时间内会有所波动,但对较长的时间段内氯离子源都是恒定的。

(4)保护层厚度

保护层厚度反映混凝土结构抵御氯离子侵蚀的一种能力,可以通过人为选择以达到使用目的,计算使用寿命时按照实际选取。

3. 耐久寿命预测及分析

氯离子在混凝土中传输机理非常复杂,选择 Fick 第二扩散定律进行描述基本上是基于一种经验的假定,因为它的解不仅可以很好地拟合氯离子侵蚀的实测结果,而且模型参数也具有明确的物理意义[3]。计算公式如下:

$$t = \frac{x^2}{4D}\left[erf^{-1}\left(\frac{C_s - C_c}{C_s}\right)\right]^{-2} \tag{2}$$

式中:t——使用寿命;

x——保护层厚度;

D——混凝土氯离子扩散系数;

C_s——混凝土表面氯离子浓度;

C_c——钢筋锈蚀临界氯离子浓度。

本次混凝土寿命计算以钻芯取样试件的表观氯离子扩散系数 D_a 为基础,推测 10 年后的扩散系数作为定值来计算使用寿命,龄期系数 n 取为 0.5;取混凝土临界氯离子浓度取为 0.067%(占混凝土质量);表面氯离子浓度采用检测的实测值,在设计净保护层厚度下的耐久年限见表 4。

使用寿命计算一览表

表 4

部　位	10 年后 $D_{10y}\times10^{-12}$(m²/s)	表面氯离子浓度取值%(占混凝土质量)	临界氯离子浓度取值%(占混凝土质量)	设计净保护层厚度(mm)	计算使用寿命(年)
C022 承台下部	0.160	1.529	0.067	73	130.0
C022 承台上部	0.131	0.741	0.067	73	225.0
E052 承台下部	0.191	1.544	0.067	73	108.4
E052 承台上部	0.095	0.741	0.067	73	310.2
G002 承台上部	0.093	0.741	0.067	73	316.9
G002 承台下部	0.085	1.181	0.067	73	273.8

注:表中数据未考虑附加措施的影响,一般考虑阻锈剂延长使用寿命 15 年。

从表4预测使用寿命的计算结果可以看出，目前承台最大表面氯离子浓度为1.544%，推测10年氯离子扩散系数的最大值为$0.191\times10^{-12}m^2/s$，在临界氯离子浓度为0.067%和设计净保护层厚度为73mm的情况下，承台混凝土的使用寿命为108.4年，考虑钢筋阻锈剂延长使用寿命的作用，计算承台混凝土使用寿命为123年。

五、结　论

(1)根据混凝土雷达探测和氯离子扩散试验的结果可以看出，金塘大桥承台混凝土均匀致密，抗渗性能优良。

(2)采用钻芯取样和雷达两种方法检测混凝土保护层厚度的结果基本一致，符合设计要求。

(3)承台混凝土的氯离子浓度随扩散深度的增加而减小，且氯离子浓度的变化趋势越来越趋于平缓。

(4)从检测数据来看，承台下部混凝土表面氯离子浓度和表观氯离子扩散系数均大于上部；基于当前的技术水平推测，金塘大桥基于氯盐侵蚀的承台混凝土总体使用寿命可以达到100年。

参考文献

[1] 赵尚传，潘德强，宋国栋. 混凝土结构抗氯离子侵蚀试验研究及耐久寿命预测[J]. 公路交通科技 2004，(4).

[2] 浙江省舟山连岛工程建设指挥部. 金塘大桥海工混凝土耐久性专项技术规程[M]. 2006年12月.

[3] 刘秉京. 混凝土结构耐久性设计[M]. 北京：人民交通出版社，2007.

[4] Chatterji S. On the Applicability of Fick′s Second Law to Chloride Ion Migration Through Portland Cement Concrete [J] · Cement and ConcreteResearch，1995，25 (2)：299-303.

132. 大跨径PC连续刚构桥长期下挠预留对策研究

石雪飞　李　博　李小祥　阮　欣

（同济大学桥梁工程系）

摘　要　以主跨216m的金塘大桥为工程背景，针对目前大跨径混凝土连续刚构桥出现的长期下挠现状，为应对大桥成桥后可能出现的长期下挠问题，对现有的几种下挠控制措施进行比选分析，最终提出了预留斜拉索塔措施方案。并采用大型有限元软件ANSYS对索梁锚固区构造设计难点进行了研究，从局部构造的传力机理角度，最终确定了索梁锚固区构造设计的最优方案。

关键词　大跨度连续刚构桥　长期下挠　控制对策　索梁锚固区　构造设计

一、引　言

大跨径预应力混凝土连续刚构桥以其施工方便、跨越能力强、造价经济、养护方便等优点，得到工程技术人员的青睐。特别是近年来我国跨江、跨海工程中大跨连续刚构桥的出现。但是由于下挠趋势长期得不到稳定，逐渐引起开裂等问题，严重影响大跨径预应力混凝土梁桥的使用安全，导致后期加固养护费用大幅增加。金塘大桥的东通航孔桥作为特大型连续刚构桥，如何避免和控制成桥后可能发生的长期挠度过大问题，已成为亟待解决的问题。为了应对可能出现的长期下挠现象，本文首先对几种下挠控制措施进行比较分析，确定斜拉索塔锚固措施方案作为推荐方案，即在原有桥墩基础上增加H形斜拉索塔。在斜拉索桥面锚固端，为了有效的改善长期下挠，同时避免因锚固索力造成的应力集中而导致箱梁混凝土局部破坏，有必要对索梁锚固局部构造进行分析。

二、下挠控制方法研究

舟山大陆连岛工程金塘大桥东通航孔桥为122m+216m+122m三跨预应力混凝土连续刚构。由于徐变、收缩、预应力损失等不确定性因素的存在，对可能出现的长期下挠问题应制定相应的处治对策。在本桥的长期下挠控制措施研究中，对体外束、增加悬臂束、预留斜拉索塔以及组合控制方案等进行了分析。

1. 体外束控制方案

常用的体外束线形可分为三种：短体外束，长体外束及通长体外束。根据体外束位置，又可将体外束置于箱梁内和箱梁外两种。根据体外束张拉时机的不同，又细分为：桥面铺装前张拉，在桥面铺装后张拉以及成桥三年后张拉三种。通过对各种方案进行长期挠度以及成桥应力状态进行分析得出在铺装后张拉短体外束，以及在铺装后张拉箱梁外体外束两种方案为优选方案。预应力束布置如图1和图2所示。

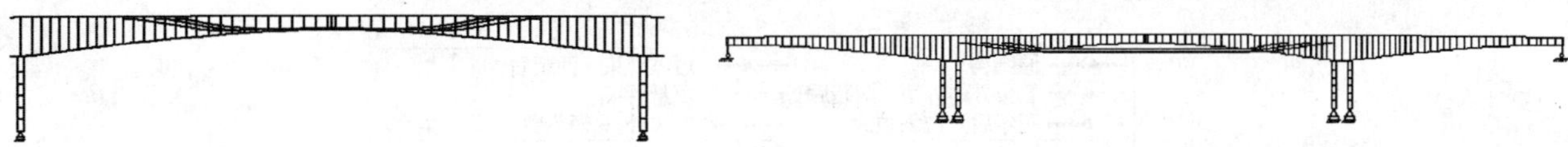

图1 短体外束布置示意　　图2 将体外束置于箱梁外示意

2. 增加悬臂束方案

张拉悬臂束有利于改善墩顶的内力状态，方案共分两种：

1)增加长悬臂束(42～47t,89～94t)，由原来的22根×1束增加到14根×2束，增加的预应力束锚固位置在跨中附近区域。

2)增加短悬臂束(26～37t,73～84t)，由原来的22根×1束增加到25根×1束增加的预应力束锚固位置避开了跨中附近区域。

研究表明，方案2(增加短悬臂束)在长期线形和应力控制方面相对更为有利。

3. 预留斜拉索塔方案

斜拉索锚点位置在距离跨中约30m处，即主跨跨中22号块处。在大桥两主墩处建塔，与大桥不连结，塔的两边各设置一对(2根)斜拉索，每根索张拉索力为3 000kN，竖向分力1 399kN，水平分力2 654kN。通过对斜拉索塔的长期线形以及长期应力状态进行分析最终确定了H形塔，主梁22号距离主墩中心线约80m，塔高设为42m，塔上锚固点位于距与拉索锚点竖直距离40m处，斜拉索与主梁纵向成30度角。本大桥由两幅独立桥梁组成，由于两幅桥梁间横向距离仅为1.2m，因此其间设置一公用斜拉索塔，塔的横向宽度为1.1m。斜拉索塔锚固措施桥面布置立面图如图3所示。

4. 组合控制方案

将体外束方案、增加悬臂束方案和改变梁高进行组合，共组合出4种方案。方案(1)：短悬臂束+短体外束。方案(2)：仅改变梁高，从下挠最大处(约距跨中30m处)开始改为等截面梁，并相应改变底板束线形。方案(3)：短悬臂束+短体外束+改变梁高。方案(4)：箱梁外体外束+短悬臂束。

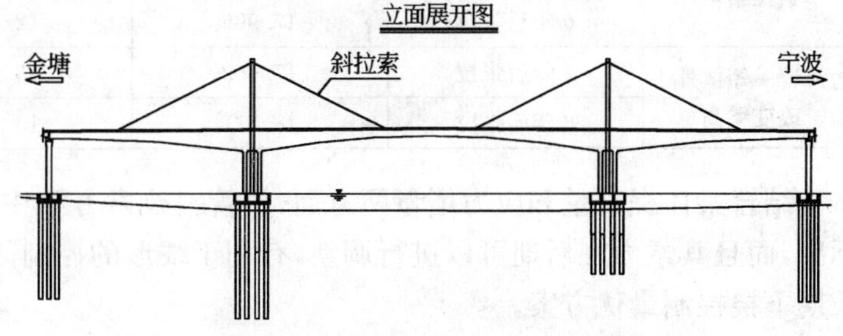

图3 金塘大桥东通航孔桥斜拉索塔锚固措施示意

通过比较分析得出方案(3)，即短悬臂束+短体外束+改变梁高方案为组合方案中的优选方案。

三、下挠控制方法效率比较

对上文中比选出的各组较优方案进行进一步比较，为比较其挠度趋势，将以上方案的相对挠度曲线均平移至坐标原点，如图4所示。由图4可见，各方案长期挠度发展相似，其中“箱梁外体外束”、“短体外束＋短悬臂束＋改变梁高”方案的十年相对下挠量较小，为0.4cm；斜拉索塔三年后方案对于梁体的提升较为明显，长期挠度变化最为平缓。

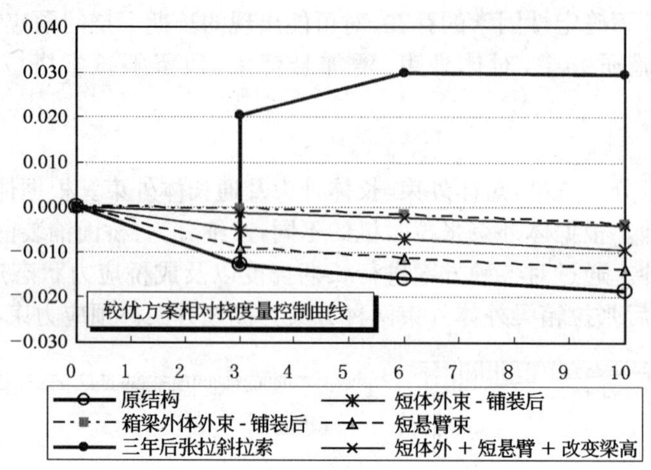

图4　各方案相对挠度量控制曲线

在对主梁下挠控制的同时，还需对主梁的应力予以关注。各方案作用下，原结构的应力水平均有所增大，详见表1。

各方案作用下，原结构应力增幅表　　表1

正常使用极限状态正应力 单位：MPa		墩顶截面		跨中截面	
		上缘	下缘	上缘	下缘
原桥	成桥	17.402	13.8	16.244	14.39
	1年	16.951	14.014	15.998	13.268
	3年	16.578	14.189	15.888	12.612
	6年	16.386	14.279	15.873	12.405
短体外束	3年后张拉	18.253	13.96	16.945	16.336
	6年后张拉	18.134	14.054	16.904	16.164
短悬臂束	成桥时张拉	18.473	13.642	15.806	14.915
	3年后张拉	17.523	14.021	15.465	13.398
斜拉索塔	3年后张拉	18.235	12.751	17.455	14.731
	6年后张拉	17.995	12.851	17.261	14.343
短悬臂＋短体外＋改变梁高	3年后张拉	17.762	13.661	18.393	13.873
	6年后张拉	18.211	13.753	14.95	13.553

结合梁体提升量和应力增量两方面，尽管斜拉索方案中主梁应力增加相对较大，但仍基本满足规范标准，而且其索力在后期可以进行调整，有利于线形的控制。因此，最终确定斜拉索塔控制方案作为本桥长期下挠控制最优方案。

四、索梁锚固区局部构造设计

局部构造设计的目的是通过设置附加构造将斜拉索力作用于梁体，在改善梁体下挠状况的同时，避免出现梁体局部混凝土由于索力造成的应力集中而导致破坏。

就锚固构造的具体作用而言，主要有以下两方面：(1)将斜拉索力的纵桥向分力和竖向分力通过理想的传力路径，使得锚固区域梁体全截面受力。(2)由于斜拉索对称布置，为了达到对梁体整体承托的效果，同时起到固定锚固结构的作用，对称的一对索之间需要通过横向预加力连接。传递这部分横桥向力的理想效果是通过顶板或者底板进行传递，或者通过箱梁内添加局部横隔板的方法来传递横桥向力。

基于上述分析，初步设计在箱梁内部设置钢箱梁的方案，箱梁腹板靠近顶板位置设置钢箱梁（方案一）。该方案采用在箱梁腹板靠近顶板位置设置钢箱梁，内侧钢梁顶在顶板加厚段齿板上，斜拉索锚固在外部钢箱梁耳板上，在钢梁底部张拉横向预应力束对内外侧钢梁进行锚固，同时内外侧钢梁通过螺栓连接。具体构造如图 5 所示。

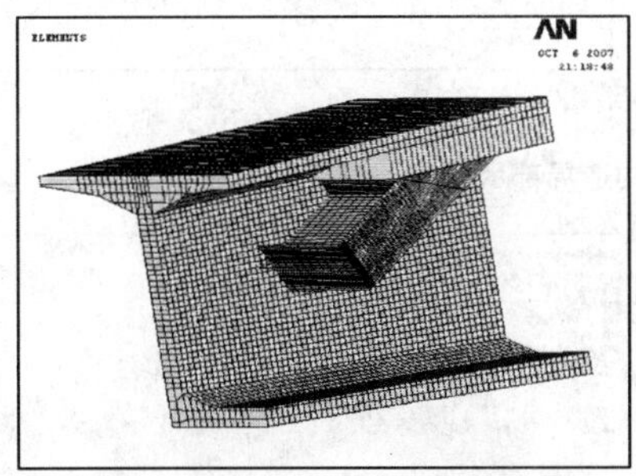

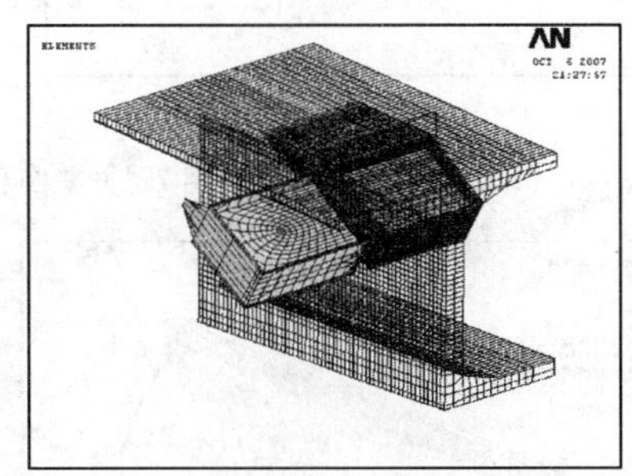

图 5　方案一局部构造模型

分析发现，内外侧钢梁本身的应力水平较低，但是斜拉索传递的竖向力和水平力只是传递到箱梁腹板与钢梁连接的部位，并没有有效地通过齿板传递到箱梁顶板上，因此造成了箱梁腹板局部区域出现了明显的主拉应力集中现象。因此，在方案一的基础上，进一步设计了箱梁腹板靠近底板位置设置钢箱梁（方案二）以及钢梁沿箱梁腹板通长设置（方案三）两个方案，具体模型如图 6 所示。

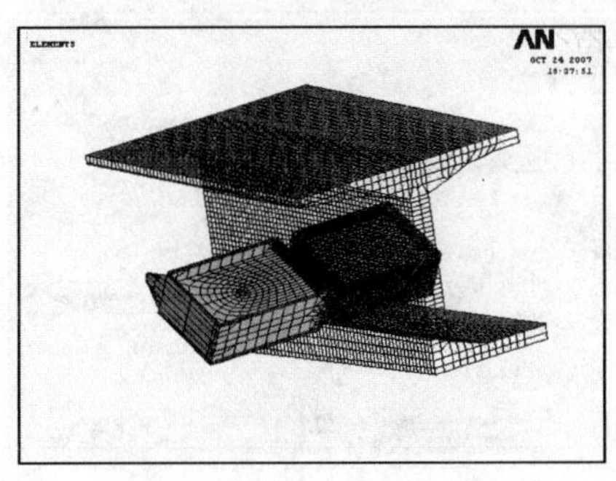

方案二

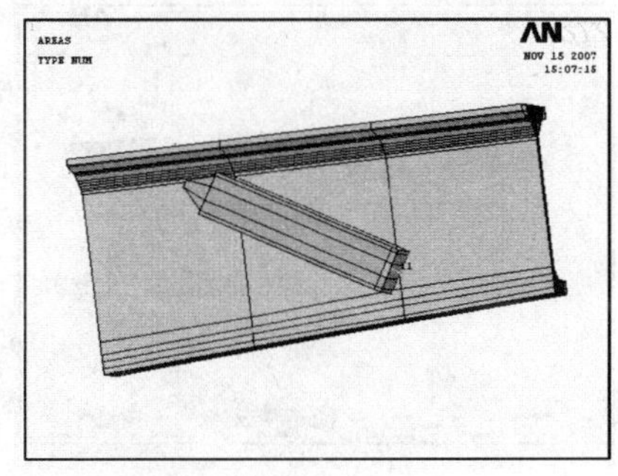

方案三

图 6　方案二和方案三局部构造模型

对方案二和方案三进行分析可知，方案二钢梁下移并没有达到协同底板受力的目的，而方案三中，钢梁尺寸增大同样无法协同顶、底板共同承担索力，箱梁腹板的主拉应力仍然过大，应力集中现象较为明显。

可见，在箱梁腹板内外设置钢梁对于斜拉索索力的传递效果并不理想。为此，在前述方案的基础上，进一步改进得到腹板侧面设置支撑桁架方案（方案四）和斜拉锚块设置在箱梁梁底方案（方案五），具体模型如图 7 所示。

图 8 和图 9 为索梁锚固方案四和方案五中混凝土箱梁内外侧主拉应力计算结果。图 8 中，方案四除在与撑杆连接部位的主拉应力出现应力集中现象以外，箱梁整体的主拉应力水平较方案一有明显的降低，顶板主拉应力小于 1.2MPa。图 9 中，方案五在顶板的部分区域，主拉应力超过了 2MPa，在齿板附近有较小部分区域由于应力集中主拉应力较大，在箱梁混凝土的其他部位主拉应力水平较低。

综合以上分析可知，方案四和方案五的箱梁应力效果较为理想，主拉应力水平较低；方案四虽然只是在撑杆锚固的位置出现小范围的应力集中，但钢撑杆在制作和安装上难度较大，而方案五虽然在箱梁顶板产生较大范围的拉应力区域，但是考虑到在自重作用下箱梁顶板产生的压应力可与之抵消，因此在前述方案设计中，方案五相对更优，可以作为斜拉索梁预留锚固措施的推荐方案。

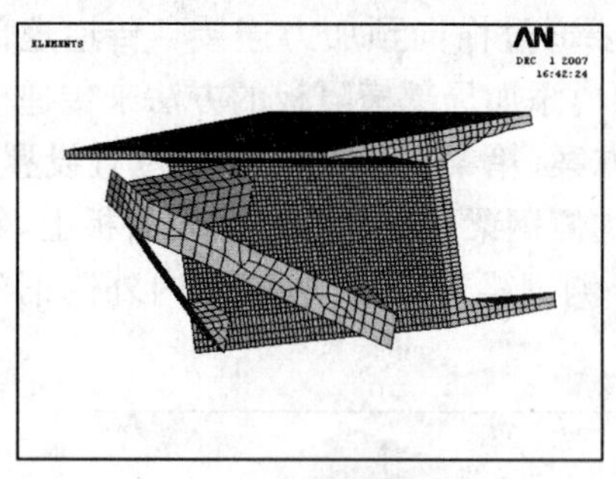

方案四　　　　方案五

图7　方案四和方案五构造局部示意

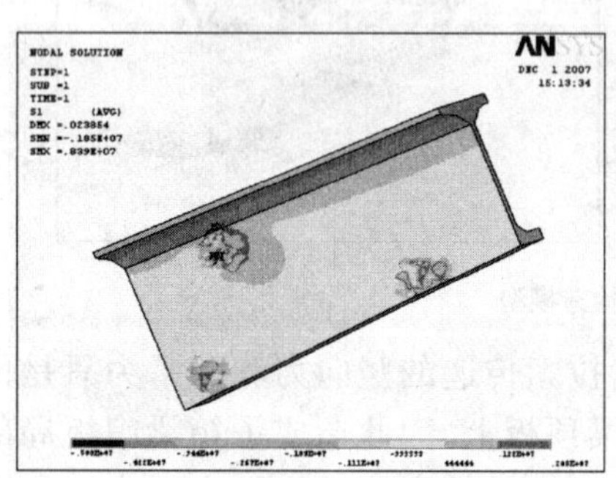

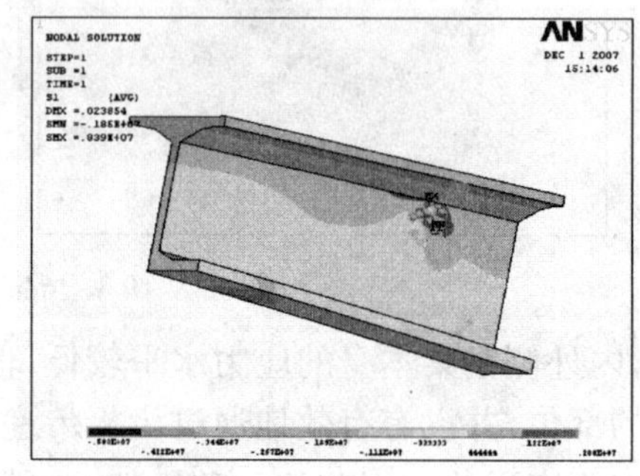

图8　方案四箱梁内、外侧主拉应力

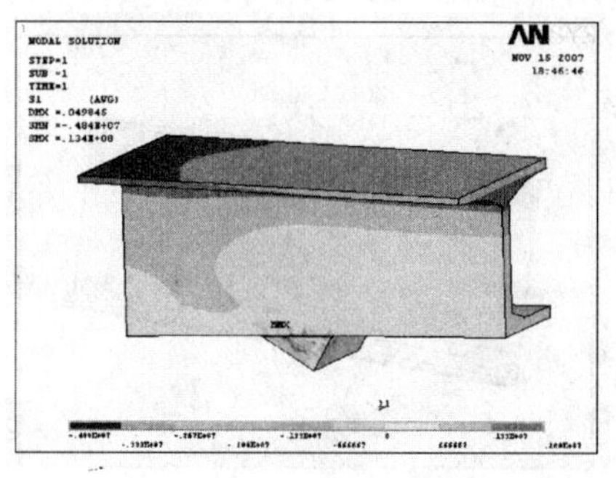

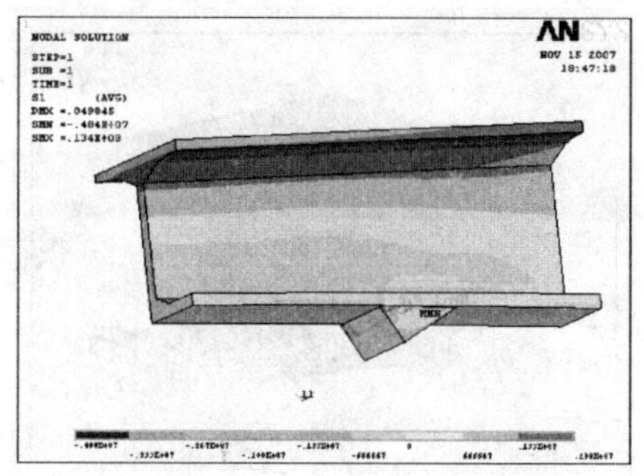

图9　方案五箱梁内、外侧主拉应力

五、结　　论

本文首先对目前常用的下挠控制措施进行参数化比选和优化，从主梁线形控制和应力水平角度，确定了预留斜拉索塔方案作为本桥长期下挠变形的控制对策。在此基础上，通过分析斜拉索塔锚固措施的传力机理，设计了五种局部锚固方案，并且使用有限元软件ANSYS对各方案进行了空间应力状态分析，尤其是混凝土箱梁腹板内外侧以及顶板相应位置的应力水平进行了比较，在综合施工和安装难度等条件下，最终确定将斜拉锚块设置在箱梁梁底方案（方案五）作为斜拉索梁锚固措施的局部构造最优方案，在改善梁体下挠状况的同时，可以避免梁体混凝土过大的应力集中破坏现象。

参考文献

[1] 桥梁用结构钢.国家质量技术监督局.2001.

[2] 金塘大桥东通航孔道施工图纸.

[3] 单婷婷，大跨径预应力混凝土连续刚构桥长期下挠控制初探，城市道路与防洪，2008.2.

[4] 陈宇峰，徐君兰，余武君，大跨PC连续刚构桥跨中持续下挠成因及预防措施，重庆交通大学学报，2007.

[5] 谢峻，王国亮，郑晓华，大跨径预应力混凝土箱梁桥长期下挠问题的研究现状，公路交通科技，2007.

133. 大跨连续梁桥施工控制的卡尔曼滤波法

樊茂林 许宏元 徐振立
（西安瑞通路桥科技有限责任公司）

摘 要 在实际的施工状态中，结构的实际状态并不总是与理想状态相吻合，总是存在一定的误差。本文以金塘大桥西通航孔桥为背景，采用 kalman 最优一步预测，逐步调整结构施工节段，施结构的实际状态逐渐趋于理想状态。

关键词 卡尔曼滤波法 误差控制 连续梁桥

一、概 述

随着桥梁跨度的逐渐增大，结构的施工控制问题逐渐得到关注，可是由于实际桥梁施工过程的复杂性，虽然可以采用各种计算方法按照施工工序（如正装法和倒装法）准确的计算得出结构在各个状态的挠度，从而设置正确的预拱度，但是，实际上结构的实际状态总是很难与理想状态想吻合，综合分析主要是由于结构设计参数的选取，温度变化，材料的收缩徐变与实际施工过程中的状态表现不一致，以及由于在施工过程中的测量误差，观测误差等引起。这些误差在施工过程中如不加以及时的调整，误差逐渐积累将会最终导致主梁的线性很难与设计值相符，从而影响结构的受力和全桥的受力。

二、kalamn 滤波模型的建立

卡尔曼滤波法也称线性单控法，其实质是从被噪声（如立模误差、测量误差、施工误差等）污染的信号中提取出真实的信号，估计出系统的真实状态，然后再用估计出的状态变量，按确定性的控制规律对结构进行预测，其核心思想就是纠偏终点控制，即在施工过程中若主梁线形发生偏差后，适当地对立模高程进行调整，使主梁的线形达到最优状态，最后成桥线形达到设计的要求。

1. 状态方程和量测方程的建立

对于大跨预应力混凝土悬臂浇筑连续梁桥，可将施工过程中单“T”两端立模高程预拱度值作为状态变量，对于已施工的第 $n-1$ 节段以及等待施工的第 n 节段建立卡尔曼滤波状态方程

$$y(n)=\varphi(n.,n-1)y(n-1)+w(n-1) \tag{1}$$

式中： $y(n)$——第 n 施工节段主梁的立模高程值，$y(n)=\begin{cases}y_L(n)\\ y_R(n)\end{cases}$；

$y_L(n)$——小桩号悬臂端立模高程值；

$y_R(n)$——大桩号悬臂端立模高程值。

$y(n-1)$——已施工第 $n-1$ 施工节段主梁的立模高程值；

$\varphi(n.,n-1)$——线性变换系数，第 n 节段计算立模高程值与第 $n-1$ 节段计算立模高程值之比，即：$\varphi(n.,n-1)=x(n)/x(n-1)$；

$w(n-1)$——$n-1$ 节段的立模高程误差值，是一随机独立干扰向量，$E[w(n-1)]=0$，自协方差为$P(n-1)$。

因为第 n 节段为等待施工节段，所以不能对其直接进行测量观测，只能对已施工的 $n-1$ 节段进行主梁高程的测量，所以其测量方程为：

$$z(n-1)=x(n-1)+v(n-1) \tag{2}$$

式中：$z(n-1)$——对第 $n-1$ 节段主梁高程的测量值；

$v(n-1)$——对 $n-1$ 节段主梁高程测量所引起的误差，$E[v(n-1)]=0$；$v(n-1)=\begin{cases} v_L(n-1) \\ v_R(n-1) \end{cases}$；

$v_L(n-1)$——小桩号悬臂端测量所引起的误差；

$v_R(n-1)$——大桩号悬臂端测量所引起的误差。

其中其数学期望值为零，自协方差为 $Q(n-1)$。

2. kalman 滤波方程的解

对于所建立的状态方程和测量方程联合求解，可得：

第 n 节段主梁高程一步预测值为：

$$\bar{x}(n) = \varphi(n.,n-1)\, x_{估计}(n-1) \tag{3}$$

第 n 节段主梁高程的真实状态滤波估计值为：

$$x_{估计}(n) = \bar{x}(n) + K(n)[z(n) - \bar{x}(n)] \tag{4}$$

其中：

式(4)中的 $K(n)$ 为滤波增益矩阵，

$$K(n) = R(n,n-1)[R(n,n-1) - Q(n)]^{-1} \tag{5}$$

$R(n,n-1)$ 为一步预测的均方误差阵：

$$\begin{aligned} R(n,n-1) &= E\{[x(n) - \bar{x}(n,n-1)][x(n) - \bar{x}(n,n-1)]^T\} \\ &= E\{[\varphi(n.,n-1)x(n-1) + w(n-1) - \varphi(n.,n-1)\bar{x}(n,n-1)] \\ &\quad [\varphi(n.,n-1)x(n-1) + w(n-1) - \varphi(n.,n-1)\bar{x}(n,n-1)^T]\} \\ &= \varphi(n,n-1)R(n-1,n-1)\varphi^T(n,n-1) + P(n-1) \end{aligned} \tag{6}$$

其中：

式(6)中 $R(n-1,n-1)$ 为 $n-1$ 节段的滤波均方误差阵。

$$R(n-1,n-1)=[I-K(n-1)]R(n-1,n-2)$$

3. 初始条件的确定

对于悬臂施工的预应力混凝土连续梁来说，可以认为0号块在理想状态下的误差很小，因此可以取：

$y(0)=y_0=0$ 号块大小桩号理论计算高程值；

$P(0,0)=P_0=0$ 号块大小桩号理论计算高程与实测高程差值的平方。

$Q(n)$ 为测量误差均方差，它与测量仪器及悬臂长度有关，按照具体情况确定。

$P(n)$ 为总误差均方差，理论高程与实测高程之差值。

在没有测量值 $z(k)$ 的情况下，从 $n=1$ 开始，计算出一步预测误差协方差矩阵 $R(n,n-1)$，滤波增益矩阵 $K(n)$ 和滤波均方误差阵 $R(n-1,n-1)$，同时可以计算出悬臂端挠度各项取值。每施工完一个块段，根据实际的测量值 $z(n-1)$ 可以计算第 n 施工节段悬臂端标高真是状态的滤波估计值和一步预测值，然后比较高程一步预测值与理论计算值之间的误差，从而确定出立模高程的调整值，使主梁线形逐渐向设计靠拢。

4. 各施工块段立模高程的确定

立模高程： $H_n=H_s+x_k+\Delta_g$

其中：H_n——第 n 节段立模高程；

H_s——第 n 节段的设计标高；

Δ_g——挂篮变形值；

x_k——经过上一节段产生的施工误差调整后的预拱度值。

预期高程： $H'_n=H_n+\Delta_n-\Delta_g$

其中：Δ_n——为浇筑当前第 n 节段混凝土以及张拉该节段预应力后引起的总的挠度值。

三、工程实例分析

本文以金塘大桥西通航孔桥为工程依托背景来说明卡尔曼滤波法在大跨预应力混凝土桥梁施工监控中的应用。西通航孔桥是金塘大桥连接宁波沿海北路高速公路的关键性工程，该桥全长330m，采用三跨预应力混凝土连续梁桥，跨径组成为87m+156m+87m，由上、下行分离的两个单箱单室变截面组成，箱梁根部梁高9.25m，跨中梁高3.4m，底宽6.3m，单幅顶宽12.3m，梁底采用1.6次抛物线(图1)。在西通航孔桥的施工控制过程中，主要是对主梁标高及截面应力等状态进行控制，以现场实际采集的参数值来预测施工预拱度，提供各施工节段梁的立模高程，从而使得主梁线形与设计线相吻合。西通航孔桥共20个悬浇块段，施工工艺复杂，周期长，处于海洋环境中，生成的数据较多，为了节省篇幅，本文现以F3墩部分块段的预拱度调整值为例，来说明卡尔曼滤波法在西通航孔桥中的应用(表1)。

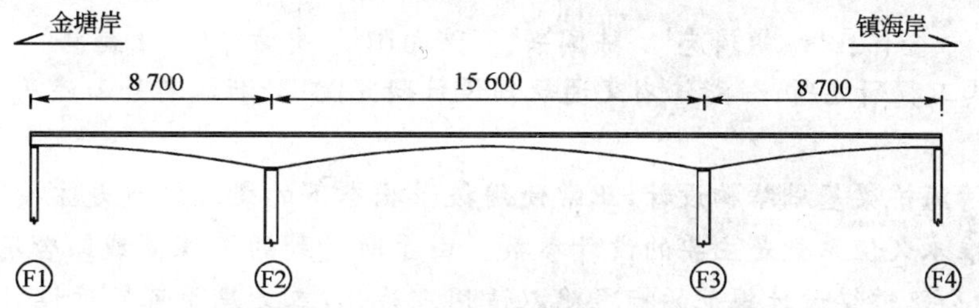

图1 金塘大桥西通航孔桥立面布置(尺寸单位：cm)

金塘大桥西通航孔桥F2墩17～20块段预拱度调整值(单位：m) 表1

块段号	预拱度实测值 $z(n-1)$		预拱度预测值 $x(n)$		预拱度调整值	
	金塘岸	镇海岸	金塘岸	镇海岸	金塘岸	镇海岸
17	0.023	0.008	0.038	0.027	−0.007	−0.010
18	0.023	0.018	0.031	0.024	−0.004	−0.003
19	0.021	0.015	0.025	0.032	−0.002	−0.005
20	0.015	0.028	0.021	0.037	−0.002	−0.002

通过金塘大桥西通航孔桥的合拢精度(金塘岸边跨相对高差0.005m，镇海岸边跨相对高差0.009m)可以看出，kalman滤波法可以较好的应用于大跨预应力混凝土连续梁桥的施工控制中，并且取得了较好的效果。

四、结　　语

(1)通过在金塘大桥西通航孔桥施工控制中的实际工程应用，对处于复杂海洋环境中的大跨预应力混凝土连续梁，卡尔曼滤波法在施工过程中对影响主梁标高的参数按照均方误差最小的原则进行处理，避免了各种误差的累积，在每一施工节段中误差被调整，从而使得全桥线形流畅，基本达到设计的要求，同时说明kalman滤波法在施工过程中对各种噪声的有效控制。

(2)在实际的施工控制过程中，现场的测量工作是各项工作的前提和基础，因此对施工控制中的监测工作予以重视，同时合理的布置各类监测点，以保证监测结果与实际相符。

(3)在施工控制过程中，应以主梁线形控制为主，应力控制为辅，同时严格的控制各种误差的产生，从而减少调整量。

(4)对于误差的调整，首先通过前几个施工块段以及现场的实验和实测数据对设计参数进行修正，使理论设计参数尽量与实际施工参数相接近；其次通过对每一个块段的现场测量数据的收集分析处理，采用kalman滤波法对误差进行调整，从而最终使得全桥的线形流畅，达到设计要求。

参考文献

[1] 顾安邦,张永水.桥梁施工监测与控制[M].北京:机械工业出版社,2005.

[2] 葛耀君.分段施工桥梁分析与控制[M].北京:人民交通出版社,2003.

[3] 林元培.卡尔曼滤波法在斜拉桥施工中的应用.土木工程学报,1983,16(3).

134.跨海桥梁基础结构正常使用极限状态的设计方法

金伟良[1] 胡琦忠[1] 陈国兴[2] 陈向阳[2] 史方华[2] 王昌将[3]

(1.浙江大学结构工程研究所;2.浙江省交通规划设计研究院;3.浙江省舟山连岛工程建设指挥部)

摘 要 对于跨海桥梁基础结构设计,正常使用极限状态下的裂缝控制是主要的设计条件,可变荷载的频遇值系数和准永久值系数是主要的设计参数。由于所受到的工程荷载组合有别于一般桥梁的正常设计状况,现行的公路桥梁设计规范的标准难以适用。为此,本文基于可靠度设计方法,以JCSS模式规范为基础,建议了可供选择的正常使用极限状态下跨海桥梁基础结构的三级目标可靠度水平,并通过各类荷载引起的钢筋拉应力对于混凝土裂缝宽度的贡献率建立起的基于钢筋应力的正常使用极限状态方程而提出了一种可变荷载系数的标定方法,给出了适合某跨海桥梁的可变荷载频遇值系数和准永久值系数的取值。本文的结论可为类似工程以及现行桥梁规范中大型跨海桥梁领域的设计提供参考和借鉴。

关键词 跨海桥梁 目标可靠度 频遇值 准永久值 标定 基础结构

一、引 言

我国《公路桥涵设计通用规范》(JTG D60—2004)规定:在对公路桥梁进行设计时,应考虑承载力极限使用状态设计和正常使用极限状态设计;在进行正常使用极限状态设计中,按荷载短期效应组合设计时应采用可变作用的频遇值,即可变作用标准值乘以频遇值系数作为可变作用的代表值;按荷载长期效应组合设计时应采用可变作用的准永久值,即可变作用标准值乘以准永久值系数作为可变作用的代表值。同时,《公路工程结构可靠度设计统一标准》(GB/T 50283—1999)规定:公路工程结构当需要按正常使用极限状态设计时,应根据结构不同的设计要求,选用短期效应组合和长期效应组合中的一种或两种效应组合进行验算或者设计;而在《公路钢筋混凝土及预应力混凝土桥涵设计规范》(JTG D62—2004)中还提出了短期效应组合并考虑长期效应组合影响的设计。针对公路桥梁基础结构设计,在正常使用极限状态设计时主要考虑基础结构的抗裂和限裂设计。而大型跨海桥梁受到复杂恶劣的海洋环境荷载作用显著,其所受环境荷载作用及相应荷载变异都很大,导致其区别于以车载为控制荷载的常规桥梁,而是以风浪流的水平组合荷载为控制荷载,且其荷载效应比范围超出了规范标定时所考虑的荷载效应比范围,在对其进行正常使用极限状态设计时采用现行规范中的一些可变荷载系数将难以适应。因此,有必要基于大型跨海桥梁的特点,根据现场的各种环境和设计资料,进行在正常使用极限状态下的设计方法的探讨,确定结构设计的目标可靠度及相应的可变荷载频遇值系数和准永久值系数。

二、桥梁基础结构正常使用极限状态的设计方法及分析

1.现行规范设计公式的适用性

现行的JTG D62—2004规范采用如下公式计算混凝土构件最大裂缝宽度:

对于矩形或T形截面:

$$W_{fk}=C_1C_2C_3\frac{\sigma_{ss}}{E_s}\left(\frac{30+d}{0.28+10\rho}\right) \tag{1}$$

对于圆形截面：

$$W_{fk}=C_1C_2\left[0.03+\frac{\sigma_{ss}}{E_s}\left(0.004\frac{d}{\rho}+1.52C\right)\right] \tag{2}$$

式中：σ_{ss}——短期效应荷载组合下的钢筋拉应力；

ρ——纵向受拉钢筋配筋率；

C_1——钢筋表面形状系数；

C_3——构件受力性质系数；

C_2——作用长期效应影响系数，表达为：

$$C_2=1+0.5\frac{N_l}{N_s} \tag{3}$$

其中：N_l 和 N_s——分别为长期作用和短期作用下构件内力值。

其作用的短期效应组合为：

$$S_{sd}=\sum_{i=1}^{m}S_{Gik}+\sum_{j=1}^{n}\psi_{1j}S_{Qjk} \tag{4}$$

作用的长期效应组合为：

$$S_{ld}=\sum_{i=1}^{m}S_{Gik}+\sum_{j=1}^{n}\psi_{2j}S_{Qjk} \tag{5}$$

式中：ψ_{1j} 和 ψ_{2j}——分别是可变作用效应的频遇值系数和准永久值系数，对于风荷载都取 0.75[1]。

而对于风荷载标准值的计算，在现行的 JTG D60—2004 规范和《公路桥涵设计通用规范》(JTJ 021—89)中的规定也有不同，本文不再赘述。《公路钢筋混凝土及预应力混凝土桥涵设计规范》(JTJ 023—85)规范中无圆形截面裂缝计算公式，在进行短期效应组合裂缝计算时可取可变荷载的最大值，即相当于频遇值系数取 1.0。以某大型跨海桥梁(以下简称某大桥)为例，按照以上两种公路桥梁设计规范所得某桩截面配筋比较见表 1。

两种公路桥梁规范下某大桥某桩截面配筋比较　　表 1

规范及验算类别		直　径	根　数
JTG D60—2004	承载能力	40	103
	短期效应并考虑长期影响	40	153
JTJ 023—85	承载能力	40	73
	短期效应	40	96

依据美国石油学会规范[2]，同处于海洋环境的海上固定式平台在承载能力极限状态下的风浪流荷载组合设计公式为：

$$0.8(1.4F+1.4W)=1.12(F+W) \tag{6}$$

式中：F——浪流荷载标准值；

W——风荷载标准值。

利用式(6)的荷载组合可对不同海域进行目标可靠度的标定，一般对海洋平台结构构件的目标可靠度可取 2.8[3]。

现行的 JTG D62—2004 公路桥梁设计规范中对于正常使用极限状态下的风浪流荷载组合设计时考虑长期作用影响的短期效应组合公式为：

$$0.75(F+W)\left(1+0.5\frac{N_l}{N_S}\right)=0.75(F+W)\left[1+0.5\frac{0.75(F+W)}{0.75(F+W)}\right]=1.125(F+W) \tag{7}$$

设计荷载的分项系数直接关系到其所对应的目标可靠度指标的大小，比较式(6)和式(7)可知：式(7)荷载分项系数所对应的目标可靠度指标应接近于式(6)，因此，依据现行公路桥梁设计规范中对于风荷载

ψ_S 和 ψ_L 的规定，其所对应的目标可靠度指标在 2.8 左右，大于一般的混凝土桥梁结构构件抗裂的 1.0～2.0 的可靠度指标范围上限[4]，甚至接近于桥梁桩基础在承载力极限状态下的目标可靠度指标[5]；而依据 JTJ 023—85 桥梁设计规范其正常使用极限状态下的最小目标可靠指标只是在 0.8～1.0 内变化。由此可见：对于大型跨海桥梁基础结构，JTG D60—2004 桥梁规范中规定的风荷载的频遇值系数和准永久值系数所对应的目标可靠度指标明显偏高，且在新老规范的衔接上有所不妥，造成了材料用量的很大变更，使得设计人员无法适从；尤其在没有类似工程经验、规范中也没有明确规定的情况下为了做好此类桥梁在正常使用极限状态下的设计工作，提出建议的目标可靠度水平并给出基于目标可靠度的控制可变荷载频遇值系数和准永久值系数的取值将会对类似工程及规范相关领域的设计提供参考和借鉴。

2. 各类规范下风荷载系数的比较

若风荷载 W 和恒载 G 的荷载效应比为 ρ，那么

$$C_2 = 1 + 0.5\frac{G(1+\psi_L\rho)}{G(1+\psi_S\rho)} = 1 + 0.5\frac{1+\psi_L\rho}{1+\psi_S\rho} \tag{8}$$

C_2 值只与可变荷载的频遇值系数 ψ_S、准永久系数 ψ_L 以及可变荷载和永久荷载的荷载效应比 ρ 有关。引入系数 C：

$$C = C_2(1+\psi_S\rho) \tag{9}$$

表示为考虑长期作用影响的短期效应组合裂缝宽度系数，可充分代表混凝土构件的计算裂缝宽度。不同规范下可变荷载频遇值系数和准永久值系数的取值都不同。假设控制可变荷载为风荷载，那么，在常遇荷载效应比下按照我国 JTG D60—2004 规范和《建筑结构荷载规范》(GB 50009—2001)及德国公路桥梁规范(DIN-Report 101)计算 C_2 值和 C 值的结果见表 2 所示。经过比较表明：按照我国现行桥梁规范中风荷载频遇值系数和准永久值系数的取值验算大型跨海桥梁基础结构构件抗裂性能时有所保守。

不同规范下 C_2 值和 C 值的计算结果比较 表 2

规　范	ψ_S	ψ_L	计算结果	ρ							
				0.0	0.5	1.0	1.5	2.0	3.0	4.0	5.0
JTG D60—2004	0.75	0.75	C_2	1.500	1.500	1.500	1.500	1.500	1.500	1.500	1.500
			C	1.500	2.062	2.625	3.188	3.750	4.875	6.000	7.125
GB 50009—2001	0.4	0.0	C_2	1.500	1.417	1.357	1.313	1.278	1.227	1.192	1.167
			C	1.500	1.700	1.900	2.100	2.300	2.700	3.100	3.500
DIN-Report101	0.5	0.0	C_2	1.500	1.400	1.333	1.286	1.250	1.200	1.167	1.143
			C	1.500	1.750	2.000	2.250	2.500	3.000	3.500	4.000

3. 某大桥风荷载系数的分析

可变作用的频遇值代表结构上时而出现的较大作用值，其准永久值代表结构上经常出现的作用值，它们都可以在设计基准期内以一定的跨时率或者跨阀率来表示，前者可取为设计基准期内 5%跨时率的荷载值，后者可取为设计基准期内不超过 50%跨时率的荷载值，实践中常取 50%跨时率的荷载值[6~7]。

根据某大桥风参数研究报告所给出的实测月极值风速统计数据对其桥位处的设计月极值风速进行推定，在此基础上进行 100 年的 Monte Carlo 模拟，获得了设计基准期的月极值风速模拟值，并对此进行跨时率分布统计。模拟所得在 100 年的设计基准期内 5%跨时率风速 $V_{0.05}$ 为 32.597m/s，50%跨时率风速 $V_{0.5}$ 为 26.223m/s。

某大桥 100 年设计基准期的设计风速 V_K 为 40.16m/s，那么 5%跨时率和 50%跨时率的风压值与风压标准值的比值应分别为：

$$r_1 = (V_{0.05}/V_K)^2 = (32.597/40.16)^2 = 0.6588 \tag{10}$$

$$r_2 = (V_{0.5}/V_K)^2 = (26.233/40.16)^2 = 0.4264 \tag{11}$$

以上分析针对风速的月极值进行跨时率统计，即相当于夸大了极值风速的历时，因此，100 年设计基

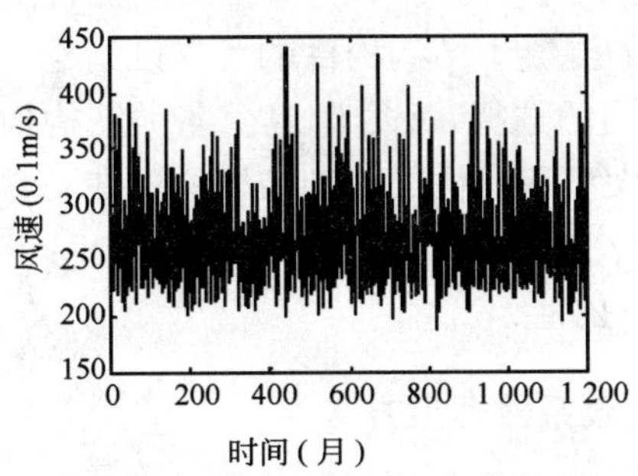

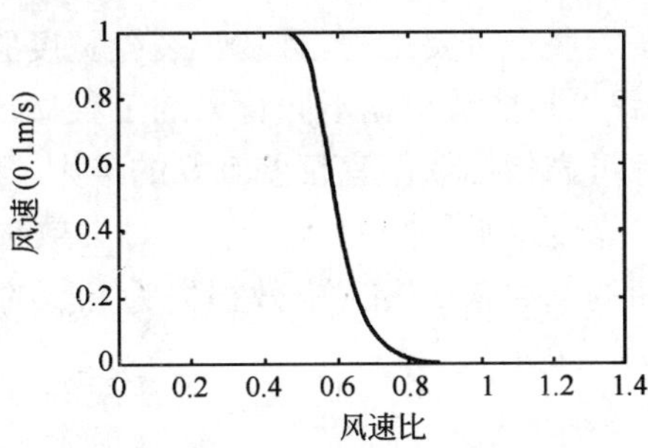

图 1 某大桥桥位 100 年设计基准期内月极值模拟风速统计及相应跨时率统计分析

准期内的 5%跨时率和 50%跨时率的实际风速值还要略低一点，相应的 r_1 和 r_2 还要略低一点。通过比较可知：在对大型跨海桥梁基础结构进行正常使用极限状态设计时，若取风荷载的 ψ_L 和 ψ_S 均为 0.75 可能过于保守，因此，有必要基于建议的目标可靠度水平对这两个系数进行标定。

三、基础结构正常使用极限状态目标可靠度的取值

目标可靠度是指按设计验算公式计算的结构应具有的可靠度，我国现行的规范中对于大型跨海桥基础结构正常使用极限状态下的目标可靠指标均未有明确的规定。《建筑结构可靠度设计统一标准》(GB 50068—2001)规定：结构构件正常使用极限状态的可靠指标，对于不可逆的过程取为 1.5。GB/T 50283—1999 规范建议：公路桥梁的钢筋混凝土板和梁的裂缝及挠度的正常使用极限状态最小的目标可靠指标控制值取 1.0；但当采用汽车荷载经统计分析得到的频遇值和准永久值，分别按短期效应组合和长期效应组合对钢筋混凝土构件裂缝进行可靠度计算，所得的可靠指标比现行规范规定的计算结果有较大提高。

大型跨海桥梁正常使用极限状态设计所对应的目标可靠度应该区别于按照现行规范设计标定的目标可靠度，这是因为：

(1)大型跨海桥梁所处环境复杂恶劣，潮位变动大，浪流变化多端，其所受的环境荷载及其变异性都很大，荷载效应比变化范围很宽，比如某大型跨海桥梁的荷载效应比在 0.07～30.0 内变化，而现行公路桥梁规范标定目标可靠度所采用的常遇荷载效应比范围较窄[7]，只选用 0.1、0.25、0.5、1.0、1.5、2.5 六种比值参与计算。

(2)一般桥梁以车载为控制荷载，而大型跨海桥梁通常以风浪流的水平荷载组合为控制荷载。

(3)现行公路桥梁规范中正常使用极限状态下的目标可靠指标针对的结构构件主要是指混凝土梁和板，此类构件一般受力比较明确，尺寸较小，但是大型跨海桥梁的下部桩基基础及墩身承台等结构构件通常是细长型的或者是巨型体积的构件，且受力非常复杂。

(4)大型跨海桥梁的重要度及风险后果通常都比一般桥梁高很多。

(5)大型跨海桥梁的基础结构构件所受的海水冲刷、腐蚀、侵蚀等作用较大，耐久性能较差。

由此可见：大型跨海桥梁基础结构构件在正常使用极限状态下的目标可靠度应该高于一般的桥梁。但是，在既缺乏充分的各类海洋实测数据又没有类似大型跨海桥梁工程经验的情况下很难由此两者来确定其目标可靠度。然而，各个国家的结构可靠度标准均是以 JCSS 可靠度模式规范为蓝本的，因此，可以 JCSS 模式规范为基础来建议大型跨海桥梁基础结构在正常使用极限状态下的目标可靠度，并以实际工程设计来检验所建议值是否合理。

JCSS 模式规范下正常使用极限状态的年目标可靠度和年失效概率建议值 表 3

相对失效损失	不可恢复极限状态的目标可靠度指标
高	$\beta=1.3, P_f\approx10^{-1}$
中	$\beta=1.7, P_f\approx5\times10^{-2}$
低	$\beta=2.3, P_f\approx10^{-2}$

大型跨海桥梁属于重要工程，且基于裂缝宽度验算的混凝土结构构件的可靠度指标一般变化范围较大[8]，并为了工程人员能够根据不同背景的工程做出不同的选择，又尽量遵循各类结构构件的安全等级每相差一级目标可靠指标取值宜相差0.5的准则，建议大型跨海桥梁基础结构构件在正常使用极限状态下的三级目标可靠度水平，分别为：间于相对失效损失"高"与"中"之间的$\beta_T=1.5$，间于相对失效损失"中"与"低"之间的$\beta_T=2.0$，相对失效损失为"低"的$\beta_T=2.3$。

四、基于可靠度的可变荷载系数标定方法

为了更好地完成结构设计，在工程实践中对于特殊类型结构或者特殊环境下的结构往往需要根据具体的工程环境以及类似工程结构进行有针对性地分析来确定一部分设计参数，其中，设计可变荷载系数的确定是进行正常使用极限状态设计中的一个主要条件。经由一般的结构可靠度计算程序，通过一定数量的试算就可以确定出基于可靠度的公路桥梁正常使用极限状态设计的可变荷载系数。传统的公路桥梁在正常使用极限状态下的可靠度计算模式采用同承载能力极限状态可靠度相同的近似概率法，其极限状态方程可表达为：

$$Z = R - S = 0 \tag{12}$$

式中，S为广义的荷载效应，即荷载作用下产生于构件的最大裂缝宽度、最大挠度等，是随机变量；可以通过试验或者类似工程结构的同类构件的统计资料获得。R为广义的结构抗力，即使构件正常使用失效的最大裂缝宽度、最大挠度等，可作为随机变量，也可作为常量。若将R作为变量，则需要有足够的使构件正常使用失效的最大裂缝的统计资料，但这些数据目前还难以获得，一般把R作为常量考虑。利用规范规定的校准法通过R和S统计数据就可以进行正常使用极限状态设计的可靠度计算，文献[4，9-12]都是采用了这种方法。但是对于某些特殊重大桥梁工程结构往往没有类似工程经验，也常常缺乏正常使用状态下的最大裂缝宽度的统计资料，因此，直接从裂缝宽度这个角度难以建立起行之有效的正常使用极限状态方程，只能采用其他有效方法来间接地建立基于裂缝宽度的正常使用极限状态方程。

1.基于钢筋应力的正常使用极限状态方程

为了在结构正常使用过程中控制裂缝产生或者控制裂缝产生的宽度，在很多工程结构的设计之初就采用控制钢筋应力的方法来达到此目的[13]。基于此种思路，参考公路桥梁规范中对于混凝土构件的最大受拉裂缝宽度与钢筋应力的关系，本文从钢筋应力的角度出发，通过各类荷载引起的钢筋应力对于混凝土裂缝宽度的贡献率来迂回地建立可行的基于钢筋应力的正常使用极限状态方程。

根据裂缝宽度计算公式，短期作用下的裂缝宽度基本上与钢筋拉应力成正比，即：

$$W_s = K\sigma_{ss} \tag{13}$$

式中，W_s——短期荷载作用下最大裂缝宽度；

σ_{ss}——短期荷载作用下钢筋拉应力；

K——计算可参考JTG D62—2004规范。

在长期应力作用下，由于混凝土的收缩和徐变，长期应力σ_{sl}作用对于裂缝宽度的贡献是同等大小短期应力作用对于裂缝宽度的贡献的1.5～1.6倍。考虑到长期荷载在总荷载中只占了一定比例，故荷载长期作用影响的扩大系数为1.5[14]，即

$$W_l = 1.5K\sigma_{sl} \tag{14}$$

在短期作用应力σ_{ss}和长时间作用应力σ_{sl}共同作用下，实际的裂缝宽度应表达为：

$$W = W_s + W_l = K(\sigma_{ss} + 1.5\sigma_{sl}) \tag{15}$$

设在结构自重荷载G和可变荷载Q作用下的钢筋应力分别为σ_G，σ_Q。σ_G可看作长期作用，而σ_Q根据其对混凝土裂缝宽度的贡献不同分为两个部分之和，即：

$$\sigma_Q = \sigma_{QS} + \sigma_{Ql} \tag{16}$$

式中σ_{QS}为可变荷载中短期作用的应力，σ_{Ql}为可变荷载中长期作用的应力，则裂缝宽度可表达为：

$$W = 1.5K\sigma_G + 1.5K\sigma_{Ql} + K\sigma_{QS} \tag{17}$$

整理后，得到：

$$W = 1.5K\sigma_G + 1.0K\sigma_Q + 0.5K\sigma_{Ql} = K\left[1.5\sigma_G + \sigma_Q\left(1 + 0.5\frac{\sigma_{Ql}}{\sigma_Q}\right)\right] \tag{18}$$

在裂缝设计验算公式中，取不同荷载效应的标准值及相应的分项系数计算裂缝宽度，即：

$$W_K = K[1.5\gamma_G\sigma_{GK} + \gamma_Q\sigma_{QK} + 0.5\gamma_{Ql}\sigma_{Ql}] \tag{19}$$

而规范规定的裂缝控制宽度为：

$$W_{con} = K[\sigma_{con}] \tag{20}$$

式中，$[\sigma_{con}]$为相应的钢筋控制应力，W_K 为按规范公式计算的裂缝宽度，在满应力状态下有：

$$W_K = W_{con} \tag{21}$$

即

$$[\sigma_{con}] = 1.5\gamma_G\sigma_{GK} + \gamma_Q\sigma_{QK} + 0.5\gamma_{Ql}\sigma_{Ql} \tag{22}$$

上式可以理解为：若刚好按式(22)左端确定的应力结果确定实际钢筋控制应力，那么该设计实际的可靠度指标与规范规定的可靠度指标一致。抗裂的失效概率是裂缝宽度大于控制裂缝的概率，即：

$$P_f = \mathrm{prob}\{W_{con} - W < 0\} \tag{23}$$

考虑式(18)后得到：

$$P_f = \mathrm{prob}\left\{[\sigma_{con}] - 0.5\sigma_G - \sigma_Q\left(1 + 0.5\frac{\sigma_{Ql}}{\sigma_Q}\right) < 0\right\} \tag{24}$$

因此，基于钢筋应力的混凝土结构构件抗裂验算的正常使用极限状态方程可表达为：

$$g(\sigma) = [\sigma_{con}] - (1.5\sigma_G + \sigma_Q + 0.5\sigma_{Ql}) \tag{25}$$

由于上式已经完全撇开了混凝土裂缝宽度系数的影响，只与各类荷载作用引起的钢筋应力有关。钢筋的应力可以由各类荷载和混凝土结构构件尺寸及钢筋数量和配置情况决定，然而对于同一混凝土结构构件不同荷载产生的钢筋应力是成比例的，因此各个钢筋应力的标准值和变异性可以直接由各类荷载标准值和变异性及相应的各个荷载效应比来代替，而不再需要考虑各类计算模型的不确定性影响，即此标定方法在一定意义上减少了标定所需考虑的参数数量，提高了可靠度计算的效率。

2. 标定的步骤

可变荷载系数的标定流程如下图 2 所示[15]。

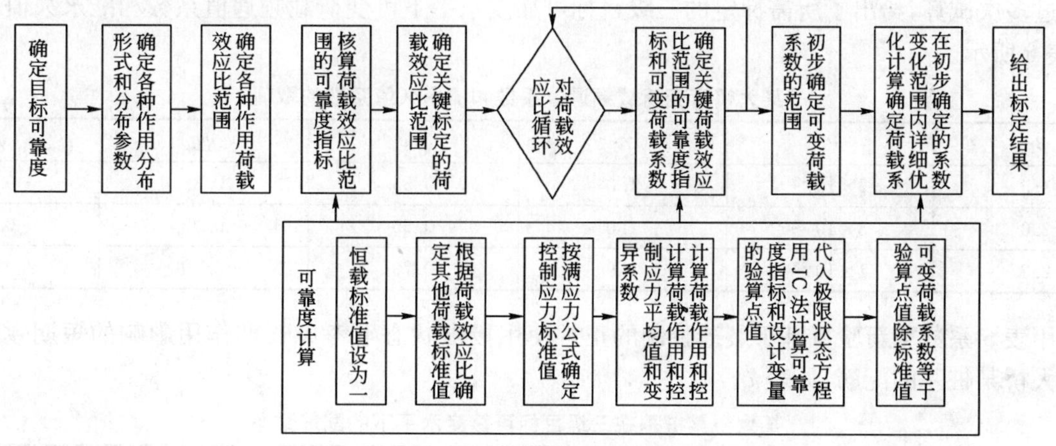

图 2 可变荷载系数标定流程图

3. 标定的各项参数

根据某大桥基础结构的设计状况，确定了三种标定工况(表 4)。其中，结构的纵向和横向计算的差异体现于荷载效应比，在标定过程中可以综合考虑纵向和横向总的荷载效应比范围，在相同种类的荷载作用下可以合并为同一工况；由于极限浪流无具体的实测统计资料，其参数是在风速参数的基础上的推定值，考虑最不利情况，即风和浪流完全相关，"浪流＋风"的情况可以统一按照仅有风的情况考虑，两者的差异也仅体现于荷载效应比的不同，可以合并为同一工况。而标定中的各类荷载的分布形式及其统计参数见表5所示。

标定工况 表4

作用方向	工况号	工况内容	参与作用
纵向	1	永久作用＋极限风荷载	恒载、风
	2	永久作用＋汽车＋汽车制动力＋温度力＋有车风荷载	恒载、温度、车载、风
	1	永久作用＋极限风荷载＋极限浪流力	恒载、风、浪流
	3	永久作用＋极限风荷载＋极限浪流力＋温度力	恒载、风、浪流、温度
横向	1	永久作用＋极限风荷载	恒载、风
	1	永久作用＋极限风荷载＋极限浪流力	恒载、风、浪流

荷载分布形式及其统计参数 表5

作用	分布形式	变异系数	偏差系数
恒载	正态分布	0.05	0.924
风载	极值Ⅰ型	0.412	0.3266
温度	极值Ⅰ型	0.03(最高)	0.9614
车载	正态分布	见规范GB/T 50283—1999	
车制动力	极值Ⅰ型	见规范GB/T 50283—1999	

结构抗力、恒载和可变荷载的统计参数与其标准值成正比，满应力设计时结构抗力的标准值又是恒载标准值和可变荷载标准值的线性函数，因此，计算可靠度时可以不涉及荷载和抗力的具体取值，而只需考虑可变荷载与恒载的荷载效应比大小。某大桥的荷载效应比变化范围很大，在0.07～30内变化，且恒载在一些情况下产生钢筋拉应力，一些情况下产生钢筋压应力，导致极限状态方程中恒载作用的符号有所不同。

4. 可变荷载系数标定结果

经过多次试算，给出了所需标定的三级目标可靠度水平下可变荷载频遇值系数和准永久值系数的取值，见表6所示。

某大桥可变荷载频遇值系数和准永久值系数的取值 表6

β_T	P_f	γ_G	ψ_S	ψ_L	γ_T
1.5	7×10^{-2}	1.0	0.55	0.35	0.77
2.0	3×10^{-2}	1.0	0.65	0.35	0.77
2.3	1×10^{-2}	1.0	0.70	0.40	0.79

利用表6系数重新验算基于裂缝控制的正常使用极限状态下考虑长期作用影响的短期效应组合设计的某大桥某桩基的配筋，见表7。

某大桥某桩基在三级目标可靠度水平下的配筋数量 表7

β_T	直径	数量	β_T	直径	数量
1.5	40	106	2.3	40	131
2.0	40	120			

由此可知：在$\beta_T=1.5$时此桩基需要配置的钢筋接近于按照JTJ 023—85桥梁规范计算的数值，在$\beta_T=2.0$和$\beta_T=2.3$时此桩基需要配置的钢筋大致间于按照JTJ 023—85规范和JTG D62—2004规范

计算的数值之间。因此,可以认为本文建议的在正常使用极限状态下针对大型跨海桥梁基础结构构件的三级目标可靠度水平以及基于此三级目标可靠度水平标定的可变荷载频遇值系数和准永久值系数的取值是可信的且是可接受的。

五、结论及建议

(1)通过不同桥梁规范下某大型跨海桥梁基础结构正常使用极限状态的设计比较及风荷载系数的分析认为:在大型跨海桥梁基础结构正常使用极限状态设计时,依据我国现行公路桥梁规范中对于可变荷载频遇值系数和准永久值系数的取值比较保守,其对应的目标可靠度过高。因此,以JCSS模式规范为基础,建议了可供选择的正常使用极限状态下大型跨海桥梁基础结构的三级目标可靠度水平,并以某大桥的设计实践来检验,证明所建议值是合理的,可为相关领域的设计提供参考。

(2)在大型跨海桥梁基础结构构件裂缝宽度统计资料不完备的情况下,依据混凝土中的最大受拉裂缝宽度与钢筋应力的关系,从钢筋应力的角度出发,通过各类荷载引起的钢筋应力对于混凝土裂缝宽度的贡献率建立起基于钢筋应力的正常使用极限状态方程,以此提出了一种基于可靠度的可变荷载频遇值系数和准永久值系数的标定新方法:此法有效的减少了标定所需考虑的参数数量及工况数量,提高了可靠度计算的效率;不仅适用于大型跨海桥梁结构,也可对其他特殊工程结构相关方面的标定提供借鉴;

(3)在计算各类荷载引起的钢筋应力对于混凝土裂缝宽度的贡献率时,把可变荷载引起的钢筋应力贡献率看成是短期作用应力和长期作用应力两部分之和,以分别考虑此两种作用的不同贡献率,从而反映了混凝土长期徐变及收缩的影响。

(4)依据本文提出的标定新方法,在实际计算的大范围荷载效应比内,给出了基于三级目标可靠度水平的某大型跨海桥梁基础结构正常使用极限状态设计的可变荷载频遇值系数和准永久值系数的取值;由于缺乏浪流的实测统计资料,分析时考虑风浪流是完全相关的,因此,标定的系数取值是偏于安全的,但经实际设计检验是合理可接受的,可为相关领域的设计提供参考。

(5)为了更加精确的计算基于可靠度的大型跨海桥梁基础结构可变荷载系数,需要深入地研究风浪流的荷载组合理论以及获得更精确的海洋环境资料;为了对桥梁规范相关领域的设计提高更具一般性的参考,需要针对不同海域分别进行标定。

参考文献

[1] 公路桥涵设计通用规范[S](JTG D60—2004). 北京:人民交通出版社,2004.

[2] API RP2A-LRFD, Recommended Practice for Planning, Designing and Constructing Fixed Offshore Platforms-Load and Resistance Factor Design [S], American Petroleum Institute, USA, 1995.

[3] 金伟良等. 既有海洋结构物目标可靠度的确定[R]. 浙江大学结构工程研究所,2004.

[4] 张士铎,张启伟. 公路桥梁钢筋混凝土构件正常使用极限状态的可靠度分析[J]. 中国公路学报,1992, 5(4): 26-30.

[5] 卞海洋. 江苏地区桥梁桩基目标可靠度分析[J]. 江苏交通科技,1998, 2: 20-24.

[6] 金伟良. 工程荷载组合理论与应用[M]. 北京:机械工业出版社,2006.

[7] 公路工程结构可靠度设计统一标准[S](GB/T 50283—1999). 北京:中国计划出版社,1999.

[8] Ephraim Bljuger. Models of R. C. structures for probabilistic serviceability analysis[J]. Computers and Structures, 1998, 67: 19-27.

[9] Qin Quan, Zhao Gengwei. Calibration of reliability index of RC beams for serviceability limit state of maximum crack width[J]. Reliability Engineering and System Safety, 2002, 75: 359-366.

[10] 史志华等. 钢筋混凝土结构构件正常使用极限状态可靠度的研究[J]. 建筑科学,2000, 16(6): 4-11.

[11] 王厚天. 公路桥梁钢筋混凝土受弯构件裂缝宽度的可靠度分析[J]. 东北公路,1993, 1: 82-85.

[12] 赵羽习,金伟良. 正常使用极限状态下混凝土结构构件可靠度的分析方法[J]. 浙江大学学报, 2002, 36(6): 674-679.

[13] Bong Koo Han, Afredo H.-S. Ang. Serviceability design load factors and reliability assessments for reinforced concrete containment structures[J]. Nuclear Engineering and Design, 1998, 179: 201-208.

[14] 舒士霖. 钢筋混凝土结构[M]. 杭州:浙江大学出版社,2003.

[15] 赵国藩,金伟良,贡金鑫. 结构可靠度理论[M]. 北京:中国建筑工业出版社,2000.

135. 西堠门大桥及金塘大桥结构运营监测综合管理系统总体设计

许宏亮[1]　周静波[2]　李　娜[2]

(1. 浙江省舟山连岛工程建设指挥部;2. 中交公路规划设计院有限公司)

摘　要　在西堠门大桥和金塘大桥运营监测综合管理系统设计中,应用危险性分析方法,对结构运营中可能面临的危害来源及影响进行分析,确保监测系统的设计有的放矢。系统总体设计时考虑了针对不同监测对象采用不同监测手段和监测频率的针对性设计。在该系统建立时强调了在结构状态的获取时自动监测手段应用和人工巡检手段应用的并重,并引入先进的电子化巡检技术来实现对常规运营信息高效率获取。

关键词　悬索桥　斜拉桥　运营监测

一、工 程 概 况

西堠门大桥全长5.452km,主桥全长2.588km,册子岛侧接线长2.864km。起于册子岛桃夭门岭,于门头山经老虎山跨越西堠门水道,止于金塘岛上雄鹅嘴,接金塘大桥,如图1所示。其中西堠门大桥主桥为两跨连续悬索桥,主跨1 650m,边跨578m,居国内第一,世界第二。

金塘大桥由东向西横跨沥港水道、灰鳖洋海域,连接舟山市的金塘和宁波市的镇海区,是舟山大陆连岛工程中的第五座跨海特大桥,也是舟山大陆连岛工程中规模最大的跨海特大桥,如图1所示。金塘大桥项目由主通航孔、东通航孔桥、西通航孔桥、非通航孔桥、金塘侧引桥、浅水区引桥和镇海侧引桥以及金塘岛接线组成。大桥起于金塘岛上雄鹅嘴,接西堠门大桥,经化成寺水库、茅岭、沥港水稻和灰鳖洋海域,与规划中的宁波沿海北线高速公路相交,终于宁波市绕城高速公路,全长26.54km,其中:金塘侧接线长5.511km,金塘侧引桥长1.007km,跨海大桥长18.27km,镇海侧引桥长1.752km。

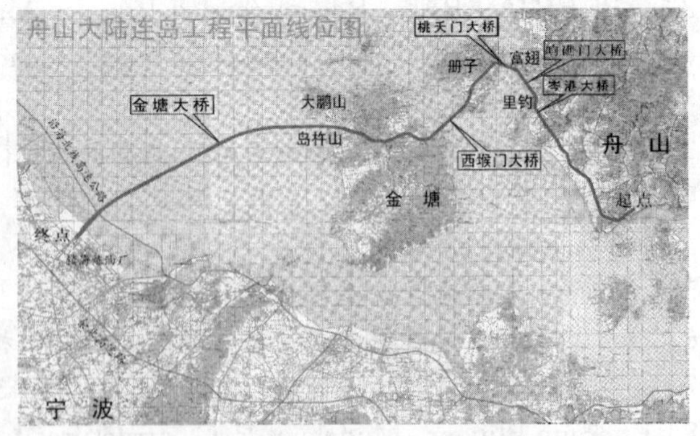

图1　西堠门大桥及金塘大桥平面位置

二、系统建立的目的

西堠门大桥、金塘大桥是舟山大陆连岛工程中规模最大的特大型跨海桥梁,设计使用年限为100年,其设计、建造均具有相当难度,投资规模宏大。桥梁建成后随着投入运营时间的推移,大桥各构件将面临受到各种损伤及内力状态的改变,相应桥梁的刚度和承载能力就会出现不同程度的衰减,这些损伤和内力状态的改变如果能够被预先获知并且进行适当的调整、维护、维修就不会危及桥梁结构的运营安全，否则将可能导致灾难性事故。特别的是舟山连岛工程所处地理位置为我国东海海域，在建成后将不可避免地要受到海洋高氯离子环境、海浪、台风等恶劣条件的侵袭，因此，更应该对整个工程加强监测并根据系统的维护计划对其进行全方位的巡检及维护、修缮以确保其经济、安全地运营。

为力求避免灾难性事故的发生，实时掌控大桥的安全使用状态，辅助大桥管养维护；利用迅猛发展的现代传感测试、信号分析、远程智能控制、计算机、结构计算分析等当代新设备和新技术为舟山大陆连岛工程西堠门大桥、金塘大桥设计构建一个技术先进、措施合理、实用经济、易于管理、开放兼容、符合西堠门大桥、金塘大桥运营环境和结构特殊性的桥梁结构运营监测综合管理系统，其目的是：

(1)为大桥运营期科学有序的养护运营管理提供一个平台。

(2)有效地掌控运营期大桥的安全使用状态。

(3)制订合理的预防性养护措施，有效降低大桥运营成本。

(4)建立损伤及内力状态管理机制，追踪其演变过程，推测其预期的发展并制定相应的对策。

(5)为桥梁管理者提供西堠门、金塘大桥的巡检养护手册以指导并规范其养护行为，提高桥梁运营的检测、养护和管理水平。

(6)辅助大桥管养者制订高效、经济、合理的运营管养措施，最大限度延长桥梁的使用年限。

三、系统设计的策略及总体思路

1. 从结构危险性分析出发以确保有的放矢

运营监测系统的建立应该从结构的特点出发，系统地分析结构所面临的危险、各项危险发生的概率以及危险所导致后果的严重程度。在本系统中，对主跨 1 650m 的悬索桥(西堠门大桥主桥)和主跨 620m 的斜拉桥(金塘大桥主通航孔桥)的监测是运营监测管理系统的重点。

表 1 为系统设计中采用的结构危险性分析方法评级内容和等级划分说明。表 2 为针对大跨度钢箱梁斜拉桥主要构件进行危险性分析的结果，表 3 为针对大跨度悬索桥主要构件进行危险性分析的结果。

桥梁结构危险性分析方法 表1

危险性分级内容和等级说明	1	2	3	4	5
危害性等级	造成结构整体破坏	造成结构局部破坏	会影响正常运营	不会造成影响	—
可预兆性等级	无明显预兆	有明显预兆	—	—	—
探测类型等级	无法探测	可通过人工探测	可通过监测设备探测	可通过人工及监测设备探测	—
发生概率等级	容易发生	较为容易发生(数年一次)	较难发生(数十年一次)	几乎不会发生(数百年一次)	不会发生

金塘斜拉桥主要构件危险性分析 表2

危险分类	锈蚀老化危险性				蠕变危险性				施工缺陷危险性				地震破坏危险性				风振破坏危险性			
主要构件	发生概率	危害级别	可预兆性	探测类型	发生概率	危害级别	可预兆性	探测类型	发生概率	危害级别	可预兆性	探测类型	发生概率	危害级别	可预兆性	探测类型	发生概率	危害级别	可预兆性	探测类型
拉索	2	2	1	4	1	3	2	3	3	2	1	2	5	3	1	4	5	4	1	4
索塔	3	2	2	4	1	4	2	3	2	2	2	4	4	1	1	4	5	4	1	4
主梁	3	2	2	2	3	4	2	3	3	2	2	4	5	3	1	4	4	1	1	4

西堠门悬索桥主要构件危险性分析　　表3

危险分类	锈蚀老化危险性				蠕变危险性				施工缺陷危险性				地震破坏危险性				风振破坏危险性			
主要构件	发生概率	危害级别	可预兆性	探测类型	发生概率	危害级别	可预兆性	探测类型	发生概率	危害级别	可预兆性	探测类型	发生概率	危害级别	可预兆性	探测类型	发生概率	危害级别	可预兆性	探测类型
大缆	2	1	1	2	1	3	2	2	3	1	1	2	5	3	1	4	5	4	1	4
锚锭	2	1	1	4	1	4	2	2	2	1	1	4	5	3	1	4	5	4	1	4
索塔	3	1	2	4	1	4	2	2	2	2	2	4	4	1	1	4	5	4	1	4
加劲梁	1	2	2	3	2	4	2	2	3	2	2	3	5	3	1	4	4	2	1	4

根据上述危险性分析结果，我们就可以在监测系统建立中作到有的放矢，目的明确。

2. 针对不同的危险采用不同的监测手段

通过上述危险性分析表格我们可以指导本项目各构件监测的重要性、监测的主要危害类型以及监测的方法，结果见表4、表5，其中的监测等级划分方法参见表6。

斜拉桥主要构件监测方法表　　表4

类　型	锈 蚀 老 化		蠕　变		施 工 缺 陷		地　震		风　振	
构件	监测等级	主要监测方法	监测等级	主要监测方法	监测等级	主要监测方法	监测等级	主要监测方法	监测等级	主要监测方法
拉索	1	诊听	2	力学监测	3	人工巡检				
索塔	2	人工巡检	3	力学监测	3	人工巡检	2	荷载源监测	2	荷载源监测
主梁	2	人工巡检	3	力学监测	3	人工巡检				

悬索桥主要构件监测方法表　　表5

类　型	锈 蚀 老 化		蠕　变		施 工 缺 陷		地　震		风　振	
构件	监测等级	主要监测方法	监测等级	主要监测方法	监测等级	主要监测方法	监测等级	主要监测方法	监测等级	主要监测方法
大缆	1	诊听	2	力学监测	3	人工巡检				
锚锭	1	人工巡检	4	—	2	人工巡检				
索塔	2	阳极梯	4	—	3	人工巡检	2	荷载源监测	2	荷载源监测
加劲梁	2	人工巡检	4	—	3	人工巡检				
吊杆	1	力学监测	4	—	3	人工巡检				

运营监测等级划分表　　表6

监测等级划分	1	2	3	4
监测等级说明	必须监测	尽量监测	根据情况监测	无需监测

3. 系统设计和建立的总体思路

在结构危险性分析中，我们将结构的危险划分为结构损伤和结构状态的不利性改变两大类，并根据目前技术水平提出针对不同危险情况采取不同的监测手段。

图2为基于危险性分析和不同应对策略的运营监测系统建立的总体思路，表达了以下运营监测系统设计思路：

(1)应兼顾力学指标的监测与损伤的直接检测。

(2)力学指标系统侧重于结构总体内力状态的把握。

(3)损伤直接检测侧重于局部损伤的探明。

(4)利用综合评估系统将二者结合起来。

(5)各项监测参数必须进行较为完善的后期处理才能够用于评估结构安全状态。

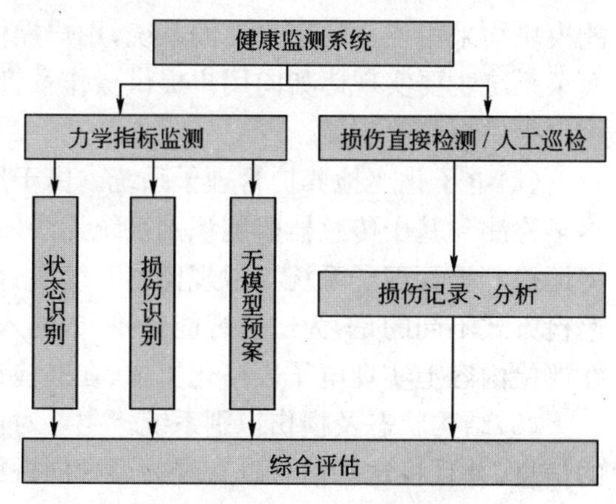

图 2 运营监测系统设计的总体思路

四、系统集成设计

舟山大陆连岛工程西堠门大桥、金塘大桥结构运营监测综合管理系统包括自动化采集传输控制系统、养护管理系统、基于两者之上的结构状态及损伤识别综合安全评估系统、中心数据库系统、用户界面系统。其中自动化采集、传输、控制系统包括传感器子系统、数据采集传输处理(固定式和便携式)、数据处理和控制子系统。

在上述系统总体框架中各部分的主要工作内容及关联关系分述如下:

(1)传感器子系统。完成应变、结构温度、索力、几何变形、支座反力、环境参数、动力特性等参数的参数采集工作。

(2)数据采集与传输系统。负责传感器信号的采集、调理、预处理、传输等。

(3)数据处理与控制子系统。将采集系统收集到的数据进行预处理后提交给后续子系统使用。

(4)由传感器子系统、数据采集与传输子系统、数据处理与控制子系统共同构成了自动化传感测试数据采集传输系统。

(5)中心数据库系统。由于运营监测综合管理系统数据量庞大,数据信息的种类繁多,有多个系统共享数据信息,同时要支持分布式的处理与访问,也要支持多并发用户的操作,并且数据的安全性极为重要。通过建立系统的中心数据库系统,统一管理与组织数据信息,给系统的维护与管理提供便利,也为各应用子系统提供可靠的分布式数据交换与存储平台,方便开发与使用。

(6)用户界面子系统。运营监测综合管理系统(图 3)由诸多子系统及功能模块组成,若各子系统及功

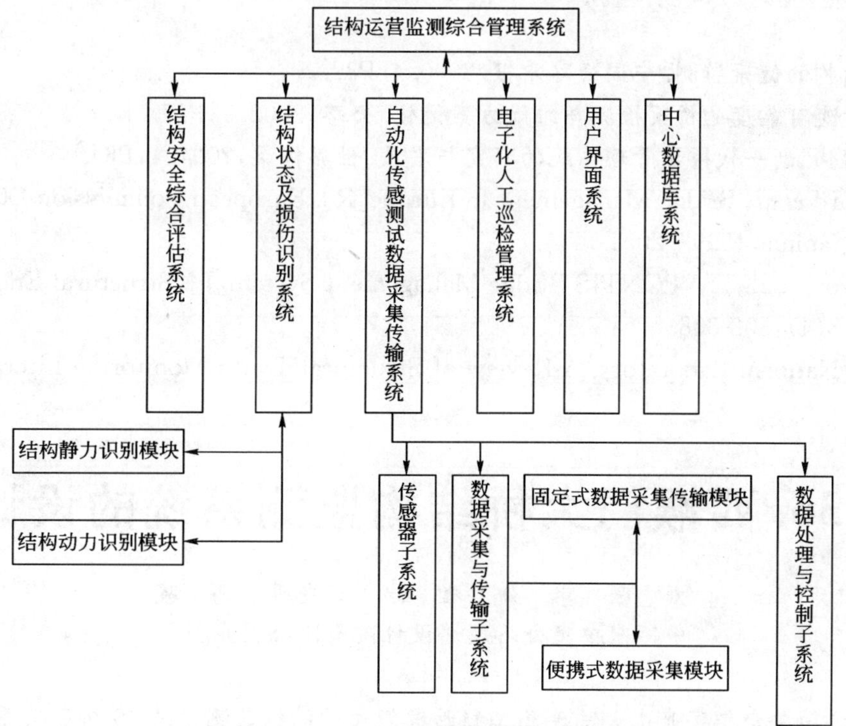

图 3 运营监测综合管理系统集成总体框图

能模块均采用各自的用户界面系统,用户操作就极为不便,因此必须建立统一的用户界面系统。用户界面子系统主要实现诸如向用户提供操作及管理界面、向用户提供数据展示、提供系统的远程访问接口、向用户提供报告等功能。

(7)电子化巡检养护管理子系统。由于用于总体结构状态判别的方法无法发现一些局部损伤,为了尽早检测到基于传感器监测识别系统无法发现的局部损伤并适时加以维修,根据前面的系统设计思路,将巡检养护管理子系统与常规监测系统融合,可形成更为实用的运营监测综合管理系统。与常规的人工巡检方式不同的是,为适应智能化要求,纳入监测系统时需采用电子化的人工巡检技术,即要求巡检工作在巡检内容上实现电子表格化要求、在巡检记录采用电子手簿记录、在档案管理中实现数据库管理。

(8)结构状态及损伤识别系统。主要对获取的各类信息进行相应的信息处理从而获得结构当前状态的信息,并且将这些信息以直观的形式向桥梁的管理者提供。结构状态及损伤识别系统包括了静力识别和动力识别两个模块。

(9)结构安全综合评估系统。主要根据监测信息(来源于信息自动采集系统)以及巡检信息(来源于巡检管理系统),结合状态与损伤识别系统的分析来对结构进行综合的状态评估并对危险状态进行预警。

五、结　语

(1)特大桥梁的运营监测系统设计中采用危险性分析方法,可以使得系统设计有的放矢地。设计中通过对不同监测手段的研究和监测实施方法的制定,可以监测系统具有针对性和可实现性。

(2)目前常规的运营监测系统侧重于自动监测数据的获取,对于特大结构来说,采用自动监测手段和电子人工巡检手段并重的方法是在目前技术水平下实现结构状态信息全面获取的经济、可行的方法。在运营监测系统的设计中不能忽视对人工巡检手段的利用和人工巡检信息的使用。

(3)运营中结构内力状态监测主要通过自动化监测系统定期采集相关数据并加以计算分析来实现,通过监测数据的反演识别还可以对非监测位置的状态进行判断,从而从整体上把握结构健康状态。

(4)在西堠门大桥和金塘大桥运营监测系统中,通过建立完整且翔实的电子化档案资料库及相应的管理系统,通过对资料的对比分析可以准确掌握结构状态及损伤的发展变化历程。

参考文献

[1] 秦权.桥梁结构的健康监测.中国公路学报.2000.4.P37.
[2] 秦权.基于时变可靠度的桥梁检测与维修方案优化.公路,2002.9,P17.
[3] 季云峰,张启伟.新一代桥梁管理系统的研究与发展.世界桥梁,2004.1,P64.
[4] R J Woodward *et al*. Bridge Management in Europe[R]. European Commission DG VII 4th Framework Pro2 gramme,1999—2001.
[5] P D Thompson et al. The PONTIS Bridge Management System[J]. Structural Engineering International,1998.8(4):303-308.
[6] Los Alamos National Laboratory. A Review of StructuralHealth Monitoring Literature:1996-2001.

136. 西堠门大桥结构监测系统的设计

刘志强　李　娜　崔　冰　冯良平　马　骎
(中交公路规划设计院有限公司)

摘　要　本文简要介绍了舟山大陆连岛工程西堠门大桥结构监测系统,分析了其系统的基本构成和主要功能,研究了基于工业以太网的分布式桥梁结构监测系统,初步探讨了特大跨径悬索桥结构监测系统的设计思想和构建方法。

关键词 西堠门大桥 悬索桥 结构监测 系统设计

一、引 言

当前,我国正处于经济高速增长时期,为适应经济建设的需要,我国交通事业也得到了大规模发展,大跨度桥梁的建设方兴未艾,并将在未来仍然保持高速增长。然而,大跨桥梁结构的使用期长达几十年、甚至上百年,环境侵蚀、材料老化和荷载的长期效应、疲劳效应与突变效应等灾害因素的耦合作用将不可避免地导致结构和系统的损伤积累和抗力衰减,从而抵抗自然灾害、甚至正常环境作用的能力下降,极端情况下引发灾难性的突发事故。因此,为了保障结构的安全性、完整性、适用性与耐久性,在新建和已经建成使用的大跨度桥梁结构上急需采用有效的手段监测和评定其安全状况、修复和控制其损伤。

欧美等发达国家在20世纪80年代末期开始在桥梁结构上布设结构监测系统,以把握桥梁结构的服役安全状态。发达国家桥梁建设和服役经验表明,在经济腾飞时期建造的桥梁结构的性能退化最快。因此,我国政府、工程技术人员以及科技工作者特别重视目前已经和正在建造的大型桥梁结构的服役安全,积极推动桥梁结构安全保障技术的研究、应用和发展。由于结构监测系统能够记录和分析桥梁结构的荷载及其响应,把握桥梁结构的安全状态,现已成为桥梁工程领域研究的热点课题。依托我国大规模基础设施建设的背景,桥梁结构监测系统的研究与应用在我国得到了迅速发展。

桥梁结构监测系统主要包括传感器子系统、数据采集与传输子系统、数据处理与控制子系统、结构状态识别与综合评估子系统,上述各个子系统分别涉及不同的硬件和软件,需要通过系统集成技术将它们集成为一个协调共同工作的大系统。桥梁结构监测系统涉及多门学科领域,系统的设计与构建比较复杂,系统本身的构成不仅与其性能和功能有关,还需要考虑其未来运营和养护管理情况。

本文主要通过对西堠门大桥结构监测系统的传感器子系统、数据采集与传输子系统、数据处理与控制子系统、结构状态识别与综合评估子系统进行简要介绍,研究了基于工业以太网的分布式桥梁结构监测系统,初步探讨特大跨径悬索桥结构监测系统的设计思想和构建方法。

二、工 程 概 况

西堠门大桥全长5.452km,主桥全长2.588km,册子岛侧接线长2.864km。起于册子岛桃夭门岭,于门头山经老虎山跨越西堠门水道,止于金塘岛上雄鹅嘴,接金塘大桥。其中西堠门大桥主桥为两跨连续悬索桥,主跨1 650m,边跨578m,居国内第一,世界第二。

西堠门大桥于2007年底合龙,预计2009年通车,该大桥如图1所示。

图1 西堠门大桥

三、传感器子系统

传感器子系统的主要功能就是通过应用各类传感器将桥梁结构力学特性转换为电(光)信号,以供数据采集子系统进行模数转换。

1. 监测内容

根据西堠门大桥的数值计算分析结果,主要监测锚碇、索塔、主缆、吊索和加劲梁等关键构件或关键点。可概括为两大类监测项目:荷载源监测和结构响应监测。

荷载源监测主要有三类:

(1)风荷载监测;

(2)温度、湿度监测；

(3)地震监测。

桥梁结构动、静态响应监测主要有六类：

(1)大桥的空间变位监测，主要包括主缆的空间变位、钢箱梁的空间变位、索塔的空间变位；

(2)钢箱梁疲劳应力监测；

(3)大缆缆力监测；

(4)锚碇预应力锚固系统代表性锚索的索力监测；

(5)结构动力特性监测；

(6)吊杆倾斜监测。

2. 传感器选型原则

传感器质量的优劣、选型的合适与否从根本上决定了整个系统所获取的数据信息是否准确、有效。在千差万别、种类繁多的传感器中进行选型时，应参考如下要求：

(1)先进性：为提高建成后桥梁的信息化、数字化管养水平，要求系统的传感测试仪器等监测设备必须具有一定国际先进水平。

(2)精确性：可靠的监测仪表还必须具备必要的精度，能准确地反映出效应量(或原因量)的变化。选择传感器时，必须对结构进行计算分析，选择精度满足桥梁监测要求的传感器。

(3)可靠性：所选择的传感器必须能在恶劣的桥梁自然环境下长期稳定可靠运行，尽可能选择工业级产品。

(4)经济实用性：传感器应具备合理的性能价格比，满足桥梁结构监测特性及养护管理实用性的要求。

3. 传感器布设方案

根据西堠门大桥结构监测系统所拟定的监测内容，系统设计所用到的传感器类型主要包括：风速风向仪、温度传感器、温湿度传感器、倾斜仪、GPS系统、拉绳式位移计、拉杆式位移计、加速度传感器、电阻应变计以及压力环式锚索计。

风荷载主要采用超声波风速仪和螺旋桨式风速仪，如图2所示，分别设于主跨加劲梁两侧和索塔塔顶。超声波风速仪可以监测风速、风向和风攻角，可计算风谱，风速测量范围为0～60m/s。螺旋桨式风速仪仅可监测平均风速和风向，风速测量范围为0～80m/s。

大气温湿度和锚碇、钢箱梁、索塔内的温度和相对湿度通过温湿度仪(图3)进行监测，温度和湿度的测量范围分别为−20℃至50℃和(0～100%)RH。结构温度的监测采用数字温度传感器，测量范围为−20℃至125℃。地震监测采用强震仪(图4)，测量范围为±2g，频率响应为0～120Hz。

a)三向超声风速仪

b)螺旋桨式风速仪

图2 风速风向仪

图3 温湿度仪

图4 强震仪

主缆、索塔和加劲梁的空间变位采用GPS(图5)系统，加劲梁的纵向变位采用拉绳式位移计(图6)，北塔梁交接处的相对变位采用拉杆式位移计，索塔和加劲梁的倾斜角度通过倾斜仪(图7)测得。加劲梁的疲劳应力可采用电阻应变计测得。主缆索力可采用压力环式锚索计间接监测。索塔和加劲梁的动力特性监测采用单向加速度计(图8)。传感器的详细布设方案如图9所示。

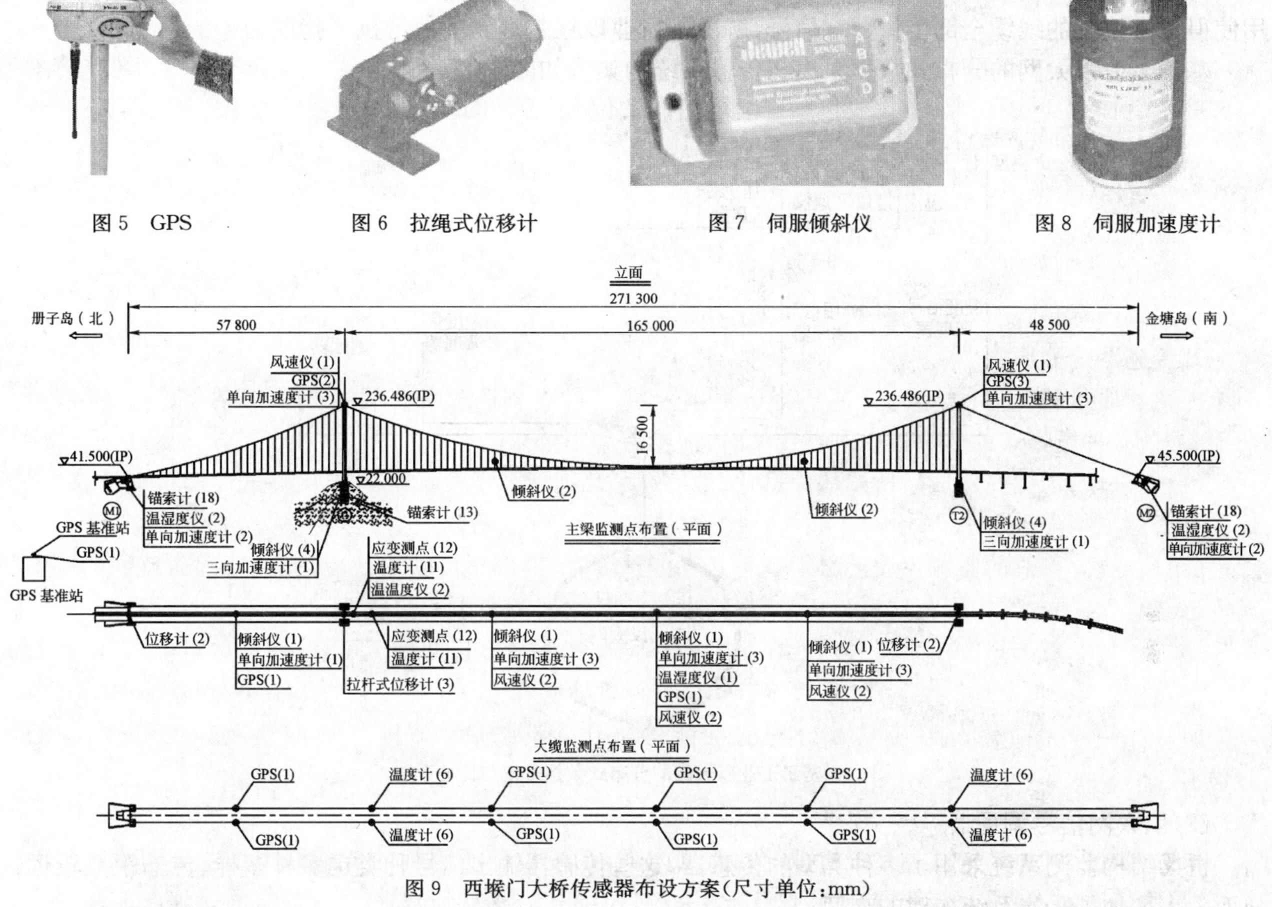

图 5 GPS　　图 6 拉绳式位移计　　图 7 伺服倾斜仪　　图 8 伺服加速度计

图 9 西堠门大桥传感器布设方案(尺寸单位:mm)

四、数据采集与传输子系统

数据采集与传输系统是指对安装在大桥上的各种类型传感器的信号完成必要的预调理后按一定的采样频率进行模数转换(A/D),最后在数据采集站计算机上保存并进行远程传输。各种类型的传感器的模拟或数字信号经预处理、采集后从大桥外场的数据采集站通过工业以太网传送至位于管理监控中心的数据处理与控制计算机上。

(1)总体方案

目前,桥梁结构监测系统的数据采集和传输技术主要分为集中式数据采集技术和分布式数据采集技术。集中式数据采集技术系统由于其固有的缺陷(模拟信号传输距离远、抗干扰能力差、设备和缆线费用高、工作温度范围较小、功耗较大、耐海洋恶劣环境能力差等)而不适合桥梁结构监测系统的需求。

当前,随着工业以太网技术的迅速发展,和其他现场总线相比,基于工业以太网的分布式数据采集与传输系统从技术先进性、可靠性和性价比等方面更适合恶劣环境下桥梁结构监测的发展和需要。根据桥梁结构所处自然及运营环境特点,考虑到桥梁结构自身受力特点,有针对性地研发了适用于在恶劣环境中工作的工业级以太网信号调理器(以下简称信号调理器),为桥梁结构监测和管养服务。

基于工业以太网的分布式数据采集与传输系统中,每个传感器附近均连接置于其附近的智能调理器,然后将智能调理器接入系统总体测控工业以太网中。由于就近安装了智能调理器,实际上将各个传感器自动转换成为网络智能传感器,因此采集站所需要处理的就仅仅是相同类型的以太网信号,可以采用相同的命令格式向不同的传感器发送采集或传感器维护命令,从而大大地提高了采集站配置效率和技术先进性。

由于智能调理器和传感器具有一一对应的特点,智能调理器和传感器之间的距离非常近,智能调理器到传感器的模拟电缆极短，这大大降低了系统模拟电缆抗电磁保护的难度，并且由于智能调理器的使用使得整个系统的线缆全部传输数字信号，解决了行业以往常遇到的信号抗干扰能力差的诟病。

基于工业以太网的分布式数据采集与传输系统的架构如图10所示。

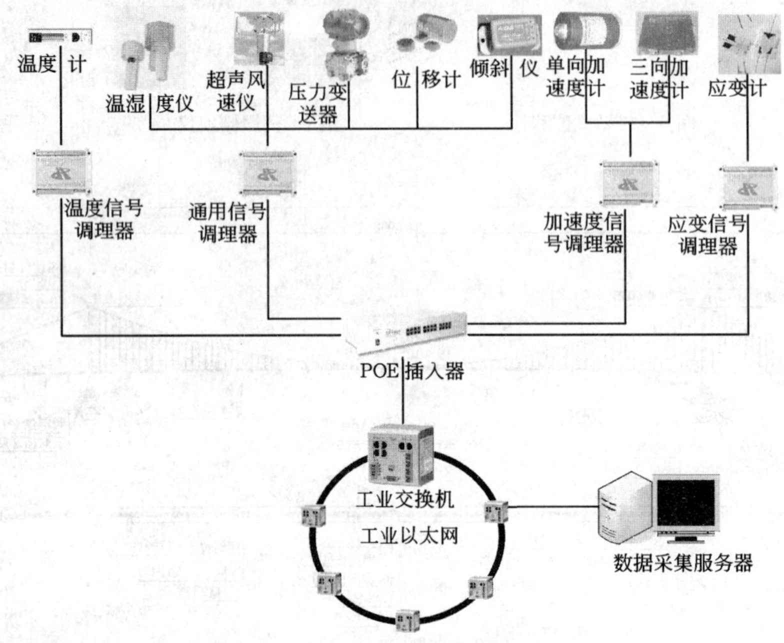

图10　基于工业以太网的分布式数据采集与传输系统

(2)以太网信号调理器

桥梁结构监测系统采用了多种类型的传感器，这些传感器输出信号种类也多种多样、传输距离较远，从而大大增加了采集系统构建的难度。

利用信号调理器能够较好地解决这个问题。采用输出一致的以太网信号调理器将各种不同的模拟或数字I/O信号转换成为统一的标准以太网信号。

针对桥梁结构特点研发相应的信号调理器能够很好地解决这个问题，采用输出一致的以太网信号调理器将各种不同的模拟或数字I/O信号调理成为统一的标准以太网信号。信号调理器可分为四类：①应变信号调理器；②加速度信号调理器；③通用信号调理器；④温度信号调理器。

该四类信号调理器具有以下主要显著特点：

①调理器统一输出以太网信号，支持标准MODBUSTCP协议，UDP，TCP/IP。

②信号调理器采用24位高精度A/D转换器。

③调理器接受POE网络供电，作为PD端的同时还可向传感器供电，符合IEEE802.3af。

④内嵌实时时钟，测量数据带时间标签，具备强大的模块间时钟同步功能，同步精度为微妙级，甚至亚微妙级，处于国际领先水平。

⑤工业级产品，可在桥梁恶劣环境下(工作温度范围：−20～75℃；工作湿度：5%～95%无凝结；海洋盐雾环境等)高效、高可靠性地工作，内含防雷模块，能够有效抵御感应雷及电气浪涌的冲击。

(3)数据采集的同步方案

基于工业以太网的分布式数据采集系统的时钟同步是影响和制约这一方案在测控领域广泛应用的关键之一。时钟同步的目的是将时间基准高精度地传递到各测控点。2002年确立的IEEE1588标准(网络化测量和控制系统的精确时钟同步协议，通常称为Precision Time Protocol，简称PTP)使得分布式数据采集系统的时钟同步精度可达到100ns。IEEE1588标准的出现引起了人们的高度重视，工业测控的领先厂商Rockwell，Siemens等立即投入产品开发，IEC已将它转化为IEC61588—2004标准，这个标准已为Ethernet/IP，Profinet，PowerLink，EtherCat等基于以太网的总线所采用，成为当前普遍采用的方法。

IEEE1588 的基本原理是用网络中最精确的时钟去校正或同步其他时钟，最佳时钟的选取是被自动执行，通过最佳主站时钟算法实现。

在网络中有两种类型的时钟：主时钟(用于同步其他时钟)，从时钟(被同步的时钟)。从理论上讲，系统中的所有时钟都有可能成为主时钟和从时钟。但往往网络中时钟是相对固定的，所有从时钟通过与主时钟的同步消息、去校准自己的时间，这个同步过程分为两个阶段，一是偏移校准，二是延迟校准。

①偏移校准

偏移校准是指测量主、从时钟的偏移，并在从时钟上消除这些偏移。在偏移校准阶段，主时钟端周期性(固定的时间间隔，通常是 2 秒钟)的传送一个独特的同步消息(Sync)到相关的从时钟端。这个 Sync 消息包含了该消息被完整的传送出去的一个估计时间，同步过程如图 11 所示。

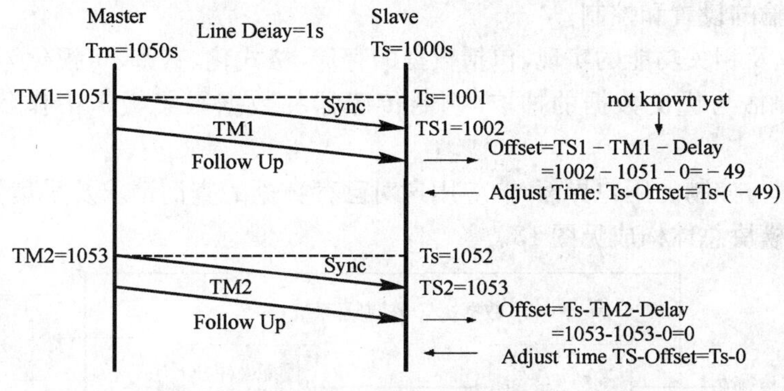

图 11 偏移校准

主时钟端发送并测量 TM1(1051)Sync 帧被传送出去的精确时间，而从时钟测量 TS1(1002)被接收到的精确时间。然后主时钟端将测量到的 Sync 帧被发出的时间用 FollowUp 帧发送到从时钟端。

从时钟端在接收到 Sync 帧和 FollowUp 帧后，则开始计算主从两端的偏移。具体方式：使用接收到 Sync 帧的时间(从时间端)减去 Follow Up 帧中所携带的 Sync 帧的(主时间端)确切发送时间，再减去传输延迟(在此阶段，该延迟还未知，以零值处理)，即：

Offset＝TS1－TM1－Delay＝1002－1051－0＝－49

则从时间端的校准时间为：AdjustTime：Ts－offset＝Ts－(－49)。

可以从图中看到如果没有传输延迟的话，那么这两个时钟在下一次发送同步帧时两端的时钟是同步的，校准时间是零。

②延迟校准

延迟校准用于确定主从两端的帧传输过程中延迟，这里有一个前提，即从端到主端和主端到从端的延迟是相等的。

具体过程如图 12 所示。从时钟端发送 DelayRequest 帧到主端，并记录完全发送出该帧的时间(TS3＝1080)。主时钟端接收到该帧后，会将收到 DelayRequest 帧的精确时间(TM3＝1082)以 DelayResponse 帧的形式发送回从时钟端。那么从端就可以通过 TS3 和 TM3 来计算延迟的具体时间[(TM3－TS3)/2＝1]，这个延迟时间将被用于下一次 Sync 帧发送时，来调整从端的的 adjusttime。如图 12 中，TM4 发送 Sync 和 Follow Up 帧，从端接收到这两帧时，则使用计算出来的 offset 和上次获得的延迟时间 Delay，来计算 Adjusttime，进

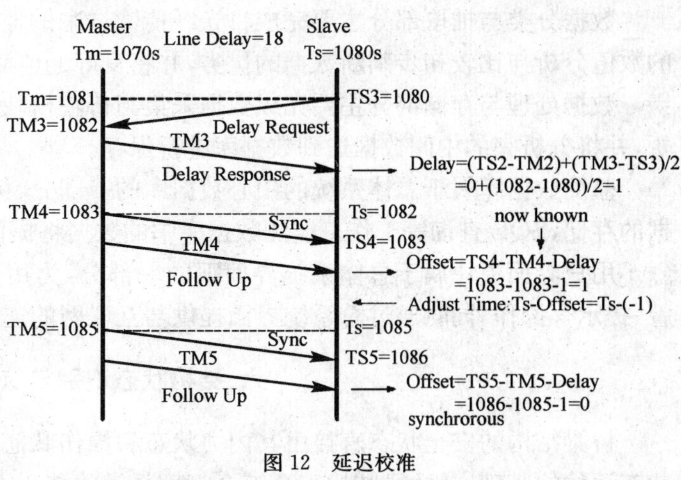

图 12 延迟校准

而调整从端的时间。从图中可以看出，TMS 的 Sync 时间和从端的时间已经一致了。

延迟校准与偏移校准不一样，因为网络拓扑结构不会经常发生改变，特别是在相对固定的网络中（一个没有冲突的以太局域网），延迟更是没有什么变化。故而前者不需要经常进行，其执行周期要比偏移校准要大一些，具体取值可以在 4 到 60 秒之间。这样设计也可以有效减少网络当中的通信量。

五、数据处理与控制子系统

数据处理与控制模块软件运行于远程监控中心数据处理与控制服务器，对数据采集模块收集到的数据进行预处理，提交给后续各子系统使用，同时数据处理与控制服务器能够设置和操作控制数据采集与传输模块的工作。数据处理与控制模块主要实现具体功能如下：

(1)数据采集、传输的设置和控制。

(2)数据库的建立及相关功能的实现，包括数据的存储、格式化、查询、可视化等工作。

(3)数据优劣的评估与优良数据的抽取，判断传感器和数据采集板卡工作状态，如有异常应给出报警。

(4)建立数据处理与控制的用户界面，响应用户对已存数据的查询请求及采集数据的控制请求。

数据处理与控制模块总体构成见图 13。

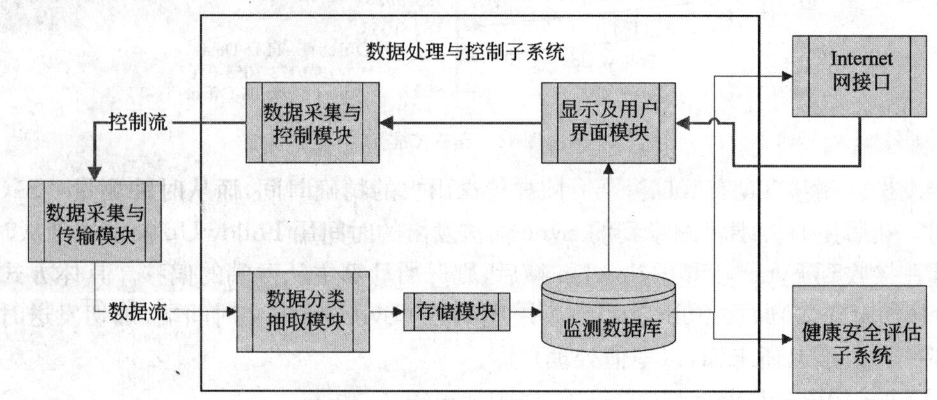

图 13　数据处理与控制系统

数据处理与控制模块由数据采集与控制部分、数据分类抽取部分、数据处理与存储部分、用户界面、监测数据库等部分组成。

数据采集控制部分可以按照给定的采集方案来驱动数据采集与传输子系统采集数据，采集方案包括时间条件及连续观测参数触发条件，比如可以指定在温度达到某个数值时触发采集等。另外采集控制模块还能够接受用户指令来进行数据采集。

数据分类与抽取部分主要完成将光纤传输过来的监测数据包进行分解、解析与分类，并且通过简单的数值分析与比较初步判断数据的优劣，并将良好的监测数据抽取出来存入数据库。

数据处理与存储部分主要完成数据采集与传输模块传送过来的原始监测数据的初步转换、处理、分析，并将分析完的中间数据送到数据库进行保存。

监测数据库属于总体系统的中心数据库的一部分，包括数据库及相应的管理系统。主要完成监测数据的存储，SQL 查询等工作。监测数据库中的数据将提供给安全使用、安全评估子系统使用。

用户界面模块属于总体系统界面下的一部分，为用户提供监测数据的查询、控制采样实事显示、预警、提示等操作，同时通过总系统界面提供与互联网的连接服务。

六、结构状态识别与综合评估子系统

桥梁结构的安全状态直接由其内力状态和损伤状态决定，因此，结构状态识别体系是进行结构安全状态评估的基础，是桥梁结构安全综合管理系统的核心内容之一。桥梁结构状态识别体系的中心任务是将自动化数据采集系统获得的结构响应信息以及人工巡检检查的结构表观损伤信息转化为反映结构安全状态的信息，在此基础上对安全状态信息进行综合评估即可获得结构在特定时刻的安全程度及其安全状况，为桥梁结构的运营及维护决策提高科学依据。通俗地讲，结构状态识别体系起到了“解码器”的作用，即对结构响应信息进行“解码”，将其转化为明确的结构安全状态信息。在缺乏结构状态和损伤识别子系统的情况下，无论结构响应监测信息多么全面和准确，都无法根据这些信息把握结构的安全状态，因而无法进行科学的运营和养护决策。因此，对于桥梁结构运营期结构监测预警系统而言，状态识别体系至关重要，是评价健康监测系统设计是否成功、对结构运营维护能否提供依据的重要指标之一。

结构状态和损伤识别首先需要进行当前结构状态与成桥状态或无损状态的对比分析。对比的内容包括大桥的静力响应指标（索力、吊杆力、变形等）及动力响应指纹（频率、振型、模态曲率指标等等）。当大桥当前状态与成桥状态发生较大差异时，则表明结构可能发生状态的改变或损伤。

由于结构状态识别和损伤识别是由结构响应反演结构状态的问题，属于系统辨识问题。该类问题理论上非常复杂，对于大型复杂结构更是如此。因此，应在深入系统地研究其相关理论的基础上，结合结构的力学特性及损伤特性确定适当的识别解决方案，即确定科学的结构响应监测信息“解码”机制。为基于结构响应信息实现结构状态的准确识别，首先根据结构状态识别的功能要求将结构状态识别子系统分为内力状态识别模块和损伤识别模块两个模块。其中，内力状态识别模块侧重于结构内力状态的反演；而损伤识别模块则侧重于根据结构动静力响应获得结构的整体损伤信息。两个模块相辅相成，联合应用两个模块的信息即可把握结构的整体安全状况。其中，内力状态识别模块主要识别结构的恒载内力状态。

结构的内力状态识别和损伤状态识别均基于结构的基准有限元模型进行，基准有限元模型的建立是关键。首先根据结构的施工监控等信息建立结构的初始有限元模型，随着结构监测系统的运营，不断引入结构的响应信息及结构的损伤信息修正有限元模型，获得能够充分反映结构自身特性的有限元基准模型。由于结构的功能退化、结构损伤、结构内力重分布等因素，结构有限元基准模型是时变模型。当前时刻的有限元基准模型是基于前一时刻的结构内力状态识别结果及结构损伤监测信息得到，基于当前时刻的结构响应信息和前一时刻有限元基准模型进行当前时刻的内力状态损伤状态识别，根据两种信息建立新的有限元基准模型，上述流程如图 14 所示。

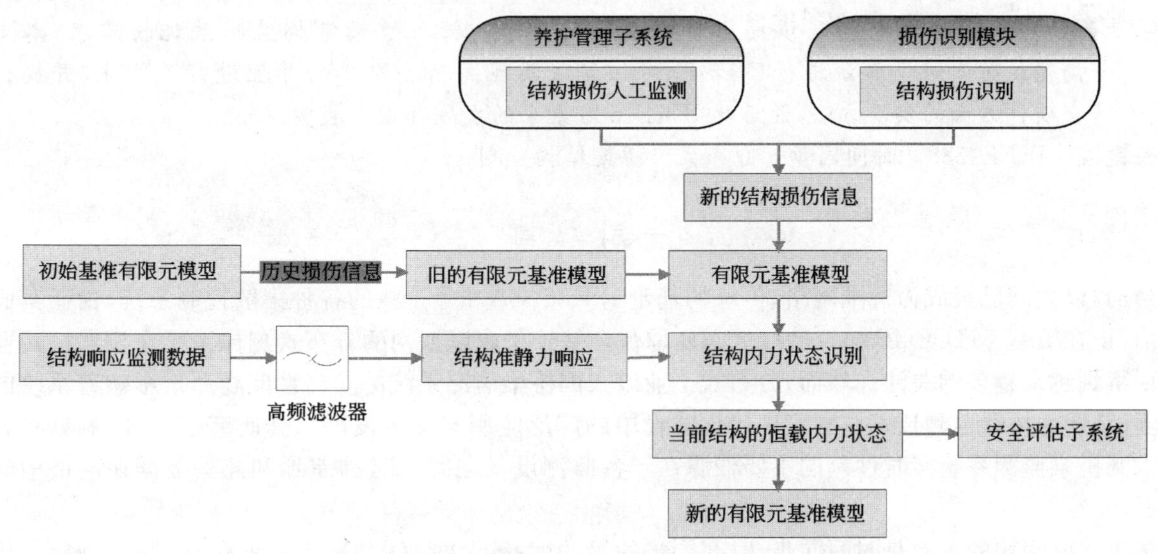

图 14　结构损伤识别和内力状态识别流程示意图

七、结　　论

舟山大陆连岛工程西堠门大桥结构监测系统主要由传感器子系统、数据采集与传输子系统、数据处理与控制子系统以及结构状态识别与综合评估子系统组成，采用基于工业以太网的分布式桥梁结构监测系统,使得系统的设计和架构更为先进、实用、可靠,系统性能更为优良。研究了基于工业以太网的分布式桥梁结构监测系统的架构方法、关键设备以及时钟同步方案,为特大跨径悬索桥结构监测系统的设计和构建提供依据和参考。

参考文献

[1] 欧进萍.重大工程结构的累积损伤与安全评定.走向21世纪的中国力学—中国科协第9次青年科学家论坛报告文集,北京:清华大学出版社,1996:179-189.

[2] 李惠.斜拉桥结构健康监测系统的设计与实现(II):系统实现.土木工程学报.2006,Vol.39(4):45-53.

[3] Ou Jinping. Some recent advances of intelligent health monitoring systems for civil infrastructures in mainland China", *Proc. of the First International Conference on Structural Health monitoring and Intelligent Infrastructure*, Tokyo, Japan, Nov. 13—15,2003. 131-144.

[4] Ou Jinping. Practical implementations of intelligent health monitoring systems in HIT. *Proc. of North American Euro Pacific Workshop for Sensing Issues in Civil Structural Health Monitoring*, Hawaii, USA Nov. 10-13. 2004.

137. IEEE1588时间同步算法在桥梁监测系统中的应用

刘芳亮 刘志强 李 娜 冯良平 孙小飞
(中交公路规划设计院有限公司)

摘 要 随着以太网技术的发展,分布式以太网测控系统中对时间同步的要求越来越高。在通信、监控等很多领域中已经对时间同步提出了微秒级的要求。针对桥梁结构监测系统的需求,本文对IEEE1588高精度时间同步算法进行了研究,对该算法实现高精度同步的原理进行了阐述,并提出了IEEE1588在硬件方面的实现方法,最后就IEEE1588未来的发展作出了展望。

关键词 IEEE1588 时间同步 分布式 桥梁结构监测

一、引 言

当前,以太网已经成为标准网络,传统的基于RS485、CAN等总线的各种集散控制系统,由于其固有的缺陷,正在被基于TCP/IP协议的以太网所取代。基于工业以太网的分布式测控系统在桥梁结构监测领域正得到越来越多的关注。然而,分布式工业以太网桥梁监测系统的实时性问题严重影响着系统的监测精度,制约着桥梁监测技术在国家现代化建设中的广泛应用与深入发展。据研究表明:影响分布式工业以太网桥梁监测系统实时性差的主要根源在于各监测设备之间的时钟差异和监测数据在网络中的传输延迟。

解决这些问题的关键是时间同步,时间同步的目的就是要将时间基准准确地传递到各监测点,传递并不困难,难达到的是传递的精度。在2002年出现的IEEE1588标准(网络化测量和控制系统的精确时钟同步协议,通常称为Precision Time Protocol,简称PTP)在这方面取得了重大进展。使用这一方法并不需要很多资源就可以达到100ns级的同步精度。IEEE1588标准出现后得到业界高度重视,在2002年、2004年、2006年举办了专业会议。工业控制的领先厂商Rockwell,Siemens等立即投入产品开发,IEC已将它转化为IEC61588—2004标准,这个标准已开始为Ethernet/IP,Profaned,PowerLink,Ether

Cat 等基于以太网的总线采用。

二、IEEE1588 的基本原理

IEEE1588 的基本原理是用网络中最精确的时钟去校正或同步其他时钟，最佳时钟的选取是被自动执行，通过最佳主站时钟算法实现。

在网络中有两种类型的时钟：主时钟(用于同步其他时钟)，从时钟(被同步的时钟)。从理论上讲，系统中的所有时钟都有可能成为主时钟和从时钟。但往往网络中时钟是相对固定的，所有从时钟通过与主时钟的同步消息去校准自己的时间，这个同步过程分为两个阶段，一是偏移校准，一是延迟校准。

1. 偏移校准

偏移校准是指测量主、从时钟的偏移，并在从时钟上消除这些偏移。在偏移校准阶段，主时钟端周期性(固定的时间间隔，通常是 2 秒钟)地传送一个独特的同步消息(Sync)到相关的从时钟端。这个 Sync 消息包含了该消息被完整的传送出去的一个估计时间。图 1 演示了该过程的细节。

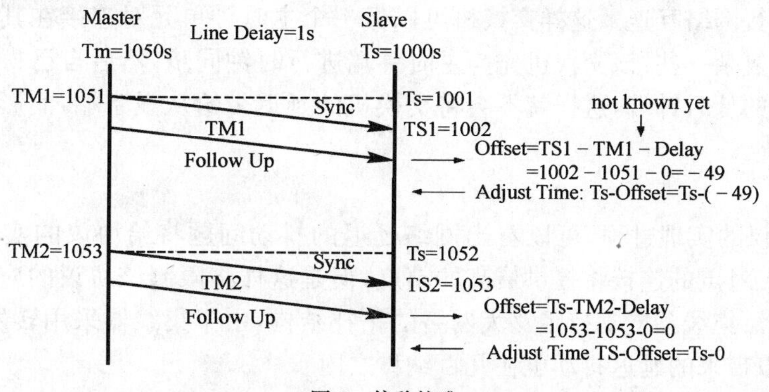

图 1 偏移校准

主时钟端发送并测量 TM1(1051)Sync 帧被传送出去的精确时间，而从时钟测量 TS1 (1002)被接收到的精确时间。然后主时钟端将测量到的 Sync 帧被发出的时间用 Follow Up 帧发送到从时钟端。

从时钟端在接收到 Sync 帧和 Follow Up 帧后，则开始计算主从两端的偏移。具体方式：使用接收到 Sync 帧的时间(从时间端)减去 Follow Up 帧中所携带的 Sync 帧的(主时间端)确切发送时间，再减去传输延迟(在此阶段，该延迟还未知，以零值处理)，即：

Offset＝TS1－TM1－Delay＝1002－1051－0＝－49

则从时间端的校准时间为：Adjust Time：Ts－offset＝Ts－(－49)。

可以从上图中看到如果没有传输延迟的话，那么这两个时钟在下一次发送同步帧时两端的时钟是同步的，校准时间是 0。

2. 延迟校准

延迟校准用于确定主从两端的帧传输过程中延迟，这里有一个前提，即从端到主端和主端到从端的延迟是相等的。

具体过程：从时钟端发送 Delay Request 帧到主端，并记录完全发送出该帧的时间(TS3＝1080)。主时钟端接收到该帧后，会将收到 Delay Request 帧的精确时间〔TM3＝1082)以 Delay Response 帧的形式发送回从时钟端。那么从端就可以通过 TS3 和 TM3 来计算延迟的具体时间((TM3－TS3)/2＝1)，这个延迟时间将被用于下一次 Sync 帧发送时，来调整从端的 adjust time。如图 2 中，TM4 发送 Sync 和 Follow Up 帧，从端接收到这两帧时，则使用计算出来的 offset 和上次获得的延迟时间 Delay，来计算 Adjust time，进而调整从端的时间。从图中可以看出，TMS 的 Sync 时间和从端的时间已经一致了。

延迟校准与偏移校准不一样，因为网络拓扑结构不会经常发生改变，特别是在相对固定的网络中(一个没有冲突的以太局域网)，延迟更是没有什么变化。故而前者不需要经常进行，其执行周期要比偏移校准要大一些，具体取值可以在 4 到 60 秒之间。这样设计也可以有效减少网络当中的通信量。

3. 使用交换机

在以太网内使用交换机来进行网络互连，可以避免冲突发生，有助于提高网络的传输实时性，但交换机使用存储转发策略。在较低的网络负载的情况下，两层交换机会给每个以太帧增加2到10μs的延迟和0.4μs的抖动，在高负载的情况下，情况会变得很糟，处于交换机内部等待传输的队列中的帧（最大帧长）将会增加122μs的延迟。即使使用优先级（802.1p），也不能解决该问题，这是因为一个较长的帧可能排在Sync帧前，这就可能带来122μs的抖动。

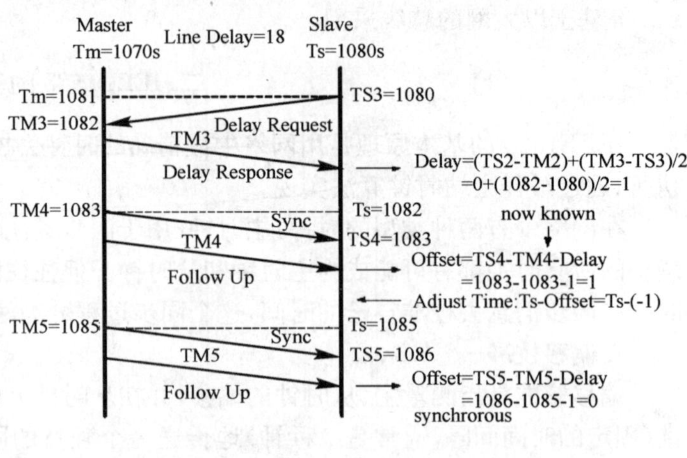

图2 延迟校准

这个问题的解决方案是使用带IEEE1588边界时钟的交换机进行网络互连。这样交换机可以像一个主时钟单元对连接在其上的从时钟端进行同步。当然这个过程要复杂一些：该交换机先与主时钟端进行时钟同步，然后自己扮演主时钟端的角色去同步所有连接在其上的从时钟端，这样就不会将交换机的延迟带给从设备端，而影响同步的精度。具体方式如图3所示。

4. 使用集线器

从IEEE1588协议的实现过程，可以看出网络延迟的抖动问题将给协议的实现精度带来很大的影响。从这一点出发，点对点的连接将提供最高的精度，但是这样将限制该协议的应用。而使用集线器是一个不错的解决方案。集线器能支持足够大网络的拓扑结构，由于集线器采用转发策略使用广播方式，不存在缓存机制，所以带来的延迟抖动也在几百纳秒之内。

三、IEEE1588的时间检测点

PTP协议可以支持多种时间检测方案，时间检测点越靠近传输线路准确度越高。图4是几种方案的示意图。

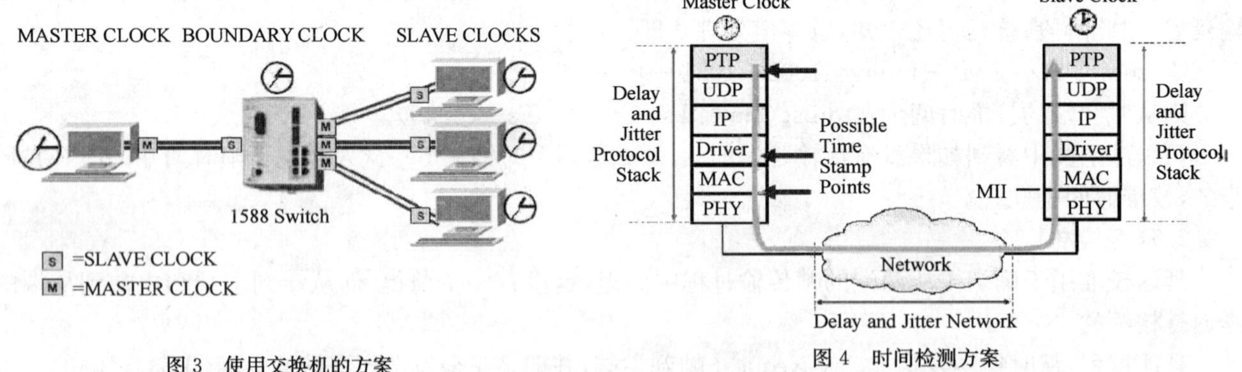

图3 使用交换机的方案　　图4 时间检测方案

1. 硬件辅助方式

最精确的方式就是硬件辅助方式，该方式中时间检测点往往被放在MII处（Medium Independent Interface），即MAC和PHY层之间，这样可以很容易得捕捉到并解码数据帧，在MII下，数据就是以4B5B编码，所以不能直接被理解。但这种方式的精度也受物理芯片的时间精度，其工作方式如图5所示。

2. 驱动层检测

没有硬件的辅助最好的检测位置就是在网络的驱动层。发出的帧在传递到MAC层以进行封装前

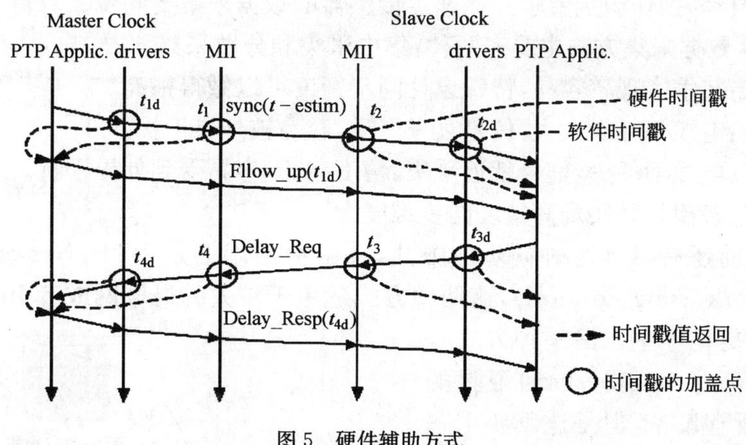

图 5　硬件辅助方式

被打上时间标记，接收的帧在进入网络接口入口处时就被打上了时间标签。该方案的精度受限于操作系统的计时方面的性能(例如中断延迟，CPU 的处理能力)和计算载荷。

3. 应用层检测

在应用层上进行检测，最好的位置是 socket 接口处，因为它不需要对其他系统软件进行修改。但该方案由于协议栈的操作延迟和负载的影响只能达到中等的同步精度。

四、IEEE1588 的硬件实现方法

英特尔公司是首先结合硬件使用 IEEE1588 的公司之一，传送时间误差为十亿分之一秒，达到了亚微秒时钟同步的精度。英特尔公司的 IXP465 网络处理器在基于以太网应用软件的三个 M II 接口支持 IEEE1588 同步时钟，每个端口都可以在主或者从模式下工作。M II(Media Independent Interface)即媒体独立接口，它是 IEEE2 802.3 定义的以太网行业标准。把这一模块结合到英特尔的 IXP465 网络处理器当中，而不是用一个 FPGA 来实现，这样做能有效地节省在印制电路板方面的成本。图 6 显示了在网络处理器中嵌入的 IEEE1588 位置以及对以太网的三个端口和一个辅助端口的监测，这些是用来触发硬件辅助的时间戳。

这一逻辑同样支持一个没有 M II 的界面，称作"辅助的"。通过多用的 I/O 引脚(GPIO)，它也同样可以配置为主模式或从模式。这个辅助界面可能用来实现在没有以太网结点时的同步。例如，一个全球定位系统(GPS)或者其他时钟。在英特尔 IXP400 标准软件中提供了一个 IEEE1588 软件 APIv2.0，它是运行在英特尔 Xscale 核上的一个软件。这就使设计人员更加方便灵活的实现任意指定的 IEEE1588 特征设置。上图中，NEP A、NEP B、NEP C 为三个以太网的网络处理器，他们通过 133MHz 的总线与下面的模块相连。IEEE1588 逻辑模块 GPIO 以及一个桥路通过 66MHz 的总线相连。

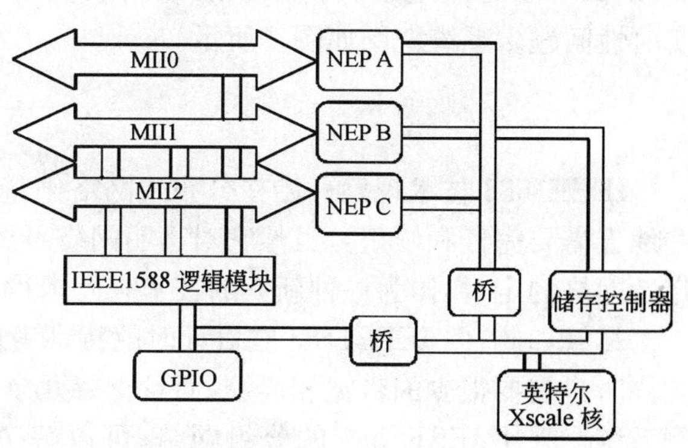

图 6　IEEE1588 模块

五、IEEE1588 协议应用在桥梁状态监测系统

桥梁状态监测系统实质是一个同步数据采集和分析系统，通过采集设备采集桥梁荷载源和桥梁结构响应等数据信息，传输到计算机存储设备上。上位分析软件通过桥梁模型对桥梁的安全状态进行估计，尽可能地找到损伤位置，从而指导桥梁的管养，降低运营成本，降低人员劳动强度。

桥梁结构模态分析和损伤识别要求各加速度传感器的数据采集要同步。对特大跨桥梁而言，振动信号一般在50Hz以下，数据采集方法主要有两种，集中采集和分散采集。

集中采集的优点：技术实现较容易，特殊设计同步精度可以做得很高。

集中采集的缺点：电缆消耗量太大，信号衰减严重，容易被外界干扰。

分散采集的优点：电缆消耗少，信号就近采集，精度高，不容易受到外界干扰。

分散采集的缺点：各模块间实现高精度同步难度大。

在IEEEI588之前还有其他时钟同步的方式，其中最常用的是NTP（Network Time Protocol）和SNTP（Simple Network Time Protocol），这两种方式适用于较大的局域网或者Internet环境中，同步的精度在毫秒级，甚至更差一些。另一种方式是使用GPS（Global Positioning System）卫星的无线电信号来同步所有设备，但是这就要求每个设备都必须要适用GPS接收器，那么意味着花费相当昂贵。所以尽管这种方式能得到很高的精度，但不适合分布式工业环境中使用。还有一种正被广泛使用的的方式是，给每个设备发送高精度的脉冲信号，如每秒通过独立的信道或线路向每个设备发送一个信号。这种方式虽然能达到相当的精度，但要求较多的额外线路承担脉冲传送，致使布线比较困难，特别是在特殊的环境，如特大型桥梁中。

IEEE1588以太网精确时间同步技术能够在网内实现小于1μs的时钟抖动，这为分布式以太网同步数据采集铺平了道路。在桥梁状态监测系统设计中引入IEEE1588协议，则桥梁状态监测系统的时钟同步精度可以控制在微秒级，从而可以有效地解决桥梁状态监测系统的实时性问题。系统框图如图7所示。

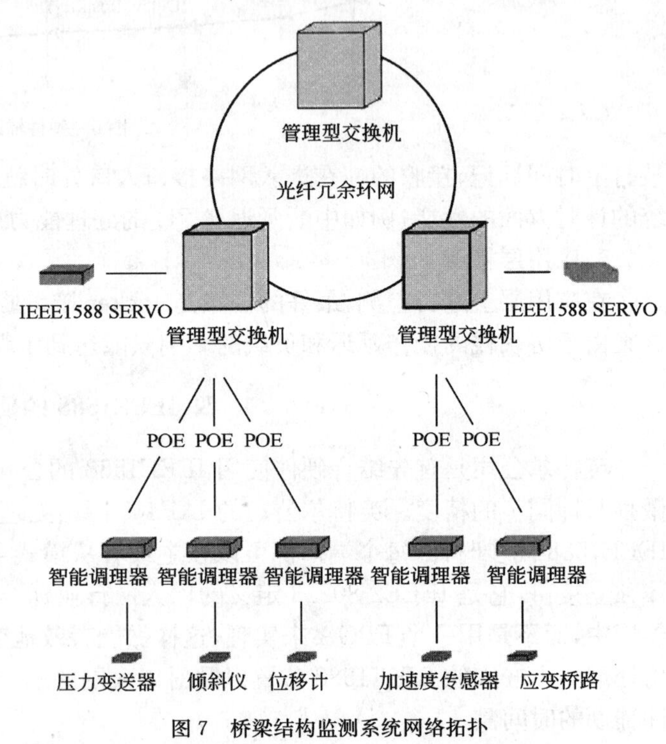

图7 桥梁结构监测系统网络拓扑

六、结　论

IEEE1588技术现已开始在分布式网络化监测系统中得到应用，但是由于它推出的时间尚短，还有一些地方需要完善和修正。虽然它对透明网络可提供很好的定时同步，但仍未克服经过路由器等具有不确定性网络的定时，作为一种新兴的技术它尚未得到足够的实际应用。

尽管如此，但IEEE1588在设计时就特别考虑到尽量减少资源需求，对内存和CPU没有特殊要求，工作时只需要很少的带宽和监控，而且支持冗余主时钟，自动选取最佳时钟，特别适合于分布式网络化监测系统。采用IEEE1588的分组网络，可以解决通用以太网延迟时间长和同步能力差的瓶颈，因此将IEEE1588引入分布式网络化监测系统的设计，通过GPS与IEEE1588主备方案或者单独的IEEE1588方案，可以在降低成本的同时可靠高效地为构建桥梁结构监测系统服务。先期的研究成果表明IEEE1588毫无疑问地会在桥梁结构监测系统中取得巨大的成功。

参考文献

[1] John C. Eidson. White Paper 1—the app location of IEEE1588 to test and measurement system s[Z]. December 20 th, 2005.

[2] John C. Eidson, Michael C. Fischer and Joe White. IEEE2 1588 TM Standard for a Precision Clock Synchronization Protocol for Networked Measurement and Control System s[Z]. 2002.

[3] Evaluation of Timing Characteristics of Industrial Ethernet Networks Synchronized by means of IEEE1588.

138. 高强钢筋长期应力监测传感器试验研究

张胜利[1] 唐 亮[2] 蒋 杰[1]
(1.浙江省舟山连岛工程建设指挥部;2.西南交通大学)

摘 要 按照安装方式的不同,高强钢筋应力测试传感器可分为附着环式传感器、压力环式传感器和接触式传感器,本文给出了这三类传感器的测试实验主要结果,分析结论表明,应变式压力环由于其精度及可更换性较为优秀可作为目前的首选方案,超声波传感器则由于其极高的方便性而成为高强钢筋应力长期监测的优选发展方向。

关键词 竖向预应力 应力监测 磁弹仪 应变式压力环 超声波测力传感器

一、概 述

近年来,随着我国道路交通事业的快速发展,需要修建大量的大跨度桥梁以跨越大江大河,预应力混凝土连续梁桥和连续刚构桥以其可靠的力学性能、成熟的设计和施工技术、低廉的建造和养护维修成本等诸多优点,已成为大跨度(100 m～300 m)桥梁的首选桥型之一。从 20 世纪 70 年代起,采用悬臂法施工的大跨度预应力混凝土连续梁(刚构)桥得到迅速发展[1]。目前,世界上修建的跨度达到或超过 230m 的连续刚构桥已有近 20 座,而我国就有 12 座。

尽管预应力梁式桥的发展令人瞩目,但我国有些已建成的连续梁(刚构)桥在运营过程中逐步暴露出一些缺陷[2],主要表现为跨中持续下挠、箱梁底板和腹板开裂严重,削弱了结构的承载能力和耐久性,影响了桥梁的正常使用和行车安全。对于跨中下挠和底板开裂的问题,近年来已经有较多的研究并且形成了指导设计和施工的文献,而对于导致腹板开裂病害的竖向预应力筋的永存应力问题,目前尚缺乏系统研究,在很多问题上还缺乏统一认识。

桥梁结构的竖向预应力筋通常采用精轧螺纹钢筋(高强钢筋),由于竖向预应力筋通常长度较短,精轧螺纹钢筋即使出现很微小的松弛或锚头回缩也将引起竖向预应力筋出现较大的预应力损失[3～5]。为了确保竖向预应力筋的施工锚固效果及运营期间的永存应力的有效性,我们应该充分重视对竖向预应力筋的监测。

根据安装方式的不同,高强钢筋测力传感器可分为附着环式传感器、压力环式传感器和接触式传感器三类,如图 1 所示。在考察传感器的适用性时应重点考虑下面三方面问题:

(1)传感器必须考虑在恶劣的工地安装情况下具有足够的精度。

(2)传感器必须具有长期稳定性和对温度的不敏感性。

(3)传感器寿命肯定无法达到与桥梁结构相同的水平,因此应充分考虑传感器的可更换性。

二、附着环式传感器

附着式传感器是指传感器附着在高强钢筋的受力部分,针对高强钢筋较高精度的监测目前仅有磁弹仪较为可行,其余诸如附着式钢筋计应变计的方式由于精度较低(10%左右),一般不在考虑范围内。

磁弹式索力仪国内从 2000 年开始应用,典型的有早期采用直流激励的南京长江二桥和后期采用交流激励的湛江海湾桥。磁弹式传感器的主要原理是导磁材料在不同应力水平下其磁通量是不同的。目前磁弹式索力仪需要在高强钢筋受力范围缠绕线圈,在体内预应力锚固体系中其无法更换。另外,磁弹

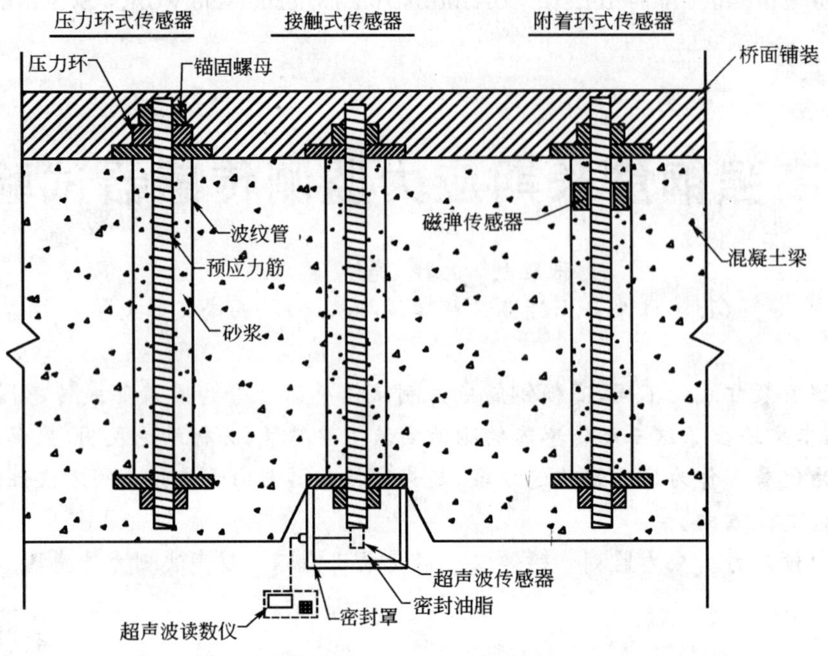

图1　不同安装方式的测力传感器示意

式索力仪需要数百伏的高压交流激励、采集设备也非常复杂昂贵、采集速度也较低。

图2为某型号磁弹仪的测试实验，图3为该实验的测试结果。根据磁弹仪的测试原理，测试曲线应为线性，若用线性关系拟合测试数据，误差将高达5%。图中采用三次曲线拟合时的误差约为1.3%，采用高阶拟合曲线时只能在标定加载范围内时才能保证精度，当实际加载到标定加载范围外时一般会产生较大误差。

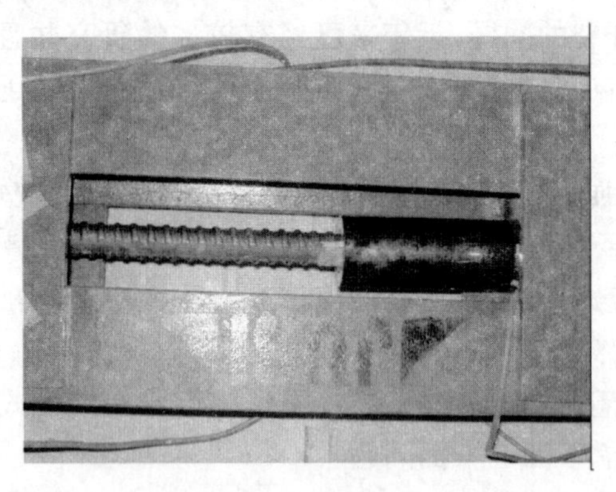

图2　磁弹仪测试实验

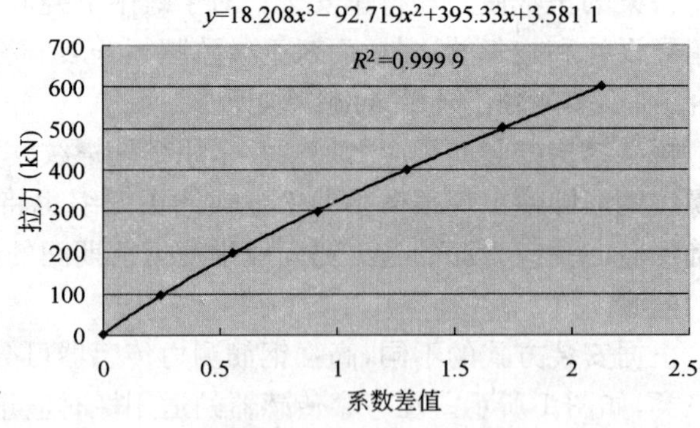

图3　磁弹仪测试实验结果

三、压力环式传感器

压力环式传感器式指将传感器参与高强钢筋的承力，并对其承力进行测试来反映高强钢筋的永存力，通常是将压力环安装在锚固螺母与锚垫板之间，承受与高强钢筋相同的荷载。根据应变敏感元件的不同，压力环是传感器有很多种类型，国内较常用的有油压压力环、钢弦应变式压力环、光纤应变式压力环、电阻应变式压力环等。

其中，电阻应变片已经有约50年的应用实践，尤其近十余年应变片在封装、应变胶及保护胶等方面进行了大量的改进，使得其过去长期稳定性不好的缺点不复存在，另外，由于电阻应变片具有很高的形状灵活性，因此便于传感器的定制，经过优化的电阻应变式压力环在长期稳定性、抗力学干扰能力（偏心、接触面影响等）、温度补偿等方面均具有较为明显的优势。

图4所示为电阻应变式压力环（锚索计）的测试结果，由图可见测试曲线的线性度非常高，最大离散性偏差为0.07%。

图5所示为锚索计的抗偏心加载能力实验，表1为实验结果。结果表明，偏心加载时锚索计的最大偏差率约0.9%，可见锚索计在偏心加载时仍具有很高的测试精度。

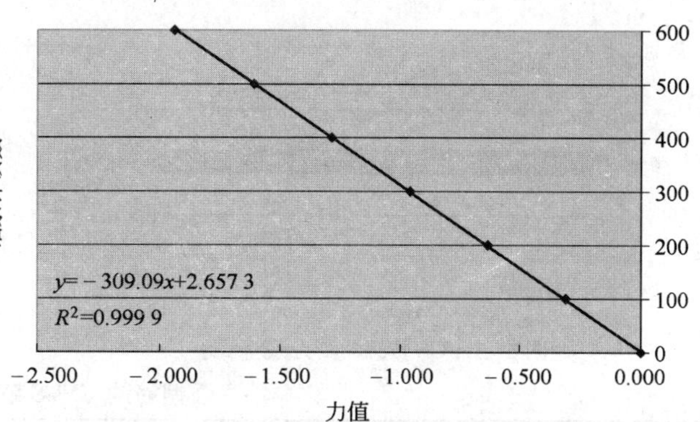

图4 锚索计测试实验结果

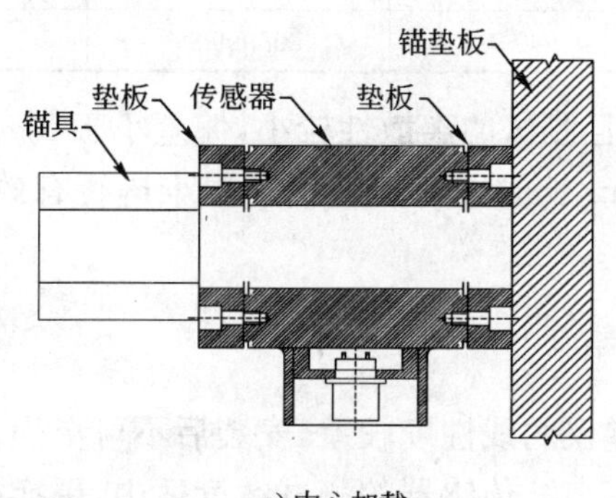

a) 中心加载

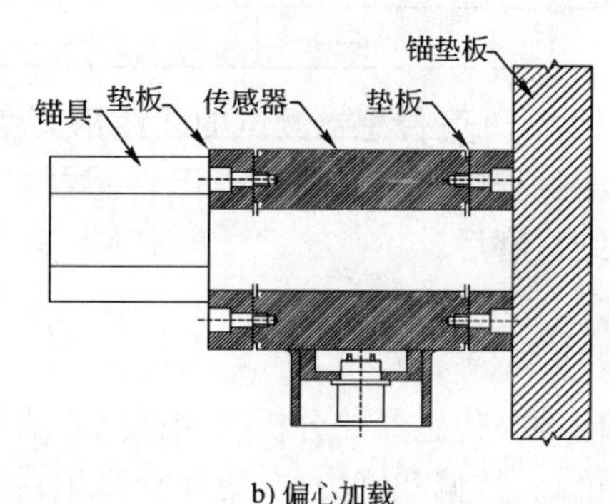

b) 偏心加载

图5 锚索计抗偏心加载实验

锚索计偏心加载实验结果 表1

压力机力值（kN）	中心加载：锚索计力值（kN）	偏心加载：锚索计力值（kN）	偏差率（%）	压力机力值（kN）	中心加载：锚索计力值（kN）	偏心加载：锚索计力值（kN）	偏差率（%）
0	2.66	2.66	0.00	400	399.50	404.44	0.83
100	99.31	99.90	0.10	500	500.45	505.61	0.86
200	197.88	200.44	0.43	600	601.24	606.56	0.89
300	298.39	302.97	0.76				

四、接触式传感器

接触式传感器指传感器只需要和高强钢筋接触即可对其进行力的测试的方式，目前市场上可见的主要是法国Advitam公司的UPUS超声波传感器。

UPUS传感器的测力原理（图6）是通过测出超声波回波周期算出钢筋内的拉力，这种方法目前在汽车工业领域内已经广泛应用。超声波的回波周期T可以通过钢筋的长度L和声波在钢筋内传播速度V求得，而L和V与钢筋的拉力F是线性相关的，即

$$\Delta F = K \times \Delta T \tag{1}$$

式中：K——与钢筋的材质和型号相关的系数。只要测得$F=0$时对应的回波周期T_0，就可以通过测得T来求出当前的钢筋拉力，即

$$F = K \times (T - T_0) \tag{2}$$

图7所示为UPUS传感器的测试实验。表2为5组相同材质的高强钢筋试件测得的K值及其相关性系数。

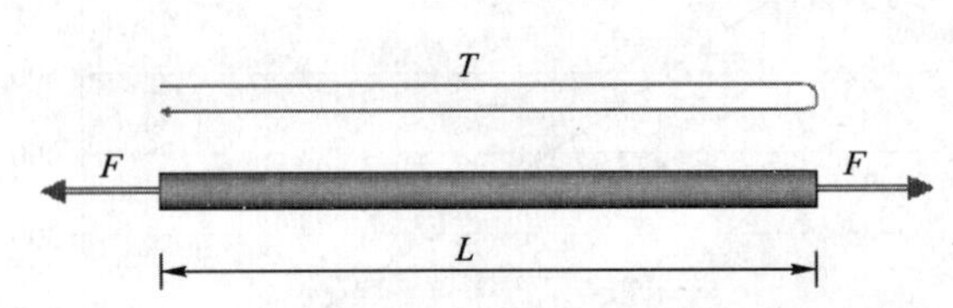

图6　UPUS传感器测力原理示意

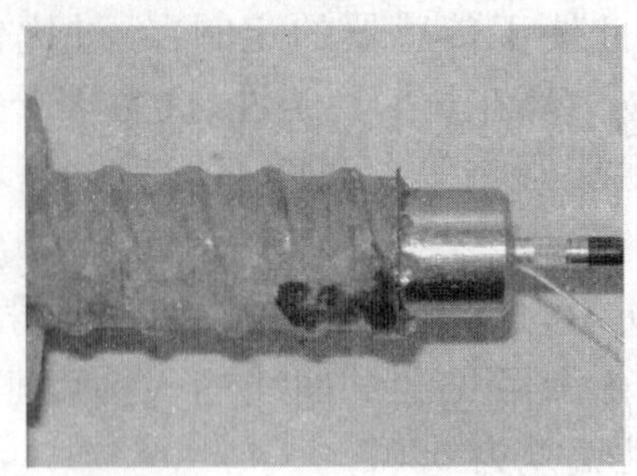

图7　UPUS传感器测试实验

高强钢筋的UPUS系数 *K* 及其相关系数　　表2

试件编号	1	2	3	4	5
K	0.233 6	0.232 2	0.240 1	0.233 5	0.238 5
相关系数	0.999 8	0.999 5	0.999 9	0.999 9	0.999 7

由表2可见，UPUS传感器测试的线性相关度很高，且测试的离散性较小，偏差小于3%。

但是在实测过程中我们发现UPUS传感器对超过3m长的国产高强钢筋很难进行有效测试即使在钢筋端面被仔细打磨后。

五、总　　结

由上述不同种类传感器的分析及测试结果表明：磁弹仪的线性度较差，安装后不可更换；应变式压力环的测试精度最高，抗偏载能力差，更换较麻烦；接触式超声波传感器的测试精度适中，更换简单，但还应针对国内高强钢筋进行改进。

因此，应变式压力环由于其精度较高及具备可更换性而成为目前的首选方案，超声波传感器则由于其极高的方便性而成为高强钢筋应力长期监测的优选发展方向。

参考文献

[1] 吕志涛，刘钊. 浅论我国预应力混凝土梁桥的技术与发展[J]. 桥梁建设，2001(1).

[2] 楼庄鸿. 大跨径梁式桥的主要病害[J]. 公路交通科技，2006(4).

[3] 杜官民，陈爱萍. 混凝土结构竖向预应力筋锚固应力损失的控制[J]. 桥梁建设，2006增刊.

[4] 刘玉兰，吴初平. 桥梁竖向预应力施工质量控制[J]. 中外公路，2006(4).

[5] 方志，汪剑. 预应力混凝土箱梁桥竖向预应力损失的实测与分析[J]. 土木工程学报，2006(5).

139. 嵌岩钻(挖)孔桩水平荷载试验及研究

徐风云[1]　羊雨林[1]　陈德荣[1]　王伯惠[2]

(1. 浙江省舟山连岛工程建设指挥部；2. 辽宁省交通科学研究所)

摘　要　本文指出《公路桥涵地基与基础设计规范》中有关嵌岩桩计算公式的矛盾。介绍国内嵌岩桩水平荷载试验研究成果。

关键词　嵌岩桩　水平荷载　试验　研究成果

一、问题的提出

随着施工机械和施工技术的进步，大直径或超大直径钻(挖)嵌岩桩在桥梁工程中得到了更为广泛得应用。目前，直径 1.5m 的嵌岩桩已经比较普遍，直径 2.0m 以上者也为数不少，与此同时，工程实践又一次把嵌岩桩基础横向承载力的计算问题提到了桥梁设计者的面前。

自 1975 年颁布的《公路桥梁设计规范》至目前执行的《公路桥涵地基与基础设计规范》(以下简称《规范》)均提出按下列公式计算嵌岩桩的嵌岩深度：

$$h=\frac{M_{\mathrm{H}}}{(0.0655\beta f_{\mathrm{rk}}d)^{0.5}}(\text{圆桩})\text{ 或 }h=\frac{M_{\mathrm{H}}}{(0.0833\beta f_{\mathrm{rk}}b)^{0.5}}(\text{方桩})$$

稍作分析可知，这个公式是根据如下假定推导得出的：

(1)在弯矩 M_{H} 作用下，桩绕 $h/2$ 截面转动；

(2)桩侧受压面基岩强度随深度呈矩形分布；

(3)计算桩宽范围内，最大压应力值 $\sigma_{\max}=1.27\sigma_{\mathrm{p}}$，$\sigma_{\mathrm{p}}$ 为平均压应力，且有 $\sigma_{\max}=0.5\beta R_{\mathrm{a}}$；

(4)不计桩侧阻力和桩底反弯矩的嵌固作用。

其计算简图如图 1 所示。该公式是一个近似公式，其缺点和问题是十分明显的；它不能反映嵌岩桩受横向荷载和弯矩作用时桩身内力与桩轴线变形之间的相互关系，无法用以进行嵌岩群桩基础设计。因此，现在的设计者大多不用这个公式，而仍按根据 m 法推导的公式(见《规范》附录六)来进行嵌岩桩基础设计计算。众所周知，m 法的所有公式和参数是在假定地基抗力系数沿深度呈三角形分部(地面处地基系数和抗力为零)的前提下推导的，而按《规范》第 3.4.5 条公式，嵌岩桩受弯矩和横向力作用后，地面处桩侧抗力最大。同一《规范》前后两条互相矛盾。此外，用 m 法计算嵌岩桩缺少试验和理论依据。出现这些问题的根本原因，在于对嵌岩桩的受力行为和本构关系未进行深入的试验研究。

二、国内嵌岩桩试桩成果简介

嵌岩桩水平承载力计算问题曾被列为交通部重点科研项目，先后组织了两次规模较大的足尺嵌岩桩水平荷载试验。第一次试桩在唐河大桥工地进行，试桩现场基岩为淡红色风化片麻岩，表层 0.5m 风化比较严重。四根试桩的直径分别为 1.1m、1.1m、1.1m、1.2m，嵌岩深度分别为 1.0m、3.0m、1.0m、1.5m。试桩资料列于表 1。试桩自由段安装了变形计测桩顶转角和水平位移以及桩轴弹性曲线。试桩侧壁和桩底预埋了钢弦压力盒，实测的桩侧抗力和桩底反抗力及桩轴变形曲线分别示于图 2a)、b)、c)。基岩地基系数由图 3a)所示的水平承压板试验测定。实测压力—压缩量曲线示于图 3b)；基岩应力列于表 2。实测地基系数 $K_1=700\mathrm{kN/cm^3}$(风化层)，$K_2=1100\mathrm{kN/cm^3}$，$K_3=1300\mathrm{kN/cm^3}$。K 值随深度分布关系示于图 3c)、d)。实测转角位移示于表 2。

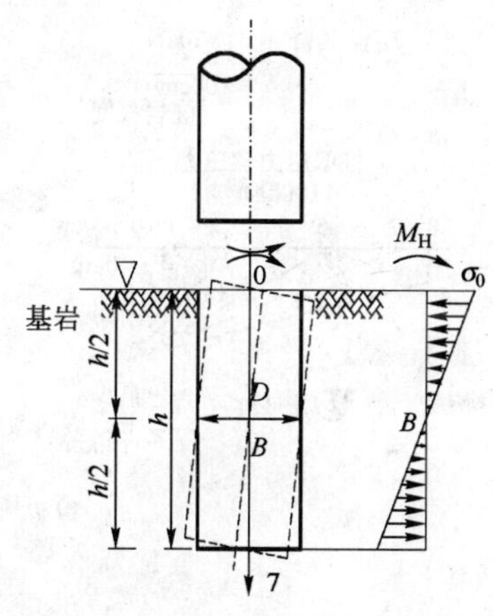

图 1　《桥规》第 4.3.5 条公式计算简图

试桩情况一览表　　表 1

试桩编号	自由段长度(m)	自由段桩径(m)	施力点高度(m)	嵌岩段深度(m)	嵌岩段桩径(m)	覆盖层厚度(m)
1	3.3	1.0	3.0	1.0	1.1	0
2	3.3	1.0	3.0	3.0	1.1	0
3	1.3	1.0	1.0	1.0	1.1	0
4	3.3	1.0	3.0	1.5	1.2	2.35

试桩水平位移及转角汇总表　　表 2

H_0(kN)		20	40	60	80	100	120	140	160	180	200	220
M_0(kN·m)		60	120	180	240	300	360	420	480	540	600	660
1号桩	Y_0(mm)		0.01	0.05			0.45	0.50	0.72	0.74	0.97	1.24
	φ_0(rad)		0.225×10^{-3}	0.425×10^{-3}	0.7×10^{-3}	0.575×10^{-3}	1.14×10^{-3}					
	Y_1(mm)	0.23	0.55	1.23	1.88	2.65	3.11	5.46	8.61	9.14	12.38	17.79

续上表

H_0(kN)		20	40	60	80	100	120	140	160	180	200	220
M_0(kN·m)		60	120	180	240	300	360	420	480	540	600	660
2号桩	Y_0(mm)	0.03	0.07		0.2	1.25	0.33	0.45	0.52	0.81	1.14	2.97
	φ_0(rad)	0.107×10^{-3}	0.2×10^{-3}		0.25×10^{-3}	0.177×10^{-3}	0.77×10^{-3}					
	Y_1(mm)	0.33	0.7	1.14	1.57	2.12	2.85	3.88	5.40	7.88	12.78	20.15
4号桩	Y_0(mm)	0.62										
	φ_0(rad)	0.6×10^{-3}										
	Y_1(mm)	2.13										
H_0(kN)		60	120	180	240	300	360	420	480	540	600	
M_0(kN·m)		60	120	180	240	300	360	420	480	540	600	
3号桩	Y_0(mm)	0.05	0.14	0.22	0.29		0.40	0.44	0.75	1.7	2.17	
	φ_0(rad)	0.2×10^{-3}	0.41×10^{-3}	1.0×10^{-3}	1.52×10^{-3}	2.24×10^{-3}	2.88×10^{-3}	4.09×10^{-3}	5.08×10^{-3}			
	Y_1(mm)	0.25	0.55	1.21	1.71	2.64	3.28	4.53	6.55	12.11	15.11	

说明：①y_1 为施力点的水平位移。1、2、4号桩施力点在地面上3.0m处。3号桩在1.0m处。

②2号桩 $y_0\varphi_0$ 的测点在地面上0.35m处。其测值比地面处略大。

③M_0＝420kN·m时，四根试桩的受拉区均出现可裂缝。

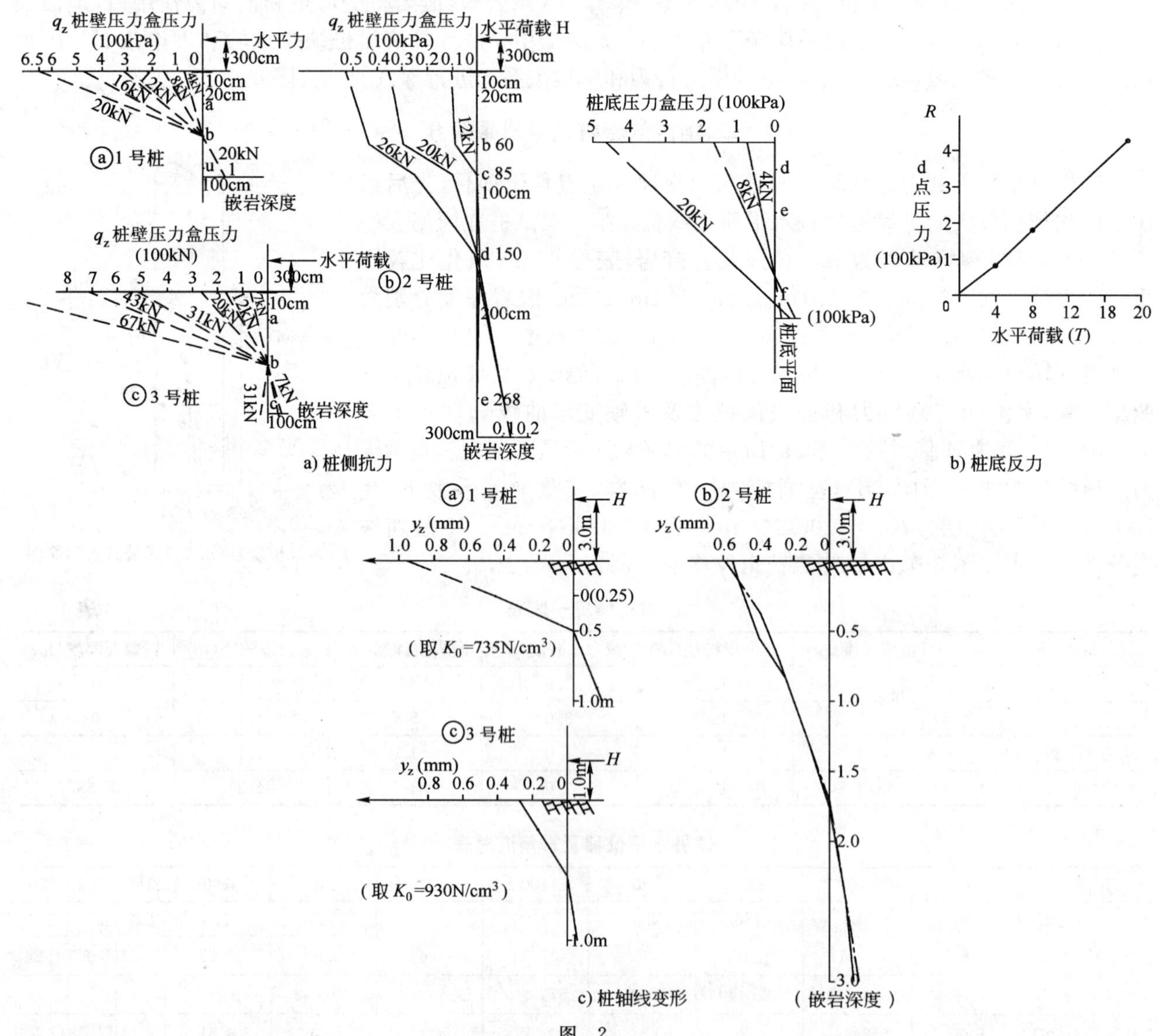

a) 桩侧抗力　b) 桩底反力

c) 桩轴线变形

图 2

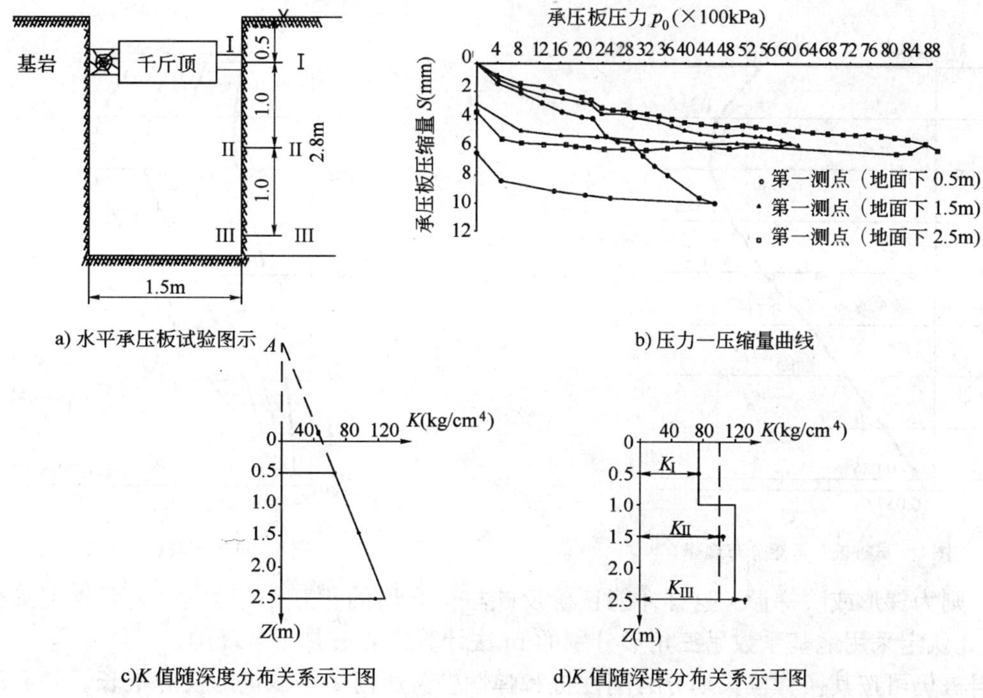

a) 水平承压板试验图示　　b) 压力—压缩量曲线

c)K 值随深度分布关系示于图　　d)K 值随深度分布关系示于图

图 3

第二次试桩在南充大桥工地进行，嵌岩深度分别为 2.0m、4.0m。试桩侧壁底面预埋了环氧树脂应变计实测桩侧和桩底抗力，试桩主筋预埋钢筋应变计实测桩身应变，并由此推导弯矩变化规律，试桩自由段安装四层变位计，实测桩身变位。此外，还采用弧形承压板试验，如图 4a)，测定基岩地基系数沿深度变化关系。实测地基系数分布规律示图 4b)，试桩桩身弯矩分布规律示图 5。试桩实测桩轴弹性曲线示图 6。

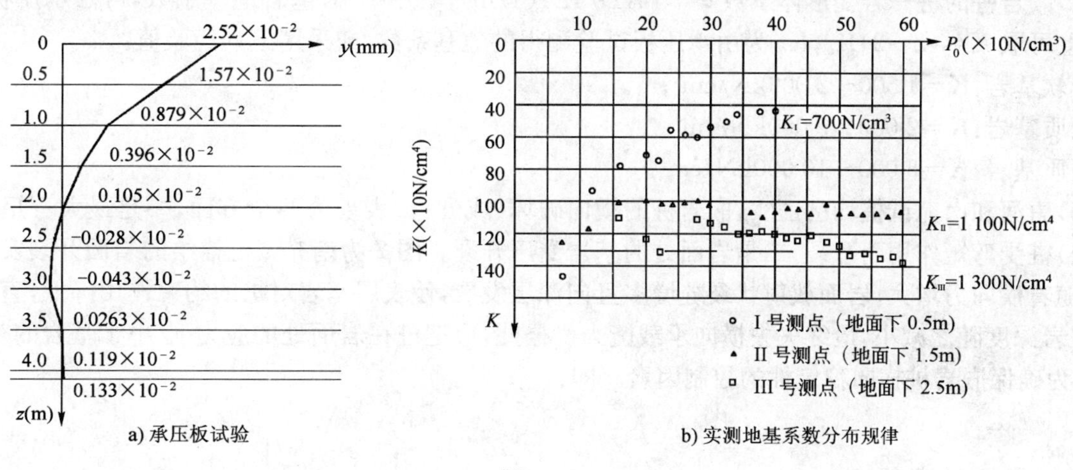

a) 承压板试验　　b) 实测地基系数分布规律

图 4

三、试桩成果分析及结论

上述嵌岩桩试验，特别是四川南充试桩规模盛大，测试资料准确，内容丰富，给嵌岩桩水平承载能力计算理论和方法的研究提供了宝贵的依据，值得受到研究者，特别是研究编制者的重视，希望有关方面能在此基础上认真研究并修改《规范》中的嵌岩桩计算方法。

由上述试桩成果可以得出如下结论：

(1)现有桩基计算公式全部是根据弹性地基梁理论推倒的，并不复杂，也不是问题的关键。桩基计算方法是否合理，关键是所选择的地基系数图示能否反映桩—土(土或岩石)介质之间的相互作用关系。嵌岩桩试验表明，基岩介质地基系数沿深度基本上呈矩形分布。如上覆风化层时应考虑表层介质对桩的弹

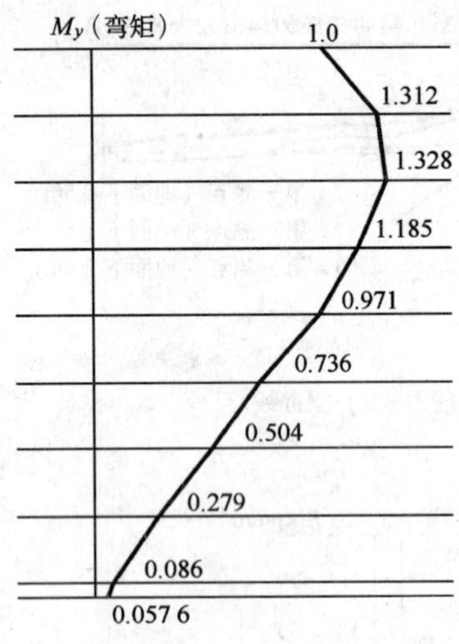

图5　试桩桩身弯矩分布规律

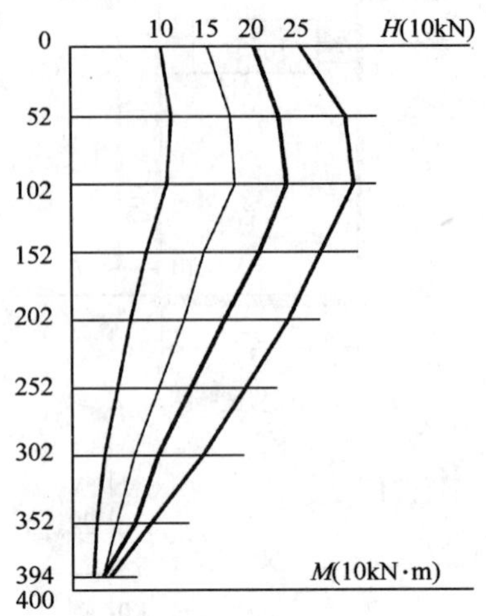

图6　试桩实测桩轴弹性曲线

性嵌固作用，则为梯形或阶梯形。这样才能正确反映桩—介质的相互作用关系，进而收到减小嵌岩深度的效果。据此认定采用地基系数呈三角形分别的m法计算嵌岩桩是不合理的。

(2)嵌岩桩仍可按其换算桩长划分为刚性桩和弹性桩。唐河2号试桩的换算桩长。$\alpha h=2.595$，为弹性桩，南充试桩的换算桩长$\alpha h=2.83$，为弹性桩，故仍可以$\alpha h=2.5$作为刚性桩与弹性桩的分界限，$\alpha h<2.5$时按刚性桩计算，$\alpha h\geqslant 2.5$时按弹性桩计算，其中h为桩的嵌岩深度。

(3)因嵌岩桩要求严格清除孔底沉积物，以充分发挥桩底支撑力的有力作用，故在作横向受力计算时，应计入桩底反弯矩的影响，以减小嵌岩深度。

(4)嵌岩桩的桩一岩变形体系数$\alpha=\sqrt{KD/4EI}$(1/m)，其中K为基岩地基系数，可由承压板试验确定，同上可取$K=(2\sim3)K_o$，K_o为由承压板试验测得的地基系数，或采用下列经验值：

极软基岩：$K=1\,500\sim2\,000\text{kN/cm}^4$；

软质基岩：$K=2\,000\sim5\,000\text{kN/cm}^4$；

硬质基岩：$K=5\,000\sim10\,000\text{kN/cm}^4$。

(5)唐河和南充试桩均已证实，嵌岩桩的横向破坏(或失稳)表现为两个方面，一是最大弯矩截面(或岩面处)桩受弯矩作用而开裂；二是岩面处的基岩受压开裂。图7为南充试桩描绘的岩面开裂实况，试验探明，随着横向力增大，岩面放射状裂缝增多且向深层发展，使表层基岩对桩的约束作用降低，直至消失。桩的嵌岩深度随之减小，最终失去横向承载能力。据此，应把桩在岩面处的应力σ_α小于基岩的初裂应力$[\sigma_1]$作为确保嵌岩桩横向稳定性的控制因素。即：

$$\sigma_0\leqslant[\sigma_1]\qquad(1)$$

$$\sigma_0=q_0/D\qquad(2)$$

$$[\sigma_1]=0.8[\sigma_0]\qquad(3)$$

式中：q_0——桩在岩面处的桩侧壁抗力；

D——桩直径；

$[\sigma_1]$——基岩的容许初裂应力，可由承压板试验测定，或取用$0.8[\sigma_0]$；

$[\sigma_0]$——岩石的容许承载力。

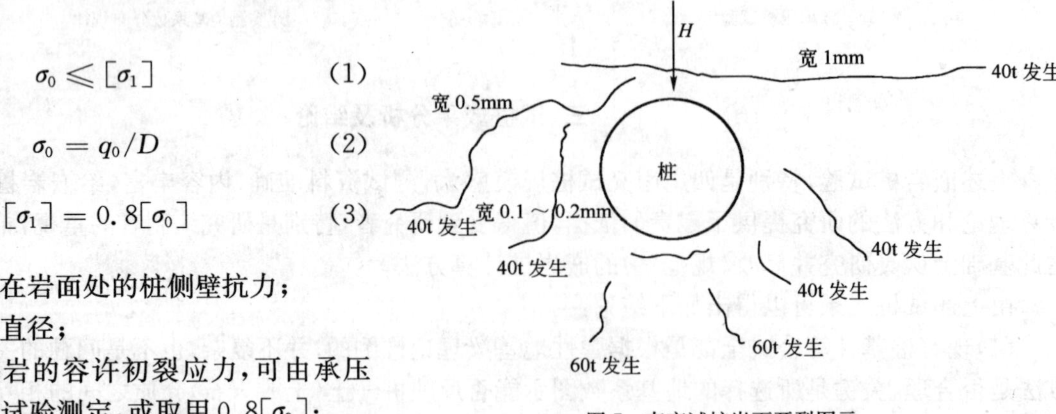

图7　南充试桩岩面开裂图示

140. 嵌岩桩基础计算方法

徐风云[1] 羊雨林[1] 王伯惠[2] 陈德荣[1]
(1.浙江省舟山连岛工程建设指挥部;2.辽宁省交通科学研究所)

摘 要 本文介绍无覆盖层和有覆盖层(或风化层)的嵌岩桩基础计算方法。

关键词 嵌岩桩 基础 计算方法

一、地基系数图示

根据《嵌岩钻(挖)孔桩水平荷载试验及研究》一文得出的结论,在计算嵌岩钻(挖)孔桩基础时,应分别采用两种地基系数图:当基岩面无覆盖层或风化层时,可采用矩形地基系数图示;否则应采用三角形加矩形地基系数图示。见图1a)、b)。

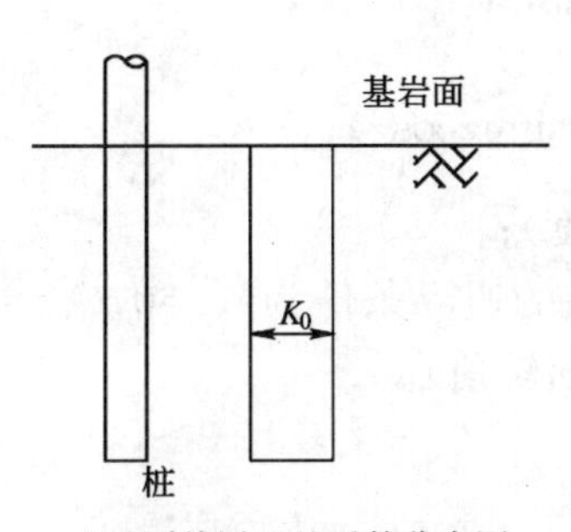

a)无覆盖层地基系数分布图

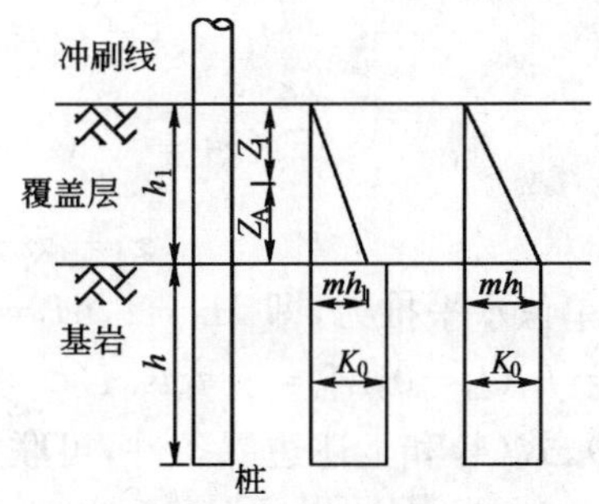

b)有覆盖层地基系数分布图

图1 计算嵌岩桩的地基系数图

二、嵌岩单桩计算方法

《嵌岩钻(挖)孔桩水平荷载试验及研究》一文证实,当桩的嵌岩深度较深时,嵌入段桩身具有弹性变形的特征,宜按弹性桩分析。当桩的嵌岩段较短时,嵌入段桩身具有刚性变形的特征,可按刚性桩分析。弹性桩的计算方法可用于$\alpha h \geqslant 2.5$(α——桩土形变系数,h——嵌岩深度)的情况;刚性桩的计算方法可用于$\alpha h \leqslant 2.5$的情况。

1. 基岩顶面无覆盖层的单桩计算方法

(1)弹性桩$\alpha h \geqslant 2.5$计算方法

当桩的嵌入范围内基岩的裂缝情况风化情况匀质性均无较大变化时,则可以认为基岩的地基系数沿桩长成矩形分布,如图2所示。

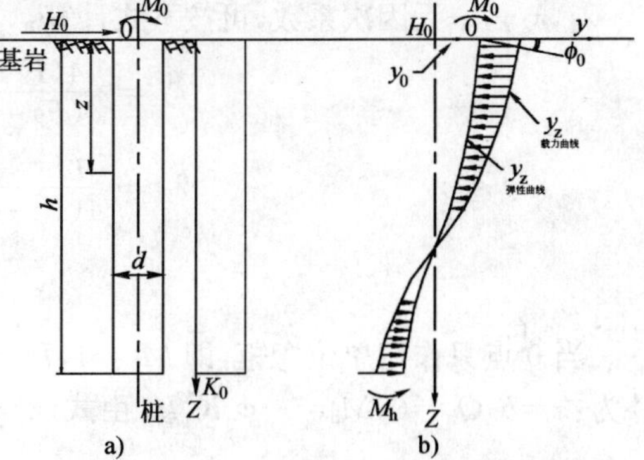

图2 弹性桩$\alpha h \geqslant 2.5$计算图

按弹性地基上的有限长梁的计算时,可写出当地基系数为矩形时弹性桩桩身内力和变位的初参数计算式为:

$$y_z = y_0 F_1(\bar{z}) + \frac{1}{\alpha}\varphi_0 F_2(\bar{z}) + \frac{M_0}{\alpha^2 EI} F_3(\bar{z}) + \frac{H_0}{\alpha^3 EI} F(\bar{z}) \tag{1}$$

$$\varphi_z = -4\alpha y_0 F_4(\bar{z}) + \varphi_0 F_1(\bar{z}) + \frac{M_0}{\alpha EI} F_2(\bar{z}) + \frac{H_0}{\alpha^2 EI} F_3(\bar{z}) \tag{2}$$

$$M_z = -4\alpha^2 EI y_0 F_3(\bar{z}) - 4\alpha EI \varphi_0 F_4(\bar{z}) + M_0 F_1(\bar{z}) + \frac{H_0}{\alpha} F_2(\bar{z}) \tag{3}$$

$$Q_z = -4\alpha^3 EI y_0 F_2(\bar{z}) - 4\alpha^2 EI \varphi_0 F_3(\bar{z}) - 4\alpha M_0 F_4(\bar{z}) + H_0 F_1(\bar{z}) \tag{4}$$

式中： M_0 和 H_0——作用于地面的弯矩和水平力；

y_0 和 φ_0——地面处的水平位移和转角；

M_z 和 Q_z——地面下 z 点的弯矩和水平力；

y_z 和 φ_z——地面下 z 点的位移和转角；

EI——桩的抗弯刚度；

α——桩—基岩的形变系数；且：$\alpha = \sqrt{\frac{K_0 d}{4EI}}\left(\frac{1}{m}\right)$；

K_0——地基系数。

$F_1(\bar{z}), F_2(\bar{z}), F_3(\bar{z}), F_4(\bar{z})$——克雷洛夫函数，且有：

$$F_1(\bar{z}) = \cosh\bar{z}\cos\bar{z};$$

$$F_2(\bar{z}) = \frac{1}{2}(\sinh\bar{z}\sin\bar{z} + \sinh\bar{z}\cos\bar{z});$$

$$F_3(\bar{z}) = \frac{1}{2}\sinh\bar{z}\sin\bar{z};$$

$$F_4(\bar{z}) = \frac{1}{4}(\cosh\bar{z}\sin\bar{z} - \sinh\bar{z}\cos\bar{z});$$

$$\bar{z} = \alpha z;（换算深度）;$$

当 0 点只作用单位水平推力，即 $H_0=1, M_0=0$ 时，0 点的边界条件为：$z=0, Q_0=H_0=1, M_0=0$；桩底的边界条件为：$z=h, Q_h=0, M_h=-\varphi_h K_0 I$（$\varphi_h$ 为桩尖断面转角）。

由式(2)、式(3)、式(4)和上述边界条件，可联解得：

$$\delta_{HH}^{(0)} = \frac{1}{4\alpha^3 EI}\lambda_1 \tag{5}$$

$$\delta_{HH}^{(0)} = \frac{-1}{\alpha^2 EI}\lambda_2 \tag{6}$$

式中：δ_{HH}——$H_0=1$ 时，0 点的水平位移；

$\delta_{HH}^{(0)}$——$H_0=1$ 时，0 点的转角；

λ_1, λ_2——无因次系数，可按下式计算：

$$\lambda_1 = \frac{4(F_2F_3 - F_1F_4) + K_h(4F_3^2 + F_1^2)}{4(F_3^2 - F_2F_4) + K_h(4F_3F_4 + F_1F_2)} \tag{7}$$

$$\lambda_2 = \frac{(F_2^2 - F_1F_3) + K_h(F_2F_3 - F_1F_4)}{4(F_3^2 - F_2F_4) + K_h(4F_3F_4 + F_1F_2)} \tag{8}$$

$$K_h = \frac{K_0}{\alpha E}$$

当 0 点只作用单位弯矩，即 $M_0=1, H_0=0$ 时，0 点的边界条件 $z=0, Q_0=0, M_0=1$；桩尖断面边界条件为：$z=b, Q_h=0, M_h=-\varphi_h K_0 I_0$，由式(2)～式(4)式可联解得：

$$\delta_{MH}^{(0)} = -\frac{1}{\alpha^2 EI}\lambda_3 = \delta_{HM}^{(0)} \tag{9}$$

$$\delta_{MM}^{(0)} = \frac{1}{\alpha EI}\lambda_4 \tag{10}$$

式中：λ_3, λ_4——无因次系数，可按下式计算：

$$\lambda_3 = \frac{(F_1F_3 + 4F_4^2) + K_h(F_2F_3 - F_1F_4)}{4(F_3^2 - F_2F_4) + K_h(4F_3F_4 + F_1F_2)} = \lambda_2 \tag{11}$$

$$\lambda_4=\frac{(4F_3F_4+F_1F_2)+K_h(F_2^2+4F_4^2)}{4(F_3^2-F_2F_4)+K_h(4F_3F_4+F_1F_4)} \tag{12}$$

当0点同时作用水平力 H_0 和弯矩 M_0 时，由叠加原理可得0点的水平位移 y_0 和转角 φ_0(顺时钟转动为负)的计算式为：

$$y_0=H_0\delta_{HH}^{(0)}+M_0\delta_{MH}^{(0)} \tag{13}$$

$$\varphi_0=-(H_0\delta_{HM}^{(0)}+M_0\delta_{MM}^{(0)}) \tag{14}$$

把式(13)、式(14)代入式(1)～式(4)，可得出嵌岩段桩身变位和内力计算公式为：

$$y_z=\frac{H_0}{\alpha^3EI}A_y+\frac{M_0}{\alpha^2EI}B_y \tag{15}$$

$$\varphi_z=\frac{H_0}{\alpha^2EI}A_\varphi+\frac{M_0}{\alpha EI}B_\varphi \tag{16}$$

$$M_z=\frac{H_0}{\alpha}A_M+M_0B_M \tag{17}$$

$$Q_z=H_0Q_Q+\alpha M_0B_Q \tag{18}$$

式中：$A_y\cdots B_Q$——无因次系数，可按下式计算

$$A_y=\frac{1}{4}\lambda_1F_1(\bar{z})-\lambda_2F_2(\bar{z})+F_4(\bar{z}) \tag{19}$$

$$B_y=\lambda_3F_1(\bar{z})-\lambda_4F_2(\bar{z})+F_3(\bar{z}) \tag{20}$$

$$A_\varphi=-\lambda_1F_4(\bar{z})-\lambda_2F_1(\bar{z})+F_3(\bar{z}) \tag{21}$$

$$B_\varphi=-4\lambda_3F_4(\bar{z})-\lambda_4F_1(\bar{z})+F_2(\bar{z}) \tag{22}$$

$$A_M=-\lambda_1F_3(\bar{z})+4\lambda_2F_4(\bar{z})+F_2(\bar{z}) \tag{23}$$

$$B_M=-4\lambda_3F_3(\bar{z})+4\lambda_4F_4(\bar{z})+F_1(\bar{z}) \tag{24}$$

$$A_Q=-\lambda_1F_2(\bar{z})+4\lambda_2F_3(\bar{z})+F_1(\bar{z}) \tag{25}$$

$$B_M=-4\lambda_3F_2(\bar{z})+4\lambda_4F_3(\bar{z})+F_4(\bar{z}) \tag{26}$$

(2)刚性桩计算方法

当桩的嵌岩深度较浅时(如 $\alpha h\leqslant 2.5$)，可把嵌岩段作为刚性桩分析。

若作用于基岩顶面处的水平力为 H_0，弯矩为 M_0，当嵌岩段桩身在 H_0 和 M_0 作用下绕转动中心 A 点转动时，则基岩与桩的接触面上讲产生如下几类反力：弹性抗力 q_z，桩壁摩擦力 F_z，桩底摩擦力 T，桩尖反力矩 M_h，计算简图如图3所示。

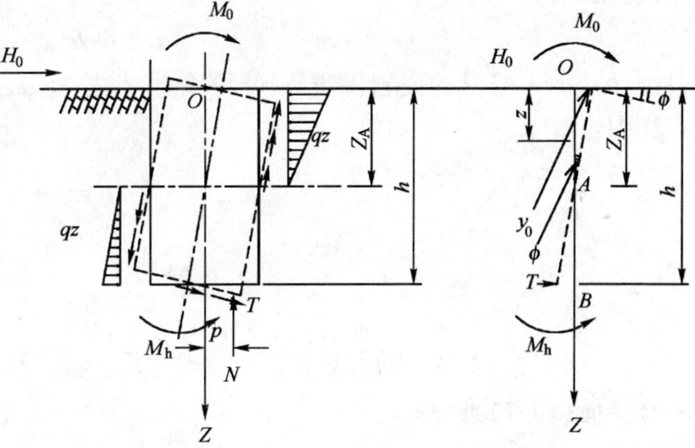

图3　刚性桩(αh < 2.5)计算图示

若将坐标原点设在地面处(O点)，令转动中心 A 点到地面的距离为 z_A，桩轴转角为 φ，基岩抗力系数为 K_0，则任意深度 z 断面的水平位移 y_z，抗力 q_z，摩擦力 F_z 为：

$$y_z=(z_A-z)\tan\varphi$$

$$q_z=kg_z=\mathrm{d}K_0(z_A-z)\tan\varphi$$

$$F_z=fq_z=fK_0(z_A-z)\tan\varphi$$

式中：f——混凝土与基岩的摩擦系数可取 $f=0.6$；

桩壁水平抗力之总和 q 为：

$$q=\int_0^h zq_z\mathrm{d}z=\mathrm{d}K_0\tan\varphi\int_0^h(z_A-z)\mathrm{d}z$$

$$= dK_0\tan\varphi\left(z_A h - \frac{h^2}{2}\right)$$

$$= dK_0 h\tan\varphi\left(z_A - \frac{h}{2}\right)$$

桩壁抗力对O点的力矩为

$$M_q = \int_0^h z q_z dz = dK_0\tan\varphi\int_0^h (z_A - z) z dz = dK_0\tan\varphi h^2\left(\frac{1}{2}z_A - \frac{1}{3}h\right)$$

$\overline{OA}$区间桩壁摩阻力对O点的力矩M_1为：

$$M_1 = \int_0^{z_A} d\cdot\frac{d}{2}F_z dz = \frac{1}{2}fd^2K_0\tan\varphi\int_0^{z_A}(z_A - z)dz = \frac{1}{4}fd^2K_0\tan\varphi z_A^2$$

$\overline{AB}$区间桩壁摩阻力对O点的力矩M_2为：

$$M_2 = \int_{z_A}^h d\cdot\frac{d}{2}F_z dz = \frac{1}{2}fd^2K_0\tan\varphi\left(\frac{h^2}{2} + \frac{z_A^2}{2} - z_A h\right)$$

当桩尖断面发生转动时，桩底基岩会相应产生一向上的垂直力N如图3，按温克尔假定则有：

$$N = K_0\rho\tan\varphi$$

式中：ρ为垂直力到中心轴的距离。

桩底垂直应力N对转动中心轴的抗力矩M_3为：

$$M_3 = \int^F \rho N dF = K_0\tan\varphi\int^F \rho^2 dF = K_0 I\tan\varphi$$

当桩底断面沿基岩滑动时，在桩底断面上产生的摩阻力T为：

$$T = \int^{F/2} fN dF = \frac{1}{12}fK_0 d^3\tan\varphi$$

桩底摩阻力对O点之力矩M_4为：

$$M_4 = Th$$

由桩的静力平衡条件$\sum H=0, \sum M=0$，有：

$$H_0 + T - q = 0 \tag{27}$$

$$M_0 + M_q - M_q - M_2 - M_3 - M_4 = 0 \tag{28}$$

把上列各式代入式(26)和式(27)，经若干演算后可得出计算桩轴转动中心A点到地面的距离Z_A的方程式为：

$$az_A^2 + bz_A - c = 0 \tag{29}$$

式中：a,b,c——与桩的嵌岩深度h、摩擦系数f、桩径d、基岩抗力系数K_0和外力M_0、H_0有关的系数。

其中：

$$a = \frac{1}{4}fd \tag{30}$$

$$b = \frac{1}{2}h^2 + \frac{1}{2}fdh + \frac{M_0}{H_0}h \tag{31}$$

$$c = \frac{M_0}{H_0}\left(\frac{1}{2}h^2 + \frac{1}{12}fd^2\right) + \frac{1}{3}h^3 + \frac{1}{12}fhd^2 + \frac{1}{4}fdh^2 + \frac{1}{64}\pi d^3 \tag{32}$$

对普通岩石可取$f=0.6$。

解式(28)可得z_A的计算式为：

$$z_A = \frac{-b+\sqrt{b^2+4ac}}{2a}\text{(取实根)} \tag{33}$$

桩轴转角$\tan\varphi$的计算式为：

$$\tan\varphi = \frac{H_0}{K_0 d\left(hz_A - \frac{h^z}{2} - f\frac{d^z}{12}\right)} = \frac{12H_0}{K_0 d(12h_z - 6h^2 - fd^2)} \tag{34}$$

桩顶水平位移 y_0 的计算式为：

$$y_0 = z_A \tan\varphi \tag{35}$$

为了保证桩在基岩中的嵌固稳定性，当按上式计算出桩顶水平位移 y_0 以后，还应按下式计算地面处的弹性抗力 q_0 并要求该点的压应力小于或等于基岩的初裂应力$[\sigma_1]$即：

$$y_0 K_0 \leqslant [\sigma_1] \tag{36}$$

根据试桩成果，基岩的初裂应力$[\sigma_1]$大约为(2～3)$[\sigma_0]$。$[\sigma_0]$为基岩的基本承载力，在计算嵌岩桩时可参考使用下列数值：极软岩($R_{c_ж}$<5 000kPa 者)，$[\sigma_0]$=800～1 200kPa；软岩(5 000kPa<$R_{c_ж}$<30 000 kPa 者)$[\sigma_0]$=1 500～3 000kPa；硬岩($R_{c_ж}$>30 000kPa 者)，$[\sigma_0]$≥4 000kPa 当不能满足式(35)的要求时，应增大嵌岩深度或桩径。

由式(33)～式(35)，若假定 $z_A=\dfrac{2}{3}$，取 $f=0.6$ 可得出计算桩的嵌入深度的公式 ：

$$h = \frac{2H_0}{[\sigma_1]d} + \sqrt[2]{\left(\frac{2H_0}{[\sigma_1]d}\right)^2 + 0.3d^2} \tag{37}$$

笔者认为，应当用该式替代现行《公路桥涵地基与基础设计规范》第 4.3.5 条中的公式。

2. 基岩顶面有覆盖层时的单桩计算方法

如果河床冲刷以后基岩顶面还余留有一定厚度的覆盖层，则应充分考虑覆盖层的弹性抗力对桩身变形的有利影响。

此时，若假定覆盖层部分土壤弹性抗力系数具有随深度按比例增加的规律(即抗力系数呈三角形)，基岩部分地基系数成矩形分布，见图 4。

覆盖层部分($\overline{OA}$ 段)有：

$$K_1 = m(h_1 - z_A) = mz_1$$

$$q_1 = K_1 y_1 d = md(h_1 - z_A)y_1 = mdz_1 y_1 \tag{38}$$

嵌岩段($\overline{AB}$ 段)有：

$$q = K_0 yd$$

式中：m——覆盖层土壤比例系数，可参考采用《m 法》中的数值；

h_1——覆盖层厚度，从冲刷线算至基岩顶面；

d——桩径；

K_0——基岩的弹性抗力系数。

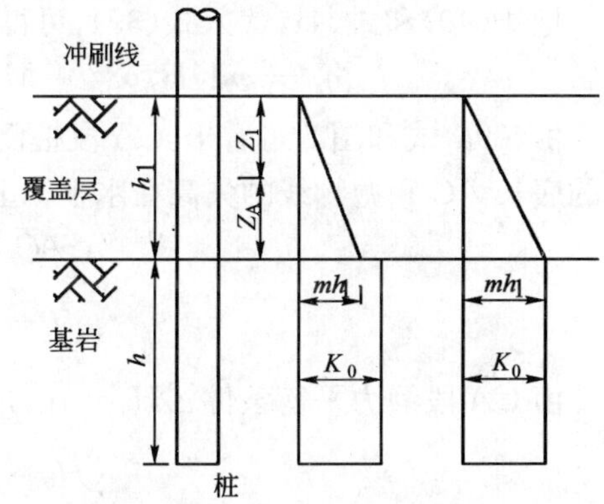

图 4　有覆盖层时的地基系数分布图示

若用 α_1 表示覆盖层部分桩—土的形变系数，用 α 表示嵌岩部分桩—基岩的形变系数，则有：

$$\alpha_1 = \sqrt[5]{\frac{md}{EI}}$$

$$\alpha = \sqrt[4]{\frac{K_0 d}{4EI}}$$

(1)$\alpha_1 h_1 \leqslant 2.5$ 时的单桩计算方法

当覆盖层较薄，覆盖层部分桩的换算长度 $h_1=\alpha_1 h_1 \leqslant 2.5$ 时，为了简化计算可把 $\overline{OA}$ 段作为刚性桩分析，如图 5。据有的资料介绍，此时虽然在分析中忽略了桩的弹性变形，但这样简化后的计算结果与按弹性桩分析的相差不大，计算却得以简化，因此认为这种分析从实用上说是可以的。

若把坐标原点设在基岩顶面(A 点)，用 z_A 表示由 A 点起算的纵坐标(向上为正)，则 z_1 点的水平位移 y_1 和相应的弹性抗力 q_1 为：

$$y_1 = y_A + \varphi_A z_A \qquad (z_A = h_1 - z_1) \tag{39}$$

$$q_1 = K_1 y_1 \mathrm{d} = m\mathrm{d}z_1(y_A + \varphi_A z_A) = m\mathrm{d}y_A z_1 + m\mathrm{d}\varphi_A z_1(h_1 - z_1) \tag{40}$$

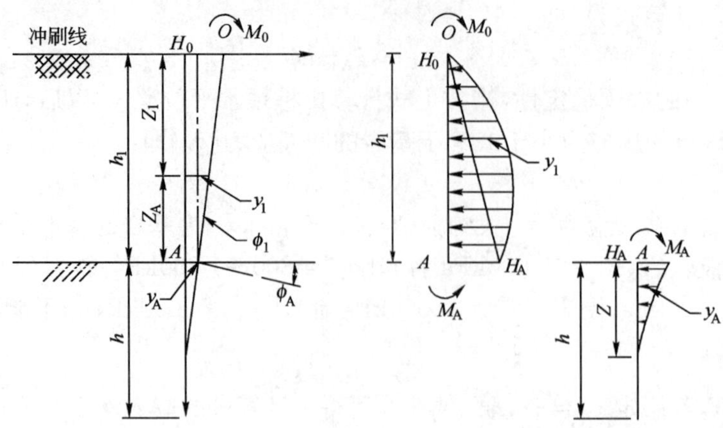

图5 $\alpha_1 h_1 \leqslant 2.5$ 的计算图示

式中：y_A——A 点的水平位移；

φ_A——A 点的转角；

由式(13)和式(14)有

$$y_A = H_A \delta_{HH}^{(A)} + M_A \delta_{MH}^{(A)} \tag{41}$$

$$\varphi_A = H_A \delta_{HM}^{(A)} + M_A \delta_{MM}^{(A)} \tag{42}$$

式中：H_A——作用于 A 点的水平力；

M_A——作用于 A 点的弯矩；

把式(40)和式(41)代入式(39)，可得：

$$q_z = md(H_A \delta_{HH}^{(A)} + M_A \delta_{MH}^{(A)}) z_1 + md(H_A \delta_{HM}^{(A)} + M_A \delta_{MM}^{(A)}) z_1 (h_1 - z_1) \tag{40a}$$

由(39a)式和图5可看出，$\overline{OA}$ 段桩侧土抗力图可分解为三角形 $\overline{OAC}$ 和二次抛物线 $\overline{ADC}$，其中，三角形的底长 $\overline{AC}$ 和抛物线的矢高在水平轴上的投影 f 分别为：

$$\overline{AC} = md(H_A \delta_{HH}^{(A)} + M_A \delta_{MH}^{(A)}) h_1 \tag{43}$$

$$f = \frac{1}{4} md(H_A \delta_{HM}^{(A)} + M_A \delta_{MM}^{(A)}) h_1^2 \tag{44}$$

由 $\overline{OA}$ 段静力平衡条件 $\sum H_0 = 0$；$\sum M_0 = 0$，可得：

$$H_0 - H_A - \frac{1}{2} h_1 \overline{AC} - \frac{2}{3} h_1 f = 0 \tag{45}$$

$$M_0 - M_A + H_A h_1 + \frac{2}{3} h_1 \cdot \frac{1}{2} h_1 \cdot \overline{AC} + \frac{1}{2} h_1 \cdot \frac{2}{3} h_1 f = 0 \tag{46}$$

把式(42)和式(43)代入式(44)、式(45)联解可得：

$$H_A = -\frac{n_4 H_0 + n_2 M_0}{n_2 n_3 - n_1 n_4} \tag{47}$$

$$M_A = -\frac{n_3 H_0 + n_1 M_0}{n_2 n_3 - n_1 n_4} \tag{48}$$

式中：

$$n_1 = 1 + \frac{mdh_1^2}{2} \left(\delta_{HH}^{(A)} + \frac{1}{3} h_1 \delta_{HM}^{(A)} \right) \tag{49}$$

$$n_2 = \frac{mdh_1^2}{2} \left(\delta_{MH}^{(A)} + \frac{1}{3} h_1 \delta_{MM}^{(A)} \right) \tag{50}$$

$$n_3 = h_1 + \frac{mdh_1^3}{4} \left(\delta_{HH}^{(A)} + \frac{1}{3} h_1 \delta_{HM}^{(A)} \right) \tag{51}$$

$$n_4 = -1 + \frac{mdh_1^3}{2} \left(\delta_{MH}^{(A)} + \frac{1}{3} h_1 \delta_{MM}^{(A)} \right) \tag{52}$$

按式(46)和式(47)算出作用于 A 点的水平力 H_A 和弯矩 M_A 后即可按式(40)和式(41)计算 A 点的

水平位移 y_A 和转角 φ_A。覆盖层顶面的水平位移 y_0 和转角 φ_0 则按下式计算：

$$y_0 = y_A + \varphi_A h_1 \tag{53}$$

$$\varphi_0 = \varphi_A \tag{54}$$

地面下深度为 z_1 处的剪力 Q_z 和弯矩 M_z 可由材料力学公式求得：

$$Q_z = H_0 - \int m d z_1 [y_A + \varphi_A (h_1 - z_1)] dz_1 = H_0 - m d z_1^2 \left(\frac{1}{2} y_0 - \frac{1}{3} \varphi_0 z_1\right) \tag{55}$$

$$M_z = M_0 + H_0 z_1 - m d z_1^3 \left(\frac{1}{6} y_0 - \frac{1}{12} \psi_0 z\right) \tag{56}$$

由最大弯矩断面剪力为零的条件可推导出计算 $\overline{OA}$ 段最大弯矩位置 z_m 的计算式：

$$\frac{\varphi_0}{3} z_m^3 - \frac{y_0}{2} z_m^2 + \frac{H_0}{md} = 0 \tag{57}$$

由式(56)解出 z_m 后，再把求得的 z_m 代入式(55)即可计算出相应的最大弯矩。

(2)$\alpha_1 h_1 > 2.5$ 时的单桩计算

当覆盖层部分桩的换算长度 $\alpha_1 h_1 > 2.5$ 时，则不能忽略 $\overline{OA}$ 段弹性变形的影响，此时计算图式应如图 6 所示。

按《m 法》的分析结果，$\overline{OA}$ 段桩身水平位移 y_1，转角 φ_1，弯矩 M_1，剪力 Q_1 的初参数解为：

$$y_1 = y_0 A_1 + \frac{\varphi_0}{\alpha_1} B_1 + \frac{M_0}{\alpha_1^2 EI} C_1 + \frac{H_0}{\alpha_1^3 EI} D_1 \tag{58}$$

$$\varphi_1 = y_0 \frac{A_2}{\alpha_1} + \varphi_0 B_2 + \frac{M_0}{\alpha EI} C_2 + \frac{H_0}{\alpha_1^2 EI} D_2 \tag{59}$$

$$M_1 = y_0 \alpha_1^2 EI A_3 + \varphi_0 \alpha_1 EI B_3 + M_0 C_3 + \frac{H_0}{\alpha_1} D_3 \tag{60}$$

$$Q_1 = y_0 \alpha_1^3 EI A_4 + \varphi_0 \alpha_1^2 EI B 4_3 + \alpha_1 M_0 C_4 + H_0 D_3 \tag{61}$$

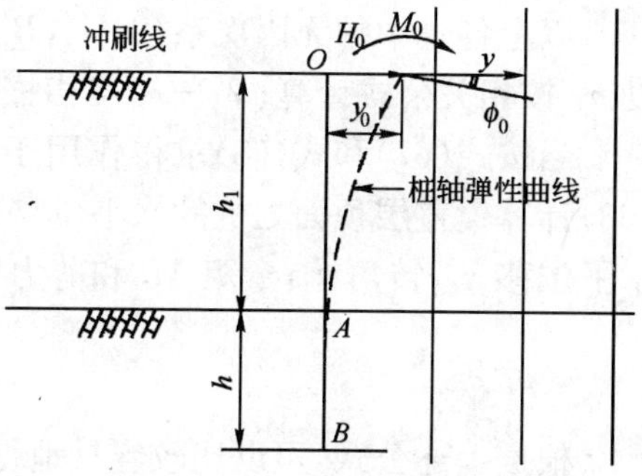

图 6　$\alpha_1 h_1 > 2.5$ 的计算图示

式(57)～式(60)中各符号意义与《m 法》同，其坐标原点设在地面处(0 点)。

当 $Z_1 = h_1$ 时，由 $\overline{OA}$ 段和 $\overline{AB}$ 段在 A 点的内力平衡条件有：

$$\left.\begin{aligned} M_h &= -M_A \\ Q_h &= -Q_A \end{aligned}\right\} \tag{62}$$

把式(61)代入式(59)和式(60)，联解可得：

$$y_0 = \frac{1}{\alpha_1^3 EI}\left[H_0 A_y^{(0)} + \frac{H_A B_3}{A_3 B_4 - A_4 B_3}\right] + \frac{1}{\alpha_1^2 EI}\left[M_0 B_y^{(0)} - \frac{M_A B_4}{A_3 B_4 - A_4 B_3}\right] \tag{63}$$

$$\varphi_0 = \frac{1}{\alpha_1^2 EI}\left[H_0 A_\varphi^{(0)} + \frac{H_A B_3}{A_3 B_4 - A_4 B_3}\right] + \frac{1}{\alpha_1 EI}\left[M_0 B_\varphi^{(0)} - \frac{M_A B_4}{A_3 B_4 - A_4 B_3}\right] \tag{64}$$

当 $Z_1 = h_1$ 时，由 $\overline{OA}$ 段和 $\overline{AB}$ 段在 A 点的变形连续条件，有：

$$\left.\begin{aligned} y_{h1} &= y_A \\ \varphi_h &= \varphi_A \end{aligned}\right\} \tag{65}$$

由式(57)、式(58)，式(62)、式(63)及式(64)，式(13)、式(14)，可得：

$$\frac{H_0}{\alpha_1^3 EI} A'_y + \frac{M_0}{\alpha_1^2 EI} B'_y + \frac{H_A}{\alpha_1^3 EI} \cdot \frac{A_1 B_3 - A_3 B_1}{A_3 B_4 - A_4 B_3} - \frac{M_A}{\alpha_1^2 EI} \cdot \frac{A_1 B_4 - A_4 B_1}{A_3 B_4 - A_4 B_3} = \frac{H_A}{4\alpha^3 EI} \lambda_1 + \frac{M_A}{\alpha^2 EI} \lambda_2 \tag{66}$$

$$\frac{H_0}{\alpha_1^2 EI} A'_\varphi + \frac{M_0}{\alpha_1 EI} B'_\varphi + \frac{H_A}{\alpha_1^2 EI} \cdot \frac{A_2 B_3 - A_3 B_2}{A_3 B_4 - A_4 B_3} - \frac{M_A}{\alpha_1 EI} \cdot \frac{A_4 B_2 - A_2 B_4}{A_3 B_4 - A_4 B_3} = \frac{H_A}{\alpha^2 EI} \lambda_3 + \frac{M_A}{\alpha EI} \lambda_4 \tag{67}$$

联解式(65)、式(66),可得：

$$H_A = \frac{n_6\varphi'_1 - n_8 y'_1}{n_5 n_8 - n_6 n_7} \tag{68}$$

$$M_A = \frac{n_5\varphi'_1 - n_7 y'_1}{n_5 n_8 - n_6 n_7} \tag{69}$$

式中：

$$y'_1 = \frac{H_0}{\alpha_1^3 EI}A'_y + \frac{M_0}{\alpha_1^2 EI}B'_y$$

$$\varphi'_1 = \frac{H_0}{\alpha_1^2 EI}A'_\varphi + \frac{M_0}{\alpha_1 EI}B'_\varphi$$

$$n_5 = \frac{1}{\alpha_1^3 EI}\cdot\frac{A_1B_3 - A_3B_1}{A_3B_4 - A_4B_3} - \frac{1}{4\alpha^3 EI}\lambda_1$$

$$n_6 = \frac{1}{\alpha_1^2 EI}\cdot\frac{A_1B_4 - A_4B_1}{A_3B_4 - A_4B_3} + \frac{1}{\alpha^2 EI}\lambda_2$$

$$n_7 = \frac{1}{\alpha_1^2 EI}\cdot\frac{A_2B_3 - A_2B_2}{A_3B_4 - A_4B_3} - \frac{1}{\alpha^2 EI}\lambda_3$$

$$n_8 = \frac{1}{\alpha_1 EI}\cdot\frac{A_4B_2 - A_2B_4}{A_3B_4 - A_4B_3} + \frac{1}{\alpha EI}\lambda_4$$

以上各式中的无因次系数 $A'_y, B'_y, A'_\varphi, B'_\varphi, A_3B_4 - A_4B_3$ 和 $A_y^{(0)}, B_y^{(0)}, A_\varphi^{(0)}, B_\varphi^{(0)}$ 可根据覆盖层的厚度 h_1 按相关公式计算；$\lambda_1 - \lambda_4$ 可由嵌入基岩的深度 h 按式(7)、式(8)和式(11)、式(12)计算。

当按式(67)和式(68)求得作用于 A 点(基岩顶面的水平力 H_A 和弯矩 M_A)后，即可由式(62)和式(63)计算覆盖层顶面处桩的水平位移 y_0，转角 φ_0，然后由式(57)～式(60)计算覆盖层部分桩身各断面的水平位移 y_z，转角 φ_z，弯矩 M_z 和剪力 Q_z。

三、嵌岩群桩基础的计算

根据上述公式，可以比较容易地得出嵌岩群桩基的计算公式。兹简介如下。

1. 单排架嵌岩桩基的计算

(1)桩间净距 b_0：无覆盖层时可取 $b_0 \geqslant d$；有覆盖层时可取 $b_0 \geqslant 2.0d$，如图 7。

(2)作用于每根桩顶的轴向力，水平力及弯矩为：

$$\left.\begin{aligned} P_i &= \frac{P}{n} \\ H_i &= \frac{H}{n} \\ M_i &= \frac{M}{n} \end{aligned}\right\} \tag{70}$$

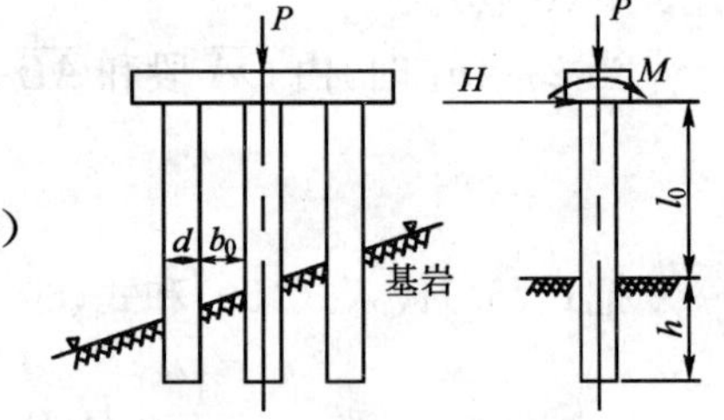

图 7 单排桩基础的计算

式中：P、H 和 M——外荷载作用于墩顶的轴向力、水平力及弯矩；

n——桩数。

(3)作用于地面处的水平力 H_{0i} 及弯矩 M_{0i} 为：

$$\left.\begin{aligned} H_{0i} &= H_i \\ M_{0i} &= M_{0i} + H_i l_0 \end{aligned}\right\} \tag{71}$$

式中：l_0——墩顶至地面的距离。

(4)墩顶水平位移 Δ_1 及转角 β 的计算

$$\left.\begin{aligned} \Delta_1 &= y_0 + l_0\varphi_0 + \frac{H_i l_0^3}{3EI} + \frac{M_i l_0^2}{2EI} \\ \beta &= \varphi_0 + \frac{H_i l_0^2}{2EI} + \frac{M_i l}{EI} \end{aligned}\right\} \tag{72}$$

式中：y_0——H_0 和 M_0 作用时地面处的水平位移，可分别采用下式计算：

①当基岩顶面无覆盖层时按式(13)计算：

$$y_0 = H_0\delta_{HH}^{(0)} + M_0\delta_{MH}^{(0)}$$

②当基岩顶面有覆盖层时按式(52)计算：

$$y_0 = y_A + \varphi_A h_1$$

φ_0——地面处的转角，可分别采用下式计算：

①当基岩顶面无覆盖层时按式(14)计算：

$$\varphi_0 = -(H_0\delta_{HM}^{(0)} + M_0\delta_{MM}^{(0)})$$

(负号表示顺时针转动)

②当基岩顶面有覆盖层时按式(41)计算：

$$\varphi_A = H_A\delta_{HM}^{(A)} + M_A\delta_{MM}^{(A)}$$

(5)地面以下桩身变位及内力计算：

①当无覆盖层时按式(15)～式(18)计算；

②当有覆盖层时按式(52)～式(55)计算；或按式(56)求得最大弯矩位置，按式(55)计算相应的最大弯矩，以此配置钢筋。其嵌入基岩部分则以 H_A 和 M_A 作为外力，按式(15)～式(18)计算嵌岩段的变位和内力。

2. 多排嵌岩群桩基的计算

(1)桩间净距 b_0

无覆盖层时可取 $b_0 \geqslant d$；有覆盖层，且 $\alpha_1 h_1 < 2.5$ 时，可取 $b_0 \geqslant 2.0d$。

(2)把外荷载分解为作用于承台底面的垂直力 P，水平力 H，弯矩 M，如图 8 所示。

(3)计算当单位力作用于桩顶时，桩顶产生的变位：

①当无覆盖层时：

$$\delta_{HH} = \delta_{HH}^{(0)} + 2\delta_{HM}^{(0)} l_0 + \delta_{MM}^{(0)} l_0^2 + \frac{l_0^3}{3EI} \tag{73}$$

$$\delta_{HM} = +\delta_{HM}^{(0)} + \delta_{MM}^{(0)} l_0 + \frac{l_0^2}{2EI} \tag{74}$$

$$\delta_{MH} = \delta_{HM}^{(0)} \tag{75}$$

$$\delta_{MM} = \delta_{MM}^{(0)} + \frac{l}{EI} \tag{76}$$

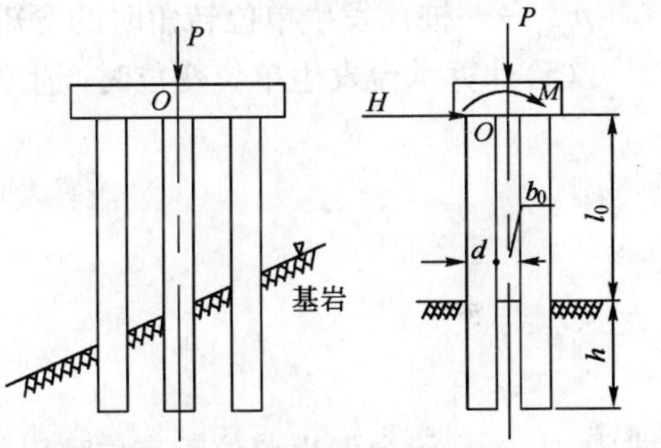

图 8 群桩基础计算图示

式中：δ_{HH}——$H_i=1$ 时，桩顶的水平位移；

δ_{HM}——$H_i=1$ 时，桩顶的转角；

δ_{MH}——$M_i=1$ 时，桩顶的水平位移；

δ_{MM}——$M_i=1$ 时，桩顶的转角；

l_0——桩顶至地面的距离；

$\delta_{HH}^{(0)}$，$\delta_{HM}^{(0)}=\delta_{MH}^{(0)}$，$\delta_{MM}^{(0)}$的意义和计算与式(5)、式(6)、式(9)、式(10)各式相同。

②当基岩顶面有覆盖层时：

$$\delta_{HH} = -\frac{n_4}{n_2 n_3 - n_1 n_4}[\delta_{HH}^{(0)} + \delta_{HM}^{(0)}(h_1 + l_0)] + \frac{n_3}{n_2 n_3 - n_1 n_4}[\delta_{MH}^{(0)} + \delta_{MM}^{(0)}(h_1 + l_0)] + \frac{l_0^3}{3EI} \tag{73a}$$

$$\delta_{HM} = -\frac{n_4}{n_2 n_3 - n_1 n_4}\delta_{HM}^{(0)} + \frac{n_3}{n_2 n_3 - n_1 n_4}\delta_{MM}^{(0)} + \frac{l_0^2}{2EI} \tag{74a}$$

$$\delta_{MH} = -\frac{n_2}{n_2 n_3 - n_1 n_4}[\delta_{HH}^{(0)} + (h_1 + l_0)\delta_{HM}^{(0)}] + \frac{n_1}{n_2 n_3 - n_1 n_4}[\delta_{MH}^{(0)} + (h_1 + l_0)\delta_{MM}^{(0)}] \tag{75a}$$

$$\delta_{MM} = -\frac{n_2}{n_2 n_3 - n_1 n_4}\delta_{HM}^{(0)} + \frac{n_1}{n_2 n_3 - n_1 n_4}\delta_{MM}^{(0)} \tag{76a}$$

式中：$\delta_{HH}^{(0)}\cdots\delta_{MM}^{(0)}$——基岩顶面作用单位水平力或弯矩时，在该点引起的变位。其值可按式(5)、式(6)、式(9)、式(10)计算。

(4)计算桩顶发生单位变位时在桩顶产生的内力

$$\rho_{PP}=\frac{1}{\dfrac{l_0+\dfrac{1}{2}h_1}{EF}}=\frac{EF}{l_0+\dfrac{1}{2}h_1} \tag{77}$$

$$\rho_{HH}=\frac{\delta_{MM}}{\delta_{HH}\delta_{MM}-\delta_{HM}\delta_{MH}} \tag{78}$$

$$\rho_{HM}=\frac{\delta_{HM}}{\delta_{HH}\delta_{MM}-\delta_{HM}\delta_{MH}} \tag{79}$$

$$\rho_{MH}=\frac{\delta_{MH}}{\delta_{HH}\delta_{MM}-\delta_{HM}\delta_{MH}} \tag{80}$$

$$\rho_{MM}=\frac{\delta_{HH}}{\delta_{HH}\delta_{MM}-\delta_{HM}\delta_{MH}} \tag{81}$$

式中：F——桩身横截面面积；

ρ_{PP}——桩顶发生单位垂直位移时的垂直力；

ρ_{HH}——桩顶发生单位水平位移时的水平力；

ρ_{HM}——桩顶发生单位水平位移时的弯矩；

ρ_{MH}——桩顶发生单位转角时的水平力；

ρ_{MM}——桩顶发生单位转角时的弯矩。

(5)计算承台发生单位变位时产生的反力

$$\gamma_{cc}=n\rho_{PP} \tag{82}$$

$$\gamma_{aa}=n\rho_{HH} \tag{83}$$

$$\gamma_{a\beta}=-n\rho_{HM} \tag{84}$$

$$\gamma_{\beta a}=-n\rho_{MH} \tag{85}$$

$$\gamma_{\beta\beta}=n\rho_{MM}+\rho_{PP}\sum Y_i^2 \tag{86}$$

式中：γ_{cc}——承台发生单位垂直位移引起的垂直反力；

γ_{aa}——承台发生单位水平位移引起的水平反力；

$\gamma_{a\beta}$——承台发生单位水平位移引起的弯矩；

$\gamma_{\beta a}$——承台发生单位转角引起的水平反力；

$\gamma_{\beta\beta}$——承台发生单位转角引起的弯矩；

Y_i——承台中心至各桩轴的距离；

(6)计算在P、H、M作用下承台的垂直位移c，水平位移a，转角β

$$c=\frac{P}{\gamma_{cc}} \tag{87}$$

$$a=\frac{\gamma_{\beta\beta}H-\gamma_{a\beta}M}{\gamma_{aa}\gamma_{\beta\beta}-\gamma_{a\beta}\gamma_{\beta a}} \tag{88}$$

$$\beta=\frac{\gamma_{aa}M-\gamma_{a\beta}H}{\gamma_{aa}\gamma_{\beta\beta}-\gamma_{a\beta}\gamma_{\beta a}} \tag{89}$$

(7)计算作用于桩顶的垂直力P_i，水平力H_i，弯矩M_i

$$P_i=(c+\beta y_i)\rho_{PP} \tag{90}$$

$$H_i = \frac{H}{n} \tag{91}$$

$$M_i = \beta \rho_{MM} - \alpha \rho_{MH} \tag{92}$$

(8)计算作用于地面处的水平力和弯矩

$$H_0 = H_i \tag{93}$$

$$M_0 = M_i + l_0 H_i \tag{94}$$

(9)当算得 H_0 和 M_0 后即可按第三节的公式计算嵌岩段桩身的变位及内力。

141. 重庆朝天门大桥双层桥面系刚度简化

田周松　石雪飞　阮　欣　李　博
(同济大学桥梁工程系)

摘　要　主跨 552m 的朝天门大桥为三跨连续中承式钢桁系杆拱桥，其桥面系为双层桥面，断面极其复杂，跟常见的钢箱主梁、钢桁架主梁以及钢板梁均存在着差异。桥面系均按板壳建模计算效率低下，在整体计算时需要简化桥面系。在认识朝天门大桥桥面系力学特点的基础上，提出合理的刚度简化方法，并对节段的板壳模型和简化模型进行了对比分析。

关键词　钢桁架　拱桥　双层桥面　刚度　简化

一、引　言

朝天门大桥为公轨两用的三跨连续中承式钢桁系杆拱桥，主桥上部结构设计为：190m＋552m＋190m(图 1)。朝天门大桥采用双层桥面，上层布置双向六车道和两侧人行道，桥面总宽 36m，下层中间布置双线城市轨道交通，两侧各预留一个 7m 宽的汽车车行道。双层桥面采用了钢桥面板与桥面纵梁和横梁相结合的方式，上下层桥面之间采用型钢短吊杆连接，型钢系杆、横梁以及短吊杆连在一起，下层桥面含有明桥面轻轨纵梁，主梁断面极其复杂。

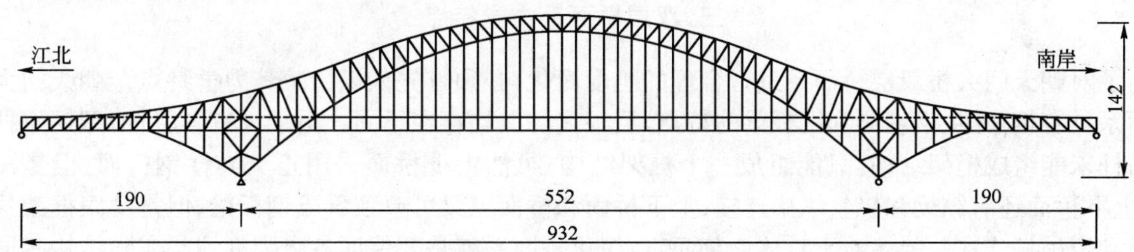

图 1　朝天门大桥立面布置(尺寸单位：m)

朝天门大桥双层桥面结构新颖，各杆件和板件之间连接相当复杂。跟常见的钢箱主梁、钢桁架主梁以及钢板梁均存在着差异。进行全桥整体计算时，如果把桥面系均按板壳考虑，由于朝天门大桥的桥面系及其复杂，计算效率将很低，不利于反复的整体计算。因此，在整体计算时需要简化桥面系。对于整体计算而言，桥面系简化的原则是要保证简化前后的各向刚度均相同。传统的简化方法不一定适合于朝天门大桥桥面系的整体刚度简化，因此迫切需要在认识朝天门大桥桥面系力学特点的基础上，提出合理的刚度简化方法，以用于整体计算。

二、双层桥面

如前所述，朝天门大桥双层桥面结构复杂，如图 2 所示。上层桥面采用正交异性钢桥面板，板厚

16mm，采用“U”形闭口肋，纵向每 3m 设置一道横隔板，横向布置 6 道纵梁，在主桁节点处设置一道横梁。

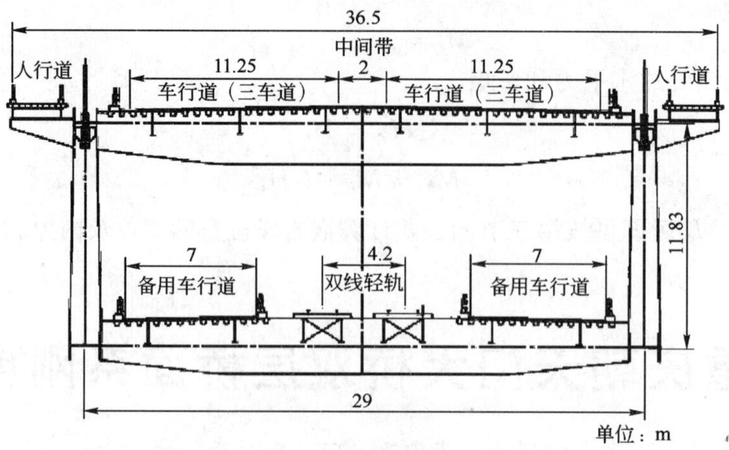

图 2 朝天门大桥双层桥面断面布置

下层桥面两侧采用正交异性钢桥面板，板厚 16mm，采用“U”形闭口肋，纵向每 3m 设置一道横隔板，横向每侧布置 2 道纵梁，在主桁节点处设置一道横梁。下层桥面中间采用纵、横梁体系，其横梁与两侧钢桥面板横梁共为一体，共设置两组轻轨纵梁，中心间距为 4.2m，每两片纵梁通过平联和横梁连为一体。

本文选取主跨中间的八个节间，建立了板壳模型，采用大型通用有限元软件 ANSYS 进行分析，如图 3 所示。除了型钢短吊杆和型钢系杆采用了空间梁单元以外，其他板件均采用板壳单元 shell63 模拟。为了保证加劲肋等板间之间的真实连接，板间交接处均采用共节点的方法。共划分节点数 190 092个，划分单元数 210 030 个。有限元模型图 3 所示。

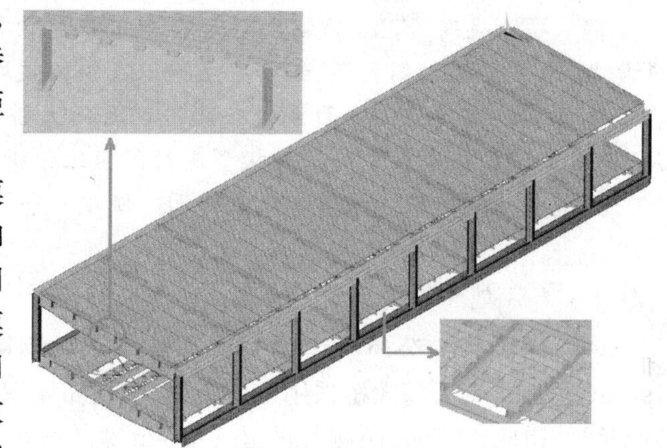

图 3 朝天门大桥双层桥面 8 节间有限元模型

三、双层桥面系力学特点

为了对朝天门大桥双层桥面系进行合理的刚度简化，必须首先认识清楚其力学特点。朝天门大桥双层桥面系具有钢桁梁、钢箱梁和钢板梁的特点，但跟它们又均存在不同。由于没有斜腹杆，型钢系杆和型钢短吊杆未能组成桁架结构，只能组成一个框架结构；虽然上下桥面采用正交异性钢桥面，但是没有腹板，且上下桥面还有纵梁和轻轨纵梁连接；上下桥面和桥面纵梁可单独看成钢板梁，但是又跟框架式的型钢系杆和短吊杆连在一起。对于整体计算而言，简化桥面系就是要保证各个刚度均与实际结构相同或接近，为了便于研究，取八个节间，分弯曲刚度、扭转刚度和轴向刚度来讨论朝天门大桥双层桥面系的力学特点。

1. 竖向弯曲刚度

朝天门大桥双层桥面系是不带斜杆的类钢板桁式结构，由于没有斜杆，它本质上是框架，与桁架主梁的受力特点存在较大的差异。我们知道不管桁架结构的节点是刚接还是铰接，其主要是受轴力作用，桁架梁的弯矩是由上下弦杆的拉压力偶提供的。而框架梁则不一样，其只能由上下杆件独立抗弯来抵抗弯矩，整体的作用是比较小的，框架梁比相当的桁架梁弯曲刚度小很多。因此，朝天门大桥的双层桥面系呈现出上下层桥面分别抗弯的特点，竖向弯曲刚度表现出整体柔性的特点。

把八节间的上层桥面、下层桥面和双层桥面系等效成一根受均布荷载的简支梁，根据跨中竖向变形相等的原则，可以得到它们的等效竖向抗弯惯矩。表 1 列出了竖向等效弯曲惯矩的计算结果，其中“整体梁抗弯惯矩"指满足平截面假定时盖板能提供的弯曲惯矩。从表中也可以看出,双层桥面系不能整体抗弯,断面不能满则平截面假定,整体表现出柔性特点。

竖向等效弯曲惯矩 表 1

上层抗弯惯矩	下层抗弯惯矩	上 下 之 和	双层抗弯惯矩	整体梁抗弯惯矩	比值
(1)	(2)	(1)+(2)	(4)	(5)	(5)/(4)
0.28m^4	0.58m^4	0.86m^4	0.93m^4	15m^4	16.1

2. 扭转刚度

由于朝天门大桥双层桥面系不是一个整体梁,它的抗扭刚度比同等截面的箱梁的抗扭刚度小很多。双层桥面系在外力作用下扭转时,主要由横梁、桥面及其纵梁、型钢系杆和短吊杆的相互约束提供抗扭刚度。朝天门大桥双层桥面系具有抗扭柔性的特点。另外,由于朝天门大桥主跨 552m,跨度大必然也导致抗扭刚度小,双层桥面的偏心荷载主要由吊杆的不均匀力承担。

把八节间的上层桥面、下层桥面和双层桥面系等效成一根受跨中力偶作用的简支梁,根据跨中转角相等的原则,可以得到它们的等效抗扭惯矩。表 2 列出了等效抗扭惯矩的计算结果,其中"整体梁抗扭惯矩"指同等截面的箱梁的抗扭惯矩。

等 效 抗 扭 惯 矩 表 2

上层抗扭惯矩	下层抗扭惯矩	上 下 之 和	双层抗扭惯矩	整体梁抗扭惯矩	比值
(1)	(2)	(1)+(2)	(4)	(5)	(5)/(4)
0.11m^4	0.56m^4	0.67m^4	1.76m^4	100m^4	56.8

3. 轴向刚度

由于朝天门大桥为系杆拱桥,双层桥面系需要提供一定的水平力,所以双层桥面系的轴向刚度的简化显得最为重要。由于横梁与横梁之间是通过带纵梁的钢桥面板连接,在受轴向力作用时,连接在系杆和吊杆节点上的横梁带动桥面及纵梁一起受拉。由于横梁在桥面平面内的弯曲,使得钢桥面各纵向板条受力不同,板条之间出现剪切。双层桥面系除了型钢系杆提供主要的抗拉刚度以外,还存在桥面和桥面纵梁参与受拉的情况,但是由于系杆的轴向刚度大于桥面及纵梁的轴向刚度,型钢系杆的轴向应力远大于桥面的应力,桥面参与整体受拉的作用并不大。

四、基于梁格法的刚度简化模型

1. 简化模型

通过前面对朝天门大桥双层桥面的各个刚度特点的分析可以看出,双层桥面系不能看成整体梁。除了上下桥面板外,桥面系其他部分明显具有杆件的受力特征,而且桥面板与纵横梁结合在一块。因此,可以考虑采用梁格来近似简化钢桥面,双层桥面其他部分可以用梁来简化。

梁格法用于简化朝天门大桥双层桥面,需要注意以下的几个问题:纵横梁的偏心连接问题;纵梁和横梁的上翼缘宽度取值问题。为了说明以上两个因素对简化精度的影响,本文采用了两个八节间的梁格简化模型与八节间的板壳模型(图 3)进行对比分析,以确定合理的简化模型。简化模型 1(图 4):忽略纵梁和横梁的偏心连接,横梁的上翼缘取跟桥面板焊接前的宽度,纵梁的上翼缘按有效宽度取 1.1m。简化模型 2(图 5):考虑纵梁和横梁的真实偏心连接,偏心连接通过 ansys 的 beam188 单元考虑偏心来实现,横梁的上翼缘取跟桥面板焊接前的宽度,纵梁的上翼缘取全宽。

2. 抗弯对比分析

在简化模型和节段板壳模型的跨中两个节点上分别加两个集中力,2000kN,在模型两端加简支线位移约束。节点编号参考图 4,以各节点的竖向位移为对比指标,进行抗弯对比分析,如表 3 所示。说明简化模型 2 较简化模型 1 有较好的简化效果。

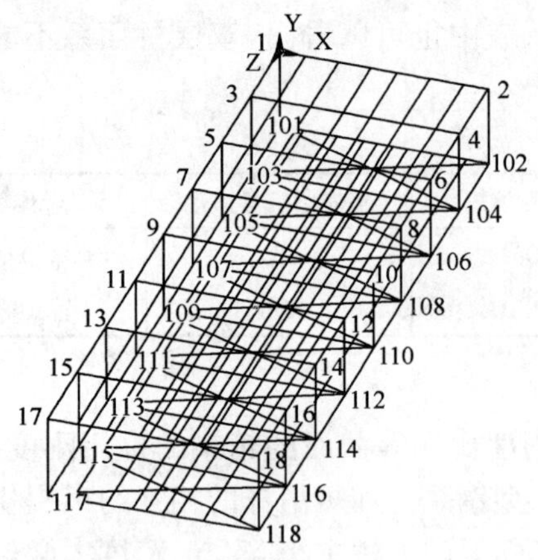

图4　简化模型1及节点编号

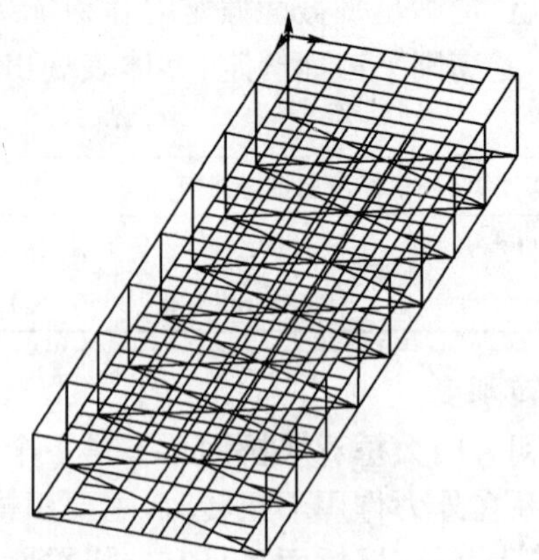
图5　简化模型2

抗弯对比分析结果　　　　表3

节　点　号	节段板壳模型(m)	简化模型1(m)	简化模型2(m)	误　差　1	误　差　2
	(1)	(2)	(3)	(2)/(1)－1	(3)/(1)－1
3	0.136	0.403	0.155	195.84%	13.49%
5	0.262	0.761	0.298	190.87%	13.93%
7	0.357	1.019	0.407	185.65%	14.20%
9	0.399	1.121	0.455	181.11%	14.13%
11	0.357	1.019	0.407	185.65%	14.21%
13	0.262	0.761	0.298	190.87%	13.94%
15	0.136	0.403	0.155	195.86%	13.52%
103	0.136	0.403	0.155	195.98%	13.49%
105	0.261	0.761	0.298	190.89%	13.93%
107	0.357	1.019	0.407	185.73%	14.20%
109	0.397	1.120	0.454	181.83%	14.17%
111	0.357	1.019	0.407	185.72%	14.20%
113	0.261	0.761	0.298	190.89%	13.94%
115	0.136	0.403	0.155	196.00%	13.52%

3. 抗扭对比分析

在简化模型和节段板壳模型的跨中两个节点上分别加两个反向集中力，2000kN，在模型两端加简支线位移约束。同样以各节点的竖向位移为对比指标，进行抗扭对比分析(表4)，同样说明简化模型2较简化模型1有较好的简化效果。

抗扭对比分析结果　　　　表4

节　点　号	节段板壳模型(m)	简化模型1(m)	简化模型2(m)	误　差　1	误　差　2
	(1)	(2)	(3)	(2)/(1)－1	(3)/(1)－1
3	0.046	0.168	0.048	266.35%	5.81%
5	0.086	0.319	0.092	270.63%	6.44%
7	0.121	0.437	0.130	261.11%	7.19%
9	0.142	0.490	0.152	245.68%	7.35%
11	0.120	0.436	0.129	263.86%	7.41%
13	0.084	0.318	0.090	276.88%	6.94%
15	0.045	0.167	0.047	275.64%	6.55%
103	0.046	0.168	0.048	267.02%	5.82%
105	0.086	0.319	0.092	270.54%	6.46%

续上表

节 点 号	节段板壳模型(m)	简化模型 1(m)	简化模型 2(m)	误 差 1	误 差 2
107	0.121	0.437	0.130	261.08%	7.19%
109	0.140	0.489	0.151	248.31%	7.43%
111	0.120	0.436	0.129	263.81%	7.42%
113	0.084	0.318	0.090	276.76%	6.95%
115	0.044	0.167	0.047	276.31%	6.56%

4. 抗拉对比分析

在简化模型和节段板壳模型的端部节点上加集中力，2 000kN，在模型两端加简支线位移约束，但放松一端的轴向位移约束。以各节点的轴向位移为对比指标，进行抗拉对比分析。从表 5 可以看出，简化模型 2 略微优于简化模型 1。

抗拉对比分析结果 表 5

节点号	节段板壳模型(m)	简化模型 1(m)	简化模型 2(m)	误差 1	误差 2
	(1)	(2)	(3)	(2)/(1)−1	(3)/(1)−1
3	0.006	0.006	0.006	9.93%	4.70%
5	0.010	0.012	0.011	16.09%	8.11%
7	0.015	0.018	0.016	20.95%	10.64%
9	0.019	0.024	0.021	24.52%	12.44%
11	0.023	0.029	0.026	26.80%	13.59%
13	0.027	0.035	0.031	27.72%	14.09%
15	0.032	0.041	0.037	27.08%	13.80%
17	0.038	0.047	0.043	24.56%	12.46%
103	0.004	0.004	0.004	−1.14%	−0.98%
105	0.008	0.008	0.008	−2.12%	−1.47%
107	0.012	0.012	0.012	−2.90%	−1.82%
109	0.016	0.015	0.016	−3.49%	−2.07%
111	0.020	0.019	0.019	−3.83%	−2.23%
113	0.024	0.023	0.023	−3.95%	−2.28%

五、结　　论

本文首先讨论了朝天门大桥双层桥面系的力学特点，然后在此基础上提出了梁格刚度简化模型，并且分析了两个重要因素对简化效果的影响，可以得出如下结论：

(1)朝天门大桥双层桥面系不同于以往的钢桁架主梁、钢箱主梁和钢桁架主梁，结构新颖且复杂，需要进行专门的研究。

(2)朝天门大桥双层桥面系不能看成整体梁，它具有整体抗弯和抗扭柔性的特点。

(3)可以采用梁格模型简化朝天门大桥双层桥面系，但是需要考虑纵横梁的真实偏心连接，并且作为刚度简化模型，纵梁的翼缘宽度需要取全宽。

本文仅仅运用八节间的有限元模型，从刚度等效的角度讨论了朝天门大桥的双层桥面系的整体简化模型，对于全桥受力意义上的简化效果有待进一步的验证；由于没有讨论质量分布问题，而且对于动力分析简化模型也需要进一步的研究。

参考文献

[1] 重庆朝天门长江大桥设计图纸. 中铁大桥勘测设计有限公司，重庆交通科研设计院. 2006.

[2] 戴公连，李德建. 桥梁结构空间分析设计方法与应用. 北京：人民交通出版社，2001.

142. 朝天门大桥施工监控中的应力自动化监测技术

荀东亮[1,2]　翟世鸿[1,2]　王　敏[1,2]　李喜平[3]　孙吉飚[4]
（1. 中交武汉港湾工程设计研究院有限公司；2. 长大桥梁建设施工技术交通行业重点实验室；
3. 铁道第四勘察设计院；4. 江苏省交通科学研究院有限公司）

摘　要　在重庆朝天门大桥应力监测中，选用了振弦式应变传感器和数字式温度传感器。采用远程控制和RS485总线通信技术，将应变传感器、数据采集站和办公室的远程控制计算机三级组网，建立了应力和温度自动化监测系统。结果表明，该自动化监测系统能根据需要监测朝天门大桥施工过程中的应力变化情况，监测结果为重庆朝天门大桥顺利合龙提供了科学数据。

关键词　朝天门大桥　应力自动化监测　施工监控

一、工 程 概 况

重庆朝天门大桥[1]主桥采用190m＋552m＋190m的中承式钢桁架系杆拱桥。朝天门大桥主桁拱已于2008年1月合龙。大桥设计功能为公路、轨道交通两用。其中，上层桥面设双向六车道和双侧人行道，总宽36m，桁宽29m；下层桥面中央设双线城市轨道交通线，两侧各预留宽7m的车行道。边跨为变桁高平弦桁梁，中跨为钢桁系杆拱。中跨布置有上下两层系杆。

二、桥梁施工监控监测系统

1. 施工监控分系统

朝天门大桥为目前世界最大跨径的钢桁拱桥，设计和施工均缺少现成的经验，施工过程极为复杂。施工监控十分必要，其施工监控分系统见图1。

大桥施工控制总体结构计算[2]采用空间有限元分析软件MIDAS进行，局部计算和分析采用ANSYS完成。朝天门大桥空间有限元分析模型见图2。

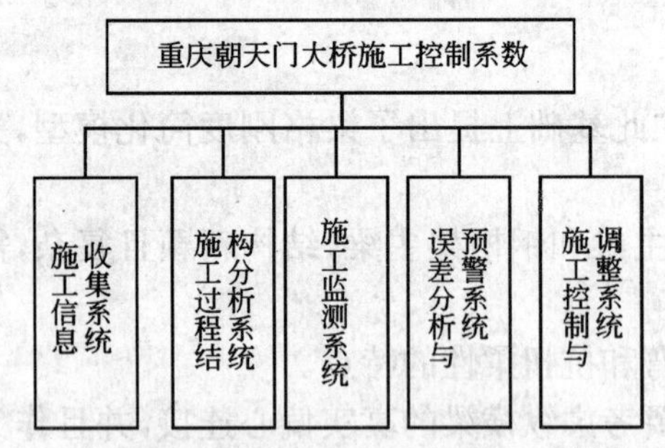

图1　朝天门大桥施工控制系统

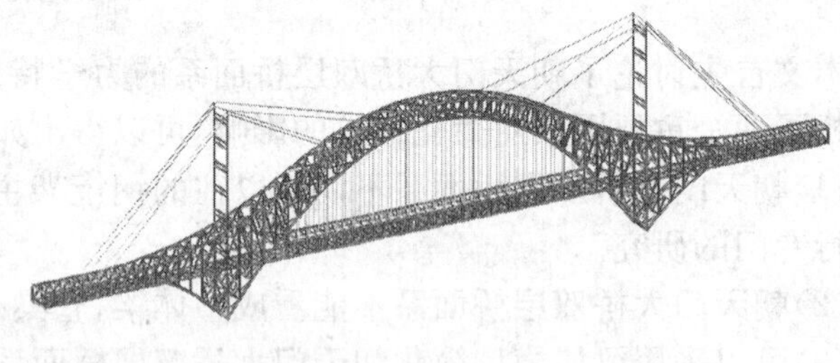

图2　朝天门大桥空间有限元分析模型

大桥施工控制主要通过事前预测和事中控制来实现，主要体现在施工过程结构模拟分析、各种因素影响敏感性分析、结构变形与应力监测、预警与后续施工状态预测与调整、合龙方案制定等方面。

2. 施工监测分系统

朝天门大桥施工过程中，最大悬臂达到276m。且施工过程中体系变化多，应力变化大。朝天门大桥监测系统由以下六大子系统构成：

(1)钢桁梁、杆件节点的应力监测系统；

(2)环境监测系统(钢结构温度、墩顶风速)；

(3)主拱、主梁的三维静态变形监测系统;墩位、支座的几何状态监测;

(4)系杆、吊杆的静态拉力监测系统;

(5)主桁拱振动监测系统;

(6)扣塔安全监测系统。

为保证施工安全,杆件应力是重点控制对象之一。下面着重介绍应力和温度监测自动化系统。

三、应力和温度自动化监测系统

1. 系统构成

应力自动化监测系统采用了传统的3级组网方式,由三个子系统构成:传感器子系统、数据采集暨传输子系统和数据分析以及预警系统。自动化测试系统组成如下图3所示。

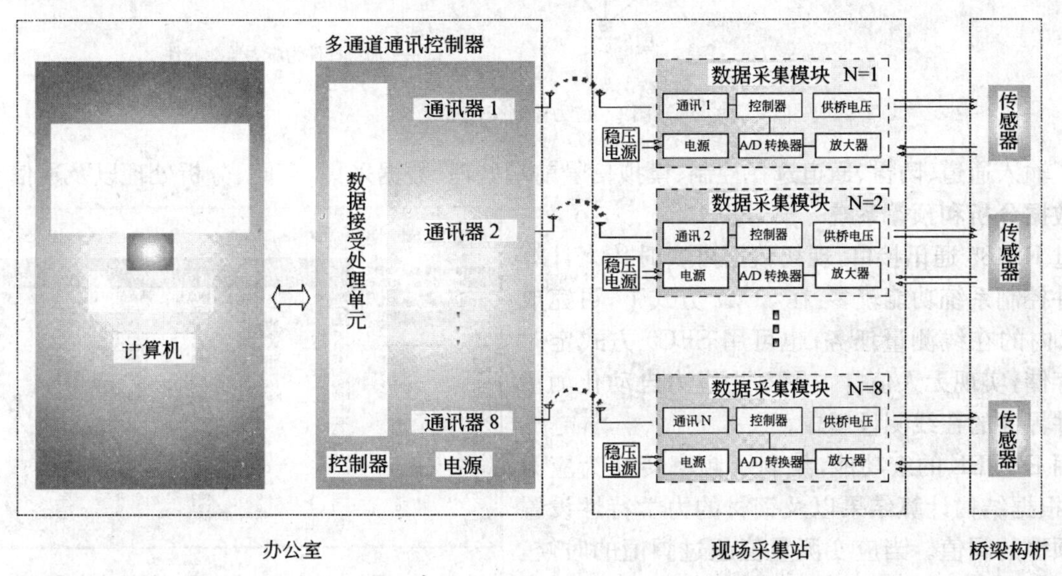

图3 应力自动化监测系统组成示意

2. 传感器选型

应力测试方法很多,工程中常根据实测应变换算得到应力。大桥预计施工期为2年,因此,应变测试元件必须具备长期稳定性、安装简单以及施工干扰小等特点。

手持应变仪具有原理清晰、操作方便等特点。但是,手持式应变仪存在以下缺点:仪器连接处的磨耗会影响精度;要经常标定;在某些高应力部位钻孔会带来应力集中现象,使用时存在一定的技术风险。

电阻式应变片具有精度高、价格低廉的优点,在短期测试中常常用到。电阻式应变片的缺点是:信号线长度有一定的限制;存在漂移现象[3]。对于BHF高精密级应变片,室温下漂移量为1με/h。一年可以累计8 760με,因此对于监测时段较长的情况,应变片应慎用。

钢弦式应变计原理和参数详见文献[4]。弦式应变计测量的是频率信号,理论上传输距离不受长度限制。对于3 000Hz量程的某进口应变计,漂移量为0.1%FSR/年,即3Hz/年,一年累计有14με的漂移产生。因此对于监测时段较长的情况,弦式应变计稳定性要好于应变片。

新的光纤光栅传感器正在进行应用研究[5]。它具有精度高、抗电磁干扰等优点。但是,光纤光栅传感器和解调系统价格均较高,在施工监控中应用不多。

综上所述,在目前的经济技术水平下,时间跨度为2年的施工监测采用振弦式应变传感器较优。

3. 朝天门大桥应力监测杆件布置

根据施工阶段和成桥阶段各个工况下的结构计算成果,应力监测的杆件布置如下图4。

4. 数据采集暨传输子系统

在自动化监测系统中,置于施工现场的数据采集暨传输子系统是监测系统的核心部件和信息来源,

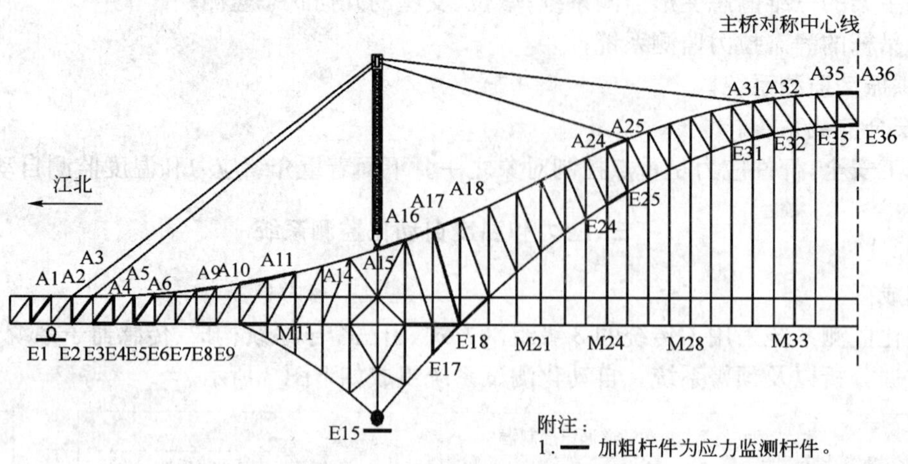

图4 应力监测杆件布置

它集成了输入通道、防雷、通道选择控制、模拟信号前端处理、数据采集，存储、分析处理以及通信等功能。

5. 数据分析和预警系统

通过RS485通讯接口，现场数据可实时传入计算机。软件控制系统功能较多：在SEC7方式下，可完成100点以内的在线测量任务；也可用SEC9方式定时巡检与存储，实现无人值守。图5为应力自动化测量系统软件界面的在线测量模式。

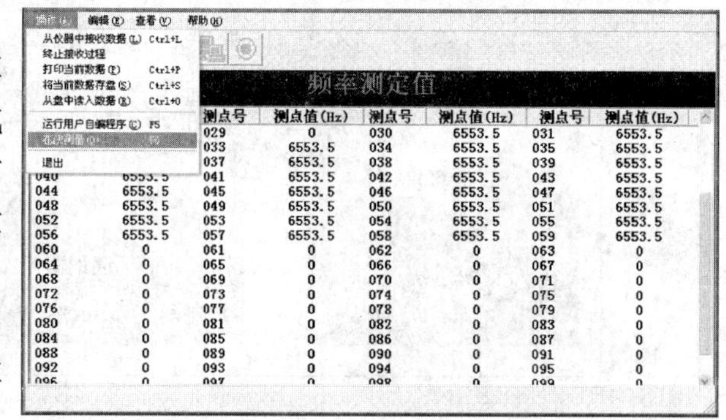

图5 应力自动化监测系统的软件界面

采用EXCEL的宏功能，编制了频率转换为应力的控件，根据结构计算结果以及钢材的力学特性设置各测点预警的阀值。当应变测量值超过阀值的时候，系统即开始预警。

6. 温度监测自动化系统

在大桥的架设过程中，温度变化大。在每个钢弦应变计附近的钢桁梁上，安装DALLAS公司的数字型半导体温度传感器。它能够直接读出被测温度。

四、监测结果以及影响因素分析

1. 监测结果

在朝天门大桥施工过程中，每个节段均通测应力，同时结合结构有限元分析结果给出安全状态评估。大桥钢桁拱在2008年1月已经合拢，应力监测在大桥架设过程中发挥了巨大的作用。下面抽取的是E5-E6杆件测点某一天的应力监测结果。从图6中可以看出来，施工过程中杆件应力在规定的施工容许应力范围之内，且有较大的安全富余。

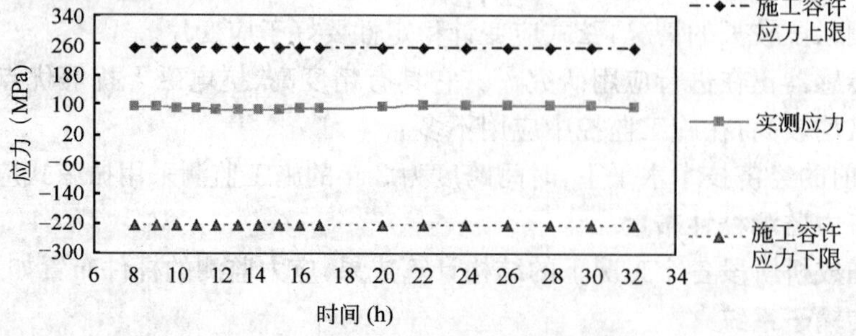

图6 E5-E6杆件测点应力监测结果

2. 影响因素分析

在朝天门大桥的施工监测中，大量的测试表明，下列因素对应力监测影响较大。

(1)温度

图 7 为监测到的钢桁梁附近大气温度测点 24 小时变化情况。从中可看出，一天中，温度变化最大的时刻是 14 点，温度最低在凌晨 2 点之后。同时还可看出，温度的变化在凌晨 2 点到 6 点之间最为平缓。

图 8 为 E5-E6 杆件测点应力在 24 小时内的变化情况图。从图 8 可知，应力在 14 点左右变化最大，在凌晨变化缓和。因此，在进行施工控制时，应参考温度稳定时段的应力数据。

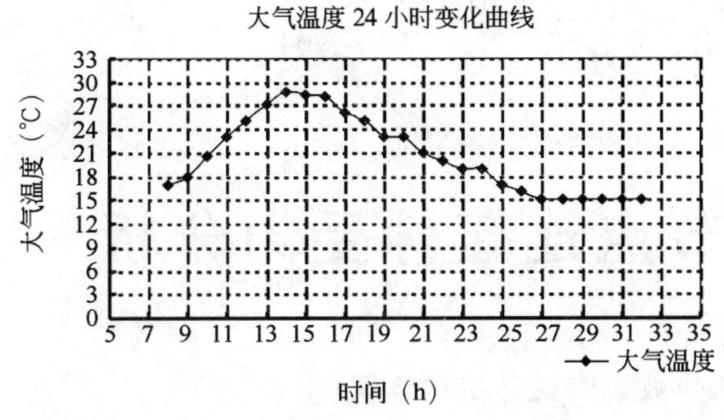

图 7 大气温度 24 小时变化图

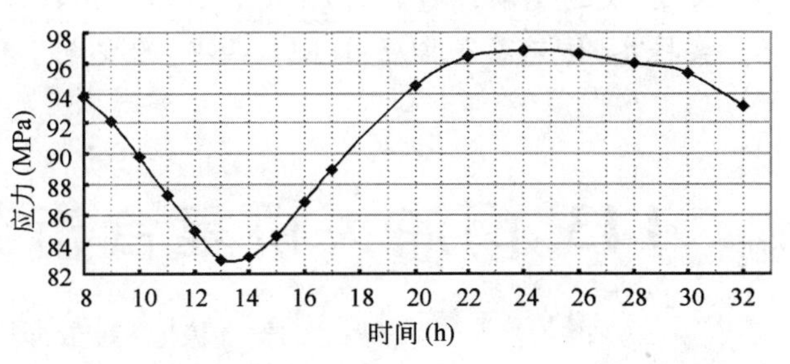

图 8 E5-E6 杆件应力测点 24 小时变化图

(2)初值

钢弦应变计属于精密仪器，在大桥的施工过程中，会受到各类影响读数的非荷载应力的因素。计算时，这些因素应该予以排除。根据施工时期的不同，测试数据可能是理论应力的全量，也可能是增量。这需要测量工程师的仔细分析。

(3)钢弦元件的漂移

上面提到，高精度的进口钢弦应变计，仍会产生漂移。对于长期监测情况，应根据试验情况扣除漂移的影响。

(4)其他影响因素

桥梁施工和监测为野外作业，遇到雷电、暴雨以及高温等恶劣环境条件是常见的。另外，施工现场人员层次不一，传感器、数据采集系统以及信号传输系统常受到干扰和破坏。对于实测的应力数据，有些是"干扰数据"，测试工程师应综合结构理论计算结果、现场测试情况以及测试经验，采用科学的统计方法，"去粗取精，去伪存真"，作出合理的判断和选择。

五、结论和讨论

在重庆朝天门大桥施工监测中，应力自动化监测技术得到了成功的应用。它对于桥梁的安全施工具有重要的意义。

(1)桥梁构件的应力监测，能获知桥梁的施工期间的受力状态。从而采取预控措施，保证了世界最大跨度的钢桁拱桥的施工安全和顺利合龙。

(2)应力和温度的自动化监测系统，能减少监测工作量，减少人为的影响。

(3)要做好桥梁施工监控监测工作，工程师除具有一定结构分析能力外，丰富的监测经验也不可缺少。

大跨度桥梁的施工监控监测目前尚无详细规范可以遵循，新型应力传感器的研发、新的数据采集系统以及新的自动化监测系统在桥梁施工监控中的应用[6]，都是值得我们今后研究的问题。

在文章的完成过程中，得到重庆交通大学向中富教授、张雪松博士、中交武汉港湾设计院的张国志博士、刘浩和颜毅等同志以及朝天门大桥施工监测课题组其他同志的无私帮助，特此表示感谢！

参考文献

[1] 孙吉飚,朝天门长江大桥钢桁拱合龙技术[J],现代交通技术,2007(4):46-47.

[2] 重庆交通大学,朝天门长江大桥施工控制计算报告[R],重庆:重庆交通大学,2007,15-40.

[3] 王化祥,传感器原理及应用[M],天津:天津大学出版社,1988.

[4] 毛良明等,振弦式传感器及自动化网络测量系统在桥梁安全监测系统中的应用[J],传感器技术,2002(3):73-76.

[5] 吴皓莹,姜德生,桥梁健康监测的无线光纤光栅应力传感器的设计[C],2005全国博士生学术论坛论文集(交通运输工程学科)下册,北京:中国铁道出版社,2006,907-910.

[6] 栾桂冬,传感器及其应用[M],西安:西安电子科技大学出版社,2002.

143. 闵浦大桥复合桁架节点连接件受力分析

余 振[1] 刘玉擎[1] 薛东焱[1] 马 骉[2]

(1. 同济大学桥梁工程系;2. 上海市政工程设计研究总院)

摘 要 使用接触单元和三维弹簧元模拟混凝土和钢板之间作用力的传递,对闵浦大桥复合桁架节点受力进行有限元数值分析,得到节点板上焊钉连接件的剪力分布;探讨了焊钉连接件刚度取值不同对其受力的影响,以及采用剪力滑移曲线模拟其抗剪刚度的方法;同时还对节点板单双面布置焊钉进行了分析比较。

关键词 斜拉桥 复合桁架 有限元 连接件 抗剪刚度

一、引 言

双层桥面斜拉桥的加劲梁出于对桥梁刚度和视野通透性的考虑,通常采用桁架加劲梁的形式。它常用的形式一是正交异性钢桥面板与钢桁梁组合体系,如日本东神户航道桥;二是上层混凝土桥面板,通过焊钉连接件与钢桁架上弦杆顶板相连接,形成板桁组合结构体系,如芜湖长江大桥。建设中的上海闵浦大桥为双层桥面斜拉桥,边跨采用混凝土桥面板与钢桁架组合而成的加劲梁体系。与传统板桁组合结构体系不同的是钢桁架弦杆用型钢混凝土代替,混凝土桥面板与型钢混凝土弦杆、混凝土横梁、钢腹杆、钢斜撑杆构成复合桁架体系。

复合桁架节点为多根杆件交汇处,其构造复杂,还存在着作用力在异种材料之间传递的问题,需能保证钢腹杆、钢斜撑、型钢混凝土弦杆之间作用力平顺地传递。为此采用节点子模型技术对该桥的边跨复合桁架节点焊钉连接件进行详细受力分析,对三组共六个模型的计算结果进行了比较分析。

二、复合桁架节点构造特点

闵浦大桥为主跨708m的双层桥面桁架体系斜拉桥,上层为高速公路双向8车道,桥面全宽43.6m;下层为地方道路双向6车道,桥面全宽28.0m,总体布置及主梁标准横断面见图1和图2。

该桥边跨桁架梁不同于其它桥梁的结构特点主要有以下几个方面:

(1)边跨由型钢混凝土弦杆主梁、预应力混凝土横梁、钢腹杆、钢斜撑杆,以及预应力混凝土桥面板形成复合空间桁架体系。

(2)钢竖腹杆及钢斜腹杆在辅助墩附近内填混凝土,形成钢管混凝土杆件与型钢混凝土弦杆主梁连接的复杂构造体系。

(3)横向桁架体系由上下层预应力混凝土横梁与钢竖腹杆、钢斜撑杆构成混合桁架平面体系。

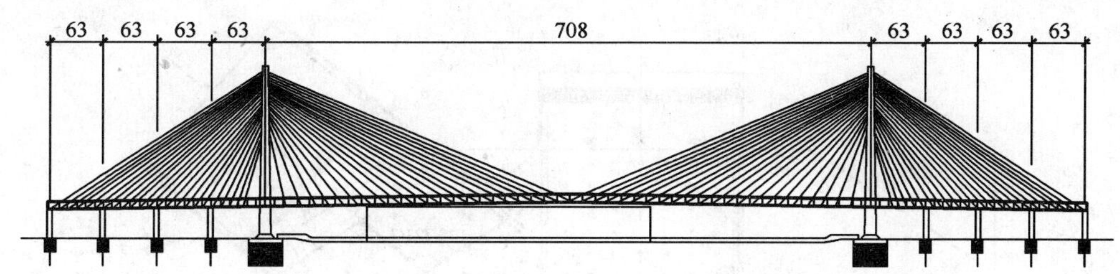

图 1 闵浦大桥总体布置(尺寸单位:m)

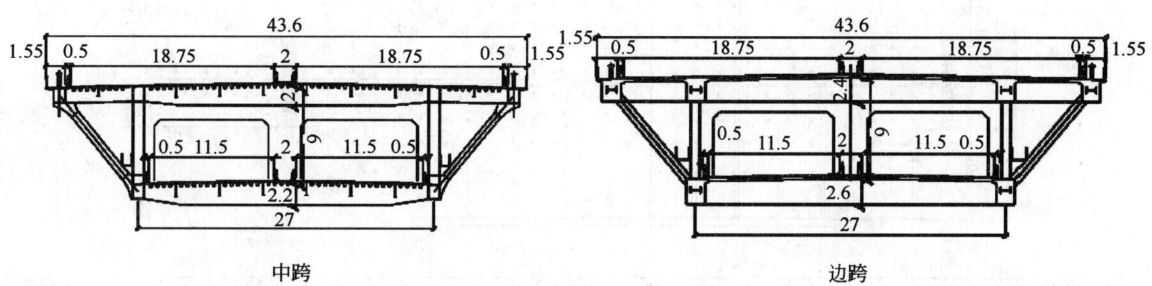

图 2 主梁标准横断面(尺寸单位:m)

(4)桁架节点由多根钢腹杆、型钢混凝土弦杆主梁、混凝土横梁,以及索梁锚固、预应力筋锚固形成复合构造。

(5)边跨复合桁架与中跨钢桁架的桥面系结合,有钢箱梁与型钢混凝土梁的结合以及钢桥面板与混凝土桥面板的结合两种形式。

桁架节点是该桥设计的关键部位之一,典型的桁架节点有三种,即下弦节点、上中弦节点和上边弦节点。节点板单面布置直径 22mm,长度 200mm 的焊钉,间距为 15cm,如图 3 和图 4 所示。为形成比较,本文还设置了节点板双面布置焊钉的对比计算模型。

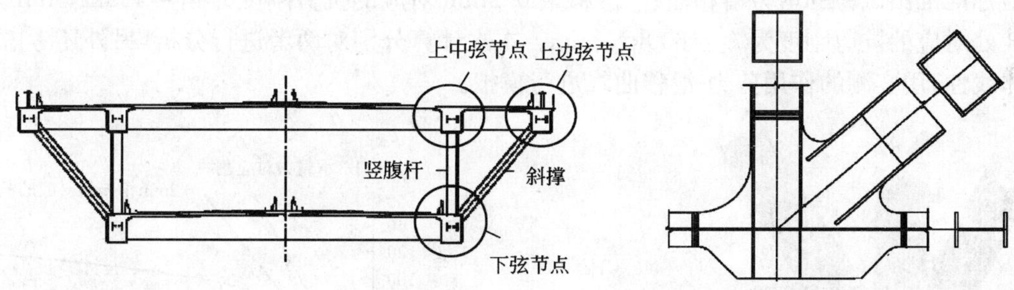

图 3 桁架节点类型以及下弦节点构造示意

三、节点有限元模型

子模型技术方便地解决了局部受力分析中边界条件难以施加的问题,直接从整体模型中求得位移边界条件,然后把它作为对应局部模型的位移边界条件,施加到局部模型上。本文采用子模型技术计算分析了节点焊钉连接件的受力状况。

有限元模型关键要模拟钢板与混凝土接触面只能传递压力不能传递拉拔力的关系,为此钢板与混凝土结构均采用 8 节点空间实体单元模拟,空间索单元模拟预应力索,在钢板与混凝土的接触面上建立接触单元以实现接触压力的传递。钢腹杆、钢斜撑的力主要通过节点板上焊钉传递给混凝土弦杆,采用三维弹簧元模拟焊钉的作用。焊钉抗剪刚度分别取 420kN/mm、600kN/mm 以及剪力滑移曲线进行分析比较,有限元计算模型见图 5。

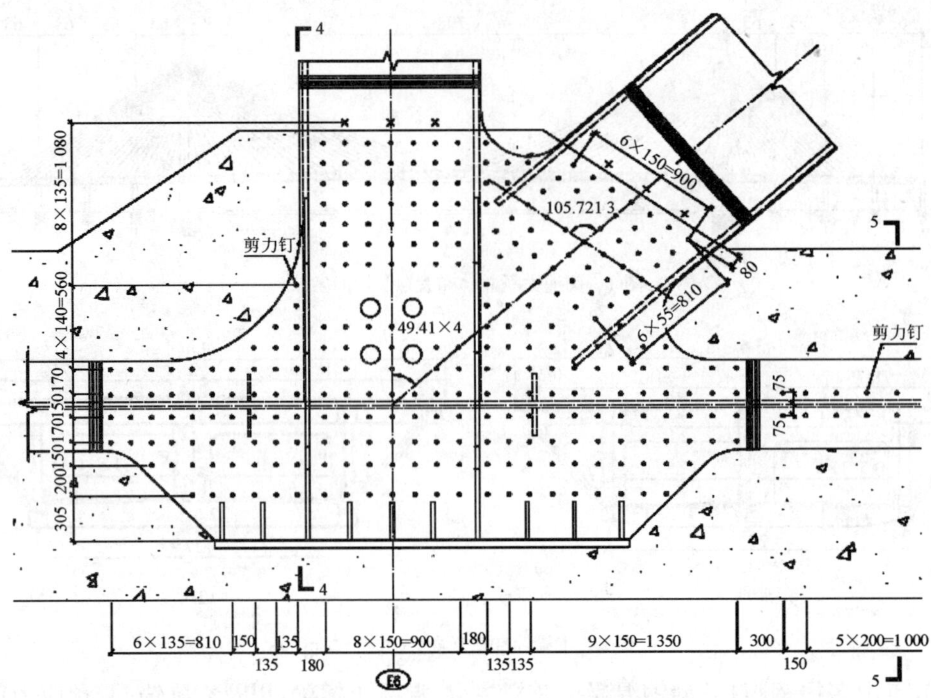

图4 节点板焊钉布置示意(尺寸单位:mm)

四、计算结果与分析

在节点受力分析计算中,焊钉抗剪刚度是一个重要的参数。焊钉抗剪刚度可以由标准焊钉推出试验获得,一般将最大抗剪承载力1/3大小处的割线倾斜度,或相对滑移0.2mm所对应作用剪力处的割线倾斜度设为抗剪刚度k_s。

图6为标准推出试验的剪力滑移曲线,滑移量0.2mm对应的抗剪刚度为k_1=420kN/mm,最大抗剪承载力1/3处对应的抗剪刚度为k_2=600kN/mm。本次计算分别对两者进行分析,另外还考虑了焊钉抗剪刚度的非线性,用实测的作用剪力-滑移曲线进行模拟。

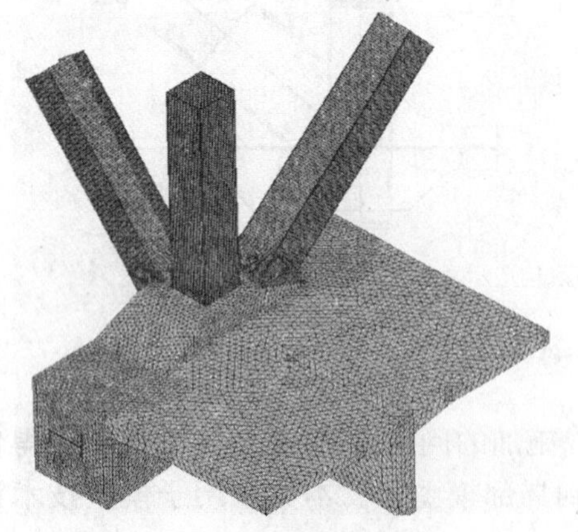

图5 有限元计算模型

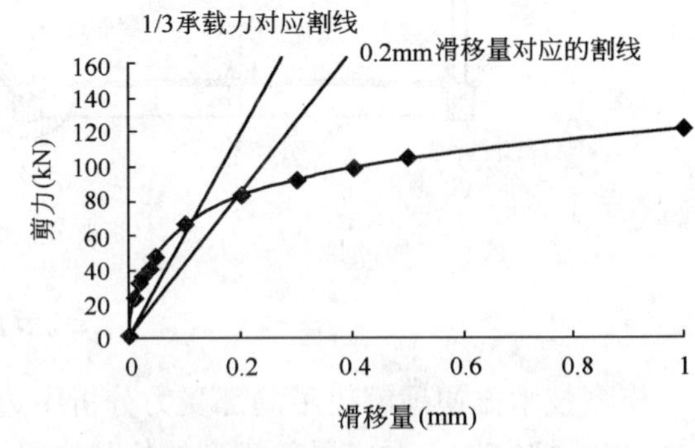

图6 焊钉作用剪力与滑移的变化曲线

1. 焊钉作用力

图7给出了焊钉在取不同的抗剪刚度以及节点板上分别单双面布置焊钉时,主要传力方向上前七排的各排焊钉剪力的平均值。抗剪刚度取420kN/mm以及单面布置焊钉时,焊钉剪力值在主要传力方向逐渐下降。双面布置焊钉时,焊钉剪力值与单面布置焊钉时相比变化不大,并且变化状态也基本相同。需要说明的是由于构造原因,双面布置焊钉并不是严格的两面一一对应。抗剪刚度取600kN/mm时,焊

钉剪力分布状态与抗剪刚度取 420kN/mm 时大致相同，但是各排焊钉剪力均增大。考虑焊钉实测的作用剪力-滑移曲线，与焊钉刚度取单一值相比，在主要传力方向上，各排焊钉剪力值都有明显的下降，下降值为 15kN 左右，并且更为均匀。

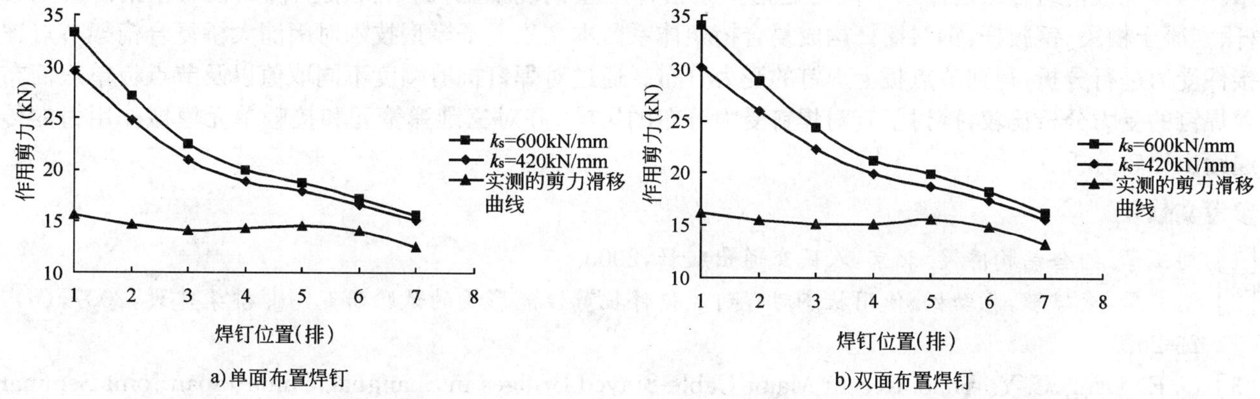

a) 单面布置焊钉　　b) 双面布置焊钉

图 7　节点板上焊钉作用剪力分布

2. 相对滑移量

图 8 给出了焊钉抗剪刚度取不同值时，在主要传力方向前七排焊钉空间两个方向的相对滑移量，其中 U_x 为顺桥向，U_z 竖桥向。相对滑移量的绝对值沿主要传力方向逐渐减小。并且最大相对滑移量发生在顺桥向，为 68μm，另外两个方向的相对滑移量相对较小。

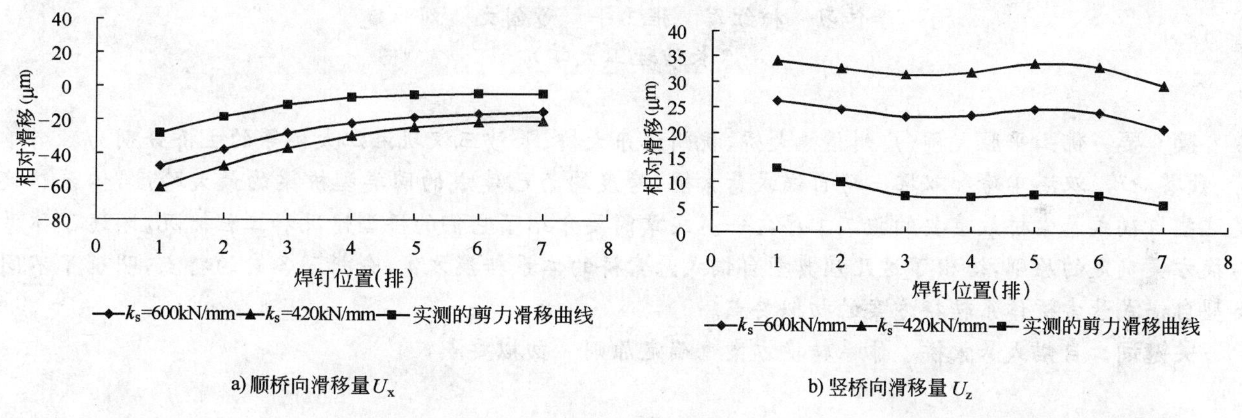

a) 顺桥向滑移量 U_x　　b) 竖桥向滑移量 U_z

图 8　相对滑移变化量

3. 节点板应力

图 9 给出了焊钉抗剪刚度取 420kN/mm，节点板上焊钉所在面的应力分布情况。节点板上应力沿主要传力方向逐渐减小，通过焊钉将力逐渐传给混凝土。

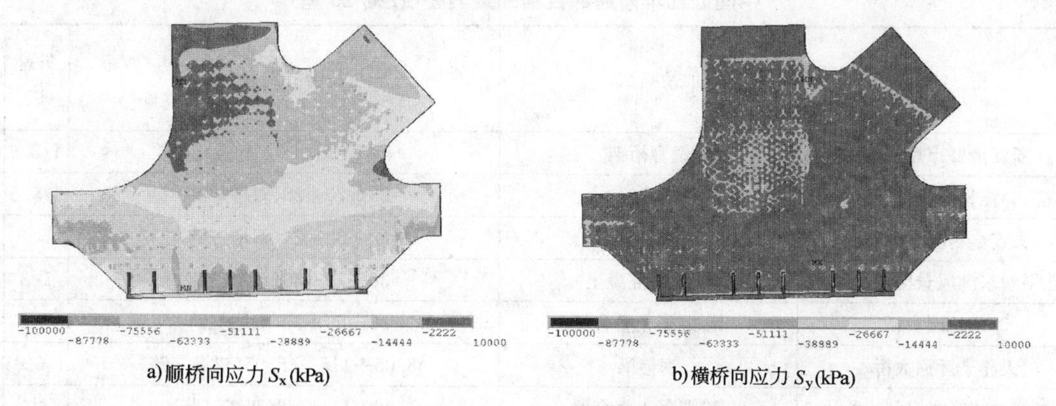

a) 顺桥向应力 S_x (kPa)　　b) 横桥向应力 S_y (kPa)

图 9　焊钉所在面的节点板应力

五、结　语

建设中的上海闵浦大桥为双层桥面斜拉桥，边跨采用混凝土桥面板与钢桁架组合而成的加劲梁体系。与传统板桁组合结构体系不同的是钢桁架弦杆用型钢混凝土代替，混凝土桥面板与型钢混凝土弦杆、混凝土横梁、钢腹杆、钢斜撑杆构成复合桁架体系。本文采用子模型技术对闵浦大桥复合桁架节点连接件受力进行分析，得到节点板上焊钉的受力分布。通过对焊钉抗剪刚度不同取值以及节点板单双面布置焊钉的受力分析比较，探讨了其对焊钉受力分布的影响，并对三维弹簧元和接触单元模拟作用力的传递给出比较分析。

参考文献

[1] 刘玉擎.组合结构桥梁.北京:人民交通出版社,2005.

[2] 刘玉擎,武建敏,蒋劲松.使用状态对焊钉连接件抗剪性能影响的试验研究[J].桥梁建设,2007,(6):23-25.

[3] Q. E. Deng, C. Y. Shao. Recent Major Cable-Stayed Bridges in Shanghai. China-Japan Joint Seminar on Steel and Composite Bridges. 2007.

144. 几座典型自锚式悬索桥的体系转换方案

李传习　柯红军　张玉平　董创文　刘　建

（长沙理工大学）

摘　要　佛山平胜大桥、广州猎德大桥、杭州江东大桥、长沙三汊矶湘江大桥等的主桥分别为独塔单跨、独塔双跨、双塔单跨和双塔三跨自锚式悬索桥，跨度均为已建成的同类型桥梁的最大跨度，体系转换是这些自锚式悬索桥最重要的施工工序之一。文章简要介绍了它们的桥型情况和工程概况，阐述了体系转换方案确定的原则，给出了这几座典型自锚式悬索桥的体系转换方案，分析了各自的特点，明确了不同类型自锚式悬索桥体系转换方案的初拟要点。

关键词　自锚式悬索桥　体系转换方案　确定原则　初拟要点

一、引　言

当前，我国正在掀起兴建自锚式悬索桥建设的热潮，尽管业界对自锚式悬索桥修建褒贬不一。据不完全统计，1999年以来，我国相继修建或者正在修建自锚式悬索桥有30余座，表1列出其中的20座。

中国近几年修建的自锚式悬索桥（仅列20座）　表1

序号	桥　名	加劲梁结构	主桥分孔跨径(m)	矢跨比	建成年份	备注
1	浙江诸暨市烷江桥	钢管桁架	2×70.6(人行桥)	1/8.6	1999	
2	桂林丽泽桥	钢桁梁	25+70+25(双塔单跨)	1/5.5	2001	车行桥
3	大连金石滩金湾桥	钢筋混凝土	24+60+24(双塔三跨)		2002	
4	浙江平湖东湖风景区海盐塘桥	预应力混凝土	30+72+30(双塔三跨)	1/8	2004	
5	苏州竹园大桥	钢-混凝土叠合梁	33+90+33(双塔三跨)	1/8	2004	
6	天津子牙河大桥	钢箱梁	48.05+115+48.05(双塔三跨)	1/6.05	2004	
7	浙江金华市义乌江大桥	钢-混凝土叠合梁	36+100+36(双塔三跨)		2004	

续上表

序号	桥名	加劲梁结构	主桥分孔跨径(m)	矢跨比	建成年份	备注
8	抚顺市浑河万新大桥	预应力混凝土	15+70+160+70+15(双塔三跨)	1/8	2005	
9	浙江省江山市北关大桥	预应力混凝土梁	40+118+40(双塔三跨)	1/7	2005	
10	延吉市布尔哈通河局子街桥	预应力混凝土	61.04+162+61.04(双塔三跨)	1/7	2006	
11	浙江省绍兴市镜湖大桥	预应力混凝土	75+180+75(双塔三跨)	1/6	2006	
12	吉林兰旗松花江大桥	预应力混凝土	12.5+90+240+90+12.5(双塔三跨)	1/7	2007	
13	长沙三汊矶大桥	钢箱梁	70+132+328+132+70(双塔三跨)	1/5	2006	
14	佛山平胜大桥	主跨全钢梁,边、锚跨预应力混凝土梁	39.64+5×40+30+350+30+29.6(独塔单跨)	1/12.5	2006	车行桥
15	江苏淮安京杭运河特大桥	混合梁(中跨为钢箱梁)	47+132.5+47(双塔三跨)		2007	
16	天津富民桥	钢箱梁	86.4+157.08(独塔单跨空间索面)	1/5.38	2007	
17	宁波庆丰大桥	主跨全钢梁,边、锚跨预应力混凝土梁	34.58+36+38+280+38+36+34.85(双塔三跨)	1/6	在建	
18	广州猎德大桥	主、边跨钢箱梁,锚跨预应力梁	47+167+219+47(独塔双跨空间索面)	1/12.5	在建	
19	杭州江东大桥(钱江九桥)	钢箱梁	83+260+83(双塔单跨空间索面)	1/4.5	在建	
20	青岛海湾大沽河桥	钢箱梁	80+190+260+80(双塔三跨空间索面)	1/15.5	在建	

在国外,修建自锚式悬索桥的历史更长。19世纪后半叶,美国和奥利地工程师分别构思出了自锚式悬索桥的造型,并于1870年在波兰建造了第一座小型的铁路自锚式悬索桥。之后的80年间,德国、美国、日本相继修建了20余座自锚式悬索桥,其中,最著名的是德国1929年建成的主跨315m的科隆-米尔海姆桥。由于该桥型跨越能力小和施工要求特殊,1954年以后的30多年,该桥型几乎处于停止状态。随着人们对自锚式悬索桥的再认识,特别是通过提高矢跨比、降低加劲梁轴力,提高了该桥型跨越能力,以及采用顶推或者临时锚锭(取消满堂支架)的施工方法,促进了自锚式悬索桥的再发展。例如:1990年,日本建成了主跨300m的第一座现代自锚式悬索桥(此花大桥);2000年,韩国建成了主跨300m的空间索面自锚式悬索桥;2006年,美国开工建设包括一座跨径385m+180m的空间索面的独塔双跨自锚式悬索桥和2座三跨自锚式悬索桥的旧金山—奥克兰新海湾桥;韩国的跨径110m+250m+110m的Sorok桥、爱沙尼亚的跨径200m+480m+200m的Muhu桥也已开工建设;瑞士的跨径303m+950m+303m日内瓦湖桥被列入建设计划中。表2列出了国外主要自锚式悬索桥。

国外主要自锚式悬索桥 表2

桥名	加劲梁结构	主跨径(m)	边跨径(m)	矢跨比	建成年份
科隆-迪兹桥(德)	钢结构	184.5	92.3	1/8.6	1915
第七街桥(美)	钢结构	134.5	67.5	1/8.1	1926
清州桥(日)	钢结构	91.5	45.8	1/7.1	1928
科隆-米尔海姆桥(德)	钢结构	315.0	91.0	1/9.1	1929
杜伊斯堡桥(德)	钢结构	230.0			1954
此花桥(日)	钢结构	300.0	120.0	1/6.0	1990
永宗桥(韩)	钢结构	300.0	125.0	1/5.0	2000
旧金山-奥克兰海湾桥(美)	钢结构	385.0	180.0		在建
Sorok桥(韩)	钢结构	250.0	110.0	1/5.0	在建
Muhu桥(爱沙尼亚)	钢结构	480.0	200.0	1/8.0	在建
日内瓦湖桥(瑞士)	钢结构	950	303		计划

自锚式悬索桥施工通常采用“先梁后缆”，再张拉吊杆将加劲梁重量由临时墩支撑转为由主缆支撑的方法进行。这其中，必然存在一个体系转换的过程。对大跨度自锚式悬索桥，体系转换方案的优劣对施工工期和施工费用影响较大，必须高度重视。本文将介绍几座大跨度自锚式悬索桥实际采用的体系转换方案，以供参考。

二、典型自锚式悬索桥的工程概况

1. 佛山平胜大桥工程概况

如图1所示，平胜大桥主桥跨度布置为39.64m＋5×40m＋30m＋350m＋30m＋29.60m，是世界上建成的最大跨度自锚式悬索桥。除主跨采用钢箱梁外，其他部位采用钢筋混凝土梁；钢箱梁采用顶推法就位，混凝土梁采用支架法施工，顶推临时墩布置见图2。桥塔为横向三柱式钢筋混凝土独塔，塔高138.87m。主跨的钢箱梁高度和边跨的钢筋混凝土箱梁高度均为3.5m。全桥设四根主缆，每幅桥两根；每根主缆由48×127ϕ5.1mm的平行钢丝组成，两端锚固在加劲梁上。主跨顺桥向设27对吊索(从近主塔处向远离主塔处连续编号，即1号～27号)，相邻吊索间距均为12m，1号吊索(最长的吊索)与塔中心线和27号吊索(最短的吊索)与邻近墩中心线间距均为19m；26号、27号吊索为上下带铰的刚性吊索(单吊索)，其余25对吊索为顺桥向间距为0.4m的平行高强钢丝双吊索，每根吊索由73ϕ5.1mm的钢丝组成；吊索下端通过置于钢锚箱中长度为2.13m的钢导管锚固于钢箱梁两侧的底部，如图3所示；边跨不设吊索。大桥成桥三年时的恒载状态下主要设计参数和目标为：主缆主跨跨度350m，主缆边跨跨度224m；主跨主缆矢跨比1/12.5，边跨主缆矢跨比1/157.3；加劲梁跨中标高较其无应力安装标高抬高0.53m。平胜大桥建成后的照片如图4所示。

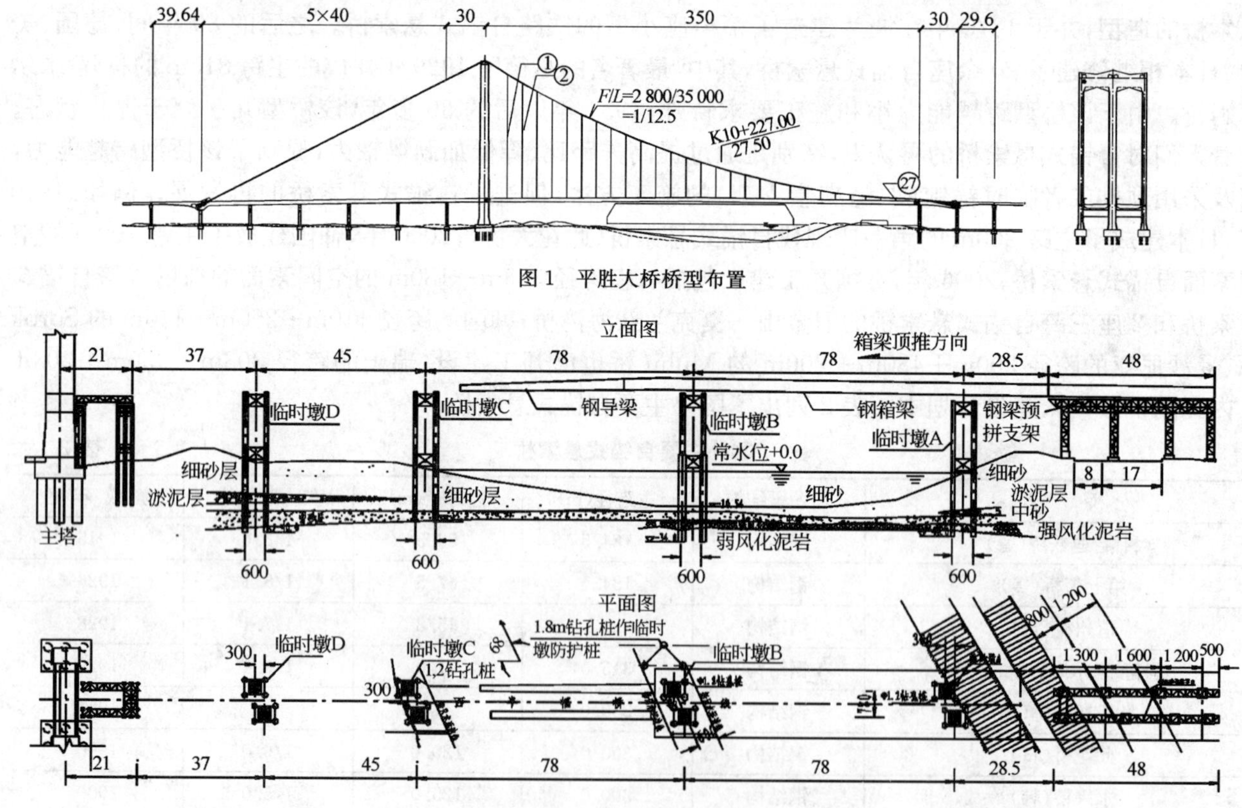

图1　平胜大桥桥型布置

图2　平胜大桥西幅顶推临时墩布置

2. 广州猎德大桥工程概况

猎德大桥主桥是一座跨径布置为47m＋167m＋219m＋47m的独塔双跨空间索面悬索桥，如图5、图6所示。该主桥主、边跨加劲梁为钢箱梁，采用顶推法就位，顶推临时墩及顶推平台总体布置图如图7所示；锚跨为预应力混凝土加劲梁，采用支架现浇。该桥施工有两个突出特点：一是桥塔为曲面曲率不断变化的贝壳型；二是主缆为空间索面，在塔顶处两缆间距为4m，在散索套处两缆间距为27.1m。成桥三年的设计目标为：主缆主跨跨度213.8m，垂跨比1/12.5，边跨跨度161.8m，主跨散索长度9.8m，边跨散索长度10.0m。

图3 吊索下端的锚固位置

图4 平胜大桥全景

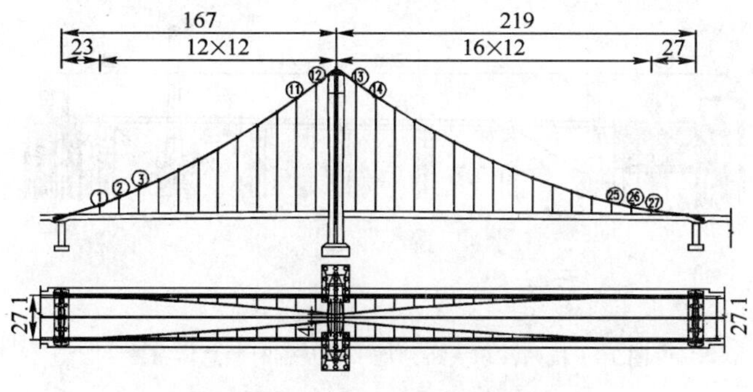

图5 猎德大桥桥型布置(锚跨和塔顶装饰未示出)

图6 猎德大桥效果

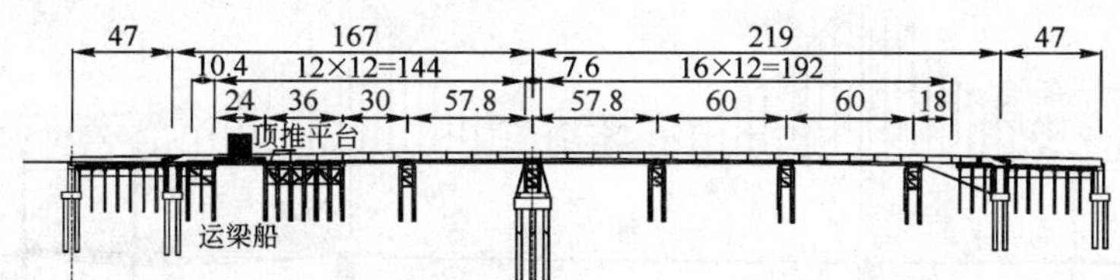

图7 猎德大桥钢箱梁顶推平台、临时墩和支架总体布置

3. 杭州江东大桥工程概况

杭州江东大桥又名杭州钱江九桥，其自锚式悬索桥分孔布置为83m＋260m＋83m。成桥三年后，在边跨侧塔顶入鞍处两主缆间距为3m，在主跨侧塔顶出鞍处两主缆间距为4m，在跨中最低点两主缆间距为42.5m；中跨主缆矢跨比为1/4.5。该桥中跨设吊索，边跨不设吊索，吊索间距9.0m，是一座双塔单跨空间索面悬索桥，如图8、图9所示。加劲梁为钢箱梁，采用顶推法就位，顶推临时墩及顶推平台总体布置见图10。该桥有两个显著特点：一是钢箱梁无应力制造曲线为曲率不断变化的连续曲线，给顶推施工带来了一定的难度；二是该桥中跨主缆倾斜角度在世界上最大(19°)，给体系转换带来了一定的难度。

4. 长沙三汊矶大桥工程概况

长沙三汊矶自锚式悬索桥全长732m，分孔为70m＋132m＋328m＋132m＋70m，是一座双塔三跨自锚式悬索桥，如图11所示。该桥加劲梁为钢箱梁，钢箱梁宽35m，采用顶推法就位，顶推临时墩布置如图12所示。成桥后，两根主缆中心间距25m，中跨矢跨比1/5，边跨矢跨比1/10.6，吊索间距9m。

上述四座典型的自锚式悬索桥(一座为独塔单跨，一座为独塔双跨；一座为双塔单跨，一座为双塔三跨)，由于跨度较大(主跨均超过200m)，均采用先梁后缆，再体系转换的方法施工，而加劲梁的就位均采用顶推法施工。总体施工顺序均为：主塔、下部结构及临时墩的施工→钢箱梁安装、焊接和顶推→架设主

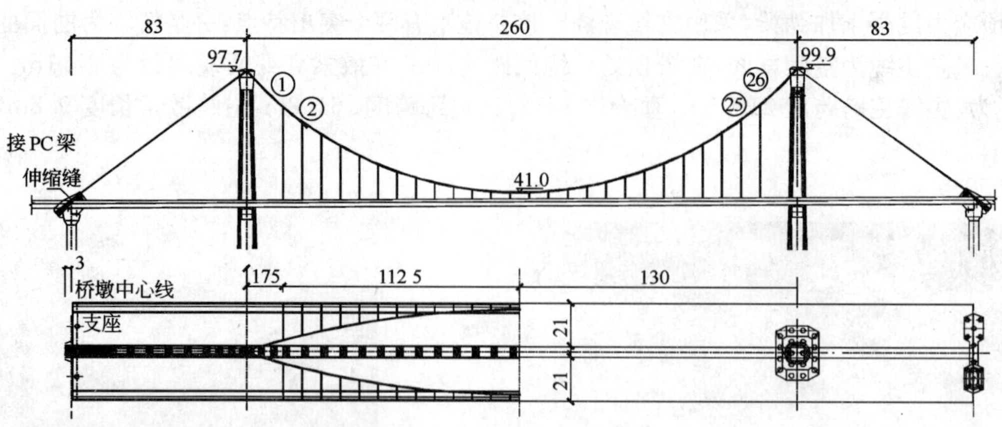

图8　杭州江东大桥自锚式悬索桥桥型布置

图9　杭州江东大桥自锚式悬索桥

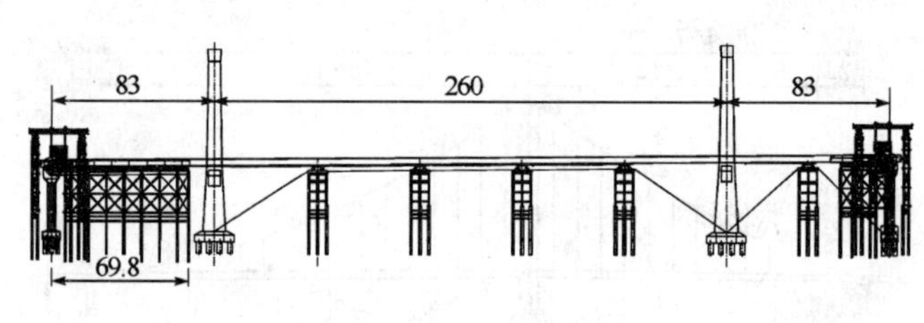

图10　杭州江东大桥顶推平台及临时墩总体布置

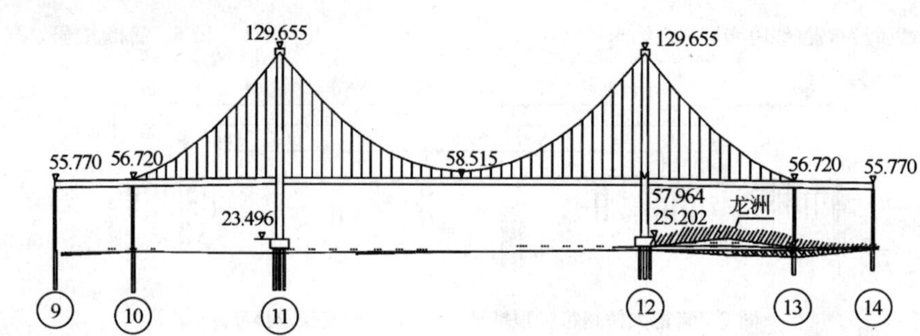

图11　三汊矶大桥主桥桥型

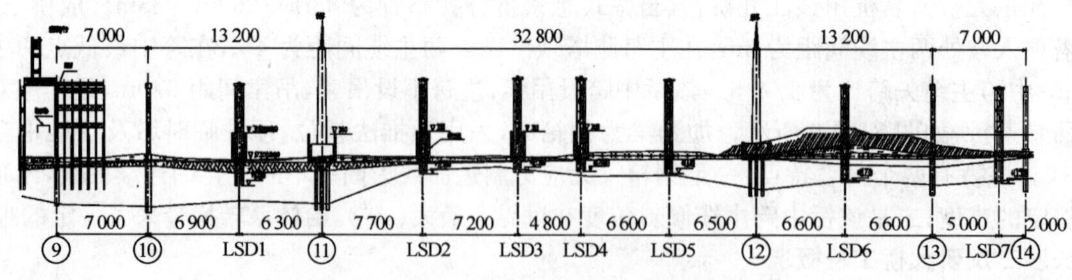

图12　三叉矶大桥顶推临时墩总体布置

缆→安装索夹和体系转换→桥梁附属结构施工。上述四座典型桥梁的顶推施工也各有特点，主要是：平胜大桥为大斜交角顶推，并且首次提出和采用了半柔性滑道；猎得大桥顶推，则合理利用了用于平胜大桥钢箱梁(无应力曲线半径不同)顶推的导梁和滑道；杭州江东大桥为曲率半径不断变化的无应力钢箱梁的顶推；三叉矶大桥则为短平台顶推。限于篇幅，本文仅介绍它们的体系转换方案。

三、体系转换方案确定的原则

自锚式悬索桥体系转换(包括吊索张拉等)的最终目标就是使成桥的线形和受力符合设计要求,并保证体系转换过程中结构的安全。自锚式悬索桥的体系转换必须通过计算机仿真模拟,论证其可行性和经济性。实践证明,采用参数切合实际,经过科学论证的体系转换方案是能够顺利实施的,不会有多大的出入。根据自锚式悬索桥施工期的结构特性和多座自锚式悬索桥体系转换确定的经验,作者将通过计算机仿真模拟确定体系转换方案应遵守的原则概括如下:

(1)目标原则:体系转换后(即吊索张拉完成时)悬索桥各构件的受力和线形(如主梁线形与受力,吊索受力、主塔受力等)符合设计要求。

(2)构造原则:体系转换过程中吊索上、下吊点连线不与钢套管相接触,主缆索股不与锚固套管相接触。

(3)安全原则:体系转换过程中加劲梁应力不能过大,应满足强度和稳定性要求;主塔压应力不能过大,且有足够的压应力储备;散索套临时锚固设施受力不能过大,应有足够的强度储备;吊索、吊索索夹、吊索锚具等应满足强度要求。

(4)经济原则:临时设施(如临时吊索、张拉吊索或者顶升主梁的千斤顶、接长杆等)用量尽量少;施工步(如吊索张拉次数、主梁顶升次数)尽量少;尽量利用施工单位现有的设备。

在上述原则中,前 3 条原则是每一可行方案的必要条件,而第 4 条原则为优化原则。对不同自锚式悬索桥的体系转换方案,起控制作用的因素可能不同,但一般离不开上述四条原则。

四、典型自锚式悬索桥实施性的体系转换方案

在经过多方案的比较后,上述四座典型自锚式悬索桥实施的体系转换方案被确定(作者负责前三座桥梁的施工监控,作者同事颜东煌教授负责后一座桥梁施工监控)或者被采用。其中,平胜大桥、三汊矶大桥已于 2006 年建成通车,猎德大桥体系转换已接近完成,江东大桥体系转换即将开始。

1. 平胜大桥体系转换方案

平胜大桥实际采用的体系转换方案见表 3,其中的吊杆编号见图 1,体系转换某阶段的照片见图 13。

平胜大桥实际采用的体系转换方案　表 3

施工步骤	施工内容	施工步骤	施工内容
0	钢箱梁顶推就位到成桥三年时的设计高程	14	第 4 次顶推 35cm
1	主索鞍第 1 次顶推,顶推量为 20cm	15	将 11 号索张拉到位,同时将 12 号索张拉到 1 000kN/单根,13 号索张拉到 750kN/单根
2	将 1 号索张拉到位(所谓张拉到位,是指张拉到锚固位置,以后不再对该索进行张拉,下同)	16～22	分别将 12～18 号索张拉到位,同时将 13～19 号索张拉到 1 000kN/单根,14～20 号索张拉到 1 000kN/单根
3～5	分别将 2～4 号索张拉到位	23	第 5 次顶推 28.8cm
6	主索鞍第 2 次顶推,顶推量为 30cm	24	将 19 号索张拉到位,同时将 20 号索张拉到 1 000kN/单根,21 号索张拉到 750kN/单根
7、8	分别将 5、6 号索张拉到位	25、26	分别将 20、21 号索张拉到位,同时将 21、22 号索张拉到 750kN/单根,22、23 号索张拉到 750kN/单根
9	将 7 号索张拉到位,同时将 8 号索张拉到 500kN/单根	27	将 22 号索张拉到位,同时将 23 号索张拉到 750kN/单根,24 号索张拉到 500kN/单根
10	第 3 次顶推 28cm	28、29	分别将 23、24 号索张拉到位,同时将 24、25 号索张拉到 750kN/单根
11	将 8 号索张拉到位,同时将 9 号索张拉到 750kN/单根	30	将 25 号索张拉到位,同时将 26 号索张拉到 500Kn/单根
12	将 9 号索张拉到位,同时将 10 号索张拉到 900kN/单根	31、32	分别将 26、27 号索张拉到位
13	将 10 号索张拉到位,同时将 11 号索张拉到 1 000kN/单根,12 号索张拉到 750kN/单根	33	施加二期恒载

2. 猎德大桥体系转换方案

猎德大桥实际采用的体系转换方案见表4，其中的吊杆编号见图5。体系转换某阶段照片见图14。

3. 江东大桥体系转换方案

江东大桥决定采用的体系转换方案见表5，其中的吊杆编号见图8，临时索布置见图15。

4. 三汊矶大桥体系转换方案

三汊矶大桥实际采用的体系转换方案见表6，其中临时墩编号见图12，吊杆编号从中跨最低点最短索开始向一侧进行编号，分别为1～31(中跨吊杆从最短索到最长索为1～18，边跨吊杆从最长索到最短索为19～31)，另一边对称吊杆的编号与之相同。

猎德大桥实际采用的体系转换方案　　表4

施工步骤	施 工 内 容	施工步骤	施 工 内 容
	钢箱梁顶推就位到成桥三年时的设计高程	19	将23号吊索张拉到无应力索长＋0.8m
1、2	依次将13号、14号索张拉到位	20	将主索鞍顶推到位
3	将3号吊索张拉无应力索长(指成桥时的该索自身的无应力长度，下同)＋0.6m	21～29	依次将24、6、25、26、7、8、27、9、28号吊索张拉到自身无应力索长＋0.8m、＋0.3m、＋0.8m、＋0.7m、＋0.4m、＋0.4m、＋0.7m、＋0.5m、＋0.4m
4、5	依次将15、16号吊索张拉到位	30～34	依次将22～26号吊索张拉到位
6	将主索鞍向主跨侧顶推5cm	35	将10号吊索张拉到成桥时的无应力索长＋0.3m
7～11	依次将17、3、18、2、19号吊索张拉到位	36	将11号吊索张拉到成桥时的无应力索长＋0.2m
12	将主索鞍向主跨侧顶推10cm	37～45	依次将12、27、28、11、10、9、8、7、6号吊索张拉到位
13～17	依次将20、1、4、21、5号吊索张拉到位	46	施加二期恒载
18	将22号吊索张拉到无应力索长＋0.3m		

图13　平胜大桥体系转换

图14　猎德大桥体系转换

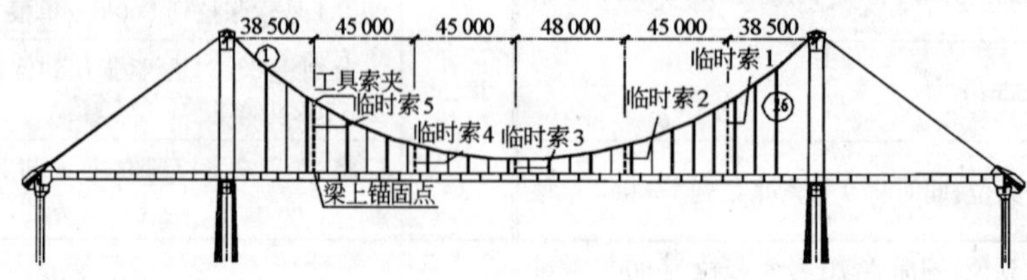

图15　江东大桥临时索布置

江东大桥拟采用的体系转换方案　表 5

施工步骤	施工内容	施工步骤	施工内容
0	钢箱梁顶推就位到成桥三年后的设计高程	16	将 13 号、14 号永久吊索张拉到成桥无应力索长 +0.6m
1	拆除边跨顶推用的临时墩，架设主缆索股	17	将 9 号、18 号永久吊索张拉到成桥无应力索长+0.5m
2	索夹安装位置放样，标记主缆天顶线；安装边跨及主跨跨中附近 7 号～20 号吊索索夹	18	第 6 次顶推主索鞍（顶推量 9cm）
3	第 1 次顶推主索鞍（顶推量 20cm）	19～21	依次将 13 号、9 号、10 号，同时依次将 14 号、18 号、17 号永久吊索张拉到位
4	空缆安装全部索夹；猫道改吊	22	第 7 次顶推主索鞍（顶推量 12cm）
5	第 2 次顶推主索鞍（顶推量 10cm）	23～26	依次将 8 号～5 号，同时依次将 19 号～22 号永久吊索张拉到位
6	将 1 号、5 号临时索张拉到一定吨位	27	将 12 号、15 号永久吊索张拉到成桥无应力索长
7	第 3 次顶推主索鞍（顶推量 15cm）	28	将 11 号、16 号永久吊索张拉到成桥无应力索长
8	将 2 号、4 号临时索张拉到一定吨位	29	第 8 次顶推主索鞍（顶推到位）
9	第 4 次顶推主索鞍（顶推量 12cm）	30、31	拆除全部临时索；拆除全部临时墩
10	将 3 号临时索张拉到一定吨位	32	调整主塔 4 个永久支座的高程，使之受力基本均匀
11	第 5 次顶推主索鞍（顶推量 7cm）	33	施加桥面二期恒载
12～15	依次将 1 号～4 号，同时依次将 26 号～23 号永久吊索张拉到位		

三汊矶大桥实际采用的体系转换方案　表 6

施工步骤	施工内容	施工步骤	施工内容
0	钢箱梁顶推就位到成桥三年时的设计高程	27、28	依次将 14、13 号，同时依次将 22、23 号索安装或者张拉到位
1～15	临时墩 LDS2～LDS4 分 15 均匀等级顶升钢箱梁，顶升总量分别为 0.84m、1.5m、1.4m 和.66m；LDS1 和 LDS6 作微量顶升。	29	将 12 号索安装或者张拉到位
16、17	依次将 1、2 号，同时依次将 31、30 号索安装或者张拉到位（所谓张拉到位，是指张拉到锚固位置，以后不再对该索进行张拉，下同）	30	将 6、24 号索安装或者张拉到位
18	将 26 号索安装或张拉到位	31	将 7 号索安装或者张拉到位
19、20	依次将 3、4 号，同时依次将 29、27 号索安装或者张拉到位	32	将 11、25 号索安装或者张拉到位
21	将 28 号索安装或者张拉到位	33	将 10 号索安装或者张拉到位
22	将 18、19 号索安装或者张拉到位	34、35	依次将 9、8 号索安装或者张拉到位
23	将 17 号索安装或者张拉到位	36～47	临时墩高程分 6 级向下调整，每调整 1 级，主索鞍顶推 1 次。临时墩最终调整到顶升前位置，主索鞍总顶推量为 28.99cm。
24、25	依次将 16、15 号，同时依次将 20、21 号索安装或者张拉到位	48	施加二期恒载
26	将 5 号索安装或者张拉到位		

5. 体系转换方案的特点

上述四桥体系转换方案的特点是：前三座均采用吊索张拉的方式实行体系转换，而后一座桥梁则主要想通过顶升主梁、无应力安装吊索（分析和实施均表明，吊索不可能无应力安装）、再分阶段卸落主梁和顶推鞍座的方式实现体系转换。由于各桥跨度、型式等的不同，即使均是采用吊索张拉实现体系转换的前三座桥梁，体系转换方案也有很大的不同。前三座桥梁在吊索张拉过程中分阶段顶推鞍座和后一座桥梁在临时墩卸落过程中分阶段顶推鞍座，目的均是确保体系转换过程中主塔承受的弯矩不超标。平胜大桥和杭州江东大桥主缆由空缆到成桥，其纵向或者横向变为较大，因而吊索张拉基本上是先张拉长吊索，后张拉短吊索，以满足张拉过程吊索不与导管相挤压的构造要求。除此之外，平胜大桥体系转换还有以下主要特点，即吊索需实行多点同步张拉。这主要是平胜大桥主跨大、仅在单跨布置吊索等原因（使得主缆由空缆到成桥竖向位移大）造成。不然，吊索张拉次数和延长杆数量太多，以致无法接受。

猎德大桥体系转换还有以下主要特点：

(1)边跨需先张拉散索套附近的短吊索，目的是尽量减少施工过程中散索套临时锚固设施的受力和满足施工过程中主缆索股不与锚碇套管相挤压的构造要求；

(2)需要的临时锚固的吊索较多，但单根延长杆的长度均较短（小于1m），满足了施工单位提出的张拉挂篮不来回反复移动的要求，利用了施工单位已有的延长杆（精扎螺纹钢）。

江东大桥体系转换还有以下主要特点：

(1)首先采用5根临时吊索（1根临时吊索由9根7ϕ5的钢绞线组成）将主缆拉出一定形状，目的是为了满足永久吊索张拉安装的构造要求；

(2)跨中附近较短的永久吊索较1/4跨径附近中长吊索先张拉，目的是避免跨中附近的临时索3进行放索或者索力过大。分析还表明，临时索如果规格过大（刚度过大），则所需体系转换步骤反而更多。

五、结　语

(1)自锚式悬索桥最优的体系转换方案因跨度、桥型而异，需在定性分析的基础上，通过定量分析和方案比较加以确定。

(2)2006年建成通车的平胜大桥、三汊矶大桥和即将完成体系转换的猎德大桥的体系转换证明，采用切合实际的参数，经过充分论证和严格监控的体系转换施工是能够取得预期效果的。

(3)对空缆到成桥主缆标高变化较大的悬索桥（如单跨悬索桥），在初拟体系转换方案时，可能需要考虑多点同步张拉，以极大地减少调索次数。

(4)对空缆到成桥主缆索夹点纵向或者横向位置变化较大的悬索桥（如单跨悬索桥），在初拟体系转换方案时，一般需考虑先张拉长吊索，以满足构造要求。

(5)对于多跨自锚式悬索桥，在初拟体系转换方案时，需考虑边跨散索套附近的吊索适当提前张拉，以减少散索套临时锚固设施的受力或者避免主缆索股与锚碇套管的挤压。

(6)对于确实需要增加临时吊索实行体系转换的桥梁，临时索的截面尺寸规格应合适。规格过大，则因其刚度原因，所需的体系转换步骤可能反而更多。

参考文献

[1] 郭文刚，李小刚. 预应力混凝土自锚式悬索桥（镜湖大桥）设计简介[J]. 公路，2007，(6)：22～25.

[2] 李建本，贾军政. 自锚式悬索桥发展综述[J]. 城市道桥与防洪：2005，(9)：50～53.

[3] 张春利，黄新明. 义乌江自锚式悬索桥主梁制造技术[J]. 建筑施工，2005，27(1)：42～44.

[4] 王凤霞. 新颖自锚式悬索桥设计与转体施工[J]. 上海公路，2007，(3)：23～27.

[5] 魏志新. 金石滩自锚式悬索桥的设计和施工控制[D]. 大连理工大学硕士论文，2002.

[6] 周泳涛，李毅谦，涂金平，贾界峰. 天津富民桥主缆设计与计算[J]. 公路，2006，(12)：1～4.

[7] 魏标. 自锚式悬索桥体系的分析比较[D]. 同济大学硕士论文，2007.

[8] 吴皋. 湘江三汊矶自锚式悬索桥施工控制技术研究[D]. 长沙理工大学硕士论文，2007.

[9] 李传习,柯红军,刘建等.平胜大桥体系转换施工控制的关键技术[J].土木工程学报,2008,41(4):49~54.

[10] 佛山平胜大桥设计施工图,湖南省交通规划勘察设计院,2004.

[11] 长沙三汊矶大桥设计施工图,湖南省长沙市规划设计院,2005.

[12] 杭州江东大桥设计施工图,上海市政工程设计研究院,2006.

[13] 广州市新光快速路猎德大桥工程施工图设计,西南交大土木工程设计有限公司,2006.

145. 自锚式悬索桥施工阶段非线性有限元分析

夏宏光 鞠秀颖 李 强 张星云

(北京建达道桥咨询有限公司)

摘 要 针对自锚式悬索桥的施工特点,给出了自锚式悬索桥非线性分析的有限元方法。结合朝阳黄河路大桥结构特点,研究了自锚式悬索桥施工阶段有限元分析模型的建立,给出了主缆形状的确定方法、索鞍顶推模型、支架接触非线性。

关键词 自锚式悬索桥 非线性 有限元方法 有限元模型

一、引 言

从外形而言,自锚式悬索桥因具有富于张力的曲线主缆和雄伟壮观的索塔,保留了传统悬索桥的主要审美特征。就受力体系而言,一方面自锚式悬索桥同传统悬索桥一样是由主缆、加劲梁、索塔、吊索等构件构成的柔性悬吊组合体系;另一方面主缆的水平分力使自锚式悬索桥加劲梁承受巨大的压力而成为压弯构件。因为上述力学特性,决定了自锚式悬索桥的施工程序必然要与传统地锚式悬索桥的施工程序相反,需先在支架上整体施工加劲梁,然后才能架设主缆,张拉吊索。吊索张拉施工是一个复杂的非线性过程,同时存在主缆几何非线性、加劲梁和索塔的梁柱效应非线性、鞍座滑移以及加劲梁与支架接触非线性。如果采用混凝土加劲梁,随着吊索不断张拉,主梁内的轴向压力不断增长,混凝土的徐变和收缩不断发生,将对结构产生与时间有关的非线性影响。这些非线性互相影响,使得吊索张拉过程的计算相当复杂,以至于使解析方法无能为力,只能借助于有限元方法[1,2,3]。

本文以朝阳黄河路大桥为例[4],介绍了自锚式悬索桥非线性分析的有限元方法,并针对该桥的结构特点,研究了有限元分析模型建立面临的几个非线性因素的处理方法。

二、朝阳黄河路大桥结构设计和有限元分析模型

黄河路大桥位于辽宁省朝阳市东部出口,跨越大凌河,道路等级为城市主干路,机动车道为双向4车道,两侧各有2.5m宽人行道和3.0m宽非机动车道,桥面总宽31.5m。如图1所示,主桥是一座混凝土自锚式悬索桥,主跨为180m,边跨73m,主梁和索塔为钢筋混凝土结构,主梁为三跨连续箱梁,主缆中心距24.0m,吊索沿顺桥向间距5m。主梁为单箱四室箱梁,梁宽31.5m,梁中心高度2.5m。索塔为H形,塔柱采用实体十字形截面,桥面以上尺寸为2.5m×4.5m,桥面以下为变截面,根部尺寸为3.5m×5.5m。

主缆中跨矢跨比为1/5.5,主缆直径39.9cm,由37股127丝直径5.2mm镀锌高强平行钢丝组成,钢丝强度为1 670MPa。塔顶索鞍底设四氟滑板,以便从空缆状态向成桥状态转变过程中可以滑动。吊杆采用109或127根ϕmm镀锌高强平行钢丝,钢丝强度为1 670MPa。

该桥施工阶段分析采用平面有限元模型,模型中将主梁、索塔、边墩离散为梁单元,主缆和吊索离散为索单元,索鞍采用由桁架单元及弹性连接单元组合的索鞍模型模拟,主缆与加劲梁采用刚臂单元连接,

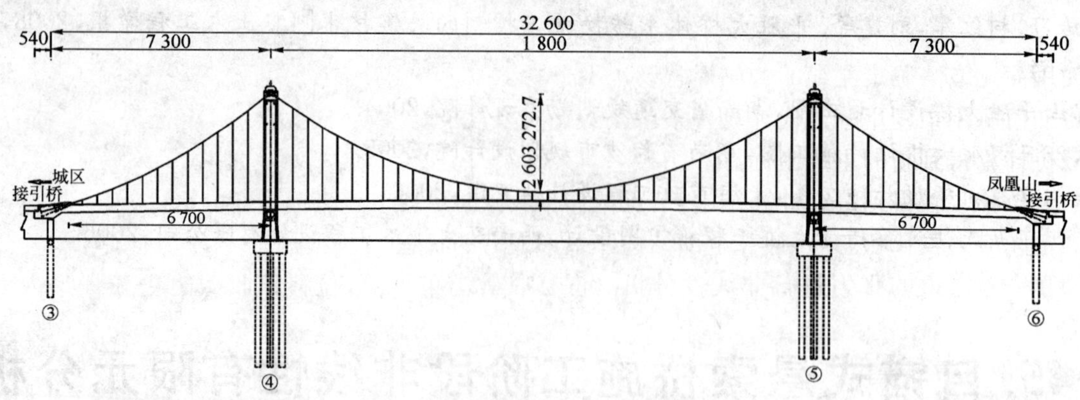

图1 朝阳黄河路大桥(尺寸单位:cm)

索塔和边墩均为桩基础,按等刚度法模拟群桩,主梁下为盆式滑动支座,索塔和边墩对主梁只提供竖向支承,不提供水平和转角约束。

三、施工计算的有限元分析方法

自锚式悬索桥在吊索的安装和张拉过程中存在体系转换。这一过程是自锚式悬索桥区别于地锚式悬索桥的一特殊工序,也是最复杂的工序。该过程中存在多种非线性影响,包括结构大位移变形、主缆垂度效应、梁柱 P-Δ 效应、混凝土收缩徐变、支架的接触非线性、索鞍滑移等,施工过程的计算不能采用线性叠加方法,必须采用平衡迭代方法。其基本理论式为

$$K\delta = P \tag{1}$$

$$K = \int_V B^{\mathrm{T}} DB\,\mathrm{d}V \tag{2}$$

$$\varepsilon = B\delta \tag{3}$$

$$\sigma = D\varepsilon \tag{4}$$

式中:B——几何矩阵;

D——材料本构矩阵;

ε——应变矩阵;

σ——应力矩阵;

V——结构体积;

K——结构刚度矩阵;

δ——节点位移向量;

P——荷载向量。

因为主缆是柔性的,在分析时要考虑其几何非线性。其刚度矩阵K不是常量,每一施工阶段都要重新构成刚度矩阵,并修正近似解,最后求得允许误差范围内的近似解。主要步骤如下:

(1)取初始刚度矩阵 K_0,计算第一步位移增量 $u_1 = K_0^{-1}P$;

(2)根据式(2)~式(4)求得相应的节点力向量 P_1 及刚度 K_1;

(3)此时荷载为 $\Delta P_1 = P - P_1$,则得 $\Delta u_1 = K_1^{-1}\Delta P_1$,$u_2 = u_1 + \Delta u_1$;

(4)重复以上步骤,使一个时间间隔内的位移、能量或者荷载增量满足收敛控制范围,即可停止迭代计算。

四、有限元模型中的非线性处理方法

1. 主缆形状的确定

决定自锚式悬索桥形状的分析一般分为两个阶段。第一个阶段确定整体结构形成前状态(无应力索长状态),第二个阶段确定包含加劲梁、索塔墩等全部结构体系形成后的状态。这两个过程可以通过如下

步骤完成：

(1)使用简化方法确定主缆的初始形状及水平分力。

(2)将初值赋予柔度矩阵迭代计算各索单元的无应力索长。

(3)分析计算得到新的主缆坐标。

(4)节点位移收敛得到最终计算结果，节点位移未收敛时更新节点坐标重新分析。

(5)确定无应力索长状态后，计算全部结构体系形成后的状态。

(6)计算中考虑索的张力进行非线性分析。位移收敛结束计算，位移不收敛时更新杆系内力重新计算。

2. 索鞍的顶推滑移模型

在架设主缆之前，应使鞍座相对于塔顶有一向边跨的预偏量，随后在张拉吊索过程中逐步顶推调整偏移量，释放索塔两侧主缆的不平衡水平力，保证塔底的应力不超过容许值。

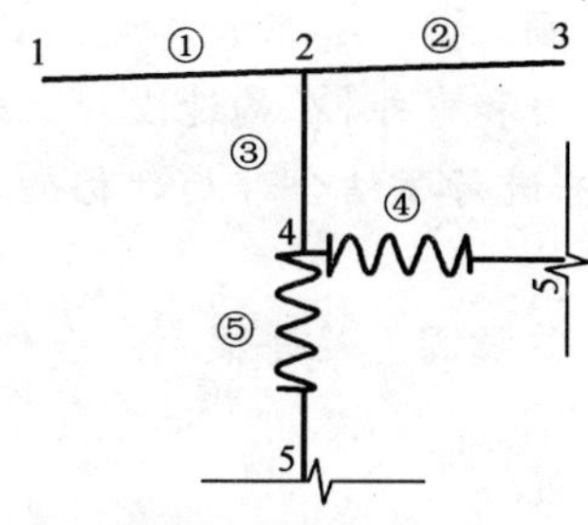

图2　索鞍有限元模型

索鞍顶推滑移可以利用图2简化分析模型来实现，节点1、3为主缆与鞍座切点，节点4分别位于索鞍底两端，节点5为塔顶中心。单元①～③构成了一个稳定的桁架结构，用于模拟索鞍，单元④、⑤为弹性连接单元，用于支承索鞍结构，将索鞍的作用转化为轴力和弯矩传递到节点5，从而施加于塔柱单元。单元④用于模拟索鞍与塔顶座板之间的摩擦力，并通过节点5将索鞍两侧的不平衡水平力转化为塔柱单元的剪力，单元④的轴力即为主缆的不平衡水平力。

运行施工阶段计算后，应查看每一施工阶段的计算结果，检查塔柱的应力，当应力超过允许应力时，需顶推索鞍以减小主缆的不平衡水平力，甚至可以多顶推一些，使塔顶受到相反方向的水平力作用。

3. 支架接触非线性

混凝土加劲梁必须在支架上浇筑，而预制的钢加劲梁同样也需要临时支墩支承，当加劲梁成为全桥连续的整体时才能进行吊索张拉。最初，加劲梁的自重完全由临时支墩(或模架)承担，随着吊索拉力的增加，加劲梁与支架之间脱离，由于实际施工时不可能同时张拉全部吊索，为了尽量减少所需张拉设备和重复张拉次数，各吊索拉力相差较大。支架只能承受压力，不承受拉力，加劲梁和支架之间存在只压不拉的接触非线性关系。为了模拟加劲梁和支架之间的接触非线性关系，需要在加劲梁和支架之间引入只压不拉的弹性连接单元，当计算过程中该单元的压力为零或出现拉力时，其对整个结构不提供任何刚度。Midas作为通用有限元程序，在这方面的实现是非常容易的。

五、结　　论

针对自锚式悬索桥的施工特点，给出了自锚式悬索桥非线性分析的有限元方法，考虑自锚式悬索桥施工阶段的各种非线性因素，利用通用程序MIDAS进行自锚式悬索桥施工阶段分析。结合朝阳黄河路大桥设计特点，研究了自锚式悬索桥施工阶段有限元分析模型的建立，给出了自锚式悬索桥三维形状的计算方法、模拟索鞍顶推的桁架模型、支架接触非线性。

利用本文给出的非线性有限元分析方法，对朝阳黄河路大桥进行了施工过程非线性分析，该桥目前正在施工中。

参考文献

[1] 田启贤. 悬索桥非线性结构分析[J]. 桥梁建设，1998，2：63-66.

[2] 潘永仁，范立础. 大跨度悬索桥加劲梁架设过程的倒拆分析方法[J]. 同济大学学报，2001，29(5)：510-514.

[3] 邱文亮. 自锚式悬索桥非线性分析与试验研究[D]. 大连：大连理工大学，2004.

[4] 朝阳市黄河路大桥设计施工图. 北京建达道桥咨询有限公司. 2007.

146. 斜拉桥混合梁结合部格室构造研究

张于晔[1] 刘玉擎[1] 刘 荣[1] 胡明义[2]
(1. 同济大学桥梁工程系;2. 湖北鄂东长江公路大桥有限公司)

摘 要 鄂东长江大桥混合梁结合部通过设置钢格室以及开孔板连接件,来传递钢梁与混凝土梁间的轴力和弯矩,在构造设计上采取了许多新技术。本文建立考虑连接件作用的钢格室实体有限元计算模型,并进行了结合部局部格室模型试验,对格室中连接件的受力大小和分布进行了计算机仿真与试验研究。

关键词 混合梁 结合部 有限元分析 模型试验

一、引 言

混合梁斜拉桥是指其主梁沿纵桥向由钢材与混凝土两种不同材料构成,主跨大部分的梁体为钢梁,边跨或伸入主跨一部分的梁体为混凝土梁。鄂东长江大桥混合梁结合段通过设置钢格室与开孔板连接件,与格室顶底板上的焊钉连接件共同传递钢梁与混凝土梁间的轴力和弯矩。本文结合鄂东长江大桥工程实例,对结合部同时布置开孔板与焊钉两种连接件的混合梁钢格室,进行了实体有限元计算与试验测试,研究在轴力和弯矩作用下焊钉与开孔板连接件的受力特点,分析连接件在结合部的传力机理。

二、混合梁结合部的构造特点

斜拉桥混合梁结合部构造一般比较复杂,其形式分为有格室和无格室两种。有格室形式结合部的连接件通常有焊钉连接件和开孔板连接件等。

混合梁结合部用焊钉作为连接件应用比较广泛。焊钉连接件力学性能不具有方向性,并具有较强的抗分离能力,是常用的连接件之一。如图1所示,在钢梁段与混凝土梁段间设置由较小封闭格室组成的结合过渡段,承压板设在钢梁段与结合段之间,结合段顶底板及承压板均设置焊钉连接件。该方案轴向力及弯矩从结合部梁段的连接件和后承压板传递到钢梁上,剪力及扭矩由后承压板上的连接件、格室内腹板及腹板上的连接件传递到钢梁。

结合部采用开孔板连接件如图2所示,在格室顶底板上焊接条形钢板,并在钢板上开有圆孔,圆孔中可以根据需要布置贯通钢筋,以增大抗剪能力,孔内混凝土和钢筋还具有防止混凝土与钢板分离的作用。开孔板连接件作为一种较新型的连接件形式,近年来国内在混合梁结合部中逐渐开始使用。

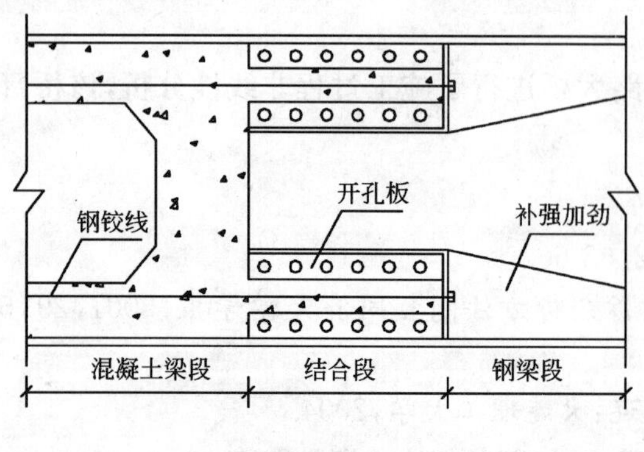

图1 焊钉连接式构造

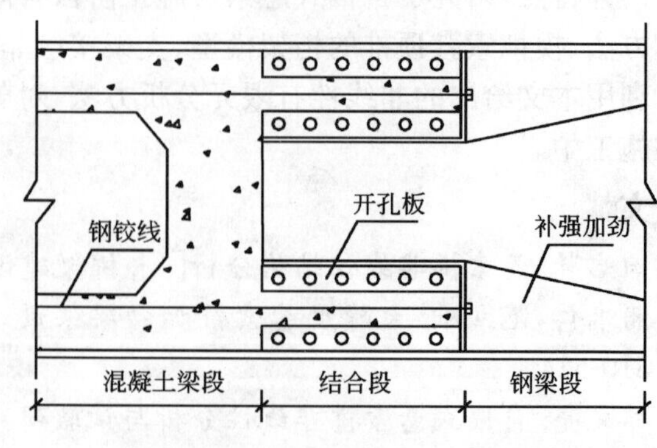

图2 开孔板连接式构造

鄂东长江大桥主梁中跨采用分离式双箱钢箱梁，边跨采用同外形的混凝土箱梁，其主梁钢与混凝土结合部构造如图3所示，为有格室后承压板方式。该结合部采用带开孔板件和焊钉连接的钢格室与混凝土横梁浇筑为一体的连接形式。与图2所示肋条形开孔板不同，此处将钢格室中整个腹板作为开孔板连接件，构造形式比较新颖。

该混合梁结合部的突出特点是采用焊钉与开孔板连接件混合布置的形式，在钢格室腹板上采用开孔板连接件代替数量较多的焊钉，开孔板与焊钉连接件共同传递轴向力与弯矩。

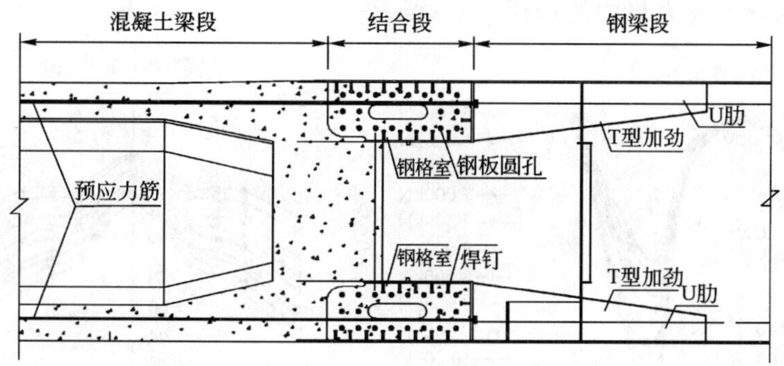

图3 鄂东大桥混合梁结合部构造示意

三、结合部局部格室模型试验及结果分析

1. 模型构件设计

针对鄂东长江大桥混合梁结合部的受力特点，在桥位现场实施大尺寸的节段梁模型以及局部格室模型试验，如图4所示。局部模型试验施加近14 000kN的轴力，测试各板件以及混凝土内部的应力状态，同时测试钢与混凝土间的相对滑移。

图4 节段梁以及格室局部模型试件

如图5所示，该局部模型选取结合部主梁下缘的格室。格室高度为0.85m，结合部纵桥向长度为2.0m，横桥向格室宽度布置为1.74m。开孔板孔径为ϕ60mm，圆孔中心间距为225mm，下排孔左边两孔模拟主梁穿钢铰线，孔内贯通ϕ20mm的HRB钢筋，在钢腹板共设置三排圆孔。焊钉连接件为$\phi22\times140$mm，顶板布置2×5根，底板布置5×5根。

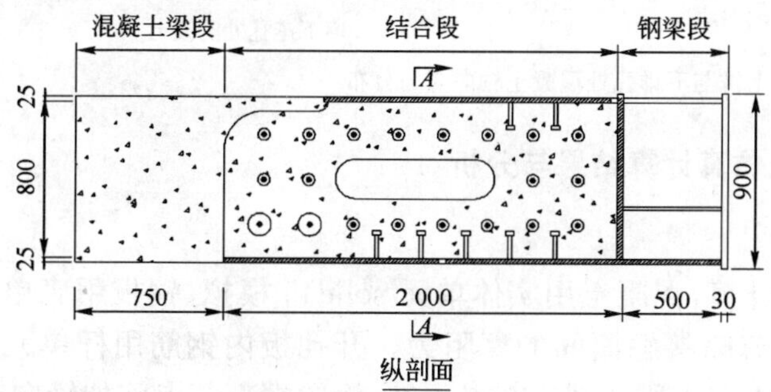

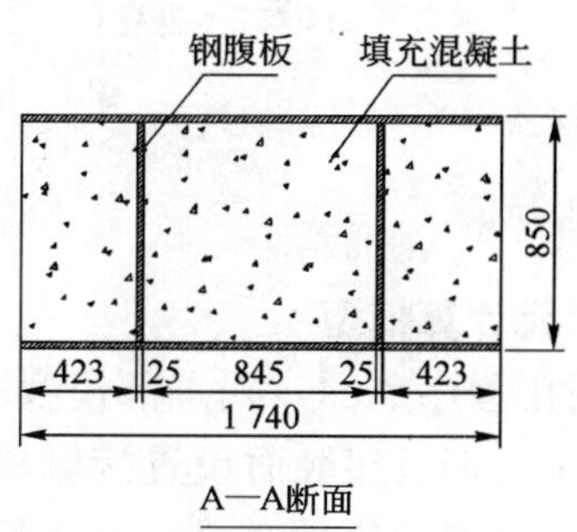

图5 局部模型构造(尺寸单位:mm)

2. 钢板表面应力分布

图6a)列出5 500kN～10 000kN轴向荷载作用下结合段钢顶板在承板处轴向应力的横向分布。模型钢板在各级荷载作用下均受压,压应力随荷载增大不断增大。在10 000kN荷载作用下最大压应力约为160MPa,最大应力在腹板附近。

图6b)列出结合段钢底板在承压板处轴向应力分布。钢底板的最大压应为约为70MPa,明显小于顶板最大压力。最大应力在模型中心处,沿横向分布较顶板更均匀,主要原因是在钢梁段底板面积比顶板大,且底板上U肋起到分散应力集中的作用。

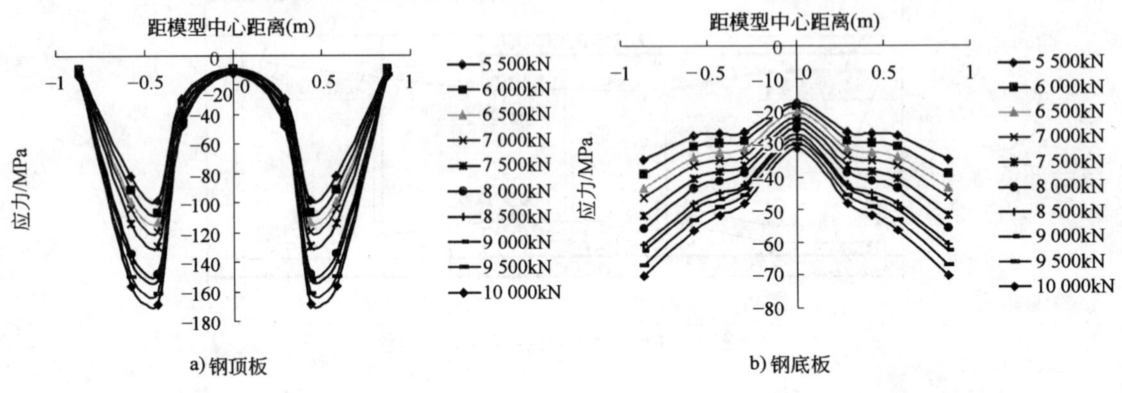

图6 顶底板轴向应力横桥向分布

3. 格室内部混凝土应力分布

在混凝土内部设置纵向螺纹钢筋,与开孔板圆孔等高布置。钢筋上贴应变片用以测试混凝土内部应力。图7列出上排孔与下排孔处混凝土应力沿纵向分布情况,应力大小均在10MPa以内。结合段格室内混凝土的应力沿轴向传递较顺畅,随着与承压板距离的增大,焊钉与开孔板逐渐将剪力传递到混凝土,混凝土的应力缓慢增大。下部混凝土离承压板最远处应力增加较大,由4MPa增大到6MPa。混凝土应力变化与计算得到的开孔板圆孔传力趋势基本对应。

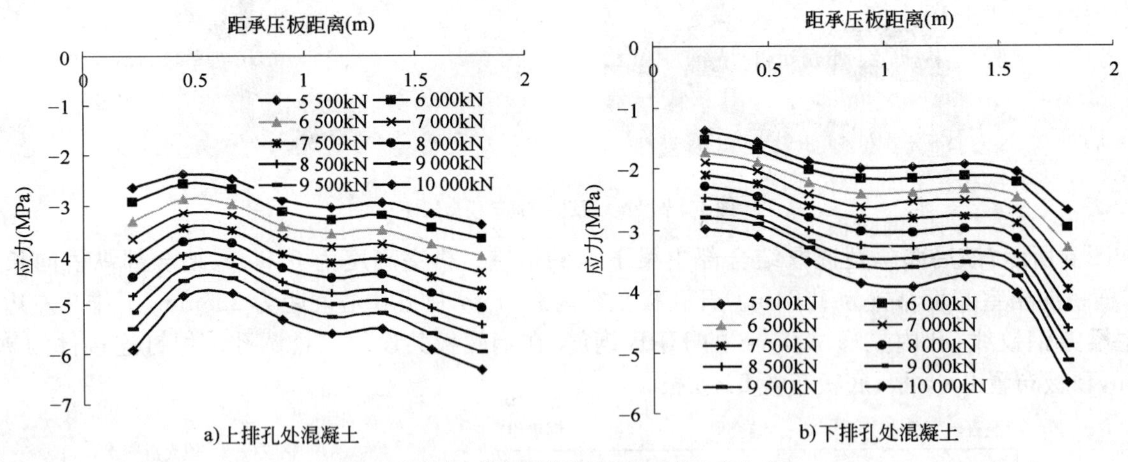

图7 格室内上排与下排孔处混凝土轴向应力分布

四、仿真计算结果与分析

1. 有限元计算模型

采用通用程序Ansys对局部模型进行计算,混凝土用实体单元solid45模拟,钢板用壳单元shell63模拟,混凝土与钢板接触面设置接触单元,忽略接触面间的摩阻力。开孔板内钢筋用杆单元beam4模拟,焊钉用三维弹簧单元conbin39模拟,把混凝土段梁端部节点固结,钢梁端部节点施加轴向节点荷载。混合段结合部上作用的力主要是轴向力和弯矩,弯矩可以等效为作用在上下缘格室的轴力。该模型轴向力大小用主梁的 1.7 倍设计荷载换算得到，经计算取 8500kN，有限元计算模型如图 8 所示。

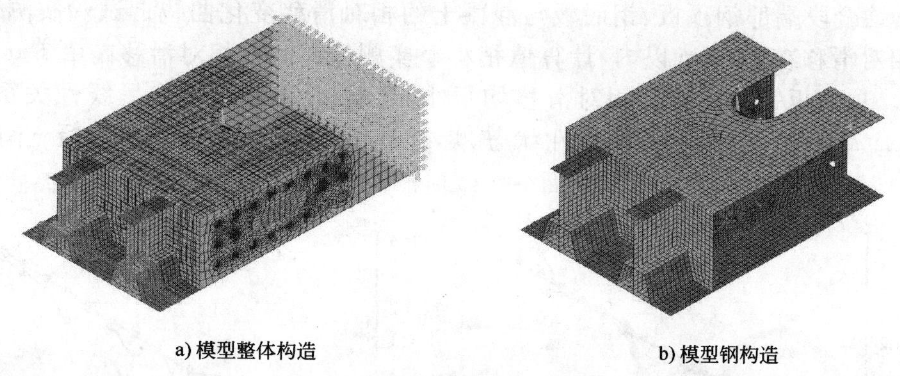

a) 模型整体构造　　b) 模型钢构造

图 8　结合部局部有限元计算模型

2. 结合部钢板与混凝土应力分布

如图 9、图 10 所示，钢板的 Mises 应力约为 0～160MPa，混凝土顺桥向应力大部分在－20～2MPa。结合部混凝土的轴向应力变化总体较缓和，在与混凝土梁段连接处应力无明显突变，传力比较平顺。但承压板接触的混凝土面与钢腹板及肋板相接处压应力较大，其他位置应力较小，呈现出马鞍形分布。

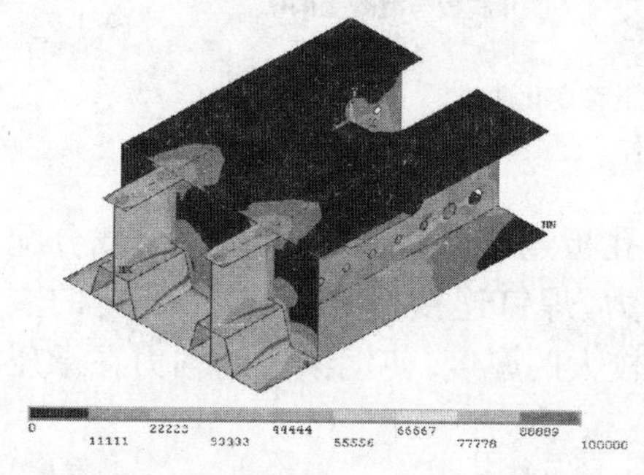

图 9　钢板 Mises 应力分布(kPa)

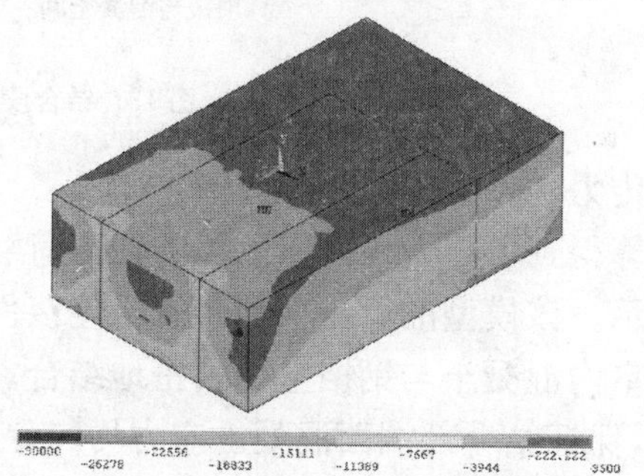

图 10　混凝土顺桥向应力分布(kPa)

3. 连接件受力分析

参考以往试验结果，焊钉弹簧元的抗剪刚度取 $k=420$kN/mm。图 11 为底板焊钉顺桥向受力分布情况，焊钉受力在 5～30kN 之间，均小于其极限承载力。横桥向焊钉在靠近钢腹板处刚度较大，相对滑移量小，因而所受剪力比格室对称轴处焊钉剪力小。

开孔板是将钢板上的轴力传到混凝土中的重要受力构件，开孔板中圆孔受剪力较焊钉大，在 20～250kN 之间。图 12 列出钢腹板上各排孔所受顺桥向剪力变化情况，开孔板底排圆孔所受剪力最大，中排孔其次，上排孔最小。底排穿钢铰线两圆孔由于孔径较大，所受剪力明显大于其他圆孔，表明开孔板孔径对开孔板连接件的抗剪刚度有较大影响。

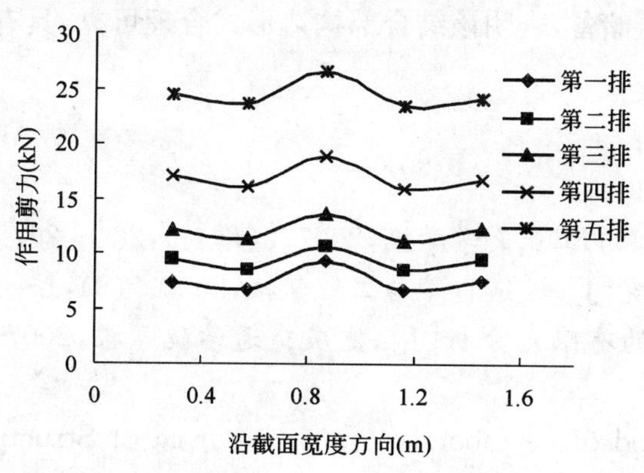

图 11　底板上焊钉顺桥向剪力分布

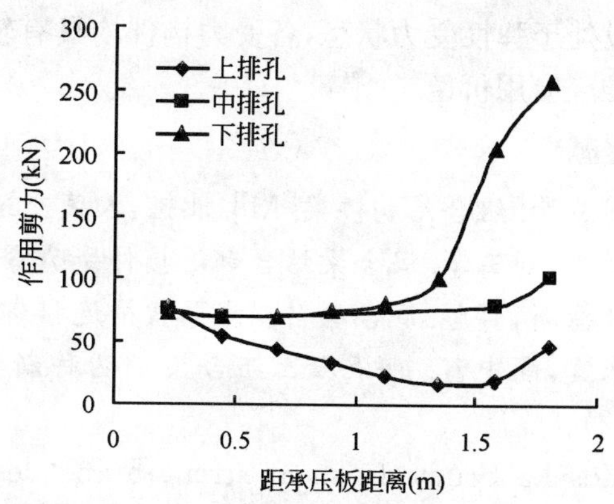

图 12　开孔板连接件顺桥向剪力分布

4. 钢与混凝土相对滑移

图 13 列出结合段端部钢顶板、钢底板与混凝土的相对滑移变化曲线。试验实测值与计算值基本吻合，顶板相对滑移在 1.8μm 以内，计算值稍小于实测值。底板相对滑移在 1.6μm 以内，计算值稍大于实测值。顶底板钢与混凝土相对滑移均很小，荷载-滑移曲线基本呈线性关系，可以认为结合部连接件在 1.7 倍设计荷载下处于弹性状态，焊钉与开孔板连接件在钢与混凝土间起到较好的结合作用。

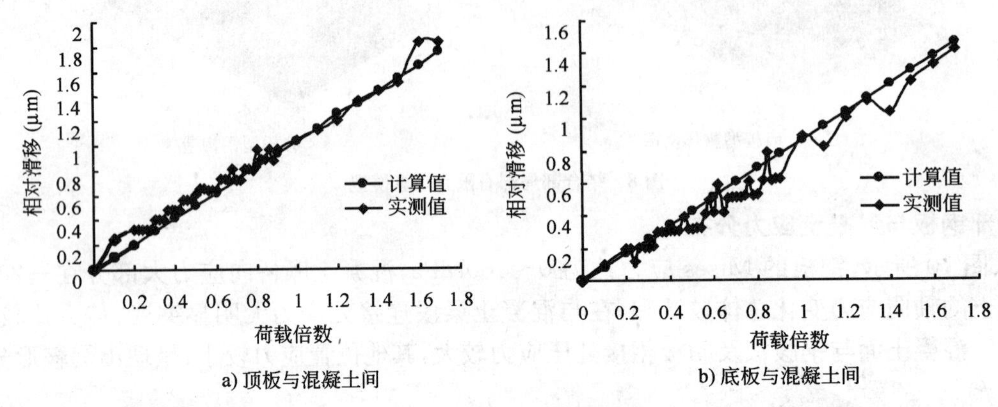

图 13　结合段端部钢板与混凝土相对滑移变化曲线

5. 传力构件轴向力分配比例

计算得到各传力构件所承担的轴向荷载，焊钉连接件、开孔板连接件及后承压板的荷载分配比例如表 1 所示。该模型的承压板和开孔板连接件承担绝大部分轴力，焊钉连接件受力较小，焊钉的主要作用是使格室内混凝土与钢格室更紧密地结合。因而承压板应具较大的厚度，使钢梁段的轴力在承压板上充分扩散，保证结合部端面混凝土应力均匀分布。

结合部轴力分配比例　　表 1

类　别	焊钉连接件	开孔板连接件	后承压板
承担荷载(kN)	385.5	3041.2	4573.3
比例(%)	4.8	38.0	57.2

五、结　　语

本文以鄂东长江大桥混合梁结合段的构造为分析对象，比较分析了采用焊钉和开孔板连接件的混合梁结合部格室构造。通过有限元模型计算与试验分析，可知：开孔板连接件与承压板是该结合部的主要传力构件，开孔板传递的剪力大小对结合部混凝土的轴向应力有直接影响；结合部在 1.7 倍荷载作用下结合段处于弹性受力状态，各受力构件均具有较大的安全储备，表明该结合部构造形式合理可靠，具有较好的推广应用价值。

参考文献

[1] 刘玉擎. 组合结构桥梁[M]. 北京：人民交通出版社，2005.

[2] 刘荣，刘玉擎. 混合梁结合部连接件受力分析[J]. 哈尔滨工业大学学报，2007，2(增刊)：264～267.

[3] 叶梅新，蒋彪. 混合型自锚式悬索桥连接部位传力研究[J]. 铁道科学与工程学报，2006，3(3)：1～6.

[4] 张霞，向中富. 钢-混凝土组合梁中两种新型连接件的有限元分析[J]. 重庆交通学院学报，2007，26(2)：5～8.

[5] Hosaka. Study on shear strength and design method of perfobond strip[J]. Journal of Structural Engineer JSCE，2002，(48A)：1265～1272.

147. 沪崇苏越江大桥索塔锚固区钢混接合面接触分析

马旭涛 胡亚琴 毛新莹 毛玮芸
（浙江公路水运工程咨询公司）

摘 要 采用非线性接触单元模拟了大跨度斜拉桥索塔锚固区钢混结合面的紧压密贴关系，分析了钢混结合面非线性接触对剪力钉的受力影响，计算结果与不考虑接触的简化方法进行了比较，结合面考虑接触效应后，剪力钉内力分布规律和钢混结合面完全分离的结果基本一致，剪力钉最大剪力减小约15%。计算结果对类似工程的结构设计具有借鉴意义。

关键词 斜拉桥 索塔锚固区 钢锚箱 剪力钉 钢混结合面 非线性接触

一、引 言

斜拉桥索塔锚固区是将拉索的局部集中力安全、均匀地传递到塔柱全截面的重要构造。大跨度斜拉桥索塔锚固区常见锚固形式有：

(1)钢锚箱构造；

(2)钢锚固梁构造；

(3)预应力锚固构造。目前国内大跨径斜拉桥如苏通大桥、昂船洲大桥、南京长江三桥、杭州湾跨海大桥以及上海崇明越江通道长江大桥的索塔锚固区均采用了钢锚箱构造，该锚固形式具有传力可靠，易于检测维护，便于换索等优点，正在被越来越多的大跨度斜拉桥所采用。

钢锚箱构造的索塔锚固区结构主要有三部分组成：

(1)钢锚箱；

(2)混凝土塔壁；

(3)剪力连接键。

其中剪力连接键主要采用圆柱头剪力钉。

斜拉索索力由锚垫板传递到钢锚箱后，其水平分力通过钢混结合面的接触压力传递到混凝土塔壁，按照各自的抗拉刚度由钢锚箱与塔壁共同承担；其竖向分力大部分通过焊接在钢锚箱两端竖向钢板的剪力钉传递到混凝土塔壁，小部分由钢混结合面的摩擦力传递。

钢混结合面同时传递水平压力和摩擦力，根据水平压力和摩擦力的大小，结合面可分为黏结、滑动和分离等接触状态。由于接触问题比较复杂，在索塔锚固区受力计算中，一般忽略钢混结合面的接触效应，认为索力完全由钢锚箱通过剪力钉传递到混凝土塔壁。这样的假定，区别仅在于结合面局部的传力方式，对于钢锚箱和塔壁的受力而言，影响是可以忽略的，但对于剪力钉受力而言，结合面的摩擦力在实际的剪力传递中究竟承担了多少，尚没有定量的结论。

因此对斜拉桥索塔锚固区钢混结合面进行接触分析，研究接触应力对剪力钉受力的影响，对于锚固区剪力钉的结构设计具有重要的参考价值和指导意义。

二、非线性接触分析方法

1. 接触问题特点

由于锚固区钢锚箱和混凝土塔壁之间是一种紧压密贴关系，应采用非线性接触有限元方法进行分析。接触问题是一种高度非线性行为，来源于两个方面：

(1)接触界面的区域大小和相互位置以及接触状态不仅事先都是未知的，而且是随时间变化的，需要在求解过程中确定。

(2)接触条件的非线性。接触条件包括：①接触物体的不可相互侵入；②接触力的法向向量只能是压力；③切向接触的摩擦条件。这些条件区别于一般的约束条件，其特点是单边性的不等式约束，具有强烈的非线性。

2. 接触摩擦

在工程分析中，库仑摩擦模型因其简单和适用性而被广泛应用。

库仑摩擦模型定义了一个等效剪应力 τ，$\tau = \mathrm{CHOE} + \mu \mathrm{P} \leqslant$ TAUMAX，如图1所示。式中 μ 为材料属性中定义的摩擦系数，而CHOE为黏聚滑动阻力，TAUMAX为材料的抗剪强度，在没有实测值时，可取为 $f_t/\sqrt{3}$，其中 f_t 为材料的单轴抗拉强度。

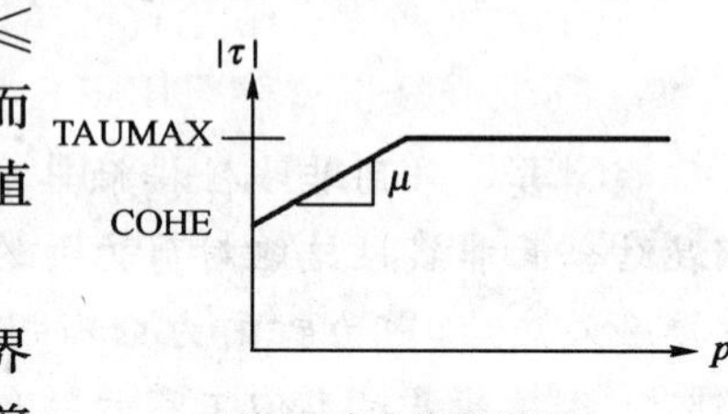

图1 库仑摩擦模型

在基本库仑摩擦模型中，两个接触面在相互滑动之前，它们的交界面上能承担一定大小的剪应力，这种状态称为黏结状态(stick)。一旦剪应力超过此值后，两个表面之间开始相互滑动，这种状态，叫做滑动状态(sliding)，摩擦力的数值不能超过材料的抗剪强度 TAUMAX。

3. 接触算法

从数学上来说，利用拉格朗日乘子法或罚函数法将约束条件引入泛函的广义变分原理，以及引入单元交界面上约束条件的修正变分原理同样适用于接触问题，不同的是接触界面条件是单边的不等式约束条件，而且接触面的范围和接触状态在事先是未知的。此特点决定了接触问题需要采用试探——校核的迭代方法进行求解。

三、研究对象

上海崇明越江通道长江大桥主桥为双独柱塔钢箱梁斜拉桥，主跨730m，两边对称边跨为107m＋243m。桥面横向布置：中间为双向六车道公路—I级交通，两侧为双向轻轨交通。最大索力11 270kN。

长江大桥索塔承台以上高度209.322m，桥面以上高度155.320m，锚固区长度56.182m。钢锚箱共分23个节段，节段高度为2.3~3.2m，剪力钉采用GB/T22×200，横向19列，间距150mm，竖向249排，间距150mm。塔顶节段横断面图和立面布置图分别如图2和图3所示。

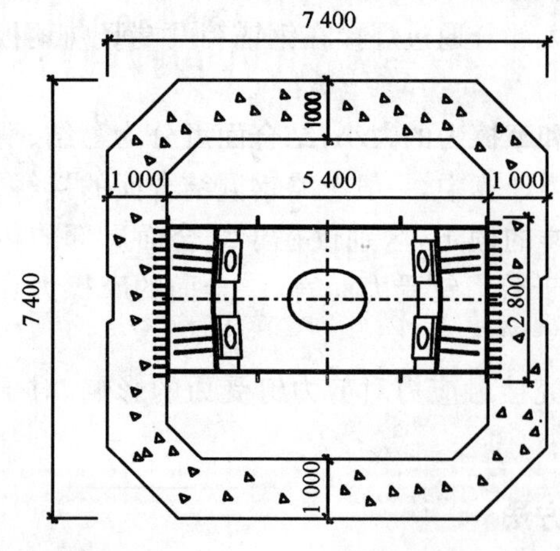

图2 钢锚箱塔顶横断面(尺寸单位：mm)

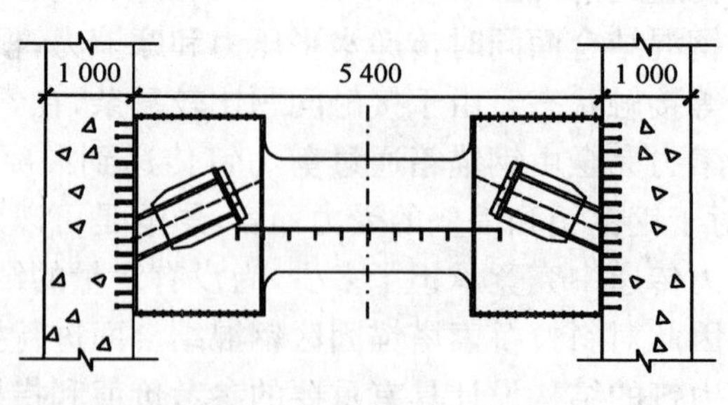

图3 钢锚箱塔顶节段立面布置(尺寸单位：mm)

为了精确分析索塔锚固区各部分结构的受力情况，必须采用空间板壳和实体单元来模拟钢板和混凝土塔壁，这势必造成计算模型单元和节点数目众多。由于整个锚固区结构横桥向左右对称，同时索力也基本左右对称，因此在建立整体模型时，取1/2结构进行分析。由于承压板的作用在于将索力传递到支承板，而支承板上加劲肋主要是防止板件的局部失稳，而非主要受力构件，因此对钢锚箱进行了简化处理，即不考虑钢锚箱的承压板和加劲板，只考虑钢锚箱的侧板拉板、竖向端板、平行与拉索方向的支承板和横隔板。索力以线荷载的方式加到2块支承板上。

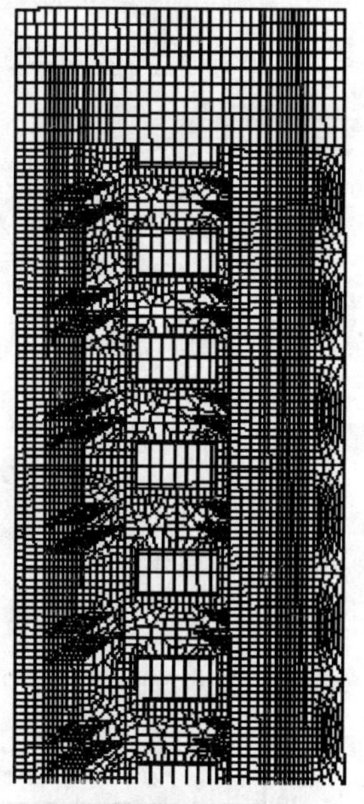

图4 有限元局部模型

采用大型通用有限元软件ANSYS，对索塔锚固区建立了三维空间有限元模型。其中混凝土塔壁采用了8节点6面体SOLID65单元；钢锚箱采用了4节点SHELL63单元；剪力钉采用了三维弹簧单元COMBIN14，抗剪刚度系数采用220kN/mm^2。混凝土塔壁与钢锚箱端板之间钢混结合面的模拟考虑了两种情况，模型一：不考虑结合面的接触效应，认为索力完全由钢锚箱通过剪力钉传递到混凝土塔壁。模型二：结合面之间建立面——面接触单元，以考虑接触应力影响。有限元局部模型分别如图4所示。

计算参数取值：钢材采用Q345qC钢，重度：78.5×1.5%kN/m^3，弹性模量：2.1×10^{5}MPa，泊松比：0.3；混凝土重度：26kN/m^3，弹性模量考虑开裂的影响，取$E'_c=0.67E_c=2.3\times10^4$MPa，泊松比：0.2；钢混结合面采用库仑摩擦模型，摩擦系数μ取用0.3，黏聚滑动阻力偏保守地取0，最大摩擦应力取$f_{tk}/\sqrt{3}$（f_{tk}：混凝土标准抗拉强度）。

计算荷载仅考虑自重荷载和索力同时作用。

四、结 果 分 析

图5～图6给出了在索力和自重作用下主跨侧剪力钉内力分布情况，从计算结果来看，剪力钉不论在竖桥向还是横桥向其剪力分布都是很不均匀的。由于主跨索力大于边跨索力，主跨剪力钉受力更为不利，限于篇幅，这里只给出了主跨侧剪力钉内力分布。竖向剪力和横向剪力均是最外一侧的剪力钉受力最大，因此只给出了第1列剪力钉的竖向分布情况，其余几列参照横向分布图也可看出受力大小。

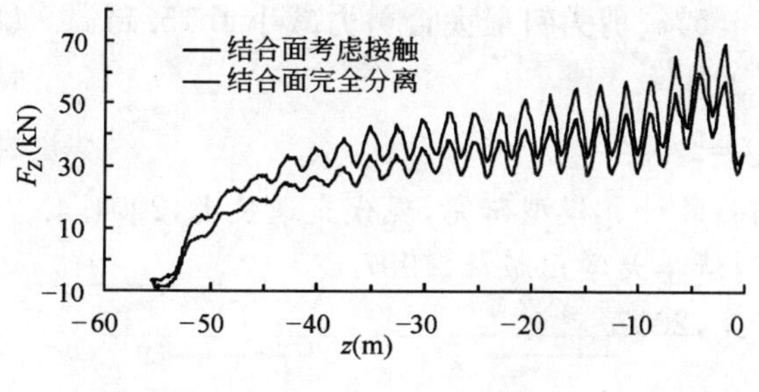

图5 第1列剪力钉竖向剪力竖向分布

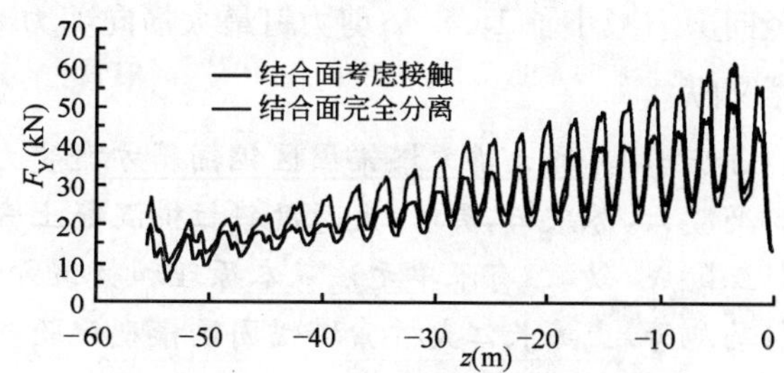

图6 第1列剪力钉横向剪力竖向分布

由于索力从塔顶往下逐渐减小，而且钢锚箱底座支承于混凝土上，因此剪力钉的内力从塔顶往下逐渐减小，为了更为清楚的比较钢混结合面模拟方式不同对剪力钉的受力影响，图7～图10给出了塔顶附近第21～22节段剪力钉内力分布情况。

剪力钉的坐标参照局部坐标系，局部坐标系定义如下：坐标原点位于塔顶钢锚箱节段上表面索塔中心处，x轴正向指向纵桥向主跨方向，y轴为横桥向，z轴以竖直向上为正。

由上图可以看出，钢混结合面考虑接触后，剪力钉内力分布规律和钢混结合面完全分离的结果基本一致，但剪力钉内力有明显减小，具体分析见表1。

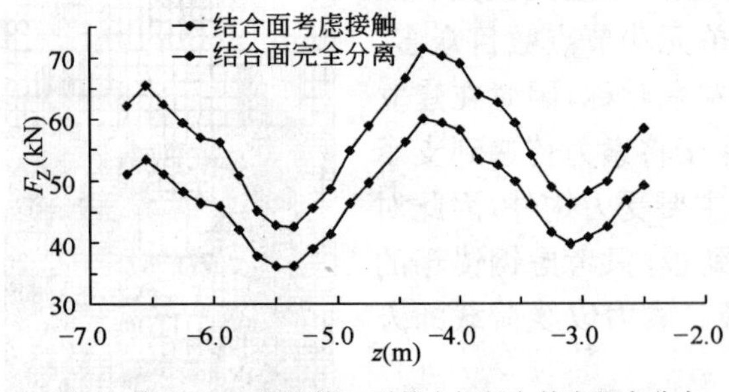

图 7　第 21～22 节段第 1 列剪力钉竖向剪力竖向分布

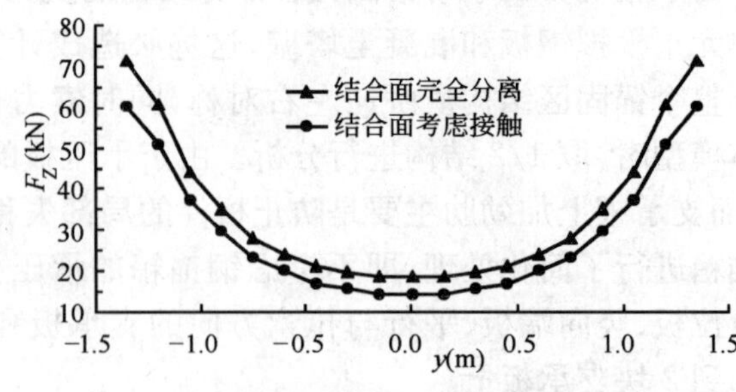

图 8　第 22 节段 13 排剪力钉竖向剪力横向分布

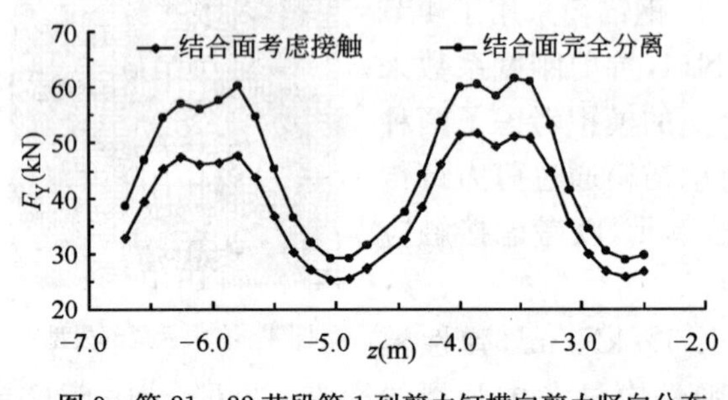

图 9　第 21～22 节段第 1 列剪力钉横向剪力竖向分布

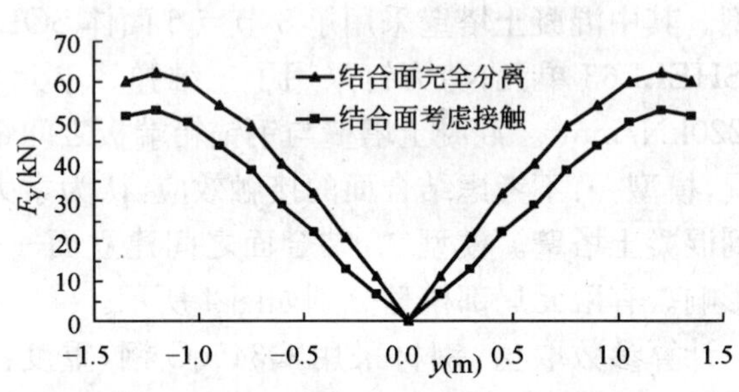

图 10　第 22 节段 13 排剪力钉横向剪力横向分布

钢混结合面模拟方式对剪力钉受力影响　　表 1

结合面模拟方式	剪力钉最大剪力(kN)		
	竖向剪力	横向剪力	合剪力
完全分离	71.5	61.7	84
考虑接触	60.2	51.5	71.3
减小幅度	15.8%	16.5%	15.1%

五、结　　语

通过对索塔锚固区建立有限元整体模型，考虑钢混结合面考虑非线性接触效应，得到以下结论：

(1)钢混结合面考虑接触与否，对剪力钉受力影响较大，对钢锚箱和塔壁的受力而言，影响可以忽略。

(2)钢混结合面考虑接触后，剪力钉内力分布规律和钢混结合面完全分离的结果基本一致，剪力钉最大竖向剪力减小了 15.8%；剪力钉最大横向剪力减小了 16.5%；剪力钉最大合剪力减小了 15.1%。

参考文献

[1] 苏庆田.苏通大桥索塔锚固区钢锚箱方案受力分析报告，2003.

[2] 冯凌云，苏庆田，吴冲.大跨度斜拉桥混凝土索塔钢锚箱的计算模型研究，现代交通技术，2004.4.

[3] 王勖成，劭敏.有限单元法基本原理和数值方法.北京：清华大学出版社，1997.

[4] 马旭涛.上海长江大桥索塔锚固区模型试验与分析研究，2007.

148. 换索斜拉桥静力性能试验研究

孙全胜　李健伟

(东北林业大学)

摘　要　因钢丝腐蚀、车辆荷载、拉索疲劳、锚具松脱、温度导致的斜拉索功能退化，混凝土的收缩徐变，支座沉降变位，以及施工、养护等诸多原因，严重的影响了斜拉桥使用的耐久性，使得许多斜拉桥已经或面临换索的问题。文中以云南皎平渡斜拉桥换索为依托工程，采用有限元法对该桥进行了索力优化和结构分析计算，为了进一步评定换索后该桥的实际性能而进行了静力荷载试验，对试验结果的分析主要反映索力调整后的结构刚度、强度等的变化以及换索后主梁、拉索以及主塔的内力优化等情况，分析结果表明换索达到了预期目的，结构整体受力状况良好，换索后该桥的实际承载能力能满足设计的要求。

关键词　斜拉桥　换索　静力性能研究　静载试验

一、概　　况

斜拉桥是高次超静定结构，其施工方法和安装程序与成桥后的主梁线形和结构内力有密切关系，同样换索过程也会引起主梁内力和标高的变化，使得混凝土斜拉桥在换索施工过程中受力比较复杂。因此换索后的斜拉桥斜拉索索倒点处挠度、斜拉索索力、主梁线型是否符合要求只能通过荷载试验来检验，以确保在换索过程中斜拉桥结构始终处于安全状态，主梁线形符合设计要求。在桥梁结构的检测方法当中，荷载试验是一种最直观、最重要的检测方法。它是对桥梁结构物进行直接加载测试的一项科学试验工作，通过了解桥梁结构在试验荷载作用下的实际工作状态，从而判断桥梁结构的安全承载能力及评价桥梁的营运质量。对于一些在理论上难以计算的部位，通过荷载试验不仅可达到直接了解其受力的目的；还能有助于发现在一般性检查中难以发现的隐藏病害；并且还可以检验桥梁结构的设计与施工质量；以及对新型桥梁、新工艺修建的桥梁结构性能进行研究，为以后类似桥梁的设计施工提供经验。

云南皎平渡斜拉桥位于云南省禄劝县和四川省会理县交界的金沙江上，上部构造为三跨双塔连续梁对称布置、跨径组合为 70m＋144m＋70m、全桥长 299.4m；主梁采用分离式箱形主梁加 π 形行车道板组合结构，两侧为 50 号钢筋混凝土矩形箱梁，两矩形箱梁中间铺 C30 钢筋混凝土 π 形行车道板；塔墩固结，梁在两主墩顶与墩分离，桥塔为门式框架结构，塔高 40.5m，桥面以上 38.4m，桥墩高 30.5m，墩塔全高 71m；该桥设计荷载：汽车—15 级，挂车—80。

二、试验控制截面及加载工况的确定

1. 试验控制截面的选择

此桥是三跨双塔斜拉桥，属于对称布置，故试验跨选择云南侧边跨和主跨作为试验跨。根据各种汽车荷载在桥梁上引起的最不利荷载效应原则通过内力计算得到了 4 个荷载控制截面，即主桥中跨跨中截面、中跨 1/4 处截面、支点处截面、距边跨支点 18m 截面为主要控制截面。控制截面如图 1 所示。

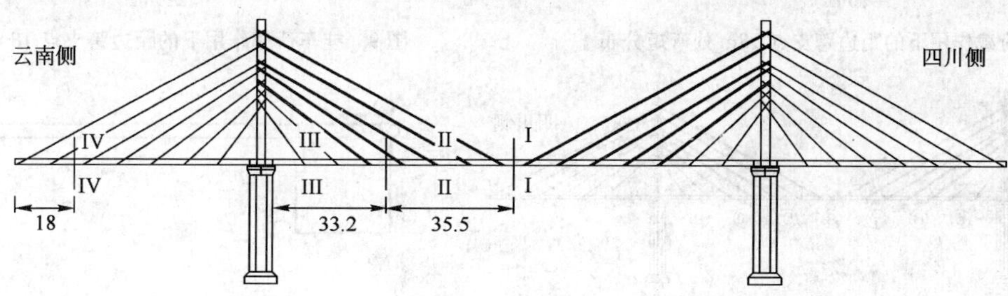

图 1　试验控制截面示意

采用桥梁博士软件对云南皎平渡斜拉桥进行理论分析，得到 4 个控制截面的弯矩、位移计算结果见图 2～图 9。

2. 测点的布置

梁线形挠度测点布置在桥面上其纵向位置见图 10 所示。边跨测点基本间距为 17.5m，中跨测点间距为 18m，共计 11 个测点，测点布置在主梁上，在上、下游索的锚固点外侧布置，测点采用钢筋头植入主梁顶面。

在主梁 I-I、II-II、III-III、IV-IV 截面的左、右、上、下缘共布置了 12 个钢弦式传感器，测点布置主要是沿主梁高度、桥面板顶缘及主梁内侧下缘布置，具体位置见图 11。

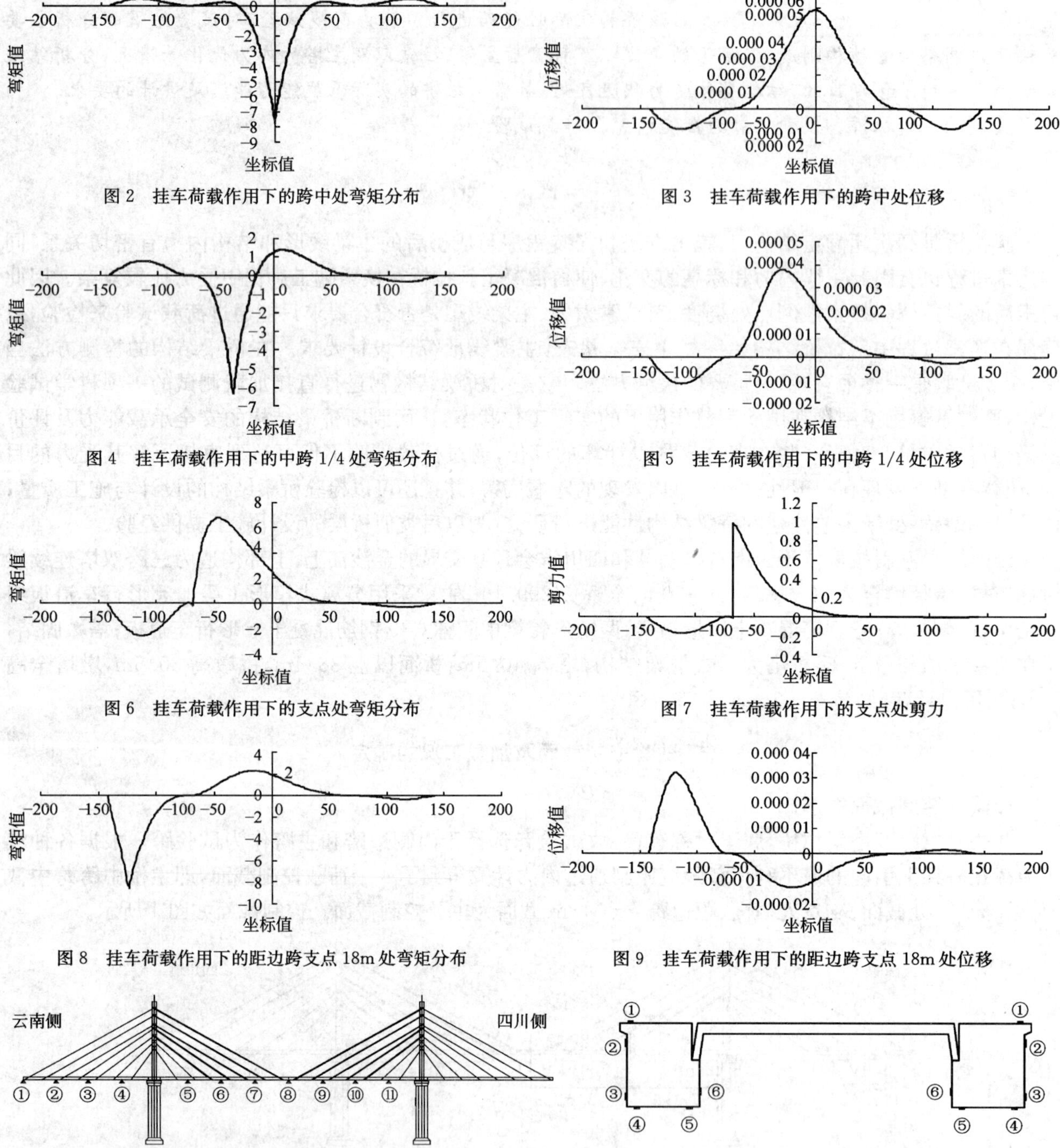

图2　挂车荷载作用下的跨中处弯矩分布

图3　挂车荷载作用下的跨中处位移

图4　挂车荷载作用下的中跨1/4处弯矩分布

图5　挂车荷载作用下的中跨1/4处位移

图6　挂车荷载作用下的支点处弯矩分布

图7　挂车荷载作用下的支点处剪力

图8　挂车荷载作用下的距边跨支点18m处弯矩分布

图9　挂车荷载作用下的距边跨支点18m处位移

图10　主梁中跨I-I截面挠度测点布置

图11　主梁中跨I-I截面应变测点布置

3. 试验荷载的确定

静力试验荷载一般采用产生控制截面最不利内力的评定荷载，但由于客观条件的限制，实际采用的试验荷载往往与评定荷载有所不同。为保证试验效果常采用等效荷载试验的方法，在选择等效试验荷载时，要使等效荷载试验作用下的控制截面内力计算与评定荷载作用下同截面的内力比（即荷载试验效率）在0.95～1.05之间。本实验控制荷载为挂车－80，由于挂车是老规范的等级荷载，本实验根据等效荷载的原则，采用汽车荷载模拟挂车荷载，荷载效率控制在0.95～1.05之间。

利用桥梁博士软件分别计算并绘制各个控制截面的弯矩影响线和挠度影响线，在影响线上按最不利位置进行自定义荷载的布载，在保证试验荷载不小于80%的条件下，经计算确定静载试验共需260kN载重车 6 辆，并确定了加载车辆的具体位置。以中跨跨中截面为例，弯矩影响线如图 12 所示。

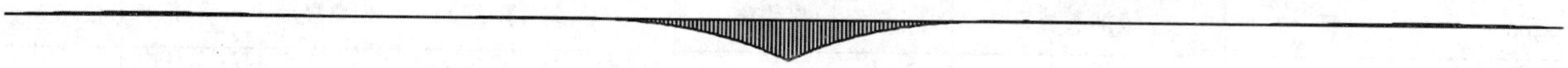

图 12 中跨跨中截面的弯矩影响线

4. 加载工况的确定

本试验由于一共选择了 4 个控制截面，所以共分为 8 个工况，即主梁中跨跨中(I-I)截面正弯矩对称加载，主梁中跨跨中(I-I)截面正弯矩最不利位置偏心加载，主梁中跨 1/4 处(II-II 截面)正弯矩最对称加载，主梁中跨 1/4 处(II-II 截面)正弯矩最不利位置偏心加载，主梁支点断面(III-III 截面)负弯矩对称加载，主梁支点断面(III-III 截面)负弯矩最不利位置偏心加载，主梁边跨 IV-IV 截面正弯矩对称加载，主梁边跨 IV-IV 截面正弯矩最不利位置偏心加载。

为了了解结构应变或变位随加载内力增加的变化关系和防止结构意外损坏，试验荷载需逐级增加。车辆荷载的分级可采用逐渐增加加载车数量和加载车位于控制截面内力纵横向影响线不同位置的方法。由于本实验经验算工况 5、6 需加载 6 辆试验车，而其他工况需要加载 4 辆试验车，所以工况 5、6 采用 3 级加卸载方法，其他工况采用 2 级加载方法，每级加载为 2 辆试验车。

由表 1 可已看出本荷载试验荷载效率都介于 0.95～1.05 之间，满足当控制荷载为挂车而采用汽车荷载加载时，考虑到汽车荷载的横向应力增大系数较小，为了使截面的最大应力与控制荷载作用下截面最大应力相等，可适当增大静载试验效率这一规定。静载试验效率按下述公式确定：

$$0.85E\eta_q = \frac{S_s}{S}E1.05$$

式中：η_q——静载试验效率；

S_s——静载试验作用下控制截面内力计算值；

S——计入冲击系数的控制荷$(1+\mu)$载作用下截面最不利内力计算值。

设计荷载、加载车辆的加载控制值和试验荷载效率 表 1

加载控制截面		加载控制内力	设计荷载加载控制值	试验荷载加载控制值	荷载效率		
					一级加载	二级加载	三级加载
I-I	中载	弯矩(kN·m)	5 853	5 959	0.70	1.018	
	偏载	弯矩(kN·m)	6 674	6 852	0.77	1.027	
II-II	中载	弯矩(kN·m)	4 615	4 766	0.76	1.032	
	偏载	弯矩(kN·m)	5 277	5 480	0.79	1.038	
III-III	中载	弯矩(kN·m)	−8 965	−9 124	0.42	0.81	1.018
	偏载	弯矩(kN·m)	−10 280	−10 493	0.39	0.80	1.021
IV-IV	中载	弯矩(kN·m)	6 415	6 389	0.36	0.996	
	偏载	弯矩(kN·m)	7 614	7 877	0.45	1.035	

三、工况 1 试验结果及其分析

本实验共分为 8 个工况，下面以工况 1(主梁中跨跨中(I-I)截面正弯矩对称加载)为例介绍静力荷载试验结果分析。主梁中跨跨中(I-I)截面挠度测点和应变测点布置见图 10、图 11。

1. 挠度量测及校检系数

主梁中跨跨中 I-I 截面在工况 1 作用下各个测点实测挠度值和理论挠度值列于表 2。

工况1主梁挠度测试结果(单位:mm)　表2

工况	测试部位		一级加载挠度	二级加载挠度	残余挠度	平均挠度	计算挠度	校验系数
工况1	5	1	3	9	3	8.5	8.55	0.99
		2	3	8	0			
	6	1	12	29	5	28.5	31.2	0.91
		2	11	28	4			
	7	1	23	54	8	54	61.2	0.88
		2	22	54	6			
	8	1	29	61	7	62	73.79	0.84
		2	31	63	8			
	9	1	22	41	7	42.5	51.8	0.82
		2	23	44	6			
	10	1	10	19	4	20	24.3	0.82
		2	6	21	4			
	11	1	2	6	2	6.5	6.7	0.97
		2	3	7	1			

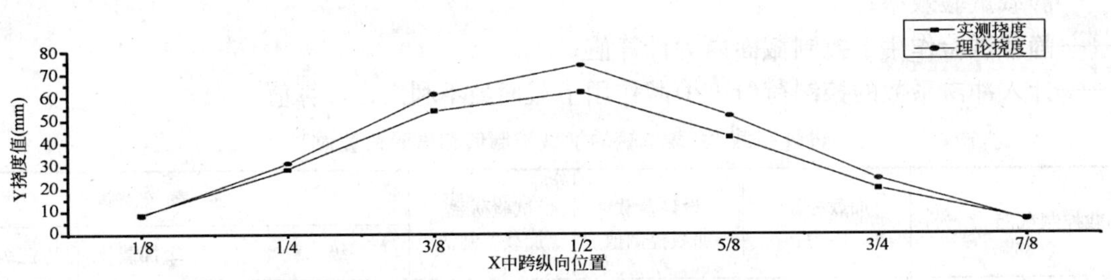

图13　中跨工况1作用下实测挠度和理论挠度比较

规范规定,斜拉桥混凝土主梁,控制荷载为标准计算荷载,不计冲击力的挠度允许值为$l/500$,由工况1主梁挠度测试表好和挠度比较图可见,实测挠度值62mm小于$l/500=200$mm,且中跨梁段的挠度实测值均比理论计算值小,挠度校检系数均小于1,残余挠度较小,说明换索后主梁线性符合设计要求,主梁的抗弯刚度符合设计要求。

2. 塔顶水平位移量测及校检系数

云南侧桥塔塔顶纵向水平偏位实测值与理论值列于表3。

工况1塔顶偏位测试结(单位:mm)　表3

塔柱位置		一级加载	二级加载	残余偏位	计算偏位	校验系数
云南侧	上游	8.5	10	1.5	10.28	0.97
	下游	6	9	1	10.28	0.88

由工况1塔顶偏位测试结果表可见索塔塔顶纵桥向水平变位在工况1下其实测值小于计算值,说明主塔水平抗弯刚度符合设计要求。

3. 应变量测及校检系数

工况I各级加、卸载I-I截面各测点实测值与计算值比较,见表4:

工况 I 各级加、卸载 I-I 截面各测点实测值与计算值(单位:με) 表 4

测试断面	测点号	传感器编号	一级加载	二级加载	二级卸载	一级卸载	计算应变	校验系数	残余应变
I—I截面	1 顶板	296068	−3	—	−3	−4	−69	—	1
	2 腹板	212304	−2	−2	0	−2	−24	0.08	0
	3 腹板	213157	6	10	2	5	124	0.08	3
	4 底板	296059	20	28	6	18	137	0.20	4
	5 底板	296066	78	131	28	113	137	0.96	10
	6 腹板	296052	41	81	9	66	105	0.77	6
	7 顶板	296077	−1	—	−1	−3	−69	—	1
	8 腹板	212292	−2	−1	0	−3	−24	0.04	2
	9 腹板	296040	10	18	8	12	124	0.15	−2
	10 底板	296043	15	53	5	52	137	0.39	−4
	11 底板	296031	15	22	6	15	137	0.16	1
	12 腹板	296049	6	10	2	5	105	0.10	3

注:正值表示受拉,负值表示受压。

由于斜拉索设置在箱梁中间位置,箱梁顶板测点只能靠近翼缘板布置,而箱梁中间处应变最大,其值应接近于理论计算值,测点位置的不同对试验结果影响较大,所以顶板测点实测值作废。从表 4 中可以看到箱梁底缘 5 号、10 号测点应变比箱梁底缘 4 号、11 号测点应变大,但其理论值相等,这主要是由主梁在荷载作用下受扭变形引起的,符合受扭变形的规律,另外由于理论计算时桥面铺装,栏杆、支座等作用的模拟难以与实际情况完全相同,使得理论计算值偏大,得到的校验系数偏小。由于各测点的相对残余应变均小于 0.2,结构的校验系数小于 1,可以认为换索后结构工作性能良好,承载力有一定的富余,具有足够的安全储备。

4. 主梁中跨跨中附近 Y11、Y13、S11、S13 拉索的索力量测

索力测试结果表(单位:kN) 表 5

索　号	恒载作用下索力	加载后索力	卸载后索力	加载后索力增量	计算索力索力增量
Y11-1	978	1 036	983	53	57
Y11-3	1 128	1 168	1 113	55	57
Y11-2	985	1 030	976	54	57
Y11-4	1 037	1 087	1 035	52	57
Y13-4	1 089	1 140	1 075	65	70
Y13-2	1 082	1 146	1 079	67	72
Y13-1	1 071	1 136	1 076	60	70
Y13-3	1 051	1 094	1 027	67	72
S11-1	1 002	1 062	1 004	58	73
S11-3	1 043	1 100	1 034	66	73
S11-2	1 026	1 093	1 023	70	72
S11-4	1 015	1 080	1 018	62	73
S13-4	1 003	1 057	1 005	52	59
S13-3	1 020	1 059	1 011	48	59
S13-1	1 027	1 085	1 031	54	59
S13-2	1 043	1 090	1 041	49	59

从索力测试结果表中可以看出在恒载和车辆荷载的作用下，索力在0.4σ（σ极限允许应力）左右，在合理的范围内；拉索承受的疲劳荷载均为0.05以下的活载应力幅值，由于荷载的随机性，斜拉桥承受的疲劳载荷一般达不到最不利荷载，疲劳影响将会更小，不会影响结构安全。

从图14曲线可以看出，加载后索力与卸载索力差值小于计算值；实测索力差值变化规律与计算索力差值变化规律大致相符。

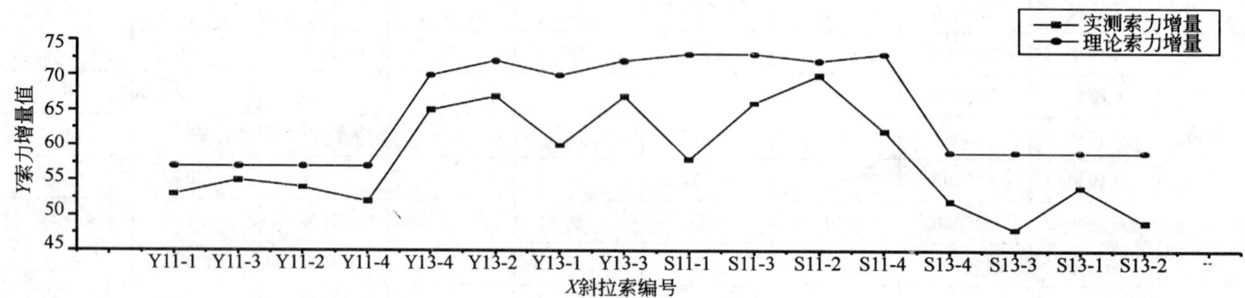

图14　工况Ⅰ实测与计算索力变化比较

四、结　　语

本次静载试验的结果是在各工况荷载试验效率系数满足相关规定的前提下测出来的，所配置的各类检测设备测试的结果准确可靠，测试结果能准确反映结构的受力状态。

（1）在恒载作用下，换索后多数索力的实测值与计算后的索力优化值相差在5%以内，仅有少数斜拉索大于10%，且均在20%以内；在试验荷载作用下索力增量也都小于索力增量计算值，说明换索后该桥实际内力状态满足设计的目标内力状态，并且有一定的安全储备；

（2）总体看来，换索后双箱梁上的相对残余应变小，说明结构处于弹性工作状态，主梁应变的校验系数小于1，箱梁底缘5号、10号测点应变比箱梁底缘4号、11号测点应变大的情况符合箱梁受扭的受力规律，这一现象证明了双箱梁在荷载作用下受扭现象明显，设计时要考虑主梁的抗扭刚度问题；

（3）主梁、主塔位移实测值均小于或与计算值相近，结构实际刚度得到了改善，根据残余挠度实测值可以得到在试验荷载作用下主梁具有良好的弹性恢复能力并处于良好的弹性工作状态，说明换索后主梁、主塔的受力性能得到了改善，换索达到了预期目的。

综上所述，换索后该桥整体受力状况良好，换索提高了该桥的实际承载能力，并满足设计要求，可以正常使用。

参考文献

[1] 林元培. 斜拉桥[M]（第一版）. 北京：人民交通出版社，2004.

[2] 宋一凡. 公路桥梁荷载试验[M]（第一版）. 北京：人民交通出版社，2002.

[3] 谌润水，胡钊芳. 公路桥梁荷载试验[M]（第一版）. 北京：人民交通出版社，2003.

[4] 王展意. 我国公路桥梁建设的回顾与展望[J]. 中国公路学会桥梁和结构工程学会一九九九年桥梁学术讨论会论文集，北京：人民交通出版社.

[5] 刘效尧，蔡键，刘晖主编. 桥梁损伤诊断[M]（第一版）. 北京：人民交通出版社，2002.

[6] 宋一凡. 公路桥梁动力学[M]（第一版）. 北京：人民交通出版社，2000.

[7] 宋博琪，傅红丽，马秀君，谢春光. 桥梁的静载与动载试验[J]. 公路，2002，9：26～29.

[8] 交通部公路科学研究所. 公路桥梁承载能力检测评定规程（送审稿）. 2006.

149. 刚梁柔拱组合桥的结构研究及解决方案

刘昌鹏 宋 晖 王梓夫 吴伟胜 刘 峰 文 峰
（中交公路规划设计院有限公司）

摘 要 刚梁柔拱组合桥是梁拱组合桥的一个分支。此类桥型在受力上发挥了梁拱组合体系共同受力的特点。由于拱结构对梁结构的有效支撑，解决了大跨度混凝土梁式桥跨中下挠问题。施工方面，主梁采用预应力混凝土箱梁，可采用传统的对称悬臂浇筑施工技术，主梁形成连续体系后，在桥面上布设临时支架，分段架设钢拱肋。

关键词 刚梁柔拱组合桥 结构研究 结构体系 纵向系梁 主梁徐变 纵向系杆

刚梁柔拱组合桥是梁拱组合桥的一个分支，与一般梁拱组合桥相比有以下几个特点：一是主梁通常是混凝土或预应力混凝土结构，拱是钢结构；二是主梁在总体刚度中是主要的，拱对总体刚度贡献不大；三是在施工中，利用刚主梁的特点，前进行主梁的成熟悬臂浇注法施工，后进行拱的架设，为特殊环境下（如宽阔江面上）施工创造了便利条件；四是此类结构在受力方面具有明显的自身特点。下面以一座刚梁柔拱桥为研究分析对象。

一、工 程 概 况

100m＋3×210m＋100m＝830m 多跨刚梁柔拱组合体系桥，桥面全宽 35.5m。主、副拱肋为钢箱结构，主拱箱高 2.0m、壁厚 2.4cm，副拱箱高 1.5m、壁厚 2.0cm；主副拱间连接件为 D0.5m 圆管、壁厚 1.6cm、纵向间距 6.0m；吊索为平行钢丝、纵向间距 8.0m。主梁为变截面预应力混凝土箱梁，根部梁高 9.0m、高跨比 1/20.8，中跨跨中和边跨端部梁高 4.0m、高跨比 1/46.8，梁高按二次抛物线变化。主墩下部结构采用 V 形墩形式，中主墩的 V 形墩与梁固接，边主墩的 V 形墩释放纵向约束。边主墩的 V 形墩之间设纵向系梁。基础采用大直径钻孔灌注桩基础。

二、桥型的结构研究

此类桥型在受力上发挥了梁拱组合体系共同受力的特点，减小了主梁所承受的荷载，使得主梁高度得以减少，从而降低主梁的材料用量，弥补了钢拱方面的投入；且由于拱结构对梁结构的有效支撑，解决了大跨度混凝土梁式桥投入使用一定周期后，由于受徐变和预应力松弛等因素影响，跨中下挠问题。

在施工方面，主梁采用预应力混凝土箱梁，可采用传统的对称悬臂浇筑施工技术，主梁形成连续体系后，在桥面上布设临时支架，分段架设钢拱肋，避免了水上施工设置临时墩，有效降低了拱肋施工中的风险与难度，可实现安全快速施工。

为了更清楚地认识本桥型的结构特点，从以下几个方面对桥型进行分析研究，分析模型如图 1。

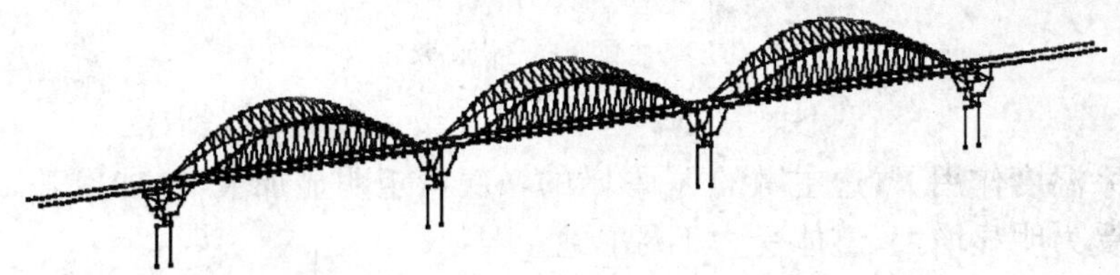

图 1 分析模型

1. 结构体系的比较和优化

对于多跨梁拱组合结构，控制因素是温度效应。如何削弱温度效应、减小主梁尺寸和基础规模是结构体系设计的关键。归纳起来，可以通过以下几种体系比较进行深化。结构体系形式见表1：

结构体系表 表1

体系1	中主墩的V形墩与梁固接，边主墩的V形墩释放纵向约束
体系2	V形墩与梁均固接
体系3	墩梁简支

体系1～3墩梁内力比较见图2～图3。

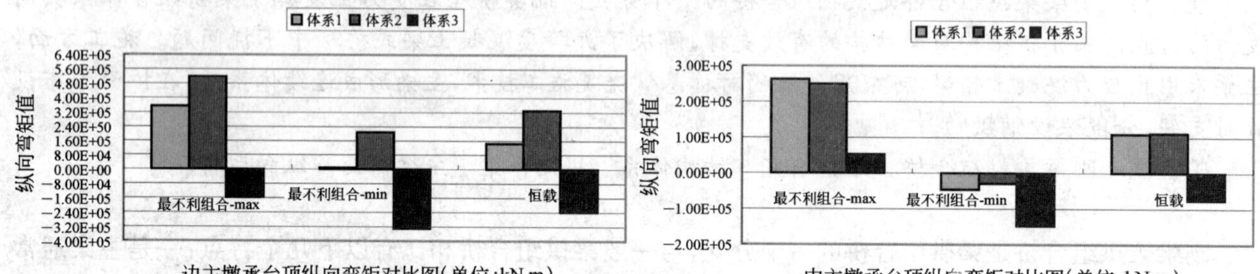

边主墩承台顶纵向弯矩对比图(单位:kN,m)　　中主墩承台顶纵向弯矩对比图(单位:kN,m)

图2 承台顶纵向弯矩比较

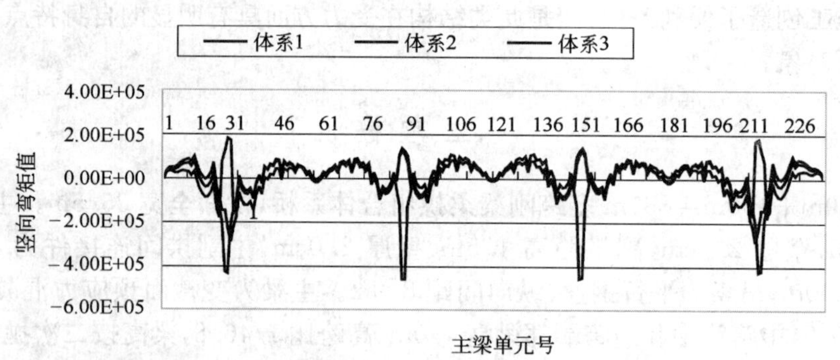

最不利作用组合—主梁竖向max变矩对比图(单位：kN,m)

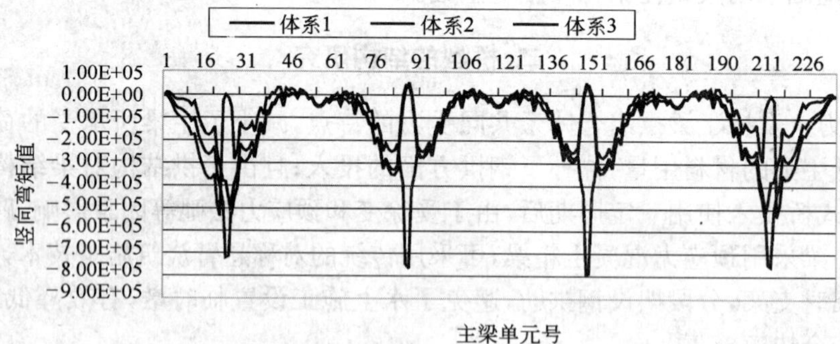

最不利作用组合—主梁竖向min变矩对比图(单位：kN,m)

图3 主梁竖向弯矩比较

可以注意到：

(1)体系2在体系温度作用下，边主墩的V形墩的墩底弯矩明显加大，增加了基础规模。

(2)体系3主梁受力明显增大，整体受力不尽合理。

(3)体系1较好地克服了上述体系的不利因素，充分发挥了墩梁拱协同受力，是合理可行的体系。以下研究的内容都是建立在体系1的基础上。

2. 边主墩墩顶设置纵向系梁的必要性

边主墩V形墩最不利的受力状态见图4,两个分离的独立片墩难以承受由于竖向荷载产生的弯矩,故应在边主墩V形墩上设置纵向系梁,使V形墩形成整体,改善边主墩的受力。边主墩是否设置纵向系梁,墩根部的弯矩计算结果对比见图4～图5。

3. 钢拱对主墩受力和主梁徐变的影响

由分析表明,边主墩竖向力产生的弯矩与钢拱产生的水平推力对边主墩产生的弯矩方向相反,水平推力改善了边主墩的受力(边主墩受力见图4),吊杆对梁形成的支撑削弱了徐变和预应力松弛等不利因素对主梁的影响,改善了大跨度连续刚构的受力性能。有无钢拱肋两种结构形式,主墩内力和主梁内力、位移比较见图6～图7。

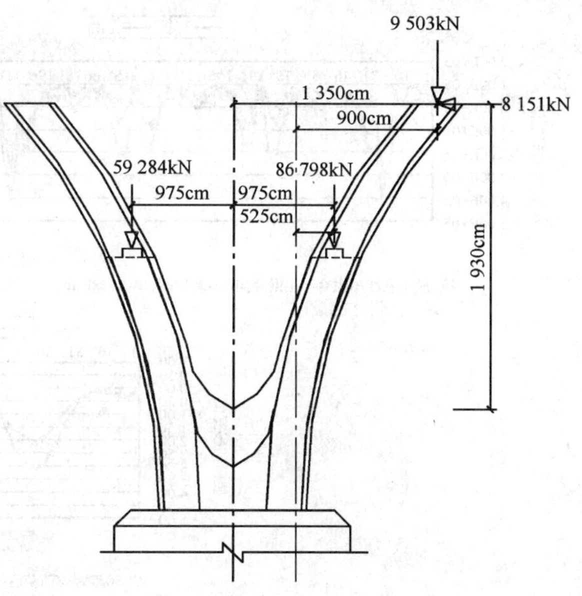

图4 边主墩V形墩单侧墩受力示意

4. 纵向系杆作用研究

从图4可注意到,边主墩上主拱和梁对墩底弯矩的作用是相互抵消的,是否需要设置纵向系杆取决于拱脚推力效应与梁底竖向力效应谁是主要因素,由计算分析可知梁底竖向力效应是主要的。如果设置纵向系杆反而对结构是不利的,具体分析比较见图8,故在此结构中不应设置系杆。

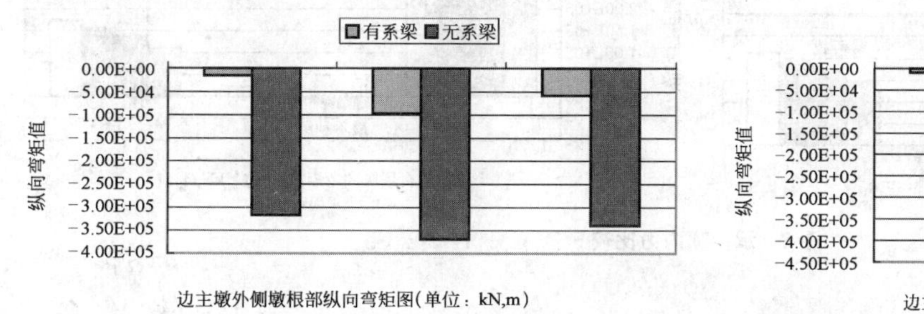

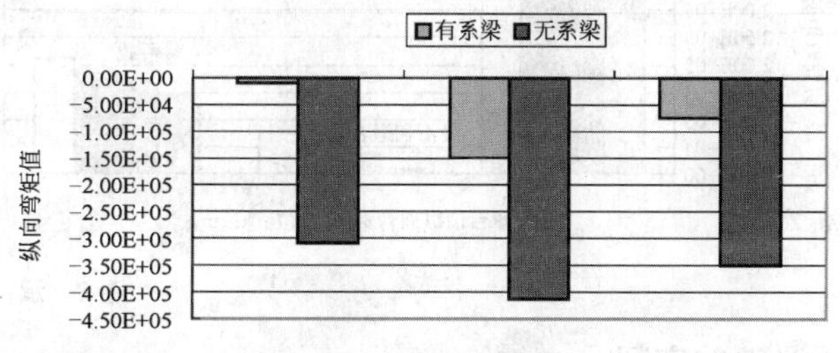

图5 V型墩纵向弯矩比较

边主墩承台顶纵向弯矩图(单位：kN)

图6 承台顶纵向弯矩比较

三、本桥型技术要点与难点的解决方案

通过对上述桥型的全面分析和深化研究,并借鉴其他类似桥梁的经验,本桥型主要存在以下几个方面的技术要点和难点,并提出了相应的解决方案。

(1)刚梁柔拱组合体系桥梁充分发挥拱结构的作用,同时易于施工,处理好拱梁内力分配成为该组合结构的重中之重。

从结构受力角度而言,连续刚构根部梁高取$L/17$较适宜,而本桥型主梁的根部梁高普通低于该值,需要拱在结构中发挥部分作用。从施工角度而言,采用桥面设临时支架架设拱肋最为经济、合理。从耐久性角度而言,钢拱能够有效消除徐变因素对预应力连续刚构造成的不利影响。

(2)边主墩的V形墩设置纵向系梁,外形处理与主墩、主梁协调一致。

(3)边主墩拱脚拱梁分离,由于拱脚存在较大横向水平力,从而使拱脚在墩顶处产生较大的横向弯矩,为平衡拱脚横向水平力,消除横向弯矩,拱脚内侧设置横向支座。并考虑安装、维护及更换要求,留出

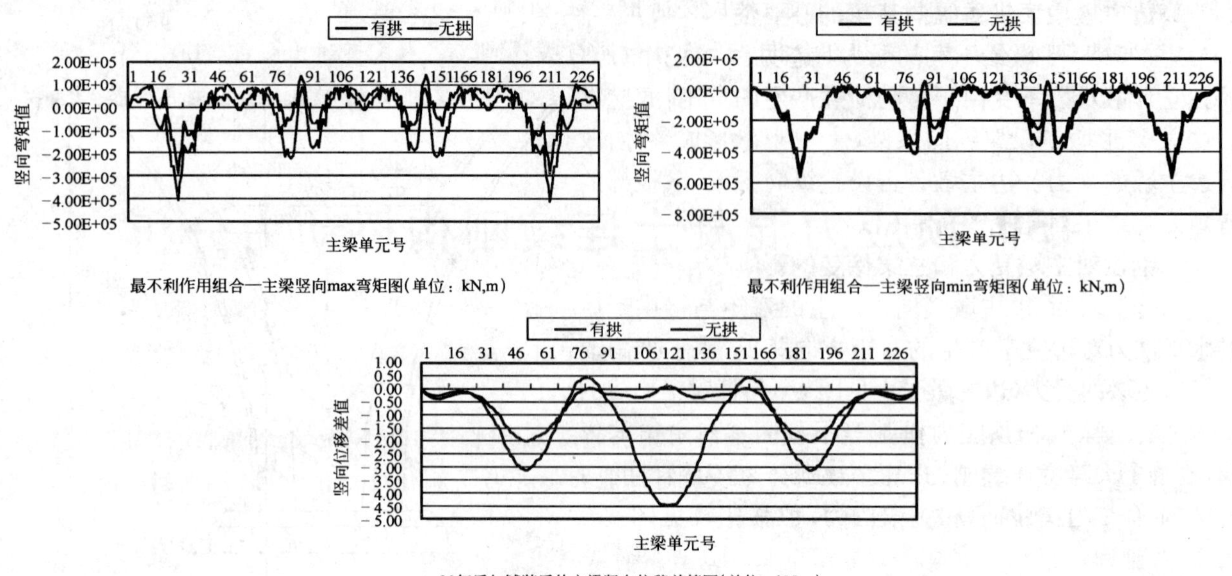

图7 主梁内力、收缩徐变位移比较

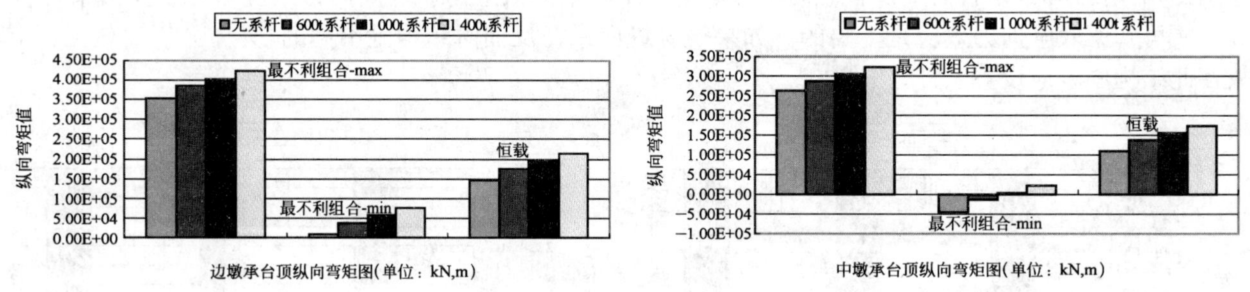

图8 承台顶内力比较

了足够的空间。

(4)本桥型吊杆梁端锚固形式应采用梁端耳板销接，可释放纵向约束，避免短吊杆的疲劳应力破坏，并易于检修、维护。吊杆梁端锚固型式不宜采用梁底承压式，该锚固方式存在锚头处易积水锈蚀，而拱结构的布置形式造成桥面检修车无法从桥面外伸来检修，导致梁底锚固构造无法检修、维护的缺点。

(5)桥面支架施工拱肋时，首先分段安装主拱拱肋，预留合龙段，通过劲性骨架进行临时连接；然后分段安装副拱肋和横向斜撑；在合龙前，通过连续观测，选择合适的温度对拱肋进行配切，主拱、副拱同时合龙。待两侧拱肋均形成后，再进行两侧副拱肋的横向连接。

(6)为了保证横、竖向预应力效应的均匀性，在施工完成 $n+1$ 号梁段后再张拉 n 号梁段的横、竖向预应力，合龙段附近的几个梁段的横、竖向预应力同时张拉。

四、结　　语

当处理好刚梁柔拱组合桥的技术要点及其有关的解决方案，此类桥型就能既发挥梁拱组合体系共同受力的特点，又较好地适应了桥梁美学和结构受力有机统一的需求，丰富了桥梁设计者对桥型方案的选择。

参考文献

[1] 马保林. 高墩大跨度连续刚构桥. 北京：人民交通出版社，2001.

[2] 邬晓光. 邵新鹏，万振江. 刚架桥. 北京：人民交通出版社，2000.

[3] 项海帆.高等桥梁结构理论.北京;人民交通出版社,2000.
[4] 金成棣.预应力混凝土梁拱组合桥梁—设计研究与实践.北京:人民交通出版社,2001.
[5] 韦建刚,陈宝春,彭桂瀚.钢管混凝土(单圆管)刚度取值对静力计算的影响.公路交通科技,2004.

150.预应力混凝土连续刚构桥动力分析

黄克超
(新疆交通科学研究院)

摘　要　本文阐述了预应力混凝土连续刚构桥的动力特性分析方法和试验结果,通过建立连续刚构的有限元力学分析模型,计算了模型的各项动态性能指标并与实测值进行了对比,根据新的桥梁荷载试验评定标准对大桥的动态特性进行了评价。

关键词　预应力混凝土　连续刚构　动载试验　动态数据处理

一、概　　况

新疆伊犁河特大桥主桥为66m+5×120m+66m刚构—连续组合梁桥,主桥采用双箱单室预应力混凝土箱型截面;桥面宽度25.5m,最大纵坡:≤2.0%,桥面横坡:1.5%,设计荷载:公路一级,设计时速100km/h,双向四车道。结构总体布置见图1。

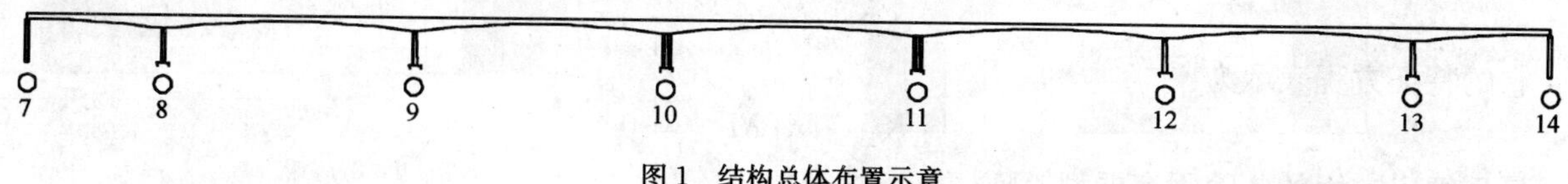

图1　结构总体布置示意

桥梁经过在移动的车辆、人群、风力和地震等动力荷载作用下会产生振动。桥梁经过的振动分析是桥梁结构分析的又一重要内容。桥梁结构的振动问题影响因素复杂,仅靠理论分析一般还不能满足工程应用的需要,所以常采用理论分析与试验测试相结合的方法解决。桥梁动载试验就是解决以上问题的重要手段。桥梁结构的动力特性(频率、振型和阻尼比)是桥梁承载力评定的重要参数,同时也是识别桥梁结构工作性能和抗震分析的重要参数。随着我国公路桥梁检查评定制度的不断完善,桥梁动力荷载试验越来越受到人们的重视。

二、结构动态模型理论分析

1.特征值分析

与结构的静力计算一样,它的动力分析也可以运用有限元法解决。如果我们把桥梁离散为许多单元,则在结构力学中固有振动归结为下列广义特征值问题:

$$[K]\{x_n\} = \omega_n^2[M]\{x_n\} \tag{1}$$

式中　$[K]$——结构的刚度矩阵;

$[M]$——结构的质量矩阵;

$\{x_n\}$——第 n 阶振型向量;

ω_n——第 n 阶振型的特征值。

对于单自由度系统的运动方程为:

$$m\frac{d^2x}{dt^2} + C\frac{dx}{dt} + kx = p(t)$$

若上式中的荷载项和阻尼项为0，则方程变成了自由振动的形式：

$$m\frac{d^2x}{dt^2}+kx=0$$

式中：x 是振动引起的位移，一般具有简谐振动的性质，所以可设

$$x=A\cos\omega t$$

式中：A 是与初始位移相关的常数，代入以上方程就可以得到

$$(-m\omega^2+k)A\cos\omega t=0$$

由此可以得到：

$$\omega=\sqrt{\frac{k}{m}}\quad f=\frac{\omega}{2\pi}\quad T=\frac{1}{f}$$

其中：ω 就是固有园频率；f 是方式固有频率；T 是振动周期。

桥梁的振动可以看成多自由度的振动，和单自由度一样，可得到下列方程组：

$$[M]\{\ddot{x}\}+[K]\{x\}=0 \tag{2}$$

式中：M 为质量矩阵；K 为刚度矩阵；$\ddot{x}$ 为各质点的加速度阵列；x 为各质点的位移阵列。

$$[M]=\begin{pmatrix} m_1 & & 0 \\ & \ddots & \\ 0 & & m_n \end{pmatrix}\qquad [K]=\begin{pmatrix} k_{11} & \cdots & k_{1n} \\ \vdots & \ddots & \vdots \\ k_{m1} & \cdots & k_{mn} \end{pmatrix}$$

$$\{\ddot{x}\}=\begin{pmatrix} \ddot{x}_1 \\ \ddot{x}_2 \\ \vdots \\ \ddot{x}_n \end{pmatrix}\qquad \{x\}=\begin{pmatrix} x_1 \\ x_2 \\ \vdots \\ x_n \end{pmatrix}$$

它的特征方程表示为：

$$|[K]-\omega^2[M]|=0 \tag{3}$$

最后解出方程的各阶固有振型矩阵$\{\Phi_i\}$和特征值矩阵$\{\omega_i^2\}$。

$$\{\Phi_i\}=[\{\Phi_i\}_1,\{\Phi_i\}_2,\cdots\{\Phi_i\}_n]$$

$$[\omega_i^2]=\begin{pmatrix} \omega_1^2 & & 0 \\ & \ddots & \\ 0 & & \omega_n^2 \end{pmatrix}$$

2. 时间历程分析

若把桥梁看成一个多自由度结构，在外力的作用下，它的动力平衡方程为：

$$[M]x''(t)+[C]x'(t)+[K]x(t)=[p(t)] \tag{4}$$

式中：$[M]$为质量矩阵；$[C]$为阻尼矩阵；$[K]$为刚度矩阵；$p(t)$为动力荷载；$x(t)$表示动位移。

设方程中的阻尼矩阵可以用质量矩阵和刚度矩阵线性表示。即：

$$[C]=\alpha[M]+\beta[K]$$

则得到：

$$[M]\{x''(t)\}+(\alpha[M]+\beta([K])\{x'(t)\}+[K]\{x(t)\}=\{p(t)\}$$

根据特征方程(4)，可以求得相应的特征值和特征向量，然后进行坐标变换：

$$\{x(t)\}=[\Phi]\{q(t)\}$$

并左乘$[\Phi_i]^T$ 得到：

$$[\Phi^T][M][\Phi]q''(t)+[\Phi^T][C][\Phi]q'(t)+[\Phi^T][K][\Phi]q(t)=[\Phi^T]p(t)$$

令：

$$m_i=[\Phi^T][M][\Phi];C_i=[\Phi^T][C][\Phi];k_i=[\Phi^T][K][\Phi];f_i=[\Phi^T]p(t)$$

得到：

$$m_i q''(t) + c_i q'(t) + k_i q(t) = f_i(t)$$

然后按照单自由度强迫振动方程求解：

$$q_i(t) = e^{-\xi_i \omega_i t}\left[q_i(0)\cos\omega_{Di}t + \frac{\xi_i\omega_i q_i(0) + q_i(0)}{\omega_{Di}}\sin\omega_{Di}t\right] + \frac{1}{m_i\omega_{Di}}\int_0^t P_i(\tau)\ e^{-\xi_i\omega_i(t-\tau)}\sin\omega_{Di}(t-\tau)\mathrm{d}\tau \tag{5}$$

式中：$\omega_{Di} = \omega_i\sqrt{1-\xi^2}$

最后得到解：

$$x(t) = \sum_{i=j}^{m}\Phi_i q(t)_i \tag{6}$$

式中：α、β 是瑞利系数；ξ_i 是第 i 阶振型的阻尼比；ω_i 是第 i 阶振型的固有频率；Φ_i 是第 i 阶振型向量；$q_i(t)$是第 i 阶振型单自由度方程的解。

新疆伊犁河大桥的动态分析计算模型见图 2：

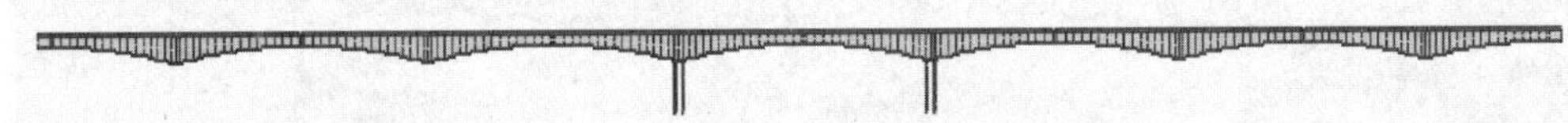

图 2 伊犁河大桥结构计算模型

我们将大桥主桥沿纵向划分为 242 个计算单元，计算出前 10 阶模态频率和振型见表 1。

模态频率和振型 表 1

模 态 号	频率(Hz)	振 型 说 明
1	0.437 891	纵向振动
2	0.771 058	1 阶竖向对称振型
3	0.810 538	2 阶竖向反对称振型
4	1.167 433	3 阶竖向对称振型
5	1.374 972	4 阶竖向反对称振型
6	1.586 188	5 阶竖向对称振型
7	2.245 853	6 阶竖向反对称振型
8	2.301 625	7 阶竖向对称振型
9	2.837 567	8 阶竖向反对称振型
10	3.082 941	9 阶竖向对称振型

为了能够比较直观的看到各阶模态的振动形态，并以这些形态为基础布置动态传感器，下面列出大桥的理论振型图(图 3)。

作为理论分析的一部分，我们计算了车辆以 20km/h、40km/h、60km/h、80km/h、100km/h 的车速通过大桥时在中跨、次中跨、次边跨的跨中产生的效应。

根据特征值分析的结果，确定采用的振型数量、分析时间步长、总分析时间、时程函数的类型、各振型的阻尼比等参数，分析的结果以图形的方式表示。下面仅列出了车辆以 80km/h 速度通过大桥时的次边跨和中跨的加速度响应理论曲线(图 4)。

三、现场动载试验

1. 桥梁脉动试验

桥梁脉动试验就是在无车辆通过时利用环境和大地的微小振动测量桥梁的动态响应。然后通过频谱分析的数据处理手段得到桥梁的特征值。

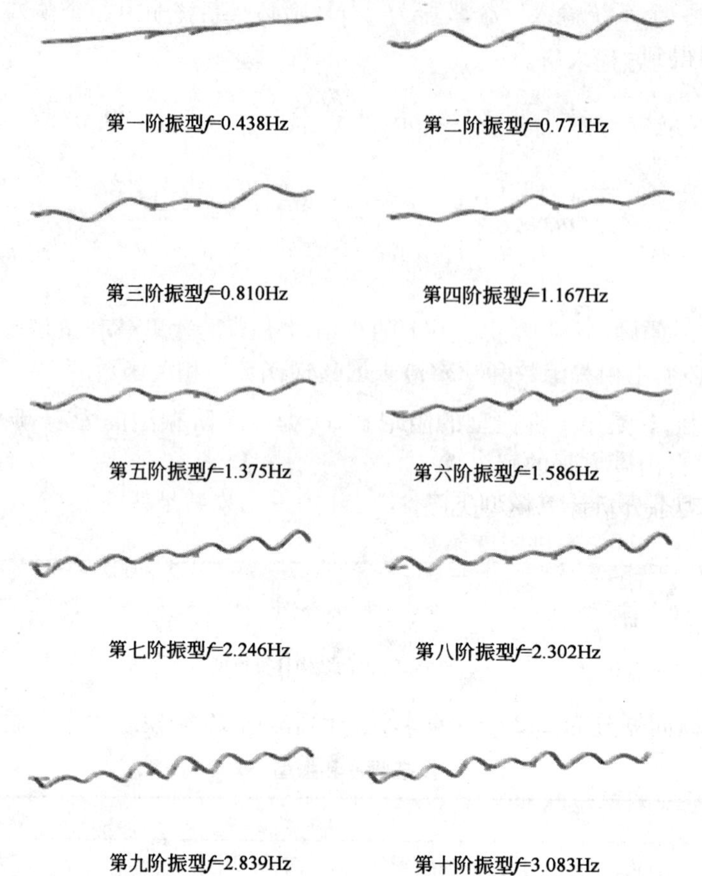

图3 大桥的前10阶模态振型图

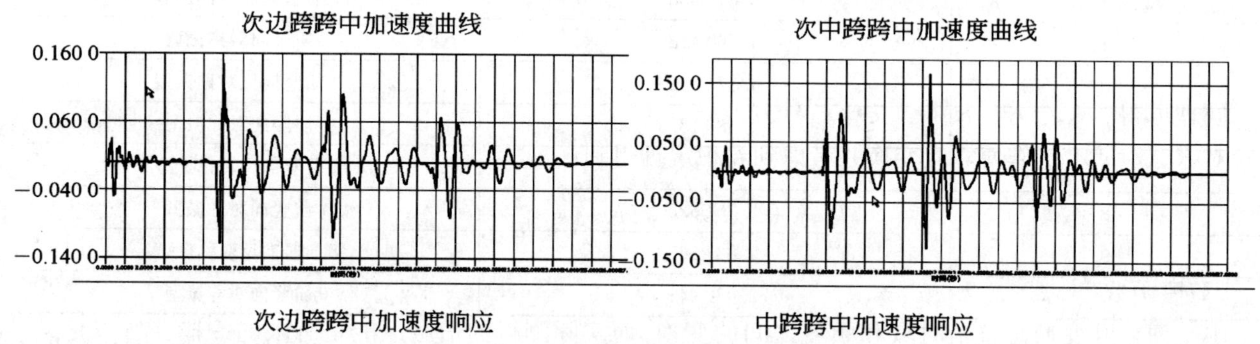

图4 加速度响应曲线

2. 行车试验

按照汽车荷载以不同的车速进行跑车试验，我们将跑车速度分为20km/h、40km/h、60km/h、80km/h等不同的车速通过大桥，记录中跨、次中跨、次边跨的振动信号。

3. 跳车试验

分别在中跨、次中跨、次边跨的跨中安放一个高度为15cm的钢制三角块，让试验车从三角块上突然下落，记录桥梁受到冲击后的响应信号。

四、动载试验结果的数据处理

1. 动态数据处理的方法

(1)传递函数

传递函数表达的是系统在外激励的作用下和响应之间的关系，它揭示了系统的固有特性，与外界激励信号的形式无关。设对一个系统输入一个激振力 $f(t)$，则必然系统输出一个响应信号 $x(t)$，分别对输入和输出进行傅立叶变换得到：

$$F(\omega)=\int_{-\infty}^{\infty} f(t) e^{-j\omega t} \mathrm{d}t \quad X(\omega)=\int_{-\infty}^{\infty} x(t) e^{-j\omega t} \mathrm{d}t$$

则传递函数为：

$$H(\omega)=\frac{X(\omega)}{F(\omega)}$$

如果输入的是随机信号激励(脉动信号)，由于随机信号不满足狄里赫利条件，不能够直接用傅立叶变换求取传递函数，所以必须用相关函数和功率谱求取传递函数。相关函数的定义为：

$$R_{xx}(\tau)=\lim_{T\to\infty}\frac{1}{T}\int_{-\frac{T}{2}}^{\frac{T}{2}} x(t)x(t+\tau)\mathrm{d}t$$

自相关函数被用来发现信号本身内在的周期性。自相关函数满足傅立叶变换条件，可以进行变换。自相关函数的傅立叶变换就是自功率谱密度函数：

$$S_{xx}(\omega)=\int_{-\infty}^{\infty} R_{xx}(\tau) e^{-j\omega\tau} \mathrm{d}\tau$$

同理，它的互功率谱密度函数为：

$$S_{xf}(\omega)=\int_{-\infty}^{\infty} R_{xf}(\tau) e^{-j\omega\tau} \mathrm{d}\tau$$

根据杜哈梅原理，若系统的单位脉冲响应是 $h(\tau)$ 则：

$$x(t)=\int_{0}^{\infty} h(\tau) f(t-\tau)\mathrm{d}\tau$$

$f(t)$ 和 $x(t)$ 的互相关函数为：

$$R_{fx}(\tau)=\int_{0}^{\infty} h(\xi) R_{ff}(\tau-\xi)\mathrm{d}\xi = h(\tau) * R_{ff}(\tau)$$

同理可得：$R_{xx}(\tau)=R_{ff}(\tau) * h(\tau) * h(-\tau)$

对 $R_{fx}(\tau)R_{fx}(\tau)$ 作傅立叶变换并考虑到卷积定理得到：

$$H(\omega)=\frac{S_{fx}(\omega)}{S_{ff}(\omega)} \quad H(\omega)=\frac{S_{xx}(\omega)}{S_{xf}(\omega)}$$

(2)窗函数

由于傅立叶变换是整个时域和频域之间的变换，而实际测得的信号只能是有限的一段。所以信号 $x(t)$ 的截断样本就相当于原信号 $x(t)$ 与窗函数 $b(t)$ 的乘积：

$$\overline{X}(t)=x(t)b(t)$$

信号被截断后，其傅立叶变换的结果就比原来多了一块，也就是说产生了频率泄漏现象，这个泄漏频率容易产生误判。为了减少频率泄漏，常采用其他一些特殊的窗函数，比如三角窗、汉宁窗、汉明窗、指数窗、高斯窗等。一般根据不同的激励和数据处理的需要选用不同形式的窗函数。

(3)相干函数

为了说明输出信号的成分有多少是由输入信号产生的，又引入了相干函数：

$$\gamma_{fx}^2(\omega)=\frac{|S_{xf}^2(\omega)|}{S_{ff}(\omega)S_{xx}(\omega)}$$

如果输出信号全都是由输入产生的，则相干函数 $\gamma_{fx}^2(\omega)$ 为 1；如果输出信号与输入信号完全无关则 $\gamma_{fx}^2(\omega)$ 为 0。即相干函数的大小可以用来衡量干扰信号的强弱。

2. 动态数据处理软件介绍

我们选用的数据处理软件是 DASYLab 多功能组态软件。它有 118 个功能模块,可方便的完成数据采集、显示、存储、分析、统计、运算、控制、触发等各种功能。

五、动态试验结果

1. 结构脉动试验结果

我们在各跨中布置了高灵敏度加速度传感器,测得如图 5 的时间历程曲线:

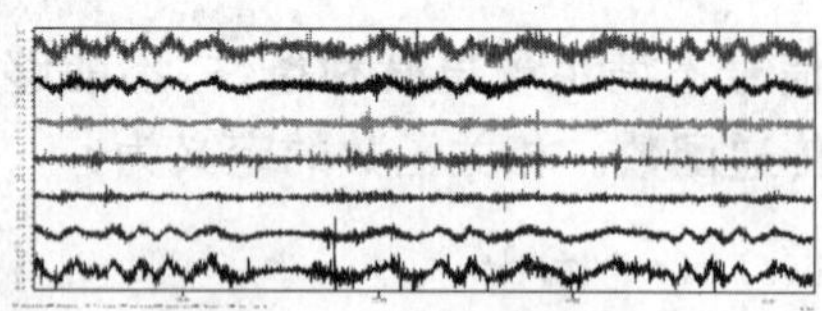

七个跨中的脉动加速度时间历程曲线

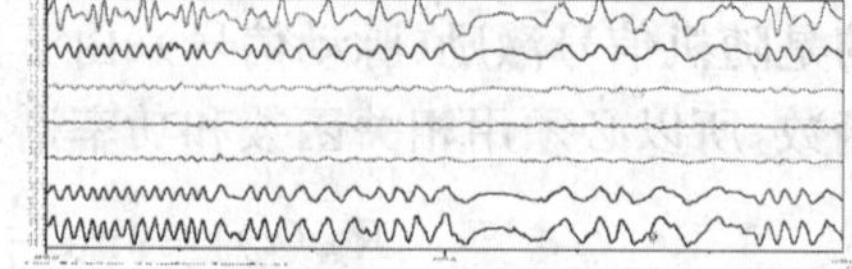

七个跨中的脉动位移时间历程曲线

图 5 各跨中加速度和位移时间历程

将脉动试验结果进行频谱分析和传递函数分析就可以得到大桥的各阶固有频率、振型等指标。

2. 行车试验结果

不同车速下的动挠度曲线(图 6)和冲击系数(表 5)(限于篇幅,只列出部分图形)

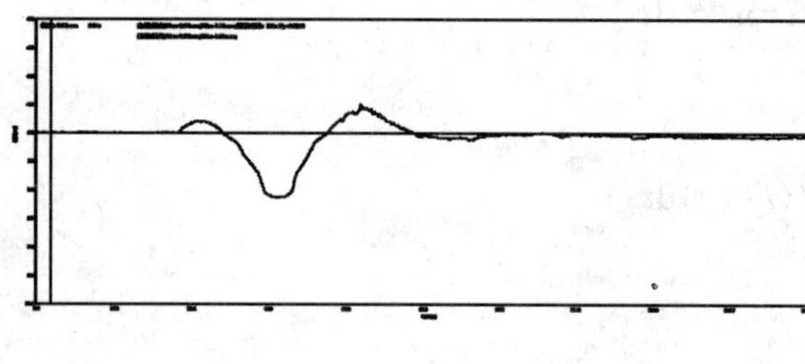

20km/h车速时次边跨时动挠度曲线

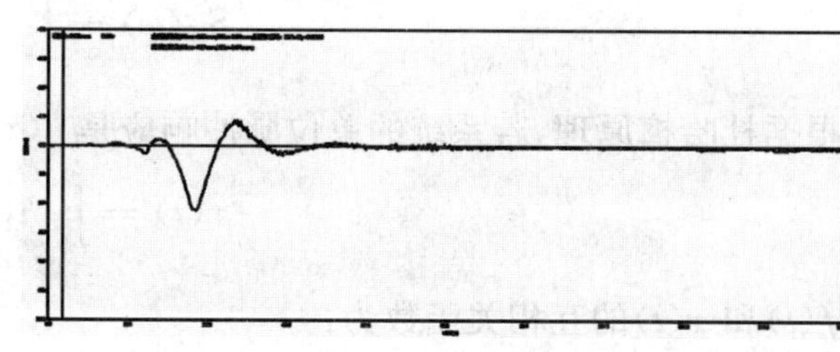

40km/h车速时次边跨时动挠度曲线

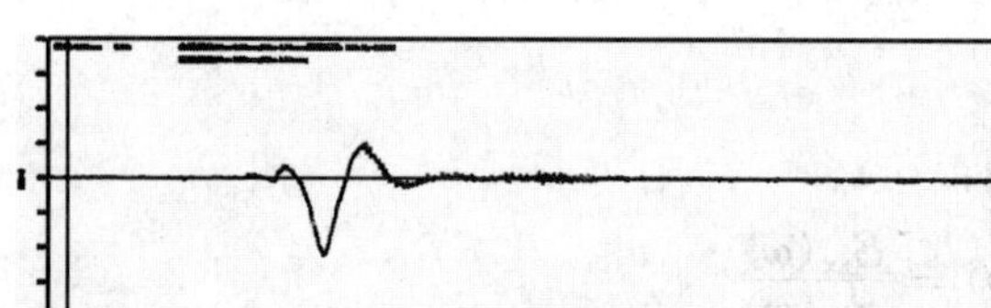

60km/h车速时次边跨时动挠度曲线

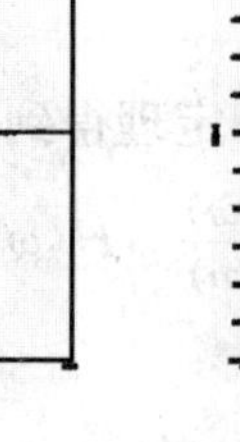

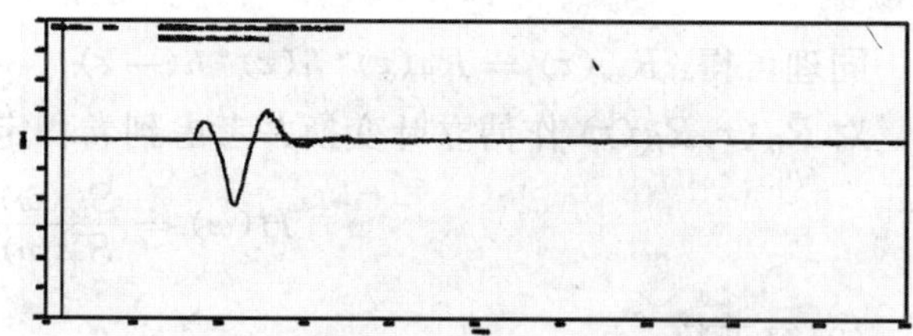

80km/h车速时次边跨时动挠度曲线

图 6 不同车速下动挠度幅值对照图表

表 2

车速 (km/h)	次边跨动位移(mm)		
	理论值	实测值	实测值/理论值
20	5.98	3.97	0.66
40	4.96	4.15	0.84
60	4.27	3.99	0.93
80	3.45	4.39	1.27

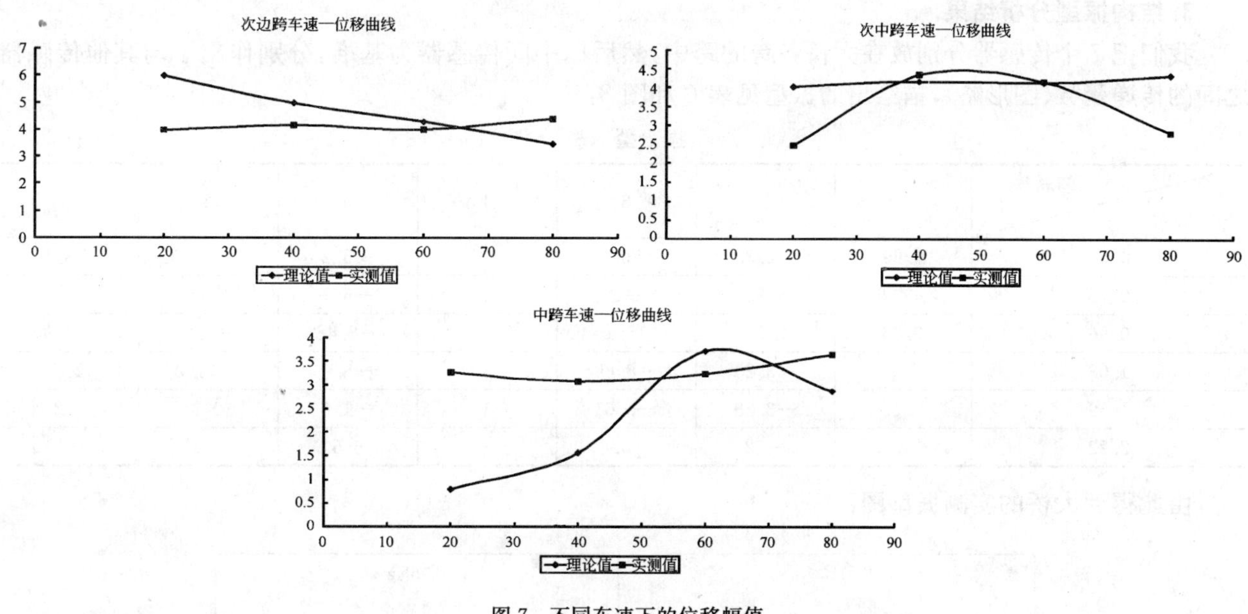

图 7 不同车速下的位移幅值

表 3

车速 (km/h)	边跨动位移(mm)		
	理论值	实测值	实测值/理论值
20	4.02	2.46	1.63
40	4.16	4.35	0.96
60	4.13	4.16	0.99
80	4.33	2.8	1.55

表 4

车速 (km/h)	中跨动位移(mm)		
	理论值	实测值	实测值/理论值
20	0.79	3.26	4.13
40	1.56	3.06	1.96
60	3.71	3.23	0.87
80	2.87	3.65	1.27

从表 5 中数值可知,实测的活载冲击系数均小于或等于设计值 1.05。

桥跨结构跨中测点的垂直振幅均不到 5mm,小于《公路桥梁承载能力检测评定规程》中垂直振幅的要求。

不同车速下的实测冲击系数 表 5

车速(km/h)	次边跨冲击系数	次中跨冲击系数	中跨冲击系数
20	1.04	1.02	1.02
40	1.02	1.03	1.05
60	1.02	1.03	1.04
80	1.05	1.04	1.03

3. 结构振型分析结果

我们把7个传感器分别放在大桥各跨的跨中，然后以中间传感器为基准，分别作出了与其他传感器之间的传递函数(图形略)，描绘出的振型见表6和图8：

振　型　表　　　　表6

频率＼测点号	1	2	3	4	5	6	7
0.51	0.69	−2.35	6	1	−5.2	−1.7	−3.5
0.76	−4.6	4.22	−2	1	−6.7	7.9	−5
0.96	0.66	8.56	15.1	1	−8.48	−12.3	−1.9
1.08	4.3	−3.25	−8.69	1	−8.6	−14.2	2.5
1.59	−10	−3.58	−5.61	1	−1.6	0.3	−2
2.22	6	−12	−0.6	1	6.5	5.3	−3

由此得到大桥的实测振型图：

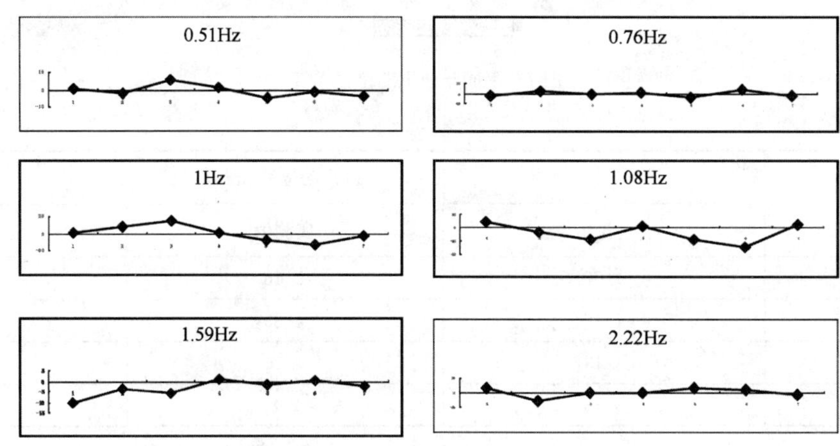

图8　大桥的各阶振型

将以上振型图与理论振型图进行比较后可以发现，实测的频率与振型和理论上的频率与振型都比较接近，而且前两阶频率都高于理论计算值，说明该桥梁结构有一定的动态安全储备。

理论计算频率和实测频率对照表　　　　表7

激振方式＼理论频率	0.81		1.17	1.37		1.59			2.25	2.30	
脉动	0.84	0.96	1.21	1.33	1.45	1.52	1.74	1.78	2.36	2.48	2.52
跳车	0.82		1.21	1.29				1.8			2.54
20km/h	0.82		1.21			1.52	1.76		2.34	2.42	
40km/h	0.82	0.94	1.21		1.45		1.76			2.42	
60km/h				1.29		1.52		1.84		2.42	2.54
80km/h	0.82	0.98	1.21	1.29		1.52	1.76			2.42	2.54
理论频率	2.73	2.84		3.08				3.44			3.98
脉动		2.84	2.95								
跳车			2.97				3.32				
20km/h			2.93	3.05	3.16	3.28				3.67	3.98
40km/h			2.93	3.05	3.16	3.28				3.67	3.98
60km/h		2.81	2.93	3.05	3.16	3.28	3.36		3.59	3.67	3.98
80km/h			2.93			3.28			3.59		3.98

依据表中数据和传递函数图形得到了如下结论：车辆作用下桥梁振动较强的频率值大都集中在 2～3Hz 的范围内，普遍高出桥梁的前几阶固有频率，说明结构在车辆荷载作用下出现共振的几率很低。

六、结　语

以上测试结果表明，当车以不同的速度通过主桥时，冲击系数变化不大并且与车速无关，其数值接近设计值；在活载作用下的动挠度指标均小于规范的规定值；其他各项动态测试指标均和计算结果接近。说明大桥在活载作用下的动态性能良好，达到了设计的要求。

本文阐述了预应力混凝土连续刚构桥的动力特性分析方法和试验结果，通过建立连续刚构的有限元力学分析模型，计算了模型的各项动态性能指标并与实测值进行了对比，根据新的桥梁荷载试验评定标准对大桥的动态特性进行了评价。

参考文献

[1] 范立础. 桥梁工程(上册). 北京：人民交通出版社. 2001.
[2] 宋一凡. 公路桥梁荷载试验与结构评定. 北京：人民交通出版社. 2002.
[3] 交通部公路科学研究所.（“铁组”YC4-4/1978 科研专题）. 大跨径混凝土桥梁的试验方法. 1978.
[4] 交通部公路科学研究所. 公路桥梁承载能力检测评定规程(送审稿). 2006. 4.
[5] 李德宝. 振动模态分析及其应用. 北京：宇航出版社. 1989.
[6] 章关永. 桥梁结构试验. 北京：人民交通出版社. 2002.
[7] 王建华，孙胜江. 桥涵工程试验检测技术. 北京：人民交通出版社. 2004.
[8] 刘自明. 桥梁工程检测手册. 北京：人民交通出版社. 2001.
[9] 张准，汪凤泉. 振动分析. 江苏：东南大学出版社. 1991.
[10] 李国豪. 桥梁结构稳定与振动. 北京：中国铁道出版社. 2002.

151. 吉林松原龙华松花江大桥试验研究

崔文涛　张晓雷　李茂奇
（东北林业大学土木工程学院）

摘　要　桥梁结构荷载试验是对桥梁结构进行直接加载测试，以了解桥梁结构在试验荷载作用下的实际工作状态，从而判断桥梁结构的承载能力，评价桥梁的施工质量。对于一些在理论上计算不准确的甚至无法计算的部位，通过荷载试验可以了解其受力状态，有助于发现结构的安全隐患。本文以松原龙华松花江特大桥为实例，运用有限元法对该桥进行了理论分析，以此为基础对该桥竣工阶段的静载试验进行了分析研究，依据试验结果，运用交通部公路科学研究院颁布的《公路桥梁承载能力评定规程》中的承载力评定方法对该桥进行了承载能力评定，根据评定结果得出该桥承载能力满足设计要求，主梁处于良好的弹性工作状态，可以正常使用。

关键词　预应力混凝土箱梁　荷载试验　承载力评定

一、概　述

随着国民经济的发展和改革开放的深化，我国的交通运输事业发展迅速，与此同时也伴随着出现了重载、高速、大流量现代运输结构的发展趋势，因此对桥梁的结构性能与使用质量提出了更高的要求。如何准确地检测评定公路桥梁的承载能力，并对其实际技术状况做出评价，是保证桥梁安全运营的一个主要环节。桥梁荷载试验就是最直接、最有效的检验方法。桥梁试验对新建和已建桥梁进行模拟加载，了解和掌握结构在荷载作用下的实际工作状态与结构性能的一项科学实验，为桥梁承载能力的评定、检测桥梁整体受力性能是否满足设计和规范要求提供依据。

根据试验荷载的作用性质，桥梁荷载试验可分为静荷载试验和动荷载试验。桥梁静载试验是将静止的荷载作用在桥梁上的指定位置而测试结构控制截面上的静力位移、静力应变、裂缝等参量的试验项目，从而推断桥梁结构在荷载作用下的工作性能及使用能力，并对其承载能力进行评定。动荷载试验是利用某种激振方法激起桥梁结构的振动，然后测定其固有频率、阻尼比、振型、动力冲击系数、行车响应等参量，从而判断桥梁结构的整体刚度、行车性能。本文只对松原龙华松花江特大桥的静载试验进行分析。

松原龙华松花江大桥主桥采用65m＋5×100m＋65m七孔一联的预应力混凝土半刚构—连续组合梁桥，主梁采用单箱单室变截面箱型梁；桥面采用上、下行分离式断面，单幅桥面净空为0.5m＋净11.75m＋0.45m，桥面采用2%的单向横坡；设计荷载为汽车—超20级，挂车—120；双向四车道。

二、静 载 试 验

1. 试验控制截面的确定

根据规范要求，大桥控制截面应当选择在各种可能的汽车荷载以不同的形式通过大桥时各个截面的最不利荷载效应处。为此必须对该桥进行理论分析以确定各截面在设计荷载作用下的最大内力值。主梁在汽车—超20级标准荷载下的内力包络图如图1和图2所示。

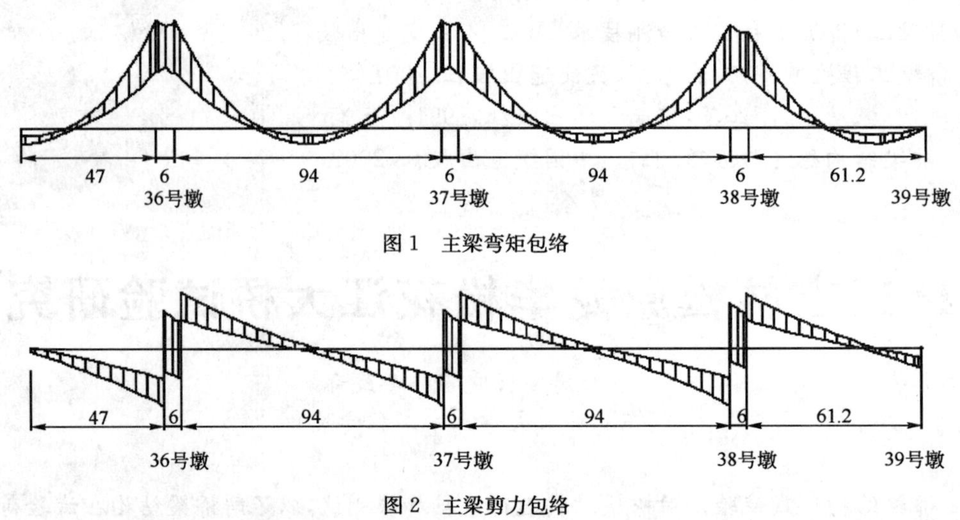

图1 主梁弯矩包络

图2 主梁剪力包络

由图1、图2可见，负弯矩的控制截面为支点截面，正弯矩的控制截面为跨中截面；剪力的控制截面为支点截面；挠度控制位置为跨中截面。根据桥梁结构的对称性，选择吉侧次边孔为测试孔，实际测试截面的纵向位置如图3所示。由于该桥结构复杂导致控制截面较多，限于篇幅，本文仅以38孔上的支点截面2-2和跨中截面3-3为例进行说明。

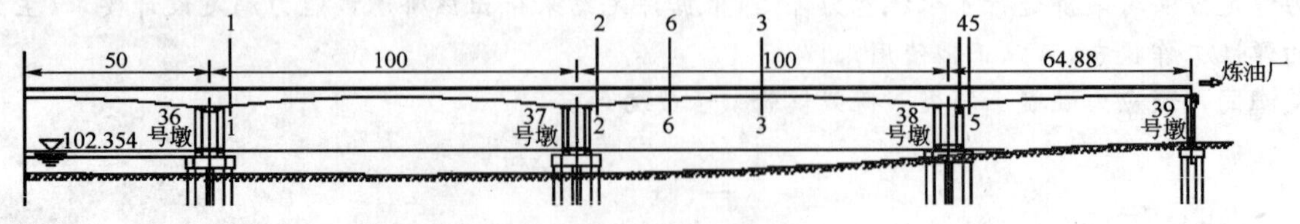

图3 主梁测点截面布置

2. 试验荷载及荷载加载位置确定

在进行试验荷载及荷载加载位置确定时，首先计算控制截面上的内力影响线，然后把自定义荷载(载重汽车)在影响线上布载，经过反复调整计算，使其内力值与设计荷载作用下该控制断面上的内力值相接近，此时的荷载大小及位置就是试验荷载及荷载加载位置。

经过计算，该桥静载试验采用6辆载重汽车，加载车辆的具体情况见表1。

加载车辆数据表 表1

编号	车辆编号	总重(t)	前轴重(t)	后轴重(t)	中前轴间距(m)	中后轴间距(m)
1	吉J16283	28	4.7	23.3	3.9	1.4
2	吉J16253	28.32	4.66	23.66	3.9	1.4
3	吉J16272	28.28	4.68	23.6	3.9	1.4
4	吉J15841	27.62	4.36	23.26	3.9	1.4
5	吉J17868(红旗)	35.26	9.44	25.82	3.9	1.4
6	吉J17868	34.8	9.64	25.16	3.9	1.4

根据计算，该桥38孔的静载试验共分为4种工况，具体为：

工况I：纵桥向按38孔跨中截面弯矩和挠度最不利布置荷载，横桥向为中载；

工况II：纵桥向布载与工况I相同，横桥向为偏载；

工况III：纵桥向按37号墩支点截面弯矩最不利布置荷载，横桥向为中载；

工况IV：纵桥向布载与工况III相同，横桥向为偏载。

按其弯矩最不利在相应的影响线上沿纵向布置试验荷载，各工况纵向布载图如图4和图5所示。

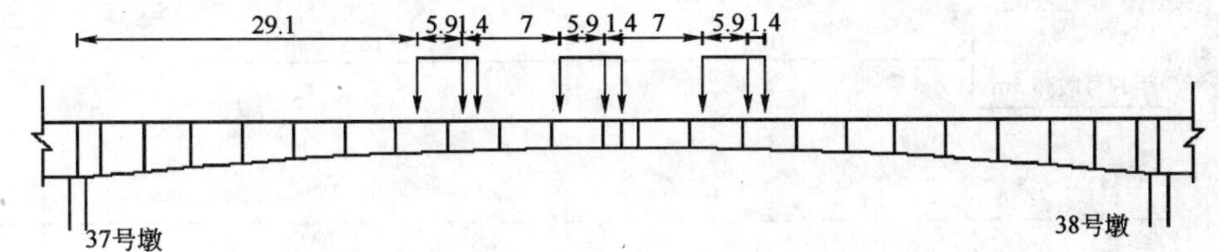

图4 工况I、工况II立面布置

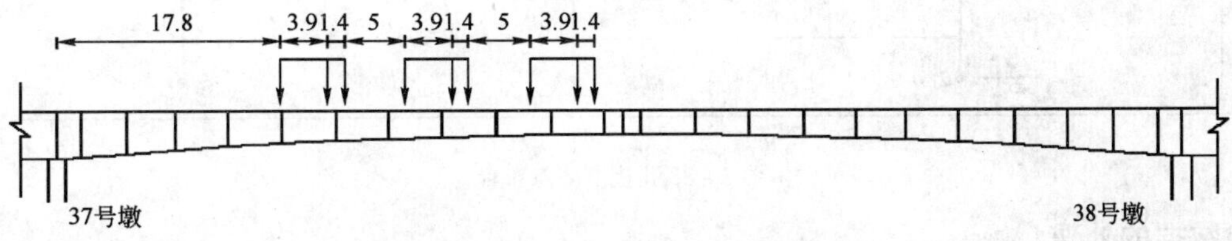

图5 工况III、工况IV立面布置

3. 静载试验的荷载效率

为保证试验效果，根据《大跨径混凝土桥梁的试验方法》的要求，在选择试验荷载大小及加载位置时应采用静荷载试验效率η进行控制，即

$$0.85 \leqslant \eta = \frac{s_t}{s_d(1+\mu)} \leqslant 1.05 \tag{1}$$

式中：s_t——试验荷载作用下，检测部位变形或内力的计算值；

s_d——设计标准荷载作用下，检测部位变形或内力的计算值；

μ——设计取用的冲击系数。

主梁各控制截面的试验荷载效应与标准荷载效应对比见表2。

试验荷载效应与标准荷载效应对比表 表2

工况	项目	试验荷载计算值①	设计荷载计算值②	试验荷载效率①/②%
工况I	跨中截面弯矩	10 000	10 200	98
工况III	支点截面弯矩	−34 400	−37 200	92.5

由表2可见，截面荷载效率都在85%～105%之间，说明每次加载能够反映出结构设计的受力与变形状态。

4. 测点布置

根据试验目的并结合桥梁的实际情况，2-2截面和3-3截面的应变测点如图6所示，38号孔跨中挠度测点布置如图7所示。

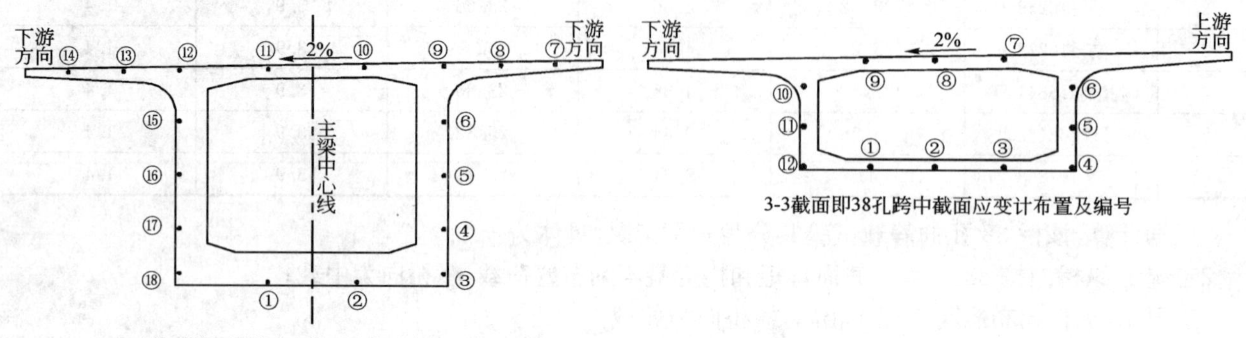

图6 应变测点布置及编号

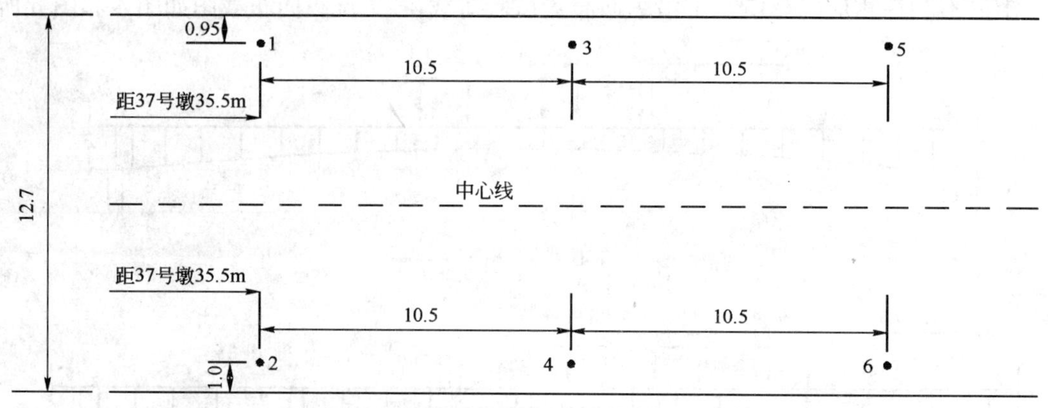

图7 38孔挠度测点布置

5. 试验数据的处理

静载试验数据整理分析的直接目的是为了更好地达到预定的试验目的，以便对桥梁结构做出相应的技术评价。静载试验数据整理分析包括对现场实测数据进行修正、整理，也包括实测数据的评价方法与评价指标的取用。

检测现场的环境对测试数据的影响不容忽视，特别是温度对应变的影响，有资料显示，温度产生的效应基本与荷载作用下产生的效应在同一个数量级上。因此我们对现场的实测数据进行修正，除了对测量仪器自身的指标参数进行修正以外，还进行了温度效应修正。

6. 静载试验结果分析

1)挠度结果分析

(1)挠度及其校验系数

在桥梁荷载试验中，结构校验系数η是评定桥梁结构工作状况，确定桥梁承载能力的一个重要指标。桥梁控制截面的控制测点的变位与理论计算值比较，得到桥梁结构的校验系数η：

$$\eta=\frac{S_e}{S_s} \tag{2}$$

式中：S_e——试验荷载作用下实测的变位值；

S_s——试验荷载作用下理论计算变位值。

按照挠度测点布置,工况一作用下各测点实测挠度值与理论计算值的对比情况见表 3。

工况 I 下 38 孔各测点挠度值(mm) 表 3

测点编号	实测值①	计算值②	校验系数①/②
1	8.85	10.3	0.86
2	8.80	10.3	0.85
3	10.03	12.12	0.83
4	9.98	12.12	0.82
5	7.76	10.0	0.78
6	7.85	10.0	0.79

(2)残余挠度

残余变形是指卸载后未能恢复的变形,它的计算是对加载后卸载至零载荷时的位移量。试验结束后对各试验梁进行了残余变形观测,根据《大跨径混凝土桥梁的试验方法》的有关规定,各测点的最大残余挠度与该测点相应挠度的比值应小于 0.2。

为了计算各试验梁的残余挠度,我们对各测点卸载后分别读取挠度数据,各测点的残余挠度统计见表 4。

工况 I 下 38 孔各测点残余挠度值 表 4

测点	1	2	3	4	5	6
实测残余挠度值(mm)	1.04	1.20	0.2	0.2	0.86	0.52
实测挠度值(mm)	8.85	8.80	10.03	9.98	7.76	7.85
残余/挠度	0.12	0.14	0.02	0.02	0.11	0.07

为了直观的表示加卸载过程中挠度的变化情况,根据表 4 绘制其变化图,如图 8 所示。

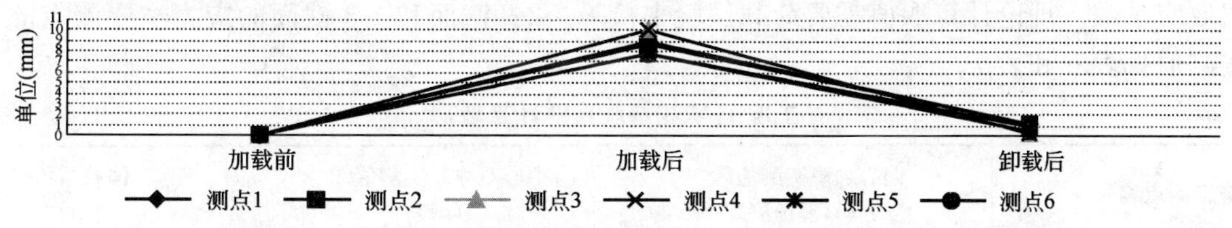

图 8 各挠度测点加卸载过程中的挠度变化

根据表 3、表 4 中的内容我们得出以下结论:

挠度测试分析:各测点实测挠度值都与理论计算挠度值相接近,且挠度校验系数均小于 1,说明主梁梁抗弯刚度较大,且具有一定的安全储备。

相对残余变形分析:由各测点的残余挠度值与挠度值比值可以看出,该桥在试验荷载作用下具有良好的弹性恢复能力,主梁处于良好的弹性工作状态。

2)应变结果分析

应变及其校验系数:各工况下各控制截面上下缘的应变试验结果见表 5。

试验应变分析表 表 5

工况	测点编号	实测值(με)	理论值(με)	校验系数	残余应变	相对残余应变
工况 I	8	−22	−42.4	0.52	−3	0.14
	2	14	63.5	0.22	1	0.07
工况 II	7	−30	−48.8	0.61	3	0.1
	4	78	73	1.07	8	0.1

续上表

工　况	测点编号	实测值 ($\mu\varepsilon$)	理论值 ($\mu\varepsilon$)	校验系数	残余应变	相对残余应变
工况 III	10	11	30.8	0.36	2	0.18
	2	−28	−34.1	0.82	−2	0.07
工况 IV	9	16	35.4	0.45	3	0.19
	3	−31	−35.1	0.88	−5	0.16

从表5可以看出,除了工况二的4号测点校验系数大于1外,其余测点校验系数均小于1。相对残余变形也都小于0.2。关于4号测点校验系数大于1,分析有以下两方面的原因,第一:混凝土强度低于设计要求,导致弹性模量没有达到设计要求,通过查看施工监控报告中的主桥箱梁实测弹性模量表,发现4号测点处梁块的实测弹性模量为3.18E+4MPa,低于设计弹性模量3.50E+4MPa,导致该测点处的实测应变值偏大。第二:尽管理论计算时考虑了8cm的桥面铺装参与受力,但是栏杆、支座以及变截面的模拟等都在一定程度上影响主梁的受力,因此对桥梁实际结构的模拟还存在着误差,使理论计算结果偏小。

3)偏载系数实测

箱梁偏载系数是指汽车偏载时,相应于偏心方向的应变与中载对称布载时的应变的比值,可由下式计算:

$$\xi = \frac{\text{偏载方向应变最大实测值}}{\text{中载时应变实测值}} = \frac{\varepsilon_e}{\varepsilon_c} \tag{3}$$

式中:ε_e——偏载时应变最大实测值;

ε_c——中载时应变实测值。

在理论计算时,取箱梁偏载效应最大值为1.15,并按梁截面横向转动与竖向平动假设计算其他各点处的偏载效应系数。理论计算取值需要荷载试验来检验。2-2截面和3-3截面的应力主要测点的偏载效应系数实测值见表6和表7。

工况 II 实测偏载系数计算表 表6

应变测点编号	偏心加载实测值① ($\mu\varepsilon$)(现场测)	中心对称载实测值② ($\mu\varepsilon$)	偏载系数 ①/②
4	78	72	1.083
5	18	17	1.059
6	−8	−9	0.889

工况 IV 实测偏载系数计算表 表7

应变测点编号	偏心加载实测值① ($\mu\varepsilon$)(现场测)	中心对称载实测值② ($\mu\varepsilon$)(现场测)	偏载系数 ①/②(现场测)
3	−31	−29	1.069
4	−10	−9	1.111
5	−2	−2	1
6	8	8	1
9	16	14	1.143

由表6和表7可以看出,两个截面上各测点的偏载系数均小于设计取值1.15,说明设计计算合理,桥梁承载能力符合设计要求。

另外,由表6和表7里偏载系数的对比可以发现,2-2截面的偏载系数要大于3-3截面的偏载系数,分析其原因，这是由于 2-2 截面是支点截面，离横隔板近，再加上 2-2 截面处梁较高，箱梁的扭转作用明显造成的。

4)裂缝情况

除了施工时留下的少量温度裂缝以外，在试验荷载作用下，各控制截面处均未出现受力裂缝。

三、承载能力评定

根据《公路桥梁承载能力评定规程》中的有关规定，当控制截面上的挠度和应变校验系数都不大于1；实测结构的控制断面上应变沿高度分布图符合平面假定(即实测的控制点应变与荷载的关系曲线近似接进于直线)，主要控制测点上的相对残余变位或应变小于 20%，裂缝情况满足裂缝限值表所列数值时，可以利用荷载试验实测的主要挠度测点主要应力测点的校验系数值(两者中取较大者)查表确定承载能力验算系数 Z_2，然后按照式(4)进行承载能力极限状态、正常使用极限状态评定计算，若计算结果符合要求，则可评定桥梁承载能力满足验算荷载要求。

$$S_d(\gamma_g G,\gamma_q,\Sigma Q)\leqslant\gamma_b R_d\left(\zeta_c\frac{R_c}{\gamma_c},\zeta_s\frac{R_S}{\gamma_s}\right)\times Z_2(1-\zeta_e) \tag{4}$$

根据测试结果以及桥梁的实际情况，该桥可以采用校验系数进行承载能力评定。根据校验系数查得各截面的 Z_2 值见表 8。

控制截面 Z_2 值的确定 表 8

截面号及测点	挠度校验系数	Z_2	应力校验系数	Z_2	所取 Z_2
2-2 截面上缘	0.86	1.02	0.52	1.19	1.02
2-2 截面下缘			0.22	1.3	
3-3 截面上缘	—	—	0.36	1.3	1.04
3-3 截面下缘			0.82	1.04	

根据表 8 中所选用的 Z_2 值，对两截面的承载能力进行验算和评价，验算结果见表 9。

承载能力验算结果 表 9

截 面 号	M_g	$\gamma_g\times M_g$	M_q	$\gamma_q\times M_q$	S_d	R_d	Z_2	$R_d\times Z_2$
2-2 截面	−2 410	−2 892	10 200	14 280	11 388	146 000	1.02	148 920
3-3 截面	−15 710	−18 852	−37 200	−52 080	−70 932	−504 000	1.04	−524 160

由表 9 可以看出 2-2 截面和 3-3 截面伤的 $R_d\times Z_2$ 都比各自的 S_d 要大很多，说明在最不利荷载组合作用下该桥的承载能力完全满足要求。

四、结 语

通过对松原龙华松花江特大桥的静载试验分析，现得出以下结论：

(1)各测点实测挠度值都与理论计算挠度值相接近，且挠度校验系数均小于 1，说明主梁抗弯刚度较大，且具有一定的安全储备。

(2)应变校验系数除工况二下的 4 测点由于施工和结构模拟原因大于 1 外，其余均小于 1，可以说明结构工作状态良好，性能可靠。

(3)由各测点的相对残余挠度和相对残余应变可以看出，该桥在试验荷载作用下具有良好的弹性恢复能力，主梁处于良好的弹性工作状态。

(4)由实测偏载系数可以知道，该桥横向联系和桥面是强劲的，整体受力性能良好。

(5)该桥具有足够的刚度、强度和稳定性来承受设计荷载，承载能力完全满足设计荷载的要求。

综上所述，松原龙华松花江特大桥的设计和施工是成功的，达到了预期目的，可以正常使用。

参考文献

[1] 宋一凡.公路桥梁荷载试验[M](第一版).北京:人民交通出版社,2002.
[2] 谌润水,胡钊芳.公路桥梁荷载试验[M](第一版).北京:人民交通出版社,2003.
[3] 刘自明.桥梁工程检测手册.北京:人民交通出版社,2001.
[4] 范立础.桥梁工程(上册).北京:人民交通出版社,2001.
[5] 刘效尧,蔡键,刘晖主编.桥梁损伤诊断[M](第一版).北京:人民交通出版社,2002.
[6] 黄克超,张永辉,刘运伟[J].预应力混凝土连续刚够桥荷载试验,中国公路学会桥梁和结构工程分会2007年桥梁学术讨论会论文集,北京:人民交通出版社.
[7] 宋博琪,傅红丽,马秀君,谢春光.桥梁的静载与动载试验[J].公路,2002.
[8] 交通部公路科学研究所.公路桥梁承载能力检测评定规程(送审稿).2006.

152.MSS62.5m移动模架分块浇筑大跨径箱梁的创新设计研究

上官兴[1,3] 项贻强[2] 黄成造[3] 柏华军[2] 晁春峰[2] 赵 阳[2]
(1.华东交通大学土木建筑学院;2.浙江大学土木工程系;3.广州珠江黄埔大桥有限公司)

摘 要 针对80m跨径等高连续箱梁的特点,提出了采用MSS62.5m移动模架进行分块浇筑80m跨径等高连续箱梁的创新思路及施工工艺及步骤,并进行了80m跨径等高连续箱梁施工工法的概念设计及配筋估算,结果表明所提出的工法技术可行,施工经济,现行的MSS62.5m移动模架施工跨径可推广至80m跨径的等高混凝土连续箱梁的施工,且模架的主梁结构几乎不需多大的改造。

关键词 混凝土等高连续箱梁 移动模架 分块浇筑 施工

一、概 述

预应力混凝土连续梁桥在恒载作用下因支点截面的负弯矩大于跨中截面的正弯矩约一倍,所以大部分跨径在50m以上时都选用变高度梁;跨径范围绝大部分在50m以下往往选择等高连续梁,它具有结构构造简单、线性简洁美观、施工方便、跨中挠度小等诸多优点。但是随着桥梁的设计和施工技术的进步和发展,变截面连续梁桥结构复杂、工期长等缺点显露出来,在很多情况下,由于工艺复杂所增加的费用往往超过结构体积的节省,同时变截面连续梁桥因跨中梁高偏矮(仅有支座梁高1/3),截面抗弯刚度不足,跨中出现持续下挠和开裂的现象。因此从变形控制角度出发,在80m跨径以内,推荐等高连续梁。在不少特大规模桥梁中经过综合比较,80m跨径以内都采用了等高连续梁。目前国内等高连续梁最大跨径为南昌赣江大桥(80m)和苏通长江大桥(75m);国外为委内瑞拉卡罗尼河大桥(96m)。据不完全统计,近年来在长江入海口的超长桥(如上海东海大桥、浙江杭州湾大桥、苏通长江大桥和广州黄埔珠江大桥等)。跨径在大于50m以上的预应力混凝土连续梁采用等高的桥有15座,总长约50km。

随着大跨径等高连续梁逐渐推广,特别是80m跨径等高连续梁应用,有必要结合跨径大于50m的等高度梁的宝贵施工经验,优化结构设计和施工工艺,把移动模架工法的施工跨径从原来60m增加到80m,具有十分重要的现实意义。

二、传统MSS移动模架工法

移模工艺施工的经济跨径在50m以内,用钢量400~600t,否则主梁因受力过大不但用钢量倍增(图

1)，而且拆卸、运输和安装均十分困难，不利推广。以珠江黄埔大桥两套MSS62.5移动模架为例，施工跨径62.5m，主梁重550t，每套设备总重1400t。因此该工艺推广到65m以上跨径，尤其达到80m跨径连续梁桥移动模架施工，还需在移动模架设计观念、箱梁施工工艺上继续创新。

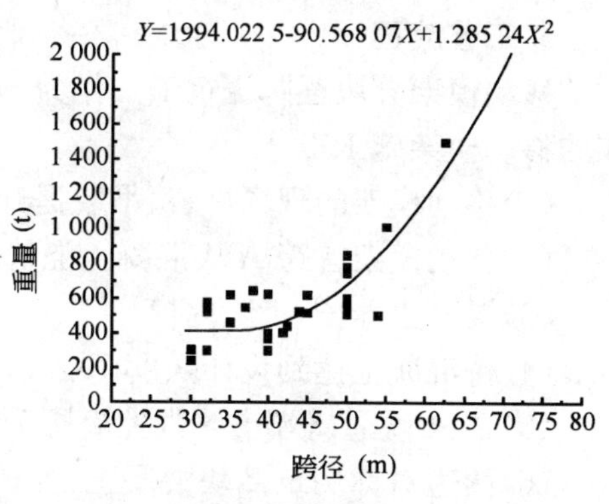

图1 移动模架用钢量统计曲线

三、MSS移动模架分块浇筑等高连续梁的提出

1. 贝雷移动支架分块逐孔浇筑工艺及应用

1991年湖南安乡大琼港大桥(8×30m)首创贝雷移动支架分块逐孔浇筑新工艺。迄今不完全统计，仅湖南广东两省推广这种工艺建成的连续梁桥七座，总长7 527m，表1给出了采用贝雷移动支架分块逐孔浇筑连续混凝土桥梁的应用实例及经济指标。

贝雷移动支架分块逐孔浇筑连续混凝土桥梁经济指标 表1

序列	项目	桥名/长度(m)	跨径L/桥宽B(m)	支架用量(t)	移动模架用钢量指标η		
					η_1=t/孔	η_2=kg/m²	η_3=kg/m³混凝土
湖南	1	浏阳河桥，(760m三套，280m一套)	20/24	230	16.4	34.2	95
	2	石龟山大桥副桥(630m)	30/10	290	13.8	46.0	96
广东	3	肇庆大桥北引桥，(600m)	20/17	246	8.2	24.1	50
	4	肇庆大桥北引桥，(710m)	30/17	398	16.6	33.0	61
	5	韶关五里亭大桥引桥，(315m)	20/30	215	13.4	22.8	59
江苏	6	苏通大桥北引桥，(2×360=720m)	30/17	346	14.4	28.3	52

2. MSS移动模架分块浇筑等高连续梁的创新思路

MSS移动模架分块逐跨浇筑工法是在传统移动模架工法的基础上，将“分块悬臂施工”和“逐孔浇筑”两种工艺巧妙地相结合，它的特点系利用连续恒载有两个“弯矩零点”，将主梁分成A、B两块，如图2。对于MSS62.5移动模架，要施工浇筑80m的等高度连续梁，宜将主梁分成A、B两块，每块约20m长，先利用该模架浇筑19m长的A块后，借助张拉箱梁的部分预应力束使A块自动脱离模架支承；再利用A块预应力作支撑(设计的连续箱梁的配筋应考虑承受该施工荷载)，使MSS62.5模架的受力跨径控制在原设计的浇筑跨径范围内，这样依靠先浇预应力混凝土箱梁本身的支撑，提高了MSS62.5移动模架的施工跨径。

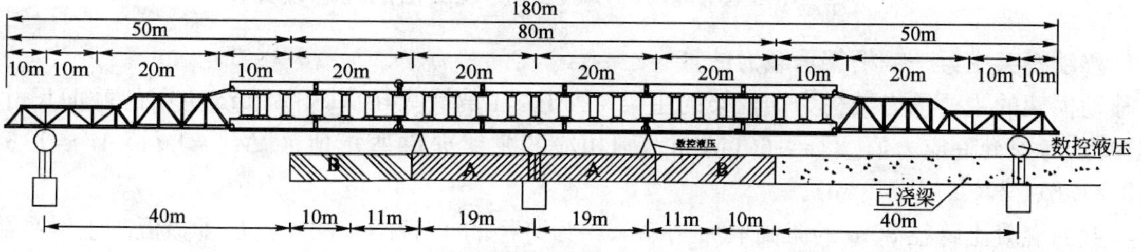

图2 MSS分块逐跨浇筑工法结构原理示意

3. 工艺流程

移动模架分块逐跨浇筑工法作为一种标准化循环施工的桥梁施工设备，其施工工艺具有重复性。标准的移动模架施工工艺为：

(1)移动模架的现场拼装、吊装提升及行走、荷载试验。

(2)移动模架首跨A块混凝土浇筑施工，浇筑长度对称40m。

(3)混凝土养护，拆除内模。

(4)待混凝土达到设计强度90%以上，张拉腹板束、顶板束。

(5)在A块悬臂端支撑数控液压千斤顶，辅助移动模架主梁。

(6)两边对称浇筑B块混凝土，养护达到强度后张拉预应力钢筋。

(7)移动模架落主梁脱模，纵移后退40m浇筑首跨40m合龙段。

(8)移动模架前移120m，进行标准跨浇筑，重复(2)～(6)，与前一跨合龙。

(9)移动模架前移80m，循环施工标准跨。

(10)待标准跨施工完成，移动模架前移40m，浇筑尾跨40m合龙段，完成移动模架施工。

4. 移动模架分块逐跨浇筑工法施工步骤

步骤1：模架拼装完毕，调整模架，准备浇注混凝土。

步骤2：浇筑首跨A块混凝土，张拉预应力钢筋。

步骤3：在已浇段A块端支撑数控液压千斤顶，辅助移动模架。

步骤4：首跨浇筑B块，张拉预应力钢筋。

步骤5：移动模架后退40m，准备浇筑首跨合龙段。

步骤6：浇筑首跨40m合拢端混凝土梁。

步骤7：移动模架前移120m，准备浇筑标准跨箱梁。

步骤8：标准跨A块浇筑，张拉预应力钢筋。

步骤9：在已浇筑A块悬臂端支撑数控液压千斤顶，准备浇筑B块。

步骤10：标准跨B块浇筑，张拉预应力钢筋与上一跨合龙。

步骤11：循环浇筑完标准跨，移动模架前移40m，准备浇筑尾跨。

步骤12：尾跨40m浇筑，张拉预应力合龙。

5. MSS移动模架分块逐跨浇筑工法工艺特点

MSS移动模架分块逐跨浇筑工法，同一个移动模架采用不同的施工顺序，减少移动模架受力跨径，从而使主梁承载弯矩减少，钢量大幅度下降，克服移动模架向大跨径发展的壁垒。此外，如果采用闲置的军用桁架设备(贝雷桁架)做移动模架主梁，结构装拆、运输均十分方便，使贝雷移模分块逐孔浇筑工艺的施工费用比MSS法节约40%，同时也为小跨径移动模架施工大跨径混凝土连续梁提高一种新的思路。如果应用于广州珠江黄埔大桥62.5m移模，可使其施工跨径扩大到80m，而用钢量保持原先$P=1\,450$t。可见在大于60m跨径的移动模架中，创新地运用“分块浇筑”新工艺，具有十分显著的经济效益。

四、MSS移动模架分块逐跨浇筑工法的概念设计

1. 移动模架主梁—钢框架承载力估算

移动模架的主要承力结构为钢框架的主梁，广州珠江黄埔大桥MSS62.5m主梁的截面尺寸见图3，根据规范，考虑允许应力值$[\sigma]=160$(MPa)，则相应的主梁允许弯矩值。$[M]=[\sigma]\times W=1.6\times10^5\times1.132=1.811\,2\times10^5$(kN·m)。

等截面混凝土跨径80m的梁高取为4.5m，约为跨径的1/17.8。图4给出了该混凝土梁高截面的尺寸及预应力束的初步布置图。

由图4，知该混凝土截面箱梁的几何特性，对跨中截面$A=14.8(\mathrm{m}^2)$，单位长度自重荷载为$g=390$

(kN/m),支座截面 $A=17.2(m^2)$,单位长度自重荷载 $g=450(kN/m)$。

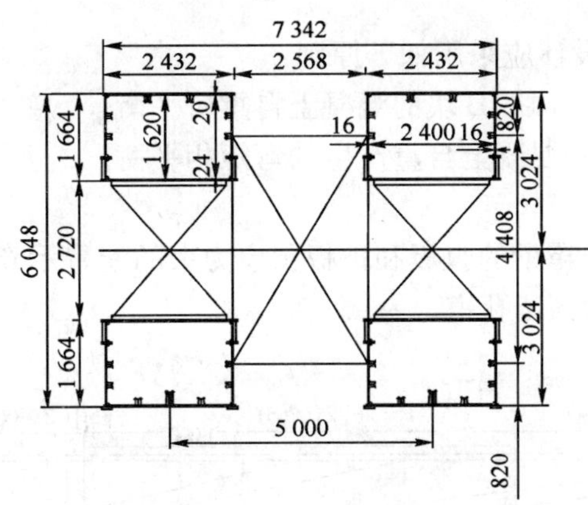
图 3 移动模架主梁框架

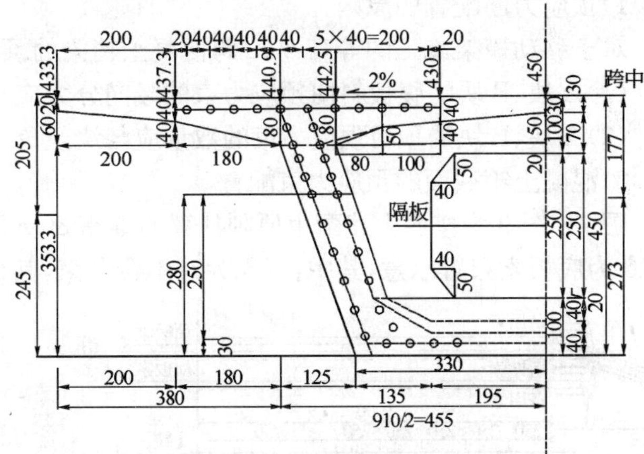

图 4 等高 80m 跨径的混凝土梁截面尺寸及预应力束的布置

因此,根据钢框架的自重分布,按悬臂梁分别计算现浇混凝土 A 块及 B 块时钢梁所承受的弯矩,图 5 给出了现浇 A 块时钢梁自重及相关尺寸和模架弯矩图,图 6 给出了现浇 B 块时钢梁自重及相关尺寸和模架弯矩图。通过计算分析 MSS62.5 移动模架钢梁按所提的浇筑顺序和施工工艺施工 80m 跨径混凝土截面箱梁时同样能满足其承载的要求。

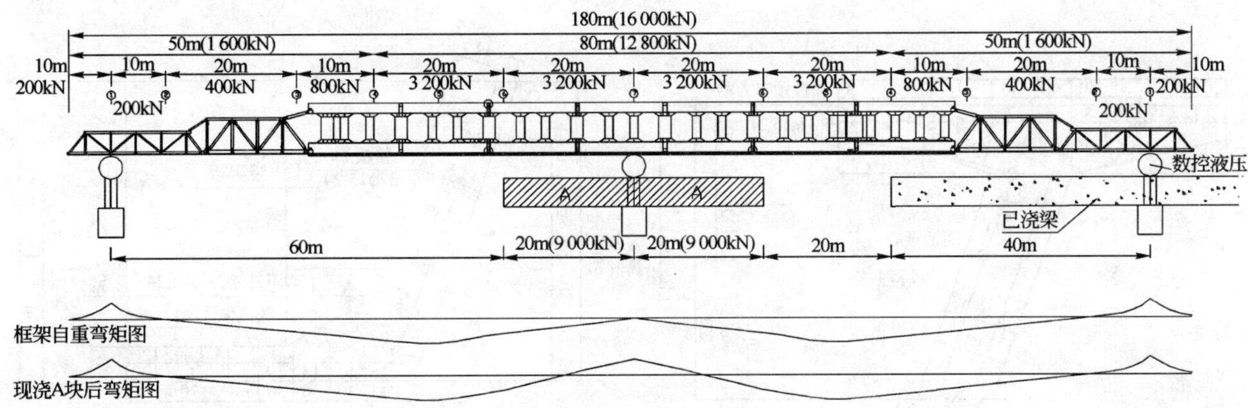

图 5 双悬臂移模自重及 A 块浇筑

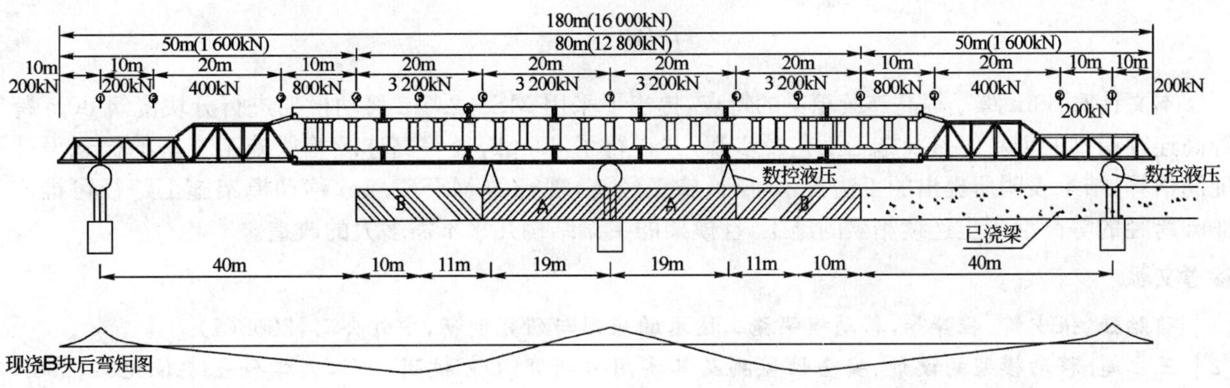

图 6 A 块张拉预应力后,现浇 B 块

2. 移动模架施工的等高 80m 跨混凝土箱梁的预应力筋设计

1)预应力筋配置的原则

对于移动模架施工的等高 80m 跨混凝土箱梁的预应力筋设计应采用如下原则：

(1)A 块、B 块的腹板斜向预应力束的竖向分力应与浇筑的 A 块、B 块的混凝土自重所平衡。

(2)A 块、B 块的顶板预应力束的数量应与浇筑 A 块、B 块的混凝土自重产生的弯矩相平衡。

2)混凝土箱截面的预应力束配置

图 7～图 9 为按照上述配束原则计算的等高 80m 跨混凝土箱梁的腹板和顶板预应力束的配置示意；图 10 为底板索布置示意，其中：四孔为跨中合龙束，其余二孔为预留孔道。

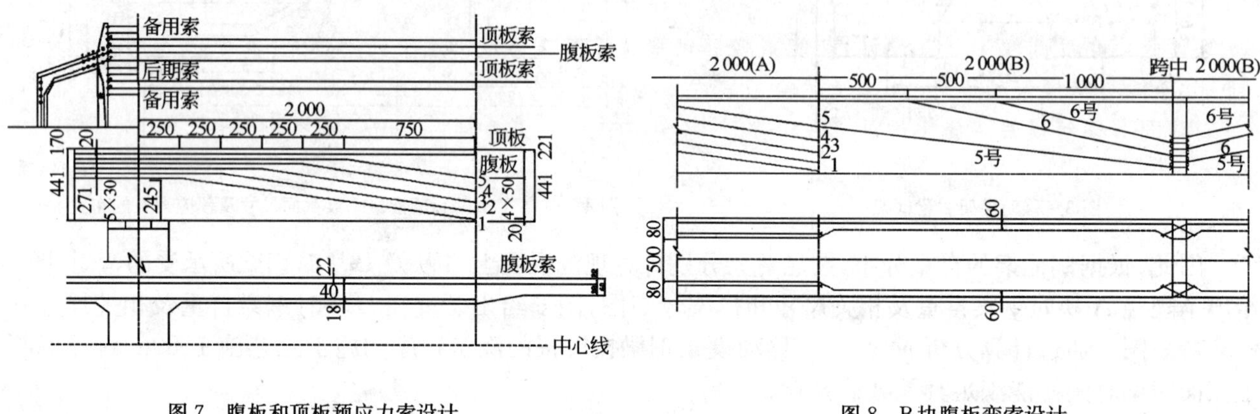

图 7　腹板和顶板预应力索设计　　　　图 8　B 块腹板弯索设计

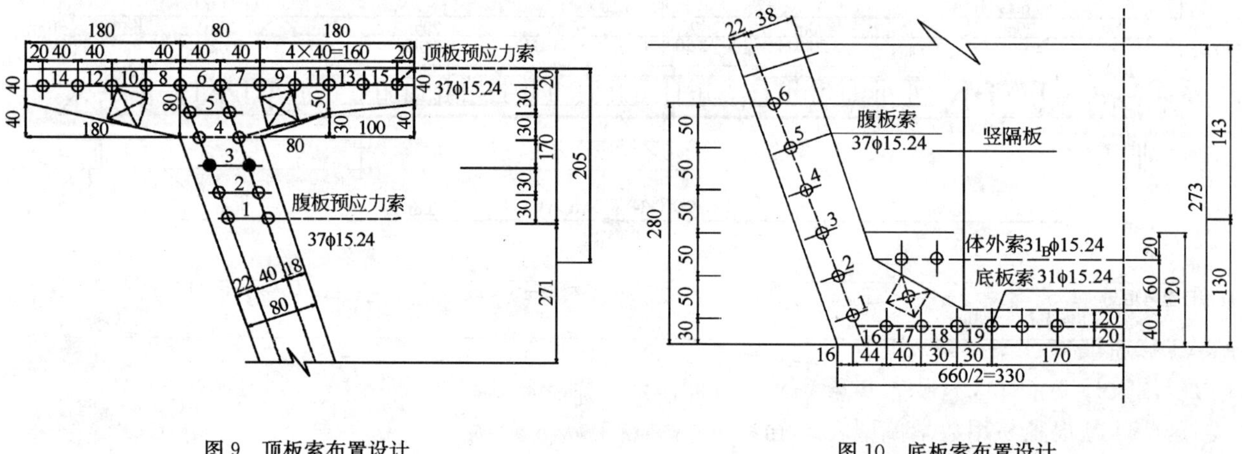

图 9　顶板索布置设计　　　　图 10　底板索布置设计

五、结　　语

本文针对 80m 跨径等高连续箱梁的特点，提出了采用 MSS62.5m 移动模架进行分块浇筑 80m 跨径等高连续箱梁的创新思路及施工工艺及步骤，并进行了 80m 跨径等高连续箱梁施工工法的概念设计及配筋估算，结果表明所提出的工法技术可行，施工经济，现行的 MSS62.5m 移动模架施工跨径可推广至 80m 跨径的等高混凝土连续箱梁的施工，且模架的主梁结构几乎不需多大的改造。

参考文献

[1] 项贻强、张少锦、程晔等，移动模架施工技术的应用与研究创新，中外公路，2008(1).

[2] 王立超.移动模架的设计、安全性监测及其实用性研究[D].杭州：浙江大学硕士学位论文，2007 年 9 月.

[3] 柏华军.移动模架若干问题研究与优化[D].杭州：浙江大学硕士学位论文，2008.

153. MSS62.5m移动模架主梁优化设计及参数研究*

项贻强[1] 柏华军[1] 黄成造[2] 赵 阳[1] 程 晔[1、2] 汪劲丰[1]
（1.浙江大学土木工程系；2.广州珠江黄埔大桥有限公司）

摘 要 基于优化设计方法，采用ANSYS的优化模块，以主梁梁高、腹板钢板厚度及腹板开孔形状尺寸为设计变量，以主梁应力和刚度为约束条件，以主梁消耗钢材为目标建立了参数优化模型，对MSS62.5移动模架主梁为进行了优化设计及参数研究，结果表明该移动模架主梁宜采用分节段变厚度钢板及腹板变高度圆端形开孔设计，既能减轻移动模架重量又可增加主梁的刚度，具有受力均匀合理、节约材料、降低移动模架的设计、加工及运输吊装成本等优点。

关键词 移动模架 优化设计 ANSYS 设计变量 约束条件 目标函数

一、引 言

移动模架(Movable Scaffolding System)是一种大型的桥梁施工机械，因其施工具有众多优点，已在国内外桥梁施工中得到广泛应用，有“桥梁工厂”的美誉[1~3]，如苏通大桥、杭州湾大桥和武广客运专线桥梁等。作为移动模架的主要承重部件，跨度较大的主梁因断面尺寸大，材料用量多，刚度往往达不到设计要求，且传统设计理念设计的结构的应力不均匀，使得材料强度不能充分发挥。因此，有必要对其主梁在结构强度、刚度和稳定性有足够安全储备的前提下，进行合理的优化设计和参数研究，尽量减小主梁刚度，优化受力，减小钢材用量，以达到经济实用的目的。

二、ANSYS优化技术

1. 优化设计

优化设计(Optimal Design)是在给定的设计指标和限制条件下，运用最优化原理和方法，在计算机上进行自动调优计算，从而选定出最优设计参数，使设计指标达到最优值。所谓设计指标，一般是指尺寸(如厚度)、形状、结果重量、支撑位置、制造费用、自然频率、材料特性等；所谓限制条件，是指强度要求、刚度要求、尺寸范围要求等。

2. 优化原理

可以用设计变量(DV)、状态变量(SV)、目标函数(OBJ)这三种变量来阐明一个完整的优化设计问题[4]。这些问题很容易用数学模型表达出来：

寻找 $$X=[x_1,x_2,x_3\cdots x_n]^{\mathrm{T}}$$

使 $f=f(X)$ 最小 (1)

约束 $$\underline{x_i}\leqslant x_i\leqslant \overline{x}_i \quad i=1,2,\cdots,n \tag{2}$$

$$g_i(X)\leqslant 0 \quad i=1,2,\cdots,m \tag{3}$$

$$h_j(X)=0 \quad j=1,2,3,\cdots,l \tag{4}$$

式中：f——目标函数；

x_i——设计变量；

g_i、h_j——状态变量。

式(1)～式(4)状态变量和设计变量的数值范围约束了设计，为约束极小化问题。通用程序ANSYS中内部提供零阶方法和一阶方法两种优化方法，本质都是采用最小二乘法由设计变量逼近求得目标函数和状态变量，对目标函数添加罚函数将约束优化问题转换为非约束优化问题的[4]。因为后者的最小化方法比前者更有效率。搜索非约束目标函数的逼近是在每次迭代中用Sequential Unconstrained Minimization Technique(SUMT)技术实现的。最小二乘法拟合的一般形式为：

$$H=\alpha_0+\sum_{i=1}^{N}\alpha_i X_i+\sum_{i=1}^{N}b_i X_i^2+\sum_{i=1}^{N-1}\sum_{j=i+1}^{N}C_{ij}X_iX_j \tag{5}$$

其中，α_0、α_i、b_i、C_{ij} 是由最小二乘回归决定的，显然上式中的第二、三、最后一项分别是前面提到的线性、二次和交叉项。优化程序的总体流程和近似子问题程序的详细流程图可参见文献[5]。

3. 优化方法和优化工具

零阶方法每次优化循环生成一个新的数据点，目标函数和状态变量，就完成一次更新，实际上是逼近被求解最小值而并非目标函数，这是一种普遍适用的优化方法，可以有效地处理绝大多数的工程问题，不易陷入局部极值点，但优化精度不是很高。

一阶方法基于目标函数对设计变量的敏感程度，使用因变量对设计变量的偏导数，在每次迭代中，梯度计算（用最大斜度法或共轭方向法）确定搜索方向，并用线搜索法对非约束问题进行最小化。此方法精度很高，尤其是在因变量变化很大，设计空间也相对较大时，但消耗的机时较多，容易获得局部最小值。

在 ANSYS 中同时还提供一系列的优化工具如单步运行、随机搜索法、等步长搜索法、乘子计算法、最优梯度法等以提高优化过程的效率。

4. ANSYS 的典型优化过程

ANSYS 的典型优化过程见图 1。它先设立变量，并建立参数化结构模型，计算求解后，分析每次优化结果，再重新建模、迭代计算，直至前后两次目标函数的差值小于某一给定的容差，或者前后两次中每一设计变量的差值都小于该容差，并且当前的设计亦满足约束条件，这样就获得了最优结果。

三、MSS62.5 主梁的优化设计

1. MSS62.5 移动模架

MSS62.5 上行式移动模架为目前国内外单孔造桥跨度最大的造桥设备（图 2）。它由结构支撑系统、模板系统、液压行走系统、电器系统等四部分组成，设备总重约 15 000kN，总长度 143.4m。施工状态下的最大净挠度小于跨径 1/700，最大承重施工荷载 26 500kN。

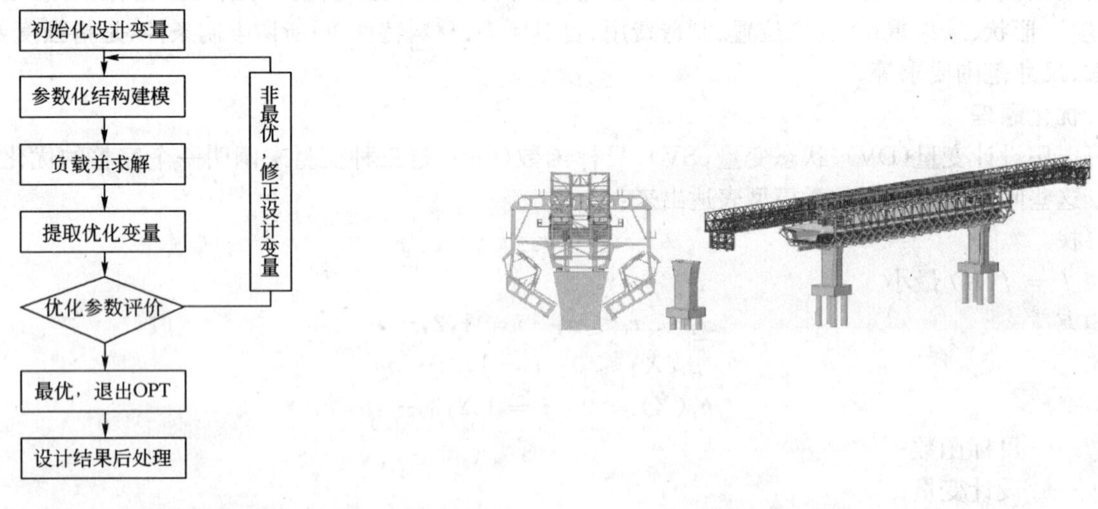

图 1　ANSYS 优化过程　　　　图 2　MSS62.5 移动模架效果

2. 计算模型简化

现有的移动模架主梁为 2 片钢箱梁，每片分 6 节梁段，梁节高 6.04m，宽 2.5m，剖分式腹板上下 Ⅱ 体组成，箱内四周设置环向加劲肋，节间通过高强螺栓相连，全长 78.6m，重约 4 500kN。考虑两片主梁沿中线对称，且荷载均可视为对称荷载，取一片钢箱梁建立参数化计算模型（图 4），参数详见 2.3。主梁箱体采用板单元 Shell63，支座按照普通约束处理，材料参数见表 1。

材料参数表 表1

材料	弹性模量(E)MPa	密度(ρ)	泊松比(μ)
Q235	2.0×10^5	7 850kg/m^3	0.26
Q345	2.0×10^5	7 850kg/m^3	0.30

主梁的结构比较复杂,在 ANSYS 中模型中做以下简化处理(图 3):

(1)腹板纵向加劲肋、圈加劲肋对主梁的强度与刚度影响不大,不予考虑;

(2)混凝土重量、模板系统和前后鼻梁自重用等效荷载作用在主梁上;

(3)主梁板、板和梁之间焊接材料特性与相邻结构的材料性能相同;

(4)主梁梁节中焊接材料特性与相邻结构,梁节之间没有相对滑动,视为一体;

(5)对于尺寸相近,材料相同的微小结构,如主梁滑板与下翼缘板的部分,建模时可做成一体。

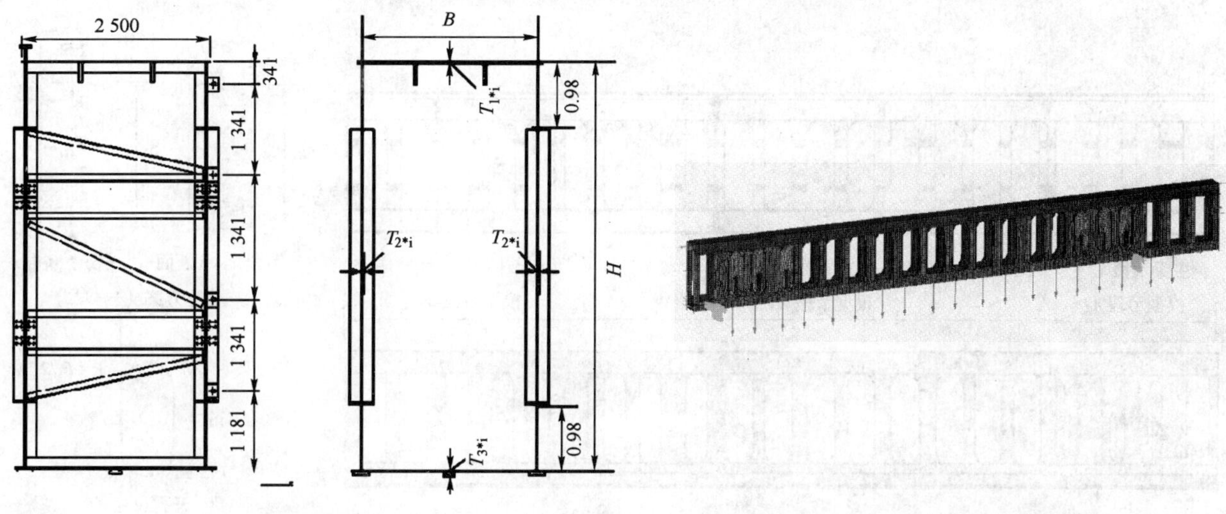

图 3 主梁截面简化

图 4 优化方案一有限元模型

3. 优化模型

(1)设计变量(SV)

设计变量(SV)包括主梁矩形截面两腹板中心宽度 B 及主梁矩形截面高 H,整个主梁六节段之间通过高强螺栓连接而成,简化成三个模型节段(图 5)。因此模型节段 i 设计变量还包括盖板板厚 $t_{1\times i}$、腹板板厚 $t_{2\times i}$、底板板厚 $t_{3\times i}$、腹板开孔矩形宽 B_i 和高 H_i 共计 17 个变量(优化方案一)。即:

$$X=[B \quad H \quad T_{11} \quad T_{12} \quad T_{13} \quad T_{21} \quad T_{22_1}]$$

$$T_{23} \quad T_{31} \quad T_{32} \quad T_{33} \quad B_1 \quad H_1$$

根据模型的结构对称性,按照尽量减少变量数目的原则,对其中一些进行设计变量合并,最终令 $B=2.5$, $T_{1i}=T_{3i}$, $T_{22_1}=T_{22_3}$, $B_1=B_3$, $H_1=H_3$;变量为 $X=[H\ T_{11}\ T_{12}\ T_{13}\ T_{21}\ T_{21_1}\ T_{22_2}\ T_{23}\ B_1\ H_1]^{\mathrm{T}}$,减少迭代次数,大大提高优化速度。

(2)状态变量(SV):

状态变量(SV)为主梁最大等效(Vonmis)应力和活载作用最大竖向净变形。

$$S_{\mathrm{EQV}}=\sigma_{\max}\leqslant[\sigma]=\frac{345}{1.5}=230\mathrm{MPa}$$

$$U_{\mathrm{Y}}\leqslant[U_{\mathrm{Y}}]=L/700=0.0893\mathrm{m}$$

(3)目标函数(OBJ)

目标函数(OBJ)为主梁的总重量,等价于主梁用钢量总体积(重量=密度×体积)。本优化取用钢量总体积为目标函数 $VOLUME(X)$。

(4)初始条件

主梁初始参数按照结构的原始尺寸即

$$X=[2.369\quad 5.98\quad 0.024\quad 0.020\quad 0.024\quad 0.024\quad 0.020\quad 0.020\quad 0.020\quad 0.024\quad 0.024\quad 0.020\quad 0.024\quad 0.50\quad 2.00\quad 0.50\quad 2.00]^{T}$$

(5)变量范围

设计变量范围过大可能不能表示好的设计空间，而范围过小可能排除了好的设计。只有正的数值是可以的，因此要设定一个上限。主梁设计变量范围为

$$B\in[2,2.5];H\in[5,7];$$

$$T_{ij}\in[0.014,0.024]_{i=1、2、3;j=1、2、3};$$

$$B_i\in[0.5,2.5]_{i=1、3};H_i\in[2,4]_{i=1、3}$$

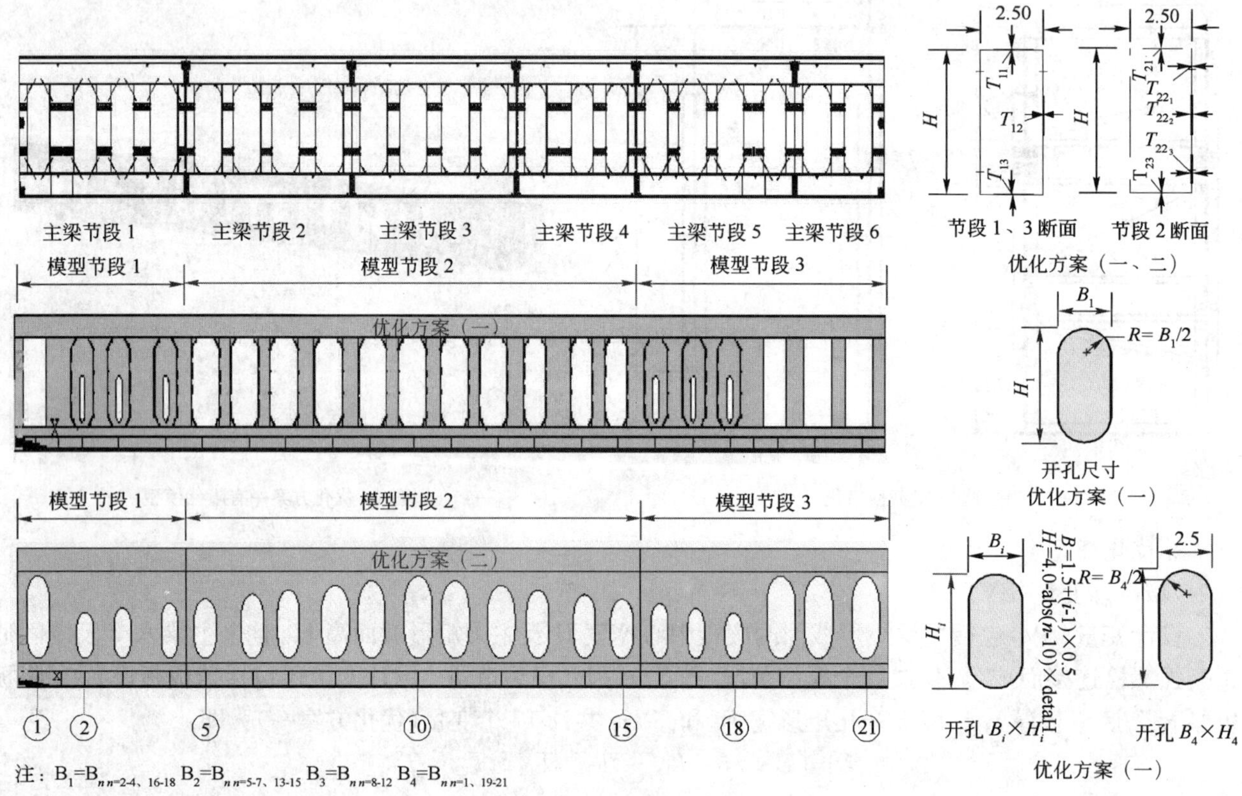

图 5 移动模架主梁优化方案(一、二)

4. 优化分析

根据上述已建立初始有参数化模型，进行静力解算，获得初始设计变量条件下的分析结果。各数据可由 ANSYS 后置处理模块(Post1)提取结构的变形数据、应力数据和单元体积，由此形成命令文件，再进入优化设计模块(OPT)、声明设计变量和状态变量、定义目标函数、指定优化方法，形成优化计算命令批处理文件[6]，最终，调用该命令集完成优化设计计算。

(1)方案一优化分析结果

优化方案一采用零阶法，经过多次调整优化变量的范围和允许误差，最终迭代收敛，求出合理的最优结果见图 6。

图 6 可知 * SET28 * 为优化方案一的最优可行解，结合实际钢板的厚度型号，查《机械设计手册》最终设计变量取值见表 2。重新输入设计变量，计算结果表明优化方案一单片移动模架主梁消耗钢材 26.589m^3，活载作用下模型的最大变形为 0.090 1m，主梁最大应力小于 165MPa。

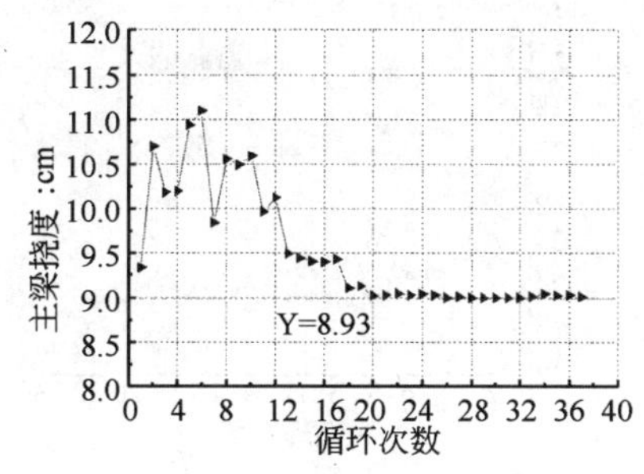

a) 主梁挠度迭代变化

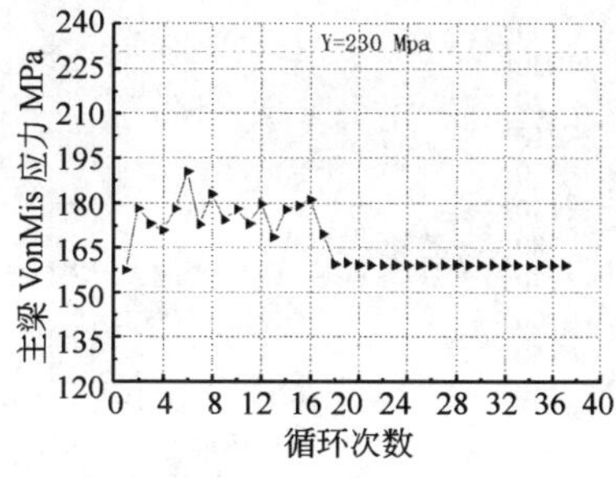

b) 主梁应力迭代变化

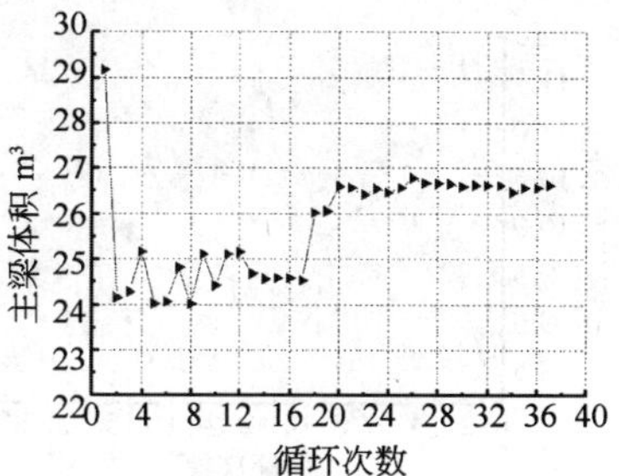

c) 主梁钢材体积迭代变化

图 6 主梁方案一优化分析

优化方案一数据参数 表 2

SET28(FEASIBLE)		理论计算	实际取值	原始数值
MAX_{UZ}	(SV)	0.090	0.0901	0.105
$SEQV_{MAX}$	(SV)	159.0	—	—
B_1	(DV)	0.503	0.500	2.500
H	(DV)	6.499	6.500	5.980
H_1	(DV)	2.002	2.000	4.000
T_{11}	(DV)	0.014	0.014	0.024
T_{12}	(DV)	0.018	0.018	0.020
T_{13}	(DV)	0.015	0.014	0.024
T_{21}	(DV)	0.020	0.020	0.024
T_{22_1}	(DV)	0.020	0.020	0.020
T_{22_2}	(DV)	0.018	0.018	0.020
T_{23}	(DV)	0.020	0.020	0.024
TOTALVOLU	(OBJ)	26.659	26.589	27.36

(2)方案二优化分析结果

计算分析 MSS62.5 移动模架,主梁变形很大一部分是由于腹板矩形开孔过大且不合理,截面抗剪切强度不足,荷载的作用下矩形变成了菱形引起(图 7);同时腹板开孔处局部出现应力集中。优化方案一虽然有一定的改善,但主梁重量几乎没有减轻,优化减少重量基本用于提高主梁的刚度,所以提出新优化设计方案,与方案一相比在腹板开孔的形状和大小上做了大改变,采用腹板变高度圆端形开孔设计(图 5、图 8),阻止这种变形而提高主梁的刚度。

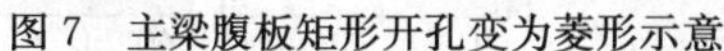

图 7 主梁腹板矩形开孔变为菱形示意

图 8 优化方案二有限元模型

同方案一优化分析过程,方案二只在腹板开孔有所调整,圆端形开孔对应设计变量和初始参数不同,详见表 3,图 5。优化分析结果见图 9。

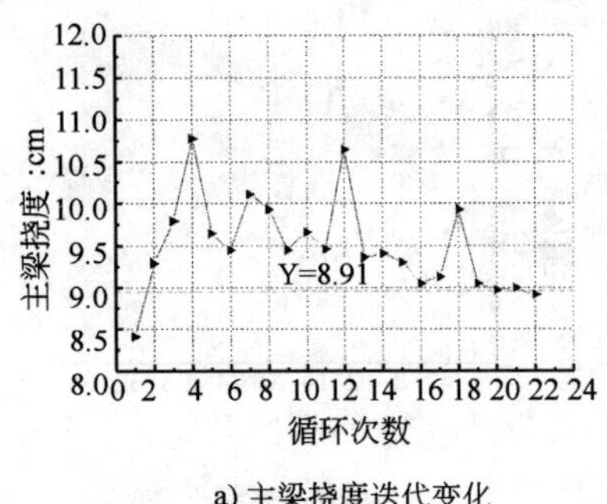

a) 主梁挠度迭代变化

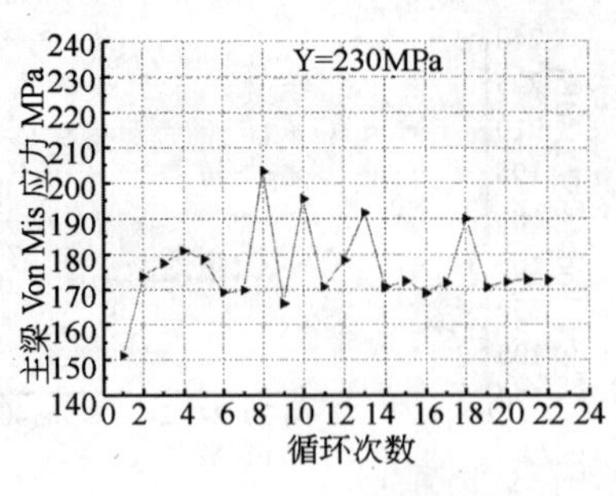

b) 主梁 Von Mises 应力迭代变化

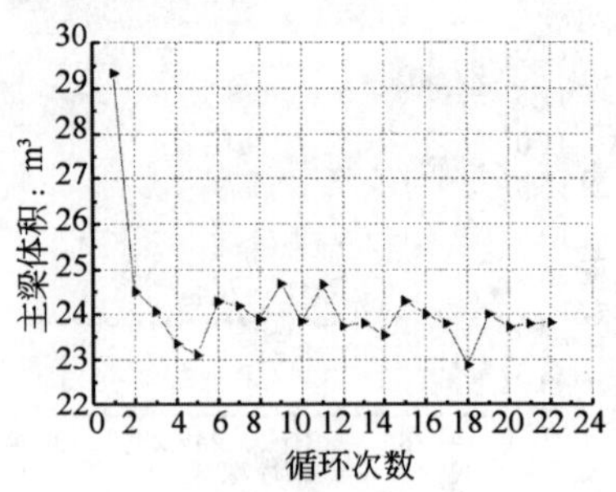

c) 主梁体积迭代变化

图 9 主梁方案二优化分析

图 9 可知* SET20* 为优化方案二最优可行解，结合实际钢板的厚度型号，查《机械设计手册》确定设计变量最终取值，重新计算可知优化方案二单片主梁消耗钢材 23.90m^3，活着作用下模型的最大变形为 0.088 2m，主梁最大应力小于 180MPa。见表 3。

优化方案二数据参数 表 3

* SET20* (FEASIBLE)		理论计算	实际取值	原始数值
MAX_{UZ}	(SV)	0.090	0.088 2	——
$SEQV_{MAX}$	(SV)	172.0	172.0	——
H	(DV)	6.293	6.300	2.500
B_1	(DV)	1.084	1.000	5.980
B_2	(DV)	2.032	2.000	4.000
ΔH	(DV)	0.198	0.020	0.020
T_{11}	(DV)	0.014	0.014	0.024
T_{12}	(DV)	0.014	0.014	0.020
T_{13}	(DV)	0.015	0.014	0.024
T_{21}	(DV)	0.020	0.020	0.024
T_{22_1}	(DV)	0.019	0.020	0.020
T_{22_2}	(DV)	0.014	0.014	0.020
T_{23}	(DV)	0.020	0.020	0.024
TOTALVOLU	(OBJ)	23.729	23.90	

5. 结果比较

优化方案一整个移动模架主梁重量由 467.4t 降低到 455.3t，重量减少了 12.2t，节约钢材 2.6%，同时模架主梁的刚度提升了 14.3%(图 10、图 11)，由于量在原 MSS62.5 移动模架设计方案的改进，方案变更成本较低；优化方案二对主梁腹板开孔做了优化调整，整个移动模架主梁重量由 467.4t 降低到 413.1t，重量减少了 11.6%，刚度提升了 16%，(图 10、图 11)，且结构变形连续(图 12，受力均匀合理(图 13、图 14)。

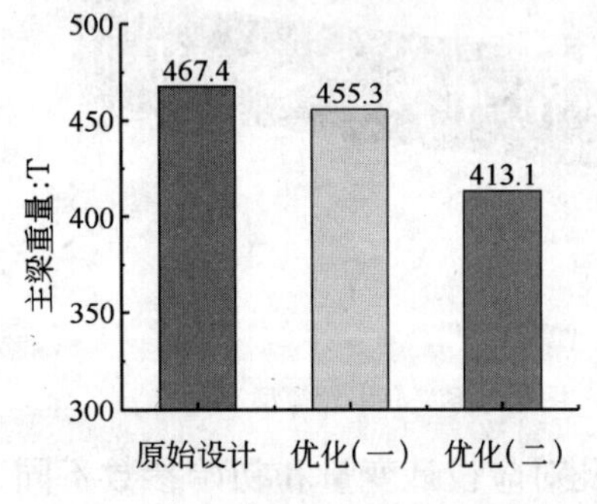

图 10 移动模架主梁重量比较

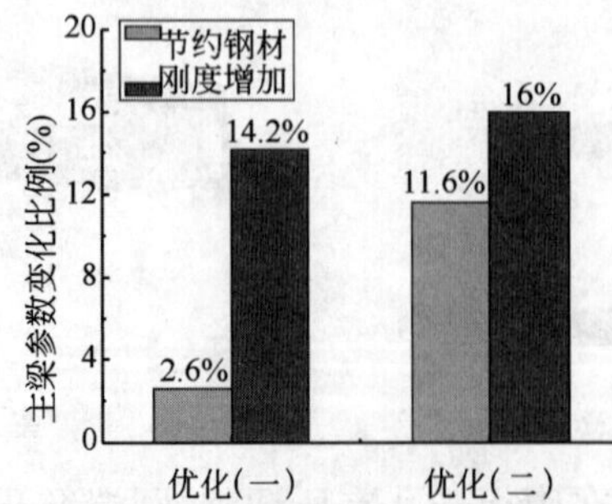

图 11 移动模架主梁性能改变比较

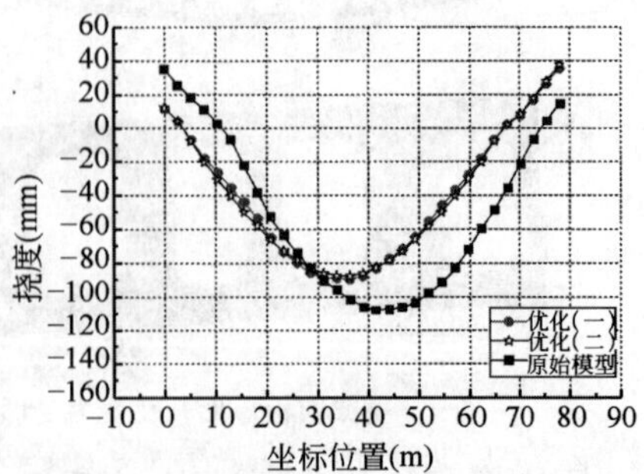

图 12 主梁底板中心线变形曲线比较

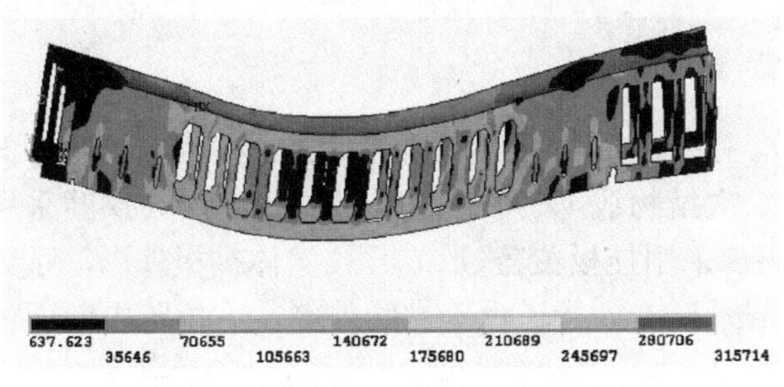

图 13 优化方案一主梁 VonMises 应力云

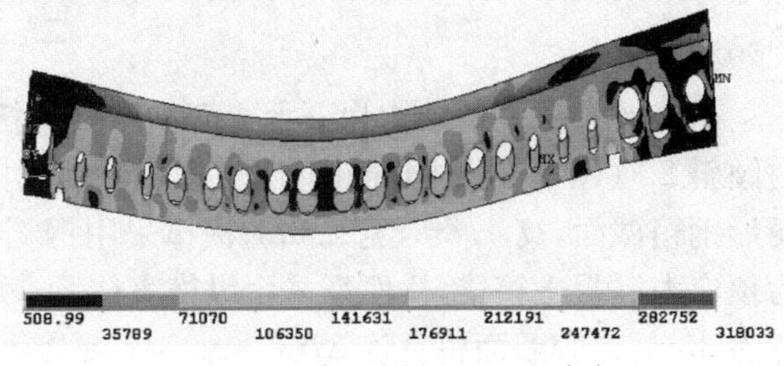

图 14 方案二主梁 VonMise 应力云

四、结 语

通过研究,可以得到如下结论:

(1)基于优化设计方法,采用 ANSYS 的优化模块,以主梁梁高、腹板钢板厚度及腹板开孔形状尺寸为设计变量,以主梁应力和刚度为约束条件,以主梁消耗钢材为目标建立了参数优化模型,对 MSS62.5 移动模架主梁为进行了优化设计及参数研究。

(2)对跨度大于 60m 移动模架的主梁,宜采用分节段变厚度钢板及腹板变高度圆端形开孔设计,既能减轻移动模架重量又可增加主梁的刚度,具有受力均匀合理、节约材料、降低移动模架的设计、加工及运输吊装成本等优点。

(3)本文对移动模架主梁的优化设计理念是一种更加合理有效的设计思路,可推广到实际工程设计中使用。

参考文献

[1] 项贻强、张少锦、程晔等,移动模架施工技术的应用与研究创新,中外公路,2008(1).

[2] 刘家锋.我国移动支架造桥机的发展综述[J].铁道标准设计,2002 年第 2 期,P:11~15.

[3] 王立超.移动模架的设计、安全性监测及其实用性研究[D].杭州:浙江大学硕士学位论文,2007 年 9 月.

[4] ansys 公司.ansys 高级技术分析指南[M].

[5] 李宏雁.ANSYS 的优化设计理论及应用[J].一重技术.2003 年第 2 期.

[6] ANSYS APDL Programmer's Guide[M].Ansys.Company,1998.

[7] 柏华军.移动模架若干问题研究与优化[D].杭州:浙江大学硕士学位论文,2008.

154. 高德港大桥钢拱肋静力与整体稳定分析

张 磊 吴 冲
(同济大学桥梁工程系)

摘 要 以高德港大桥为背景,采用空间梁单元模型,对其内倾菱形钢拱肋进行了受力分析研究,分别验算了钢拱肋加劲肋刚度、拱肋强度以及全桥的整体稳定性。

关键词 高德港大桥 内倾菱形钢拱肋 整体稳定性

一、引 言

随着人们对桥梁景观效果要求的不断提高,近年来我国设计了一系列造型新颖的钢结构桥梁。由于桥梁造型的需要,新颖的造型往往受力比较复杂,应力集中问题突出[1],有必要对其受力性能作细致分析。本文以高德港大桥为例,采用 MIDAS 有限元软件建立空间梁单元模型对其菱形钢拱肋进行了静力和整体稳定的分析。

二、工 程 背 景

高得港大桥主桥结构为下承式简支系杆拱桥(图1),主跨99m,拱肋为菱形钢箱结构,两榀拱肋各向内倾斜22°(图2),拱顶开椭圆孔,空间拱轴线的立面为二次抛物线,矢跨比1/5,拱高19.8米;拱肋采用菱形钢箱截面,高1.8m,宽2.0m;横撑采用钢箱截面,拱顶采用挂板覆盖,形成开孔实体拱板外形。系梁为预应力混凝土箱梁,桥面系采用纵横梁体系、现浇桥面板结构,人行道设于拱肋外侧。主桥跨中断面桥宽为33m,拱脚断面桥宽为37m。

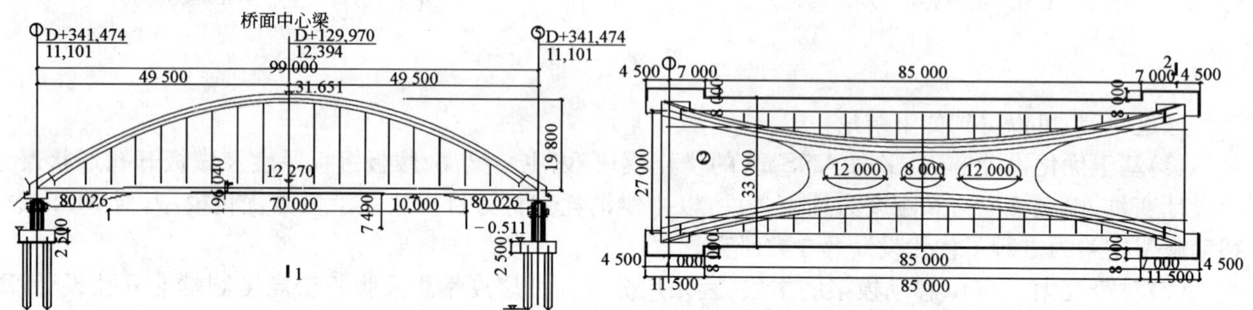

图1　高德港大桥立面与平面整体布置

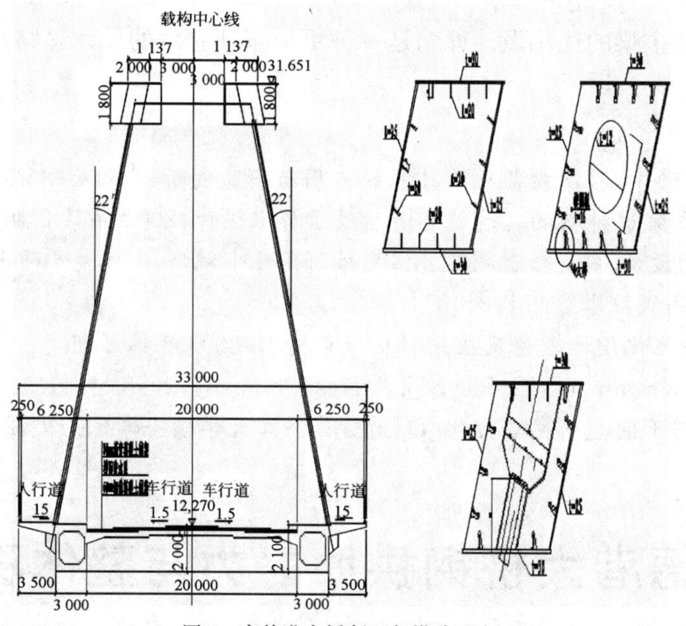

图2　高德港大桥断面与拱肋示意

三、计 算 模 型

采用空间梁单元计算方法,计算模型如图3所示,模型中几个主要构件的截面特性见表1;计算的荷载主要包括结构自重荷载、二期铺装、双向六车道的城-B级、人群以及非机动荷载、温度梯度、钢与混凝土的温度差以及基础沉降等;边界按简支布置在两侧拱脚处。

主要构件的截面特性　　表1

名　称	材　料	面积 (m^2)	抗弯惯矩 I_{yy} (m^4)	抗弯惯矩 I_{zz} (m^4)	抗扭惯矩 I_{xx} (m^4)
钢拱肋	Q345	0.252	0.134 6	0.162 5	0.161 3
主梁	C50	5.192	2.420 8	25.447 0	3.820 1
中横梁中部	C50	1.942	0.557 3	2.626 3	0.069

续上表

名　称	材　料	面积 (m^2)	抗弯惯矩 I_{yy} (m^4)	抗弯惯矩 I_{zz} (m^4)	抗扭惯矩 I_{xx} (m^4)
中横梁端部	C50	3.37	0.585 4	5.259 7	0.388 6
端横梁中部	C50	8.843	9.412 6	33.665	15.01
端横梁端部	C50	13.68	10.89	41.839	18.121

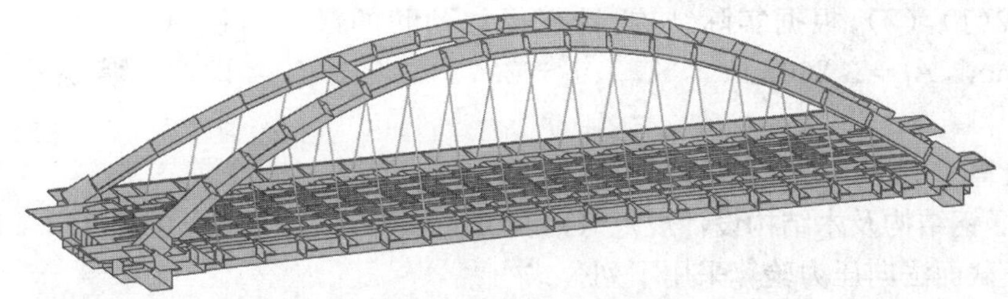

图 3　整体有限元模型

四、计算结果分析

1. 加劲肋刚度验算

参照日本《道路桥示方书》的规定，水平加劲肋截面对腹板与加劲肋焊接线的惯性矩 I_l 和加劲肋面积 A_l 应满足下式要求[1][2]：

$$I_l \geqslant \frac{bt^3}{11}\gamma_{l,req} \tag{1}$$

$$A_l \geqslant \frac{bt}{10n} \tag{2}$$

式中，b 为加劲板的宽（腹板间距）；t 为被加劲板板厚；n 为被加劲肋分隔的局部板件数目 $n=n_l+1$；n_l 为纵向加劲肋数目；$\gamma_{l,req}$ 为由下面计算方法得到的加劲肋刚度比：

①当 $\alpha \leqslant \alpha_0$ 而且横向加劲肋 I_t 满足（*）式要求时：

$$\begin{cases} \gamma_{l,req} = 4\alpha^2 n(1+n\delta_l)\left(\dfrac{t_0}{t}\right)^2 - \dfrac{(\alpha^2+1)^2}{n}, & (t \geqslant t_0) \\ \gamma_{l,req} = 4\alpha^2 n(1+n\delta_l) - \dfrac{(\alpha^2+1)^2}{n}, & (t < t_0) \end{cases} \tag{3}$$

$$I_t \geqslant \frac{bt^3}{11}\frac{1+n\gamma_{l,req}}{4\alpha^3} \tag{4}$$

②当不满足①中的条件时：

$$\begin{cases} \gamma_{l,req} = \dfrac{1}{n}\left[\left\{2n^2(1+n\delta_l)\left(\dfrac{t_0}{t}\right)^2 - 1\right\}^2 - 1\right], & (t \geqslant t_0) \\ \gamma_{l,req} = \dfrac{1}{n}\left[\{2n^2(1+n\delta_l) - 1\}^2 - 1\right], & (t < t_0) \end{cases} \tag{5}$$

式中，α 为加劲板的长宽比 $\alpha=a/b$；a 为加劲板的长度（横向加劲肋的间距）；b 为加劲板的宽（腹板间距）；n 为被加劲肋分隔的局部板件数目 $n=n_l+1$；n_l 为纵向加劲肋数目；δ_l 为单根加劲肋的截面面积与被加劲板的面积之比 $\delta_l=A_l/bt$，A_l 为单根加劲肋的截面面积；α_0 为加劲板的临界长宽比，$\alpha_0=\sqrt[4]{1+n\gamma_l}$，$t_0$ 为与钢材种类有关的可以不考虑加劲板局部稳定容许应力折减时必须满足的最小板厚，由表 2 确定。

板　厚　t_0　　表 2

钢材种类（相当于中国标准 GB）	SS400，SM400 (Q235)	SM490 (Q345)	SM490Y，SM520 (Q370)	SM570 (Q420)
t_0	$b/(28fn)$	$b/(24fn)$	$b/(22fn)$	$b/(22fn)$

注：$f=0.65\phi^2+0.13\phi+1.0$；$\phi=[\sigma_1-\sigma_2]/\sigma_1$；$\sigma_1\sigma$：板件边缘应力（压应力为正），$\sigma_1 \geqslant \sigma_2$。

(1)宽度方向加劲肋的几何特性：单根刚度 $I=2.73\times10^7\text{mm}^4$，$n=5$，单根面积 $A=3\,200\text{mm}^2$；

被加劲板尺寸：长 $a=2\,500$mm，宽 $b=2\,000$mm，板厚 $t=30$mm；

依据上述公式(1)，(2)，根据实际结构，计算得加劲肋的最小面积 $A_{\text{lmin}}=1\,200\text{mm}^2$ 和最小刚度 $I_{\text{lmin}}=2.65\times10^7\text{mm}^4$，$A_l=3\,200\text{mm}^2>A_{\text{lmin}}$，$I_l=2.73\times10^7>I_{\text{lmin}}$，拱肋宽度方向加劲肋刚度满足要求；

(2)高度方向加劲肋的几何特性：单根刚度 $I=2.73\times10^7\text{mm}^4$，$n=3$，单根面积 $A=3\,200\text{mm}^2$；

被加劲板尺寸：长 $a=2\,500$mm，宽 $b=1\,877$mm，板厚 $t=25$mm；

依据上述公式(1)，(2)，根据实际结构，计算得加劲肋的最小面积 $A_{\text{lmin}}=1\,173\text{mm}^2$ 和最小刚度 $I_{\text{lmin}}=2.72\times10^7\text{mm}^4$，$A_l=3\,200\text{mm}^4>A_{\text{lmin}}$，$I_l=2.73\times10^7>I_{\text{lmin}}$，拱肋高度方向加劲肋刚度满足要求。

2. 拱肋强度验算

按照《公路桥涵钢结构及木结构设计规范》(JTJ 025—86)第1.2.15条的表1.2.15中的规定对持久状况钢拱肋构件正截面法向压力验算采用下列公式[3]：

$$\frac{N}{A}\pm\left(\frac{M_x}{W_x}+\frac{M_y}{W_y}\right)\frac{1}{C}\leqslant\gamma[\sigma]\phi_e \tag{6}$$

ϕ_e——考虑局部稳定影响的容许应力系数，我国没有相应规范，参照日本《道路桥示方书》计算，对于等间距加劲板取用如下[1][2]：

$$\begin{aligned}&b/tn\leqslant22f,\phi_e=1;\\&22f<b/tn\leqslant46f,\phi_e=\frac{210-4.6[(b/tfn)-22]}{210};\\&46f<b/tn\leqslant80f,\phi_e=\frac{210\,000(tfn/b)^2}{210};\end{aligned} \tag{7}$$

式中，t：板厚；b：板宽；$n=m+1$；m：加劲肋根数；$f=0.65\phi^2+0.13\phi+1.0$；$\phi=(\sigma_1-\sigma_2)/\sigma_1$；$\sigma_1$，$\sigma_2$：板件边缘应力(压应力为正)，$\sigma_1\geqslant\sigma_2$。对于本拱肋箱形截面等间距加劲板，按照设计图纸的取 $b/n=469$mm，$b/nt=469/25=18.8$。

(1)组合Ⅰ：永久荷载＋机动车＋人群及非机动车；

由于拱肋为等截面，取受力最大的截面验算。

$\sigma_{w1}=-45.4\text{MPa}$，$\sigma_{w2}=53.3\text{MPa}$，$C=0.744$，则 $\sigma_1=\frac{N}{A}+\frac{1}{C}\left(\frac{M_x}{W_x}+\frac{M_y}{W_y}\right)=182.9\text{MPa}$，$\sigma_2=\frac{N}{A}-\frac{1}{C}\left(\frac{M_x}{W_x}-\frac{M_y}{W_y}\right)=49.6\text{MPa}$，$\phi=(\sigma_1-\sigma_2)/\sigma_1=0.728$，$f=0.65\phi^2+0.13\phi+1.0=1.44$，$b/tn\leqslant22f$，$\phi_e=1$，按照《公路桥涵钢结构及木结构设计规范》(JTJ 025—86)第1.2.10条的表1.2.10取 $\gamma=1.0$；$\sigma_1=\frac{N}{A}+\frac{1}{C}\left(\frac{M_x}{W_x}+\frac{M_y}{W_y}\right)=182.9\text{MPa}<1.0\times200\times1=200\text{MPa}$，满足要求。

(2)组合Ⅱ：永久荷载＋机动车＋人群及非机动车＋温度影响；

由于拱肋等截面，取受力最大的截面验算。

$\sigma_{w1}=-43.5\text{MPa}$，$\sigma_{w2}=55.1\text{MPa}$，$C=0.763$，则 $\sigma_1=\frac{N}{A}+\frac{1}{C}\left(\frac{M_x}{W_x}+\frac{M_y}{W_y}\right)=184\text{MPa}$，$\sigma_2=\frac{N}{A}-\frac{1}{C}\left(\frac{M_x}{W_x}-\frac{M_y}{W_y}\right)=54.8\text{MPa}$，$\phi=(\sigma_1-\sigma_2)/\sigma_1=0.702$，$f=0.65\phi^2+0.13\phi+1.0=1.41$，$b/tn\leqslant22f$，$\phi_e=1$。按照《公路桥涵钢结构及木结构设计规范》(JTJ 025—86)第1.2.10条的表1.2.10条取 $\gamma=1.25$；$\sigma_1=\frac{N}{A}+\frac{1}{C}\left(\frac{M_x}{W_x}+\frac{M_y}{W_y}\right)=184\text{MPa}<1.25\times200\times1=250\text{MPa}$，满足要求。

3. 系杆拱桥弹性稳定计算

(1)恒载和全桥宽满布活载:主拱肋的前四阶屈曲模态见图 4～图 7,整体稳定满足要求。

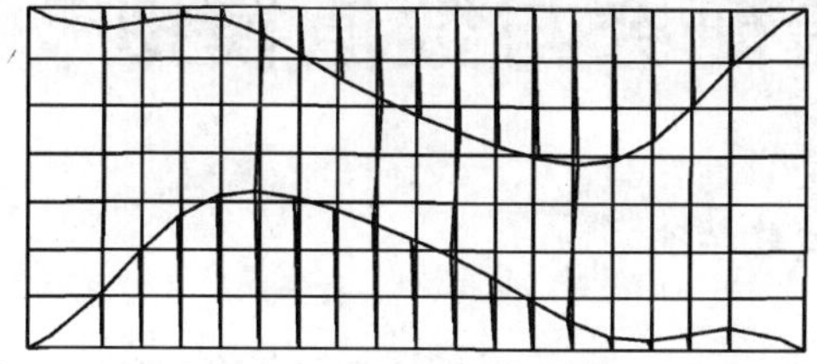

图 4　第一阶屈曲模态图(稳定系数 17.5)

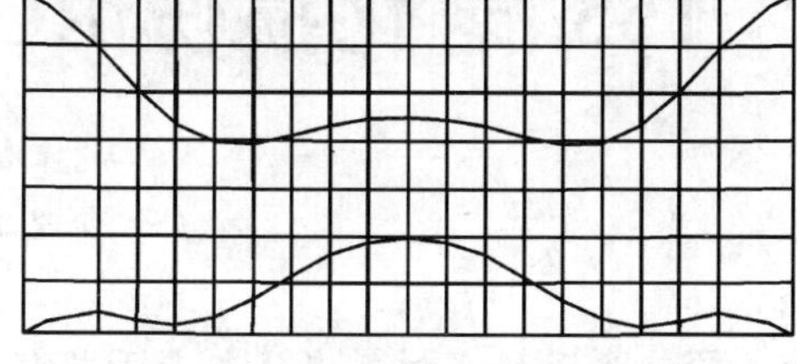

图 5　第二阶屈曲模态图(稳定系数 21.8)

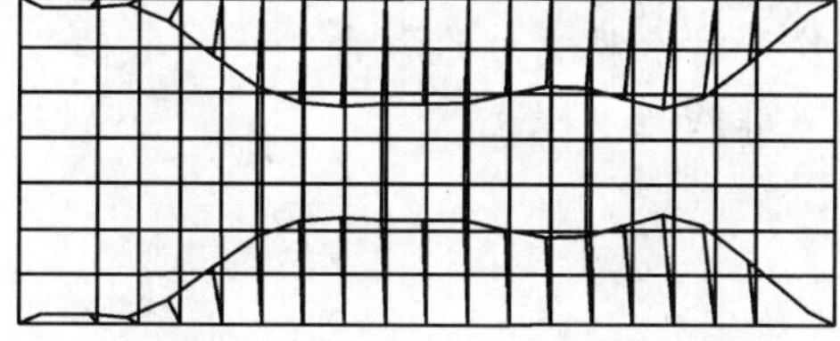

图 6　第三阶屈曲模态图(稳定系数 24.0)

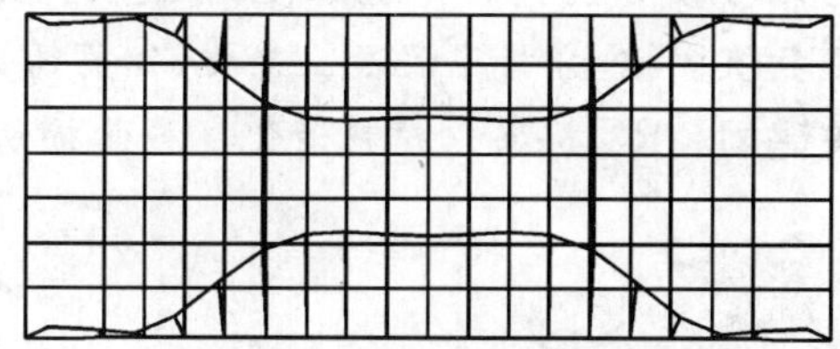

图 7　第四阶屈曲模态图(稳定系数 24.1)

(2)恒载和半桥宽满布活载:主拱肋的前四阶屈曲模态见图 8～图 11,整体稳定满足要求。

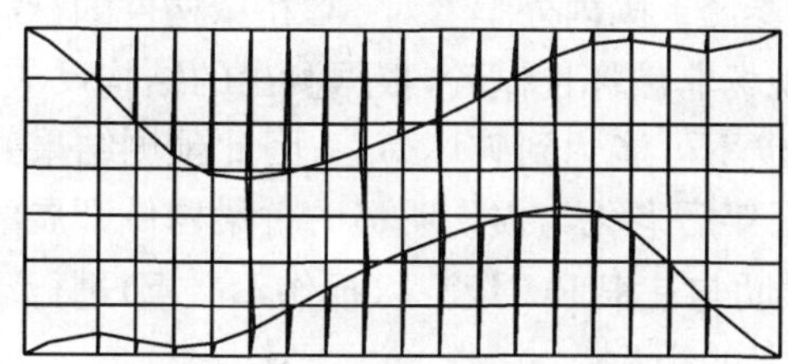

图 8　第一阶屈曲模态图(稳定系数 18.5)

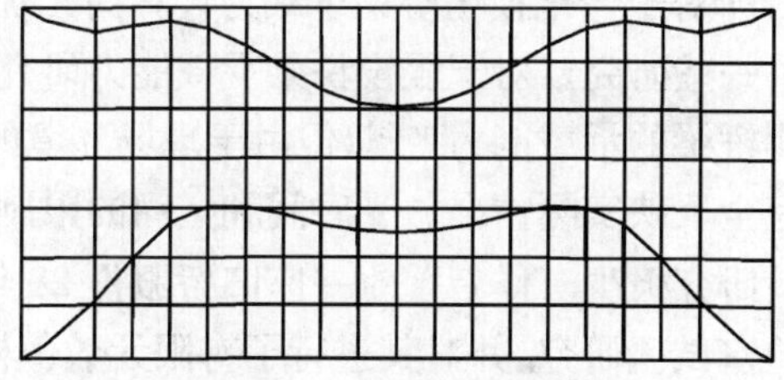

图 9　第二阶屈曲模态图(稳定系数 23.0)

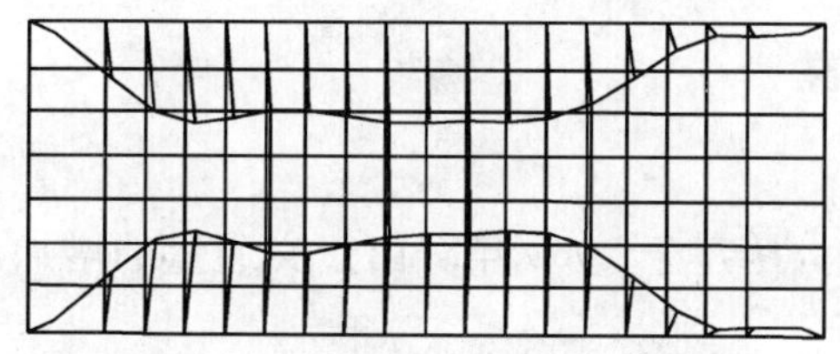

图 10　第三阶屈曲模态图(稳定系数 25.3)

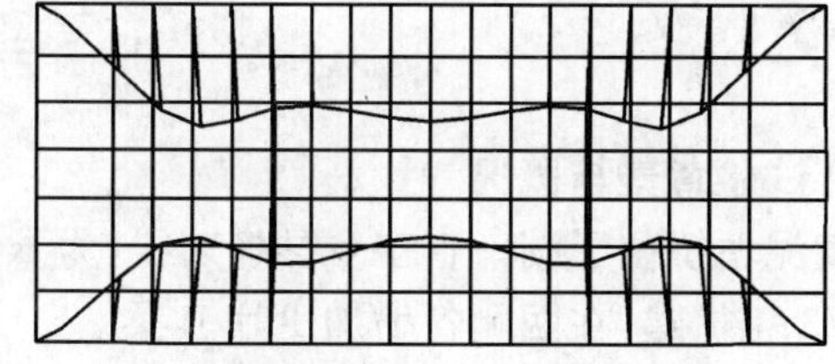

图 11　第四阶屈曲模态图(稳定系数 25.4)

五、结　　语

通过对高德港大桥的有限元分析,结果表明主拱肋使用阶段强度满足规范要求,但最大应力接近于容许应力,安全储备比较小;考虑到拱肋断面复杂,建议对应力很大的拱肋部分可以进行加强,主拱肋加劲肋刚度满足设计要求;无论在恒载和全桥宽活载作用下还是恒载和半桥宽活载作用下,高德港大桥的整体稳定性能均能满足要求。

参考文献

[1] 现代钢桥[M]. 吴冲. 北京:人民交通出版社. 2006.

[2] 社团法人. 日本道路协会. 道路桥示方书. 平成 14 年 3 月.

[3] 公路桥涵钢结构及木结构设计规范(JTJ 025—86). 北京:人民交通出版社,1986.

155. 老化损伤RC梁试验研究与数值模拟

张建仁　谢震雨　王　磊
（长沙理工大学土木与建筑学院）

摘　要　为了研究材料老化与截面损伤对服役多年RC桥梁构件承载能力影响，将1根服役34年RC桥梁Π型梁拆除后运至实验室开展承载能力试验研究，得到了服役多年混凝土弹性模量以及静载条件下老化与损伤Π梁的荷载位移、荷载应变关系。应用MARC非线性有限元软件对Π梁极限承载能力进行了数值模拟，分析了混凝土老化、钢筋锈蚀、局部截面损伤等对承载能力的影响。

关键词　RC桥梁　材料老化　截面损伤　极限承载力　非线性有限元

一、引　　言

我国自20世纪60年代起修建了大量钢筋混凝土(RC)桥梁。这些桥梁经过多年的运营，在不利环境影响下混凝土材料不断老化，钢筋锈蚀发展迅速，有些截面也出现不同形式的损伤，承载能力明显下降。这给桥梁的安全运营，交通事业的健康发展埋下了极大的隐患。

目前对于老化损伤桥梁承载力计算尚无统一的计算方法参照。国内外学者对RC桥梁构件的承载能力开展了一些研究。对于服役桥梁承载能力研究，通常是进行现场非破坏性试验，根据测出的结构反应参数，来预测桥梁的承载能力[1~2]，但由于现场环境的复杂性，荷载也不可能达到破坏荷载，因此预测结果并不一定能完全反映实际情况。受时间和空间的限制，对于服役若干年后老化与损伤明显的桥梁构件开展的实验室试验研究极少。作者曾对一座旧桥服役28年的两根RC拱肋与三根RCΠ型梁(损伤不严重)进行承载能力实验室试验研究，并对其进行了有限元数值模拟，积累了宝贵的经验[3~6]。

本文通过对一座服役47年的RC旧桥的一根老化损伤明显的Π梁进行承载能力实验室试验研究，分别建立了考虑不同因素的有限元模型，分析了各个因素对其承载力的影响，得出了一些重要结论。

二、Π梁试验研究

1. 试验背景与概况

黄泥塘桥位于湖南省宁乡县横灰线，为RC简支T梁桥，始建于1960年。由于交通量的增加，该桥于1973年扩建，在两侧各增加1片Π梁。

本试验将其中3片T梁、2片Π梁运至实验室进行承载力试验。本文对其中一片钢筋锈蚀和混凝土损伤很严重的Π梁进行分析，该梁长8.8m，宽0.88m，高0.75m，肋宽0.15m，中间两块横隔板厚0.15m，端横隔板厚0.2m。梁肋下缘配光圆钢筋，布置方式为6根3排，钢筋直径为22mm和28mm，尺寸见图1。

Π梁两个梁肋损伤严重，北侧肋有两处保护层脱落，南侧肋有三处保护层脱落，保护层脱落处钢筋锈蚀严重，钢筋与混凝土丧失黏结力，梁损伤见图2、图3。试验后将所有钢筋取出，发现只有保护层脱落处钢筋锈蚀严重，其他位置钢筋保护很好。

注：图左下为局部损伤放大图，图右下为梁横截面尺寸和截面配筋。（钢筋尺寸以mm计外，全以cm计。）

图1　安装后的Π型简支梁及其主筋布置

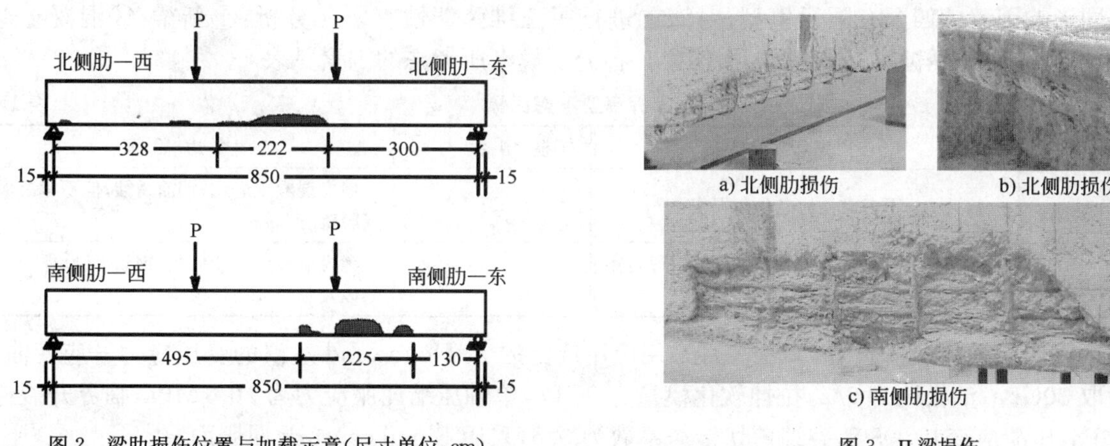

图 2 梁肋损伤位置与加载示意(尺寸单位:cm)

图 3 Ⅱ梁损伤

2. 试验结果

静载试验采用千斤顶在三分点加载,荷载分级根据理论计算结果确定,并根据已加荷载后各测点的位移、应变实际观测值以及裂缝的开展情况,对后续荷载分级加以调整,直到结构破坏。在梁支座、梁纵向每隔 $L/12$ 处布置振弦式位移计,测定的挠度,在跨中梁底部的外侧主筋上贴应变片,测主筋应变。Ⅱ梁荷载—跨中挠度曲线、荷载—钢筋应变曲线见图 4、图 5。

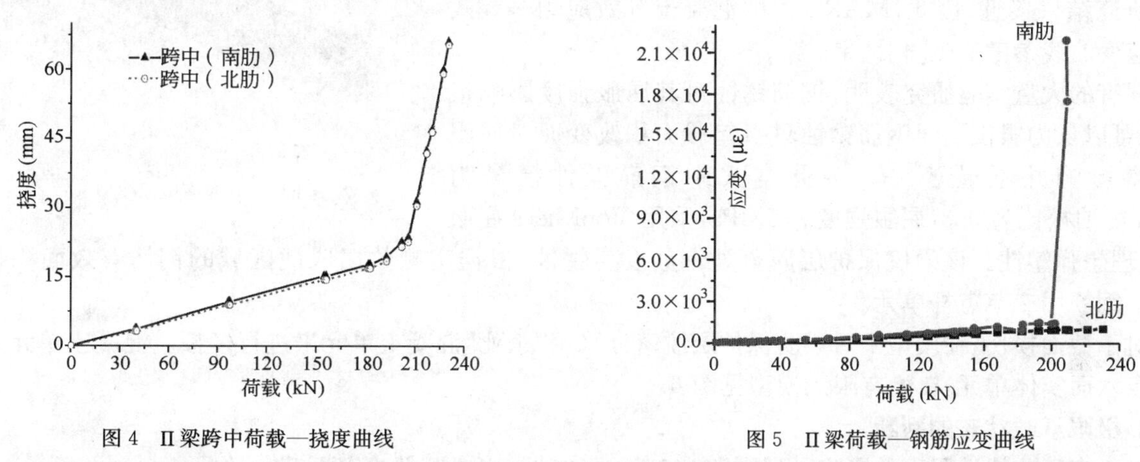

图 4 Ⅱ梁跨中荷载—挠度曲线

图 5 Ⅱ梁荷载—钢筋应变曲线

图 4 中该梁南北两肋荷载挠度曲线比较接近。为了保持梁体的完整,只在跨中附近凿出两个孔,并贴上钢筋应变片。图 5 中南肋在 200kN 时屈服,但北肋跨中一直没有屈服,这是因为钢筋因存在锈坑等造成钢筋局部应力集中而提早屈服,同时南肋钢筋应变片位置正好后来出现一条大裂缝,因此该位置钢筋比北肋钢筋要早屈服。

大量试验研究表明,服役多年的钢筋混凝土结构,由于不良环境的作用,混凝土的材料属性会随着时间而发生改变[7~8]。为研究Ⅱ梁服役多年后混凝土的材料性能,试验完成后,在梁支座附近的混凝土完好位置钻芯取得有效样本 7 个(在本片梁取得芯样样本 11 个,因为其中 4 个有裂缝存在,有效芯样样本只有 7 个),加工处理成直径 9.4cm,高 10cm 的圆柱体试件。对其进行弹性模量测试,混凝土弹性弹性模量平均值 10.15GPa,芯样试件的相应极限抗压强度平均值为 23.383MPa。试验表明混凝土材料在老化后,弹性模量下降,而极限抗压强度的下降并不明显。

三、非线性有限元数值模拟

1. 有限元模型的建立

混凝土旧梁的承载力受混凝土材料性能退化、钢筋锈蚀、保护层脱落、黏结力退化等复杂因素影响[7]。为了对比分析各种因素对旧梁的受力性能的影响,本文采用非线性有限元 MARC 软件,分别建立了考虑不同影响因素的四个有限元模型，对该梁进行了三维弹塑性有限元分析：①新梁；②混凝土老化梁；③混凝土老化钢筋锈蚀梁；④老化与损伤梁。各分析模型所考虑的因素见表1。

各分析模型考虑因素　　表1

模型编号	考虑因素	模型编号	考虑因素
①	新梁——不考虑任何老化与损伤	③	考虑混凝土老化、钢筋锈蚀，但不考虑保护层脱落
②	仅考虑混凝土本构关系的变化，不考虑梁损伤与钢筋锈蚀等因素	④	考虑混凝土性能劣化、钢筋锈蚀、保护层脱落以及黏结力退化影响

模型①按照C30混凝土计算，本构关系采用应用广泛的E. Hognestad建议的受压应力—应变曲线，弹性模量取30GPa，泊松比为0.2，拉伸软化模量为3GPa，单轴压缩屈服应力为20.1MPa，临界开裂应力为2.01MPa，压溃应变0.003 8，裂缝剪切传送系数为0.5，采用Buyukozuturk屈服面。

模型②、③、④混凝土弹性模量取为10.15GPa，泊松比为0.2，允许低拉开裂，拉伸软化模量为1GPa，单轴压缩屈服应力为23.38MPa，临界开裂应力为2.34MPa，压溃应变为0.003 8，裂缝剪切传递系数为0.5，采用Buyukozuturk屈服面。鉴于本片梁的混凝土标号、服役时间、混凝土芯样的轴心抗压强度以及轴心抗压强度的1/3前的应力—应变曲线与作者在文献[4]中所做混凝土芯样试验研究结果接近，因此，MARC中的混凝土等效应力—等效塑性应变曲线参考文献[4]结果。

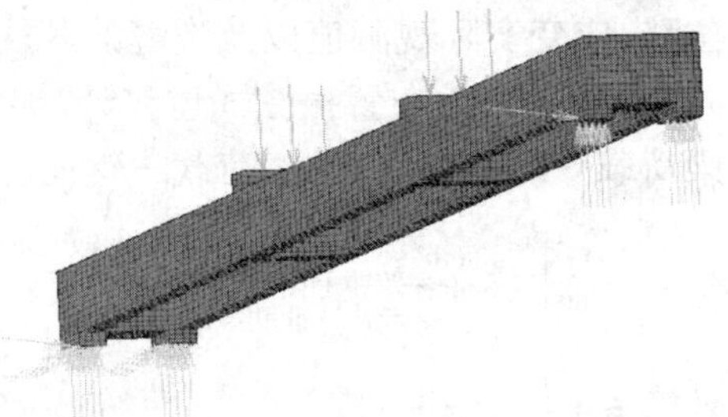

图6　Π梁有限元模型

现有的大量实验研究表明，钢筋锈蚀对其屈服强度影响很小，即可以认为服役期间钢筋锈蚀只引起截面积改变而对屈服强度得影响并不显著[6,7]。为此本文中钢筋弹性模量为210GPa，泊松比为0.3，屈服强度235MPa，采用VonMises屈服准则、理想弹塑性。该梁仅保护层脱落处钢筋发生锈蚀，根据实测数据取此区域的钢筋有效面积折减20%。钢筋用二节点杆单元。

对于截面损伤，在模型中对梁肋保护层脱落处采用“杀死”混凝土单元来进行模拟。混凝土单元采用八节点六面实体单元，Π梁有限元模型见图6。

2. 极限承载状态的判断

由于多种非线性因素的影响，极限状态有多种可能性，主要概括为以下三种情况：

(1)迭代能收敛，载荷持续增加，但是混凝土的最大塑性应变可能超过许用值，结构将出现局部压溃直到失效，此时，梁的极限承载力应取极限状态为$\varepsilon_{p\max}=\varepsilon_{\mu}$。

(2)迭代能收敛，载荷减小，有卸载现象发生，结构虽能继续承载，但已失去稳定性，也应判断为极限承载状态。

(3)迭代在某个增量步内不能在预设的迭代次数中使不平衡误差小于容许值，即为不收敛现象。但此时不能简单地认为是结构失效，亦有可能是算法有误，应注意考察应力、应变和变形等多种因素来判断。

本文采用弧长法进行计算，当梁达到极限状态时，梁跨中荷载挠度曲线表明：梁荷载不以继续增加，而挠度迅速增长，梁达到极限承载力。

四、试验值与理论值对比

1. 挠度

图7给出了Π梁跨中试验测试和理论计算的荷载—挠度曲线。考虑了各种影响因素的模型④结果与试验结果对比表明：梁屈服前试验曲线和理论曲线几乎重合，最终极限承载力与极限挠度也接近，说明该模型的合理性。

模型①、②、③、④及试验值对比表明：(1)混凝土老化主要影响梁的荷载—挠度曲线的斜率，即对梁的变形影响较大；(2)局部钢筋锈蚀对承载能力的影响不容忽视；(3)局部小范围保护层脱落对承载能力影响较小，计算梁挠度时可以不考虑；(4)屈服荷载后，很小的荷载增量会产生很大的位移增量。

2. 顶面混凝土应力

梁跨中顶面中轴线处混凝土理论与实测的荷载应变关系如图 8 所示。试验值在 230kN 时在纵向距离此应变片 0.7m 处的混凝土压碎，梁达到其极限承载力。图 8 中各模型及试验结果对比表明，混凝土老化、钢筋锈蚀、保护层脱落对混凝土顶面应变的影响与其对挠度影响类似。

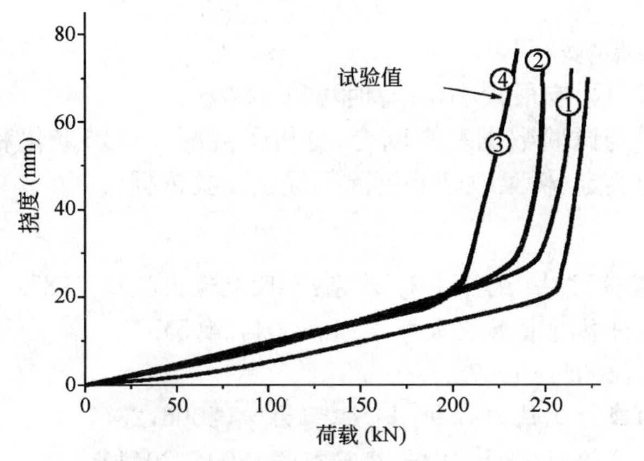

注：图中模型编号见表 1，挠度正方向为竖直向下。

图 7　Ⅱ梁跨中挠度比较

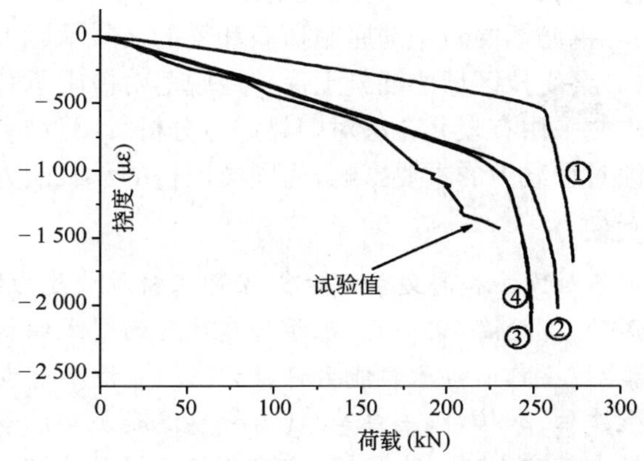

图 8　Ⅱ梁跨中顶面应变比较

3. 钢筋应力

图 9 给出了Ⅱ梁跨中截面梁底钢筋试验测试和理论计算的荷载—应变曲线。模型①、②、③、④及试验值对比表明：(1)模型中考虑混凝土老化对钢筋屈服荷载影响不明显；(2)模型中锈蚀引起钢筋截面减小对钢筋屈服荷载影响大；(3)局部保护层脱落对钢筋屈服荷载影响较小。

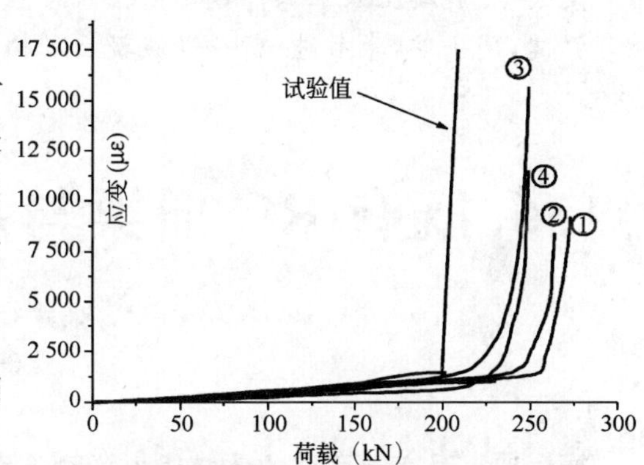

注：图中模型编号见表 1，应变受拉为正，受压为负。

图 9　Ⅱ梁跨中钢筋应变比较

4. 承载力对比

钢筋屈服荷载 P_y 与梁的极限荷载 P_{max} 的实测值及四种情况下的理论值对比见表 2。

表 2 各结果对比表明：(1)梁的极限荷载主要受混凝土老化和钢筋锈蚀的影响，局部小范围保护层脱落对极限荷载影响较小；(2)钢筋屈服荷载主要受锈蚀引起钢筋截面减小的影响，混凝土老化对钢筋屈服荷载影响不明显；(3)钢筋屈服荷载与梁的极限荷载的计算值比理论值稍高，这是由于一方面钢筋锈蚀处存在锈坑等因素引起的应力集中，使得钢筋较早屈服；另一方面混凝土芯样是在梁支座附近的混凝土完好位置取得，混凝土材料性能比跨中等位置可能要好，这也使得计算值要比实测值稍微偏高。

计算结果与实测值对比　　表 2

项　目	屈服荷载/kN	相 对 误 差	极限荷载/kN	相 对 误 差
实验值	200	0	230	0
①	222	11%	273	18.7%
②	204	2%	264	14.7%
③	187	6.5%	249	8.3%
④	184	8%	249	8.3%

五、结　　语

本文对一根服役多年的钢筋混凝土Π梁进行承载能力试验研究，并采用非线性有限元方法进行了材料老化、钢筋锈蚀、保护层脱落等情况的数值模拟分析，得出如下结论：

(1)服役多年的混凝土，由于不良环境的作用，使其本构关系发生改变，弹性模量减小，峰值应力下降不明显。

(2)若不考虑混凝土材料性能的变化，计算挠度和混凝土应变会产生较大的误差，本梁不考虑混凝土材料性能的变化会使计算挠度偏小。

(3)钢筋锈蚀对钢筋屈服荷载和梁的极限承载力影响较明显。

(4)梁受拉区域的混凝土保护层脱落对极限承载力影响很较小，计算时可以不考虑。

本文采用有限元方法对旧梁进行分析，计算结果与试验数据基本吻合，分析了混凝土材料老化和钢筋锈蚀对承载力的重要影响，为同类旧桥的承载能力鉴定、桥梁改建和拆除等提供重要依据。

参考文献

[1] 中华人民共和国交通部标准.公路旧桥承载能力鉴定方法(试行)[S].北京:人民交通出版社,1988.
[2] 周敉,贺拴海,宋一凡.基于挠度试验的梁式结构评估[J].长安大学学报,2004,24(5).
[3] 蔡明.公路旧桥承载能力评估方法[J].桥梁建设,2005:69～78.
[4] 张建仁,李传习,王磊等.既有钢筋混凝土拱肋承载力测试与分析[J].工程力学,2006,23(12).
[5] 钟惠萍,张建仁,李传习.常宁北门桥拱肋破坏性试验研究[J].中南公路工程,2005,30(1).
[6] 钟惠萍,张建仁,于洪波.姜公桥单板破坏性试验研究[J].长沙交通学院学报,2006,22(1).
[7] 惠云玲.混凝土基本构件钢筋锈蚀前后性能试验研究[J].工业建筑,1997,27(6).
[8] 尹健,周士琼,李益进.新—老混凝土本构关系试验研究[J].建筑材料学报,2003,6(2).

156.既有RC旧梁与新梁承载能力对比试验研究

张建仁　唐　军　王　磊
(长沙理工大学)

摘　要　目前关于梁的承载能力试验多为室内的小梁，这与实际工作情况下桥梁的受力状态并不完全相同，它们之间是否可以相互借鉴，相似程度如何。本次采用从现役桥梁上替换下来的旧梁与实验室制作新梁进行破坏荷载对比试验，能够反映经过多年运营后具有一定疲劳累积损伤旧梁的变形性能和实际承载能力。同时给出验算旧桥承载能力时应乘以小于1的数。

关键词　服役旧梁　新梁　承载能力　试验

现行服役的桥梁中，钢筋混凝土桥梁占有很大比重，这些桥梁在使用过程中，由于荷载与不良环境的共同作用，往往会出现不同程度损伤，导致结构的承载能力下降、结构性能劣化、耐久性能降低，这都给桥梁的后续使用埋下安全隐患。

既有钢筋混凝土桥梁由于荷载与不良环境的共同作用出现不同损伤，主要表现为材料腐蚀(钢筋锈蚀、混凝土碳化、氯化物侵蚀等)和断面破损(裂缝、表面损伤等)，这都将导致承载能力下降，其中裂缝是钢筋混凝土桥梁最常见的劣化现象，也是导致内部钢筋腐蚀的主要原因，裂缝一般多伴随有钢筋生锈及白华等劣化现象。裂缝无论宽度大小，均对桥梁的耐久性产生影响；尤其结构裂缝(受力裂缝)影响桥梁使用年限最大。裂缝对结构的影响，视裂缝类型(包括发生的位置及走向)以及裂缝尺寸(包括长度及宽度)是否随时间增加而不同。

目前关于梁的承载能力的试验多为室内的小梁，这与实际工作情况下桥上的梁板受力情况并不完全相同，它们之间是否可以相互借鉴，相似程度如何，还没有试验来验证[1]。本次试验首次采用从现役桥梁上替换下来的旧梁进行破坏荷载试验，能够反映经过多年运营后具有一定疲劳累积损伤旧梁的变形性能和实际承载能力。

一、旧 梁 试 验

1. 旧梁试验概况

采用从宁乡黄泥塘桥上报废的五片旧梁（三片 T 梁、两片 Π 梁）来进行破坏荷载试验。该桥于 1960 年竣工，桥梁上部构造为装配式钢筋混凝土无中横隔梁 T 型梁，单孔跨径 8.8m、宽 0.8m、高 0.75m，1973 年改建，在桥两测各增加一片 Π 梁拓宽。研究旧梁实际承载能力与计算值之间的差别，研究服役钢筋混凝土旧梁承载能力劣化情况。

对五片旧梁进行室内试验，其中一、二号梁为 Π 梁，三、四、五号梁为 T 梁。为保证试验强度能够较为准确地反映混凝土真实强度，首先进行无损回弹测量，之后在每片旧梁对应取十二个芯样，试件尺寸为直径 100mm、高度 100mm 的圆柱体，通过 CMT5305 电子万能材料实验机对芯样进行回弹及强度测试，得出混凝土强度为 25MPa，与采用回弹法测的结果差异较小。破坏荷载试验结束后，破碎梁截取 12 段主筋进行钢筋的强度测试，得到其屈服强度为 268.2MPa。

2. 旧梁荷载试验

(1)加载方式

为了模拟钢筋混凝土斜交梁的实际受力状态，采用特制千斤顶-反力架系统在正位安装混凝土梁的 $L/3$、$2L/3$ 两处同步加载。

(2)试验测点布置

静载试验重点考虑了挠度、应变、裂缝等参数的测试，在梁纯弯段内的顶面、侧面以及底面均匀贴片进行应变测试，两边支座处分别贴有应变花。在梁的跨中区域每面外侧主筋贴一片钢筋应变片。在梁两端支座及梁 12 等分处布置振弦式位移计测定旧梁竖向挠度。同时，考虑到混凝土开裂后，混凝土应变片读数误差较大，因此在梁纯弯段内布置了五个千分表进行侧面应变测试。为了保证试验荷载方向竖直，尽量避免偏载发生，试验前把梁顶和两个三分点用标号高的混凝土补平，以保证加载平面水平，再在混凝土契形块上放置一个分片梁，防止加载过程中混凝土局部受损。

(3)加载程序

预加载分四级施加，荷载依次取开裂荷载（或弹性荷载）计算值 P_e 的 40%、50%、60%、70%。每级荷载持续十五分钟后进行应变、挠度、梁端纵向位移、裂缝及混凝土局部损伤等测试。预加载试验结束后进行模态试验，之后进行极限承载力试验。试验加载图 1。

图 1 旧梁试验加载

二、新 梁 试 验

为了与旧梁试验相互比较借鉴，对四片矩形截面小梁进行了静载破坏试验，以便通过两者之间的比较，找出两者的区别与联系。

(1)试验梁的材料

试件材料为 425 号硅酸盐水泥、细度模数为 2.75 的河沙和最大粒径为 25mm 的卵石。按 C30 要求，混凝土配合比为水泥：沙：石：水＝1：1.8：3.4：0.55，测得混凝土 28 天立方体强度为 34.55MPa。受力纵筋采用光面钢筋有 18mm、20mm、22mm 三种直径，测得其屈服强度分别为 274.36MPa、258.21MPa、273.47MPa。

(2)试验梁尺寸及配筋

试验梁尺寸设计为 $b\times h\times l=200\times300\times2400$mm。主筋采用HPB235光圆钢筋，配箍筋为 $\Phi8@10$，架立筋采用 $\phi12$ 的螺纹钢筋见图2所示。

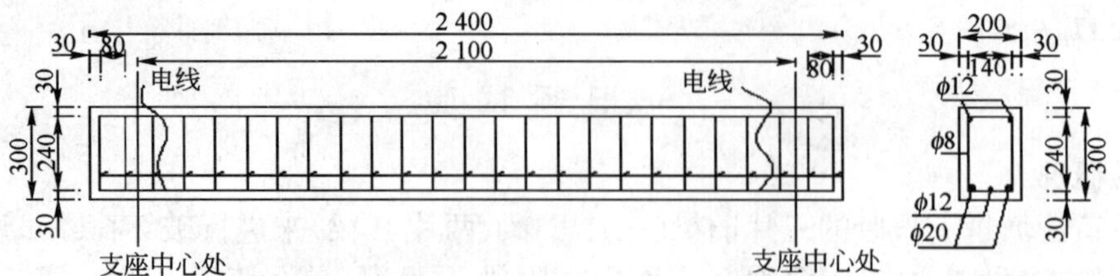

图2　新梁示意(mm)

(3)加载装置

本试验受弯构件均采用三分点加载。由千斤顶及反力梁施加压力、分配梁分荷、压力传感器配合便携式应变仪控制加载值 P。梁支座距梁端部150mm。具体如图3：

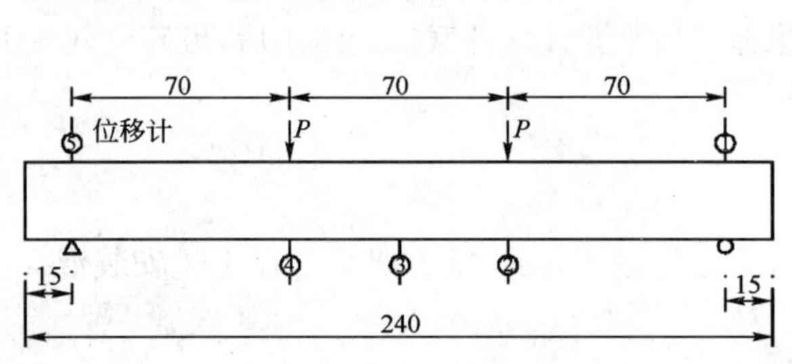

图3　新梁试验加载

三、新旧梁试验结果及分析

图4、图5为钢筋混凝土旧梁截面应变变化规律。在加载过程中，当应变片附近出现裂缝，则此处的应变变化较大，同时考虑到裂缝通过应变片会拉断应变片，因而沿梁高方向布置了五个千分表。文献[4]试验表明：平截面假定不仅在静载作用下，受拉区混凝土开裂前可以采用，而且在多次重复荷载作用下，受拉区开裂后仍然可以采用；同时表明，平截面假定不仅对钢筋混凝土梁的弹性变形可以采用，而且对总变形也可以采用。本次试验也证实了同样的结论，由图4、图5可知，服役47年T梁和34年Ⅱ梁，且有一定损伤的钢筋混凝土旧梁基本符合平截面假定。

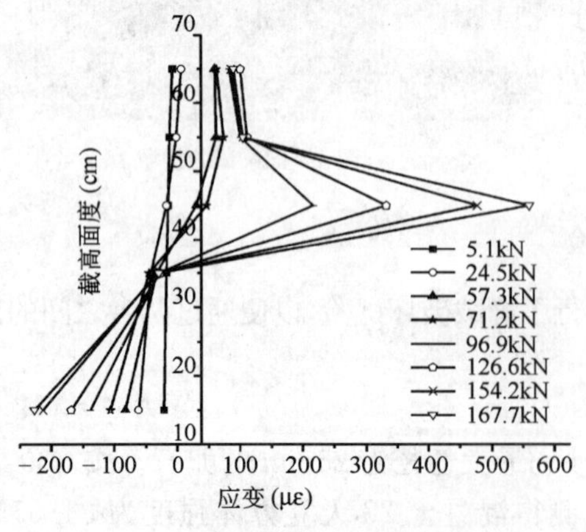

图4　一号梁跨中沿高度方向应变

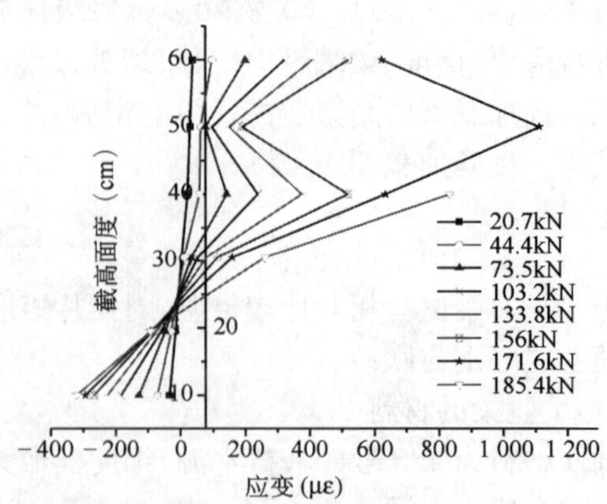

图5　二号梁跨中沿高度方向应变

1. 新旧梁跨中截面位移

由于旧梁经过长时间运营，已经存在一定程度的累积损伤，在加载试验之前，旧梁上已经存在一定宽度的裂缝。但从旧梁的弯矩—位移图6、图7、图8可知：在荷载重复加卸载作用下，荷载—位移曲线在弹性阶段加载、卸载曲线基本平行，没有明显的残余变形产生。随着荷载增加及作用时间持续延长，旧梁出现了明显残余变形，但加载、卸载曲线仍然成线性变化，曲线斜率增加。同时Π梁两侧的荷载—位移曲线线性一致性比较好，说明服役多年Π梁整体性仍然比较好，横向抗弯刚度大。破坏时二号Π梁的挠度最大，为80.62mm。

图9为四片新梁跨中的荷载—位移曲线，随着荷载增加，位移逐渐增大。荷载—位移曲线有两个拐点，分为三个阶段，不同阶段曲线斜率不同，曲线斜率逐渐增大。由此可见，钢筋混凝土适筋梁从加载到破坏一般大致经历三个阶段：弹性阶段，带裂缝阶段和破坏阶段。

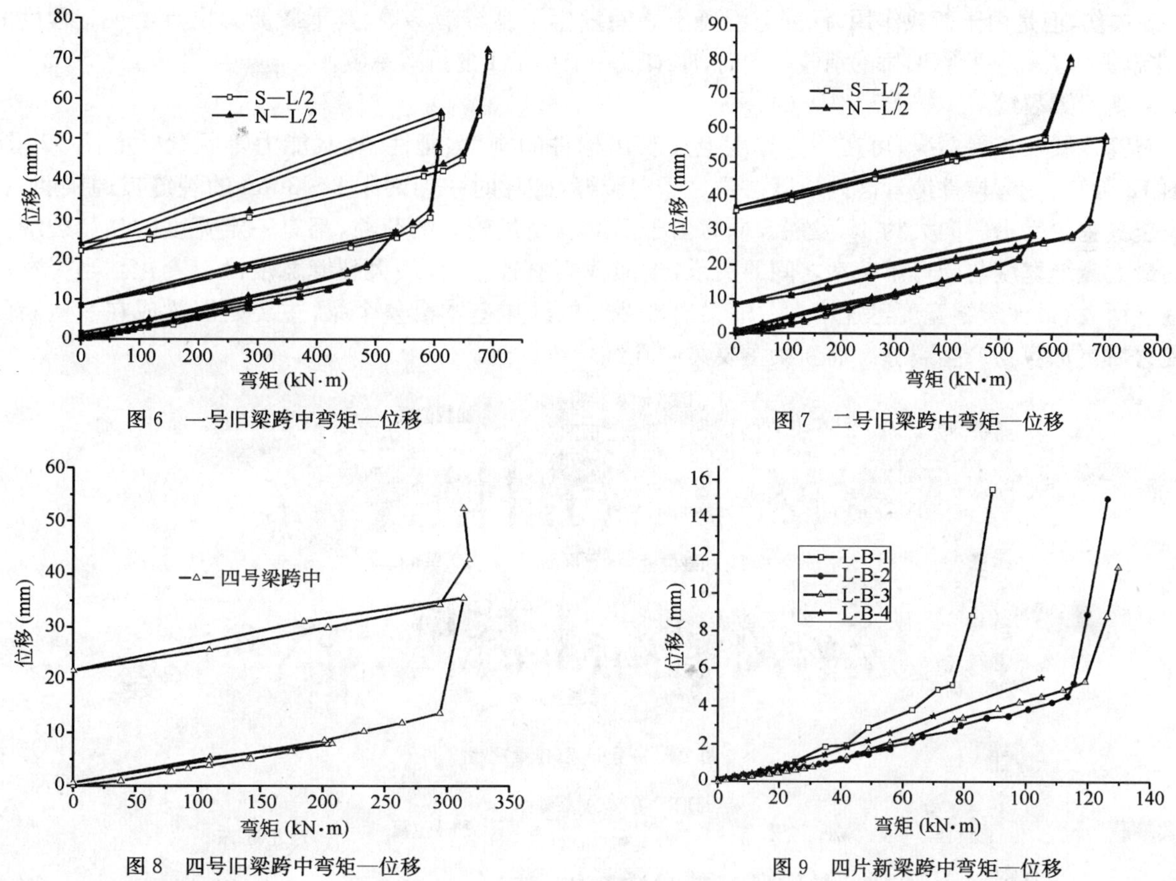

图6 一号旧梁跨中弯矩—位移

图7 二号旧梁跨中弯矩—位移

图8 四号旧梁跨中弯矩—位移

图9 四片新梁跨中弯矩—位移

2. 旧梁的承载能力

新、旧梁的试验破坏弯矩 $M_{t \cdot max}$ 与计算极限弯矩 M_{μ} 的比值分别见表1和表2。其中极限弯矩是根据钢筋和混凝土的实测强度计算得到。

新梁试验破坏弯矩 $M_{t \cdot max}$ 与计算极限弯矩 M_{μ} 的比值 表1

新梁编号	1	2	3	4	平均值
$M_{t \cdot max}$	88.9	108.5	123.9	100.1	1.028
$M_{t \cdot max}/M_{\mu}$	1.02	1.076	1.008	1.009	

旧梁试验破坏弯矩 $M_{t \cdot max}$ 与计算极限弯矩 M_{μ} 的比值 表2

旧梁编号	1	2	3	4	5	平均值
$M_{t \cdot max}$	674.7	700.5	459.1	413.6	475.2	0.924
$M_{t \cdot max}/M_{\mu}$	0.877	0.923	0.943	0.925	0.948	

记新梁 $M_{t\cdot\max}/M_{\mu}$ 的平均值为 k_{new}，旧梁 $M_{t\cdot\max}/M_{\mu}$ 的平均值为 k_{old}。记 $k=k_{old}/k_{new}$ 计算旧梁承载能力时，应乘以折减系数 $k=k_{old}/k_{new}=0.899$，与文献[3]提出的系数相近。这是因为从实际桥梁上替换下来的旧梁经过长时间运营，由于超载、气候条件(冻雨、干湿交替等)、结构内部累积损伤疲劳等，其承载能力与新梁相比约降低10%。其中服役34年的一号Π梁承载力降低比较明显，主要是Π梁为后期拓宽时所安装，从替换下来的旧梁表面观测一号Π梁顶面不平整，大量卵石暴露在外。一侧蜂窝现象较严重，四处混凝土脱落，露出主筋，其中距离梁东侧205cm处，剥落面积为80cm×25cm，三根主筋全部外露。另一侧梁底部都有蜂窝现象，主筋处三处混凝土脱落，露出主筋。其中距离梁西侧350cm处，剥落面积为90cm×20cm，三根主筋全部外露。Π梁表观损伤严重，同时由于荷载作用，钢筋与混凝土之间发生了黏结滑移直接导致承载能力下降。同时Π梁与T梁承载能力比较，Π梁虽然横向整体性好但两肋与大气接触面较大，在恶劣的条件下更加容易造成材料腐蚀和断面破损，承载能力下降的更快。除一号梁外其他四片钢筋混凝土旧梁虽没有严重的表观损伤，但是由于荷载作用，钢筋与混凝土之间发生了黏结滑移等，其承载能力也有了一定程度的降低，这就提醒人们在验算旧桥的承载能力时，应乘以一个小于1的折减系数。

3. 新旧梁裂缝

裂缝开展及扩展情况，可在一定程度上反映出构件的刚度、延性、承载能力等状况。由图10、图11及图12可知：受弯构件纯弯段内裂缝主要是竖向裂缝，破坏时一到两条2～3mm的裂缝贯通梁肋，在弯剪段裂缝主要是沿斜向大约45°发展。同时由于旧梁承受过较大的荷载，都有一定宽度的初始裂缝。旧梁的最大裂缝宽度与受弯承载率之间的关系，当加载幅值较小时，最大裂缝宽度没有变化。当受弯承载率逐步增大，最大裂缝宽度迅速增大。旧梁出现裂缝的区域基本沿整个梁，主要是旧梁成在一些断面损伤受力后更加容易产生裂缝。而新梁主要集中在纯弯段附近。

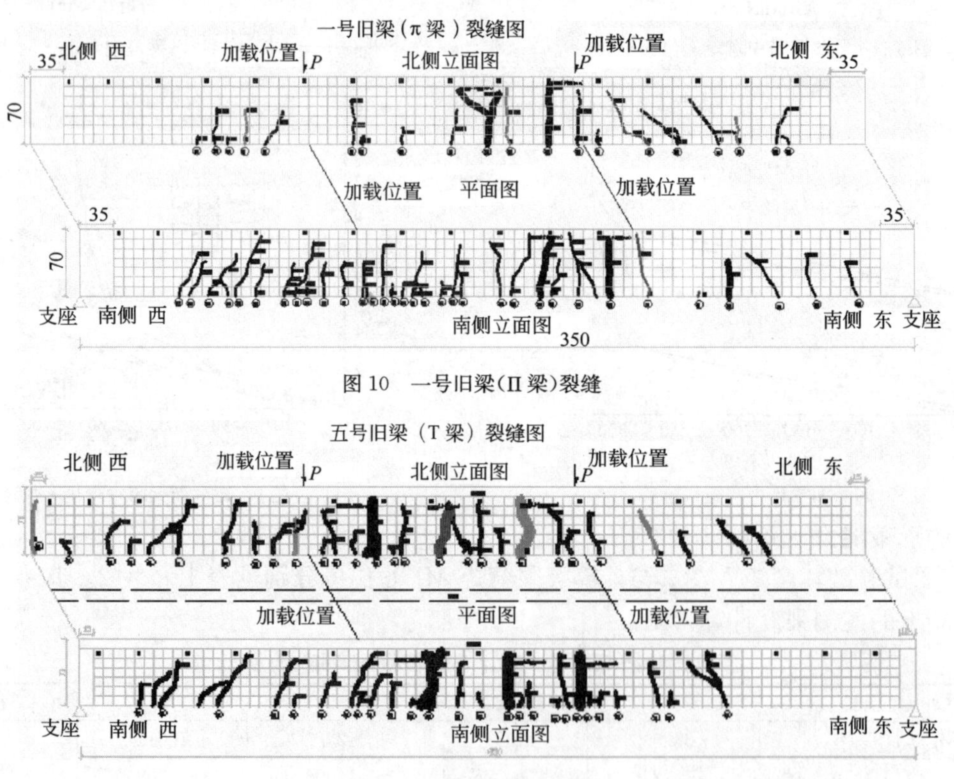

图10　一号旧梁(Π梁)裂缝

图11　五号旧梁(T梁)裂缝

四、结　　语

(1)服役了34年与47年且具有一定损伤的钢筋混凝土旧梁基本符合平截面假定。

(2)试验结果表明，服役了47年的普通钢筋混凝土旧梁虽然具有一定的疲劳累积损伤，破坏之前，沿梁跨出现了较多的竖向裂缝，裂缝不断开展和延伸，挠度也不断增大，具有明显的破坏预兆，破坏仍然具有延性特征。

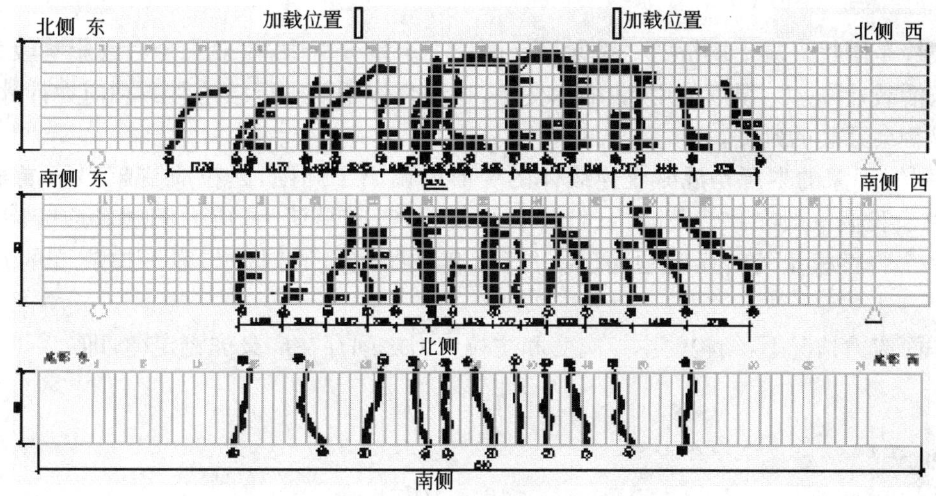

图12 二号新梁裂缝

(3)在荷载重复加卸载作用下,弯矩—位移曲线在弹性阶段加载、卸载曲线基本平行,没有明显的残余变形产生。随着荷载增大及荷载作用时间的延长,旧梁出现了明显残余变形,但加载、卸载曲线仍然成线性变化,曲线的斜率增加。

(4)从实际桥梁替换下来的旧梁经过长时间运营,由于超载、气候条件(冻雨、干湿交替等)、结构内部累积损伤疲劳等,其承载能力与新梁相比约降低10%。鉴于本文新旧梁的试验数量有限,该折减系数还有待于进一步深入研究验证。该折减系数是从黄泥塘桥上报废旧梁得到,服役年限不同,截面形式不同,运营状况不同的钢筋混凝土旧梁承载能力降低程度也不同,应乘以不同的折减系数。

参考文献

[1] 张冠华.现役钢筋混凝土梁的弯曲裂缝特征与桥梁检测评估的试验研究[D].大连理工大学硕士学位论文,2003.

[2] 过镇海,时旭东.钢筋混凝土原理与分析[M].北京:清华大学出版社,2003.

[3] 太原工学院土木系.钢筋混凝土受弯构件正截面疲劳验算方法的研究.钢筋混凝土研究报告选集(2).北京:中国建筑工业出版社,1981.

[4] 杨则英.既有钢筋混凝土桥梁安全性耐久性综合评估方法研究[D].大连理工大学博士学位论文,2004.

[5] 丁大钧.钢筋混凝土构件抗裂度裂缝和刚度.北京:南京工学院,1986.

157. 判断混凝土梁桥开裂的应变准则初探

王 恒 刘 钊

(东南大学土木工程学院)

摘 要 混凝土梁桥的开裂研究一直是热点问题之一。本文首先从线弹性应变状态与应力状态之间入手,讨论了应力准则判别与应变准则判别的不同,然后将平面应力问题中的强度包络图转化为相应的破坏应变包络图。进一步假定假定裂缝开展的条件为任一方向拉应变超过单轴试验的开裂临界应变。研究表明,当混凝土结构满足强度准则时,仍然可能因为拉应变超限而产生裂缝。

关键词 预应力混凝土梁桥 本构关系 开裂准则

一、引　　言

腹板斜裂缝是困扰混凝土梁桥的一类常见问题。在定量分析中，一般总会考虑影响较大的各种荷载因素，如恒载、活载、预应力、温度作用、收缩徐变等，在组合作用下进行结构最不利应力计算，以拉应力是否超限作为是否会开裂的判据。

事实上，裂缝现象的本源是混凝土连续体的变形协调出了问题，是拉应变超出了混凝土能够承受的极限值。由于我们一般在弹性范畴内讨论问题，所以，很容易认为，应力问题和应变问题是一回事，只是中间有一个弹性模量的转换问题而已。然而，容许拉应力的判据与容许拉应变的判据真的是一回事吗？

在弹性平面应力情况下，结构的主拉应变和主拉应力之间存在广义虎克定律，即：

$$\left.\begin{aligned}\varepsilon_1 &= \frac{\sigma_1}{E} - \frac{v\sigma_2}{E}\\ \varepsilon_2 &= \frac{\sigma_2}{E} - \frac{v\sigma_1}{E}\end{aligned}\right\} \tag{1}$$

式中 ε_1 与 ε_2 为主应变，σ_1 与 σ_2 为主应力，E 和 v 分别为单轴弹模及泊松比。同时规定应力及应变均以受拉为正。

从式(1)可以看出，主拉应变值不仅与本方向的主应力有关，由于泊松效应和叠加原理的存在，也和垂直于本方向的主应力有关。不难看出，当 $|\sigma_1| < v|\sigma_2|$ 时，处于受压状态的微元体仍会存在拉应变。

二、平面应力状态下，处于受压状态的微元体仍会存在拉应变

平面应力状态下，腹板内任意一点的应力状态可描述为纵向正应力 σ_x，竖向正应力 σ_y，及剪应力 $\tau_{xy}=\tau_{yx}$。那么两个正交方向的主应力为：

$$\begin{matrix}\sigma_1\\ \sigma_2\end{matrix} = \frac{\sigma_x}{2} + \frac{\sigma_y}{2} \pm \sqrt{\left(\frac{\sigma_x}{2} - \frac{\sigma_y}{2}\right)^2 + \tau_{xy}^2} \tag{2}$$

将式(2)带入式(1)可以得到：

$$\left.\begin{aligned}\varepsilon_1 &= \frac{1}{E}\left[\frac{(1-\gamma)}{2}(\sigma_x+\sigma_y) + (1+\gamma)\sqrt{\left(\frac{\sigma_x}{2} - \frac{\sigma_y}{2}\right) + \tau_{xy}^2}\right]\\ \varepsilon_2 &= \frac{1}{E}\left[\frac{(1-\gamma)}{2}(\sigma_x+\sigma_y) - (1+\gamma)\sqrt{\left(\frac{\sigma_x}{2} - \frac{\sigma_y}{2}\right) + \tau_{xy}^2}\right]\end{aligned}\right\} \tag{3}$$

当结构两个方向正应力均处于受压状态时，$\varepsilon_1 > 0$ 的条件是：

$$\sqrt{\left(\frac{\sigma_x}{2} - \frac{\sigma_y}{2}\right) + \tau_{xy}^2} > \frac{1-\gamma}{1+\gamma}\left|\frac{\sigma_x}{2} + \frac{\sigma_y}{2}\right| \tag{4}$$

其中，线弹性范围内，取 $\gamma=0.2$，于是 $\frac{1-\gamma}{1+\gamma}=0.67$。上式的几何意义在于，应力摩尔圆的半径大于应力摩尔圆圆心距原点距离的 0.67 倍，如图 1a)中，$\overline{OB} > 0.67\overline{OC}$，如式(4)成立，对应的应变摩尔圆将不再局限于压区，最大主应变将是拉应变，如图 1b)所示。

实际连续梁的腹板应力一般处于纵向压应力 σ_x 较大、竖向应力 σ_y 较小（无论拉或压）的状态。如某连续梁的腹板应力水平为：轴向压应力 $\sigma_x=-10\text{MPa}$，剪应力 $\tau_{xy}=\tau_{yx}=2\text{MPa}$，竖向压应力 $\sigma_y=-1.2\text{MPa}$。由式(3)可以求得该点的主应力为 $\sigma_1=-0.77\text{MPa}$，$\sigma_2=-10.43\text{MPa}$，相应的应力摩尔圆如图 2a)所示。将该主应力代入式(1)可转化为主应变 $\varepsilon_1=38.1\mu\varepsilon$，$\varepsilon_2=-306.8\text{MPa}$。相应的应变摩

尔圆如图 2b)所示。

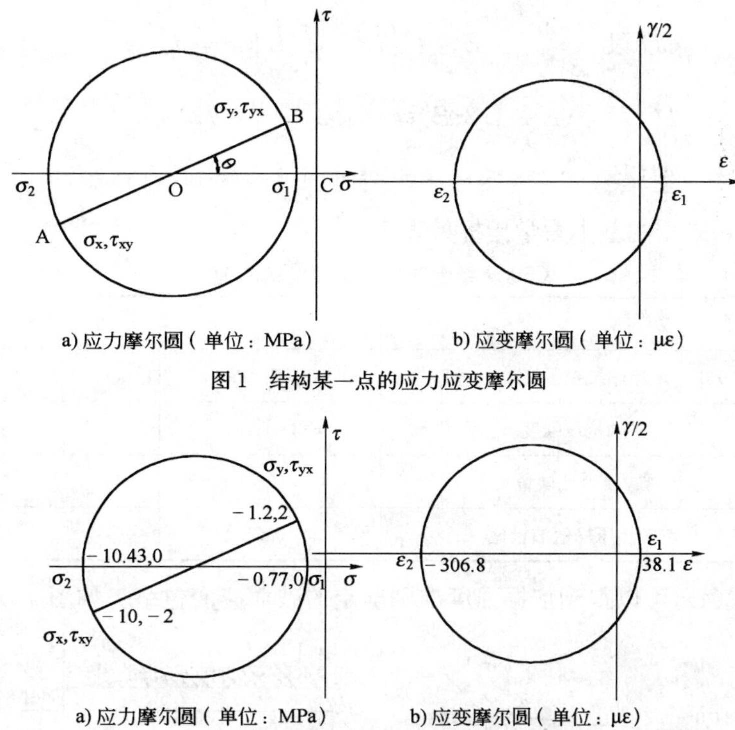

a) 应力摩尔圆（单位：MPa） b) 应变摩尔圆（单位：με）

图 1 结构某一点的应力应变摩尔圆

a) 应力摩尔圆（单位：MPa） b) 应变摩尔圆（单位：με）

图 2 连续梁中某一点的应力应变摩尔圆

从图上可以明确看出，该点所有方向的正应力均在受压区范围内，但应变圆却跨越了拉区。这说明，某点处于全受压状态时，该点还存在拉应变。

用[ε]表示由单轴拉伸试验得到的容许拉应变，当满足下式时，则该点的主拉应变就超过了单轴开裂容许应变。

$$\sqrt{\left(\frac{\sigma_x}{2}-\frac{\sigma_y}{2}\right)+\tau_{xy}^2}>\frac{[\varepsilon]E}{1+\gamma}+\frac{1-\gamma}{1+\gamma}\left|\frac{\sigma_x}{2}+\frac{\sigma_y}{2}\right| \tag{5}$$

三、混凝土的多轴强度准则与应变准则

对于传统强度理论，混凝土的开裂问题就是受拉应力超限。对于二维结构，计算分析常用一些形式较为简单的破坏包络曲线。其中 Tasuji-Slate-Nilson 破坏准则简单实用，它由多条线段组成，其包络图如图 3 所示。

Tasuji-Slate-Nilson 破坏包络线的方程可以由图 3 得到：

$$\begin{cases} DE\text{ 段} \quad f_1=f_t \quad 0\leqslant f_2\leqslant f_t \\ CD\text{ 段} \quad f_1=\dfrac{f_t}{-f_c}f_2+f_t \quad f_c\leqslant f_2<0 \\ BC\text{ 段} \quad f_1=1.2(f_2-f_c) \quad f_c\leqslant f_2<1.2f_c \\ AB\text{ 段} \quad f_2=1.2f_c \quad 1.2f_c\leqslant f_1<0.24f_c \end{cases} \tag{6}$$

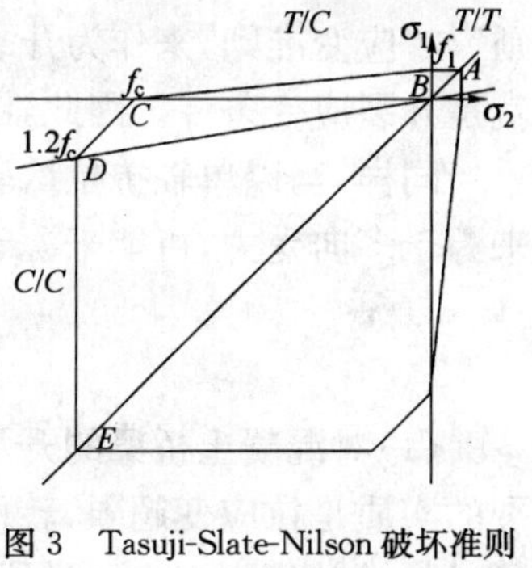

图 3 Tasuji-Slate-Nilson 破坏准则

将式(6)中每一段方程代入式(3)中，忽略部分高阶小量，并假定 $E(1.2f_c)=1.2E(f_c)$，即可以将各段曲线转化为应变峰值包络方程的形式，也即开裂时的应变方程，如式(7)。

$$
\begin{cases}
DE\text{ 段} & \varepsilon_1 + v\varepsilon_2 = f_t/E \\
CD\text{ 段} & E\varepsilon_1 + \left(Ev + \dfrac{f_t}{f_c}E\right)\varepsilon_2 = f_t \\
BC\text{ 段} & (E - 1.2vE)\varepsilon_1 + 1.2f_c = (1.2E - vE)\varepsilon_2 \\
AB\text{ 段} & \varepsilon + v\varepsilon = 1.2f_c/E
\end{cases}
\tag{7}
$$

以C50混凝土为例，采用的基本力学指标如表1：

C50 **混凝土基本力学性能的取值** 表1

参　　数		取　　值	
f_t	单轴抗拉强度	3.53MPa	$f_t = -0.26 f_{cu}^{2/3}$
f_c	单轴抗压强度	−38.0MPa	$f_c = 0.76 f_{cu}$
E	拉/压弹性模量	3.45×10^4N/mm^2	—
v	单轴受压峰值泊松比	0.2	—

将上述参数代入式(4)，可以得到依据强度准则确定的破坏应变包络。如图4b)所示。

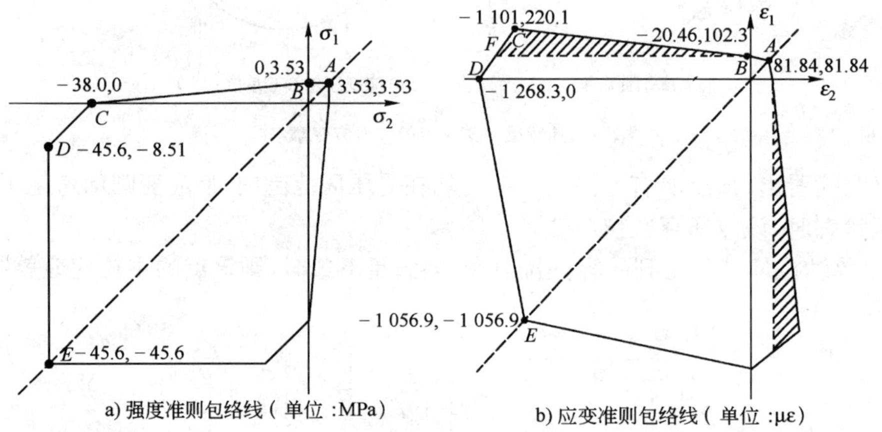

a) 强度准则包络线（单位：MPa）　　b) 应变准则包络线（单位：με）

图4　C50混凝土的破坏包络线

应当补充说明的是，虽然以上规律是在线弹性范围内的推导出来的，实际材料的峰值压应变或峰值割线弹性模量、泊松比均与线弹性假定有一定区别，但只要混凝土材料的连续性和相容性成立，式(7)就能成立。因此即使考虑材料非线性之后，大致包络线形状依然不变。

如果我们能够以单轴抗拉试验得到的开裂临界应变作为混凝土材料开裂的条件，那么，以“强度准则”与“应变准则”来作为开裂判断条件时，得到的开裂条件是不一样的。在图4b)中，AF段虚线对应的就是开裂应变条件。因此，图中阴影区若按应力准则判断，不会开裂；若按应变准则判断，则已经开裂。

同样，当以单轴抗拉试验的开裂临界应变作为开裂条件的话，那么，达到开裂临界应变的原因，可能来源于多向受力，可能来源于混凝土的早期收缩，也可能来源于混凝土的长期徐变变形等。

四、结　　语

(1)对混凝土桥梁的开裂判断，习惯上，工程界总是以拉压力超过容许值作为临界条件。即使承认开裂的实质是拉应变超限，转而一想，也常常会认为拉应力条件和拉应变条件是一回事，只不过中间有一个通过弹模转化。本文通过研究说明，平面应力状态下，处于受压状态的微元体仍会存在拉应变。如果我们能够以单轴抗拉试验得到的开裂临界应变作为混凝土材料开裂的条件，那么按应力条件不开裂的结构未必按应变条件不开裂。

(2)大跨度混凝土梁桥中的腹板经常存在斜裂缝问题。应力分析结果表明,这类桥的腹板上纵向压应力往往较大,在配置竖向预应力的情况下,按材料力学的应力圆求解,则微元体在任意方向不存在拉应力;即便不配置竖向预应力,主拉应力通常也在很小的范围内,从强度准则上看远不会开裂。然而实际桥梁却大量出现开裂,这是强度准则所难以解释的。若从本文讨论的应变准则来看,虽然两个方向受压,但在一个方向压应力远大于另一个方向压应力的情况下,结构仍可能因拉应变过大而开裂。

(3)混凝土桥梁在长期运营分析中,有时会发现收缩徐变等因素引起的结构应力变化并不大,但腹板仍然开裂。考虑徐变变形的特性,在应力基本不变时,应变也会持续增长,不断放大的主拉应变也有可能超过容许值而致开裂。

本文的观点还需要进一步的研究和实验验证,但从目前大量存在的混凝土桥梁的开裂现象来看,应变准则也许能够对此给出一个合理的解释。

参考文献

[1] 过镇海.钢筋混凝土原理和分析[M].北京:清华大学出版社,2003.

[2] 孙训芳,方孝淑,关来泰.材料力学(下册)[M].北京:人民教育出版社,1982.

[3] 丁发兴,余志武.混凝土受拉力学性能统一计算方法[J].华中科技大学学报,2004,(21):29~32.

[4] 余志武,丁发兴.混凝土受压力学性能统一计算方法[J].建筑结构学报,2003,(24):41~46.

[5] 李杰,任晓丹,杨卫忠.混凝土二维本构关系试验研究[J].土木工程学报,2007,(40):6~12.

[6] Abdeldjelil Belarbi, Thomas T. C. Hsu Constitutive Laws of Concrete in Tension and Reinforcing Bars Stiffened by Concrete[J]. ACI Structural journal, 1994,(7): 465~474.

[7] 顾培英,陈迅捷.高性能混凝土本构关系研究[J].水利水运科学研究,1999,(3):241~247.

158. 拉压杆模型在 PC 连续刚构桥墩顶段分析中的应用

黄 勤 惠 卓
(东南大学土木工程学院)

摘 要 预应力混凝土连续刚构桥的0号块节段由于尺度大,不是一般意义上梁结构,截面应变并不符合平截面假定,因此依据梁单元计算结果配筋会产生较大的误差,采用实体单元的计算结果相对准确,但建模过程比较复杂,因此,本文把0号块节段等效转换为深梁,并以此建立连续刚构桥0号块梁段的拉压杆简化模型。通过算例分析表明:此拉压杆模型的计算结果与实体单元的计算结果较吻合,探讨了拉压杆模型理论用于预应力连续刚构梁桥0号块分析的可行性。

关键词 连续刚构桥 箱梁 有限元 拉压杆模型

预应力混凝土连续刚构桥的墩顶附近梁段由于尺度较大,截面应变并不符合平截面假定,如果还是用梁单元进行模拟,那么计算结果与实际状态的差别很大。本文以云南各闷特大桥为工程实例,分别利用实体单元和梁单元来模拟该桥施工过程的前两个阶段,相对于通常采用梁单元模拟的计算方法比较,实体模型能够比较准确的反映结构的局部挠度、应力等,但建模非常繁琐,为了简化计算,本文建立了的0号块的等效预应力拉压杆模型,并用各闷特大桥及苏通大桥辅桥连续刚构对此拉压杆模型进行检验,将拉压杆模型理论用于分析预应力混凝土连续刚构桥局部结构行为的可行性做了尝试性研究。

一、工 程 概 况

各闷特大桥是衡昆国道主干线云南富宁至广南高速公路重点控制工程，主桥为65m＋110m＋65m三跨预应力混凝土连续刚构，箱梁根部高度6.5m，跨中高度2.5m。箱梁底板厚度按1.8次抛物线变化，根部底板厚70cm，跨中底板厚28cm，底板宽6m。箱梁腹板厚度在腹板变化段按直线渐变，其根部腹板厚60cm，跨中厚40cm。箱梁顶板厚度25cm，宽12m，翼缘长度3m，翼缘端部厚15cm，根部厚70cm。箱梁浇筑分段长度依次为：19m长0号段(包括01号段)＋5×3.5m＋6×4.5m，边、中跨合龙段长均为2m，边跨现浇段长度9m。梁段悬臂浇筑最大块件重量130t。

二、计 算 模 型

实体计算模型：应用ANSYS建立了该桥前两个节段的实体计算模型，根据对称性选取1/4箱梁结构进行计算。即：在箱梁横、顺桥向各取半结构，在模型的对称边界上施加轴对称荷载边界条件。这里主要对箱梁进行考察，故对桥墩进行了简化，即直接在箱梁底相应位置加固定约束代替桥墩。混凝土单元采用SOLID65单元，纵向预应力钢绞线采用LINK8单元，SOLID65单元是三维加筋混凝土体单元，LINK8单元是三维杆单元，根据“等效降温法”模拟钢绞线的张拉过程，实体模型共计节点42 286个，单元35 776个，模型如图1所示。

梁元模型：采用MIDAS梁单元建立了该桥前两个节段的整体计算模型，在箱梁底相应位置加固定约束代替桥墩，模型如图2所示。

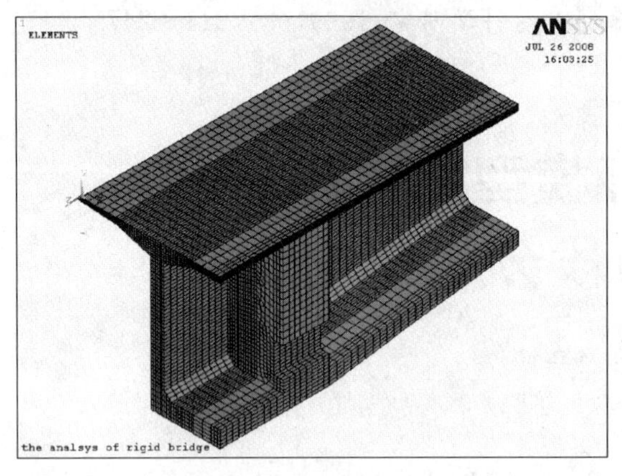

图1 ANSYS实体有限元模型

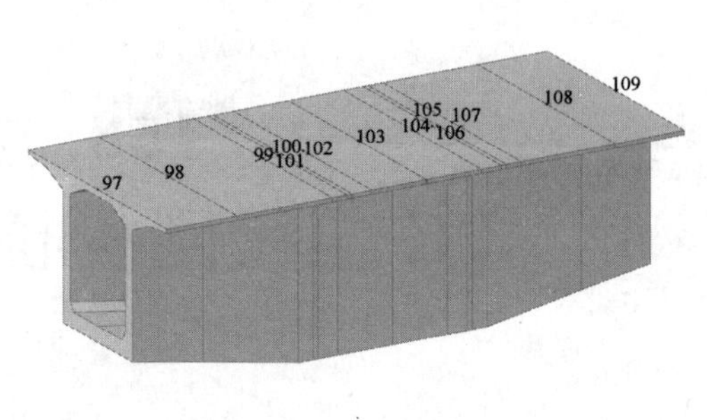

图2 MIDAS梁单元有限元模型

三、计 算 结 果

1.应力方面

以图3所示的0号块张拉后A-A截面为例，沿腹板中心线高度方向正应力分布如图4～图6所示，图中横轴表示正应力大小，正值表示拉应力，负值表示压应力，单位为MPa；竖轴表示箱梁高度，0表示箱梁顶面，单位为m。

从图4可以看出，在0～2号块节段，正应力沿箱梁高度方向均不符合平截面假定，每阶段的应力增量沿竖向也并非线性增长，预应力筋锚固处存在着应力突变。

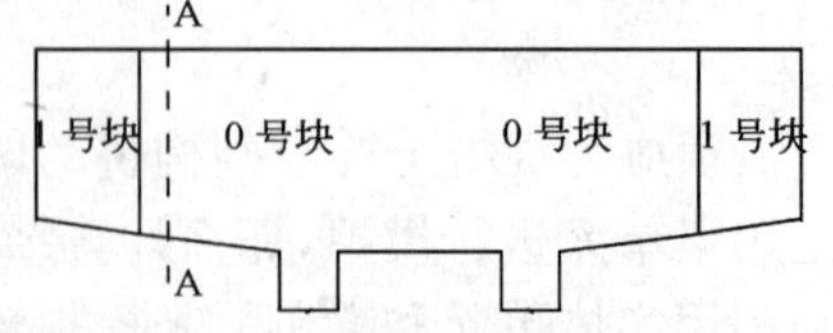

图3 桥梁节段示意图

从图5～图6可以看出实体单元计算结果与梁单元计算结果之间的差异，以0号块张拉后A-A截面为例，在顶板上缘，实体单元计算腹板中心线处的压应力值为2.4MPa，大于梁单元计算的压应力1.2MPa；在底板下缘，实体单元计算腹板中心线处出现了0.3MPa的拉应力，而梁单元计算结果却有0.2MPa的压应力，在腹板大部分高度范围内，实体单元计算值小于空间梁单元。由此可见，在 0 号块节段，梁单元的计算结果有较大的误差。

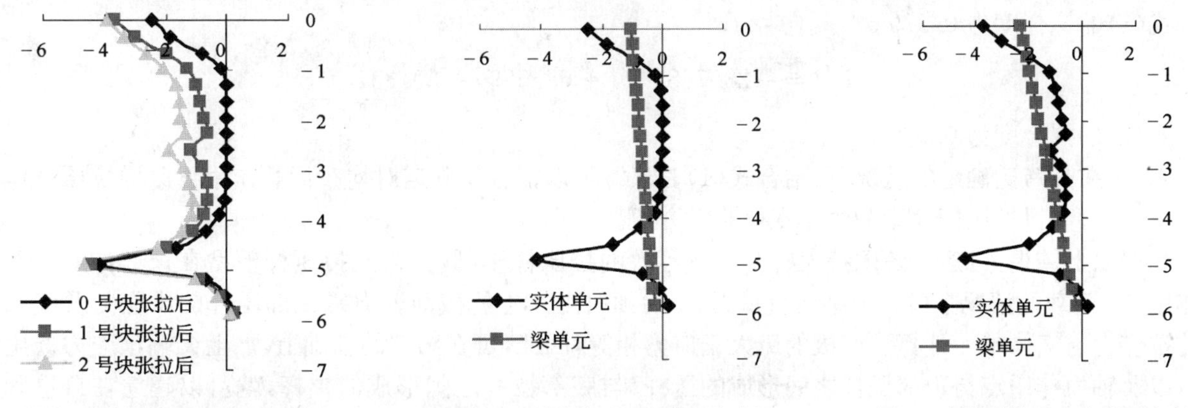

图 4 实体单元 A-A 截面应力图　　图 5 0 号张拉后 A-A 截面应力图　　图6 1 号块张拉后 A-A 截面应力图

2. 位移方面

表 1 列出了各闷特大桥从 0 号块施工阶段至 1 号块施工阶段的竖向位移模拟计算结果，从两种单元的位移计算结果可知，在 0 号块张拉阶段的挠度值相差很大，实体单元计算出的 0 号块端头挠度 0.047mm，梁单元计算出相应位置的挠度为 0.108mm，其原因由于 0 号块高跨比较大，还不是一个符合平截面假定的梁结构，而是一个类似于深梁的结构，深梁以受剪为主，而一般梁单元以受弯为主，主要的受力方式不同，因此用梁单元模型计算出的结果与实体单元模型计算出的结果相差较大。

实体单元与梁单元竖向位移计算值对比(单位：mm)　　表 1

截　面	0 节段张拉后		1 节段张拉后	
	实体单元	梁单元	实体单元	梁单元
0 号块端头	0.047	0.108	0.213	0.182
1 号块端头			0.364	0.258

注：实体单元选择桥面中心线处，顶板上缘节点。

四、基于拉压杆模型的分析方法

1. 拉压杆模型的建立

从以上分析可以看出，施工前几个节段的结构截面应力并符合平截面假定，尤其是在 0 号块节段，而传统分析却是把它当梁单元来处理，误差较大，用实体单元建模又过于复杂，设计时很不方便，针对此问题，本文建立了一个拉压杆模型来简化计算，并重点研究了 0 号块拉压杆模型，即把 0 号块节段看作一个深梁来研究。

为此首先需建立均布荷载作用下深梁的拉压杆模型，以 ANSYS 实体单元分析得到的应力场为依据，把主要的混凝土压应力区简化为压杆，主要的拉应力区简化为拉杆，拉压杆走向大致与主应力方向一致，拉杆与压杆相交形成拉压杆模型的结点区，这样可获得如图 7 所示的拉压杆模型。其中 AC、AB、CD 为压杆，BD 为拉杆；q 为均布荷载；Z 为内力臂，为压应力分布重心处至拉应力分布重心处之间的距离，压应力重心位置可根据下式求出 $y_1 = \int_A y_1 dA_1 / A_1$，其中 y_1 为中性轴至压应力重心的距离，A_1 为图 7 中压应力阴影区的面积，拉应力重心位置可类似求出；θ 为斜压杆 AB 与拉杆 BD 的夹角；h 为梁高，L 为支座中心线之间的距离。

为了获得拉压杆模型中的斜压杆倾角，内力臂等参数与深梁的几何尺寸(主要考虑深梁的高跨比)之间的关系，建立了 12 个不同高跨比的深梁，以实体有限元分析得到的应力场为依据，根据其分析结果建立拉压杆模型，由此可拟合出高跨比与斜压杆倾角、z/h 之间的函数关系：

$$h/l = -0.2104 \times (z/h)^2 + 0.1035(z/h) + 0.6855 \tag{1}$$

式(1)的拟合度为0.979 6

$$h/l = -28.768 \times \theta^2 + 68.589\theta + 29.331 \tag{2}$$

式(2)的拟合度为0.960 7

因此，在高跨比确定的情况下，结合式(1)、式(2)可以很容易确定对均布荷载作用下深梁拉压杆模型的几何参数，使得拉压杆模型的建立变得非常方便。

根据以上结果，可建立各闷特大桥0号块等效的拉压杆模型，使得此拉压杆模型在顶部作用$2P$，两端作用$2F$荷载的情况下($2P$为结构自重力，F为预应力产生的截面轴力)，顶部压杆的压应力及底部拉杆的拉应力与实体单元计算顶底板的最大正应力相等，因此，可在图7的基础上，加上梁端预应力产生的轴力以及轴力作用点与顶部压杆之间形成的压杆、与底部拉杆之间形成的拉杆，就可以建立在自重和预应力共同作用下的0号块拉压杆模型，如图8所示，其中AD、AC、AB、DE、DF为压杆，CB、EF、BF为拉杆，F为预应力筋产生的截面轴力，h_p为F作用点距上缘的距离，h为梁高，a为集中力作用点至临近支座的水平距离，e为支座中心距梁端的距离，θ_s为斜压杆AB与拉杆BF的夹角，α、β分别为CA，CB与水平轴的夹角。

2. 拉压杆模型中求顶底板正应力的公式及步骤

采用图8所示的拉压杆模型，通过力的平衡条件得出底部拉杆的拉力及顶部压杆的压力，然后在除以杆件各自的面积，便得到了上下缘正应力值，具体过程如下。

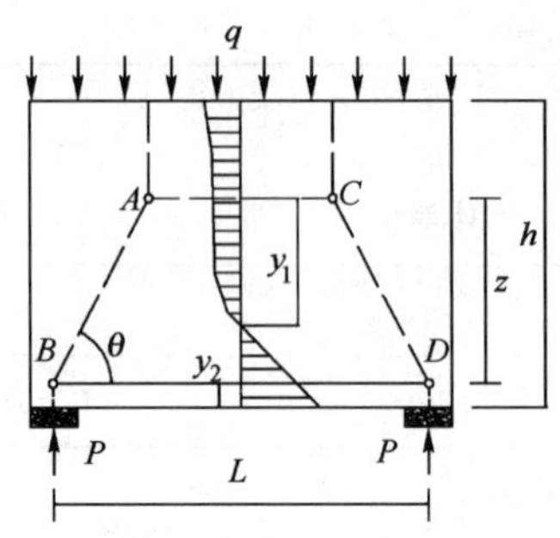

图7　深梁的拉压杆模型

(虚线为压杆，实线为拉杆)

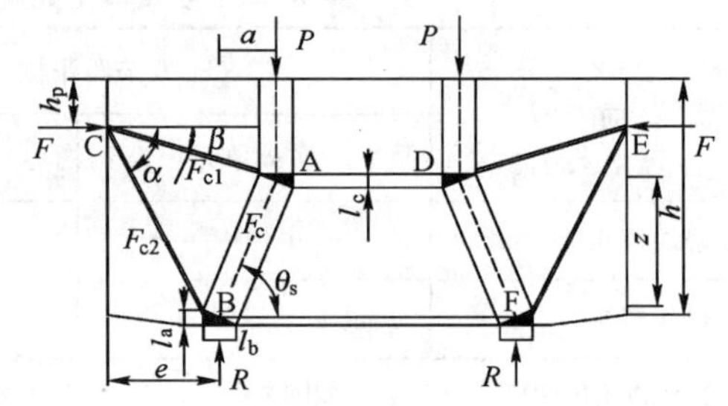

图8　0号块拉压杆模型

对于节点C，由力的平衡可得：

$$F_{c1}\cos\beta = F + F_{c2}\cos\alpha \tag{3}$$

$$F_{c1}\sin\beta = F_{c2}\sin\alpha \tag{4}$$

$$\alpha = \arctan\frac{h - z - h_p}{a + e} \tag{5}$$

$$\beta = \arctan\frac{h - h_p}{e} \tag{6}$$

$$h_p = h_1 - \frac{M}{F} \tag{7}$$

式(3)～式(7)中M为的梁端截面弯矩，F为的预应力产生的截面轴力，h_p为F作用点距上缘的距离，h为梁高，h_1为截面重心至上缘的距离，a为集中力作用点至临近支座的水平距离，e为支座中心距梁端的距离(见图8)

由式(3)～式(4)可得：

$$F_{c1} = \frac{F_{c2}\sin\alpha}{\sin\beta} \tag{8}$$

$$F_{c2}=\frac{F}{\left(\frac{\sin\alpha}{\tan\beta}-\cos\alpha\right)} \tag{9}$$

式(8)~式(9)中，F_{c1}，F_{c2}分别为杆 CA,CB 所受轴力，其中 CA 压杆，CB 为拉杆；α,β 分别为 CA,CB 与水平轴的夹角。

对于节点 B,由平衡条件得：

$$F_c\sin\theta_s=R+F_{c2}\sin\alpha \tag{10}$$

$$F_c\cos\theta_s+F_{c2}\cos\alpha=T \tag{11}$$

式(10)~式(11)中 F_c 为斜压杆 AB 的压力，T 为拉杆 BF 的拉力，R 为支座反力，θ_s 为斜压杆 AB 与拉杆 BF 的夹角。

由式(10)、式(11)可得：

$$F_c=(F_{c2}\sin\alpha+R)/\sin\theta_s \tag{12}$$

$$T=(F_{c2}\sin\alpha+R)/\tan\theta_s+F_{c2}\cos\alpha \tag{13}$$

由墩顶截面的平衡条件可得：

$$C=T+F \tag{14}$$

式(14)中 C 为压杆 AD 的压力。

斜压杆 AB 的压应力：

$$f_{AB}=F_c/A_{str}=F_c/[b_w(l_a\cos\theta_s+l_b\sin\theta_s)] \tag{15}$$

顶部压杆 AD 的压应力为：

$$f_1=C/(l_cb) \tag{16}$$

底部拉杆 BF 的拉应力为：

$$f_2=T/(l_ab) \tag{17}$$

式(15)~式(17)中，l_a 为底部节点区高度，l_c 为顶部节点区高度，b 为梁宽，b_w 为腹板厚度。

五、算　例

(1)算例一

以各闷特大桥为例，取 0 号块 19m 梁段作为研究对象，箱梁根部梁高 6.5，端部梁高 5.8m，顶板宽 12m，底板宽 9m，根部顶板厚 0.25m，底板厚 0.7m。

建立如图 8 所示的模型，h 取梁高 $h=6\,500$mm，$h/l=6.5/7.5=0.867$，通过式(1)、式(2)可知：$\theta_s=67.2°$，$z/h=0.635$，l_a 取底板厚度 $l_a=700$mm，l_c 取顶板厚度 $l_c=250$mm $e=5.75$m，M 为梁端弯矩：8 379kN/m；F 为计算的梁端轴力：10 534kN。2P 取结构自重荷载，即 $P=2\,450$kN。

按照式(3)~式(17)，根据以上基本数据可计算出上缘压杆压应力 $f_1=4.22$MPa，下缘拉杆拉应力 $f_2=0.51$MPa。利用该拉压杆模型计算所得应力与实体单元计算出的顶底板最大应力值的差值为：上缘压应力 4.22－3.37＝0.85MPa，误差为 25%；下缘拉应力 0.51－0.42＝0.09MPa，误差 21%。

(2)算例二

为了进一步验证此拉压杆模型的可行性，再以苏通大桥辅桥连续刚构为例，取 0～1 号块 18m 梁段作为研究对象，箱梁根部梁高 15m，端部梁高 14.6m，顶板宽 16.4m，底板宽 7.5m，根部顶板厚 0.35m，底板厚 1.7m。

建立如图 8 所示的拉压杆模型，其中 h 取梁高 $h=15\,000$mm，$h/l=15/11=1.36$，由式(1)、式(2)可知：$\theta_s=68.9°$，$z/h=0.43$，l_a 取底板厚度 $l_a=1\,700$mm，l_c 取顶板平均厚度 $l_c=350$mm，$e=3.5$m，M 为梁端弯矩：16 906kN/m；F 为梁端轴力：23 082kN。2P 取结构自重荷载，即 $P=5\,075$kN。

按照式(3)~式(17)，根据以上基本数据可计算出水平压杆压应力 $f_1=6.08$MPa，下缘水平拉杆拉应力 $f_2=0.93$MPa。利用该拉压杆模型计算所得应力与实体单元计算出的顶底板最大应力值的差值为：上缘压应力 6.08－4.97＝1.11MPa，误差为 22%；下缘拉应力 0.93－0.776＝0.154MPa，误差 20%。

六、结　语

连续刚构桥在施工阶段前几个节段，高跨比较大，结构不符合平截面假定，梁单元计算结果在位移和应力方面与实体单元的计算结果差别较大，而设计时基本上都采用梁单元来计算，鉴于上述原因，为了简化计算，本文初步探讨了如何将拉压杆理论用于预应力连续刚构桥 0 号块的基本方法，将原预应力连续刚构桥的 0 号块梁段转化为预应力深梁，然后建立此深梁的拉压杆模型。经实例验算，该方法建立的拉压杆模型的计算结果偏保守，并与该梁段实际特征相吻合，进而说明了本文方法的合理性以及拉压杆模型理论用于预应力连续刚构梁桥 0 号块分析的可行性。本文仅针对连续刚构 0 号块建立了拉压杆模型，对于连续刚构后续节段的拉压杆模型的建立还需进一步研究。

参考文献

[1] SCHLAICH J, SCHAFER K. Design and detailing of structural concrete using strut-and-tie models [J]. The Structural Engineer, 1991, 69(6).

[2] 王勖成，邵敏. 有限元法基本原理与数值方法[M]. 北京：清华大学出版社，1996.

[3] Tan K H, Tong K, Tang C Y. Direct strut-and-tie model for prestressed deep beam [J]. Journal of Structural Engineering, 2001, 127(9).

[4] 张立明. Algor、Ansys 在桥梁工程中的应用方法与实例[M]. 北京：人民交通出版社，2003.

[5] 陈小勇，孙学先. 双线铁路连续刚构桥宽箱梁空间应力分析[J]. 兰州交通大学学报，2006，25(6).

[6] 马木欣. 拉压杆理论及其在预应力缺陷桥梁中的应用研究[D]. 武汉理工大学硕士论文. 2006.

[7] 刘钊. 桥梁概念设计与分析理论[M]. 研究生教材，东南大学，2007.

[8] 王国林，孟少平，张运涛，孙巍巍. 基于改进拉压杆模型的预应力混凝土深受弯构件受剪承载力预测[J]. 东南大学学报，2007，37(5).

159. 体外预应力桥梁转向块的空间仿真分析

牟晓光　张　荟　曲春升

（中交公路规划设计院有限公司）

摘　要　结合某体外预应力桥梁的设计，利用大型分析软件 ANSYS 对该桥的转向块区域进行了空间仿真分析，研究了关键区域的应力分布、受力特点。同时，基于分析结果，应用该分析模型对转向块最不利位置进行了内力计算。研究结论可供其他工程的类似问题提供参考。

关键词　体外预应力　预应力钢束　转向块　有限元分析　空间应力

近年来，在预应力混凝土桥梁中，体外预应力技术得到了广泛应用。体外预应力桥梁中的体外预应力筋需要通过转向体系改变方向，从而形成预应力曲线配筋。转向块结构作为转向体系为体外预应力钢束提供坚固的支承，它是除锚固结构外，体外预应力钢束在桥梁跨径内唯一与混凝土有联系的构件，也是实现体外预应力筋转向的重要构件，转向块的耐久性直接影响到结构的使用效果和耐久性[1][2][3]。

体外预应力桥梁的预应力钢束穿过转向装置，其巨大的拉力顶压作用于转向块预留孔道内的上半壁，因此转向块区域受力集中，且应力分布复杂。转向块结构将预应力钢束的拉力传递到主梁，其传力途径是：预应力钢束，转向块孔道壁，转向块体，横隔板，主梁。在其传力过程中，各部分都有可能产生较大的应力集中，通常是控制设计的关键部位，转向结构的可靠与否，将直接关系到整个大桥的安全与稳定。因此，根据实际工程，针对体外预应力桥梁的转向块区域进行专门的空间有限元仿真分析，以揭示该区域的受力特征以及掌握其空间应力分布情况是十分重要的。本文以某体外预应力桥梁为例，利用大型的分析软件 ANSYS 对其转向区域进行了空间仿真分析，揭示该区域的传力机制，并应用该分析模型对转向块最不利位置进行内力计算。

一、工 程 概 况

某体外预应力连续梁桥为单箱单室截面的箱梁，梁高 3.2m，箱梁顶板宽 14.08m，底板宽 6.2m。箱梁跨中部分顶板厚 22cm，底板厚 20cm，腹板厚 35cm。中跨及边跨箱内分别设置两道转向块：转向块宽度为 160cm；厚度不等，即由横桥向跨中的 50cm 高度渐变加厚为腹板附近的 105cm；横隔板宽度为 155cm，厚度为 30cm。体外预应力钢束在箱梁的纵向布置见图 1，钢束在转向块处的布置见图 2。

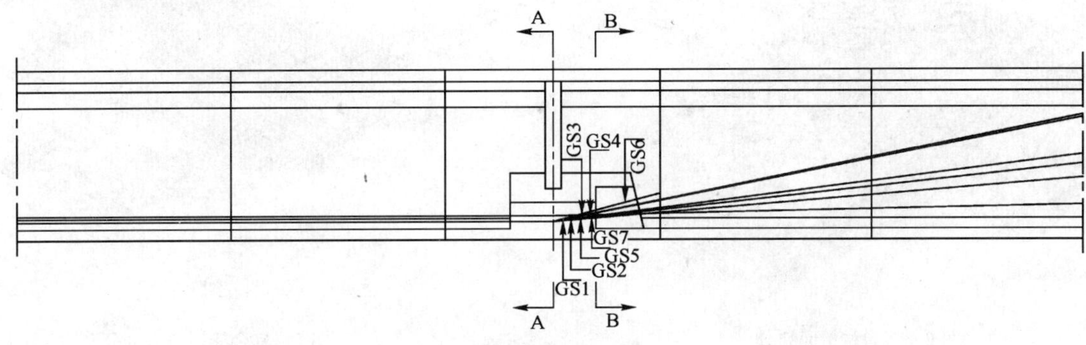

图 1 箱梁纵向钢束布置

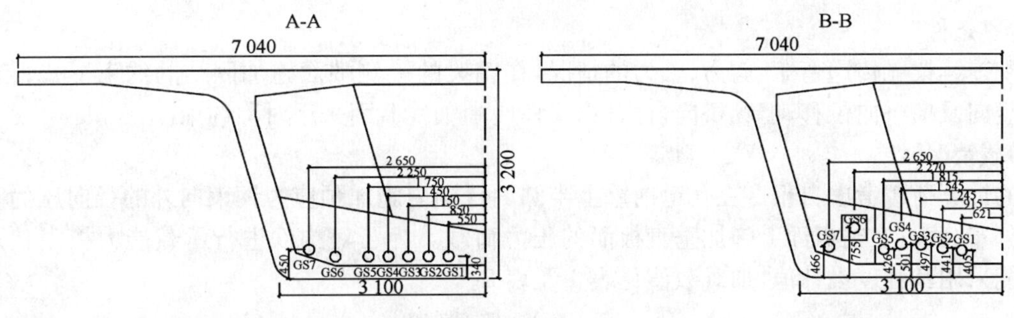

图 2 转向块区域钢束布置(尺寸单位：cm)

二、转向块区域空间分析

1. 结构模型

根据结构的对称性和重复性，计算分析时，横桥向取主梁的半幅，顺桥向取五个标准梁段($5\times4m=20m$)，结构模型见图 3[单位制为：N(力)；m(长度)；N/m^2 即 10^{-6}MPa(应力)]。

转向块细部构造见图 4。

2. 单元划分

采用大型通用有限元程序 ANSYS 进行计算分析，各构造采用八节点六面体 solid45 单元进行实体建模，以保证计算精度。转向块所在的混凝土箱梁段采用三角形单元划分，单元细部划分情况见图 5 和图 6；其余混凝土箱梁段采用四边形单元划分，单元细部划分情况见图 7。

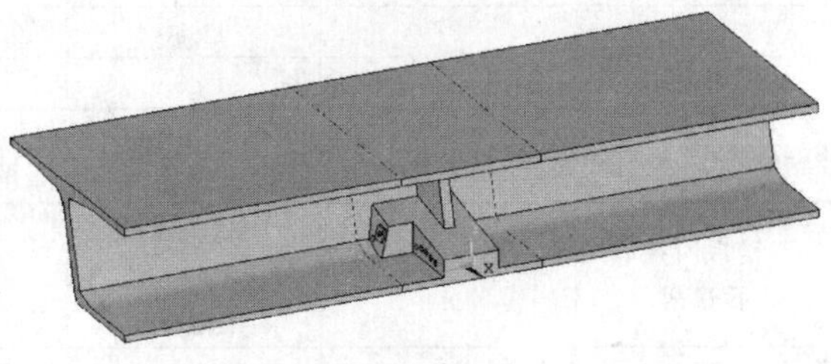

图 3 计算模型

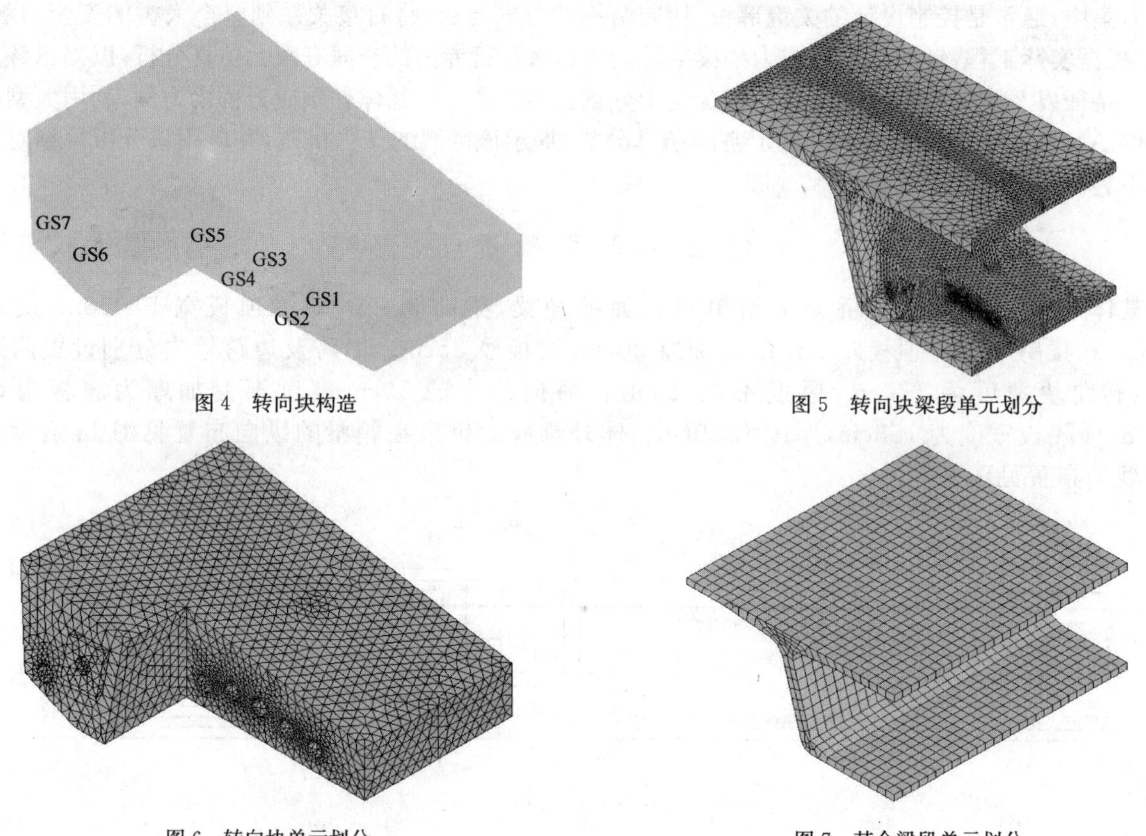

图4 转向块构造

图5 转向块梁段单元划分

图6 转向块单元划分

图7 其余梁段单元划分

3. 约束条件

(1)边界条件

考虑到连续梁能传递弯矩、剪力、轴力的情况，在箱梁的一侧端面施加固结的约束形式；箱梁另一侧端面限制竖向及横桥向位移，但顺桥向自由；箱梁横向中轴线截面采用对称约束。

(2)加载情况

模型的计算荷载考虑自重。在孔道内壁上半圆面范围内施加预应力钢束向外的径向压力荷载，将其视为均匀分布荷载；在锚板面上施加垂直板面的压力荷载。为了对构件进行承载能力极限状态验算，结构材料性能采用其强度设计值，加载数值见表1及表2。

孔道内壁荷载 表1

钢束所在孔道号	钢束根数 n	钢绞线强度 f_{pe} (MPa)	单筋面积 A_g (mm^2)	倒角半径 R (m)	孔道半径 r (m)	孔道半壁施加面荷载 $F=nf_gA_g/2Rr$ N(/m^2)
GS1	26	1 860	140	5	0.08	8 463 000
GS2	26	1 860	140	5	0.08	8 463 000
GS3	30	1 860	140	5	0.08	9 765 000
GS4	30	1 860	140	5	0.08	9 765 000
GS5	26	1 860	140	5	0.08	8 463 000
GS6	27	1 860	140	5	0.08	8 788 500
GS7	27	1 860	140	5	0.08	8 788 500

锚板面荷载 表2

锚板所在孔道号	钢束根数 n	钢绞线强度 f_{pe} (MPa)	单筋面积 A_g (mm^2)	锚板面积 A_m (m^2)	孔道面积 A_k (m^2)	锚板上施加面荷载 $F=nf_gA_g/(A_m-A_k)$ N(/m^2)
GS6	27	1 860	140	0.144 4	0.020 1	56 565 972

4. 有限元计算结果分析

对结构进行承载能力极限状态下的有限元计算，得到如下结果(应力正值为拉应力，负值为压应力)：

(1)箱梁向上的竖向位移最大值为 0.005 322m，位于跨中转向块处，如图 8。

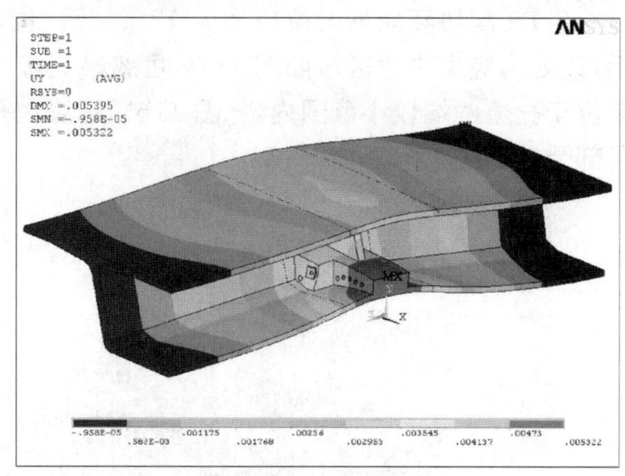

图 8 梁体竖向位移

(2)转向块横桥向最大拉应力为 12.2MPa，位于箱梁腹板处的孔道附近；最大压应力为 39.6MPa，位于锚板附近。两处均为应力集中区域如图 9a)可忽略其极值的影响，并在设计时应适当加密此处钢筋防止混凝土局部破坏。由图 9a)可知，转向块横桥向应力较大的位置位于横向跨中处，该处的应力图如图 9b)，转向块上缘最大拉应力为 8.95MPa，下缘最大压应力为 11.1MPa，设计时需以此处作为转向块横桥向受力配筋的验算截面。

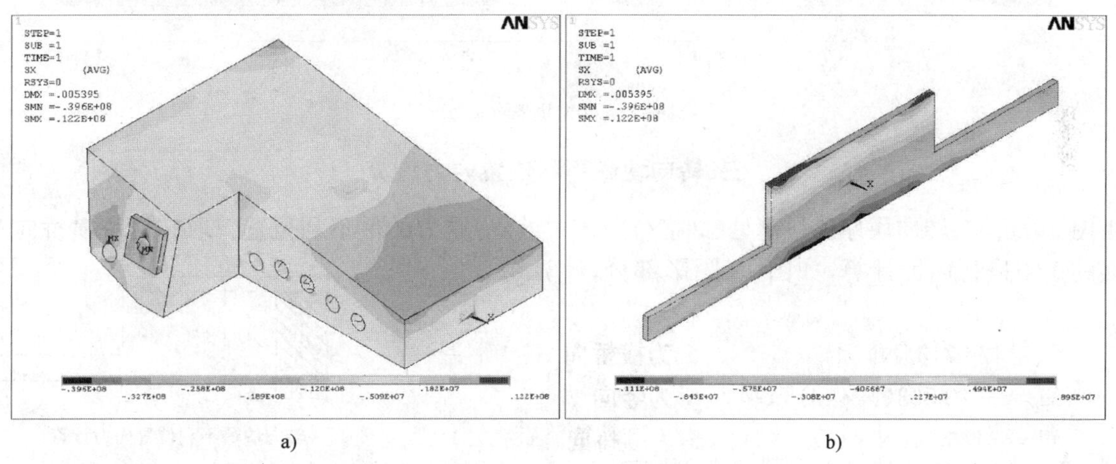

a) b)

图 9 转向块横桥向应力

(3)转向块顺桥向最大拉应力为 6.73MPa，位于箱梁顶板与竖向加劲板相交处的顶板上；最大压应力为 79.9MPa，位于锚板附近，该处为应力集中区域如图 10a)，可忽略其极值的影响。由图 10a)可知，转向块顺桥向拉应力较大的位置位于横向跨中处，如图 10b)，设计时需以此处作为转向块顺桥向受力配筋的验算截面。

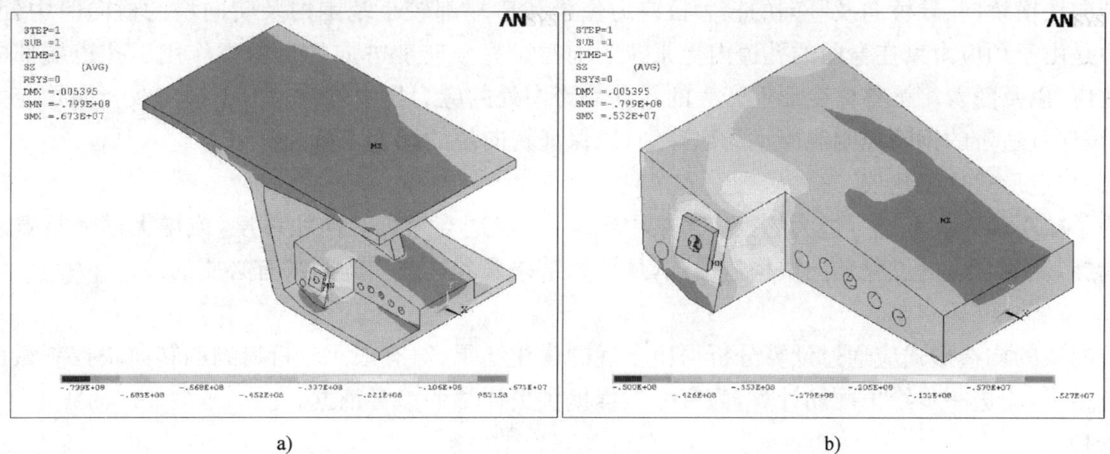

a) b)

图 10 转向块顺桥向应力

(4)转向块竖向最大拉应力为12.0MPa，位于某处孔道附近；最大压应力为51.1MPa，位于锚板附近，该处为应力集中区域如图11a)，可忽略其极值的影响。由图11a)可知，转向块竖向拉应力较大的位置位于孔道两端较小范围内，如图11b)，建议在孔道端部附近区域配置一定数量的箍筋防止此处混凝土局部受拉开裂。

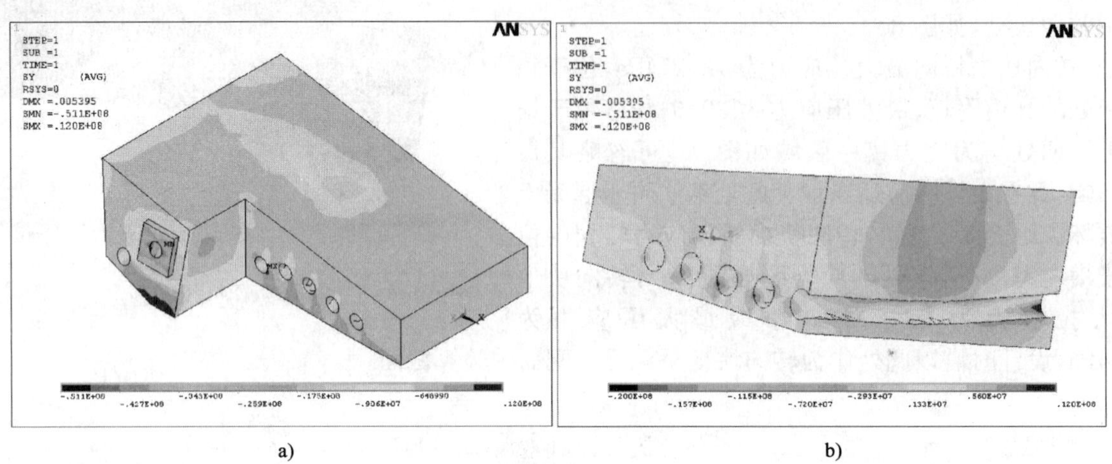

图11　转向块竖向应力

三、转向块最不利位置内力计算

由图9b)可知，转向块厚度最薄处(即横桥向跨中处)为受力的最不利位置。取转向块横桥向对称轴处截面的1/4进行内力计算，如图12阴影部分，计算结果如下。

$F_x=476\ 713(\mathrm{N})$　　x为横桥向

$M_y=-13\ 563(\mathrm{N\cdot m})$　　y为竖向

$M_z=342\ 544(\mathrm{N\cdot m})$　　z为顺桥向

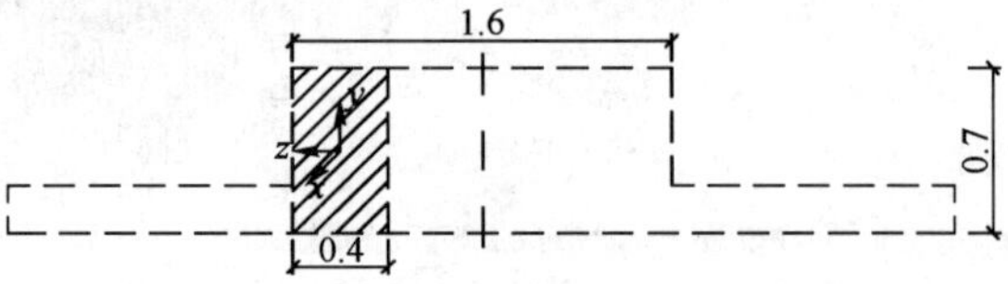

图12　转向块最不利位置内力计算

四、结　　语

(1)应力分析结论

转向块最大压应力出现在锚垫板处，为锚垫板的应力集中区域，设计时应在该处采取局部加强措施，防止混凝土压碎。

转向块横桥向、顺桥向及竖向的较大拉应力位于孔道端部较小范围内及转向块的横向跨中处，这种拉应力是由于预应力束在弯曲的孔道内受张拉的同时又完成转变方向的过程中作用于孔道端部的应力集中效应，以及随着箱梁整体变形而产生的转向块跨中处的应力集中效应。由于横向及竖向拉应力均较大，应该配置适量的钢筋控制混凝土局部开裂，以保证转向块的结构安全。

(2)构造形式优化建议

为了减小转向块上产生过大的拉应力集中现象，建议适当增加转向块厚度，或增大横隔板宽度及厚度等措施，做到合理的优化转向块构造形式，从计算结果来看这些措施是很有必要的。

(3)待解决问题

转向块的构造形式应通过计算分析得出合理的优化结果；对有限元分析得到的转向块控制截面的内力计算结果，应进一步给出配筋计算，为实际工程提供更详尽的参考依据。

参考文献

[1] 戴亚军，李传习，曾永革. 体外预应力T梁转向块合理构造形式与配筋[J]. 公路与汽运，2007(1)：104～107.

[2] 熊学玉，顾炜，李亚明. 体外预应力结构体系探讨[J]. 工业建筑，2004(34)：50～53.

[3] 王彩华，吴剑锋，张丽娜. 体外预应力筋系统的耐久性防护[J]. 建筑技术开发，2006(33)：68～70.

160. 用 DQ 法分析变截面箱梁的剪力滞效应

刘巧玲[1]　徐荣桥[2]　叶贵如[2]
(1. 浙江省交通规划设计研究院　2. 浙江大学交通工程研究所)

摘　要　为了更简便地求解变截面箱梁剪力滞效应，本文利用能量变分原理推导了分析变截面箱梁剪力滞效应的控制微分方程，并且运用 DQ 法求解该微分方程，再与有限差分法法和模型试验的结果作了比较，得到了在取用相对少的节点的条件下，DQ 法能得到更接近于精确解的结论。结果表明 DQ 法是分析变截面剪力滞效应的有效手段。

关键词　箱梁　剪力滞　DQ 法

能量变分法是推导箱梁剪力滞效应控制方程的常用手段[1,2]。但是变截面箱梁的控制微分方程是一变系数的常微分方程，一般情况下很难求得解析解。通常的做法是用有限元或有限差分法求解[3~6]。但是有限元和差分法都是采用低阶分段的多项式来逼近待求函数，为了得到足够精度的解，必须有相当的离散点数。而 DQ[7]法(Differential Quadrature)则是在整个求解域内采用高阶多项式来逼近待求函数，因此可采用较少的离散点而达到满意的精度，有效地减少了计算和前后处理的工作量。目前该方法在板壳结构分析、流体动力学等诸多领域得到广泛的应用[7,8]。而在桥梁结构分析中未见报道。

一、变截面箱梁剪力滞效应控制方程[3]

在应用能量变分原理推导箱梁的剪力滞控制方程时要引进两个广义位移，即箱梁的竖向挠度 $w(x)$ 与纵向位移 $u(x,y)$。Reissner[1]假定 $u(x,y)$ 沿 y 方向二次多项式分布，也有一些研究者采用三次或四次分布假设[2,3,6]。为了便于比较，这里我们取 n 次分布，即

$$u(x,y) = h_i[w' + (1 - y''/b^n)u(x)] \tag{1}$$

式中 w' 表示挠度 w 对 x 的导数，而 $u(x)$ 是由于箱梁翼板的剪切变形所引起的翼板纵向位移差的函数。$h_i(i=u,b)$ 分别表示上、下翼板到横截面中性轴的距离。

根据最小势能原理，在外力作用下，处于稳定平衡状态的弹性体，在满足边界条件的所有位移中，实际上存在着一组位移，这组位移能使整个体系的总势能为最小。即体系总势能的一阶变分应该为零。

$$\delta_\pi = \delta(\overline{U} + \overline{V}) = 0 \tag{2}$$

式中：$\overline{U}$——体系的形变势能；

$\overline{V}$——体系的荷载势能。

下面分别计算体系的各项势能：

1. 受弯时的荷载势能

$$\overline{V} = -\int_0^l q(x)\omega(x)\mathrm{d}x \tag{3}$$

当梁纯受弯时 $\overline{V} = -\int_0^l M(x)\omega''(x)\mathrm{d}x$

2. 梁的各项形变势能

(1)腹板势能

$$\overline{U_\mathrm{w}} = \frac{1}{2}\int_0^l EI_\mathrm{w}(\omega'')^2\mathrm{d}x \tag{4}$$

式中：I_{w} 为腹板对截面形心的惯距。

(2)上、下翼板应变能

$$\begin{aligned}\overline{U}_{\mathrm{su}} &= \overline{U}_{\mathrm{su1}} + \overline{U}_{\mathrm{su2}}(\text{上翼板}) \\ &= 2\left\{\frac{1}{2}\int_0^l\int_0^{\mathrm{b}} t_{\mathrm{u1}}(E\varepsilon_{\mathrm{xu1}}^2 + G\gamma_{\mathrm{u1}}^2)\mathrm{d}x\mathrm{d}y + \frac{1}{2}\int_0^l\int_0^{\mathrm{b}} t_{\mathrm{u2}}(E\varepsilon_{\mathrm{xu2}}^2 + G\gamma_{\mathrm{u2}}^2)\mathrm{d}x\mathrm{d}y\right\}\end{aligned} \tag{5}$$

$$\overline{U}_{\mathrm{sb}} = 2\left\{\frac{1}{2}\int_0^l\int_0^{\mathrm{b}} t_{\mathrm{u3}}(E\varepsilon_{\mathrm{xb}}^2 + G\gamma_{\mathrm{b}}^2)\mathrm{d}x\mathrm{d}y\right\}(\text{下翼板}) \tag{6}$$

式中：

$$\left.\begin{aligned}\varepsilon_{\mathrm{xui}} &= \frac{\partial u_i(x,y)}{\partial x} \quad (i=1,2) \\ \gamma_{\mathrm{ui}} &= \frac{\partial u_i(x,y)}{\partial y} \quad (i=1,2) \\ \varepsilon_{\mathrm{xb}} &= \frac{\partial u_3(x,y)}{\partial x} \\ \gamma_{\mathrm{b}} &= \frac{\partial u_3(x,y)}{\partial y}\end{aligned}\right\} \tag{7}$$

体系的总势能：

$$\begin{aligned}\pi &= \overline{U} + \overline{V} \\ &= \overline{U}_{\mathrm{w}} + \overline{U}_{\mathrm{su1}} + \overline{U}_{\mathrm{su2}} + \overline{U}_{\mathrm{sb}} + \overline{V}\end{aligned} \tag{8}$$

由前可得：

$$\left.\begin{aligned}\varepsilon_{\mathrm{xu1}} &= Z_{\text{上}}\left\{\omega'' + \left[1 - \frac{ny^{(n-1)}}{b^n}\right]u'(x)\right\} \\ \gamma_{\mathrm{u1}} &= -\frac{ny^{(n-1)}}{b^n}Z_{\text{上}}\,u(x) \\ \varepsilon_{\mathrm{xu2}} &= Z_{\text{上}}\left\{\omega'' + \left[1 - \frac{ny^{(n-1)}}{b^n}\right]u'(x)\right\} \\ \gamma_{\mathrm{u1}} &= -\frac{ny^{(n-1)}}{b^n}Z_{\text{上}}\,u(x) \\ \varepsilon_{\mathrm{xb}} &= Z_{\text{上}}\left\{\omega'' + \left[1 - \frac{y^n}{b^n}\right]u'(x)\right\} \\ \gamma_{\mathrm{b}} &= -\frac{ny^{(n=1)}}{b^n}Z_{\text{下}}\,u(x)\end{aligned}\right\} \tag{9}$$

将式(9)代入式(5)及式(6)中，则有

$$\begin{aligned}\overline{U}_{\mathrm{su}} = &\frac{1}{2}\int_0^l EI_{\mathrm{su1}}\left[\omega''^2 + \left(2 - \frac{2}{n+1}\right)\omega''u' + \left(1 + \frac{1}{2n+1} - \frac{2}{n+1}\right)u'^2 + \frac{n^2G}{(2n-1)E}\cdot\frac{1}{b^2}u^2\right]\mathrm{d}x + \\ &\frac{1}{2}\int_0^l EI_{\mathrm{su2}}\left[\omega''^2 + \left(2 - \frac{2}{n+1}\right)\omega''u' + \left(1 + \frac{1}{2n+1} - \frac{2}{n+1}\right)u'^2 + \frac{n^2G}{(2n-1)E}\cdot\frac{1}{b^2}u^2\right]\mathrm{d}x\end{aligned} \tag{10}$$

$$\overline{U}_{\mathrm{sb}} = \frac{1}{2}\int_0^l EI_{\mathrm{sb}}\left[\omega''^2 + \left(2 - \frac{2}{n+1}\right)\omega''u' + \left(1 + \frac{1}{2n+1} - \frac{2}{n+1}\right)u'^2 + \frac{n^2G}{(2n-1)E}\cdot\frac{1}{b^2}u^2\right]\mathrm{d}x \tag{11}$$

其中，

$$\begin{aligned}I_{\mathrm{su1}} &= 2t_{\mathrm{u1}}bZ_{\text{上}}^2 \\ I_{\mathrm{su2}} &= 2t_{\mathrm{u2}}bZ_{\text{上}}^2 \\ I_{\mathrm{sb}} &= 2t_{\mathrm{b}}bZ_{\text{下}}^2\end{aligned}$$

令

$$\begin{aligned}I_{\mathrm{s}} &= I_{\mathrm{su1}} + I_{\mathrm{su2}} + I_{\mathrm{sb}} \\ I &= I_{\mathrm{w}} + I_{\mathrm{s}}\end{aligned}$$

这里：I 为忽略翼板自身惯性时的截面惯距；

I_s 为忽略翼板自身惯距时上、下翼板对截面形心轴的惯距。

因此

$$\pi=\int_0^l M(x)\omega''\mathrm{d}x+\frac{1}{2}\int_0^l EI_w\omega''^2\mathrm{d}x+$$

$$\frac{1}{2}\int_0^l E\Big(I_s\omega''^2+\Big(2-\frac{2}{n+1}\Big)I_s\omega''u'+\Big(1+\frac{1}{2n+1}-\frac{2}{n+1}\Big)I_su'^2+\frac{n^2G}{(2n-1)E}\cdot\frac{1}{b^2}I_su^2\Big)\mathrm{d}x \tag{12}$$

根据变分原理，$\delta\pi=0$，得到

$$\int_0^l\Big[M(x)+EI\omega''+\Big(1-\frac{1}{n+1}\Big)EI_su'\Big]\delta\omega''\mathrm{d}x+E\Big(\Big(1-\frac{1}{n+1}\Big)I_s\omega''+\Big(1+\frac{1}{2n+1}-\frac{1}{n+1}\Big)I_su'\Big)\delta_u\Big|_0^l$$

$$-\int_0^l\Big[-E\Big(\Big(1-\frac{1}{n+1}\Big)I_s\omega''+\Big(1+\frac{1}{2n+1}-\frac{2}{n+1}\Big)I_su''\Big)+\frac{n^2G}{2n-1}\cdot\frac{1}{b^2}\cdot I_s\cdot u\Big]\delta_u\mathrm{d}x=0 \tag{13}$$

这样，通过分部积分，最后得到微分方程及有关的边界条件如下：

$$\left.\begin{aligned}&M(x)+EI\omega''+\Big(1-\frac{1}{n+1}\Big)EI_su'=0\\&-E\Big(\Big(1-\frac{1}{n+1}\Big)I_s\omega''+\Big(1+\frac{1}{2n+1}-\frac{2}{n+1}\Big)I_su''\Big)+\frac{n^2G}{2n-1}\cdot\frac{1}{b^2}\cdot I_s\cdot u=0\end{aligned}\right\} \tag{14}$$

$$\left.\begin{aligned}&EI_s\Big[\Big(1-\frac{1}{n+1}\Big)\omega''(l)+\Big(1+\frac{1}{2n+1}-\frac{2}{n+1}\Big)u'(l)\Big]\delta_u(l)=0\\&EI_s\Big[\Big(1-\frac{1}{n+1}\Big)\omega''(0)+\Big(1+\frac{1}{2n+1}-\frac{2}{n+1}\Big)u'(0)\Big]\delta_u(0)=0\end{aligned}\right\} \tag{15}$$

以上就是基本的微分方程，其中后两式就是变分所要求的边界条件。对 15 式中的第一式对 x 求导，得

$$\frac{1}{E}\Big[\frac{M(x)}{I(x)}\Big]'+\omega'''+\Big(1-\frac{1}{n+1}\Big)\Big[\frac{I_s(x)}{I(x)}\Big]'u'+\Big(1-\frac{1}{n+1}\Big)\frac{I_s(x)}{I(x)}u''=0 \tag{16}$$

将该式与式(15)中的第二式消去 ω'''，得到关于函数 $U(x)$ 的控制微分方程和相应的边界条件分别为

$$U''-mU'-k^2U=\frac{(1+2n)\beta}{2n}\frac{P}{E} \tag{17}$$

$$\Big[U'-\frac{(1+2n)\beta}{2n}\frac{M}{EI}\Big]\delta U\Big|_{x_1}^{x_2}=0 \tag{18}$$

式中：

$$k^2=\frac{(1+2n)(1+n)\beta}{2(2n-1)}\frac{G}{Eb^2},\beta=\frac{1}{1-\frac{1+2n}{2(1+n)}\alpha},\alpha=\frac{I_s}{I},m=\frac{(1+2n)\beta}{2(1+n)}\alpha',P=\Big(\frac{M}{I}\Big)'$$

$U(x)$ 的控制微分方程，即式(17)是一个变系数的常微分方程，一般情况下无法得到解析形式的解，因此常采用有限元法或差分法进行数值分析。但是由于差分法和有限元都是采用低阶的分段函数来近似未知函数，为了得到足够精度的解，必须把箱梁离散为足够多的梁段进行数值计算。而 DQ 法是在全域内用高阶函数进行逼近，因此该方法可用相对少的离散点获得较高的计算精度，而且由于采用高阶函数来近似待求函数，使得待求函数导数的精度也较高，这一点在工程中非常有利。

利用方程(17)求得 u 以后，即可得到箱梁翼板中线以及翼板与腹板交界处的剪力滞系数

$$\lambda^c=1-\Big(1-\frac{n}{1+n}\frac{I_s}{I}\Big)\frac{EI}{M}u',\lambda^e=1+\frac{n}{1+n}\frac{I_s}{I}\frac{EI}{M}u' \tag{19}$$

二、用DQ法求解微分方程

DQ法的基本思想是把待求函数对坐标的导数在某一离散点上的值表示为该函数在所有离散点上函数值的加权和，即

$$U^{(n)}(x_i)=\sum_{j=1}^{N}C_{ij}^{(n)}U(x_j)\quad(i=1,2,\cdots,N)\tag{20}$$

式中$U^{(n)}$表示函数U对x的n次导数，N是离散点数，系数$C_{ij}^{(n)}$为n次导数的权系数，他们可取为[7]

$$C_{ij}^{(1)}=\frac{M(x_i)}{(x_i-x_j)M(x_j)}\quad(i\neq j;i=1,2,\cdots,N;j=1,2,\cdots,N)\tag{21}$$

$$C_{ii}^{(1)}=-\sum_{j=1,j\neq i}^{N}C_{ij}^{(1)}\quad(i=1,2,\cdots,N)\tag{22}$$

$$C_{ij}^{(n)}=m\left(C_{ii}^{(n-1)}C_{ij}^{(1)}-\frac{C_{ij}^{(n-1)}}{x_i-x_j}\right)\quad(i\neq j;n=2,3,\cdots,N;i,j=1,2,\cdots,N)\tag{23}$$

$$C_{ii}^{(n)}=-\sum_{j=1,j\neq i}^{N}C_{ij}^{(n)}\quad(n=2,3,\cdots,N;i=1,2,\cdots,N)\tag{24}$$

$$M(x_i)=\prod_{k=1,k=i}^{N}(x_i-x_k)\tag{25}$$

为了利用DQ法求解式(2)，我们先把其写成无量纲的形式

$$\frac{\mathrm{d}^2U}{\mathrm{d}X^2}-\overline{m}\frac{\mathrm{d}U}{\mathrm{d}X}-\overline{k}^2U=\overline{P}\tag{26}$$

式中：

$$X=x/L,\overline{m}=\frac{(1+2n)\beta}{2(1+n)}\frac{\mathrm{d}\alpha}{\mathrm{d}X},\overline{k}^2=\frac{(1+2n)(1+n)\beta}{2(2n-1)}\frac{G}{E}\frac{L^2}{b^2},$$
$$\overline{P}=\frac{(1+2n)\beta}{2n}\frac{\mathrm{d}\overline{M}}{dX},\overline{M}=\frac{ML}{EI}\tag{27}$$

式中L是箱梁的特征长度，一般可取为梁的计算跨径。同时边界条件(3)可化为

$$\left[\frac{\mathrm{d}U}{\mathrm{d}X}-\frac{(1+2n)\beta}{2n}\overline{M}\right]\delta U\Big|_0^1=0\tag{28}$$

用DQ法把式(12)离散化为

$$\sum_{j=1}^{N}C_{ij}^{(2)}U_j-\overline{m}_i\sum_{j=1}^{N}C_{ij}^{(1)}U_j-\overline{k}^2U_i=\overline{P}_i\quad(i=1,2,\cdots,N)\tag{29}$$

式中：U_j、$\overline{m}_j$和$\overline{P}_j$分别表示U、$\overline{m}$和$\overline{P}$在点X_j上的值。文中第二项因为数值较小，故省略不计，原式(15)可写为

$$\sum_{j=1}^{N}C_{ij}^{(2)}U_j-\overline{k}^2U_i=\overline{P}_i\qquad(i=1,2,\cdots,N)\tag{30}$$

其中：$\overline{P}_i=\frac{(1+2n)}{2nEI}\sum_{j=1}^{N}C_{ij}^{(1)}M_j$。

式(14)根据不同的边界条件可写为

$$U_1=0,U_{\mathrm{N}}=0\tag{31}$$

或者

$$\sum_{j=1}^{N}C_{1j}^{(1)}U_j-\frac{(1+2n)\beta}{2n}\overline{M}_1=0,\sum_{j=1}^{N}C_{\mathrm{N}j}^{(1)}U_j-\frac{(1+2n)\beta}{2n}\overline{M}_{\mathrm{N}}=0\tag{32}$$

式中$\overline{M}_1$和$\overline{M}_{\mathrm{N}}$分别表示$\overline{M}$在点$X_1$和$X_{\mathrm{N}}$上的值。

用式(31)或式(32)替换式(30)中的第一式和最后一式，得到了一组以U_j为未知量的线性方程组。求解该方程组，即可得到待求函数U在N个点$(X_1,X_2,\cdots,X_{\mathrm{N}})$上的值，再利用式(20)可求得$U$对$x$的任意阶导数在这些离散点上的值，剪力滞系数也可由式(19)得到。

三、数 值 算 例

算例一　为了验证DQ法的收敛性和精度，考虑一受均布荷载作用的等截面简支箱梁，其几何尺寸如图1所示。其中单元取均匀分布。图2和图3分别为在位移函数取二次多项式的情况下单元数为$N=5,9,11,17,21,41$时的跨中截面的U和U'的值与解析解的对比结果。表一为跨中截面和$L/4$截面在二次、三次以及四次抛物线位移模式下的剪力滞系数。

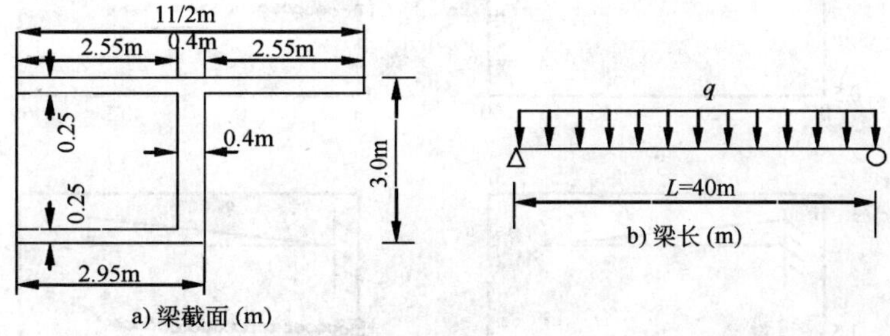

图1　简支梁构造(m)

图2、图3为位移函数采用二次多项式的情况下，理论值、DQ法、有限差分法求得箱梁四分之一截面的U值与U'值。可以看出，通过DQ法得到的U值能更快地收敛于精确解，而U'收敛得也较快。并且从表1可以看出，DQ法可以用较少的单元得到较高精度的解。这将大大提高求解速度。

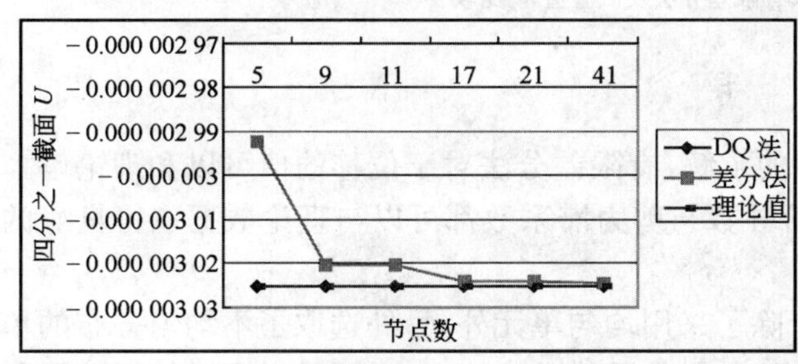

图2　1/4截面U值比较

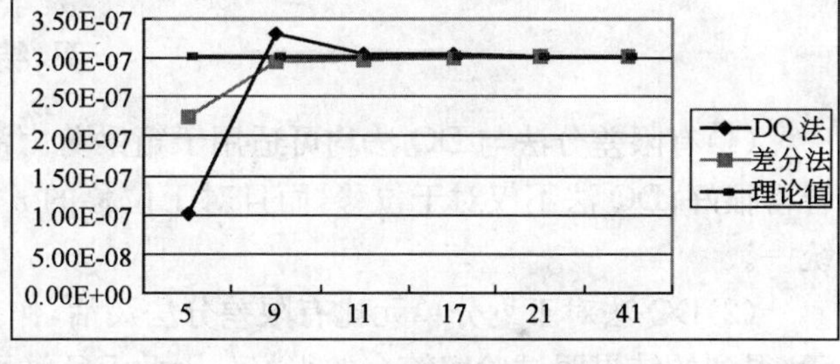

图3　1/4截面U'比较

解析解、DQ法、差分法求得的剪力滞系数对比　表1

位置	位移模式	解析解		DQ法($N=9$)		差分法($N=41$)	
		λ^e	λ^c	λ^e	λ^c	λ^e	λ^c
跨中	1. 二次抛物线	1.015	0.986	1.019 8	0.981 0	1.023 2	0.985 4
	2. 三次抛物线	1.014	0.989	1.019 3	0.987 8	1.019 3	0.987 8
	3. 四次抛物线	1.013	0.992	1.016 2	0.989 8	1.016 2	0.989 8
$L/4$	1. 二次抛物线	1.028	0.981	1.028 2	0.973 1	1.030 8	0.980 6
	2. 三次抛物线	1.020	0.985	1.025 8	0.983 7	1.025 7	0.983 8
	3. 四次抛物线	1.017	0.989	1.021 6	0.986 4	1.021 6	0.986 4

算例二　计算一个抛物线变截面悬臂梁实例，采用Zhang[3]提供的实测数据，DQ法的结果与有限差分法以及试验结果比较图如下所示。

从图中可以看出，DQ法采用较少的单元就可以获得较精确的结果。

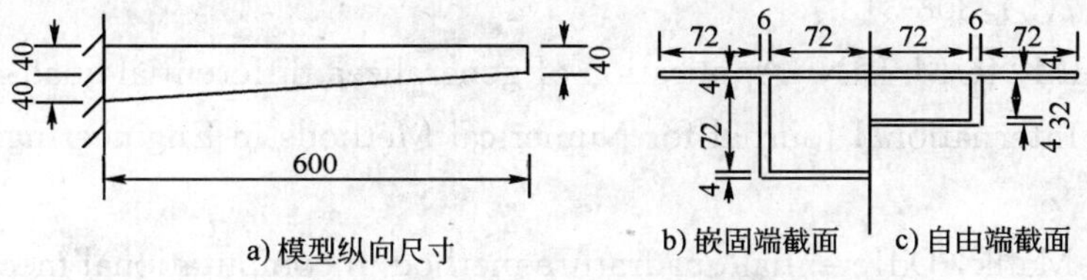

图4　模型及计算示例中所采用的截面

图5中四幅图横坐标表示桥梁纵向位置，纵坐标表示剪力滞系数 λ^c 的大小。＊为试验值，·表示由DQ法计算得到的值，x表示由有限差分法得到的值。

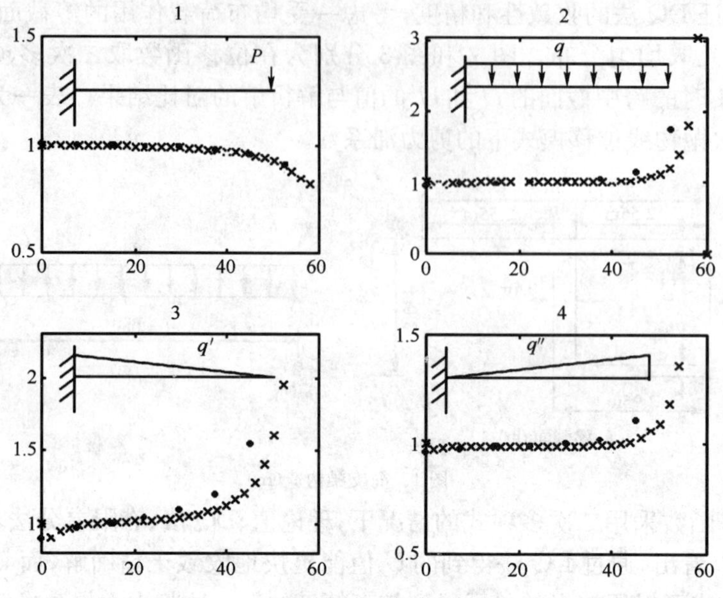

图5　四种荷载作用下DQ法、有限差分法及试验值 λ^c 比较

四、结　语

(1)有限差分法与DQ法均可适用于箱梁剪力滞的求解，有限差分法对于位移的值可以和理论解拟合得很好；DQ法不仅对于位移，而且对于位移的 n 阶导数与剪力滞系数都可以与理论数据取得良好的统一。

(2)DQ法对于划分单元比有限差分法灵活，作者除了采用均匀单元外，另外选取了不均匀分布的单元，得到的结果跟试验解符合的很好。因此DQ法可以自由选择单元的长度，也就是说可以任意选择所要求的截面。

(3)DQ法划分的单元一般比较少就可以达到比较高的精度，可以大大提高计算速度。

参考文献

[1] Reissner E. Analysis of Shear Lag in Box Beams by the Principle of Minimum Potential Energy[J]. *Quarterly of Applied Mathematic*, 1946, Vol. 4(): 268-278.

[2] 郭金琼，房贞政，罗孝登．箱形梁桥剪滞效应分析．土木工程学报[J]. 1983, Vol. 16(1): 1-13.

[3] Chang S. T. & Ding Y. 1988, Shear Lag Effect in Box Girder With Varying Depth. Journal of Structure Engineering[J], Vol. 114(10), pp. 2280-2292.

[4] 王修信，黄剑源．变截面多跨梯形箱梁剪滞效应差分解[J]．桥梁建设. 1993, Vol. (2): 58-64.

[5] 杨允表，朱鸿蕾，顾强，彭俊，黄锦源．变截面连续箱梁剪力滞效应的分析[J]. 2000, Vol. 90(3): 19-22.

[6] Luo Q. Z., Li Q. S., Tang J. Shear Lag in Box Girder Bridges, Journal of Bridge Engineering [J], 2002, Vol. 7(5): 308-313.

[7] H. DU, M. K. LIM, R. M. LIN. Application of generalized differential quadrature method to structural problems. International Journal for Numerical Methods in Engineering[J], 1994, vol37, 1881-1896.

[8] C. W. Bert, M. Malik, Differential quadrature method in computational mechanics: a review, Applied Mechanics Review[J]. 1996, Vol. 49(): 1-27.

161. 波纹钢腹板桥的配筋设计原则与方法探讨

苏 俭 刘 钊
(东南大学土木工程学院)

摘 要 由于波纹钢腹板桥梁中预应力的作用效应与普通混凝土梁有较大差别,如何确定预应力的配筋原则并进行定量配筋,是设计中的关键问题。探讨了波纹钢腹板桥梁体内、体外预应力的作用效应,提出了波纹钢腹板桥梁的配筋设计原则,以及在此基础上进一步建立了实用、简化的计算方法,最后总结了配筋设计步骤,并通过算例说明本文方法有助于快捷方便地进行初步配筋设计。

关键词 波纹钢腹板 有限元模型 配筋原则 配筋步骤

一、引 言

自20世纪80年代中期以来,波纹钢腹板组合箱梁作为一种新型组合结构在欧洲和日本等国得到了较快的发展,近年来,我国也开始了波纹钢腹板桥梁的应用和研究工作。与传统的混凝土腹板箱梁相比,波纹钢腹板组合箱梁的主要优点表现在:(1)自重较轻,可减小下部结构规模及整桥造价;(2)能够充分发挥钢、混凝土和预应力材料各自的优势;(3)避免了混凝土腹板施工中的一些问题,提高了桥梁施工的工业化程度。与采用平直钢腹板的叠合梁桥相比,其主要优点为:(1)腹板厚度减小;(2)免除腹板加劲肋;(3)降低了由几何缺陷引起的屈曲敏感度;(4)纵向预应力不分散到腹板中,提高了预应力的效率。

在波纹钢腹板桥梁的设计过程中,由于该类桥梁中预应力的作用效应与普通混凝土梁有较大差别,因此如何确定预应力的配筋原则并进行定量配筋,是设计中的关键问题,本文即对此展开讨论。

二、预应力在波纹钢腹板桥梁中的作用效应分析

众所周知,波纹钢腹板由于存在折叠效应,纵向刚度很小,因此抗弯主要由上、下混凝土翼缘板内的轴力所形成的力偶臂来承担;波纹钢腹板抗剪能力很好,主要承受桥梁的竖向剪力。以下结合波纹钢腹板桥梁的特性,对体内、体外预应力筋的作用效应进行分析。

体外预应力对波纹钢腹板桥梁的作用主要有两部分:一是在锚固端对桥梁所施加的偏心轴向力形成的抵抗力矩和轴向压力;二是在转向处的竖向分力产生的弯矩和剪力与荷载产生的弯矩和剪力方向相反,起到了卸载的作用。

体内预应力对波纹钢腹板桥梁的作用,不同于普通混凝土箱梁顶底板中的体内预应力的作用效应。为了较好地分析体内预应力在波纹钢腹板梁中的作用效应,建立某波纹钢腹板简支箱梁桥空间有限元模型,如图1所示,桥宽10.4m,跨度为50m,全桥梁高均为2.6m。模型顶底板以及两端横隔板采用实体单元Solid65,波纹钢腹板采用弹性板壳单元Shell63,预应力钢筋采用杆单元link8,整个模型均采用映射网格划分。

经计算分析,底板上承受的压力占预应力效应的比例=11 471kN/12 976kN≈88%,底板体内预应力作用下的应变分布如图2所示。此外,一些试验结果也印证了体内预应力的作用主要集中在预应力筋所在的顶板或底板上。如图3是日本九州大学 Ling Huang, Hiroshi Hikosaka 等人所做的关于体内预应力在波纹钢腹板梁中作用效应的有限元分析和实验结果。

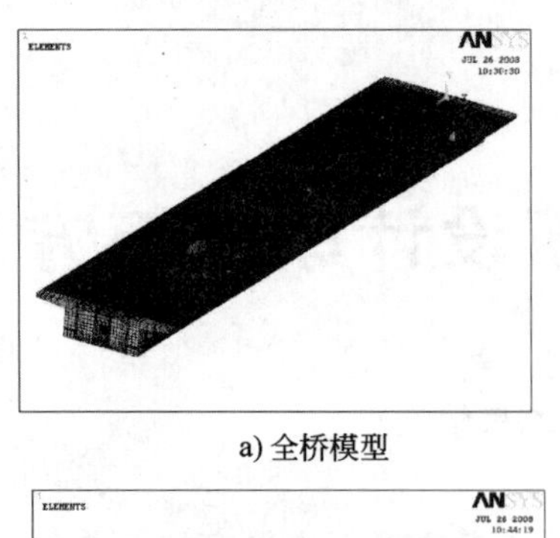

a) 全桥模型

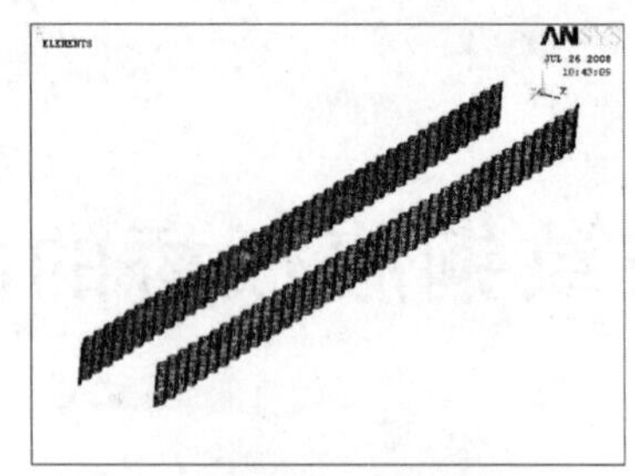

b) 波纹钢腹板壳单元模型

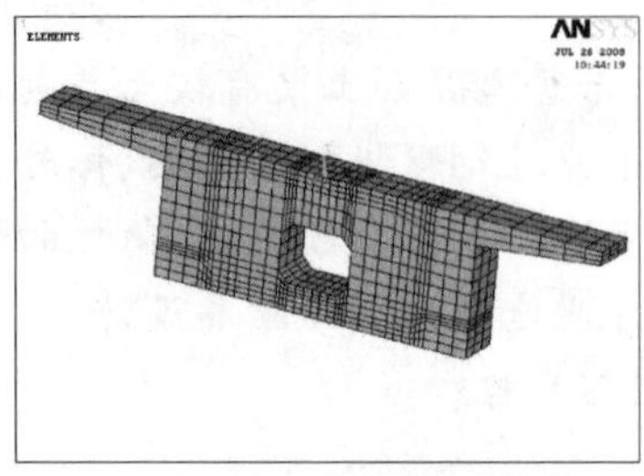

c) 梁端横隔板实体单元模型

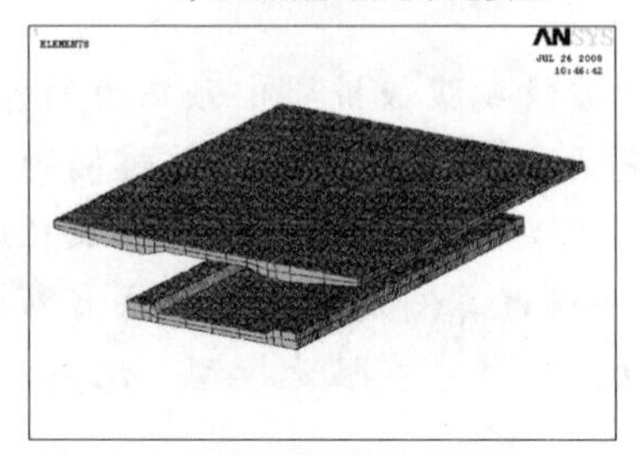

d) 顶底板实体单元模型

图 1　波纹钢腹板箱梁 ANSYS 模型

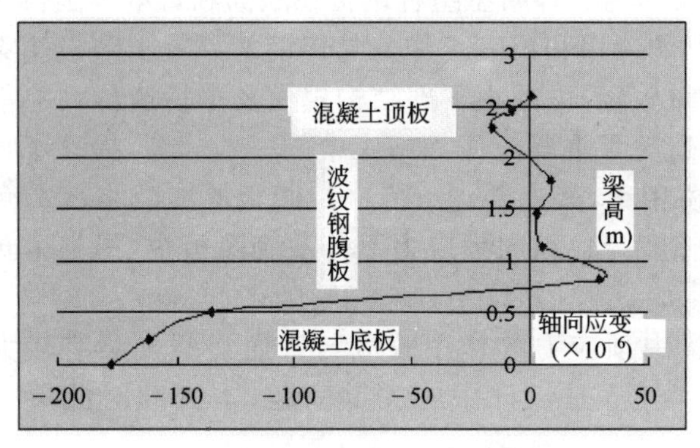

图 2　波纹钢腹板箱梁应变分布

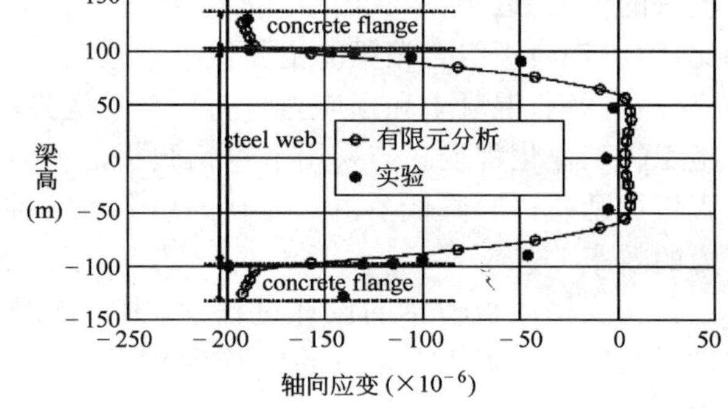

图 3　日本九州大学所作实验的应变分布

综合上述研究及分析结果，在进行配筋计算分析时，可以认为体内预应力筋产生的大部分力由单个混凝土翼缘承担。基于上述分析，本文偏保守地认为体内预应力产生的 80% 的轴向压力由单个混凝土翼缘承担。

三、配筋设计原则讨论

进行波纹钢腹板桥梁配筋时，首先要明确的一个问题是波纹钢腹板桥梁的体内、体外预应力筋的分配原则。

波纹钢腹板桥梁的抗弯能力，主要来自于配置有体内束的顶底板和体外预应力筋两部分。体外预应力钢束的应力发展将不同于顶底板内所配置的体内钢束，其钢束应变与相应截面处应变不协调，体外预应力通常在极限状态下不会到达屈服。此外，根据上述分析可知，体内预应力筋的大部分效应仅作用在各自混凝土翼缘上，在抗弯方面，比混凝土腹板情况下的顶底板钢束效率高。

波纹钢腹板桥梁的抗剪能力，主要来自于波纹钢腹板自身的抗剪和体外预应力筋的竖向分力两部分。波纹钢腹板承载能力的计算，可利用加拿大卡尔加里大学 A. El. Metwally 推导的公式进行：

$$V_{in_{i,j}} = wh\left[(\tau_{le_{i,j}})^{-n} + (\tau_{ge_{i,j}})^{-n} + (\tau_y)^{-n}\right]^{-\frac{1}{n}} \tag{1}$$

式中：V_{in}——波纹钢腹板能够承受的剪力；

τ_{le}——弹性局部剪切屈曲应力；

τ_{ge}——弹性整体剪切屈曲应力；

τ_y——剪切屈服应力；

h——腹板横截面的高度；

w——腹板厚度；

n——控制曲线过渡形状的指数，n 越大计算值越接近极限状态，有关文献建议偏于安全的取 $n=1\sim2$。

据此，提出波纹钢腹板桥梁的配筋设计原则如下：

(1)配置体外预应力筋抵抗桥梁的竖向剪力，其数值为荷载产生的竖向剪力与按公式(1)计算所得剪力之差。体外预应力筋的转向和锚固上要满足构造要求，如不满足，则调整与改善体外预应力筋锚固及转向的构造或位置。

(2)在配有上述体外预应力筋的情况下，计算桥梁控制截面的弯矩，然后按计算所得的弯矩配置体内预应力筋；

(3)由于体内预应力筋在极限状态时有更高的作用效率，一般对体外预应力筋的用量进行控制，以保证极限状态时桥梁的抗弯能力。

四、配筋设计方法

由于目前没有针对波纹钢腹板桥梁的设计规范，因此参考规范(JTG D62—2004)规定，截面上的预压应力应大于荷载引起的拉应力，预压应力与荷载引起的压应力之和应小于混凝土的允许压应力(为 $0.5f_{ck}$)。

首先根据桥梁竖向剪力以及构造的情况等配置体外预应力筋，在此基础上再配置体内预应力筋，因此下文公式只考虑被体外预应力筋抵消后剩余的荷载。由于波纹钢腹板具有很小的轴向抗弯刚度，这里偏安全的不将其计算在内，因此截面的抗弯刚度只计算上下混凝土翼缘组成的抗弯惯性矩；顶底板内的预应力筋作用时，假设只在各自混凝土翼缘内产生均匀应变，其所承受的力为 0.8 倍的体内预应力筋产生的效应。计算图示如图 4 所示。

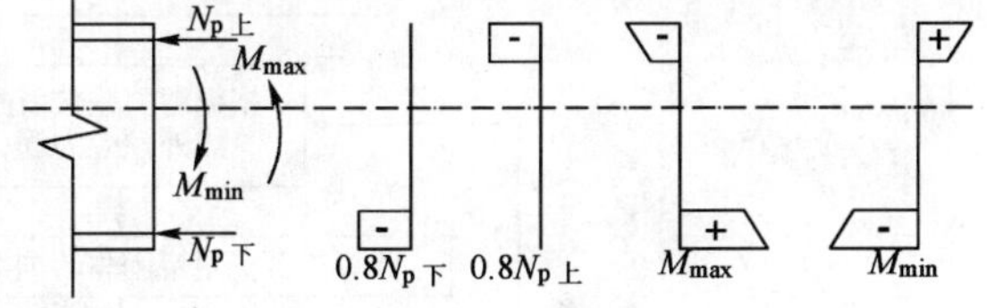

图 4 配筋设计计算图示

对于混凝土上翼缘：

$$\sigma_{p上}+\frac{M_{min}}{W_上}\geqslant 0 \tag{2}$$

$$\sigma_{p上}+\frac{M_{max}}{W_上}\leqslant 0.5f_{ck} \tag{3}$$

对于混凝土下翼缘：

$$\sigma_{p下}-\frac{M_{max}}{W_下}\geqslant 0 \tag{4}$$

$$\sigma_{p下}-\frac{M_{min}}{W_下}\leqslant 0.5f_{ck} \tag{5}$$

式中：σ_p——由预应力产生的应力；

W——截面抗弯模量(只由上下混凝土翼缘提供)；

f_{ck}——混凝土轴心抗压标准强度。

M_{max}、M_{min}项的符号当为正弯矩时取正值，当为负弯矩时取负值，且按代数值取大小。

现在考虑一般情况，截面上下缘均配有预应力筋 $N_{p上}$ 和 $N_{p下}$ 以抵抗正负弯矩，由预应力筋 $N_{p上}$ 和 $N_{p下}$ 在截面上下缘产生的压应力分别为：

$$\frac{0.8N_{p上}}{A_上}=\sigma_{p上} \tag{6}$$

$$\frac{0.8N_{p下}}{A_下}=\sigma_{p下} \tag{7}$$

将式(2)～式(5)分别代入式(6)、式(7)，解联立方程后得到

$$\frac{A_{上}}{0.8}\cdot\left(0.5f_{ck}-\frac{M_{max}}{W_{上}}\right)\geqslant N_{p上}\geqslant-\frac{A_{上}M_{min}}{0.8W_{上}} \tag{8}$$

$$\frac{A_{下}}{0.8}\cdot\left(0.5f_{ck}-\frac{M_{min}}{W_{下}}\right)\geqslant N_{p下}\geqslant\frac{A_{下}M_{max}}{0.8W_{下}} \tag{9}$$

令 $N_{p上}=n_{上}A_{p}\sigma_{pe}$ $N_{p下}=n_{下}A_{p}\sigma_{pe}$

代入式(8)、(9)中得到

$$\frac{A_{上}}{0.8}\cdot\left(0.5f_{ck}-\frac{M_{max}}{W_{上}}\right)\cdot\frac{1}{A_{p}\sigma_{pe}}\geqslant n_{上}\geqslant-\frac{A_{上}M_{min}}{0.8W_{上}}\cdot\frac{1}{A_{p}\sigma_{pe}} \tag{10}$$

$$\frac{A_{下}}{0.8}\cdot\left(0.5f_{ck}-\frac{M_{min}}{W_{下}}\right)\cdot\frac{1}{A_{p}\sigma_{pe}}\geqslant n_{下}\geqslant\frac{A_{下}M_{max}}{0.8W_{下}}\cdot\frac{1}{A_{p}\sigma_{pe}} \tag{11}$$

式中：A_p——每束预应力筋的面积；

σ_{pe}——预应力筋的永存应力(可取 0.5～0.6f_{pk}估算)；

$A_{上}$、$A_{下}$——上下混凝土翼缘截面面积，取有效截面计算。

综上所述，波纹钢腹板桥梁的一般配筋设计步骤如图5所示。

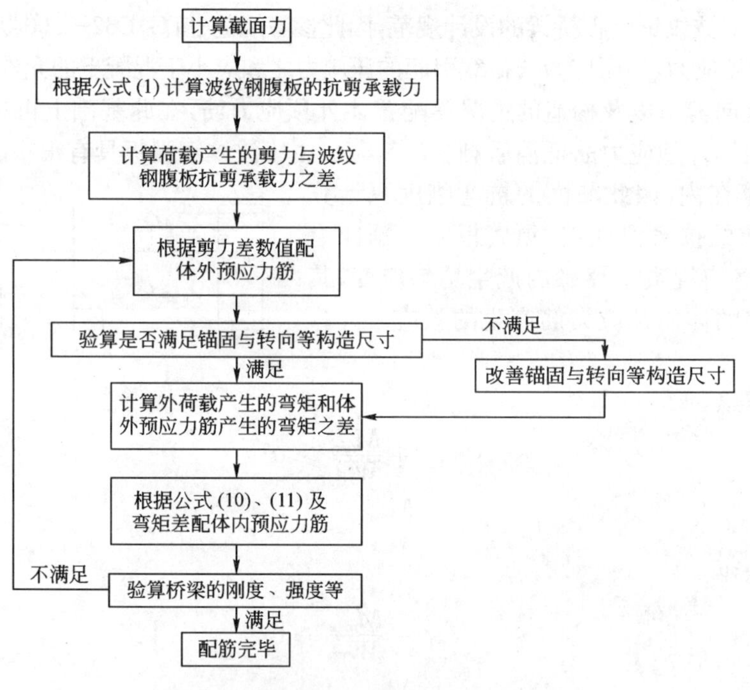

图5 波纹钢腹板桥梁配筋设计步骤图

五、算　例

某跨度为50m的简支波纹钢腹板梁桥，采用满堂支架法施工。桥梁自重及二期荷载引起的跨中截面弯矩为71 163kN·m，桥跨最大剪力为5 922kN，波纹钢腹板抗剪承载力为2 862kN，则体外预应力筋需要承担的剪力为3 060kN。选择19－ϕ15.2的体外预应力束，按照抗剪要求需配置8根，所引起的跨中负弯矩约为32 000kN·m，则剩余需要抵抗的弯矩为39 163kN·m，然后根据公式(11)，求得需要19－ϕ15.2的体内预应力筋8根(如图6)。经过有限元模型和设计软件计

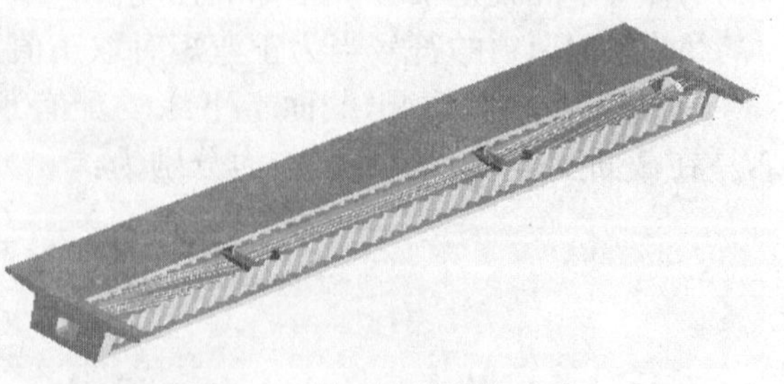

图6 波纹钢腹板桥梁构造图

算，桥梁设计能够满足正常使用和承载能力极限状态的要求。

六、结　　语

(1)探讨了波纹钢腹板桥梁体内、体外预应力的作用效应，综合有限元分析与实验结果，认为可以偏保守地将体内预应力产生的80%的轴向压力，由相应混凝土翼缘板承担。

(2)从波纹钢腹板桥梁的抗弯能力和抗剪能力的构成出发，探讨了针对波纹钢腹板桥梁的配筋设计原则。

(3)提出了波纹钢腹板桥梁配筋设计时的实用、简化计算方法，在此基础上总结了波纹钢腹板桥梁的配筋设计步骤。通过算例分析，说明上述配筋设计方法有助于快捷方便地进行波纹钢腹板桥梁的初步配筋设计。

参考文献

[1] 刘磊，钱冬生. 波纹钢腹板预应力结合梁桥[J]. 国外公路，1999，19(1)：26～30.

[2] Ling Huang, Hiroshi Hikosaka, Keizo Komine. Simulation of accordion effect in corrugated steel web with concrete flanges[J]. Computers and Structures, 2004(82): 2061～2069.

[3] 徐栋，项海帆. 体外预应力桥梁的力学性能及其影响因素分析[J]. 桥梁建设，1999(3)：1～4.

[4] A. El Metwally, R. E. Loov. Corrugated steel webs for prestressed concrete girders[J]. Materials and Structures, 2003(36): 127～134.

[5] 中华人民共和国行业标准. 公路钢筋混凝土及预应力混凝土桥涵设计规范(JTG D62—2004). 北京：人民交通出版社，2004.

162. PC混凝土桥梁体内-体外混合配束设计原则

孙　莉　刘　钊

(东南大学土木工程学院)

摘　要　体内-体外混合配筋与节段预制拼装施工技术的联合应用是混凝土桥梁工业化的发展方向。本文总结了体内-体外混合配束混凝土梁桥的国内外应用现状，并就这类桥梁设计中关心的体内束与体外束的比例问题，从结合施工方法、改善结构性能和提高经济性等三个方面展开了讨论，给出了各种考虑下的设计原则，可为体内、体外混合配筋的定量设计提供参考。

关键词　体内束　体外束　节段预制拼装　配束比例

一、概　　述

在预应力混凝土桥梁的发展历程中，人们对于“体内预应力”与“体外预应力”技术的运用，伴随着制造技术的进步，环保意识的提高，对耐久性问题的重视，以及工程经验教训的积累，在不断进行着实践和探索。近三十年来，体外预应力技术因其众多的优点，如易检测、可多次张拉、可更换、减小结构尺寸和方便施工等，在世界范围内得到了广泛的运用。

其实，体外预应力技术的功效最初显现于旧桥加固之中，是一种切实可行的主动加固方法。它可以明显提高原桥承载力，甚至可以在不中断交通的条件下进行施工。表1列出了国内外采用体外预应力加固的一些桥梁实例。

采用体外预应力加固的桥梁实例　表1

桥　　梁	建成时间	加固时间	结构形式	最大跨度(m)	施工方法
法国 Roquemaure 桥	—	1976	连续梁	80	节段预制悬臂拼装
加拿大魁北克格朗梅尔大桥	1977	1991	连续刚构	181.4	节段悬臂浇筑
井冈山大桥	1970	2002	T型刚构	71	节段预制悬臂拼装
三门峡黄河大桥	1993	2003	连续刚	160	节段悬臂浇筑
东明黄河大桥	1993	2003	连续梁-刚构组合	120	节段悬臂浇筑
江阴长江大桥北引桥	1999	2004	连续梁	75	节段悬臂浇筑
武汉长江二桥	1995	2007	连续刚构	130	节段悬臂浇筑

从某种角度来看，经体外预应力加固的桥梁，也是一种体内-体外混合配束桥梁。体外预应力技术在旧桥加固方面的广泛运用，促使桥梁工程师们开始思考将这种混合预应力体系用于新桥设计之中。因为：

(1)它结合了体内束与体外束的优点，使桥梁的综合性能提高；

(2)在设计阶段，即可对结构后期服役过程中的维修和加固问题加以考虑；

(3)与节段预制拼装施工技术相结合，提高了桥梁制造的工业化水平。

由于以上优点，在世界范围内，美、法、德、日等国率先推进体内-体外混合体配束这一桥梁技术。近年来，国内也积极开始了应用与研究，表2、表3分别列出了国内外的一些应用实例。

国外采用体内-体外混合配束的桥梁　表2

桥　　梁	建成时间	结构形式	最大跨度(m)	施工方法
法国 Pont-a-Mousson 桥	1984	连续梁	76	节段悬臂浇筑
法国 Poncin 桥	1986	连续梁	155	顶推法
法国 Re 岛桥	1988	连续梁	110	节段预制悬臂拼装
土耳其伊姆拉霍尔高架桥	1995	连续刚构	115	节段悬臂浇筑
日本岩滑泽桥	1996	连续梁	50	顶推法
马来西亚柔佛海峡二桥	1997	连续梁	70	节段预制悬臂拼装
日本重信高架桥	—	连续梁	40	节段预制逐孔拼装
德国 Itztalbrucke 桥	2007	连续梁	58	顶推法
德国 Weidatal 桥	2007	连续刚构	169	节段悬臂浇筑

我国采用体内-体外混合配束的桥梁　表3

桥　　梁	建成时间	结构形式	最大跨度(m)	施工方法
香港蓝巴勒海峡大桥	1996	连续刚构	120	节段预制悬臂拼装
澳门珠澳莲花大桥主桥	1999	连续刚构	96	节段预制悬臂拼装
上海新浏河大桥	2001	简支梁	42	节段预制逐孔拼装
上海沪闵高架	2002	连续梁	35	节段预制逐孔拼装
北京四丰立交桥1#匝道桥	2006	简支梁	36	节段预制逐孔拼装
深港西部通道引桥	2007	连续梁	75	节段预制悬臂拼装
重庆新滩綦江大桥	2007	连续刚构	130	节段悬臂浇筑
苏通大桥引桥	2008	连续梁	75	节段预制悬臂拼装
上海长江大桥引桥	在建	连续梁	60	节段预制悬臂拼装

二、体内-体外混合配束的合理比例问题

在体内-体外混合配束的混凝土桥梁设计中，首先要面对的一个现实问题，即如何分配体内束与体外束的比例，有哪些分配原则。从以往的设计中看，如日本四国的松山重信高架桥[1]，为体内-体外束并用，其中体外预应力束占 70%；香港的蓝巴勒海峡大桥[3]，全桥一共布置 46 束体内索及 8 束体外索，体外索提供的预应力占全部需求应力的 20%，可以发现，对体内束与体外束的用量比例，不同的设计数值相差较大。所以合理的配束比例问题值得进一步讨论。

预应力设计受较多因素影响，不同的设计思想会带来不同的预应力筋布置方案。采用混合配筋时，为确定体内束与体外束的比例，可以从以下几个方面来进行考虑。

三、基于不同施工方法的体内-体外混合配束原则

由表 2、表 3 所列桥例可以发现，体外预应力技术与节段预制拼装施工技术的联合使用占了绝大部分。节段预制拼装施工是将梁体纵向划分为若干个节段，在制梁厂预制后，运输到现场进行组装，通过施加预应力使之成为整体。它与体外预应力结合使用，可以在设计和施工上实现工厂化批量生产，质量易控制；施工期间对周边环境的影响小；能满足后期索力调整或换索要求等。其总体经济效应要优于一般现浇体内预应力混凝土梁。因此在欧美、日本等地，近三十年来新建的混凝土桥梁大部分都是节段预制拼装施工的体外预应力桥梁。

结合节段预制拼装施工，根据具体施工方法和所配置预应力筋类型的不同，体内-体外混合配束连续梁桥可大致分为以下三类，见表 4。

体内-体外混合配束连续梁桥分类 表 4

施工方法	逐跨拼装施工连续梁桥	悬臂拼装施工连续梁桥	顶推法施工连续梁桥
简介	将整孔的预制节段全部由架设设备承担，待张拉预应力将节段组成整体结构后，架设梁再前移施工下一跨。待一联施工完毕后，再吊装或浇筑墩顶节段，进行结构体系转换。	将桥墩两侧节段逐对、对称安装并张拉预应力，直至最大悬臂状态，再进行跨中合龙。	在沿桥纵轴方向的桥台后侧设置场地分段预制上部结构，用预应力筋将梁段与梁体尾部连成整体，通过水平千斤顶施力，将梁体逐渐向前顶推出预制场，直至施工完成。
示意图			
钢束布置形式	(1)跨内短束(体内 & 体外) (2)支点顶板束(体内) (3)通长束(体外)	(1)悬臂束(体内) (2)合龙束(体内 & 体外) (3)通长束(体外)	(1)施工临时束(体外) (2)成桥用束(体内 & 体外)
经济跨径	30～50m	50～200m	30～75m

桥梁设计与所采用的施工方法密切相关。对上面讨论的三类桥梁，因各施工方法有各自的特点，体内束与体外束的分配原则也不相同。

一般体外预应力对荷载的抗力，表现在两部分：一是对梁所施加的偏心轴向力所形成的抵抗力矩和混凝土被施加压应力后提高的抗拉、抗剪能力；二是折线力筋在转向处的竖向分力产生的弯矩和剪力与荷载产生的弯矩和剪力方向相反，起到了卸载的作用[4]。在预应力设计过程中，应结合各施工方法的特点，针对不同施工阶段的受力需求，选配合适的预应力筋。

1)逐跨拼装施工

采用逐跨拼装施工时，桥梁一般要经历简支状态和连续状态。在简支状态下，需设置预应力束以满

足一期恒载和施工阶段荷载的受力需求。可采用全体外束的方案,也可采用体内与体外混合的方案。当采用混合配筋时,主要布置底板直束和折线形的体外束。当结构体系转换成连续梁后,需张拉墩顶顶板体内预应力筋,以满足结构体系转换后墩顶处的受力需求。此外还要张拉跨内的体外预应力束和通长体外预应力束,以承受二期恒载和活载产生的内力。

2)悬臂拼装施工

悬臂施工时,节段从墩顶向两边对称悬出。为保证施工过程中的平衡与稳定,需设置顶板预应力筋。此时采用体内束比较方便。因为如果采用体外束,每个节段都要设置凸出的锚块,导致节段制造复杂化。桥跨合龙后,设置一定量的体内局部连续力筋,用于满足跨中节段合龙后的受力要求。全桥合龙后,再张拉通长体外预应力束,以承受二期恒载和活载产生的内力。

3)顶推施工

顶推法施工过程中的受力状态与成桥后的受力状态相差较大。如果采用全体内预应力,则会造成预应力筋浪费。体内-体外混合配束刚好解决了这一问题。为此,可在箱梁的顶、底板配置直线形体内预应力筋,以主要满足成桥后使用阶段的需要;在箱内配置折线形体外预应力筋,作为临时束,以满足顶推施工时的受力需求。一旦成桥后,可利用体外束可拆卸的优点,将临时束拆下以补充体外永久束,达到材料的合理利用。

四、基于改善结构性能的体内-体外混合配束原则

体内-体外混合配束的设计思想,可综合体内束和体外束各自的优点,从而改善结构的受力性能。与纯体外预应力梁相比,混合配束中的体内束能有效改善体外预应力桥梁在极限状态的受力性能,并且对节段预制拼装施工桥梁来说,可以改善接缝处的受力性能。

1. 提高结构在极限状态的受力性能

对节段预制拼装体外预应力桥梁,当采用全体外预应力时,其在极限状态抗弯承载力及延性都较体内预应力梁要差一些。这时可通过配置一定量的体内预应力筋来改善结构的在极限状态的受力性能。美国德克萨斯大学奥斯汀分校的 Breen 等人认为,预制节段拼装桥梁在极限状态的受力性能改善表现为:在关键接缝失效之前,至少有一个关键接缝附近的接缝张开[5]。要达到这个目标,可通过增大关键接缝的极限抗弯承载力或减小邻近接缝的张开弯矩来实现。体内预应力筋与混凝土粘结,其在极限状态的应力增量较体外预应力筋大,因此可增大关键接缝的极限抗弯承载能力,从而改善结构的在极限状态的受力性能。

在此基础上,他们推导了为保证至少一个邻近接缝张开所需配置的最少体内预应力量。如对三跨连续梁的中跨,这个数值为:

$$r \geqslant \frac{7.3S/L}{1-4S/L}$$

式中:r——体内束在总预应力筋中的比例;

S——节段长度;

L——跨度。

其中节段长与跨度之比是最关键的影响因素[5]。当节段长为 3m、跨径为 50m 时,按上式计算,体内预应力量至少占总预应力用量的 57.6%。

因此,可以从提高结构在极限状态的受力性能出发,探讨体内束与体外束的合理比例问题。在 Breen 等人推导体内预应力量的计算过程中,引入了较多的假设,且注意到当 $S/L=0.09$ 时,计算得体内预应力比例为 100%。这与实际情况不是很符合。因此可在此基础上对该问题做进一步研究。

2. 改善接缝处的抗剪性能

节段拼装体外预应力混凝土桥梁发生剪切破坏有两种形式,一是斜截面破坏,还有一种是接缝处剪切滑移导致的直接剪切破坏。一般认为,当预应力筋布置在体外时,拼装干接缝处的剪切强度主要由两

部分组成：由预压应力产生的摩擦力和剪力键的支承强度。但当布置有体内束时，除前面的两部分外，体内束的销栓作用使抗剪强度进一步提高。且因为节段拼装混凝土桥梁的钢筋骨架在梁长范围内不连续，对主要承受剪力的接缝，应考虑体内束的销栓作用对抗剪的贡献。并且可从这方面入手，寻找体内束的合理比例。目前国内外对这方面的研究还较少。

五、基于工程经济性的体内-体外混合配束原则

由于体外预应力筋与相应截面的变形不协调，使得它在正常使用和承载能力极限状态下的应力增量均小于体内预应力筋，加之体外预应力筋的偏心距较小，所以体外预应力筋的工作效率要小于体内预应力筋。为达到与体内预应力方案相同的效果，体外预应力用量一般要相应增加。此外，体外预应力筋、锚具及其防护等一般要比体内预应力体系昂贵。因此单从这个角度看，体外预应力桥梁的直接材料成本要高于体内预应力。

但同时也应该看到，采用体内-体外混合配束体系有其更大的综合优势：

首先，将一部分钢束布置在体外，体内束的数量相应减小。这有利于腹板中的体内预应力筋和普通钢筋的布置，并提高混凝土的施工质量；同时还可减小箱梁截面的腹板和底板厚度，进而减小结构的自重。如上海市金山县枫泾镇跨越沪杭高速公路的长浜里立交桥，是一座跨径布置为35m＋44m＋35m的连续箱梁桥，支架现浇施工。采用了体内-体外混和配束，体外束与体内束的用量比例约为0.56：1。经对比设计和实桥建造表明，比常规的体内预应力混凝土连续箱梁桥的混凝土用量降低了9.5％，经济效益明显[6]。因此可以从有效减薄结构尺寸，预应力筋用量节省等方面考虑，对体内束与体外束进行分配。

其次，体外预应力方便了后期的再张拉或换索，有助于实现全寿命设计。目前采用体外预应力加固桥梁时，经常出现锚固块、转向块的普通钢筋生根困难或无施工空间等问题。作为体外索的主要优点之一，再张拉及可更换使设计者可以将桥梁设计的目标与桥梁结构服役过程中的功能退化、耐久性下降、维修和加固等问题加以综合考虑，实现全寿命设计。像在法国等地，对体外索的可更换性非常重视，公路管理部门要求所有的体外预应力束都必须可更换。

此外，混合配束与节段预制拼装施工相结合，施工速度快。且在施工期间，对周围环境影响小，不干扰城市现有交通，带来良好的经济效益和社会效益。

六、结　　语

体内-体外混合配束混凝土梁桥有其自身的技术优势，具有良好的发展前景。虽然确定体内束与体外束的合理比例一件比较棘手的事，很难有统一的标准，但是本文认为设计者可以从施工方法、结构性能和工程经济性等三个方面来综合考虑。且在这三者中，应优先考虑其施工方法，同时兼顾考虑其他两个方面。对于具体桥梁，可以制订出合适的原则，在此基础上确定体内、体外钢束的配置数量。

参考文献

[1] 易圣涛，黄凡.日本体外预应力索桥梁应用现状[J].公路交通技术，2000(1)：62-67.

[2] 欧阳克武.预制拼装PC连续梁(一)[J].OVM通讯，2001(3).

[3] 欧阳克武.预制拼装PC连续梁(二)[J].OVM通讯，2001(4).

[4] 单成林.从不同的施工方法论体外预应力桥梁的特性[J].中外公路，2003(8)：18-20.

[5] A. N. A. Hindi, M. E. Kreger, Breen. J. E. Enhancing the strength and ductility of post-tensioned segmental box-girder bridges[R]. Center for Transportation Research, The University of Texas at Austin, 1991.

[6] 葛建辉等.体外预应力在PC连续箱梁桥上的应用研究[J].沪杭高速公路学术论文集，2001(3)：188-196.

[7] 周履.体外预应力混凝土结构的研究及应用状况[J].桥梁建设,1997(3):1-12.
[8] 戴竞.体内与体外混合体系预应力混凝土桥[J].公路,2002(6):75-80.
[9] 郭晓东.体外预应力连续刚构桥设计技术研究[D]:[硕士学位论文].成都:西南交通大学,2005.
[10] 陈艾荣,徐栋.苏通长江公路大桥引桥体外预应力技术应用研究成果报告[R].同济大学桥梁工程系,2003.
[11] L. C. Powell, Breen. J. E, M. E. Kreger. State of the art externally post-tensioned bridges with deviators [R]. Center for Transportation Research, The University of Texas at Austin, 1988.

163. 异形板桥破坏机理的模拟分析

张　为[1]　潘可明[1]　阴存欣[1]　赵　星[2]
(1. 北京市市政工程设计研究总院;2. 石家庄铁道学院)

摘　要　本文以某立交钢筋混凝土异形板桥为研究对象进行模拟分析。采用整体式有限元分析模型,考虑普通钢筋影响和材料的本构关系和破坏准则,裂缝模拟采用分布式裂缝模型,分析了异形板桥在各种荷载作用下的裂缝分布、钢筋和混凝土应力、位移、自振特性。通过检测结果与模拟计算结果对比分析,验证模拟分析的正确性,从而认识异形板桥的受力特点和破坏机理,为类似工程提供参考。

关键词　异形板桥　破坏机理　模拟分析　裂缝分布模拟

一、异形板桥概况

1. 异形板桥结构型式

本文研究的异形板桥为现浇普通钢筋混凝土异形连续板(图1、图2),结构高度0.76m,中支点横梁高3.16m,南北向长约35.6m,东西向宽约为32.5m。

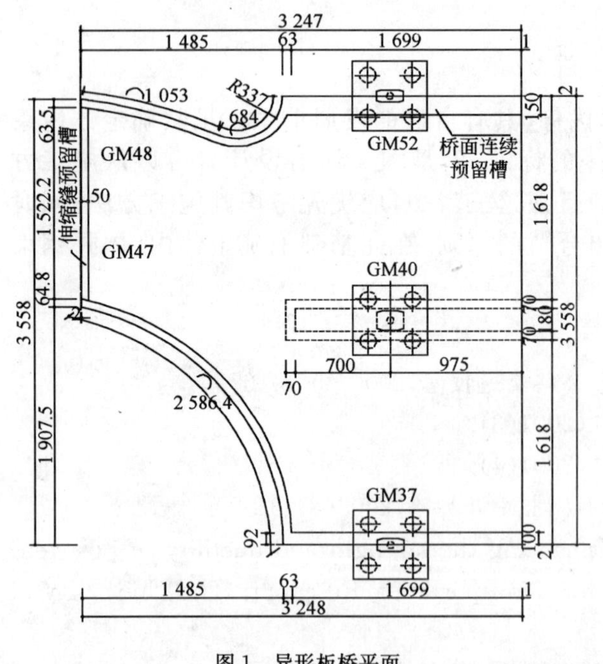

图1　异形板桥平面

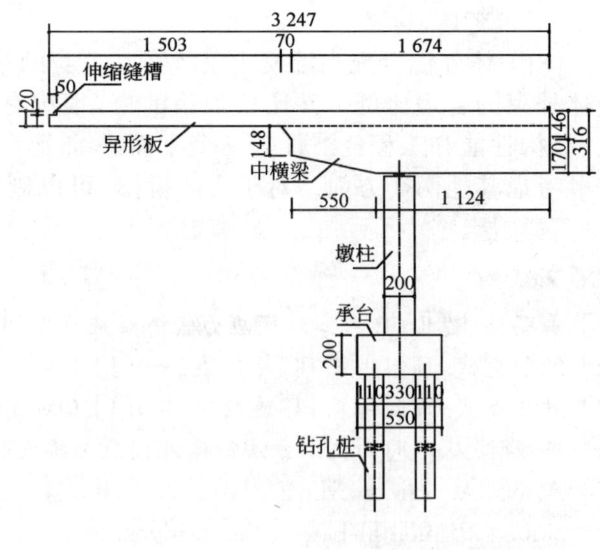

图2　异形板桥剖面

GM40 中墩为独柱 1.5m×2m 墩柱上接球型固定支座，边墩均为双柱预应力混凝土盖梁，上接普通板式橡胶支座。

2. 异形板桥研究概况

异形板桥属于钢筋混凝土板式结构，对于板式结构而言，经典解法是以弹性理论为基础，建立数学模式，用若干假定确定板的挠曲，求解各种微分方程，求解方法包括李维法、维纳法、叠加法、映象法、板条法、比拟法等。但板的经典解法在实际应用中难以推广，逐渐提出了板的极限分析理论，目前钢筋混凝土板的极限分析理论主要有屈服线法（塑性铰线理论）和条带法，前者求解钢筋混凝土板的上限解，后者主要求解下限解。随着计算机的飞速发展，数值法和近似法得到了快速发展，其中尤以有限元法是目前进行混凝土板受力分析最常用的方法，它可以处理任何边界条件、荷载和几何形状，在桥梁、水工、石油钻井平台等工程领域具有广泛的应用。

二、异形板桥破坏机理模拟分析

1. ANSYS 对钢筋混凝土结构的模拟

ANSYS 对钢筋混凝土的模拟主要采用 Solid65 单元，该单元具有八个节点，每个节点有三个自由度（X，Y，Z 三个方向的线位移），单元最多允许有 4 种材料，即混凝土和以弥散方式分布于其中的 3 个方向的独立配筋，具有可模拟裂缝分布、考虑普通钢筋影响和计算材料非线性等特点，可较好的模拟钢筋混凝土结构的破坏过程。

在 ANSYS 软件中，混凝土的开裂采用 Rankine 最大拉应力准则，当混凝土任何一个方向的主应力超过破坏面后，混凝土拉断，裂缝在垂直于主应力的方向上发展，并引起局部应力的重新分配。具体采用的是 Willam-Warnke 五参数破坏曲面，需要输入五个参数来确定混凝土的失效面，即：混凝土单轴抗拉强度 f_l，单轴、双轴抗压强度 f_c 与 f_{cb}，围压压力 σ_h^a，在围压作用下的双轴、单轴抗压强度 f_1 与 f_2。屈服准则采用 Von mises 或 Drucker-Prager，可以使用弹性或弹塑性的本构模型来描述混凝土受压的应力—应变关系。

对于钢筋混凝土结构，一般采用三种方式模拟钢筋和混凝土的结合，即位移协调的分离式模型、加粘结单元的分离式模型和整体式模型。本研究采用整体式模型，利用 Solid65 单元的特性，可以在单元中直接通过输入钢筋的配筋率和配筋方向来表示钢筋的作用。

2. 异形板有限元模型的建立

1）材料参数

（1）混凝土

混凝土采用 Solid65 单元，本计算模型对混凝土只定义了 Willam-Warnke 破坏准则和缺省的本构关系，即线弹性关系，认为混凝土开裂和压碎前均为线性的应力—应变关系，而开裂和压碎后则采用 Willam-Warnke 破坏准则。理论上破坏准则和屈服准则是不同的，但是在工程实践应用中常将二者等同，因为工程结构一般都不允许结构有过大的塑性变形，且混凝土等材料的屈服点不够明确，但破坏点很明确。另一方面，若定义了屈服准则对于大型结构分析而言计算结果很难收敛。

张开裂缝的剪力传递系数 $\beta_t=0.5$，闭合裂缝的剪力传递系数 $\beta_t=0.9$，单轴抗拉强度 2.0MPa，混凝土无压碎（由于本结构围压不大，为计算能顺利收敛，设置混凝土为无压碎）。

（2）普通钢筋

异形板内普通钢筋采用整体式模型，按照实际情况将各向配筋率以实常数方式输入 Solid65 单元特性内。普通钢筋采用 ANSYS 的随动强化材料，屈服强度取值 340MPa，剪切模量取值 2 000MPa。

（3）横梁内钢束

对于横梁内钢束，采用 link8 单元模拟，降温法施加预应力。

2）边界条件

GM52 和 GM37 墩支座约束相应位置节点的自由度 $u_z=0$、$u_x=0$；GM47、48 墩支座约束相应位置节

点的自由度 $u_z=0$、$u_y=0$；中墩 GM40 支座处为避免应力集中导致计算结果不收敛，在支座位置处设置刚性垫块，约束刚性垫块底所有节点的全部自由度为 0。

3)计算模型

综合考虑计算精度、运行时间和材料非线性计算收敛问题，单元网格尺寸基本大小为 0.5m。全桥单元共计 13 962 个，节点 52 049 个。计算模型如图 3 所示。

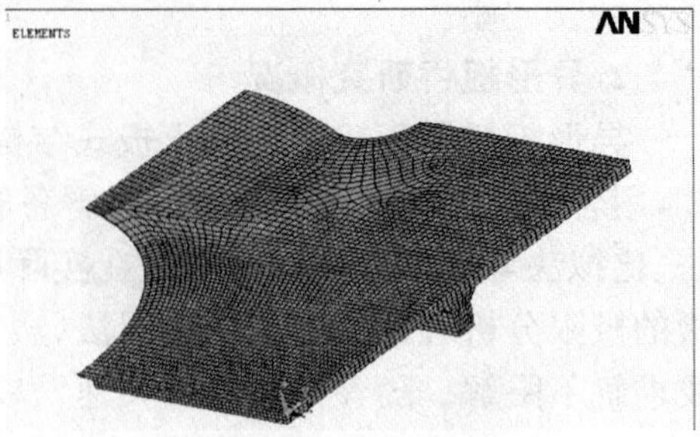

图 3 计算模型轴侧

3. 模拟分析计算结果

1)计算工况

引起结构破坏的原因一般包括基础不均匀沉降、钢筋锈蚀、温差等，本文根据异形板桥特点选择以下几个工况分析：

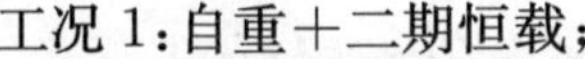

工况 1：自重＋二期恒载；

工况 2：自重＋二期恒载＋基础不均匀沉降（假设各边墩相对沉降多）；

工况 3：自重＋二期恒载＋基础不均匀沉降（假设中墩相对沉降多）；

工况 4：自重＋二期恒载＋钢筋锈蚀 15%；

工况 5：自重＋二期恒载＋升温 10 度；

工况 6：自重＋二期恒载＋活载；

2)静力计算结果

由于计算工况较多，仅选取部分工况计算结果列于图 4～图 9。

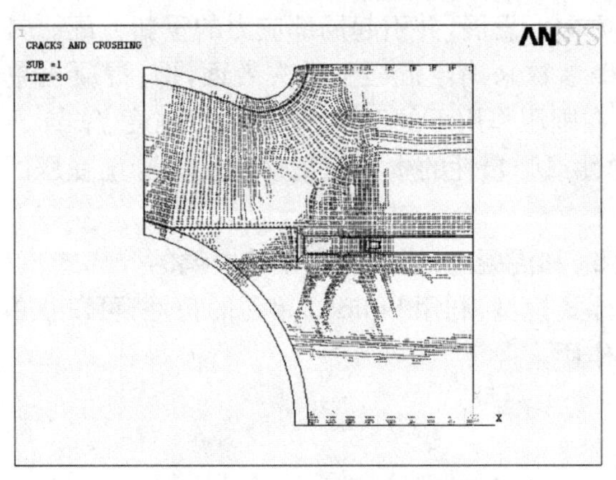

图 4 工况 2 全桥裂缝分布

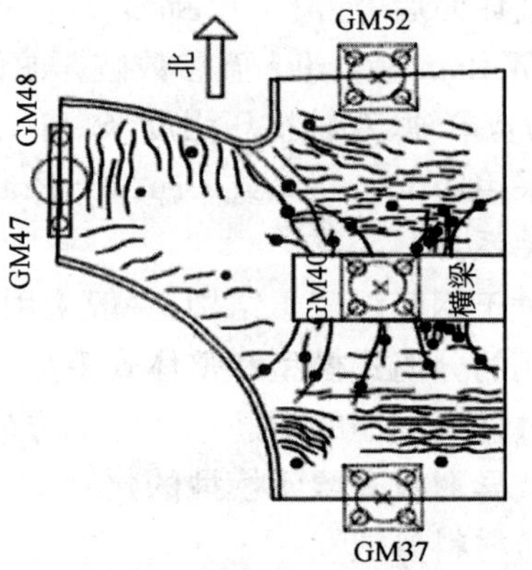

图 5 现况检测异形板底裂缝分布

3)动力计算结果

钢筋混凝土异形板模态频率对比 表 1

项 目	计算值(Hz)	实测值(Hz)	模态阻尼(%)	实测值/计算值
竖向一阶	4.73	3.49	3.00	73.8%
竖向二阶	5.27	3.61	—	68.5%
竖向三阶	6.70	5.42	2.02	80.8%

4. 计算结果分析

1)静力结果分析

(1)裂缝分布

从各工况的裂缝分布可以看出，裂缝分布主要集中在中墩横梁处、跨中及 GM47 与 GM52 墩翼缘边。由于异形板的外形不规则，GM47 与 GM52 墩跨自重产生对于中墩的扭矩，扭矩、纵横向负弯距及横梁与板厚度变化引起的剪力共同作用下，环向力和径向力交错影响，导致该处裂缝较多，且存在几条明显裂缝带，此处应力情况极其复杂，为结构受力的危险区域。跨中裂缝主要集中在底层受拉区，主要由于弯曲应力过大引起。

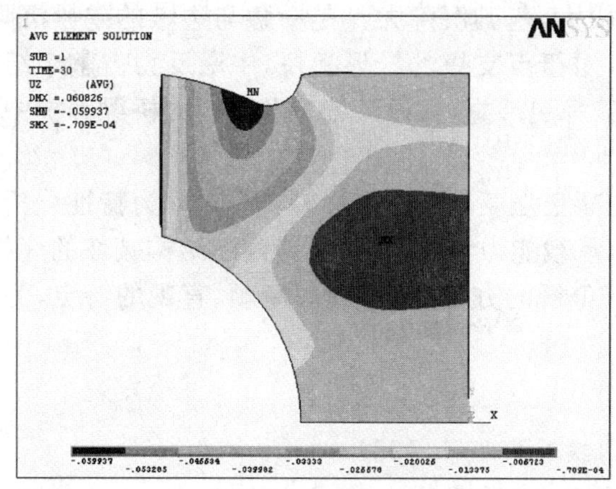

图 6 工况 2 竖向位移

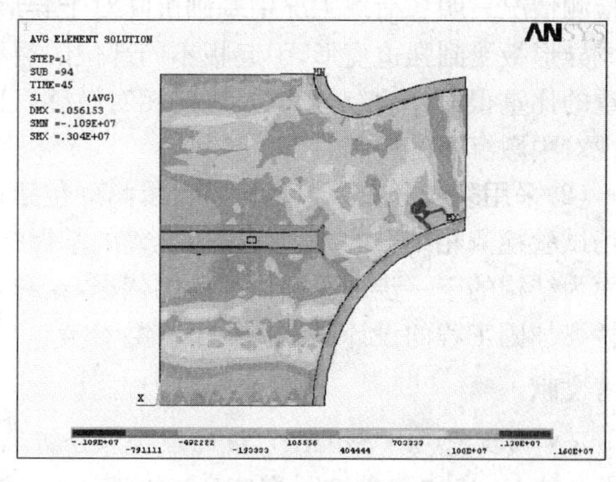

图 7 工况 5 混凝土主拉应力

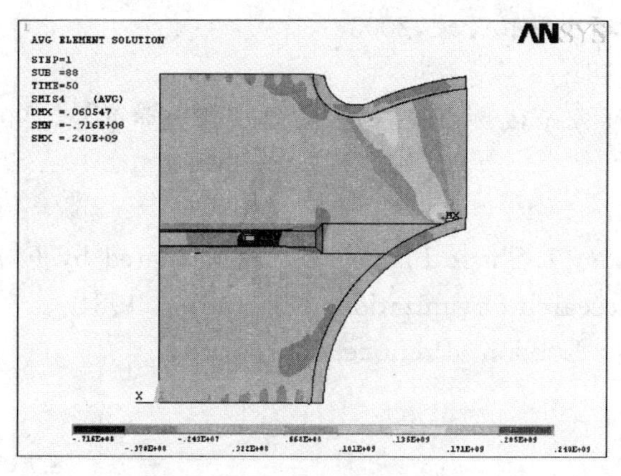

图 8 工况 6Y 轴向钢筋应力

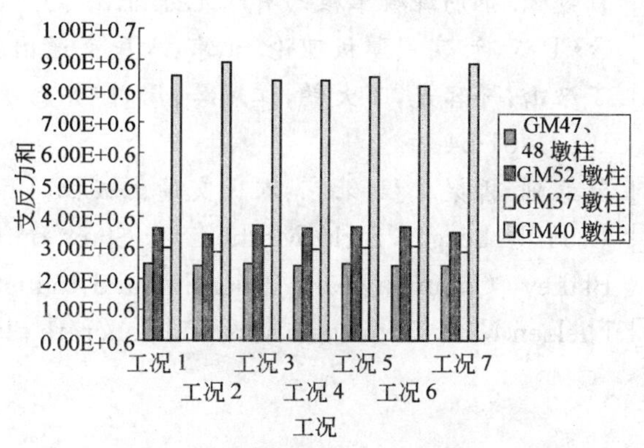

图 9 各工况下各墩柱处支反力和(单位:N)

(2)钢筋及混凝土应力

跨中、横梁处及分联处混凝土主应力均较大,同时各工况的应力分布与裂缝分布基本一致,证明了裂缝分布计算的准确性;最大钢筋应力均出现在板底层,Y 轴向钢筋应力比 X 轴方向钢筋应力大,钢筋应力最大值的位置与混凝土主应力最大值位置一致,且横梁处钢筋应力较大,原因是横梁处负弯矩值较大,故钢筋应力较大。

(3)反力

不同沉降工况下各墩柱支反力存在转移现象,从而也说明了沉降造成结构内力的转移,应力的重分布,导致局部区域裂缝的不断张开和闭合,受拉和受压区的不断转移,对结构极为不利。

2)动力结果分析

通过结构自振特性分析得知,该桥计算所得的一阶频率为 4.73Hz,而实际检测一阶频率为 3.49Hz,动载实验中计算基频较实测基频小,这说明该桥整体刚度下降较多;同时从异形板的振型可以看出,裂缝分布与振型形态显示的结构质量、刚度分配基本一致,证明了由于裂缝的存在对结构的刚度有明显影响,结构抗冲击性能较弱,其动力特性已不能够满足设计要求。

计算结果表明:模拟计算的裂缝分布与实际检测裂缝分布基本一致,基础沉降对于异形板影响较大,中墩横梁处、板边缘和支座附近为结构的危险区域。

三、结 语

本文通过对异形板的模拟计算分析,结合现场检测情况,得到如下结论:

(1)在进行异形板桥计算分析时应充分考虑结构在各种荷载工况下的影响,从本文的计算结果及现场检测情况表明各荷载工况中基础沉降对于异形板影响较大，基础沉降尤其是中墩与边墩的差异沉降，造成异形板受到强迫变形，引起板不同部位的裂缝发展。对于点支撑的异形板桥，中墩反力占整个结构自重的比重很大，中墩对于沉降影响相对敏感，且引起的破坏更严重，在设计施工及以后的桥梁养护中应重视对中墩沉降的控制。

(2)采用裂缝分布模拟、静力特性计算(包括钢筋和混凝土强度、应力、位移验算等)、动力特性分析及现场试验检测相结合的方式可以较准确的掌握结构性能、承载能力与耐久性，准确判断结构破坏的病根，从而为结构的下一步加固提供准确的依据，这种加固计算分析的方法具有准确、新颖、直观的特点，为以后桥梁加固工程的设计研究提供了有益参考。

参考文献

[1] R·钱拉德(R·Szilard). 板的理论与分析. 北京：中国铁道出版社，1984.

[2] 沈中治. 城市立交桥—异型平板桥设计. 城市道桥与防洪，2003，3：1-6

[3] 江见鲸，陆新征，叶列平. 混凝土结构有限元分析. 北京：清华大学出版社，2005.

[4] 卢致强. 钢筋混凝土板的有限元分析. 西南交通大学硕士学位论文，2003

[5] C·P汉斯. 实用薄板理论. 北京：人民交通出版社，1982.

[6] 丁汉山，邵容光，丁大钧，江瑞龄，周游. 异形板桥的样条子域法分析. 西安公路交通大学学报，1999，19(2)：51-54

[7] 范立础. 桥梁工程. 北京：人民交通出版社，1996.

[8] A. Hillerborg, "Strip Method for Slabs on Columns, L-Shape Plates, etc". Translated by F. A. Blakey, Commonwealth Scientific and Industrial Research Organization, Melbourne, 1984.

[9] Nielsen M P. Limit analysis and concrete plasticity. London：Prentice2Hall, 1984.

164. 钢筋混凝土整体式空心板桥的弹塑性分析及试验研究

唐国斌　项贻强　李春辉　晁春峰

(浙江大学建筑工程学院)

摘　要　试验研究的基础上，借助通用有限元软件建立钢筋混凝土整体式空心板桥弹性有限元模型和分离式弹塑性模型，分别对试验荷载下的结构反应进行计算，通过与试验结果对比，结果表明传统的刚接梁法计算结果与试验值差别较大；弹性有限元能反映结构弹性阶段的受力特征，但对开裂的桥梁承载能力估计不足；弹塑性有限元能反映结构的非线性行为，因而能合理评估该类型桥梁承载能力。最后对该桥横向应力进行分析，研究整体式空心板桥横向应力分布规律，指出车辆偏载引起的畸变横向挠曲是导致整体式空心板纵向裂缝的主要原因。

关键词　钢筋混凝土　整体式空心板桥　试验研究　有限元　非线性

混凝土整体式板桥具有构造简单、施工方便、用材经济等优点，因此广泛应用于中小跨径的公路和城市道路桥梁中。整体式板桥可做成实心和空心形式，实心板桥多用于跨径13m以下的板桥，随着城市交通的发展，截面形式逐渐演变成空心截面，与装配式空心板桥相比，钢筋混凝土整体式空心板桥具有自重轻、刚度大、整体性能好等特点。

对于实心截面的整体式钢筋混凝土板桥，交通部公路规划设计院于1996年主持编制了上部构造的标准图，并且说明其内力分析是采用空间软件SAP5计算的。而对于整体式空心板桥，其受力性能较装配式空心板桥复杂，其受力特点既有空心板的受力性能，又兼具多室箱梁的受力特征，因而尚无统一的设计方法，目前设计中常采用刚接板法、内力增大系数法和梁格法进行计算[1]，但还没有一个令人满意的方法，因而直接导致运营中的整体式混凝土空心板桥出现众多病害[2]。为此，本文结合一整体式空心板桥试验，借助通用有限元软件对整体式混凝土空心板桥进行弹塑性分析，并进行试验验证。

一、桥 梁 概 况

某整体式钢筋混凝土空心板桥，设计荷载为汽车-20 级、挂车-100、人群 3.5kN/m²，跨径组成为 15.46m+15.46m，桥面宽度为 0.35m+4m(人行道)+4m(非机行道)+2m(绿化带)+12m(机行道)+6m(绿化带)+12m(机行道)+2m(绿化带)+4m(非机行道)+4m(人行道)+0.35m=50.70m。桥面在非机动车道与机动车道之间及左右半幅行车道之间，共设置 3 条纵向分割缝将上部结构分为相互独立的四部分，机行道为 16 孔整浇空心板结构，其结构断面如图 1 所示。

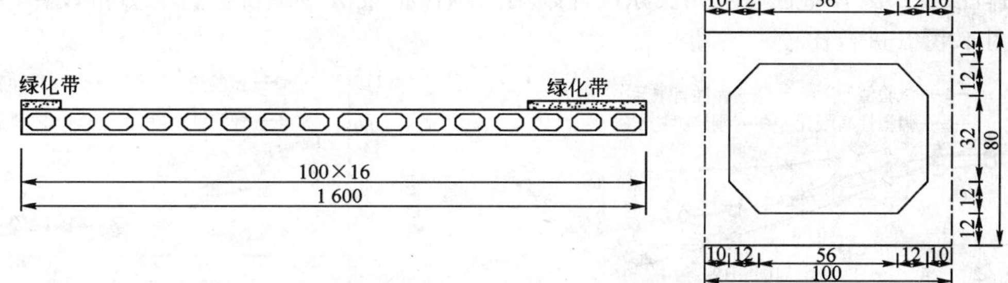

图 1 钢筋混凝土空心板桥截面(尺寸单位 cm)

该桥在使用过程中出现大量纵、横向裂缝，现场调查表明横向裂缝集中于跨中附近，裂缝宽度 0.05～0.15mm之间，纵向裂缝出现于行车道中心线附近，最大裂缝宽度 1.4mm。为分析查明裂缝产生的原因及受力性能，对该桥进行了现场荷载试验和弹塑性分析。

二、试 验 研 究

结合该桥特征，试验分别以跨中和支座截面为控制截面，共 5 个加载工况，限于篇幅限制，本文仅列出跨中弯矩最不利工况，该工况加载共采用 4 辆 300kN(前轴 60kN，中后轴 240kN)标准车，试验荷载效率系数 $\eta=0.998$，车辆布置如图 2 所示。

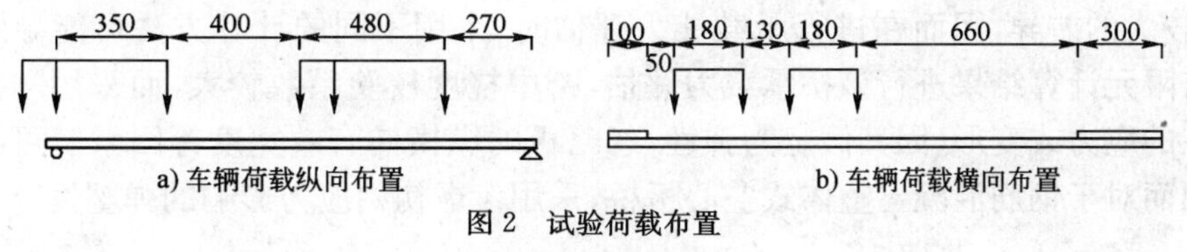

a) 车辆荷载纵向布置 b) 车辆荷载横向布置

图 2 试验荷载布置

三、数值分析模拟

我国现行的《公路钢筋混凝土及预应力混凝土桥涵设计规范》(JTG-D 62)对钢筋混凝土桥梁的内力计算采用线弹性分析方法，因而本文首先考虑采用传统的 3 维 8 节点实体弹性单元建模分析，有限元模型如图 3a)所示，其中弹性模量采用考虑钢筋均化的弹性模量。

由于该桥为钢筋混凝土桥梁，运营中已产生大量裂缝，如果只进行弹性有限元分析不能清晰给出整体式混凝土空心板桥的受力性能，不能揭示其内力和应力的重分布过程，从而也不能准确的评估该类型桥梁的承载能力，因此有必要对钢筋混凝土箱梁的受力性能进行弹塑性分析。弹塑性有限元模型如图 b)所示，模型采用钢筋混凝土分离式模型，其中混凝土采用 Solid65 单元，钢筋采用考虑塑性性能的 link8 单元。假定混凝土与钢筋共同作用良好，混凝土单元与钢筋单元通过节点耦合联结。弹塑性有限元模型计算活载时，考虑成桥初始应力对结构性能的影响，即弹塑性分析时，考虑施工顺序的影响，其中结构自重和二期恒载产生的应力作为结构初始应力进行计算。

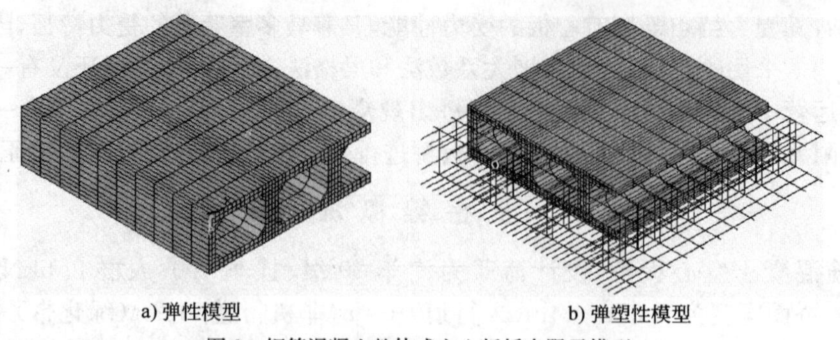

a) 弹性模型　　b) 弹塑性模型

图3　钢筋混凝土整体式空心板桥有限元模型

四、理论分析与试验结果的比较

分别用弹性有限元、弹塑性有限元及原设计采用的刚接板梁法对该桥进行了分析计算，并把试验结果一起绘于图4、图5进行比较。

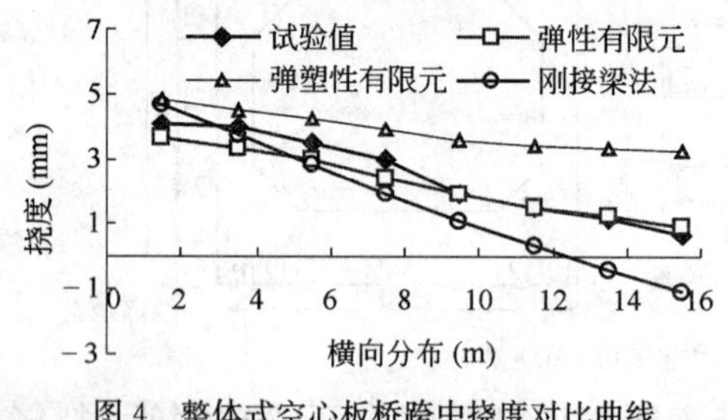

图4　整体式空心板桥跨中挠度对比曲线

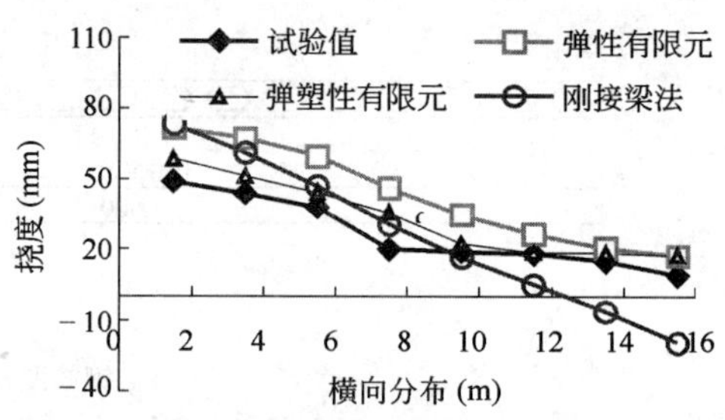

图5　整体式空心板桥跨中纵向应力对比曲线

图4为跨中截面变形分布规律，由图可以看出：采用刚接梁法计算的跨中挠度横向分布与实测结果相差较大。在测试工况下，大多测点试验值均大于计算值，刚接梁法的计算结果不能反应该桥的受力特征和分布，采用此方法进行设计偏于不安全。

由于试验桥梁已有裂缝出现，因而测试应变为跨中附近开裂区混凝土的平均应变。对开裂区混凝土应变，本文分别采用弹性状态的刚接板梁法及有限元法和非弹性状态的弹塑性有限元法计算混凝土的应变，图5列出不同方法计算结果对比曲线，由图可知，弹塑性有限元分析结果更接近于试验结果。

表1还给出了不同计算方法挠度和应变的校验系数，发现采用不同的方法计算混凝土整体式空心板桥，计算结果有较大的差异，因而在进行承载能力评估时，采用不同的计算方法可能导致不同的评定结果。采用弹性有限元计算结果进行该桥承载力评估，跨中挠度校验系数较大，而采用刚接板梁法又低估了桥中实际存在的应力或变形（因其假定为弹性，忽略板的纵横向有效宽度等因素），可能导致不必要的维修和加固。因而对于钢筋混凝土整体式空心板桥，采用考虑初始应力影响的弹塑性分析进行承载力评定较为合理。

不同计算方法的校验系数　　表1

校验系数	刚接梁法	弹性有限元	弹塑性有限元	校验系数	刚接梁法	弹性有限元	弹塑性有限元
挠度	0.88	1.12	0.86	应变	0.67	0.68	0.84

五、整体式空心板桥横向受力分析

纵向裂缝是整体式板桥的特征病害之一，本桥的现场调查发现空心板底横向7～9m处产生3条纵向裂缝，其中一条已纵向贯通。采用弹性有限元法对该桥的横向应力进行了计算，计算结果如图6所示。

从图6可以看出，恒载作用下，除最外侧底板横向出现压应力外，其余均为拉应力，拉应力最大值0.3MPa出现在横向中间；车辆荷载作用下，空心板底板横向产生拉、压应力，在每孔的角隅处，应力达到幅值。若不考虑塑性应力重分布，在设计活载和恒载作用下，空心板横向最大拉应力出现在第8孔角隅处，其值1.76MPa已超过C30混凝土抗拉强度设计值，可能出现裂缝。现场调查也表明在该位置附近出现横向裂缝。由此可见，车辆偏载引起的畸变横向挠曲是导致整体式空心板纵向裂缝的主要原因。

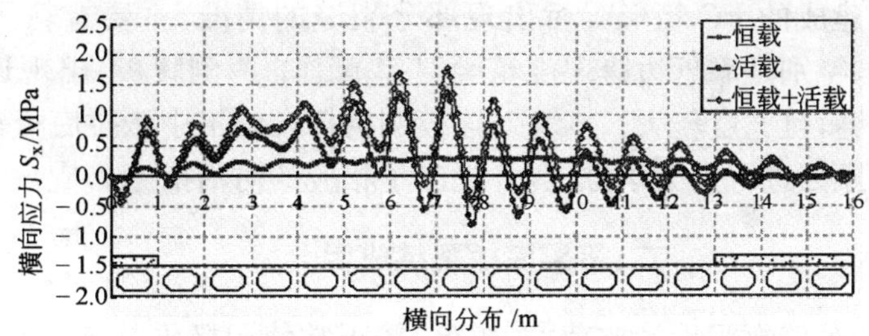

图 6 整体式空心板桥跨中底板横向应力分布

六、结 语

(1)钢筋混凝土整体式空心板桥采用刚接梁法计算可能过高或过低估计了桥中实际存在的应力或变形，其结果与试验测试结果相差较大，因而对于整体式空心板桥的设计理论有待进一步完善。

(2)对于钢筋混凝土整体式空心板桥承载力评估时，由于正常使用荷载下允许出现裂缝，因而采用弹性理论计算内力对评估结果有较大的影响，本文计算结果表明采用考虑初始应力影响的弹塑性分析进行结构计算较为合理。

(3)车辆偏载引起的畸变横向挠曲是导致整体式空心板纵向裂缝的主要原因，车辆偏载引起的横向应力在每孔的角隅处达到幅值。

参考文献

[1] 陶能迁，陈斌，王福敏. 整体式空心板连续梁桥的内力增大系数研究[J]. 公路交通技术，2007，(1)：66-71.

[2] 邵旭东，周里鸣，李立峰. 薄壁空心板纵向裂缝的畸变分析与试验研究[J]. 公路，2007，(3)：59-64.

[3] 公路钢筋混凝土及预应力混凝土桥涵设计规范[S]. (JTJ 023—85)北京：人民交通出版社，1985.

[4] 公路钢筋混凝土及预应力混凝土桥涵设计规范[S]. (JTG-D 62)北京：人民交通出版社，2004.

165. 大跨度预应力混凝土连续刚构桥箱梁底板裂缝成因分析

杜 斌 龙 悦 赵人达
(西南交通大学土木工程学院)

摘 要 针对某些连续刚构桥在张拉底板预应力筋时和成桥运营时发生的底板崩裂和底板裂缝事故进行分析，得到底板开裂的主要原因是按桥的立面线形布置形成拱形的底板纵向预应力筋产生的径向力所致；且通过力学分析得到不使底板开裂的底板预应力曲线半径、钢束定位成折线产生转角和合龙段的高差的合理范围；并提出了平衡每根底板纵向预应力筋产生的径向力所用箍筋的间距与单肢箍筋截面面积的关系式。

关键词 刚构桥 箱梁 底板裂缝 箍筋 防治措施

一、引 言

近年来，一些连续刚构桥在施工和运营过程中，箱梁截面出现了一些问题，文献[1]例举了 1995 年 5 月，山东省公路桥梁检测中心对 20 世纪 90 年代初投入运营的东明黄河公路大桥(主桥 75m＋7×120m＋75m 连续刚构)、台儿庄大桥(主桥 46m＋80m＋46m 连续刚构)和临清卫运河大桥(主桥 33m＋56m＋

33m 连续刚构)3 座预应力连续刚构桥梁主桥进行了检测，其主桥箱梁腹板均显现有不同程度的斜向裂缝；文献[2]例举了 4 座已建成的 PC 箱形梁桥出现部分裂缝的情况，主要有箱梁顶板和底板的纵向裂缝，箱梁腹扳的斜向裂缝。特别是靠近边跨现浇箱梁端部范围的两侧腹板、出现近 45°的斜向裂缝，这些裂缝的性质大部为受力裂缝，且宽度较大。本文对连续刚构桥在施工中张拉底板预应力束和成桥时常出现箱梁底板开裂和崩裂的原因进行了力学分析，并提出了相应的防治措施。

二、箱梁底板裂缝成因分析

根据 JTG D62—2004 公路桥涵设计规范[3]规定：按正常使用极限状态设计时，预应力应作为荷载计算其效应。对于大跨度变截面箱梁的底板布置的预应力束，只能按桥的立面线形布置，形成拱形。当张拉底板预应力筋时，必然使截面产生与使用荷载作用方向相同的附加荷载即均布横向力，称为附加荷载效应(图 1)，设计时应充分考虑。当钢束在平面或纵面上曲线布置时，具有横向或纵向曲率的纵向预应力筋束在张拉过程中会产生对腹板或底板混凝土的径向压力(图 1)。下面来分析连续刚构桥按桥的立面线形布置的预应力筋对底板产生的效应。

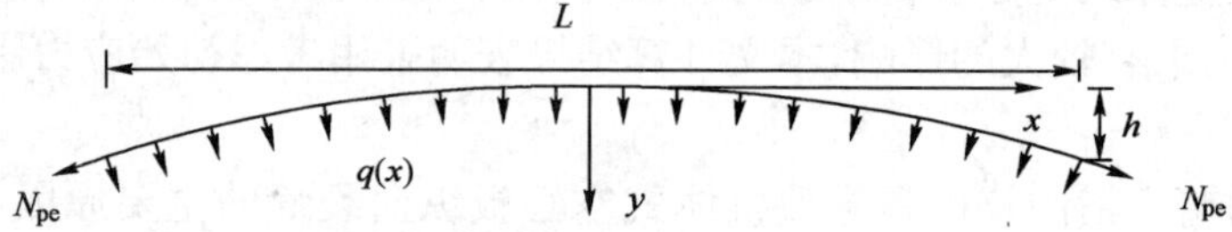

图 1　力筋张力引起的径向力示意

1. 底板预应力筋产生径向力和集中力的计算

取一小段预应力筋进行分析，其受力情况如图 2 所示，若划分为无限小，则曲线可近似按圆弧线处理，径向力 $q(x)$ 近似相等，在 s—s 轴上列力的平衡方程：

$$N_{pe}\sin\theta + N_{pe}\sin\theta += q(x)(\theta+\theta)R \tag{1}$$

一般情况 θ 很小，近似取 $\sin\theta\approx\theta$，则上式简化为

$$2N_{pe}\theta = 2q(x)\theta R$$

$$\text{得 } q(x) = \frac{N_{pe}}{R} \tag{2}$$

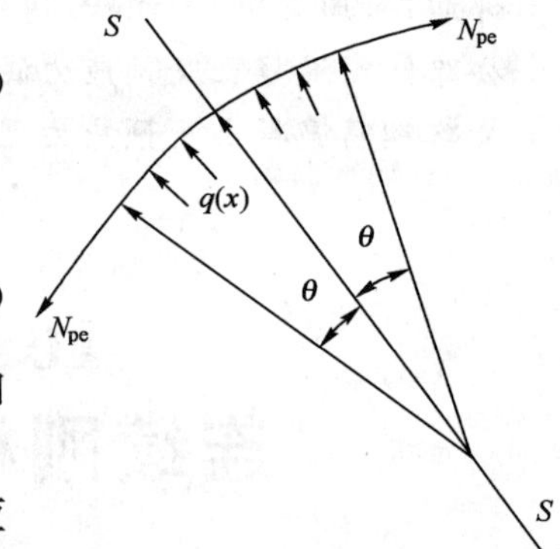

图 2　微段力筋径向力分析示意

从式(2)可以得到：(1)径向力 $q(x)$ 随变截面箱梁底板的预应力筋曲率半径的增大而减小；

(2)若刚构桥的箱梁高度以及箱梁底板厚度按抛物线变化，底板预应力筋按底板的形状设计为抛物线线形如图 1。抛物线方程为 $y=ax^{b}$，经过$(L/2,h)$，得 $y=h\left(\frac{2x}{l}\right)^{b}$，根据半径公式 $R=\frac{(1+y'^{2})^{\frac{3}{2}}}{y''}$，$y=h\left(\frac{2x}{l}\right)^{b}$，代入式(2)得

$$q(x)=\frac{N_{pe}}{R}=N_{pe}\frac{h\left(\frac{2}{l}\right)^{b}b(b-1)x^{b-2}}{\left\{1+\left[h\left(\frac{2}{l}\right)^{b}bx^{b-1}\right]^{2}\right\}^{\frac{3}{2}}} \tag{3}$$

一般情况 $1<b<2$，从式(3)可以得出：径向力 $q(x)$ 随 h/L 的增大而增大；径向力 $q(x)$ 在预应力筋两端产生的径向压应力最小，跨中产生的径向力 $\lim\limits_{x\to0}q(x)=\lim\limits_{x\to0}N_{pe}\frac{h\left(\frac{2}{l}\right)^{b}b(b-1)x^{b-2}}{\left\{1+\left[h\left(\frac{2}{l}\right)^{b}bx^{b-1}\right]^{2}\right\}^{\frac{3}{2}}}=\lim\limits_{x\to0}N_{pe}h\left(\frac{2}{l}\right)^{b}b(b-1)x^{b-2}\to\infty$，可知对跨中最不利。一般底板预应力筋在跨中应该设置过渡的水平直线段从而避开抛物线曲率无穷大的区域，应从离抛物线顶点的一段距离开始设置抛物线，并且设置一定厚度的横

隔板就可以消除无穷大的径向力。这种径向压力必然受到腹板或底板混凝土的抵抗，当没有布置横向预应力束或底板截面尺寸不足或没有设置平衡箍筋时会导致底板产生纵向裂缝，正确的设计是按此径向分布荷载设置平衡箍筋，将这部分力通过平衡箍筋传递于上层钢筋，使全底板共同参与受力，有效防止底板劈裂。

2. 合龙段高差或钢束定位产生的集中力计算

由于施工误差可能导致合龙段（图 3）两端存在高差或钢束定位成折线，设由合龙段两端存在高差或钢束定位成折线引起的转角为 θ，每束预应力筋产生的集中力为 F_θ，$\sum F_y=0$，$F_\theta=N_{pe}\sin\theta_1+N_{pe}\sin\theta_2\approx N_{pe}\theta_1+N_{pe}\theta_2=N_{pe}\theta$，即，由钢束定位成折线引起的集中力为：

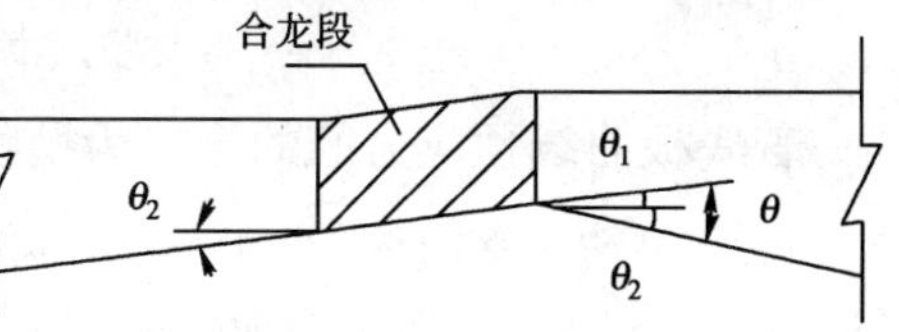

图 3 合龙段施工示意

$$F_\theta = N_{pe}\theta \tag{4}$$

由合龙段两端存在高差引起的集中力为：

$$F_\theta = N_{pe}\theta = N_{pe}\left(\theta_2+\frac{h}{l}\right) \tag{5}$$

式中：h——合龙段两端的高差；

l——合龙段长度；

θ_2——钢束与水平线的夹角。

由式(4)可知，由合龙段两端存在高差或钢束定位成折线而引起的集中力，随转角 θ 的增大而增大，所以要尽可能减小合龙段两端高差和钢束定位成折线引起的转角。

三、底板预应力筋曲线半径、合龙段的高差、钢束定位成折线产生转角的合理范围

假设由预应力筋下崩力引起的裂缝与底板法线成 β 角，裂缝首先在 A 点出现，而后由于裂缝尖端的应力集中，裂缝即沿与主拉应力垂直方向迅速开展，由此引起底板混凝土大片崩裂而破坏，考虑便于工程应用，可假定裂缝从 A 点出发沿与底板平面成 45°角方向开展，如图 4 以单位长度底板为研究对象，取波纹管下部混凝土作为脱离体如图 4b)，作用于脱离体的力有：预应力钢束的下崩力 $F(x)$，并假设斜切面上仅有主拉应力，其平均值为 $\bar{\sigma}$。

根据脱离体的$\sum F_y=0$，可计算出斜切面平均主拉应力为：

$$\bar{\sigma}=\frac{F(x)}{2t\cos\beta} \tag{6}$$

$$\sigma_A = k\bar{\sigma} = k\,\frac{F(x)}{2t\cos\beta} \tag{7}$$

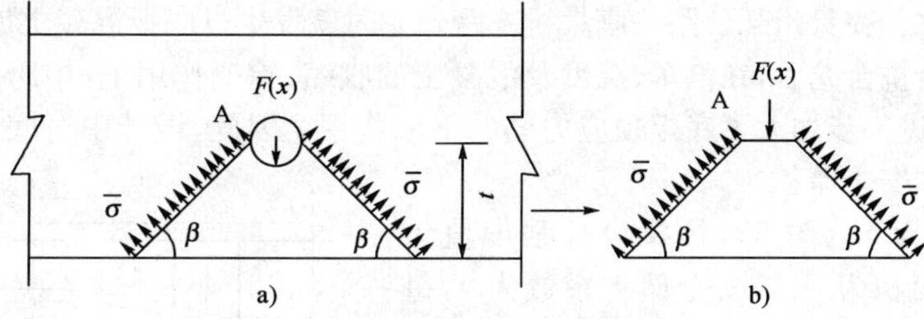

图 4 钢束对底板局部作用受力分析

在预应力钢束的下崩力作用下不产生崩裂裂缝的条件可表达为：

$$\sigma_A = k\,\frac{F(x)}{2t\cos\beta}\leqslant\frac{f_{tk}}{\gamma} \tag{8}$$

(1)若下崩力由底板曲线预应力筋曲率引起，则 $F(x)=\dfrac{N_{pe}}{R(x)}$，得到在预应力钢束的下崩力作用下不产生崩裂裂缝的条件为：

$$R(x) \geqslant \gamma \frac{N_{pe}k}{2t\cos\beta f_{tk}} \tag{9}$$

实际上只需曲线的最小曲率半径满足(9)式条件即可

$$R(x)_{min} \geqslant \gamma \frac{N_{pe}k}{2t\cos\beta f_{tk}} \tag{10}$$

若底板曲线预应力筋的形状为抛物线，则

$$R(x)_{min} = \frac{\left\{1+\left[h\left(\frac{2}{l}\right)^{b} bx_0^{b-1}\right]^2\right\}^{\frac{3}{2}}}{h\left(\frac{2}{l}\right)^{b} b(b-1)x_0^{b-2}} \geqslant \gamma \frac{N_{pe}k}{2t\cos\beta f_{tk}} \tag{11}$$

式中：x_0——抛物线在跨中的起点横坐标。

(2)若下崩力由合龙段的高差、钢束定位成折线产生转角引起，则 $F(x)=N_{pe}\theta$，得到在预应力钢束产生的集中力作用下不产生崩裂裂缝的条件为：

$$\theta \leqslant \frac{2t\cos\beta f_{tk}}{\gamma k N_{pe}} \tag{12}$$

$$h \leqslant \frac{2t\cos\beta f_{tk} l}{\gamma k N_{pe}} - \theta_2 l \tag{13}$$

式中：γ——抗裂安全系数建议取为1.15～1.25；

f_{tk}——混凝土抗拉强度标准值；

k——斜切面上的峰值拉应力与平均应力之比，可依据试验资料确定；

t——波纹管下方混凝土厚度；

β——裂缝从 A 点出发沿与底板法线方向开展的角度，建议取45°；

h——合龙段两端的高差；

l——合龙段长度。

四、箍筋的布置

在成桥运营之前，当钢束曲率作用的径向力与箱梁荷载应力相叠加时，相应的弯曲应力可能比单独的恒载产生的应力大3～4倍，同时可能还存在钢束线形的偏位而使受力更加不利，严重时集中力可导致腹板混凝土局部剥落或崩裂，所以预应力束径向力必须由底板的箍筋来承受。如果底板内箍筋应力不超限。则底板上下层钢筋网不会被撕开；反之，底板就会被撕开。出现预应力筋上层钢筋网及混凝土完好而下层向下崩出的现象。在贵州某公路一座大桥主跨合龙时就发生过底板混凝土崩脱，因此必须进行径向防崩箍筋的设计。全桥合龙后，在汽车、温度及混凝土的收缩、徐变作用下，中跨的跨中处将产生较大的正弯曲和跨中下挠，进一步加大了底板预应力筋的下崩作用。因此，设计中对底板箍筋和跨中底板的局部刚度应留有足够的安全储备。

假设箍筋的间距为 S_v(图5)，抗拉设计强度值为 f_{sv1}，每单肢箍筋截面面积为 A_{sv1}，安全储备系数为 γ，每束预应力筋的有效预应力为 N_{pe}，取L段进行分析，由 $\sum F_y=0$ 得

$$2\frac{1}{S_v} f_{sv1} A_{sv1} = 2\gamma N_{pe}\sin\theta \tag{14}$$

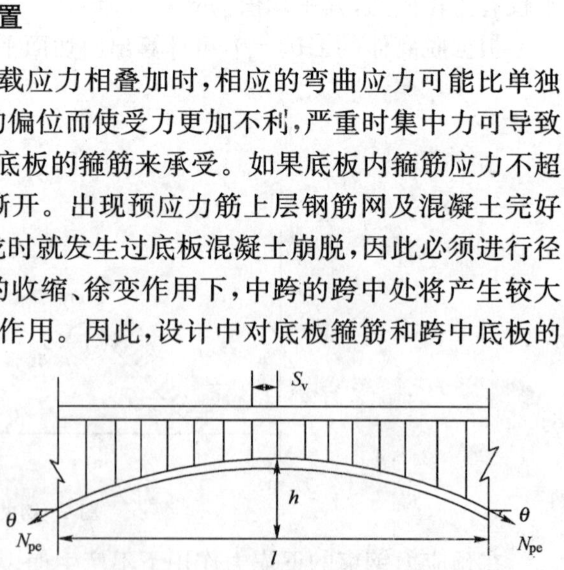

图5 箍筋布置

可得箍筋间距 S_v 与单肢箍筋截面面积 A_{sv1} 的关系为：

$$S_v = \frac{f_{sv1} A_{sv1} l}{\gamma} \frac{1}{f_s A_s \sin\theta} \tag{15}$$

若曲线预应力筋按抛物线布置，则 $\sin\theta=\left[1+\left(\frac{1}{y}\right)^2\right]^{-1/2}$，$y'=bh\left(\frac{2x}{l}\right)^{b-1}=bh$

$$S_v=\frac{f_{sv1}A_{sv1}l}{\gamma}\frac{1}{f_sA_s\frac{bh}{\sqrt{b^2h^2+1}}} \tag{16}$$

并且箍筋的直径和间距要符合《公路钢筋混凝土及预应力混凝土桥涵设计规范》(JTG D62—2004)第9.3.15条(具有曲线形的梁腹，近曲面的纵向受拉钢筋应由箍筋固定，箍筋间距不应大于所箍主钢筋直径的10倍，箍钢筋直径不宜小于8mm)的规定。文献[2]建议合龙段底板箍筋间距采用20cm，其余段采用25～30cm，且因为底板力筋产生的径向力在力筋顶部最大，纵向箍筋的间距应从合龙段向其他段逐渐增大。

五、底板裂缝的防治措施

由上述分析可知底板预应力筋产生的径向压应力、合龙段的高差、钢束定位成折线产生转角、箍筋的间距设置过大是产生底板裂缝的主要原因；还有设计中未采用横向预应力，纵向预应力施加过大，温差应力估计不足，混凝土保护层不足，施工中横向预应力施加不足或预应力损失太大，在混凝土龄期未达到设计要求时就张拉预应力钢束，预应力管道在梁段上的位置与设计图纸的理论位置不符，所以建议应从下面几个方面来防止底板裂缝的出现。

(1)合理设置底板箍筋的间距和直径，使箍筋产生的拉应力平衡大部分径向压应力，同时还需增设短的弯钩钢筋，增强箱梁底板上下层钢筋的整体性，从而起到防崩的作用。

(2)合理设计箱梁底缘的曲线，将曲线从距原点一段距离开始设置，避开曲率无穷大的区域，曲线在合龙段两端的曲线半径尽可能大，使钢束径向力降低到最小。

(3)施工中应准确定位波纹管，避免出现大的转角。

(4)根据施工监控及时调整施工梁段的标高，减少合龙段两端高差。

(5)在跨中点增设横隔板，以增强箱梁顶、底板的整体刚度。

参考文献

[1] 李海军，李军. 连续桥梁预应力箱梁腹板裂缝成因浅析[J]. 华东公路，2000，(3)：26-29.

[2] 李坚. 我国预应力混凝土连续梁桥的发展与工程实践[J]. 城市道桥与防洪，2001，(1)：21-26.

[3] 公路钢筋混凝土及预应力混凝土桥涵设计规范(JTG D62—2004)[M]. 北京，人民交通出版社，2004.

[4] 包立新，杨广来，杨文军. 对连续刚构桥底板开裂问题的探讨[J]. 公路 2004，(8)：44-48

[5] 周锐，周志祥，预应力砼薄壁箱梁破坏形态研究[J]重庆交通学院学报，2005(10)：34-37

[6] 何海，变高度预应力混凝土箱梁桥底板纵向裂缝成因分析及防治[J]中南公路工程，2001，(4)23-25.

166. 大跨宽箱 PC 连续刚构桥主跨箱底板预应力钢束空间效应分析

钟明全[1] 贺华刚[2] 郝付军[2] 徐 勇[2]

(1. 重庆市交通规划勘察设计院；2. 重庆交通大学)

摘 要 本文通过建立大跨宽箱 PC 连续刚构主跨跨中区段空间模型，采用大型通用有限元程序 ANSYS 计算分析，比较研究了箱底板横肋对其横桥向拉应力的影响。

关键词 连续刚构 箱梁底板 横肋 空间效应

一、概　　述

西部山区公路建设，为预应力混凝土(PC)连续刚构提供了广阔的应用舞台和良好的发展机遇，然而在连续刚构底板纵向预应力钢束的施工过程中或成桥运营后，由于底板纵向预应力束产生的径向力，经常会导致底板混凝土崩裂或产生顺桥向的纵向裂缝，严重影响桥梁的安全性和耐久性。随着材料、工艺、施工技术的不断发展，连续刚构也不断朝大跨、宽箱、薄壁方向发展。跨径增大，必然会导致更多的底板预应力束，底板束的径向力作用也更为明显；而箱梁宽度增加，使底板相对刚度减弱，在底板束的径向力作用下，产生较大的横桥向挠曲变形，使得底板产生较大的横桥向拉应力。因此，在一些大跨宽箱连续刚构中，由底板束张拉导致的混凝土纵向裂缝，甚至崩裂情况时有发生。

近年来，国内对大跨宽箱连续刚构桥箱底板纵向预应力钢束空间效应研究日渐关注[1,2]。目前的研究主要通过三维有限元程序实体建模，计算分析底板纵向钢束预应力作用下的底板横向应力分布规律，认为底板纵向钢束张拉产生的径向力作用是导致底板混凝土纵向裂缝或崩裂的主要原因[1,2,3]，提出了一些预防措施，譬如适当增加底板厚度，增设底板横向预应力钢束，设置底板横肋，加强底板防崩钢筋等，但针对这些措施对底板横向应力的影响未做定量分析。本文以重庆绕城公路水土嘉陵江特大桥为例，通过建立主跨跨中区段有限元空间模型，模拟了底板双层预应力钢束，计算分析了底板横肋对其在纵向预应力钢束径向力作用下的最大横向拉应力的影响。

重庆绕城公路水土嘉陵江特大桥为138.5m+245.0m+138.5m双幅三跨预应力混凝土连续刚构，单幅主梁为单箱单室截面，箱顶宽16.75m，箱底宽8.5m，主梁跨中区段采用C55混凝土。梁高按半立方抛物线规律变化，跨中梁高4.5m，根部梁高15.3m；底板厚度按二次抛物线变化，跨中截面底板厚度0.32m，根部截面底板厚度1.6m。采用三向预应力体系，跨中设有横隔板。半主跨底板及跨中截面预应力钢束布置如图1所示。

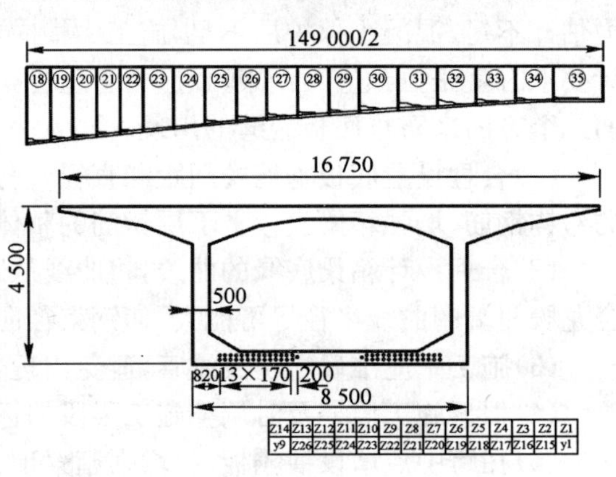

图1　半主跨底板及跨中截面预应力钢束布置(单位：mm)

二、空间有限元模型

1. 区段模型选取

预应力混凝土连续刚构主跨梁高一般呈抛物线变化，底板纵向预应力钢束也往往在竖向布置成曲线形状。底板纵向预应力钢束张拉后，会沿曲线产生径向分布力，这一分布力随曲率半径的减少而增大。在连续刚构中，主跨跨中截面曲率半径最小，通过的底板钢束最多，底板厚度也最小。因此，从受径向力的角度考虑，跨中区段最为薄弱。综合考虑，截取主跨跨中87m区段箱梁建立空间有限元模型，如图2所示。

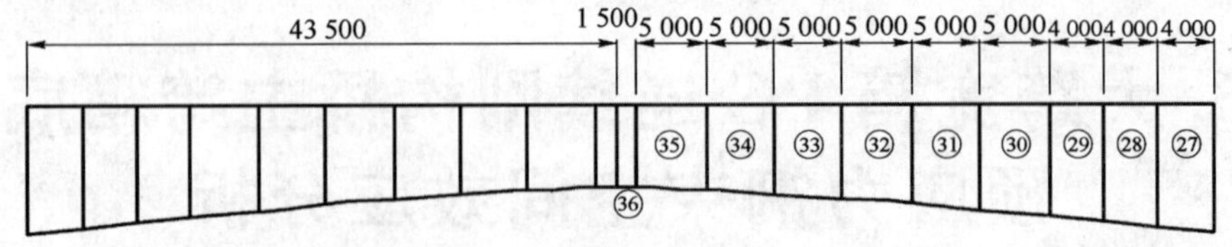

图2　主跨跨中区段模型节段示意(尺寸单位：mm)

2. 单元划分

运用通用有限元程序ANSYS对结构进行模拟，箱梁混凝土采用8节点六面体单元SOLIDE45，底板纵向预应力钢束采用三维杆单元LINK8，预应力荷载采用降温法模拟，预应力张拉控制应力1 395MPa，综合考虑取控制应力的15%作为预应力损失。

考虑到实际施工时，箱梁底板在各节段内呈直线，在节段交接处存在转角(实际上在节段交接处波纹管还是有较小的弯曲曲线，但曲率半径很小，可以偏安全地视为转角[3]），模型中预应力钢束按多个折线段进行模拟。为了简化计算，利用对称性，取1/4结构进行建模。为保证计算精度，按实际情况准确模拟底板两层预应力钢束的分布位置和底板横肋，对底板、横隔板以及横肋单元划分较细（单元最大边长0.15～0.3m），其他部位单元最大边长一般不超过为0.45m。

建立有、无横肋两种有限元模型，分别计算进行比较。底板无横肋，如图3a）所示；在底板各个节段交接处设置一道300mm×500mm（宽×高）的横肋，横肋侧面与锚固齿板端面齐平（考虑到底板节段交接处径向力较大，底板由此产生的横向拉应力也较大，同时与锚固齿板端面齐平也有利于施工），如图3b）所示。细部结构单元划分如图4所示意。

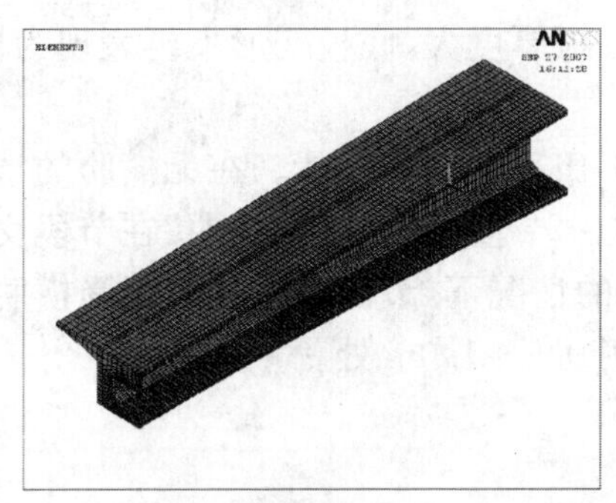

a)底板无横肋　　b)底板有横肋

图3　箱梁有限元模型

3. 模型边界条件

力边界条件：取分离体靠近主墩侧截面为力边界，通过平面程序纵向总体计算而得，弯矩1.56×10^4kN·m，轴力1.84×10^5kN（压力）。根据圣唯南原理，等效施加到梁端截面腹板上下两节点处，其中上节点处9.423×10^4kN，下节点处8.977×10^4kN。

位移边界条件：利用对称性，跨中截面和纵剖面均约束法向位移，根据分离体的平衡条件，靠近主墩侧截面处的剪力以竖向支撑代替。边界条件如图5所示。

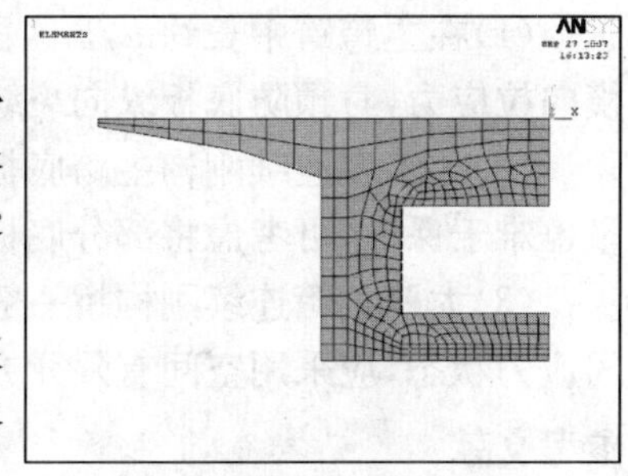

图4　中跨横隔板处有限元模型

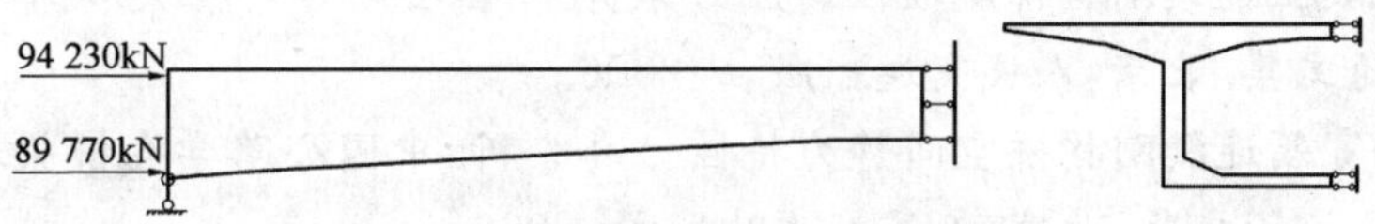

图5　模型边界条件示意

三、有限元分析结果

从计算结果来看，跨中区段箱梁在无横肋的情况下，由预应力的径向力所产生的底板横向拉应力在跨中截面附近第二个节段交接处的底板下缘最大，达到3.74MPa，并由跨中向两侧桥墩方向减少。跨中截面由于横隔板的存在，截面横向抗弯刚度增大，底板下缘横向拉应力明显减少。各节段底板最大横向拉应力一般出现在距腹板$b/4$～$b/2$（b为底板宽度）区域的底板下缘。

为了更为清楚的了解底板横向应力沿桥纵向的分布，以及横肋对底板横向应力的影响，取模型中靠近跨中截面的5个节段，将每个节段在两种情况下的底板最大横向拉应力进行比较，见表1。

底板横向拉应力比较表　　表1

节　段　号	36	35	34	33	32
无横肋时最大拉应力(MPa)	3.10	3.74	2.36	1.72	1.07
带横肋时最大拉应力(MPa)	1.02	1.85	0.94	0.88	0.84
最大横向拉应力减少百分比	67.10%	50.53%	60.17%	48.84%	21.50%

从表中数据可以看出，在靠近跨中截面附近的区段，受横肋影响各个节段底板横向最大拉应力有明显降低，其中36号节段处降幅最大，达67.10%。随着节段往桥墩方向的推移，底板的最大横向拉应力受横肋的影响也随之减弱，在32号节段处，仅为21.50%；从32号节段再往桥墩方向，横肋对底板最大拉应力的影响甚微。

从分析结果来看，增设横肋对各节段底板最大横向拉应力的影响是随着该节段与跨中截面的距离增大而减少。造成这一现象的主要原因是，在跨中附近截面通过底板的钢束多，钢束弯曲半径小，径向力大，底板厚度小，底板在钢束预应力作用下主要表现为横桥向弯曲变形。当在节段交接处增设底板横肋后，横肋附近区域底板刚度明显增大，弯曲变形减少，底板下缘最大拉应力也随之减少。反之，越靠近桥墩，通过底板的钢束少，钢束弯曲半径大，径向力小，底板厚度大，底板变形不再表现为横桥向的弯曲变形，横肋对减少底板最大拉应力影响甚微。

需要指出的是，两种情况下的底板最大拉应力并不出现在同一位置。在无横肋的情况下，箱底板最大拉应力一般出现在节段交接处，这主要由于实际施工中节段梁高"以直代曲"在节段交接处形成转角，预应力钢束局部弯曲半径变小、径向力大；而在有横肋的情况下，节段交接处底板受横肋加强影响，下缘横向拉应力显著降低，最大拉应力一般出现在横肋两侧0.5～1.0m处。

四、结　语

通过对大跨宽箱PC连续刚构桥主跨跨中区段有无底板横肋的空间有限元模型的计算结果分析比较，得出以下结论：

(1)在主跨跨中长约$L/5$区段(L为主跨跨径)的节段交接处设置底板横肋，能有效地减少底板最大横向拉应力，对预防底板纵向裂缝有显著效果。

(2)大跨度连续刚构主跨底板纵向预应力钢束多、多层布置、间距密，钢束准确定位难，混凝土浇注质量也难于保证，可考虑将部分底板束由体外束代替，同时便于实现连续刚构主跨跨中下挠的可控制性。

(3)大跨宽箱连续刚构桥一般采用平面杆系有限元程序进行设计计算，不能真实反映PC箱梁的空间应力状态，应采用空间有限元方法分析预应力局部效应，对结构细部设计予以复核。

参考文献

[1] 王毅等.预应力混凝土连续刚构桥底板径向应力分析.中国公路学会桥梁和结构工程学会2006年全国桥梁学术会议论文集.北京:人民交通出版社,2006.

[2] 钟明全等.大跨径宽箱连续刚构桥空间静力特性仿真分析.中国公路学会桥梁和结构工程学会2006年全国桥梁学术会议论文集.北京:人民交通出版社,2006.

[3] 冯鹏程等·连续刚构桥底板崩裂事故分析·世界桥梁,2006(1)·中铁大桥局集团武汉桥梁科学研究院有限公司,2006.2.

[4] 张立明·Algor、Ansys在桥梁工程中的应用方法与实例·北京:人民交通出版社·2003.

167. 钢管轻集料混凝土柱偏压延性性能研究

董亚东　傅中秋　吉伯海
(河海大学土木工程学院)

摘　要　通过对54根钢管轻集料混凝土柱的偏心受压试验结果进行了分析，分析了钢管轻集料混凝土柱在偏压荷载作用下的破坏形态，对位移延性系数和曲率延性系数进行了计算，并研究了构件的偏压延性性能和延性影响参数。结果表明，构件偏压破坏可分为强度破坏和稳定破坏两种情形：钢管轻集料混凝土柱具有良好的构件延性、截面延性、组合材料延性;随着构件的偏心距和含钢率的增大,构件延性有一定增强,随着长径比的增大,构件延性将有所减弱。

关键词 钢管轻集料混凝土 延性系数 长径比 含钢率 偏心距

一、引 言

钢管轻集料混凝土是在钢管内填充轻集料混凝土而形成的一种新型组合结构。它集轻集料混凝土和钢管普通混凝土的优势于一体,具有轻质高强、塑性好和施工方便等优点。在相同参数条件下,能减轻结构自重 20%左右[1]。这就使其在桥梁结构自重占重要比例的上部结构中具有良好的应用前景。

延性是结构或构件超过弹性极限后,在没有明显强度和刚度退化的情况下的变形能力,是反映结构、构件或材料的非弹性变形能力的度量指标[2,3]。本文通过对 18 组 54 根不同长径比、含钢率和偏心距的钢管轻集料混凝土柱的偏压试验结果分析,采用位移延性系数,曲率延性系数以及应力—应变曲线分别来研究钢管轻集料混凝土柱偏心受压时的构件延性、截面延性和组合材料延性,并分析了延性影响参数。

二、钢管轻集料混凝土偏压试验概况

试验采用了强度标号 LC30 的轻集料混凝土。轻集料混凝土集料为页岩陶粒,钢管轻集料混凝土试件采用的是 Q235 直缝焊接钢管。轻集料混凝土配制采用机械拌和。

本次试验主要考虑了试件的长径比、含钢率、偏心率等影响参数,共制作了 18 组 54 根钢管轻集料混凝土柱。试验所有试件均采用直径为 114mm 的成品直立缝焊接钢管。试件用钢管壁厚分别为 2.5mm 和 3.8mm 两种(即含钢率 α 为 11.4%和 14.8%)。试件的长径比 L/D(其中 L 为钢管轻集料混凝土试件的长度,D 为试件的外径)有 3 种,分别为 3、7、14,并取偏心距 e_0 为 10mm、20mm、35mm 以确定试件的偏心率 e_0/r_c(其中 r_c 为钢管的内半径)。

由于钢管长径比大小不同,钢管轻集料混凝土柱在偏心受压下的破坏形态可分以下两种情况:对于长径比较小($L/D=3$)的短柱偏压试件,试件破坏时发生侧向挠曲,中截面发生明显的局部屈曲,试件有较明显的强度破坏特征;对于长径比较大的中长柱试件发生破坏时,所有试件均发生较大的侧向挠曲,但钢管表面无明显屈曲,试件失稳破坏特征明显。

三、试件的延性性能分析

1. 位移延性系数和曲率延性系数

位移延性系数的定义为[4]

$$\mu = \frac{\Delta_u}{\Delta_y} \tag{1}$$

式中:Δ_y——屈服位移;

Δ_u——极限位移。

钢管轻集料混凝土偏心受压构件的荷载-位移曲线没有明显的屈服点,屈服位移 Δ_y 的取法是取荷载-位移曲线骨架线弹性段延线与过峰值点的切线交点处的位移;极限位移 Δ_u 取承载力下降到峰值承载力的 85%时对应的位移,如图 1 所示。

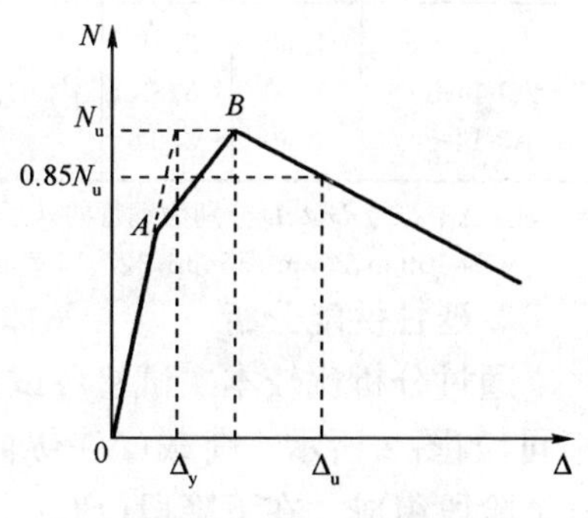

图 1 试件 $N-\Delta$ 示意

曲率延性系数的定义为[5,6]

$$\mu_\phi = \frac{\phi_u}{\phi_y} \tag{2}$$

式中:ϕ_y——截面屈服曲率;

ϕ_u——截面极限曲率。

根据文献[4]的规定，$\phi_y=M_y/K$。其中M_y为钢管轻集料混凝土的屈服弯矩，$M_y=0.89M_u$，M_u为钢管轻集料混凝土偏压试件的极限弯矩。K为钢管轻集料混凝土弹性阶段刚度，$K=E_{scm}I_{scm}=0.216M_u/\phi_e$，$\phi_e=0.128\phi_0$，$\phi_0=3.25f_y/(E_sD)$，$f_y$为钢材屈服强度，$E_s$为钢材的弹性模量，$D$为钢管的外径。

设钢管轻集料偏心受压构件中钢管最大压应变达到极限压应变ε_u（文献[7]和[8]中建议ε_u取10×10^{-3}）时，构件达到极限状态。在达到极限状态时，钢管轻集料混凝土仍满足平截面假定，可知截面极限曲率为$\phi_u=\varepsilon_u/x$（其中：x为极限状态下钢管轻集料混凝土截面受压区高度）。

将本次试验测得的各试件相关数据代入到式(1)和式(2)中，得到试件的位移延性系数μ和曲率延性系数μ_ϕ，如表1所示。

试件位移延性系数和曲率延性系数一览表　　表1

试件编号	μ	μ_ϕ	平均值$\bar{\mu}$	平均值$\bar{\mu}_\phi$	试件编号	μ	μ_ϕ	平均值$\bar{\mu}$	平均值$\bar{\mu}_\phi$
A1-3-a	2.88	6.99			B1-3-a	3.46	8.90		
A1-3-b	2.80	5.13	2.99	6.00	B1-3-b	2.96	9.39	3.10	9.27
A1-3-c	3.29	5.89			B1-3-c	2.89	9.51		
A1-7-a	2.27	3.74			B1-7-a	2.38	3.73		
A1-7-b	1.96	2.52	2.15	3.06	B -7-b	2.25	3.46	2.38	3.73
A1-7-c	2.21	2.92			B1-7-c	2.51	3.99		
A1-14-a	1.16	1.70			B1-14-a	1.26	2.24		
A1-14-b	1.05	2.41	1.12	1.96	B1-14-b	1.25	1.97	1.24	2.20
A1-14-c	1.15	1.77			B1-14-c	1.22	2.38		
A2-3-a	2.90	8.28			B2-3-a	3.76	9.55		
A2-3-b	3.29	10.14	3.21	9.40	B2-3-b	3.41	10.1	3.79	9.83
A2-3-c	3.44	9.78			B2-3-c	4.20	9.84		
A2-7-a	2.43	4.81			B2-7-a	3.00	4.82		
A2-7-b	2.23	3.91	2.58	4.34	B2-7-b	3.14	4.84	3.16	4.36
A2-7-c	3.08	4.29			B2-7-c	3.33	3.41		
A2-14-a	1.32	2.11			B2-14-a	1.51	1.90		
A2-14-b	1.41	2.45	1.39	2.30	B2-14-b	1.51	1.72	1.51	2.87
A2-14-c	1.45	2.33			B2-14-c	1.51	1.98		
A3-3-a	5.62	11.50			B3-3-a	5.51	11.88		
A3-3-b	5.59	11.83	5.10	11.31	B3-3-b	5.23	10.53	5.59	11.80
A3-3-c	4.09	10.60			B3-3-c	6.04	10.00		
A3-7-a	3.93	4.45			B3-7-a	3.74	5.00		
A3-7-b	3.47	4.38	3.77	4.66	B3-7-b	3.85	5.56	3.89	5.11
A3-7-c	3.91	4.16			B3-7-c	4.08	4.76		
A3-14-a	1.68	3.79			B3-14-a	1.73	3.55		
A3-14-b	1.70	3.88	1.66	3.77	B3-14-b	1.67	3.51	1.73	3.84
A3-14-c	1.60	3.64			B3-14-c	1.78	2.96		

注：表中符号D、t、L分别为钢管的外径，壁厚和长度；A和B分别表示含钢率为11.4%和14.8%的试件，A1、A2、A3分别表示偏心率为10mm、20mm、35mm，3、7、14表示试件的长径比，a、b、c表示一组试件中的三个构件。

2. 延性性能分析

通过分析比较本次试验各试件的荷载(N)-纵向应变(ε)曲线，发现各曲线形状和变形发展过程大致相同，如图2所示。荷载(N)-纵向应变(ε)曲线一般由弹性阶段(OA)，弹塑性阶段(AB)和下降段(BC)三个阶段组成。在下降段(BC)，承载力随纵向应变的增加而减小，曲线下降较缓，此时构件仍能够维持较大的承载力，表现出很好的延性性能和后期承载力性能。

由表 1 中对位移延性系数的计算结果可知，试件的 $\overline{\mu}$ 都是大于1.5，说明钢管轻集料混凝土偏心受压构件在达到屈服位移后，构件仍能承受较大的位移变形，具有良好的构件延性。通过对曲率延性系数的计算结果分析，试件的 $\overline{\mu}_\phi$ 均大于 2.0，说明试件的截面曲率达到屈服后，钢管轻集料混凝土构件截面仍有较强的转动能力，具有较好的截面延性。

目前的研究表明，轻集料混凝土的拉压比要明显小于相同强度等级的普通混凝土，且随着轻集料混凝土强度的提高，其脆性相应增大[9]，而钢材具有极好的延性性能，但薄壁钢管容易发生局部屈曲破坏而影响其延性性能[4]。通过分析钢管轻集料混凝土柱的应力(σ)-应变(ε)曲线(图 3)来分析钢管和轻集料混凝土组合后的材料延性。从图 3 中可以看出，钢管轻集料混凝土构件在达到屈服应力后，构件在保持没有明显应力下降的情况具有良好的变形能力，结合试件的破坏形态表明，内填轻集料混凝土能有效延缓钢管的屈曲，同时钢管对核心轻集料混凝土具有明显的约束作用，在偏压荷载作用下钢管和轻集料混凝土组合后的材料具有良好的材料延性。

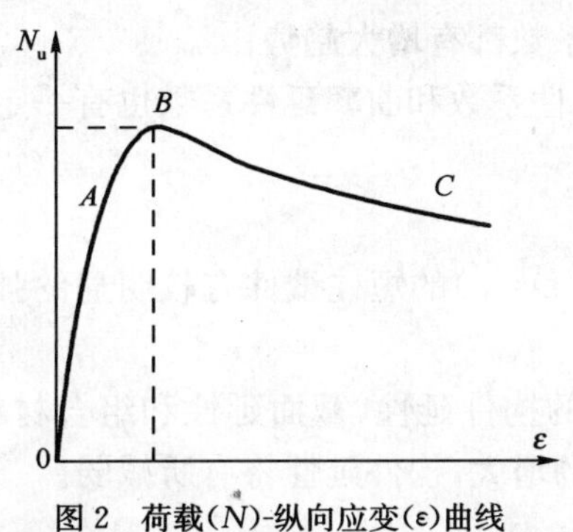

图 2　荷载(N)-纵向应变(ε)曲线

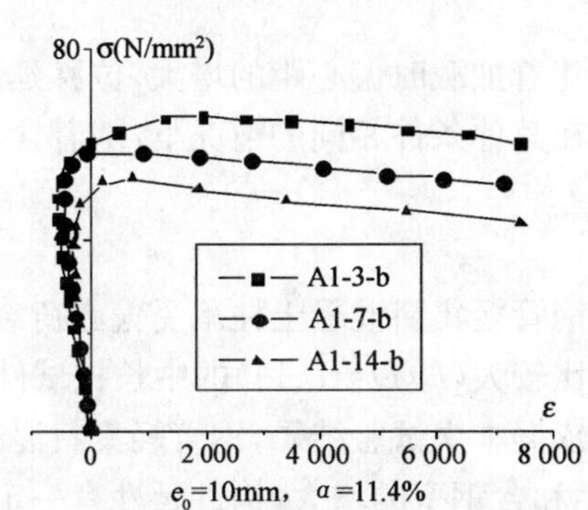

图 3　钢管轻集料混凝土应力(σ)-应变(ε)曲线

3. 延性影响参数分析

本次试验共取了 3 个影响参数：长径比、含钢率和偏心距，图 4～图 6 为三个参数对钢管轻集料混凝土偏压构件的位移延性系数和曲率延性系数的影响典型曲线。从图中可以看出：

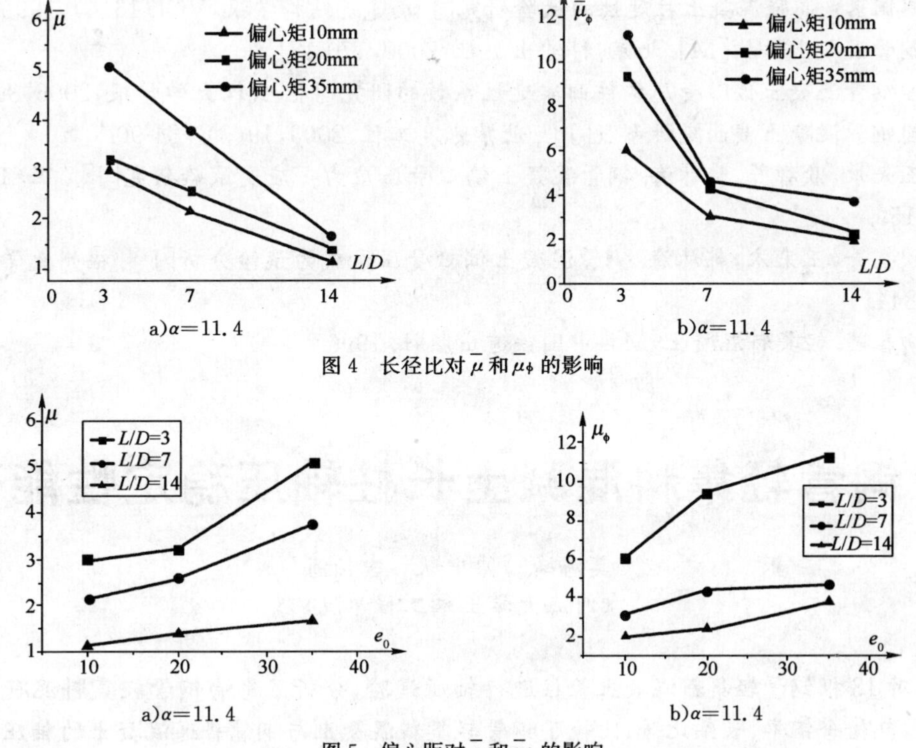

图 4　长径比对 $\overline{\mu}$ 和 $\overline{\mu}_\phi$ 的影响

图 5　偏心距对 $\overline{\mu}$ 和 $\overline{\mu}_\phi$ 的影响

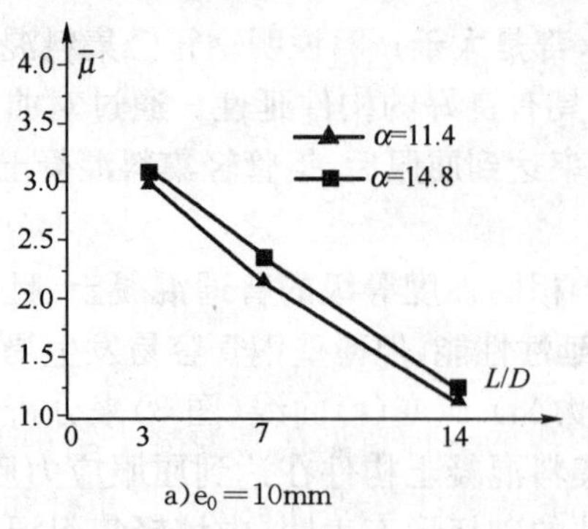

a) $e_0=10mm$

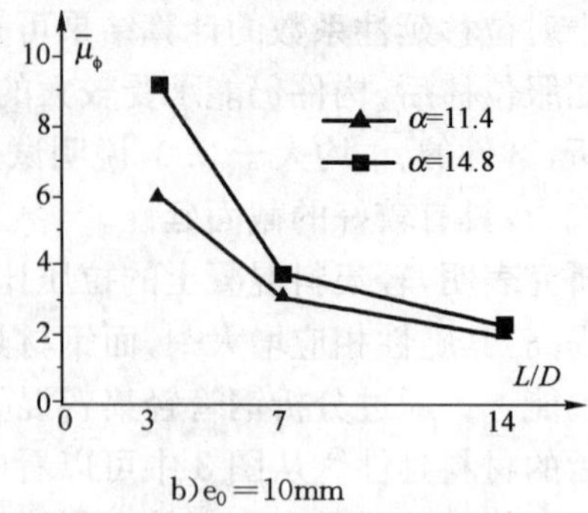

b) $e_0=10mm$

图6　含钢率对 $\overline{\mu}$ 和 $\overline{\mu}_\phi$ 的影响

(1)随着钢管轻集料混凝土构件长径比的增大,位移延性系数逐渐减小,曲率延性系数也呈现递减趋势;

(2)随着加载时偏心距的增大,位移延性系数和曲率延性系数都有增大趋势;

(3)在其他条件相同的情况下,随着含钢率的增大,位移延性系数和曲率延性系数也有一定增大。

四、结　　语

(1)钢管轻集料混凝土柱承受偏心荷载时,长径比较小($L/D=3$)的短柱试件有较明显的强度破坏特征;长径比较大($L/D=7$、14)的中长柱试件失稳破坏特征明显。

(2)依据本次试验结果,钢管轻集料混凝土构件具有良好的构件延性,截面延性和组合材料延性;随着偏心距和含钢率的增大,构件延性有一定增强;随着长径比的增大,构件延性将有所减弱。

参考文献

[1] 吉伯海,王晓亮,马敬海,杨明. 钢管高强轻集料混凝土短柱轴压性能的试验研究[J]. 建筑结构学报,2005,26(5): 60 - 65.

[2] 过镇海. 钢筋混凝土原理[M]. 北京:清华大学出版社,1999.

[3] 王清湘,赵国藩. 高强混凝土柱延性的试验研究[J]. 建筑结构学报,VOL 16(4),1995. 8.

[4] 韩林海. 钢管混凝土结构[M]. 北京:科学出版社,2000:170-171.

[5] 卢明奇. 方钢管混凝土偏心受压构件曲率延性系数的研究[J]. 武汉大学学报,2006,39(5):64-67.

[6] 张文福. 圆钢管混凝土截面延性系数[J] . 世界地震工程,2003,19(3) :84-90.

[7] 陈宝春,王来永,欧智菁,韩林海. 钢管混凝土偏心受压应力—应变试验研究[J]. 工程力学,2003,20(6):154-159.

[8] 陈宝春,欧智菁,王来永,韩林海. 钢管混凝土偏心受压承载力试验分析[J]. 福州大学学报,2002,30(6):838-844.

[9] 龚洛书,柳春圃. 轻集料混凝土[M]. 中国铁道出版社. 1996.

168. 钢管轻集料混凝土长柱轴压稳定性能研究

莫海峰　傅中秋　吉伯海

(河海大学土木工程学院)

摘　要　对18根钢管轻集料混凝土长柱进行轴压试验,分析了影响钢管轻集料混凝土长柱轴压稳定的主要因素,包括含钢率、长细比等,比较了钢管轻集料混凝土与钢管普通混凝土的轴压稳定系数。运用4种计算轴压柱稳定系数的方法对试验构件的稳定系数做了对比计算。结果表明:含钢率对钢管轻集料混凝土稳定系数影响幅度稳定；长细比越大，钢管轻集料混凝土的稳定系数越小；钢管轻集料混凝土的稳定系数要高于长细比相同的钢管普通混凝土；应用欧洲 EC4(1996)规程中稳定系数计算方法所得结果与实测值吻合较好。

关键词 钢管轻集料混凝土 轴压长柱 稳定系数

一、引 言

钢管轻集料混凝土是在钢管中填充轻集料混凝土而形成的一种新型钢管混凝土结构形式。与钢管普通混凝土相比，钢管轻集料混凝土除了同样具有强度高、延性好等优点外，自重还可降低 20%左右[1]。在桥梁结构中应用钢管轻集料混凝土将大大减轻结构自重，降低基础荷载，这与现代桥梁结构发展的要求是一致的。

钢管轻集料混凝土材料抗压强度高，主要用于受压为主的结构中，稳定性能是影响结构承载力的重要因素。但目前钢管轻集料混凝土构件力学性能的研究在国内外尚处于起步阶段，有关钢管轻集料混凝土轴压稳定性能的资料还很少。本文通过对钢管轻集料混凝土长柱轴压试验结果进行分析，研究了钢管轻集料混凝土长柱的轴压稳定性能；同时对比分析了国内外现行钢管普通混凝土设计规程关于稳定系数的计算方法，得出可供工程应用参考的结论。

二、钢管轻集料混凝土长柱轴压试验

本次试验在河海大学结构工程实验室进行。试验采用 Q235 直缝焊接钢管。混凝土为页岩陶粒混凝土，混凝土配合比和相应力学参数见表 1，试件基本数据及试验结果见表 2。

轻集料混凝土配合比及力学性能参数 表 1

强度等级	水泥 $kg\cdot m^{-3}$	陶粒 $kg\cdot m^{-3}$	砂 $kg\cdot m^{-3}$	矿粉 $kg\cdot m^{-3}$	水 $kg\cdot m^{-3}$	减水剂 $kg\cdot m^{-3}$	f_{cu} MPa	f_{ck} MPa	弹性模量 MPa	重度 $kN\cdot m^{-3}$
CL30	460	670	650	—	170	—	44.0	33.2	26.4×10^3	18.1

试件基本数据及试验结果一览表 表 2

试件编号	钢管尺寸 $D\times t\times L_0$(mm)	长细比 λ	含钢率 α(%)	钢管强度 f_y(N/mm²)	极限承载力 (kN)	平均极限承载力 N_u(kN)	$\varphi_u=N_u/N_0$
A-3-a	114×2.9×342	12	11.00	274.7	814.76	813.020 8	1.000 0
A-3-b	114×2.9×342	12	11.00	274.7	850.87		
A-3-c	114×2.9×342	12	11.00	274.7	773.44		
A-16-a	114×2.9×1 824	64	11.00	274.7	739.50	743.953	0.915 0
A-16-b	114×2.9×1 824	64	11.00	274.7	780.56		
A-16-c	114×2.9×1 824	64	11.00	274.7	711.81		
A-20-a	114×2.9×2 280	80	11.00	274.7	648.00	692.000 0	0.851 1
A-20-b	114×2.9×2 280	80	11.00	274.7	728.00		
A-20-c	114×2.9×2 280	80	11.00	274.7	700.00		
A-24-a	114×3.5×2 736	96	11.00	274.7	548.50	501.166 7	0.616 4
A-24-b	114×3.5×2 736	96	11.00	274.7	448.00		
A-24-c	114×3.5×2 736	96	11.00	274.7	507.00		
B-3-a	114×3.5×342	12	13.51	274.7	865.28	883.164 4	1.000 0
B-3-b	114×3.5×342	12	13.51	274.7	863.72		
B-3-c	114×3.5×342	12	13.51	274.7	920.50		
B-16-a	114×3.5×1 824	64	13.51	274.7	773.00	753.384 3	0.853 1
B-16-b	114×3.5×1 824	64	13.51	274.7	747.05		
B-16-c	114×3.5×1 824	64	13.51	274.7	740.10		

续上表

试件编号	钢管尺寸 $D\times t\times L_0$(mm)	长细比 λ	含钢率 α(%)	钢管强度 f_y(N/mm²)	极限承载力 (kN)	平均极限承载力 N_u(kN)	$\varphi_u=N_u/N_0$
B-20-a	114×3.5×2 280	80	13.51	274.7	—		
B-20-b	114×3.5×2 280	80	13.51	274.7	701.00	703.000 0	0.796 0
B-20-c	114×3.5×2 280	80	13.51	274.7	705.00		
B-24-a	114×3.5×2 736	96	13.51	274.7	615.00		
B-24-b	114×3.5×2 736	96	13.51	274.7	558.00	592.500 0	0.670 9
B-24-c	114×3.5×2 736	96	13.51	274.7	604.50		

注①f_y 为钢材屈服强度；f_{ck}为混凝土轴心抗压强度；

②λ 为长细比，对圆钢管混凝土试件，$\lambda=4L_0/D$（L_0 为计算长度）；

③φ_u 为稳定系数，$\varphi_u=N_u/N_0$，N_u 为相同截面参数的长柱试件实测极限承载力平均值；N_0 为相同截面参数的短柱轴压极限承载力平均值。

图1为本次试验中具有代表性的试件的荷载 N—挠度 f（f 为试件中点挠度）曲线。从图中可以看出，试验中的长柱试件都是因为侧向变形过大，承载力下降而破坏。加载开始后，试件的挠度缓慢增大。当荷载达到极限荷载的60%～70%时，荷载的增长速度变慢，而侧向挠度和纵向位移增长速度加快。当荷载达到最大后，出现挠度急剧增加的现象，并且构件所承受的荷载开始下降。试件的长细比越大，柱子的抗弯线刚度越小，引起的附加弯矩效应也越大，导致所受荷载下降速度和侧向挠度增大速度越快。直至破坏，试件没有出现局部屈曲现象，均为整体失稳破坏。试验结束后千斤顶回油时，试件均有回弹现象，能恢复加载时产生的大部分挠曲变形。由此可以看出，试件破坏时，弹性变形占主要部分。

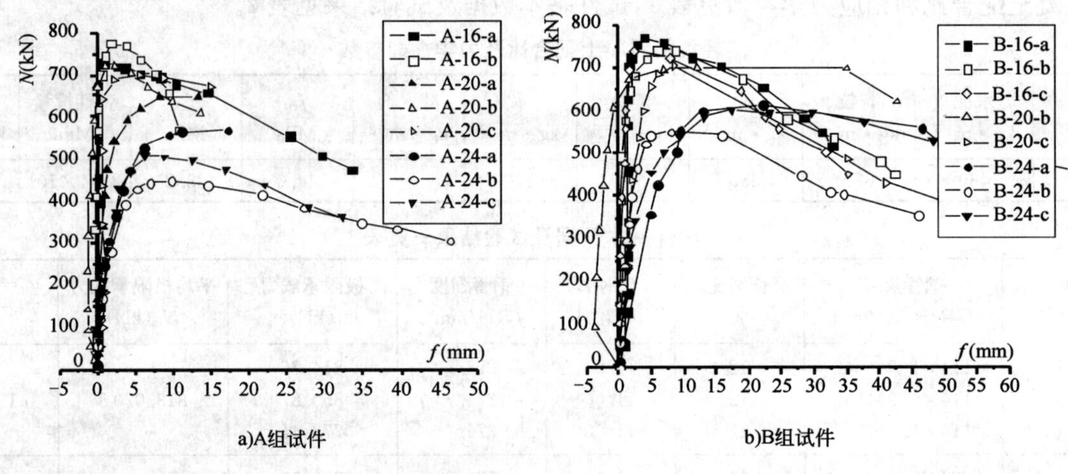

图1　N—f 曲线

三、长柱轴压稳定系数分析

1. 稳定系数的定义

对于长细比大于20的钢管混凝土构件，其承载力恒取决于稳定[2]。在对钢管轻集料混凝土长柱受压承载力的研究中，稳定系数 φ_u 是非常重要的参数，体现了因长细比、钢号、轻集料混凝土强度、含钢率等有关因素的影响所导致的承载力折减。

一般地，稳定系数 φ_u 定义为[3]：

$$\varphi_u=\frac{N_u}{N_0} \tag{1}$$

式中：N_u——中长柱构件的极限承载力(kN)，这里取的是中长柱试件的实测极限承载力；

N_0——截面参数相同的短柱构件的极限承载力(kN)，这里取的是对应的一组短柱试件的极限承载力的平均值。

2. 稳定系数的影响因素

从表 2 的数值可以看出，含钢率的变化对稳定系数有一定的影响。对于其他规格相同而含钢率不同的构件，在本次试验条件下所得到的稳定系数相差 6%～9%，影响幅度稳定。图 2 为实测稳定系数 φ_u—长细比 λ 的变化曲线。从图 2 可以看出，对于含钢率不同的两组试件，含钢率较低的试件稳定系数随着长细比的增加，下降的速率要比含钢率较高的试件快。同时，对于同规格的钢管轻集料混凝土构件而言，长细比越大，稳定系数越小。

3. 与钢管普通混凝土稳定系数对比

图 3 为其他试验数据和本次数据的 φ_u 随 λ 变化的分布图。其中本次试验点和文献[4]点为钢管轻集料混凝土的试验点。由于钢管轻集料混凝土的稳定系数与轻集料混凝土的强度有关，混凝土的浇筑质量对构件的受力性能有一定影响[5]，故图中钢管轻集料混凝土的点离散性较大。由图可知，钢管轻集料混凝土的稳定系数，比相同长细比的钢管普通混凝土要大。

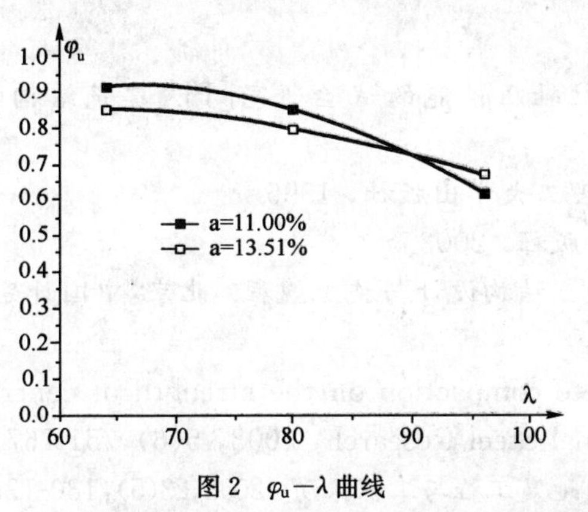

图 2 φ_u—λ 曲线

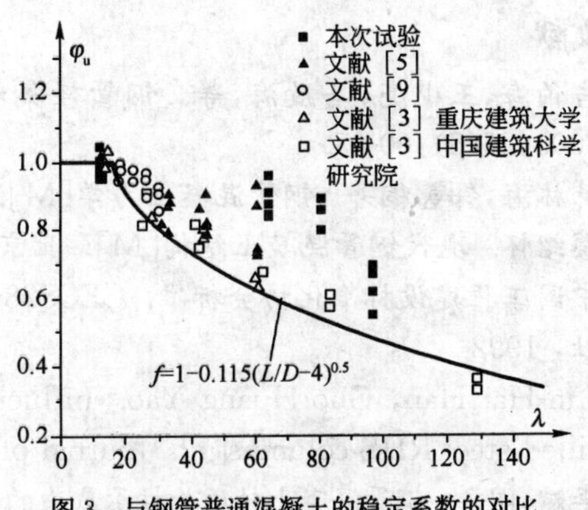

图 3 与钢管普通混凝土的稳定系数的对比

4. 钢管轻集料混凝土试验实测值与钢管普通混凝土规范计算值比较分析

本文采用中国工程建设标准化协会 CECS28:90(1992)规程[5]、美国钢结构协会 AISC-LRFD(99)规程[7]、欧洲标准协会 EC4(1996)规程[8]、中国福建省地方规范 DBJ 13-51-2003 规程[9]中的稳定系数计算公式对本次试验的 18 根长柱试件进行计算，并与试验值相比较。

从表 3 的比较结果可见，采用 CECS28－90(1992)、AISC－LRFD(99)、DBJ(2003)规范中钢管普通混凝土的轴压稳定系数计算公式，计算钢管轻集料混凝土柱的稳定系数，误差较大，钢管轻集料混凝土试验值高于钢管普通混凝土规范公式所得的稳定系数。其中以 CECS28－90(1992)（$\mu=0.697$、$\delta=0.041$）的误差最大。这是因为该规程所取的相应短柱轴心受压强度是极限承载力，由截面的极限平衡推导得，即荷载应变曲线的最高点，而国内其他规程一般视钢管混凝土为塑性材料(类似于软钢)，取屈服时的应力强度值。所以 CECS28－90(1992)对应的短柱计算轴压承载力比较大。从稳定系数的定义可知，N_0 的增大导致 φ_l 减小。

稳定系数实测值与计算值的比较 表 3

试件编号	实测平均值	CECS		AISC		EC4		DBJ	
	φ_u	φ_l	φ_l/φ_u	φ_l	φ_l/φ_u	φ_l	φ_l/φ_u	φ_l	$\varphi_l/\varphi u$
A-16-a、b、c	0.915	0.602	0.658	0.764	0.835	0.939	1.027	0.730	0.798
A-20-a、b、c	0.851	0.540	0.634	0.720	0.845	0.904	1.062	0.658	0.773
A-24-a、b、c	0.616	0.486	0.788	0.669	1.085	0.860	1.395	0.590	0.957
B-16-a、b、c	0.853	0.602	0.705	0.771	0.903	0.941	1.103	0.736	0.862
B-20-a、b、c	0.796	0.540	0.678	0.729	0.916	0.907	1.139	0.636	0.800
B-24-a、b、c	0.670 9	0.485 704	0.724	0.682	1.016	0.864	1.288	0.596	0.888
平均值		0.697		0.933		1.169		0.646	
均方差		0.041		0.078		0.115		0.056	

在这四组规范中，欧洲EC4(1996)($\mu=1.169$、$\delta=0.115$)的相关计算结果与试验结果最为接近。在长细比为64和80的时，计算值和试验实测值的误差很小，但当长细比增大到96的时候误差突然增大。由于钢管普通混凝土和钢管轻集料混凝土内填材料的性能不同，两者的受力性能存在差异，以钢管普通混凝土稳定系数计算公式来计算钢管轻集料混凝土不一定完全适用。这需要进一步试验和理论研究来完善。

四、结　　语

(1)依据试验研究结果，钢管轻集料混凝土长柱的稳定系数随着长细比的增大而减小，而含钢率对稳定系数变化影响稳定。同参数条件下，钢管轻集料混凝土长柱的稳定系数高于钢管普通混凝土长柱。

(2)通过本次试验，轴心受压钢管轻集料混凝土长柱的稳定系数实测值，与欧洲EC4(1996)规程在长细比不是特别大时计算结果吻合较好。在长细比超过96稳定系数计算方法的确定，需要在大量试验和理论研究的基础上进一步修正。

参考文献

[1] 吉伯海，王小亮，马敬海，等. 钢管轻集料混凝土短柱轴压性能的试验研究[J]. 建筑结构学报，2005，26(5)：60-65.

[2] 韩林海，钟善桐著. 钢管混凝土力学[M]. 大连：大连理工大学出版社，1996.

[3] 蔡绍怀. 现代钢管混凝土结构[M]. 北京：人民交通出版社，2003.

[4] 中国工程建设标准化协会标准. CECS28：90钢管混凝土结构设计与施上规程. 北京：中国计划出版社，1992.

[5] Lin-Hai Han, Guo-Huang Yao. Influence of concrete compaction on the strength of concrete－filled steel RHS columns[J]. Journal of Constructional Steel Research, 2003, 5(6), 751-767.

[6] 李斌，闻洋. 钢管混凝土轴压长柱承载力的试验研究[J]. 地震工程与工程振动，2003，23(5)：130-133.

[7] Load and Resistance Factor Design Specification for Structural Steel Buildings. American Institute of Steel Construction, INC, 1999.

[8] European Committee for Standardization. Eurocode 4: Design of Composite Steel and Concrete Structures——Part 1.1: General Rules and Rules for Buildings. 1994.

[9] 福州大学. 钢管混凝土技术规程(DBJ 13-51-2003). 福州：福建省建设厅，2003.

169. 普通混凝土和轻质混凝土高墩桥抗震性能及经济性比较

沈永林[1]　马芸仙[2]

(1. 云南省交通规划设计研究院；2. 昆明市材料研究所)

摘　要　本文结合4孔40m高墩连续梁在截面几何尺寸不变的情况下，按普通混凝土和轻质混凝土分别进行非线性时程分析，并根据定量分析结果来探讨两种材料用于高墩桥的抗震性能及经济性比较。比较表明：在高烈度地震区采用轻质混凝土修建高墩桥可以显著降低地震响应，改善桥梁结构的抗震性能。随着轻质混凝土用量增加，其经济上的优势会愈来愈明显。

关键词　轻质混凝土　时程分析　高墩桥

一、引　　言

2008年5月12日我国四川汶川发生了震惊中外里氏8级的强烈地震。震感遍及大半个中国，人员伤亡惨重，交通基础设施也遭到不同程度的破坏。根据强震周期规律和防震减灾方面有关信息，我国和周边国家部分地区目前已经进入新一轮地震活跃期，面临的抗震形势严峻、任务艰巨。及时总结桥梁抗震方面经验教训的同时，还应加快开展震后数据收集整理，非规则桥梁抗震理论、减隔震技术、抗震构造、新材料研究及抗震设计细则颁布的进程。

一般来讲，如果高墩桥能尽量减轻结构自重，改善其抗震性能是非常有意义的。从材料来讲，采用轻质混凝土可有效减轻高墩桥的结构自重，改善其抗震性能。国外高强轻质混凝土桥梁应用比较多[1-3]。美国已用轻质混凝土修建了几百座桥梁。1985 年，美国联邦高速公路管理局发布了《轻质混凝土桥梁设计指南》[4]。1996 年，加州交通厅专门组织召开了一届“轻质混凝土桥梁国际会议”。挪威在高强轻质混凝土的大跨径桥梁工程应用方面发展迅速，成为世界上应用最先进的国家之一[5]。相对于发达国家，我国轻质混凝土桥梁技术水平无论在设计，还是在施工方法、工艺上都存在相当大的差距。因此，本文结合 4 孔 40m 高墩连续梁在截面几何尺寸不变的情况下，按普通混凝土和轻质混凝土分别进行非线性时程分析并根据分析结果来定量探讨两种材料用于高墩桥的抗震性能及经济性比较。

二、动力特性

1. 自振频率和振型

桥梁结构动力反应与结构动力特性密切相关，对高墩桥做多自由度系统时程分析，应计算结构系统做自由振动的频率和相应的振型函数。地震作用下多自由度系统的结构振动方程为：

$$[M]\{\ddot{X}\}+[C]\{\dot{X}\}+[K]\{X\}=[M]\{I\}\{\ddot{X}_g(t)\}=P \tag{1}$$

式中，$[M]$是质量矩阵；$[C]$是阻尼矩阵；$[K]$是结构刚度矩阵；$\{\ddot{X}\}$、$\{\dot{X}\}$、$\{X\}$分别为加速度、速度和位移向量；$\{I\}$为单位列阵；$\{\ddot{X}_g(t)\}$为地震时地面水平运动的加速度时程；P 为多自由度体系地震时地面加速度引起的质点等效荷载。一般假定自由振动为简谐振动[6]，忽略阻尼对体系自由振动频率和周期的影响可导出特征方程：

$$|[K]-\omega^2[M]|=0 \tag{2}$$

式中，ω 为自由振动圆频率。求解式(2)即可得到结构自振频率和相应的振型。

2. 模型参数

4 孔 40m 连续梁桥各墩高度不相等，最大墩高为 2 号墩，墩高 50m，最小墩高为 0 号墩，墩高 13m。按空间梁单元全桥整体建模，考虑了橡胶支座剪切刚度的作用，采用弹性连接来模拟。分别按普通混凝土和轻质混凝土采用多重 Ritz 法进行特征值向量求解。全桥模型见图 1。主要材料指标见表 1。

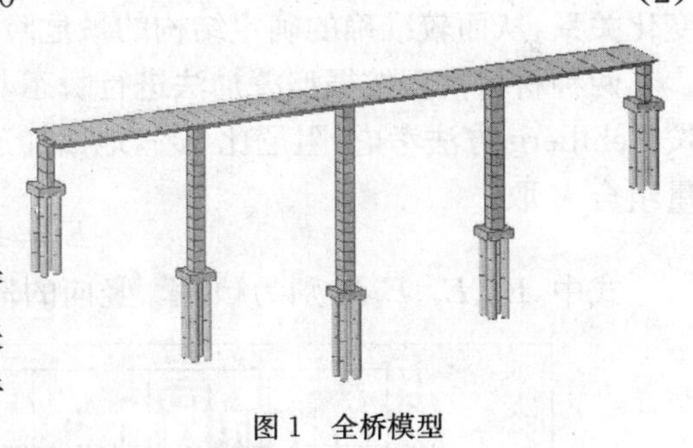

图 1 全桥模型

主 要 材 料 指 标 表 1

部 位	混凝土强度指标 (MPa)	重 度 (kN/m³)	弹 性 模 量 ×10⁴(MPa)
主梁	C50	26.0	3.45
	LC50	20.5	2.70
桥墩	C30	26.0	3.00
	LC30	20.5	2.10
承台与桩基	C30	26.0	3.00
	LC30	20.5	2.10

3. 特征值

两种材料结构前10阶周期和频率汇于表2。

高墩桥结构自振周期和频率 表2

模态号	频率(Hz)		周期(s)	
	普通混凝土	轻质混凝土	普通混凝土	轻质混凝土
1	0.720 13	0.691 25	1.388 65	1.446 65
2	0.729 75	0.691 97	1.370 33	1.445 15
3	1.145 48	1.082 90	0.873 00	0.923 45
4	1.567 04	1.488 55	0.638 15	0.671 80
5	1.633 65	1.557 01	0.612 13	0.642 26
6	1.817 28	1.727 85	0.550 27	0.578 75
7	1.833 33	1.762 57	0.545 46	0.567 35
8	1.970 43	1.881 31	0.507 50	0.531 54
9	3.114 99	3.099 80	0.321 03	0.322 60
10	3.587 10	3.441 17	0.278 78	0.290 60

三、时程动力响应分析

1. 时程分析及输入参数

时程分析法是对结构振动方程(1)直接进行逐步积分求解的一种动力方法。该法的优点在于可求得弹性或弹塑性结构随时间变化的位移、速度和加速度等动力响应值。根据求出的结构位移、内力等时程变化关系，从而较准确的确定结构的最危险状态[7]。

两种材料模型按振型叠加法进行瞬态非线性时程分析。分析时间20s，时间步长0.02s，边界非线性按Fehlberg方法考虑，阻尼比5%，地面加速度谱考虑了水平顺、横桥向及竖向的耦合作用。地震作用分量组合E取：

$$E = E_x + 0.3E_y + 0.3E_z{}^{[8]},$$

式中，E_x、E_y、E_z分别为顺、横、竖向的地震作用分量 。地面加速度谱见图2a)和图2b)。

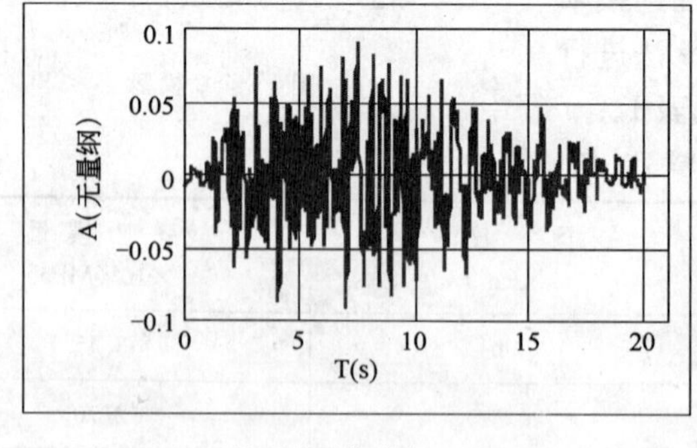

a)地面水平加速度

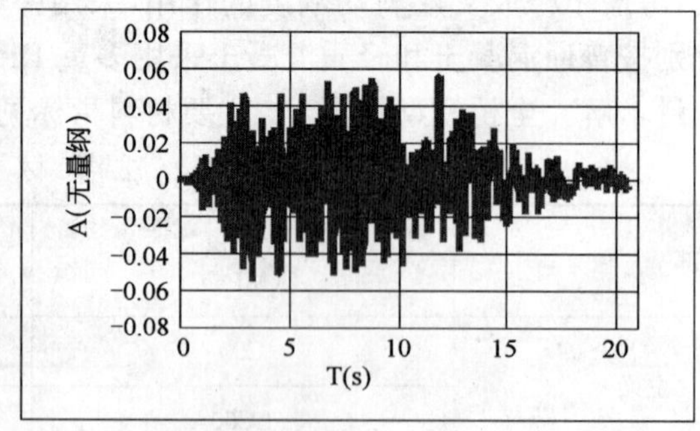

b)地面竖向加速度

图 2

2. 时程分析结果

受论文篇幅的限制，仅给出2号高墩的时程分析结果。见图3。图中DX、DY分别为2号墩墩顶顺、横桥向水平位移；MY、MZ、N分别为2号墩墩底顺、横桥向弯矩和轴力。时程峰值的比较见表3。

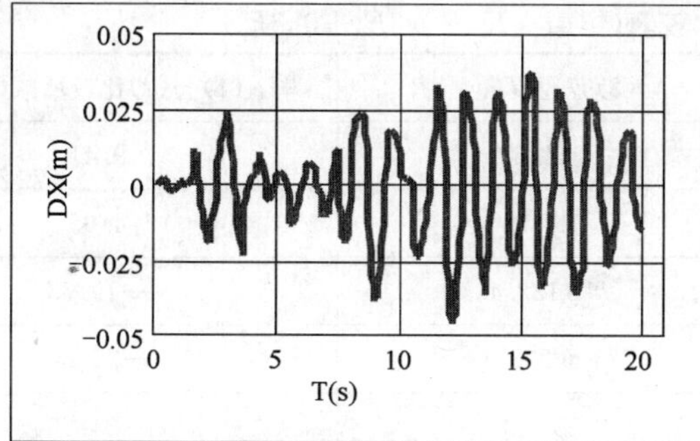

a)普通混凝土

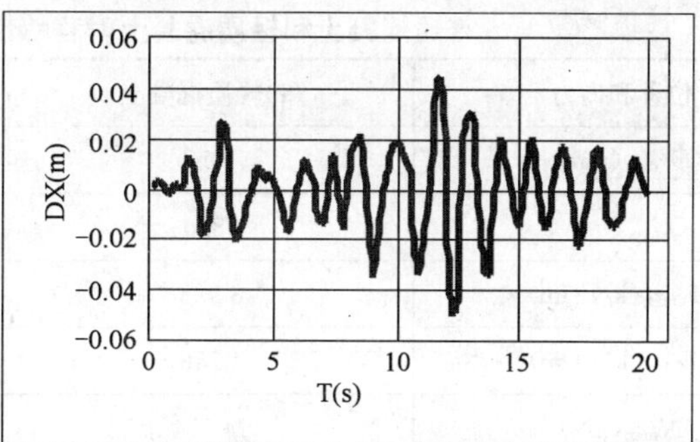

b)轻质混凝土

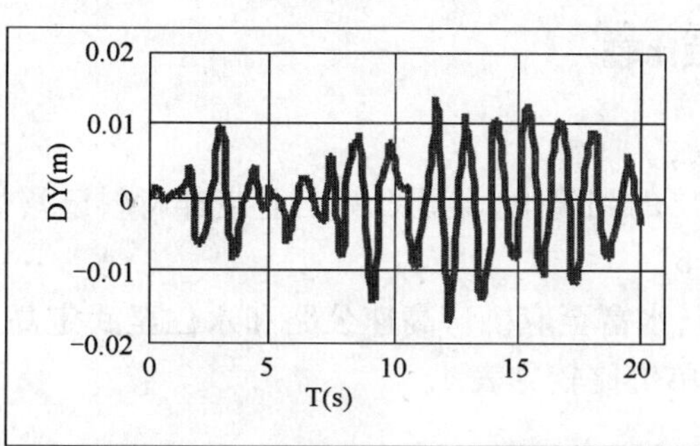

c)普通混凝土

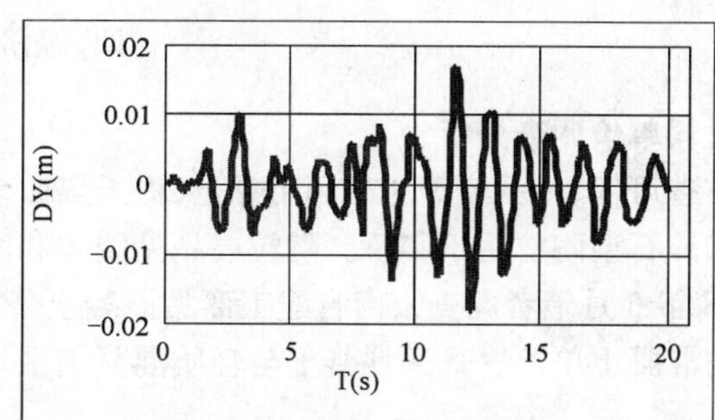

d)轻质混凝土

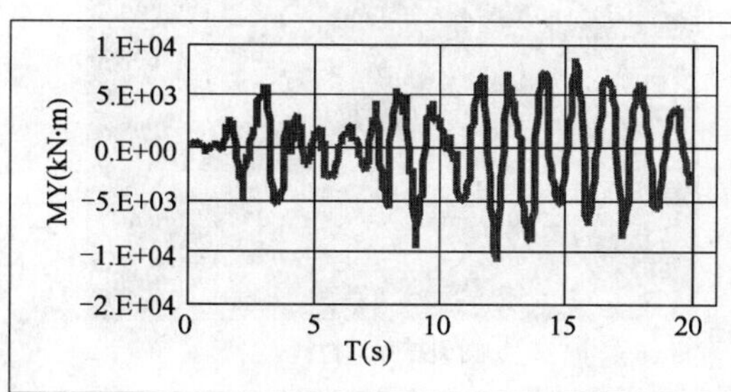

e)普通混凝土

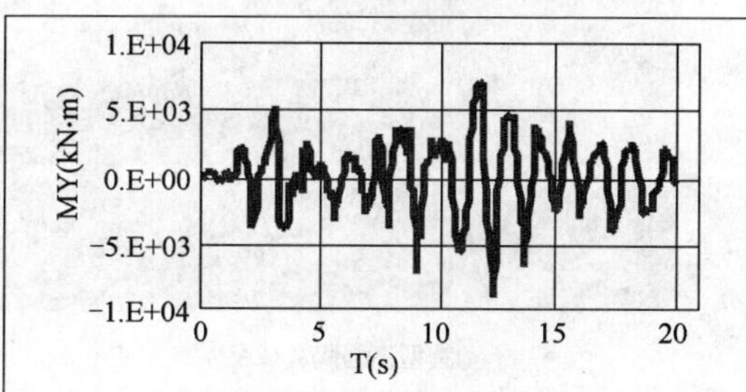

f)轻质混凝土

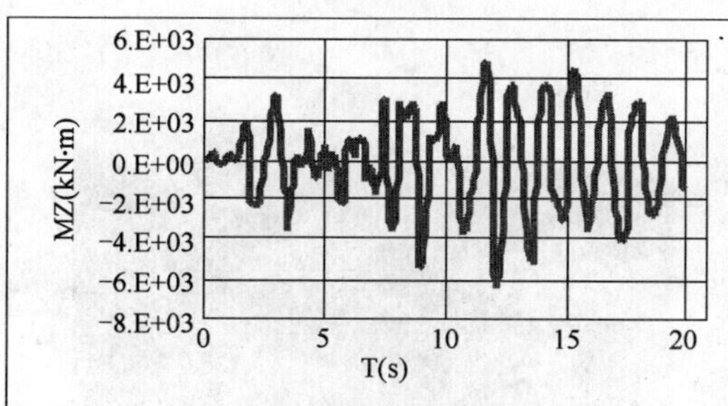

g)普通混凝土

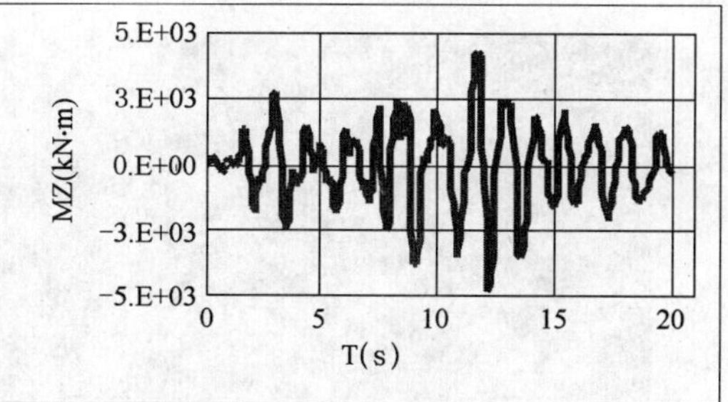

h)轻质混凝土

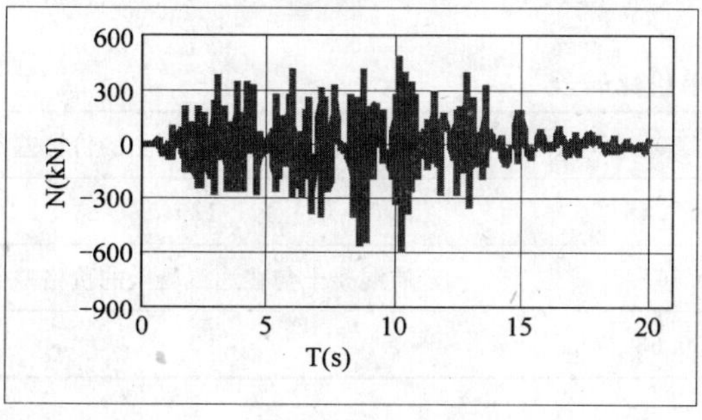

i)普通混凝土

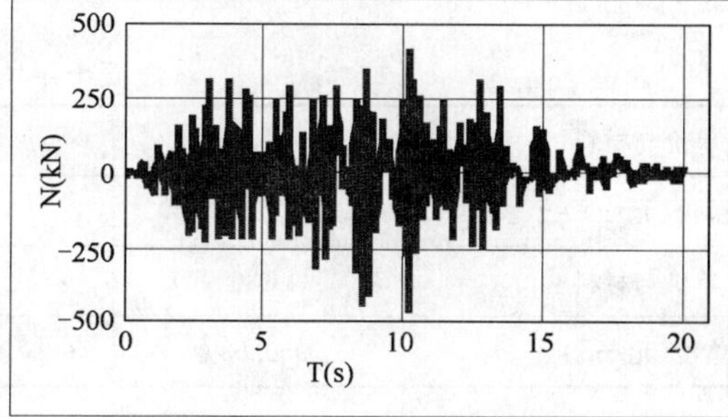

j)轻质混凝土

图 3

普通混凝土和轻质混凝土时程峰值比较表(恒载$+E_x+0.3E_y+0.3E_z$)　表3

位移和内力	(1)轻质混凝土	(2)普通混凝土	(1)与(2)比较增减(%)
D_{Xmax}(mm)	48.8	44.6	9.41
D_{ymax}(mm)	18.0	17.3	4.05
M_{Ymax}(kN·m)	8 928	11 122.4	−19.73
M_{Zmax}(kN·m)	4 756	6 225	−23.60
N_{max}(kN)	14 364	18 949	−24.20

四、经济性比较

1. 材料单价调查分析

云南省可保、一平浪等煤矿利用黏土、露天煤矿表层的剥离土、煤矸石等工业废弃材料已焙烧出高强度圆型和碎石型陶粒用于实桥。陶粒成品见图4和图5。

2008年6月笔者调查云南省建工商品混凝土公司、水富至麻柳弯高速公路和永仁至武定高速公路3个工地的混凝土单价。普通混凝土与轻质混凝土平均单价比较见表4。

a)圆型高强陶粒成品

b)圆型高强陶粒料

图　4

a)碎石型高强陶粒成品

b)碎石型高强陶粒料

图　5

混凝土平均单价比较表　表4

单价与材料	LC50	C50	轻质混凝土与普通混凝土的价格差(元)
单价(元/m³)	1 472.45	1 352.45	120
单价与材料	LC30	C30	轻质混凝土与普通混凝土的价格差(元)
单价(元/m³)	950.63	850.63	100

2. 高墩桥混凝土材料价格比较

采用两种材料建造高墩桥的价格比较见表5。

高墩桥混凝土材料价格比较表 表5

材 料	主 梁 C50/LC50	桥 墩 台 C30/LC30	承 台 桩 基 C30/LC30	混凝土材料价格 (元)
轻质混凝土(m^3)	1 284	927.23	213.50	1 284×1 472.45+1 140.73×950.63=2 038
普通混凝土(m^3)			300.80	1 284×1 352.45+1 228.03×850.63=2 145

五、结 语

从高墩桥动力响应特征值比较可看出,轻质混凝土要优于普通混凝土。在给定的地震动作用下,轻质混凝土和普通混凝土相比,除了墩顶最大水平位移值超过 9.41%(顺桥向水平位移 D_X)外,墩底内力时程响应峰值下降幅度达到了 19.73%(墩底顺桥向弯矩 M_Y)~24.20%(墩底轴力 N),表明在高烈度地震区采用轻质混凝土修建高墩桥可以显著降低地震响应,改善桥梁结构抗震性能。

采用轻质混凝土还是普通混凝土来修建高墩桥,经济性是国内桥梁界讨论焦点之一。4 孔 40m 连续梁在主梁和桥墩几何尺寸完全相同的条件下,虽然轻质混凝土和普通混凝土相比混凝土材料价格超过了6.97%,但内力时程响应峰值下降幅度却超过价格增加的幅度。实际上,一方面,随着桥墩高度或桥梁跨径的增大,若采用轻质混凝土修建高墩桥,在满足结构刚度的前提下,上下部结构的几何尺寸调小后,全桥恒载还会下降,桩基础数量会明显减少,经济性会进一步得到体现;另一方面,随着工业废弃物的增多,焙烧高强陶粒工艺的改进,轻质混凝土在旧桥改造,新建桥梁上的用量增加,与普通混凝土的价格差还会逐步缩小。

综上所述,在高烈度地震区采用轻质混凝土建造高墩桥可以改善桥梁结构的抗震性能。随着轻质混凝土用量增加其经济上的优势会愈来愈明显。

参考文献

[1] 孙海林,丁建彤,叶列平. 高强轻集料混凝土在桥梁工程中的应用及发展. 第十五届全国桥梁学术会议论文集,上海:同济大学出版社,2002.

[2] 丁建彤,郭玉顺,木村薰. 结构轻集料混凝土的现状与发展趋势. 混凝土, 2000, 12: 23-26.

[3] ESCSI(Expanded Shale, Clay and Slate Institute). Building bridges and marine structures with structural lightweight aggregate concrete. Publication No. 4700, 2001.

[4] FHWA(Federal Highway Administration), Criteria for designing lightweight concrete bridges, Report No. FHWA/RD-85/045, McLean, VA. 1985.

[5] Melby, Karl, Use of High Strength 轻质混凝土 in Norwegian Bridges, Proceedings Second International Symposium On Structural Lightweight Aggregate Concrete, 18-21 June 2000, Kristiansand, Norway, pp. 47-56, 2000.

[6] 王克海. 桥梁抗震研究,北京:铁道出版社,2007.

[7] 张敏. 建筑结构抗振分析与减震控制. 成都:西南交通大学出版社,2007.

[8] 中华人民共和国行业标准. 公路桥梁抗震设计细则(报批稿). 2008.

170. 混凝土薄壁高墩 PC 连续刚构桥非线性稳定分析

蔡金荣[1] 项贻强[2] 顾森华[2] 杨才古[1] 陈跃军[1] 章志芬[3]

(1. 浙江省公路管理局;2. 浙江大学土木工程系;3. 浙江青田县交通局)

摘 要 在混凝土薄壁高墩大跨连续刚构桥梁的设计与施工中,结构稳定性非常重要。本文以稳定性理论为基础,考虑结构的几何非线性与材料非线性力学特征,对背景工程桥梁—青田北山特大桥的最大悬臂状态和成桥状态的结构稳定性进行了非线性数值分析，为此类混凝土高墩结构桥梁的设计、分析和施工提供一定参考。

关键词 薄壁高墩 混凝土连续刚构桥 非线性 稳定 有限元分析

一、概 述

北山大特桥是浙江青庆景公路范村至张坪段中的一座特大桥，主桥跨越正在建设的滩坑水库，西行连接景宁县，主桥主墩采用空心薄壁墩，墩高达115.5m。桥梁施工的桥跨布置为：4×30m（预应力T梁）+93m+3×170m+93m（五孔预应力混凝土连续刚构）+4×30m（预应力T梁）=944m，如图1所示。桥墩为薄壁方形桥墩，尺寸剖面图如图2所示。四个主墩承台厚度均为3.0m，桩基采用9根2.2m钻孔灌注桩。主桥主梁为单箱单室变截面预应力混凝土箱梁，中支点梁高为9.0m，跨中及边支点梁高3.5m，顶宽10.0m，底宽7.0m。梁高与底板厚度呈1.8次抛物线变化，腹板厚度40～60cm，底板厚度30～120 cm顶板厚28cm，如图3所示。

主要材料参数：主梁C60混凝土，墩身C50混凝土，承台C30混凝土，混凝土重度取$26kN/m^3$。上部构造混凝土弹性模量为3.60×10^4MPa，墩身混凝土弹性模量3.45×10^4MPa，基础混凝土弹性模量3.0×10^4MPa，预应力束采用ASTM标准钢绞线，其模量取1.95×10^5MPa，R_y^b=1 860MPa，张拉控制应力为$0.75R_y^b$=1 395MPa。设计用普通钢筋为热轧R235、HR335钢筋，抗拉标准强度分别为235MPa、335MPa，其中钢筋直径≥12mm采用HR335钢筋，直径小于12mm一般采用R235钢筋。

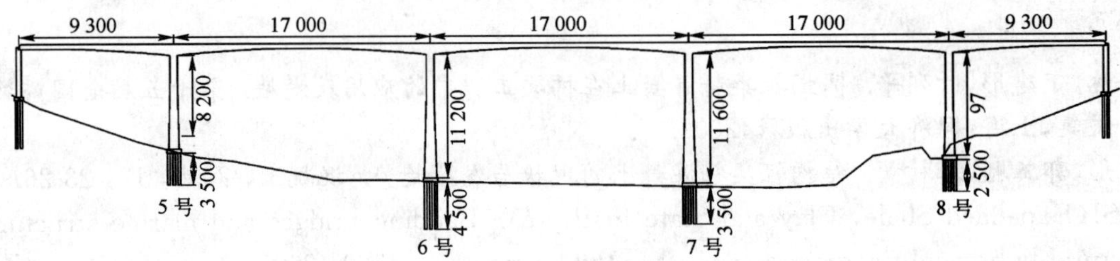

图1 施工方案立面（尺寸单位：cm）

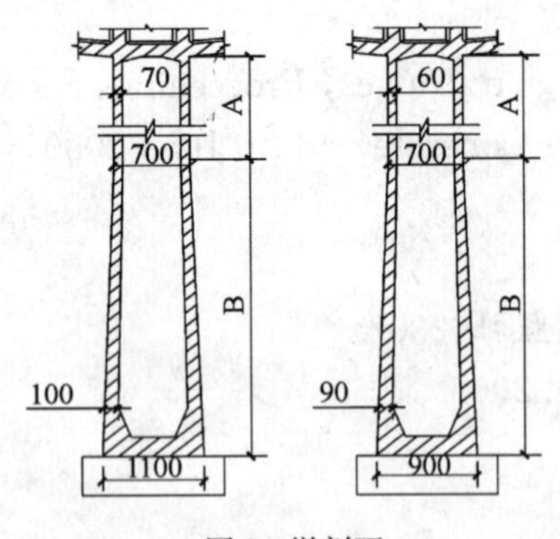

图2 墩剖面

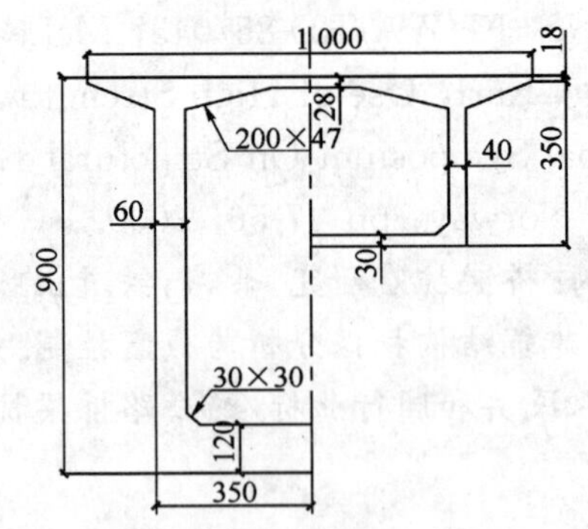

图3 主梁截面

墩常截面段和变截面段长度 表1

方　　案	墩　　号	常截面段长 *A*	变截面段长 *B*
施工方案	5号墩	47m	35m
	6号墩	40.5m	70m
	7号墩	45.5m	70m
	8号墩	52m	45m

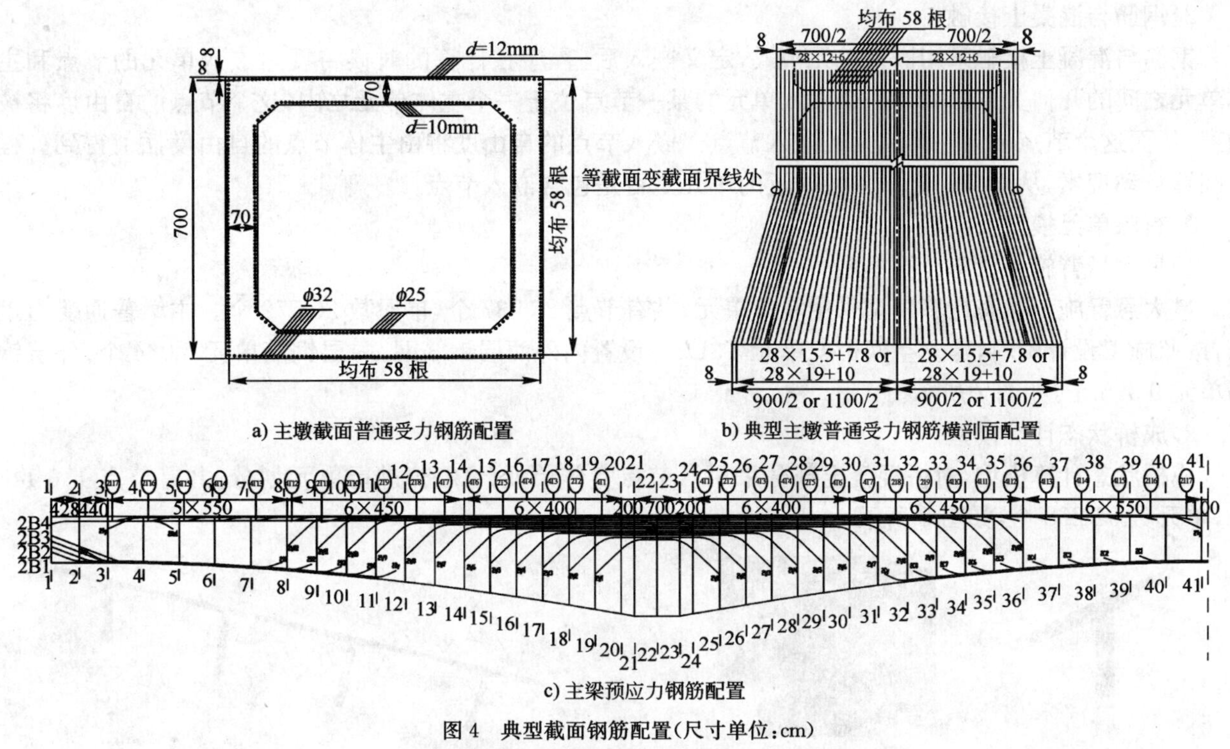

a) 主墩截面普通受力钢筋配置　　b) 典型主墩普通受力钢筋横剖面配置

c) 主梁预应力钢筋配置

图 4　典型截面钢筋配置（尺寸单位：cm）

二、稳定分析模型与非线性处理方法

1. 单元选取

本文采用大型通用有限元软件 Abaqus 进行非线性分析，混凝土部分的模拟按实际情况采用实体完全积分单元（C3D8）。对于预应力钢筋与普通钢筋的模拟，采用空间桁架单元 T3D2 来离散。

2. 裂缝模型与材料接触

1）弥散裂缝模型

采用 Abaqus 程序中的弥散裂缝模型（smeared crack model）作为混凝土材料本构模型。ABAQUS 的弥散裂缝模型利用定向损伤弹性以及各向等压塑性的概念来描述混凝土的非弹性行为。混凝土的开裂是其最重要的特性，当混凝土应力到达叫做“裂缝探测面”的失效面时，裂缝开始出现，如图 5 所示。裂缝一旦被检测到，它的方位就为随后的计算所储存，随后出现的在同一点处的裂缝方位与之正交。对于三维实体单元，同一积分点处的裂缝不超过 3 条（2 条为平面应力状况，1 条为单轴应力状况）。

混凝土和钢筋之间的相互作用效应通过在混凝土模型中引入“拉伸强化”来近似实现，如图 6 所示。拉伸强化定义了混凝土实效后续的行为，认为混凝土开裂后拉应力并未完全释放，仍滞留有一部分拉应力，只有当应变超过某一值时，应力才减小到零。一般采用全应变为 10e-3 时应力减小到零。由于弥散裂缝模型不必增加新结点，便于连续运算，这种裂缝模型已被广泛接受并用以分析了多种混凝土结构。

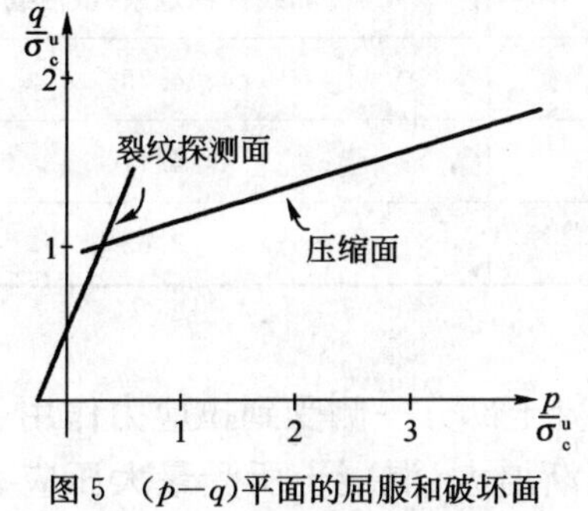

图 5　（$p-q$）平面的屈服和破坏面

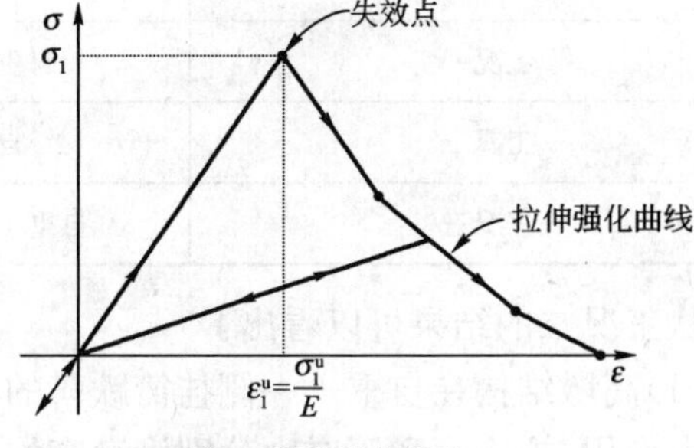

图 6　拉伸强化模型

2)钢筋与混凝土接触

钢筋与混凝土接触采用嵌入单元模式,定义嵌入后,程序在计算的时候将搜索嵌入单元的节点和主体单元之间的几何关系。如果一个嵌入单元的某一节点位于一个主体单元之内,这个节点的自由度将被约束,从而这个节点成为主体单元的嵌入节点。嵌入节点的自由度将由主体节点的自由度插值得到。程序能够自动搜索,从而判断嵌入单元附近的单元是否是包含嵌入节点。

3. 有限单元模型及实现

1)最大悬臂施工状态计算模型

最大悬臂施工状态计算模型采用实体单元,共有节点26 537个,单元数20 572个。主墩普通受力钢筋,按照施工设计资料,建立空间桁架单元T3D2。设置内外两层钢筋网,内层钢筋单元8 064个,外层钢筋单元9 576个,如图7所示。

2)成桥状态计算模型

成桥状态计算模型,对桥混凝土部分采用八节点实体单元(C3D8)进行单元划分,共有节点116 148个,单元数91 288个,如图8所示 。

图7 最大悬臂施工状态分析模型

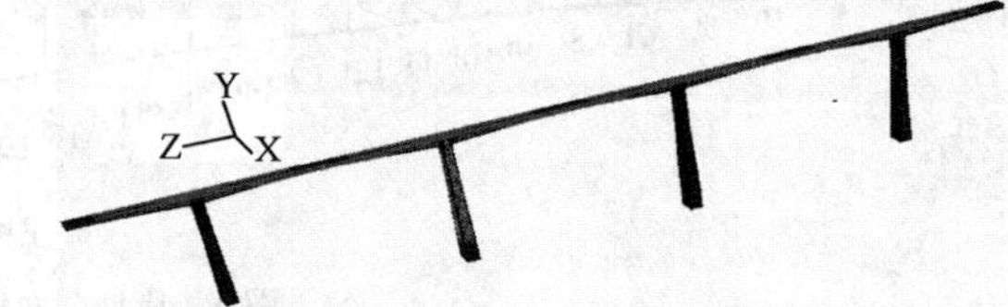

图8 成桥状态分析模型

主墩普通受力钢筋,采用空间桁架单元(T3D2)。为方便计算分析,减少单元数目,在中间两个最高墩6号、7号墩设置了普通受力钢筋,共计节点39 668个节点,35 280个单元。

预应力钢筋的建模,与普通受力钢筋的建模方法大致相同,亦采用空间桁架单元(T3D2),确定预应力钢筋位置后,设定初始预应力。本桥具有两向预应力钢筋:桥纵向预应力钢筋与竖向预应力钢筋,建立了各个分段纵向预应力钢筋的模型。

3)计算方法

采用弧长增量法。

三、非线性稳定分析

1. 最大悬臂施工状态极值稳定分析

1)计算工况与分析结果

表2给出了最大悬臂状态非线性稳定系数,图9、图10分别给出了工况二结构失稳形态及普通钢筋应力分布。

最大悬臂状态非线性稳定系数 表2

工　况	荷载情况	非线性稳定系数(活载)
工况一	自重+两侧挂篮荷载(一侧)	4.75
工况二	自重+挂篮跌落(一侧)	4.11
工况三	自重+两侧挂篮荷载+横向风载	3.65

从工况二的结果可以看出:

(1)高墩结构在自重+一侧挂篮跌落的荷载作用下,结构混凝土部分一侧受到拉应力作用,一侧受到压应力作用,拉应力和压应力分别沿墩高均匀分布,由下而上逐渐增大;混凝土所受最大压应力,出现在受压侧墩梁固结处附近墩壁外侧,为33.4MPa左右,达到材料的极限32.4MPa;混凝土受到的最大拉应力，出现在受拉侧墩梁固结处附近墩壁外侧，为4.5MPa，超过了混凝土材料的最大拉应力极限（依据现行规范）。受拉侧混凝土先于受压侧混凝土到达极限应力，此时在受拉区域，薄壁内部主筋开始发挥其抗拉作用，继续承受了不断增大的拉应力。高墩结构内部主筋应力沿墩高均匀分布，拉应力由下而上逐渐增大；普通钢筋受最大拉应力出现在高墩结构受拉侧墩梁固结处附近外层钢筋网，为188MPa左右，尚未到达材料定义极限340MPa。由此可以看来，在这种工况下高墩结构的极限状态为受压区混凝土破坏，即结构被压坏，可以认为是结构的最终破坏状态。

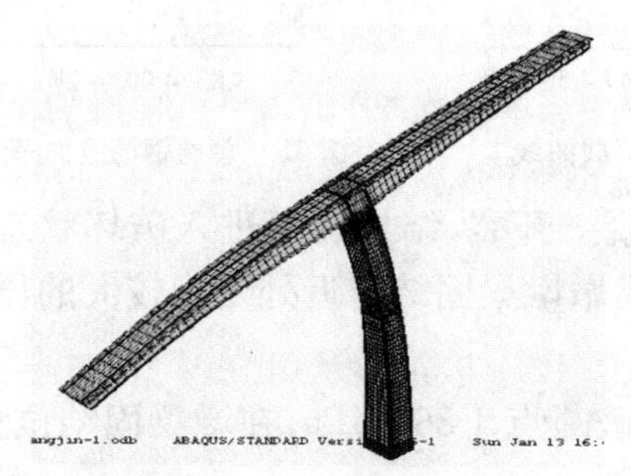

图9 结构失稳形态

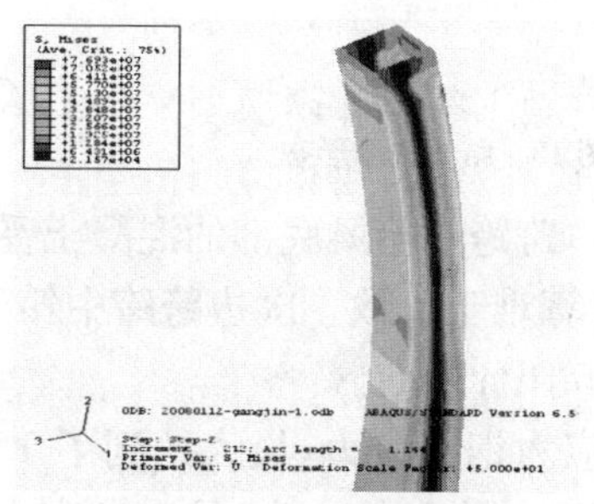

图10 普通钢筋应力分布

（2）高墩结构荷载作用下墩顶最大水平纵向位移为31.3cm，墩顶最大竖向位移为3.29cm。最大悬臂施工状态此工况下的最大安全系数为4.11左右，即结构能够承受4.11倍的正常使用挂篮荷载。

（3）图11、图12反映了高墩结构墩顶最大位移处的荷载-位移曲线以及弧长增量法的计算过程，横坐标表示位移，纵坐标表示荷载增量与弧长增量。

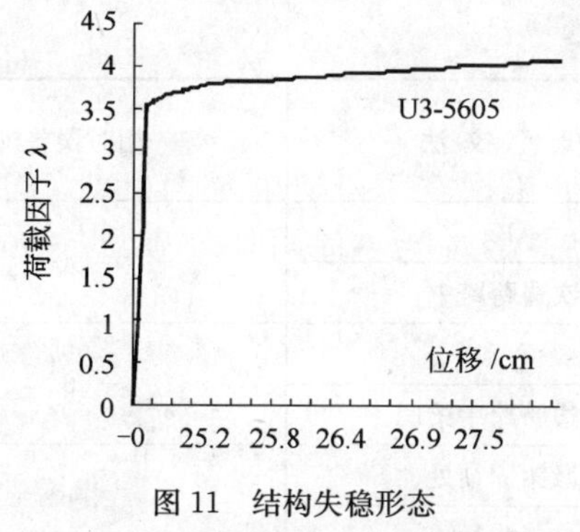

图11 结构失稳形态

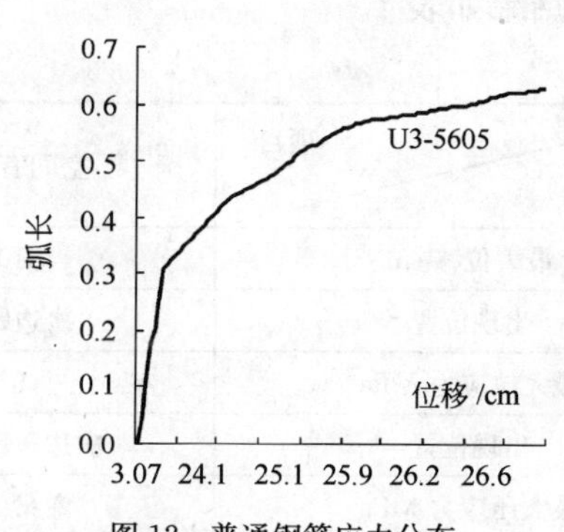

图12 普通钢筋应力分布

2）与线弹性屈曲稳定分析结果的对比

本文还对最大悬臂状态进行了线弹性屈曲特征值的对比分析，以工况二为例，分析得到线弹性下特征值系数为10.52。非线性计算经过与线性分析比较，其安全系数约为线性分析的40%左右，这说明在施工阶段为避免高墩结构的失稳，在计算分析中不可忽视结构几何非线性与材料非线性的影响。

2.成桥状态极值稳定分析

1）计算工况与分析结果

表3给出了成桥状态下的各计算工况及相应的非线性稳定系数。

成桥状态非线性稳定系数 表3

工 况	荷 载 情 况	非线性稳定系数（活载）
工况四	恒载 + 活载（均布荷载+次边跨跨中位置集中荷载）	4.4
工况五	恒载 + 活载（均布荷载+中跨跨中位置集中荷载）	3.65
工况六	恒载 + 活载（均布荷载）	5.7

以工况四为例，图13给出了结构失稳形态，图14及图15分别给出了预应力钢筋应力-荷载曲线及普通钢筋应力-荷载曲线，从分析结果看：

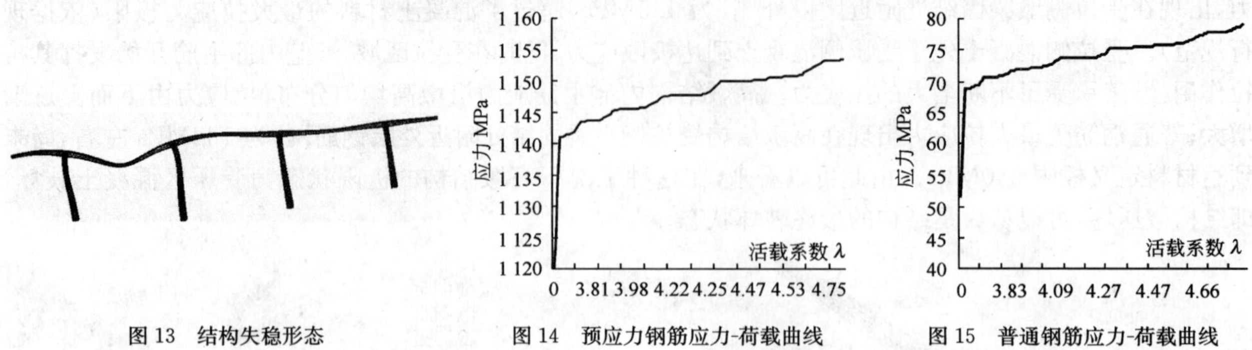

图13　结构失稳形态　　图14　预应力钢筋应力-荷载曲线　　图15　普通钢筋应力-荷载曲线

(1)次边跨跨中箱梁底部的混凝土受到的拉应力过大，混凝土开裂，结构逐渐进入破坏状态，从而导致了结构计算难于收敛。次边跨跨中箱梁上缘混凝土与两侧高墩墩梁固结附近处受到较大的压应力，最大到达16.5MPa左右。

(2)预应力钢筋应力，最大达到了1 198MPa，但是仍低于破断点1 860MPa；在墩梁固结位置附近的普通钢筋受到较大的拉应力，最大拉应力为78MPa左右。

(3)在工况四的活载作用下，桥梁结构主梁跨中箱梁下缘受拉区混凝土的拉应力相对其他结构部位比较大，是结构最不利位置。

2)与传统塑性铰分析方法的对比

为进一步分析比较承载力，本文还对成桥状态用平面塑性铰的概念及方法进行了分析，仍以工况四为例分析结果如表4。

两分析方法的对比　　表4

<table>
<tr><th>项目 / 方法</th><th>空间有限元法</th><th>塑 性 铰 法</th><th>相对误差%</th></tr>
<tr><td>最大位移 cm</td><td>10.2</td><td>15</td><td rowspan="2">50</td></tr>
<tr><td>出现位置</td><td>次边跨跨中</td><td>次边跨跨中</td></tr>
<tr><td>最大拉应力 MPa</td><td>6.78</td><td>7.23</td><td rowspan="2">6</td></tr>
<tr><td>出现位置</td><td>次边跨跨中梁底</td><td>次边跨跨中梁底</td></tr>
<tr><td>最大压应力 MPa</td><td>墩梁固结处</td><td>墩梁固结处</td><td rowspan="3">14</td></tr>
<tr><td>出现位置</td><td>12.3</td><td>14.1</td></tr>
<tr><td>活载系数</td><td>5.7</td><td>4.9</td></tr>
</table>

从表4可以看出，在以混凝土拉压应力(截面抗力)为控制条件的前提下，塑性铰分析方法得到的位移较大，比空间有限元非线性分析大了近50%，极限活载系数较空间有限元非线性分析方法小了大约14%。

3. 普通钢筋用量与不同混凝土标号参数分析

针对不同的普通钢筋用量与不同的混凝土标号，本文以最大悬臂施工状态工况二为例进行分析。参照实际的普通钢筋用钢量，分别取0.5、0.6、0.7、0.8、0.9、1.0、1.2、1.3、1.4、1.5倍的实际钢筋用量进行研究。参照实际的混凝土材料选取，本次分析分别取C40、C45、C50、C55、C60、C65等不同标号的混凝土材料。分析结果如图16、图17。

结果发现：

(1)当普通钢筋用量参数小于1时，墩的稳定系数也随之成线降低，当普通钢筋用量参数大于1时，墩的稳定系数也随之增长，但较慢；当钢筋用量参数在0.9～1.2倍时附近时，稳定系数增长趋于平缓；当钢筋用量大于1.2～1.5倍时，稳定系数的增长又出现较快增长。

(2)选取不同的混凝土标号，高墩的非线性稳定系数大致呈线性增长。

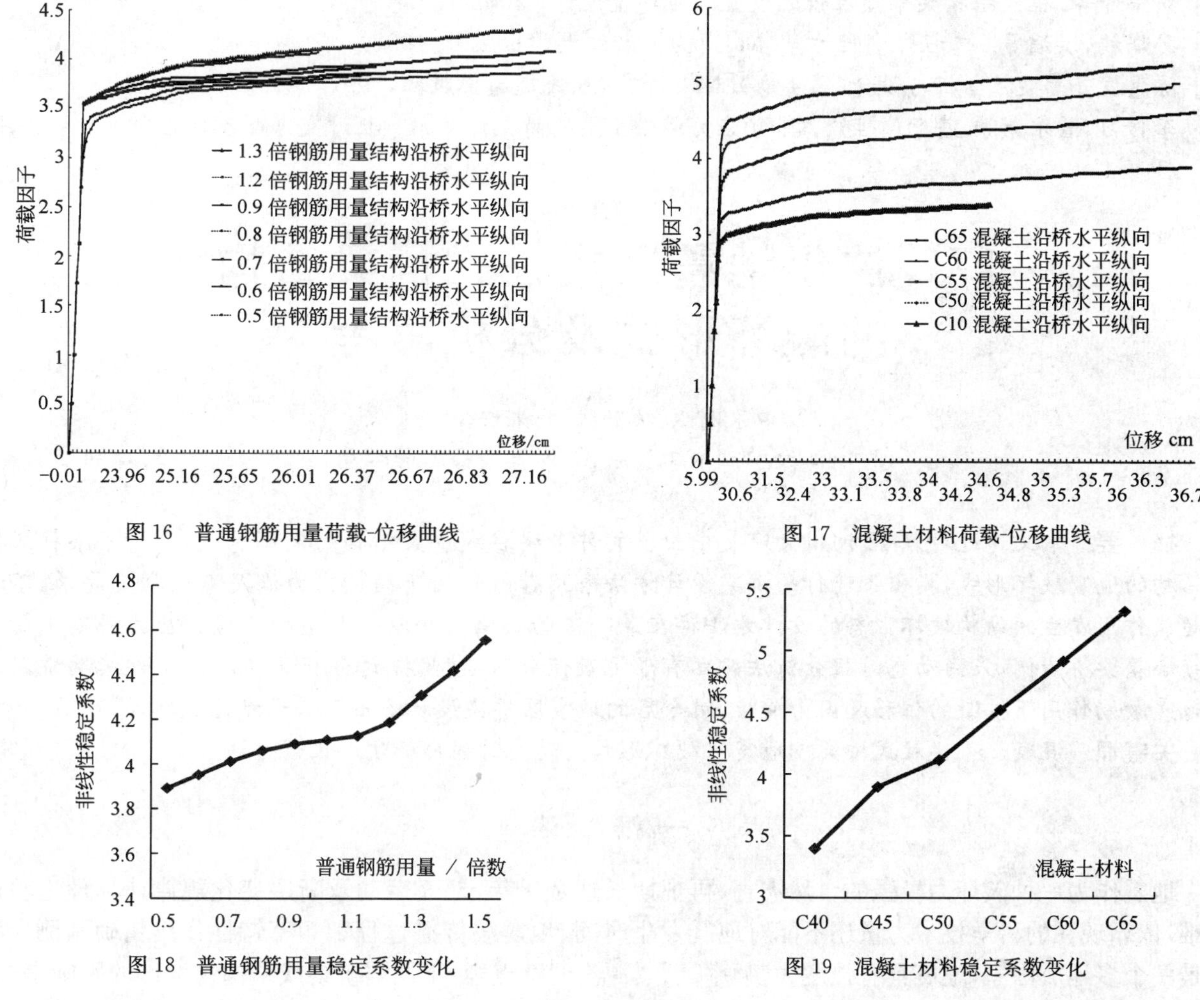

图 16 普通钢筋用量荷载-位移曲线

图 17 混凝土材料荷载-位移曲线

图 18 普通钢筋用量稳定系数变化

图 19 混凝土材料稳定系数变化

四、结 论

(1)采用空间实体单元与桁架单元分别模拟高墩结构混凝土与钢筋材料(包括普钢筋与混凝土之间的连接)。分析发现,考虑了几何、材料双重非线性计算得到的极值稳定系数均较线弹性稳定系数降低50%以上,本文中最大达到了近70%,这说明非线性因素对于混凝土薄壁高墩结构的稳定性影响很大,应给予充分重视。

(2)通过考虑不同的加载方式,对预应力混凝土连续刚构桥的最大悬臂施工状态和成桥状态的极值稳定及承载力进行了研究。得到最大悬臂状态下极限施工活载系数大约为4左右;成桥状态下极限活载系数大约为4.4左右,此时的极限破坏形式主要是由于大范围的受拉区混凝土被拉坏。

(3)通过对不同的普通钢筋用量和不同的混凝土材料作了参数分析,结果表明:随着截面普通钢筋用量的线性增加,薄壁高墩结构稳定性的增长并不是简单的线性增长,而是表现出一定的非线性变化;而随着不同混凝土材料,薄壁高墩结构稳定性的增长近似线性增长。

参考文献

[1] 冯威.高墩大跨径预应力混凝土连续刚构承载力分析[D].2006年6月.

[2] 陈健伟.薄壁高墩大跨连续刚构若干关键问题研究[D].杭州:浙江大学硕士学位论文,2006年6月.

[3] 顾森华.混凝土薄壁高墩桥梁结构的稳定性及试验研究[D].杭州:浙江大学硕士学位论文,2008年6月.

[4] 叶燎原,潘文等.结构静力弹塑性分析(push-over)的原理和计算实例[J].建筑结构学报,2000年2月.

[5] 魏中峰等. 框架结构梁中塑性铰的设置[J]. 建筑设计，2002.
[6] 孙炳楠,洪滔等. 工程弹塑性力学[M]. 杭州:浙江大学出版社,1998.
[7] 陈惠发等. 梁柱分析与设计(第1卷)[M]. 北京:人民交通出版社,1997.
[8] 李传习,曾永革等. 基于塑性铰体外预应力混凝土梁的简化计算[J]. 长沙交通学院学报,2001年9月.

171. 汶川地震区梁柱式桥梁结构的破坏形式及分析思考

申永刚[1]　项贻强[1]　朱汉华[2]
(1. 浙江大学土木工程系;2. 浙江省公路管理局)

摘　要　本文通过对5.12汶川大地震中出现的许多梁柱式桥梁结构的倒塌调查,分析了梁柱式桥梁结构的地震破坏形式,指出了现行的桥梁设计方法采用荷载作用下结构内力满足截面强度要求,不考虑超载作用发生的结构破坏形态的设计方法存在着一定的缺陷。并以一典型的三跨预应力混凝土简支连续小箱梁桥为例,采用动态时程分析法建立有限元数值分析模型,探讨分析了多跨简支连续梁桥在多点地震激励作用下桥墩的位移及内力响应,对今后的地震区桥梁设计给出了若干结论及建议,可供参考。

关键词　混凝土　梁柱式桥梁　地震　破坏形式　动态时程分析法　设计方法

一、概　　述

地震作为一种破坏力极强的自然灾害,再现期长达数千年,地壳运动及断层变化规律计算理论验证困难,依靠现在的科学技术力量还不能对地震发生时间、地震波传播过程和频率特性作出精确预测。我国是一个多地震国家,地震具有强度大、频率高、震源浅的特点,对于地震桥梁或结构物设计的原则是“大震不倒、中震可修,小震不坏”。不同形式的地震损伤对结构抗震性能的影响各不相同,适当损伤可以避免结构整体的倒塌,有利于结构抗震性能的改善,相反不合理的地震损伤或者过度的损伤倒塌则会严重影响生命线的畅通和紧急救援工作的展开。2008年5月12日发生的汶川大地震中,出现了许多桥梁的倒塌,尤其是梁柱式桥梁结构的倒塌,对在该次地震中出现的梁柱式桥梁结构的破坏形式进行归类分析和思考,对于指导今后地震区的桥梁设计施工,防灾减灾,具有重要的意义。

二、梁柱式桥梁结构的破坏形式

图1～图10分别给出了5.12汶川大地震在青川等地区出现的梁柱式桥梁倒塌破坏的典型形式。通过图片事例可以看到,汶川地震桥梁破坏的主要模式包括:

图1　桥墩破坏造成上部结构破坏

图2　桥墩剪切破坏造成桥梁整体倒塌

图 3 在建梁桥立柱剪切破坏造成桥梁连续倒塌

图 4 立柱端头破坏,混凝土崩落、钢筋外漏

图 5 简支空心箱板梁桥倒塌、立柱端部剪切破坏明显

图 6 山体滑坡造成桥梁整体破坏

图 7 箱梁的侧向横移

图 8 主梁的纵向位移导致落梁

图 9 简支变连续梁接头处破坏

图 10 位于曲线部分的连续梁桥倒塌

(1)桥墩桩柱墩身破坏:震区破坏的桥梁在其桥墩或立柱端部均体现出明显的剪切破坏特点,桥墩剪切破坏是引起桥梁破坏的主要原因,包括桥墩钢筋的屈服、钢筋的剪断、桩基箍筋偏细偏少使混凝土压碎破坏等,如图 1～图 5 所示。

(2)山体滑坡造成山体旁的桥梁在巨大的滑坡体的水平冲击力作用下造成桥梁桩基剪断破坏,如图

6所示。

(3)桥墩和上部结构连接破坏。上部结构和桥墩之间采用简支支座或抗震锚栓较弱的支座，其纵、横向整体联系差，在强烈的地面运动下，出现纵、横向变位或落梁破坏，如图7、图8所示。

(4)上部结构主梁之间的破坏。上部结构主梁间由于振动不同步产生相对运动，进而相互碰撞，甚至导致非连续孔落梁，造成桥面破坏或者加剧桥墩和上部结构主梁的连接破坏。图9为先简支后连续结构在接头处由于端梁的落梁，造成连续接头断裂。

(5)曲线梁桥的破坏。道路桥梁在曲线处一般采用曲线梁桥，当采用较为轻柔的高墩梁柱式桥梁结构时，由于地震力以某一方向作用于桥梁，在曲线的转折处的高墩梁柱受到该方向较大的弯剪力而导致破坏，主梁下坠，如图10所示。

由此表明，以往桥梁设计一般采用荷载作用下结构内力满足截面强度要求的设计方法，不考虑超载作用发生的结构破坏形态，这种设计方法不够全面，在地震力等荷载作用下结构易发生破坏，现行的设计方法在结构安全验算方面还存在着一定的缺陷。

三、地震力的初步分析

1. 计算实例

为了计算地震作用下梁柱式桥梁的振动响应，本文以典型的三跨预应力混凝土简支连续小箱梁桥为例，其立面见图11。该桥全桥长3×25m=75m，桥宽13.5m，由四片预应力混凝土小箱梁组成，梁高1.4m，相邻箱梁间的横向间距为3.4m，小箱梁腹板厚18cm，桥墩为双桩柱式，其中2号柱高8.5m，3号柱高11.5m，直径均为1.3m。基础采用直径1.5m的钻孔灌注桩，嵌入中风化岩层，墩柱的主筋采用25ϕ22螺纹钢，箍筋采用ϕ10圆钢。全桥混凝土标号主梁为C50，墩身为C30，桩基为C25。

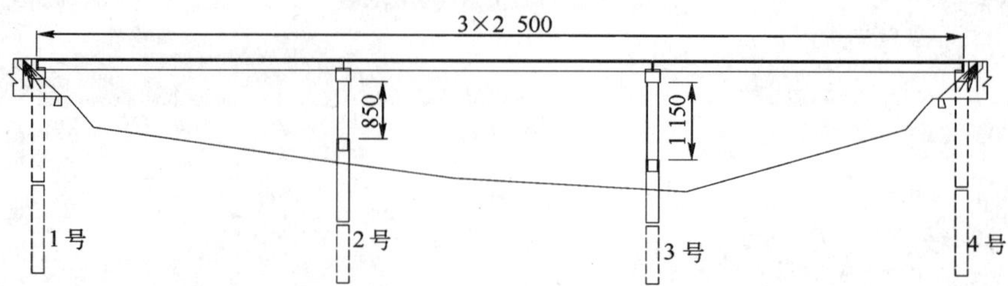

图11 典型的三跨预应力混凝土简支连续小箱梁桥立面

2. 分析方法

采用动态时程分析法，建立数值分析模型探讨多跨简支梁桥在多点地震激励作用下桥墩的位移及内力响应。

结构多点一致激振的地震动方程见式(1)[1]：

$$[M]\{\ddot{\delta}\}+[C]\{\dot{\delta}\}+[K]\{\delta\}=-[M][I_x]\ddot{\delta}_g(t) \tag{1}$$

式(1)中：$[M]$、$[C]$和$[K]$分别为质点系的质量矩阵、阻尼矩阵和刚度矩阵，$\{\delta\}$为位移矢量。结构多点非一致激振的地震动方程见式(2)：

$$\begin{bmatrix} M_B 0 \\ 0 M_g \end{bmatrix}\begin{Bmatrix} \ddot{\delta}_{Bt} \\ \ddot{\delta}_g \end{Bmatrix}+\begin{bmatrix} C_B C_{Bg} \\ C_{Bg}^T C_g \end{bmatrix}\begin{Bmatrix} \dot{\delta}_{Bt} \\ \dot{\delta}_g \end{Bmatrix}+\begin{bmatrix} K_B K_{Bg} \\ K_{Bg}^T K_g \end{bmatrix}\begin{Bmatrix} \delta_{Bt} \\ \delta_g \end{Bmatrix}=\begin{Bmatrix} 0 \\ F_g \end{Bmatrix} \tag{2}$$

式(2)中，$\{\ddot{\delta}_{Bt}\}$、$\{\dot{\delta}_{Bt}\}$、$\{\delta_{Bt}\}$为结构非支承处自由度的绝对加速度、速度和位移矢量；$[M_B]$、$[C_B]$和$[K_B]$是相应的质量、阻尼和刚度矩阵。$\{\ddot{\delta}_g\}$、$\{\dot{\delta}_g\}$和$\{\delta_g\}$为支承处自由度的绝对加速度、速度和位移矢量；$[M_g]$、$[C_g]$和$[K_g]$为相应的质量、阻尼和刚度矩阵；$[F_g]$为支承反力矩阵。

因土层增大了结构振动的阻尼效果，多数情况下，考虑桩-土效应的地震响应比不考虑桩土相互作用的小，但也有一些情况会出现相反的结果[2]，当土与结构的自振特性接近时，不考虑相互作用的计算会低估结构的地震响应，因此，在桥梁地震设计时，考虑桩土相互作用的影响是必要的。

3. 有限元模型

根据地质特性及该桥下部结构特点，采用通用有限元分析程序 ANSYS 10.0 建立全桥空间抗震有限元模型，见图 12。在计算时考虑材料非线性的影响，应力-应变关系采用双直线弹塑性模型。因桩基较长，需要考虑桩-土效应的影响。桩-土效应采用带阻尼的线性弹簧单元模拟，水平向、桩底竖向及桩底转动方向的弹簧刚度由地质情况及结构受力特点确定[3]，见图 13。模型对上部结构和桥墩之间的相互作用，采用基于面—面接触的接触模型加以模拟[4]。箱梁上部结构采用板单元(shell181)建模，桥墩承台采用实体单元(solid45)，桩、柱采用梁单元建模(beam188)。主梁与承台之间考虑面—面接触行为以模拟支座滑移。

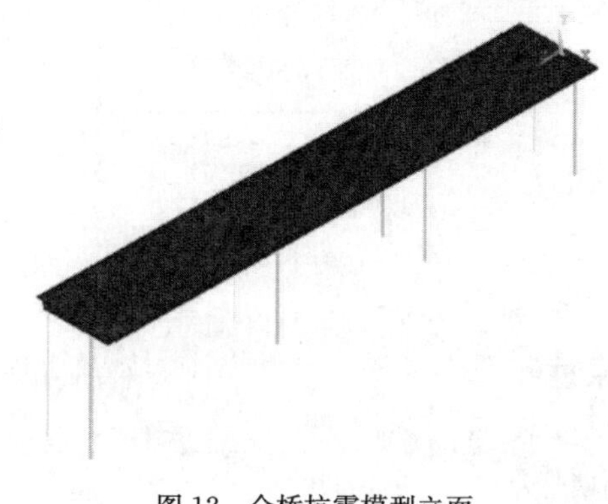

图 12　全桥抗震模型立面

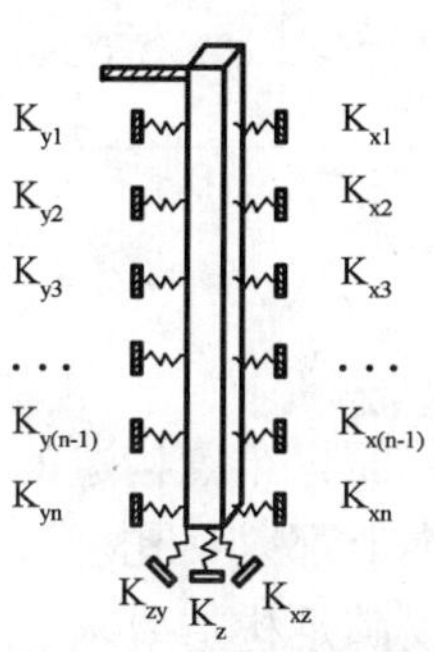

图 13　桩-土效应弹簧模型

四、桥墩的地震响应分析

由于桥墩水平地震响应与竖向地震响应耦合，输入地震波应同时考虑两者组合作用的影响。计算采用强震记录波输入，选用与汶川地震烈度相近的 1999 年 9 月 21 日发生在台湾的集集地震日月潭记录 EW 波和 UD 波分别作为水平方向地震波和竖向地震波。图 14 为两条地震波的波形，地震波的最大水平加速度为 9.87m/s²，最大竖向加速度为 3.14m/s²。通过计算可知，地震波 EW 的加速度反应谱强度明显大于其他两个方向的地震波，是主要的地震运动方向，在顺桥方向的地震响应计算中，EW 沿顺桥方向输入，UD 沿竖向输入。

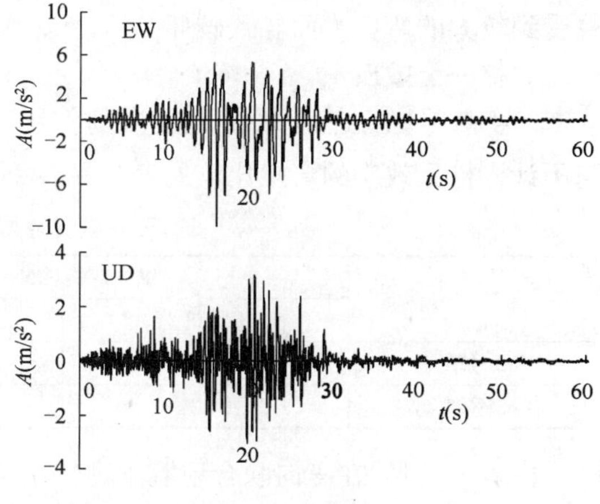

图 14　输入地震波

1. 一致激励地震响应

分析时做如下假定[5]：

(1)在地震过程中地震动的三个主轴方向保持不变，且分别与桥梁纵轴重合。

(2)地震动传播方向与桥梁纵轴向重合。

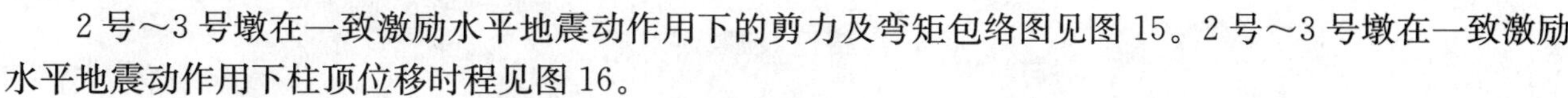

2 号～3 号墩在一致激励水平地震动作用下的剪力及弯矩包络图见图 15。2 号～3 号墩在一致激励水平地震动作用下柱顶位移时程见图 16。

由图 15、图 16 可见：

(1)在纵向地震激励作用下，桥墩柱底部及顶部的地震剪力响应比较大，这是因为主梁支座在桥墩盖梁具有较大的摩擦力，另外，桥台背墙及桥墩处主梁连续的构造也使墩柱纵向的约束比较大。

(2)在横向地震激励作用下，两个桥墩的横向地震剪力响应也比较大，这是因为主梁对桥墩面外的约束主要由耳墙承担，刚性较大的耳墙限制了主梁的横向运动，同时承受较大的横向剪切。

(3)通过墩柱截面验算可知，现行梁柱式桥的墩柱设计一般以抗弯控制设计，而对抗剪切考虑较少，

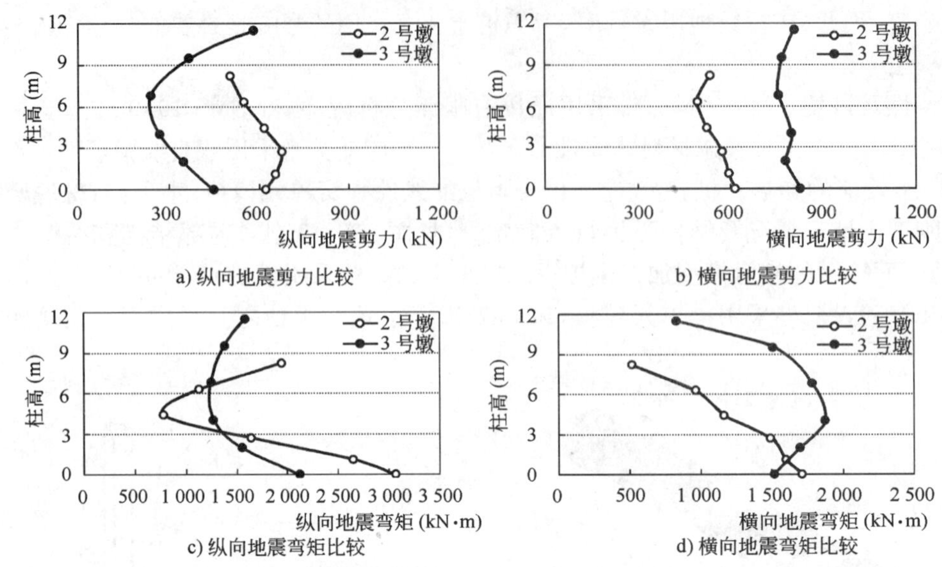

a) 纵向地震剪力比较　　b) 横向地震剪力比较

c) 纵向地震弯矩比较　　d) 横向地震弯矩比较

图15　水平地震动下墩柱剪力及弯矩(地震动方向)沿柱高包络图

很多墩柱的截面只布置构造的箍筋，柱子的混凝土截面面积为简化施工基本上都以钻孔桩为单位的圆形截面为主，如果柱子的截面箍筋仅满足构造要求，虽然强劲的主拉钢筋能够承受较大的弯矩作用，但对抵抗地震力所产生的剪切破坏的承载能力相对较弱，远不及对弯矩的承受能力。

(4)柱顶位移在整联桥的跨数较多时将有累加效果，可导致某些跨的柱顶位移较大而发生落梁破坏。或当桥梁在曲线处，由于地震力以某一方向作用于桥梁，造成某一方向桥梁墩柱受到较大的弯剪力而导致破坏。

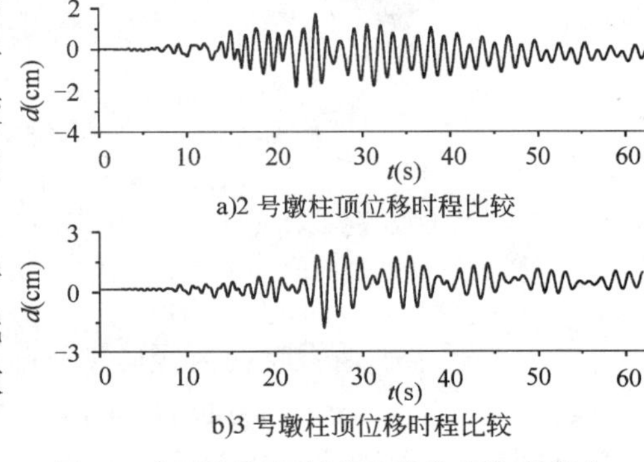

a)2 号墩柱顶位移时程比较

b)3 号墩柱顶位移时程比较

图16　水平地震动下主墩顶位移时程(地震动方向)比较

2. 桩—土效应

2号、3号墩在三向联合地震激励作用下，计入桩-土效应与不计入桩土效应的弯矩比较见表1。

三向联合地震动下墩柱最大截面内力响应值　　表1

墩　　号	纵向弯矩(kN·m)		横向弯矩(kN·m)	
	不计桩土	计入桩土	不计桩土	计入桩土
2号墩	3 071	2 250	1 711	1 355
3号墩	2 124	1 365	1 873	1 396

由表1可见：在三向联合地震激励作用下，计入桩-土效应后，大部分纵向弯矩和横向弯矩控制截面的内力响应值有明显的降低。但通过计算可知，桩柱交界处变截面的内力值降低并不多，而且横向弯矩还有所增大。因此，桩-土效应对桥墩桩柱变截面处地震响应产生的不利影响需引起重视。

五、结论及建议

从5.12汶川地震桥梁震害特点和某典型的三跨简支连续混凝土小箱梁桥的地震响应的初步分析，对今后的地震区梁柱式桥梁设计结论及建议如下：

(1)桥梁设计施工中应加强抗震的意识，强震区域的桥梁和结构更应重视其抗震性能的设计，并应有针对性展开一些特殊地区和桥梁的抗震性能研究，有步骤提高设计施工等工程技术人员的抗震意识和技术水平。

(2)这次汶川地震梁柱式桥的墩身多以剪切破坏为主，因此在后续灾后的重建过程中，应特别注意桥墩的抗剪切破坏设计，研究适合地震区地质条件的下部结构桩基及墩身的合理形式，加强桥墩与承台或基桩，桥墩与盖梁的连接(包括钢筋的焊接、伸入盖梁承台的钢筋长度等)和抗剪性能的设计等，并且尽量增加桥墩和桥台的横向刚度，提高桥墩抵御地震力的作用。

(3)由于主梁支座的摩擦力及桥台(墩)耳、背墙对主梁纵、横向约束的作用，使得墩柱顶部及底部将承受较大的纵、横向剪力，因此柱子的截面箍筋设计不仅应满足构造要求，还应考虑承受较大的地震剪力作用。

(4)在震区，应避免修建曲线桥，若无法避免，曲线桥的曲率半径应越大越好；若曲率半径较小，对在曲线转折处的桥墩应考虑采用抵御地震力作用的刚度较大的单向推力墩，桥梁应尽量选择整体刚度大、连续性好的连续箱梁或连接可靠的简支连续结构，分布地震力于各墩中。

(5)尽量避免修建高墩桥梁，高墩桥梁宜每隔若干孔设置一个刚度大、抗震性能好的箱型桥墩，具体的设置理念方法及配筋布置方式等应通过计算分析确定。

(6)地震区，宜以混凝土连续箱梁结构形式代替简支梁桥结构形式。

(7)选线时，桥位应避免紧邻山体，避开泥石流多发地带及不稳定地质区域修建桥梁。

(8)柱顶位移在整联桥的跨数较多时将有累加效果，可能导致某些跨的柱顶位移较大而发生落梁破坏。或当桥梁在曲线处，由于地震力以某一方向作用于桥梁，造成该方向桥梁墩柱受到较大的弯剪力而导致破坏。

参考文献

[1] 李国豪.桥梁结构稳定与振动[M].北京:人民交通出版社,1992.

[2] 范立础.桥梁抗震[M].上海同济大学出版社,1997.

[3] 王华彬,徐志胜,任伟新.三维群桩-承台-墩的自振特性分析[J].长沙铁道学院学报.1999年6月第17卷第2期.

[4] 江见鲸,何放龙,何益斌,陆新征. 有限元法及其应用.

[5] 丰硕,项贻强,汪劲丰. 大跨径连续刚构桥的动力性能及地震响应分析[J]. 中南公路工程,2005(4).77-81.

[6] 丰硕,项贻强,汪劲丰. 大跨径连续刚构桥的随机地震动响应分析[J].中国铁道科学. 2005年26卷4期.32-36.

[7] 申永刚,陈建伟,项贻强. 薄壁高墩大跨连续刚构桥墩抗震性能的分析[J]. 公路. 2007年4期. 92-96.

172. 混凝土耐久性的影响因素及控制措施

孙逢宾
(中交第三公路工程局有限公司)

摘　要　现代建筑，无论是工业厂房、民用建筑、高层大厦，还是桥梁、隧道、水利建设，已离不开钢筋混凝土构件，混凝土结构是应用非常广泛的结构形式，但由于其材料自身和使用环境的特点，使得混凝土结构存在严重的耐久性问题，混凝土不能够最大限度的发挥它的力学性能，给国家造成巨大的经济损失和财政负担。怎样才能提高混凝土的使用寿命，使混凝土更好的发挥它的作用呢？因此，混凝土的耐久性问题已经成为当今建设领域研究的重要课题，它是节约建设成本的主要手段，也是提高混凝土结构安全性能的关键。笔者试从耐久性混凝土的概念，结合历年的施工实践，从多方面分析影响混凝土耐久性的因素，然后从设计方面和施工方面来分析提高混凝土耐久性的措施。

关键词　耐久性混凝土　影响因素　控制措施

一、耐久性混凝土的概念

1. 耐久性混凝土

在预定作用和预期的维护与使用条件下，能在预定的期限内维持其所需的最低性能要求能力的混凝土，也可定义为混凝土结构在规定的使用年限内，在使用过程中经受气候变化、化学侵蚀、磨损等各种破坏因素的作用下，不需要额外的费用加固处理而保持其安全性及正常的使用功能及完整的外观，混凝土耐久性涉及到混凝土性能的方方面面，是影响混凝土使用寿命的首要因素。

2. 耐久性混凝土的特点

使用的原材料为水泥、砂、石、外加剂；生产工艺过程在宏观上与普通混凝土一致；掺入大量活性混合材料（粉煤灰、磨细矿渣粉）和专用复合外加剂；对养护标准及施工单位的管理水平都有很高的要求。

耐久性混凝土既是以耐久性为基本要求，在采用常规材料和工艺制造的水泥混凝土中掺入一定量的矿物掺和料和专用复合外加剂，取用较低的水胶比和较少的水泥用量，并在施工时采取严格的质量控制措施制备的满足力学性能要求并具有较高的耐久性能和良好的工作性能的混凝土。

3. 控制指标

混凝土的抗裂性、护筋性、耐蚀性、抗冻性、耐磨性及抗碱—集料反应性。

4. 需要做试验项目

混凝土的电通量、混凝土的抗裂性应通过对比试验、钢筋混凝土保护层厚度、混凝土的抗碱—骨料反应性。

二、影响混凝土耐久性的因素

以往的乃至现在的结构工程设计中，普遍存在着只要混凝土强度高就可以耐久的片面认识，而事实上钢筋混凝土结构耐久性失效的原因存在于结构的设计、施工及维护的各个环节。我国颁布的混凝土结构设计规范中，除了一些保证混凝土结构耐久性构造措施之外，只是在正常使用极限状态验算中控制对结构耐久性设计并不起决定性的耐久性，常见的施工问题如混凝土质量不合格、钢筋保护层厚度不足都有可能导致钢筋提前锈蚀。另外，在结构的使用过程中，由于没有合理的维护而造成的结构耐久性降低也是不容忽视的，如对结构的碰撞、磨损以及使用环境的恶化，这都会使混凝土结构无法达到预定的使用年限。

造成混凝土耐久性不佳的原因多种多样，主要可分为：①由温度变化引起的收缩膨胀裂缝，如冻融循环、除冰盐分对混凝土的剥蚀等物理变化：②由混凝土内部材料引起的碱集料反应以及外部侵蚀性离子引起的诸如钢筋锈蚀、硫酸盐侵蚀以及碳化等化学变化；③机械破坏：冲击、磨损、流动淡水溶蚀作用、流动气体的磨蚀、冲蚀等机械破坏。从以下四个方面来分析影响混凝土耐久性的因素。

1. 原材料方面

(1)水泥

是混凝土中最主要的胶凝材料，选择优质的水泥对配制高强混凝土尤为重要。水泥石中的水化物稳定性不足会对耐久性产生不利影响，普通混凝土的水泥石中水化物稳定性的不足，是混凝土不能超耐久的一个主要因素。

水泥因为强度提高、细度增大、硬化速度加快等因素，加剧了混凝土结构的开裂问题；对于大体积混凝土，必须引起注意，为了防止温度裂缝，必要时需采用低水化热的水泥或在强度允许的条件下以优质矿物掺合料大量替代部分水泥。但是往往由于优质合格的集料资源日趋枯竭，只有采用质次或有问题的集料，如风化砂石等，对集料的质量没有引起足够的重视。

(2)矿物掺合料

不同种类的矿物掺合料其共性是都具有较大的比表面积，其复合胶凝效应可显著提高混凝土强度，改善耐久性。新拌和硬化混凝土的力学性能、耐久性能以及微观结构都得到不同程度的改善，因而，矿物掺合料已成为配制耐久性混凝土不可缺少的重分，一般掺合料的生产成本低于水泥，用于配制混凝土有显著的技术经济效益，主要有粉煤灰、高炉矿渣、天然火山灰以及硅粉等。可以提高混凝土拌和物的工作性，减少用水量。

2. 设计方面

对混凝土工程耐久性的研究试验工作大部分局限在试验室阶段，与实际使用环境脱节，更重要的是混凝土工程在设计过程中常常只考虑单一的破坏因素，忽视对实际中常发生的多个破坏因素引起的综合破坏作用。即对混凝土耐久性综合症缺少全面的认识。

3. 施工及维护方面

过于追求施工进度，对混凝土工程的施工质量控制不严，若混凝土的密实性差，周围环境恶劣，氯化物、氧和水分很容易会侵蚀到钢筋表面，引起腐蚀，钢筋锈蚀物使混凝与钢筋产生隔离，久而久之，使混凝土沿钢筋长度劈裂剥落，钢筋裸露，从而大大缩短结构的使用寿命。也不注意对混凝土结构进行必要的养护；在混凝土施工过程中为了满足混凝土施工工作性要求，加大用水量、提高水灰比，因而导致混凝土的孔隙率很高，特别是其中毛细孔占相当大部分，毛细孔是水分、各种侵蚀介质、氧气、二氧化碳及其他有害物质进入混凝土内部的通道，引起混凝土耐久性的不足。

4. 投资环境方面

无论建设项目管理体系多么完善，工程质量问题主要取决于施工单位的，长期以来，我国建设事业全面快速发展的同时，由于多方面因素的影响，工程款拖欠问题愈演愈烈，严重破坏了社会经济秩序，恶化了企业交易信用环境，极大地困扰着许多施工企业的正常运转，给社会带来了不稳定因素，建设领域工程款拖欠现象的大量、普遍、长期存在所造成的影响是巨大的。一方面，由于资金大量被拖欠，许多施工企业只好靠增加贷款组织生产，背负沉重的贷款利息，资金周转非常困难，企业生产举步维艰。这种状况，不仅形成全国巨额“债务链”，使正常的信用观念遭到破坏，潜存着严重的经济风险，而且直接制约了建筑工程质量的提高和企业经济效益的实现，严重影响着建筑业企业的健康稳定发展，在这样一个投资环境下，施工单位往往处于被动地位，进度和工程质量不能两全，施工单位，特别是一些私有企业常常会搞一些劣质、廉价材料使在建筑产品上。难以确保工程质量，更谈不上什么耐久性。

三、混凝土耐久性的控制措施

通过对影响混凝土耐久性的主要因素的分析，我们就可以找出提高混凝土耐久性的主要技术途径。

1. 工程设计措施

(1)充分考虑的环境因素

环境条件对耐久性的影响很大，特别是路桥、水利类工程、大多在野外环境中，都是清水混凝土，直接裸露于空气中，甚至长期泡于水中，设计时应正确区分不同构件所处环境情况，当结构物处于对钢筋混凝土不利的环境时，防护等级应予以提高，工程设计中应该提出用与腐蚀环境相适应的材料及配合比要求。

(2)合理的构件形式和配筋方式

构件尺寸不宜太小，尺寸过小，保护层不易保证，混凝土不易振实。构件外形也不宜复杂，棱角增多会使保护层厚度得不到保证。

(3)配合比设计

①集料的品种、粒径和级配

混凝土配合比设计中，粗集料的级配对混凝土拌合物需水性的影响也很大，应控制混凝土集料的最大粒径，集料的最大粒径越大，需水性越小，选择合理的集料级配，可以降低水泥用量。因此，在条件许可的情况下，粗集料的最大粒径应尽可能选得大些。

由于细骨料(砂) 的粒径较小，其空隙率和总表面积均比较大，因此砂率的变动会使集料的空隙率和总表面积有显著改变，对混凝土拌合物的用水量和水泥用量也均有较大影响，采用最佳砂率时，能使混凝土拌和物获得所要求的和易性和强度，而水泥用量最少。因此，在工程实践中，在条件许可的情况下，应尽可能通过试验找出最佳砂率。

②水泥

不同品种的水泥或不同厂家生产的同一品种的水泥，其标准稠度用水量有时有较大不同。因此用具有不同标准稠度用水量的水泥配制具有相同流动性和 W/C 的混凝土，其用水量是不同的，同样水泥用量也不同。

③拌和及养护用水

混凝土拌和及养护用水，应考虑其对混凝土强度的影响。水灰比的大小很大程度影响混凝土强度值的大小。拌和水应检查其杂质情况，防止影响砂浆及混凝土生成时杂质影响其耐久性。

④掺入高效减水剂

在保证混凝土拌和物所需流动性的同时，尽可能降低用水量，减小水灰比，使混凝土的总孔隙，特别是毛细管孔隙率大幅度降低。

水泥在加水搅拌后，会产生一种絮凝状结构。在这些絮凝装结构中，包裹着许多拌和水，从而降低了新拌混凝土的工作性。施工中为了保持混凝土拌和物所需的工作性。施工中为了保持混凝土拌和物所需的工作性，就必须在拌和时相应地增加用水量，这样就会促使水泥石结构中形成过多的孔隙。当加入减水剂后，减水剂的定向排列，使水泥质点表面均带有相同电荷。在电性斥力的作用下，不但使水泥体系处于相对稳定的悬浮状态，还在水泥颗粒表面形成一层溶剂化水膜，同时使水泥絮凝状的絮凝体内的游离水释放出来，因而达到减水的目的。

⑤掺入高效活性矿物掺料

普通水泥混凝土的水泥石中水化物稳定性的不足，是混凝土不能耐久的另一主要因素。在普通混凝土中掺入活性矿物的目的，在于改善混凝土中水泥石的胶凝物质的组成。活性矿物掺料（硅灰、矿渣、粉煤灰等）中含有大量活性 SiO_2 及活性 Al_2O_3，它们能和水泥水化过程中产生的游离石灰及高碱性水化硅酸钙产生二次反应，生成强度更高，稳定性更优的低碱性水化硅酸钙，从而达到改善水化胶凝物质的组成，消除游离石灰的目的。有些超细矿物掺料，其平均粒径小于水泥粒子的平均粒径，能填充于水泥粒子之间的空隙中，使水泥石结构更为致密，并阻断可能形成的涌透路。此外，还能改善集料与水泥石的界面结构和界面区性能。这些重要的作用，对增进混凝土的耐久性及强度都有本质性的贡献。

⑥氯盐

某些卤离子（如 C1－、I－、Br－）对钝化膜有特殊的破坏作用。它们在钢筋保护层不被碳化或中性化的情况下也可以破坏钢筋钝化膜，使腐蚀过程得以进行。氯离子是这一类离子中最常遇到的。氯离子半径很小，穿透力强，很容易吸附在钢筋阳极区的钝化膜上，取代钝化膜中氧离子，使钢筋起保护作用的氢氧化铁变为无保护作用的氯化铁。氯化铁的溶解度比氢氧化铁的溶解度大得多。由于氯离子到达钢筋表面的不均匀性，特别是氯离子作用在钢筋局部区域时，则局部区域为阳极，形成了大阴极小阳极的腐蚀。

⑦阻锈剂

混凝土中只要含有足够量的钢筋阻锈剂，就能有效抑制其内氯离子的活化作用。钢筋阻锈剂作为混凝土外加剂的品种之一，在国内外已有广泛的应用，我国的钢筋阻锈剂已有许多品种被纳入国家规范《工业建筑防腐蚀设计规程》(GB 50046—95)，并有行业标准《钢筋阻锈剂使用技术规程》(YBJ 231—91)可执行。

⑧涂层

对于需重度防护的混凝土结构，可采取在混凝土表面涂层和采用环氧树脂涂层钢筋的方法，阻隔有效物质的侵入和腐蚀。

2. 施工工艺措施

(1)必需的保护层厚度

保护层的作用对保证钢筋不被锈蚀起着至关重要的作用，增加混凝土保护层厚度可显著地推迟腐蚀因子渗透到钢筋表面的时间，也可提高对钢筋锈蚀膨胀的抵抗力。混凝土碳化达到钢筋表面的时间与保护层厚度的平方成正比。所以增大保护层厚度能有效地推迟碳化时间。应注意，加大保护层厚度对耐久性有好处，但表面横向裂缝宽度增大，如建筑物有外观要求时就不能任意加大保护层厚度。

在施工时为保证钢筋的位置正确以及混凝土保护层必须满足设计要求等。钢筋的垫块，应采用细石混凝土或水泥砂浆制作，有条件时最好采用定型的塑料垫块，不得采用石子作垫块，严禁使用短钢筋作为垫块。

(2)原材料控制

实际使用的各种原材料必须与配合比设计相一致。材料进场后，按材料控制程序进行登记，并收集、保留相关资料。

所有原材料做到先检后用；集料堆放场地先硬化、分仓，后堆放原材料；粗集料按要求分级采购、分级运输、分级堆放、分级计量；并对其检验状态进行标识；胶凝材料、外加剂储存罐采用顶部搭设遮阳棚和四周棉被包裹防晒。

集料在使用前必须进行筛洗，严格控制含泥量、级配，并用钢结构雨棚覆盖，降低集料的含水量差异和温度。

(3)拌和及浇筑过程的控制

①浇筑前的准备工作

依据试验配合比和施工配合比，核查各种材料质量指标是否符合要求、拌和的各种计量器要是否准确，集料的含水率要根据实际情况进行现场测算、调整。

浇筑混凝土前，指定专人仔细检查钢筋保护层垫块的位置、数量及其紧固程度，并作重复性检查，以提高钢筋保护层厚度尺寸的质量保证率。

根据不同的结构断面尺寸、施工环境、施工条件做好浇筑方案，包括浇筑起点、浇筑进展方向和浇筑厚度、振捣器具布置等。混凝土浇筑过程中，严格按事先确定的浇筑方案施工。

②混凝土运输

运输能力应适应混凝土的凝结速度和浇筑速度的需要，使混凝土运倒浇筑地点时仍能保持均匀性和坍落度，运输车运至浇筑地点后发生离淅，严重泌水或坍落度不符合要求时，应进行二次拌和，如必须加水时，应加入同比例的水泥，保持水灰比不变，否则不得使用。

③浇筑

浇筑过程中时刻注意拌和物的颜色是否均匀，现场经常检查拌和物的坍落度，确保混凝土拌和物拌和均匀，严防混凝土离淅，应按一定的厚度和顺序分层浇筑和振捣，严格控制振捣时间“防止偏振和漏振”。这样才能保证保护层的密实，并使水泥浆完全覆盖住钢筋以形成一层有效的隔离层。施工缝留设应在施工前事先确定，宜留在结构受力和弯矩较小的部位。

④养护

对新浇混凝土的早期养护工作尤为重要。加强混凝土养护工作，要从养护方法、时间和材料等方面下工夫，以保证混凝土在早期尽可能少产生收缩、裂缝。主要是控制好构件的湿润养护，对于大体积混凝土，有条件时宜采用蓄水或流水养护，养护时间为14～28天。

结束语 混凝土结构的耐久性是结构工程最重要的质量指标，是结构工程安全性的重要保证，也是提高混凝土使用寿命和节约建设成本的重要手段，是一个涉及环境、材料、设计、施工等多种因素的复杂问题，不是单一只靠强度就能解决的，它的实现主要决定于结构的设计与施工管理水准。

参考文献

[1] 赵国满、金伟良.结构可靠性理论.北京:中国建筑工业出版社,2000.

173. 多层FRP筋预应力混凝土桥梁设计方法研究

吴小军　金广谦　周兆鹏
（解放军理工大学工程兵工程学院）

摘　要　FRP筋具有抗拉强度高、耐腐蚀、非磁性的特点，因而在高腐蚀环境中具有广泛的应用前景。为充分发挥FRP筋材轻质高强的优点，FRP筋预应力混凝土结构更为适用。本文在FRP筋梁承载能力研究的基础上，提出了多层FRP筋布置的预应力混凝土梁的承载力的设计方法，对FRP筋的推广应用具有一定的参考价值。

关键词　纤维增强塑料(FRP)筋　受弯构件　承载力计算

随着现代国防交通的发展，对特殊环境下桥梁的营运质量和寿命提出了更高的要求，钢筋锈蚀已成为影响混凝土结构耐久性的最大缺陷。一种具有强度高、密度低、耐腐蚀等优良性能的新型纤维增强复合材料(FRP)筋已成为人们代替钢筋的研究热点[1,2]。

目前，国内外关于FRP筋预应力混凝土的研究仅限于单排FRP筋的布置[3,4]，但由于桥梁跨度的不断增大以及梁截面宽度的限制，布置多层FRP预应力筋已成为一种趋势。本文参阅大量国外相关资料并结合FRP筋自身的性能特点，提出多层FRP筋预应力混凝土受弯构件的承载能力设计方法。

一、设 计 原 则

对配置多排FRP筋预应力混凝土梁的承载力计算，与预应力钢筋混凝土截然不同。在预应力钢筋混凝土结构承压过程中，当最外层钢筋达到极限应变后，由于钢筋具有良好的延性性能，仍然能承受拉应力，且其应力值为抗拉极限强度。而在FRP筋预应力混凝土结构的承压过程中，由于FRP筋线弹性的性质，当最外层FRP筋达到极限应变随即破坏，不能再承受拉应力[5]。在计算FRP筋预应力混凝土抗弯承载力时，根据截面应变相容原则，不同层FRP筋中的应变按应变的线性分布计算得出，且应控制最底层FRP筋不超过其应变能力。否则当底部的FRP筋达到极限应变时，会发生破断并将荷载传至其余的FRP筋，同时引起连锁破断，因此最外层FRP筋的极限应变为临界应变。

二、基 本 假 定

对于FRP筋预应力混凝土受弯梁设计采用以下假定[6]：

(1)平截面假定；

(2)不考虑受拉区混凝土的作用，拉力全部由受拉区配置的FRP筋承担；

(3)混凝土的$\sigma-\varepsilon$曲线取《规范》(GB 50010—2002)中的公式，且混凝土的极限压应变取$\varepsilon_{cu}=0.0033$；

(4)FRP筋$\sigma-\varepsilon$呈线性关系。

三、正截面承载力计算公式

1. 混凝土受压区界限高度系数ξ_{jg}的确定

配置FRP预应力筋梁的界限相对受压区高度ξ_{jg}和钢筋混凝土梁界限相对受压区高度的定义相似，也是指FRP筋预应力梁在受压区混凝土达到极限压应变ε_{cu}的同时最底层FRP筋恰好达到极限应变ε_{pu}的等效压力区高度与截面高度之比。

如图 1 所示。根据应变协调可得：

$$\xi_{jg}=\frac{c}{h_1}=\frac{\varepsilon_{cu}}{\varepsilon_{cu}+\varepsilon_{pu}-\varepsilon_{pe}-\varepsilon_d} \tag{1}$$

式中：ε_{cu}——混凝土极限压应变；

ε_{pu}——FRP 筋的极限应变；

ε_f——FRP 筋弯曲应变，即为 FRP 预应力筋从相邻混凝土消压时起的应变增量；

ε_{pe}——扣除损失后 FRP 筋的有效预拉应变；

ε_d——预应力筋水平处混凝土弹性压缩应变（由于数值较小可忽略不计）。

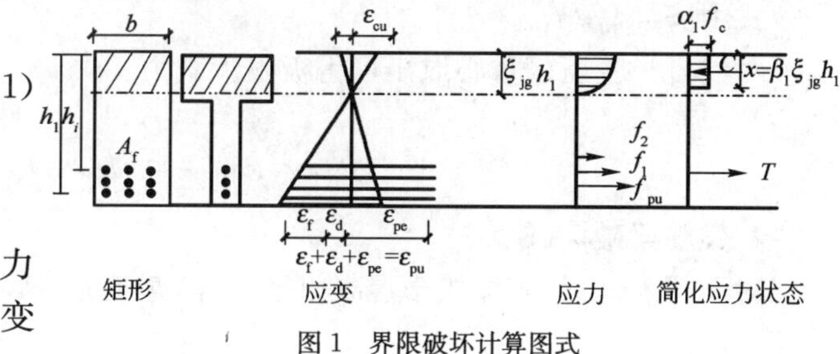

图 1 界限破坏计算图式

由此界限系数可简化为

$$\xi_{jg}=\frac{c}{h_1}=\frac{0.0033}{0.0033+\varepsilon_{pu}-\varepsilon_{pe}} \tag{2}$$

2. 适筋破坏（$\xi_f=\xi_{jg}$）

该破坏形式表现为混凝土压碎和 FRP 筋拉断同时发生，定义 $f_m=f_{pu}-f_{pe}$ 为最外层预应力筋由初始预应力值至极限应力值的应力增量，f_{pe} 为初始预应力值。根据平界面应变相容原则，可得每层筋的拉力为：

$$T_i=\rho_i b h_1\left[f_{pe}+(f_{pu}-f_{pe})\left(\frac{\eta_i-\xi_{jg}}{1-\xi_{jg}}\right)\right] \tag{3}$$

式中：$\rho_i=A_i/bh_1$ 表示每一层 FRP 预应力筋的配筋率；

$\eta_i=h_i/h_1$。

对混凝土压区中心取矩得极限承载力：

$$M_u=\sum_{i=1}^{n}T_i\left(h_i-\frac{\xi_{jg}\beta_1 h_1}{2}\right) \tag{4}$$

3. 低筋破坏（$\xi_f<\xi_{jg}$）

对配筋率较低的梁，由于混凝土受压区的非线性性能未能得到发展，采用线性的应力-应变分布即可正确地反映出构件截面中的应力状态。其应力应变状态如图 2 所示

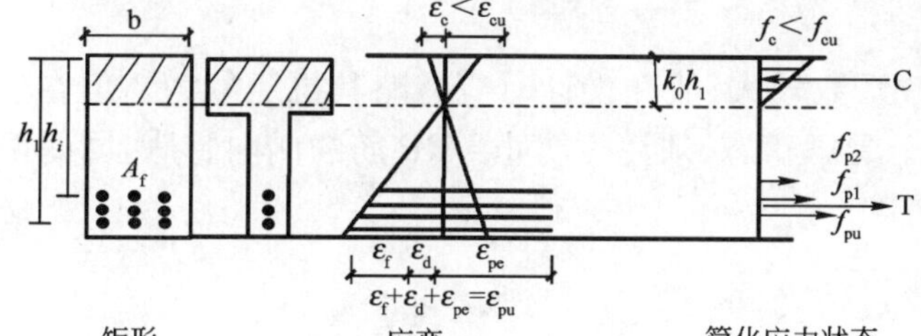

图 2 低筋破坏计算图式

设从受压表面至中性轴的距离为 $c=kh_1$，根据截面应变协调可得

$$\frac{\varepsilon_c}{\dfrac{f_{pu}-f_{pe}}{E_f}}=\frac{kh_1}{h_1-kh_1}=\frac{k}{1-k} \tag{5}$$

梁顶混凝土压应力为

$$\sigma=\frac{k(f_{pu}-f_{pe})}{(1-k)\alpha_E}$$

式中：$\alpha_E=E_f/E_c$。

由截面上力的平衡 $\frac{1}{2}kh_1 b\frac{k(f_{pu}-f_{pe})}{(1-k)\alpha_E}=bh_1\sum_{i=1}^{n}\rho_i\left[f_{pe}+f_m\left(\frac{\eta_i-k}{1-k}\right)\right]$

解得

$$k=\frac{\sqrt{(\alpha_E\sum_{i=1}^{n}\rho_i)^2+2(1+\xi)\alpha_E\sum_{i=1}^{n}\rho_i(\xi+\eta_i(1-\xi))}-\alpha_E\sum_{i=1}^{n}\rho_i}{1-\xi} \tag{6}$$

式中：$\xi = f_{pe}/f_{pu}$。

对混凝土受压区重心取矩可得极限承载力：

$$M_u = bh_1^2 \sum_{i=1}^{n} \rho_i [f_{pe} + (f_{pu} - f_{pe})] \left(\frac{\eta_i - \xi_{jg}}{1 - \xi_{jg}} \right)_i \left(\eta_i - \frac{k}{3} \right) \tag{7}$$

4. 超筋梁破坏($\xi_f > \xi_{jg}$)

对于超配筋梁，破坏始于混凝土被压碎，最底层FRP筋没有达到其极限应变，应力应变状态如图3所示，FRP筋的应变值为未知量，设从混凝土受压表面至中性轴的距离为$c = k_u h_1$。第i层FRP预应力筋的应变应为$\varepsilon_{pe} + \varepsilon_i$，$\varepsilon_i$可根据应变服从平界面假定得：

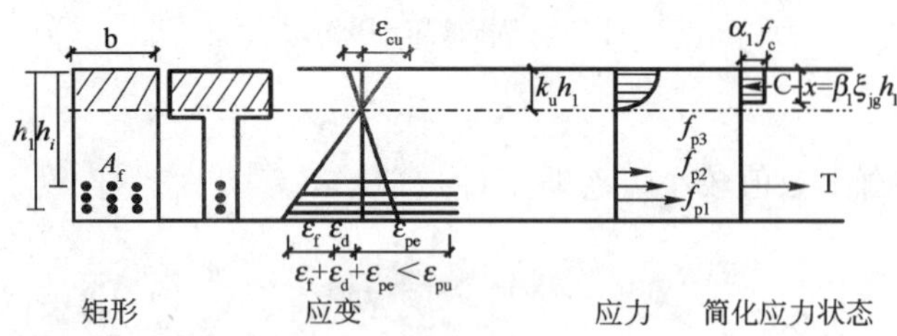

图3　超筋破坏应力、应变计算图式

$$\frac{\varepsilon_i}{\varepsilon_{cu}} = \frac{h_i - k_u h_1}{k_u h_1} \tag{8}$$

根据截面上力的平衡：

$$E_f \sum_{i=1}^{n} \left[\frac{\varepsilon_{cu}(\eta_i - k_u)}{k_u} + \varepsilon_{pe} \right] = k_u h_1 b \beta_1 f_{cu}$$

解得

$$k_u = \frac{\sqrt{[n\alpha_E(n\varepsilon_{pe} - \varepsilon_{cu})]^2 - 4nh_1 b\beta_1 \varepsilon_{cu}^2 \alpha_E \sum_{i=1}^{n} \eta_i} - n\alpha_E(n\varepsilon_{pe} - \varepsilon_{cu})}{2nh_1 b\beta_1 \varepsilon}$$

对混凝土压区中心取矩得：

$$M_u = bh_1^2 E_f \sum_{i=1}^{n} \rho_i \left(\varepsilon_{pe} + \varepsilon_{pu} \frac{\eta_i - k_u}{k_u} \right) \left(\eta_i - \frac{\beta_1 k_u}{2} \right) \tag{9}$$

四、结论及建议

本文基于平截面假定推导出多层FRP筋预应力混凝土受弯构件在不同配筋率下的破坏形态的判定、承载能力计算公式，为FRP筋混凝土结构在复杂环境下的推广应用提供了理论依据。实际设计中还应注意以下几点：

(1)由于FRP筋材呈现线弹性工作状态，设计时，宜选用超筋设计；或者在受弯构件的内侧配置一定数量的钢筋，以改善构件的延性性能。

(2)FRP筋的抗压强度远低于抗拉强度，且离散系数较大，故在设计时应忽略其抗压能力。但在连续梁中，如果FRP为连续配筋，则在支座处可能处于受压状态，须注意防止FRP筋的侧向膨胀，同时配置适量的受压钢筋和箍筋。

参考文献

[1] A. Nanni. Guide for the Design and Construction of Concrete Reinforced with FRP Bars (ACI440.1R-03).

[2] 金广谦，吴小军，梁缘等. 碳/玻混杂纤维筋混凝土梁抗弯性能的试验研究[J]. 纤维复合材料，2007(4)：44-47.

[3] 庄金平，林桂银. 预应力FRP筋混凝土梁受弯承载力研究综述.

[4] 张玉成，徐德新. 新型FRP筋混凝土受弯梁正截面承载力设计. 建筑技术开发. 2004(10)：8-10.

[5] Charles W. Dolan. Development of flexural capacity of a FRP prestressed beam with vertically distributed tendons composities：Part B 33(2002) 1-6.

[6] 蔡云海. 程东辉. 碳纤维增强混凝土受弯构件正截面承载力设计. 森林工程. 2004(5)：53-54.

174. 碳玻混杂纤维筋混凝土应用技术研究

金广谦[1]　李平生[2]　王德荣[1]　吴小军[1]

（1. 解放军理工大学；2. 济南军区工程科研设计所）

摘　要　碳/玻混杂纤维增强塑料筋具有强度高、弹性模量、耐腐蚀和抗电磁干扰能力强等特点。通过碳/玻混杂纤维筋增强混凝土梁抗弯性能的试验研究，探索出梁的弯矩与变形、裂缝间距和宽度的变化规律，给出了 HFRP 筋增强混凝土梁的抗弯刚度、裂缝间距和宽度的计算模型。理论计算与模型梁的试验结果基本吻合。

关键词　混杂纤维筋　梁　静载试验　抗弯刚度　裂缝宽度

濒海地区钢筋混凝土结构受腐蚀介质的影响，钢筋容易锈蚀膨胀，导致与混凝土界面破坏，界面黏结力损失，降低结构承载力，影响使用功能，缩短使用寿命。在复杂电磁环境下使用钢筋混凝土结构又存在严重的干扰问题。因此，需要研究新型的耐久、抗电磁干扰的结构材料。

纤维增强塑料(FRP)筋具有强度高、弹性模量和延性较好、耐腐蚀、抗电磁干扰强等特点，是一种性能优越的钢筋替代材料，在土木工程中得到广泛应用。欧美及日本等国从 20 世纪 80 年代中期开始研究使用 FRP 筋代替钢筋，期望从根本上解决钢筋的腐蚀问题，我国在此领域的研究也取得了长足的进步[1~4]。目前，常用的 FRP 筋有玻璃纤维筋(GFRP)，碳纤维筋(CFRP)和芳纶纤维筋(KFRP)三种，三者的应力-应变曲线在失效前都呈线弹性关系。其中，GFRP 筋的延性较好，但弹性模量较低；CFRP 筋的弹性模量最高，但延性相对较差，造价也最高；KFRP 筋的延性最好，但纤维与树脂的匹配性较差。为了解决单一纤维筋造价高和弹性模量低等问题，本文在研究混杂纤维增强塑料(HFRP)筋加工工艺的基础上[5]，开展了碳/玻混杂纤维筋增强混凝土梁的抗弯性能试验研究，提出了等效抗弯刚度的计算模型和裂缝宽度、裂缝间距的计算公式，供参考。

一、材料的基本性能

1. 混杂纤维筋材的基本性能

试验中筋材的增强材料选用日本东丽 T700-12K 碳纤维及国内生产的无碱玻璃纤维，碳纤维的拉伸强度 5 020MPa，拉伸模量 230GPa。玻璃纤维拉伸强度 3 500MPa，拉伸模量 72GPa。环氧乙烯基树脂的拉伸强度 87. 5MPa，拉伸模量为 3. 22 GPa。HFRP 筋材的拉伸强度 868. 69MPa，拉伸模量为76. 07GPa，断裂伸长率 2. 1%。

为了提高 FRP 筋材与混凝土间的握裹力，采用一步法制备螺旋型的 FRP 筋材，以有效提高芯杆与缠绕纤维束粘结界面的结合力。成型后的螺旋型筋材如图 1 所示。

2. 混凝土的性能

根据《试验规程》和《混凝土施工与验收规范》要求，对每批 C30 混凝土梁试件都留有立方体试块，各组立方体强度值见表 1。

图 1　成型后的筋材

混凝土试件强度统计表(MPa)　　表 1

各组强度值范围	平 均 值	标 准 差
37. 8～41. 7	39. 88	1. 40
38. 0～40. 4	38. 93	1. 14
35. 8～38. 7	37. 20	1. 02

二、HFRP 筋混凝土梁的试验研究

1. 试件制作

采用截面为 2.1m×0.12m×0.2m、强度等级为 C30 的混凝土梁，在受拉区配有 2～5 根 Φ9.5 复合材料主筋，其端部 15cm 范围内加缠纤维，使原有直径加大到 15mm，以增加锚固效果。部分试件受压区配有 2 根 Φ6.2 的架立筋，箍筋分复合材料箍和钢箍两种，其间距为 100～400mm 不等。

2. 试验方法

试验梁按简支梁设计，采用千斤顶加分配梁两点人工加载。每次加载留有足够的持荷时间。持荷结束后，用静态应变仪分别量测出 $L/4$ 和 $L/2$ 梁截面的应变值和位移计测得的挠度值。

3. 试验结果

(1)图 2 为实测的部分碳/玻 HFRP 筋混凝土梁的弯矩—挠度(M—f)曲线。

(2)图 3 列出了梁的测点的应变与荷载的关系曲线。

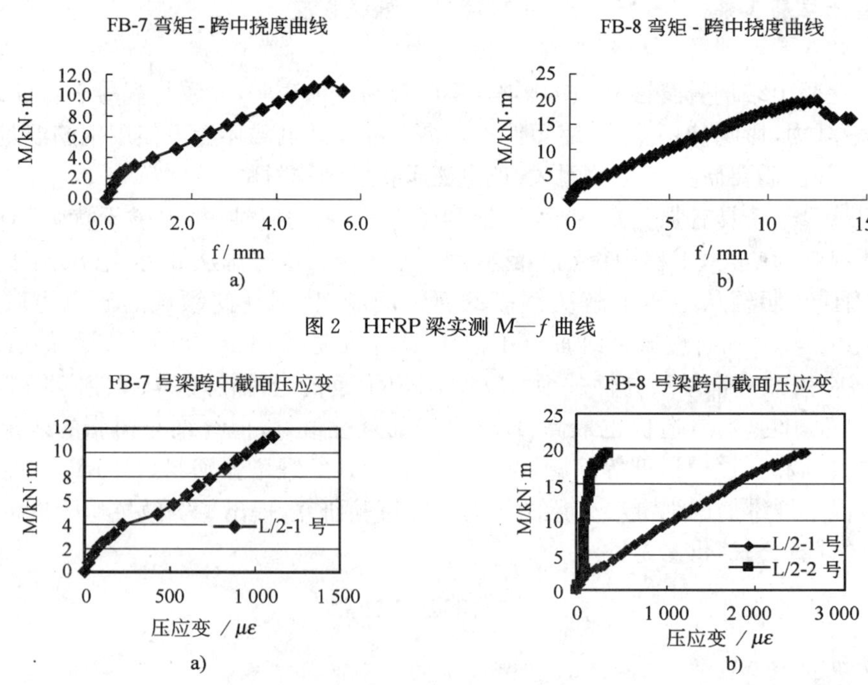

图 2 HFRP 梁实测 M—f 曲线

图 3 HFRP 梁实测弯矩—应变曲线

三、变形分析及等效刚度

1. 变形分析

从图 2 可以看出，碳/玻 HFRP 筋混凝土梁的 M—f 曲线不同于钢筋混凝土梁，表现为突然的脆性破坏。从图 3 中还可以看出，当弯矩在 4kN·m 左右时，存在一个压应变突增现象，说明梁由整体工作向带缝工作的过渡。在 M—f 曲线上存在一个明显的转折点，该转折点将梁的受力和变形过程主要分为两个阶段：

第一阶段，从开始加载到纯弯段出现裂缝为止。开始加载时，荷载较小，混凝土处于弹性阶段，应力和应变呈正比。随着荷载增大，受拉区混凝土的应力图形呈现出曲线变化，受拉边缘混凝土的拉应变接近极限值，但此阶段混凝土尚未开裂，混凝土梁为全截面参加工作。

这一阶段所受荷载约为极限荷载的 20%左右，与钢筋混凝土梁相当。在未开裂阶段的末期，受拉区边缘混凝土的拉应力达到混凝土的抗拉强度，即将出现裂缝。

第二阶段中，当荷载作用下的弯矩达到开裂弯矩时，在混凝土梁的纯弯段抗拉强度薄弱的部位开始出现第一条裂缝，这时梁进入带缝工作阶段。在开裂截面位置，受拉区混凝土退出工作，拉区荷载全部由受拉筋材来承担。一旦出现裂缝，则裂缝迅速向上扩展。当达到一定高度后，上升速度明显减缓。

随着弯矩的增大，第二、第三条裂缝相继出现，并呈现出开裂初期上升快、后期慢的特点，梁的变形明显增大。当荷载达到极限荷载的50%或更高时，剪弯段会出现斜裂缝，且迅速向加载点延伸。最后，梁在弯矩或弯矩、剪力共同作用下，梁被压垮。

2. 等效刚度

通过对试验结果分析发现，采用钢筋混凝土规范[6]推荐的模型预测碳/玻 HFRP 筋混凝土梁的挠度与实测值有一定的差距。为了能正确预测碳/玻 HFRP 筋混凝土梁的有效惯性矩及挠度，参考美国混凝土协会 ACI 440.1R-03 针对钢筋增强混凝土梁的开裂后截面有效惯性矩的经验公式，根据试验结果，提出 HFRP 筋混凝土梁的有效惯性矩预测模型：

$$I_e = \beta_1\left[\frac{M_{cr}}{M_a}\right]^n I_0 + \beta_2\left[1-\left(\frac{M_{cr}}{M_a}\right)^n\right]I_{cr} \tag{1}$$

式中：β_1、β_2——筋材的性能影响系数，β_2 的取值为 0.5～1，$\beta_1=\alpha\left(\frac{E_f}{E_s}+1\right)$。对本次碳/玻 HFRP 筋取 β_2 的值为 0.7。$\alpha=1.4-\frac{2}{15}\left(\frac{M_a}{M_{cr}}\right)$

n——开裂的影响系数，参照国内外的测试资料，FRP 筋的取值可以从 3～5.5，经过试验分析，对本次碳/玻 HFRP 筋取 n 的值为 4。

M_a——实测得到的弯矩值。

根据修正后的有效惯性矩计算得到的碳/玻 HFRP 筋混凝土梁的 $M—f$ 曲线与实测 $M—f$ 曲线对比见图 4。

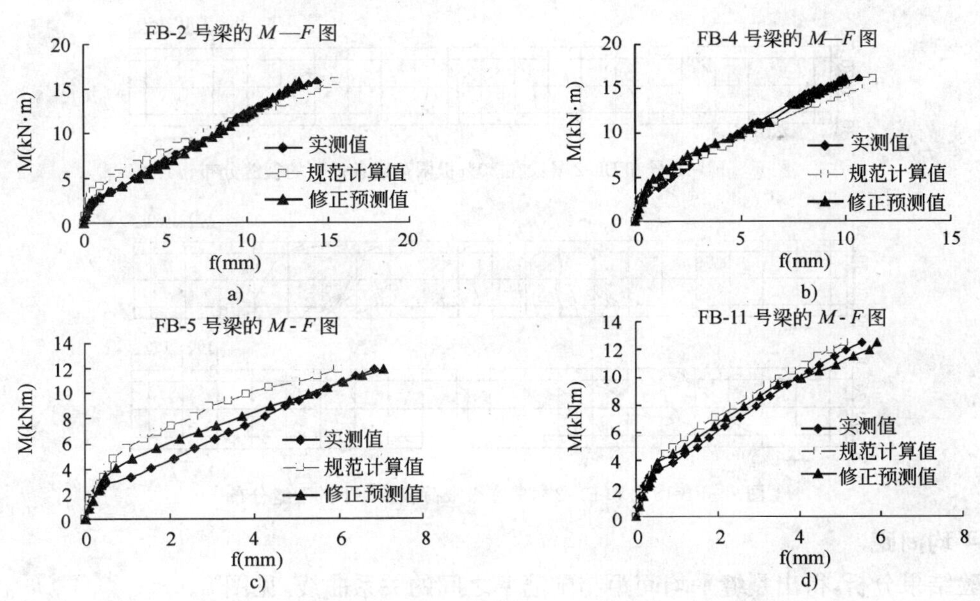

图 4　修正后梁的实测与计算 M-f 曲线对比

从图的对比中可以看出，修正后计算得到的 $M—f$ 曲线和用钢筋混凝土规范对碳/玻 HFRP 筋混凝土梁的计算值相比更接近实测结果。特别是从未开裂到开裂的阶段比钢筋混凝土规范的计算结果更能反映碳/玻 HFRP 筋混凝土梁出开裂的变化过程，并且对最大挠度的预测也更为准确。

四、裂 缝 分 析

1. 裂缝开展情况

通过试验研究发现，裂缝开始出现在纯弯段的范围之内，裂缝沿梁高呈直线上升，裂缝的延伸位置很快很高，有的裂缝一经发现，就几乎达到了梁高的一半。

当荷载达到极限荷载的50%时，在纯弯段裂缝开展也已经基本稳定，在部分裂缝的底部出现分叉裂缝。在剪弯段出现向集中荷载点偏移的斜向裂缝，这些裂缝不断的扩展，并逐渐的偏斜。此时，梁的裂缝较宽，数目发展快，试件此时的挠度也比较大。

当荷载接近极限荷载时，纯弯段的裂缝上升并不明显，但宽度在不断增加，在裂缝顶端出现分叉现象，底部同样出现一些并行的短裂缝。在支座附近出现明显的斜裂缝，其宽度和长度发展都很快，并迅速发展到集中荷载作用点处，该阶段的裂缝数目最多，宽度最大。梁的破坏模式与纵向配筋率有关。配筋率越大，承载力越大。图5～图7为FB-18号和BL-2号梁的裂缝开展和分布图。

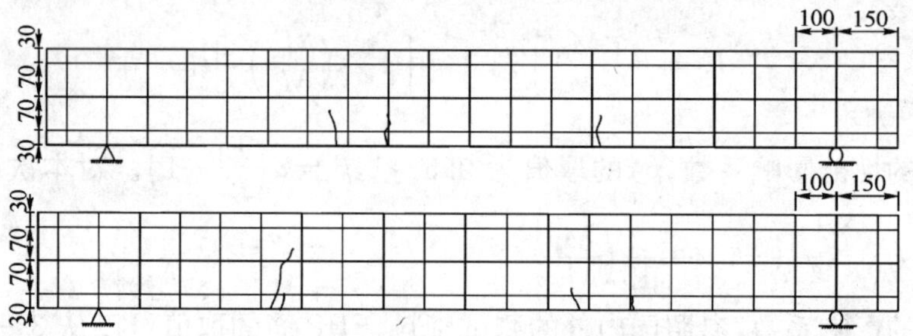

图5　FB-18号和BL-2号梁在25%极限荷载条件下的裂缝分布

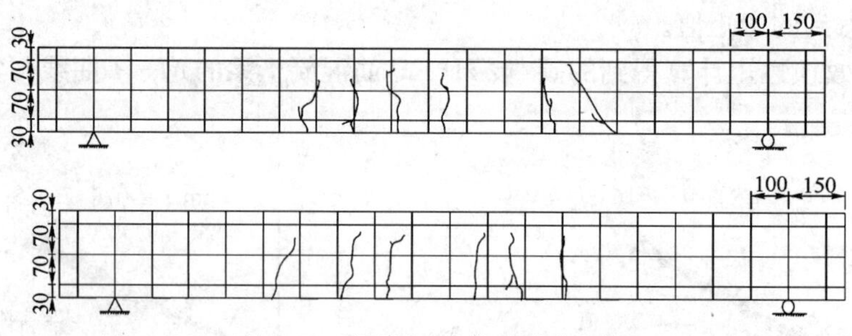

图6　FB-18号和BL-2号梁在50%极限荷载条件下的裂缝分布

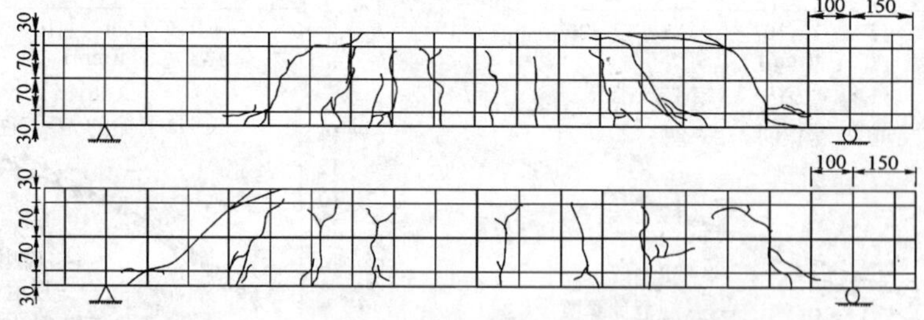

图7　FB-18号和BL-2号梁在极限荷载条件下的裂缝分布

2. 裂缝平均间距

根据试验结果分析，得出裂缝平均间距与配筋率之间的关系曲线，见图8。

综合考虑筋材的直径、混凝土梁保护层厚度、梁截面配筋率以及筋材和混凝土粘结性能等因素对裂缝间距的影响，可以得出碳/玻HFRP筋裂缝平均间距的计算公式：

$$l_{\mathrm{m}} = 3.6c + 0.065\frac{d_{\mathrm{eq}}}{\mu} \tag{2}$$

式中：l_m——为裂缝的平均间距；

c——混凝土保护层的厚度；

d_{eq}——筋材的等效直径，$d_{eq}=\dfrac{\sum n_i d_i^2}{\sum n_i v_i d_i^2}$；

μ——混凝土受拉区的有效配筋率，参照钢筋混凝土结构规范计算方法[6]，受弯构件矩形截面取 $\mu=A_s/A_c, A_c=0.5bh$；

n_i——第 i 种筋材的根数；

v_i——第 i 种筋材的形状系数。对表面无螺纹处理的筋材，取 $\nu=1.0$；对表面螺纹处理的筋材，则根据螺纹的深度和螺距大小，取 $\nu=0.7\sim1.0$。本次筋材螺距 20mm，螺纹深度 1mm，取 $\nu=0.9$。

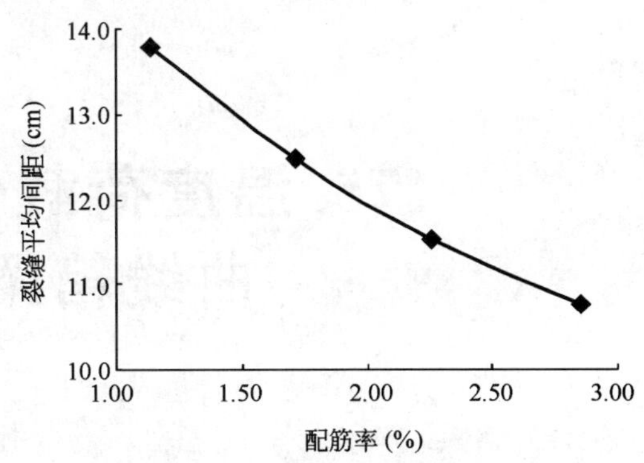

图 8 裂缝平均间距与配筋率的关系曲线

3. 裂缝宽度

HFRP 筋混凝土梁的裂缝宽度随弯矩的增大而加宽，不同荷载水平下的裂缝宽度实测值见表 2。其变化规律与钢筋混凝土相比，由于筋材的弹性模量比钢筋低，在同样的应力水平下的裂缝宽度要大些。

参照钢筋混凝土结构梁裂缝宽度的计算公式，并考虑 HFRP 筋梁的特点得出短期荷载作用下裂缝宽度计算的修正公式：

$$W_{max}=\tau W_m=\tau\,\psi\,\alpha\,\frac{\sigma_f}{E_f}\left(3.6c+0.065\frac{d_{eq}}{\mu}\right) \tag{3}$$

式中：ψ——裂缝纵向受拉筋材应变的不均匀系数；$\psi=S_1\left(1-\dfrac{M_{cr}}{M_s}\right)$，$S_1$ 为黏结系数，依照试验结果取为 0.6，M_{cr}为混凝土截面的抗裂弯矩，M_s 为短期荷载组合作用下的实际弯矩；

α——为混凝土对宽度的影响系数，依据试验结果取为 0.9；

σ_f, E_f——碳/玻 HFRP 筋的应力和弹性模量。

τ——碳/玻 HFRP 筋混凝土梁的最大裂缝宽度与平均裂缝宽度的“扩大系数”。根据试验结果统计，本文取为 2.1。

五、结 语

本文对碳/玻 HFRP 筋增强混凝土梁的在横力作用下的弯曲性能进行了试验研究。在试验分析的基础上，揭示了碳/玻 HFRP 筋增强混凝土梁的受力过程、破坏特点以及变形和裂缝随荷载的变化规律。最后，总结了预测 HFRP 筋混凝土梁的有效惯性矩、裂缝间距和宽度的计算方法，为碳玻混杂纤维筋混凝土在桥梁结构中的应用提供参考依据。

参考文献

[1] 包兆鼎，戴方毕，陈杰等. 增强混凝土用玻璃纤维复合材料筋[S]. 第二届全国土木工程用纤维增强复合材料(FRP)应用技术学术交流会，2002.07.

[2] 刘纪陆，熊光晶. 纯复合材料筋混凝土的适用范围[J]. 建筑设计，2004(2):47-50.

[3] 崔士起，张新华，成勃. 芳纶纤维加固钢筋混凝土梁试验研究[J]. 工业建筑，2004(增刊).

[4] 高丹盈，朱海堂，李趁趁. 纤维增强塑料筋混凝土梁受弯性能的计算方法[J]. 郑州大学学报，2003(3):1～4.

[5] 金广谦，吴小军，梁缘等. 碳/玻混杂纤维筋混凝土梁抗弯性能的试验研究[J]. 纤维复合材料，2007(4):44-47.

[6] 中华人民共和国国家标准. 混凝土结构设计规范(GB 50010—2002). 北京：中国建筑出版社，2002.

175. 温度荷载作用下支承设计对连续曲线箱梁桥变形影响研究

虞　颜
（浙江省衢州市交通局）

摘　要　以320国道衢州落马桥互通立交D匝道工程为依托，运用大型有限元通用软件ANSYS，计算分析钢筋混凝土连续曲线箱梁在不同的支承偏心距和不同的支承形式条件下，温度荷载对梁体变形的影响，以便指导曲线箱梁桥结构设计。

关键词　温度荷载　支承设计　连续曲线箱梁　变形影响

一、计算模型的建立

1. 实桥概况

320国道衢州落马桥互通立交工程D匝道工程为19.97m+2×20m+19.97m连续曲线箱梁桥，曲线半径R=60m，两端设置抗扭支座，其余各中墩采用独柱支撑，每支点处设厚1m的横隔板。为建模方便、计算的可比性及简便性，对该匝道进行计算分析时，横断面取用简化形式（图1），连续箱梁支承布置形式采用图2所示。

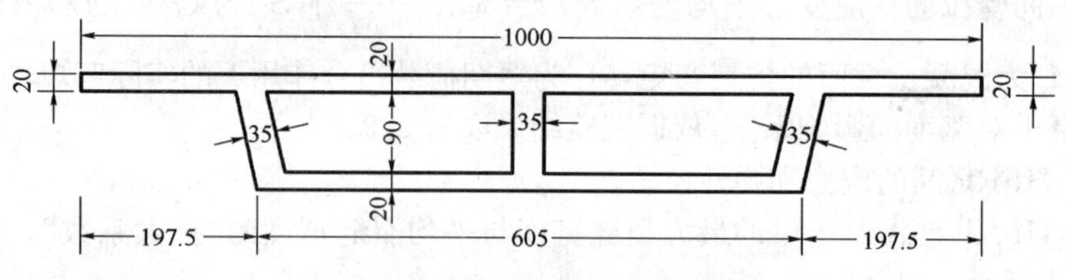

图1　模型简化横断面（尺寸单位：cm）

2. 单元选取

为了减少计算单元数目但又要保证计算精度，采用板单元来代替实体块单元进行分析计算，建模所用单元示于图3。

图2　连续箱梁支承布置形式

图3　建模所用壳单元

3. 计算假定

计算时作了如下假定：①箱梁温度沿桥长（纵向）方向均匀变化；②箱梁结构为各向同性材料；③竖向温度应力（变形）和横向温度应力（变形）满足叠加原理。同时考虑该地区年温差的影响和夏天梁体最高平均温度实测数据，采用箱梁上、下缘温差10℃，整体升温30℃作为温度荷载。

二、温度荷载作用下不同的支承偏心距对连续曲线箱梁桥变形影响

1. 预设偏心可以改善曲线梁桥的内力分布理论分析

曲线梁桥在荷载作用下的总弯矩和总剪力与同跨径的直线梁桥相差不大，但总扭矩比直梁桥大得多。过大的内扭矩给曲线梁桥的上部结构和支座的设计带来困难，并使得桥梁的建设投资增加。如果

曲线梁桥仅两端设置有较强的抗扭支承，而中间各墩是没有抗扭约束的点铰式支座（即：独柱墩支承），则可以通过对中间支座预设偏心，即将点铰式支座的中心沿半径方向往曲线外侧移动一较小距离（通常在几十厘米），从而大大降低梁端的内扭矩，而适当地选取支座偏心值，可使边跨内最大扭矩与最大负扭矩的绝对值接近相等。因此，预设支座偏心是一种不需增加投资而达到改善内力、节约材料的好办法。

2. 设置不同的偏心距时曲线箱梁力学及位移计算

通过设置不同的偏心距分析预设偏心对温度荷载作用下的连续曲线箱梁变形的影响。由于半径越小对曲线梁桥变形的影响越大，故结合实桥，采用半径为 60m 的四跨连续梁来进行计算，中墩支承偏心距分别取为：0m，0.1m，0.2m，0.3m。分别计算了不同偏心距墩顶水平温度力和支座摩阻力，不同偏心距各墩顶在恒载＋温度荷载组合下的支反力和不同偏心距各墩顶内、外侧腹板位移量表。计算结果参见图 4、图 5、图 6 和表 1。

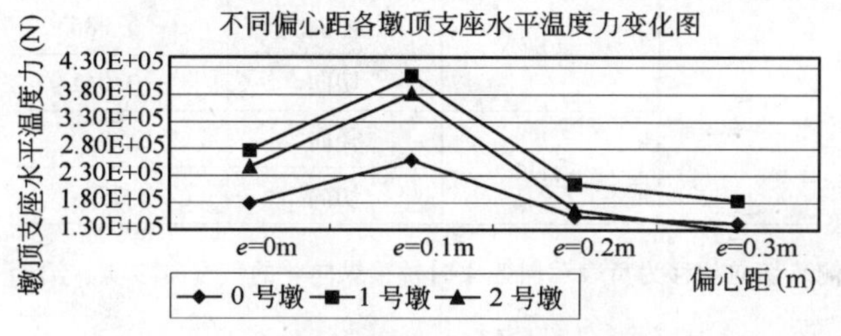

图 4 各墩顶支座水平温度力变化

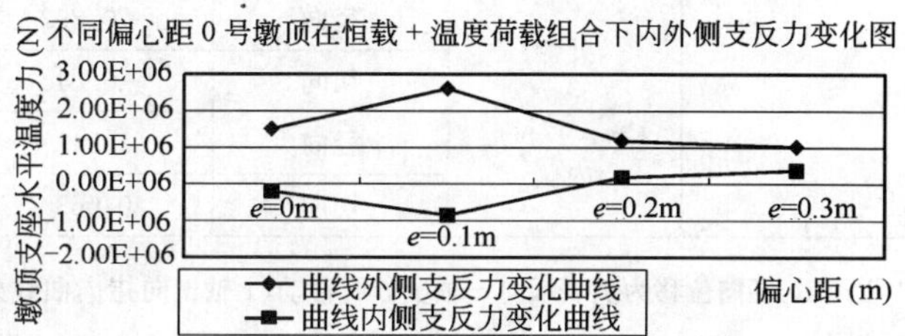

图 5 0 号墩顶在恒载＋温度荷载组合下内外侧支反力变化

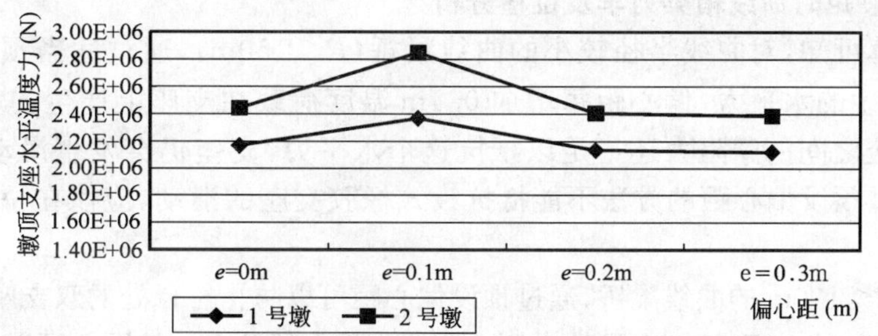

图 6 1 号和 2 号墩顶在恒载＋温度荷载组合下支反力变化

不同偏心距各墩顶内、外侧腹板位移量表 表 1

温度荷载作用下各墩顶腹板内外侧径向，切向位移表（偏心距 e＝0m） 单位：mm

墩号	位置	方向	位移
0 号	外侧	径向	－0.208
		切向	－9.665
	内侧	径向	1.744
		切向	－9.077
1 号	外侧	径向	－1.053
		切向	－4.694
	内侧	径向	1.077
		切向	－4.385
2 号	外侧	径向	－1.089
		切向	－0.027
	内侧	径向	1.065
		切向	0.025

温度荷载作用下各墩顶腹板内外侧径向，切向位移表（偏心距 e＝0.1m） 单位：mm

墩号	位置	方向	位移
0 号	外侧	径向	－0.415
		切向	－18.157
	内侧	径向	3.498
		切向	－17.210
1 号	外侧	径向	－1.854
		切向	－8.184
	内侧	径向	2.294
		切向	－7.705
2 号	外侧	径向	－1.951
		切向	－0.094
	内侧	径向	2.292
		切向	0.110

续上表

温度荷载作用下各墩顶腹板内外侧径向，切向位移表（偏心距 e=0.2m） 单位：mm				温度荷载作用下各墩顶腹板内外侧径向，切向位移表（偏心距 e=0.3m） 单位：mm			
0号	外侧	径向	−0.203	0号	外侧	径向	−0.201
		切向	−9.488			切向	−9.394
	内侧	径向	1.726		内侧	径向	1.732
		切向	−8.790			切向	−8.647
1号	外侧	径向	−0.860	1号	外侧	径向	−0.758
		切向	−4.575			切向	−4.512
	内侧	径向	1.264		内侧	径向	1.355
		切向	−4.168			切向	−4.059
2号	外侧	径向	−0.892	2号	外侧	径向	−0.785
		切向	−0.046			切向	−0.041
	内侧	径向	1.247		内侧	径向	1.338
		切向	0.063			切向	0.066

说明：径向位移为负表示向 x 轴负方向移动（x 轴正向指向曲线外侧）；切向位移为负表示向建模时桥梁纵向 z 的负方向移动。（下表同）

3. 设置不同的偏心距时曲线箱梁力学及位移分析

(1)根据抗滑验算可知，对曲线半径较小的曲线梁桥（$R\leqslant150$m），通过适当预设偏心距可以减少温度荷载在支座上产生的水平力，偏心距每增加0.1m温度荷载在支座上产生的水平力减小10%～45%，但支座和混凝土之间的摩阻力还不足以抵抗这个水平力，支座仍会发生滑动，故对小半径的曲线梁桥 $R\leqslant150$m 通过预设偏心距的方法不能抵抗板式橡胶支座的滑动，应该在桥台处设置盆式橡胶支座。

(2)对曲线半径 $R\leqslant100$m 的曲线梁桥，通过预设偏心距可以防止桥台处的双支座的内侧支座出现脱空现象，但要选择合适的偏心距，否则会导致内侧支座产生更大的拉力。从图5可以看出，预设偏心矩也可以改善内外侧支座受力不均的现象，但同样要选择合适的偏心距，否则会适得其反。

(3)通过预设偏心距对改善梁体的变形不是很明显，如果设置偏心距不合适会导致梁体产生更大变形。

三、温度荷载作用下不同的支承方式对连续曲线箱梁桥变形的影响

1. 不同支承方式可构成不同的的计算图式

曲线梁桥可以采用多种支承布置形式。理论上讲，连续曲线梁桥的所有支承均可采用点铰支承，但是在荷载作用下，梁端将产生扭转变形，从而在梁端与桥台背墙间产生上下相对变形，这会导致伸缩缝破坏。为了保证伸缩缝正常工作，一般在两端的桥台设置能抵抗外扭矩的抗扭支座，中间支承可以采用抗扭支承，或点铰支承，或者交替使用两种支承形式。支承方式的确定可根据曲率半径的大小，上、下部结构的总体布置图式来定。当连续曲线梁桥的曲率半径较大时，则在每个桥墩上必须布置能承受外扭矩的抗扭支座，如图7a)。这种受扭情况和多跨直线连续梁桥的图式接近，因为较大的抗扭长度，将会使这种大曲率半径的连续曲线梁桥的受扭变形显著增加，有时也可每隔2～3个支座交替的采用“点铰支承”和“抗扭支承”，如图7b)。抗扭支座的布置方式，一般都沿着曲率半径的径向布置，并宜采用具有较大横向刚度的桥墩构造（如实体墩、多柱墩等），对于点铰支承则可采用独柱墩的形式。当连续曲线梁桥的曲率半径较小，而上部结构又采用具有较大抗扭刚度的箱梁结构时，一般都将中间墩布置成独柱墩、点铰支承

的构造，如图 7c)。为了增大两跨间的矢度 e，如前所述偏心矩，但不设在曲线同侧，如图 7d)，对于曲率半径较大的连续曲线梁桥，也可将点铰支承认为地交替布置在桥轴线的两侧(图 8)，从而增大全桥抗侧倾的稳定性。因此，确定合理的曲线梁桥的支承布置是一个十分重要的问题。

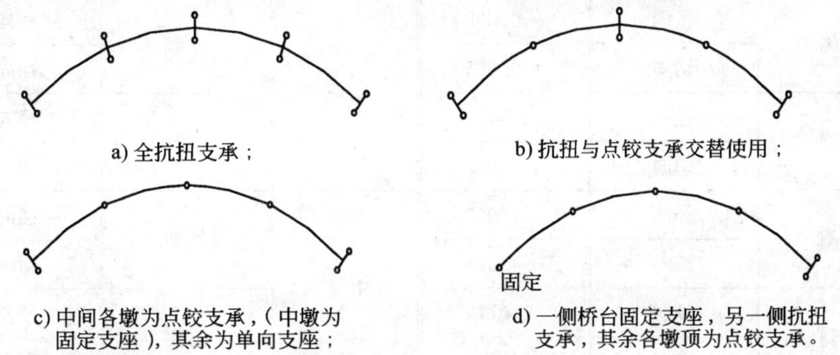

a) 全抗扭支承；
b) 抗扭与点铰支承交替使用；
c) 中间各墩为点铰支承，(中墩为固定支座)，其余为单向支座；
d) 一侧桥台固定支座，另一侧抗扭支承，其余各墩顶为点铰支承。

图 7 曲线梁桥的支承布置形式

2. 支承布置方式不同时曲线箱梁力学及位移计算

支承布置不同构成各种不同的计算图式，直接影响到全桥的内力分布。针对图 7 中四种支承布置方式，分别进行墩顶水平温度力(图 9)和支座摩阻力，墩顶在恒载＋温度荷载组合下的支反力和不同支承布置方式各墩顶内、外侧腹板位移量(表 2)。

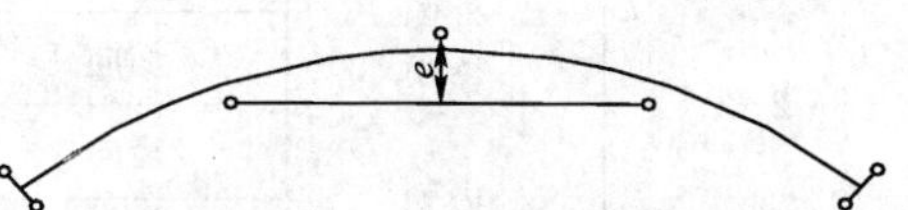

图 8 沿桥轴线左右交替偏心的点式支座柱墩

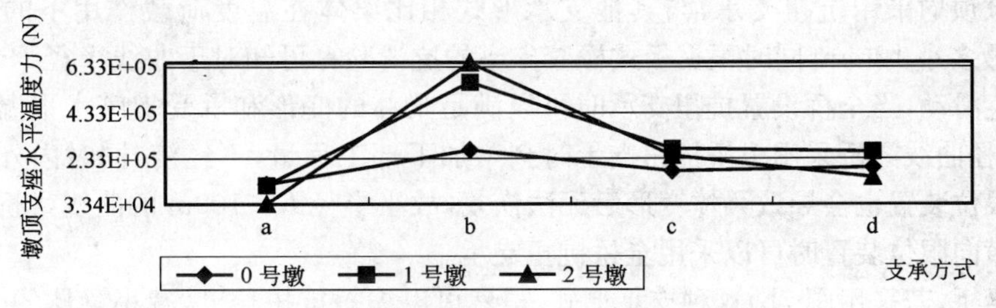

图 9 各墩顶支座水平温度力变化

不同支承方式各墩顶内、外侧腹板位移量表 表 2

温度荷载作用下各墩顶腹板内外侧径向，切向位移表 支承布置形式(a) 单位：mm				温度荷载作用下各墩顶腹板内外侧径向，切向位移表 支承布置形式(b) 单位：mm			
0 号	外侧	径向	−0.198	0 号	外侧	径向	−0.205
		切向	−9.519			切向	−9.390
	内侧	径向	1.740		内侧	径向	1.716
		切向	−8.836			切向	−8.598
1 号	外侧	径向	−0.202	1 号	外侧	径向	−1.038
		切向	−4.602			切向	−4.534
	内侧	径向	1.781		内侧	径向	1.090
		切向	−4.161			切向	−4.123
2 号	外侧	径向	−0.207	2 号	外侧	径向	−0.226
		切向	−0.010			切向	−0.028
	内侧	径向	1.767		内侧	径向	1.697
		切向	0.073			切向	0.192

续上表

温度荷载作用下各墩顶腹板内外侧径向，切向位移表 支承布置形式(c) 单位：mm				温度荷载作用下各墩顶腹板内外侧径向，切向位移表 支承布置形式(d) 单位：mm			
0号	外侧	径向	−0.208	0号	外侧	径向	−0.214
		切向	−9.665			切向	−21.468
	内侧	径向	1.744		内侧	径向	1.696
		切向	−9.077			切向	−20.031
1号	外侧	径向	−1.053	1号	外侧	径向	−1.052
		切向	−4.694			切向	−16.324
	内侧	径向	1.077		内侧	径向	1.076
		切向	−4.385			切向	−15.216
2号	外侧	径向	−1.089	2号	外侧	径向	−1.086
		切向	−0.027			切向	−11.197
	内侧	径向	1.065		内侧	径向	1.070
		切向	0.025			切向	−10.499

3. 支承布置方式不同时曲线箱梁力学及位移分析

(1)全桥各墩顶均采用抗扭支承，与其他支承形式相比梁体在温度荷载作用下的径向位移最多小1mm，切向位移最多小12mm，同时根据板式橡胶支座的抗滑验算可知对于曲线半径$R<100$m的曲线梁桥，支座不会发生滑动，当全桥设置抗扭支承时可以满足梁体的变形和承受支座水平温度力的要求。但另一方面当小半径曲线梁桥采用全桥抗扭支承时会增加下部工程量，不经济，同时内外侧支座受力不均匀，若没有横向限位装置也会导致梁体变形后无法恢复，故小半径$R<100$m的曲线梁桥当下部施工不受限制，且布置有横向限位装置时可以采用全桥抗扭支承。

(2)对曲线梁桥，若采用图7b)这种支承形式，虽然可以缩短抗扭长度，减小梁体的受扭变形，但根据板式橡胶支座的抗滑验算可知支座会发生滑动，故对曲线半径$R<100$m的曲线梁桥若采用这种支承方式应采用盆式橡胶支座；

(3)图7c)这种支承形式是目前小半径曲线梁桥和城市高架桥中经常采用的支承布置方式，它可以较好的限制梁体的径向和切向位移，但为了限制径向变形，桥墩台将承受较大的径向水平力，会增加下部结构的造价，主梁也会承受一定的横向弯矩，可以通过在中间各墩设置多向活动支座来改善以上不足。根据抗滑验算可知当曲线半径$R<100$m时桥台处应采用盆式橡胶支座；

(4)图7d)这种支承形式，也可以较好的达到限制梁体径向、切向位移的目的，使梁体尽量沿着“切线方向”移动，但对于非固定端的桥台的伸缩缝设置比较麻烦，要采取一定的限位措施来保证使其桥头的位移满足“切线方向”移动。

四、结　　论

(1)通过预设偏心距的方法，并不能明显改善小半径曲线梁桥的变形，但可以减小温度荷载在支座上产生的水平力，如果偏心距设置的适当可以防止曲线梁桥桥台处的内侧支座脱空。

(2)对曲线半径$R<100$m的曲线梁桥，采用全桥抗扭支承可以较好的限制梁体的位移，但要保证梁体发生变形后可以回复应该设置横向限位装置，图7b)这种支承方式应该采用盆式橡胶支座才能保证梁体的变形和承受较大水平温度力的要求。图7c)、d)这两种布置形式可以满足曲线半径$R<100$m的曲线梁桥变形的要求，但图7c)的桥台处要采用盆式橡胶支座，图7d)要考虑非固定端伸缩缝的设置问题，总之，无论采用哪种支承方式，对曲线半径$R<100$m的曲线梁桥最好采用盆式橡胶支座来满足梁体的变形

和承受墩顶水平温度力的要求。

参考文献

[1] 项海帆. 高等桥梁结构理论. 北京:人民交通出版社,2001.
[2] 邵荣光,夏淦. 混凝土弯梁桥. 北京:人民交通出版社,1994.
[3] 彭大文,王忠. 连续弯箱梁剪滞效应分析和实用计算法研究. 中国公路学报,1998 (3).
[4] 范立础. 桥梁工程(上册). (第二版). 北京:人民交通出版社,1996.
[5] 贺栓海. 桥梁结构理论与计算方法. 北京: 人民交通出版社,2003.
[6] 张士铎,邓小华,王文洲. 箱形薄壁梁剪力滞效应. 北京:人民交通出版社,1998.
[7] 陈兴冲,虞卢松,丁明波等. 部分斜拉桥箱形梁剪力滞效应. 第十五届全国桥梁学术会议论文集,上海,2002(11).

176. 基础沉降桥梁的承载能力评估

陈川宁　张　恺
(北京市市政工程设计研究总院)

摘　要　地下结构施工会对周边桥梁基础产生影响,桥梁基础沉降造成上部结构主梁承载能力降低。在沉降监控数据不完整的条件下,如何准确评估桥梁承载能力是比较困难的问题。本文通过现场实测和计算分析相结合的方法,对北京市某桥因地下施工导致基础沉降的桥梁承载能力进行评估,取得了良好效果,为同类工程评估积累了经验。

关键词　桥梁　评估　基础沉降

一、工 程 简 介

近几年,随着城市交通的发展,修建了大量的地铁。在修建过程中,在建地铁不可避免地需要穿过既有道路桥梁,一些下穿隧道结构距离既有桥梁结构基础较近,施工时会造成桥梁基础沉降,使桥梁承载能力降低。在早期地铁线施工过程中,由于种种原因,施工造成的桥梁沉降监测值不完整,给后期桥梁承载力分析造成很大困难。针对此类问题,只能采取现场检测与计算分析相结合的方法,对桥梁承载力进行综合评定。

北京市某大型立交,建于 1989 年。2003 年,地铁线从该立交的 1 号匝道桥的 25 号、26 号墩之间及 2 号匝道桥的 35 号、36 号墩下穿过。1 号和 2 号匝道桥为连续梁桥,两桥上部结构形式相同,均为平面曲线钢筋混凝土连续箱梁,单箱单室,桥梁宽度为 9.65m。中线跨径 18.325m+18m+18m+18.325m=54.65m,中线平弯半径为 43.625m,梁高 1.6m,箱底宽 4.25m。下部结构为预制安装的 Y 型墩,承台,钻孔灌注桩基础。设计荷载为汽车—20 级,挂车—100,地震烈度为 8 度设防。1 号、2 号匝道桥桥梁结构形式见表 1。由于施工降水及开挖等原因,使得 1 号、2 号匝道桥基础产生了不同程度的沉降。基础沉降造成了这两联桥梁底板腹板严重开裂。为保证桥梁安全,在地铁施工完成后,需对该桥进行承载能力评估,为桥梁的维修加固提供依据。

桥梁结构形式一览表　　表 1

桥　名	跨径(m)	宽度(m)	上部结构形式	下部结构形式
1 号匝道桥	18.325+18+18+18.325	9.65	普通钢筋混凝土连续箱梁	Y 形墩、承台、钻孔桩。重力式桥台、扩大基础
2 号匝道桥	18.325+18+18+18.325	9.65	普通钢筋混凝土连续箱梁	Y 形墩、承台、钻孔桩。重力式桥台、扩大基础

二、现场检测结果

1号、2号匝道桥由于基础沉降主梁开裂较为严重，现场检测主梁梁底、腹板均有横向贯通裂缝，间距15～20cm，裂缝宽度0.1～0.5mm，超过钢筋混凝土构件裂缝宽度允许值，两桥裂缝分布见图1和图2。

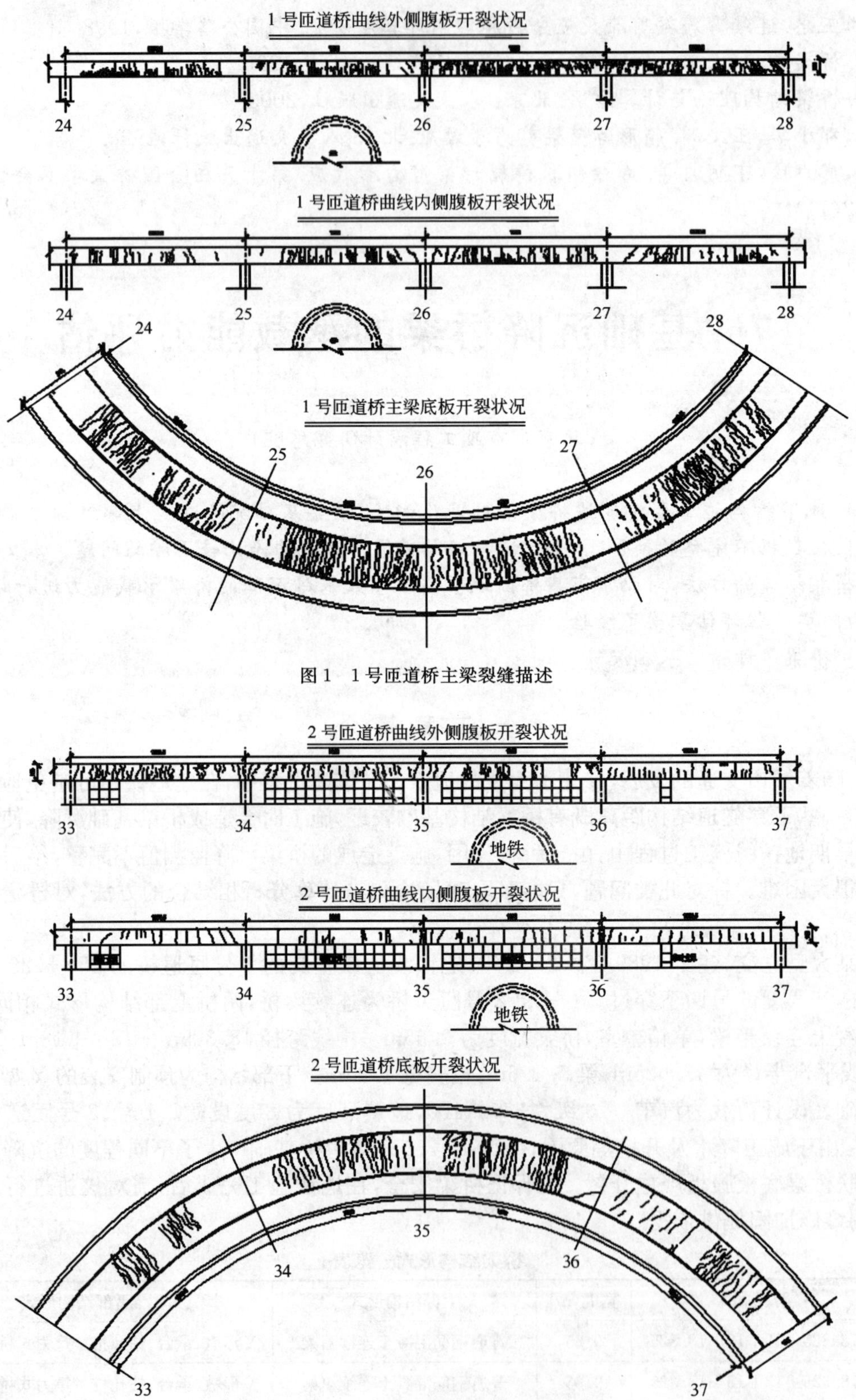

图1　1号匝道桥主梁裂缝描述

图2　2号匝道桥开裂状况

三、计 算 分 析

1. 沉降监控结果

在地铁施工过程中，业主委托了监测单位对桥梁各墩沉降值进行了监测。按照沉降监控报告，各墩的沉降最终值见图3、图4和表2、表3。

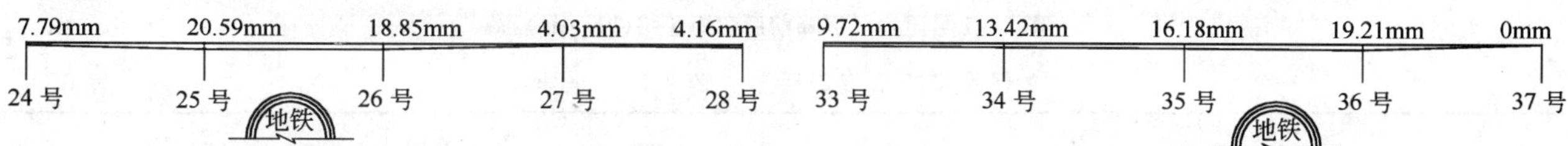

图3 1号匝道桥各墩沉降示意　　图4 2号匝道桥各墩沉降示意

1号匝道桥各墩沉降表 表2

墩　号	沉降量(mm)	墩　号	沉降量(mm)
24	7.79	27	4.03
25	20.59	28	4.16
26	18.85		

2号匝道桥各墩沉降表 表3

墩　号	沉降量(mm)	墩　号	沉降量(mm)
33	9.72	36	19.21
34	13.42	37	未测、按未沉降计
35	16.18		

2. 内力计算

根据基础沉降监测结果，采用有限元计算程序，对该桥进行了原设计复核计算及沉降后内力计算。将原设计结果与沉降后计算结果进行对比，确定桥梁目前的安全状态。

计算结果表明，两桥发生沉降后，相关跨中和支点截面正弯矩和剪力，均超过原设计计算值。1号匝道桥内力计算结果见表4、表5和图5，2号匝道桥内力计算结果见表6、表7和图6。

1号匝道桥沉降前后最大弯矩计算结果 表4

位　置	最大沉降值(mm)	最大弯矩(kN·m)		
		原设计	沉降后	比值
24轴～25轴跨中	/	6 830	7 378.7	1.08
25轴支点	20.43	−8 729	−7 394.0	0.85
25轴～26轴跨中	/	4 820	6 442.4	1.34
26轴支点	18.85	−6 364	−4 456.8	0.70
26轴～27轴跨中	/	4 820	4 799.2	1.00
27轴支点	4.03	−8 728	−11 095.1	1.27
27轴～28轴跨中	/	6 829	5 852	0.86

1号匝道桥沉降前后最大剪力计算结果 表5

位　置	最大沉降值(mm)	最大剪力(kN)		
		原设计	沉降后	比值
24轴支点	7.79	193.6	200.7	1.04
25轴支点	20.43	254.3	247.2	0.97
26轴支点	18.85	213.4	209.6	0.98
27轴支点	4.03	254.3	255.9	1.01
28轴支点	4.16	193.6	180.4	0.93

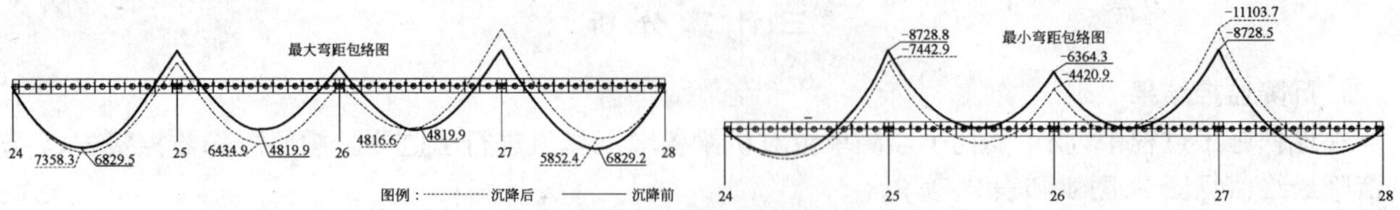

图 5　1 号匝道桥沉降前后弯矩包络（kN・m）

2 号匝道桥沉降前后最大弯矩计算结果　　表 6

位　　置	最大沉降值(mm)	最大弯矩（kN・m）		
		原设计	沉降后	比值
33 轴～34 轴跨中	/	6 829	6 973	1.02
34 轴支点	13.42	−8 729	−8 381	0.96
34 轴～35 轴跨中	/	4 820	4 545	0.94
35 轴支点	16.18	−6 364	−7 264	1.14
35 轴～36 轴跨中	/	4 820	5 881	1.22
36 轴支点	19.21	−8 728	−7 502	0.86
36 轴～37 轴跨中	/	6 869	8 134	1.18

2 号匝道桥沉降前后最大剪力计算结果　　表 7

位　　置	最大沉降值(mm)	最大剪力(kN)		
		原设计	沉降后	比值
33 轴支点	7.79	1 936	1 955	1.01
34 轴支点	20.43	2 543	2 528	0.99
35 轴支点	18.85	2 134	2 343	1.10
36 轴支点	4.03	2 543	2 370	0.93
37 轴支点	4.16	1 936	2 104	1.09

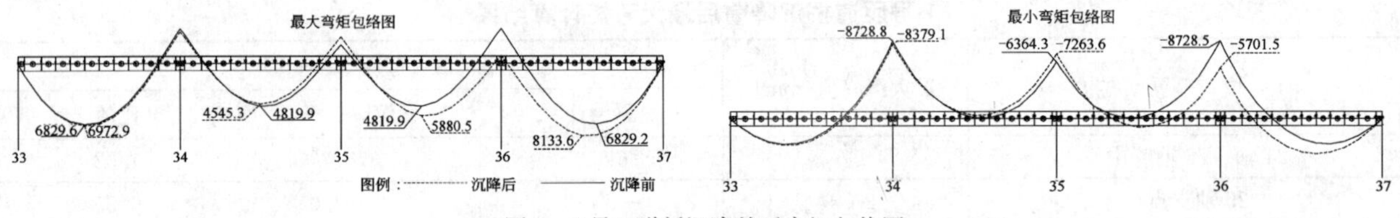

图 6　2 号匝道桥沉降前后弯矩包络图

3. 裂缝宽度计算

根据桥梁的内力计算结果及设计配筋，计算得出 1 号匝道桥的最大裂缝宽度为 0.3mm、2 号匝道桥的最大裂缝宽度 0.28mm，与现场实测裂缝宽度基本一致，说明基础沉降是造成该桥的开裂损伤的主要原因。

四、结　　语

(1)1 号和 2 号匝道桥连续箱梁混凝土底板和腹板有大量的横向贯通裂缝，支点处腹板有斜向裂缝。裂缝间距 15～20cm，最大裂缝宽度为 0.5mm，超过钢筋混凝土构件的限值。从裂缝分布上看，基础沉降是造成主梁开裂的主要原因。

(2)桥梁主梁最大正弯矩增加 27%、最大负弯矩增加 34%，现场检测裂缝宽度与计算分析相吻合，对比竣工图中桥梁配筋，两桥承载力已不能满足原设计要求，需进行加固处理。

(3)本桥施工监控报告不能确切给出各墩沉降的时间顺序，因此主梁开裂过程无法准确描述，这在以后的施工沉降监测中应引起注意。

本次采用现场实测与计算分析相结合的方法，对1号、2号匝道桥由于地铁施工导致桥梁基础沉降进行承载能力评估，计算分析与现场检测结果相吻合，为今后同类工程评估积累了经验。

参考文献

[1]《城市桥梁养护技术规范》(CJJ 99—2003).

[2]《公路钢筋混凝土及预应力钢筋混凝土桥涵设计规范》(JTG D62—2004). 北京：人民交通出版社，2004.

177. 钢护筒混凝土桩水平荷载作用下的试验研究

班 笑 穆保岗 龚维明

(东南大学土木工程学院)

摘 要 进行了7根套有钢护筒的混凝土构件在水平反复荷载作用下的试验研究。结果表明：钢护筒质量是影响钢护筒混凝土构件抗振性能的主要因素；钢护筒混凝土的滞回特性受其影响显著；钢护筒对水平承载力的提高十分明显；减小泥皮厚度有助于提高构件水平承载力。

关键词 钢护筒混凝土构件 滞回曲线 泥皮影响

一、引 言

套有钢护筒的混凝土构件是在普通混凝土的基础上，对其核心混凝土的受力性能加以改善，获得具有高体积稳定性、高强度、高延性的受力构件。这种构件因具有承载能力强、体积稳定性好、延性好的优点在越来越多的实际工程中得以运用，如日本的大芝桥[1]和刚刚竣工的苏通大桥。

在此，本文对套有钢护筒的混凝土构件进行了研究与分析，讨论了考虑钢护筒效应后对水平承载力的影响。模拟施工过程中可能出现的泥皮的工况，研究了泥皮对水平承载力的影响[2]。

二、试验测试方案

1. 构件尺寸及制备

本次试验共准备了7根套有钢护筒的混凝土试件。无花纹无泥皮构件一根，无花纹有泥皮构件、有花纹无泥皮构件，及有花纹有泥皮构件各两根。

试件形式均为“工”字形，下端嵌固于试验台座上，同时不考虑土体的影响。为了便于试验时进行加载，在柱上部设置支座，用于施加水平推力。构件形式及尺寸如图1所示。水平加载使用MTS作动器进行加载，作动器加载最大值为100t，行程为±250mm。

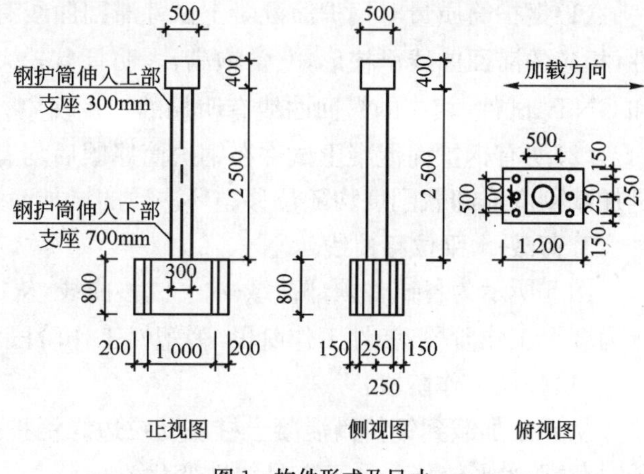

图1 构件形式及尺寸

2. 试验加载过程

(1)加载装置安装就位：将加载设备-作动器根据构件的高度安装在反力墙的合适高度处，并将其固定。

(2)构件吊装就位:将试验构件吊运到作动器前,放置在合适位置处。

(3)构件的固定以及与作动器的连接:采用地锚将构件的底座固定于地面上,并通过两根连接于反力墙的拉杆以及铸铁块将构件底座顶紧,同时通过拉杆将构件顶部支座和作动器头部相连。

(4)加载:加载装置为MTS电液伺服系统,采用循环加载方式,并按照位移控制加载方式以5mm的级差进行荷载的递增。

三、试验结果与分析

1. 试验现象描述

钢护筒混凝土试件 G_1,GN_1,GN_2,GT_2,GNT_2 均是柱脚起鼓的压屈破坏。试件在水平荷载达到屈服荷载后约一个循环以内,柱脚两边受压侧发生局部微凸。随着柱顶水平位移的不断加大及反复循环加载,鼓凸的范围沿该截面越来越大,最后相连,形成一个完整的外突环(如图2所示)。

试验最后因水平位移过大,水平荷载无法继续施加而结束。试验完成后,可明显看出靠近钢护筒的混凝土已被压碎,但由于钢护筒对核心混凝土的约束作用,试件在破坏时,不会像钢筋混凝土构件一样出现混凝土剥落的情况,整个试件截面仍然保持完整。钢护筒混凝土试件破坏形态与支座嵌固形式有密切关系。试件钢护筒埋于支座,且配置有足够的抗剪钢筋,锚固性能良好,对核心混凝土仍有较好的约束作用,因而试件的承载力并无明显下降;当柱底钢护筒变形过大或一旦拉裂时,其水平承载力立即开始下降。

试件 GT_1 和 GNT_1 由于其钢护筒之间焊缝质量未能达到设计要求,试验开始不久出现焊缝焊结开裂。开裂引起柱顶水平位移增大,荷载达不到预期值(如图3所示)。

图2 钢护筒底部鼓胀变形

图3 钢护筒沿焊缝大范围开裂

2. 荷载水平-位移滞回曲线

图4所示为本次试验试件的桩顶荷载-水平位移滞回曲线。通过分析比较,各滞回曲线具有下列特征:

(1)钢护筒质量对钢护筒混凝土试件滞回曲线有非常明显的影响。钢护筒质量可靠的 N_1 和 GN_1 试件,相应的滞回曲线呈梭形,非常饱满,表明具有较大的耗能能力,延性性能较好;钢护筒质量较差的 GT_1 和 GNT_1 试件,相应的滞回曲线有明显的捏拢现象[3-5],耗能能力小,延性稍差。

(2)所有钢护筒混凝土试件在钢护筒屈服后均有明显的刚度退化现象。无论是试件的水平承载力还是加载刚度或卸载刚度均随位移循环次数的增加而逐渐降低,表现出明显的退化现象。

3. 荷载-水平位移曲线

图5所示为各试件顶部荷载-水平位移曲线,从加载到试验结束,钢护筒混凝土试件工作的全过程可分为3个工作阶段:弹性工作阶段,弹塑性工作阶段和破坏阶段[6]。

(1)弹性工作阶段:

从开始加载到钢护筒混凝土桩底受拉边缘钢护筒初始屈服,试件工作基本处于弹性工作阶段,其加载时荷载-水平位移关系基本呈线性变化。

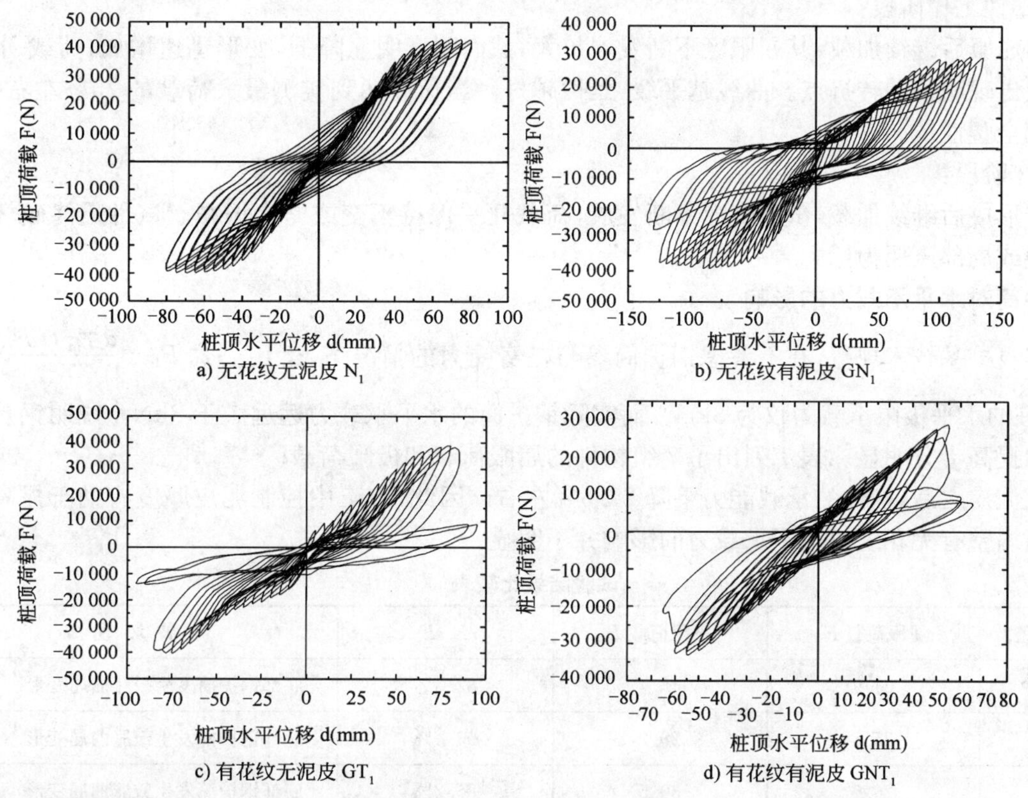

图 4 荷载水平-位移滞回曲线

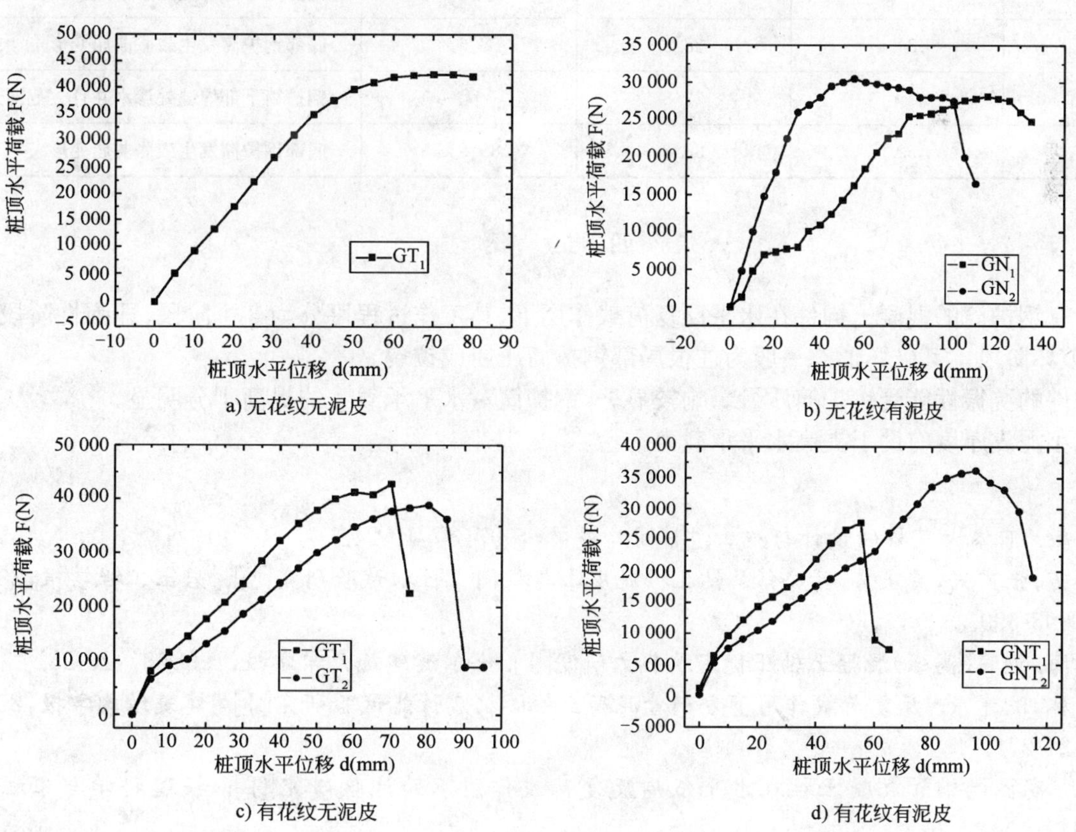

图 5 桩顶水平-荷载位移曲线

(2)弹塑性工作阶段：

钢护筒屈服后继续加载，其屈服区不断发展扩大，截面刚度明显降低，变形迅速增加，荷载-水平位移关系曲线上出现明显的转折点。曲线越平缓，延性越好。当荷载达到实测最大荷载的75%左右时，截面几乎形成完全塑性铰。

(3)破坏阶段：

塑性铰形成后继续加载，试件变形不断发展，荷载几乎保持不变或略有增减。试件最终破坏以钢护筒底部拉裂或局部压屈为标志。

4. 钢护筒对水平承载力的影响

根据建筑桩基技术规范，在不考虑钢护筒参与桩身受力的情况下，运用公式 $R_h=\frac{\alpha \gamma_m f_t w_0}{\gamma_m}(1.25+22\rho_g)$ 计算桩的水平极限承载力仅为3kN。而实际钢护筒的水平承载力远远大于3kN。说明钢护筒对水平承载力的提高十分明显。表1列出了7组构件的屈服荷载和极限荷载。

在加入泥皮之后，构件的承载能力下降27.5%左右。因此，施工中控制泥皮厚度有助于提高水平承载力。护筒内壁有无花纹对水平承载力的影响并不明显。

试验结果比较表　　表1

构件类型	屈服荷载 F'	极限荷载 F	F'/F	破坏现象
G_1	34.9	42.4	82.3%	底部钢护筒发生鼓胀曲屈变形
GN_1	25.5	28.2	90.4%	底部钢护筒发生鼓胀曲屈变形
GN_2	26.0	30.5	85.2%	底部钢护筒发生鼓胀曲屈变形
GT_1	无	42.8	无	钢护筒下部焊缝处渗水并且大范围开裂
GT_2	34.4	38.8	88.6%	底部钢护筒发生鼓胀曲屈变形
GNT_1	无	27.8	无	钢护筒下部焊缝处渗水并且大范围开裂
GNT_2	32.5	36.2	89.8%	底部钢护筒发生鼓胀曲屈变形

四、结　　语

1)套有钢护筒的混凝土构件在水平反复荷载作用下，其工作过程可分为3个阶段，即弹性阶段、弹塑性阶段、破坏阶段。其破坏形态一般为柱根局部钢护筒压屈或拉裂。

2)构件的抗振性能受钢护筒质量影响较显著，钢护筒对水平承载力的提高十分明显。

3)减小泥皮厚度有助于提高水平承载力。

参考文献

[1] 严国敏. 日本大芝桥的设计与施工[J]. 国外桥梁，1997(3)：19-24.

[2] 张忠苗，张广兴，吴庆勇，辛公锋. 钻孔桩泥皮土与桩间土性状试验研究[J]. 岩土工程学报，2006，28(6)：695-699.

[3] 韩林海. 钢管(高强)混凝土轴压稳定承载力研究[J]. 哈尔滨建筑大学学报，1998(3)：23-28.

[4] 吕西林，陆伟东. 反复荷载作用下方钢管混凝土柱的抗震性能试验研究[J]. 建筑结构学报，2000，21(2)：21-27.

[5] 林松. 高性能钢管混凝土柱在水平低周反复荷载作用下的试验研究[J]. 铁道科学与工程学报，2006，3(1)：22-26.

[6] 张春梅，阴毅，周云. 钢管高强混凝土柱抗震性能的试验研究[J]. 地震工程与工程振动，2004，24(4)：86-89.

178. 基于等代墩法的一种群桩沉降简化计算方法

于清泉 龚维明 戴国亮
(东南大学土木工程学院)

摘 要 群桩基础的沉降一直以来为桥梁界关注,本文依托苏通长江大桥的建设,提出了一种基于等效墩法的群桩沉降简化计算方法。与等效墩法不同的是,等效墩法将群桩等效为墩基础后,以浅基础理论进行最终沉降的计算,而本文方法则将墩基础仍作为桩进行荷载位移的推算,能对群桩基础进行全过程分析。围绕这种方法,文中对适用条件、几何物理等效参数确定以及等效刚度修正等进行了详细讨论,以算例演示了该法的计算全过程,对修正关键参数的确定提出了进一步研究的设想。可为工程设计与施工人员提供借鉴。

关键词 等效墩 群桩沉降 荷载传递 双曲线

一、引 言

我国自主设计建设的世界第一斜拉桥——苏通长江大桥已正式通车,其建造过程凝集了我国桥梁建造者的心血,攻克了10多项世界级关键技术难题,其中包含了超大规模群桩基础关键技术的研究。人们对群桩基础研究的历史悠久,取得了丰富的研究成果,对群桩基础的沉降理论探讨也有许多值得借鉴的成果[1],如等代墩基法、弹性理论法、有限单元法、荷载传递法、剪切位移法等。其中,等代墩基法因其简单实用、设计思路清晰而被工程人员广泛使用;我国与桩基础相关的《建筑地基基础设计规范》、《建筑桩基技术规范》、《公路桥涵地基与基础设计规范》和《铁路桥涵地基和基础设计规范》等规范均详细介绍了其设计方法和设计思路。这四种规范,除了在假想面尺寸和位置以及作用其上的应力水平确定方法等方面有不同外,均针对桩数为9根及以上群桩基础,群桩最终沉降量均以浅基础理论为基础进行计算的,误差有时比较大,也不能对基础受荷载作用的全过程进行分析计算,有很多局限,在重大工程中应用这些方法存在风险与不确定性。所以提出一种新的实用群桩沉降简化方法十分必要,也能提高我国桥梁建造设计水平。

二、方 法 由 来

目前群桩沉降计算常用方法只能就群桩最终沉降量给出表达,且按照浅基础或实体基础计算方法进行计算,不能真实反映群桩基础的工作性能,也不能充分利用单桩静载试验数据。如果能利用群桩等代墩基法的简化原理,将简化后的实体基础视为一直径较大的单桩(图1),利用单桩静载试验数据进行推算,就可获得群桩荷载位移曲线,有效地指导工程设计和施工。这一设想的关键在于如何将群桩等效为一根大直径的桩,在等效过程中各物理参数如何变换。事实上,对整个基础体系而言,要进行理想的分析需要考虑很多的计算因素。例如,群桩的几何尺寸有关参数、施工工艺与流程、地基地质条件、荷载大小和持续时间以及承台形式等,因此,群桩的沉降计算远比单桩的复杂得多[2~4],实际应用过程中不可能考虑全部影响因素,只能作合适的简化,由此便产生了基于等效墩的群桩沉降简化方法。

三、方法基本原理

通过因素影响分析以及相关文献查阅,群桩破坏模式、桩间距、桩体刚度以及群桩沉降软化效应等因素对群桩沉降影响比较大,故简化方法应重点解决这几个方面的等效。

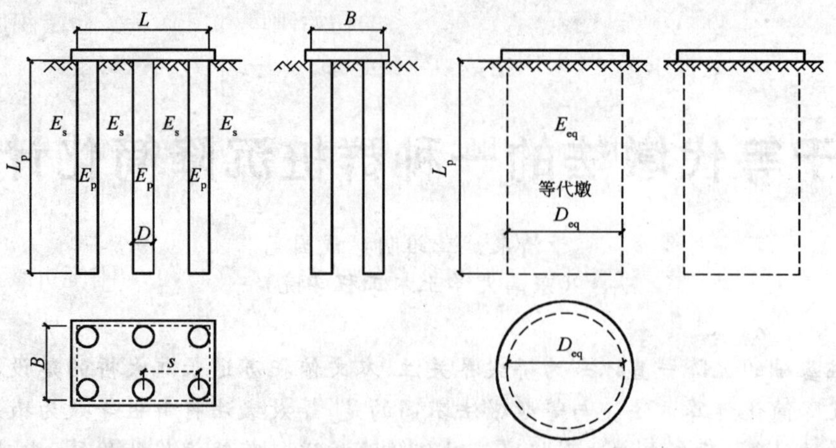

图1　等效墩基示意图

1. 方法的适用性

群桩破坏模式大体分为整体破坏和单桩破坏，等效墩基法是基于群桩整体破坏模式下提出的，故本文简化方法亦仅适用于整体破坏的群桩沉降的计算，不能用于计算单桩破坏模式。Poulos、Randolph 等对等效墩的适用范围进行了大量的研究[5,6]，认为当群桩几何尺寸以式1验算，当$R<4$时，用等效墩基简化群桩是合适的；当$R<2$时，简化计算结果更接近实际情况。

$$R=\frac{\sqrt{BL}}{L_p}\text{或}R=\frac{\sqrt{ns}}{L_p} \tag{1}$$

其中，R为等效墩指标；其他如图1，B为群桩外围宽，L为群桩外围长，L_p为桩长，n为桩数，s为桩间距。当n可开方且群桩中桩间距相等的时候可用式(1)中的后者近似。

另外，等效墩法只能计算出群桩的平均沉降，所以承台刚度越大，计算结果越接近。

2. 墩的等效直径与等效模量

根据 Randolph 和 Horikoshit 的研究，当等效墩法适用条件成立时，以桩和土的总面积[式(2)]及模量加权平均[式(3)]推算墩的几何和物理参数具有广泛的有效性。

$$D_{eq}=2\sqrt{\frac{A_g}{\pi}}=2\sqrt{\frac{B_L}{\pi}} \tag{2}$$

式中，D_{eq}为等效墩等效直径，A_g为等效墩面积，B、L同式(1)。

$$E_{eq}=E_s+(E_p-E_s)A_{tp}/A_g \tag{3}$$

式中，E_{eq}为等效墩等效模量，E_s为土的模量，E_p为单桩的模量，A_{tp}为桩的总面积，A_g同式(2)。模量均为弹性模量，如果土的弹性模量未知可按压缩模量的5～10倍取值，软土取小值。

3. 墩的荷载位移推演模式

群桩等效为墩后，对墩的推算可采用类似单桩荷载传递法进行(图2)，将墩侧和墩端与土接触面简化为弹簧，弹簧属性根据单桩静载试验推算(见2.4)。推算时，可假设桩端产生一微小位移，再根据各微单元的力平衡和位移协调，从桩端逐一推算到桩顶，从而可轻松获得桩顶的荷载和位移曲线。推演过程可用 Excel 或其他编程软件实现。

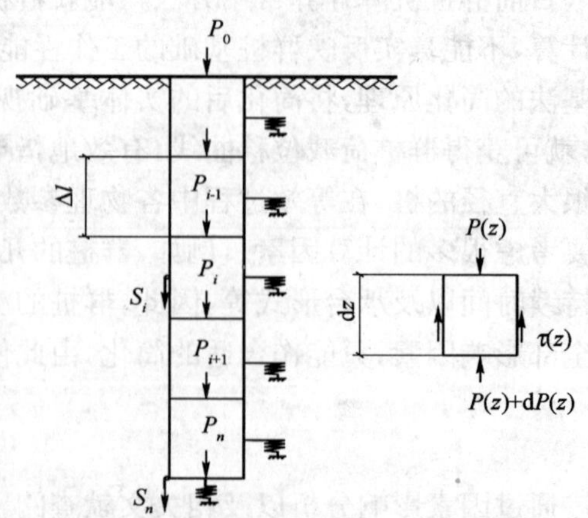

图2　等效墩荷载传递示意图

4. 桩土接触刚度的修正

由于群桩中各邻桩的相互作用，必须对单桩静载试验数据进行修正才能用于群桩计算。相互作用对“群桩—土”系影响较大的是桩土接触刚度，具体反映到两个参数：桩土系的初始刚度和沉降量。初始刚度和沉降量的折减模式可借鉴基础尺寸效应的推求模式，采用指数数学表达形式[见式(4)、式(5)]。

$$K_{gi} = K_i(D/D_{eq})^s \tag{4}$$

式中，K_{gi}为等效墩与第i层土的接触初始刚度，K_i为单桩与第i层土的接触初始刚度，D为单桩直径，D_{eq}同式(2)，β为刚度折减系数。根据苏通大桥试桩数据β在0.25～0.35取值。

$$s_g = s(D/D_{eq})^{-s} \tag{5}$$

式中，s_g为等效墩沉降即群桩平均沉降，s为单桩沉降，D、D_{eq}同式(4)，g为刚度折减系数。根据苏通大桥试桩数据g在0.10～0.20取值。

至于桩土接触模型有很多学者进行了大量的研究，桩侧大体有Kezdi指数曲线模式、抛物线模式、约束样条拟合模式、折线模式和双曲线模式等；桩端则假定各种剪切滑移破坏面进行推算。本文课题组通过苏通大桥现场17根静载试验数据及类似工程的数据回归整理，认为以双曲线模式模拟桩侧和桩端桩土接触问题比较合适，双曲线形式见式(6)。

$$\tau = \frac{s}{a + b_s}, \sigma = \frac{s_b}{a_b + b_b s_b} \tag{6}$$

式中，a、b为桩侧土回归系数，s为桩土位移，a_b、b_b为桩端土回归系数，s_b为桩端位移。桩土接触初始刚度$K_i = 1/a$。

四、算　例

以苏通大桥某试桩为单桩参照，构造四桩群桩。已知桩长125m，桩径为变截面，上段25m为2.8m，下段100m为2.5m，上段桩身弹模80 000kPa，下段桩身弹模43 200kPa，土的参数见表1，桩间距为2.5倍桩径。

土体参数表　表1

土　名	厚度(m)	双曲线参数	弹模(kPa)
亚黏土	58.95	0.0324 0.0315	3460
粉砂(密实)	38.85	0.0301 0.0195	12000
砾砂(密实) 砾砂(密实)桩端	27.2 —	0.041 0.0086 0.01988 6.76E-05	18910

(1)判断适用条件

$$R = \frac{\sqrt{3.5 \times 2.8 \times 3.5 \times 2.8}}{125} = 0.08 < 2$$

满足适用条件。

(2)根据式2、3求墩的等效直径与等效弹模，见表2。

等效直径与等效弹模计算表　表2

项　目		上段桩	下段桩
等效直径 D_{eq}(m)		$2\frac{\sqrt{3.5\times2.8\times3.5\times2.8}}{3.14}=11.06$	$2\frac{\sqrt{3.5\times2.5\times3.5\times2.5}}{3.14}=9.88$
等效弹模 E_{eq}(kPa)	1	$3\,460+(80\,000-3\,460)\times\frac{4\times3.14\times1.4^2}{3.5\times2.8\times3.5\times2.8}=23\,079$	$3\,460+(43\,200-3\,460)\times\frac{4\times3.14\times1.25^2}{9.5\times9.5}=12\,101$
	2	$12\,000+(80\,000-12\,000)\times\frac{4\times3.14\times1.4^2}{3.5\times2.8\times3.5\times2.8}=29\,430$	$12\,000+(43\,200-12\,000)\times\frac{4\times3.14\times1.25^2}{9.5\times9.5}=18\,784$
	3	$18\,910+(80\,000-18\,910)\times\frac{4\times3.14\times1.4^2}{3.5\times2.8\times3.5\times2.8}=34\,568$	$18\,910+(43\,200-18\,910)\times\frac{4\times3.14\times1.25^2}{9.5\times9.5}=24\,191$

(3)用荷载传递法推算等效墩基荷载位移曲线,推算过程中按式4、5进行刚度修正,β取0.3,g取0.15,用自编的程序计算结果如图3。

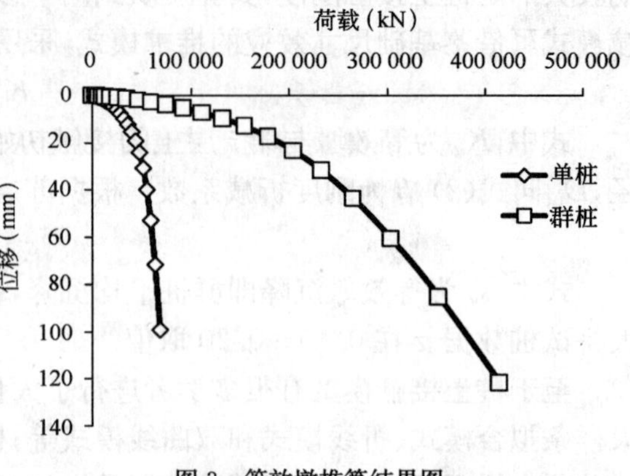

图3　等效墩推算结果图

五、结论与展望

(1)本文详细介绍了一种基于等代墩法的群桩沉降简化计算方法,重点讨论了该法的适用性、相关参数的取值以及从单桩推求群桩时修正系数的取值等,该法思路清晰,应用简单。

(2)在等效简化时,文中借鉴了基础尺寸效应的思想对群桩整体初始刚度进行了折减,具有应用的普遍性与广泛性,从图3中也可见仅对初始刚度的折减有利于反映群桩整体破坏的缓变特性。

(3)文中在等效推算时,β、g两个参数取值至关重要,通过影响因素分析可知其与等效墩的长细比有关,可在本文基础上对其进行研究,进一步得到β、g的定量取值方法。

参考文献

[1]《桩基工程手册》编写委员会.桩基工程手册.北京:中国建筑工业出版社,1997.

[2] COOKE R W. The settlement of frietion pile foundations [J]. Proc Conf on Tall Buildings Kuala Lumper, 1974.

[3] 杨敏,艾智勇,桩土相互作用理论研究与按沉降控制设计桩基础的工程实践,岩土力学数值分析与解析方法[A].

[4] Rumelhart D E. Learning internal representations by error propagation[A]. In: Rumelhart DE, eds. Parallel Distributed Processing: Explorations in the Microstructure of Cognition[C]. Cambridge, MA:MIT Press, 1986, 1:318～362.

[5] HG. Poulos, E H Davis. Piles Foundation Analysis and Design[M]. NewYork: Wiley, 1980.

[6] Randolph M. F. (1994), Design methods for pile groups and piled rafts, Proc. 13th Int. Conf. on Soil Mech. and Found. Eng., New Delhi, Vol. 5, pp 61-82.

179. 南京长江三桥健康监测系统在2008年雪灾中的应用

丁鸿志　郭志明

(南京长江第三大桥有限责任公司)

摘　要　为了解2008年雪灾前后,尤其是车辆偏载后,南京长江第三大桥结构的变化情况,本文通过南京三桥健康监测系统在索力、挠度、倾斜度等方面的监测数据,对其结构变化情况进行了初步分析,并利用理论模型分析与系统监测结果对比。

关键词　桥梁健康监测系统　结构　雪灾　应用　南京三桥

南京长江第三大桥为双塔双索面钢塔钢箱梁斜拉桥,采用半漂浮结构体系,纵向设弹性约束,其跨径布置63m+257m+648m+257m+63m=1 288m。钢箱梁全宽为37.20m(包括风嘴),中心线处梁高

3.2m(内轮廓线),全桥设4×21对斜拉索,主塔采用“人”字型钢塔,高215m;主塔基础采用钢套箱——钻孔桩组合基础。南京长江三桥健康监测系统由西南交通大学与研发,2006年5月正式投入使用。

2008年1月26日至2月1日,南京遇到了50年一遇的大雪,为了解大雪前后主桥结构的变化情况,笔者根据南京三桥健康监测系统原始数据从以下几个方面进行对比分析,以此评估雪灾对主桥结构的影响,校验系统准确性。

一、分析中涉及的传感器布置情况

为简化分析,笔者选取位于跨中的挠度传感器,边跨、1/4跨和跨中对应的索力传感器以及钢塔横梁三的倾斜传感器产生的数据作为分析数据。传感器布置情况如图1。

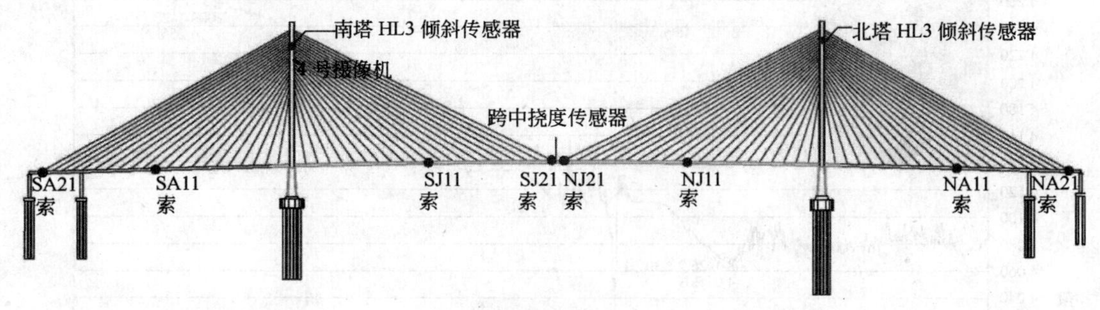

图1 传感器布置

二、分析中参照点的选取情况

因考虑到温度、风速、活载对大桥结构的影响,笔者选取1月16日4时至6时数据的平均值作为参照点,此时段因冰冻,大桥双向封闭,温度、风速与雪灾前后基本一致。

该时段大桥跨中挠度的平均值为49.5mm,南北塔倾斜的平均值均为21.1mm。索力的平均值如表1,其中SJ21S索力平均值为3 840kN;SJ21X索力平均值为3 654kN,上下游差值为186kN。S-南/上游,N-北,A-岸侧,J-江侧,X-下游,HL-横梁。

参照点时段索力平均值(单位:kN) 表1

	SA21	SA11	SJ11	SJ21	NJ21	NJ11	NA11	NA21
16日	4 079	2 427	2 413	3 747	3 585	2 493	2 487	4 072
初值	4 076	2 473	2 486	3 794	3 673	2 530	2 546	4 081

三、下雪前后索力、挠度和塔偏的变化情况

南京地区从1月26日凌晨开始下雪,2:15封桥,历时两天。在这段时间除将行车道的雪推向两侧路面外基本未开展其他工作。28日中午大雪渐止,晚上6时交通逐步开放。图2为南塔江侧21号索的变化情况。

下雪前这一对斜拉索的索力均值基本稳定在4 080kN左右,28日雪停后,索力均值基本维持在4 260kN左右,增加了约200kN。此时段各斜拉索的数据如表2,由此表也可以看出,随着索长的增加,索力的增量也在增大。

下雪前后索力平均值(单位:kN) 表2

时间	SA21		SA11		SJ11		SJ21		NJ21		NJ11		NA11		NA21	
16日参照点值	4 079	差值	2 427	差值	2 413	差值	3 747	差值	3 585	差值	2 493	差值	2 487	差值	4 072	差值
1月26日3:00	4 068	−12	2 409	−19	2 406	−8	3 739	−9	3 574	−12	2 484	−9	2 481	−7	4 060	−12
1月26日16:30	4 129	50	2 467	39	2 463	49	3 799	52	3 636	51	2 545	51	2 537	50	4 132	60

续上表

时　间	SA21		SA11		SJ11		SJ21		NJ21		NJ11		NA11		NA21	
1月26日 19:10	4 162	83	2 483	55	2 494	80	3 818	71	3 665	79	2 552	59	2 536	49	4 161	89
1月26日 23:50	4 112	33	2 449	21	2 448	34	3 782	35	3 619	33	2 526	32	2 519	32	4 113	41
1月28日 17:10	4 310	230	2 600	172	2 636	222	3 927	180	3 802	217	2 668	175	2 651	164	4 304	232

图2　下雪前后南塔江侧21号索力平均值变化曲线(单位:kN)

下雪前跨中挠度均值基本稳定在30mm左右,28日雪停后,挠度均值基本维持在230mm左右,增加了约200mm,变化情况如图3、表3。

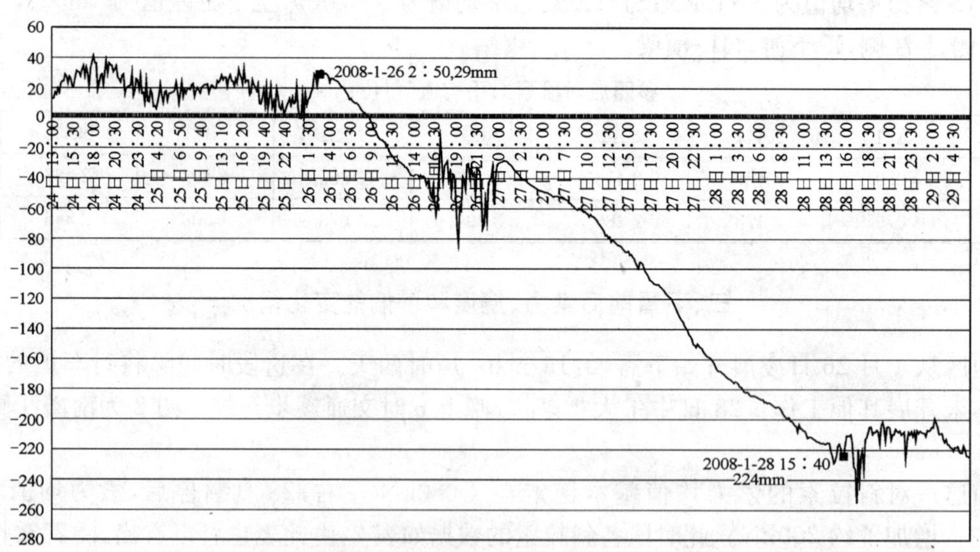

图3　下雪前后跨中挠度变化曲线(单位:mm)

下雪前后跨中挠度平均值(单位:mm)　　表3

时　间	跨中挠度平均值	时　间	跨中挠度平均值
16日参照点值	49.5	1月26日 19:10	−82.45
1月26日 3:00	31.74	1月26日 23:50	−29.65
1月26日 16:30	−63.94	1月28日 17:10	−255.02

这一时段，大桥对应的塔偏平均值如表4，数值以向北倾斜为正。

下雪前后塔偏平均值(单位:mm) 表4

时间	南塔 HL3 倾斜平均值	北塔 HL3 倾斜平均值
16日参照点值	21.13	−21.16
1月26日3:00	19.20	−19.01
1月26日16:40	23.91	−22.78
1月26日19:00	30.17	−28.07
1月27日0:00	21.32	−23.04
1月28日17:00	34.10	−33.72
1月28日18:00	40.30	−39.79

四、交通开放后索力、挠度的变化情况

28日18时后交通逐步开放，开放初期索力约为4 275kN，经36小时不间断铲雪，索力下降至4 163kN，下降了约100kN。30日中午开始主桥由北往南方向单侧车辆积压较多，并在18时达到峰值，夜间21时回到基本状态。图4为南塔江侧21号索的变化情况，表5为交通开放后索力平均值。

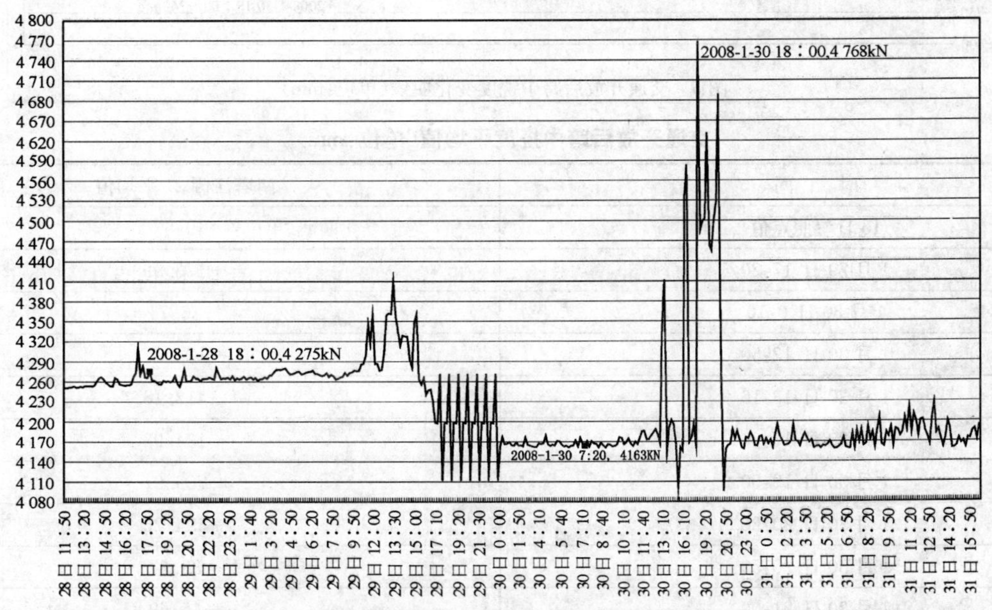

图4 交通开放后南塔江侧21号索力平均值变化曲线(单位:kN)

交通开放后索力平均值(单位:kN) 表5

时间	SA21		SA11		SJ11		SJ21		NJ21		NJ11		NA11		NA21	
16日参照点值	4 079	差值	2 427	差值	2 413	差值	3 747	差值	3 585	差值	2 493	差值	2 487	差值	4 072	差值
1月29日17:20	4 271	192	2 691	263	2 705	291	3 863	116	3 763	177	2 596	103	2 598	111	4 232	160
1月30日0:10	4 178	98	2 559	131	2 536	123	3 830	83	3 661	76	2 566	72	2 553	66	4 176	104
1月30日12:50	4 168	88	2 645	217	2 588	174	3 848	101	3 674	89	2 583	89	2 574	87	4 187	114
1月30日13:10	4 412	332	2 786	358	2 780	366	4 042	295	3 889	303	2 670	176	2 585	97	4 449	377
1月30日17:00	4 163	84	2 594	166	2 537	123	3 832	85	3 671	86	2 569	76	2 557	70	4 177	104
1月30日18:00	4 768	688	2 847	419	2 996	582	4 220	473	4 157	571	2 884	390	2 806	319	4 699	627
1月30日20:20	4 689	610	2 838	410	2 937	523	4 122	374	4 099	514	2 605	111	2 586	99	4 557	485
1月30日20:50	4 158	78	2 576	149	2 528	114	3 838	91	3 654	68	2 551	57	2 543	56	4 156	84
1月30日21:00	4 164	85	2 569	141	2 530	116	3 835	88	3 660	75	2 548	54	2 538	51	4 160	88
2月1日0:00	4 178	98	2 586	158	2 537	123	3 835	88	3 680	95	2 564	70	2 553	66	4 166	93

此时，挠度也有相应变化，开放初期挠度下浮约为 220mm，36 小时后挠度提高到 63mm，车辆积压主桥偏载后出现的最大平均挠度为 740mm，之后随着车流量增大，逐步稳定到 120mm 左右，变化情况如图 5、表 6。

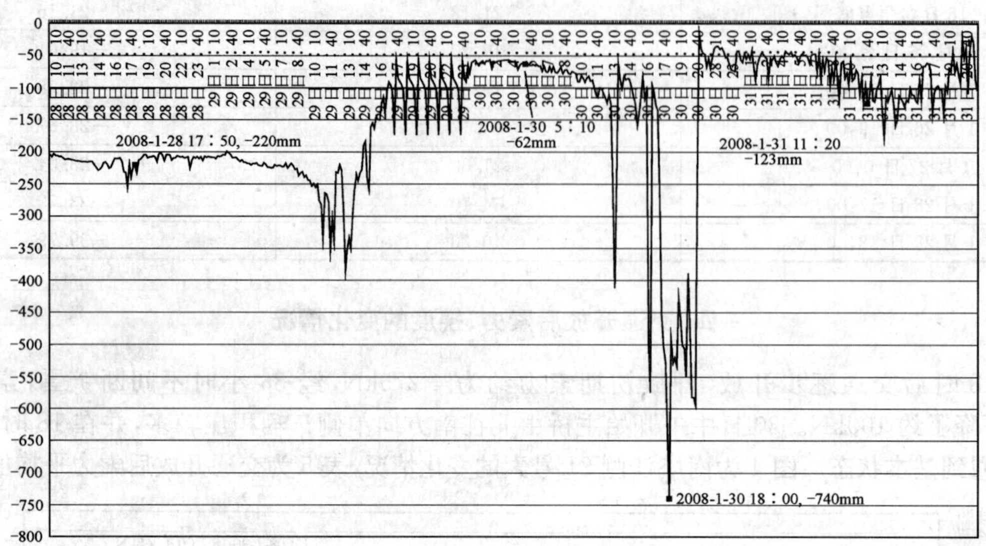

图 5　交通开放后跨中挠度变化曲线(单位:mm)

交通开放后跨中挠度平均值(单位:mm)　　表 6

时　　间	南塔江侧 21 平均值
16 日参照点值	49.5
1 月 29 日 17:20	−173.99
1 月 30 日 0:10	−76.71
1 月 30 日 12:50	−124.47
1 月 30 日 13:10	−412.18
1 月 30 日 17:00	−134.98
1 月 30 日 18:00	−739.97
1 月 30 日 20:20	−594.26
1 月 30 日 20:50	−39.37
1 月 30 日 21:00	−45.69
2 月 1 日 0:00	−54.80

五、偏载时大桥斜拉索上下游索力相差情况

根据系统 16 日参考点数据，南塔江侧 21 号索上下游差值约为 186kN，30 日晚上游方向出现偏载最大差值为 283kN，即上游索力大于下游索力约 97kN；31 日晚下游方向出现偏载，最大差值 78kN，即上游索力小于下游索力 108kN。变化情况如图 6、表 7。

偏载情况下上下游索力差值(单位:kN)　　表 7

时　　间	南塔江侧 21 号索(上游-下游)
1 月 30 日 5:10	171
1 月 30 日 12:50	175
1 月 30 日 13:10	233
1 月 30 日 15:40	182

续上表

时　　间	南塔江侧 21 号索(上游-下游)
1 月 30 日 18:00	283
1 月 30 日 20:20	224
1 月 30 日 21:00	139
1 月 31 日 15:40	152
1 月 31 日 18:40	74
1 月 31 日 19:00	148

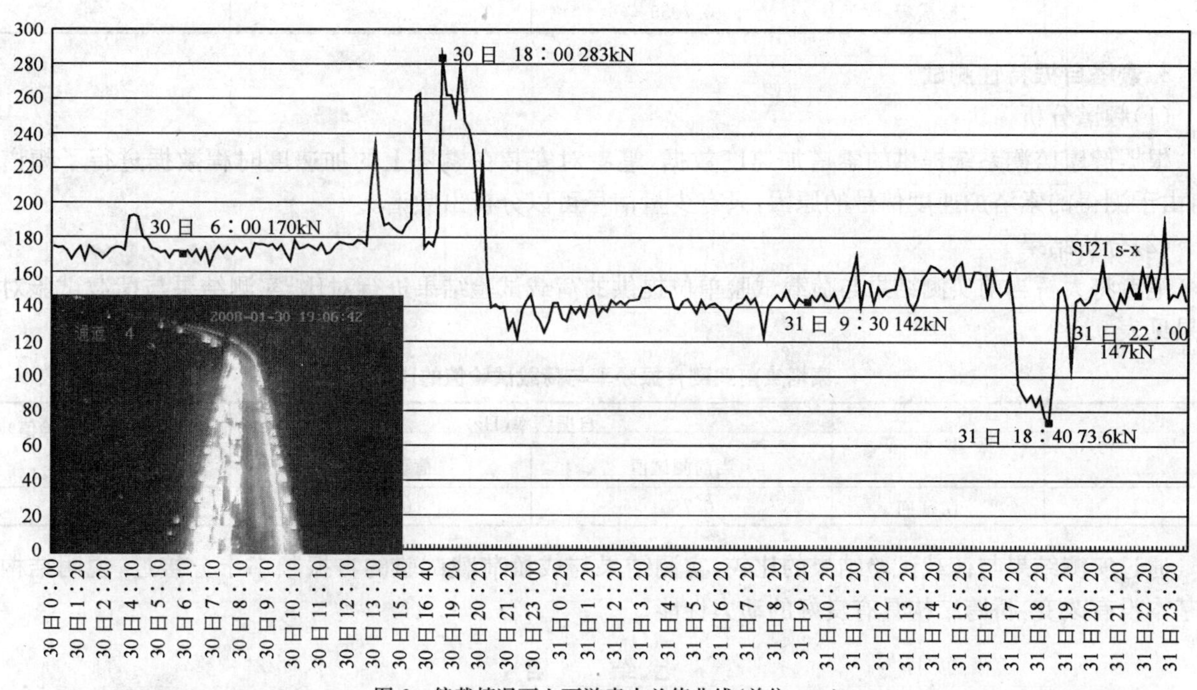

图 6　偏载情况下上下游索力差值曲线(单位:mm)

六、理论模型分析与自振特性测试比较

1. 结构静力分析

结构计算采用 Midas 空间杆系程序对结构进行离散分析,荷载按雪灾后 1 月 30 日 18 时左右最不利情况布载:为上游侧四车道按公路一级布置。

钢箱梁变形图 7 所示,图示为活载效应。

最不利工下的计算结果表示主跨跨中上游侧最大变形为 872.8mm。根据健康监测系统记录数据,桥梁在 2008 年 1 月 30 日瞬时最大位移为 900mm。

2. 主梁自振特性测试

(1)频谱分析

根据健康监测系统提供的加速度数据,笔者对加速度时程数据进行了频谱分析。

(2)分析结果

由测试结果可以看出,桥梁左右两侧传感器(北侧和南侧)各自的加速度信号频谱一致性非常好,左右两侧传感器之间的各阶频率差距很小,满足精度要求。

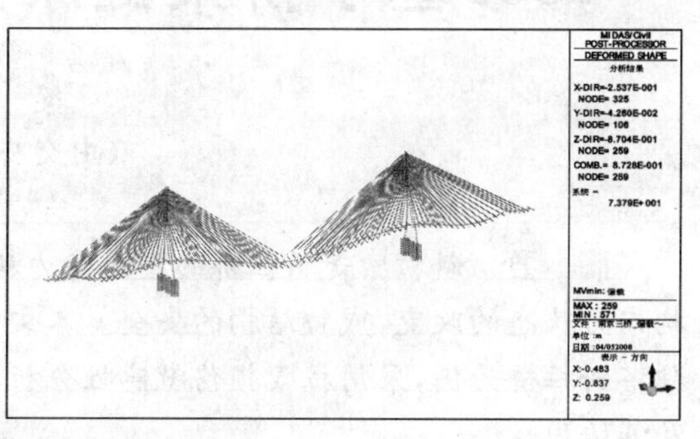

图 7　钢箱梁变形图

同时,笔者将大桥当前实测结果与荷载试验单位提供

的荷载试验结果进行对比，实测结果与荷载试验对比结果见下表8。

主梁当前实测自振频率与荷载试验值的比较 表8

序号	振型特征	自振频率(Hz)		(当期值-荷载试验值)/荷载试验值
		当前测试值(北侧/南侧)	荷载试验值	
1	一阶竖弯	0.2551/0.2563	0.2637	−3.26%/−2.8%
2	二阶竖弯	0.3027/0.3051	0.3027	0%/0.8%
3	三阶竖弯	0.4833/0.4810	0.4785	1%/0.5%
4	一阶横弯	0.2576	0.2539	1.46%
5	二阶横弯	0.7055	—	—

3. 索塔自振特性测试

(1)频谱分析

根据健康监测系统提供的索塔加速度数据，笔者对安装在索塔上的加速度时程数据进行了频谱分析，由于测得的索塔加速度信号的原因，只有少量信号可以分析出频谱。

(2)分析结果

笔者将大桥当前实测结果与荷载试验单位提供的荷载试验结果进行对比，实测结果与荷载试验对比结果见表9。

索塔当前实测自振频率与荷载试验值的比较 表9

序号	振型特征	自振频率(Hz)		(当期值-荷载试验值)/荷载试验值
		当前测试值	荷载试验值	
1	一阶横向	0.7861	0.7812	0.6%

通过实测结果与荷载试验结果的比较，实测结果与成桥荷载试验的自振频率十分接近，说明结构刚度基本没有改变，桥跨结构具有良好的动力性能。

七、结　语

通过对南京三桥健康监测系统结构数据和环境情况的分析，笔者认为南京三桥健康监测系统及时、准确地反应了不同外界环境下结构各参数的变化情况，特别是快速判断大桥偏载后对结构的影响上发挥了较大的作用。由此也可以看出主桥积雪满载对桥梁结构的影响属于均布荷载性质，半幅偏载属于最不利工况的一种，对桥梁结构的反应明显，此次雪灾中南京三桥主桥结构的变化在健康监测系统的判别下仍属于弹性变化，及时开放交通，后来经过专项检查，判断结果与此相同，目前结构正常。

180. 基于桥梁健康监测系统的斜拉索损伤识别

梁　柱　李　娜　郑　春

（中交公路规划设计院有限公司）

摘　要　斜拉索是斜拉桥的重要受力构件，斜拉索的锈蚀断丝等损伤必然导致索力、主梁线形及结构内力状态的改变，威胁结构的安全。本文首先介绍目前国内外先进的索力及挠度监测方法，并以一座独塔斜拉桥为例，采用拉索损伤敏感性分析方法，探讨基于主梁挠度及索力监测的斜拉索损伤识别方法及其适用性。

关键词　斜拉索　索力　监测　损伤

一、概　　述

对于斜拉桥而言，斜拉索是关键受力构件，斜拉索的受力状态直接影响到斜拉桥的受力状态，斜拉索锈蚀乃至断丝的病害时有发生，其断丝的隐蔽性较强。随着近 20 年来国内斜拉桥的修建，斜拉索已由过去的砂浆包裹发展为以热挤 PE 防护的平行钢丝索和多层防护的钢绞线斜拉索为主流的拉索体系。尽管斜拉索厂家对斜拉索提出了 30～50 年的寿命指标，但目前国内已有数座斜拉桥在建成不到 15 年内就进行换索的案例[1]。

由于斜拉索的锈蚀断丝等损伤必然导致索力及结构内力状态的改变，严重时甚至导致结构的整体破坏，因此加强对斜拉索的监测或检测是十分必要的。近十几年来，越来越多重要的大型桥梁上开始构建桥梁结构健康监测系统，希望通过对大桥运营环境和关键力学指标的实时监测达到掌控大桥安全状态的目的。考虑到一方面斜拉索的损伤必然导致斜拉索索力的变化及重分布，另一方面，斜拉索索力的变化也必然反映到桥面的挠度变化上，鉴于此，本文以一座独塔斜拉桥为例，以拉索损伤敏感性分析为手段，探讨基于健康监测系统挠度及索力监测的斜拉索损伤识别的方法及其适用性。

二、索力监测方法

斜拉桥张拉时的索力主要由张拉千斤顶的油压表读数进行控制，而桥梁运营期间的索力监测目前主要有以下几种方法。

1. 压力传感器测定法

压力传感器材质通常为高强度弹性体，安装在斜拉索张拉端锚环螺母下，直接测得斜拉索锚下压力。传感器种类一般有电阻应变式、光纤应变式、油压式传感器等。该方法的优点是直接测力，精度高，能达到 1%以内。缺点是施工麻烦，需要施工时进行埋设，且不容易更换。

2. 加速度传感器测振法

加速度传感器测振法为目前最常用的测试方法。将加速度传感器用索夹或绑带固定在斜拉索上，通过对振动时程数据进行傅立叶变换获得拉索振动频率，然后根据拉索频率与索力的理论公式换算索力。该方法的优点是容易更换，使用成熟。缺点是有一定误差，需要考虑拉索垂度、抗弯刚度、边界条件误差及拉索阻尼器的影响因素，修正后的精度一般认为在 5%以内。

3. 激光测振法

激光多普勒测速仪 LDV(Laser Doppler Velocimeter)是应用多普勒效应，利用激光的高相干性和高能量测量流体或固体流速的一种仪器。目前在国外已经少量应用到斜拉索的振动测量上[2]，通过测得拉索的速度时程进行傅立叶变换获得索的振动频率，最终获得索力。测试原理基本同加速度传感器，因此精度相当。该方法优点在于无接触、无导线、并可长距离监测，但设备价格昂贵，不适合多点同时监测。

4. EM 磁通量索力计[3]

磁通量索力计的原理是当铁磁性材料受到外力作用时，其内部产生机械应力或应变，相应地磁导率发生改变，通过测定磁导率变化来反映应力变化。该方法的优点是传感器安装较方便、非接触测量、不损伤结构，缺点是对不同型号的拉索均需要各自进行参数标定，需要在斜拉索施工时安装，不宜更换，测试精度与振动法相当。

5. 筋式光纤光栅智能拉索

筋式光纤光栅智能拉索是将 FRP－OFBG 智能复合筋布设到平行钢丝或钢绞线拉索内，成为拉索的一部分，在索力作用下，智能筋与平行钢丝的协同变形，感知拉索应力。该方法优点是测力直接，并可直接进行损伤分析，但传感器的安装在拉索生产时就需埋入，较为复杂，不易更换。

三、主梁挠度监测方法

斜拉桥运营期间的主梁挠度监测目前可采用的方法有测量机器人、激光挠度仪、GPS 定位系统、开放连通管液位测量、封闭连通管压力测量等。

1. 测量机器人(自动跟踪的全站仪)

测量机器人是一种能够自动校准目标并实现自动跟踪的全站仪。监测方法主要是通过沿主梁选择适当的点布置反射器,与测量用的全站仪配合使用,形成光载波通信系统,利用全站仪的红外激光探测功能,对反射器进行连续监测,测量每个反射器与全站仪的相对角度和距离,计算并存储主梁的变形情况。该方法具有高精度优点,即使在测站和测点距离为1km的情况下,其监测精度也能够达到2mm,但精度受到环境及天气影响(如海面、雨、雪、雾)较大。同时由于扫描定位将会耗去一定时间,因此,这种测试方法不适合于多点同步或实时监测。

2. CCD激光挠度监测系统

CCD激光挠度仪是建立在一个激光发射器和一个连接在目标上的光电接收器(CCD)的基础之上,操作者从接收器给出一道激光束并将其锁定在一个稳定的位置上,接收器可以接收识别光学目标反射回的光束并以高达100Hz的频率精确测量出该目标的点位。

激光挠度仪来监测结构变形具有精度高(mm级),同步性好,温飘、时飘小等优点。但激光设备在长距离测量时与测量机器人一样容易受环境干扰,而且目前的激光挠度仪均为点光源产品,进行多点测量时费用极其昂贵,目前还不太适合在土木工程长期监测使用。

3. GPS系统

采用全球定位系统(GPS)进行主梁挠度的监测可以避免完全受环境干扰的问题。该方法的优点是无时漂、温漂,但目前GPS动态高程精度最高为1~2cm,静态精度为3~5mm,对斜拉桥挠度监测而言显然动态精度不够。同时高精度GPS设备价格昂贵,因此通常可用于少量控制点如主跨跨中、塔顶的变形监测,而不宜多点布设。

4. 开放式连通管系统(静力水准测量)

静力水准测量变形是采用液位监测的方式,依据连通管原理的方法,测量每个测点容器内容器底面安装高程与液面的相对变化。再通过计算求得各点相对于基点的相对变形量。通过开放连通管来监测主梁高程变化具有精度高、多点同步测量、性价比高等优点;但由于静力水准测量仪器在高程改变时伴随液体流动,液体流动受液体黏滞、管壁阻力等因素影响而存在严重滞后现象,在活载作用下动态响应相对较慢,监测过程中容易出现丢失峰值的情况,不适用于动态实时监测。

5. 封闭连通管压力监测系统

封闭连通管监测系统原理也是采用液压高差监测和连通管原理,但测量的是每个测站及基准站处液体压力的变化,液压通过压力变送器进行监测,再通过计算求得各点相对于基点的相对变形量。

通过封闭连通管液压监测来获得主梁高程变化具有精度高(优于1mm)、能够实现多点同步测量、性价比高等特点,且避免了静力水准测量在高程改变时的液体流动造成滞后的问题,另外压力传感器的时间常数较小(100ms)能够获得较好的动态监测效果。此方法对传感器及连通管路安装要求较高,对液体质量要求高,是目前斜拉桥挠度监测较适用的方法。

四、相关工程背景介绍

深港西部通道深圳湾公路大桥为独塔单索面钢箱梁斜拉桥,塔梁固结体系,桥跨布置为180m+90m+75m。钢箱梁顶板宽38.6m,底板宽28.75m,梁高4.126 9m。索塔为钢筋混凝土斜塔,单箱单室截面,承台以上塔高139.053m。斜拉索非对称布置,全桥共12对斜拉索,采用直径为7mm的低松弛高强平行钢丝斜拉索,标准强度为1 670MPa,拉索编号依次为S01~S12,H01~H12,结构如图1所示。

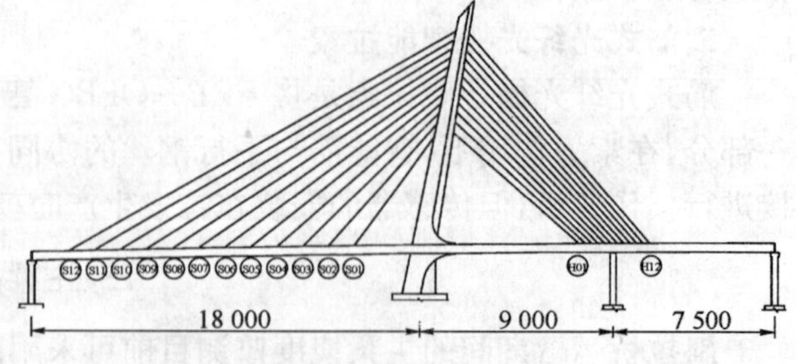

图1 深圳湾公路大桥

在该桥的一半斜拉索上布设了加速度传感器进行索力在线监测,同时采用封闭连通管压力监测系统监测挠度变化，测点主要布设在主跨四分点、边跨跨中及次边跨跨中。

五、斜拉索损伤敏感性分析

利用通用有限元程序 ANSYS 建立该桥的平面杆系有限元模型，主梁和索塔采用梁单元进行模拟，斜拉索采用杆单元模拟。斜拉索的损伤通过索面积的折减进行模拟。

1. 索力对拉索损伤的敏感性分析

当斜拉索发生锈蚀断丝等损伤时，该根斜拉索索力将发生变化，同时其他斜拉索均会产生索力重分布，从而达到新的平衡状态。分别模拟 24 根斜拉索各损伤 10％的情况下各索的索力变化情况，鉴于篇幅，选取了部分结果列于表 1。

拉索损伤 10％导致的索力变化 表 1

		拉索损伤 10％					
		S2	S6	S12	H2	H6	H12
索力变化	S1	0.47％	0.34％	0.14％	－0.04％	－0.06％	－0.06％
	S2	－9.43％	0.57％	0.17％	－0.04％	－0.05％	－0.05％
	S3	0.66％	0.80％	0.21％	－0.04％	－0.05％	－0.04％
	S4	0.60％	0.97％	0.28％	－0.03％	－0.05％	－0.04％
	S5	0.47％	1.01％	0.33％	－0.03％	－0.06％	－0.06％
	S6	0.36％	－9.13％	0.40％	－0.03％	－0.07％	－0.10％
	S7	0.28％	0.87％	0.48％	－0.04％	－0.09％	－0.15％
	S8	0.20％	0.71％	0.55％	－0.05％	－0.11％	－0.21％
	S9	0.15％	0.57％	0.62％	－0.06％	－0.13％	－0.28％
	S10	0.11％	0.43％	0.69％	－0.07％	－0.16％	－0.35％
	S11	0.08％	0.30％	0.70％	－0.08％	－0.18％	－0.41％
	S12	0.05％	0.19％	－9.36％	－0.09％	－0.21％	－0.48％
	H1	－0.08％	－0.10％	－0.50％	0.32％	0.41％	0.40％
	H2	－0.07％	－0.11％	－0.54％	－9.73％	0.42％	0.45％
	H3	－0.08％	－0.13％	－0.70％	0.34％	0.51％	0.60％
	H4	－0.07％	－0.11％	－0.63％	0.26％	0.43％	0.56％
	H5	－0.06％	－0.12％	－0.67％	0.24％	0.43％	0.61％
	H6	－0.06％	－0.12％	－0.71％	0.22％	－9.61％	0.67％
	H7	－0.05％	－0.12％	－0.78％	0.21％	0.45％	0.76％
	H8	－0.05％	－0.12％	－0.84％	0.20％	0.45％	0.84％
	H9	－0.04％	－0.11％	－0.83％	0.17％	0.41％	0.84％
	H10	－0.04％	－0.12％	－0.99％	0.18％	0.46％	1.03％
	H11	－0.03％	－0.11％	－0.99％	0.16％	0.43％	1.04％
	H12	－0.03％	－0.10％	－1.02％	0.15％	0.42％	－9.03％
	合计	－6.66％	－3.75％	－13.99％	－7.85％	－6.02％	－3.46％

有上表结果可以看出：

(1)当斜拉索发生损伤 10％时，该斜拉索索力将显著减小，最大减小 9.73％。

(2)索塔同侧其他斜拉索索力将增大，索塔异侧索力将减小，但索力变化不大，基本在 1％以内。

(3)斜拉索索力总和减少，因此结构支座反力将增大。最长索 S12 拉索损伤时，索力总体变化最大。跨中拉索 S6 发生损伤时，其周围拉索产生较大的索力增量，因此索力总体变化较小。

(4)本桥采用振动法进行索力监测，认为测量误差在 5％以内，因此仅当单根拉索发生 10％损伤，索力测试对该根索的损伤是敏感的，但若索力计并未布设在该损伤索而布设在附近索上时，则无法对该索的损伤进行识别。

2. 主梁挠度对拉索损伤的敏感性分析

当斜拉索发生锈蚀断丝等损伤时，除索力发生重分布达到新的平衡状态外，主梁挠度也会产生变化。分别模拟24根斜拉索分别损伤10%时主梁的挠度变化情况，选取了部分结果列于图2。

有上图结果可以看出：

(1)当主跨跨中附近斜拉索发生损伤10%时，由于索力减小，该拉索位置主梁将产生下挠，但挠度变化不是十分明显，最大为4.7mm(S6损伤10%时)。

(2)索塔右侧拉索发生损伤10%时，同样拉索位置主梁将产生下挠，但变化不大，均小于1mm，同时由于主跨拉索索力下降，主跨也将产生下挠，最大为2.3mm左右。

(3)本桥采用封闭连通管压力监测系统，挠度测量误差在1mm以内，因此仅当单根拉索发生10%损伤时，只有主跨挠度对跨中附近的拉索损伤较敏感。

同时模拟24根斜拉索均发生10%损伤时主梁的挠度变化情况，结果如图3所示。

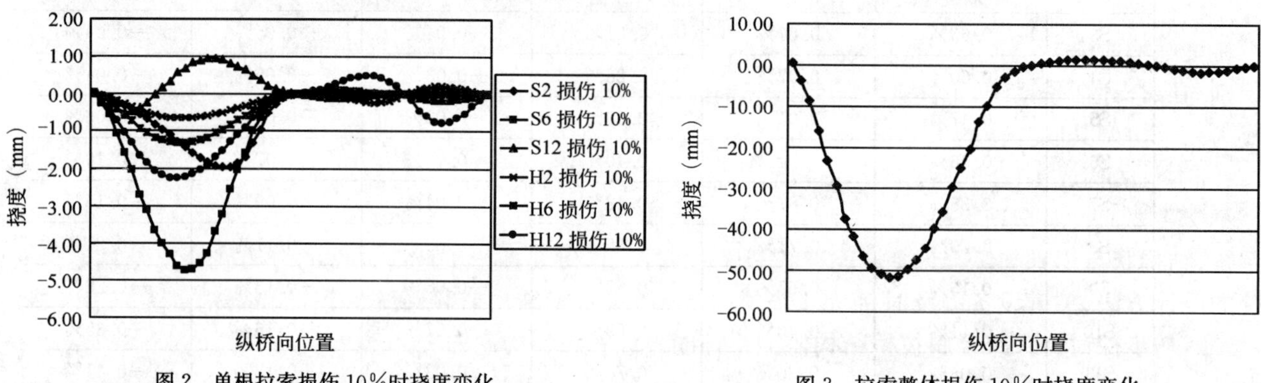

图2 单根拉索损伤10%时挠度变化　　图3 拉索整体损伤10%时挠度变化

可以看出，当拉索发生整体损伤时，主梁跨中产生显著变形，跨中最大挠度为51.8mm，但边跨跨中下挠和次边跨跨中上挠均不大，在2mm以内，说明主跨挠度对斜拉索的整体损伤十分敏感。

六、结　　语

(1)基于主梁挠度及索力监测的损伤识别效果与监测设备的测试精度息息相关，当采用较高精度的测试方法及设备时，该方法对一定程度的拉索损伤识别是有效的。

(2)类似本桥的斜拉桥结构，当单根拉索发生损伤时，该拉索索力变化较大，但索力重分布导致的其他索力的增量不明显，因此在当索力传感器未布设到发生损伤的拉索上时，索力监测并不能灵敏的识别出该拉索的损伤。

(3)类似本桥的斜拉桥结构，当单根拉索发生损伤时，拉索位置的主梁产生下挠，且挠度对主跨跨中附近的拉索损伤最为敏感，同时当拉索发生整体损伤时，主跨挠度变化是十分明显的。

(4)对其他结构形式的斜拉桥，也可运用此方法进行拉索损伤敏感性分析，为索力传感器及挠度测点的优化布设提供指导。

参考文献

[1] 王文涛. 斜拉桥换索工程[M]. 北京：人民交通出版社，2006.

[2] K eita KUBOTA, Takeshi MIYASHITA, Yozo FUJINO, Noriyuki MIYAMOTO, Shuji UMEMOTO, Hiroyasu SUEHIRO. Development of a Super Remote Laser Sensing System for Monitoring of Cable-Supported Bridges. The 6th international cable supported bridge operators' conference. Takamatsu, Japan, 2008. P77～84.

[3] 郝超，裴岷山，强士中. 斜拉桥索力测试新方法—磁通量法. 公路，2000(11).

181. 斜拉桥结构健康监测系统的设计

郭宗莲[1] 蒋红艳[2]
(1. 江苏海事职业技术学院电气工程系;2. 青海省育才公路勘察设计有限公司)

摘 要 本文以舟山连岛工程金塘大桥为例,结合与桥梁结构健康监测系统有关的理论、方法和技术,阐述了健康监测系统的传感器子系统、数据采集与传输子系统、数据处理与控制子系统、结构状态识别与综合评估子系统的设计方法和功能要求。

关键词 斜拉桥 结构健康监测 系统设计 系统集成

一、前 言

桥梁结构监测系统主要包括传感器子系统、数据采集与传输子系统、数据处理与控制子系统、结构状态识别与综合评估子系统,上述各个子系统分别涉及不同的硬件和软件,需要通过系统集成技术将它们集成为一个协调共同工作的大系统。桥梁结构监测系统涉及多门学科领域,系统的设计与构建比较复杂,系统本身的构成不仅与其性能和功能有关,还需要考虑其未来运营和养护管理情况。

本文主要通过对金塘大桥结构监测系统的传感器子系统、数据采集与传输子系统、数据处理与控制子系统、结构状态识别与综合评估子系统进行阐述和探讨,研究基于工业以太网的分布式桥梁结构监测系统的设计方法、关键设备以及时钟同步方案,以期使得桥梁结构监测系统的设计和架构更为先进、实用、可靠,初步探讨特大跨径斜拉桥结构监测系统的设计思想和构建方法。

二、工 程 概 况

金塘大桥由东向西横跨沥港水道、灰鳖洋海域,连接舟山市的金塘和宁波市的镇海区,是舟山大陆连岛工程中的第五座跨海特大桥,也是舟山大陆连岛工程中规模最大的跨海特大桥。金塘大桥项目由主通航孔、东通航孔桥、西通航孔桥、非通航孔桥、金塘侧引桥、浅水区引桥和镇海侧引桥以及金塘岛接线组成。大桥起于金塘岛上雄鹅嘴,接西堠门大桥,经化成寺水库、茅岭、沥港水稻和灰鳖洋海域,与规划中的宁波沿海北线高速公路相交,终于宁波市绕城高速公路,全长 26.54 公里。

图 1 金塘大桥

金塘大桥于 2008 年合龙,预计 2009 年通车,该大桥如图 1 所示。

三、传感器子系统

传感器子系统的主要功能就是通过应用各类传感器将桥梁结构力学特性转换为电(光)信号,以供数据采集子系统进行模数转换。

1. 监测内容

本文研究对象为金塘大桥主通航孔桥,根据数值计算分析结果,主要监测索塔、加劲梁和斜拉索等关键构件或关键点。可概括为两大类监测项目:荷载源监测和结构响应监测。

荷载源监测主要有三类:(1)风荷载监测;(2)温度、湿度监测;(3)地震监测。

桥梁结构动、静态响应监测主要有六类:(1)大桥的空间变位监测,主要包括钢箱梁和索塔的空间变位;(2)钢箱梁疲劳应力监测;(3)斜拉索索力监测;(4)支座反力监测;(5)结构动力特性监测。

2. 传感器选型原则

传感器质量的优劣、选型的合适与否从根本上决定了整个系统所获取的数据信息是否准确、有效。在千差万别、种类繁多的传感器中进行选型时,应参考如下要求:

(1) 先进性:为提高建成后桥梁的信息化、数字化管养水平,要求系统的传感测试仪器等监测设备必须具有一定国际先进水平。

(2) 精确性:可靠的监测仪表还必须具备必要的精度,能准确地反映出效应量(或原因量)的变化。选择传感器时,必须对结构进行计算分析,选择精度满足桥梁监测要求的传感器。

(3) 可靠性:所选择的传感器必须能在恶劣的桥梁自然环境下长期稳定可靠运行,尽可能选择工业级产品。

(4) 经济实用性:传感器应具备合理的性价比,满足桥梁结构监测特性及养护管理实用性的要求。

3. 传感器布设方案

根据金塘大桥结构监测系统所拟定的监测内容,系统设计所用到的传感器类型主要包括:风速风向仪、温度传感器、温湿度传感器、倾斜仪、GPS系统、拉绳式位移计、加速度传感器、电阻应变计、支座反力计以及压力环式锚索计。

风荷载主要采用超声波风速仪和螺旋桨式风速仪,如图2所示,分别设于主跨加劲梁两侧和索塔塔顶。超声波风速仪可以监测风速、风向和风攻角,可计算风谱,风速测量范围为0～60 m/s。螺旋桨式风速仪仅可监测平均风速和风向,风速测量范围为0～80 m/s。

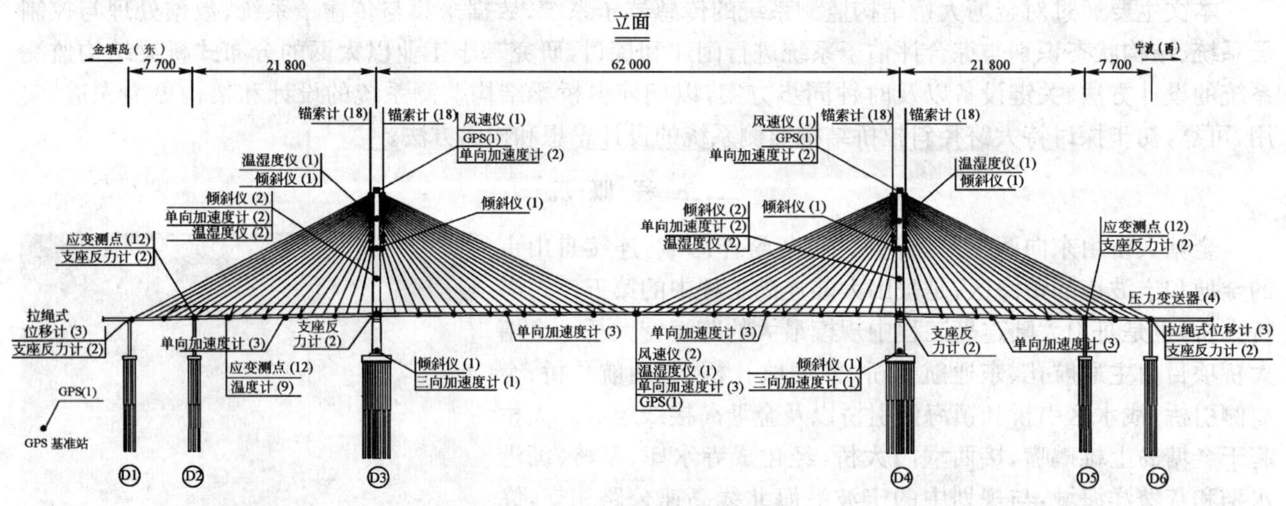

图2 金塘大桥传感器布设方案

大气温湿度和钢箱梁、索塔内的温度和相对湿度通过温湿度仪进行监测,温度和湿度的测量范围分别为−20℃至50℃和(0～100%)RH。结构温度的监测采用数字温度传感器,测量范围为−20℃至125℃。地震监测采用强震仪,测量范围为±2g,频率响应为0～120 Hz。

索塔和加劲梁的空间变位采用GPS系统,加劲梁的纵向变位采用拉绳式位移计,索塔的倾斜角度通过倾斜仪测得。加劲梁的疲劳应力可采用电阻应变计测得。斜拉索索力可采用压力环式锚索计进行监测。索塔和加劲梁的动力特性监测采用单向加速度计。传感器的详细布设方案如图2所示。

四、数据采集与传输子系统

数据采集与传输系统是指对安装在大桥上的各种类型传感器的信号完成必要的预调理后按一定的采样频率进行模数转换(A/D),最后在数据采集站计算机上保存并进行远程传输。各种类型的传感器的模拟或数字信号经预处理、采集后从大桥外场的数据采集站通过工业以太网传送至位于管理监控中心的数据处理与控制计算机上。

目前，桥梁结构监测系统的数据采集和传输技术主要分为集中式数据采集技术和分布式数据采集技术。集中式数据采集技术系统由于其固有的缺陷(模拟信号传输距离远、抗干扰能力差、设备和缆线费用高、工作温度范围较小、功耗较大、耐海洋恶劣环境能力差等)而不适合桥梁结构监测系统的需求。

当前，随着工业以太网技术的迅速发展，和其他现场总线相比，基于工业以太网的分布式数据采集与传输系统从技术先进性、可靠性和性价比等方面更适合恶劣环境下桥梁结构监测的发展和需要。根据桥梁结构所处自然及运营环境特点，考虑到桥梁结构自身受力特点，有针对性地研发了适用于在恶劣环境中工作的工业级以太网信号调理器，为桥梁结构监测和管养服务。

五、数据处理与控制子系统

数据处理与控制模块软件运行于远程监控中心数据处理与控制服务器，对数据采集模块收集到的数据进行预处理，提交给后续各子系统使用，同时数据处理与控制服务器能够设置和操作控制数据采集与传输模块的工作。数据处理与控制模块主要实现具体功能如下：

(1)数据采集、传输的设置和控制。

(2)数据库的建立及相关功能的实现，包括数据的存储、格式化、查询、可视化等工作。

(3)数据优劣的评估与优良数据的抽取，判断传感器和数据采集板卡工作状态，如有异常应给出报警。

(4)建立数据处理与控制的用户界面，响应用户对已存数据的查询请求及采集数据的控制请求。

数据处理与控制模块总体构成见图3。

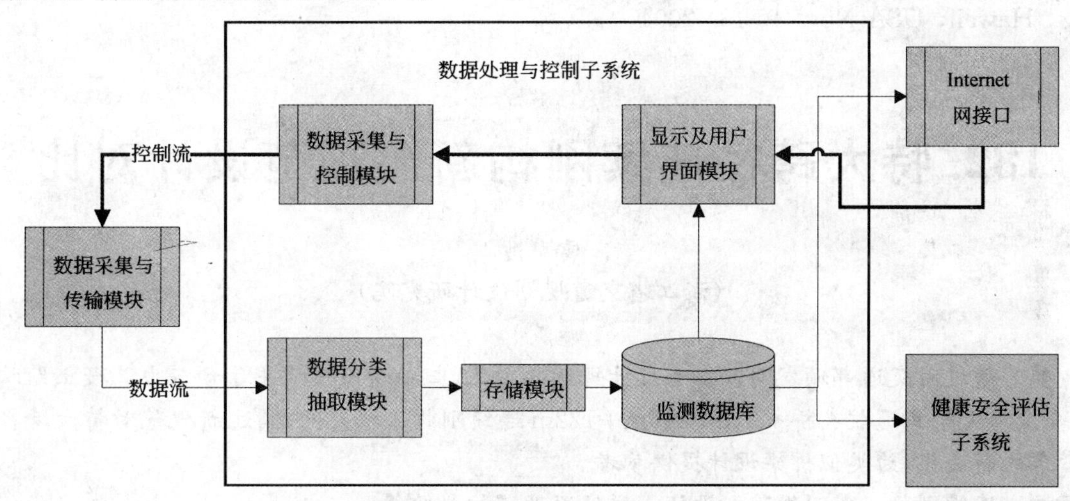

图3　数据处理与控制系统

数据处理与控制模块由数据采集与控制部分、数据分类抽取部分、数据处理与存储部分、用户界面、监测数据库等部分组成。

六、结构状态识别与综合评估子系统

桥梁结构的安全状态直接由其内力状态和损伤状态决定，因此，结构状态识别体系是进行结构安全状态评估的基础，是桥梁结构安全综合管理系统的核心内容之一。桥梁结构状态识别体系的中心任务是将自动化数据采集系统获得的结构响应信息以及人工巡检检查的结构表观损伤信息转化为反映结构安全状态的信息，在此基础上对安全状态信息进行综合评估即可获得结构在特定时刻的安全程度及其安全状况，为桥梁结构的运营及维护决策提高科学依据。通俗地讲，结构状态识别体系起到了“解码器”的作用，即对结构响应信息进行“解码”，将其转化为明确的结构安全状态信息。在缺乏结构状态和损伤识别子系统的情况下，无论结构响应监测信息多么全面和准确，都无法根据这些信息把握结构的安全状态，因而无法进行科学的运营和养护决策。因此，对于桥梁结构运营期结构监测预警系统而言，状态识别体系至关重要，是评价健康监测系统设计是否成功、对结构运营维护能否提供依据的重要指标之一。

七、结　语

本文结合与桥梁结构健康监测系统有关的理论、方法和技术，阐述了舟山大陆连岛工程金塘大桥健康监测系统的传感器子系统、数据采集与传输子系统、数据处理与控制子系统、结构状态识别与综合评估子系统的设计方法和功能要求，研究基于工业以太网的分布式桥梁结构监测系统的设计方法、关键设备以及时钟同步方案，为特大跨径斜拉桥结构监测系统的设计和构建提供依据和参考。

参考文献

[1] 欧进萍. 重大工程结构的累积损伤与安全评定. 走向21世纪的中国力学—中国科协第9次青年科学家论坛报告文集. 北京：清华大学出版社，1996.

[2] 李惠. 斜拉桥结构健康监测系统的设计与实现(II)：系统实现. 土木工程学报. 2006，Vol. 39(4)：45-53.

[3] Ou Jinping. Some recent advances of intelligent health monitoring systems for civil infrastructures in mainland China", *Proc. of the First International Conference on Structural Health monitoring and Intelligent Infrastructure*，Tokyo，Japan，Nov. 13-15，2003. 131-144

[4] Ou Jinping. Practical implementations of intelligent health monitoring systems in HIT. *Proc. of North American Euro Pacific Workshop for Sensing Issues in Civil Structural Health Monitoring*，Hawaii，USA Nov. 10-13. 2004

182. 特大跨径连续刚构新旧规范设计对比

雷　波

（浙江省交通规划设计研究院）

摘　要　通过对交通部颁发新旧桥涵设计规范的对比，归纳新旧规范关于预应力混凝土结构的不同之处，结合金塘大桥东通航孔桥122m＋216m＋122m连续刚构工程实例，阐述新规范对特大跨径连续刚构设计带来的新变化，为类似桥梁设计提供参考。

关键词　连续刚构　新旧规范　设计　梯度温度　抗裂验算

一、引　言

我国公路桥涵设计方法的演变经历了从容许应力法→定值极限状态设计方法→以可靠度理论为基础的概率极限状态设计方法转变的过程，即交通部1978版《公路预应力混凝土桥涵设计规范》→1985版《公路钢筋混凝土及预应力混凝土桥涵设计规范》（下文简称“旧规范”）→2004版《公路钢筋混凝土及预应力混凝土桥涵设计规范》（下文简称“新规范”）。新规范采用“概率极限状态法”，修改了旧规范公路桥涵结构设计作用效应的组合方式及汽车作用、温度作用、汽车冲击系数的取值方法，新规范完善了预应力混凝土受弯构件抗裂限值、裂缝宽度、构件应力及刚度的计算方法。

金塘大桥是舟山大陆连岛工程的第五座跨海大桥，其初步设计始于2003年10月，执行旧规范；2004年10月新规范颁布后，按照新规范进行了施工图设计。本文结合金塘大桥东通航孔桥122m＋216m＋122m三跨连续刚构的新旧规范设计对比，论述新规范对特大跨径连续刚构桥设计带来的新变化。

二、新旧规范主要不同点

1. 荷载组合方式

新规范引入结构设计的持久、短暂和偶然三个设计状况(表1),分别进行相应的极限状态计算。在承载能力极限状态中规定基本组合和偶然组合两种组合形式,在正常使用极限状态中规定了短期效应组合、长期效应组合及标准组合(组合系数采用1.0)。

新旧规范组合效应对比 表1

极限状态	旧规范	新规范
承载能力	组合Ⅰ、组合Ⅱ	持久状况基本组合
	组合Ⅲ	取消验算荷载
	组合Ⅳ、组合Ⅵ	持久状况偶然组合
	组合Ⅴ	短暂状况基本组合
正常使用	组合Ⅰ、组合Ⅱ	短期效应组合、长期效应组合及标准组合
	组合Ⅲ	取消验算荷载

新规范中除了因废除验算荷载带来的变化外,还包含旧规范中的其他全部组合,根据不同种类作用对桥涵结构的影响,新规范考虑持久、短暂与偶然三种结构设计状态。

对于承载能力极限状态,旧规范采用荷载安全系数与荷载标准值乘积作为设计代表值,新规范引进结构重要性系数、作用效应分项系数、组合系数与各项作用标准值来计算组合效应设计值。对于正常使用极限状态,旧规范采用标准值计算,新规范则修订为短期效应组合、长期效应组合的频遇值、准永久值计算。旧规范在组合Ⅰ状态下可不考虑温度效应的影响,新规范则要求根据可能发生的实际状态进行组合。

2. 汽车作用取值

新规范将汽车作用分为公路—Ⅰ级和公路—Ⅱ级,结构整体计算采用车道荷载模式,局部分析计算采用车辆荷载模式,替代了旧规范的汽车—超20级和汽车—20级。同时,将汽车冲击系数以跨径为主要影响因素的计算方法修订为以结构基频为主要因素的计算方法,旧规范45m以上跨径梁式桥不考虑冲击系数的影响,新规范即:使100m以上跨径梁式桥冲击系数仍有0.05。

为了使大跨径连续梁桥在新、旧规范汽车作用下跨中弯矩对比更为直观,图1绘出了三车道100m以上跨径连续梁桥新、旧规范汽车作用在跨中弯矩计算结果。

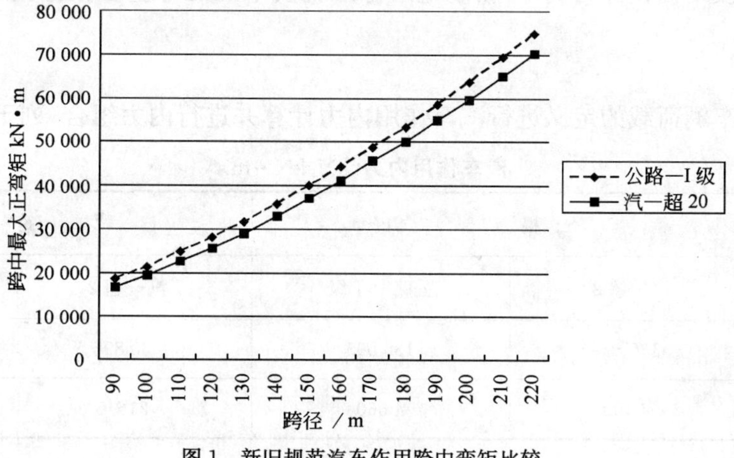

图1 新旧规范汽车作用跨中弯矩比较

由图1的对比可见，对于$L \geqslant 100$m的连续梁桥，新规范汽车作用产生的跨中弯矩较旧规范的大，100～200m跨径汽车作用效应总体向上浮动系数在0.08左右。

3. 梯度温度作用取值

新规范对梯度温度进行了较大的改动，旧规范只对整体浇筑的T形截面连续梁规定了日照温度梯度模式(桥面板温度变化+5℃)，对箱梁未作规定。新规范竖向梯度温度模式参照了美国规范，新规范(JTGD62－2004)附录B规定了温差效应计算公式，计算出的应力较旧规范标准有较大的不同，新规范即使是简支结构也存在因温差引起的自应力。

4. 抗裂验算

新规范正截面抗裂验算按作用短期效应组合和长期效应组合2组情况进行。新规范规定短期效应组合可不计入汽车冲击系数，为使新规范设计的预应力混凝土构件较之旧规范不过多地降低预应力度，新规范将预制的全预应力混凝土构件的预压应力降低15%，即由旧规范的$\sigma_h \geqslant \sigma$(相当于$\sigma_{pc} \geqslant \sigma_{st}$)改为$\sigma_{st} - 0.85\sigma_{pc} \leqslant 0$；分段浇筑或砂浆接缝的纵向分块构件降低20%，即：$\sigma_{st} - 0.8\sigma_{pc} \leqslant 0$。

旧规范标准45m以上梁式桥不考虑冲击系数，按照新规范，对于悬臂浇筑构件在进行抗裂验算时，预压力仍需作0.8的折减。汽车冲击系数仅与汽车作用效应组合，但折减后的预压应力是要克服包括梁体永久作用在内的短期效应组合产生的最大拉应力。

对于大跨径连续梁结构，恒载效应比重明显，汽车冲击效应不显著，相同于常遇跨径，预压力作0.8折减偏于安全，新规范抗裂计算预应力钢筋用量较旧规范标准提高了20%以上。

5. 混凝土设计强度

以旧规范50号混凝土为例，其轴心抗压标准强度为35MPa，根据新规范混凝土强度等级及标号换算关系，对等的C48混凝土轴心抗压标准强度为31.3MPa，旧规范在考虑温度效应作用的情况下，最大压应力要求$\sigma_{ha} \leqslant 0.6R_a^b$(组合Ⅱ)，新规范各种效应标准组合$\sigma_{kc} + \sigma_{pt} \leqslant 0.5f_{ck}$，旧规范50号混凝土最大压应力可以用到21MPa，新规范对等的C48混凝土最大压应力仅能用到15.65MPa。

三、工 程 实 例

为了说明新规范对大跨径连续刚构结构设计带来的影响，以工程实例金塘大桥东通航孔桥连续刚构进行阐述。

东通航孔桥为三跨122m+216m+122m预应力混凝土连续刚构，双向四车道高速公路，是我国第一座按照新规范设计200m以上外海连续刚构桥。该桥采用双幅分离箱梁断面，单幅桥箱梁顶宽12.3m，底宽6.3m，主梁变高度采用1.6次抛物线，三向预应力体系。初步设计阶段该桥设计采用旧规范，施工图设计阶段改用新规范，目前工程尚处于施工中。

现以初步设计阶段结构设计为例，用新规范的标准就其中的几个主要数据指标，通过验算来反映新规范带来的变化。

1. 内力计算

根据新旧规范对车辆荷载的定义进行汽车作用内力计算并进行内力组合，列于表2、表3。

汽车作用内力(kN、kN·m)　　表2

荷载类别	根部		跨中	
	汽—超20	公路—Ⅰ级	汽—超20	公路—Ⅰ级
弯矩	130 627	136 595	30 896	34 125
剪力	4 300	4 560	216.5	460

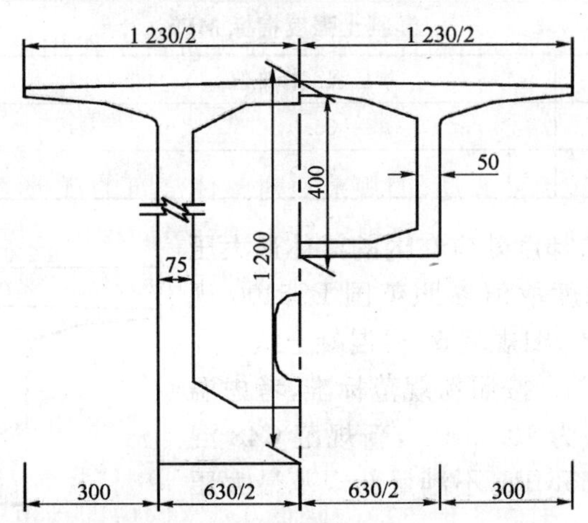

图 2 东通航孔桥初步设计主梁根部、跨中断面(尺寸单位:cm)

承载能力极限状态组合(kN、kN·m) 表 3

恒载+汽车				
荷载类别	根部		跨中	
	旧规范	新规范	旧规范	新规范
弯矩	2 952 094	3 246 440	110 576	125 180
剪力	76 444	84 160	303.1	708.4

通过新旧规范对比,本桥汽车作用产生弯矩墩顶增加 4.6%,跨中增加 10.5%。承载能力极限状态恒载+汽车组合,墩顶弯矩增加 10%,跨中增加 13.2%。对于大跨径预应力混凝土连续梁结构,汽车作用效应占总作用效应比重较小,承载能力极限状态内力的提高主要是新规范"结构重要性系数"的引入造成的影响。

2. 梯度温度应力计算

根据新规范梯度温度作用效应计算公式,得出跨中截面纤维处的温度应力,见表 4。

跨中梯度温度效应(MPa) 表 4

项目		箱梁顶	箱梁底
新规范	正温差	3.92	0.35
	负温差	−1.96	−0.17
	幅度	5.88	0.52
旧规范	日照温差(正)	1.58	0.07

按照新规范梯度温度公式计算的应力幅值较旧规范标准有大幅度的提高,可见新规范梯度温度的修订对结构设计的影响是巨大的。

3. 抗裂验算

连续刚构短期效应组合抗裂验算,预加压力折减影响最大的梁体构件位于预应力钢束布置最多的固结墩墩顶处,预加压力折减 0.8,对应轴向压力 N 下降,轴向力产生的偏心弯矩 M 下降,由公式 $\sigma=N/A+M/W$ 可知,墩顶处由预应力钢束产生的反向预压应力大幅降低。东通航孔连续刚构,按照旧规范计算,固结墩顶处箱梁顶板上缘最小压应力有 6.6MPa,按照新规范计算,固结墩顶处箱梁顶板尚有 −2.2MPa的拉应力,抗裂验算不通过。可见,旧规范设计的全预应力混凝土构件按照新规范验算已变为 A 类构件。

4. 持久状况压应力计算

50 号混凝土通过公式换算相当于新规范中的 C48 混凝土,两者的基本数据对比见表 5。

混凝土强度指标 MPa　　表5

项　目	抗压强度标准值	抗拉强度标准值
50号	35.0	3.00
C48	31.3	2.59

按照旧规范标准，考虑温差梯度效应在内的梁体最大压应力为16.6MPa，如果梯度温度取值参照英国BS5400规范，梁体最大压应力为18.8MPa，旧规范50号混凝土组合Ⅱ下，允许的最大压应力为21MPa。按照新规范标准，考虑温差梯度效应的梁体最大压应力为19.2MPa，新规范C48混凝土允许的最大压应力为15.65MPa，不满足新规范最大压应力限值指标。

5. 新旧规范设计对比

施工图阶段主梁根部梁高设计增加了1.3m，跨中梁高设计增加了0.4m(图3)，梁体混凝土方量因梁高变化增加近350m³，并将上部结构原50号混凝土改为C55海工混凝土。

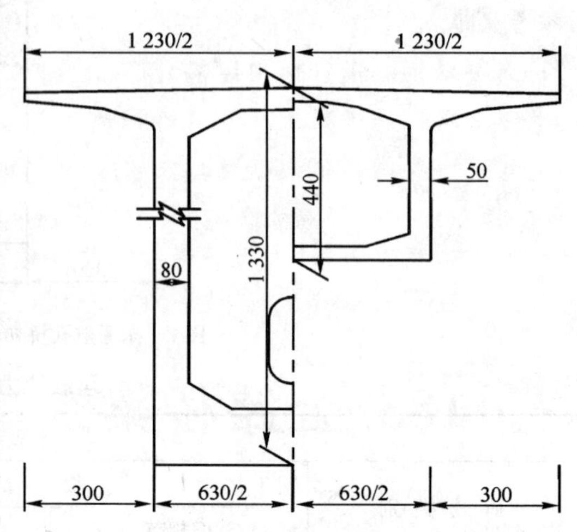

图3　东通航孔桥施工图主梁根部、跨中断面(尺寸单位:cm)

初步设计阶段，上部结构主要材料指标：混凝土1.5m³/m²，纵向预应力钢绞线：87kg/m²。施工图阶段，上部结构主要材料指标：混凝土1.71m³/m²，纵向预应力钢绞线：98kg/m²。施工图阶段支点梁高较初步设计阶段增加了10%，预应力钢束产生的预压合力的力臂增加，钢束用量降低，新规范结构抗裂验算预压力折减，钢束用量提高，两者相抵预应力钢束增加13%。

东通航孔桥两阶段设计构件主要尺寸对比(m)　　表6

采用规范	根部		跨中		混凝土
	梁高	高跨比	梁高	高跨比	
旧规范	12.0	1/18	4.0	1/54	50号
新规范	13.3	1/16.2	4.4	1/49.1	C55

同时，因梁体自身重量增加、预应力度的提高、高等级混凝土的选用，不仅梁体收缩徐变内力有所增加，基础费用亦有一定的提高。

四、结　语

旧规范的设计原则是“适用、经济、安全、美观”，新规范修订为“安全、适用、经济、美观、有利于环保”，新规范把安全提高到了第一位，并且增加了有利环保的新原则。旧规范执行了19年，对设计者的影响较大，造成设计人员对新规范的理解周期长，在构件尺寸拟定过程中，因引用以往经验性数据内力计算不满足新规范而感到不适应。本文针对特大跨径预应力混凝土连续刚构新旧规范作了一些比较，希望下述经验能有助于设计人员加深对新规范的理解，为类似桥型设计提供参考。

(1)新规范对梯度温度取值的修订，结构温差应力效应明显，对工程设计影响较大，但有助于提高结构抗裂性。

(2)新规范在预应力混凝土抗裂验算、持久状况压应力计算较旧规范标准有很大改变，新规范对特大跨径预应力混凝土桥涵设计要求更加严格。

(3)大跨径预应力混凝土连续梁结构，既往墩顶梁高与跨径之比通常位于1/15～1/20区间，跨中梁高与跨径之比通常位于1/50～1/60区间，连续梁取值偏于上限，连续刚构取值偏于下限。按照新规范标准，连续刚构尺寸应偏于上限取值，连续梁尺寸则应再有所适当放大。

(4)在新规范条件下,特大跨度连续结构恒载比例进一步增大,建议积极采用降低恒载或改进预应力布置方式等有效措施,如对跨度更大的连续结构采用钢混组合结构、部分斜拉等措施。

(5)基于新规范预应力度的提高,推广强度级别更高的预应力系统、改进施工工艺变得更为迫切,既有利于预应力束孔道布置设计,同时也有利于提高施工质量,并可降低材料费用。

参考文献

[1]《公路桥涵设计通用规范》(JTGD60—2004).北京:人民交通出版社,2004

[2]《公路钢筋混凝土及预应力混凝土桥涵设计规范》(JTGD62—2004).北京:人民交通出版社,2004.

[3] 李坚.我国预应力混凝土连续梁桥的发展与工程实践[J].城市道桥与防洪,2001年3月.

[4] 徐岳,王亚君,万振江.预应力混凝土连续梁桥设计[M].北京:人民交通出版社,2000.

[5] 伍波,杨家玉等.大跨径连续刚构桥的常见病害与设计对策[J].公路交通科技,2005年7月增刊.

183. 公路桥梁汽车验算荷载确定方法的研究

宋娃丽[1] 张华新[2] 李 宝[1]

(1.河北工业大学;2.山西省交通科学研究院)

摘 要 对于一些特殊区域内的桥梁,由于公路发展滞后,运输业落后于某些重工业的发展,从而造成车辆严重超载,道路经常堵塞,桥梁经常处于超负荷状态,为了确保公路上的桥梁运营安全,有必要对该线路上桥梁的汽车设计荷载进行专门的研究。本文通过对车辆的类型分布、车辆的轴距和轴重以及汽车荷载的车辆纵向间距的调查,将各种车型根据其对桥梁的作用效应折算为主车和加重车;采用皮尔逊—Ⅲ型曲线,确定了主车之间、主车与加重车之间的纵向间距,由此确定了公路桥梁汽车验算荷载。

关键词 汽车荷载 作用效应 公路 主车 加重车

公路桥梁汽车荷载的采用关系到桥梁结构的安全、适用和经济。我国的汽车制造业,在很长的一段时间里发展缓慢,在公路上行驶的载重汽车,基本上是两轴或三轴,轴重为2-10t,车流量也不大,但近年来,随着我国经济的高速发展,汽车工业也发展很快,车辆载重和轴数不断增大,目前已有七轴、轴重120t的车辆出现。我国公路桥涵的有关标准和规范虽然随着车辆荷载的发展及时对汽车设计荷载进行了修订,但在一些特殊区域,由于公路发展滞后,运输业落后于某些重工业的发展,从而造成车辆严重超载,道路经常堵塞,无论是旧桥还是新建桥梁,都经常处于超负荷状态,随之而来的是桥梁的损坏状况日益严重。

本文所研究的高速公路,为晋煤东运的一条主干线,由于我国东部地区经济发展的需要,造成煤炭运输量非常大,车辆密集,超载严重,为了确保公路上的桥梁运营安全,有必要对该线路上桥梁的汽车设计荷载进行专门的研究。

一、汽车车辆调查数据

为模拟所要研究高速公路车辆荷载的情况,采用相近模拟的原则,选取与该高速公路平行,且与其具有相似的交通组成和24小时交通分布交通情况的国道公路进行车辆荷载调查,以此类推该高速公路桥梁汽车荷载的纵向排列情况。

主要调查统计出三个数据变量:(1)调查车辆的类型分布情况,即各种车型的分布比例;(2)车辆的轴距、轴重等;(3)桥梁汽车荷载的车辆纵向间距,包括普通汽车的纵向间距以及普通汽车与载重汽车的纵向间距。

调查路段高峰时段交通量及比例见表1。

调查路段高峰时段交通量及比例(单位:辆)　　表1

车型	小客车	中客车	大客车	小货车	两轴中重货车	三轴货车	四轴货车	五轴半拖挂车	五轴全挂车	六轴半拖挂车	总计
	A	B	C	D	E	F	G	H	I	J	
数量	488	18	2	132	60	72	64	63	34	123	1 056
比例(%)	46.2	1.7	0.2	12.5	5.7	6.8	6.1	6.0	3.2	11.6	100

调查统计的常见汽车车重、轴载、轴距见表2。

常见汽车车重、轴重、轴距统计表　　表2

车型	车载范围(kN)	车载众值(kN)	轴重、轴距图
小客车	12～22	17	8kN　9kN；2.5m
…	…	…	…
两轴中重货车	40～300	200	70kN　130kN；4.0m
…	…	…	…
五轴全挂车	100～1200	1000	120kN　230kN　230kN　210kN　210kN；4.5m　1.5m　5m　4.5m
六轴半挂车	100～1200	800	72kN　160kN　160kN　136kN　136kN　136kN；3m　1.5m　5.5m　1.5m　1.5m

二、汽车荷载产生的作用效应分析

《公路桥涵设计通用规范》(JTJ 021—89)中规定,高速公路设计荷载为汽车—超20级,该级荷载由主车(200kN)和一辆加重车(550kN)组成。

在该高速公路汽车车辆荷载分析中,将表1中所列各种车型根据其对桥梁的作用折算为主车(普通汽车)和加重汽车两种,即将小客车、中大客车、小货车、两轴中重货车、三四轴载重汽车(表1中的A～G)统计为主车,而将五、六轴(表1中的H～J)载重货车统计为加重汽车。

以30m跨径简支梁的跨中弯矩作用效应作为汽车荷载折算的基本参数,加载图式及计算结果如表2所示。

1. 普通汽车

普通汽车的作用总效应$M=623\,669\text{kN}\cdot\text{m}$,平均分配到每一辆汽车上产生的作用效应为:

$$M_{单车}=623\,669/836=746\text{kN}\cdot\text{m}$$

《公路桥涵设计通用规范》(JTJ 021—89)中汽车荷载汽车—超 20 级中的主车的轴重和轴距与表 3 中所示的两轴中重货车。作用到 30m 跨径的简支梁桥上产生的作用效应为:$M_{超20主车}$ =1 352kNm

汽车荷载作用效应

表 3

车型		作用次数(辆)	单车荷载布置图	跨中弯矩作用总效应(kN·m)
普通汽车	A	488	8 9; 30.00	57 316
	…	…	…	…
	E	60	70 130; 30.00	1 352(单车引起的跨中弯矩)×60=81 120
	…	…	…	…
	G	64	96 168 168 168; 30.00	240 461
合计		836		623 669
加重汽车	H	63	84 147 147 161 161; 30.00	230 499
	I	34	120 230 230 210 210; 30.00	185 586
	J	123	72 160 160 136 136 136; 30.00	534 386
合计		220		950 471
规范	K	1	30 120 120 140 140; 30.00	2 949.4

注:①作用总效应=单车引起的跨中弯矩×作用次数。

②A~J 各字母代表的车辆见表 1,K 为《公路桥涵设计通用规范》(JTJ021—89)汽超 20 级中的加重车。

平均分配到每一辆车上的作用效应为(JTJ 021—89)规范中汽车荷载汽车—超 20 级中的主车的作用效应的 746/1 352=55.2%,其主要是由于近些年小客车增长速度远超过其他类型车辆的增长速度造成的。

为计算简便,验算荷载采用了(JTJ 021—89)规范中规定的主车(即表 2 两轴中重货车)的轴载及轴距值(图 1),作用效应的差值在主车的纵向间距中进行考虑。

2. 加重汽车

加重汽车的作用总效应为:950 471kN·m,平均分配到每一辆重车上产生的作用效应为:

$$M_{单车} = 950\ 471/220 = 4\ 320\text{kN}\cdot\text{m}$$

《公路桥涵设计通用规范》(JTJ 021—89)中汽车荷载汽车—超 20 级中的重车,作用到 30m 跨径的简支梁桥上产生的作用效应为:$M_{超20加重车}$ =2 949.4kN·m

平均分配到每一辆车上的作用效应为(JTJ 021—89)规范中汽车荷载汽车—超20级中的重车作用效应的1.46倍，其原因主要是由于重车车辆多且载重量大所致，对桥梁作用效应影响最大。

六轴半拖挂汽车作用到30m跨径的简支梁桥上产生的作用效应为：$M_{六轴}=4\ 344.6\text{kN}\cdot\text{m}$，与平均分配到每一辆重车上产生的作用效应值 $M_{单车}=4\ 320\text{kN}\cdot\text{m}$ 相近，所以，本文中使用六轴半拖挂载重汽车的轴重及轴距值作为加重汽车的轴载及轴距(图2)。

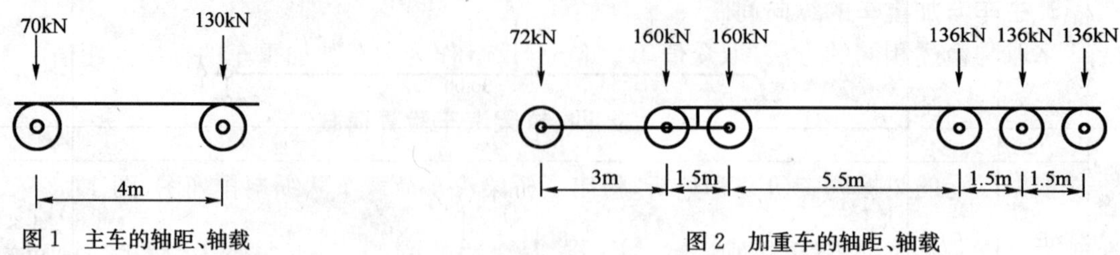

图1 主车的轴距、轴载　　图2 加重车的轴距、轴载

三、汽车车辆纵向间距的确定

用人工观测法和摄影法在调查路段内连续采集交通高峰时段(9:00～10:00)普通车辆的纵向间距、普通汽车与载重汽车的纵向间距，剔除个别过大和不合理数据，将2 320个普通车辆的纵向间距 x_i 和595个普通汽车与载重汽车辆的纵向间距分别组成集合。

1. 普通汽车纵向间距

将调查统计后选取出具有代表性的2 320个普通汽车的纵向间距数据，按照皮尔逊—Ⅲ型曲线拟合得出可用的计算车辆纵向间距[1]。

皮尔逊—Ⅲ型曲线是根据某些实际资料建立的一种概括性曲线。皮尔逊—Ⅲ型曲线是密度曲线，一端有限，另一端无限的正偏态曲线(图3)，与车辆纵向间距有较好的拟合关系。

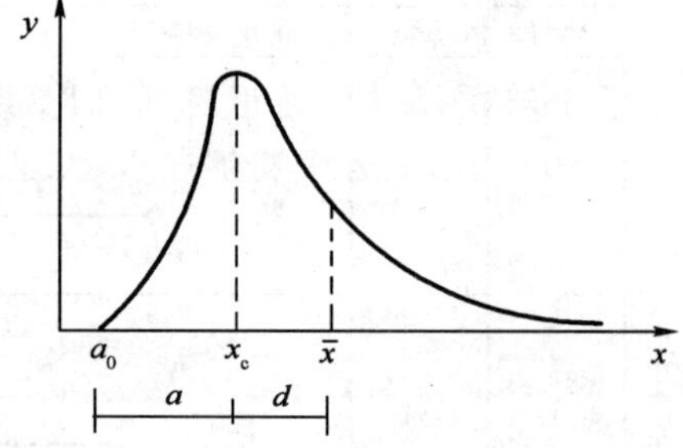

图3 皮尔逊—III型频率密度曲线的一般形式

皮尔逊—Ⅲ型曲线密度函数方程式为：

$$y=\frac{\beta^{\alpha}}{\Gamma(\alpha)}(x-\alpha_0)^{\alpha-1}e^{-\beta(x-\alpha_0)} \tag{1}$$

式中：y——对应于某一汽车间距的汽车数量的概率密度；

x——表示汽车间距；

x_i——表示采集整理后的第 i 个汽车间距。

参数 $\alpha=\frac{4}{C_s^2}$，$\beta=\frac{2}{C_v C_s \bar{x}}$

a_0——曲线左端起点到系列零点的距离，$a_0=\frac{C_S-2C_V}{C_S}\bar{x}$；三个统计参数 $\bar{x}$、C_s、C_v 可由统计资料统计得到。

平均汽车间距：$\bar{x}=\frac{1}{n}\sum_{i=1}^{n}x_i=\frac{21\ 182}{2\ 320}=9.13\text{m}$

离差系数：$C_V=\frac{1}{\bar{x}}\sqrt{\frac{\sum_{i=1}^{n}(x_i-\bar{x})^2}{n-1}}=0.359$

偏差系数：$C_S=\frac{\sum_{i=1}^{n}(x_i-\bar{x})^3}{(n-3)\bar{x}^3 C_V{}^3}=0.843$

曲线左端起点到众值点的距离：$a=\frac{C_V(4-C_S{}^2)}{2C_S}\bar{x}=6.39$

曲线左端起点到系列零点的距离：$a_0=\frac{C_s-2C_V}{C_S}\overline{x}=1.35$

众值：$\hat{x}=6.39+1.35=7.74m$

由于平均分配到每一辆车上的作用效应为(JTJ021—89)年规范中汽车荷载汽车—超20级中的主车的作用效应的746/1 352=55.2%，取7.74/0.552=14.02≈14m作为主车间的纵向间距值。

2. 主车与加重车的纵向间距

采取与上述相同的方法，取众值12.03m≈12m作为主车与加重车的纵向间距值。

四、桥梁汽车验算荷载

根据以上的数据调查研究和分析，得出了桥梁汽车荷载车队纵向排列图(图4)。

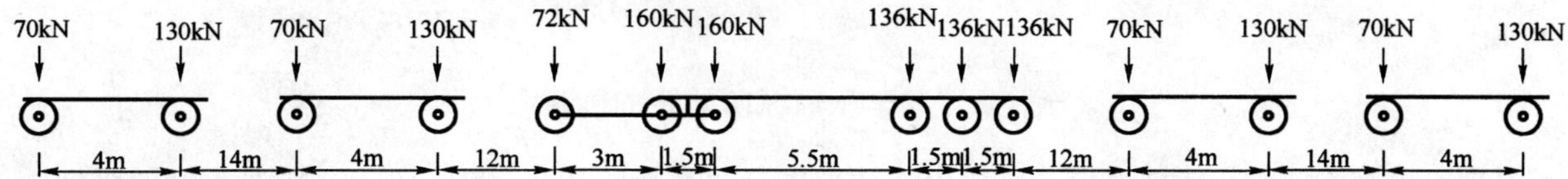

图4 汽车验算荷载车列布置

参考文献

[1] 公路桥涵设计通用规范(JTJ 021—89). 北京：人民交通出版社，1989.

[2] 公路桥涵设计通用规范(JTJ 021—85)条文说明. 北京：人民交通出版社，1985.

[3] 叶镇国. 水力学及桥涵水文. 北京：人民交通出版社，1995.

IV 桥梁检测与加固

184. 综合加固技术在桥梁加固工程中的应用

刘能文[1] 张 恺[1] 齐 萱[1] 丁 磊[2]
(1. 北京市市政工程设计研究总院;2. 中冶集团建筑研究总院)

摘 要 2006 年 7 月北京地区北二环主路某立交,首次运用凌晨短时中断交通 5 小时的方式对桥梁进行加固改造。本文主要介绍了新材料、新工艺、新技术在桥梁结构加固中的应用情况。内容主要包括桥梁加固设计内容、加固材料的性能、施工组织、施工工艺以及静载试验等。并对加固前、后桥梁承载能力进行了对比分析。为今后多种材料复合加固技术在桥梁工程中的广泛应用积累了宝贵的经验。

关键词 加固 灌浆料 剪力钉 植筋胶 不锈钢钢绞线网 聚合物砂浆 静载试验

一、引 言

随着我国桥梁使用年限的增加、建设规模的不断扩大,荷载标准的不断提高,目前国内有一大批早期建设的桥梁迫切需要改造、加固。在这些加固项目中,不仅要考虑桥梁本身的力学特性,还要尽可能减少加固过程对现况交通的影响。因此必须对桥梁加固工艺、加固材料进行分析选择。采用如快硬混凝土、剪力钉、植筋胶、不锈钢钢绞线网、聚合物砂浆等新工艺对混凝土结构进行补强,是近年来在美国、日本等发达国家运用的非常普遍的一门新技术。

我国于 2000 年开始逐步引进这些加固技术,并在此基础上进行消化吸收,将这些技术逐步从房屋、机场、码头等应用领域扩展到桥梁加固。但是将这些新材料综合运用到重要桥梁结构中,比较少见。北京市二环主路某立交桥的主梁运用多种新材料复合加固技术,这在北京地区还是首次。

二、加固工程概况

本立交位于北京市北二环曲线上,全桥 4 跨,中线长 64.476m,桥宽 13.25m。为菱形立交,桥梁建成于 1981 年。荷载标准为汽—20 级。上部结构为钢筋混凝土连续宽腹 T 梁与等高宽端横梁组成梁格体系。横向由 4 根梁组成,梁高 0.9m,腹板宽 0.8m,横梁宽 0.8~1.2m,最大跨径 19.13m。下部结构中墩为钢筋混凝土接条形基础,边墩为重力式桥台。桥梁概况见图 1、图 2。

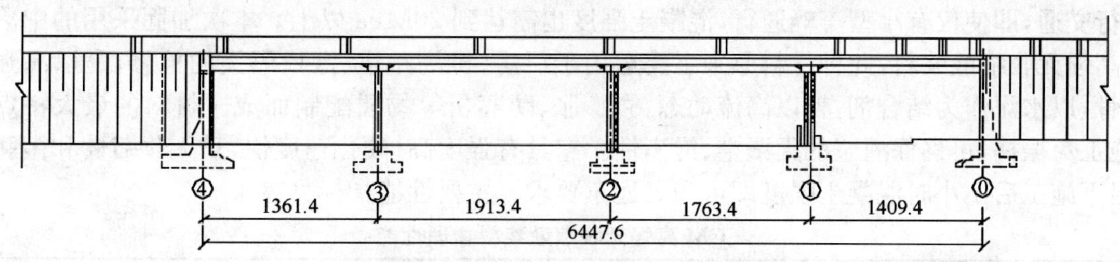

图 1 加固桥梁立面(尺寸单位:cm)

通过现场检测发现,桥面板、悬臂板底钢筋锈蚀导致混凝土锈胀、开裂,局部有钟乳石样析出物。主梁混凝土开裂,最大裂缝宽度为 0.6mm。墩柱有混凝土开裂破损和钢筋锈蚀现象。桥梁整体刚度、承载力下降。由于此桥位于北二环路主路上,属于非常重要的交通干线,采用常规的加固方法将对二环路的交通产生重要影响。为使交通影响降到最低,加固时间只能选择在凌晨 0~5 点进行,夜间断路施工,白天 5 点以后恢复交通。为满足交通需求,加固材料选择至关重要。

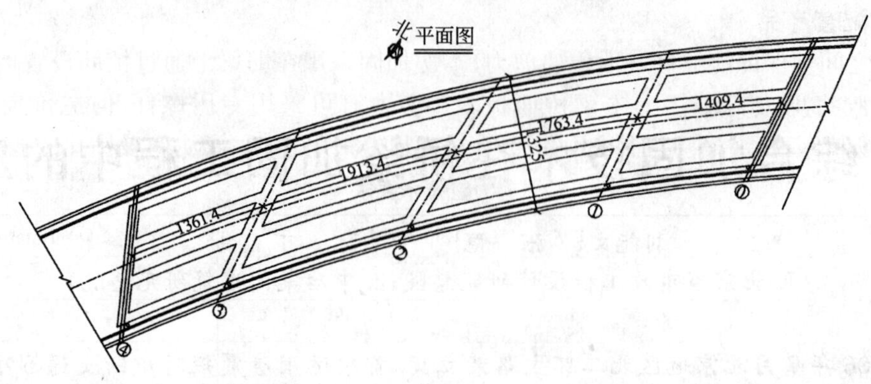

图2　加固桥梁平面(尺寸单位:cm)

三、加 固 方 案

根据桥梁的具体病害情况,此桥如采用单一普通加固材料和手段,很难满足加固效果和施工时间的要求,经过现场调查,并结合检测报告、加固前荷载试验报告,针对本桥主梁提出如下主要维修加固措施:

(1)拆除原桥桥面铺装及防水层,桥面板混凝土植筋,施工桥面混凝土整体化层以补强桥面板,上铺防水层及沥青面层;

(2)主梁底面、桥面板底面采用聚合物砂浆加预应力钢绞线网方法加固。

在以上加固措施中,主要解决桥梁桥面板及钢筋腐蚀破坏问题,同时采用植筋措施,使新增加混凝土与原桥面板结合成一体,形成整体化层共同受力,提高桥梁的整体刚度及承载力。新增混凝土厚度为10～15cm,混凝土强度提高为C40,内设钢筋同时满足桥梁纵横向受力要求。在梁肋上纵筋采用Φ25@10cm,桥面板位置上纵筋为Φ16@15cm,并在横梁处加密为Φ16@7.5cm,横向钢筋为Φ16@10cm。将剪力钉及钢筋网绑扎后,即可浇筑混凝土。

由于主梁底面、桥面板底面混凝土腐蚀破坏较为严重,钢筋有锈蚀现象,本次加固将破碎脱落的混凝土去除,利用预张紧不锈钢钢绞线网与厚2cm的渗透性聚合物砂浆进行补强加固。

四、加固材料特性

1. 高强无收缩灌浆料

由于本桥加固需在夜间进行,白天放行交通,因此对桥面整体化层混凝土性能要求较高,需满足C40强度、无收缩开裂,抗氯离子侵蚀、1小时强度达到20MPa的使用要求。尤其是早强要求,由于夜间施工时间短,仅为5小时,其间需进行路面破除、植筋、铺设钢筋网,浇筑混凝土的时间仅为1～1.5小时。而白天放行交通,即使仅有小型车辆通行,混凝土强度也需达到20MPa以上。本次加固采用的中冶建筑研究院的高强无收缩灌浆料,此种材料原来主要运用于厂房、机场跑道、港口码头的抢修,是以高强度材料作为龙骨,以水泥作为结合剂,辅以高流动态、微膨胀、防离析等物质配制而成。材料的最大特点具有自流性,施工免振捣,可确保灌浆的无漏空、饱满性。它具有强度高、硬化速度快,且无收缩性和微膨胀的优点,常温下施工后1小时混凝土强度即可满足通车要求。主要性能指标见表1。

CGM高强无收缩灌浆料物理性能　　表1

抗压强度(MPa)	1h	2h	28d
	≥20	≥35	≥45
竖向膨胀率(%)	≥0.02		
流动度(mm)	≥270		
施工温度(℃)	−10～40		
可施工时间(min)	15		

2. 剪力钉及配套产品

新旧混凝土之间须保证能够良好地传递剪力，本次加固采用在旧梁上通过植筋设置剪力钉方式解决，采用高性能植筋胶将剪力钉固结在主梁桥面板上。剪力钉可采用专用螺杆，但造价较高，本工程采用HRB335钢筋现场制作，在主梁梁肋上采用ф16，在桥面板上采用ф12。剪力钉及钻孔的技术要求见表2。

剪力钉技术要求　　表2

项　　目	D=12mm剪力钉	D=16mm剪力钉
剪力钉长度(cm)	18	22
钻孔直径(mm)	16	22
钻孔深度(cm)	12	16
钻孔最小边距 C_{min}(mm)	55	65
剪力筋结合力计算值(kN)	29.6	47.0
剪力筋屈服深度(mm)	132	175
剪力钉横向间距(cm)	40	20
剪力钉纵向间距(cm)	0～1/4L@30，1/4～3/4L@50	

本次加固采用的植筋胶固化不受潮湿环境的影响，具有高强结合力、低收缩率、锚固时无膨胀应力、操作简便的特点，固化时间根据现场要求应尽可能短。固化时间见表3。

植筋胶固化时间表　　表3

基材温度(℃)	凝胶时间 T_{gel}(h)	固化时间 T_{cure}(h)
−5	4	72
0	3	50
10	2	24
20	0.5	12
30	0.3	8
40	0.2	4

本桥施工时间为7月份，凌晨1点左右施工，温度时混凝土基材温度为20～30℃，故凝胶时间为20～30min，之后即可浇筑桥面整体化层混凝土。

3. 不锈钢钢绞线网及聚合物砂浆

此种钢绞线网为工厂定制产品，可根据需要采用不同的钢绞线直径、间距，此种加固方法的优点是钢绞线网不生锈、强度高，约为普通钢材的5倍。在加固的施工过程中不影响桥梁使用，对基面的平整度要求不高。且具有一定的承载能力，聚合物砂浆抗压强度高、渗透力强，能渗透进现况桥梁结构内部，确保了砂浆层与现况主梁结构能牢固的结合在一起，使新老混凝土结合成一个整体，并能传递界面剪力。通过对剥落、破碎和开裂混凝土的修补，使现况主梁混凝土的病害不再发展，并能提高桥梁混凝土内钢筋的保护层厚度，提高桥梁的承载能力和耐久性。2cm厚的聚合物砂浆层厚度较传统的加固厚度大为减薄，给桥梁增加的附加恒载很小，具有快速施工、维修投资小的优点，材料的物理、力学性能见表4、表5。

不锈钢钢绞线力学性能　　表4

钢绞线直径(mm)	钢丝直径(mm)	截面面积(mm^2)	极限承载力(kN)	标准应力(MPa)
2.4	0.29	2.821	5.03	1 704.7
3.2	0.35	5.091	8.73	1 653.8
4.8	0.28	10.88	18.35	1 543.7

聚合物砂浆物理性能 表5

项目	标准值	试验值
抗弯强度(N/mm²)	6.0	6.5
抗压强度(N/mm²)	20.0	35.0
黏结强度(N/mm²)	1.0	1.6
吸水系数(kg/cm²·$h^{0.5}$)	0.5	0.4
长度变化率	±0.15	0.12

结合本桥的受力计算，最终采用直径3.2的钢绞线网。

五、施工组织、施工工艺

新材料固然具有优良的力学特性，然而如果没有很好的施工组织、施工工艺，也不能达到良好的加固效果。针对以上几种新材料及施工时段、交通组织的要求，本桥制定了完善的施工组织、施工工艺。

1. 施工组织

为加快施工进度，对此桥采用分时段流水作业的方式进行加固施工。对现况桥面铺装及防水层逐步凿除、清理干净后用钢板满铺，以满足临时行车的要求。由于时间短、作业面小，桥面整体化层钢筋网无法一次绑扎成型。为保证桥面钢筋网需要的搭接长度，桥面纵向施工缝选在1/4跨处。剪力钉的分段钻孔与分段植筋及混凝土浇筑要在不同时段进行。头一天凌晨钻孔后，已没有时间进行植筋，白天开放交通时要用钢板盖住，以保护主梁表面混凝土及钻孔，并提高桥梁的承载力。第二天凌晨先将钢板拖走，再进行清孔及植筋、绑扎整体化层钢筋网，此时只有约2个小时就要开放交通。在将主梁表面清理干净后立即现场搅拌高强无收缩灌浆料，浇筑完以后1小时混凝土强度即需满足开放交通的要求。与此同时，桥下的不锈钢钢绞线网及聚合物砂浆施工亦同步进行。

2. 施工工艺

各种材料的主要施工步骤及要求如下：

(1)高强无收缩灌浆料

①施工前24小时将混凝土表面充分湿润。

②对混凝土表面进行清理、凿毛，剪力钉、整体化层钢筋施工完成后，去除浮浆、浮灰等异物。

③开始灌浆料的配制，包括拌和、搅拌，拌和水采用饮用水，用水量严格按包装袋要求，机械搅拌时间为2～3min，人工搅拌小于5min。

④搅拌地点要靠近施工现场，且拌制好的成品要在15min之内用完。

⑤不得在灌浆料内加入任何外加剂，用完后应及时将机具冲洗干净。

(2)剪力钉及配套产品

①将现况10cm桥面铺装拆除，将主梁表面清理干净后，应探测钢筋位置，避开钢筋后方可钻孔。

②钻孔孔径分别为16cm及22cm，深度为12cm、16cm，并用清孔专用刷及气泵进行清孔、除尘。

③将植筋胶进行预注(前3次打出的胶不用)，确定无问题后再用专用设备进行注射。

④注射完成后应立即将剪力钉按要求的位置、深度植入。

⑤植入后15min内，剪力钉不得受力，15min后方可浇筑整体化层混凝土。

(3)不锈钢钢绞线网及聚合物砂浆

①对混凝土表面进行清理，去除破碎脱落的混凝土以及其他杂质异物。

②用高压水对混凝土表面进行洗涤，除去混凝土表面粉尘。

③按图纸适当间距布置销钉，用以固定高强不锈钢绞线。

④裸露钢筋涂刷阻锈剂，用卡环固定钢绞线端部，在混凝土表面喷涂界面剂。

⑤进行2cm厚渗透性聚合砂浆施工，并喷涂表面养护剂作为加固后的表面处理。

六、加 固 效 果

为检验桥梁的加固效果，桥梁加固前和加固后分别对该桥进行了荷载试验，两次荷载试验的加载工况、测点布置完全相同。

1. 加载工况及测点布置

分别选取桥梁两个中跨进行静力荷载试验。在跨中位置布置荷载车辆，测试跨中最大挠度。加载立面图见图 3。横向分别为每个车道的单车道加载及满车道加载，单车道加载为每车道布置 1 辆车，荷载等级为 270kN，以汽—20 为控制荷载。满车道加载为单跨横向 3 车道满布 3 车辆及两跨 3 车道满布 6 车辆，加载平面图见图 4。全桥共 6 种荷载工况。

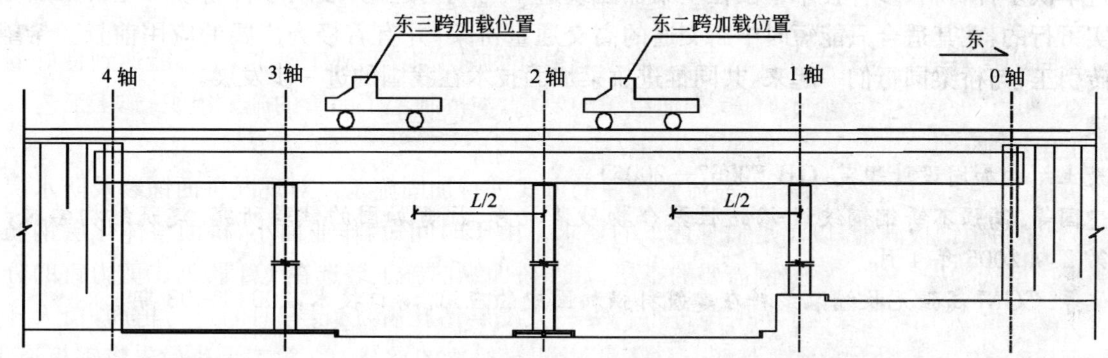

图 3 加载车立面布置示意

挠度测点布置在东二跨、东三跨跨中沿桥宽方向，从南向北 4 片 T 梁各布 1 个测点，共 4 个测点，全桥共 8 个测点。测点布置见图 5。

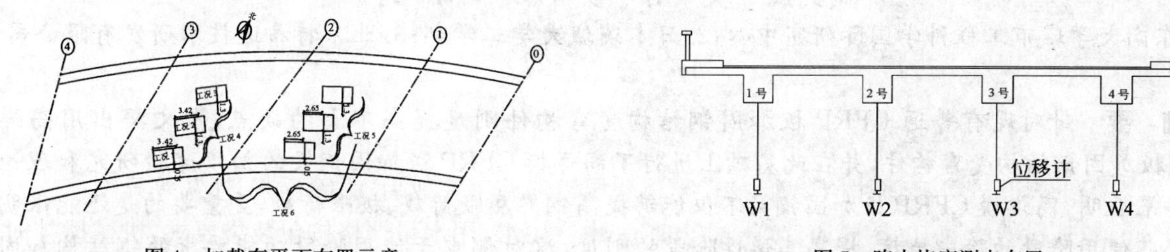

图 4 加载车平面布置示意　　图 5 跨中挠度测点布置

2. 加载结果分析

由于加载位置及加载重量、加载工况、测点位置等完全一致，因而可以通过对比分析来发现桥梁的承载能力提高程度。此桥经加固改造后，桥梁的整体刚度及承载能力有了明显的提高。将桥梁加固前后各工况下的主梁最大挠度值进行对比，见表 6 及图 6。

桥梁加固前后实测最大挠度对比表（单位：mm）　　表 6

位置		工况	加固前	加固后	比值（%）
东三跨	南 1 号梁	工况 1	4.46	2.75	61.7
	南 2 号梁	工况 2	3.79	2.33	61.5
	南 3 号梁	工况 3	4.19	2.73	65.2
	南 2 号梁	工况 4	7.24	4.75	65.6
	南 2 号梁	工况 6	5.30	3.90	73.6
东二跨	南 2 号梁	工况 5	8.02	6.01	74.9
	南 2 号梁	工况 6	5.64	3.74	66.3

从表6、图6可以看出，桥梁的挠度值有了非常明显的减小，主梁刚度平均提高约30%。桥梁承载能力有明显提高，并有一定的安全储备，加固达到了预期效果。

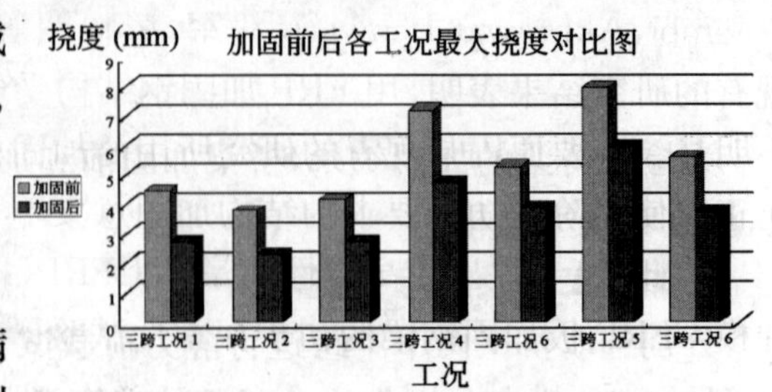

图6　加固前后最大挠度对比图

七、结　语

本工程采用多种新材料和新技术对桥梁进行了加固，满足了白天放行交通的要求，使整个加固过程对交通影响降到最小。通过加固前后的对比荷载试验对比，桥梁完全达到了加固的预期效果及设计要求。目前该桥安全运行2年，桥梁状况良好。

通过本次多种材料、多种技术手段在主梁加固改造中的成功运用，表明多种新技术在桥梁加固工程中是切实可行的，尤其适合只能短时中断交通的高交通量桥梁，并有着极为广阔的应用前景。希望本文能够抛砖引玉，与桥梁同行们一起来，共同推进桥梁加固技术在我国的进一步发展。

参考文献

[1] 混凝土结构加固设计规范(GB 50367—2006)

[2] 聂建国等.高强不锈钢钢绞线-渗透性聚合物砂浆抗弯、抗剪加固的试验研究.建筑结构学报，第26卷第2期2005年4月

[3] 张健等.CGM高强无收缩灌浆料在建筑补强加固中的应用.港口技术，2004年03期

185.高弹模CFRP板加固钢梁的试验研究*

冯武强[1]　吴　刚[1]　吴智深[1,2]　田　野[3]

(1.东南大学城市工程科学国际研究中心；2.日本茨城大学工学部；3.北京特希达技术研发有限公司)

摘　要　针对现有普通CFRP板加固钢结构受弯构件刚度提高不大的缺点，本文提出用高弹模CFRP板加固钢结构受弯构件，并在此基础上进行了高弹模CFRP板加固钢梁的初步试验研究和理论分析。结果表明，高弹模CFRP板加固钢梁不仅能够提高钢梁屈服荷载、极限荷载，更重要的是还能很明显地减小其使用阶段的跨中挠度，提高其弹性阶段的刚度，这对侧重于使用阶段功能要求的钢结构加固意义更为重大。

关键词　高弹模　CFRP板　钢梁

一、引　言

在役钢结构，如钢结构桥梁、钢结构建筑物、钢塔等在设计、制造、施工过程中可能产生各种缺陷，在使用过程中因超载、锈蚀、疲劳等可能产生各种损伤。当损伤累积到一定程度时，就会导致结构失效，从而影响结构的安全。传统的钢结构加固方法是将钢板焊接、螺栓连接、铆接或者粘接到原结构的损伤部位。这些方法虽在一定程度上改善了原结构缺陷部位受力状况，但同时又给结构带来一些新的问题如产生新的损伤和焊接残余应力，增加了结构重量等[1]。

近年来，FRP以其高强、轻质、耐腐蚀等优点在混凝土结构加固修复和补强中得到很大的发展。加固钢结构才刚刚起步。目前，国内外对FRP加固钢结构的研究主要集中在受弯构件上。Sen，Saadatmanesh，M. Tavakkolizadeh等学者[2]~[3]对CFRP加固钢—混凝土组合梁进行了试验研究。Pierluigi

*资助项目：江苏省土木工程与防灾减灾重点实验室资助。

Colombi，Akhrawat Lenwari，邓军，彭福明等人[4]~[7]对 CFRP 加固钢梁进行了试验研究和理论分析。现有的研究结果表明，用 FRP 加固钢结构受弯构件能够有效提高其屈服强度和极限承载力，但刚度提高不明显。主要原因是现有的研究所用的加固材料是传统的(相对于钢)低弹模的 CFRP 片材。这对侧重于正常使用阶段功能要求的结构加固意义不大，同时也不能更好地改善结构的抗疲劳性能。

为此，笔者提出用高弹性模量的 CFRP(HM CFRP)板加固钢结构受弯构件，并在此基础上进行了高弹模 CFRP 板加固钢梁的初步探索性试验研究和理论分析。

二、试 验 研 究

1. 材料介绍

高弹模 CFRP 板采用日本三菱化学株式会社生产的 E-Plate HM520，该板表面有一层保护布，试验时要将其撕掉才能露出比较粗糙的表面，如图 1 所示。厂家给的性能指标见表 1。

钢为国内常用的 Q235 钢，通过材性试验得到钢材的性能指标如表 2 所示。结构胶采用瑞士 Sika 公司生产的双组分环氧树 脂 Sikadur-30 Normal，是由白色的主剂 A 和灰色的固化剂 B 两部分组成。试验时 A，B 两组分以 3：1 的质量比例混合。

2. 试件制备

所用钢梁为 1.5m 长的工字形钢(非标准)，I140×76×6.5×5.3。加载时，为防止集中荷载处翼缘板屈曲，在试件腹板的两侧相应位置各焊接一块钢加劲肋。为防止试验过程中受压翼缘先屈服，事先在受压翼缘上焊接一块宽度为 120mm，厚度为 12mm 的钢板以加强上翼缘。总共做了 2 个试件：一个没有 CFRP 板加固的试件(作为对比试件)，一个用高弹模 CFRP 板在钢梁底部粘贴加固，见表 3 及图 2。对于试件 S-HM，为了确保钢梁与 CFRP 板之间结构胶的厚度为 1mm，直径为 1mm、长度为 100mm 的钢丝沿着粘贴面纵向以一定的间距布置，结构胶固化后把钢丝露出的端头切掉。

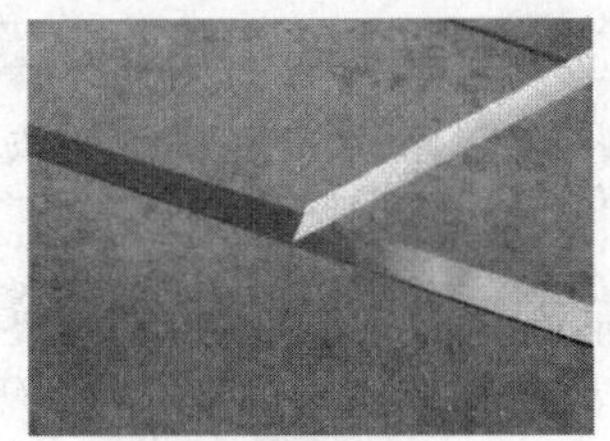

图 1 E-Plate HM520

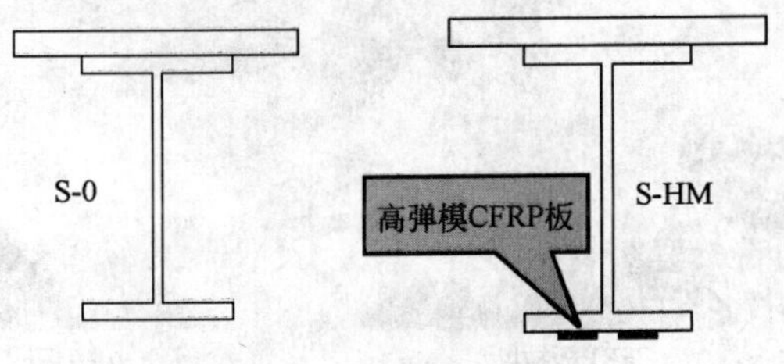

图 2 两试件的横截面

高弹模 CFRP 板性能指标 表 1

弹性模量(GPa)	抗拉强度(MPa)	厚度(mm)	宽度(mm)
450	1 200	2.0	50，16.7

钢材的性能指标 表 2

弹性模量(GPa)	屈服强度(MPa)	屈服应变($\mu\varepsilon$)	极限强度(MPa)
199	330	1 420	441

试 验 方 案 表 3

试 件 编 号	加 固 方 法	说 明
S-0	未加固(对比试件)	$\rho=0$
S-HM	用高弹模 CFRP 板粘贴加固	贴一层 CFRP 板(两条板带)，$\rho=4.3\%$ 每条板带尺寸为：1 000mm×16.7mm×2mm(厚)

注：ρ 为 CFRP 板的截面百分含量(即 ρ=CFRP 板的截面积/工字梁的截面积)

3. 试验加载方案及测点布置

本试验采用四点弯曲试验方法，由油压千斤顶分级加载，每级为 5kN。梁净跨为 1.4m，两加载点间隔 0.3m。梁的挠度由电测百分表 W1～W5 测量。其中，W1、W2 布置在梁的支座处；W3、W4 及 W5 布置在梁的受拉翼缘。为记录 CFRP 上的应变分布，在梁底两条 CFRP 板带中心位置上布置应变片 Y1～Y12。钢上的应变片为 Y13～Y17，其中，Y13 和 Y14 布置在工字梁下翼缘纯弯段，Y15(a，b) 及 Y16(a，b)分别布置在下翼缘顶部和上翼缘底部腹板两侧，Y17 布置在焊接钢板的中心。电测百分表及应变片的具体布置位置如图 3 所示。它们的数值均可由便携式数据采集仪 TDS-303 测出。

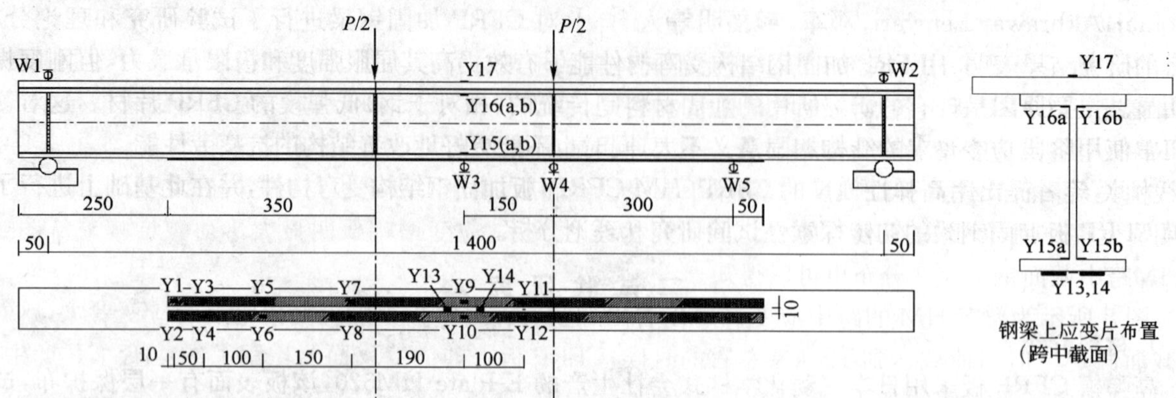

图3　S-HM的百分表及应变片布置(尺寸单位:mm)

4. 试验结果及分析

1)破坏特征及荷载—挠度关系曲线

对于S-0,荷载加载到80.3kN时开始屈服,此后一直加载直到荷载不能再增加为止,测得其极限荷载为135.8kN,此时梁挠度过大。对于S-HM,当荷载加到100 kN左右的时候,听到轻微的胶响的声音,可以断定是胶的滑移。此时下翼缘开始屈服,试验得知屈服荷载是106.4 kN。下翼缘屈服后高弹模CFRP板将开始承担更大的荷载,当荷载达到184.5kN时,一声巨响,CFRP板从跨中附近拉断,如图4a)。同时,结构胶以一定的间隔开裂,如图4b)。板拉断后,荷载立即由184.5 kN掉到127.4kN,继续加载,随后的曲线走势与裸梁保持一致,如图5所示。相对于S-0,S-HM的屈服荷载提高了32.5%,极限强度提高了35.9%。

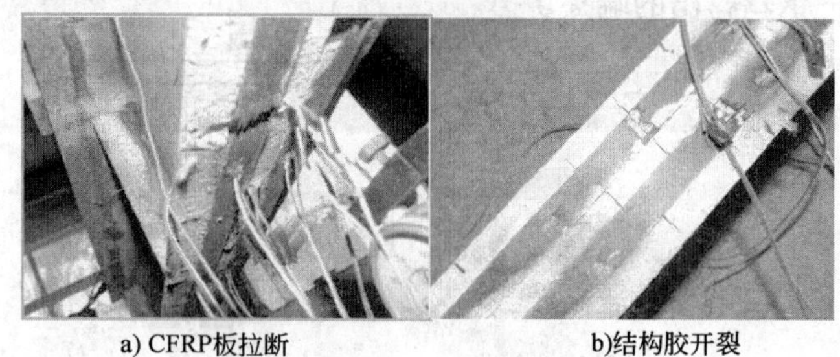

a) CFRP板拉断　　b)结构胶开裂

图4　梁S-HM破坏情况

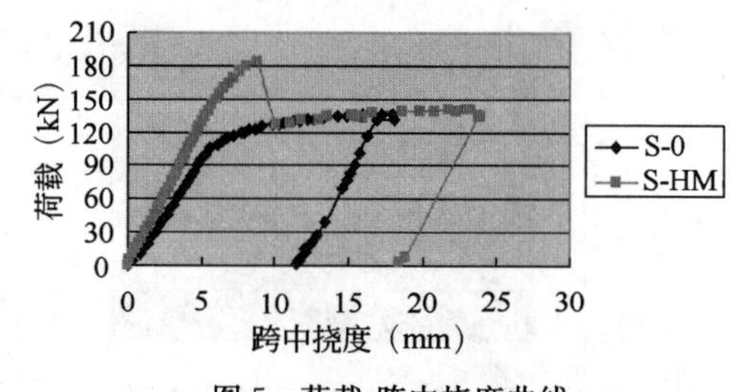

图5　荷载-跨中挠度曲线

2)截面刚度

由图5的荷载—跨中挠度曲线知,在初始弹性阶段,S-HM相对于S-0刚度已经有了明显的提高。表4列出了不同跨中挠度下对应的荷载值,可以看出,在正常使用阶段,相同跨中挠度下用高弹模CFRP板加固的梁S-HM较未加固梁S-0承载力提高了38%以上,非常明显。主要原因是:

(1)梁S-HM底部粘贴2mm厚的CFRP板,相当于加大了梁截面的高度,从而提高其惯性矩I;

(2)高弹模CFRP板本身的弹模将近达到钢的2.3倍,其与钢复合后所形成的"HM CFRP-钢"复合材料,弹模E明显提高;

(1)、(2)两点可以保证加固梁S-HM的抗弯刚度EI会有一个很大的提高。

不同跨中挠度下的荷载值　　表4

荷载 / 试件	$P_{l/600}$ (kN)	$P_{l/550}$ (kN)	$P_{l/500}$ (kN)	$P_{l/450}$ (kN)	$P_{l/400}$ (kN)	$P_{l/350}$ (kN)	$P_{l/300}$ (kN)	$P_{l/250}$ (kN)
S-0	37.2	38.7	49.0	55.5	64.1	75.1	88.3	105.2
S-HM	58.6	63.7	70.4	78.4	86.5	103.7	120.6	143.1
提高	57.5%	64.5%	43.7%	41.3%	38.0%	38.1%	37%	31.0%

注:$P_{l/600}$、$P_{l/550}$…$P_{l/200}$表示跨中挠度为$l/600$、$l/550$……$l/250$时的荷载值,其中l为梁支座中心线之间距离。

3)应变

图 6 所示为梁 S-HM 底部 CFRP 板上不同位置的应变。可以看出,荷载小于 90kN 时,在相同荷载增量情况下,CFRP 板上各点应变增量也基本相同,而当荷载大于 120kN 时,在相同荷载增量情况下,CFRP 板上各点应变增量变化却很显著。主要原因是荷载小于 90kN 时,试件还未屈服,荷载与应变之间为线性关系。而荷载大于 120kN 时,钢梁下翼缘已经屈服,由于 CFRP 板与钢之间的复合作用,CFRP 开始明显发挥作用,但此时荷载与应变之间不再为线性关系,应变增幅要明显大于荷载增幅。从图 7 的 S-HM跨中截面钢上应变分布也可以得知。

图 8 所示为梁 S-HM 的跨中应变。可以看出,起初,CFRP 板上的应变比钢上的应变要大,这符合平截面假定。但当荷载达到 120kN 左右的时候,CFRP 板上的应变反而要比钢上的应变小。产生“应变滞后”现象。可以解释如下:胶层在应力传递过程中,整体变形分为两部分:一部分是滑移,一部分是应变。本试验当加载到 100kN 左右的时候,听到轻微的胶响的声音,胶层发生了微小滑移。由于滑移作功耗费了部分能量,由应变作的功比传递的功小,这就造成了 CFRP 板上的实际应变变小的现象(图 9)。

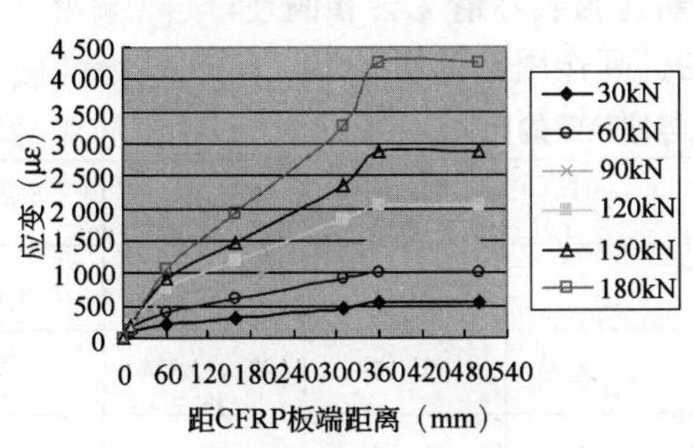

图 6 CFRP 板上不同位置的应变

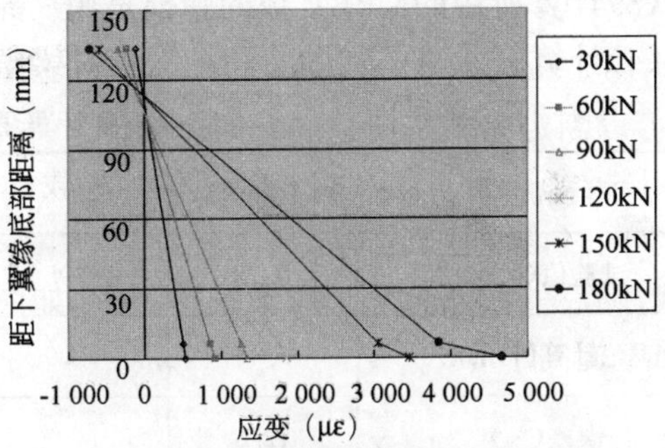

图 7 S-HM 跨中截面钢上应变分布

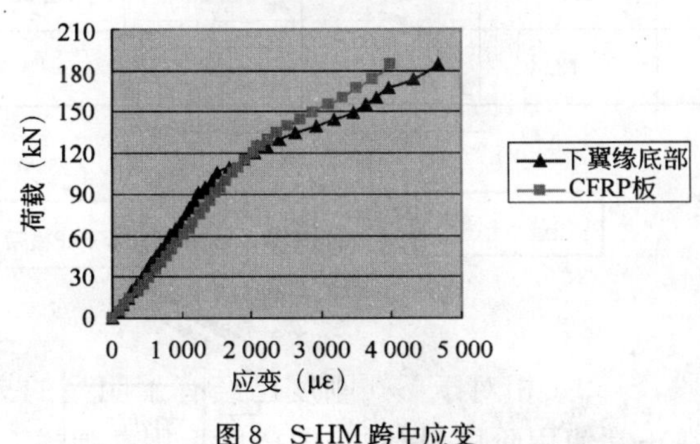

图 8 S-HM 跨中应变

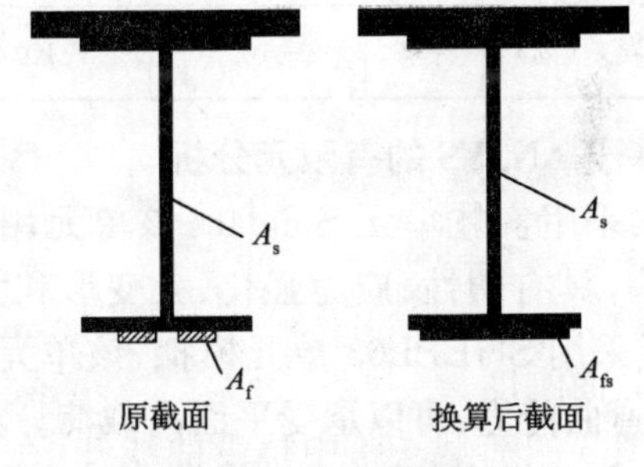

图 9 截面换算

三、理论分析

1. 弹性理论分析方法计算梁 S-HM 的跨中挠度

S-HM 按弹性方法计算时要采用如下假定:

(1)符合平截面假定;

(2)钢材与 CFRP 板均为理想的弹性体;

(3)钢与 CFRP 板之间的胶层连接可靠,忽略两者之间的微小滑移;

(4)不考虑胶层对截面刚度的影响。

对梁的计算一般要利用材料力学公式,而材料力学是对均质连续弹性体进行研究的,因此,对于由钢、胶层、CFRP 板三种材料组合的 S-HM,计算挠度时首先要把它们换算成同一种材料的截面。由于胶层的刚度很小,计算时可以忽略,只考虑钢和 CFRP 板的组合作用。

现把 CFRP 板的截面换算成假想的钢材截面，如图 9 所示。换算的原则：

(1)截面总力不变，即 $A_f\sigma_f = A_{fs}\sigma_s$；

(2)截面应变相同，即 $\sigma_f/E_f = \sigma_{fs}/E_s$。

其中，A_f，A_{fs}——梁底粘贴的 CFRP 板截面积及 CFRP 板换算成钢的换算截面积；

σ_f，σ_{fs}——CFRP 板截面应力和换算截面的应力；

E_f、E_s——分别为 CFRP 板和钢材的弹性模量。

由(1)、(2)得 $A_fE_f = A_{fs}E_s$ 所以，CFRP 换算截面面积 $A_{fs} = A_fE_f/E_s$，进而可得出换算后总截面的几何特性。用结构力学的方法可以算出，弹性阶段荷载与挠度之间的关系：$w = 4.43 \times 10^{-2} P$ w 为跨中挠度，单位是 mm，P 为荷载，单位是 kN。将记录的荷载代入上式，求得理论挠度，如表 5 所示。

从表 5 数据可以看出，理论计算值比试验值要大，但总体吻合较好，误差在 13%左右。产生误差的主要原因有：

(1)试验本身存在误差；

(2)钢梁的截面尺寸测量时会产生误差；

(3)计算所用的 CFRP 板的弹模是用厂家提供的参考值，这与实际情况会有偏差；

(4)计算时忽略了加劲肋和结构胶对梁整体抗弯刚度的提高作用。

跨中挠度计算值、有限元分析值与试验值的比较 表 5

实际荷载(kN)	10	24.6	39.8	55	80.1	94.7	109.8
试验值(mm)	0.39	0.95	1.56	2.19	3.18	3.74	4.25
理论计算值(mm)	0.44	1.09	1.76	2.44	3.55	4.20	4.86
误差(%)	12.8	14.7	13.0	11.3	11.6	12.2	14.5
有限元分析值	0.35	0.85	1.37	1.90	2.76	3.28	3.80
误差(%)	−10.3	−10.4	−12.3	−13.4	−13.2	−12.4	−10.7

2. 基于 ANSYS 的有限元分析

钢梁采用实体单元 Solid45，该单元用于构造三维实体结构，具有塑性、应力强化、大变形和大应变能力。CFRP 板采用 SHELL63 单元模拟，该单元是三维壳单元，具有弯曲能力，可以承受平面内载荷。本分析中，为了简化有限元模型，没有考虑粘结胶层的作用。有限元模型(部分)如图 10 所示。

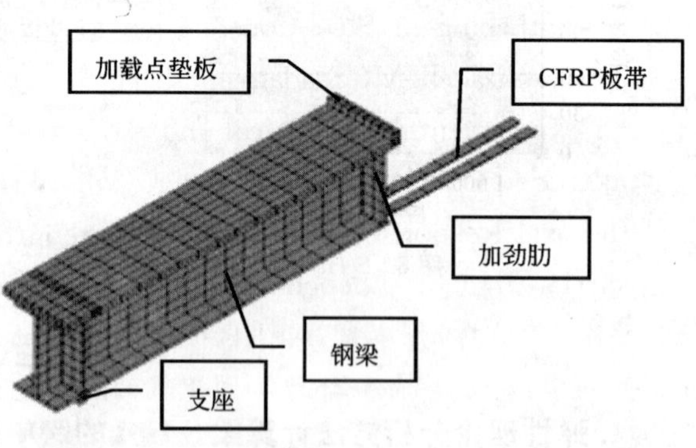

图 10 梁 S-HM 的有限元模型

有限元分析得出，加固梁 S-HM 比裸梁刚度提高了 24.3%，在 CFRP 板截面百分含量只有 4.3%的情况下，加固效果还是比较明显的。为了与试验值进行比较，有限元加载时，赋予了和试验相同的一组荷载，由此得到的跨中挠度见表 5，可以看出，有限元值比试验值小 12%左右。主要原因是，在进行有限元建模时，梁端部的约束是理想的简支梁约束，而本试验没有达到这一点，只是约束了 Y 方向(梁截面高度方向)的位移。实际试验端部约束较弱导致有限元计算中的梁整体刚度比试验中的刚度要大，因此在同样荷载作用下的挠度要小。此外，有限元分析的裸梁 S-0 屈服荷载为 85.3kN，极限荷载为 156kN。加固梁 S-HM 的屈服荷载为 110.6 kN，相对于裸梁提高了 29.7%，极限荷载为 189kN，相对于裸梁提高了 21.2%。两个梁的屈服荷载和极限荷载比试验值都要大，原因同上。

四、结论与思考

(1)理论分析和试验研究得出,高弹模CFRP板加固钢梁不仅能够较大幅度提高钢梁屈服荷载、极限荷载,更重要的是还能很明显地减小其使用阶段的跨中挠度,提高其弹性阶段的刚度,这对侧重于使用阶段功能要求的钢结构加固意义更为重大。从破坏模式上看,高弹模CFRP板是从跨中断裂,材料得到充分的利用,属于理想的破坏模式。

(2)高弹模CFRP板的弹性模量大约是普通CFRP板的3倍。因此,对于钢结构受弯构件,在加固截面百分含量相同的情况,用高弹模CFRP板比普通CFRP板加固能够获得更大的刚度提高。若采用等刚度(EA相同)的原则加固,二者尽管可以获得相同的刚度提高,但普通CFRP板的层数将会增加(在宽度一定的情况下),这不仅多增加了几道施工工序,而且层数多了会使板端应力集中增加,容易发生剥离破坏,材料性能不能得到充分发挥。

(3)总的来讲,高弹模CFRP板一般强度相对要低,而普通CFRP板的强度相对要高些。因此在确定加固方案时应根据不同的加固目的选择合适的CFRP板,如为了提高在使用荷载下的刚度和改善结构的抗疲劳性能,应选用高弹模的CFRP板;需要提高构件的极限承载力和塑性阶段的刚度,可选用普通CFRP板。

(4)CFRP材料具有导电性,其与钢界面易发生电化学腐蚀。因此,在实际工程中,加固钢结构时可以考虑采用混杂。比如,在CFRP板与钢之间贴一层剥离纤维板或在两者之间增加一层绝缘的、价格便宜且力学性能优异的玄武岩纤维布等。

(5)本文所述静载试验为课题组完成的初步试验,试件数量尚少。为了进一步研究这种高弹模CFRP板加固钢结构的性能,笔者正在进行下一批的静载试验(其中包括与普通CFRP板加固钢梁的比较试验)以及高弹模CFRP板加固钢梁的疲劳性能试验。

参考文献

[1] 郑 云,叶列平,岳清瑞. FRP加固钢结构的研究进展. 工业建筑,2005,35(8)

[2] Strengthening Steel Bridge SectionUsing CFRP Laminates. Rajan Sen ,Larry Liby ,Gray Mulins. Composite: Part B,2001,32: 309-322

[3] Strengthening of Steel-Concrete Composite Girders Using Carbon Fiber Reinforced Polymers Sheets. Tavakkolizadeh M, Saadatmanesh H. Journal of Structural Engineering, 2003 ,129 (1) :30～40

[4] An experimental, analytical and numerical study of the static behavior of steel beams reinforced by pultruded CFRP strips. Pierluigi Colombi, Carlo Poggi. Composites: Part B, 2006, 37 : 64-73

[5] Flexural Response of Steel Beams Strengthened with Partial-Length CFRP Plates. Akhrawat Lenwari1; Thaksin Thepchatri. Journal of Composites for Construction. 2005,JULY/AUGUST

[6] 邓军,黄培彦,张术宽. CFRP板加固钢梁的试验研究. 工业建筑,2006年增刊.

[7] 彭福明,郝际平等. CFRP加固钢梁的有限元分析. 西安建筑科技大学学报(自然科学版),2006,38(1)

186. 昆明皎平渡大桥换索工程施工控制

孙全胜 杨建喜 于海营
(东北林业大学)

摘 要 近几十年来,斜拉桥在我国得到了迅速的发展。斜拉桥以其跨越能力大、经济、美观等优点在大跨径桥梁独占鳌头。然而作为斜拉桥生命线的斜拉索,总要因钢丝腐蚀、车辆荷载、温度、环境因素等原因而面临更换拉索，再加上拉索疲劳、锚具松脱导致的斜拉索功能退化、混凝土的收缩徐变、支座沉降变位、以及施工、养护等诸多原因，严重影响了斜拉桥使用的耐久性，使得许多斜拉桥已经或面临换索的问题。本文通过昆明皎平渡大桥的换索施工实践，介绍了混凝土斜拉桥换索工程的施工控制。斜拉桥是高次超静定结构，其施工方法和安装程序与成桥后的主梁线形和结构内力有密切关系，同样换索过程也会引起主梁内力和标高的变化，使得混凝土斜拉桥在换索施工过程中受力比较复杂。皎平渡大桥主要在换索过程中主要从斜拉索索力、主梁标高 、索塔偏位、梁和塔的应力以及温度等方面进行施工控制，从而有效地保证了换索工程的施工质量。而且桥梁在换索后全桥的受力状态基本保持原有(换索前)状态，对结构受力状态基本没有影响，大桥受力状态在换索前后基本没有变化，结构可以安全使用。

关键词 皎平渡大桥换索工程 施工控制

一、工程概况

金沙江皎平渡大桥位于云南省禄劝县和四川省会理县交界的金沙江上，于1989年2月24日正式开工，1991年5月2日全桥竣工，施工期历时两年。该桥设计荷载：汽—15级，挂—80；桥面净宽：净-7＋2×0.75m人行道。上部构造为三跨双塔连续梁对称布置，跨径组合为70m＋144m＋70m、全桥长299.4m。采用塔墩固结，梁在两主墩顶与墩分离，两墩上设有8个盆式组合橡胶支座，两桥台上设有8个链杆支座。

桥塔为门式框架结构，塔高40.5m，桥面以上38.4m，桥墩高30.5m，墩塔全高71m。两列拉索排列在横向行车道之外两个竖直面内，在顺桥向为扇形布置，每塔柱有7对斜拉索(同一塔柱上同一锚固区内的边跨及中跨两组斜拉索合称一对，由塔顶第一对斜拉索往下的5对斜拉索均由两股斜拉索形成一组，边跨同一组的两股索左右排列，中跨同一组的两股索上下排列，以利于同一对斜拉索的4股索在塔上同一锚固区内交叉锚固，最下列的两对索均为单股索)，全桥共96根斜拉索，加劲梁上拉索间距为9.5m。

主梁采用分离式箱形主梁加π形行车道板组合结构，两侧为C50钢筋混凝土矩形箱梁，两矩形箱梁中间铺C30钢筋混凝土π形行车道板。两箱梁之间按纵向每隔3.65m及6.35m设一道C30钢筋混凝土倒T形横系梁。箱梁除在墩顶处有一段7m的现浇段外，其余全部分节预制拼装。

斜拉索两端的锚具采用环氧树脂钢球冷铸锚，拉索防护采用当时国内桥梁工程界新推出的聚乙烯(PE)热挤索套防护工艺，由于受建造时技术条件的限制，钢丝拉索采用外套PE管。近年来，其斜拉索的保护层已出现老化现象，钢索、锚具也有不同程度的损坏和锈蚀，根据《公路桥涵施工技术规范》(JTJ 041—2000)和《昆明市禄劝县皎平渡大桥的加固工程施工图设计》的要求，为保证大桥的质量和安全，皎平渡斜拉桥须进行换索加固。

皎平渡大桥于2008年4月30日开始换索施工，7月8日换索工程结束。

二、索力控制

1.索力测试方法

皎平渡斜拉桥拉索索力测试采用频率法。频率法是利用精密拾振器，拾取拉索在环境振动激励下的振动信号，经过滤波、放大和频谱分析，再根据频谱图来确定拉索的自振频率，然后根据自振频率与索力的关系确定索力。用频率法测定索力，设备可重复使用。现有的仪器及分析手段，测定频率精度可达到0.005Hz。

频率法测试原理：钢索的拉力 T 与其基频 F 有如下关系：

$$T = KF^2 \tag{1}$$

$$K = 4WL^2/1\,000 \tag{2}$$

$$F = F_n/n \tag{3}$$

式中：F——钢索基频(Hz)；

T——钢索拉力(kN)；

W——钢索单位长质量(kg/m)；

L——钢索两嵌固点之间的长度(m)；

F_n——主振动频率(Hz)；

n——主振频率的阶次。

对索力的测试以及索力的通测和张拉索索力的单根测量相结合。在斜拉索张拉后对其进行索力测量主要是希望能及时发现并纠正由于施工中读数误差及斜拉索因锚固而引起的索力误差。对斜拉索索力的通测主要是为及时分析各阶段施工后的索力误差，以评价索力和主梁的内力状态，研究和制定消除误差的对策。对索力的通测根据实际施工中出现的情况在较为关键的施工阶段中进行。在每次斜拉索张拉完成后应对相邻局部5对左右的斜拉索进行索力局部测量。

2. 换索施工工程中斜拉索的索力对比分析

换索工程于2008年4月30日下午开始动工换索，按照设计要求，考虑到全桥的安全，依次按照从长索到短索的换索顺序进行。同时考虑到温度对索力的影响，遵循下午卸索，上午张拉新索的施工顺序。由于皎平渡大桥换索工程包括72个施工工况，所以只取1-2个换索工况进行对比分析，下面以工况5拆除Y14-4号、Y13-4号索和工况6安装Y14-4号、Y13-4号索为例分析施工过程中的索力变化情况，索力对比如图1～图4所示。

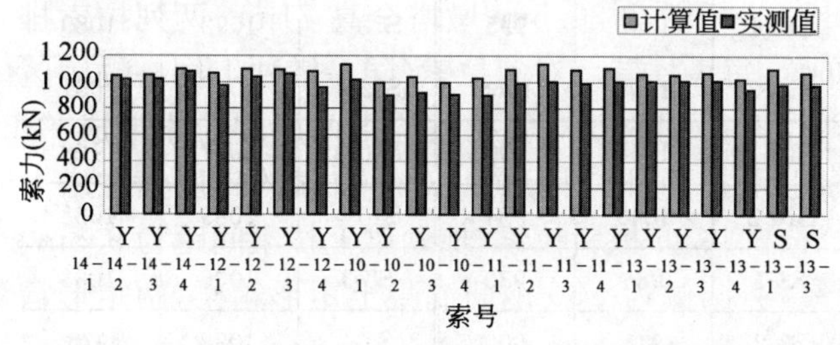

图1 卸Y14-4，Y13-4号索前计算值与实测值对比

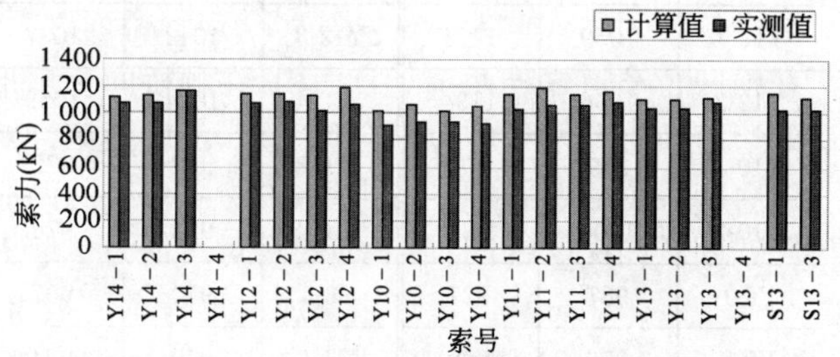

图2 卸Y14-4，Y13-4号索后计算值与实测值对比表

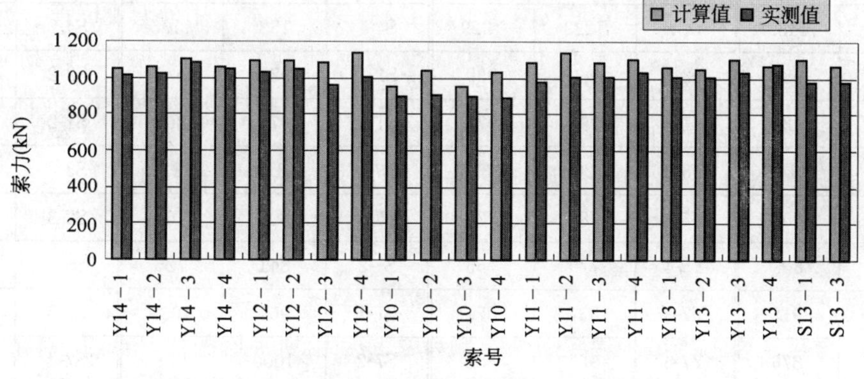

图3 张Y14-4，Y13-4号索后计算值与实测值对比

从图1～图3可以看到，在施工过程中，索力均满足设计要求。而且由图4可得，在安装新索后，新索索力比卸索前旧索索力要大，而周围旧索索力基本与卸索前索力保持一致，这也符合换索基本保持原来桥型受力状态和适当调整主梁线型的要求，所以换索施工过程比较合理。

3. 全桥换索前后索力对比分析

在全桥96根索换索完毕后，对全桥斜拉索的索力进行了测试，将换索前后索力进行对比，见表1。

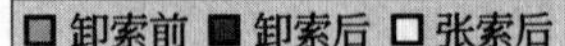

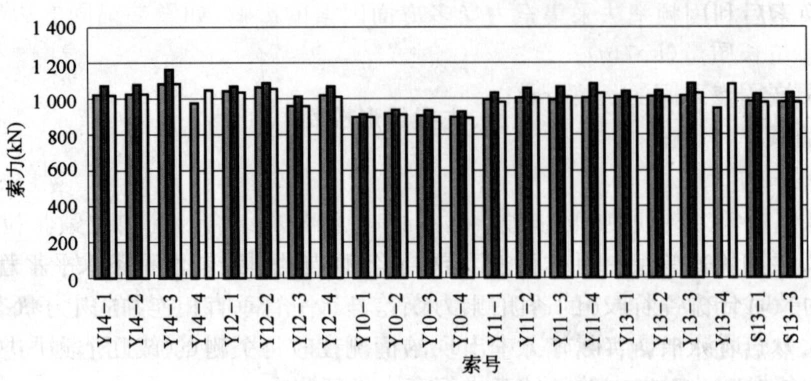

图 4　拆装 Y14-4,Y13-4 号索实测值对比

换索前后索力对比表　　　　表 1

索号	换索前索力(kN)	换索后索力(kN)	索号	换索前索力(kN)	换索后索力(kN)	索号	换索前索力(kN)	换索后索力(kN)	索号	换索前索力(kN)	换索后索力(kN)
Y14-1	1045	998	Y14-3	1083	1053	S14-1	1099	1010	S14-3	1097	1061
Y14-2	1045	1053	Y14-4	1038	1019	S14-2	1054	1052	S14-4	1006	960
Y12-1	1059	1131	Y12-3	1042	1037	S12-1	1045	995	S12-3	1092	1089
Y12-2	1056	1134	Y12-4	1094	1059	S12-2	1099	1066	S12-4	1097	1051
Y10-1	969	901	Y10-3	988	972	S10-1	1054	990	S10-3	1097	1108
Y10-2	1000	985	Y10-4	992	974	S10-2	1049	934	S10-4	1083	1038
Y8-1	987	927	Y8-3	970	907	S8-1	986	930	S8-3	1006	1033
Y8-2	956	909	Y8-4	999	924	S8-2	941	900	S8-4	1038	975
Y6-1	894	811	Y6-3	833	816	S6-1	851	800	S6-3	870	785
Y6-2	787	786	Y6-4	833	808	S6-2	824	791	S6-4	833	846
Y4-1	1245	1189	Y4-2	1222	1229	S4-1	153	1135	S4-2	1205	1146
Y2-1	996	985	Y2-2	960	939	S2-1	986	979	S2-2	983	969
Y1-1	951	922	Y1-2	995	977	S1-1	975	867	S1-2	978	972
Y3-1	1200	1186	Y3-2	1203	1210	S3-1	1168	1121	S3-2	1189	1204
Y5-1	794	800	Y5-3	788	770	S5-1	802	764	S5-3	808	772
Y5-2	794	803	Y5-4	779	766	S5-2	841	726	S5-4	861	804
Y7-1	942	912	Y7-3	927	871	S7-1	966	1039	S7-3	951	910
Y7-2	929	876	Y7-4	927	853	S7-2	1000	928	S7-4	965	885
Y9-1	018	959	Y9-3	1040	1017	S9-1	980	987	S9-3	1018	1001
Y9-2	1018	1030	Y9-4	986	980	S9-2	980	970	S9-4	996	965
Y11-1	1041	969	Y11-3	1040	1008	S11-1	1089	1060	S11-3	1018	995
Y11-2	1086	1093	Y11-4	1054	1008	S11-2	1056	1030	S11-4	1063	1044
Y13-1	1063	962	13-3	1040	991	S13-1	1070	1058	S13-3	1041	1031
Y13-2	1041	1015	Y13-4	995	992	S13-2	1053	1060	S13-4	1063	1016

由表 1 可以看出，换索前索力要比换索后索力要大一些，频率法实测索力与千斤顶实测索力有一定差异，主要是因为换索后利用频率法采集索力受多方面因素的影响，如索端锚固的边界情况和激振索时外部环境的影响。

三、主梁线形控制

1. 测试方法

1)连通管法

为了方便测试，采用连通管法。具体做法：沿桥面各测点的连线铺设一条水平水管，在挠度测点处用三通将一标有主刻度(或固定一标尺)的透明测量水管，与水平管垂直相连并固定于桥面附属设施上。另取某固定点为基点，然后在水管内注入清水至某一液面测读时每个测点(或几个测点)处有一至二人视测量管内的水位变化情况进行测读记录。

2)水准测量法

仪器基准法确定挠度：在固定点上安置水准仪，分别观测各测点的水准尺读数。设桥梁上某一测点在 i 及 j 两个工况下的读数分别为 c_i 及 c_j 则测点在 i 与 j 工况间的相对挠度为：

$$\delta_{ij} = c_j = c_i \tag{4}$$

仪器基准法是以仪器中心所在水平面为参考面，在整个试验过程中仪器始终不变。该方法可将每个点的挠度变化直接观测，速度快、精度高、计算方便(相对挠度就等于读数差)，能够及时比较观测结果。主要用于测点附近能够提供测站条件的(如双幅桥梁)、观测点数不多、范围不大的桥梁挠度变化的精密观测。由于无后视且仪器固定，所以此方法测量挠度变化精度最高，可以达到水准仪的读数精度。这时的误差主要是观测误差 、气泡居中误差、切准误差、读数误差、水准尺倾斜误差。它们与水准仪的读数误差与距离成正比，与望远镜放大倍率成反比，还与目标亮度、观测者熟练等因素有关，但与 i 角无关。

2. 高程测点布置以及全桥换索前后高程对比

测点布置在主梁上，在上下游索与梁顶交点处外侧布置，上下游均设置，皎平渡斜拉桥主梁高程测点位置布置和全桥换索前后高程对比如图 5～图 9 所示。

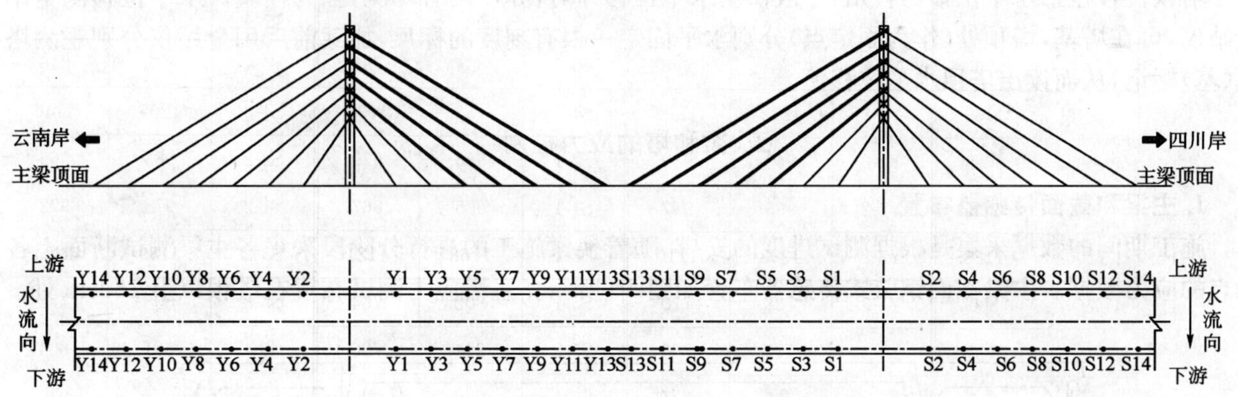

图 5 皎平渡斜拉桥主梁高程测点位置布置图

注：Y 代表云南侧测点，S 代表四川侧测点，编号同索号对应，边跨以斜拉索与桥面的交点位置为参考，将测点布置在对应的栏杆内侧，中跨单索处布置同边跨，距离较近的双索处则取两索交点中线上对应于栏杆处的点作为位移测点。

从图 8、图 9 可以看出，换索前后的高程变化变化不大，基本控制在毫米级，有效地保证了桥梁的线形。图 10 和图 11 对换索前后的挠度相对值进行了比较，Y14 测点比原桥高 1cm，是由于换索前云南侧桥台处主梁与支座脱空，换索后进行了垫钢板加固。Y1、Y3、S1 和 S3 测点比原桥下降 1mm，这对整个桥形影响不大。为了使桥梁达到良好的受力状态，其他测点比换索前桥梁线形均提高了 0～5mm，从而对桥梁的线形进行了适当调整。

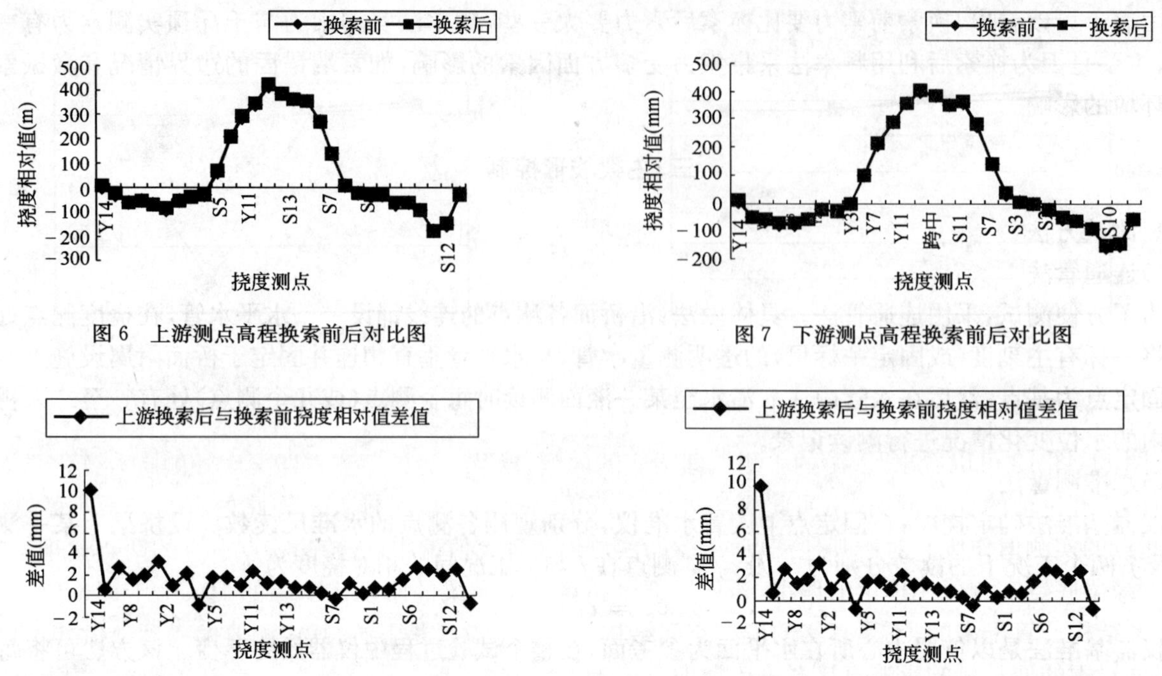

图6　上游测点高程换索前后对比图

图7　下游测点高程换索前后对比图

图8　上游高程换索后与换索前挠度相对值差值

图9　下游高程换索后与换索前挠度相对值差值

四、塔位偏移控制

1. 重锤法

换索过程中主塔偏位测试采用重锤法，在上下游塔顶处各布置一个测点，在桥面处挂一重铅锤，在下端做好记号，当塔顶发生纵桥向偏移时，记录重锤的偏移量即为塔的偏移量。

2. 全站仪测试法

塔顶位移包括水平位移与转角，一般仅测水平位移即可，亦可两者均测，互为校验。水平位移测定用全站仪，可在塔基，塔顶处(作为固定点)分别水平固定一根有刻度的标尺，加载前后用全站仪分别观测塔顶(基)标记，从而读出塔顶水平位移值。

五、梁和塔的应力控制

1. 主梁和截面传感器布置

施工期间的数据采集是根据测试进度的安排，随着换索施工的进行分阶段采集各主梁测试断面上各测点的应力数据。主梁截面钢弦式传感器布置如图10所示。主塔应力测试布置在塔根以上150cm处。

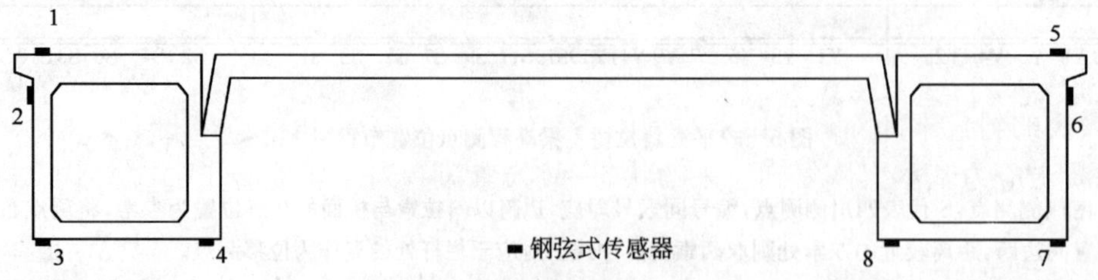

图10　主梁截面传感器布置图

2. 换索施工过程中的应变变化分析

施工阶段的应力测试工作是施工控制工作的一个重要组成部分，下面就换索施工过程中个别工况来分析在不同工况下主梁截面(跨中)的应变变化情况，如图11、图12所示。

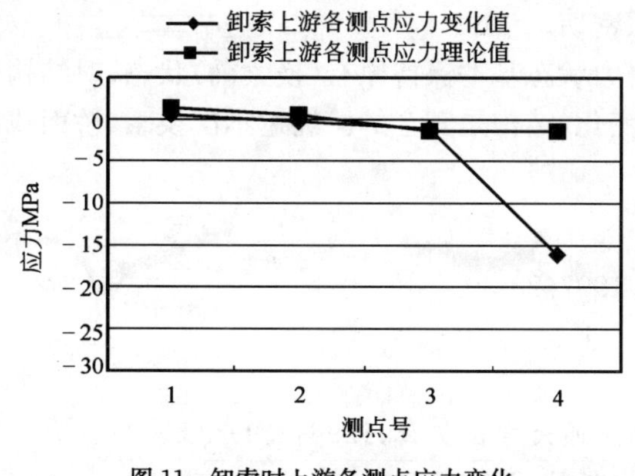

图 11 卸索时上游各测点应力变化

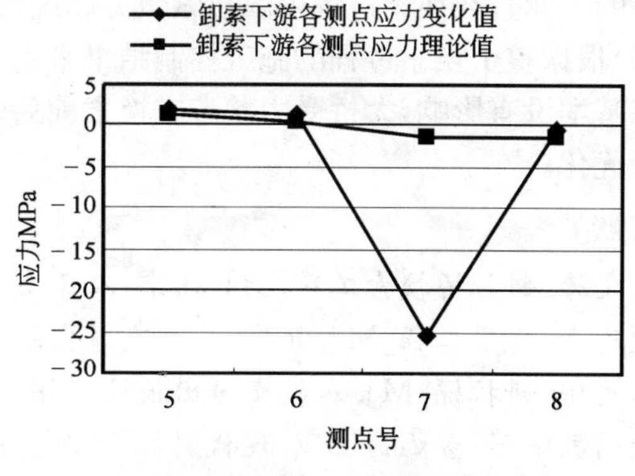

图 12 卸索时截面下游各测点应力变化

从图 11、图 12 可以看出，上游的 4 测点即梁底的内侧，以及下游的 7 测点即梁底外侧应力变化异常，大大超出了理论值的变化范围，说明此测点处存有严重的缺陷。后经排查发现此处有及其微小的微裂缝，则此点的实测值作废。对于其他三点，上游的实测值比理论值偏小，下游的三点上缘的两点比理论值偏大，下缘梁底点实测值比理论值偏小，若从局部分析说明上游梁的刚度比下缘的大。由于理论值是由平面杆系结构计算出来的，不是真实的模型空间结构。不论上游还是下游，其实测值偏离理论值并不大。同时温度对索的伸长量的影响直接对主梁挠度有影响，从而间接地对主梁地应力也有了影响，其影响的程度又会因不同的索组、不同的工况而不同。

六、温度的影响

温度对主梁高程和拉索索力的影响是很大的。斜拉桥是柔性结构，主梁刚度小，挠度变化明显，斜拉索的长度受温度影响很大，温度升高，拉索伸长，主梁高程下降，温度降低，拉索缩短，主梁高程增大。另外桥面与桥底的温度差对主梁高程强度也有一定的影响，因而在主梁线形控制中不能避免温度对索力与线形高程的影响，必须根据现场情况对索力与线形高程进行温度修正。

七、换索施工结束后施工控制结果

在全桥 96 根索全部更换完毕后，对全桥的斜拉索索力、桥面线形进行了测试和测量，分析换索前、后的索力测试比较结果后表明，新索的索力与换索前的索力接近，结构处于原有的(换索前)的受力状态。从换索施工过程中桥面挠度及换索施工结束后的桥面实测线形看，桥面高程大致回复到初始状态，不过在实际施工过程中，根据实际情况，也对一些测点的桥面高程适当提高 0～5mm，但对整体桥面高程影响不大，对结构受力状态基本没有影响。基于上述分析认为，大桥受力状态在换索前后基本没有变化，结构是安全的。

八、换索工程施工控制总结

(1)皎平渡大桥的斜拉索卸除一组拉索对周围各拉索的影响较小，由此产生的主梁内力增量也很小，每组索张拉后混凝土应力基本上恢复到原来的状态，故换索过程对主梁混凝土的应力状态影响较小，主梁是安全的。

(2)索力测试结果表明，旧索卸下时，相邻索的索力增量均较小，大多在 100kN 以内，且新索更换张拉后基本回复至原来索力。频率法实测索力与千斤顶实测索力差异较小，大多在±5%以内，这是由于拉索实际的边界条件与理想状态差异过大造成的。

(3)温度对斜拉桥标高和索力影响很大，但这又是不可避免的，所以在施工过程中必须对温度进行精确的测试，以便用它来修正换索过程中的索力和桥面高程。

(4)斜拉桥的索力与线型控制直接关系到斜拉桥主梁和塔柱的受力状况，所以索力和线形控制是至关重要的。而且在换索过程中斜拉索索力和线形高程关系密切。

(5)根据整个换索过程的施工控制结果来看,全桥的受力状态基本保持原有(换索前)状态,对结构受力状态基本没有影响,大桥受力状态在换索前后基本没有变化,结构是安全的。经过本次换索,桥面线形也有所优化。

参考文献

[1] 王文涛.斜拉桥换索工程[M].北京:人民交通出版社,1997:23-30.

[2] 姚玲森.桥梁工程[M].北京:人民交通出版社,1987:35-45.

[3] 林元培.斜拉桥[M].人民交通出版社,1995:24-37.

[4] 严国敏编著,劳远昌主审.现代斜拉桥[M].成都:西南交通大学出版社,1996:231-233.

[5] 向中富编著.桥梁施工控制技术[M].北京:人民交通出版社,2001:17-46.

[6] 周鹏,黄林根.柳州壶西大桥斜拉索更换工程施工控制与监测.城市道桥与防洪,2007年3月第3期:70-74

[7] 范立础编著.桥梁工程[M].北京:人民交通出版社,1996.113-127.

[8] 许俊,史家钧.济南黄河公路大桥主桥换索过程的索力监测.同济大学学报.1998:26-40.

[9] 林远义.浅谈斜拉桥主梁与索力线形控制.四川建筑.第27卷5期:187-189.

187.浙江兰溪黄溢大桥病害状况及加固维修

梁　冰　李海光　吕宁生

(浙江省金华市公路管理处)

摘　要　浙江省兰溪市黄溢大桥主桥为52m+3×80m+52m预应力混凝土连续箱梁,在桥梁使用中发现梁体出现大量裂缝,且病害还在不断发展,结构耐久性和承载力逐渐下降,已严重影响到行车安全。故采取腹板加厚和增设体外预应力及裂缝灌浆、粘贴钢板、粘贴碳纤维布等技术措施,对该桥进行维修加固。

关键词　连续箱梁　病害　维修加固

一、工程概况

黄溢大桥位于浙江省45省道,主桥结构形式为变截面连续箱梁,跨径布置为52m+3×80m+52m(图1)。横断面形式为单箱单室箱形截面,箱宽8m,两侧翼缘板悬出3.85m。支点箱梁高5m,中孔跨中及边孔墩附近梁高为2.4m。箱梁下缘按二次抛物线变化。箱梁底板和腹板厚度由中孔墩顶向两侧递减,中孔墩两侧底板和腹板厚度均为60cm,在中孔跨中和边孔墩顶附近,底板厚度为30cm,腹板厚度为35cm。

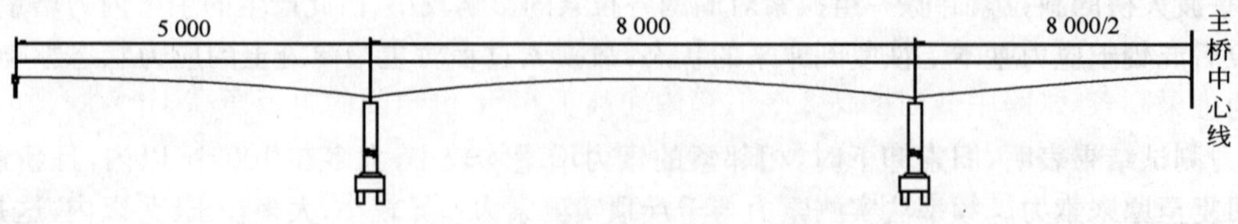

图1　1/2主桥立面(尺寸单位:cm)

连续箱梁采用三向预应力结构:纵向预应力采用7ϕ15钢绞线,锚具为OVM15-7和YM15-7;横向预应力采用24ϕ5碳素钢丝,张拉端为弗氏锚,固定端用镦头锚锚板;竖向预应力采用精扎螺纹粗钢筋,锚具为YGM锚。箱梁为原50号混凝土,采用挂篮悬臂浇筑法施工。

桥面宽度：净－15m＋2×0.5m 防撞护栏；

设计荷载：汽—20、挂—100，人群 3.5kN/m^2。

二、病 害 状 况

该桥于 1997 年 7 月建成通车投入使用以来，由于种种原因，主跨连续箱梁出现不同程度的病害。箱体出现较多裂缝，桥面铺装破损严重，伸缩缝破损并老化变形、漏水问题尤为突出，已危及桥梁的安全。2007 年，被交通部列为全国十八座特大危桥之一。为此我们对该桥主桥分别进行了质量检测和荷载试验，主要结果如下：

1)桥面系及附属设施

(1)桥面铺装出现大量纵、横向裂缝，大面积网裂、破碎，导致桥面防水效果降低、行车舒适性差。

(2)全桥伸缩缝功能失效，橡胶板断裂、松动、下沉，型钢松动、缺失，跳车严重。

(3)防撞护栏混凝土表面风化严重，金属构件普遍严重锈蚀，个别部位有外倾现象。

(4)大多数灯头发生扭曲变形，灯头缺失、灯柱严重锈蚀。

2)箱梁

(1)与竣工资料相比，箱梁各跨实测的纵向线形有较大下挠。

(2)混凝土表观质量较差，存在大面积蜂窝、麻面，局部有孔洞、露筋、钢筋锈蚀，部分施工节段接缝不平顺，顶板挂篮孔渗水严重。

(3)箱梁腹板内侧有较多斜向裂缝，倾角从跨中向支座逐渐加大，在跨中附近裂缝走向近于水平，而腹板外侧裂缝较少。底板底面有较多纵向裂缝；顶板纵向裂缝分布在跨中附近；横隔板裂缝分布无规律性。箱梁共发现裂缝 2552 条，箱内裂缝宽度超过 0.2mm 的有 764 条，裂缝宽度超过 0.5mm 的有 23 条。

(4)实测箱梁混凝土强度推定值大于设计值，但由于裂缝多而密，导致箱梁整体性较差；箱梁混凝土碳化深度小于钢筋的保护层厚度；大部分混凝土构件保护层厚度偏薄，检测部位的混凝土保护层厚度多数小于设计要求；钢筋有锈蚀活动性，但锈蚀状态不确定。

(5)预应力管道普遍存在未压浆现象，未压浆预应力钢束(钢筋)都存在锈蚀，有些预应力管道积水，加速了预应力钢束的锈蚀速度。

(6)实测桥跨结构频率低于计算值，说明箱梁刚度偏低。

(7)在各控制截面最不利载位加载时，各控制截面的实测挠度小于理论计算挠度，挠度校验系数在 0.4～0.98 之间；各控制截面混凝土实测弹性应力基本小于理论计算应力，校验系数差异较大，一般在 0.75左右，但个别点校验系数大于 1。

(8)箱梁腹板裂缝宽度加载后有所扩展，卸载后弹性恢复。

三、病害原因分析

加固设计单位对原结构进行了相应的验收，并对该桥主桥的裂缝成因进行了定性的分析：

(1)该桥主梁箱底较宽，跨径与底板宽度比值较大($L/B=10$)，且中间无横隔板，在远离支座位置底板的内力直接传向腹板，不沿桥跨纵向传递内力。

(2)跨中底板较厚(30cm)，因此底板在自重状态下将产生较大的自重力弯矩。

(3)跨中梁高较矮(跨中截面梁高 2.3m，箱内净高 1.67m，倒角间的腹板净高 1m)，腹板的横向抗弯刚度很大，因此腹板将分配较大的底板产生的侧向挠曲弯矩。

(4)跨中截面腹板厚度较薄(35cm)。

综合以上原因，底板自重产生较大的横向挠曲空间效应，跨中位置的腹板上由底板自重引起了较大腹板侧向弯矩。又由于腹板较薄，因此在腹板内侧产生较大的竖桥向拉应力，腹板外侧产生较大的竖桥向压应力，导致了腹板内侧大量地存在着以水平缝为主的裂缝。底板裂缝主要是由于其自重力产生的横桥向拉应力产生的。

四、维修加固措施

针对大桥主桥的病害现状，我们拟定了多种维修加固方案。通过方案比选，经多方分析论证，决定采取以腹板加厚并增设体外预应力为主的各项维修加固措施。

1)箱梁腹板加厚、增设横隔板、施加体外预应力

根据黄溢大桥病害情况和计算分析结果，箱梁腹板是其薄弱环节，应增加腹板强度，减小活载、温差等产生的主拉应力，限制裂缝继续开展。对本桥梁采用以下加固措施：

(1)加大截面加固腹板(如图2)

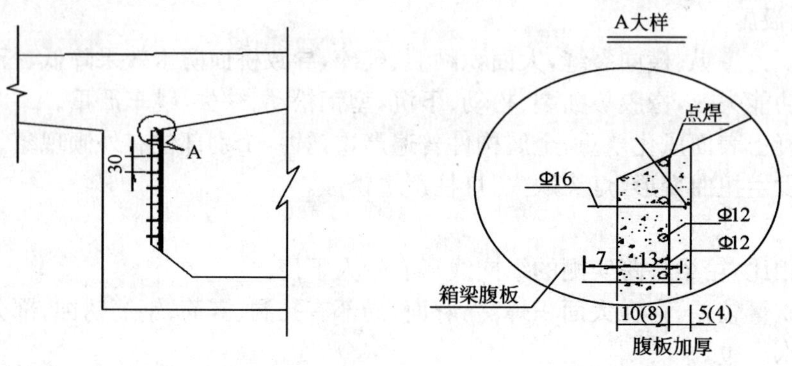

图2 加大截面加固腹板(尺寸单位：cm)

在箱梁腹板内表面植筋，绑扎钢筋网，浇筑15cm混凝土加厚腹板。实施过程中加厚腹板采用12cm厚混凝土，以减轻恒载。

(2)增设横隔板(如图3)

箱梁采用单箱单室，箱宽较大，宽箱效应明显，增设横隔板，减小宽箱效应。

(3)施加体外预应力(如图3)

腹板加厚、增设横隔板增加了箱梁自重，且顶、底板钢绞线存在锈蚀，其截面面积有损失，在箱内施加体外预应力，改善结构的应力状态。

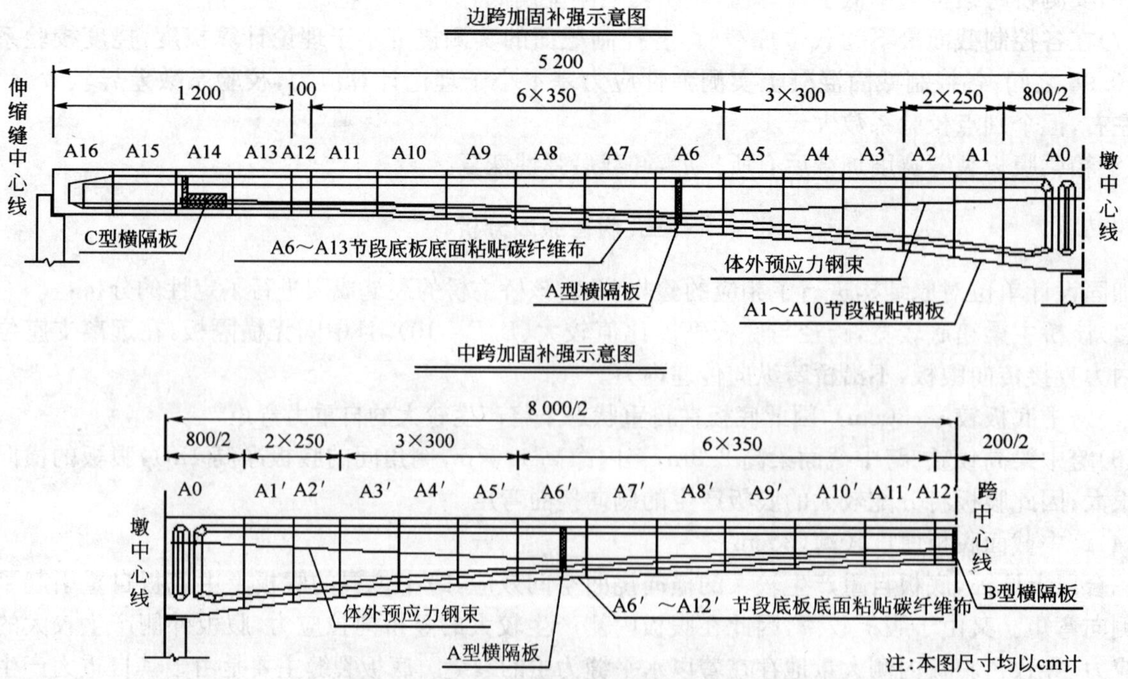

图3 体外预应力及横隔板设置(尺寸单位：cm)

2)封闭箱梁裂缝,修复混凝土局部缺陷

箱梁裂缝将使结构刚度降低,加速钢筋和预应力钢束的锈蚀,削弱结构的耐久性。同时使截面应力发生重分布,导致箱梁较为薄弱的部位产生新的裂缝,并使原有裂缝的长度和宽度继续发展。针对混凝土缺陷,采取凿除疏松混凝土,封闭箱梁腹板、顶板、底板裂缝,提高结构现存的刚度和整体性。

本桥梁采用凿除表面疏松混凝土凿除,与孔洞、蜂窝、麻面等病害一起采用丙乳砂浆或丙乳混凝土修补。混凝土裂缝采用粘度低、可灌性好、韧性好、固化后体积收缩小,固化时间可按施工工艺要求调节及耐久性好的树脂类材料进行灌缝。

3)箱梁腹板竖向预应力筋补张拉

由箱梁腹板开裂情况、雷达探测结果和以往经验,腹板竖向预应力筋很多未张拉,该钢筋对结构没有贡献。

本桥梁采用对竖向预应力钢筋补张拉,并对竖向预应力筋管道补压浆,增加腹板强度。

4)开裂区段的腹板及顶、底板补强

箱梁腹板及顶板开裂,表明开裂区段混凝土应力已超过混凝土抗裂强度。仅对现有裂缝进行封闭不能提高该区段混凝土的抗拉能力,也不能阻止该区段出现新的裂缝,必须对开裂区进行补强。本桥梁采用在腹板内表面粘贴竖向钢板,钢板条贴过顶板的梗腋。在底板下缘粘贴横桥向的碳纤维片,边跨体外预应力锚固段处底板粘贴钢板。

5)更换主桥的铺面铺装和全桥伸缩缝

旧桥桥面混凝土铺装层厚度约 10cm,大部分开裂,多处出现破碎,且防水效果差。此次维修加固将凿除原桥面铺装层,在箱梁顶面植筋,绑扎钢筋网,重新浇筑混凝土桥面铺装,并酌情调整桥面铺装横坡和厚度,控制桥面铺装重量。

由于伸缩缝表面磨损很大,与周围产生较大的高差,有跳车现象,对主梁的受力不利。因此全桥伸缩缝进行更换。

五、主要加固措施施工工艺

对于本桥主要加固措施是施加体外预应力,体外预应力施工质量的好坏直接影响到全桥的加固效果。体外预应力施工工艺主要流程为:施工方案编制→施工机具准备→转向块安装→体外索穿索→穿入限位装置→安装锚头→张拉体外索→防松装置保护罩的安装→保护罩及锚头内防护。

1)张拉顺序

体外预应力张拉按照先跨中、后边跨的顺序进行对称张拉。为使体外预应力张拉平衡,具体顺序为:中跨张拉 1/2(中索)→次边跨张拉 1/2(中索)→完成中跨张拉(边索)→边跨张拉 1/2(中索)→完成次边跨张拉(边索)→完成边跨张拉(边索)。

2)张拉准备

(1)施工现场机具配套完整,千斤顶与油表经过国家有关质检部门一一对应进行标定,使用时千斤顶与其对应标定好的油表配套使用,不能混淆乱用。

(2)施工机具和工作锚板运到工作现场后,用棉纱头清理工作锚板内孔的灰尘和油渍。

(3)确定梁体混凝土强度达到设计强度的 85%以后,安装锚具及夹片,每根钢绞线孔位对齐,锚具紧贴锚垫板,并注意保护各组装件不受污渍。

(4)张拉机具的安装顺序:限位板→千斤顶→工具锚板→工具夹片。注意工具锚板安装前清理锚板内孔,工具锚板内孔和工具夹片表面都涂上退锚灵。张拉机具安装时,尽量使千斤顶的张拉作用线与索的轴线重合一致,确保受力合理。

(5)把千斤顶、油泵用油管连接好,安装与千斤顶对应配套标定的油表,油泵电源接好,试好油泵的开机和关机,确保机具能正常使用,并注意油泵液压油是否够用。

(6)按上述步骤安装好两根体外索 4 个锚端的张拉机具设备。

(7)按照设计要求顺序，对称交替张拉体外索。

张拉过程中注意控制千斤顶活塞的伸长量应尽量做到两端同步，除采用油压控制外，各张拉端及时测量千斤顶活塞伸长值不超出每端的每级计算值，太快或太慢都要及时调整油泵进油量，确保每束两端的总伸长值基本一致。

张拉过程中指定专人检查锚头预埋管、索体全长各转向部位、限位装置安装部位的受力和变形情况，出现异常及时通知停机处理。张拉过程出现异常的响声或明显的断丝滑丝现象也应立即停机处理。

3)张拉应力的控制

(1)体外索的张拉控制应力符合设计要求。当施工中体外索需要超张拉或计入锚圈口预应力损失时，可比设计要求提高3%～5%，但在任何情况下不得超过规范规定的最大张拉控制应力。

(2)体外索采用应力控制方法张拉时，以伸长值进行校核，实际伸长值与理论伸长值的差值必须符合设计要求，并控制在±6%以内。否则暂停张拉，待查明原因并采取措施予以调整后，方可继续张拉到位。

六、维修加固预期效果

通过以上多种维修加固措施的综合运用，黄溢大桥维修加固的预期效果为：

(1)黄溢大桥主桥恢复到原设计荷载等级汽车—20、挂车—100。

(2)提高黄溢大桥主桥的整体刚度。

(3)改善桥梁结构的应力状态。

(4)改善原有桥梁的结构耐久性。

目前，大桥维修加固工程还在施工阶段，工程完工后，我们将对该桥进行荷载试验，对维修加固效果进行多方面的对比评价，验证加固效果。

参考文献

[1] 交通部科技情报所、中南公路科技情报网.旧桥检验与加固.1986.

[2] 交通部公路科学研究院.黄溢大桥主桥加固工程设计.2007.

[3] 北京公科固桥技术有限公司.浙江省兰溪市黄溢大桥质量检测与评价报告.2006.

[4] 浙江大学交通工程研究所.黄溢大桥五跨变截面预应力混凝土连续箱梁桥荷载试验分析评价报告.2007.

188.“T”构桥加固技术

邢士伟　郭新萍　冯泉钧

(无锡路桥集团有限公司)

摘　要　无锡市马山千波桥是一座早期的“T”形刚构桥梁，原设计荷载等级为汽－20、挂－100，通车后因超载原因关键部位损坏严重，需进行加固补强，本文重点叙述其加固关键技术。

关键词　“T”构桥加固　植筋　更换支座

一、工程概况

无锡市马山镇千波桥，是连接东大坝与环山公路的一座大型桥梁，全长343.48m。荷载标准为汽－20、挂－100，人群荷载为3.5kN/m^2；桥面总宽为14.24m，其中车行道宽10.5m，两边各设1.5m宽的人行道。

主桥由8跨“T”形刚构桥组成，除边孔跨径为30m外，其余6跨均为47m。“T”构主梁为单箱双室

C40 预应力箱梁，挂梁为单箱双室 C40 普通钢筋混凝土梁。悬臂和挂梁全部采用现浇混凝土施工。

二、通车后的现状

本桥自 1996 年通车以来，主要是由于荷载超载原因，发现 T 构悬臂端徐变下挠，最大下挠量为 5cm。而挂梁悬臂端则发生多条混凝土裂缝，最大开裂宽度为 0.15mm，最大长度 1.05m(图 1)。

经分析，悬臂开裂是因材料主拉应力或剪应力不足引起。虽开裂宽度不大，但其性质较严重。而且本桥为了梁底美观，挂梁也采用了箱形断面形式，这样就使上下牛腿在桥宽范围内全部重叠。除侧面外，很难检查其内部裂缝情况。已有类似结构发生的事故告诉我们，当裂缝发展到一定程度后，挂梁很有可能会突然破坏，引起严重后果。因此必须对挂梁端部进行重点加固。

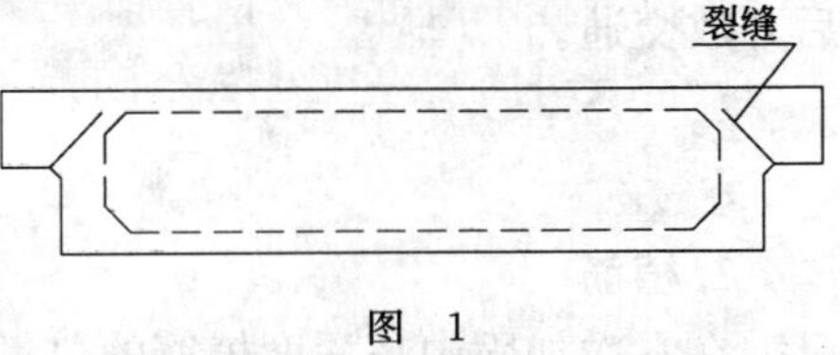

图 1

三、加 固 方 法

通过设计部门精确分析，认为悬臂端应重点进行两项加固工作：

(1)在悬臂端利用植筋方法，增设 2ϕ28 精扎细螺纹钢筋的斜筋，以提高该处承受主拉应力的能力；

(2)更换支座：将原有板式橡胶支座 200mm×300mm×35mm 更换为 GJZ 型支座，规格为 350mm×700mm×81mm。特别是其横向尺寸由 300mm 改为 700mm 后，增大了支座附近牛腿的抗剪范围，从而提高了支座附近断面的抗剪能力。悬臂端加固设计见图 2。

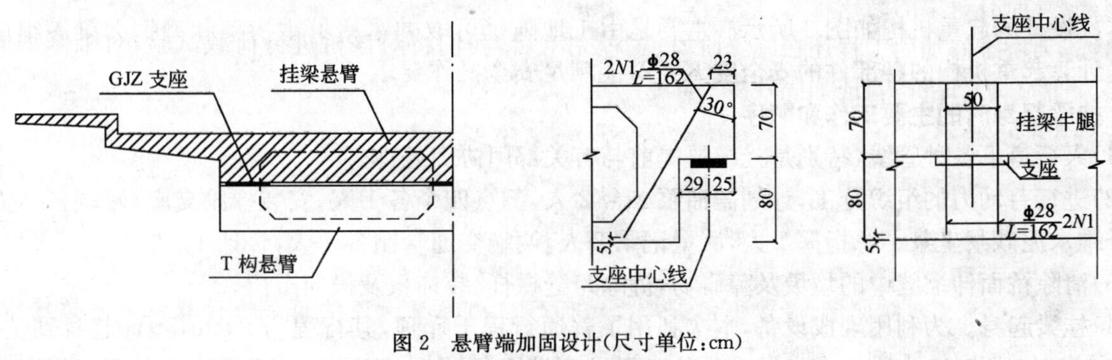

图 2 悬臂端加固设计(尺寸单位：cm)

四、加固本桥的难点及对策

1. 植筋

其难点是植筋长度很长，达 162cm，其次是牛腿处钢筋小而密集，钻孔时一定会遇上钢筋，使钻杆进尺困难。经与生产厂家协商，解决这个问题的要点是需要有特殊的钻头，使其在钻杆进尺时能切断钢筋(经设计同意)。因此专门加工了高强度、高硬度的钨钢钻头，使钻头在钻孔过程中遇到钢筋时能顺利通过。

2. 更换支座

有以下几个难点：

①一般桥梁的支座更换仅需用小位移量的千斤顶，同步顶升 5～15mm，就能进行更换。但本次要更换的支座极为隐蔽，而且为便于操作，必须将挂梁提起 1.5～1.6m 才能进行更换。

②同步提升。为保证挂梁在大位移量提升过程中，能保证挂梁不受扭曲，必须保证提升时各点的位移量，永远服从平面变形状态。

③挂梁重新就位时，6 个支座必须紧密相贴同时受力，其中任何一个支座有脱离现象，都认为是不合格操作，即设计上是不允许的。

为克服上述难点，采取的对策是：

①取用长行程千斤顶，实施多级提升解决大位移问题。

②把提升的同步要求，化简为挂梁两端各自同步，这没有改变提升过程中挂梁要保持平面变形的原则，但这对于简化操作是很有用的。这样可以在每个梁端各设一台油泵，分别提升，而每台油泵只要分管挂梁一端的2台千斤顶，若2台千斤顶万一出现稍不同步，就可用分油器阀门调节进油量，可方便地解决同步提升的问题。

③梁体重新就位时，为保证6个支座同时紧密相贴，坚持采用"坐浆"就位，即"软着陆"，待浆体硬化后开放交通。

五、加 固 工 艺

1. 植筋

在本次加固中超深度植筋的总量达96根$\phi28$的精扎螺纹钢，植筋深度为162cm。钻孔直径达$\phi35$。为做到定位正确、方向不偏，钻机在钻孔前必须设置并固定好导向架，钻杆通过导向架在FF—200钻机的驱动下进钻，达到了正确钻孔的目的。为清除钻孔过程中的残留水和混凝土屑，孔底必须钻穿，然后用水清洗干净，并待孔壁干燥后，再用木塞封底，然后灌注EPCON化学植筋胶，到孔深的1/3～1/2.5，然后用手将螺杆插到孔底，稍稍来回抽动数次，使锚固剂均匀地附着在螺杆表面的缝隙中，固化2小时后即成。但安全负荷的固化时间，建议取24小时。这项工作可在挂梁起身前完成。

2. 挂梁提升

经计算本次挂梁的总重量为174t。加上恒载可能的超重20%和起升设备的重量，宜按210t的起重量计算。

本次设计的起重机构如图3所示。主要是由工地随手可取的军用贝雷桁架和型钢大梁等组成。通过精确计算起重机构的各部件的安全度$K>2$，能满足安全操作要求。

3. 挂梁起身时的主要工作和顺序

(1)人行道下各种管线，特别是光缆要提前与有关部门协商处理。

(2)进行劳动力的组织分工，计划需油泵二台2人，测点四个各1人，安装橡胶支座，两端各2人并负责钢纤维水泥砂浆坐浆。总指挥1人，测量记录2人，两端交通管制各1人，合计15人。

(3)清除桥面伸缩缝中的垃圾及障碍物，拆除跨缝栏杆、装饰板及横向限位。

(4)挂梁起身。为利用现成设备，本次利用了普通行程千斤顶，其行程为20cm，预计起身到位时，需提升9～10次，历时2小时左右。提升时关键要求每端必须同步，不同步时可用分油器调节阀调速。按油压表推算本次实际起重量为180t。

(5)安装板式橡胶支座。板式橡胶支座底部用环氧水泥胶结，其顶部则铺了约3cm厚钢纤维水泥砂浆。

(6)挂梁重新就位。挂梁在最后一级千斤顶下落前，必须校正挂梁的平面位置然后进行就位。就位只能一次到位成功，不允许在卸载后再重新提起纠正平面位置，否则应重新铺砌钢纤维水泥浆。

(7)保养。钢纤维水泥浆在20～30℃温度时保养一天后，向伸缩缝内灌水保养3天。5天后可铺筑桥面沥青面层和新建伸缩缝等工作。

4. 起重设备安装注意事项

(1)千斤顶型号和规格应相同，至少是挂梁每端二台相同，油路管道长度要大致相等。安装时，油泵管道首先通向分油器，再由分油器通向千斤顶，每台分油器分管二台千斤顶。在分油器通向千斤顶的油管接口处安装调节阀，以控制油量，调整千斤顶上升速度。

(2)精扎螺纹在安装前要仔细检查有无"毛纹"，有无被电火花烧伤，如有立刻更换。此外精扎螺纹的螺帽，在预计的提升范围内要试拧，一定要活动自由时才能进行安装。

(3)桥梁有纵坡，希望用垫木调平后安装大梁。

(4)试运转。目的是检查油路管道和千斤顶是否有漏油情况，要求同步提升时操作是否灵活方便。

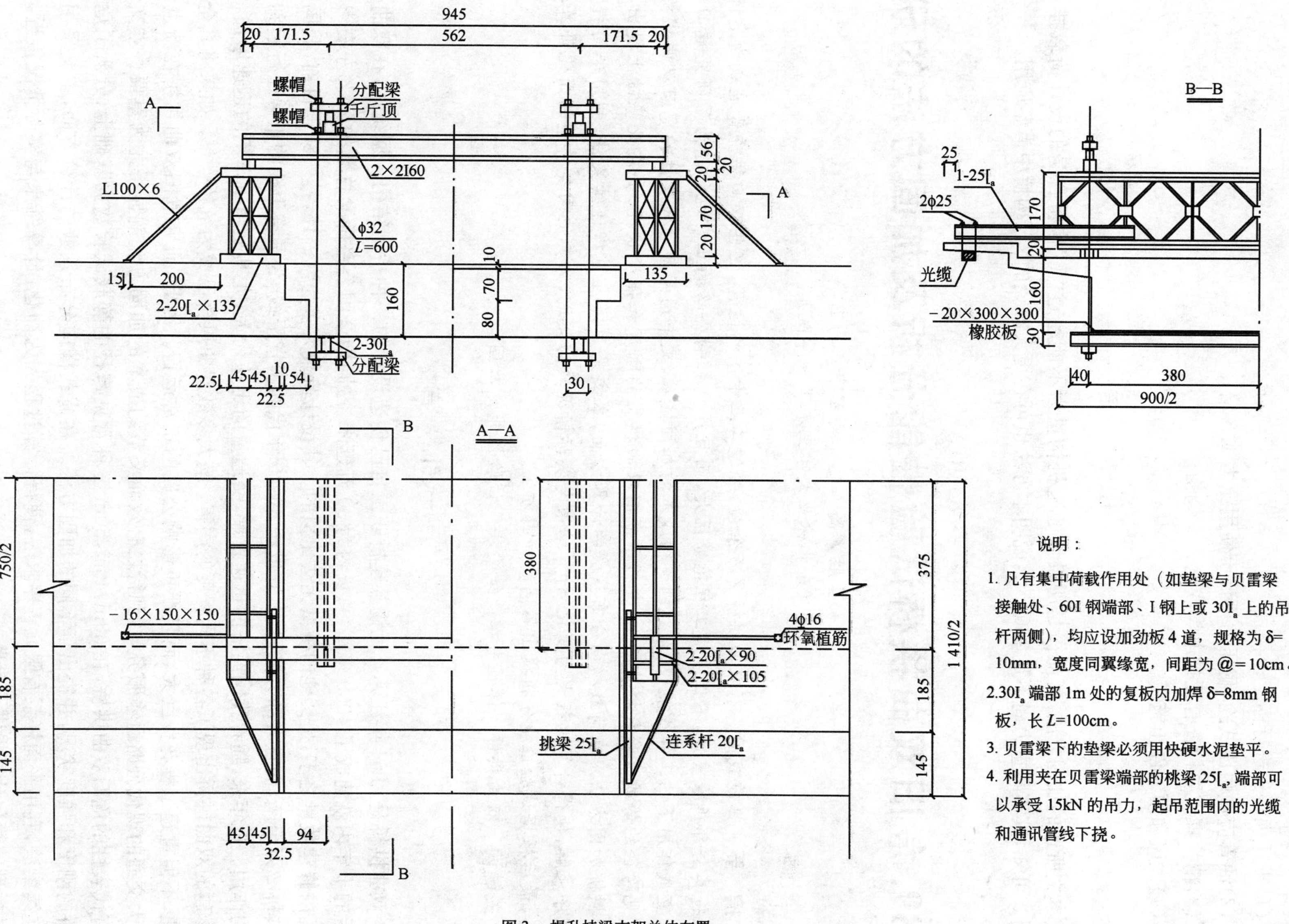

说明：

1. 凡有集中荷载作用处（如垫梁与贝雷梁接触处、60I 钢端部、I 钢上或 $30I_a$ 上的吊杆两侧），均应设加劲板 4 道，规格为 δ=10mm，宽度同翼缘宽，间距为@=10cm。
2. $30I_a$ 端部 1m 处的复板内加焊 δ=8mm 钢板，长 L=100cm。
3. 贝雷梁下的垫梁必须用快硬水泥垫平。
4. 利用夹在贝雷梁端部的桃梁 $25[_a$，端部可以承受 15kN 的吊力，起吊范围内的光缆和通讯管线下挠。

图3 提升挂梁支架总体布置

六、安全施工关键措施

(1)千斤顶事先进行标定；

(2)油管应做耐压试验，耐压力不低于使用压力1.5倍；

(3)精扎螺纹要检查有无被电焊或电火花烧伤；

(4)大风和雨天停止施工。

七、结　语

本文所述的加固方法，其前提是所设计的起机构重力不能超过"T"构桥自身的设计荷载挂－100。由图3可知，其实际重力尚不足150kN。说明本方法也可在更大跨径的"T"构桥中借鉴应用。

189. 危旧双曲拱桥试验性能分析及加固方法的研究

孙全胜　高　越　冯宏宇　马卫华
（东北林业大学土木工程学院）

摘　要　目前我国共有双曲拱桥2万余座，经过二三十年的运营，这些双曲拱桥普遍成为危旧桥梁，如果将其全部拆除重建，不但重建工程花费巨大，而且严重影响公路的正常运行。为了研究危旧双曲拱桥在重载作用下的工作性能，从而找到节约成本的加固技术，文中用两座有代表性的危旧双曲拱桥，在三种常见跨径的静载试验数据基础上，分析了危旧双曲拱桥的刚度和强度状况，并在此基础上提出了危旧双曲拱桥加固方法。在荷载横向分布系数的计算方面，本文采用弹性支撑连续梁法，利用平面杆系有限元程序求解，使得计算过程大为简化，计算结果与实际情况较为接近，为其他同类桥型的简化计算提供了借鉴，最后根据试验性能分析提出不同的加固方法。

关键词　双曲拱桥　弹性支撑连续梁法　试验性能　加固

一、引　言

双曲拱桥是1964年江苏省无锡县建桥职工自己创造设计的一种桥型结构。据统计，在双曲拱桥问世后的十年内就建成了4000多座，总长约为30万延米，占同期全国公路桥梁总数的25%左右[1]。在短时间内修建数量之多，是其他的桥型无法比拟的。其设计荷载大多为汽—15，挂—80。目前，我国共有双曲拱桥2万余座，而且大部分修建于20世纪60、70年代的国省干线，为国省干线的正常通行起到非常重要的作用。近年来，随着我国经济的迅速发展，交通量的迅速增大，尤其是超重车辆的迅速增加，致使早年修建的双曲拱桥出现了各种不同程度的病害，绝大多数双曲拱桥已成为危桥[2~6]。如果将其全部拆除重建，不但重建工程花费巨大，而且严重影响公路的正常运行。因此，研究危旧双曲拱桥在新世纪为重载、大交通的现代公路运输服务，找到行之有效而又节约成本的加固方法就显得尤为重要。本文针对两座有代表性的危旧双曲拱桥，在30m，40m，50m三种常见跨径的静载试验数据基础上，分析了危旧双曲拱桥的刚度和强度状况，并提出了不同的加固方法。在荷载横向分布系数的计算方面，本文采用弹性支撑连续梁法，利用平面杆系有限元程序求解，使得计算过程大为简化，计算结果与实际情况接近，为其他同类桥型的简化计算提供了借鉴。

二、荷载横向分布系数的确定

根据拱桥的构造和受力特点，在拱桥荷载横向分布计算时，可将拱桥横桥向比拟为弹性支承连续梁[7,8]，如图1所示。在这种力学模式中，认为每一拱肋间的桥面系横梁为弹性支承在拱肋上并且具有一定刚度的连续横梁，桥梁的荷载横向分布按弹性支承连续梁的形式进行分配。在分析时，以裸拱拱顶挠度来比拟带有拱上建筑的拱顶挠度，不考虑拱上路面等方面的影响。图1中，L为相邻两拱肋中距；I为主拱方向每米的横向惯性矩，C为裸拱拱顶的柔度(单位力作用于拱顶时拱顶的位移)，由下式计算：

$$C=\int\frac{\overline{M}^2(x)}{E_1I_1}\mathrm{d}s$$

式中：E_1I_1——裸拱抗弯刚度；

$\overline{M}(x)$——单位力作用在拱顶时的弯矩方程，如图2所示。

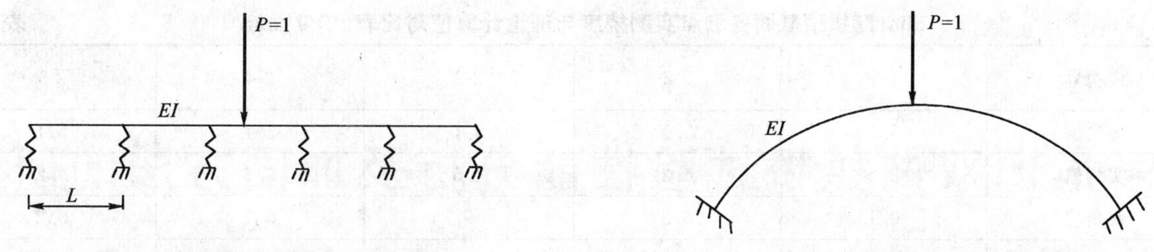

图1 横向弹性支承连续梁比拟

图2 拱顶柔度系数计算示意

就现在来说，完全可以利用平面杆系有限元程序进行计算，大大缩短了计算时间。按弹性支承连续梁法计算荷载的横向分布系数关键在于弹簧刚度K值的确定。目前修建的双曲拱桥常以三拱肋到五拱肋的形式出现，而且由于机动车道、非机动车道分道，边拱体系与中拱体系的整体刚度略有不同，故其K值应分别计算。根据弹簧刚度的定义$K=P/C$。式中：K为弹簧刚度；P为力；C为裸拱拱顶的柔度(单位力作用于拱顶时拱顶的位移)。利用桥梁博士有限元程序，建立裸拱模型，如图2所示，在拱顶作用一单位力$P=1$，分别求出每一梁拱体系中所求截面纵肋的竖向位移，即可求出弹簧刚度K。

按照图1，建立双曲拱桥横向模型，在各拱肋处设竖向支撑，并将边界条件中的弹性系数输入上面求得的弹簧刚度K，便可求得各肋横向分布影响线。再根据《桥规》规定[9]，在横向影响线上确定荷载沿横向最不利的布置位置，求出相应于荷载位置的影响线竖标值后，就可得到横向所有荷载分布给某肋的最大荷载值，即横向分布系数。用此方法，大大简化了求解力法方程的复杂性。经过牡丹江市某斜双曲拱桥静载试验的验证，荷载横向分布系数理论值与实际情况较为接近。

三、刚度、强度分析

1. 桥梁概况

乌云河桥位于伊春嘉荫县内，共3跨：40m＋50m＋40m。该桥竣工于1974年。嘟噜河大桥位于哈肇公路萝北县境内，桥跨布置为5×30m。该桥竣工于1977年。这两座桥均发生了不同程度的病害。分别选取这两座桥跨径30m、40m、50m的三跨做静载试验，测试各肋在试验荷载作用下的挠度和应变，从而分析危旧双曲拱桥的刚度和强度。

2. 刚度分析

(1)40m跨挠度测试数据如表1、表2及图3、图4。

40m跨拱顶截面实测挠度与理论计算值对比表(单位：mm) 表1

拱肋号	1-1	1-2	1-3	1-4	1-5
理论值	3	3	3	3	3
实测值	0.7	2.3	1.8	2.8	3.3
残余值	0.	0.2	0.1	0.1	0.2
残余度	0	0.08	0.06	0.04	0.06
校验系数	0.23	0.77	0.60	0.93	1.10

40m 跨 1/4L 截面各测点实测挠度与理论计算值对比表(单位:mm)　　表 2

拱肋号	1-1	1-2	1-3	1-4	1-5
理论值	2.61	2.61	2.61	2.61	2.61
实测值	—	2.3	1.8	2.5	1.5
残余值	0	0.1	0.1	0.1	0
残余度	—	0.04	0.05	0.04	0
校验系数	—	0.88	0.69	0.96	0.57

(2)50m 跨挠度的理论与实测结果对比如表 3、图 5。

50m 跨拱顶截面各测点实测挠度与理论计算值对比表(单位:mm)　　表 3

拱肋号	2-1	2-2	2-3	2-4	2-5
理论值	5.1	5.1	5.1	5.1	5.1
实测值	3.6	4.2	4.5	3.8	4.2
残余值	0.1	0.2	0	0.1	0.2
残余度	0.03	0.05	0	0.03	0.05
校验系数	0.71	0.82	0.88	0.75	0.82

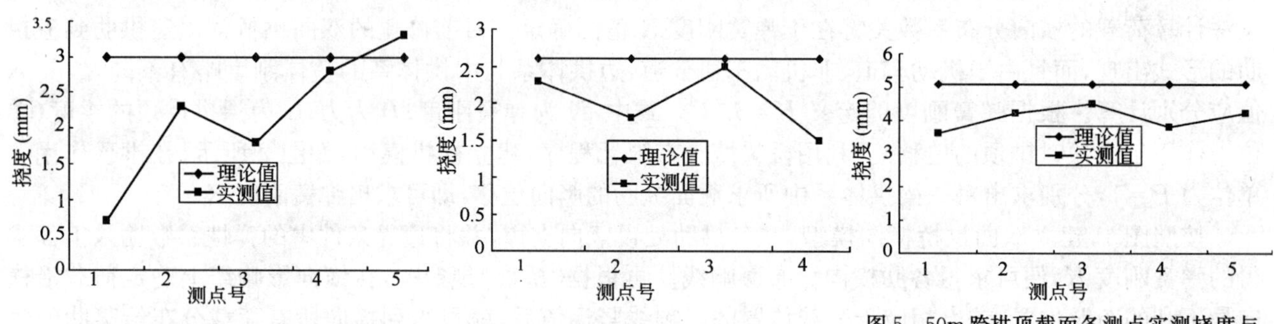

图 3　40m 跨拱顶截面挠度　　图 4　40m 跨 $L/4$ 截面挠度　　图 5　50m 跨拱顶截面各测点实测挠度与理论计算值对比

(3)30m 跨挠度的理论与实测结果对比如表 4、表 5 和图 6、图 7。

30m 跨跨中截面实测挠度与理论计算值对比表(单位:mm)　　表 4

拱肋编号	1	2	3	4	5
理论值	4.12	4.12	4.12	4.12	4.12
实测值	2.2	2.6	2.9	2.9	2.2
残余值	0.1	0.1	0.1	0	0.1
残余度	0.045	0.038	0.034	0	0.045
校验系数	0.53	0.63	0.70	0.70	0.53

30m 跨 1/4 截面各测点实测挠度与理论计算值对比表(单位:mm)　　表 5

拱肋编号	1	2	3	4	5
理论值	3.84	3.84	3.84	3.84	3.84
实测值	0.6	0.7	0.3	1.7	1.2
残余值	−0.1	0	0	0	0.1
残余度	−0.167	0	0	0	0.083
校验系数	0.16	0.18	0.1	0.44	0.31

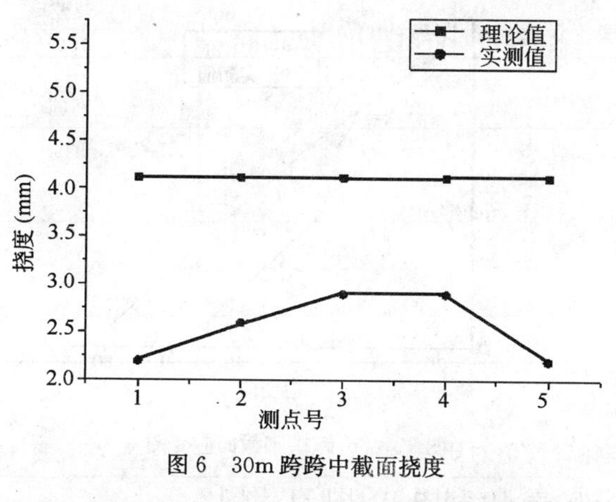

图 6 30m 跨跨中截面挠度

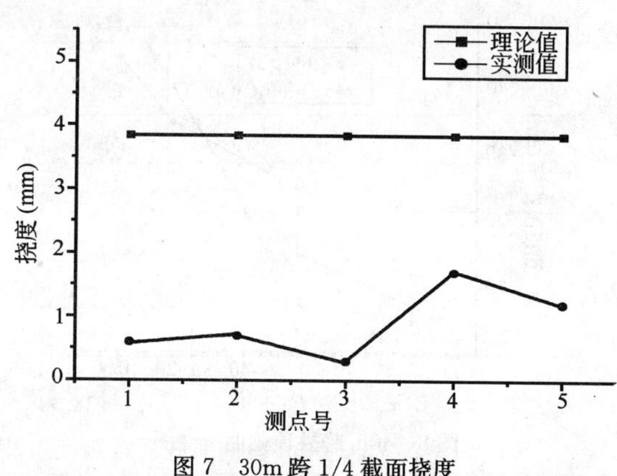

图 7 30m 跨 1/4 截面挠度

从图 3～图 7,表 1～表 5 中可以看出:

各跨在试验荷载作用下,各肋实测挠度基本小于理论计算值,表明结构刚度满足要求,但刚度储备不高。以上各跨的每个测试截面校验系数均大于双曲拱桥的合理范围 0.3～0.4,说明各截面刚度下降很多。

拱顶加载中,3 号、5 号拱肋的实测挠度值不合理,如图 3 所示,从外表看没有发现裂缝,可能是拱板、拱波、拱肋之间存在缝隙,截面刚度下降。40m 跨径,4 号拱肋在拱顶加载和 $L/4$ 截面加载时的挠度均比其他拱肋大很多,如图 3、图 4 所示,也可能是拱板、拱波、拱肋之间存在缝隙。

各跨挠度残余度均小于 20%的规范值,说明结构在卸载后有较好的弹性恢复能力。

从各工况实测值和理论值的对比曲线可以看出:各跨挠度实测值曲线均不平缓,说明各拱肋沿横向荷载分布不均匀。主要是因为拱板、拱波、拱肋之间存在裂缝;横系梁的横向连接不好;拱上建筑内部传力不均匀;结构整体性较弱。

从这两座桥的挠度数据可以看出,危旧双曲拱桥普遍存在结构整体刚度差的特点。一方面是因为拱板、拱波、拱肋的开裂,其中包括可观测的裂缝和不可观测的内部缝隙;另一方面是因为横系梁的横向连接不好,导致荷载沿横向分布不均匀。

3. 拱肋强度分析

40m 跨应力的理论计算值与实测结果对比如表 6、表 7 和图 8、图 9。

40m 跨拱顶应变与理论计算值对照表(单位:MPa) 表 6

测点号	1	2	3	4	5
理论值	−15	−26	−37	−47	−58
实测值	−5	−20	—	−5	−95
残余值	0	0	−5	0	5
残余度	0	0	—	0	0.05
校验系数	0.33	0.77	—	1.17	1.6

40m 跨拱脚应变与理论计算值对照表(单位:MPa) 表 7

测点号	1	2	3	4	5
理论值	−19	−7	19	41	78
实测值	−20	0	10	15	50
残余值	0	0	0	5	5
残余度	0	0	0	0.3	0.1
校验系数	10	0	0.53	0.375	0.65

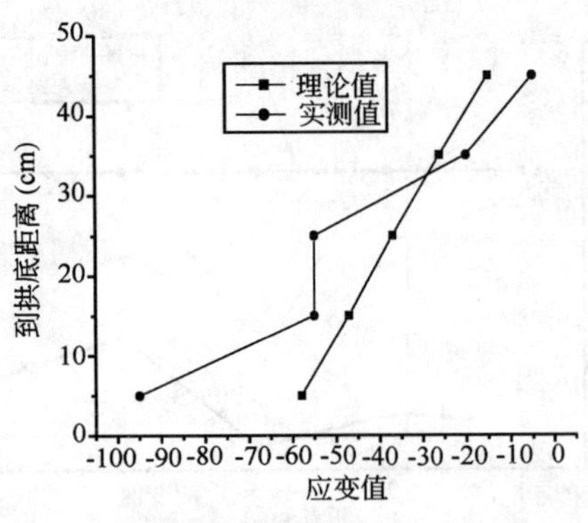

图 8　40m 跨拱顶截面应变图

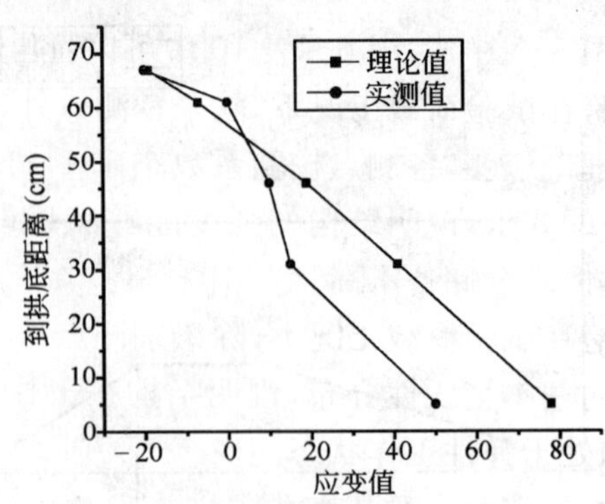

图 9　40m 跨拱脚截面应变图

30m 跨应力的理论计算值与实测结果对比如表 8、表 9、表 10 和图 10、图 11、图 12。

30m 跨跨中应力与理论计算值对照表(单位:MPa)　表 8

测点号	1	2	3	4	5
理论值	28	−22	−50	−77	−104
实测值	−20	−40	−45	−60	−85
残余值	0	−5	—	0	−10
残余度	0	0.125	—	0	0.117
校验系数	0.71	1.8	—	0.78	0.82

30m 跨 1/4 截面应力与理论计算值对照表(单位:MPa)　表 9

测点号	1	2	3	测点号	1	2	3
理论值	6	−45	−70	残余度	0	0	0.2
实测值	0	−10	−25	校验系数	0	0.22	0.36
残余值	0	0	−5				

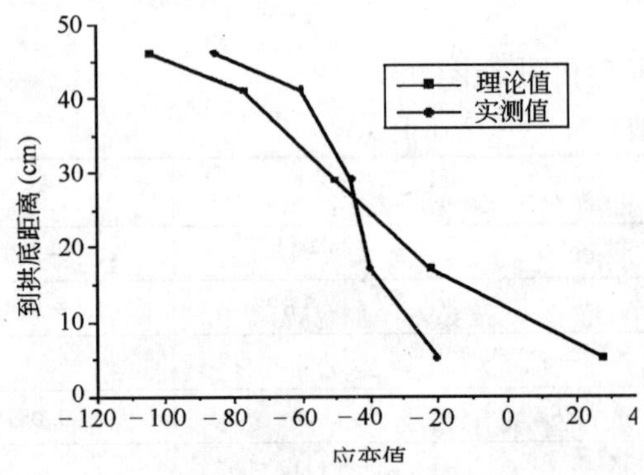

图 10　30m 跨跨中截面应变图

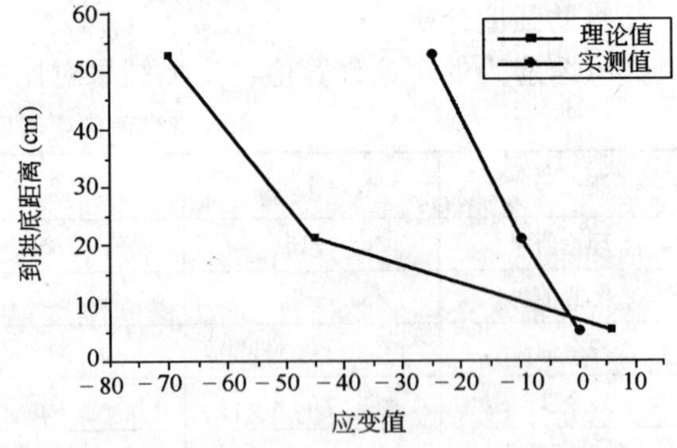

图 11　30m 跨 1/4 截面应变图

30m 跨拱脚应力与理论计算值对照表(单位:MPa)　表 10

测点号	1	2	3	4	5
理论值	−12	37	81	115	156
实测值	−10	20	—	15	30
残余值	−0	0	—	0	5
残余度	0	0	—	0	0.167
校验系数	0.83	0.54	—	0.13	0.2

从图 8～图 12，表 6～表 10 中可以看出：

各跨在试验荷载工况下，除个别测点外，大部分测点实测应变均小于理论应变，各测点校验系数小于 1，符合规范规定的校验系数 $\eta \leqslant 1$ 的要求，说明结构的强度能够满足设计要求，有一定的安全储备，但安全储备不高。

各跨在试验荷载工况下，除个别测点外，各测点实测应变在沿梁高方向基本呈线性分布，说明结构在工作时基本符合平截面假定，结构处于弹性工作状态。

结构的残余应变基本都在 20% 以内，说明结构在卸载后有较好的弹性恢复能力。

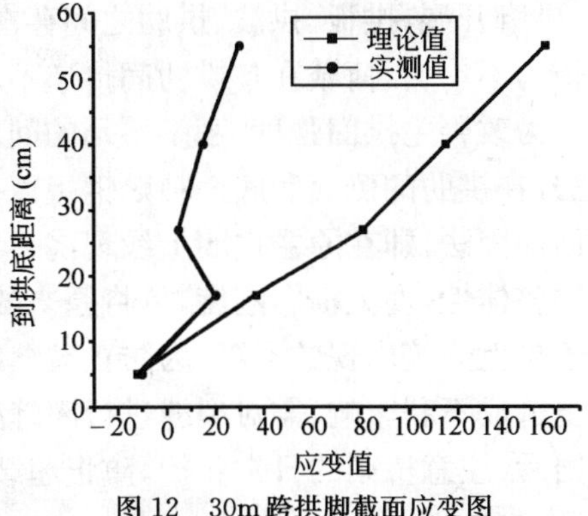

图 12 30m 跨拱脚截面应变图

表 6 中，40m 跨径拱顶 4 号、5 号测点校验系数超限，外观检测没有发现可见裂缝，可能是因为跨中截面拱板、拱波、拱肋之间存在裂隙，强度下降很多。表 8 中，30m 跨径拱顶各测点校验系数均较大，结合外观检测结果，发现拱波混凝土开裂，因此中性轴上升，强度下降很多。两座桥的拱顶均有不同程度的开裂，说明拱顶是双曲拱桥的薄弱部位。

表 7 中，40m 跨 1 号、2 号测点校验系数过大，结合外观检测结果，发现拱脚处混凝土开裂。另外，表 10 中，30m 跨 1 号测点校验系数也很大，说明拱脚处拱板也可能已经开裂，导致中性轴上升。两座桥的拱脚均有不同程度的开裂，说明拱脚也是双曲拱桥的薄弱部位。

从这两座桥的应变数据可以看出，危旧双曲拱桥普遍存在拱板、拱波、拱肋的开裂，其中包括可观测的裂缝和不可观测的内部缝隙，这和上述刚度分析的结果是一致的。拱顶和拱脚为结构的薄弱部位，加固时应予以足够的重视。

四、维 修 加 固

针对危旧双曲拱桥普遍存在的刚度、强度不足的问题，可采取以下的加固措施：

(1)拱板、拱波、拱肋的开裂是导致主拱圈强度、刚度不足的主要原因，可采用喷锚混凝土法加大拱肋、拱波截面面积，或采用粘贴钢板法，在拱肋的侧面和底面粘贴钢板以提高拱肋刚度，改善钢筋及混凝土的应力状态，提高承载能力。

(2)拱顶和拱脚为结构的薄弱部位，为方便施工，我国的绝大多数拱桥都是以拱脚为控制截面，采用等截面形式。因此一般情况下，对绝大多数大、中跨径的空腹式拱桥，为了方便施工，减少加固费用，通常可采用在主拱圈上缘局部增大主拱圈截面的加固方法，即在原主拱圈上缘现浇一定高度的混凝土，从而增大主拱圈高度，提高原桥的承载能力。

(3)为提高全桥的整体性，增大横向刚度，可将原来的横系梁改成横隔板，方法是将横系梁拆除，再现浇混凝土横隔板。

(4)对于拱上建筑出现的裂缝，为防止裂缝继续发展及外部水渗入造成钢筋锈蚀，影响结构使用寿命，对结构安全造成不利影响，需对裂缝进行灌缝处理，然后再进行进一步的加固处理。

(5)桥面的破损也是危旧双曲拱桥普遍存在的病害之一，桥面的不平整和坑槽会引起较大的车辆冲击力，加速桥梁的破损，可采用加厚桥面板或喷射混凝土加固补强。

(6)平时注意桥梁的养护，防止超载超限车辆的通行。

五、结 语

目前我国公路网中存在大量 20 世纪 60、70 年代修建的双曲拱桥，由于其在设计和施工上存在缺陷，使得这些桥梁中的大部分处于带病工作状态，使公路交通安全存在着一定的隐患。但是全部拆除该种桥梁重建，需要大量的财力和物力，不符合我国国情。

通过对两座双曲拱桥的研究，在刚度和强度两个方面分析了现有危旧双曲拱桥存在的问题：拱波开裂,拱脚开裂,拱板、拱波、拱肋之间存在裂缝,主拱圈截面刚度下降;横系梁的横向连接不好,拱上建筑内部传力不均匀,荷载在各拱肋间传递不均匀。由于以上各方面的因素,危旧双曲拱桥结构整体性较弱。

为改善主拱圈强度、刚度不足的问题,可采用喷锚混凝土法加大拱肋、拱波截面面积;或采用粘贴钢板法,在拱肋的侧面和底面粘贴钢板以提高拱肋刚度,改善钢筋及混凝土的应力状态;也可采用局部增大截面加固法,即在原主拱圈上缘现浇一定高度的混凝土,从而增大主拱圈高度,提高承载能力。为提高结构的整体性,增大横向刚度,可将原来的横系梁改成横隔板,方法是将横系梁拆除,再现浇混凝土横隔板。对于拱上建筑出现的裂缝,为防止裂缝继续发展及外部水渗入造成钢筋锈蚀,影响结构使用寿命,对结构安全造成不利影响,需对裂缝进行灌缝处理。维修破损桥面,可采用加厚桥面板或喷射混凝土加固补强。加固后,注意桥梁的日常养护,防止超载超限车辆的通行。

参考文献

[1] 郑良飞等.双曲拱桥病害总结研究[J].黑龙江科技信息.2005(9)194

[2] 王晓阳,赵人达.危旧双曲拱桥的内力分析[J].工程设计CAD与智能建筑.2001(9)59～60

[3] 张保兴,蔡立培.大型双曲拱桥病害分析及加固措施[J],西藏科技.2001(2):47-49

[4] 周益云,赵人达,钟明全,王晓阳.大跨度双曲拱桥的静力分析及加固措施[J].四川建筑科学研究.2001(3)13-15

[5] 万世林,贾成宏,韩燕辉.双曲拱桥加固后的承载力检验[J].安徽建筑.2002(6)99～100

[6] 王展意.我国公路桥梁建设的回顾与展望[J].中国公路学会桥梁和结构工程学会一九九九年桥梁学术讨论会论文集.北京:人民交通出版社,1-4

[7] 刘小燕,韦成龙.拱桥荷载横向分布的实用计算[J].中南公路工程.1999(3)25～30

[8] 黄平明,夏金,邵荣光.弹性支撑连续梁法在斜梁桥荷载横向分布计算中的应用[J].华东公路.1995(3)18～21

[9] 公路钢筋混凝土及预应力混凝土桥涵设计规范[S].北京:人民交通出版社,2004

190.公路桥梁伸缩装置病害原因及防治措施

胡亚琴　杨洁琼　毛玮芸　毛新莹　陈勇勤

(浙江公路水运工程咨询公司)

摘　要　在实际调查的基础上,对各种桥梁伸缩装置使用状况进行了统计,分析了伸缩装置破坏形式及病害原因,并从设计、施工和养护等方面提出防治措施。

关键词　公路桥梁　伸缩装置　病害原因　防治措施

一、概　　述

随着我国交通建设事业的发展,高等级公路的建设里程迅速增长。由于交通量急剧增加、车辆荷载等级及行驶速度不断提高以及设计、施工中遗留的问题使伸缩装置的破损非常普遍。桥梁伸缩装置的病害和损坏引起的噪声和跳车现象,不仅直接造成行车安全和舒适度下降,而且会严重影响路桥的正常使用,增加养护维修费用和管理上的难度。如何找到这些病害形成的原因,并有针对性地采取一些技术措施加以防治,已经引起设计、施工、管理部门的高度重视。

二、伸缩装置使用情况调查

以下是浙江省公路管理局组织有关部门对本省国省道干线公路桥梁伸缩装置使用情况的调查,共计调查桥梁2019座,其中特大桥12座,大桥215座,中桥817座,小桥975座。伸缩装置现状分类统计表如表1所示,各类桥梁伸缩装置损坏形式如表2所示。

伸缩装置现状分类统计表

表1

伸缩装置类型	调查数(条/座)	完好数(条)	完好率(%)	破损率(%)
模数式(型钢)伸缩装置	3 558/1 002	3 234	90.9	9.1
梳形钢板伸缩装置	62/20	60	96.8	3.2
填料式伸缩装置	714/335	497	69.6	30.4
锌铁皮U形伸缩装置	41/9	28	68.3	31.7
板式橡胶伸缩装置	637/210	309	48.5	51.5
橡胶伸缩装置	135/46	74	54.8	45.2
自然留缝伸缩装置	496/190	401	80.8	19.2
无缝伸缩装置	650/207	494	76	24
合计	6 293/2 019	5097	81	19

伸缩装置损坏形式

表2

伸缩装置类型	损坏形式
模数式(型钢)伸缩装置	中梁构件开焊,出现晃动、噪声;伸缩均匀性差,甚至失灵;密封橡胶带迅速老化、脱落或跳出,严重漏水;装置两侧混凝土出现裂缝、坑槽,锚固系统不理想,出现局部或整体破坏
梳形钢板伸缩装置	本次调查,梳形钢板伸缩装置运行基本良好,未出现大的问题。
填料式伸缩装置	缝隙中填料上鼓、沉陷、脱落
锌铁皮U形伸缩装置	夏季缝隙中填料挤出、上鼓,引起跳车;冬季拉开断裂造成漏水
板式橡胶伸缩装置	橡胶板剥离、预埋钢板外露、脱落、断裂,锚固螺栓剪断脱孔飞出,两侧混凝土开裂破碎,出现坑槽等多种破坏,造成整体破坏
橡胶伸缩装置	热天鼓起冬天脱落,锚固件破坏和两侧混凝土(路面)破碎等
无缝伸缩装置(TST)	车轮碾压频率高的位置填充料下陷,车轮碾压频率较低的边缘位置填充料上鼓,材料老化,TST弹塑体与骨料分离

三、伸缩装置病害原因

1.伸缩装置自身问题

根据调查结果结合工作实际,几类伸缩装置自身问题如下:

(1)填料式伸缩装置:填料多为沥青、木板、麻絮、橡胶等材料,填料易于老化,在任何状态下都处于压缩状态。破损率较高,今后应限制使用范围。中桥以上桥梁,目前基本上不再使用。

(2)锌铁皮U形伸缩装置:由于镀锌铁皮或铝片较薄,不能过多地承受主梁传来的水平荷载,容易出现断裂现象。软性充填材料多为沥青砂、聚乙烯胶泥,易于老化脱落,造成漏水腐蚀伸缩装置,并失去伸缩作用。破损率较高,目前基本上不再使用。

(3)橡胶伸缩装置:在使用过程中胶条一直处于压缩状态,但安装时很难夹压达到设计的理想状态,不是过紧就是过松,过紧易造成鼓起,过松易脱落;此类装置构造较小,以往常常是在混凝土铺装层中放置。破损率较高,除伸缩装置自身问题外,设计、施工也是破坏的主要原因。

(4)板式橡胶伸缩装置:此类伸缩装置对锚固系统要求极高,施工较困难,没有特殊专用工具很难保证达到设计要求;且生产工艺要求比较苛刻。此类伸缩装置,规格种类繁多,近几年国内桥梁上普遍采用,而出现的问题较多,破坏严重,破损率较高。

(5)模数式(型钢)伸缩装置:主要是构造和加工的原因。

2. 荷载影响

交通量急剧增长，重型车辆不断增多，加之桥头不均匀沉降引起的桥头跳车的影响，会使车辆的冲击作用明显增强，造成伸缩装置部件破损、脱落、松动，影响其使用寿命。

3. 设计方面

(1)伸缩装置选型不合理，桥梁伸缩装置的种类很多，每种都有各自的优缺点和使用范围，如果设计选型不当，将直接影响伸缩装置的使用寿命，易出现早期损坏。

(2)伸缩量计算不准确，设计未考虑伸缩装置安装时实际温度对伸缩量的影响。

(3)桥梁端部构造未能慎重考虑，有些桥梁桥面板的刚度不足，在汽车荷载作用下，因翼板较薄，横向联系较弱，使桥面板变形过大。

(4)部分设计将伸缩装置的锚固件置于桥面混凝土铺装层中，与主梁(板)连接的部分很少，易造成开焊、脱落，且力的分布不容易传递，微小的变形可能演变成大的位移，最终导致混凝土黏结力的失效。例如锌铁皮U形伸缩装置和矩形橡胶条伸缩装置。

(5)设计未对伸缩装置两侧的后浇混凝土和铺装层材料选择、配合比、密实度提出严格要求和明确规定。

4. 施工方面

(1)对桥梁伸缩装置施工工艺要求重视程度不够，未能严格掌握施工工艺标准和安装工序较小施工。

(2)锚固件焊接质量不能保证，如槽口不深、冲洗不干净、焊接长度不够等，造成伸缩装置锚固不牢固，经不起高速重载车辆的冲击、振动。

(3)后浇混凝土(或其他填充料)浇注不密实，达不到设计的强度要求，时常出现蜂窝、空洞等，难以承受车辆荷载的强烈冲击。

(4)伸缩装置两侧混凝土和沥青混凝土铺装层结合不好，碾压不密实，形成两张皮，容易产生开裂、脱落，最终引起伸缩装置的破坏。

(5)伸缩装置安装是桥梁施工的最后几道工序之一，为了赶工期，放松了伸缩装置的施工质量控制；安装后混凝土没有达到设计要求的强度就提前开放交通，从而造成伸缩装置损坏。

5. 管理和维护

(1)未能及时认真地对桥面和伸缩装置内的石子、泥沙等杂物进行清扫，影响了伸缩装置的正常变形。

(2)随着使用时间的增加，桥梁伸缩装置和桥面铺装层逐渐老化，接缝处桥面凹凸不平，维修又不充分，加剧了伸缩装置的破坏。

(3)超载车辆不能得到有效控制，特别是夜间缺乏管理，影响了伸缩装置的正常使用和寿命。

四、伸缩装置病害防治措施

1. 遵循相关标准规范体系的重要性

到目前为止，交通部行业标准《公路桥梁伸缩装置》(JT/T 327－2004)、《公路桥梁波形伸缩装置》(JT/T 502－2004)、《公路桥涵设计通用规范》(JTG D60－2004)、《公路钢筋混凝土及预应力混凝土桥涵设计规范》(JTG D62－2004)、《公路桥涵施工技术规范》(JTJ 041－2000)等已发布实施，桥梁伸缩装置的设计、生产、施工应严格遵循交通部行业有关标准，同时加强检测、试验有关工作。

2. 合理选择桥梁伸缩装置的类型

从调查统计结果来分析，模数式(型钢)伸缩装置和梳形钢板伸缩装置完好率分别达到90.9%和96.8%，目前仍是首选的伸缩装置，今后有待于进一步做好排水、防淤塞工作，使其使用效果达到最佳。同时有条件地开展试用桥梁波形伸缩装置等新型伸缩装置，进一步解决伸缩装置结构的合理性与重型化问题。还要根据伸缩量、道路性质、桥梁类型，结合排水、防水、方便施工养护和经济性，选择合适的桥梁伸缩装置。

3. 完善设计与配套

在伸缩装置结构设计时既要考虑伸缩量的大小，还要考虑产品在施工工艺上的要求，对预埋件的位置、深度等尽量与主梁相连接，并与桥梁的结构设计相匹配，对伸缩装置两侧混凝土和铺装层材料的选择、配合比、密实度、强度等应严格要求。从调查情况来看，由于桥头路基路面沉陷，两侧混凝土宽度尺寸不足，重车行驶后，引起伸缩装置破坏情况较为严重，应引起设计部门重视。考虑桥头路基沉陷问题，除了在桥头长 20m 范围内加厚路面结构尺寸外，还应同时考虑加宽桥头伸缩装置两侧钢纤维混凝土宽度（一般≥50cm），以保证伸缩装置的安全使用。

4. 加强伸缩装置施工的规范化，确保安装质量

在桥梁梁体施工中，应注意与伸缩装置安装有关的预埋、预留，做到安装准确，焊接牢固；伸缩装置安装时的实际温度与出厂时预定温度有较大偏差时要调整组装定位间隙值；安装前要彻底清理桥端缝隙中的杂物，槽口清理尺寸要够，冲洗要干净。要注意焊接顺序，焊接长度应满足规范要求；应采用快凝高强膨胀混凝土，可以抵消锚固混凝土形成强度过程中产生的收缩裂缝，提高混凝土抗振抗渗的密实度；混凝土浇筑应连续进行，小功率振捣密实，待达到强度后才能开放交通。

5. 加强管理与维护

在伸缩装置养护管理上，做好经常性检查、养护、及时进行修补等工作，是非常重要的。基本要求有：

(1)建立桥梁档案。为方便以后维修，要做好设计阶段、施工阶段记录的整理建档工作。

(2)常规检查及其日常养护。桥梁伸缩装置稍有缺陷，就容易引起破损，因此，做好有计划、有组织的经常性检查和日常养护，注意早期小范围的修补，是非常必要的。严禁超载车辆驶入，及时清除缝中杂物，定期检查伸缩装置各部件是否松动或局部破坏，发现问题及时解决。

(3)经常规检查对已破坏部位即时进行了小规模的修补后，仍不能达到使用标准时，在没有发生行驶上的危险之前，可能要做大修或重新更换。

五、结　语

公路桥梁伸缩装置的损坏是桥梁运营中常见的通病，且较难加强和修复。通过调查分析，引起伸缩装置病害的原因是多种多样的，对其防治亦应从设计、施工、使用的每一个环节入手。科学与合理的设计应遵循相关标准规范体系，综合考虑道路性质、桥梁类型、伸缩量、耐久性、防水性、排水性和施工与维修的方便；规范化的施工与安装是保证伸缩装置质量的关键；及时的维护与保养是提高伸缩装置使用寿命的重要保证。

参考文献

[1] 黄晓明，张晓水. 公路建设质量通病分析与防治[M]. 北京：人民交通出版社，2002

[2] 刘自明. 桥梁工程养护与维修手册[M]. 北京：人民交通出版社，2004

[3] 浙江省公路学会，浙江省公路管理局. 浙江省国省道干线公路桥梁伸缩装置调查研究报告，2007

191. 双曲拱桥承载能力评价研究

崔　军　吕聪儒　官世平

（浙江省交通厅工程质量监督局）

摘　要　颊口桥位于杭昱线昌化段，建于20世纪70年代，为2×36m的钢筋混凝土双曲拱桥。通过桥梁的调查与检算、荷载试验等方法，明确了该桥的承载能力。

关键词　双曲拱桥　承载能力　荷载试验　桥梁检算

一、引　言

颊口桥位于杭昱线昌化段，为一双跨双曲拱桥，建成于1973年8月1日。主桥为2孔计算跨径36m的等截面空腹式钢筋混凝土双曲拱桥，矢跨比为1/6，桥梁宽度为净—7+2×0.8m，主拱圈由6肋5波组成，每孔设有13道横系梁；重力式墩台均为毛石砌筑，墩台基础为毛石基础，砌筑在卵石河床上。设计荷载为汽—15级，挂—80。桥梁总体布置见图1。

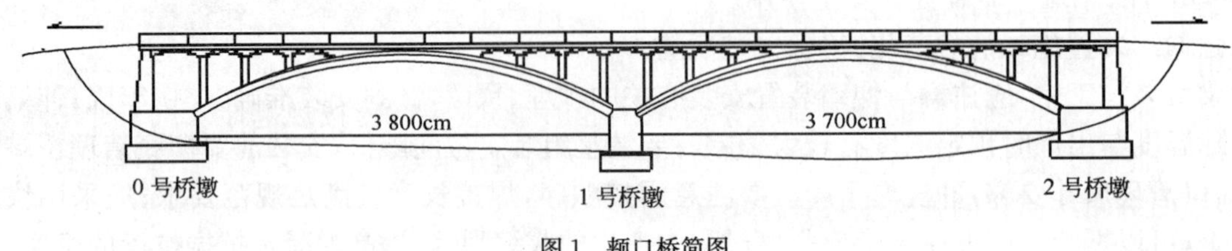

图1　颊口桥简图

二、桥梁调查与检算

1. 桥梁调查

1)桥面系

桥面铺装破损严重，出现较多裂缝、凹坑、积水，平整度差，已有多处修补。全桥及引桥无伸缩缝。桥上排水孔仅1处畅通，其余都堵塞。

2)主拱圈

主拱圈由6肋5波组成，主拱肋外观基本完好，混凝土表面质量尚可。1号桥墩与2号桥台之间的主拱肋在拱顶有3～4道U形横向裂缝，缝宽0.15～0.2mm，缝与缝间距沿20～25cm肋高方向高约20cm，超过规范截面高为一半的限值。各孔主拱肋根部有小面积混凝土剥落、露筋生锈现象。个别横系梁制作质量较差。两孔拱波沿纵向存在多处裂缝，裂缝处有渗水痕迹。

3)拱上建筑

拱上建筑为空腹式。腹拱为净跨3m的预制钢筋混凝土板拱，腹拱立墙为现浇混凝土墙。立墙圆拱洞顶均有U形裂缝贯通墙厚并向上延伸，缝宽0.2～1mm。立墙与拱波之间的现浇混凝土底梁上有裂缝，拱波板面由高往低一路渗水，说明主拱圈及腹拱防水层早已破坏，底梁与拱波交接处不密实。腹拱预制拱板与立墙之间产生滑移，拱板制作较粗糙，拼接缝较大。

两侧边腹拱的预制拱板与挡墙及立墙之间产生滑移，有的拱板伸出墙边约5cm，拱板制作较粗糙，拼接缝较大。0号桥台处南侧顶部有1块拱板下滑约10cm。

4)下部结构

桥墩墩帽及桥台台帽在主拱肋肋边部位竖向裂缝，缝长20～40cm，缝宽0.05～0.2mm。墩台帽与拱波交接处渗水，说明交接处不密实。

0号桥台后座挡墙距北端约1/3处顺毛石砌缝竖向通长裂缝，缝宽约1cm；2号桥台后座挡墙距南端约1m顺毛石砌缝竖向通长裂缝，缝宽约1cm，地面距南端约1m有裂缝，缝宽约0.5～1mm。

5)混凝土强度

桥跨结构各主要结构的混凝土强度用回弹仪进行了测定，根据分析计算及碳化深度的修正，各主要构件混凝土平均强度如表1所示。

主要构件混凝土平均强度(MPa)　　表1

构　件	1号拱肋	2号拱肋	3号拱肋	4号拱肋	5号拱肋	6号拱肋	腹拱拱板
平均强度	36.7	32.5	30.9	34.2	31.5	33.7	30.4
测面状态	风干粗糙	风干粗糙	风干粗糙	风干粗糙	风干粗糙	风干粗糙	风干粗糙

2. 桥梁承载能力检算

1)检算方法

根据下式[1]对该桥的承载能力检算：

$$S_d(r_g G; r_q \sum Q) \leqslant r_b R_d\left(\frac{R_c}{r_c}; \frac{R_s}{r_s}\right) Z_1 \quad (1)$$

式中各符号的意义参见文献[1]。

由该桥的调查结果，该桥的主拱圈和基础情况尚好，但拱上建筑状况较差，在检算时，不计拱上建筑的联合作用，参考文献[1]，旧桥检算系数 Z_1 取为 0.9。

按实测拱轴线，根据颍口桥的设计荷载等级，按标准荷载进行计算，按规范计入汽车冲击系数，恒载计算时考虑基础变位 5mm 的影响和温降 10℃，同时计入混凝土收缩和徐变的影响，构件刚度按 $0.67EI$ 考虑，荷载横向分布按简化的弹性支撑连续梁法计算。

2)检算结果

通过对该桥的检算，发现在原设计荷载作用下，1/2 截面的弯矩和挠度值均最大，1/2 截面的弯曲强度和挠度值略显不够，超出规范规定值。为进一步了解整个桥梁在荷载作用下的实际工作情况，需要对该桥进行荷载试验。

三、荷 载 试 验

1. 内力影响线的反演

传统的荷载试验方法过多地依赖校验系数来评定桥梁的承载能力，对于旧的拱桥，由于理论模型的误差，会过低估计拱桥的承载能力。对于双曲拱桥这种特殊的结构，很难准确的建立反映结构实际受力特点的理论模型，可采用实测的影响线来反演结构的理论计算模型。

由于试验车辆是多轴的，车辆荷载作用下桥梁的挠度或应变变化曲线是多个轴荷载作用的叠加。在单轴作用段，可以直接用测得的内力除以单轴重力可得到结构在这一段的影响线；在多轴作用段，可利用已知的内力影响线，逐个扣除某个单轴的影响，从而得到非单轴作用段的结构内力影响线。

假设加载车辆为双轴汽车，轴距为 h，前轴轴重力为 P_1，后轴轴重力为 P_2，汽车由后轴处于 $x=0$ 的位置开始由左向右行驶，如图 2 所示。

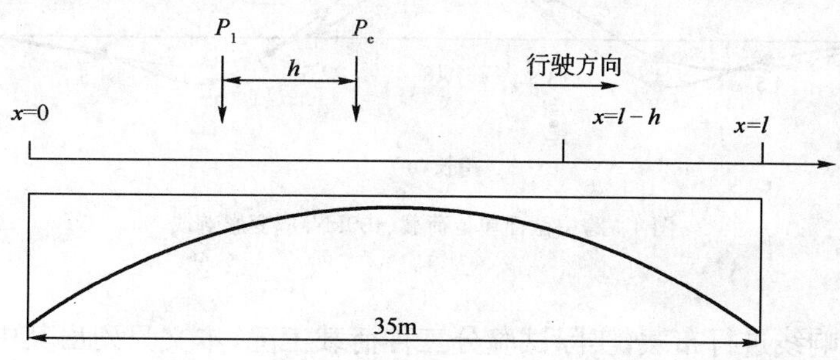

图 2 试验车辆移动示意

当后轴位于 $l-h\pi x\leqslant l$ 段，只有后轴作用于桥面，知道了后轴重力就可以得到结构在这一段的内力影响线；当后轴位于 $0\leqslant x\leqslant l-h$ 段，车辆荷载的影响是 P_1 和 P_2 两个轴荷载的合成，要得到这一段的内力影响线需要扣除一个轴的影响。当后轴 P_1 位于 $l-2h\pi x\leqslant l-h$ 段时，前轴 P_2 位于 $l-h\pi x\leqslant l$ 段，前轴的影响可以根据 $l-h\pi x\leqslant l$ 段已经得到的影响线计算出来。

设某一截面内力变化曲线为 F，则 $l-h\pi x\leqslant l$ 段的内力影响线为

$$f_1 = F/P_1, (l-h\pi x \leqslant l);$$

则，$l-2h\pi x\leqslant l-h$ 段的影响线为

$$f_2=(F-P_2\times f_1)/P_1,(l-2h\pi x\leqslant l-h);$$

同理可求得

$$f_3=(F-P_2\times f_2)/P_1,(l-3h\pi x\leqslant l-2h);$$

…

$$f_n=(F-P_2\times f_{n-1})/P_1,(l-nh\pi x\leqslant l-(n-1)h)$$

若 $l-h$ 恰好是 h 的整数倍，则 $n=l/h$，否则 $n=[l/h+1]$——[]为取整运算符。

2. 颊口桥内力影响线的反演

由实测车辆荷载的内力变化曲线反演结构的内力影响线，并与理论计算结果（线性有限元理论）进行比较，如图 3 和图 4 所示（只列出跨中截面的结果）。汽车荷载按实际作用的轮压面积和 45°扩散的方式考虑，否则理论影响线在跨中截面处呈尖峰，而不是一条光滑的曲线。

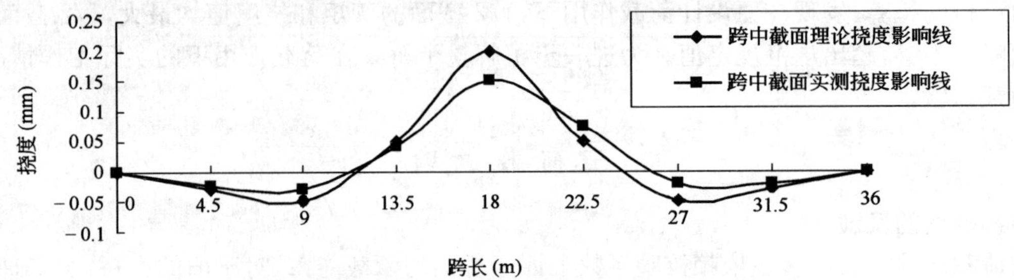

图 3　跨中截面单位荷载（100kN）挠度影响线

由图 3 和图 4 可见，跨中截面内力影响线理论值和实测值趋势基本吻合，结构的受力情况正常，实测结果较理论结果小，表明理论模型和实际的受力方式有一定的差异，可能是由于忽略了拱上建筑的联合作用和拱板的作用所致。

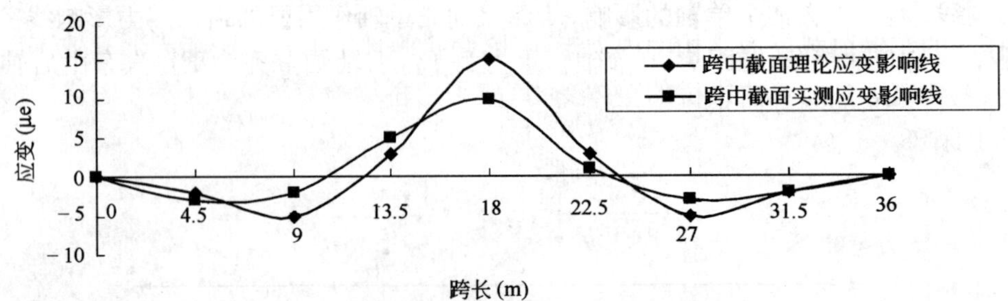

图 4　跨中截面单位荷载（100kN）应变影响线

3. 荷载试验结果

根据以上反演的影响线进行布载，实际试验分三种荷载工况，本文只列出其中一种，即跨中截面的应变和挠度工况。表 2 为荷载试验的实测结果。

4. 试验结果分析

在荷载作用下，该桥受力情况正常，在结构的主要受力部位未发现裂缝。在试验荷载的作用下，拱脚的水平和竖向位移非常小，表明该桥的基础承载能力良好。

从表 2 的应变测试结果可见，试验荷载作用下的应变实测值除 2 号拱肋较大外，其余均接近或小于理论值。另外从表 2 可以看到残余应变率均小于 20%，属于正常范围。

从表 2 的挠度测试结果可见，试验荷载作用下的挠度实测值均接近或小于理论值，且远远小于规范要求的 L/800，残余应变率均小于 20%。从图 5 的跨中挠度变化曲线看，挠度变化趋势正常，随荷载的增加而增加。

荷载试验实测结果 表2

项 目	测 点	测试结果	设计荷载控制值	校验系数	残 余
应变	1号拱肋	84με	82με	1.02	8
	2号拱肋	108με		1.32	10
	3号拱肋	52με		0.64	9
	4号拱肋	67με		0.82	12
	5号拱肋	77με		0.94	4
	6号拱肋	75με		0.91	10
挠度	1号拱肋	2.12mm	2.20mm	0.96	0.04
	2号拱肋	2.42mm		1.10	0.15
	3号拱肋	2.30mm		1.05	0.08
	4号拱肋	2.22mm		1.01	0.16
	5号拱肋	2.08mm		0.95	0.20
	6号拱肋	2.51mm		1.14	0.13

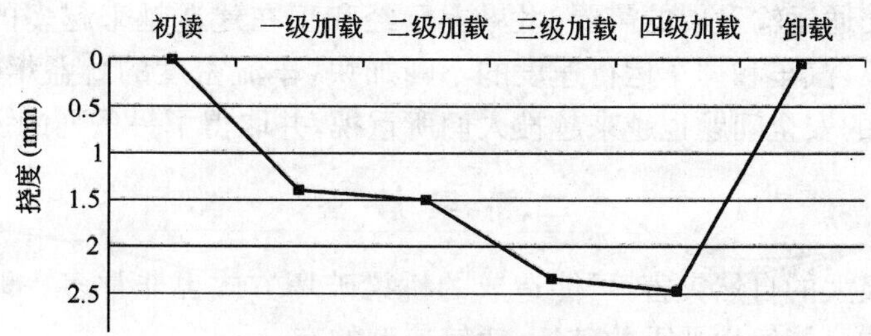

图5 跨中截面挠度变化曲线

综合以上的分析,可以判定,该桥主要结构的承载能力达到汽-15,挂-80的要求。由于附属结构腹拱破损严重,局部承载能力已经不能与主体结构的承载能力相适应,应对其作加固处理。

四、结 语

(1)利用移动的车辆荷载反演结构的内力影响线,是正确评定旧桥承载能力的有效方法;

(2)由于拱上建筑等参与双曲拱桥的整体受力,故采用桥梁检算方法时,要考虑这一部分的影响,否则检算结果过于保守。

参考文献

[1] 公路旧桥承载能力鉴定方法(试行)[S]. 人民交通出版社,1988

[2] 中华人民共和国交通部部标准. 公路砖石及混凝土桥涵设计规范[S]. 北京:人民交通出版社,1985

[3] 中华人民共和国交通部部标准. 公路钢筋混凝土及预应力混凝土桥涵设计规范[S]. 北京:人民交通出版社,1985

192. 桥梁防震减震与评估加固的对策研究

夏超逸 雷俊卿

(北京交通大学 土木建筑工程学院)

摘 要 地震是威胁人类生存、给人类造成巨大经济损失的主要自然灾害,我国的公路网正在形成,地震作用对桥梁结构的破坏作用是不可忽略的。而交通网络一旦因地震遭到破坏,会切断交通生命线,将造成救灾工作的重大损失。因此,公路桥梁减隔震和震后评估及加固已经越来越受到我国防震减灾工作者的重视。本文首先通过作用原理、设计原则、装置与系统等方面，概述了目前在公路桥梁抗震中迅速发展的减隔震技术，并对基于性能的公路桥梁抗震评估和加固方法进行了详细介绍。

关键词　防灾减灾　公路桥梁　减隔震　评估与加固

一、引　　言

地震动又称为地面运动，是由震源释放出来的地震波引起的地表附近土层的振动。地震动是引起震害的外因，其作用相当于结构分析中的各种荷载。

在结构工程中常用的荷载是以力的方式出现的，而地震动是以运动方式出现的。常用的荷载一般为短期内大小不变的静力，地震动是迅速变化的振动。常用的活载大多是竖向作用的，地震动则是水平向、竖直向甚至扭转同时作用的。在地震工程中，研究的主要对象有三个，即地震动(输入)、结构(体系)、结构反应(输出)。地震动是地震与结构抗震之间的桥梁，是工程地震研究的主要内容，也是结构抗震设防时必须考虑的问题。

为适应现代社会对交通运输发展的需要，世界上已经和正在建造越来越多的公路或公铁两用桥梁。随着桥梁跨径的不断增长，汽车和列车运行速度的不断加快，车流密度的日益增加以及车辆轴重的逐渐加大，桥梁在地震作用下的安全问题也越来越被人们所重视，并取得了一系列的研究成果。

二、桥 梁 震 害

地震是一种破坏性极大的自然灾害，可能造成的桥梁破坏方式也非常多。地震作用下，沿桥的纵向和横向在上下部结构上均可能发生严重的破坏，比较典型的有：

(1)基础的破坏：主要原因在于不良地质条件，如砂土液化，地基下沉、桥梁基础整体翻转、岸坡划移或开裂等。尽管桩基础的承台由于体积、强度和刚度都很大，但桩基尤其是深桩基础的破坏偶尔也会发生。

(2)桥梁上部结构的破坏：梁式桥和拱桥上部结构因直接的地震动力效应而毁坏的情形是比较少见的，往往是由于桥梁结构其他部位的毁坏而导致梁体、拱体的损伤。桥梁上部结构的破坏中比较严重的破坏是落梁现象[图 1a]，主要原因有墩台倾倒或倒塌、河岸滑坡、地基下沉、桥墩破坏、支座破坏、梁体碰撞、相邻墩发生大的相对位移等，其中顺桥向的落梁要多于逆向落梁。

(3)桥台、桥墩的破坏：严重的破坏现象包括墩台的倒塌、断裂和严重倾斜。如台墙因钢筋不足被梁体撞穿，或承受过大的动土压力而倾倒。石砌或混凝土墩身大多为施工接缝处的轻微裂缝开始，继而扩展至四周造成剪断面破坏，甚至导致墩身移位或断落。对于钢筋混凝土桥墩，常出现桥墩轻微开裂、保护层混凝土剥落，严重的则受压区混凝土崩溃、钢筋裸露屈曲，从而导致变形过大而破坏[图 1b]。

(4)支承连接件的破坏，桥梁支座、伸缩缝和剪力键等支承连接件的震害在桥梁破坏中极为普遍，支座破坏历来是桥梁抗震的一个薄弱环节。破坏的形式主要表现为桥梁支座锚固螺栓拔出剪断、支座滑移脱落、以及支座本身构造上的破坏压碎等[图 1c]。

一般说来，大跨度、特大跨度桥梁本身震害不甚突出，需要研究的主要是地震时桥上车辆的运行安全问题，而中小跨度桥梁震害严重且破坏类型较多。由于地震波的相位差导致结构各支座处的不同激振，对于多跨梁式桥，会带来各个桥墩墩顶纵向位移的相位差，可能增加落梁的危险；而横向位移的相位差，则会造成桥跨两墩台之间的位移差，直接影响到轨道线形的平顺；地震引起的轨道振动还会直接导致车辆脱轨，危及列车运行的安全。

三、公路桥梁的震后评估与加固

1. 简介

桥梁在地震动作用下的破坏问题在许多国家严重存在。在美国，全美 50 个州中有 37 个州，未来 50 年内足以造成桥梁损坏的地震动发生概率为 10%，严重地甚至可能导致桥梁倒塌。为了防止这种情况

a) 落梁

b) 墩柱破坏

c) 支座破坏

图 1　桥梁震害图片

的发生，需要对抗震能力不足的结构进行加固或更换。这可通过对桥梁风险性识别、评估它们的倒塌或严重震害的易损性以及启动降低这种风险的研究项目来实现。为了掌握既有公路桥梁的运行状态，以便及时进行加固整修，确保运营安全，延长结构的使用寿命，一些国家开发了各种桥梁检测技术，对既有桥梁进行全面的检查。在日本，阪神大地震之后，采用冲击振动试验法将震害地区全部公路桥梁进行了普查，确定了被损伤桥梁基础的破坏方式、损坏程度、以及优先处理的顺序。

加固是减轻风险的最普遍的方法，然而，从加固的造价方面考虑，对一些桥梁放弃加固（全部或部分限制通行）或者更换为新结构更可取。另一个可能的选择是不采取任何措施并接受桥梁损坏的后果。可根据桥梁的重要性和结构易损性的详细评估结果，对桥梁是否加固、弃用、更换、或不采取任何措施进行决策。由于资源有限，因此桥梁抗震加固应采用优先加固的原则，位于高地震危险性区域的重要桥梁应确定为最优先加固的桥梁。

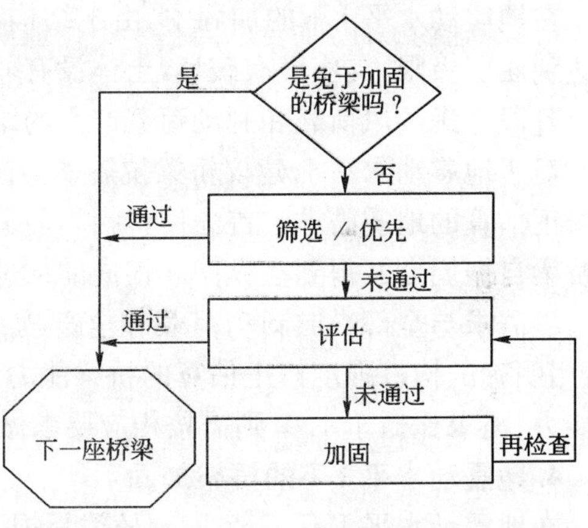

图 2　公路桥梁加固过程流程图

对既有公路桥梁的评估方法和抗震等级提高方法，具体包括：确定需要进行抗震加固评估的桥梁及其抗震加固优先顺序的筛选方法。桥梁抗震能力的定量评估方法以及确定抗震加固的措施，包括费用和安装方便性。提高既有桥梁抗震性能的加固方法和相应技术。通过桥梁的预期使用寿命、性能指标以及地震自身的危险性（地面运动、场地效应）等几个方面，判断桥梁是否免于加固，然后按照图 2 所示的流程图进行桥梁的评估和加固。

2. 基于性能的公路桥梁抗震加固

对于地震地面运动的不同水准，桥梁抗震加固有着不同的期望性能目标。性能准则随地震动水准，桥梁重要性和预期服役期而变化，一般的，性能准则被定义为四个性能水平。本文中，期望性能目标定义为：两个地震地面运动水平（一个小震地震动水准和一个大震地震动水准），两个重要性等级（一般的和重要的）以及三个服役期分类（AS1，2 和 3）。

地震动水平 I（LL）是在桥梁寿命期（假设为 75 年）最可能遇到的地震，它代表相对小，但可能发生的地震地面运动。地震动水平 II（UL）是一个在桥梁使用服役期内并可能遇到的、有限的、但遥远的地震动，也就是说它代表一个较大的、但不容易发生的地震动。

在确定桥梁重要性等级时，基于工程判断的广义的桥梁分类更为合理，在本文中建议将桥梁分为两类：重要性桥梁和一般桥梁。重要性桥梁是指那些期望在地震后具有桥梁运营功能的桥梁，或期望地震后立即能够开放的桥梁,此外的其他所有桥梁归类为一般桥梁。

本文将桥梁的服役期分为三类。对于服役期归为 ASL1 的桥梁,由于服役期接近结束,对这些桥梁进行抗震加固是不经济的。所以这些桥梁没必要进行抗震加固,并且归类为最低需要抗震加固的桥梁,也就是 A 类桥梁。对于服役期归为 ASL3 的桥梁,由于这些桥梁建设年代不长,几乎相当于新桥,抗震加固的标准应该按新建桥梁的抗震标准。服役期归为 ASL2 的桥梁,由于其在两个极端之间,较低的抗震加固标准是可以接受的。然而,如果条件允许,业主可以选用较高的标准进行加固。

根据以上的地震动水平、桥梁重要性和服役期类别,可以通过查找规范找到响相应的推荐性能水平。桥梁抗震性能应校核两个地震动水准(地震动水平 I 和地震动水平 II),为此,在抗震加固中有两个明显的阶段:阶段 1 是根据地震动水平 I 进行筛选检查、评估和加固;阶段 2 是根据地震动水平 II 进行筛选检查、评估和加固。

对于地震动水平 I 阶段的准则是:结构不损坏、不维修(结构处于弹性状态),而对于地震动水平 II 阶段的准则是:可接受损坏、但结构不倒塌,对一些桥梁而言,地震时应急车辆可以通过(结构进入非弹性行为状态)。

如果桥梁满足下列条件之一,对于两个地震动水平桥梁免于进行抗震加固:(1)桥梁的预期使用期限等于或低于 15 年;(2)桥梁是“临时”桥梁(桥梁的预期使用期限等于或低于 15 年);(3)关闭交通的桥梁,并且不跨越使用中的公路、公路或水运的桥梁。

对于地震动水平 I 和地震动水平 II,加固桥梁的过程都可分为以下三部分:(1)梁清单的初步筛选;(2)有桥梁的详细评估;(3)选择加固策略以及加固措施的设计。

3. 针对地震动水平 I 的评估方法

在地震动水平 I 下的加固中,由于结构在小变形弹性范围内,没有明确考虑结构位移。这个阶段没有达到屈服极限,支座没有破坏,土体没有软化。桥梁应校核强度构件和基础的弹性范围内的截面强度,设计阶段考虑的风荷载和制动荷载产生的结构内力应进行检算。

对于地震动水平 I,建议桥梁抗震能力的详细评估按下列两步进行:第 1 步:用改进的结构振动周期值修正估算的地震需求。首先用包括均匀荷载法和多模态反应谱方法等弹性方法计算桥梁横向和纵向的桥梁自振周期并得到在纵向和横向的加速度反应谱,然后用相应公式计算纵向和横向的地震需求,并此地震需求与全部纵向制动荷载和全部横向风荷载分别进行比较,并按规范要求进行深入评估。第 2 步:用明确的构件强度修正估算的桥梁能力。计算传力路径的每根构件的侧向“能力/需求”比,如果构件的能力/需求比低于 1.0,则需按相应要求做加固考虑。

4. 地震动水平 I 下的桥梁加固

在地震动水平 I 下,一旦发现桥梁易损,那么应确定该做哪些工作来校正缺陷。在大多数情况下,主要是缺乏足够的弹性强度,此时,增强构件强度将是最实际的方法。但是,在对地震动水平 I 下进行加固前,应评估结构在地震动水平 II 下的性能。在地震动水平 II 下桥梁抗震能力也许是不足的,这样,当强调地震动水平 II 的需求时,地震动水平 I 的缺陷同时得到校正,因此专门针对地震动水平 I 的加固就不再需要了。

5. 针对地震动水平 II 的评估方法

桥梁的抗震评估直接地或间接地是一个两步骤的过程。先要求进行需求分析以确定由地震施加在桥梁上的力和位移;然后对承受这种需求的能力进行评估。在本文中叙述的六个评估方法在不同程度上全部是基于能力-需求原理。这六种方法包括连接力和支承长度校核、构件能力校核、构件能力/需求比方法、能力谱法、结构能力和需求比方法和非线性动力分析方法(时程分析)。

6. 针对地震动水平 II 的加固方法

在制订给定桥梁抗震加固方案时,一些的常用的方法包括:

(1)补强是一种提高桥梁的一个或多个受损构件力或弯矩能力的常用方法。这种方法会增加刚度,很有可能对结构的响应造成影响。使构件在大震中保持在弹性范围内的加固是不经济的,所以在许多情况下我们期望地震时让一些构件出现屈服。如果在结构单元上力或弯矩的需求由于结构其他部位的屈服而受到限制，那么构件的强度应该具有足够的抗震要求，以便不受损伤。在上部结构和基础部位的力是通过墩柱的屈服控制的。当通过既有桥梁的墩柱或加固后的墩柱，这些单元没有足够的强度抵抗力或弯矩，它们必须进行补强。延性构件的补强会减少构件的延性需求，从而改善抗震性能，而这将增加连接件的力或弯矩，这些连接件也需补强。在铰和支座处加限位拉索或高强钢筋也是一种形式的补强。限位器的附加强度和刚度将限制上部结构桥跨或框架之间的相对移动，其目的是防止支承失效引起的损坏。

(2)改善结构的位移能力是一种通常的加固方法。可以用下述两种技术中的任意一种实施：第一个技术是，在支承没有失效的条件下延长支座的支承长度，以允许支座更大的相对位移。这种方法可以替代增设限位索或钢筋的方法，限位索或钢筋可以减少支座处的位移需求。例如，限位器和延伸器同时使用以防止支承失效。第二个技术是，增加墩柱的延性能力。在大震作用下，也许需要较大的非弹性变形，同时，延性能力是不发生倒塌或破坏的一个措施。所以一个延性墩柱能够提供一个比较大的承受变形的能力，提高这种变形能力的任何技术会以提高位移能力的形式考虑。

(3)添加屈服构件作为结构的"保险单元"(即牺牲单元)关键结构构件中的力加以限制。如果桥梁中的一个构件特意设计为屈服且限制这些力传输到相邻的构件，这样，第二个构件就通过第一个构件起到"能力保护"的作用。例如，如果一个墩柱被特意设计为屈服并形成塑性铰，那么通过塑性铰的屈服弯矩可以限制从墩柱传输到基础的最大弯矩。这种情况下，通过墩柱的塑性铰对基础起到"能力-保护"的作用。

(4)限制内力也是一种常用的方法。按这种方法加固的桥梁其动力响应很可能发生显著的改变，将减少力和位移的需求，并且消除或减少通过补强或提高位移能力需要加固的需求。这种方法的一个例子是采用隔震，这样结构基础的周期人为加长，以减少力的需求。改变地震响应的另外一种方法是更改水平惯性力的荷载传力路径，使另外一条荷载传递路径加强的加固可以将力吸引过来，使其远离易损构件，从而减少或消除对易损构件的加固需求。虽然在许多结构中内力的限制是自然存在的，但是为了减少构件的补强费用，已经开发了若干限制力的加固方法。一种常见的限制内力的方法是采用隔震支座。虽然这些支座会改变桥梁的动力响应，但是它们也可起到"保险单元"的作用，限制传输到下部结构或基础的剪力。

在过去的十年中，可用的桥梁抗震加固的措施显著增加。针对抗震能力不足的上部结构、支座、梁座、墩柱，包括抗震能力不足的盖梁以及盖梁与梁节点的加固措施已经得到了发展。此外，改进桥台和基础行为的技术已经开发出来，包括危险场地桥梁的抗震加固措施。部分加固措施包括：梁的加固、设置能量耗散延性横撑、在简支梁桥中的纵向连接、支座更换、设置隔震支座、能量耗散装置、在梁支撑和连接铰处支座支承面的加宽和挡块、在梁支撑和连接铰处的减震装置、墩柱的更换、加固墩柱的混凝土壳、钢和纤维复合外壳、在排架中填充剪力墙、用预应力对盖梁补强、设置副梁、在桥台后面设置锚板、设置土层锚杆和重力式锚杆、更换承台、承台加厚、增加桩的抗拔能力、补桩、针对横跨断层的连接、针对不稳定斜坡和液化的场地改良、振冲土柱和碎石桩等。

四、公路桥梁的防灾减震

1. 减隔震设计

结构控制技术是工程抗震研究的热点问题。该技术通过在工程结构的特定部位装设某种装置(如耗能支承等)、或某种子结构(如调频质量 TMD 等)、或施加外力(外部能量输入)，以改变或调整结构特性，确保结构及其附属物的安全。

减隔震设计是在桥梁上部结构和下部结构或基础之间设置隔震支座，以增大原结构体系周期和阻尼，减小输入到上部结构的能量，达到结构预期防震的要求。采用减隔震技术可以有效地提高桥梁结构的抗震能力。在设计时要分析其适用条件，正确选择、合理布置减隔震装置，并重视细部构件和构造的合理设计，以确保减隔震设计的效果。作为目前应用较广泛的一种结构控制技术，减隔震技术利用特制的减震及隔震装置，大量消耗或阻止进入结构体系的能量，达到控制结构内力分布与大小的目的。

结构对地震的反应有两个基本规律：一是地震动的频率成分很复杂，但地震能量一般集中在一个频率范围内。二是结构的阻尼越大，结构的地震反应越小。减隔震技术主要利用上述两个基本规律，它的工作原理是：(1)采用柔性支承延长结构周期，减小结构地震反应。(2)采用阻尼器式能量耗散元件，限制结构位移。(3)保证结构在正常使用荷载作用下具有足够的刚度。

可采用减隔震技术进行设计的桥梁，应满足下列条件之一：(1)桥梁上部结构为连续形式，下部结构刚度比较大，整个桥的基本周期比较短。(2)桥梁下部结构刚度不均匀，引入减隔震装置可调节各桥墩刚度，避免刚度较大桥墩承担很大惯性力的情况。(3)场地条件较好，预期地面运动具有较高的卓越频率，长周期范围所含能量较少等情况。

进行减隔震设计的桥梁，应保证其具有足够的刚度和屈服强度，以避免在正常使用条件下出现因风荷载、制动力等引起的有害振动，而且桥梁的固有周期原则上应为不采用减隔震装置时固有周期的两倍以上。在构造上，桥梁的相邻上部结构之间须在桥台、桥墩等处设置足够间隙，以满足位移需求。计算减隔震桥梁地震力时，可分别考虑顺桥和横桥两个方向的水平地震力，位于高地震危险性区的桥梁，应按规范要求考虑竖向地震力和水平地震力的不利组合。同时，在计算中，应取全桥模型进行分析，并考虑伸缩装置、挡块、基础柔度等因素的影响。减隔震桥梁的抗震分析可采用反应谱法、功率谱法和动力时程法。一般情况下，宜采用非线性动力时程分析方法。

另外，应该注意的是，并非所有的桥梁都适于进行减隔震设计，不宜采用桥梁减隔震技术进行设计的情况有：(1)场地土层不稳定；(2)下部结构柔性大，桥梁的固有周期比较长；(3)位于软弱场地，延长周期可能引起地基和桥梁共振；(4)支座中出现负反力。

在减隔震设计中，要使减隔震装置充分发挥减震耗能的作用，必须使非弹性变形和耗能主要集中在减隔震装置。为了使大部分变形集中于减隔震装置，不仅要使减隔震装置的水平刚度远低于桥墩、桥台、基础的刚度，还要避免桥墩屈服先于减隔震装置屈服。另外，构造措施对减隔震桥梁的动力特性和抗震性能有重要影响。在减隔震设计中，应充分注意构造细节的设计，并对施工质量给予明确规定。

2. 减隔震装置

减隔震装置的构造宜尽可能简单、性能可靠，应在其性能明确的范围内使用；必须考虑隔震系统的可替换性，并进行定期的维护和检查。在隔震设计和分析中采用的减隔震装置的变形、阻尼比值等力学参数值等，都应通过试验进行校核。试验得到的隔震装置的等效刚度的值必须在设计值的±10%以内，同时必须保证隔震装置的等效阻尼比值大于计算分析中采用的值。

隔震是通过某种装置，将震源与结构隔开，其作用是减弱或改变地震动对结构作用的强度和方式，以此达到减小结构振动的目的。隔震又分为主动隔震与被动隔震。(1)主动隔震是将震源隔离起来，使震源产生的振动局限在一定范围内，隔断振动传递路径，对其他结构是一种保护措施。此法适用于震源只发生比较小而位置明确的情况下。(2)被动隔震是通过采用一定的措施或附加子结构，吸收或消耗震源传递给主结构的能量，达到减小结构振动的目的。

减震是根据结构的地震反应，通过自动控制系统的执行机，主动给结构施加控制力，达到减小结构振动的目的。选择减震设计方案的原则：(1)要使所设计的支座既能承受竖向的服役荷载又能消耗或吸收一部分的震能；(2)在消能过程中有可能产生较大的位移，故应考虑防止落梁的现象。

一个完善的桥梁减隔震系统应包含柔性支承、阻尼装置和构造措施三部分。常见的柔性支承装置是橡胶支座，它能满足桥梁在正常使用状态下温度等因素产生的位移要求。提供耗能的阻尼装置主要有两种：一种是利用材料塑性变形耗能的滞回阻尼；另一种是利用摩擦方式的摩擦耗能。减隔震装置必须有足够的柔性以延长周期、减小地震反应，但在运营荷载下，又要保证结构不发生大变形和有害振动。通过选择某种特性的弹性支承材料，可以达到上述目的。同时，需采用特殊的构造措施保证支承以上结构有较大的活动空间，但又不至于发生落梁和碰撞震害。

常用的减隔震支座分为整体型和分离型两类。整体型减隔震支座包括铅芯橡胶支座(如图3所示)、高阻尼橡胶支座、粘性材料减震支座和周围约束型橡胶支座四类;分离型减隔震支座包括橡胶支座+软钢阻尼器、橡胶支座+摩擦阻尼器、橡胶支座+粘性材料阻尼器和橡胶支座+铅阻尼器四类。

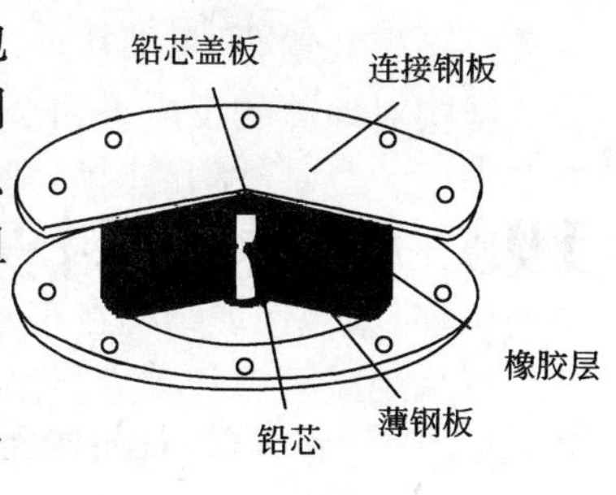

图3 铅芯橡胶支座

在进行减隔震设计时,应将重点放在提高耗散能力和分散地震力上,不能过分追求加长周期。应选用作用机制简单的减隔震装置,并在其力学性能明确的范围内使用。另外,减隔震装置不仅要能减震耗能,还应满足正常运营荷载的承载要求如下:

(1) 在不同水准地震作用下,减隔震支座都应保持良好的竖向荷载支承能力。

(2) 减隔震装置应具有较高的初始水平刚度,使得桥梁在风荷载、制动力等作用下不发生过大的变形和有害的振动。

(3) 当温度、徐变等引起上部结构缓慢的伸缩变形时,减隔震支座产生的抗力比较低。

(4) 减隔震装置应具有较好的自复位能力.

减隔震装置的布置位置有两种,一种是布置在桥墩顶部,起降低上部结构惯性力的作用。另一种是布置在桥墩底部,能较大幅度降低整个结构的动力响应。

五、展 望

传统抗震设计主要依靠结构自身具有的强度、延性、耗能能力来抗震,设计是通过增加结构强度和延性来实现。而减隔震技术是通过引入隔震装置改变结构在地震中的动力响应特性,减少地震输入,外加耗能机制作为主要的抗震构件,以结构构件抗震为辅。减隔震技术既提高了结构的抗震性能,又降低了造价。作为一种在传统抗震技术之外可选择的方案,该技术方法将得到更广泛的应用。我国在此领域的应用研究尚属起步阶段,在公路桥梁减隔震方面的研究也相对较少,针对公路桥梁与减隔震装置的相互作用机理和设计分析与方法等仍存在多方面的难题,仍然需要开展大量深入的研究工作加以解决。

我国目前在桥梁抗震评估方面的研究工作也处在起步阶段,尚无统一标准。在确定需要加固的桥梁后,须对其现有的抗震性能进行详细的评估,这是选择加固方法和措施的基础,评估过程中要尽可能了解结构的实际性能及在不同地震作用下所处的极限状态,真正实现"小震不坏、中震可修、大震不倒"的分级设防标准,确保公路工程各结构具有足够的抗震安全度,提高公路工程的设防标准,减小"强震区"公路工程灾害损失,降低公路设防成本,确保交通生命线工程的畅通。

参考文献

[1] 雷俊卿.公路桥梁抗震防灾安全性评估分析.西南交通大学学报,1999(5)

[2] 刘鹏,桥梁抗震的减隔震技术,科技资讯,2008,33,247-248.

[3] 柳厚祥,廖雪,吴从师,刘世武.公路工程结构抗震加固技术研究的现状与进展,建筑技术,2005,36(6),460-461.

[4] 杨风利,钟铁毅,夏禾.公路简支梁桥减隔震支座设计参数的优化研究,铁道学报,2006,28(2),129-132

[5] 张骏,阎贵平.简支梁桥减隔震性能分析,铁道工程学报,2000,4,54-58.

193. 钢绞线对夹片式锚具静载锚固试验影响的研究

王文学[1]　姜招喜[2]

（1. 杭州湾大桥工程指挥部；2. 国家标准件产品质量监督检验中心）

摘　要　本文概述了杭州湾跨海大桥建设中所用预应力锚具和钢绞线的静载锚固性能检测，通过不同质量钢绞线对锚具静载试验的影响进行研究，找出其合理的配合关系，以供其他公路桥梁施工参考和借鉴。

关键词　钢绞线　预应力钢材　夹片式锚具　静载锚固试验　杭州湾跨海大桥　预制混凝土箱梁

一、概　　述

北起嘉兴海盐，跨越杭州湾海面，南至宁波慈溪，工程全长36km。工程分为北岸陆地区、北岸滩涂区、海上区、南岸滩涂区、南岸陆地区等五个区段。其中，北岸滩涂区范围约1.6km，海上区段范围约20.2km；南岸滩涂区范围约9.7km，全桥海域范围总长约31.4km。海域中设有南、北航道桥两座，其余非通航孔桥采用50m、70m跨等预应力混凝土箱梁结构。杭州湾跨海大桥70m预应力混凝土箱梁长70m，宽15.8m，高4.3m，采用二次张拉工艺，整梁重达2 200t，是目前世界上整体预制跨度最大的预应力混凝土箱梁。

锚具、夹具和连接器按照锚固方式不同，可分为夹片式、支承式、锥塞式和握裹式四种。混凝土箱梁的制作，为提高箱梁的综合性能，使用了大量的夹片式预应力锚具。对于锚具及连接器的锚固性能，必须符合GB/T 14370—2000《预应力筋用锚具、夹具和连接器》的静载锚固试验要求，即同时满足锚具效率系数 $\eta a \geq 0.95$，极限总应变 $\varepsilon apu \geq 2.0$。从实际检测过程中发现，影响锚具静载锚固实验结果的因素很多，其中有锚具本身的质量，如热处理、硬度、尺寸，以及夹片的开槽形式、硬度、齿的锥度、齿距、端部倒角的长度及深度等。但有一个不可忽视的问题是，不同的钢绞线对检测结果也存在着很大的影响，这主要表现在钢绞线的表面硬度、直径和极限抗拉强度与锚具的匹配性。

二、静 载 试 验

目前，依据GB/T 14370－2000和JGJ85－2002的要求，本项目采用的是先锚固后张拉装置进行静载试验的。该试验装置的测力系统，其不确定度为1%，标距的不确定度为0.1%，指示应变的不确定度为0.01%。试验装置如图1所示：

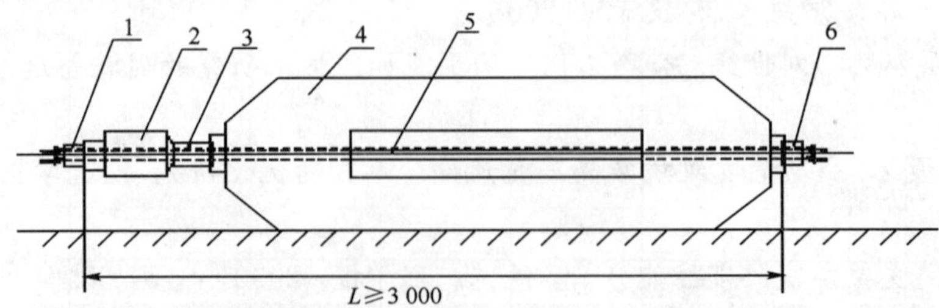

1-试验锚具；2-加荷载用千斤顶；3-荷载传感器；4-承力台座；5-预应力筋；6-试验锚具

图1　静载试验装置

按照现行国家标准GB/T14370－2000的规定要求：

$$\eta a = Fapu/\eta p \cdot Fpm$$

预应力筋的效率系数 ηp 应按规定取用：根数为 1～5 时，$\eta p=1$；6～12 根时，$\eta p=0.99$；13～19 根时，$\eta p=0.98$；20 根以上时，$\eta p=0.97$。该系数是为了考虑试验中每束预应力筋中钢绞线根数对应力不均匀性的影响。

钢绞线在静载试验中只作为辅助用筋，如果是因为钢绞线的质量问题而导致试验失败，则本试验无效，不能因此判定锚具不合格。在国家标准 GB/T5223－95 和美国标准 ASTM A416/A416M－02 中，对钢绞线的抗拉和屈服强度都只规定了最低下限强度要求，而对其上限没有规定，对其表面硬度也没有做任何规定。这就导致一些企业为了满足标准要求，盲目地提高钢绞线的极限抗拉强度。试验用的钢绞线可由检测单位或受检单位提供，其直径公差应在受检锚具、夹具或连接器设计的容许范围之内，其力学性能试验结果必须符合国家现行标准规定，最重要的是，辅助用钢绞线的实测抗拉强度平均值应符合工程选定的强度等级，超过上一等级的，坚决不采用。静载试验如此，工程施工时更应该按此执行，这样才能保证试验结果对现场使用的有效性。

三、试 验 分 析

1）钢绞线强度的影响

独立锚固的夹片式锚具是按钢绞线极限强度 1 860MPa 计算的承载力设计的，而目前钢绞线极限强度普遍偏高，其抗拉强度已接近或超过 1 960MPa，屈强比普遍高于 0.92。多次试验证明，钢绞线的延伸率很难做出来，导致钢绞线在夹片切口处容易剪断。

对于本项目所用锚具的检测结果，将按照钢绞线的实测平均极限强度随机抽取部分数据（表 1）。

钢绞线平均极限强度测试结果 表 1

锚具								钢绞线		
生产厂	孔数	η_{a1}	η_{a2}	η_{a3}	应变 1	应变 2	应变 3	最大拉力	弹性模量	平均应变
A	4	0.98	0.98	0.98	4.4	4.0	4.5	262.2	207	4.20
A	3	0.99	0.98	0.99	4.4	3.8	4.4	262.2	207	
A	4	0.98	0.99	0.99	4.3	4.5	3.9	262.2	207	
A	5	0.99	1.00	1.00	4.6	4.3	4.5	262.2	207	
A	4	0.98	0.96	0.98	3.9	3.4	4	262.2	207	
B	12	0.97	0.98	0.98	3.6	3.6	3.8	269.8	204	3.85
B	12	0.99	0.99	0.99	3.9	4	3.9	269.8	204	
B	5	0.97	0.98	0.96	3.4	3.9	3.1	269.8	204	
B	5	0.97	0.95	0.97	3.9	3.2	4.0	269.8	204	
B	5	0.96	0.97	0.97	3.6	3.7	3.9	269.8	204	
B	12	0.97	0.98	0.98	3.6	3.6	3.8	269.8	204	
C	12	0.98	0.97	0.98	3.9	3.5	3.8	269.8	204	
A	5	0.99	0.99	0.99	4.2	4.1	4.1	269.8	204	
A	5	0.97	0.99	0.98	4.0	4.4	4.1	269.8	204	
A	3	0.97	0.97	0.96	4.0	4.2	3.9	269.8	204	
A	4	0.98	0.98	0.97	4.1	4	3.9	269.8	204	
A	3	0.97	0.98	0.98	3.9	3.9	4	269.8	204	
A	4	1.00	1.00	0.99	4.0	4.1	3.8	270.8	200	3.92
A	3	0.99	0.99	0.98	3.9	4.1	3.6	270.8	200	
A	3	0.97	0.96	0.98	3.6	2.7	3.8	270.9	207	3.52
A	5	0.98	0.97	0.99	3.8	3.2	4.0	270.9	207	

续上表

锚具								钢绞线		
生产厂	孔数	ηa 1	ηa 2	ηa 3	应变 1	应变 2	应变 3	最大拉力	弹性模量	平均应变
B	5	0.98	0.98	0.98	3.6	3.7	3.5	271.7	200	3.53
B	5	0.98	0.98	0.98	3.6	3.7	3.5	271.7	200	
B	4	0.97	0.98	0.97	3.6	3.7	3.6	271.7	200	
B	19	1	0.99	0.99	3.6	3.3	3.3	271.7	200	
A	12	0.98	0.99	0.98	3.3	3.4	3.0	271.7	200	
A	5	0.97	0.97	0.97	3.8	3.8	3.8	271.7	200	
A	3	1.00	1.00	0.99	3.7	3.6	3.6	271.7	200	
A	7	0.98	1	1	3.1	3.8	3.8	271.7	200	
A	9	0.97	0.98	0.99	3.3	3.6	3.6	271.7	200	
A	15	1.00	1.00	1.00	3.4	3.4	3.3	271.7	200	
A	4	0.98	0.98	0.99	3.5	3.6	3.9	272.5	198	3.67
B	9	0.96	0.95	0.95	2.3	2.3	2.3	273.1	203	3.18
B	9	0.99	0.99	0.98	3.1	3.5	3.2	273.1	203	
B	7	0.99	0.99	0.99	3.1	3.7	3.8	273.1	203	
B	15	1.00	0.99	0.99	3.2	3.2	3.3	273.1	203	
B	5	0.96	0.96	0.96	3.0	3	3	274.2	200	3.11
B	15	0.97	0.99	0.96	3.1	3.6	2.8	274.2	203	
B	15	0.97	0.99	0.96	3.1	3.6	2.8	274.2	203	
C	22	1.00	0.97	0.96	3.4	3.1	2.8	274.2	200	

通过对钢绞线平均极限强度和平均总应变进行计算和分析，如图 2：

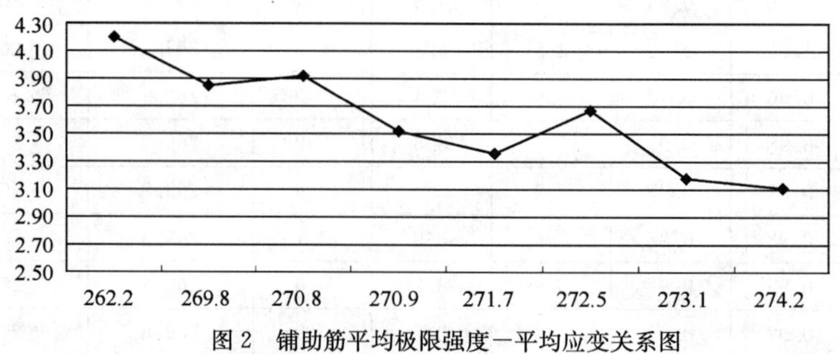

图 2　铺助筋平均极限强度—平均应变关系图

由于各生产厂家的锚具在质量上存在差异，我们用平均应变来分析其相应关系，很明显，从图 2 中可以看出，随着钢绞线强度的增加，实验得出的平均应变总体上是呈下降趋势的。也就是说，选用强度高的钢绞线，总应变就相对的较难做出来，并将会影响对锚具合格性的最终判定。

2)钢绞线的表面硬度影响

通常情况下，钢绞线强度在 1 860～1 900MPa 范围内，其表面硬度为 HRC44～48 左右，夹片设计硬度为 HRC58～64，研究表明，两者硬度之差≥HRC10，其组合与匹配最佳。若夹片的硬度达不到设计要求，两者硬度差≤HRC10，容易产生滑丝现象。由于目前的钢绞线极限强度普遍在 2 000MPa，其表面硬度相应增高，根据硬度检测结果，其硬度值达到 HRC52～55，即使夹片硬度达到设计要求 HRC60，其硬度差将<HRC10，在这种情况下，不但会出现滑丝现象，还会引起夹片跟进不一。钢绞线发生滑丝，多数情况下是 7 股中的某些股发生了滑动，这就导致还没有滑丝的钢丝在与夹片的咬合处发生剪断现象。

对于本项目所用锚具的检测结果，试验过程中所用的钢绞线进行了表面硬度测试，按照钢绞线的实测平均极限强度随机抽取部分数据(表 2)。

钢绞线表面硬度测试结果

表 2

锚具					钢绞线				夹片硬度
生产厂	孔数	应变 1	应变 2	应变 3	最大拉力	弹性模量	平均应变	表面硬度	
A	4	4.4	4.0	4.5	262.2	207	4.2	35.5	58.0
A	3	4.4	3.8	4.4	262.2	207			62.0
A	4	4.3	4.5	3.9	262.2	207			62.0
A	5	4.6	4.3	4.5	262.2	207			62.0
A	4	3.9	3.4	4.0	262.2	207			61.0
B	12	3.6	3.6	3.8	269.8	204	3.85	42.5	63.0
B	12	3.9	4.0	3.9	269.8	204			62.0
B	5	3.4	3.9	3.1	269.8	204			60.5
B	5	3.9	3.2	4.0	269.8	204			59.0
B	5	3.6	3.7	3.9	269.8	204			61.5
B	12	3.6	3.6	3.8	269.8	204			62.5
C	12	3.9	3.5	3.8	269.8	204			61.0
A	5	4.2	4.1	4.1	269.8	204			61.5
A	5	4.0	4.4	4.1	269.8	204			60.0
A	3	4.0	4.2	3.9	269.8	204			63.5
A	4	4.1	4.0	3.9	269.8	204			61.5
A	3	3.9	3.9	4.0	269.8	204			60.0
A	4	4.0	4.1	3.8	270.8	200	3.92	46	61.5
A	3	3.9	4.1	3.6	270.8	200			62.5
A	3	3.6	2.7	3.8	270.9	207	3.52		62.0
A	5	3.8	3.2	4.0	270.9	207			63.0
B	5	3.6	3.7	3.5	271.7	200	3.53	47	61.5
B	5	3.6	3.7	3.5	271.7	200			62.5
B	4	3.6	3.7	3.6	271.7	200			62.0
B	19	3.6	3.3	3.3	271.7	200			62.0
A	12	3.3	3.4	3.0	271.7	200			63.0
A	5	3.8	3.8	3.8	271.7	200			61.0
A	3	3.7	3.6	3.6	271.7	200			58.0
A	7	3.1	3.8	3.8	271.7	200			63.0
A	9	3.3	3.6	3.6	271.7	200			61.5
A	15	3.4	3.4	3.3	271.7	200			63.0
A	4	3.5	3.6	3.9	272.5	198	3.67	48	59.5
B	9	2.3	2.3	2.3	273.1	203	3.18	51	61.5
B	9	3.1	3.5	3.2	273.1	203			61.0
B	7	3.1	3.7	3.8	273.1	203			60.5
B	15	3.2	3.2	3.3	273.1	203			59.5
B	5	3.0	3.0	3.0	274.2	200	3.11	52.5	63.0
B	15	3.1	3.6	2.8	274.2	203			62.0
B	15	3.1	3.6	2.8	274.2	203			60.5
C	22	3.4	3.1	2.8	274.2	200			61.0

通过对预应力筋表面硬度和平均总应变进行计算和分析，如图3：

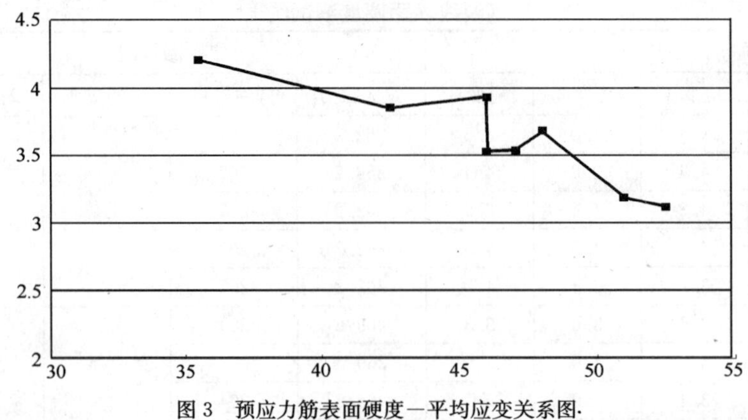

图3 预应力筋表面硬度—平均应变关系图·

钢绞线强度的提高会引起其表面硬度的提高，而从表中也可以看出，夹片的硬度普遍稳定在HRC60左右，从上面的趋势图中可以看出，钢绞线的表面硬度越高，试验的结果越不理想，因为当两者的硬度差<HRC10时，张拉时容易出现滑丝、夹片跟进不一致的现象，造成钢绞线提前剪断。

3)钢绞线直径的影响

夹片式锚具的夹片内孔直径尺寸、夹片的锥形角度和锚环内的内孔锥形角度等均按钢绞线的公称直径尺寸进行设计的，锚具零件组装后在预应力受力过程中，组装件间的内摩擦角达到平衡状态，产生良好的自锚能力。若钢绞线直径超过允许偏差太大，将会破坏这个平衡。目前国产钢绞线直径大部分厂家超标，而且都是正公差，通过多次试验发现，直径为15.24 mm，其公差在±0.05 mm范围内的钢绞线对夹片式锚具的锚固性能影响最小。

钢绞线也需要严格按照标准要求，对米重和尺寸进行验收。

四、结　论

钢绞线的直径、表面硬度、抗拉强度和屈强比等对夹片式锚具的锚固性能有着至关重要的影响，即使是合格的锚具，现场施工也必须选用与其相匹配的钢绞线，这样才能达到最佳的锚固效果。

浙江省舟山连岛工程建设指挥部

西堠门大桥·金塘大桥

Xihoumen Bridge · Jintang Bridge

国内首次采用直升机牵引先导索过海

西堠门大桥

钢桥面铺装

舟山大陆连岛工程总长约50公里，以五座跨海大桥连接舟山本岛与宁波。连岛工程的前三座桥已在2005年建成通车。后两座桥西堠门大桥、金塘大桥概算总投资100.6亿元，由浙江省舟山连岛工程建设指挥部负责建设，于2005年全面开工，2008年力争实现全线贯通。

西堠门大桥长2.588公里，为国内第一座在台风区宽阔海面建造的两跨连续分体式钢箱梁悬索桥，颤振检验风速达78.74米/秒，主跨1650米，在悬索桥中居国内第一、世界第二，按3万吨级船舶标准设计。

金塘大桥长21.029公里，按桥梁新规范体系设计，主通航孔桥为五跨连续半漂浮体系钢箱梁斜拉桥，全长1210米，主跨620米，按5万吨级船舶标准设计。

连岛工程建设以科技进步、科技创新为依托，涵盖设计、施工各个领域的几十个科研项目正在开展或已经完成。依托西堠门大桥建设开展的“十一五”国家科技支撑计划重点项目“跨海特大跨径钢箱梁悬索桥关键技术研究及工程示范”项目已经启动。

指挥部把质量和安全的精细管理覆盖到工程建设的全过程，工程质量始终处于良好的受控状态，安全生产一直保持良好稳定的态势。交通部、浙江省交通厅多次组织专项检查，对两座大桥的工程质量和安全生产予以充分肯定。

混凝土箱梁架设

金塘大桥主通航孔桥

金塘大桥全景

四川公路桥梁建设集团有限公司

Sichuan Road & Bridge(Group)CO.,Ltd.

四川公路桥梁建设集团有限公司是由四川省人民政府批准成立的国有独资大型企业，注册资金为5亿元。公司为国家工程总承包特级资质企业，2002年获得ISO2000国际质量认证体系认证。现有职工8000余人，各类专业技术人员3000余人(中高级技术人员1500多名)，现代大型施工机械设备4000多台(套)，总资产60亿元，年产值70亿元左右。公司作为主发起人成立的四川路桥建设股份有限公司于2003年在上海证券交易所上市，是四川交通系统首家A股上市公司。

公司前身是原四川公路桥梁工程总公司及其直属公司，始建于50年代初。公司坚持“立足四川、服务全国、跻身世界、开拓发展”的经营方针，40多年来，共修建公路1万余公里，其中高等级公路4000余公里，大型桥梁500多座，以及隧道、机场、码头、水坝、市政工程等，以“优质高效、信守合同”赢得了业界的良好赞誉。近年来，公司承建了成都至重庆、成都至绵阳、绵阳至广元、成都至南充、成都至雅安、成都至乐山、内江至宜宾、隆昌至泸州、涪陵至长寿、达州至重庆和湖南湘耒、长、潭邵，湖北武汉绕城线，浙江甬台，陕西榆林，甘肃巉柳，广西南友等高速公路，以及涪陵长江大桥、万县长江大桥、湖北郧阳汉江大桥、湖北宜昌长江大桥、湖北鄂黄长江大桥、泸州长江二桥、重庆巫山长江大桥、湖北巴东长江大桥、广东中山横门大桥、浙江深门跨海大桥、宜宾长江大桥和浙江舟山西堠门跨海大桥等项目，工程优良率达95%以上。

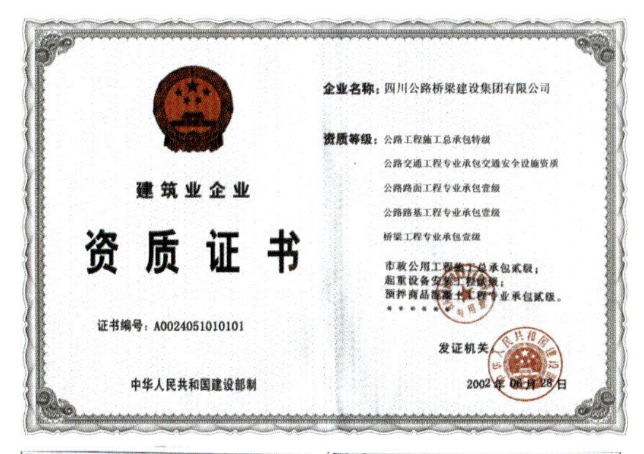

建筑业企业

资质证书

证书编号：A0024051010101

中华人民共和国建设部制

企业名称：四川公路桥梁建设集团有限公司

资质等级：公路工程施工总承包特级

公路交通工程专业承包交通安全设施资质

公路路面工程专业承包壹级

公路路基工程专业承包壹级

桥梁工程专业承包壹级

发证机关

2002年06月28日

自1999年以来，公司多次被评为“四川省国有建筑企业综合实力首强”及“最佳效益首强”，“四川省大型企业集团经营规模10强”及“综合实力10强”，并荣获了中组部“抗震救灾先进基层党组织”，中华全国总工会“全国五一劳动奖状”、抗震救灾“工人先锋号”，交通运输部“全国交通行业抗震救灾先进集体”，“四川省重点建设AAA等级信誉企业”，“四川省建筑业先进企业”，“四川省先进单位”，“四川省最佳文明单位”等荣誉称号，并连续两年跻身“中国企业500强”。

CERTIFICATE OF CONFORMITY OF QUALITY MANAGEMENT SYSTEM CERTIFICATION

This is to certify that

the quality management system of

Sichuan Road & Bridge Construction Group Co., Ltd.

Address: No.12, Jiuxing Ave., High-Tech Zone, Chengdu City, Sichuan Prov., China, 610041.

is in conformity with GB/T 19001-2000 – ISO 9001:2000 standard.

This certificate is valid to the following products:

Construction of road engineering (general contract special class, all class road and bridge, tunnel engineering). Production of ready-mixed concrete (professional contract class B).

Issue this Certificate and Registered.

Registration No.: 01907Q10311R0L

Issue date: Sep 13, 2007

Expiration date: Sep 12, 2010

CHINA SICHUAN THREE GORGES REGISTRAR CO.,LTD.

质量管理体系认证证书

兹证明

四川公路桥梁建设集团有限公司

住于：四川省成都市高新区九兴大道12号，邮编：610041

质量管理体系符合GB/T 19001-2000 – ISO 9001:2000标准。

该质量管理体系覆盖了下述产品：

公路工程施工(总承包特级，各等级公路及其桥梁、隧道工程)；预拌商品混凝土生产(专业承包二级)。

特发此证，并予注册。

注册号：01907Q10311R0L

发证日期：2007年9月13日

有效日期：2010年9月12日

中国·四川三峡认证有限公司

万县长江大桥（国家科技进步一等奖、国家优质工程银奖和詹天佑土木工程大奖）

宜昌长江公路大桥（詹天佑土木工程大奖、中国建筑工程“鲁班奖”）

鄂黄长江大桥（四川省科技进步三等奖、四川省天府杯金奖）

成都绕城高速公路（中国建筑工程“鲁班奖”）

舟山西堠门大桥，为主跨1650米的钢箱梁悬索桥，位居世界第二，中国第一。

四川公路桥梁建设集团有限公司

地址：成都市高新区九兴大道十二号

邮编：610041

电话：028---85088879

传真：028---85063076

网址：www.srbg.com.cn

山东省路桥集团有限公司

求实 创新 科学 高效

三获国家建筑工程最高奖鲁班奖

董事长：艾贻忠

总经理：赵显福

地　址:济南市经三路289号
电　话:0531-87941242
传　真:0531-87933637
邮　编:250021
网　址:www.sdluqiao.com

五获国家优质工程金质奖、银质奖

山东省路桥集团有限公司隶属山东省高速集团有限公司，是2002年国家建设部核定的全国首批19家也是山东省唯一公路工程施工总承包特级资质企业之一，具有桥梁工程专业承包一级、路面工程专业承包一级、路基工程专业承包一级以及交通工程专业承包交通安全设施资质，同时具有直接对外承包经营权。

集团公司下辖30个专业公司及控股、参股公司，具有公路、桥梁、隧道、交通工程、港口、码头、船闸施工及勘测设计、机械设备制造等综合能力。现有一线施工管理人员4500人，年施工能力达到50亿元。

公司创下我国公路与桥梁建设史上的诸多“第一”和“之最”：济南黄河公路大桥居当时同类桥梁跨径亚洲第一位；东营黄河公路大桥为我国第一座钢斜拉桥；济南黄河第二公路大桥为当时黄河上设计标准最高、建设规模最大的公路桥梁；南京长江第二大桥跨度在同类桥梁中居国内第一世界第三；利津黄河公路大桥按“BOT”（建设—经营—移交）及股份制投资，为我国第一座融汇社会力量投资建设的特大型桥梁；南京宁高高速公路、南京长江第二大桥、利津黄河公路大桥、滨州黄河公路大桥、南京长江第三大桥以其国内领先技术水平入选《中国企业新纪录》；南京长江第二大桥环氧沥青钢桥面攻克世界级工程难题。公司先后三获国家建筑工程最高奖鲁班奖，五获国家优质工程金质奖和银质奖，三获国家科技进步奖。98年先后通过ISO9002国际质量体系认证、ISO14001国际环境体系和OHSAS18000职业健康安全体系认证。

南京长江二桥获国家建筑工程鲁班奖和2004年度唯一国家优质工程金质奖。其中环氧沥青钢桥面铺装达到世界一流水平，同时填补国内空白。

江苏省苏通长江公路大桥钢桥面环氧沥青铺装施工作业。主孔跨度1088米，居世界第一位。

南京长江第三大桥，2005年10月建成通车。

青岛海湾大桥，将于2010年建成通车。

建设中的金塘大桥

广东省长大公路工程有限公司

Guangdong Provincial ChangDa Highway Engineering Co.,Ltd

成立于上世纪50年代的广东省长大公路工程有限公司（简称“广东长大”），是广东省创建最早的公路施工专业队伍。公司总资产超过50亿元，是具备国家公路工程施工总承包特级资质，并拥有对外经营权的特大型企业，主营业务从公路、桥梁、隧道施工，扩展到公路项目投资和运营管理、工程项目BT与BOT投资建设、设计施工总承包等建设模式、高速公路养护、旧桥加固维修等。

上世纪80年代末,改革开放以来，共建成广州洛溪大桥、东莞虎门大桥、广东西部沿海崖门大桥、厦门海沧大桥、广东西部沿海深圳湾公路大桥、湛江海湾大桥、杭州湾跨海大桥北航道主桥等上百座高、特、难、新的特大型、大型桥梁精品工程；建成佛开高速、京珠高速粤境段、粤赣高速等一大批高速公路的路基、路面、桥隧工程。同时，投资建设了广东广惠高速公路、广西南宁永和大桥、四川都江堰大桥和在建设中的广东云浮至广西梧州高速公路等项目。

广东长大坚持技术创新、尊重人才、积极开展“群众性技术创新”活动,参与国家行业标准《公路桥涵施工技术规范》的编制。大跨度悬索桥、斜拉桥、连续刚构桥、连续梁桥、拱桥、钢桥面铺装以及环氧沥青钢桥面铺装等施工技术达到了国内领先水平。在施工工艺、产品质量、科技进步等方面先后获得省部级成果59项，国家级成果10项，其中鲁班奖1项，国家优质工程银质奖3项，中国土木工程詹天佑奖4项，是1997年唯一获得西班牙第九届国际建筑大奖的中国公司。取得实用新型专利8项。

广东长大立足国内市场，不断开拓海外市场。

目前在建的工程主要有：浙江舟山大陆连岛工程金塘大桥、华南第一桥广州珠江黄埔大桥、东新高速公路东沙大桥、广深沿江高速项目A1标和设计施工总承包兴畲高速公路等一大批重点工程以及柬埔寨公路改造工程。

广东长大秉持“以市场为导向，以项目为龙头，以管理为核心，以团队为基础，以效益为标”的企业经营理念，坚持“为出资人谋利益，为员工谋幸福，为社会做贡献”的企业观，为更美好的明天而努力！

广东省长大公路工程有限公司
地址：广东省广州市广州大道中942号
邮编：510620
电话：020－38864966
传真：020－38864966　39964711

杭州湾大桥

上海东海大桥—颗珠山大桥

舟山金塘大桥

澳门友谊大桥

重庆李渡大桥

湖南湘潭莲城大桥

广东梅汕高速公路莲花山隧道

中交第四航务工程局有限公司

中交第四航务工程局有限公司是中国交通建设股份有限公司的全资子公司，是一家业务清晰、战略明确、法人治理结构规范、资产结构合理、投融资能力强、管理科学，集勘察、设计、科研、施工、投资和船舶制造于一体的大型建筑施工企业，具有港口与航道施工总承包特级和公路、桥梁与市政工程等施工总承包一级资质。

四航局在国内20多个省（市、区）以及香港、澳门、马耳他、巴基斯坦、苏丹、印尼、孟加拉、斯里兰卡、安哥拉、沙特、墨西哥等10多个国家和地区建设了90多公里的码头岸线、1000多公里的公路、桥梁和隧道，承接了湘潭四大桥、重庆涪陵李渡长江大桥、广明高速公路三个BOT项目。先后有100多项工程获国家、省（部）级和中港优质工程、优质混凝土奖项。

舟山大陆连岛工程金塘大桥最后一片混凝土箱梁吊装

浙江省交通工程建设集团有限公司

● 集团办公大楼—钱江大厦

浙江省交通工程建设集团有限公司是浙江省交通投资集团有限公司的全资子公司，也是浙江省唯一一家具有国家公路工程施工总承包特级资质的专业公路施工企业，同时具有公路路基工程专业承包壹级、公路路面工程专业承包壹级、桥梁工程专业承包壹级、市政公用工程施工总承包壹级、隧道工程专业承包壹级、公路交通工程专业承包交通安全设施资质，是浙江省内规模最大、实力最强的交通工程施工企业。

● 龙丽丽龙高速

公司下设二分公司、市政分公司、外贸分公司、交通安全设施分公司，控股浙江交工路桥建设有限公司、浙江省交通工程建设集团第三交通工程有限公司、浙江省宏途交通建设有限公司、浙江金筑交通建设有限公司、浙江顺畅高等级公路养护有限公司和浙江交工高等级公路养护有限公司，同时参股一家公路工程设计咨询公司、一家岩土工程施工公司和一家工程代建管理公司。

● 甬金高速绍兴白峰岭隧道

公司现有职工4000余名，各类专业技术人员1600多名，其中具有高、中级技术职称的达600余名；有各种先进施工机械及试验检测仪器3000余台（套）；拥有一个全国第一批认定的建筑业企业省级技术中心，公司总资产超30亿元人民币，年施工产值近60亿元人民币。

公司一直注重制度化、规范化管理，2000年6月通过ISO质量管理体系认证； 2005年9月通过质量、环境、职业健康安全“三合一”体系认证。

公司主要经营：道路、桥梁、隧道、港口、航道、船闸、机场、市政等交通工程施工、公路养护、技术服务，材料试验，商品混凝土，工程机械的修造和租赁。

做精做强工程施工主业是我们的立足点，不断追求卓越是我们正在努力的方向。我们愿与您携手，共同开创美好明天。

● 申苏浙皖高速李家巷大型枢纽

● 沪杭高速拓宽